헌법과 정치

Carl Schmitt

Verfassung und Politik

übersetzt
von
Hyo-Jeon Kim

SANZINI, Busan, Korea
2020

헌법과 정치

카를 슈미트
김 효 전 옮김

산 지 니

역자 서문

카를 슈미트라는 이름을 내가 처음으로 안 것은 1965년이었다. 대학 2학년 때에 문홍주 교수의 저서 『한국헌법』에서 '헌법제정권력'을 읽었으나 그 내용을 알 듯 말 듯하였다. 그 후 전임교수가 되어 본격적으로 슈미트의 헌법이론을 정독하고 한국에서의 적용 상황을 정리하기도 하였다. 우리 헌법 교과서나 문헌에서 그토록 자주 만나는 슈미트의 이론 하나만이라도 제대로 읽는다면 독일 헌법학의 절반은 알게 된다는 신념을 가지게 되었다. 그리하여 나는 자신의 능력도 헤아려보지 않고 카를 슈미트의 저작을 모두 한국어로 번역해야 하겠다는 계획을 세우기에 이르렀다. 그 첫 번째 결실이 『정치신학외』로서 슈미트의 주요 저작을 우리말로 옮긴 것으로 독서계에서 호평을 받게 되었다.

슈미트 연구는 그 후도 계속하여 몇 가지 번역서를 출간하였는데, 우리 시대의 탁월한 헌법학자이며 번역가인 국순옥 교수는 나를 「슈미트와 고락을 함께한 사람」으로 평가하고 있다. 이제 슈미트의 연구와 번역을 총정리하면서 당시의 머리말에서 슈미트를 다룬 문제의식과 인도하는 방향은 다음과 같이 요약할 수 있다.

카를 슈미트에 대한 평가는 각국마다 다르며 본 고장인 독일에서도 상이하다. 최근에도 여전히 슈미트의 저작은 영어로 번역되어 영어사용권에서도 자세히 알려지게 되었고, 또 각종 연구 문헌들이 쏟아져 나오고 있다. 우리 한국에서도 헌법학과 정치학 분야에서 슈미트를 직접 다룬 학위 논문들이 발표되고, 주요 저작들도 정치학, 철학, 문학에까지 확대되고 있다.

그러면 우선 슈미트의 매력 내지 마력은 무엇인가? 구체적인 현실 문제의 해결을 위해서는 결단과 질서가 필요하다는 명쾌한 논리, 박학다식한 학자로서의 지적인 매력과 마력의 소유자라는 점, 그러나 자신을 쉽게 드러내지 않는 비밀의 사나이, 자유주의를 옹호하는 자인지 아니면 반자유주의자인지 불분명한 태도, 권력에 부화뇌동하는 기회주의자인가 인종편견주의자인가, 나치스의 어용학자인가 아리안족의 우수성을 믿는 애국자인가? 한국에서는 루돌프 스멘트의 추종자 중에 슈미트와의 비교를 시도하는 사람도 있다.

또한 슈미트는 독재를 찬양하고 법은 시대 상황의 소산이라고 강조한다. 유대인의 추방에 앞장 서고, 히틀러를 주님의 일을 하는 사람으로 묘사하는가 하면 정치를 흑백논리로 이분화하기도 하여 여전히 문제를 일으키고 있는 사람임에 틀림없다.

그러면 슈미트가 그토록 정력적으로 많은 저술을 한 동기와 목적 내지 비밀은 무엇인가? 그것은 한마디로 「영국을 본받아서」라고 하겠다. 독일이 영국처럼 강국이 되어 세계를 지배하고 싶다는 표현을 추상적인 말로 둘러서 하거나 쉬운 이야기체로 들려준 것에 불과하다.

다음으로 슈미트는 우리들 한국과 무슨 관계가 있는가? 그의 명쾌한 논리 전개와 간결한 표현은 사람의 감동과 흠모의 대상이 될 만하다고 본다. 그러나 한국에 소개되고 인용되는 것은 단편적인 것이며 그의 전체상을 파악하기에는 미흡하였던 것이 사실이다. 무엇보다 한국에서 지금까지 독일의 헌법학은 지나치게 과대평가되었고 또 거의 우상숭배에 가까울 정도로 신성시하게 여긴 것이 부인할 수없는 실정이다. 사정이 이렇게까지 된 데에는 무엇보다도 먼저 독일에서 공부하고 돌아온 사람들에게 그 책임을 돌려야 할 것인데 여하튼 독일의 문헌을 제대로 소개하지 않았거나 못한 데에 그 원인이 있다고 생각한다. 외국 이론의 올바른 수용과 평가 그리고 우상을 타파하기 위해서는 번역이 최상의 지름길이다. 또 외국어 공부에 쏟는 정열과 시간을 절약하여 후학들이 자신의 생각과 이론으로 학문을 하도록 그 인프라를 구축해 주기 위해서는 누군가가 희생적으로 번역이라는 지루하고 단순한 작업에 매달려야 한다.

우리의 현실문제와 장래를 걱정하며 고뇌하는 젊은 독자들에게 카를 슈미트의 저작은 하나의 참고 자료 내지 토론 자료가 되기를 바란다. 특히 슈미트는 뛰어난 학자임에는 틀림 없지만 그 역시 사람이기 때문에 많은 잘못과 모순을 저지른 사실을 잊어서는 안 된다. 독자들은 항상 슈미트 정복 또는 슈미트의 가면박탈이라는 문제의식을 가지고 이 책을 보아야 하며 슈미트 속에 매몰되어서는 안 될 것이다. 더구나 독일 헌법학에 대한 맹목적 신뢰, 과대평가, 지적 열등감을 극복하기 위한 소재로서도 이 번역서는 좋은 지침과 안내서가 될 것이다.

끝으로 1988년 이래 역자를 자료 제공에서부터 번역에 이르기까지 여러 가지로 도와준 사람들을 머리말에서 찾아내어 다시 한 번 감사의 뜻을 전하고자 한다. 먼저 역자의 독일 유학을 가능하게 해준 에른스트-볼프강 뵈켄회르데 교수를 비롯하여, 스즈키 게이후(鈴木敬夫), 양태종, 이동훈, 박배근, 조봉제, 김민규, 배효선, 김미선, 김진섭, 이만재, 고쿠분 노리코(國分典子), 정태호, 강수걸 제씨의 사랑과 도움을 오래 간직하고 싶다. 또한 나의 초벌 번역을 도와준 동아대학교 대학원 학생들과 타자로 정리해준 학부 학생들의 노고도 잊을 수가 없다.

또한 역자의 요청으로 괴팅겐대학의 티네 슈타인(Tine Stein) 교수는 국내에서 구하기 어려운 나치스 시대의 슈미트의 저열하고 유치한 글들을 구해서 보내주었다. 그의 호의와 노고에 대해서 진심으로 감사하는 바이다.

2019년 10월 5일 서울에서

김 효 전

차 례

제2편 제3제국 시대

제3편 제2차 세계대전 이후

[부 록]

제1편
바이마르 시대

정 치 신 학*

주권론에 관한 네 개의 장

(제2판 1934)

차 례

---

* Politische Theologie. Vier Kapitel zur Lehre von der Souveränität, Duncker & Humblot, Berlin 1922, 10. Aufl., 2015, 84 S.

제2판에의 서문

이 『정치신학』 제2판은 초판을 수정하지 아니하였다. 1922년 3월에 발간된 이 작은 책자가 12년이 지난 현재, 얼마나 견뎌내어 왔는지를 이로써 판단할 수 있을 것이다. 자유주의적 규범주의와 그들 방식의 「법치국가」를 검토했던 것도 한 자 한 획 모두 그대로이다. 다만, 그다지 중요하지 아니한 부분을 다소 삭제하였을 뿐이다.*

최근 수년 동안 정치신학을 응용한 새로운 사례가 많이 발생하였다. 15세기부터 19세기까지의 「대표」 사상, 바로크 철학과 유사하게 신을 염두에 둔 17세기의 군주제, 「군림하지만 통치하지 않는」* 19세기의 「중립적」 권력, 그리고 「집행하지만 통치하지 않는」 순수한 조치국가(措置國家)와 행정국가의 관념 등은 정치신학이라는 관념을 풍부하게 만든 수많은 예들이다. 신학으로부터 형이상학을 거쳐 윤리적인 인간론과 경제로 이행되는 세속화 과정의 개별적인 단계에 관한 중요한 문제에 대해서 나는 「중립화와 탈정치의 시대」(1929년 10월 바르셀로나에서 행한)라는 강연에서 다루었다. 프로테스탄트 신학자들, 특히 하인리히 포르스토프(Heinrich Forsthoff)*와 프리드리히 고가르텐(Friedrich Gogarten)*은 세속화라는 개념없이는 지난 수세기에 걸친 현대사의 이해는 거의 불가능하다고 지적하였다. 물론 프로테스탄트 신학에서는 신을 「절대 타자」라고 하는 하나의 또 다른 자칭 비정치적인 이론을 주장하는데, 그것은 마치 이 이론에 따르는 정치적 자유주의가 국가와 정치를 「절대타자」로 보는 것과 같다. 그동안 우리는 정치적인 것을 전체적인 것으로 인식하였고, 따라서 무엇이 **비정치적인 것**인가에 대한 결정은 누가 결정을 내리며, 또 어떤 증명 근거가 그 결정에 부여되든지 언제나 정치적 결정을 의미한다는 것도 알았다. 이것은 또한 특정한 신학이 정치신학인가 비정치신학인가 하는 문제에 대해서도 마찬가지로 타당하다.

제2장 마지막에서(S. 44. 본서 30면) 나는 법학적 사고의 두 가지 유형과 관련하여 홉스를 논평하였는데 여기서 한 마디 더 보충하려고 한다. 왜냐하면 이 문제는 법학자인 나의 신분과 직업에 관계되기 때문이다. 현재 나는 법학적 사고의 종류를 두 가지가 아니라 **세 가지**로, 즉 규범주의적 유형과 결정주의적 유형 외에 제도적 유형으로 구별하고 싶다. 내가 이와 같이 통찰하게 된 것은 독일 법학에서의 「제도적 보장」에 대한 나의 이론적인 구명과 심원하고도 중요한 모리스 오류(Maurice Hauriou)*의 제도이론이었다. 순수한 규범주의자는 비인격적인 규칙들 속에서 사고하고, 결정주의자는 정당하게 인식된 정치상황에 적합한 법을 인격적 결단 속에서 완수하려는데 반하여, 제도적 법사고는 초인격적인 제도나 형식 속에서 전개한다. 그리고 타락한 규범주의자가 법을 단순한 국가적 관료제의 기능수단으로 여기고, 결정주의자는 항상 순간적인 시점을 중요시하여

어떤 커다란 정치운동에 내포된 정적인 존재를 파악하지 못할 위험을 지니고 있음에 반하여, 고립된 제도적 사고는 주권부재의 봉건적 · 신분적인 성장물의 다원주의로 전개한다. 그리하여 정치적 통일체의 세 영역과 요소 — 국가 · 운동 · 민족 — 는 그 건전한 현상형태나 타락한 현상형태 모두 법학적 사고의 세 가지 유형으로 귀속된다. 빌헬름 시대와 바이마르 시대의 독일 국법학의 이른바 실증주의와 규범주의는 — 자연법이나 이성법에 근거를 두는 것이 아니라, 단지 사실상 「통용되는」 규범에 의거한 것이기 때문에 — 하나의 타락한 모순투성이의 규범주의이며, 법적으로 맹목적이며 순수한 결단 대신에 「사실적인 것의 규범력」*에 의거하는 타락한 결정주의자임에 불과했던 한 실증주의와 혼합되었다. 따라서 형태나 형성능력도 없는 이 혼합체는 심각한 국법적 및 헌법적 문제에 대하여 아무것도 대처하지 못하였다. 그리하여 이 최근의 시대의 독일 국법학은 결정적인 경우에 국법학적인 해결, 즉 비스마르크와 프로이센의 헌법 분쟁을 해결하지 못하였을 뿐만 아니라, 그 후의 모든 결정적인 경우에도 그 책임을 완수하지 못하였다는 데에 그 특징이 있다. 그러한 경우에 결정을 회피하기 위하여 국법학은 재귀적이면서 이제는 모토로 지니고 있는 명제를 만들어 내었다. 즉, 「여기에 국법학은 끝난다」*라고.

1933년 11월 베를린에서

카를 슈미트

제1장 주권의 정의

주권자란 비상사태를 결정하는 자이다.

이 정의는 한계 개념으로서의 주권 개념에 대해서만 타당할 수 있다. 왜냐하면 한계 개념이란 대중적인 문헌에 나타난 조잡한 용어처럼 혼란된 개념이 아니라 극한적인 영역의 개념을 의미하기 때문이다. 이에 대응하여 그 정의도 정상적인 경우가 아니라 한계 상황과 관련되고 있다. 여기서 말하는 비상사태란 국가학의 일반 개념으로서 이해하여야 하며, 어떤 긴급명령이나 계엄상태와 같은 의미가 아니라는 것은 다음에 밝혀질 것이다. 비상사태는 진정한 의미에서 주권의 법학적 정의에 적합하다는 주장은, 체계적이며 법논리적인 근거를 가지고 있다. 즉, 비상사태에 관한 결정이야말로 진정한 의미에서의 결정이다. 왜냐하면 평상시에 법규로서 효력을 지닌 일반적인 규범은 절대적인 비상사태를 결코 파악하지 못하며, 따라서 진정한 예외적인 경우가 존재한다는 결정도 완전히 근거를 마련하지 못하기 때문이다. 몰(Mohl, Monographien, S. 626)*이 현재 긴급상태인가의 여부를 검토하는 것은 결코 법학적일 수 없다고 말하는 경우, 그는 법적 의미에서의 결정은 규범의 내용으로부터 완전히 연역되어야 한다는 전제에 입각하고 있다. 그러나 이것이 문제이다. 몰이 언명한 일반적인 명제는 법치국가적 자유주의의 표현에 불과한 것이며, 그는 결정의 독자적인 의미를 잘못 이해하였던 것이다.

주권의 정의로서 세워진 추상적인 도식(주권이란 최고이며 연역할 수 없는 지배권력이다)은 그것을 승인하거나 하지 않든, 거기에는 실제적 또는 이론적으로 큰 차이는 없는 것이다. 거기에는 적어도 주권의 역사에 있어서 개념 그 자체를 둘러싼 일반적인 논쟁은 없을 것이다. 문제는 그 구체적인 적용을 둘러싼 다툼이며, 그것은 분쟁이 일어났을 때에 무엇이 공익 또는 국가이익이며, 공공의 안전과 질서, 공공복리 등이 어디에 있는가에 관하여 누가 결정을 내리는가 하는 데에 있다. 현행 법질서에 규정되지 아니한 비상사태는 고작해야 극단적인 급박, 국가 존립의 위급 등으로 나타날 뿐이며 사실에 적합하게 규정되는 것은 아니다. 이와 같은 사태가 있은 후에야 비로소 주권의 주체에 관한 문제, 즉 주권 일반에 관한 문제는 현실로 나타난다. 어떠한 경우에 급박한 사태가 존재하는가를 추정가능한 명확성을 가지고 제시할 수 없거나, 또는 만약 현실적으로 극도의 급박한 상태가 되어 그 제거가 문제로 되는 경우, 이러한 사태에서 무엇을 하는 것이 허용되는가를 내용적으로 열거할 수도 없다. 여기서는 권한의 전제나 내용도 필연적으로 무한정한 것이다. 따라서 법치국가적 의미에서는 결코 어떠한 권한도 존재하지 아니한다. 헌법은 그러한 경우에 고작해야 누가 행동하는 것이 허용되는가를 제시할 뿐이다. 만약 이러한 행동이 아무런 제약도 받지 아니한다면, 법치국가적 헌법의 실제에서처럼 어떤 방법으로든 각종의 서로 억제하며 균형을 이루는 기관들에게 배분되어 있지 않다면, 누가 주권자인가 하는 것은 더욱 명확하다. 이 주권자는 지금이 극도의 급박한 상태인가의 여부를 결정하는 동시에 이것을 제거하기 위해서 무엇을 해야 할 것인가도 결정한다. 주권자는 평상시의 현행 법질서 밖에 서 있으며, 더구나 헌법의 일괄정지 여부를 결정하는 권한도 가지고 있기 때문에 현행 법질서 안에 있다. 현대의 법치국가적 발전의 경향은 모두 이러한 의미에서의 주권자를 배제하려는 방향으로 가고 있다. 다음 장에서 다루게 될 크랍베(Krabbe)*와 켈젠(Kelsen)*의 사상적 귀결도 바로 이 점에 있다. 그러나 극도의 비상사태가 실제로 이 세상에서 사라질 수 있는가의 여부는 결코 법학적인 문제는 아니다. 그것이 사실상 제거될 수 있다는 신뢰와 기대를 가질 것인가의 여부는 철학적, 특히 역사철학적 내지 형이상학적 확신에 달려있다.

주권 개념의 역사적 발전에 관한 약간의 서술들이 있지만 그것들은 교과서식으로 나열하여 주권의 정의를 포함한 결론적 · 추상적 공식의 집약이라는 범위를 벗어나지 못하고 있다. 아무도 주권은 최고권력이라는 끝없이 반복되고 완전히 공허한 상투어를, 주권 개념의 저명한 논자들에 대하여 더욱 정확하게 연구하려는 노력을 기울이지 아니한 것 같다. 이러한 개념은 위기시에, 즉 예외사태를 상정한다는 것은 이미 보댕(Bodin)에서 나타난다. 보댕은 자주 인용되는 정의(주권이란 국가의 절대적이며 영구적인 권력을 말한다)* 보다는 오히려 「주권의 진정한 의의」(국가론 제1부 제10장)*에 대한 그의 이론 때문에 근대 국가학의 시조가 되었다. 그는 자신의 개념을 많은 실제 사례에 비추어 논하고, 그 경우 반복하여 다음과 같이 질문한다. 즉, 주권자는 어느 정도까지 법률에 구속되며, 신분들에 대하여 어느 정도까지 의무를 지는가 라고. 이처럼 궁극적이며 특히 중대한 질문에 대하여 보댕은 이렇게 대답한다. 즉, 약속이라는 것은 구속력을 가진다. 그것은 약속의 구속력이 자연법에 기초를 두기 때문이다. 그러나 급박한 사태에서 이러한 약속은 일반적 · 자연적인 원칙에 따라서 해소된다고. 일반적으로 그는 신분들이나 영민(領民)에 대하여 제후들이 그토록 의무를 지는 것은, 그의 약속 이행이 영민의 이익에 합치되는 경우이며, 긴급한 경우에 그는 구속을 받지 아니한다고 말한다. 이러한 명제는 결코 새로운 것이 아니다. 보댕의 설명 중 결정적인 것은 그가 제후와 신분들과의 관계를 단순한 양자택일에서 구하고, 더구나 긴급사태를 비난한 점에 있다. 그의 정의에서 정말 훌륭한 것은 그가 주권을 불가분한 단일체로서 파악하고, 국가 안의 권력문제에 최종적으로 결정을 본 데에 있다. 또한 그의 학문적인 업적과 그가 성공한 이유는 그가 결정이라는 요소를 주권 개념에 도입한 점에 있다. 오늘날 주권 개념의 논술에서 통례적으로 보댕을 인용하지 않는 것은 거의 없다. 그러나 어디에서도 국가론 그 장의 핵심적인 부분을 인용한 것을 찾아볼 수 없다. 보댕은 제후가 신분들이나 영민에게 부여한 약속이 그의 주권을 빼앗는 것인가의 여부를 묻고 있다. 이에 대하여 그는 답변하면서 그러한 약속에 반하여 행동하고, 각각의 경우 때와 사람의 필요에 따라서 법률을 변경하거나 폐기할 필요가 있는 사례를 지적하고 있다. 그러한 사태에 제후가 미리 원로나 영민의 의향을 물어보아야 한다면, 제후는 신하에 의해서 무용지물이 되지 않을 수 없다. 그러나 이것은 보댕에게는 허튼 것이 된다. 왜냐하면 그는 신분들도 법률의 지배자는 아니며 그들도 역시 제후에 의해서 무용지물이 될 수밖에 없기 때문이라고 주장한다. 그리하여 주권은 양자 사이를 전전하게 되는데, 때로는 영민이 때로는 제후가 지배자가 될 것이다. 이것은 완전히 이성과 도리에 반하는 것이다. 그 때문에 현행 법률을 폐기하는 권한은 일반적인 경우든 개별적인 경우이든 바로 주권의 본래의 특징이며, 보댕은 거기에서 다른 모든 징표(선전과 강화 · 관리의 임명 · 최종심 · 은사권 등)를 도출해 내려고 한다.

『독재』(Diktatur, München und Leipzig, 1921; 김효전 옮김, 『독재론』, 1996)에 관한 저서에서 나는 전통적인 역사적 서술이라는 도식에 반하여 17세기 자연법 논자들에게서도 주권의 문제는 비상사태에 관한 결정의 문제로서 이해되고 있었음을 서술하였다. 특히 푸펜도르프(Pufendorff)*가 그렇다. 그들 모두에게 일치하는 것은 국가 내부에서 대립이 발생하는 경우 각 당파는 당연히 공공의 이익만을 원한다는 것— 만인의 만인에 대한 투쟁의 의미는 바로 여기에 있다 — 그러나 주권, 따라서 국가 자체의 본질은 이러한 다툼에 결정을 보는 것, 즉 공공의 질서와 안전은 무엇이며 어떠한 경우에 그것이 파괴되는가 등등을 확정하는 데에 있다는 것이다. 구체적 현실에서 공공의 질서와 안전은 어떠한 때에 이 질서와 안전이 보장되며, 어떠한 때에 위협을 받거나 파괴되는가를 결정하는 주체는, 예를 들면 군국주의적인 관료제인가 상업적 정신에 지배되는 자치체인가 혹은 과격한 당조직인가 하는데 따라서 매우 다양한 양상을 드러낸다. 왜냐하면 모든 질서는 결정에 근거를 두며, 법질서라는 개념도 반성 없이 자명한 것으로서 사용될지라도 법학상의 다른 두 가지의 요소의 대립을 내포하고 있다. 법질서도 모든 질서와 마찬가지로 결정에 근거를 두며, 규범에 근거를 두는 것은 아니다.

신만이 주권자인가, 즉 지상의 현실에서 모순 없이 그 대리인으로서 행동하는 그러한 자, 또는 황제나 영주 내지 인민, 즉 모순 없이 인민과 동일화되는 그러한 자, 문제는 항상 주권의 주체, 즉 이러한 개념의 구체적 사실에의 적용에 관련된다. 주권의 문제를 논하는 법학자들은 16세기 이래 주권의 권능을 열거하는 데에서 출발하는데, 이것은 주권이 가지는 일련의 불가결한 징표를 집성하는 것이며, 본질적으로는 앞서 인용한 보댕의 논술로 되돌아가는 것이다. 주권자인 것은 이러한 권능을 가진 것을 의미한다. 국법학적인 논의는 구 독일 제국의 불명확한 법적 관계에 대하여 주권의 많은 징표 가운데 하나는 의심할 것 없이 존재하며, 다른 불명확한 징표들도 마찬가지로 존재했어야 한다고 전개하였다. 따라서 논쟁은 언제나 항복 조항처럼 실정법에 아직 규정되지 아니한 권능이 누구에게 귀속되어야 하는가, 바꾸어 말하면 아무런 결정권도 규정되어 있지 아니한 경우에 누가 결정할 것인가를 둘러싼 것이었다. 통속적인 표현법으로는 누가 무제한한 권력을 자기 것으로서 주장할 수 있는가 하는 문제이다. 따라서 비상사태, 극도의 긴급사태에 관한 논의이다. 이른바 군주제에 대한 논의에서 이것은 동일한 법논리적 구성으로 반복된다. 따라서 여기서도 항상 헌법에 근거하여 규정되지 아니한 권능에 관하여 누가 결정을 내리는가, 즉 결정권의 문제에 관하여 법규에서 아무런 해답도 제시하지 못하는 경우에 누가 결정권을 가지는가 하는 문제이다. 1871년의 헌법에서 독일의 개별 주들이 주권자였는가 하는 논쟁은 확실히 정치적인 의미가 적은 문제에 불과하였으나 여하튼 동일한 이론구성이 인정된다. 개별 주가 주권을 가진다고 자이델(Seydel)*이 시도한 논증의 요점은 각 주에 남겨진 권한의 연역 가능성이나 불가능성이라는 개념보다는 오히려 제국의 권한은 헌법에 명문화되어 원리적으로 제약되고 있음에 반하여, 각 주의 권한은 원리적으로 무제한하다는 주장에 있다. 1919년의 현행 독일 헌법은 제48조*에서 비상사태는 라이히 대통령이 선언하지만 의회의 제약을 받으며 의회는 항상 그 해제를 요구할 수 있다. 이러한 규제는 법치국가적 발전과 그 실제에 대응하는 것이며 권한의 분할과 상호 제약으로 주권의 문제를 가능한 멀리 떼어놓으려는 것이다. 그러나 법치국가적인 경향은 단순히 비상권한의 전제를 규제하는데 그치며, 제48조의 내용적인 규제는 아니다. 그것은 오히려 무제한한 전권을 부여하는 것이며, 따라서 만약 아무런 통제 없이 이에 관한 결정이 내려지는 경우에는 1815년의 프랑스 헌장 제14조*의 비상권한이 군주를 주권자로 만들었듯이, 이것은 주권을 부여하는 것이 될 것이다. 제48조의 지배적인 해석처럼 개별 주가 비상사태를 선언하는 아무런 독자적인 권한을 가지지 못한다면, 개별 주는 이미 국가가 아니다. 바로 제48조에 독일 각 주가 국가인가 아닌가 하는 문제의 핵심이 있다.

비상사태에 대한 권한 부여를 명문화하는 것 — 상호 제약의 형태이든 시간적인 제약이든, 나아가서는 계엄상태의 법치국가적인 규제에서처럼 특별한 권한을 열거하는 형식이든 — 그것이 이루어진 경우, 그때 주권의 문제는 결정적으로 한 단계 후퇴하게 되지만 물론 제거되는 것은 아니다. 일상 생활의 문제와 일상 업무의 문제에 몰두하는 법학은 실제로 주권 개념에 아무런 관심도 없다. 또한 그들에게는 정상적인 것만이 인식가능한 것이며 다른 모든 것은 「교란」이다. 극단적인 사태에 대해서 그들은 당황한다. 왜냐하면 평상시와 다른 권한, 경찰의 긴급조치나 긴급명령 모두가 그대로 비상사태는 아니기 때문이다. 비상사태에는 원리적으로 무제한한 권한, 즉 현행 질서 전체의 정지가 필요하다. 이러한 사태가 나타나는 경우, 법은 후퇴하더라도 국가는 여전히 존속한다는 사실은 명백하다. 비상사태는 무질서나 혼란과는 별개의 것이기 때문에, 법학적 의미에서 비록 법질서는 아니라고 하더라도 여전히 하나의 질서는 존속한다. 국가의 존립은 여기서 법규의 효력에 대한 명백한 우월성을 실증하는 것이다. 결정은 어떠한 규범적 구속성으로부터 자유로우며 본래의 의미에서 절대적이다. 비상사태에서 국가는 이른바 자기보존의 권리에 의해서 법을 정지시킨다. 여기서 「법-질서」라는 개념을 구성하는 두 요소는 서로 대립하며, 각각의 개념적 독립성을 나타낸다. 정상사태에서 결정의 독자적인 요소는 최소한으로 억제될 수 있듯이, 비상사태에서는 규범이 무시된다. 그럼에도 불구하고 비상사태도 역시 법학적 인식의 대상이 되는 것은 규범이나 결정과 같은 두 요소 모두 법학적인 것의 틀 안에 남아있기 때문이다.

비상사태는 법학적으로 무의미하며 따라서 그것은 「사회학」에 속한다는 주장은 사회학과 법학의 기계적인 분리의 조잡한 적용일 것이다. 비상사태는 추정할 수 없는 것이다. 그것은 일반적인 범위 밖에 있다. 그러나 동시에 그것은 결정이라는 순법학적인 형태 요소를 절대의 순수성에서 나타내고 있다. 비상사태가 그 절대적인 모습으로 나타나는 것은 법규가 유효하게 될 수 있는 상황이 비로소 만들어져야 하는 때이다. 어떠한 일반적인 규범도 생활 관계의 정상적인 형성을 요구하며, 일반적인 규범은 사실상 거기에 적용되어야 하며, 또 그것을 규범적 규제에 따르도록 만든다. 규범은 동질적인 매체를 필요로 한다. 이러한 사실상의 정상성은 단순히 「외적인 전제」로서 법학자가 무시할 수 있는 것이 아니라 그것은 오히려 규범의 내재적 유효성의 일부를 구성한다. 혼란 상태에 적용할 수 있는 규범같은 것은 존재하지 아니한다. 법질서가 의미를 가지기 위해서는 질서가 만들어져야 한다. 정상적인 상태가 창조되어야 하며, 또한 이 정상적인 상태가 실제로 존재하는가의 여부를 명확하게 결정하는 자가 바로 주권자이다. 모든 법은 「상황의 법」이다. 주권자는 전체로서의 상황을 그의 전체성 속에서 창조하며 보장한다. 주권자야말로 이러한 궁극적인 결정의 전담자이다. 이 점에 국가주권의 본질이 있으며, 그것은 따라서 정확하게는 강제의 독점이나 지배의 독점이 아니라 결정의 독점으로서 법학적으로 정의되어야 하며, 이 경우 결정이라는 말은 다시 더욱 전개되는 일반적인 의미로서 사용된다. 비상사태는 국가권위의 본질을 가장 명확하게 나타낸다. 여기서 결정은 법규범에서 분리되며, 또한 (역설적으로 간결하게 표현한다면) 법을 창조하기 위하여 법을 소유할 필요는 없다는 것이 권위를 입증하고 있다.

로크(Locke)의 법치국가에 관한 학설이나 18세기 합리주의 시대에 있어서 비상사태란 생각할 수 없는 것이었다. 17세기의 자연법에 지배적이었던 비상상태의 의의에 대한 생생한 자각은 비교적 영속적인 질서가 창조된 18세기에 곧 또다시 상실되었다. 칸트(Kant)에 있어서 긴급권은 결코 더 이상 법은 아니다. 현대의 국가학은 흥미 깊은 현상을 드러내고 있으며, 긴급사태에 대한 합리주의적인 무시와 본질적으로 그것과는 반대의 이념에서 나오는 관심이라는 두 경향이 동시에 서로 대립하고 있다. 켈젠과 같은 신칸트학파가 비상사태에 대하여 체계적으로 아무것도 할 수 없다는 사실은 당연하다.* 그러나 법질서 자체가 비상사태를 예정하고 있으며, 또한 「자신을 정지」할 수 있다는 사실에는 합리주의자라도 하더라도 관심을 가지지 않을 수 없다. 규범이나 질서나 귀속점이 「스스로 정착한다」는 것은 이와 같은 법학적 합리주의에 대하여, 특히 용이하게 실현되는 관념처럼 보인다. 그러나 완전히 구체적인 경우에 어떻게 체계적 통일성과 질서가 자신을 정지할 수 있는가는 구성하기 어려우며, 또한 비상사태가 법학적 혼란이나 어떠한 무질서와도 구별되는 한 그것은 법학상의 문제이다. 가능한 한 상세하게 비상사태를 규정하려는 법치국가적 경향은 사실 법이 스스로 정지되는 사례를 정확하게 기술하려는 시도를 의미할 뿐이다. 법은 어디에서 이러한 힘을 만들어 내며, 또한 규범이 모조리 처벌 규정에 맞는 것으로만 규정할 수 없는 구체적인 예외 경우를 가지고서도 타당한 것은 어떻게 논리적으로 가능한가?

예외는 아무것도 증명하지 못하며 정상만이 과학적 관심의 대상이 될 수 있다는 것은 논리 일관된 합리주의의 주장일 것이다. 예외는 합리주의적인 도식의 통일과 질서를 교란한다. 실정적 국가학에서는 자주 이와 유사한 논의에 직면한다. 예컨대 안쉬츠(Anschütz)는 예산법이 존재하지 아니하는 경우 어떻게 대처할 것인가 하는 질문에 이것은 결코 법의 문제는 아니라고 대답한다.「이것은 법률, 즉 헌법조문의 흠결이라기보다는 오히려 법의 흠결의 문제이며, 이것은 법학적인 개념 조작으로는 결코 전보될 수 없다. 여기에 국법학은 끝난다」(Staatsrecht, S. 906).* 구체적인 생활 철학은 바로 예외라든가 극단적인 사태에 직면하여 이것과 관계를 끊는 것이 허용되지 않을 뿐만 아니라 오히려 최고도로 거기에 관심을 기울여야 한다. 구체적인 생활 철학에서는 원칙보다도 예외가 더 중요시될 수 있다. 그러나 이것은 역설을 좋아하는 낭만적인 심정에서가 아니라 평균적으로 반복되는 사태의 명확한 일반화 이상으로 더 한층 깊은 통찰을 진지하게 희구하는 데에서 나온 것이다. 예외는 정상사태 보다도 흥미롭다. 정상은 아무것도 증명하지 못하나 예외는 모든 것을 증명한다. 예외는 원칙을 보장할 뿐이지만 원칙은 대개 예외에 의해서만 생존한다. 예외에서 현실 생활의 힘은 반복 속에 경직된 메커닉의 껍질을 깨트린다. 한 프로테스탄트 신학자는 다음과 같이 말함으로써 어떻게 신학적 반성은 19세기에도 생생한 강렬함을 가질 수 있었는가를 실증하였다. 즉「예외는 일반적인 것과 자기 자신을 설명한다. 일반적인 것을 정당하게 연구하려면 어떤 현실적인 예외에 눈을 돌릴 필요가 있다. 예외는 일반적인 것 그 자체 이상으로 확실히 명확하게 모든 것을 드러낸다. 일반적인 것에 대하여 권태롭게 길게 논의를 계속하면 거기에는 예외가 존재한다. 그 예외를 설명할 수 없다면, 또한 일반적인 것도 설명할 수 없다. 사람들은 보통 이러한 어려움에 주의를 기울이지 않는데, 그 까닭은 일반적인 것에 정열을 가지지 않고 안이한 피상적인 고찰에 안주하기 때문이다. 이에 반하여 예외는 정력적인 정열로써 일반적인 것을 생각한다」.*

제2장 법형식과 결정의 문제로서의 주권의 문제

국법학상의 이론이나 개념들이 정치적 사건이나 변화의 인상을 받고 변용되는 경우 토론도 우선 현하의 실천적 관념에서 어떤 당면 목표에 따라서 전통 관념을 수정하게 된다. 새로운 현실은 새로운 사회적 관심을 불러일으키며, 국법학상의 문제를 다루는「형식주의적」방법에 대한 반발을 불러일으킬 수 있다. 다른 한편 법적 처리를 정치적인 관계들의 변화로부터 독립시키고, 바로 일관된 형식적 처리법에 따라서 과학적인 객관성을 확보하려는 노력이 표면화 될 수도 있다. 이리하여 동일한 정치적 사태에서 다른 학문적 경향과 조류가 발생하는 경우도 일어날 수 있다.

모든 법적 개념 중에서 현실적으로 가장 강한 관심의 대상은 주권 개념이다. 그 개념의 역사는 보댕에서 시작하는 것이 보통이나, 16세기 이후에 논리적인 전개나 발전을 이루었다고는 할 수 없다. 주권 개념의 단계들은 다양한 정치 투쟁에 의해서 묘사되었고, 그 개념의 내실에서 나오는 변증법적인 심화에 의한 것은 아니다. 보댕의 주권 개념은 16세기에 유럽이 최종적으로 민족국가로 해체되고 절대 군주가 동족들과 투쟁한 때에 성립한다. 18세기에는 신흥 국가들의 국가적인 자각은 바텔(Vattel)*의 국제법적 주권 개념에 반영되었다. 새로이 창건된 독일 제국에서는 1871년 이후 연방에 대한 구성 국가들의 주권 영역의 획정에 대한 원칙을 세울 필요가 생기고, 이러한 관심에서 독일의 국가학은 주권 개념과 국가 개념과의 구별을 발견한다. 이렇게 구별함으로써 독일의 국가학은 연방 내의 개별 주에게 국가로서의 성격을 인정하면서, 이들에게 주권을 인정하려고 하지 아니하였다. 그러나 항상 주권은 법적으로 독립이며 연역될 수 없는 최고의 권력이라는 낡은 정의는 다양하게 변용되면서 반복되고 있다.

그러한 정의는 다양한 정치적 · 사회적 복합체에 적용되고 다양한 정치적 이익에 봉사하기 위해서 사용된다. 그것은 어떤 실재의 적절한 표현이 아니라 공식이며 기호이며 표지이다. 그것은 무한하게 다의적이며, 따라서 실용면에서는 상황에 따라서 매우 유효하거나 전연 무가치하기도 하다. 그것은 현실의 존재를 나타내는 것으로서 「최고 권력」이라는 최고급을 사용하는데, 사실은 인과율에 지배되는 현실 속에서 하나의 개별적인 요소만을 추출하여 최고급의 것으로 배려할 수는 없다. 자연법칙적인 확실성을 가지고 불가항력적으로 작용하는 것은 최고최대의 권력이라는 것은 정치적 현실 속에는 존재하지 아니한다. 권력은 법에 대하여 아무것도 증거하지 못한다. 그것은 루소가 그의 시대 전체가 일치하여 정식화한 다음과 같은 평범한 이유에서 나온 것이다. 즉, 힘은 물리적 권력이며 강도가 발사하는 피스톨도 또한 권력이다(Contrat social Ⅰ, 3)라고. 사실상 최고 권력과 법적 권력의 결합이야말로 주권 개념의 근본 문제이다. 이 점에 주권 개념의 모든 어려움이 있으며, 그것은 일반적인 동어반복적인 술어에 의해서가 아니라, 법학적 본질을 명확히 함으로써 법학상의 이러한 근본 개념을 채택하는, 하나의 정의를 발견하는 과제이다.

최근 수년 동안 주권 개념을 상세하게 다룬 것은 먼저 사회학과 법학을 분리하여 안이한 양자택일로부터 순수하게 사회학적인 것과 순수하게 법학적인 것을 얻어냄으로써 보다 간단한 해결을 시도하고 있다. 켈젠은 그의 저서 『주권의 문제와 국제법 이론』(Das Problem der Souveränität und die Theorie des Völkerrechts, Tübingen 1920)과 『사회학적 국가개념과 법학적 국가개념』(Der soziologische und der juristische Staatsbegriff, Tübingen 1922)에서 이러한 방향으로 나아갔다. 사회학적인 요소를 모두 법학적 개념으로부터 분리함으로써 규범들에 대한 또한 궁극적 · 통일적인 근본규범에 대한 귀속의 체계를 거짓 없는 순수성에서 획득하려고 한다. 존재와 당위, 인과적 고찰과 규범적 고찰이라는 오랜 대치는 이미 게오르크 옐리네크(Georg Jellinek)나 키스티아코우스키(Kistiakowski)*가 행한 이상의 정력과 엄격성으로써, 그러나 그와 마찬가지로 아무런 증명도 필요 없는 자명함으로써 사회학 대 법학이라는 대치로 바꾸어 놓고 있다. 어떤 다른 과학이나 인식론으로부터 그러한 분리가 응용된다는 것은 법학의 운명인지도 모른다. 켈젠이 이러한 방향을 취함으로써 다음과 같은 결론에 도달한 것은 결코 놀랄 일이 아니다. 즉, 국가의 법학적 고찰은 순수하게 법학적인 것이어야 하며, 규범적으로 타당한 것이어야 한다. 따라서 법질서와 병존하면서 법질서 밖에 있는 어떠한 실재나 관념이 아니라 다름 아닌 바로 이 법질서 그 자체이다 — 물론 (이 점에 문제가 있다는 것은 아무런 어려움이 없는 것 같다) 하나의 통일체로서의 법질서이다. 또한 국가는 법질서의 작성자도 아니며 원천도 아니다. 그러한 관념들은 모두 켈젠에 의하면 의인화(Personifikation)이고 실체화이며, 원래 단일하고 동일한 법질서를 이분화하고, 다른 주체로 분할한다. 국가, 즉 법질서는 궁극적인 귀속점*이며 궁극적인 규범에 대한 귀속들(Zurechnungen)의 체계이다. 국가 내부의 상하질서는, 최하위 단계에 이르기까지 권한과 권능이 통일적인 중심점에서 비롯됨에 근거한다. 최고권능은 한 인격 내지 사회학적 · 심리학적 권력복합체에 귀착하는 것이 아니라 오로지 규범체계의 통일체로서 주권적 질서 그 자체에 귀착한다. 법학적 고찰에 대해서 현실의, 또는 허구의 개인은 존재하지 않으며, 다만 귀속점만이 존재한다. 국가란 귀속의 최종 도달점이며, 이 점에서 법학적 고찰의 본질인 귀속이 「끝날 수」 있다. 이 「점」은 동시에 「그 이상 연역할 수 없는 질서」이다. 근원적인 궁극적 최고규범에서 나와서 저위의, 즉 위임된 규범에 이르는 질서의 일관된 체계는 이와 같이 구상될 수 있다. 늘 새로이 반복되며 학문상의 모든 적에 대해서 새롭게 제시되는 결정적인 논의는 언제나 동일하다. 즉 규범이 타당하게 되는 근거는 또다시 하나의 규범일 수 있다. 따라서 국가의 법학적인 고찰에 있어서 국가란 헌법, 즉 통일적인 근본규범과 동일한 것이다.

이러한 연역에서 중요한 것은 「통일」이라는 말이다. 「인식관점의 통일성은 불가피하게 일원론적인 견해를 요구한다」. 사회학적 방법과 법학적 방법이라는 이원주의는 일원론적 형이상학에서 끝난다. 그러나 법질서의 통일체, 즉 국가는 법학의 범위 안에서 어떠한 사회학적인 것으로부터도 「순수한」 그대로이다. 이러한 법학적 통일체는 전 체계의 세계포괄적 통일체와 같은 종류의 것인가? 자연법적 체계나 논리적 일반 법학의 통일이 아니라 실정적 현행 질서의 통일이 의미를 지닌다면, 어떻게 다수의 실정적 규정들이 동일한 귀속점을 가지는 통일체로 환원될 수 있는가? 질서 · 체계 · 통일과 같은 말들은 어떻게 그 순수성 속에서 실현될 수 있는가를 제시하지 않으면 안 되는 동일한 요청을 단지 바꾸어 쓴 것에 불과하다. 그리고 그것은 「헌법」(이것은 「통일」을 더욱 동어반복적으로 바꾸어 쓴 것이거나 또는 잔인한 사회학적 · 정치적 사실을 의미한다)에 근거하여 어떻게 하나의 체계가 성립할 수 있는가를 제시하지 않으면 안 된다. 체계적 통일은 켈젠에 의하면 「법학적 인식의 자유로운 행위」이다. 이제 하나의 점은 질서이며 체계이며 규범과 동일하여야 한다는 재미있는 수학적 신화는 도외시하고 다른 것을 물어보자. 만약 실정적 규정, 즉 명령에 근거를 두지 아니한다면 다양한 귀속의 사고상의 필연성과 객관성은 어떻게 다양한 귀속점에 근거를 둘 수 있는가? 일관된 통일과 질서는 세상에서 가장 자명한 것처럼 항상 반복하여 말하여진다. 마치 자유로운 법학적 인식의 결과와 단지 정치 현실에서만 통일체를 구성하는 복합체 사이에 예정조화가 존재하듯이, 고차원의 질서와 저차원의 질서라는 단계가 논해지고, 법학상의 도마에 올라오는 모든 실정적 규정에서 그것이 발견되어야 한다는 것이다. 켈젠이 법학을 모든 순수성 속에서 고양시키려는 규범과학은 법률가가 자신의 자유로운 행위에 근거하여 가치판단한다는 의미에서는 규범적일 수 없다. 다만, 법률가는 자신에게 소여(所與)의 (실정적으로 주어진) 가치들에 관계를 가질 수 있을 뿐이다. 그럼으로써 하나의 객관성이 가능하게 되는 것처럼 보이지만, 그러나 실정성(Positivität)과는 아무런 필연적인 연관도 없다. 법률가가 관계하는 가치들은 법률가들에게 주어지기는 하지만, 법률가는 그것들에 대하여 상대적 우월성을 가지고 임한다. 그는 법학적 관심의 대상이 되는 것에서 통일을 구성할 수 있으나, 어디까지나 그는 「순수하게」 머무른다. 그러나 통일성과 순수성은 쉽게 얻어지는데, 그것은 본래의 어려움이 단호하게 무시되고, 형식적인 근거에 입각하여 체계와 모순되는 모든 것이 불순한 것으로 배제되는 경우이다. 아무것에도 관계하지 않고 종래의 법학이 연구해 온 것과 자신의 법학이 어떠한 점에서 구별되는가를 단 하나의 구체적인 예시도 없이, 단지 단호하게 방법론을 고수하려고만 하는 자는 남을 비판하는 것이 용이하다. 방법론적 고집, 개념의 정밀화 그리고 예리한 비판은 오로지 준비작업으로서만 가치를 지닌다. 만약 그들이 법학은 어떤 형식적인 것이라는 이유로써 문제의 핵심을 찌르지 못한다면, 그들은 그많은 노력에도 불구하고 구태의연한 법학의 대기실에 머무를 뿐이다.

켈젠은 주권 개념의 문제를 부정함으로써 그것을 해결한다. 그가 연역하는 결론은 「주권 개념은 단호히 배제되어야 한다」(Problem der Souveränität, S. 320)는 것이다. 이것은 사실상 법에 대한 국가의 독자성을 부정하는 낡은 자유주의이며, 독자적인 법실현의 문제를 무시하는 것이다. 이와 같은 견해는 국가가 아니라 법이 주권이라는 명제에 입각한 크랍베의 『법주권론』(H. Krabbe, Die Lehre von der Rechtssouveränität, 1906. 증보한 제2판의 독일어판 제목은 『현대의 국가사상』(Die moderne Staatsidee)이며 1919년에 발간되었다)에서도 발견된다. 여기서 켈젠은 크랍베를 국가와 법질서의 동일성에 관한 자기 이론의 선구자로서만 보려고 한다. 사실 크랍베의 이론은 켈젠의 결론과 공통되는 세계관적 근거에 입각하고는 있으나, 바로 켈젠의 독창적인 점, 즉 그의 방법론에서 홀랜드 법학자와 독일 신칸트학파의 인식론적 및 방법론적인 특질 사이에는 아무런 관련도 없다. 크랍베가 말하듯이, 「법주권론은 거기에 따른다면 기존상태의 기술이거나 그 실현에 노력해야 하는 요청이다」(S. 39). 크랍베에 의하면 현대의 국가이념은 (군주나 관계 당국과 같은) 인격적 권력 대신에 하나의 정신적인 힘으로 대치한다. 「우리들은 이제 더 이상 자연인이든 구성된 (법)인이든 인격의 지배를 받지 않으며, 규범들, 정신적인 힘들의 지배 아래 살고 있다. 이 점에 현대의 국가이념이 나타난다」. 「이러한 힘들이 언어의 가장 엄격한 의미에서 지배하고 있다」. 왜냐하면 「이러한 힘들에 대해서는 그것이 바로 인간의 정신적인 본성에서 나오는 것이기 때문에 자발적인 복종이 이루어질 수 있기 때문이다」. 법질서의 기초, 원천은「민족 공동체의 법감각, 법의식 속에서만 발견된다」.「이 기초에 대해서는 더 이상 논할 여지가 없다」. 크랍베는 지배의 형태에 대한 사회학적 연구는 하지 아니한다고 말하면서(S. 75), 그러나 현대 국가의 유기적 형성에 관하여 본질적으로 사회학적인 설명을 하며, 그 현대 국가에서는 직업관료가 독자적인 지배권력으로서 국가와 동일시되며, 보통의 고용관계와는 다른 것으로서 어떤 특수·공법적인 관료관계를 설정한다. 공법과 사법의 대립은 그것이 주체의 현실적인 차이에 근거를 두는 한 강력하게 거부된다(S. 138). 모든 영역에서의 분권화와 자치의 발달로 인하여 이러한 현대의 국가이념은 점차 명확하게 모습을 드러낸다. 국가가 아니라 법이 권력을 가지게 된다.「낡고 항상 반복하여 새로이 국가의 표지로서 설정되어온 권력과 이 권력의 현상형태라는 국가의 개념 규정은 권력에 관하여 그것은 법에서 발현하는 것이며, 법규범의 제정이라는 방법 이외에는 달리 효력을 지닐 수 없다는 것을 유일한 조건으로서 승인하는 경우에만 앞으로도 허용될 수 있다. 그러나 여기에 부수적으로 확인할 것은 입법에 의하든, 법을 고쳐쓰는 방법에 의하든 오로지 법의 창조에만 국가는 자신을 명백히 나타낸다. 또한 법률의 적용이나 어떤 공공의 이익을 도모함에 있는 것은 아니다」(S. 255). 국가의 임무는 단지 법을「형성하는」것, 즉 여러 이익의 법적 가치를 확정하는 데에 있다(S. 261).

「저 모든 이익들과 기타의 이익들은 어떤 이익들의 지배가 아니라 오로지 고유한 시원적 법원(法源)에 의해서 그들의 법적 가치를 지닌다」(S. 60). 국가는 오로지 법의 창조에 한정된다. 그러나 이것은 국가가 내용적으로 법을 창조한다는 의미는 아니다. 국가는 국민 대중의 법의식에서 나오는 이익들의 법적 가치를 확정하는 것 이외에는 아무것도 아니한다. 이점에 이중적인 제약이 있다. 즉, 첫째로는 이익이나 복지에 대립되는 것으로서 법에 한정하는 것, 즉 칸트의 법이론에서 질료(質料)라고 부르는 것에의 한정이며, 둘째로는 선언적이지만 결코 구성적이 아닌 확정에의 한정이다. 바로 이 확정이라는 것 속에 실질적 형식*으로서의 법의 문제가 존재한다는 것은 다음에 밝혀질 것이다. 크랍베에서 주의할 점은 법과 이익의 대립이 형식과 질료의 대립이 아니라는 것이다. 그가 공공의 이익은 모두 법에 복종한다고 말하는 경우, 이것은 현대 국가에 있어서 법적 이익이 최고의 이익이며 법적 가치가 최고의 가치라는 것을 의미한다.

중앙집권적 관헌국가에 반대한다는 점에서 크랍베는 단체이론에 가깝다. 관헌국가와 관헌국가의 법률가에 대한 크랍베의 투쟁은 후고 프로이스(Hugo Preuß)*의 유명한 저작들을 연상시킨다. 단체이론의 창시자인 기이르케(Gierke)*마저 자신의 국가개념을 이렇게 정리한다. 즉,「국가의사 내지 지배자의 의사는 법의 궁극적인 원천이 아니라 국민생활에서 나온 법의식의 표명을 위하여 설정된 국민기관이다」(Grundbegriffe des Staatsrechts, S. 31). 지배자의 개인적인 의사는 유기적 전체로서의 국가에 편입된다. 그러나 기이르케에 있어서 법과 국가는「동격의 권력」이며, 그 상호관계라는 근본적인 질문에 대하여 기이르케는 다음과 같이 대답한다. 즉, 양자는 인간의 공동생활을 구성하는 독자적인 두 요소이며, 한편이 결여되면 다른 한편은 생각할 수 없으나, 여하튼 다른 편에 의해서 또는 다른 편 앞에 존재하지는 아니한다고 말이다. 혁명적인 체제 개혁 시에는 법적 단절이 생긴다. 그것은 법적 연속성의 단절이며, 윤리적으로 명령되건 역사적으로 정당화되건 법적 단절임에는 틀림없다. 그러나 이러한 단절은 치유될 수 있으며 나중에 「국민의 법의식을 만족시킬 수 있는 그 어떤 법적 조치에 의해서」, 예를 들면 헌법협약이나 국민투표나 관습과 같은 성스러운 힘에 의해서(S. 35), 새로이 법적 근거를 얻게 된다. 법과 권력이 조화함으로써 견디기 어려운 「긴장상태」는 제거된다는 경향이 존재한다. 그러나 국가의 동격성은 다음에 의하여 불명확하게 된다. 즉, 기이르케에 의하면, 국가에 의한 입법이란 단지 국가가 법에 대하여 날인하는 「마지막 형식적인 도장」에 불과하며, 이러한 「국가에 의한 날인」은 단지 「외적 형식적인 가치」를 가질 뿐이다. 그것은 크랍베가 법적 가치의 단순한 확정이라고 부른 것이며, 법의 본질에 속하는 것은 아니다. 그런고로 기이르케에 의하면 국제법은 국가법은 아니지만 법일 수 있다는 것이다. 이와 같이 국가는 단순히 선언하는 포고자로서의 역할에 압박을 받는 경우, 국가는 더 이상 주권자일 수는 없다. 프로이스는 단체이론에 입각하면서 주권 개념을 관헌국가의 잔재로서 부정하였으며, 단체적으로 아래로부터 구축되는 공동체 속에 하나의 조직체를 발견하였는데, 이 조직체는 지배권의 독점을 필요로 하지 않으며, 따라서 주권도 가지지 아니한다. 단체이론의 새로운 대표자들 가운데 볼첸도르프(Wolzendorff)*는 그 이론에 입각하여 「새로운 국가시대의 문제」를 해결하려고 시도하였다. 그의 수많은 논문(예를 들면 『독일의 국제법 사상』〈Deutsches Völkerrechtsdenken〉 1919), 『국제법의 허구』〈Die Lüge des Völkerrechts〉, 1919; 『국법학의 정신』〈Geist des Staatsrechts〉, 1920; 『순수국가』〈Der reine Staat〉, 1920) 가운데 여기서 가장 관계가 깊은 것은 마지막의 『순수국가』이다. 그 출발점은, 국가는 법을, 그리고 법은 국가를 필요로 하지만, 「보다 심원한 원리로서의 법이 궁극적으로는 국가를 제약한다」는 점에 있다. 국가는 시원적인 지배권력이지만 그것은 질서의 힘, 민중 생활의 「형식」으로서이며 어떠한 힘에 의한 자의적인 강제로서는 아니다. 이와 같은 힘은 자유로운 개인이나 단체의 행위가 불가능한 영역에만 개입이 요청된다. 이 힘은 최후 수단(ultima ratio)으로서 배후에 남아 있어야 한다. 질서적인 것은 경제적인 이해와도, 또한 사회적 · 문화적인 이해와도 결합되지 아니한다. 왜냐하면 후자는 자치에 맡겨져야 하는 것이기 때문이다. 특히 자치에는 일정한 「성숙」이 필요하다는 것은 볼첸도르프의 이론을 위험한 것으로 만들 우려가 있다. 왜냐하면 역사의 현실에서 이와 같은 역사적 · 교육적 문제는 자주 토론으로부터 독재로라는 예기치 못한 전환을 취하기 때문이다. 볼첸도르프의 순수국가는 그 질서 기능에만 한정되는 국가이다. 거기에는 법의 형성도 포함된다. 왜냐하면 모든 법은 동시에 국가질서의 존립에 관계되기 때문이다. 국가는 법을 보존해야 한다. 국가는 「수호자이지 명령자는 아니다」. 그러나 수호자라고 하더라도 단순히 「맹목적인 일꾼」은 아니며 「책임을 지는 최종 결정권을 가진 보장자」이다. 볼첸도르프는 노병협의회

(Räte) 사상 속에서 단체 자치에의 경향, 국가를 「순수하게」 거기에 귀속하는 기능에만 한정하려는 경향의 표현을 본다.

볼첸도르프가 국가를 「최종결정권을 가진 보장자」라고 표현함으로써 단체적 · 민주적 국가관과는 정반대의 권위적 국가이론에 상당히 가깝게 접근하였으나, 그 자신은 자각하지 못하였을 것이다. 크랍베와 전술한 단체이론의 대표자들에 대하여 볼첸도르프의 이 마지막 저작은 그 때문에 특히 중요하다. 이것은 토론을 결정적인 개념에로, 즉 실체적 의미에 있어서의 형식의 개념에로 인도한다. 질서의 힘 그 자체가 매우 높게 평가되고, 보장 기능은 어떤 독자적인 것이기 때문에 국가는 이미 법이념의 단순한 확정자 또는 「외적 · 형식적인」 전철수 이상은 아니다. 모든 확정과 결정 속에는 어느 정도로 법논리적 필연성을 가진 구성적 요소가, 즉 형식의 고유한 가치가 포함되어 있는가 하는 문제가 제기된다. 볼첸도르프에 의하면 형식이란 「사회 · 심리학적인 현상」이며, 역사적 · 정치적 생활에서 작용하는 요소이며, 그 의미는 서로 작용하는 정치적 힘들에 대하여 국가 헌법의 관념적 구조 속에서 구조적인 예측이 가능한 고정 요소를 파악하는 가능성을 부여한다는 점에 있다(Arch. d. öff. Rechts, Bd. 34, S. 477).* 즉 국가는 생활 형성이라는 의미에서 하나의 형식으로 화한다. 볼첸도르프는 예측가능한 기능성이라는 목적에 봉사하는 형성과, 다른 한편 예컨대 헤르만 헤펠레(Hermann Hefele)*가 사용한 미학적 의미에서의 형식을 명확하게 구별하지 않고 있다.*

철학에서 형식개념을 둘러싸고 나타나는 혼란은 특히 사회학과 법학에서도 유해롭게 반복되고 있다. 법의 형식, 기술적 형식, 미학적 형식 그리고 선험철학에서의 형식 개념은 각각 본질적으로 상이한 것을 나타낸다. 막스 베버(Max Weber)의 법사회학에서는 세 가지의 형식 개념이 구별되고 있다.* 첫째로 베버에 있어서는 법적 내용을 개념적으로 명확히 한 것이 법적 형식이다. 이것은 그가 말하는 규범적 규제인데, 그러나 「합의행동의 인과적 요인」에 불과하다. 둘째로, 베버가 대상 영역의 분화를 말하는 경우, 형식적이란 말은 합리화된, 전문적으로 훈련된, 그리고 끝으로 예측가능한과 같은 의미이다. 그는 말하기를 형식적으로 발전된 법이란 자각된 결정의 준칙의 복합체이며, 사회학적으로는 거기에 훈련된 법률전문가, 사법관료 등의 협력이 필요하다는 것이다. 전문적 훈련, 즉(!) 합리적 훈련은 거래의 필요가 증대함에 따라서 불가결하게 되며, 거기에서 법은 특수법학적인 것에로 법의 근대적인 합리화와 그리고 「형식적 성질」이 형성되어 나온다(Rechtssoziologie Ⅱ, §1)라고. 따라서 형식이라는 말의 의미는 첫째로 법학적 인식의 선험적 조건이며, 둘째로 반복된 연습과 전문적인 숙고의 결과에서 나오는 규칙성이며, 이것은 그 일양성(一樣性, Gleichmäßigkeit)과 예측가능성 때문에 세 번 째의 「합리주의적」 형식, 즉 기술적 완성으로 이행한다. 그것은 거래의 필요성 또는 법적 훈련을 받은 관료제의 이익에서 나오는데, 예측가능성을 향하여, 그리고 원활한 기능발휘라는 이념에 지배된 것이다.

여기서 신칸트학파의 형식 개념에 들어갈 필요는 없다. 기술적 형식이라는 것은 합목적성의 견지에 지배되는 명확화를 의미한다. 그것은 국가기구에 적용할 수는 있지만 「사법형식」(司法形式)과는 관계없는 것이다. 군대의 명령은 그 명확성에서 기술적 이념에는 적합하지만 법이념에는 적합하지 않다. 그것이 미학적으로 평가될 수 있고 아마도 의례적일 수 있다고 하여 그 기술성(Technizität)이 변경되는 것은 아니다. 숙려(deliberare)와 행동(agere)이라는 매우 오랜 아리스토텔레스적 대립은 다른 두 개의 형식에서 나온다. 숙려는 법의 형식에 적합할 수 있지만, 행동은 기술적 형식화에만 적합할 뿐이다. 법형식은 법이념에 의해서, 그리고 법사상을 구체적 사례에 적용할 필요성에 따라서 지배되는데, 이것은 가장 넓은 의미에서의 법의 실현을 의미한다. 법이념은 자신을 실현할 수 없기 때문에 현실로 전환하기 위해서는 특수한 형태와 형식을 필요로 한다. 이것은 법사상을 실정 법률 속에서 형식화하는 경우에도, 또한 실정적 일반 법규범을 사법이나 행정 속에 적용하는 경우에도 타당하다. 이리하여 법형식의 특성에 관한 논의는 이 점에서 출발하여야 한다.

오늘날의 국가학에서 신칸트학파의 형식주의가 배척되고, 그러나 동시에 완전히 별개의 측면에서 형식이 요구되고 있다는 사실은 무엇을 의미하는가? 그것은 철학의 역사를 그처럼 단조롭게 만드는 영원한 치환작업(置換作業)의 하나인가? 여하튼 현대 국가학의 이러한 노력에서 확실하게 인식해야 할 것은 형식이라는 것이 주관적인 것에서 객관적인 것으로 이행되었다는 사실이다. 라스크(Lask)*의 범주론에서의 형식 개념은 인식비판적인 입장이 모두 그럴 수 밖에 없듯이 여전히 주관적이다. 켈젠은 일단 그가 이와 같이 비판적으로 얻은 주관적 형식 개념에서 출발하여 법질서의 통일성을 법학적 인식의 자유로운 행위로서 취하면서, 그러나 그다음 그가 하나의 세계관을 고백하는 단계에서는 객관성을 요구하며, 헤겔(Hegel)의 단체주의를 국가주관주의라고까지 비난하는 것은 자기모순이다. 켈젠이 표방하는 객관성이라는 것은 일체의 인격적 요소를 회피하고, 법질서를 비인격적 타당으로 환원시키는 데에 진력하고 있다.

주권 개념에 대한 다양한 학설들 — 크랍베 · 프로이스 · 켈젠 — 은 이러한 객관성을 요구하며, 이 때에 그러한 학설들의 공통점은 인격적인 것은 국가 개념에서 모두 제거되어야 한다는 것이다. 그들에게 인격과 명령은 명백히 공통점이 있다. 켈젠에 의하면, 인격적 명령권이라는 개념이야말로 국가주권에 관한 학설들의 근본적인 오류이다. 그는 국내법 우위설을 '주관주의적'이라고 부르며, 법이념의 부정으로 본다. 왜냐하면 이 이론에는 객관적으로 타당한 규범 대신에 명령이라는 주관주의가 전제되어 있기 때문이다. 크랍베는 인격과 비인격의 대립을 구체 대 보편, 개별 대 일반이라는 대립으로 결부시키며, 나아가 그것을 관헌 대 법규, 권위 대 내용적 정당성의 대립으로 부연하고, 마침내 그의 일반 철학적인 표현으로는 인격과 이념의 대립에까지 이른다. 이와 같이 인격적 명령을 추상적 규범의 실질적 타당성과 대립시키는 것은 법치국가적 전통과 일치한다. 19세기의 법철학에서는 특히 아렌스(Ahrens)*가 이것을 명확하고 흥미 있게 부연하였다. 프로이스나 크랍베에 의하면 인격적 관념은 모두 절대군주 시대의 역사적 유물이다. 이러한 모든 이론들이 간과한 것은 인격 관념과 형식적 권위와의 관련은 특수 법학적인 관심에서 생겨났으며, 즉 법적 결정의 본질을 이루는 선명한 의식에서 생겨났다는 점이다.

가장 넓은 의미에서의 그러한 결정은 모든 법적 지각의 일부를 이룬다. 왜냐하면 모든 법사상은 그 순수성에서는 결코 실현되지 않는 법이념을 다른 응집상태로 변화시키며, 또한 법이념의 내용이나 어떤 일반적인 실정법 규범의 적용에 있어서 그 규범내용에 포함되지 아니한 요소를 첨가하기 때문이다. 모든 구체적인 법적 결정은 내용에 관계없이 하나의 요소를 포함한다. 왜냐하면 법적 추론은 그 전제로부터 마지막 미세한 점까지 연역할 수는 없으며, 또한 결정이 불가피하다는 상황은 어디까지나 독자적인 결정적 요소이기 때문이다. 여기서 문제가 되는 것은 그러한 결정의 인과적 · 심리학적인 기원이 아니라 법적 가치의 결정이다. 이 경우에도 물론 추상적 결정 그 자체는 중요하다. 사회학적으로 볼 때 결정의 확정성에 대한 관심은 특히 집약적인 교환경제 시대에 현저하다. 왜냐하면 수많은 경우 거래는 일정한 종류의 내용보다는 오히려 예측가능한 쪽에 자주 관심을 기울이기 때문이다(나에게는 기차 시간표가 개개의 발착시간을 어떻게 정하고 있는가 보다는 그것이 신뢰할 수 있는 기능으로서 그에 따라서 내가 행동할 수 있다는 쪽이 자주 중요하다). 법적 거래에서는 어음법상의 이른바 「어음의 형식적 엄격성」이 그러한 관심의 한 예시이다. 이러한 종류의 예측가능성과 결정 그 자체에 대한 법적 관심을 혼동해서는 안 된다. 그것은 규범적인 것의 특성에 근거를 두며, 비록 판단기준으로서 주어진 것이 보편적 일반성에서는 하나의 법원리에 불과할지라도 구체적 사실은 구체적으로 판단되어야 한다는 필요성에서 나온다. 이리하여 그때마다 변형이 생긴다. 법이념은 스스로 변형할 수 없다는 것은 누가 그것을 적용해야 할 것인가에 관하여 아무런 언명도 하지 않고 있다는 사실에서도 명백하다. 모든 변형에는 권위의 개입(auctoritatis interpositio)이 존재한다. 어떠한 개인이나 구체적인 기관이 그러한 권위를 주장할 수 있는가 하는 판단 규정은 법규의 단순한 법적 성질에서만 도출할 수는 없다. 이러한 어려움이야말로 바로 크랍베가 시종 무시하는 점이다.

결정을 내리는 권한 있는 기관이 존재한다는 사실은 결정을 상대적으로 만들며, 경우에 따라서는 절대적이며 그 내용이 정당함으로부터 독립적으로 만든다. 이것은 아직도 의문의 여지가 있지 않나 하는 더 이상의 논의를 봉쇄해 버린다. 결정은 한 순간에 논란의 근거에서 독립되며, 독자적인 가치를 지니게 된다. 그것은 이론적 · 실제적인 의미는 모두 하자있는 국가행위의 이론에서 맹백하게 된다. 그에 따르면 부정확하고 하자있는 결정도 법적 효과가 인정되며, 부정확한 결정은 바로 그 부정확함 때문에 구성적 요소를 내포한다. 그러나 결정의 이념에 고유한 것은 절대적으로 선언적인 결정은 결코 존재할 수 없다는 것이다. 그 구성적 요소와 특수한 결정의 요소라는 것은 기초가 되는 규범의 내용에서 본다면 어떤 새로운 것이며 이질적인 것이다. 규범적으로 볼 때 결정은 무에서 나온다. 결정의 법적 효력은 논증의 결과와는 별개의 것이다. 규범의 도움을 받는 것이 아니라 그 반대로 귀속점에서 무엇이 규범이며 무엇이 규범적인 정당성인가 하는 것이 결정된다. 규범에서 귀속점이 도출되는 것이 아니라 단지 내용의 성질이 도출될 뿐이다. 특수 · 법적인 의미에서의 형식성은 이러한 내용적 성질과 대립되며, 인과 관련의 양적 내용성과 대립하는 것은 아니다. 왜냐하면 이러한 후자의 대립이 법학에서 문제시되지 아니하는 것은 원래 자명하기 때문이다.

법형식의 특수성은 순수하게 법학적인 성질에서 인식하여야 한다. 여기서 결정이 가지고 있는 법적 효력의 철학적인 의미나, 메르클(Merkl)*이 주장한(Arch. d. öffentl. Rechts, 1917, S. 19) 법의 부동적인 시공을 초월한 「영원성」에 대하여 사변을 전개하지는 아니한다. 메르클이 「법형식의 발전은 있을 수 없다. 왜냐하면 발전은 동일성을 파괴하기 때문이다」라고 말하는 경우, 이것은 근본적으로 그가 형식에 대한 조잡하고 양적인 관념에 집착한다는 사실을 고백하는 것이다. 물론 이러한 종류의 형식으로써는 인격적 요소를 어떻게 법과 국가이론에 도입할 수 있는가를 설명할 수는 없다. 이러한 관념은 항상 보편적인 법규만이 권위적일 수 있다는 것을 그 출발점으로 삼는 낡은 법치국가적 전통과 일치한다. 「법이 권위를 부여한다」고 로크는 말한다.* 여기서 그는 법률이라는 말을 의식적으로 commissio, 즉 군주의 개인적인 명령을 의미하는 말과 대립적으로 사용한다. 그러나 그는 법률은 누구에게 권위를 부여하는가 하는 점을 간과하고 있다. 누구나 임의의 법규를 집행하고 실현할 수는 없다. 결정규범으로서의 법규는 단지 **어떻게** 결정되어야 할 것인가만을 기술할 뿐이며, **누가** 결정할 것인가에 관하여는 언급하지 아니한다. 가령 최종 기관이 존재하지 않는다면, 누구든지 내용상의 정당성을 주장할 수 있을 것이다. 그러나 최종 기관은 결정규범에서 도출되지는 않는다. 따라서 문제는 권한의 문제이며, 이것은 법규의 내용적인 법적 성질에서 제기되지도 아니하며, 더구나 대답할 수 있는 문제도 아니다. 권한 문제에 대해서 자료 참조라는 형식으로 답변하는 것은 사람을 우롱하는 것이다.

법학에는 대체로 두 가지의 유형이 있는데, 그것은 법적 결정의 규범적 특성에 관하여 어느 정도로 학문적인 자각을 하고 있는가의 여부에 따라서 구별된다. (신조어를 만든다면) 결정주의적 유형의 고전적인 대표자는 홉스이다. 「진리가 아니라 권위가 법을 만든다」 (Autoritas, non veritas facit legem. Leviathan, Kap. 26)*는 안티테제의 고전적인 정식을 발견한 것은 바로 다른 유형의 사상가가 아닌 그이며, 이러한 유형의 특성에서 당연한 것이다. 권위 대 진리라는 대립은 다수가 아니라 권위라는 슈탈(Stahl)의 대립보다도 시원적이며 명확하다. 나아가 홉스는 이러한 결정주의와 인격주의와의 관련에도 언급하며, 또한 구체적인 국가주권 대신에 추상적으로 통용되는 질서를 확립하려는 모든 시도를 배격하는 결정적인 논점을 제출하였다. 그는 국가권력은 종교권력에 복종해야 한다. 왜냐하면 종교권력이 보다 고차의 질서이기 때문이라는 요구를 논하고, 그러한 이유의 근거에 관하여 이렇게 대답한다. 즉, 하나의 「권력」(power, potestas)이 다른 권력에 복종해야 한다면, 그것은 단지 한 쪽의 권력보유자가 다른 권력보유자에게 복종되어야 한다는 것을 의미할 뿐이다. 질서의 상하관계를 말하면서 추상적인 입장을 유지하려는 노력은 홉스로서는 「이해할 수 없는 일이다」(we can not understand). 「왜냐하면 복종 · 명령 · 권리와 권력은 인격의 속성이지 권력의 속성은 아니기 때문이다」(Leviathan, Kap. 42). 그는 이것을 그의 건전한 상식의 잘못 없는 냉정함이라는 비교의 하나로써 매우 적절한 예를 들어가며 설명한다. 즉, 하나의 권력이나 질서가 다른 것에 복종한다는 것은 마치 마구사의 기술이 승마자의 기술에 복종하는 것과 같다.* 그러나 중요한 것은 이러한 추상적 질서의 단계구조에 의해서 개개의 마구사가 모든 개개의 승마자에 종속하며 복종할 의무가 있다고는 아무도 생각하지 아니한다는 점이다.

17세기의 추상적 자연과학 사상의 가장 일관된 대표자의 한 사람이 그 정도로 인격주의적이라는 사실은 기이한 일이다. 그러나 이것은 홉스가 철학자로서, 또한 자연과학 사상가로서 자연계의 현실상을 파악하려는 심정과 마찬가지로, 법사상가로서의 그가 사회생활의 효과적인 현실상을 파악하려고 하였다는 점에서 설명된다. 홉스는 자연과학적 실재 현실과는 동일하지 아니한 법적 현실과 생활이 존재한다는 사실을 자각하지 못하였다. 동시에 수학적 상대주의나 유명론도 병행하여 영향을 미친다. 그는 자주 국가라는 단일체를 임의로 주어진 어떤 기점에서도 구성할 수 있는 것으로 본다. 한편 당시 법학적 사고는 아직 자연과학적 사고에 압도되지는 않았기 때문에, 홉스는 그의 과학성의 강도에 있어서 법형식 속에 있는 법생활의 독특한 실재에 아무 생각도 없이 지나갈 수 있었다. 그가 구하는 형식은 구체적인, 일정한 기관에서 나오는 결정 속에 있다. 결정이 독자적인 의미를 가지는 경우, 결정의 주체가 그 내용과 함께 독자적인 의미를 가진다. 법생활의 현실에서 중요한 것은 **누가** 결정의 주체인가 하는 점이다. 이와 아울러 내용적 정당성의 문제는 권한의 문제와 병존한다. 결정의 주체와 결정의 내용이 대립하는 곳에, 그리고 그 주체의 고유한 의미 속에 법적 형식의 문제가 있다. 법적 형식은 바로 법적 구체성에서 생기기 때문에 초월적 형식의 선험적인 공허함을 가지지 아니한다. 또한 그것은 기술적 명확성이란 형식과도 다르다. 왜냐하면 본질적으로 사물적인 · 비인격적인 목적 관심을 가지기 때문이다. 끝으로 법적 형식은 결정을 알지 못하는 미학적 형식도 아니다.

제3장 정 치 신 학

근대 국가학의 중요 개념은 모두 세속화된 신학 개념이다. 그것은 예컨대 전능한 신이 만능한 입법자로 전화되었듯이, 국가학상의 개념들은 신학에서 도입되었다는 역사적인 전개에 의할 뿐만 아니라 그 체계적인 구조에서도 그러하다. 따라서 이러한 개념들을 사회학적으로 고찰하기 위해서는 그러한 구조의 인식이 불가결한 것이다. 법학에 있어서의 비상사태는 신학에서의 기적에 비유할만한 의미를 가지고 있다. 이와 같은 유사관계를 의식함으로써 비로소 수 백 년 동안 내려온 이 국가철학상의 이념적인 발전을 인식할 수 있다. 왜냐하면 근대 법치국가의 이념은 이신론(理神論, Deismus)*으로써 관철되었기 때문인데, 이것은 세상에서 기적을 추방하고, 신의 직접 개입으로 기적의 개념에 내포된 하나의 예외를 확정짓는 자연법칙의 파괴를 거부하는 일종의 신학이자 형이상학이다. 이리하여 계몽기의 합리주의는 어떠한 형태의 비상사태도 부정하였다. 따라서 반혁명의 보수적인 사상가들은 그의 유신론(有神論, Theismus)* 신앙에 입각하여 유신론적 신학과 유추함으로써 군주의 인격적 주권을 이데올로기적으로 뒷받침하려고 하였다.

나는 이전부터 이러한 유추가 지니는 근본적인 체계적 · 방법론적인 의미를 해명하려고 노력하여 왔다(Der Wert des Staates, 1914; Politische Romantik, 1919; Die Diktatur, 1921). 이와 관련하여 기적 개념이 가지는 의미의 상세한 논술은 다른 기회로 미루지 않을 수 없다. 여기서는 단지 이러한 관련이 법적 개념의 사회학에 대하여 어느 정도로 고려할 가치가 있는가 하는 점만을 고찰한다. 이러한 유추를 가장 흥미 있게 정치적으로 평가한 사람들은 보날(Bonald),* 드 메스트르(de Maistre),* 도노소 코르테스(Donoso Cortes)*라는 반혁명의 가톨릭계 국가철학자들이다. 여기서 곧 알 수 있듯이, 그들이 문제로 삼는 것은 개념적으로 명확하고 체계적인 유추이며, 어떤 신비적 · 자연철학적이거나 낭만적인 유희는 아니다. 이 유추는 다른 모든 것에 대해서처럼 물론 국가와 사회에 대해서도 다채로운 상징이나 모습을 만들어낸다. 그러나 이러한 유추에 대한 가장 명석한 철학적 표현은 라이프니츠(Leibniz)의 『신방법론』(Nova Methodus) 제4절과 제5절에 나타나 있다. 그는 법학을 의학이나 수학과 비교하는 것을 거부하고, 신학과의 체계적 친근성을 강조하고 있다. 「우리들이 그 모범(exemplum)을 신학으로부터 법학에 도입한 것은 정당하다. 왜냐하면 양 분야의 유사성은 경이적인(mira) 것이기 때문이다」라고. 양자는 모두 이성(ratio)과 전거(典據, scriptura)라는 이중의 원리를 가진다. 이 이성에 따라서 자연신학과 자연법학이 존재하며, 전거란 실정적인 계시와 실질적인 명령을 의미한다는 것이다.

아돌프 멘첼(Adolf Menzel)*은 그의 『자연법과 사회학』(Naturrecht und Soziologie, Wien 1912)에서, 17 · 18세기에는 자연법이 정의의 요구, 역사철학적인 이론 구성이나 이념의 표현이라는 역할을 수행하였으나, 오늘날에는 사회학이 그 임무를 승계하였다고 서술한다. 따라서 사회학은 이미 실정화 된 법학의 하위에 있다고 그는 믿는 것 같으며, 종래의 모든 사회학적 체계는 「정치적인 경향들에게 학문적인 외관」을 부여하는 것이 목적임을 보이려고 노력한다. 그러나 실정 법학의 국법학적 문헌들을 그 궁극적인 개념이나 논의에까지 소급하여 조사하는 수고를 하는 사람은 도처에서 국가의 개입을 보게 될 것이다. 어떤 경우에는 법학의 자유로운 인식 작업으로써는 일반적으로 명확한 해결에 이르지 못하는 문제의 입법적 결재자라는 해결방책으로서, 어떤 경우에는 인자하고 은혜로운 존재로서 은사나 사면으로써 자신의 법률에 대한 우월성을 증명하기도 한다. 불가사의하며 언제나 동일한 실체가 입법자 · 집행자 · 경찰 · 은사권자 · 보호자 등의 이름으로서 나타나며, 그 결과 일정한 거리에서 현대 법학의 전체상을 느끼려고 하는 관찰자에게 국가는 다양하게 변장을 하면서, 항상 같은 보이지 않는 인물로서 연출하는 일대 활극을 전개한다. 현대 입법자의「만능」이라는 말은 어떤 국법학 교과서에나 나오는데, 이것은 단순히 말만 신학에서 유래하는 것은 아니며, 그 논의의 개별적인 것에도 신학의 여운은 남아 있다.

물론 대부분은 상대방을 논박하기 위한 것이다. 실증주의 시대에는 학문상의 적에 대하여 신학 또는 형이상학이라는 비난을 즐겨 사용하였다. 이 비난이 단순한 비방으로 끝나지 아니하는 경우에는 이처럼 신학적 내지 형이상학적인 일탈의 경향이 본래 어디에서 유래하는가 하는 물음이 적어도 관련지어 생겨나며, 그것들이 역사적으로 아마 유신론의 신을 국왕과 동일시한 군주주의 국가이론의 여파로서 설명할 수 있는 것인지, 혹은 아마도 체계적 내지 방법론상의 필연성이 그들의 근저에 있는 것은 아닌가를 연구할 필요가 있었을 것이다. 서로 모순되는 논의나 이의들을 사상적으로 극복할 능력을 결여하였기 때문에 — 일부의 형이상학자들에 의해서 같은 목적에서 신의 이름이 남용되고 있듯이 — 말하자면 사고의 단락에 의해서 국가를 나타내는 법학자가 존재한다는 것을 나도 인정한다. 그러나 이것으로써 사실문제가 해결된 것은 결코 아니다. 지금까지는 일반적으로 부수적인 시사를 하는 것만으로써 만족하여 왔다. 해넬(Hänel)은『형식적 및 실질적 의미에서의 법률』(Das Gesetz im formellen und materiellen Sinne, S. 150)이라는 저서에서, 모든 국가의사의 필연적인 통일성과 계속성(이점에 대하여 그는 이의 없이 승인하고 있다) 때문에 모든 국가기능을 하나의 유일한 기관에 집중할 것을 요구하는 것은「형이상학」이라는 낡은 비판을 제기하고 있다. 또한 프로이스도『라반트 기념논문집』(Festgabe für Laband, 1908, Ⅱ, S. 236)*에서 논적을 신학과 형이상학 속에 몰아넣으므로써 자신의 단체주의적인 국가개념을 방어하려고 한다. 즉 라반트*와 옐리네크 국가학에서의 주권개념과「유일한 국가 통치권」이론은「신비적인 창조」에 의해서 생성된 지배의 독점을 인정하며, 국가를 추상적인 의사개체(擬似個體),「독특한 단위」(unicum sui generis)로 만든다고 한다. 프로이스에 의하면 이것은 신의 은총을 법학적으로 변장한 것이며, 종교적인 의제 대신에 법적인 의제로 대치하는 수정을 가한 마우렌브레허(Maurenbrecher)* 학설의 재생이다. 이와 같이 유기체 국가론의 주장자가 그의 논적에 대해서 신학화하고 있다고 공격하는데 대하여, 베르나치크(Bernatzik)*는 법인의 개념에 관한 그의 비판적인 연구(Arch. d. öffentl. Rechts, V., 1890, S. 210, 225, 244)에서 바로 유기체 국가론에 대하여 반대로 이의를 제기하고, 슈타인(Stein), 슐체(Schulze), 기이르케 그리고 프로이스의 견해를 냉소적인 평가로써 해결하려고 한다. 즉 전체 인격을 구성하는 각 기관이 인격이라고 한다면 모든 행정 관청이나 법원도 법인이 될 것이며, 또한 전체로서의 국가도 이와 같은 유일한 법인이 될 것이다.「이에 반하여 삼위일체의 교리를 이해하려는 시도는 정말 사소한 것에 불과할 것이다」. 또한 합유(合有)*는 법인이라는 슈토베(Stobbe)*의 견해도 베르나치크는「그러한 또다시 삼위일체의 교리를 연상시키는 논법」은 이해할 수 없다고 하면서 한마디로 일축한다. 물론 그 자신「권리능력이란 개념 속에 그 근원인 국가의 법질서가 자신을 모든 권리의 주체로서, 즉 법인으로서 설정해야 한다는 것이 포함되어 있다」고 한다. 이러한 자기 설정은 그에게는 매우 단순하고 명백한 것이기 때문에, 이와 다른 견해에 대해서는 「단지 진기한 것」으로서 언급할 뿐이며, 권리능력의 근원을 이루는 법질서, 특히 국가의 법질서가 자신을 소산(所産)으로서 설정한다는 그 자신의 의견은 인격의 근거는 인격일 뿐이라고 하는 슈탈의 견해 이상으로 논리적 필연성을 가지는 것인지는 문제가 되지 아니한다.

켈젠의 공적은 1920년 이후 그 자신의 특유한 역점을 가지고 신학과 법학의 방법론적 친근성을 지적한 데에 있다. 사회학적 국가개념과 법학적 국가개념에 관한 최근의 저서에서 그는 다분히 혼란된 유추론을 전개하고 있다. 그러나 보다 깊은 사상사적인 관점에서 본다면 거기에는 그의 인식론상의 출발점과 그의 세계관적, 민주적인 결과와의 내적 이질성을 알 수 있다. 왜냐하면 그가 국가와 법질서를 법치국가적으로 동일시하는 기초에는 자연법칙과 규범법칙을 동일시하는 형이상학이 존재하기 때문이다.* 이 형이상학은 오로지 자연과학적 사고에서 나오며, 모든 「자의」를 배격하며, 인간 정신의 영역에서 어떠한 예외도 배제하려고 한다. 저 신학과 법학의 병행의 역사에서 그러한 확신이 가장 잘 자리잡은 것은 아마도 밀(J. St. Mill)일 것이다. 밀도 객관성의 관점에서 자의를 두려워하기 때문에, 법칙은 모두 예외 없이 타당한 것이라고 강조하였다. 그러나 그는 켈젠과는 달리 법학적 인식이라는 자유로운 행위가 어떤 임의의 실정법규의 집합에서 질서(Kosmos) 있는 체계를 구성하리라고는 생각하지 아니하였다. 왜냐하면 그럼으로써 객관성이 다시 상실될 것이기 때문이다. 무조건적인 실증주의가 법률에 직접 근거하는가, 또는 먼저 체계화에 노력하는가 하는 점은 객관성의 정념 속으로 갑자기 빠져버리는 형이상학 앞에서는 아무런 차이도 없는 것이다. 켈젠은 그 방법론적인 비판을 초월하여 한 걸음 더 나아가느냐 아니냐 완전히 자연과학적인 원인 개념을 사용한다. 이것은 그가 흄(Hume)이나 칸트의 실체 개념 비판을 그대로 국가학에 적용할 수 있는 것으로 믿고(Staatsbegriff, S. 208),* 스콜라적 사고에서의 실체 개념은 수학적 · 자연과학적인 사고에서의 그것과는 전혀 별개의 것이라는 사실을 간과하고 있다. 권리의 실체와 행사의 구별은 주권 개념의 학설사에서 기본적인 의미를 지니며(나는 저서 『독재론』〈Die Diktatur〉, S. 44, 105, 194에서 이 점을 지적하였다), 이 구별은 원래 자연과학적인 개념으로써는 파악할 수 없으며, 더구나 법학적인 논의에 대해서는 본질적인 요소이다. 켈젠이 민주주의에 대한 그의 신앙고백에서 이유를 밝힌 것은 그의 사고가 체질적으로 수학적 · 자연과학적인 특성을 공공연하게 나타내는 것이다(Arch. f. Soz.-W., 1920, S. 84).* 즉 민주주의란 정치적 상대주의의 표현이며, 기적이나 교리에서 해방되고 인간의 오성과 비판적인 회의를 기초로 하는 과학성의 표명이라고.

주권 개념의 사회학에 대하여는 법적 개념 일반에 관한 사회학적 이해가 필수불가결한 것이다. 저 신학적 개념과 법학적 개념의 체계적인 유사점은 법적 개념의 사회학이 시종일관 근본적인 이데올로기를 전제로 하기 때문이라는 것은 여기서 강조할 필요가 있다. 여기에 유물론적인 역사철학과 대립되는 유심론적인 그것이 있다고 생각하는 것은 잘못된 오해일 것이다. 막스 베버가 자신의 슈탐믈러(Stammler)*의 법철학 비판에서 피력한 명제, 즉 과격한 유물론적 역사철학과 마찬가지로, 과격한 유심론적 역사철학은 확고하게 대립될 수 있다는 명제에 대해,* 왕정복고 시대의 정치신학은 탁월한 예증이 되고 있다. 왜냐하면 반혁명적인 저술가들은 정치적 변혁을 세계관의 변화에 따라서 설명하며, 프랑스 혁명의 원인을 계몽주의 철학에서 구하기 때문이다. 이와는 반대로 급진적인 혁명가들이 사고에 있어서의 변화를 정치적 및 사회적인 관계들의 변화로 돌린 것은 하나의 좋은 대조를 이룬다. 종교적 · 철학적 · 예술적 · 문화적인 변화들이 정치적 및 사회적 상황과 밀접한 관련을 가진다는 것은 19세기의 20년대에 이미 서구, 특히 프랑스에서 널리 퍼진 신조였다. 마르크스주의 역사철학에 있어서는 동시에 또한 정치적 · 사회적 변화에 대해서도 기인점을 찾았으며, 그것을 경제적인 것에 찾음으로써 이 관련은 경제적인 것에로 철저화되고 체계적으로 엄격하게 취하였다. 이와 같은 유물론의 설명은 이데올로기의 일관성을 개별적으로 관찰하는 것을 불가능하게 만든다. 왜냐하면 유물론은 도처에서 경제적 관계의 「반영」 · 「투영」 · 「은폐」만을 보기 때문이며, 또한 유물론적 설명이 심리학적인 설명, 해석 그리고 적어도 이들의 세속적 어법에서 볼 때, 회의 등으로 일관되게 이루어지기 때문이다. 그런데 그것은 바로 그 팽창한 합리주의 때문에 용이하게 비합리주의적인 역사 파악에로 발전할 것이다. 왜냐하면 그것은 모든 사고를 생명력 있는 과정들의 기능과 발현으로 파악하기 때문이다. 조르주 소렐(Georges Sorel)*의 아나르코 생디칼리스트적 사회주의*는 이처럼 마르크스의 경제사관과 베르그송(Bergson)*의 생의 철학을 결합한 것이었다.

물질적 과정의 유심론적 설명과 정신현상의 유물론적인 설명은 모두 인과적 관련을 확인하려고 한다. 그것들은 최초로 두 영역을 대치시키고, 이어서 한쪽을 다른 한쪽으로 환원함으로써 다시 이 대치를 무로 돌아가게 한다. 즉 방법론상 필연적으로 풍자화될 수밖에 없는 것이다. 엥겔스(Engels)*가 칼뱅의 예정설을 자본주의적 자유경쟁의 무의미성과 불가측성의 반영이라고 보는 경우, 이러한 논법으로 현대의 상대성 이론과 그 성과를 현대 세계시장의 외국환 관계로 환원하여 그 경제적 하부 구조를 발견하였다고 말할 수 있을 것이다. 이러한 것을 개념이나 이론의 사회학이라고 부르는 용어법도 있다. 이와는 별도로 특정한 이념 내지 지적 형태에 관하여 전형적인 무리의 인물을 찾고, 그들은 그 사회학적 경우에서 출발하여 특정한 이데올로기를 가지게 된 사실을 해명하려고 하는 사회학적 방법도 있다. 막스 베버가 법의 사실적 영역의 구별을 숙달된 법률전문가, 사법담당 관리, 법명망가(法名望家) 등의 형성에로 환원시키는 것(Rechtssoziologie, Ⅱ, §1)*은 후자의 의미에서의 법적 개념의 사회학이다. 「직업적으로 법형성에 종사하는 인물군(群)」의 사회학적 「특성」은 법학적 논의의 일정한 방법과 명증성을 제약한다. 그러나 이것도 아직 법적 개념의 사회학은 아니다. 개념적 결과를 사회학적 담당자에로 환원한다는 것은 심리학이며, 인간 행위의 특정한 동기의 확정이다. 이것도 역시 사회학적인 문제이기는 하지만 개념의 사회학은 아니다. 이러한 방법을 정신적인 업적에 적용한다면 환경으로부터의 설명으로 인도하며, 또는 심지어 관료 · 변호사 · 국립대학 교수와 같은 일정한 유형의 사회학으로서 알려진, 슬기로운 「심리학」이다. 예를 들면 헤겔의 체계를 직업적인 강사의 철학, 즉 절대 의식의 관조적 우위성을 의식하는 것, 즉 철학 강사로서의 직업의 수행이 그 경제적 및 사회적 상황에 따라서 가능하게 되는 직업적 강사의 철학이라고 부른다면, 그것을 헤겔식 체계의 사회학이라고 보아도 좋을 것이다. 또는 켈젠의 법학은 변화하는 정치적인 관계들 아래서 일하는 법적 관료의 이데올로기이며, 모든 지배 형식 아래에서 주어진 실정 법규를 체계적으로 처리하고, 그때그때의 정치권력에 대하여 상대적 우위를 보장하려는 것이라고 하여도 좋을 것이다. 그 일관된 수법으로 볼 때 그것은 가장 적절히 문학의 영역에 할당되는 일종의 사회학, 즉 방법상 상트 부브(Sainte-Beuve)처럼 문학적으로 재기 넘치는 비판과 다를 바가 없는 일종의 사회 · 심리학적 「초상화」이다.

여기에 제안된 개념의 사회학은 위의 것과는 전혀 별개의 것이며, 이것만이 주권 개념과 같은 개념에 대하여 오직 과학적인 성과에 대한 전망을 가진다. 이 사회학에는 법생활의 가장 실용적인 이익을 지향하는 법적 개념성을 초월하여 궁극적으로 철저하게 체계적인 구조를 발견하며, 이 개념구조를 특정한 시기의 사회구조에 의한 개념적 변용과 비교한다는 것이 포함되어 있다. 여기서 말하는 철저한 개념성이라는 이념적인 것이 사회적 현실의 반영인가, 아니면 사회적 현실이 일정한 사고 양식, 따라서 행동양식으로서 채택되는 것인가 하는 것은 이 때 문제가 되지 아니한다. 오히려 정신적이면서도 실질적인 두 개의 동일물이 입증되어야 한다. 따라서 예를 들면 17세기의 군주제가 데카르트식 신의 개념에 「투영된」 현실이라는 경우에, 그것은 주권 개념의 사회학은 아니다. 오히려 군주제의 역사적 · 정치적 존립이 서유럽 인간의 당시의 총체적인 의식상황에 대응하고 있던 것, 그리고 역사적 · 정치적 현실의 법학적 형태화가 형이상학적 개념과 합치되는 구조를 가지는 하나의 개념을 발견한 것을 보이는 것이 그 시기의 주권 개념의 사회학에 속한다. 이로써 군주제는 당시의 의식에 대하여 그 후의 시기에 대한 민주주의가 가지고 있던 것과 동일한 명증성을 획득한 것이 된다. 법적 개념의 사회학이라는 이러한 종류의 전제는 또한 철저한 개념성, 즉 형이상학이나 신학의 영역에까지 관철하는 일관성을 가진다. 특정한 시대가 구축하는 형이상학적 세계상은 그 정치적 조직의 형식으로서 간단하게 이해되는 것과 그 구조를 같이 한다. 이와 같은 동일성의 확인이야 말로 주권 개념의 사회학이다. 이것은 사실 에드워드 케어드(Edward Caird)*가 오귀스트 콩트(Auguste Comte)*에 관한 저서에서 말하고 있듯이, 형이상학이야말로 하나의 시기의 가장 강렬하고 명확한 표현이라는 것을 증명하고 있다.

「신에서 유래하는 불변의 규정을 모방하는 것」은 18세기 합리주의가 자명한 전제로 삼은 국가적 법생활의 이상이었다. 이러한 표현은 루소(Rousseau)의 논문 『정치경제론』(Économie politique)*에서 나오는데, 특히 그의 주권 개념에서 신학 개념의 정치화는 뚜렷하게 나타나며, 그의 정치이론을 연구하는 사람은 누구나 이 점을 간파하지는 아니한다. 부트미(Boutmy)*는 『정치학 연보』(Annales des sciences politiques, 1902, p. 418)에서 이렇게 말한다. 즉「루소는 철학자가 신에 대해서 가지고 있는 관념을 주권자에게 적용하였다. 그는 자신이 하고자 하는 것이면 무엇이든지 할 수 있으나, 악을 행하려고 해서는 안 된다」 등등. 군주는 17세기의 국가학에서 신과 동일시되고, 군주의 국가 안에서의 지위는 철학에서 신이 세계 안에서 차지하는 지위와 완전히 유사하다는 것은 아제(Atger)도 언급하고 있다(Essai sur l'histoire des doctrines du contrat social, 1906, S. 136). 즉「군주는 일종의 부단한 창조에 의해서 국가의 전체 잠재력을 전개한다. 군주란 정치의 세계로 전환된 데카르트의 신이다」라고. 여기서는 먼저 심리학적으로(그러나 현상학자에게는 또한 현상학적으로) 보더라도 하나의 완전한 동일성이 형이상학적 · 정치적 그리고 사회학적인 관념들을 관철하고 있으며, 주권자는 인격적 단일체이며 궁극적인 발동자로서 요청된다는 사실에 대해서는 『방법서설』(Discours de la méthode)의 훌륭한 삽화가 매우 교훈적인 예시를 보여준다. 그것은 새로운 합리주의 정신의 기록, 모든 의심 속에서도 확실하게 자기의 오성을 사용함으로써 안정을 찾는 정신의 기록이다.「나는 확실히 만사에 나의 이성을 사용하여 왔다」. 그러면 이러한 성찰에 마음을 집중시킨 정신에 즉시 확신을 주는 첫 번째의 것은 무엇인가? 그것은 마치 다수의 장인들이 만든 작품은 단 한사람이 만든 것만큼 완전하지 못하다.「단 한 사람의 건축가」가 집이나 도시를 건설해야 하며, 최선의 헌법은 단 한 사람의 현명한 입법자가「혼자 생각해낸」 작품이다. 그리고 마침내 유일한 신이 세계를 지배한다고. 일찍이 데카르트는 메르센느(Mersenne)에게 보낸 편지에서「신이 자연법을 만든 것처럼 국왕이 왕국의 법을 만든다」라고 썼다. 17세기와 18세기는 이러한 관념이 지배하고 있었다. 이것은 홉스가 그의 결정주의적인 사고방식을 제외하고서는, 왜 그가 유명론(唯名論)과 자연과학성에도 불구하고, 또한 개인의 원자에의 해체에도 불구하고 인격주의에 머물면서 궁극적인 구체적 결정기관을 요청한 이유의 하나는 여기에 있다. 또한 그의 국가 리바이어던도 바로 하나의 거대한 인격에로 신화화(神話化)한 것이다. 이것은 홉스에 있어서 결코 의인관(擬人觀)이 아니라, 자신의 법학적 사고의 방법론적 및 체계적 필연성의 산물이다. 실제로 그는 의인관을 갖고 있지도 않다. 물론 건축가와 세계 창조자의 상(像)에는 인과개념의 불명확성이 내포되어 있다. 세계 창조자는 창시자인 동시에 입법자이기도 하다. 즉, 정통성을 부여하는 권위이다. 계몽주의 전체로부터 프랑스 혁명에 이르기까지 그러한 세계 창조자와 국가창조자는「입법자」이다.

이러한 시기 이후에 자연과학적인 사고의 논리일관성은 정치적 관념들 속에도 침투하고, 계몽기에 더욱 지배적이었던 본질적으로 법학적 · 윤리적인 사고를 배척하였다. 법규의 일반적인 타당성은 예외 없이 타당한 자연법칙과 동일시된다. 주권자는 이신론적인 세계상(世界像)에서는 비록 세계 밖에 있지만, 이 거대한 기계의 조립공에 불과한 지위는 철저하게 배제되었다. 이제 기계는 자동적으로 움직인다. 라이프니쯔나 말르브랑슈(Malebranche)의 형이상학에서 신은 일반적인 의사표시는 하지만 개별적인 의사표시는 하지 아니한다는 형이상학적 명제가 지배한다. 루소에 있어서 일반의사(volonté générale)는 주권자의 의사와 동일시된다. 그러나 동시에 일반의 개념은 그 주체라는 점에서도 양적인 한계를 지니고 있다. 즉 민중의 주권자가 된다. 이리하여 종래의 주권개념의 결정주의적 및 인격주의적인 요소는 상실되었다. 민중의 의사는 항상 선하며, 인민은 항상 유덕하다. 「국민이 어떻게 의사를 만들더라도 의사를 만들면 충분하다. 그 형식은 모두 선이며 그 의사는 항상 최고의 법이다」(시에예스[Sieyès]).* 그러나 인민은 항상 정당한 것을 하려고 한다는 필연성은 인격적 주권자의 명령을 특징짓는 정당성과는 별개의 것이다. 절대군주는 이해 항쟁에 결단을 내리며, 그럼으로써 국가적 통일의 기반을 닦았다. 인민으로 표시되는 통일체는 이러한 결정주의적인 성격을 가지지 못한다. 이것은 유기적 통일체이며, 국민의식과 함께 유기적 총체로서의 국가라는 관념이 생긴다. 그럼으로써 유신론적 · 이신론적인 신의 개념은 정치적 형이상학에 대하여 이해할 수 없는 것이 된다. 확실히 얼마동안은 신이란 관념에 대한 여운이 남아 있었다. 미국에서 그것은 백성의 소리는 신의 소리라고 하는 이성적 · 실용적인 신앙이 되었으며, 이 신앙은 1801년 제퍼슨(Jefferson)을 승리로 이끈 기초가 되고 있다. 토크비유(Tocqueville)*도 그의 『미국의 민주주의』에서, 민주사상에 있어서의 인민의 국가 생활 전체에서의 지위는 만물의 원인 · 목적 · 발단 · 귀결점인 신이 세계에 대해서 가지는 지위와 같은 것이라고 묘사한다. 이에 대하여 오늘날 켈젠과 같이 중요한 국가철학자는 민주주의를 상대적 · 비인격적인 과학성의 표현으로서 이해한다. 실로 이러한 변화는 19세기에 관찰된 정치신학과 정치형이상학의 발전에 대응하고 있다.

17 · 18세기의 신의 개념은 신의 초세계성을 본질로 하며, 그것은 마치 당시의 국가철학에서 주권자의 본질은 초국가성에 있었던 것과 동일하다. 19세기에는 점차 그 범위를 확대하면서 모든 것이 내적인 관념에 의해서 지배된다. 19세기의 정치이론과 국법이론에 반복하는 동일성은 모두 이러한 내적 관념에 근거를 두고 있다. 즉, 민주주의의 명제는 지배자와 피지배자의 동일성을, 유기체 국가이론은 국가와 주권의 동일성을, 크랍베의 법치국가론은 주권과 법질서의 동일성을, 그리고 켈젠은 국가와 법질서의 동일성을 주장하였다. 왕정복고 시대의 저술가들이 최초로 정치신학을 전개하였는데, 그 후에 등장한 기존 질서에 대한 과격한 반대자들의 이데올로기 투쟁은 의식을 고양시키면서 지배와 통일에 대한 신앙의 가장 극단적이고 기본적인 표현으로서의 신의 신앙 그 자체로 향하였다. 오귀스트 콩트의 명백한 영향 아래 프루동(Proudhon)*은 신에 대한 투쟁에 착수하고, 바쿠닌(Bakunin)*도 그것을 광포하고 격렬하게 추진하였다. 물론 전통적인 종교성에 대한 투쟁에는 매우 다양한 정치적 · 사회적인 동기가 있다. 예를 들면 기독교 교회의 보수적 태도, 왕권과 제단의 결합, 또한 많은 훌륭한 저작자들이 「지위가 떨어진」 결과 19세기에는 예술과 문학의 천재적인 대표자들이 그 생애의 적어도 결정적인 시기에 시민적 질서로부터 모멸적이고 배척되고 있었다는 사정도 있다. 이 모든 것은 그 사회학적인 개별성에서는 아직 충분하게 인식되거나 평가되지 못하였다. 의심할 것도 없이 대세는

명백히 지식층으로부터 초월 관념이 상실되어 가고, 어떤자는 명확한 또는 불명확한 내재론적 범신론으로 향하고, 또 다른 자는 형이상학에 무관심한 실증주의자가 되었다. 헤겔의 철학에서 거대한 체계적 구축물을 형성한 내재론 철학(內在論 哲學)이 보유하는 신의 개념은 신을 세계 속에 포함시키며, 객관적인 것의 내재로부터 법과 국가를 도출하려고 한다. 원래 극단적인 급진주의자들 사이에는 일관된 무신론이 지배적이며, 독일의 헤겔 좌파가 이러한 관련을 가장 잘 의식하고 있었다. 신 대신에 인류가 등장해야 한다는 것을 그들은 프루동 못지않게 단호하게 명언하였다. 자기 자신을 자각하는 인류의 이상은 무정부주의적 자유이어야 한다는 것을 마르크스와 엥겔스는 결코 잘못보지 아니하였다. 여기서 바로 그 직관적인 젊음 때문에 가장 중요한 의미를 가지는 것은 1842년부터 1844년에 걸친 엥겔스의 발언이다(Schriften aus der Frühzeit, herausgegeben von G. Mayer, 1920, S. 281).* 즉 「국가와 종교의 본질은 인류의 자기 자신에 대한 불안이다」.

이러한 사상사적인 고찰에서 본다면, 19세기 국가이론의 발전은 일체의 유신론적 · 초월적 관념의 제거와 새로운 정당성 개념의 형성이라는 두 개의 특징적인 요소를 나타낸다. 전통적인 정당성의 개념은 명백히 모든 명증성을 상실한다. 왕정복고 시대의 사법적 · 가산적(私法的 · 家産的)인 견해나 감정적이며, 경건한 애착에 의거하는 것도 이러한 발전에 저항하지는 못하였다. 1848년 이후 국법학은 실정화되고, 일반적으로 이 말의 배후에는 자신의 난처함을 은폐하거나, 또는 다양한 표현을 취하면서 모든 권력을 국민의 헌법제정 권력에로 돌린다. 즉 군주적 정당성 관념 대신에 민주적 정당성 관념이 등장한다. 따라서 결정주의 사상의 가장 위대한 대표자의 한 사람이며, 모든 정치적 형이상학의 핵심을 근저에서 자각한 가톨릭 국가철학자 도노소 코르테스가 1848년의 혁명을 보고, 왕권주의 시대의 종말을 인식한 것은 예측할 수 없을 정도로 중대한 사건이다. 국왕은 이미 존재하지 않기 때문에 왕권우위도 존재하지 아니한다. 따라서 전통적인 의미에서의 정당성도 존재하지 아니한다. 이리하여 코르테스에게 남은 길은 단 하나, 즉 독재뿐이다. 이것은 또한 홉스의 결정주의적 사상에도 비록 어떤 수학적 상대주의가 혼입되고는 있었으나 일관성 있게 도달한 귀결이었다. 「진리가 아니라 권위가 법을 만든다」(Autoritas, non veritas facit legem).

도노소 코르테스의 결정주의에 대한 상세한 연구나 철저한 평가는 아직 존재하지 아니한다. 여기서는 다만 이 스페인 사람의 신학적 사고방식은 중세적 사고의 계열에 속하며, 그 구조는 법학적이라는 점만을 지적하기로 한다. 그의 모든 지각과 논의는 철두철미하게 법학적이며, 그는 19세기의 수학적 자연과학 사상에 대해서는 완전히 이해하지 못하였다. 그것은 마치 자연과학 사상이 결정주의에 대해서, 또한 인격적 결정을 정점으로 하는 그 법학적 사고의 특유한 일관성에 대해서 완전히 몰이해 한 것과 마찬가지이다.

제4장 반혁명의 국가철학
(드 메스트르, 보날, 도노소 코르테스)

독일 낭만주의자들에게 하나의 고유하고 원초적인 관념은 「영원한 대화」이다. 노발리스(Novalis)*와 아담 뮐러(Adam Müller)*는 이것이야말로 그들의 정신을 진실로 현실화하는 것으로서 전개한다. 그런데 드 메스트르 · 보날 · 도노소 코르테스와 같은 가톨릭의 국가철학자들은 보수 반동적이며, 중세의 상태를 이상화하였기 때문에 독일에서는 낭만주의자라고 불리는데, 그들은 아마도 영원한 대화를 오히려 잔혹한 희극성을 지닌 환상의 산물이라고 생각하였을 것이다. 왜냐하면 그들의 반혁명적 국가철학의 특징은 시대가 결정을 요구한다는 의식이며, 또한 결정의 개념은 1789년과 1848년의 양 혁명 기간에 외적인 극한으로까지 올라간 에너지를 가지고 그들 사상의 중심을 차지하였기 때문이다. 19세기의 가톨릭 철학이 정신적 현실성으로서 나타나는 경우, 거기에는 항상 매개를 이미 허용하지 않는 중대한 양자택일에 짓눌리고 있다는 사상이 어떠한 형태로든 표현되고 있다. 가톨릭과 무신론 사이에 매개물은 없다고 뉴먼(Newman)*은 말한다. 만사는 중대한 양자택일을 형성하며 그 엄격함은 영원한 대화보다는 오히려 독재 쪽이 더 적합하다고 생각된다.

왕정복고는 전통이나 관습과 같은 개념으로써, 또한 역사의 완만한 성장이라는 인식으로써 혁명의 활동적인 정신과 투쟁하였다. 그러한 이념들은 자연적 이성의 완전한 부정이나, 대개 행동적으로 되는 것을 악으로 보는 절대적 · 도덕적 수동성에로 인도할 것이다. 신학적으로 볼 때 전통주의 루푸스(J. Lupus)나 샤스텔(P. Chastel)에 의해서 반박되고 있으며, 또한 샤스텔 이전에도 「독일 감상주의」야말로 이와 같은 오류의 근원이라고 지적되고 있다. 마지막 결과에 있어서 극단적인 전통주의는 사실 지적으로 의식된 결정의 비합리적인 거부를 의미한다. 그럼에도 불구하고 전통주의의 창시자인 보날의 사상은 자신 안에서 자발적으로 발전하는 영원한 생성이라는 사상과는 거리가 먼 것이다. 물론 그의 정신은 드 메스트르나 심지어 도노소 코르테스의 정신과는 구조를 달리한다. 그는 자주 정말 놀랄 만큼 독일적인 것을 보여준다. 그러나 그에게는 결코 셸링(Schelling)의 철학이나 아담 뮐러의 대립물 혼합론이나 헤겔의 역사신앙과 같은 전통신앙은 없다. 그에 의하면 전통은 인간의 형이상학적 신앙을 수용할 수 있는 내용을 획득하기 위한 또 하나의 가능성인 것이다. 왜냐하면 개개인이 자발적으로 진리를 인식하기에는 약하고 불쌍하기 때문이다. 소경의 무리를 한 사람의 소경이 지팡이에 의지하면서 인도한다.* 그는 인류의 길을 이처럼 무서운 비유로써 묘사하는데, 앞에 든 세 사람의 독일인 사이에 어떤 커다란 차이가 있는가 하는 점은 여기에 나타난다! 사실 보날이 그렇게 애용하고 그에게 스콜라 학자의 이름이 주어지게 된 반정립과 개념구분도 역시 도덕적인 대립들을 포함하며, 셸링의 자연철학에서 「중립점」을 가진 양극성도 결코 아니며 단순한 역사적 과정의 변증법적 부정도 아니다. 「나는 항상 두 개의 심연* 사이에 서 있다. 나는 항상 존재와 무의 중간을 걸어 나아간다」. 선과 악, 신과 악마라는 대립이 있고 그 사이에 생사에 관한 양자택일이 존재하며, 어떠한 종합도 「보다 고차의 3자」도 여기에는 없다.

드 메스트르는 특히 주권을 즐겨 논하였다. 그에게 있어서 주권은 본질적으로 결정을 의미한다. 국가의 가치는 그것이 결정을 내리는데 있으며, 교회의 가치는 그것이 궁극적인 항변불능의 결정이라는 데에 있다. 드 메스트르에 대하여 무오류성은 항변불능한 결정의 본질이며, 교회질서에 있어서의 무과실성은 국가질서에서의 주권과 본질을 같이 한다. 무과실성과 주권이라는 두 가지의 말은 「완전히 동의어」이다(du Pape, ch. 1). 모든 주권은 무과실인 것처럼 다루며, 모든 통치는 절대이다 — 이 명제는 무정부주의자가 완전히 다른 의도로서도 한 마디 한 마디 똑같이 발언할 수 있는 것이다. 정치사상사 전체를 통하여 나타나는 가장 명확한 반정립은 바로 그러한 명제 속에 있다. 바뵈프(Babeuf)*로부터 바쿠닌(Bakunin), 크로포트킨(Kropotkin)* 그리고 오토 그로스(Otto Groß)*에 이르는 무정부주의 교리는 모두 「인민은 선, 권력은 악」이라는 공리를 중심으로 전개된다. 이에 반하여 드 메스트르는 정반대로 「권력은 존속한다는 그 자체만으로도 선이다」라고 말한다. 하나의 결정은 단지 권력적 권위가 있다는데서 비롯되고, 가장 중요한 사안에서는 결정되었다는 것이 어떻게 결정되었는가 보다도 중요하기 때문에 그러한 결정은 그 자체로서 가치를 지닌다는 데에 그 이유가 있다. 「우리들의 관심은 어떤 문제가 어떻게 결정되는가 하는 것이 아니라 그것이 지체 없이 확정적으로 결정되는 것이다」. 그에게는 어떤 오류에도 빠지지 아니하는 것과 어떠한 오류도 고발할 수 없는 것은 실제로 동일한 것이다. 본질적인 것은 어떠한 상급기관도 결정을 심사하지 못한다는 데에 있다.

1789년의 제3계급의 혁명과 1848년의 프롤레타리아 혁명을 비교해보면, 그 혁명의 과격성에서는 후자가 전자보다도 확실히 심각하고 철저하며, 이에 따라서 반혁명의 국가철학적 사고에서도 결정의 강도는 증대되었다. 이러한 방법에 의해서만 드 메스트르로부터 도노소 코르테스에 이르는 정당성으로부터 독재에로의 발전은 이해될 수 있다. 이러한 급격한 상승은 인간의 본성에 관한 공리적 명제가 지니는 의미가 강화된다는 점에서 명백하다. 모든 정치사상은 인간의 「본성」에 관하여 어떠한 태도를 표명하며, 인간의 「성선」 내지 「성악」을 전제로 한다. 교육적 내지 경제적인 설명으로서는 이 문제를 표면상으로만 회피할 수 있을 뿐이다. 계몽기의 합리주의에 의하면 인간은 태어나면서 우둔하고 거칠었으나 교육시킬 수 있는 존재였다. 그리하여 「합법적 전제주의」라는 그의 이상은 교육적인 이유에서 정당화되었다. 즉 무교양한 인간은 입법자가 교육하거나 (루소의 『사회계약론』에 의하면 「인간의 본성을 바꾸는」 것이다) 또는 반항적인 성질은 피히테(Fichte)의 「전제군주」(Zwingherr)에 의해서 교정된다. 국가는 피히테가 소박한 난폭함으로써 말하듯이 하나의 「교육공장」이 된다. 마르크스주의적 사회주의는 경제적 및 사회적 조건에 따라서 인간도 변한다고 믿기 때문에 인간성의 문제는 부수적이며 무용한 것이라고 생각한다. 이에 반하여 의식적으로 무신론적인 무정부주의자들에게는 인간은 확실히 선이며, 모든 악은 신학적 사고와 그 파생물, 즉 권위 · 국가 · 당국과 같은 관련의 소산이라고 한다. 드 메스트르와 보날은 루소의 『사회계약론』의 국가이론적 구성에 대하여 비판하는데, 사회계약론에서 세이에르(Seillière)*가 훌륭하게 입증하였듯이 인간은 아직 결코 태어나면서부터 선한 것은 아니며, 선량한 인간이라는 유명한 「루소적인」 명제는 나중의 소설에서 전개되었다. 이에 반하여 도노소 코르테스는 프루동과 대결하였다. 프루동의 반신학적 무정부주의는 논리필연적으로 성선설의 공리로부터 출발하지 않을 수 없었는데 대하여, 가톨릭 기독교도인 코르테스는 원죄의 교리에서 출발하였다. 물론 코르테스는 이것을 인간성의 절대적 유죄성과 극악성이라는 교리에서까지 논쟁적으로 첨예화하고 있다. 왜냐하면 트리엔트(Tridentinum) 종교회의*가 결정한 원죄의 교리는 그만큼 극단적이지는 않기 때문이다. 그것은 루터파가 해석하듯이, 무가치성을 주장하는 것이 아니라 단지 반대로 왜곡 · 혼탁 · 부상을 말하며, 자연적 선에 이르는 가능성도 충분히 남아있게 한다. 따라서 도노소 코르테스를 교리적인 입장에서 비판한 가듀엘(Gaduel) 사(師)가 인간의 성악과 무가치성의 과장에 대하여 교리상의 의문을 제기한 것은 정당하였다. 그러나 코르테스는 교리의 체계화가 아니라 치열한 현실성을 지닌 종교적 · 정치적 결단을 중요시하였다는 사실을 간과하는 것은 부당하다. 코르테스가 인간의 성악에 대하여 말하는 경우, 그는 무신론적 무정부주의와 그 성선론에 대하여 도전한다. 그는 사색자(δογματιχώς)로서가 아니라 투쟁자(άγωνιχώς)로서 논하였다. 여기서 그는 루터의 교리와 일치하는 것처럼 보이지만 모든 관헌에게 불복하는 루터파와 그의 태도는 역시 다르다. 그는 여기서도 종교재판관의 정신적 후계자로서의 자각을 보존하고 있다.

물론 그가 인간 본성의 극악성과 저속성에 대하여 말하는 것은 지금까지 절대주의적 국가철학이 강력한 지배를 뒷받침하기 위하여 제기한 다를 어떤 논의보다도 무서운 것이다. 드 메스트르도 인간의 사악함에 충격을 받고, 인간 본성에 대한 그의 표현에는 환상 없는 도덕과 고독한 심리학적인 경험들에서 나오는 힘이 있다. 보날도 근본적으로 악한 인간의 본능에 대해서는 환상을 품지 않고, 어떠한 현대 심리학 못지않게 근절하기 어려운 「권력에의 의지」를 충분히 인식하고 있었다. 그러나 이러한 것도 도노소의 격정적인 언사에 비하면 보잘 것 없는 것이다. 그의 인간 멸시는 무한하다. 코르테스의 눈에는 인간의 맹목적인 오성, 그 박약한 의지, 그 육욕적인 탐욕의 우스운 약동은 그처럼 천박한 것이므로 이러한 피조물의 저열함 전체를 표현하는 데에는 모든 인간의 언어의 어떠한 어휘를 가지고도 부족하다. 만약 신이 인간화되지 않았더라면, 내 발에 짓밟히는 파충류가 한 인간보다도 덜 비열한 존재일 것이다. 또한 그는 대중의 우둔함이나 그 지도자들의 어리석은 자만심에도 경악하였다. 그의 죄악감은 퓨리턴의 그것보다도 보편적이며 무서운 것이다. 어떠한 러시아의 무정부주의자도 이 스페인의 가톨릭교도가 인간은 자신의 천성이 선하다는 것을 신이 가르치지 않았다면, 어디에서 알 수 있는가 라고 반문하는 것과 같은 근원적인 확신을 가지고 인간의 본성은 선하다는 자신의 주장을 전개한 사람은 없다. 이 사나이의 절망은 특히 그의 친구 라진스키(Raczynski) 백작에게 보낸 편지 속에서 거의 광기에 가깝게 나타나 있다. 그의 역사철학에 의하면 악의 승리는 자명하고 자연스런 것이며 단지 신의 기적만이 그것을 방지한다. 그가 본 인류의 역사상은 공포와 경악으로 가득 차 있다. 인간은 아무도 그 출입구와 구조를 알지 못하는 미로 속을 맹목적으로 방황하며, 우리는 이것을 역사라고 부른다(Obras, V, p. 192). 인류는 바다 위에 목적 없이 던져진 배이며, 이 배에는 반항적이며 비천한 강제로 모집된 승무원을 싣고 있는데, 그들은 신의 노여움이 반항적인 무뢰한을 바다 속에 집어던지기까지 고함지르고 춤춘다. 그리하여 다시 침묵이 지배하게 된다(IV, 102). 그러나 전형적인 모습은 오늘날 가톨릭과 무신론적 사회주의 사이에 불붙고 있는 피비린내 나는 결전장의 모습이다.

도노소에 의하면 부르주아 자유주의의 본질은 이 투쟁에서 결판내는 것이 아니라 그 대신에 토론을 전개하려고 노력하는 데에 있다. **그는 부르주아지를 바로 「토론하는 계급」**(una clasa discutidora)**이라고 정의한다**. 이리하여 부르주아지는 규탄을 받는다. 왜냐하면 그들은 결단을 회피하려고 하기 때문이다. 모든 정치 활동을 신문이나 의회와 같은 언론으로 옮기려는 계급은 사회 투쟁의 시대에 대응하지 못한다. 7월 왕국시대의 자유주의적 부르주아지의 내적인 불안정성과 불철저성은 주지하는 바이다. 그들의 자유주의적 입헌주의는 국왕을 의회에 의해서 약화시키면서, 또한 왕위에 머무르게 하였는데, 이것은 신을 세계에서 추방하면서 더욱이 그 존재를 보장하는 이신론이 범한 것과 동일한 논리적 모순이다(이 점에서 도노소는 형이상학과 국가이론의 무수히 많은 성과의 비교를 보날로부터 계승하고 있다). 또한 자유주의적 부르주아지는 신을 원하지만 그 신의 활동은 부정되어야 하며, 군주를 원하지만 그 군주는 무력하여야 한다. 부르주아지는 자유와 평등을 요구하면서 선거권을 유산계급에 한정한다. 이것은 교양과 재산의 입법에 대한 영향력을 확보하기 위한 것이며, 마치 교양과 재산이 빈곤하고 무교양한 사람들을 억압할 권리가 부여되는 것처럼 말이다. 부르주아지는 혈통과 가계에 의한 귀족정치를 폐기하면서, 더구나 금권귀족(金權貴族)의 파렴치한 지배, 즉 귀족정치 중에서도 가장 우매하고 저열한 형태를 인정한다. 부르주아지는 군주주권이나 인민주권도 원하지 아니한다. 그러면 그들은 도대체 무엇을 바라는가?

이와 같은 자유주의의 뚜렷한 모순에 착안한 것은 단지 도노소나 슈탈(F. J. Stahl)과 같은 반동주의자들이나 마르크스나 엥겔스와 같은 혁명가들만은 아니다. 오히려 구체적 정치 현상에 대하여 헤겔적 교양을 지닌 독일의 부르주아 학자와 스페인의 가톨릭교도의 대결이라는 진기한 사례가 발생하였다. 왜냐하면 양자는 — 물론 상호 간의 영향을 받지 않고 — 동일한 논리적인 모순들을 확인한 위에 다른 평가에 근거하여 매우 아름답고 전형적인 명확성을 보이면서 대립하기에 이르렀기 때문이다. 로렌츠 폰 슈타인(Lorenz von Stein)은 그의 『프랑스 사회운동사』(Geschichte der sozialen Bewegung in Frankreich)에서 자유주의자들에 대하여 상세하게 논한다. 그들은 인격적 국가권력인 군주를 원하고 독자적인 의사와 독자적인 행위를 원하면서, 다른 한편 국왕을 단순한 집행기관으로 만들고 국왕의 행위 하나 하나를 내각의 동의에 의존시키고, 바로 그 인격적 요소를 다시 박탈한다. 그들은 초당파적 · 초의회적인 군주를 바라면서, 동시에 군주는 이 의회의 의사를 집행하는 권한만을 가진다고 규정한다. 그들은 군주의 인격은 불가침하다고 선언하면서 군주에게 헌법준수를 선서케 하며, 따라서 군주의 헌법위반은 가능하지만 소추할 수는 없다고 한다. 「어떠한 인간의 예지일지라도 이러한 대립을 개념적으로 해결할 수 있는 예민함은 존재하지 아니한다」고 슈타인은 말한다. 자유주의처럼 바로 자기 자신의 합리주의를 자랑하는 당파에 있어서 이것은 이중적으로 기묘한 것이다. 프로이센의 보수주의자 슈탈은 「국가와 교회에 있어서의 현대의 당파에 대하여」라는 강연*에서 입헌적 자유주의의 수많은 모순을 논하고 있는데, 그는 매우 단순하게 설명한다. 즉 왕정과 귀족정치에 대한 증오가 자유주의적 부르주아지를 좌로 몰아넣고, 그 소유가 과격한 민주주의와 사회주의에 의해서 위협을 받는 불안은 다시 그들을 우로, 즉 군대가 그들을 보호할 수 있는 강력한 왕정으로 몰아넣는다. 이리하여 그들은 양면의 적 사이에서 요동하는 양민을 속이려고 한다고. 슈타인의 설명은 완전히 다르다. 그는 「생」(Leben)이라는 것과 결부시켜 대답하며, 바로 많은 모순들 속에서 생의 충만함을 인식한다. 「적대적인 요소의 난해한 융합」이야말로 「바로 살아있는 모든 것의 본성이다」. 현존하는 것은 모두 그 나름대로의 대립을 내부에 가진다. 「약동하는 생은 서로 대립하는 힘들의 끊임없는 침투 속에 있다. 사실 이 힘들은 그것을 생으로부터 절단한 때에 비로소 현실적으로 대립한다」. 이어서 슈타인은 대립물의 융합을 유기적 자연과 인격적 생명의 과정과 비교하여, 국가도 또한 인격적 생명을 가진다고 주장한다. 항상 새로운 대립과 조화를 서서히 자신 속에서 산출하는 것이야말로 생의 본질이다 등등.

그러한 「유기적」 사고는 드 메스트르나 도노소 코르테스에게는 있을 수 없다. 드 메스트르는 셸링의 생명철학에 대한 완전한 무이해로써 이것을 입증하였으며, 도노소는 1849년 베를린에서 헤겔주의에 직면하자 깜짝 놀랐다. 양자 모두가 경험과 실무가 풍부한 외교관이자 정치가이며 납득할 만한 타협도 충분히 수행하였다. 그러나 체계적 · 형이상학적인 타협은 양자에게 모두 불가해한 것이었다. 가장 결정적인 점에서 결정을 유보하고, 여기서 일반적으로 어떠한 결정이 내려져야 할 것인가를 부인하는 태도는 확실히 그들에게 기묘한 범신론적 혼란으로 생각되었다. 코르테스에 있어서 논리일관하지 못하고 타협을 동반한 자유주의는 단지 그리스도냐 바라바냐 하는 질문에 대하여 연회동의(延會動議) 내지 조사위원회의 설치로 대답할 수 있는 짧은 기간 동안만 존속한다. 그들이 이러한 태도를 취하는 것은 우연이 아니며, 자유주의적 형이상학에 그 근거를 둔다. 부르주아지는 언론 · 출판의 자유의 계급이며, 바로 이 자유에 도달하는 것은 어떤 임의의 심리적 · 경제적 상태나 상업적 사고 등에 의하는 것은 아니다. 자유주의적 자유권의 이념이 북아메리카 합중국에서 유래하였다는 것은 주지의 사실이다. 근래에 게오르크 옐리네크는 이러한 자유가 북아메리카에서 기원한다는 것을 밝혔는데,* 이것은 가톨릭의 국가철학자들에게는 (『유대인 문제에 관하여』*라는 논문의 필자인 카를 마르크스도 마찬가지일 것이다) 결코 놀랄만한 명제는 아니었다. 또한 거래나 영업의 자유와 같은 경제적인 요청도 분명히 사상사적 연구의 입장에서 본다면, 단지 형이상학적 핵심으로부터의 파생에 불과하다. 도노소는 그의 철저한 정신성에서 항상 논적의 신학에만 주목한다. 그는 결코「신학을 전개」하지 아니한다. 다의적 · 신비적인 결합이나 유추를 하지 아니하며, 오묘한 신탁을 내리지도 아니한다. 현실 정치문제에 대한 편지에서는 냉정한, 때로는 냉혹하기까지 한 현실 직시를 보며, 어떤 동키호테적인 과대망상도 보이지 아니한다. 체계적인 사상과정을 통해서 좋은 의미에서의 교의적 신학이 지니는 간결함에 도달하려고 노력한다. 따라서 정신적인 영역에 대한 그의 직관력은 자주 놀라웁다. 그러므로「토론하는 계급」(clasa discutidora)이라는 부르주아지의 정의나, 언론 · 출판의 자유가 부르주아지의 종교라는 인식은 바로 그 좋은 예이다. 나는 그의 이 말을 자유주의 전체에 대한 결정적인 단언이라고 까지는 생각하지 않으나, 대륙의 자유주의에 대해서는 탁월한 착상이라고 생각한다. 예를 들면 콩도르세(Condorcet)의 체계 — 그 전형적인 의미는 볼첸도르프가 아마도 코르테스에 가까운 정신에서 인식하고 훌륭하게 서술하는데 — 단지 입법부뿐만 아니라 민중 전체가 토론하며, 인간 사회가 하나의 거대한 클럽으로 변하고, 이리하여 진리는 토론을 표결한 결과 저절로 생겨 나온다는 것이 정치 생활의 이상이라는 것을 실제로 믿지 않으면 안 된다. 도노소는 이것이야말로 책임을 회피하기 위한 사상이며, 언론 · 출판의 자유의 중요성을 지나치게 과장하여 결국에는 결단을 필요 없게 만들려는 하나의 방법으로 생각할 뿐이다. 자유주의는 개별적인 정치문제 모두를 토론하며 교섭 재료로 삼듯이, 형이상학적인 진리도 토론 속에 해소시켜 버리려고 한다. 자유주의의 본질은 교섭이며, 결정적인 대결과 피비린내 나는 결전은 의회의 토론으로 변하고, 결정은 영원한 토론에 의해서 영원히 정지될 수 있다는 희망을 가지고 천천히 기다리는 불완전한 것이다.

토론의 반대는 독재이다. 항상 극단적인 경우를 상정하며 최후의 심판을 기다린다는 것이 코르테스와 같은 정신의 결정주의에 내포되어 있다. 그러므로 코르테스는 자유주의자를 경멸하지만, 다른 한편 무신론적 · 무정부주의적 사회주의에 대해서는 불구대천의 원수로서 경의를 표하며, 거기에 악마적인 위대함을 인정한다. 그는 프루동을 악마로 여겼다. 이에 대하여 프루동은 일소에 부치고, 종교재판에 빗대어 마치 그가 화형대 위에 있다고 느끼기라도 하듯, 도노소에게 '점화!'라고 외쳤다(『한 혁명가의 고백』 〈Confessions d'un Révolutionnaire〉 신판에서의 추가). 그러나 이 시기의 악마숭배는 결코 즉흥적인 역설이 아니라 하나의 강력한 지적(知的) 원리였다. 그 문학적인 표현은「검은 분노로 지상의 낙원으로부터 아버지인 신을 추방해버린 양부(養父)」인 악마의 대관이며, 그 동생을 죽인 카인의 대관이다. 살해된 아벨은「가장(家長)의 난로 가에서 배를 따듯하게 하고 있는」 부르주아이다.

카인의 종족이 하늘에 올라와선
땅 위로 신을 던져 버린다! (보들레르)*
Race de Cain, au ciel monte
Et sur la terre jette Dieu! (Baudelaire)

그러나 악마는 이 왕위를 보전하지 못한다. 왜냐하면 거기에서는 신과 악마의 역할이 바뀌기 때문이다. 또한 프루동은 그 후의 무정부주의자들과 비교한다면 아직 도덕주의적 소시민이며, 가장의 권위나 일부일처제의 가족 원리를 고수하고 있다. 바쿠닌에서 처음으로 신학에 대한 투쟁에 절대적 자연주의의 완전한 일관성이 부여된다. 정말 그들도 또한 「악마를 넓히」려고 하며 — 모든 종교를 경멸한 카를 마르크스와는 반대로 이것을 유일한 참된 종교라고 한다. 그러나 바쿠닌의 지적인 의의는 생명에 대한 그의 관념에 있다. 그에 의하면 생명은 자연적 정당함을 가지며, 자신 속에서 스스로 정당한 형태를 창조한다는 것이다. 따라서 바쿠닌에게는 인간에게 악의 낙인을 찍은 신학의 이론이나 원리론 만큼 부정적이고 악한 것은 없다. 원리론은 그들의 지배욕과 권력욕을 위장하기 위한 것에 불과하다. 모든 도덕적인 가치판단은 신학과 권위로 인도하며, 이 권위는 인간의 생에 내재하는 자연적인 진리와 아름다움을 밖으로부터 억압하려는 것이며, 권위의 원천은 소유욕과 지배욕이며, 그 귀결은 지배자 · 피지배자 쌍방의 보편적인 타락이라고 한다. 오늘날 무정부주의자들이 부권(父權)과 일부일처제를 기초로 하는 가족이야말로 죄악상태라고 하여 원시적 낙원상태가 되는 모권제(母權制)에의 복귀를 설명하는데, 이것은 저 프루동의 비웃음보다도 이 문제 영역의 깊이를 더 한층 강하게 자각하고 있음을 의미한다. 도노소도 이러한 부권적 가족의 해체에 대한 최종적인 귀결을 항상 통찰하고 있었다. 그는 신학의 소멸은 도덕의 소멸을 의미하며, 도덕의 소멸은 정치적 관념의 소멸을 의미하는 것, 직접적 · 자연적인 생, 문제성 없는 「육체」의 세계라는 지상 낙원에서는 모든 도덕적 · 정치적 결단은 마비되어 버리는 것을 통찰하고 있었다.

오늘날 정치적인 것에 대한 투쟁만큼 현대적인 것은 없다. 미국의 금융인 · 공업기술자 · 마르크스주의적 사회주의자 그리고 아나르코 생디칼리슴의 혁명가들이 일치하여 경제 생활의 현실성에 대한 정치의 비현실적인 지배는 배제되어야 한다고 요구한다. 그러나 조직적 · 기술적이며 경제적 · 사회학적인 과제만이 존재하며 정치문제는 이미 존재하지 않는다는 것이다. 오늘날 지배적인 경제적 · 기술적 사고로써는 이미 정치이념은 완전히 파악할 수 없다. 현대 국가는 실제로 막스 베버가 말하듯이, 하나의 커다란 기업으로 화한 것처럼 보인다. 정치 이념은 일반적으로 그것을 자기의 이익을 위하여 봉사하는 데에 명확한 경제적 관심을 기울이는 일단의 사람들을 입증하는 경우에 비로소 이해된다. 이 경우 정치적인 것이 경제적 내지 기술적 · 조직적인 것에 해소된다면, 다른 한편 정치적인 것은 문화적이며 역사철학적인 일반론의 영원한 대화 속에 소멸해 버린다. 그리고 이러한 일반론은 고전시대, 낭만시대 또는 바로크 시대처럼 미학적으로 특정지워진다. 양자 모두 정치이념의 핵심인 까다로운 도덕적 결정은 회피된다. 그런데 저 반혁명적 국가철학자들의 진정한 의미는 그들의 결정이 논리일관성을 지니고 있다는 데에 있다. 그들은 결정이라는 계기를 강조하는 나머지 이 계기가 결국은 그들의 출발점이었던 정당성 사상을 폐기하기에 이르렀다. 도노소 코르테스는 이미 군주는 존재하지 않으며, 어떠한 군주도 국민의 의사로써 군주가 되는 이상의 용기를 가지지 못하며, 군주제의 시대는 종말을 고하였다는 인식에 도달하자마자 그 결정주의에 종지부를 찍고 정치적 독재를 요청하였다. 이미 앞에서 인용한 드 메스트르의 표현 속에 국가를 결단의 계기로 환원하려는 사상이 나타나 있으며, 이 결단이란 추론이나 토론, 자기 변명 등을 하지 않는 순수한 결단, 무에서 창조된 절대적 결단인 것이다.

그러나 이것은 본질적으로 독재이며 정당성은 아니다. 도노소는 최후의 결전이 임박했음을 확신하고 있었다. 과격한 악에 직면하여 해결하는 길은 독재 밖에 없으며, 세습이라는 정당성의 사상은 이러한 경우 공허한 자기 정당화가 될 뿐이다. 이리하여 권위와 무질서의 대립은 절대적인 명확성 속에서 서로 대립하며, 앞서 언급한 명백한 반대 명제를 형성한다. 모든 정부는 필연적으로 절대적이라는 드 메스트르의 말에 대하여 무정부주의자도 한 마디 한 마디 동일하게 말하며, 후자는 인간의 성선설과 권력의 악성이라는 자신의 공리를 원용하여 실제로는 반대의 결론, 즉 모든 정부는 독재이기 때문에 모든 정부는 타도되어야 한다는 결론을 도출한다. 결단을 요구하는 것은 무정부주의자들에게는 모두 악이다. 왜냐하면 정당한 것은 저절로 나타나는데, 그것은 이와 같이 요구함으로써 생명의 내재성이 교란되지 않는 경우이다. 물론 이 과격한 반대 명제는 무정부주의자에 대해서 결정에 결연히 반대하는 결정을 내리도록 강제한다. 그리고 19세기 최대의 무정부주의자인 바쿠닌에 있어서는 그가 이론적으로는 반-신학의 신학자로, 실제로는 반-독재의 독재자가 되지 않을 수 없었다는 기묘한 역설을 만들어 낸다.

로마 가톨릭주의와 정치형태* (1925)

반 로마적 감정(anti-römischer Affekt)**이라는 것이 있다**. 교황지상주의 · 제수이트주의 · 교권주의에 대한 투쟁은 유럽의 역사를 여러 세기에 걸쳐서 움직이고, 종교적으로나 정치적으로 거대한 힘으로써 싸워왔으며, 이 투쟁을 배양해온 것도 반로마적 감정이다. 광신적인 교도뿐만 아니라 경건한 신교도나 그리스정교의 교도도 그 시대 전체를 통하여 로마에서 적(敵)그리스도(Antichrist)*를 보았으며, 로마 교회는 계시록의 음녀 바빌로니아처럼 생각되었다. 이러한 형상은 그것이 가지는 신화적인 힘 때문에 어떠한 경제적 타산보다도 더욱 깊고 강하게 작용하였으며, 그 영향은 나중에까지 계속되었다. 예컨대 글래드스톤(Gladstone)이나 비스마르크(Bismarck)의 회상록* 등에서도 음모를 꾀하는 제수이트나 성직자가 비밀리에 나타나는 경우에 하나의 신경질적인 불안을 나타내고 있다. 그러나 바티칸에 대한 문화투쟁*이나 투쟁 전체의 감정적(이렇게 말해도 좋다면), 신화적인 병기고는 프랑스에 있어서의 국교분립 그것과 마찬가지로, 크롬웰(Cromwell)의 저 악마같은 광기에 비교하면 무해로운 것이었다.* 18세기 이후에 투쟁은 더욱 더 합리적이거나 인도적 · 공리적이며 피상적인 것으로 된다. 다만, 러시아 정교도인 도스토예프스키(Dostojewski)에 있어서 반로마적 공포가 또 다시 그가 묘사하는 대심문관에서 세기적인 존재가 되어서 나타날 뿐이다.

그러나 단계나 정도는 다양하지만 로마 가톨릭 교회가 이해하기 힘든 정치력에 대한 불안은 항상 남아있는 것이다. 한 영국인 신교도가 「교황청 기구」 앞에서 그것이 종교생활을 통제하려고 하는 방도도 없는 거대한 위계적인 행정기구이며, 더구나 그것이 원리적으로 가정을 가지는 것을 거부하는 사람들에 의해서 운영되고 있음을 깨닫는다면, 그가 품고 있는 반감을 쉽게 느낄 수 있다는 것도 상상하기 어렵지는 않다. 로마 교회는 독신주의 관료제라고 할 수 있다. 확실히 이것은 가정을 가지는 것을 당연시하고, 모든 관료지배에 반감을 가지는 사람을 놀라게 할 것이다. 그러나 여하튼 이것들은 오히려 표면에 나타나지 않는 감정이다. 의회주의와 민주주의의 시대인 19세기 전체를 통하여 가톨릭에 대하여 반복된 대부분의 비난은 가톨릭의 정책이 무제한한 편의주의 이외에 아무것도 아니라는 점이다. 사실 가톨릭의 신축성은 놀랄만한 것이다. 그것은 서로 대립하는 조류나 집단과 용이하게 결합한다. 그러므로 로마 교회가 여러 국가들에서 어느 만큼 상이한 정부나 당파와 연합을 맺었는가를 사람들은 몇 천번이나 헤아리며 교회를

---

* Römischer Katholizismus und politische Form, 1923. 2. Aufl., Theatiner-Verlag, München 1925, 53 S. Neudruck Klett-Cotta, Stuttgart 1984.

비난하여 왔다. 즉 교회는 정치정세의 여하에 따라서 절대주의자나 폭군방벌론자(Monarchomachen)*와도 제휴하고, 1815년 이후의 신성동맹*이 존속하는 동안에는 반동세력의 보호자이며, 자유주의자가 주창하는 모든 자유의 적이었는가 하고 생각하면, 다른 국가에서는 바로 그 자유를, 특히 언론 · 출판과 학문의 자유를 격렬한 저항을 통하여 자기를 위하여 요구하는 것이다. 또한 교회는 유럽의 군주제에서는 국왕과 교황의 동맹을 설교하고 한편, 스위스 각 주의 농민민주주의나 북아메리카에서는 단호하게 민주주의 편에 서는 것도 알고 있었다. 몽탈랑베르(Montalembert), 토크비유(Tocqueville), 라코르데이르(Lacordaire)*와 같은 중요한 인물은 그들과 같은 신앙을 가지는 많은 사람들이 아직 자유주의를 적그리스도 또는 적어도 적그리스도에의 길을 준비하는 것이라고 생각할 때에, 이미 자유주의적 가톨리시즘의 입장을 대표한 것이다. 왕당파나 정통파의 가톨릭교도와 공화국의 지지자인 가톨릭교도가 서로 제휴하며 행동한다고 생각할 정도이다. 어떤 가톨릭교도는 다른 가톨릭교도가 악마라고 보는 사회주의의 전술상의 동맹자이며, 또한 신성한 사적 소유권을 옹호하는 부르주아가 볼셰비키를 법 밖에 존재하는 범죄자 단체라고 생각할 때에 이미 사실상 후자와 손을 잡은 것이다. 정치상황이 변함에 따라서 모든 원칙도 외관상 변화해 갔다. 그러나 변하지 않는 것이 꼭 하나 있다. 가톨릭교회의 힘이다. 가톨릭은「적으로부터 자유를 요구할 때에는 항상 적 측의 원칙을 방패로 삼고, 적에게 자유를 거부할 때에는 가톨릭의 원칙을 방패로 삼는다」. 시민적 · 사회주의적 그리고 무정부주의적인 평화주의자는 자주 다음과 같은 가톨릭의 모습을 묘사하였다. 즉 모든 교전국의 대표에게 축복을 내리는 고위성직자. 어떤 것은 군주주의론자로서 어떤 것은 공산주의자이기도 한「새로운 가톨릭」의 저술가들. 그리고 끝으로 사회학적인 다른 표현을 사용한다면, 파업을 감행하는 근로자에게 투쟁할 것은 격려하는 아일랜드의 프란치스코파 수도사와 아울러 궁정의 귀부인에 의해서 나약해진 사제. 이에 유사한 서로 모순되는 인물상을 결합하면 열거하기 힘들 정도이다.

로마 가톨릭의 다면성 · 다양성 · 두 얼굴 · 야누스의 머리, 또한 바이런(Byron)이 로마를 표현하였듯이, 양성구유성(兩性具有性)이라는 것의 상당한 부분은 정치적 · 사회적으로 볼 때 교회에 유사한 형상들과 비교함으로써 쉽게 설명할 수가 있다. 확고한 세계관을 가진 모든 당파는 정치투쟁의 책략에서 다양한 종류의 집단과 결합할 수가 있다. 이것은 가톨릭에만 타당한 것은 아니며, 근본원칙을 고수하는 한에서는 확신으로 가득 찬 사회주의에도 타당하다. 나아가 민족운동도 또한 개별적인 국가의 상황에 따라서 어떤 때는 정통 군주제와 손을 잡고, 어떤 때는 민주공화제와 손을 잡는다. 세계관의 입장에서 본다면, 정치형태나 정치적 가능성은 모두 실현될 이념의 단순한 도구가 되어버린다. 나아가 일견 모순으로 가득 차 보이는 것도 대부분의 경우, 정치적 보편주의로부터의 귀결과 그 수반현상일 뿐이다. 역사적 복합체, 행정장치로서의 로마 교회가 로마 제국의 보편주의의 후계자인 것은 여러 방면의 사람들의 주목할 만한 일치에 의해서 확인되고 있다. 샤르르 모라스(Charles Maurras)*를 그 특징적인 대표자로 하는 국수주의적 프랑스인, H. St. 챔버레인(H. St. Chamberlain)*과 같은 게르만주의적 민족이론가, 막스 베버와 같은 자유주의적 성격을 지닌 독일의 대학 교수, 도스토예프스키와 같은 범슬라브주의적 시인예언자, 이러한 사람들은 모두 자기의 주장을 가톨릭교회와 로마 제국의 연속성 위에 기초를 두고 있다. 모든 세계제국에 공통되는 것은 다양한 사상에 대한 일종의 상대주의, 그리고 지역적 개성에 대한 압도적 우월성과 아울러 그다지 중요하지 아니한 것에 대한 낙관적 용인이다. 로마 제국과 대영제국은 이 점에 대해서도 충분히 유사점을 보여준다. 모든 제국주의는 그것이 단순한 외침으로 머무르는 한 보수주의와 자유주의, 전통과 진보라는 대립이나, 나아가서는 군국주의와 평화주의와 같은 대립마저 자기 속에 감추고 있다. 이러한 대립은 영국 정치사에서 버크(Burke)와 워렌 헤이스팅스(Warren Hastings)*의 대립에서 로이드 조지(Lloyd George)*와 처칠(Churchill)* 또는 로드 커즌(Lord Curzon)*의 대립에 이르기까지 거의 모든 세대 중에서 발견된다. 그러나 보편주의의 특징을 서술하는 것만으로는 가톨릭의 정치이념을 명확히 한 것이 되지 아니한다. 우리들이 보편주의에 언급하지 않을 수 없었던 것은, 보편적인 행정기구에 대한 반감이 자주 국민적 및 지역적 운동이 당연시되는 반응에 의해서 설명될 수 있기 때문이다. 특히 로마 교회처럼 극도로 중앙집권화 된 체제에서는 많은 사람들이 자신의 국민적 애국심 때문에 소외감이나 실망감을 품지 않을 수 없다. 어떤 아일랜드인은 겔(Gäle)인의 민족감정에 분개하여 아일랜드는 「로마인의 코담배갑(snuff-box) 속에 있는 한 줌의 코담배」에 불과하다고 말한다(아마도 이렇게 말하면 그는 가장 기뻐할 것이다. 즉 아일랜드는 코스모폴리탄이라는 레스토랑을 위해서 들끓는 큰가마 속에 사제가 던져 넣은 한 마리의 병아리에 불과하다 라고). 그러나 다른 한편, 티롤인 · 스페인인 · 폴란드인 · 아일랜드인과 같은 가톨릭 국민은 그들의 국민적 저항력의 주요 부분을 바로 가톨릭에 부담시키며, 그것도 그들을 압박하는 자가 동시에 교회의 적인 경우에 한하지 아니한다. 마리느의 메르슈(Mercier von Mecheln)* 추기경이나 트리어의 코룸(Korum von Trier)* 대주교 등은 상업과 산업보다도 훨씬 강력하게 오히려 교회와의 동맹을 바라는 경우에도 그러하였다. 보편주의의 본질을 단순히 정치적 · 사회적으로 설명하는 것만으로는 그러한 현상을 해명할 수 없을 것이다. 또한 세계사에서의 모든 세계제국인 보편주의나 중앙집권주의에 대한 국가적 · 지역적 반항을 불러일으킨 것은 확실하지만, 반로마적 감정을 이러한 반항에 의해서만 설명할 수는 없을 것이다.

가톨릭교회가 어느 정도로 **반대물의 복합체**(complexio oppositorum)*인가를 그 깊이 전체에서 파악하면 할수록, 반로마적 감정은 더욱 무한하게 심화될 것이다. 가톨릭교회가 포함하고 있지 아니한 대립은 존재하지 아니한다고 생각할 정도이다. 오랫동안 교회의 노력은 모든 국가형태와 통치형태를 자신 속에 통합하는 독재적 민주주의에로 지향하여 왔다. 이 독재적 민주주의의 수장은 추기경이라는 귀족주의적 단체를 통하여 선출되는데, 뒤팡루(Dupanloup)*가 서술하듯이, 이 제도는 지금까지 아브루젠(Abruzzen)*의 목동도 신분이나 출신에 관계없이 독재적 주권자가 될 수 있을 만큼 민주적이기도 하다. 그 역사는 놀랄만큼 순응성과 동시에 완고한 비타협의 예나 남자다운 저항과 동시에 여성다운 영합의 예로 가득차며,* 용기와 굴종이 기묘하게 혼합된 수많은 예들을 알고 있다. 권위적 독재의 준엄한 철학자이며 스페인의 외교관인 도노소 코르테스(Donoso Cortés)*와, 성 프란치스코의 자애의 정신을 가지고 가난한 아일랜드 국민을 위하여 헌신하고, 생디칼리스트들과 협동한 패드레익 피어스(Padraic Pearse)*와 같은 반역자가 쌍방 모두 경건한 가톨릭 교도였다는 것은 거의 이해하기 어려운 일이다. 그러나 신학적으로 보더라도 도처에서「반대물의 복합체」가 지배하는 것이다. 구약성경과 신약성경은 병존하여 효력을 가지며, 마르키온(Marcion)*의「이것이냐 저것이냐」에 대해서 가톨릭은「이것도 저것도」라고 대답한다. 유대교의 유일신과 그 절대적 초월성은 삼위일체론을 통하여 신의 세계 내재를 보여주는 수많은 계기가 부가되며, 이 점에 대해서도 수많은 타협적인 중간형태를 생각할 수 있다. 또한 프랑스의 무신론자와 19세기에 다시 다신론을 주창한 독일의 형이상학자는 그 성자숭배 때문에 로마 교회를 상찬하였다. 왜냐하면 그들은 성자숭배 속에서 일종의 건전한 이교(異教)를 발견하였다고 생각하였기 때문이다. 무정부주의적인 국가철학과 사회철학의 모든 이론이 시종일관하는 한, 항상 그것에로 귀환하는 근본적인 명제, 즉「본성상 악한 인간」과「본성상 선한 인간」이라는 정치이론에 대해서 결정적으로 중요한 문제에 대해서도 트리엔트 공회의*의 교의는 단순한「예냐 아니냐」로써는 결코 대답하지 못하며, 오히려 이 교의는 자연적 인간의 완전한 타락을 설명하는 프로테스탄트의 이론과는 달리 인간본성의 손상, 쇠약 또는 혼탁을 말할 뿐이며, 결과적으로는 이 이론의 적용에 많은 뉘앙스와 적응성을 인정한다. 나아가 대립물의 결합이라는 현상은 인간의 동기나 표상의 사회심리학적인 궁극적 근원에까지 거슬러 올라간다. 교황(Papst)이란 아버지를 가리키는 명칭으로 교회는 신도의 어머니이며 그리스도의 약혼녀이다. 이것은 부권적인 것과 모권적인 것의 놀라운 결합이며, 가톨릭교회는 이 두 가지의 것을 결합함으로써 아버지에 대한 존경과 어머니에 대한 사랑이라는, 인간이라면 누구나 나면서부터 가지는 매우 단순한 두 가지의 본능적 경향을 로마에로 지향할 수 있었던 것이다. 모친에 대한 반항이 있을 수 있는가? 그리고 끝으로 이것이 가장 중요한 점인데 가톨릭의 무한한 다양성은 매우 엄밀한 교의와 결단*에 대한 의지와 다시 결합하며, 이 결단에 대한 의지는 교황의 불가류(不可謬)라는 교의에서 극치에 이른다.

가톨릭의 정치사상이라는 관점에서 본다면, 로마 가톨릭의「반대물의 복합체」의 본질은 제국(Imperium)이라는 것을 지금까지 경험하지 못한 인간생활을 질료(質料)로 한 때에, 이러한 질료에 대한 특수 형식적인 우월성에 있다. 가톨릭의 역사 · 사회적 현실재는 이러한 우월성을 통하여 실질적으로 형성되었으며, 교회는 그 형식적 성격에도 불구하고 구체적 실재이며 생기로 가득 차 있으면서도 최고의 정도에서 합리적인 실재인 것이다. 로마 가톨릭의 이러한 형식적 특성은 대표(Repräsentation)의 원리를 엄격하게 관철하는 것에 근거를 둔다. 이 원리의 특질은 오늘날 지배적인 경제적 · 기술적 사고와 대치된 때에는 분명하지만, 그에 앞서 먼저 오해를 제거하지 않으면 안 된다.

낭만주의나 헤겔주의는 많은 다른 주의들처럼 가톨리시즘도 자기 속에 넣어 하나의 정신적 혼합물을 만들어 내려고 시도하였다. 가톨릭의 복합체를 이러한 정신적 혼합물을 구성하는 많은 요소의 하나라고 생각함으로써 가톨릭의 본질을 해명하고 얻었다고 성급하게 믿을 수도 있을 것이다. 유기적 · 역사적인 생명을 영원한 안티테제와 통합 아래 진전하는 과정으로서 파악하는 것은 칸트 이후의 사변적 형이상학자들에 대해서는 주지의 사실이다. 이때에 그 역할은 임의로 분배될 수 있다. 괴레스(Görres)*가 가톨리시즘을 남성원리로서, 프로테스탄티즘을 여성원리로서 제시한 때에, 그는 전자를 후자의 단순한 하나의 반정립적인 항(項)으로 간주하고 이들 양자를 통합하는 것은 보다 고차의 제3자라고 생각하였다. 그러나 반대로 가톨리시즘이 여성적이고 프로테스탄티즘이 남성적이라고 생각하는 것도 당연히 가능하다. 또한 사변적으로 논리구성을 하는 사람은 그때그때 가톨리시즘을 「보다 고차의 제3자」로서 고찰한 것도 생각할 수가 있다. 특히 이러한 입장에 가까운 것이 가톨릭적 낭만주의자이다. 비록 그들은 형식적인 것의 도식적 외면성과 프로테스탄티즘의 불가시적 내면성과의 양자에서 유기적인 보다 고차적인 것을 만들기 위해서는 교회가 제수이트주의와 스콜라학에서 해방되어야 한다고 역설하는 것을 포기하지는 않는다. 거기에는 외관상, 전형적인 오해가 있는데, 그럼에도 불구하고 그러한 이론구성은 가공의 상상 이상의 것이다. 더구나 정말같지 않게 들릴지도 모르지만, 이 구성은 최고도로 시대적인 성격을 반영하기도 한다. 왜냐하면 그 정신구조가 하나의 현실에 대응하고 있기 때문이다. 이 구성의 출발점에 있는 것은 사실 소여(所與)인 분열 · 이간 · 결합을 필요로 하는 안티테제, 하나의 「무차별점」(Indifferenzpunkt)*을 가진 외극성, 해결곤란한 균열상태이며, 자기 자신을 부정함으로써 긍정에로 도달하는 이외에는 다른 어떠한 발전도 불가능한 가장 깊은 미결상태이다. 사실 현대의 모든 영역에는 근원적인 이원주의가 지배하고 있다. 이와 같은 논술이 진행됨에 따라서 이러한 이원주의는 그 다양한 형상들 속에서 여전히 자주 언급되지 않으면 안 되게 된다. 그 일반적인 기초는 하나의 자연개념이며, 이것은 기술과 산업에 의해서 변혁된 오늘날의 세계에 이미 실현된 것이다. 오늘날 자연은 돌이나 철이나 유리의 결정이나 거대한 큐비즘을 가지고 지상에 가로 놓인 대도시의 기계적 세계에 대한 대극물로 생각되며, 이 기술왕국의 대립물은 미개의, 어떠한 문명에도 오염되지 아니한 야생의 자연이며, 이 자연은 「인간이 참을 수 있는 한도의 고통을 가지고서는 들어갈 수 없는」 출입금지 구역이다. 그러나 로마 가톨릭의 자연관은 인간의 노동에 의해서 합리화되며, 철저하게 기술화된 세계와 문명에 오염되지 아니한 낭만적인 자연과의 이와 같은 분열을 전혀 알지 못한다. 가톨릭 국민과 프로테스탄트 국민은 각각 상이한 태도로 대지와 관계를 맺으려고 생각한다. 이것은 아마 가톨릭 국민은 프로테스탄트 국민과 달리 그 대부분이 농민이며 대산업을 알지 못하기 때문일 것이다. 여하튼 이것은 일반적인 사실이다. 왜 가톨릭교도에는 이주자가 없을까? 적어도 왜 가톨릭교도는 위그노파나 퓨리턴과 같은 대규모적인 이주가 전혀 없는 것일까? 수많은 가톨릭교도가 외국에 이주하였으며, 아일랜드인 · 폴란드인 · 이탈리아인 · 크로아티아인 등이 그렇다. 그 대부분의 이주자들은 가톨릭교도였다고 상정해도 무방할 것이다. 그 까닭은 가톨릭 국민이 프로테스탄트 국민보다도 가난하였기 때문이다. 빈곤 · 필요 그리고 박해를 받아서 가톨릭교도가 이주한 것은 사실이다. 그러나 그들은 자신들의 향수를 결코 상실하지는 아니하였다. 이 불쌍한 추방자와 비교하여 위그노파와 퓨리턴은 자주 비인간적인 크기에 관한 힘과 자부심을 가지고 있다. 그들은 모든 토지에서 생활할 수 있었다. 그러나 그들은 모든 토지에 뿌리를 내렸다고 말하는 것은 부적절한 묘사일 것이다. 그들은 모든 장소에서 자기의 산업을 조직하고, 모든 토지를 자기의 천직과 내면적 금욕의 시련장으로 바꾸고, 결국은 도처에서 안락한 주거를 가질 수 있었다. 이 모든 것은 그들이 자연의 지배자가 되고 자연을 자기에게 예속시킴으로써 이루어진 것이다. 이와 같은 자연관은 로마 가톨릭의 자연관 중에는 없다. 가톨릭 국민은 어머니인 대지를 프로테스탄트 국민과는 다른 방법으로 사랑한다. 그들에게는 그들 독자의 「토착신앙」(terrisme)*이 있다. 자연은 그들에게 인위나 작위의 대립물이나, 이성 · 감정 내지는 심정의 대립물을 의미하지는 아니한다. 그들에게 인간의 노동과 작물의 유기적 성장은 동일물이며 자연과 이성은 동일물이다. 포도 재배는 실로 이 양자의 결합을 가장 아름답게 상징하는 것이다. 또한 이와 같은 정신구조에 의해서 건설된 도시도 지형에 순응하고 자기의 대지에 잘 적응된, 대지로부터 자연적으로 자라난 산물이라고 생각되고, 이와 같은 도시에 본질적인 「도시풍」(Urban)이라는 개념은 가톨릭 국민이 가지는 어떤 종류의 인간성을 표현하고 있다. 이러한 인간성이야말로 현대 산업도시의 정밀한 기구에 영원히 결여된 것이다. 트리엔트 공회의의 교의가 자연과 은총의 프로테스탄트적 분리를 인정하지 않는 것과 마찬가지로, 가톨릭교회는 자연과 정신, 자연과 이성, 자연과 기술, 자연과 기계의 이원론이나 이 이원론이 변전하는 파토스를 전혀 알지 못한다. 가톨릭에 대해서는 공허한 형식과 형식 없는 질료의 대립이 문제가 되지 않듯이, 이러한 대립물의 통합도 문제가 되지 아니하였다. 가톨릭교회는 독일의 자연철학이나 역사철학의 이른바 고차의 제3자라는 것은 아니다. 원래 그러한 것은 존재하지 아니한다. 대립에 대한 절망도, 대립의 통합이라는 환상적 자부심도 가톨릭에는 없다.

따라서 가톨릭교회가 기계주의 시대의 대극이라고 불린다면, 어떤 가톨릭교도는 의심하지 않고 이것을 상찬하는 말이라고 생각할 것이다. 프로테스탄트적 심정을 매우 강하게 품는 사람은 종교를 영혼 없는 형식성에로 기계화하기 때문에 가톨릭교회를 기독교의 타락이며 악습이라고 생각하는데, 다른 한편, 바로 그 프로테스탄트 신도가 합리주의적이며 기계주의적인 시대의 비정함에서 구출하기 위하여 로마 교회에 구원을 구하고, 그리하여 낭만주의적인 도피로부터 가톨릭에로 복귀한다는 일도 있다. 이것도 또한 기묘한 모순이며, 가톨릭교회의 주목할 만한 「반대물의 복합체」를 나타내는 것이다. 만약 교회가 영혼 없는 시대의 영혼으로 가득 찬 대극들에 머무르는 것이라고 자인하고 있었다면, 그것은 그 자체가 그렇게 망각되었을 것이다. 교회는 자본주의가 바라는 대로의 보충물이 되었을 것이며, 경제 경쟁의 고통을 위한 위생 설비나 대도시 거주자의 일요일의 소풍이나 여름철의 휴식처일 것이다. 물론 교회의 치료효과라는 것에는 그 나름대로의 의미는 있으나, 이 제도의 본질이 단지 이 점에만 존재한다고는 도저히 말할 수 없다. 루소주의*나 낭만주의자는 다른 많은 것과 함께 가톨릭교회도 위대한 폐허라든가 의심할 여지없는 진정한 고대의 유적과 같은 형태로 향수할 수 있으며, 「1789년의 획득물의 흔들의자에서」 이 가톨릭교회라는 물품을 상대주의적 부르주아지의 소모품의 하나에 손꼽을 수도 있었을 것이다. 많은 가톨릭교도의 이와 같은 기쁨은 그 자체로서 본다면 대단한 의미가 없다. 여기서 이것을 운위할 필요는 독창적이며 착상이 풍부한 정치사상가 조르주 소렐(Georges Sorel)*이 비합리주의와 교회의 최근의 결합 중에 가톨리시즘의 위기를 읽고 있기 때문이다. 18세기에 이르기까지의 교회의 호교론(護教論, Apologetik)은 신앙을 합리적으로 논증하는 것을 시도하여 왔는데, 19세기가 되어서 비합리주의적인 조류가 공공연하게 교회에 의해서 이용되게 되었다는 것이 소렐의 견해이다. 19세기에 계몽적 합리주의에 대해서 있을 수 있는 모든 종류의 반항이 가톨리시즘에 다시 생기를 부여하고, 전통주의적 · 신비주의적이며 낭만주의적인 사조가 많은 개종자를 얻은 것은 확실히 사실이다. 또한 오늘날 내가 아는 한, 가톨릭교도 중에는 종래의 호교론에 대한 강한 불만이 퍼지고 있으며, 이 호교론이 많은 사람들에 의해서 가져온 논증으로 공허한 도식으로 느껴지고 있는 것도 사실이다. 그러나 이 모든 것들은 본질적인 것이 아니다. 왜냐하면 이 경우에 합리주의와 자연과학적 사고가 바로 동일시되고, 가톨릭의 논증에 대해서 관심의 대상이 되는 것은 자연과학적 사고가 아니라 인간의 사회생활의 특수 규범적 지도이며, 이것을 뒷받침하는 것은 특수 법률적 논리에 의한 논증방식이라는 것이 간과되어 있기 때문이다.

자연과학적 · 기술적 사고방식이 어떻게 깊게 오늘날의 사상을 지배하고 있는가는 거의 모든 논의 중에서 볼 수 있다. 예컨대 보통 행해지는 신학적 논증에서 신은 국왕이 국가를 통치하듯이 세계를 통치한다고 하며, 신은 알지 못하는 중에 우주라는 기계를 조종하는 발동기가 되어 버렸다. 대도회지에 사는 현대인의 상상력은 그 아주 미세한 점에 이르기까지 기술적 · 공업적인 표상으로 가득차고, 그들은 이러한 표상을 반대로 우주적인 것이나 형이상학적인 것에로 투영하는 것이다. 세계는 이러한 소박한 기계론적이며 수학적인 신화에 대해서 하나의 거대한 발전기가 된다. 이와 같은 세계관에 관한 한 계급의 상위와 같은 것은 존재하지 아니한다. 현대 기업가의 세계상은 정말 쌍둥이의 한쪽이 다른 한쪽에 유사한 것과 마찬가지로, 기업 프롤레타리아트의 세계상에 유사한 것이다. 그러므로 양자가 일치하여 경제적 사고를 위하여 투쟁하는 경우에, 그들은 함께 서로를 잘 이해하는 것이다. 사회주의는 대도시의 산업 프롤레타리아트의 종교가 되는 한, 자본주의 세계의 대규모적인 메커니즘에 대하여, 이에 대항할 다른 우화적인 대항 메커니즘을 대치하며, 계급을 의식하는 프롤레타리아트는 자기를 이 대항 메커니즘의 정당한(이라고 하더라도 단지 적절하다는 의미에서의) 지배자라고 생각하며, 자본가의 사유재산을 부적절하고 기술적으로 뒤떨어진 시대의 잔재로 본다. 위대한 자본가는 결코 레닌(Lenin)과 다른 이념을 가진 것은 아니다. 또한 양자 모두 「전화(電化)된 사회」를 이상으로 한다. 양자는 실제로 단지 전화의 올바른 방법에 대해서 의견을 달리할 뿐이다. 미국의 금융 자본가도 러시아 볼셰비키도 경제적 사고를 위한 투쟁, 즉 정치가나 법률가에 대한 투쟁이라는 점에서는 일치한다. 조르주 소렐도 또한 이 경제적 사고의 연합단체 속에 입각하고 있으므로, 이 연합, 즉 경제적 사고 속에 바로 가톨리시즘의 정치이념에 대한 현대의 본질적인 대립이 존재하는 것이다.

경제적 사고가 자신의 객관성 · 공정성 · 합리성이 거기에 있다고 생각하는 것은 모두 가톨리시즘의 이념과 모순된다. 가톨릭교회의 합리주의는 인간의 심리학적 · 사회학적 본성을 윤리적으로 파악하는 것이며, 산업기술과 같이 물질의 지배와 실용화에 관한 것은 아니다. 교회는 독자적인 합리성을 가지고 있다. 주지하듯이 르낭(Renan)*은 「로마의 모든 승리는 이성의 승리」(Toute victoire de Rome est une victoire de la raison)라고 말한다. 로마 교회는 당파적 열광주의에 대한 투쟁에서 항상 건전한 상식의 입장에 서며, 뒤엠(Duhem)*이 정확하게 지적하듯이, 교회는 중세기 전체를 통하여 미신과 마술을 억압하여온 것이다. 또한 막스 베버마저도 로마 교회가 도취적인 제식이나 법열이나 정관에 매몰하는 것을 대규모적으로 극복하려고 시도한 것을 명백히 하고 있다.* 가톨리시즘의 이러한 합리주의는 제도적인 것 속에 있으며, 본질적으로는 법적인 것이다. 사제직을 하나의 위계직으로까지 만든 것, 더구나 이것을 독특한 방법으로 수행한 것은 가톨릭교회의 위대한 업적이다. 교황은 예언자가 아니라 그리스도의 대행자이다. 무규율한 예언자의 모든 열광적인 야만성은 그러한 논법으로 배제시켜 버렸다. 위계직이 카리스마로부터 독립함으로써 사제는 자기의 구체적인 인격을 완전히 사상(捨象)할 것처럼 보이는 하나의 위엄을 몸에 지니게 된다. 그럼에도 불구하고 사제는 공화주의 사상에서 말하는 공무원이나 수임자가 아니며, 그 위엄은 근대적 관료와 같은 비인격적인 것은 아니다. 오히려 사제직은 끊어지지 않는 사슬 속에 인격적 위임자인 그리스도의 인격에로 거슬러 올라간다. 이것은 실로 놀랄 만한 「반대물의 복합체」이며, 사제 자신의 인격과 사제직의 그러한 구별 속에는 가톨리시즘의 합리적인 창조력과 아울러 가톨리시즘의 인간성도 존재한다. 가톨릭교회는 인간적 · 정신적인 것에 머무르며, 인간정신의 불합리한 암투는 무리하게 노정시키지 않고 오히려 이것에 일정한 방향성을 부여한다. 그것은 경제적 합리주의와 같이 물질조작의 처방전을 주는 것은 아니다.

경제적 합리주의는 가톨릭의 합리주의와 그만큼 멀리 떨어져 있기 때문에 교회는 전자에 대해서 특수 가톨릭적인 불안을 느끼지 않을 수 없다. 근대의 기술은 어떠한 수요에도 쉽게 봉사할 수가 있다. 근대의 경제에서는 극도로 합리화된 생산에, 완전히 비합리적인 소비가 대응한다. 놀랄만큼 합리적인 메커니즘은 모든 수요에 봉사가능하며, 더구나 그 수요가 면 블라우스든 독가스든 기타 어떤 것이든 항상 동일한 열심과 동일한 정밀함을 가지고 작동하는 것이다. 경제적 사고의 합리주의는 일정한 수요를 짐작하고, 그 수요에 대하여 어느 정도의 만족이 공급가능한가를 고려하는 것만으로 일관하여 버렸다. 경제적 합리주의는 현대의 대도시 중에 만사가 계산대로 움직이는 하나의 대건축물을 건축한 것이다. 경건한 가톨릭교도는 이 단호한 즉물성의 체계에 대해서 공포감을 품는데, 이 공포감은 바로 가톨릭의 합리성에서 유래한다. 오늘날 적그리스도의 모습은 아마도 오히려 바로 가톨릭교도 중에서 여전히 생긴다고 해도 좋을 것이다. 따라서 소렐이 이와 같은 「신화」에의 힘 속에 바로 생명력의 증거를 보는 경우에, 그는 가톨리시즘에 대해서 옳지 않게 주장한 것이며, 가톨릭교도는 그들의 종말론을 더 이상 믿지 아니하였으며, 그들 중의 아무도 최후의 심판을 기대하지 아니한다고 단언하는 것은 완전한 오해이다. 드 메스트르(De Maistre)가 상트 페테르부르크의 야회에서 러시아의 한 의원에게 이에 유사한 것을 이미 말하였지만 이것은 전혀 정당하지 않다. 도노소 코르테스(Donoso Cortés)와 같은 스페인인, 루이 비요(Louis Veuillot)*와 레옹 블루아(Léon Bloy)*와 같은 프랑스의 가톨릭교도, 로버트 휴즈 벤슨(Robert Hugh Benson)*과 같은 영국의 개종자, 이러한 가톨릭교도의 심중에는 로마 중에 적그리스도가 살고 있다고 생각한 16 · 17세기의 신교도와 마찬가지로, 최후의 심판에 대한 기대가 직접적으로 생생하게 살아있었다. 그러나 주의할 것은 바로 근대의 경제적 · 기술적 기구가 가톨릭교도 간에 널리 확산된 위의 혐오감과 공포를 불러일으켰다는 것이다.

진정한 가톨릭적인 공포는 다음과 같은 인식에서 나온다. 즉 이 경우에 합리적이라는 개념이 가톨릭적 심정에서 보아 자의적이라고 생각되는 방법으로 왜곡되며, 나아가 왜 왜곡되는가 라고 말한다면 물질적 수요에 봉사하는 생산기구가 「합리적」으로 되고, 이것만이 본질적이며 합리적 기구가 거기에 봉사해야 할 목적 자체의 합리성은 문제가 되지 않기 때문이다. 가톨릭의 이와 같은 불안을 경제적 사고는 전혀 이해할 수가 없다. 경제적 사고는 기술적 수단을 제공하면 모든 것과 조화될 수 있다. 그것은 반로마적 감정이라든가 적그리스도라든가 묵시록을 전혀 알지 못한다. 경제적 사고에 대해서 교회는 기이한 현상이지만 다른 「비합리적인」 것 이상으로 기이하지는 않다. 종교적 요구를 가진 인간이 존재하는 것은 좋지만, 문제는 이러한 요구를 현실로 만족시키는 일이다. 종교적 요구는 유행의 무의미한 수많은 기분 이상으로 비합리적이지는 않다. 이 무의미한 기분은 그 나름대로의 이용가치가 있다. 가톨릭교회의 제단 앞에 놓여진 모든 성체등(聖體燈)이 거리의 극장이나 댄스 홀로 전해지는 발전소와 동일한 발전소에서 전기가 보내진다면, 가톨리시즘은 경제적 사고에 대해서 감정적으로도 이해가능하며 자명한 것이 된다.

경제적 사고는 절대적으로 즉물적이며 사물 그 자체에 머무름으로써 독자적인 공정함과 성실성을 지니고 있다. 정치적인 것은 단순한 경제가치 이외의 것에 기초를 두어야 하기 때문에, 경제적 사유에서 본다면 비즉물적이다. 그러나 가톨리시즘은 경제의 절대적 즉물성과는 반대로 뛰어나게 정치적이다. 왜냐하면 이 경우에 정치적인 것이란 정치적 생의 개별적 · 외면적 계기를 고립화하고, 정치를 단순한 기술로 화한 마키아벨리적 정치 개념처럼 일정한 사회적 · 국제적인 권력요인의 조작지배를 의미하는 것은 아니기 때문이다. 정치의 메커니즘은 자기 고유의 법칙을 가지며, 정치에로 조립된 역사상의 다른 대조직과 마찬가지로, 가톨리시즘도 이 법칙에 따르는 것이다. 16세기 이래 교회 「기구」가 점차로 고정화되어 온 것, 더구나 낭만주의 사조가 존재하고 있었음에도 불구하고(또는 아마 낭만주의를 배제하려고 하여) 교회의 이러한 고정화가 나아가고 중세기 이상으로 중앙집권화 된 관료제 조직이 된 것, 사회학적으로는 「제수이트주의」로서 특징지워지는 이러한 모든 것들은, 프로테스탄트와의 투쟁뿐만 아니라 당시의 기계주의에 대한 반항에서도 해명될 수 있다. 절대군주와 그 「중상주의」는 근대의 경제적 사고형식의 선구이며, 독재와 무정부상태 간의 무차별점에 위치하는 정치상황의 선구였다. 17세기에 기계론적인 자연관이 생기면서 국가는 권력기구로서 발전하고 이미 자주 묘사하여 왔듯이, 모든 사회관계의 「사물화(事物化)」가 생긴다. 이와 같은 사회정세 중에서 교회조직도 장갑차와 같이 점차 확고하고 고정된 것이 된다. 그러나 이 사태는 그것만으로 정치상의 결합이나 노후한 증거가 되지는 아니한다. 문제는 다만 이러한 사태 속에 아직 이념이 숨쉬고 있는가의 여부이다. 어떠한 정치체제도 권력주장의 단순한 기술만으로는 한 세대 이상 존속할 수는 없었다. 정치적인 것에는 이념이 포함되어 있다. 정치는 권위 없이 존재할 수 없으며, 어떠한 권위도 확고한 에토스 없이는 존재할 수 없기 때문이다.

정치는 단순히 경제적인 것 이상을 요구하기 때문에 생산과 소비 이외의 카테고리에 의거하지 않으면 안 된다. 다시 한 번 반복해서 말하면, 기묘하게도 자본주의적 기업가와 사회주의적 프롤레타리아트는 서로 일치하여 정치의 요구를 불손하게 보고, 경제적 사고의 입장에서 정치가의 지배를 「비즉물적」이라고 느낀다. 그런데 정치적 견해를 시종일관시키면 이것은 단지 일정한 사회적 권력집단이(이것이 강력한 사기업이든 일정한 기업 내지 산업부문의 조직화된 노동자이든), 국가권력을 수중에 넣기 위해서 생산과정에 있어서의 자기의 지위를 이용한다는 것을 의미할 뿐이다. 그들이 마치 정치가나 정치 일반에 대하여 저항하는 것처럼 보이는 경우에도, 실제로 염두에 둔 것은 그들을 당장 방해하는 구체적인 정치권력이다. 만약 그들이 이러한 정치권력의 제거에 성공한다면, 경제적 사고와 정치적 사고를 대립시하는 것도 그들의 관심은 아니게 되며, 경제적 기초 위에 새로 창설된 권력에 의한 새로운 정치가 실현될 것이다. 그렇다면 그들이 영위하는 것도 정치로 변하지는 아니한다. 따라서 그것은 특수한 타당성과 권위의 요구를 의미한다. 그들은 자신들이 사회적으로 불가결한 존재라는 것이나 공적인 구제 등을 근거로 하여 자기를 정당화하려고 하거나, 그렇게 하는 것이 이미 이념 속에 있는 것이다. 사회적으로 중대한 대립은 경제적으로 해결되지 아니한다. 기업가가 노동자에 대해서 「내가 여러분들을 부양하고 있다」고 말하면, 노동자는 기업가에 대해서 「우리들이야말로 당신을 부양하는 것이다」라고 응수할 것이다. 이것은 생산과 소비를 둘러싼 다툼이 아니며, 결코 경제적인 것이 아니라 도덕적 및 법적 확신의 여러 가지 파토스에서 생기는 다툼이다. 현대의 부의 진정한 생산자와 창조자는 누구인가, 즉 부의 진정한 지배자는 누구인가 하는 문제는 도덕적 · 법적 귀책의 문제이다. 생산이 여지없이 익명화되고,

주식회사와 그 밖의「법」인격의 은폐가 구체적 인격에의 귀책을 불가능하게 만드는가의 여부, 단순한 자본가 개인의 사유재산을 설명하기 어려운 부속물로서 제거될 뿐이다. 이러한 것은 곧 일어나게 되며, 비록 적어도 오늘날에는 여전히 자신이 회사에 불가결한 존재라는 것을 표방하고, 그것을 세상에 인식시키는 기업가가 있는 것도 확실하지만 말이다.

가톨리시즘은 기업가와 노동자 양 당사자가 경제적으로 생각하는 한, 상술한 투쟁에서 고려 밖에 두는 것은 허용하지 아니한다. 교회가 토지나 수많은「자본」을 가지고 있다 하더라고 그 힘은 경제적 수단에 의한 것은 아니다. 이러한 것들은 원료나 판로에 대한 대산업의 이해관심에 비한다면 무해로운 소박한 것이다. 지구의 석유자원의 소유가 세계지배를 둘러싼 투쟁에 결정적인 것도 아마 있을 수 있을 것이다. 그러나 그리스도의 지상의 대표자는 이 싸움에는 참가하지 아니한다. 교황은 교회령(敎會領)의 주권자인 것을 자부하지만 세계경제와 침략주의의 커다란 외침 한 복판에서 이것은 도대체 무엇을 의미하는가? 가톨리시즘의 정치적 힘은 경제적 권력수단에도 군사적 권력수단에도 의거하지 아니한다. 이와는 독립적으로 교회는 권위라는 저 파토스를 그 완전한 순수성에서 보존한다. 교회도 또한 하나의「법인」이지만, 그 의미는 주식회사의 그것과는 전혀 다르다. 생산시대의 전형적인 산물인 주식회사가 한 개의 계산방식인 데 대하여, 교회는 구체적 인격을 구체적이고 인격적으로 대표하는 것이다. 교회가 법적 정신의 최대의 담당자이며, 로마 법학의 진정한 상속인인 것은, 교회를 잘 알고 있는 자라면 누구나 인정할 것이다. 교회의 사회학적 비밀의 하나는 교회가 법적 형식에로의 힘을 가진다는 점에 있다. 그러나 교회가 법적 형식이나 그 밖의 다양한 형식에 대한 힘을 가지는 것은 바로 그것이 대표에의 힘을 가지기 때문이다. 교회는 인류국가(civitas humana)*를 대표하며, 모든 순간에 그리스도의 인간화와 십자가의 희생이라는 역사적 결합을 표현하며, 인격적으로 그리스도 자신을, 즉 역사적 현실 속에서 인간이 되는 신을 대표하는 것이다. 경제적 사고의 시대에 대한 교회의 우월성은 이러한 대표 속에 존재한다.

교황 · 황제 · 사제 · 기사 · 상인처럼 중세가 만들어낸 대표를 나타내는 형상들 속에서 교회는 현대에 있어서의 최후의 고립된 예증이며, 어떤 학자가 일찍이 열거한 최후의 네 개의 기둥 중에서도 확실히 가장 마지막에 남은 기둥이다. 이 네 개의 기둥이란 영국의 상원 · 프로이센의 참모본부 · 프랑스의 아카데미 그리고 바티칸이다. 바티칸은 완전히 고립되어 있기 때문에 교회 중에 외면적 형식성만을 보는 사람은 폐부를 찌르는 비웃음으로써 교회는 단지 일반적으로 대표를 대표할 뿐이라고 말하지 않을 수 없다. 18세기에는「입법자」(Législateur)와 같은 대표를 나타내는 고전적 형상이 적지 않게 존재하고 있었다. 나아가 이성의 여신마저도 19세기의 비생산성을 생각한다면, 대표를 나타내는 형상이라고 생각되는 것이다. 오늘날 이렇게 대표에 대한 힘을 상실하였는가를 이해하기 위해서는 근대의 과학정신이 가톨릭교회의 대항물로서 산출된 것, 즉 오귀스트 콩트(Auguste Comte)*가 구상한「실증주의적」교회를 상기하는 것만으로 좋다. 그가 고심하여 만들어낸 것을 보면, 그 가톨릭교회의 모방을 통절히 느낀다. 이 때에 우리들은 이 인물의 심정의 고귀함에 놀랄 뿐이며, 그의 모방은 이에 유사한 다른 어떠한 시도보다도 확실히 스케일이 큰 것이다. 이 위대한 사회학자는 사제나 기사와 같은 중세에서의 대표를 나타내는 형상물을 충분히 이해하며, 이러한 형상을 학자나 기업 상인과 같은 현대 사회의 형상과 유비하였다. 그러나 현대의 학자나 상인을 대표의 형상으로서 생각하는 것은 잘못이다. 학자는 단지 세계사의 어떤 과도기에, 즉 교회와의 투쟁에서만 대표하는 존재이며, 상인은 단지 퓨리턴적인 개인주의자로서만 정신적 존재였다. 현대 경제생활의 기계가 움직여 내는 것은, 양자는 점차로 거대한 기계의 단순한 조작인이 되며, 따라서 그들이 고유한 의미에서 무엇을 대표한다고 말하는 것은 부적절하다. 신분과 같은 것은 더 이상 존재하지 아니한다. 18세기 프랑스의 부르주아지인 제3계급은 자신을 「국민」(Nation)이라고 선언하였다. 「제3계급, 그것은 국민이다」(le tiers Etat c'est la Nation)*라는 유명한 말은 보통 생각하는 것보다 깊은 의미를 가진다. 왜냐하면 계급이라는 관념은 사회질서 중에서 복수의 계급이 반드시 존재한다는 것을 전제로 하기 때문에, 하나의 계급이 자기를 국민과 동일시한 경우에 이것은 계급이라는 관념 자체의 지양을 의미하게 되기 때문이다. 따라서 시민사회는 이미 아무것도 대표하지 못하며, 오늘날 도처에서 반복되는 보편적인 이원주의의 운명에 맡기게 된다. 즉 시민사회는 자기의 양극성을 노출하고 한편으로는 부르주아지에로, 다른 한편으로는 어떠한 것도 대표할 수 없으며, 고작해야 자기 자신을 대표할 뿐인 보헤미안으로 분열한다. 프롤레타리아트의 계급관념은 이것에 대한 시종일관된 응답이며, 그것은 사회를 생산과정의 위치에 따라서 즉물적으로 구분하기 때문에 경제적 사고에 일치된 관념이다. 이것의 의미는 모든 대표의 부정이야말로 프롤레타리아트적 계급관념의 정신양식에 속한다는 것이다. 학자와 상인은 공급자나 지도적인 노동자가 되어 버렸다. 상인은 자신의 사무소에, 학자는 자신의 연구실이나 실험실에 자리를 차지하고 있다. 참으로 현대적인 한 양자는 모두 하나의 영업을 영위하는 것이다. 양자는 모두 무명이다. 그들에게 누구를 대표하도록 요구하는 것도 무의미하다. 그들은 단순한 사인이거나 대리인일 것이며 결코 대표자는 아니다.

경제적 사고는 기술적 정확성이라는 유일한 형식만을 알뿐이며, 이것은 대표의 관념에서 가장 멀리 떨어진 관념이다. 경제는 기술과 결합하며(양자의 내적 차이에 대해서는 뒤에 논한다), 물질의 현실재를 요구한다. 경제적 사고에 대응하는 것은 「반사」·「방사」 또는 「반영」과 같은 관념이며, 이러한 표현들의 각각은 물질적 관계와 동일물질이 취하는 형상의 변용을 나타낸다. 그리고 이러한 비유에 의해서 관념적인 것은 경제적 사고양식에 고유한 물질 세계에로 편입된다. 예컨대 주지하는 「경제」 사관에 의하면, 정치적 입장이나 종교적 입장은 생산관계들의 이데올로기적인 「반영」인데, 이 이론을 그 자신의 척도에 따라서 이를 바로 경제사관에 적용시키면, 그 의미는 사회적인 위계제 중에서 경제적 생산자는 「지식인」보다 상위에 선다고 하는데 불과하다. 우리들은 심리학상의 설명에서 자주 「투사」라는 말을 듣는다. 투사 · 반영 · 반사 · 방사 · 전달과 같은 비유는 거기에

「내재하는 고유한」 즉물적 기초를 구한다. 이에 반하여 대표의 이념은 인격적 권위의 관념에 강하게 지배되기 때문에 대표하는 것도 대표되는 것도 일정한 인격적 존엄을 주장하여야 한다. 대표의 관념은 결코 물질적 관념이 아니며, 우수한 의미에서 대표가능한 것은 인격일 뿐이다. 더구나 단순한 「대리」와는 다르며, 이 대표자는 권위있는 인격이거나, 대표됨으로써 곧 자신도 인격화되는 이념의 어느 것이다. 신이라든가 민주주의 사상에 있어서의 인민이나, 자유와 평등과 같은 추상적인 이념은 대표의 구체적 내용이라고 생각되지만, 그러나 생산과 소비의 내용이라고는 도저히 생각할 수 없다. 대표는 대표자의 인격에 독특한 위엄을 부여한다. 높은 가치를 대표하는 것이 가치 없는 것일 수는 없기 때문이다. 또한 대표자와 대표되는 것뿐만 아니라 대표가 그것에로 향해진 제3자, 대표의 수범자 자신도 가치를 표방한다. 로보트나 기계에 향하여 사람이 무엇을 대표하는 것이 불가능한 것은, 로보트나 기계 자체가 대표하거나 대표되는 것이 불가능한 것과 아주 마찬가지이다. 국가가 리바이어던이라면 그것은 대표의 세계에서 사라진다. 대표의 세계는 가치와 위계와 인간성을 가진다. 가톨리시즘의 정치이념, 그리고 가톨릭교회가 가지는 세 개의 위대한 형식에 대한 힘, 즉 예술의 미학적 형식, 법학상의 법학적 형식, 그리고 끝으로 영광스러운 광채로 가득 찬 세계사에서의 권력형식에의 힘, 이러한 것들은 모두 대표의 세계에 살아있는 것이다.

자연적이며 역사적인 성장 속에 최후로 방문한 것은 그 최후의 개화이며, 발전의 부속물로서 첨가된 것, 즉 미적 형식이야말로 예술적 향수를 염두에 둔 현대의 사람들을 가장 눈에 띄게 하는 것이다. 위대한 대표로부터는 저절로 조형이나 형상이나 가시적 상징이 생긴다. 이에 대하여 현대 기업의 대표 없는 비형상성은 자기의 상징을 다른 시대로부터 빌리지 않으면 안 된다. 기계는 전통을 가져오지 못하며, 구상적이지도 않기 때문이다. 따라서 러시아의 소비에트 공화국에서마저도 자기를 상징하는 문장으로서 낫과 망치 이외의 것을 찾을 수 없었다. 이 문장은 1천년 전의 기술상태에 대응하는 것이며, 산업 프롤레타리아트의 세계를 표현하는 것은 아니다. 이 문장을 해학적으로, 경제적으로 보수적인 농민의 사유재산제가 산업 노동자의 공산주의에 대해서 승리를 거두고, 농민의 소경제가 기술적으로 보다 완전한 기계적 대산업에 대한 승리를 거둔 것의 상징으로 볼 수도 있을 것이다. 그럼에도 불구하고 이 소박한 상징에는 극도로 기계화된 기술에 결여된 어떤 인간적인 그 무엇을, 즉 일종의 언어를 가지고 있다. 아름다운 외관이 경제시대를 살고 있는 사람들의 주의를 우선 먼저 끈다는 것은 결코 놀랄 일은 아니다. 왜냐하면 이 시대에는 아름다운 외관은 거의 없기 때문이다. 그러나 이 시대의 사람들이 아름다움 속에 있더라도 그것은 보통 표면적인 아름다움일 뿐이다. 왜냐하면 이제 여기서 문제가 된 형식에 대한 힘이란 그 핵심에서 위대한 수사학적인 언어에 대한 힘을 의미하기 때문이다. 이제 여기서 문제로 삼을 것은 수사에 대한 힘이며, 사람의 찬미를 불러일으키는 추기경의 예복이나 아름다운 행렬의 외적인 미관이나 이에 유사한 시적인 아름다움은 아니다. 또한 위대한 건축물이나 교회 그림이나, 교회 음악이나 뛰어난 종교시 등도 여기서 말하는 형식에 대한 힘의 규준이 되지는 아니한다. 오늘날 교회와 창작예술이 분리된 것은 확실하다. 아주 최근의 세대에 속하는 뛰어난 소수의 가톨릭 시인의 한 사람, 프랜시스 톰슨(Francis Tompson)*도 셸리(Shelly)에 관하여 칭찬하는 에세이*에서 동일한 것을 서술하고 있다. 즉 일찍이 교회는 성자의 어머니 못지 않게 시인의 어머니이며, 성 도미니크의 어머니 못지 않게 단테(Dante)의 어머니였으나, 이제 신성성(神聖性, Heiligkeit)의 영예만을 보존하며, 예술을 자기와 무관계한 것으로서 배척해 버렸다. 「이 분리는 시에 대한 불행이며, 종교에 대해서도 좋은 일은 아니었다」. 이것은 전적으로 옳다. 더구나 그 이상 아름답고 그 이상 적절하게 이것을 표현할 수 있는 사람은 없을 것이다. 그러나 현재의 상태는 종교에 대해서 좋지는 않지만, 그렇다고 교회에 대해서 결코 죽음에 이를 정도의 병은 아닌 것이다.

이에 반하여 언어와 변론에 대한 힘이나 그 위대한 의미에서의 수사학은 인간적 생을 표시하는 하나의 특징이다. 오늘날 아마도 이와 같이 말하는 것은 위험할는지도 모른다. 수사학에 대한 몰이해는 현대의 대극적 이원주의의 영향에 대한 것인데, 이것은 다음과 같은 형태로 나타난다. 즉 이 이원주의의 한쪽에서는 열광적으로 부르는 음악이 있으며, 다른 한편에서는 무음의 즉물성이 있다. 그리고 이 이원주의는 「진정한」 예술을 그 어떤 낭만적 · 음악적 비합리적인 것이라고 생각한다. 수사와 「고전 정신」(esprit classique) 사이에 밀접한 관계가 있는 것은 주지의 사실이지만 이를 서술한 것은 테느(Taine)*의 위대한 공적 중의 하나이다. 다만, 그는 고전적인 것을 낭만적인 것으로 대치시켜 놓음으로써 전자가 가지는 생생한 관념을 경직화시켜 버렸다. 그리고 테느는 고전적인 것을 수사학적인 것과 무의식적으로 동일시함으로써 그도 명언하듯이, 고전적인 것을 작위성, 공허한 조화, 인위적 무생명으로서 나타내려고 시도하였다. 이것은 완전히 대립적인 공놀이에 불과하다! 합리주의에 대해서 그 어떤 「비합리적인 것」이 대치되고, 고전적인 것이 합리주의에, 그리고 낭만적인 것이 비합리적인 것에 할당되고, 수사학은 고전적 합리주의적인 것에 속하게 된다. 그러나 여하튼 결정적으로 중요한 것은 바로 토론하거나 이성화하는 것이 아니라, 그렇게 말하는 것이 허용된다면, 대표적인 변론이다. 이 변론은 안티테제 속에서 전개되는데, 이 안티테제는 결코 대립물이 아니며, 하나의 복합체에로 형성되는 다양한 요소이며, 변론의 생명력은 여기에서 유래하는 것이다. 보슈에(Bossuet)*를 테느의 말과 같은 카테고리로써 파악할 수 있는가? 보슈에는 수많은 합리주의자보다도 많은 이성을 가지며, 모든 낭만주의자보다도 풍부한 직관력을 지니고 있었다. 그러나 그의 변론이 의미를 지니는 것은 장엄한 권위를 배경으로 하여 비로소 가능하게 된다. 그의 변론은 토론이나 명령, 그리고 변증법에도 빠지지 않고 자기 고유의 구조 중에서 전개한다. 그 위대한 어법은 음악 이상이며, 합리성을 스스로 형성하여 나아가는 언론 중에서 밝혀지는 일종의 인간적 위엄을 내포하고 있다. 그러나 이러한 것들은 모두 위계를 전제로 해서만 말할 수 있을 것이다. 왜냐하면 위대한 수사가 청중에게 정신적 공명을 부여하기 위해서는 화자가 표방하는 대표에 대한 신앙을, 청중 자신도 가져야 하기 때문이다. 세계사적으로 보아 사제가 병사나 정치가와 동류의 인격에 속하는 것은 보슈에 그 사람에게서 나타난다. 즉 병사나 정치가는 대표의 형상이며, 사제 역시 그들과 아울러 동일한 대표의 형상이기 때문이다. 사제는 그에게는 단지 자선을 베풀뿐이며, 더욱이 그의 대표를 하나의 장식물로 바꾸는 경제적 사고에 응고된 상인이나 기술자와 같은 동렬에는 결코 속하지 아니한다.

가톨릭교회를 현대의 자본주의적 기업형태와 조화시키는 것은 불가능하다. 왕좌와 제단이 결합하는 일은 있어도 사무소와 제단의 결합이나 공장과 제단의 결합이 일어난다고 생각되지는 아니한다. 유럽의 로마 가톨릭 사제는 대부분 더 이상 농민층에서 모집되지 않고, 성직자의 대부분은 대도시의 주민이 되는 경우에 예기치 못한 결과를 초래할 수 있다. 그러나 그러한 경우에도 전술한 것이 불가능한 것은 변함없다. 아마도 가톨리시즘은 모든 사회질서와 국가질서에 적합할 것이며, 자본주의적 기업가와 노동조합, 또는 노동자평의회가 사회와 국가의 지배권을 장악하는 경우에도 가톨리시즘은 그대로 이러한 사회와 국가에 적응하여 나아가는 것이다. 그러나 가톨리시즘이 이러한 사회에 적응하려면 최소한 다음의 조건이 필요하다. 즉 경제적 상태에 기초를 두는 힘이 정치적인 것이 되며, 그리하여 지배권을 장악하는 자본가 없이 노동자가 모든 형식에서 국가를 대표하는 것이 자신이라는 것을 스스로의 책임에서 인수하는 것이다. 그렇다면 새롭게 지배의 자리에 나아간 것은 자신 이외의 것을 단순히 경제적으로 사법적(私法的)인 상태라고 보지 않을 수 없다. 그리고 나아가 이 새로운 질서는 생산과 소비과정의 운영에 진력하지도 아니한다. 왜냐하면 질서라는 것은 원래 형상적인 것이어야 하며, 따라서 모든 질서는 법질서이며, 모든 국가는 법치국가이기 때문이다. 이러한 조건이 갖추어지면, 교회는 다른 모든 질서와 결합하였듯이, 이 새로운 질서와도 결합할 수 있다. 교회는 전적으로 대토지 소유 귀족이나 농민과 같은 지배 계층으로 이루어진 국가에서만 적합한 것은 아니다. 교회는 다만 하나의 국가형태를 필요로 하는데, 그 까닭은 국가형태의 부존재는 교회에 본질적으로 고유한 대표적 태도에 대응하는 것의 부존재를 의미하기 때문이다. 무대 뒤에서 행해지는 「자본」의 지배는 아직 형상은 아니다. 이러한 자본의 지배가 기존의 정체를 붕괴시키며, 정체를 공허한 외형으로 만들어 버려도 아마 가능할 것이다. 이것이 현실로 나타난다면 국가는 여지없이 탈정치화되는 것이다. 그러나 경제적 사고가 자신의 유토피아적인 목표를 실현하고, 인간사회가 가령 절대적으로 비정치적 상태가 된 경우에도, 교회는 정치적 사고와 정치형태의 유일한 담당자인 것을 계속할 것이다. 그리하여 교회는 거대한 독점력을 가지게 되며, 그 위계질서는 일찍이 중세기에 교회가 그러했던 것 이상으로 정치적인 세계지배에 가깝게 될 것이다. 원래 교회는 자신의 주의와 이념구조에 따라서 이와 같은 상태를 바라지는 아니한다. 어디까지나 교회는 자기 이외에 정치국가, 「완전한 사회」(societas perfecta)를 전제로 하며, 영리기업의 콘체른을 전제로 하지 않기 때문이다. 교회는 국가와 함께 하나의 특수한 공동체에서 살아가기를 바라며, 교회와 국가라는 두 개의 대표 형상은 이 공동체에서 상대방으로서 서로 대립하는 것이다.

경제적 사고가 확대됨에 따라서 모든 종류의 대표에 대한 이해가 오늘날 어느 정도 상실되었는가를 누구나 쉽게 이를 인정할 수 있다. 그렇지만 오늘날의 의회주의는 적어도 그 이념적 및 이론적 기초에 관해서는 대표의 사상을 여전히 포함하고 있다. 더구나 의회주의는 기술적인 표현과 함께 이른바 「대표제의 원리」에 입각하고 있다. 이 경우에 이 원리가 단지 대리(Vertretung), 즉 개별적인 선거인의 대리만을 의미한다면 그것은 특징적인 것을 아무것도 의미하지 못할 것이다. 19세기의 국법학이나 정치학의 문헌에서는 이 대리라는 말은 인민대표(Volksvertretung)를 의미하며, 국왕이라는 다른 대표자에 대립하는, 인민의 대표를 의미하고 있었다. 그러나 국왕과 인민의 양자는 모두 「국민」을 대표하게 되며, 체제가 공화제일 때에는 의회만이 국민을 대표하는 것이 되었다. 따라서 교회는 「대표제도가 아니」라고 말하였다. 왜냐하면 교회에는 의회가 없으며, 교회를 대표하는 자의 권한은 인민에서 유래하지 않으며, 교회는 어디까지나 「위로부터」 대표하기 때문이다. 19세기를 통한 인민대표제와 왕제와의 각축 중에서 법학은 대표의 의미와 그 특수한 개념내용을 보지 못하였다. 특히 이점 독일의 국가학은 기괴한 동시에 복잡하게 얽힌 하나의 학문적 신화를 만들어 내었다. 신화는 이렇다. 즉 의회는 제2차적 국가기관으로서 제1차적 기관인 인민을 대표하는데, 이 제1차적 기관은 특별한 유보가 없는 한, 제2차적 기관과 독립해서는 어떠한 의사도 가질 수 없다. 그리고 이 두 개의 인격은 단적으로 하나인 것이며, 두 개의 기관을 구성하는 유일한 인격이다 등등. 이에 관하여는 게오르크 옐리네크의 『일반 국가학』(Georg Jellinek, Allgemeine Staatslehre; 김효전 옮김, 2005)의 「대표와 대표기관」이라는 기묘한 장을 읽으면 좋다. 대표원리의 간단한 의미는 다음과 같다. 즉 대표된 자는 전체 인민의 대표자이며, 그럼으로써 선거인에 대하여 독자적인 위엄을 가지게 된다. 그 위엄은 인민으로부터(개별적인 선거민에서가 아니라), 도출되는 것이다. 그러나 「대표된 자는 위임자의 지시나 명령에 구속되지 아니하며, 다만 자기의 양심에 대해서만 책임을 진다」. 이 말의 의미는 인민이 인격화되고 이 인민을 대표하는 의회의 통일체도 인격화됨으로써 이들이 적어도 관념적으로는 대립물의 복합체를 이룬다는 것, 즉 다종다양한 이해와 당파를 통일하는 복합체를 이룬다는 것이다. 따라서 이러한 생각의 기초에는 대표적 사고가 있으며, 결코 경제적 사고는 아니다. 프롤레타리아트의 노동평의회제도는 그러므로 비경제적 사고의 시대에 속하는 이러한 흔적을 제거하고 이렇게 주장한다. 즉 위임된 자는 단지 사자(使者)이며 대리인이다. 그것은 「명령적 위임」(mandat impératif)에 의한 생산자의 취소가능한 대리인이며, 생산과정을 관리하는 사용인에 불과하다 라고. 인민 「전체」는 단순한 이념이며, 경제과정의 전체는 사실이다. 놀라운 것은 반정신적인 것이 정신적 귀결을 산출하는 것이다. 사회주의가 고조되는 가운데 젊은 볼셰비키들은 이러한 반정신주의에 의해서 경제적 · 기술적 사고를 위한 투쟁을 동시에 이념에 대한 투쟁, 모든 이념 일반에 대한 투쟁으로 진전시켰다. 소여의 물질적 현실에 선행하여 어떤 것이 초월적으로 실재하며, 이것이 항상 위로부터의 권위를 의미하는가 하는 사고방식은 상술한 이념의 흔적이 잔존하는 한 계속 존재할 것이다. 이것은 경제나 기술의 내재적 합리성에서 그 규범을 도출하려는 사상에서 본다면, 밖으로부터의 간섭을 의미하며, 자동 전회하는 기계의 방해를 의미한다. 정치적 본능을 몸에 지니면서 정치가에 대해서 투쟁하는 정신적 인간은, 관념의 원용이 곧 대표, 즉 권위의 표방이라는 것을 인정하고, 그것을 불손한 태도로 본다. 이러한 불손한 태도는 프롤레타리아트의 무형태성이나 「생」의 현실이라는 견고한 물질의 고정 속에는 존재할 수 없다. 이러한 현실 속에서는 인간의 통치는 행해지지 않으며, 「사물이 자동적으로 운행하기」 때문이다.

경제적 사고가 관철되는 곳에서는 정치형태와 법형태 모두 종속적이며, 이러한 것들은 오히려 경제적 사고를 방해하는 것이 된다. 그러나 경제적 사고의 열광적 찬미자가 존재한다는 역설이 생기는 곳에서만 — 이것은 아마 러시아에서만 가능할 것인데 — 이념이나 비경제적 · 비기술적 지성에 대한 전체 적대관계는 현재화한다. 사회학적으로 본다면, 이것은 혁명이 지니는 올바른 직관이다. 지성이나 합리주의는 그 자신만으로는 혁명적이 아니다. 오히려 순수한 기술적 사고만이 혁명적일 수 있다. 기술적 사고는 모든 사회적 전통에 대하여 무관심하다. 기계에는 전통같은 것은 없다. 기술이야 말로 진정한 혁명의 원리이며, 이 원리에 비하면 자연법적 혁명은 모두 고풍스런 유희에 불과하다. 카를 마르크스(Karl Marx)는 그 실로 많은 사회학적 직관에 의해서 이것을 자각하고 있었다. 따라서 진보하는 기술에만 기초를 둔 사회는 혁명적일 수 없게 된다. 그러나 만약 그렇다면 이 사회는 곧 자기와 자기의 기술을 스스로 파괴해 버릴 것이다. 경제적 사고는 이만큼 절대적으로 급진적이지는 않다. 그렇지만 오늘날의 그 경제적 사고는 기술과 결합하고 있으나 절대적인 기술지상주의와는 오히려 대립하는 것이다. 왜냐하면 경제가 법적 개념을 최소한으로 그치고, 특히 그것들을 사법적인 것에 제한하려는 것은 확실하지만 그것으로도 역시 소유나 계약과 같은 일정한 법개념은 경제에 대해서 필요하게 되기 때문이다.

경제를 사회원리로 만들려는 시도와 그럼에도 불구하고 사법, 특히 사적 소유권을 유지하려는 노력 간의 어떤 명백한 모순에 대해서는 여기서는 단지 시사해 두기만 한다. 이 때에 흥미깊은 것은 경제가 지닌 사법적 경향이 법적 형식화의 한정을 의미한다는 것이다. 사람은 공적 생활이 저절로 자연히 통제되기를 기대한다. 그것은 공중, 즉 사적인 개인들의 여론에 의해서 통제되며, 나아가 그 여론도 사적 소유권으로서 존재하는 인쇄에 의해서 통제될 것이다. 이러한 체제 중에서는 만사가 사사로운 것이며, 대표적인 것은 아무것도 없다. 역사적으로 보아 사화(私化)는 기초로부터, 즉 종교에서 시작하였다. 시민적 사회질서의 이른바 기본적 인권의 제1호는 종교의 자유이다.* 신앙과 양심의 자유, 집회 및 결사의 자유, 표현의 자유, 영업의 자유와 같은 자유권 목록의 역사적 전개 속에서 종교의 자유가 최초로 첫 번째 원칙이다. 그러나 종교를 어디에 둘 것인가는 항상 종교의, 다른 것을 흡수하고 자기를 절대화하는 작용이 도처에서 나타난다. 그리고 종교가 사사인 경우에 그 결과 반대로 사사가 종교적인 것으로서 신성화된다. 양자는 서로 분리될 수 없다. 그리하여 사적 소유권이 신성하다는 것은 바로 그것이 사적인 것이기 때문이다. 지금까지 거의 의식하지 않았던 사실관계에 의해서 현대 유럽 사회의 사회학적 발전은 분명해진다. 현대 유럽 사회에 또 하나의 종교가 있다. 사적인 것의 종교가. 이러한 종교 없이는 유럽의 사회질서는 파괴되어 버릴 것이다. 종교는 사사(私事)라는 사실로써 사적(私的)인 것에 종교적 신성함이 부여된다. 아니 그 뿐만 아니라 모든 위험으로부터 보호되는 절대적 사적 소유권의 보증은 고유한 의미에서는 종교가 사사인 경우에만 가능하다. 더구나 종교가 사사인 곳에서는 만사가 사사로 된다. 독일 사회민주주의의 에르푸르트 강령*에 사사로서의 종교라는 말이 자주 인용되는데, 이것은 이 강령이 자유주의에로 편향하고 있음을 흥미 깊게 보여주고 있다. 그러므로 이 강령의 신학자 카를 카우츠키(Karl Kautsky)*는 (그의 1906년의 저작『가톨릭 교회와 기독교』(Katholische Kirche und das Christentum)에서) 종교는 사사라기 보다는 오히려 본래 내면의 사안에 불과하다고 서술하고 상술한 곳을 정정하는데, 이것은 부수적이며 중요하지 않은 듯이 말하며, 그것만으로 한층 상술한 강령이 자유주의로 기울어지고 있음을 특징적으로 이야기하고 있다.

자유주의가 사적인 것에 기초를 두는데 반하여 가톨릭교회의 법적 기구는 공법적이다. 또한 이것은 가톨릭교회가 대표형상이라는 데에서 유래하며, 교회가 종교를 그러한 정도에서 법적으로 파악할 수 있도록 만든다. 그러므로 고결하고 진지한 프로테스탄트 교도인 루돌프 조옴(Rudolph Sohm)*도 가톨릭교회를 본질적으로 법적인 것으로서 정의할 수 있었다. 이 때에 그는 기독교의 종교성을 본질적으로 비법학적인 것으로 간주하였다. 사실 가톨릭교회는 매우 광범위하게 법적 요소를 관철시키고 있다. 일견 모순으로 가득찬 교회의 수많은 정치적 태도는 자주 비난의 대상이 되어 왔는데, 이것도 가톨릭이 지닌 형식적 · 법적 특성에 의해서 해명할 수 있다. 교회에 한정하지 않는 세속 법학도 그 사회적 현실에서는 서로 대립하는 이익이나 경향의 어떤 종류의 복합체를 실현하고 있다. 가톨릭교회에서와 마찬가지로, 세속 법학에서도 전통적 보수주의에의 힘과 자연법적 · 혁명적 저항에의 힘과의 기묘한 혼합이 보여진다. 모든 혁명운동에서 확인되는 것인데, 법학자는 혁명에 의해서「기존 질서를 정당시하는 신학자」이며 혁명의 숙적인 동시에, 어떤 경우에는 반대로 바로 법학자가 혁명측에 부여하고 억압받고 고통받아온 권리요구의 파토스를 혁명에 고취하는 일도 있는 것이다. 다양한 권력집단에 대하여 긍정적인 태도를 취함으로써 법률학이 가톨리시즘과 마찬가지로 다음에서 다음으로 변전하는 정치형태에 쉽게 적합할 수 있는 것은 법률학이 지닌 형상적 우월성에 의한다. 법학에 대해서는「어떤 질서가 확립되었다」라는 최소한의 형식이 존재하는 것만으로 충분한다. 새로운 상황 속에서 거기에서의 권위가 무엇인가가 판명되는가의 여부, 그것은 법학에 대해서 실질적 내용을 가진 형식이 성립할 수 있기 위한 구체적 기초, 즉 하나의 토대를 제공하는 것이다.

그러나 법학과 가톨리시즘 교회는 형상적이라는 점에서는 확실히 친근성을 가지고 있으나, 후자의 형상성은 전자의 것을 훨씬 능가한다. 이것은 교회가 세속 법학과는 별개의 것, 아니 보다 이상의 것을 대표하기 때문이다. 즉 교회는 단순한 정의뿐만 아니라 그리스도의 인격도 대표하며, 그리하여 교회는 그 독특한 힘과 존엄을 가지는 것을 표방하기에 이른다. 법학이 효력을 가지는 기존의 법을 다만 단순히 전달하는데 불과한데 대하여, 교회는 대등한 권한을 가지는 당사자로서 국가와 교섭하며 새로운 법을 창출한다. 국내에서는 법관이 적용해야 할 법규는 말하자면 국민 전체에 의해서 그에게 주어진 것이며, 정의의 이념과 개별적 사례 간에는 다소간 형식화된 규범이 개재되어 있다. 그러나 국제재판소는 만약 그것이 정치적 지령에서 독립하여 단지 법의 기본원칙에만 따른다면, 정의의 이념에 보다 접근하게 될 것이다. 그것은 개별 국가로부터 독립하고 있기 때문에 국내재판소와는 달리 독자적으로 있는 것을 대표하는 것을 표방하고 국가와 대치하기에 이를 것이다. 즉 국제재판소는 개별 국가의 요구나 재량과는 전혀 독립적으로 정의의 이념을 대표하게 된다. 그리하여 국제재판소의 권위는 정의이념의 직접적 대표에 기초를 두게 되며, 개별 국가의 위임에 기초를 두지는 않게 될 것이다. 가령 이 재판소가 이러한 국가의 협정에 의해서 성립한 경우에도 그렇다. 따라서 필연적으로 그것은 본래적이며 독자적으로 보편적인 재판소이어야 하는 것이다. 이것은 국제재판소의 성격에서도 저절로 이론적으로 확대되는 귀결이며, 심리학적으로 본다면 본래적으로 독자적인 법적 상태에 기초를 두는 독자적인 권력상태로부터의 귀결이라고 말해도 좋을 것이다. 대국의 정치가가 이러한 재판소에 대해서 느끼는 의심도 이상의 것에서 충분히 이해할 수 있다. 이러한 의심은 모두 주권이라는 개념에서 나오는 것이다. 누가 주권자인가를 결정하는 권력은 하나의 새로운 주권을 의미하며, 이와 같은 권한을 가지는 재판소는 스스로 새로운 질서를 창조할 수 있는 초국가적 · 초주권적 존재가 될 것이다. 예컨대 이 재판소가 새로운 국가의 승인을 자신의 권위에 의해서 재단할 수 있는 경우가 여기에 해당된다. 이와 같은 요구를 할 수 있는 것은 재판소는 하나의 독자적인 주체가 되는 것이다. 즉 그것은 사법이나 행정상의 기능(이들에는 아마 재산법상의 자립이나 자기 고유의 예산권이나 그 이외에 그다지 중요하지 아니한 권한이 수반된다)을 영위하는 이외에, 나아가 그 자신에 있어서 별도의 어떤 것을 의미하게 된다. 즉 그 임무는 단순한 관청에 불과한 재판소처럼 현존하는 법규범의 적용에 한정되지는 아니할 것이며, 또 단순한 중재자로서 머무르지도 아니할 것이다. 왜냐하면 그것은 결정적으로 중요한 모든 충돌에 있어서 자기 주장이라는 독자적인 이익을 가지기 때문이다. 이리하여 그것은 결국 정의를, 즉 정치적으로 말하면 현상(現狀)만을 타당한 것으로 보는 것을 중지하고, 끊임없이 변전하는 정치상황을 스스로의 표준원리로서 기초에 두는 경우에는 무엇이 승인해야 할 새로운 질서이며 새로운 국가인가를 자신의 권력으로 결정하지 않을 수 없을 것이다. 새로운 질서가 지금까지 존속해온 법적 상태로부터 저절로 도출되지는 아니한다. 새로운 국가는 대부분의 경우 기존의 주권자의 의사에 반하여 생겨나기 때문이다. 이것으로부터 자기주장의 계기를 통해서 법과 자기주장의 상극이라는 가능성이 생기며, 이와 같은 재판소는 비인격적인 정의이념 이외에 힘으로 가득 찬 자기 고유의 인격을 대표하게 될 것이다.

로마 교회의 위대한 역사에는 정의의 에토스와 아울러 자기의 고유한 권력의 에토스가 존재한다. 후자는 다시 명예, 광휘 그리고 영광의 에토스에로 고양되어 왔다. 교회는 여왕인체 하는 그리스도의 신부이기를 바라며, 통치자 · 지배자 · 승리자인 그리스도를 대표한다. 교회의 명예와 영광의 표방은 뛰어난 의미에서 대표라는 사상에 기초를 둔다. 영광으로 가득 찬 권력의 광휘와 정의와의 영원한 길항작용은 그와 같은 표방에서 생긴다. 이 길항작용을 경건한 기독교 교도는 악의 특수한 형식으로 느끼는데, 진실을 말하면 이것은 보편적인 인간성에 기초를 두는 것이다. 가톨릭교회가 그리스도를 단순한 사인(私人)으로 생각하지 않고, 또한 기독교를 사사라든가 순수하게 내면적인 것으로도 보지 않으며, 그것을 하나의 가시적 제도로 만들어 낸 것을, 어떤 사람들은 기독교의 커다란 배신이라고 하여 비난하였다. 루돌프 조옴은 법적인 것 속에서 타죄(墮罪, Sündenfall)를 인식한다고 믿었으며, 어떤 사람은 교회의 타죄는 보다 대규모적으로 보다 뿌리깊게, 세계지배에의 의지 속에 있다고 생각하였다. 세계를 포괄하는 제국주의*와 마찬가지로 교회도 그의 목적에 도달하는 경우에는 세계에 평화를 가져올 것이다. 그러나 형식이라는 것에 대해서 적대감을 품는 사람은 이것이야말로 바로 악마의 승리라고 하여 분노한다. 도스토예프스키의 대심문관은 자신이 악마의 유혹에 굴복하는 것을 잘 알고 있었다. 왜냐하면 그는 인간은 본성상 악하고 비열한 존재이며, 지배자를 필요로 하는 나약한 폭도에 불과하다는 것을 알고 있으며, 자기의 권력에 붙어있는 영겁(永劫)의 벌 전체를 용기를 가지고 몸에 인수할 수 있는 것은 로마의 사제뿐이라고 확신하기 때문이다. 이 때에 도스토예프스키는 자기 속에 잠재하는 무신론을 무리 없이 로마 교회 속에 투영하는 것이다. 근본적으로 무정부주의적인 (왜냐하면 항상 무신론이라는 것을 의미하는) 그의 본능에 따라서, 모든 권력은 어떤 악한 것, 비인간적인 것이라고 생각된 것이다. 시간 속에서는 모든 권력에 내재하는 악에의 유혹은 확실히 영원하게 계속되며, 다만 신에 있어서만 권력과 선과의 대립이 여지 없이 해소된다. 그러나 세속의 모든 권력을 거부함으로써 이러한 대립을 모면하려는 것은 최악의 비인간성을 의미하게 될 것이다. 막연하고 광범하게 유포된 어떤 감정에 의해서 사람들은 가톨릭의 제도적인 냉정함을 악한 것으로 느끼고, 도스토예프스키적인 형태 없는 광막함으로 진정한 기독교라고 느낀다. 그러나 이것은 기분이나 감정에 사로잡힌 다른 모든 것과 마찬가지로, 아주 천박한 생각이며, 다음과 같은 견해가 얼마나 비기독교적인 것인지 한 번도 보지 못한다. 즉 이 세상에 현존한 시대와 최후의 심판 날에 있어서의 영광스런 재림 사이에 그리스도가 한 번이나 그 이상 여러 번, 말하자면 시험적으로 인간관계에 나타날 수도 있다는 사상은 바로 비기독교적인 것이다. 도스토예프스키보다도 간결하게, 그리고 확실히 무한한 시야를 가지고 어떤 프랑스의 가톨릭교도는 하나의 장면을 묘사하였다. 이 가톨릭교도가 묘사해낸 장면이란 상극적인 긴장 전체를 포섭하고, 동시에 신의 정의에 대해서 향해진 소송이라는 형식으로 정의를 변증법적으로 그 극한에까지 밀고 나아간 것이다. 이것이야말로 에르네스트 엘로(Ernest Hello)*가 재판과 상소라는 법적 카테고리를 이용하면서 묘사하려고 시도한 최후의 심판 날에 관한 미증유의 광경이다. 재판관인 신의 판결이 내려진 때에 판결을 내린 자는 자기가 범한 죄에 감추이고, 그 장에 서서 전 우주를 경악케 하며 「**나는 상소한다**」(J'en appelle)라고 재판관에게 선언한다. 「이 말을 듣고 별들은 빛을 잃어버렸다」. 그러나 최후의 심판이라는 사상에 의하면, 그 판결은 무한하게 결정적으로, 더구나 두렵기까지 **상소불가능한**(effroyablement sans appel) 것이다. 거기에 「너는 나의 재판에 대해서 누구를 상소하는가?」라고 재판관인 예수 그리스도가 묻는데 대해서, 탄핵받은 자는 놀랄만큼의 냉정함으로 이렇게 대답한다. 「**나는 너의 정의로부터 너의 영광에 상소한다**」(J'en appelle de ta justice à ta gloire.)*라고.

이처럼 세 개의 위대한 대표형식의 각각에서 모순으로 가득 찬 생명의 복합체는 인격적 대표에로의 통일로 형성된다. 그리하여 이러한 세 형식의 각각은 특수한 불안과 혼란을 불러일으키며, 반로마적 감정을 끊임없이 새로이 야기한다. 대표사상은 거기에 내재하는 인격주의 때문에 깊은 의미에서 매우 인간적인 사상인데, 당파주의자나 이단자는 이것을 인정하지 않으려고 한다. 그러므로 18세기에 있어서 바로 이 인간성의 이념을 걸고 교회를 이 이념에 적대하는 것이라고 생각하는 논적이 나타났을 때에, 이것은 교회에 대해서 하나의 특수하고 새로운 투쟁을 의미하였다. 이 논적의 정열에는 확실히 고귀한 불이 타고는 있으나 다시 이 정열이 높아지고 역사적으로 의미 있는 존재가 되자, 다시 그것은 저 상극적인 운명으로 빠져들어가 버린다. 그런데 원래 이러한 상극의 광경이야말로 교회에 적대하는 많은 정력을 불러일으키는 원인이었다. 인간성의 이념이 그 근원적 힘을 유지하는 한, 그 주창자는 이 이념을 비인간적인 힘을 가지고 관철하려고 시도한다. 18세기의 인도주의 학자는 계몽전제주의와 이성의 독재를 설파하였다. 그들은 자각하는 귀족주의자이다. 그들은 자신들이 인간성의 이념을 대표하고 있음을 근거로 하여 자신의 권위나 그 매우 비교적(秘教的)인 단체인 비밀결사를 기초지웠다. 다른 모든 비교(秘教)가 그렇듯이, 이러한 철학자의 비교에는 신성하게 되지 아니한 인간, 평균인, 일반적인 대중민주주의에 대한, 어떤 종류의 비인간적인 우월감이 보인다. 오늘날 누가 이와 같은 기분을 느낄 것인가? 이 점에 대해서 모차르트(Mozart)의 마법의 피리처럼 위대한 인도주의적 정신에 마주친, 특히 독일의 기념비적인 작품이 그 후 마주친 운명에 주의를 기울이는 것은 매우 시사하는 바가 많다. 오늘날 이 작품이 유쾌한 독일 음악이나 목가나 빈 오페레타의 선구자와 다른 그 무엇이 있는가? 이 작품은 — 누구나 인정하듯이 — 계몽주의의 노래이며, 밤에 대한 태양의 투쟁, 어둠에 대한 빛의 투쟁이다. 이 점에 관하여는 민주주의 시대에 생기는 것의 감정에 대해서 당연하지만 특히 문제가 되지는 아니한다. 마법의 피리 속에서 보다 문제인 것은 프리메이슨*의 사제에 적대하는 밤의 여왕이 특별한 의미에서 어머니라는 점이다. 그러나 마지막으로 주목할 것은 프리메이슨의 사제 속에 지배하고 있는 19 · 20세기의 사람들을 놀라게 하는 자기의식과 위엄으로 가득 찬 자신이다. 이 사제에는 평균인에 대한 악마적인 아이러니가 얼마나 가득 차 있는가. 이 평균인이란 그의 경제적 욕구의 만족만을 염두에 둔 가부장 파파게노(Papageno)이며, 파파게노는 자신의 소망이 충족되고 욕망이 채워지면 그것으로 만사가 해결되는 인간이다. 커다란 사상적인 전망에서 본다면, 이처럼 사랑스러운 오페라만큼 두려운 것은 존재하지 아니한다. 이 오페라는 셰익스피어의 「폭풍」(Sturm)과 비교해본다면, 파파게노는 칼리반(Caliban)*의 후예이며, 프리메이슨 사제는 프로스페로(Prospero)의 후신이라는 것을 알게 될 것이다. 18세기는 여전히 그 정도의 자신과 비교적 귀족적인 개념을 주장할 용기를 가지고 있었다. 이미 그러한 기질을 가지지 못한 사회에서는 어떠한 「비밀」(Arcana)*도 존재하지 않으며, 위계도, 비밀정책도 있을 수 없으며 일반적으로 정치란 것도 존재할 수 없다. 위대한 정치는 모두 「비밀」(Arcanum)에 속하기 때문이다. 오늘날 만사는 무대 앞에서 (파파게노의 일등석 앞에서) 연출하고 있다. 거래와 영업에도 비밀의 가능성이 허용될 것인가? 경제적 · 기술적 사고는 이러한 종류의 독특한 방법으로 이해하도록 생각하며, 이미 이것 속에 억제되지 아니한 새로운 힘이 다시 시동한다고도 생각한다. 이 비밀은 틀림없이 완전히 경제적인 것에 그치며, 생각할 수 있는 한 비대표적인 것이며, 지금까지 단지 프롤레타리아트의 경영평의회만이 이러한 비밀에 대항하려고 시도하여 왔을 뿐이다. 인간성이라는 말만으로는 항상 잘 듣게 되지만 그것만으로는 다음과 같은 것을 보지 못한다. 즉 인간성이라는 이념도 그것이 실현되느냐의 여부, 이념의 현실화에 대해서도 붙어다니는 변증법에 굴복하고, 바로 인간적이라는 것을 비인간적인 형태로 중지하지 않으면 안 된다.

저 18세기의 정신처럼, 교회에 대해서 보여준 열광적인 적개심을 가지고 가톨릭교회에 공공연하게 적대하는 것은 오늘날 유럽에는 거의 없다. 인도주의적 평화주의는 적개심을 가질 수가 없다. 이러한 평화주의의 이념은 정의와 평화에로 해소되어 버렸기 때문이다. 나아가 최고의 평화주의자라고 말하지는 않더라도 수많은 평화주의자에서 보는 것은 전쟁이란 대부분, 나쁜 사업을 의미하며 합리적으로 잠잠할 수 없는 감정이며, 전쟁은 막대한 정력과 물자를 낭비하게 된다는 것이다. 오늘날 현존하는 국제연맹은 유용한 제도일 수는 있으나, 보편적인 교회의 적으로서, 인류의 이념적 지도자로서 등장할 수는 없다. 가톨릭교회의 유럽에 있어서의 최후의 적대자는 프리메이슨이었다. 저 영웅시대의 불이 이 프리메이슨 속에 여전히 타오르고 있는지 나는 알지 못한다. 그러나 경제적 사고를 시종일관한다면 프리메이슨의 공상적인 주장같은 것은 가톨리시즘의 국제연맹과 마찬가지로 아마 아무래도 좋을 것이다. 경제적 사고에 대해서 이러한 것들은 모두 그림자이다. 아마도 한쪽은 미래의 그림자이며, 가톨리시즘은 과거의 그림자일 것인데, 거듭 말해왔듯이, 하나의 그림자가 다른 그림자와 악수를 청하면, 양자는 서로 다투고 이것도 경제적 사고에 대해서는 전적으로 사소한 것에 불과하다. 인간성은 하나의 이념, 더구나 매우 추상적인 이념이기 때문에 이 이념과 아울러 가톨리시즘도 여전히 이해가능한 것으로서 존재할 수 있다. 즉 그것은 적어도 미적 소비의 흥미 대상이 될 수 있는 것이다. 이 점에 관해서도 이미 언급한 다른 두 점과 아울러 경제적으로 사고하는 자본가의 즉물성은 급진적인 공산주의의 심정에 매우 근접하고 있다. 경제기술의 메커니즘이 그것에 내재하는 법칙성에 맡겨야 한다면, 인간도 사물도 「통제」를 필요로 하지 않게 된다. 그와 같은 논의에서는 모든 형이상학적 이데올로기적 방해물을 제거하려고한 19세기 최고의 무정부주의자 바쿠닌(Bakunin)*은 한 세대를 앞서는 소박한 전사처럼 생각되고, 스키티아인의 중압으로써 종교 · 정치 · 신학 · 법학에 대한 싸움을 도전한 전사처럼 보일 것이다.

바쿠닌의 이탈리아인 마찌니(Mazzini)*에 대한 투쟁은 세계사적인 대변혁의 상징적인 전초전과 같은 것이며, 그것은 민족대이동보다 커다란 차원에 속한다. 바쿠닌에 대해서 프리메이슨인 마찌니의 신에 대한 신앙은 모든 신앙과 마찬가지로 노예근성의 증거이며, 모든 악, 모든 국가적 · 정치적 권위의 본래적 원인, 형이상학적 중앙집권주의를 의미하고 있었다. 마르크스와 엥겔스도 무신론자이었으나, 그들 사이에 궁극적 규준으로서 작용한 것은 교양의 대립이었다. 이 두 서독인은 동독인 라살레(Lasalle)*에 대해서 마저도 극복하기 어려울 만큼의 혐오감을 가지고 있었는데, 이 혐오감은 등한시할만한 변덕 이상의 것이었다. 러시아인 바쿠닌에 대해서도 그들은 혐오를 품고 있었다. 그런데 이 혐오가 실은 그들의 본능의 가장 깊은 곳에서 유래한다는 것은 제1 인터내셔널에서의 그들의 분노에 가득 찬 논쟁에서 나타난다. 반대로 무정부주의의 러시아인 바쿠닌의 내부에 있는 모든 것은 「독일의 유대인」(그것도 트리어 출신의)과 엥겔스에 적대하였던 것도 확실하다. 무정부주의를 끊임없이 반복하고 도발한 것은 후자인 주지주의이다. 바쿠닌이 본다면 그들은 너무나 많은 「관념」, 너무나 많은 「두뇌」를 가지고 있었다. 바쿠닌은 이 「두뇌」(cervelle)라는 말을 이갈리는 분노로, 정당하게도 이 말의 배후에는 권위 · 교리 · 위계의 표방을 탄식하고 있었다. 바쿠닌에게 있어서 모든 두뇌주의는 생명의 적이다. 이 때에 바쿠닌의 야만스럽고 깨지지 않는 본능에 의해서 외관상 부차적으로 생각되더라도 실은 결정적으로 중요한 의미를 지니는 개념이 단호한 확신을 가지고 역설되었다. 이 개념을 독일의 혁명가는 그들의 투쟁계급인 「프롤레타리아트」를 창조한 때에 기묘한 윤리적 파토스를 가지고 경멸하고 비난하였다. 「룸펜 프롤레타리아트」*라는 개념이 이것이다. (경멸적인 동시에 회화적이기도 한) 이 호명은 실로 상징적인 표현이라고 할 수 있다. 이 개념에는 제거하기 어려운 만큼의 가치평가가 붙어있기 때문이다. 즉 사회사상의 모든 측면이 이 주목할 만한 명사의 혼합형태인 「룸펜 프롤레타리아」와 관계를 가지고 있다. 확실히 이것은 「프롤레타리아트」인데, 부르주아 시대의 보헤미안, 기독교 교도의 걸식, 그 밖의 모든 비굴한 사람들이나 모욕을 받아온 사람들도 또한 이 프롤레타리아트에 본질적으로 속한다. 나아가 이 룸펜 프롤레타리아트가 모든 혁명이나 저항에 그다지 현저하지는 않지만 본질적인 역할을 수행한 것도 확실하다. 볼셰비키의 저술가들도 아주 최근에 자주 룸펜 프롤레타리아트의 명예회복을 위해서 노력하고 있다. 그런데 마르크스와 엥겔스는 그들이 주창하는 진정한 프롤레타리아를 이 「부패한」 천민들로부터 구별하는 데에 부심하였다. 이것은 바로 양자가 얼마큼 강력한 전통적 · 도덕적 그리고 서구적인 교양관념에 사로잡혀 있었는가를 여실히 보여준다. 그들은 자신이 주장하는 프롤레타리아트에게 사회적 존경을 부여하려고 하였으며, 이것은 항상 도덕적 관념에 의해서만 가능한 것이다. 이점 바쿠닌은 바로 룸펜 프롤레타리아트야 말로 도래할 장래의 담당자라고 생각하고, 이들 「천민」(canaille)을 자신의 증인으로 내세우고 있었다. 이것은 믿을 수 없을 만한 용기이다. 다음의 말은 어떤 격렬한 수사학을 내포하고 있다. 즉 「내가 프롤레타리아트의 성과라고 이해하는 것은 바로 수많은 대중, 몇 백만이라는 개화되지 아니한 사람들 · 무산자 · 빈곤자 · 문맹자들이며, 엥겔스씨나 마르크스씨가 강력한 정부의 부권적 지배 아래 굴복시키는 편이 낫다고 하는 사람들이다. 내가 말하는 프롤레타리아트의 성과란 바로 국가를 위해서 죽는 영원한 병사들이나 부르주아 문명과는 아직 거의 관계가 없는 저 위대한 천민이며, 그들의 내면이나 고뇌와 본능 속에야말로 도래할 사회주의의 모든 맹아가 싹트고 있는 것이다」. 이곳만큼 교양의 결정적인 대립이 선명하게 나타나는 곳은 없다. 이 말 속에 참으로 현실적인 것의 무대의 막이 열리고, 오늘날 가톨리시즘의 정치적 입장이 어떤 측면에서도 이 말로부터 스스로 알 수 있을 것이다.

19세기 이래 유럽에서 서유럽적 전통과 그 교양에 적대하여 그 제방을 분쇄하려고 하는 두 개의 커다란 집단, 두 개의 커다란 조류가 존재하고 있다. 대도시의 계급투쟁적 프롤레타리아트와 유럽에서 이탈한 러시아가 그것이다. 유럽의 전통적인 교양에서 본다면 양자는 야만적인 존재이며, 더구나 이들 양자가 자각하는 힘을 가지는 경우에는 자랑스럽게 자신을 야만인으로 칭하기도 한다. 이 양자가 러시아라는 땅에서 소비에트 공화국으로 합체된 것은 깊은 이념사적인 정당성이 있다. 이것은 세계사의 우연은 아니다. 러시아와 대도시 산업 프롤레타리아트라는 요소가 어느 정도 다르고, 어느 정도 대립하며, 그리고 또한 마르크스주의의 지금까지의 개념구성이나 고유한 이론에 의해서는 이 과정이 어느 정도 설명할 수 없더라도 이것은 결코 세계사의 우연은 아니다. 기독교는 자유주의나 독일 마르크스주의보다도 서구의 교양을 혐오하는 러시아 측에 선다고도 말하며, 위대한 가톨릭교도가 공개적으로 무신론을 주장하는 사회주의보다는 오히려 자유주의 쪽을 악질적인 적대자로 생각하는 것도 확실하다. 그리고 끝으로 무정형성(Formlosigkeit) 속에는 아마도 경제기술시대도 형성하고 있듯이, 새로운 형식에의 힘이 잠복한다고 생각하는 것도 확실하다. 그러나 가톨릭교회는 그 모든 것을 초월하여 살아가는 세상 아래에서는, 이 점에 관해서도 결단을 내릴 필요는 없다. 여기서도 교회는 모든 것을 초월하여 살아가는 복합체, 모든 것의 상속인이다. 그러나 그럼에도 불구하고 일상적인 일이나 현실적인 상황, 그리고 나아가서는 각 세대 전체가 처한 상황과 같은 것에 의해서 교회는 결단하는 것을 항상 불가피하게 쫓기고 있다. 따라서 교회는 다투는 당사자가 서로 항쟁하고 있을 때에, 그 어떤 것에도 찬성할 수 없는 경우에도, 역시 어떤 한쪽의 입장에 서야 하는 것이다. 19세기의 전반에 교회는 반혁명적 입장에 선 것도 이와 같은 사정에서 유래한다. 따라서 내가 믿는 바로는, 바쿠닌의 저 전초전에서 가톨릭교회와 가톨릭적 인간성의 개념은 이념과 서구적 문명측에 서는 것이며, 무정부주의적 러시아인의 무신론적 사회주의보다도 마찌니의 입장에 보다 가까운 것이었다.

라이히 대통령과 바이마르 헌법 (1925)*

바이마르 헌법이 라이히 대통령은 전체 독일 국민에 의해서 선출된다고 규정할 때, 거기에는 정당 명부식 비례대표 선거제도에 대한 어떤 수정이 포함되어 있다. 전체 독일 국민은 여기서는 유일한 인격, 한 사람의 신임하는 인간을 선출해야 한다는 것이며, 단순히 명부나 정당 · 이익단체의 강령에 찬성의 뜻을 나타내는 것은 아니다.* 그러나 아마 차기 대통령선거에서도 라이히 의회선거의 경우와 사정은 다르지 않을 것이다. 이제 어떠한 선거에서도 정당을 중심으로 한 상황은 확실히 피할 수 없을 것이다. 그러나 현하의 대통령선거에서는 개별적인 유권자는 적어도 다음의 것을 의식하지 않으면 안 된다. 즉 유권자는 7년간 한 사람의 인간을 대통령으로서 선출하며, 그 사람의 법적 · 정치적 권력은 바이마르 헌법에 의하면 이상하게 크며, 그리고 그 사람은 위기나 비상사태에서는 독재자가 되거나 독재자를 위하여 길을 닦거나 또는 독재의 길을 막을 수도 있다.* 걱정스런 것은 객관적인 귀결이 고려하지 않은 채 선거의 준비나 정당정치 아래에서의 선거전의 분위기 속에서 라이히 대통령이 일종의 상징적인 인물이 되어버리는 것이다. 그리고 정당이나 유권자는 하나의 깃발을 둘러싸고 다투듯이 그 상징적 인물을 구하여 투쟁하는 것이다. 순수한 당파적 사고는 유력지에서 매우 적나라하게 주장되고 있다. 예컨대 『전진』(Vorwärts; 사회민주당의 기관지)은 훨씬 이전에 「만약 당원으로서의 당연한 자부심이 있다면, 사회민주당 소속의 후보자와는 다른 후보자를 받아들이는 것에 대해서 저항할 것이다」고 적고 있었다.

그처럼 정당의 위신에 근거한 정치는 바이마르 헌법이 아직 완결되고, 비록 모든 형식과 합법성에서 그대로 존속하더라도 앞으로의 대통령에 의해서 가장 중요한 부분에서 새로운 내용을 갖추게 될지도 모르기 때문에 여기서는 더욱 위험하다. 라이히 대통령은 현행 헌법에 의하면, 그때그때의 인격성에 따라서 결정적으로 좌우되는 지위에 있으며, 그리고 개개의 새로운 선례에 의해서 본질적으로 변화해 가는 입장에 있다.

* * *

---

* Reichspräsident und Weimarer Verfassung, in: Kölnische Volkszeitung, 15. 3. 1925, S. 1. jetzt in: C. Schmitt, G. Maschke (Hrsg.), Staat, Großraum, Nomos. Arbeiten aus den Jahren 1916-1969, Duncker & Humblot, Berlin 1995, S. 24-27.

헌법체계에서의 라이히 대통령의 지위구조는 부자연한 것이라고까지는 말하지 않더라도 매우 정교하게 만들어진 것이다. 그러므로 라이히 대통령의 그 거대한 법적 · 정치적 가능성은 바이마르 헌법의 문언에서 반드시 간단하게 인식되는 것은 아니다. 한편으로, 라이히 대통령은 라이히 의회와, 라이히 의회의 신임을 얻거나 적어도 승인되고 있는 라이히 정부의 2자에 대해서 독자적인 가치를 인정하는 강력한 권한이 부여되고 있다. 그 결과 라이히 대통령은 라이히 의회, 의회주의 그리고 정당정치에 대해서 균형을 도모한다고 할 수 있다. 라이히 대통령은 광범위한 권한 (타국에 대해서 국제법적으로 라이히를 대표하는 것, 라이히 국방군의 최고사령관, 장교나 라이히 관리의 임명권, 라이히 사법사항의 은사권, 라이히의 집행권, 제48조에 근거한 어떤 종류의 독재, 라이히 법률의 공포 등)이 부여되었을 뿐만 아니라, 예컨대 라이히 의회의 해산권이나 국민투표를 제안할 권리 등과 같이 라이히 의회에 대한 기능적 독립성을 가진 권한도 보유하고 있다. 이러한 권한에 의하면, 라이히 대통령은 많은 황제 또는 독재자보다도 강력한 권력을 가진 것처럼 보인다. 그러나 다른 한편, 라이히 대통령은 모든 명령 · 처분 그리고 라이히 의회의 해산이나 국민투표의 제안에서도 라이히 수상 또는 권한을 가진 소관 장관의 부서(副署)에 구속된다. 그것으로 다시 라이히 정부에 의존하며 그 결과 바이마르 헌법의 기초자는 강력한 대통령을 창설하려고 하는 그들 자신의 계획의 귀결 앞에 주저하며, 다른 한 편 아낌없이 준 것을 한편에서 다시 제거하는 듯한 인상을 더욱 일층 가지게 되었다.* 그렇지만 부서에 대한 의존성은 반드시 라이히 대통령을 단순한 서명 장치로 만드는 것은 아니다. 즉 그러한 부서는 대통령이 라이히 정부와 생각이 일치하는 것이라면 즉시 그의 입장을 다시 강화시키는 것이 가능하다. 그럼에도 불구하고 대통령이 우월하고 정부에 의존한다는 주목할 만한 결합은 남으며, 그때그때의 라이히 대통령, 라이히 정부 아래서 그 양자의 협동이라는 어려운 문제가 새로이 생긴다.* 양자가 일치 — 동일한 정치적 신조를 이유로 하거나 또는 라이히 의회에서의 정당의 난립상태가 의회의 활동능력을 빼앗고, 정부의 일 전반을 행하기 때문에 라이히 대통령과 협력하는 라이히 정부가 강제되기 때문에 — 한다면, 어떤 종류의 정치권력의 집중화가 생기는데 입헌군주제에서는 거의 불가능한 것이다. 그것이 이른바 입헌독재라는 것이다.* 세계의 어떤 헌법도 바이마르 헌법만큼 쿠데타를 그처럼 간단하게 합법화하는 헌법은 없다고 말할 수 있을 것이다. 반대로 라이히 대통령과 라이히 정부의 견해가 일치하지 않으면, 갈등은 지극히 당연하며 법적 · 정치적 혼란을 야기할 것이 틀림없다. 왜냐하면 라이히 대통령은 많은 중요 사항에 대해서 라이히 정부가 그에게 요구하는 서명을 거부하면 좋기 때문이며, 그럼으로써 국가장치는 정체하기 시작한다. 확실히 헌법은 이 점에서 라이히 의회가 라이히 대통령해임을 위한 국민투표를 제안할 수 있다는 작은 안전판을 가지고 있다.* 그러나 라이히 의회의 이러한 결의에는 3분의 2의 다수를 필요로 하며, 그것은 오늘날과 같은 정당이 난립한 상황 아래서는 간단하게 실현되지 못한다. 라이히 대통령과 라이히 정부 간의 갈등이 공공연하게 되면, 독일에게 비극적인 파멸이 될 것이다.

민주주의의 원칙에 의하면, 전체 독일 국민에 의해서 선출된 대통령은, 역시 동일하게 국민에게서 선출된 의회에 비해서 보다 권위를 가진다고 하지 않을 수 없을 것이다. 국민에게서 선출된 대통령 아래서 국민의 신임은 단 한 사람의 인격에 일치한다. 그것에 대해서 의회에서는 국민의 신임은 수 백인의 의원으로 분할되며, 명부식 비례대표제 선거제도의 결과로서 대부분의 의원에게는 인격적 신임관계에 대해서는 여전히 거의 말할 수가 없다. 독일 인민이 압도적 다수로써 한 사람의 인간에게 의견이 일치하는 것, 그리고 정당의 결정이나 정당후보자 모두를 초월하여 자발적으로 한 사람의 인간을 자신의 지도자로 선출한다는 사태가 실제로 생긴다면, 대통령의 권력은 바로 민주주의에서 다투기 어려울 것이다. 바이마르 헌법의 기초자들은 어떤 유명한 선례를 아마 상기할 것이다. 즉 그것은 프랑스 국민에 의해서 선출된 공화국의 대통령 나폴레옹 3세가 황제의 지위에 취임한, 1851년의 쿠데타이다. [바이마르] 국민의회의 제2 독회에서는 이전의 지배자였던 영주의 가족의 구성원은 대통령직에서 제외된다는 것이 결정되었다.* 이러한 명문상의 금지는 제3 독회에서 다시 삭제되고, 이미 바이마르 헌법에는 존재하지 아니한다.* 그러한 금지의 근저에 있는 일반적인 정치적 우려는, 황태자나 제위 요구자의 입후보에 관계가 있다기보다도, 오히려 유럽 대륙의 민주주의가 오늘날 처해 있고, 그리고 거기에서 눈을 감는 것은 허용되지 않는 일반적인 딜레마에 관계가 있다. 이것은 다양한 형식이나 상황 중에 나타나는 문제이다. 즉 그것은 이러한 문제이다. 안정된 민주적인 다수파가 존재하지 않는 경우, 민주주의는 도대체 어떻게 되는가? 가령 반의회주의 정당이 의회의 활동을 마비시킬 수 있고, 그리고 불신임결의를 결정적으로 좌우한다면, 의회는 도대체 어떻게 될 것인가? 만약 민주적 신조를 가지는 다수파를 전제로 주어진 헌법적 권한이 민주적이 아닌 자의 손에 또는 전적으로 반민주주의자의 손에 장악된다면, 민주제 헌법은 어떻게 될 것인가? 순수한 민주제 헌법에서처럼 헌법에 적합한 형태와 정치적 현실 간에서 그러한 모순이 일어날 국가형태는 결코 없다.

* * *

바이마르 헌법은 라이히 대통령과 라이히 의회 간에 **갈등**(Konflikt)이 발생하지 않는다는 것을 전제로 하는데, 그러나 실제로는 헌법구조가 그러한 대립을 상당히 간단하게 가능케 하고 있다. 갈등을 회피하는 것은 고 에버트 대통령에서는 성공하였으나 결과적으로 그럼으로써 라이히 대통령의 지위는 헌법의 문언에 의하면 대통령이 더 이상 보유할 필요가 없는 구체적인 내용이 부여된 것이다. 그리하여 공화국 대통령의 새로운 특별한 유형이 잠정적으로 생겼으며, 그 대통령은 프랑스나 미국의 대통령과는 다른 것이다. 즉 그것은 바이마르 헌법이 규정하는 라이히 정부 · 라이히 의회 · 라이히 참의원 · 란트 정부라는 수많은 기관들이나 요인들 간을 조정하는, 어떤 종류의 중립적 권력의 담당자로서의 라이히 대통령이다. 19세기의 국가학에서 상당히 주의를 기울이지 않고, 그리고 상당히 이해되지 못한 개념이 우연히 모습을 나타낸 것이다. 그 창시자는 방자맹 콩스탕이며 그 개념이 **중립적 권력**(pouvoir neutre)*이라는 개념이다. 즉 그것은 여러 가지의 입법권과 행정권 간의 대립을 중재하는 독립된 권력이다. 그 권력은 지도권을 스스로 장악하지 못하고 다양한 대립을 조정하며, 그럼으로써 현대 국가라는 복잡한 장치가 마찰 없이 부드럽게 움직이는 것을 가능케 한다. 고 에버트의 실천은 이 점에 대해서 대단히 많은 모범을 제공하고 있다. 그러한 모범은 성질상 상당히 눈에 띄지 않고 나타나는데 그것만으로 적지 않게 중요한 것이다. 이 점에 관해서는 라이히 대통령이 1922년 여름에 독일 라이히와 바이에른 간의 갈등 시에 대통령 자신의 헌법적 권한을 가지고 나온 것이 아니라 이 대립을 해결하기 위해서 대통령이 스스로 권위적으로 결정하는 대신에, 실제적으로 중립적인 방법으로 조정했다는 것을 상기하면 족할 것이다.*

그러나 잊어서는 안 될 것은, 이러한 라이히 대통령의 실제 모습은 바이마르 헌법의 문언에서 결코 필연적으로 생겨난 것은 아니라는 사실이다. 과거 6년 동안에 실시되어 온 것이 그대로 계속 존속하리라는 것은 결코 자명한 것은 아니다. 새로운 대통령과 함께 바이마르 헌법은 헌법의 문언을 결코 수정할 필요조차 없이 **완전히 새로운 양상**을 띨지도 모른다. 국법학적으로는 고 에버트가 만든 일련의 선례는 새로운 대통령의 도움이 될 것이다. 그것은 주로 비상사태나 제48조의 실천에 관련된 것이다. 새로운 대통령은 이러한 선례를 원용할 수 있으며, 나아가 그것으로 얻어진 정치적 권력을 고 에버트가 매우 현명하게 지켜온 「중립적 권력」에 근거하여 정치와는 전혀 다른 정치제도에 사용하는 것도 가능할 것이다. 차기 대통령선거 때에 대통령의 인격을 고려하는 것은 확실히 필요하다. 그러나 우리들은 이 인격만을 고려하는 것은 허용되지 않으며, 그것을 정치상황과 바이마르 헌법이라는 최고도로 특수적이며 다의적인 시스템의 틀 안에서 관찰하지 않으면 안 된다. 그러므로 그것은 어떤 독창적인 인격을 어디선가 불러옴으로써 해결될 문제는 아니다. 바로 중립성이라는 눈에 띄지 않는 성질 때문에 거의 사람에 의해서 상당히 의식되지 아니한, 오늘날까지의 라이히 대통령의 정치를 좋은 것으로 간주한다면, 무엇보다도 **현명한 자**가 대통령이 되지 않으면 안 될 것이다. 프랑스 [제3] 공화국의 대통령선거 때에 일찍이 클레망소는 그의 독특한 시니칼한 솔직함으로, 나는 항상 가장 어리석은 자를 선택한다고 고백하였다.* 독일의 유권자는 가장 현명한 자를 뽑는 것이 올바르다는 것을 분명히 인식하지 않으면 안 된다.

현대 의회주의의 정신사적 지위*

(제2판 1926)

차 례

* Die geistesgeschichtliche Lage des heutigen Parlamentarismus, Unveränderter Nachdruck der 2. Aufl. 1926. Berlin: Duncker & Humblot, 11. Aufl. 2017, 90 S.

제2판에의 서문
— 의회주의와 민주주의의 대립에 대해서 —

현대 의회주의의 정신사적 지위에 관한 이 논문의 제 2판은 본질적인 점에서는 제 1판 그대로이며 아무런 변경도 하지 않았다. 그렇다고 이 논문이 일체의 토론을 무시하려고 했다는 것을 나타내서는 안 된다. 오히려 그보다는 약간 정반대의 배려를 해야 할 이유가 있다. 어떠한 정당정치의 이용도 거부하고 누구를 선전하려고 애쓰지도 않는 단호한 학문적 논의는, 오늘날 대부분의 사람들에게는 비실제적이며 세상과는 거리가 먼 시대착오적인 것이라고 생각되고 있다. 거기에서 두려운 것은 정치적 개념들에 대한, 사물에 맞는 객관적인 토론이 별로 흥미를 끌지도 못하며, 또한 그러한 토론에 대한 희망도 거의 이해되지 않는다는 것이다. 아마 대체로 토론의 시대는 끝난 모양이다. 1923년 여름에 발표된 이 논문의 제 1판은 이러한 종류의 비관적인 추측이 이처럼 겸손한 논문의 경우에도 확인되는 것처럼 받아들인 것이다. 그렇지만 개별적인 몇몇 객관적인 비평을 전부 무시하는 것은 부당할 것이다. 특히 리하르트 토마*처럼 뛰어난 법률가의 상세하고 생각이 풍부한 논평(Archiv für Sozialwissenschaften, 1925, Bd. 53, S. 212 ff.)에 대해서는 상세한 답변이 필요하다.

그러나 토마가 그 비평의 결론에서 암시적으로 나에게 추측하는 매우 환상적인 정치적 의도와 같은 것은 아마 이를 묵살해도 좋을 것이다. 정치적인 이합집산에 의해서 현혹되지 않는 객관적인 반론은, 내가 토론과 공개성을 의회주의의 두 개의 본질적인 원리로 삼은 것은 완전히 과거의 것이 되어버린 사고 과정 속에서 의회주의의 정신적 기초를 찾았다는 데에 있다. 즉, 그러한 것은 아마도 몇 세대 전에는 지배적인 관념이었겠으나 오늘날에는 벌써 오래 전부터 의회는 완전히 다른 기초 위에 서 있다는 것이다. 공개성과 토론에 대한 신념이 오늘날 과거의 것으로 보인다는 것은 나의 두려움이기도 하다. 그 때문에 문제는 단지 의회에 새로운 정신적 기초를 부여하는 새로운 논거나 확신이 어떠한 종류의 것인가 하는 데에 있다. 물론 당연한 것이지만 인간의 제도나 사상도 발전해 가는 과정 속에서 변하여 간다. 그러나 토론과 공개성이라는 원리가 실제로 무너질 때, 현대 의회주의가 하나의 새로운 원리를 발견할 수 있으며, 그 때에 의회의 진리와 정당함이 여전히 명백하리라고 생각하지는 않는다. 모든 중요한 제도가 그렇듯이, 의회 역시 특별히 고유한 이념을 전제로 하여 성립한다. 그것을 알려는 사람은 버크(Burke)*나 벤담(Bentham),* 기조(Guizot)* 그리고 존 스튜워트 밀(J. St. Mill)*에 소급할 필요가 있을 것이다. 그들 이후 대체로 1848년 이래 수많은 실제적인 고찰이 제출되어 왔으나, 새로운 원리적인 논의는 제기되지 않았다는 것을 확인하지 않을 수 없을 것이다.

물론 지난 세기에 그러한 것은 거의 주목을 받지 못하였다. 왜냐하면 의회주의는 전진하는 민주주의와 밀접하게 결부되어 둘 사이의 명확한 구별 없이 동시에 전진했기 때문이다.[1] 그러나 오늘날 이러한 공동승리 후에 양자의 대립이 드러나고, 자유주의적인 이념과 대중 민주주의적인 이념과의 구별은 더 이상 고려하지 않을 수 없게 되었다. 따라서 토마의 표현대로「구시대의」제도들에 우리가 전념해야 할 것이다. 왜냐하면 그 제도들의 사상들로부터만 의회주의의 특수성이 인식될 수 있으며, 그 제도들에서만 의회는 직접 보존할 수 있는 독자적인 기초를 가진 제도로서의 특질을 가지기 때문이다. 오늘날의 의회활동의 폐해는 보다 작으며, 여하튼 볼셰비즘이나 독재보다 낫다는 것, 그것을 배제한다면 예상할 수 없는 귀결이 발생하리라는 것, 그것은「사회기술적」으로 말하여 하나의 완전한 실제적인 물이라는 것, 이러한 모든 것은 흥미 있으며, 부분적으로는 정당한 고찰이기도 하다. 그러나 이 모든 것이 특수한 성질을 지닌 한 제도의 정신적 기초는 아니다. 의회주의는 오늘날 통치의 방법, 정치제도로서 존속한다. 견딜 만큼 기능하는 모든 것이 그러하듯이 그것은 유용하지만 그 이상도 그 이하도 아니다. 시험을 거치지 아니한 다른 방법보다는 지금처럼 하는 쪽이 나으며, 오늘날에도 여전히 실제로 존재하는 최소한의 질서가 경솔한 실험에 의해서 위험하게 되리라고 주장할 이유는 없다. 이러한 생각에 대해서 분별 있는 사람이라면 누구나 당연하다고 여길 것이다. 그러나 그것은 원리적인 관심의 영역에서는 문제가 되지 아니한다. 따라서 정신적인 기초 또는 도덕적인 진리를「그 밖에 무엇이 있단 말인가?」라고 하여 논증이 되었다고 생각할 사람은 아무도 없을 것이다.

의회주의에 특수한 제도와 규범들은 모두 토론과 공개성에 의해서 비로소 그 의미를 지닌다. 이것은 특히 의원이 자신의 선거인이나 자신의 당파로부터 독립하여 있다는, 비록 실제상으로는 거의 믿어지지 않지만 헌법상으로는 오늘날 여전히 공식적으로 승인되는 원칙에 대해서 타당하다. 그것은 의원의 발언의 자유나 불가침권, 의회의사의 공개성 등에 대한 규정에도 타당하다. 이러한 제도들은 공개토론의 원리가 이미 아무런 신념도 발견할 수 없을 때에는 이해하기 어려운 것이 된다. 그 원칙은 어떤 제도에 우리가 추가로 임의의 여러 다른 원칙들을 전가시키고, 만약 그 제도의 종래의 토대가 결여되었을 경우에는 모종의 대체 논거들을 삽입할 수 있듯이, 그렇게 운용되는 원칙은 아니다. 물론 동일한 제도가 다양한 실용적 목적에 봉사하고 그 때문에 여러 가지의 실용적인 정당화를 경험할 수는 있다.「목적의 이종발생」, 실제적인 관점의 의미변천, 실제적인 수단의 기능변천은 존재하지만 원리의 이종발생은 존재하지 않는다. 예컨대 우리들이 몽테스키외처럼 군주주의의 원리는「명예」라는 것을 인정하는 경우, 이 원리는 민주공화

1) 아주 전형적인 하나의 예는 상원의원이며 교수인 가에타노 모스카*의 저서 (Gaetano Mosca, Teorica dei Governi e Governo Parlamentare, 2. Auflage, Milano 1925, 1. Auflage 1883), S. 147에 있는 의회주의의 정의이다. 그는 의회주의라고 함으로써 국가에서의 정치적 우위(la preminenza politica)가 직접 또는 간접적으로 국민의 선거에서 유래하는 요소에 귀속시키는 통치로 이해한다. 대표제헌법과 의회주의를 즐겨 동등하게 다루는 것도 역시 동일한 혼동을 내포하는 것이다.

국에는 적용되지 아니한다. 이와 마찬가지로 공개토론의 원리 속에 군주주의의 기초가 마련될 수는 없다. 더구나 원리의 특수성에 대한 감각은 소멸되고 무제한한 적용이 가능한 것처럼 보인다. 앞에서 언급한 토마의 비평 속에서 그가 나의 논문에 제기한 모든 반박의 기본적인 사상은 원래 그것이다. 그러나 유감스럽게도 그는 말하자면 수많은 의회주의의 새로운 원리들이 어떤 것인지를 결코 명확히 밝히지는 못했다. 그는 고작해야 몇 마디로 「1917년 이래의 막스 베버(Max Weber), 후고 프로이스(Hugo Preuß)* 그리고 프리드리히 나우만(Friedrich Naumann)*의 저작과 강연만」을 언급하는 것으로 만족한다. 황제의 통치제도에 대해서 투쟁한 이들 독일 민주주의자들에게 의회주의는 무엇을 의미하는가? 그것은 본질적이며 고귀한 정치지도자를 선택하는 수단을 의미하며, 정치적인 딜레탕티즘을 배제하고, 최선의 것과 가장 유능한 것들을 정치지도자층에 도달케 하는 확실한 방도를 의미하였다. 실제로 의회가 정치 엘리트를 형성할 능력을 가지고 있는가의 여부는 매우 의심스럽게 되었다. 오늘날 사람들은 아마도 이러한 선택 기구에 대해서 이제 더 이상 희망을 가지지 않을 것이다. 많은 사람들은 그러한 희망을 이미 과거의 것으로 볼 것이며, 토마가 기조를 반박하며 사용한 「환상」이라는 말은 용이하게 전술한 독일의 민주주의자들에게도 쉽사리 적용시킬 수 있을 것이다. 다양한 유럽과 유럽 이외의 국가들의 수많은 의회가 장관이 수 백명이나 되는 정치 엘리트에게서 부단히 이룩해 놓은 것 자체가 결코 위대한 낙관론을 정당화하지 못한다. 그러나 더욱 곤란하고 그 기대에 대해서 거의 파괴적인 것이 있다. 즉 많은 국가에서는 의회주의의 결과로서 이미 모든 공적 사항이 당파와 그 종속자의 타협과 포획물의 대상으로 변하고, 정치는 엘리트의 일인데, 상당히 경멸된 계급의 사람들의 상당히 경멸된 사업이 되어 버렸다.

그럼에도 불구하고 위에 서술한 것은 원리적인 고찰에 대해서 결정적인 것은 아니다. 의회주의가 최선의 정치지도자 선택을 보장한다는 생각도 여하튼 오늘날에는 대체로 그 확산을 사상적인 신념으로서가 아니라 영국의 모범에 따라서 구성되고, 유럽 대륙에서 시험되어야 할 실제 기술적인 가설 — 그것은 그대로라는 것이 확인되지 않으면 바로 당연한 것으로서 포기하게 된다 — 로서 가지고 있다. 이 확인이 토론과 공개성에 대한 신념과 결부될 수도 있으며, 그 때에 그것은 의회주의를 원리적으로 논의하는 요소가 된다. 여하튼 의회는 공개토론이 진지하게 받아들여지고 관철되는 한에서만 「진리」이다. 그러나 여기서 「토론」은 특별한 의미를 지니며, 단순한 거래를 의미하지는 않는다. 있을 수 있는 모든 종류의 거래나 교섭을 의회주의라고 부르고, 다른 모든 것을 독재 또는 권력지배라고 부르는 사람은 — 본(M. J. Bonn)*이 그의 『유럽 민주주의의 위기』(Krisis der europäischen Demokratie) 속에서, 또한 토마가 전술한 그의 비평 속에서 그렇듯이 — 본래의 문제를 회피하고 있다. 모든 대사(大使)의 회의, 모든 파견원의 집회에서, 또는 모든 간부회에서 거래가 이루어진다. 그것은 마치 절대군주의 관방(官房) 간에, 등족 신분의 조직 간에, 기독교도와 터키인 간에 거래가 이루어지는 것과 마찬가지이다. 거기에서는 아직 근대적인 의회제도는 나타나지 않는다. 개념의 해체는 허용되지 않으며 토론의 특수성을 무시해서는 안 된다. 토론이란 합리적으로 논의함으로써 상대방에게 진리와 정당함을 설득하고, 그렇지 않으면, 진리와 정당함을 자신이 설득된다는 목적에 의해서 지배되는 의견의 교환을 의미한다. 겐츠(Gentz)*는 — 여기서도 자유주의자 버크에게 가르치고 있는데 — 그것을 적절하게 정식화하였다. 그것에 의하면 모든 대표제헌법(그는 신분대표와 구별하여 근대 의회를 생각한다)의 특징은 법률이 의견의 투쟁으로부터(이해의 투쟁이 아니라) 생긴다는 것이다. 토론에는 그 전제로서 공통의 확신, 즐겁게 스스로 설득되는 각오, 당파의 구속으로부터의 독립, 이기적인 이해에 구애받지 않는 것이 필요하다. 오늘날 대부분의 사람들은 그러한 공평무사함을 거의 가능하다고 보지는 않을 것이다. 그러나 이러한 회의(懷疑) 역시 의회주의의 위기에 속한다. 상술한, 공식적으로는 여전히 타당한 의회주의적 헌법의 규정들은 모든 본래적인 의회주의의 제도가 토론이라는 이러한 특수 개념을 전제로 한다는 것을 명백하게 인식시킨다. 예를 들면 모든 의원은 당파의 대표가 아니라 전국민의 대표이며, 어떠한 훈령에도 구속되지 않는다는 어디서나 반복되는 명제(바이마르 헌법도 그 제21조*에서 그것을 채택하였다), 전형적으로 반복되는 연설의 자유의 보장, 그리고 회의의 공개성에 대한 규정은 토론이라는 것이 올바르게 이해될 때에 비로소 의미 있게 된다. 이에 반하여 합리적인 정당함을 발견하는 것이 아니라 이익과 영리의 기회를 계산하고 추구하고, 또한 자신의 이익을 가능한 한 주장하려는 거래는 물론 많은 발언이나 논의를 수반하지만 정확한 의미에서는 토론이 아니다. 경제적인 투쟁 후에 합의에 도달하는 두 사람의 상인은 쌍방의 경제적 가능성에 대하여 말하며, 누구든지 당연히 자신의 이익을 취하려고 하며, 그리하여 하나의 거래상의 타협에 도달한다. 공개성은 진정한 토론에 있어서는 지당하다 할지라도 이러한 종류의 거래에 대해서는 부적당하다. 거래와 타협은 이미 서술하였듯이, 세계사의 도처에서 존재하였다. 인간은 싸우기보다 계약을 체결하는 쪽이 대체로 이익이며, 배부른 소송보다는 가난한 화해 쪽이 낫다는 것을 알고 있다. 이것은 의심할 것 없이 정당하며, 특수한 종류의 국가 형태 또는 통치 형태의 원리는 아니다.

의회주의의 상황은 오늘날 매우 위기적이며, 그것은 현대 대중민주주의 발전이 논의에 입각한 공개토론을 공허한 형식으로 만들어 버렸기 때문이다. 오늘날 국회법의 많은 규범들은, 특히 의원의 독립성이나 회의의 공개성에 대한 규정은 타오르는 불의 환상을 불러일으키기 위해서 최신식 중앙난방장치의 방열기를 누군가가 붉은 화염으로 채색한 것처럼, 그 결과 하나의 지나친 장식처럼 쓸데없고, 더구나 고통스러운 것이 되고 있다. 정당(그것은 성문헌법의 조문에 따르면 공식적으로는 결코 존재하지 아니한다)은 오늘날에는 이미 토론하는 의견으로서가 아니라 사회적 또는 경제적인 세력 집단으로서 대항하고, 쌍방의 이해와 권력가능성을 계산하고, 이러한 사실적 기초 위에 타협과 제휴를 체결한다. 대중은 선전기구에 의해서 얻어지는데, 그 최대의 효과는 가장 가까이에 있는 이해와 정열에 대한 호소에 근거를 둔다. 진정한 토론에 대해서 특징적인 본래의 의미에서의 논의는 소멸한다. 그 대신에 정당 간의 거래에서는 이해와 권력장악의 가능성이라는 목적의식적인 계산이 나타나며, 대중의 조작에서는 광고에 의한 인상적인 암시, 또는 월터 리프맨(Walter Lippmann)*이 매우 영리하게, 그러나 아주 심리학적으로 고정시킨 미국적인 책 『여론』(Public Opinion, London 1922)에 의하면 「상징」[2])이 나타난다. 여론에 관한 심리학, 기술학 그리고 비판에 관한 문헌은 오늘날 대단히 많다.[3]) 그 때문에 오늘날에는 이미 상대방에게 정당함과 진리를 설득하는 것이 문제가 아니고 다수를 획득하고 그것으로써 지배하는 것이 문제라는 것은 아마 주지의 사실로서 전제될 것이다. 절대주의의 대신은 명령하고, 입헌주의의 대신은 복종해야 할 자를 설득한다는 것은 카부르(Cavour)*가 절대주의와 입헌주의의 커다란 차이로서 지적한 것인데, 오늘날에는 의미를 상실하지 않을 수 없다. 카부르는 「나는 (입헌주의의 대신으로서) 자신이 **정당**하다는 것을 확신한다」고 분명히 말한다. 그리고 이러한 관련에서만 그는 다음과 같은 유명한 말을 하였다. 즉, 「가장 나쁜 방(Chambre)일지라도 가장 좋은 대기실(Antichambre)보다 낫다」.* 오늘날에는 오히려 의회 자신이 눈에 보이지 않는 권력보유자의 집무실이나 위원회 앞의 거대한 대기실로 나타나고 있다. 오늘날의 「의회에서는 이념들이 생겨나며, 이념들을 건드리는 것은 불씨를 일으키고는 증거가 되어버린다」는 벤담의 문장을 인용하는 것은 하나의 풍자와 같은 것이다. 오늘날 누가 나폴레옹 3세의 「개인 체제」에 반대하여, 의회주의를 옹호한 프레보 · 파라돌(Prévost-Paradol)*의 시대를 상기할 것인가? 그는 실제의 권력이 바뀔 때마다 실제의 권력보유자를 바로 등장시키게 하고, 그리하여 정부는 외관과 내실간의 「놀란 만한」 일치 속에 항상 최강의 권력을 의미하고 있었다는 점에 의회주의의 가치를 인정하였다. 이제 누가 이러한 종류의 공개성을 믿을 것인가? 또한 위대한 「연단」으로서의 의회를 이제 누가 믿을 것인가?

버크 · 벤담 · 기조 그리고 존 스튜워트 밀에 의한 논증은 그 때문에 오늘날에는 과거의 것이 되어 버렸다. 오늘날 영미나 프랑스의 저작 속에서는 여전히 발견되지만 독일에서는 거의 알려지지 않은 것처럼 보이는 의회주의에 관한 무수한 정의 — 그 정의에서는 의회주의가 본질적으로는 **토론에 의한 통치**(government by discussion)로서 나타난다 — 역시, 따라서 「곰팡이 쓴」 것이 되지 않을 수 없다. 좋다. 그러면 여전히 의회주의를 신봉한다면 적어도 새로운 논의를 제기해야 할 것이다. 프리드리히 나우만, 후고 프로이스 그리고 막스 베버를 언급하는 것으로는 불충분하다. 이러한 사람들에 대해서는 경의를 표시하더라도 오늘날에는 아무도 의회에 의해서 정치 엘리트의 형성이 바로 보장되리라는

---

2) 최근 발간된 흥미있고 재치 있는, 문헌상 및 사고상의 비약에도 불구하고 매우 주목할만한 책, Wyndham Lewis, The art of being ruled, London(Chatto and Windus) 1926은 지적(知的)인 것으로부터 정서적 · 선정적인 것으로의 이와 같은 이행을 현대 민주주의에 의해서 남자다운 타입이 배격되고 보편적인 여성화가 생긴다는 것으로써 설명한다.

3) 그러나 바로 이 점에서 로베르트 미헬즈*가 그의 『정당사회학』(Robert Michels, Soziologie des Parteiwesens 2. Auflage) 서문(S. XVIII)[김학이 옮김, 한길사, 2002]에서 지적한 것은 적절하다. 즉, 「이론적인 대중심리학의 영역에서도, 그러나 특히 응용적인 것의 영역에서도 독일의 학문은 업적이나 관심면에서도 프랑스, 이탈리아, 미국, 영국의 학문보다도 몇 십년 뒤떨어져 있다」. 그러나 로베르트 미헬즈의 책과 같은 것은 자료와 사상에 있어서 놀라울만큼 풍부하며, 아마 십년간 뒤떨어진 것을 보상할 만하다는 것이 첨가되어야 할 것이다.

그들의 희망을 공유하지는 못할 것이다. 그러한 확신은 오늘날에는 사실상 흔들리고 토론과 공개성에 대한 신념과 결부되는 한에서만 이념적인 신념으로서 존속할 수 있을 뿐이다. 최근 수 십년 간에 의회주의의 새로운 정당화에 대하여 제시된 것은 결국 언제나 오늘날 의회는 유용한 것도 아니며 더구나 불가결한 사회적 · 정치적 도구로서, 또는 적어도 무엇인가 기능하고 있다는 것을 서술할 뿐이다. 반복하여 단언하자면 그것은 완전히 납득이 가는 사고방식이다. 그러나 우리들은 보다 깊은 기초지움에도 관심을 가지지 않을 수 없다. 이것은 몽테스키외가 국가 형태 또는 정부 형태의 원리라고 부른 것인데, 이런 저런 중요한 제도의 본질에 속하는 특수한 확신이며, 예전에는 존재하였으나 오늘날에는 이미 찾아볼 수 없는 의회에 대한 신념이다.

정치사상사에는 위대한 충동의 시대와 몰사상적인 **현상**(status quo)의 무풍 시대가 있다. 왕제의 원리, 즉 명예에 대한 감각이 상실되어 갈 때, 또한 자기의 존엄과 명예 대신에 자신의 유용성과 필요성이 나타내는 부르주아 왕제가 나타날 때에는 군주주의 시대는 종말을 고한다. 군주주의적 제도의 외면적인 정치는 그 경우에도 여전히 오랫동안 존속할 수 있다. 그럼에도 불구하고 군주주의의 시간은 왔다. 다른 어떤 제도도 아니고 본래 이 제도의 본질에 속하는 확신은 그때 과거의 것이 된다. 실용적인 정당화에는 이러한 것이 없다. 그러나 국왕과 실제로 마찬가지로, 또는 그 이상으로 유용한 것으로서 실증되는 사람이나 조직이 나타나며, 그러한 단순한 사실로써 군주제가 배척되는가의 여부는 사실의 문제에 불과하다. 의회의 「사회기술적」 정당화에 대해서도 사정은 마찬가지이다. 의회가 자명한 진리의 제도로부터 단순히 실제적 · 기술적인 수단으로 될 때, 결코 반드시 적나라하게 노출된 독재가 아니더라도 어느 한 절차에서는 의회가 그 절차도 다를 수 있음을 **사실을 통해**(via facti) 보여줄 수 있으면 된다. 그렇게 되면 의회는 끝장나게 된다.

* * *

의회주의에 대한 신념, **토론에 의한 통치**에의 신념은 자유주의의 사상계에 속한다. 그것은 민주주의에 속하지 아니한다. 이 양자, 즉 자유주의와 민주주의는 서로 구별되어야 하며, 그렇게 함으로써 현대의 대중 민주주의를 만들고 있는 이질적인 혼성물이 인식되는 것이다.

모든 실질적인 민주주의는 동일한 것은 동일하게 할뿐만 아니라 그 불가피한 귀결로서 동일하지 아니한 것은 동일하지 않게 라는 것에 근거를 두고 있다. 따라서 민주주의에 대해서는 필연적으로 첫째 동질성이 필요하며, 둘째로 — 필요하다면 — 이질적인 것의 배제 또는 섬멸이 필요하다. 이 명제를 명확히 하기 위하여, 한 마디로 말하면 현대 민주주의의 두 개의 상이한 예가 상기될 것이다. 즉, 그리스인을 철저하게 이주시키고 국토를 무자비하게 터키화 한 오늘날의 터키, 그리고 희망 없는 이민을 이민법으로 배척하는 오스트레일리아의 사회, 다른 자치령들처럼 단지 **마음에 드는 유형의 식민자**(right type of settler)에 합치되는 이주자만을 입국시키는 것이 그것이다. 민주주의의 정치적 힘은 이질적이고 불평등한 것, 동질성을 위협하는 것을 배제하고 멀리하는 것에서 나타난다. 평등의 문제에서는 추상적 · 논리산술적인 유희가 아니라 평등의 실체가 문제로 된다. 그것은 일정한 육체적 및 도덕적 자질 속에, 예를 들면 시민적 덕성(ἀρετή) 속에 찾을 수 있다. 이것이야말로 고전적인 **덕**(vertu)*의 민주주의이다. 17세기 영국 교파 신자들의 민주주의는 종교적 확신의 일치에 근거를 두고 있다. 19세기 이래 그것은 특히 특정한 민족의 소속, 민족적 동질성 속에 있다.[4] 평등은 그것이 하나의 실질을 지니며, 그 때문에 적어도 평등하지 아니한 것의 가능성과 위험성이 존재하는 한에서만 정치적 관심의 대상이 될 가치 있는 것이다. 하나의 사회가 모든 관계에서 자신에게 만족하며, 그 주민의 누구나 마찬가지로 행복한 자족성을 가지며, 누가 다른 누구와도 육체적 · 심리적 · 도덕적 그리고 경제적으로 유사하기 때문에 동질성이 이질성 없이 존재한다는 목가적인 경우의 예도 몇 가지 존재할는지 모른다. 그렇다 하더라도 민주주의는 — 평등에 대해서는 항상 불평등이 필요하기 때문에 — 민주주의를 중단하지 않고, 국가에 의해서 지배되는 주민의 일부를 배제할 수 있다는 것, 그런데 노예나 어떤 형식에서 완전하게, 또는 절반은 권리가 박탈되어 정치권력의 행사로부터 멀리 떨어진 사람들 — 그들은 이제 야만인 · 미개인 · 무신론자 · 귀족 또는 반혁명파라고 불리는데 — 역시 지금까지 일반적으로 민주주의 아래에서 존재하여 왔다는 것을 말해 두지 않을 수 없다. 아테네 도시 민주주의에서도, 영국의 세계 제국에서도, 영토의 모든 주민이 정치상 동일한 권리를 가지는 것은 아니다. 영국 세계 제국의 4억 주민 가운데 3억 이상은 영국 시민이 아니다. 영국의 민주주의, 「보통」 선거권 또는 투표권이나 「일반적」 평등에 대해서 말할 때, 영국 민주주의에 있어서 이들 수억의 사람들은 아테네 민주주의에서의 노예와 마찬가지로 자명한 것으로 무시된다. 현대의 제국주의는 경제적 · 기술적인 발전에 대응하는 새로운 수많은 지배형태를 만들어내며, 그것은 본국의 내부에서 민주주의가 발전해감에 따라서 확대되어 간다. 식민지 · 보호령 · 위임통치 · 간섭조약 그리고 이와 유사한 종속적인 형태들은 오늘날 이질적인 주민을 국가 시민으로 하지 않고 그들을 지배하고, 그들을 민주주의적 국가에 종속시키며, 더구나 동시에 국가로부터 멀리 두는 것을 민주주의에 대해서 가능케 하고 있다. 그것은 「식민지는 국법상은 외국이며, 국제법상은 국내」*라고 하는 저 멋진 정식의 정치적 및 국가이론적인 의미이다. 「세계적인 용어법」, 즉 앵글로색슨의 세계적 신문의 용어법 — 토마는 이에 따르며, 더구나 그것을 국가이론상의 정의에 대해서 결정적인 것으로 인정한다 — 은 이러한 모든 것을 등한시하고 있다. 그것에 대해서는 보통 평등 선거권이 「전체의 기초」가 되고 있는 국가는 모두 민주주의가

---

4) 민주주의에 속하는 정치적 실질은 단지 경제적인 것 속에만 있을 수는 없다. 경제적인 평등으로부터는 결코 정치적인 동질성은 생기지 않는다. 아마 — 소극적으로는 — 커다란 경제적 불평등이나 그렇지 않으면 기존 정치적 동질성이 소멸하거나 위태로워질 것이다. 이 명제를 다시 상술하는 것은 별개의 문제에 속한다.

된다. 영국의 세계 제국은 그 주민 모두가 보통 평등 선거권에 근거를 두고 있는가? 그것은 그러한 기초 위에는 한 주일도 존속할 수 없을 것이며, 유색 인종이 압도적인 다수결로써 백인을 압도할 것이다. 그렇지 않음에도 불구하고 영국의 세계 제국은 하나의 민주주의이다. 프랑스나 그 밖의 열강에 대해서도 사정은 마찬가지이다.

보통 평등의 선거 · 투표권은 도리상 평등의 범위 내에서 실질적인 평등의 결과에 불과하며, 이러한 평등을 초월하는 것은 아니다. 그러한 평등의 권리는 동질성이 존속하는 곳에서 보다 의미를 지닌다. 그러나 「세계적 용어법」이 생각하는 종류의 보통선거권이라는 것은 그것과 다른 것을 의미한다. 그것은 성년에 달한 인간은 누구든지 단순히 인간으로서 그것을 자체에 의해서 당연하게 다른 모든 인간과 동권이어야 한다는 것이다. 이것은 자유주의적인 사상이며 민주주의 사상은 아니다. 그것은 실질적인 평등과 동질성의 관념에 입각하며, 지금까지 존재하는 민주주의 대신에 인류의 민주주의(Menschheits-demokratie)를 설정한다. 이러한 보편적인 인류의 민주주의는 오늘날 결코 지상을 지배하지 아니한다. 다른 점은 도외시하더라도 이 지상이 국가로 분열되어 있고, 더욱이 대부분은 민족적으로 동질적인 국가이며, 그 자신의 내부에서는 민족적 동질성의 기초 위에 민주주의를 실현하려고 하는데, 그 밖의 점에서는 결코 모든 인간을 동권의 시민으로 대우하지 않는다는 것만으로도 이미 그러하다.[5)] 가장 민주적인 국가 — 우리들은 미합중국을 말한다 — 도 그 권력이나 부에 외국인을 참여시키지는 않는다. 외국인이란 개념을 알지 못하고, 모든 사람의 평등을 실현한 민주주의는 지금까지 존재한 일이 없다. 인류민주주의를 진지하게 받아들이고, 실제로 모든 인간을 다른 인간과 정치적으로 동등한 지위에 두려고 한다면, 그것은 모든 인간이 출생 또는 연령에만 의해서 바로 향유하는 평등이 된 것이다. 그렇게 되면 평등으로부터 그 가치와 실체가 박탈될 것이다. 왜냐하면 평등이 정치적 평등, 경제적 평등 등, 요컨대 특정한 영역의 평등으로서 가지고 있던 특수한 의미를 거기에서부터 취하게 되기 때문이다. 모든 영역은 거기에 특수한 평등과 불평등을 지니고 있다. 이리하여 개별 인간 각자의 인간으로서의 존엄을 경시하는 것은 매우 부당하겠지만, 또한 다양한 영역의 특수한 개성을 인정하지 않는 것도 최악의 몰형식성으로, 그러므로 보다 악하고 부정으로 인도하는 무책임하고 어리석은 짓일 것이다. 정치적인 것의 영역에서 인간은 추상적으로 인간으로서가 아니라 정치적으로 이해를 가진 정치적으로 규정지워진 인간으로서, 즉 국민, 통치자 또는 피치자, 정치적인 동지나 적으로서, 그러므로 여하튼 정치적 범주에서 대립하는 것이다. 정치적인 것의 영역에서는 정치적인 것을 도외시하고, 일반적인 인류의 평등만을 남겨둘 수는 없다. 그것은 경제적인 것의 영역에서는 인간이 단순히 그것으로서가 아니라 생산자, 소비자 등으로서, 즉 특수 경제적인 범주에서만 취급되는 것과 마찬가지이다.

절대적인 인류의 평등은 따라서 위험 없이 자명한 평등이며, 불평등이라는 필연적인

5) 이 점에서 하나의 「다원주의」가 존재하며, 사회적인 다원주의는 — M. J. Bonn, Die Krisis der europäischen Demokratie, 1925의 예측에 의하면 오늘날의 이른바 인류민주주의는 그 속에 해소될 것이다 — 보다 효과적인 다른 형태, 훨씬 이전부터 존재하며 항상 존재하여 왔다.

상관개념을 가지지 않는 평등이며, 그 결과 개념상으로나 실제상으로나 공허한 아무래도 좋은 평등이다. 그런데 상술하였듯이, 지상의 다양한 국가가 자국의 시민을 다른 인간으로부터 정치적으로 구별하여, 정치적으로 종속시키지만 어떠한 이유에서 바라지 않는 주민을 국제법상의 종속과 국법상의 외국인 취급을 결부시킴으로써 멀리 둘 수 있는 한, 과연 어디에도 그러한 절대적인 평등이라는 것은 존재하지 아니한다. 이에 반하여 적어도 다양한 근대 민주주의 국가의 내부에서는 보편적인 인류의 평등이 관철되고 있으며, 그것은 과연 외국인 · 무국적자는 자명하게도 배제되기 때문이라고 하여 모든 인류의 절대적인 평등은 아니지만, 국적을 가지는 자의 범위 안에서는 상대적으로 보아 광범한 인류의 평등인 것처럼 보인다. 그러나 이 경우에는 대부분 민족적 동질성이 더욱 더 강조되며, 국가 내부에서의 상대적으로 보편적인 인류의 평등은 국가에 소속되지 않고 국가 밖에 머물러 있는 인간을 모두 단호하게 배제함으로써 다시 지양된다는 데에 주의하여야 한다. 그렇지 않은 경우에, 즉 국가가 민족적 또는 그 밖의 종류의 동질성을 고려하지 않고 정치적 영역 위에 보편적인 인류의 평등을 관철하려는 곳에서 국가는 정치적 평등의 가치를 하락시킨다는 결과를 피할 수 없을 것이다. 그리고 그것만이 아니다. 마찬가지로 그렇다면 그것만으로 그 영역 자체의, 즉 정치 그 자체의 가치가 하락하며, 아무래도 좋은 것이 되어버릴 것이다. 정치적 평등에서 그 실질을 빼앗고 그것을 평등한 개인에 대해서 무가치한 것으로 만들뿐만 아니라 정치도 또한 그러한 몰본질적인 평등으로써 그 영역을 진지하게 생각하면 그만큼 몰본질적인 것이 될 것이다. 실체 없는 평등이라는 방법으로써 다루어지는 사항도 또한 아무래도 좋은 것이 된다. 실질적인 불평등은 결코 세계로부터 국가로부터도 소멸하지 않으며, 다른 영역에, 예를 들면 정치적 영역에서 경제적 영역에로 이끌리며, 그 영역에 새로운 비교할 수 없을 정도로 강한 탁월한 의미를 부여한다. 정치상의 외견적인 평등에서 실질적인 불평등이 관철되는 다른 영역, 그 때문에 오늘날에는 예컨대 경제적 영역이 정치를 지배함에 틀림없다. 이것은 전적으로 불가피하며 국가이론적으로 고찰한다면 개탄할 것이 많은 국가와 정치에 대한 경제적인 것의 지배의 진정한 이유이다. 어떤 불평등이라는 상관개념 없이 생각한, 차별 없는 평등이 인간생활의 하나의 영역을 사실상 지배하는 곳에서는, 이 영역 자체도 그 실질을 상실하며, 거기에서 불평등이 무자비한 힘을 발휘하는 다른 영역의 그림자 속으로 들어가 버린다.

모든 인간의 인간으로서의 평등은 민주주의가 아니라 특정한 종류의 자유주의이며, 국가형태가 아니라 개인주의적 · 인간적인 도덕과 세계관이다.[6] 현대의 대중 민주주의는 이들 양자의 불명확한 결합에 입각하고 있다. 상세한 루소의 연구가 있음에도 불구하

---

6) 이러한 구별을 잡지 Schildgenossen, September 1925에서 베르너 베커(Werner Becker)의 매우 주목할만한 논문이 상술하고 있다. 이 논문은 1925년 여름 학기의 나의 정치학 세미나에서 행한 훌륭한 보고에 근거를 두고 있다. 헤펠레(H. Hefele)의 논문(Hochland, November 1924)도 자유주의와 민주주의와의 대립을 강조한다. 그러나 나는 베커나 헤펠레에게도 반대하며, 민주주의의 정의에서 치자와 피치자의 동일성을 주장한다.

고, 또한 루소가 현대 민주주의의 시초에 서 있다는 올바른 인식에도 불구하고, 『사회계약론』의 국가구성이 이미 이러한 두 개의 상이한 요인을 일관성 없이 병존시키고 있다는 것은 아직 주목하지 못한 것 같다. 자유주의의 전면은 자유로운 계약에 의한 국가의 합법성을 기초지우는 데에 있다. 그러나 서술을 진행함에 따라서 「일반의사」(volonté générale)라는 본질적인 개념이 전개되는 곳에서는, 루소에 의하면 진정한 국가는 국민이 동질적이며 본질적으로 전원 일치가 지배하는 곳에만 존재한다는 것을 보여주고 있다. 사회계약론에 의하면 국가에는 어떠한 당파도, 어떠한 특수 이익도, 어떠한 종교상의 차이도, 알프레드 베버(Alfred Weber)[7]나 카를 브링크만(Carl Brinkmann)[8]*과 같은 저명한 경제학자가 칭찬한 이 현대 민주주의 철학자는 아주 진지하게 재정은 노예를 위한 것, **「노예의 말」**(mot d'esclave) (제3편 제15장 2절)이라고 한다. 이때에 루소에게 노예라는 말은 민주주의적인 국가구성 속에서 그곳에 귀착시켜야 할 완전히 중대한 효과를 지닌 의미가 되고 있다는 데에 주의하지 않으면 안 된다. 즉, 그 말은 국민에 속하지 않는 것, 평등하지 아니한 것, 시민(citoyen)이 아닌 것 — 그가 **추상적으로** 「인간」이라고 하는 것은 그에게는 아무 소용도 없다 — , 이질적인 것 — 그는 보편적인 동질성을 취하지 아니하며, 그 때문에 정당하게 배제된다 — 을 가리킨다. 루소에 의하면, 일치는 법률이 **토론 없이**(sans discussion) 성립할 정도가 되어야 한다는 것이다. 더구나 법관과 소송 당사자는 동일한 것을 하려고 해야 하는데(제2편 제4장 7절), 이때에 원고든 피고든 양 당사자 중의 누군가가 동일한 것을 바라는 가는 결코 문제되지 아니한다. 요컨대 동일성에까지 고양된 동질성 속에서 모든 것은 자명하다. 그러나 전원과 전원의 합의, 일치가 실제로 그만큼 클 때에, 더구나 계약이 체결되거나 또는 단지 그러한 이론 구성을 하기 위해서 필요한 것일까? 사실 계약은 차이와 대립을 전제로 한다. 전원일치는 일반의사와 마찬가지로, 존재하거나 존재하지 않으며, 더욱이 알프레드 베버가 적절히 보았듯이, 자연적으로 존재하는 것이다. 그것이 존속하는 곳에서는 그 자연성 때문에 계약은 무의미하다. 그것이 존속하지 아니하는 곳에서는 계약은 무용지물이다. 만인의 만인과의 자유로운 계약이라는 사상은 대립하는 이해, 차이 그리고 이기주의를 전제로 하는 완전히 다른 사상계, 즉 자유주의에서 생긴다. 이에 반하여 루소가 구성한 「일반의사」는 동질성 위에 입각한다. 이것만이 시종일관된 민주주의이다. 국가는 『사회계약론』에 따르면 그 표제와 최초의 부분의 계약적 구성에도 불구하고 계약이 아니며, 본질적으로 동질성에 근거를 둔다. 이 동질성에서 치자와 피치자의 민주주의적인 동일성이 생기는 것이다.

『사회계약론』의 국가이론은 또한 민주주의는 치자와 피치자의 동일성으로서 정의하는 것이 정당하다는 논증을 내포한다. 이것은 나의 저서 『정치신학』(Politische Theologie, 1922; 김효전역, 『정치신학』, 법문사, 1988)과 의회주의에 관한 논문에서 제창한 정의인데,

7) Die Krise des modernen Staatsgedankens in Europa, Stuttgart 1925.
8) Archiv für Sozialwissenschaften, August 1925, Bd. 54, S. 533.

그것이 주목을 받은 한에서 부분적으로는 거부되고 부분적으로는 표절되었다. 그 때문에 나는 과연 이 정의는 오늘날의 국가이론에 적용되는 일련의 동일성에로 확대되고 있는 점에서는 새롭지만, 그 밖의 점에서는 낡고, 고전적이라고도 할 수 있기 때문에 아마 더 이상 알려지지 아니한 전통에 상당하는 것이란 점을 말해 두고 싶다. 오늘날 특히 현실성을 지닌 흥미 있는 국가이론적인 귀결에 언급하는 점에서, 여기서는 푸펜도르프(Pufendorf)의 정식화(『자연법과 만민법』[De jure Naturae et Gentium], 1672, 제7권 제6장 8절)를 인용할 수 있을 것이다. 즉, 명령하는 것과 복종하는 것이 동일한 민주주의에서는 주권자, 즉 모든 시민으로 구성되는 집회는 법률과 헌법을 임의로 변경할 수 있는데 —「명령자가 있는 곳에 다른 명령자가 있다」(ubi alii sunt qui imperant, alii quibus imperatur) — 군주주의와 귀족주의에 있어서 상호계약, 따라서 국가권력의 제한은 가능하다는 것이 푸펜도르프의 견해이다.

* * *

오늘날 일반적인 생각은 의회주의가 볼셰비즘과 파시즘의 중간에서 양측으로부터 위협을 받고 있다고 본다. 이것은 평면적이며 외면적인 분류이다. 의회주의의 운영과 의회주의적 제도의 어려움은 실은 현대의 대중 민주주의의 상태에서 자라난다. 현대의 대중 민주주의는 우선 민주주의 그 자체의 위기로 인도한다. 왜냐하면 민주주의에 필요한 실질적인 평등과 동질성의 문제가 보편적인 인류의 평등에 의해서 해결되지 못하기 때문이다. 나아가 현대의 대중 민주주의는 민주주의의 위기와는 구별되어야 하는 의회주의의 위기로 인도한다. 이러한 두 개의 위기는 오늘날에는 동시에 나타나며, 서로 첨예화하지만, 개념상으로나 사실상으로 상이한 것이다. 현대의 대중 민주주의는 민주주의로서 치자와 피치자의 동일성을 실현하려고 하며, 그 도상에서 이미 명증성을 상실한 과거의 것이 되어버린 제도로서의 의회와 마주친다. 민주적 동일성이라는 것을 진지하게 생각하면 위급한 경우에는 어떤 방법이든 표명된, 저항이 어려운 국민의사의 유일한 결정성 앞에는 다른 어떤 헌법상의 제도도 유지할 수 없다. 특히 독립한 의원들의 토론에 입각한 제도라는 것은 그러한 국민의사에 대항해서는 독자적인 존재이유를 가지지 못하며, 토론에 대한 신념은 민주주의적이 아니라 자유주의적인 기원을 가지는 것이라고 하여 더욱 그렇다. 오늘날 세 개의 위기를 구별할 수 있다. **민주주의의 위기** — 이것에 대해서는 자유주의적인 인류의 평등과 민주주의적인 동질성과의 대립에는 주의를 하지 않으나 본(M. J. Bonn)이 말하고 있으며, 다음에 **근대 국가의 위기**(알프레드 베버), 그리고 마지막으로 **의회주의의 위기**이다. 여기서 문제는 의회주의의 위기인데, 과연 민주주의는 잠시 제휴할 수는 있겠지만, 이 자유=민주주의가 권력을 잡자마자 그 구성요소에서 어떤 것을 선택해야만 하는 결단을 내려야 한다는 데에 있다. 이것은 마치 사회주의와 민주주의도 제휴할 수 있으나, 사회민주주의가 권좌에 오르면 사회주의든지 민주주의든지 어느 하나에 대해서 결단을 내려야 하는 것과 마찬가지이다. 그리하여 현대 대중민주주의는 자유주의의 요소를 본질로 하여 포함하고 있으므로, 사회민주주의는 실은 사회=자유=민주주의인 것이다. 민주주의에서는 평등한 것의 평등, 그리고 평등한 것에 속하는 것의 의사만이 존재한다. 다른 모든 제도는 어떠한 식으로 표명된 국민의사에 대항하여 자기 고유의 가치와 자기 고유의 원리를 가지고 나오지 못하며, 본질 없는 사회기술적인 구실 속으로 변장한다. 현대 국가의 위기는 대중민주주의와 인류 민주주의는 결코 국가형태도 아니며, 어떤 민주적 국가마저도 실현할 수 없다는 데에 있다.

이에 반하여 볼셰비즘과 파시즘은 모든 독재와 마찬가지로, 과연 반자유주의적이기는 하나 반드시 반민주적이지는 않다. 민주주의의 역사에서는 국민의 의사를 형성하고, 동질성을 창조하는 것으로서 많은 독재, 카이저주의, 그리고 지난 세기의 자유주의의 전통에 대해서는 이상한, 독특한 다른 방법이 있다. 개별 시민 각자가 가장 깊은 비밀과 완전한 고립 속에서, 그 때문에 사적인 것과 무책임한 것의 영역에서 나오지 않고 「비밀장치」 아래에서 「감시받지 않고」 ― 독일의 제국선거법은 그렇게 규정한다 ― 그의 표를 던지고, 이어서 개개의 투표 모두가 기록되고, 산술적인 다수가 계산된다는 방식으로만 국민은 자신의 의사를 표명할 수 있을 뿐이라는 것은 자유주의적 원칙과의 혼합에서 19세기에 생긴 비민주적인 견해에 속한다. 그렇게 함으로써 완전히 초보적인 진리는 망각되어 버리고, 오늘날의 국가학에는 정통하지 못한 것처럼 보인다. 국민이란 **공**법상의 개념이다. 국민은 **공적**인 영역에서만 존재한다. 1억인의 사인이 일치한 의견은 국민의 의사도 아니며 공공의 의견[여론]도 아니다. 국민의 의사는 환호, **갈채**(acclamatio)*에 의해서, 자명하고 반론 없는 존재에 의해서, 이 반세기 이래로 면밀한 조심성을 가지고 형성되어 온 통계적 장치에 의해서와 마찬가지로, 또한 그보다 더욱 민주적으로 표명될 수 있다. 민주적인 감정의 힘이 강하면 강할수록 민주주의가 비밀투표의 통치제도 이외의 다른 어떤 것이라는 인식은 더욱 확실해진다. 기술적인 의미에서뿐만 아니라 본질적인 의미에서도 **직접적인** 민주주의 앞에서는 자유주의의 사고과정에서 생긴 의회는 인위적인 기구로 보이며, 이에 반하여 독재와 케자르주의(Cäsarismus)*의 방법은 국민의 **갈채**에 의해서 담당될 뿐만 아니라 민주주의적인 실질과 힘의 직접적인 표현일 수도 있다.

볼셰비즘이 진압되고 파시즘이 제거되었다고 하더라도 오늘날의 의회주의의 위기는 조금도 극복되지 않는다. 그 위기는 이러한 두 개의 적이 등장한 결과는 아니기 때문이다. 위기는 이들 양자보다도 앞서 존재하였으며 이들 양자 이후에도 계속할 것이다. 위기는 현대의 대중민주주의의 귀결들로부터, 그리고 궁극적으로는 도덕적인 파토스에 의해서 담당된 자유주의적인 개인주의와 본질적으로는 정치적인 이상에 의해서 지배된 민주주의적인 국가감정과의 대립으로부터 생겨난다. 이러한 두 가지의 역사적인 결합과 군주의 절대주의에 대한 공동 투쟁의 1세기는 그러한 대립의 인식을 억제하여 왔다. 그러나 오늘날 그 대립의 전개는 날마다 강해지고, 세계적인 용어법으로도 이미 방지할 수는 없다. 그것은 자유주의적인 개인의식과 민주주의적인 동질성과의, 그 심원함에서 극복할 수 없는 대립이다.

서 론

의회제도가 나타난 이래 이 의회주의에 대해서 비판하는 문헌도 많이 나오고 있다. 그것은 우선 첫째로 반동과 왕정복고의 토양에서, 즉 의회주의와의 투쟁에서 패배한 정치적 반대자측에서 일어난 것은 당연하다. 다음에 실제적 경험이 쌓여가면서 당파적 지배의 결함들이 인정되고 지적되기에 이르렀다. 끝으로 또 하나의 원리적인 측, 즉 좌익적 급진주의 측으로부터의 비판이 일어났다. 이리하여 의회주의에 대한 비판에는 좌우로부터 경향들이, 즉 보수주의적, 생디칼리스트적 그리고 무정부주의적인 주장, 군주주의적, 귀족주의적 그리고 민주주의적인 견해가 모여있는 것이다. 그러나 오늘날의 상황의 가장 간결한 요약은 1922년 11월 26일의 이탈리아 상원에서 상원의원 모스카가 무솔리니 정부의 내외정책에 대해서 행한 연설에 보여진다. 그것에 따르면, 의회제도의 결함에 대한 구제수단으로서는 다음 세 가지의 근본적인 해결책이 제시되고 있다. 첫째는 이른바 프롤레타리아트의 독재, 둘째는 다소 은폐된 관료적 절대주의(un assolutismo burocratico), 끝으로 생디칼리스트적 지배형태, 즉 오늘날의 의회의 개인주의적 대표제를 노동조합의 연합체에 의해서 대체하는 것이다. 모스카는 마지막의 것을 의회조직에 대한 최대의 위험이라고 인정하고 있다. 왜냐하면 생디칼리슴이란 것은 단순한 교의나 감정이 아니라 현대 사회의 경제조직에서 발생하여온 것이기 때문이다. 이에 반하여 베르텔레미는 그의 『행정법론』(H. Berthélemy, Traité de droit administratif)의 최근 판(제10판)의 서문에서 이 문제를 논한 때에 바로 생디칼리슴은 논할 가치가 없는 것이라고 한다. 그는 의원이 권력의 혼란이라는 위험을 인정하는 경우에는, 그들의 당파관리(Parteienwirtschaft)를 포기하고 내각의 지위가 어느 정도 안정되도록 노력하는 것만으로 충분하리라고 믿고 있다. 더구나 지방분권주의(Regionalismus)에 대해서도 산업주의(Industrialismus) (즉 경제생활의 방법을 정치에로 이행하는 것)에 대해서도, 그 국가에 대한 위험을 인정하는데, 한편 생디칼리슴에 대해서는「권력행사의 대상이 되고 있는 사람들에게 권력이 돌아갈 때, 그리고 또한 통제의 대상이 되고 있는 것에 통제력이 맡겨질 때」 모든 것이 [잘 될 것]이라고 믿는 이론을 진지하게 받아들일 수는 없다고 주장한다. 좋은 관료주의적 행정의 입장에서 본다면 이러한 의견은 매우 당연한데, 그 경우 정부의 모든 권위는 지배되는 것에서 유래한다는 민주주의적 주장은 어떻게 될 것인가?

독일에서는 훨씬 이전부터 직능대표적인 관념과 경향들이 전통적으로 존재하고 있으며, 그 전통에 대해서는 현대 의회주의에 대한 비판은 결코 새로운 것이 아니다. 그 밖에 아주 최근에 이르러, 특히 1919년 이래 쌓여온 일상적 경험들에 의거하는 의회주의비판의 문헌이 나타나고 있다. 수많은 팜플렛이나 신문 논설에서 의회주의의 뚜렷한 결함이나 오류가 지적되고 있다. 즉 당파의 지배, 공정하지 못한 인사정책,「아마추어 정치」, 끊임없는 정권의 위기, 의회 연설의 무목적성과 천박함, 의회의 예의 범절의 수준저하, 의사방해에 의한 의회해산의 방법, 의회주의 자체를 모욕하는 급진적 반대파에 의한 의원의 특권들(Immunitäten und Priviligien)의 남용, 의회의 위엄을 손상하는 일당의 사용, 부정한 의사당점거 등이 그것이다. 그 자체로서는 매우 이전부터 알고 있는 다음과 같은 관찰에서 나오는 인상도 점차 일반적으로 인정되게 되었다. 즉 비례대표제와 그 명부제도는 선거인과 의원간의 관련을 단절하며, 따라서 당파적 구속이 불가결한 수단이 되고, 이른바 대표의 원칙 — (독일 공화국 헌법 제21조, 「의원은 전국민의 대표이다. 그들은 자기의 양심에 따라서만 행동하며 어떠한 명령에도 구속되지 않는다」)* — 이 무의미하게 된다는 것이다. 나아가 의회의 본질적인 활동은 본회의의 공개 토의에서 하지 않고 각종 위원회에서 하며, 더구나 그것은 의회의 위원회에 한정하지 않고 본질적인 결정은 오히려 프락션 지도자의 비밀회의에서, 또는 전적으로 국회 밖의 위원회에서 행하며, 그 결과 모든 책임의 전가와 회피가 일어나며, 그리하여 의회제도 전체는 마침내 당파들과 경제적 이해관계자의 지배를 위한 나쁜 일면만이 드러나는 것이다.[9] 그 밖에도 이러한 의회제도의 민주적 기초에 대한 비판이 제기되는데, 이 비판은 이미 19세기 중엽에 매우 비판적으로

9) 독일어 출판물에 대해서는 무수한 논문과 팜플릿 중에서 다음의 것을 열거해 둔다. 본의 사상이 풍부한 책, 『근대 국가의 해체』(M. J. Bonn, Die Auflösung des modernen Staates, Berlin 1921) 그리고 『유럽 민주주의의 위기』(Die Krisis der europäischen Demokratie, München 1925); 카를 바이열레의 『의회제도 — 그 밖에 무엇이 있는가?』(K. Beyerle, Parlamentarische System — oder was sonst? München 1921); 카를 란다우어의 『사회주의와 의회제도』(Carl Landauer, Sozialismus und parlamentarisches System, Arch. f. Sozialwissenschaft, 1922, Bd. 48, Heft 3), 『경제지도자에 의한 민주주의 국가정복에의 길』(Die Wege zur Eroberung des demokratischen Staates durch die Wirtschaftsleiter, in der Erinnerungsgabe für Max Weber, 1922, Bd. II), 『경제의회주의의 이데올로기』(Die Ideologie des Wirtschaftsparlamentarismus, in der Festgabe für L. Brentano, 1925, Bd. I, S. 153 ff.); 토마의 『국가개념과의 관련에 있어서의 근대 민주주의의 개념』(R. Thoma, Der Begriff der modernen Demokratie in seinem Verhältnis zum Staatsbegriff, Erinnerungsgabe für Max Weber, 1922, Bd. II)(이에 관해서는 카를 슈미트의 논문 Arch. f. Sozialwissenschaft, 1924, Bd. 51, Heft 3 참조). 『의회주의와 독재의 이데올로기에 대해서』(Zur Ideologie des Parlamentarismus und Diktatur, Arch. f. Sozialwis., 1924, Bd. 53, Heft 1); 하인츠 마르의 『근대 민주주의에 있어서의 계급과 당파』(Heinz Marr, Klasse und Partei in der modernen Demokratie, Frankfurter gelehrte Reden und Abhandlungen, Heft 1, Frankfurt 1925), (이에 관해서는 로젠바움의 논문, E. Rosenbaum im Hamburgischen Wirtschaftsdienst vom 26. Febr. 1926 참조); 카를 뢰벤슈타인*의 『대영제국에 있어서의 소수 정당 지배』(Karl Löwenstein, Minderheitsregierung in Großbritannien, München 1925); 헤르만 포르트의 『2대정당제도와 중앙파』(Hermann Port, Zweiparteiensystem und Zentrum, "Hochland", Juli 1925); 람바흐의 『500인의 지배』(W. Lambach, Die Herrschaft der 500, Hamburg 1925); 에른스트 뮐러 · 마이닝겐, 『의회주의』(Ernst Müller-Meiningen, Parlamentarismus, Berlin 1926). — 오스발트 슈펭글러의 견해에 대해서 개관적으로 요약한 오토 쾰로이터*의 강연 『오스발트 슈펭글러의 국가학』(Otto Koellreutter, Die Staatslehre Oswald Spenglers, Jena 1924). — 「직업신분의」 문제에 관한 광범위한 문헌에서는 헤어파르트의 『직업신분적 대표제의 문제』(Herrfahrdt, Das Problem der berufständischen Vertretung, Berlin 1921); 에드가 타타린-타른하이든*의 『직업신분』(Edgar Tartarin-Tarheyden, Die Berufsstände, Berlin 1922). 같은 이, 『머릿수 민주주의와 유기적 민주주의 그리고 상원문제』(Kopfzahldemokratie, organische Demokratie und Oberhausproblem, in der Zeitschrift für Politik, Bd. 15, S. 97 ff.); 하인츠 브라우바일러의 『직업신분과 국가』(Heinz Brauweiler, Berufsstand und Staat, Berlin 1925); 같은 이 『의회주의와 직업신분적 헌법개정』(Parlamentarismus und berufsständische Verfassungsreform, Preuß. Jahrbücher, Oktober 1925), 그리고 카를 란다우어의 상술한 비판적 논문. — 의회주의가 현대 경제의 문제들에 대해서 가지는 특별한 곤란에 관해서는 괴페르트의 『국가와 경제』(Göppert, Staat und Wirtschaft, Tübingen 1924).

감정적으로 행해진 것으로 서구 문화의 오랜 고전적인 전통을 지닌 교양 있는 자의, 무교양한 대중에 대한 공포로부터 나온 것이며, 우중정치(Demokratie)에 대한 공포이며 그 대표적인 나타남은 야콥 부르크하르트의 편지에서 볼 수 있다. 이미 오래 전부터 이러한 비판 대신에 당파들이 선거를 선전하며 대중을 조작하고 여론을 지배하기 위한 방법과 아울러 기술에 대한 연구가 등장하고 있다. 이런 종류의 문헌의 표본으로서는 오스트로고르스키*의 근대 민주주의에 있어서의 정당에 관한 저작이 있다. 벨록의 『정당제도』(Belloc, Party System)는 정당정치에 대해서 통속적으로 비판한 것이다. 정당정치에 관한 사회학적 연구들, 특히 로베르트 미헬즈의 유명한 책은 의회주의와 민주주의를 정확하게 구별하고 있지는 않지만, 수많은 의회주의적 및 민주주의적 환상을 타파한 것이다. 사회주의자가 아닌 자도 마침내 신문과 정당과 자본의 결합을 인정하게 되고 정치를 경제적 현실의 반영으로서 다루게 되었다.

전체적으로 이러한 문헌들은 아마도 잘 알려진 것으로서 전제해도 좋을 것이다. 다음의 연구의 과학적 관심은 이러한 문헌에 찬성하거나 반대하는 데에 있지 않고, 현대 의회제도의 최종적 핵심을 찾으려고 시도하는 데에 있다. 그렇게 함으로써 오늘날 지배적인 정치적 및 사회적 사상들로부터는 현대 의회주의의 체계적 기초가 얼마나 파악하기 어려운가, 또한 이 제도가 도덕적이며 정신적으로 어느 정도까지 근저를 상실하고 단순히 공허한 기계로서 존재하며, 단순히 기계적인 타성 덕분에 유지되고 있는가 하는 문제가 저절로 판명될 것이다. 개혁을 위한 제안들은 이러한 상황을 정신적으로 의식하는 경우에만 전망을 발견할 수 있는 것이다. 현대 의회와 관련을 가진 민주주의, 자유주의, 개인주의, 합리주의와 같은 개념들을 모두 잘 구별하는 것이 필요하다. 이러한 개념이 일시적인 특징이나 표어인 것을 그치고, 또한 전술적 · 기술적 문제로부터 마지막에는 정신적인 원리에까지 도달할 희망으로 가득 찬 출발이 다시 공허한 것으로 끝나지 않기 위해서 말이다.

제1장 민주주의와 의회주의

19세기에 대해서 정치이념과 국가이론상의 이념의 역사는 하나의 간단한 표어로써 이를 개관할 수 있다. 즉 그것은 민주주의의 승리의 진군이라는 것이다. 서구 문화권내의 어떠한 국가도 민주주의적인 사상과 제도의 확대에 대해서 역행하지는 않았다. 프로이센의 군주제에서처럼, 강한 사회적인 힘이 자신을 방어하는 곳에서도 민주주의적 신념을 타파할 수 있을 정도의 에너지, 즉 자기 고유의 범위를 초월하여 작용하는 정신적 에너지를 결여하고 있었다. 진보라는 것은 민주주의의 확대와 전적으로 동일한 의의를 지니며, 민주주의적인 저항은 단순한 방어이며 역사적으로 잔존하는 것의 옹호이며, 낡은 것의 새로운 것에 대한 싸움이었다. 정치적 및 국가적 사상의 모든 시대는 항상 그 시대에 대해서 특수한 의미이며 명백하다고 생각되는 관념을 가지고 있으며, 그것은 아마도 많은 오해와 신화화가 행해짐에도 불구하고 대중에게 바로 납득되는 그러한 것이다. 19세기와 함께 20세기에 들어와서도 이러한 자명성과 명백함은 분명히 민주주의 측에 있었다. 랑케(Ranke)*는 국민주권의 사상은 그 시대의 최강의 사상이며, 그것과 군주제원리와의 대립이 이 세기의 지도적인 경향이라고 서술하고 있다. 그 동안에 이 대립은 우선 민주주의의 승리로써 끝난 것이다.

19세기의 30년대 이래 정신적 현실에 대한 감각을 가진 모든 위대한 프랑스인들 간에는 유럽은 불가피한 운명으로 민주적으로 되지 않을 수 없다는 신념이 점차 퍼져나갔다. 이것을 가장 깊게 느끼면서 말한 것은 알렉시스 드 토크비유*이며, 기조도 민주적 혼란에 대해서 두려워하였는데, 또한 위와 같은 신념에 의해서 지배되고 있었다. 신의 은총도 민주주의에 가담한 것 같았다. 「민주주의의 조류 앞에는 1789년 이래 어떠한 방파제도 존재하지 않는 것 같다」고 사람들은 자주 반복하여 지녔던 표상이다. 테느(Taine)*가 그의 『영국 문학사』에서 부여한 민주주의적 발전에 대한 인상 깊은 서술도, 기조의 영향 아래 서 있다.10) 이러한 발전에 대한 판단은 사람에 따라 달랐다. 토크비유는 부르주아화 한 인류 「근면하고 신중한 동물의 무리」(troupeau d'animaux industrieux et timides)에 대한 귀족주의적인 불안을 가지고 이를 보고, 기조는 이 두려워해야 할 조류를 조정할 수 있기를 염원하였다. 미슐레(Michelet)*는 「인민」의 자연적인 선량함에 대한 열정적인 신앙을 가지고 있었으며, 르낭(Renan)*은 학자적인 혐오와 역사가적 회의를 가지고 있었다. 그리고 사회주의자들은 스스로 민주주의의 정당한 상속인임을 확인하고 있었다. 19세기의 새로운 이념으로서 나타난 사회주의마저도 민주주의와의 결합에 찬사를 보냈다는 것은 민주주의사상의 현저한 자명성을 증명하는 것이다. 많은 사람들은 그것을 현존하는 군주제와 결합하려고 시도하였다. 왜냐하면 자유주의적 시민계층은 보수적인 군주제에 대해서도 프롤레타리아트 대중에 대해서도 공통된 반대자였기 때문이다. 이러한 전술적인 공속성(共屬性, Zusammengehörigkeit)은 여러 가지의 관계에서 나타나고, 영국에서는 디즈렐리의 지도에 의해서 성공하였는데, 그러나 마지막 결말에서 다시 민주주의를 유리하게 하였을 뿐이다. 독일에서 그것은 경건한 바람으로 그치고 「낭만적 사회주의」로서 나타났을 뿐이다. 노동자 대중의 사회주의적 조직은 여기서는 매우 직선적으로 진보적 · 민주적인 사상을 취하였다. 그 결과 그들은 독일에서 이러한 이념의 급진적인 전위전사로서 나타나고, 시민적 민주주의를 훨씬 능가하여 사회주의적 요구와 함께 민주주의적 요구도 동시에 실현한다는 이중적 과제를 지닌 것이다. 이 양자야말로 진보와 미래라고 생각하였기 때문에 양자를 동일시할 수 있었던 것이다.

그리하여 민주주의는 저항을 받지 않고 진군하면서 스스로 확대하는 힘을 가진 자명성으로써 나타나 왔다. 그것이 본질적으로 논쟁적인 개념, 즉 현존하는 군주제에 대한

---

10) 이에 대해서는 테느와 영국의 낭만주의에 관한 카틀렌 머레이(Kathleen Murray)의 저작, München und Leipzig 1924 참조.

부정으로서 생각되고 있던 동안은 민주주의에의 확신은 다른 여러 가지 정치적 노력과 결합하고 제휴하고 있었다. 그러나 민주주의가 점차로 현실적인 것이 됨에 따라서 그것은 많은 주인에 봉사하고, 내용적으로 일의적인 목표를 가진 것이 결코 아니라는 것이 분명해졌다. 그 가장 중요한 적수인 군주제의 원리가 소멸하였을 때에 민주주의 자신은 그 내용의 정확함마저도 상실하여 모든 대항적인 개념이 빠지는 운명을 맞기에 이르렀다. 당초 민주주의는 자유주의나 자유와 전적으로 자명하게 결합한 것으로서, 또한 동일한 것으로서조차 생각되고 있었다. 그러나 사회민주주의에 있어서 그것은 사회주의와 결합하였다. 나폴레옹 3세의 성공* 내지 스위스의 국민투표의 결과에서 보아 바로 프루동*이 예언한대로 민주주의는 보수적 혹은 반동적으로도 될 수 있다는 것이 확인된 것이다. 모든 정치적 방향들이 민주주의에 봉사한 것이었다고 한다면, 민주주의는 어떠한 정치적 내용도 가지지 않았으며 하나의 조직형태에 불과하였다는 것이 명백하게 되었기 때문이다. 따라서 만약 민주주의의 도움을 빌려 사람들이 실현하려고 하는 무엇인가의 다른 정치적 내용을 제외하고 생각한다면, 민주주의 그 자체는 단순한 형식으로서 어떠한 가치를 가지는가가 문제로 되지 않으면 안 되었다. 이 문제는 민주주의를 정치의 영역으로부터 경제의 영역으로 옮겨 적용하고, 거기에 하나의 내용을 부여하려고 시도함으로써 해답을 얻을 수는 없었다. 무수한 저작들 속에서 정치적인 것으로부터 경제적인 것에로의 이러한 이행을 설명한 것이 발견된다. 영국의 길드 사회주의는 스스로 경제적 민주주의라고 이름붙이고, 입헌적 국가와 입헌적 공장의 잘 알려진 유비(類比, Analogie)를 모든 가능한 방면에로 향하여 확장하였다. 이러한 사고방식은 실제로 민주주의 개념의 본질적인 변화를 의미한다. 왜냐하면 경제에서 계약의 자유와 사법이 지배하고 있는 한, 정치적 관점을 경제적 관계에로 이행하는 것은 불가능하기 때문이다. 막스 베버는 그의 저서 『신생 독일의 의회와 정부』(Parlament und Regierung im neugeordneten Deutschland, 1918)*에서 국가는 사회학적으로는 하나의 커다란 경영에 불과하며, 오늘날에는 경제적 관리장치도 공장도 그리고 국가도 이미 본질상 다른 것이 아니라고 서술하고 있다. 이것으로부터 켈젠은 『민주주의의 본질과 가치』(Wesen und Wert der Demokratie, 1921)*에 관한 논문에서 성급하게 다음과 같은 결론을 도출하였다. 즉 「그러므로 실로 조직의 문제 역시 양자의 경우에 원칙적으로 같은 것이며, 민주주의는 국가의 문제일 뿐만 아니라 경제적 경영의 문제이기도 하다」라고. 그러나 정치상의 조직형태가 근대의 경제처럼 사법적(私法的) 바탕 위에 세워지는 경우에는 정치적인 것을 중지하는 것이다. 군주, 즉 국가에 있어서의 절대적인 주인과 사적 · 자본주의적 기업가, 즉 그 기업에 있어서의 절대적인 주인 (물론 완전히 다른 의미이기는 하지만) 간에는 유비가 있음에 틀림없다. 어떠한 경우에도 그 부하가 협력할 가능성은 있다. 그러나 권위, 공공성 그리고 대표의 형식과 내용은 양자에서 본질적으로 다른 것이다. 그 위에 완전히 다른 경제적 전제하에서 창조된 정치형태를 유비의 방법으로 근대의 경제적 사실에 적용하는 것, 즉 잘 알려진 경제적 이미지를 사용하여 말하면, 어느 하나의 상부구조의 조직을 그것과 본질적으로 다른 하부구조 위에 이전시키는 것은, 경제학적 사고의 모든 규칙에도 역행하게 될 것이다.

「민주적」으로 조직되는 다양한 민족이나 사회적 · 경제적 집단들은 단순히 추상적인 의미에서만 동일한 주체인 「국민」을 가지고 있다. **구체적으로**(in concreto), 대중은 사회학적으로나 심리학적으로 이질적이다. 민주주의는 군국주의적이거나 평화주의적일 수도 있으며, 절대주의적이거나 자유주의적, 중앙집권적이거나 지방분권적, 진보적이거나 반동적일 수 있으며, 이러한 것들은 모두 민주주의인 것을 중단하지 않고 시대를 달리한다면 또한 다른 것이다. 경제적 영역에로 이행함으로써 민주주의에 아무런 내용도 부여하지 못한다는 것은 이 간단한 관계로부터도 저절로 이해될 것이다. 그러면 도대체 민주주의에는 무엇이 남을 것인가? 민주주의를 정의내리기 위한 것으로서 일련의 동일성이 존재한다. 내려진 모든 결정이 결정하는 자 자신에 대해서만 효력을 가져야 한다는 것이 민주주의의 본질이다. 이 경우 표결에 패배한 소수자가 무시되어서는 안 된다는 것은 단지 이론적이며 표면상의 어려움에 불과하다. 실제로 그것은 민주적인 논리에서 항상 반복되는 동일성과, 다음에 보듯이, 표결에 패배한 소수자의 의사는 실은 다수자의 의사와 동일하다는 본질적으로 민주적인 논리에 기초를 두는 것이다. 자주 인용되는 루소의 사회계약론 중의 설명(제4편 제2장 제8절)은 민주적인 사고에 대해서 기본적이며, 뿐만 아니라 민주적인 오랜 전통에도 일치한다. 이 사상은 로크에 의해서도 거의 말 그대로 설명되고 있다. 즉 민주주의에서 인민은 그의 의사에 반하는 법률에 찬성하기도 한다. 왜냐하면 법률은 일반의사(volonté générale)이며, 그리고 그것은 자유로운 인민의 의사이기 때문이다. 즉 인민은 원래 결코 구체적인 내용에 협찬을 부여하는 것이 아니라 **추상적으로**(in abstracto) 결과, 즉 투표의 결과로 나타나는 일반의사에 대해서 협찬을 부여한다. 그리하여 그는 단지 그러한 일반의사를 인지할 수 있는 투표의 계산을 가능케 하기 위해서 투표를 한다. 이러한 결과가 개개인의 투표의 내용과 다르다면, 표결에 패배한 자는 그가 일반의사의 내용에 대해서 잘못된 견해를 취했다는 것이 된다. 즉 「그것은 자기가 잘못 생각하였다는 것 이외에 다른 아무것도 증명하지 못하며, 자기가 일반의사라고 생각한 것이 일반의사가 아닌 것이다」. 그리고 루소가 이에 이어서 분명히 말하듯이, 일반의사는 진정한 자유에 일치하는 것이므로 표결에 패배한 자는 자유롭지 못한 것이다. 이러한 자코뱅적 논리를 가지고 본다면 분명히 소수자의 다수자에 대한 지배도 합리화할 수 있으며, 더구나 바로 민주주의를 원용하여 그럴 수 있는 것이다. 이러한 주장에서도 민주주의적 원칙의 핵심, 즉 법률과 일반의사와의 동일성에 관한 주장은 유지되고 있으며, 인민의 의사가 어떠한 경우에도 모든 (미성년자를 포함하여) 국민의 절대적으로 일치한 의사일 수 없다면, 다수자의 의사와 소수자의 의사 어느 것을 인민의 의사와 동일하다고 볼 것인가는 추상적인 논리에 대해서는 본래 아무런 차이가 없는 것이다.

선거권이 점차로 확장되고 더욱 수많은 사람들에게 부여된다는 것은 국가와 인민의 동일성을 실현하려는 노력의 한 징후이다. 이러한 노력에는 이 동일성을 현실적인 것이라고 생각하기 위한 전제들에 대한 일정한 이해가 가로 놓여 있다. 다만, 이것도 논리적으로는 모든 민주주의의 주장이 일련의 동일성에 의거하고 있다는 근본사상을 변경하는 것은 결코 아니다. 이 동일성이란 통치자와 피치자, 지배자와 피지배자의 동일성, 국가적 권위의 주체와 객체와의 동일성, 인민과 의회에 있어서의 그 대표와의 동일성, 국가와 투표하는 인민과의 동일성, 국가와 법의 동일성, 끝으로 양적인 것(수적으로 나타난 다수 또는 전원 일치)과 질적인 것(법률의 정당성)과의 동일성이다.

그러나 그러한 동일성은 모두 손에 넣을 수 있는 현실이 아니라 동일성에 대한 승인에 기초를 두고 있다. 법률적으로나 정치적으로도 사회학적으로도 실제로 동등한 그 무엇이 문제가 아니라 동일화가 문제이다. 선거권의 확장, 임기의 단축, 국민표결제의 도입과 확대, 간단히 말해서 직접민주주의의 경향과 제도들로서 간주되는 모든 것, 그리고 이미 보았듯이, 철저하게 동일성의 사상에 의해서 지배되는 것은 확실히 일관하여 민주적이지만, 그러나 결코 어떠한 순간에도 현재하는 **현실에서의**(in realitate präsente) 절대적 · 직접적인 동일성을 실현할 수는 없다. 현실의 동등성과 동일화의 결과간에는 항상 거리가 있다. 몇 백만 명의 사람들이 찬성이냐 반대냐 하는 투표를 하고 결정이 내려지더라도, 또는 한 사람의 인간이 투표도 하지 않고 인민의 의사를 나타내더라도, 또는 인민이 어떠한 방법으로 「갈채」를 하고 그 의사를 보이더라도, 인민의 의사는 물론 항상 인민의 의사와 동일하다. 즉 문제는 이 의사가 어떻게 **형성되는**(gebilden)가에 달려 있다. 소수자에게도 인민의 진정한 의사를 나타내는 경우가 있을 수 있다는 예전부터 있는 인민의 의사에 관한 학설의 변증법은 아직 적어도 해결되지 못하고 있다. 인민은 기만되기도 하며 선전기술이나 여론조작의 방법은 오래 전부터 알려지고 있는 것이다. 이 변증법은 민주제와 마찬가지로 옛날부터 있는 것이며 루소나 자코뱅주의자와 함께 시작한 것은 결코 아니다. 근대의 민주주의에서도 급진적인 민주주의자가 그들이 가진 민주적 급진주의를 선별의 규준으로 간주하고, 이로써 자기를 인민의 의사의 진정한 대표자로서 다른 것으로부터 구별하였기 때문에, 전적으로 비민주적인 배타성이 생긴다는 주목할 만한 모순이 바로 처음부터 존재하고 있었다. 즉 우선 현실적으로 진정한 민주주의의 대표자에게만 정치적 권리가 인정되면, 여기에 곧 새로운 귀족제가 성립하는데 — 이것은 모든 혁명에 반복되는 낡은 사회학적인 현상이며 1918년 11월의 사회주의자와 함께 비로소 나타난 것이 아니라 1848년의 이른바 「지난날의 공화파들」(républicains de la veille)이 도처에서 나타낸 것이다. 거기에서 민주제는 참으로 민주적으로 사고하는 인민에게만 도입되어야 한다는 것은 전적으로 논리일관된 사고방식이다. 근대에 있어서의 직접민주주의자로서 나타난 청교도혁명에 있어서의 수평파(Levellers)*도 이러한 민주주의의 변증법에서 벗어날 수는 없었다. 그 지도자인 릴번*은 그의 저서 『영국 인민의 합법적인 기본적 자유』(Lilburne, Legal fundamental Liberties of the people of England, 1649)에서 「마음이 올바른 자」(well-affected)만이 선거권을 가져야 하며, 이처럼 마음이 올바른 자로부터 선출된 대표자가 입법을 완전히 장악해야 하고, 헌법은 **마음이 올바른 자**의

서명을 받은 계약이어야 한다고 서술하고 있다.[11)]

즉 의사형성의 문제에서 스스로 자신을 폐기하는 것이 마치 민주주의의 운명인 것처럼 생각하는 것이다. 급진적인 민주주의자에 대해서는 민주주의 자체가 고유한 가치를 가지며, 민주주의의 도움을 받아 이루어지는 정치의 내용을 고려할 필요는 없다. 그러나 민주주의를 배제하기 위해서 민주주의가 이용될 위험이 있는 경우에 급진적인 민주주의자는 다수파에게 항거하면서도 민주주의자로서 남거나, 또는 자포자기하던지 결정을 내리지 않으면 안 된다. 민주주의가 그 자신 속에 있는 가치의 내용을 획득하자마자, 여하튼간에 (형식적 의미에서) 더 이상 민주주의자일 수는 없다. 이것은 주목할만한 사실이며 필연적인 것인데 결코 추상적인 변증법도 궤변적인 유희도 아니다.[12)] 확실히 민주주의자가 소수파인 경우는 매우 자주 일어난다. 또한 민주주의자가 이른바 민주주의의 원칙에서 출발하여 여성참정권을 주장하고 더구나 그 결과로서 다수의 여성이 민주적으로는 선거를 하지 않는다는 경험을 맛보는 일도 있다. 여기에서 인민은 올바른 교육에 의해서 그들의 본래의 의사를 올바르게 인식하며 그것을 올바르게 형성하고 올바르게 표현하도록 인도할 수 있다는 국민교육의 낡은 강령(Programm)이 전개된다. 이것은 실제로는 피교육자가 의욕하는 의사의 내용 역시 교육자에 의해서 결정된다는 것을 전적으로 도외시하더라도, 교육자가 그의 의사를 인민의 그것과 적어도 잠정적으로 동일시한다는 것 이외에 아무것도 아니다. 이러한 교육이론의 귀결은 독재이며 장래에 창조될 진정한 민주주의의 이름으로 민주주의를 정지하는 것이다. 이것은 이론적으로는 민주주의를 폐기하는 것은 아니다. 그러나 여기에 주목하는 것이 중요한 것은, 독재는 민주주의의 대립물이 아니라는 것을 그것이 나타내기 때문이다. 그러한 독재에 의해서 지배되는 과도기에서도 민주주의적인 동일성이 지배할 수 있으며, 인민의 의사만이 결정적인 표준일 수 있다. 물론 이 경우에 특히 현저하게 나타나는 것은 동일화가 실제상의 문제, 즉 누가 인민의 의사를 형성하기 위한 수단을 장악하는가 하는 문제로 귀결된다는 것이다. 이러한 수단이란 군사적 및 정치적 권력, 선전, 신문에 의한 여론의 지배, 정당조직, 집회, 국민교육, 학교이다. 특히 정치권력은 거기에서 그 정치권력이 발생해야만 하는 인민의 의미에 앞서서 스스로 이 인민의 의사를 형성할 수 있는 것이다.

오늘날에는 민주주의의 사상이 널리 보급되고 있기 때문에 저 인민의 의사와의 동일성은 매우 공통된 전제가 되며, 따라서 그것은 이미 정치적으로 흥미 없게 되고, 투쟁은 동일화의 수단에 관해서만 행해지고 있다고 말해도 좋을 것이다. 이 점에 대해서 일반적으로 지배적인 의견의 일치를 부정하는 것은 어리석은 일일 것이다. 그것은 오늘날 필요한 경우에는 인민의 의사에 반해서도 왕위에 머무른다고 공언할 용기를 가진 군주는 어디에도 없다는 것뿐만 아니라, 모든 주목할 만한 정치권력은 동일화가 어떠한 수단으로

---

11) The Clarke Papers, edited by C. H. Firth, vol. II (Camden Society, MDCCCXCIV) p. 257/58.

12) 민주주의의 이러한 변증법에 대해서 매우 교훈이 풍부한 것은 L. Stein, Die sozialistischen und kommunistischen Bewegungen, 1848, Anhang, S. 25/26.*

어떤 날에 실현되는 것을 희망할 수 있으므로 이 동일성을 부정하는 데에 아무런 관심이 없으며, 오히려 반대로 그것을 확인하는 데에 관심을 두기 때문이다.

확실히 소비에트 러시아에서의 볼셰비키 정부의 지배는 민주적인 원리들을 멸시하는 현저한 예가 되고 있다. 그러나 그들의 이론적인 주장은 (제4장에서 서술할 제한을 붙여서) 민주적인 궤도를 유지하는 것이며, 다만 정치적 민주주의의 남용에 관해서 행해진 근대의 비판과 근대의 경험을 이용하고 있음에 불과하다. 즉 서구 문화 국가들에서 오늘날 민주주의에 관해서 지배적인 것은, 그들에 대해서는 신문과 정당에 대한 자본의 경제적 지배라는 기만, 즉 부당하게 형성된 인민의 의사라는 기만에 불과하다 — 공산주의야말로 비로소 진정한 민주주의를 도입해야 한다는 것이다. 경제학적인 근거를 별도로 한다면 이 주장은 그 구성에서 말하여 낡은 자코뱅적인 논의이다. 그 반대측에서는 군주주의적인 한 사람의 저술가가 민주주의에 대한 자신의 모멸을 다음과 같은 말로 서술할 수 있었다. 즉 오늘날의 지배적인 여론은 이것을 정당하게 취급한다면, 그 자신의 힘을 부정하기에 이를 만큼 우둔한 것이다. 즉 그것은 「양식 없는 자에게 양식 있는 행위를 요구하는 것이다. 그러나 역시 결코 바보스럽지 않은 행위에 바보스런 동기를 찾는 것은 언제나 가능한 것은 아닌가」[13]라고. 여기에는 양쪽에서의 일치가 있다. 볼셰비즘의 이론가가 진정한 민주주의의 이름으로 민주주의를 정지하고, 또한 민주주의의 적이 민주주의를 멸시하려고 하는 경우에는, 전자는 민주주의의 원리의 이론적인 정당성을 전제로 하며, 후자는 고려하지 않으면 안 될 민주주의의 사실상의 지배를 전제로 한다. 다만, 이탈리아의 파시즘만은 「민주적」인 것에 아무런 가치도 찾지 않는다. 이것을 도외시하면 지금까지의 민주적인 원리는 다툴 것도 없이 일반적으로 승인되었다고 말하지 않으면 안 될 것이다.

공법의 법학적 취급에 대해서 이것은 중요하다. 국법과 국제법상의 이론에서도, 또한 실천에서도 **정통성**(Legitimität)의 개념은 불가결한 것이며, 그러므로 오늘날 지배하고 있는 정통성이 사실상 민주적인 것인가 하는 것은 중요하다. 1815년부터 1919년까지의 발전은 정통성의 개념의 발전으로서, 즉 왕조적인 정통성으로부터 민주적인 정통성에로의 발전으로 서술된다. 즉 민주주의의 원리는 오늘날 예전의 군주제의 원리와 동일한 의의를 요구하지 않을 수 없다. 여기서는 정통성의 문제를 다루지는 않지만, 적어도 정통성이라는 개념은 그 구조와 내용을 바꾸지 않고서는 그 주체를 변경할 수 없다는 것이 말해지지 않으면 안 된다. 정통성에는 두 가지의 다른 종류가 있으며, 비록 법률가가 거의 의식하지 못할지라도, 정통성이라는 개념이 불가결하게 되지 못하거나 본질적인 기능을 가지지 못하고 끝나지는 않을 것이다. 국법적으로는 오늘날 일반적으로 모든 정부는 민주적인 원칙들에 따라서 성립한 입헌 의회가 인가하기까지는 단지 임시적이며 이러한 기초에 근거하지 않은 모든 권력은 찬탈로 간주된다. 오늘날에 (민주주의의 원리로부터 이러한 것은 결코 나올 수 없지만) 인민은 실제로 이미 성숙하고 있으며, 이미 어떠한 자코뱅적인 교육독재도 필요하지 않다고 생각하기에 이르렀다. 국제법적으로는 오늘날

13) Ch. Maurras, L'avenir de l'intelligence, 2. éd. 1905, p. 98.

보급된 법적 확신과 아울러 입헌 의회의 요구에 입각하는 정통성의 개념은, 한 국가의 헌법에 관련사항에 대한 간섭을 어떻게 판단하는가 라는 점에 나타나 온다. 신성동맹과 오늘날의 국제연맹의 기본적인 차이는, 국제연맹이 그 구성원의 외적인 **현상**(status quo)만을 보장하고 국내문제에 대해서는 어떠한 간섭도 하지 않는 데에 있다고 한다. 그러나 군주제적 정통성이 타국에 대한 간섭을 도출하는 것과 마찬가지의 일관성을 가지고, 예컨대 민족자결권을 이끌어 내어서도 간섭을 정당화할 수 있는 것이다. 소비에트 정부에 대한 민주주의적 신념에 근거한 많은 비난을 본다면, 이러한 비간섭이라는 민주주의의 원칙의 본질적인 전제를 알 수 있다. 즉 그것은, 헌법은 인민의 의사에 배반해서는 안 된다는 것이다. 만약 헌법이 민주주의의 원리들에 반하여 위로부터의 명령에 의해서 창설되는 경우에는 인민의 자결권은 회복되지 않으면 안 되며, 더구나 그것은 간섭의 방법으로 행해진다. 군주제적인 정통성에 의거하는 간섭은 민주주의의 사상에 대해서는 그것이 인민의 자결이라는 민주주의적인 원칙을 침해하기 때문에만 위법인 것이다. 이에 반하여 간섭에 의해서 실현되는 자유로운 자결권의 재건, 즉 그 인민의 압제자로부터의 해방은 비간섭의 원칙을 결코 침해하는 것은 아니며, 오히려 비간섭원칙의 전제조건을 창출하는 것에 불과하다. 민주적인 기초 위에 입각하는 현대의 국제연맹 역시 그 법률적 기초를 이루는 원칙이 침해되는 경우에는, 정통성의 개념을 필요로 하며 따라서 또한 간섭의 가능성을 필요로 한다.[14)]

그러므로 오늘날 많은 법학적 연구에 대해서는 민주주의의 정치적 현실을 형성하는 모든 동일화를 오해에 맡기지 않고, 민주주의의 원칙을 승인하는 것으로부터 출발해야 하는 이유가 있다. 민주주의는 이론적으로도 또한 비상시에는 실제상으로도 자코뱅적 논리, 즉 소수자와 인민의 결정적 동일화, 또한 개념의 양적인 것으로부터 질적인 것에로의 전화에 대해서 무력하다. 거기에서 관심은 인민의 의사의 형성과 편성으로 옮겨지며, 모든 권력은 인민으로부터 유래한다는 신념은 모든 정부의 권력은 신에서 유래한다는 신념과 서로 유사한 의의를 포함하고 있다. 이러한 명제는 어느 것이나 정치적인 현실에 대한 다양한 통치형태와 법률적 귀결을 허용하는 것이다. 민주주의의 과학적 고찰은 내가 정치신학이라고 이름 붙인 특수한 영역에 넣지 않으면 안 될 것이다.[15)] 19세기에서는 의회주의와 민주주의가 동일한 의미로 받아들일 만큼 깊게 결부되어 있었기 때문에, 우선 민주주의에 대해서 이러한 고찰을 하지 않으면 안되었다. 근대 의회주의라고 불려지지 않고도 민주주의는 존재할 수 있으며, 의회주의는 민주주의 없이도 존재할 수 있다. 그리고 독재는 민주주의에 대한 결정적인 대립물이 아니며, 또한 민주주의는 독재에 대한 대립물도 아닌 것이다.

---

14) 이에 관해서는 Carl Schmitt, Die Kernfrage des Völkerbundes, Berlin 1926.

15) Politische Theologie; Vier Kapitel zur Lehre von der Souveränität, München und Leipzig 1922 (김효전역, 『정치신학 — 주권론에 관한 네 개의 장』, 법문사, 1988).

제2장 의회주의의 원리들

인민대표제와 군주제와의 투쟁에서 인민대표제의 결정적인 영향을 받은 정부(통치)를 사람들은 의회주의적 정부라고 부르며, 따라서 이 말을 일정한 종류의 집행부(Exekutive)에 대해서 적용하였다. 그리하여 「의회주의」라는 개념의 의미는 변화된 것이다. 「의회주의적 통치」는 의회를 주어진 것으로서 전제하고 있으므로, 그러한 통치를 요구하는 것은 이미 존재하는 제도로서의 의회로부터 출발하여 그 기능을 확대한다는 것, 즉 입헌주의적인 용어법에 의하면, 입법이 집행부에게 영향을 미친다는 것을 의미하고 있다. 의회주의 원리의 근본사상은 본질적으로는 이와 같이 의회가 통치에 관여하는 것에 근거할 수는 없기 때문에, 의회주의적 통치의 이러한 요청(Postulat)을 상세히 논해 보면 여기서 다루는 문제에 대해서 많은 것을 기대할 수는 없다. 여기서 문제로 되는 것은 의회주의의 마지막 정신적 기초 그 자체이며, 의회 권력의 확대에 관한 것은 아니다. 왜 의회는 많은 세대에 걸쳐 실제로 **최고의 예지**(ultimum sapientiae)였으며, 또 지난 세기 전체를 통해서 이 제도에 대해서 품고 있던 신념은 어디에 근거하는 것일까? 의회가 정부를 감시하고 의회에게 책임을 지는 대신의 선임에 대해서 영향력을 미쳐야 한다는 요구는 이 신념을 전제로 한다.

가장 오랜, 모든 세기를 통하여 반복되어온 의회의 정당화는 외적인 「편의성」을 고려하는 데에 있다.[16] 원래 공동체의 모든 구성원이 촌락의 보리수 아래 모일 수 있었던 원시적인 경우에 그랬듯이, 인민은 그들의 현실의 전원에 의해서 사건을 결정해야할 것이다. 그러나 모든 자가 동시에 하나의 장소에 모인다는 것은 오늘날 여러 가지 실제적인 이유에서 불가능하다. 또한 개개의 안건에 대해서 모든 사람의 의견을 청취하는 것도 불가능하다. 거기에서 신뢰하는 사람들로 구성되는 대의원회를 선출하여 이에 대신하기에 이른 것은 현명한 일이다. 이것이 즉 의회이다. 그리하여 잘 알려진 단계가 성립하기에 이른다. 즉 의회는 인민의 대의원회이며, 정부는 의회의 대의원회이다. 그리하여 의회주의적 사상은 본질적으로 민주주의적인 것같이 보인다. 그러나 민주적인 이념과 전적으로 동시에 나타나며, 또 밀접한 관련을 가짐에도 불구하고, 의회주의는 민주주의적인 것도 아니라면 또한 실제적인 편의라는 관점에서 나타난 것도 아니다. 실제적이며 기술적인 이유에서 인민 대신에 인민이 신뢰하는 사람들이 결정을 내린다면, 신뢰를 받은 유일한 사람만이 동일한 인민의 이름으로 결정을 내릴 수 있는 것이다. 그러나 이러한 주장은 민주적이면서도 반의회주의적인 케자르주의(Cäsarismus)를 정당화하게 될 것이다. 따라서 의회주의의 이념에 대해서 이러한 주장은 특수한 것이 아니며, 또 의회가 인민의 대의원회, 즉 신뢰받은 사람들의 합의체라는 것도 본질적인 것은 아니다. 제1의 대의원회로서의 의회가 임기 중에는 인민으로부터 독립해야 한다고 하여, 따라서 임의로 해임될

16) Egon Zweig, Die Lehre vom pouvoir constituant, Tübingen 1909 passim.

수 없음에도 불구하고, 제2의 대의원회인 의회주의적 정부는 언제나 제1의 대의원회의 신임에 의존하며, 따라서 언제나 해임될 수 있다는 것은 하나의 모순이기도 하다.

공개 토론

의회의 **궁극원리**(ratio)는 루돌프 스멘트*의 적절한 표현[17]에 의하면, 「동적 · 변증법적인 것」, 즉 대립과 의견들이 교차하는 과정에 있으며, 그 결과 정당한 국가의사가 생기는 것이다. 즉 의회에 본질적인 것은 주장과 반대주장의 공개적인 토의, 공개적인 논쟁, 공개토론, 즉 의사를 운영하는 것(Parlamentieren)인데, 그러나 이 경우에는 우선 민주주의에 대해서 생각할 필요는 없다.[18] 전적으로 전형적인 의회주의의 사상은 그 완전히 전형적인 대표자인 기조에서 발견된다. 그는 (권력의 반대물로서의) 법으로부터 출발하여 법의 지배를 보장하는 제도의 본질적인 특징을 열거하고 있다. 즉 (1) 「권력」(pouvoirs)은 토론하며, 그럼으로써 공동으로 진리를 추구하도록 항상 강제되어 있다는 것, (2) 국가생활 전체의 공개성이 「권력」을 국민의 감시 아래 둔다는 것, (3) 출판의 자유가 스스로 진리를 발견하고 그것을 권력에 향하여 발언할 기회를 국민에게 부여하는 것이다.[19] 그러므로 의회는 많은 사람들 사이에 산재하며 불평등하게 분배된 이성의

---

17) Die Verschiebung der konstitutionellen Ordnung durch Verhältniswahl, in der Festgabe der Bonner juristischen Fakultät für Karl Bergbohm, Bonn 1919, S. 278; Die politische Gewalt im Verfassungsstaat und das Problem der Staatsform, Festgabe der Berliner juristischen Fakultät für Wilh. Kahl, Tübingen 1923, Seite 22 (김승조 옮김, 헌법국가에 있어서 정치권력과 국가형태의 문제, 『국가와 사회』, 교육과학사, 1994, 11-39면에 수록).

18) 이 점에 관한 특징적인 설명 중 여기서는 다음의 것을 열거하기로 한다. Esmein, Élements de droit constitutionnel, 5. Aufl., 1909, S. 274. 즉 「대의제(이 말에서 에스맹*은 의회주의를 가리킨다)는 **본질적으로 논쟁과 자유로운 토론의 제도이다**」. 나아가 이 책의 제7판인 Esmein-Nézard, 1921, Bd. I, S. 448에서 그는 오늘날의 의회주의적 헌법에 있어서의 모든 제도를 이러한 통치형태가 입법의회의 「결의와 토론의 전면적 자유를 전제로 한다」는 것에서 설명하고 있다. 나아가 H. Laski, The foundations of Sovereignty, New York 1921, S. 36은 「대의제도에 있어서의 정치의 **기본적 전제**는 그것이 **토론에 의한 정치**라는 것이다」고 말한다. 또한 이 책 S. 35 Anm. 참조.*

19) Guizot, Histoire des origines du gouvernement représentatif en Europe, Bruxelles 1851, t. II, p. 10/11. 이 책은 기조가 1820년 이래 행하고 자주 손질한 강의에 근거하여 성립하였다. 이 책은 저명한 학자이며 경험 있는 정치가로서 고결한 성품을 지닌 그가 1814년부터 1848년까지 동안에 관찰하고 사색한 성과이다. 앵글로 색슨적 정신으로 가득 찬 그의 의회주의이론을 기조는 (1851년 5월자의) 서문 가운데서 이렇게 서술하고 있다. 「내 생활을 충만케 하고 최근에 이르기까지 충만케 해온 신념과 희망」은, 즉 「현대의 신념과 희망」이라고. 기조의 전형적인 의미는 Krabbe, Die moderne Staatsidee, Haag 1919, S. 178에서 정당하게 인정되고 있다.* 양자는 완전히 일치하고 있으므로 본문에서 언급하고 있는 기조의 말을 그대로 상세히 인용해도 좋을 것이다. 즉 「이것이 권력을 실제로 규제해야할 진리와 이성과 정의를 항상, 또 모든 기회에 추구하는 것을 국민에게 의무지우는 절대적 권력의 정통성을 결코 인정하지 않는 제도이다. 대의제의 본질은 (1) 권력으로 하여금 [국민과] 함께 진리를 추구케 하는 토론에 의해서, (2) 이러한 추구에 종사하는 권력을 국민의 감시 아래 두는 공개성에 의해서, (3) 국민 스스로 진리를 발견하고 이것을 권력에 대해서 발언하게 하며, 「출판의 자유」에 의해서 성립하는」― 대표라는 것은 「대의제도」(Repräsentativsystem)라는 말에서는 의회에서의 (이성 있는) 국민의 대표를 의미한다. 19세기 혼란기의 특징적인 것은 대의제도와 의회주의를 동일시한 것이다. 대표라는 개념은 하나의 깊은, 아직 일반적으로는 결코 의식되지 않은 문제성을 가지고 있다. 그러나 이 책의 관심사는 의회주의에 대해서만 말하며 **대표***의 진정한 개념에 고유한 특질을 간단하게 지적하면 족하다. 대표는 (원래 사법적인 것인 대리, 위탁, 위임 등과 달리) 본질적으로는 **공공성**의 영역에 속하며, 피대표자에 대해서도, 또한 이 대표자가 상대하는 자에 대해서도 (이익대표, 사무관리* 등과 달리) 인격적인 품위를 전제로 한다. 따라서 아주 명백하고 전형적인 예를 들면 18세기에 제후는 그 사절(이것은 귀족이어야 한다)에 의해서 다른 제후

단편이 집합하여 공적인 지배권을 장악하는 장소이다. 이것은 하나의 전형적으로 합리주의적인 관념인 것처럼 보인다. 그렇지만 근대의 의회를 합리주의적인 정신에서 성립한 제도라고 정의하는 것은 불충분하며 부정확할 것이다. 의회의 궁극의 정당화와 그 획기적인 자명성은 이러한 합리주의가 절대적이며 직접적인 것이 아니라 특수한 의미에서 상대적이라는 데에 근거를 두고 있다. 기조의 상술한 명제에 반대하여 몰(Mohl)*은 바로 의회에 그 이성의 단편의 담당자가 있다는 보증은 어디에 있는가 라고 이의를 제기한다.[20] 이에 대한 대답은 자유경쟁과 예정조화의 사상 속에 있으며, 그것들은 확실히 의회라는 제도 속에서도 일반적으로 정치 속에서처럼 거의 식별할 수 없도록 변장하고 자주 나타나는 것이다.

자유주의는 논리적으로 일관된 포괄적인 형이상학적 체계라고 볼 필요가 있다. [자유주의에 대해서] 흔히 사적인 개인들의 자유로운 경제적 경쟁으로부터, 즉 계약의 자유, 거래의 자유, 영업의 자유로부터 이익의 사회적 조화로서, 그리고 가능한 한의 최대의 부가 저절로 생기게 되는 경제적인 논리만을 생각하는 것이 보통이다. 그러나 이 모든 것들은 일반적인 자유주의적 원리의 한 적용사례에 불과하다. 경쟁으로부터 저절로 조화가 생기는 것도, 의견의 자유로운 투쟁으로부터 진리가 생기는 것도, 전적으로 동일한 것이다. 여기에는 또한 이러한 사상 일반의 정신적인 핵심이 가로놓여 있으며, 진리가 의견의 영원한 경쟁의 단순한 함수가 된다는, 이 사상의 진리에 대한 특수한 관련이 가로놓여 있다. 이것은 진리에 대해서 결정적인 귀결에 도달하는 것의 단념을 의미한다. 독일적 사고에 대해서 이처럼 영원한 토론은 영원한 대화라는 낭만주의적 관념에 의한 쪽이 보다 친숙하였다. 그리고 여기서는 다음과 같은 것에 주의해도 좋을 것이다. 즉 보수적이며

앞에 대표되며, 한편 경제적 업무 등등은 「대리인」에 의해서 감독되는 것이다. 절대왕정에 대한 의회의 투쟁에서 의회는 (포괄적인 통일체로서 관념된) 인민의 대표자로서 나타났다. 인민이 피대표자로 된 경우에는 군주는 인민의 대표자로서만 그 품위를 지닐 수 있었다(1791년의 프랑스 헌법에서와 같이). 절대왕정이 지위를 유지하는 곳에서는, 그것은 인민대표의 가능성 내지 허용가능성을 논박해야 하며 그리하여 의회를 하나의 직능적인 이익대표기관이 되도록 노력하였다(1815년부터 1848년의 독일에서처럼). 「자유로운」 선거인의 명령적인 위임에서 독립한 의회가 많은 경우 특별한 의미에서 「대표」회의라고 불려진다면, 그것은 하나의 실제로 중요한 한 점을 강조하는 것에서 설명된다. 즉 실제로 선거인은 전체 인민이 아니며, 국민*이 아니므로 전체 인민의 대표로서의 의회는 선거인에 종속하는 것은 아니다. 사람이 점차 인격의 개념을 이미 표상하지 못하고 즉물적으로 됨으로써 비로소, 즉 19세기의 경과와 함께 사람은 그 시대의 선거하는 또는 투표하는 시민의 전체 (또는 그 다수자)를 초월적인 총인격으로서의 인민 또는 국민과 혼동하며, 국민대표와 아울러 대표 일반에 대한 감각을 상실하기에 이른다. 이미 1815년부터 1848년에 걸쳐 독일에서 행해진 대표제를 둘러싼 투쟁에서는, 혼란은 필설로 다하기 어려우며 의회는 국왕 앞에 인민을 대표해야할 것인가 (즉 **두 개의 피대표자**, 즉 국왕과 인민이 국가의 내부에 존재하는), 그렇다해도 의회는 국왕과 아울러 국민의 대표자인 것인가(즉 1791년의 헌법이 공포된 후의 프랑스에서 **두 개의 대표자**가 존재했던 것처럼)*는 거의 알 수 없었다. 1789년의 프랑스 국민의회의 역사적 서술도 또한 독일의 「대표제」에 관한 투쟁의 역사적 서술도, 대표라는 그처럼 중요한 개념에 대해서 오해하는 것이 있다. 이것은 그 밖의 점에서 매우 가치 있고 감사할만한 칼 뢰벤슈타인의 책(Karl Löwenstein, Volk und Parlament nach der Staatstheorie der französischen Nationalversammlung von 1789, München 1922)에 대해서도 타당하다. 1815년부터 1848년까지의 독일 문헌에서의 대표의 개념에 대해서는 에밀 게르버(Emil Gerber)의 본 대학 학위논문(1926)이 있다.

20) Monographien 1860, I, S. 5.

반자유주의적이라고 말해지는 독일의 정치적 낭만주의에 대한 일반적인 해석의 이념사적인 불명료성 전체가 이미 이 관계에 나타나 있다는 것이다. 즉 언론의 자유, 출판의 자유, 집회의 자유, 토론의 자유는 유용하고 합목적적인 사안일 뿐만 아니라 자유주의의 본래의 사활문제이다. 기조는 의회주의의 세 개의 특징으로서 토론과 공개성과 아울러 제3의 것으로서 특히 출판의 자유를 열거한다. 사람들은 흔히 출판의 자유는 토론과 공개성을 위한 수단에 불과하며 본래 아무런 독립된 계기가 아니라고 생각한다. 그리고 그것은 다른 두 개의 특징적인 징표에 대해서 특징적인 수단이며 기조가 그것을 특히 강조하는 것은 정당하다.

자유주의의 체계에서의 토론의 중심적인 지위가 정당하게 인식될 때에만 자유주의적인 합리주의에 대해서 특징적인 두 개의 정치적 요구가 정당한 의의를 가지며, 단순한 슬로건이라든가 정치적 · 전술적인 목적합리적 사려와 같은 것이 가지는 불명료한 분위기에서 과학적인 명석함에까지 고양되는 것이다. 이 두 개의 요구란 정치생활의 공개성의 요구와 권력분립의 요구, 보다 정확하게는 대립하는 권력들의 균형에 대한 교설이며, 이러한 균형에서 형평으로서의 정당한 것이 저절로 생겨나게 된다. 공개성, 특히 여론*의 지배는 자유주의적인 사고에서는 결정적인 의의가 부여되기 때문에 자유주의와 민주주의는 여기서는 마치 동일한 것처럼 보인다. 다만 권력분립론에서는 명백히 그렇지 않다. 오히려 반대로 이 학설은 하스바흐(Hasbach)*에 의해서 자유주의와 민주주의의 매우 날카로운 대립의 이론을 만들어내기 위해서 이용되었다.[21] 권력의 삼분할, 입법과 행정의 내용적인 구별, 국가권력 전체는 한 점에 집중되어야 한다는 사상의 배제 등 이러한 모든 것들은 사실 민주적 동일성이라는 관념에 대해서 대립을 포함하고 있다. 따라서 위의 두 요청은 바로 동일한 것은 아니다. 이 두 요청에 결부된 무수한 이질적인 이념 중에서 여기서는 근대 의회주의의 정신적인 중심점을 인식하는 데에 필요한 것만을 지적하는데 그치기로 한다.

여론에 대한 신념은 여론에 관한 광범위한 문헌, 특히 퇸니스(Tönnies)*의 대저[22]에서도 대체로 정당하게 강조되지 아니한, 하나의 관념에 그 뿌리가 있다. 문제의 중심은 여론에 있는 것이 아니라 의견의 공개성에 있다. 이것은 그것에의 요구가 거기에서 발생하여온 역사적인 대립물, 즉 16세기와 17세기의 다수의 저서를 지배하고 있는 국가기밀(Arcana rei publicae)에 관한 이론을 알 때에 바로 명백해진다. 위대한 실용성을 가지고 있었던 이 이론은, 이 이론이 핵심으로 되어 있는 **국가이성**(ratio Status)에 관한 문헌으로써 시작한다. 즉 이 이론은 마키아벨리에 그 문헌사적 기원을 가지며 파올로 사르피(Paolo Sarpi)*에서 그 정점에 달하였다. 독일 학자에 의해서 이루어진 체계적인 방법적인 1. 공개성

21) Die moderne Demokratie, Jena 1913, Neudruck 1921; die parlamentarische Kabinettsregierung, Stuttgart 1919. 그리고 논문 "Gewaltentrennung, Gewaltenteilung und gemischte Staatsform", Vierteljahrsschrift für soziale und Wirtschaftsgeschichte XIII, 1916, S. 562.

22) Kritik der öffentlichen Meinung, Berlin 1922, S. 100.

연구로서는 아르놀드 클라프마리우스(Arnold Clapmarius)의 저서[23]를 그 예로서 들 수 있을 것이다. 그것은 개괄적으로 말하면, 국가와 정치를 권력의 유지와 확대의 기술로서만 다루는 학설이다. 이 이론이 지닌 「마키아벨리즘」에 대해서는 성 바르톨로메오 제야의 학살사건(1572년)*에 강한 인상을 받아 형성되고, 이 원리의 부도덕성에 격분하는 매우 다수의 반마키아벨리즘의 문헌이 나타났다. 이러한 문헌에서는 정치기술이라는 권력이념에 대해서 이제 법과 정의의 개념이 대치되기에 이르렀다. 특히 폭군방벌론(monarchomachi)*의 저술가들은 군주절대주의에 반대하여 그와 같이 주장한다. 이념사적으로 이 논쟁은 우선 권력과 법의 오랜 투쟁의 한 예에 불과하며, 마키아벨리즘적인 권력의 기술이 도덕적 및 법적인 에토스에 의해서 공격받은 것이다. 그러나 특수한 반대요구가 점차로 전개되었기 때문에 이렇게 특징지우는 것만으로는 불완전하다. 이 요구야말로 공개성과 권력균형이라는 두 개의 요청 그 자체였다. 그리고 이 후자의 요청은 절대주의에 포함된 권력의 집중을 권력분립의 체계에 의해서 폐기하려는 것이다. 또한 공개성의 요구는 거기에 특수한 적을 다음과 같은 관념 속에 지니고 있다. 그 관념이란 모든 정치에는 **기밀**(Arcana),* 즉 정치적 · 기술적인 비밀이 존재하며 절대주의에 대해서는 실제로 이러한 비밀은 마치 업무상 아울러 경영상의 비밀이 사유재산과 자유경쟁에 입각하는 경제생활에 대해서 필요한 것과 마찬가지로 필요하다는 관념이다.

비밀리에 소수의 인간에 의해서 행해지는 내각정치(관방정치)는 이제 **당연히**(eo ipso) 악한 것으로 생각되고, 따라서 정치생활의 공개성은 공개성 그 자체에 의해서 이미 정당하게 선한 것이라고 생각되기에 이르렀다. 공개성은 처음에는 절대주의의 관료적 · 전문가적 · 기술적인 비밀정치에 대항하는 하나의 실제적인 수단에 불과하다고는 하지만, 이제 하나의 절대적인 가치를 획득하기에 이른 것이다. 비밀정치나 비밀외교의 배제는 모든 정치적 병폐와 부패에 대한 만능약이 되고, 공개성은 절대적으로 유효한 제어기관이 되었다. 확실히 18세기의 계몽운동이 최초로 거기에 이러한 절대적인 성격을 부여하였다. 공개성의 광명은 계몽의 광명이며 미신 · 광신 · 야심적 음모로부터의 해방이었다. 계몽적 전제주의의 어떠한 체제에서도 여론은 절대적인 교정자로서의 역할을 다하고 있다. 전제군주제의 권력은 계몽운동이 확대될수록 커지게 되는 것을 허용하였다. 왜냐하면 계몽된 여론은 모든 권력의 남용을 저절로 전적으로 불가능하게 하기 때문이다. 이것은 모든 계몽주의자에 대해서는 자명한 것이다. 르 메르시에 드 라 리비에르(Le Mercier de la Rivière)*는 이것을 체계적으로 서술하고 있다. 거기에서 콩도르세*는 실제적인 결론을 도출하려고 하였다. 즉 출판의 자유가 지배하는 곳에서는 권력의 남용은 생각할 수 없다는 것, 자유로운 신문 하나만으로도 가장 강력한 전제군주를 배제할 수 있다는

23) 상세한 것은 독재에 관한 나의 저서 Die Diktatur, München und Leipzig 1921, S. 14 ff. (김효전 옮김, 『독재론』, 법원사, 1996, 38면 이하)에서 다루고 있다. 나아가 Meinecke, Die Idee der Staatsräson, München und Berlin 1924(이광주 옮김, 『국가권력의 이념사』, 민음사, 1990). 이에 대한 나의 서평 Arch. f. Sozialw. Bd. 56, Heft 1 (김효전 · 박배근 옮김, 『입장과 개념들』, 세종출판사, 2001, 61면 이하).

것, 인쇄술은 자유의 기초이며 자유를 창조하는 기술(l'art créateur de la liberté)24)이라는 것 등의 결론을 도출하려고 하였는데, 그때에 그는 만약 우리들이 이러한 것들을 과거 여러 세대의 경험에 따라서 상기한다면 사람마다 감동케 할 정도로 열광적인 언론 · 출판의 자유에 대한 신념을 가지고 있었다. 칸트 역시 이 점에서 자신의 시대의 정치적 신념을 표현하고 있었다. 즉 공개성의 진보성과, 공중이 자신을 계몽하는 자유를 가지는 한에서 반드시 자신을 계몽한다는 공중의 능력에 대한 신념을 토로하였다.25)* 영국에서 출판의 자유의 의의를 하나의 자유주의적 체계에서 표명한 것은 자유주의적 오성에 대한 열광자 J. 벤담이었다(그 이전에는 영국에서의 이러한 종류의 주장은 지금까지 본질적으로 실제적 · 합목적적이었다). 즉 그에 따르면, 공개 토론의 자유, 특히 출판의 자유야말로 정치적 자의에 대한 가장 유력한 방어이며 「제어력」이며, 본래적 의미에서의 「자의적 권력에 대한 억제」라는 등등이다.26) 그러나 나아가 발전이 진행됨에 따라서 여기서도 민주주의에 대한 반대가 다시 나타났다. 존 스튜아트 밀은 회의적인 불안을 가지고 민주주의와 자유간의 대립의 가능성, 즉 소수자의 부정의 가능성을 보고 있다.* 단 한 사람만일지라도 그 의견을 말할 기회를 빼앗길지도 모른다고 생각하는 것만으로도 이 실증주의자는 설명하기 어려운 불안에 빠진다. 왜냐하면 그는 이 한 사람의 인간이 진리에 가장 가까운 경우가 있을 가능성을 생각하기 때문이다.

언론의 자유, 출판의 자유, 집회의 자유 그리고 의원의 특권들(Immunitäten)에 의해서 보호되는 의견의 공개성은, 자유주의적 체계 속에서 자유라는 말이 이러한 체계에서 가지고 있는, 수많은 귀결을 가져오는 의미 전체에서 의견의 자유를 의미하는 것이다. 개인이 선거권을 행사하는 경우처럼, 사적인 것으로부터 공적인 것에로 이행하는 경계점에서 공개성이 강제로 될 수 있는 경우에는, 선거의 비밀이라는 대립적인 요구가 거기에 나타난다. 의견의 자유는 사인의 자유이며 그것은 필연적으로 의견의 경쟁을 위해서 필요하며 그 경쟁에서 최선의 의견이 승리하는 것이다.

2. 권력의 분립(균형)

근대 의회주의에서 여론에 대한 이러한 신념은 제2의 더욱 조직적인 관념, 즉 각종 국가활동과 재판기관의 분할 또는 균형이라는 사고방식과 결부되어 있다. 여기서도 정당한 것이 결과로서 나타난다는 일정한 경쟁관념이 작용한다. 권력의 분립에서 의회는 입법부로서의 역할을 하며, 더구나 거기에 한정되는 것은 균형화라는 사상의 근저를 이루는 합리주의 자체를 다시 상대적인 것으로 하고, 바로 뒤에서 보듯이 이 체계를

24) 그리하여 국민공회에 관한 의론(Discours sur les conventions nationales, 1. April 1791)이나, 나아가 군주제와 공화제에 관한 연설(같은 날 1791, Oeuvre XI)에서 그렇게 말한다. 인쇄술에 대한 신앙은 **혁명적 계몽주의** 고유의 특징에 속한다. 공화국 제 1년에 쓰여진 한 논문은 인쇄술의 효용을 들어 다음과 같이 서술하고 있다. 「그것에 의해서 모든 부자유, 악덕, 일반 사람들의 행복에 대한 모든 장해는 소멸하고 전쟁은 종결하며 그 대신에 부와 풍요와 덕이 나타난다 — 그러한 것이 인쇄술의 은혜가 될 것이다」(Citateur Républicain, Paris 1834, S. 97에서 인용).

25) 참조. Erich Kaufmann, Kritik der neukantischen Rechtsphilosophie, Tübingen 1921, S. 60/61.*

26) Bentham, On liberty of the Press and Public Discussion, 1821에서.

계몽시대의 절대적인 합리주의로부터 구별하고 있다. 균형이란 관념의 일반적인 의미에 대해서는 더 이상 많은 말을 허비할 필요가 없다. 정치적 및 국법적인 사상의 역사 속에서 전형적으로 반복하여 나타나며, 더구나 그 체계적인 연구는 약간만 개시되었을 뿐인 다양한 비유 (나는 예로서 기계로서의 국가, 유기체로서의 국가, 전당의 초석으로서의 국왕, 선박의 깃발 또는 선박의 「혼」으로서의 국왕이라는 것만을 열거한다) 중에서 균형이라는 것은 현대에 대해서도 가장 중요하다. 16세기 이래 인간의 정신생활의 모든 영역에서 모든 종류의 균형이 지배하고 있다(이에 대해서는 우드로우 윌슨*이 그의 자유에 관한 강연에서 지적한 것이 아마 처음일 것이다). 예컨대 국민경제에서의 무역 수지, 외교에서의 유럽의 세력균형, 인력과 척력(斥力)의 우주적 평형, 말르브랑슈*와 샤프트베리의 감정균형설, 내지 모제르(J. J. Moser)*의 영양균형설이 그것이다. 국가이론에 대해서는 이러한 일반적인 관념의 중심적인 의미는 다음의 몇몇 이름을 열거하는 것만으로도 쉽게 추측할 수 있다. 예컨대 해링턴*, 로크, 볼링브로크*, 몽테스키외, 마블리*, 드 롬므*, 페더랄리스트* 그리고 1789년의 프랑스 국민의회가 그것이다. 현대의 예를 든다면 균형의 관념은 모리스 오류*에 의해서 그의 저서 『공법의 원리』(Maurice Hauriou, Principes de droit public)에서 국가적 및 행정적 생활의 모든 문제에 대해서 원용되며, 또한 R. 레즈로브*가 의회주의적 통치의 정의(1918년)에서 크게 성공한 것은 이 관념이 오늘날에도 얼마나 강하게 작용할 수 있는가를 증명하고 있다.

의회라는 제도에 적용된 경우에 이 일반적인 관념은 특별한 내용을 지닌다. 이것은 강조되어야 하는데 왜냐하면 루소에서도 이 관념은 비록 의회에 대해서 그것을 특히 적용하지는 않더라도 지배적이기 때문이다.27) 여기, 즉 의회에서는 저 균형의 관념이라는 온건한 합리주의를 전제로 하는 균형화가 이루어지고 있다. 권력분립에 관한 몽테스키외의 학설을 요약하는, 요강 작성 전통의 암시적인 영향 아래서 사람은 항상 의회를 단지 국가기능의 일부로서 다른 부분(집행부와 사법)에 대립해서 보는 데에 익숙해져왔다. 그러나 의회는 단지 균형의 한 가지만은 아니며, 바로 의회가 입법부이기 때문에 그 자신 속에서 재차 균형화가 이루져야만 한다. 이것은 다음과 같은 사고방식에 입각하고 있다. 즉 절대적인 통일 대신에 매개의 체계 속에서 내재적인 동적 작용에 의해서 저절로 생기는 균형상태를 정립하기 위하여 도처에서 항상 다원성을 창조한다는 사고방식이다. 입법부 자신이 양원제나 연방주의적 제도에 의해서 다시 균형화되고 매개되는데, 그러나 일원의 내부에서도 특수한 합리주의의 결과 견해와 의견들의 균형화가 작용하게 된다. 반대파는 의회와 각 원의 본질에 속하며, 또한 사실 2대 정당의 형이상학이 존재한다. 보통 권력분립론을 기초지우기 위해서는 많은 경우 로크로부터 인용되는 매우 진부한 명제가 사용된다. 즉 법률을 발포한 관청이 스스로 그것을 시행하는 것은 위험할 것이다. 그것은 인간의 권력욕에 대해서 너무나 커다란 유혹일 것이다. 그러므로 집행부의 수장으

27) 루소는 일반의사에서의 이해의 균형화에 대해서 말한다. Contrat social II, Kap. 9, Abs. 4; II 11 Note; IV 4 Abs. 25; IV 5; besonders I 8 Abs. 2; II 6 Abs. 10; III 8 Abs. 10 참조.

로서의 군주도 입법기관으로서의 의회도 모든 국가권력을 자기 속에 통일해서는 안 된다.* 권력의 분립과 균형화의 최초의 이론은 확실히 1640년의 장기의회*의 권력집중의 경험에서 생긴 것이다. 그러나 국가이론의 일반적인 기초지움이 마련되자마자, 적어도 대륙에서는 입헌주의적인 법률개념을 수반하는 입헌주의의 이론이 성립하였다. 이 개념으로부터 의회라는 제도는 하나의 본질적으로 입법적인 국가기관이라고 이해해야 할 것이다. 헌법과 권력분립은 동일하다는, 오늘날에는 거의 이해되지 않지만 18세기 중엽 이래의 서구의 사상을 절대적으로 지배한 명제는 단지 이 법률개념에만 근거를 두고 있었다. 그것은 1789년의 인간과 시민의 권리선언 제16조에서 그 가장 유명한 선포가 발견된다. 즉「권리의 보장이 확보되지 않고 권력의 분립이 규정되지 않은 사회는 모두 헌법을 가지는 것이 아니다」라고. 권력의 분립이 헌법과 동일하며 헌법의 개념을 구성한다는 것은 칸트로부터 헤겔에 이르기까지의 독일 국가철학의 사상에 대해서도 자명한 것이었다.* 따라서 그러한 사고방식에 대해서도 독재는 민주주의의 대립물이 아니라 권력분립의 본질적인 폐기, 즉 헌법의 지양, 따라서 입법과 행정의 구별의 폐기를 의미하는 것이다.[28]

의회주의의 법률개념

의회주의적 법률개념은 이미 모나르코마키(폭군방벌론)에서도 인정되고 있다. 베자의 『사법관의 권리』(Beza, Droit des Magistrats)에서「사람은 선례에 의해서 재판하지 않고 법률에 의해서 재판해야 한다」고 서술하고 있다. 유니우스 브루투스의 『폭정에 대한 항의』(Junius Brutus, Vindiciae)는 마키아벨리의 『악의 이론』(Macchiavelli, Pestifera doctrina)에 대해서 정의의 열정 하나만을 가지고서 뿐만 아니라 일정한 종류의 합리주의로써 대항하고 있다. 브루투스의 책은「기하학적 방법으로」 나아가려고 하였고, **국왕**(Rex)이라는 구체적 인격에 대해서 초인격적인 것의 **지배**(Regnum)와 보편적 **이성**(Ratio)을 대립시킨다. 그리고 이 보편적 이성은 아리스토텔레스적 · 스콜라적인 전통에 의하면 법률의 본질을 이룬다. 국왕은 육체가 영혼에 복종하듯이, 법률에 복종하지 않으면 안 된다. 구체적인 인간은 다양한 감정에 동요되는 데(variis affectibus perturbatur)[29]에 반하여, 법률은 (구체적 인간의 의사 내지 명령과는 달리) 단지 **이성**(Ratio)에 불과하며, 욕망(cupiditas)도 의심(turbatio)도 가지고 있지 않다는 데에 법률의 일반적 기준이 생겨난다. 이러한 법률개념은 많은 수정을 거쳐 나타나지만, 그러나 항상「보편적인 것」이라는 본질적인 특징을 가지고 입헌주의적인 사상의 기초가 되고 있다. 그로티우스는 이 개념을 스콜라적인 형식 속에「보편적인 것」으로서, 즉 개별적인 것에 대한 대립물로서 유지하고 있다.[30] 법치국가에 관한 학설 전체가 입각하고 있는 대립은 일반적인, 미리 세워지고 모든 자를 구속하며, 예외 없이 또 원리적으로는 모든 때에 타당한 **법률**과, 그 경우마다

---

28) 독재에 관한 나의 저서 S. 149(역서, 185면) 참조.

29) Vindiciae, Edinburger Ausgabe von 1579, S. 115/116.

30) De jure belli ac pacis, 1. I c. III § 6 (Amsterdamer Ausgabe von 1631). 그로티우스도 개별적인 사실에 대한 그의 부정적인 판단을 근거지우기 위해서 수학과의 유비를 사용한다.

특별한 구체적 관계에 대해서 발포하는 개인적인 **명령**과의 대립이다. 오토 마이어*는 그 유명한 설명에서 법률의 「불가침성」(Unverbrüchlichkeit)에 대해서 말하였다. 법률에 대한 이러한 관념은 (지금은 이미 보편적인 것이 아니고) 일반적인 것과 개별적인 것과의 저 합리주의적인 구별에 입각하고 있으며, 법치국가 사상의 대표자들은 일반적인 것 자체에 바로 한층 더 높은 가치를 인정한다. 로크에서 그것은 그의 논술의 중심점을 이루는 법률(Law)과 명령(Commission)의 대치라는 형식으로 특히 명백하게 나타난다.* 법치주의 철학의 이러한 고전적인 학자는[31] 이 점에서는 비인격적인 법과 인격으로서의 국왕의 어느 것이 주권자인가 하는 문제에 대해서 한 세기 동안 계속한 일반적인 논쟁의 한 예에 불과할 뿐이다.[32] 또한 「(아메리카) 합중국 정부는 인간의 통치에 대립하여 법률의 통치라고 특히 강조하고 있다」.[33] 오늘날 통설이 되고 있으며 보댕에까지 소급할 수 있는 주권의 정의는 구체적인 사정을 고려한다면, 일반적으로 타당한 법률에 예외를 두는 것이 항상 새롭게 필요하게 된다는 것, 주권자란 그러한 예외에 대해서 결정을 내리는 자라는 인식에서 생긴 것이다.[34] 그리하여 입헌주의적인 사상과 절대주의적인 사상은 법률의 개념으로써 그 시금석을 이루는데, 그러나 물론 독일에서 라반트 이래 형식적 의미에서의 법률이라고 이름붙여진 것, 즉 인민대표의 협찬 아래 제정되는 모든 것이라는 의미에서 법률이라고 불리는 것이 그 시금석이 되는 것이 아니라, 논리적 징표에 따라서 규정되는 명제가 시금석이 된다. 즉 법률이 일반적, 합리적인 명제인가 또는 처분, 구체적인 개별조치, 명령인가의 여부에 항상 결정적인 구별이 있다.

인민대표의 관여 아래 제정된 규정을 그대로 법률이라고 부른다면 그것은 그나름대로 의미가 있다. 왜냐하면 인민대표, 즉 의회는 그 결의를 「의사를 영위하는」(Parlamentieren) 방법으로, 즉 주장과 반대주장의 형량을 통하여 행하며, 그리하여 성립된 의회의 결의는 그러므로 단지 권위에 근거한 명령과는 논리적으로 다른 성격을 지니기 때문이다. 이것은 날카로운 대립적 표현으로 홉스의 법률의 정의에 나타나 있다. 즉 어떤 법률은 일반적으로 모든 신민에 대해서 발포되며, 어떤 법률은 특정한 지방에, 어떤 것은 특정한 직업에, 어떤 것은 특정한 사람에 대해서 발포되는 것은 누구나 인정하는 바이다 라고. 이 절대주의자에 대해서 「법률은 조언이 아니라 명령이다」[35]는 것, 법은 본질적으로 권위이며 합리주의적 · 법치국가적인 법률개념과 같은 진리나 정의는 아니라는 것은 자명한 것처럼 생각된다. 법을 만드는 것은 진리가 아니라 권위이다(Autoritas, non Veritas facit Legem).* 균형이론의 대표자로서 법치국가적인

---

31) 로크가 오늘날 여전히 전적으로 직접적 · 실천적인 영향을 가지는 것을 명백히 하는 것으로서 Erich Kaufmann, Untersuchungsausschuß und Staatsgerichtshof, Berlin 1920, S. 25 f.에서의 논술은 빛나는 예시이며, 그것은 또한 실질적인 법률개념에 대한 그 의의를 위해서도 상찬해야 할 것이다.

32) John Neville Figgis, The divine right of Kings, 2. Auflage, Cambridge 1914.

33) 존 마샬*의 이 말은 미국 헌법에 관한 제임스 베크의 저서 제16장의 모토로서 인용되고 있다. Deutsche Ausgabe von Alfred Friedmann, Berlin 1926.

34) Politische Theologie, S. 4 ff. (역서, 11면 이하).

35) Leviathan, Chap. XXVI, p. 137 der englischen Ausgabe von 1651.

사상을 가지고 있던 볼링브로크는 이러한 대립을 「헌법에 의한 통치」와 「의지에 의한 통치」간의 대립으로서 규정하며, 나아가 헌법과 통치를 구별하고, 헌법은 항상 **모든 때에** 타당하는 규율을 포함해야 하는데, 통치는 **어떠한 때에나** 실제로 발생하며, 한편으로는 불변의 것이지만 다른 한편으로는 때와 경우 등등에 따라서 변화하는 것이라고 한다.[36] 17세기와 18세기 전체를 통하여 지배한, 법률을 일반의사(volonté générale)(이 의사 그 자체는 일반적인 성격과 그것이 개별의사(volonté particulière)에 대립한다는 점에서 가치 있는 것으로 인정된다)라고 하는 설은, 이러한 법치국가적인 법률 개념의 발현이라고 이해해야 할 것이다. 이 점에서 콩도르세도 모든 구체적인 것은 일반적인 법률의 한 적용예에 불과한 것이라는 계몽적 급진주의의 전형적인 대표자이다. 따라서 그에게 있어서 국가의 모든 활동, 생활 전체는 법률과 법률의 적용에 진력하는 것이며, 집행부도 「법률이 대전제이며 다소라도 일반적인 사실이 소전제이며, 그리고 결론이 법률의 적용이라는 삼단론법을 이루는」 기능을 가지는데 불과하다. 몽테스키외의 유명한 말로 말하고 있듯이, 사법만이 「법률을 말하는 입」이 아니라 행정도 역시 그러한 것이다.[37]* 1793년의 지롱드 헌법초안에서 이것은 다음과 같이 규정될 뿐이었다. 즉 「법률을 규정하는 특질은 일반성과 무한한 영속성에 있다」[38]라고. 이 초안이 채택하려는 것은 집행부 역시 더 이상 명령하는 것이 아니라 추론한다고 하는 견해이다. 「집행부는 더 이상 명령하지 않고 추론한다」. 이상에서 보아온 중심적이며 체계적인 대립의 마지막 예로서 예산법의 법적 성격에 관한 헤겔의 의견을 인용하기로 한다. 즉 이른바 재정법은 신분들의 그것에의 관여에도 불구하고, **본질적으로** 정부의 사무이며, 그것은 고유한 의미에서는 아니지만 통치의 외부적 수단의 광범한, 아니 모든 범위를 포괄하기 때문에 법률이라고 불리는 것이라고. 「1년을 한정하여 더구나 1년마다 제정되는 법률은 보통 인간의 감각에서 보더라도 명백하게 부적당한 것이다. 즉 **진정한 법률의 내용으로서의 즉자대자적 일반적인 것**을 그 성질상 많은 것을 외면적으로만 포괄하는 단순한 반성적 일반성으로부터 구별하는 것이다」.[39]

의회의 입법행위에 대한 한정

단순한 **권위**(Autoritas)와 대립하는 **진리**(Veritas)로서의 법률, 즉 치텔만이 교묘하게 정식화하고 있듯이, 명령법(임페라티프)으로서 항상 개별적으로, 이양할 수 없는 계기를 포함하고 있다. 다만 현실적, 구체적인 명령과 대립하는, 일반적이며 정당한 규범은[40]

36) Dissertation on parties, letter X.

37) 이에 대해서는 조세프 바르텔레미의 특히 흥미 있는 서술인 Joseph Barthélémy, Le rôle du pouvoir exécutif dans les républiques modernes, Paris 1906, p. 489. 위에 인용한 콩도르세의 말은 그의 저서 Rapport sur le projet girondin, Archives parlementaires, LVIII, p. 583 (bei Barthélémy zitiert).

38) 위의 초안 제7편 제2절, 제4조(Duguit-Monnier, p. 52)에 의하면, 법률로부터 구별된 명령(Dekrete)의 특징은 「지방 또는 개별적 적용이라는 것, 일정한 시기에는 그것이 개변될 필요성」에 있다. 1793년 6월 21일의 헌법 제54조와 제55조는 법률의 개념을 그것에 따라 규제되는 것으로 규정하고 있다.

39) Hegel, Enzyklopädie, § 544.

40) Irrtum und Rechtsgeschäft, S. 201 ff.

그 본질에서는 행위인 집행으로부터 구별되며 어떤 주지주의적인 것으로서 이해되고 있다. 입법은 **심의**(deliberare[숙고])이며, 집행은 **행위**(agere)인, 이 대립 역시 그 역사를 지니고 있다. 즉 그것은 아리스토텔레스에서 시작하며 프랑스의 계몽 합리주의에서는 입법부가 집행을 희생해서까지 중요시되고 있으며, 집행에 대해서는 공화국 제3년 12월 5일[1795년]의 헌법 제9장 제275조의 규정에서 「무기를 가진 단체는 심의할 수 없다」는 함축 있는 규정을 하기에 이르렀다. **페더랄리스트**는 1788년에 그것을 교조적이 아닌 형식으로 다음과 같이 설명한다. 즉 집행은 단 한 사람의 수중에 맡기면 안 된다. 왜냐하면 그 에너지도 활동성도 그것에 의존하기 때문에, 입법은 심의이며 그러므로 더욱 커다란 집회에 의해서 행사되어야 하는데, 한편 집행에는 결단과 국가적 기밀의 유지가 필요한데 이러한 사안은 「사람수가 증가하면 증가할수록 쇠퇴한다」는 것이 최선의 정책가나 정치가들에 의해서 승인된 일반적인 원칙이라고. 이 점에 관해서 약간의 역사적인 사례가 열거되고, 그리고 다시 나아가 다음과 같이 말한다. 즉 그렇지만 우리들은 역사적인 고찰의 불확실함과 불명료함을 피하고, 단지 양식과 건전한 판단이 우리들에게 가르치는 바에만 의뢰할 것이다. 시민적 자유에 대한 보증은 집행에서가 아니라 반드시 입법에서 일관하여 성취할 수 있는 것이다. 입법에서는 의견과 당파의 대립은 아마 많은 건전하고 정당한 결의를 방해할 것인데, 그러나 그 대신에 소수자의 주장은 다수자의 방종을 방해할 수 있다. 따라서 다른 의견도 여기서는 유용하며 필요하다. 특별히 전시라든가 소란에 즈음하여 강력한 행동을 필요로 하며, 그 때문에 결정의 통일성을 필요로 하는 집행에서 사정은 전적으로 다르다고.[41]

페더랄리스트의 이러한 이지적인 고찰에서 가장 명백하게 나타난 것이 균형이론에서는 입법부, 즉 의회에 대해서 기초를 이루는 합리주의를 집행 위에까지 확장하고 후자도 토론에 해소한다는 것이 거의 고려되지 않았다는 것이다. 이 사상에서의 합리주의는 바로 합리적인 것과 비합리적인 것 (합리적인 토론이 허용되지 않는 것을 이렇게 부른다면) 사이에서도 하나의 균형을 보전할 수 있으며, 이신론이 형이상학적인 타협이 되는 것과 마찬가지로, 여기서도 조정과 어떤 의미에서의 타협이 존재하는 것이다.[42] 이에 반하여

---

41) Hamilton in Nr. LXX vom 18. 3. 1788 (김동영 옮김, 『페더랄리스트 페이퍼』, 한울 아카데미, 1995, 416면 이하).* Montesquieu, Esprit des lois, XI, 6 (신상초역, 『법의 정신』, 을유문화사, 1963)도 집행은 신속한 행동을 필요로 하기 때문에 한 사람의 인간의 수중에 있어야 하며, 이에 반하여 입법은 그가 주의 깊게 표명하듯이, 한 사람보다는 다수에 의한 편이 「자주 낫게」 행해진다는 의견이다. 인민대표제에 대해서 몽테스키외는 「그들 스스로 사건을 **토의하는** 능력을 가지는」 것은 대표자(대의사)의 커다란 장점이다. 「인민은 거기에는 전혀 부적당하다. 그리고 이것이 민주제의 큰 불편의 하나다」라고 서술한다. 평의와 사고로서의 입법과 행동으로서의 집행의 구별은 시에예스*에서도 나타난다(Siéyès, Politische Schriften, Deutsche Ausgabe, 1796, II, S. 384 참조).

42) 이신론이 신을 세계 밖에 있는 법정으로서 고집하는 것은 균형의 관념에 대해서 커다란 의미가 있다. **제3자**가 균형을 **유지**하거나 또는 균형화가 평형에서 **스스로** 생기는가는 다른 것이다. 첫번째 관념에 특징적(이며 볼링브로크의 균형이론에 대해서 중요한)인 것은 1701년의 스위프트의 다음과 같은 말이다. 즉 「힘의 균형」은 세 가지의 것을 가정한다. 첫째 뒷받침하는 부분과 이를 뒷받침하는 손이 있으며, 다음에 어떤 것을 저울질하더라도 거기에는 이를 다는 두 개의 저울접시가 있다. (이러한 인용의 지적은 에두아르트 로젠바움 박사 덕분이다. Eduard Rosenbaum, Weltwirtschaftliches Archiv, 18. Bd.

콩도르세의 절대적 합리주의는 권력의 분립을 폐기하고, 이러한 분립 속에 존재하는 국가권력의 조정과 매개도, 또한 당파들의 독립성도 부정하기에 이르렀다. 그의 급진주의에 대해서 미국 헌법의 복잡한 균형주의는 번잡한, 고통스러운 것으로 보이며, 그것은 각주의 특수성에 대한 양보이며, 「**거기에 사람이 법, 따라서 또한 진리, 이성, 정의를 무리하게 밀어넣으려는**」[43] 조직의 하나이며, 개개의 민족의 편견이나 우둔 때문에 일반적으로 인간적인 「합리주의 입법」을 희생으로 제공하는 제도의 하나라고 생각된 것이다. 이러한 합리주의는 균형의 폐기, 이성의 독재로 인도하였다. 법률과 진리의 동일화는 이 두 개의 합리주의에 공통되는데, 그러나 상대적인 합리주의는 자기를 입법, 즉 의회에 한정하며 의회의 내부에서도 또한 일관하여 자기를 단지 상대적인 진리에 한정하는 것이다. 따라서 당파의 대립을 통하여 행해지는 의견의 균형화는 결코 세계관의 절대적인 문제에까지 확대되지 않으며, 오히려 그 상대적인 성질상 이러한 과정에 적합한 사안에만 관계한다. 전혀 상반되는 대립은 의회주의를 폐기하는 것이며, 의회의 토론은 공통된, 의론의 여지가 없는 기초를 전제로 한다. 국가권력도 그 밖의 어떤 무엇인가의 형이상학적인 확신도 직접적인 명증성(Apodiktizität)을 가지고 나타나는 것을 허용하지 않는다. 모든 것은 고의로 복잡화된 균형의 과정에 의해서 매개되지 않으면 안 된다. 그러나 의회는 **심의하는** 장소, 즉 변론의 과정에서 주장과 반대주장과의 토론을 통하여 상대적인 진리가 획득되는 장소이다. 국가에 대해서 다수의 권력이 필요하듯이, 모든 의회적인 단체는 다수의 당파를 필요로 한다.

19세기 전반의 독일 자유주의에서는 이러한 이념은 이미 역사적 사고와 결부되고 있었다. 실로 균형이론은 모든 것을 매개로 하는 융통성에 의해서 역사적 사고도 그 체계에 집어넣을 수 있었다. 19세기 독일 자유주의에서 균형의 기계론적 관념이 어떻게 하여 독특한 방법으로 유기체적인 매개의 학설로까지 발전하고, 그리하여 국가의 통일성을 대표하는 것으로서 군주라는 우월한 인격을 승인할 가능성을 가지기에 이르렀는가는 매우 흥미롭다. 독일 낭만주의에서는 자유로운 토론이 영원한 대화가 되는데, 헤겔의 철학 체계에서 그것은 정립과 부정으로부터 항상 새로운 총합에로 이르는 의식의 자기발전이 되고 있다. 헤겔에서는 자문적인 참여에만 한정된 신분제적인 인민대표는 「다수자는 의견과 사상의 경험적인 일반성으로서의 공공의식이 거기에서 존재하기에 이른」 것이라고 규정되었다. 신분제의회[등족의회]는 정부와 인민간의 매개적 기관이며 입법에 있어서 협찬할 뿐이다. 그 토의의 공개를 통하여 「일반적인 지식의 계기가 확대되고」, 「그리하여 지식을 얻을 기회를 개방함으로써 여론은 비로소 진정한 사상이 될 수 있으며, 국가와 그 사무의 상태와 개념에 대한 통찰에 도달하며, 그리하여 비로소 이러한 것들에 대해서 일단 이성적으로 판단하는 능력을 가지기에 이른 것이다」. 그리하여 이러한 종류의 의회주의는 「하나의 교육수단이 되고, 그것도 가장 강력한 수단의 하나가 된다」.[44]

Oktober 1922, S. 423 참조).
43) Condorcet, Oeuvres XIII, p. 18.

공개성과 여론의 가치에 대해서 헤겔은 매우 특징적인 설명을 한다. 즉, 「신분제의회의 공개는 시민을 특히 교육하는 하나의 커다란 연극이며 인민은 그것에 의해서 가장 잘 그들의 진실한 이해를 배워 아는 것이다」. 또한 공개성은 「국가적 이해 전반에 대한 최대의 교육수단」이다. 그럼으로써 비로소 국가에 대한 활발한 관심도 생기며 여론도 성립한다. 그리고 이 여론은 헤겔에 의하면, 「인민이 의욕하고 사고하는 것을 인식시키는 비유기적인 방법」이다. 독일 자유주의의 정당론에서도 마찬가지로 유기적 생명의 관념과의 결합이 나타난다. 즉 정당과 당파는 구별되며, 후자는 정당이 분열한 부분에 불과한데, 진정한 정당은 「공공생활에 대한 활발한 다면적인 참여」의 표현이며, 「활발한 투쟁의 계속」에 의해서 「국가의 문제의 올바른 해결에 대해서 배려하는」 것이다.[45] 로메르(F. Rohmer)의 정당론을 계승한 블룬칠리*는 하나의 정당은 반대당 없이는 존립할 수 없다. 군주와 관리(이것은 적어도 관리로서이며 사인으로서는 결코 아니다)만은 어떠한 정당에도 속해서는 안 된다. 왜냐하면 국가와 그 기관은 정당 위에 서야 하기 때문이라고 말한다. 「국법은 정당과는 아무런 관계도 없으며 평화롭고 확고한 국가질서는 정당의 활동과 정당의 투쟁을 제한하는 모든 자에 대해서 확고한 공동질서인 것이다. … 새로운 자유로운 생활의 운동, 즉 정치가 개시될 때에 비로소 정당이 나타난다」. 정당은 블룬칠리에 대해서는 (로메르에 따라서) 인간의 다양한 연대에 유사한 것이다. 그에게도 역시 로렌츠 폰 슈타인이 거기에 고전적 서술을 부여하였는데, 국가생활도 모든 생활과 마찬가지로 모순으로 가득 찬 것이며, 이 모순이야말로 현실에 살아 있는 존재의 역학을 이룬다는 관념이 지배하는 것이다.[46]

여기에서 자유주의 사상은 특수독일적인 「유기체적」 사고와 일체가 되며, 균형의 기계론적 관념을 극복하기에 이른다. 그렇지만 이와 같은 유기체적 사고의 도움을 받아서도 의회주의의 이념을 더욱 유지할 수 있었다. 그러나 몰에 의해서 대표되었듯이, 의회주의적 통치의 요구에 의해서 이 이념의 지위는 위기에 처하게 되었다. 왜냐하면 토론의 변증법적 · 역동적 과정이라는 관점은 확실히 입법부에 적용할 수는 있지만 집행부에게는 거의 전용할 수 없으며, 균형을 이루는 매개와 공개 토론에 의해서 획득되는 진리와 정의일 수 있는 것은, 일반적인 법률뿐이며 구체적인 명령은 아니기 때문이다. 개개의 부분에 관해서는 위와 같은 추론 속에 낡은 의회관념은 유지되었는데, 그러한 것들의 체계적인 관련은 올바르게 의식되지 못하였다. 예컨대 블룬칠리는 현대 의회의 본질적 특징으로서 의회는 낡은 신분대표제와 같이, 그 일을 위원회에 의해서 수행해서는 안 된다는 점을 지적하고 있다.[47] 이것은 전적으로 정당한 것인데, 다만 그 이유는 의회에

44) Rechtsphilosophie §§ 301, 314, 315. 본문의 다음에 이은 인용은 같은 책 315절과 316절의 추가. 임석진 옮김, 『법철학』, 한길사, 2008, 550-551면.

45) Mohl, Enzyklopädie der Staatswissenschaften, 2. Aufl. Tübingen 1872, S. 655.

46) Bluntschli, Artikel "Politische Parteien" in seinem Staatswörterbuch. 로렌츠 폰 슈타인에 관하여는 나의 Politische Theologie, S. 53 (역서, 45면) 참조. 독일 자유주의에 특징적인 정당에 대한 이러한 설명은 Friedrich Meinecke, Idee der Staatsräson, S. 525에도 보인다.

47) Bluntschli, Allgemeines Staatsrecht, I. Bd. München 1868, S. 488. — 의회주의의 원리에 대한

대해서 이미 시대에 뒤떨어진 공개성과 토론의 원칙에서 나오는 것이다.

토론에 대한 신앙의 일반적 의의

철저하게 논리일관하며 포괄적인 체계를 이루는 입헌적 사고와 의회주의는 바로 상술한 두 개의 원리에 근거하고 있다. 이 두 개의 원리는 시대 전체의 정의감정에 대해서는 본질적이며 불가결한 것이라고 생각되었다. 공개성과 토론에 의해서 보증된 균형이 본래 산출해야 할 것은 진리와 정의 그 밖에 아무것도 아니었다. 사람들은 공개성과 토론에 의해서만 단순한 사실상의 권력과 폭력 — 자유주의적 법치국가적인 사고에 대해서 그것들은 그 자체에서 악이며 로크가 말하듯이 **야수의 방법**(the way of beasts)*이었는데 — 을 극복하고, 권력에 대한 법의 승리를 가져올 수 있다고 믿었다. 이러한 생각에 대해서 아주 특징적인 「힘 대신 토론」이라는 말이 있다. 이 말은 결코 독창적이지도 우수한 것도 아니지만 아마 이러한 정식화를 한다는 점에서 역시 전형적인, 시민적 군주제의 지지자의 입에서 나온 것이다. 그는 입헌주의적이며 의회주의적인 신념의 체계 전체에 대해서 일련의 결론을 다음과 같이 정식화한다. 즉 모든 진보, 또한 사회적인 진보 역시 「대의제도에 의해서, 즉 규칙지워진 자유에 의해서 — 공개의 토론에 의해서, 즉 이성에 의해서」[48] 실현되는 것이라고.

의회주의와 정당정치적 생활의 현실과 아울러 일반적 확신은 오늘날 그러한 신념과는 멀어지고 있다. 오늘날 인간의 운명에 관계되는 커다란 정치적 · 경제적 결정은 이미 (비록 이전에는 그렇게 말할 수 있었을지라도) 공개적인 변론과 반대변론에서의 의견의 균형화의 성과도 아니며, 의회에서의 논쟁의 결과도 아니다. 인민대표의 통치에의 참가, 즉 의회주의적 통치 그 대신에 권력의 분립과 그와 함께 의회주의의 낡은 이념을 폐기하기 위한 가장 중요한 수단인 것이 명백하게 되었다. 물론 오늘날의 사태가 사실상 보여주고

오래되고 좋은 이해와 현대의 오해와의 재미있는 결합은 논문 Adolf Neumann-Hofer, Die Wirksamkeit der Kommissionen in den Parlamenten, Zeitschr. f. Politik, Bd. 4, 1911, S. 51 ff.에 있다. 그는 공개의 본 회의에서는 경험에 의하면, 이미 토의는 이루어지지 않는다는 점에서 출발하는데, 그러나 이 토론을 보호하기 위해서 여러 가지의 위원회를 「토론 클럽」으로 할 수 있다고 생각한다(S. 64/65). 거기에 있는 토론개념의 오해에 대해서는 본서 S. 10의 서문을 참조.

48) Eugène Forcade, Études historiques, Paris 1853, in der Besprechung von Lamartines Geschichte der Revolution von 1848. 라마르틴* 자신도 마찬가지로 그가 권력과 폭력에 대립시킨 토론에 대한 이러한 신념의 한 예에 불과하다. 그의 이성적 통치에 관한 저서(1831년의 것)도 1848년의 「공화국의 과거, 현재, 미래」(Le Passé, le Présent, l'Avenir)라는 그의 논문도 완전히 이러한 신념으로 가득차 있다. 그는, 신문은 매일 아침 떠오르는 태양처럼 발행되며, 그 빛을 발한다고 까지 생각한다. 가장 특징적이며 가장 징후적인 것에 특히 빅토르 위고(Victor Hugo)의 유명한 저서 『소나폴레옹』(Napoléon le petit) 중의 「연단」을 찬미한 묘사이다. 토론에 대한 이와 같은 신념은 이 시대의 특색이다. 그리하여 오류(Hauriou, Précis de droit constitutionnel, Paris 1923)는 의회주의의 시대를 토론의 시대(l' âge de la discussion)이라고 묘사한다(p. 198, 201 기타). 이브 기요(Yves Guyot)같이 확고한 자유주의자는 이미 그의 저서 Politique Parlamentaire — Politique Atavique, Paris 1924에서 토론에 입각하는 의회주의적 정부 (그것은 그에게는 자명하게 **토론의 지배** gouvernement de discussion이다)를, 모든 토론에 의하지 아니한 정치의 격세유전과 대립시키고 있다. 그리하여 의회주의는 자유와 문화 일반과 동일한 것이 되며, L. Gumplowicz, Soziologie und Politik, Leipzig 1892, S. 116은 이러한 개념을 완전히 전개하여 「**아시아적** 문화의 성격과 특징은 전제주의이며 **유럽** 문화의 그것은 의회제도이다」고 적고 있다.*

있듯이, 위원회 더구나 점차 협소하게 된 위원회에서 일을 하고, 결국에는 마침내 의회의 본회의, 즉 의회의 공개성을 그 목적으로부터 소외하고, 그리하여 필연적으로 그것을 표간판으로 하는 것 외에는 실제상 수단이 아니게 되어버렸다. 실제로 그러한 방법이 아닐지도 모른다. 그러나 그렇다면 사람은 적어도 의회주의가 이로써 그 정신적 기초를 상실하고 언론, 집회, 출판의 자유, 공개 회의, 의회적 특권들(Immunitäten und Priviligien)의 전체 체계가 그 근거(ratio)를 상실하고 있다는 것을 인정하기에 족할 뿐인 역사적 상황에 대한 의식을 가지지 않으면 안 된다. 정당 내지 정당연합의 소위원회 또는 가장 적은 인원의 위원회가 비밀리에 결정을 내리는데, 그러나 자본가적 이익단체들의 대표자들이 가장 작은 범위의 위원회에서 결정하는 쪽이 몇 백만의 인간의 일상생활과 운명에 대해서는 아마 어떤 정치적 결정들보다도 중요한 것이다. 절대군주의 비밀정치에 대한 투쟁에서 근대 의회주의의 사상, 즉 감시의 요구, 공개성과 공시성에 대한 신념이 생겨 나왔다. 인간의 자유와 정의의 감정은 비밀의 결의에 의해서 인간의 운명을 결정한 비밀정치에 대해서 분노한 것이다. 그러나 17세기와 18세기의 저 관방정치의 대상은 오늘날 문제가 되고 있는 운명, 오늘날 모든 종류의 비밀의 대상이 되고 있는 운명과 비교한다면 얼마나 무해하며 목가적인 것일까? 이러한 사실에 직면하여 토론의 공개성에 대한 신앙은 가공할만큼 환멸을 느끼지 않을 수 없게 되었다. 낡은 자유주의적 자유들, 특히 언론과 출판의 자유를 포기하려고 하는 자는 오늘날에도 확실히 많지 않다. 그럼에도 불구하고 이들 자유가 진정한 권력소유자에 대해서 실제로 위험한 것이 될 수 있는 경우에도 더욱 존재한다고 믿는 자는 유럽 대륙에서는 이미 많지 않을 것이다. 적어도 신문의 논설, 집회의 연설, 의회의 토의로부터 진실하고 정당한 입법이나 정책이 생긴다고 믿는 사람은 여전히 있을 것이다. 다만, 그 신념은 의회 그 자체에 대한 신념인 것이다. 공개성과 토론이 의회운영의 사실상의 현실에서 공허하고 무가치한 형식으로 화해 버렸다면 19세기에 발달된 의회 역시 지금까지의 그 기초와 의미를 상실해버린 것이다.

제3장 마르크스주의 사상에서의 독재

유럽 대륙에서 입헌적 의회주의의 고전적 시대는 루이 필립*의 시민적 왕제이며 그 고전적 대표자는 기조였다. 입헌적 의회주의에 대해서는 낡은 군주제와 귀족제는 이미 극복되었지만 다가오는 민주주의는 이에 대해서 방파제를 구축하지 않으면 안 되는 혼돈된 흐름으로서 나타났다. 군주제와 민주제간의 공정하고 중간자로서 입헌적 · 의회주의적인 시민적 왕제(Bürgerkönigtum)가 떠다니고 있었다. 모든 사회문제는 이성적인 공개성과 토론에 의해서 의회를 통하여 해결되어야 한다고 생각되고 있었다. **중용**(juste-milieu)이라는 말은 이러한 사고의 가장 내적인 핵심에서 나오며, 시민적 왕제와 같은 개념은 이미 그 말속에 **중용**과 원리상의 타협이라는 완전한 세계를 포함하고 있다. 의회주의를 폐기하는 독재의 개념이 다시 현실적으로 되는 것은 민주주의에 대립해서가 아니고 이러한 의회주의적인 입헌주의에 대립하는 것이다. 1848년이라는 위기적인 해는 민주주의의 해인 동시에 독재의 해이기도 하였다. 이 양자는 의회주의적인 사고를 가진 시민적인 자유에 대립하고 있었다.

이러한 사상은 두 개의 반대자의 중간에서 토론하며 균형을 만들며 원리적으로 매개하는 데에만 시종일관하였다. 이 두 개의 반대자는 함께 이 사상에 정력적으로 대항하였으므로, 이러한 조정을 시도하는 토론은 피비린내 나는 결전간의 막간(Interim)처럼 생각되었다. 이 두 개의 반대자는 균형을 폐기하여 직접성과 명료성, 즉 독재로써 이에 응수하였다. 여기에는 난폭한 표어로 가령 특징지운다면 합리주의의 명료성과 비합리적인 것의 직접성이 존재한다. 직접적인, 자기 자신을 절대적으로 확신하는 합리주의에서 생겨난 독재에는 이미 하나의 전통이 선행하고 있었다. 즉 계몽의 교육독재, 철학적 자코뱅주의, 오성의 강제지배, 합리주의적 및 고전주의적 정신에서 나온 형식적 통일성, 「철학과 군도(軍刀)의 동맹」[49]이 그것이다. 나폴레옹의 패배에 의해서 이것은 끝나고 새로이 발생한 역사감각에 의해서 이론적으로나 도덕적으로도 극복된 것처럼 보였다. 그러나 역사철학의 형식에서 합리주의적 독재의 가능성은 더욱 존속하며 정치적인 이념으로서 살아있었다. 이 이념의 담당자는 급진적인 마르크스주의적 사회주의이며 그 궁극의 형이상학적 확증은 헤겔의 역사적 논리의 기반 위에 만들어진 것이다.

사회주의가 공상으로부터 과학으로 이행하였다는 것은 그것이 독재를 포기하였다는 것을 의미하지는 않는다. 세계대전이래 약간의 급진적인 사회주의자와 무정부주의자가 사회주의에 대해서 독재에의 용기를 부여하기 위해서는 공상으로 되돌아가야 한다고 믿고 있었다는 것은 주목해야 할 징후이다. 이것은 어떻게 과학이 오늘날의 세대에 대해서 사회적 행동의 명백한 기초일 수 있었는가를 보여주고 있다. 그러나 이것은 과학적 사회주의에는 독재의 가능성이 결여되어 있다는 것을 증명하는 것은 아니다. 다만, 과학이라는 말은 정당하게 이해되어야 하며 단순한 엄밀과학적인 기술성에 제한되어서는 안 된다. 확실히 이러한 자연과학적인 과학성은 독재의 기초가 되는 것도 아니라면, 다른 어떠한 정치제도 내지 정치적 지배의 기초가 되는 것도 아니다. 그리고 과학적 사회주의의 합리주의는 자연과학이 나아갈 수 있는 것보다도 훨씬 멀리까지 나아간다. 이러한 사회주의에서는 계몽시대의 합리주의적인 신념이 더욱 격렬하게 강조되며, 더구나 하나의 새로운 거의 환상적인 진로를 취했는데, 만약 이 진로가 그 본래의 힘을 보유할 수 있다면 그 강도에서 아마 계몽시대의 합리주의와 필적할 수 있었을 것이다.

---

49) 「철학은 19세기의 이 동맹에서 — 이전의 교회와의 동맹에서처럼 — 단지 하나의 겸손한 역할을 할뿐이다. 그럼에도 불구하고 철학은 곧 이 동맹을 포기할 수 없을 것이다」. H. Pichler, Zur Philosophie der Geschichte, Tübingen 1922, S. 16.

마르크스주의의 과학성은 형이상학이다.

이 사회주의는 자신을 과학적이라고 인정함으로써 비로소 본질적으로 오류 없는 통찰의 보증을 가지기에 이르렀다고 믿으며, 그리하여 폭력행사의 권리를 주장할 수 있었다. 역사적으로는 1848년이래, 즉 사회주의가 하나의 정치세력으로 되고, 그 이념을 어느 날엔가 실현할 희망을 가질 수 있게 되었으므로 과학성의 의식이 등장한 것이다. 따라서 이러한 종류의 과학성에서는 실제적인 관념과 이론적인 관념이 결합하고 있다. 자주 과학적 사회주의는 어떤 부정적인 것을 유토피아의 거부를 의미하는 것이며, 그것이 표현하는 것은 다음과 같은 것만이라고 한다. 즉 이제부터는 의식적으로 정치적 및 사회적 현실에 관여하며, 그리고 밖으로부터 환상이나 가공의 이상에 따라서 현실을 형성하는 대신 현실에 고유한, 올바르게 인식된 내재적 조건들에 따라서 현실을 형성하려고 결의하는 것이라고 한다. 여기서 문제가 되는 것은 사회주의의 많은 측면과 가능성 중에서 그것에 대한 궁극의 것, 즉 정신적인 의미에서 결정적인 논거, 즉 사회주의적 신념의 최후의 명증을 탐구하는 것이다. 확신을 갖는 마르크스주의는 스스로 사회적 · 경제적 및 정치생활의 올바른 인식과 이 인식에서 생기는 올바른 실천을 발견하고, 사회생활을 객관적으로 그 모든 실질적인 필연성에서 그 내실로부터 올바르게 파악하고, 그럼으로써 사회생활을 지배할 수 있다는 의식을 가지고 있다. 마르크스에서도 엥겔스에서도 또한 아마 지적인 파나티즘을 가질 수 있는 모든 마르크스주의자에서도, 역사적 발전의 특수성에 대한 의식이 생생하게 움직이고 있으므로, 그들이 의미하는 과학성을 자연과학적인 방법과 엄밀성을 사회철학과 정치의 문제에 응용하려는 많은 시도와 동일시할 수는 없다. 과연 통속적인 마르크스주의는 즐겨 그 사상의 자연과학적인 엄밀성에 대해서 말하며, 사물이 역사적 · 유물론적 법칙에 따라서 생기하는「불가피한 필연성」에 대해서 적고 있다. 많은 부르주아적 사회철학자들은 이것을 반박하여 역사적인 사물은 천문학이 별의 운행을 계산하듯이 계산할 수 있는 것은 아니며, 또한「불가피한 필연성」을 인정하더라도, 도래할 일식을 초래하기 위해서 정당을 조직한다는 것은 이상하리라는 것을 상세하게 설명하고 있다. 그러나 마르크스주의적 사고의 합리주의는 독재의 개념에 대해서 중요한 또 하나의 측면을 가지고 있다. 그것은 마치 기술이 각각의 정밀한 자연과학과 결부되어 있는 것과 마찬가지로, 자연법칙과 엄밀하게 결정론적인 세계관의 도움을 받아서 자연의 법칙성을 인간의 이익을 위해서 이용하는 방법을 획득하려고 하는 과학성에만 진력하는 것은 아니다. 사회주의에서의 과학적인 것이 만약 그와 같은 자연과학성에 있다고 한다면,「자유의 왕국에의 비약」*은 절대적인 기술성의 나라에로 비약할 뿐일 것이다. 그것은 낡은 계몽의 합리주의이며 수학적 · 물리적인 정밀함을 지닌 정치를 획득하려고 하는, 18세기 이래 즐겨 사용된 시도의 하나이며, 단 하나 틀린 곳은 18세기에서는 더욱 지배적이었던 강한 도덕주의를 이론적으로 포기하였다는 것뿐일 것이다. 그 결과는 모든 합리주의에서와 마찬가지로 지도적인 이성주의자의 독재로 끝나지 않으면 안될 것이다.

그러나 마르크스주의의 역사철학과 사회학의 철학적 · 형이상학적 매력은 그 자연과학성에 있는 것이 아니라, 바로 마르크스가 인류사의 변증법적 발전의 사상을 보유하고 이 발전을 하나의 구체적인, 일회적인 내재적 유기적 힘을 통하여 자기를 자기 자신 안으로부터 산출하는 상반적인(antithetisch) 과정으로서 관찰하는 그 방식 속에 있다. 그가 발전을 경제적 · 기술적인 것으로 옮겼다는 것은 그의 사상의 구조를 어느 하나 변경하는 것은 아니다. 그것은 하나의 전조에 불과하며 다양하게 설명할 수 있는 것이다. 예컨대 그것은 심리학적으로는 경제적 요인의 정치적 의미에 대한 직관에서, 체계적으로는 기술에 나타나는 인간의 활동을 역사적 과정의 자유로운 주인을 이루고 운명의 비합리성을 지배하는 주인이려고 하는 노력에서 설명할 수 있다. 그러나 이 「자유의 왕국에의 비약」은 변증법적으로만 이해되어야 한다. 기술의 도움만으로 그것은 불가능할 것이다. 만약 그렇지 않다면 마르크스주의적 사회주의에 대해서 정치적 행동 대신에 새로운 기계를 발명하는 편이 좋을 것이라고 말하지 않을 수 없으며, 또한 장래의 공산주의 사회에서도 새로운 기술적 · 화학적인 발견이 이루어지고, 그것이 다시 이 공산주의 사회의 기초를 변화시키고 하나의 혁명을 필연적으로 할 수 있다는 것도 생각되기 때문이다. 왜냐하면 미래의 사회는 기술적 발전을 극도로 촉진하고 조장할 것이 틀림없음에도 불구하고, 더구나 다른 한편 새로운 계급형성의 모든 위험에서 항상 옹호되고 있다고 가정하는 것은 본래 전적으로 이상할 것이기 때문이다. 이러한 반대론은 모두 매우 그럴듯하게 들리는데 마르크스주의 사상의 핵심에 저촉되는 것은 아니다. 마르크스주의적 신념에 의하면, 인간은 자기 자신을 의식하게 되는데 더구나 그것은 사회적 현실의 올바른 인식을 통하는 것이다. 그리하여 그 의식은 하나의 절대적 성격을 획득한다. 즉 마르크스주의는 헤겔적인 발전의 사상을 그 속에 내포하며, 더구나 그 구체성 안에 계몽의 추상적인 합리주의가 가질 수 없었던 명증을 가지는 하나의 합리주의인 것이다. 마르크스주의의 과학성은 장래의 일어나는 일에 대해서 기계적으로 계산되고 기계적으로 달성된 결과가 가지는 하나의 기계적인 확실성을 부여하려는 것은 아니며, 장래의 일을 때의 흐름에, 즉 자기를 자기 자신 속에서 산출하는 역사적 사건의 구체적 현실성에 맡기는 것이다.

구체적인 역사성에 대한 이러한 이해야말로 마르크스가 결코 포기하지 않은 획득물이었다. 그러나 헤겔의 합리주의는 역사 그 자체마저 구성하려고 하는 용기를 지니고 있었다. 능동적인 인간에 대해서 현재라는 시대와 현재의 순간을 무조건적으로 확실하게 파악하는 것 이외에는 이미 아무런 관심도 없었다. 그리고 그것은 변증법적인 역사구성의 도움을 빌려 비로소 과학적으로 가능하게 되었다. 그러므로 마르크스주의적 사회주의의 과학성은 헤겔의 역사철학의 원리에 입각하는 것이다. [이것은] 마르크스가 헤겔에 의존하고 있다는 것을 나타내기 위해서가 아니며, 또한 이 문제에 대한 설명을 다시 상세히 하기 위함도 아니며, 단지 마르크스주의 논리의 핵심과 그 특수한 독재의 개념을 결정하기 위해서는 이 점에 관한 헤겔의 역사적 변증법과의 관계에서 출발하지 않으면 안 되기 때문이다. 여기에 일정한 사회이론상의 구성과 하나의 합리주의적인 독재로 인도하는 곳의 일정한 종류의 형이상학적 명증(metaphysische Evidenz)이 있는 것이 명백하게 될 것이다.

독재와 변증법적 발전

변증법적 발전과 독재를 서로 결합한다는 것에는 확실히 어려움이 따른다. 왜냐하면 독재는 일련의 연속적 발전의 중단, 즉 유기적인 진화에 대한 기계적인 개입과 같이 생각되기 때문이다. 발전과 독재는 일견 서로 배제하는 것 같다. 대립 속에서 변증법적으로 자기 발전하는 세계정신의 무한한 과정은, 그것 자신에의 대립자인 독재도 자기 중에 넣어서 그럼으로써 독재로부터 그 본질인 결단도 제거해버리지 않으면 안 되었다. 발전은 중단 없이 진전하며 중단도 그것을 전진시키기 위한 부정으로서 거기에 역할을 하지 않으면 안 되었다. 본질적인 것은, 예외는 외부로부터는, 즉 발전의 내재성 밖에서 결코 발생하지 않는다는 것이다. 토론과 같은 발전을 중단하는 도덕적 결단이라는 의미에서의 독재는 확실히 헤겔의 철학에서는 문제가 될 수 없다. 서로 대립하는 사물이라 할지라도 서로 침투하며, 모든 것을 은폐하는 발전 속에 합체시킨다. 도덕적 결단의 **양자택일**, 즉 명백하고 단호한 준별은 이 헤겔의 체계에는 들어갈 여지가 없다. 독재자의 명령이라 할지라도 토론에 있어서의 하나의 요소가 되며, 확고하게 진행하는 발전의 하나의 요소가 된다. 다른 모든 것과 마찬가지로, 이 명령 역시 이 세계정신의 연동 운동에 동화된다. 헤겔의 철학은 선과 악의 절대적인 준별을 기초지을 수 있는 윤리를 가지고 있지 않다. 이 철학에 대해서 선이란 변증법적 과정의 각각의 단계에서 이성적인 것이며, 따라서 또한 현실적인 것이 된다. 선이란 (여기서 크리스티안 야넨츠키[Chr. Janentzky]의 적절한 정식을 인용한다면) 정당한, 변증법적인 인식과 의식성이란 의미에서의 「시대에 적합한 것」이다. 만약 세계사가 세계의 법정이라면 그것은 최종심이 아닌, 또한 확정적으로 선별된 판결이 아닌 소송이다. 악은 비현실적이며 무엇이 시대에 적합하지 않은 것인가가 생각되는 한에서만 생각할 수 있을 뿐이다. 아마도 그것은 또한 오성의 잘못된 추상, 자기 자신에게 제한된 개별적인 일과성의 혼란으로서 설명할 수 있을 것이다. 적어도 이론적으로는 이와 같이 작은 영역에서만, 즉 시대에 적합하지 않은 것을 배제하고, 잘못된 가상(假像)을 배제하기 위해서만 독재는 가능하게 될 것이다. 따라서 그것은 어떤 부차적인 것, 일시적인 것이며 본질적인 것의 본질적인 부정이 아니며, 중요하지 않은 폐품 처리일 것이다. 피히테의 합리주의 철학에 의한 경우와는 달리, 여기서 강제지배는 거부되고 있다. 헤겔은 피히테에 반대하여 이렇게 말한다. 즉 세계가 신으로부터 벗어난 것이며 인간이 그 가운데 어떤 목적을 가져와서, 추상적인 「있어야 할 모습」에 따라서 그것을 구축할 것을 세계가 기대하고 있다고 생각하는 것은 난폭한 추상일 것이다라고. 당위는 무력(無力)이다. 정당한 것은 또한 효력을 가지는 것이다. 있다는 것 없이 단지 그런 있어야할 것이라는 것은 진실이 아니며 생에 대한 주관적인 억제이다.

19세기가 18세기의 합리주의를 넘어선 가장 중요한 발자취는 헤겔과 피히테의 이러한 대립 속에 있다. 도덕적 준별의 절대성은 해체된 것이기 때문에 독재는 더 이상 가능하지 않다. 더구나 여전히 구래의 합리주의의 일관된 진행과 고양만은 헤겔의 철학에 남아 있다. 의식된 인간적인 행위가 비로소 인간을 인간답게 만들고, 인간을 「즉자적 존재」의 자연적인 유한성에서 「대자적 존재」라는 보다 높은 단계로 몰아가는 것이다. 인간은 경험적인 것의 우연성과 자의성에 머물지 않기 위해서, 따라서 세계사적인 사건의 억제하기 어려운 진전이 그를 넘어 나아가기 위해서는 자기 자신의 모습을 의식하지 않으면 안 된다. 이 철학이 관조에 머무르는 한, 거기에 독재가 들어갈 여지는 없다. 그러나 헤겔 철학이 능동적인 사람들에 의해서 진지하게 받아들여지자마자 사정은 달라진다. 구체적인 정치적 및 사회적 실제에서 보다 높은 의식을 가지고 스스로 저 위대한 세계사적 진전의 담당자로서 임하는 자는 제약성이란 저항을 뛰어 넘어 「실질적으로 필연적인 것」(sachlich Notwendige)을 수행하는 것이다. 그의 의사는 여기서도 부자유로운 자를 자유케 할 것이다. 이것은 구체적인 현실에서는 하나의 교육 독재이며 세계사가 항상 전진해야 하는 것이라면, 사태에 반하는 것의 강제적 배제가 끊임없이 필요하게 되며, 따라서 독재가 영구적인 것이 되지 않을 수 없다. 여기서도 나타나는 것은 헤겔 철학에 의하면, 모든 사건 중에 존재한다는 보편적인 양면성은 무엇보다도 먼저 이 철학 자신 속에 뿌리를 내리고 있다. 즉 그 발전개념은 독재를 한쪽에서는 지양할 수 있는 것과 마찬가지로, 다른 한편 그것을 영구적인 것이라고 선언할 수도 있다. 인간의 활동에 대해서는 보다 높은 단계에 있는 것이 의식적으로 보다 낮은 단계에 있는 것에 대해서 지배를 미쳐도 좋으며, 미쳐야 한다는 논거가 항상 계속 존재하는데, 이것은 정치적 · 실천적인 결과에서는 합리주의적인 교육독재와 동일한 것으로 귀착한다. 헤겔주의도 그때에 모든 합리주의적 체계와 마찬가지로, 개별적인 것을 어떤 우연적인 것, 어떤 실체 없는 것으로서 부정하며 전체를 체계적으로 절대적인 것에까지 높이고 있다.

세계정신은 의식의 그때그때의 단계에서 바로 언제나 소수의 인간의 두뇌에만 파악된다. 시대의 전체의식은 일거에 모든 인간에게 나타나지도 않으며, 지도적인 민족들이나 지도적인 집단들의 모든 구성원에게서 나타나지도 않는다. 거기에서 세계정신의 선발대가 항상 존재하게 되는데, 이것은 발전과 의식의 첨단, 즉 전위이다. 이 전위는 정당한 인식과 의식을 가지기 때문에 행위에의 권리도 가지는데 — 그것은 인격적인 신에 의해서 선출된 자로서가 아니라 발전에 내재하는 것을 결코 밟고 나오지 않는 계기로서, 또는 통속적인 비유로 말한다면 도래할 사태의 조산원으로서이다. 세계사적인 인물 — 테세우스 · 케자르 · 나폴레옹 — 은 세계정신의 도구이며 그들의 독재는 그들이 역사적 계기 속에 서 있다는 데에 근거하고 있다. 헤겔이 1806년 당시 예나에서 말 타고 들어오는 것을 본 세계정신[나폴레옹]은 한 사람의 군인이며 결코 헤겔주의자는 아니었다. 그것은 철학과 칼의 동맹의 대표자였으며, 단지 칼 쪽에서만 대표한 것에 불과하였다. 그러나 자신의 시대를 정당하게 인식하였다는 의식에서 정치적 독재를 요구하고 — 자명한 것인데 — 그 독재에서 스스로 독재자이려고 한 것은 헤겔주의자였다. 그들은 피히테와 다르지 않으며 「그들의 견해가 잘못이 아니란 것을 온 세상에 입증하려는 각오」를 가지고 있었다. 이것이 그들에게 독재에의 권리를 부여한 것이다.

마르크스주의적 사회주의에 있어서의 독재와 변증법

여기서 헤겔 철학에 대해서 말한 것, 즉 그 실천적 귀결이 하나의 합리주의적 독재로 통하는 일면을 가진다는 것은 또한 마르크스주의에 대해서도 타당하며, 더구나 마르크스주의적 독재의 형이상학적 보증을 기초지우는 명증은 전적으로 헤겔적인 역사구성의 틀 안에 머무르고 있었다. 마르크스의 과학적 관심은 나중에는 오로지 국민경제학적인 것에만 향하게 되고 (이것도 바로 뒤에 보듯이 헤겔적 사고의 귀결 속에 있는데), 계급이라는 결정적인 개념이 역사철학적 · 사회학적 체계 속에 충분히 내포되어 있지 않으므로, 피상적인 관찰자는 마르크스주의의 본질을 유물론적 역사관에 있다고 생각할 수 있었다. 그러나 마르크스주의에 대해서 항상 그 기본선을 계속 유지하는 공산당선언에서 이미 본래의 역사구성이 나타나 있다. 세계사가 계급투쟁의 역사라는 것은 이미 옛적부터 알려지고 있었다. 실제로 공산당선언의 새로운 점은 그 속에 있는 것이 아니다. 또한 부르주아가 증오할만한 것은 1848년에는 이미 주지의 사실이며, 당시의 유명한 문학자로서 이 말을 비방하는 말이라고 생각한 사람은 거의 한 사람도 없었다. 공산당선언의 새로움과 매력은 그것과는 좀 다른 것이다. 즉 계급투쟁을 인류사상 유일한 최후의 투쟁, 즉 부르주아지와 프롤레타리아트의 긴장의 변증법적 절정에까지 체계적으로 집중한 데에 있는 것이다. 다수의 계급간의 대립은 하나의 최후의 대립으로 단순화된다. 이전의 무수한 계급 대신에 마르크스에 의해서 『자본론』의 국민경제학적 서술에서 더욱 인정되고 있는 리카르도의 세 계급(자본가 · 토지소유자 · 임금노동자)도 아니며, 단 하나의 대립만이 나타난다. 단순화라는 것은 강도를 힘있게 높이는 것을 의미한다. 그리고 이제 그것은 체계적이고 방법적인 필연성을 가지고 나타난다. 그 기초가 여전히 경제적인 것일지라도 발전의 행로가 변증법적이며, 따라서 논리적이므로 세계사의 마지막 위기적인, 절대적으로 결정적인 전환점에서는 하나의 단순한 대립(Antithese)이 나타나지 않으면 안 된다. 그리하여 세계사적인 계기의 최대의 긴장이 생긴다. 이러한 논리적인 단순화에서 현실적인 투쟁의 마지막 고조만이 아니라, 또한 사상적인 대립(Gegensatz)의 마지막 고조도 이루어진다. 따라서 변증법적 필연성에서 사태가 일변하기 위해서 모든 것은 극단적으로까지 추구되지 않으면 안 된다. 거대함이 극치에 이른 부는 거대해진 빈곤에게 대립하며, 모든 것을 소유하는 계급은 아무것도 소유하지 않은 계급에게, 점유하고 소유하기만 하는 더 이상 인간적이 아닌 부르주아는 아무것도 소유하지 않지만, 다만 인간일 뿐인 프롤레타리아에 대립하지 않으면 안 된다. 헤겔 철학의 변증법이 없이는 역사의 지금까지의 경험에 의하면, 빈곤화의 상태가 몇 세기 동안 존속하고, 마침내 인류가 일반적인 침체 속에 빠지거나 또는 새로운 민족이동이 지상의 모습을 바꾼다는 것은 전혀 생각할 수 없었다. 따라서 미래의 공산주의 사회, 즉 계급 없는 인류라는 **보다 높은** 단계는 사회주의가 헤겔적 변증법의 구조를 보유할 때에만 명증을 얻는 것이다. 물론 그 때에는 자본주의적 사회질서의 비인간성은 자기 자신의 부정을 자기 자신 속에서 필연적으로 산출해야만 하는 것이다.

라살레*도 이러한 변증법의 영향 아래 긴장을 상반적으로(antithetisch) 극단화하려고 노력하였다. 다만, 그에게 있어서는 아마 사상적인 충동보다는 수사적인 것이 더욱 작용하였을 것이며, 예컨대 그는 (슐체-델리취[Schulze-Delitzsch]*에 반대하여) 「리카르도는 부르주아 경제학의 최대의 이론가이며 그 경제학을 **정점에, 즉 절벽으로** 인도하였다. 다만 여기에서 부르주아 경제학은 그 이론적 발전 그 자체에 의해서 사회경제학으로 돌아갈 밖에는 달리 길이 없기 때문이다」*라고 말한다. 즉 부르주아지는 그들의 최후가 도래하였다는 확실성이 나타나기까지 최대의 강함에 도달하지 않으면 안 된다. 이와 같이 본질적인 생각에서 라살레와 마르크스는 전적으로 일치한다. 여러 대립들이 마지막의 절대적인 계급적 대립으로 단순화될 때 비로소 변증법적 과정 속에 절대적으로 위기적인 순간을 가져오는 것이다. 그러나 그것만이 아니다. 이러한 순간이 나타나서 부르주아지의 마지막 때가 실제로 도래하였다는 확실성은 어디에서 나오는가? 마르크스주의가 여기서 전개하는 의론의 논거를 검토하면, 헤겔적 합리주의에 전형적인 자기보증이 인식되는 것이다. 그 [논리의] 구성은 발전이 끊임없이 상승하는 의식을 의미한다는 데에서 출발하며 이 의식 자체의 확실성 속에 이 발전이 정당하다는 증명을 인정하려는 것이다. 상승하는 의식의 변증법적인 구성은 이를 구성하는 사상가를 그 자신이 그 사상에 의해서 발전의 정점에 있다고 생각하게 한다. 이것은 그에게 동시에 그에 의해서 남김없이 인식된 것, 역사적인 과거로서 그의 배후에 가로 놓여 있는 계급의 극복을 의미한다. 만약 그에게 발전이 자기 자신을 마지막 깊이까지 의식하지 않는다면, 그는 정당하게 사고할 수 없으며 자기모순에 빠질 것이다. 하나의 시대가 인간의 의식 속에 파악된다는 것은 역사적 변증법에 대해서는 그 의식된 시대가 역사적으로 끝났다는 것을 의미한다. 왜냐하면 이러한 사상가의 모습은 역사적인 것에, 즉 과거와 지나가 버리는 현재로 향하고 있기 때문이다. 헤겔주의자는 마치 예언자처럼 자신이 미래를 예언할 수 있다고 믿고 있다는 통속적인 견해만큼 잘못된 견해는 없다. 헤겔주의자는 다가오는 사물을 구체적으로, 그러나 소극적으로만 오늘날 이미 역사적으로 완결된 것의 변증법적인 대립으로서 인정한다. 이에 반하여 현재까지 발전하여온 과거를 그는 자신의 지속적인 발전 속에서 바라보며, 그가 그것을 올바로 인식하고 올바로 구성한 경우에 그것은 남김 없이 인식된 것으로서 의식에 의해서 극복된 단계의 하나에 속하며, 그 마지막 때는 오고 있다는 확증을 가질 수 있는 것이다.

「불가피한 필연성」이라는 몇몇 표현법에도 불구하고, 마르크스는 다가오는 사물을 천문학자가 미래의 별자리를 계산하듯이 예측하지 못한다. 또한 그는 심리주의적인 저널리즘이 그를 비평하려고 하듯이, 다가올 파멸을 예언하는 유대적인 예언자도 아니다. 그에게 있어서 하나의 강한 도덕적인 열정이 숨쉬고 있으며, 그것이 그의 논증이나 서술방법에 영향을 미친다는 것은 인정하기 어렵지 않다. 그러나 이것도 부르주아에 대한 증오로 가득 찬 경멸이 마르크스에게만 한정하지 않듯이 그에게만 특유한 것은 아니다. 이 두 가지는 사회주의자가 아닌 많은 사람들에게도 발견된다. 마르크스의 업적은 부르주아를 귀족적이며 문학적 르상티망의 영역에서 세계사적인 인물에까지 높였다는 데에 있으며, 이 세계사적인 인물은 도덕적 의미에서가 아니라 헤겔적인 의미에서 절대적으로 비인간적인 것이어야 하는데, 그것은 그 비인간적인 자에 대립하는 것으로서 직접적인 선과 절대적으로 인간적인 것을 불러내기 위해서이다. 그것은 마치 헤겔(『현상학』 Phänomenologie II 257)이 「유대 민족에 대해서 말하듯이, 구원의 문 바로 앞에 서있기 때문에 가장 타락한 민족이다」는 것이다. 따라서 프롤레타리아트에 대해서 마르크스주의의 입장에서 말하는 것은, 단지 그것이 절대적으로 부르주아지의 부정이 되리라는 것뿐이며, 프롤레타리아의 미래 국가에서는 어떻게 보일 것인가를 상세하게 묘사하는 것은 비과학적인 사회주의가 될 것이다. 프롤레타리아트에 관한 모든 것이 부정적으로만 규정된다는 것은 하나의 체계적 필연이다. 이것을 완전히 망각한 때에만 프롤레타리아트를 적극적으로 규정한다는 시도가 될 수 있는 것이다. 보다 정확하게 말하면 미래 사회에 대해서는 거기에는 어떠한 계급대립도 존재하지 않으며, 또 프롤레타리아트에 대해서 그것은 잉여가치에 참여하는 것이 아니며 소유도 없고 가족도 조국도 알지 못하는 사회계급이라고 말할 뿐이다. 프롤레타리아트는 사회적 무가 된다.50) 그들에게 타당해야 하는 것은, 그들은 부르주아와의 대립에서 인간 이외의 아무것도 아니라는 것, 여기에서 변증법적인 필연성을 가지고 생기는 것은 그들은 과도기에는 계급소속자일 수밖에 없다는 것, 즉 바로 인류에의 대립을 이루는 계급으로 화하지 않으면 안 되는 것이다. 계급대립은 모든 대립이 절대적으로 극복되고 순수하게 인간적인 것으로 해소하기 위해서는 절대적 대립이 되어야 한다.

마르크스주의의 자기보증

그러므로 마르크스주의의 과학적 확실성은 프롤레타리아트에 대해서 그것이 경제적으로 부르주아지의 변증법적인 대립자인 한, 단지 소극적으로만 관계를 가진다. 이에 반하여 부르주아지는 적극적으로 완전한 역사성 속에서 인식되지 않으면 안 된다. 부르주아지의 본질은 경제적인 것 속에 있으므로 마르크스는 거기에서 그것을 남김 없이, 또한 그 본질에서 파악하기 위해서 그것을 경제적인 영역에까지 추구해 가지 않으면 안 되었다. 마르크스가 이에 성공하고 부르주아지를 남김 없이 인식할 수 있었다면, 그 부르주아지는 이미 역사적인 것에 속하고 완결된 것이며, 정신이 의식적으로 극복된 발전의 한 단계를 보여주는 증명이 되고 있다. 따라서 부르주아지를 올바로 분석하고 파악하는 데에 성공하느냐의 여부는 마르크스주의적 사회주의의 과학성에 대해서는 바로 생사의 문제이다. 여기에 마르크스가 경제 문제를 파고들 때에 나타낸 악마 같은

50) 이것은 결코 단순한 상투어는 아니다. 한 사회에서 사회적인 무가 가능하다면, 사회질서는 결코 존재하지 않는다는 것이 그것으로 증명된다. 그러한 진공을 포함하는 질서란 것은 결코 있을 수 없다.

정진의 가장 깊은 동기가 있다. 그러나 그가 경제적 · 사회적 생활의 자연법칙을 발견하려고 희망하였고, 더구나 그의 연구를 거의 전적으로 자본주의적 생산양식의 「고전적 장소」로서의 영국의 산업사정에만 한정한 것, 그가 항상 상품과 가치, 즉 부르주아 자본주의의 개념들에 대해서만 말하고, 따라서 낡은 고전적인 부르주아 경제학에 머무르고 있다는 데에 대해서 사람들은 그를 비난하였다. 만약 마르크스주의에 특유한 과학성이 단지 예리한 분석에만 있다면 이러한 비난은 정당할 것이다. 그러나 과학성은 여기서는 의식을 진보의 기준으로 하는 발전의 형이상학의 의식성을 의미한다. 마르크스가 항상 부르주아 경제 중에 돌입하여 가는 경탄할 관철성은, 학구적 · 이론적인(akademisch-theoretisch) 열광에서도, 반대자에 대한 기술적 · 전술적인 관심도 아니다. 그것은 철두철미 형이상학적인 강박에서 생기는 것이다. 올바른 의식은 발전의 새로운 단계가 시작하였다는 규준이다. 그렇지 않고 현실적으로 새로운 시대가 목전에 절박하지 않은 경우에는 지금까지의 시대, 즉 부르주아지를 올바르게 인식할 수는 없다. 반대로 그것이 올바르게 인식된다는 것은 그 시대가 이미 종말을 고하고 있다는 증거이다. 헤겔주의적인, 따라서 또한 마르크스주의적인 확실성의 자기보증은 그러한 순환 중에서 성립한다. 즉 발전의 진행을 올바르게 통찰함으로써 프롤레타리아트의 역사적 시대(der historische Moment)가 도래하였다는 과학적인 확실성이 주어진다. 부르주아지는 프롤레타리아트를 이해할 수 없지만 프롤레타리아트는 부르주아지를 이해할 수가 있다. 그리하여 부르주아지의 시대(Epoche) 위에 황혼이 드리운다. 미네르바의 부엉이가 날기 시작하며, 이것은 이 경우 예술과 과학이 번영한다는 의미가 아니라 몰락하는 시대가 새로운 시대의 역사적인 의식의 객체가 된다는 의미이다.

마르크스주의적인, 자기를 획득한 인간성은 마지막 상태에서는 합리주의적인 교육독재가 인간성의 최후 상태라고 간주하는 것과는 구별하기 어려울 것이다. 그러나 우리들은 거기까지 사고의 발자취를 밟을 필요는 없다. 세계사까지도 자신의 구성 속에 이끌어 넣은 합리주의는 그 위대한 극적 순간을 가지게 되었지만 그 상승하는 하나의 열병을 가지고 끝나며, 그것은 계몽기의 소박한 낙관주의가 눈앞에 본 목가적인 천국을, 즉 콩도르세가 인류의 발전에 관한 그의 묘사 「계몽의 묵시록」에서 눈앞에 인정한 천국을 더 이상 직접 눈앞에서 보지는 못한다. 새로운 합리주의[마르크스주의]는 자기 자신도 변증법적으로 지양하는데, 그 앞에는 두려워할 만한 부정이 서 있다. 그때에 일어나게 되는 폭력행사는 이미 피히테의 교육독재와 같은 소박한 교단주의적인 것일 수는 없다. 부르주아는 교육시켜야 할 것이 아니라 부정되어야 할 것이다. 여기서 생기는 투쟁, 더구나 완전히 현실적인 피비린내 나는 투쟁은 근본적으로 항상 사변적인 것에 머무르는 헤겔적 구성과는 다른 사상과 정신구조를 필요로 하였다. 물론 이 헤겔적 구성은 가장 중요한 지적 요소로서 존속하고 있으며, 그것이 어떠한 긴장력을 더욱 발휘할 수 있는가 하는 것은 레닌과 트로츠키*의 거의 모든 저서에서 알 수 있다. 그러나 그것은 실제로는 이미 합리주의적이도록 동기지우기 위한 단순한 지적 도구가 되어버린 것이다. 부르주아지와 프롤레타리아트간에 불타오르는 투쟁 속에 있는 당파들은 실제의 구체적인 투쟁에 필요하게 되는, 보다 구체적인 형태를 취하지 않으면 안 되었다. 구체적 생의 철학은 이 때문에 하나의 정신적인 무기를 제공하며, 그것은 보다 깊은 — 주의주의적인, 정서적인 내지는 활력적인 — 과정들과 비교하여 모든 지적인 인식을 단지 부차적인 것이라고 보는 이론이며, 거기에서는 재래의 도덕의 서열관계, 즉 의식의 의식 없음에 대한, 이성의 본능에 대한 지배가 근본적으로 동요시키는 정신구조에 대응하는 이론이었다. 교육독재의 절대적 합리주의에 대해서와 마찬가지로, 권력분립의 상대적 합리주의에 대해서는 직접적 폭력행사라는 새로운 이론이 나타나고, 토론에 대한 신념에 대해서는 직접적인 행동의 이론이 나타났다. 그리하여 의회주의뿐만 아니라 합리주의적인 독재에도 여전히 이론적으로 보유된 민주주의는 이로써 근본으로부터 공격을 받기에 이르렀다. 트로츠키가 민주주의자 카우츠키*에 대해서 정당하게 말하듯이, 상대성의 의식 중에는 폭력을 행사하여 피를 흘린다는 용기는 발견되지 않는다.

제4장 의회주의의 적으로서의 직접적 폭력행사의 비합리주의적 이론들*

현대 의회주의의 정신사적인 상황과 의회주의 이념의 힘을 인식하기 위하여 우리들의 연구의 일관된 관심은 정치적 및 국가철학적인 경향들의 이념적 기초에 있음을 여기서 거듭 밝히는 바이다. 마르크스주의의 프롤레타리아 독재 속에 여전히 합리적인 독재의 가능성이 존재한다면, 그 직접적인 행동에 관한 이론은 모두 많던 적던 의식적으로 비합리적 철학에 입각하고 있다. 이 철학이 볼셰비키의 지배에서 나타난 현실 속에서는 정치생활에서 매우 다양한 사조와 경향들이 동시에 병행하여 작용할 수 있다는 사실을 보여 주었다. 비록 볼셰비키 정부가 정치적인 이유에서 무정부주의자를 탄압하였다고는 하지만, 볼셰비키의 주장을 사실상 움직이고 있는 사상의 복합체 속에는 확실히 아나르코생디칼리슴적*인 사상이 포함되어 있으며, 볼셰비키가 무정부주의를 근절하기 위하여 그 정치권력을 행사한다는 것은 마치 크롬웰의 수평파에 대한 탄압이 그와 그들과의 관계를 폐기한 것과 마찬가지로, 여기서도 정신사적인 결합을 부정하는 것은 아니다. 마르크스주의가 러시아의 토양 위에 아무런 장애도 받지 않고 나타났다는 것은, 아마도 거기에서는 프롤레타리아적 사고가 마르크스나 엥겔스가 여전히 아주 당연한 것으로서 그 속에서 생활하고 있던 서구적인 전통의 모든 조건, 모든 정신적 및 교양적인 관념들로부터 결정적으로 해방되었기 때문일 것이다. 오늘날 공식적인 것이 되고 있는 프롤레타리아 독재의 이론은 역사 발전을 의식한 합리주의가 어떻게 권력행사를 추구하게 되었는가 하는데 대한 하나의 좋은 예가 될 것이며, 또한 심정이나 이론이나 조직상 및 행정상의 집행 속에서도 1793년의 자코뱅적 독재와의 수많은 유사성이 인정되며, 소비에트 정부가

「프롤레트칼트」(Proletkult)라는 이름으로 창설한 교육과 교양의 조직 전체도 급진적인 교육독재의 현저한 예로 볼 수 있다. 그러나 이것으로써는 왜 바로 러시아에서 근대 대도시의 산업 프롤레타리아트의 사상이 그렇게 지배적일 수 있었던가 하는 점은 설명되지 아니한다. 그 원인은 폭력행사의 새로운, 비합리주의적인 동기가 함께 작용하고 있었다는 데에 있다. 극단적인 것으로부터 반대의 것으로 전환하는, 유토피아를 꿈꾸는 합리주의가 아니라 합리적인 사고 일반에 대한 새로운 평가, 토론에 대한 모든 신념을 배제하는 동시에 교육독재에 의해서 인간을 토론으로 성숙케 하는 것도 거부하는, 본능과 직감에 대한 새로운 신념이 함께 작용하였다는 데에 있다.

직접적 폭력행사의 이론에 관한 문헌 중 독일에 알려진 것은 로베르트 미헬즈가 번역한 (그륀베르크[Grünberg] 사회주의 주요 저작 총서에 있는) 엔리코 페리(Enrico Ferri)의 『혁명적 방법』(Revolutionäre Methode) 뿐이다. 다음에 논술하는 것은 정신사적인 관련을 가장 명백하게 제시하는 조르주 소렐(Georges Sorel)의 『폭력론』(Réflexions sur la violence)[51]에 근거를 두고 있다.* 이 책은 그 밖에도 무수한 독창적인 역사적 및 철학적 착상들의 우수함을 지니고 있으며, 정신적 선조로서 프루동 · 바쿠닌 그리고 베르그송*에 대한 신봉을 밝히고 있다. 그의 영향력은 사람들이 첫눈에 알 수 있는 것보다도 훨씬 크며, 베르그송이 유행에 뒤져있다고 해서 확실히 다 끝나버린 것은 아니다.[52] 베네데토 크로체는 소렐에 관하여 말하기를, 그는 마르크스주의적인 환상에 하나의 새로운 형식을 부여했으며, 노동자계급에서의 그 민주적인 사상은 결정적으로 승리를 거두었다고 한다. 러시아와 이탈리아에서의 사건들 이후에 사람들은 그것을 더 이상 그렇게 결정적인 것으로 받아들이기는 어려울 것이다. 소렐의 폭력에 관한 고찰의 근저에 있는 것은 하나의 직접적이고 구체적인 생활의 이론이며, 그것은 베르그송으로부터 채택되고, 두 사람의 무정부주의자인 프루동과 바쿠닌의 영향 아래 사회생활의 문제들에 전용되었다.

프루동과 바쿠닌에게 있어서 무정부주의란, 일종의 모든 종류의 체계적 통일성에 대한 투쟁이며, 현대 국가의 중앙집권화된 획일성에 대한 투쟁이며, 의회주의적 직업정치가들에 대한 투쟁이며, 관료제도, 군대와 경찰에 대한 투쟁이며, 형이상학적 중앙집권제도로서 인정되는 신의 신앙에 대한 투쟁을 의미한다. 신과 국가라는 두 개념의 유사성은 왕정복고 철학의 영향 아래 있던 프루동의 마음 속에 끊임없이 파고들었다. 그는 이 철학에 하나의 혁명적, 반국가적이며 반신학적인 방향전환을 제시하였는데, 바쿠닌은 이것을 최종적인 귀결로까지 인도하였다.[53] 구체적인 개별성, 생활의 사회적 현실성은 모든 포괄적인 체계 속에서 억압된다. 계몽시대의 열광적인 통일에의 요구는 현대 민주주

51) 인용은 제4판(4. Aufl., Paris 1919)에 의함. 최초로 발표된 것은 1906년 『사회주의운동』(Mouvement socialiste)이다.

52) 독일에서 소렐은 오늘날(1926년)에도 여전히 거의 알려져 있지 않다. 지난 수년간 무수한 저작들이 독일어로 번역되었는데, 소렐은 아마도 「영원한 대화」 때문에 무시된 것이다. 이때에 Wyndham Lewis, The art of being ruled, London 1926, p. 128에서 「조르주 소렐은 현대의 모든 정치사상을 해결하는 열쇠」라고 말하는 것은 전적으로 타당하다(제2판을 위한 주).

53) Politische Theologie, S. 45 (역서, 52면).

의의 통일과 동일성 못지않게 전제적이다. 통일성은 노예제이다. 모든 전제적인 제도는 현대 민주주의에서처럼 보통선거권에 의해서 강제되는 것과는 관계없이, 중앙집권주의와 권위에 입각하고 있다.[54] 바쿠닌은 신과 국가에 대한 이와 같은 투쟁에 주지주의(主知主義)*와 아울러 교양의 전통적 형식 일반에 대한 투쟁의 성격을 부여하였다. 그는 충분한 근거를 가지고 오성을 원용하는 것 속에 하나의 운동의 머리가 되고 두뇌가 되는 요구를, 즉 또한 하나의 새로운 권위를 인정한다. 과학이라 할지라도 지배할 권리를 가지고 있지 않으며, 생명이 아니며 아무것도 창조해 내지 못한다. 과학은 구성하고 보존하나 단지 보편적인 것, 추상적인 것만을 이해할 뿐이며 개인의 개별적인 풍만함을 그의 추상화의 제단 위에 바치고 있다. 예술은 인류의 생활을 위해 학문보다 더 중요하다. 바쿠닌의 그러한 표현들은 베르그송의 생각과 놀랍게도 일치하며 정당하게 중요시되었다.[55] 사람들은 노동조합과 그것의 독특한 투쟁방법, 그리고 특히 동맹파업의 의미를 노동자계급의 직접적, 내재적인 생활 자체로부터 인식하였다. 그리하여 프루동과 바쿠닌은 생디칼리슴의 창시자가 되었다. 이러한 전통에서 소렐은 베르그송의 철학에서 따온 논의에 입각하여 그의 사상을 형성하였다. 그 논의의 핵심에는 신화의 정치이론이 존재한다. 그것은 절대적인 합리주의와 그 독재에 대한 가장 심한 대립을 의미한다. 뿐만 아니라 그것은 직접적 · 능동적 결단의 이론이기 때문에 균형화, 공개토론 그리고 의회주의와 같은 관념들로 어우러진 전체 집단의 상대적인 합리주의와의 극심한 대립을 의미한다.

위대한 역사상의 활동력이 되는 모든 행동하는 힘과 영웅주의의 힘은 신화에의 견인력 속에 있다. 소렐에게 있어서 그러한 신화들의 예는 다음과 같다. 즉 그리스인에게 있어서의 명예와 명성에 대한 관념, 혹은 고대 기독교에 있어서의 최후의 심판에 대한 기대, 프랑스 대혁명 기간 동안의 덕(vertu)과 혁명의 자유에 대한 신념, 그리고 1813년의 독일 해방전쟁 때의 국민적인 감격 등이다. 한 민족이나 다른 사회적 집단이 하나의 역사적 사명을 가지고 있는지, 그리고 신화의 역사적인 계기가 나타났는가의 여부에 관한 그 판단의 기준은 신화 속에 있다. 위대한 열광, 위대한 도덕적인 결단과 위대한 신화는 어떤 이성적 판단이나 합목적적인 고려에 기인하는 것이 아니라, 순수한 본능의 깊이에서 생겨난다. 열광한 대중은 직접적인 직관에 의해서 신화적 관념을 창조한다. 이 관념이야말로 그들의 활력을 추진시키며, 순교에의 힘과 아울러 폭력행사에 대한 용기를 그들에게 부여한다. 이와 같이해서만 한 민족이나 한 계급은 세계사의 추진력이 된다. 이러한 관념이 결여된 곳에서는 어떠한 사회적 · 정치적인 권력도 유지될 수 없으며, 또한 어떠한 기계적인 장치도 사회생활의 새로운 조류가 해방된 때에 그 방파제가 될 수는 없는 것이다. 따라서 모든 것은 오늘날 어디에서 신화에 대한 이러한 능력과 생명력이 실제로 생동하고 있느냐에 달려 있다. 이러한 능력은 현대의 부르주아지, 즉 금전과 소유에 대한 근심과 불안

54) Bakunin, Oeuvres t. IV, Paris 1910, p. 428 (1872년의 마르크스와의 논쟁), II p. 34, 42 (새로운 허구로서의 국민투표).

55) Fritz Brupbacher, Marx und Bakunin, ein Beitrag zur Geschichte der internationalen Arbeiterassoziation (ohne Jahreszahl), S. 74 ff.

때문에 타락하고, 회의론 · 상대주의 그리고 의회주의에 의해서 정신적으로 손상된 사회 계층에서는 물론 그것을 발견할 수 없을 것이다. 이러한 계층의 지배형태인 민주주의는 단지 하나의 「선동적인 금권정치」일 뿐이다. 그렇다면 도대체 오늘날 그 위대한 신화의 담당자는 누구인가? 소렐은 산업 프롤레타리아의 사회주의적 대중만이 하나의 신화를 가지고 있으며, 그것은 그들이 믿고 있는 총동맹파업 속에 있다는 것을 증명하려고 한다. 총동맹파업이 오늘날 실제로 무엇을 의미하는가는, 프롤레타리아가 어떠한 신념을 여기에 결부시키며, 그 파업이 어떤 행위와 희생을 위해 프롤레타리아를 감격시키며, 그 파업이 하나의 새로운 도덕을 만들어낼 수 있는가의 여부에 비한다면 훨씬 덜 중요하다. 이리하여 총동맹파업에 대한 신념과 그 믿음을 통해서 생기는 모든 사회적 · 경제적 활동의 엄청난 파멸은 따라서 사회주의의 생명에 속한다. 이 신념은 대중 자체로부터, 산업 프롤레타리아 생활의 직접적인 것으로부터 생겨났다. 그리고 그것은 지식인이나 문필가가 발견한 유토피아로서 생겨난 것이 아니다. 즉 소렐에 의하면, 유토피아는 하나의 합리주의 정신의 산물이며, 기계적인 도식에 따라서 생활을 외부로부터 지배하려는 것이기 때문이다.

이러한 철학의 관점에서는 모든 자에게 이익을 부여하고, 좋은 장사를 하도록 만드는 평화적 협약이라는 부르주아적인 이상은 비겁한 주지주의의 소산이 되며, 토론하고 상담하고 토의하는 것은 신화에 대한 하나의 배신행위로 간주되고, 무엇보다도 가장 중요한 위대한 감격에 대한 배신행위로 보인다. 균형의 상업적인 관념에는 또 하나의 관념이 대립한다. 즉 피비린내 나는 · 결정적인 · 파괴적인 결전의 호전적인 관념이다. 의회주의적 입헌주의에 대하여 이러한 관념은 1848년에는 두 가지의 측면에서 나타났다. 즉 보수적인 의미에서의 전통적 질서라는 측면에서는 스페인의 가톨릭교도인 도노소 코르테스*가, 그리고 급진적인 아나르코 생디칼리슴의 측면에서는 프루동이 대표로서 나타난다. 양자는 모두 결단을 요구하였다. 이 스페인 사람의 사상 전체는 커다란 투쟁(la gran contienda), 눈앞에 임박한 가공할 파국을 핵심으로서 전개한다. 그리고 이 파국은 토론으로 일관하는 자유주의의 형이상학적 나약함에 의해서만 부정될 수 있는 것이다. 그리고 프루동의 사상에 대해서 여기서는 그의 『전쟁과 평화』(La Guerre et la Paix)라는 저서가 특징적인데, 그는 이 책에서 반대자를 근절하는 나폴레옹적 전투에 대해서 말하고 있다. 피비린내 나는 투쟁에 필요한 모든 폭력행사와 권리침해는, 프루동에 의하면 역사적 재가를 얻은 것이다. 의회주의적으로 처리가능한 상대적 대립 대신에, 이제 절대적 대립이 나타난다. 「철저한 부정과 절대적인 긍정의 날이 도래한다」. 의회의 토론도 결코 이것을 저지할 수는 없다. 본능에 유혹된 민중은 궤변가의 연단을 때려 부숴 버릴 것이다.[56] — 이러한 도노소의 말은 모두 무정부주의자는 민중의 본능 편에 있다는 점만이 다를 뿐 소렐의 표현 그대로이다. 도노소에 있어서 급진적인 사회주의는 자유주의적인 토론*보

56) "Llegua el dia de las negaciones radicales o de las afirmaciones soberanas"; Obras IV p. 155 (가톨릭주의 · 자유주의 그리고 사회주의에 관한 논문 중에서).*

다도 위대한 그 무엇이 있다. 왜냐하면 그것은 최종적인 문제들에 거슬러 올라가서 근본적인 문제들에 결정적인 해답을 제시하기 때문이며, 그것은 하나의 신학을 가지고 있기 때문이다. 여기서 프루동은 1848년 당시 그가 가장 인구에 회자한 사회주의자이며, 몽탈랑베르가 그에 반대하여 유명한 의회 연설을 하였기 때문에 반대자인 것이 아니라, 바로 근본적인 원칙을 철저하게 대표하였기 때문에 반대자인 것이다. 이 위대한 스페인 사람은 정통주의자의 우둔한 단견과 부르주아지의 비겁한 교활함에 실망하였다. 그는 사회주의에서만 그가 본능(el instinto)이라고 부른 것을 인정하고, 거기에서부터 오랫동안 모든 당파가 사회주의를 위하여 활동하게 될 것이라는 결론을 도출하였다. 이리하여 그들의 대립은 다시 정신적인 거리를 두고 자주 종말론적인 긴장에 도달하였다. 그러나 헤겔적 마르크스주의의 변증법으로 구축된 긴장과는 달리, 여기서 문제로 되는 것은 신화적 관념의 직접적, 직관적인 대립이다. 마르크스는 그 높은 헤겔 철학의 교양으로부터 프루동을 철학의 아마추어로 취급하고, 프루동이 헤겔을 어느 정도 나쁘게 오해하였는가를 잘 보여줄 수 있었다. 오늘날 급진적 사회주의자는 현대 철학에 힘입어 마르크스에게 다음과 같이 말할는지도 모른다. 가련하고 질책 받은 프루동은 여하튼 노동하는 대중의 현실 생활에 대한 본능을 소유하고 있었으나, 마르크스는 이 점에서는 단순한 학교교사에 불과하며, 서구적 · 부르주아적인 교양에 대한 주지주의적인 과대평가에 몰두하고 있었다라고. 도노소의 눈에 사회주의적 무정부주의자는 악령, 악마이며, 프루동에 대해서 이 가톨릭교도는 광신적인 한 심문관이었다. 이것을 그는 비웃으려고 하였다. 여기에 두 사람의 반대자가 있었던 것, 또한 다른 것이 일시적인 불충분함이었다는 것을 오늘날에는 쉽게 인식할 수 있다.57)

투쟁과 전투에 결부되는 전투적이며 영웅적인 관념들은 모두 소렐에 의해서 강렬한 생명의 진정한 충동으로서 다시 진지하게 다루어졌다. 프롤레타리아트는 계급투쟁을 의회의 연설이나 민주적인 선거의 선전 표어로서가 아니라 현실적인 투쟁으로서 진지하게 받아들여야 한다. 그는 계급투쟁을 과학적인 구성이 아니라 생명의 본능에서 파악하며, 더구나 결전에 대한 용기를 불어넣는 위대한 신화를 창조하는 것으로서 이해한다. 따라서 사회주의와 그 계급투쟁의 사상에 대해서는 직업정치인이나 의회 활동에 대한 참가만큼 위험한 것은 없다. 이러한 것들은 위대한 열정을 요설과 음모 속에 소모시키고, 도덕적 결단의 원천인 순수한 본능과 직관을 말살해버린다. 인간의 생명에서 가치 있는 것은

57) 제 2판을 위한 주: 나는 **서구적 문화권의 내부에서의** 두 사람의 본래의 반대자를 추가하지 않으면 안 된다. 프루동은 여전히 전적으로 재래의 도덕적 전통에 입각하고 있었다. 그의 이상은 철저한 무정부주의에는 모순되는, 엄밀하게 **가장권**(patria potestas)에 입각한 일부일처제의 가족이었다. 이에 대해서는 나의 『정치신학』(1922, S. 55; 역서, 64면)을 참조. 서구적 문화의 모든 재래의 개념의 본래의 적수는 러시아인에게서 처음으로, 특히 바쿠닌에서 나타난다. 프루동과 조르주 소렐은 — 이 점에서 나는 윈담 루이스(Wyndham Lewis, a. a. O. S. 360)를 정당하다고 생각하는데 — 두 사람 역시 「로마인」이며 결코 러시아인과 같은 무정부주의자는 아니다. 윈담 루이스가 마찬가지로 순수한 무정부주의자로 명명하는 장 자크 루소도 나에게는 낭만주의자이며, 따라서 국가와 가족에 대한 그의 관계도 낭만적인 기회주의(Okkasionalismus)의 예로서만 판단해야 하기 때문이다.

이치(理致)에서 나오지 않는다. 그것은 전쟁상태에서 위대한 신화적 형상에 고무되어 투쟁에 참가하는 인간에게서 생겨난다. 그것은「사람들이 참가하는 것을 긍정하고 명백한 신화의 형태로서 나타나는 전쟁상태」(Réflexions, p. 319)에 좌우된다. 전투적, 혁명적인 감격, 가공할 파국에 대한 기대는 생명의 내적 집중에 속하며 역사를 움직인다. 그러나 그 비약은 대중 자체에서 나와야 하며, 이데올로그나 지식인들은 그것을 발견할 수 없다. 1792년의 혁명전쟁은 그와 같이 발생하였으며, 소렐이 르낭과 함께 19세기 최대의 서사시라고 축복한 시대, 즉 1813년의 독일 해방전쟁도 그와 같이 생겨났다. 이름 없는 대중의 비합리적인 생명의 에너지로부터 모든 영웅적 정신이 생겨나는 것이다.

모든 합리주의적인 해석은 생명의 직접성을 왜곡할 것이다. 신화는 결코 유토피아가 아니다. 왜냐하면 유토피아는 추리적인 사고의 산물이며, 고작해야 개혁으로 인도할 뿐이기 때문이다. 또한 전투적인 약동을 군국주의와 혼동해서는 안 된다. 특히 이러한 비합리성의 철학에서의 폭력행사와 독재는 다른 것이어야 한다. 소렐은 프루동과 마찬가지로 모든 주지주의, 모든 중앙집권화, 획일화를 증오하면서도 프루동처럼 가장 엄격한 규율과 도덕을 요구한다. 위대한 전투는 소렐에 의하면, 과학적인 전략에 의해서만 이루어지는 것은 아니며,「영웅적인 무훈」의 집적이며, 봉기한「대중 속에서의 개인적인 힘」(Réflexions, p. 376)의 해방이다. 창조적인 폭력은 열광적인 대중의 자발성에서 나타나듯이, 따라서 또한 독재와는 다른 것이다. 합리주의와 거기에서 나오는 모든 일원론, 중앙집권화와 획일성, 나아가「위인」에 대한 부르주아적 환상은 소렐에 따르면 독재에 속한다. 이러한 것의 실제적인 귀결은 조직적인 압제, 사법(司法)의 형식을 빌린 잔인성이며, 기계화된 도구이다. 독재는 합리주의적인 정신에서 생긴 군사적 · 관료적 · 경찰적인 기구 이외에 아무것도 아니며, 이에 반하여 대중의 혁명적인 폭력행사는 직접적인 생명의 표현이며, 빈번히 거칠고 야만적이지만 결코 조직적으로 잔인하거나 비인간적인 것은 아니다.

프롤레타리아트의 독재는 정신사적인 관련을 인정하는 모든 사람과 마찬가지로 소렐에 대해서도 1793년의 반복이다. 수정주의자 베른슈타인이 프롤레타리아트의 독재는 아마 연설가와 문필가 클럽이 될 것이라는 의견을 말하였을 때, 그도 또한 1793년의 모방이라는 것을 생각하고 있었다. 그러나 소렐은 그에게 다음과 같이 반박하였다. 즉 프롤레타리아트의 독재라는 관념은 구제도로부터의 유산이다. 이 독재의 결과는 자코뱅주의자가 행하였듯이, 새로운 관료적 · 군사적 기구를 낡은 그것에 대체하려는 것이다. 그것은 지식인과 이데올로그의 새로운 지배일 것이지만, 그러나 결코 프롤레타리아의 자유는 아닐 것이다(Réflexions, p. 251). 엥겔스는 프롤레타리아트의 독재에서도 사태는 1793년의 그것과 하등 다를 바가 없을 것이라고 서술하고 있는데, 소렐의 눈으로 본다면 그도 역시 전형적인 합리주의자이다.[58] 그러나 그렇다고 하여 프롤레타리아 혁명에서 수정주의적 · 평화주의적 · 의회주의적으로 일을 진행해야 한다는 결론은 나오지 않는다.

58) Matériaux d'une théorie du prolétariat, Paris 1919, p. 53.

오히려 부르주아 국가의 기계적으로 집중화된 권력 대신에 창조적인 프롤레타리아의 폭력이, 「위력」(force) 대신에 「폭력」(violence)이 나타난다. 후자는 단순한 전투행위이며, 법적 내지 행정적으로 형성된 조치는 결코 아니다. 마르크스는 여전히 재래의 정치적 관념 속에 생활하고 있었기 때문에 이 구별을 알지 못하였다. 프롤레타리아적이며 정치적이 아닌 노동조합과 프롤레타리아의 총파업은 낡은 정치적 및 군사적 수단의 반복을 완전히 불가능하게 만드는 새로운 투쟁수단을 만들어낸다. 따라서 프롤레타리아트에 대해서는 그들이 그 투쟁수단을 의회민주주의에 의해서 빼앗기거나 또는 마비시킨다는 위험만이 단 하나의 위험인 것이다(Réflexions, p. 268).

이와 같이 완전히 결정적으로 비합리주의적인 이론을 반박하려고 한다면,[59] 많은 모순을 지적하여야 하는데, 이것은 추상적인 논리라는 의미에서의 결함이 아니라, 비유기적인 모순에 속한다. 먼저 소렐은 프롤레타리아적인 입장에서 순수 경제적인 기반을 유지하려고 하며, 그에게는 마르크스에 대한 많은 반론이 있음에도 불구하고 항상 결정적으로 마르크스로부터 출발한다. 그는 프롤레타리아트가 경제적 생산자의 모럴을 창조하기를 희망한다. 계급투쟁은 경제적 기반에 대하여 경제적 수단을 가지고 투쟁하는 것이다. 마르크스가 체계적 · 논리적인 필연성에서 경제적인 영역에까지 그 적수인 부르주아지를 추구한 것은 앞 장에서 제시하였다. 따라서 여기서는 적수가 투쟁이 행해지는 지반과, 나아가 무기, 즉 논증의 구조를 규정한 것이다. 만약 부르주아를 경제적인 영역에까지 추구해 간다면, 그를 민주주의와 의회주의의 영역에서도 추구해야 할 것이다. 그 뿐만 아니라 당면한 적어도 경제적인 영역에서는 부르주아 경제학의 경제적 · 기술적인 합리주의 없이 행동하는 것은 불가능할 것이다. 자본주의 시대에 만들어진 생산기구는 하나의 합리주의적인 합법칙성을 포함하고 있다. 이것을 타파하는 용기는 확실히 신화에서 만들어질 것이다. 그러나 소렐도 당연히 의욕하듯이, 이 기구가 다시 진전하고 생산이 더욱더 고양되어야 한다면, 프롤레타리아트는 그 신화를 단념하지 않을 수 없게 된다. 부르주아지와 마찬가지로, 그도 생산기구의 우위에 의해서 합리적 · 기계주의적인 신화 없는 상태에 이끌려 들어가게 된다. 이 점에서 마르크스는 그가 보다 합리주의이었기 때문에 결정적인 의미에서 보다 정합적이었다. 그러나 비합리적인 입장에서 본다면, 부르주아지보다 더욱 경제적이며, 더욱 합리주의적일 것이라는 것은 하나의 배반이었다. 바쿠닌은 아주 정당하게도 이것을 느끼고 있었다. 마르크스의 교양과 사고방법은 전통적

---

59) 소렐이 베르그송의 철학에 의거하고 있다는 이유에서 소렐에 대한 반론을 도출할 수는 없을 것이다. 그는 구체적 생명의 철학을 그의 반정치적인, 즉 반지성주의적인 정치이론의 근저에 두고 있다. 이와 같은 철학은 헤겔주의와 마찬가지로 구체적인 생활 속에 다양한 적용의 가능성이 있다는 것을 보여주고 있다. 베르그송의 철학은 프랑스에서는 보수적 전통, 즉 가톨릭주의에의 복귀와 아울러 급진적, 무신론적인 무정부주의에 동시에 기여하였다. 이것은 결코 내면적 허구성의 징후는 아니다. 이 현상은 좌우 헤겔주의자의 대립에 하나의 흥미 있는 유추가 되고 있다. 철학이 활발한 대립을 조성하고, 투쟁하는 대립자를 생생한 적으로서 구별한다면, 그 자신 현실적인 생명을 가진다고 말할 수 있을 것이다. 이러한 관점에서 본다면, 의회주의의 반대자만이 베르그송 철학으로부터 이러한 활동이 고취되었다는 사실은 주목할 만하다. 19세기 중엽의 독일 자유주의는 이와는 반대로 생명의 개념을 바로 의회주의적 · 입헌주의적인 제도를 위하여 이용하고, 의회를 사회생활의 대립들의 생생한 담당자로서 보았던 것이다.

인 것, 즉 당시의 부르주아적인 것 속에 머물러 있었다. 그럼에도 불구하고 그는 바로 부르주아에 관하여 그가 구성한 이론에 의해서 소렐이 말하는 의미에서의 신화에 대해서 불가결한 공헌을 하였다.

신화이론의 커다란 심리적 및 역사적인 의의는 결코 부정될 수 없을 것이다. 헤겔 변증법이라는 수단에 의해서 기도된 부르주아에 대한 이론도 증오와 모멸의 모든 감정을 쌓이게 하는 반대자의 모습을 만들어 내는 데에 기여하였다. 나는 이러한 부르주아 모습의 역사는 부르주아 그 자체의 역사에 못지 않게 중요하다고 생각한다. 처음에 귀족에 의해서 묘사된 그들의 풍자적인 모습은 19 세기에는 낭만주의적인 예술가나 문학자에 의해서 더욱더 진전되었다. 스탕달의 영향이 널리 미친 이후에는 모든 문필가는 부르주아지를 경멸하고, 그들이 부르주아에 의해서 생활하는 경우에도 예를 들면 보엠(Boheme)을 쓴 뮈르제(Murger)*처럼, 그 작품이 부르주아적 공중의 애독서가 된 경우에도 변하지 아니하였다. 그러한 희화보다도 중요한 것은 이와 같은 부르주아 모습에 항상 새로운 생명을 부여한 보들레르와 같이, 계급으로부터 탈락한 천재의 증오이다. 프랑스에서 프랑스의 문학자에 의해서 프랑스의 부르주아에 대해서 만들어낸 이러한 모습을 마르크스와 엥겔스는 세계사적인 이론구성의 차원에서 다루었다. 그들은 거기에 전사적(前史的)인, 계급으로 분열된 인류의 최후의 대표자, 인류 일반의 최후의 적, 최후의 인류의 증오(odium generis humani)라는 의미를 부여하였다. 그리하여 이 형상은 무한하게 확대되고 커다란, 단순히 세계사적일 뿐만 아니라 형이상학적이기까지 한 배경과 함께 동방(러시아)에 전해지게 되었다. 여기에서 그것은 서구 문명의 복잡성 · 인위성 · 주지주의에 대한 러시아인의 증오에 새로운 생명을 불어넣고, 스스로도 이 증오로부터 새로운 생명을 획득할 수 있었다. 러시아의 토양에서는 이러한 형상이 창조한 모든 힘이 결합하였다. 러시아인과 프롤레타리아의 양자는 이제 부르주아 속에 흉악한 기계처럼, 그들의 생활을 압제하려고 하는 모든 것의 화신을 보았던 것이다.

이 형상은 서방으로부터 동방으로 이전되었다. 그러나 여기서 신화는 이미 순수하게 계급투쟁의 본능으로부터 생기는 것이 아니라 강력한 국민적인 요소를 포함함으로써 확립되었다. 소렐은 일종의 유언으로서 그의 『폭력론』 마지막 판(1919년)에서 레닌을 위한 변명을 첨가하였다. 소렐은 레닌을 사회주의가 마르크스 이후에 가진 최대의 이론가라 부르고, 정치가로서의 그를 피요트르(Peter) 대제와 비교하였는데, 오늘날에는 이전과는 반대로 서구의 주지주의가 이미 러시아를 동화시킨 것이 아니라, 오히려 반대로 프롤레타리아적 폭력행사가 여기서는 적어도 하나의 것, 즉 러시아가 다시 러시아적으로 되고 모스크바도 다시 수도가 되고, 그리고 서구화되어 자기 나라를 경멸하는 러시아의 상층계급이 근절되었다는 것을 이루었다. 프롤레타리아적 폭력행사는 러시아를 다시 모스크바적인 것으로 만들었다. 국제적인 마르크스주의자로부터 그것을 듣는다면, 그것은 주목할만한 찬사이다. 왜냐하면 그것은 민족적인 것의 힘이 계급투쟁의 신화의 힘보다도 크다는 것을 보여주기 때문이다.

소렐이 지적하는 그 밖의 신화의 예도 근대에 속하는 한, 보다 강한 신화는 민족적인 것 속에 있음을 증명한다. 프랑스 국민의 혁명전쟁, 스페인과 독일의 나폴레옹에 대한 해방투쟁은 민족적인 힘의 징후이다. 민족적 감정 속에 다양한 민족의 다양한 요소가 각각 매우 다른 방법으로 작용한다. 예컨대 종족과 혈통이라는 보다 자연스러운 관념, 외견상 켈트 · 로만 종족에게 비교적 · 전형적으로 보이는 지역주의(terrisme)*와 같은 것들이다. 나아가 언어 · 전통 · 공동의 문화와 교양의 의식, 운명공동체의 의식, 이질적이라는 그 자체에 대한 감수성 — 이러한 모든 것들은 오늘날에는 계급적 대립의 방향에서 움직인다. 이 양자는 결합할 수도 있으며, 그 예로서는 새로운 아일랜드의 민족의식의 순교자 패드레익 피어스*와 아일랜드의 사회주의자 콘놀리*와의 우정을 들 수 있을 것이다. 양자는 모두 1916년의 더블린 반란의 희생으로 사망하였다. 또한 공통된 이념상의 적수가 주목할 만한 일치를 보이는 경우도 있다. 예컨대 프리메이슨*에 대한 파시즘의 공격은 「급진적 부르주아지에 의한 노동자 계급에 대한 가장 악랄한 기만」60)이라는 프리메이슨에 대한 볼셰비키의 증오와 일치한다. 그러나 두 개의 신화가 공공연하게 대립하는 곳, 이탈리아에서는 오늘날까지 항상 민족적인 신화가 승리를 거두어왔다. 이탈리아 파시즘은 그들의 적인 공산주의를 가장 혐오하는 모습, 즉 볼셰비즘의 몽고적인 얼굴로 묘사하였다. 이 묘사는 사회주의적인 부르주아 모습보다도 더욱 강한 인상을 주며, 더욱 강한 감정을 불러 일으켰다. 신화를 의식적으로 원용함으로써 민주주의와 의회주의가 경멸되고 등한시된 예는 지금까지 단 하나뿐이다. 그것은 민족적인 신화의 비합리적인 힘의 예시였다. 로마로 진군하기 직전인 1922년 10월 나폴리에서 행한 연설에서 무솔리니는 이렇게 말했다. 「우리들은 하나의 신화를 창조하였다. 이 신화는 신념이며, 고귀한 열정이며, 어떤 현실적인 것을 필요로 하지 않는다. 그것은 충동이며, 희망이며, 신앙이며, 용기이다. 우리들의 신화는 민족이다. 우리들이 구체적인 현실로 만들려는 위대한 민족이다」. 이때의 연설에서 그는 사회주의를 열등한 신화라고 부른다. 당시와 마찬가지로 16세기에도 역시 한 사람의 이탈리아인이 정치적인 현실의 원칙을 선언하였다. 따라서 이러한 예의 정신사적인 의의가 큰 까닭은 이탈리아라는 토양에서의 민족적인 열정이 지금까지의 민주주의적 내지 의회주의적 · 입헌주의적인 전통을 지니고 있었던 점과, 앵글로 색슨적 자유주의의 이데올로기에 의해서 완전히 지배되고 있는 것처럼 보였기 때문이다.

신화의 이론은 의회주의적 사상의 상대적인 합리주의가 자명한 이치를 상실하였다는 것을 나타내는 가장 강력한 표현이다. 무정부주의적인 저작자들이 권위와 통일에 대한 적개심에서 신비적인 것의 의의를 발견하였다고 한다면, 그들은 무의식중에 새로운 권위의 기초지움, 따라서 질서, 규율, 그리고 위계제도에 대한 새로운 감정의 기초지움에 협력하고 있었다. 물론 이러한 비합리성의 이념적인 위험성은 크다. 마지막의, 적어도 약간의 흔적에서 존재하는 공속성(共屬性)은 무수한 신화의 다원주의에서 폐기된다.

60) 제3 인터내셔널 제4차 세계대회에서의 프리메이슨에 대한 트로츠키의 말(1922년 12월 1일).

모든 신화가 다신론적인 것처럼, 이것은 정치신학에 대해서 다신론이다. 그러나 현재의 강한 경향으로서는 그것을 무시할 수는 없다. 아마 의회주의적 낙관론은 이 운동을 상대화하는 것을 바라며, 파시스트 이탈리아에서처럼 모든 것을 참고 견디는 토론의 부활을 기대할 수 있다고 생각할 것이다. 그리고 단지 토론만 할 수 있는 한, 아마도 토론 자체를 토론에 부칠 것을 바랄 것이다. 그것도 의회주의적 낙관론이 그 기초에 대해서 이러한 공격을 받고서는 자기를 대신할 아무런 대용물도 여전히 없다는 것을 언급할 수밖에 없는 경우에, 그러니까 그 낙관론이 반의회주의 이념에 대해서 「의회주의 ― 그 밖에 무엇이 있는가?」라고 반론할 뿐인 경우에는 충분하지 못할 것이다.

독재 (1926)*

독재란 특히 전쟁과 반란과 같은 비정상적인 사태(abnormer Zustand)를 극복할 목적으로 법적인 제한에서 해방된 국가권력을 행사하는 것이다. 따라서 독재개념에 대해서 중요한 것은 독재를 통해서 재건되거나 또는 인도하게 되는 정상적인 상태에 관한 관념이며, 나아가 비정상적인 사태를 제거하기 위해서 철폐(정지)되는 일정한 법적 제한이라는 관념이다. 명령이 내려지거나 지배가 실시되는 장소라면 어디서든지 독재가 무릇 문제가 되는 애매하고 일반적인 용어법에 더하여, 이 독재라는 개념은 19세기에 일반 국법학과 정치상의 개념으로서 발전해 왔다. 이 발전은 독재라 불린 로마 국법상의 제도에 단서를 발한다.

1. 로마법에서의 독재

리비우스(2, 18)에 의하면, 최초의 독재자(딕타토르)로서 등장한 것은 발레리우스(기원전 505년) 또는 라르티우스(T. Lartius; 기원전 501년)였다. 라르티우스에 대해서는 키케로도 『국가론』(De re publica, 2, 56)* 속에서 언급하고 있다. 전승, 특히 리비우스의 기술에 의하면, 독재는 제1의적으로 평민에 대한 국내정치상의 투쟁에 즈음한 하나의 수단이었던 것으로 생각된다. 그러나 반란을 진압하기 위한 독재와 같은 그 이전의 사례가 진실이었는지의 여부에 대해서는 의문이다. 솔타우에 의하면, 기원전 272년에 실시된 호르텐시우스에 의한 독재 앞에 반란을 진압하기 위한 독재(dictator seditionis sedandae causa)는 존재하지 않으며, 로마의 공화제의 독재관은 비상사태에서 투입된 라틴 연방 육군의 지휘관이었다. 여하튼 이 오랜 의미에서의 독재는 시대가 지나면서 비실용적인 것이 되었다. 기원전 202년부터 82년(술라의 등장)까지 독재는 이미 등장하지 않게 되었다. 내정상의 적대자에 대한 투쟁 시의 수단으로서는 기원전 132년부터 40년까지 원로원에 의한 최종결정(das Senatus Consultum ultimum)이 실시되었다. 이것은 원로원이 「집정관(콘술)은 국가에 대해서 아무런 손해가 발생하지 않도록 배려하여야 한다」(Videant consulles, ne quid res publica detrimenti capiat)는 문언을 가지고 결정을 내리며, 국가의 안전을 위해서 노력한다는 임무를 집정관에 대해서 부여하는 것(rem publicam

---

* Diktatur, in: Staatslexikon der Görres-Gesellschaft, 1926, Sp. 1448-1453. jetzt in: G. Maschke (Hrsg.), Staat, Großraum, Nomos. Arbeiten aus den Jahren 1916-1969, Duncker & Humblot, Berlin 1995, S. 33-37.

commendare, rem publicam defendere)에 근거한다. 그 때에 이 집정관은 기존의 질서에 대한 적이라고 간주된 로마 시민에 대해서 법적인 제한을 고려하지 않고 행동할 권한을 가진다는 것이다. 기원전 82년에는 술라가 특별법에 근거하여 무기한의 독재관(dictator rei publicae constituendae)에 임명되었다. 또한 기원전 46년에 카에사르는 먼저 1년간의 기한부로 독재관이 되었다가 마침내 임기는 종신이 되었다. 이러한 독재들은 법적으로 무제한한 권력의 근거가 마련되고, 구래의 독재로부터 그 명칭만을 빌려왔을 뿐이다.

2. 르네상스 시대 이후의 독재

르네상스 시대의 정치 관련 문헌의 저자들은 독재개념을 먼저 그들에 대한 고전의 저자들과 같은 의미로 사용하였다. 특히 마키아벨리는 『티토 리비우스의 최초의 10에 관한 논구』(Discorsi sopra la prima Deca di Tito Livio, 1531)에서 리비우스에 의한 역사서술에 관련하여 독재에 관한 수많은 사례를 다루고 있다. 16세기로부터 18세기의 대부분의 저술가들처럼, 마키아벨리에게 독재란 자유로운 로마 공화제에서의 본질적인 제도였다. 국가이성과 이른바 국가비밀(Arcana)에 관한 정치문헌의 모두가 이 제도에 대한 특별한 관심을 보여주었는데, 독재 개념을 근대적인 의미로까지 확대하지는 않고 귀족적인 공화제에 특징적인 제도, 즉 평민에 대한 국내적인 투쟁 시에 세습귀족(파트리키우스)이 사용하는 수단으로서 취하고 있었다.

3. 비상사태에서의 독재

일반 개념으로서의 독재는 프랑스혁명, 특히 자코뱅주의자에 의한 이른바 독재에 의해서 마침내 정치와 국법학상의 문헌에 들어가게 되었다. 이로써 이 말은 법적인 제한을 예외적으로 제거하는 것을 의미하게 되었다. 그때에 법적인 제한의 제거의 규모와 정도와 제거할 수 있는 법의 법적 성격에 대해서는 다시 다양하였다. 「권력의 분할」이 헌법에 근거한 모든 질서에 대해서 본질적으로 필요한 것으로 다루고 있었기 때문에, 특히 이 시기 이후 독재는 권력의 분할(입법 · 행정 · 사법)을 제거하는 것으로 간주되었다. 따라서 예외적인 사태에서 부여되는 권한도 상세하게 제한하는 방향에서, 새로운 법치국가상의 발전이 나아가게 된다. 이로써 19세기에는 전쟁상태 · 계엄상태 또는 비상사태에 관하여 특별한 종류의 법률이 성립하였다. 이와 같은 전개에 관하여 전형적인 것은 1849년 8월 9일에 프랑스에서 발포된 법률, 그리고 1851년 6월 4일에 프로이센에서 발포된 계엄상태에 관한 법률이다. 비상사태의 주도권을 장악하기 위한 특별한 수단은, 집행권을 군사명령권자 또는 문민특명위원(Zivilkommisar)에게 과도적으로 부여하는 것, 나아가 신체의 자유 · 주거에 관한 권리 · 보도 · 단체 그리고 행정상의 자유의 옹호를 규정한, 어떤 종류의 헌법상의 규정을 폐지할 수 있는 것을 내용으로 하고 있었다. 또 그것은 군사명령권자 또는 특명위원의 명령제정권 외에, 살인이나 반란과 같은 특정한 형사범죄에 대한 형벌의 강화나, 특별재판소(계엄령 하에서의 즉결재판소와 전쟁재판소)의 설치를 인정하고 있었다. 그리하여 19세기가 지나는 동안에 법적으로 조직된 제도로서 비상사태의 전형적인 모습이 형성되었다. 이것은 자주 독재라고 불렸다. 동시에 이 말은 모든 법적인 규칙, 즉 예외적인 사례에서도 배려하는 전쟁상태나 계엄상태에 관한 제도에도 속박되지 않는 국가권력의 행사라는 의미로도 사용되었다.

4. 위임적 독재와 주권적 독재

비상사태에 관한 규칙의 역사적인 발전 속에서 본질적으로 두 가지 종류의 독재가 생긴다. 즉 하나는 비상사태에서의 모든 권한에도 불구하고 이미 존재하는 헌법상의 질서 틀 안에 머무르며, 그때에 독재자는 헌법에 따른 형태로 위임을 받은 것(위임적 독재)*이며, 또 하나는 법질서 전체가 제거되고 전혀 새로운 질서를 도출한다는 목적으로 독재를 하는 경우(주권적 독재)이다. 이 주권적 독재는 혁명 후에, 종래의 헌법질서가 폐지되고 새로운 헌법이 아직 발효하지 아니한 때에 법적인 제한을 받지 않고 국가권력을 행사할 수 있는 국민의회에 의해서 특히 행사된다. 이것이 근대적인 민주주의 국가에서 가장 빈번하게 보이는 주권적 독재의 사례이다(예로서는 1848년의 프랑스 국민의회, 1919년의 바이마르 헌법제정에 이르기까지의 바이마르 국민의회). 그렇지만 주권적 독재는 국민의 진정한 의사에 근거하면서, 혁명적인 정당이 국가권력을 빼앗고, 잠정적으로, 즉 국민이 자신의 의사에 근거하여 자유롭게 행동할 수 있는 상황을 창출하기까지 그것을 행사하는 것도 의미할 수 있다. 다만, 그때에 주권적 독재는 이러한 상황이 언제 나타났는가에 대해서 스스로 결정을 내린다. 따라서 헌법이 효력을 가지고 있는 한, 비록 독재자의 권한이 예외적으로 광범위할지라도 위임적 독재만을 생각할 수 있다.

5. 라이히 대통령에 의한 독재

바이마르 헌법 제48조 제2항과 5항은 비상사태에 대해서 규정하고 있으며, 제2항에 의하면, 라이히 대통령은 독일 라이히에서 공공의 안전과 질서가 현저하게 저해되거나 위험에 처한 경우에 그 공공의 안전과 질서를 회복하기 위해서 필요한 조치를 취하며, 필요한 경우에는 무장하면서 권력을 행사할 권한을 가지고 있다. 이 목적을 위해서 라이히 대통령은 잠정적으로 동 제114조 · 115조 · 117조 · 118조 · 123조 · 124조와 153조에 규정된 기본권을 전부 또는 일부 정지할 수 있다. 라이히 의회에 대해서는, 취한 모든 조치에 대해서 지체 없이 보고하여야 한다. 이러한 조치는 라이히 의회가 요구하는 경우에는 무효로 하여야 한다. 긴급한 위험이 있을 때에는 란트 정부는 자신의 관할영역에 대해서 동일한 종류의 잠정적인 조치를 취할 수 있다. 란트 정부에 의한 이 조치는 라이히 대통령 또는 라이히 의회가 요구하는 경우에는 무효로 하여야 한다. 제48조 제5항에 의하여 상세한 것은 라이히 법률로 규정하게 되어 있다. 지금까지 (1926년 6월) 이 시행법은 제정되지 않고 있다. 따라서 라이히 대통령은 동법이 제정되기까지 매우 광범위한 권한을 가지게 된다. 왜냐하면 상술한 법치국가적인 비상사태법이라는 제도에 일치하는 라이히 대통령의 권한이 규정되지 않은 채 라이히 대통령은 문제가 된 상황에 따라서 필요한 모든 조치를 취할 권한을 가지기 때문이다. 그러므로 1923년 9월과 10월에는 튀링겐과 작센에 대한 군사적인 비상사태가 제48조에 근거하여 발생하였다. 그때에 군사적 명령권자는 권력의 집행을 집행함에 있어서 작센 란트 의회의 소집조차 금지한 외에, 라이히 특명위원은 작센 란트 정부 각료로부터 각료직을 박탈한 것이다. 특히 라이히 정부는 제48조 제2항에 근거하여 라이히 대통령을 통하여 명령제정권을 행사하고 있다. 그리고 이 권리는 그 현실적인 효과에서 볼 때 일시적이지만 통상의 라이히 의회의 입법권과 아울러 행사하는 특별한 입법권이 되고 있다.

6. 프롤레타리아 독재

이 독재는 마르크스주의적인 사회주의이론에서 부르주아에 대해서, 프롤레타리아트라는 하나의 특정한 계급이 국가권력을 점유하고 행사하는 것을 의미한다. 마르크스와 엥겔스가 여러 차례 사용한 적이 있으며, 주로 1793년의 혁명적인 자코뱅 독재와의 유추에 연원을 거슬러 올라갈 수 있는 「프롤레타리아트 독재」라는 표현을 러시아의 볼셰비스트들은 국가권력의 폭력적인 탈취와, 이전의 「국가기구」의 파괴, 덧붙여 민주주의적 및 법치국가적인 원칙들에 대한 위반을 정당화하기 위해서 파악한 것이다. 마르크스주의적인 사회주의의 견해에 의하면, 모든 국가는 실제로 독재, 즉 권력기구, 그리고 어떤 계급이 다른 계급을 억압하기 위한 「기계」인 것이다. 그리고 국가권력의 행사가 법적인 형태를 취하고, 또 이에 대해서 제한이 내리는 것은 그럴듯하며, 따라서 국가와 독재는 동일하다. 그러므로 프롤레타리아트 독재는 우선은 단순히 프롤레타리아트적인 국가이며, 또한 자유주의적이며 민주적인 제도를 수반한 근대적 법치국가는 부르주아지에 의한 독재로 간주한다. 시민적이며 사회주의적인 국가로부터 공산주의적인 이상의 상태에로의 이행기에 있는 혁명적인 시기에서는 부르주아지의 저항을 분쇄하기 위해서 프롤레타리아트에 의한 국가도 또한 필요하다. 그러나 여기서도 독재란 말은 상황에 따라 무엇이 정상 상태라고 생각하는가에 따라서 다른 의미를 가진다. 즉 독재는 보통선거법에 근거하여 국민의회에 의해서 기초가 마련된 민주적 질서의 대극을 의미할 수 있는 동시에, 평화리에 행해지는 의사소통과 의회에서의 토론과는 대극적인 권력행사를 의미할 수 있다.

이상을 개관하면 독재라는 말의 의미는 항상 다음의 특정한 대립관계에서 비로소 생기게 된다.

a) 근대의 입헌국가가 이른바 권력분립, 즉 입법, 행정 그리고 사법의 분리와 기본권의 정립(신체적 자유 · 주거의 자유 · 보도의 자유 · 단체와 집회의 자유)을 통하여 규정한 공민의 자유의 헌법상의 제한과 보장에 대한 대립관계.

b) 의회에서의 토론, 즉 상호적인 교섭, 담판에 의해서 대립과 의견의 차이를 평화리에 조정하는 것에 대한 대립관계.

c) 시민적인 민주주의, 즉 계급에 의한 구별 없이 모든 시민이 정치적 권리를 행사하는 것에 대한 대립관계.

문 헌

1에 관하여: 독재에 관한 역사적 · 문헌학적으로 개별적인 독일 문헌으로는 Fr. Bandel, Die römischen Diktatur (Breslauer Diss., 1910); W. Soltau, Ursprung der Diktatur, in Hermes, Zeitschrift für klassischen Philologie II, 352 ff.; Plaumann, Klio 1913, 321 ff., Mommsen, Römisches Staatsrechts III 1242; Schiller-Vogt, Römischer Altertümer, im Handbuch der klassischen Altertümswissenschaft IV, 2, S. 58 und in Pauly-Wissowa, Real-Lexikon. 2에 관하여는 C. Schmitt, Die Diktatur von den Anfängen des modernen Staatsgedankens bis zum proletarischen Klassenkampf (1921)(김효전 옮김, 『독재론: 근대 주권사상의 기원에서 프롤레타리아 계급투쟁까지』, 법원사, 1996 참조). 5에 관하여는 Die Diktatur des Reichspräsidenten; Referate von C. Schmitt und E. Jacobi, in Heft 1 der Veröffentlichungen der Vereinigung deutschen Staatsrechtslehrer (1924)(슈미트의 보고는 전술한 『독재론』에 재수록. 야코비의 보고는 김상겸 옮김, 바이마르 헌법 제48조에 의한 제국대통령의 독재, 『헌법학연구』 제7권 2호(2001). - 6에 관하여는 무수한 문헌이 있으나 Lenin, Staat und Revolution (deutsch. 1918)(문성원 · 안규남 옮김, 『국가와 혁명』, 아고라, 2013). 사회민주당의 입장은 Karl Kautsky, in "Terrorismus und Kommunismus"(1919)가 대표적이다.*

바이마르 헌법 제48조 시행법(이른바 독재법) (1926)*

이상한 사태를 배제하기 위해서는 이상한 수단이 필요하다고 자주 반복해서 서술해왔는데, 이것은 위험한 소요를 두려워하거나 또는 전체적으로 말하여 평온한 시기가 도래한다고 믿음으로써 매우 다양하게 해석되고 있다. 그러나 여하튼 비상사태에서의 권한을 가능한 상세하게 한정하고, 전쟁상태, 계엄상태 또는 비상사태란 이름 아래 한편으로는 비상권한을 근거지우는 동시에 다른 한편으로는 무제한한 독재를 방지하려는 일련의 전형적인 제도를 두는 것은 19세기에서의 법치국가적 사고에 일치한다.* 바이마르 헌법은 이 어려운 문제를 피해갈 수 없었다. 「전쟁상태」라는 현실(1851년 발효한 계엄상태법 그리고 1912년 발효한 바이에른 전쟁상태법에 따른)*은 1919년 당시 아직 기억에 새로웠다. 동시에 당시의 독일은 매우 위험한 상황이었으며, 거기에서의 주도권을 장악하기 위해서는 당연하지만 광범위한 비상권한을 규정하지 않으면 안 되었다. 유명한 제48조에 의해서 라이히 대통령에게는 독재적인 권한이 부여되었으며, 그 위에 최종적으로 완결된 규정을 둔 것은 아니며, 그것은 독특한 과도적 상태, 잠정적인 조치에 머물렀다. 그리고 이 조항의 마지막 부분에서 「상세한 것」을 규정하는 법률이 제정된다고 하고 있다. 이 잠정적인 조치는 7년간에 걸쳐 계속되고 있으며, 특히 어려운 시기였던 1920~1923년에는 이 조치가 불가결한 것이 명백하게 되었다. 만약 이제 이 「상세한」 규정, 즉 이른바 제48조의 시행법이 제정된다면, 독일 라이히에서의 비상사태에 관한 규정에 대해서 두 가지의 다른 법적 문제가 생긴다. 하나는 비상사태에 관한 법치국가적 규정에 대한 일반적인 문제이다. 그리고 또 하나는 이른바 이 시행법과 이미 효력을 가지고 있는 제48조의 규정 간의 관계이다. 즉 국법학적 관점에서 본다면, 현상의 특징은 비상사태법의 일부가 이미 헌법에 의해서 규정된 것이다. 그렇지만 라이히 대통령에게 제48조가 부여한 이러한 종류의 일반적인 권한을 보다 「상세」하게 규정한다면, 그러한 「미세한」 규정이 「제48조가 규정하는」 제한이나 변경을 수반하는 것은 불가피하다. 헌법에 의해서 유효한 법으로서 이미 규정된 것을 단순한 라이히 법률이나 시행법으로 변경할 수 있어서는 안 된다. 오히려 이를 위해서는 헌법개정법률이 필요할 것인데, 거기에 필요한 3분의 2의 지지를 얻는 것은 오늘날의 정당 간의 세력분포로 볼 때 거의 불가능할 것이다. 따라서 단순한 라이히 법률로써 규정하는 보다 상세한 규정이 어느 정도의 것인가,

---

* Das Ausführungsgesetz zu Art. 48 der Reichsverfassung; sog. Diktaturgesetz, in: Kölnischer Volkszeitung, 30. 10. 1926. jetzt in: C. Schmitt, G. Maschke (Hrsg.), Staat, Großraum, Nomos. Arbeiten aus den Jahren 1916-1969, Duncker & Humblot, Berlin 1995, S. 38-41.

그리고 어디에서 헌법개정이 시작하는가 하는 것이 여기에서의 어려운 문제이다.

1.

비상사태에 관한 법치국가적인 규칙의 전형적인 모습은 비상권한의 전제조건과 내용을 명확하게 규정하고 한정하는 동시에, 특별한 통제를 하는 것이다. 그러나 그때에 어떤 종류의 여지가 남아있지 않으면 안 된다. 왜냐하면 그러한 경우에 정력적인 개입을 가능케 한다는 이 제도의 목표가 상실되는 동시에, 국가와 헌법이 「합법성」 속에 매몰되어 버릴 가능성이 있기 때문이다. 비상권한의 **전제조건**은 전쟁이나 반란과 같은 보다 상세한 구성요건을 열거하는 것으로 한정할 수 있다. 제48조에 의해서 어떤 경우든 공공의 안전과 질서가 현저하게 저해되거나 또는 위험에 놓인 경우에는, 독재적인 권한이 나타나는데 대해서, 전쟁이나 반란 또는 적어도 그것이 발생할 위험에 한정한다면, 이 전제조건은 본질적으로 협소하게 될 것이다. 마찬가지의 한정이 지금까지 이미 성립하고 있었다면 1919년 이래 제48조에 근거하여 취해온 조치가 법적으로는 가능하지 않았을 것이다. 사실에 관한 전제조건에 관한 이러한 제한과 아울러 나아가 형식적인 제한이 가해지고 있다. 예컨대 특정한 형식에 결부된 명시적인 비상사태 「선언」(제48조에는 지금까지 예정되지 않은)이 그것에 해당한다. 몇몇 란트에서는 비상사태의 전제조건에 관한 결정 그리고 비상사태선언의 결정[권]조차 독재자 자신의 손에서 근본적으로 박탈하며, 법률의 형식으로 의회의 손에 맡긴다.

전제조건에 대한 제한에 더하여, 그 이상의 법치국가적 한정으로서 비상권한의 **내용**에 관하여 상세한 제시를 하는 것이 열거된다. 독재자에게 가능한 한 상세하게 제시되는 것으로서는, 체포 · 가택수색 · 신문의 압수 등이 명시적으로 허용되거나, 또는 보도의 자유와 집회의 자유와 같은 일정한 기본권을 실효시키는 것이 허용된다. 나아가 독재자는 명령을 발포하고 단축된 절차로 결정을 내리는 특별한 재판소를 설치할 권한을 가질 수 있다. 비상사태선언에 특정한 범죄행위에 대한 형벌의 엄격화를 결부시켜도 좋은 것이다. 이 모든 열거와 함께 말하는 것은, 독재자는 열거된 권한을 넘은 행동을 자유롭게 하지 못한다는 것이다. 즉 오늘날 라이히 대통령이 제48조에 의해서 경우에 따라서 필요하다고 생각되는 **모든** 조치를 취할 수 있는 것과는 다르다.

법치국가적인 보장의 세 번째 종류는 독재자와 독재자가 발하는 명령에 대한 **통제**이다. 비상사태와 거기에서 취하는 조치의 기간을 한시적으로 하고, 그 기간이 경과된 후 이것들은 자동적으로 무효가 되게 할 수도 있다. 또 제48조 제3항에 있는 대로, 모든 조치를 라이히 의회에 통보하여야 하며, 라이히 의회가 요구한 경우에는 이러한 조치는 무효가 되는 것처럼 의회가 통제하는 것도 가능하다. 마지막에는 독재자 또는 독재자로부터 위임을 받은 당국이 발한 개별 지령, 예컨대 개별적인 신문발행금지명령, 보호검속에 대해서 행정재판소 또는 국사재판소(Staatsgerichtshof)에 이의신청과 같은 법적 수단을 행사하는 길을 열어둘 수도 있다.

2.

예정된 「보다 상세한」 규정과 제48조의 현행법과의 관계에 관한 문제는, [이처럼 제정이] 의도된 시행법의 성립에 대해서 결정적인 의미를 가질 것이다. 제48조의 해석을 둘러싸고 이미 생긴 커다란 견해의 차이에 비추어 볼 때, **헌법개정**이 어느 정도 필요한가 또는 단순한 라이히 법률로 족한가에 대해서는 매우 의심스러울 수 있다. 여하튼 문제가 된 기관의 권한이 제48조에 의해서 규정되는 한, 헌법에 적합한 규정이라고 생각할 수 있다. 따라서 라이히 대통령만이 (장관의 부서를 조건으로 해서) 비상사태에 있어서의 특별한 권한에 대해서 고려의 대상이 된다. 자신의 권한을 위임하여 행사케 한다는 권한을 라이히 대통령에게 명시적으로 부여할 수 있다. 그렇지만 라이히 정부와 같은 다른 어떤 기관이 어떤 구실로 자립적인 권한을 얻거나, 또는 란트 정부가 제48조 제4항에 의해서 가지고 있는 권한을 라이히 참의원의 동의에 결부시키거나, 내지는 동 제3항에 규정된 라이히 의회 그리고 (란트 정부에 대한) 라이히 대통령에 의한 통제가 제한된다면, 그것은 헌법개정일 것이다. 기관의 권한에 관하여 제48조가 제시하는 비상사태의 조직은 헌법개정법률(Verfassungsänderungsgesetz)에 의해서만 변경할 수 있으며, 단순한 시행법으로는 변경할 수 없다.

나아가 더 어려운 것은 제48조에 의한 광범위한 수권에 관계된 특별한 권한의 전제조건과 내용을 어느 정도 시행법으로 제한할 수 있는가이다. 여기서 문제로 되는 것은, 예컨대 다음의 점이다. 즉 매우 일반적인 「공공의 안전과 질서가 중대한 위험에 처할 것」에 관하여, 단순한 법률이 전쟁의 위험이나 반란과 같은 특정한 구성요건을 정할 수 있는가? 또한 상세하게 결정한 권한의 목록을 통해서 공공의 안전과 질서의 회복을 위해서 필요한 **모든** 조치를 취한다는 라이히 대통령의 일반적인 권한을 제한할 수 있는가?

이러한 질문에 대한 대답은 비상사태에 관한 제48조의 현행 규정을 어떻게 해석하는가에 좌우된다. 법치국가의 필요성에 대한 오해에서 제48조는 일반적으로 다음과 같이 해석한다. 즉 라이히 대통령은 모든 조치를 취하도록 허용된 것은 아니며, 제48조 제2항에 열거된 [라이히 대통령이] 정지할 수 있는 7개의 기본권에 관한 것이 아닌 한, 헌법상의 모든 규정이 라이히 대통령에게 유월할 수 없는 제한이라고. 따라서 이 견해에서 일관해서 결론을 도출한다면, 라이히 대통령은 법률과 같은 효력을 가진 명령을 발할 수 없게 된다. 왜냐하면 이것은 이 법에 관한 헌법상의 규정에 저촉되기 때문이다. 또한 [이 해석에 의하면] 헌법이 보장한 자립한 라이히 행정에 저촉하기 때문에, 라이히 대통령은 란트에 대해서 명령권한을 가진 특명위원(Kommissar)을 파견하는 것은 허용되지 아니할 것이다. 이러한 해석이 올바르지 않은 것에 대해서 필자는 예나에서 개최된 독일 국법학자 대회(1924년 4월)에서의 강연에서 설명하였다.* 이러한 오해는 결국 다음의 점에 근거한다. 즉 매우 어려운 상황에 직면하여, 즉시 가능한 한 광범위한 권한을 [라이히 대통령에게] 부여하면서도 법치국가의 요구들을 만족시키는 것에 대해서는 나중의 시점에서의 「보다 상세한」 규정에 맡기는 것이 1919년의 국민의회에 대해서 실제로는 중요했음에도 불구하고, 제48조 제2항의 잠정적인 성격이 오인되고, 명백하게 제기해야만 하는 법치국가의 요구들은 제48조 자신에게 향하여 행할 것이라고 믿는 것이다. 그러나 이처럼 전형적인 법치국가의 요구들을 너무 강력하게 헌법 자체 속에 끌어들이려는 자는, 이 상세한 규정에서 특기할 내용을 빼앗는 동시에 최종적인 규정에 향한 방도를 잘못된 형태로 창출하는 것이다.

보다 올바른 해석은, 동조 제5항에서 예정한 라이히 법률이 지금까지 미해결로 되어온 제48조의 잠정적인 상태에 종지부를 찍는 동시에 법치국가적인 개념에 일치한 비상사태를 창출한다는 것이다. 그 때에 입법자는 종래의 계엄상태법의 도식에 구속되지 아니한다. 그러나 아마 동법은 기본적인 경향으로서 행하듯이, 모든 독재적인 권한에 관한 전제조건과 내용에 관해서는 보다 상세한 규정을 두고, 제48조 제2항에 있는 일반적인 수권에서 위와 같은 형태의 법률이라는 의미에서의 비상사태법을 창출하지 않으면 안 될 것이다. 이러한 법률로써 라이히 대통령의 전제조건과 권한이 대폭적으로 제약되고, 또 새로운 통제가 실시되더라도 헌법개정법률은 필요하지 않다. 제48조가 성립한 1919년 여름 단계에서는 독일이 매우 이상한 상황에 처해 있으며, 따라서 결정적인 행동을 가능케 하는 권한이 먼저 필요하였다는 점을 사람들은 명확하게 알고 있었다.* 오늘날 독일의 상황은 평상시이며 말하자면 비상권한에 관계된 통상의 (즉 전형적으로 법치국가적인 발전에 일치하는) 규칙을 제정할 때가 왔다고 믿는 자는, 개별적인 점에 대해서 논하는 것으로 만족해서는 안 되며, 시행법[제정]을 위해서 모든 독재적인 권한의 전제조건과 내용에 관하여 상세하게 열거하도록 요구하지 않으면 안 된다. 이것을 위해서 헌법개정은 필요하지 않다.

국민표결과 국민발안* (1927)

바이마르 헌법의 해석과 직접 민주주의론에 관한 기고

차 례

* Volksentscheid und Volksbegehren. Ein Beitrag zur Auslegung der Weimarer Verfassung und zur Lehre von der unmittelbaren Demokratie, Berlin und Leipzig: Walter de Gruyter & Co., 1927, 54 S. Neuausgabe Duncker & Humblot, Berlin 2014. 91 S.

서 문

이 논문은 필자가 1926년 12월 11일 베를린 법률학회에서 가졌던 강연을 토대로 한 것이다. 마지막에 직접민주주의의 문제를 다루고 있는 부분에서는 강연에서 했던 것보다 더 많이 상술되어 있다. 근대 민주헌법의 해석에는 필연적으로 민주주의의 근본적인 문제가 뒤따른다. 그래서 한 장은 지금까지 독일에서 거의 소홀히 되어온 일반 국가학을 다루었다. 여하튼 「국민」과 「민주주의」라는 근본적인 문제는 지금까지 단지 사회학적으로만 다루어졌고, 로베르트 미헬스(Robert Michels)*의 『정당제도의 사회학』(Soziologie des Parteiwesens)이라든가 말록(H. W. Mallock)*의 『순수민주주의의 한계』(Limits of Pure Democracy) 등에서 행해진 확립을 거의 넘어서지 못했다. 즉 「과두정치」*라든가 그와 비슷한 것의 불가피성에 대한 이야기가 있어 왔으나, 여기서는 그것의 정치이론과 일반 국가학에 있어서의 명확하고도 유용한 차이점을 밝히기로 한다.

I. 국민입법절차

국민발안(Volksbegehren)[또는 국민발의(Volksinitiative)]과 국민표결(Volksentscheid)[또는 국민투표(Referendum)]은 이른바 직접 또는 순수민주주의의 양 제도이다. 이 양자는 흔히 국민투표의 하부유형이라고도 불리는데,[1] 이것은 국민표결이라는 중립적인 표현을 동일시할 경우에만 가능한 이야기이며, 또한 이것은 국민발안이라는 독특한 특색이 완전히 없어지게 되는 결과를 맞게 된다. 개념적으로나 역사적으로 볼 때, 국민발안과 국민표결은 매우 상이하므로 국민투표라는 말을 공통되는 명칭으로 사용하는 일은 피해야 할 것이다. 국민표결은 스위스의 주와 미국 연방 각 주들의 모범에 따라 민주주의 헌법에서 다양하게 발전하였다. 원래는 실제의 「국민투표」, 즉 국민에 대한 보고와 의회에 대한 국민의 승인결의 — 대표자에 대한 위임자의 — 그것이 오늘날에는 완전히 다른 기능을 지니고 있다. 개념적으로 명확하게 하기 위해서, 무엇보다 국민표결의 경우 내부에서도 국민투표라는 표현을 제한하는 일이 필요한데, 특히 입법단체의 결의가 문제로 되는 경우에는 더욱 그러하며, **「후속하는 국민투표」**(Referendum post legem)[2]의 경우에

1) 바이마르 국민회의 헌법위원회에서의 슐츠 · 브롬베르크(Schultz-Bromberg) 의원(Protokolle, Drucksache Nr. 391, S. 165). 즉 「국민투표에는 두 가지의 종류가 있는데, 즉 확인결정으로서 또는 발안요구로서이다」. 또한 Anschütz, Kommentar, 3./4. Auflage S. 223은 국민발안을 국민투표에 포함시키며, 국민결정을 「좁은 의미에서의 국민투표」라고 부른다.

2) 이러한 구별은 Signorel, Le Référendum législatif, Toulouser These 1893, S. 108 ff. 그 결과 발안권의 경우들은 「선행국민투표」(Référendum antérieur)[a n t e l e g e m]이다.

도 그러하다. 한편, 그런 결의 없이는 직접적으로 국민발안으로 행해지는 국민표결은 명백하게 국민표결이긴 하지만 본래적 의미의 국민투표는 아닌 것이다. 이러한 차이를 좀 더 상세한 고찰을 통하여 입증해 보기로 한다.

바이마르 헌법에 의하면 국민표결은 다섯 가지 경우에 발생하는데, 그것들은 1921년 6월 27일의 국민표결에 관한 법률(Das Gesetz über den Volksentscheid) 제1조*에서 요약적으로 열거되어 있다. 즉 국민표결은 라이히 의회에 의해서 결정된 모든 법률에 대해서 라이히 대통령에 의해서 지시될 수 있다(라이히 헌법 제73조 1항). 나아가 국민표결은 라이히 의회의 결의에 의해서 라이히 참의원이 이의를 제기하는 경우에 라이히 대통령의 지시로 행해질 수 있다(제74조 3항). 즉 이의를 신청하는 라이히 참의원은 그것을 라이히 의회가 결정한 헌법개정 시에 요구할 수 있다(제76조 2항). 제72조에 따라서 라이히 의회 3분의 1의 제의에 의해 그것이 공포되면 선거권자의 20분의 1은 라이히 의회가 결정한 법률에 대해 그것을 요구할 수 있다(제73조 2항). 끝으로 제73조에 의하면, 선거권자의 10분의 1이 완성된 법률안을 기초로 법률초안의 제시 후 요구를 할 경우 국민표결이 행해질 수 있다. 이 마지막 경우에 요구된 법률안이 라이히 의회에서 수정되지 않고 받아들여질 경우에는 국민표결을 하지 않는다.

열거된 다섯 가지 경우에는 국민표결의 여러 가지 기능이 다양하게 결합되어 있다. 라이히 의회의 결의가 있는 한 이러한 결의를 **확인**하거나 확인하지 않는 것은 국민표결에 달려 있으며, 그 때문에 본래의 국민투표가 가지는 기능도 다른 기능들에 부차적이긴 하지만 존재하고 있다. 대체로 라이히 최고기관의 거부권이라든가 라이히 최고기관 간에 (라이히 의회, 라이히 대통령, 라이히 참의원) 존재하는 의견의 불일치와 갈등에 대해서는 최상급이면서 최종심으로서의 국민에 의해서 결정되어야 한다. 국민표결의 고유한 의미로서 이러한 결정의 기능에 후고 프로이스(Hugo Preuß)는 주의를 기울인다.[3] 즉 「국민표결」이라는 표현 역시 그것에 상응한다. 선거권자 20분의 1의 제의로 공포된 법률에 대한 국민표결을 함에 있어서(제73조 2항) 라이히 의회 소수의 거부권이 제출되는데, 이에 대해서는 국민이 결정을 한다. 즉 국민투표가 지니는 확인적 특성이 여기에서 유지되고 있다. 여기의 **국민투표의 발의**(Referendumsinitiative)가 주어진다는 데에 이러한 경우의 특수성이 존재한다고 하겠다. 이러한 국민표결의 기능에 관한 한 여기서는 국민투표발의의 도움으로, 그리고 국민대표에 대해서 국민투표가 행해져야 할 **통제**에 대한 이야기를 할 수 있다. 코흐(Koch) 의원은 통제라는 것에서 국민표결과 국민발안의 본래적인 의미를 본 것이다.[4] 즉 국민대표의 의지가 국민의 진정한 의지로부터 벗어나면 이런 식으로 직접민주주의 방식에 의해서 수정되어야 했다. 어떤 의미에서 확인기능과 결정기능 외에 통제기능이 국민표결의 모든 경우에서 효력을 발휘한다. 하지만 그것은 국민발안의 경우에 물론 가장 강하게 나타난다. 제73조 3항의 경우에 국민발안으로

3) Protokolle, S. 166. 상세한 것은 이 논문 제3장.
4) Protokolle, S. 308.

국민표결을 하는데 있어, 심지어 절차의 목적이 이 통제기능 속에서 다 소모된다고까지 말할 수 있을 것이다.

순수 또는 직접민주주의의 근본적 문제에 있어서 가장 중요한 이 마지막 경우가 여기서 가장 흥미롭다. 국민발안 또는 국민발의라는 표현은 우선 — 그것도 매우 부정확한 것인데 — 발의의 주체 또는 담당자를 나타낼 뿐이며, 그 발의가 무엇을 향해 있는지에 대해서는 아무런 말도 하지 않고 있다. 따라서 여기에서도 보다 정확한 구별이 필요하다. 제73조 2항의 경우(라이히 의회의 법률결의[Gesetzesbeschluß]에 대해서 선거권자 20분의 1의 신청으로 그 공포를 연기)와 구별한다면, 제73조 3항의 경우에는 법률의 실현이 방해를 받거나 일종의 거부권이 실현되어서는 안 되며, 「국민」(이 표현이 가지는 다의성은 아직도 논의의 여지가 있다)은 여기서 입법자로서 생산적으로 된다. 국민투표의 발안은 문제가 되지 않는데, 그것은 입법단체의 결의에 대한 국민의 확인이 초래되어서는 안 되기 때문이며, 또한 어떤 경우에도 법률의 발안은 문제가 되지 않는데, 그 까닭은 발안이 입법단체의 법률결의만을 목표로 삼지는 않기 때문이다. 이러한 국민발안은 오히려 국민표결을 겨냥하고 있다. 국민발의가 「그 본질상」, 국민의, 국민에 대한 발의를 지니는지 어떤지는 여기서 결정할 필요가 없다.[5] 라이히 헌법에 따라 국민발안은 어떤 경우에든 만일의 국민표결을 고려하여 제시된다(이것은 발의자가 그 목표에 도달하지 못할 경우에 발생한다). 그럼으로써 국민표결의 이 경우 역시 무엇인가 독특한 것으로 특징지워진다.

국민발안과 국민표결의 결합은 일종의 입법절차의 기초를 마련하게 되는데, 이것은 국민발안을 토대로 법률안이 국민표결에 의해 법률이 된다는 것이 그 실질이며, 그로 인해 법률은 라이히 헌법 제68조에 따른 발의와 라이히 의회의 결의를 통하여 명백하게 정상적인 것으로 전제된 입법절차와는 다르게 행해진다. 이러한 절차에 대한 더 나은 명칭을 위해서는 국민입법절차(Volksgesetzgebungsverfahren)라는 표현이 필요하게 되며, 이것은 국민투표와 국민투표발의의 경우와 뚜렷한 대립을 드러내 보이는데, 그것도 여기서 입법절차의 처음부터 끝까지 「국민」이 직접적으로 입법권능의 담당자로서 활동을 하게 되고, 입법기관들을 측면으로 밀어붙이기 때문에 그러하다. 「국민」이라는 말은 물론 이러한 절차의 여러 단계에서 무엇인가 다양한 것을 의미한다. 그것은 이 논문의 제3장에서 좀 더 상세하게 논구될 것이다. 국민발안과 국민표결의 결합은 국민발안으로 공포되는 국민표결을 국민표결의 특수한 경우로 만들 뿐만 아니라,[6] 정규의 입법절차 외에 발생하는 특별한 입법절차의 독특한 관련을 근거지우기도 한다.

얼핏 보기에는 여기서 실제로 특별한 통일적인 절차가 마련될 수 있을까 하고 의심스러

5) Inhoffen, Die Volksinitiative in den modernen Staatsverfassungen, Gladbach (Staatsbürger-Bibliothek), 1922, S. 9는 말하기를, 국민발안은 그 본질에 따르면, 국민에 대한 발안이다. 왜냐하면 「발안자는 국민의 의사를 탐지하기 위해서 국민발안에 대해서 국민투표를 요구하기 때문이다」.

6) Hatschek, Deutsches und Preußisches Staatsrecht, Bd. I (1922), S. 279는 그 구별을 다음과 같이 정식화한다. 즉 「국민발안에 대한 국민결정의」 그와 같은 경우에 국민결정은 단순히 법률에 대한 제재일 뿐만 아니라 입법행위 그 자체이기도 하다.

워할지도 모른다. 왜냐하면 정규의 입법기관인 라이히 의회가 단순히 옆으로 제쳐지고 무시되지는 않기 때문이다. 국민발안과정 중에 제출된 법률안은 우선 라이히 정부에 의해서 라이히 의회에 제출되어야 하며, 그것이 라이히 의회에서 수정되지 않고 받아들여진다면, 국민표결은 행해지지 않는다(第73조 3항 3문). 이렇게 규정을 함에 있어서 국민발안의 담당자가 「국민의 의지를 탐지해 내는데」 어떤 특별한 관심이 있는지,[7] 그리고 그에게 라이히 의회의 동의가 아무런 의미가 없는 건 아닌지 등에 대해서는 고려되지 않고 있다. 그렇지만 이러한 특별한 통제관심이라든가, 라이히 의회 대신 모든 경우에 국민이 결정하게 하려는 노력 등이 국민발안과정 중에 무조건적으로 그 목적을 이루게 되는지 어떤지는 문제가 되지 않는다. 헌법규정의 목적은 분명하다. 즉 요구된 법률이 정식절차로 행해지게 되고, 국민발안이 실제로 그 목적을 이루게 되면, 실제적인 이유에서, 즉 브레트(Bredt)가 말하듯이,[8] 합목적적인 이유에서 국민표결의 형식적 절차는 없어져야 한다. 헌법이 라이히 의회로 하여금 법률안에 관계하게 하고, 그로 인하여 라이히 의회에 국민표결을 통해 행사할 수 있는 의도된 통제를 방지할 수 있는 가능성을 주게 된다는 것은 통제의 관점이 과도하게 수행되지 않는다는 것만 나타내줄 뿐, 통일적인 절차를 받아들이는데 대한 어떤 의의를 나타내는 것은 아니다. 국민발안의 이러한 경우가 그로 인해 단순한 입법발의의 경우로 되지는 않는다. 제73조 3항의 독특한 규정에 보면, 정식 입법기관에게로 향한 국민발의의 요소도 들어 있는데, 이 경우 단지 국민표결에로의 동시적인 방향과 보다 면밀한 연관 속에 놓여 있다. 국민표결이 「단지 만일의」로서 칭해질 수 있다면, 그것은 국민표결이 어쩌면 빠질지도 모른다는 약간 부정적인 의미를 나타낸다. 국민표결은 결코 보조적인 것이 아니다. 「국민표결은 행해지지 않는다」라고 헌법은 부정적으로 정식화해 놓고 있다. 라이히 의회가 제출된 법률안을 수정하지 않고 받아들이지 않는다면, 국민입법절차가 수행된다. 라이히 의회가 결의를 거부하거나 변경하는 것은 국민입법절차에서 일어날 법한 파생이 일어나지 않는다는 것을 의미한다. 이제 발생하는 국민표결에 있어서는 국민발안으로 제출된 법률안이 표준이 되며, 라이히 의회에서 만일에 변경하는 결의는 그 자체로 중요하지 않다. 여하튼 1921년 6월 27일의 국민표결에 관한 법률 제3조*에서는 이 경우 「요구된, 라이히 의회에서 결의한 변칙적인 법률」이 국민표결의 대상이 된다고 규정하고 있다. 거기에 문헌에서 정당하게 논평되었듯이, 헌법개정의 본질이 놓여 있는 것이다.[9] 국민, 즉 여기서 선거권을 가진 시민은 국민발안의 제안과 라이히 의회의 결의 사이에서 결정을 하게 되고, 국민표결은 그로 인해 결정기능, 어쩌면 헌법원문에는 명시되어 있지 않은 확인기능 등을 얻게 된다.[10]

---

7) Inhoffen, a. a. O., S. 9.

8) Der Geist der deutschen Reichsverfassung (1924), S. 257.

9) Fetzer, Das Referendum im deutschen Staatsrecht, 1923, S. 42. 같은 뜻 Stier-Somlo, Reichs-und Landesstaatsrecht, I, 1924, S. 529/530. Poetzsch, JöR XIII (1925), S. 229.

10) Triepel, AöR 39, S. 495는 물론 (동일하게 상술한 곳에서) 이러한 국민결정을 의회의 결정에 대한 결단의 기능이라고 하는데, 나의 견해로는 정당하지 않다고 본다.

그러나 실제로 수많은 국민표결이 행해지며, 이러한 국민표결의 하나가 여하튼 입법절차의 마지막이 되며, **독특한**(sui generis) 이것은 라이히 의회 결의를 단순히 확인하느냐 하지 않느냐의 문제가 아니며, 거부권이라든가 대립에 대한 해결을 내리기 위한 것도 아니며, 정식의 입법절차 속에서 생겨난 결의에로 접근해 가기 위한 어떤 제재(Sanktion)도 아니다. 국민발안이 특수절차의 개시인 것과 마찬가지로, 이 국민표결은 그것의 종결이라고 할 수 있다.

정규의 입법절차에서 나온 특별한 국민입법절차의 이러한 통일성으로부터 알 수 있는 사실은, 라이히 대통령만이 국민표결을 부의할 수 있는 제73조 4항의 사항들(예산안 · 조세법률* · 급여법)이 용이하게 국민발안의 대상이 될 수 있다는 것이다. 헌법은 그것을 명확하게 금하고 있지 않다. 일반적으로 인정된 견해에 의하면, 이러한 요건들 역시 국민발안에서 제외될 수 있는데, 그것도 안쉬츠(Anschütz)*의 말이나 트리펠(Triepel)*의 입증에서 알 수 있듯이, 「의미에 적합한」 것이다. 왜냐하면 「제도의 역사적 발전이라든가 전체적 구도에 따르면」, 국민 내부에서 제시된 법안에 역행하는 의회결의에 대한 최종적 결정권이 국민에게 주어지지 않는다면 국민발안은 아무런 의미가 없기 때문이다.[11] 이제 국민발안과 국민표결이 하체크(Hatschek)*가 아주 정당하게 강조하듯이,[12] 서로 독립적으로 존재하는 분리된 제도라면, 어떤 사항들을 국민표결에서 제외시키는 것이 왜 국민발안으로 간주되어야 하는지는 파악할 수가 없다. 이러한 결과 때문에 통일적인 절차가 받아들여져야만 할 것이다. 결정적인 문제는, 법률안이 라이히 의회결의를 통해서 수정되지 않고 받아들여질 경우, 국민표결을 행하지 않게 하고 있는 헌법규정이 무엇을 의미하는가이다. 그것은 트리펠[13]이 취하듯이, 궁극적으로는 정식의 입법절차로 인도된다는 것을 의미하는 것이 아니며, 이 때 트리펠의 의견에 의하면, 참의원이 수정하지 않고 받아들이는 라이히 의회의 결의에 대해 이의를 신청하고, 라이히 의회의 재의결에서 단순 다수가 성립될 경우, 라이히 대통령은 국민표결을 유도하지 않고 국민발안을 조정할 수 있게 되고, 이렇게 하여 국민발안은 「무시당하게」된다는 것이다. 트리펠의 이러한 견해는 정당하게 거부되었다.[14] 그것은 잘못된 것이다. 그 이유는 그것이 너무 형식주의적이고 민주주의적 감정을 일으키기 때문만이 아니라, 그것이 통일적인 절차의 연관성을 부인하기 때문이다. 제73조 3항의 규정에 의하면, 라이히 의회결의를 통해서 수정되지 않고 받아들여질 때에는 국민표결이 행해지지 않는다고 되어 있는데, 이것은 법률이 그 밖의 다른 방법으로 실현됨으로써 **실제로** 국민발안이 **해결될** 경우에는 그 표결이 행해져서는 안 된다는 사실만을 의미한다. 사항들이 정규의 입법기관을 통해서 해결되고,

---

11) Triepel, AöR Bd. 39, S. 495; Anschütz, Kommentar S. 225, S. 252; Giese, Kommentar (7. Aufl.) S. 218/19; Hatschek, a. a. O., S. 285; Bredt, a. a. O., S. 257; Stier-Somlo, I, S. 534; Fetzer, S. 41; Fritz, Verwaltungs-Arch. 29 (1922), S. 348; Braun, AöR NF. 6, S. 75/76.

12) Staatsrecht I, S. 280. 동일하게 Stier-Somlo, I, S. 533.

13) AöR 39, S. 520, 521.

14) Fetzer, S. 49/50; Wittmayer, Die Weimarer Verfassung 1922, S. 435/36.

국민발안이 대상을 상실하게 되면, 국민표결을 하지 않고자 하는 것은 앞서 언급한 합목적적인 고려에서인데, 그것은 국민발안이 그 실제적인 목적을 이루었기 때문이다. 그렇게 되지 않는다면 그 절차는 국민표결을 속행하게 된다. 정식의 입법절차로의 유도는 우발적일 뿐이다.

바이마르 헌법은 국민발안에 의해서 야기된, 국민표결에로 인도하는 특별한 입법절차를 알고 있는데, 이 경우 정규의 입법기관은 요구된 법률을 수정하지 않고 실현시킴으로써 그 절차가 대상을 상실하게끔 만들어버릴 가능성을 지니고 있긴 하지만, 그렇게 되지 않을 경우 정규의 입법 외에 행해지는 통일된 특수절차가 다시 행해지게 된다. 이 절차를 여기서는 「**국민입법절차**」(Volksgesetzgebungsverfahren)라고 표현하는 것이 어떨까 한다.

II. 국민입법절차에서 제외된 사항들

라이히 헌법은 제73조 4항에서 세 가지 요건, 즉 예산안 · 조세법률 · 급여법에 관한 국민표결을 라이히 대통령이 지시하도록 남겨놓았다. 그럼으로써 이 대상들은 국민입법절차에서 제외되었다. 라이히 법률에 대해 선거권자 20분의 1의 신청으로 행하는 국민표결은 — 이때 라이히 의회 3분의 1의 요구로 이것이 연기되는데(제73조 2항) — 헌법 원문의 문언에 의하면, 이러한 사항들에 있어서는 허용되지 않는다. 이러한 사항들에 대한 국민**발안**은 3항에서 규정된 국민입법절차의 통일성 때문에만 배제되어 있다는 사실은 이미 언급하였다. 이러한 절차에서의 배제는 실제적으로나 이론적으로 볼 때 특히 중요하다고 할 수 있는 한편, 2항의 절차는 여기서 더 많은 고찰을 하지 않아도 되는데, 그 이유는 그것이 라이히 의회와 라이히 참의원의 긴급성명으로 인해 쉽게 없어질 수도 있기 때문이다. 그러나 그것은 또한 원칙적이기도 하다. 왜냐하면 이 경우 직접민주주의의 어떤 일반적인 입법절차가 문제가 되고 있는 것이 아니라, 단지 국민투표 발의가 일종의 거부권과 연결되어 있어서, 절차의 특수성과 일정한 사항들의 배제 사이에 독특한 연관이 생겨날 수 없기 때문이다.

어떤 사항들을 배제하는 문제는 국민표결에서나 국민발안에서도 야기될 수 있으며, 직접민주주의의 이러한 양 제도에서는 두 말 없이 같은 것이 아니다. 국민발안에는 부적합한 대상들이 국민표결에는 적합할 수 있으며, 또 그 반대이기도 하다. 「국민투표」(Referendum)라는 혼란스런 표현방식 때문에 이 중요한 구별이 종종 고려되지 않곤 한다. 바이마르 국민의회*의 헌법위원회에서 주로 논의가 되었던 것은, 어떤 요건들이 「국민투표」로부터 배제되어야 했으며,[15] 그 때문에 국민표결에 대해서 국민발안 및

15) 카일 의원(Prot. S. 294/96), 코흐 의원(S. 308), 크바르크 의원(S. 312)은 국민표결(Volksabstimmung)이라고 하며, 델브뤼크 의원(S. 311)과 라이히 재무부의 대표인 재미슈(S. 312)는 국민투표(Referendum)라고 한다.

국민입법절차의 특수성이 드러나지 않고 있다는 것이었다. 각 주의 헌법을 보면 다양한 규정들이 보여진다. 바덴(제23조 3항),* 헤센(제14조)* 그리고 뷔르템베르크(제45조)*에서는 일정한 대상들을 「국민투표」로부터 제외시키고 있다. 바이에른(제77조)*은 「국민표결」로부터 제외하며, 함부르크(제58조 3항),* 브레멘(제4조),* 튀링겐(제20조),* 멕클렌부르크-슈베린(제45조)*에서는 그것들을 국민표결에서 제외시킨다. 일정한 요건들을 **국민발안**에서 제외시키고 있음이 브라운슈바이크(제41조 3항),* 프로이센(제6조 3항),* 작센(제37조),* 샤움부르크-립페(제10조 5항),* 멕클렌부르크-슈트렐리츠(제32조 2항)* 등의 헌법에서 발견된다. 올덴부르크(제65조 1항과 2항)*에서는 선거권자 20,000명의 **발안권**(Vorschlagsrecht)에 대한 예외가 만들어졌고, 립페(제10조 5항)*에서는 **국민청구**(Volksverlangen)에 대한 예외가 만들어졌다. 이러한 개관을 통하여 드러나는 사실은, 여기에서 표현방식을 왜곡하고 구별 없이 반대해석(argumenta e contrario)을 하나의 헌법에서 다른 것에로 제시하는 것은, 즉 말을 한다는 것은 허용되지 않는 형식주의일 것이다. 왜냐하면 라이히 헌법 제73조 4항은 라이히 대통령은 일정한 사항들에 대해서만 국민**표결**을 회부할 수 있으며, 국민**발안**은 모든 사항들에 관하여 허용되거나 그와 같이 된다는 사실에 대해서만 말하고 있기 때문이다. 라이히 헌법 제73조의 규정에는 헌법위원회의 의사록에서도 밝혀지듯이, 결코 과학적 · 체계적 개관으로도 착수될 수 없는 시도가 들어 있다. 즉 바이마르 헌법에 직접민주주의의 제도들을 설치하려는 시도 말이다. 체계적으로나 전문용어상으로도 이 규정들은 여기서 단어의 해석이나 주 헌법들과 비교해서도 본질적인 결과가 나올 수 있을 만큼 신중하게 고려하거나 공식화하지도 않았다.

그것은 지금까지는 제73조 4항으로 제기되었던 가장 중요한 해석문제에서도 타당하다. 즉 열거된 세 가지 사항인 예산안 · 조세법률 · 급여법 등의 해석에서 그렇다. 문헌에서는, 열거해 보면 거의 자동적으로 나타나는 견해가 밝혀지는데, 즉 정확하게 규정된 세 가지 사항만이 국민발안(좀 더 정확히 말하자면 국민입법절차)이 불허될 수 있는 한편, 다른 모든 법률들에 대해서는 그것이 비록 순수하게 재정적 성질의 것이라 하더라도 국민발안이 행해질 수 있다는 것이다. 이에 대해서 라이히 정부는 4항의 규정을 다르게 해석하고 있다. 그 문제는 1926년 국민발안 과정 중에서 지금의 화폐가치 인상 및 라이히 차관-상환의 변경을 초래하려는 시도가 행해짐으로써 실제적인 의미를 지니고 있다. 독일의 저축자연맹(Sparerbund)*(상급지방법원장 베스트 박사[Dr. Best])는 공공차관의 상환과 저당권의 평가변경 기타 요구들에 관한 법률을 위해서 국민발안의 허용을 신청했었다. 라이히 정부는 처음에 「국민표결에 관한 제2의 법률」이라는 형식으로 헌법을 개정하는 특별법률을 제안하고자 했으며, 그 법률을 통하여 화폐가치저하(1924년 2월 14일 이전에 기초된 법률상황에 해당되는데)의 결과를 규정한 법률 역시 예산안 · 조세법률 · 급여법 등에 관한 법률로 간주되어야 한다는 사실이 명확하게 규정되어야 했다.[16] 그러한

16) 이 법률의 초안은 W.T.B.에 의해서 제안이유를 붙여 1926년 4월 22일 신문에 공표되었다. 이에 관한 논문으로 Mugel, "Das Volksbegehren zur Aufwertung" DJZ 1926, S. 693, 998; Best, DJZ 1926, S. 995 참조.

「제한법률」(Abdrosselungsgesetz)은 실제로 — 이런 국민발안이 그 자체로 헌법에 적합하게 허용되었더라면 — 헌법규정을 파괴하기 위해서 헌법개정의 형식을 오용한 것이었을 것이다. 트리펠은 이러한 시도를 확고히 거부하였다.[17] 즉 라이히 정부는 그 계획을 단념했으며, 그럼에도 불구하고 그 국민발안의 허용신청을 허락하지 않았는데, 요구된 법률이 제73조 4항의 국민발안에서 제외된 요건들과 관계있다는 것을 이유로 해서 말이다.[18] 이러한 입장에도 역시 트리펠은 강력히 반대하였다. 두 가지의 해석이 대립되고 있는데, 즉 한편으로는, 모든 법률이 국민발안으로부터 배제되어 있다는 라이히 정부의 견해는 예산안에 직접적이고도 중요한 영향을 미친다는 것이며, 다른 한편으로, 트리펠 같은 권위자의 견해는 주로 제73조 4항의 원문과 열거된 세 가지 사항의 제한적인 영향에 근거를 두었다는 것이다.

트리펠에 의하면, 「완전히 규정된 세 종류의 법률」, 즉 예산안 · 조세법률 그리고 급여법만이 헌법에 의해서 국민발안에서 제외되며, 원문을 넘어서서 재정적 내용의 다른 법률들, 특히 차관-상환에 대한 것들을 배제시키지는 못하게 되어 있다. 트리펠은 헌법위원회의 의사록에 관련하여, 제73조의 성립사 속에서 「세 종류의 법률」이 신중하게 채택되었다는 사실을 증거로 대고 있다. 처음에는 예산안이, 다음에는 조세법률이, 그 다음에는 급여법이 생겨났다. 일반적 원칙으로부터의 모든 예외에서 논의를 하는데 특별한 근거가 제시되었다. 또한 프로이센 헌법의 제6조 3항*의 원문도 참조해 볼 수 있는데, 이것에 의하면 「재정문제 · 조세법률 그리고 급여법」에 관한 국민발안은 허용되지 않으며, 이것의 제외사항은 재정문제가 아닌 예산안에 대해서만 이야기하고 있는 라이히 헌법의 제73조 4항보다 더 멀리까지 나아가고 있다. 트리펠에 의하면 이 4항의 광대한 해석은 또한 문헌에서도 처음부터 허용되지 않는 것으로 나타나 있다.

문헌에서 나온 이 최종 문헌 논쟁은 신뢰할 만한 것이 못되므로 여기서는 제쳐두기로 하겠다.[19] 프로이센 헌법 제6조 3항의 관련에 관하여는 이미 말한 바와 같이, 이 문제에 각 주 헌법의 표현방식을 끌어온다는 것은 납득할만한 것이 못된다. 1920년의 프로이센 헌법에서는 그것이 후에 라이히 헌법으로 성립된다는 사실이 부가되는데, 이것은 프로이

17) DJZ vom 15. Juni 1926, S. 845.

18) W.T.B.에 의해서 1926년 8월 18일에 살포된 안내 참조.

19) Triepel, a. a. O., S. 848은 그의 논문 AöR. 39, S. 507, 비트마이어와 페처(Fetzer)를 지시한다. 그러나 Wittmayer, Weimarer Verfassung, S. 433은 트리펠의 논문 AöR, Bd. 39만을 지시하며, 주 119를 단지 주장하는 방식으로, 즉 제87조에 따른 國債法과 담보법은 제73조 4항에 포함되지 않는다고 언급한다. 한편, 그는 규정의 이유(ratio)로서 국가의 재정체계 전체와의 관련을 제시하고 있는데, 이는 본래 완전히 다른 해석으로 인도하였음에 틀림 없는 것이다(그 밖에 유사한 것은 Stier-Somlo, I, S. 534). Fetzer, a. a. O., S. 40은 단 한 줄로써 말한다. 즉 「국채의 모집에 따른 요구도 가능한 것이다」. 그리고 나서 다음 페이지에서 그는 국민발안에 의해서 제외되는 「재정법률들」에 관하여 말하고 있다. Hatschek, Staatsrecht I, S. 285는 라이히 헌법 제73조 4항의 문언과 프로이센 헌법 제6조 3항의 그것을 정확하게 구별하지 않으며, 양자는 외관상 혼합하여 서술하고 있다. Giese, Der Kommentar zur Reichsverfassung, 7. Aufl. S. 218/19는 「재정문제」에 관한 더 이상의 근거도 없이 말하고 있다. 안쉬츠의 주석서는 지금까지 이 문제를 다루지 않는다.

센 헌법으로부터의 반대해석(argumentum e contrario)이 라이히 헌법에 또한 비로소 정당하게 허용되지 않는다는 것이다.[20] 또 다른 논거들은 제73조 4항의 원문과 성립사 — 라이히 정부가 자신들의 입장을 표명하기 위해서 널리 알렸던 근거들과는 다르게 흥미 있는 대조를 이룬다. 라이히 정부의 「국민표결에 대한 제2의 법률안」을 위한 논거확증에 따라, 국민발의의 세 가지 사항(예산안 · 조세법률 · 급여법)이 없어지게 되는데, 「재정적 성격을 가진 법률의 경우 직접적으로 관련된 일련의 관심사들로부터 필요한 수의 서명을 얻어낸다는 것은 어려울 것이며, 그러한 법률 역시 조세와 경제안 전체와의 연관에서 끌어낼 수는 없을 것이다」라는 고려에서 그렇게 된 것이다. 일부 국민은 발의를 할 수 없게 되어 있는데, 그것은 경제적 부담을 분배함에 있어 일부 다른 국민들에게 불리한 결정에 부딪치게 되어 버린다. 화폐가치인상 및 상환문제에 관한 지금의 규정이 우리의 통화와 모든 공공예산의 토대를 형성할 것이다. 「그러한 법률들은 전체 독일 경제가 흔들리지 않으려면 라이히 예산안과 공과법률을 동일하게 놓아야 한다」. 공채상환(1926년 8월)에 관한 법률을 위하여 국민발안을 허용해 줄 것을 요청하는 것을 거절함에 있어 예산안과의 연관성이 특히 강조되었다. 라이히는 공채-상환의무로서의 새로운 금액을 예산안에 투입시켜야 할 의무를 지게 될 것이다. 「법률은 그러므로 예산안의 전체적 존립에 직접적 영향을 미치게 될 것이다. 즉 그것도 문제가 된 금액이 상당하기 때문에 예산안을 실제로 파기해버릴지도 모르는 방식으로 행해지게 될 것이다」. 이러한 근거에서 국민발안의 어떤 사항들을 배제하는 규정은 화폐가치인상 및 공채상환법률에 대해서도 적용되어야 한다. 트리펠이 이러한 논거를 반박하기 위해 성립사와 아주 명료하면서 예산안에 대해서만 이야기하고 있지 예산안에 영향을 미치는 법률에 대해서는 논하고 있지 않은 원문을 증거로 끌어대고 있다면, 논쟁은 상당히 단순하며 명백한 것으로 보인다. 제73조 4항의 성립사에 관한 자료들은 그렇게 방대하지 않다. 문제가 되는 텍스트의 원문은 단지 세 단어로만 구성되어 있다. 그럼에도 불구하고 문제가 이제 간단히 결정될 수 있으리라고 믿는 것은 잘못일 것이다. 원문도 성립사도 너무나 명료해서 우리는 그것들로부터 쉽게 이론의 여지가 없는 확실한 논증을 끌어낼 수 있을 것이다. 제73조의 원문은 이미 언급하였듯이, 소재를 체계적으로 관철시키고 이론적으로 심사숙고하여 공식화해 놓은 결과가 아니다. 성립사는 여하튼 우리가 한 걸음 한 걸음 오늘날의 원문에 까지 이르게 되었음을 보여준다. 하지만 결코 세 단어 하나하나로 규정되어야 할 한계에 대한 정확한 의식을 토대로 한 것은 아니다. 사회민주당의 카일(Keil) 의원은 **급료문제**와 **예산안**을 제외하고자 했으나 조세법률은 예외였다. 즉 「왜냐하면 바로 조세법률이 가까운 시일 내에 우리에게서 가장 큰 역할을 하게 될 것이기 때문이다」(Prot. S. 294/96). 국회의원 콘 박사(Dr. Cohn)는 **공과법률**에 대한 예외가 정당함을 잘 알고 있었다(S. 311). 코흐(Koch)는 「**예산안** 및 **재정법률**」을 제외하고자 하였으나(S.

20) 1920년의 프로이센 헌법 제6조 3항에서는 제1, 제2 그리고 제3독회의 위원회의 결정들은 재정문제라는 말을 변경하지 않고 삽입하였다(초안 제3조 c. Drucksachen Nr. 3120 DS. 5436/7). 이 말의 의미에 관하여는 Rudolf Huber, Die Verfassung des Freistaates Preussen (Kommentar 1921) S. 29/30.

308), 국민이 그래도「재정문제」에 관한 발언을 할 수 있어야 한다고 생각했다(S. 311). 국회의원 그뢰버(Gröber)는 — 오늘날의 원문은 아플라스(Ablaß)의 제안을 수정한 이 사람의 제안(제189호)에 근거를 두고 있다 —「**예산안 · 공과법 그리고 라이히 공무원급여법**」을 예로 들었다. 라이히 재무부의 추밀참사관인 재미슈(Saemisch)는 예산(안) 외에 조세법률과 급여법도 국민투표에서 제외시킬 것을 간절히 요청했다. **재정법률**, **재정문제** 또는 **재정에 관한 문제** 등과 같은 일반적 표현들은 수차례씩이나 제외된 대상들을 명명하는 데 사용되었다. 즉 언급된 코흐의 진술에서 뿐만 아니라 카첸슈타인(Katzenstein, S. 310), 델브뤼크(Delbrück, S. 311), 크바르크(Quarck, S. 312) 등에게서도 사용되었다. 잘 알려진 날카로운 경계설정에 대해서는 말을 할 수가 없다. 성립사에 관한 본 자료는 불충분하며 아마도 해석의 근거는 마련해줄지 모르나 어떤 확실한 논거를 제시하고 있지는 않다.

제73조 4항의 **문언**에 관해서는, 그것이 예산안에 관해서는 언급을 하면서도 예산안법률에 관해서는 언급하지 않고 있다는 사실이 주의할 만하다. 몇몇 주의 헌법들에서는「재정법률」이 특별한 예외에 속해 있어(바덴 제23조 3항, 헤센 제14조) 그 말이 더 좁은 의미에서는 정기 예산법률 또는 예산법률을 의미한다고 말하고 있다.[21] 올덴부르크 헌법(제65조 1항과 2항)에서는「국가예산법률」이 예외인 것으로 나타나 있다. 멕클렌부르크-슈트렐리츠 주는 조세 및 국가예산법률에 대해 복수로 이야기한다(제32조 1항과 2항). 원문을 정확하게 받아들이는 논구에서 제기되는 첫 번째 문제는, 예산과「그」예산법률에 대한 법률이 여기서 동일시되어도 되느냐 하는 것이다. 그것은 부인될 수 있다. 예산안에 관한 모든 법률이 국가예산법률이라고 말할 수 없다. 다시 말해 라이히의 모든 수지에 관한 질서 있고 균형 잡힌 안에 대해서 라이히 헌법 제85조 2항에 따라 해마다 법률형태로 생겨나는 일회성 동의 말이다. 국가예산법률은 다른 재정법률과 함께「그」재정법률로 칭해진다. 그것은 흔히 말하듯이「재정법률」(κατ' ἐξοχήν)[22]이다. 때문에 국가예산법률 외에 기타 재정에 관한 법률은「예산안에 관한 법률」이라 칭할 수 있는 것이다.

이러한 언어상의 숙고는 사태를 좀더 자세히 고찰해 보면 입증이 된다. 왜냐하면 단지 예산법률은 그 자체로서 즉 예산안을 확정하기 위해서 해마다 발포될 수 있는 법률을 국민발안에서 제외시키고 있는 헌법 규정은 무의미할 것이기 때문이다. 이 예산법률은 아마도 제73조 2항에 따른 국민투표발안에 있어서나 제73조 3항에 의한 국민발안에 있어서 실제로 전혀 문제가 되지 않는다. 발안자들은 라이히의 수지에 대해 필요한 모든 보고와 통찰로 균형잡히고 완성된 라이히 예산안을 어디서 실현시켜야한단 말인가?

---

21)「재정법률」이란 표현은 란트 의회가 과세동의권을 가지고 있었던 국가들에게서 발견되며, 한편 란트 의회는 예산을 심사할 뿐이며(바이에른 · 뷔르템베르크 · 작센), 프로이센 국법과 라이히 국법은 알지 못한 특별한 의미를 지니고 있었다. 특히 바이에른에 대해서는 Seydel, Byr. Staatsrecht, 2. Aufl. II, S. 541 ff., 547, 559, 581. 나아가 Otto Mayer, Staatsrecht des Königsreichs Sachsen (1909), S. 204 참조.

22) Ludwig Dümmler, Über Finanzgesetzentwürfe (1894), S. 35 참조. 란트 의회의 과세 동의권을 가진 국가들(바이에른 · 뷔르템베르크 · 작센 등에서의 재정법률이란 말이 지닌 특별한 의미에 관하여 여기서는 도외시할 수 있다. 이러한 의미에서 이 말은 라이히 헌법에서는 문제가 되지 아니한다.

어째서 해마다 한번 발포될 수 있는 예산법률이 국민발안 도중에 모든 절충으로 이루어진다고 생각해야 한단 말인가? 그것이 정식 입법절차 속에서 이루어진 라이히 예산법률에 선행해야 하는가 아니면 후행해야 하는가? 이것이 선행해서 일어날 경우, 발안자가 라이히 의회를 앞지르는, 생각할 수도 없는 경우가 생길 것이며, 그 후「그」예산법률은 이미 제출되어 있게 된다. 그리하여 제73조 4항의 규정은 여하튼「그」예산법률이 문제가 되는 것으로 해석할 수 없다는 사실이 뒤따라오게 된다. 본질적으로 금전적 성격을 지녔기 때문에 예산안과 직접적 관련이 있는 법률은 모두 예산안에 관한 법률인 것이다. 그것이 그 안의 전체적 균형을 이룬 것이든, 개별 항목을 바꾸는 것이든 간에 말이다. 정부가 법률로써 예산법률상 지금까지는 허락되지 않은 새로운 지출을 할 수 있게 되고, 사업에 대한 국가소유를 형성하기 위한 자금을 마련할 차입금을 차용할 수 있게 되고, 예산안의 변경이나 초과가 후에 승인된다면, 예산안에 대한 법률도 그러하다. 표현방식에 있어서의 법률상 근거는, 그런 법률들이 그것의 본질적인 법률상의 의미를 예산법률 영역에서 가진다는 것과 그 내용이 예산법률적이라는 데에 있다. 여기서「예산안」이 문제가 된다고 강조한다는 것은 단순한 말장난에 지나지 않을 것이다. 물론 그것으로 인해 변경되고 수정되는 예산안은 문제가 된다. 단지「그」예산 법률만이 국민발안에서 제외된다는 식으로 원문을 왜곡하려고 한다면, 마침내는 국민발안 도중에 관리에게 물가등귀에 의한 수당과 상여금을 요구할 수 있다고도 해야 할 것이다. 왜냐하면 그것은 급여제도에 속하는 것이 아니기 때문이다. 본질적으로 예산법률적 의미를 지닌 그런 법률들은 모두 예산안에 관한 법률인데, 이 물가등귀에 의한 수당이라든가 상여금의 법률적 확인이 제73조 4항의 의미에서 급여법인 것과 마찬가지로 말이다.

재정상의 법률이 국민발안에서 제외되었다고도 말할 수 있다. 여기서「재정법 또는 재정적 법률」이라는 잘못된 말보다는「금전법률」(Geldgesetz)*이라는 표현이 사용되어야 한다. 중요한 것은 법률의 내용에 따라 금전적 조치들을 통해서 국가예산에 새로운 수입이 조달되거나 새로운 지출이 부과되어야 한다는 것이다. 그러한 법률들은 그 소재에 따라 국가의 재정권 영역에서 움직인다. 그것들은 대개 단지 법률에 의한 형식일 뿐이며, 내용상 재정의 행정행위이다. 재정상의 부수작용을 지닌 법률들은 여기에 속하지 않는다. 혼합된 성격을 가진 법률의 경우, 개개 경우로 경계를 설정하는 것이 어려울 수도 있다. 그것에 대해서는 다음에 거론할 것이다. 그러나 경계설정의 어려움이라든가, 오용의 가능성으로부터 개념에 대한 이의를 도출한다는 것은 명백하게 잘못된 일일 것이다. 금전법률 또는 재정법률의 개념은 국법상의 개념으로 근대 헌법사에서 오래전부터 인식되어 왔으며, 근대적 예산법률을 지닌 모든 국가에서는 불가피한 것이다. 여기에서도 역시 임의의 범위가 문제가 되는 것이 아니라, 여하튼 예산안의 사실과는 분리될 수 없는 국법상의 현상이 문제가 된다. 그런 법률들은 실제로 국가의 **입법권**(pouvoir législatif)의 (발로)가 아니라, **재정권**(pouvoir financier)의 발로라 할 수 있다. 입법하는 법률과 조세 및 세금을 징수하는 법률은 수 백 년 동안 구별되어 왔다.[23] 1789년의 인간과 시민의 권리선언을 천명함에 있어서도 第6조*는 법률에 대해, 그것과는 별도로 第13조*는 공공조세에 대해 언급한다는 데에서 대립이 생겨난다. 입헌 군주제의 헌법으로 인해, 그리고 주로는 인민대표의 협력의 권리 때문에 개념이 바뀌게 되었다. 조세법과 급여법은 오늘날 질적 의미에서 법률로 간주된다. 그것이 정당한 근거가 있는지 어떤지는 여기서 논구할 필요가 없다. 예산안의 확정은 여하튼 오늘날 지배적인 견해에 따르자면 실질적인 의미에서의 법률을 국민입법절차에서 제외시킨다면, 우리는 단지 법률의 형태로만 생겨나는 국가 재무행정의 실질적인 행정행위를 모두 비로소 옳게 분간하게 될 것이며, 「예산안에 관한 법률」이라는 표현으로 이해하게 될 것이다.

그러나 또한, 일반적으로 「예산안」에 관련된 헌법규정을 모든 금전법률에 적용하지 않는다는 것은 올바로 이해된 예산안의 개념에 모순될 것이다. 말하자면 수입과 지출의 균형이 예산안의 개념에 속하는 것이다. 예산안은 매우 복잡한 것으로서, 정부와 국회 사이의 교섭의 결과이다. 즉 그것은 수지균형을 맞추는 총액[24]이 특징인 전체적 안이다. 개별 항목들은 가장 밀접한 연관을 이루고 있으며, 그러한 연관 없이는 예산**안**이란 존재할 수 없다. 第73조 4항의 성립사 속에서 이러한 연관의 의식이 결정적으로 나타나는데, 특히 추밀 참사관 재미슈의 매우 권위 있는 진술에서라든가, 국회의원 그뢰버에게서 말이다. 그뢰버는 특히 공과법률과 급여규정이 오랜 교섭과 타협의 결과이며, 고립될 수 없다는 사실을 강조하였다. 이러한 연관의 시점은 마찬가지로 연관된 임의의 다른 한 항목에서 무시될 수 없다. 그것이 여하튼 중요하다면 말이다. 대립하고 있는 문언에서 이런 연관으로부터 전반적인 결론을 끌어낸다는 것은 지나친 일일 것이다. 그러나 이런 관점을 경시한다는 것도 옳지 못하다. 예산은 통계상의 공존일 뿐만 아니라, 질서 있고 균형 잡힌 하나의 전체이다. 그것을 확정한다는 것은 균형을 확정한다는 것이며, 그것을 통하여 그 안이 비로소 통일성과 연관성을 얻게 되고, 그 결과 이 균형의 직접적인 모든 변화라든가 장애가 예산안의 직접적 요건이 되는 것이다. 계획은 질서 있는 재정제도의 표현이다. 그것을 확정한다는 것은 국가의 재정권한을 지배한다는 것을 의미하는데, 이것이 순수하지 않은 다른 금전법률의 재정적 부수작용에 이미 속박되어 있지 않는 한에서 그러하다.

국민대표의 예산법을 둘러싼 투쟁의 역사는 이러한 연관의 법적 의미를 증명해 주며, 또한 질서 있는 재정의 어떤 한 항목에 존재하는 모든 영향가능성이 자연적으로 확장과 전체적 영향에로의 경향을 지니게 된다는 사실을 보여준다. 전체 예산법은 여하튼 조세 및 공과금동의권의 한 항목으로부터 전개되었다. 국민대표가 예산을 가결하지 않고(프로이센이나 라이히에서처럼), 조세에 대해서만 가결권을 가지고 예산에 대해서는 단지 심사권

23) Esmein-Nézard, Éléments de droit constitutionnel, 7. Aufl. (1921) II, S. 417.

24) Otto Mayer, Das Staatsrecht des Königreichs Sachsen (1909), S. 206 — **전체 계획**이어야 하는 본질적인 특성은 어떤 사람에 의해서도 논란되지 않는다. 다른 문제는 해넬(Haenel)과 함께 (라반트에 반대하여) 예산법률은 법규(Rechtssatz)를 내포하며, 실질적 의미에서의 법률이라는 것에서 결론을 도출할 수 있는가의 여부이다 Studien II, 2 (형식적 의미와 실질적 의미에서의 법률) 1888, S. 327 참조.

만을 가지는(바이에른 · 뷔르템베르크 · 작센에서처럼) 주들에서는, 이러한 조세동의권의 「반동」이 인식되지 못했었다. 반작용은 지출방식에 대한 판단을 필요하게 만들었으며, 그리하여 국민대표는 필요한 지출에 대해서 판단을 내릴 위치에 있게 되었다. 예산과 과세동의는 무엇인가 「서로 떼어놓을 수 없는 연관 속에 있는 것」으로 칭해지게 되고, 바이에른에서는 신분대표의회*에서 국왕에게 예산을 만들고 규정하는 것이 국왕의 충만한 국가권력과 일치하지 않는 것이라며, 다른 한편으로 국가예산의 조직은 조세가결에 좌우하게 되는 것이다.25) 그러나 그러한 불가피한 반작용이 이미 조세법률과 국가예산의 관계로 여겨진다면, 그것은 오히려 다른 금전법률에도 적용되어야 하며, 헌법이 일정한 항목에서 (과세동의권에서) 재정에 긍정적 영향을 나타내는 곳에서 이 표준적인 연관이 그처럼 강하게 나타난다면, 부정적인 경우에 다시 말해서 헌법이 영향을 **배제**하고자 하는 경우에는, 연관의 이 시점이 훨씬 더 강하게 대두될 것임에 틀림없다. 금전법률을 통해 예산안의 수입과 지출 항목과 균형을 임의로 맞출 수 있는 가능성이 무한정 존재한다면, 예산안의 배제는 완전히 무의미한 것이 된다.

여기에서 예산안에 관한 법률과 금전법률을 상이하게 다루고자 한다면 그것은 모든 역사적 경험을 오인한 것이 된다. 그러나 헌법사의 경험은 **재정문제에 있어 발의권**의 특수한 **특색**을 증명해 준다. 유럽민주주의의 지금까지의 헌법사적 전개 이후 재정문제에 있어 발의의 신장을 위한 어떤 추측도 존재하지 않는다고 말할 수 있을 것이며, 심지어 그 반대의 추측을 받아들일 수도 있다. 모든 민주주의 국가들에서는 이러한 발의권에 제한을 두는 경향이 있다. 질서 있는 재정제도의 통일성이라는 관점도, 금전법률에 있어서의 발의권의 특수성도 이러한 전개를 통해서 입증된다. 양원제를 실시하는 나라들에서는 알려진 바와 같이, 하원은 본래의 국민대표로서 금전법률에 있어 우선권이나 유일한 결정권을 지니며, 이러한 종류의 법률에 있어 상원은 하원 앞에서 후퇴한다는 원칙이 세워져 있다. **영국**에서는 왕권에 지원을 승인하고, 신하들에게는 세금을 부과하는 하원의 권리로 이러한 전개가 시작된다. 즉 그것은 1911년의 의회법에서 끝이 나게 되는데, 그 법령으로 인해 금전법안(Money Bill)*에 대해서는 하원만이 결정한다는 것이 모든 형식으로 확정되었다. 하원은 여기에서 독점적인 입법권을 지니게 되는데, 상원이 그것에 대해 논의를 할 수 있다하더라도 말이다.26) 하지만 이러한 전개가 또 다른 것과 평행으로

---

25) Seydel, Bayerisches Staatsrecht, 2. Aufl., Bd. II, S. 541 (국무장관 라이덴 백작[Graf Leyden]의 언명), S. 559 (프라이헤르 폰 로텐한[Freiherr von Rotenhahn]의 언명). 특히 중요한 정식화는 C. V. Fricker, Grundriß des Staatsrechts des Königreichs Sachsen (1891), S. 227에 있다. 즉 「신분들의 권리는 진실로 과세동의권에 있다. 사실 그들은 그 전체성에서 전체 예산을 심의하고 의결한다」.

26) Erskine May, Parliamentary Practice, 13. Aufl. (1924), S. 504, 435, 574. 나아가 The Constitutional History of England, Bd. III (1912), S. 343 ff.; Anson, The Law and Custom of the Constitution, Bd. I, 5. Aufl., 1925, S. 281. 특히 전사(前史)의 포괄적인 서술은 A. Mendelssohn-Bartholdy, Jahrb. des öffentl. Rechts VI (1912), S. 404 ff. 나아가 G. Jèze, Revue de Science et de Législation financières, IX (1911), S. 587 ff.; Sibert, Revue de droit public (1912), Bd. 29, S. 95 ff.; Hatschek, Das Staatsrecht des Vereinigten Königreichs von Großbritannien und Irland, 1914, S. 73 ff. 과세동의권으로부터 예산권에로의 발전에 관한 서술은 The System of Financial Administration of

전개된다는 사실을 간과해서는 안 된다. 하원이 단지 국왕의 정부의 형식적인 발의와 추천으로 국가지출에 관한 법률제안과 관계할 수 있는 것은 **의사규칙**(standing orders)으로 규정된 영국 헌법의 한 원칙이다.[27] 영국 자치령의 성문헌법에서 (예컨대, 오스트레일리아 헌법 제56조)*는 그것이 명백하게 언급되어 있다. 유럽 대륙에서도 금전법률에 있어서의 발의권의 특수성이 나타난다. — 1814년 6월 4일의 프랑스 헌법* 제17조 이후 그것은 도처에서 인식할 수 있다.[28] 이 헌법의 조문은 단지 조세 법률(loi de l'impôt)만을 말했다. 그러나 그러한 개념의 불가피하고 자연적인 확장의 결과로 확대되었으며, 1831년 벨기에 헌법 제27조*에서는 이미 국가의 수입이나 지출에 관한 모든 법률(toute loi relative aux recettes et aux dépenses de l'État)은 우선 먼저 하원에 의해 표결되어야 한다. 1850년 1월 31일의 프로이센 헌법 제62조*에 의하면, 재정법률안과 국가예산안은 우선 먼저 하원에 제출되는 한편, 다른 법률안의 경우에는 정부가 선택권을 지닌다. 라이히에서와 마찬가지로 프로이센 헌법에서도 의회가 지출측면에서 정부의 의지에 반하여 예산안에 있어 어떤 변경도 행할 수 없다는 원칙이 적용된다. 바이마르 국민의회의 헌법위원회에서 재미슈가 한 진술은 이러한 법률상태를 표명하고 있으며, 그것이 라이히 헌법 제73조의 성립사와 연관되어 있기 때문에 특별한 의미를 지닌다. 즉「이러한 견해는 (즉 의회는 정부의 의지에 반하여 지출측면에서 예산을 상정할 수 있는 자격이 없다는) 분쟁시기*에 프로이센 하원에 의해서도 주장되었다. 또한 그 당시에 하원 예산위원회에서도 새로운 지출항목이나 증액이 직접적으로 하원에 의해서 예산안에 올려질 수 없으며, 오히려 국가 정부가 다음 해 예산안에 수용하도록 하는 결의를 통해 유발할 수 있다는 결정을 내렸다」.[29] 1875년 2월 24일의 프랑스 헌법은 제8조 2항*에 따르면, 상원은 하원의 발의와 경쟁을 하는 법률발의를 지니긴 하지만, 그럼에도 불구하고「재정(예산)법률」(lois de finances)은 우선 먼저 하원에 제출되고 그들에 의해 표결된다. 여기서도 또 다시 국민대표의 발의를 제한하는 전형적 사례가 전개된다. 즉 의사규칙 과정 중에 1900년과 1920년에는 재정문제에 있어 개별 국회의원의 발의권이 수입을 내리고 지출을 높이는 데에 한정되었으며, 이러한 시기에 매여져 있었다. 헌법에 적합한 발의권의 제한이 단순히 의사규칙의

Great britain, a report by William F. Willoughby, Westel W. Willoughby, Samuel McCane Lindsay (1922), S. 28.

27) Erskine May, a. a. O., Lawrence Lowell, Government of England, Kap. 21; J. Redlich, Recht und Technik des englischen Parlamentarismus, 1905, S. 76 ff.; Hatschek, a. a. O., S. 68.

28) 이미 1789년의 초안 제63조에서 보고 Lally Tollendal A. P. VIII, S. 526은 (영국의 모범에 따라서) 다음과 같다. 즉 Aucune loi relative aux subsides, à leur répartition ou aux emprunts ne pourra jamais naître dans le Sénat (동맹국 보조금 · 배분금 · 차용금에 관한 어떠한 법률도 상원 내에서 제정될 수 없다)(그렇지만 1791년의 헌법은 단원제였다). 그 밖에 1875년까지의 프랑스의 발전을 비교하지 않으면 안 된다. 8년헌법 제9장 302, 312, 134. 1815년 4월 22일의 부속 법률 제36조. 1815년의 헌법초안 제49조. 1870년의 헌법률 제12조.

29) 1919년 3월 28일의 헌법위원회의 제17차 회의. S. 60. 나아가 P. E. Braun, Die Ausgabeninitiative des Parlaments und ihre Entwicklung und Geltung, AöR. N.F. 6 (1924), S. 48 ff. (라이히에 대해서), S. 55 (프로이센에 대해서).

변경으로 일어날 수 있는지의 명백한 국법상의 문제에 대해서 뒤기(Duguit)*는 이렇게 대답한다. 즉 그것은 발의권의 행사만을 제한하며, 무엇보다 (그것이 본래의 그의 논쟁인데) 그런 제한의 목적은 정당한 것이라고. 왜냐하면 그렇게 함으로써 그것이 그들의 선거인들에게 좋다면 지출을 올리고 수입을 내리자는 제안까지 쉽게 하는 경향이 있는 국회의원의 영향으로부터 공공재정이 보호될 것이기 때문이다.[30] 금전문제에 있어서 이처럼 일반적으로 수행되는 발안의 특수성을 좀 더 확인하기 위해서는, 라이히 의회의 지출 발의를 제한하고 있는 라이히 헌법 제85조 4항*을 언급해야할 것이며, 더 나아가 각 란트 헌법[31]에서도 제한하고 있는 수많은 규정들과 더 많은 제한에 대한 주목할 만한 제안들에 대해서도 언급해야할 것이다.[32]

그러한 일치에 직면하여 그 추측이 금전법률에 있어 발의의 신장을 찬성하고 있기보다는 반대하고 있다는 사실은 의심의 여지가 없겠다. 다만, 금전법률이라는 개념이 쉽게 한정될 수 없고 정치적으로 큰 불신을 얻고 있다는 데에 어떤 어려움이 놓여 있다고 하겠는데, 처음에는 예상할 수 없는 확대의 위험 때문에 (왜냐하면 마침내는 모든 법률이 재정적 측면을 지니고 국가예산에서 표현되는 부수작용을 지니기 때문이다). 그리고 나서는 정치적 법률이 금전법률과 결합됨으로써 오용의 가능성이 있기 때문인 것이다. — 영국에서 이른바 크게 논쟁거리가 된 **부대**(tacking)*의 실제,[33] 따라서 이미 언급했듯이, 개념 자체가 당연히 반박되거나 과잉으로 되지 않았다. 그러한 개념을 전제로 하는 수많은 헌법규정 때문에 보다 근접한 경계를 설정해 보려는 시도가 무수히 많이 이루어진다. 1850년의 헌법 제62조에 대한 프로이센 국법의 실제에서 「재정법률」에 대한 많은 해석들이 발견되는데, 이 경우 중요한 것은 「국가 정부가 모든 의심스러운 경우에 의견을 대표했으며, 재정법률의 특성은 일정한 정의로 속박할 수 있는 것이 아니라 임기응변으로 심사할 수 있다는 것이 본질적으로 중요한 결과이다」.[34] 영국 의회의 법령은 하나의 법적 정의를 시도하고 있다.[35] 그런 학술적인 또는 입법적인 경계설정 시도를 여기서

---

30) Traité de droit constitutionnel, 2. Aufl., Bd. IV, 1924, S. 313 ff.; 본문에서 언급한 표현은 S. 316; Esmein-Nézard, a. a. O. S. 428 Anm. 415.

31) Braun, a. a. O. S. 79 ff.는 이것을 세 가지의 유형으로 환원한다. 즉 국무회의의 동의 없는 국가에 있어서의 세출의 증대는 없다 (안할트-립페 · 샤움부르크-립페 · 멕클렌부르크-슈베린). 제3의 국가기관의 동의 없는 세출의 증대는 없다 (프로이센 국무회의에서, 브레멘 재정대표에서). 끝으로 경신된 심의를 요구하는 정부의 권리 (바이에른 · 작센 · 튀링겐 · 뷔르템베르크).

32) 예컨대 1926년 4월 28일 함부르크 「명예 상인 집회」(Versammlung eines Ehrenbaren Kaufmanns)의 결의와 같은 것인데, 이것은 라이히 정부의 동의나 라이히 의회의 3분의 2의 다수를 요구한다. Bericht der Handelskammer Hamburg, 1926, S. 47 참조.

33) 이러한 실제에 대해서는 Erskine May, Parl. Practice, S. 552; Jèze, Le Budget, S. 175; Mendelssohn-Bartholdy, a. a. O., S. 428; Hatschek, a. a. O., S. 74.

34) Dümmler, a. a. O., S.42. 상세한 문헌은 Arndt, Kommentar (5. Aufl.) S. 246. 1920년의 프로이센 헌법 제6조 3항의 유사한 문제에 대해서는 R. Huber, a. a. O., S. 30.

35) 1911년 의회법(1. u. 2. Geo. V. c. 13)의 법적 정의는 다음과 같다. 즉 「금전 법안(Money Bill)은 공법안(Public Bill: 사회 전체에 일반적으로 적용될 법안-역자)이며, **하원 의장의 견해에 따르면** 다음과 같은 사항 모두를 다루는 규정만을 포함한다. 즉 세금의 부과, 취소, 면제, 변경 혹은 규율; 또는 부채의

비판할 수는 없다. 단지 짧막하게 아래에서 참조되기만 할 것이다. 국가적 생활의 실존적 현실성에 있어 필수불가결한 (예를 들면 공공의 안전과 질서) 모든 불확실한 개념들과 마찬가지로 여기서도 생각할 수 있는 모든 경우를 정황에 맞는 공식화로서 규범적으로 파악하는 것이 문제가 되기보다는, 오히려 구체적 경우로 그런 개념을 적용하는데 대해 누가 결정하는지의 문제가 중요한 것이다. 여기서도 문제는 결정주의적으로(dezisionistisch) 「누가 판단하는가?」(quis judicabit)* 다. 영국의 법률규정이 국법상으로나 정치상으로 우월한 것은, 그것이 모든 내용적 해석을 넘어 말하자면 하원의 연사를 결정하는 위치를 정한다는 데에 있다.[36] 독일 헌법에서도 동일한 질문이 제기된다. 즉 라이히 헌법 제73조 4항에 따라서 제외된 요건들이 문제되지 않는지에 대해 국민발안을 허용해 줄 것을 신청할 때에 누가 결정하는가? 국민표결에 관한 법률 제30조*에 의하면 내무장관이 국민발안 허용신청에 대한 결정을 내려야 하긴 하지만, 이 법률 규정에 따라 그의 결정은 단지 외면적 전제와 형식에만 관계할 뿐이다. 제외된 소재가 존재하고 있는 건 아닌지에 대한 실질적인 결정은 라이히 정부의 권한이다. 왜냐하면 라이히 정부는 라이히 의회에 법률안을 제출하여야 하며, 때문에 이미 허용을 신청할 때에 헌법에 적합한 전제조건들이 나중의 의무에 본보기로 주어져 있는지의 여부를 심사해 보아야 한다. 이 심사는 등록절차가 있기 전에 해야 하는데, 왜냐하면 절차상 조사가 허용되지 않는 결과를 낳게 되면, 이것은 필요 없어질 것이기 때문이다. 정부의 결정권의 오용을 막기 위한 충분한 통제가 라이히 의회의 신임에 의존하고 있다.[37] 그러한 경우 의견이 다양할 때 국사재판소가 결정하게 하는 것이 올바른 것으로 간주될 수 있는지의 여부는[38] — 비록 법원이 그런 불확실한 개념의 적용에 대해 평가할 수 있기에 항상 적합한 것은 아니지만 — 여기에서 논구될 수 없는 좀 더 포괄적인 질문이다. 독일 라이히에서 여하튼 헌법 규정이 있기까지 여기에서 결정을 내리는 것은 라이히 정부이다.

지급 혹은 정리공채기금(the Consolidated Fund)이나 의회가 제공한 금전에 관한 기타 재정적 용도의 비용의 지불, 혹은 그러한 비용의 변경이나 취소; 또는 정부지출금 · 영수증 · 관리 · 수익금 또는 어떤 융자 및 그 상환에 관한 회계감사의 제공; 또는 이러한 문제들이나 그 중 어느 하나에 수반되는 부수적 문제들. 이 조항에서 사용된 '세금(taxation)'*, '공금(public money)'*, '대부금(loan)'이라는 용어는 지방자치단체가 자신의 목적을 위해서 거둬들인 세금이나 금전 혹은 대부금을 포함하지 않는다」.

36) 금전법안의 법적 정의에 관하여는 Erskine May, a. a. O., S. 435 Anm. 다이시에 의하면, 모든 법률은 금전법률이며, 의장은 자신의 재량에 의해서 금전법률로 선포하는 것이다(Jèze, a. a. O., S. 596 참조). Mendelssohn-Bartholdy, a. a. O., S. 437은 「영국에서의 입법기술은 매우 발달되어 있지 못하다」라고 관대하게 고려하지 않을 수 없다. 진실로 이러한 법적 정의에서 구제할 수 없는 규범주의에 대한 정치적 의미의 우위가 나타나는 것이다.

37) Braun, a. a. O., S. 76, Anm. 79는 라이히 의회의 결정권을 받아들인 것같이 보인다. 그러나 이것은 라이히 정부가 승인이라는 의미에서의 그 결정권을 행사한 경우에 비로소 실효적으로 될 수 있었으며, 라이히 정부로부터 승인신청이 거부된 경우에는 더 이상 존속하지 못한다.

38) Fleiner, Schweizerisches Bundesstaatsrecht, 1922, S. 298, Anm. 40은 스위스 국법을 위해서 다음과 같은 제안을 한다. 즉 연방에서 도입하려는 법률발안의 경우에 연방법원은 국민발안의 내용이 연방 헌법과 일치하는가의 여부에 관하여 결정케 한다는 것이다. 그러한 문제는 물론 법원에 의한 결정에 적합한 것이다.

III. 직접민주주의의 자연적 한계

금전법률이 직접적인 국민입법의 절차로부터 어느 정도 배제되어 있는지의 문제는 여하튼 직접민주주의의 한계에 대한 질문과 부딪치게 된다. 그러므로 그것에 대한 논구는 대개 정치적 목적으로 인해 흐려진 비학술적 관심이나 불신에 마주치게 된다. 널리 퍼진 피상적 견해로는 「국민」에게 가능한 모든 것을 위임하는 것이 단순히 「민주적」이라고 간주하고, 또한 도대체 「국민」이 무엇을 할 수 있는지를 묻기만 하면 그것을 「비민주적」이라고 간주한다. 나는 훌륭한 국민은 크고 결정적인 순간에 엄청난 일을 할 수 있다고 생각한다. 그러나 법률적으로 규정할 수 있는 일상 다반사에서는 문제에 대한 절대적인 긍정이 무의미할 것이다. 아래에서는 「국민」이라는 주체의 특성으로부터 본질상 국민의지의 확립방법으로부터 민주주의의 관념적 · 도덕적 원리로부터 상이한 한계들이 나타나게 될 것이다. 직접민주주의의 가능성은 어떤 대상과 방법에 제한되어 있으며, 어떤 미국인 저자는 사회학적 연구에서 민주주의의 운명은 그 한계를 올바로 인식하는데 달려 있다는 것을 힘주어 말한 바 있다.39) 여하튼 어떠한 민주주의 국가도 어떤 방법과 관념을 생각 없이 확대해 나감으로써 그 국가형태를 **배리로**(ad absurdum) 인도하는 데에 관심을 가지고 있지 않다.

무엇보다도 「국민」(Volk)*이라는 말의 다의성을 의식할 필요가 있다. 왜냐하면 일련의 실체(Größe)와 주체들이 동일한 이름으로 칭해져서, 그 법률적 · 정치적 · 사회학적 상이함이 즉시 드러나기 때문이다. 바이마르 헌법의 전문에 따라서 「국민」이 「이 헌법을 제정했다」면, 이 국민은 헌법제정권력의 담당자, **헌법제정권력**(pouvoir constituant)의 주체이며, 그 때문에 국민은 이 헌법을 토대로 헌법에 적합하게 규정된 형식 속에서 국가의 「기관」으로서, **헌법에 의해서 제정된 권력**(pouvoir constitué)으로서 어떤 권능을 행사하는, 말하자면 라이히 의회라든가 라이히 대통령을 선출하고, 「국민」표결 시에 활동하게 되는 국민과는 무엇인가 본질적으로 다르다. 「국민」이란 보통 선거 또는 표결에 관여하고 대개 다수를 결정하는 사람을 말한다. 그러나 라이히 헌법 제75조에서는 「국민」표결에 다음과 같이 규정되어 있다. 즉 선거권자의 다수가 표결에 참여하며, 여기에서는 국민의지를 확립함에 있어서 투표하는 사람들만이 고려되는 것이 아니라, 집에 있으면서 국민의 구성원이 되는 그러한 사람들이 고려되는 것이다. 「국민」발안에서 국민이란

39) Walter Lippman, The Phantom Public, New York 1925. 한정의 필요성은 오스트로고르스키(Ostrogorski)에 의해서 주목되었다. 즉 "Pour qu'elle soit réelle, il est donc nécessaire que la responsabilité directe envers le peuple ... porte seulement sur certaines attributions bien déterminées de l'autorité publique." (국민에 대한 직접책임이 실질적이기 위해서는 공권력 기관에 대해서 인정할 특정한 권한에 대해서만 인정되어야 한다). 특히 그는 입법과 지방자치에 제한을 요구하고 있다(Bd. II, S. 572. 1903년의 프랑스판).

말은 다시 한 번 또 다른 의미를 지닌다. 왜냐하면 소수가 — 이들의 요구는 국민발안이라고 불리는데 — 민주주의에서 국민과 동일시되는 다수와는 완전히 다른 의미에서 명백하게도 국민이기 때문이다. 개별 발의에 있어서는 그것이 훨씬 더 현저하다. 국민발안(Volksinitiative)과 같은 그러한 복합어에서 「국민」은, 주로 모든 관청기관과 형식화된 심급과 대립한다는 의미를 지닌다. 선거권자의 10분의 1은 그것이 확고한 실체를 지속할 수 있는 법률안의 모범으로 조직되어 있을 경우 — 이들의 요구를 국민발안이라 하는데 — 즉시 국민이기를 중단한다. 국민이라는 단어의 특이한 의미가 여기에서는 정부뿐만 아니라 확실히 관공서 「형태」를 띠는 모든 것과 대립을 이룬다. 국민 스스로가 통치를 하는 민주주의에서도 국민이라는 단어의 이러한 의미가 항상 유효하게 되어야 한다. 즉 국민은 관청의 기능을 하지도 통치하지도 않는 사람들이다. 거기에서 국민과 관청은 서로 대립해 있으며, 국민은 본질적으로 정무관(magistratus)*이지 않다는 로마 국법에 대한 오래된 고전적 관념이 점점 더 생생하게 힘을 얻게 된다.[40] 대립은 물론 단순히 근대 민주주의 국법에 옮겨질 수는 없지만, 그것은 그 정당함으로 오늘날도 「여전히」 주목할 만하며 아래에서 종종 더 나은 설명을 위해 끌어오게 될 것이다.

이제 이처럼 상이한 「국민」이라는 실체가 법률적으로 규정된 전제와 규정된 절차로 나타나는 곳에서, 그 활동은 종류와 내용에 따라 의사표시의 절차에 좌우된다 하겠다. 시장에서의 실제 집회라든가 모인 공동체와는 다른 장소에 등장하는 (스위스 민회처럼) 국민은 사회학적으로나 정치적으로 두말할 필요도 없이 위대함을 지닌다. 즉 그 국민은 전체의 의지를 지니며, 집회도 없이 비밀스런 개개 표결을 합한 결과로서 의지를 표명하는 국민과는 다르게 그 의지를 표명한다. 절차에 적합하게 규정된 공공심의를 거치지 아니한 개별적인 비밀투표는 바로 소집된 국민의 특수한 가능성을 파기하는 것이다. 왜냐하면 국민의 가장 고유한 활동, 능력, 기능이자 국민 고유의 모든 표현의 핵심이며 루소 역시 본래의 민주주의로 염두에 두었던 민주주의의 근원적 현상은 바로 갈채(Akklamation),* 즉 모인 군중의 동의하는 또는 거부하는 외침이다. 국민은 한 지도자*에게 박수를 보내고, 군대(여기에서는 국민과 동일시 됨)는 최고지휘관이나 원수에게, 동포의 「집회」라든가 「민회」는 제안에 찬동을 한다(이 때 본래 지도자나 제안에 찬동이 되는지 어떤지의 문제는 미결로 남아 있다). 즉 국민은 만세나 타도를 외치고, 때로는 환호하고 때로는 투덜대고 또 무기로 방패를 치기도 하고, 누군가를 지도자로 받들기도 하고, 최후에 「아멘」과 같은 어떤 말로 끝맺기도 하고, 침묵으로 찬동을 거부하기도 한다. 학술적인 의미에서 특수 분야의 틀을 훨씬 넘어서는 에릭 페터존(Erik Peterson)*의 기초적 연구는 기독교의 첫 몇 세기 동안의 갈채(acclamatio)와 그 형태들을 기술해 놓았다.[41] 국민이 존재하는

40) Mommsen, Römisches Staatsrecht I, S. 76 ff., III, 1, S. 303, Abriß, S. 81 f. 마이쓰너(Meißner)의 그림(Grimm) 사전에서의 우수한 항목인 「국민」에서도 동일한 확정성은 지니고 있지 않지만, 항상 여전히 다음의 사실을 인식하지 않으면 안 된다. 즉 국민은 관청에 합당하도록 조직되지 않았으며, 「형식화된」실체가 아니며, 「관헌」(Obrigkeit)이 아니며, 통치하는 자, 바로 그 때문에 국민에 속하지 않는 그러한 것이다.

41) Εἱς Θεός epigraphische, formgeschichtliche und religionsgeschichtliche Untersuchungen,

곳에서는, 그리고 국민이 경마장에서의 관람객으로서 실제로 모여 있건 정치적 생활의 표시를 나타내건 간에, 어딘가에 존재하는 곳에서 국민은 갈채를 통하여 자신의 의지를 알린다. 실제로 그러한 갈채를 단념할 수 있는 국가란 없다. 절대군주 역시 그의 국민으로 구성된 도열하며 만세를 외치는 군중이 필요하다. 갈채는 모든 정치적 공동사회의 영원한 현상이다. 국민 없는 국가란 없으며, 갈채 없는 국민이란 없다.

갈채의 이와 같은 학문적 발견은 직접 또는 순수민주주의의 절차를 논구함에 있어서 출발점이 된다. 우리는 공공의 의견(여론)이 정치적 구실로서 뿐만 아니라 사회적 현실로서 존재하는 곳이면 어디에서건, 국민의 정치적 의미가 확증될 수 있는 결정적인 모든 순간에 표결절차와는 무관한 동의나 거부의 찬동이 일어나며, 그러한 절차로 인해 그 순수함이 위태롭게 될 수도 있는 사실을 간과해서는 안 된다. 왜냐하면 그러한 찬동에 해당하는 집회국민의 직접성이 개개 투표권자들의 고립과 선거 그리고 투표비밀로 인해 파기되기 때문이다. 「직접민주주의」라는 표현은 지금 이미 확립될 수 있듯이, 단지 상대적으로만 받아들일 수 있으며, 결코 명백하고 자명하게 「대의」민주주의에 상반되는 것으로 이용될 수는 없다. 고전적인 진정한 민주주의의 입장에서 볼 때(이러한 의미에서는 「순수」민주주의), 그러한 비밀 개별투표에 기인하는 정치적으로 권위 있는 의지의 확립보다 실제로 더 간접적인 것은 아무것도 없다. 그러한 확립을 통하여 개개의 투표권자는 고립된 무책임한 사인이 되며, 중요한 직접성 속에 주어진 전체적 크기인 국민이 부가절차로 되는 것이다.

민주적인 국법학의 법학적 인식에 대해서, 헌법에 적합하게 규정된 국민의 의사표시절차가 진술의 내용을 일정한 가능성에만 제한하고 있다는 사실이 밝혀진다. 직접적 사실에서 집단으로서 활동하는 국민은 누군가 학술적 · 기술적 전문가 역할을 하고자 하는 잘못을 저지르지 않고 모든 제안에 대해 발언할 수 있다. 국민은 지도자를 신뢰하며, 지도자와의 단일성과 동종성에 대한 정치적인 의식에서 제안에 동의한다. 즉 국민은 특수한 정치적 범주에서 권위 있는 정치적 생활을 지닌 자로서 나타나며, 그의 결정은 항상 옳다고 할 수 있는데, 그것이 불굴의 정치적 본능을 지니고 있고, 적과 동지를 구별할 줄 아는 한에서 말이다. 이에 대해서 비밀투표절차의 경우, 개개의 투표권자가 실질적인 개별 문제에 대한 실제기술적인 판단을 내려야 하며, 그가 그 결과로 모든 가능한 일들에 대한 자주적인 판단에로 인도되어야 한다는, 널리 퍼진 전형적으로 자유주의적인 오류가 나타나고 있다. 그래서 마침내 모든 시민은 완벽한 정치가이자 영웅적인 군인일 뿐만 아니라 만능전문가가 되는 것이다. 그것은 민주주의가 아닐 것이며 모범으로서 논할 가치도 없다. 그러나 다른 한편, 도대체 오늘날 비밀표결절차에 직면하여 국민의 특수한 가능성이 무엇인가 하는 질문이 제기된다.

우리가 어떤 형태로든 모든 국가에서 국민이 갈채를 한다는 사실과, 표결과는 무엇인가 본질적으로 다른 선거에서 국민이 특별한 성질의 기능을 가지고 등장하게 된다는 사실을

Göttingen 1926, S. 141 ff.

제쳐 놓을 경우, 오늘날 보통 실시되는 비밀투표절차를 통해서 어떤 한계가 주어져 있는지의 문제가 제기된다. 이러한 절차의 본성에 일치하는 피할 수 없는 한계는 정확하게 공식화된 단순한 문제의 의존성에 놓여 있다. 시민계급은 단지 관청하고만 담판할 수 있으며, 「로마 시민 여러분께 제안합니다」(rogo vos, quirites)에 대해서, 「제안에 동의합니다」(uti rogas)[42]*라고 대답했었다는 문장이 공화주의 로마의 국법으로 이미 간주되었었다면, 근대 민주주의에서도 이러한 의존이 훨씬 더 강하게 나타나고 있음에 틀림없다. 개개 시민이 일정한 인물을 선택할 뿐만 아니라 실질적인 문제에 대한 태도를 결정해야할 경우, 문제가 비로소 권위적으로 공식화되어야 하며, 그럼으로써 수십만의 비밀개별투표로부터 여하튼 결과를 조사할 수 있게 된다. 이와 같은 정식화는 이미 진정한 국민의지를 위태롭게 하거나 방황하게 할 수도 있다는 것과, 정식화할 권력을 지닌 사람이 그 결과에도 결정적인 영향을 미친다는 사실은 자주 진술되었다.[43] 여기서는 비밀개별투표의 특성으로부터 두말할 필요도 없이 직접민주주의의 가능성의 한계가 생겨 나온다는 사실이 문제가 된다. 즉 국민은 단지 예 또는 아니오 라고만 말할 수 있을 뿐이며, 그것도 개개투표권자에게 제시된 정확하게 정식화된 질문에 대해서만 그러하다.[44] 그렇지 않고서는 개별투표에서 얻어진 수백만의 대답에서 전체적 결과를 가려낼 수가 없게 된다. 명료함뿐만 아니라 예 또는 아니오의 이해성과 국가성 역시 문제의 정확성에 달려 있다. 독일투표권자들에게 그들이 평화를 원하는지 원하지 않는지의 문제를 제시하고자 할 경우, 거의 같은 의견의 다수를 쉽게 얻을 수 있을 것인데, 그럼으로써 실질적인 결정을 도출해내야 하지는 않는다. 그들이 협조정책을 확인할 것인지의 여부를 질문 받을 경우, 마찬가지로 압도적인 다수가 예상되는데, 이때의 「예」는 실제로 당 지도자에게 — 바로 표결순간에 이 이름과 「협조정책」*이라는 관념이 연결되는데 — 동의하여 갈채한다는 외의 다른 의미는 거의 없다. 일정한 조약이 비준되어야 하는지 등등의 문제가 정식화되어 표현될 경우, 대답은 물론 달라질 것이다.[45] 대체로 무수한 질문의 제시가 가능하다. 국민, 즉 개별적인 비밀투표에서 나타나는 다수는 항상 예 또는 아니오 라고만 말할 수 있다.

---

42) Mommsen, Römisches Staatsrecht, III, 312, insbesondere III, 1, S. 309 정무관의 발안으로부터 법률(lex)의 종속성에 관하여(Abriß S. 304). Rogatio의 정확한 정식은 velitis inbeatis etc. ... vos quirites rogo이다.

43) Lawrence Lowell, Public opinion and popular government (Ausgabe von 1921, S. 91); W. Lippmann, a. a. O. S. 52 ff.

44) L. Lowell, a. a. O.: 즉 「국민은 그에게 제시된 일정한 질문에 대해서 예스나 노만을 말할 수 있을 뿐이다」. W. Lippmann, a. a. O. S. 52. 즉 「그들은 행해진 것에 대해서 예스나 노를, 제안에 대해서는 예스나 노를 말할 수 있지만 그들은 실천하고, 관리하거나 실제로 그들이 마음속에 지닌 행동을 이행할 수는 없다」.

45) 교훈이 풍부한 예시는 H. Sumner Maine (Popular Government, Kap. II)에 있으며, 그 교훈적인 성격은 비록 그 밖에 보수적인 저자의 페시미즘을 나누지는 못하지만 첨가할 수 있다. 루이 나폴레옹 보나파르트(Louis Napoleon Bonaparte)는 평범한 전권을 가진 종신직 통령이 되려고 하였는가? 그는 세습 황제이려고 하였는가? 등등은 간단하지 않으며 오히려 매우 복잡한 문제인 것이다.

국민은 문제를 스스로 정식화하여 나타낼 수도, 스스로 제시할 수도 없다. 실제로 공공장소에서 토론하며 참석한 국민에게서 그러한 정식화와 발안의 능력이 가능하다면 그것은 다수가 어떤 정식화를 바라고 있는지가 개별적인 비밀투표를 통하여 확립되어 버리면 끝난다. 다수는 항상 제시된 많은 정식화 가운데 하나만을 선택할 수 있으며, 최악의 경우에는 문제가 제시되어야 하는지 어떤지의 문제에 대해 예라고 대답할 수 있다. 비밀개별투표에서 자신의 의지를 표명하는 국민은 대답은 할 수 있으나 질문은 할 수 없다.

그 때문에 비밀개별투표의 절차상에서 법률안은 결코 국민에 의해서 완성될 수 없다. 왜냐하면 법률안은 표결을 통해서가 아니라 심의를 통해서 이루어지기 때문이다. 그렇게 관찰해 볼 때 본래의 국민입법절차에서 국민발의는 불가능하며, 그럼에도 불구하고 수많은 헌법에서 그것에 대해 언급한다면, 그것은 실제로 입법단체 또는 정부의 발의와는 무엇인가 다른 것이다. 독일 라이히 헌법은 제73조 3항에서, 선거권자 10분의 1이 완성된 법률안의 모범에 따라서 국민발안을 제시할 것을 요구하고 있다. 여기서 「국민」이라는 것이 무엇인가 특별한 의미를 지니며, 결정적인 다수는 아니라는 사실은 이미 언급하였다. 법률안은 물론 선거권자 10분의 1에 의해서 만들어지는 것이 아니다. — 이들은 여기서도 역시 그것에 대해 더 이상 어떤 변경도 할 수 없으며, 다만 예 또는 아니오 라고만 말할 수 있다. 즉 그것이 국민발안이 된다. 발안이라는 것이 여기서도 문제의 정식화라든가 내용의 정확한 규정에 관계하지는 않는다. 결국에는 모든 큰 집회에서나 모든 의회에서, 그리고 모든 관청직원들에게서 최종적 발의는 실제로 항상 개개인에게서 시작된다는 것, 그리고 개개인은 개별적으로 제안을 하며, 그러면서도 결정을 내리는 단체나 결정을 하는 관청직원들의 발의가 형식적으로 존재한다는 사실에 이의를 말할 수는 없다. 본질적인 변화를 이야기하고 양적 차이를 질적 차이로 만드는 표결하는 개개인의 큰 숫자에 그 차이가 놓여 있을 뿐만 아니라, 주로는 관청직원 내부에서 **심의**가 이루어지며, 발의의 결정이 **공동**심의의 결과이고, 때문에 공동의결의 결과이기도 하다는 데에 그 차이점이 있다. 오늘날의 개별적인 비밀투표의 방법에서는 바로 공동의 심의와 토의가 공식적 절차에서 배제되고, 법률적으로 파악할 수 있고 사회적으로 통제된 절차 바깥에서 개인에 의해 행해지고 제어된 출판선전과 선동으로 옮겨지게 된다.

개별적인 비밀투표에 근거하는 직접민주주의는 담당 단체나 다른 국가 「기관」에 의해서 파악된 고립된 결정의 확인(Sanktion)에서 그것의 의사형성과 의사표시라는 특색에 상응하는 자연적인 대상을 가진다. 또한 그것을 넘어서 국가의 최고관청이나 국가 「기관」 사이의 갈등을 결정함에 있어서도 그러하다. 여기서는 소재의 구별 없이 모든 사항들이 국민표결의 대상이 될 수 있다. 그러한 대립에서는 명백하게 인식할 수 있는 형식적으로 확실히 규정된 주무 관청들이 대립해 있으며(라이히 의회 · 라이히 대통령 · 라이히 정부 · 라이히 참의원), 보통 내용적으로도 의견의 상이함을 간단한 명제(These)와 반명제(Antithese)로 인식할 수 있다. 여기서도 질문은 형식적으로 명료하게 정무관(Magistratur)에 의해서

(내가 로마 국법상의 이러한 표현을 여기서 사용해도 괜찮다면) 제시된다. 개별적인 비밀투표에서 예 또는 아니오라고 대답할 수 있으며, 이 예 또는 아니오를 부가함으로써 다수가 최종적 주무관청으로서 갈등을 해결할 수 있다. 후고 프로이스의 입장이 정당하다는 근거도 개별표결의 단순한 예나 아니오에 의존한다는 것에 놓여 있는데, 그는 헌법위원회의 심의에서 항상 국민투표의 본래 기능이 최고 라이히 기관의 상이한 의견이나 대립을 해결하는 데에 있다고 강조해 왔다.46) 따라서 국민표결에서 제한되지 않은 가능성으로부터, 국민발안에서 마찬가지로 제한되지 않은 가능성을 추론하는 것이 민주주의적이라고 생각하는 것은 옳지 않을 것이다. 일반적으로 민주주의적 추측이 가능한 한 국민의 광범위한 권능을 위해 존재해야 한다고 하더라도, 그것이 국민발안에는 적합하지 않다. 요구를 하는 「국민」도 민주적인 의미에서 다수의 「국민」이 아니며, 진정한 발안이란 것도 존재하지 않는다. 즉 공동의 심의에서 생겨난 공동의 결정이 존재하지 않는다는 말이다. 그러므로 국민발안에서는 어떤 요건을 배제하는 문제가 국민표결의 경우와는 다르게 제기된다.

여하튼 문제는 대부분의 헌법들에서 얼마 안 되는 체계적이고 유연한 규정 때문에 혼란스러워 진다. 여러 가지 방식으로 어떤 요건들은 몇몇 헌법에서 국민투표로부터 제외되기도 하고, 또 다른 경우에는 모든 국민표결에서서 제외된다는 것인데, 이 때 국민발안과 국민표결의 본질적인 대립에 대한 명확한 인식은 이루어지지 않고 있다. 바이마르 헌법은 국민발안으로부터 배제되는 예(국민입법절차에 대해서, 라이히 헌법 제73조 3항)와 앞 장에서 다루어진 국민투표발안(제73조 2항)에 대한 예를 포함하고 있다. 독일 란트의 헌법들47)에는 여러 가지 예시들이 나와 있으며, 마찬가지로 스위스의 칸톤48)과 미합중국의 개별 주들의 헌법에도 나와 있다.49) 헌법개정을 위한 국민발안이나 국민투표가 유보되어 있는 (국민발의에 관하여 스위스 연방에서와 마찬가지로) 경우 외에도 특별히 다음 사항들, 즉 조약 · 공공의 안전 · 공중위생 · 재정문제 등이 배제되어 있다. 즉 보다 의미가 적은 사항들은 비록 그것이 형식적으로는 헌법개정의 문제가 될지라도, 모두 국민발의로부터 제외하자는 제안이 이루어졌다. 왜냐하면 그렇지 않을 경우 전체 조직의 가치가 저하될 위험이 있기 때문이다.50) 로웰(L. Lowell)*은 신앙상의 대립이 일깨워질 수도 있을 문제들을 배제하도록 추천한다.51) 문제의 전체적 취급은 지금까지 대체로

46) 프로이스에게는 개인적으로 그의 입장표명의 본래의 이유는 다음 사실에 있다고 할 것이다. 즉 그에게 자유주의적 동기는 결국 민주적인 것보다 더욱 강력하였다라고. 이에 관하여는 후술 이하 참조.

47) 상술 S. 15 (본서 150면) 참조.

48) Fleiner, a. a. O., S. 293 ff.; Schollenberger, Das schweizerische öffentliche Recht (1909), S. 110, 111, 124; Albert Keller, Das Volksinitiativrecht nach den schweiz. Kantonsverfassungen, Zürcher Diss. 1889, S. 110, insbes. S. 111 Anm. 2. E. Klaus, Die Frage der Volksinitiative in der Bundesgesetzgebung, Zürcher Diss. 1906, S. 49(국민발안에서 제외되는 대상)

49) Annals of the American Academy, Bd. 43, 1912, S. 208/9 참조.

50) Annals, a. a. O., S. 208.

51) Public opinion, S. 221/2 (스위스에서의 반유대주의의 예).

명백한 합목적성의 근거에 의해서 지배되었는데,[52] 이는 라이히 헌법 제73조[53]라든가 주 헌법들[54]과 같은 국법상의 문헌에서 우세하게 되었다. 국민과 정무관의 관계에 대한 원칙적인 문제는 아직 제기되지 않았다.

어떤 사항들을 직접민주주의의 방법으로부터 제외하는 것에 대한 현재의 실정적 헌법규정으로부터는, 국민투표와는 반대로 발의에서 제외된 소재의 특수성에 대해 어떤 근거도 마련될 수 없다. 일반적으로 국민발안을 허용하는 경우에 어떤 주의가 이끌어지게 되며,[55] 특히 재정문제들은 기꺼이 배제된다고 아마 말할 수도 있을 것이다. 그렇지만 그것은 자주 국민표결에서 제외되었으며, 다른 한편으로는 바로 이 재정국민투표가 국민투표의 역사에서 특히 자주 의미 있게 나타나곤 한다.[56] 대부분의 합목적적 고려들은 국민투표와 국민발안의 제외에 적합하며, 특히 이것은 국민이 기술적으로 어려운 문제에 대한 판단을 내리거나 외교정책 및 국가 재무행정의 복잡한 관계를 내다볼 입장에 있지 않을 것이라는 입장을 나타낸다. 발안이 가지는 특수한 국가이론적 특색이 그러한 종류의 실제적 고려에서는 없어진다. 소재를 고려하지 않고 중요한 결정을 내리는데 있어서는 항상 정치적 문제가 존재할 수 있으며, 관청의 문제를 제출 받는 국민이 항상 결정할 수 있어야 한다는 사실이 간과되었기도 하다. 그것은 교육이나 교양의 문제와는 거의 관계가 없다. 그것은 농민이나 프롤레타리아가 정치적 의식에 있어 대학졸업증서 소유자들보다 더 확실할 수 있기 때문에 그것이 실제적이라고 할 수도 없으며, 또한 민주주의 국가에서는 전제조건에 따라 국민이 모든 정치적 결정을 할 수 있기 때문에 그것이 이론적이라고 할 수도 없다.

국민발안의 경우에는 다르다. 여기서는 발안자들이 모든 종류의 협력을 할 수 있다는 것이 실제적이라고도 이론적이라고도 말할 수 없다. 즉 개별표결에 의해서 국민에게 제기될 수 있는 문제의 정식화에 대해 헤아릴 수 없을 정도의 광대한 힘을 무조건 사적인 발의자들에게 맡긴다는 것이 비민주적이긴 할지라도 말이다. 때문에 실제에 있어서 국민발의의 영역도 다양한 민주주의의 실증적 헌법에 따르면 그다지 광대하지 않다. 물론 종종 국민발의를 인식하고 있는 민주주의 헌법들이 잘못되게 비교되어 크게 확대된

---

52) 예시로서 제임스 브라이스(James Bryce)의 근대 민주주의에 관한 저서 제3권 제8장(서석순 옮김, 『현대 민주정치론(하)』, 문교부, 1961)을 들 수 있을 것이다.

53) Bredt, a. a. O., S. 259. 즉「이 규정(제73조 4항)과 함께 사람은 질문 속에서 당연히 힘을 지닌 관계자의 대상들을 서로 충돌케 하는 국민발안에서 제외하려고 한다. 그러나 유사한 이유에서 라이히 대통령은 자신의 권한에서 사용하려고 한다는 것이 겨우 채택되지 않으면 안 된다」.

54) 독특한 것은 예컨대 Nawiasky, Bayr. Verfassungsrecht, S. 280 (제77절 바이에른 헌법에 관하여). 즉「재정법률(과세동의권)과 관세법률은 쉽게 이해할 수 있는 이유에서 국민투표에는 적합하지 않다」.

55) 그것은「정신들을 대체로 이간하는 국민투표가 아니라 이니시어티브인데」 왜냐하면 이니시어티브는 「입법회의보다도 건전한 입법을 위해서 보증을 적게 제공하기 때문이다」에 관하여는 W. Hasbach, Die moderne Demokratie, 2. Aufl. 1921, S. 150 ff. 참조.

56) 재정국민투표에 관한 무수한 예시는 Oberholtzer, Law making by popular vote (Publications of the American Academy of political and social science) Philadelphia 1893 및 The Referendum in America (2. Aufl. New York 1900). 스위스에 있어서의 재정국민투표에 관한 문헌은 Fleiner, a. a. O., S. 295, Anm. 26, 405, Anm. 10.

듯한 외관이 생겨날 수도 있다. 그러나 그것은 명백하게도 그러면서도 간접적으로 배제된 소재들인 것으로 나타난다. 국민발안의 대부분의 경우들은 연방국가를 구성하는 개별 국가와 미합중국의 개별국가, 스위스의 칸톤이나 독일 란트의 헌법규정에 근거하고 있다(오스트레일리아와 같은 자치령의 경우는 특수하다). 이제 연방국가에서 개별 국가가 국민발안을 인식하는 한에서는 (전체국가는 그 정도까지는 하지 않는데) 연방의 또는 개별 국가의 권한을 분배함으로써 전체국가가 권한을 맡고 있는 소재들이 배제된다. 헌법발안의 경우는 제외하고라도, 그것은 특히 스위스와 합중국에 적용된다. 후고 프로이스는 바이마르 국민의회의 심의에서 작은 나라들과 7천만의 제국에서 직접민주주의의 조직 사이에는 본질적인 차이가 있다는 점을 언급했었다.[57] 그러한 양적인 차이보다 중요한 것은 소재들이 가지는 국법적 · 정치적 차이점이며, 그것이 여기에서 다루어지고 있다. 연방국가에서는 전체국가(Gesamtstaat)가 주권적이며, 말하자면 실존적으로 중요한 정치적 결정들의 담당자이다. 구성국가의 경우, 자신의 정치적 실존의 문제는 단지 연방의 전체 실존이라는 틀 안에서만 존재한다. 스위스 연방의 경우, 전체국가가 지속적으로 중립화되어 있긴 하지만 그 결과로서 그 대외정책은 대외정책 속에 편입될 수 없다는 데에만 있다는 사실이 추가된다.[58] 개별국가에 여전히 남아있는 소재들의 크기가 줄어들 뿐만 아니라 그것의 국법적 · 정치적 특성 역시 변화하며, 그러한 주나 개별 국가의 조직에 대한 모든 지시들은 독일 라이히 헌법을 해석함에 있어서 불필요할 뿐만 아니라 잘못된 것이기도 하다. 그것은 특히 미국의 개별 주라든가 스위스 칸톤에서 흔한 공채라든가 금전법률에 대한 국민표결에도 해당된다. 여기에서 수많은 「재정국민투표」(Finanzreferendum)가 있다는 것이 국민발안 확대의 의미에서, 독일 라이히의 헌법을 모든 금전법률로 해석할 수 있게끔 해주는 것은 아니다.[59] 그러한 구성국가와 칸톤의 재무행정은 법적으로 주권국가의 재무행정과는 약간 다르다. 그것은 모든 형식적 「국가성」에도 불구하고 실제로는 자치행정적 사항으로서의 특성을 지니고 있다.*

그러나 자치의 영역에서는 — 그것이 주의 자치, 지방자치, 시읍면 자치의 문제이든 간에 — 민주주의의 문제가 정부 영역과 주권국가의 행정과는 본질적으로 다르게 제시되는데, 그것도 그것이 거기에서는 국가 형태의 문제가 아니기 때문에 그러하다. 모든 민주주의에 대해서는 일련의 동일성(Identität)이 중요하다.[60] 그러나 자치행정에서 암시된 동일성은 내용적으로나 논리적 구조에 있어서나 자치정부의 동일성과는 약간 다르다.

---

57) Protokolle, S. 166; 1919년 3월 28일의 헌법위원회의 제17차 회의. S. 6 und S. 15.

58) 그러나 스위스에 대해서마저 Fleiner, a. a. O., S. 297은 다음과 같이 강조한다. 즉 연방은 「칸톤보다 덜 민주적이다」. 「왜냐하면 순수민주주의는 그 가장 특색 있는 형식에서 작은 관계에 결부되어 있기 때문이다」.

59) 유감스럽게도 또한 Triepel, DJZ. 1926, S. 846은 라이히 헌법 제73조 4항의 해석을 위해서 재정국민투표에 대한 이처럼 올바르지 못한 지시를 하고 있다.

60) 민주주의의 이러한 정의에 관하여는 Carl Schmitt, Politische Theologie, 1922, S. 44, 45 (본서 38면), Die geistesgeschichtliche Lage des heutigen Parlamentarismus, 2. Aufl., 1926, S. 20, 35 (본서 87면, 96면), Archiv für Sozialwissenschaften, Bd. 51 (1924), S. 8, 22. 이에 반대하는 것은 Thoma, Archiv für Sozialwissenschaften, Bd. 53, S. 212 f. (1925).

자치행정은 **고유한 사항들**에 관한 행정이다. 즉 「스스로」(자치)라는 말 속에 내포된 주체와의 관계가 이 주체의 일이나 실제적 사항들에 관련된 것이며, 주체 자체와 관련된 것은 아니다.[61] 이에 대해서 정부는 인간의 인간에 대한 정치적 지배를 의미하며, 자치정부라는 개념은 정치와 국법에 있어서 자기 자신에 대한 지배라는 도덕적 개념과 혼동되어서는 안 된다. 왜냐하면 개개 인간의 도덕적으로 「그 자신을 지배」할 수 있게 되면, 둘 또는 그 이상의 사람들이 「스스로 지배」하는, 다시 말해 정치적 지배권을 행사하게 되면, 즉시 입장이 바뀌게 되기 때문이다. 많은 사람의 자기 자신에 대한 지배는 한 사람의 다른 사람에 대한 지배를 의미하거나, 또는 포괄적인 보다 고귀한 제 3자의 지배를 의미한다. 한 마디로 국가와 주, 국가행정과 자치행정의 이러한 차이점을 떠올려 보는 것으로 충분하다.

국민발안의 문제에 대한 방향점은 국민과 국민에 의해서 선출된 정무관과의 관계에 놓여 있다. 거기에서 다음의 서로 분리할 수 있는 영역들이 생겨나게 된다.

1) **자치행정**의 영역은 여기서 완전히 분리되어야 한다. 이 영역에서는 국민과 정무관 사이의 관계가 국가정부와 행정의 경우와는 본질적으로 다른데, 왜냐하면 공동의 전체의 실존에 관계하는 특수한 정치적 결정이 없기 때문이다. 국민의 발의는 여기에서 국가형태와는 아무런 관계가 없으며, 그것은 오히려 군주제에서나 가능할 일종의 업무의 해결에 관계한다.

2) **국가행정**과 **자치정부**의 영역. 여기서는 국민의 자유로운 발안이 정무관선거에 대한 반대를 의미한다. 왜냐하면 이들은 국가적 사항들을 포괄적인 국가적 통일체의 사항으로서 인도하기 위해서 선택된다. 즉 정무관은 항상 소환 가능성이 있다고 생각할 수도 있다. 그러나 그들이 책임을 지지 않는 자유로운 「발안자들」과 함께 실제 경쟁으로 나서게 된다는 것을 끌어대는 의미에서 그러한 것은 아니다. 국가의 통치행위 및 행정행위가 명확한 헌법규정을 통하여 법률의 형태를 지니고 있는 한 새로운 문제, 즉 법률발의의 문제가 제기된다. 이에 대해서는 아래에서 보다 상세히 언급할 것이다. 그렇지만 여기서는 국민발안에서 특히 자주 있으며 라이히 헌법 제73조 4항에서도 인식되고 있는, 재정문제의 배제가 체계적으로 고찰해 볼 때 올바른 고려에서 기인한다는 사실과, 국가정부와 행정은 국민발의의 적합한 영역이 아니라는 사실은 먼저 언급될 수 있다. 이러한 고려에서 라이히 헌법 제73조 4항의 **이유**(ratio)도 찾아보아야 할 것이다.

3) 이러한 연관에서 종종 언급되곤 하는 선출된 단체의 **해산**이나 관리의 **소환**에 대한 국민의 **발안**은 여기에 해당되지 아니한다. 그것은 국민과 선출된 정무관의 권능과 내용상의 활동 사이의 관계에 관한 것이 아니라, 임명과 소환의 유형에 관계된다. 체계적 고려에서 볼 때, 여기서는 발안에 대한 어떤 불가피한 제한은 생겨나지 않는다.

4) **법률발안**(Gesetzesinitiative)은 국민발안의 원래 영역이다. 이때에 법률발안과

---

61) 매우 특색 있는 오해인 A. Merkl, Demokratie und Verwaltung, 1923, S. 43; Fleiner, a. a. O., S. 19/19는 국가와 게마인데의 대립은 프랑스와 독일에 대해서는 특색 있는 것이지만, 스위스에는 존재하지 않는다고 말한다.

결합된 법률은 실질적 의미에서 단지 하나의 법률, 즉 일반적으로 결합할 수 있는 객관적인 법의 규정을 설립한다는 의미일 수 있다는 점이 주의할 만하다. 다른 모든 견해는 헌법에 적합한 규정이란 의미에 모순될 것이다. 입법절차를 규정하는 헌법은, 보통 법률이 실질적 · 형식적 의미에서 일치한다는, 즉 헌법에 적합하게 조직된 입법절차가 물론 행정과 사법의 행위에는 적용되지 않지만 입법에만 적용된다는 사실에서 출발해야 한다. 예외적인 방법으로 특별한 국가행위가 법률의 형식에 구속될 수도 있다. 이것은 국민대표가 중요한 통치행위와 행정행위에 확실히 참여하게 될 경우, 입헌군주제의 헌법에서 나타나는 전형적인 과정이다. 그러나 또한 의회제공화국에서 형식적 법률의 이러한 개념이 무엇을 의미하는지의 문제와는 별도로, 여하튼 법률의 형태 — 특히 일정한 예외는 제외하고라도 — 는 단지 법률에 있어서만 문제가 되며, 임의의 모든 것이 다 법률의 형태로 다루어질 수는 없다는 사실에서 출발해야 한다. 입법절차에 대한 헌법규정을 입법절차에 참여하는 모든 사람은 국가의 모든 문제를 점령할 수 있다는 식으로 오용한다는 것은 비논리적일 뿐만 아니라 헌법에도 위배된다. 특히 그것은 법률발의에도 적용된다. 헌법이 법률발안에 대한 규정을 할 경우, 그것은 발안을 지니고 있는 사람들에게 입법절차를 개시할 수 있는 가능성을 주게 되며, 그 이상은 아니다. 즉 그에게 내용적으로 무한한 권능이 주어지지 않는다. 그에게 좋다고 생각되는 모든 것을 법률의 형태로 다루고, 그가 붙잡는 모든 것을 법률로 변화시키고, 또한 그렇게 함으로써 그것의 관할을 무한정으로 확대하는 것 등 말이다. 입법절차에 대한 헌법규정은 그 절차를 규율하는 것이지 관할 영역을 규율하는 것은 아니다.[62] 국민발의의 경우, 임의적인 사항들이 국민입법절차에서 다루어져서는 안 되며, 단지 실질적 의미에서의 법률만이 다루어져야 한다는 것에서 밝혀진다.[63] 라이히 헌법 제73조 3항이 말하는 완성된 법률안은 또한 개별적 명령 · 조

62) 하나의 난점은 실질적 법률의 개념은 아마도 내용적이며 실체적이 아니라 그 창시자에 따라서 정의된다는 데에 있다. 특히 라반트에 반대하는 논쟁인 Haenel, Studien zum deutschen Staatsrecht, II, 1, 1888, S. 120가 그렇다. 법률은 해넬에 따르면 법공동체에 대한 모든 참가자의 「승인」에 근거하는 것이며, 항상 이러한 승인이 파악되거나 표명되는 것처럼 말이다. 국민이 승인하는 것은 그러므로 법률이다. 정당하지 않은 것은 이와 같은 견해에 대해서 전형적으로 자유주의적인 심리화인데, 이는 영혼과정들에 있어서의 모든 법적 현상들(국민의 법의식, 시대의 윤리관 등등)의 근본적인 것(fundamentum)(나는 의도적으로 이러한 표현을 밀[J. St. Mill]로부터 사용한다)을 발견하는 것이다. 모든 법률은 국민이 갈채하는 곳에 있다. 왜냐하면 갈채(acclamatio)는 심리적인 것이 아니라 정치적이며 국법학적인 현상이기 때문이라는 문장은 논의의 여지가 있을 것이다. 그러나 이러한 문장이 갈채에 대해서 정당하다면, 그것은 개별투표에 근거하는, 헌법에 적합하게 규제된 법률발안에 대해서는 확실히 타당하지 아니한 것이다. 다음과 같이 말하는 것은 자명하게 정당하지 못할 것이다. 즉 법률은 국민발안이 도입되는 모든 것이며, 이는 마치 이른바 형식적 법률에 관한 대부분의 정의들과 마찬가지로 비록 이러한 정의가 논리적으로 적지 않은 가치를 지닐지라도 말이다.

63) 적절한 것은 Albert Keller, a. a. O., S. 116이다. 즉 「따라서 발안자에게 대표자에 의해서 법률의 형식이나 결정의 형식으로 어떠한 대상을 마음대로 가져오게 하거나 또는 자신이 가져오도록 맡길 수 있는 것이 아니라, 동일한 원리적 전제들, — 헌법은 이러한 전제들로부터 입법권이 해석하는 경우에 나온다 — 은 동일한 것에 대해서 예외가 적절하지 아니한 발안자에 대해서도 타당한 것이다」. 나아가 W. Burckhardt, Zur Einführung der Gesetzesinitiative im Bund, Politisches Jahrbuch der Schweiz. Eidgenossenschaft, Bern 1912, S. 373; E. Klaus, a. a. O., S. 46 ff. 참조.

치 · 지시 등과는 대조적으로 일반적인 법적 규정의 설립을 요구한다. 그 나라의 x라는 사람에게 은혜를 베풀고 y라는 사람을 견책하기 위해서 어떤 발의가 제기될 수는 없다. 그것은 실질적 의미에서 법률이 아니며, 라이히 헌법 제73조 3항의 의미에서 말하는 법률안도 아니다. 단지 헌법 자체가 명확한 예외를 미리 고려하고 법률의 형식이 입법행위 이외의 다른 것에 대해 규정을 하는 한에서만 그것은 국민발안의 법률안에도 적용이 되는 것이다. 하지만 예외들이 예산안의 확립이라든가, 기타 예산법에 관한 법률들과 마찬가지로 4항을 통하여 그러한 예외로부터 재차 제외된다는 것은 특별한 의미를 가진다.

법률발안으로 시작하여 국민표결로 끝나는 국민입법절차와 국민표결의 기타 경우들과의 대립이 이로써 명료해 진다. 확실히 국민표결은 내용적으로 대개 입법행위이며 전형적인 국민투표에 있어서는 법률결의의 확인 내지는 거부이다. 바이마르 헌법은 그것을 당연히 입법에 관한 장에서 다루고 있다. 그러나 국민입법절차를 완성하는 국민표결이라는 똑같이 다루어질 수 있는 특수한 경우는 제외하고라도, 그것은 정규 입법기관의 입법절차에 단순히 참여한다는 것을 넘어서는 특이한 의미를 지닌다. 그것은 그 밖의 절차로부터 고립된 제재행위(Sanktionsakt), 즉 정규의 입법기관, 다시 말하면 (국민에 의해서 선출된) 정무관의 다양한 의견에 대한 국민의 주권적 결정을 말한다. 개별적인 비밀표결로 투표하는 국민 자체가 결코 관청이나 정상적 관할 내에서 법률을 발포하는 국가기관도 아니다. 그것은 그 자체로서 결정적인 특성과 예외와의 연관성을 지니는 주권행위를 행한다.[64] 여하튼 국민투표는 바이마르 헌법위원회의 진술에 의하면 단지 「극단적인 수단」일 뿐이다.[65] 국민이 여기서 라이히 의회나 그 입법 「기관」과 같은 의미에서 입법관할을 가진다고 말하는 것은 무의미할 것이다. 그것은 — 항상 국민입법절차와는 별도로 — 단지 대립의 경우에만 결정을 내리기 때문에 또한 옳지 못하다. 여기서 단순히 국민이 국민표결시 주권자라고 말할 수는 없다. 왜냐하면 국민은 단지 정무관의 지시에 근거하여 헌법의 틀 속에서만 활동을 하며, 자신의 자유재량에 따라 행하지는 못하기 때문이다. 국민은 주권에 소속하듯이 말이다. 그러나 그것은 또한 「국민에 대한 호소」(Appell an das Volk)에 대해서 자주 언급한다고 해서 법정으로 불리지는 않는다.[66] 국민은 국민표결시 입법자이면서 동시에 입법에 참여하는 최고 지위들의 대립을 해결하는 최고이자 최종적인 심급으로서 나타난다. 국민은 밖으로부터 호출되며 단호하게 결정을 하는데, 미리 절차에 적합하게 구체적 입법절차에는 관계하지도 않고 말이다.

국민발안에 대한 국민표결에서, 즉 국민입법절차에서 사정은 완전히 달라진다. 헌법발안의 경우는 여기서 그것이 **헌법제정권력**(pouvoir constituant), 민주주의 헌법에서는 항상 다른 **권력들**(pouvoirs)과는 구별되어야 하는 특별한 관념과 연관되어 있기 때문에 따로 제쳐두어야 한다. 그러나 국민입법절차에서 국민표결은 입법절차의 종결이며 그것

64) Politische Theologie, S. 10 (역서, 11면).

65) 국회의원 크바르크 박사도 그렇다. Protokolle, S. 312.

66) 그리하여 특히 의회해산의 경우에. 또한 여기서 (라이히 헌법 제25조에서) 후고 프로이스의 견해는 완전히 「갈등」이란 관점에서 지배하고 있다. 이에 관하여는 AöR., NF. (1925), S. 169 참조.

의 특수성은 그것이 정규의 정무관의 관할에 부차적으로 발생하며, 아마도 변경되지 않은 승인으로 인하여 정규의 입법측에서 실제로 해결이 된다는 데에 있으며, 그러면서도 정무관이 발안자에게 굴복하지 않는다면 그것은 계속된다. 순수한 (즉 여기에서는 고전적) 민주주의 개념에서 이 절차는 무엇인가 완전히 단일한 것이다. 왜냐하면 국민은 정무관을 선출하고 그들과의 경쟁에서 국무를 해결하기 위해서 그들을 신뢰하지는 않는다. 최종적 결정은 유보될 수 있으나 정무관이라는 의미에서의 정상적인 관할의 담당자가 되지는 않는다. 특히 정무관의 전형적인 업무인 발안과 같은 기능은, 이러한 견해에 따르면 그것을 행사할 수가 없다. 그러나 실정 헌법규정에 따라 발안을 행하는 국민은 완전히 특별한 의미에서만 국민이라 칭해질 수 있다는 사실은 이미 언급하였는데, 다만 발안자가 당국이나 관리가 아니기 때문에 그러한 것이다. 그들이 입법발안, 즉 전형적으로 정무관의 기능을 인지해야 한다는 것이 더욱 특색이라 하겠다. 정치와 경제, 국가와 자치단체, 정부와 자치행정이 서로 구별되는 한에서만 물론 단일성이 존재하는데, 왜냐하면 이러한 구별로 정치적 통일체를 대표하는 정무관의 특수한 성격이 없어지며 구별 없는 업무관리로 모든 그것의 활동이 분리되기 때문이다.

* * *

정치이론으로는 다음과 같은 것들도 주의해 볼 수 있다.

직접 민주주의의 마지막 문제는 정무관 없는 국가조직의 가능성에 관한 것이다. 지금까지의 역사적 경험에 의하면 정치적 생활을 함께 하는 국가들에서는 정무관이 불가피하다. 어떠한 시도이든 정무관을 배제하려고 하면, 국민(Volk) 자신이 정무관으로 바뀌어 국민성(Volkhafte)을 상실하거나 또는 국가의 소멸이라는 무정부주의적 이상이 실현되는 것으로 인도할 것이 틀림없다. 민주주의의 직접성은 그것이 직접적이기를 중단하지 않고서는 조직될 수 없다. 모든 권능과 의지표명을 지닌 한 국민이 관할체계 속에서 철저하게 비밀표결방법에 따라 형성된다면, 그것은 국민으로서는 사라져 버리고 그 자신에 대한 정무관으로만 되어야 할 것이다 — 이것은 그 자체로 모순이다. 거기에 바로 모든 직접 순수 민주주의의 자연적 한계가 있는 것이다. 왜냐하면 철저하게 형성된 국민이 자신의 실제 크기와 힘을 잃어버리고 모든 국민의 가장 자연적이고 가장 양도할 수 없는 권리인 갈채조차 그에게서는 없어질 것이기 때문이다. 그러나 정치적 · 사회적 현실 속에서는 모든 국민이 그것이 정치적으로 존재하는 한, 형식적 권한의 모든 확대에도 불구하고 항상 본질적으로 그러한 개별 표결을 초월하는 크기를 지닌 것으로서 머물러 있다. 여기에서 그 결과로 숫자상의 소수 역시 그것이 단지 정치적으로 의지가 없고 무관심한 다수에 대항하여 진정한 정치적 의지를 지니게 되면, 국민으로 등장할 수 있고 공공의 의견[여론]을 지배할 수 있다. 바로 그것이 법률적으로 조직되지 않았다는 점이 그것에 우월함과 **직접적으로** 국민이라 불리고, 그것의 의지를 국민의 의지와 동일시할 수 있는 정치적 가능성을 부여해 준다. 그것이 모든 역사적 경험으로 볼 때 후에 표결이 조직될 경우 공공의 의견과 표결다수의 의지 없는 대중을 자기 쪽으로 끌어당길 수 있게 된다는 것은 단지 하나의 형식일 뿐이다. 이러한 의미에서 국민이라는 사람은 어떤 헌법도 명확히 확정할 수 없다. 여기에서 국민은 부인할 수 없이 국민으로 나타나고 그와 함께 누가 구체적으로(in concreto), 즉 정치적 · 사회적 현실에서 국민으로 활동할 지를 결정하는 모든 군중일 수 있다.

근대 직접 민주주의의 방법들은 — 보수적 또는 군주제적인 적수는 차지하더라도 — 주로 두 개의 완전히 상이한 정치적 관점에서 극복되어진다. 한편으로 그것은 과격한 무정부주의자, 특히 바쿠닌(Bakunin)*으로서, 국민투표를 국민의지의 위조로 칭하는 사람들 가운데 가장 위대한 사람이다.[67] 그들의 동기는 모든 종류의 정무관에 대한 무정부주의적 증오이다. 그러나 오늘날의 자동절차에 의해서 파괴되어 버리는 자연적이고 생생한 국민의 힘에 대한 신앙 역시 가지고 있다. 다른 한편, 영국의 민주주의와 자유주의자들은 직접 민주주의 방법에서 민주적 진보의 위태로움을 보게 되는데, 즉 바로 하나의 반동적인 책략인 것이다. 앵글로 색슨의 세계 내부에서는 직접 민주주의의 평가에 있어 주의할 만한 모순이 관찰되었다. 즉 합중국에서는 이러한 방법을 무한정 확대함으로써 천년왕국이 기대되는 한편,[68] 영국의 민주당원들은 커다란 회의를 느끼며 그들과 대항해 있다. 왜냐하면 보수주의자들이 그 속에서 과격화에 반대하는 수단을 보게 되기 때문이다. 이러한 대립을 확정하고 있는 로웰은 그것을 더 이상 설명하지 않았다.[69]

그가 오늘날에도 그러한 단순함 속에 존재하고 있는지 어떤지는 매우 의문의 여지가 있는 것으로 보인다. 그러나 그가 존재하는 한 그의 설명은 의회제적 자유주의와 근대 대중민주주의와는 대립을 이룬다.[70] 직접민주주의의 방법들은 종종 의회주의의 수정을 위한 수단으로 추천되곤 한다.[71] 그러나 수정으로부터는 곧 충돌이 생겨났다. 프랑스와 벨기에에서는 그것을 즉시 직감했다.[72] 독일에서는 군주제에 대한 공동투쟁의 결과로 대립이 처음에는 알아차리지 못한 채 머물러 있었다. 하지만 그것은 공동적수를 제거한 이후에는 더 이상 간과될 수 없었으며, 바이마르 국민의회에서는 그것이 이미 뚜렷이 나타났다. 특히 후고 프로이스는 대립의 해결을 넘어서는 모든 국민표결에 대해 독일에서 아직 미숙한 의회정치체계의 위태로움을 염려했으며, 고전적인 진술로 헌법위원회에

---

67) 특히 「새로운 거짓말」로서의 스위스 국민투표에 관하여는 Oeuvres (Paris 1910), II, S. 34, 42.

68) 나는 로웰의 「직접 입법은 천년의 기간을 가져오지 않을 것이다」(Direct Legislation will not bring the Millenium)이라는 장의 제목을 고려하여 「천년 왕국」이라는 표현을 사용한다.

69) Public Opinion, S. 157, 234.

70) 제임스 브라이스의 대저에는 이러한 원리적 측면이 덜 나타나 있다. 그것은 여전히 존 스튜워트 밀이라는 자유주의적 심성에서 관철되고 있다. 따라서 또 — 모든 책임있는 고려에서 — 이미 전체적으로 어떤 낡아빠진 인상을 준다.

71) 법률발안의 문제에 대해서 여기서 특히 흥미 있는 것은 W. Burckhardt, a. a. O., S. 365 ff.

72) Signorel, a. a. O., S. 147/48.

다음과 같은 경고를 했다. 즉「당신들은 의회제도 위에 순수한 민주주의의 다모클레스의 칼*이 걸려 있다면, 그것의 영향을(즉 의회제도의 교육방법) 환상적으로 만들고 있다」.[73] 국민표결이란 것이 그 이름 그대로를 의미하여 정식 국가기관에 의해서 제시된 상이한 의견들의 결정인 한, 그것은 실제로 의회정치 체계에서는 중단되지 않는다. 이에 대해서 국민입법절차, 즉 국민발안의 실시는 — 그것의 목적은 의회의 정식 입법에 부수적으로 특별한 입법절차를 진행시키는 것인데 — 여하튼 위험한 영향을 지니고 있다.

자유주의와 민주주의 간의 분열이 가장 강하게 드러나는 영역은 바로 재정 영역이다. 이 개념은 이미 근대 민주주의의 저작상의 아버지인 루소를 매우 흥분시켰다.『사회계약론』(Contrat social)에 보면 직접민주주의의 모든 찬미에도 불구하고, 그것의 자연적 한계에 대한 명백한 감정이 나타난다. 국민은 주권자로서 입법과 더구나 실질적 의미에서의 입법에 한정되어 있으며, 이것은 정부와 행정과는 엄격히 구별이 되며, 특히 **개별적 대상**(objet individuel)은 알지 못한다(제2권 6장). 특히 재정문제는 민주주의에 속하지 않는다. 재정은 민주주의에 대해서 어떤 위험한 것이다. 즉「재정(Finance)이라는 말은 노예의 말[74]이며, 이것은 도시국가 내에서는 모르는 말이다」(Ce mot de finance est un mot d'esclave; il est inconnu dans la Cité).* 그 때문에 루소에 의하면, 그것은 민주국가에서는 단지 단순하고 검소한 관계를 주며, 무엇보다 가난한 자나 부자나 어떤 빈부의 대립도 주어서는 안 된다. 이것은 목가적인 원시성으로서의 전형적인 루소식 회피로서, 그럼에도 불구하고 민주주의에 경제적 · 재정적으로 위협하는 위험에 대한 정치적 본능을 보여주고 있다.

정치적 개념의 자리에 경제적 범주가 들어서고, 경제적 대립이 마르크스주의적 계급개념과 결합되어 민주주의의 동질성을 위태롭게 하게 되면「재정」에 대한 모든 관념들, 즉 국가의 수입과 지출의 올바른 관계와 분배가 바뀌게 된다. 그것은 역사적 뿌리 속에서 부분적으로는 신분적이고 부분적으로는 자유주의적 시민적인 확신, 즉 조세를 행하는 사람들은 그것을 승인하기도 하고, 그것의 이용을 통제하기도 해야 한다는 확신에 일치하는 것이다. 이와 같은 확신에서 근대의 예산법은 발전하였다. 낡은「국민」대표는 조세를 수행하는, 또는 세금을 지불하는 국민들의 대표였으며, 그들이 조세에서 승인한 것이 그들의 위임자 자신에 의해 수행되었다. 그렇게 하여 조세수행과 국민대표의 확고한 연관이 있게 되었고 사람들은 그것을 믿었다.「대표 없이 과세 없다」(No taxation without representation)라는 유명한 자유주의 명제는 그것이 그 반대로도 적용이 될 때에만

73) Protokolle, S. 309. 크바르크 의원은 S. 312에서 국민투표는「더구나 의회제도를 거부하는 경우를 위한 가장 외관적인 수단에 불과할 뿐이다」라고 주장하였다.

74) Buch III, Kap. 15. 카를 브링크만(Carl Brinkmann)은 호의를 가지고 내가 일찍이 이 말을 인용한 것(Parlamentarismus, S. 19)은, 재정에 대한 이러한 감정이 18세기 프랑스의 지방총감(Intendant)에 대한 증오가 표현되었다는 사실에 주목하도록 만들었다. 이것은 루소에 있어서 대부분 많은 연상들이 함께 섞여 있듯이 아마도 정당할 것이다. 그러나 이곳의 사물적 내용은 인식가능한 그대로이다. 민주적 자유는 루소에 의하면, 금전이 나타나자마자 종말을 고하는 것이다.「돈을 주어라, 그러면 곧장 쇠사슬을 받게 될 것이다」. 이 문장은「노예의 말」(mot d'esclave)을 직접 전제로 하는 것이다.

의미를 지닌다. 근대 산업국가의 대중민주주의에서 그런 단순한 연관과 귀속(歸屬)이 더 이상 유지될 수는 없다. 「국민」, 즉 조세법률을 결의하는 다수는 투표로 열세가 된 소수에게도 조세와 사회적 부담을 규정한다. 그것은 여하튼 조세는 당연히 「자신의 주머니」에서 허락될 수 있다는 옛날의 생각과는 무엇인가 본질적으로 다른 것이다.[75] 오늘날의 상태는 그 때문에 불공평하지 않아도 좋으며 일시적으로는 거의 변화될 수가 없는데, 왜냐하면 그처럼 명백한 경제적 귀속에 대한 신앙 자체가 파괴되고, 「자신의 주머니」라는 개념이 그것의 신분적 또는 개인주의적 단순성을 잃어버렸기 때문이다. 그러므로 근대 민주주의에 대해 말하려면 이처럼 강력한 변화를 의식할 필요가 있다.

왜냐하면 여기에서도 「국민」, 즉 표결하는 다수는 조세와 세금을 「승인」하고 「국민」, 즉 조세지불자는 그것을 경제적 현실 속에서 실제로 수행을 하는 사람으로서 더 이상 명백하게 그와 같은 크기를 지니게 되지 않는다. 여기서도 「국민」이라는 말이 심오한 다의성을 드러낸다. 그 결과는 재정적 사항들이 얼마만큼 직접 민주주의의 방법에 적합한지의 문제에 대한 현저한 불확실함이다. 그것은 바이마르 헌법위원회의 심의(Prot. S. 312)에서도 나온다. 국회의원 크바르크 박사는 예컨대 커다란 조세행위에서 한 부분을 떼어내어 국민표결에 붙이는 것은 「위험한 일」이라고 생각하였다. 즉 그리고 나서 그는 덧붙이기를, 「나는 국민표결이 재정문제에 있어서는 권장할 만한 일이 못된다고 생각하기에까지 이르렀다. 즉 다른 한편 우리가 주의해야 할 점은 예산법은 민주주의의 가장 주요한 법이라는 것이다」. 이 특색적인 「다른 한편」에는 의회주의와 직접 민주주의의 완전한 혼란이 포함되어 있다. 그것에 대해 조소할 이유는 없다. 왜냐하면 분열성은 전래의 형식과 조직 뒤에서 생겨나며, 개별적인 비밀투표에 기인하는 근대 대중민주주의의 모든 국가제도를 「재정」이라는 완전히 새로운 문제 앞에 제시하는 큰 변화의 어두운 부분일 뿐이다. 루소의 운명적인 「노예의 말」(Mot d'esclave)이 이제 새로이 나타나게 되며, 사람들은 작은 관계의 칭찬만으로도 오늘날에는 더 이상 그것을 불러내지는 않을 것이다.

---

75) 이것은 지방자치의 대표제에서의 조세 「동의」에는 타당하지 않을 뿐이며, 이는 독일에서는 (재정균형의 문제와 관련하여 독일 화폐가 안정된 이래) 일반적으로 의식된 것이다. Popitz, Artikel Finanzausgleich, Handwörterbuch der Staatswissenschaft, Bd. III, S. 1013, 즉 「보통 선거권은 동의하는 국민대표를 그처럼 자주 결합하였다는 것, 보다 고차의 소득세 단계에 서 있으며, 증액금을 반드시 가혹하게 느끼는 사람들, 즉 대표들에 있어서보다 강력한 영향을 받는 바로 그러한 사람들이 아니라 아마도 자력이 부족한 국민집단을 대표하는 그러한 사람들이다」. 포피츠는 거기에서 자치행정과 자기책임이라는 사상의 약점을 보고 있다. 나아가 A. Hensel, Gewerbesteuer und Finanzausgleich (Gutachten in der Veröffentlichung der Spitzenverbände der Wirtschaft, 1926), S. 71. 즉 「비례선거의 원칙(라이히 헌법 제17조 2항)을 고려하여 보통 · 평등 · 직접 선거권을 도입한 것은 란트 의회와 게마인데 의회에 있어서의 정치세력들의 본질적인 변화로 인도하였다. 이를 야기시킨 사람은 지출에 대한 새로운 동의를 결정하지 않을 수 없었던 게마인데 대표의 다수, 즉 이러한 지출을 충족시키기 위해서 형식상 동시에 배려하지 않을 수 없었던 다수인데, **그러나 실질적으로 이러한 배려를 스스로 초래한 부담으로부터 자기 자신의 주머니에서 직접 관련되지 않게 하였다**」. 유사한 관련에서 나온 의회의 지출발안을 제한하는 제안들에 관하여는 상술한 S. 29 (본서 158면) 참조.

마키아벨리 (1927)*

1927년 6월 22일을 기하여

1.

이 사람의 명성은 어디서 나오는가? 왜냐하면 이 사람의 이름을 악평하는 것만으로 진정한 명성을 인정하지 않는 것은 어리석은 일이기 때문일 것이다. 마키아벨리의 사후 4세기라는 것, 「마키아벨리즘」에 대한 격렬한 논의가 반복되고 있다. 국가이성, 국가윤리 또는 법과 권력의 관계 등에 대해서 말하는 경우에 마키아벨리의 이름을 듣는다. 어떤 포괄적인 문헌이 『반마키아벨리론』(Anti-Macchiavelli)이란 표어 아래 마키아벨리를 부도덕하고 무서운 것으로 묘사하는가 하면, 또 다른 포괄적인 문헌은 마키아벨리를 옹호하고, 그에게 감격하기도 한다.* 무엇인가 새로운 정치이념이 국가생활에 새로운 힘을 부여하고, 정치적인 것의 불멸의 힘이 새롭게 나타날 때에는 언제나 이 피렌체인의 모습도 나타난다. 17세기를 통하여 마키아벨리는 절대군주의 승리의 옹호자로서의 역할을 담당하였다. 18세기에 들어와서 도학자풍의 계몽주의와 매우 반마키아벨리적인 태도를 취하는, 자유사상에 이은 세대의 정치목표는, 독일과 이탈리아의 국민적 통일이었는데, 이 세대에는 독일과 이탈리아 역사가들은 마키아벨리를 국민적 통일과 강력한 국가적 권력정치의 사자로서 찬미하였다. 오늘날에도 이 인물의 이름은 여전히 일종의 시그날로서의 힘을 가지고 있다. 제1차 세계대전 때의 세계적 선전활동에 의해서 독일 정책의 「마키아벨리즘」에 대한 도덕적 반란이 편성되었다. 자유주의는 국가를 붕괴시키는 것이라고 하여 이것에 무엇보다 자각적으로 적대한 무솔리니는 1924년, 볼로냐대학의 학위를 취득할 때에 학위논문으로 마키아벨리를 옹호하였다.* 우리 독일에서는 1927년의 오늘날 헤르만 헤펠레*는 마키아벨리의 저작의 훌륭한 선집 서문에서 경제적인 것에 대한 정치적인 것을 다시 그가 말하는 인간의 법 속에 편입하였다.*

많은 정치적 저술가와 국가이론가 중에서 마키아벨리에 필적할 만큼 성공을 거둔 사람은 한 사람도 없었다. 허지만 그는 위대한 정치가도 아니고 위대한 이론가도 아니었다. 피렌체에서 근무한 기간의 그의 정치적 활동은 아무런 특필할 만한 영향을 미치지 못했다. 그가 [공화국 10인 위원회의] 서기장으로서 또는 프랑스나 독일에 대한 사절로서 그의

---

* Macchiavelli. Zum 22. Juni 1927 (1927), in: Kölnischen Volkszeitung, 68. Jahrg., Nr. 448 vom 21. Juni 1927, S. 1 (Leitartikel). jetzt in: Maschke (Hrsg.), Staat, Großraum, Nomos, 1995, S. 102-105.

고향 도시를 위해서 종사한 일에서도 그는 한 번도 결정적인 또는 지도적인 지위에 섰던 일도 없다. 그는 수많은 흥미롭고 훌륭한 보고를 썼으나 당시의 피렌체의 대외정책이 상당히 무력하고 가련하였다는 사정을 어쩔 수는 없었다. 마키아벨리는 내정상의 입장에서는 불행했을 뿐이다. 그가 속했던 민주파가 1513년에 패배하자, 그의 개인적 운명도 결정되었다. 빛나는 승리를 거둔 메디치가는 그를 투옥하고 고문하고 그리고 — 아마 그가 정치적으로는 그다지 중요하지 않았다는 이유일 것이다 — 마침내 석방하였다. 그는 그 최후의 14년 동안의 인생을 추방된 시골에서 보내고, 피렌체로부터 로마로 통하는 길가에 있는 작은 집*에 소농민적인 연금생활자의 일을 하면서 살았다. 더구나 다시 한 번 정치의 세계에서 출세하려고 쓸데없는 노력을 계속한 불쌍한 악마였다. 이러한 상황 속에서 태어난 것이 그를 세계적으로 유명하게 만든 두 가지의 정치상의 저작, 즉 『리비우스의 최초의 10건에 대한 논고』[이른바 로마사론]*와 『군주론』*이었다. 이것들은 모두 그의 사후에 비로소 발간되었다. 이러한 그의 생애에는 찬란한 것이 아무것도 없으며 어떤 영웅적인 생애도 아니다.

오늘날에도 여전히 사람들은 마키아벨리의 역사, 병법, 문학상의 저작을 알고 있으나 그것은 주로 사람들이 『군주론』의 저자를 알고 있다는 것에 아마 그 이유가 있다고 하겠다. 『군주론』이 그의 명성의 진정한 원인인데, 이 작은 저작에는 실은 매우 뛰어난 것은 적다. 이 저작에는 다른 사상가를 유명하게 만든 것, 즉 플라톤의 『대화편』이 지닌 심오함이나 기품도 거의 없으며, 또 아리스토텔레스의 저작들이 가진 체계인 박식함도 거의 없다. 『군주론』은 성 아우구스티누스의 『신국론』(Civitas Dei)*처럼 정치적 정신을 종교적으로 변형시킨 장대한 문서는 아니다. 또한 여기에는 센세이셔널한 것도 없으며 법외적인 것도 천재적인 것도 없으며, 또 학자적인 철저함도 없다. 이 책은 새로운 국가론도 아니며 새로운 역사철학도 아니다. 이 책이 특히 부도덕하다고 해서 평판이 나쁜 것은 계약을 파기하고, 신실한 정감을 위장하는 것이 정치적으로 필요하다는 것에 대해서 쓰고 있는, 몇 군데 때문이다. 그러나 이 「배덕」(Immoralität)은 드러나지 않으며, 도덕적으로 중요하지도 않다. 이 배덕은 겸손하며, 사실적이며(sachlich)이며 니체의 비도덕주의(Immoralismus)와는 달리 열광적이거나 예언자적인 것이 전혀 없다.

『로마사론』과 『군주론』이란 두 정치 저작의 내용은 역사상의 사례를 수중에 넣어서 해설하며 정치를 위한 조언이며 처방전이다. 인문주의적인 수법을 사용하여 이들 사례에 의해서 증명하는 것은 주로 고대의 역사이며, 또 그 경우 대부분은 로마의 역사인데 동시에 15세기와 16세기의 이탈리아의 역사도 인용하고 있다. 그 관심은 수수하게 현실정치적이며 전적으로 그가 살던 당대에 향하고 있다. 역사를 이와 같이 취급하는 방법은 오늘날의 우리들에게는 이상한 것이 되었는데, 비록 몇 가지 적은 사례와 사건을 항상 새롭게 철저하게 모든 측면에서 숙고해 보는 쪽이 방대한 양의 역사상의 소재를 쌓아올리고, 그리고는 그것들 위에 구름같은 약간의 사회학적인 일반성을 움직여가는, 그러한 방법보다도 얻는 바가 많을지도 모른다. 마키아벨리에게 역사는 정치에 응용하기 위한 소재로서의 보고이다. 그가 문제로 삼는 것은 단지 구체적인 정치적 상황과 그것을 정치적으로 올바르게 다루는 방법만이다. 이렇게 볼 때, 특히 『군주론』에서의 세상에 유명한 「배덕」도 알 수 있다. 왜냐하면 마키아벨리가 이 책에서 말하는 것은 특히 **새로운** 군주, 즉 평화적인 권리승계에 의해서 그 권력을 취득(erwerben)한 것이 아니고, 자기 자신의 힘으로 권력을 획득(erobern)하고, 그러므로 확고하게 소유하고 있는 고래의 명망있는 왕가의 권력과는 다른, 나아가 가혹한 수단을 가지고만 몸을 보호할 수 있는 지배자이기 때문이다. 이것은 왕정복고에 의해서 왕권을 되찾은 왕가가 그 이전에 통치할 수 있었던 수단을 가지고서는 꾸려나갈 수 없는 것이 자명한 것과 마찬가지로, 자명한 이치이다. 새로운 지위를 방어하기 위해서는 다시 기민함이나 순응력이나 신중함이 필요하며, 아마도 더욱 가혹함도 필요할 것이다. 그러한 단순명쾌한 정치상의 진리가 있다고 해서 정치의 관찰자를 격분케 하지는 않는다. 누군가 어떤 사람이 나폴레옹 당시의 정통적인 군주들과는 다른 수단으로 통치하는 것이 어쩔 수 없었다는 것을 확인했기 때문이라고 하여, 그것으로 그 사람을 비난할 수는 없으며, 무솔리니에게 루이트폴드 섭정관*을 모범으로 하도록 요구하는 것은 거의 무의미하고 아무런 역할도 하지 못한다.

『군주론』이 교양 있는 일본인이나 중국인에게 어떤 영향을 주었는지 나는 알지 못한다.* 인도의 문헌에 정통한 사람이 확신하는 바에 의하면, 정치와 국정술에 관한 인도의 서적은 — 배덕 등은 전혀 문제가 아니며 — 배덕이란 점에서 마키아벨리를 훨씬 능가한다고 말한다.* 러시아의 볼셰비스트라면 부도덕하다고 평판이 나쁜 곳을 아마 해롭지 않은 평범한 것으로 여길 것이며, 도덕적인 분노는 부르주아의 속임수라고 설명할 것이다. 그러나 서구인에 대해서 『군주론』은 틀림 없이 어떤 특수한 방법으로 영향을 미치며, 더구나 그 인간미 있는 어떤 사실성(Natürlichkeit) 때문이다. 그것은 고전적인 명확성과 온당함을 가지며, 인문주의적 교양의 메르크말을 갖춘 언어의 양식 때문만은 아니다. — 무엇보다 문체는 이 서적의 경우에도 그 성공의 비밀에 속할지라도 말이다. 문장 표현상의 사실성은 사물에 대한 확고한 관심의 표명에 불과하며, 이러한 관심으로 이 남자는 정치상의 사물을 정치적으로 보는 것이며, 거기에는 도덕적인 파토스는 없으며, 또한 부도덕한 파토스도 없다. 그는 진지한 조국애를 가지고 비르투(Virtù)*에의, 즉 국가시민(Staatsbürger)의 힘과 정치적 에너지에 대한 공공연한 기쁨을 가지고 있는데, 그 밖에 정치적인 서투름이나 어정쩡함에 대한 경멸의 격정 이외에는 지니고 있지 않은 것이다. 그에게 있어서 인도주의정신(Humanität)은 아직 감상주의적(Sentimentalität)으로 된 것은 아니다. 정치의 영역에 몸을 맡기는 자는 자신이 하는 것을 알아야 하며, 안락함이나 성실함과 같은 사생활에서는 칭찬할만한 특성들이 정치가의 경우에는 단지 웃어넘길 만한 것이 아니며, 그러한 진심의 결과에 책임을 져야 할 국가에 대한 괘씸한 범죄가 될 수도 있다는 것은 그에게는 당연한 이치이다. 그러므로 마키아벨리가 「그렇지만 여하튼 선량하고 신심 깊게 **생각하는** 것이 모든 경우에 정치적으로 유리하다」고 덧붙인다면, 그가 말하는 것은 아마 틀림 없을 것이다. 이것에 대해서 입을 다무는 편이 더욱 영리하며 보다 「마키아벨리적」일지도 모르며, 또는 정직함에 대한 일반적인 칭찬에 일치하는 편이 더 좋을지도 모른다. 그러나 정치란 것을 논구할 때에 이념적인 요구로 혼란시키고, 그 혼란을 정치적으로 이용하기 위해서 생각하지 않는 점이야말로 바로 마키아벨리의 인간적인 성실함이 있는 것이다. 오늘날에는 거대한 「정신공학적」 장치가 대중을 어떻게 노련하고 확실하게 선전으로 손질하는 것을 이해하며, 또한 도덕적인 파토스를 자신의 정치적 목적에 사용하는 것이 얼마나 쉬운지는 누구나 알고 있다. 우리들은 모두 독일인의 마키아벨리즘에 반대하는 세계선전*을 상기한다. 그러한 경험을 한 뒤에 오늘날 『군주론』을 읽으면 냉정하게 분별 있는 한 사람의 인간의 이야기를 듣고 있는 듯한 인상을 받으며, 정치적인 것 ― 그것은 무어라고 해도 인간의 본성의 끊임 없는 부분이다 ― 이 마키아벨리에서는 자명한 것이며, 아직 이름도 없는 불가시한 힘들의 종이 되지는 않았다는 것을 느낀다. 그리고 이 배덕의 악마, 이 악인이라고 불리는 인물이 정치적 자기보존의 잔인한 필요성에 관하여 약간의 문장으로 논한 후 단도직입적으로 이렇게 토로하더라도 무릇 거짓 없는 인간적인 진리가 그러하듯이, 선전에 그만큼 관심을 갖지 않는 자에게는 그것이 직접적으로 영향을 미치지 않을 것이며, 더구나 마음을 움직이지는 않을 것이다. 말하기를 만약 인간이 선하다면 나의 견해는 저열할 것이다. 그러나 인간은 결코 착하지는 않다* 라고.

시민적 법치국가 (1928)*

1.

새로운 독일 라이히는 입헌민주주의이다. 군주제 아래서도 헌법을 가지고 있었듯이, 새로운 독일 라이히도 헌법을 가지고 있다. 즉 「입헌주의」라는 점에서 오늘날의 라이히와 1871년의 옛 라이히에는 양자를 결부하는 본질적인 지속성이 존재한다. 이것은 독일 라이히가 채택해 온 군주제와 민주주의라는 두 개의 국가형태가 양쪽 모두 시민적 법치국가라는 관점에서 제한되고 상대화되어 온 것을 의미한다. 엄밀하게 법학적인 의미에서 볼 때 낡은 국가형태[군주제]와 새로운 국가형태[민주주의] 간에서 단절이나 혁명은 문제가 되지 아니한다. 입헌민주주의가 입헌군주제의 뒤를 인계한 것이다. 독일 라이히는 민주주의 그 자체는 아니며, 입헌적인 민주주의이다.

독일 라이히를 시민적 · 법치국가적 요소를 지닌 새로운 민주주의로서 구성한 것은 바이마르 헌법이다.

분명히 바이마르 헌법은 그 기초자의 기대나 그 옹호자의 요구에 반하여, 독일 국민(Staatsbürger)*의 의식 중에 매우 살아있는 법은 아니다. 어째서 바이마르 헌법은 일반적으로 공허한 것 그리고 불만족스런 것이라고 이해하여 왔는가? 그것은 몇 가지 이유에서 설명할 수 있다.

먼저 첫 번 째 이유는, 결정적인 정치문제가 외국에 의해서 처리되기 때문에 독일 라이히 전반에서 대부분의 정치적 본질이 박탈되어 버린 것이다. 베르사유조약*과 그 이행, 도즈안*, 많든 적든 자발적으로 받아 들여 온 조약, 이러한 것이 독일 라이히의 대외정책의, 그리고 부분적으로는 내정상의 정책을 10년 이상이나 걸쳐 속박하여 왔다. 독일 라이히는 아직 그 완전한 주권을 회복하지 못하고 있다. 만약 이러한 탓으로 정치적 본질에서 결함이 발생한다면, 어떤 헌법도 그 의의가 감소되지 않을 수 없다.*

이에 더하여 역사적 계기라는 다른 요인이 있다. 즉 바이마르 헌법은 어떤 의미에서 살아 있는 시체[유복자]이다. 바이마르 헌법은 다양한 요구, 이상, 프로그램을 실현한 것인데 그것들이 시급했던 것은 이미 1848년의 시점이었다. 이 시대의 자유주의적 · 법치국가적 이념은 1870년에서의 라이히 새 창설 때에 아주 작은 부분만이 비스마르크 헌법 중에 수용되었다. 그 밖에 수용되지 아니한 이념은 2 세대 뒤에 까지 억압을 받았다.

---

* Der bürgerliche Rechtsstaat, in: Die Schildgenossen, 1928, S. 127-133. jetzt in: C. Schmitt, G. Maschke (Hrsg.), Staat, Großraum, Nomos, S. 44-50.

그러한 이념이 비로소 실현을 본 것은 체제붕괴에 의해서 1848년의 적대자인 군주제가 소멸한 1918년 무렵이었다. 더구나 군주제의 소멸은 국내정치에서 [1848년 이념의 지지자에 의해서] 군주제가 타도된 때문이 아니라 외교적 · 군사적인 패배에 의해서 군주제가 스스로 붕괴한 때문이었다. 2세대 지난 후에야 1848년의 이념은 투쟁을 하지 않고 승리를 거두게 되었다. 이것은 마치 어떤 20세의 젊은 남자가 같은 연령의 어떤 처녀를 위해 애썼으나 연적에게 빼앗기고, 10년 후에 미망인이 된 그녀를 손에 넣은 것과 같다. 그리하여 자유주의적 프로그램의 실현은 그것이 만약 1848년에 쟁취하였다면 영광의 승리가 되었음에 틀림없다. 그런데 1919년에 더구나 그 실현이 투쟁도 없이 체제붕괴의 상속인이라는 형태로 굴러 떨어진 것은 너무 늦은 것이다. 이것이 오늘날 바이마르 헌법에 대해서 사람이 느끼는 허무감이나 열광의 결여에 대한 그 이상의 이유인 것이다.*

그러나 상술한 인상의 원인을 근본적으로 설명하기 위해서는 바이마르 헌법 그 자체 속에 들어가는 것이 필요할 것이다. 따라서 여기서는 두 개의 기본명제에서 바이마르 헌법의 구조를 검토하여야 한다. 이 헌법은 전형적으로 1789년에 도입된 헌법의 정식에 따라서 구성되어 있다. 과연 오늘날의 시대가 이데올로기적으로 아주 다르다는 의식이 이른바 1918년 혁명의 담당자들 속에 어떤 형태로든 있었는가, 그러나 현실에는 그러한 의식은 그 편린조차 헌법 속에 나타나지 아니한다.

전후 독일에 제시한 것으로 보인 결단이란 도대체 어떤 것인가? 그것이 일단 명백한 것은 독일이 서쪽과 동쪽 사이에 서게 된 것이다. 당시 명백한 것은, 러시아가 거의 한 시기이지만 독일에 대한 자유주의 십자군의 전선에 서 있었다는 것이다. 그러나 볼셰비키 혁명으로 러시아에서 서양적 의미의 법치국가가 어떻게 성립하기 어려운가 하는 것이 보였다. 그 때문에 독일 헌법은 동쪽과 서쪽 어느 쪽을 취할 것인가 하는 결단을 포함하여, 그렇지 않으면 또 독일적 특수성의 충분한 힘에도 유래하는 결단을 포함하지 않으면 안 되었다. 이러한 필요성에서 바이마르 헌법 제2편의 사회정책적 프로그램은 설명된다. 즉 헌법의 본질을 규정하는 정치적 결단은 서양 쪽에, 즉 1789년의 시민적 · 법치국가적 전통 쪽에 내린 것이다.

이러한 시민적 법치국가의 특징은 일반적으로 개인의 기본권과 권력분립의 원리에 의거하는 점에 있다. 그 때에 개인의 자유는 원리적으로 무제한하며, 국가와 그 권력은 제한되는 것으로 규정한다.* 국가가 행해도 좋은 것은 엄밀한 형태로 국가에 배분된다. 도처에 통제 기관이 삽입되며 그것이 법적으로 보장된다. 이와는 반대로 개개인의 인격적인 자유는 무제한하다. 개인의 자유는 법률로써 규제되지 않으며, 개인의 자유에 대해서 불가피하게 필요한 예외를 두기 위해서는 사전에 규정된 규범에 합치한다는 조건을 충족할 것이 필요하다. [시민적 법치국가의] 출발점은 개인의 무제한한 가능성의 영역이다. 즉 국가의 전반적인 통제가능성이다. 이러한 자유주의적인 배분원리는 국가의 기구 전체를 관통한다. 국가의 권한의 분할, 지배능력의 상호균형은 매우 엄격하게 행해진다.

여기서 시민적 법치국가와 국가형태 간의 관계라는 본래의 정치적인 문제에 관심을 돌려 보자. 이 문제는 「권력분립」의 관념에 의해서 문제가 요술로 사라져 버린다. 이 문제는 이미 국가형태의 문제로서는 논의하지 않으며, 입법부, 행정부 등의 조직의 문제로서 논의되고 있다. 민주주의도 이미 국가형태가 아니라 입법기관의 형식이 되고 있다. 그럼으로써 자연히 정치적인 의미에서의 민주적인 것의 모든 귀결은 방해를 받게 된다. 그리고 집행부는 입법부와는 반대로 군주제적으로 조직화되는데, 그 까닭은 「권력을 여러 가지의 상반된 형식원리에 따라서 조직화하지 않고서는 권력을 분할할 수 없기 때문이다」고 한다. 그 결과 시민적 법치국가는 **혼합정체**(status mixtus)가 된다. 그것은 의도적으로 상반된 원리의 균형을 서로 취하는 것인데, 그러나 그것은 정치적 통일이 아니라 개인의 자유[의 실현]에 관심을 가진다. 절대적인 민주주의는 절대군주제와 못지않게 자유를 부정한다. 군주제나 귀족제나 민주제와 같은 국가형태의 요소에서도 그것이 순수한 형태로 실현된 때에는 항상 이러한 귀결이 생긴다. 시민적 법치국가가 이 세 가지의 요소 중 단 하나만을 시종일관 실현하는 것이 아니라, 이 세 가지 요소가 모두 서로 균형을 유지할 때에, 시민적 법치국가의 근본원리, 즉 개인의 불가침성을 손상하지 않은 채 보존할 수 있다. 그러나 이때에 정치적인 것의 본질은 파괴되어 버릴 것이다.

시민적 법치국가의 두 가지 원리인 개인의 자유와 권력분립은 양자 모두 비정치적이다. 이들 원리에 포함된 것은 국가를 **억지하는** 조직방법이며, 그 자체는 국가형태는 아니다. 여기에는 국가형태에 관한 어떠한 것도 적대시하는 자유주의적 사고의 직접적인 영향이 나타난다. 「자유는 아무것도 구성하지 못한다」(마찌니).* 특히 강조할 것은 시민적 법치국가가 국가형태에서도 그 자체 헌법도 아니며 국가를 통제하는 단순한 제도에 불과하다는 것이다.

법치국가적 자유주의의 전형적인 현상형태는 의회제이다. 의회제는 귀족제적 요소와 군주제적 요소를 포함하며, 요컨대 의회제란 본래적으로 정치적인 것이 모습을 나타내는 곳에 정치적인 것을 억제한다는 자유주의적 관심에서 생겨난 형식들의 혼합물이다. 의회제는 시민층이 국가로부터 몸을 지키기 위해서 만들어낸 형식이며, 그러므로 그 형식은 반정치적이다. 그것은 자유주의적 시민층 그 자체도 비정치적인 것과 마찬가지이다.

자유주의적 시민층이 항상 정치적 사물에 대해서 모순투성인 태도를 취하여 온 것은 어느 시대에나 뚜렷하다. 민주주의에 반대해서 군주제를 가지고 나오거나 그 반대거나, 더구나 어떤 특정한 국가형태를 결단하지 않고, 그러한 것을 한다. 시민적 법치국가의 도식은 특정한 정치형태로부터 도피하는 데에 있다. 시민층은 이러한 시민적 법치국가의 정식을 궁극적으로는 1875년에 규정한 현행 프랑스 헌법 속에서 찾았다.* 그 정식의 요체는 의회제에 있다. 즉 인민으로부터 독립한 의회는 시민적 법치국가의 정점을 이룬다. 의회주의는 여러 가지 정치형태가 혼합된 복잡한 제도로서 나타난다. 민주주의의 원리에 의해서, 의회가 인민에 의존하는 것은 확고해지며, 그렇지만 의회는 아직 [인민에 대한] 충분한 대항세력으로서 유효하게 기능하고 있다. 정부는 의회에 의존하는 동시에 거기로부터 독립하며 그 때에 중요한 점은, 단서를 붙인 정부의 해산권이다.* 라이히 대통령의 입장은 기한부 군주라고도 할 입장으로서 구성되는데, 그러나 이 점에서도 군주제적 정치형태는 귀족제적, 민주제적 정치형태와 중복되고 만다. 결국 어느 하나의 정치형태가 일관하여 관철하는 곳은 어디에도 없다.

그러나 이러한 사실 전체는 도대체 무엇을 의미하는가? 의회의 임무는 정치적 통일체를 통합하는 것, 즉 계급적으로나 이해상으로나 문화적으로도 종파적으로도, 입장이 다른 인민대중에 의해서 구성된 정치적 통일체를 하나의 정치적 통일체로 부단하게 재생하는 데에 있다. 인민이 국가 속에서 정치적으로 실존하기 위해서는 어떤 일정한 동종성(Gleichartigkeit), 동질성(Homogenität)이 필요하다. 국가의 제도들은 이러한 동종성을 가능케 하며, 그것을 날마다 새롭게 복원하는 기능을 가지고 있다. 의회주의를 수반한 시민적 법치국가에서 중요한 것은 어떤 특정한 과제를 해결하는 것이었다. 그 과제란 실은 시민층을, 즉 재산과 교양이라는 두 개의 메르크말에 의해서 특징지워진 사람들의 집단을 당시 아직 존재하던 군주제 국가에로 통합하는 것이었다. 이제 필요한 것은 의회를 매개로 인민의 정치적 통일체에로 이르려는, 이러한 [시민층의] 시도의 상대성을 인식하는 것이다. [시민층을 군주제 국가에로 통합한다는] 시도가 최초로 착수한 때는 아직 새로운 시민계급은 군주제 국가와 대립하고 있었다. 그때의 문제는 시민층을 군주제 국가 속에 편입하는 데에 있었다. 그러나 그동안 적대자, 즉 그 힘을 다른 시대로부터 이끌어내어 온 군주제가 소멸해버렸다. 바로 그 때문에 [의회] 제도 전체가 현재는 기능부전에 빠질 수밖에 없는 상황에 있다.

[의회] 제도는 시민층을 군주제 국가에로 통합한다는 의미를 가지고 있었다. 이러한 의미를 그 제도는 충분히 충족해 왔다. 그러나 오늘날에는 사정이 전혀 다르다. 현재의 문제는 프롤레타리아트를, 즉 재산과 교양을 갖지 아니한 대중을 하나의 정치적 통일체로 통합하는 것이다. 그러나 이 과제는 아직 거의 사람의 시야에 들어오지 않으며, 그 과제의 해결을 위해 오늘날에도 여전히 사용하는 것은, 교양을 가진 시민층을 통합한다는 시대에 뒤떨어진 과제에 봉사하는 장치와 기구이다. 헌법은 그러한 장치의 하나이다. 따라서 우리들은 모든 것에 대해서 매우 부자연함을 느끼게 되며, 여기에서 사람은 바이마르 헌법에 대해서 그처럼 쉽게 허무감이 생기는 것이다.

슈펭글러의 유명한 말에 의하면, 바이마르 헌법은 영국제의 기성복이며, 독일 라이히는 1919년에 그 옷을 몸에 걸친 것이다.* 바로 1919년이라는 시점에서는 다른 어떤 적절한 형식도 찾을 수 없었다. 바이마르 헌법은 필요에 쫓겨 급조된 일시적인 구축물이며,* 그러한 것으로서의 가치를 지닌다.

민주적인 것은 이 헌법 중에서 더욱 더 강조되고 있다. 그리하여 시민적 법치국가의 이념에 따라 만든 다양한 침해 안전판 장벽에도 불구하고, 인민은 언제나 자신의 정치형태를 찾을 가능성을 가진다. 근래에서의 헌법의 발전에 대해서 중요한 과제는, 자유주의적 요소에 의한 민주주의의 은폐로부터 민주주의를 구출하는 데에 있다. 국가형태나 헌법문제에 대한 자유주의적 무관심이 아니라, 다만 그것[자유주의로부터 민주주의를 구출하는 것]에 의해서만 프롤레타리아트가 가진 새로운 의미에서 생긴 새로운 상황이 정치적으로 극복되고, 그리고 또한 독일 국민의 정치적 통일이 새롭게 창조되는 것이다.

2.

민주적인 것을 관철하는 것은 오늘날의 독일 민주주의에서도 도처에서 회피되고 있다. 이 사실은 많은 예에서 명백하다. 오늘날 민주주의는 데모스 없는 민주주의, 즉 인민을 결여한 민주주의가 되고 있다. 민주주의 원리가 요구하는 것은, 인민이 그 전체성에서 책임을 지고 결단하며 통치하는 데에 있다. 그러나 현대 민주주의가 인민주권을 실현하려고 사용하는 방법은 **개인의 비밀투표**라는 방법으로 하기 때문이다. 이것은 개인이 그 공적 책임을 담당하는 바로 그 순간에 고립화시킨 것을 의미한다. 개인은 국민발안과 국민표결*에서도 의회선거 때와 마찬가지로, 투표용지를 기입하는 부스 중에 차단되며 거기서 투표한다. 그러나 인민은 집합하는 인민일 뿐이다. 공적 의견은 모든 개인의 사적 의견의 총화가 아니다. 개인이 [모이지 않고] 집에 거주한 채로 라디오를 들을 뿐이라면, 그 의견이 모든 사람의 의견과 한 마디 한 마디 일치하였더라도 그것은 아직 공적 의견이라 할 수 없다. 기묘하게도 우리들의 민주적 헌법 속에는 집합한 인민은 어디에도 존재하지 않으며, 오로지 집합한 대표자만이, 즉 대중 속에서 선출된 개인만이 존재할 뿐이다. 시민적 법치국가에서의 헌법규범과 헌법현실에서 본다면, 원래 인민 일반이란 어디에 숨어 있는 것일까? 그 장소에 모인 인민이 공공성을 만들어 낼 때에만 생길 수 있는 갈채(Akklamation)*를 위한 공간(Raum)은, 도대체 어디에 있는가? 인민을 결여한 공공성은 있을 수 없으며, 공공성을 결여한 인민도 또한 있을 수 없다. 그렇다면 오늘날 비밀투표방식 아래서는 어디에 공공성이 있는가, 그리고 인민은 어디에 있는가?

나아가 다른 문제로 돌린다. 민주주의란 다수결이다. 그 의미는 인민의 다수파가 정치적으로 책임을 지는 각오를 분명히 의식하면서 정치문제에 대처한다는 것이다. 그러나 자유주의는 바로 이러한 정치적 결단을 부인하며, 그것이 할 수 없도록 하는 것을 목표로 한다. 이러한 목적에 봉사하는 것이 비밀투표제이다. 왜냐하면 비밀투표제가 가져오는 귀결은 항상 의식적인 정치적 책임의 담당자가 아니며, 그것과는 전혀 반대의 정치적 무관심층의 지배이기 때문이다. 비밀투표에 의한 다수결은 불가피하게 정치적 결단의 **극소화**를 수반한다.

나폴레옹 시대의 인민투표는 모두 압도적 다수의 「찬성」을 가져왔다. [프랑스에서] 그러한 상황에 있었던 것은, 1799년, 1804년, 1814년, 1851년 그리고 1852년이다. 즉 쿠데타 이후에는 언제나 인민은 쿠데타에 의해서 창조된 권력에 대해서 찬성의 소리로써 갈채한 것이다. 전혀 반대의 것이 스위스에서 보였다. 스위스에서는 새로운 법률들은 대부분 「반대」의 소리로 대답해 왔다. 그 이유는 실은 프랑스의 경우와 동일한 것이다.

어떤 경우에나 **현상유지**에 반대하려고 하지 않았다. 가장 유명한 것은 입법화에 수십 년이나 소요된 스위스의 사회보험의 사례이다. 스위스 인민은 새로운 것이 요구되면 항상 반대라고 말한다. 비밀선거로 투표한 사람의 태반은 정치적 결단을 회피하고, 정치적 결단을 해야 할 최소한으로 줄이려는 경향을 항상 가지고 있다. [프랑스에서의] 나폴레옹 시대의 인민표결의 경우, 인민은 내려진 창조적 결단에 책임을 지고 인수하지 않았다. 즉 인민은 기성사실이 돌출했다고 느낀 것이다. 결단은 이미 내려졌다. 그리하여 찬성이라는 소리에는 사태의 진행을 추인합시다라는 의미가 들어있을 뿐이다. 반대라는 스위스 시민의 소리도 아주 동일한 것을 의미하고 있었다. 즉 결단으로 괴롭히지 말고 문제를 진정시키자는 것이다. 유사한 것이 오늘날 독일 인민이 국기(國旗) 문제*로 「결단을 내릴」 때에 사용하는 방법과 종류 중에서 확인할 수 있다. 이 문제의 눈에 띄는 특징은, 란트기, 시읍면 기 등과 같은 중립적인 기가 즐겨 게양된다는 점에 있다. 사람은 어떤 특정한 입장을 취하는 것을 두려워하며, 이러한 정치문제에 관여하려고 하지 아니한다. 비밀투표 방식은 정치문제가 정치에 무관심한 사람들이나 정치적으로 무책임한 사람들에 의해서 결단된다는 상황을 가져온다. 바꾸어 말하면, 어떤 사람들의 집단이 정치적 결단이나 정치적 책임을 회피하려고 하면 할수록, 그것이 가져오는 정치적 영향이 오늘날과 같은 투표방식에서는 점차 심각하게 될 것이다. 오늘날의 의회에서 경제정당*이 캐스팅보트의 역할을 수행하는 것은 우연이 아니다. 그리고 매우 중요한 문제를 집에서 그대로 투표하지 아니하는 사람들로 이루는 다수파가 결단한다는 사태가 생긴다. 이처럼 나쁜 상황이 바이마르 헌법에 의해서 억제되기 보다는 오히려 촉진되고 있다. 예컨대 구 왕후의 재산몰수문제에서는 왕후에게 찬성 또는 반대하는 인민 전체의 위대한 갈채가 생길 가능성도 충분히 있을 수 있었다.* 그러나 바이마르 헌법 제75조의 규정에 의하면, 그러한 인민투표 시에는 전체 투표권자의 과반수가 투표하지 않으면 그 결과는 유효하지 않은 것이다.* 이 점에 관하여 개별적인 정당이 내건 슬로건, 그리고 이 운동의 최종적인 결과는 아직 모든 사람의 기억에 남아 있을 것이다. 집에 있는 채로 결단을 하지 않으려는 사람들이 그 결과를 결정한 것이다. 이러한 사태가 「다수자가 결정한다」는 명제의 오늘날의 현실인 것이다.

모든 민주주의는 인민의 완전한 동질성을 전제로 한다. 그러한 통일체만이 정치적 책임의 담당자가 될 수 있다. 현대 국가의 문제는 아직 인민이 이질적인 것으로 구성된다는 점에 있다. 그렇다면 과제는, 대중을 [정치적으로] 통일체에로 통합하는 것이다. 진정한 민주적인 방법은 이질적인 대중을 통합하는 방법과는 다르다. 그러나 현대의 국민은 많은 관계들 속에서 — 문화적 · 사회적 · 계급적 · 인종적 · 종교적으로 — 분열되어 있다. 그 때문에 민주적 · 정치적 방법에 의하지 아니한 해결이 탐구되어야 하며, 그렇지 않으면 의회는 대립이 첨예하게 나타나는 무대가 되어버릴 것이다.

오늘날 독일에 필요한 이러한 정치적 통일은 더욱 부족하게 밖에서 주어진 것에 불과하다. 독일 라이히는 무엇보다 먼저 배상국가인 것이다. 독일 라이히는 외견상 그러한 것으로서 외국에 그 모습을 나타내고 있다. 그러나 정치적으로 필요한 것은 바로 독일 인민을 그 안쪽에서 정치적 통일체로 통합한다는 과제를 시야에 두어야 하는 것이다. 이에 더하여 특히 순간적인 상황에서 생기는 위험이나 모순을 이론적으로 고찰하고, 명확하게 인식하는 것도 빠질 수는 없다. 과제의 핵심은 프롤레타리아트를 새로운 국가로 통합한다는 점에 있으며, 바로 이 중심과제야말로 시민적 법치국가의 방법이 얼마나 불충분한가를 인식시키는 것이다.*

헌법의 수호자 (1929)*

1.

전전(戰前)의 국가학은 헌법의 수호자에 관하여 거의 언급하지 않았다. 국내정치가 안정되고 평온한 시기에는 이러한 헌법상의 문제들은 무관심한 것이다.1) 이에 더하여 1871년 이후의 독일의 헌법상황에 대해서는, 프로이센 헌법분쟁 시대의 경험들이나 비스마르크 정치의 위대한 성과들에 의해서 당연히 이 문제는 맨 먼저 간과되었으며, 그에 계속된 세대에서는 일반적인 헌법이론상의 무관심으로 인하여 더 이상 의식되지 않았다.2) 아마도 헌법의 수호자라는 문제 자체가 이미 「정치」라고 불리고 거부되었을 것이다. 오늘날 우리들은 자기의 생각은 「비정치적」이며, 반대자의 질문이나 의견은 「정치적」이라고 주장하는 것이 정치의 특질임을 알고 있으며,* 또한 우리들은 그 동안 전술한 시대에 국가법과 헌법이 정지된 바로 그 시점에서 그것들은 비로소 자주 시작한다는 경험을 하여 왔다. 그러므로 바이마르 헌법 이후에는 다시 헌법의 특별한 보장들에 대해서 사람들이 관심을 가지고, 헌법의 수호자나 옹호자를 문제를 삼는 것이다. 독일 라이히 국사재판소는 자신을 「라이히 헌법의 수호자」라고 부르며,3) 라이히 재판소장

---

* Der Hüter der Verfassung, in: Archiv des öffentlichen Rechts, Neue Folge, Bd. 16 (1929), S. 161-237.

1) 헌법의 수호자에 대한 관심은 대부분의 경우 위기적인 헌법상황의 징표이다. 따라서 현대 헌법사에서 이러한 「수호자」에 대한 계획과 제안들이 먼저 영국에서 크롬웰(Cromwell)*의 사후(1658년)에, 즉 성문헌법의 최초의 시도 중에서 기존 군주제의 부활이라는 해체와 위협의 시기에 등장하는 것은 교훈적이며, 주목할 만하다. 당시는 스파르타의 행정감독위원회처럼, 「일단 결정한 어떠한 체제도 수호하며, 군주제의 부활을 방지할」 임무를 지니며, 특별한 조직이 제한되었다. 그리고 이 조직은 「의회를 소집하는」 권한, 법률안발의권, 절대적 거부권을 가지도록 되어있었다(F. H. Russel Smith, Harrington and his Oceana, Cambridge 1914, S. 175). 해링턴의 서클에서는 「자유의 수호자」나 「헌장의 수호자」에 관한 많은 관념들이 생겨났다. 그들에게서 나온 계보는 시에예스에게(Russel Smith, a. a. O. S. 208), 또한 프랑스 혁명의 헌법이념에도 통한다. 그 길은 또한 여기서도 펜실베이니아를 넘어서 계속된다. 더 상세한 지적으로서는 러셀 스미스의 상세한 설명에 더하여 André Blondel, Le contrôle juridictionnel de la constitutionnalité des lois, Paris 1928, S. 177이 인용하는 티보도(Thibaudeau)의 제안들에 주의를 환기하고 싶다. 티보도는 펜실베이니아의 검사관에 대한 경험들을 지적하고 있다.

2) 게오르크 옐리네크(Georg Jellinek)는 그의 『일반 국가학』(Allgemeine Staatslehre)(김효전 옮김, 법문사, 2005) 마지막 장에서 「공법의 보장」이란 제목 아래 이 문제에 언급한다. 다만, 헌법의 수호자라는 말은 사용하지 아니한다. 그는 거기에서 정치적 통제로서의 정치적 서약, 법적 통제로서의 의회의 책임과 대신의 탄핵을 들고 있는데, 이 탁월한 학자의 방대한 자료구사를 보여주는 다른 수많은 장들과는 대조적으로, 여기선 무엇인가 포괄적이며 서두른다. 그러나 바로 그 때문에 이 장은 원리적인 상술에서도 오늘날 특별히 흥미 있게 읽는다.

시몬즈(Simons)* 박사는 라이히 재판소를 라이히 헌법의 「옹호자와 수호자」로 부르며,[4] 수많은 제안들은 헌법의 수호자 · 보장자 · 감시자 내지 관리자로서의 국사재판소 또는 헌법재판소를 요구하고 있다. 법학 문헌에도 이러한 용어는 빈번히 나온다.[5] 여하튼 이 문제는 다시 의식되었으며, 이미 단순한 정치적 슬로건으로서 손뗄 수는 없을 것이다.

이처럼 어려운 헌법상의 문제에 대한 오늘날의 일반적인 취급방법은 법학자, 적어도 「사법-법학자」[6]의 대다수가 라이히 헌법도 포함하여, 모든 헌법상의 쟁송사건에 관하여, 또한 헌법에 관련된 모든 의문이나 의견의 차이에 관하여, 판결로써 결정을 내리기 위한 국사재판소 내지 헌법재판소를 요구한다는[7] 점에 그 특징이 있다. 헌법의 수호자는 대체로 상당히 생각할 필요가 없는 자명한 것으로서 — 루돌프 스멘트(Rudolf Smend)*가

---

3) 1927년 10월 15일의 판결, RGZ. 118, Anhang S. 4.

4) DJZ. 1924, Sp. 246. 「헌법의 수호자로서의 라이히 재판소」에 관하여는 후술 주 11 참조.

5) 예컨대 Richard Grau, AöR. N. F. 2 (1926), S. 287 f.

6) 나는 이처럼 특징을 잘 알고 나타내는 용어를 차용한다. 내가 만든 말이 아니다.

7) [제2제국의] 붕괴 후 아마도 알프레드 프리드만 (Alfred Friedmann [Friters])이 최초로 「헌법에 위반되는 법률, 헌법이 보장하는 권리들을 배제하는 법률은 이를 무효라고 선언할」 가능성이 어떤 최고의 법정에 부여되어야 한다는 요구를 주장하였다(Revolutionsgewalt und Notstandrecht, Berlin 1919, S. 182). 바이마르 국민의회의 심의에서는 아플라스(Ablass)의 제의(Nr. 273, Prot. S. 483)가 중요하며, 이것은 라이히 의회 구성원 100명의 신청에 의거하여 법률의 합헌성에 관하여 독일 국사재판소가 판결하도록 의무화 한다는 것인데, 이 제의(예비적 신청도 마찬가지로)는 부결되었다. 제33차 독일 법률가 대회(하이델베르크 1924년. 보고자 트리펠[H. Triepel]과 그라프 쭈 도나[Graf zu Dohna]는 라이히 법률의 공포 전에, 그 합헌성에 관한 국사재판소의 판결을 구하는 가능성이 예견되어야할 것, 나아가서는(제19조에 의하면 단순히 한 주 내부의 헌법쟁송 사건만을 소관사항으로 하는) 독일 라이히의 국사재판소 관할권을 **라이히** 내의 헌법쟁송사건에까지도 확대할 것을 요구하였다. 제34차 독일법률가 대회(쾰른, 1926년. 보고자 안쉬츠[Anschütz]와 멘데[Mende]도 마찬가지로, 라이히 국사재판소는 라이히 내의 헌법소송사건에 관해서도 판결해야 하며, 나아가 국사재판소는 적법하게 공포된 라이히 법률의 유효성을 심사하는데 대해서 독점적으로 관할권을 가져야하며, 입법의 목표로서는 「최고심급에 있어서의 라이히 헌법의 해석이 독일 라이히 국사재판소에 집약되도록」 노력하여야 한다고 하였다. 라이히 내무부는 1925년 (하이만[Heymann]출판사) 「법의 통일을 보전하기 위한 법률」(Gesetz zur Wahrung der Rechtseinheit)안을 발간하였는데, 이것에 의하면 특히 헌법상의 문제들도 포함하여, 공법상의 문제들에 관한 판결절차에서는 하나의 라이히 판결재판소가 판결을 내려야한다고 되어있다. 「독일 법조신문」(DJZ. 1926, Sp. 842)에 당시의 라이히 내무장관 퀼츠(Külz) 박사에 의해서 공포된 법안은 라이히 참의원의 명령이 라이히 헌법에 저촉된다는 의문이나 이의가 있는 경우에는, 라이히 의회, 라이히 참의원 또는 라이히 정부가 독일 라이히의 국사재판소의 판결을 요청할 수 있도록 배려하고 있으며, 이때에 이 법안에 의하면 재판소의 일반심사권은 배제되어서는 안 된다고 되어 있는 것처럼 보인다. 참고 논문은 Külz, DJZ. 1926, Sp. 837; Poetzsch, DJZ. 1926, Sp. 1969; Bötticher, Leipz. Z. 1926, S. 822; Richard Grau, Zum Gesetzentwurf über die Prüfung der Verfassungsmäßigkeit von Reichsgesetzen und Rechtsverordnungen, AöR, N. F., 2, S. 287 ff.(1926); Fritz Morstein Marx, Variationen über richterliche Zuständigkeit zur Prüfung der Rechtsmäßigkeit des Gesetzes, S. 129 f.(Berlin 1927); Schelcher, Fischers Zeitschr. f. Verwaltungsrecht, Bd. 60, S. 305 ; Bredt, Zeitschr. f. d. ges. Staatsw. 1927, S. 443; Nawiasky, AöR., N. F. 12, S. 130 f.; Hofacker, Gerichtssaal, Bd. 94, 213 (1927). 1927년 3월 25일에 라이히 의회 법무위원회에 부탁된 법안 (라이히 의회 간행물[Reichstagsdrucksache] Nr. 2855 Ⅲ 1924/26)도 마찬가지로, 국사재판소가(라이히 의회 내지 라이히 참의원의 어떤 한정된 수의 신청에 의거하여, 또한 하나의 법규가 라이히의 법규에 저촉된다고 판단한 경우에 관계 서류를 국사재판소에 제출하도록 규정한 재판소들의 규정에 의거하여) 합헌성에 관하여 법률로서의 효력을 가지고 판결하는 것으로 되어 있다. 이에 관하여는 K. Frhr. von Imhoff, Bayr. Verwaltungsblätter Bd. 75 (1927) S. 241 f.

부수적으로, 그러나 적절히 비판하듯이,[8] 「많은 생각도」 하지 않고 — **사법**(司法)의 영역에서 구하고, 그 이외의 다른 어떤 헌법의 수호자도 생각하지 않으려는 것처럼 보인다.[9] 제33차와 제34차의 독일 법률가 대회(1924년 하이델베르크와 1926년 쾰른)의 제안도, 또한 상정된 법률안들도, 라이히 헌법 제19조에 의한 독일 라이히 국사재판소의 관할권한을 한 주(州) 내부의 헌법쟁송사건으로부터 라이히 내의 그것으로 확대하고, 이러한 방법으로 헌법의 수호자 문제를 해결하는 방향을 도모하고 있다. 그 후 이것이 어떠한 사실적 의미를 지녔어야 하는지, 그리고 어느 정도로 그러한 국사재판소의 활동이 내용적으로 보아 사법이라고 부를 수 있는가에 대해서는 거의 문제시하지 않았거나, 또는 「형식적 의미에서의 사법」이라는 관용법에 따라서 문제가 해결되어 버린다. 라이히 헌법 제19조의, 종래의 실무에서 독일 라이히 국사재판소가 자인하는, 그러한 관할권의 광범위한 확장마저도 정치적 또는 헌법상의 의혹을 환기시키지 못한다. 비록 이러한 실무에 따라서 이미 더 이상 간과하지 않을 수 없는 것은, 어느 범위까지 「한 주 내부의 헌법쟁송 사건」이라고 불릴 수 있는지, 또한 이미 자치단체 · 교회 · 귀족단체 · 소수정당 등이 소송당사자로서 인정되는 이상,[10] 장래에 어떠한 원고가 국가, 즉 의회나 정부를 피고로서 이 법정에 끌어올 수 있는가 하는 점이다. 그러나 아마 1928년 12월에 라이히 정부와 라이히 재판소 소장 시몬즈 박사 간에 생긴 충돌이 이 중대한 문제를 체계적으로 논하고, 학문적으로 파고들어가는 계기가 될 것이다.

라이히 재판소 기념논문집을 위한 논문(헌법의 수호자로서의 라이히재판소)[Das Reichsgericht als Hüter der Verfassung])[11]에서 나는 민사 · 형사 또는 행정재판소의 소송-판결을 내리는 재판소들이 엄밀한 의미에서는 헌법의 수호자라고 부를 수 없다는 것을 논하였다. 가령 라이히 재판소가(1925년 11월 4일의 판결 이래 RGZ. 111 S. 320), 또는 다른 라이히 재판소가 법관의 이른바 「실질적」 심사권을 행사하고 단순한 라이히의

---

8) Verfassung und Verfassungsrecht, München und Leipzig 1928, S. 143.

9) L. Wittmayer, Die Weimarer Verfassung, Tübingen 1922, S. 329는 **라이히 참의원**이 이의신청권을 가지고 있다는 이유로 그것을 헌법의 수호자라고 부르며, 이 점에서 특기할 예외이다. 이 기술에는 저 국사재판소 또는 헌법재판소의 수많은 제안으로부터도 문제에 대한 올바른 감각이 나타나 있다.

10) 주의 의회 분파들에 관하여는 1921년 7월 12일의 잠정 국사재판소의 판결이 있다. 이에 관하여 Poetsch-Heffter, AöR. 42, S. 79, RGZ, 102, S. 415 그리고 1925년 11월 21일의 판결에 관하여는 RGZ. 102, Anhang S. 11. 정당에 관하여는 (신중하게 선거법 쟁송사건에 한정된 것으로서) RGZ. 118, S. 29/30, RGZ. 120, Anhang S. 19. (국가 사회주의 노동자당 멕클렌부르크-뤼벡 관구[Gau Mecklenburg-Lübeck] 대 멕클렌부르크-슈베린 주[Land Mecklenburg-Schwerin]. 한정하지 아니한 것으로서는 RGZ. 121, Anhang S. 8 (작센 독립사회민주당 대 작센주). 주 교회에 관하여는 RGZ. 118, Anhang S. 1. 자치단체에 관하여는 1922년 1월 12일의 판결 DJZ. 1922, Sp. 427. 나아가서는 1928년 7월 9일의 포츠담시 참사회 대 프로이센주의 작센에 있어서의 판결, RGZ. 121, Anhang S. 13. 1924년 5월 10일의, 예전의 직속 제국 귀족의 나싸우 지구 그룹 (5 가족!) 대 프로이센 국무부의 판결, RGZ. 111, Anhang S. 1 und 5. 후술 주 96 참조. 파편 정당에 관한 국사재판소의 판단들에 대해서는 W. Jellinek, AöR. N. F., Bd. 15, S. 99 f.

11) 논문 원고는 1928년 여름에 인도되었으며, 1929년 10월에 발간될 예정이다(정태호 옮김, 헌법의 수호자인 라이히 재판소, 『동아법학』 제37호, 2005).

법률이 라이히 헌법상의 헌법률적 규정들과 합치하는가의 여부를 심사하고, 저촉되는 경우에는 단순한 법률의 적용을 실효시킨다고는 하지만, 이것으로써는 아직 특수한 의미에서 헌법의 준수와 옹호를 기능으로 하는 특별한 법정이 성립된 것은 아니다. 사법심사권이라는 표현(단순한 법률을 그것과 관계된 헌법률성에 입각하여 내용적으로 심사하는 이러한 권한을 나타내기 위한 것으로서)은 대체로 오해를 초래할 우려가 있다. 첫 번째의 이유는 심사(審査)-「권(權)」을 정치적 **권한**으로 변경하고, 법관이 자기의 직무상의 판단에 입각하여 심사권을 행사하거나 행사하지 않을 수 있다고 생각하지 않을까 하는 점이다. 그러한 한에서는 페렐스(Perels) · 볼가스트(Wolgast),[12] 그리고 모르슈타인 마르크스(Morstein Marx)[13]*에 따라서 법관의 심사 **관할권**이라는 쪽이 적당할 것이다. 나아가 또한 심사권이 쉽게 감독권으로 이해될지 모르며, 그 경우에는 피감독자에 대한 감독자의 우위성 또는 심지어 상위성이 도출되어 나온다. 합중국에 있어서의 아메리카 재판소들의 심사권 때문에 「법관의 지배」[14]라고 말해지며, 유럽식 「제도」에 대비하여 미국식 「제도」, 법률의 지배를 특징으로 하는 유럽식 「제도」에 대비하여 미국식 「제도」, 법률의 지배를 특징으로 하는 유럽적 국가에 대비하여 미국식 「사법국가」에 관하여 언급되었다.[15] 이제 오늘날의 의회민주주의 국가는 입법국가이지만,[16] 그러나 사법심사권에 의해서 아직 「사법」국가(보다 정확하게는 재판판결국가[Jurisdiktionsstaat])로 바뀌지는 않았다. 사법심사권에도 불구하고 여전히 중점은 입법부에 있으며, 내 생각으로는, 미국식 제도와 유럽식 제도라는 전술한 대비는 그 사법심사권이라는 점에서 하나의 커다란 과대평가를 내포하고 있다.[17] 시민적 법치국가에 있어서 사법은 어디까지나 포섭가능한 규범들에 구속되어 있으며, 「자유법운동」*이나 법관의 「법창조」의 문제로, 첫째로는 헌법상의 문제이며, 또한 법관이(광범위하고 불확정한 개념에 의해서 또는 신의성실의 원칙이나 거래의 관행에 지시를 받고) 어느 정도까지 자신의 재량에 일정한 활동의 여지, 자유를 획득할 수 있는가는[18] 두 번째의 문제에 불과하다. 법률은 법관이 판결을 내리는

---

12) Die richterliche Prüfungszuständigkeit in Norwegen, Hirths Annalen 1921/22, S. 330 f.

13) Variationen über richterliche Zuständigkeit zur Prüfung der Rechtsmäßigkeit des Gesetzes, Berlin 1927, S. 3 ff.

14) Lambert, Le gouvernement des juges, Paris 1921, S. 21.

15) Erich Kaufmann, Auswärtige Gewalt und Kolonialgewalt in den Vereinigten Staaten von Amerika, Leipzig 1908, S. 178; A. Friedmann, Revolutionsgewalt und Notstandsrecht, Berlin 1919. S. 179 f. 프리드만의 James M. Beck, Die Verfassung der Vereinigten Staaten von Nordamerika, Berlin 1926의 독어판에 대한 서문.

16) 토마는 법관이 아니라 입법자가 정치적 · 사회적 대립의 「결정」을 내린다는 점을 현대 국가의 「특징적 경향」이라고 부른다(R. Thoma, Grundrechte und Polizeigewalt, Festschrift für das Preußische Oberverwaltungsgericht 1925, S. 223).

17) 논문 Das Reichsgericht als Hüter der Verfassung, Anm. 52 ff. 나아가 제임스 M. 베크의 프리드만 판에 대한 리하르트 토마의 서평, Richard Thoma, Literaturblatt der Frankfurter Zeitung vom 30. Januar 1927을 참조.

18) Scheuner, Nachprüfung des Ermessens durch die Gerichte, Verw. Arch. 33 (1928), S. 77은 재량에는 ('직책상'이 아닌) '합법적인' 재량만이 있을 수 있다고 — 사법에 관하여 정당하게도 — 말한다. 사법은 바로 원칙적으로 「수권」될 수 없으며, 법관의 관할권은 「소관」 행정부서의 정치적 권한과는 본질적으

기초이며, 법률에 대한 구속은 모든 법관의 독립성의 전제가 된다. 따라서 소송판결을 내리는 법관의 사법심사권은 법률이나 입법자에 대한 법관의 어떤 방법으로든 만든 우월성과도 반대되는 데에 입각하고 있다. 그것은 서로 모순되는 법률규정에 직면하여 서로 모순되는 구속을 받게 되는 법관이, 그럼에도 불구하고 소송판결을 내려야 한다는 말하자면, 법관의 일종의 **긴급상태**에서 나온 것이다.[19] 법관이 거기에서 자신의 사법적 소송판결을 내리기 위해서 서로 모순되는 법률규정의 일방을 자신의 소송판결의 기초로서 선택한다면, 모순되는 다른 한쪽의 규정은 적용되지 못한다. 이것이 전부이다. 소송판결을 내리는 법관이 적용되지 못한 법률의 「유효성을 부인하였다」고 말하는 것은 정확하지 못한 것이다.[20] 정확하게는 구체적 소송의 판결에 한정된 「법률의 비-적용」이며,[21] 다른 심급들의 결정에 대해서는 다소간 예측가능한 선례의 효과를 미치는 것이라고 할 수 있을 뿐이다.

이러한 사법심사권은 단순히 「부수적」이며, 「임시재판권」(하인리히 트리펠〔Heinrich Triepel〕)[22]일 뿐이다. 이것은 단지 하나의 재판판결에 수반하여 **우발적으로**, 가능성으로 말한다면 **모든** 법관에 의해서, 즉 **산만하게**[23] 행사되며, 앞서 언급한 논문 「헌법의 수호자로서의 라이히 재판소」에서 상세하게 서술한 협소한 한계를 가지고 있다. 리하르트 토마(Richard Thoma)는 이것을 노골적으로 「'헌법 신성화(神聖化)'를 위한 어떤 빈약한 방법이며, 이에 대해서는 결코 호언장담해서는 안 된다」[24]라고 기술한다. 여하튼 헌법규정들의 이처럼 부수적 · 임시적, 단지 소극적이며 산만한 옹호는 그 선례가 특정한 상황들

로 다르다. 마치 직무상의 행동을 명하고, 그 권한을 부여하는 「규범들」(예컨대 라이히 헌법 제68조 또는 제56조)과, 구성요건과 적합한 포섭을 가능케 하는 「규범들」이나 「규범」이라는 다의적인 명칭을 공유함으로써만, 그 밖에는 본질적으로 다른 것과 마찬가지이다. 후술하는 이 논문의 3장을 참조.

19) 헌법상의 「법관의 긴급사태」에 관하여는 Radbruch, Archiv f. Soz. Wissensch. N. F. 4 (1906), S. 355. 이 논문에서는 권력분립이라는 헌법상의 문제와의 관련이 인식되고 있다(Hatschek, Englisches Staatsrecht I. S. 1065를 지적하면서). 그러나 그 후는 자유법운동의 비판의 영향을 받고, 또한 아마도 전전기의 헌법이론상의 공백상태에도 영향을 받아서 다시 잘못 보았다. 권력의 구별은 「합리주의」로서 처리된다(또한 E. Kaufmann, Auswärtige Gewalt, a. a. O. S. 34도 참조). 라드브루흐는 「아직 여전히 떠돌고 있는 몽테스키외의 망령」(S. 365)이라고 말하는데, 그러나 이 망령이란 바로 바이마르 헌법이 그것에 대해 결정한, 시민적 법치국가 그 자체의 정신이며, 그것은 시민적 법치국가 자체와 더불어서만 이 세상에서 사라지는 것이다.

20) 예컨대 1925년 11월 4일의 판결에서의 민사 제5부 RGZ. S. 322. 「이 후자의 규정(= 라이히 헌법 제102조)은 라이히의 법률 내지는 그 개별 규정이 그것에 선행하여 법관에 중요시되어야할 다른 규정들과 저촉하는 한에서는 **법관에 의해서 그 유효성이 부인**될 수 있다는 것을 배제하는 것은 아니다」.

21) 예컨대 라이히 재판소의 동일한 판결에서 앞서 인용에 이어서 세 개의 문장들, 즉 라이히 헌법의 규정들은, 「따라서 후에 제76조의 요청들을 무시하여 공포된 라이히 법률의, 모순되는 규정에도 불구하고 법관을 구속하는 것이며, 후의 법률의 모순되는 규정들을 **적용 밖에** 두도록 법관에게 **강요한다**」.

22) Wesen und Entwicklung der Staatsgerichtsbarkeit, Veröffentlichungen der Vereinigung der Deutschen Staatsrechtslehrer, Heft 5, S. 26.

23) 나는 유일한 심급에 **집약된** 심사권과 대치되어야 할 것의 명칭으로서의 이 용어 「**산만한**」(diffus)을 제안하고 싶다.

24) James M. Beck, Die Verfassung der Vereinigten Staaten von Amerika의 프리드만 판에 대한 전술한 서평에서 (상술한 주 17).

속에서 어떤 실제적 의미를 가질 수 있는가 하는 것과는 관계없이 헌법의 진정한 수호자를 구성할 수는 없다. 적법성과 아울러 합헌성이라는 원칙의 일반적인 보전만으로는 아직, 그리고 서로 모순되는 법률규정이 충돌함에 있어서 필연적으로 충돌하는 규정의 어떤 것을 선택하게 되는 경우에 하나의 관서가 헌법의 수호자가 되는 것은 아니다. 그렇지 않으면 모든 관서가, 그리고 결국 모든 국민들을 헌법의 수시적 수호자로 간주하지 않을 수 없을 것이다. 경우에 따라서는 국민은 실제로 그러하며, 약간의 헌법들은 헌법의 보호를 모든 국민의 배려에 맡긴다는 형식으로 표현하는 곳도 있다.[25] 그러나 여기에서 생기는 것은 단지 일반적인 **복종거부**권(Gehorsamsverweigerung)이며, 결국은 수동적 **저항**, 나아가서는 「혁명적 정당방위권」이라고도 불리는 능동적 **저항**의 일반적 권리에 불과하며,[26] 그리고 불법에 대해서 그때그때 저항하는 모든 사람이 헌법의 수호자로 불리게 될 것이다. 그 때문에 체계적인 서술에는 저항권이 헌법의 한 보장으로서 등장하며, 헌법의 보호와 옹호에 봉사해야 할 것으로 된다.[27] 그러나 헌법의 수호자의 헌법적 기능은 바로 이 일반적이며 수시적인 복종거부권과 저항권을 대체하고 이를 무용하게 만든다는 점에 있다. 제도적 의미에서의 헌법의 수호자는 수시적으로 위헌적인 법률을 적용하지 않거나 위헌적인 명령을 준수하지 않음으로써 헌법이 존중되는 것, 헌법률로 보호되는 이익들이 침해되지 않는 데에 기여할 수 있는 많은 지위나 사람들 모두는 아닌 것이다. 여기서 부수적이며 산만한 사법심사권을 제외시키는 것을 정당화하는 것은 체계적인 배려이다.

2.

이 문제를 둘러싼 오랜 역사에서 매우 다양한 헌법의 수호자가 등장한다. 스파르타의 **행정감독위원회**(Ephoren)라는 고전기의 모범은 19세기에도 이러한 관련에서 열거되며, 동시에 수호자는 쉽게 헌법의 주인을 만든다는 경고적인 예시가 되고 있다.[28] 마찬가지로 **검사관**(Zensor)[29] · **호민관**(Tribunen)[30] 그리고 **평의원**(Syndici)[31] 등의 제도와 제안

25) 예컨대 1791년의 프랑스(마지막 문장), 마찬가지로 1830년과 1848년의 그것(거기에서 실제상의 결론을 도출하려고 하여 실패한 시도에 관하여는 Verfassungslehre, S. 16 참조). 최근에는 1927년 6월 2일의 그리스 헌법 제127조. 「헌법의 옹호는 그리스인의 애국심에 맡겨져 있다」(Dareste-Delpech, S. 656).

26) R. Gneist, Gutachten zum 4. Deutschen Juristentag: "Soll der Richter über die Frage zu befinden haben, ob ein Gesetz verfassungsmäßig zustande gekommen ist?" Berlin 1863, S. 31.

27) 예컨대 Dahlmann, Politik (3. Auflage 1847), S. 197 ff.; Bluntschli, Allgemeines Staatsrecht (2. Band, 4. Auflage, München 1868), 10. Kapitel, S. 52 ff.; Gény bei Charles Eisenmann, La justice constitutionelle et la Haute Cour Constitutionelle d'Autriche, Paris 1928, S. 44 ff.

28) 예컨대 또한 Bluntschli, a. a. O. II S. 552.

29) 상술한 주 1 참조.

30) 예컨대 제8년(1799) 프랑스 헌법 제21조와 제28조, 그리고 1807년 8월 19일의 상원 결의에 의한 호민관 폐지에 이르기까지의, 그 후의 수많은 상원 결의.

31) Spinoza, Tractatus politicus VIII § 20 f., X § 2 f.; Ed. Bruder, S. 108, 130.

들도 또한 이에 속한다. 두 번째의 종류는 로마의 **원로원**을 모범으로 하며, 이것이 그 억제적 · 보수적인 임무와 기능에 의해서 로마의 헌법상태의 진정한 수호자였다.[32] 이러한 예시도 오랫동안 작용하였다. 반군주론자들(Monarchomachen)*은 국왕에 의한 법률의 해석과 실시를 검사하고 감시하기 위한 원로원을 요구한다.[33] 제8년의 프랑스 헌법 제21조에 의하면 보수적인 기능을 가지는 상원이 법제위원회 내지 정부에 의해서 위헌이라고 하여 제출된 모든 서류를 인증하거나 파기한다.* 마찬가지로 1852년 1월 14일 헌법 제29조에 의하면, 정부에 의해서 또는 국민의 청원에 의해서 위헌이라고 하여 상원에 가지고 온 모든 서류를 인증 내지 파기한다.* 프랑스 공화국의 현행법에 의하면, 상원(제2원)은 장관을 탄핵함에 있어서, 그리고 다른 정치재판의 사례에서(1875년 2월 24일의 헌법률 제9조에 의해서) 최고재판소로서 구성된다. 「상원」의 사상은 전적으로 고전기의 저술가들로부터 해링톤(Harrington)*에로, 또한 그를 지나서 북미 식민지와 북미 각주의 헌법들에, 나아가서는 시에예스(Sieyès)에 이르는[34] 커다란 전통의 흐름 속에 있다. 한편 또한 **국민대표**도 헌법의 수호자로서 적어도 정부에 대한 민권(民權)의 수호자로서 등장한다.[35] 그러한 경우에 특히 「정부에 대한 국민대표의 권리들을 유지하기 위해서」, 국민대표에 의해서 형성되는 **감시위원회**가,[36] 다른 한편으로는 때로는 「통일을 대표하는」 **정부** 그 자체가 그 개념으로부터 「관직들의 수호자이며 국가제도들의 옹호자」로 해석되는 일도 있다.[37] 국왕의 중립적 및 조정적 권력에 관한, 뒤에 상술할 학설도 또한 여기서 언급해 두어야 할 것이다.[38] 「헌법의 **재판적** 보장」[39]을 위한 특별한 **국사재**

---

32) 원로원이 로마의 국법에 따라서, 인민결의에 대해서 **원로원 의결**(patrum auctoritas)에 의한 보증을 부여하지 않을 수 없었던 것도, 이것으로써 합헌적인 법규와 국제법상의 의무들의 침해가 저지되었어야 한다. Mommsen, Römisches Staatsrecht III, S. 1041. 또한 주 108 참조.

33) Junius Brutus, Vindiciae contra tyrannos, Ausgabe Edinburg 1579, S. 128.

34) 이러한 역사적 관련에 관하여는 H. F. Russel Smith, Harrington and his Oceana, Cambridge 1914, S. 15. 205 f. 시에예스의 이념과 제안들에 관하여는 André Blondel, Le contrôle juridictionnel de la consitutionnalité des lois, Paris 1928, S. 173. 스위스에 미친 그 영향에 관하여는 Eduard His, Geschichte des neuern Schweizerischen Staatsrechts, Bd. 1, Die Geschichte der Helvetik und der Vermittlungsakte 1798-1813, Basel 1925, S. 196 f. 또한 상술한 주 1 참조.

35) 특히 주의회가 헌법소원을 수리하는 경우에, 예컨대 1818년 5월 26일의 바이에른 헌법전 제7장 제21조에 의하면 (1872년 1월 19일 법률의 문귀에서는) 모든 국민과 아울러 모든 자치단체는, 헌법상의 권리침해에 관하여 주의회에 소원을 제기할 수 있었다. 또한 로베르트 폰 몰(Robert von Mohl)의 물론 사법심사권의 유보에 관한 것(Ueber die rechtliche Bedeutung verfassungswidriger Gesetze, Monographien aus Staatsrecht, Völkerrecht und Politik, I. Bd. Tübingen 1860, S. 85/86)도 참조. 「헌법의 옹호자로서의 신분의회」라는 이러한 견해의 비판에 대해서는 R. Gneist, Gutachten, a. a. O. S. 28.

36) 라이히 헌법 제35조 2항은 1919년 7월 4일 하우스만(Hausmann)의 제안에 의하여, 「라이히 정부에 대한 국민대표의 권리들을 보전하기 위하여」라는 어구를 헌법률적 규제의 원문에 넣고 있다. 이러한 잠정위원회를 「헌법의 보전」이란 관념에 포함시키는 것은 특히 뷔르템베르크 주의 전통에 합치되는 것이었다(1819년 구 뷔르템베르크 헌법 제187조 이하를 참조).

37) Adolf Trendelenburg, Naturrecht 1860, S. 375.

38) 1826년 4월 29일의 포르투갈 헌법 제71조(Dareste, S. 497)와 1824년 3월 25일의 브라질 헌법 제98조는 국왕 내지 황제를 「전체 정치조직의 열쇠」라 부르고, 다른 정치권력들의 균형과 조화의 독립을 보전하기 위하여 항상 감시한다는 임무를 할당하고 있다. 후술 주 99 참조.

판소도 또한 **정규의 법원들**이 명령과 법률의 합헌성에 관하여 행사해야 할 일반적 **심사권** 외에 헌법의 수호자로서 기능할 수가 있다.[40]

헌법의 재판적 보장이 헌법「그 자체」의 보호와 보장을 위한 제도들의 한 부분을 이룰 뿐이라는 것은 이 짧은 개관에서도 이미 명백하다. 오늘날의 독일에서 오로지 이 재판적 보장이 주목되고, 헌법의 수호자가 의심할 여지없이 자명함으로써 사법의 영역에서 찾게 되는 것은 몇 가지 이유에서 설명할 수 있다. 첫째로, 법치국가라는 오해되고 추상화된 관념*에서 이다. 그것은 모든 정치적인 문제와 사법형식적인 해결이 법치국가적 이상이라고 해석하고, 그 경우에는 아마도 더 이상 재판가능하지 아니한 문제에까지 사법을 확장하는 것은, 오히려 사법을 해치게 될지 모른다는 것이 간과되기 쉽다. 왜냐하면 그러한 확장의 결과는 내가 자주 지적하듯이, 어떤 정치의 사법화가 아니라 반대로 사법의 정치화가 될 것이기 때문이다. 물론 그러한 의심은 일관된 형식주의적인 방법론에 대해서는 문제가 되지 아니하며, 겨우 반박할 수 없는 것이지만, 그것은 단지 그 방법론이 공허하고 반박할 수 없는 허구를 가지고 움직일 뿐이기 때문이다. 모든 사실적 차이가 도외시될 수 있다면, 이미 더 이상 이러한 사실적 어려움이나 의심도 있을 수 없다. 예컨대 법률과 판결의 구별 또는 트리펠(Triepel)이 말하는 소송판결과 이해조정과의 근본적인 구별[41]이 무용지물로 된다. 법을 사법으로 변화시켜버리고, 사법을 다시 형식화하여 재판당국이 내리는 모든 것을 사법이라고 부른다면, 법치국가라는 문제는 곧 해결되고, 정치의 방침을 다만 라이히 재판소의 신의성실에 따라서 결정짓는 것도 가능하게 될 것이다.

예견할 수 없는 관할권한이 부여된 국사재판소가 요구되는, 그 자명함의 일부는 그러한 개념의 교환에 근거를 둘는지도 모른다. 그러나 여기에서 나오는 것은, 구체적 제도가 아니며 이처럼 어떤 소박한 방법으로「법치국가」를 불러내는 것은 회피해야 할 것이다. 법치국가라는 말만으로써는 우리들의 문제에 대해서 아무것도 결정을 보지 못한다. 법치국가를 불러냄으로써 완전히 다양하고 서로 모순되는 제도들을 요구할 수 있다. 예컨대 저명한 저술가들에 의해서 법관의 부수적인 심사권이 유일한 법치국가적 방법이 되고, 특별한 국사재판소의 설치에 대해서는 그것이 필연적으로 일반적인 심사권의 제한을 초래할 것이며, 임관 중인 전체 법관에 의해서 산만하게 행사되는 통제가 다만 한곳에 집중됨으로써, 그것이 용이하게 정치적으로 파악되고 영향을 주게 된다는 이유에서 강한 반대가 나오는 것이다. 후고 프로이스(Hugo Preuss)는 더 나아가 이러한 국사재판소는「고양이에게 생선가게 맡기는 격」이라고 까지 한다.[42]「법관의 완전한

39) 「헌법의 사법적 보호」라는 표현은 예컨대 1819년의 뷔르템베르크 헌법 제195조에 나타나 있으며, 헌법을 보호하기 위한 다른 제도들을 사법적인 제도로부터 구별하고, 그럼으로써 사법적 보호의 잘못되고 위험스러운 절대화를 예방하기 위하여 특히 적절한 표현이다.

40) Mohl, a. a. O. S. 82; Gneist, a. a. O. S. 22 참조.

41) Streitigkeit zwischen Reich und Ländern, Berlin, Festgabe für Kahl, Tübingen 1923, S. 19 ff.

42) Prot. S. 483/84. 앞에서 언급한 아플라스의 제의에 반대하여, 나아가서는 Morstein Marx, a. a. O. S. 116 f. (오스트리아의 모범에 반대하여), S. 139 (제시안에 나타나 있는 라이히 재판소의 감독에

심사권이야말로 바로 법치국가를 완성한다」.[43] 19세기에는 자주 법치국가라는 동일한 표현에 의해서 내각의 사법형식적 책임성이 요구되고, 이것이 헌법의 초석이며 극치라고 믿었다. 「대신의 법적 책임성은 궁극적인 보완으로서 법치국가를 완결한다」고 그나이스트(Gneist)*는 말한다.[44] 「내각의 법적 책임성은 단지 관리의 책임성의 초석일 뿐만 아니라 대체로 법치국가의 그것이다. 이것은 공법의 상태의 최고의 보장이며, 이것 없이는 한 국민의 공법 전체가 불완전한 법(lex imperfecta)으로 남는다」.[45] 그러는 그동안 경험이 가르치는 바에 의하면, 바로 사법형식적인 내각책임성이 정치적인 그것에 비하여 상당히 무의미하고 중요성이 없으며, 그러한 사법형식성이 사법형식성의 완성에 비례하여 동일한 정도로 문제가 된다는 사실이다. 여하튼 이미 이러한 역사적 경험에서, 또한 「법치국가」라는 말의 다의성에서, 추상적으로 「법치국가」를 불러내는 것은 오히려 그만두고, 그 대신 구체적인 헌법이론의 구별과 개념들을 사용하는 편이 낫다는 사실이 밝혀진다.

법치국가란 말의 오해성과 안이함을 별도로 하고, 나아가 독일에서 다수의 고등법원에 의해서 행사되는 산만한 심사권의 집중과 집약화에 대한 광범위한 욕구를 별도로 하더라도, 아마도 더욱 사람들이 오늘날의 사법형식적으로 판결을 내리는 법원을 헌법의 수호자로 삼으려는데 대한 또 다른 보다 흥미 있는 설명이 있을 것이다. 수호자를 요구한다는 경우에는 물론 특정한 보호가 기대되며, 그 때에 특정한 방향에서 나오는 특정한 위험이 전제로 된다. 수호자는 추상적으로 무한정하지 않으며, 완전히 특정한 구체적으로 의심되어야 할 위험에 대하여 보전해야 할 것이다. 그런데 일찍이 19세기에는 위험은 정부측에서, 즉 「집행부」의 영역에서 압박을 받은 데 대하여, 오늘날 걱정은 무엇보다도 먼저 **입법자**에게 향하고 있다. 오늘날에는 헌법률적 규정이 이미 대부분 종래에는 단순한 입법의 문제였던 특정한 문제와 이익들을 이 입법자, 즉 교체하는 의회 다수파에 대하여 방위한다는 임무에 복종한다. 헌법률적 「정착」이 특정한 이익들, 특히 소수파의 이익을 그때그때의 다수파에 대하여 확보하기 위한 것으로 된다. 이 점에 주목할 만한 기능변화가, 또한 민주적인 다수결원리와 대항하는 경향이 존재한다. 근래에 이르러서는 다시 소수파의 보호, 다수파와 소수파 간의 부단한 타협이야말로 본래 민주주의의 본질이라고 까지 말해지고,[46] 이것은 정치적 슬로간이 어떻게 정반대의 것으로 뒤바뀔 수 있는가 하는

반대하여).

43) Stoll, Iherings J. 2. Folge 40, 201. 마찬가지로 Morstein Marx, a. a. O. S. 151/52도. 「다름 아닌 입법의 합법성, 입법의 사법형식성」이 통상의 심급 내에서의 사법심사의 권한에 의해서 실현되는 것이다. 이것이야말로 법치국가의 완성이다.

44) Der Rechtsstaat, Berlin 1872, S. 175.

45) Schulze, Preußisches Staatsrecht II, S. 905. 그에게 동조하는 Pistorius, Der Staatsgerichtshof und die Ministerverantwortlichkeit nach heutigem Deutschen Staatsrecht, Tübingen 1891, S. 209.

46) Kelsen, Bericht vom Staatsrechtslehrertag 1928, Veröffentlichungen der Vereinigung der Deutschen Staatsrechtslehrer, Heft 5, S. 81. 아마도 A. Hensel, AöR. Bd. 15, S. 415가 매우 적절하고 재치있게 확인한, 군주주의논자의 「형식적」 개념 이외에 여전히 유추적으로 구성된 민주주의논자의 형식적 개념도 또한 존재할 것이다.

귀여운 예시이다. 왜냐하면 민주주의란 다수파의 지배이며, 소수파와의 타협은 아니라는 것이 종래에는 확정적인 것이라고 생각되었기 때문이다. 그러나 그것은 어떻든, 이러한 헌법률적 규제의 기능변화에는 물론 언제나 헌법의 수호자라는 관념의 변화도 뒤따르며, 19세기에는 무엇보다도 먼저 정부에 대한 방어가 생각된데 반하여, 오늘날에는 자주 의회다수파의 입법에 대한 방어만을 염두에 두는 것이다. 그런데 헌법에 대한 위험이 이리하여 입법의 영역에서 압박을 받게 된다면, 입법자를 수호자로 맡기는 것은 불가능하다. 집행부의 영역에서는 여러 세기에 걸친 정부와의 헌법투쟁의 인상이 항상 여전히 남아있기 때문에 거기에서 수호자를 찾지는 않는다. 그리하여 수호자가 입법부의 영역이나 집행부의 영역에서도 찾을 수 없다면, 남는 것은 바로 사법부 이외에는 없는 것처럼 보인다. 거기에 또한 이처럼 다소 의식적인 사고과정에는 독일에서도 권력분립의 학설이 그 통례의 3분법과 함께 — 국법의 문헌에서도 그것이 걸치게 된 안이한 이론(異論)과 오해의 외피(外被)에도 불구하고 — 얼마나 뿌리 깊게 살아있는가를 보여준다.

따라서 우선 먼저 다음의 문제가 제기되어야 한다. 즉 헌법의 수호자를 사법의 영역 내에 설정하는 것은 어디까지 가능한가? 헌법의 수호자의 기능은 원칙적이며 일반적으로 사법형식적으로 보유할 수 있는가? 또한 이러한 행위는 가령 그 행사가 사법형식성이란 외관을 걸치고 있다 하더라도 사실상으로는 여전히 사법인가? 그리고 사법형식성은 종류가 다르고 또한 여하튼 고도로 정치적인 권한의 오도된 가장에 불과한 것인가? 하는 문제이다.

이 문제에 대답하기 위해서는 먼저 헌법률적 규정들의 위반의 결과가 진정한 형사와 민사 내지 행정재판상의 소송이 되는, 사례들이 문제가 된다. 민사와 행정재판권의 경우에는 재판에 의한 보호에는 한쪽의, 그리고 그 요구들의 법적 이익에 봉사한다. 헌법 그 자체의 보호에 봉사하는 것은 다만 특정한 범죄, 즉 대반역죄나 그 밖의 헌법을 (개별적인 헌법률적 규정과는 달리) 전체로서의 형법상의 보호대상이 되는 유죄행위에 관계되는 형사소송뿐이다. 이와 같은 소송의 정치적 성격은 통상의 형사재판 관할로부터 일탈이 도입된다는 점에 나타난다. 예컨대 대반역죄 소송에서는 라이히 재판소가 제1심이며 최종심의 관할권한을 가진다(법원조직법 제134조). 1922년 7월 21일의 공화국보호에 관한 법률(Reichsgesetzblatt I, S. 525)은 정치적인 형사재판권의 특별법원으로서 특별한 국사재판소를 설치하고 있다. 다른 국가들에서는 영국 상원의 모범에 따라서 제2원이 국사재판소로서의 관할권한을 가진다. 예컨대 1875년 2월 24일의 프랑스 헌법률 제9조* 에 의하면, 제2원 즉 상원이 법정(法廷, cour de justice)으로서 구성된다. 일관된 법치국가에서도 그러한 사례들은 정치적인 이해에서 통상의 형사법정의 일반적 관할권으로부터의 일탈이 행해진다.[47] 그러한 종류의 변용에도 불구하고, 여기서 여전히 문제가 되는 것은 과거에 행해진 범죄에 대한 사후의 징벌이며, 억압적 및 보복적인 형사재판이다.

---

47) 이러한 정치적 재판의 문제에 관하여는 C. Schmitt, Verfassungslehre, S. 134. 나아가 H. Triepel, Bericht vom Staatsrechtslehrertag 1928, a. a. O. S. 9 ff.

이러한 형사재판은 중요하고 중대한 문제이며, 광의의 그리고 일반적인 의미에서 헌법의 보호라고 부를 수 있다. 그러나 그럼에도 불구하고 헌법의 수호자의 문제가 이것으로써 해결되는 것은 아니다. 왜냐하면 사법형식성과 재판형식성의 결과, 헌법의 보호가 이미 완결된 과거의 사태에 한정되고, 진실로 문제가 되는 헌법의 보호의 사례들은 사법형식적 파악의 권외에 남기 때문이다. 언제나 기존의 사태들만이 기존의 법률 규정들에 포섭되기 때문에 사법화를 일관하여 누루고 당사자 쌍방이 있는 정규의 소송절차를 만들자마자 이러한 보호는 본질적으로 사후의 수정이 될 뿐이다.

대신의 탄핵을 위한 법원들의 운명은 이 점에 관하여 교훈이 많은 것이다. 이 제도의 자유주의적 선구자인 방자맹 콩스탕(Benjamin Constant)*은 대신탄핵의 특수성과 이질성을 완전히 의식하고 있었다. 그는 보통은 법치국가적 이유에서 형법과 형사소송법에 관하여 명확한 포섭가능성을 요구해야 하는 데에 대신의 책임성에 관한 법률이 「명확하거나 상세하지 않아도」 좋다는 점을 지적하였다. 「이것은 그 본성상 또한 적용상 불가피하며 임기응변적인 것을 가지는 **정치적 법률**이다」. 그 때문에 또한 특별한 종류의 법원, 즉 독립성과 중립성이란 점에서 걸출한 상원이 관할권을 갖지 않으면 안 된다 라고. 본질적인 것, 동시에 또한 일반적인 보정책은 이 경우에도 또한 「토론의 공개성」(la publicité de la discussion)이라는 이러한 자유주의적 사고의 중심관념이다. 대신의 통상의 형사소송에 보여지는, 피고의 보호를 위한 보장들이 여기서는 적용되지 아니하는 점에 관하여 고충을 호소할 수는 없다. 왜냐하면 대신은 자신이 복무하는 국가와의 사이에 특별한 계약을 맺고 있기 때문이다. 그의 명예욕이 대신이라는 높고 빛나는 지위에 의해서 만족되기 때문에, 그는 이러한 정치적 소송의 위험도 자신이 감수해야 하며, 광범하게는 자유재량(arbitraire)에 의해서 재결되는 법정 앞에 서지 않으면 안 된다. 「다만, 이 재량은 동일한 사물 자체의 의미에 포함된 것이다」. 이 점은 형식의 장엄함 · 토론의 공개성 · 여론의 반응 · 법관의 고귀함 · 형벌의 특수성에 의해서 완화된다.[48] 여기서 시민적 법치국가에 대한 고전적 대표자의 논술을 상기하는 것은, 그것이 절차의 특수성과 정치적 재판의 곤란성에 대한 당연한 감각을 나타내며, 또한 이 문제가 오늘날 빠져있는 생경한 추상과는 확실히 거리가 멀기 때문이다. 그러나 정치적 재판의 특수성에 대하여 그만큼 커다란 고려를 지불하여도 사법형식성이 가지는 정치적인 마비효과는 역시 피하기 어렵다. 19세기의 경험들이 이것을 보여준다. 그렇다. 이것이야말로 19세기에 있어서의 본래의 헌법사적 경험이며, 또한 독일의 군주제와 독일의 시민층 간의 국내정치적 항쟁 전체의 핵심이었다고 말할 수 있는 것이다. 왜냐하면 독일 입헌군주제에 있어서는 대신의 사법형식적 책임성은 바로 대신의 정치적 책임성을 저지하고, 「책임성 전체를 정치적으로 무해하게 만든다」[49]는 정치적 의미를 지녔기 때문이다. 사법형식성은 정치적으로 무력하

48) De la responsabilité des ministres, Paris 1815, S. 36, 44, 52 기타. 시민적 법치국가와 의회제도의 헌법이론에 대한 콩스탕의 위대한 의의에 관하여는 후술 주 98 이하 참조.

49) Verfassungslehre, S. 331 (김기범역, 『헌법이론』, 359면).

게 만들기 위한 확실한 수단이었다. 사람들은 국사재판소는「그것이 존재하는 것이 한 번도 그것이 활동할 필요가 없다는 결과를 낳는다면」, 이미 그 목적을 수행하고 있다고 하며 스스로 위안하였다.50) 오늘날에는 대신의 사법형식적 책임성이란 제도는 그 의의를 상실해 버렸으며, 의회와 군주제 간의 항쟁들의 잔재인 바이마르 헌법 제59조* 는 라이히 헌법뿐만 아니라 라이히 법률에 위반하였다고 하여 유죄로서 탄핵될 수 있다고 규정함으로써 책임성의 사태와 대상을 일반적 무한계성에로 해소시켜 버리는 것이다.51)

이러한 헌법사적 경험을 다시 명확히 하기 위하여 19세기의 헌법쟁송의 가장 유명하고 중요한 사례인 1862년부터 64년에 이르는 프로이센 분쟁을 계기로 하여 가장 유명한 독일의 국법학자 안쉬츠(Anschütz)의 교과서를 수중에 넣어 그 판정을 시도해 본다. 안쉬츠는 일반적인 관할권한을 가진 국사재판소의 요청을 특히 단정적으로 일반적인 법치국가적 요청으로서 대변하고 있다.52) 그의 표명과 입장들을 이 흥미깊은 헌법쟁송에 적용한다면 다음과 같이 된다. 즉 국사재판소가 (정치적인 문제없이) 법적인 문제만을 결정할 수 없는 것은 안쉬츠에 의하면「자명한 것」이다.「이 점에 대해서 그 이상 어떤 것을 논평하지 않으면 안 된다고 생각하지는 아니한다」라고 그는 말한다.53) 그러나 프로이센 헌법분쟁의 핵심이었던, 정부는 예산법 없이 정무를 계속해도 좋은가 하는 문제에 대해서 그는 — 말 그대로 인용하면 —「국법은 여기서 끝난다. 예산법이 존재하지 아니한 경우에 어떻게 해야 할 것인가는 법적인 문제가 아니다」54)라고 말한다.* 또한 안쉬츠에 의하면, 이 프로이센 헌법분쟁에 대해서 판정해야 할 프로이센 또는 독일의 국사재판소는 무엇을 할 수 있었을 것인가? 한편으로는 국사재판소가「순수하게 법적인 문제」에 한정하고, 다른 한편으로는 국법이 여기에서 끝나는 것이다. 1862년의 프로이센 헌법분쟁과 같은 구체적이고 중대한 사례에 직면한 경우에, 안쉬츠가 말하는 바에 근거하면, 판결의 가능성은 결코 일어나지 아니한다. 그렇지만 이러한 법원의 법치국가적 가치는 바로 헌법쟁송 사건에도 또한 사법화되고 판결에 의해서 결정된다는 점에 있다는 것이다. 무엇보다도 이처럼 단순한 확인으로 훌륭한 국법학자의 교설을 경멸하고 비난하려는 것은 아니다. 오히려 그의 견해가 심각한 헌법분쟁 때마다 빠지는 어려움과 모순들은 진정한 사법과 진정한 헌법분쟁의 결합을 배제하는 사물의 본성에 있는 것이다.

이러한 결합의 문제성은 R. 스멘트(그의 저서『헌법과 헌법규정』〔Verfassung und Verfassungsrecht〕에서)와 H. 트리펠(1928년도 독일 국법학자대회의 보고에서)이 서술하고

---

50) Pistorius, a. a. O. S. 209.

51) 제59조의 비판에 대해서는 무엇보다 Binding, Die staatsrechtliche Verantwortlichkeit (Zum Leben und Werden der Staaten, München und Leipzig 1920, S. 408).「이러한 대신탄핵 속에는 국왕과 국민과 국민 간의 계약이라는 공동창시성에서 생겨난, 그 종래의 본성상 티끌만큼도 내포되어 있지 않다는 사실은 자명하다」. 그 밖의 점에서 빈딩이 구성하려는 시도들에 대해서는 이 논문의 제5장(후술 주 105)을 참조.

52) 전술한 주 7 참조.

53) Verhandlungen des Deutschen Juristentags 1926, Berlin 1927, S. 13.

54) Meyer-Anschütz, Lehrbuch des Deutschen Staatsrechts 1919, 7. Auflage, S. 906.

있다.[55] 그들의 논술에서는 이 논문의 다음 제3장에서 바로 국법학자대회의 제2 보고자인 한스 켈젠(Hans Kelsen)의 논거[56]에 대한 소견의 형식으로 이론적 측면의 보충을 첨가하기로 한다. 그러나 지금까지의 역사적 경험만으로도 국사재판소에 관해서는 단순한 대안을 제시할 수 있는데, 이 대안이란 대신탄핵을 위한 국사재판소의 경우에는 곧 명백하며, 이른바「헌법재판」의 여러 가지 형태에서 끊임없이 반복되고 있다. 즉 하나에는 의심할 여지없이 확인할 수 있는 공공연한 헌법위반이 현재 존재하는 경우이며, 그 때에 법원은 억압적이며 징벌적인 사법권을 행사하며, 어떠한 형식으로 과거의 행위에 유죄판결을 내린다. 또 하나에는 사태가 의심스럽고 불분명 — 사실적 이유에서든 또는 일반적으로 모든 성문헌법에 불가피한 불완전성과 개념의 광범위함이든 또는 특히 바이마르 헌법 제2편의 특수성 때문이든 — 하다는 경우이며, 그 때에는「순수하게 법적인 문제」는 존재하지 않으며, 법원의 결정은 판결과는 별도의, 즉 사법과의 별개의 것이다. 모든 철저한 사법형식성의 내적 논리는 필연적으로 진정한 판결은 항상 **사후**에 실현한다는 결론을 유도한다. 이러한 불편을 법원의 가처분[57] 내지는 그것에 유사한 것으로 보장하려고 한다면, 그때에 법관은 정치적인 조치들을 강구하거나 저지하며, 또한 자신을 국가의 내정상의, 경우에 따라서는 대외정치의 강력한 요소로 만드는 방법으로 정치적으로 적극적이 된다는 입장에 빠진다. 그 경우에는 그의 법관으로서의 독립성은 이미 그를 정치적 책임 — 대체로 정치적 책임이라는 것이 여전히 존속한다면 — 으로부터 더 이상 보호할 수는 없다. 법관의 독립성은 그것이 헌법률적 규정들의 명백한 내용으로부터 소원해지는데 비례하여 그 헌법상의 기초를 상실하는 것이다. 사법이 사법으로 머무르는 한, 정치적으로는 항상 뒤늦게 오며, 더욱이 절차가 철저하고 신중하게 법치국가적이며 사법형식적으로 형성되면 될수록 더욱 그렇다는 사실은 바로 피할 수 없는 것이다. 의심할 여지가 없는 헌법위반 — 이것은 문화국가에서는 결코 일상적인 것은 아니겠지만 — 의 경우에는 이러한 절차가 유리한 때에는 유죄자의 처벌, 과거에 있어서의 부정의 보상을 실현한다. 의심스러운 경우에는 법관의 독립성과 그 전제인 법률에의 엄격한 구속 간의 부조화가 나타난다.

이것은 대신탄핵의 전개에 의해서 뿐만 아니라 다른 실제적 경험에 의해서도 뒷받침되고 있다. 연방조직에 있어서의 국사재판소의 특수성, 그리고 라이히 헌법 제19조에 근거한 독일 라이히 국사재판소에 관해서는 뒤에(이 논문 제4장에서) 더욱 논하기로 한다. 헌법보호와 사법의 관계에 대해서 항상 일관된 일반적 원리는, 정치생활의 현실 도처에서 인식할 수 있다. 그러므로 가장 일관되고 가장 솔직한 법치국가에서도 헌법에의 고려가 표면화하자마자 사법형식성에 대한 수정과 변용이 불가피하게 된다. 무엇 때문에 어떤

55) Smend, a. a. O. S. 135; Triepel in den Veröffentlichungen der Vereinigung deutscher Staatsrechtslehrer, Band 5, 1929, S. 8. 즉「헌법의 본질은 **어느 정도까지**(bis zu einem Grade) 헌법재판권의 본질과 모순된다」(「어느 정도까지」는 원문에서 격자체임).

56) A. a. O. S. 30 ff.

57) 제19조에 의한 독일 국사재판소의 가처분 실제에 관하여는 F. Giese, DJZ. 1929. Sp. 1 f.

국가에서나 반역죄 또는 국가의 기초에 대한 침해와 같은 범죄에 대하여 일반적인 통상의 형사법원의 관할권한을 피하고 최고법원이 제1심이며 최종심으로 관할해야 할 것으로 선언되고, 그렇지 않으면 국가의 보호를 위한 특별한 국사재판소에게 특별법원으로서 설치되기까지 하는가? 어떠한 권리에 의해서 통상의 법원의 심사관할권한이 국사재판소 내지 헌법재판소에 의해서 제약 · 배제되며, 또한 어떠한 권리에 의해서 심리를 이 국사재판소 내지 헌법재판소에 가져오기 위한 제소권을 (정부 · 의회 등의) 특정한 정치적 부국에만 부여하는가?[58] 무엇 때문에 예컨대 연방조세법의 영역에서 라이히 재정재판소의 관할권한과 라이히 참의원의 그것 간에 행해지고 있는 법적 문제와 합목적성의 문제 간의 구별이 합리적이며 불가피한 것인가?[59] 무엇 때문에 라이히 철도재판소의 결정에 대하여 라이히 정부 또는 라이히 철도회사의 누군가가, 만약 판결의 수행으로 복구채권(復舊債權)의 이자와 상환업무(償還業務)가 위험스럽게 된다고 생각하는 경우에는 중재자를 청구할 수 있다는 가능성이 예견되는가?[60] 라이히 철도재판소와 같은 특별법원의 결정에 대해서 합목적성의 근거에서 나오는 이러한 수정이 필요하게 되면, 독일 라이히의 모든 헌법쟁송사건에 대해서 판결을 내려야 하는 법원의 결정에 대해서도 적어도 마찬가지로 수정이 필요한 것은 아닐까? 그리고 만약 그것이 필요하다면 이로써 이미 절대적 사법형식성이 다시 배제된 것은 아닌가?

이 어려운 문제가 구체적인 헌법상의 의식(意識)을 가지고 논의되는 한은, 일반적인 「헌법재판」이라는 용어는 항상 회피하여 왔다. 이러한 이념들의 아버지인 시에예스는 헌법위반에 대항하여 헌법을 지키기 위해서 설치되어야할 **헌법심정**(憲法審廷, jury constitutionnaire), **헌법심의회**(magistrature constitutionnelle)라는 용어만을 사용하였다. 이 심의회는 집행부와 정부의 영역에서가 아니며, 입법부의 영역에서도 아니며 바로 헌법심의회라고 한다. 그는 이것을 분명히 사법이라고는 부르지 않고, 오히려 그가 이것을 헌법제정권력의 일부라고 보고, 또는 적어도 그 권력의 행사 중에 포함한 것을 추측케 한다.[61] 헌법을 감시하는 배심법원에 언급하는, 이 시기의 스위스 헌법초안들에서도

---

58) 1926년의 독일안(DJZ. 1926, Sp. 842)에 의하면, 라이히 의회, 라이히 참의원 또는 라이히 정부는 국사재판소의 결정을 청구할 수 있다고 되어 있다. 그 밖의 예시들은 Verfassungslehre, S. 137. 이러한 제소권을 한정하는 순정치적인 의미에 관하여 매우 주목할 만한 비판으로서는 Morstein Marx, a. a. O. S. 116 ff.

59) 1926년 4월 27일의 라이히, 각 주, 각 자치단체 간의 재정 조정에 관한 법률(RGBl. I S. 202) 제6조(S. 719). 주법(州法)상의 조세규정이 라이히 법에 일치하는가의 여부에 관하여 라이히 재무장관과 주 정부 간에 의견의 차이가 생긴 경우에는, 라이히 재무장관 또는 주 정부의 제소에 의해서 라이히 재정재판소가 결정한다. 관할권은 라이히 조세규정 제46조 2항 1문에 규정된 구성에 의한 대법정에 있다. 상세한 규정은 특별한 법적 규제에 유보되어 있다. 주세(州稅)나 지방세가 **적절한가**, 라이히 세수(稅收)를 **해하거나** 또는 라이히 재정의 **우월적 관심**이 조세징수에 **방해가 되는가** 하는 문제에 관하여는 라이히 재무장관 또는 주정부의 제소에 의해서 라이히 참의원이 결정한다.

60) 1924년 8월 30일의 독일 라이히 철도회사에 관한 라이히의 법률(라이히 철도법) 제44조 3항(RGBl. II S. 272). 라이히 정부 또는 공사(公社)가 재판소의 결정을 수행함으로써 복구채권의 이자와 상환업무가 위협을 받는다고 생각되는 경우에는, 쌍방의 누구든지 결정 통지 후 1개월의 기간 내에 중재자(제45조)를 청구할 수 있다.

마찬가지로 기존의 헌법위반에 대한 고발이 문제되고 있다.[62] 그 후 나폴레옹 헌법에서 감시역할의 기능을 가진 **상원**(sénat conservateur)이 헌법의 수호자가 됨으로써 이미 또한 사법의 영역을 떠나고 입법기관이 관할권한을 가지게 되었다. 자유주의적 법치국가론자, 특히 방자맹 콩스탕과 기조(Guizot)*는 사법의 본래적인 한계를 계속 의식하고, 이에 대해서는 자주 경구식의 적확한 말을 서술한다. 콩스탕은 앞서 인용한 대신탄핵에 관한 논술에서,[63] 또한 기조는 그러한 사법화에 의해서 「정치는 아무것도 얻지 못하고 사법은 모든 것을 잃는다」[64]라고 하는데, 이 말은 오늘날의 독일에서는 빈번하지 않게 반복할 수 있는 것이다. 19세기의 자유주의적 독일에서의 법치국가적 사상을 가진 헌법학자들은 주로 대신탄핵 — 당시 대신책임성의 유일한 도구였다 — 에, 또는 국왕의 명령들에 대한 법관의 심사권[65]에 관심을 가지고 있으나, 이 때에도 절대적 사법형식성이라는 천박한 의제(擬制)들은 회피된다.[66] 후에는 전전기(戰前期)의 안정 속에서 안이한 형식주의에 안주할 수 있었다. 그러나 구체적인 정치적 대립들이 다시 돌발하자마자 곧 사법형식성은 모두 좁은 한계 내로 제한되었다는 의식이 자각되고, 그리고 1919년에 전쟁책임의 문제를 이러한 수단으로 결정하려는 시도가 행해진 때에는 에리히 카우프만(Erich Kaufmann)*이 인상 깊은 저서에서 사법의 법치국가적 한계를 상기시킨 것이다.[67]

3.

원칙적인 헌법이론상의 문제에 대답하기 위해서는 여기서 다시 한 번 독립적인 사법 없이는 시민적 법치국가는 없으며, 법률에의 내용적 구속 없이는 독립한 사법은 없으며, 법률과 판결의 사실적 차이 없이는 법률에의 내용적 구속은 없다는 것을 반복할 필요가 있다. 시민적 법치국가는 실로 다양한 권력의 사실적 구별 위에 서 있다. 독일 입헌군주제의 국법이론에 통례였듯이, 권력들 간의 구별을 절대주의적 경향에서 거부할 수는 없다. 법관에 대해서 일정한 자유를 인정할 수도 있다. 그러나 입법자의 사항인 정치적 결정을

61) André Blondel, a. a. O. S. 174 f.의 입증.

62) 이 점에 관하여는 Ed. His, Geschichte des neueren Schweizerischen Staatsrechtes Bd. I, Basel 1921, S. 196/202.

63) 전술한 주 48.

64) Des conspirations et de la justice politique, Brüssel 1846, S. 101. 라이히 재판소 소장 시몬즈 박사와 라이히 정부와의 충돌에서 이 문장은 유감스럽게 개인적인 관점에서도 실증되었다.

65) 이 심사권의 정치적 의미에 관하여는 후술하는 제5장 주 139 참조.

66) 예컨대 Mohl, Bemerkungen über die französische Verfassung von 1848, a. a. O. S. 561-64; Gneist, Gutachten S. 23. 헌법의 일반원칙들과의 저촉에 대한 사후심사는 아니다. 그나이스트의 오해받는 문장은, 즉 「헌법 각 조문에 대해서는 판결이 해석을 대신한다」(Der Rechtsstaat, 1867, S. 175)는 것은 행정재판권에 대해서 서술한 것이다. 그 밖의 점에 관하여는 후술하는 주 122와 132 참조. Bluntschli, a. a. O. Ⅱ, S. 550 f.; A. Haenel, Deutsches Staatsrecht I. Bd.(1892), S. 562 ff.는 구성 주들의 내부에서의 헌법쟁송 사건에 있어서 연방재판권을 (司法이 아니라) 「州의 관리」라는 체계적인 관련 속에서 다룬다.

67) Untersuchungsausschuß und Staatsgerichtshof, Berlin 1920, S. 83 f. 「재판절차의 개념」에 대해서.

법관에게 맡기는 것은 그 국법상의 지위를 변경하지 않고서는 불가능하다. 입법과 사법과의 원리적 구별은 개별적 사례에서의 한계지우는 어려움에, 한계교차의 가능성 등을 지적함으로써, 또는 통례의 (입법 · 행정 · 사법의) 3분법 이외에 더욱 다른 분할과 구별이 가능하다고 시사함으로써 반박된다는 것도 아니다. 라르노드(Larnaude)[68]*가 정당하게 말하듯이, 권력을 구별하는 방식은 국가의 수만큼 있다. 그러나 다양하다는 것은 대체로 어떠한 구별도 존재하지 않거나 또는 입법과 사법과의 모든 차이를 경시하는 것이 법일 수 있다는 것을 증명하지는 아니한다. 시민적 법치국가에 관해서는 항상 여전히 시민적 법치국가의 의미에 있어서의 입법, 집행(정부와 행정), 사법이라는 사실적 구별을 하지 않는 국가에는 「어떠한 헌법」도 없다는 것이다.[69]

시민적 법치국가에서는 사법은 단지 법률에 **근거하여** 판결로서만 존재한다. 19세기 이후의 모든 독일 헌법에 전형적으로 사용되는 「**법률에 근거하여**」라는 표현형식은 시민적 법치국가의 조직에 대해서 중심적인 의미를 가진다. 나는 최근 수년간에 자주 그것을 지적하고 체계적 관련을 명확히 하였다.[70] **이러한 형식이 모든 독일 헌법에 대해서 가지는 의미는 앵글로 색슨의 헌법규정에 대한, 「적법절차」**(due process of law)***라는 형식의 그것에 못지 아니한 것이다.** 또한 여기에서 나오는 것은 법률과 판결이, 따라서 입법자와 법관이 구별되어야 한다는 것이다. 권력분립의 실시가 여러 국가들에서 얼마나 다양할지라도, 법치국가적 권력분립의 의의는 항상 국가적 기능들의 조직적 배분에는, 적어도 통상적인 관할권한의 규정에 관해서는 활동의 사실적 차이성이 대응한다는 것이다. 법률은 판결이 아니다. 판결은 법률이 아니며 법률에 근거한 한 「사건」의 재정이다. 이것 없이 「적법절차」는 존재하지 아니한다. 법치국가에서의 법관의 특별한 지위 · 그 객관성 · 당파들을 초월하는 지위 · 그 독립성과 파면불가능성, 이러한 모든 것들은 단지 법관이 바로 법률에 근거하여 판결하고, 그 판결이 **내용적으로** 법률에 이미 포함된 다른 결정으로부터 도출되었다는 점에 근거한다는 것에 불과하다. 예외적으로 입법부국(立法部局)이 입법의 형식으로 입법 이외의 기능들을 인지하는 경우에는, 이것을 「형식적 입법」이라고 부를 수 있으나, 이것은 마찬가지로 관할 권한을 가진다고 명언하는 재판당국이 이리하여 사법의 사실적 영역을 초월하여 활동하는 경우에도 사법의 형식적 개념이라는 말을 사용할 수 있는 것과 동일하다. 그렇다고 하여, 이것만으로 사태를 단순히 뒤바꾸어 놓고 입법부국이 입법의 형식으로 처리하는 모든 것이 법률이며, 법원이 하는 모든 것이 사법이라고 칭하는 추상적 형식주의에 의한 전도가 허용되지는 아니한다. 이러한 종류의 논리는 계속되어 나아가며 다음과 같이 전개된다. 즉 사법이란 법관이 하는

---

68) Revue politique et parlementaire, 126 (1926), S. 186.

69) Verfassungslehre, S. 127 (역서, 149면).

70) Verfassungslehre, S. 152 (역서, 173면). Unabhängigkeit der Richter, Gleichheit vor dem Gesetz und Gewährleistung des Privateigentums nach der Weimarer Verfassung, Berlin 1926, S. 17/18, JW. 1926, S. 2271. 오해된 것은 R. Grau, Der Vorrang der Bundeskompetenz, Festschrift für Heinitz, 1926, S. 403.

것이며, 그래서 법관이 하는 모든 것이 사법이다. 따라서 모든 헌법 쟁송사건이나 견해의 차이를 독립한 법관들에게 판결시키려고 한다면 그것이 헌법재판인 것이다 라고. 이러한 형식적 개념들을 사용한다면 모든 것을 모든 것에 밀어부칠 수 있을 것이다. 모든 것이 사법이 되며 마찬가지로 또한 모든 것이 입법이 되며, 나아가서는 또한 모든 것이 헌법[71]이 될 수 있는 것이다. 합법적 조직은 기만적 허구의 세상으로 바뀌고, 법학은 호프아커(Hofacker)가 「거위발의 논리」(Gänsebeinlogik)[72]라고 이름을 붙인 사고방식의 연습장으로 화하는 것이다.

사실상 존재하는 것은 입법적 사법 이외에 아무것도 아니다. 따라서 입법과 사법과의 사실적 차이는 고수해야 하며, 켈젠이 시도하듯이 헌법으로부터 판결에 이르는 「일관된 단계」[73] 등을 구성할 수 없는 것이다. 법관이 법률에 근거하여 한다면, 이미 내용적으로 법률에 규제하고 있으며, 따라서 「(헌법-) 법률에 근거하여」 입법이란 본질적으로 다른 것이다. 「법률에 근거하여」라는 방향이 이처럼 내용적으로 관련된 이외의 것에 전용되고, 「일반」화되는 경우에는, 그 특수한 법치국가적 의미를 상실해 버린다. 언어상의 부정확함을 이용함으로써 입법자 역시 그를 입법자이게 하는 헌법률적 규정들에 「근거하여」 — 예컨대 라이히 의회는 헌법 제68조에 근거하여 — 입법하며, 라이히 수상은 라이히 헌법 제56조에 「근거하여」 방침들을 정하며, 라이히 대통령은 라이히 헌법 제48조에 「근거하여」 독재조치를 강구한다고 할 수 있다. 이러한 관할권한의 지정과 「수권」으로부터는 법관의 법률적용과 법률에 「근거한」 판결에서 생각되는 구체적인 국가행위의 내용적 도출은 불가능하다. 법관이 형법상의 규정에 근거하여 피고를 징역에 처하는 경우에, 그 징역을 선고하는 판결은, 판결대상의 사례를 구성요건에 맞는 포섭(包攝, tatbestandmäßige Subsumtion)을 가능케 하는 하나의 규범에로, 구성요건에 맞추어 포섭함으로써 내용적으로 법률로부터 도출하는 것이다. 라이히 수상이 라이히 헌법 제56조에 「근거하여」 러시아와의 동맹을 실현하는 경우에는, 이 동맹은 앞의 징역형처럼 구성요건에 적합한 포섭에 의해서 내용적으로 라이히 헌법 제56조에서 도출된 것은 아니다. 관할권한의 지정과 내용적 규범화를 구별하여, 「규범」에 사법적인 것과 비사법적인 것이 있음을 간과한다는 것은 남용이다. 판결은 내용적으로 그 기초인 규범으로부터 도출될 수 있으며, 법관을 구속하는 규범이 단지 수권하는 것만이 아니라 현실적으로 구속한다는 것이 판결의 본질에 속하는 것이다. 부정확한 개념들의 여지가 남는다는

---

71) 「헌법형식의 이념을 매개로 하여」라고 켈젠 자신이 표현한다(Bericht S. 38).

72) 쇼펜하우어가 재미있게 만든 3단논법, 즉 인간은 두 개의 다리가 있다. 따라서 두 개의 다리를 가진 것은 모두 인간이다. 그러므로 거위는 인간이다. 등등. Gerichtssaal XCIV, S. 213 f. Arch. f. Soz. Wissenschaft XXI, S. 18 f.(법운영의 개혁). 이러한 종류의 논리가 법률개념에 관한 이론에 가져온 황폐화에 관하여는 Verfassungslehre, S. 143 f.

73) Bericht, a. a. O. S. 31 f., 42. 마찬가지로 국제공법학회 제1차 총회를 위한 보고(Bericht für die erste Tagung des Institut International de droit public, Paris, 1928)는 Revue de droit public, juni 1928, S. 17에 수록되어 있다. 그 밖의 점에서는 훌륭한 아이젠만(Ch. Eisenmann)의 저서(앞의 주 27)도 마찬가지로 「규범들의 위계질서」라는 구성을 받아들이고 있다.

것은 가능하지만, 그러나 구성요건에 적합한 포섭이 이미 가능하지 아니할 정도로 「규범」이 멀어지고 무내용하게 된다면, 또는 관할권한의 지정만이 존재하지 아니한다면 사법적 규범이 상실됨에 따라서 가능한 사법형식성을 위한 기초가 상실되는 것이다. 가령 정치의 방침들이 라이히 수상에 의해서가 아니라 라이히 재판소에 의해서 법관으로서의 독립성의 보호 아래 정해졌다고 하더라도, 이것은 역시 사법이 아닐 것이다. 예컨대 민사 내지 형사소송법의 전 규정을 「적의(適宜)하게 적용가능한 것」이라고 선언하고, 당사자, 변호인들의 변론에 「근거하여」 구두심리에 의해서 판결을 내린다 하더라도, 역시 소송의 — 얼마나 상세하게 나아간다고 하더라도 — 파로디를 연출한다고 하더라도 마찬가지이다.

다른 모든 헌법이론상의 문제와 마찬가지로, 「헌법재판」의 문제도 또한 「형식적」 개념들을 이용한다면 간단히 해결할 수 있다. 그러나 입법과 사법과의 사실적 차이와 사법적 규범들과 비사법적 규범들과의 차이에 주목하자마자, 그 쉬운 단순성이 단지 다의성의 체계를 나타낼 뿐이라는 것은 명백해진다. 켈젠이 말하는 일관된 「법질서의 단계구조」 — 이것이 없으면 켈젠의 전체 사고과정은 무너지는데 — 의 난점은 「헌법」이라는 다의적인 말의 다양한 의미(근본규범 · 정치적인 전체적 결정 · 「성문헌법조항의 우연적 내용」,[74] 헌법률적 관할지정, 실질적인 헌법률적 개별규범설정 등)나, 또한 많은 종류의 「규범」과 같이 구별되지 아니한 채 서로 혼동된다는 곳에 있다. 그러므로 켈젠의 시도는 아마도 추상적 법이론에 대해서는 몰라도 헌법이론적으로는 문제가 되지 아니한다. 헌법이론적 기초 대신에 「위계제」라는, 또한 「규범들」의 일관된 「단계구조」 내지 「위계제」라는 공허한 법이론적 도식이 주어지고 있어서 특수한 문제는 그르칠 것이다. 헌법재판은 규범들에 대한 규범들의 재판이라든가, 법률들의 (합헌성) 적법성은 「법이론적 및 법기술적으로 판결이나 행정의 적법성에 대한 요청과 마찬가지로 결코 다른 요청은 아니다」[75]라든가, 법률은 그 자체로서 소송의 (기초 대신에) **대상**이 될 수 있다[76]든가 하는 독특한 관념은 이렇게만 설명된다. 법률에는 효력이 강한 것과 약한 것이 있으며, 단순한 법률은 나중의 단순한 법률에 의해서 변경되고 폐지될 수 있는데 반하여, 헌법률은 라이히 헌법 제76조의 가중된 개정조건들 아래서만 변경될 수 있기 때문이라고 하여 「상위」규범이라든가 「하위」규범이라든가 하는 것도 어느 정도 정당하다. 이러한 표현은 그것이 단지 앞의 변경과 폐지의 가능성이라는 그 다양한 정도만을 가리키는 한에서는 사용가능하며 오해의 소지도 없다. 그런데 거기에서 일반적인 「규범들의 계층제」를 주장하고, 이러한 공상적 도식에서 다양한 셋 내지 네 종류의 상위 및 하위 — [효력이] 약한 법률에 대한 강한 법률의 「우위」, 판결과 법률의 적용행위에 대한 법률의 「우위」, 부하에 대한 상사의 우의 — 를 혼동하게 되면 그것은 비유로 화한다. 정당하게는 단지 구체적으로

74) R. Smend, Verfassung und Verfassungsrecht, S. 132.

75) Bericht, S. 53.

76) A. a. O. S. 57.

존재하는 것의 계층제, 구체적 기관들의 상위 · 하위만이 존재한다.「규범들의 계층제」라는 것은 비판과 방법론을 결여한「규범」의 의인화(擬人化)이며, 우화적인 용어법이다. 하나의 규범이 다른 규범보다도 변경하기 어려운 경우에, 이것은 논리적으로나 법률적으로나 사회적으로도 있을 수 있는 모든 관점에서 계층제와는 다른 것이다. 헌법률상의 관할 지정은 소관 부서가 발하는 문서에 대해 상급 관청의 관계에 있는 것은 아니며 (왜냐하면 규범설정은 관청이 아니기 때문이다), 말하자면 단순한 법률은 개정에 대해서 조건을 가중하는 법률의 하위의 것은 아니다.

이러한 종류의 논리의 일탈성은 마침내 헌법의 수호자 내지 보장자의 문제에서 그 전모를 드러낸다. 법률은 다른 법률의 수호자일 수는 없다. 약한 법률은 물론 강한 법률을 보호하거나 보증할 수가 없다. 그러면 반대로 개정에 대한 조건을 가중시킨 법률이 단순한 법률을 지킨다는 것은 어떻게 되는가? 그렇게 되면 문제는 완전히 뒤바뀐다. 왜냐하면 문제는 헌법률의 보호와 옹호이지 단순한 법률의 그것은 아니다. 그리고 오히려 개정에 대한 조건이 가중된 법률을 단순한 법률에 의한 개정으로부터 지킨다는 것이 문제가 되기 때문이다. 만약 하나의 규범이 규범의 형식으로 자기 자신을 지킬 수 있다면 결코 문제는 생기지 아니한다. 규범은 다른 규범과 비교하여 효력이 강하거나 약하거나 동일하다. 규범들 간에는 어떤 방법으로든 해결해야만 하는 모순이나 충돌들이 있을 수 있다. 하나의 규범은 다른 규범을 내용적으로 반복할 수 있으며, 또한 (예컨대 단순한 법률이 헌법률로서 반복되는 경우처럼) 새로이 강화된 효력이 부여되는 일도 있다. 하나의 규범은 (강화된「제재」처럼) 새로운 법적 효과의 징벌들에 의한 위하 등을 수반할 수 있으며, 점차 강한 더욱 개정곤란한 규범들이 만들어지는 일도 있다. 그러나 그것이 규범의 형태로 진행하는 한, 보호와 보장은 항상 보다 강력한 규범에 의해서만 달성될 수 있으며, 이것은 헌법률에 대해서는 그것이 개념적으로 최고이며 최강의 규범인 한 바로 이미 불가능한 것이다. 헌법의 수호자의 문제는 요컨대 약한 규범에 대한, 가장 강력한 규범의 보호라는 것이다. 규범주의적 및 형식주의적 논리에 대해서 이것은 원래 문제가 되지 아니한다. 최강의 효력은 보다 약한 것에 의해서 위협받거나 위험하게 될 수 없으며, 여기에서 또 다시 형식주의적인 헌법은 정확히 사실적인 문제가 시작하는 곳에서 끝난다.

가령 헌법재판이 단순한 법률에 대한 헌법의 재판이라면, 이것은 하나의 규범 자체의 다른 규범 자체에 대한 재판일 것이다. 그러나 규범에 대한 규범의 재판이라는 것은 존재하지 아니한다. 적어도「규범」의 개념이 일정한 정밀성을 보유하고, 단지 무한한 다의성의 담당자 — 물론 규범이라는 용어는 뛰어나게 적합하다 — 가 되지 못하는 한에서 말이다. 이미 수년 전에 오토 마이어(Otto Mayer)*가「규범」이라는 말의 남용과 혼란을 강력하게 경고하였다.77) 유감스럽게도 효과는 없었다. 규범들에 관한 규범들의 재판으로서의 헌법재판이라는 관념은 불가능할 것이다. 만약「헌법재판」이라는 말로

---

77) Verwaltungsrecht I, 3. Auflage, S. 84 Anm.

판결의 기초로서 이용되는 법률의 종류에 의해서만 규정되는 일종의 재판을 가리키려고 한다면, 라이히 헌법 제131조 내지 제153조에 근거하여 판결되는 민사소송은 모두 헌법재판이다. 또한 헌법(정확하게는 개별적 헌법률)이 소송대상일 수 있는가? 소송판결의 기초가 되는 법률은 그러나 소송대상이 아니며 바로 판결의 기초이다. 또한 헌법률을 의인화하여 법관이라고 생각하고 단순한 법률을 의인화하여 당사자라고 생각할 것인가? 그렇게 되면 헌법재판의 특성은 거기에서는 규범이 법관인 동시에 당사자도 되며, 판결의 기초도 되며, 결국에는 판결주문도 되리라는 점에 있게 될 것이다. 그리고 이처럼 기묘한 소송을 구성할 수 있다는 것은, 단지 추상이 형이상학적으로 되고, 예컨대 그림자 놀이(Schattenspiel)에서 하나의 형태의 그늘이 다른 형태의 그늘을 통과하여 지나듯이, 개념들이 혼란하게 되는 경우에는 규범이라는 용어로써 착수할 수 있는 모든 것이 가능하다는 것을 입증할 뿐이다.

당위와 존재, 규범과 실정(實情, Sachverhalt)의 대립이 그토록 강력하여 이러한 이원론에 법학의 방법론 전체가 입각할 수 있다고 생각해야 한다면, 여기에서 나오는 것은 이미 하나의 규범이 다른 규범에 대한 적용이 실정에 대한 규범의 적용과는 질적으로 다른 것이며, 하나의 법률이 다른 법률에의 포섭(Subsumtion)(그것이 원래 생각할 수 있는 경우에)이 존재적 실정에 대한 법률의 포섭과는 본질적으로 다르다는 귀결이 도출되지 않을 수 없다. 단순한 법률과 헌법률 간의 모순이 확인되고, 그리고 단순한 법률의 무효가 선고되어야 한다면, 이것은 법률의 개별적 사례에 대한 사법적 적용과 동일한 의미에서 단순한 법률에 대한 헌법률의 적용이라고 부를 수는 없다. 전자의 경우에는 하나의 규범이 서로 대비되며 매우 다양한 이유에서 생길 수 있는 충돌과 모순이 있는 때에 한쪽이 다른 한쪽을 실효시키는 것이다. 후자의 경우, 즉 법률의 구체적 실정에 대한 사법적 적용에서는 구체적 사례가 일반적 개념들(과 법률적 「구성요건」)에 포섭된다. 만약 헌법률이 신학부는 존속된다고 규정하고, 단순한 법률이 그것과 반대로 신학부는 폐지된다고 규정한다면, 그 경우에 헌법률의 적용은 신학부를 폐지하는 것이다. 이 점에 대해서는 이론(異論)을 제기할 수 없을 것이다. 두 경우에 실정에 대한 법률의 적용이 문제가 되며, 양자의 경우에는 동일한 방법으로 법률에의 실정에 적합한 포섭에 의해서 판결이 얻어지는 것이다. 그런데 한 법률의 내용이 다른 법률의 내용과 저촉되고, 충돌 내지 모순이 확인되고, 서로 모순되는 양 법률 중 어느 것이 효력을 가져야 할 것인가 하는 물음이 제기된 경우에는 일반적인 규정이 서로 비교되며, 그러나 상호간에 포섭하거나 차례로 「적용되는」 것은 아니다. 하나의 또는 다른 일반적 규정이 효력을 가져야 한다는 결정은, 한 규정의 다른 규정에 대한 실정에 맞는 포섭에 의해서 성립하는 것은 아니다. 그러면 이처럼 명백한 사례에서 일단 무엇이 포섭되어야 할 것인가? 만약 하나의 법률이 다른 법률과 반대되는 것을 명하고, 이 모순에 모순되는 양 명령의 하나가 실효를 가지며, 다른 것은 실효를 갖지 못한다고 결정된다면, 이 경우에 무효가 된 법률은 유효한 법률로 되거나 또는 유효한 법률은 무효가 된 법률로 포섭되는 것은 아니다. 앞서 본 사례에서 서로 모순되는 양 규범의 법률적 실정 — 즉 신학부 — 은 완전히 동일한 것이다. 그 때문에 한 법률에 의한 신학부는 단순한 법률에 의한 신학부로서 포섭된다고 말할 수는 없다. 마찬가지로 또한 모순의 해소에서 대립적인 양 명령의 하나가 다른 것에 포섭되고, 「그것에 작용되는」 것은 아니다. 「폐지되는 것」이 「존속되는 것」에 포섭된다든가, 또는 그 반대라고 말하는 것은 무의미할 것이다. 따라서 규범충돌이라는 이처럼 매우 명백한 사례는 실정에 맞는 포섭에 의해서 얻어지는 판결이라는 전형적으로 사법적인 과정이 규범충돌의 해결에서는 결코 보이지 아니한다는 것을 보여 준다. 원래 포섭되지 아니하며 다만 모순이 확인되고 마침내 모순되는 양 규범의 어떤 것이 효력을 가지게 되면, 어느 것이 「적용 밖에」 두어야할 것인가가 결정될 뿐이다.[78]

헌법률과 단순한 법률 간의 모순이라는 이 매우 단순한 사례를 다룬다면, 여기서 단순한 법률에 대한 헌법률에 의한 재판이라는 것을 말할 생각은 나지 아니할 것이다. 그러한 사례에서 가능하고 유일한 재판은, 이미 행해진 헌법위반 때문에 범인에 대하여 행해지는 징벌적 형사재판이며, 규범에 대한 것은 아니다. 그런데 일반적으로 법률의 충돌사례에 관한 판정에 기여하는 실제상의 관심은, 이와 같은 명백한 모순이라는 평상시에는 매우 빈번하게 발생하지 않는 사례를 문제로 삼는 것이 아니며, 또한 기수의 침해에 대한 사후의 보정을 문제로 삼지 않으며, 원래 모순이 존재하는가의 여부, 어느 정도까지 존재하는가에 대한 의문과 이론에 누가 결정을 내리는가 하는 완전히 다른 종류의 문제에 향하고 있다. 이 문제에 대한 관심은 바이마르 헌법에서는 매우 크다. 왜냐하면 특히 헌법 제2편에는 매우 다양한 원칙, 실체법상의 개별 규정, 프로그램 규정이나 방침규정 그리고 어정쩡한 형식적 타협[79]이 병치(竝置)되어 있으며, 만약 이러한 다종다양한

78) 한 규범의 다른 규범과의 「모순」은 재판상의 「유죄」판결에서 인정되는 규범에 대한 「모순」과도 별개의 것이다. 규범이 살인해서는 안 된다고 규정하고, 재판관이 X는 살인하였다고 인정하는 경우에, 이로써 확인되는 규범에 대한 모순은 두 개의 모순되는 규범, 즉 살인해서는 안 된다와 살해되어야 한다는 것은 다른 종류의 모순이다. X가 여기서 행한 것은 살인이라는 확인과, 하나의 규범이 다른 규범의 반대라는 또 하나의 확인은 논리적으로나 법률적으로 하나의 공통된 「일관된」 범주에 넣을 수는 없다. 규범주의적인 고찰방법이 완전히 일반적으로 그 특징인 허구적 이중화의 방법을 여기에 적용하려는 것은 있을 수 있다. 왜냐하면 그것은 사실에 논하지 않고 다만 그 형식주의적인 환영만을 논하기 때문이다. 규범주의가 결국은 구체적 계약의 효력에 대해서 유효한 계약은 유효하다는 일반적 명제의 효력을 곡해하는 결과가 되듯이 (Verfassungslehre, S. 69 f. 참조), 모든 법률의 효력에 대해서 더구나 유효한 계약은 유효하다는 일반적 법률의 효력이 부가되며, 마찬가지로 또한 모든 금지에 대해서는, 유효한 금지는 등한시되는 것 등등 그 밖의 금지가 다시 첨가되는 등 가능한 것이다. 그처럼 공허한 부가(附加)에 의거한다면 이렇게 말할 수도 있을 것이다. 즉 헌법률과 단순한 법률 외에, 여전히 헌법률과 모순되는 단순한 법률의 공포를 금지하는 헌법률적 규정이 존재하며, 단순한 법률의 발포자는 이러한 금령(禁令)에 위반한 것이며, 이 헌법위반이 재판관에 의해서 인정되는 것이다 라고. 그러나 그렇다 하더라도 규범들의 위계제는 아니며, 헌법재판도 아닐 것이다. 여기서 재판관이 입법자는 그 금령에 반하여 행동하였다는 판정을 내린다면, 이것은 사실상 억압적인 형사재판이며, 헌법재판은 아닐 것이다. 그 밖의 점에서는 헌법률적 금령을 부가함으로써 아무것도 얻을 것이 없다. 하나의 명령과 이에 반대되는 명령 간에 모순이 있다는 인정은, 가령 그와 같이 추가하려고 하더라도 사법적인 법률의 적용이라는 의미에서의 구성요건에 적합한 포섭이 되지 아니한다.

79) 바이마르 헌법의 한 부분에 관하여 특징적인 「어정쩡한 형식적 타협」에 관하여는 Verfassungslehre, S. 31 f. (역서, 51면 이하) 참조.

명제를 모두 「규범」이라고 부른다면, 규범이라는 말이 바로 무가치하게 되고 사용 불가능하게 되어 버리기 때문이다. 이 경우에 실제상 가장 중요하고 가장 곤란한 사례에서는 불명료함 내지 모순은 헌법률적 규정들 자체의 내부에마저 있는 것이다. 이 규정들은 모순되는 원리들의 타협에 근거하는 것이기 때문에 그 자체로 불명료하고 모순으로 가득 찬 것이다. 여기서는 분명히 규범들의 단계구조를 의제하는 가능성도 끝나며, 그리고 있는 것에 대해서(예컨대 제146조의 제1항과 제2항처럼) 두 개의 헌법률적 규정이 각각 다르게 규정한 경우에는 그 충돌은 「계층제」의 도식에 따라서 해결해야 할 것은 아니다. 그런데 다른 사례, 즉 헌법률과 단순한 법률 간에 대체로 모순이 존재하는가의 여부에 대한 의문과 의견의 차이라는 사례에서도, 그 의문은 항상 헌법률의 내용에만 관련되기 때문에 진정한 사법의 의미에서의 구성요건에 맞는 포섭이 되지는 아니한다. 만약 헌법률이 신학부는 존속된다고 규정하고, 단순한 법률이 신학교는 폐지된다고 규정하는 경우에, 신학교란 신학부라는 것인지, 그리고 단순한 법률에 해당되는 사태가 동시에 헌법률에도 해당되는 사태이기도한가 하는 문제가 될 수 있다. 좀 더 자세히 관찰해 보면, 이것 역시 단순한 법률의 헌법률에의, 구성요건에 적합한 포섭은 아니다. 법관이 구체적인 사태를 법률로써 포섭한다는 식의 포섭은 아닌 것이다. 오히려 단순한 법률에 해당하는 사태가 동시에 헌법률에도 해당하는가의 여부가 문제로 된다. 동일한 사태의 헌법률에의 포섭은 단순한 법률의 그것과 동일한 포섭이다. 문제는 다만 모순되는 양 법률의 어느 것에 의해서 구체적 사태가 포섭되어야 하는가에 있다. 다만, 포섭되는 것은 어디까지나 구체적인 사태이며 단순한 법률은 아니다. 이상으로써 앞의 문제와 의문이 헌법률의 내용에만 관련되지는 아니한다는 것이 명료하게 증명되고 있다. 단순한 법률이 보여주는 법률적 구성요건(신학교)은 헌법률이 보여주는 법률적 구성요건(신학부)에 포함되는가 하는 문제는, 좁은 개념의 넓은 개념에로의 포섭의 가능성에 관련되며, 존재적 사태의 당위적 규범에로의 포섭에 관련된 것은 아니다. 포섭된다는 부정확한 표현은 심리학적으로만 가능하다(두 규범 간의 명백한 모순의 경우에는 심리학적으로도 이렇게 말할 수는 없을 것이다). 그러나 이러한 종류의 포섭은 좁은 의미에 있어서의 사법적 포섭이 아니며, 요컨대 인간적 판단과 의견의 모두에 불과한 것이다. 만약 전자라고 한다면 결국은 누군가가 말은 당나귀가 아니라는 것도 또한 사법이 될 것이다. 두 규범 간에 모순이 존재하는가의 여부에 관한 의문과 의견의 차이를 판정함에 있어서도 하나의 규범이 다른 데에 적용되는 것이 아니라 ―의문과 의견의 차이는 헌법률의 내용에만 관련되기 때문에 ― 실제로는 이 내용이 권위적으로 확정되는 것이다. 이것은 실제로는 헌법률의 불명확함을 제거하는 것이며, 따라서 **법률내용을 규정하는 것**이며, 그 때문에 사실상 입법, 나아가서는 헌법제정이며 사법은 아니다.

어느 정도까지 현존 내지는 신설의 법원들에게 헌법률의 내용을 확정할 임무를 맡기고, 법원들을 입법단체들에 대한 길항력이게 하고, 이로써 사법에 정치적 부담 테스트를 부과할 것인가는 법이론상의 문제가 아니라 정치적 · 실제적인 합목적성의 문제이다.

그러나 이 합목적성의 문제라고 하더라도 헌법이론적 의식 없이는 해결될 수 없으며, 그 해결에 있어서 사실적 및 내용적 개념들을 포기하는 것은 허용되지 않을 정도로 심각한 문제이다. 무엇보다 헌법쟁송의 개념을 「헌법형식이란 이념의 매개에 의해서」 형식화하는 것, 즉 그 개념으로부터 구체적인 의미를 제거하고 마침내 「헌법재판소」의 소관이 되어야 할 모든 것을 헌법쟁송이라고 불러버린다는 것은 이론상으로나 실제상으로도 정당하지 못한 것이다.

4.

독일 라이히의 국사재판소는 10년 가까이 활동하고 있으며 중요한 헌법상의 실무를 집행해오고 있다. 이것은 국법상 및 헌법률상 중요한 것인데, 그러나 그렇다고 하여 일반적인 「헌법재판」이 가능하며, 바이마르 헌법 내지는 어떤 법치국가적 헌법의 정신에 그렇다는 것을 증명하는 것은 결코 아니다. 이 국사재판소의 실무에서는 지금까지 헌법쟁송의 일의적인 개념은 만들지 못하고 있다. 다만, 이것이 어디까지나 「헌법재판」이라는 명확한 표상의 제1 전제인 것이다. 헌법쟁송의 개념은 나아가 또한 이론적으로 뿐만 아니라 직접적으로 실제상 및 정치적인 이유들에서도 명백하게 인식된 헌법개념과의 매우 밀접한 관련에서만 규정될 수 있다. 다만, 오로지 목적의 합목적적인 의식 내지는 감정적인 고려에 지배되는 「헌법쟁송」의 확대와 각 당사자의 경솔한 허용은, 반대로 헌법 자체의 본질에도 저촉되고 변경되고, 또한 예기치 못한 결과들 — 헌법이론적 의식의 결여가 거기에 대해서 복수하는 — 을 낳게 할 것이다. 그 때문에 앞의 논술은 단지 국사재판소의 존재와 그 실무를 그것과 대치시키는 것으로써는 반박될 수 없는 것이다. 오히려 라이히 헌법 제19조의 그것과 같은 규정의 본래의 헌법이론적 의의를 가능한 한 명확하게 밝히고, 오히려 이 의의와의 거리를 자각하는 것이 필요하다. 「헌법쟁송」, 「헌법재판권」 그리고 「헌법」이라는 개념들은 사실상 밀접하게 관련되어 있어서 단순히 헌법개념의 변경이 헌법쟁송의 개념에 변경을 가져오는 것이 아니라 반대로 헌법소송, 헌법재판권의 새로운 운용이 헌법의 본질을 변경할 수도 있다.

특별한 종류의 헌법쟁송, 따라서 또한 그 판정을 위한 특별한 종류의 국사재판소가 생기는 것은 **헌법이 계약**인(즉 일방적인 정치적 결정이나 법률이 아니라 양면적 내지 다면적인 법관계이다) 경우, 또는 적어도 계약이라고 이해되는 경우이다. 헌법이 계약인 것은 진정한 연방(국가연합 내지 연방국가)에 있어서 연방으로 통일된 다수 국가가 연방조직법을 만드는 경우이다. 그러한 정치조직에서는 자주 연방구성원 간의 쟁송을 조정하기 위해서, 그리고 나아가서는 개별적인 주(州) 내부의 쟁송을 판단하기 위해서, 연방 내부의 평화와 안전 또는 동질성을 위협하는 것에 관하여 판정을 내리기 위한 특별한 기관이 설치된다.[80)]

---

80) Verfassungslehre, S. 113 f. 이로써 모든 연방관계에 관하여 무제한한 사법형식성이 가능 내지 정당하다고 주장하는 것은 아니다. 이에 관하여 매우 적절한 것은 C. Bilfinger, Der Einfluß der Einzelstaaten auf die Bildung der Reichswillens, Tübingen 1923, S. 9 f. 또한 앞의 주 66의 해넬(A. Haenel)의

이 경우에 연방의 조직법의 기초는 계약이며, 그 정당한 해석과 적용에 관하여는 계약 당사자 간에 쟁송이 생길 가능성이 있고, 이것은 조정되어야 한다는 것이 전제로 되어 있다. 만약 사태의 발전에 따라서 이 계약적인 기초가 무너지고, 연방국가적 조직이 단순히 헌법제정권력의 통일적 담당자의 정치적 결정에만 근거를 둔다면, — 바이마르 헌법 이후의 독일 라이히의 연방국가적 조직에 관해서는 사실 그렇지만 — 다른 연방국가적 제도들과 아울러 특별한 종류의 연방국가적 국사재판소가 계승되거나 신설될 수 있는데, 그것은 연방국가적 조직이 헌법상 존재하는 한에서이다.

헌법을 계약으로 보는 또 하나의 본질적으로 다른 종류의 가능성이 존재하는 것은, 국가가 (한 사람의 군주나 한 지배집단의 지배에 의하든, 통일적인 국민의 동질성에 의하든) 완전한 통일체로서 이해되는 것이 아니라, **이원적** 내지는 나아가 **다원적으로** 복수정당의 **계약**과 **타협**으로서 나타나는 경우이다. 이 경우에 국가의 정치적 존재의 종류와 형태는 계약이나 협정[81] · 협약 · 선제후 선거 협정 · 타협 · 화해 · 정전(停戰) 등 요컨대 중세의 신분국가들에게 그 예가 많으며, 오늘날의 독일에서도 때로는 또한 부활하듯이 보이는 기득권을 가진 다면적 관계들에 근거하는 것이다. 바이마르 헌법은 오늘날 전체적으로도, 또한 중요한 개별적인 점에서(교회나 학교)에서도 「타협」, 즉 계약으로서 이해되며, 또한 그렇게 불린다. 그리고 어느 날엔가 이러한 개념의 국법적 귀결이 전개하는 것은 유감스럽게도 배제되지 않고 있다. 이론적 문헌 중에서 여기서는 우선 먼저 켈젠(Kelsen)의 견해를 열거하지 않으면 안 된다. 켈젠은 항상 반복하여 의회제 민주주의 국가는 본질상 타협이라고 서술하는데,[82] 이때에 이 명제의 모든 사실상의 귀결에서 그의 「형식주의」를 쉽게 끌어낼 수 있다. 계약들에 관한 체계 속에 국가와 헌법의 해소는 중대한 원리적 의미를 가지며, 또한 그 실제에 미치는 영향도 크기 때문에 별도의 논문에서 설명하기로 한다.[83]

견해도 참조. 여기서는 다만 헌법계약과 재판가능성과의 일반적인 관련이 문제이다. 다른 어떤 헌법처럼 변하지 않는 연방 헌법은 개별적인 권리들과 구속성들의 체계 속에 해소될 수 있는 것은 아니다(R. Smend, Verfassung und Verfassungsrecht, S. 172).

81) 계약과 협정의 구별은 여기서는 잠시 고려 밖에 두기로 한다. 그러나 적어도 다음과 같은 것은 지적되어야 한다. 즉 국가 간의 관계(국제법과 연방법)에 관하여 빈딩(Binding)과 트리펠(Triepel)이 전개한 이 구별은 오늘날의 독일에서 국가내적인 관계와 협정들에 전용되고 있는 것 — 예컨대 B. H. Liermann, Ueber die rechtliche Natur der Vereinbarungen politischer Parteien untereinander, AöR., N. F., XI S. 401 f. — 은 불안을 내포한 정도는 아니지만 현저한 징후이다. 임금계약에 관한 학설에서 노동법상의 문헌에서의 「협정」에 대해서는 E. Jacobi, Grundlehren des Arbeitsrechts, Leipzig 1927, S. 260 f. 그리고 거기에 게재된 문헌.

82) 특히 특징적인 것은 국사재판의 본질과 발전에 관한 보고(Bericht über Wesen und Entwicklung der Staatsgerichtsbarkeit, Veröffentlichung der Vereinigung der deutschen Staatsrechtslehrer, Heft 5, S. 81)*이며, 여기서는 현대 민주국가의 타협적 성격이 연방국가에 있어서의 헌법재판권과 관련된다. 이 경우에 헌법은 바로 헌법률이며, 헌법률은 곧 규범이라는 것이 보고 전체의 출발점이다. 규범이라는 다의적인 개념이 여기서도 또한 개념을 혼란시키는 도구가 되는 것이 실증되었다. 즉 가능한 것 모두가 규범일 수 있으며, 이론적으로나 실제적으로도 모든 헌법상의 논의의 중심점인 헌법개념의 근본적인 차이 — 헌법이란 정치적 결정인가, 법률인가 또는 계약인가? — 마저 사라질 수 있는 것이다. 왜냐하면 결정, 법률 그리고 계약 모두가 「규범」이라는 말로써 포장될 수 있기 때문이다.

83) Das Deutsche Reich als pluralistisches Gebilde. 이 논문은 Zeitschrift für Politik에 게재될 예정이다.

국사재판소의 문제에 관하여 기본적인 의미를 가지는 것은 헌법이 계약인가의 여부, 국가내적 계약들과 협정들이 공법을 지배하고 있는가의 여부이다. 즉 무엇이 헌법쟁송이며, 누가 헌법쟁송의 당사자가 될 수 있는가 하는 중심문제가 계약의 본질에서 대답되는 것이다. 국사재판소에 대한 모든 논설의 처음에 위치하는 이 문제는, 법원이 그 운용에서 헌법쟁송의 개념과 당사자들의 허용을 자신의 재량에 따라서 전개하는 것을 기다린다는 형태로, 법원 자체에게 넘겨줄 수는 없다. 그러한 것을 한다면 헌법의 수호자는 헌법의 주인이 되어버리고 만다. 국사재판소가 사법형식적으로 헌법쟁송 사건에 판정을 내려야 한다면, 무엇이 헌법쟁송인가가 미리 명백하여야 한다. 이러한 문제는 「형식적인」 답변으로 끝내 버릴 수는 없다. 그런데 헌법이 그 본질상 계약 내지 타협이라고 한다면, 거기에서 유용하고 납득할만한 헌법쟁송의 개념이 나온다. 왜냐하면 계약에서 생기는 쟁송이(예컨대 임대계약의 내용에 관한 임대인과 임차인 간의 임대분쟁처럼) 계약 내용에 관하여 계약당사자 간에 생기는 쟁송이라는 것과 아주 마찬가지로, 헌법쟁송은 헌법계약 내지는 타협의 당사자 간의 협정의 내용에 관한 쟁송일 뿐이다. 이러한 계약에서 파생하는 충돌과 쟁송은 확정된 계약 내용이 계약 내용으로부터 판결의 도출을 가능케 함으로써 재판활동에 대한 기초가 되기 때문에, 또한 그러한 한에서 특히 재판적 내지 중재재판적 해결에 적합하게 된다.[84] 따라서 바로 국가 간 조약에서는 국사재판소가 관할권을 가진다고 언명되며,[85] 또한 국제법에서는 조약에서 파생하는 국가들 간의 쟁송이 전형적으로 「재판 가능」 내지는 「중재 가능」으로 간주된다.[86] 여기서 헌법개념으로부터 헌법쟁송 · 당사자적격 그리고 그럼으로써 또한 재판권이라는 유용한 개념이 도출된다. 그러나 또한 반대로 헌법이론적 숙려 없이 다종다양한 사회적 집단이 국사재판소에 의해서 당사자로서 허용되는 경우에는, 그것에서 다원적 국가관이 도출되고, 그것은 헌법을 헌법제정권력의 담당자의 정치적 결정으로부터 계약에 의해서 획득된 권리들의 체계에로 변화시키고, 국가 내의 이해관계 집단들과 조직들이 소송을 통해서 그러한 권리들의 엄수를 강요할 수 있다는 것이 된다.

라이히 헌법 제19조는 라이히와 주 간의 비사법적(非私法的) 쟁송, 주 상호 간의 쟁송, 끝으로 주 내부의 헌법쟁송에 언급하고 있다. 이러한 3중의 병렬에 포함된 헌법개념

래스키*의 다원주의적 국가론의 비판에 대해서는 Carl Schmitt, Der Begriff des Politischen, Arch. f. Soz. Wissenschaft, Bd. 58 (1927), S. 12 (윤근식역, 『정치의 개념』, 법문사, 1961) 참조. 거기에는 그 밖의 문헌 지시가 있다.

84) 여기서도 무제한하고 절대적인 재판가능성 등을 주장하려는 것은 아니며, 다만 무엇이 계약당사자이며, 무엇이 계약분쟁인가를 규정하는 가능성이 주장되고 있을 뿐이다.

85) 예컨대 독일 라이히와 바이에른 자유주 간의 바이에른 우편 · 전신 행정의 라이히에의 이관에 관한 1920년 3월 23일부터 31일의 국가 간 조약 제13조(RGBl. S. 640). 이 조약의 해석에 관한 조약 체결 정부 간의 의견의 불일치는 국사재판소에 의해서 판정되어야 한다는 것이다. 또는 1920년 3월 31일의 주 철도의 라이히에로의 이관에 관한 국가 간 조약 제43조(RGBl. S. 787).

86) 예컨대 1907년의 헤이그 중재재판 협정 제38조. 국제연맹 규약 제13조 2항, 상설국제사법재판소 규약 제36조, 1921년 12월 3일의 독일 · 스위스간의 중재재판 · 조정조약 제2조(Strupp, Documents, V, S. 591) 등.

은 2중으로 계약사상에 의해서 규정되고 있다. 즉 라이히의 연방국가적 조직을 통하여, 그리고 19세기 중엽의 입헌투쟁기의 여파를 통하여, 후자의 투쟁기에 대해서 헌법은 정부와 국민대표 간의 계약(협정 · 합의)이었다. 라이히와 주들 간의 쟁송이나 주 상호 간의 쟁송은 연방국가적 조직에 있어서는 연방계약관계로부터의 쟁송인데, 그렇지 않으면 적어도 이러한 연방관계를 항상 고려하지 않고서는 판단할 수 없는 것이다. 그런데 한 주 내부의 헌법쟁송은 역사적인 해석에 따라서 의회와 정부 간의 쟁송이다.[87] 한 주 내부의 헌법쟁송에 대해서는 연방 자체가 이해관계를 가진다. 왜냐하면 연방은 모든 연방의 본질에 속하는 일반 「치안」의 취지에 일치하는(Verfassungslehre, S. 369; 김기범역, 396면) 온건한 조정과 해결에 관심을 가지기 때문이다. 따라서 이처럼 한 주 내부에서 전개되는 헌법쟁송을 연방법원에 의해서 판단한다는 것은 연방국가적 조직과 매우 밀접하게 결부되며, 그것과 끊을 수 없는 것이다. 이러한 이유에서 이미 한 주 내부의 헌법쟁송을 소관하는 라이히 국사재판소의 관할권한을 단순한 라이히 내부에서의 헌법쟁송으로 「확장하는」 것은 허용되지 아니한다. 이것은 심각한 헌법의 개정이며, 여하튼 헌법개정의 형식으로만 허용될 수 있을 뿐이다.[88] 그것은 제도 전체의 구조를 근저로부터 변경하게 될 것이며, 동일한 기관에 대하여 두 개의 반대의 기능 — 특수한 연방국가법적 기능과 특수한 국가내적 기능과의 양자 각각에게 병행적으로 수행되어야 하는 기능 — 을 할당하게 될 것이다. 연방법적 · 연방주의적 제도에 중앙집권적 · 단일국가적 제도가 혼합될 것이며, 오늘날 이미 독일 라이히의 헌법상황을 지배하고 있는 혼란은 점차 흐리고 불투명하게 될 것이다. 주 내부의 헌법쟁송을 위한 라이히 국사재판소와 라이히 내부의 라이히 헌법쟁송을 위한 국사재판소는 전자가 연방국가적 조직이라는 전제와 기초에 근거하는데 반하여, 후자는 그렇지 않기 때문에 본질을 달리하는 구성체이다. 라이히의 연방국가적 기관의 관할권 아래 단일국가적으로 구상된 기능이 첨가된다면, 그것은 단순한 「확장」이 아니라 다른 헌법률적 영역에의 첫걸음이 될 것이다.

한 주 내부의 헌법쟁송을 판단하는 연방 법원은 동시에 연방 헌법과 주 헌법의 수호자이다. 특히 그것은 어떠한 연방에 대해서도 본질적인 헌법동질성의 수호자이다. 주 헌법을 라이히 헌법과는 독립의 것으로 볼 수는 없다. 이것에서 국사재판소는 한 주 내부의 헌법쟁송을 판정하는 경우에 라이히 헌법을 무시할 수는 없으며, 그것을 자신의 판결의 기초로 삼아야 한다는 것이 도출되며, 거기에서 다시 라이히가 주 헌법에 대한 헌법조직상의 규정들을 가지는 한에서는(라이히 헌법 제17 · 36 · 37 · 38 · 39조), 현행 라이히 헌법의

87) Verfassungslehre, S. 115 (역서, 138면).

88) 사실상 입법기능을 위한 새로운 기관이 창설되었다는 이유에서도 헌법을 개정하는 법률이 필요할 것이다. 이 점은 Löwenthal, DJZ. 1927, Sp. 1234 f.에서 인식되지 않고 있다. 정당하게 헌법을 개정하는 법률을 요구하는 것은 Hofacker, Gerichtssaal 1927, S. 213; R. Grau, a. a. O. S. 287; Bredt, Zeitschrift. f. d. ges. Staatsw. Bd. 82 (1927), S. 437. 특히 v. Imhoff, a. a. O. (oben Anm. 7) S. 244 f. 라이히 헌법 제13조 2항에 따른 확인이 입법행위라는 점에 대해서는 Triepel, Streitigkeiten S. 69; Lassar, AöR. 40, S. 109; Schelcher, a. a. O. S. 68.

규정들로부터 한 주 내부에서의 진정한 헌법쟁송이 발생할 수 있다는 것이 도출된다. 다만, 여기에서 나오는 것은 라이히 헌법에서 생기는 쟁송이 그것이 지역적으로 또는 쟁송당사자에 관하여 하나의 주 내부에서 전개되는 경우에는 모두 한 주 내부의 헌법쟁송은 아닌 것이다. 왜냐하면 라이히 헌법은 주 헌법의 일부는 아니며, 그것이 주 내부에서 효력을 가지는 것은 주 헌법의 일부로서가 아니라 독립적이기 때문이다. 한 주의 조직은 그것이 제1은 주 헌법에 근거하여, 제2는 지역적으로 한정된 라이히 헌법에 근거한다는 식으로 형성되는 것은 아니다. 주 헌법은 다만 국가적인 것 중에서, 더구나 주에 귀속하는 나머지에만 관련되며, 한 주 내부의 헌법쟁송은 다만 이러한 틀 안에서만 가능하며, 또한 한 주의 국사재판소 — 그 관할권한은 라이히 헌법 제19조에 의해서 라이히 재판소의 관할권보다 우선한다 — 의 설치도 다만 이 점에만 관련된다. 「한 주 내부의 헌법쟁송」이라는 표현의 헌법사적 발전에서 본다면,[89] 라이히 헌법에서 생기는 쟁송은 한 주 내부의 쟁송은 아니다. 이 점에 관하여는 바이마르 헌법을 심의할 때의 라이히 내각의 대표자와 추밀 고문관 츠바이게르트(Zweigert)*의 언명[90]에서 명확하게 알 수 있듯이, 제19조에 의해서 어떠한 변경을 가해야 할 것도 아니다. 그리고 제19조의 문귀는 결코 (1927년 4월 13일의 판결, RGZ. 120 Anhang S. 21에 있듯이) 「의심할 여지없는 그 반대를 서술하는 것은 아니며, 제19조의 전제가 된 것(「그것을 해결할 법원이 존재하지 아니하는」 주 내부에서의 헌법쟁송)은 앞의 견해를 뒷받침하는 것이다. 제19조는 결코 **라이히 헌법**에서 발생하는 헌법쟁송을 주의 국사재판소의 판정에 맡겨서 각 주의 국사재판소를 지역적으로 한정된 라이히 헌법에 관련된 재판의 기관으로 하는 것을 목적으로 하지는 아니한다. 제19조는 다만 주 내부에서 주 헌법에 의해서 발생하는 정치적 충돌의 조정에 대한 라이히의 관심에 봉사하는 것이다. 무엇보다 독일 라이히 국사재판소는 자신의 관할권한을 확장하고, 「라이히 헌법에 근거한」 쟁송을 한 주 내부의 헌법쟁송으로서 다룬다.[91] 이로써 「한 주 내부」라는 한정은 단순히 지역적인 한정으로 화하거나, 그렇지 않으면 당사자 쌍방 내지는 적어도 피고측이 주 기관 내지 주의 조직이라는 것에 의존하게 된다. 예컨대 다음과 같은 경우에 한 주 내부의 헌법쟁송이라고 할 수 있는가? 즉 한 종교집단이

---

89) 이 점에 관하여는 Verfassungslehre, S. 114 (역서, 137면).

90) Prot. S. 411 (헌법을 대상으로 하는 모든 쟁송을 헌법쟁송이라고 부르는 칼[Kahl]의 견해에 반대하여).

91) RGZ. 118, Anhang, S. 4 und 120, Anhang, S. 21 아울러 JW. 1928, S. 3255 참조. 마찬가지로 Poetzsch-Heffter, Handkommentar, 3. Auflage, S. 157 (라이히 헌법 제17조, 제37조 이하를 원용하여. 이것은 나의 견해로 결정적인 것은 아니다). H. H. Lammers, JW. 1928, S. 3255 Anm.은 지금까지의 국사재판소의 판례에 관련하여 이미 라이히 헌법에서 생기는 쟁송이 한 주 내부의 헌법쟁송에 포함되는 것은 「의심할 여지가 없다」고 한다. 이에 대해서 나에게는 G. Leibholz, Gleichheit vor dem Gesetz, S. 126 Anm.의 논거가 정당한 것으로 생각된다. 이에 따르면 제19조에서는 헌법쟁송이란 「개별 주의 기본법의 적용 · 운용 내지 해석에 관한 쟁송」이라고 이해해야 한다. 「이것은 국사재판소의 단지 보조적인 관할권이라는 것에서 확실히 도출된다. 왜냐하면 만약 그렇지 않았다면 이와 같은 쟁송의 해결을 위하여 재판소를 설치한 각주에 대해서 이러한 근거를 가진 라이히 재판소 내지 국사재판소의 관할권을 회피하고, 주 재판소의 판결로 대응할 가능성이 존재할 것이기 때문이다」. 나아가 정당한 것으로서 Anschütz, Kommentar, S. 106 (Nr. 2 zu Art. 19).

역사적 권한에 근거하여 라이히 헌법의 규정들을 방패로 삼아 주에 대하여 청구를 제기하는 경우와, 또한 하나의 관리(官吏) 조직이 한 주의 급여법률을 라이히 헌법 제129조 위반이라고 하는 경우이다. 그리고 자치단체들 · 교회 · 소당파 · 노동조합 · 다종다양한 이익단체 · 대학들, 나아가서는 신학부 등까지 바이마르 헌법 제2편의 예상하기 어려운 조문의 어느 하나를 방패로 삼을 수 있는 경우이다. 그것이 그렇다고 한다면「한 주 내부의 헌법쟁송」이라는 표현은 완전히 새로운 예측하기 어려운 의미가 부여될 것이다. 즉 한 주 내부에 있어서의 비사법적(非私法的)인 쟁송 모두가 적어도 보조적으로, 국사재판소의 소관이 된다고 할 것이다. 이렇게 되면 이미 한계는 인정할 수 없으며, 라이히 헌법이 각 주에 대해서 자신을 지키기 위해서 도입한 헌법상의 가능성과 기관들 그리고 절차들, 즉 제15조에 의한 라이히 감독을 위한 라이히의 제도가 근저로부터 변경되어버릴 것이다. 라이히 헌법 제19조에 의한 이 관할권한의 보조적 성격을 강조함으로써 이 귀결을 놓치게 된다고 생각할는지도 모른다. 그러나 국사재판소의 지금까지의 실제는 자신의 관할권한을 이러한 관점 아래 한정하지는 아니하였다. 라이히 정부는 자주적인 정치상의 태도결정을 회피하기 위해서 국사재판소를 이용하는 것처럼 보인다.[92] 그러나 헌법쟁송의 개념을 어떤 보조적인 것으로서 설정하는 것은 원리상 허용되지 아니한다. 하나의 법원을 보조적 관할권한을 가지도록 할 수는 있으나, 헌법쟁송의 개념을「보조적」개념으로 만들고, 헌법쟁송의 제기를 다른 기관들이 이 사태와 관계없다는 것에 의존시킬 수는 없다. 헌법 자체의 개념과 마찬가지로, 헌법쟁송의 개념도 보조적인, 즉 부정적으로 규정될 수는 없다. 하나의 쟁송이 민사법원도 행정법원도 또한 다른 어떠한 법원도 그것을 판정하는 관할권한을 가지고 있지 않다는 이유에서 헌법쟁송이 안 되는 것은 아니다.

이러한 고려는 모두 라이히 헌법 제19조에 의한 재판권이 그 본래의 연방국가적 조직과의 관련에서 쉽게 분리할 수 없다는 것이 제시되어야 할 것이다. 라이히 헌법이 계약과 타협으로서가 아니라 전 독일 국민의 적극적인 정치적 결정으로 간주되는 한, 또한 라이히가 타협하는 권력집단과 조직들이 다원주의로 해소되어버리지 아니하는 한, 헌법쟁송은 다만 직접적인 헌법상의 권한과 권력들의 담당자 상호 간에만 생길 수 있다. 이에 대하여 한 개인 내지는 국가에 종속하는 한 단체의 공법적 이익의 보호는 행정재판권에 속하는 문제이다. 헌법쟁송은 헌법소원이 아니다. 즉 헌법률적으로 보장된

---

92) 매우 특징적인 것은 H. H. Lammers, JW. 1928, S. 3255 Anm.이며 다음과 같다. 즉「라이히 정부」가 공개란 교회측에 서지 아니한 것, 그리고 그럼으로써 라이히 헌법 제15조 3항에서 말하는「의견의 차이」 또는 라이히 헌법 제19조에서 말하는「쟁송」을 회피한 것은 명백히 주법의 영역에 속하며, 라이히 정부로서는 그 기반을 결여한 문제들의 판정의 어려움에 그 이유가 있었을 뿐만 아니라 정치적인 고려도 작용하고 있었다. 헌법 제19조의 틀 내에서「라이히와 각 주 간의 비사법적 쟁송」으로서도, 또한「한 주 내부의 헌법쟁송」으로서도 국사재판소에 가져올 수 있는 공적 · 법적인 쟁송은 가능한 한 후자의 형식으로 처리되도록 라이히가 힘을 썼다는 사실은 당연한 것처럼 생각된다. 따라서 교회가 자신에게 귀속하는 권리를 다툰 일도 있으며, 또한 작센 주 국법에 뿌리를 두는 사태와 쟁송 현황을 라이히 정부보다도 잘 설명할 수 있는 입장에 있었던 것만으로 이 쟁송을 교회 자신의 손으로 국사재판소에로 가져오게 한다는 것이 라이히 정부에 대해서는 바로 주어진 것처럼 생각된다」.

소원신청인의 권리들의 침해에 대해서 한 개인이나 국가에 종속하는 한 단체의 일반적인 권리보호수단은 아닌 것이다. 이러한 헌법소원 역시 그것을 판정하는 관할권한을 가지는 특정 기관이 어떠한 명칭인가는 관계없이,93) 그 본질상 행정재판인 것이다. 따라서 정치적 통일체로서의 국가를 견지하고 통일적인 정치적 전체 결정으로서의 헌법을 견지하는 한에서는, 자치체와 그것을 감독하는 국가 간의 쟁송, 귀족단체 내지 종교단체와 국가 간의 쟁송을 헌법쟁송이라고 부르는 것은 일탈이다. 끝으로 또한 헌법쟁송은 기수의 헌법위반에 관하여 유죄 내지 무죄판결의 발견을 목적으로 하는 소급적 내지는 보복적인 형사재판의 소송도 아니다. 왜냐하면 여기서 문제가 되는 헌법쟁송은 정치적 고려에서 수정된 반역죄 내지는 주 내란죄 소송 내지는 그것에 유사한 것, 또는 쌍방이 원고 · 피고로서 대결하는 것이 아니기 때문이다. 「하나의 헌법조항의 의미에 관한 쟁송이 모두 헌법쟁송은 아니다. 쟁송 주체가 문제이다」.94) 그러므로 당사자라고 간주되는 것은 정치적 결정권한 또는 「영향권」(Einflußrecht)95)의 보유자로 헌법률상 병렬된 한에서이다. 이 병렬과 동권성은 특히 헌법률상 복수의 다른 권력 상호 간의 균형을 취하며, 이 원리에 따라서 정치적 기능과 권한들을 배분한 경우에 특징적으로 나타난다. 「이러한 심리에, 당사자로서 관여할 수 있는 것은 다만 헌법에 의해서 규제된 국가 **생활**에 관여하는 자만이다」.96)

의심할 여지없이 확인되는 헌법위반에 의한 징벌과 계약쟁송의 특수 문제를 별도로 한다면, 정치적인 결정 내지 지배권한의 각종 보유자 간에 끊임없이 생기는 의견의 다양성 · 차이 · 마찰 · 충돌이 어떻게 조정 내지 판정되는가는 이미 서술했듯이, 완전히 실제적 효율성의 문제이다. 특히 이에 관하여 임관된 독립의 직업법관을 가지는 법원을 설치하여 사법형식적인 절차를 구성하는가의 여부, 심리를 개시하기 위하여 특정한

---

93) 그리하여 정당하게 Nawiasky, Bayerisches Verfassungsrecht 1923, S. 457은 바이에른 헌법 제93조에 도입된 국사재판소에 대한 소원에 대해서 서술한다. 마찬가지로 W. Jellinek, Veröffentlichungen der Vereiningung deutscher Staatsrechtslehrer, Heft 2, S. 25. 바이에른 주 국법(1919년 8월 14일의 바이에른 헌법 제70조 1항)의 헌법소원에 관하여는 Braunwart, Verfassungsbeschwerde und Staatsgerichtshof, Z. f. Rechtspflege in Bayern Bd. 16 (1920), S. 257; H. von Jan, Bayr. Gemeinde-und Verwaltungszeitung, 1927 (Bd. XXXVII) Sp. 31 f. 스위스 연방헌법의 헌법소원에 대해서는 C. Schmitt, Verfassungslehre, S. 112. 또한 라이히 헌법 제108조의 성문화, 그리고 1928년 7월 7일의 국사재판소의 결정(RGZ. 121, Anhang, S. 11)은 다음과 같다. 즉 선거법 쟁송은 국사재판소에 속하지 아니한다. 「왜냐하면 국사재판소는 라이히 행정재판소에 대신하여 모든 국민에게 공적 사건에서의 권리보호를 부여한다는 사명을 가진 것은 아니기 때문이다」.

94) R. Thoma, AöR. 43, S. 283.

95) 이 용어는 Carl Bilfinger, Der Einfluß der Einzelstaaten auf die Bildung des Reichswillens, Tübingen 1923, S. 13 f.가 논술하는 의미에서.

96) H. Triepel, Bericht, a. a. O. S. 23과 Streitigkeiten, S. 81. 사실상 마찬가지로 Anschütz, Kommentar, S. 67; Carl Schmitt, Verfassungslehre, S. 117(역서, 140면). 다른 것은 Poetzsch-Heffter, Handkommentar, S. 158 und AöR. 42, S. 91 f.; Giese, S. 101; W. Eiswaldt, Die Staatsgerichtshöfe in den deutschen Ländern und Art. 19 der Reichsverfassung (Kieler Diss. 1927) S. 26. 나아가서는 (소개의 형식으로) Johannes Mattern, Principles of the Constitutional Jurisprudence of the German National Republic, Oxford University Press 1928, S. 295 f. 전술한 주 10도 참조.

제소권이 부여되는가의 여부, 그리고 어떠한 당사자가 법원에 출두할 수 있는가는 효용성의 문제이다. 좁은 영역 내에서는 형식적인 사법형식성이 사실상은 이미 사법이 아닌 사건들에 확장되는 것이 가능하다. 이에 대하여 정치적 결정과 정치적 영향의 담당자 상호 간의 모든 의견의 다양성이나 차이에 관하여, 그러한 법원의 일반적인 관할권을 요구하기 위하여 **추상적으로** 법치국가의 이념을 적용하는 것은 잘못이다. 그러한 일반적인 국사재판권과 헌법재판권은 지금까지의 설명에서 다음 두 가지의 의미만을 가질 수 있을 것이다. 즉 하나는 헌법이 계약이라고 하는 것에 따라서 일부는 연방주의적이며, 일부는 신분적 · 다원론적인 헌법개념의 여파를 의미하거나, 그렇지 않으면 국가를 이질적인 요소들의 타협에로 다원론적으로 해소하기 위한 준비를 의미한다. 이러한 이질적인 요소들로서 오늘날의 독일 라이히에서 문제가 될 수 있는 것은, 예컨대 몇몇 주(그것이 더구나 「국가로서의 자격을 가지는」 한에서)97) 이익단체(산업단체나 지방단체) · 노동조합 · 교회 · 대도시 · 관리조직 · 라이히 철도회사 · 라이히 은행 · 헌법률상의 권한들을 가지는 소수민족 등일 것이다. 이와 같이 서로 교차하는 사회적 집단과 복합체들의 잡다한 집적은 독일 라이히의 대외정책 · 대내정책 · 문화정책 · 사회정책상의 문제들에 관한 타협을 통하여 협정을 체결하게 될 것이다. 그 경우에는 독일의 통일을 배상채무자의 통일로서 외부로부터 결속시키는 것은 밖으로부터의 압력, 즉 국제법상의 구속과 통제들(베르사유조약 · 런던 의정서 · 로카르노 조약)에 맡겨진 그대로일 것이다. 그럼으로써 국제법우선의 이념이 구체적 의미를 획득하게 될 것이다. 일반적인 국사재판소의 사상은 단순히 다원론적 계약체계에의 독일 라이히의 이러한 변화의, 국내정치적인 표현에 불과한 것이다.

이러한 경향들에 대하여 나는 나의 『헌법이론』(Verfassungslehre)에서 실정적인 헌법개념을 가진 민주적 입헌국가의 체계를 대립시켰다. 만약 바이마르 헌법이 헌법제정권력의 담당자로서의 통일적인 독일 국민의 정치적 결정을 의미하고, 이 결정에 의해서 독일 라이히가 입헌민주주의라는 점을 견지한다면, 헌법의 수호자의 문제는 허구적인 사법형식성 보다는 다른 식으로 대답될 것이다. 헌법의 수호자의 지위는 이제 바이마르 헌법의 적극적인 의미에 따라서 전개되지 않으면 안 된다.

5.

정치적 결정권 또는 영향권의 최고의 보유자 간의 의견의 다양성과 차이는 바로 명백한 헌법침해로 징벌이 가해지는 경우 이외에는 일반적으로 바로 재판의 형식으로 판단을 받지는 아니한다. 그것은 상이한 견해의 상위에 서는 보다 강력한 정치권력에

---

97) 「주의 자격있는」(staatswürdig)이라는 표현은 M. Fleischmann, Verfassungserbgut von Reich zu Reich, Tübingen 1928, S. 38의 연설에서 빌린 것이다. 「주로서의 무자격」(Staatsunwürdigkeit)이란 특히 흥미있는 입증은 Alfred Frilogos (Friedmann), De Clavibus, Berlin 1929, S. 35/36 (멕클렌부르크-슈트렐리츠[Mecklenburg-Strelitz]에 관하여)에 나타나 있다.

의해서 위로부터, 즉 **보다 고차의** 제3자에 의해서 배제되거나 — 그렇게 되면 이것은 헌법의 수호자가 아니라 주인이 될 것이다, — 또는 상위는 아니지만 병렬적인 직위에 의해서, 즉 **중립적인** 제3자에 의해서 중재되거나 조정되는 — 다른 헌법상의 권력들의 상위에 서지 않고, 그것과 병렬적이며 다만 독특한 권한과 영향력들을 갖추고 있다는 것이 중립적 권력, **중립이며 중개적 권력**(pouvoir neutre et intermédiaire)의 의미이다. — 다른 국가적 행위들의, 단지 부수적이며 부차적인 작용이 발생하지 않고, 다양한 권력의 헌법상의 기능발휘를 확보하고, 헌법을 옹호하는 것을 임무로 하는 특별한 제도와 기관(Instanz)이 조직되는 경우에는, 권력을 구별하는 법치국가에서는 현존하는 권력들의 어느 것에 대해서도 부수적으로 그 임무를 맡기지 아니하는 것이 일관된 방법이다. 그렇지 않으면 당해 권력이 다른 권력들에 대해서 바로 우위를 차지하고 통제에서 벗어날 수 있게 되며, 그럼으로써 헌법의 주인이 될 것이기 때문이다. 따라서 다른 권력들과 병행하여 특별한 중립적 권력을 설치하고, 그것을 특수적 권한들에 의해서 다른 권력과 결부시켜 서로 길항시키는 것이 불가결한 것이다.

19세기의 헌법사에서 **중립이며 중개적 권력**에 대한 특별한 학설은 보나파르티즘*과 왕정복고에 대항하여 자유주의적 헌법을 획득하려는 프랑스 시민계급의 투쟁 속에서 방자맹 콩스탕에 의해서 나타난다.[98] 이 이론은 본질적으로 시민적 법치국가의 헌법이론에 속하며, 그것을 거의 문자 그대로 차용하는 두 개의 헌법에 영향을 미친 것만은 아니다.[99] 오히려 모든 자유주의적 헌법에 전형적인 국가원수(군주 또는 대통령)의 대권과 권한들의 목록이 여기에서 유래하며, 국가원수의 불가침성 또는 적어도 특권적 지위,

---

98) 최초에는 Réflexions sur les constitutions et les garanties에서 1814년 5월 24일에 발간되었으며, 이어서 Collection complète des ouvrages de Benjamin Constant, Paris 1818, S. 14 f.에 나아가 Cours de politique constitutionnelle, Ausgabe von Laboulaye, I. S. 18 f. Oeuvres Politiques, Ausgabe von Charles Louandre, Paris 1874, S. 18에 수록되었다. 이 중요한 문제만을 다룬 학술논문은 지금까지 나오지 아니하였다. 이것은 프랑스에 대해서는 프랑스의 군주제와 국가원수의 정치적 운명에서, 또한 독일에서의 지금까지의 전개에 관하여는 헌법이론의 결여라는 점에서 설명된다. 콩스탕은 일시와 장소에 관한 상세한 진술 없이 Clermont-Tonnerre (S. 14, Anm.)의 헌법이념을 지시하고 있다. 따라서 G. 옐리네크의 클레르몽-톤네르에 관한 언급(Allg. Staatslehre, S. 590)(김효전 옮김, 『일반 국가학』, 479면)도 아마 여기에서 유래한다. 그 밖의 점에서는 **중립적 권력**(pouvoir neutre)의 이론과 클레르몽-톤네르의 헌법구성들과의 역사적인 관련은 지금까지 아직 개별적으로 제시되지 않고 있다. 확실히 콩스탕의 이론은 무니에와 클레르몽-톤네르(Mounier et Clermont-Tonnerre)에서 발견되듯이, 권력분립에 입각한 군주제의, 온건 자유주의 이론에 일치하고 있다. 또한 클레르몽-톤네르는 국왕의 지위를 **조정권**(pouvoir régulateur)이라고 특징짓고 있다(Oeuvres complètes de Stanislas de Clermont-Tonnerre, t. IV, Paris, an III, S. 316). 그러나 어떻게 해서 콩스탕이 클레르몽-톤네르의 영향을 받고 있는가, 또한 클레르몽-톤네르는 정말 「중립적 권력」이라는 중요하고 특징적인 표현형식을 사용하였는지 나는 지금까지 상세히 확인할 수가 없었다. 전기상의 관련에 대해서는 루들러(Rudler)의 저서 La jeunesse de Benjamin Constant (1767-94), Paris 1909에도, 또한 루들러의 상세한 문헌목록 Critique des oeuvres de Benjamin Constant, Paris 1909에도 클레르몽-톤네르에 대한 언급은 보이지 아니한다.

99) 1824년 3월 25일의 브라질 헌법 제98조. 「조정적 권력은 정치조직 전체의 핵심이다. 그것은 오로지 황제 또는 국민의 최고수장, 그리고 그 최고대표자에 대하여 독립의 보전과, 다른 정치적 권력들의 균형과 조화를 부단히 감시하기 위하여 위탁된다」. 마찬가지로 1826년 4월 29일의 포르투갈 헌법 제71조. 「조정적 권력은 정치조직 전체의 핵심이며, 오로지 국왕에게 전속한다」 등등.

법률들의 작성과 공포, 은사권, 대신과 관리의 임명, 선출된 의회의 해산과 같은 권한들은 모두 이러한 **중립적 권력**의 수단과 작용가능성으로서 생각된 것이다. 군주제이든 공화제이든 시민적 법치국가의 유형에 합치되는 한의 대국들 거의 모든 헌법에서 이 구성은 정치 상황이 그 운용을 가능케 하는가의 여하에 관계없이 일제히 인정하는 것이다. 헌법이론적으로나 국가이론적으로 이 학설은 매우 중요한 관계를 가진다. 그것은 입헌국가에 있어서의 국왕이나 대통령의 지위를 명료하게 인식하고, 정확한 형식으로 표현하는 정치적 직관에 근거를 두고 있다. 그것은 완전히 시민적 법치국가의 고전적 현실에 속하며, 로렌츠 폰 슈타인(Lorenz von Stein)*이 프랑스에 대해서 뿐만 아니라 유럽 대륙 전체의 헌법사에 대해서 결정적인 시기(1789년부터 1848년까지)에 대해서 서술한 것은 이 학설에도 또한 타당하다. 즉「세계는 헌법과 사회에 관한 보다 커다란 진리의, 보다 깊고 보다 무진장한 원천을 다른 어떤 것에서도 알지 못한다」[100]라고. 이 학설에 대해서 그 창시자는 게오르크 옐리네크가 그의「교의적인 편견에서 해방된 안목」을 칭찬하며,「대륙에서의 발전에 대신의 헌법상의 지위를 위한 길을 최초로 제시하였다」고 하며, 부정하지 못할 공적을 그에게 돌린,[101] 그 칭찬에 완전히 어울린다. 바르텔레미(Barthélemy)*는 그의 사고과정의 명석함에 경탄하여(이성의 경탄할만한 명석함), 콩스탕은 프랑스 시민을 의회주의에로 양육시킨 자유주의적 의회주의의 진정한 투사였다고 정당하게 서술하고 있다.[102] 그의 이름이 오랜 망각을 거쳐 이제 독일에서도 다시 사람들이 거명하게 되고, H. 트리펠의 국법학자 대회에서의 보고처럼, 독일 국법학의 중요한 기록 속에서 여러 차례 나타난 것은 주목할 만한 징후이다.[103]

국가원수의 중립적이며 중개적인 지위에 대한 학설의 실제상의 가치는 우선 첫째로, 이제 입헌군주제이든 입헌민주제이든 시민적 법치국가에서 국가원수는 일단 어떠한 의미를 가지는가, 그리고 입법이 완전히 의회에 귀속하고, 국가원수에 의해서 임명되는 내각이 완전히 입법단체의 신임에 의존하고 국가원수 자체가 만사에 붙이는 대신들의 부서(副署)에 구속되며, 따라서「군림하지만 통치하지 않는다」(il règne et ne gouverne pas)[104]*고 말할 때에는 국가원수의 권한들의 의미는 어디에 있는가 하는 물음에 대해서

---

100) Geschichte der sozialen Bewegung in Frankreich von 1789 bis auf unsere Tage, Bd. I, Der Begriff der Gesellschaft, Ausgabe von G. Salomon, München 1921 I, S. 502.

101) Entwicklung des Ministeriums in der konstitutionellen Monarchie, Grünhuts Zeitschrift für das private und öffentliche Rechte X 1883), S. 340, 342. 또한 Allgemeine Staatslehre, S. 590 (김효전 옮김, 479면)도 참조. G. 옐리네크가 이에 관련하여 시에예스에 대해서 내린 판단은 공정하지 못하며, 경탄할만한 헌법구성자에 대한 오인이라고 나는 생각한다.

102) L'introduction du régime parlementaire en France, Paris 1904, S. 184 f. 또한 Henry Michel, L'idée de l'Etat, Paris 1896, S. 304의「입헌군주의 역할을 세련된 적확한 표현으로 그 이상으로 잘 정의한 사람은 없다」는 것도 정당하다.

103) Heft 5 der Veröffentlichungen, a. a. O. S. 10 und S. 19(「대신을 처벌하는 것보다 오히려 대신을 무해화하는 쪽이 더 큰 일이었다고 한 방자맹 콩스탕이 정당하였음을 알 수 있다」).

104) 1829년 티이르(Thier)가 한 말은「왕은 군림하며, 내각은 통치하며, 의회는 결정한다」는 것이다(여기서「결정한다」는 것은 물론 사법을 의미하지는 아니한다). 이 유명한 정식에 관하여는 Jellinek, in Grünhuts Zeitschrift 1883, a. a. O. S. 343; Esmein-Nézard, Éléments du droit constitutionnel, 7. Aufl.

대답할 수 있다는 점에 있다. 독일에서는 군림과 통치의 구별을 이해하지 못하고, 군주주의적 국가학에 의해서 매우 강렬하게 부정되었다. 독일형 입헌군주제의 군주는 사실 지배하고 「통치」하였으며, 나아가 이에 근거하여 슈탈(F. J. Stahl)*의 유명한 구별에 의하면, (실제로 통치하는) 입헌군주제와 의회군주제가 대치되는 것이다. 이 대립은 실제로는 단순히 정치적인 목적구별이라고 이해해야 할 것이다.105) 프랑스 자유주의자들의 구성에 대해서 자이델(Seydel)*은 만약 **군림**에서 **통치**를 제거하면 뒤에는 아무것도 남지 않게 되기 때문에, 군주는 여하튼 실제로 통치하고 실제상의 권력을 장악해야 한다고 반론을 제기하였다.106) 상당히 거치른 나폴레옹의 말이 인용되고,107) 그리고 그것은 독일의 입헌군주제가 1918년까지는 사실 보다 고차의, 보다 강력한 권력이며, 단순히 중립적인 제3자는 아니었다는 한에서는 정당하다. 그러나 그럼으로써 의회제 입헌국가에 있어서의 국가원수라는 일반적인 문제도 현행 바이마르 헌법에 의한 라이히 대통령의 지위라는 특수한 문제도 해결되지 않는다. 군림에서 통치를 제거한 후에는 그 외에 또 무엇이 남는가 하는 자이델의 물음에 대해서는 일반적으로 다음과 같이 대답된다. 즉 그러한 헌법에서의 국가원수는 그에게 부여된 권한들을 초월하여 국가적 통일과 그 통일적 기능발휘와의 연속성과 불변성을 대표하며, 또한 국가원수는 전통, 도덕적 명망, 일반적 신뢰와 같은 이유들 때문에 모든 국가생활에 정치권력과 폭력과 마찬가지로 포함되어있을 뿐인 특수한 권위108)를 가져야 한다는 것이다. 이것은 중립적이고 중개적인 권력의 학설에 대해서 특히 관계가 깊다. 왜냐하면 중립적인 제3자의 독특한 기능은 명령적 내지 규정적 행위에 전력하는 것이 아니라, 나아가 자신의 권력의 확장이라는 의미에서 다른 권력들과 경합해야 하는 것이 아니며, 또한 그 행사에서 사물의 본성상 눈에 띠지 않고 나서지 않아야 한다. 그럼에도 불구하고 그것은 존재하며, 또 적어도 시민적 법치국가의 체계에는 불가결하다. 물론 그 인식과 정식화에는 이 학설에 의해서 국가원수의 지위뿐만 아니라 대체로 국가의 지위도 커다란 정도로 특징짓고 있는 방자맹 콩스탕의 직관이 필요하였던 것과 완전히 같은 정도로, 그 행사에는 임기응변이 필요하다. 19세기와

I, S. 231.

105) Rechts-und Staatsphilosophie, 2. Aufl. §97 f. 입헌적과 의회제적이라는 이러한 대립의 설명에 관하여는 C. Schmitt, Verfassungslehre, S. 289 (역서, 316면). 대신의 책임성에 관한 빈딩의 논문(전술한 주 51)에는 해결할 수 없는 곤란함이 나오는데, 대신의 책임을 국가원수의 중립적 지위에 관한 학설을 도외시하고는 이해할 수 없으며 구성하기 어려운 것이다.

106) Max von Seydel, Ueber konstitutionelle und parlamentarische Regierung 1887. Abhandlungen S. 140.

107) 그러한 인간은 「살찐 돼지」에 불과하다고. 예컨대 Bluntschli, Allgemeine Staatslehre I, S. 483; Georg Jellinek, a. a. O. S. 341(역서, 280면).

108) **권력**(potestas)과 **권위**(auctoritas)의 대립에 관하여는 Verfassungslehre, S. 75 Anm.(역서, 96면의 주). 권력을 구별하는 의회제 국가에 있어서의 국가원수의 지위라는 난해하지만, 사회적 및 정치적 현실에 대응한 구성에 관하여는 Lorenz von Stein, Begriff der Gesellschaft, a. a. O. Bd. I, S. 498. B. 콩스탕이 **중립적 권력**에 관한 그의 논술 속에서 예시로서 로마 원로원의 권위에도 언급하는 것(Oeuvres I, S. 17 f.)은 이러한 관련에서 주목할 가치가 있다. 헌법의 수호자로서의 이 원로원에 관하여는 전술한 주 32 참조.

20세기의 유력한 군주들은 자신의 내각의 배후에 물러서면서, 그렇다고 권위는 상실하지 않는다는 것을 깨닫고 있었다. 헌법률은 **중립적 권력**의 역할을 완전히 수행하기 위하여 필요한 개인적 성질들은 지시하고 강요할 수는 없다. 그것은 예컨대 라이히 수상이 정치적 지도자이며, 스스로 정책의 기본방침을 정한다는 것을 헌법률이 강제할 수 없다는 것과 마찬가지이다. 그러나 이것으로써 헌법상의 의미는 영향을 받지 아니하며, 법학적인 고찰에 대해서는 그 의미를 정당하게 인식하는 것 이외에는 아무것도 남지 아니한다.

바이마르 헌법이라는 실정법에 의하면, 전체 국민에 의해서 선출된 라이히 대통령의 지위는 단지 이 중립적이며 중개적 권력의 학설에 의해서만 구성될 수 있다. 라이히 대통령은 비록 의회의 신임에 의존하는 장관들의 부서에 구속되지만, 그를 입법적 지위들에 대해서는 독립케 하는 권한들이 부여되어 있다. 그에게 부여한 헌법상의 권한들(공무원 임명권 · 은사권 · 법률의 공포)은 전형적으로 이미 B. 콩스탕이 설정한 국가원수의 권한목록에 대응하고 있다.[109] 라이히 의회에 대한 독특한, 자주 논의되는 길항이라든가 독립권한들에 의거한 종속성과 장관의 부서라는 일반적 요청(라이히 헌법 제50조)에 근거한 종속성과 혼합이라든가, 특히 라이히 헌법 제48조에 의한 (개별적 헌법률과는 구별하여) 헌법의 보호라든가, 이 모든 것들은 만약 이 학설에 의해서 설명되지 아니한다면, 조화되기 어려운 규정들의 모순되고 무의미한 혼합일 것이지만, 그러나 이것은 또한 국가생활이 실제적 현실에서 실증되는 것이다. 정치적으로 중대한 순간에 스스로 헌법의 수호자라고 자칭한 라이히 대통령 에버트(Ebert)*[110]나 현재의 라이히 대통령 힌덴부르크(Hindenburg)*나 그 행위의 대부분은 여러 갈등의 중립적이며 중개적 조정이라고 불릴 수 있으며, 이 양 대통령은 각자 자신의 방식으로 그들의 어려운 임무를 **군림**에서 **통치**를 제거한 후 무엇이 남는가를 이해하지 못한 많은 국가원수보다도 잘 수행하였다는 것은 인정하지 않을 수 없을 것이다. 나는 나의 『헌법이론』의 서술(S. 351/52; 역서, 379/380면)에 다음과 같은 것을 첨가해도 좋을 것이다. 즉 라이히 재판소 소장 시몬즈가 1928년 12월에 라이히 정부와의 갈등이 있을 때에 라이히 대통령에게 사건을 가지고 간 것도 이러한 관점에서는 정당하다고 인정할 수 있는 것이었다 라고. 확실히 라이히 대통령에게는 라이히 정부에 대한 국사재판소 소장의 형식적인 「고충」을 수리하고 재결하는 「관할권한」은 없었으며, 만약 여기서 하급의 형식주의의 기준을 적용하려고 생각한다면 무릇 고충을 신청하는 것도, 또한 대통령에게 탄원하는 것도 허용되지 아니한다는 이외의 다른 어떠한 답변도 주어질 수 없었을 것이다. 때때로 라이히 대통령은 고충신청인에 대해서 라이히 법무장관을 경유하는 「통상의 직무 경로를 밟도록」 지시하고, 그 과정의 헌법 위반성을 주의했어야만 했다는 소리가 들린다. 그렇지 않으면 라이히 재판소 소장 시몬즈의 인격과 노력에 대하여 크게 이해하고 있던 신문에서마저도 「라이히 재판소 소장의 라이히 대통령에 대한 호소는 완전히 헌법의 정신에 일치하지 아니한다」[111]는

109) Oeuvres politiques, a. a. O. S. 18.

110) 후술 주 112 참조.

비평이 발견된다. 라이히 대통령이 그와 같은, 대처하지 않고 그 답변에서 자신에게는 헌법상의 이유들에서 고충에 관한 형식적 재정을 내릴 권한은 없다고 생각한다는 설명에 덧붙여, 더욱이 사건에 대한 입장을 명백히 하고 라이히 정부 측을 시인하고, 그와 동시에 더욱 개인적으로 호의를 보이는 형식으로 라이히 재판소 소장에게 답변한 것은 국가원수의 중립적이고 중개적 지위에 대한 정당한 견해에 부응하며, 이 학설에서 이해하고 정당화할 수 있는 것이다.112)

이리하여 바이마르 헌법의 오늘날의 실정법에 따라서 독일 라이히 조직의 전체계 속에서 라이히 대통령이 차지하는 지위는 「중립이며 중개적 권력」의 학설에 의해서 설명될 수 있다. 그 뿐만 아니라 우선 단지 국가원수를 대상으로서 구상되고, 국가원수에 관한 특수적인 헌법률적 의미를 가진 「중립적 권력」이라는 정식은 나아가 더욱 일반 국가학의 영역에도 확대되고, **국가 전반**에 적용될 수 있는 것이다. 적어도 몇몇 국가에서는 어떤 의미에서 국가의 운명은 국가원수의 운명의 뒤를 따르는 것이며, 국가는 광범하게 「중립적 기관」(“neutrale” Instanz)으로 화하는 것이다. 즉 그것이 사회 속에 매몰되어버리는 것이 아니라 독자적인 요소로서 사회로부터 구별될 수 있는 한에서는, 이익사회의 사회적 · 경제적 대립에 대해서도 이미 고차적이 아니라 단지 중립적인 제3자에 불과한 것이다. 오늘날의 독일에서 국가가 이미 19세기의 독일 국가학에 대응한, 고차의 제3자로서 사회의 상위에 서지 아니한다는 것은 우선 일반적으로 승인되고 있다.113) 이미 (로렌츠 폰 슈타인에 의하면 국가와 사회는 서로 밀고 당기는 작용을 하는데) 국가는 사회의 대립물이 아니며,* 기능적 통합방식(선거 · 표결 · 연합)에 의해서 사회의 내재 자체로부터 통합되는 것이다. 이러한 방식들은 오늘날의 입법국가에서 입법의 영역에 관하여는 고도로 침투하

---

111) A. Feiler, Frankfurter Zeitung, 10. Januar 1929, Nr. 24. 이에 반하여 Giese, DJZ. 34, 1929. Sp. 134에 「최고의 라이히 기관으로서의」 국사재판소 소장에 대하여 「실제로 또는 현실로 생각되는 헌법위반의 사례들에 관하여, 비공식적인 소원을 제기하는 권리를 부인할 수 없을」 것이라고 서술한 것은 정당하다. 그러면 왜 하필 라이히 대통령에 대해서 제기하는 것일까?

112) 에버트(Ebert)의 직무행위에서 나오는 가장 중요한 예시는 1922년 여름의 라이히와 바이에른 간의 분쟁시대에 있어서의 바이에른 정부에 보내는 1922년 7월 27일자의 그의 편지에 포함되었다고 할 것이다. 여기서 에버트는 자기 자신에 대해서 「**라이히 헌법**과 라이히 사상의 **수호자**로서의 나의 임무에서, 그러므로 라이히 헌법 제48조에 의해서 바이에른 법령의 폐기에 대해서 덧붙일 의무가 나에게 생깁니다」라고 적고 있다(이 편지와 아울러 바이에른 수상의 회답은 R. Joeckle, Bayern und die große politische Krise in Deutschland im Sommer 1922, Politische Zeitfragen, Heft 7/11, S. 237, München 1922에 수록되어 있다). 이 경우에도 형식적으로 라이히 대통령은 바이에른 측을 부당하다고 한 후, 그 경우에는 제48조에 의한 헌법상의 권한들을 행사했어야 하며, 그렇지 않고 가령 바이에른의 행동이 허용된다고 생각한 때에는 그러한 편지는 하지 말았어야 한다고 비평하는 것은 헌법상으로도 정당하지 못할 것이다.

113) 독일의 국가학은 비스마르크의 승리 이래로 실증적이라는 구실 아래 이처럼 결정적인 문제들에 대해서는 회피하여 왔다. 국가이론에 남은 것이라고는 헤겔 체계의 기반 위에 로렌츠 폰 슈타인이 쌓아올린 전통이 게오르크 프리드리히 크납(Georg Friedrich Knapp)이나 구스타프 슈몰러(Gustav Schmoller)와 같은 학자들에 의해서 승계되고 있던 국민경제학의 영역에로 이행하였다. 이러한 국가관념이 파시즘 속에서 경신된 것에 관하여는 C. Schmitt, in der Besprechung von Erwin von Beckerath, Wesen und Werden des fascistischen Staates, Schmollers Jahrbuch, Bd. 58 (Februar 1929)(김효전 · 박배근 옮김, 「파시스트 국가의 본질과 생성」, 『입장과 개념들』, 세종출판사, 2001).

고 있으며, 국가와 사회 간에 자주 구별할 수 없을 정도이다. 나는 루돌프 스멘트(Rudolf Smend)의 통합이론[114)]이 특수한 국가이론으로서 보다는 오히려 일반 사회이론으로 이해한다는 것도 이리하여 납득한다.* 그럼에도 불구하고 바로 스멘트는 전체로서의 국가를 경제적 · 사회적 집단들과 그 이해의 총화로부터 구별한다. 그러나 국가는 한편으로는 이미 고차의 제3자가 아니며, 다른 한편으로는 아직 완전하게 단순히 사회적인 것에 해소되지 않는다면, 이러한 중간단계에서의 국가는 바로 중립적 요소일 뿐이다. 이것은 오늘날의 독일의 국가적 관계들에 비추어 특히 분명히 하고 있다. 현대의 산업국가에서는 오토 바우어(Otto Bauer)*가 최초로 주장하고 정식화하고, O. 키르히하이머(O. Kirchheimer)*가 주목할 만한 논문 속에서 국가이론적 및 헌법이론적으로 평가한,[115)] 피용자와 고용자의 「사회적 균형구조」라는 현상이 (일시적이냐 영속적이냐 하는 문제는 차치하고) 나타난다. 양 집단은 세력과 영향력에서는 거의 서로 길항하며, 쌍방의 어느 측도 현재의 다수관계로부터 상대방의 의사에 반하여 과격한 헌법개정이나 근본적인 사회적 결정들을 상대방에게 밀어붙이는 것은 합법적으로 운영하는 한에서는 불가능한 일이다. 독일 라이히나 개별적인 독일의 주들처럼 — 특히 프로이센의 — 모든 당파결속과 연합관계는 이러한 「사회적 균형관계」를 인식시킨다.[116)] 바로 상징적인 단순성에서 사회적 갈등들과 노동쟁의의 경우에 국가가 중립적 제3자로서 나타난다. 중재위원회의 의장은 국가적 이익의 대표자로서 고용자대표와 피용자대표의 의견에 상대한다. 그는 수적으로는 동등하고 서로 길항하는 이익대표의 대립 앞에 서 있다. 그는 대부분은 직업관료로부터 선임되고 (그렇지 않으면 객관적 제3자의 어디에서 구할 것인가), 판결을 일관하는 견해에 의하면, 독자적인 권위에 의해서 판단하는 고차의 제3자 등이 아니라 단순히 다수파를 형성하는 제3자에 불과하며, 더구나 중립적이며 중개적인 지위를 차지한다.[117)] 이러한 중립적 제3자가 없이는 사회적 및 경제적 대립들은 서로 공공연하게 충돌하고 이미 도저히 평온한 화해를 가져오지 못할 것을 우려하게 될 것이다. 이러한

---

114) Verfassung und Verfassungsrecht, München und Leipzig 1928. 기능적 통합방식에 관하여는 S. 32 f.(김승조 옮김, 『국가와 헌법』, 56면 이하).

115) Zeitschrift für Politik, Bd. 17 (1928), S. 596.

116) 예컨대 작센에 관하여는 Thörnig, Das sächsische Polizeiwesen, in dem Sammelwerk Sachsen, Kultur und Arbeit des sächsischen Landes, Berlin 1928, S. 38 속에 아마 체계적인 의도를 가지고 있지는 않지만, 그것만으로도 특징적으로 다음과 같은 형식으로 서술한다. 즉 「작센은 인구밀도가 높은 산업국가이다. 주민의 상당한 부분이 노동자 계급에 속하며, 마르크스주의적 세계관을 신봉한다. 이 신봉자는 생각을 달리하는 주민과 숫적으로는 거의 서로 길항하고 있다. 이것은 특히 선거 때에 분명히 나타난다. 작센 주의회에서는 목전의 정치적인 사정에 따라서 간신히 다수를 바로 그러한 중도파와 교대하는 것이다」.

117) 자료집 Grauert, Mansfeld und Schoppen, Der Rechtsstreit im Arbeitskampf, Mannheim 1929, 특히 1929년 1월 21일의 라이히 노동재판소 판결을 참조. 이 문제의 국가이론적인 측면은 내가 알고 있는 모든 논술에서 완전히 간과되고 있다. 회니거(Hoeniger, Magazin der Wirtschaft, 14. Februar 1929, S. 223)가 「형식사법적인 근거에 대해서는 찬반 양쪽에서 여러 가지 의론」이 나올 수 있다고 서술하는 것은 정당할지라도, 이러한 방법으로 문제가 해결될 수 없다는 것을 보여줄 뿐이다. 회니거 자신의 법원조직법 제196조 2항의 지적에는 이러한 「형식주의」의 난점이 있다. 왜냐하면 법관회의에서의 다수 의견의 산정은 투표의 평등과 동질성을 전제로 하며, 「합의체」 내부에서 전체가 된 이해의 결속에 더하여 「중립적인」 의장이라는 것을 전제로 하지 않기 때문이다.

중재자의 역할이야말로 매우 전형적이며 교훈적으로 중립적이며, 이미 고차는 아닌 제3자의 국가이론을 설명한다.118) 이때에 직업관료제는 전체적으로 이러한 중립적이며 중재적 기능의 담당자로서 나타난다. 라이히 헌법 제129조에서의 직업관료제의 헌법률적 보장은, 이에 의해서 개별적인 공무원의 주관적 및 개인적 요소들의 보호를 훨씬 초월하는 국법적 의미를 획득한다.119) 이러한 체계적 관련에서도 또한 이 중립적 체계의 핵심이 라이히 헌법 제46조에 의해서 연방공무원을 임명하고 해임하는 라이히 대통령의 지위에 있음이 명백하게 된다. 이것은 라이히 대통령의 중립적 권력의 전형적인 표현이며, 제46조는 「공무원은 전체의 봉사자이며 한 당파의 봉사자는 아니다」라고 하는 라이히 헌법 제130조와의 관련에서 고찰하여야 한다. 직업관료제 전반에 대한, 그리고 특히 「본부관료층」에 대한 혐오가 널리 확산되었다고는 하지만, 오늘날의 국가는 이러한 관료층을 제외하고는 생각할 수 없다는 것을 간과해서는 안 되며, 또한 만약 당파정치적 운영과 「기능적 통합」이라는, 점차 만연되는 방식들이 관료층으로부터 국가적 의미의 마지막 나머지를 취하고, 이것을 정실주의나 당파기식(黨派寄食)의 체계로 변화되어 버린 경우에 국가와 국민의 정치적 통일이 어떻게 될 것인가는 기다려 보아야만 알 수 있다.

중립적이며 중개적인 권력의 일반적인 문제는 여기서 그 국가이론적 및 헌법이론적인 측면 전반에 걸쳐 논할 수는 없으나, 그렇다고 헌법의 수호자 문제에 있어서 이것을 간과하고 무시하는 것은 그 이상으로 불가능하다. 왜냐하면 그것은 전체적으로 **독립적**이며 중립적인 기구의 구상을 기초로 하는 많은 계획이나 예비문제 모두의 기본적인 선결문제이기 때문이다. 대부분의 경우에 오늘날의 국가생활에서 얼마나 많고 다른 종류의 독립이 존재하는가, 그리고 항상 새로운 제도들을 당파정치적 운영으로부터, 또한 기능적 통합방식의 동적 과정에서 도출할 수 있는가, 어느 정도 고도로 불가결한 것인가는 명확하지 않으며, 충분히 체계적으로 명백하지 않다. 현대 국가의 동태적 성격이라는 스멘트의 정식에 대해서, 나는 이 동태적 성격이 실제로는 기능적 통합방식(선거와 표결)에만 의거할 뿐이며, 국가생활과 헌법생활의 실제적 이해가 오늘날에는 대부분 바로 그 과정을 제한하고, 정태적 제도들을 발견한다는 방향에로 향하고 있다는 점을 지적하고 싶다. 스멘트에 대해서 자주 이의를 제기하는 것은, 어떤 국가에나 정태적인 요소들은

118) 여기에서 설정하는 중재자의 지위의 국가이론적 의미에 대한 명제는 1928년 11월의 철강분쟁 중 국가의 중재자 역할을 원리적인 논의 때에 좌익계의 신문이 그 외의 이러한 당파의 국가이론에 따라서 「고차의 제3자」라는 구성을 「관헌국가적」으로서 비난하고 있음에도 불구하고, 중재자의 국가적 권위를 고차의 권위라고 타당하게 만들었다는 사실로써는 결코 반박되지 못한다. 이것은 다만 외관상 기묘한 모순일 뿐이다. 왜냐하면 실제로 이러한 경우에도 고차의 제3자가 문제로 되는 것이 아니라, 문제는 다만 이러한 심리에서 여전히 발견되는 국가성의 나머지를 사용자의 경제력에 대한 방벽으로서 이용하고 사회적 · 경제적 세력분포의 유희에만 맡기지 아니한다는 것에 불과하기 때문이다. 그 때문에 이 경우에도 문제는 중립자를 자신 쪽에 붙인다는 것이며, 그것을 결정적으로 당사자 쌍방의 상위에 세운다는 것은 아니다.

119) A. Köttgen, Das deutsche Berufsbeamtentum und die parlamentarische Demokratie, Berlin 1928은 나의 견해로는 중립적 권력에 관한 이론이라는 이 일반적인 국가이론적인 관점에서의 보충을 필요로 한다.

포함되어 있다는 것이다.[120] 그러나 매우 중요하지 아니한 것은, 이러한 일반적 진리를 서술하는 것 보다는 오히려 정태적인 것으로 일반적인 경향이 형성되는 속에서 구체적인 규범설정과 제도들을 보여주는 것이다. 내 생각으로는 중립적이며 독립적인 기관들의 모든 사례가 여기에 포함되며, 이러한 기관들의 중립성과 독립성은 스멘트에 의해서 전면에 제시된 저 기능적 통합의 동태적 관점으로부터의 분리를 의미하는 것 이외에 아무것도 아니다. 오늘날에는 아마도 대체로 기능화와 동태화는 이미 그 절정을 넘어버렸고, 정태적인 것에로 향하려는 강한 반대경향이 인정된다고 까지 말할 수 있다. 이것은 많은 「헌법에 있어서의 정착」을 보여준다. 그것은 오늘날 이미 단순히 국가적 의사형성과 동적 통합과정의 원리와 방법들을 규제하는 것이 아니라, 반대로 동시에 이러한 과정으로부터 특정한 이익과 가치를 끌어내어 그것들을 안정시키고 「정착」시키려는 헌법 그 자체의 기능변화 — 이 과정은 잘못 「비정치화」라고 불리는[121] — 속에 나타난다. 그것은 나아가 라이히 은행이나 라이히 철도 회사와 같은 자율적 형성체가 추출하는 사례들에서 나타난다.[122] 그것은 무엇보다도 또한 법관의 일반적 심사권에 의하든 특별한 제도들에 의하든, 헌법상의 상술한 「정착들」을 보장하는 것이 불가결하게 된다는 점에 나타난다. 특히 「헌법의 수호자」는 항상 상대적으로 정태적이어야 한다. 헌법의 수호자는 부단히 통합되는 것은 있을 수 없다. 적어도 기능적 통합의 방식들로써는 통합되지 아니한다. 그것은 신속하게 반복되는 선거와 투표의 운영에 맡겨지자 마자 곧 그 목적과 그 가치를 상실해버린다.

오늘날의 독일에서 헌법의 수호자를 문제로 삼는 경우, 항상 단지 국사재판소와 사법형식적인 절차가 생각된다는 것은 단순히 기능적 통합이라는 방식들의 제한과 중성화에 대하여 새로이 노린 상술한 관심의, 최초의 또한 소박한 표현들에 불과하다. 중립적이며 독립적인 기관이 요청되는 경우에는 민법과 형법의 훈련을 거친 직업적 법률가의 과반수는 물론 즉시, 그리고 결국 공무원으로서의 법관을 갖추고 있는 한, 법원과 사법형식적인 절차를 생각한다. 그러나 필요한 것은 단지 많은 중립적이며 독립적인 기관도 제도들 중의 하나를 찾는 것에 불과하다. 따라서 각종의 독립성을 나아가 잘 구별하고, 이 문제를 한번 헌법이론적인 관점에서 논하고, 법관의 독립성을 그 특수성에서 다른 독립성의 사례들과 함께 하나의 사례로서 고찰하는 것이 그 때문에 필요하다.

사법공무원은 직업공무원이다. 법적으로 보장된 지위의 보장에 의해서 종신 또는

---

120) 그리하여 Tatarin-Tarnheyden, Integrationslehre und Staatsrecht, Zeitschrift für die gesamte Staatswissenschaft, Bd. 85 (1928), S. 1 f.; A. Hensel, Arch. f. Soz. Wissenschaft, Februar 1929; O. Hinze, Historische Zeitschrift, Februar 1929.

121) Wittmayer, Reichsverfassung und Politik, Tübingen 1923. 비트마이어의 인식들은 「비정치화」라는 불운한 관념에 의해서 손상되고 있다. 실제로는 고양된 정치화가 문제이기 때문이다. 헌법상 특히 중요한 논술로서는 Popitz, Verfassungsrecht und Steuervereinheitlichungsgesetz, DJZ. Bd. 34, 1929, Sp. 20 참조. 헌법률상의 규범 설정의 기능변화와 실정적 헌법개념의 필요성에 관하여는 C. Schmitt, Verfassungslehre, S. 11 f., 77 u. a.(역서, 31면 이하, 98면 등등).

122) 후술 주 132 참조.

장기적으로 임명되어, 임의로 해임되거나 해고되지 아니하는 직업공무원은 경제적 및 사회적 대립들의 투쟁의 와중에서 유리된다. 그들은 「독립적」이 되며, 그럼으로써 헌법 제130조가 요구하듯이 중립적이며 불편부당할 수 있다. 오늘날 국가에서의 법관의 독립은 그 특성에서 라이히 헌법 제104조가 통상 법원의 법관은 종신 임명제이며, 재판판결에 의해서 그리고 법률이 정하는 이유와 형식에 의해서 그 뜻에 반하여 영속적 내지 일시적으로 면관되거나, 또는 전직 내지 휴직되지 아니함을 규정함으로써 전기한 일반 공무원법상의 보장들이 다시 강화되고 있음에 근거하고 있다. 따라서 바이마르 헌법에 의해서 보장되는 법관의 독립에 있어서는 두 가지 종류의 독립이 구별되며, 그것이 서로 결합하는 것이다. 하나는 법관으로서의 직무집행에 있어서의 직무상의 지시와 명령으로부터의 독립(제102조)이라는 **법관** 특유의 것이며, 다만 이 독립은 임관되지 아니한 법관(참심원 · 배심원 · 민간판사 · 민간배석자)에도 적용된다. 또 하나는 사법 **공무원**으로서의 강화된 독립이다. 종신 임명된 사법공무원은 다만 정식의 심리에서 그 직을 상실한다고 선고할 수 있을 뿐이며, 그 독립은 단지 첫 번째의 법관의 독립의 보장으로서만 해석해서는 안 된다. 왜냐하면 임관되지 아니한 법관에 대해서는 적용되지 않으며, 내용적으로는 라이히 헌법 제129조, 제130조의 법관이 아닌 자도 포함된 모든 공무원에 관하여 규정된 보장들의 강화를 의미할 뿐이기 때문이다. 법관의 독립에 관한 이 부분은 공무원의 일반적 독립의 가중 사례임에 불과하다. 그런데 법적으로 보장된 지위에 있는 공무원의 독립에는 사회적 대립들에 대한 중립성과 객관성을 가능케 하며, 사회 및 경제생활상의 여러 가지 이해대립으로부터 공무원을 격리한다는 의의가 있다. 라이히 헌법 제130조는 이것을 분명히 표현하여 전체의 봉사자로서의 공무원을 경제적 및 사회적인 당파들의 결속에 대립하는 것으로서 그들에 대해서 중립성과 독립성을 달성하여야 한다는 것이다.

따라서 법관의 독립이라는 특별한 보장들을 부여하고, 해임되지 아니하는 직업적 법관의 합의체는 특히 고도로 독립적 · 중립적 · 객관적인 기관인 것처럼 보인다. 그리고 모든 헌법쟁송을 임관된 법관의 합의체에 맡긴다면 그것을 비정치화한 것이 된다고 생각하는 것은 매우 이해하기 쉬운 것임에는 틀림없다. 그러나 이러한 이유에서 모든 헌법쟁송에 관하여 국사재판소 내지 헌법재판소를 요구한다면, 그것은 실제로는 재판기관이라기 보다는 오히려 독립적 · 중립적인 기관을 추구하는 것이며, 단순히 헌법률적으로 보장된 독립의, 가장 확실하고 명확한 수단으로서 법관의 성격을 이용할 뿐이다. 그 때에 대부분의 경우에는 결코 단순히 본래의 의미에서의 법관의 독립, 즉 다른 직위로부터의 재판상의 직무행사에 관한 지시들에 대한 독립만이 생각되는 것은 아니며, 직업관료의 독립성에 의해서 강화된, **직업적 사법공무원**의 독립을 염두에 둔 것이다. 만약 본부의 직업공무원 대신에 의회의 의원이 이러한 법원을 형성하고 결정합의체가 당파정치적으로 결속한다면, 「법관의 독립」의 실체적 의의는 라이히 헌법 제21조에 의한 의회의 독립성 — 이것은 의원단강제(議員團强制)[의원단 간부가 결정한 방침에 의원이 따르는 것을 정한 규율]나 유사한 종속성을 저지할 수 없는 것인데 — 이상으로 많이 가지지는 못할 것이다.

그러면 헌법쟁송의 재정을 마찬가지로 라이히 의회의 조사위원회나 또는 가장 간편하게는 정부 자체에게 위탁할 수 있을 것이다. 따라서 이렇게 요청하는 경우에는 다시 직업적 법관의 보장들을 가능한 한 강화하려고 생각한다. 이러한 국사재판소 내지 헌법재판소는 예컨대 법관의 기피나 유사한 간섭들이 불가능하듯이, — 이것은 경험상 정치적으로 중요한 경우에 발생하며, 특히 합중국의 대법원의 역사에서도 잘 알려져 있는데,[123] — 법관수나 구성 또는 절차가 단순한 법률로써 변경될 수 있다는 것에 대해서 보호되지 않으면 안 된다. 끝으로 이처럼 특정 기관이 호선에 의해서만 보충되도록 요구하는 것이 전적으로 일관될 것이다.[124] — 항상 보다 강력한 보장이 요청되는 것은, 국사재판소 내지 헌법재판소의 제안에서 재판방식과 사법형식성이 실제로는 단지 당파정치적 활동과 운영에 대해서 중립적이며 독립적인 특정한 기관을 만들고, 일종의 「영속성」,[125] 즉 정태를 창출하려고 노력하는 점에 있다는 것을 입증할 뿐이다. 이 목표는 호선에 근거하여 또는 가장 확실하게는 세습성에 근거하여 제2(내지는 제1)원에 의해서 확실하게 도달된 것이다. 오늘날의 민주국가들에서 영국식 모범에 따라서 귀족원을 도입하는 것은 거의 불가능할 것이기 때문에, 전면적 내지 부분적으로 종신제 상원의 시도를 반복할 수 있을 것이다. 이러한 시도는 공화국 프랑스에서는 완전히 실패로 끝났다. 그리고 나의 견해로는 독립적인 기관들을 제한함에 있어서 이러한 헌법사적인 경험들을 경시하는 것은 허용되지 아니한다.[126]

헌법의 수호자는 확실히 독립적이고 중립이어야 한다. **그러나 실제상의 이유에서 독립성과 중립성이 합목적적 내지 필요불가결하다고 생각되는 모든 경우에, 동일하게 법원 내지는 사법형식성을 실현하려는 것은 사법형식성과 재판개념의 남용이다.** 독립성과 중립성이라는 바람직한 임무와 기능의 모든 것을 사법에게 부담시킨다면, 사법은 감당하기 어려울 정도로 과중한 부담이 될 것이다. 독립에는 매우 다양한 종류가 있다.

---

123) 그리하여 노예제폐지를 둘러싼 투쟁기에 있어서의 드레드 스코트 사건*(Charles Warren, The Supreme Court in the United States, Boston 1924, III S. 22 f.) 또는 남북전쟁의 화폐가치 하락 시기에 있어서의 법정화폐사건(Legal Tender Cases) (a. a. O. S. 244).

124) 켈젠의 보고 Veröffentlichungen Deutscher Staatsrechtslehrer, Heft 5, S. 56.

125) 「영속성」이라는 표현은 그나이스트(R. Gneist)가 사법심사권에 관한 감정(a. a. O. S. 23)에서 사용하고 있다. 그는 미합중국에서 행사되는 법률의 사법심사를 그 조리성(條理性)과 공정성(그 합리성)에서, 전술한 본문의 상술과 관련하여 특히 흥미있게 다음과 같은 이유로 거부한다. 즉 「여기서는 (= 미합중국에서는) 입법의 요소들에 변동하는 이해들에 의해서 규정된, 입법단체의 성급한 의결을 방지하는 보장이 부여되기 때문에 불가결한 영속성이 결여되어 있어서 특정한 기본계약적인 권한들에 관한 감시자로서의 법원의 우위에 의해서 세습군주제가 가지는 약간의 장점을 획득하려고 노력한다. 최고법원의 이러한 초월적 권력이 독일의 법원조직에 적합하지 아니한 것은 확실하다. 저 최종적 보장은 오히려 보다 확실하게는 세습군주제에 제2의 영속적 단체와 제3의 피선출단체에게 입법에 있어서의 그러한 협동 속에 있다. 적어도 무릇 인간의 기구들이 그러한 보장을 부여할 수 있는 한은 그러한 것이다」.

126) 1875년 2월 24일의 헌법률에 의하면, 상원의원 300명 중의 75명은 최초로 국민의회에 의해서 종신직으로 임명되며, 그 후에는 호선에 의해서 종신직으로 임명되어, 그 후에는 호선에 의해서 보충되고 있었는데, 그렇다 하더라도 상원의원의 다수는 선거로 선출되었다. 그러나 1884년 12월 9일의 헌법률은 선거라는 민주적 원리에 의한 이 제약을 철폐하였다. 그렇지만 종신임명의 구성원은 결원이 있을 때에 다시 보충되지 않는 것만으로 그 종신적 지위에 머물렀다. 이 종신 상원의원의 최후의 사람은 바로 몇 년 전에 사망하였다.

법관의 독립이나 그것과는 별개의 직업공무원의 독립이나 양자가 복합된 사법공무원의 독립이나, 대통령과 독일 라이히 회계검사원 검사관의 독립이다.[127] 나아가 라이히 헌법 제21조에 의한 국회의원의 독립[128]과 다시 특별한 종류의 라이히 헌법 제142조에 의해서 교수의 자유가 보장된 대학교수의 독립과 자유가 있으며,[129] 그 밖에 사물의 본성에서 나오듯이 감정인과 전문감정인의 독립이 있다. 끝으로 국가원수의 독립이 있다.[130] 입헌군주제의 군주의 경우에 왕위계승의 세습성과 인격의 불가침성에 근거한 독립이며, 입헌민주제의 대통령의 경우에는 바이마르 헌법에 의하면, 독일 국민 전체의 선거에 의해서(라이히 헌법 제41조), 7년 임기(라이히 헌법 제43조 1항)와 해임되기 어려운 제도(라이히 헌법 제43조 2항)에 의해서 보장된 독립이다.

이와 같은 여러 가지의 독립에는 모두 반드시 체계적으로 생각하여 관철되지는 않았을지라도, 여러 **파면불가능성, 불체포특권,** 그리고 무엇보다도 — 독일에서는 특히 물론 상당히 이해와 공감도 적게 보이는데 — **겸직금지제**[131]가 대응하고 있다. 여하튼 독일 국법은 라이히 대통령의 지위가 라이히 의회의원의 지위와의 비겸직제(제44조), 나아가서는 대통령의 지위와 회계검사원 검사관과의 비겸직제(라이히 회계규정 제118조)를 갖추고 있다. 라이히 은행이나 라이히 철도 회사에서 보이는 당파정치적 운영으로부터의 분리라는 의미에서의 독립이라는, 여기서는 그 이상 논하지 않는 다른 사례들에서도 마찬가지로 비겸직제가 관철되고 있다. 무엇보다도 이 경우에는 먼저 독일 제국의회의 당파들을 도즈안(案)*의 대외정치적인 강제에 의해서 연화시키지 않으면 안 되었다.[132] 독일 이외의 민주국가들에서는 상당히 자명하게 일련의 겸직금지제가 시행되고 있음에 반하여, 독일에서 이것은 대외 정치적 압력 하에서가 아니면 거의 기대할 수 없다. 그러나

---

127) 1922년 12월 31일의 라이히 재정규정 제198조, 제121조.

128) 법관의 독립과 의원의 독립과의 대립에 관하여는 Verfassungslehre, S. 274.

129) Karl Rothenbücher, in dem Bericht für den Deutschen Staatsrechtslehrertag in München 1927, Veröffentlichungen der Vereinigung deutscher Staatsrechtslehrer Heft 4, S. 32 f.; R. Smend, ebenda, S. 56 f. 이러한 대학에서의 교수의 자유와 자유토론의 원리와의 관련, 그리고 수강료의 특권에 관하여는 Lorenz von Stein, Lehrfreiheit, Wissenschaft und Kolleggeld, Wien 1875(토론의 자유로서의 교수의 자유, 독립과 자유의 보장으로서의 수강료).

130) A. Bertram, in der Zeitschrift für Zivilprozeß Bd. 28, 1928, S. 421. 즉「행정 전반의 영역에서의 감정(鑑定)은 바로 그것이 개념상 지시와는 화합하지 못한다는 점에서 특수한 위치를 차지한다. 확실히 상위관청이 하위관청에 대해서 많든 적든 일반적 내지 한정적인 문제에 관한 감정의 제출을 지령할 수 있다. 그러나 일정한 결론에 도달하면 지시하는 것은 감정의 개념을 포기하지 않고서는 불가능하다. 즉 감정의 내용은 항상 지시에 구속되지 아니하는 감정인의 독자행위이다」.

131) 겸직금지에 관한 이론의 체계적인 관련에 관하여는 Verfassungslehre, S. 183, 186, 189, 255, 272, 317.

132) 1924년 8월 30일의 라이히 은행법(RGBl. II, S. 235) 제17조, 즉「이사회의 구성원이 될 수 없는 자 : a) 독일 라이히 또는 독일 각 주의 직접 임명된 국가공무원, b) 독일 라이히 또는 독일 각주에 의해서 급여를 받는 자. 제1항은 의미상 외국의 공무원과 아울러 외국 또는 외국 정부로부터 급여를 받는 자에게도 적용된다」. 1924년 8월 30일의 라이히 철도법(RGBl. II, S. 272), 라이히 철도회사 규정 제12조 1항.「즉 감사위원은 경제생활의 노련한 전문가 또는 철도 관계 전문가이어야 한다. 라이히 의회, 주 의회, 라이히 정부 또는 주 정부의 구성원이어서는 안 된다」.

사법공무원에 관하여 새로이 유력한 측에서 일반적으로 의원겸직금지제가 제안된 것은 언급할 가치가 있다.133) 헌법재판소의 구성원에 대해서 가장 엄격한 겸직이 규정되어야 한다는 것은 자명하다고 할 것이다.134)

이러한「독립」의 사례들에 있어서 국가와의 결합을 정당하게 유지하는 한, 즉 예컨대 라이히 은행이나 라이히 철도회사의 조직의 경우처럼, 국가에 대해서 자율적 구성체를 창출하는 데에 독립이 봉사하는 것이 아닌 한에서는, 여러 가지의 독립에 공통된 특징이 있으며, 이것은 헌법률적 규정들의 조문에서도 그 명확한 승인을 얻고 있다. 앞서 제시했듯이, 법관의 법률에 대한 구속성의 다른 측면에 불과하고 따라서 문제 밖에 둘 수 있는 법관의 독립135)을 별도로 한다면, 직업공무원의 독립도 국회의원의 독립도, 그리고 마침내는 해임을 매우 어렵게 만든 제도와 특별한 특권들에 의해서 보호된 국가원수의 지위도, 또한 정치적 통일의 **전체**라는 관념과 밀접하게 결부된 것이다. 바이마르 헌법은 말한다. 즉「공무원은 **전체**의 봉사자이며 한 당파의 봉사자는 아니다」(제130조),「국회의원은 **전체** 국민의 대표자이다」(제21조),「라이히 의회 의장은 독일 **전체** 국민에 의해서 선출되며(제41조), 대외적으로 독일 라이히를 대표한다(제45조)라고. 정치적 통일의 전체와의 관련성은 항상 경제적 및 사회적 생활의 다원적 집단화와의 대립을 포함하며, 그러한 집단화들에 대한 우위, 그렇지 않으면 적어도 중립성을 실현하기 위한 것이다. 이것이 실현되지 아니하는 경우에는 그러한 헌법률적 형식들의 표면적인 차용은 공허한 의제로서 작용하는 것이다. 잠정적인 라이히 경제평의회의 구성원의 경우가 그러하며, 1920년 5월 4일의 규정 제5조는 이에 관해서는 마찬가지로, 이 구성원이「전체 국민의 경제적 이익의 대표자」라고 규정하고 있다.136)

그러한 규정들과의 비교 관련에서 비로소 바이마르 헌법에 의해서 라이히 대통령에게

---

133) Eugen Schiffer, Entwurf eines Gesetzes zur Neuordnung des deutschen Rechtswesens 1928, S. 1 (제16조). 즉「법관은 라이히 의회나 주 의회에 선출될 수 없다. 정치적 조직의 구성원이 되어서는 아니되며, 공공연하게 인지할 수 있는 방법으로 정치적 행동을 해서는 안 된다」. 나아가 그 이유는 S. 29의 법관직의 정치로부터의 격리에 관하여.

134) 1921년 4월 9일의 국사재판소에 관한 라이히 법률(RGBl.) 제4조 2항. 즉「선출될 수 있는 것은 만 30세 이상의 독일인이다. 라이히 정부, 라이히 의회, 참의원, 라이히 경제평의회, 주 정부, 주 의회 또는 추밀원의 구성원은 배심원이 될 수 없다」. 나아가 바덴주 헌법 제61조, 메클렌부르크-슈베린주 헌법 제67조, 체코슬로바키아의 1921년 3월 9일 주의 헌법재판소에 관한 법률 제1조 6항. 즉「헌법재판소의 구성원과 아울러 보충원이 될 수 있는 것은 법에 조예가 있고, 상원에 선출될 수 있는 자로서, 열거된 입법단체의 구성원이 아닌 자에 한한다」(Epstein, S. 21). 오스트리아 연방헌법 제140조. 이에 반하여 바이에른주 헌법 제70조 그리고 1920년 6월 11일 법률의 제2조 3항.

135) Rudolf Smend, Verfassung und Verfassungsrecht, S. 69 f.가 법관의 행위는 다른 국가관청들의 행위와는 달라서 정치적 공동체의 통합을 위해서가 아니라 마침내는 특별한 법공동체의 통합에 봉사하는 것이라고 서술하는 것은 나의 견해로는 지나친 것이다. 또한 그것은 국가의 다원론적인 해체로 귀착하게 마련이다. 그 경우에는 실체법의 수많은 특별 분야와 영역 — 여기에는 또한 다수의 특별재판소가 대응하게 될 것인데 — 이 마찬가지로 수많은 공동체를 이룰 것이다.

136) 나는 여기서 F. Glum, Der deutsche und der französische Reichswirtschaftsrat, Beiträge zum öffentlichen Recht und Völkerrecht, Heft 12, S. 25 f. Berlin 1929와는 반대로, 이것을 진정한 대표의 사례로는 인정하지 않으며, 또한 경제적 이익들이 말의 특수한 의미에서의「대표가능」이라고는 생각하지 아니한다.

부여된 지위는 인식 가능하게 된다. 라이히 대통령은 오늘날의 독일 라이히의 국가질서가 의존하는 중립과 독립이라는 이 체계의 중심에 위치한다. 고도로 정치적인 문제와 갈등들에 관하여, 되는대로 헌법의 수호자로서의 법원을 설치하고, 그러한 정치화에 의해서 사법에게 부담을 주고 위험하게 되기 전에, 우선 먼저 바이마르 헌법과 그 헌법률적 체계와의 이러한 실정적 내용을 상기해야 할 것이다. 바이마르 헌법의 현행 내용에서 본다면 이미 헌법의 수호자는 존재한다. 즉 라이히 대통령이다. 상대적 정태성과 영속성(7년 임기의 선출, 해임을 보다 어렵게 만든 제도, 변동하는 의회 다수파로부터의 독립)에서, 또한 그 권한의 성격(라이히 헌법 제45조 이하에 의한 관할권한, 라이히 헌법 제25조에 의한 라이히 의회의 해산과, 제73조에 의한 국민투표의 실시, 제70조에 의한 법률의 작성과 공포, 제48조에 의한 헌법의 보호)에 중립적이며 중개적 지위 — 이것이 그 자체 합헌상태의, 또한 최고의 라이히 기관들의 합헌적 기능 발휘의, 적임의 옹호자이며, 수호자이다 — 를 창출한다는 의미를 가진다. 그 때문에 제42조에 의해서 라이히 대통령이 서약해야만 하는 선서에는 명확하게 라이히 대통령이 「헌법을 옹호」한다는 문구가 있다. 헌법률적 규정의 조문 문면은 아주 명백하게 라이히 대통령을 헌법의 옹호자라고 부르며, 다른 경우에는 정치적 서약의 의미를 어떻게 평가하는가와는 관계없이,[137] 이처럼 전거가 정당한 헌법의 자구를 무시할 수는 없는 것이다.

그런데 라이히 대통령이 헌법의 수호자라는 것은 그것만으로 바이마르 헌법이 입각하는 민주주의 원리에 일치한다. 라이히 대통령은 전체 독일 국민에 의해서 선출된다. 입법기관들에 대한 그 정치적 권한들(특히 라이히 의회의 해산과 국민투표의 실시)은 실질상 「국민에 대한 호소」에 불과하다. 바이마르 헌법은 여기에서 바로 민주주의 원리들로부터 의회연합의 지배에 대한, 또는 사회적 · 정치적 권력집단들의 다원주의에 대한 대항력을 만들고, 정치적 전체로서의 국민의 통일을 유지하고, 헌법질서를 당파들의 난용으로부터 지키려고 시도한다. 라이히 대통령의 지위를 당파 정치적 운영에서 이끌어내고 중립 그대로 두는 것이 과연 장기간 가능한가의 여부는 아마도 의심스러울 수 있다 하더라도, 또한 가령 공화제 유럽의 국가원수의 운명이 군주들의 운명 뒤를 따르게 되리라는 염려가 있을지라도, 이러한 시도를 법학은 존중하지 않으면 안 된다. 여하튼 바이마르 헌법은 그러한 시도를 매우 의식적으로 특별한, 더욱이 특수 민주적인 수단들을 사용하여 수행하고 있다. 이러한 시도는 또한 결코 절대적으로 승산이 없는 것은 아니며, 또한 예컨대 제2원 내지는 경제의회의 계획이라든가, 이른바 경제직의 겸직금지제에로의, 특히 교훈적이며 특징적인 시도와 같은[138] 항상 새로이 나타나는 다른 계획과 제안들과는 달리, 거의 해결 불가능한 어려움에 놓이지는 않는다. 최근에도 여전히(1928년 12월) 프랑스 의회는 앞서 서술한 경제직의 겸직금지제를 도입하려고 시도하고, 감사위원의 지위를

137) 이 점에 관하여는 E. Friesenhahn, Der politische Eid, Bonn 1928 (Bonner rechtswissenschaftliche Abhandlungen, Heft 1). 정치적 선서와 헌법보장의 관련에 관하여는 G. 옐리네크 전술 주 2에 대한 지시를 참조.

138) 이 점에 관하여는 Verfassungslehre, S. 255 (역서, 279면).

국회의원의 지위와의 겸직을 금지한다고 선언하였다. 이 경우에는 모든 경제적 · 사회적 집단을 포함하며, 가능한 한(스멘트 학설의 의미에서) 「통합한다」는 것이 바로 오늘날의 의회의 특성의 하나라는 점에 어려움이 있다. 그럼으로써 특정한 사회적 내지 경제적 집단을 의회로부터 제거하는 것이 불가능하게 된다. 그러나 다른 한편, 당파정치적 분열은 대체로 비례선거제도의 결과, 의회를 사회적 및 경제적 이해대립의 축도로 만든다. 이렇게 되면 실제로 더 이상 정치적 통일체의 통합에는 도달하지 못하고, 대립들이 병립하는 결과 의회는 분해의 도구가 되며, 사회적 및 경제적 권력집단의 다원성을 바로 발전시키지 못하게 된다. 이에 반하여 라이히 대통령에 관한 규정들에서는 바이마르 헌법은 저 독일 국민의 대표로서의 의회에게, 마찬가지로 전 독일 국민에 의해서 선출된 다른 대표를 대치시키려고 시도한다. 이것은 민주주의 원리에 일치하며, 전 국민의 정치적 통일을 다원주의적 경향의 도구로 화한 의회에 대해서 지키려고 하는 헌법률적 의의를 가진다.

제2원의 계획 또는 경제직의 겸직금지제의 도입이라는 전술한 계획들은 오늘날의 민주주의에 비추어 볼 때, 그 자체로서 모순과 문제를 포함하고 있다. 독립한 법원의, 헌법의 수호자로서의 설치라는 것도 또한 더욱 훨씬 고도로 민주주의적 원리의 정치적 귀결과 충돌할 것이다. 국왕의 명령권에 대해서는 법관에 의한 심사권은 19세기에 프랑스에서와 마찬가지로, 독일의 입헌군주제에서도 정치적 성과를 거둘 수 있었다.[139] 오늘날 사법의 전선(前線, Front)은 이미 군주가 아니라 국민에게서 선출되는 의회에 대립한다고 할 수 있다. 이것은 법관의 독립의 중대한 기능변화를 의미한다. 19세기의 정식과 논리들을 그대로 정치적 및 사회적으로 완전히 변화된 20세기의 상황에 전용하여, 오늘날 의회의 통제와 정태적 제도들의 필요성이 당시의 군주들의 통제와 유사한 문제라고 생각해서는 안 된다. 이것은 법관에 의한 일반적인 심사권에 대해서도 적절하지 못할 것이다. 다만, 하나의 법원에 집약하는 것으로써는 해임되지 아니하는 직업공무원으로 구성되는 단체가 국민에 의해서 선출되는 의회에 대한 통제기관으로 화하게 될 것이다. 민주주의의 원리가 통용되는 한, 이것은 생각할 수 없는 일이다. 실제로는 직업적 공무원이 구성원이 될 제2원이 만들어질 것이다. 어떠한 사법형식성도 이러한 국사재판소 내지 헌법재판소가 입법권한을 가지는 고도로 정치적인 기관이라는 것을 은폐할 수는 없을 것이며, 해임되지 아니하는 직업공무원, 이른바 **법복 귀족**(法服 貴族, Aristokratie der Robe)이 국민 다수의 신뢰에 입각한 단체에 대하여 통제를 한다는 것은 민주주의의 입장에서 본다면 놀라운 것으로 보일 것이 틀림없을 것이다.

전국민에 의해서 선출되는 라이히 대통령이 헌법을 옹호한다면 사태는 완전히 다르다. 이러한 경우에는 당파들과 그들의 타협의 다원주의에 대해서 국민의 정치적 통일이라는

139) 프랑스에 대한 적절한 논평으로서는 Maxime Leroy, Les transformation de la puissance publique, Paris 1907, S. 97* (프랑스의 법원들은 1829년에 공허한 것이 된 보수 상원의 지위를 차지하였다). 독일에 대해서는 R. 그나이스트의 자주 인용된 감정(Gutachten), 특히 전술한 주 125에서 소개한 곳도 참조.

민주주의적 원리에서 전국민의 통일이 대립되고, 이리하여 국가의 통일과 헌법을 타협들의 체계에로의 해소로부터 지킨다는 시도가 행해진다. 이 경우에는 따라서 민주주의적 원칙에서도, 오늘날 변전하는 의회다수파에 의해서 헌법이 위협을 받는 위험들에 대해서 헌법을 지키는 진정한 가능성이 존재한다. 따라서 오늘날 헌법의 수호자를 불러찾는 사람은 무엇보다도 먼저 현행 국법이 이러한 수호자를 이미 알고 예견하였다는 점을 주목하지 않으면 안 된다. 바이마르 헌법의 자구와 의미에 따르면 맨 먼저 라이히 대통령이 헌법의 수호자이다.

후고 프로이스 (1930)*

그 국가개념과 독일 국가학상의 지위

서 문

1930년 1월 18일 베를린 상과대학에서 내가 행한 강연은 다음에 설명하듯이, 지난 3세대에 걸친 독일 국법학의 역사적 발전을 간단히 개관하는 것이다. 따라서 후고 프로이스(Hugo Preuß)만이 논술의 중심이 되는 것은 아니며, 「후고 프로이스 — 그 국가개념과 독일 국가학상의 지위」라는 이 소책자의 제목은 적절하지 않다고 할는지도 모른다. 그러나 나는 제목에도 그의 이름을 들어 반복하여 그에 돌아가 고찰하고 싶다. 왜냐하면, 독일 국법학이 이제는 회피할 수 없는 과제, 결국 자신의 정신적 상황에 관하여 구체적이고 역사적인 의식을 가진다는 과제를 짊어지려고 한다면, 우리들은 프로이스에서 출발하지 않으면 안 되기 때문이다. 후고 프로이스의 저작 전부는 엘제 프로이스(Else Preuß) 부인, 테오도르 호이스(Theodor Heuß), 안쉬츠(G. Anschütz) 그리고 헤드비히 힌체(Hedwig Hintze) 부인의 힘으로 오늘날 주요한 것은 거의 완전하게 갖추어져 있다. 근래의 독일 국법학의 역사가 개관되면 될수록, 그리고 개별 방향과 전환점들 — 1848년, 1870년, 1890년 그리고 1918년 — 이 뚜렷하게 들어날수록, 프로이스는 더욱 더 전형적이고 모범적인 모습을 드러내어 온다. 바이마르 헌법초안의 기초가 바로 그에게 위촉되었다는 사실은, 독일 국법학의 역사적 발전에서 볼 때 역사적으로 정당하고 매우 상징적인 것으로 생각된다.

그러므로 전체적으로 개관한 발전을 하나의 흐름으로 특징지우려는 다음과 같은 시도에 즈음하여, 후고 프로이스를 반복하여 거론하고, 특히 그가 이러한 역사적 대열 속에서 차지하는 위치를 밝히는 것은 충분한 이유가 있다. 그나이스트(Gneist), 기이르케(Gierke) 그리고 라반트(Laband)의 이름으로 특징지워지는 독일 국법학의 세 개의 대표적인 방향은 프로이스에서 결합한다. 이 세 사람이 활약한 어떤 시대도 프로이스를 포용하였고 그에게 영향을 주었으며, 그와 그의 저작을 넘어서 오늘날에도 여전히 현행 헌법의 해석학에 영향을 미치고 있다.

1930년 4월 베를린에서 카를 슈미트

---

* Hugo Preuß. Sein Staatsbegriff und seine Stellung in der deutschen Staatslehre, Mohr, Tübingen 1930, 34 S. (Recht und Staat, Bd. 72).

I.

모든 정치적인 개념들은 어떤 구체적인 국내외 정치적인 대립으로부터 나오며, 이러한 대립이 없다면 그것은 기만적이며 무의미한 추상에 그친다. 따라서 구체적인 상황, 즉 구체적인 대립을 도외시할 수는 없다. 정치적인 사건의 이론적인 고찰에서도 이것을 무시할 수는 없다. 모든 정치적 개념은 논쟁적인 개념이다. 그것은 어떤 정치상의 적을 염두에 두고 있으며, 그 정신적 순위 · 지적 역량 그리고 역사적인 의의도 그것이 무엇을 적으로 삼고 있는가에 따라서 규정된다. 주권 · 자유 · 법치국가 · 민주주의 등과 같은 말은 어떤 구체적인 안티테제에 의해서 비로소 명확한 의미를 지니게 된다. 적어도 학문적인 논구를 함에 있어서는 이것을 고려해야 한다. 그 밖의 영역에서는 다르지만 이것을 고려하지 않고 일상적인 논쟁의 보잘 것 없는 투쟁신화에 필요한 말의 연막을 치기 위하여 추상적인 미사여구의 환상을 이용하는 것은 정당정치를 운영하는 데에 가장 적합한 수단이 되고 있다.[1)]

후고 프로이스처럼 몇 10년 동안 야당의 입장에 있었고, 항상 국가와 헌법의 원리들에 대하여 몰두한 국법학자 · 공법학자는 당시의 지배적인 국가학에게는 하나의 논쟁을 즐기는 저술가로 보였음에 틀림없다. 그러므로 지배적인 학설을 방패로 삼는 사람들은 프로이스가 정치적이라거나, 또는 그가 하는 일은 순수한 법률학이 아니라고 가볍게 그를 비난할 수 있었다. 오늘날 우리들은 이러한 종류의 법률학적 순수성을 투시할 수가 있다. 자기 자신은 비정치적이고 상대방은 정치적이라고 하는 것은 하나의 특수 정치적인 협잡 이외에 아무것도 아니다. 실제로 정치권력은 특정한 학설 또는 방법을

---

1) 「정치적」(Politisch)이라는 말은 다른 문제 영역이나 소재로부터 구별되는 어떠한 고유한 문제 영역이나 고유한 소재도 아니며, 어떤 결합 또는 분리의 **강도**(Intensitätsgrad)를 가리킨다. 모든 문제 영역은 그것이 적과 동지의 집단화라는 대상이 나올 때에 정치적인 것이 될 수 있다. 「정치적」이라는 말은 결코 **새로운 소재**를 가리키는 것이 **아니라**, 에두아르트 슈프랑거(Eduard Spranger)가 교육학에 관하여 사용한 표현을 여기서 전용하는 것이 허용된다면, 「**새로운 시각전환**」(neue Wendung)을 가리키는 것이다. 따라서 정치와 종교, 정치와 경제, 정치와 법, 정치와 문화 등등을 서로 분리하는 것은 정당하지 못하다. 왜냐하면 이와 같은 모든 영역들은 적과 동지의 집단화의 무대가 될 수 있기 때문이다. 특히 「정치적」 의회를 「경제회의」(Wirtschaftsparlament)로부터 구별하려는 것은 완전히 무리이며, 구체적인 사안에 대하여 결정적인 재결을 내리는 의회는 **그 자체가**(eo ipso) 정치적 의회인 것이다. 정상적인 국가의 임무는 국가 내부에서 대립하는 집단들을 상대화하고, 그 최종 결말인 투쟁을 저지하는 데에 있다. 국가가 이와 같은 임무를 더 이상 수행하지 못한다면, 정치의 중점은 밖으로부터 안으로 옮겨지고 국내정치적인 대립은 결정적인 적과 동지의 집단화가 되며, 이것은 바로 잠재적 내지는 급박한 내란을 의미하는 것이다. 정치적인 것의 개념에 관하여는 Archiv für Sozialwissenschaft, Bd. 56 (1927), S. 1 ff. (윤근식역, 『정치의 개념』, 법문사, 1961)의 논문과 Veröffentlichung der Deutschen Hochschule für Politik: "Probleme der Demokratie," Berlin 1928. 나아가 1929년 5월 22일 할레에서 개최된 독일 칸트 협회 제25차 학회에서의 강연 「국가윤리학과 다원주의 국가」(Staatsethik und pluralistischer Staat)(김효전 · 박배근 옮김, 『입장과 개념들』, 세종출판사, 2001, 190-209면) 참조. 이 강연은 머지않아 『칸트 연구』(Kantstudien)지에 게재할 예정. 거기에는 한스 프라이어(Hans Freyer)의 강연도 있다.

지배하도록 함으로써 그 정치적 강도를 증명할 수 있는 상태에 있는 것이다. 사실상 또는 외관상 안정된 대외적 또는 대내적인 **현상**(status quo)의 토대 위에 법률학은 쉽게 형성되며, 그 의미와 목적은 이러한 현상을 정당화하고 거기에 비정치적이고 「순수한」 올바름의 위력을 부여하는 데에 있다. 어떤 학설의 지배를 인정하는 또 하나의 기초는 우리들이 까다롭고 정치적으로 중요한 토의들을 피하려 하고, 사법과 행정의 일상적인 실제에 적절하고 모나지 않은 방식을 요구한다는 데에 있을 것이다. 이것은 신속하고 원활하게 기능하는 관료제의 기술적인 편의에 봉사하며, 그러한 한에서만 비정치적이다. 물론 이것은 매우 피상적일 뿐이다. 왜냐하면 어떠한 관료제도 진공이나 순수한 에테르 속에서 움직일 수 없기 때문이다. 또한 관료제는 국제정치적 · 국내정치적인 조건들에 제약을 받고 있으며, 구체적인 정치 상황 아래에 있다. 전전(戰前)의 독일에서는 당시 지배적이었던 국법학, 즉 라반트의 이른바 순수 법률학적인 방법은 **정권현황**(governementalen status quo)과 정치적 난제의 회피라는 두 가지가 서로 결부되고 있었다. 이러한 국법학은 어려운 국법학상의 문제들에 대하여 겉치레의 안티테제로써 대답하였으며, 필요한 경우, 예컨대 독일 제국의회의 불신임 투표의 의의에 관한 문제는 재치로 넘겼다.2) 이러한 법률학이 성공한 이유는 오늘날에는 거의 이해할 수 없는 전전의 안정감으로부터 심리적으로 설명된다. 그러나 심리적인 설명만으로는 불충분하다. 왜냐하면 문제는 정치적 상황에 좌우되는 보다 깊은 곳에 있기 때문이다. 정치의 원리로부터 회피하려는 방법은 비스마르크 제국의 국내 정치적인 구조와 결정 회피의 체계로서만 이해되는 그 헌법에 전적으로 합치되었다.

어려운 정치적 결정들을 보류한다는 것은 그야말로 실제로 어쩔 수 없다고 할 수 있을 것이다. 정치적인 세력들이 서로 균형을 이룰 때에는 그 밖에는 다른 합리적인 방법이 없다. 바이마르 헌법 역시 다분히 타협을 내포하고 있다. 이러한 타협의 성질과 의의에 관하여 고의적으로 불분명하고 무의식적인 태도를 취하는 것은 어리석을 뿐만 아니라 마침내는 해가 될 것이다. 그런데 이른바 비정치적인 방법과 이른바 순수하게 법률적인 방법이 가지는 정치적 의미가 바로 그러하였다. 19세기 독일의 헌법들은 국내의 정치 투쟁에서 고유한 쟁점이 되는 기본적인 헌법문제, 즉 국가이론적으로 표현한다면 군주주권이냐 국민주권이냐 하는 헌법제정권력의 주체에 관한 문제를 미해결인 채로 두었다. 군주제도 그 절대성을 유지하는데 충분할 만큼 강하지 못하였고, 독일 국민도 「스스로 헌법을 제정할」 수 없었다. 그리하여 독일 입헌군주제의 헌법은 그 핵심에 있어서는 하나의 타협에 의거하며, 더구나 군주제와 민주주의와의 특수한 타협, 말하자면 결정을 미루는 유예한 타협이었다. 1871년의 비스마르크 제국헌법에서도 국가형태의

2) 라반트는 정부에 대한 질문권, 국가원수에 대한 정치적 상주권 등 모든 의회주의의 발달에 특히 중요한 권리들을 「의사권리」(Pseudorechte)라고 부르고, 이렇게 말한다. 「같은 이유로서 황제의 건강을 축하하여 건배하거나 그의 탄생일에 축사를 하거나 제국의회의 의장에게 직무수행을 감사하는 제국의회의 권리에 대해서도 말할 수 있다」(Das Staatsrecht des Deutschen Reiches, 5. Aufl., 1911, II, S. 307). 불신임투표에 관하여는 DJZ. 1909, Sp. 677 f.의 논문 참조.

정치적 원리인 이 군주제가 민주주의와 결합하였으며, 또한 제국(Reich)은 전체 독일 **인민**의 국민적 **통일**(Einheit)이라는 국가형태인 동시에 독일 **제후**(Fürsten)의 **연방**(Bund)이어야 한다는 모순되는 원리를 정치적 결정의 보류에 입각한 타협이었다. 한없이 복잡하고 얽혀서 모순으로 가득 찬 전전의 많은 국법학의 구조들, 1890년의「쿠데타 계획」(Staatsstreichplan)3)에 나타난 헌법학적으로 매우 사사하는 바가 많은 비스마르크의 숙려(熟慮), 그리고 특히 다른 곳에서는 이해할 수 없는 연방국가의 법률학적인 정의들도 이것으로써 그 본래의 매우 단순한 정치적인 의의를 가지는 것이다. 실제로 도피와 회피, 결국 모순되는 정치적 국가형태원리의 조화와 융합의 시도 이외에 아무것도 아닌 것이다. 순수하게 법률학적이든가 일체의 정치적인 것을 엄격하게 회피하는 것을 표방하면 할수록, 그것들은 더욱 더 국내정치적인 현상의 내용 없는 반영이 될 뿐이다.

19세기 전체를 통하여 자유주의적 독일 시민계층은 당시 존속하던 군주제 관헌국가(Obrigkeitsstaat)에 끊임없이 침투한다. 비스마르크의 강력한 정권마저도 제국의회에 대해서는 언제나 수세에 있었다. 독일 국가학의 모든 중요한 개념들은 외관상으로는 완전히 이론적이고 더구나 유보 없이 체제적이라 할지라도, 그것은 동일한 결과를 가져오며 구래의 군주제를 근저로부터 위태롭게 한다. 1837년 괴팅겐의 7인* 중의 한 사람인 국법학자 알프레히트(Albrecht)는 국가는 하나의 인격이라고 제창하였다.4) 그럼으로써 그는 대단한 성과를 거두었고, 더욱이 국가의 의인화에 오래 전부터 익숙한 국가철학적 사변(思辨)을 위해서가 아니라 실정적인 국가법이라는 법률학을 위한 것이었다. 그 이후 이러한 법률학은「국가 그 자체」(Staat als solcher)의 인격에서 비롯한다는 것을 거의 하나의 공리적인 양식으로 만들었다.5) 이러한 명제는 추상적으로 설정한다면 다분히

---

3) 이에 관하여는 독일 헌법학에 매우 유익한 다음의 책 E. Zechlin, Staatsstreichpläne Bismarcks und Wilhelms II., 1890 bis 1894, Stuttgart und Berlin 1929, S. 38 ff. 참조. 이 책에 대한 비평으로는 Hans Delbrück, Hist. Zeitschrift, Bd. 140, H. 3; Hans Rothfels, D. Lit. Ztg., 1929, S. 2304 f.; Carl Schmitt, D. Allg. Ztg. 10. Juli 1929.

4) Maurenbrecher, Grundsätzen des heutigen deutschen Staatsrechts, 1834에 대한 알프레히트의 서평은 Die Göttingen Gelehrten Anzeigen, 1837, II, S. 1489-1504에 발표되었으며 중심적인 서술은 S. 1491에 있다. 이것이 발간된 것은 하노버의 왕이 1883년의 국가기본법에는 구속력이 없다고 언명한 하노버 칙령(1837년 7월 5일), 나아가 괴팅겐의 7교수의 항의 퇴직과 같은 해이다. 알프레히트가 그의 친구 달만(Dahlmann)과 함께 공간한 이 사건에 관한 유명한 저작이 나온 것은 1838년이다. Bernatzik, AöR. V (1890), S. 171 ff.은 국가와 단체적 인격의 성질에 대해서 지금까지 쓰여진 가장 우수한 것이며, 헌법의 기초를 제공한 논문으로서 알프레히트의 서평을 칭찬하고 있다.

5) 그러나 이러한 발전에 대해서는 독일의 국가철학도 또한 중요하다. 여기서 그것은 오히려 선배이며 더욱이 국가유기체론을 가진 선배이다. Hegel, Rechtsphilosophie, § 257 f.에서 국가가 **직접적으로 실재하는 정신**이라는 것은 본문과 관련하여 특히 주목할 가치가 있다고 본다.「**현존하는 신으로서의 국가**」라는 유명한 표현을 둘러싸고 이것은 자주 오해되어 왔다. 나의 견해로는 결정적인 점은, 17세기의 사상에서 자명한 것이 되었듯이, 현존하는 신을 주권자라고 하지 않고 바로 국가를 주권자라고 한 점에 있다. 실제로 국가는 결코 **현존하는**(präsent) 것이 아니며, 현존하는 것은 군주가 아니면 국민이다. 정치적 통일체로서의 국가는 대표되는(repräsentiert) 것이다. G. Leibholz, Das Wesen der Repräsentation, Berlin 1929는 그 밖의 점에서는 매우 귀중한 노작인데, 이 점에 관하여는 보완할 여지가 있다. 왜냐하면 대표의 본질은 국가의 정의의 발전과 밀접하게 결부되어 있기 때문이다. 국가가 **현존하는** 신으로서 파악될 수 있다는 것은, 1837년의 국가의 인격화가 정신적으로 이미 확정적이었다는 것을 보여주는데, 이 국가의

신비적으로 들리지만, 그것은 결코 신비적이거나 형이상학적인 통찰은 아니었다. 그것은 군주를 폐위시키고 그의 인격을 국가에 일체화하려는 여지를 없애기 위한 확실한 제1보였을 뿐이다. 군주는 국가에 포함되고 국가 전체에 복종하게 된다. 「국가 그 자체의 주권」(Souveränität des Staates als solchen)이라는 학설도 이와 마찬가지이다. 이 학설이 신비롭고 불가해한 까닭은 그것이 제후주권설과 국민주권설을 동시에 논쟁적으로 상대하였다는 사실을 지나쳐 버렸기 때문이다. 이 학설은 한편으로는 제후주권과 지금까지 존속해온 절대 군주제에 찬동하는 것은 거부하며, 다른 한편으로는 국민주권, 즉 대두하는 민주주의에 찬동하는 것을 거부한다. 이 학설은 제후나 국민도 아닌 양자를 포괄하는 보다 높은 제3자로서의 국가 그 자체에 주권이 있다고 함으로써 문제를 회피하고 있다. 이러한 학설이 이론적으로 성과를 거둘 수 있었던 것은 정치의 현실에서도 결정이 회피되었기 때문이다. 프랑스의 자유주의자들은 「헌법 그 자체」(Verfassung als solche)에 주권이 있다고 설명하였으나, 그것이 독일에는 옳게 수용되지 못하고, 1862년의 불행한 헌법분쟁 * 후에는 오히려 불가능하였다. 자유주의적인 동시에 민주주의적인 야당의 입장에 섰던 후고 프로이스는 자유주의와 민주주의 이 양자가 공통된 적으로 연결되어 있었기 때문에 지배적인 주권론의 모순점들과 불명확한 점들에 참고 견딜 수는 없었다. 그는 주권개념에 대하여 단호하게 대처하였다. 그의 자유주의적 법치국가라는 입장에서 그는 헌법주권의 사상에 자주 접근하고, 그가 요구하는 법치주의적 입헌국가는 결국에는 제후의 권력이나 국민의 권력에도 제한을 둔다는 자유주의적인 의미를 가지기에 이른다. 그러나 프로이스가 여러 곳에서 나타낸 국가이론적 및 헌법이론적인 원리들의 명석한 인식은 그가 먼저 그나이스트, 이어서 라반트의 영향을 받았음에도 불구하고, 항상 기이르케의 유기체인 국가이론과 사회이론에 깊숙이 귀의하고 있기 때문에 또 다시 자주 혼란을 일으킨다. 기존의 군주제적 관헌국가를 논박하기 위하여 프로이스는 커다란 용기와 논리적 일관성을 가지고 이 이론을 사용하였으나, 그의 위대한 교사가 머무른 지점에서는, 다시 말하면 국가인격설을 법률학적으로 기초지우려는 과제에는 만족하지 아니한다.[6] 단체적인 국가

인격화를 결코 피할 수 없었던 슈탈(F. J. Stahl)은 이것을 그의 신의 유신론적 군주주의와 인격주의적 형이상학에 결부시키려고 노력하였다. 실제로 그는 국가를 하나의 시설, 신적 제도로서, 또한 하나의 신적, 도의적, 지성적인 제국, 도의적 유기체로서 정의한다. 그리하여 이 유능한 옹호자가 전개하는 숙달된 변론에는 다음과 같은 국가의 본질 규정이 등장한다. 「국가의 기초를 이루는 것은 개별적 인간의 도의적 사명(에토스)이 아니라 하나의 전체로서의 인간 공동체(인민)의 도의적 사명이며, 인간 공동체는 도의적 · 지성적인 제국이어야 한다. 즉 인간 공동체는 그 도의적 이념과 오성적 목적에 따라서 자신의 공통된 상황을 지배하지 않으면 안 된다. 그 위에 국가라는 시설에 의해서 인간 공동체에 부가된 **하나**의 의사와 오성으로서의 하나의 행위주체로서의 **인격이라는 방법으로** 이것을 지배해야 하는 것이다」(Philosophie des Rechts, II. Teil: Rechts und Staatslehre, 2. Aufl., 1846, S. 102; 3. Aufl., 1856, II. 2, S. 131).

6) 기이르케는 판 크리이켄(van Krieken)을 비판하고 이러한 의문을 제기한다. 「이 저자는 그가 중단한 곳에서 비로소 유기체론이 시작한다는 것을 실제로 알지 못하였던 것일까? 그가 국가인격의 **설명**을 은연 중에 단념함으로써 개념 대신에 공허한 말을 부여한다는 것을 정말로 알지 못한 것일까? 도대체 그는 전유기체론이 그 법률학적인 측면에서는 국가의 인격을 설명하고 구성하는 대규모적인 시도 이외에 아무것도 아니라는 것을 전혀 알지 못한 것일까?」(Grundbegriffe des Staatsrechts, 1874, Neudruck Tübingen, 1915, S. 79/80).

는 위로부터 구성되는 것이 아니라 아래로부터 구성되기 때문에, 기이르케의 독일 단체법론에는 민주적인 요소가 작용한다는 것을 프로이스는 충분히 알고 있었다. 그러나 기이르케의 유기체적 국가론의 입장을 지나치게 고집하였기 때문에, 프로이스는 자신의 스승에 의해서 부인된다는 위험에 놓였을 뿐만 아니라, 「유기체적」이라는 말에 특유한 다의적이고 회피적인 성격이 가져오는 혼란 — 이쪽이 이론적으로는 훨씬 더 위험하다 — 에 빠지게 되었다.

Ⅱ.

그러면 19세기 독일의 구체적인 국가 상황 속에서 유기체적 국가론의 기능은 어떠하였는가? 이 국가론의 성과와 인기는 확실히 한편으로는 그 다양성과 공감을 불러일으키는 연상에 근거를 두고 있다. 이에 따라서 말은 흐려져서 그 논쟁적 성격이 감추어지는 동시에 편안한 우위가 부여된다. 유기체적으로 생각하지 않는 사람은 곧 기계적으로 생각하는 사람이 되고, 그것만으로써 이미 논란된다. 그는 살아있는 것이 아니라 죽은 것을 생각하고 사랑하며, 그는 내적인 것이 아니라 외적인 것을 생각한다 등등. 그럼에도 불구하고 우리들은 모든 정치적인 개념들의 논쟁적인 성격을 의식하면서 이 부드러운 말이 노리고 있는 구체적인 정치의 상대를 묻고 싶다. 그렇게 한다면 반 타스의 적에게 일격을 가하지 않고서도 단지 포옹만으로 질식시키려는 것이 분명하다.

간단히 요약하면 19세기에 유기체적 국가론이 가질 수 있는 다양한 논쟁적인 의미들에 관하여는 다음과 같은 개관이 나온다. 유기체적(organisch)이란 다음과 같은 의미를 가진다.

1. **비기계적**(nicht mechanisch) — 이 경우 유기체적이라는 말에 대립되는 것은 국가를 도구로 보는 모든 관념, 국가 기계라는 비유나 행정 장치로서의 국가라고 하는 비유, 중앙집권적 관료제 그리고 국가와 관료제의 동일시이다.

2. **비외부적**(nicht von außen) — 이 경우 국가 위에 내지 밖에 있는 군주는 그 초월성을 상실하고 국가 속에 흡수된다. 이러한 의미에서 유기체적이라는 말은 정신사적으로는 국가와 세계를 내재적으로 설명하려는 일반적인 기도, 즉 19세기에 결실을 본 기도에 쓰인다.

3. **비상부적**(nicht von oben) — 이 경우 국가는 지배자의 명령 속에서가 아니라 전원의 공동 의사 속에 있다. 국가는 지배관계(Herrschaft)가 아니라 동료관계(Genossenschaft)이며, 관헌국가가 아니라 민족국가이며 아래로부터 구축된다. 결국 민주주의이며, 후고 프로이스와 쿠르트 볼첸도르프(Kurt Wolzendorff)가 도출한 귀결이 바로 이것이다.

4. **비강제적**(nicht gewaltsam) — 이 경우 유기체적이라는 말은 투쟁이나 결정과는 반대의 의미를 나타내며, 혁명과 대조를 이루는 타협 · 양해 · 토론 · 진화 등을 요구하는

다종다양한 경향들을 포함한다. 이리하여 그것은 확실히 자유주의적인 관념들과 결합할 수 있는 것이다.

5. **비원자론적 및 개인주의적**(nicht atomistisch und nicht individualistisch) — 이 경우 유기체적이라는 말은 자유주의적인 관념들과는 대립하며, 단체주의적으로 사용되나 군주의 친정도 부정한다. 이리하여 그것은 공무원제의 사법적 구성(私法的 構成)을 반대할 수 있고, 공무원을 가신(家臣)으로부터 기관에로 변신시킬 수 있고, 이 점에서 또한 관료주의적 공무원국가의 안정을 위하여 이용될 수 있다는 것이다.

6. **비개별주의적**(nicht partikularistisch) — 결국은 전체적이 되겠으나, 이 경우 전체의 통일이라는 것은 구체적인 정치상황 속에서는 연방주의에 대립하는 중앙집권주의라는 의미를 가지며, 동시에 민주적인 정당국가를 부정할 수도 있다.

7. 끝으로「유기체적」이라는 것은 모든 능동적이고 의식적인 것에 대립될 수 있으며, 모든 종류의 역사주의, 정부중심주의 그리고 정관주의(靜觀主義)에 봉사하며, 완전한 불가지론(不可知論)으로 끝날 수도 있다.[7)]

유기체적이라는 말에는 이처럼 여러 가지의 방향이 있으며, 그 어떤 형태에 관하여도 실례는 풍부하다. 그러나 위에 열거한 일련의 부정을 어떻게 취사선택할 것인가는 각자의 자유이다. 이리하여 기이르케의 유기체적 국가론의 신봉자와 계승자 안에서 군주주의자 · 비스마르크주의자 · 자유주의자 · 민주주의자 등 오른쪽으로부터 왼쪽까지 생각할 수 있는 모든 정치적 방향들이 나타난다. 국가의 통일성이나 우월적인 전체를 대체로 부정하고 노동조합의 사회주의를 조장하는 래스키(Laski)의 다원적 국가론도 광범위하게는 기이르케에 이끌어 댈 수 있다.[8)] 후고 프로이스가 언제나 그에게 되돌아오는 이

7) R. Smend, Verfassung und Verfassungsrecht, 1928, S. 24는「유기체론의 불가지론」에 대하여 서술하는데, 나는 이러한 표현에 주목하고 싶다. 왜냐하면 이러한 종류의 불가지론을 다음의 주 21에서 언급하는 자유주의적인 불가지론적 국가관과 비교함으로써 교훈적인 것이 있기 때문이다. 스멘트는 위에 인용한 표현에 덧붙여 이렇게 말한다. 즉「바이마르 헌법의 경우처럼 학자 출신의 헌법제정자가 여기에 가로놓여 있는 첫 번째의(통합의) 문제를 간파하고, 다른 한편 비스마르크 헌법이 더욱 명확히 하듯이 자각적은 아닐지라도 완전히 통합적 헌법의 모범이 된 것은 특징적이다」. 이에 대하여 후고 프로이스와 또한 간접적으로는 막스 베버를 옹호하기 위해서 이것이 상기되어야 한다. 즉 바이마르 헌법의 (조직에 관한) 제1편이 의회제 민주주의와 인민투표제 민주주의와의 균형을 이루게 함으로써 가장 좋은 통합방식을 도입하고 있었다는 것이다. 이것은 민주주의에 찬동하는 것을 결단한 인간에서는 처음으로 찾아낸 방식이며, 우리들의 정당의 본질을 봉건적인 것으로 한 것이라든가, 제2편의 혼란으로 후고 프로이스를 비난하는 것은 적절하지 못한 것이다. 나아가 막스 베버나 프리드리히 나우만(Friedrich Naumann)처럼 프로이스가 국민민주주의적인 지향을 항상 불가결한 전제로 한다는 점을 망각해서는 안 된다. 이러한 전제가 충족된다면 바이마르 헌법의 조직에 관한 요강 중에서 유효한 통합방법을 찾을 수 있으며, 이 전제가 충족되지 아니한다면 마찬가지로 많은 전제들은 소멸되고 커다란 번영을 거의 50년에 걸쳐 누리면서 독일의 산업 노동자 대중을 통합하지 못했던 비스마르크 헌법의 경우와 다를 바가 없는 것이다.

8) 래스키(그 문헌과 비판에 관하여는 앞의 주 1에서 인용한 정치적인 것의 개념에 관한 논문들을 참조)는 John Neville Figgis, Churches in the modern State, London 1913에서 결정적인 영향을 받고 있는데, 이 저자는 여러 가지 종류의 단체(교회와 국가)의 등가성(等價性)을 증명하기 위하여 메이틀랜드(Maitland)와 기이르케에 거슬러 올라가고 있다. 그 이론적 · 실천적 의의에도 불구하고, 거의 간파되고 있는 노동조합과 교회, 사회주의와 종교단체의 독특한 결합을 주 1에서 언급한 강연「국가윤리학과 다원국가」에서 다룬다.

무기를 가지고 당시의 권력의 리바이어던에게 타격을 주는 것은 어떻게 가능할 수 있었던가? 기이르케의 단체이론의 잠재적인 민주주의를 이용하더라도 어쩔 수 없었다. 그 거장 자신은 다른 견해를 취하고 단체(Genossenschaft)의 원리에 이와 대립되는 지배(Herrschaft)의 원리를 유기적으로 결부시키려고 노력하였던 것이다.

Ⅲ.

기이르케의 유기체적 국가론을 단순히 전전의 **현상**에 대한 기회주의적인 영합으로서 설명하려고 한다면, 그것을 오해하게 될 것이다. 물론 그것을 이러한 목적에 이용할 수도 있었으나, 그의 국가론은 그 이상의 것이며 국법학과 헌법학의 원리적인 문제들에 대한 이론적 해답을 탐구하는 것이었다. 이것은 80년대에 지배적이 되었던 이른바 실증주의적 내지 법률학적인 국법학에 대해서는 아직 힘이 못미치는 것이었다. 거기에서는 「국가인격」 또는 「국가기관」이라는 개념이 체계적인 의식을 완전히 포기한 채 사용되고 있었다. 독일의 시민적 교양의 발전 단계를 여실히 나타내는 것은 19세기의 독일 국법학 이외에는 아무 데도 없는데, 이것은 3차에 걸쳐서 변동하며 그 전환점은 대략 1848년, 1870년 그리고 1890년에 있다.

헤겔에 기초를 둔 젊은 로렌츠 슈타인(Lorenz Stein)의 국가학, 특히 프랑스의 사회운동에 관한 그의 저작은 독일 학계뿐만 아니라 유럽 학계의 가장 큰 업적 중의 하나이며, 동시에 정치적으로 자각하고 있던 독일 시민계층의 놀랄만한 지적 역량을 증명하는 것이다. 마르크스주의의 사회주의적 · 정치적인 이론의 주요 개념들은 모두 이 부르주아적인 업적에 의해서 규정되고 있다. 19세기의 국가이론적인 문제, 즉 국가와 사회의 관계에 관한 문제는 1848년의 실패에도 불구하고, 전진을 계속한 교양 있는 시민계층에 의해서 명확하게 파악되고 숨김없이 논의되었다. 이 세대가 고수하고 있던 견해에 의하면 정신과 인륜의 영역으로서 **국가는 사회 위에** 있으며, 사회는 본능 · 정감 그리고 이기주의 — 또는 그나이스트가 일찍이 표현했듯이, 인간의 동물적 본성인 조온(ξώον) — 의 영역이며, 인간은 국가 안에서 비로소 정치적 동물(ξώον πολιτικόν)이 된다. 이 문제는 하나의 구체적인 의미가 들어 있었는데 그것은 독일의 시민계층은 당시 존속해 온 군주주의 국가에 통합되어야 한다는 것이었다. 독일 국법학자 중에서 특히 루돌프 그나이스트(Rudolf Gneist)가 슈타인의 학설을 계승하였는데, 그는 교양과 재산을 가진 시민 계층을 사회의 지배적인 계급으로서 이제 국가에도 관여케 하고, 그럼으로써 이러한 시민 계층이 그 사회적 실력을 현명하고 적절하게 사용하도록 가르친다는 문제에 대하여 매우 명확하고 솔직하게 논하였다. 국가에의 관여 — 정치적 선거권을 통한 관여라기 보다는 오히려 그나이스트가 국가의 직업적인 공무원과는 다른 자유로운 시민의 명예직적인 활동에 있다고 하는 자치를 통한 관여인데 — 에 대하여, 그나이스트는 그것이 틀림없이 스스로 교육적 및 교양적인 작용을 하리라고 믿고 있는데, 이것은 그가 국가를 그 자체 정신적인 · 인륜적인 그 어떤 것이라고 생각하기 때문이다. 자유주의자로서 그나이스트는 자기인식 · 자기교육 · 자기규제를 신뢰하며, 자치에 대한 그의 요구가 이러한 체계적 관련의 일부가 되고 있다는 사실을 잊어서는 안 된다. 물론 그는 1870년 이후에 교양과 재산과는 인연이 없는 다수의 소시민과 노동자가 육박해 오는 것을 보고 「사회적 이익투쟁을 통한 국가 조직의 범람」이라는 구상적인 비유로 말하고 있다.[9] 그러나 그는 결국 죽을 때까지 기존의 국가 기구가 새로운 사회적 계층을 통합하기 위하여 충분한 강함이 있을 것을 기대한다. 특히 그가 신뢰하는 것은 안정되고 영속적인 조정을 가능하게 하고 균형을 가져올 수 있는 군주주의의 제도이며, 이에 대하여 「자기구성」(Selbstkonstituierung)에 맡겨진 사회는 모든 절도를 잃고, 「처음에는 좌에 따라서, 그 다음에는 우에 따라서라는 두 개의 기본체제의 상극 속에 권리와 법의 한계를 유월하는」 것이다.[10]

비스마르크의 일대 성과는 독일 국내정치상의 운명을 결정하였다. 독일 시민 계층의 정치적 의욕을 상실시킨 것은 1848년의 자신의 실패가 아니며, 또한 경쟁 상대의 어쩔 수 없는 외교상의 성과도 아닌, 그야말로 비스마르크에 의해서 이룩된 경제적 번영인 것이다. 1870년 이후 전환의 징조는 해마다 분명해지고, 국가론에 관한 의식의 가속도적인 저하가 10년마다 나타난다. 1868년에 발간된 기이르케의 단체법론 제1권은 정치적인 활동 에너지와 대담한 정치적 진보의식으로 가득 차 있다.[11] 그런데 1873년에 간행된

---

9) Gneist, Die nationale Rechtsidee von den Ständen und das preußische Dreiklassenwahlsystem, Berlin 1894. 세계 대전을 경험한 오늘날 모든 독일인을 깊이 감동시킴에 틀림없는 이 저서의 결론에 있는 엄숙한 「예측」에 대하여 나는 여기서 지적하고 싶다.

10) Gneist, Die Eigenart des preußischen Staates; Rede zur Gedächtnisfeier der Friedrich-Wilhelms-Universität vom 3. August 1873. 이 강연은 그나이스트가 전형적인 군주제를 **중립적이고 중개적인 권력**(pouvoir neutre et intermédiaire)으로서 파악하였다는 것을 보여 준다. 헌법의 일반적 문제와 라이히 대통령을 **중립적 권력**으로서 구성하려고 한 바이마르 헌법의 시도에 대해서는 C. Schmitt, AöR. N. F. 16 (1929), S. 161 ff., insbesondere S. 212 ff. (본서, 186면 이하, 216면 이하). 이것과 관련하여 바이마르 국민의회의 헌법위원회에서의 F. 나우만의 다음과 같은 발언(Prot. S.179)이 상기되어야 할 것이다. 「이제 우리들은 왜 헌법을 만들어야 하는가? 두 가지의 이유가 있다. 첫째로 군주제가 이미 존재하지 않기 때문이다. 그 모습이나 이유를 논의하는 것은 여기서는 문제가 되지 아니한다. **군주제는 이미 존재하지 않는다**. 우리들은 새로운 헌법을 만들지 않을 수 없는데, 그것은 국가의 초석, 더욱이 첫 번째의 가장 강력한 초석의 하나가 무너져 버렸기 때문이다」. 이러한 발언(여기서 나우만이 »Demokratie und Kaisertum«의 저자라는 것을 잊어서는 안 된다)이 특히 중요한 것은, 그것이 본래의 헌법은 권한을 규정하는 데에 그치지 않고 일정한 통합작용을 가져야 한다는 루돌프 스멘트의 명제를 실천하고 있기 때문이다. 본래의 헌법이 어디까지 중립적인 힘이며, 또한 상징적으로서 군주 또는 국가원수의 중립적 권력을 보완하거나, 나아가서는 거기에 대처할 수 있는가에 관하여는 더욱 상세한 연구가 필요하다.

11) 『독일단체법론』(Das deutsche Genossenschaftsrecht) 제1권(1868)의 서문에는 방향을 가리키는 관념으로서 통일과 자유 · 국민 · 교양 · 의식과 진보 등이 나타나 있다. 단체의 관념은 「위대하고 포괄적인 국가 통일을 실제의 시민적 자유, 자치와 조화시키는 가능성」을 게르만적인 것으로서 게르만 민족들에게 제공하고 있다. 나아가 「보편적인 국가 시민 계층과 대표제 국가라는 사상에서는 오랜 대립들의 화해가 기대되는」 어떤 시대의 첨단에 우리들이 서 있다는 것을 가르치고 있다. 지금의 진정한 조형적인 원리는 근대적 형태에서의 **자유로운 연합**(freie Assoziation)이다. 이것은 공사의 생활 모든 영역을 파악하고 재조직하는 조합제도의 「독점적 창조자」이며, 이 조합제도는 「이미 매우 커다란 것을 가져왔는데, 가까운

제2권에는 한편으로는 순수하게 역사적인 것이 다른 한편에서는 순수하게 사법적(私法的)인 것이 빨리도 주요한 관심사가 되며,[12] 마침내 1913년의 저작은 정치의 현실에 아무런 관계도 없는 방대한 역사적 자료의 산더미로 끝나고 만다. 그렇지만 유기체적 국가론은 물론 그 주창자들의 대부분이 의식하지 못하는 국가와 사회의 문제에 관하여 매우 주목할 만한 속편을 가지고 있다.[13] 즉 유기체적 국가론의 가장 중요한 기능의 하나는, 그것이 국가를 다른 단체들과 병존하는 단체 — 최고의 단체이지만 — 로서 규정함으로써 사회에 대한 국가의 우월적 지위를 상대화한다는 데 있었으나, 이 점에서 유기체적 국가론은 국내 정치의 면에서 진출하는 시민 계층이 1870년 후에 도달한 새로운 단계에, 또한 자치에 대한 새로운 관심 — 법치국가에 관한 1872년의 그나이스트의 저술이 그 최초의 우수한 국가론적 표현인 — 에 적합한 것이다. 이미 시민 계층은 상부, 즉 정점에서부터가 아니라 하부, 즉 지방자치를 통하여 국가 속에 들어온다. 후고 프로이스는 가장 철저하게 하였으며, 거기에서 그는 기이르케를 원용해 가면서 모든 인간적 결합체의 동질성을 강조하고, 국가 역시 다른 사회적 조직과 동질의 사회적 형성물이라고 보았다. 그러나 이 동질성은 아직 다원적인 병존이나 혼재 속에서가 아니라 영역단체들의 단계구조 속에서, 그리고 항상 국가는 국민적 통일체와 그 결과로서 결정적인 가치를 가진다는 관점에 입각하는 것이었다.

그리하여 1870~90년이라는 시대의 유기체적 국가론은 이론적인 발전의 주목할 만한 중간단계를 의미한다. 국가와 사회의 「동질성」은 사회가 **이미 기존의 국가에서 당연한 것으로서** 통합될 필요는 없고, **스스로**도 국가적 통일로 향하여 통합할 수 있다는 것을 이미 보여주었다. 그러나 공법학은 이미 이것을 계승하지 않고 국가론적 논의의

장래에 또는 먼 장래에, 더욱 커다란 것을 실현할 것이다」(S. 11). 이 저작의 여러 곳에서 바로 생디칼리스트적인 관념이 나타나며(S. 1038), 국가가 아니라 자유로운 연합이 자주 예언된 사회 혁명을 야기시킬 수 있게 된다. 카를 헤르츠(Carl Herz)는 (개인적으로 나에게) 이 제1권은 여러 곳에서 공산당선언을 상기시킨다고 말했는데, 나는 그것을 이해할 수가 있다. 국가는 아래로부터 위로 구축되어야 하며, 「인민에게 반환되어야 하는 것이다」(S. 655). 「그것은 조직된 인민 이외에 아무것도 아니다」. 특히 「정부의 수반 아래서인데 그러나 국가 시민이라는 단체를 기초로 하여 구축된다」. 그 밖의 모든 연합과 마찬가지로 「모든 연합 중의 최고의 연합」으로서의 국가도 「그 목적은, 따라서 그 활동의 한계는 근대의 방향」에 의하여 규정된다. 교회 기타 공적 단체 등 보다 높거나 낮은 단체의 경우에는 물론 엄밀하게 (noch genauer — 원문 그대로) 규정하고 있다. 국가는 개인의 불가침의 권리로서의 기본권을 존중해야 하지만, 그 밖의 강제 단체의 경우에는 개인이 그 개성을 어디까지 단념하는가는 「더욱 정밀하게」(noch genauer — 이것은 원문 그대로이다. S. 654) 확정되고 있다.

12) 『독일단체법론』 제2권(1873)에서 기이르케는 조옴(Sohm)에 대하여, 또한 특히 그가 오로지 단체라는 개념을 관점으로서 헌법발전을 파악하고 있다는 (물론 제1권에 대하여 나온) 견해에 대하여 (S. 18)의 주에서 변명하고 있는데, 거기서 강조한 것은 그가 「이미 프랑크 시대에 특히 현저하였던 지배라는 관념」도 동시에 고려하고, 양 개념의 결합으로부터 발전을 연역하였다는 것이다. 이것으로써 바로 단체사상의 해명에 입각한 제1권의 전체적 인상은 사라져 버렸다.

13) 기이르케는 루돌프 폰 그나이스트에 대한 추모 연설 중에서(Gedächtnisrede auf Rudolf von Gneist, 1896, S. 31) 어떻게 무산 계급을 국가생활에 관여시키고, 어떻게 그의 마음을 국가의사나 국가이성으로 채우는가 하는 문제를 그나이스트는 미래에 맡겼다고 하여 그에게 이의를 제기하고 있다. 유기체적 국가론이 이 문제를 해결하였다고는 말할 수 없으나, 기이르케의 『단체법론』 제1권이 하나의 커다란 포석이었다는 사실은 덧붙여 두어야 할 것이다.

심화를 일체 거부하였다. 라반트는 수고도 하지 않고 승리하였다. 기이르케가 1883년에 발간한[14] 인상적인 라반트 비판은 효과 없이 끝나버렸다. 지성과 교양이 본질적으로 관료의 지성이고 관료의 교양이었던 국가에서는, 라반트의 국법학 이외에는 어떠한 국법학도 교양 있는 관료들에게는 인정되지 아니하였다. 1895년에 사망한 그나이스트는 그들에게는 거의 법률가로서 통용되지 않았으며, 헤넬(Hänel)은 등한시되었다. 또한 게오르크 옐리네크의 위대한 학문적 업적은 한편으로는 법률학으로, 다른 한편으로는 사회학이나 역사학으로 나누었는데, 이러한 구별은 결국 방법론 투성이로서 방법이 없고, 학문적이라기보다는 오히려 책략적인 흥미를 주는 공허한 형식주의의 도구가 되어버렸다. 국가에 대한 이론적인 관심은 경제학자와 사회정책학자에게, 또한 역사학자나 당시에는 그다지 고려되지 않았던 사회학자에게로 옮겨 갔다. 그것은 가끔 기묘한 형태를 취하기도 했으나, 결국은 구스타프 슈몰러(Gustav Schmoller)의 프로이센 행정사와 프로이센 법령집(Acta Borussica)의 편찬이 국가이론을 대신하고 있었다. 전체적으로 볼 때 1890년 이후의 교양 있는 독일 시민 계층은 그의 위대한 국가론을 새로운 사회상황에 맞추어 전개해 나가거나 생생하게 보존하지 못했다고 할 수 있다. 막스 베버가 바로 관료와 문인이라는 두 개의 특정한 사회학적 유형을 앞에 두고 그의 학자적 냉정함을 잃고 분개하였다면, 그것은 이러한 상태에서 이해하여야 하며 정치적 의식의 표시이기도 하다. 그러나 유감스럽게도 그것은 독일 지성의 전체적인 자세를 바꿀 수는 없었다. 1914년에 독일의 시민적 교양은 국가이론적인 관심을 거의 잃고 있었다. 그것은 한편으로는 비정치적 · 기술적인 관료의 교양에, 다른 한편으로는 역시 비정치적이고 사적인, 특히 미적인 수요를 염두에 둔 비현실적인 문인의 교양이 되어버렸다.

전시 중에는 어떠한 새로운 국가학도 성립할 수 없었다. 1848년 이후 잠재적으로 언제나 반복적으로 연기되어온 군주주의적 통치와 의회 다수파 간의 갈등은 군사적 · 외교적인 사태가 심각해짐에 따라서 점점 절박하게 되었다. 이 전쟁은 서구민주주의의 헌법원리가 비스마르크 헌법에 도전한 「헌법전쟁」이라고 하여 전쟁을 구실로 기존의 체제를 국가론적으로 옹호하는 것도 또한 불가능하였다.[15] 왜냐하면 비스마르크 헌법 그 자체가

---

14) Labands Staatsrecht und deutsche Rechtswissenshaft, in: Schmollers Jahrbuch, 1883, S. 1097-1195. 여기서 기이르케는 「법이념의 위태」에 대하여 강조하고, 그러한 위태로움은 공법에서는 그 법적 성질을 적나라하게 부정하는 (이것을 굼플로비츠[Gumplowicz]와 관련하여) 보다 훨씬 위험하다고 한다. 그는 「법을 정치로부터 명확하게 구별하는 것은 본래 국법학의 주요과제의 하나」라고 하는데, 완전히 비정치적인 국법학이 정말로 씌여진다는 것은 마치 객관적인 역사 서술과 마찬가지로 거의 드물다고 덧붙인다. 거기에서 기이르케는 적절하게도 라반트도 정치적이며, 단지 정치적인 동기를 은폐할 뿐이며(S. 1105), 순수성을 추구하는 노력은 법형식에 포함된 실체를 파악하지 못하고 아무데나 인도할 수 없으며, 법률학의 방법은 동시에 역사학의 방법이어야 한다고 지적한다. 「독일 제국의 국법학은 역사적인 것이어야 한다. 그렇지 않다면 그것은 젊어서 일찍 형해화하고 경직하게 될 것이다」. 그렇다면 역사적인 고찰방법과 아울러 철학적 고찰방법이 불가결한 것으로서 나타난다. 「철학의 원리를 둘러싼 투쟁에 관여하지 않고 일반 국법학을 순수하게 실정적 · 법학적인 기반 위에 세우려는 어떠한 노력도 결국은 자기기만에 빠지고 마는 것이다」. 그 밖에 이러한 설명의 평가에 대해서는 라반트의 국법학(Staatsrecht) 제1판은 1876년에, 제2판은 1887년에 출간되었는데, 거기에서 비로소 본격적인 성공을 거두었다는 것이 고려되지 않으면 안 된다.

서구형의 국민적 민주주의와의 독창적인 타협이며, 그것이 원래 대립되는 헌법이념에 의해서 규정되는 적과 동지의 집단화라는 단순한 양자택일인 이상 이미 있을 수 없었기 때문이다. 1918년 11월에 민주주의와 군주주의의 대립은 완전히 의미없는 것이 되었다. 노병위원회(Arbeiter-und Soldatenräte)에 의해서 움직이는 사회주의적 정부는 국가권력을 수중에 장악하였다. 독일의 시민 계층은 불안하여 침묵을 지킨 이러한 위기에 후고 프로이스는 매우 대담하게 말하였다. 1918년 11월 14일자 「베를린 신문」(Berliner Tageblatt)에 게재된 그의 논문 「국민국가냐 역전된 관헌국가냐」는 이미 이러한 문제 설정으로 인하여 결정적으로 영향을 미치고, 독일 헌법사에서의 중요한 문서가 되고 있다.16)

Ⅳ.

어떤 개념의 역사 속에서 위태로운 시기는 그 상대가 사라진 순간이다. 이러한 때에는 즉시 새로운 대립이 나타나지 아니하는 한, 논쟁적인 긴장이나 역사적인 생명도 또한 사라진다. 후고 프로이스의 국가이념과 헌법이념은 1918년 11월 곧 하나의 새로운 상대를 만났다. 모든 자유주의자들과 마찬가지로 프로이스도 항상 우와 좌의 중간에서 있었으나, 당과 강령에만 충실한 자유주의자와는 달리, 그는 본질적으로 자유주의적인 인간에 적합한 용기를 가지고 그때마다 강력한 상대와 대결하였다. 1918년 11월 프로이스는 바이마르 헌법 일에 착수하였다. 여기에서는 라이히와 각 주, 특히 라이히와 프로이센과의 관계 등 당시 논의되었고 오늘날에도 여전히 논의되고 있는 많은 조직상의 문제들이나 헌법상의 문제들은 관계가 없다. 또한 여러 가지의 동기에서 프로이스에게 주어진 무수한 비난을 검토할 수는 없다. 프로이스 자신은 헌법상의 많은 중요한 규범정립(예컨대 일반적으로 승인된 국제법규의 원칙에 관한 제4조의 규정)에서 그 자신의 원리적 · 이론적인 입장을 법률상의 규범정립으로부터 명확하게 구별하였으며, 물론 그 밖의 무수한 경우에도 그의 이념은 헌법상의 여러 규정들 속에 구체화되었다.17) 다만, 여기에서는 완전히

---

15) Erich Kaufmann, Bismarcks Erbe in der Reichsverfassung, Berlin 1917, S. 3-4.

16) Staat, Recht und Freiheit, Tübingen 1926, S. 365에 수록. 1925년 10월 11일의 라이히 참의원 총회에서 의장 츠바이게르트(Zweigert) 장관은 후고 프로이스에 대한 추도사에서 그에 대하여 이렇게 말했다. 「프로이스는 혁명이 일어난 지 5일 만에 당시의 임시정부에 대해서 그가 구국가(舊國家)에서 공공연하게 한 말을 인용하면서, 새로운 체제는 한 계급의 권력에 기초를 두어서는 아니되며, 임시정부가 국민의회를 즉각 소집하지 않는다면 가장 중대한 책임을 지게 된다는 절박한 권고를 하는 식견과 신속한 결단과 용기를 가지고 있었다. 동시에 그는 재조직에의 협력을 시민 계층에게 호소하였는데, 이러한 용감하고 현명한 결단의 성과는 다 아는 사실이다. 그리고 이 날에 내무장관으로 임명된 프로이스는 비교할 수 없을 만큼 신속하게 국민의회의 선거준비를 하였고, 보다 빠른 소집일을 확정하여 선거를 관리하고 이어서 초안을 국민의회에 제출하였던 것이다」.

17) 헌법 제17조에서의 라이히 · 란트 그리고 단체(Gemeinde)의 동질성설이 화가 되었다. 원래 이 규정에서 단체 헌법(Gemeindeverfassung)에 언급한다는 것은, 국가는 단체에 입각하고 있다는 순리적(順理的)인 고려에서만 설명할 수 있는 것이다. Reich und Länder, S. 136/37 참조.

새로운 정치상황 속에서 프로이스가 보여주는 국가와 사회에 관한 궁극적이고 근본적인 관념이 강조되어야 할 것이다. 이 경우 우리들은 특히 흩어져 있는 많은 개별적인 기술에 의존하고 있다. 헌법전의 많은 세부 사항에 걸쳐서 실제적인 일을 하던 시기에, 또한 절망적인 사태의 와중에서도 불구하고 그 기본적인 형태는 알만하며, 또한 민주적인 요구들이 승리한 후 바이마르 헌법상에 나타난 국가상의 소박한 원형은 제시할 수 있을 것이다.

바이마르 헌법에서 실현되기에 이른 새로운 국가사상의 진정한 특색은 국내정치적인 **중성국가**(neutraler Staat)의 형태에 있다고 나는 본다. 이 형태는 이미 바이마르의 시민계층과 노동자 계층이 새로운 헌법의 도움으로 양자의 협조를 가능케 하는 방식을 모색하였다는 데에서 나온다. 이러한 방식은 시민적 법치국가의 방법 속에서 찾았는데, 그 방법이란 그 자체 내에 최고도의 중립성을 내포하고 있으며, 이는 국내정치적인 대립들에 직면한 국가에게 가능하다.[18] 그러한 헌법에 의해서 조직된 국가는 그것이 여러 가지의 정치적 방향과 경향들에게 길을 개방하고, 입법에 필요한 다수, 나아가 헌법개정에 필요한 다수를 획득하는 기회 균등을 각자에게 준다는 의미에서 중성적이다. 헌법에서 인정하는 다수 획득을 위한 방법과 헌법의 기본원리들이 지켜지는 한, 그러한 방법을 통해서 얻어진 결과를 국가는 받아들이는 것이다. 이러한 점에서 국가는 중성적이다. 바이마르 헌법은 그것이 준수되고 하나의 공통된 국가로서의 가능성이 확보되고 있는 한, 하나의 「계급간의 평화」(Klassenfriede)로서 파악될 수 있다.[19] 그러나 기본적인 원리들을 부정하고 상대방(적대자)으로부터 기회 균등을 빼앗기 위하여 그때그때의 합헌적 권력이 이용된다면, 바이마르 헌법은 중성의 기반이기를 포기하는 것이다. 이와 함께 헌법 자체도 부정될 것이다. 왜냐하면 그 밖의 다른 모든 점에서 바이마르 헌법이 중성적이라 할지라도 자신의 기본 원리들에 대해서는 중성적일 수 없기 때문이다.[20]

---

18) 앞의 주 10에서 인용한 F. 나우만의 발언(Prot. S. 179)은 바이마르 국민의회에서 체계적인 관련에 대한 흥미가 존속하는 한, 군주의 **중립적 권력**은 라이히 대통령이든 헌법 그 자체이든 그 밖의 다른 종류의 중립적인 힘에 의하여 대체되어야 한다는 감정이 있었다는 하나의 증상이다.

19) 「라이히와 행정개혁의 현황」(Der gegenwärtige Stand der Reichs-und Verwaltungsreform)에 관한 카를 헤르츠(Carl Herz) 시장의 강연(Beamtenschaft und Verwaltungsreform, Kundgebung des Allgemeinen Deutschen Beamtenbundes zur Reich-und Verwaltungsreform vom 13. Mai 1929, S. 9에 수록)에서 카를 헤르츠는 바이마르 헌법을 「하나의 휴전」으로서 특색지운 후고 프로이스의 견해를 알리면서, 그것을 통하여 「그 (프로이스)에게 거의 마음에 들지 않는 헌법률의 타협적 성격이 나타난다」고 한다. 카를 헤르츠는 바이마르 헌법의 유동성이나 적응능력도 이 타협적 성격에 힘입고 있다고 생각한다. 그러나 여기서는 타협적 성격(Verfassungslehre, S. 28 참조)과 (모든 경향으로 균등한 기회를 개방하는) 중립적인 방법이 구별되어야 하는데, 그것은 이러한 방법에서도 나온다. 나는 그것이 평화일 수 있다고 기대하고 싶다.

20) 국가가 자신의 존재에 대하여 중립적일 수 없듯이, 헌법도 또한 그 현실적인 실체를 제거하는 정치적 결정에 대하여 중립적일 수는 없다. **거기에 헌법 제76조의 해석과 개정권한의 한계문제에 관한 현재의 논쟁의 핵심이 있다.** (특히 R. Thoma in dem von C. Nipperdey herausgegeben Sammelwerk; Die Grundrechte und Grundpflichten der Reichsverfassung, Berlin 1929, Bd. I, S. 38 f. 참조. 그리고 Anschütz und Thoma herausgegebene Handbuch des deutschen Staatsrechts, S. 143; Anschütz, Kommentar, S 349. 반대하는 것은 Carl Bilfinger, Der Reichssparkommissar, Berlin 1928, S. 17;

국내정치상의 중성국가라는 관념은 하나의 전형적인 자유주의적 관념이다. 그것은 본래 국가를 최소한으로 축소하고, 모든 사회 문제의 해결을 사회적인 세력들의 경쟁에 맡겨 버린다는 것을 의미한다. 중성국가는 이러한 의미에서 개입도 하지 않고 간섭도 하지 아니하는 수동적이며 불가지론*적인 국가이다.[21] 후고 프로이스가 남긴 바이마르 헌법에 관한 주석의 단편에는 그러한 국가이론을 추측케 하는 서술이 있다. 특히 프로이스는 이와 같은 관점에서 모든 시민적 법치국가뿐만 아니라 모든 민주주의에 대하여 근본적인 법률 앞의 평등을 설명하였는데 그 입장은 매우 특징적이다. 프로이스는 문자 그대로 다음과 같이 말한다.「실제로 개개인의 평등 또는 정치적 등가성이 아니라 그와는 반대의 개개인의 무한한 불평등, 다양성 그리고 정치적 불등가성이 민주주의의 기본 원리인 것이다」.[22] 자유주의와 민주주의의 혼동이 여기서 분명히 폭로된다. 왜냐하면 다양성과

Derselbe, AöR. N. F. 11 (1926), S. 174; Derselbe; Nationale Demokratie als Grundlage der Weimarer Verfassung, Hallische Universitätsreden Nr. 43, 1929, S. 18; Derselbe, Verfassungsfrage und Staatsgerichtshof, Ztschr. f. Politik 1930. 나아가 E. Jacobi, Reichsverfassungsänderung, Festgabe der Juristischen Fakultäten zum 50-jährigen Bestehen des Reichsgerichts, die Reichsgerichtspraxis im deutschen Rechtsleben 1929, S. 233 f.; Carl Schmitt, Verfassungslehre, 1928, S. 102; Jur. Woch. 1929, S. 2314). 헌법을 개정하는 것으로서가 아니라 공화국의 보호와 정치생활의 안전을 위하여 제정된 1930년 3월 25일의 새로운 법률(RGBl. I. S. 91), 내무부의 예산에 보충된 공화국 보호를 위한 자금(1930년 3월 13일의 제국 의회 재무위원회에서의 토의 참조), 국가사회주의나 공산주의를 신봉하는 관리에 관한 규정들, 공산주의와 국가사회주의의 라디오강연 금지, 이러한 모든 것은 안쉬츠와 토마(Anschütz und Thoma)가 헌법 제76조에서 설명한 해석에 의하면, 특히 도발적인 헌법위반이라고 하지 않을 수 없다. 왜냐하면 그것은 절대적 중립성을 침해하고 헌법 제76조의 3분의 2의 다수를 획득하는 기회균등을 과격한 정당으로부터 박탈하기 때문이다.** 정당하게 이해한다면, 어떠한 헌법도 자기 자신의 **배리**(背理, ad absurdum)에 빠지지 않고서는 그러한 절대적이고 무조건적인 중립성을 가질 수는 없는 것이다. 고도의 중립성을 지닌 아메리카 합중국의 헌법조차도 절대적으로 중립은 아니다. 이에 관하여는 다음의 적절한 논문이 있다. Carl Brinkmann, Die Integration des amerikanischen Staatswesens, in: Festgabe für Alfred Weber, Sozilogische Studien, Potsdam 1930, S. 26.

21) 「불가지론적 국가」라는 표현은 의미심장하다. 이것은 자유주의적 국가에 대한 파시스트의 비판에서 자주 사용되었다(예를 들면 Alfredo Rocco, La transformazione dello Stato, Roma 1927, S. 7; lo Stato liberale agnostico ed abulico, 나아가 S. 10, 17, 21 usw). 당트레브(A. Passerin d'Entrèves)씨는 이 표현 자체가 자유주의적 기원을 가지며, 루피니(F. Ruffini)가 사용한 표현과 일치한다는 것을 나에게 알려주었다. 이 표현은 국가이론에 대하여 매우 중요한데, 그 전사(前史)를 추구하는 것은 지금까지 나로서는 할 수 없었다.

22) Reich und Länder, S. 42. 아울러 막스 베버의 1919년의 논문 "Wahlrecht und Demokratie in Deutschland"(Politische Schriften, München 1921, S. 297)에서의 이러한 설명을 참조.「오늘날 평등한 '數에 의한 선거권'(Ziffernwahlrecht)이 도처에서 몰아치고 있다면, 그것은 순수하게 정치적이며 결코 우연은 아니다. 왜냐하면 투표권의 **평등**이 가지는 '기계적인' 성질은 현대 국가의 본질에는 적합하지 않기 때문이다. … 물론 이것은 인간의 자연적인 '평등'에 관한 어떠한 이론과도 전혀 관계가 없다. 투표권의 평등의 의의를 생각한다면 바로 정반대이다. 그것은 자연적인 성질에 의해서가 **아니라** — 자주 자연법적 성질의 현저한 불균형을 수반하는데 — 사회적인 조건들에 의해서 특히 내부 사정에 의해서 만들어진 불가피하지만 결코 자연적이 아닌 차이에 기초를 둔 사회적 불평등에 대한 일종의 평형추인 것이다」. 그 자체가 모순으로 가득 찬 막스 베버의 이 문장은 후고 프로이스의 순수하게 자유주의적인 설명과 본질적으로 구별된다. **실질적인** 평등 없는 민주주의는 결코 존재하지 아니한다(이 성질에 관하여는 Verfassungslehre, S. 228 f.). 그 밖에 막스 베버와 같은 전문가는 의회주의와 민주주의에 대하여 그것은 「같다고 하기에는 어느 정도 거리가 멀다」(Polit. Schriften, S. 364)고 말하고, 의회주의와 민주주의의 대립과 마찬가지로 자유주의와 민주주의의 대립성도 물론 의식하고 있었다.

정치적 불등가성이라는 원리는 본래 민주주의의 사상이 아니라 자유주의의 사상이기 때문이다. 그러면 사실상의 불평등에도 불구하고 왜 법적 평등의 원칙이 오늘날의 시민적 법치국가질서의 기본원칙이 되어야 하는가? 프로이스는 이에 대하여 해답을 제시하고, 그것은 국가와 법이 결코 불평등을 측정할 상태에 있지 않기 때문이라고 한다. 여기에서도 그의 표현은 매우 개성적이므로 문자 그대로 인용하지 않을 수 없다.「그러므로 개개인의 평등이 아니라 그 불평등을 법질서가 측정할 수 없다는 것이 정치적 동권이라는 민주주의의 원리이다」. 전지(全知)한 국가라는 한쪽의 극과 대조적으로 아무것도 알지 못하고 아무것도 구별하지 못하는 불가지론적인 국가라는 다른 한쪽의 극이 여기에 나타난다. 여기에서 곧 자유 경쟁이라는 자유주의적 원리가 귀결된다.「이러한 (정치적 동권의) 기초 위에서만 개인 간에 실재하는 정치적 가치의 차이가 정치생활상의 자유로운 경쟁에 나타날 수 있다는 것이다」. 여론은 정치활동의 각축에서 생겨나야 하는 것이다. 이 경우 당파에 대해서는「개개인의 자기조직」을 이루고「모든 민주주의 실천의 핵심」인 올바른 지도자 선택을 달성해야 할 과제가 주어지는 것이다.

V.

국가는 이제 사회의「자기조직」인 것이다. 19세기의 독일 시민 계층이 기존의 국가질서에 통합되고, 민주적인 제도들이 새로운 사회적 요소를 받아들이는 견고한 틀 속에 정착되는 동안에, 사회의 세력들은 이제 자기 자신을 국가로 조직하는 것이 맡겨지기에 이른다. 이미 기존의 국가에 통합되는 것이 아니라 국가 자신이 통합되는 것이다. 그리하여 나는 최근의 독일 국가학, 즉 루돌프 스멘트(Rudolf Smend)의 유명한 통합이론을 이렇게 이해한다. 후고 프로이스도「통합」(Integration)이라는 말을 자주 사용하는데, 그는 계급과 신분, 즉 사회적 형성물은 통합되며, 그와 함께 개개인의 차이는 점점 커진다고 설명한다.[23] 국가의 형성을 위한 사회의 **자기통합**(Selbstintegrierung)이라는 과제가 얼마나 어려운 것인가를 프로이스는 잘못 보지는 아니하였다. 정당정파의 지배에 대한 작금의 비판보다도 훨씬 이전에, 그는 정당국가가 가져오는 수많은 위험을 간취하기에 이른「쓰라린 경험」을 맛보고, 30인 또는 33인의 영주와 그 관헌국가 대신에 반 타스 내지 한 타스의 정당의 관료정치가 독일 국민의 **공공물**(res publica)을 비례의 원칙에 따라서 분해하려고 한다면, 정당국가가 무엇을 의미하는가를 알고 있었다. 국가가 단순히 사회의 「자기조직」에 불과하고, 이 자기 조직을 정당만이 장악하고 그 정당이 특히 비례 선거권과 명부투표제의 결과 점차 확고하게 점차 신분적으로 조직된다면,[24] 거기에서 개인의

23) Reich und Länder, S. 42/43에서는 이렇게 말한다. 즉「개개인의 차이에 의한 대중적 구별의 통합과정」, 나아가「신분과 계급들의 통합」또는「계급들의 통합」(S. 43). 여기서 통합의 문제는 이러한 물음을 제기한다.「사회 또는 국가는 통합될 것인가, 사회단체의 통합과 국가통합 사이에는 본질적인 차이가 존재하는가?」

자유를 지키고 다원적인 봉건국가 내지 신분국가에로의 역행을 저지하는 데에 도대체 어떠한 보장이 있단 말인가?

그 문제는 오래된 것이다. 프로이스는 그의 최초의 바이마르 헌법초안 중에서 정당국가에 대한 몇 개의 기구 상의 제어장치를 설치하였는데, 특히 인민투표제적인 라이히 대통령의 권한에 중점을 두었고, 그리하여 라이히 헌법의 입헌적 조직을 의회민주주의와 인민투표제적 민주주의와의 균형상태에 두는 것이다. 일반 국가이론적인 해답으로서 프로이스는 단지 간결하고 물론 매우 명확한 견해를 제시하고 있다. 그는 진정한 여론형성의 가능성과 독일 국민의 국민적 자각을 믿으며, 바이마르 헌법에 의하여 성립하는 국가 속에 독일 국민은 그 민족적인 국민국가를 찾아야 한다는 것이다. 만년의 저작들 속에서 이러한 확신은 더욱더 강력하고 더구나 자주 불안으로 가득 차서 뚜렷이 나타나며, 정당의 편협한 권세욕과 그 이용자를 극복해야 한다는 정신과 지향을 가지는 「국민적 민주주의」(nationale Demokratie)[25]라는 말은 더욱더 인상적으로 나타난다. 이러한 전제가 더 이상 작용할 수 없다면 헌법전 전체는 소멸하게 될 것이다. 그리고 독일은 그 제후들의 국민 배반에 따라서, 그 정당의 배반을 체험하게 되면, 1848년의 이념이 1919년에야 실현된 사후의 승리는 일장춘몽이 되지 않을 수 없는 것이다.

프로이스는 그러한 두려움에 일반 국가이론적인 표현을 더 이상 부여하지 아니하였다. 그러나 그 문제 자체는 시민적 법치국가의 이념과 마찬가지로 낡았고, 실제로 이것 또한 200년이나 낡은 해답이 하나 있을 뿐이다. 그것은 **국민정신**(esprit de la nation), 즉 스스로를 교화하여 하나의 국민으로 **만든** 모든 인민이 반드시 전제로 하는 정치적 교양과 지성을 교시하는 것이다. 교양 · 국민정신 그리고 시민적 법치국가는 불가분의 일체를 이루는데, 이러한 말은 후고 프로이스가 특히 힘주어 인용하는 불길한 예언자 카산드라*를 연상케 하는 괴테의 시, 즉 — **독일인이여 너희들 허무하게도 자신을 교화하여 국민이 되기를 원하나니*** — 에서는 의미심장하고 아주 특수한, 다시 말하면 바로 정치적인 의미를 가진다. 또한 헤겔에 기초를 둔 19세기의 독일 국가학도 정신(Geist)에

---

24) 막스 베버가 자주 인상깊게 가르친 것은 정당은 본질적으로 **자유로운 운동에** 기초를 두는 단체라는 것인데, 훌륭하게 인상적인 많은 설명에도 불구하고, 독일에서는 정당이 그러하지 못하고 고정적인 단체가 된다면, 국가나 헌법도 변신한다는 것을 아주 의식하지 못하거나, 아니면 이미 더 이상 의식하지 않는 것이다. 이에 관하여는 예컨대 Carl Schmitt, Die geistesgeschichtliche Lage des heutigen Parlamentarismus, 2. Aufl., München und Leipzig 1926; H. Marr, Klasse und Partei in der modernen Demokratie, Frankfurt 1925; O. Koellreutter, Die politischen Parteien im modernen Staat, Breslau 1926; H. Triepel, Staatsrecht und Politik, Berlin 1926; E. Lederer, Durch die Wirklichkeit zur politischen Idee, in der Festgabe für Alfred Weber (Soziologische Studien, Potsdam 1930, S. 17); Dezemberheft der "Justiz" 1929에 있는 매우 주목할 만한 익명의 논문; 끝으로 M. J. Bonn, Die neue Feudalität, im Märzheft der Neuen Rundschau, 1930. 독일 라이히 국사재판소는 정당의 정의를 내리고(Urteil vom 7. Juli 1928, RGZ. Bd. 121, Anhang S. 8 f.; Simons-Lammmers, S. 311/12) 헌법 및 국가이론적 문제에 들어가지 않고 매우 중요한 선례를 만들었다.

25) 바로 후고 프로이스에 언급하면서 이러한 전제의 필요성을 최초로 강조한 것은 1929년 할레 시에서 헌법기념일에 행한 카를 빌핑거(Carl Bilfinger)의 업적이다. 앞의 주 20 참조. 그러한 전제들의 문제에 관하여는 Alfred Weber, Die Krise des modernen Staatsgedankens, 1925.

대한 신뢰를 함께 나누고, 그럼으로써 전 유럽적인 전통에 완전히 입각하고 있었다. 그러나 이러한 국가학은 국가를 사회 위에 수평적으로 두는 객관적 정신이라는 특별한 영역으로서 구성하고, 그리하여 정신을 사회에 대립시키고 질적으로 보다 높은 층으로서 억지로 사회 **위에**(über) 두었던 것이다. 구체적인 사회의 현실 속에서 이것은 교양 있고 도덕적으로 청렴결백한 국가관료의 지배를 의미할 수 있었을 뿐이다. 국가와 정신과의 이와 같은 독특한 결합은 19세기의 프로이센 국가에서는 가능하였고 설명할 수도 있었다. 왜냐하면 우선 첫째로 프로이센 국가는 결코 순수한 국가는 아니며, 모든 신앙상의 중립성에도 불구하고, 그 역사적 현실 속에서 사회의 기능을 떠맡았으며, 둘째로는 프로이센 (특히 그 수도 베를린)에서의 교양이란 대부분 국가관료의 교양이었기 때문이다. 이리하여 사회 위에 서는 국가라는 정신적 위계질서가 저절로 생겨난 것이다.

유물사관은 가치의 서열을 뒤바꾸어 놓았으며, 국가를 사회적인 세력의 단순한 도구로 삼고, 정신을 이데올로기의 반영으로 만들었다. 자유주의적인 **중산계층**(classes moyennes)은 이론적으로도 중간에 서며, 프로이센적도 마르크스주의적도 아닌 해결을 찾는다. 이것은 국가에는 대립하는 사회적 집단들이나 세력들 간의 **균형**(Gleichgewicht)이 항상 존재한다는 관념에 근거를 두고 있다. 이러한 균형이론은 17세기 이래 무수한 변형 속에서 제시되어 왔다. 전전의 국가학이 이것을 완전히 오해하고 경멸한 것은 주목할 만하나, 이 이론은 자본과 프롤레타리아트 간의 사회적 균형에 관한 학설 속에서 오늘날까지 살아있는 것이다.[26] 이러한 것 중 그 가장 그럴듯한 표현은 존 스튜워트 밀에서 찾을 수 있다. 그의 생각으로는 대립하는 이익과 집단들은 서로 저울의 평형을 유지하는데, 동시에 그들 아래에는 저울의 기울기를 시정하기에 충분한 만큼의 객관성과 지성이 **확산하여**(diffus) 존재한다는 것이다.[27] 민주주의에 입각하는 시민적 법치국가는 필연적으로 정당국가가 되는데, 이러한 국가는 바로 그 때문에 여러 가지의 중립적 세력 없이는 존속할 수 없으며, 정당에 구속되지는 않으나 일반적으로 존경을 받는

---

26) 근대 산업국가의 사회적 「균형구조」라는 오스트리아의 학설(Otto Bauer, Bolschewismus und Sozialdemokratie, 3. Aufl., Wien 1921, S. 114; Derselbe, Die österreichische Revolution, Wien 1923, bes. S. 196: Die Zeit des Gleichgewichts der Klassenkräfte; Max Adler, Politische oder soziale Demokratie, Berlin 1926, S. 112 f.; O. Kirchheimer, Z. f. Politik, 1928, S. 596)은 얼핏보면 매우 현대적이고 매우 사회주의적인데, 가령 그것이 프리드리히 엥겔스의 「예외적으로는 투쟁하는 계급들의 서로 균형을 이루는 시대가 온다」는 말을 인용할 수 있고, 또한 그와 함께 이러한 상태의 일시적인 과도적 성격을 강조하더라도 그 사상구조에서는 자유주의적 균형이론인 것이다.

27) John Stuart Mill, Considerations on representative government(초판 1861)(서병훈 옮김, 『대의정부론』, 아카넷, 2012, 132면) 특히 노동자와 고용자의 균형에 관한 제6장의 결론. 중요한 것은 다음의 문장이다. 「건전하게 조직된 모든 사회에서, 정의와 공공복리가 결국은 대부분 그 목적을 달성하는 이유는, 인류의 개별적이고 자기 본위의 이해가 거의 언제나 나누어져 있기 때문이다. 어떤 사람은 나쁜 것에 이해관계를 가지지만, 어떤 사람은 옳은 일에 사적인 이해를 가진다. 보다 높은 고려에 의하여 움직이는 사람은 그 수가 너무나 적고 그 밖의 다른 전체 사람들에게 우월하기에는 너무 약하지만 대체로 충분한 토론과 동요 뒤에는 그들과 같은 측에 서는 사람들의 사적 이해를 위하여 저울을 움직일 만큼 강하게 된다. 대의제도는 이러한 사물의 상태를 유지하도록 조직하지 않으면 안 된다」. 그 균형에 대한 신뢰, 그것 자체로서는 무력하지만, 올바른 사물의 승리에 대한 신뢰, 토론과 이념의 교지에 대한 신뢰를 가지고 이 문장만큼 자유주의의 형이상학을 계발적으로 설명한 것은 거의 존재하지 않는다.

지성이야말로 본래의 이상적인 **중립적 권력**(pouvoir neutre)일 것이다. 그것은 조직화된 심판기관으로서가 아니라(만일 그렇다고 한다면 이 지성도 또한 변질될 것이다), 자유롭고 형식화되지 아니한, 그러나 자신의 객관성을 위해서는 자기를 관철하는 정신적인 힘이며, 그 고유한 매체가 여론이라는 이 「정의내리기 어려운 유동체」이다. 후고 프로이스는 새로운 국가에 관하여 더 이상 그의 이론을 명확하게 표현할 수는 없었다. 그러나 내가 생각하기로는 정당국가의 권력과 병행하여 중성국가의 세력과 요인을 설정하는 것은 그의 만년의 견해에서 나오는 귀결이다. 그와 함께 중성적이라는 말은 새로운 전기를 맞이한다. 왜냐하면 수동적이고 불가지론적인 국가의 중성은 사회정책·경제정책을 수행하는 오늘날의 국가 — 독일의 경우에는 배상국가이기도 하다 — 에서는 이미 불가능하기 때문이다. 여기에서는 공평하고 정당한 결정을 가능하게 하는 중성이 필요한 것이며, 그 사회학적 전제는 정당에 구속되지 않는 지성이다. 이것없이 오늘날의 법치국가는 생각할 수 없을 것이다. 그 요소는 시민적 교양이며 결코 제도화하거나 관직으로서 파악하기 어려운 항상 확산하면서, 그러나 항상 실재적으로 효과적인 대국적이면서 궁극적으로 여론을 인도하는 **국민정신**(Geist der Nation)에 대한 신뢰이다. 정당의 벽을 뛰어넘는 용기와 독립심이 풍부한 인간은 항상 이 국민정신 쪽에 설 것이다.

많은 경험에 비추어 본다면, 조직적인 정당으로부터 독립된 정치적 지성이 오늘날의 독일에 존재할 수 있는가, 만약 존재한다 하더라도 그 지성이 일상적인 논쟁의 아우성에 자신을 내맡기고, 모든 정치적 개념은 논쟁적인 개념이라는 것을 알면서 오해와 고발의 세계로 향하는 것이 어떤 의미를 가지는가 하는 의문이 솟구치리라. 너무나 많은 정당들과 당원들이 필요한 정치적 결정을 자기들의 정당정치적 차원의 결정으로 바꿔치우고, 역사적인 적과 동지의 커다란 집단화를 자기들의 일이나 거래로 혼동하는 데에 관심을 가진다. 그나이스트에 관한 논문 속에서 후고 프로이스는 이렇게 말했다. 「그러나 점진적인 역사발전의 심오한 과정에 탐구의 눈을 돌리고, 거기에서 얻은 척도를 가지고 정치의 일상적인 문제를 측정하려고 하는 자는, 여론이라는 시끄럽고 즉흥적인 후견인으로부터 오늘에는 영지(英知)의 모범으로서 칭송 받고 내일은 같은 견해를 고수하더라도, 그 내적 일관성을 이해하지 못하고 변절자로서 논란되는 것을 각오하지 않으면 안 된다」.[28] 이것은 오늘날에도 역시 타당하며, 오늘날 정치사상가로서 자기의 독립성을 유지한다는 것은 그 어느 때보다도 더욱 어려운 일이다. 그러나 위의 말 속에는 그 생애와 저작을 통해서 자유로운 시민적 교양과 국가의 헌법과의 관련을 증명해 본 한 사람의 독립정신이 나타나 있다. 독일 시민 계층의 역사는 이러한 관련이 우연한 것이 아니라 본질적이며, 또한 그 때문에 독일의 지성과 교양의 운명이 바이마르 헌법의 운명과 불가분하게 결부되어 있다는 것을 보여준다.

---

28) Staat, Recht und Freiheit, S. 304. 프로이스가 실제의 결과에 대해서 투철하였고, 라이히의 문화정책을 요구한 사실은 헌법위원회에서의 발언이 이를 보여준다. Prot. S. 57.

라이히 헌법 제24조에 따른 라이히 의회의 소집과 휴회 (1930)*

라이히 헌법에서의 의회권한에 관한 규정 중에는 [바이마르 공화국] 이전의 시대상황이나 규정들이 미치는 사후효력이 가장 뚜렷하게 나타난다. 원래부터 헌법초안이나 헌법문언의 기초자들은 [제1차] 세계대전 이전 시대의 의회에 관한 경험을 출발점으로 삼는다. 그들은 민주주의 헌법이 입헌군주제 헌법과는 전혀 다른 전제조건에 근거한다는 것을 분명히 자각하지 못한 채, 무엇보다 전전부터의 요구를 억압하려고 하였다. 현행 라이히 헌법은 라이히 의회의 활동에 관한 규정을 반드시 모든 의사규칙에 맡기는 것은 아니며, 제23조 이하에서 내용적으로도 상당히 광범위하게 수많은 규정을 두고 있다. 여기서는 전전 시대의 잔재가 불쾌한 오해를 낳는 결과가 되고 있다. 그러한 오해는 주로 다음 두 가지 원인으로 설명이 가능하다. 그것은 첫째로, 현행 헌법이 라이히 의회의 「독립한」(souveräne) 자기집회권을 규정의 핵심에 두면서, 동시에 라이히 대통령의 소집권 · 휴회권 · 해산권을 출발점으로 하던 당초의 초안의 표현을 그대로 인계한 것이다. 둘째로, 피선기간(Wahlperiode) 내지 입법기(Legislaturperiode)를 약간의 회기(Sitzungsperiode, Sessionen)로 나누는 전통적인 방법, 「불계속성」(Diskontinuität)이라는 말로써 명확하고 의도적으로 유지되며, 헌법률상의 문언의 기초에 두고 있는데,* 그러나 실제로 현실에서는 이러한 구분은 전혀 고려하지 않는다는 점이다. 그 결과로서 그러한 피선기간 사이에는 개별적인 회기나 소집은 헌법의 문언의 의미에서는 이미 존재하지 않으며, 다만 유일한 일관된 회의(Tagung)가 있을 뿐이다. 회기(Session)나 회기(Sitzungsperiode)처럼 명확하고 기술적인 개념이 세간 일반에 사용되는 방법에서는 기술적인 것이라고는 느끼지 않는 「회의」(Tagung)라는 말로써 설명되며, 거기에서 「휴회」(Vertagung)라는 말에도 혼동할 가능성을 가지고 들어갔다는 것이 혼란을 더욱 조장하고 있다. 확실히 한편으로 전문가 사이에서는 「회의」(Tagung)가 헌법의 문언상은 「회기」(Sitzungsperiode)를 의미한다는 점에 대해서는 의문의 여지가 없지만 말이다.[1)]

---

* Einberufung und Vertagung des Reichstags nach Art. 24 Reichsverfassung, in: Deutsche Juristen-Zeitung, 35. Jahrgang Heft 20, 1930, S. 1285-1289.

1) 「요컨대 회의(Tagung)는 회기(Sitzungsperiode)를 의미한다」와, 후고 프로이스는 1919년 7월 30일의 국민의회의 심의상에서 서술하고 있었다(Sten. Ber. Bd. 328, S. 2107). 거기에서는 나아가 또한 독일어화하여 생기는 불명확성에 대해서 다비드존(Davidsohn) 의원의 적절한 소견도 보인다. 나아가 또 1925년 6월 26일의 프로이센 법무부에 의한 의견서(Drucks. des preuß. Landtags, 2. Wahlperiode Nr. 840 S. 1763)가 란트 의회에 대해서 행한 확인은, 라이히 의회에 대해서도 타당하다. 「회기(Sitzungsperiode)는

일관된 회의(간결하게 하기 위해서 이러한 말을 사용하는 것이 허용된다면)의 실천은 그때그때 주장하듯이 헌법위반[2]과 같은 것은 아니다. 다른 한편 이 실천이 어느 정도 광범위하게 영향을 미칠 수 있는가 하는 것은 아직 충분히 명백하지 않다. 그 때문에 「폐회」, 「회의」의 종료, 그리고 「소집권」처럼 제24조*에서 가정한 약간의 케이스는 총선거라는 드문 케이스에 제한되고 있다. 그처럼 드문 경우에는 그렇지만 그러한 피선기간 사이에는 실시하지 아니한다. 널리 보급된 교과서나 콤멘타르는 대부분의 경우, 그러한 「계속성」이 의원특권에 유리하게 되는 결과만을 강조할 뿐이다. 현재 행해지는 관행의 중요한 정치적 의의에 대해서는 거의 언급하지 아니한다.[3] 다만, W. 옐리네크*가 앞의 책에서 제24조는 「취지에 비추어 본다면」(sinngemäß), 라이히 의회가 소집되지 아니한 때에는 어떤 경우에도, 즉 단순한 휴회상태 때에도 적용되어야 한다는 한 문장을 첨가할 뿐이다. 안쉬츠*와 토마*가 공동 편찬한 『독일 국법 편람』의 현재 출판된 제1권에서는 그 문제가 묵살되고 있다.[4] 독일 라이히 국사재판소는 1929년 7월 13일의 판결(RGZ. 125, Anh. S. 6)에서 도대체 란트 의회는 언제 소집되지 아니한 상태에 있었는가 하는 문제를 다음과 같은 말을 가지고 해결하였다. 즉 란트 의회는 「4월 27일부터 5월 13일까지 회의(Sitzung)가 개최되지 않았」으며, 그것으로 프로이센 헌법 제55조*의 긴급명령의 형식적 요건은 충족된 것이라고. 이 문제에 대한 법학적인 업무가 위와 같은 상황에 있는 가운데 일간지에 소박한 잘못이 생긴 것은 결코 놀랄 것이 아니지만, 그러나 동시에 그것은 중요하지 않다는 것은 아니다. 왜냐하면 법률의 착오라는 것은 토마의 함축 있는 말에 의하면, 「관습법의 아버지」이며, 여기서 관습법이 원칙적으로 허용되는가의 여부 문제를 전혀 고려하지 않더라도, 바로 헌법생활에서는 정당한 것이기 때문이다.

개별적인 문제는 별도로 하고 (예컨대 새로운 선거가 10월 말 경에 실시되었다고 하더라도

국민의회의 라이히 헌법의 심의과정에서 라이히 정부와 모든 정당에 의한 동의 중에서 확인되었듯이, 회의(Tagung)와 동일한 의미이며, 피선기간(Wahlperiode)과는 다르다. ... 회기는 피선기간의 시작과 함께 시작하는 것은 아니며, 최초의 소집을 기다려 시작하는 것이다. 그것은 란트 의회가 폐회를 결정하기까지 계속한다. 즉 그러한 결정이 나오지 않으면 피선기간의 마지막까지 계속하는 것이다. 전자의 경우는 란트 의회의 재집회에 의해서 새로운 회의가 시작한다」.

2) Frhr. v. Freytagh-Loringhoven, Die Weimarer Verfassung in Lehre und Wirklichkeit, München 1924, S. 101. 「실제로 개별적인 회의의 폐지는 제27조나 제30조를 고려하면 헌법위반을 의미한다. 제24도 아직 대상이 아닌 것이다」. 뒤의 문장은 제24조가 새로운 선거의 경우에는 실제적 의미를 가질는지도 모르나 지나친 말이다.

3) Anschütz, Kommentar, 10. Aufl., S. 173; Poetzsch-Heffter, Kommentar, 3. Aufl., S. 166; Giese, 7. Aufl., S. 140; Hatschek-Kurtzig, Staatsrecht I., 2. Aufl., S. 479, 484; Stier-Somlo, Reichs- und Landesstaatsrecht I. S. 582; Frhr. v. Freytagh-Loringhoven, a. a. O. S. 101; W. Jellinek, Verfassung und Verwaltung des Reichs und der Länder, 1925, S. 65. 마찬가지로 앞에서 언급한 프로이센 법무부의 의견서도 이 문제를 오로지 의원특권의 관점에서 다룬다. F. 모르슈타인 · 마르크스(F. Morstein-Marx)의 논문은 입법사항에서의 소수자의 보호만으로 만족하며, 그 때문에 제24조를 단순한 언급에 그치고 무시한다(Beiträge zum Problem des parlamentarischen Minderheitenschutzes, Hamburg 1924, S. 33). 그런데 제24조의 라이히 의회의 3분의 1은 진정한 소수자가 아니다. 그 점에 대해서는 본문을 참조.

4) 라이히 대통령의 소집권에 관한 지적은 겨우 폴(H. Pohl)에 의한 라이히 대통령의 권한에 대한 개관 중에서 발견될 뿐이다. Handbuch I. S. 486.

라이히 의회는 11월의 제1 수요일에 소집하여야 한다와 같은 문제, 또는 의회가 소집된 경우에는 반드시 형식상만으로도 회의는 11월의 제1 수요일에 실시되도록 날짜를 정할 것인가의 여부 문제 등), 여기서는 특히 라이히 대통령과 라이히 의회의 3분의 1이 라이히 의회 의장을 중개로 행사하는 간접적 소집권의 문제가 중요하다. 제24조의 문언은 아주 명백하다. 양자의 간접적 소집권은 오로지 11월의 제1 수요일에 소집된다는 것과 관련성이 있다. 「라이히 대통령은 또는 라이히 의회의원의 적어도 3분의 1의 요구가 있을 때에는, 라이히 의회 의장은 이 기일 전에 이(라이히 의회)를 소집하여야 한다」. 원래 11월의 제1 수요일부터 소급하여 전 해의 11월 제1 목요일까지가 일괄하여 기일 전에 해당된다는 견해는 분명히 불가능한 해석이라고 하겠다. 왜냐하면 소집권이라는 것은 11월의 제1 수요일부터 이전에만 유효하며, 그 이후의 시기에는 타당하지 않기 때문이다. 그것은 전해의 11월 제1 수요일과의 관련에서는 늦더라도, 시기가 이에 반하여 다음 해의 11월 제1 수요일부터 본다면 이르게 될 것이다. 이 문장은 다음의 것을 보지 못한다면 완전히 난센스이다. 즉 간접적 소집권과 11월 제1 수요일과의 결합은 라이히 의회가 통상 하기휴가 동안에는 **폐회한다**(단지 휴회할 뿐만 아니라)는 것을 전제로 하며, 그 결과 11월 초두부터 실제의 「소집」이 예정된다는 것이다. 이 기일 자체는 주지하듯이, 오는 4월 1일에 시작하는 [차기] 회계년도의 예산안 심의를 확보한다는 노력에서 명백해지며, 더구나 필요하다면 라이히 대통령 또는 라이히 의회의 3분의 1의 소집권을 사용하는 것도 가능하다.

그러므로 오늘날과 같은 일관된 회의의 실천에서는 제24조에 편입된 간접적 소집권도 그러한 피선기간에서는 이미 고려되지 아니한다. 라이히 의회, 즉 라이히 의회의 다수파는 라이히 의회의 자기집회권에 근거하여 라이히 의회가 폐회로써 휴회하는가 폐회하지 않고 단지 휴회하는가에 대해서 자율적으로 결정한다. 나아가 라이히 의회는 새로운 회의의 일정조차도 결정한다. 그 위에 라이히 의회 의장은 라이히 의회 의사규칙 제70조에 의하면, 정족수를 채우지 못하기 때문에, 또는 그 밖의 사정에서 의회가 결정을 내리지 못하는 경우에, 라이히 의회에 의한 수권에 의하지 않고도 「독립한」 소집권을 가진다. 그에 대해서 그러한 회의 동안은 라이히 대통령 또는 라이히 의회의 3분의 1의 소집권은 존재하지 아니한다. 제24조의 명확한 문언에 비추어 본다면, 이런 종류의 문제는 제24조의 「취지에 맞는」 확대[해석]을 통하여 새로운 형식의 소집권이 현행 헌법에로 도입되어야 하는가의 여부 문제로 귀착한다.

이 문제는 라이히 대통령에 대한 동정이나 표면적인 소수자적 파토스에서 단순히 시인되어서는 안 된다. 왜냐하면 헌법률적 규정은 라이히 의회의 완전한 자율을 요구하기 때문이다. 그러한 의회의 자율권은 [라이히 대통령과 라이히 의회의 3분의 1] 두 가지의 독립된 소집권을 도입하면, 아주 변해버릴 것이다. 라이히 대통령과 라이히 의회의 3분의 1이 「그들의」 소집권을 빼앗아서는 안 된다는 근거에서, 헌법에 지금까지 알려지지 아니한 두 가지의 새로운 소집권을 창설하려고 한다면, 그것은 잘못된 추론이라고 하겠다. 이 점에 대해서 소수자의 보호라는 이유로 논증하는 것은 전혀 정당하지 않다. 왜냐하면

제24조가 규정하는 라이히 의회의 3분의 1은 제24조에 사용된 표현법의 언어상의 의미 — 자연스런 말 사용으로는 「**적어도** 3분의 1」이라는 말로, 3분의 1의 소수의 권리가 표현된다고는 말할 수 없을 것이다 — 에 의해서도 동일하게 성립사의 사정에서도 진정한 소수자로서 상정되지 않기 때문이다. 즉 그것이 다수파와 대립하는 것이라고는 생각되지 않은 것이다. 「적어도 라이히 의회의원의 3분의 1」의 소집권은 당초의 헌법초안에서 바뀌지 않았는데,[5] 그 시점에서는 라이히 의회의 자기집회권에서가 아니라 **라이히 대통령**의 소집 · 휴회 · 해산권을 출발점으로 하고 있었다. 즉 라이히 의회 의원의 단순히 3분의 1의 요구만으로 충분하다고 규정함으로써 대통령에 대해서 폐회 후에 소집을 요구한다는 라이히 의회의 권리를 확보하고, 그것을 쉽게 하는 것을 시도한 것이다. 오로지 그것 때문만이라고 하여 「적어도」라는 말의 설명이 붙는다. 거기에 그 당시에도 라이히 의회의 자기집회권이 국민의회의 헌법위원회에서 가치가 인정된 이유에는 휴회나 기일에 관한 라이히 의회 다수파의 결정권을 파기하기 위해서, 3분의 1의 소수파가 가지는 이러한 권리가 사용되는 것이 허용되어서는 안 된다는 것이 헌법위원회의 토의 중에서 명확하게 서술되고 있었다. 슐츠-브롬베르크(Schultz-Bromberg) 의원은 이렇게 의문을 제기한다. 「우리들이 의원의 3분의 1에게 라이히 의회를 소집할 권리를 부여한다면, 라이히 의회의 다수파가 휴회한 때에 3분의 1의 소수파가 즉시 재소집을 요구할 수 있다는 귀결을 가져올 것은 아닌가」. 거기에 대답하여 후고 프로이스(Hugo Preuß)는, 다수파가 1개월이라는 기간으로 휴회를 결의한다면 (초안의 제46조에 의하면 라이히 의회의 소집권은 당시 이러한 기일에 제약되고 있었다), 3분의 1의 소수파는 그것을 방해할 수 없을 것이라고 서술한다. 「따라서 다수파는 휴회를 결의하는 것이 가능할 것이다. 내가 생각건대 이러한 결의는 라이히 의회의 다수파에 의해서 이루어진다면 1개월간 유효하다」(Prot. S. 250 [의사록 250면]). 이 답변은 오늘날에도 여전히 타당하며, 다만 1개월이라는 기간의 제약은 그것이 최종적인 헌법률적 규정에로 인계되지 않아서 상실되어버렸다.

상당히 장기간에 걸친 휴회의 폐해를 제거하는 것은 무엇보다도 **라이히 의회 의장**의 책무이다. 이것에서 의장이 상황에 따라 점차 매우 중요한 지위가 되는 것은 의회의 자율을 전제로 하는 헌법의 취지에 일치한다. 물론 그 밖의 점에서는 모든 헌법상의 권한처럼 [라이히 의회 의장의] 남용도 일어날 수 있다. 그러나 남용에 대한 두려움이 있다고 하여 새로운 소집권의 도입을 정당화하는 충분한 근거가 되지는 않는다. 왜냐하면 라이히 의회의 3분의 1이 나머지의 3분의 2에게 휴회기간이나 회의의 일정을 압박하거나 라이히 의회 전체에 지속적인 회의를 강요하는 것을 헌법은 결코 의도하지 않았다는 것이 간과되어서는 안 되기 때문이다. 그렇지 않다면 반대나 방해만을 하는 라이히 의회의원의 3분의 1이 소집권을 정치 데모에 이용하는 것이나, 의회의 자기집회권에 근거하면서 의회에 **적대하는** 의사방해수단을 부여하는 상황이 간단히 생겨날 것이다.

---

5) Entw. I § 35 Abs. 2=Entw. II § 41 Abs. 2 (Triepel, Quellensammlung, 4. Aufl. S. 8 und 13). 그 다음에 Entw. III Art. 45 Abs. 2=Entw. IV Art. 45 Abs. 2 (Triepel S. 21 und 29). 최종적으로는 대체로 Entw. V Art. 24 (Triepel S. 39)=Art. 24 Rverf.

이러한 남용은 다수파에 의한 자유로운 휴회권의 남용과 동일하게 일어날 수 있으며, 또 동일하게 유해로운 것이다. 정치생활에서는 어떤 한쪽의 권력의 축소는 보통 다른 쪽이 권력의 확대에 기여한다. 라이히 의회 의원 3분의 1의 소집권은 역시 마찬가지로 남용할 수 있으며, 그러므로 신뢰할만한 것이다. 따라서 남용이라든가 불신이라는 논거는 거의 언제나 서로 상쇄되며 충분한 근거있는 귀결을 거의 산출하지 못한다.

가령 라이히 대통령이나 라이히 의회의 3분의 1에게 무제한의 간접적 소집권이 부여된다면, 그것은 제24조의 「**확대**[해석]은 아니며, 그리고 또 이 제24조의 「**취지에 맞는**」 확대[해석]도 아니며 오히려 다른 것일 것이다. 무제한의 간접적 소집권이 부여되었다면, 첫째로 11월 제1 수요일과의 관련, 둘째로, 전 회기의 종료와의 관련에서 의도적으로 이중으로 제약된 권리를 무제한한 권리로서 만들어버릴 것이다. 국민의회는 라이히 대통령의 소집권을 바로 배제하려고 한 것이며, 다만 겨우 특례로서 제24조에 규정된 경우만을 유보하려고 한 것이다. 그리고 동일한 제약은 이 점에서 제24조에 라이히 대통령의 소집권과 전적으로 아울러 규정된 같은 성격을 가지는 라이히 의회의 3분의 1의 소집권에도 해당되는 것이다.

오늘날의 긴급명령의 실제에 대한 기본 논점 (1932)*

Ⅰ.

바이마르 헌법 제48조 제2항의 지금까지의 운용은 매우 확대적인 해석을 한 경우에만 이 헌법이 라이히 대통령에게 부여한 권한의 틀 안에 머무른다. 따라서 지금까지의 이 조항의 운용에 대해서 「진정한 국가긴급권」[1]에 관하여 질문한 것도 또한 이의가 성공리에 주장된 것도 없었다. 행정당국은 긴급명령을 집행하고 있지만 그 내용은 이러한 당국에 대해서는 동시에 상위에 있는 당국으로부터의 직무명령이다.[2] 독립한 재판소는 지금까지 라이히 대통령에 의한 이러한 종류의 명령의 적용을 거부한 것은 아니다. 또한 [이것을] 결과로서 인용하거나 또는 감수하는 재판소에 의한 위헌법률심사권의 행사는, 일종의 제재와 함께 만의 하나 있을 수 있는 약간의 의문과 망설임을 합법적인 방법으로 제거하는 것을 내용으로서 포함하고 있다. 그러나 이해관계자와 그 대리인들로부터만이 아니고, 법학상 주목할 만한 방향에서 매우 다수이며 다양한 의문과 이의가 현재의 제48조의 운용에 대해서 이미 주장되어 왔다. 따라서 이 상황 전체에 관한 국법과 헌법이론상의 인식을 얻기 위해서 간단하고 체계적으로 정리된 개관을 하는 것이 시의에 적절할 것이다.

1) 실제의 재량과 직접적으로 상황에 결부된 개념의 취급에 대한 의문

개별적인 긴급명령에서 공공의 안전과 질서에 대한 위험이 정말 존재하는가 또는 어느 정도 존재하는가 하는 질문, 즉 제48조에 의한 비상권한의 전제조건이 충족되었는가의 여부, 또한 어느 정도 충족되었는가 하는 질문이 이[표제에 있는 사항]에 해당된다. 또한 개별적인 명령이 내용적으로 공공의 안전과 질서의 회복을 위해서 참으로 필요한가, 또한 어느 정도 필요한가 하는 문제도 이에 해당된다. 이러한 문제에 관한 설명은 여기서는

---

* Grundsätzliches zur heutigen Notverordnungspraxis, in: Reichsverwaltungsblatt und Preußisches Verwaltungsblatt, Bd. 53, Nr. 9. 1932, S. 161-165.

1) Bilfinger, DJZ. 1931, S. 1421; Koellreutter, DJZ. 1932, S. 40; W. Jellinek, RVBl. 1932, S. 47. 라이히 최고재판소 제3 민사법정은 1930년 7월 10일에 내린 공무원 관련 판결에 대한 이유 중에서 방론의 형식을 취하면서 국가긴급권(Staatsnotrecht)을 인정하지 아니한다.

2) Kühnemann, RVBl. 1931, S. 751이 흥미 깊게도 「열등한 위치에 있는 당국에 대해서 명령 (즉 제85조에 반하여 예산안을 정하는 헌법위반의 명령)은 라이히 정부의 결정에 근거하기 때문에 서열관계와 거기에서 나오는 복종의무에서 볼 때 행정명령으로서 구속력을 계속 가진다」고 서술하는 점을 참조.

생략하기로 한다. 콤멘탈(Anschütz, S. 248; Giese, S. 137; Poetzsch-Heffter, S. 236), 재판소(RGStr. 57, S. 384; S. 59, S. 185), 또한 특히 국사재판소는 지금까지의 긴급명령의 실제의 모습과 본질에서 인정하며, 따라서 근본적인 의미를 가지는 1931년 12월 5일에 내린 두 개의 판결이 쌍방에서,[3] 라이히 대통령에 관련된 이러한 행동과 재량의 문제는 이미 결정되었다고 한다. 가령 긴급명령의 첫머리에서 제48조를 이끌어 낸다면, 그것으로 원칙적으로 공공의 안전과 질서를 회복시킨다는 목적은 충분히 증명되고 있다(1931년 10월 6일자 RGStr. 제1 소법정 판결, JW. 1931, S. 3603/5 참조)는 것이다. 그러나 판결이유로서 지금까지 서술해온 것 중에는 생각되는 모든 사후의 심사를 절대적으로 단념한다고는 서술하지 않고, 오히려 여기서도 명백한 자의, 또는 의심 없이 재량을 남용하는 극단적인 경우에 관한 유보를 하고 있다.[4]

한편 이에 관련된 다른 관점이 점차 강해지며 또한 명확한 형태로 법학상의 비판의 중심이 되고 있다. 즉 제48조에 따라서 발하는 명령의 잠정적 성격에 대해서다. 잠정적인 조치만이 허용될 수 있는 것에 대해서, 계속적인 규칙은 헌법위반이라는 점에서 일치된 견해가 보인다. 제48조 제2항에 의한 라이히 대통령의 조치는 「최종적으로 무기한으로 유효한 것으로서 정해서는」 안 된다는 뜻을, 1931년 12월 5일에 내린 슈트렐리츠 판결 중에서 국사재판소는 서술하고 있다. 다수 학설도 마찬가지로 주장한다.[5] 그러나 이 점에서도 재량의 여지가 매우 큰 것이 제시되고 있다. 왜냐하면 무기한으로 유효한 것으로서 규정한 조치가 가령 허용되지 않더라도, 국사재판소가 동일한 곳에서 서술하듯이, 당해 규정이 「아마 보다 장기에 걸치는 불특정한 기간에 대해서 유효한 것으로서」 규정된 사정은, 명령의 효력이나 이러한 명령이 사실로서 결정적인 것(예컨대 합병, 새로운 조직 등)을 침해하는 것은 아니기 때문이다. 이들 양자 간의 구별은 명백히 매우 미묘하며, 최종적으로 모두가 독재자의 심성(animus)과, 그가 헌법에 적합한 의도를 가지고 있다고 추측하는 것에 관련된다고 한다. 오늘날의 상황 아래서 입법자가 보다 장기간 불특정한 기간만이 아니라 무기한으로 유효한 기간을 안중에 넣은 규칙을 검토하는 것은 우선 없을 것이다.

2) [이와는] 다른 종류의 이의는 수권(위임)을 위하여 국법과 헌법상 허용되는 기초에 근거하고 있다. 이것에 의하면 다음의 과정이 의문을 가질 대상이다.

---

3) StGH. 17/30, 작센 란트 의회의 경제당 원내회파가 작센 란트와 국사재판소에 대해서 행한 제소. 그리고 슈트렐리츠시와 멕클렌부르크 슈트렐리치 란트 의회에서의 독일인민당 원내 회파가 멕클렌부르크 슈트렐리치 란트 국무부에 대항하여 행한 제소에 관한 StGH. 11 und 13/1931 (1931년에 출판, S. 55). 붐케(Bumke) 라이히 최고재판소 소장에 의한 보고 DJZ. 1932, Sp. 1 ff. 나아가 JW. 1932, S. 513 f., Löwenthal, RVBl. 1932, S. 144 f. 참조.

4) 특히 1931년 11월 11일자 라이히 재정재판소 제4 소법정 판결 JW. 1932, S. 261. 즉 「그렇지만 재량권의 일탈이나 재량권의 남용에 관한 **아주 특별한 상황**이 **명백하지** 아니한 한, 재판관은 입법자에 의한 재량을 자신에게 구속력이 있다고 인정하지 않으면 아니된다」를 참조.

5) 예컨대 H. Triepel, Gutachten, Mitteilungen des Verbandes Deutscher Hochschulen Dezember 1931, S. 164; R. Thoma, ZöffR. 11. S. 20; R. Grau, Hdb. d. deutsch. Staatsrechts II, S. 280; F. Giese, RhB. 1931, S. 150, 151; Kühnemann, RVBl. 1931, S. 752 외 다수.

a) 다수 행해오고 있듯이, 라이히 대통령에 의한 라이히 정부에 대한 수권.[6] 제48조에 근거한 특별한 권한은 기본적으로 위양할 수 있는 것은 아니다. 그 기본방침 속에 규정된 조치의 실시만을 라이히 대통령은 다른 기관에 대해서 맡길 수 있다(RGStr. 56, S. 165).

b) 범위를 특정하지 아니한 수권(수권 시의 특정성과 한계성의 원칙). 이 점에 대해서 국사재판소는 위의 1931년 12월 5일자 슈트렐리츠 판결 중에서 란트나 시읍면의 예산을 확보하기 위해서 내린 1931년 8월 24일자 명령에 「심각한 의문이 있는 것」을 명시적으로 인정했으나, 「현재 제48조 제2항을 사용하여 매우 대규모적인 과제를 극복하지 않으면 안 된다」는 것을 고려하여, 예산의 조정이라는 목적은 최종적으로 특정할 수 있고, 또한 인식할 수 있는 한계라고 하였다. 따라서 이 점에서도 예측할 수 없을 정도로 광범위한 재량의 여지가 있다.

범위가 불특정하다는 것의 이유로는 또한 정치적인 불법행위를 박멸하기 위해서 내려진 1931년 3월 28일의 명령(RGBl. I. S. 79)과 1931년 10월 6일의 명령(RGBl. S. 537)에서 기본권이 정지된 것(명령을 실시하기 위해서 필요한 범위에서의 정지)은 인정되지 아니한다고 비난되었다(「공직과 국민」, 『작센주 상급공무원연맹잡지』 1931년 11월 1일호. 반대의 논리를 서술하는 것으로서 헨첼에 의한 이 명령에 대한 콤멘타르[Stilkes Reichsbibliothek, Nr. 115, S. 72] 참조).

c) 라이히 정부에 의한 실시 당국에 대한 재수권(Subdelegationen). 이것은 실시 당국에 대해서 조치의 내용의 결정 또는 조치 자체의 결정을 맡긴다는 것이며, 예컨대 1931년 8월 22일에 다시 철회된, 출국에 관한 1931년 7월 18일자 명령이 있다(RGBl. I, S. 376). 카를 뢰벤슈타인(Karl Löwenstein, A.ö.R. 21, S. 133/34)*은 이 명령은 헌법위반이라고 한다.

d) 란트 정부에 의한 란트법상의 결정을 내리기 위한 수권. 특히 1931년 8월 24일에 발한 란트와 시읍면의 예산확보를 위한 명령.[7] 1931년 12월 5일에 국사재판소가 내린 슈트렐리치 판결에 의해서 해결되었다(상술 a 참조).

e) 수권된 부국이 수권을 받은 조직(틀)을 넘는 것. 이것은 1931년 9월 12일에

---

6) 예컨대 많은 명령 대신에 1932년 1월 18일에는 (RGBl. I. S. 27), 제48조 제2항에 의해서 긴급하게 경제상의 필요성이 있는 경우에는 물자의 수입시에 보호관세를 부과하는 것에 대해서 라이히 정부는 수권하고 있다. 이것에는 제48조 제2항에 근거하여 부여된 신용(Kredit)에 관한 수권은 포함되지 아니한다 (다음의 (3) b)를 참조).

7) Daniels=Elleringmann, Die Rechtsgültigkeit der auf Grund der Sparnotverordnung vom 12. September 1931 in die Besoldung der Magistratspersonen vorgenommenen Eingriffe Berlin (Bahlen) 1931, S. 11은 「이중의 비중앙집권화 (즉 라이히 대통령이 란트 정부에 대해서, 또한 양자로부터 다시 하부에 있는 부국에로)의 이러한 사례에서는 라이히 대통령이 그럼에도 불구하고 독재적 조치의 최종적인 집행자이기를 계속하기 때문에, 라이히 대통령이 자기 자신의 바라는 바를 특히 상세하게 명시할 것을 요구하여야 한다. 이러한 문제의 성질상 발생하는 요구에도 불구하고, 이 재정을 회복하기 위한 명령은 이 조치의 목표를 적을 뿐이다. 또한 그것도 일반적인 형태로 적을 뿐이며, 그 내용에 대해서는 전혀 결정하지 아니한다」고 한다. 이 문제에 관한 프로이센 란트 이사회의 의견(1931년 제30회 모임)도 참조.

발한 프로이센 긴급재정긴축명령에 의한 복수의 규정에 대한 주된 반론의 하나이다.[8)]

(3) 반론에서의 세 번째 유형은 헌법상의 통치기구에 관한 규정에 저촉하는 것에 관한 것이다. 라이히의 최고위에 있는 기관 동료의 관할사항의 분담과 그것들의 관계를 다룬다.

a) 1930년 7월 26일에 발한 명령(내용적으로는 라이히 의회의 요구로 1930년 7월 18일에 무효가 된 1930년 7월 16일자 명령의 반복이다)에 대해서, 라이히 의회가 가진 권리에 저촉한다는 이유로 제기된 의문은 라이히 최고재판소 형사판결(RGBl. 65, 364 ff.)과 1931년 12월 5일에 국사재판소가 내린 작센 판결에서 인정하지 않고, 이로써 실제 문제로서는 해결되었다.

b) 형식적 의미에서의 법률을 요구하는 헌법상의 규정에 대한 저촉. 특히 바이마르 헌법 제85조와 제87조가 문제로 된다(예산법과 국채발행). 퀴네만(Kühnemann, RVBl. 1931, S. 750)이 특히 이 문제에 대해서 언급하는데 지금까지로는 현실적인 형태에서의 반론에 성공하지 못하고 있다.

c) 라이히와 란트 간의 권한분할에 대한 저촉. 예컨대 1931년 8월 5일에 발한 저축은행령(시읍면에 의한 외국채수입에 대해서, 1925년 3월 21일자 제국법 (RGBl. I, S. 27)이 제76조에 의한 헌법개정법률로써 발포되었기 때문에 이 영은 더욱 두드러진다), 또한 특히 1931년 8월 24일에 발한 란트와 시읍면의 예산확보를 위한 재정재건령. 1931년 12월 5일에 국사재판소가 내린 슈트렐리츠 판결 중에서 제48조는 독립한 권한에 관한 규정을 포함하기 때문에 라이히 대통령은 란트에 속한 권한의 영역에서도 또한 명령을 발할 수 있다고 판단하여, 이 문제는 해결된 것처럼 보인다.

4. 라이히 대통령의 입법권이 상술한 3 c)에 의해서 매우 광범위한 확장을 실시한 것에 비추어, 현실적인 결과로서 이른바 오늘날의 헌법에 관한 한, 주로 기본권에 관한 실질적인 법으로서의 의미에서의 헌법규정이 이 특별한 권한에 대한 제한을 계속한다. 무엇보다 왜 란트의 연방제에 관한 법규상의 지위를 헌법에 의해서 보호하는 것이 공무원의 권리 또는 종교단체의 권리와의 비교에서 보다 불가침적인 것은 아닌가 하는 이유는 이해하기 어렵다. 그러나 [기본권이] 이러한 독재권력에 대한 제한이 되는 것에 대해서는, 운용상 일치하여 인정한다. 이의신청의 이유가 될 수 있다는 기본권에 관한 다양한 규정으로서는 여기서는 다음의 점에 대해서만 언급하기로 한다.

a) 바이마르 헌법 제129조(공무원의 기득권). 1931년 7월 10일에 라이히 최고재판소 제3 민사소법정이 내린 판결[9)]에서 지금까지 행한 라이히와 란트의 공무원의 봉급 인하는 대부분의 경우, 라이히 최고재판소에 의해서 유효하다고 인정된 봉급법상의 변경의

8) Triepel, a. a. O. S. 160, 161; Daniels=Elleringmann, a. a. O. S. 11.
9) 이 점에 대해서는 W. Jellinek, RGBl. 1932, S. 41 f.

유보일 수 있기 때문에, 헌법위반은 아니라는 것의, 예컨대 특별한 약정, 프로이센의 시읍면에 근무하는 공무원 그리고 약간의 봉급의 종류에 관한 문제는 다수 남아 있으며, 국사재판소는 현재까지 이 문제에 대해서 최종의 심급에서 결정을 내리지 못하고 있다. 이 점에 대해서 헌법상의 의문과 이의신청이 성공할 수 있는 사례는 한 건뿐이었다. 따라서 라이히 대통령령(1930년 12월 1일자 명령 제2부 제2장 제3조 제3항(RGBl. I. S. 523), 1931년 6월 5일자 명령 제2부 제1장 제7조 제3항(RGBl. I. S. 283), 1931년 10월 6일자 명령 제3부 제4장 제5조 제2항과 제5장 제2편 제14조(RGBl. 546 und 550))가 제129조에 의한 기득권에 대한 유보를 하고, 독재자가 이에 대한 결정권을 내려놓고, 재판소에 맡긴 것은 매우 특별한 의미를 가진다.

b) 제105조(법률에 의한 재판을 받을 권리의 박탈). 뢰벤슈타인(K. Löwenstein, A.ö.R. 21, S. 139)은 1931년 7월 13일에 발한 다나트 은행령(Danatbankverordnung)에 의해서 은행자산의 가압류, 강제집행 그리고 가처분을 하지 않고 파산절차가 개시되지 않은 것에 대해서, 제105조에 저촉하는 것을 이유로 「독일에 있어서의 법치국가의 역사 중에서 달리 예를 찾기 어려운 사례」라고 한다. 1931년 7월 6일자 명령에 의해서 라이히 최고재판소에 의한 녹지대 판결이 수정된 것에 대해서 볼렌(Bohlen, RhB. 1931, S. 135)과 기이제(Giese, ebd. S. 151)는 「재판소에 의한 판결의 파기」이며, 정부에 의한 사법개입의 사례라고 한다.

c) 제109조(평등원칙은 입법자에 대해서도 타당한 자의적 행위의 금지를 포함한다는 「새 학설」의 해석). 뢰벤슈타인(A.ö.R. 21, S. 142)은 1931년 7월 13일자 명령에 의해서 다나트 은행에 대해서 특별 취급한 것에 대해서 적어도 의문이 있다고 한다. 그리고 카를 뢰벤슈타인은 1931년 7월 13일자의 제1 집행명령은 이윤과 기타 수입에 대한 권리에 간섭하기 때문에 계약에 관한 기득권에 대한 침해이며, 따라서 자의적인 예외취급의 사례라고 한다.

제134조(조세의 평등, 1931년 12월 5일에 국사재판소가 내린 작센 판결에서 해결되었다), 제111조, 제112조(H. Stoll, Arch. ziv. Praxis 14, 1931, S. 350 참조), 제127조, 제164조(위의 작센 판결에 의해서 해결 완료) 등, 이러한 관련에서 다룬 헌법상의 규정은 실익 있는 형태로는 적용되어 오지 않는다. 여기서 보아야 할 가장 중요한 규정은 당연히 제153조(재산과 사유재산권의 보장)이다. 다행인지 불행인지, 이 조항은 제48조 제2항에 의해서 정지할 수 있는 규정이다. 라이히 최고재판소(1931년 10월 6일자 제1 소법정 판결(형사소송), JW. 1931, S. 3605)에 의하면, 정지할 수 있는 기본권의 침해를 허가함에 있어서 사전이나 또는 형식적인 절차에 의한 정지는 필요로 하지 아니한다.

Ⅱ.

1에서 서술한 개관에서 알 수 있듯이, 이럴 정도로 많은 진지한 의문이 드러난다.

그러나 결정적인 것은 지금까지 제48조에 관한 오늘날의 운용에 대해서 제기된 이의신청이 성공을 거두지 못한 것이며, 나아가서는 개별적인 헌법상의 규정, 특히 제2편에 있는 규정을 문제 삼는 것이 이 문제 전체에 대해서 우연적이며 부수적인 것처럼 보지 않을 수 없는 것이다. 단순히 권력을 가진 것으로 합법적인 정부가 크게 그 정치권력을 증대시키는 모습 전부가 여기에 나타나며, 그 존재태양은 다음과 같이 세 가지로 분류된다. [첫째는] 재량의 취급과 상황에 직접 결부된 불특정한 개념(위험 · 공공의 안전과 질서 · 위기상황 · 필요한 조치 등)의 취급, [둘째로는] 합법적인 의도와 합법성 일반의 추정, [셋째로는] 국가의 행위에 흠 있는 것이 [당해 행위를] 무효로 하거나, [당해 행위에 대한] 무시를 초래하거나, [당해 행위의] 집행을 불가능하게 하는 것이 예외적일 뿐이기 때문에, 규범에 적합한가의 여부에 의문이 있는 경우에도 집행과 집행의 가능성이 존재하는 것이다.

개별적인 의문과 이의신청의 건수만을 보아서는 제48조에 관한 현재의 운용의 실제적이며 기본적인 의의를 인식할 수 있는 전체상은 알 수 없다. 당연히 현재 발포된 긴급명령에 있는 무수한 조문의 모두를 바이마르 헌법, 특히 그 기본권에 관한 부분에 있는 다수의 다의적인 규정 모두와 대조한다면, 위헌성을 확인할 수 있을 것이다. 또한 19세기적인 사상과 개념을 사용하는 것으로, 국사재판소에 의해서 독일에 대하여 인정되고 있는 오늘날의 운용에 서로 양보할 수도 있을 것이다. 물론 이러한 방법에는 놀라움 이외에 아무것도 있을 수 없다. 또한 이러한 방법으로 오늘날 보이는 발전의 의의에 대해서 국법학상, 근거 있는 판단이 내려진다고는 생각하지 아니한다. 국법학과 헌법학적으로 현재 실시되는 긴급명령의 운용에 있어서의 가장 뚜렷한 현상은, **새로운 고유의 성질을 가진 입법자**가 바이마르 헌법에 도입되고 있다는 점일 것이다. 라이히 대통령은 오늘날 지배적인, 공인된 그리고 앞으로도 승인될 이 운용에 대한 입법자로 간주되고 있다. 라이히 대통령은 확실히 특정한 전제조건에 결부된 (그러한 전제조건이 충족되었는가의 여부를 결정하는 것은 라이히 대통령 자신이다) 이상, 제48조 제3항에 의해서 라이히 의회의 통제 아래 놓여있다(진정한 조치는 취소할 수 없다는 것이 그러한 조치가 가지는 고유한 성질의 하나이다). 그렇지만 라이히 대통령은 그 이외의 점에 대해서 말한다면, 라이히에 있어서의 단순한 입법자와 동일한 입장에 있는 것이 되며, 기본권에 어떤 법률의 유보의 내용을 규정할 수 있으며, 거기에서의 「조치」는 재정에 관한 규정(제85조와 제87조)에 있는 형식적인 의미에서의 법률의 요구를 만족시키는 위에, 통상의 입법자와 마찬가지로 라이히 정부에 대해서 수권을 할 수 있다는 것이다. 보다 상세하게 고찰하면, 이 새로운 입법자는 제68조에 의한 통상의 입법자보다도 훨씬 강력한 것을 알 수 있다. 왜냐하면 법률의 유보에 의해서 대폭적으로 라이히 대통령에게 위임한 7개의 기본권에 대해서, 라이히 대통령은 제48조에 의해서 다시 그 전부나 그 일부를 정지할 수 있기 때문이다. 이러한 것은 단순한 입법자에게는 허용되지 아니한다. 국사재판소가 인정하는 제48조에 관한 해석(상술 1 (3) c)에 의하면, 통상의 입법자를 구속하고 제한하는 라이히와 란트 간의 권한분할이 라이히 대통령에게는 적용을 보지 못한다. 라이히 대통령은 란트 헌법에서 일탈하는 형태로, 란트에서의 국가권력을 행사케 할 수 있다.[10] 라이히 대통령은 라이히 법률을 대행하는 명령을 발하는 동시에 모든 조치를 취할 수 있으며, 연방국가법의 조직적인 체계를 배려하지 않고 집행기관을 잠정적으로 창출하고 무력을 가지고 개입할 수 있다. 즉 간단하게 말하면, 라이히 대통령은 단순한 입법자가 할 수 없는 조치를 취할 수 있는 것이다.

헌법의 텍스트에는 관련된 곳이 없으며, 또한 헌법이 가져온 모든 경향에 반하면서도 그러한 탁월한 입법자를 도입하는 해석을 제48조에 대해서 하는 것이「불가침성이론」(Unantastbarkeitstheorie)으로서 이미 있어서는 안 된다는 것이 서서히 의식되어 오는 것처럼 보인다. 국법과 헌법상의 혼란이 생기는 것의 연원은, 법률과 조치와의 구별이 상실해버린 것에 찾을 수 있다. 종래부터 해온 이 법치국가적인 구별을 제48조와의 관계에서 강조하려는 시도가 성공하지 못한 것은 다 아는 사실이다. 조치 이외의 다른 무엇을 법규범 속에서 발견하는 것은 오늘날 거부되며, 따라서 이제 또 하나의 조치는 헌법 체계 중에서 법률이 가지는 권위 전체를 얻을 수 있다. 명백히 법치국가적인 사상을 가진 법률가들도「법률의 이름 아래」 대신에「조치의 이름 아래」라고 서술하고, 독립한 재판관을 법률에 대신하여 조치에 복종케 하는 것이 가능하다고 한다. 나의 지금까지의 경험에서 볼 때 [법률과 조치의] 근본적이고 본질적인 구별을 포기하는 독일에 있어서의 이러한 사태의 진전을 다시 취소할 수 없다고 생각하지 않을 수 없다. 그렇다 하더라도 이 두 가지의 것 사이의 차이는 아직 잔존하는 어떤 종류의 부분에서, 말하자면 경련을 일으키며 때때로 현실에 영향을 미치는 것을 알 수 있다. 예컨대 라이히 대통령이 라이히와 란트 간의 권한분배의 구속을 받지 아니한다는 것은, 결국 라이히 대통령이 발하는 명령이 조치이며, 법률이 아니라는 것에 의해서만 정당화할 수 있다. 그렇지 않다면 라이히 법률에 타당한 것은 라이히 법률을 시인하는 명령에도 적어도 마찬가지로 타당하여야 한다. 라이히 대통령이 발하는 명령의 잠정적인 성격을 전면에 내세우려는 상술한 1 (1)에서 언급한 시도는, 법률과 조치의 구별을 다시 정당한 것으로 하려는 노력에 불과하다. 일반적으로 이 구별을 하지 않음으로써 사실관계와 법관계를 바로 잘못 이해해 버리는 결과를 가져온다. 예컨대 (상술 1 (4) C 참조), 1931년 7월 13일에 발한 다나트 은행령에 포함된, 전형적이며 의심이 없는 순수한 조치는 특수 구체적인 상황을 위해서 책정된 것인데[사실관계], 이 조치는 법률과 조치가 구별되는 한에서는 법치국가적인 법률개념의 표현에 불과한 제109조 제1항의 평등원칙에 당연히 합치할 수 없기 때문에[법관계], 의문이 있는 것으로서, 또한 위헌이라고까지 생각하는 것이다. 따라서 법률과 조치를 외관상 구별하지 않음에도 불구하고, 과거 20년 간에 발전하고 변화된 제48조 제2항에서 오늘날에도 여전히 두 개의 종류의 권한이 구별될 수 있을 것이다. 요컨대 (물론 단순한 라이히 법률의 한계 내에 있는) 라이히 법률을 대신하는 법규명령권과 비상사태

10) 이 가능성이 가지는 커다란 의의와 범위에 대해서 적확하게 적은 것으로서 Löwenthal, RVBl. 1932, S. 144, insbesondere 145/146 참조(국사재판소에 의하면, 라이히 대통령은 이미 바이마르 헌법 제5조에는 구속되지 아니한다!).

에 즈음한 조치에 관한 권한이다.

일반적으로 이 구별이 의식되지 않게 된다는 것, 또한 입법자가 조치를 결정하고 조치를 강구하는 권한을 가지는 독재자가 법률을 제정한다는 것, 그리고 이러한 놀라운 변화가 의문 없이 수용된다는 것 중에서 일반적인 헌법사에서의 전환이 생긴다. 이 전환은 19세기적 법치국가로부터의 이탈을 의미한다. 왜냐하면 이 법치국가는 본질적으로 **입법국가**(Gesetzgebungsstaat)였기 때문이다. 즉 거기에서는 국가의사의 최고의 표현이 법규범으로서의 법률 속에서 찾은 것이며, 법률의 유보와 법률의 우선이 그 특징이었다. 또한 이 법치국가는 법률과 입법자에 대한 신뢰, 더구나 당연한 것이지만 단일한 입법자에 대한 신뢰가 법에 대한 충분하고 최종적인 기반이라고 느끼고 있었다. 법과 법률의 일치는 문제가 되지 않았다. 입법자에 의한 결정은 「실정법」의 이유인 동시에 법학 중에서 「실증주의」라고 이름 붙인 모든 것을 근거지우고 있었다. 이러한 종류의 법치국가의 고전적인 학자인 오토 마이어는 「'법률'이란 이름 아래 발포한 것이 가장 높은 국가의사이다」라고 서술한다. 이 입법국가의 원칙은 「라이히 법률은 라이히 의회가 규정한다」는 바이마르 헌법 제68조 중에서 간결하게 표현되고 있다.

그러나 그러한 입법국가는 당연히 단일하며 문제가 없는 입법자와, 다른 것과 구별가능한 법률개념을 전제로 한다. 양자 모두 오늘날 이미 존재하지 않는다. 여기서 문제인 것은 라이히 의회가 「기능하지 않으며」, 의회가 약간의 견고하게 조직된 사회적인 권력복합체에게 독일 국민이 다원적인 형태로 분할된 전람회장으로 화한 것만은 아니다. 바이마르 헌법 자체가 어떤 때에는 직접 스스로, 어떤 때에는 헌법상의 발전과 그 규정의 해석을 통하여, 이질적인 일련의 입법자를 도입함으로써 입법자를 다원화시키고, 상대화시킨 것이다. 즉 라이히 의회, 국민, 단일한 라이히 법률의 입법자, 제76조에 의한 헌법개정을 하는 라이히 법률의 입법자, 그리고 제48조 제2항에 의한 라이히 대통령이다. 바이마르 헌법이 제68조와 같은 강력한 규정에서 장중하게 선언하는, 단일하고 정규의 라이히 법률의 입법자를 신뢰해야 한다는 것, 그리고 그 공평성과 충성은 신뢰에 대한 것이 아니라는 것이 연일의 인쇄물에서 — 어떤 정당을 지지하는가를 불문하고 — 탁월한 이론가와 실무가의 발언으로서 게재되어 있다. 그러나 19세기로부터 전통적인 입법국가의 종언이 선언되었다는 것에 대한 의식이 결여되어 버렸다. 왜냐하면 입법자에 대해서 상실한 신뢰를 다시 한 단계 나아가 제76조에 의해서 헌법개정을 하는 입법자에게 마치 이동시키는 것은 될 수 없기 때문이다. 오히려 헌법구조 전체에서의 근본적인 변화가 생긴다. 법치국가와 입법국가는 이미 동일하지 않다. 이리하여 헌법상의 발전이 앞으로 어떤 방향으로 나아갈 것인가 하는 질문이 제기된다.

우선 먼저 새로운 법치국가는 **사법**국가(Jurisdiktionsstaat)로 된 것은 아닌가 하고 추측하게 된다. 국가의사의 최고이며 최강의 표현을 재판소에 의한 판단 속에 찾으려는 국가이다. H. 트리펠*, E. 카우프만*과 같은 국법학자들이 해온 법학상의 작업은 바이마르 헌법의 발효 이래 무엇보다도 입법국가에 전형적이고 자명한 법(Recht)과 법률(Gesetz)

의 동일시를 제거하려고 해왔다. 동일한 결과는 특히 바이마르 헌법의 기본권에 관한 규정이 현실화하고, 또한 실체화되는 것으로도 얻는다. 이로써 법치국가라는 말은 다른 의미를 얻으며 그것은 이제 사법국가를 의미한다. 단순한 법률과 실질적 법으로서의 헌법률을 구별함으로써 열리고, 입법자와 입법의 수법의 다양화에 의해서 점차 확대되는 입법국가의 고랑과 균열 속에서 불가피하게 사법심사권이 점차 정치적으로 중요성을 띠면서 발전해 온다.

그러나 사법국가의 훌륭한 요소들이 이렇게 도입되는 것은 진전하는 사태의 일부이며, 결코 그 중심적인 부분은 아닌 것으로 생각된다. 오늘날의 독일 라이히처럼 사회적 · 경제적 및 정당정치적인 구조를 가진 국가가 소송에 의한 결정에 이 국가의 최종적인 생각, 그리고 그 정치적 의사의 가장 강력한 표현을 찾을 수는 없을 것 같다. 실제로 중심이 되는 발전은 오히려 **행정국가**와 **안건처리국가**(Verwaltungs- und Geschäftsbesorgungsstaat)에로 향하고 있으며, 그러한 국가의 실제적인 표현형태가 합목적적인 형량에 의해서 규정되고, 사실과 상황에 적합한 조치이다. 따라서 조치와 법률을 구별하지 않는 것은 조치의 레벨에서 현실화한다. 그러한 행정국가에 대해서 사법국가의 새로운 요소들은 하나의 매우 중요하고 필요한 수정일지라도 하나의 수정에 불과하다. 상술한 개관을 통하여 재판소에 의한 심사와 통제는 수정을 가져오는 대신에 새로운 행정국가의 수법을 합법화하는 동시에 [그러한 수법에] 동의할 수 있는 것이 명백하게 되었다.

프로이센 란트에 대한 라이히 코미사르 임명의 합헌성 (1932)*

1.

란트들은 독자적인 국가권력을 가진 국가들로서 라이히와 라이히 권력에 대치하고 있다. 양쪽의 국가형태를 구별하는 것은 정상적인 시대에는 바로 가능하다. 라이히 권력은 라이히 헌법 제48조의 비상권한 때문에 확대한다. 그 확대는 라이히가 란트의 국가기관 그 자체에 개입하지 않고 비상사태에 있어서의 란트 권력의 범위를 억제한다는 형태로 한다. 그 경우에는 란트 정부 내지 란트의 관청은 라이히 대통령의 위임을 받아 그 전권을 부여하며, 라이히 대통령의 보조기관으로서 활동하며, 라이히의 이름으로 라이히 권력을 행사한다. 「국가권력은 라이히의 사건에 관하여 라이히 헌법에 근거하여 라이히의 기관을 통해서 행사하며, 각 란트의 사건에 관해서는 각 란트 헌법에 근거하여 각 란트의 기관을 통해서 행사한다」(라이히 헌법 제5조)는 점은 저촉되지 않고 머무른다.

이처럼 라이히와 란트라는 두 개의 국가기관은 서로 독립하여 구별가능함에도 불구하고 결코 불가침은 아니다. 국사재판소가 독일 라이히에 대해서 많은 사례에서 강조해 왔듯이,1) 란트 헌법은 그 자신 라이히 헌법에 의해서 「보완된」다. 또한 라이히 권력은 많은 경우 란트의 국가권력이 가진 권한들의 직접적인 근거이기도 하다. 단순한 라이히 법률은 제48조 제2항에 비추어 라이히 대통령이 라이히 법률을 대리하는 명령도 포함하여 라이히 헌법 제14조에 근거하여, 통상은 란트 관청에 의해서 집행된다. 그리고 또한 라이히 헌법 내지 라이히 법률에 의해서 부과된 의무가 이행되지 않으며, 그러므로 **제48조 제2항에 근거하여 발생하는 의무도** 불이행이기 때문에, 제48조 제1항에 근거하여 곧 란트에 의무를 이행하도록 「강제하는」 권한이 라이히 대통령에게 주어진다. 만약

---

* Die Verfassungsmäßigkeit der Bestellung eines Reichskommissars für das Land Preußen, in: Deutsche Juristen-Zeitung, 37. Jahrgang Heft 15 (Berlin, den 1. August 1932), S. 953-958. 오늘날 가장 중요한 절박한 문제에 대해서 제1급의 국법학자의 한 사람과 가장 저명한 실무가의 한 사람이 우리들의 간청에 따라 기여한 견해를 다음에 공표한다. 편집자. (* 이 주는 슈미트 자신에 의한 것이 아니고 이 논문의 게재지인 Deutsche Juristen-Zeitung지의 편집자가 붙인 것이다. — 역자).

1) 1921년 7월 12일의 판례 (RGZ., 102, S. 415와 AöR., 42, S. 79; Lammers-Simons I. S. 357); 1927년 10월 15일의 중간판결(RGZ., Anhang, S. 4와 Lammers-Simons I. S. 292); 1927년 12월 17일의 세 개의 판결(Lammers-Simons I, S. 330, 341 f. u. 398 f.); 1928년 5월 12일의 중간판결(RGZ., 120, Anh., S. 19; Lammers-Simons I. S. 352); 끝으로 종래의 실천의 유효성을 분명히 확인한 1930년 6월 24일의 판결(RGZ., 129, Anh., S. 1 f.).

라이히 대통령이 예컨대 그가 1931년 8월 24일의 이른바 재건명령(SanierungsV.)(RGBl. I S. 453)을 통하였듯이, 「현행 란트법에 반하는」 권한을 란트 정부에 부여한다면, 제48조 제2항에 비추어 라이히 대통령에 의해서 수권된 권한에 근거하여 곧 란트법마저도 생긴다. 라이히 최고재판소 소장 붐케* 박사의 논문(DJZ. 1932, S. 569) 중에서 라이히법과 란트법의 관계들이라는 상술한 점에서 생기는 가장 중요한 문제들이 명백하게 되고 있다. 국사재판소는 이러한 가능성의 법적 근거를 다음의 점, 즉 제48조가 라이히 대통령의 「이러한 명령에 근거하여 독립된 직접적인」 권한을 근거지우며, 라이히 대통령의 권한은 기타의 권한들에 소급할 것을 요하지 아니한다는 것 속에 보인다. 그리고 그것은 푀취-헤프터와 R. 그라우의 문헌 중에서 주장하는 학설과 일치한다(1931년 12월 5일의 판결, RGZ. 134, Anh., S. 21).[2] 그런데 란트들의 정부는 제48조 제2항에 의해서 수권된 라이히 대통령의 권한에 직접 근거하여 란트의 국가권력을 행사할 가능성을 크게 이용하였다. 그것에 대해서는 1931년 9월 12일의 프로이센 정부의 저축명령(SparV.)(GesS., S. 179)이 하나의 예를 제시한다. 제48조 제2항에 의해서 라이히 대통령은 단순한 일시적인 조치를 강구하는 것이 허용될 뿐임에도 불구하고, 이러한 근거에 기하여 최종적인 효력을 수반하는 란트의 국가권력의 행사도 할 수 있다. 예컨대 제48조에 의해서 효력을 가진 권력에 근거하여 란트 국가권력의 행사를 통하여 행해지는 [자치체의] 합병은, 법률상 유효하며 최종적인 효력을 가진다.[3]

최대의 어려운 문제는 **집행권**의 영역에 관련된다. 제48조 제2항에 의해서 의문 없이 인정되는 집행권의 이행(移行)명령에 의해서 라이히는 흔히 말하는 「라이히 집행권」을 생기게 한다. 집행권의 이행을 통해서 집행권에 관련된 란트 관청, 특히 예컨대 공공의 안전과 질서의 유지를 관할하는 란트 관청이 라이히 관청에로 변화하고, 그들에 의해서 행사되는 란트 국가권력도 바로 라이히 권력으로 되는가의 여부는 의심스럽다. 모든 란트 관청이 처음부터 가능한 한 언제나 동시에 라이히 기관이라는 구성에 대해서는 연방주의적인 [입장에서의] 이의가 아마 있을 것이다. 그러나 만약 라이히 독재권력 아래 계속된 란트 국가권력이 행사되었다고 간주된다면, 라이히 대통령의 명령에 직접으로 근거하여 란트의 국가권력이 행사된다는 사례가 주어지게 된다.[4] 제48조 제1항(라이히

---

2) 국사재판소가 그 판결이유 속에서 표명한 걱정 ― 그 걱정을 결정적인 것이라고 서술하지는 않지만 ― 은 권한의 범위에 관계하고 있었다. 그러나 그 걱정은 라이히 대통령의 권한에 근거하여 란트법에 의해서 행해지는, 그러한 직접적인 운용의 허용성에는 관계하지 아니하였다.

3) 1931년 12월 5일의 슈트렐리치 판결 (RGZ., 13 Anh., S. 24) 중에서 국사재판소는 다음과 같은 문면을 기초하였다. 즉 라이히 대통령의 조치에 대해서 부과할 시간적인 제약은 다음의 것을 배제하는 것은 아니다. 즉 그러한 조치를 통하여 효력을 가진 권한에 근거하여 「어떤 자치체의 다른 자치체에의 합병과 같은 것은 지속적인 상태로 인도하는 조치」가 취해지는 것과 같은 사례를 배제하지 아니한다고.

4) 1923년 11월 8일의 라이히 대통령령(RGBl. I. S. 1084)에 의해서 전체 라이히 영역의 집행권력이 위임된 폰 제크트(v. Seeckt) 장군은 RGStr., 59, S. 51에 의하면, 란트 국가의 경찰권력의 장악자로서 활동하게 되었다. 그리고 그가 라이히 전역에 대해서 명령한, 공산주의자의 조직과 시설의 해체는 란트 국가권력의 성과였다고 하겠다. 그런데 라이히 최고재판소의 입장은 명백하지 않은 것으로 보인다. 이에 대해서는 Grau, Diktatur und Reichsverfassung, Gedächtnisschrift für E. Seckel, Berlin 1927, S. 473과

집행)의 경우에는 라이히 대통령이 란트의 국가기관에 대해서 이러한 형태로 직접적으로 움직인다는 것이 규정되어 있다. 라이히 집행 시에는 라이히 대통령의 행동은 **안쉬츠**가 정당하게 강조하듯이(Komm., 14. Aufl. S. 269),* 또한 그 이외의 헌법 규정 그 자체도 충분히 명확하게 서술하듯이, 란트 그 자체에 대해서 향하고 있다. 더구나 **란트 그 자체**에 부과된 의무의 이행을 목적으로 한다. 란트를「병력을 사용하여 억압할 수」있는 라이히 대통령의 권한은 강제력을 행사한다는 라이히 헌법상의 권한이며, 이것을 통하여 란트 국가권력은 특정한 행사양식을 라이히의 입장에서 가져와야 할 것이다. 여기서 라이히 대통령은 사안의 상황에 따라서 문제가 된 란트 관청에 준거하여야 한다. 이 란트 관청에 의해서 의무의 이행은 란트 헌법에 맞게 가져올 수 있는 것이다. 라이히 대통령은 제48조 제1항의 조문에 직접적으로 의거하여 라이히 법상의 의무이행을 위해서 란트법상 불가결한 결정을 내리며, 란트의 장관 내지는 란트 의회를 무력으로써 강제할 수 있을 것이다. 그러한 결정은 물리적인 강제에도 불구하고 란트 국가권력의 합법적인 행사라고 할 수 있다. 관할 란트 관청들이 힘에 의한 직접적인 협박에도 불구하고 [결정을 내리는 것을] 거절하거나, 란트 관청이「기능을 발휘하지 아니하는」것 중에 의무위반이 존재한다면, 그 경우에는 라이히에 대한 의무에 위반하는 란트 기관들을 제거하여 **대집행**(Ersatzvornahme)*의 방법으로 란트법상의 불가피한 법적 행위가 행해진다. 이러한 법적 행위는 란트 내부에서의 국가생활이 라이히 법률상의 의무에 일치하면서 합헌적으로 운영할 수 있도록 하여야 한다. 란트 국가기관을 유지하고, 그것을 존중한다는 전제 아래 라이히 권력을 통하여 란트 권력에로 전환하기 시작하는 시점이야말로 대체로 국가의 집행기구의 중심문제이다. 실무적으로 말해서 이것이 의미하는 것은 라이히 코미사르는 란트 정부의 실무수행이 위탁되어야 할 것이며, 그 밖의 점에서는 란트 국가권력이 란트 국법에 준하여 행사되어야 한다는 것이다. 그러한 대집행에의 권리는 제48조 제1항의 요건 아래서 다음의 이유로 곧 발생한다. 즉 대집행에의 권리란 **란트의 의무**이며, 그 의무의 이행을 촉구하는 것은 라이히 대통령이라는 이유이다. 여기서 특히 명백하게 되는 것은 란트에 대해서 향한 집행은 란트 그 자체를 배제해야 할 것이 아니라 오히려 그 반대로 연방국가 헌법의 범위 안에서 [란트 그 자체를] 보존해야 한다는 점이다.

2.

1932년 7월 20일의 라이히 대통령의 명령(RGBl. I S. 377)은 라이히 헌법 제48조

Handbuch des Deutschen Staatsrechts II S. 290/1 참조. 그라우에 의하면, 라이히 대통령은 항상 모든 영역에서 독재권력을 계속 가지고 있으므로, 항상「그(대통령)에 의해서 그때까지 지키는 조직형태의 파괴 아래 직접적인 명령을 부여하고 법적 수단을 방해할」수 있다. 그라우가 강조하듯이,「제48조의 독재에 있어서, 독재는 그 담당자의 재량에 비추어 행정상의 행위들이나 입법상의 행위들에서 행사할 수 있다」는 점이 결코 도외시되어서는 안 된다.

제1항(라이히 집행) 아울러 제2항(독재권력)에 의거하고 있다. 두 개의 조항의 두 개의 권한은 이론적으로는 서로 분리될 수 있다. 그러나 만약 동일한 사태가 제1항과 아울러 제2항의 요건을 충족한다면, 쌍방[의 조건]이 합헌적으로 행사될 가능성이 주어진다. 제2항에 근거하여 라이히 코미사르에 의해서 란트 국가권력이 직접적으로 행사되는 것 ― 란트 장관으로부터의 관직박탈, 정부실무의 라이히 코미사르에 의한 잠정적 수행, 정무관료로부터의 관직박탈, 라이히 참의원에서의 대리권의 임명 ― 에 대해서 연방국가법의 입장에서 이의가 제기될 수 있는 한은, 이러한 가능성을 전적으로 의심 없이 근거짓고 있는 제1항이 사용될 것이다. 그렇다 하더라도 이미 제2항도 모든 필요한 조치를 인정한다. 동일한 사태가 두 개의 조항의 요건을 충족한다는 것은 의외로 쉽게 일어날 수 있다. 왜냐하면 란트의 라이히에 대한 첫 번째의 가장 중요한 의무는 공공의 안전과 질서에 대한 모든 위험을 저지하는 것, 라이히 정부의 견해에서 볼 때 반국가적인 운동 내지는 조직을 원조 내지 우대하는 것을 제거하는 것, 그러나 반국가적이 아닌 정당들을 불평등하고 부당하게 취급하는 것을 일체 제거하는 데에 있기 때문이다. 이 점에 관하여 서로 대립하는 정당정치적인 입장에서 다양하게 다른 견해가 생길 수 있는 것을 보여준 것이 라이히와 튀링겐 간에 전개된 분쟁이다. 이 점에 대해서 라이히 내무장관은 1930년 7월 7일의 문서 중에서 다음과 같이 표명하고 있다. 경찰보조금을 거기에서 현재 존재하는 관계들 아래서 (왜냐하면 상세하게 말하면 거기에서는 국가사회주의자가 경찰관이 될 수 없었으므로), 단지 일시적일지라도 튀링겐에 계속 지불하는 것은 필연적으로 「독일 라이히에 대해서 **안전과 질서에 대한 중대한 위험**을 초래할」 것이라고.5)

수많은 헌법상의 개별 문제를 여기서 논구할 수는 없다. 그러나 개별적인 문제를 관통하고 거기에서 나오는 법학적 판단에 대해서도 본질적인 관점을 놓치지 않는 것이 불가결하다.

(1) 란트 정부와 그 구성원 전체는 라이히에 대한 란트의 **충성의무**(Anschütz, Kommentar, S. 272)를 준수하여야 한다. 물론 라이히 정부와 란트 정부 간의 모든 국내 정책상의 방침의 차이는 란트 정부의 의무불이행을 의미하지 아니한다. 그러나 동시에 내전상황에 있어서의 공공연한 정치적 대립이 제48조의 두 개의 [조항의] 구성요건을 충족할 수 있는 것은 자명하다. 여기서 중요한 것은 구체적인 사태이며 일반적인 법규범은 아니다. 법률상의 판단은 구체적인 사태와 1회한의 조치의 내용에 엄밀하게 의거하지 않으면 안 된다. 사무관리 내각 그 자체가 내지는 란트 장관의 파면과 라이히 코미사르의 임명이 저절로 위헌인가의 여부라는 점은 결정적이 아니다. 확실히 프로이센에 있어서의 오늘날까지의 사무관리 내각은 다른 사무관리 내각과는 구별될 수 있는 어떤 결함을

---

5) 1930년 7월 18일의 판결(복간된 AöR. N. F. 20, 1930, S. 88)의 근거 중에서 ― 이 판결을 통해서 재판소는 가처분의 면제에 관한 튀링겐의 신청을 부당한 것으로서 각하했는데 ― 국사재판소는 다음과 같이 서술했다. 즉 「독일 라이히에 있어서의 안녕과 안전에 대해서 책임을 지는 라이히 내무장관의 일련의 사실에 의해서 뒷받침된 설명」은, 튀링겐 란트에 의해서 신청된 가처분의 면제가 라이히의 이익을 위험하게 할 것이라고 보기에 충분하다고 서술한 것이다.

갖추고 있었다. 왜냐하면 프로이센의 사무관리 내각은 그 권력의 유지를 1932년 4월 12일의 저 의원규칙의 개정에만 힘입고 있었다. 즉 예전의 다수정당은 의원규칙 개정에 의해서 곧 도래할 란트 의회가 그들에게 불리한 구성이 될 것을 예기해서 — 실제로 나중에는 그렇지 않았지만 — 이미 다수가 존재하지 않음에도 불구하고 사무관리 내각으로서 권력의 자리에 계속 머물렀기 때문에, 대립정당에서 의장이 선출될 가능성을 의도적으로 없애버린 것이다. 정당이 「합법성」을, 그러한 수단을 사용하여 그들에게 유리한 결과가 되도록 「수정하는」 것은 (그라프 베스타르프[Graf Westarp]가 DJZ. 1932 S. 574에서 제시했듯이), 단지 도덕적으로 뿐만 아니라 헌법상으로도 허용되지 아니한다. 왜냐하면 그것은 기회균등이라는 의회주의적인 합법성 체계의 존재와 그 [합법성 체계의] 정의원리를 파서 무너뜨리기 때문이다.[6] 그러나 1932년 4월 12일의 저 쿠데타 비슷한 사건처럼, 그러한 정당정략적인 공작도 — 그러한 공작이 그 자신 만약 헌법상 매우 우려할만하고 도덕적으로 악평나 있을지라도 — 그 자체로서는 아직 모든 란트에서 구별 없게 되지 않고, 특히 「원리적으로는」 아직 제48조의 요건을 충족시키지 못한다. 이와 반대로, 예컨대 프로이센 란트와, 라이히 수도 베를린의 특히 정치적인 상황은 그러한 정치적인 결단들에서는 항상 염두에 두어야 할 것이다. 결단은 그것이 정치적이면 그럴수록 그때그때의 구체적인 전체 상황에 의존한다. 동일한 것이 어떠한 조치가 구체적인 사례에서 「필요」한가 하는 문제에도 마찬가지로 타당하다. 그러므로 매우 본질적인 것은 사실문제와 재량문제이다. 그때에 합헌적인 목적과 충성심과의 추정은 초당파적인 라이히 대통령에 의해서 임명된 라이히 정부에 대해서 크게 도움이 된다.[7] 분쟁사례에서는 라이히가 존속하는 한은 항상 권한을 가지고 행동하는 라이히 대통령을 위해서 [합헌성이] 추정된다.

(2) 본 소송의 진정한 쟁점이 나치스당과 공산당이라는 두 개의 정당의 정치적인 평가에 관련된 것은 명백하다. 1932년 7월 10일의 명령에 관한 공식적인 근거는 이 점을 공공연하게 표명하고 있다. 상술한 라이히와 튀링겐 간의 분쟁은 마찬가지로 나치스당에 관련되고 있었다. 즉 라이히 대통령에 의한 제48조의 적용에 관련되어 있었다. 1923년의 에버트 [의 시선]은 — 오늘날의 문제에 대해서 세간 일반에서 인정된 전례라는 의의를 가진 것인데 — 공산당에 대해서 향하고 있었다. 모든 국가적인 권력수단과, 헌법과 법률에 관한 일체의 해석가능성이 정당들의 정략적인 도구가 되었던 것은, 다원적 정당국가의 위험의 하나이다. 그렇다면 정당의 적에게서 기회균등을 박탈하기 위해서 그것[정당의 적]은 「비합법적이다」고 설명한다. 이로써 모든 의회주의적인 국가체제의 기반은 파괴되며, 모든 정당에게 평등한 기회를 부여하는 그 헌법은 붕괴된다. 다른

---

6) 이 점에 관하여는 Carl Schmitt, Legalität und Legitimität, Duncker & Humblot (김효전역, 『합법성과 정당성』, 교육과학사, 1993) 참조.

7) 1931년 12월 5일의 작센 판결 중에서 정부가 취하는 행동은, 당해 시기의 상황들에서 반대가 이론의 여지 없이 존재하지 아니하는 한, 정당한 것으로서 간주하여야 한다는 문언을 가지고 합헌성의 일반적인 추정이 표현되고 있다.

한편, 그렇지만 반국가적인 정당에게 실제로 평등의 기회를 주고, 그들에게 국가의사형성의 합법적인 기회를 무기로서 그 손에 맡기는 것은 물론 전혀 있을 수 없을 것이다. 만약 이러한 상황에서 정당을 초월한 심급이 거의 없다면 라이히와 란트는 상실할 것이다. 프로이센과 같은 하나의 란트 중에서의 국내정치적 상황에 직면하여, 여하튼 공공연한 내전이 발발하는 것을 기다리지 않고, 오히려 만약 의무에 적합한 재량에 비추어 필요하다고 생각한다면, 제48조의 수단으로 이러한 붕괴에 저항하여 라이히의 통일성과 국가로서의 란트의 합헌적인 지위를 지키는 것이 라이히 대통령의 의무이며, 라이히의 시정방침을 결정하는 라이히 정부의 의무이다. 그러므로 이 소송은 라이히의, 란트 내지는 란트들에 대한 투쟁은 아니다. 또한 통일국가와 연방국가와의 대립도 아니다. 소송의 진정한 당사자는 라이히 대 프로이센도 아니며, 또는 란트 대 란트들도 아니다. **그렇지 않고 라이히와 국가 대 정당과 당파**이다.

제2편

제3제국 시대

국가 · 운동 · 민족

정치적 통일체의 세 요소

(1933)*

차 례

제1장 오늘날의 헌법상태

1. 오늘날 독일 국가의 공법은 전체적으로 **독자적인** 기반 위에 서 있다. 바이마르 헌법의 개별 규정들은 여전히 유효하며 혁명 전의 대부분의 규정들과 마찬가지로 달라진 것이 없다. 그러니까 그러한 규정들은 새로운 법상태에 저촉되지 아니하는 한도 내에서만 타당한 것이지 오늘날의 국가의 기초로서 국가의 기본구조에 적합하도록 정당화하는 것으로서 타당한 것은 아니다. 이러한 규정이 계속 통용되는 것은 일부는 (곧 언급할 1933년 3월 24일의 잠정 헌법—이른바 수권법(授權法, Ermächtigungsgesetz의 유보조항에서 보듯이)* 명시적으로, 일부는 묵시적으로 새로운 국가법에 **계수**된 데에 있다. 바이마르 헌법은 실질적 · 내용적으로, 또한 그 형식적인 헌법률상의 효력이란 점에서도 국가사회주의 국가의 기초가 될 수는 없는 것일까?

바이마르 헌법은 이미 통용되지 아니한다. 이 헌법에 대하여 세계관이나 조직 위에서 본질을 이루고 있던 원칙과 규정들은 그 모든 전제와 함께 모두 배제되었다. 1933년

---

* Staat, Bewegung, Volk. Die Dreigliederung der politischen Einheit, Hanseatische Verlagsanstalt, Hamburg 1933, 46 S.

3월 24일의 이른바 수권법 이전에 이미 1933년 3월 12일의 라이히 대통령의 고시에 의해서 바이마르 체제의 상징인 흑 · 적 · 황색의 국기(바이마르 헌법 제3조) 게양은 엄금되어 바이마르 헌법의 정신과 그 기초는 엄숙히 부정되고 배제되었다. 또한 국가와 민족의 적인 공산당을 제거하는 데에도 바이마르 체제의 수권을 기다릴 수는 없었으며, 바이마르 체제의 본래의 취약성과 중립성으로 인하여 무엇이 독일 민족의 불구대천의 적인지 구별하는 것마저 불가능하였다. 1933년 7월 14일의 정당 신설 금지법(RGBl. I S. 479)과 1933년 10월 13일의 법적 안정의 보장에 관한 법률(RGBl. I S. 723) 등의 법률적 규제에 의해서 바이마르 헌법은 세계관적으로나 그 조직면에서의 다양한 결과에서도 근저로부터 부정되고 있다. 가령 자유민주주의의 사상세계 전체가 몰락하고 있다면, 예컨대 자유민주주의에서 인정되는 무분별한 정당설립이나 반국가적 성향을 지닌 정치적 선전 · 의견 · 지조 그리고 활동의 자유를 인정하는 것이나, 세계관에 근거하여 마침내는 자멸하게 되는 병인 중립성과 평등, 즉 국가의 적과 동지를 구별하지 않거나 자민족과 이민족을 차별하지 않는 것이 더 이상 존재하지 않는다면, 바이마르 헌법은 이미 헌법이 아니다. 국가사회주의 법이라는 새로운 세계는 바이마르 체제 하의 개념이나 형식으로써는 결코 파악할 수 없을 뿐만 아니라, 이 새로운 세계를 정당화하거나 기초지울 수도 없다. 그러므로 오늘날의 법상태를 바이마르 헌법에 의해서 정당한 것으로 인정하거나 논박하려는 시도는 모두 국가사회주의 국가라는 관점에서 본다면 무의미한 유희이며, 그렇지 않다면 그것은 오늘날 통용되는 공법과 오늘날의 국가에 적합한 「확립된 상태가 지닌 권위」(auctoritas rei constitutae)를 구래의 법적 사고과정으로 거슬러 올라가려는 것이며, 그럼으로써 마비시키거나 적어도 상대화하려는 정치적 노력의 한 표현에 불과하다.

또한 이른바 형식적 헌법률의 효력이라는 견지에서도 바이마르 헌법의 규정은 기능을 상실하였다. 1933년 3월 24일의 잠정 헌법(이른바 수권법)이나, 1933년 7월 14일의 국민투표에 관한 법률(RGBl. I S. 479)도 바이마르 헌법에서 생각할 수 있는 모든 규제의 범위를 벗어나고 있다. 1933년 3월 24일의 잠정 헌법의 유보사항(라이히 대통령, 나아가 라이히 의회와 라이히 참의원이 제도상 가지는 권리)은 저 1933년 7월 14일의 국민투표에 관한 법률에는 적용되지 아니한다. 따라서 1933년 3월 24일의 잠정 헌법의 전술한 유보사항의 범위를 초월하는 법률에서도 그러한 7월 14일의 법률로써 성립시킬 수 있다.

많은 법률가들은 국가사회주의 국가의 현실에 친밀감을 가지고 있지 않은 것 같은데, 그들은 이 국가의 근본적인 새로운 법률이 바이마르 헌법에서 벗어난 정도에 관하여 「허용된 범위」라고 좋게 말하기도 하고, 「허용되지 않는」다고 비판적으로 평가하기도 한다. 그러나 그 이탈의 정도는 오로지 이른바 저 「수권법」과 비교해서만 생각할 수 있을 것이다. 따라서 이러한 견해는 내적으로 불가능한, 그리고 지지할 수 없는 견해이다. 바이마르 헌법의 조문은 국가사회주의 국가의 새로운 국법과 헌법 하에서도 여전히 효력있는 법으로서 취급될 수 없다. 이로써 추론컨대 국가사회주의 국법(예컨대 1924년의 도즈안법[Dawesplangesetz]처럼!)은 단순히 구 헌법에 근거하여 일시적인 잠정조치로서만의 효력을 가지게 되고, 제국의회의 간단한 법률이 새로운 헌법 전체를 다시 폐기하고 바이마르 헌법으로 되돌아갈 수 있을 것이다.[1] 어떤 헌법의 「조문 자체」는 어떻게 그 내용과 그 형식적 효력이란 점에서 구별될 수 있는가? 또한 확실히 내용적으로 새롭고 완전히 유효한 헌법이 효력을 가지고 있고 바이마르 헌법의 내용은 이미 효력이 없지만, 바이마르 헌법의 조문은 단지 일시적으로만 효력을 상실한 것으로 계속하여 효력을 지닌다고 말하는 것은 어떻게 법논리적으로 가능한가? 현재의 국가사회주의 국가의 법은 바이마르 공화국에 본질적으로 이질적이며 본질적으로 적대하는 기초에 입각한 것이 아니라, 그 독자적인 기초에 입각하고 있으며, 이 명백하고 단순한 입장을 포기하는 경우에는 즉시 혼란이 일어날 것이다. 내가 앞서 언급한 견해는 이러한 혼란의 한 예시에 불과하다.

그러면 1933년 3월 24일의 법률은 바이마르 헌법 제76조의 규정에 따라서 헌법을 개정하는 법률의 형식으로써 헌법상 필요한 3분의 2의 다수로써 가결되었는데 이것은 무엇을 의미하는가? 이러한 이른바 수권법은 라이히 의회에 의해서 1933년 3월 5일의 라이히 의회 선거에서 명백하게 된 민족의 의사를 실행한 것이다. 이 선거는 법학적으로 본다면 사실 일종의 국민투표, 플레비지트이며, 이것으로써 독일 민족은 국가사회주의 운동의 지도자인 아돌프 히틀러(Adolf Hitler)를 독일 민족의 정치적 지도자로서 인정하였다. 동일한 민족의 의사는 3월 12일의 지방자치제 투표에 의해서 또다시 뒷받침되었다. 여기서 라이히 의회와 라이히 참의원은 단지 민족의사의 집행기관으로서 행동하였을 뿐이다. 그럼에도 불구하고 종래의 이른바 실증주의적 법률가의 고정관념에 의하면 이러한 법률 속에서 오늘날의 국가의 법적 기초를 찾는 것이 당연하다고 한다. 「수권법」이라는 표현은 이러한 오류에 빠질 영향을 더욱 강화한다. 그러므로 수권법이라는 말은 법률적으로는 부정확한, 강하게 말하면 잘못된 표현이라는 것을 인식할 필요가 있으며, 이러한 말을 완전히 피하는 것이 합목적일 것이다. 특히 이 법률의 표제(「국가와 민족의 위급을 제거하기 위한 법률」Gesetz zur Behebung der Not von Staat und Volk)나, 이 법률의 문언에도 이러한 말은 보이지 않으며, 단지 외부에서 이 법률에 첨가한 것이다. 사실 이 「수권법」은 **새로운 독일의 잠정 헌법률**이다.[2]

1933년 3월 24일의 잠정 헌법은 **경과규정**으로서의 모든 특징을 지니고 있다. 이 잠정 헌법이 바이마르 헌법 제76조에 따라서 헌법을 개정하는 법률이라는 형식을 취한

---

1) 예컨대 Medicus in Deutsches Recht von Pfundtner-Neubert, Berlin 1933, Anmerkung zum Reichsgesetz vom 24. März 1933과 Scheuner, Leipziger Zeitschrift, August 1933 (S. 903)이 그렇다.

2) 이러한 해석은 내가 이제 처음으로 시작한 것이 아니라 이 법률이 공포된 직후에(최초는 1933년 3월 31일에 바이마르에서 행한 독일 국가학 교육촉진 연맹회의에서 이다) 이미 주장하였는데, 그 후 현재까지 동안 이 해석은 통설적인 지위에 있다고 하겠다. 이와 관련하여 특히 의미 있는 것은 라이히 내무부 사무차관 푼트너 박사(Dr. Pfundtner)가 (1933년 7월 4일 베를린에서 개최된 행정학회에서의 강연 Heft 1 der öffentlichen Verwaltung im Neuen Reich, Berlin, 1933 중에서) 이와 동일한 입장을 취하고 이 법률을 「잠정 헌법」이라고 하였다.

점은 그렇다 하더라도, 그것은 바이마르 헌법이 오늘날에도 여전히 오늘날의 국가기구의 기초로 볼 수 있다는 것이 아니라, 단지 그 법률이 **구태의연한 국가로부터 새로운 국가에로, 즉 낡은 기초로부터 새로운 기초로** 이르는 하나의 다리를 표시한다는 것을 의미할 뿐이다. 이러한 경과가 합법적으로 된 것은 실제로 커다란 의미를 지니는 것이었다. 왜냐하면 뒤에 상술하듯이 합법성이란 것은 국가의 관료기구가 기능하기 위한 방식이며, 그러한 한 정치적이며 법적인 의미를 가지기 때문이다. 어떤 제도가 그 자신의 합법성에 따라서 모든 형식에 적합하게 자신을 포기하고 자신의 최후를 봉인하는 것은 의미 없는 일은 아니다. 그렇다면 그것은 낡은 법에의 결별이며 사형선고일 뿐이며, 그럼으로써 새로운 법의 본질이 규정되는 것은 아니다. 이미 결별한 낡은 시대로부터는 어떤 기초나 한계도, 오늘날의 국가를 구속할 수 있는 어떤 근본적인 해석적 견지에서도 나오지 아니한다. 오늘날의 현행법에 대하여 1933년 3월 24일의 저 「수권」은 마치 군주가 왕위를 포기하거나 퇴위할 때 명백히 충성선서가 면제되듯이, 이러한 면제를 일종의 공화주의적으로 유추한 것에 불과하다. 이에 대하여 전술한 경과의 합법화는 그 정치적 · 국법적 의미에서 본다면, 마치 자유민주적 입법국가의 합법성이라는 사고는 군주제 관료국가의 충성관념에 대해서 가지는 관계와 같은 관계에 입각하고 있다.

독일 혁명은 합법적인, 즉 구 헌법의 절차에 적합하고 형식적으로 올바른 것이었다. 그것은 기율과 질서에 대한 독일적 감각에서 나온 것이었다. 혁명의 합법성은 그 밖에 구래의 바이마르 헌법에서, 따라서 **극복된** 체제에 의해서 규정된 특질의 하나를 의미할 뿐이다. 이러한 종류의 합법성으로부터 극복된 법사상, 제도나 규범이 계속 유효하다고 추론하고, 동시에 바이마르 헌법의 자구(字句)나 정신에 계속 복종해야 한다고 추론하는 것은 법적으로는 잘못이며 정치적으로는 일종의 사보타주 행위일 것이다. 독일 혁명에 의한 좋은 법은 수 십 인의 국회의원이 모여서 단순다수와 3분의 2의 다수 사이에 있는 15퍼센트의 차이라는 동의에 근거하는 것이 아니며, 오늘날의 독일 국가의 법은 저 집단이 그것에 동의한 때에 그 기초가 된 전제들, 유보들이나 그들의 심리유보에 좌우되지도 아니한다. 권력도 없이 수권을 하고, 이러한 방법으로 권력 없게 되어버린 제도에 또다시 권력을 부여하려는 것은 정치적 · 도덕적 그리고 법적으로도 이치에 어긋날 것이다. 살아있는 것은 죽은 것에서 자기를 발견할 수 없으며, 힘은 힘없는 것에서 자신을 정당화할 필요는 없다.

우리들 총통의 대리인인 루돌프 헤스(Rudolf Heß)*가 1933년 뉘른베르크에서 행한 당대회 석상에서, 이 당대회는 제3국의 「제국 의회」(Reichstag)이라고 갈파했는데, 그의 이 말은 적절하다. 그러나 여기의 「제국의회」라는 개념은 이미 바이마르 헌법에 규정된 동일한 명칭을 가진 제도에 따라서 규정할 수는 없다. 더구나 그 총통의 대리인이 「모든 권력은 민족으로부터 나온다」(Alle Gewalt geht vom Volke aus)라고 말할 때, 이 말은 자유민주주의의 정신으로 일관된 바이마르 헌법이 제1조*에서 사용한 같은 말과는 본질적으로 다른 것이다. 바이마르 헌법에서 받아들여 계속 통용되는 모든 규정들도 포함하여 우리들의 공법 전체는 완전히 새로운 관계에 서 있다. 새로운 국가기구에 대한 개요는 뒤에(제2장에서)서술할 것이다. 다만, 여기서는 우리들의 새로운 국가에 **고유한 법**에 대하여 처음부터 명확히 설명하지 않으면 안 된다. 왜냐하면 모든 잘못된 법적 구성에 대하여 국가사회주의 국가를 이미 시대에 뒤떨어져버린 낡은 국가사상의 제도나 사고방식으로 거슬러 올라가려는 사람들이 있기 때문이다.

2. 현행 헌법률의 규정 중에는 약간의 최고 국가기관(Reichsstelle)과 약간의 입법수단들의 병존이 포함되어 있다.

(*a*) 오늘날 최고 **국가기관**이라고 부를 수 있는 것은 라이히 대통령 · 라이히 수상 · 라이히 정부 · 라이히 의회 · 라이히 참의원이다.[3] 이러한 복수의 상호관계에 관한 문제에 대하여 바이마르 헌법에서 답변을 얻을 수는 없다. 이와 같이 최고의 국가기관을 구별할 때 정리할 관점은 독일 민족은 독일 제국에 정치적으로 통일되어 있으며, 제국 수상은 독일 민족의 정치적 지도자라는 것이다. 이와 같이 정치적 지도가 우위에 선다는 것이 오늘날의 국가법의 하나의 근본원칙이다. 라이히 대통령의 권한들은 여전히 인정된다. 그러나 대통령이 그 고위직이 가지는 독자적인 입장에서 이탈하여, 정치적 지도자를 위하여 어떤 대리 역할이 강제된 바이마르 체제의 최근의 병적인 상황은 오늘날에는 존재하지 아니한다. 이제 대통령은 다시 권위 있는 국가원수가 가지는 일종의 「입헌적」 지위, 즉 「통치하지만 지배하지 않는」(qui règne ne gouverne pas) 지위로 되돌아갔다. 라이히 수상 아돌프 히틀러의 국법상 지위는 대통령에 대한 관계나 정부의 다른 구성원에 대한 관계에서도 종래의 다른 어떤 수상의 지위보다도 비교할 수 없다는 사실은, 오늘날 단순히 사실상(de facto)으로 뿐만 아니라 완전한 의미에서 법률상으로도(de jure) 자명한 것이다. 아돌프 히틀러의 정치적 「지도」는 바이마르 헌법 제56조에서 말하는 단순한 「방침결정」* 이상의 것이며, 또 그것과는 다른 것이다.

(b) 상술한 복수의 국가기관이 병존하는 이외에 여러 가지의 **입법수단**(Gesetzgebungsmöglichkeit)이 병존한다. 오늘날의 정상적인 입법 방법은 정부의 의결에

---

3) 국가경제평의회와 라이히 대통령 대리는 언급을 회피할 수 있을 것이다. 국가경제평의회는 1933년 4월 5일의 법률(RGBl. I S. 165)에도 불구하고, 직능대표적 사회체제가 건설되어 그 운명이 결정되지 않는 한, 불명확한 의미를 가진 중간적 조직에 불과하다. 라이히 대통령의 대리에 관하여는 1932년 12월 17일의 라이히 대통령의 대리에 관한 법률(RGBl. I S. 547)에 의하면, 최단 기간의 대통령 유고 시에도 라이히 수상이 아니라 라이히 재판소 장관이 라이히 대통령을 대리한다. 이 규정은 바이마르 헌법 하의 다수정당 국가의, 특히 암담한 시기에 성립된 것은 유명하다. 이 규정의 의도와 목적은, 그러한 다원적 체제에서 서로 투쟁하는 정당은 결코 어떠한 통일적인 정치적 의사도 가지지 못하며, 고작해야 정치적으로 최저선에서 의견이 만날 수 있다는 데에 있다. 국가사회주의국가는 지도자 원리(Führerprinzip)에 근거를 두기 때문에, 그러한 동기에서 나온 법규는 사리에 어긋나게 된다. 따라서 나의 견해도 1932년 12월 17일의 법률은 명시적인 폐지 없이도 효력을 가지지 아니한다고 생각한다. 이 점은 바이마르 헌법규정 중에서 이미 현재의 법과 일치하지 않는 헌법률적 규정들은 효력을 가지지 않는 것과 마찬가지이다. 이 법률이 효력을 상실하는 데에 이를 폐지하는 특별법이 필요하다면, 그러한 것은 현재의 과도기에 있어서의 심리적 동기에서 아마도 지나친 것은 아닐 것이며, 근본적 또는 법률적으로나 어떠한 방법으로든 불가결한 것은 아니다.

의한 방법이다(1933년 3월 24일의 잠정 헌법 제1조). 이와 아울러 정부는 투표라는 방법으로써, 더욱이 조치에 의해서, 또한 법률(1933년 7월 14일의 법률)로써 국민의 의사를 물을 수 있다. 바이마르 헌법에서 계승된 입법수단(제68조에 근거하여 라이히 의회의 의결과 제73조에 의한 국민표결)도 여전히 개방되어 있다. 끝으로 바이마르 헌법 제48조 2항에 따른 라이히 대통령의 법률에 대신하는 명령권도 아직 효력이 있으며, 특별한 경우에 행사된다.

이처럼 다양한 입법수단에 대립하여 그 서열이나 상호 관계의 문제가 제기된다. 여기서도 역시 문제는 형식주의적 · 소피스트적인 언어해석을 통하여 바이마르 헌법을 근거로 하여 결정할 수는 없다. 국가사회주의 국가의 국법은 정치적 지도의 무조건적 우위가 오늘날의 국가제도에서 확고하게 인정된 근본원칙이라는 자각에 도달하지 않으면 안 된다. 이러한 근본원칙의 적확한 적용은 입법부와 집행부를 분리시키는 자유주의적 · 헌정국가적 원칙의 철폐이며, 정부가 진정한 형식적 입법권을 가진다는 것이다(그 밖에 이것은 1933년 3월 24일의 잠정 헌법 제1조에 명백히 인정되고 있다). 나아가 모든 법률의 발의는 원칙적으로 정부의 사항이라는 것도 위의 근본원칙에 적용된다. 그 결과 경우에 따라서는 또한 총통이 의회를 소집하고 그렇게 함으로써 입법을 할 수도 있다. 이에 반하여 의회가 (예컨대 바이마르 헌법 제24조의 이른바 의원의 3분의 1의 권리에 근거하여) 총통의 의사에 반하여 소집되고, 거기에서 이른바 의원입법(Initiativgesetz)이 제출될 모든 가능성은 사실상 부정될 뿐만 아니라 국법상으로도 부정된다. 또한 바이마르 헌법상의 국민표결과 국민 입법 절차(Volksgesetzgebungsverfahren)*도 라이히 정부의 새로운 국민투표에 회부하는 권리 앞에서는 후퇴하게 마련이다.

정부입법은 국민투표에 의해서 성립한 법률에 대하여 어떠한 관계에 있는가 하는 또 하나의 문제도 일반적으로 인정된 국가사회주의 원칙에 따라서 대답할 수 있다. 정부는 국민투표로써 묻는 국민의 의사를 권위 있는 것으로 인정하고, 그에 따라 구속되는 것을 자인한다. 국민투표에 근거하여 제정된 법률을 정부입법으로 다시 간단히 폐기해 버리는 권리는 정부에게 인정되지 아니한다. 다만, 사태가 완전히 변화되어 국민투표에 의해서 성립한 법률(Volksgesetz)이 전적으로 부적당하여 무의미한 것이 되는 경우 사정은 어느 정도 다르다. 이와 같은 경우에 새로운 사태에 따라서 필요한 규정은 어떠한 형식이 취해져야 하는가, 또한 이를 위하여 사용되는 수단들 — 새로운 국민투표, 의회의 재편성, 의회의 결의, 정부입법 — 가운데 어떤 것이 이 목적을 위하여 이용할 수 있는가? 이 점에 대한 결정은 정치적 지도에 관한 사항일 것이다.

1933년 11월 12일에 행하는 것으로 결정된 제국의회의 개선(改選)은 1933년 10월 14일의 대통령령(RGBl. I S. 729)에 의한 것이었는데, 이 개선은 같은 날 시행되는 **위대한 국민투표의 일부**에 불과한 것으로 이해되어야 할 것이다. 이러한 국민투표를 통하여 독일 민족은 정부의 정책에 대하여 태도를 결정하고 그것을 지지하는 것이 표명된다. 이른바 선거는 이미 바이마르 체제 중에서 그 본래의 **선거**로서의 성격을 상실하고 있었다.

즉 그것은, 자주 확인되어 왔듯이, 대 여섯 개의 하나로 뭉쳐질 수 없는 강령과 세계관들 사이의 유권자 대중의 선택으로 인한, 그래서 독일 민족을 동수의 하나가 될 수 없는 정당들로 분열시키는 국민투표적 선택(plebiszitäre Option)이 되어 버렸었다. 국가사회주의 독일이라는 일당국가에서는 여러 정당들로 그렇게 분열해 버릴 위험은 극복되었다. 그럼으로써 선거는 정치적 지도에 의해서 고양된 호소(Appell)에 대한 민족의 응답이다. 의회의 재편성이 지닌 이러한 호소의 성격과 의회와 국민투표와의 관련은 이와 같이 11월 12일에 명백하게 나타나게 되었다.

제2장 정치적 통일체의 세 구성요소

1. 현대국가의 정치적 통일체는 **국가 · 운동 · 민족이라는 세 가지가 결합한 것**이다. 이 통일체는 19세기 이래의 자유민주적 국가 도식과는 근본적으로 구별되며, 그것도 단순히 그 세계관적 전제들이나 일반적 원칙들에서뿐만 아니라 구체적인 국가조직을 구성하고 조직하는 모든 주요한 상이성(相異性)과 관련을 가진다.

새로운 국가구조의 특징은 민족의 정치적 통일성과 그 공적 생활의 질서 전체가 세 가지의 다른 계열의 질서 속에 나타난다는 데에 있다. 이 세 가지의 계열은 서로 동렬에 있는 것이 아니라 그들 중의 하나, 즉 국가와 민족을 담당하는 운동이 주가 되어 나머지 두 계열을 주도한다. 이 세 가지 질서의 궤도는 각각 질서 있게 서로 나란히 달리며, 일정한 결정적인 점, 특히 정점에서는 만나서 하나가 된다. 또한 그것들은 확고한 상호 접촉과 횡적 연락을 취하지만 그럼으로써 각자의 구별이 없게 되어버리는 것이 아니라, 그것들이— 근본이 되는 질서 계열이 원동력이 되어 생긴다 — 전체로서의 정치적 통일체의 헌법을 형성한다. 그들은 각각 상이한 관점에 따라서, 그리고 말하자면 상이한 소재에서 형성되지만 전체적으로 비록 방법은 다르지만 공적 법질서에 의해서 파악된다.

국가 · 운동 · 민족이라는 세 가지의 말은 **모두 개별적으로** 정치적 통일체의 **전체**를 나타내는 데에 사용할 수 있다. 그러나 동시에 그것들은 이러한 전체의 **어떤 특수한 일면**과 어떤 **고유한 요소**도 나타낸다. 그렇다면 좁은 의미에서의 국가는 **정치적 · 동태적 부분**, 운동은 **정치적 · 동태적** 요소, 그리고 민족은 여러 정치적 결정에 의해서 보호 · 비호되어 성장하는 **비정치적 측면**으로 간주되게 된다. 그러나 궤변적인 방법으로 서로 분리하면서 서로 배척하려는 대립관계를 날조하고, 국가를 운동에 또는 운동을 민족에 각각 반목시켜 어부지리를 얻으려는 것은 잘못일 것이다. 이러한 것은 뒤에 다시 다루게 될 여러 자유주의적 분열에 대해서는 일치하겠지만, 이러한 분열의 정치적 의미는 정치적 전체를 폐지하거나 적어도 상대화하는 데에 있다. 특히 운동은 국가인 동시에 민족이며, (정치적 통일체라는 의식에서의) 오늘날의 국가도, (정치적 통일체인 「독일제국」의 주체로서)

오늘날의 독일 민족도 운동 없이는 상상할 수 없을 것이다.

이에 따라서 다음과 같은 세 가지의 질서계열은 명확하게 된다.

(a) 군대와 국가공무원으로 구성되는 국가의 관청 · 관리제도. 이러한 제도는 종종 (전래의 용어법에 의하면) **국가**로 표현되는데, 이 경우에는 단지 명령 · 행정 · 사법조직으로서, 따라서 오직 좁은 의미에서만 사용된다. 이에 반하여 넓은 의미에서의 「국가」라는 말은 전술했듯이, 여전히 전통적으로 한 민족의 정치적 통일체의 **전체**를 나타내는 표현방법으로 사용되고 있다.

(b) 운동이 그 특수한 형태를 취하는 정치단체로서의 당. 이것은 민족의 여러 계층에서 충원하지만 특히 엄밀한 구성과 엄격한 지도를 필요로 하기 때문에 폐쇄적이며 또한 계층제적으로 인도되며, 그럼으로써 국가와 민족을 담당한다. 사회학자들은 이러한 당을 「결사」(Orden)라든가 「엘리트」와 같은 말로 표현함으로써 자유주의 국가의 정당(그것은 원칙적으로 견고한 조직을 취하지 않고 「자유로운 모집」에 의거한다)과 구별하려고 한다. 그러나 오늘날에는 이미 여러 가지 오해를 두려워할 필요는 없기 때문에, 여기서는 「당」(Partei)이라고 통상 사용하는 명칭을 앞으로도 계속 고수할 수 있을 것이다. 이것은 1933년 7월 24일의 정당 신설 금지법(RGBl. I S. 479)의 문언과도 일치한다. 즉 「독일에는 국가사회주의 독일 노동자 당(die Nationalsozialistische Deutsche Arbeiterpartei)이 유일한 정당으로서 존재한다」.

(c) 민족의 **자치행정**에 맡겨진 영역. 이 영역에는 직능신분적 **경제** · **사회질서**와 아울러 (장소적 인접성에 입각하여) **지방 자치 행정**도 포함된다. 파시스트 국가의 직능적 조합국가(stato corporativo)는 지방적 자치 행정을 원칙적으로 부정하며, 오직 전문적이거나 「기능적인」 자치 행정 형태만을 허용한다. 이와 같은 조합국가나 노동조합 · 연합체제, 「민족적 사회질서」(eine volkstümliche Sozialordnung) — 이 말은 베르너 좀바르트(Werner Sombart)*가 만든 것이다 — **비국가적이지만 공법적인 자치 행정**의 영역을 설정하며, 정치적 지도의 범위 전체에서 가능한 **자치** · 조합제도 내지는 다양한 종류의 동맹적 연합을 민족의 공적 생활에 도입할 수 있는 것이다.

독일 국가사회주의 운동의 국가에서도 — 비록 다양한 차이는 있지만 — 이탈리아 파시스트 국가에서처럼, 정치적 통일체에게 이처럼 새로운 삼중의 전체 관념을 인정하지 않을 수 없다. 이것은 20세기 국가의 일반적인 특징이다. 소비에트 연방의 볼셰비즘 국가에서조차 국가와 당과 노동조합이라는 3부 구성으로 정치적이며 사회적 현실을 전체적으로 파악하려고 시도하였다. 그러나 이러한 3부 구성 방법은 자유민주주의 체제의 곤경을 극복하고 20세기의 사회적 및 정치적 현실에 합치된 새로운 국가건설에 착수하려는 곳에서만, 헤겔(Hegel)에 의해서 확립된 독일적 국가사상의 위대한 전통과도 부합하는 것이다. 19세기 후반에야 비로소 이러한 구성방법은 자유주의를 표방하는 이민족의 이론가나 저술가들의 영향을 받아 독일 민족의 의식에서 배제되었다. 그렇다면 앞서 묘사한 세 형태로 구성된 요강은 현대의 국가구조를 최초로 가시적으로 묘사한 것으로서 오늘날 일반적으로 명확히 이해될 것이다. 그러나 이 때에 그것은 단지 이탈리아의 파시스트 상태만을 이상화한 것에 불과하다는 반론은 결코 적절한 것이 되지 못한다.

앞서 서술한 세 가지의 질서계열과 거기에 속하는 조직계열이 어떠한 상호 관계가 있는가 하는 문제는 그 자체가 하나의 구조적 · 조직적인 문제이다. 또한 각각에 대응한 세 개의 하위 통치조직(Unter-Verfassungen)의 상호관계도 마찬가지로, 그 자체가 하나의 법적 · 국가학적인 문제이다. 그런데 「국가와 민족의 담당자인 당」(Staat- und Volktragende Partei)이라는 표현 속에 이미 서술하였으나, **정치적 지도**는 이 질서계열인 당을 지지해야 하며, 따라서 다른 두 개의 질서는 이 두 번째의 조직, 즉 우리들의 요강 속에서는 중심에 위치하는 조직에 종속하며, 또한 그럼으로써 결정적으로 침투되고 인도되며 형성된다. 정치적 지도를 담당하는 당은 「운동」을 위한 조직으로서 국가 「기구」와 함께 사회 · 경제질서 아울러 정치적 통일체 전체의 담당자이기도 하다. 여기에서 정치적 지도라는 국법상의 개념이 가지는 중심적 의의는 명백해지며, 이 점에 대해서는 이미 반복하여 언급하였으나 뒤에 다시 상세히 논할 것이다.

추상적 · 일반적으로 말한다면, 세 개의 질서계열의 상호 관계는 다양한 정치적 통일체와 다양한 시대에 따라서 매우 다양할 수 있다. 예컨대 프로이센 독일식의 헤겔적 관료국가에서는 1815년부터 1848년에 이르는 이미 상대화 되어버린 군주제 하에서 순수한 절대주의가 **끝나고**, 시민적 · 의회적 입법기관이 헌법상 인정되기 **이전** 시대에는 이와 같은 관료국가가 역사적 현실이었으나, 여기서 특징적인 것은 지적으로나 도덕적으로 수준 높은 청렴결백한 국가 관료 계급이 동시에 국가를 담당하는 계층으로서 기능하였다는 점이다. 이에 반하여 다른 국가에서의 관료계급은 단지 국가의 담당자인 권력자들을 위한 관료적 도구로밖에는 생각하지 아니하였다. 다음에는 국가의 조직계열 내부에서도 또 다른 문제가 제기되는데, 그것은 예컨대 문민 국가냐 군인 국가냐, 즉 통치권과 지휘권(Kommandogewalt)의 관계에 관한 문제이다. 또한 그들 쌍방이 서로 어떻게 영향을 미치며 지도하거나 지배하는가에 대해서도 다채로운 방법이 안출되는데, 그것은 공공연히 눈에 띄게, 속으로 눈에 띄지 않게, 또는 미리 규정된 규범에 근거하여, 또는 그때그때의 사정이나 합목적성에 따라서 자유롭게 조작되며 다양한 제도 속에서 발전하는 것이다. 이러한 문제들을 추구하는 것은 20세기의 구체적인 「국가학」의 과제일 것이다. 내가 여기서 「일반 국가학」의 과제라고 하지 않는 까닭은 「일반」 국가학의 범주는 파울 리터부슈(Paul Ritterbusch)가 인정하듯이, 자유주의가 지배한 19세기의 전형적인 문제이기 때문이다. 그것은 구체적인 국가와 구체적인 민족을 일반성(일반교양 · 일반법학 · 마침내는 일반인식론) 속에 해소하고, 그렇게 함으로써 국가와 민족이 가지는 정치적 본질을 파괴하려는 규범주의적 노력에서 기원한다.

2. 「국가」와 「민족」의 개념은 이러한 국가질서의 삼중성에 의해서 변화되며, 19세기의 역사적 상황에서 생성하여 온 종래의 관념적인 방식으로써는 이미 새로운 현실을 파악할

수 없다는 사실이 여전히 상기되지 않으면 안 된다. 국가관료와 관청제도라는 의미에서의 국가는 17 · 18세기에 수중에 장악하였던 **정치적인 것의 독점권**을 상실하였다. 국가는 이제 정치적 통일체의 단순한 일부로서, 더구나 **국가의 담당자**인 조직에 기여하는 일부로서 인정될 뿐이다. 국가로서의 관청 · 관리제도는 그것만으로써는 이미 정치적 전체와 같지 않으며, 자립적인 관헌(Obrigkeit)과도 동일하지 않다. 오늘날 정치적인 것은 이미 국가에 의해서가 아니라 반대로 국가가 정치적인 것에 의해서 규정되어야 한다. 그 때문에 19세기 이래 이 「국가」를 위하여 형성하여 온 국가 **헌법**도, 또한 그 헌법에서 도출되는 합법성도 공동체의 중심에서 벗어나 정치생활상의 다른 지위를 차지하게 된다. 합법성이 형식화되고 기계화되면 될수록 더욱더 노골적으로 내용상 좋은 법과 서로 대립하게 된다. 합법성은 거기에 적합한 상대적인 의미, 또한 도구개념이기 때문에 이차적인 의미를 획득하며, **국가의 관청기구의 기능양식**이 된다. 국가기구가 민족의 정치적 통일체와 동일한 것이 아님은 물론이지만 이 합법성도 민족의 법과 동일하지는 않다. 실체적 의미에서의 법에는 무엇보다도 정치적 통일체를 담보하는 것이 첫 번째로 포함되어야 하며, 이때에 법은 공적 생활의 모든 영역에서 자립적인 성장발전을 전개할 수 있는데, 그 유일한 기반은 의심할 것도 없이 명확한 정치적 결정, 이러한 의미에서 적극적인 정치적 결정뿐이다.

근래와 최근 세대의 법률가들의 국가이론과 법이론은 법과 국가의 합법성에 관한 이러한 대립을 감지하였는데, 그 대립은 민족의 정치적 통일체와 국가 관청기구를 오해하는 데에 전적으로 일치한다. 그럼으로써 그들은 한편으로는 「법률」로써 모든 「법규범」이 이해되었으며, 동시에 다른 한편으로는 법은 법률로, 다시 법률은 입법기관인 의회의 다수결로 형식화 · 기계화되었다는 것을 확신을 가지고 표현하였다. 여기에는 민족의 법(Volksrecht)과 법조법(Juristenrecht)이라는 유명한 구별은 그렇게 염두에 없으며, 「일반」 법이론과 국가이론 속에 있는 모순을 개념적 · 추상적으로 첨예화하려는 의도가 있는 것이다. 그 내적인 철저함 때문에 흥미 깊은 하나의 이론에 의하면, 관료, 즉 법률을 적용하는 사법과 행정만이 법률규범의 본래의 수범자(Adressaten)이며 「시민」(Bürger)은 아니라는 것이다. 따라서 결국 법이란 대체로 「국가 행위를 규제하는 총체」일 뿐이다. 어떤 곳에서는 일관하여 자유주의적 · 법치국가적 사고방식에 대해서 (또한 동시에 이 사고방식은 독일어에 대한 관계에서도) 매우 특징 있게 이렇게 설명한다. 즉 「시민의 법적 의무를 규정하고, 형벌이나 그 집행을 규율하는 (좁은 의미의) 법규(Rechtssatz)도 형벌과 아울러 집행이라는 국가기관이 현실화하고 수행하는 집행적 작용과의 관계에서는 국가의 행정을 그 내용으로 하는 것이다」(Kelsen, Hauptprobleme der Staatsrechtslehre, S. 252)라고. 그럼으로써 모든 법은 어떤 특수한 의미에서 「국법」이 되며, 반대로 모든 국가행동은 「법」, 즉 규범에 구속된 국가의 관청기구의 규범의 집행이 된다. 여기서의 법은 실질적 내용을 가진 법이나 정의와는 이미 아무런 관계가 없지만, 자유주의에 의해서 탈정치화된 정치체제에 대해서는 전형적인 것이다. 자유주의적 규범주의는 여기서 하나의 「법규범의 지배」를 현혹하는데, 실제로 그것은 정치적으로 무책임하고 비국가적인 권력들에 의해서 지배된 합법성 체제가 관청기구를 지배하는 것에 불과하다. 이와 같이 실증적 「기능적이며」 모든 법의 실체를 부정하는 사고방식에 의하면, 「법」이란 국가적 강제장치에 대한 예측가능한 구속, 즉 권한 있는 관청이나 기관의 기능양식일 뿐이다. 그런데 전술했듯이, 법의 실제에서는 이와 아울러 이른바 실질적 법률개념이 존속하고 있었다. 즉 법률은 「법규범」이었고, 모든 법규범은 관습법일지라도 「법률」이었다. 또한 법규범은 (단순한 행정명령과는 달리) 단지 (특별권력관계에 복종하는) 「관리」에게 향하였을 뿐만 아니라 (「일반」권력관계에만 복종하는) 「시민」에게도 향하였다. 이처럼 당시 실제로는 법과 법률이라는 종류를 달리하는, 관련성 없는 두 가지의 관념, 두 가지의 규범 수범인, 두 가지의 법률개념, 따라서 상쇄하는 힘을 가진 두 종류의 법이 존재하고 있었다.

정치적 통일체를 이루는 삼부 구조에서의 「국가」와 「민족」개념은 (제3장에서 논하는) 자유민주주의의 이원적 체제와는 다른 지위와 의미를 지니고 있었다. 이원적인 사고방식은 여기서도 국가 대 민족 그리고 민족 대 국가, 민족 대 정부 그리고 정부 대 민족이라는 상반적인 분열로 작용한다. 국가사회주의 국가에서 국가와 민족의 담당자인 정치적 지도체는 이러한 종류의 모든 안티테제를 저지하고 극복해야 할 과제가 부여되어 있다. 그러므로 민족은 이미 단순한 투표권을 가지지만 통치하지 않는 것(Nicht-Regierer)의 집합체는 아니다. 또한 국가관료는 입헌군주 국가에서 그러하였듯이, 자칭 「자유」라고 주장한 시민에 대립하였는데, 그들 시민의 자유는 본질적으로 비국가적인 것이며, 또한 그 자유는 「부자유로운」 군인이나 직업관료에 향해진 하나의 항의적이며 자유주의적인 투쟁개념이었다. 그러나 국가의 관료계급은 1919년부터 1932년에 걸친 다원적 정당체제에서처럼 이익단체로서 자신을 조직화하지 않을 수 없었으며, 독일 관료 제도가 지닌 이념과 제도 대신에 개개의 관리가 개인적으로 구성한 「기득권」을 이끌어내지 않을 수 없었다. 이제 관료는 종족의 동일성에 입각한 정치적 통일체 속에 있는 민족의 동료(Volksgenosse)이며, 당원으로서는 국가와 민족을 담당하는 조직의 한 구성분자이다. 그리고 이 조직에는 유기체적 편제를 취하는 종래의 국가 관청 조직을 전환시키는 결정적인 입장에 국가와 민족의 담당자인 운동에서 나온 정치지도자들이 배치되어 있다.

이와 대응하는 방법으로 민족적 자치행정과 직능단체적 자치행정에 맡겨진 영역에서도 운동은 침투한다. 위의 관리 · 관청 제도의 유기체적 편성도 탈정치화되었으나, 그것은 그 제도가 지니는 정적인 성격상 단순히 상대적인 탈정치화에 불과하였다. 그것에 비하면 여기서는 고도로 탈정치화 된 자치조직의 영역이 인정되는 것이 사실이다. 그러나 이러한 「탈정치화」는 이전과 같이 자치 행정 사무를 「비정치적」이라고 칭하여 정치적으로 남용한 대용물과는 아무런 관련도 없으며, 정평 있는 정치적 지도에 의한 **정치적 결정**에 완전히 근거하고 있다. **어떤 업무나 어떤 전문 분야가 비정치적인 것인가의 여부에 대한 결정이야말로 바로 정치적 결정인 것의 본질을 특유한 방법으로 표현하는 것이다.** 이것은 정치적으로 보아 현대적인 독일인 세대의 근본적 인식이다. 관리 계급의 「객관성」, 그 중에서도 법관의「독립성」, 아울러 민족적 자치행정 영역이 가지는 비정치적 성격이 비정치적인 것이 가지는 모든 장점과 안전성을 겸비할 수 있기 위해서는 양자가 국가와 민족의 담당자인 운동을 통하여 이루어지는 정치적 지도와 정치적 결정에 복종하지 않을 수 않을 수 없다. 그 때문에 이 운동은 특수한 의미에서 공동체의 **정치적** 요소이다. 관청 기구가 정립된 규범과 그 속에 포함된 정치적 결정에 의존하는 정적인 요소인데 반하여, 운동은 동적인 힘이며, 또한 탈정치화해 버린 지방적 내지는 직능단체적 자치행정을 정치적으로 보장한다.[4)]

3. 이와 같이 새로운 전체 구조에서는 **라이히와 란트들**(Reich und Länder) 간의 관계를 규율하는 방법이 새로이 제기된다. 1933년 4월 7일의 독일 국가 총독법(Reichsstatthaltergesetz)에 따라서 라이히의 정치적 지도는 우위하는 것이 확보되고, 란트는 총통 아래에서 수족과 같이 움직이는 지도자들의 정치적 지도에 복종하도록 되었다. 이에 따라 19세기 이래 계승되어 온 국가개념인 군주·왕조적(monarchisch=dynastisch) 연방 국가 개념은 극복되고, 동시에 바이마르 체제가 내적으로 취약하고 타락부패한 중에 생성한 다원주의적인 정당 연합 국가(Parteienbundesstaat)도 시대에 뒤떨어진 것이 되었다. 이것을 국법학적으로 정식화한다면, **연합사상**(Bundes-Gedanken)과 **국가사상**(Staats-Gedanken)을 결합시키는 것은 — 그것이 국가연합(Staatenbund)의 형태이든 연방국가(Bundesstaat)의 형태이든 — **1 세기에 걸쳐 독일의 정치적 통일을 실제로 위험에 빠뜨리는 것이었다고** 요약할 수 있을 것이다. 왜냐하면 어떠한 연합 조직의 경우이든 지역적·정치적인 현상(status quo)을 보장하는 것이 필요조건이기 때문이다. 또한 국가연합에서나 연방국가에서도 그러한 보장은 정치적 통일체로서의 **개별** 구성국가(Gliedstaat)의 **국가로서의** 성격에 도움이 되어야 하며, 그렇게 함으로써 독일 민족 **전체**의 국가적 통일이라는 것은 상대화되지 않을 수 없다. 그러므로 분쟁이 생긴 경우에「연합적 기반」이나 연방국가의「본질과 개념」이라는 것을 원용하여,「독자적인 정책을 수행할 권리」를 구상하는 것은 어떤 변호사적인 수완을 발휘한다면 어려운 일은 아니다. 브라운·제베링·히르트지이퍼(Braun-Severing-Hirtsiefer) 대 헬드(Held) 사건이라는 프로이센 정부와 바이에른 정부 간에 다툰 라이프치히 소송에서의 서면과 변론, 그리고 1932년 10월 25일의 국사재판소(Staatsgerichtshof)의 판결 내용은 그러한「연방주의를 보존하기 위한 영원한 단서」[5)]의 좋은 예시와 증거이다. 이와 같은 국가사회주의 이전의 정당 연합국가의 사상계 전체를 배경으로 해서만

---

4) 교회가 이 삼부 구조 중 어떤 계열에 속하는가 하는 문제는 여기서 제쳐 두기로 한다. 교회가 아무런 전체성이라는 정치적 요구를 수용하지 못하는 한, 그것은 제3의 영역, 즉 자율적인 자치 행정 영역에 그 위치를 찾을 수 있다. 그러나 교회가 그러한 정치적 요구를 수용한다면, 그것은 교회가 자신으로부터 나아가 국가·운동·민족으로부터 그 장소를 지정하는 것을 요구하며, 무엇이 민족의 벗이며 적인가를 **교회 자신이** 구별하려고 생각하게 된다.

5) 라이히 사법위원이며 국무장관(Reichsjustizkommissar Staatsminister)였던 프랑크 박사는 1933년 전국 당대회에서 그렇게 말했다(Jur. Wochenschrift, 1933, S. 2091).

비로소 라이히 총독법은 힘을 발휘하게 되는데, 오늘날과 같이 독일의 통일이 급속하게 전개되는 과정 속에서 이 법률은 아마도 그 고유한 의미에서 이미 시대에 뒤떨어진 것인지도 모른다.

이 법률이 제정된 이래 이미 란트들을 국가라고 부를 수는 없게 되었는데, 그것은 일찍이 1871년 이후처럼 또다시 「국가」의 개념이 본질적으로 변화된 것을 의미한다. 1871년 이후 란트들을 국가로서 보호하기 위하여 국가개념으로부터 주권의 징표가 제거되었는데, 이제 국가개념으로부터 「정치적인 것」의 징표를 제거함으로써 란트=국가(Länder=Staaten)를 완전히 「탈정치화」하려는 것도 시도할는지 모른다. 언어와 개념은 변하기 쉽기 때문에 란트나 프로빈쯔(Provinz)들을 「국가」라고 부르는 것도 마치 「아메리카 합중국」(die Vereinigten Staaten von Amerika)이라는 정치적 통일체가 「여러 국가들」로 구성되어 있듯이, 그 자체 완전히 생각할 수 없는 것은 아닐 것이다. 그렇다면 국가라는 표현은 어떤 정치적 통일체의 내부에서, 특히 독립한 조직이나 지방분권(Dezentralisation)을 표현하는 것에 불과할 것이다. 그러나 오늘날에는 라이히 내의 지역적 조직들은 무조건 어떤 유보도 없이 라이히의 정치적 지도에 복종하며, 또한 이 조직들은 아무런 위장도 하지 않고, 특히 사안이 「비정치적 성격」이기 때문에 지금까지의 것 중 가장 위험하지 않다는 이유에서 「독자적인 정책을 수행할 권리」를 요구할 수 없다는 사실에 대하여 아무런 의심도 품지 않는 것이 더욱 중요한 일이다. 현재의 우리들 독일인의 사고방식으로 「탈정치화된 국가」라는 관념은 마치 「비무장의 군대」라는 관념과 마찬가지로 불가능할 것이다. 확실히 독일의 란트들은 「국가권력」에 속하는 권한들을 가지고 있다. 따라서 란트는 국가권력을 **가지고 있다**. 그러나 그들은 어떤 경우에도 국가는 **아니다**. 독일 국가는 독일 제국(Reich)만이다. 라이히 내부에는 그것을 구성하는 몇 개의 부분이 있으며, 광범위하게 자주적 권력을 가지는 란트와 프로빈쯔가 모여서 라이히를 구성하고는 있으나 결코 「연방국가」는 아니다. 연방과 국가를 개념적으로 일괄하고 그렇게 함으로써 라이히를 하나의 「비국가」(Nicht-Staat)로 만드는 이러한 개념은 19세기의 재앙으로 가득 찬 것으로서 독일 국내법에서 사라져야 할 것이다. 「연방주의」라는 말의 보전 여부는 완전히 실제적인 술어상의 문제이다. 19세기 이래의 전통적인 사고습관에 근거하여 연방적(föderalistisch)이라는 것과 「연방국가적」(bundesstaatlich)이라는 것이 동일시될 위험이 존재하는 한, 이처럼 잘못 사용되는 일이 많은 「연방주의」라는 말을 피하는 쪽이 정당할 것이다. 우리는 아돌프 히틀러가 『나의 투쟁』(Mein Kampf) 중에서 「가면으로서의 연방주의」에 관하여 한 말을 잊어서는 안 된다.

1933년 4월 7일의 독일 국가 총독법을 시발로 하는 발전은 아직 끝나지 않았다. 뉘른베르크에서 개최된 금년도 당 대회의 석상에서 발표된 총통의 성명은 유명하다. 독일 민족의 정치적 통일은 란트나 독일인이라는 종족에 기초를 두는 것이 아니라, 독일 민족이라는 자기 완결적인 통일체와 국가와 민족의 담당자인 국가사회주의 운동에 기초를 둔다. 오늘날의 란트들이 가지는 영역의 존속을 보장하거나 란트의 존재 그 자체를 보장하는 어떤 헌법적인 근거는 이미 존재하지 아니한다. 또한 1933년 3월 24일의 잠정 헌법에는 참의원 제도가 유보되어 있기 때문이라고 하여 이 유보를 근거로 우회적으로 이러한 보장을 추론할 수도 없다.

오늘날 새로 형성된 어떤 독일의 란트나 프로빈쯔 같은 것들은 독자적인 형태를 지니며 그 유형도 완전히 자주적이다. 그것들은 국가도 아니며 지방자치 단체도 아니다. 지방자치라는 개념은 영역단체에 관한 것이기 때문에 나는 이 개념을 **장소적으로 인접한 자치 행정**(란트와 도시 게마인데, 관청과 란트크라이스)에 특히 **엄격히** 한정하고, 그 밖의 자치행정은 이것을 직능단체적 조직과 그에 유사한 조직에 결부시켜 생각하고 싶다. 그리고 이러한 조직이 국가사회주의 국가의 전체구조 중에서 차지하는 위치는 국가 · 운동 · 민족이라는 세 계열 중 「민족」계열에 더 가깝게 규정되는 것이다.

4. 국가와 운동과의 법적 관계에 관한 문제는 완전히 새로운 계열의 문제이다. 국가사회주의 국가와 이탈리아 파시스트 국가는 개별적으로는 많은 유사성이 있음에도 불구하고, 당과 관료, 당과 군대, 당과 국가원수 간의 관계에서는 법적으로 볼 때 커다란 차이점을 나타낸다. 파시스트 당은 1929년 12월 14일의 법률 이래 확실히 「국가의 한 기관」(un organo dello Stato)이지만 결코 직접적으로 국가적인 기관 내지 국가기관은 아니다. 그러한 기관(국가적 기관[organo Statale])은 단지 일정한 당기관, 즉 파시스트 대평의회(il Gran Consiglio del Fascismo) 뿐이다(Santi Romano, Corso di Diritto Costituzionale, 4. Aufl., 1933, S. 127 참조). 다른 한편, 국가사회주의 독일 노동자 당도 국가사상의 담당자이며 국가와 분리하지 않고 결부되어 있다. 그러나 전체로서의 당 조직도 당의 일정한 기관도 오늘날 (1933년 12월 1일), 그 자체로서는 앞의 직접적인 「국가기관」의 성격을 가지고 있지는 않다. 국가사회주의 당은 어떻게 보더라도 이미 극복되고 시대에 뒤떨어진 다원적 정당제도라는 의미에서의 「당」이 아니라는 것은 자명한 일이다. 국가사회주의 당은 국가와 민족을 담당하는 지도체(Führungskörper)이다. 1933년 7월 14일의 정당 신설 금지법은 국가사회주의 당에 대해서만 이처럼 배타적인 우월적인 지위를 확보하고, 구래의 종교적 신앙(konfessionell), 계급 기타 다원주의를 부활시키려는 모든 시도에 반대한다. 1933년 12월 1일의 당과 국가의 통일을 확보하기 위한 법률(RGBl. I S. 1016)에 의하면, 당은 공법상의 단체이며, 더구나 당연히 국가의 감독 아래 있는 다른 많은 어떤 공법상의 단체와도 격이 다르며, 높은 격을 누린다. 총통 대리인과 돌격대(SA) 대장은 당과 돌격대 사령부와 공공 관청과의 매우 긴밀한 협력을 보장하기 위하여 정부의 각료가 되고 있다. 당원과 돌격대원은 그 임무가 특별히 높은 것을 고려하여, 특별한 당=돌격대 재판관할권에 복종한다. 국가와의 결합은 주로 **인적 연합**에 의거하며, 그것에 의해서 상이한 조직계열의 수뇌부는 서로 결속하는데, 그 결합 방법은 결코 임의적 우연한 방법이 아니고 정치적 통일체의 전체구조라는 현실적인 기반에 근거하고 있다.

이러한 인적 연합들 중에는 부분적으로는 오히려 이미 제도적인 성격을 갖춘 것도 있다. 예컨대 국가사회주의 운동의 지도자인 총통은 독일 라이히 수상이며, 총통의 충신(Paladin)과 부관은 라이히 장관, 프로이센 국무총리, 라이히 총독으로서의 지위를 가지는 자로서 프로이센, 바이에른 그리고 그 밖의 장관들과는 달리 정치적 지도를 하는 지위에 있다. 이러한 인적 연합 외에도 특히 인적인 성격을 가진 영향을 미치는 특정한 사안(지역적 또는 지방적 당 기관의 제안=지명=천거권)도 국가와 당이 접촉을 가지기 위한 전형적인 수단일 수 있다. 그 밖에 당 기관과 국가기관 그리고 자치 행정 기관과는 원칙적으로 **연합할 수 있느냐,** 또는 반대로 원칙적으로 **연합하지 않느냐** (양립하지 않느냐) 하는 문제도 포함하며, 다른 모든 결합관계와 한계는 합목적성의 문제이다. 그러나 조직의 기본 노선들은 국가 · 운동 · 민족이라는 세 화음들로 이루어져 있고 일관되게 나아가고 있어, 국가 · 운동 · 민족은 **구별되지만 분리되지 않으며, 결합되지만 융화되지 아니한다**.

국가와 당의 결합은 국가와 국가 아닌 것, 당과 당 아닌 것이라는 종래의 개념으로써 파악할 수는 없다. 국가와 당에 관련된 사안에 법원이 관여하는 것은 모두 그러한 발상에 근거하며 (진리의 확립은 끊임없는 법적 쟁송 속에서 이루어진다는 자유주의의 이상에 일치한다), 그러한 관여는 삼부 구성을 이루는 국가구조에 저촉된다. 그러나 다양한 영역에서 명확한 한계지움은 정평 있는 제도들의 설립이 필요한데, 그 방법은 예컨대 이른바 **소송제기**에 한계를 확보하고, 법원의 독립성을 위해서 정치적인 영역들로부터의 위험에서 법원을 방어하는 것이다. 왜냐하면 새로운 국가에 대한 공공연한 적이나 은밀한 적도 어떤 문제를 「순수한 법률문제」라고 하여 국가나 운동을 법정 앞에 이끌어내기 위해서 낡은 정치적 수단을 사용하고, 그럼으로써 ― 소송절차의 논리 속에 포함된 당사자 대등의 원칙을 내세워 ― 자신들도 국가와 운동과 동등한 권리를 가진다고 뽐내는 것은 명확한 일이기 때문이다. 법원은 라이히 법률에 대하여 심사권(Nachprüfungsrecht)을 가진다고 판결한 적이 있는데(1925년 11월 4일의 라이히 최고법원 제5민사부 판결, RGZ. Bd. 111. S. 320 f.), 이 심사권도 정부입법에 의한 법률에 대해서는 고려의 대상에 넣지 않고 있다. 그 이유는 첫째로, 정부의 이러한 입법권한은 헌법적 성격을 가진다는 것, 둘째는 이러한 정부입법에 의한 법률의 경우에는 동시에 정부행위(Akte einer Regierung)가 문제로 되는데, 정부는 이러한 입법권을 통해서 「통치」(Regierung)라는 진정한 개념을 재차 확립하였다. 그리고 셋째로, 앞에서 본 법원의 관여는 국가와 국가 아닌 것이라는 이원적 파악(제3장에서 상세히 다룬다)에 의해서만 정당화될 수 있는데 반하여, 정치적 통일체의 전체구조를 삼부적으로 구성하는 새로운 구성방법과는 전혀 상용되지 아니한다는 점도 그 이유의 하나이다.

이렇게 볼 때 법과 정치의 분리라는 낡은 방법을 계속 사용하고 국가적이냐 비국가적이냐, 공적이냐 사적이냐, 법적이냐 정치적이냐 하는 선택의 문제를 설정하는 것은 그 해악을 초래하며 위험하기도 할 것이다. 우리들이 여기서 당면한 문제는 완전히 새로운 국법학상의 문제이다. 국가 사회주의 당은 구래의 국가라는 의미에서도 국가는 아니며,

국가적인 영역과 국가와 관계없는 영역을 대치시키는 구래의 방법에서도 비국가적=사적인 것도 아니다. 따라서 책임, 특히 직권남용에 대한 단체의 책임(바이마르 헌법 131조, 민법 제839조)이라는 관점을 당이나 돌격대에 전용할 수는 없다. 이와 마찬가지로 법원도 어떤 구실을 붙여 당 조직의 내부 문제나 내부 결정에 관여하고, 당 조직의 지도자원리를 외부로부터 깨뜨리는 것은 허용되지 아니한다. 국가와 민족의 담당자인 당의 내부 조직과 내부 기율은 당 자신이 관여할 문제이다. 당은 매우 엄격한 자기 책임에서, 당이 측정해야 할 고유한 기준을 스스로 발전시켜야 한다. 이러한 과제를 안고 있는 당의 임원들은 당의 운명에 못지 않은, 또한 동시에 독일 민족의 정치적 통일체의 운명이 걸려 있는 모종의 기능을 명심하지 않으면 안 된다. 이와 같이 중차대한 임무에는 정치적인 것이 지니는 **위험**도 모두 누적되어 있으나, 당이나 돌격대 대신에 만사를 사법의 형식으로 처리하는 민사 법원 등 그 밖의 어떤 기관에서도 수행할 수는 없다. 여기에 그 임무는 완전히 독자적인 위치에 서 있는 것이다.

제3장 자유민주주의의 이원적 국가건설과 독일 관료국가

1. 20세기의 새로운 삼원적 국가구조는 19세기의 자유민주주의의 이원적 국가형식과 헌법형식을 오래 전에 능가하였다. 그때까지 19세기의 시민적 법치국가는 그 입법 · 행정 그리고 사법조직의 세부적인 데까지, 실로 외관상 완전히 추상적인 논리나 개념 형식의 말단지엽적인 데까지 이와 같은 이원주의에 지배되고 있었다. 이것은 「이데올로기적으로는」(이것은 자유주의가 지배한 19세기에 전형적이며 특정적인 말이다) 법과 권력 · 법과 국가 · 법과 정치 · 정신과 권력 · 정신과 국가 · 개인과 공동체 · 국가와 사회 등등이라는 주지의 대립 속에 나타나 있다. 사람들은 즐겨 사용하는 이러한 대립 앞에서 서로 바꾸거나 교환하여 보고, 때로는 흔들리면서 때로는 하나를 선택한다. 그러나 이 이원주의도 매우 구체적 · 건설적이며 조직적인 의미를 지닌다. 라이히 사법 위원 프랑크(Frank)* 박사의 함축성 있는 표현(Jur. Woch. 1933, S. 2091)을 그대로 빌리면, 이 이원주의는 그 정신에 합치된 독자적인 「사실형성」(Sachgestaltung)을 창조하였다. 자유주의의 이데올로기와 아울러 이원적 국가구조의 영향은 자유주의 체제 중에서 교육을 받은 법조의 법사상에도, 또한 그들의 말하는 방식에도 오늘날에 이르기까지 지배하고 있다. 자유주의자는 이원적인 구조를 가진 국가만을 「법치국가」라고 부른다. 그 밖의 구조를 가진 국가는 「헌법을 가지지 아니하며」, 「입헌국가」도 아니며, 물론 「법치국가」도 아니다. 그것은 「자유」가 아니라 「전제」 · 「독재」 · 「압제」 등등이다. 이러한 정치적 투쟁에 관한 어휘는 여기에서 매우 풍부하지만 실질적으로는 — 즉 「법」과 「법치국가」라는 특정한 개념을 정치적으로 평가함에 있어서는 — 언제나 동일하다. 따라서 필요한 것은 세계관적인 대립을 자각할 뿐만 아니라 그 세계관에 근거하여 구축된 국가구조와 그 제도적 및 개념적인 강화도

자각하는 것이다. 그렇지 않으면 자유주의 사상은 먼저 운동을 국가 속에 밀어 넣으며, 다음에는「법치국가」쪽에 눈을 돌려 국가를 국가에 대립하는「법」, 즉 19세기 자유주의 체제 속에 밀어 넣는다.

국가구조를 이원적으로 구성하는 방법은 **국가**와 자유로운 **개인**, 국가**권력**과 개인의 **자유**, **국가**와 국가로부터 자유로운 **사회**, **정치**와 비정치적인 — 따라서 무책임하고 억제되지 아니한 — **사적 영역**이라는 대립에 근거를 둔다. 이러한 이원성에서 명백한 것은 시민적 법치국가의 헌법은 전형적으로 이원적인 도식을 가지고 있다는 것이다. 그 헌법은 주지하듯이 기본권에 관한 부분과 조직에 관한 부분으로 구성되어 있다. 기본권 부분은 자유로운 개인으로 구성되는 자유로운 사회, 즉 비국가적이며「구속되지」(verfaßt) 아니한 사회의 기본적 자유권이며, 조직 부분은 국가를 구속하며 범위를 정하여 규범화하기 위한 것이다. 자유주의적 기본권 부분은 조직적이라는 의미에서는 결코 헌법(Verfassung)이 아니다. 반대로 그것은 하나의 구속되지 아니한, 자신을 조직하는 **자유**의 영역이다. 이에 대하여 국가의 통치기구(Verfassung)인 조직에 관한 부분은 바로 **국가의** 헌법(S t a a t s verfassung)이며, 국가의 정치권력을 구속하고 한계지우며 제한하는 것이다. 다른 모든 국가 활동에 대한 이른바「법률의 우위」(Vorrang des Gesetzes)는 일반적으로 비정치적이라는 사회에 대하여 국가를 정치적으로는 종속시키는 것을 목적으로 한다. 왜냐하면 법률은 이러한 질서체계에서는 그 본질상 의회의 결의에 의한 것이며, 그 의회는 비국가적인 사회의 대표이며, 국가에 향하고 있기 때문이다. 또한 권력을 입법 · 행정 · 사법이라는 세 부분으로 나누는 일반적으로 인정된 조직상의 원칙도 정치적으로는 같은 의미를 가지고 있었다. 또한 국가권력을 그와 같이 나눔으로써 비국가적인 사회가 국가의「행정」, 즉 국가의 명령을 현실적으로 지배하고, 유효하게「통제」할 수 있었다. 이 모든 것은 국가의 정치권력을 규제하고 통제하며, 사회라는 자유의 영역을 국가에 의한「침해」로부터 방어하기 위하여 법적=소송형태에 의한 보장을 부여해야 할 것이 되었다. 사법은 이 헌법 체제에서는 조직상 국가의 명령기구와 국가로부터 자유로운 사회라는 영역 간에 하나의 흥미 있는 **중간적 지위**를 가지고 있었다. 또한 사법은 한편으로는 국가 관료이며, 다른 한편 국가조직상의 상사에 해당하는 것들의 직무상의 지시로부터 독립하고 있었다. 그러므로 사법은「법」의 이름으로 스스로 이 국가에 대하여 정치적 영향을 미치고 국가를 장악하기 위한 적합한 수단이었다.

자유민주주의의 국가 체제와 헌법 체제에서의 기본권과 자유권은 그 정신에서 볼 때 본질적으로 사적인 **개개인의** 권리이다. 그러한 권리를「비정치적」이라고 인정하는 것은 오로지 이러한 이유 때문이다. 그러므로 이러한 권리들은 어떠한 국가의 구성원리나 헌법도 아니며 단지 국가의 통치조직을 지배하는 원칙들에 불과하다. 그리고 이러한 원칙은 국가에게 그 의미와 목적을 부여하고, 그 정당화와 한계를 나타낸다. **이와 같이 국가와 헌법을 자유주의적으로 구성하는 방법은 국가와 사적 개인을 단순하고 직접적으로 대립시키는 것을 고려에 넣고 있다.** 권리를 보호하기 위한 수단=제도의 체계를 완벽하게 구축하고, 그럼으로써 아무런 도움과 보호도 받지 못하는 불쌍하고 고립된 개개인을 「국가」라는 강력한 리바이어던으로부터 보호하기 위해서 노력하는 것이 자연스럽고 의미 있는 노력이 되는 것은, 이와 같은 국가와 개인의 대립을 전제로 해서만 가능하다. 이른바 법치국가에서 확립된 권리 보호 제도는 그 대부분이 이처럼 불쌍한 개인을 보호하기 위해서만 의미가 있다고 할 수 있다. 또한 국가에 대한 보호는 언제나 사법의 형식을 취하게 되며, 국가로부터 독립한 사법 기관의 결정에 귀결하게 된 것도 개인의 보호라는 대의명분 아래 정당화될 수 있다.

그러나 강력한 **집단적 결사나 조직**이 비국가적 · 비정치적인 자유의 영역을 독점하고, 이들 비국가적인 (그러나 결코 비정치적이 아닌) 「자치 조직」이 더욱더 견고하고 강력하게 개개인을 결집시키고, 다른 한편 다양한 권원 (민족으로서 · 사회로서 · 자유로운 시민계층으로서 · 생산적 프롤레타리아트로서 · 여론으로서 등등) 아래 국가에 대립하게 된다면, 모든 것들은 완전히 사리에 어긋날 것이다. 왜냐하면 보호를 요하는 정치적인 개개인의 자유를 보호하기 위하여 만들어진 방벽 배후에는 매우 다양한 종류의 정치적 세력이 잠재하기 때문이다. 즉 비국가적이지만 전술했듯이, 전적으로 정치적인 결사가 (입법과정에서) 국가의 의사를 지배하고, 또한 (사회적이며 「순수하게 사법적인」 강제를 통하여) 그러한 단체가 직할하는(mediatisieren) 개개의 개인을 지배하고 있다. 그러한 단체는 정치적 결정의 본래적이며 현실적인 담당자가 되며, 국가적 권력 수단의 소유자가 되지만, 그들은 국가와 헌법으로부터 자유로운 「공적」(公的)이 아닌 개인의 영역을 외부로부터 지배하기 때문에 모든 정치적 책임과 위험을 면한다. 자유민주적 법치국가의 국헌에서 그러한 단체는 법적으로는 결코 정치적 · 사회적 현실 속에서 존재하는 **그러한** 모습으로서는 나타날 수 없다. 왜냐하면 자유주의에 입각하는 이원주의적 도식에 의하면 그러한 단체가 들어갈 여지가 전혀 없기 때문이다. 그러한 단체를 자유민주주의 국가나 제도 속에 집어넣으려는 모든 시도는 그 국가와 제도를 파괴할 것이다. 따라서 그러한 단체가 자신을 지배하는 정당을 이용하여 국가의 권력적 지위와 권력 수단을 장악하는데 성공한다면 — 그리고 그것이 전형적인 발전인데 — 그러한 단체는 국가의 권위와 국가의 법률이라는 이름을 빌려 **자기의** 이익을 대표하게 된다. 즉 그들은 국가권력이 가진 모든 이득을 향유하며, 더욱이 일반적으로 비정치적인 영역으로 여겨지기 때문에, 정치적으로 책임도 없고 통제도 받지 않는 자유의 영역이 가지는 장점도 포기하지 아니한다.

그러한 방식으로 자유민주적인 자유와 시민적 법치국가라는 베일 뒤에 바이마르 헌법 14년을 특징짓는 다수 정당 국가의 다원적 체제가 성립하였다. 다양한 종류의 정당, 노동조합과 경제적 권력단체, 교회와 종교단체가 건재하며, 때로는 민족적 · 신앙적 또는 그 밖의 여러 종류의 폐쇄적 조직들마저도 국가권력을 행사하고 국민소득을 분배하는 데에 합치된다. 이상적인 민주주의란 「일상적인 국민투표」*에 의거하는 것이라고 말할 수 있듯이, 이제 전술한 다원적 체제는 단지 「일상적인 타협」 속에서 이질적인 세력과 단체가 통합되고, 그 타협 속에서만 존재한다는 것이며, 이 경우 그 타협은 한

국가사회주의자(Karl Fiehler, Nationlsozialistische Gemeindepolitik, München 1932, S. 12)가 언젠가 적절히 말했듯이, 「항상 보다 좋은 것을 보다 나쁜 것에 결부시키는 것」이다. 그러한 다원적 체제의 헌법은 내적 논리성에서 각인이 각인에 대하여, 또한 이민족과 국가의 적이 민족의 동료에 대하여 집행하는, 순수하게 도구적이며 기술적인 무기가 되어야 한다. 그 결과로서 이 체제에 가담하는 모든 자는 모든 합법적 수단을 어쩔 수 없이 남용하지 않을 수 없게 된다. 집단이나 단체 중 그 규모가 작기 때문에 연립 다수파나 타협 공작에 끼어들 수 없는 것은 자기의 목표와 원칙 자체가 부득이 그렇게 비자유주의적이거나 반자유주의적일지라도, 국가에 대해서는 자유민주적인 논거와 방법을 사용하여 그 목표와 원칙을 옹호하지 않을 수 없다. 그러한 체제의 모든 개념이나 제도들은 잘못되거나 이치에 맞지 않을 수밖에 없다. 내가 1932년에 확인했듯이, 바이마르 연합 정부의 권력은 자신의 합법성에 근거하는 것이 아니라 합법적 권력을 소유하고 있는 데에서 나오는 정치적 프리미엄을 정치적으로 충분히 이용한 것에 근거하고 있다. 모든 정치적 요인들, 즉 다수단체나 소수단체, 정부와 아울러 반대당, 국가의 당과 국제적인 당, 민족에 충실한 당과 민족에 적대하는 당, 이러한 모든 합법적 수단과 그러한 국가체제와 헌법체제 중에서 획득한 모든 권력적 지위를 고려하지 않고 이용한 것이다. 왜냐하면 헌법은 단지 기능주의적인 중립적 수단에 불과하며, 민족의 정치적 통일체의 존립 등 「일상적인 타협」의 단순한 부산물에 불과하게 되었기 때문이다. 국가와 개인의 대립에 입각한 이원적 구조를 일관하여 취하는 「법치국가」는 정치적 및 사회적 생활이 정치적으로 강한 힘을 가지면서 비국가적 내지는 초국가적인 조직에 의해서 지배되고 있다는 현실에 직면해서는 완전히 부적절한 것이며, 헤아릴 수 없는 것이다. 이와 같은 이원적 구조는 합법성과 비합법성만을 구별할 수는 있으나, 그 밖의 점에서는 법과 불법이나 적과 동지도 구별하지 못한다.

오늘날의 정치적 및 사회적 생활의 현실에 관하여는 어떠한 자유민주적 헌법으로써도 이 현실과 조화시킬 수 없다는 것을 보여주는 두 가지의 예를 든다면 이와 같은 사태를 확실히 할 수 있을 것이다.

(*a*) 바이마르 헌법 제2편(기본권 부분)은 내적으로 모순되는 것이 많고, 헌법 자체와 제1편 조직에 관한 부분을 폐기하는 것이다. 이 바이마르 헌법은 자유민주주의 도식에 일치하여 이원적 구조를 취하고 있다. 그러나 이 제2편에는 「독일인의 기본권과 기본의무」라는 표제 아래 개개인의 자유주의적 자유권은 극히 일부만 포함되어 있다. 그 밖에 헌법의 이 부분은 오늘날의 사회생활의 현실을 올바르게 평가하고자 한다. 그 결과 이 「기본권 부분」의 다른 많은 규정은 자유민주주의의 헌법이 가지는 구조와는 전적으로 모순되는 것을 보장하고 근거지우고 있다. 예컨대 공법인인 교회와 종교단체의 설립, 그리고 이러한 단체의 권리를 정한 규정(제137조 이하), 공법상의 제도인 직업 관료 제도를 정한 규정(제129조), 같은 공법상의 제도인 지방 자치 행정을 정한 규정(제127조) 등이 그것이다. 또한 노동조합이나 경영자 단체도 지금까지의 사법상의 내지는 권리능력

없는 단체로 머무는 것을 더 좋아하였으나, 이제 헌법의 제2편 속에서 인정되고 있다(제165조). 노동조합과 같은 강력하고 집합적인 단체가 국가의 헌법 중에서 「인정」되며, 그럼에도 불구하고 그들은 법적으로는 순수하게 사법상의 사단(社團)에 머물려고 하며, 또 그것이 **가능하다**는 것은 그러한 종류의 국가체제의 혼란함을 특징적으로 나타내는 것이다. 그러나 이른바 기본권 편에 규정된 그 밖의 공법상의 제도들 — 즉 교회 · 지방자치제(Gemeinde) 그리고 직업 관료 제도 — 도 한편으로는 다양한 정당을, 다른 한편으로는 사법상의 보호와 원조조직을 가장 넓은 범위에서 이용하는 것을 단념하는 것은, 그러한 체제에서는 결코 할 수 없었다. 교회와 손잡거나 의지하는 것은 정당조직(Parteiwesen)만은 아니었다. 합병되거나 승인되거나 혹은 허가되고 혹은 적어도 인용된 수많은 종교적 · 문화적 · 사교적 결합체를 가지는 강대한 사법적 단체(Vereinswesen)도 마찬가지였다. 한편 지방 자치 단체와 그 연합체는 모든 종류의 민상법상의 법인의 손을 빌려 경제적으로 정돈함으로써 국가의 감독을 면하는 길도 알고 있었다. 공법상의 제도인 직업 관료제도와 아울러 사법상의 거대한 공무원 노동조합도 성립하였다. 이와 같이 다원적인 국가 체제는 마침내 사적인 이익과 기능, 공적인 이익과 기능이 횡적으로 연락하며 원리적으로 결합하여 혼유하고 있었을 뿐이다. 이러한 체제에서는 제국의회 의원이면서 동시에 제국 참의원 의원이며, 또한 국가의 고급 관료, 교회의 고위직 인사, 정당의 지도자, 여러 종류의 회사 감사역이며, 그 밖의 여러 가지가 될 수 있다. 그렇다. 이 기묘한 체제는 대체로 그러한 횡적 결합의 도움을 받아서만 기능하는 것이다. 그리하여 모든 것은 모든 것과 결합할 수 있었으며, 독일은 「한없는 양립성의 나라」(Reich der grenzenlosen Kompatibilitäten)이었다. 자유민주적인 헌법 도식이 지니는 이원적 구조의 배후에는 사회적 세력들의 무질서한 다원주의가 만연하였는데, 그 중에는 국가적인 것과 비국가적인 것, 공적인 것과 사적인 것, 정치적인 것과 허구의 비정치적인 것이 혼돈으로서 혼합되어 있었다.

(*b*) 이원적 헌법 도식의 불충분함을 가시적으로 나타내는 또 하나의 예는 **경제헌법**(Wirtschaftsverfassung)을 구상한 역사이다. 이 경제헌법은 바이마르 헌법의 기본권에 관한 부분 마지막에서 운위되었고, 더구나 「근거 지워지게」 되었다. 그러나 자유민주주의를 표방하는 이원적 체제에 있어서 경제헌법은 불가능한 것이다. 그것이 현실적으로 실현되면 이원적 체제 전체는 그 근저로부터 변화하게 되며, 그렇지 아니하면 경제헌법은 1920년 5월 4일의 명령에 의해서 설치된 잠정적인 국가 경제 평의회(Reichswirtschaftsrat)의 여러 제도와 함께 실제로 무의미한 부차적 제도가 될 것이며, 이 경제평의회는 실제로 논의할 가치가 없을 정도의 의미만을 가지고 있었다. 최종적이며 현실적인 국가 경제 평의회를 설치하려는 여러 시도는 어쩔 수 없이 좌초될 수밖에 없었다는 사실은, 다원적 체제에 이해관계가 있는 모든 정당이 의식적으로 악의를 품고 있었기 때문이 아니라, 오히려 자유민주주의를 표방하는 바이마르 국가의 일관된 내적 논리에 의한 것이라고 할 수 있다. 사회헌법이나 경제헌법은 정말로 현대의 삼원적

구조를 지닌 국가체제에서만 가능한 것이다.

2. 오늘날 우리는 자유민주적 헌법체제의 합법성의 배후에서 연출하는 그러한 다원적 체제의 내적 모순만을 인식할 수 있는 것은 아니다. 나아가 우리들은 우리들의 삼부 구성적인 국가구조를 자유민주적인 2부 구조(국가와 사회 또는 국가와 비정치적인 자유의 영역)와 비교한다면, 우리들의 국가구조는 이미 정치적 성실성과 정치적 청렴성의 자명한 전제로서 느낄 수 있다. 이원적 구조는 우리들에게는 단지 비국가적이지만 결코 비정치적이 아닌 세력들, 오히려 초국가적인, 때로는 반국가적이기도 한 세력들의 은폐책이며 위장에 불과한 것으로 보인다. 그리고 이러한 세력들은 자유주의적 자유의 비호를 받아서 정치적으로 결정적인 중요성을 가지는 것으로서, 자기의 역할을 비밀리에 익명으로 보이지 않게 무책임하게 연출할 수 있다.

오늘날 우리들은 종래의 정치적 조직이나 제도 속에서도 자유와 평등이라는 모든 덮개에도 불구하고 일관하여 실제로 국가를 담당하는 위대한 것이나 조직이 항상 있는 것을 알 수 있다. 왜냐하면 과거는 현재로부터 그 빛을 받고 있으며, 또한 인식의 주체인 모든 정신은 현재의 정신이기 때문이다. 그리하여 이제 우리는 예컨대 교회가 많은 시대에, 또는 약간의 국가에서 성직자나 특정한 교단을 옹호하여 국가를 담당하는 조직으로서의 역할을 담당하였으며, 또한 많은 경우에는 프리메이슨 비밀 결사(Freimaurerei)* 와 같은 비밀 결사가 이러한 기능을 수행할 수 있었으며, 해양 국가나 무역 국가에서는 정치적 통일체의 전 질서가 자주 경제 또는 일정한 직능 신분에 의해서 움직여 왔다는 것 등을 본다. 무수한 횡적 결합을 생각할 수 있다. 그러나 우리들은 항상 오늘날의 우리들을 지배하는 정치의식의 상태에서 저 삼원적 구조와 국가를 담당하는 조직에 관한 문제에 되돌아가게 된다. 한편 우리는 국가와 개인, 조직 규범과 자유권이라는 자유민주적인 헌법 도식에 대해서는 이제 외관으로만 이해한다. 그 때에 독일 국가사회주의 운동의 행동과 사명은 점차 커지고 강력한 것으로서 나타난다. 그리고 국가사회주의 운동은 그 역사적 책임을 분명히 자각하고, 국가와 민족을 담당하는 조직의 위대한 업적을 모든 공공성 속에서 수행하는 것이다.

특히 **독일**의 국가사상의 발전에 관하여 말하면, 독일의 관료제도와 아울러 군대 그리고 국가사회주의 당조직, 나아가 독일에 있어서의 사회 · 경제영역도 그들이 지닌 역사적 특성이 다른 것과 비할 수 없을 정도로 크다는 것은 명백한 일이다. 또한 독일의 국가이론도 이미 언급했듯이 19세기 중엽까지, 따라서 자유주의적인 사고방식과 비과학적인 실증주의가 승리를 거두기까지는 국가와 사회를 대립시킨다는 이원주의적 도식을 알지 못하였다. 예컨대 헤겔에 있어서(Rechtsphilosophie § 250 f.) 직능단체(Korporation)는 시민사회로부터 국가에로의 이행을 형성하는 것이다. 헤겔에 있어서 국가는 결코 관료기구도 아니며 그렇다고 자유로운 시민사회도 아니다. 나아가 로렌츠 폰 슈타인은 1865년에 그의 『행정학』(Verwaltungslehre, I S. 266)에서 관료조직으로서의 정부의 권력과 아울러 군, 시읍면 그리고 직능단체와 그가 공법의 영역에 속한다고 한 단체(Vereinswesen)도 공적 생활의 본질을 이루는 부분이라고 강조한다. 그렇다면 국가를 이와 같이 구성하는 견해들은 그 후 『단체이론』(Genossenschaftstheorien) 속에 흡수되어 사라지고, 1850년경 이후에는 겨우 이른바 실증주의의 맹목성과 무관계성만이 지배할 뿐이다. 로렌츠 폰 슈타인 한 사람의 연구를 어떤 이민족의 국법학자는 「혼동시키는 재기에 넘친 것」으로 간주할 수 있었다. 그러나 이원적 구조로 구성된 자유주의적 입헌국가와 거기에 속하는 실증주의적 국법학의 외관 뒤에, 독일 국가는 자유주의가 지배하는 19세기에도 여전히 군사 · 관료국가인 동시에 행정국가였다. 이러한 역사적 사실 속에 오토 마이어(Otto Mayer)의 유명한 명제, 즉 「헌법은 사라져도 행정법은 존속한다」*는 말의 궁극적인 본래의 의미가 있다. 이 말은 행정을 담당하는 군주적 관료제가 자유주의적 헌법체제에 대하여 우월하다는 것을 적절하게 표현한 것인데, 이렇게 표현한 본인 자신도 아마 승인하려고 했을 것이다.

그 중에서도 결정적인 것은 대부분의 독일 국가들, 특히 독일의 지도적 국가였던 프로이센에서 독일의 군대와 관료계급이 1세기에 걸쳐 **국가를 담당하는 계층으로서의 기능**마저 인수받았다는 점이다. 국가의 권력기구와 국가를 담당하는 조직도 붕괴되었다. 독일의 관료계급이 서구 자유민주주의라는 의미에서의 단순한 관료적 「기구」(Apparat)였던 적은 한 번도 없다. 이 점에서 오토 마이어는 이 관료 계급에 대하여 정당하게 이렇게 말한다. 즉 관료계급은 「나아가 정확하게 말하면 결정적 지위를 차지하는 학식 있는 직업 관료는 모두 국가의 도구가 아니라 하나의 독자적인 권력이다」라고. 이것은 헤겔의 국가철학에서 하나의 이론적 · 철학적인 체계를 발견한 역사적 현실이다. 헤겔에 의하면 국가는 객관적 이성의 나라이다.* 물론 독일의 국법학은 이미 서술했듯이, 실증주의라는 구실 아래 이러한 사태를 학문적으로 심화하고 옹호하는 것을 완전히 단념해 버렸다. 법률가들이 내버린 독일의 위대한 국가개념을 보존한 것은 오직 이전 세대의 독일 역사가와 경제학자, 예컨대 아돌프 바그너(Adolf Wagner)와 구스타프 슈몰러(Gustav Schmoller)*와 같은 학자들이었다. 비록 교양 있고 청렴결백한 독일 관료계급의 국가가 「시민사회 **위에**」 있다는 의식이 「역사적인 것」(Historische)으로 상대화되고 있지만 여전히 살아있는 것이다. 그리하여 사회적 · 문화정책적인 관료국가는 가능하게 되었다. 그러나 안팎에서 위험에 직면한 국가를 정신적으로 뒷받침하기 위해서는 그것만으로 불충분하다. 반세기 동안 일관하여 거의 전적으로 법률적인 소양만을 지닌 독일 관료계급은 이른바 「실증주의」 속에서 정신적으로나 정치적으로 메마르게 되었다. 따라서 관료계급은 정치적으로 **지도하는** 계층으로서 지녀야 할 결정적인 과제를 수행할 능력이 없게 되었다.

독일의 군사 · 관료국가의 이러한 현실이 존속하고 그 결과 국가는 사회에 우월하는 「객관적 인륜과 이성」의 영역으로서 파악될 수 있는 한, 하나의 사회 · 문화정책적인 관료국가는 가능하였으며, 이 국가는 공공연하거나 은밀한 세력인지 또는 가시적이거나 가시적이 아닌 세력인지는 접어두고, 여러 가지 이질적인 「사회적」 세력에 의해서 좌우되는 단순한 도구는 아니었다. 그러나 이러한 군사 · 관료국가의 현실은 현행 규범체계와 자유민주적 헌법의 모든 원칙과 상용되지 아니하였으며, 19세기 「입헌주의」 전체와도 끊임없이 대립하는 것이었다. 비스마르크(Bismarck)는 1861년부터 1871년 사이에 혁혁한 정치적 성공을 거두었으나, 여기서 독일 관료국가는 1848년 이래 정신적으로 완전히 수세에 몰렸다는 사실을 잊어버리게 할 수는 없었다. 프리드리히 율리우스 슈탈(Friedrich Julius Stahl) — 그의 본명은 욜 욜손(Joll Jolson)*이다 — 이 프로이센 보수당에게 준 수사와 궤변의 혼합도, 라반트(Laband)의 시니칼한 실증주의도 독일적 국가이론과 법이론은 아니었다. 그것들은 표면적으로는 서로 대립하는 것 같았으나, 결국은 「법치국가」라는 이름으로 압박을 가하는 정치 세력들인 자유민주주의와 아울러 바로 그 뒤를 따라온 마르크스주의의 선봉에 불과하였다.

확실히 자유민주주의를 표방하는 바이마르 헌법과 다원적 정당제도 14년간의 지배는 독일 관료국가의 위대한 전통을 완전히 파괴해 버릴 수는 없었다. 그러나 세계 대전 이전에 이미 명백하였던 것은 20개 이상의 지분국가(支分國家)로 분산되어 있던 독일 관료제는 그 자신의 힘만으로는 이미 객관적이며 중립적인 국가 관청 기구로서의 기능과 정치적 지도를 하고 국가를 뒷받침하는 계층으로서의 기능이라는 양자의 기능을 함께 수행할 수 없었다는 것이다. 그러나 관료계급이 그 본래의 가치를 정치적으로 결단한 것에 대한 책임을 구하는 대신에, 모범적인 행정업무와 사법업무의 사실적 · 전문적 확실성과 계산가능성 속에서 찾으려고 하였던 것은 당연한 일이었다. 명쾌한 정치적 결정을 내려 스스로 국가의 적을 알아내거나, 나아가 그 적을 이기는 것은 관료계급의 객관적 · 중립적 입장과 실증주의로부터는 이미 더 이상 할 수 없는 일이었다. 관료계급은 실증주의적인 법률구속성에 몰두하는데, 그것은 결국 의회주의적 입법국가의 합법성에 불과하며, 그 기초인 법률은 객관적 · 실질적인 의미에서의 「법」과는 이미 거의 관계가 없는 것이었다. 왜냐하면 이러한 법률은 바로 이질적인 것이 연합한 타협의 소산에 불과하였기 때문이다. 그리하여 의회의 정당들이 정치적으로 주도권을 요구하는데 대해서는 어떠한 성실한 저항도 마련되지 아니하였다. 세계 대전 중 의회의 정당 정치인들의 어떤 계층은 독일 국가의 주도권을 장악할 수 있었으나, 어떤 정치적 성과를 제시할 것이 없었다. 다만, 그들은 정치적 지도의 진공상태를 무엇으로든지 메꾸지 않으면 안 된다는 필요성을 지니고 있을 뿐이다. 군주적 관료국가가 붕괴된 후에 1919년부터 1932년에 걸쳐 바이마르 헌법이 채택한 다원적 정당국가 체제 하의 독일의 관료계급은 중재적 조정에서, 그리고 조직적인 당 이해관계에서 일종의 정당 정책상 중립적이며 중재법관적인 지위에서 존재의 정당성을 찾았었다. 관료계급은 더 이상 사회에 **우월하는** 것이 아니라 사회계층들 **사이에** 서게 되었다. 그러나 그럼으로써 관료계급 자신이 다원적 체제의 책략에 빠져들었다. 즉 관료계급은 자기를 보전하려는 나머지, 타협거래에 가담하는 정치적 공범자가 되고, 그럼으로써 자기의 본령을 포기하고 다원적 체제를 또 하나의 크기로 확대시켰다. 결국 가장 호의 있는 「중립적 조정」도 확실히 도의적으로는 내적으로 부패한 정당제도보다 우월하였다고는 하지만, 정치적 지도의 결여를 메꾸기 위한 것으로서는 나쁘고 불충분한 대용품에 불과하였다. 중립적인 관료계급도 다원적인 정당제도와 의회에서의 운영도 그들의 국가적 임무를 수행하지 못하였으며 정치적 지도를 자체 내에서 창출할 수도 없었다. 그 점에서 그들은 모두 좌절하였다.

1932년의 여러 경험에 의해서 비로소 이러한 인식은 독일 민족의 대다수에 대해서도 시사하는 바가 많게 되었다. 1932년 7월 20일의 프로이센 충격에 의해서 바이마르 체제의 정부는 프로이센으로부터 멀어지고, 프로이센 국가, 즉 강력한 권력복합체이며 명령기구는 그들의 손에서 빼앗았다. 그러나 파펜(Papen) 정부(1932년 6월부터 같은 해 11월까지)와 슐라이허(Schleicher) 정부(1932년 11월부터 1933년 1월까지)의 양 정부는 「권위 있는」 정부라고 불려지면서도 실은 국방군(Reichswehr)과 프로이센 국가의 권력기구에 의해서 지탱되고 있을 뿐이므로 정치의 진공상태, 즉 정치적 지도의 공백을 메꿀 수는 없었다. 파울 리터부슈(Paul Ritterbusch)*는 1932년 11월에 출판된 저서 『바이마르 헌법의 타협, 대통령 통치의 실험과 국가사회주의의 국가이념』(Der Verfassungs-kompromiß von Weimar, das Experiment der Präsidialregierung und die national-sozialistische Staatsidee) 중에서 이 발전단계에서의 다원주의의 내적인 절망을 국법학적으로 설명하였다. 또한 1932년 10월 25일의 국사재판소의 판결이 바이마르 체제를 복구시킨 것은 물론 아니지만, 그렇다고 그 판결이 그때까지 정부에 결여되었던 것이나, 정부가 과감하게 채택할 수 없던 것을 정부에게 부여할 수도 없었다. 즉 이 판결은 또한 국가의 적을 국가의 적이라고 인정하고, 그것을 해 없는 것으로 하는 데에 손을 빌려주는 것을 거부하였다. 1933년 1월 3일에 대통령이 국가사회주의 운동의 지도자 아돌프 히틀러를 라이히 수상에 임명하였을 때에 비로소, 독일 라이히는 다시 정치적 지도를 얻고 독일 국가는 국가의 적인 마르크스주의를 근절할 힘을 발견하였다.

전술한 1월 30일에 19세기의 헤겔적 관료국가는 관료계급과 국가를 담당하는 계층의 일체성에 그 특징이 있는데, 하나의 다른 국가구조에 의해서 대체되었다. 그러므로 이 날에 「헤겔은 죽었다」고 말할 수 있다. 그러나 이것은 이 독일 국가철학자의 위대한 저작이 무의미하게 되었다든가, 사회적 이익이라는 에고이즘에 우위하는 정치적 지도의 사상이 포기되었다는 것을 의미하는 것은 아니다. 헤겔의 강력한 정신구조에는 시대를 초월한 위대한 독일적인 것은 여전히 새로운 형태 속에서 더욱 활동하고 있다. 다만, 19세기의 국내 상황에 적합한 헤겔적 관료국가라는 형태는 제거되고, 우리들의 오늘날의 현실에 맞는 또 다른 형태에 의해서 대체된 것에 불과하다.

오늘날 독일 민족의 정치적 통일체로서의 독일 제국은 국가 · 운동 · 민족이라는 세 화음에 의해서만 이해될 수 있다. 그럼으로써 국가사회주의당의 중차대한 사명은 이제 비로소 알게 된다. 독일의 직업 관료 계급은 자유민주주의의 정신에 따라서 비국가적 · 사회적인 세력, 즉 정치적으로 무책임하고 보이지 않는 세력에 맹목적으로 봉사하는 도구로서의 역할을 수행하는데 불과한 존재로 격하될 위험에 놓여 있었는데, 이제 이처럼 불분명하고 근거가 박약해진 잡종 상태에서 해방되고 이러한 위험에서 구출되었다. 그러나 다른 한편, 국가사회주의 운동의 사명은 관료국가의 경직된 몸에 새로운 피를 주입하고, 그것이 「국가」에 흡수되어버린 후에 해체함으로써 소진되는 것은 아니다. 일찍이 프로이센 수상 괴링(Göring)*이 세 개의 커다란 「평형바퀴들」(Schwungräder)이라고 이름붙였듯이, 구별되지만 분리되지 않은 채, 연결되어 있지만 용해되지 않은 채 각각의 바퀴는 그 내적 법칙에 따라서, 그리고 모든 것은 운동이 담당하는 정치적 전체와 서로 조화하면서 나란히 달리지 않으면 안 된다.

제4장 국가사회주의법의 기본개념으로서의 지도자원리와 동종성

1. 국가사회주의는 추상적으로 생각하거나 천편일률적으로 생각하지 아니한다. 국가사회주의는 모든 규범주의적 및 기능주의적 행동에 반대한다. 국가사회주의는 지방, 종족 또는 신분 어디에서 만나는 경우이든, 진정한 민족적 실체이면 모두 이를 보호하고 장려한다. 국가사회주의는 농민을 위한 세습농장법을 제정하였으며 농민계급을 구제하였다. 또한 독일의 관료계급으로부터 이민족적인 요소를 일소함으로써 그들을 신분(Stand)으로서 재건하였다. 국가사회주의는 불평등한 것은 불평등하게 다루고, 필요한 차별은 관철시킬 수 있는 용기를 가지고 있다. 그리하여 국가사회주의는 의미가 있다고 생각되는 경우에는 언제나 신분재판권(Standesgerichtsbarkeit)을 인정할 것이다. 예컨대 국가사회주의가 1933년 5월 12일의 법률(RGBl. I S. 264)에 의해서 구 군법회의 규칙에 근거해서 군대에 대하여 신분재판권을 재도입한 것이 그 예이다. 또한 돌격대(SA)나 친위대(SS)와 같은 당의 특정한 조직에 대해서도 신분재판권을 갖춘 특별한 종류의 신분 기율이 생각될 수 있을 것이다. 진정한 신분의 형성과 함께 신분재판권의 범위도 저절로 확대될 수 있을 것이다. 이것과 방법은 다르나 구체적으로 자연발생적으로 생겨나는 것(Eigenwächtige)을 승인하고 확대한다는 같은 의미에서 국가사회주의는, 지방자치의 영역에서는 촌 · 지방도시 · 공업지역 · 대도시 · 거대도시가 가지는 실질적 차이에 입각하여 자유민주적 도식의 잘못된 평등 관념에 의해서 방해를 받을 수는 없다.

(*a*) 그런데 **하나의 강력한 국가**가 다양한 형태를 가진 모든 것 위에 정치적 통일체의 전체를 끌어올리고 보호하지 못한다면, 위와 같이 자연발생적으로 생겨나는 생명이 다종다양하다는 것을 인정하는 것은 독일 민족이 곧 또다시 신앙 · 종족 · 계급 · 신분 그리고 이해관계의 이동에 따라서 다원적으로 분열하는 불행한 사태를 초래하게 될 것이다. 모든 정치적 통일체는 그 제도화와 규범화에 있어서 하나의 관련된 내적 논리를 필요로 한다. 정치적 통일체는 하나의 통일적인 형태관념을 필요로 하며, 그 관념에

의해서 공적 생활의 전 영역이 일반적으로 형성되어야 한다. 이러한 의미에서도 전체적이 아닌 정상적인 국가는 존재하지 아니한다. 여러 가지의 생활영역을 규제하고 정서하기 위한 관점이 다양하면 할수록, 다른 한편 통일적이며 수미일관된 주도원리가 그만큼 확고하게 인정되고 견지되지 않으면 안 된다. 모든 불안정과 불화는 처음에는 국가중립적인 형태의 출발점이 되다가, 다음에는 국가에 적대적인 형태로, 그리고는 다원적 분열과 파멸의 침입 통로가 된다. 강력한 국가는 그 다양한 국가 구성원의 강한 독자적 생활을 위한 전제가 된다. 국가사회주의 국가의 강함은 위로부터 아래까지, 또한 그 존재의 모든 원자에 이르기까지 지도자 원리(Führertum)의 사상에 지배되고 침투되고 있다는 점에 있다. 이 원리에 의해서 운동은 크게 되었으며, 이 원리는 국가 행정에서나 다양한 자치행정의 영역에서도 그 의미에 맞게 수행되어야 하며, 당연한 것이지만 각각의 소재의 특수성에 따라 필요하게 되는 수정을 고려하면서 수행하지 않으면 안 된다. 그러나 공적 생활의 특정한 중요 영역이 지도자 사상의 지배로부터 제외되는 것은 허용되지 아니할 것이다.

19세기 독일의 군사 · 관료국가는 외관상은 매우 강력해 보였으나, 실은 중대한 정치적 오류를 범하였다. 즉 **지방자치행정**에서 국가의 「집행부문」(Exekutive) — 당시의 용어로는 국가 그 자체 — 에서의 형성원리와는 다른 형성원리가 대두하게 하였다. 지방자치단체와 국가가 본질적으로 다른 경우라면, 지방자치단체의 대표가 선거의 결과 등장하더라도 그 자체로서는 결코 아무런 국내적 분열을 야기할 원인이 되는 일은 없었을 것이다. 그러나 선출된 지방자치단체의 대표는 바로 자신들이 **선출**되었기 때문에 그 지방자치단체를 **진정으로** 담당하는 자이며 대표하는 자라고 이해하였으며, 그럼으로써 군주국가와는 모순되는 형성원리가 지방자치단체에 인정되었다. 이리하여 지방자치행정은 자유민주적인 의회주의 원리가 군주적 · 권위주의적 관료국가에로 침입하는 입구가 되었다. 슈타인 남작(Freiherr vom Stein)은 이미 1810년에 자신이 「헌법과 행정의 구별을 충분히 예리하게 명심하지 않았다」는 것을 깨닫고 있었다. 자유주의를 신봉하는 시민계급은 「비정치적인」 자치행정 사무가 문제이기 때문에, 국가는 간섭해서는 안 된다는 전형적인 구실을 내세워 국가로부터 면제된 공법상의, 「국가로부터 자유로운」 영역을 창조하였다. 거기에서 국가와는 다른 정치 이상과 다른 형태 및 형성원리가 타당하였다. 나아가 「단체사상」 · 「자치의 자유」 · 「고유 사무」 등등의 독일법적인 위장 아래 목적과 목표를 뚜렷이 인식한 법학은 프로이센 국가기구의 지도자 원리를 흔들리게 만들었다. 인간의 결합은 모두 본질적으로 동질이며, 특히 지방자치단체와 국가는 동질이라는 학설은 프로이센 국가가 그것과 본질을 달리하는 형성원리에 의해서 정복되는 것을 매우 유효한 방법으로 옹호하였다.

물론 독일의 군사 · 관료국가는 자유주의 사상이 표면상 억제할 수 없도록 밀려오는데 대하여 완강한 저항력을 보였으며, 국가 행정과 지방자치 행정의 모범적 · 조직적인 일관성을 창조하였는데, 프로이센의 란트 의회는 그 가장 유명한 예이다. 또한 지방자치단체의 선거에 적용되는 3등급 선거법(Dreiklassenwahlrecht)*에 의해서 일관된 자유민주주의가 가져오는 궁극적인 귀결이 방해되기도 하였다. 그러나 간과해서는 안 될 것은 국가에는 국민자유주의 또는 자유보수주의, 또는 단체법 사상이나 지방자치 사상의 입장에 서서 압박을 가해 오는 적에 대하여 정신적으로 대처할 능력이 없으며, 여기 프로이센에서도 이미 서술했듯이(제3장 2 이하), 수세에 몰려 있었다는 점이다. 그 결과 국가는 결국 지게 되었다. 오늘날의 우리나라 국법과 행정법에서는 이와는 사정이 달라야 한다는 것을 증명하는 데에 장황하게 서술할 필요는 없다. 전체국가(totaler Staat)*에 있어서 지방자치체 의회가 정치적으로 항의 데모하는 것은 결코 허용되지 아니하며, 예컨대 1898년에 베를린 시회(市會)는 예와 같이 이것은 완전히 「비정치적인」 결의이며, 「순수한 자치행정 사무」와 일종의 「단순한 경배행위」의 표현으로서 1848년 3월혁명 때에 죽은 혁명가들의 묘비에 화환을 바치는 뜻의 결의를 하였으며(상급 행정재판소 1898년 7월 9일 판결), 국가와 지방자치단체 간의 저 포츠담 기(旗) 사건*에서는 1928년 7월 9일의 독일 국사재판소의 판결(Lammers-Simons I S. 276)에 의해서 지방자치 단체에게 유리한 결정이 내려지기도 하였다.6)

(*b*) 지도자 사상이 조직적으로 관철되기 위한 소극적 요청으로서 무엇보다 필요한 것은 자유민주적 사고방식에 본질적으로 적합한 방법들이 모두 소멸하는 것이다. 종래의 선거운동에 전반적으로 잔재가 남아 있는 아래로부터의 **선거**는 종말을 고한다(1933년 11월 12일의 라이히 의회의 개선은 전술하였듯이 단지 국민투표의 일부로서 이해할 수 있을 뿐이다). 또한 구래의 **투표방법** — 어떠한 방법으로 연합한 다수는 이 방법의 도움을 받아서 소수파를 수로 압도하고, 더구나 투표를 가결하거나 부결하기 위한 권력수단으로 한 것인데 — 도 일당국가에서는 계속되거나 반복되는 것이 허용되지 아니한다. 끝으로 **입법부와 집행부**, 지방 자치 단체에서는 **의결** 기관과 **행정** 기관 내지 집행 기관이라는 전형적인 자유주의적인 분리와 이원화는 그 의미를 상실하여 버렸다. 정부에게 입법권을 인정하는 것은 이처럼 인위적이고 부자연스런 분리를 폐기하기 위한 최초의 선구적인 한 예이다. 도처에서 **책임의 분담과 대위**의 제도는 자기의 명령을 공언하는 **총통**의 명확한 책임에 의해서 대체되어야 하며, **선거**는 **선임**(Auswahl)으로 대체되지 않으면 안 된다.

국가사회주의 국가의 특질을 결정하는 새로운 지도와 사상에는 그것을 본래적으로 보완하는 것으로서 **총통평의회**(Führerrat)의 설립을 요구한다. 이 평의회는 충고하고, 장려하고, 의견을 표명함으로써 총통을 보좌한다. 평의회는 총통을 지지하며 거들어주고, 또 그와 충복 그리고 국민과의 생생한 결합을 유지시켜 주지만, 총통의 부담을 덜어줄 수는 없다. 이 평의회는 총통을 불신임하고 통제하고 총통의 책임을 대위하는 조직도

6) 합스부르그 왕조시대에도 국가를 해체하려는 세력들, 특히 국가적인 것 전체에 투쟁적인 소수민족(Nationalitäten)은 지방 자치 행정을 침입구로서 이용하였다. 어떤 란트의 수도 시장은 군대에 대해서 시의 특정한 거리를 행진하는 것을 금지하는 일도 생겼다. Verw. Archiv XIX (1911), Seite 448 참조 — 여기는 동시에 「법치국가」의 의미와 본질에 관한 훌륭한 설명을 내포한 곳이다.

아니며, 국내적 이원주의(정부 대 국민대표, 지방 자치 단체의 수반 대 지방 자치 단체의 대표)를 표시하는 것도 아니며, 더구나 다원주의를 표시하는 것이어도 안 된다. 따라서 총통평의회의 구성원은 외부로부터나 아래로부터 **선출**되는 것은 허용되지 않으며, 총통에 의해서 일정한 선임 원칙에 따라서 **선임**되어야 한다. 이때에 특히 국가와 민족의 담당자인 당 조직과의 관계에 유의하여야 한다. 이것으로써 지방적 · 지역적 및 전문적 · 신분적인 특수 사정 · 필요성을 충분히 고려에 넣을 수 있게 된다. 총통과 총통평의회는 단순한 조직형태를 가지는 동시에 구체적으로 다종다양한 생활 영역에 적용되는데 대해서 탄력성 있는 조직형태를 가지고 있다. 이러한 제도가 처음으로 눈에 보이게 모범적인 형태로 등장한 곳은 프로이센 수상 괴링(Göring)의 위대한 건설적 업적인 프로이센 추밀원(Staatsrat)이었다. 1933년 6월 17일의 지방 평의회에 관한 프로이센의 법률(GS. S. 254)에서 이러한 사상은 이미 **정부**의 영역에서 **행정**의 영역으로 이전되고 있었다. 오늘날 이러한 사상은 원칙적으로 일반에 널리 침투하면서 승인되고 있다고 할 수 있을 것이다.

2. 이와 같이 지도자 사상이 근본적인 의의를 가진다는 것을 고려하여 더욱더 필요한 것은 국가사회주의 국법의 핵심 개념인 **지도의 개념**을 이론적으로도 명확하게 다른 것과 구별하고, 그 특질을 확실히 하는 것이다. 이 개념의 의의를 충분히 인식하고, 또 이 개념을 위조하거나 혼탁하게 만들 위험을 제거하기 위해서는, 무엇보다 먼저 필요한 것은, 이 개념을 다른 일견 유사한 개념들과 명백하게 대치시키는 것이다. 왜냐하면 그러한 개념들은 전적으로 필요하며 그들의 영역에서 불가결한 것인데, 이미 다른 정신 속에 배태되어 있으므로, 지도자 사상을 그러한 개념들과 동화하여 버림으로써 지도자 사상의 독자적인 힘을 마비시키는 데에 기꺼이 사용되기 때문이다. 주지하듯이 철저한 자유민주주의는 당연하지만 정치적으로 「지도자가 없다는 것」* 속에 이상을 보는 경향이 있다. 그러나 다음의 것은 아직도 대부분의 독일 법학자의 학문적인 의식 속에 나타나지 않고 있다. 즉 1세기 이래로 특수한 개념형성의 전 체계는 지도자 사상을 이와 같이 불식하는 작용을 하고 있다는 것이며, 또한 그러한 개념이 정치를 파괴하고 궤멸하기까지 하는 작용을 해야 하는 경우에는 특히 개념의 지렛대가 설치될 것이다.

법치국가적 사고는 안전성, 계산가능성과 예측가능성이라는 근본원리에 따라서 지배되는데, 법의 개념을 창출한다는 구실로 모든 관념 · 개념 그리고 제도를 규범주의적으로 **미리 규정된** 추상적인 것에로 변형하였다. 예컨대 다음과 같이 말해진다. 즉, 모든 의무는 **법의무***이며, 법률상 중요하다는 것이면, 항상 어떤 규범적으로 측정가능하고 그 결과 사법심사에 복종하는 내용을 가진다는 것이다. 개인주의적 · 자유주의적 법사상에는 친숙치 아니한, 또 다른 종류의 의무는 이처럼 단순한 방법으로 법생활에서 추방되고, 완전히 특정한 정치적 세계관(그것은 결코 특별히 법적이거나 특별히 과학적인 것은 아니다)에 대하여 법학으로서의 성격의 독점권을 마련해주고 있다. 그러면 지도자국가의 법에 그 존망이 걸린 불가결한 의무인 **충성의무** — 예컨대 휘하 · 관리 · 민족 동료의 충성의무

— 는 완전한 의미에서 법적 의무임에도 불구하고, 「단순히 도덕적」 내지는 「단순히 정치적인」 것으로 해석을 바꾸고, 그 법적 핵심은 빼앗기게 된다. 일찍이 바이마르 체제 하에서 면직된 프로이센 정부가 독일 라이히에 대하여 제기한 이른바 라이프치히 사건에서는 이러한 사고방식이 승리의 개가를 올렸다. 라이히에 대한 란트의 충성의무는 정치적 내용을 가지고는 있으며 하나의 법적 의무인 것은 자명하나, 그 충성의무는 법과 정치를 자유주의적으로 분리함으로써 그 본질이 파괴되고, 바이마르 체제의 특히 전형적인 옹호자의 한 사람은 이 충성의무는 어떤 「감상적인 것」으로서 냉소하였다. 이 견해에 의하면 국가사회주의자와 공산주의자를 정치적으로 동등하게 두는 것은 정치와는 구별된 「법」으로서 간주되었다. 또한 공산주의 조직은 독일 국가에 대해서 위험한 불구대천의 적으로서 독일 민족 운동과 구별하는 것은 이에 반하여 거꾸로 「법률 앞의 평등」에 위반되는 것이며, 「법적」 내지 「법률적」인 평가와는 다른 「정치적」 평가로 간주되었다. 여기서 법과 정치를 자유주의적으로 대립시키는 견해(Antithetik)의 반국가적인 핵심은 명약관화하게 되었다. 그렇지만 독일 국사재판소는 1932년 10월 25일의 판결에서 이 점에 관해서도 여전히 엄격하게 「법적이며 중립적인」 태도를 유지하여 판단을 회피하려고 하였다. 그것은 이 유명한 판결의 판결이유 중 다른 곳에서 한 자 한 구절마다 특징적으로 나타나 있다.

> 「정치적 긴장이 극도로 달한 시대에서는 란트의 장관들이 라이히 정치에 대하여 특별히 날카롭고 공공연한 공격을 하고, 경우에 따라서는 어떤 충성의무위반이 발생할 가능성이 있음을 인정할 수 있다. 그러나 그러한 공격에서 당해 란트의 의무위반을 인정해야 할 가능성이, 당해 장관이 자신의 직무상의 지위에서가 아니라 사인으로서 또는 당원으로서 행동한다는 사실로써도 즉각 제외될 수는 없다. 그러나 제베링(Severing) 장관이 언명한 것을 심사하는 데에는 당시의 모든 상황에 비추어 이것을 정하는 것도 그 언명 속에 란트에 필요하고 자제의 한계를 벗어나 라이히에 대한 의무위반을 생기게 하는 사실을 인정하지 않을 수 없는 것은 명백하다」.

나아가 또 하나의 예는 반세기에 걸친 자유주의의 실제 속에서 정치적 지도의 개념에 대립되는 개념에까지 발달한 **감독**(Aufsicht)이라는 개념이다. 자명한 것은 오늘날에도 이 감독이라는 말은 여러 방면에서(관료에 대한 근무 상태의 감독, 학교감독, 지방 자치 단체 감독, 교회감독 등등) 사용되고 있으며, 그것이 실시되는 영역은 남아있다는 점이다. 또한 모든 종류의 지도 중에서도 「감독」의 그 어떤 실체를 발견할 수 있다. 그러나 감독이라는 것이 특별히 타당한 영역을 분명히 구별하고, 감독이란 개념이 진정한 지도의 개념에 대해서 위협하는 혼란에 대립하여 이를 맞아들이는 것이 필요하다.

1871년 4월 18일의 비스마르크에 의한 연방국가적 헌법은 연방에게 **헤게모니**를 인정한 헌법이었다. 즉 프로이센이 그 주도권, 즉 정치적 지도를 장악하였다. 이것은 일반적으로 인정되었고 이론의 여지가 없었다. 그러나 이 점은 헌법 조문에는 분명히 규정되지 아니하였다. 더구나 정치적 지도라는 개념은 자유주의적 실증주의 사고에는 친숙하지 아니한 것이기 때문에, 이 개념은 독일 연방국가법에 대하여 바로 결정적인 개념이었음에도 불구하고, 국법학의 분야에서는 거의 관심을 끌지 못하였다. 만약 이와 같이 철두철미 주도권을 노린 연방국가 조직의 진상과 현실을 정당하게 평가한다면, 그 사람은 「정치적」이며, 「비학문적」이라는 비난을 받게 될 것이다. 그리하여 이 라이히 헌법의 중심 개념은 그르치게 되었다. 이에 반하여 **제국 감독**(Reichsaufsicht)이라는 개념은 더욱더 상세하게 취급되고 발전되었다. 트리펠(H. Triepel)*의 저서 『제국의 감독』(Reichsaufsicht, 1917)은 비스마르크 헌법 하의 연방국가법을 체계적으로 다룬 최후의 저작인데, 이 책에서 그는 이 법 전체를 제국 감독 아래에서(sub specie) 고찰한 것은 이러한 종류의 국가법 사상에서 나오는 당연한 귀결이다. 국가법을 규범주의적으로 곡해하는 데에 반대하여, 정치적 현실에 대하여 국가법의 의미를 자주 실증적으로 보인 트리펠과 같은 독일학자가 이와 같이 하여 그 강조점을 바꾸어 버리게 된 것은 부단히 침투하는 자유주의적 · 법치국가적인 사고 관습이 암시적인 힘을 가지고 있음을 나타내는 동시에, 그러한 지도로부터 감독에로 추이하고 있던 사고방식의 내적 논리를 보여주는 것이다. 이러한 사고방식에 의하면 국가의 집행(Reichsexekution)도 결국은 단지 「제국 감독」의 한 경우에 불과한 것이다.

감독 개념에 대한 이러한 경향은 바이마르 헌법에 의해서 다시 강화되고 완성되었다. 이것은 단순히 바이마르 헌법이 특히 전형적인 시민적 법치국가의 문서이며, 그 세계관적 기초가 법과 정치, 정신과 힘 등등의 자유주의적 분열을 내포하고 있다는 이유뿐만 아니라, 특히 바이마르 헌법은 프로이센의 주도권을 완전히 폐지함으로써 최후의 기초원리인 지도자 원리(Führerelement)를, 그 밖의 점에서는 보전되어온 연방국가법적 조직으로부터 완전히 불식하여 버렸다는 이유에 의한다. 나아가 바이마르 헌법은 종래처럼 연방 참의원이 아니라 국사재판소가 라이히와 란트 간의 연방국가법상의 쟁송에 관해서도 사법적 절차에 의해서 결정을 내리도록 하였으나(제19조), 그럼으로써 바이마르 헌법은 지도자 사상이라는 정치상의 사상을 근절하기 위하여, 더욱이 거기에 관심을 기울이는 모든 세력에 대하여 새로운 정치적 무기 — 즉 국사재판소에 제소할 수 있다는 무기 — 를 제공하였다. 이러한 세력들은 정당정치적으로 다원주의에 입각하든, 연방분립주의(einzelstaatlicher Partikularismus)에 입각하든, 모두 라이히를 파괴하는 것이다. 그러나 바이마르 헌법의 창시자들에 있어서는 이러한 방법을 저지하는 많은 장애가 존재하였다. 국가의 실제에 있어서 내정 사태가 점차 곤란해짐에 따라서 정치적 지도의 필요성은 더욱더 명확하게 제기되지 않을 수 없었다. 그러나 당시의 국법학에는 규범주의가 지배적이었으며, 진정한 국가이론은 완전히 결여되어 있어서 국내정치를 법률적으로 처리하는 것(Juridifizierung)에 열심이었다. 그리고 이러한 상태는 감독의 개념에서 최고조에 달하였다. 낡은 감독사상의 마지막 말로서 등장하여 온 것은 **헌법의 감독**(Verfassungsaufsicht)

이라는 것인데, 이것은 1932년 10월 25일의 국사재판소 판결에 대하여 요하네스 헤켈(Joh. Heckel)이 논설(Arch. des öfftl. Rechts, Bd. 23, S. 211)에서 사용하였다. 비스마르크 헌법 하의 연방국가법에서 「제국 감독」의 개념은 정치적 지도자 원리를 규범주의적으로 상대화하기 위한 적절한 수단이었기 때문에, 바이마르 체제 말기에 이 「헌법의 감독」이라는 완전히 규범적인 것에로의 방향 전환한 개념이 존재할 수 있었다. 「제국의 감독」이라는 말 속에는 적어도 여전히 감독하는 주체인 라이히를 알 수 있었다. 또한 학교감독, 지방자치 감독과 같은 다른 개념구성 중에도 적어도 감독에 복종하는 객체가 내포되어 있다. 이에 대하여 「헌법의 감독」이라는 각인(刻印)에서는 주체나 객체도 명확하지 않으며, 단지 감독의 기준인 헌법만이 그 모습을 나타낸다. 그리고 그 밖의 이러한 호의적인 개념은 모든 연합제도의 결정적인 정치권능, 연방국가적인 라이히의 정치적 통일체가 지닌 최후수단(ultima ratio), 즉 라이히 집행권에 이론적 기초를 제공하게 되는 것이다. 따라서 정치적 지도자 원리는 극도로 파괴되기에 이르렀다.

감독의 개념은 자유주의적 법치국가의 이념에 비추어 이처럼 정치적 지도의 원리와는 본래적으로 대립하는 개념으로 발전하였는데, 이 과정을 특징짓는 모멘트는 세 가지이다. 먼저 첫 번째는 그 **규범주의적 경향**이다. 이것은 감독의 개념과 이 감독의 기준이라는 관념이 미리 사실에 적합하게 규정되며, 따라서 이 감독을 측정하고 심사할 수 있는 기준과 결합되어 있다는 데에 있다. 예정론적으로 운명지워진, 따라서 모든 구체적 상황을 도외시한 이 규정에 의해서 감독하는 것과 감독되는 것 사이의 모든 관계가 지배되고 있다. 또한 그러한 감독제도가 지닌 불확정한 개념들, 더욱이 재량 개념마저도 이러한 경향에 지배되고 있다. 또한 그러한 재량 개념도 「재량의 유월」과 「재량의 남용」이라는 한계, 더구나 사법적으로 심사할 수 있는 한계를 가져야 한다. 이와 같은 감독의 개념은 모두 「자의의 금지」(Willkürverbot)라는 요소가 포함되어 해석되며, 그 정치적 의미는 미리 규정되어 있다는 것에 근거하여 계산 · 측정가능성이라는 의제와 모든 상호적 감독관계의 규제를 관철한다는 것이 된다.

지도에 적대하는 감독개념의 발전의 두 번째 징표는 **감독의 주체와 객체를 동렬에 두는** 경향에 있다. 이러한 경향은 바로 위에서 언급한 감독사상의 규범주의로부터 논리상 당연한 귀결로서 명확히 나타난다. 왜냐하면 감독의 기준이 예측가능하고 심사가능할 정도로 확실하자마자, 거기에는 다음 의제로부터 출발할 수 있기 때문이다. 즉 감독자가 「간섭」(정치적 논쟁을 안고 있는 이 말은 그와 같이 이른바 순수하게 「법적인」 사고의 특징적 표현이다)에 대해서 무엇을 감히 할 수 있는가, 또한 감독 받는 자에게서 「기대」될 수 있어야 하는 것은 무엇인가 하는 것이 이미 미리 결정되고 확정되며, 따라서 감독에 복종하는 사람도 감독에 반대하려고 생각하면 언제든지 그 규범을 유일한 결정적 기준으로서 원용할 수 있다는 의제이다. 그렇다면 감독에 복종하는 입장에 있는 자는 실제로는 감독을 하는 기관에 복종하는 것은 전혀 아니며, 말하자면 정치적 지도자에 복종하는 것도 아니며, 그는 단지 이른바 객관적인 내용을 가진 규범, 즉 국외적인 제3자에 의해서 심사되는 비인격적인 내용의 규범에 복종하는데 불과하게 된다는 것이 명백하다. 나아가 명백한 것은 감독을 하는 것도 이 동일한 규범에 종속한다는 것이며, 그 결과 이미 지도라든가 복종은 전혀 문제가 되지 아니하며, 이제 감독하는 것과 감독 받는 것 쌍방에 대한 문제는 단지 규범을「객관적으로」해석하는 것과, 관할권을「사실에 맞게 적절하게」(sachlich) 한계지우는 것뿐이다. 그러면「감독수행」(Aufsichtführung)이라는 말도 정당하지 않으며,「객관적으로 규범을 평가하는 것」(objektive Normengeltung)이나「규범을 적용하는 것」(Normenanwendung)이란 말로써 대체되어야 할 것이다.

지도에 적대하는 감독개념의 세 번째 특성은 이미 설명한 두 개의 징표로부터 동일한 논리필연성이 전개된다. 어떤 예측가능한 규범이 미리 존재하고, 감독관계에 있는 양 당사자가 동렬에 서고 이 규범에 복종한다면, 동일하게「객관적」이며 무관계한 제3자, 따라서 독립한 지위에 있는 사법적 기관만이 저 객관적인 규범의 기관으로서 양 당사자를 재판에 회부하지 않을 수 없다. 또한 이와 같은 감독개념에 의해서 하나의 **사법적 기관**이 요구되며, **감독의 객체와 감독의 주체 간에 생기는 의견의 충돌은 모두 소송형식을 취하여 처리되는** 것이 요구되는 것은 숙명적이다. 그러므로 서로 그와 같이 매우 상이한 모든 종류의 감독개념에서는 마침내 하나의 사법기관이 모습을 나타내며, 다소간 사법적 형식을 가진 절차에 의해서 최종 결정을 보게 된다. 그렇게 되면 자유주의적 법치국가 개념의 본질적으로 불가결한 보호사상과 안전사상이 지방자치체 감독권에 근거한 쟁송에 대하여 결정을 내리는 행정재판소는 국가감독에 **관한** 감독을 행하는 관청으로 바뀌게 한다. 엄격한 신분재판소이어야 하는 공무원법상의 징계재판소는 직원의 근무상태를 감독하는 모든 중요한 수단과 그 실행수단에 대한 결정을 상사 대신에 행하는, 직무감독권에 대한 단순한 보호설비로 화하고, 국사재판소 또는 헌법재판소는 헌법의 감독에 한정된 정부를 정치적으로 감독하기 위한 하나의 기관으로 화하게 된다. 그 결과는 언제나 **사법 대신에 정치적 지도**로 나타난다. 소송절차에 따르는 법관(Prozeßrichter)은 정치 지도자가 아니며, 오늘날의 법적 쟁송을 처리하는 방법들은 결코 지도자 국가를 형성하기 위한 모범은 아니다. 결정적으로 중요한 정치적 사건이 생긴 경우에 규범화 내지 소송절차로써 해결하려는 방법은 지도를 구속하며, 불복종자를 유리하게 만들 뿐이다. 당사자 평등주의는 국가와 민족에 대한 적을 국가와 민족의 벗과 동렬에 두게 될 뿐이며, 독립한 법관에 의해서 판결을 내리는 것은 지도자와 그 지지자들을 정치적으로 책임을 지지 않는 비지도자에게 복종시키는 것이 될 뿐이다.

3. 지도한다는 것은 지휘하는 것, 명령하는 것, 중앙집권적 · 관료적으로 통치하는 것, 또는 어떤 임의적인 방법으로 지배하는 것이 아니다. 지배나 명령에는 많은 형태가 있으며, 또한 선하고 정당한 이성적인 지배와 명령권력에도 많은 형태가 있는데, 그것들은 지도가 아니다. 인도나 이집트에 대한 영국인의 지배는 많은 이유에서 정당화되는지는 알 수 없으나, 그 지배는 영국인에 의한 인도인이나 이집트인의 지도와는 전혀 다른

것이다. 국제연맹 규약 제22조에 근거한 이른바 위임통치, 강국에 의한 구 독일 식민지의 착취는 「후견」 또는 「교육」이라는 인도주의적인 위장을 하는데, 그러나 마찬가지로 지도는 아니다. 이와 동일하게 **독재**도 경우에 따라서는 필요하며, 또한 구제책이 될는지 모르나, 대부분의 경우 우리들이 말하는 의미에서의 지도는 아니다. 여기서도 우리들은 특수 독일적이며 국가사회주의적인 개념이 이질적인 카테고리에 동화됨으로써 흐리게 되거나 약화되지 않도록 방비하지 않으면 안 된다.

지배하는 것과 지배받는 것, 통치하는 것과 통치 받는 것의 관계를 명백히 하기 위해서는 여러 가지 형상이나 비유가 사용된다. 그리고 이러한 다양한 언어 표현의 실질적인 의의를 자각하는 쪽이 틀에 박힌 기성 개념을 사용하여 미리 규정된 규범과 아울러 「사생활」에 관해서는 당연히 한계 있는 「특별권력관계」에 대하여 말하는 것보다도 법학적으로도 정당한 것처럼 나에게는 생각된다. 로마 가톨릭 교회는 신도에 대한 교회의 지배권을 위하여 목자나 양떼의 형상을 하나의 신학상 · 교의상의 사상에까지 형성하였다. 이 형상에 본질적인 것은 목자나 양떼에 대하여 절대적으로 초월적인 입장을 유지한다는 것이다. 이것은 우리들이 말하는 「지도」의 개념은 아니다. 플라톤은 그의 『정치가』(Politikos)* 중 유명한 곳에서 의사나 목자나 조타수 같은 여러 가지의 비유를 사용하여 조타수의 형상을 긍정하려고 하는데, 여기서 다루는 비유는 정치가들을 고려에 넣을 가치 있는 것을 가지고 있다. 이 형상은 라틴어의 "gubernator"라는 말을 통하여 라틴어의 영향을 받은 로마 민족이나 앵글로 색슨 민족의 모든 언어에 이식되어 온, 그 gubernator라는 말은 프랑스어의 gouvernement, 이탈리아어의 governo, 영어의 government로서 또는 구 합스부르그 왕조 시대의 "Gubernium"으로서, 「통치」(Regierung)를 나타내는 말이 되고 있다. 여기의 "gubernator"라는 말의 역사는 하나의 상징적인 비유가 법적 · 기술적인 개념이 되듯이, 거기에 대한 하나의 좋은 예를 포함하고 있다. 또 하나의 특색있는 형상은 말과 기수에 관한 것이며, 프랑스의 위대한 역사가 이폴뤼트 테느(Hippolyte Taine)*가 프랑스 인민에 대한 나폴레옹의 지배를 옹호하기 위해서 사용한 것이다. 이 형상은 프랑스 국민(Nation)의 국가를 자기 것으로 만든 이 이탈리아계 군인의 전제군주제(Imperatorentum)에 적절하다. 왜냐하면 거기에는 내적 강제에 대한 보다 깊은 설명이 있으며 이러한 지배가 있었다. 즉 항상 새로운 군사적 성과를 거두고, 동시에 항상 새로운 정당화(인민투표 · 교황에 의한 대관 · 합스부르그가 왕녀와의 결혼)와 제도화(새로운 귀족)를 행함으로써 내외에 일찍 정상화할 필요가 있었던 것을 이 형상은 의미있게 이야기하기 때문이다.

그러나 이러한 형상은 어떠한 것도 정치적 지도에 본질적으로 적합한 것은 아니다. 이 말은 본질적으로 독일적인 의미에서 이해되어야 한다. 여기의 지도라는 개념은 전적으로 국가사회주의 운동이라는 구체적 · 실무적인 사고에서 나온 것이다. 모든 형상이라는 것은 대체로 가능하지 못하며, 모든 형상이 적절한 것인가의 여부는 단순한 형상과 비유에 그치는 것이 아니라 바로 지도는 사실 그 자체 속에 있다는 것은 특기할 만하다. 우리들의 지도 개념에는 그 사태를 전달하기 위한 형상이나 사태를 나타내기 위한 비유는 필요 없으며, 또한 그러한 것을 하는 것은 불가능하기도 하다. 우리들의 개념은 바로크식 우화나 표상에서 나오지도 않으며, 데카르트식의 일반의지(idée générale)에서 유래하지도 아니한다. 그것은 직접법 현재의 개념이며 리얼한 **현재**(Präsenz)의 개념이다. 이러한 이유에서 이 개념은 또한 적극적인 요청으로서 **지도자와 휘하와의 무조건적 절대의 동종성**(Artgleichheit)을 그 자체 내에 포함하고 있다. 지도자와 휘하 간의 끊임없는 절대 확실한 접촉도 쌍방의 상호 충성도 이 동종성에 근거한다. 지도자의 권력이 전제 · 자의로 달리는 것을 방지할 수 있는 것은 동종성 뿐이며, 또한 그처럼 이지적 지배이든 그처럼 장점이 많은 지배이든 이질적인 민족의 의지에 의한 지배로부터 우리들의 지배를 구별하는 것은 이 동종성 뿐이다.

4. 이처럼 일치된 독일 민족의 **동종성**은 독일 민족의 정치적 지도라는 개념에 대하여 절대 필요한 전제이며 기반이다. 인종에 관한 사상은 1933년 라이프치히에서 개최된 국가사회주의 독일 법률가 회의 석상에서 총통이 행한 힘찬 폐회 연설 중에도, 또한 독일 법률 전선(Deutsche Rechtsfront)의 지도자 한스 프랑크(Hans Frank)* 박사의 감동적인 인사말 속에도, 또한 특히 니콜라이(H. Nicolai)의 강연처럼 전문적 입장에서의 탁월한 보고 속에서도 항상 반복하여 그 중심점을 차지하게 되었는데, 이것은 결코 이론적으로 깊이 생각한 요청은 아니었다. 동종성이라는 원칙이 없으면 국가사회주의를 신봉하는 국가는 존속할 수 없으며, 그 법적 생명도 생각할 수 없을 것이다. 왜냐하면 이 원칙이 없으면 국가사회주의의 국가는 그 모든 제도도 즉시 또다시 — 또는 국가사회주의의 국가를 뛰어난 것으로 비판하고, 또한 비굴하게 자기를 그 국가에 동화시키는 — 자유주의적 내지는 마르크스주의적인 적으로 인도할 것이기 때문이다.

새로운 독일법을 학문적으로 연구하려는 법학자에게 특히 필요한 것은, 이 동종성이라는 개념이 가지는 모든 법적 고려를 충족하는 **체계적인 힘**을 인식하는 것이다. 법관이 규범주의적으로 구속된다는 의제는 오늘날에는 실제의 법생활의 주요한 영역에 대해서, 이론적으로나 실제적으로 근거 없는 것이 되어버렸다. 예측가능성과 안정성이라는 것은 법치국가 사상에 대해서는 법률의 개념에 속하는데, 법률은 이제 이러한 것들을 전혀 만들어낼 수 없다. 안정성과 예측가능성은 규범화 속에 있는 것이 아니라 「정상」으로 전제된 상황 속에 있다. 사방으로부터 무수한 표현의 변경으로 이른바 **일반조항과 불확정 개념**이 법생활의 모든 영역에, 형법 속에까지 — 침투하였다. 즉 「신의성실의 원칙」 · 「선량한 풍속」 · 「중대한 사유」 · 「부당하게 가혹함」 · 「기대가능성」 · 「특히 긴급을 요하는 상태」 · 「현저한 손해」 · 「중대한 이해」 · 「남용의 금지」 · 「자의의 금지」 · 「이익형량의 요청」 — 이러한 것들은 합법성을 중시하는 규범주의의 이와 같은 해결책의 몇 가지 예시에 불과하다. 그러한 일반조항은 오래 전부터 불가피하고 불가결하게 되었으며, 우리들의 사법상 및 공법상의 재판의 전체성을 전적으로 규정하고 있다. 얼마 전(1933년)

에 출판된 예나의 법학자 헤데만(Hedemann)*의 저서 『일반조항으로의 도피』는 이러한 일반조항이 현저하게 확대된 것에 대하여 커다란 인상을 주고 있다. 즉 이 책은 이러한 일반조항에 의해서 법이 규범주의적으로 불확실하고 예측가능성이 없는 보편성(Allgemeinheiten) 속에 완전히 해소되어 버릴 위험이 있다고 하여 이에 대하여 진지한 말로써 경고하고 있다. 그러나 나는 일반조항이 지닌 커다란 문제가 그 경고에 의해서 해결된다고는 생각하지 아니한다. 특히 법에 관한 모든 학과의 현재의 문헌을 보면, 모든 개념의 해소와 그 불확정성의 경향은 헤데만이 서술한 것보다 훨씬 진전된 것처럼 나에게는 보인다. 더구나 「사실적」이며 「직접적인 점유」마저도 불확정개념으로서 인정될 수 있었는데, 더구나 그렇게 인정한 것은 어떤 탈무트 연구자가 아니라 실은 튀빙겐에 있는 저명한 독일 법학자 필립 헤크(Philipp Heck)*였다. 원래 입법자가 사용한 언어나 개념이라는 것은 법률을 적용하는 인간을 어느 정도까지 현실에 예측가능한 방법으로 구속할 수 있는가 — 우리들은 법의 이론과 실천 속에서 이미 이와 같은 인식론상의 물음을 충분하고 실제적으로 성실하게 제기할 시기에 와 있는 것이다. 우리들이 경험하였듯이, 모든 언어나 개념은 즉시 다투어지고 불안정 · 불확정하게 되며 동요하게 되는데, 그 경우는 동요하는 상황 속에서 여러 가지 성질의 정신과 이익이 그 언어와 개념을 자신의 것으로 만드는 경우이다. 특히 우리들의 행정법 전체는 이처럼 불확정하고 막연한 개념(「공공의 안녕과 질서」 · 「위험」 · 「긴급상태」 · 「비례원칙」 등등)에 의해서 지배되고 있다. 이러한 개념들은 규범에 의해서가 아니라 상황에 의해서 규정되는 개념이다. 또한 「의무적 재량」 · 「자의」 그리고 「자의의 금지」와 같은 개념도 분쟁이 발생한 경우에는 해결할 수 없기 때문에 그 개념과 자체가 최악의 자의가 될 정도이다.

이렇게 볼 때 오늘날에는 대체로 「불확정한」 법개념만이 존재할 뿐이다. 생각할 수 있는 모든 경우를 상정하여, 거기에 구성요건에 적합하고 흠결 없도록 미리 확실하게 예측할 수 있도록 법률로써 규정할 수 있다는 구래의 신념으로 되돌아갈 수 있다고는 오늘날 아무도 주장하지 않으려고 할 것이다. 모든 경우와 모든 상황을 미리 구성요건적이며 포괄적으로 고려에 넣은 법률이라는 것은 의제와 환상이며, 이것을 또다시 부활시킬 수는 없을 것 같다. 정말 흠결 없는 법전을 만들거나 규범화하려는 사상은 오늘날 이미 거의 실현불가능하다. 「엄격한 실증주의로 되돌아가는 것은 문제가 되지 아니한다」고 필립 헤크도 아주 정당하게 말한다(Jur. Woch. 1933, S. 1449). 그리하여 실라(Scylla)와 카리브디스(Charybdis)* 간의 법률의 적용 자체도 그와 같다. 앞으로 향한 길은 망망한 곳으로 인도하는 것 같으며, 법적 안정성과 법률에 의한 구속이라는 확고한 기반 — 그것은 동시에 법관의 독립을 위한 기반이기도 한데 — 으로부터 점차 이탈하는 것처럼 생각된다. 그러나 뒤로 향한 길도 무의미한 것으로 되고, 역사상 일찍이 극복된 형식주의적인 법률적 미신으로 인도하는 것처럼 생각되며 역시 고려되지 아니한다.

여기에는 오직 단 하나의 길이 있을 뿐이다. 국가사회주의 국가는 그 길을 확고하게 걸어 나아가며, 프라이슬러(Freisler) 사무차관은 「사법 개혁이 아니라 법조 개혁을」이라는 요청에서 이 길에 매우 명확한 표어를 제공하였다. 독립한 사법재판이 계속 존속해야 하고, 그럼에도 불구하고 법관이 미리 정해진 규범에 기계적 · 자동적으로 구속되는 것이 불가능한 경우에는, 바로 모든 것은 우리들의 법관과 관료의 **종류와 유형**에 좌우된다. 「**누가 결정을 내리는가**」(quis judicabit)* 하는 물음이 오늘날처럼 그렇게 모든 것을 결정해버릴 정도로 중대한 의의를 가지기에 이른 시대는 일찍이 한 번도 없었다. 종래의 자유민주주의 체제에서도 법관의 「창조적 인격」(schöpferische Persönlichkeit)에 대해서 향해진 윤리적이며 도덕적인 요구가 있었던 것은 아니다. 그러나 그러한 요구는 공허한 미사여구에 불과하였다. 왜냐하면 동종의 것과 이종의 것을 구별하지 않는다면, 단순히 일반적으로 「인격」에 대해서 말한 것에 불과하며, 더구나 이 인격이라는 말은 자유주의적 개인주의란 의미에서 사용되는 경우에는 단순히 인간뿐이며, 구체적인 독일 민족이라는 의미는 가지지 않기 때문이다. 그러나 「인격」이라는 말의 본래의 **실체**는 완전히 확실하게 보장되어야 하며, 그 실체는 독일법을 표명하고 해석하고 적용하는 임무를 맡은 각인이 민족적 결합과 동종성(同種性) 중에 있는 것이다. 법학을 연구하는 실제적 필요성에서도 동종성의 사상은 우리의 공법 전체를 관철하고 지배하게 될 것이다. 이 사상은 직업관료 계급에 대해서 적용되며, 마찬가지로 법의 창조 · 형성에 중심적으로 참가하는 변호사 계층에도 적용되며, 마침내는 민족동료가 행정 · 사법 그리고 법학의 분야에서 활약하게 되는 모든 경우에 대하여 적용된다. 특히 여러 가지 새로운 「총통평의회」를 구성함에 있어서 이 사상은 실로 풍부한 공동작업을 담보하게 될 것이다.

우리들은 모든 법은 일정한 민족의 법이라는 것은 단순히 감각적으로 알고 있을 뿐만 아니라 엄밀한 학문적 통찰에 근거하여 알고 있다. 사실을 올바로 보고, 언명을 바르게 듣고, 말을 바르게 이해하고, 그리고 인간과 사물에 대한 인상을 올바로 평가할 수 있는 것은 존재에 적합한 일정한 방법으로 공동체에 참여하고, 생존을 걸고 그 공동체에 속한 것뿐인 것은 하나의 인식론적인 진실이다. 가장 깊고 가장 무의식적인 심정의 움직임에 이르기까지, 마침내는 아주 미세한 뇌섬유에 이르기까지 인간이라는 것은 이처럼 일정한 민족 · 종족에 속한다는 현실 속에 서 있는 것이다. 객관적이라고 생각하고 또한 주관적 양심에서 자신은 객관적이기 위해서 충분히 노력하여 왔다고 믿는 것이 모두 반드시 객관적인 것은 아니다. 종족을 달리하는 것은 가령 어떻게 비판적으로 행동하고 얼마나 명민하게 노력하더라도, 또한 책을 읽고 쓰더라도 그 사람이 **종족을 달리하기** 때문에 생각하거나 이해하는 곳도 다른 것으로 하고, 모든 결정적인 사고 과정에서 역시 그 자신의 종족이 가진 실존적 조건들 속에 그치는 것이다. 그것이 「객관성」이라는 것의 객관적 현실이다.

우리들이 법관과 행정관료마저도 규범주의적 합법성의 한 기능에 불과하며, 단지 유명한 「법률을 적용하는 자동장치」, 단순한 「추상적 규범의 구체화」의 한 예시에 불과하다는 신념을 가질 수 있는 한, 인간의 모든 사유가 이와 같이 자기의 존재에 구속된다는 진리를 도외시할 수는 없으며, 마찬가지로 인간이 규범을 정립하고 그것을 사태에 적용하도록 수정하는 작업도 상황에 구속된다는 진리에도 유의할 수 없었다. 몽테스키외의 유명한 명제, 즉 법관은「단지 법률의 언어를 말하는 입」*에 불과하다는 것은 18세기에는 대체로 기계적으로 이해되었다. 우리들의 현대 감각에 대해서 이 명제는, 우리들을 이미 유기적 · 생물학적 및 민족적 차이로 가득 찬, 살아있는 인간 존재의 영역으로 인도하고 있다. 우리들은 이전보다도 더욱 민감하게 되었다. 즉 우리들은 이렇게 말하는 것이 허용된다면, 이른바 동일한 말과 명제를 말하는 입들의 다양성을 보고 있다. 우리들은 여러 입들이 동일한 말을 매우 여러 가지로「발음하는」것처럼 듣는다. 우리들은 동일한 어휘라도 민족의 입이 다름에 따라서 다르게 울릴 뿐만 아니라 그 의미와 사안에서도 무엇인가 다른 것을 의미한다는 것을 알고 있으며, 법률해석이나 범죄구성 사실의 청취라는 문제에서 사소한 차이가 놀라울 만큼 원대한 영향을 미치는 것도 알고 있다. 그럼에도 불구하고 우리들은 독일 관료의 법률상 보장된 지위, 특히 법관의 독립성을 공고히 하여야 하며 또한 공고히 하려고 한다. 그러므로 우리들은 몇 가지 **구속**을 문제로 삼을 필요가 있다. 모든 보장과 자유도, 모든 법관의 독립도, 또한 특히 저「창조적 인격」(Schöpfertum)도 이러한 구속이 없으면 단지 무질서이며, 특히 정치적 위기의 나쁜 원천일 뿐이기 때문이다. 우리들이 추구하는 구속은 수 천개의 법률조항의 견강부회의 문자에 대한 기만적인 구속보다 확실하고 생생한, 보다 깊은 것이다. 이러한 구속은 우리들 자신과 우리 자신의 종족들보다도 어디에 다른 것이 있는가? 또한 여기서 법률상의 구속 · 관료제도 그리고 법관의 독립성은 밀접불가분한 관계가 있다는 것을 고려한다면, 모든 문제와 그 해답은 동종성의 요청으로 수렴한다. 동종성 없이 전체적 지도자국가는 하루라도 존속할 수 없는 것이다.

근대적인 헌법생활에서의 국가긴급권

1933년 3월 말 바이마르에서 행한 연설

(1933)*1)

「이상한 사태에서의 (합법적인) 법의 상태」로서의 긴급권(Notrecht)은 1914년 이래 자주 전쟁(1914년 8월 1일자의 수권법), 인플레이션, 데플레이션 그리고 현재는 국민적인 혁명을 계기로 하여 존재해 왔다. 모든 법률은 정상적인 상태가 존재하는 것을 전제조건으로 하는데 이 상태가 없어지게 된 경우에는 의미 없는 것이 되고 만다. 그러한 경우에 국가는 새로운 법률로써 정상적인 상태를 다시 창출하려고 한다. 이와 같이 국가의사에 의해서 효력을 가진 규범의 시스템을 우리들은 합법성(Legalität)이라고 명명한다.* 그러나 국가는 그 자신으로는 합법성이 아니며 어떤 사실상의 것이며 권력이다. 이에 대해서 하나의 규범이 효력을 가지는 참된 정당화 이유는 규범이 의미를 가지고 있다는 것이다. 이리하여 경우에 따라서는「합법성」과 순수하게 법적인 것 간에 모순이 생긴다. 따라서 합법성에 대립하는 것은 비합법성(Illegalität)이라고 단순히 생각하는 것은 잘못이다. 현재 [합법성에 대한] 결정적인 대립항은 실제로 존재하는 법에 적합한 의사(rechtsmäßiger Wille)의「정통성」(Legitimität)이다. 합법성의 범위를 초월하는 것만으로는 아직 혼란을 의미하지 아니한다. 확실히 그러한 상황은 법에 반할 것이다. 그러나 합법성이 내적으로 의미 없는 것이 되어버렸다는 것도 또한 생각할 수 있다. 그러한 경우에는 합법성을 실질적인 정의에로 변용시킬 필요가 있다. 이것이 1918년의 혁명시와는 반대로 오늘날의 국민적인 혁명이 가지는 본질적인 부분이다. 이제 과제가 된 것은 다시 정상적인 상태를 창출하는 것이다. 국민은 자신에로 되돌아가고, 정통성은 합법성을 능가하며, 사물이 가지는 법이 단순하게 합법적인 효력을 이겨낸다. 확실히 법률가들은 합법성의 한계를 뛰어넘는 것에 대해서 항상 어떤 의문을 품는다. 그러나 내적으로 의미를 상실한 법시스템은 항상 다만 표면상의 안정성만을 창출한다. 이리하여 바이마르 헌법 제48조의 적용은, 경우에 따라서 합법적으로 가능한 모든 것을 남용하기 위한 형식적인 법적 기반이 되며, 법의식을 침해하고 법적 안정성의 기반을 만들어 내지는 못한다.

---

* Das Staatsnotrecht im modernen Verfassungsleben, in: Deutsche Richterzeitung, Jg. 25, Heft 8/9, 1933, S. 254-255.

1) DRZ. 1933, S. 146 참조.

국가긴급권(Staatsnotrecht)은 지금부터 7주 전에 가장 주의를 요하는 어려운 테마였다. [이러한 관련에서] 가톨릭의 고위 성직자인 카스(Kaas)*의 편지, 그리고 사회민주당의 포고가 떠오른다. 당시에는 여전히 초법규적이며 초헌법적인 긴급사태에 대해서 말하고 있었다. 최근 우리들은 합법적인 방도를 모색하면서 초합법적인 차원에로 들어가고 있다. 1933년 3월 24일자의 「민족과 국가의 위난을 제거하기 위한 법률」*은 지금까지 초합법적이라고 말해온 것을 합법적으로 하였다. 이 법률은 오늘날 바이마르 헌법보다도 넓은 범위에서의 국가의 존재의 법적인 기반이 되고 있다.

1. 일반적으로 초법규적인 긴급상태

수년래 라이히 최고재판소의 민사법정과 형사법정이 내리는 판결 중에서 「법률은 법률이다」(Gesetz ist Gesetz) 또는 「법률은 법이다」(Gesetz ist Recht)와 같은 명제가 만회하기 어려운 현상을 가져오고 있다. 그것은 마치 「마르크는 마르크다」라는 명제에 대해서 인정하는 것과 동일하며, 이러한 명제는 법적 안정성을 보장하는 것이 아니라 경우에 따라서는 불안정성과 재앙의 심연을 가져올 수 있다. 사전에 결정된 규범의 제정에 구속되지 않고, 현실의 상황에 따라 정해지며, 또한 이유가 뒷받침되는 초법규적인 법이 있는가 하는 점이 문제이다. 반대논자(안쉬츠, 옐리네크)는 국가활동에 대한 절대적인 법률적합성(Gesetzmäßigkeit)의 원칙을 주장한다. 이러한 논자들에 의하면, 「'법규적'인 것은 '법규에 적합한' 것은 아니며, 법규에 적합한 것으로부터의 모든 일탈은 '권력은 법에 우선한다'와 같은 것이다」라고 주장한다. 이에 대해서 초법규적인 긴급권을 지지하는 논자는, 「진정한 긴급상태가 존재하는 곳에는 행동을 해야 한다는 진정한 의미에서의 의무가 있으며, 거기에서 또 진정한 권리가 성립한다」고 주장한다. 이들 양자가 수행하는 증명은, 형식논리상은 반론할 수 없는 것이다. 그러나 [쌍방 모두] 실제로는 전체적으로 본다면 — 이론적으로 부정하더라도 — 실무적으로는 초법규적인 긴급권을 긍정하는 것이다. 라이히 최고재판소는 바로 일반적인 명제에 대해서 매우 신중한 것같이, 일반적으로 초법규적인 긴급권이 존재하는가 라는 기본적인 문제에 대해서 대부분은 결정을 미리 보내왔다. 1931년 7월 10일자 판결[2]은 「특별한 국가의 긴급상태가 국가에 초법규적 또는 초헌법적으로 개입할 수 있는 권리가 부여된 것이 아닌 것은, 본 판결 중에서 특단의 설명을 필요로 하지 아니한다」고 서술하고, 일견 근본적으로 부정한다. 그러나 이러한 이해는 잘못이다. 왜냐하면 [이러한 이해]는 이 관련에서 「~이다(daß)」 대신에 「~인가의 여부(ob)」로 적을 것을 기대하기 때문이다. 노스케 판결(1927년 5월 24일자 판결, RGZ Bd. 117, S. 138)에서 라이히 최고재판소는, 긴박한 위험이 있는 경우에는 최상위에 있는 국가기관과 그 대리인은 지배적인 정세에 따라서 안전과 질서를 위하여

2) RGZ. Bd. 134, S. 13.

필요한 모든 조치를 취하도록 수권된다는 의미에서의 국가가 가지는 긴급권을 명확하게 부정하는 동시에, 정당방위의 권리만을 국가가 가지는 것을 긍정하였다. 형사법정은 나아가 보다 명확한 형태로 정상적이라면 위법한 행위가 되었을 경우에는 당해 행위가 법률로 규정되지 아니한 긴급사태에 의해서 정당화될 수 있다는 뜻을 서술하고 있다. [라이히 최고재판소 형사판례집] 제61권부터 제64권에서는 개개인이 긴급사태 시에 가지는 권리에 대해서 형법 제54조를 넘어서 인용하고 있다. 예컨대 인위적인 임신중절이 여기에 해당된다. 슐츠 중위 사건에서는 「일반적으로 유효한가의 여부는 여기서 논의하지 않은 채 지장이 없다」는 뜻의 제한이 있는 것, 위기에 처한 국가이익을 위해서 긴급원조를 위한 권리가 인정되었다. 1932년 4월 28일에 제2 형사법정이 내린 판결에서는,[3] 형법 제129조의 규정에 대립하는 형태로 형법 제54조에 있는 긴급사태시의 권리가 공간상 또는 직분에 따라서, 내지는 이들 쌍방에 의해서 구분된 국민의 일부분 (이 경우는 동프로이센의 농업종사자)에 대하여, 개인과 마찬가지로 인정되었다. 그 때에 문제가 되는 것은, 동프로이센의 농업종사자에 대해서 정당한 것이 국가에 대해서 인정되어야 한다는 점이다. 바이에른 행정재판소는 경찰에 의한 보호검속에 관한 판결 중에서, 모든 국가가 자신의 존재를 방위하는 권리를 가진다는 뜻을 인용하고 있다. 프로이센 상급행정재판소는 보다 신중하며 초법규적인 긴급권을 근본적으로 거부한다.

2. 정치적인 국가긴급권

정치적인 긴급권이 인정될 수 있는가의 여부에 대해서는 지금까지 다툼이 있었다. 이에 반대하는 문헌은 기묘하게도 모순으로 가득 차 있다. 토마(Thoma)는 정치적인 긴급권은 견디기 어려우며 개념으로서 불가능하다는 뜻을 서술한다. 확실히 토마는 제정법이 만족하지 못하는 불측의 사태가 있는 것을 거부하지는 않는다. 그러나 그러한 경우에 어떤 행동을 취할 수 있는가 하는 문제는 법적인 문제가 아니라고 주장한다. 따라서 토마는 이것이 자신의 관할 밖에 있다고 선언한다. 그럼에도 불구하고 토마는 내용적으로 「합법성의 아름다운 죽음을 마치라!」와 같은 대답을 한다. 그것 이외에 그는 현실적인 귀결을 도출하려고 하지 않는다. 때문에 토마는 공무원에 의한 복종거부나 공민에 의한 저항권과 같은 문제에 대해서 명확하게 회답하지 않는다. 그러나 보다 상세하게 본 경우, 국법학 역시 초법규적인 국가긴급권을 긍정한다. 여하튼 운용상은 이것이 긍정되고 있으며, 이제 이 문제는 1933년 3월 24일에 발포된 「민족과 국가의 위난을 제거하기 위한 법률」에 의해서 현실적으로는 해결을 본 것이다. 이 법률은 모든 국가에서의 헌법사 중에서 매우 특별한 의미를 가진다. 동 제1조는 한계 없는 수권을

3) JW. 1932, S. 2810.

행하는 드문 예이며, 헌법사에서의 의미를 가지는 전환점이다. 이 법률은 형식적인 의미에서의 법률개념과의 관계를 단절하기 때문에, 라이히 정부가 발포한 규범도 명령일 뿐만 아니라「법률」이다. 또한 동 제2조는 바이마르 헌법 그 자체로부터의 일탈을 허용하며, 1931년 10월 6일에 발한 명령의 제8편 제1조에 있듯이, 어떤 종류의 기본권만이 정지되는 것은 아니다. 이것은 기본적으로 한정된 것은 아니므로 이미「수권」은 아니다. 유보된 것은 라이히 의회와 라이히 참의원 자체의 설치뿐이며 제도적 보장*의 특히 전형적인 예이다. 따라서 유보되지 아니한 것은, 예컨대 선거방법이며 또한 특권(Immunität) 등이다. 그리고 최저한의 권한만이 잔존하여야 한다고 되어 있다. 라이히 참의원이 그 자체로서 계속 존재해야 한다는 것은 동시에 란트가 계속 존재해야 한다는 것을 의미한다. 전체적으로 저촉되지 않고 남는 것은, 현재의 내용을 수반한 라이히 대통령이 가지는 권리이다(제도로서만이 아니다). 우리들은 오늘날 라이히 의회에 의해서 가결된 법률, 국민에 의해서 가결된 법률, 그리고 정부에 의해서 가결된 법률의 세 종류에 미치는 법률을 가지고 있다. 라이히 정부는 신속함과 함께 제한을 받지 아니한다는 점에서도 기타 두 가지 입법자에 우월한다. 이「민족과 국가의 위난을 제거하기 위한 법률」은 합법성에 대한 양보를 하는 것이다. 그러나 이 법률이 가지는 의미는 이것이 특히 (바이마르 헌법 제76조에 의한 방법과 아울러) 헌법개정과 같은 정부의 자립적인 행동을 위한 법적 기반을 창출하였다는 것만이 아니라 국민적 혁명을 인용한 점에 있다. 이 기반이 없다면 우리들은 합법성을 주장하는 궤변가들 앞에 서게 될 것이다. 이 국민적인 혁명과 1918년에서의 혁명의 차이는 후자에는 정통성이 결여되었다는 점에 있다. 이번의「민족과 국가의 위난을 제거하기 위한 법률」은 제5조에서, 수권의 담당자는「현재의 라이히 정부」라고 한다. 이 일체성을 보다 상세하게 한정하는 것은 현단계로서는 득책이 아니다. 여하튼 이 일체성은 정치적 지도자인 히틀러와 1933년 3월 5일에 행한 라이히 의회선거에 의한 국민투표적인 신임에 근거한다. 이「민족과 국가의 위난을 제거하기 위한 법률」은 혁명적인 법이다. 그러나 그것은 어떤 자의적인 혁명에 의한 법이 아니라 국민적인 혁명에 의한 법이며, 낡은 합법성국가(Legalitätsstaat)에서의 궤변가의 수법을 통해서는 판단할 수 없는 것이다.

독일 혁명의 좋은 법 (1933)*

라이히 정부는 계속하여 법률을 제정해 왔다. 그 법률의 본래의 효과는 아주 소수의 사람에게만 의식될 뿐인데 그 영향은 최초로 적용되는 지금 현재의 순간을 넘어 광범위하게 달성되는 것이다. 현재 행해지고 있는 입법 작업의 모두를 지배하고, 그것을 담당하는 공통된 법사상은 어떤 하나의 말, 어떤 하나의 개념으로 요약된다. 즉, **동종성**(Gleichartigkeit)*이다. 어느 한 민족이 자신의 독자적인 종류(Art)를 자각하고 자기 자신이나 자기의 동류를 자각하게 된 것이다.

동종성은 **균제화**(Gleichschaltung)* 이상이며 그것보다 심원한 것이다. 균제화는 동종성을 위한 단순한 방법이나 수단에 불과하다. 제1 균제화법은 라이히 의회와 란트 의회 그리고 시읍면 의회와의 의견의 일치를 보았다. 라이히 총독법에 의해서 독일 라이히 내외의 적이 정중하게 온존해 온 수 백 년에 걸친 독일 국가의 분열이 극복되었다. 공무원 · 의사 · 법률가에 관한 새로운 규정은 이질적인 비아리안적 요소로부터 공적 생활을 정화한다. 독일의 학교에의 입학에 관한 새로운 규칙이나, 독일계 학생 단체의 설립은 차세대의 독일 민족 고유의 종류를 최종적으로 옹호하는 것이다. 새로운 직능신분적 질서가 나타나려고 한다. 이 위대하고 철저한, 그러나 동시에 내면적이며, 사적 흐름으로 말하면 친밀한 성장 과정 속에는 전혀 이질적인 것이 섞여서는 안 된다. 이질적인 것은 그것이 비록 선의로 행해진 것일지라도 유해하고 위험한 방법으로 우리들을 방해한다. 우리들은 다시 구별하는 것을 배운다. 특히 동지와 적을 정확하게 구별하는 것을.

독일법과 독일 국가는 앞으로 공허하고 형식적인「모든 사람의 법률 앞에서의 평등」이나 사람을 미혹하는「인간의 얼굴을 한 모든 사람의 평등」에는 이미 의거하지 않는다. 그 자체 통일성을 지닌 동종적인 전독일 민족의 사실적 · 실질적 동종성에 의거하는 것이다. 이러한 실질적 · 사실적 동종성 없이는 어떠한 형식적 평등도 사실적 · 실질적으로 **같지 아니한 것이 동일하게** 다루어지고, 동일한 것이 다르게 다루어져 버린다. 그것은 사악한 **부정**이며, 형식적인 법을 이질자나 페텐 스승의 도구나 무기로 만드는 것이다.

그러나 19세기로부터 인계된 자유주의적 법치국가라는 사고 양식과 기계화 된 관료제라는 관행은, 오늘날에도 여전히 법과 법치국가에 관한 형식주의적인 개념에 매달려 있다. 그렇기 때문에 오늘날 독일 혁명을 저지하기 위해서「법치국가」라는 신성화된 이름을 불러내면, 많은 성실한 독일인이 감명을 받을는지도 모른다. 오래되고 좋은 자유주

---

* Das gute Recht der deutschen Revolution, in: Westdeutscher Beobachter vom 12. Mai 1933.

의자는 자신이 원래「자유주의적」(liberal)은 아니고, 항상 다만「자유롭게 열린 보수」(freikonservativ)였다는 것을 아주 양심에 따르는 것으로 생각한다. 이러한 자유주의자가 법치국가 사상의 수호자들의 맨 앞줄을 형성하고 있다. 그 뒤에는「정신적 기질」에 이미 문제를 가지고 있지만, 아직 약간의 우수한 양심을 가진 의견을 같이 하는 일련의 사람들이 있다. 다음에 가장 위험한 양식의「법치국가」의 명백한 수익자가 온다. 그리고 마지막으로, 법치국가라는 개념적인 덮개 아래 감추어진 매우 명백한 방해자도 있다. 이러한 자는 모두 독일 민족의 강력하고 자연스러운 법감정을 자신만을 위해서 동원하려고 한다. 즉 그들은 모두 환상적이고 기만적이라고도 할「**평등**」에서 사실적 · 실질적인 **동종성**이 생성되는 것을 방해하려고 하며, 그리고 이질분자에 의해서 조작되는 기계적인 합법성 체계로부터 뛰어난 독일적 사정에 관한 좋은 법이 생성되는 것을 방해하려는 것이다.

대담한 방화범이 범행시에 교수형이라는 형벌에 위하되지 않음에도 불구하고 [그 후에] 교수형에 처해질 수 있다면, 이런 종류의 법치국가론자에게 어떤 의심의 기분을 가지게 할 것이다. 바로 이것은「법률 없으면 벌하지 않는다」는 기본 명제에 저촉된다.* 많은 침입자가 매우 민첩하게 문 닫기 전에 운 좋게 얻은 기득권이「침해된」 때, 너무나 깊은 동정을 불러일으킬 것이다. 그러한 기득권의 침해는 모든「법적 안정성」을 정지하게 될 것임에 틀림없다. 주목할 것은 이러한 윤리적 열의나 뜨거운 감정이 언제나 매우 냉혹한 형식주의자의 것이라는 사실이다. 모든 권리가 기득권인 것은 자명하다. 왜냐하면 부정한 기득권(das wohlerworbene Recht)*이 있을 수 없기 때문이라고 매우「논리적으로」 형식주의자들은 명언할 수가 있다. 그들에게 지금까지는 단지「실정」법만이 존재하였다. 그들에게 모든 법은 법이며, 마르크는 마르크이며, 세례는 세례였다. 몇 천의 독일인 농민이 금세기가 진전함에 따라서 고리대금의 집달관에 의해서 불행의 밑바닥으로 떨어졌다. 이러한 사태가「법치국가」라고 하며,「자기 조정을 실시하는 금리의 경제 법칙성」이라고 하였다. 강력하고 고귀한 국민운동이 볼품없고 도발적인 헌법위반 아래에서 잘못된 취급을 받고 있다. 그 잘못이란「극우 정당과 극좌 정당의 동등한 취급」이며, 그것은 또 법률 앞의 평등이며, 그리고 최선의 질서 안에서 실증적 ·「형식적」이려는 것이었다. 몇 천이라는 이질자는 이질자임을 나타내었던 그 이름을 바꾸는 것이 허락되고, 당국의 허가를 얻어 사람을 신뢰케 하는 이름으로 많고 좋은 독일인을 속였다. 그것은 관할 관청에 의한 법률에 적합한 행정 행위이며, 이름에 관한 인격적 기득권에 근거하고 있다. 이런 종류의 자유주의적 법치국가는 최종적으로는 형법전에 대규모의「범죄자의 보호장」을 작성해서 올리는 결과가 되었다. 그리고 헌법은 시종 일관 매국 행위의 보호장이 되었다. 독일인 재판관은 이민족의 악덕 변호사의 뻔뻔스러움에 대해서 무력했다. 즉「법치국가」는 누군가가 과감히 한 번 거기에 정력적인 형태로 반역하지 않으면 위기에 빠져 버린다.

「우리들은 모두 평등하다」는 것이나 사람을 엄밀하게 구별할 수 없다는 주장에 관심을 가지는 많은 사람에게 자유주의적 법치국가의 시대는 좋은 시대였다. 그 시대가 19세기에 손발이 묶이고, 독일이 20세기의 국가가 되는 것을 방해하였던 것은 놀라운 일이 아니다. 그러한 방해를 위해서 기묘한 동맹자들이 모이고, 이 파라다이스를 끝내는 새로운 혁명적인 독일법을 단순하고 일시적으로 표면적인 이상체제라고 하여 제한적 · 한정적으로 설명하고, 입법자가 미리 의도하였던 배려나 예외를 법치국가적 기초에의 복귀나 상태(常態)에의 복귀로서 가능한 한 광의로, 또한 대범하게 해석하려고 한다. 새로운 법이 시종일관 발전 · 계속하는 것을 방해하기 위해서, 그리고 새로운 독일인의 삶을 적시에 추방하기 위해서 다양하게 시도하는 것은 놀라운 일이 아니다. 그러한 동맹자들은 다음과 같이 자신들에게 타이른다. 우리들은 왜 사람은 오늘날에도 여전히 평등하지 않은가 하는 물음을 1918년의 11월에 「완전하고 무조건인」 사실이라는 토대 위에 서서 멋지게 끊었다라고. 그들이 기대하는 것은 종래의 체제의 수렁 위에 넘쳐 나는 새로운 법의 폭풍우가 곧 종래의 체제에 흡수되고 동일하게 수렁화되는 것이다. 그들은 「국민 혁명을 환영하」는데, 그러나 국민 혁명이 「합법적으로」 실현되고, 그리고 곧바로 다시 자유주의적인 원리에 복종하는 점에서만, 혁명의 공적이나 지표를 본다.

이에 대해서 모든 독일인은 이것을 자각해야 한다. 즉 **독일 혁명의 좋은 법은 바이마르 체제의 합법성이나 바이마르 헌법에 복종하는 것에 의거하지 않는다**는 것을. 확실히 독일 혁명은 합법적으로 행해진다. 그 혁명은 독일적 원리나 독일적인 질서감각에서 생긴다. 그러나 독일적 원리를 지금까지의 체제의 정신이나 신조에 복종하는 것이라고 이해한다면, 그것은 이 혁명을 모욕하는 것이 된다. 그리고 독일 혁명의 새로운 법을 원수가 다루는 개념을 사용하여 정정하려고 한다면, 그것은 그 혁명을 원래의 상태로 되돌리는 것이 된다. 롤란트 프라이슬러*는 이 점에 관하여 며칠 전에 「국가와 사법(司法)」이란 논문 속에서 개념들을 정정한다. 거기에 따르면 법치국가란 국민의 집중화된 힘을 확보하고 개별적인 행위 속에 그 책무를 자각하는 국가이다. 자유주의적인 기술에 의해서 도출된 형상은 전혀 법치국가가 아니다. 우리들은 간악한 형태로 악용된 개념들의 자유주의적인 수호자들에게 법이나 권리란 무엇인가, 법치국가란 무엇인가, 라는 것을 가르쳐 줄 필요는 없다. 여하튼 오늘 우리들이 먼저 해야 할 것은 동종성을 만들어내는 것이다. 그것을 만들어내어 비로소 도리와 정의에 필적한 평등이 다시 지배할 수가 있게 된다. 또 그리하여 비로소 의미 있는 합법성을 그 자체 속에 포함한 형식적 규범이 다시 나타날 수 있게 된다. 독일 혁명에 이질적이고 적대적인 합법성의 올가미를 씌울 수는 없다. 독일 혁명은 혁명에 대해서 본질적인 실질적 · 형식적인 법질서를 독자적인 생명력과 내적인 법칙성에서 발전시킬 것이다.

독일의 지식인 (1933)*

오늘날 몇 백이라는 「독일 지식인」*이 외국에 거주하며, 거기에서 독일 민족에 대한 투쟁을 부추기고 있다. 그들은 과거 몇 세기에 걸쳐 조국을 배반하고 민족에의 배반을 비밀리에 위장하여 왔다. 그것을 이제 공공연하게 세상에 드러난 형태로 나타내고 있다. 그들의 대부분은 아직 독일 국적을 가지고 있으며, 그런 한에서 자신이 독일인이라고 칭할 수 있을 것이다. 이것으로부터, 법률로써 그들로부터 국적을 박탈하는 것이 적절한가의 여부가 — 아마 중요하지 않지만 — 그 자체가 문제로서 발생할 것이다. 그들이 독일어를 사용한다고 해도, 바로 독일인으로 간주할 수는 이미 없다. 그것은 독일 화폐를 위조하더라도, 그 위조자를 바로 독일인으로 간주할 수 없는 것과 같다. 독일 지식인은 한 번도 독일 **민족**에 속한 일이 없었다.

하물며 그들은 독일 **정신**에 한 번도 속한 적이 없다. 그들이 독일의 아카데미나 대학에 소속했다고 하더라도, 그것은 [독일 정신과의] 유사성이나 동질성(das Art-und Wesensverwandtschaft)을 산출하지 않았다. 독일인 학생이, 비독일적인 정신에 항의하여 반독일적 오물을 다 태워버렸을 때, 독일 지식인의 서적이나 저작만을 불태울 수 있다. 즉, 독일 지식인이 독일 정신에서 분리되어 버린 것은 오늘날에는 분명한 일이다. 그럼에도 불구하고 그들을 아직 **독일 지식인**이라고 할 수 있는가? 원래 민족성에서 괴리된 독립한 지성이란 있을 수 있는가?

많은 사람이 [민족성과 지성과의] 그러한 구별이나 분리를 우리들에게 요구한다. 당연히 그 중의 약간의 사람은 이런 의도를 가지고 있다. 그것은 지식 · 학문 · 정신의 자유와 같은 기치 아래에서 이질적인 것을 **몰래 도둑질하려는**, 중단된 파괴 공작을 계속한다는 의도이다. 한편 [그러한 구별이나 분리를] 진심으로 믿지 않는다고 말하는 사람도 있다. 이는 그들의 정신이 19세기의 자유주의적 사고 양식에 지배되고, 나아가 「교양과 재산」에 기초를 두는 전통적인 우월감정에 의해서 맹목이 되었기 때문이다. 이처럼 널리 만연하고, 많은 세대에 지배적인 사고 양식은 바로 지난번 「쾰른 신문」 제272호에 게재된 논문 「감정과 이성」 안에 그 특징이 잘 나타나 있다. 그 설명에 의하면, 지성의 「본질은 부분적으로(!) 항상 민족과는 이질적인 것」이다. 즉 과학자의 실험실이나 철학자 파우스트적인(!) 연구실 안에서 산출되는 것은 「대중의 직접적인 관심사는 아니다」. 학문 연구자 · 철학자 · 예술가는 이 점에서 하나가 된다. 왜냐하면 그들의 작업이 「부분적으로 민족과는

---

* Die deutschen Intellektuellen, in: Westdeutscher Beobachter vom 31. Mai 1933.

이질적인 것」이기 때문이다. 확실히 그들이 「민족과 밀접하게 결합하는 것」도 있을 수 있으나, 그것은 지성에 의한 것은 아니며 다만 심정에 의해서만 되는 것이다. 즉 어떤 물리학자가 독일적으로 느낄 수 있어도 민족과 밀접하게 결합된 채로는 원자의 구조에 대해서는 사색할 수 없게 된다. 위대한 예술가는 예전부터 훨씬 대중적이지 않으며, 민족과는 이질적이었다. 이것으로부터 지식인은 감정적인 것이 지배적인 오늘날에 「그 심적 태도에 관하여 근본적인 회의에 놓여 있다」.

상술한 논문은 반드시 **뛰어난 지성**에 의한 것은 아닐지라도, 하나의 기록이 되고 있다. 그것은 기록으로서 정치적 관심을 이끈다. 왜냐하면 그 논문은 교양을 방패로 삼아 자신이 독일 민족의 지도자라고 주장하는, 영향력 있는 부르주아 계급의 천성을 분명히 하기 때문이다. 그 논문이 어중간한 결단이나 신중하게 남겨진 샛길을 너무 많이 가지고 있는 것, 그리고 그 때문에 그 논문이 거의 깊은 감명을 주지 못하는 것, 그것은 여기서 반드시 중요한 것은 아니다. 사람이 정신의 자유나 학문의 독립성의 배후에 숨기더라도 새로운 것을 내세우는 것도 아니며, 학문이 명령되어 행해지는 것이 아닌 것도 우리들은 잘 알고 있다. 그러나 의도하지 않고 나타난 몇 가지의 징후는 중시해야 한다. [그 논문에서는] 민족이 은밀하게 대중이 되고, 비대중성은 민족적인 이질성이라고 본다. 19세기의 자유주의는 낭만주의적 감정이 향한 대상과는 다른 의미에서의 민족을 이해하는 것이 전혀 없지만, 이러한 무능력도 [그 논문에는] 그대로 변함없이 남아 있다. 이러한 무능력은 이제 예술이나 학문을 맞대어 나오는 특정한 사람들의 이해관심에 따라서 예술이나 학문의 순수성 · 자립성의 배후에 은폐된다. 그리고 그 특정한 사람들이란 바로 저 「독일 지식인」이다.

특히 특징적인 것은 [그 논문에서] 감정적인 **민족적 유대**에 대해서만 서술하는 것이다. **민족적 유대**는 단순한 주관적인 것이며 비합리적인 것, 외적인 부속물에 지나지 않는다고 여겨져 「감정」으로서 관대하게 용인될 뿐이라는 것이다. 그러나 **민족적 유대**가 피할 수 없는 객관적이며 실재적인 것, 그리고 그것이 외관상으로는 얼마나 추상적인 발언에서도, 얼마나 섬세한 정신적 활동에서도, 그 마지막 원자에 이르기까지 내면으로부터 사람들을 모두 규정하는 것, 이와 같은 것에 관하여 한마디도 언급하지 않으며 생각하지도 않는다. 그러면 마치 예컨대 고전적 기하학이 그리스인 유클리드가 아니고, 지적인 흑인에 의해서도 동일하게 창조될 수 있었던 것은 아닐까? 그리고 독일의 철학자 라이프니츠에 의한 수학적인 독창적 발견이, 어딘가 다른 장소나 언젠가 다른 시대의 멕시코인이나 샴인에서도, 동일하게 생기는 것으로 생각되는 것은 아닐까?

실제로 개인의 이성은 개별적인 구체적 현존재의 총체 내지는 전체성에서 도피할 수는 없다. 그러한 총체나 전체성이야말로 바로 민족적인 유대이다. 모든 민족 동포가 다른 민족을 그 전문 영역에서 이해하고 승인하는 것이 문제는 아니다. 문제는 개개인의 창조적인 인간 정신이 어떤 일정한 민족의 전체 실존에서 분리되고 고립화될 수 있는가 하는 점에 있다. 그것은 불가능하다. [정신이 민족에서 분리된] 특히 적절한 예로서 자주 언급되는 저 「사색적 물리학자」조차도, 우리들은 이러한 관점에서 나아가 상세하게 이해하게 되었다. 그 물리학자란 알베르트 아인슈타인이다. 아인슈타인은 그의 민족 동포의 선전으로 그리스도와 동등하게까지 되고 있다. 이 「과묵한 학자」가 실은 독일에 적의로 가득 찬 증오를 품고 있는 사람인 것이 판명되었다. 여기에 이르러 그의 유명한 상대주의가 갑자기 방기되었다. 그것은 우연히 그렇게 된 것은 아니며 그의 사고나 세계관 전체의 형성에 대해서 불가결한 현존재의 전체 구조에서 유래한다. 아인슈타인이 원자론에서 상대주의자로서 사고하였던 바로 그 때에, 모든 신경 조직, 즉 뇌의 신경 조직에 이르기까지 그가 속한 민족과 그 민족의 정치적 상황에 구속되는 것이 분명하게 되었다.

우리들은 독일인의 현상에 대해서 중요하고 결정적인 통찰은 인간의 정신이나 그 생산성 모두 포괄적이며 전체적인 총체의 관련 중에 자리잡고 있다는 것이다. 독일 나치즘의 위대한 정신적 우월성도 이러한 인식에 의거하고 있다. 이러한 인식으로 나치즘은 19세기의 학문적인 잘못이나 악영향을 극복하고 있다. 이러한 관점에서 볼 때, 우리들은 이미 속지 않게 된다. 여기서 우리들은 사람의 정신적 단계나 입장을 규정하는 좋은 안정된 의지처를 획득하였다. 19세기의 자연과학적 · 기술적인 업적이 너무 위대하고, 그 경제적 · 기술적인 능력이나 성과가 너무 컸기 때문에, 본질적인 점에서 우리들의 자유주의적인 할아버지나 아버지들은 완전히 맹목적으로 되어 버렸다. 그 때문에 그들은 모든 중요하고 결정적인 정치적 순간에서조차 아무것도 할 수 없었다. 근대적인 산업 기구와 세계 안에서 가장 용감한 군대를 가진 위대한 국가인 독일 라이히를 정점으로, 1914년부터 1918년까지 재상의 지위에 있었던 것은 교양과 재산으로 특징지워지는 계급에만 속했던 둔감한 사람들이었다. 이 암담한 상황을 눈에 보이는 형태로 분명히 해 준 인물은 베트만 홀베크*이다. 문학이나 철학의 영역에서도 암담한 상황은 변함없다. 우리들의 교양 있는 할머니나 외할머니는 안네테 드로스테 휠스도르프*의 시보다도 당시 독일인이라고 간주되었던 하인리히 하이네의 시를, 그 아름다운 소시민적인 눈에 눈물을 머금고 읽고 있었다. 그리고 프로이센의 귀족이나 신학자들은 프리드리히 율리우스 슈탈이라고 자칭하는 욜손이라는 이름의 남자를, 보수적인 국가 철학과 법철학의 창설자로서 상찬하고 있었다. 그리고 그들은 오늘에도 여전히 자신의 민족 · 신앙 · 이름을 변경한 이 남자에 의해서 전통과 경건함의 교도를 받고 있다. 오늘날에는 자신의 있는 그대로의 실존을 부단히 자기부정하는 유형의 인간을 교사로서 권한다면, 최연소의 나치스 돌격대원조차 비웃을 것이다. 그의 비웃음은 심정과 앎, 감정과 이성, 마음과 지성과 같은 모든 구별보다도 매우 뛰어나며, 그것은 단지 감정이나 생기로 충만한 점에서 우수할 뿐만 아니라 본래의 정신적 의미에서도 승리한 것이다.

수 십 년에 걸쳐 우리들은 독일 지식인이 과장하여 행동하는 것을 보고 들어왔다. 그들의 절규는 아직 우리의 귀 안에서 울린다. 그것은 발버둥이나 겉모습에 지나지 않고, 어떤 경우라도 지성에 따르기보다는 격정에 따른 것이다. 우리들은 이미 독일

지식인에 대해서 일체 말하지 않는다. 독일의 지식인이라는 말은 너무나도 평판이 나쁘고 원래 최초부터 아무런 가치도 없었던 것이다. 현대 독일의 지적인 노동자는 지식인의 상대주의, 자유롭게 떠도는 전제의 결여가 고작 코미트의 결여를 의미하는 것에 불과한 것, 그리고 그것은 대부분의 경우, 정치적 기만에 지나지 않는 것임을 눈치채고 있다. 자기 자신의 민족적 유대에 눈을 돌리지 않는 것은 원래 본질적인 것을 아무것도 볼 수가 없다. 다른 민족이 가지고 있는 특별한 창조력도, 민족에게 구속되었다는 의식 속에서만 학문적으로 결실 있게 이해되며 기여하게 된다. 성실하려고 한다면, 탁월하고 위대한 학자를 지식인으로서 정의할 수는 없다. 왜냐하면 지식인이라는 말 안에는 어쩔 수 없이 모멸적인 함의가 있기 때문이다. 우리들은 오늘날 그것을 올바르게 느끼고 취한다. 왜냐하면 자유롭게 떠도는 지식인의 종류를, 그리고 그 말과 상황을 낳은 19세기에서의 자유주의의 민족적 이질성을 우리들은 감정적으로만이 아니라 이성적으로도 극복했기 때문이다.

자신의 민족에 대해 아무것도 모르는 자는 위대한 인간에 대해서도 아무것도 모른다. 매우 고독한 독일의 시인 횔덜린*은 고독했지만 민족적으로 이질적이지는 않았다. 이 병든 시인을 40년간 보호한 것은 슈바벤의 가구 직공이었다. 인종이 다른 문학자로 구성된 시인들의 아카데미보다도 이 가구 직공 쪽이 횔덜린과 본질적으로 친밀한 관계에 있었다. 이러한 사태는 비록 인종이 다른 문학자가 횔덜린의 운명을 문학적으로 이용하거나 심리학적 작업의 기회로서 이용했다고 하더라도 변함은 없다. 독일의 시인 · 독일의 예술가 · 독일의 연구자나 학자는 존재한다. 그러나 우리들은 저 독일 지식인이라는 종류만은 거절할 필요가 있다. 독일 지식인은 적국의 전쟁선전의 도움이 되며, 둔감한 정부 아래서 비호를 찾는 것을 좋아한다. 독일 지식인은 이 시대에도 독일에서 토해내는 것이다.

법학적 사고방식의 세 유형 (1934)*

차 례

* Über die drei Arten des rechtswissenschaftlichen Denkens, Hanseatische Verlagsanstalt, Hamburg 1934, 67 S.

제1장 법학적 사고방식의 구별

「법」의 개념을 그 연구의 기본으로 삼는 모든 법학자는 의식적이든 무의식적이든 이 법을 하나의 **규칙**으로서 또는 **결정**으로서, 또는 구체적 **질서와 형성**으로서 파악한다. 따라서 서로 구별되는 세 가지 종류의 법학적 사고방식이 결정된다.

모든 법학적 사고는 물론 규칙 · 결정 · 질서와 형성을 공동으로 사용한다. 그러나 법학상의 **최종** 관념은 ― 다른 모든 관념은 여기에서 법학적으로 도출된다 ― 언제나 규범(규칙과 법률이라는 의미에서), 결정 또는 구체적 질서 중의 하나이다. 모든 자연법이나 이성법에서도 ― 이 양자는 바로 철저하게 최후까지 생각한 법학적 사고에 불과한데 ― 법의 **최종** 관념은 규범이나 결정 또는 질서이며, 따라서 자연법과 이성법 중의 각각 상이한 세 가지 종류가 발생할 수 있을 것이다. 예컨대, 중세의 아리스토텔레스 · 토마스적 자연법은 법학적 질서사고 방식이며, 이와는 반대로 17 · 18세기의 이성법은 일부는 추상적 규범주의 또는 일부는 결정주의이다. 상술한 법학적 사고의 세 가지 종류의 개념이 각각 차지하는 지위의 고하에 따라서, 또는 궁극성 ― 다른 개념의 연원이 되고 기초가 되는 ― 여하에 따라서 **규칙**과 **법률**의 **사고방식**, **결정**의 **사고방식** 그리고 **구체적 질서**와 **형성의 사고방식**이라는 세 가지 종류가 구별된다.

어느 학문 분야에서나 여러 유형과 사고방식을 수립함에 있어 대체로 많은 ― 보통은 대규모적이나 때로는 인접 학문에 국한되는 소규모적인 ― 상이한 구별 표준이 결합되고 교차된다. 법학에서도 물론 철학적 또는 성격학적 유형의 구별방식이 작용한다. 예를 들면 법학자들 사이에서도 플라톤주의자 · 아리스토텔레스주의자의 구별, 존재론자 · 관념론자 · 실재론자 · 유명론자*의 구별, 변론적 정신 태도와 직관적 정신 태도의 구별이 나타난다. 또 모든 학문에서처럼 법학에서도 인간의 전체적 성향(habitus)의 일반적인 상이성이 나타난다. 여기에서도 점액질성 인간과 다혈질성 인간, 동적인 것에 주력하는 자와 정적인 것에 주력하는 자, 주의론자 · 주지론자 등등이 있다. 또 법제사적 성장기 · 노년기의 구별이 가능하다. 예컨대 사비니(Savigny)는 유년기 · 청년기 · 장년기로 시대가 구분이 가능하다고 했는데, 그것은 법전편찬은 청년기를 지난 후에 비로소 가능하다는 것을 증명하고, 따라서 아직도 청년기에 있는 독일 민족의 민법전 편찬의 부당성을 지적하기 위한 것이었다. 다음에 법학의 전영역 또는 법학의 각 분과가 어느 특수한 한 사고 유형 또는 한 인간 유형과 결합하느냐는 문제, 진정한 법학적 사고는 적어도 공법에 있어서 가능하냐는 문제 ― 철저한 형식주의는 법학을 위태롭게 하거나 파괴하며, 이는 겨우 민사법 거래에서만 적용되는데 ― 등은 한층 더 난제일 것이다.

그러나 이 논문의 테마는 전연 다른 문제를 취급한다. 다시 말하면 여기서는 법학 외적인 측면이 아니라 법학 **내적인** 면에서 이론적 · 실제적으로 나타난 법학적 사고의 상이한 여러 종류를 확정하며 구별하고자 한다. 법학의 순수한 논리적 가능성이나 또는 법학의 순수한 조건 전반에 관한 일반 방법론적 또는 인식론적 기초 연구보다는 오히려 구체적 관찰의 방도만이 더욱 많은 성과를 가져온다. 또 이 일반 방법론적 또는 인식론적 기초 연구가 자기 자신 구체적인 법학의 대상에까지를 취급하여 전적으로 공허하거나 무대상적이 되지 않으려면, 언제나 세 가지 종류의 법학적 사고방식의 구별에서부터 출발해야 할 것이다. 그 이유는 형식적 절대성과 이른바 순수한 범주는 — 일반 방법론적 · 인식론적 기초 연구에서 나온 — 법학에 있어서 하나의 특수한 법학적 사고방식에 불과하기 때문이다. 그러므로 우리는 그의 방법론적 사고과정의 논리를 간파하여 정당하게 판단하기 위해서는 이 점을 잘 인식해야 할 것이다.

특정한 시대와 특정한 국민에 있어 어떠한 법학적 사고방식이 중요한 것인지는 중대한 의미를 가진다. 상이한 민족과 인종은 상이한 방식을 가졌으며, 한 민족에 있어 정신적 · 정치적 통치는 반드시 하나의 특수한 지배적 사고방식과 연결될 수 있다. 영토도 국가도 교회도 없고 단지 「율법」(Gesetz) 속에만 존재하는 민족들이 있다.* 그들에 있어서는 규범주의적 사고방식만이 유일한 합리적인 법적 사고방식이며, 다른 모든 사고방식은 불가해 · 신비 또는 환상 · 우매를 의미한다. 이에 반하여 중세 게르만인의 사고방식은 철두철미 구체적 질서 사고 방식이었다. 그러나 이 사고방식은 독일 안의 로마법 계수로 인하여 15세기 이후 독일 법학자 사이에서 축출 당하였으며, 그 대신 추상적 사고방식이 촉진되어 왔다. 19세기에는 전보다 못지않게 철저한 제2차 계수, 즉 자유 · 입헌주의적 헌법규범주의의 계수는 독일의 헌법적 사고로 하여금 독일 안에서만 문제되는 특유한 구체적 현실로부터 유리하게 되고, 이른바 「법치국가적」 규범사고방식으로 인도하였다. 외국법체계의 계수가 그러한 결과를 가져온다는 것은 사리에 당연한 일이다. 모든 정치생활의 형성은 법생활의 특수한 사고방식 및 논증방식과 직접적인 상호 연관을 가지고 있다. 예를 들면 봉건사회의 법감정 · 법실천 · 법이론은 시민법적 어음법의 거래법적인 사고방식과 개개의 법적인 논증방식이나 내용에 있어서만 상이한 것은 아니다. 법학적 여러 사고방식의 구별에 있어 어느 총체 질서의 전제가 되며 기초가 되는 관념들 — 즉 무엇을 **정상적인 상태**로 보아야 할 것이며, **정상 인간**은 누구이며, 또 법생활과 법사고에 있어 정당한 생활을 하는 **전형적인** 구체적 인물은 어떠한 것이냐 하는 데에 관한 관념들 — 에 있어서 상호 간의 차이가 나타난다는 사실은 중대하고도 심각한 의의를 가진다. 원래 법학에 있어서 항상적이며 불가피하며 불가결한 구체적인 **유추**해석 없이는 법이론도 존재할 수 없으며, 법실천도 존재할 수 없다. 그러나 이 법유추해석은 직접적으로 무엇이 정상적인 상태이며, 또 무엇이 정상적인 인간유형이냐 하는 데 관한 구체적인 관념들에서부터 나온다. 그러므로 법유추해석은 시대와 국민에 따라서, 또한 법학적 사고방식 여하에 따라서 상이한 것이다

1. 규칙 내지 법률의 사고(규범주의)와 구체적 질서사고

나는 먼저 법학적인 사고방식들을 구별함에 있어 법은 규칙이냐 결정이냐 또는 질서냐 하는 문제가 중요하다는 것부터 말하겠다. 이와 같은 법학적 사고방식의 각각은 각자의 관념에 특수한 관념 — 또는 규칙 · 결정 · 구체적 질서 — 을 법 자체의 개념과 동일시하고, 다른 방식에 대해서는 「엄격한 법적」 사고방식이라는 주장을 거부한다는 것은 자명한 일이다. 그러므로 우리들은 **법**과 결정, **법**과 제정법, 또는 **법**과 질서라는 대립에서 출발하지 **않는** 것이 좋을 것이다. 왜냐하면 이러한 대립들 속에는 이미 미리 결정된 수많은 입장들이 잠복되어 있기 때문이다. 같은 이유에서 **법규범**, **법적 결정**, 또는 **법질서 등과 구별하지 않고 말하는 것을 피하는 쪽이** 현명할 것이다. 왜냐하면 법과 규범, 결정 또는 질서와의 대립이 문제가 아니라 규범사상 · 결정사상 그리고 질서사상의 차이가 문제이며, 이와 같은 세 개의 개념의 **각자**가 스스로 법이라는 것을 표방하기 때문이다. 삼자의 각각은 자기만이 법의 본질적 의미와 핵심을 형성한다고 주장하며, 또 자기 자신만이 다른 것보다 우위를 차지하며 자기중심으로서만 다른 두 방식을 법적으로 설명하려고 한다.

법과 질서의 관계를 설명하지 않고 우리가 보통 **법질서**(Rechts-Ordnung)라는 용어를 사용하는 경우를 예로 들어보자. 이 때에 우리는 19세기에 특히 많이 관용되며 애용되었던 다의적인 이중어의 한 가지를 사용함에 불과한 것이다. 북독일, 라틴 아메리카 등과 같은 두 개의 동시에 현실적이고 실체적인 본체를 결합하는 개념 결합은 의미가 있다. 또 「민족사회주의」라는 용어는 반드시 필요한 것이다. 민족주의가 사회주의에서 분리되고 대립되며, 또 이와 반대로 사회주의가 민족주의에서 분리되고 대립되면 「민족사회주의」라는 용어는 무의미하게 되기 때문이다. 그러나 피상적이고 무의미한 용어의 결합도 있을 것이다. 그로 인하여 포괄적으로 통일된 의미는 나타나지 않고, 다만 일반화되는 무정견(無定見) 또는 천박한 이것저것만이 야기된다. 「법-질서」라는 두 개의 용어의 결합, 개념의 결합은 정당한 용어의 결합은 아니다. 왜냐하면, 이 결합은 규칙적 사고와 질서적 사고 사이에 존재하는 구별을 은폐하는 데 이용될 수 있기 때문이다. 「법질서」(Rechts-Ordnung)라는 용어 안에서의 「법」(Recht)이라는 용어가 추상적 규범, 규칙, 법률을 의미한다면 — 모든 규범주의 법학자는 물론 「법」이라는 용어를 이러한 의미로 사용하는데 — 이러한 규범주의 관념으로 모든 질서는 단순한 규칙과 법률의 총체 내지 총화로 되어버리고 말 것이다. 이로부터 많은 교과서에서의 법개념 규정이 나타나며, 그는 규범주의적 사고방식의 지배 아래서 모든 구체적 질서를 법률규칙으로 축소시키며, 또 모든 법과 모든 질서를 「법규칙의 총체」 또는 그와 유사한 것이라고 정의한다. 법질서라는 용어의 결합은 그러나 그 자신 논리적 · 언어학적으로 다음의 사실을 밝혀 줄 것이다. 구체적인 **질서**에서 출발하면 법은 「법규칙」(Rechtsregel)을 의미하지 않고, 또 「질서」(Ordnung)라는 독자적 개념에 의해서만 법개념이 결정되며, 그렇게 함으로써만 법개념이 규범주의적으로 착색됨을 면하며, 또 법**질서**가 단순한 법**규칙**으로 변함을 막을 수 있다.

구체적 질서사고에 있어서 「질서」란 법학적으로 보더라도 무엇보다 규칙 또는 규칙의 총화가 아니라, 이와는 반대로 규칙이 질서의 한 구성요소, 한 수단에 불과하다. 따라서 규범주의적 사고방식 · 규칙주의적 사고방식은 전면적이고 완전한 법학 임무와 활동 중의 국부적이고 실로 파생적인 일면에 불과하다. 규범과 규칙은 질서를 창조하지 못하며, 다만 한 기성 질서의 토대와 범위 안에서만 극히 제한된 정도 안에서 사태에 좌우되지 않는 약간의 독자적인 통용기능을 발휘한다. 이에 반하여 순수 규범주의적 방법의 특징은 규범 또는 규칙(결정 또는 구체적 질서에 대해서)을 분리하여 절대화하는 데에 있다. 모든 규칙, 모든 법률적 규범화는 많은 사건을 규율하며, 개개의 사건과 구체적 상황을 초월한다. 따라서 「규범」(Norm)으로서 구체적 개개의 사건, 변화하는 사태, 인간의 변화하는 의사 등과 같은 단순한 현실과 사실이 좌우되지 않는 우월성과 초월성을 가진다.

규범주의자에게 그 우월성을 부여하고 그를 법의 역사에서 영원한 유형으로 만드는 논거는 이 초월성에 근거하고 있다. 규범주의적 사고는 **비인간적**이고 객관적인데 근거할 수 있는데 반하여, 결정은 항상 **인간적**이며, 또 구체적 질서는 **초인간적**인 것이다. 그러므로 결정주의자의 기초가 되는 봉건적 · 등족적(等族的) 또는 그 밖의 다원주의에 반하여 규범주의자는 비인간적 · 객관적 정의를 요구한다. 어느 시대를 막론하고 **인간이 아니라 법률**이 지배하기를 갈망하여 왔다. 이리하여 규범주의자는 핀다로스(Pindar)*가 사용한 「**법이 왕이다**」(Nomos basileus)라는 용어 — 전 인간 사고방식 중의 가장 아름답고 가장 오래된 표현의 하나인데 — 를 법률만이 지배할 수 있거나 명령할 수 있으며, 그때그때의 무상히 변화하는 사태 또는 인간의 자의(恣意)는 지배하거나 명령할 수 없다는 의미라고 규범주의적으로 해석하고 있다. 「법규범이 왕이다」(Nomos basileus), 「법률이 왕이다」(Gesetz als König), 「**법**만이 유일한 **왕**이다」(*Lex* als der einzige *Rex*) — 라는 이 용어는 수많은 역사적 상황에서, 또 많은 변모를 하면서 강력한 힘을 발휘하여 왔다. 우리는 언제나 새삼스럽게 법률만이 지배할 수 있지, 인간은 지배할 수 없다는 말을 사용한다. 2천 년 간 세력을 보유하던 스토아 학파적 전통의 영향을 받으면서 크리십(Chrysipp)[1]의 공식 — 법률은 윤리 · 반윤리 · 정의 · 반정의를 결정하는 왕이며 감독자이며 지배자이며 명령자이다 — 에서 이것이 나타난다. 흔히 사용되는 **이성**(ratio)과 **의지**(voluntas)의 대립, **진리**(veritas)와 **권위**(auctoritas)의 대립도 인간이 지배하지 말고 법률이 지배하라는 규범주의적인 요구를 지지하고 있다. 1787년 미국 헌법의 기초자들은 이와 같은 전통 아래에 미합중국 헌법과 정치를 규율하여, **인간의 정부가 아니라 법의 정부**(government of law, not of men)를 만들려고 노력하였다. 모든 「법치국가」의 대변자들은 이 말을 사용하며, 법치국가에서 출발하여 법률국가(Gesetzestaat)[2]를 만든다.

---

1) Ausgabe der Stoiker-Fragmente von H. v. Arnim, Band III (1905), S. 314.

2) G. Anschütz, Deutsches Staatsrecht, in: Encyklopädie von Holtzendorff-Kohler, Bd. 2 (1904), S. 593은 「법치국가」를 이렇게 정의한다. 즉 「법치국가란 전적으로 법의 표지에 입각하여 그 최고의 의사가 국왕(Rex)이 아니라 법(Lex)인 국가를 말한다. 즉 개인 상호 간의 관계만이 아니라 무엇보다도

그러나 「노모스」(Nomos)와 「법」(Law)은 법률, 규칙 또는 규범을 의미하지 않고, 법이며 규범이며 동시에 결정이며, 무엇보다도 질서인 법을 의미한다. 그리고 왕 · 지배자 · 감독자 또는 **통치자**(governor), 법관과 법원 등과 같은 개념은 구체적인 제도적 질서 — 단순한 규칙이 아닌 — 를 곧 연상시킨다. 지배자로서 법, 즉 "Nomos basileus"는 어떤 임의의 실정 규범, 곧 규칙 또는 법률규정이 아니며, 또 정당한 왕의 행세를 할 수 있는 노모스는 최고 불변이면서 또한 구체적인 일정한 질서의 성질을 내포하고 있어야 한다. 우리는 단순한 기능 양식 또는 운행규칙을 「왕」(König)이라고 할 수 없다. 순수한 규범주의적 사고방식이 철저히 자기 자신을 유지하려면, 언제나 구체적 힘과 위엄이 아니라 규범과 규범타당만을 주장하게 될 것이다. 항상 법률적 사고의 기초로서 규범만을 내세우는 순수규범주의자에게 왕 · 지도자 · 법관 · 국가 등은 단순한 규범작용으로 화해버리며, 또 그러한 기관들의 계급조직에 있어서의 보다 높은 지위는 보다 상위의 규범의 유추물에 불과하며, 마침내는 최고의 규범, 즉 「법률의 법률」(das Gesetz der Gesetze), 「규범의 규범」(die Norm der Normen)은 가장 순수하고 가장 엄격한 의미에서 규범 또는 법률 이외에 아무것도 아니게 된다.[3] **현실적으로** 그들이 달성하고자 한 것은 정치논쟁적으로 규범 또는 법률을 왕, 지도자에게 대항시키려는데 있었던 것이다. 이로 인하여 법률은 법률의 지배라는 개념을 통해서 구체적 왕, 지도자의 질서를 파괴하며, 또 **법**(Lex)이라는 주인이 **왕**(Rex)을 굴복시킨다. 대체로 이것이 규범주의적으로 **법**과 **왕**을 대립시키는 구체적 · 정치적인 의도이다.[4] 노모스가 동시에 구체적 질서와 공동체 질서를 포함하는 총체적 법개념을 의미하는 그때만이 진정한 왕으로서의 진정한 노모스란 말이 가능할 것이다. 「법질서」라는 용어의 결합과 개념의 결합에 있어서 법과 질서라는 상이한 두 개념이 상호 규정관계에 있듯이 왕으로서의 규범(Nomos-König)이라는 용어의 결합에서 — 노모스는 이미 구체적 생활질서와 공동체 질서를 의미하며 — 왕이라는 용어가 도대체 의미를 가져야 한다면 — 또 Nomos-König라는 관념이 피상적이고 무의미한 용어의 중복이 아니라 진정한 용어의 결합이 되려면 — 노모스가 왕이듯이 왕은 노모스이다. 따라서 우리는 추상적인 규범과 일반적 규칙이 아니라 구체적 결정과 규정 안에 놓여 있게 되는 것이다. 규범에만 좌우되고 「단지 법률에만 복종하는」 법관, 즉 순수한 규범의 순수한 기관을 만들고, 이리하여 규범만이 지배하도록 노력하는 그때에도 우리는 모든 질서와 계층적 서열 속에 들어가게 되며, 그럼으로써 순수한 규범에 복종하는 것이 아니라 구체적 질서에 복종하게 된다.

먼저 게인 대 국가권력의 관계가 법규에 따라서 규정되며, 또한 통치나 피통치도 짐이 원하는 바(tel est notre plaisir)에 따르지 않고 법에 따라 이루어지는 공동체이다. ... 법질서는 '왕자(王者)라 하더라도 파괴는 허용되지 아니하며'(von Martitz), 법률은 지배자와 아울러 피지배자 쌍방의 의사 위에 놓이는 힘으로서 나타난다」. 이 부분은 동시에 법과 제정법을 실증주의적으로 동일시하는 좋은 예이다(이 경우 '제정법'은 결국 결단주의적으로 단순히 의회의 다수결이 된다).

3) 한스 켈젠이 이끄는 이른바 빈 학파는 1919년부터 1932년의 시대에 특별한 「순수성」으로써 추상적 규범주의의 배타적 지배권을 획득하기 위하여 투쟁하였다.

4) 독일의 전 세기에서의 예시로서는 앞의 각주 2에 든 G. Anschütz, Rechtsstaat의 정의를 참조.

왜냐하면, 법률은 저절로 적용되고 사용되고 집행되는 것이 아니며, 법률은 저절로 해석되고 강행되지 않으며, 법률은 또 — 규범임이 정지되지 않는 한 — 그를 해석하며 사용하여야 할 구체적인 인간을 임명하고 보직하게 할 수 없기 때문이다. 독립적이며 법률에만 복종하는 법관 역시 규범주의적인 개념이 아니라 질서 개념이며, 권한을 가진 기관이며, 관리 관청으로 구성된 질서체계의 일원인 것이다. 바로 이 구체적 인간이 권한을 가진 법관이라는 것은 규칙과 규범에서 명백해지는 것이 아니라 구체적 관리의 임명과 보직에서 명백해지는 것이다. 그러므로 휠덜린(Hölderlin)이 핀다로스가 "Nomos basileus"라고 말한 그곳의 번역의 주에서 이렇게 말한 것은 언제나 정당하다. 「노모스, 즉 법률은 여기서는 기율(紀律)을 의미하며, 이는 **인간이 회합하고 신과 회합하는 장소**, 즉 교회 · 국법 · 전래적 규칙이다 — 이들은 예술보다 더욱 엄격하게 역사적으로 **한 국민이 처해 있었으며, 또 처해 있는** 중요한 관계를 정립한다」.[5)]

「법질서」·「법률의 지배」·「규범통용」과 같은 결합된 이중어를 법학적으로 관찰하면 반드시 두 개의 상이한 법학적 사고 방식, 즉 추상적인 규칙 내지 규범의 유형과 구체적 질서의 유형이 노출된다. 법을 구체적 상황에 좌우되지 않는 기정된 일반규칙과 법률이라고 생각하는 첫 번째 유형의 법학자에게 법생활의 모든 현상 — 모든 명령 · 모든 조치 · 모든 계약 · 모든 결정 — 은 규범으로 되어 버리며, 또 모든 구체적 질서와 공동체는 일련의 통용규범으로 분해되어 버리며, 여기에서의「통일」또는「체계」는 또한 규칙적인 것에 불과하다. 규범주의자들에게 있어서 질서라 함은 본질적으로 구체적 상황이 일반적인 규범 — 구체적 상황의 측정기준이 되는 — 에 일치한다는 데에 있다. 여기에「일치」라는 말은 물론 논리적으로 곤란하고 논쟁이 많은 문제이다. 왜냐하면 그 규범주의적 사고가 규범주의적으로 순수하면 순수해질수록 규범과 현실 · 당위와 존재 · 규칙과 구체적 상황을 더욱 더 엄격히 분리시키기 때문이다. 그들에 있어서 모든 통용규범은 통용성을 가지고 있는 한, 필연적으로 항상「질서 내에」있으며, 이와는 반대로 구체적 상황에서 나타난「무질서」는 그들의 규범에만 주력하는 규범주의자들에 대해서는 관심사가 되지 않는다. 이렇게 보면 구체적 상황은 규범주의적으로는 결코 질서와 대립되는 무질서가 될 수는 없다.

살인자가 현행 형법전의 적용으로 사형선고를 받는 것은 규범적으로 본다면, 법률규정의 존재를 증명함에 불과하며, 범죄는 결코 무질서가 아니라 단순한「구성요건」에 불과하게 된다. 범죄는 법규범주의적 논리에 있어서는 그 자신 구성요건에 불과하며, 이는 마치 법률적 구성요건의 구비를 전제로 하여 세법(稅法)에서 국가의 조세청구권이, 민법에서 사법상의 청구권이 발동되는 때와 같다. 형벌은 범인의 자유에 대한 간섭이며, 조세는 소유권에 대한 간섭이며, 병역의무는 생명권 자신에 대한 간섭이다. 이상의 삼자는 간섭이라는 점에서는 차이가 없다. — 합법적이건 비합법적이건 — 규범적으로는 더 이상

5) N. v. Hellingrath, L. v. Pigenot und F. Seebaß (Hrsg.), Sämtliche Werke, Berlin 1923, Bd. VI, S. 9.

언급할 수 없다. 모든 법은 사태와는 분리된 규범으로 축소되고, 그 밖의 것은「단순한 사실」과「법률확증」의 구성요건이 되는 동기이다. 국가의 형벌청구권의 기초가 되는 범죄는 규범주의적으로는 규범적용의 구성요건의 전제로 환원되며, 또 이는 혼수청구권의 기초가 되는 딸의 약혼과 마찬가지로 질서도 질서위반도 아닌 것이다. 그런 경우에 범인은 평화나 질서를 파괴하는 것도 아니며,「법적으로 보면」본질적으로 아무것도 파괴하는 것이 아니다. 단지 **구체적 평화**나 **구체적 질서**만이 파괴될 수 있으며, 그러한 사고에 의해서만 범죄의 개념은 획득될 수 있는 것이다. 그러나 그와는 반대로 추상적 규범과 규칙은「범죄」가 있음에도 불구하고 여전히 계속해서 통용한다. 추상적 규범과 규칙은 각 구체적 경우와 각 구체적 행위를 초월하고 있으며, 이른바 규범에 위반되는 행태(Verhalten)나 법률에 위반되는 행태를 통해서 효력을 상실하지 않는다. 규범성과 사실성은「전혀 다른 평면」이다. 당위는 존재와 무관계하며, 규범적 사고를 위한 불가침의 세력범위를 보유하고 있다. 그 반면에 구체적 현실에서는 법과 불법, 질서와 무질서의 모든 구별은 규범적으로 보면 규범적용의 사실적 전제조건으로 변하고 마는 것이다. 순수한 규범주의의 사실성과 객관성은 여기서 질서를 파괴하고 분해하는 법률적 불합리가 되는 것이다.

인간의 거래관계의 예측 가능한 활동을 미리 규정된 예측 가능한 일반적 규칙의 단순한 함수로 생각하는 것은 물론 가능하다. 그러한 거래가 마찰 없고 규범과 규칙에 합치된 순조로운 경과로서 나타날 때에 그것은「질서」로 보이는 것이다. 그러한 규칙적이고 기능적인 질서의 개념이 완전한 의미를 가지는 인간생활의 영역과 범위가 있다. 예를 들면, 기차시간표를 잘 준수하는 철도운행의 범위 안에서 우리는 다음과 같이 말할 수 있다. 즉 여기에서는 사람의 개인적 자의(恣意)가 아니라 기차시간표의 비인격적 사실성이「지배하며」, 이런 기차시간표 준수성이「질서」이다. 근대식 대도시 도로의 잘 정리된 교통은 이러한 종류의「질서」의 가장 좋은 모습을 제공하여 준다. 교통순경이 스스로 신호를 할 수도 있고 정확하고 기능적이며 자동적인 색신호로 대치하기도 하나, 여기서도 인간의 지배와 자의의 마지막 잔재가 나타나기도 한다. 생활의 이해관계가 확실한 규제의 예측성에 꼭 부합하는 생활의 영역 — 예컨대 개인적 시민의 거래관계의 질서 — 은 아마 상기한 질서개념과 연관을 가질지 모른다. 그러나 인간 생활에는 다른 영역도 있으므로 여기에서 규칙준수성이라는 그러한 기능주의의 (그러한 영역으로서의) 전파는 바로 구체적 질서의 법적 존재를 파괴하게 될 것이다. 거래에 적합하게 기술적으로 형성된 것이 생활의 영역이 아니라, 제도적으로 형성된 것 모두가 생활의 영역이다. 그 생활영역들은 무엇이 정상적이며, 무엇이 정상 유형이며, 무엇이 정상적인 경우인가 하는 개념을 각각 그들 자신 속에 가지고 있으며, 기술화된 거래 사회에서도 그렇듯이 정상성의 개념은 규칙의 예측적 기능 속에 그 힘을 다하는 것은 아니다. 모든 생활영역은 자신의 법적 실체를 가지고 있으며, 그 실체는 일반적 규칙과 규칙준수성을 잘 인식하고 있지만, 그것들을 그 규칙과 기능의 총화로가 아니라 그들 자신의 구체적이며, 내적인 질서로부터 나온 실체의 유출물로서 인식하는 것이다. 결혼에 있어서의 부부의 동거생활, 가족 내의 일원, 민족에 있어서의 일원, 한 신분에 있어서의 동신분인(同身分人), 국가의 관료, 교회의 성직자, 한 직장의 동료, 군대의 군인은 미리 규정된 법률의 기능이나 계약규정이라고는 할 수 없다.

그러한 질서 내의 여러 가지 관습 · 준칙성 · 예측성은 이 질서의 본질을 포착도 논란도 할 수 없고, 또 해서는 안 되며 질서에만 봉사할 따름이다. 모든 제도의 구체적인 본질적 질서와 기율과 명예는 그 제도가 영속하는 한 철저한 규범과 규제의 시도에 대항하며, 모든 입법자와 법률을 적용하는 자에게 제도와 함께 주어지는 구체적 법 개념을 받아들여서 사용하거나 또는 그 제도를 파괴할 것인가 하는 딜레머에 직면한다. 예컨대, 가족이란 것이 있는 곳에는 법률을 적용하는 법률가나 입법자는 어떤 일반적 개념을 추상화한 제도 대신에 구체적인 제도, 「가족」이란 구체적 질서관념을 반드시 받아들이게 된다. 법관과 입법자는 그들이 「좋은 가장」(bonus pater familias)이라는 말을 하는 데서 가족이란 구체적 조직의 기존 질서에 복종하는 것이다. 지난 수 세기 동안 존재했던 모든 규범적 조직의 기존 질서에 복종하는 것이다. 지난 수세기 간 존재했던 모든 규범적 해석과 가족법과 다른 법영역에 있어서 법전화한 수많은 법규칙에도 불구하고, 그러한 관념과 개념은 오늘날에도 또한 순수한 규범적 규제에 대조되는 실질적으로 기구적인 질서를 위해서 무수하게 또 유형적으로 존재한다. 그러한 종류의 신분법은 구체적 상태의 질서에서 생긴 (질서에서만 인식되는) 기본적인 유형적 인물 — 예컨대, 용감한 군인이며 의무를 잘 의식하는 관료며 충실한 동료 등과 같은 — 로부터 정립된다. 그러한 인물들은 자주 규범적으로 사고하는 법학자의 비판과 비웃음을 야기시킨다. 카를 빈딩(Karl Binding)*은 가장(家長)이라는 유령의 목을 비틀었다고 자만하였다. 모든 것은 제도라는 개념이 「신비설」(Mystik)이라고 함으로써 간단히 말살되어 버린다는 제도지지론의 질서주의적 사고에 대해서 본느카즈(J. Bonnecase)* 교수가 간략하게 오류(M. Hauriou)*를 반박한 비판 속에서 모든 구체적 형상을 포기하자는 또 하나의 보다 큰 어려움이 제기된다.[6]

이상과는 반대로 오늘날의 많은 법학자는 그러한 구체적 질서의 인물을 규범의 총화로, 또는 규범의 체계로 분해하는 것은 비현실적이고 유령적이라고 느낀다. 도대체 규범적으로는 있을 수 없는 — 왜냐하면 규범적으로 생각하면 모든 권한 있는 「기관」은 균일하게 「법질서의 수호자」이기 때문에 — 「**헌법의 수호자**」와 같은 구체적 형상을 우리가 만들어 낼 때,[7] 우리는 법학적으로 중요한 문제를 더 잘 이해할 수 있고, 법적인 과제를 더

6) Une nouvelle mystique: la notion d'institution; Revue générale du droit, de la Législation et de la Jurisprudence, 1931/1932. 본느카스의 논문은 그 점에서는 훌륭한 재료를 내포하고 있으며 일독할 가치가 있는 귀중한 것이다. 오류에 관하여 상세한 것은 제2장 2 참조.

7) Frhr. Marschall von Bieberstein, Verantwortlichkeit und Gegenzeichnung bei Anordnungen des Obersten Kriegsherrn, Berlin 1911, S. 392는 「법치국가의 개선 도상에서 세력을 차지하여 온 견해, 즉 모든 국가기관을 그것이 어떠한 단계의 것이든, 한결같이 법질서의 수호자이게 하려는 견해」에 대해서 (비판적으로) 말한다. Otto Mayer, Deutsches Verwaltungsrecht, 2. Aufl., Bd. II, München und

바르게 해명할 수 있다. 또한 19세기에 있어서는「국가기관」으로 추락된 군주를 그랬듯이, 「**운동의 지도자**」를 법치국가의 합법적 체계 속에 편입시키기 위해서 규범적 사고방법이 권한 있는「국가기관」으로 만들지 않으면 안 되었던 그러한 구체적 형상을 우리가 만들어 낼 때, 우리는 법학적 중요 문제를 더 잘 이해할 수 있고, 법학의 과제를 더 바르게 해명할 수 있을 것이다.8) 그리고 우리가 **겸직금지**의 문제(양립불가성)를 내세운다면 ― 다시 말하면, 공공생활의 어떤 구체적 인물에 대해서 어떤 기능과 어떤 과제가 그 인물에 결합될 수 있으며, 어떤 것이 결합할 수 없는가 하는 문제를 제기한다면 ― 구체적 질서에만 제기되고 순수하게 규범적으로는 제기될 수 없다. 왜냐하면, 구체적 질서의 인물은 규범적으로는 문제가 되지 않으며, 자명하게 모든 것이 모든 것과 결합되고, 「본질적」 겸직불가성이란 결코 이해할 수 없고, 추상적「책임귀속성」만이 문제가 되기 때문이다. 이렇게 생각함으로써 우리는 법학적 중요 문제를 더 잘 이해하고 법학의 과제를 보다 바르게 해명할 것이다.9) **규범은 정상적인** 경우와 **정상적인** 유형을 전제로 함을 우리는 잘 안다. 모든 질서는 물론「법질서」도 구체적인 정상적 개념에 매여 있다. 그러나 그 정상적 개념은 일반적 규범으로부터 유래하는 것이 아니라, 도리어 그러한 규범이 규범 자신의 질서로부터, 또 규범 자신의 질서를 위해서 나타나는 것이다.

법률규정은 정상적인 개념을 전제로 한다. 그 정상적 개념은 법률적 규정에서 이루어지지 않으며, 도리어 규범화가 규정 없이는 전혀 이해될 수 없으며 결코「규범」이란 말은 할 수 없다. 실로 일반적 규칙은 특정한 구체적 사건에서부터 독립되어 있고 특정한 사건을 초월한다. 왜냐하면 일반적 규칙은 많은 사건을 규율해야 할 것이며 특정한 사건만을 규율해서는 안 되기 때문이다. 그러나 일반적 규칙도 단지 제한된 정도와 전혀 일정한 범위 내에서만, 그리고 일정한 상당한 높이까지에서만 구체적 경우를 초월하는 것이다. 이러한 정도를 넘으면 일반적 규칙은 그가 마땅히 규율하여야 할 사건에 더 이상 적합할 수 없으며 관계할 수 없다. 그 규칙은 무의미하게 되며 무관하게 된다. 규칙은 변화하는 사태에 따르며 그 사태에 준하여 결정된다. 규범은 그가 원하는 대로 파괴되지 않을 수도 있다. 그러나 사태가 전혀 규범성에서 벗어나지 않는 한에서만

Leipzig 1917, S. 324는 이렇게 말한다. 즉「입헌국가와 법치국가의 이념은 관청에 의한 남용에 대해서 법과 법률을 수호하는데 기여할 수 있는 모든 것을 환영해야 한다고 생각되었다. … 그리하여 그 이상의 것은 생각하지 않을 정도로 법률의 보증수단이 성립하기에 이르렀다. 즉 모든 관리가 이제 그 상관에 대해서 법률의 수호자가 된 것이다」라고. 이러한 종류의 법률의 절대적 지배가 관청의 계층 조직의 구체적 질서를 전복시킨다는 것을 사람들이 곧 주의하게 될 것은 당연하다. 그러나 그것은 단지 합목적성이라는 이유만으로써 규범주의적 법학적으로, 또는「법치국가적으로」 반박할 수는 없는 것이다.

8) 감독 개념의 규범주의에 의한 지도자 개념의 파괴에 대해서는 Carl Schmitt, Staat, Bewegung, Volk; die Dreigliederung der politischen Einheit, Hamburg 1933, S. 36 f. (본서 298면 이하)

9) 바이마르 헌법의 다원적 정당국가는 그 때문에「무제한하게 겸직가능한 국가」였다. 관리와 의원의 겸직금지를 인정하고 있는 자유민주주의 국가들에서는, 국가와 국가로부터 자유로운 시민사회와의 이중적 구성이 문제가 된 오늘날에는 (이러한 국가에서는 해결불가능한), 이른바 경제적 겸직금지의 문제가 생긴다. 이에 대해서는 Ruth Büttner의 내용 풍부한 베를린 상과대학(Handels-Hochschule Berlin) 학위 청구 논문, Berlin 1933 참조.

규범은 사태를 지배하며, 정상적으로 전제된 구체적 유형이 소멸되지 않는 한 규범은 사태를 지배한다. 그러므로 구체적이며 규범에 의해서 규율되는 사태와 규범이 전제하는 구체적 유형의 정상성은 단지 피상적이거나 법학적으로 도외시되는 규범의 전제가 아니라, 규범타당의 내면적 · 법적인 본질적 징표이며, 규범 자신에게 바로 규범으로서의 본성을 부여하는 것이다. 상황과 관계없고 유형도 없는 순수한 규범은 법학적 난센스일 것이다.

상티 로마노(Santi Romano)*가 그의 저서 『법적 질서』(L'Ordinamento giuridico)에서 이렇게 말한 것은 정당하다. 즉 이탈리아법이니 프랑스법이니 하면서 그와 동시에 규칙의 총화만을 생각한다는 것은 부당하다. 그와는 반대로 실로 무엇보다 먼저 구체적 질서로서의 이탈리아나 프랑스(국가)의 복잡하고 서로 상이한 구조가 이 법을 결정하며, 규범을 정립하고 개정하고 적용하며 보증하나, 규범 자체와는 동일시되지 않는 국가권위나 국가권력으로부터 나온 수많은 기관과 단체가 이 법을 결정하는 것이다. 이것만이 이탈리아법이고 저것만이 프랑스법이라는 말을 할 수 있다. 「법적 질서」(l'ordinamento giuridico)는 중심적 본체, 즉 실체이다. 그것은 부분적으로 규칙에 대해서 활동을 하며, 무엇보다도 스스로가 장기판 위의 장기를 움직이듯이 규칙을 움직인다. 그러므로 규칙은 보다 먼저 법질서의 객체나 수단으로 나타나며, 결코 법질서의 구성 요소로 나타나지 않는다.[10] 그가 규범의 변화는 질서의 원인이라기보다는 그 결과라고 말을 덧붙인 것 역시 정당하다.

2. 결정주의적 사고(결정주의)

여기서 전개된 규범주의적 사고와 질서주의적 사고의 구별은 지난 십 년 동안에 비로소 뚜렷한 출현을 보았으며 의식적인 것이 되었다. 비교적 오래된 저자 중에서는 상티 로마노의 방금 인용한 곳에서 보는 것과 같은 반대명제는 발견할 수 없을 것이다. 과거의 반대명제들은 규범과 질서의 대립이 아니라, 대개는 규범과 결정 내지 규범과 명령과의 대립이었다. 이러한 대립들은 **이성**(ratio)과 **의지**(voluntas), 객관과 주관, 비인격적인 규범과 인격적 의사 등과 같은 여러 쌍의 대립과 교차되는 것이다. 그러한 것들은 일찍이 의식되었던 것이다. 왜냐하면, 고대 신학과 형이상학적 문제에 관계가 있기 때문이며, 특히 신이 명령하는 것이 선하기 때문에 신이 그것을 명령한 것이냐? 그렇지 않으면 신이 그것을 명령하기 때문에 그것이 선한 것이냐 하는 문제가 그것이다. 헤라클레이토스(Heraklit)도 역시 단 한 사람의 의사를 추종하는 것도 마찬가지로 한 규범이라고 말하였다.[11]

우리들은 모든 법적 효력과 가치의 최종적인 권리근거를 법적으로 하나의 의지과정,

---

10) Santi Romano, L′odinamento giuridico, Pisa 1918, S. 17.

11) Νόμος καί βουλή πείδεσδαι ένός (한 사람의 의사를 따라도 법이다).

하나의 결정에서 찾을 수 있으며, 그 결정은 결정 그것으로서 비로소「법」을 창조하고, 또 그 결정의「법적 효력」은 결정에서 나온 규칙의 법적 효력에서 도출할 수는 없다. 왜냐하면 규칙에 적합하지 않은 결정도 법을 창조하기 때문이다. 규범을 위반한 결정들의 이러한 법적 효력도 모든「법질서」에 속한다. 이에 대하여 철저한 규범주의는 다음과 같은 불합리에 도달하게 되는데, 규범을 따르는 결정은 그의 법적 효력을 규범에서, 그와 반면에 규범을 위반하는 결정은 오로지 자기 자신에서, 즉 그의 규범 위반성에서 법적 효력을 얻는다는 것이다!

결정주의적 유형의 법학자들에게는 명령이 명령으로서 존재하는 것이 아니라 명령과 더불어 부여되는 최종적인 **결정**의 권위 또는 주권으로, 즉 모든「법」다시 말하면 모든 2차적 규범과 질서의 연원으로서 존재한다. 결정주의자의 유형은 규범주의자의 그것에 못지않게「영구적」이다. 그러나 전자는 늦게서야 순수성을 띠게 되었다. 왜냐하면 근대 자연과학의 정신으로 인하여 고대와 기독교적 세계질서의 관념이 해체되기 이전에는, 항상 결정의 전제로서 질서관념이 사고과정에 흘러들어 갔기 때문이다. 그러므로 순수한 결정 그 자체라는 것은 이미 질서적 사고에 의해 제한을 받고 있으며, 또 그와 관련을 맺는 것이다. 그래서 순수한 결정 그 자체라는 것은 전제된 **질서**의 유출물이 된다. 법학자이며 신학자인 테르툴리아누스(Tertullian)*가「우리가 어떤 것에 의무를 지고 있음은 그것이 선하기 때문이 아니라 신이 그것을 명령하기 때문이다」(neque enim quia bonum est, idcirco auscultare debemus, sed quia deus praecipit)라고 말했을 때, 이미 법적 결정주의를 생각나게 만든다. 그러나 거기에 전제된 기독교적인 신 개념 때문에 규범의 손에 의해서가 아니라 단순한 결정에 의해서만 법률화하고 질서화하는 완전한 무질서, 즉 혼돈에 대한 의식적인 관념이 결여된 것이다. 우리가 신을 믿는 한, 인격적 신의 신비스러운 결단은 항상「질서 속에」존재하며 순수한 결정은 아닌 것이다. 교황 결정의 **무과오설**(無過誤說)에 관한 로마 가톨릭의 교리도 마찬가지로 중요한 법률 결정주의적인 요소들을 내포하고 있다. 그러나 교황의 무과오의 결정은 교회의 질서와 제도를 근거로 하는 것이 아니라 그것들을 전제로 한다. 교황은 그의 지위에 의해서 교회의 장으로서 무과오한 것이지, 그와 반대로 무과오한 자가 곧 교황인 것은 아니다. 신이 바로 타죄(墮罪)에 앞서 모든 각 개인 영혼의 구제, 타지옥(墮地獄), 은총과 은총거부를 최종적으로 결정한다는 칼뱅(Calvin) 학설에 있어서,「칼뱅파의 숙명」에 관한 교리에 있어서, 신의 결정의 모든 규칙적 구속과 측량성과 측정성에 반해서 결정주의적 태도를 발견할 수 있을 것이다. 그러나 동시에 이 학설은 법률적 내지 도덕적 규범화를 통해서 변질된 진정한 법적 개념과 질서적 개념을, 다시 말하면 순수한 **은총**과 실총(失寵)이라는 개념을 다시 제시해 주고 있다. 이 학설은 법률적 사고가 항상 규범화하고 상대화하려고 하는 은총이라는 개념에게 정당한 질서 내에서 그 개념이 소유하는 산정(算定)불가성과 측정불가성을 반환하는 것이다. 이 학설은 은총이라는 개념을 인간화된 규범적 질서로부터 거기에 적합한 인간적 규범화를 초월하는 숭고한, 신적 질서로 이전하는 것이다. 칼뱅의 「절대적」 신의 개념(신은 **법에 구속되지 아니하며, 자기 자신의 법에게 최고의 존엄이다**〈lege solutus, ipse sibi lex, summa majestas〉)이나, 그의 예정설 속에도 신학적 관념들이 나타나 있으며, 그의 내부적 결정주의는 또한 16세기의 특히 보댕의 국가주권의 관념에 영향을 주었다.12) 그러나 보댕의 주권이론 역시 완전히 전래의 질서적 사고에 연결되고 있다. 그 이론은 가족 · 지위와 다른 정당한 질서들 그리고 제도 등의 존립을 인정하며, 주권자는 정당한 기관이며 바로 정당한 왕인 것이다.

결정주의 사고의 고전적 예는 17세기 **홉스**와 함께 비로소 나타난다. 그에게 있어서 모든 법 · 모든 규범과 법률 · 모든 법률해석 · 모든 질서는 본질적으로 주권자의 결정이며, 또 주권자는 정당한 군주나 또는 권한을 가진 기관이 아니라 주권적으로 결정하는 바로 그 자인 것이다. 법은 법률이요 권리를 위한 투쟁을 결정하는 명령인 것이다. **진리가 아니라 권위가 법을 창조한다**(Autoritas, non veritas facit legem).13) 이 명제에서 권위(autoritas)는 결코 국가 이전의 질서의 권위와 같은 것을 의미하는 것은 아니다. 당시의 다른 사람들(예컨대 보댕)에게는 여전히 생생하던 권위(autoritas)와 권력(potestas)의 구별14)도 주권자의 결정에 있어서는 완전히 소멸하여 버린다. 주권자의 결정은 한 개체 내의 **최고의 권위**(summa autoritas)와 **최고의 권력**(summa potestas)이다. 평화와 안전과 질서를 주는 자는 주권자요, 그가 모든 권위를 가지고 있다. 진정하고 순수한 결정으로써 이러한 질서의 생산은 기존 규범의 내용이나 기존 질서로부터 유래할 수 없을 것이며, 규범적으로 생각해 본다면 통용하는 규범의 단순한 자기 적용이거나, 구체적 질서의 사고에 의한다면 기존 질서의 유출물이며 질서의 재생산이며, 질서의 생산 그것은 아니다. 그러므로 주권자의 결정은 법률적으로 하나의 규범으로부터도 하나의 구체적 질서로부터도 설명할 수 없으며, 또한 구체적 질서의 범위 내에 관련되지도 않는다. 왜냐하면 그와는 반대로 결정주의자들에게는 결정만이 최초로 규범과 질서를 근거로 하기 때문이다. 주권자의 결정은 절대적 시원이며, 그 시원은 (아루케〈ἀρχή〉*의 의미에서도) 주권자의 결정 이외에 아무것도 아니다.

---

12) G. Beyerhaus, Studien zur Staatsanschauung Calvins, mit besonderer Berücksichtigung seines Souveränitätsbegriffs, Berlin 1910 속에서, 칼뱅에 있어서는 신이 **자연질서**(ordo naturae)*와 **자연법**(jus naturae)의 주(主)이기도 하다는 전거가 열거되어 있다. 국가주권 개념에 미친 칼뱅의 영향을 다룬 것으로서 Karl Buddeberg의 마르부르크 대학 학위 청구 논문, 1933이 있다. 거기에서는 「정치신학」에 대하여 유익한 1장이 포함되어 있다.

13) Leviathan, Cap. 26, (라틴어판 1670) S. 133; (영어판 1651), S. 143. 이 제26장에는 또한 해석(거기에 법의 본질이 존재한다. in qua sola consistit Legis Essentia)에 대하여, 모든 해석의 무한한 가능성과 불확실성에 대하여, 또한 유일한 해석권자로서 주권자에 대하여 서술한 명쾌한 문장이 있다. 이 주권자는 자기의 주관적 결정에 의하여 — 리바이어던의 영어판에 의하면 — 알렉산더 대왕이 고르디우스왕의 매듭을 한 칼에 내리쳤듯이, 의견의 혼란을 해결한다. 이것은 실로 전형적인 「결정주의적」 표현이다. 그 다음의 제27장에는 「**법률 없으면 범죄 없다**」(nulla poena sine lege)라는 명제의 최초의 근대적인 기초가 마련되어 있다.

14) 권위와 권력의 구별에 대해서는 Carl Schmitt, Der Hüter der Verfassung, 1931, S. 136 (김효전 옮김, 『헌법의 수호자』, 법문사, 2000, 189면) 참조.

주권자의 결정은 규범적 무와 구체적 무질서에 그의 기원을 가진다. 홉스에 있어서 자연상태는 불화의 상태이며, 가장 심각하고 절망적인 무질서와 불안정, 규칙이나 질서도 없는 만인의 만인에 대한 투쟁, **인간이 인간에 대해서 이리**라는 **만인에 대한 만인의 투쟁**(bellum omniun contra omnes des homo homini lupus)이다. 이러한 완전한 무질서와 불안정한 무정부 상태로부터 **시민사회**(societas civilis)의 평화와 안정과 질서의 국가적 상태로의 이전은 주권자의 의사의 성립을 통해서만 이루어지며, 그 주권자의 명령과 질서가 바로 법률인 것이다. 홉스에 있어서 결정주의의 논리적 구조가 가장 명료하다. 왜냐하면 순수한 결정주의는 결정이 있다는 사실(결정의 방법을 묻지 않음)을 통해서만 질서상태가 되는 **무질서** 그것을 전제로 하기 때문이다. 결정을 내리는 주권자는 기존 질서의 근거에서 결정할 권한이 있는 것은 아니다. 자연상태의 무질서와 불안정한 장소에서 국가상태의 질서와 안정을 부여하는 결정만이 비로소 그를 주권자로 만들며, 그 이외의 모든 것(법률과 질서)을 가능하게 한다. 결정주의 유형의 가장 유력한 대표자인 홉스에게 주권자의 결정은 국가 이전과 국가 이하의 자연상태의 무정부적 불안정 내에, 또는 그것 위에 군림하는 법률과 질서를 창조하는 국가적 **독재**이다.

3. 결정주의적 사고와 법률주의적 사고의 결합으로서의 19세기의 법실증주의(결정주의와 규범주의)

따라서 결정주의적 유형은 법학자에게 특히 전파되었다. 왜냐하면 법학교육과 법실제에 있어서 직접적으로 봉사하던 법학이 모든 법학 문제를 오로지 **분쟁사건**으로 보며, 자기 자신 법관의 **분쟁사건 결정**의 단순한 준비자로서 활약하는 경향을 가지고 있기 때문이다. 그리하여 시험준비와 법률시험의 일정한 방법은 더욱 기술된 규범의 원문으로부터 사건의 결정과 규범적 「논증」을 불완전한 시문(試問)을 하거나 조속히 처리해 버리는 나쁜 경향으로 인도하였다. 충돌사건이나 분쟁사건에 있어서 법률적 사고는 마침내 이러한 방법에 향하게 되었다. 법률적 사고는 분쟁이나 이해충돌, 그러므로 구체적 **무질서**는 **결정**을 통해서만 극복되며, 또 **질서** 내에 들어올 수 있다는 관념에 의해서 지배된다. 결정의 법학적 논증이 문제로 삼는 규범들과 규칙은, 그러므로 분쟁결정을 위한 단순한 견해들이며, 법관의 결정(판결)근거를 위한 법학적 인용재료인 것이다. 그러므로 원래 체계적 법학이란 존재하지 아니한다. 모든 법학적 논증은 분쟁사건을 대기하고 있는 잠재적 결정근거에 불과하다.

법학의 이러한 종류의 경향은 특히 완전한 **법전**이 「실정적」 규범과 「실정법」으로서 국가적인 관직에 취임하고 있는 직업법관과 그러한 재판에 참석한 변호인들의 표준적인 것이 되는 바로 그때에 나타난다. 이 결정주의는 법률적 규범화를 법과 동일시한다. 이 실증주의는 — 비록 관습법의 가능성을 인용하기는 하지만 — 법 대신에 규범적으로 고정된 **합법성**만을 인식한다. 19세기에 법률적 실증주의가 지배적이었던 양 대국,

독일과 프랑스에 있어서 실증주의는 단지 **직업관료적인 법관**의 **국가적 합법성이라는 기능양식**으로서 성문화된 법전의 영향 밑에서, 그리고 국내정치 질서와 안정의 규칙 위에서만 이해되고 있는 사실을 우리는 볼 수 있었다. 프랑스에 있어서 법(Recht)과 법률(Gesetz)의 실증적 무구별, 즉 **법**(Droit)과 **법률**(Loi)의 동일성은 그의 법학적 표현을 주석학파(Ecole de l'exégèse)*에서 발견하고 있었으며, 반 세기 동안, 약 1830년부터 1880년까지 무난히 지배해 왔고, 또 방법론적 또는 철학적 비판이 있었음에도 불구하고 오늘날에도 결코 제거되지 않고 있다.[15] 독일에 있어서도 이러한 법률적 규칙을 위주로 하는 실증주의는 오늘날에 이르기까지 법학적 방법으로서 발생되어 있음을 알 수 있다. 관습법에 관한 이론도, 법률과 판결, 법률과 법관, 자유법학 운동과 이익법학 이론 간의 관계에 관한 수 십 년 간의 방법론적 논의도 법률주의적 사고 · 결정주의적 사고 · 질서주의적 사고에 관한 구별의 결정적 대립에까지 전진하지 못하였다. 그것들은 변화되고 동요된 상황에 대하여 법률만능사상을 완화하고 보다 잘 적응시키려고 시도한 것에 불과하다.

19세기의 법학적 실증주의는 그 시대의 광범한 정신사적 관계 안에서 이해된다. 그러므로 오귀스트 콩트(Auguste Comte)에 의해서 창립된 실증주의와, 또한 자연과학의 실증주의와도 많은 관계와 유사성을 가진다. 그러나 무엇보다도 먼저 그것은 이 세기(世紀)의 법상태의 내부적 특수성으로부터 이해되어야 한다. 19세기의 법학에 대해서 「실증주의」는 무엇보다도 어떤 논쟁적인 것을 의미하였다. 모든 「법 이외의 것」, 즉 인간의 규칙을 통하지 않고 창조된 모든 법을 거절하는 것은 신적인 법 · 자연의 법 · 이성의 법으로 나타날 수 있다. 법적 사고는 합법적 사고가 된다. 이러한 합법적 실증주의의 법학적 기초는 세 개의 경주장을 질주하였다. 우선 **입법자의 의사**에 의하고, 다음에는 주관적 · 심리적인 탐구태도로 전락하지 않도록 **법률의 의사**라고 운운함으로써 외견상 보다 객관성을 띠며, 마침내는 자기 자신으로써 만족하는 규범인 **법률 자체**만을 표준적인 것이라고 설명하였다. 거기에는 일정한 규범의 의사와 내용에 대한 무조건적인 복종이 있으며, 동시에 그러나 복종에 대한 제한도 있다. 즉, **규범**과 거의 확고히 고정된 내용에만 복종하는 것이다. 그러한 사실은 일견 실증적 · 합법적 사고에 최고의 객관성과 확고성과 파괴불가성과 안전성과 예측 가능성, 간단히 말하면 「실증성」의 가치를 부여하는 것 같다. 안정된 상황에서는 이러한 사고방식이 그럴 듯 하며, 그리고 모든 「초법적인」(metajuristisch)* 견지로부터 시야를 돌리는 것이 실제상 가능한 것 같다. 그리하여 실증주의는 하나의 「순수한 법학적」 방법으로 간주되며, 그 방법의 순수성은 모든 형이상학적이며 모든 「초법적인」 고찰을 배제하는 데에 있다.

그러나 세계관적 · 도덕적 · 경제적 · 정치적 또는 그 밖의 다른, 실로 순수하지 않은 관점들은 모두 「초법학적」인 것이다. 법률규정에 전제된 정상적 상태나 정상적 유형도 법률기초자가 추구하는 목적이나 기초를 이루는 원칙도, 사물의 본성도, 결정의 의미도,

---

15) J. Bonnecase, L'ecole de l'exégèse, Paris 1924.

이 실증주의 법학자들에게 대해서 표준이 될 수 있는 것이 아니며, 자명하고 의심할 여지없는 규범 그 자체만이 그들의 표준이 될 수 있는 것이다. 단지 그런 경우에만 「실증적」이며 「순수하게 법학적으로」 취급되는 규범내용의 「안전한 기반」에 서 있다고 실제로 믿는다. 그 밖의 모든 경우에 실증주의자는 초법학적 고찰의 계량 불가능한 「주관주의」에 은연 중 돌입하게 될 것을 두려워한다. 그때에는 이미 안정성이며 확고성이며 파괴불가성이며 객관성은 다시 위해를 받는 것이다. 1892년에 발간된 카를 베르크봄(Karl Bergbohm)의 저서 『법학과 법철학』(Jurisprudenz und Rechtsphilosophie)에서 이러한 사고방식을 가장 명료하게, 그리고 가장 잘 표현하고 있다. 실증주의적 유형의 표징인 규범주의와 결정주의의 결합이 또한 여기에서 가장 분명하게 나타나고 있다. 베르크봄은 말하기를 「법」은 한편으로는 「따라야 하는 추상적 규칙으로서의 규범적이며 작용적인 어떤 것이라는 관념」(S. 81)을 포함하며, 동시에 이 법은 「인간적 규정」 이외에는 아무것도 아니며, 또 「인간적 규정과 무관한」 법을 관념하는 자는 누구나 자연법적 부패에 빠진다는 것이다(S. 131). 이러한 실증주의가 하나의 법철학적 근거를 제공하는 한, 그것은 개인의 법적 안정성과 이익의 사고과정에 들어가게 되며, 법률에 의해서 발생되는 법당사자의 **기대**, **예기**(expectation), 「신임」을 실망케 하는 것은 부당하리라는 데에 실증주의는 근거를 둔다. 거기에서 우리는 「실증성의 정의」(正義)를 발견한다.[16)]

그러나 안정성 · 확실성 · 고정성 · 엄격한 과학성 · 기능적 예측가능성과 이 모든 「실증적」 성질과 특성은 실제로 법적 「규범」과 인간적 규정의 특징이 아니라 오로지 19세기 당시 입법에 중점을 두었던 국가조직, 즉 입법국가(Gesetzgebungsstaat)[17)]의 합법성 체계가 상대적으로 안정된 정상적 상황에 있었다는 특징에 불과하다. 사람들이 그와 같이 「실증적」으로 될 수 있었던 것은 규범이 아니라 이러한 일정한 방법으로

---

16) 실증주의적 안정성의 가장 극단적인 주창자는 제러미 벤담이다. 법적 안정성의 근저로서의 **기대**(expectation)에 대한 전형적인 문장이 John Bowring 판 Bentham 저작집 Bd. Ⅱ, Edinburgh 1843, S. 299, 307, 311 ff.에 있다. Erich Jung, Das Problem des natürlichen Rechts, 1912에서의 「실정성에서의 정의」라는 정식도 또한 법적 안정성의 요구를 법공동체 구성원의 **기대** 위에 근거지우고 있다. 「법에 복종해야 할 자에 대한 보증」, 범하기 어려운 법의 취급에 대한 「기대」와 「신뢰」에 대해서는 Georg Jellinek, Allgemeine Staatslehre, 3. Aufl., S. 369 (김효전 옮김, 『일반 국가학』, 303면)에서도 서술하고 있다. 또한 「신뢰」에 대해서는 예컨대 Max Rümelin, Rechtssicherheit, 1924, S. 6 참조.

17) 국가는 어디에 그 중점을 두며, 그 최후의 단안을 내리는 활동 여하에 따라 입법국가 · 관리 내지 행정국가 그리고 사법국가가 존재한다. 이러한 구별은 나의 논문 Der Hüter der Verfassung, Tübingen 1931, S. 76 (역서, 105면)과 Legalität und Legitimität, München 1932, S. 7-19 (김효전역, 『합법성과 정당성』, 교육과학사, 1993, 13-30면)에서 전개하였다. 특히 S. 8 참조. 「입법국가는 비인격적인, 따라서 **일반적**으로 예정되고 또한 그러므로 **영속적**인 것으로 생각된 예측가능하고 확정가능한 내용을 가진 규범에 의하여 지배되는 국가이며, 여기서는 법률과 법률의 적용은 서로 분리된다」. 이것은 또한 동시에 지금까지 「법치국가」라고 불리워 온 것에 대한 하나의 정의이기도 하다. 헨켈(H. Henkel)의 논문 Strafrichter und Gesetz im neuen Staat, Hamburg 1934에서 **법률 없으면 형벌 없다**(Nulla poena sine lege)는 명제와, 그러한 입법국가의 합법성 체계와 마찬가지로, 상술한 법적 안정성이라는 이익과의 역사적 및 체계적 연관이 모범적일 만큼 명확하게 나타나 있다.

구성된 국가조직이 안정되고 확실하게 견고하였기 때문이다. 매우 단순한 해석과 증명이 문제까지도 고정성과 안정성이라는 것은 아주 주의 깊고 상세하게 성문화된 법률책 그 자체 속에서도 전혀 의문시된다는 사실을 우리들에게 가르치고 있다. 원문과 어의 · 성립사 · 법감정 등이 「의심할 수 없는」 법률책의 고정성에 작용하고 있으며, 증거비판과 사실의 짐작 등이 각종의 모습으로 구성요건의 「순수한 법률적」 고정성에 혼잡하게 작용하고 있다. 우리는 실증주의적인 법률안전의 광신자인 제러미 벤담(Jeremy Bentham)이 법률**해석**이라는 단 한 마디로 공격하는 데에 분노하고, 그 분노의 동기가 해석법학자의 자의에 대한 홉스의 전술한(S. 25) 분노와 같은 동기였던 것을 이해할 수 있다. 즉, 「법관이 종속적이면서 법률을 해석하는 권한을 행사한다면 모든 것은 완전히 산정할 수 없는 자의가 될 것이다. 이러한 방법으로는 모든 안정성이 중단되어 버린다」.[18] 영국의 선례 구속력의 관례(이른바 **판례법**[case-law] 실무)도, **로마 법학자**(Roman lawyer)들의 법률해석도, 벤담의 무조건적 안정성과 예측가능성에 대한 실제적 요구를 만족시키지는 못한다. 법관이 자명한 법률의 문언과 법률내용의 철저한 기능으로 되었을 때에만 우리들은 「안전성」과 「파괴불가성」의 이상에 접근한다. 그때에는 물론 법학적 생산은 더 이상 존재하지 않고, 시간표에 준하여 기능하는 규범실행기(規範實行機)의 안전성과 고정성과 파괴불가성만이 지배하게 되며, 그 기계를 위해서 법학적 교육 대신에 보다 합목적적으로 우수한 전철수(轉轍手)의 훈련을 수행하는 것이다.

실증주의자는 법학적 사고의 독자적인 유형이 아니며, 따라서 영구한 유형도 아니다. 결정주의적으로 보면, 그는 그때그때 국가권력이 소유하고 있는 입법자의 **결정**에 복종한다. 왜냐하면 입법자만이 사실적인 강제를 창조할 수 있기 때문이다. 그러나 그는 동시에 이 결정이 고정적으로 파괴되지 않으면서 규범으로서 계속 적용하기를 원한다. 다시 말하면, 국가의 입법자 자신도 그에 의해서 제정된 법률과 그 법률의 해석에 복종할 것을 요구한다. 실증주의자는 「법」치국가 대신에 바로 법률국가를, 정의 대신에 법적 안정성의 이익을 부여함에도 불구하고, 이 합법성체제만을 「법치국가」라고 한다.[19] 그러나 합법성의 규범주의를 통해서 실증주의자는 그가 안전과 고정의 이익을 위해서 복종하였던 국가의 권력적 결정을 다시 멸시하며, 이제 입법자에게 규범적 요구를 제시한다. 그러므로 실증주의자는 그의 입장을 우선 (입법자의 또는 법률의) 의사에 근거하며, 후에는 입법자와 법률의 의사에 반해서 직접적으로 객관적인 법률에 근거하는 것이다. 입법자의 의사로부터 법률의 의사를 거쳐, 법률 그 자체로서의 순서는 형식의 역사적 경과에서 확립되는 것이다. 이상의 과정에서 의사로부터 규범에까지, 결정에서 규범에까지, 결정주의로부터 규범주의까지라는 내면적으로 철저한 발전이 있는 것처럼 추정되는 것은 당연하다. 일정한 사고방식의 내부적 철저성으로부터 생성되는 것 대신에, 이 순서는

---

18) With this manner of proceeding there is no security (이러한 절차 방법으로써는 확실성은 없는 것이다). a. a. O. S. 325.

19) 이에 관하여는 강연 "Nationanlsozialismus und Rechtsstaat," Juristische Wochenschrift vom 24. März, 1934, S. 713 f.

실증주의에 있어서 독특한 결정주의와 규범주의의 결합을 통해서만 가능하게 되었고, 또 그 결합은 안정성과 예측가능성을 위한 유일한 표준적인 실증적 요구를 만족시키기 위해서 사실의 사태에 따라 때로는 결정주의적으로 때로는 규범주의적으로 존재하는 것을 허용한다. 실증적인 것은 항상 사실에 있어서 강제로 통용되는 것의 사실적 안정성과 고정성과 예측가능성에 대한 이익 내에 있으며, 사실적으로 강제로 통용되는 것이 입법자의 결정이건, 입법자의 결정을 통해서 발생된 법률과 또 이 법률로부터 발생한 예측가능한 법관의 결정이건 결코 무관한 것이다. 법률의「실증적」효력은 다른 통용방법과는 달리 항상 사실적인 어떤 것이며, 인간의 권력을 통하여 직접 실제로 강행되는 어떤 것이다.

그런데 하나의 사실, 한 개의「단순한 사실」은 물론 법원(法源)이 아니다. 그리고 법학적 문제는 바로 어떻게 해서 이 오로지 사실적인 점이 — 법률의 의사 또는 실제적 통용의 순간 — 실증주의자의 의사와 관련되며, 또 어떻게 해서 규범으로서 또는 결정으로서 또는 질서의 일부분으로서 법학적으로 이해될 수 있느냐 하는 문제에 향하고 있다. 실증주의자는 이 문제를 규범의 실증적 통용이 시작한 후에는 그 이상 법학적 문제가 될 수 없다고 거부하는 경향이 있다. 그러나 실증주의자도 역시 그의 법학적 활동을 결부시키고 있는 바로 그 점, 즉 법원(法源)이나 법의 타당근거를 하나의 법적 범주에서 이해해야 한다는 법학적 필연성에서부터 모면할 수는 없다. 그러므로 실증주의자는 실증적 통용이 시작하는 그 사실적 · 실제적 순간을 규범적 또는 결정적인 것이라고 할 것이다. 19세기의 실증주의자였던 게오르크 옐리네크는 규범적 측면에 관하여「사실적인 것의 규범력」(normative Kraft des Faktischen)*의 전형적 전향이라고 각인(刻印)하였다. 그는「법의 규범적 · **동기적** 힘」에서 출발하기 때문에, 실로 의심할 여지조차 없는 하나의 특별히 강한 동기적 힘을 주는 실제와 사실은 그대로「규범적인 힘」도 가진다.[20]「사실적인 것의 규범력」이라는 공식은 수없이 부단한 표현을 보았다.

이러한 정식은 법논리적으로 그 자체로서 고찰한다면, 하나의 단순한 말의 결합에 불과하며, 또 실증주의는 그 속의 규범주의적 성분에서 언제나「규범적」힘으로서의 사실적 실정성을 자명하게 지시할 수 있다는 동어반복을 바꾸어 쓴 것에 지나지 않는다. 실증주의자는 보다 예리한 논리를 가지고 실제적인 것의 결정적 힘에 관하여 운운할 것이며, 그 결정적인 힘은 물론 적어도 규범적 힘만큼 중요시된다. 실증주의자는 강제성을 띤 실정적 사실에 복종하면서 다른 아무것도 의욕하지 않음에도 불구하고, 이상과는 반대로 실증주의자는 사실의 실정적 힘에 근거하고 싶어하지는 않는다.「사실적인 것의 실정적 힘」이라는 말의 전향 속에 나타난 자기폭로는 아마 순수한 실증주의자에 대해서

---

20) Allgemeine Staatslehre, 3. Aufl. S. 341, 360, 371 (김효전 옮김,『일반 국가학』, 279, 295, 305면)(초판 1900). 규범주의적인 근본 명제는 S. 355(역서, 291면)에서 서술하기를,「모든 법은 판단 규범이며 따라서 그것으로 평가되는 사실관계와는 결코 일치하지 않는다」. 이때에 이 '사실적인 것의 규범력'이 주장됨에도 불구하고「정치는 일반 국가학에서 배제되어야」한다(S. 23; 역서, 19면). 힘과 법은 규범주의적으로 대립되고, 국가긴급권은 힘이 법에 선행한다는 명제에 의한 표현으로 거부된다. 그러나「헌법의 흠결」은 실정적으로「사실상의 권력 관계에 의해서 충전될 수」있다는 것이다(S. 359; 역서, 295면).

법학적으로 참기 어려운 일일 것이다. 바로 그 속에는 실증주의가 근원적 법학의 사고는 구체적인 사실, 후자는 추상적 유형이 아니라는 것이 나타난다.

우선 사실적인 것의 「질서적 힘」에 관하여 논해 본다면, 실증주의의 법학적 본질을 형성하는 규범주의와 결정주의와 같이, 구체적 질서사고는 기능적 안정성과 예측가능성에 향하고 있는 실증적 요구에 똑같은 정도로 일치하지는 않는다. 순수한 규범주의는 실정적 규범을 초실정적 규범에서 추론해야 할 것이다. 마찬가지로 구체적 질서 사고도 초실정적 · 포괄적 · 총체적 · 질서적 통일로 인도하는 것이다. 결정주의적 사고는 그에 대하여 선행하는 규범적 무 또는 질서적 무로부터 자신만이 실정적으로 주목되며, 계속해서 실정적 규범으로서 통용되어야 하는 실정적 법률이 돌출하는 바로 일정한 사실적 시기에 실증적 연결을 허용한다. 일단 정립되면 법률은 그것을 정립한 자의 의사에 반해서까지도 당연히 통용되어야 한다. 그렇지 않으면 국가로부터 어떠한 자를 기대한다 하더라도 법률에 관한 필요한 안정성을 법률은 부여할 수가 없는 것이다. 통용규범의 최종적 통용근거에 대한 문제를 광범 무변한 것, 즉 「초법학적」인 것 속으로 점차로 끌고 들어가는 대신에, 일정한 순간과 일정한 장소에서 그것을 밝히며, 또 어떤 역사적 시기에 사실적으로 존재하며 사실적으로 관철력을 행사하는 주권적 권력의 의사를 인정하는 것을 실증주의자에게 가능하게 하여 주는 것은 — 이 권력이 하나의 기관이나 또는 다른 구체적 질서라고 관념하지도 않으며, 도대체 그 권력에 적응하는 법에 대해서 묻지도 않고 — 오로지 결정주의의 구성부분인 것이다.

실증주의자가 근거로 하는 안정성 · 확고성 · 파괴불가능성은 실증주의의 결정주의적 구성부분에 관한 것이며, 실제에 있어 주권자의 결정은 규범을 통용하는 규범으로 만드는 바로 그 **의사**의 안정성과 확고성과 파괴불가성에 지나지 않는다. 실증주의가 국가입법자나 국가의 법률의 **의사**에, 즉 사실적으로 존재하는 「국가권력」 속에 나타나며, 또 자기를 관철하는 국가입법자의 결정에 근거한다는 사실로 미루어 볼 때, 법제사적으로는 실증주의가 17세기에 성립하였던 결정주의적 국가이론과 결부되어 있으며, 그 국가이론과 더불어 멸망해야 한다. 그러나 실증주의가 **규범**으로서의 **법률**에 근거한다는 사실에서는 그의 안정성 · 확고성은 단지 19세기에 최고에 달하였던 입법국가의 합법성의 안정성과 확고성에 지나지 않는다. 위험과 책임으로부터 모면하려는 보편적 인간의 2차적인 노력만이 종국에는 실증주의의 안정성 요구 뒤에 은닉하고자 하는 한 — 오로지 비난하는 의미에서이기는 하지만 — 여기서는 「영원한」 그리고 불멸의 보편적 인간 유형이 문제가 된다고 당연히 말할 수 있을 것이다. 이에 반하여 법학적으로 주목되는 현상으로서 법학적 실증주의는 완전히 19세기에 있어서 특징적인 국가적 · 사회적 사정과 결부되어 있다. 규범주의와 결정주의가 법학적 사고의 끊임없는 치환적 유형인 한, 19세기의 실증주의가 그 성립의 기초로 삼고 있는 결정주의와 규범주의의 결합을 우리는 근원적 또는 하나의 영원한 법학적 유형이라고 생각할 수 없는 것이다.

이러한 실증주의의 이른바 순수한 법학적 방법이 모든 불순한 법학적 사고를 세계관적 · 경제적 · 사회적 · 도덕적 또는 정치적이라 하여 거부하며, 모든 이러한 사고를 그렇게 구별한다면, 순수한 법학적 논증을 위해서 잔존하는 것은 거의 없을 것이다. 만약에 하나의 경우에서 그리고 그 경우의 평가에서 모든 세계관적인 것, 경제적인 것, 정치적인 것을 제거한다면 남는 것은 무엇이 있겠는가? 법학적 사고가 모든 포용적 의미와 전제된 정상적 사태로부터 분리된다면 필연적으로 세계관적 · 도덕적 · 경제적 또는 정치적인 모든 것, 즉 모든 내용적인 것과 더욱더 심각한 대립 속에 들어가게 된다. 그렇게 됨으로써 법학적인 것과 세계관적인 것, 법학적인 것과 경제적인 것, 법학적인 것과 정치적인 것, 법학적인 것과 도덕적인 것 등등의 구별들이 고도화함에 따라 철저한 변증법적으로 볼 때 종국에는 세계관적 · 경제적 · 도덕적 그리고 정치적으로 무의미한 것만이 의심할 여지 없는 순수한 법학적 사고방식 바로 그 자체의 유일하고 특수한 특징으로서 남게 되는 것이다.

막스 플랑크(Max Planck)는 말하기를 자연과학적 실증주의는 무조건적 안정성을 추구하는 노력에 있어서 오로지 감각에만 의뢰하며, 따라서 오상적(誤想的) · 기만적 감각을 다른 것으로부터 더 이상 구별할 수 없는데, 왜냐하면 실증적 물리학에서는 착각이란 없기 때문이라고 하였다.[21] 전적으로 안정성과 주관적 자의의 회피에 의거하는 법학적 실증주의의 운명은 이러한 과정을 밟음으로써 똑같은 유사성을 가진다. 실증적 규범에는 전제되어 있지만 실증적 법학에서는 중요시되지 않는 구체적 사태의 정상성이 소멸하면 모든 확고하고 예측가능한 파괴불가적 규범적용도 소멸한다. 에리히 융(Erich Jung)이 말한 「실증성의 정의」(Gerechtigkeit der Positivität)도 그때에 사멸한다. 구체적 질서와의 병렬적 체계가 없이는 법학적 실증주의는 법과 불법도, 객관성과 주관적 자의도 구별할 수 없는 것이다.

제2장 법제사의 전체적인 발전에서의 법학적 사고방식의 위치

자유롭게 떠돌아다니는 법률학이라는 것은 자유롭게 떠돌아다니는 인텔리겐차와 마찬가지로 어디에도 존재하지 아니한다. 법적 사고나 법학적 사고는 오로지 역사상의 어떤 구체적인 전체적 질서와의 관련 속에서만 이루어진다. 그것은 또한 자유롭게 떠돌아다니는 규칙이나 결단에 의지할 수는 없는 것이다. 이러한 「자유」와 「부동성」(浮動性)과 같은 의제와 환상 그 자체마저 질서가 해체된 어떤 일정한 상태에 부수적으로 생기는 징후이며, 다만 거기에서만 이해할 수 있을 뿐이다. 따라서 이상에서 제시한 사고유형은 상대주의적으로, 말하자면 임의의 선택에 맡기는 것이 아니라 오늘날 우리들의 법생활의 구체적으로 현존하는 상태와 현실의 전체적인 연관 속에서 그 지위 서열을 얻게 된다.

21) 1930년 11월 12일 Kaiser-Wilhelm-Gesellschaft에서의 강연 Positivismus und reale Außenwelt, Berlin und Leipzig, 1931, S. 11.

중세의 **아리스토텔레스 · 토마스적 자연법**은 본질과 존재의 단계들 속에, 여러 상하 질서 속에, 부분의 조화적 위치지움과 분지적 구성 속에 구축된 살아있는 질서통일체이다. 이 자연법이 지난 세기에 받은 규범주의적인 오해는 오늘날에는 소멸하였다. 수많은 중세적 질서와 그것에 수반된 질서사상의 붕괴로부터 16세기 이후 국가질서는 그 밖의 많은 질서를 모두 자기 속에 흡수하는 **유일한** 질서로서 나타나 세력을 더하였다. **홉스**의 국가이론과 법이론의 결정주의는 새로운 주권사상의 가장 철저한 법학적 표현이며, 따라서 법사적으로 볼 때 가장 후세에 많은 영향을 미친 법학적 표현이었다. 그 중에서 다른 질서들을 삼켜버리는 거대한 **리바이어던**이 나타난다. 그것은 전통적인 봉건법적 · 신분제적 그리고 교회적인 여러 가지 공동체, 계층적 · 단계적인 사회구성과 여러 가지의 기득권을 제거 또는 상대화하며, 이러한 국가 이전의 질서들에 기초를 두는 모든 저항권을 배제하며, 법을 국가의 입법자 수중에 독점시키고, 그리고 국가질서를 개개인으로부터, 따라서 질서의 관점에서 본다면 하나의 **백지 상태**(tabula rasa)로부터 질서나 공동체가 전혀 존재하지 아니하는 상태로부터 구성하려는 것이다. 국가를 성립시키는 「계약」, 보다 정확하게는 개개인의 「합의」는 그러나 이렇게 수립된 질서의 주권적 보증인에 의해서만, 즉 그 권력이 바로 이 일반적 합의에서 생겨나오는 국가에 의해서만 가능하다. 주권자는 바로 그 자신이 국가의 전권과 결정을 통해서 발생케 하고, 가능케 하는 그 합의에 근거하여 전능하게 된다. 처음에는 이 국가가 가져오는 공공의 평온, 안전과 질서라는 새로운 기반에 입각하여, 그 다음에는 18세기의 더욱 안정된 상황 아래에서 더욱 규범주의적인 **이성법**(理性法)이 세력을 얻게 된다. 그리고 이 이성법이 절대적인 결정주의를 후퇴시키며, 모든 자연질서를 규범과 개인주의적 계약관계로 해체하고, 마침내는 19세기에 이르러 시민적 · 개인주의적 거래사회의 실증주의적인 규제만능의 기능주의에로 합류한다.

1. 현재까지의 독일에서의 발전

독일에서 구체적 질서와 공동체의 사상은 한 번도 중단되지 아니하였다. 이 사상은 법실무에서는 19세기, 엄밀하게는 19세기 후반에 비로소 이른바 법실증주의 내지 법률실증주의에 의해서 배제되게 되었다. 그때까지는 교회적이며 국가내적인 질서개념들이 계속 영향을 미치고 있었다. 17세기 이후에 성립된 새로운 독일의 영방국가(Territorial-Staat)들의 내부질서는 실제로는 결코 **백지 상태**는 아니었다. 즉 당초에는 가톨릭계 국가들에서 가톨릭교회와 어울러 그것에 의해서 정신적으로 도야된 생활의 견고한 여러 가지의 제도적 구성이, 프로테스탄트계 독일에서도 그에 못지않게 「자연적인 창조질서」라는 루터(Luther)의 정신이 철학자들 사이에 지배적이었던, 이성법의 법이론이나 국가이론보다도 여전히 더욱 강력하게 법생활의 현실을 지배하고 있었다. 이러한 이성법의 법이론과 국가이론은 천천히 그러나 「이론」이 지니는 무엇보다도 확실한 걸음으로, 모든 국가질서와 국내 질서들을 계약과 법률에 의해서 규범화하는 것에로 변화시키고, 그럼으로써 구체적 질서와 공동체로서의 그들의 질서들을 파괴하여 버린다. 루터는 혼인 · 가족 · 신분 · 인격 · 그리고 관청 등의 자연적인 내부 질서들을 신학적 · 도덕적 그리고 법학적인 규범화에 대하여 강력하게 방어하고 보호하는 것을 알고 있었다. 「네가 만일 어머니라면 너는 어머니의 권리라는 것을 행하라. 그것은 너에게 명한 것이며, 그리스도가 빼앗지 않으며 오히려 보증한 것이다」[22]라는 루터의 가르침은, 추상적 규범성에 대한 주어진 구체적 질서의 우월성을 가장 아름답게 표현한 것이다. 이 가르침은 어머니에게 타당한 것과 마찬가지로, 모든 신분에 대해서 황제 · 제후 · 법관 · 병사 · 농민 · 주인과 아내에 대해서도 타당하다. 이러한 모든 사람의 권리는 루터에게는 추상적으로 규범에 의해서 규칙이 만들어지는 것이 아니라 구체적인 자연질서이며, 또한 「규칙」에서가 아니라 구체적인 신분상태로부터 주어지는 것이다.

그러나 개인으로서는 이미 17세기 정통 루터교도였던 사무엘 푸펜도르프(Samuel Pufendorf)와 같은 사람의 자연법체계에서도 혼인이나 가족마저도 이미 아무런 구체적인 자연질서와 공동체는 아니며, 단지 계약에 의해서 구성된 이성법의 규범으로 규율되는 개인 상호 간의 법적 관계에 불과하다는 것이다.[23] 그리고 칸트가 혼인을 서로 성교의 의도를 가진 개인 간의 계약으로 환원시켜버릴 때,[24] 그는 마침내 1세기에 걸친 개인주의적 이성법의 마지막 귀결을 말한 것이다. 그럼에도 불구하고 국내생활의 현실에서의 여러 가지 구체적 질서는 18세기 말에 이르기까지 파괴되지는 아니하였다. 1794년에 제정된 프로이센 일반 란트법 제2편은 법전을 편찬하는 절대주의 국가의 입법자라고 하더라도 교회, 각종 신분계층, 가공동체(家共同體, Hausgemeinschaft)와 혼인을 여전히 제도로서 이해하며, 결코 법률 규정의 단순한 함수로 보지 않았다는 것을 나타내고 있다. 이 법전 첫머리(제1편 제1장 제2조)에는 다음과 같은 규정이 있다. 즉 「시민사회는 자연이나 법률 또는 그 쌍방에 의해서 결합된 많은 작은 공동체와 신분들로 구성된다」고. 하인은 여전히 가공동체에 속하며(제3조 · 제4조), 교회와 종파(Sekte)는 서로 구별되며, 전자는 「수용」되었고, 또한 공공생활의 전체 질서 속에 두 가지로서 구성된 데 반하여, 후자는 단순히 「허용되었을」 뿐이며, 따라서 공공생활의 한 가지로 간주되지는 아니하였다. 「종교 결사」라는 자유주의적인 개념은 아직 알려지지 아니하였다. 프랑스 혁명의 승리에 의해서 비로소 개인주의적으로 구성된 전체적인 「시민사회」가 관철되고, 다시 그 결과로서 19세기의 실증주의 법학도 완성되었다.

---

22) Weimarer Ausgabe 391, 10 f.

23) 특히 특징적인 것은 부모의 권위를 「사교성」이라는 자연법적 규범으로부터, 또한 어린이의 미리 추정된 합리적인 동의에서 도출하는 것이다. De Jure Naturae et Gentium, Buch VI, Cap. II, § 4. 푸펜도르프의 성격이나 이론 속에서 정통적인 루터파의 본질적인 요소들이 강하게 생동한다는 인식을 나는 쾨니히스베르크대학 사강사 루돌프 크래머(Rudolf Craemer) 박사에게 힘입고 있다. 그것만으로도 혼인과 가족에 대한 푸펜도르프의 법이론적 구성은 더욱 놀랄만한 것이다.

24) Metaphysik der Sitten, Rechtslehre § 24 (백종현 옮김, 『윤리형이상학, 법이론의 기초원리』, 아카넷, 2012, 216면).

자유주의적인 「1789년의 이념」과 함께 그것에 의한 질서사상의 해체에 대해서 독일 민족의 정신은 오랫동안 저항을 계속하였다. **피히테**(Fichte)는 자기 자신과의 (그리고 자기 자신 속으로부터 용솟음친) 격렬한 내면적 대결을 거쳐 1792년의 개인주의적인 자코뱅주의를 극복하였다. 피히테의 「자유의 관념론」은 헤겔의 「객관적 관념론」과 같은 정도로 구체적 질서사상에 적합한 성질을 가지고 있지는 않다. 그러나 피히테도 결국은 그 자신의 본래적인 사고로부터 (국가를 재산소유권에의 봉사자로 보는), 저열한 국가관에서 벗어나 가장 높고 가장 독일적인 질서개념, 또한 적과 동지를 구별하는 구체적 · 역사적인 정치적 통일체로서의 「제국」(Reich) 개념에 도달하였다.[25] 정신적인 저항의 다른 동기는 추상적인 이성법에 대한 낭만주의적 · 감정적인 **반동** 그리고 **전통주의적 · 보수주의적인 복고운동**에서 생겨 나왔다. **사비니**의 **역사법학파**와 그 **관습법**의 이론은 실증주의적인 법전편찬을 목표로 하는 정신과 오랫동안 성공적으로 투쟁하고, 새로운 법사(法史)의 원천을 개척하였으나, 그것도 그 후에는 천천히 점차 외래사상에 굴복하였다. **셸링**(Schelling)[26]의 유기체, **세계관** 그리고 **신화**에 대한 광대한 우주론적 · 자연철학적 이론은 이것과 동일한 직접적인 효과나 동일한 영향력은 가지지 못했다. 그러나 그의 이론 역시 당시 독일 민족이 거기에서 외래사상의 침략에 대하여 자기 고유의 존엄과 힘을 자각한 독일 정신의 위대한 전체적 업적의 일부를 이룬다.

독일에서의 [외래사상에 대한] 저항의 이러한 조류와 경향은 모두 그 체계적인 총괄, 그[총괄](Summa)을 **헤겔**의 법철학과 국가철학 속에서 찾았다. 그 중에서 구체적 질서사상은 17 · 18세기의 국가이론과 법이론이 발전한 후에는 이미 기대할 것도 없었던 직접적인 힘으로써 다음 세대의 붕괴를 눈앞에 보면서 이제 다시 한 번 생생하게 소생하였다. 「따라서 심정 · 의사 · 지성이 성실하게 되기 위해서는 그것은 **철저하게 도야**되어야 한다. 정당한 것이 **습속 · 관습**이 되어야 한다. 국가는 이성적인 **조직**을 가져야 하며, **이 조직에 의해서 비로소 개개인의 의사는 진실하게 정당한 것이 된다**」. 「어떤 사람이 결혼하거나 집을 지으려고 할 때 그 결과는 단지 이 개인에 대해서만 중요할 뿐이다. 진실로 신성한 것은 농경이라는 **제도** 그 자체, 국가 · 혼인 · 법적 제도이다」. 이러한 말은 전체적으로 자각된 질서사상이 특히 경구적으로 극단적인 형태로써 표현된 예에 불과하다. 추상적

---

25) 특히 1813년 여름의 강의 Staatslehre (Werke IV, 409) 다음 부분을 참조하라. 「그들을 형성하는 공통된 **역사**를 통하여 하나의 **국가**(Reich)를 건설하기 위해서 결합한 사람들과의 집단을 우리는 **국민**(Volk)이라고 부른다. 이 국민의 자립성과 자유는 진행을 개시한 과정에서 자기 자신 속으로부터 자기를 하나의 국가로까지 계속 발전시켜 나간다는 데에 있다. 이러한 발전 과정이 어떠한 폭력에 의해서 좌절되는 경우, 국민의 자유와 자립성은 침해된 것이다. 이러한 경우 그것은 자기를 육성하여 **하나의 국가에서의 도달하려는 다른 지향**으로 병합되거나, 또는 모든 **국가와 법**을 파괴하려는 **다른 지향**으로 병합되는 것이다. … 여기에 본래의 전쟁이 있으며, 왕가(王家)의 전쟁이 아니라 국민의 전쟁이 있다. 일반적인 자유와 각자의 특수적인 자유가 함께 위협을 받는다. 이러한 자유 없이는 국민은 자기가 무가치하다는 것을 승인하지 않는다면, 결코 생존을 바랄 수 없을 것이다. 그 때문에 각자에 대하여 오로지 그 자신에 대하여 어떠한 대리도 허용하지 않는 「생사」를 건 투쟁이 부과되고 있다」.

26) Einleitung in Philosophie der Mythologie (Ausgabe von Manfred Schröter, Bd. XI, München 1928).

이성법의 모든 개인주의적 계약설은 여기서는 최고도로 탁월한 통찰력으로써 간파된다. 가족과 혼인은 다시 자연적 공동체로서 인식되며, 혼인을 성교하고 싶어하는 개인 간의 일종의 쌍무계약으로 보는 칸트의 이론구성은 「오욕」(Rechtsphilosophie, §75)이 된다. 시민사회는 특수한 신분적 명예를 가진 신분계층들과 여러 가지 「단체」를 통해서 하나의 커다란 전체 질서에 편입되며, 또한 국가에 종속되게 된다. 이리하여 19세기에 시민적 계약사회가 제기해서 마침내는 관철시킨 전체성에의 요구를 19세기의 실정에서 가능하였던 한에서 이기는 하지만, 무해한 것으로 만드는 이론적 기초가 주어진 셈이다. 국가란 「현실 존재에서 정신이 완전하게 실현된 하나의 **형성태**」, 「개성적 전체」, 객관적 이성과 인륜의 왕국(Reich)이다. 헤겔은 사멸해 가는 왕국, 신성 로마 제국으로부터 프로이센 **국가**(preußischer Staat)에게 구원의 장소를 찾았다. 따라서 헤겔의 국가에 관한 이론구성은 왕국의 개념에서 유래하는 많은 요소를 포함하고 있으며, 따라서 이 국가를 「일반 국가학」에서의 어떤 것이 임의의 국가와 동일한 것으로서 논하는 것은 물론 우스울 것이다. 즉, 헤겔에 있어서의 국가란 시민사회 **위에** 위치하며, 이것을 위로부터 자기 속에 편입할 수 있는 객관적 인륜과 이성의 **왕국**이다. 19세기의 독일에서 국가가 왕국으로서 취급된 것 속에 독일적인 국가개념과 서구의 자유주의적 이성법 내지 실증주의 국가개념과의 차이가 발견된다. 후자의 국가개념은 홉스가 독재주의적 국가론의 결정주의와 후기 이성법 사상의 규범주의 사이를, 즉 독재와 시민적 법치국가 사이를 방황하고 있다. 이에 반하여 헤겔의 국가는 예측가능하고 강제가능한 법률기능주의에 의한 시민적 평온 · 안전 · 질서와 같은 것은 아니다. 헤겔의 국가는 단순한 주권적 결정도 아니며, 「규범 중의 규범」도 아니며, 비상사태와 합법성 사이를 서로 왕래하는 이러한 두 개의 국가개념의 결합도 아니다. 그것은 여러 질서 중의 구체적 질서, 여러 제도 중의 제도인 것이다.

헤겔은 1831년에 「정부가 공인한 철학자」로서 사망하였다. 이미 그 다음 세대에서는 독일 국가학의 대표자들 — 빈의 로렌츠 폰 슈타인(Lorenz von Stein)과 베를린의 루돌프 그나이스트(Rudolf Gneist)는 이미 정신적으로 지배하지는 못하였다. 로렌츠 폰 슈타인(1815-1890)에 있어서 사회에 대한 국가의 우위는 이미 불확실하게 되었다. 즉 국가와 사회는 이제 어디까지나 작용과 반작용과 같은 관계에서 계기하게 된다. 그러나 슈타인은 사회에 대한 국가의 자립성과 독자적인 권리를 입법에 대한 「집행권」의 독자적인 의의를, 의회주의적 국민대표제의 요구에 대하여 통치의 독자적인 의의를 구출하는 것에 희망을 가질 수 있었다. 그의 시도는 매우 훌륭한 학문적 노작임에도 불구하고 실제상의 효과를 거두지 못하고 끝났다. 또한 구체적 질서사상으로 가득 찬 그의 저서 『행정학』(Verwaltungslehre, 1865 초판)처럼 이러한 사상적 입장에서 특히 **통치**의 진정한 개념을 전개하려고 시도한 서적도 국법상의 사상에 이미 아무런 중요한 영향을 미칠 수는 없었다. 루돌프 그나이스트(1816~1895)도 여전히 **국가**라는 것을 견지하고 있다. 즉 그에 있어서 자치란 (교양과 재산을 가진) 시민이 자기를 국가에까지 육성해 가는 자기 교육이다.

그러나 그에게 시민사회는 이론적으로는 국가의 우위가 강하게 요구되고 있음에도 불구하고 이미 의심의 여지가 없는 승리자로서 나타난다. 그러나 그가 묘사한 국가상과 아울러 사회상은 전체적이며 구체적이다. 그의 저서『법치국가』(Der Rechtsstaat, 1872)가 그 명백한 증거를 제공한다. 왜냐하면 이 책에서 법치국가는 추상적으로 단지 법률에 의해서 규정된 국가로서가 아니라 국가와 사회와의 조화 속에 구성된 국가로서 생각되기 때문이다. 이상 두 사람의 독일 국법학자의 손에 의한 법학상의 저작 전체는 시민사회를 국가 속에 편입시키려는 이러한 수고에 돌린 노력으로 관철되고 있다. 법학적 이성과 구체적 현실, 현실과 이성은 아직 규범주의적 · 실증주의적으로 분열되지는 아니하였다. 자유주의적 법치국가와 아울러 그것에 부속하는 규범주의적 실증주의의 근저를 이루는 자유주의적 권력분립주의에 반대하여 — 그나이스트보다도 슈타인에게서 훨씬 강하게 — 독일적 질서사상이 나온다. 그 때문에 그들의 저작은 오늘날에도 여전히 우리들에게 절실한 관심을 불러일으키며, 가령 성공을 거둘 수 없다 하더라도 하나의 진정한 형성화에의 노력의 기념비이며, 단순히 가치가 많은 자료의 보물창고에 불과한 것은 아니다. 이에 반하여 **오토 폰 기이르케**(Otto von Gierke)의「유기체적 국가학」과 그의「실제적 단체인격」의 이론은 이미 더 이상의 구체적인 국가학이 아니라 하나의 일반적인 조합이론이다. 실로 질서와 공동체에 대한 그의 감각은 살아 있으며, 독일적 법사상의 유산은 더욱 강하고 힘차게 유지되고 있다. 그러나 동료단체(Genossenschaft)와 영조물(Anstalt)을 자유민주적으로 대립시킨 것은 그의 법사적 인식의 객관성을 흐리게 만들었다. 기이르케는 절망적인 정신적 수세에 서 있던 19세기 프로이센의 군주제를 절대주의 시대의 유물인「영조물의 수반」(Anstaltsspitze)으로서 이론구성을 하고, 그 결과 본의 아니게도 그것을 단념하여 버렸다. 국가의「지배적인」요소들을 위해서 한 모든 유보에도 불구하고, 그의 단체이론은『단체법론』제1권(1868년)의 화려한 출발 후에, 마지막에는 여전히 19세기의 국민자유주의에서 전형적인 분열로 빠져버렸다. 그 이론은 스스로 정력적으로 모은 방대한 자료를 더 이상 주체할 수 없었다. 기이르케가 1883년에 라반트(Laband)의 철저한 법실증주의에 가한 비판은 로렌츠 폰 슈타인이 1885년부터 1886년에 걸쳐서 그의 국가에 관한 풍부한 구체적 지식에 입각하여「법학적」이라고 자칭하는 공법학의 대두에 대해서 발한 경고와 마찬가지로 성공을 거두지 못하고 끝나버렸다.[27)]

---

27) 기이르케의 논문 Labands Staatsrecht und deutsche Rechtswissenschaft, in Schmollers Jahrbuch, 1883, S. 1097-1195이 발표되었다. 그는「법을 정치로부터 깨끗하게 분리하는 것이 진정한 국법학의 중요한 임무의 하나」라는 것, 그럼에도 불구하고 완전히 비정치적인 국가법은 존재하지 아니한다는 것을 그 출발점으로 삼는다. 이러한 불명확성 때문에 라반트의 외관상만 비정상적인 국법학에 대한 비판도 그 밖의 점에서는 적절하였으나 사람들을 수긍케 하는 힘을 박탈해 버렸다. 1885년부터 1886년에 걸친 로렌츠 폰 슈타인의 경고(그의 Lehrbuch der Finanzwissenschaft, 5. Aufl., Bd. II. 서문과 Bd. I. S. 75/60)는 행정법의 국가학적 취급 방법과 순수한 법학적 취급방법을 분리 구별하는 라반트의 법학적 실증주의의 학문적 흠결이 **연방국가의 재정**에 관하여 가장 현저하게 나타난다는 통찰에 근거하고 있다. 요한 포피츠(Johann Popitz)는 이렇게 말한다(Finanzarchiv 1932, S. 418). 즉「우리들은 로렌츠 폰 슈타인이 행정의 의의와 함께 조세제도의 국가형성력에 대한 그 깊은 통찰에 입각하여 이미 1885년에 그 후에 일어나 발전의 길을 — 비록 그가 생각했던 것보다 훨씬 늦게 일어났지만 — 예견하고 있었다는

개별적인 역사상의 사건이나 헌법상의 문제들을 볼 때에 물론 법학적 사고는 독일에서는 아직 결코 규범주의적 추상성으로 이행하여 버리지 아니하였다는 것을 증명하는 많은 예증을 들 수 있다. 특히 1867년의 북독일동맹의 창설과 그 밖의 창설적 성격을 지닌 공동행위를 계약으로서가 아니라 개인주의적인 계약관념과는 다른 「합동행위」(Gesamtakt) 내지 「협약」(Vereinbarung)으로서 이론 구성하려는 시도는 그 적절한 예이다.[28] 실증주의적 규범주의에 사로잡힌 19세기의 대부분의 법학자들은 「계약」과 「협약」의 구별이 가지는 본래의 의의와 결실의 풍부함을 이해하지 못했으며, 이 구별 속에 자유주의적 · 개인주의적 계약사상을 극복하는 중요한 계기가 존재하는 것을 결코 인식하지 못했다. 제1차 세계 대전 후 고용주와 종업원과의 노동협약(Tarifvertrag)을 시민법적 계약사상의 영역에서 떼어내어 계약과는 다른 하나의 「협약」으로서 이론구성하는 것이 문제로 되었을 때에, 노동법에서 또 한 번 유사한 시도가 반복되었는데, 그것도 역시 성공을 거두지 못하고 끝났다. 또한 이러한 시도도 당시의 국가제도의 구체적인 전체 상황 속에서는 목적을 달성할 수 없었다. 그러나 이러한 시도는 역시 징후적인 의의를 지니고 있으며, 표면적인 실증주의라는 덮개 아래 끊임없이 존속하는 구체적 질서사상의 힘을 실증하고 있다.

이상과 같은 법이론 속에 나타난 개별적인 것과 비교하여 더욱더 중요한 의의를 가지는 것은 국가행정, 특히 프로이센 군대의 실제에서 어떠한 정도로까지 구체적 질서사상이 계속 살아왔는가 하는 점이다. 프로이센 군대와 국가 행정조직은 그 자체가 상당히 견고하고 살아있는 형성태이며 질서였기 때문에, 그 내면적인 고유한 법을 규범주의적 또는 실증주의적인 법률만능사상으로 변질시킬 수는 없었다. 「조직권」 · 「직권」 · 「지휘권」 · 「영조물 경찰」과 같은 개념, 그리고 국법상 내지 행정법상의 이와 유사한 제도적 구성 속에는 국가의 유기적인 통치와 행정조직이 각각 그것에 의해서 비로소 가능하게 되는 한 국가의 공법에서 파괴할 수 없는 질서사상이 표명되고 있다.

이러한 종류의 성질을 가진 훌륭한 사례가 자유주의적 법치국가의 규범주의적 헌법사상에 저항하여, 프로이센 군대를 통솔하려고 하는 투쟁 속에 나타난 것은 자연스런 것이었다. 1872년과 1873년의 군기(軍紀)와 군형벌에 관한 규칙, 그리고 1874년 5월 2일의 명예법원에 관한 칙령을 계기로, 이 대립은 공공연하게 충돌하지 않을 수 없게 되었다. 통수권 · 최고사령 · 대원수 · 군사재판권의 수반은 프로이센 군대를 파괴하지 않고서는 서로 갈기갈기 찢어질 수 없는 것이었다. 모든 구체적인 질서 통일체와 공동체에 불가결한 지도(Führung)는 여기서는 기율과 명예라는 개념의 고유한 내면적 관련을 보여주었다. 그러나 규범주의적인 헌법사상에 대해서 모든 재판권은 「엄격하게 규범에

것, 그러나 그것은 그 자신이 말하듯이 학문적 연구를 기다릴 것도 없이 사물의 본성에서 우러나온다는 것을 감탄하면서 인정하여야 한다」라고.

28) Binding, Die Gründung des Norddeutschen Bundes, 1889; H. Triepel, Völkerrecht und Landesrecht, 1899, S. 37 ff., 178 f.; Gierke, Das Wesen der menschlichen Verbände, 1902. 그 밖의 문헌은 Meyer-Anschütz, Staatsrecht, 7. Aufl., 1919, S. 201.

구속된」 작용으로서 통솔(Führung)로부터 분리되어야 한다는 것이 「법학상 자명한 이치」였다. 규범과 명령, **법률**(Lex)과 **왕**(Rex)의 대립에 완전히 좌우되는 법학적 사고방식은 지도자사상인 것을 법적으로는 결코 파악할 수 없는 것이다. 그 때문에 그것은 지도자에 대한 선서가 아니라 헌법에 대한 선서, 즉 하나의 **규범**에 대한 선서를 요구한다. 그 권력분립론은 사법과 행정을 분리하고, 필연적으로 군사재판권 · 명예재판권 그리고 군대의 통솔을 더 한층 예리하게 분리하기에 이르렀다. 이에 반하여 프로이센 국왕에 있어서 명예법원의 개별적인 판결이나 군법무관의 임명은 모두 명예재판과 그 원칙에 관한 일반적 명령과 마찬가지로, 그의 군사적 통솔권에서 나온다. 군대의 통솔 · 기율의 유지 감독 · 장교의 자격 부여 그리고 명예법원의 사무를 갈기갈기 절단하는 것이 법적으로도 허용되지 않고 불가능하다는 것은, 완전히 프로이센 군대의 질서 속에서 사고하는 프로이센 국왕에게는 전적으로 자명한 일이었다.

오늘날 새로운 공동체 생활과 함께 구체적 질서사상도 또 다시 생생하게 됨에 따라서 충성 · 기율 그리고 명예라는 것은 통솔에서 떼어낼 수 없다는 법적 공리는 과거의 개인주의의 자유주의적 · 법치국가적, 권력분립주의적, 규범주의적 사고방법보다도 더욱 우리들에게 이해하기 쉬운 것이 되었다.[29] 또한 우리들은 오늘날 국가를 담당하는 운동은 지도자에 대해서 확고한 충성을 맹세하기 때문에 **충성선서**의 법적 본질을 다시 직접적으로 정당하게 할 수 있는 것이다. 이에 반하여 규범주의적인 제정법 만능사상은 탈영병의 도망이나 모반자의 반역을 단순히 「형벌로써 위하된 행위」, 즉 구성요건에 해당되는 국가의 형벌청구권의 전제로서 파악할 수 있을 뿐이며, 그것들을 선서위반과 배신행위라는 본질적인 불법성, 본래적인 범죄성에서 다룰 수는 없는 것이다.

2. 영국과 프랑스에서의 발전

유럽의 다른 여러 국가의 법학은 규범주의적 실증주의에 대하여 자기 보호를 위한 다른 표현과 형식을 취하였다. 여기서 **영국**의 법학은 고려에서 제외된다. 왜냐하면, 이른바 판례법(case law)이라는 영국적 방법은 같은 방식으로 규범주의의 일면성에 빠질 위험이 없기 때문이다. 그것은 사리에 당연한 일이며, **판례법**이 지배하는 모든 국가의 법생활에 타당하다. 그러므로 미합중국에 대해서도 적용되는 이치이다. 이러한 점에 커다란 차이가 있다. 미국의 법률가들이 빈번히 그렇게 해석하듯이, 선결례(先決例, Vor-Entscheidung)의 판결은 그 속에 **판결의 기초를 이루는 규범**이 나타나 선결례의 법관뿐만 아니라 그 이후의 사건의 법관에게도 구속력을 가지는 한에서만 구속력을

29) 예컨대 오늘날 대학의 통일적인 지도를 확보하기 위해서 대학 평의원회의 권한이 총장에게 이양된 경우 (프로이센에서는 1933년 10월 26일의 교육부 장관의 포고에 의하여 실시되었다), 평의원회의 징계법상 및 명예재판상의 권한을, 그것이 재판권 또는 사법에 유사한 권한이기 때문이라는 이유로, 이 이양에서 제외하는 것은 잘못이다. 그것은 지도의 개념과 아울러 명예재판의 개념을 모두 파괴하는 「권력분립론적」이며 자유주의적인 규범주의에 의하지 않는 한, 정당화되지 못한다.

가지는 것이라고 생각될 때에, 판례법의 실제에서도 이른바 이성적 · 자연법적 규범주의가 가능한 것이다. 그러므로 판례법의 실제는 전 법영역의 완전한 법전화로부터 출발하는 협의의 법실증주의 속으로 그렇게 쉽사리 이행할 수 없다 하더라도 다시금 규율적 사고에 접근하게 된다. 그러나 **영국식** 판례법의 해석에 의하면, **선결례는 개별적인 예**로서 구속력을 가진다. 즉 그 선결례의 기초에 놓여있는 판결규범이 구속력을 가지는 것도 아니며, 또한 (블랙스톤[Blackstone]*이 말하듯이) 선결례 판결 내에 자명하게 나타나 있는 관습이 구속력을 가지는 것도 아니다.30) 이러한 점에서 미국에 있어서의 일종의 자연법적 · 이성법적 규범주의에의 경향과는 달리, 하나의 순수한 결정주의가 내포되어 있다고 볼 수도 있을 것이다. 그래서 선결례에 대한 구속력은 오로지 이전 법관의 **결정**에 의한 구속으로서 이해될 것이다. 영국의 법사고는 특히 진정한 결정주의의 명료하고 순수한 사례를 가지고 있는데, 그 예로서 나는 홉스 이외에 이미 언급한 벤담의 입법국가적 실증주의와 19세기에서는 누구보다도 **오스틴**(Austin)*을 지적하고 싶다. 그러나 또한 결정주의적인 의의가 이러한 **판례법** 실제의 전형적인 특성을 적절하게 드러내고 있는 것은 아닌 것 같다. 물론 유럽 대륙의 법률가가 섬나라 영국의 법실제라는 토착적 법사고에 정통한다는 것은 쉬운 일이 아니다. 그러나 후대의 법관이 선판결(先判決)의 기초에 놓여 있는 판결**규범**이나 순수한 **결정**으로서의 선판결에 구속되는 것이 아니라, 바로 「사례」(Fall) 그 자체에 구속되어야 한다는 것은 생각할 수 있는 일이다. 그렇다면 영국의 **판례법**은 전적으로 일정한 사례에 내재하는 법에 의존하는 구체적 질서사고의 일례를 내포한 것이다. 그리하여 선결례는 그 판결을 포함하여, 하나의 규범이나 하나의 판결에서가 아니라 스스로 그들의 법을 구체적인 방식으로 구하는 모든 그 후의 사건례(事件例)의 구체적인 사례가 된다. 우리가 제2의 사건례를 선결례와 동일한 사건례라고 볼 때에는 재판상의 선판결에 나타난 질서도 이와 같은 구체적인 동일성에 속한다.

로마법계의 모든 나라에서의 법학의 상태는 대체로 대규모의 법전편찬과 그 결과 나타난 실증주의적 이론과 실제를 통해서 영국과는 대립적인 특징을 보였다. 여기에 독일의 「자유법학운동」과 거의 동시에 비록 보다 덜 과격하긴 하였으나 똑같이 방법론적인 비판과 반성이 시작되었다(제니[Gény]와 살레이유[Saleilles]).* 그러나 또한 하나의 새로운 사고방식도 나타났다. 모리스 오류(Maurice Hauriou, 1856~1929)가 1896년부터 1926년의 시기에 발전시킨 제도(Institution)에 관한 이론*은 법실증주의가 지배하여 온 이래 구체적 질서사고의 최초의 체계적인 부흥의 시도를 뜻하는 것이다. 전술한 상티 로마노의 매우 의미있는 **법적 질서**(Ordinamento giuridico)의 이론은 이미 오류의 연구로부터 영향을 받고 있다. 다년간 툴루스의 법과대학장을 지낸 오류는 보르도에 있는 그의 유명한 실증주의자인 동료 **레옹 뒤기**(Léon Duguit, 1859~1928)*의 유명한 적수였다. 우리는 이 두 위대한 법학자의 대립을 형이상학 대 실증주의, 다원주의 대

30) 이에 대해서는 Goodhart의 시사가 풍부한 논문 The Law Quarterly Review, Bd. L. London, 1934, S. 40 f.

일원주의, **제도**(institution) 대 **법의 준칙**(règle de droit)*이라고 간결하게 요약할 수 있을 것이다.[30] 그러나 바로 그 점에서 자유주의적인 19세기의 반대명제들이 오늘날에 와서는 어느 정도로 낡은 것이 되었는지를 가장 잘 인식시켜 주고 있다. 뒤기의 법률적 실증주의는 완전히 형이상학적 방식이며, 이른바 신비주의자라고 불리는 오류는 원리적이며 순수하게 「과학적」인 실증주의의 이론가보다 더 「실재적」이고, 현실적이며 이러한 의미에서 더욱 「실증적」이다.

오류는 법이론을 문제시하지 아니하였고, 방법론은 더욱 문제 삼지 않았다. 그는 프랑스 행정법의 실제, 특히 **국참사원**(Conseil d'Etat)의 결정을 40년 간의 연구에서 관찰하고 주해를 붙이며 학문 활동을 계속하였다. 프랑스 행정법 자체는 프랑스 국참사원의 실제로부터 서서히 성장하여 나타난 것이다. 제도에 관한 오류의 이론은 그러한 행정실제의 관찰로부터 진정 「유기적」인 방법으로 생성하였고, 그 이론의 대상에 대해서 매우 적합한 것이다. 오류는 무엇보다 먼저 고립된 법률조문의 규범, 실증주의적 해석을 하지 아니하고 직접적인 대상물을 매일같이 연구함으로써[31] 행정제도, 즉 고유한 법칙과 하나의 내적 규율에 따라 행동하는 통일체라고 그가 관찰하며, 또 통치나 시민적 사법이나 모든 국가에 존재하는 **개별적인** 행정기능과도 구별되는 살아있는 프랑스 행정유기체를 명료하게 법적인 방식으로 관찰하였다. 하나의 구체적인 질서를 이렇듯 구체적으로 관찰하는 데서 그의 「제도」에 관한 이론이 성립하였다.

일찍이 로렌츠 폰 슈타인의 위대한 독일 행정이론의 사례가 시사하듯이, 정돈된 국가행정의 구체적인 법학적 고찰은 「제도」의 일반이론의 요소들, 즉 복무규정 · 공무원 직제 · 내부적 자율 · 서로 대립되는 세력과 경향들의 내적 균형 · 내부기율 · 명예 · 직무상의 비밀 등 하나의 정상적인 **안정된 상황**(situation établie)을 가장 잘 제공할 수 있다. 이런 것들은 다시 공법과 사법적인 여러 가지 상이한 복합체와 시설에 적용되며, 그것들의 법학적인 인식을 효과적으로 하여 주는 **제도**(institution) 개념의 요소들이 된다. 나는 여기서 오류의 이론에 관하여 상세히 언급하지 않겠다. 그 이론의 여러 가지 연구와 수정은 끊임없는 생산적 성장과 변화의 표현이며, 또한 그것대로 법률적으로 크게 중요한 것이다.[32] 그러나 여기서는 제도개념의 단순한 재현이 지금까지의 규범주의 뿐만 아니라 결정주의, 그리고 이 두 주의로부터 구성된 실증주의를 극복하고 있다는 총괄적인 윤곽을 제시하는 것만으로도 충분하다. 국가 자체는 제도적 사고방식에 의하면 규범이거나 규범체

---

30) J. Bonnecase, a. a. O. S. 246 f. 에 있는 왈리느(Waline)와 메스트르(A. Mestre)의 강연, 그리고 본느카즈의 견해(S. 262)는 이 점에 관하여 특히 흥미깊은 것이다.

31) 그것은 오류(A. Hauriou)가 편집한 1892년부터 1928년에 걸친 국참사원과 권한쟁의 법원(Tribunal des Conflits)의 판결에 대한 그의 주석집 전3권으로서 법학적 창조성의 위대한 기념비가 되었다(제1판은 Notes d'Arrêts, 1928. 제2판은 Jurisprudence administrative, 1930이라는 제목으로 발간되었다).

32) 세 개의 중요한 전환기가 1896년 (La Science sociale traditionnelle)과, 1910년(Principes de droit public, 초판), 그리고 1925 (La Théorie de l'Institution et de la fondation, in La Cité moderne et les transformations du Droit; Cahiers de la Nouvelle Journée, 제4권)(김충희 옮김, 「제도와 창설의 이론」, 동인, 모리스 오류의 제도이론, 서울대 석사논문, 2010 수록)에 있다.

계가 아니며, 또한 단순한 주권자의 결정이 아니라 그 질서 가운데서 기타 다수의, 그리고 스스로 독립된 제도들이 보호를 받으며 질서를 유지하는 제도들 중의 제도인 것이다.

3. 현대 독일법학의 상태

독일인에게 「제도」(Institution)라는 단어는 하나의 외래어로서의 모든 단점은 가지고 있으나, 장점은 거의 가지고 있지 않다. 그것은 시설(Einrichtung)이나 영조물(Anstalt)이나 또는 유기체(Organismus) 등이라는 각 개념을 약간씩 내포하면서도 이처럼 하나하나의 용어로 번역될 수는 없는 것이다. 「시설」이라는 말은 너무 일반적이어서 오로지 사물적 · 외면적이며 체제적인 면을 나타낼 뿐이다. 「영조물」은 그것이 19세기의 내정상(內政上)의 힘의 상황에 결부시키는 정치논쟁적인 의미를 가지게 되었으므로 이에 사용할 수 없다. 끝으로 「유기체」(Organismus)라는 말은 이미 전적으로 일반화된 「기계조직」(Mechanismus)에 대한 반대명제의 뜻을 짙게 지니고 있다. 그러나 이 라틴어계의 외래어는 다른 많은 라틴어원의 어구처럼 무의식 중에 고정과 응집의 방향으로 작용한다. 그래서 「제도적 사고」[33]라는 신조어는 규범주의 · 결정주의 그리고 이 두 주의로부터 구성된 지난 세기의 실증주의에 대한 단순한 보수적 반동의 각인을 너무 강하게 지니고 있어서 오해와 보잘 것 없는 이의를 야기하고 있다. 나아가 제도에 대한 오류의 이론은 그의 제자 르나르(G. Renard)*에 의해서 전적으로 신토마스주의와 결부되어 전형적인 로마 가톨릭적인 이론처럼 보이게 된다.[34] 그러나 각 민족의 법학적 사고가 오늘날 취하는 구체적 질서와 형성의 사고에 대한 강력한 출발이 그러한 곡해와 협착으로 인하여 저지된다면 유감스러운 일이다. 물론 각국은 그 나라의 기질과 역사적 전통에 적합한 용어 · 개념 그리고 형식에 있어서 그들의 지금까지의 사고와 조화해 가고 있다. 그것은 국가사회주의운동의 덕택이라고 생각되는 위대한 통찰 중의 하나이다. 그러므로 나는 제3의 그리고 현재의 법학적 사고방식의 명칭으로서 「제도주의적」 사고가 아니라 구체적 질서와 형성의 사고를 내세우고 싶다. 이렇게 함으로써 단순히 지나간 것들을 복고하려는 정치적 목적이나 또는 낡은 제도의 유지를 이러한 사고에 근거삼으려는 오해와 곡해는 탈락되는 것이다.

독일에서 법실증주의의 시대가 어느 정도 몰락하였는가는 오늘날 가장 뚜렷하게 인식할 수 있다. 법생활의 모든 측면으로부터, 그리고 모든 영역에서 모든 실증주의적 「안정성」을 지양하는 이른바 일반조항(Generalklausen)들이 대두하고 있는데, 양속(良

33) 나는 이 표현을 헌법률상의 「제도적 보장」에 대한 나의 이론(Berlin 1931)과 관련하여 자주 사용하여 왔다. 마지막으로 나의 논문, Politische Theologie, Vorbemerkung zur zweiten Ausgabe, München u. Leipzig 1934, S. 8 (본서 14면)에서 사용하였다.

34) Georges Renard, La Théorie de l'Institution, Essai d'ontologie juridique, Paris 1930; L'Institution, fondement d'une renovation de l'ordre social, Paris 1933. 또한 Ivor Jennings, The Institutional Theory, in Modern Theories of Law, London 1933, S. 68-85의 논문도 참조.

俗) · 신의성실 · 기대가능성과 기대불가능성 · 중요한 사유 등과 같은 모든 종류의 불특정개념, 초법규적인 규준(規準, Maßstäbe)이나 관념 등이 그것이다. 이러한 일반조항들은 실증주의의 기초, 즉 규범화 자체 내에 포함된 해결불가능한 입법적인 결정에 대한 체념을 내포하고 있다. 오늘날 입법이나 사법도 이러한 일반조항 없이는 곤란할 것이다. 독일 법학에 있어서 일반조항들은 일 년 이상 전부터 법률적인 논의의 고유한 테마가 되고 있다. 혹자는 일반조항의 대두와 우세를 법의 안정성과 예측가능성에 대한 위협이라 주장하고 이를 경고하였다.[35] 실증주의를 구성하는 입법자의 결정과 규칙의 결합만이 법의 안정성을 보증한다는 데서부터 출발한 지금까지의 실증주의적 신념의 입장에서 그러한 경고와 우려는 근거있는 일이다. 그 자체로서 완전하며 흠결이 없는 법률, 즉 「확실성의 기초」는 있을 수 없다. 그런데 다른 한편으로는 랑게(H. Lange)*가 이러한 일반조항들을 자연법의 매개물로, 새로운 법사고의 담당자로, 새로운 이념의 발상지로 자유주의 법체계에 있어서의 난자(卵子)로 인식하였고, 19세기에 발생한 실증주의적 법사고의 극복의 표시라고 시사하였다.[36] 「신의성실」·「양속」 등과 같은 개념들이 개인주의적 시민의 거래사회가 아니라 민족 전체의 이익에 적용되면, 곧 개개의 실정법을 개정하지 아니하고 전체적인 법이 실제적으로 변하게 된다. 그러므로 나는 이러한 일반조항에서 하나의 새로운 법률적 사고방식이 실현될 수 있다고 확신한다. 그러나 그로부터 지금까지의 실증주의에 대한 단순한 수정으로서 취급될 수 있는 것이 아니라, 새로운 법학적 사고유형의 특수한 수단으로 취급되어야 한다.

그러한 일반조항들은 채권법과 물권 · 친족 · 상속법에서만 고찰되는 것은 아니다. 오늘날 실증주의의 붕괴과정이 이미 얼마나 진전하였으며, 19세기를 지배한 사고방식으로의 복귀가능성이 이미 얼마나 희박한가 하는 것은 자유법치국가적 사고의 두 중심영역인 형법과 조세법에서 가장 뚜렷하게 드러난다. 외견상 확정되고 구성요건에 합치하도록 하는 기술적인 개념구성의 방법과 「구성요건해당성」(Tatbestandsmäßigkeit)의 이상은 와해되고 있다. 다암(Dahm), 샤프슈타인(Schaffstein) 그리고 헨켈(Henkel)에 의해서 그 개념과 정신적 기초가 새로이 숙고되었던[37] 형법에서, 나는 불성실 · 민족반역 · 경제반역처럼 종래의 개념에서 보면 새로운 「불확정적」 구성요건과, 기술적인 구성요건 요소 대신에 이른바 규범적인 구성요건 요소의 대두를 생각하게 된다.[38] 형법전의 총론과 각론의 관계에 대한 개정은 더욱 커다란 체계상의 중요성이 있는 것으로, 이것은 프로이센 법무장관 케를(Kerrl)의 총 지도 아래 이루어진 1933년 가을의 국가사회주의 형법의

35) J. Hedemann, Die Flucht in die Generalklauseln, Jena 1933.

36) H. Lange, Liberalismus, Nationalsozialismus und bürgerliches Recht, Tübingen 1933.

37) G. Dahm und Fr. Schaffstein, Liberales oder autoritäres Strafrecht?, Hamburg 1933; H. Henkel, Strafrichter und Gesetz im neuen Staat, Hamburg 1934.

38) 여기서 「규범적」 구성요건 요소라는 표어는, 다만 이른바 가치자유적, 「고정적」, 기술적(記述的)인 구성요건 요소에 대립된다는 의미로 사용될 뿐이다. 그것은 규범주의와 결단주의와의 합성물인 실증주의의 내부적 분열의 징후를 이루며, 그것은 순수한 규범주의가 이미 순수 실증주의적으로 사고하지 않는다는 것을 인식시키는 것이다. 이에 대해서는 전술한 S. 33 f. (본서, 334면 이하) 참조.

건의서에 이미 나타난 바와 같다. 여기에서 형법적 규범통일이 문제시하는 것은 총론이 아니라 개별적인 가벌적 행위(可罰的 行爲)이다. 국사범 · 절도죄 또는 방화죄와 같은 구체적인 범죄에 대하여 죄 · 방조 · 미수와 같은 일반적인 개념들을 분류하는 것은 오늘날에는 이미 개념적 해명이나 거창한 법의 안정성과 정확성의 보장으로가 아니라, 자연스러운 그리고 현실적으로 존재하는 생활관계를 인공적으로 어리석게 분리해 놓은 추상으로 보인다.

법적 사고에 있어서 그 명확성이 똑같이 근본적인 중요성을 가지는 **조세법**에서도, 사법으로부터 계승되고 조탁(彫琢)된, 그리고 외견상 법률적으로 확정된 개념들 대신에 경제적 · 사회적 현실에 직접 관련되는 다른 법개념들이 나타난다. 그러므로 그것은 조세법의 좁은 범위를 넘어 징후적인 의미를 가지는데, 왜냐하면 조세법이란 것은 헌법상의 예산권과 마찬가지로 자유주의적 · 법치국가적 실증주의의 일종의 신성한 물건이었기 때문이다. 1919년 이래, 다시 말하면 배상(賠償) 및 조세국가로의 독일의 발전 이래 유일한 것으로 생성한 조세법의 법학적 체계는 형법과의 의식적인 유추에 의해서 국가조세청구권의 「구성요건해당성」이라는 이론을 체계적으로 전개하였다.[39] 그러나, 바로 조세법에 있어서 정당하고 중요한 규율이 순수한 실증주의와 아무 관련성이 없어진 개념들의 힘으로 이루어질 수 없음이 제일 먼저 명백하게 되었다. 1919년 12월 13일의 국세징수법에는 이미 제4조에 조세법령의 해석에 있어서 그 목적과 그 경제적 중요성 그리고 상황의 발전 등을 고려해야 한다는 획기적인 조항이 들어있다. 그리하여 실증주의적 안정성의 원리, 즉 자체 내에 이미 규정된 법률내용의 자족주의(自足主義)는 소멸된다. 1918년 7월 26일의 법률 이래 1926년 5월 8일의 여러 법률에 이르기까지 독일 영업세법에 관한 입법의 발전에 처음으로 세법의 영역에서 이루어진 이러한 인식은 또한 법학적 체계를 띠고 나타나게 되었다. 독일의 영업세법은 거래법적으로 생각되는 민법의 전래적인 법률행위의 유형과 계약유형을 의식적으로 파괴하고 있다. 즉 매매 · 임대차 · 임금 · 소유권 취득을 의식적으로 문제시하지 아니하고, 인도물 · 보수 등을 문제시하고 있다.

이러한 새로운 개념들과 더불어, 이미 제거되었으나 그 계약유형의 개념보다 한층 더 일반적인 개념들이 도입되어서는 안 된다. 오히려 하나의 경제적인 사건을 정당한 방법으로 조세법적으로 파악하기 위해서는 생활상태의 구체적인 현실을 직접 올바르게 평가할 수 있는 가능성이 이루어져야 할 것이다. 낡은 양식의 규범주의와 실증주의는 여기서 논리적으로는 아무래도 좋은, 형식적 · 법학적으로 레테르를 붙일 가능성이 무한하다는데 대하여 완전히 무력할 것이다. 이 주의는 대담하고 공상적인 범인에게 형법상의 영역의 **법률 없으면 형벌 없다**(nulla poena sine lege)라는 명제에 의해서 그러했던 바와 똑같이, 조세법에 있어서는 「법치국가」를 조롱하였을는지 모른다. 요하네스 포피츠(Johannes Popitz)*와 엔노 베커(Enno Becker)*와 같은 우리의 새 조세법의 우수한 권위자들은 이러한 위험성을 인식하였고, 위대한 법학적 및 방법적 의식을 가지고 연구하였다.

---

39) Albert Hensel, Steuerrecht, 1. Aufl., Berlin 1924, 3. Aufl., 1933.

그들은 그렇게 함으로써 새로운 독일의 조세법학을 단순한 탈세학(脫稅學)으로 타락하는 것으로부터 보호하였다.[40] 규칙과 결정의 사고에서 구성되고 생활현실로부터 그 규범성을 상실해 가고 있는 법실증주의 대신에 직접 생활관계의 구체적인 현실에 관련을 맺고 있는 그러한 개념들은 필연적으로 현존하는 또는 새로 생성하는 생활질서에 적합한 새로운 사고방식으로 인도된다. 그러므로 독일의 조세법학에 있어서 외견상 부차적인 조세법적인 문제에 있어서도 국가적 · 사회적 그리고 민족의 생활질서와 공동체 질서의 내적인 질서관계가 즉각적으로 직접 문제되고 있다. 예를 들면, 가장(家長)과 일정한 어린이 수에 대한 감세, 일정한 종류의 생활비 그리고 비용의 인정 등의 문제라든가, 또는 공무원 봉급에 대한 과세와 소요경비의 계산 등의 문제는 개별적으로 혼인 · 친족 · 신분 그리고 국가와 같은 구체법인 생활질서와 제도에 관계되며, 하나의 원칙적인 태도표명으로 인도되지 않을 수 없다.[41]

형법과 조세법의 발전에서 실증주의적 규칙과 법률만능사상의 해체가 실현되고 있는가 하면, 공법의 다른 영역에서는 19세기의 사고방식에서 완전히 벗어난 무수한 새로운 질서가 발생하였다. 새로운 국법과 행정법은 **지도자 원리**를 완성하고, 그 원리와 함께 오로지 구체적인 질서와 공동사회를 통해서만 이해될 수 있는 성실 · 복종 · 규율 그리고 명예와 같은 개념들을 완성하였다. 국가 · 운동 · 민족이라는 세 개의 질서계열에서 정치적인 통일이 이루어진다. 신분적인 제도의 설립은 지도 · 규율 그리고 명예의 불가분적 관계에 대한 사고를 더욱 강하게 실현하며, 그럼으로써 지금까지의 「권력분립」원칙 위에 구축된 규범주의를 극복하게 될 것이다. 신분적으로 구성된 민족에 있어서는 언제나 다수의 질서가 지배하며, 그러한 질서는 각자 독자적인 신분재판관할권 —「신분의 수대로 법관의 자리수를」— 을 자체 내에서 형성하지 않으면 안 된다. 그러나 국가사회주의(나치스)의 입법자는 1934년 1월 20일의 「국민노동질서에 관한 법률」(RGBl. I S. 45)에서 새로운 질서사고를 나타내었다. 이상에서 언급한 바 있는 단체의 개념을 가지고 적어도 「단체협약」의 영역에서는 개인적인 계약 관념을 극복하려고 한, 그러나 실패로 끝난 노동법의 출발을 상기한다면, 국민노동질서에 관한 새로운 법률은 개인주의적인 계약사상과 법률관계 사상 전체를 단번에 추월하는 힘찬 진보로 생각될 것이다. 법률은 의식적으로 노동자와 사용자에 관하여 더 이상 문제삼지 아니한다. 단체협약 대신에

---

40) J. Popitz, Einleitung zu dem Kommentar zum Umsatzsteuergesetz, 1929, S. 91. 여기서는 베커(E. Becker)의 저작으로부터, 다만 1933년 라이프치히의 독일 법률가 대회에서 행한 그의 강연만을 들기로 한다 (정부주임참사관 Dr. Schraut (Hrsg.), Ansprachen und Fachvorträgen des deutschen Juristentags, Berlin 1933, S. 300에 수록.

41) 이에 대하여 그렇게 말할 수 있다면, 다시 보편화된 이러한 학문적 사고의 특질에 대해서 특히 흥미깊은 것으로서 프로이센 재무장관 포피츠가 논문 Recht und Wirtschaft, Jur. Wochenschrift, 1933, Heft l에서 독일의 경제학자 Gottl-Ottlilienfeld의 훌륭한 저작에 관하여 발표한 것이 있다. 이 베를린 학자의 경제이론은 추상적이고 고립된 개념이나 관계에서가 아니라, 형성태와 구조를 축으로 움직이고 있다. 그것은 이른바 고전파 경제학의 개인주의적 체계가 시민적 법치국가의 자본주의적 사고와 그 실증주의적 규범주의에 부속되었던 것과 유사한 방법으로 법학의 새로운 구체적 질서사상에 유효한 작용을 미칠 것이다.

임금규정이 나타난다. 사용자와 직원 그리고 노동자는 경영목적을 추구하기 위해서, 또 민족과 국가의 공동적인 이익을 위해서 공동적으로 노동하는 지도자이며 복종자이다. 이 양자는 하나의 공동적인 질서, 즉 공법적인 성격을 가진 공동사회의 구성원들이다. 사회적 명예재판권은 질서사상을 철저하게 적용한 경우에 생기는 하나의 귀결이다. 이 질서사상에 의해서 충성 · 복종의무 · 기율 그리고 명예는 이미 해이해진 규칙과 규범화의 기능으로서가 아니라, 하나의 새로운 공동사회와 그 사회의 구체적인 생활질서와 형성을 위한 본질적 요소로서 파악될 것이다.

결 론

독일 법학의 현황에 대한 이러한 개관 후에 비로소 독일 국가사회주의 운동이 받아들인 **법학자에 대한 새로운 개념**의 깊고도 결단적인 의미를 알 수 있는 것이다. 독일 법학계의 제1선에 있는 독일 법학자의 신분적인 결속은 법과 경제, 법과 사회, 법과 정치를 준별하는 종래의 실증주의적 분류를 지양하고 극복하려는 법학자의 개념이 그 조직의 기초를 이루고 있다. 직업활동 · 공동생활 · 경제 또는 자치행정 등 국가활동에서 독일법의 적용이나 교육에 종사하며, 이러한 방법으로 독일의 법률 생활 속에 뿌리를 박고 있는 독일 국민은 누구든지 이 새로운 독일 법학자 조직에 소속하여야 한다. **국가사회주의 독일 법학자 연맹**, 즉 국가사회주의의 운동 중 특별한 의미에서 독일법과 관계를 가진 부분도 이러한 법 · 법률가 · 법조신분에 대한 이와 같은 새로운 개념에 의거하고 있으며, 1933년 가을에 설립된 **독일법 아카데미**도 그러한 것이다. 독일 법학계의 지도자이며 독일법 아카데미의 설립자요, 동시에 원장인 라이히 사법위원 한스 프랑크(Hans Frank)* 박사는 독일 법학자의 사명을 특히 독일 정신에 적합한 「**사태형성**」(Sachgestaltung)에 있다고 본다.[42] 그가 만든 이 말 중에는 새로운 질서사고와 형성의 사고의 본질적인 특징이 정확하게 표현되고 있다.

물론 전래적인 실증주의적 사고 유형에서는 새로운 법학적 사고방식의 명백한 대두는 전통적 방법의 **수정**, 과거의 자유법운동에서 사용된 고정성의 완화, 종래의 사고방식의 지속 그리고 자기보존을 위한 새로운 상태에 대한 단순한 적용으로만 보인다. 그러나 법학적 사고방식의 변화는 오늘날 전국가조직의 변경에 연결되어 있다. 모든 법적 사고유형의 변화는 전술했듯이, 정치적 공동생활의 그때그때의 상태에 변화를 정돈하는 중대한 역사적 및 조직적 관련을 가진다. 홉스의 결정론이 절대군주주의가 확립되었던 17세기의 사상이고, 이성법적 규범주의가 18세기의 사상인 것처럼, 19세기부터 지배하여 온 법률실증주의가 제시한 결정주의와 규범주의의 통합은 국가와 시민사회의 일정한 이원론 관계, 당시의 국가와 이익사회로 분할된 비상사태와 합법성 사이의 양자택일적인 정치적 통일이

42) Juristische Wochenschrift, 1933, S. 2091.

라는 양분된 구조로부터 설명되는 것이다. 국가와 초국가적 이익사회의 이원적 구조가 없어지면 이에 종속하는 법학적 사고유형도 필연적으로 소멸한다. 현대 국가는 이미 이원적으로 국가와 이익사회로 양분되어 있지 아니하고, 국가 · 운동 · 민족이라는 세 가지 질서계열을 형성하고 있다. 정치적 통일체 내에서의 특수한 질서계열로서의 국가는 이미 정치적인 것의 독점물이 아니며 운동지도자의 한 기관에 불과하다. 이렇게 형성된 정치적 통일체에게는 종래의 결정주의적 · 규범주의적 또는 양자가 결합된 실증주의적 사고방식은 이미 적합하지 아니하다. 이제는 국가적 · 민족적 · 경제적 그리고 세계관적인 상황에 대한 수많은 새로운 임무와 새로운 공동체 형태에 대비하는 구체적 질서와 형성의 사고를 필요로 한다. 그러므로 새로운 법학적 사고방식의 대두는 단순히 종래의 실증주의적 방법의 수정이 아니며, 새로운 세기에 출현할 공동사회, 질서와 형성을 정당하게 하는 **법학적 사고의 한 유형으로서의 이행**을 내포하는 것이다.

제2제국의 국가구조와 붕괴

병사에 대한 시민의 승리

(1934)*

차 례

---

* Staatsgefüge und Zusammenbruch des zweiten Reichs. Der Sieg des Bürgers über den Soldaten. Hanseatische Verlagsanstalt, Hamburg 1934. 49 S. 신판은 Herausgegeben, mit einem Vorwort und mit Anmerkungen versehen von Günter Maschke, Duncker & Humblot, Berlin 2011, 117 S.

I. 프로이센 군인국가와 시민적 입헌주의

독일의 지도적 국가인 프로이센에게 19세기의 시민적 · 자유주의적 발전은 정부와 의회, 국가와 인민대표 사이의 공공연하게 또는 은폐된 채로 지속된 갈등의 시대를 의미하였다. 그 전형적인 갈등은 **군대**와 **국가경제**에 관한 것이었다. 정부와 의회 · 국가와 사회 · 군대와 경제 · 군인과 시민은 입헌국가인 프로이센의 전체 구조 속에서 서로 대립해 있었으며, 이것은 제국 창설 후 독일 제국에도 이어져서 독일 제국을 정치적 · 정신적으로 두 부분으로 분열시켜 놓은 것이다. 국가조직의 내부 분열로부터, 그리고 눈에 띄지는 않지만 서서히 시종일관하게 국가건설의 논리로부터 프로이센 국가와 독일 제국에는 위험이 생겨나게 되는데, 사람들은 이 위험의식을 처음에는 경제적 번영의 무아지경에 빠져서, 그리고 후에는 복구에 대한 거의 발작적인 희망으로 인해 의식하지 못하게 된다.

19세기의 국가사상과 헌법사상은 현재에까지 지속되고 있다. 거의 백 여 년에 걸친 분열의 여파는 매우 강력하게, 그것도 거의 극복하기 어려운 정신적 「잔재」의 힘으로 지속되고 있다. 헌법 · 자유와 평등 · 법치국가와 법률 등과 같은 결정적인 개념들이 일정한 이상적인 관념으로 지난 세기의 국가사상과 헌법사상 그리고 역사적 상(像)을 지배하고 있다. 그것들은 군인과 시민의 지속적인 갈등 속에서 수많은 확고하면서도 적절한 개념과 형식들을 만들어냈으며, 군대와 헌법 · 국가와 사회 · 정치와 경제의 분열을 지속적으로 만들어냈다. 그로 인해 특히 독일 노동자가 비스마르크에 의해 창설된 제2제국으로 편입되지 못했다. 국가사회주의운동이 승리한 후에서야 비로소 국가 · 운동 · 국민 이 세 부분의 통일이라는, 또 다른 국가의 총체적 구조를 통해 시민사회상의 헌법개념을 극복해 보려는 가능성이 생겨나게 되며, 또한 — 이것은 자명한 사실인데 — 아돌프 히틀러(Adolf Hitler)가 1934년 1월 30일 독일 제국의회 연설에서 「시민의 합법적인 타협」이라고 특징지은바 있는 국가 체계의 재건을 방해할 수 있는 가능성도 생겨나게 된다.

독일 민족은 다른 민족에 드문 병사적 특성을 지니고 있다. 군인국가(Soldatenstaat)인 프로이센에서는 이러한 본질적 특성이 정치적으로 형상화되며, 그렇게 함으로써 정치적 통일체로서의 독일 민족의 존속이 가능하게 되었다. 프로이센 군인국가는 처음에는 프로이센 왕국에서, 그 후에는 프로이센 참모부에서 구체적 실존에 맞는 형태와 지도체제를 찾아냈다. 그러나 이 군인국가에는 처음부터 정신적으로 위축되고 단순히 방어적으로 될 수 있는 위험뿐만 아니라 익숙치 않은 정신에 견디지 못할 위험도 내포되어 있었다. 이미 프리드리히 대왕 치하에서, 프로이센 동쪽의 가장 심오한 사상가인 요한 게오르크 하만(Johann Georg Hamann)은 「무우궁(Sanssouci)의 철학자」에서 감동적이고 인상적이게도「프로이센의 왕」에게 호소를 하였다.[1] 그러나 19세기를 통틀어 병사적 민족과 군인국가는 **시민적 · 자유주의적** 법치국가와 입헌국가의 정치적 권력요구에 대항하여 내적으로 무기력한 상태였다. 1822년 슈타인 남작(Freiherr vom Stein)이 프리드리히 빌헬름 황태자에게 써보낸 글은, — 1822년의 정세에서 분리시켜 볼 때 — 1933년까지 전개된 전체적 상황의 주요 논제로서 간주될 수 있다. 즉「마침내 군대와 시민의 제도들이 서로 모순을 이룬다. 후자는 공동정신(Gemeingeist)을 무력하게 만들며, 전자는 공동정신을 전제로 한다」.[2]

프로이센 참모부는 이 백 년 간의 역사에 있어서 승리와 패배를 겪으면서도 지속되었다. 그것은 1866년과 1870년의 승리의 전쟁 이후, 즉 무한정한 경제적 비약의 시대에 계층과 세대를 초월하여 모든 독일 민족이 빠져있던 저 미천한 황홀경에 빠져있지 않았다. 프로이센 참모부는 거대한 차원의 근대적 세계전쟁에 적응하여 심지어는 그 속에서 성장하여 세계사적 인물인 루덴도르프(Ludendorff) 최고지휘관을 만들어내기까지 했다. 그러나 국가 지도부와 군대 지도부 간의 알력과 내적 정신적 분열, 프로이센과 제국의 내부 국가구조의 놀랄만한 이원론은 그 힘이 마침내 독일 군대의 군인들이 지닌 힘과 경탄할만한 규모의 군대 지도부가 전쟁이 있은 4년 동안 수행할 수 있었던 모든 것보다 훨씬 더 강해지게 되었다. 이제서야 그것을 분명히 인식할 때이다. 오랫동안 우세하던 국민적 · 자유주의적 역사상(歷史像)과 그것과 연관된 동일한 정신에서 나온 국가학 때문에 우리는 지금까지 1918년의 붕괴의 가장 깊고 본래적인 원인을 파헤치지 못했던 것이다. 그러나 우리는 파멸의 진정한 원인에 대한 질문을 계속하여 그 노정이 자유롭고 올바른 목표가 인식될 수 있도록 해야 한다. 여기서는 필자의 학문 영역의 결과와 통찰력으로 이러한 의무를 다하여 새로이 책임의 문제를 제시하고 그 책임자들을 지명하기보다는, 60년 이래 지배적이었던 자유주의적 국법학의 은폐된 사실들을 드러내고, 제2제국의 국가구조를 그것의 실제 헌법 속에서 올바로 통찰함으로써 군대와 헌법, 국가와 사회의 위험스런 분열뿐만 아니라 국가적 · 군사적 지도와 사회적 · 시민적 지도 간의 치명적인 충돌을 현재의 독일이 깨닫게 하고자 한다.

1. 병사적 지도자국가와 시민적 법치국가의 해결할 수 없는 갈등

독일의 붕괴를 야기시킨 군대 지도부와 정부 간의 갈등은 19세기의 자유주의에서 유래한 그 자체로 분열적인 국가의 전체구조로 인해 더욱 심화된다. 1848년의 자유주의운동은 프로이센 국가로 하여금 헌법에 있어 그 본질 자체를 잃어버릴 위험에 처하게 했으며, 그리하여 정부를 의회주의적으로, 그리고 군대를 의회에 예속시켰다. 모든 제한과

1) 1776년 8월 18일자 세관 총감에게 보낸 그의 (프랑스어로 작성된) 편지. Gildemeisters Ausgabe von Hamanns Leben und Schriften, Bd. II. 1857, S. 202.

2) 지방적 · 신분적 헌법을 위한 계획의 일반원칙에 대한 논평. 1822년 11월 5일 카펜베르크(Kappenberg)

구분에도 불구하고, 말하자면 입헌적 정부와 의회정부제의 공식적인 구별에도 불구하고, 그것은 그 당시 「헌법」으로 인식되던 것의 논리적 결과였다. 「헌법에 적합한」 정권은 결국에는 단지 의회정부제일 뿐이었다. 사람들이 「의회주의적」이라는 용어와 「입헌적」이라는 용어의 차이점을 법률적으로 조금이라도 파악하기 전인 1848년에는 그것을 그런 식으로 이해했었던 것이다.[3] 즉, 그것은 여전히 해결되지 않고 남아있는 헌법의 커다란 갈등 속에서 나타났으며, 그 갈등은 프로이센 군인국가가 그 자체와 군대로 돌아가자마자 즉시 나타난 것이었다.

1862년부터 1866년까지의 프로이센의 헌법분쟁(Verfassungskonflikt)은 독일 군인국가와 시민적 입헌국가 간의 타협이라는 해결할 수 없는 문제를 잠시 동안 드러내놓게 했다. 이 분쟁은 점점 더 오늘날의 헌법과 국가건설에 대한 우리의 의식에 있어서 모든 국내문제의 중심이 되며, 또한 「병적 요인」이 전개되어갈 때와 마찬가지로, 감추어진 실제 상태를 갑자기 드러내 보이는 과정이 되기도 한다. 그 분쟁은 지난 세기의 독일 내부 역사의 중심 사건이다.[4] 그것은 실제와는 다른 입헌정부와 의회정부제의 은폐된 차이를 과장하기 보다는 군인과 자유주의 시민의 본질적인 대립을 보여주었다. 그 분쟁은 주기적으로 나중에 있게 될 모든 군대의 의안(Heeresvorlage)들에서나, 정치적으로 큰 전환기에, 또는 1913년에 있은 차버른 사건(Zabernfall)*에서와 같은 그 징조가 되는 개별적인 사건들에서 어떠한 형태로든 반복되었다. 그리하여 마침내 바이마르 헌법도 그것으로 본질적인 규정이 되며, 이 바이마르 헌법은 넓은 척도에서 보면 그 커다란 분쟁의 정치내적 질문에 대한 때늦은 응답일 뿐이다.

1862-1866년의 헌법분쟁은 동시에 군대와 예산의 분쟁이기도 했다. 그 분쟁이 군대조직과 재정에 관계하고 있음으로 해서 그것은 모든 특히 프로이센 국가의 본질적인 두 문제, 즉 군대와 재정, 전쟁과 경제의 문제를 제기하게 된다. 그 분쟁은 화해로 끝난 것처럼 보일 뿐이었다. 국왕의 정권이 의회의 의지와는 반대되게 군대개혁을 수행했으며, 두 전쟁에서 승리하였다. 그러나 승리하고 난 후 국왕 정권은 의회에 추가적으로 승인 · 인가 · 면책 · 「사면」(사후승인)을 요청했으며, 그것을 얻어냈다. 1866년 8월 5일에 국왕은 프로이센 의회를 개회하면서 한 연설의 중요한 부분은 다음과 같다. 즉

> 「이 시대에 수행된 국가의 지출들은 법률적 근거가 없으며, **본인이 재차 인식하는 바와 같이**, 국가경제는 이러한 근거를 헌법전의 제99조에 따라 매년 본인의 정부와 의회의 양 의원 사이에서 일치할 수 있는 법률을 통해서만 얻어낼 수 있다. 이러한 토대가 없는 과거의 행정은 정부에서 다루기가 불가능했던 **곤경**에 기인하였으나, 이제는 더 이상 그런 것은

3) Fritz Hartung, Verantwortliche Regierung, Kabinette und Nebenregierungen im konstitutionellen Preußen 1848-1918, Forschungen zur brandenburgischen und preußischen Geschichte, XLIV, Heft 1, S. 2 f. 참조.

4) 파울 리터부슈(Paul Ritterbusch)로부터 프로이센 헌법분쟁의 중심적인 헌법사적 및 국가이론적인 의미의 설명이 기대되고 있다.

존재하지 않게 될 것이다」.

여기서는 주도적인 인물들이 그것이 국왕이든 비스마르크든 또는 다른 사람이든 간에, 어떻게 이러한 조치를 개별적으로 그 자체에 근거를 두고 정당화시켰는지, 그리고 면책요청이 「행해진 부정의 인정」, 즉 「**아버지, 저는 죄를 지었습니다**」(pater peccavi)하는 참회였는지, 그것이 단지 「더 나쁜 영향」을 미치지 않는 「형식적인 변제」일 뿐인지, 아니면 다른 무엇인지가 문제로 되는 것은 아니다.[5] 지배적인 흔히 말하는 「공식적인」 헌법이론은 **헌법상의 결함**이 있다는 대답을 해주었다. 「**국법학은 여기서 끝난다**」.[6] 따라서 국가는 본래 헌법을 지니고 있지 않았음을 알 수 있다. 왜냐하면 본질적인 문제가 헌법에 의해 파악되지 않고 결정적인 경우에 균열이 생기게 되고, 이때 헌법이 일치하는 두 상대방에게 있어 헌법의 본래 내용이 그 해답이 되어야만 했기 때문이다. 아무도 「국법학은 여기서 끝난다」라는 문장이 지니는 심오한 이중적 의미를 의식하지 못하였다. 헌법분쟁은 어떤 해결도 없이 끝이 났다. 모든 사람이 내정의 승리자로 자처할 수 있었으며, 또한 자기 자신의 권리를 보존하고 관철시켰다는 데에서 더 많은 논쟁이 있을 수 있었다. 그 분쟁은 실제적인 타협으로 인해 끝나지 않았다. 그것은 단지 신기하게도 순전히 정치외적 결과에 의해서만, 이상한 상황에서, 즉 승리의 전쟁이 있고난 이후의 분위기 속에서 은폐되거나 조정되었는데, 말하자면 훗날 다른 시기로 연기된 것이다. 계속되는 군대의 의안들은 모두 군대와 예산에 관련된 결정적인 문제가 여전히 미결상태임을 증명해 주었다. 프로이센과 제2제국의 「헌법」과 이른바 「입헌주의」는 결정적인 시점에서 여하튼 아무런 해결책도 제시해주지 못했으며, 무엇보다도 실제로 진정한 타협의 해결책도 마련해주지 못했던 것이다. 프로이센이라는 군인국가가 「입헌적 헌법국가」로서, 익숙하지 않은 합법성의 조그만 부분에 대해 그것의 정치적 실존의 원리를 문제로 삼았다는 것은 기만적인 획득이었다고 할 수 있다.

1850년의 프로이센 헌법은 군인국가와 관료국가를 시민적 입헌국가와 결합시키고자 했다. 그러나 그것은 내정 당사자들에 의한 합의가 이루어지지 않고, 오히려 국왕에 의해서 일방적으로 강요되었다. 그러나 그것은 그 점에서 타협으로도 이해될 수 있었다. 즉 국왕이 동의한 한 부분으로서 말이다. 그것은 적어도 표면상의 타협이었다. 1867년의 북독일연방의 헌법과 1871년의 독일 제국의 헌법은 이미 의회와 의견의 「일치」를 보았다.

---

5) 이에 관하여는 Bismarck, Gedanken und Erinnerungen, 21. Kapitel und insbesondere der Aufsatz in den Hamburger Nachrichten vom 21. Juni 1891 (Hermann Hofmann, Fürst Bismarck 1890-1898, Bd. 1, Stuttgart 1913, S. 370). 물론 이 논문은 비스마르크가 거기에 대해서 특별한 가치를 둔 시대에서 유래하며 의회의 적수로서 타당하지는 않다.

6) Meyer-Anschütz, Lehrbuch des Staatsrechts, 5. Aufl. 1919, S. 906에서의 안쉬츠. 흠결이론(Lückentheorie)이 진정한 헌법상태를 드러내었으며, 흠결이 근본적이었다는 것은, 프라이헤르 마르샬 폰 비베르슈타인이 최고 사령관의 명령에서의 하자있는 부서(副署)와 하자 있는 예산 의결을 병렬적으로 두는 시도에서도 보여주고 있다. Freiherr Marschall von Bieberstein, Verantwortlichkeit und Gegenzeichnung bei Anordnungen des Obersten Kriegsherrn, Berlin 1911, S. 431.

명목상의 타협 상대자로서의 프로이센 군대가 이끄는 군주제와 자유주의적 시민운동은 뚜렷한 대립을 이루고 있었다. 그렇게 생겨난 새로운 국가조직의 이원론적 구조는 그것에 근거를 두고 있었다. 군대는 여전히 프로이센 국가의 핵심부였다. 그것은 단지 우리가 흔히 말하는「국가 속의 한 국가」인 것만은 아니었다. 그것은 국가 속의 국가였다.* 그러나 그것에 직면함으로써 자유주의적 · 시민적 국법은 중단되었다. 1807년 이후에도 여전히, 국가를 담당하고 있는 지배계층의 임무를 수행했었던 관료계급은「객관화」되고「중립화」되었다. 즉, 그들은「집행권의 합법성」이라는 원칙에 따라「법칙」에, 다시 말해서 국민대표의 결의의 협력 하에서만 이루어질 수 있는 정치적 의지에 예속되어 있었던 것이다. 그들은 그들의 주의대로 국왕에게 충실하였으나, 그것은 단지 **Rex**(국왕)가 아니라 **Lex**(법률)가, 지도자가 아니라 규범이 표준이 되는 법치국가와 입헌국가의 합법성의 틀 내에서만 그랬던 것이다. 그들은 정치적 기백뿐만 아니라 독일 민중의 정치적 통일체가 국가를 이끌어가는 계층이 되도록 하는 능력 또한 상실해버렸다.[7] 직무상의 지위라든가 재산권상의 요구 등과 같은 법치국가의 보장의 결과로, 그들은 19세기 동안 자유주의적 시민계층의 프로이센 군인국가에 대항한 투쟁에서 일종의 중간적 위치를 차지하고 있었다.[8] 그들과 군주 사이에는 법률과 문서상의 규범설정, 즉 헌법이 있었다. 관료들은 국왕이 아니라 규범체계에 집중되어 있었으며(1850년의 프로이센 헌법 제108조 참조), 반면 군인은 국왕에게 기맹(신병의 선서)*을 수행했다. 프로이센 군인국가와 시민사회 간의 대립 속에서,「자유주의 추밀고문관」은 그 조직과 객관적인 상태를 고려해 볼 때 결코 군인국가의 정신적인 동맹자가 못되었다.

우리가 본래의 국가적 현실, 즉 프로이센 군주제의 군인적 특성을 주의해 본다면, 국가와 시민사회의 이 결합, 즉「시민적 · 정통적인 타협」전체가 내적으로 본질을 달리하고 있다는 사실이 드러나게 된다. 남독일 국가들은 프로이센처럼 특수한, 국가의 군인적 특성에 기초를 둔 역사적 위탁을 지니고 있지는 않았다. 그들은 타협을 위험스럽지 않은 타개책으로 보았다. 그들의 군주들은 훌륭한 시민의 왕이 될 수 있었는데, 그것은 그들 개개인이 바이에른의 고귀한 왕 루트비히 2세처럼 시민에 의한 합법적 제후라는

---

7) 오토 힌체(Otto Hintze)는 1901년(Acta Borussica, Die Behördenorganisation und die allgemeine Staatsverwaltung Preußens im 18. Jahrhundert, Bd. VI, S. 554)에 이렇게 썼다. 즉「1740년의 관료제는 전투적 회중(ecclesia militans)이었으며, 국가 자체 속의 개혁당이었는데, 이는 계몽사상과 법적 평등사상과 함께, 새로운 관방주의적 교양을 가지고 부패한 사회와 그 이기적인 관념들과 투쟁하였다. 오늘날의 관료제는 더 이상 전투적 회중(ecclesia militans)은 아니다. 그것은 오래 전에 승리하였으며, 더 이상 투쟁하려고 하지 않는다. 관료제는 편하게 정돈되었으며, 보수적인 임무를 지니고 활동하며, 불편한 갱신에 대해서 그의 낡고 전래된 점유상태를 방어하는 것이다. 그러나 상태로서, 폐쇄된 단체로서의 관료제는 당시의 관료층처럼 시대의 정상과 그 교양으로부터 그렇게 멀리 떨어져 서있는 것은 아니다」.*

8) 관료제에 대한 투쟁의 초기 자유주의적「독특한 병존과 그 법적 보증을 위한 투쟁」은 Th. Wilhelm, Die Idee des Berufsbeamtentums, Tübingen 1933, S. 11 f.가 다루고 있다. 즉,「관료층의 법적 지위에 관한 합헌적인 보장을 통하여, 이것은 군주의 도구로부터 통치의 제한이 되었다. 거기로부터 이것은 완전히 역습하기 위해서, 그리고 '국민'에 반대하는 정부의 무기로부터 국민에 적대적인 정부에 반대하는 '국민의' 무기를 만드는 하나의 작은 발걸음일 뿐이다」.

존재가 지니는 실존적인 고귀한 모순으로 인해 파멸하지 않는 한에서 그러했던 것이다. 프로이센에서는 그러나 이른바 「입헌적」 체제가 단지 프로이센 국가를 영원히 자유주의 시민국가로부터 분리시켜주는 심연을 가리는 베일일 뿐이었다. 군인과 시민의 이원론이란 여기에서 평화적인 기능과 관할권의 할당을 말하는 것이 아니었으며, 평화적인 「화해」의 사건도, **중용주의**도, 제후와 민중, 정부와 의회 사이의 「균형을 이루어주는 평형물」도 아니었다. 그 대립은 시민적 관료층의 방식에 따른 일반적으로 국가시민의, 또는 특정한 고용관계와 권력관계가 갖는 대립보다 더 깊은 것이었다. 그들이 「군인과 국가 간의 특수한 관계」를 시민적 관료관계의 단순한 수정으로서, 그리하여 이것과는 본질적으로 다른 「권력관계」로 해석하고자 했던 것은 제2제국의 시민적 국법학에 대해서 매우 특징적이지만, 「다만 군대의 복종의무가 보다 큰 범위를 지니고 보다 엄격한 처벌을 통해서 위반으로부터 보호되긴 하지만 말이다」. 「라반트(Laband)의 날카로운 눈은 그것을 즉시 알아보았다」.[9] 공법상의 이론은 이런 식으로 군인을 민간관료로 변화시켜 그에게 특수한 본질적 특징을 떠맡게 함으로써 그를 시민적 입헌국가의 법체계 속으로 편입시키는 데에 기여하였던 것이다. 그러나 법치국가의 보장된 관리계급이라는 중재적인 지위도, 국민주의적 자유주의나 자유보수주의와 같은 당파적 중간조직도 그 대립을 조정할 수는 없었다. 왜냐하면 군인과 자유주의시민, 프로이센 군대와 시민사회는 세계관이나 정신적 · 도덕적 교양, 법사상 특히 국가구조와 조직에 있어 근본적인 출발점이 서로 대립되어 있었기 때문이다.

독일 군인으로부터 나온 **지도자국가**는 자유주의적 시민에 의해 구성된 **법치국가**와 어떤 진정한 타협도 이룰 수가 없다. 1848년 이후로는 단순히 상비군과 후비대의 오랜 대립이라든가 보수정권과 자유정권의 교체, 한 「정권」의 상이함 등이 문제가 되는 것이 아니라, 본질적으로 상이한 인간 유형들의 무한히 깊은 충돌이 문제가 되고 있다. 물리적인 특수한 방식에 있어서까지 독일인의 형상 그 자체가 문제가 되었다. 헌법의 「타협」은 이중으로 모순에 가득 찬 군대와 국가의 헌법에 있어 내적 분열을 형성하게 되고, 그것을 고정시켜 놓았다. 즉, 선거권에 의해서 프로이센인은 자유주의의 원칙에 따라, 그리고 마침내는 자유민주주의의 원칙에 따라 「시민」으로 자기들의 「국민대표」를 선출했다. 국민개병의 의무에 따라 그들은 군인이 되었으며, 프로이센 국민군이라는 것이 생존해 있는 중요한 몇 년 동안 끝까지 따라다녔다. 「국가시민」이라는 이중적 단어(「세계시민」이란 단어의 타협적 변형어인데)는 국민-자유주의의 분열을 나타내는 전형적인 단어의 결합이라 할 수 있는 「연방국가」(Bundesstaat)라든가 「법치국가」(Rechtsstaat)와 마찬가지로 문제를 은폐시키는 말이었다. 국왕 빌헬름 1세가 자신의 프로이센 국가관에 대한 완전한 확신을 가지고 3년의 근무 연한을 둘러싸고 투쟁하여 그것을 후임자들에게 신성한 유언으로 남겨놓았다면, 그는 바로 이 즉, 3년째 임기해의 의미뿐만 아니라 그가 투쟁했던 기초에 놓여있는 국가의 원리 역시 알고 있었던 것이다. 즉, 3년째 임기해에서야 비로소

9) Freiherr Marschall von Bieberstein, a. a. O., S. 359.

군인국가를 통한, 군대식으로 훈련된 시민과는 구별되는 프로이센 군인으로서의 내적 변화로 인한 전체적인 이해가 생겨나게 된다.

프로이센 군인국가와 시민적 입헌국가의 이원론 배후에는 「정부」를 둘러싼 일반적인 내정상의 투쟁과는 다른 무엇인가 심오한 것이 있었다. 이러한 이원론은 서로 모순되는 **전체적 지도, 교양 그리고 교육의 요구 등의 조정하기 어려운 대립**에 근거하고 있었다. 자유주의 국가시민으로의 발전으로 인해 **인간 유형의 대립, 유혈과 기반에 대한 교육과 소유**의 대립이 가시화되었다. 전진해 나아가는 독일 노동자가 그 문제성을 더욱 악화시켰다. 그들이 독일인의 군인적인 모든 특성을 소유하고 있었다 하더라도, 그들은 낯선 지도권에 종속되어 있었다. 그들은 그렇게 함으로써 비스마르크의 프로이센 · 독일 제국에 대항하는 투쟁에서 자유주의적 입헌주의로 인해 이익을 보는 자들의 도구가 되어버렸다. 말하자면 중앙 가톨릭 정책과 국제 마르크스주의 정책의 도구가 되어버린 것이다.

2. 정신적으로 방어적 지위에 있었던 군인국가

프로이센 군인국가는 용감하게 막아냈다. 그리하여 프로이센 군인국가는 헌법에 보다는 군주에 대한 맹세를 함으로써 군대를 지도자의 수반으로 여길 수 있게 하였다. 나아가 그들은 군대통수권을 내각 부서의 헌법이 규정한 요구로부터 벗어나게 할 수 있었다. 그렇게 함으로써 군대는 시민의 헌법체계 영역으로부터 벗어났고, 국왕 또는 황제의 군대로서 의회군이 되지 않을 수 없었다. 통수권의 범위, 특히 고급장교를 임명하거나 해임함에 있어서 요구되는 내각의 부서라든가 군관할권을 둘러싼 논쟁에서도 프로이센은 병사다운 입장을 잘 유지했었다. 군대는 자유주의적 헌법국가의 정치적 영향력을 잃어버렸다.

따라서 국법학은 최고원수의 명령이 「책임 있는」 육군장관에 의해서 부서가 없어도 되게 하였다. 프로이센의 실제(즉 관습법이라든가 사물의 본성, 특히 1890년 슈텐겔[Stengel]의 사전에 나오는 헤커[Hecker]의 논문 이후로의 것, 정부의 권력과 통수권의 구별 등)를 변호하기 위해 다양한 헌법이 존재했었다. 하지만 국법 문제에 대한 상세한 특수연구논문식의 논구, 즉 1911년에 나온 국법학에 있어 매우 성공적인 마샬 폰 비베르슈타인(Marschall von Bieberstein) 남작의 논문으로서, 완전히 지나치게 엄격하게 「법률적」 — 그것은 자명하게도 시민적 입헌국가적인 — 사고를 담고 있는데, 이 유일한 논구가 헌법이 최고원수의 **모든** 명령에 부서의 의무를 지게 하고, 부서가 없는 모든 명령들은 헌법에 위반되며 결점 투성이라는 증명을 인용했던 것은 보다 큰 징후적 의미를 가진다. 단지 군인이 제한적이지만 심사권을 가지고 있고 군대식 복종이라는 특수성, 그리고 최고원수의 「전제주의적 직권」 때문에 이 결점 투성이의 법령들은 그럼에도 불구하고 구속력을 지닌 채 준수되어져야 했다. 물론 군대관리라든가 군대에 복종할 의무가 없는 다른 사람에 의해서가 아니라 군인들에 의해서만 지켜졌던 것이다. 이 책은 프로이센 군인국가의 정신적 지위라든가 독일 전전 시대의 국법학의 정신적 지위에 대해 특징적으로 나타내준다. 그 결과는 다음과 같다(S. 435). 즉

「대립하고 있는 헌법의 명령에 대해 그런 (부서하지 않은) 명령들을 법률적으로 변호하겠다는 것은 벌써부터 포기되었다. ― 그것은 우리의 학문이 정치적 요구들에다가 열망되는 적당한 공인을 전달하고자 하는 것이 아니라, 반대로 그러한 요구들을 법률의 한계로 지시해보이기 위해 존재하기 때문이며, 즉 현존하는 법률이 상태를 방법과 형식으로 법률적으로 파악하고 설명하고자 하는 것이란 말이다. 심사권의 제한으로 인해 생겨나는 어떤 기관의 예속의 증가로부터 그런 결점 투성이의, 그러면서도 비실질적인 법령이 실제로 지니는 효력을 적당하게 (법률적으로) 설명함으로써 자연히 이러한 효력이 **제한되게 되고** 게다가 개인적 영향력의 영역이 속박되게 되었다」.

장교의 임명이라든가 황제의 명예재판 규정과 함께 전체 프로이센의 실무는「법적으로」나「법학적으로」헌법에 위반되고 하자있는 것이었다. 그러나 위법한 명령에 대한 군인의 심사권이 제한되어 있었기 때문에 독일 군인은 그럼에도 불구하고 복종을 해야만 했다. 군대에 근거를 둔 국가는 그런 종류의 법학을「비정치적인」것으로 간주해버리는데, 나는 주장하건대 그런 국가는 속이 비워져서 멸망하게 될 것이다.

그러나 국법과 헌법의 자유주의적 학문 때문만이 아니라 정신적 발전 전체가 프로이센 군인국가를 어려운 수세로 몰아붙였다. 19세기에는 자유민주주의가 독일 외부에서, 유럽에서 그리고 전세계에서 독일과 마찬가지로 운명적으로 돌출해 나왔다. 많은 관찰자들이 19세기 전반부에 이미 그것이 모든 제방을 허물어버리게 될 것이라고 예상했었다. 그런 양상에서 볼 때 프로이센 군인국가는 운명이 이미 결정된 거의 범람되어 버린 섬으로만 여겨졌던 것이다. 자유주의와 민주주의는 진보와 자유, 발전, 다가올 일들의 측면에서 장래가 확실한 것으로 믿어졌으며, 마르크스 사회민주주의는 동일한 사고의 궤도에서 동일한 방향으로 밀고 나아가고 있었다. 자유주의적 세기의 역사상을 보면 군부 유형에서 산업 유형으로, 전쟁에서 평화로, 정치에서 경제로, 공공설비에서 조합으로, 절대주의에서 민주주의로 인류의 발전이 진행되고 있었다. 자유주의적 형이상학의 교부인 스펜서(H. Spencer)*에게만 프로이센이 ― 다호메이(Dahome) · 잉카 제국 · 러시아 그리고 그 밖의 유사한 신화적 악마들 외에도 ― 군국주의적 권력국가였던 것은 아니다. 바이마르 헌법과 정신적으로 완전히 평행을 이루며 그 세계관의 기초가 되는 것으로서 프로이센 군국주의의 이 신화와 그것의 상대물이라 할 수 있는 앵글로 색슨의 평화적 상업주의가 ― 1919년에 독일에서도 공공연했는데 (요제프 슘페터[Josef Schumpeter]의『제국주의의 사회학』*에 보면 나와 있다) ― 학문적으로 알려지게 되었다. 그것이 자유주의 시민의 사고논리 속에 시종일관하게 놓여 있었던 것이다. 애국적 국민당원이 아무리 훌륭한 의도로「국왕에게 충실한」제한을 하여도, 이러한 논리의 진행을

막을 수는 없었다. 정신적으로, 아니 오히려 — 적절한 말을 사용하자면 — 관념론적으로 자유주의운동은 1848년 혁명의 실패와 그 자체의 유보에도 불구하고, 독일에서도 역시 공공생활이 모든 영역에까지 미쳤다. 입헌주의가 모범적으로 이루어진 것으로 보이고 심지어 모든 영역에서 통수권이 자유주의적 입헌국가의 요구에 따라 부서가 따르게 되어 있었던 남독일 국가들이 특히 이 논쟁에 적절히 이바지할 수 있었던 예라 하겠다. 세계 대전 동안에도 후기 바이마르 동맹의 대표자들에 의해 장관의 부서로 임명된 바이에른과 뷔르템베르크, 작센 장교들이 프로이센 장교와 마찬가지로 용감하고 충실한 군인이라는 사실이 드러났었다.

그러한 상태에서 자유주의의 입증은 정치적으로 투쟁하여 마련된 개념으로 인해 정치적으로 큰 우세를 차지하게 되었다. **입헌국가**와 **법치국가**는 그것의 전유물이었다. 그것은 법률과 헌법에 대한 그 자체의 개념을 만들어 내었으며, 그것이 행하고 요구한 모든 것이 그 때문에 투쟁으로 보여졌는데, 즉 자유주의 법률과 자유주의 헌법을 위한 투쟁, 자유로운 법치국가와 자유로운 자유와 평등을 위한 투쟁일 뿐만 아니라 여하튼 헌법과 법치국가, 자유와 평등을 위한 투쟁이었던 것이다. 이외에도 도처에서 프로이센 정권의 진술에서조차「헌법」이라는 말에 자유주의적 · 법치국가적 의미가 삽입되었다. 프로이센의 통수권이 내각의 부서를 받지 않아도 되게 됨으로써 국가헌법의 자유주의적 부분으로부터 제외되었다면, 프로이센이 진정한 헌법 속에 유지하고 있는 것은 시민적 입헌국가의 사고와 언어방식으로 보면 여하튼 헌법이 미치지 않는, 헌법이 없는 무정부주의적 불가능한 상태로 여겨졌음에 틀림없다. 1874년 제국 군법을 심의함에 있어서 국민자유주의당원의 지도자인 벤니히젠(Bennigsen)*은 이렇게 말했다. 즉「전쟁조직 · 군대조직은 한 민족 한 국가의 헌법의 본질적인 구성요소이다. 그것이 그처럼 모든 국가의 헌법의 국력을 형성하고 있어서, 군대조직과 군제를 입헌적인 헌법으로 접합시키지 못할 경우 그런 나라에서는 헌법의 진리가 되지 못하게 된다」. 힘 있고 강력한 프로이센 군인국가에는 그 시대의 법률개념이라든가 19세기에 새로이 형성된 법률관념에 대한 정신적인 힘이 부족했다. 론(Roon)*은 1865년 이렇게 기술했다. 즉「우리의 상대적수가 끊임없이 주도권을 가지고 있다... 그러나 무기라든가 정신의 투쟁에 있어서 주도권의 장점은 마찬가지로 중요하다고 할 수 있다」.[10] 잘 알려졌듯이 권력에 대한 법의 안티테제, 권력국가에 대한 법치국가의, 독재에 대한 헌법의 안티테제 등은 그 자체로 프로이센 군인국가에 **반대**되었다. 또한 권력에 대해 정신, 무교육에 대해 교육의 안티테제 역시 자유주의적 시민사회를 위해 작용하였으며 프로이센 국가에는 반대되었다. 평화를 사랑하는 교양 있는 유산계급 시민들과 권력에 굶주린 교양 받지 못한 비지성적 프로이센 군국주의와의 선전적 대립은 이러한 일반적 이원론을 시종일관하게 가장 명백하게 적용하는 경우라고 할 수 있다. 경찰국가에 대한 법치국가의, 관헌국가에 대해 민중국가의,

10) 페르테스(Perthes)에게 보낸 1865년 6월 3일자 편지. Denkwürdigkeiten(5. Aufl., Berlin 1905), Bd. 2, S. 345. Stenogr. Reichstagsberichten 1874, Bd. 2, S. 41의 벤니히젠의 언명.

공공설비에 대해 조합의, 그리고 독재정권에 대해 헌법의, 군국주의에 대해서는 정신과 교양의 자유주의적 탄원이 정신적 · 사회적 생활의 가장 다양한 계층에서의 어법과 사고방식을 관리들의 법률교육 속으로 지정하여 정신적 분위기를 지배하게 되었다. 루돌프 그나이스트(Rudolf Gneist, Rechtsstaat, 1872, S. 149) 조차도 부추김을 받았던 독일 법률가들에 대한 탄원은 1848년까지의 초기 자유주의시대 동안만 해당되는 것은 아니다. 「입헌적인」 사고방식은 현재에까지도 오히려 지속되고 있으며, 법정 특히 독일 제국의 국사재판소가 하는 수많은 결정들에도 명시되어 있다. 그나이스트는 입헌적인 이념의 「급격한 선전」에 대해 말한다. 즉 「독일의 법률가들 역시 이러한 이념의 위기에 관심을 보였는데, 그것은 그들의 직업에 대한 지식 때문이라기보다는 독일 민족의 교양계급과 공유하고 있는 **일반적 교양과 사회적 관념** 때문에 그랬던 것이다. 우리의 사법과 형법의 고유한 합성 — 이것은 사라진 제국 국법이 법률연구에 제공해준 것이기도 한데 — 은 우리의 법률가들로 하여금 이론과 실제 사이의 끊임없는 분리에 익숙해지게끔 했다. 법관이나 변호사들은 전체 국법을 '이론'에 불과한 것으로 여겼다. 다시 말해서 국법은 가장 자유롭고도 개별적인 견해들에 귀속되어졌으며, **프로이센 법률가 역시** (일반 란트법[Allgemeines Landrecht] 제2부에 대해서는 무관심한) 그러한 견해에 있어 **교양계급의 국가철학과 경쟁하였던 것이다.** 프랑스 입헌주의의 이론들이 이제 모든 면에서 그 기반을 마련하게 되었으며, 우리에게 알맞는 철학적 겉치레 속에서 '일반 국법'으로 여겨지게 되었던 것이다. 이것이 우리가 대학에서 아직도 듣고 있는 것이었다」.*

에두아르트 라스커(Eduard Lasker)*는 비스마르크 · 몰트케(Moltke) · 론처럼 무교양을 지지하는 측면에 서 있던 사람들과는 대조적으로, 정신 · 법률 · 교양을 강조하는 쪽에 서 있었다. 독일의 위대한 인물들은 아니지만 그런 유형들이 독일 제국의 「헌법」을 규정해야 했다니! 얼마나 놀랄만한 일인가! 자유주의 헌법체계로부터 통수권을 끌어낸다는 것, 다시 말해서 지배계층의 「교양」 요구에 맞서 독일 병사 신분을 구출해 낸다는 것이 모든 시민들에게는 이해하기 어려운 변칙으로 여겨지고, 자유주의적 그리고 정신 · 교양 · 진보를 적대시하는 반응에 있어 최후의 보루로 일컬어지는 악성 군국주의의 이해하기 어려운 완고함으로 여겨졌던 것이다. 1863년 1월 2일 헤른 폰 빈케(Herrn von Vincke)*에게 보낸 유명한 편지[11]에서 빌헬름 1세는 국가와 법률과 국가와 헌법을 갈라놓는 이 개념의 유희를 이해하지 못하고 있는데, 그는 올바로 사고한 사람들이 흔히 그러하듯이 분개하며 이렇게 질문했다. 즉 「정부만이 양보를 해야 하고 의회의원들은 양보를 하지 않는다는 것이 헌법 어디에 나와 있는가???」 왕이 의문부호를 세 개나 써서 제시한 것은 바로 19세기의 헌법개념이 시민적인 「국민」 대표자의 자유주의적 헌법개념이었으며, 후자가 「시대의 정신」을 자기들 편에 두고 있었다는 데에 있다. 국왕의 정부는 보상(사후승인)을 통해 정신적 투쟁영역을 그것에 넘겨주었던 것이다.

그러한 헌법개념을 지닌 국가에서 군인은 최전초의 위치에 있었다. 헌법 그 자체뿐만

11) Bismarck, Gedanken und Erinnerungen, 14. Kapitel에 수록.

아니라 기본법률 · 기본합의 · 근본적 「타협」이 오로지 군인국가를 희생으로 하고 이루어졌다. 「헌법」은 19세기의 독일에 있어서 사실상 본질적으로 국왕의 권한의 제한을 의미했을 뿐만 아니라, 무엇보다 프로이센 군인국가의 토대와 그것이 이루어놓은 성과의 부인을 의미했었다. 그것이 바로 프로이센에서 군주입헌제가 생겨나게 된 내적 기본법칙이었으며, 그 기본법칙 하에서 그것은 무조건적 논리로 계속 발전해나가야 했다. 국사재판소 또는 헌법재판소는 1866년의 승리 이전에 자유주의자들에게 법률을 내주었으며 비스마르크 제국을 저지하였다. 그 헌법이 기술하고 있는 근본적 타협(Urkompromiß)은 그와 비슷한 구조를 가지고 계속 생겨나는 많은 타협들에서 군인국가를 점점 더 저하시키며 계속되었다. 모든 법칙, 모든 연간예산, 모든 군대의 의안들, 정부와 국회 간에 평시정원(平時定員)이라든가 그 밖의 문제들에 대한 모든 일치 등이 헌법에 대한 국민대표의 힘을 입증하고 확대시켜 주었으며, 그들에게 새로운 논쟁과 새로운 법적 권원(Rechtstitel)을 제공해 주었다. 비록 그들이 굴복하고 정부와 절충을 하긴 했지만 말이다. 정부가 군대요구를 하면서 이루어진 모든 영합은 그런 헌법상태의 논리에 있어서 그것을 따르는 당파들을 위태롭게 하였으며, 그리하여 그것을 시민적 헌법국가의 논리를 유지하고 있던 「좌익」 당파들의 손에 내맡겨버린 것이다. 프로이센 군인국가가 이러한 종류의 「헌법」을 시작할 때, 관계된 발전의 법칙이 프로이센 국가에 **역행하는** 결과만을 이루어냈던 것이다. 군대와 외교정치의 엄청난 성과도 그것에 대해서는 아무것도 바꾸어놓지 못했으며 단지 연기만을 야기시킨 것이다. 세계사에서는 거의 알려져 있지 않은 승리의 전쟁, 가장 놀라운 정치적 성과로 인하여 프로이센 군인국가는, 국내 정치적으로 임시변통으로 그 자체의 존재를 주장하고, 갈등을 은폐하며 통수권의 제외와 공공연한 갈등을 은폐시킬 수 있었다. 승리를 불가능하게 하기 위해 모든 일을 했던 의회는 — 군대조직이 이들에 대한 반대의 외침과 공공연한 반항을 했으며, 결국 승리를 이루어냈는데 — 승리자로부터 배상요청을 받게 되고 승리의 전쟁을 수락했던 것이다.

국왕 빌헬름 1세는 프로이센 국가의, 즉 군대통수권의 절망적인 상태가 결정적인 지점에 이르렀음을 인식하고 영웅다운 확고부동함을 견지했다. 프로이센 국가와 자유주의 운동 사이의 투쟁의 역사에 대한 상세한 사항들과 배경이 더 많이 밝혀지면 질수록 그만큼 더 이 국왕의 형상은 세계사적 위대성을 띄게 되어버린다. 그의 탁월함은 소리가 없었다. 그것은 천재적인 한 개인의 우월함이 아니라 개인을 초월하여 역사적 연관성에 접합될 수 있는 사람의 우월함이었던 것이며, 그는 물론 자명하게도 프로이센 국가와의 일치에 의해 그만이 인식할 수 있는 노선을 유지했던 것이다. 헌법논의의 소동으로 점철됐던 백 년 동안 그는 국가에 대한 그것도 프로이센 병사국가에 대한 의무의 목소리만을 들었던 것이다. 그렇게 함으로써만 그는 그러한 작업을 수행했던 위대하고 천재적인 사람들, 비스마르크, 몰트케, 론 등을 유지할 수 있는 힘을 발견했던 것이다. 그러나 또한 국왕도 역시 전쟁의 승리 이후 의회에 「보상」을 청구하는 데에 동의했었다. 그것이 바로 「입헌적 정확함」이었던 것이다.

3. 사후승인의 요청

비스마르크 자신은 어떻게 하여 「보상」을 청원할 결심을 하게 되었는지를 자신의 『회상록』(Gedanken und Erinnerungen) 제21장*에서 상세하게 서술하였다. 그에게는 프로이센 의회의 자유주의 야당을 손에 넣어 옛 프로이센에서, 새로이 획득한 지방에서, 그런 기타 독일 지역에서의 수많은 「불만족자들」로부터 프로이센에 대항하는 영향력 있는 무기를 빼앗고, 자유주의와 민족주의 영역에서 지도권을 손에 넣는 것이 중요하였다. 아무도 그것이 실제로 적절한 근거라는 사실은 부인하지 못할 것이다. 후에 가서 비스마르크에 대해 논쟁을 하거나 혹은 그 시대의 보수적인 반동이 옳다고 하는 것은 어리석은 짓일 것이다. 그럼에도 불구하고 계속되는 전개과정에서 비스마르크 자신의 국내정치에 대한 결정의 부족에서 나오는 경험들을 제시할 필요는 있다. 비스마르크의 『회상록』 바로 이 장은 제한과 유보로 가득 차 있다. 비스마르크는 프로이센 헌법에 대해 다음과 같이 말한다. 즉 「그것으로 통치를 할 수 있다」. 그러나 그는 승리의 전쟁 이후 그것을 분명히 이야기하며, 거기에다가 덧붙이기를, 「승리하기 전에는 나는 보상에 대해 얘기했을 것이다. 승리하고 난 후인 지금 국왕은 그것을 관용적으로 허용할 입장에 있지 않다」. 그에게는 신기하게도 보상을 허용하는 것이 국왕이었다. 거기에서 국내정치의 반대자들이 옳다고 여겼을 뿐만 아니라 다른 사람에게도 무엇인가를 허용해 준다고 믿을 수 있었다는 점이 나타난다. 즉 국왕은 보상 청원을 보증하고 의회는 보상을 보증한다. 이 문장과 직접적으로 연관하여 비스마르크는 동시에 사항 전체를 하찮은 일로 취급하고, 단순히 말장난으로, 즉 언어상 및 법학적으로 대상없는 투쟁으로 취급해버리려고 한다. 그는 「언어상 및 법학적인 오류」에 대해 이야기 하며, 이제는 국내정치 반대자들에게 그들이 민족주의적이고 자유주의적이지만 않는 한에서 그것이 정치적으로든 말로든 황금다리를 건설하는 것이 중요하다는 사실을 강조하며, 마지막으로 동일한 어조로 사후승인의 전체적 문제를 말장난으로 치부해버리는 라틴 인용구로써 상술을 끝맺는다. 즉 「우리 말로 사귑시다」(In verbis simus faciles).

비스마르크는 자유주의적 법치국가와 헌법국가의 사고방식에는 내적으로 한 번도 빠지지 않았다. 그는 물론 나중에서야 「법치국가」라는 말과 이데올로기의 본래의 의미와 정치적 위험을 중앙당과 사회민주주의의 투쟁을 경험하면서 명확히 인식하게 된다. 이제 말과 개념을 둘러싼 논쟁이 변화하는 정치적 사정에 따라 단순히 「언어적이며 법률적」 문제이던 것이 영향력 있는 정치적 문제로 될 수 있다는 사실이 드러나게 되었다. 1881년 11월 25일 고슬러(Goßler)*에게 보낸 편지에서 비스마르크는 이렇게 말한다. 「나는 물론 우리가 그렇게 함으로써 (말하자면 정부의 전권확대를 통해) **로베르트 폰 몰**(Robert von Mohl)**에 의해 고안된 전문어인 「법치국가」와의 활발한 투쟁에 빠져들게 되리라는** 근심을 함께 나눈다. 어떤 정치적 인물도 그것에 대해서는 아직 만족할 만한 정의와 번역을 제시하지 못하고 있다」.[12] 그러나 1866년에 그는 승리자로 자처하며 그런 발언이 지니는 정치적 위험의 가능성을 미리 계산하고 있었던 것이다. 그 당시 그는 보상청원을 보통선거권의 도입요청과 마찬가지로 외교정책적인 이유로 폐기했으며 그렇게 할 수 있었다. 이때 그는 전체적 과정을 철두철미 현실에 있던 대로, 말하자면 「내적 문제를 연기하는 것」으로서 인식했던 것이다. 그는 분명하게 외교정치의 상태가 명료하게 되어야 하며 외국에 의존하지 말아야 한다는 사실을 전제로 한다. 왜냐하면 우리는 그렇게 함으로써 비로소 「우리의 내적 발전에 있어서 우리가 그처럼 자유주의적으로, 또는 반동적일 수 있는 곳에서 자유로이 움직일 수가 있으며 그것이 올바르고 유용해 보이기 때문이다」. 계속되는 국내정치의 전개과정을 보면, 자유주의적 입헌주의의 논리가 복수정당국가의 권력에 특히 정치적 중앙가톨릭주의와 사회민주주의에 도움이 되었다는 사실을 나타내 주었다. 1866년에, 그리고 1871년의 헌법에서 우선 **잠정적으로** 정돈이 되어야 했다. 이 헌법은 암시적 조정일 뿐이었다는 사실이 한층 더 뚜렷이 나타났다. 그것은 모든 성장가능성에 자유로운 길을 열어주는 장점을 지니고 있었다. 그러나 또한 자유주의적 입헌국가라는 지위로부터 생겨나는 모든 손해들 역시 자유로이 생겨났다. 국민자유주의적 의회의 다수를 압도적이긴 하나 빨리 지나가 버릴 것이라는 인상을 받고 보면, 그것을 잘못 생각할 수도 있었을 것이다. 하지만 우리는 새로운 제국의 국가구조에 있어서의 모순들을 편견 없이 바라보고 헌법사의 경험들을 체계적으로 이용해야 할 의무를 지니고 있다.

4. 정치지도 없는 민족

비스마르크는 국왕이 민중과의 협정이 아닌 의회의 자유주의당과만 협정을 체결해야 한다고 말하는데, 그것은 국민과의 협정이 결코 중단되지 않았기 때문이기도 하다. 자유주의적 입헌국가의 대의제도는 완전히 의회의 「국민대표」에게 국민의지의 독점을 마련해주고, 모든 다른 지도권 또는 국민에의 직접적 관련을 헌법에 위배되는 것으로 방해할 것을 목표로 하고 있다. 시민적 입헌주의는 국왕과 군대 최고 지휘자에 의한 국민지배 그리고 프로이센 국왕의 국민과의 결합을 막아주었으며, 독일 국민은 시민적인 헌법사고

---

12) 법치국가라는 말과 개념에 관한 비스마르크의 이처럼 극도로 중요한 입장에 대한 지시를 나는 나의 존경하는 동료인 요한네스 헥켈(Johannes Heckel) 교수에게 감사한다. 그는 이러한 것들을 발견하였으며 그의 논문 "Die Beilegung des Kulturkampfes in Preußen"(Zeitschrift der Savigny-Stiftung für Rechtsgeschichte, Kanonistische Abteilung XIX, 1930, Seite 268 ff.)에 발표하였다. 「법치국가」 또는 「헌법국가」(지도자국가에 반대하는 자유주의적 반대개념)와 같은 말을 둘러싼 투쟁의 의미를 이해하기 위해서는, 이와 같이 위대한 정치가의 **정치적** 관점에서 언급한 말 이외에도, 또한 예레미아스 고트헬프(Jeremias Gotthelf)와 같은 위대한 시인이며 인기 있는 사람의 **도덕적**인 동기에서 나오는 분개를 주의하지 않으면 안 되는데, 그는 「법치국가」라는 말과 개념을 19세기의 모든 법적 혼란의 원인으로서 간주한다. 이에 관하여는 1934년 2월 17일의 국가사회주의 독일 법조인 연맹의 쾰른 지역의 날에서의 나의 연설 참조. Deutsche Wochenschrift 1934, Seite 713 ff. 그리고 Deutsche Verwaltung, 1934, Seite 35 ff.에 수록.

에는 부합되면서도 프로이센 군인국가에는 부합하지 않는 인간유형들에 의한 지배를 받게 되었다. 이 헌법으로 인해 국민에 대한 정부의 모든 직접적 항소가 불가능해지게 되었다. 국회해산(1887년 · 1893년 · 1906년) 이후 있은 모든 새로운 선거들은 독일 국민의 다수가 독일 군인국가의 편에 서 있을 준비가 항상 되어있음을 보여 주었다. 그러나 국회의 정당정치체계는 국민의 정치적 의사를 병합시켰다. 그것은 국민의 의지가 정치적 성과를 거두지 못하게 하였으며, 잘 조직된 다수의 정당들이 정부의 정치적 의지와 정당에 의해 찢기고 분할된 국민의 의지 사이에 확고한 벽을 세워 주게 된다. 황제와 국왕은 헌법에 의해「정치적 지도자」라기 보다는「군대」 지도자였다. 시민에 의한 — 법치국가의 헌법사상은 헌법에 따르고자 하는 사람들로 하여금 정치적인 것에 대해 경제적인 것을, 군대적인 것에 정치적인 것을 그렇게 치명적으로 정치적인 것의 총체성을 분해시켜가며 파열시키게끔 만들었다.

병사적인 국민은 프로이센 군인국가와 시민적 입헌국가로부터 이원론적으로 구성된 국가구조 속에서 내적으로 분열되었다. 군대는 점점 더 정신적으로 고립되었으며「국가들 속의 국가」가 되어갔다. 이런 상태에서 군대는 그 자체의 테두리를 벗어나, 전체 독일 국민에 대항하여 모든 정치적 지도권과 결정에 속하는 **지도권의 총체적 요구**를 제시하지 **못하게 되었다**. 국민개병의 의무가 여전히 존속하고 있었으며, 군대는 여전히「국가의 위대한 교육학교」였다. 그러나 독일 시민사회의 교양이라는 개념은 프로이센 군인국가의 그것과는 다른 것이었다. 이「교육」의 요구에 대한 공공연한 충돌에서 군대는 조용히 뒤로 물러났었다. 1년간의 자유의지에 의한 복무를 실시함으로써 시민의 소유와 시민의 교육이 — 그것이 1813년의 자유전쟁(독일독립전쟁) 이후 본질적으로 바뀌긴 했지만 — 군대에 의해서도 인식되게 되었다. 중요한 것은 군대는 **단지 전쟁을 위한** 국가의 교육기관이어야 하고, 또 그렇게 만들고자 했다는 것이며, 한편 이 세기의 사람들은 전쟁을 드물게 일어나는 것으로 극단적이면서 고립된, 급속히 끝나버린 사건으로 여겼다는 점이다. 대부분의 전문가들, 그리고 일반적으로 지배적인 견해와 기조들은 반년에서 기껏해야 1년 남짓 걸린 전쟁기간을 고려에 넣곤 했다. 몰트케는 1890년 5월 14일의 국회회기 동안 헛되이 다음과 같은 경고를 한 바 있다.「지금 벌써 10년 이상 동안 다모클레스의 칼처럼 우리 머리 위에 떠있는 전쟁, 이 전쟁이 폭발하게 되면 그 지속기간과 끝은 예측할 수가 없게 된다. 그것은 7년 전쟁이 될 수도 있고 30년 전쟁이 될 수도 있다」. 그러나 경제적 · 재정적 근거에서 연유한 짧은 전쟁지속 기간의「교의」를 모든「전문가」들은 확고 부동하게 유지하고 있었다.[13]「교육학교」가 되고자 하는 군대의 요구, 그리고 거기에서 잇따르는 교육과 지도의 요구는 뛰어난 장교가 적절한 평을 한 바를 예로 들자면 — 유감스럽게도 단지 **최후 수단**(ultima ratio), 즉 비정상적인 것으로 여겨지고 이상하고 극단적인 특별한 경우에만 관련되었으며, 그것은 군대의

13) Reichsarchiv, Der Weltkrieg von 1914-1918, Kriegsrüstung und Kriegswirtschaft, Bd. I, Berlin 1930, S. 333/34.

가장 밀착된 전문적 테두리를 벗어나서 독일 민족의 전체적 실제생활을 포괄하는 교육과는 관련되지 않았다. 「**전투** 준비가 군대교육의 주요임무이다」.[14] 매 십년 마다 사람들은 거의 무의식적으로 점점 더 군대가 그 자체로 기술적인 문제라는 사실에 익숙해지게 되었다. 바로 극단적이면서 순간적인 경우에만 행동을 일으키는 이물질(Fremkörper)이라는 사실에 말이다. 군대는 그 자체로 집결이 되었으며 이미 이러한 근거로 독일 민족의 전체성과 관련해 볼 때 정신적으로 거의 절망적인 수세에 놓여 있었다.

전전시대의 독일의 시민적 지식계급은 「민족의 정신을 맹세하지 못했다」.[15] 군대의 지배권이 완전한 정신적 수세에 놓여 있었다. 그러나 제국의 전체적 구조로 인해 이러한 곤란한 상태는 비스마르크가 면직할 때까지 거의 절망적인 상태에 놓이게 되었다. 그래서 한 위대한 민족이 일찍이 들어보지 못한 군대의 힘에 의해서 비할 데 없는 힘의 군대와 기술적으로 완성된 산업기구와 함께 정치적 지도자 없이 세계전쟁을 향해 나아가고 있었던 것이다.

5. 정부 없는 국가

비스마르크의 퇴임 이후 독일 제국은 정치적 지도층이 없었을 뿐만 아니라 완전한 의미에서 정부라고 부를만한 것조차 없었다. 프로이센 내부에서의 군인국가와 시민적 입헌주의의 분열은 「입헌주의에 의한」 제국의 구성을 통해서도 극복되지 못했으며 단지 완화되어지기만 했다. 오히려 프로이센의 내부적 문제성이 제국에까지 이어졌다. 그리하여 그 문제성은 더욱더 복잡해지고 확대되고 심화되었다. 「입헌군주제」라는 말 때문에, 그리고 오류를 유발하는 방식으로 헌법에 의한 의회 정부의 상대적일 뿐인 차이가 강조되었기 때문에, 시민적 · 정통적 타협이 지닌 내적 모순들을 은폐시켰으며, 그것은 제후의 주권인가 민중의 주권인가, 왕조의 원칙인가 아니면 민주적인 원칙인가 하는 근본적인 질문을 미해결인채 남겨 두었다. 「연방국가」(Bundesstaat)라는 말은 군주동맹과 민족적 단일국가의 내적 모순을 은폐하고 있었다.

국가구조는 이 두 미해결 문제의 이중적 기초 위에 건설되었다. 중요한 정치적 결정들은 연기되었다. 정부라는 것은, 근본적인 질문은 신중하게 회피하고 중립적 사건과 같은 좁은 활동의 여지만을 지님으로써, 또는 한 위대한 정치가가 저항하는 힘들을 지속적으로 균형시키거나 서로 대립시킴으로써만 가능할 수 있었다. 비스마르크는 얼마 동안은 그것에 성공했다. 독일 왕조가 연방분립주의에 의해 독일의 통일을 위협하고 있는 위험에 직면하여 그는 민족적으로 신뢰할 수 있는, 전체 독일 민족이 선거한 제국의회 및 국민국가

14) 1868년 7월 25일자 몰트케의 비망록과 이에 근거한 1869년 6월 24일의 「고급 군대 지휘관을 위한 비밀 지시」(Moltke, Taktisch-strategische Aufsätze, S. 67; Curt Jany, Geschichte der Königlich Preußischen Armee, 4. Bd., 1933, S. 257) 참조.

15) Albrecht Erich Güther의 논문 "Die Intelligenz und der Krieg"(in Ernst Jüngers Sammlung "Krieg und Krieger"; Berlin 1930, S. 95).

적 · 민주적인 기초에 의지할 수 있기를 희망했다. 주로 정치적 가톨릭중앙당과 사회민주당 속에서 조직된 복수 정당제도의 권력과 그것에 의해 지배되는 신뢰할 수 없는 제국의회에 직면하여, 그는 이 제2제국의 「동맹을 토대」로 경우에 따라서는 프로이센 국가로 되돌아갈 수도 있었다. 연방 제후들의 왕조 연대, 프로이센의 국가권력, 독일 민족의 민족적 동질성은 이런 식으로 독일의 정치적 통일을 위해 동원되었다.

이러한 이중적인 심지어는 삼중적이기까지 한 구조는 그것이 다른 것들에 대한 위험이 서약될 수 있다는 점을 장점으로 지니고 있다. 외교정치에 있어 「세 개의 공놀이」라든가 「재확신」의 댓가로 이 국내정치의 공놀이도 다룰 수 있었던 것이다. 물론 유례없는 비스마르크의 탁월함도 거기에 속했다. 다른 모든 사람들은 그가 처리하는 정치적 힘의 무서운 무게에 눌렸었을 것이며, 이 위대한 외교가에게 있어 최고의 천재성이었던 것이 그보다 미미한 인간의 속에서는 빈곤한 전략으로 바뀌어져야만 했다. 그러나 비스마르크 조차도 몇 년 후 국민자유주의적인 의회의 다수가 분해되었을 때, 이 국가구조에 어떤 확실한 정치적 지도권을 더 이상 부여해줄 수가 없었다. 그는 근본적인 변화가 필요하다는 사실을 인식하고 있었다. 그의 쿠데타 계획이 실제로 어느 정도까지 진척이 되었는지는 그 자체로 하나의 의문으로 남아있다.[16] 그러나 1890년경 비스마르크같은 사람에게서 제2제국을 연방 제후들이 일치된 결의로 해산시켜 버리고, 새로운 헌법으로 새로이 기초를 마련하려는 단순한 사고, 단순한 고려가 생겨날 수 있었던 것은 깊은 절망을 나타내주고 있다. 즉 이 정치구조의 절망적인 상태를 말이다. 사람들이 더 이상 한 사람의 정치적 지배에 굴복하지 않게 된 시대에 있어 모든 지도력과 진정한 의미의 정부지배라는 것은 없어져 버렸으며, 국내의 파괴적인 혼란이 생겨나게 되었다. 왜냐하면 국가구조로서의 제국은 단지 잠정적으로 국가의 행정부였지 아직 하나의 제도로는 이루어지지 않았으며, 국가구조는 헌법에 맞는 어떤 확고한 질서를 지니고 있지 않았기 때문이다. 그래서 자유주의적 「헌법」은 있었으나 정부라는 것은 없었으며, 때문에 실제로 진정한 의미에서의 헌법이 존재하지 않았던 것이라 할 수 있다.

문제가 실제로 「입헌적 정확성」에 관하여 진행될 경우, 그렇다면 그런 복선적 체계 속에서 도대체 누가 통치를 하고 정책의 방침을 실제로 누가 결정할 수 있었단 말인가? 「헌법에 의한」 독일 황제와 프로이센의 국왕? 「책임 있는」 독일국 재상? 그의 예산안을 사용하는 독일 제국의회? 표면상 최고권력인 연방의회? 아니면 주정부? 아니면 가장 중요한 조세원천을 마음대로 처리하는 개별 란트의 의회가 그렇게 한단 말인가? 아니면

---

16) Egmont Zechlin, Staatsstreichpläne Bismarcks und Wilhelms II. 1890-94, Stuttgart 1929. 거기에는 1929년 7월 10일자 Deutsche Allgemeine Zeitung의 나의 논문과 Deutsche Literaturzeitung 1929, S. 2304의 로트펠스(H. Rothfels)의 논평이 있다. 상술한 1929년 7월 10의 논문에서 사람은 문자 그대로 다음과 같은 문장을 발견한다. 즉 「지금까지 독일에서는 다원주의에 관하여 언급하지 않으며, 이 말로써 특색지운 문제도 언급하지 않고 있다. 근본적인 문제의 논구가 불편한 것으로 느껴지고, 일상정치의 획득과 박수갈채를 더욱 좋게 여기는 것은, 국왕뿐만 아니라 모든 피치 집단에 대해서 불행인 것처럼 보인다. 그 때문에 진정한 헌법이론은 오늘날 빌헬름 2세 시대에 있어서 보다도 더 감사할 수 없는 과제 앞에 적지 않게 서있는 것이다. 그 밖에는 형식적인 은폐와 회피에 대해서 부족함이 없다」.

원래의 정치세력, 독일 군인국가, 그것을 책임지는 군대직책, 말하자면 심의기관, 참모본부, 민간내각을 가진 군대 최고사령관이 그렇게 한단 말인가? 그렇지 않다면 군인국가와 시민적 입헌국가 사이에 「책임을 맡고 있는」 육군장관이 그렇게 할 수 있었겠는가? 모두 다 자신의 관할권이나 확실한 근거가 있는 영향력으로 모든 정치적 질문의 전체성에 의해 그 자체로서 결정을 요구할 수 있었다. 모두 다 서로의 직책에 대항하여 자기가 옳다고 생각하는 것을 관철시키고자 했다. 서로 상대 직책을 보고 「부차적인 통치권」이라고 비난을 해댔다. 그런 국가구조에서는 통치권이라는 것은 존재하지 않았으며, 단지 부통치권만이 존재하고 있었다고 말할 수 있을 것이다. 아마도 이러한 상태가 오랫동안 중단되지 않고 「조직적으로」 저절로 적절하게 성장해 나갈 수도 있었을 것이다. 그러나 독일의 외교정책과 국내정치의 상태가 그것을 불가능하게 만들었으며, 명백한 결정을 촉구하였던 것이다. 제국과 그 정부, 황제, 독일국 재상, 상급관청의 장관들이 점차로 성장하여 경계지워진 관할권을 넘어 프로이센에 대항하여 지도적인 위치로 나아가게 된다. 빌헬름 2세는 빌헬름 1세와는 달리 프로이센 국왕이라기보다는 독일의 황제로 여겨졌다. 그러나 이러한 전개 역시 정치적으로 확고한 결과를 가져오기 위해서는 많은 시간과 지속적으로 다행스런 결과가 필요했다. 세계대전이 발발하기 전 위기적 몇 년 동안 국가의 법적 상태가, 그리하여 **프로이센은 더 이상 지도적이지 못했으며 제국 역시 그러했다.** 그런 한편 국법학적으로 볼 때 연방주의적 동맹국가, 프로이센의 헤게모니, 민족적 단일국가라는 이중 삼중적 구조 속에서 국가법률상 바뀌어진 것은 아무것도 없었다. 독일은 국법상 4개의 군대와 4명의 육군장관이 있었다. 프로이센의 육군장관은 사실상 제국 육군장관의 기능을 행사했다. 그는 군대의 법률안이라든가 군대예산을 담당하고 있었으며, 제국 의회 앞에서 그것을 주장했었다. 그러나 이때 그들은 내부적으로 모순에 가득 차 있고 진실되지 못한 국법의 기능을 이용해야만 했는데, 즉 프로이센 육군장관은 단지 프로이센이 전권위임자로서 연방 의회를 위해 제국 의회에 출석을 했던 것이다. 그 밖의 군대에 필요한 수단들이 마찬가지로 제국의 금고로부터 나왔다. 제국 의회는 그 당시 국법으로 인정된 재정조정의 원칙에 있어 단지 간접세만을 마음대로 처리할 수 있었으며, 반면 직접세 특히 소득세는 각 주들에 남아있었으며, 군대는 재정적으로 제국에 의한 뒷받침을 받았었다. 제국의 직접세 부과와 1906년의 상속세라든가 1913년의 일회성 국방헌금 등은 계속되지 못했다. 제국의 소득세는 전쟁 첫 해의 열광이나 전쟁 마지막 해의 궁핍으로도 조달되지 못하였다.

황제이자 국왕은 육군 최고 사령관이었으며, 그에게 기맹을 선서하고 충실히 따르는 군대의 지도자였다. 또한 그는 육군 사령관의 부서 없이 자신의 통수권으로 그 규율과 명예를 마음대로 하였었다. 그러나 이 황제이자 지도자는 동시에 헌법상의 군주이기도 하였다. 그는 헌법체계에서 인정된 원칙에 따르면 책임을 지지 않았으며, 그의 명령은 구속력이 있기 위해서는 그것으로 인해 책임을 떠맡는 제국 재상이나 장관의 부서를 필요로 했다. 입헌군주제와 의회군주제를 구별한다 하더라도 책임 없는 군주들로부터 헌법의 정확함에 따라 실제로 통치를 하는 지위를 만들어낼 수는 없다. 유효한 성문헌법이 그 책임을 명확히 밝히고 그런 후에도 책임 있는 사람 이외의 다른 사람이 이끌고 통치를 한다는 것은 생각할 수도 없는 일이다. 여기에서, 보다 밀접한 사람의 책임이 어떻게 수행되고 조직되는지, 그것이 사법형태로 국사재판소에 의해 실현되든 의회의 불신임결의로 이루어지든, 아니면 국민투표로 실현되든 그것은 중요한 것이 아니다. 헌법에 따라 책임성을 확정하는 것이 중요하며, 그리하여 단순한 원칙으로서 결국에 가서는 정치적으로도 충분히 강력해져서 어떻게든 책임의 절차를 만들어내게 되는데, 단지 헌법에 적합하게 인정된 어떤 정치적 힘이 헌법상의 말을 이용하는 한에서 말이다. 책임 있는 장관이 의회에서 법률안이나 예산문제에 답변을 해야 한다는 것은 장관의 책임성과 입헌군주의 무책임에 정치적 현실성을 부여하기에 충분하다. 그것은 국회불신임결의에서 헌법에 따라 규정된 모든 해임에의 의무보다 더 유효하고 효과가 많을 수 있다. 그런 근본적인 헌법상의 장관의 책임과 1866년의 배상으로 이중적 법률의 효력을 부여받은 국회예산안을 결합함으로써 군주와 그의 장관이 실제로 통치를 하기가 어렵게 되었다. 다른 한편 그러나 의회의 통치권이란 것은 존재로 하지 않았었다. 입헌군주제(의회군주제와 구별하기 위해서)의 매우 칭찬 받는 체계는, 제2제국과 같은 국가에서 진정한 통치권이 정상적으로 생겨날 수 있는 가능성을 없애버릴 것을 목표로 하고 있었다. 국왕과 다른 지위들에 대항하여 제국 의회 앞에서의 책임을 유효하게 하고, 그렇게 왔다 갔다 함으로써 지배권을 위한 활동의 여지를 만들어내기 위해서는 비스마르크의 역사성과 엄청난 힘을 필요로 했다. 그러나 또한 그것은 이미 언급했듯이, 1866년과 1871년의 놀랄만한 성과가 지니는 영향력과 국민자유주의적인 의회 다수가 지속하는 한에서만 가능하였다. 1890년 3월 18일의 사직원(면역청원)을 논거로 든다면, 제국 재상이나 국무총리의 헌법상 책임이 얼마나 강하게 의회를 밀어붙였는지를 분명히 보여준다. 비스마르크는 여기에서 다음과 같이 말한다. 「헌법생활의 본질을 형성한다」.[17)]

육군 최고 사령관은 그리하여 자신의 군통수권을 벗어나 단지 **간접권력**(potestas indirecta)만을 가졌으며, 군대와 정치개념상 분리되었기 때문에 어떤 진정한 의미에서의 통치가능성을 가지고 있지 못했다. 그는 책임의 위치에 있지 않았다. 즉 바로 그 때문에 그에게도 다음의 문장이 유효하게 사용되었다. 즉 **국왕은 지배하지만 통치하지 않는다**(le roi règne et ne gouverne pas).* 빌헬름 1세는 그것을 이해하고 있었다. 나중에 「개별적인 통치」가 시작되었어도 그것에 대한 본질적인 것은 바꿔놓지 못했으며, 단지 망상에 근거를 둔 세력의 영향만을 가졌던 것이다. 모든 헌법에 있어 군주의 지위는 어떻든 거의 조직적으로 이루어질 수 없는 것이며, 대전문가인 로렌츠 폰 슈타인(Lorenz von

---

17) 비스마르크의 청원이 근거하는 점은, 1852년 9월 8일의 내각 명령은 총리대신(과 국방대신)에 대해서만이며 모든 국무대신에게 권한을 부여한 것은 아니며, 국왕에게 직접 강연을 행하게 한다는 것이다. 「절대군주제에 있어서의 1852년의 명령이 이를 내포한 것과 같은 규정은, 우리가 대신의 책임 없이 절대주의로 환원하는 경우에 무용지물이었으며 오늘날에도 그러할 것이다. 그러나 정당하게 존속하는 합헌적인 제도들에 따른 각료의 지도는 1852년의 기반에 필수불가결한 것이다」.

Stein)은 헌법상의 국가원수의 위치가 지니는 내적 모순을 해결하기 위해서는 어떤 인간적 통찰력으로도 충분치 않다고 생각한다. 그런 불명료함이 일의 사태에 따라서는 정치적으로 많은 장점도 지니고 있었을 뿐만 아니라 큰 단점도 지니고 있었다. 여하튼 그것이 정책의 방침을 결정하고 본질적인 정치적 결정들을 하는 헌법상의 국왕으로 하여금 마침내 단순한 딜레마에 직면하여, 눈에 띄지 않게 간접적으로 자신의 영향력을 행사하게 하거나, 또는 자신의 장관이 헌법상 갖는 책임을 없애버리게끔 했다. 헌법상의 문제에 있어 사법과 정치를 구분하고자 하는 것은 잘못이다. 바로 헌법에 의해, 다시 말해서 책임 있는 장관의 부서에 따라야 할 책임을 지지 않는 군주의, 즉 내각의 부서를 받아야 할 의무를 지고 있지 않으며 모든 헌법상 책임을 면제받은 군대의 유일한 최고지휘자인 모순에 가득 찬 이중적 역할 속에서, 위에서 설명된 시민적 입헌국가와 프로이센 군인국가의 내적 모순과 분열만이 반복되고 있다.

이에 반하여 제국 수상은 헌법에 따른 책임을 지고 있었으며, 그러면서도 동시에 헌법에 따른 책임을 지지 않는 황제군의 신임에 의존하며, 거기에다 프로이센 국무총리로서는 그가 확실히 마음대로 손에 넣을 수 없었던 한 의원이었다. 군대의 의안에 나타난 국회에 관한 모든 논구는, 제국 수상과 프로이센 국무총리가 모든 구별에도 불구하고 실제로 의회에서 책임을 맡고 있었으며, 시민적 입헌주의의 내적 논리를 의회정치로 이끌어나가고 있다는 것을 증명해 보여 주었다. 그것은 의회의 예산안이 의심할 여지없이 시간과 수단과 방법의 문제이지 최종적 결과의 문제는 아닐 때 그렇다는 말이다. 인정된 예산안으로 의회가 모든 정치적 지도권을 장악하지는 못한다 하더라도 다른 사람들을 방해할 수는 있다. 왜냐하면 정치적인 것이 전체적인 것이며 이러한 전체성이 경제적 · 재정적 측면으로부터 마찬가지로 논리적으로 잘 수행될 수가 있는데, 군대적인 측면으로부터와 마찬가지로 말이다.

제국 의회는 이러한 헌법의 상태에서 자명하게도 독일군의 힘을 연간 예산승인에 의존하여 유지하고자 노력하였다. 이러한 노력으로 제국 의회는 정치적 성과를 얻었다. 헌법은 국민개병의무를 명료하게 규정하고 있었다. 즉 「모든 독일인은 병역의 의무가 있으며, 이러한 의무의 수행을 대행할 수는 없다」(제57조). 그러나 다른 경우들에는 헌법과 헌법의 문언들이 갖는 신성함이 법치국가와 헌법국가의 이데올로기의 모든 선서로 공고가 되었던 반면, 사람들은 이러한 헌법의 문언을 당연히 소홀히 여겼었다. 왜냐하면 여기에서 군대가 의회의 군대가 아닌 이상, 국가구조 내의 군인국가적 요소가 중요하겠기 때문이다. 국민개병의무의 수행과 의회의 예산안과 관련한 세력요청 사이의 충돌에서 의회에 대한 고려가 승리를 했다. 독일 군대의 평시정원이 제국 헌법 제60조에 1867년 주민의 백분의 1로(401,659명) 규정되었으며, 처음에는 1871년 12월 31일까지 만으로 규정되었다가 나중에 제국 법률에 의해서 1874년까지로 연장되었다. 후에 그것은 제국 입법과정에서, 즉 다시 말해서 제국의회와의 새로운 타협을 통해서 확정되어져야 했다. 그런 식으로 중요한 정치적 문제에 있어 변화하는 의회 다수의 연간 의존이란 것이 명백하게 터무니없는 것이었기 때문에, 여기서도 역시 전형적으로 타협적인 일시적 계획, 즉 칠 년 동안 그리고 그 후 5-6년, 즉 7개년법(Septennaten), 6개년법(Sexennaten), 5개년법(Quinquennaten)[18]의 협정에 이르게 되었는데, 그러나 그것은 계획 밖의 엄청나게 기한 밖의 의안과 수정법령으로 인해 점점 더 중단되어져야 했다. 왜냐하면 상태가 지속적으로 변화되었으며, 세계대전이 가까워지면 질수록 독일 군대의 준비는 이웃 국가의 전투준비와 더 이상 보조를 맞추지 못했던 것이다. 제국 의회의 정치적 결정권은 그렇게 하여 점점 더 강해지고 헌법의 전개논리는 의회정치 쪽으로 뚜렷이 나타나고 있었다.

참모본부에서 육군장관에게로 향한 진술들은 해마다 그 위험이 증가하며 침투되어 갔다. 그것들이 오늘날 안으로부터 대제국을 분열시키는 내적으로 불가능한 헌법상태를 나타내주는 문서들이다. 참모부의 제안, — 그의 정치적 이성은 오늘날 누구나 다 인식하는 바인데, — 모든 사람을 동요시킬만한 힘을 지녔으며 시민적 입헌주의의 궤변으로부터 자유로울 수 있는 선서들, 모든 사람들로 하여금 그 정치적 선견지명에 놀라게 만들었던 경고들은 영향력을 지니고 있지 않은 채 남아있다. 그것들은 모든 사람이 고려에 넣어야했던 무서운 전쟁이 있기 바로 직전에, 국가조직의 내부적 모순으로 인해 점점 더 헛되게 되어 결국 오늘날 모든 사람이 아무도 책임이 없다는 사실을 끌어대어 주장을 해대게 하는 것이다. 독일 참모부는 독일 민족의 생활 문제와 전면전 준비의 문제에 있어서 독일 민족의 정치적 지도자의 특성을 진정으로 지닌 것으로 보였다. 그러나 시민적 입헌주의의 논리는 국가 정치적 및 민족적 논리에 방해가 되었다. 그것은 군인국가를 헌법에 의해 비정상적인 상태로 몰아붙임으로써 독일 제국의 국가구조를 안으로부터 붕괴시켰다. 그것은 외적으로 빛나는 반세기가 지나는 동안에도 야당의 큰 소란이 있던 1866년 이전의 분쟁시대에, 그 당시에는 성공을 거두지 못했지만 전쟁의 효과적 준비를 막으려고 하는 태도를 눈에 띄지 않게 무의식적으로 그것도 아주 성공적으로 반복하였다. 참모부는 헌법에 규정된 국민개병의 의무의 본질이 백분율에 있는 것이 아니라 현존하는 병역을 감당할 수 있는 능력이 생기게 하는 데에 있다고 헛되이 주장했었다. 국민개병의무는 실제로 시행될 수가 없었다. 왜냐하면 이것의 시행으로 제국 의회의 예산안뿐만 아니라 시민적 입헌주의 자체를 위태롭게 하고, 이런 위태롭게 함은 다시금 국내정치와 대외정치의 저지와 숙고를 야기시켰기 때문이다. 또한 프랑스와 러시아에 있었던 것과 같은 국민군(전시총동원)에 대한 통제를 독일에서도 실시하려던 것도 역시 그러한 저지로 무산되었다.[19] 이러한 상태의 정치적 결과를 참모본부장인 쉴리펜(Schlieffen) 원수는

18) 1. 7개년법(1881 — 1888년); 2. 7개년법(1887 — 1894년); 1. 5개년법(1894 — 1899년); 2. 5개년법(1899 —1904년)은 1905년 3월 31일까지 연장. 1905 — 1911년의 6개년 법; 3. 1911 — 1916년의 5개년 법. 이 마지막 5개년 법 동안에 1914년의 세계 대전이 발발하였다. 1912년과 1913년의 군사법안에 의해서 계획 밖의 변경들이 행해 졌으며, 이것이 없었다면 5개년 법체제의 기본원칙에 아무런 변경도 없었을 것이다.

19) Reichsarchiv, Der Weltkrieg 1914-1918, Kriegsrüstung und Kriegswirtschaft, Bd. I, Berlin 1930, S. 51.

퇴직하기 바로 직전인 1905년의 원고에서 다음과 같이 요약한 바 있다. 즉 「우리는 국민개병의무와 무장한 인민을 발견했으며, 다른 국가들에게 이 제도를 시행할 필요성을 증명해 보여주었다. 그러나 우리는 우리의 불구대천의 원수로 하여금 그 군대를 무한하게 늘리도록 한 후 우리의 노력을 늦추었다. 우리는 아직도 우리의 인구(주민수)를 자랑하며, 우리의 뜻대로 되는 군중을 자랑한다. 그러나 이 대중은 완전히 이용할 수 있을 정도로 훈련되고 무장되어 있지 않다」.[20)]

이러한 상태의 위험성이 처음으로 뚜렷이 인식되고, 1890년 육군장관 폰 베르디(von Verdy)가 국민개병을 실시하는 계획을 진지하게 받아들였을 때, 제국 의회는 1890년 6월 16일 — 이것은 1890년 6월 28일 제국 의회에서 채택되는데 — 예산위원회의 네 개의 결의로 대다수가 근본적인 대답을 해주었다. 이 결의는 1917년 7월 19일 전시에 이루어진 제국 의회의 평화결의와 역사적 계보에서 연관되어야 하는데, 제국의 「헌법」이 가지는 보다 깊은 연관성을 인식하기 위해서 말이다. 1890년의 그 결의에서는, 「연합국 측 정부(동맹정권)가 병역 가능한 모든 남성들은 현역으로 끌어오고, 그렇게 함으로써 독일 제국에 막대한 비용이 생겨나게 하는 계획을 추구하지 않으니」라는 기대가 날카롭게 진술되었다.[21)] 이러한 결의에서 표명된 요구들이란 것은 7년간이라는 기한규정의 중지, 승인기한으로서의 예산(회계)년도, 현역군대에서의 실제적 출석시간의 감축, 그리고 보병부대의 법적으로 규정된 2년 복무기한 실시 등과 관계되어 있었다. 이것은 실제로 1892년에 이미 실시하였다. 그 다음 이어지는 해에는 의안마다 점점 더 「순수하게 예산법상의」 억제들이 국내정치와 대외정치의 장애물로 되어갔을 뿐만 아니라, 무엇보다 제국의 정치적 지위들, 제국재상, 내무부장관, 제국 재무부장관, 그 중에도 심지어 프로이센 육군장관까지도 **국내의 분쟁기관**으로 되어져야 했다는 사실이 드러나게 되었다.

제2제국의 국가구조를 보면, 독일 군대의 필수적인 방어를 위한 여러 분야의 숙고들이 적대적인 정치세력과 경향들의 국내적 대립과 관련하고 있다. 군대와 민간인의 일반적인 대립뿐만 아니라 시민적 입헌주의와 프로이센 군인국가, 국민민주주의 단일국가와 왕조적인 연방국가 사이의 보다 심화된 분쟁이 제국의 조직적인 구조 속에까지 영향을 미쳤고 단일적 정치의지를 분리시켜 놓았다. 정치와 군대, 정치와 경제의 분리 그리고 대립이 이리하여 말하자면 헌법에 의거한 제도로 고양되었다. 정치적 지배라는 것은 승리의 전쟁의 일시적 결과로서만 가능했으며, 확고한 국가구조를 토대로 하지는 않으면서 위험에 찬 세계 대전의 목적에 맞게 준비하기 위한 확실한 전제로서만 가능했던 것이다. 오늘날 에른스트 윙거(Ernst Jünger)*가 「총동원」으로 명명한 바 있는 조치에의 준비도 마찬가지로 전체적인 것임에 틀림없었다는 것을 알 수 있다. 전전 시대에는 그러한 인식이라든가 적어도 이러한 필요성을 충분히 예감할 수 있었다. 1912년 발칸 전쟁에서 얻은 인상으로, 문제가 되는 모든 사람들은 전쟁 시 적어도 독일 민족의 생계를 위한

20) a. a. O., S. 86.
21) a. a. O., Anlagenband I, S. 45.

경제적 조치는 마련되어야 한다는 확신을 얻게 되었다. 1912년 12월 21일 회기의 첫 심의에는 제국 내무부 상급관청의 대표자, 제국 외무부, 재무부 대표 그리고 제국 해군성 대표, 참모부대표, 황제 통계 부서 대표, 제국은행 대표, 프로이센 내무부장관, 농업, 국유지, 산림 대표, 금융계 대표, 공공 노동 및 상업대표, 육군성 대표 그리고 프로이센 국가 통계청 대표 등이 참석했었다. 관청 기관의 까다로움 또한 매우 컸다. 그것이 위원회와 소위원회의 교육에까지 이르렀으나 실제적인 성과는 거두지 못하였다. 여기서도 역시 개인적 책임의 확립이 문제가 되는 것이 아니라, 각기 다른 분야가 지닌 모든 차이점이 적대적인 경향의 국내 분열에까지 개입되어야만 했던 국가구조의 조직체계를 인식하는 것이 중요하다. 각기 상이한 관청이 다른 부서와의 사이에서 자연적으로 생겨나는 대립이라는 결의를 해야 했을 뿐만 아니라, **국내정치상의 적이란 관점에 선행**하여 결의를 해야 했다는 점으로 인해 실제적인 국가제도의 자연적 질서는 방해를 받았다.

그것이 무엇을 의미하는지는 프로이센 육군장관이 1906년 6월 독일국 재상 뷜로(Bülow)에게 한 전형적인 발언에 잘 나타나 있다. 즉「참모부와 수송부대가 비용이 문제되지 않고 변화에도 견디어내며, 정치적 고려와는 동떨어진 군대의 입장에 대해 이야기를 한다. '가능한 한 빨리 즉시' 내게 있어서는 그처럼 단순한 문제의 해결로는 아직 불충분하다. 나는 그것을 정치적이며 재정적인 입장에서 고려를 해야만 하며, 게다가 **군대 당국의 신망은 그것이 입법상의 요인에 대항하여 그 자체를 견해를 바꾸지 않게 될 때에만 획득될 수 있다는 사실을 고려해야 한다**. 우리가 그처럼 오랫동안(그 당시 5개년법의 경과 시기까지) 기다릴 수 있는지 어떤지의 여부는 **다만 정치적 문제일 뿐**이다. 군대 문제에 있어 우리가 **즉흥적으로** 도움을 줄 수 있을 것이다. 5개년법이 많은 관련에 있어 우리를 속박하고 있다는 사실은 분명하다. 우리가 그 때문에 그것을 단념해야 할까? 나는 그것이 합목적적이라고 생각하지 않는다. 왜냐하면 군대의 모든 형성에서 나타나는 군대의 존재에 대한 분노하고 목적의식적인 선동이 해마다 재현될 때는 그만큼 더 위험해지기만 할뿐이기 때문이다」.[22]

프로이센의 훌륭한 관리가 한 이러한 표명은, 정치적인 것과 군사적인 것의 실상과 어긋나는 분리와 내정상의 방해를 국가관할권의 공동작업 속에 옮겨 놓고 있음을 명백히 보여주는 한 예라 할 수 있다. 그것은 동시에 **프로이센 육군장관이** 그런 국가구조의 **비극적 인물로** 되어야만 했던 것에 대한 한 예이기도 하다. 가령 헌법상의 군주에 대해, 그의 지위를 올바로 구성하는 데에는 어떤 인간적 통찰력으로도 충분치 않다고 말할 경우, 제2제국의 프로이센 육군장관에 대해서는 그의 지위가 기형적이고 모순적이었다는 언급을 해야만 할 것이다. 국왕은 항상 자신의 개인적 무책임성에 의해 눈에 보이지 않는 지위로부터 정치적 영향력을 취할 수 있었다. 참모장관은 내정상의 투쟁 영역에 발을 들여놓을 필요가 없으며 제국의회에 나타날 필요도 없었다. 이에 반하여 육군장관은 그처럼 어렵게 조직된 제국에서 국내의 모든 투쟁노선의 교차점에 위치해

---

22) a. a. O., Anlagenband I, S. 101/2.

있었다. 그의 뒤에서 투쟁이 판가름 났다. 즉 그의 업무범위가 사방으로 분할되었다. 그는 프로이센의 국무장관으로서 프로이센 국무총리에 의해 인도된 직원의 한 사람이었으며, 그러면서도 1852년 9월 8일 칙령에 따라 국왕에 대한 직접 상소자격을 얻게 되었다. 그는 제국 의회에 책임을 맡고 있었으며 이때 언급한 바와 같이, 이 책임성은 헌법에 맞게 어떻게 구성되어 있는지는 본질적으로 문제가 되지 아니한다. 그가 「책임이 있다」는 것, 그가 그의 예산안을 주장하는 의회에 답변을 해야 한다는 것은 책임성에 있다고 그의 정치적이며 국법상의 영향력을 주기에 충분하다. 그러나 그는 물론 항상 프로이센의 군인이자 장교이며, 그는 군대체제에 있어 그가 직접적으로 상소를 하는 최고사령관이라든가 육군장관, 재판권소유자에게 예속되어 있는 존재였다. 그는 또한 동시에 항상 국왕의 위임자의 신임을 필요로 했으며, 자신의 부서를 통해 그것에 대한 책임을 떠맡게 된다. 또한 그는 전혀 책임의 위치에 있지 않기 때문에, 헌법상 주목할 만한 신임을 여하튼 유지할 수가 없는 것이다. 이처럼 모순으로 가득 차고, 내적으로 불가능한 지위는 이제 통수권을 헌법체계로부터 도출함으로써, 통수권과는 구별되게 단순한 군대행정에만 제한되게 된다. 프로이센 군인국가와 시민적 입헌국가의 대립이 단순한 「권력분립」이 아닌 것과 마찬가지로, 그런 헌법의 상황 속에서는 통수권과 군대행정의 구별 역시 단순히 행정상의 유효함의 문제라든가 이성의 문제는 아닌 것이다. 그것은 국가제도 전체의 최후의 정치적 뿌리를 흔드는 제일 첫 서열의 국법적 및 헌법적 원리라는 문제가 된다. 비스마르크는 1887년 1월 11일 제국의회 연설에서 그것을 진술하였다. 그 결과, 그런 식으로 군대행정에 제한된 육군장관의 업무영역이 군대의 통수권의 본질적 핵심으로부터 차단되고, 「시민」 측면에서는 군대와 시민의 안티테제에 의해, 「정치적」 측면에서는 군대와 정치계의 안티테제에 의해 떠밀려지게 된다. 프로이센 군인국가가 시민적 입헌국가의 체계로부터 통수권을 얻어낼 줄 알게 됨으로써, 자유주의적 입헌주의에서 억지로 얻어낸 모든 성과들이, 관할 소관에 있어 프로이센 육군장관에게 **불리한** 영향을 끼쳤다. 업무 영역을 희생하고 그는 군대지위의 임무와 장교의 전출명령과 같은 중요한 신분사항들, 참모부와 군사내각(Militärkabinett)을 떠맡게 되었다. 그럼으로써 사방으로 국회와 군대, 참모부와 군사내각에 대항하여 자신의 영역을 유지하려고 싸워야 했던 육군장관과 피할 수 없는 경쟁관계에 빠져들게 된다. 이때 상술한 바와 같이, 분열된 국가구조에서의 내정상의 깊은 대립이 관할 소관의 대립되는 관점에 하나의 쐐기를 박게 된다.

육군장관 론에게는 그것이 아직 그렇게 분명히 나타나지는 않았다. 왜냐하면 론은 국왕과 비스마르크와 함께 지방 의회와의 투쟁에서 끝까지 싸워냈기 때문이다. 군대개혁의 커다란 공동작품과 공공연한 분쟁 시기 동안 모든 것을 지배하는 의회에 대한 상호대립이 빌헬름 1세의 협력자들을 모두 움켜잡고 있었으며, 그들의 상호차이와 경쟁을 상대화시켜 주었으며, 비정상적인 헌법상황의 이 시기 동안 이 국가체계의 군인국가적 구성요소를 정상적으로 수행할 수 있게 해주었다. 그것은 전체 상황이 외관상 정상적으로 보였을 때인 1871년 전쟁이 있은 후 바뀌어졌다. 1873년 1월 1일 프로이센이, 그리고 간접적으로는 제국이 거의 1년 동안 동시에 두 육군장관을 가졌다는 주의할만한 상태가 나타났다. 론은 프로이센 국무총리가 되었으나 육군장관으로 머물러 있었으며, 이런 자격으로 육군과 요새를 위한 연방의회위원회의 의장이기도 했다. 프로이센 내각의 의원이자 국무장관이 된 카메케(Kameke) 육군중장이 「군대행정의 제2수석」 업무를 이끌었으며, 나아가 그의 결정에 대항하는 상고는 론에게로 향한 것이 아니라 직접적으로 국왕에게로 향함으로써 「완전한 영향력」을 발휘하였다. 비스마르크는 이 제2 육군장관을 직무상 무시해 버렸다. 그는 또한 프로이센 육군장관을 「황제의 한 기관」으로 만들려는 론과 카메케의 시도 역시 활발하게 저지하였다.[23] 론이 사임한 후 카메케 장군이 1873년 11월 9일 프로이센의 유일한 육군장관으로 임명된 후, 그는 곧 자신이 군사내각의 수반인 알베딜(Albedyll) 뿐만 아니라 총 보급부장인 발더제(Waldersee) 백작과도 지속적으로 가망 없는 알력 속에 놓여있음을 알게 되었다. 그가 육군장관으로 활동한 10년은 그의 관할권의 내용과 범위에 대한 내부적 논쟁으로 일관되어 있었으며, 이리하여 그는 마침내 군사내각, 참모부, 제국 수상의 공동노선에 대항해 있게 되었다. 그가 1883년 3월에 육군성에서 면직되었을 때 이 늙은 프로이센 병사는 다음과 같이 진술했다. 「프로이센의 마지막 육군장관이 나와 함께 이 집(군사내각)을 떠난다」[24]라고.

II. 붕 괴

다음 반세기 동안 중요한 해라고 할 수 있는 1866년에 프로이센 군인국가는 군사적으로 빠른 승리와 외교정치에 있어 성공을 거두었다. 그러나 자유주의 운동은 「헌법」을 옹호하고 있었다. 이것을 토대로 분쟁은 잠시 중단되었으나 국가구조가 그 자체로 정돈되지는 못했다. 승리와 성과가 중단되면 무슨 일이 일어나겠는가?

1. 세계대전 중 국내적 분열의 전개

1866년과 1870년과 마찬가지로 군사적 승리와 외교정치의 성과로 모든 자유시민계층은 군대와 타협을 할 수도 있었을 것이다. 그러나 승리의 군대 및 경제적 번영으로

---

23) Otto Küsel-Glogau, "Bismarck. Beiträge zur inneren Politik," mit einem Vorwort des Reichsministers der Finanzen Graf Schwerin von Krosigk, Berlin 1934, S. 53 f. 이 책은 어떻게 그처럼 「순수한 재정적인」 문제, 예컨대 기밀비에서 나오는 총액에 관한 은사적인 방식의 처분이 고도의 정치적인 문제가 될 수 있는가 하는 것에 대해서, 특히 계발적인 전거들을 내포하고 있다. S. 95에서 론과 카메케의 제안에 반대하는 비스마르크의 이유가 유지되기 어려운 것으로 취급되는 경우에, 나에게는 비스마르크의 상태에 관한 원래의 어려움이나 제국구조의 문제성도 오인하는 것으로 생각된다.

24) Rudolf Schmidt-Bückeburg, Das Militärkabinett der preußischen Könige und deutschen Kaiser, Berlin 1933, S. 151.

인도하는 전쟁이 거기에 속한다. 그것이 없었더라면 란트 의회는 보상에 대해 이야기하는 대신 헌법의 붕괴와 국사재판소에 대해 이야기를 했었을 것이다. 전쟁은 가장 자유주의적인 부르주아지에 의해서도 결코 무조건적으로 일반적으로 부인되지는 않는다. 승리의 전쟁은 그들에게는 오히려 「사회적 이상」으로 간주될 수도 있다. 그러나 물론 **승리의 전쟁***일 경우에만 그러하다. 그렇지만 어떤 국가도, 적어도 프로이센과 같은 국가구조를 지닌 국가는 그런 요구와 「이상」에 진지하게 종사할 수가 없는 것이다. 어떤 제도도, 적어도 한 민족의 정치적 통일체는 단지 유익한 경우만을 준비할 수 있으며, 그 존재방식을 끊임없이 다행스런 결과들에 의존되게 할 수 있는 것이다. 그러한 행운이 한번 중단하고 전쟁이 일단 승리로 끝날 경우, 「헌법상의 타협」의 기본 전제가 빠져나가 버리게 된다. 그 후 1866년의 자유주의 야당이 옳았다. 시민은 기만당한 느낌을 받았으며, 시종일관된 자유민주주의 입헌국가를 자신들의 훌륭한 권리로서 요구하게 되었다. 여기에서 개인으로서의 개개 자유주의자들이 선의의 애국적이고 교양 있는 사람들이었는지 어떤지는 중요치 않다. 그들은 확실히 모두 훌륭한 시민들이었으며 단지 최상만을 원했다. 하지만 그들은 모두 정치적 운동의 법칙 아래 서 있었는데, 즉 그들 스스로가 야기 시킨 프로이센 국가 내정상의 전체구조가 가지는 강요와 그 위에 세워진 제2제국의 강요 속에 있었다는 말이다. 그러나 프로이센 군인국가는 전쟁이 승리하고 난 후 보상을 요구하고, 그것을 얻음으로써 승리의 전쟁과 경제적 번영을 요구하는 시민들에게 정치적으로 굴복하였다. 프로이센과 독일의 계속되는 국내적 발전의 법칙이 이제서야 형성되게 되었다.

그러한 국가제도의 내적 모순이 단지 기관의 균형적 발전가능성을 만들어내기 위해 필연적으로 존재했었을 외교정치의 확실성이라든가 시기를 처리하지 못했었기 때문에, 프로이센 군인국가에는 이러한 헌법상태가 세 가지의 방향으로 계속 나아갔을 수 있다. 즉, 상대가 다른 한쪽을 즉 군인이 시민을, 시민이 군인을 국내 정치적으로 완전한 승리를 이루어냄으로써 명백하게도 혁명적 결정을 이루었거나, 독일이 정치적으로 모든 내적 모순이 중요하지 않게 되어버리는 단계로까지 떨어져버리게 되는데, 왜냐하면 정치적 통일체 전체가 중요하지 않게 되어 버리기 때문이다. 또한 독일 외부의 동맹체계에 의해 지탱하는 이등국가라는 역사적 서열의 추락과, 독일이란 강대국과 그 역사적 위임에 대한 단념이 그것이다. 또는 마지막 세 번째로, 잃어버린 지위를 완전히 의식하고 영웅적으로 몰락하는 것이 그것이다. 프로이센과 같은 군인국가에서는 자유주의의 1세기가 지난 후 그 마지막 가능성만이 고려되었다는 사실을 오늘날 시종일관하게 인식할 수 있다. 시민계층이 1917년 이후, 특히 바이마르 헌법에서 「헌법의 요구」를 사후약방문 식으로 성취하는 데에 종사했던 한편, 그들이 영웅적인 길을 갔던 것은 이 군인국가의 명예이자 독일의 재생을 보증해주는 것이었다.

세계대전 동안 국내구조의 분열이 나타나기 시작했으며 저항에로의 힘을 분쇄시켜 놓았다. 전쟁지휘 및 국가지휘의 상태에 대한 외국의 기술들을 보면, 1914년-1918년의 세계대전에 대해 군대 권력과 시민 권력, 군대지휘와 정부 간의 관계가 전쟁 동안 독일에서는 여하간 어떤 진지하게 조직적인 문제가 아니었다는 사실에서 출발하고 있다. 왜냐하면 의회에 의해 통치되지 않고 있는 국가에서 황제가 대원수로서 무제한적인 권력을 지니고 있었기 때문이다.[25] 그것은 입헌군주제와 의회군주제의 차이를 어리둥절하게 과장시키는 데에서 기인하는 피상적 고찰일 뿐이다. 시민적 헌법체계로부터 황제의 통수권을 도출한다는 것이 전쟁 동안에는, 국가의 전체구조가 분열되고 세계대전이 점점 더 범위가 커지고 강력해지자 이 분열이 더 깊어졌다는 사실을 표시해주었다. 아마도 여러 관할 구역들을 공동심의를 위해 대원수 앞에 집결시켰던 최고 군사회의(Oberster Kriegsrat)로 인해 많은 마찰들이 피해질 수도 있었을 것이다. 전쟁을 수행하는 모든 나라들에서는 그것이 군대 집행부와 정부 사이의 위험한 대립으로 이끌어졌다.[26] 그것들은 혼란스럽게도 「군대와 정치」의 대립에 대한 일반적인 장에서 다루어지게 된다. 실제로 그것이 그러한 상태여서, 전쟁의 목적의 전체성이 전쟁을 수행하는 모든 국가에서 확고한 기반을 차지하게 된다. 그러나 이 전체성은 고립될 수 있는 것이 아니라 모든 영역들로부터 요구될 수 있다. 그것은 따라서 전쟁수행의 전체성 요구로서 뿐만 아니라 정치적 국가지도와 경제지도의 전체성 요구로서도 나타난다. 독일의 헌법상태는 이제 전쟁을 수행하는 모든 국가들에서 나타나는 군대지도부와 정부, 군대 관할과 시민 관할 사이의 분쟁과 차이들이 독일에서는 항상 근본에로까지, 말하자면 프로이센 군인국가와 시민적 입헌국가 간의 해결되지 않은 갈등에로까지 부딪치며, 그 때문에 국가와 국민을 파괴시키면서 국내정치에 영향을 발휘하게 된다. 황제가 「자아차단」이라는 비난에 마주치게 되는지 어떤지는 중요하지 않다. 주어진 헌법상태에서 그는 그가 한 방식 외에는 달리 할 도리가 없었을 것이다.[27] 그러나 헌법적으로 나무랄 데가 없다하더라도, 독일은 그런 전쟁에 승리할 수가 없었으며 패배할 수밖에 없었다. 참모부가 헛되이 요구했던 전쟁준비가

---

25) 그리하여 예컨대 J. M. Bourget, Gouvernement et Commandement, Paris (Payot) 1930.

26) Fritz Hartung, a. a. O., S. 370. 프랑스에 있어서의 국법학적 발전에 관하여. 이것은 1914-1918년에 대해서 네 개의 상이한 체제를 시도한 것이다. 그 밖에 교훈이 풍부한 서술은 Esmein-Nézard, Éléments de Droit Constitutionnel français et comparé, Bd. 2, 7. Auflage, Paris 1921, S. 143 f. 그리고 논문 Barthélemy, Le Droit public en temps de guerre; les pouvoirs publics et le commandement militaire, in der Revue du droit public, 1916 und 1917 참조.

27) 황제의 자라나는 자기 차단 속에서 오베르스트 슈베르트페거(Oberst Schwertfeger, Die politischen und militärischen Verantwortlichkeiten im Verlaufe der Offensive 1918; Gutachten für den parlamentarischen Untersuchungsausschuß über den deutschen Zusammenbruch 1918, Berlin 1927)는 정부와 전쟁수행에 관한 대립의 본래의 원인을 보고 있다. 이에 대해서 상급문서 평의원인 W. Foerster, Deutscher Offizier-Bund, Bd. 4, Nr. 23 f.는 다음과 같이 말한다. 즉 「입헌제도는 군주에게 확실히 단지 형식적인 책임 뿐만 아니라 도덕적인 책임도 부과하였는데, 그러나 임무의 준비와 수행에 있어서의 실제적인 작업의 주요 부담은 함께 책임을 지는 관할권을 지정하였다.…그러나 세계대전의 마지막 해에 아마 군주의 군사적 자문은 그 임무의 절정에 달하였으나 정치적이지는 않았다」. 육군중령 A. Niemann, Kaiser und Heer, Berlin 1929, S. 367/8은 주장하기를, 황제는 군통수의 우위와 정치적 지도의 우위 간의 평형을 가지는데, 이는 거의 항상 가장 어려운 종류의 개인적 희생을 지니며, 특히 국내정치상의 위광을 상실한 대가로 얻으며, 국민주권을 위해서 노력하는 독일 국민의 세력들은 군사적인 작전과 정치적 작전 간의 분열을 이용하였다는 것이다. 이것은 적절하다. 그러나 제 2제국의 헌법구성에서는 그 고유한 사정(射程) 내에서 비로소 인식 가능하게 된다.

사라져 버렸던 것과 마찬가지로 말이다.

프로이센 군인국가와 시민적 입헌국가의 모순을 은폐하고 미루기만 할뿐 극복하지는 못했던 제2제국의 국가구조에 있어서 내적 붕괴는 군대의 상태가 나빠지게 됨으로써 더욱 뚜렷이 드러났다. 제국 수상과 군대 지휘자 사이의 개인적인 모든 차이는 즉시 국내의 이 이원론을 뿌리까지 흔들어 놓았으며, 입헌제도의 외관적 타협의 베일을 찢어버렸다. 1864년 · 1866년 · 1870년의 전쟁들은 빠르게 승리하며 진행되고 있었다. 그러나 그럼에도 불구하고 군인국가의 핵심은 국내 정치적으로 철두철미 고립되고 방어적 상태에 있었음을 이미 알 수 있다. 세계대전 동안 군대상태나 외교정치상태가 모두 악화되자 그와 때를 같이 하여 그것이 국내적으로 즉시 적수인 의회에 도움이 되었고, 헌법에 입각한 새로운 권력요구에 대한 논쟁이 제기되어야 했다. 국가구조의 두 구성요소가 서로 분리되었으며, 점점 더 발전되어 모두 자기 자신들의 내부 법칙에 따라 절망적인 전쟁이라는 저항하기 어려운 강요 속에 놓이게 된다. 단지 제2제국의 국가구조 전체에서만 그 사실이 설명되는데, 옹켄(Oncken)[28]은 그것을 이렇게 규정한다. 즉 「1870-1871년에 있은 관할권의 대립이 관계 영역을 거의 넘지 않고 관통하고, 단지 때에 따라 언론에서나 가벼운 반향을 찾았긴 하지만 그래도 민족 자신, 전사들에게는 본국과 마찬가지로 은폐된 채로 있었던 반면, 그것이 세계대전 중에는 점점 더 공공이나 언론 · 당파 · 조직들에게 귀속되었다. 그럼으로써 「'정치와 전쟁수행'이라는 문제가 처음으로 깊이 선동된 전체 민중의 영혼 속으로까지 나아가는 범위로 확대되었다」. 그 대립이 그처럼 확대될 수도 심화될 수도 있었던 것은, 그것이 해결되지 않은 채 헌법상태 속에 더욱 깊이 자리잡고 조직화되었기 때문이다. 위험이 점점 증가함에 따라 독일 민족의 내정의 폐쇄성이 더욱 강고해 지고 확고해지는 대신, 헌법상의 군인과 시민의 이원론의 논리가 영향을 미치게 되었으며, 그에 잇따라 군인과 (시민에 잇따라 나타난) 노동자 간의 인위적 대립이 서로 대비되는 방향으로 나타나게 된다. 전쟁수행에서의 모든 실패, 모든 어려움은 빛나는 성과를 통해서만이 잠잠해진 1866년의 야당의 논쟁을 다시 옳다고 생각하게 하였으며, 승리의 전쟁으로 덮여졌던 갈등을 새로이 끄집어내게 된다. 국가 내부의 전체 구조가 지닌 해결되지 않은 모순들, 프로이센 군인국가와 시민적 입헌국가의 갈등, 본래의 헌법타협, 그와 함께 국가구조 자체가 빨리 획득된 **승리의** 전쟁에만 기초하고 있다는 좋지 않은 사실, 이 모든 것이 세계대전의 상황이 점점 어려워져감에 따라 그러한 헌법체계의 강요 속에서는 정부와 국민 간의 원칙적 세계관에서 전체적으로 대립이 생기게 되고, 마침내는 군대와 본국, 군인과 노동자 간의 치명적인 대립으로 이끌어지게 된다. 그로 인해 독일은 무너지게 된다.

군대 신용의 거부가 모반의 당파들에게는 합법적이고 입헌적으로 정확한 공격거리가 되었다. 제국 의회의 대다수는 어떤 모반도 원하지 않았다. 그러나 아마도 제국 의회 의원의 불가침권의 강화, 즉 모반에 대한 이런 합법적 공격꺼리의 확대는 원했었을

28) Politik und Kriegsführung, Münchener Universitätsreden, Heft 12, München 1928, S. 28.

것이다. 그리고 의회정치에 의한 체계를, 즉 적의 헌법이상을 시종일관하게 수행하기를 원했을 것이다. 그렇지만 전쟁 동안에는 비스마르크 헌법의 합법적 형식으로 시민적 입헌국가는 프로이센 · 독일의 군인국가를 이겨서 의기양양하게 되었다. 1917년 7월 19일의 저 유명한 평화결의안이 있은 후 제국의회는 1917~1918년의 예산안을 심의함에 있어 「헌법위원회」를 설치하였으며, 이것은 제국 수상의 제국 의회에서의 책임이라든가 장교임명에 있어 육군장관이나 제국수상의 부서에 대한 상세한 규정을 요구하고 있다. 마지막 제국 수상인 헤르틀링(Hertling) 백작과 막스 폰 바덴(Max von Baden) 공은 이미 의회의 장관이었다. 1918년 10월 18일, 마침내 합법적이며 입헌적으로 정확한, 황제에 의해 발포되고 공포된 1918년 10월 28일의 헌법을 개정하는 법률이 공포되었는데, 이것은 의회의 이런 모든 요구들을 충족시켜 주면서, 프로이센 군인국가의 마지막 잔존물을 헌법으로부터 삭제시켜버린 것이었다. 그것들은 붕괴를 막아주긴 했으나, 군주입헌제의 논리적 결말로서는 의미심장한 것이라 하겠다. 자유주의 국법학의 거장이라 할 수 있는 안쉬츠(G. Anschütz)는 제2제국의 이 마지막 입법적 표명에 대해 이렇게 말한다. 즉 「그것은 전체 군대의 업무를 그것도 군대 행정부뿐만 아니라 내각 책임을 맡고 있는 군대지도부를 제국 의회의 영향 아래 놓이게 함으로써 군대권력이 시민권력에 종속되게 만들었으며, 그럼으로써 군국주의라는 작품을 제거시켜 버리게 되는데, 이 군국주의라는 것은 프로이센 · 독일 국법이 지닌 특수성에 속하는 것으로서, 입헌국가의 원리에는 의심할 여지없이 모순되는 것이었다」.*

의심할 여지없이, 이것은 표면상 비정치적이고 순수하게 법학적인 국법학을 나타내는 말이었다. 군대는 해산되었다. 무기는 적에게 인도되었다. 시민적 입헌주의가 프로이센 독일의 「군국주의」에 대해 승리한 것이다.

2. 세 개의 헌법사적 상태: 1866년 8월 5일, 1914년 8월 4일, 1918년 10월 28일

씩씩하고 싸움터에서 승리를 거둔 프로이센 군인국가는 1세기 내내 정신적으로 절망적인 수세에 놓여 있었다. 즉 완전히 무방비상태에 놓여 있었던 것이다. 프로이센의 정치적 적수가 그 시대의 언어와 관념들을 지배하였다. 「외국에서의 인상」에 대한 커다란 논쟁이 그들에게 도움이 될 뿐이었다. 승리의 전쟁, 유례없이 커다란 국가업적은 사람들이 외교정치에 대한 고려 때문에 국내 정치적으로 필요한 결정들을 회피해야 한다고 생각함으로써 역사적 포상을 잃어버리게 된다.

지난 세기에 있어서 역사적으로 결정적으로 중요한 세 시기에 정적의 법률 견해에 정신적으로 예속됨으로써, 그것이 독일의 운명을 불운하게 규정해 놓았던 것이다. 그 첫 번째는 보기에는 중요하지 않고 결정적이지 않은 것으로 보였던 1866년 8월 5일인데, 이때 사람들은 자유주의 야당이 승리자의 우월함과 선견지명으로, 그리고 성과의 순간에 보상을 요청하고 법률과 헌법에 대한 자신들의 관념을 아무런 위험 없이 조화시킬 수 있다고 생각했었다. 두 번째 시기는 세계대전 초기로서, 독일의 엄청난 정신적 패배로 민중의 거대한 투쟁이 시작된 때이다. 독일의 제국수상 베트만 · 홀베크(Bethmann-Hollweg)*는 「러시아 황제주의에 대항하는 투쟁」 속에서 독일의 전쟁이 정신적으로 타당한 것임을 발견하게 되었다. 민족의 생존을 둘러싸고 투쟁하는 독일 민족은 전쟁의 목표와 서구 자유민주주의의 헌법 이데올로기(이것은 동시에 프로이센 군인국가의 국내정치의 적들이 표방한 이상이기도 한데)에 종속되었다. 그러나 적의 법률개념에 대한 정신적인 예속*은 계속되었다. 1914년 8월 4일, 독일 제국 수상은 제국의회 연설에서 독일 군대의 벨기에 진주를 「부당한」 것이라 설명했는데, 이것은 다시 수정되어야만 한다. 노예근성에서 나오는 외국에서의 인상에 대한 두려움과 연관된 어리석은 긴급상태에서의 법학은 이런 수치스러운 항복을 야기시켰으며, 독일 국민군을 외교정치 및 국내정치의 적의 헌법이상과 법률개념에 팔아버린 것이다. 마지막으로 세 번째 시기가 이 발전단계를 마무리한다. 즉 1918년 10월 18일의 법률에서 자유민주주의 입헌국가의 이념은 비스마르크 헌법의 합법성으로 독일 국민의 정신에 대해 승리를 거두었으며, 투쟁하는 독일 군대의 내부적 무저항을 야기시켰다.

이 세 시점, — 1866년 8월 5일, 1914년 8월 4일 그리고 1918년 10월 28일 — 은 유일하게 서로 연관된 발전 노선 상에 있다(S. 32). 상술한 1890년 6월 28일의 제국의회의 결정과 1917년 7월 19일의 제국 의회의 평화결의안은 이 세 가지 시점으로 규정된 독일 헌법사의 시기의 틀 속에 놓여 있다. 그 연속선상에서 하나의 법률이 시종일관하게 전개된다. 처음에는 프로이센 군인국가가 국내 정치적으로 정신적으로 시민적 법치국가와 입헌국가의 법률개념에 예속되고, 그 다음에는 적의 정신적 전쟁목표에의 예속인데, 이것은 외국에서 좋은 인상을 만들고, 정신적 굴복과 「객관성」을 통해 적을 잠잠하게 하려는 하급 관리의 노력과 연관된 것이다. 그리고 마지막으로 프로이센 군인국가에 대한 공공연한 포기와 승리한 무자비한 적의 국가이상, 그리고 법률이상에 헌법에 따라 인가된 예속을 거부하는 것이 그것이다. 정신적 예속의 논리가 무저항의 정치적 예속으로 완성하게 된다.

3. 독일 병사에 대한 자유주의적 시민의 사후승리로서의 바이마르 헌법

독일에서 자유주의 시민계층의 헌법요구가 정당하고, 진정한 의미에서 실제적인 독일의 전체 헌법에 일치했다면, 그것은 지금쯤 그 자체로부터 분열을 극복하고 국가, 군대, 민족, 경제의 폐쇄된 정치적 통일체를 이끌어낼 기회를 가졌을 것이다. 지금까지의 의회 「야당」의 당 지도자와 직업 정치인들은 이제 프로이센 군인국가에 대한 투쟁의 정당함을 헌법에 위배되는 군국주의에 대항하는 말을 통해서보다는 정치적 수행을 통해 입증하고 지도자로서의 권리를 증명해 보이지 않을 수 없었으며, 또한 용감한 군인국가를 방어하는데 있어서 값싼 독선으로 규범적 논증을 주장하기보다는 정치적 위험의 엄한 시련 속에서조차 구체적으로 실현된 헌법의 이상으로 확증해 보이지 않을 수 없었던 것이다.

실제로 1919년의 바이마르 헌법은, 제시되는 바와 같이 프로이센 · 독일의 군대와 헌법분쟁에 대한 반세기 간의 의문에 대한 해답으로 이해될 수도 있다. 나는 존경하는 나의 동료 발츠(G. A. Walz)*와 마찬가지로, 그것을 「과도기 헌법」으로 간주하고 싶지 않다.[29] 그것은 국가구조로서, 프로이센 군인국가의 붕괴에 있어서 붕괴된 제국의 분열된 국가구조로부터 짧은 시기 동안 희미하게 계속 생존하고 있는 시민의 일부이다. 이 헌법 제25조 2항에서, 대통령은 제국 의회를 단지 한 번만 동일한 이유로 해산할 수 있다고 규정하고 있다면, 그것은 의식적으로 고의로 1862-1866년 간의 분쟁 시기 동안 프로이센 란트 의회가 계속해서 해산되었던 것에 대한 해답을 나타내 주는 것이다. 제50조에서, 방위군의 영역에서 모든 명령과 규정은 부서를 필요로 한다고 말한다면, 그것은 자유주의 시민계층이 반세기 동안 내내 제기했던 요구를 충족시켜 주는 것이 되며, 또한 국왕의 통수권을 둘러싼 반세기 간의 투쟁을 보기에는 의회를 위해 결정하는 듯하다. 그리고 제176조에서, 방위군에 속하는 모든 사람들은 「이 헌법으로 선서」할 수 있다고 규정하고 있다면, 그것은 프로이센 군인의 기맹이 헌법에 대한 맹세가 아니라 군주에 대한 맹세일 뿐이었다는데 대한 추가적 만족물인 것이다. 프랑스의 왕권주의자들은 종종 공화국을 단순한 「왕의 부재상태」(l'absence du roi)*인 것으로서만 규정해 놓았었다. 이 바이마르 헌법에 대해서는 한 번도 그렇지 않았다고 말해야 할 것이다. 그것은 단지 더 이상 존재하지 않는 프로이센 군인국가에 대한 뒤늦은 논쟁일 뿐이었고, 그 대립요소가 중단되고 난 후에는 방해 없이 그 자체로 굴러갔던 이분된 국가구조의 또 다른 구성요소였던 것이다. 바이마르 헌법은 실제 현실에 의해서는 더 이상 제기되지 않는 잊혀진 의문에 대해서 해답을 제시해 주었다. 자유 민주주의의 승리 — 바이마르 헌법에 선언된 — 는 단지 사후에 나온 것이었다. 그것은 현재와 미래 없이, 비현실적으로 과거의 시점에 맞춰진 승리였으며, 즉 그 상대 적수의 그림자 위로 한 유령이 그 승리를 얻은 것이다.

1919년에 그러한 헌법전과 문서화가 유용한 것으로 간주되고 있다는 사실은, 독일 민족의 국가의식에 있어 국가 구성의 문제 제기가 얼마나 많이 19세기의 국내 정치상황에 의해 결정되었는가를 나타내준다. 어떤 새로운 국가사상도 군부군주제의 중단으로 인해 나타난 진공상태를 채워줄 수는 없었다. 제국의 연방 국가적 구조는 어찌할 바를 모른 채 지속되었다. 그러나 프로이센의 지도권은 활발하게 청산되어 그 결과, 정치적 지도권을 가지지도 않고 균형 있게 구성되지도 않은 연방국가의 「불완전한 구조」가 생겨나게 되었다. 헌법 「제2부」의 「독일인의 기본권과 기본의무」라는 제목에 보면, 당파 간 강령이 프리드리히 나우만(Friedrich Naumann)의 선의에서 나온 시도에 근거하는 첫 주요부와

29) G. A. Walz, Das Ende der Zwischenverfassung, Stuttgart 1933.

조직적으로 연관되어 있다. 그러나 헌법은 그것에 어떤 실체를 부여할 수 없었다. 그것은 그 자체로는 서로 연관성이 없으며, 또한 제1부와도 조직적인 연관성이 없는 자유 · 민주주의, 사회민주주의, 중앙 가톨릭의 원칙들을 포함하고 있었다. 서로를 지양하는 모순되는 세 가지의 세계관 그리고 가치중립적이며 진리중립적인 제1부의 어정쩡한 형식적 타협이 실제적으로 공허하고 동등한 중립의 상태로 되어야만 했다는 점에서는 서로 연관성을 가졌다. 이 헌법 제148조는 그러한 중립적인 국가제도를 충실히 표명하고 있다. 「공립학교의 교육에서는 생각을 달리하는 자의 감정이 침해되지 않도록 고려하여야 한다」. 독일 제국에 있어서 국사재판소는 튀링겐의 학교기도문 문제에 대한 1930년 7월 11일의 결정에서(민사소송판결 제129권, 부록 9면 참조) 이 문장을 설명하는데, 각 시대마다 「중립적인」 사고와 감정의 기록이 남아 있을 거라는 논거를 들어서 말이다. 그것은 독일 학교에 다니는 독일 어린이들이 학교기도문에서 신에게 우리를 「기만과 모반」으로부터 구해달라고 간청해도 되는지 어떤지의 문제에 관한 것이었다. 국사재판소는, 감정이란 것은 그것이 객관적으로 정당한지 어떤지에 상관없이 의견을 달리하는 사람을 보호할 것이라고 강조한다. 「감정 · 신념의 문제에서는 객관적으로 옳은 일반적인 결과로 확정할 수 있는 경우가 없다」. 「다른 견해들을 그것이 존재하기 때문에 소중히 한다는 것은 헌법 제148조 2항이 공립학교에서의 수업에 의무화하는 규정이다」. 그래서 의견을 달리한다는 것은 그 자체로서 보호의 대상이 되었으며, 감정을 달리한다는 것은 그 자체로서 — 마찬가지로 그것이 다름으로 인해 — 국민의 감정으로부터 보호되었으며, 이러한 상이함의 변증법으로 마침내 의견을 달리하는 사람, 감정을 달리하는 사람, 다른 성질을 가진 사람들이 공공생활을 규정하는 관련점이 되었으며, 「다른」 독일의 「기본권」의 중심상이 되었다.

그러나 계속되는, 마찬가지로 중요한 이유에서 바이마르 헌법은 단순히 그림자로 남아있어야 했다. 전쟁 전후로 독일에서는 민주주의헌법의 요구가 국민의 일반적이며 평등한 병역의무와 보통 · 평등 선거권이 분리할 수 없게 함께 전체를 이루고 있다는 사실에 근거를 두고 있었다. 그것은 이러한 추상적인 보편성 속에서는 대개 잘못 제시될 수 있는 명제이기도 한데, 왜냐하면 다른 민족, 다른 시대의 민주주의는 비교를 할 수가 없는 것으로, 특히 19세기의 전형적인 자유민주주의는 자유주의 이전의 의미에서 정치적 민주주의와는 무엇인가 본질적으로 다른 것이기 때문이다. 민주주의라는 말은 많은 상이한 종류의 정치체계를 나타낸다. 또한 일반적 병역의무는 여러 가지 상이한 군대조직(상비평화군 내지는 민병대)과 관련될 수 있다. 여하튼 국민의 병역의무가 없는 자유 민주주의 바이마르 공화국은 그 자체로 이중의 모순을 안고 있다. 프로이센 군인국가에 대해 바이마르 공화국은 프로이센과의 오랜 투쟁으로부터 유래한 후 역사적으로나 도덕적으로 그것이 독일 민족의 군인적 · 호전적 특성, 즉 그 용감함과 저항의지를 그대로 유지하고 있으며, 심지어 더 증가시켰다는 사실로서만 그 정당함이 입증될 수 있었을 것이다. 그 대신 그것은 무장해제와 굴복의 수단이 되었다. 서구 민주주의의 일반적 관념에 대항하는 모순은 더 줄어들지 않았는데, 사람들은 프로이센 군국주의의 비난으로부터 자유로워지고 자유민주주의적 문명사회의 동일한 구성원이 되고자 서구 민주주의의 일반적 관념에 예속 되어버리게 된다. 서구의 자유민주주의는 전쟁에 승리했다. 그러나 「다른」 독일은 그 헌법의 이상에 굴복했을 뿐만 아니라 동시에 일반적인 병역의무와 독일 참모부를 제거시켜버린 베르사유조약에도 굴복한 것이었다. 서양 강대국의 헌법개념은 독일의 희생을 치르고서만 승리를 거두었다. 즉 군대제도와 국가적 전체 헌법 간의 실제적인 연관성이 경시되었으며, 이 바이마르체제는 국민군 없는 민족국가, 무방비의 민주주의가 될 수 있다고 믿었다. 사람들은 일반적인 병역의무가 없는 보통선거권, 일반적인 국가관직이 없는 일반적인 국가 시민층 — 즉 놀랄만한 기형 — 을 조직해 보고자 했다.

또한 바이마르 헌법은 하나의 타협이었다. 그러나 이 새로운 타협의 상대자는 1848년과 1867년의 헌법타협과는 다른 성질을 지니고 있었다. 이제 더 이상 프로이센 군인국가와 시민적 입헌국가라는 두 가지 구별되는 적수가 대항하는 것이 아니라, 다수의 상이한 정당과 단체가 변화 가능한 다수로 동맹을 이루게 되었다. 새로운 국가체제의 전체구조는 이제 이원론적이지 않았다. 그러나 그것은 약속된 단일체를 이루기에는 많이 부족했다. 그것은 다원론적으로 되어버렸다. 군인과 시민의 이원론이 없어졌다. 그 대신 이제는 확고히 조직된 수많은 대립과 상이함이 서로 대항하고 있었다. 즉 국가주의자, 초국가주의자와 국제주의자; 시민주의와 마르크스주의자; 가톨릭주의, 복음주의와 무신론자; 자본주의와 공산주의자, 그들은 그들 정당의 목적을 조건부로, 독일의 운명에 관한 문제의 타협과 동맹을 이루었다. 「다원주의」(Pluralismus)라는 말은 여기서 다양한 사회생활의 도처에서 어느 시대에나 존재하는 어떤 다수의 집단화를 나타내주는 외면적이고 피상적인 특성의 표시가 아니라, 국가학과 헌법학의 엄밀하게 나타내는 기술적 표현이라고 할 수 있다. 그것은 국가와 사회의 이런 특정한 관계 및 정치적 통일체와의 관련에서 사회생활의 일정한 구조 등을 나타내준다. 이러한 체계는 시민사회의 일정한 단계에 있어 전형적으로 전개되고 있다. 즉 다수의 노동조합 · 기업연합 · 종교단체 그리고 그 밖의 다른 사회 문화 협회와 조직 등 모두가 그들 영역에서 자유주의적 자유라는 형식법학적인 토대 위에서 사회적 영역과 사적인 영역으로부터 공공의 생활을 지배하고, 정치적 통일체를 그들이 일상 하는 타협의 산물로 만들고자 하는 시대에 있어서는 말이다. 왜냐하면 이러한 다원론적 체계에 있어서는 정치적 의사형성의 방법이 바로 일상의 타협이며, 공공생활의 변화하는 문제와 영역에서는 변화하는 정당연합이기 때문이다.30)

30) Carl Schmitt, Der Hüter der Verfassung, Tübingen 1931, S. 77 (김효전 옮김, 『헌법의 수호자』, 법문사, 2000, 107면); Europäische Revue, Februar 1933; Paul Ritterbusch, Der Verfassungs-kompromiß von Weimar, das Experiment der Präsidialregierung und die nationalsozialistische Staatsidee, Wittenberg 1932.

4. 바이마르 정당국가에서의 국방군과 1932년 7월 20일의 프로이센 타격

이러한 다원론체계는 국가의 모든 조직을 점유하여 그것을 여러 정당의 보호지점과 권력의 자리로 변화시킨다. 그러나 또한 그것은 모든 사회제도들을 점유하여 그것들을 「정치화」시켜 보이기도 한다. 국가적 실체의 다원론적 분해가 독일 군대, **국방군**을 구속했더라면 독일이 어떻게 되었을까를 평가한다는 것은 어려운 일이다. 마찬가지로 국가관료층에 대해서도 그 자체로 세 가지의 가능성만이 있었다. 즉, 1) 할당 내지는 정당정치의 동등법칙에 따른 연립정당 하에서의 **분해**, 2) 군대를 군대와 관료층이 — 함께 또는 분리되어 — 이 다원론의 참가자가 되어 일상의 타협에 연립상대자로서 대우함으로써 그 체제 속에 **결합**시키고자 하는 것이다. 3) 마지막으로 정치정당과 다양한 조직들의 원칙 사이에서 **중립적**이고도 때문에 **보다 높은 제3의** 균형을 이루는 중재자의 역할을 하려는 시도가 그것이다. 이러한 다원론적 정당체계가 일반적인 국민의 병역의무와 — 그것이 상비군의 전전 조직으로건 민병대 조직으로건 — 부합했더라면, 그것은 그런 국가구조의 논리 속에서 독일 국민이나 국민군을 정당에 따라 분획 했을 것이다. 마지막으로 모든 연립정당은 무장권력 중 자신들의 부분을 마음대로 처리할 수 있었을 것이며, 내란 중 가장 끔직한 일을 피할 수 없었을 것이다.

독일 국방군은 제국 대통령과 군대 지도부의 지도 아래 정당정치의 중립적 권력을 형성할 수 있었으며,* 이와 같은 방법으로 공공연하거나 잠재적인 내란의 시대에 그러한 다원론의 위험한 단계를 통해 독일 국가를 유지할 수가 있었다. 국법학적 측면에서는, 국가정치의 책임의식과 구체적 헌법상태를 명확하게 인식하는 데에서 나온 제국 대통령의 헌법의 수호자*로서의 국법학적 구성을 통해 그것이 가능했는데, 제48조의 특별한 권능과 헌법개념을 적절하게 설명함으로써 말이다. 그 당시 분쟁 시기 동안 프로이센 국왕이 그랬던 것처럼, 이제 프로이센 국가원수는 프로이센 독일 군인국가를 자기에게 맞게 연계시킴으로써 침묵의 확실성 속에서 또 다른 헌법상태로의 이행을 개시한 길을 발견했던 것이다. 1932년 7월 20일, 대통령은 군사적 비상사태를 선포하여 제48조에 근거하여, 프로이센에서 업무를 담당하는 바이마르 연립정부의 직위를 면직시켜 버렸다. 그럼으로써 프로이센 국가는 바이마르 체제의 수중에서 이탈한 것이다. 그런 한에서는 옛 국가의 힘이 아직도 충분했으며, 이 프로이센 타격(Schlag)의 날은 독일 국방군의 영광의 날로 남아있다. 다원론적 정당체계에 있어서는 중립상태와 초당파성에 대한 그들의 요구를 관철하고 순수하게 유지할 수 있었다. 그러나 모든 정치지배권에 속하는 전체성에의 요구는 야기시키지 조차 못했으며, 시행은 더욱 하지 못했다. 비록 점점 더 많이 인식하도록 강요된 국가를 떠받치는 기능이 지속적으로 그것을 강요하고, 바이마르타협과 같은 헌법의 합법성이 시독(Leichengift)처럼 그러한 종류의 모든 개혁시도를 처음부터 모든 개혁시도를 처음부터 파괴시켜 버려야만 했을 지라도 말이다.

1932년 7월 20일과 바이마르 프로이센 정권의 청산으로, 프로이센 · 독일 군인국가의 조그만 잔존세력조차도 1918년 붕괴의 시민적 · 입헌적 수익자를 능가하고 있다는 사실이 증명되었다 하더라도, 독일 제국을 정치적으로 지도하기에는 그 정치적 힘이 부족했었다. 제국은 바이마르체제의 면직장관들에 의해, 그리고 몇몇 동일한 성질의 주 정부에 의해 라이프치히의 국사재판소에 소환되어야 했다. 거기에서 제국은 정치적 결정의 「피고인」으로서 그것이 완전히 비정치적이고자 했다는 데에만 근거를 두고 전체적 권위를 요구하는 법정에서 책임을 져야만 했다. 또한 헌법관할권 단계 역시 시민적 입헌주의가 시종일관하게 나아가는 노정에 속하는데, 이 시민적 입헌주의는 진정한 정부가 들어설 수 있는 모든 가능성을 없애버리는 것이기도 하다.

제2제국에서 행해진, 의회의 예산안에 근거한 정치적 필연성의 제동들은 항상 의회의 정치적 지배권요구를 그 토대로 가졌었으며, 이러한 의회정부가 그들의 지배권요구를 정당화해야 했을 때 비탄하며 거절할 경우, 의회정부는 적어도 사상적으로 지도라든가 정부의 개념에 대한 어떤 완전한 부인도 요구하지 않았던 것이다. 또한 예산이라든가 경제적 · 재정적 측면에서 정치적 결정의 전체성이 요구될 경우, 그것은 실질적인 책임과 중요한 소재에 근거한 요구였다. 그러나 헌법의 규범주의만이 가치 있다고 할 경우, 즉 그것이 왕조의 합법성도 민주주의의 합법성도 아니고 그 밖의 어떤 종류의 합법성도 아니며, 오히려 단지 가치중립적인 합법성만이 존재한다고 할 경우, 정부의 모든 정치적 결정들은 법정의 표면상 순수하게 법학적인 판결에 따르게 되는데, 이것은 그들 측면에서 보면 아무도 극도로 불명확한, 그들 자신에 의해 해석된 법칙으로서 책임이 없고 복종하지 않는다. 그리고 나서는 독립적인, 즉 책임이 없고 파면할 수 없는 직업공무원, 법관으로 채워진 법정이 국가에서 최후의 말을 한다. 정부의 모든 가능성이나 심지어 지도는 그렇게 되면 배제되고 지도자 없는 법치국가의 자유민주주의적 이상이 실현된다. 사법적인 직업공무원은 이론적으로라도 그의 소송상의 결정이 통치라든가 정치적 지도권이라고 주장할 수 없다. 물론 경제적 · 재정적으로와 마찬가지로, 정치적 결정의 전체성이 법적인 측면에서도 제기될 수 있다는 것도 생각할 수 있다. 왜냐하면 모든 정치적 결정은 필연적으로 항상 법적 측면을 지니고 있기 때문이며, 반대로 모든 법적 결정은 항상 정치적 측면을 지닐 수 있기 때문이다. 그러나 법적인 것과 정치적인 것의 구별은 경제나 군대처럼 전문분야에 근거를 두고 있지 않으며, 오히려 단순한 합법성의 추상적이고 형식적인 규범주의에만 근거를 두고 있다. 그러한 국사재판소의 방법은 그 결과 정부뿐만 아니라 재판소 자체의 모든 국가적 위신을 결국에는 파기시켜 버린다. 왜냐하면 비정치적인 법관을 그가 비정치적이라고 해서 정치적 문제에 대해 법적인 측면에서 결정하게 하는 것은 그 자체로 실제적으로도 이론적으로도 모순이기 때문이다. 법관은 그렇게 하여 어쩔 수 없이 강제상태에 놓이게 된다. 그는 정치적 결정에 마주치면 법관의 정치적 견해는 정치지도자의 정치적 견해보다는 좀 더 고매한 것이기를 바라는 불가능한 요구를 제기한다. 또는 그는 정치적 책임감에서 나오는 결정을 거부하고, 그리고 나서는 재판거부의 비난을 받게 된다.

III. 결 어

바이마르 체제의 마지막 단계에서 소송의 형식으로 결정하는 재판소가 독일 제국의 최고의 정치적 법정으로 나타나고, 제국 대통령과 제국 정부의 정과 부정, 명예와 불명예에 대한 정치문제를 심사하였다는 것 속에서, 19세기의 시민적 입헌주의는 완성된 것이다. 1919년의 바이마르 헌법에서는 모든「비헌법적」요소를 삭제해버린 체계가 발견되었다. 의회정부의 거부 이후 그것은 정치적으로 스스로 비정치적인 법관의 중립성에 예속되어 갔는데, 그는 정치적으로 지배하거나 통치할 것을 요구하지 않았을 뿐만 아니라 반대로 관할권이라든가 결정권에 있어 모든 정치적 지배요구를 격분하며 스스로 거절하는 입장을 취하고 있었다. 그리하여 시민적 입헌주의의 극점은 정치적 지도에 대한 의사의 부존재인 점이었던 것이 명백하게 되었다. 그것이 시민적 헌법사상의 완성이요 절정이었다.

독일의 구출은 그러한 합법성의 체계로부터 이루어질 수 없었다. 그것은 독일 민족 자신, 즉 1918년의 붕괴의 힘에 대한 저항에서 생겨난 국가사회주의운동으로부터 나왔다. 이미 1932년 7월 20일의 그 프로이센 타격은 국가사회주의운동이 저항하기 어렵게 나아감으로 인해서만 가능했던 것이다. 1933년 1월 30일에 독일 세계전쟁 군대의 원수가 독일 군인, 정치적 군인인 아돌프 히틀러를 독일 제국의 수상으로 임명했다. 전체성의 요구를 들고 나타난 운동의 지도자가 독일 제국의 수상이 되었다는 것은 이미 자유민주주의 헌법체제의 개념을 벗어난 것이었다. 그러한 지도자에게 독일 제국의 전체 국가권력을 주어 버림으로써 새로운 헌법의 기반을 향한 첫 걸음이 내디뎌진 것이다. 이제 명확한 국내정치의 결정을 내리고, 시민적 입헌주의의 백년 간의 혼란에서 독일 민족을 해방시켜 규범적인 헌법의 모습 대신에 독일 국가질서의 혁명작품을 착수해야 할 길이 열리게 된 것이다.

국가사회주의와 국제법 (1934)*

I.

독일국민처럼, 무장되지 않고 권리가 박탈당했음에도 불구하고, 국제법공동체(Völkerrechtsgemeinschaft)의 하나의 진정한 일원인 구성원이 내부적으로 변화하고 개조되며, 또 다른 국가내부적 구조와 새로운 정신적 기초를 유지한다면, 전체 국제법 공동체 역시 변화하게 된다.* 왜냐하면 국가내부적 질서는 국가 간 질서(zwischenstaatliche Ordung)의 기초이고 전제이며, 국가내부적 질서는 국가 간 질서에 투사되고 그리고 도대체 **국가내부적 질서가 존재하지 않고서는 국가 간 질서도 존재하지 않기** 때문이다. 어떤 공동체의 성격은 실로 이 공동체의 구성원의 성격에 의해서 결정된다고 하는 것은 하나의 독특한 국가사회주의적 인식이다. 그로부터 국가 간의 관계와 결합의 법은 추상적 · 규범적 · 법적인 사고로부터 창설되는 것이 아니라, 오직 **특정한 성질의, 그 질서의 구체적인 특색 안에서 승인된 국가와 국민들의 하나의 구체적인 질서로서만 발전될 수 있다는 것이 나온다.*** 국가 사회주의 사고방식은 **내부**로부터 형성된 질서를 획득하기 위하여 노력한다. 독립적인 국가인격들과 국민인격들(Staaten=und Völkerindividualität)의 공존에 입각하는 질서로서의 국제법 속에는 이러한 사고방식이 사물의 본성 자체에 속한다.

모든 국제법은 국제법공동체의 특별한 특징을 형성해 내고 더불어 일반적인 국제법공동체를 형성해 내는 국가들과 민족들의 성격에 의존하고 있다. 그러나 여러 가지 국가 간 공동체들을 잠깐 살펴보아도 베르사유조약* 이후 **독일**은 하나의 특별한, **법적으로 비정상적인 상태에 있다**는 것을 알 수 있다. 즉, 독일은 **동등한 권리가 부여된 국가가 아니다.** 이러한 사실로부터 우리는 첫 번째의 존재적 요청으로서 독일의, 그리고 더불어 유럽의 국제법적 상황을 당장 정상적이라고 부를 수 있는 상태로 만들 것을 주장한다. 우리들에게 있어서 그것은, 우리가 그것을 하나의「순수하게 도덕적인」주장 또는 하나의「순수하게 정치적인」요청으로 약화되도록 내버려 둘 수 없고, 오히려 하나의 진정한 법적 주장, 또한 법률적인 의미에 있어서 참된 **법적 주장**으로서 효력있도록 만들며, 그러한 근거 위에서 그런 주장이 충족되지 않는 한, 우리가 권리를 **박탈당하고** 멸시당하고 있다고 느끼는 하나의 국제법적 주장이다. 그것이 바로 전체 국제법 질서를 위하여

---

* Nationalsozialismus und Völkerrecht, Junker & Dünnhaupt Verlag, Berlin 1934, 29 S. jetzt in: G. Maschke (Hrsg.), Frieden oder Pazifismus? 2005, S. 391-406.

기초가 되는, 동등한 권리부여(Gleichberechtigung)*에 대한 우리들의 주장이 가지는 의미이다. 그것은 우리가 오늘날의 국민공동체의 내부적인 질서나 무질서에 대해서, 그리고 국가사회주의와 국제법과의 관계에 대해서 질문을 제기할 수 있는 모든 사항의 중심점에 위치한다. 만약 국가사회주의 국가와 국가사회주의 독일이 이러한 주장에 대해서, 이미 「동등한 권리부여」에 대해서 발언한 바 있는 바이마르체제 하에서의 많은 이전의 정권들과 마찬가지로, 일부는 변호적(advokatorisch)이고 일부는 이데올로기적 · 공준적(ideologisch=postulatorisch)인 논증 외에 아무것도 제시하지 못한다면, 우리의 테마인 「국가사회주의와 국제법」은 아무런 깊은 의미도 갖지 못할 것이다. 그러나 그것은 보다 깊고 실로 특수한 방식에서 법적인 그런 의미를 가지고 있다. 동등한 권리부여에 대한 우리들의 주장은 최근 빅토르 브룬스(Viktor Bruns)[1]에 의해서 그 여러 가지 법적 측면에 따라서 아주 전형적인 방식으로 표명되었다. 이러한 주장은 베르사유조약에 의해서 뿐만 아니라 윌슨(Wilson) 대통령과 여러 정치가들의 법적 구속력이 있는 선언에 의해서도 법적인 기초가 주어졌다. 그 밖에도 그것은 국가사회주의 운동을 통해 새로이 깨어난 **법적 질서사고**의 거대한 전체적 연관 속에 위치한다. 그것은 그것이 고유하고 실질적인 법적 사고에 기반을 두고 있다는 점에서, 최근 15년 동안 유력했던 국제법의 관점과 구별되는 국제법의 관점의 결과로 생겨났다. 동등한 권리부여에 대한 우리들의 주장이 독일 국민에 있어서의 국가사회주의적 사상의 승리를 통하여 하나의 완전히 새로운 힘을 얻었다는 것은 단순히 정서적이고 「감정적」인 것만을 나타내는 것은 아니다. 우리들은 또한 법과 구체적인 국민적 존재 간의 정당한 관계에 대한 법적 규범과 민족적인 생활법(Lebensrecht) 간의 불가분의 의식에 도달한 것이다.

우리들이 제기하는 동등한 권리부여에 대한 주장은 요컨대 하나의 국제법 공동체를 비로소 가능하게 하는 **국가와 국민의 기본권**(Grundrechte der Staaten und Völker)*이 존재한다는 관념에 근거를 두고 있다. 이러한 기본권 개념은 진정한 기본권 없이는, 즉 이러한 공동체 구성원의 특정한 공동체 본질적인 법적 지위가 없이는 어떠한 인간의 공동체도 존립할 수 없다는 법적 인식으로부터 나온다. 그러한 기본권들은 공동체와 공동체의 구체적 질서를 **포함하고 있다.** 기본권이 없이는 공동체 역시 구성될 수 없을 것이다. 기본권의 훼손은 이러한 공동체 자체를 파괴할 것이고, 그렇게 되면 기본권에 대해 어떤 법규의 구조와 규범적 공식화(normativistische Formulierungen)가 건설되는가 하는 것은, 상대적으로 중요하지 않은 것이 될 것이다. 그러한 법규들과 규범들은 기본권으로부터 비로소 그들의 법적인 힘과 법적 성격을 받는다. 그리고 인간 공동체의 성질이 존재하는 것만큼의 많은 기본권의 성질이 존재한다. 그러므로 모든 기본권들이 가장 널리 알려진 기본권의 형식으로서 19세기의 국내법 속에 확고한 지위를 차지하고 있었던

1) 1933년 11월 5일에 개최된 제1회 독일법 아카데미 대회에서 행한 강연, 「법률문제로서의 독일의 동등권리」(Deutschlands Gleichberechtigung als Rechtsproblem), Berlin 1934. 나아가 베를린에 있는 독일 정치대학(Deutsche Hochschule für Politik)에서 1934년 7월 4일에 행한 강연 「국제법과 정치」(Völkerrecht und Politik), in Schriften der Deutschen Hochschule für Politik 1934.

자유주의적 헌법의 개인주의적인 기본권과 반드시 동일한 구조를 가지는 것은 아니다. 그 밖에 이러한 자유적 기본권들 역시 자유주의가 생동적이었고, 그리고 형성적이 아니라 할지라도, 그래도 확실하고 활동적인 힘을 지녔던 한에 있어서, 진정한 기본권들이었다. 그것들은 실로 어떠한 다른 인간의 공동생활보다 더욱, 특수한 기본권 없이는 생각할 수도 없는 하나의 개인주의적으로 구조지어진 이익사회에 속하였다. 기본권은 모든 다른 비개인주의적인 이익사회나 공동사회에 비로소 정당하게 소속된다. 기본권은 또한 언제나 그런 사회에 속해 왔다. 특히 우리가 오늘날 다시 생생하게 의식하게 된 국제법공동체의 기본권들이 새로운 창출물인 것은 아니다. 단지 유럽 국민들의 공동생활에 있어서의 자유와 질서의 그림자만이라도 남아있는 한, 어떤 형식과 표지 하에서, 이러한 국가들 자신에 의해, 그리고 모든 국제법학자들에 의해 국가와 국민의 기본권들이 언제나 인식되어 왔다. 그러나 기본권들은 최근의 수 십 년 동안에 처음으로 실증주의적인 공식화의 쓰레기더미와 모든 종류의 협정 속에서 허물어졌다. 우리들에게는 이제 순수하고, 과거의 모든 분별력있는 국제법학자들에 의해 승인되었던 이러한 국제법적 사고의 원천으로 되돌아가야 한다는 생각이 든다.

그래서 우리는 또다시 기본권들에 대해서, 국민과 국가의 기본권에 대해서, 그리고 특히 그 자체가 기본권의 고유한 성질을 고려하여 내부적으로 질서지워진 그런 국가들의 기본권에 관하여 말하는 것이다. 그러한 국가란 독일 국민을 자기 자신과 그 성격에 대한 의식으로 이끌어간 국가사회주의적 국가이다. 우리는 모든 기본권들 중 가장 명백한 것, 즉 **자신의 존재**에 관한 권리에 근거를 두고 있다. 그것은 그 속에 **자결권 · 자위권** 그리고 **자위의 수단**에 대한 권리가 포함되어 있는 양도할 수 없고 영원한 기본권이다. 이와 함께 그것의 승인에 독일의 운명뿐만 아니라 유럽이라는 국제법공동체와 국제법 일반의 운명 또한 걸려있는 하나의 단순하고 명확한 법률적인 기본입장이 존재해왔다. 따라서 우리들의 법적 입장은 명백하고도 확실하다. 우리들은 일찍이 지구상의 어떤 민족도 더 훌륭하고 더 확고하게 가져본 적이 없는 법학적 조직체계 속에서 검증된 법적 기초(Rechtsgrundlage)를 가지는 것이다.

Ⅱ.

이러한 관점에서 우리는 과학적인 관점을 가지고, 그리고 실질적인 비판 속에서 국제법의 오늘날 상황을 올바르게 포착하고 평가할 수 있는 위치에 있다. 우리들의 고유하고 확고한 관점에서부터 우리는 우리가 마주치는 법학적 논증의 세계와 조약과 협정 · 동맹과 협상의 거대한 구조 역시 법학적으로 통찰할 수 있으며, 이러한 바빌론탑*에 그 국제법사적인 위치를 지정할 수 있다.* 오늘날 국제법의 이론과 실천에서 발생하고 있는 거대한 정신적인 투쟁 속에서 우리는 상대방의 입장을 올바르게 인식하고 평가할 수 있고, 또 우리들 자신의 정신적 입장을 명확하게 결정하고 확고하게 유지할 수 있다.

이러한 우리들의 관점으로부터 볼 때 최근에 우리들에게 직접적으로 이어진 시대에 전개되어 온 국제법은 어떻게 나타나는가? 국제법의 가장 최근의 시기는 1919년 파리평화회담의 해로부터 1933~34년 — 일본과 독일이 국제연맹에서 탈퇴하고 볼셰비키 소련이 가입했던 해들 — 까지라고 할 수 있다. 이 시기는 주목할 만한 **국제법의 외면적 번성***으로 특징지워진다. 1919년 파리교외조약(die Pariservorortverträge)*과 관련하여 많은 회담과 위원회를 가진 「국제연맹」(Völkerbund)이 가능하게 되고, 또 게다가 중재재판소들, 열 두 개의 혼합 중재재판소들, 그리고 무엇보다도 하나의 상설국제재판소가 기능하게 되었다는 사실에 의해 **국내적** 법운영(Rechtsbetrieb)에 많은 유사점을 가진 하나의 **국제적 법운영**이 발생하였다. 그러한 사실은 국가 내부에서 실증주의가 성행했던 한 세기 동안에 법학과 법원실무의 방법 · 법학의 방법 · 주석의 방법 · 판결의 방법 그리고 법학적 · 실증주의적 논증의 방법에 대해 발생했던 많은 일들이 앞으로는 단순히 국가내부적 법생활로부터 국가 간의 국제적 법운영 속으로 이전한다는 그릇된 관념으로 사람들을 이끌어 갔다. 사람들은 실제로 법의 본질을 강제가능성에 있다고 보는, 그리고 특정한 국가의 **내부에서** 전개될 수 있었던, 19세기 전체에 걸쳐 특징적이었던 **실증주의**(Positivismus)를 법의 「일반적인」 방법으로서 국가 간의 법률관계에 이전시키려고 시도해 왔다. 그것은 실증주의적인 강제의 사고의 한 세기가 경과한 후에는 명백한 것이었으며, 심리적으로도 이해할 수 있는 것이었다. 소송이 제기되거나 다소간 소송과 유사한 절차가 제기된 곳에는, 또한 언제나 어떤 종류의 법률학 역시 발전한다. 변호사 · 판사 · 주석자 · 감정인 · 규약 · 판결례 · 선결 등과 더불어 사법유사적(justizähnlich) 작업이 진행되는 곳에는 법학의 체계가 생기는 것 같다. 그리고 나서, 기꺼이 아직 결여되어 있는 집달관의 역할을 하고 「집행인」*이 되는 국가들도 또한 나타날 것이다. 그것이 최근 50년 동안의 국제법학의 그런 외면적 번성에 대한 출발점이자 외적인 설명이다. 그 외면적 번성은 판결들, 국제연맹의 간행물들, 다소간 공식적인 결의들, 그리고 그 양을 아직도 개관할 수 없는 엄청난 문헌들의 집적 속에 나타나 있다. 이러한 책과 논문과 정기간행물과 같은 수많은 문헌에 의해 정신을 잃지 않는 사람은, 세계사에 있어서 최근의 50년 동안만큼 많은 국제법이 존재한 적이 없었다는 것을 반드시 확인할 것이다.*

이러한 국제법운영의 성질과 관련하여 또한 그에 적합한 이론이 나왔다. 그 이론의 「학파」는 빈에서 나왔다.* 그 이론은 「순수한」 법학이고자 하였다. 그러나 그럼에도 불구하고 법을 순수한 강제규범으로 완전히 실증주의적으로 파악하였다. 그 학파는 국가주권의 개념에 대항하여 싸웠고, 그 구조의 정상에는 국제규범이 존재해야만 하는, 규범적으로 사유된 법의 일반적인 단계구조*를 위하여 분투하였다. 그것은 국제법공동체를, 구체적으로 존재하는 국민들의 구체적인 질서가 국제법 공동체 속에 존재하도록 구상하는 것이 아니라, 역시 규범주의적으로 사유된 「헌법」(Verfassung)을 가진 규범체계로서 구성하였다. 그 헌법의 「근본규범」은 「**약속은 지켜져야 한다**」(Pacta sunt servanda)라는 명제라고 한다.[2)] 예컨대 **사정변경의 원칙**(Clausula rebus sic stantibus)이나 중대한 이익의 유보와 같은, 상황에 따라 중요할 수 있는 것 모두는 그들에게는 의심스러운 것이었다. 사람들은 그것들 대신에 「계약의 신성함」, 즉 강제명령(Zwangsdiktate)에 대해서 말했다.* 이러한 모든 문헌을 주의깊게 살펴본 사람은 실증주의가 단지 우연적이고 일반적으로 1919년에서부터 1933년까지의 이러한 외면적 번성의 시기에 속하는 것이 아니라, 또한 정치적으로도 이러한 외면적 번성 속에서 전개된 모든 경향들에 실제로 합치한다는 것을 확인하게 된다. 이러한 종류의 법이론의 성과는 확실히 그것의 법학적 논증의 힘이나 학문적인 반발의 불가능성에 근거한 것은 아니다. 그것은 특정한, 베르사유의 제국주의를 신성화하는 세계관과 그 세계관에 속하는 평화주의적이고 자유적 · 민주적인 정치적 주의가 지배하고 있다는 것으로부터 전적으로, 그리고 결정적으로 설명된다. 그리고 독일 대학들에서의 국제법의 교과운영도 대부분 이러한 성질의 외면적 번성에 의해서 결정되었다. 원래는 평화주의자가 아니었던 독일의 많은 국제법학자들도 이러한 사고방식을 따랐다. 그러나 몇몇 예외를 제외하면 유감스럽게도 전체적인 독일의 국제법학은 더욱 작은 국민들, 예컨대 이러한 관점에서 볼 때 특히 뛰어난 헝가리처럼, 통일적으로 현혹되지 않은 법감정의 동일한 확실성을 가지고 진정한 정신적인 자위 속에서 스스로를 지켜왔다고 말할 수는 없다.* 이러한 15년 동안에, 독일과 같은 위대한 민족에게는 체면에 맞지 않는 것이기 때문에 우리들이 오늘날 기꺼이 잊어버리고자 하는, 정신적인 예견이 결여된 문서들과 가장 슬픈 종류의 논문들이 나왔다.[3] 독일이 가지는 세계사적인 의미를 가지지 못한 작은 국가 속에서도, 그 국가가 국가로서 존재하는 한 이들 문헌들 중의 많은 것들은 나오지 못했을 것이다.

15년 간의 외면적 번성의 모습은 우리들에게 엄청나게 확대되고 과학적이며 실제적인 국제법의 운영으로 나타난다. 우리가 이러한 운영을, 이러한 운영이 입각하고 있는 법적 **실질**에서 측정한다면, 놀랄만한 불균형(Mißverhältnis)이 나타난다. 모든 휴머니즘적인 이데올로기와 세계관적인 평화주의에서는 항상 **실증적인** 국제법이 중요하며, 법학은 오로지 그 대상인 법이 강제규범일 뿐이며 다른 아무것도 아니라는, 실증적 · 법적인 학문으로 남는다는 것이 강조되었다. 규범주의적인 「순수법학」에 대해서 말하는 모든 법학자들은 자연법을 거부하였으며, 「실증주의자」라는 사실에 큰 가치를 두었다.

그러면 이러한 국제법 운영의 구조가 그것을 기반으로 하여 발생한 실증적 토대라는 것은 무엇인가? 그리고 아주 엄청나게 확장되고 이론적으로나 실증적으로 아주 확대된 이러한 국제법 운영의 기초가 되는 정의의 실질(Gerechtigkeitssubstanz)과 법의 내용은 실제로 무엇인가? 이런 단순한 질문을 제기하면 바로 하나의 현저하고 놀라운 **불균형**이 드러난다. 이러한 실증주의적인 법운영의 「실정적인」 기초는 다른 파리 교외 조약이 부속된 베르사유조약이다. 이 조약은 진정한 법사상과 창조적인 법이념과는 거의 아무런

---

2) A. Verdroß, Die Verfassung der Völkerrechtsgemeinschaft, Berlin 1926.

3) 이에 관하여는 H. Barandon의 우수한 논문 Weltfremde Völkerrechtswissenschaft, in Zeitschrift Völkerbund und Völkerrecht, Juli 1934를 참조.*

관련도 없다. 그것은 미래지향적이고 여하튼 법형성적인 새로운 이념을 가지고 있지 못할 뿐만 아니라 또한 명백한 불법조약이다.* 오늘날 그것은 조약도 아니며 더구나 평화조약도 아니라는 것을 나타내주는, 베르사유의 이른바 「평화조약」에 대한 충분한 비판적인 언명과 진술들이 존재한다. 그것은 **조약**이 아니며 고작해야 특히 난폭한 **지령**일 뿐이다. 그것은 아무런 진정한 평화의 사상을 가지지 못하며, 그의 위계적인 전쟁배상(제231조)*과 일방적인 군비축소(제42조~44조)와 독일의 무장해제(제5부)로써 **불화**를 만들고 있다. 왜냐하면 그것은 내부적으로 평정되지 못한 상황을 안정화시키려고 하기 때문이다. 라프(Raab) 교수가 발간한 우수 논문의 편집은 이러한 베르사유 문서의 부당성과 자기모순을 상세히 설명하고 있다. 빅토르 브룬스 교수 역시 간략하게 윌슨의 14개조*가, 그것을 근거로 1918년 11월 독일이 그 무장을 양도했던 조약적 근거라는 것을 지적한다.[4] 만약 14개조가 단지 힘과 명령에 불과한 것이 아니라 법과 조약이어야 했다면 그것들은 모든 그 이상의 협정을 체결했을 것이다. 그것들은 기초와 조건으로서 통용되어야 했으나 베르사유조약에서 완전히 경멸적인 방식으로 손상당하고 무시당했다. 이 정도의 설명이 있었으면 더 이상 이 조약의 자기모순과 내부적인 부당성에 관하여 상세하게 말할 필요는 없다. 그것은 거의 모든 조항에 독일에 대한 고의적인 모욕과 폄하, 멸시를 담고 있어서, 오늘날에는 이미 많은 중립국들에게 있어서는 자극적이기는 하지만 보통에도 못 미치는 순전한 읽을거리에 지나지 않는다. 이 문서를 앞에 두고서도 15년이란 긴 세월동안 거대한 국민*이 그러한 정도의 인내와 억제를 지켰다는 것은 놀랄만한 일이다. 나는 직업상의 이유로 여러 해 동안 이 문서와 관계를 가져왔던 국제법학자로서 베르사유의 문서와 다른 강제문서를 연구함에 있어서 점점 더 강하게, 그리고 거부할 수 없게 나에게 떠오르는 하나의 생각을 숨길 수 없다. 그 생각이란 우리가 희망하는 것처럼, 나중의 어느 때인가 진정한 유럽의 화해가 이루어지고, 평화의 신념으로 가득 찬 모든 국민이 이러한 평화의 신념과 정조가 자극적인 글들과 팜플릿에 의해 방해받고 위험을 당하도록 하지 않겠다는 확고한 의지를 갖는다면, 평화의 보장이 위임된 그런 정권들이 기꺼이 베르사유 「조약」의 연구를 장려하지 않을 것이라는 생각이다.

저 국제법 운영의 외면적 번성의 기초가 되는, 국제법적 상황의 진정한 핵심은 역사적인 비교를 통해서 가장 잘 알 수 있다. 즉, 1815년 승리를 거듭한 유럽의 강국은 25년간의 동맹전쟁에서 패배하였으며, 밑바닥에 깔린 프랑스는 프랑스의 주권을 존중하는 정당한 국제법적 질서를 발견하였다. 이 질서는 한 세대 이상에 걸쳐 정치외적으로 유럽의 평화를 보장하였으며, 전후(戰後)의 베르사유 방식과 같은 허황된 국제법운영을 초래하지는 아니하였다.* 1871년 승리한 독일 제국은 패배한 프랑스를 곧 다시 주권국가

4) 1934년 7월 4일 베를린에 있는 독일 정치대학에서 행한 「국제법과 정치」에 관한 강연. 프리츠 라아프(Fr. Raab)에 의한 출판은(호르네퍼[R. Horneffer], 슈베르트페거[B. Schwertfeger]와 트람플러[K. Trampler]의 논문과 함께) 「베르사유조약의 의무부과와 집행에 있어서 조약의 흠결」(Die Vertragsverletzungen bei Auferlegung und Ausführung des Diktats von Versailles), Berlin 1934이라는 제목으로 이루어졌다.

로서, 그리고 국제법공동체의 완전한 일원으로서 대우하였으며, 어느 누구도 그 패배자의 공권을 박탈하거나 지속적으로 무장을 해제시키거나 비주권적 국가로 대우하는데 대해서 생각하지 않았다.* 그러나 상당히 오랫동안의 평화시대가 여기서 시작되었지만, 1871년 이후에도 국제법의 새로운 시대에 대해서 얘기된 바는 없이 하나의 거대한 운영이 행해졌다. 그리고는 이제부터, 내부적으로 부당하고, 패배자에 대한 학대와 멸시에 있어서 전 역사상 일찍이 그 유례를 찾아볼 수 없는 그러한 문서를 기초로 하여, 새롭고 찬란한 국제법과 국제법학의 시대가 시작되어야만 한다는 것인가? 명령된 강제규범들의 부당성이란 것은 너무나 커서, 법적 실체(Rechtssubstanz)의 위축과 규범의 확장(Normeninflation) 간의 인과적인 관련을 그것만으로써도 알 수 있게 된다.

Ⅲ.

이러한 법적 기초와 그것에 근거하여 도달한 실증주의적인 법운영 간의 불균형은 엄청나다. 우리 독일 사람들은 유형적인 부당함과 법적인 외면상의 번성 사이에 있는 그와 같은 내부적 모순에 대해 어떤 태도를 취해야 할 것인가?

이 점에 대해서는 여러 가지 대답이 있을 수 있고 또 주어졌다. 가장 비근한 대답은 모든 국제법과 이와 같은 법운영 전체를 오류로서 또는 기만으로서 배척하고, 국제법의 법적 성격을 일반적으로 부정해 버리는 것처럼 보인다. 그렇게 함으로써 사람들은 그 강령에 따르면 국제법이 — 입법자가 없기 때문이건 법관이 없기 때문이건 — 아무런 법도 아닌 그러한 전전(戰前)의 강령(Vorkriegsthese)으로 돌아가 버릴 것이다. 그러면 이제 사람들은 국제법의 팽창과 법적 실체의 위축과의 관계에서 옛날의 부정의 강령(Leugungsthese)*에 대한 하나의 새로운 논거를 발견할 것이고, 그것의 도움으로 1907년의 필립 초른(Philipp Zorn)*의 입장으로 돌아갈 것이다. 그 밖에도 아주 흥미있는 국제법 교과서가 1933년에 이러한 방식으로 출판되었고, 이미 그 기본 강령은 국제법이 아닌 「대외 국가법」(Außenstaatsrecht)이라는 표제로 암시되었다.5)

나는 이러한 대답을 정당한 것으로 보지는 아니한다. 뿐만 아니라 그것은 나에게는 핵심에 있어서 **반동적인** 것처럼 보인다. 왜냐하면 그것은 역시 그것이 법을 하나의 순전한 강제규범으로 전락시키기 때문에 우리가 대항해서 싸우는 그 실증주의적인 정신으로부터 나오기 때문이다. 그리고 이러한 법개념은, 그것이 커다란 강제가능성을 가졌고 새로이 획득되는 것을 추구하기 때문에 정당성을 가졌다고 주장되는, 바로 그 베르사유적인 측면에서 오늘날 우리들에게 받아들여지기 때문이다. 우리가 오늘날 하나의 기만적인 외면적 번성으로 간파하는 것, 그것은 바로 국가 내부의 실증주의적인 법운영의 방법을 국가 간의 상황에, 그러한 이전이 금지되어 있음에도 불구하고 그릇되게 이전함으로써

---

5) Ludwig Schecher, Deutsches Außenstaatsrecht, Berlin 1933. 이에 관한 비평은 E. Tatarin-Tarnheyden, in der Zeitschrift Völkerbund und Völkerrecht, August 1934 참조.

발생하였다. 이러한 이전은 사정에 따라서는 가능할 수도 있다는 것이다. 우리가 실증주의적 사고방식으로 국제법을 거부해버린다면, 우리는 이러한 실증주의도 양도해버리는 것이 되고, 실증주의에게 앞으로는 항상 논란의 여지가 있는 국가 내부적 규범들 대신에 국제적으로 명령된 규정들과 강제 규범들을 증거로 끌어댈 수 있는 이른바 자유로운 수단(die freie Hand)을 부여하게 된다. 이러한 강제명령들에게는, 그것들을 「실정법」이라고 함으로써 강제가능성이 주어진다. 동시에 반대로 사람이 강제와 폭력을 행사한다는 사실로써 실증주의의 법개념(법=강제할 수 있는 규범)이 실현되고, 그리고 폭력적인 국가가 심판의 실행자와 집행자로 높여진다. 법실증주의(juristischer Positivismus)는 강제와 힘을 법의 표지로 만든다. 우리는 이러한 성질의 실증주의에 대해서 어떠한 종류의 환영을 나타내서도 안 되고, 따라서 이 첫 번째의 대답을 거부하는 것이다.

마찬가지로 명백한 두 번째의 대답은 「자연법」이나 「초법률적인」 도덕에 호소하는 외에도, 베르사유조약이라는 법을 「예전에는 실정법이었던 것」(nun einmal positives Recht)으로서 인식하는 것을 지향한다. 그 때에 우리는 법으로부터 나와서 그것이 「단순히 이성법적」이거나 또는 「단순히 도덕적」이거나 간에 허구적이고 만들어낸 언명으로 들어간다.* 그러한 일은 예컨대 발터 쉬킹(Walther Schücking)*이 국민의 자주적 결정권에 대해서 행한 바 있다. 쉬킹은 평화주의자로서 그리고 민주주의자로서 베르사유조약의 부당성을 인식하였다. 그러나 그는 법률가로서 비도덕적인 법으로부터 법외적인 도덕으로 옮아가는 것 외의 다른 수단을 보지 못하였다. 총통이 1933년 10월 3일에 있었던 라이프치히의 법률가대회에서 행한 연설에서 가장 웅장한 방식으로 온 정력을 다하여 거부했던 것은 바로 이러한 법과 도덕의 구별이었다.* 우리의 법 개념은 정의와 도덕에 분리될 수 없게 결합되어 있다. 우리는 어떤 규정이나 조약규범의 실정법을 그에 어울리는 사물의 실질적인 법으로부터 떼어내지는 아니한다. 우리들은 느슨한 규범성을, 그 상황에 그 규범성이 적용되어야하는 그러한 실제적인 상황의 질서나 무질서로부터 분리시키지 아니한다. 추상적인 이성적 또는 자연법적인 요청 속으로의, 유토피아적인 도덕이나 법 속으로의 이러한 출구(出口) 역시 우리들은 거부한다. 우리들에게는 법과 불법만이 있을 뿐이며, 정당하지 못하고 비도덕적인 법은 우리들에게는 법이 아니다.

끝으로 세 번째의 대답은 볼셰비즘적이고 니힐리즘적이다. 그 대답은 우리가 단순하게 유럽 민족의 범위의 바깥에 위치한다는 것을 지향한다. 한 볼셰비즘의 국제법학자는 그것을 매우 주목할 만한 책 속에서 제시하였다.[6] 예컨대 예전에는 회교도와 기독교도 사이에 아무런 국제공동체나 평화가 존재하지 않았으며 오직 휴전만이 존재했던 것처럼,* 공산주의적 · 볼셰비즘적인 소비에트 국가와 그와는 다른 성격을 가진 자본주의적 자유국가들 간에는 그에 따라 요컨대 아무런 국제법적인 공동체가 존재하지 않으며, 단지 휴전만이 존재한다는 것이다.

그 볼셰비즘 국제법학자가 소련이 국제연맹에 가입한 이후에도 이 견해를 어느 만큼이

6) E. A. Korowin, Das Völkerrecht der Übergangszeit, Deutsche Ausgabe, Berlin 1929.

나 유지할 것인가 하는 것은 하나의 공공연한 의문이다.* 여하튼 나는 그것을 우리가 오늘날의 국가사회주의적인 독일에서 제시할 수 있는 대답으로 여기지는 않는다. 우리는 유럽 국민들의 법공동체에 속한다. 우리는 너무나 필수적으로 그것에 소속되어 있어서 우리들 없이는, 또는 실로 우리들에 반해서는 유럽의 국제법도 존재하지 않는다. 우리들은 이러한 유럽 국민들의 공동체로부터 추방당하거나「파문될」수 없다. 그것이 어떠한 국가에 의해서 또는 어떠한 국가연합에 의해서 이루어지는가는 관계없이, 우리를 추방하려는 모든 시도는 그것의 제창자에게로 되돌아갈 것이다. 그것은 모든 국민이 가지는 존재와 존중에 대한 기본권을 부정하고, 유럽공동체의 토대를 파괴하고 그와 더불어 결국 유럽의 국제법 일반을 파괴한다. 독일 국민을 파문하려는 자는 오직 자신을 파문시킬 뿐이다.

Ⅳ.

우리가 동등한 권리부여에 대한 우리의 권리를 유효한 것으로 만든다면, 우리는 우리의 실질적이고 훌륭한 권리에, 우리들의 존재에 대한 기본권에 의지하는 것으로 된다. 그로부터 우리는 우리들과 관계가 있는 국제법적인 문제에 대한 해답을 제시한다. 모든 국제법공동체의 기본권으로서의, 자신의 존재에 대한 권리라는 이러한 관점 위에서 우리는 또한 모든 항변을 법적으로 물리칠 수 있다. 우리들의 관점이 지니는 법적 우월성은 우리가 우리에게 부과되고 있는 강제규범 체계의 **내부적인 모순**과 **내부적인 자기파멸**을 인식하고 통찰한다는 점에 있다. 이것은 법적인 의미에서 완전히 결정적인 것으로, 결코 단순한「부정적인 비판」이나 허약한 궤변이 아니다. 현상유지라는 베르사유의 합법적인 체제는 아무런 내적인 이론적 일관성을 가질 수 없고, 가장 필수적인 조항들은, 자체 내에 모순을 가지지 않은 규범체계의 형태에서건, 아니면 생존의 능력을 가진 제도 속에서건, 그 자체 내에서 통일적이고 법적인 세계(Kosmos)로 구성하는 것조차 불가능하다는 것은 오늘날 법학적으로 정확하게 밝혀지고 있다.「법」이란 것은 강제적 협박의 임의적인 총계가 아니며, 일련의 총괄된 명령과 지시도 아니며, 그 본래의 내부적 논리와 일관성을 가지고 있다. 그것은 법으로서 하나의 특정한 논리와 일관성을 가지고 모순 없는 전체와 구체적인 평화질서로 발전해나갈 수 있다는 점에서 자기를 증명한다. 또 그러한 점을 통하여 그것은 인류를 설득할 수 있고, 구체적인 법내용의 법적 성격에 대한 신뢰를 이끌어 낼 수 있다. 그런 것이 없다면 명령된 조항들이나 조약규범들의「순간적인 효력」은 곧 사라져 버린다. 베르사유체제는 바로 이러한 내부적인 유기적 일관성, 따라서 진정한 법적 성격에 대해서 무력한 것으로 증명되었다. 우리가 오늘날의 국제법 상황을 자세히 살펴보는 데 있어서 기초로 삼았던 팽창된 국제법운영의 외면적 번성은 급속히 쇠퇴하고 있다. 그것은 언제나 법적인 무(Nichts) 앞에 놓인 낡아빠진 무대로 보이고, 내부적인 혼란과, 아무런 법원칙의 혼도 깃들어 있지 아니한 부당한 강제규범의 복합물이 지닌 죽은듯한 공허함 위에 덮어놓은 속이 들여다 보이는 베일로 보인다.

베르사유조약의 **전쟁배상조항**(제231조)은 그 조약의 강제규정에 도덕적이고 정당한 근거를 부여하려고 하였다. 그러나 허구적 전쟁배상은 또한 그 미묘한 법적 형식에서 이미 오래 전에 붕괴되었고 포기되었다.7) 그래서 허구적 전쟁배상의 포기가 진정한 법적 질서의 결여를 표시하는 것과 마찬가지로, 이러한 조항이 있다는 사실은 진정한 법적 실질이 법적으로 요구되고 있다는 것을 스스로 증명하고 있다.

베르사유체제가 진정한 법제도의 가치를 부여해야만 했던 제네바 국제연맹이, 하나의 진정한, 법적 **개정가능성**(die Revisionsmöglichkeit)을 만들어 낼 수 없다는 것은 더욱 더 특징적이다. 국제연맹규정은 제19조에서 개정절차를 도입하려는 신중한 시도를 포함하고 있다. 이러한 시도도 또한 원칙적인 의미를 가지는 것이다. 왜냐하면 그것은 진정한 개정과 해결의 가능성(Revision=und Aufassungsmöglichkeiten)이 없이는 어떠한 국제법 공동체도 존재하지 않는다는 인식을 포함하고 있기 때문이다. 모든 질서에는, 그것이 단지 국가들과 국민들의 외부적인 형평에 지나지 않는다 할지라도, 어떤「정상적인」, 내부적으로 권리가 주어진 분배원리*의 구체적인 관념이 속하고 있다. 예컨대 국민의 자결권이나 다른 정당성의 관점과 같이, 하나의 사물이 내용을 이루는 적법성 없이는 어떠한 국제법공동체도 존재할 수 없다. 만일 그런 것이 없다면 그것은 아마도 1919년 6월 28일(베르사유조약 조인일)의 세계사적으로 볼 때 자의적인 그 어떤 날짜의 상황을 영구화하려는 발작적인 시도 외에 아무것도 아닐 것이다. 어째서 세계사가 꼭 1919년 6월 28일에 갑자기 정지해야만 하며, 어째서 그것이 바로 법이어야만 하는가? 이러한 단순하고 또 법적으로 결정적인 질문에 대해서 전체 베르사유체제는 법적으로 만족스러운 어떠한 대답도 줄 수 없다. 하나의 개정가능성을 만듦으로써 사람들은 개정문제의 법적인 중요성을 승인하였으며, 실효적인 개정가능성이 없이는 어떠한 살아있는 법도 존재할 수 없다는 것을 인정하였다. 그러나 동시에 사람들은 곧 다시 이러한 길과 출구를 막고 차단하였다. 자기 모순은 명백하다. 혼란하고 평화롭지 못한 15년 동안 한 번도 제19조에 규정된 이 개정가능성이 실제로 사용된 적이 없었다. 1921년에 볼리비아가 행했던, 그리고 1929년에 중국이 행했던 몇몇 무력한 시도들은 최초의 단계에서부터 이미 좌절되었고,* 오직 국제연맹규정의 개정조항의 실제적인 무의미성을 증명하였을 뿐이다. 이처럼 사람들은 아무런 법적인 성장가능성도, 그리고 자연적인 생명의 전개도 허용하지 않는 하나의 엄청난 법적인 조약규범체계를 만들어 내었다. 그 조약규범체계는 법으로부터 어떤 특정한 시점을 영구화하는, 또 실로 가장 부당한 시점을 영구화하는, 그리고 맹목적인 증오와 무절제한 자기만족적인 복수심이 승리를 얻은 시점을 영구화하는, 생명과 발전에 적대적인 문서를 만들어 내고 있다.

또 마찬가지로 진정한 평화의 기초가 없이 **전쟁예방체제**를 창출하려는 시도도 좋지

7) H. M. Beheim-Schwarzbach, Der Kriegsschuldartikel des Versailler Vertrages (Völkerrechtsfragen Heft 41), Berlin 1934.

못한 상태에 있다. 모든 실증적으로 의미깊은 조정 · 중개 · 협상 · 중재재판 조약들(Beilegungs=, Vermittlungs=, Vergleichs=, und Schiedsgerichtsverträge)의 핵심에는 모든 불가침조약(Nichtsangriffspakt)의 핵심에서와 꼭 마찬가지로, 침략자의 정의*에 대한 문제가 존재한다. 오늘날 침략자에 대한 정의는 항상 침략자를 결정하는 권능의 문제로 귀결된다. 이른바 「자동적인」, 즉 예컨대 1924년의 제네바 의정서처럼 어떤 규범적인 규정을 자동적으로 적용함으로써 나오는 침략자에 대한 결정도 오래된 물음, 즉 **누가 판결을 내리는가**(Quis iudicabit)* 하는 물음에 이르게 된다, 조약 위반이 존재하는지, 비무장지대가 침해되었는지, 로카르노 협약(Westpakt von Locarno)의 보장자인 영국과 이탈리아가 개입해야 하는 지에 대해서 누가 결정을 내리는가? 모든 강대국, 특히 영국은 각각의 보증인 **자신이** 결정을 내린다는 것을 항상 재차 강조하고 있다. 이와 같이 누가 침략자인가 하는 물음에 대한 대답은 요컨대 많은 불가침협정 — 그 자체 하나의 구체적인 **침략자** 개념을 전제로 하는 — 에서 구체적인 경우에 스스로 결정을 내릴 수 있는 모든 강대국의 손 안에 있다. 그러므로 그러한 「불가침협정」의 효과는 — 왜냐하면 모든 강대국은 **스스로** 누가 침략자인가하는 점에 대하여, 그리고 불가침협정이 적용되어야 할 경우가 존재하는가 그렇지 않은가 하는 점에 대하여 결정하기 때문에 — 단지 **전쟁을 합법화하는 것**에 불과하다. 강대국의 결정이 미치는 침략당한 약소국에게는 그의 권리를 원용할 법적 가능성이 주어진다. 여기에 어떻게 이러한 실증주의적인 합법화가 실제적이고 실질적인 권리의 마지막 잔재물을 파괴시키는가 하는 것이 가장 잘 나타난다. 침략자에 대한 모든 법적이고 실증주의적인 가정과 의제가 **항상 약소국과 무장해제를 당한 나라의 부담**으로 된다는 것은 우연이 아니다. 우리는 베르사유조약 제42조가 비무장지대를 규정하는 것에서 침략자에 대한 그러한 법적 의제(擬制)의 끔찍한 예를 이 조약으로부터 찾을 수 있다. 독일이 비무장지대를 침해하는 경우에는 제42조에 따라 그것이 「국제평화의 교란」으로서 간주되고, 베르사유조약에 서명했던 27개국 각각에 대한 침략으로 간주된다. 일요일 오후 뒤셀도르프에서 군악대가 공연을 한다면 그것은 제42조의 악의적인 「해석」 규정에 따라 법적으로 샴(Siam)*과 포르투갈에 대한 「침략」으로 된다. 그러나 프랑스인이 완전히 현대적으로 무장된 군대로써, 탱크와 대포를 앞세우고 독일의 루르 지방에 진주해 들어온다면, 그것은 「법적으로」 아무런 침략이 아니고, 하나의 「평화적인」 조치이다! 법률적인 레테르가 붙어있는 이러한 체제는, 모든 법을 파괴하고 국제법의 명망을 파기하며 진실한 국민들이 발견한 법경험의 마지막 잔재물을 뿌리 뽑고 말 것이다. 『평화의 수호자』(Friedenswarte) 1932년 1월호에서 유명한 제네바의 평화주의 국제법학자인 한스 베베르크(Hans Wehberg)* 교수는 상하이에 대한 일본의 행동이 — 그것의 전문적인 근거에 대해서는 여기서 판단할 수 없지만 — 「법적으로」 「평화적인 조치」라고 주장하였다. 그는 그것에 대해서 말 그대로, 그것이 물론 「커다란 혹은 작은 범위의 전투」가 수반된 것이긴 하지만, 「커다란 혹은 작은 범위의 전투」 역시 「평화적인」 조치일 수 있기 때문에, 법적인 의미에서의 전쟁개념이 그러한 전투에 미치지는 아니한다고 말하였다.*

그렇게 해서 인류가 갈망하는 평화가 가장 처참한 사건에도 붙일 수 있는 하나의 법적인 레테르로 된다. 그러한 방식으로 법개념을 혼란시키고, 결코 인간적이지 못한 시니시즘으로써 바로 **평화** 개념의 위조물을 국제법과 국제법학으로서 내어 놓는다는 것은, 확장된 국제법 운영의 외면적 번성 속에 이미 들어 있었다. 이러한 성질의 법학을 가지고서는 오늘날 전쟁이란 무엇인가에 대해서 알 수 없다. 유명한 미국의 국제법학자 보차드(Borchard)*는 이따금씩 1928년의 켈록 조약에 의한 전쟁의 「추방」에 대하여, 이 조약이 전쟁의 추방인지 아니면 단지 「유보」된 전쟁의 합법화인지 하는 의문을 제기하였다.[8] 그 의문은 전체 베르사유의 「전쟁예방체제」에 대하여 일반적으로 정당하고 유효한 것이다. 그러한 성질의 국제법의 힘으로써는 무엇이 진짜 전쟁이고 무엇이 진짜 평화인지를 법적으로 결말지을 수 없다. 법적인 질서는 법적 의제들에 의해 혼란을 받게 된다. 정치적이고 법적인 실재성(Wirklichkeit)의 상부에는 관계가 없고 허구적인 규범의 구조가 펼쳐져 있고, 그것에 의해서 모든 개념들은 의미결여적 · 상황결여적으로 되며, 서로 존중하는 국민들의 평화적이고 정의로운 공동생활(Neben=und Miteinander Leben)의 구체적인 질서에 대한 모든 구체적인 관련은 사라진다.

V.

오늘날 전세계는 날로 두드러지는 이러한 일반적인 자기분열을 직감적으로 느끼고 있다. 사람들이 베르사유조약과 1919년의 상황을 토대로 하여 건설하려고 했던 실증주의적인 체제가 어느 정도로 연약하고 정신적으로 파산상태에 있는가 하는 것은 엄밀한 국제법학이라는 방법에 의해서도 증명된다. 최근 수 십 년 동안에 평화의 보장을 위하여 설계되고 만들어진 수백 개의 규범들은 진정한 법적 실질이 결여되어 있기 때문에 공허한 것이 되었다. **약 30년 전부터 처럼 국제법의 역사상 아직 그렇게 많은, 그리고 그렇게 근본적인 「유보」가 존재했던 적이 없다**는 것은, 현재의 모든 국제법학적 관찰에 있어서 중심이 되는 사실이다. 또 1899년의 제1차 헤이그 평화회담에 대해, 무언가 이상하고 전적으로 정확한 것이 아닌 것으로서 조약과 해석의 구분에 있어 유보를 붙이는 것이 통용되었다. 또 1907년의 제2차 헤이그 평화회담*에 대해서 안칠로티(Anzilotti)[9]*가 밝혀낸 것처럼, 14개의 협정 중 12개가 유보되었고, 뿐만 아니라 총 28개국이 65개의 유보를 행하였다. 개별 국가가 다른 모든 국가들에 대해서 실제로 어떤 점에 대하여 의무를 지고 있는가 하는 것을 알아내기 위해서는 자주 특별한 연구가 필요하게 된다. 선택조항(상설국제사법재판소 규정 제36조)*에 가입함에 있어서 너무나 혼란스럽게 여기저

8) American Journal of International Law, 1929, S. 116 f.

9) Lehrbuch des Völkerrechts (deutsche Übersetzung von Cornelia Bruns und A. Schmid), Bd. I, S. 305.

기에 외면적인 유보가 존재하기 때문에, 모든 가입 국가가 다른 모든 기존 가입국에 대해서 가지는 법적 지위를 하나하나 엄밀하게 규정하기 위해서는 명민한 전문가의 거의 평생에 걸치는 작업이 필요할 정도이다. 수많은 규범화의 전경(Vordergrund)이 저 외면적 번성으로 전개되었던 것과 같은 정도의 양으로 배경 속에서는 많은 유보가 구축되었다. 그리고 그것이 더욱더 실증주의적으로 확대되는 만큼 이러한 규범체계의 구조는 내부로부터 공허하게 되었고, 그래서 껍데기만 남게 되었다. 켈록 조약에 대해서도 완전히 근본적인 유보(이른바 로카르노 조약의 영국적인 먼로 독트린*이라는 자위권 등)가 행해졌다. 오늘날 모든 중요한 집단적 조약에 대해서 이루어지고 있는 유보는 **단지 제한을 가하고 한정을 정하는 어떤 수정이 아니라** 조약에 일반적으로 비로소 그 의미와 내용을 부여하는 **실제적이고 의미부여적인 유보**이다. 정치적으로 중요한 조약은 이 유보에 의해서 비로소 그의 구체적인 법적 의미를 부여받는다.*

그것은 엄청난 수의 문서화된 규범화에 의해서, 평정되지 못한 토대를 기초로 하여 하나의 실증주의적인 규범체계를 건설하려는 시도의 실제적인 결말이다. 그 체제는 이러한 유보의 형태로 그 자신의 무덤을 지속적으로 만들어 내면서 내부로부터 스스로 파괴되었다. 그리하여 오늘날에는 이제 조약이 아니라 유보가 국제법의 진정한 내용을 나타내는 것이 되었다. 실증주의적 · 규범주의적으로 멸시를 당했던 **국제법상의 기본권들**은 저 실재적인 유보의, 특히 뿌리뽑을 수 없는 자위의 유보의 길 위에서 지극히 실효적으로 앙갚음을 했다. 그것들은 정당성이 결여된 법운영의 허구에 대한 그것들의 법적 우월성을 문서로써 인상 깊게 증명하였다. 카를 빌핑거(Carl Bilfinger)* 교수의 중요한 논문은 이러한 유보의 문제점을 법학적으로 해명하는 데에 지극히 주목할 만한 최초의 단서를 만들었다.10) 그러나 광명을 넓히고, 저 실재적인 유보의 영향력에 대한 인식을 국제법적인 생활 속에서 열매 맺을 수 있게 만들기 위해서는 더 많은 노고가 필요하다. 온 세계의 유보의 근본적이고 법적인 의미가 인식된다는 것, 그것은 내가 정치대학(Hochschule für Politik)에 다니는 모든 법학도와 정치학도에게 진심으로 권하고 싶은, 하나의 단순한 학문적 집중의 문제이다. 여기에 끊임없이, 자연적이고 역사적인 국민의 생활과 진정한 국제법질서의 기본권에 적합하게 될 수 없는 사이비 법적인(pseudojuristisch) 체제에 대한 더욱 더 강하고 파괴적인 반박이 발전하게 된다.

Ⅵ.

평정되지 못하고, 자체 내에서 질서잡히지 못한 국가적 상황 위에서 건설된 모든 규범체계는 실재적이고 의미부여적인 유보의 실행을 통하여 내부로부터 스스로 파괴되지

---

10) Zeitschrift für ausländisches öffentliches Recht und Völkerrecht, Bd. I 1930/31, S. 57-76에 수록된 정치적 법에 관한 고찰. 샤이트만(U. Scheidmann)의 괴팅겐 대학 학위논문 「국제법상 조약체결에 있어서의 유보」(Der Vorbehalt beim Abschluß völkerrechtlicher Verträge), Berlin 1934는 전적으로 불충분하고 「동떨어진 국제법학」의 한 예이다.

않을 수 없다. 그리고 베르사유체제, **제네바 국제연맹을 제도적으로** 보장하려고 했던 시도 또한 어떠한 자연적인 성장도 불가능하였으며, 그 자신의 내부에서 끊임없이 자기를 부정하였다. 미합중국이 제네바 국제연맹에 가입하지 **않기로** 결정했을 때, 이미 그것은 자신의 영혼*을 잃어버렸다. 왜냐하면 이 국제연맹의 생명은 윌슨과 그의 자유적 · 민주주의적 · 휴머니즘적인 이데올로기였기 때문이다. 윌슨은 제네바 국제연맹의 기초자로 남았다. 그와 함께 이 「연맹」은 연맹으로서의 생명이 없어졌고 죽어버렸다. 이미 1920년에 이러한 최초의 근본적인 변화가 일어났다. 그 변화는 사람들이 1919년 파리 평화회담에 의해 결정되고 규정에 따라 확립되었던 것과 같은 제네바 국제연맹과 1920년의 제네바 국제연맹을 도대체 더 이상 동일한 크기로 볼 수 없을 정도로 깊은 것이었다. 나는, 확실히 다른 측면으로부터이긴 하지만, 『땅』(Temps)지가 1934년 6월 29일자의 그의 사설에서 미국의 비준 거부에 의해서 베르사유조약 전체가 변조되었다("faussé", gefälscht worden)고 말할 때, 『땅』지가 전적으로 옳다고 생각한다.[11] 사실상 변조된 조약은 법적 의제 위에 세워진 국제법 운영의 기초가 되었다. 미합중국이 국제연맹의 구성원인가 아닌가 하는 점은 이러한 조직의 법적 본질을 근원에서부터 달라지게 하는 것이고, 그로부터 볼지라도 모든 공동체는 본질적으로 그의 구성원들의 성질과 성향에 의해 결정된다. 독일이 최근 15년 동안에 그 절망적인 상황에서 경험했던 보잘 것 없는 양의 객관성과 공정성은 제네바 국제연맹에 의해서가 아니라, 벌써 배상문제의 해결을 위한 시도와 결합된 이름인 도즈안과 영안(Dawes = und Young = Plan)*이 보여주듯이, 미국에 의해서 인정되었다. 그러나 제네바의 「공정성」은 이미 1920년에 「변조되었고」, 그 제도는 더 이상 자기 자신과 동일한 것이 아니었다.

두 번째의 변화는 당초에 전제되었던 **국제연맹 구성원의 자유적 · 민주적인 동질성**이 사라졌다는 사실에 의해 발생하였다. 여기서도 구성원의 성격이 공동체의 성격을 본질적으로 결정한다는 것이 나타난다. 최초의 국제연맹 구성원으로서 파시스트 이탈리아가 대중자유주의(Demoliberalismus)로부터 벗어났다. 그것은, 암암리에 항상 자유적 · 민주적인 동질성에 집착하고 있던 제네바 국제연맹의 비자유민주주의적 구성원으로 자신을 주장하기 위해서 강력한 저항을 극복해야만 하였다. 그러나 제2 인터내셔널과, 그것에 속하는 자유적 · 민주적인 이데올로기의 의지처이고 방벽이었던 국제노동기구(die Internationale Arbeitsorganisation) 내에서도 이탈리아는 자기를 관철시켰다.* 폴란드 · 유고슬라비아 · 오스트리아 · 터키와 같은 많은 다른 국가들은 자유적 · 민주적인 의미에서 통상적인 국가들과는 모두 다른 것들임에도 불구하고, 오늘날 국제연맹의 완전한 권리를 가진, 정상적인 구성원이다. 자유적 · 민주적인 동질성에 대한 이러한 포기에서 나는 제네바 국제연맹의 두 번째 변화를 본다.

마찬가지로 연속성과 동일성을 중단시키는 세 번째의 변화는 모두 국제연맹이사회의

---

11) 베르사유조약은 앵글로 · 아메리칸의 공고한 보장을 무너뜨릴만한 영향력을 가지고 있는 미국에 의한 비준이 없었다는 결과로 말미암아 그 본질과 중요성에 있어서 왜곡당한 것으로 생각된다.

상임이사국이었던 일본과 독일의 탈퇴에 있다. 네 번째의, 또 다시 근원적인 제네바 조직의 변화는 볼셰비키 러시아, 즉 소련이 하나의 「정상적인」 구성원으로서, 그리고 제네바 연맹의 상임이사국으로서 가입했다는 사실일 것이다. 왜냐하면 그것은 볼셰비즘을 하나의 「법적인 세계체제」로서, 그리고 「위대한 문명의 형식」으로서(헤이그 상설국제사법재판소규정 제9조와 비교) 승인하는 것을 포함하고 있기 때문이다.[12)]

제네바 조직은 15년 동안의 기간에 그의 법적 · 정신적 실질에 있어서 그 전제들과 그 결과들에 있어서 그렇게 이른바 물구나무를 서 있었다. 그것은 볼셰비키 소련에 대한 간섭 · 보이코트 그리고 공개적인 적개심과 더불어 시작되었고, 이제 이 소련이 완전한 권리를 가진 구성원으로서, 그리고 「지도적인」 강대국으로서 가입함과 더불어 끝난다. 제네바 국제연맹은 따라서 이제 더 이상 연맹이 아니며 진정한 공동체도 아니고, 오직 옛날 스타일의 연합, 1914년의 세계대전으로 이끌어 갔던 바로 저 동맹체제의 연합에 지나지 않는다. 그와 더불어 제네바 국제연맹에서 시도되었던 제도적으로 보장된 새로운 질서의 마지막 광명도 사라졌다.

결 론

베르사유의 실증주의적 · 규범주의적인 강제규범조직에 대한, 그리고 그 기초 위에서 건설된 국제법 운영에 대한 우리들의 비판은 본질적이고 학문적으로 깊은 근거를 가지고 있다. 오늘날 모든 사람은 법적인 합법화라는 얄팍한 겉치레의 뒤에 있는 비열하고 가혹한 성질의 폭력과 압제의 찡그린 얼굴을 알아낸다. 이 체제의 제도들과 꼭 마찬가지로 규범들도 아무런 내적인 정당성과 법적인 실질을 가지지 못하였고, 따라서 자신으로부터 아무런 법적 논리일관성이나 설득력을 전개할 수 없다.

유럽 국제법사상의 법적 실질은 오늘날 우리에게 달려 있다. 우리가 평등과 동등한 권리부여에 대한 우리들의 기본권을, 자신의 존재에 대한, 자결에 대한, 자위에 대한, 그리고 자위의 수단에 대한 우리들의 기본권을 유효한 것으로 만들 때에, 우리는 그 법적 실질을 효력 있는 것으로 만드는 것이다. 우리는 단순히 형식주의적인 법개념만은 아닌 법개념을 완전히 소유하고서, 법을 공허화하고 법의 생명을 박탈하는 실증주의적인 강제규범들의 체제에 대립하는 것이다. 우리는 실질적인 정당성을 포기해버린 법운영의 법적인 공전(空轉)을 통찰해왔으며, 법과 정당성이 서로 분열되는 것을 더 이상 허용할 수 없다. 우리는 오늘날, 순전히 강제에 입각한 명령과 오직 「실증주의적」이기만 한 폭력을 접합한 사물의 훌륭한 법으로부터 구별할 수 있다.

따라서 오늘날의 국제법적 상황에서의 우리들의 관점은 명확하게 한정된 것이다. 우리는 우리에게 적대적인 베르사유체제의 강력한 무장이나 무시무시한 강제수단에

12) 이에 관한 논문으로는 추밀원 교수 Frhr. von Freytagh-Loringhoven, Sowjetrußland und Völkerbund, in Deutsche Juristenzeitung, Juli 1934, S. 960 ff. 그리고 Carl Schmitt, in Völkerbund und Völkerrecht, August 1934, S. 263 f. 참조.*

속지 않는다. 또 그 죽어버린 실증주의의 폭력적인 의제에 대해서 정신적으로 굴복하지도 아니한다. 우리는 수많은 조약의 자구적(字句的)인 해석을 위한 변호인과 같이 다투지는 아니한다. 우리는 제네바 국제연맹에서 떠났으며, 상설국제사법재판소에 계쟁 중이었던 폴란드와의 두 개의 커다란 소송을 중단하였고, 폴란드 국가와 폴란드 국민에게는 눈에는 눈이라는 식으로 타협하였다.* 이리하여 우리는 평화롭지 못한 유럽의 실제적이고 공정한 평정을 향한 시초를 만들고, 단서를 열 준비가 되어 있음을 증명하였다. 우리는 추상적인 자연법 속으로 달아나는 것도 아니고, 세계에 대해 선전포고를 하는 볼셰비키 체제의 혼란스러운 자포자기 속으로 달아나는 것도 아니다. 우리는 단순하고 구체적인 법적 토대 위에 서 있다. 그 법의 기초는 유럽의 국민질서와 국가질서와 같은 어떤 것이 존재하는 한 항상 알 수 있었던 것이다. 이러한 법적 관점은 힘들이지 않고 이해할 수 있으며, 이론적으로 뿐만 아니라 실천적으로도 계속 더 진전된다. 그들의 훌륭한 의미는 실증주의적 · 형식주의적 구조와 의제와는 무관계한 인공성에 의해서 그 법사상이 아직 파괴되지 않은 모든 사람들에게 이해된다. 그 때문에 우리는 현재의 모든 권리박탈에도 불구하고 권리를 위한 우리들의 훌륭한 투쟁이 마침내 기필코 승리하리라는 것을 희망할 수 있는 것이다.

나치즘과 법치국가 (1934)*

독일법동맹과 국가사회주의(Nationalsozialismus; 나치즘) 독일 사법위원의 지도자이며, 법무장관이기도 한 프랑크 박사에 의하면, 우리들은 법의 봉사자이며 또 국가의 봉사자이기도 하여야 한다. 실제로 우리들은 그 양쪽이다. 「법치국가(Rechtsstaat)」라는 두 개의 단어로 이루는 말은 우리들 모두에게 많은 문제를 제시하는데, 그러한 문제는 법과 국가가 하나의 통일체를 형성하면서 역시 이중성을 가진다는 것에서 생긴다. 우리들은 법생활에 근거하여 살며, 법은 우리들의 생명의 요소이다. 그와 동시에 우리들은 국가에도 의무를 지고 있다. 따라서 법과 국가와의 적절한 관계를 인식하는 것이 우리들에게 중요하게 된다. 「법치국가」라는 형태로 말을 합성한 것은 — 동일하게 많은 합성어처럼 — 어떤 근본적인 문제의 해결에 불가결하기 때문에 더욱 나아가 그것을 인식할 필요가 있다.

국가질서란 차원이 다른 어떤 법 — 자연법, 신의 법, 역사적인 법, 미래의 법 등에 의거해서도 많은 국가는 그 기초가 침식될 뿐이다. 그렇다고 하여 우리들은 맹목적인 권력주의자는 아니다. 우리들은 법과 불법을 구별할 줄 알며, 비잔틴적이거나 국가절대주의적인 지향도 결코 가지고 있지 않다. 무엇보다도 우리들은 법과 자의를, 권력자에 의한 자의적인 단정과 재판소의 판결을 완전히 구별할 수 있다. 그 때문에 「법치국가」에 관하여 활발히 논의할 문제는 여전히 우리들에게도 관계되며, 「법치국가」라는 말을 단지 가지고 나오는 것만으로는 해결되지 않는다.

I.

그렇지만 문제에 대한 우리들의 관심은 일반적이며 이론적인 것에 그쳐서는 안 된다. 오히려 매우 절박한 동기를 가지는 것이다. 「법치국가」라는 말은 근래에 특히 나치스 국가가 성립한 이래 열띤 격렬한 논의의 적이 되고 있다. 어떤 하나의 말을 둘러싼 다툼은 대부분의 경우, 정치적 대립이나 권력투쟁의 징후이며 정치적 대립이나 권력투쟁이 말을 둘러싼 투쟁이라는 형태를 취하여 나타난다. 우리들의 독일법동맹의 지도자가 「법치국가」라는 말을 서술하면 — 커다란 집회나 회의에서 나는 자주 경험했는데 —

* Nationalsozialismus und Rechtsstaat, in: Juristische Wochenschrift, 63. Jg., Heft 12/13, 1934, S. 713-718.

반드시라고 할 정도로 매우 커다란 박수가 들려온다. 그리고는 여러 번 여기서는 물론 나치스적 법치국가를 문제로 삼으며 나치스적 원리를 파괴할 수는 없다는 것이 이어지는데, 때로는 박수에 가려서 사라져버리기도 한다. 「법치국가」라는 말과 개념을 둘러싼 투쟁은 자유 · 헌법 · 진보 등과 같은 19세기 자유주의운동의 **전매특허**가 된 것을 둘러싼 투쟁과, 동일한 정치적 의의를 가지고 있다. 나치스 국가는 「자유로운」 국가가 아니며 「헌법」도 가지고 있지 않다는 것을 모든 자유주의자는 자명한 것이라고 생각하며, 또한 나치스 국가는 법치국가가 아니라고 믿는다. [그러나] 내가 당신에게 말하려는 것은 라이히 의회의사당을 방화한 장본인인 룹베(Lubbe)*, 공산주의자 토르글러(Ernst Torgler)*나 그 동지들에 대해서 오랫동안, 그리고 우리들 모두를 환멸케 한 재판과정에서 국내외의 신문이 「법치국가」라는 말을 어느 만큼 화려한 방법으로 사용했는가, 곰곰히 생각하는 것이다. [이 사건의] 판결이 내려지는 최근이 되어 특히 나치즘을 이해하지 못하는 비판적인 외국의 신문은 우리들에게 다음의 것을 가르치려고 하였다. 즉 만약 토르글러와 그 동지가 유죄라면 독일은 법치국가가 아니다, 룹베에게 사형판결이 내려져서는 안 된다, 만약 우리들이 법치국가를 중요시한다면, 룹베는 결코 처형되어서는 안 된다 등등이다. 판결이 내려진 후가 되자, 다른 동일한 외국 신문이 동일한 방법으로 이번은 우리들을 「칭찬하였다」. 즉 공산주의자 토르글러와 그 동지가 무죄로 된 한에는 독일은 법치국가이다. 그러나 독일에는 충분하고 완전한 법치국가가 되기에는 많은 것이 결여되어 있으며, 즉 법치국가에서는 무죄가 선고된 사람들은 곧 석방되어야 하며, 독일이 법치국가라고 칭할 만한가의 여부는 이 점에 관련된다 등등이다. [당시] 이런 종류의 논의는 「법치국가냐 아니냐?」와 같은 제목이 커다란 활자체로 인쇄에 붙여지고, 독일어의 영향력 있는 출판물 중에 자주 보인 것이다.

따라서 「법치국가」 개념에 대한 관심은 단지 이론적인 것에 그치지 아니한다. 그러나 「법치국가냐 비법치국가냐」와 같은 문제에서 다투어진 것은 「법이냐 불법이냐」 「정의냐 부정의냐」와 같은 문제는 **결코** 아니었다. 만약 위에서 서술한 저널리스트들이 우리들에게 「법치국가」에 대해서 교도하고, 그들의 관점에서 본 법치국가의 실현을 위해서 우리들이 해야 할 것을 우리들과 논의하려고 했다면, 그러한 저널리스트에 대해서 우리들은 다음과 같이 대답하였을 것이다. 즉 우리들은 우선 첫째로, 법과 정의의 양쪽을 실현하려고 한 것이다. 그러나 그것을 하려면, 법치국가와 정의 간에는 커다란 차이가 있으며, 진정한 정의란 무엇인가 하는 질문은 형식적인 **적법성**을 실현하는 일정한 방법이 불러일으킨 만큼 정치적 관심을 불러일으키지 못한다는 것에서 곧 명백하게 되었다. 사물에 맞는 좋은 법을 고려하지 않고 적법성이야말로 「법치국가적」(rechtsstaatlich)이라고 간주되는데, 실제로 형식적 적법성은 정의국가의 의식적인 대립물이며, 따라서 단순한 「**법률국가적인 것**」(gesetzstaatlich)에 불과한 것이다. 이렇게 대답하였을 것이다.

누구나 이해하듯이, 정의란 죄를 보상하는 것이다. 그러나 분명히 룹베의 사안에서 반복하여 「법치국가」에 대해서 논한 자는 부정한 죄를 적절하게 갚는다는 것이 가장 중요하다고 생각하지 아니한다. 그들에게 중요한 것은 다른 것이며 적절한 갚음인데, 사태를 적절하게 갚는다는 것과는 반대의 방향으로 인도하게 된다. 즉 그것은 「법치국가의」 원리인 **법률 없으면 형벌 없다**(nulla poena sine lege)이다. 그러나 현실에 맞게 적절하게 생각하는 사람에게 중요한 것은 **벌을 수반하지 않는 죄는 존재하지 않는 것**이다. 나는 법치국가적인 「법률 없으면 형벌 없다」라는 원리에 대해서 「형벌 없으면 범죄 없다(nullum crimen sine poena)라는 정의의 원리를 대치하고 싶다. 그렇다면 「법치국가」와 정의의 국가와의 불일치가 한눈에 들어온다. 사실에 맞는 명확한 실질적 정의에 앞서 일련의 형식적인 방법 · 원리 · 규범과 제도들이 「법치국가」 개념의 도움을 빌려 전면에 나아온다. 그러한 것들에서는 정의가 아니라 「법적 안정성」이 특히 중요하며, 법치국가가 단순한 법률국가로 변하고, 그럼에도 불구하고 사실에 맞는 정의를 명백하게 왜곡함으로써 법률국가야말로 「법치국가」라고 하게 된다. 전형적인 「법치국가론자」이며, 자유주의적 형법학자이자 법철학자인 구스타브 라드브루흐(Gustav Radbruch)*는 분명히 이렇게 서술한다. 「**법관은 정의가 아니라 법적 안정성에만 봉사하는 자이다.** 이러한 몰아적 의식을 관철하는 자만이 재판관이라는 직업에 종사해야 한다」. 자유주의적 개인주의자는 법률국가적 · 규범주의적으로 사고한다. 왜냐하면 그는 인간도 국왕도 지도자도 믿지 못하므로, 고정된 무너뜨릴 수 없는, 사전에 규정된 · 예측가능한 · 확고한 법규를 존중하기 때문이다. 그러한 경우에 비로소 그는 안전하게 된 계획이 되며, 그것이야말로 「법치국가」라고 서술한다.

정의의 국가와 형식적인 법률국가와의 대립은 간단하게 인식할 수 있다. 분명히 우리들 모두가 어떤 형태의 「법치국가」를 바란다. 그러나 이 말을 둘러싸고 매우 활발한 투쟁이 반복해서 펴질 때, 문제가 되는 것은 아마 이것일 것이다. 즉 누가 「법」(Recht)이라는 사람의 마음에 호소하는 말을 탈취하는가 하는 것이며, 그럼으로써 누가 법과 국가에 관한 자신의 견해를 정착시키며, 누가 법 · 자유 · 법치국가 등등의 말이 여하튼 지닌 강력한 암시력을 인간의 마음 · 여론 · 감정이나 법감정에 대해서 미치는가 하는 것이다. 세계사에서는 병기에 의한 군사투쟁이나 재력에 의한 경제투쟁만이 있었던 것은 아니다. 세계사란 개념투쟁이기도 하며, 법적 확신을 둘러싼 투쟁이기도 하였다. 이 투쟁은 공허한 언어의 유희 등은 아니다. 승리와 패배, 적과 동지에 관한 문제 등이다. 법치국가처럼 어떤 하나의 말을 둘러싸고 다툼이 생긴다면 거기에 살아있는 것은 진정한 정치적 대립이며, 단지 「순수하게 법학적인」 관심에서 생긴 「순수한 법」을 둘러싼 대립 등은 아니다. 그리고 그때에 제대로 생각하지도 않고 「법치국가」와 같은 말을 차용하였다고 해도 그러한 차용으로 특정한 법관념이나 국가관념의 논리, 즉 특정한 사고양식이 가지고 있는 논리에 완전히 몸을 맡겨버리게 될 뿐이다.

Ⅱ.

왜 법치국가에 대한 관심이 생겼는가? 왜 원래 독일에서 일반적인 「법치국가」라는 말이 사용되어 나왔는가? 그 말을 가지고 간 사람은 도대체 누구인가? 그 말은 무엇에 향하고 있는가? 그리고 그 말의 논쟁적인 대립개념은 대체 무엇인가?

법치국가라는 말은 순결한 언어는 아니다. 그것은 자유주의적인 유래를 가지고 있으며, 그 말을 침투시킨 것은 ― 자유 · 평등 · 진보 · 입헌국가나 그것들과 유사한 매우 아름다운 울림을 지닌 말의 경우와 동일하게 ― 바로 19세기에 있어서의 자유주의적 정신이다. 물론 「정의의 국가」, 「정의의 공공단체」(gerechten Gemeinwesen), 「정의에 근거한 정부」(justitia fundamentum regnorum)라는 사상은 항상 말을 바꾸어 반복하여 표현한다. 이것은 어떤 민족에나 모든 시대에도 공통된다. 이에 대해서 「법치국가」라는 각인은 매우 새로운 것이며, 나타난지 아직 백년도 되지 않았다. 「법치국가」의 철학자 칸트* 중에 국가를 「법의 기관」이나 「법에 복종하는 시민의 결사」로 표현하는 것이 보이는데, 「법치국가」라는 결정적인 표현법은 19세기가 되어서 비로소 널리 퍼졌다. 국법학이나 행정법과 같은 교과서에서도 「법치국가」란 18세기의 경찰국가와 대립하는 [시민의] 권리보호만을 하는 국가라고 되어 있다. 그러나 「법치국가」라는 말의 기원에 대해서는 더욱 다른 것이 중요하다. 즉 1820년부터 1850년의 30년 동안 법치국가개념은 다양한 비-자유주의적 국가관에 대한 대립개념으로서 사용되고, 1815년 이후의 시대를 지배한 왕정복고, 「가산제」 국가, 민주적인 민족국가 등에 대항하는 것이었다. 그리고 특히 법치국가개념이 대항하고 있던 것은 1789년의 자유주의적인 이념의 침입 후에, 다시 기독교적-종교적 사상에 근거하여 **기독교적인** 기초 위에 국가를 형성하려는 시도가 있고, 기독교도가 가진 종교의 전체성에 근거하여, 국가의 전체성을 획득하려는 시도였다. 이러한 대항관계 중에서 「법치국가」라는 말이 나타내는 의미가 형성되고, 국가는 종교와 기독교가 아니라 인간에 의해서 만들어진 세속적인 일반법만을 실현하고 집행해야만 한다는 의미가 형성되기에 이르렀다. 이 [기독교국가의 대립개념이라는] 의미에서의 법치국가로 편입되고 있었다. 그러나 법치국가라는 말의 이러한 의미는 흥미 깊은 본질적인 의미이면서도 그 속에 망각되어버렸다. 블룬칠리*나 헬드*와 같은 국법학자는 1850년이나 1860년과 같은 시기에도 여전히 이 [기독교국가의 대립개념이라는] 의미에서의 법치국가에 편입되고 있었다. 이 때문에 「기독교적 법치국가」라는 말의 결합을 제조해서 [기독교적 국가와 법치국가와의] 화해하려는 개념의 외교관에게는 부족한 것이 없게 된다. 다음에는 당시의 법치국가라는 말이 가지고 있던 구체적인 의미, 즉 반기독교적인 의미를 지닌 특히 중요한 전거를 소개하기로 한다. 일반적으로 자주 있는 것인데, 이 경우에도 진정한 감정을 전하여 오는 순수한 표현은 전문직이나 관직에 있는 대표적 인물보다도 오히려 평범한 사람에게서, 그러나 탁월한 본성을 지닌 문외한에게서 발견된다. 그 문외한이란 자신의 유래이기도 한 알레만 사람과 자신이 살고 있는 시대와의 양쪽에 정통하였던,

19세기의 위대한 스위스의 작가 예레미아스 고트헬프(Jeremias Gotthelf)*이다. 그는 법치국가와 기독교국가와의 대립을 보이는 매우 흥미 있는 전거를 우리들에게 제시한다. 완전히 자신의 민족에게 뿌리를 내리고 있던 이 성실한 스위스인 목사는 분노를 품고 「법치국가」에 대해서 논한다. 그에 의하면 법치국가라는 개념과 정의의 국가라는 개념 간에는 양자를 격한 깊은 균열을 볼 수 있다. 고트헬프는 법치국가 중에 우리들의 불행의 원천을 찾는다. 「바로 이 법치국가의 이념에 우리들은 자신의 상황의 대부분을 힘입고 있다. 현재의 찢어진 상황, 분열상태, 놀랄만큼 편협성의 대부분은 그 이념이 지고 있다. 법치국가의 이념은 이기주의에 합법적인 승인을 부여하는 것이며, 인간의 공동체를 퇴폐시키고 파괴하는 요소인 것이다」. 법치국가는 우리들의 법을 때려 부수고, 이러한 법치국가에서 「요란한 법은 이미 법이 아닌 것」이다. 법이라는 외관 아래 가난한 사람들이 잔학한 고리대부업자의 손에 맡겨지고, 근면한 사람과 검약가로부터 소유물이 편취되며, 영업의 자유란 미명 아래 고리대부를 감싸는 것이다. 고트헬프를 문자 그대로 인용한다면, 「우리들이 살고 있는 것은 농업국가도 기독교적 국가도 아니며 법치국가이다」. 동일하게 그대로 인용하면, 「기독교적 국가의 법치국가에 대한 관계는 화초가 지고 나무에 대한 관계와 같다」. 이러한 발언은,[1] 튼실한 독일인 작가가 법치국가라는 말을 파악한 실례이며, 더구나 그것은 어딘가 산업지역에서가 아니고 당시 아직 농업국가였던 스위스의 한 가운데에서였다.

법치국가라는 말과 개념이 독일어로 사용되어 나온 제1 단계는 세계관적이며, 특히 기독교국가에 대한 대립에 의해서 특징지워지는 것이었다. 다음에 **제2의** 단계가 이어지는데, 그것은 **국가학적인** 단계로 특징지을 수 있다. 로베르트 폰 몰 · 로렌츠 폰 슈타인 · 루돌프 그나이스트와 같은 위대한 뛰어난 독일의 학자는 법치국가라는 말을 사용하여 19세기에 있어서의 독일의 본질적인 문제를, 즉 독일 국가와 시민사회를 화해시키고, 결합시킨다는 과제를 해결하려고 하였다. 이와 같이 매우 특수한 상황 아래서, 즉 시민사회 · 교양시민층 그리고 시민의 재산을, 당시의 군주제적 군사국가 · 관헌국가에 편입시킨다는 문제에 직면하여, 다시 「법치국가」라는 말을 가지고 나왔다. 그리고 이번에는 그 말이 시민사회와 국가와의 융합의 시도를 보여주는 표현이 된 것이다. 그때에 문제가 된 것은 우리들의 총통 아돌프 히틀러가 1934년 1월 30일의 의회 연설에서 특징지은 「시민과 복고주의의 타협」이며, 전통적인 독일의 군사국가 · 관헌국가와 산업사회를, 그리고 교양과 재산을 가진 시민층을 결합하려는 시도였다. 이 후에 이은 노동자는 아직 독자적인 역할을 수행하지 못하고 시민에 의한 지도에 종속하고 있다. 여기서도 법치국가라는 말의 어떤 특정한 구체적 용법이 다시 성립한다. 이 경우의 법치국가는 국가와 시민사회가 유기적으로 결합한 국가, 국가와 시민사회와의 이원성을 극복한 국가여야 하는 것이다. 즉 법치국가란 국가와 시민, 정부와 의회, 행정과 입법 간에서 음으로 양으로 행해지는 끊임없는

---

1) 그 밖의 예시나 전거는 다음 논문을 참조. Oswald, "Jeremias Gotthelf und das Recht," in Zeitschrift Deutschlands Erneuerung, Dez. 1933, S. 747 f. 고트헬프에 관한 나의 지적은 이 논문에 의거한다.

항쟁이 이 양자를 「통합하는」 제도나 방법에 의해서 극복된 국가여야 하는 것이다.

이 단계를 거쳐 비로소 법학연구나 행정법의 교과서에 의해서 우리 모두에게 알려진 **제3의** 단계가 나타난다. 그것은 **실증주의적인** 단계이다. 이 단계에서의 법치국가란 일정한 조직적인 제도들을 가지며, 그것에 의해서 사법과 행정의 법률적합성의 원리를 보유하는 국가이다. 즉 재판관의 독립이 보장되고, 행정재판권이 확보된 국가이며, 「시민이 국가에 대해서 이해해야 할 것」(오토 마이어)을 시민의 모두가 엄밀하고 확실하게 알고 있는 국가이다. 내가 강조하고 싶은 것은, 이 마지막 단계에서도 다른 것에서 분리되고 격절할 수 있는 제도만이 법치국가라는 이름으로 나타나는 것은 아니며, 오히려 그 완전한 「실증주의」에도 불구하고, 「법치국가」 개념은 포괄적이며 전체적인 국가구성과 사회구성의 틀 속에 완전히 편입되는 점이다. 이것은 고정적인 자유주의적 법치국가논자인 안쉬츠의 다음과 같은 명제 중에 가장 알기 쉽게 나타나 있다. 그에 의하면,

> 「입헌국가는, 특히 법치국가이다. 그리고 법치국가란 법이라는 명확한 표지 속에 완전히 끼워넣은 국가이며, 그 최고의사가 왕(Rex)에 의해서가 아니라 법(Lex)에 의해서 나타난 국가이다. 그러한 국가에서는 개개인의 관계만이 아니라 특히 국가권력도 법규에 의해서 제한되고 있으며, 따라서 치자에서도 피치자에서도 법이나 **법률**에 따라서 일이 영위되며, 치자의 인격의 '이것이야말로 우리들의 기쁨이다'(tel est notre plaisir)라는 원리에 따라서 사물이 영위되는 것은 아니다. 이러한 이념은 불가피하게 **법을 정하는 국가의 기관을 행정기관이나 사법기관으로 조직적으로 분리하는 것**을 구한다. 왜냐하면 법률을 집행하는 사람들에게 그것을 폐지할 권한을 맡기는 것은 그 자체 모순이기 때문이다. 법질서는 '국왕에 대해서도 엄밀하게 적용되어야 한다'(폰 마르티츠).* 그렇다면 **법률**은 피지배자의 의사를 지배자의 인격과 **같은 정도로 우월케 하는 권력**이 될 것이다. 이것을 달성하는 방법은 바로 입법과 통치의 분립 이외에는 없다」.[2)]

오늘날 이에 따르면, 이렇게 말해야할 것이다. 즉 법치국가란 총통이 인격적으로 지배하는 국가가 아니라 일련의 비인격적인 법률규범이 단지 지배하는 국가에 불과한 것이다 라고. 여기에 이르러 **법률국가**로서의 법치국가가 모든 **지도자국가**에 대한 특수한 **대립개념**이 된다. 즉 법(Lex)은 왕(Rex)이나 지도자(Dux), 즉 모든 「인격적 통치」에 대립하는 것이 된다.[3)] 이러한 종류의 법치국가의 속성이 되는 입법과 통치와의 조직적인 분할은 나치스 국가에서는 파기되고 있다. 오늘날 라이히의 법률을 의결할 수 있는 것은 라이히 정부이다. 그러나 전통적인 자유주의적 견해에 의하면, 입법이 정부의 손에

---

2) Deutsches Staatsrecht in der Enzyklopädie von Holtzendorff=Kohler, Bd. II (1904), S. 593.
3) 발츠가 특징짓고 강조한 「민족주의적 총통국가」(völkischer Führerstaat)라는 정식을 받아들이는 자는 「법치국가」개념에 대한 발츠의 비판(G. A. Walz, DJZ. 1933, 1338 f.)도 고수해야할 것이다.

의해서 행해지는 곳에 법치국가는 존재하지 아니한다. 권력분립이라는 낡은 냄새나는 자유주의의 교양은 법치국가라는 말을 부당하게 독점하고, 모든 진정한 지도자주의를 부정하며 전형적으로 자유주의적인 법률국가적 구성만이 유일한 「법치국가적인 것」이라는 생각을 시대의 법적 사고로 내리누르려고 해 왔다.

이러한 시도에 의해서 자유주의는 독일에서도 광범위하게 미치는 성과를 거두고, 법적 사고를 지배해 왔다. 그 밖의 점에서는 매우 뛰어난 프로이센이 군인국가에서 국가관료의 법학교육은 자유주의적인 법률가가 또는 고작해야 국민자유주의적인 법률가 손에 맡겨지고 있었다. 그러한 법률가는 정도의 차이는 있지만 자유주의적인 법치국가개념을 자명한 것이라고 생각하고 있었다.[4] 그러나 이러한 사고양식이 오늘날에도 여전히 우리들의 관심을 끄는 점이 있다. 그것은 표면상은 비정치적으로 보이는 실증주의적 국법학에서도 법치국가개념의 전제에는 국가와 사회에 대한 완전히 자유주의적인 견해가 존재한다는 점이다. 재판의 독립성, 법률에 의한 재판의 구속, 모든 사법과 행정당국이 사전에 정한 일정한 예측가능한 규범에 구속되는 것, 법률의 지배, 위대한 「법적 안정성」 등등의 자유주의적인 요청은 그 밖의 국가구조에서 분리할 수 없는 것이다. 왜냐하면 만약 그렇지 않다면 **어떻게 법률이** 독점적인 형태로 강고하게 타당하지 않으면 안 되는가, 누가 유일 「지배하는」 법률을 만들었는가 하는 점에 항상 의문이 생기는 것이 명백하기 때문이다. 이에 대해서 자유주의적 국법학자는 법률은 당연히 정부가 만들어서는 안 된다고 대답하여 왔다. 그런데 오늘날 우리들은 헌법적 효력을 가진 정부의 법률을 가지고 있으므로, 라이히 정부는 완전히 법률적 효력을 가지는 법률을 결의하고, 나아가 헌법률마저 규정할 수 있다. 그 때문에 만약 이러한 [자유주의적] 견해에 따른다면, 문제점은 명백하며 오늘날의 독일 라이히는 이미 법치국가는 아니라는 것이 된다. 왜냐하면 [나치스 정권 하의] 라이히 정부는 한정된 「권한」에 근거하여 명령을 할 뿐만 아니라 정부 자신이 복종하는 진정한 법률을 스스로 작성하거나, 다시 파기할 수도 있기 때문이다.

법치국가라는 말은 1933년까지 이렇게 파악되고 있었다. 따라서 다시 한 번 다음과 같이 반복하고 싶다. 즉 「법치국가」라는 말을 사용할 때에는 자신이 무엇을 수중에 넣고 있는가, 어떠한 종류의 논리에 복종하는가를 인식해야 한다는 것이다. 역사적으로 규정된 표현은 그때까지의 사고연관에서 간단하게 이끌어낼 수는 없다. 그러한 「역사적 개념의 내용을 사후적으로 변경할 수는 없다」고 율리우스 빈더*는 서술했는데,[5] 나는 그 이상 더 말할 생각은 없다. 그러나 이처럼 역사적으로 규정된 말을 계속 인용할 때 부지중에 어느 만큼 많은 이질적인 사고양식에 자신이 영향을 받고 있는가에 대해서 오해하는 것이 있어서는 안 될 것이다.

---

4) 이 점에 관하여는 Frhr. Marschall von Bieberstein, Verantwortlichkeit und Gegenzeichnung bei Anordnung des Obersten Kriegherrn (Berlin 1911)에 계발적인 예가 포함되어 있다. 여기서는 당시의 프로이센 군인국가에 있어서의 생명의 문제에 직접 언급하고 있다.

5) 이에 관해서는 (「민주제」라는 말과 관련하여) 다음의 것도 참조. Julius Binder, Der deutsche Volksstaat, Tübingen 1934, S. 17 Anm.

법치국가라는 말은 두 개의 말을 결합한 말이기 때문에 그 두 개의 말의 개념적인 연관이 문제가 된다. 말의 결합에는 적절한 경우와 부적절한 경우가 있다. 적절한 말의 결합의 예로서는 국가사회주의(Nationalsozialismus; 나치즘)라는 말이 열거된다. 왜냐하면 이 말이 지난 세기에서의 두 개의 커다란 문제, 즉 내셔널한 문제와 사회문제의 양쪽에 해답을 주는 것이기 때문이며, 내셔널리스트와 사회주의자 간에 생긴 반동주의와 국제주의와의 분열을 극복하는 것이기 때문이다. 나치즘에 의해서 오늘날의 독일 국가를 형성하기 위해서는 불가결한 통일체가 나타난 것이다. 그러나 가장 다른, 부적절한 말의 결합도 존재한다. 「법치국가」라는 말이 적절한 결합인가의 여부 문제는 그 자체가 명확한 말의 결합인가의 여부라는 점에 관련된다. 나는 이미 서술했듯이, 그것이 적절한 말의 결합이라고는 생각하지 않는다. 왜냐하면 앞에서 보았듯이, 「법치국가」라는 말은 그 자체로 충분한 의미를 이루지 못하기 때문이다. 학문적으로 책임을 지고, 법치국가 **일반**을 논하는 것은 아무도 할 수 없다. 매우 많은 법치국가가 존재하는 것이므로, 봉건적인 법치국가도 있다면 신분제적 법치국가도 있고, 봉건적-신분제적, 시민적, 자유민주적, 사회적, 국민자유주의적, 파시즘적 등등의 법치국가가 존재한다. 다른 한편, 또한 내셔널리스트에서도 법치국가개념은 여러 가지로 다르다. 왜냐하면 그들에게는 프랑스적 · 미국적 · 영국적 등등의 법치국가가 존재하기 때문이다. 따라서 그 자체 명확하고 일의적인 의미를 가진 **형용사**를 첨부하지 않으면, 그 개념에서 불명확함을 제거할 수 없으며, 동시에 오해의 위험을 제거할 수도 없는 것이다.[6]

지금까지는 이러한 조건 아래서만 그 말은 사용할 수 있었다. 그러나 이것에서는 절대적인 전제조건이 있다. 그것은 법치국가라는 말을 사용하는 자는 모두 형용사를 반드시 붙일 것, 그리고 이미 신중하게 국민적 · 사회적 · 국민사회적 등이라고는 하지 않고, 무조건 **나치스적인 독일 법치국가**라는 말을 사용하는 것, 이것이 그 전제조건이다. 이에 따르면 사태는 명확하게 된다. 왜냐하면 **구체적인 국가구조와** (법률 · 국민 · 기본권 · 자유권 등등의) **기본적 개념**은 전혀 의문의 여지가 없을 정도로 명확하기 때문이다. 이 전제조건에 따라서 비로소 실천에서는 다의적인 의미에서 논하기 쉬운 개별적인 제도들에 대해서도 우리들은 명확하게 알 수 있게 된다. 여기서의 실천이란 법치국가라는 말을 표방하여 다음과 같은 요구를 내세우는 경우를 가리킨다. 그것은 재판의 독립성을 확보하라, 사법과 행정의 법률적합성의 원리를 확립하라, 국가에 의한 「권리에의 개입」에는 어느 정도의 법률상의 기초가 필요한 것인지 명확히 하라, 그리고 또한 국가와 운동이 재판소 앞에 끌어내는 것은 어떤 경우인가를 분명히 하라와 같은 요구이다.

---

6) 파시즘 이탈리아에서도 나치스 독일에서도, 이미 자유주의적이 아닌 새로운 국가가 법치국가냐 아니냐 하는 문제가 발생하고 있다. 이탈리아에서는 특히 G. 델 베키오*가 파시스트 국가가 가지고 있는 법치국가적 특징을 옹호하고 있다. 독일에서는 「국민적 법치국가」(nationaler Rechtsstaat)에 대해서 논한다. O. Koellreutter, Vom Sinn und Wesen der nationalen Revolution, Tübingen 1933; B. Dennewitz, Das nationale Deutschland ein Rechtsstaat, 1933; H. Gerber, Staatsrechtliche Grundlinien des Neuen Reiches, Tübingen 1933. 법률국가적 법치국가와 총통국가와의 구별은 이들 문헌에서는 아직 논하지 아니한다.

Ⅲ.

따라서 우리들은 나치즘보다도 이전부터 존재하는 법치국가개념에 근거하여 나치즘을 규정하는 것이 아니라 반대로 나치즘부터 법치국가를 규정한다.

이 명확한 명제로부터 일탈하는 것은 모두 사기나 협잡이며, 나치스 국가가 법치국가이기 위해서 해야 할 것을 밖에서부터 지도하려는 행위이다. 이처럼 명확한 태도를 취해서 비로소 우리들은 형식적-조직적인 제도들이나 조치에 대해서 논할 수 있게 된다. 예컨대 그것은 재판의 독립성, 국가의 사법과 행정의 법률적합성과 같은 것이며, 형식적인 의미에서의 법치국가, 즉 법률국가의 지표로 간주된다. 재판관의 독립이라는 원리, 또한 행정의 법률적합성의 원리를 우리들도 명확하게 승인한다. 그러나 그것을 승인하기 때문이라고 하여 우리들[나치즘]의 정의관념, 법률개념, 국민개념, 국민의 평등과 같은 개념, 기본권 그리고 끝으로 나치스당의 밖에서 행해지는 정당의 전체 정치활동의 금지령과 같은 것을 이질적인 법치국가개념에 근거하여 불명확하게 할 수는 없다.

그러한 형식적 특징을 우리들이 유지한다면, 오늘날의 나치스 국가는 의심할 것 없이, 모범적인 법치국가이며 아마도 지상의 어떤 나라들보다도 모범적인 것이다. 라이프치히에서 심리된 국회의사당 방화사건의 재판이 보여주었듯이, 공공연한 불법행위가 행해진 때조차도 우리들은 법치국가의 형식적 제도에 대한 경의를 확고히 하여 유지한다. 우리들은 위대한 관용을 가지고 이 재판의 절차에 말참견하지 않았다. 즉 한 사람의 외국의 선동자가 법정에서 우리들을 비웃는다는 사태가 일어나도 우리들은 가만히 참아온 것이다. 그리고 우리들은 [그 재판의] 모든 절차를 받아들인 것이다. 왜냐하면 우리들에게는 그것을 받아들일 여유가 있었기 때문이다. **그러나 우리들은 이질적인 법치국가개념에 대해서 정신적으로 복종할 계획은 전혀 없다.** 명백한 오심인 라이프치히의 판결에 관한 1933년 12월 24일의 당간부의 발언 중에 상술한 것[우리들은 이질적인 법치국가개념에 정신적으로는 복종하지 않는다는]에 대해서 아무런 의문의 여지도 없는 것이 명백하게 되었다. 그 재판과정에서의 이러한 여러 가지 사실은, 형식적-조직적-법률국가적인 질서체계가 우리들에게 대해서 어느 정도의 지배를 미치는가를 분명히 보여준다.

나치스 국가의 장관이나 고급 관료가 일련의 권위 있는, 신뢰할 수 있는 설명 중에서 분명히 서술하듯이, 재판관이나 행정관료와 같은 국가관료가 직접적으로, 즉 국가의 실정법에 의한 매개나 치환 없이, 나치스의 당강령의 원리를 마치 실정적인 법규범인 것처럼 시행하거나 집행할 수는 없다. [법무부의] 사무차관인 프라이슬러(Freisler)*의 자주 인용되는 발언이 강조하듯이(Deutsche Justiz 1933 Heft 49), 재판관이 적용할 수 있는 법은 민족국가 중에서 총통이 **실정법으로서 제정한 규범**만이다. 따라서 특히 필요한 것은 법률 — 오늘날에는 그 거의가 정부의 법률인데 — 로 치환하는 것이며, 그럼으로써 나치스당의 강령을 실현하는 권한을 법률에 구속된 국가 당국에 부여하는 것이다. 많은 나치스주의자들은 다음과 같은 것을 들은 때에 실망하거나 초조함을 느꼈을지 모른다. 그것은 적어도 국가 당국에 관한 한, 당강령의 요구의 다수가 직접적으로 100 퍼센트 효과적인 형태로 실현된 것은 아니라는 것, 여전히 유대인과 독일인 간에 결혼하는 것, 구재판소 판사 중에는 여전히 이러한 결혼의 [호적에의] 기재를 거부한 호적계에 대해서 기재를 하도록 지시하는 자가 있는 것, 법적 생활의 많은 영역에서 비아리아인이라는 성질이 안이하게 해약고지의 중요한 근거가 되지 않는 것, 등등을 들은 경우이다. 그렇다면 [나치스당의 강령을 법률로 치환하고, 그것을 실현하는 권한을 법률에 구속된 국가 당국에 부여한다면] 나치즘의 기본개념을 직접적으로 적용하는 것을 두려워한 많은 사람들은 우리들이 「법치국가」인 것을 확인하고 안심할 것이다. 실제로 우리들은 법치국가이다. 법률과 질서에 엄밀하고 확고하다고 하여 따르는 국가를 법치국가로서 이해한다면, 우리들은 법률국가적인 의미에서도 법치국가이며, 국가를 법치국가로서 특징짓는 법을 우리들은 태반의 다른 민족보다도 수많게 보존하는 것이다.

우리들은 이러한 의미에서 법치국가이다. 그러나 이것을 확인할 때 우리들은 다음의 것을 간과해서는 안 된다.

1. 혁명은 1933년 7월의 유명한 선언으로 끝났다. 그러나 **운동은 아직 끝나지 않았다**. 질서, 가장 정확하게 말하면 **나치스 국가의 질서**를 보존하기 위해서는 법률에 적합하게 기능하는 제도들이 꼭 필요하다. 우리들이 승인하는 이른바 법치국가적인 제도나 규범 모두는 바로 이 때문에 필요한 것이다. 그러나 이미 서술했듯이, 이때에 주의할 것은 지금까지 독일을 지배하고, 오늘날에도 자유민주주의국가를 지배하는 법치국가개념의 지배요구에 대해서 정신적으로 복종해야 한다는 것이다. 그것은 논리필연적으로 자유주의적 원리에 의해서 구성된 국가만을 법치국가라고 특징짓기 때문이다. 또다시 반복한다면, 우리들이 법치국가의 형식적 · 조직적인 제도들을 보존하는 것은 그러한 제도가 **단지 나치스 국가라는 전체구조의 기초나 틀에만 따르는 한에서이며, 그리고 그것이 국가 · 운동 · 민족*이라는 세 개의 구성부분으로 성립되는 통일체의 기초나 틀에 따르는 한에서이다**. 우리들의 국가는 국가와 시민사회라는 두 개의 부분으로 이루어진 것이 아니라 세 개의 구성부분으로 이루는 구조를 가지고 있으며, 그러므로 우리들의 법치국가도 같은 구조 중에 편입되고 있다. 우리들의 국가는 국가와 민족을 뒷받침하는 「운동」에 의해서 담당되는 국가이다. 국가는 몇 개의 어떤 질서의 하나에 불과하다. 즉 국가는 18세기에서와 같은 전능한 국가는 아닌 것이다. **국가는 전체적으로 본다면 운동을 지도하는 총통의 하나의 기관일 뿐이다**. 그와 같이 「법치국가적으로」 편성되고 조직화된 국가의 사법부와 행정부는, 전체적으로 본다면 국가의 기관들이며, 그 자신 기관 전체인 것이다. 이것에 의문의 여지도 오해의 여지도 없다. 오늘날의 독일 국가의 틀 속에는 우리들이

법치국가적 제도로서 특징지은 다양한 제도들이 존재한다. 우리들이 그러한 의미에서 법치국가인 것은 전적으로 명백하므로 국가의 사법과 행정의 법률적합성이나 재판의 독립성은 우리들에서는 확실하게 존재한다. 그리고 또한 이들 제도는 모두 전체적인 운동에 의해서 담당되는 나치스 국가의 단순한 구성요소에 불과한 것은 전적으로 확실하며 명백하다. 이것으로부터 특히 우리들의 법률개념은 앞서 언급한 입법과 행정의 권력분립에 의거한 자유주의적 · 법치국가적인 법률개념과 본질적으로 전혀 다른 것이 된다. 오늘날의 우리들은 완전한 의미에서의 형식적이며 실질적인 법률을 정부의 법률, 나아가서는 정부가 규정한 헌법률이라는 형태로 보존하고 있다. 그 법률은 의회의 결의가 아니며, 아돌프 히틀러가 인도한 라이히 정부의 결의에 의거하며 자유민주주의적인 「법률 앞의 평등」과는 다른 의미에서의 평등개념을 전제로 한다.

2. 이미 강조했듯이 오늘날에는 분명히 재판관이나 행정관료가 나치즘의 강령에 제시된 원리를 **직접적으로** 적용하는 것은 허용되지 아니한다. 재판관이나 행정관료는 현행의 법률에 의거하지 않을 수 없다. 명확한 형태로 폐지되지 아니한 법률은 이것에서도 계속 타당하다. 사무차관 프라이슬러는 이것을 몇 번이나 확인하고 있다. 그러나 내가 두려운 것은 어떤 특정한 신문이 이것에 찬성하여 프라이슬러에게 특히 커다란 박수를 보낼 때 — 앞에서 언급한 박수의 경우처럼 — 작은 오해나, 심지어 사소한 해석이나 단정에 의거하여 박수를 보낸 것은 아닌가 하는 점이다. 물론 이러한 오해는 곧 정정될 것이다. 명확한 형태로 폐지되지 아니한 법률이 다시 타당할 때에 중요한 것은 **그러한 법률이 근거하고 있던 낡은 국가의 정신이나 원리를 수반하지 않고, 그러한 법률이 정부당국의 단순한 기능적 규범으로서만 통용하는 것**이다. 만약 몇 천번 다시 계속 통용되는 법규의 도움을 빌려 이전에 법률의 기초가 되고 있던 과거의 — 아마 자유주의적인 성질이나 본성을 가진 것에 틀림 없는 — 정신을 보수하고 나치즘의 정신에 배치되고 그 결과 명확한 나치즘의 기본개념이 점차로 파괴되고 무의미한 것으로 변질되는 일이 있다면, 그것은 허용되지 않는다. 오늘날 독일에서의 모든 법은 명확하게 폐지되지 않고 나아가 계속 통용되는 실정 규정도 포함하여 오로지 나치즘의 정신에 의해서만 지배되지 않으면 안 된다. 이것은 법해석의 제1 원리이며, 계속 통용되는 실정 규범의 거대한 복합체에 대해서도 그 원리는 유지되어야 한다. 모든 해석은 나치스적 의미에 따른 해석이어야 한다. 합자회사가 「독일」이라는 말을 상표로서 사용하는 것에 대해서 내 견해를 말하면, 라이히 재판소가 내린 1933년 12월 21일의 유명한 판결은, 단순하고 자명한 해석원칙을 매우 위반하고 있다.7) 폐지되지 아니한 법률이 다시 계속 통용된다는 이유를 들어 낡은 정신의 연명을 더욱 획책하는 것은 허용되지 아니한다. 그렇지 않으면 과거에 산출된 규범을 다시 통용케 하는 것이 이질적이며 유해롭고 위험한 정신의 침입으

7) 이 문제에 관하여는 논문 AGR. Dr. Crisolli, Die Firmenzusätze "Deutsch" und "national", JW. 1933, 2102 참조. 나아가 JW. 1934, 491과 666도 참조.

로 인도하게 되어버릴 것이다. 낡은 정신의 연명은 법적 실천이나 법적 생활 중에 혼란을 가져오며, 멀리 나치스적으로 되고 있던 우리 민족의 법감정을 현저히 손상시키기 때문에 매우 위험한 것이다.

3. 명백하게 폐지되지 아니한 법률이 아직 통용되는 경우, 그리고 그 때문에 나치즘의 원리를 정부 당국이 직접 적용하기에는 명확한 새로운 법률이 제정되는 것을 기다리지 않으면 안 되는 — 그럼에도 불구하고 그러한 법률이 아직 제정되지 아니한 — 경우에, 나아가 다음의 것을 염두에 두어야할 것이다. 즉 **모든 불확정개념들, 모든 이른바 일반조항들은 무조건 유보 없이 나치스적 의미에 따라서 사용되어야 한다는 것이다.**[8] 확실히 이 점에 관하여 아직 정부의 법률은 조문에 아무런 규정도 두지 않고 있다. 그러나 이것을 이끌어 내어 트집잡는 것은 누구도 할 수 없다. 「좋은 윤리」, 「충성과 신앙」, 「단단히 정당하고 공평하게 생각하는 인간 모두의 법감정」, 「시대와 민족의 지배적인 가치관」 그리고 이러한 정식에 타당한 모든 것은 예외 없이 나치스당 강령의 명제에 제시된 나치즘의 정신에 따라서 판결이유 중에서 사용되거나 그 설명에 사용되어야 한다. 이처럼 일반개념을 이끌어 내는 무수한 판결은, 그렇게 말한 관념에 따라서 음미되지 않으면 안 된다. 나치스 독일 법률가연맹의 구성원의 주요 과제는 나치스적인 법개념을 승리로 인도하고, 이미 지나가버린 왜곡된 전통적인 법개념과 투쟁하는 것에 향하지 않으면 안 된다. 라이히 최고재판소는 1933년 2월 20일의 판결에서도 또한 위증죄의 문제에 대해서 다음과 같은 입장을 취한다. 즉 소송에서 양심에 반했다고 주장하는 것은 특별한 상황에서만 좋은 윤리에 반한다는 것이다. 그러나 나에게는 — 이 예에 한정해서 말하면 — 명백하게 소송에서 양심에 반했다고 주장하는 것은 나치스 국가에서 「좋은 윤리」로서 타당해야 할 것에 대해서 중대한 위반을 범하고 있다.[9] 이것은 고의로 민사소송법의 어떤 조항을 변경하거나 1933년 10월 27일에 규정한 법률이나 민사소송법 제138조의 새로운 제1항을 가지고 나오지 않더라도 자명한 것이다.

상술한 의미에서의 법치국가적 제도들 — 재판관의 독립, 사법과 행정의 법률구속성 — 은 질서의 유지에 대해서 높은 가치를 지니며, 유지해야 할 것이다. 그러나 이러한 제도들은 지금까지 자유주의적 국가구조가 전제로 하는 법개념에 타당하게 생각되어오며, 우리들은 이러한 제도를 종래의 자유주의적 법개념과 단절하지 않으면 안 된다. 우리들은 그러한 제도가 이전의 자유주의적인 시대로부터 인계된 정신적 분위기나 무드에서도 그러한 제도를 해방하지 않으면 안 된다. 그리고 그러한 제도를 바로 우리들 자신의 나치스적 사고에 봉사하도록 만들어 바꾸어야 할 것이다. 제도를 무해화하는 것이 필요하며, 그와 동시에 나치스적 사고에 의해서 좋은 것이나 가치 있는 것을 나치스 국가

---

8) 법적 실천상의 원칙에 대해서는 JW. 1933, 2793. 나아가 G. Lange, Liberalismus, Sozialismus und bürgerliches Recht, Tübingen 1933 참조.

9) Beckendorff, Treu und Glauben im Zivilprozeßrecht, JW. 1944, 2870 참조.

중에서 통용시키고, 나치스 국가 중에서 발전시키지 않으면 안 된다. 따라서 우리들은 이미 법치국가 「일반」에 대해서 논하는 것이 아니라 우리들이 새로운 독자적인 현실에 대응한 새로운 독자적인 말을 찾기까지는 다만 「나치스적인 독일 법치국가」에 대해서만 논하지 않으면 안 된다.

Ⅳ.

나는 아주 특정한 관점에서 설명한다. 끝으로 그 관점이란 도대체 무엇인가에 대해서 간단히 서술하고 싶다. 앞에서 서술했듯이, 「법치국가」라는 말은 우리들에게 적대하는 이질적이고 유해로운 사상에 대해서 편리한 도구이며, 오늘날에도 여전히 그러하다. 그리고 「법치국가」와 같은 백 년 동안에 걸친 형성과정 중에서 시대에 구속되고 역사적으로 규정되어 온 개념을 우리들은 경계하지 않으면 안 된다. 이처럼 명확한 의식을 가지고 있을 때에만 우리들은 그러한 말을 사용하는 것이 허용되며, 이러한 명확한 의식은 독일인 법학자로서의 우리들의 직업에 의해서 의무지어진, 물론 우리들은 이른바 법치국가적인 제도를 계수하고, 나아가 발전시킬 것이다. 그렇지만 종래의 자유주의 국가 중에서 존재하고, 사용되고 있던 경우보다도 훨씬 정당하게 그러할 것이다. 매우 주요한 것은 **나치스적이 아닌 이질적인 법적 사고에 대해서 정신적으로 복종하는 것을 저지하는 것이다.** 물론 이처럼 이질적인 법적 사고는 항상 아름답고 호감을 불러일으키는, 윤리적이며 매력적인 말이나 정식이나 개념을 사용하여 그 모습을 나타낸다. [예컨대] 자유주의는 자유라는 말에 의거하며, 더구나 우리들 모두가 사랑하는 게르만적 자유라는 말에 의거해 왔다. 동일하게 평화주의자는 우리들 모두가 간절하게 염원하는 평화라는 말을 사용하여 논한다. 이와 마찬가지로 특수자유주의적인 국가구성은 백 년 전부터 법치국가라는 말에 의거해 온 것이다. 그리고 자유주의자가 자유를 파괴하듯이, 그리고 평화주의자가 진정한 평화를 파괴하고 단지 특정한 권력이 행하는 제국주의정책에만 봉사하듯이, 법치국가개념은 국가와 정의를 파괴하는 것에마저 이를 수 있다. 따라서 우리들은 이 문제에서는 단 하나의 것에만 눈을 응시하여야 한다. 즉 자유나 평화와 같은 개념이나 그 개념의 역사적 형태에 의해서 은폐되고 효과적으로 위장된 자유주의적인 법적 사고야말로 바로 경계해야 할 것이다.

우리들 독일인은 이질적인 법개념에 무저항으로 굴복해 버린다는 커다란 위험에 항상 노출되고 있다. 우리들은 **로마법을 계수한** 민족이다. 우리들은 15세기에 강렬한 방법으로 정신적으로 종속된 것이다. 그러나 우리들은 또한 마찬가지로 위험하고 유해로운 제2의 계수를 한 민족이기도 하다. 우리들은 19세기에 이른바 「입헌적인」, 즉 **자유주의적 · 법치국가적인 헌법사상을 계수하고**, 서구의 자유민주적인 국가이념이나 법이념에 복종한 것이다. 그러한 원인으로 우리들은 전쟁에 의해서 괴멸되었다. 그리고 바로 이 정신적 붕괴의 기록으로서 쓰여진 것이 1919년의 바이마르 헌법이다. 따라서 이질적인 법개념과 국가개념에 대한 정신적 복종이 생기는 정치적인 위험성은 크며, 개념의 명확화에로의 [우리들 독일인의] 구애됨에는 그것에 상응하는 충분한 근거가 있는 것이다.

시민적인 법이념이나 헌법이념을 계수할 때에 생긴 우리들의 정신적 복종은 세 가지의 결정적인 순간을 거쳐 완성하였다. 이 복종은 눈에 띄지 않고 외견상은 위험하거나 무해한 것처럼 시작하였다. 그것은 1866년의 프로이센 · 오스트리아 전쟁의 미증유의 승리 후에 군대개혁이나 승리의 방해가 되는 모든 것을 그때까지 행해 온 자유주의적인 의회가 적대하는 프로이센 정부에 대해서 사후적인 허가, 즉 「사후승인」을 부여한 그때에 시작한다. 전승에 도취된 동안은 내정상의 적이 사용하는 법개념에로의 복종이 중대한 문제를 일으키는 것은 당시 아무도 생각지 못했다. 그러나 현실에는 그것으로 이루는 역사적 진전의 원리가 설정되고 있었다. 우수한 군사지도를 수반한 용감한 프로이센 군인국가는 어떤 헌법개념에 말려들게 되었다. 그 헌법개념은 프로이센 국가가 내정상의 적을 타도하지 못하는 경우, 국가가 모든 전쟁을 재빨리 압승으로 승리한 것을 강제하는 논리구조를 가진 것이었다. 왜냐하면 1866년이나 1870년의 전승처럼 전쟁이 재빠르고 압승으로 수행되고, 그 결과 경제적 번영을 가져오면, 자유주의적 부르주아지는 기뻐서 「사후승인」을 부여하기 때문이다. 그러나 어떠한 제도나 국가도 행운인 경우만을 언제나 기대할 수는 없다. 전쟁이 이미 재빠르게 수행되지 않고 나아가 승리를 얻지 못하게 되고, 상황이 어렵고 위험한 것이 되었을 때, 어떤 사태가 일어날 것인가? [제1차] 세계대전 때에 자유주의적 · 민주적인 반대파는 하나의 대응을 제시하였다. 그것은 만약 1866년 당시 상황이 달라서 프로이센 군인국가가 전쟁에 신속하고 압승하지 못한 경우에 그들이 아마 제시하였을 것이라고 생각되는 반응이었다.

1866년의 사후승인법안의 제안에는 깊은 근본적인 의의가 있었다. 즉 명확하게 의식하지 않았을지라도 내정상의 적에 의한 법요구나 헌법요구에의 굴복이라는 의의가 있었다. 그 의의는 거의 50년에 걸친 부단히 높게 계속된 전대미문의 경제적 번영이란 꿈속에 있었던 동안에, 독일 민족의 의식에서 망각되어버렸다. 그러나 복종이 확실하게 증대하고 있었음에도 불구하고, 적의 법적 사고에의 정신적 복종이라는 논리는 일층 전개되고 있었다. 1914년 8월 4일은 이처럼 시종일관된 일련의 전개의 제2기에 해당되며, 바로 이 날에 그러한 정신적 복종의 깊은 의의가 충격적인 형태로 명백하게 되었다. 어떤 독일의 수상*은 [제1차] 세계대전 초에 행해진 독일군의 벨기에 진주를 감히 「부정행위」라고 서술하였다. 외국에 좋은 인상을 주고 싶다는 비굴한 고려에 따라서 생각된 어리석은 법률학에 근거하여 그 수상은 정신상으로 적에 항복한 것이다. 그는 러시아 제정에 대한 투쟁을 독일의 전쟁목적으로서 들었는데, 거기에서는 마치 국민적 실존을 걸고 싸우는 독일 민족이 자유주의적 · 사회민주적 국제주의자에 눌려버린 전쟁목적에 자진해서 예종한 것은 아닌가? 군의 통솔과 시민의 정치지도 사이에 있는 충돌은 독일 민족의 몰락을 가져오고, 나아가 독일 민족 중에 매우 깊게 들어가서 마침내는 군대와 고향의 치명적인 대립에까지 이른다. 왜냐하면 이 경우, 독일의 군인국가와 자유주의적인 입헌국가와의 대립이 완전히 원리적인 심층에서 생겨버렸기 때문이다. 이 분열은 1918년에 독일의 국가구조를 파괴하였다. 독일 민족이 받들어 온 다대한 희생, 그리고 전대미문의 우수한 군사성과나 군인의 업적, 그것들은 전혀 쓸데없게 되어버렸다. 정신적 복종의 논리가 완성한 것은 1919년에 적이 가지고 있던 자유민주적인 국가이념과 헌법이념을 수용한 때이며, 「자유」나 「법치국가」와 같은 자유민주적인 이념에 완전히 적합한 제도를 바이마르 국가 중에 만든 때이다. 이것이야말로 1866년에 전혀 눈에 띄지 않은 형태로 시작한 정신적 복종의 논리적인 귀결이었다.

독일 민족은 이제 백 년 동안에 유례 없는 전쟁지도와 군인지도의 결과로서 가져온 정치적 · 역사적인 보수를 기만한 것이다. 왜냐하면 독일 민족은 이질적인 법적 사고와 국가적 사고에의 정신적으로 복종하였기 때문이다. 나치스 운동의 승리의 결과 이미 정신적으로 무방비하지 않게 된 오늘날에 이르러 겨우 우리들은 그것을 인식할 수 있게 되었다. 나치즘의 이념은 세계 중의 사람들의 마음에 강하게 호소하는 것이다. 우리들 자신의 힘과 특질을 완전히 내 것으로 함으로써 우리들 독일인의 법마저 형성할 수 있게 되었으며, 이질적인 법이념에 추종하거나, 이질적인 계수에 겁낼 필요는 이미 없는 것이다. 나치스 운동은 우리들을 독일인으로서의 우리들 본래의 모습으로 다시 함께 돌아왔으므로 용감하고 근면한 민족인 우리들은 이미 자신의 노동이나 용감함의 보수를 편취하는 것도 없게 되었다. 우리들은 이제 정치투쟁과 같을 정도로 중요한, 법이나 정의의 개념을 둘러싼 끊임없이 생기는 정신적 투쟁에도 승리할 수 있게 되었다. 법의 영역에서도 나치스 운동은 우리들을 [진정한] 우리들 자신에게로 돌아오게 하였다. 나치스 국가가 수립된 지 1년이 지났다. 이 시대에 들어와서 확인된 것은 우리들은 새로운 국가를 구축하고 있었다는 것이다. 그리고 그 새로운 국가는 대부분의 사람들이 법치국가라는 말로 이해하는 법률적합성이나 질서와 같은 원리를 그 이상이 없을 정도로 보장하면서도, 그러나 동시에 자유주의적인 법치국가개념이 불가피하게 불러내는 내적 대립 ― 형식적인 법률국가와 정의나 사물에 적합한 좋은 법과의 대립 ― 도 제거하는 것이다.

나치즘의 법사상 (1934)*

국가사회주의[나치스] 운동의 과거에 전례가 없는 위대한 공적은 이 운동이 어떤 특정한 정치적 입장을 지키기 위해서 몇 백 년에 걸쳐 존재한 균열과 분열을 극복한 것이다. 그때까지는 육체와 혼 · 정신과 물질 · 법과 정치 · 법과 경제 · 법과 도덕과 같은 반대명제에 근거하여 사고하는 방법, 바꾸어 말하면 인간의 생이나 본질에 관한 사안의 이원론적인 분열이라는 상투적인 사고법이 끊임없이 변하여 가는 전개 중에서 특정한 세계관, 그리고 이 세계관에 뒷받침된 정치적 사조나 정치적 목표에 기여해온 것이다.

악의를 품는 어떤 자가 법생활의 구체적인 상황에 거슬러 법률과 정치, 법률과 세계관, 법률과 도덕의 분열을 시도하는 것은 이제 있을 수 없다고 가정한다면, 그것은 오류이다. 모든 반동주의자나 과거의 시대에 속하는 유형의 사람들이 이러한 반대명제에 고집하는 것은 놀라웁지 않다. 그러나 우리들은 다음의 것을 용인하지 않을 수 없다. 즉 선량한 인간의 명확하고 확고한 법감정이나 법의식이 이러한 기교에 의해서, 특히 법률과 세계관을 대립시키는 사고에 의해서 혼란케 하는 것, 그리고 만약 용감한 나치스의 학생이나 사법관시보가 나치스 당원으로서 느끼고 생각하는 것이 세계관 위에서는 소박하고 상찬할 가치가 있지만 법적으로는 오류라고 가르치는 것, 이것이다.

1.

이원론적인 체계적인 분열은 나치즘에 의해서 분열된 과거의 시대에 관련된다. **이러한 분열은 보다 고차의 의미에서의 학문이나 법률 또는 정신에서 생겨난 것이 아니라** 특정한 시대의 특정한 정치적 운동 내지 정치적 조류의 소산이다. 법률가인 나를 나치즘으로 내몰은 커다란 경험이나 만남의 하나로 미합중국 출신의 70세를 넘은 세계적으로 유명한 식견 있는 경험이 풍부한 한 사람의 법학자와의 대화가 있다. 그는 1932년에 나에게 그가 걸어온 경험상의 귀결이나 우리 독일의 오늘날의 상황의 진단을 이러한 명제로 요약해서 보였다. 「**우리들은 오늘날 일반적 이념의 파산을 체험하고 있다**」.

백 년에 걸쳐서 유럽의 인간은 이러한 일반적 이념, 이러한 일반적인 보편개념을 상상 위의 「정신」으로서 산출해 왔다. 민족과 시대의 살아있는 혼에 사로잡힌 실존적 존재를 선도하는 의사 등 전혀 갖고 있지 아니한 법학도 이 행동 전체 중에 위치하고

---

* Nationalsozialistisches Rechtsdenken, in: Deutsches Recht, 4. Jg., Nr. 10. 1934, S. 225-229.

있다. 이러한 법학은 구체적인 현실을 초월한 보편개념이라는 환상의 세계를 구축하려고 애써 노력하는 것이다. 이러한 종류의 사고양식의 법적 표현이 규범주의라는 특정한 방법이다. 이 방법은 일반적인 규범이나 보편적인 규칙을 구체적인 상황이나 구체적인 질서에서 끊고, 법률 그 자체를 절대화하며, 보편개념이라는 기교상의 편제에 근거하여 논의를 전개하는 법률가에게 명한다. 몇 번씩 형태를 바꾸어 반복하는 다음과 같은 하나의 사례도 이것을 구체적으로 설명한다. 즉 히틀러 유겐트의 청년들은 지금까지 그들에게는 알지 못했던 어떤 청년단이 그들의 톤에 나타나고 거기에서 밤을 보내는 것을 목격한다. 그들은 이 자신들과는 다른 단체의 깃발을 전리품으로서 획득하는 것을 결의하고, 그들 단체원이 숙박하는 창고를 기어오르며, 이들 적의 깃발을 손에 넣은 것이다. 그런데 그들은 중대한 침입절도 혐의로 고발되고, 놀랍게도 경찰 앞에서 소유권을 침범한 것을 안 것이다. 즉 타인의 동산의 침범, 위법한 횡령, 점유침해 등의 죄를 묻게 된 것이다. 모든 인간이 명확한 법감정을 가지고 판단을 내리는 것이 정당하다는 구체적인 상태 위에, 환영에 불과한 보편개념이라는 그물이 드리우는 것이다. 이런 종류의 법률학은 바로 현실적인 것, 즉 법적 현실을 사안에 비추어 생각하지 않도록 강제하며, 이 경우에는 소유권침해가 전혀 문제가 되지 않는 것을 의도적으로 인정하지 않는 방향으로 유도하는 것이다. 깃발은 한 조각에 1 마르크에서 10마르크의 가격으로 판매되는 포목으로 바뀐다. 구체적인 상황이 이처럼 「타인의 동산, 점유침해」와 같은 추상적인 개념으로 일괄하게 된다. 청년의 자기의식이나 정치적으로 눈뜬 자기감정에서 나온 처벌 받을 가치가 없는 활동이 이러한 보편개념에 의한 포섭에 의해서 죄가 되며, 부끄러워할 절도행위와 동렬에 두어진다.

현실에서 유리된 보편개념이 구체적인 현실에 대신하는 점에 특질을 가진 법학상의 전체계는 백 년에 걸쳐 쌓아 올린 것이다. 이 법학상의 전체계는 그 특질 때문에 법적인 것의 독점을 요구하는 것에 성공하였다. 이 규범주의적인 바벨탑을 파괴하고, 새로이 발견된 구체적인 질서사고를 그 자리에 두려고 할 때, 규범주의적인 법학이 산출한 사태의 의미나 독일 나치스의 법률가로서의 우리들에게 부과된 과제의 커다란 것을 경시해서는 안 된다. 왜냐하면 **「일반적 이념」의 파산**에 대해서 말한 저 미국 법학자의 견해는 틀림없는 것이다. 일반적인 이념에 근거한 방법은 아직도 여전히 활력을 가지고 있는 어떤 민족에게나 내면적으로는 파산한 것이다. 이 방법은 이미 현실적인 생명력을 가지지 않으며, 현실적인 법학도 아니다. 「일반적 이념」에 근거한 방법은 법적 사고의 중심이 되어야 할 요소가 아니며, 개별적인 요소들을 과장하는 것이다. 즉 법과는 구별되는 규칙이나 일반적인 규범 그리고 법률을 지나치게 강조하는 것이다.

법적 사고에 있어서의 봉사적 · 부차적인 역할을 담당했어야 할 이 규범주의는 대담하게도 이 학문적인 체계 전체 중에서 정신적 · 학문적 사고를 독점하는 주인, 특히 법적 사고를 독점하는 주인의 역할을 팔아버린 것이다.

2.

독일에서 우리들은 이 규범주의적인 사고양식에 구속되어 왔다. 우리들은 어떤 특정한 법사에서의 사건의 영향, 즉 로마법의 계수에 의해서 규범주의적인 사고양식에 길들여 온 것이다. 나치스의 로마법에 대한 투쟁이 오해되고, 밑바닥의 천한 것으로 되는 데에 나는 자주 주의를 기울여 왔다. 이 투쟁을 의도적으로 오해하는 사람들도 존재한다. 규범주의적으로 사고하는 법률가가 이 투쟁 중에 보는 것은, 어떤 법률규칙의 다른 법률규칙에 대한 투쟁만이다. 그러나 로마법에 대한 투쟁은 보다 중대한 의미를 가진다. 이 투쟁은 우리들에게 단순한 법사가가 되는 것을 요구하지는 않으며, 작센슈피겔*의 개별적인 명제 전체가 로마법대전의 개별적인 명제 전체보다도 정당하다는 증명을 하는 것도 아니다. 이 투쟁은 법률가의 사고유형을 바꾸어버린, 전례 없이 비상하게 퍼져온 것이 후세에 미친 영향과 귀결에 대한 투쟁인 것이다. 「계수」에도 다양한 형태가 있다. 계수라는 말도 올바르게 이해되어야 한다. 어떤 언어에나 차용어가 있으며, 좋아하는 차용어와 좋아하지 않는 차용어가 있듯이, 어떠한 법생활에도 차용개념이나 차용사고가 붙는다. 그리고 어느 정도 이러한 차용형태가 중요하고 유용한가 또는 무의미하고 유해로운가는 민족의 자연적인 성장이나 구체적 질서에 관련된 문제이다. 로마법의 계수에서는 쓰여진 책 전체가 일관하여 쓰여진 이성(ratio scripta)으로서 계수되었다. 독일의 법률가는 15세기 이래 그 존재 전체를 왜곡시켜 버렸다. 왜냐하면 독일의 법률가가 「법적」이라고 가르친 것은 구체적인 사실의 관찰을 중시하는 것이나, 발견된 모든 사안을 포괄하는 구체적인 내적 질서의 관찰을 중시하는 것이 아니라 방대한 양의 서적 중에서 이미 써 기록된 판결이나 규범을 참조하는 것이었기 때문이다.

이처럼 매우 방대한 양의 쓰여진 외국의 법서의 계수에 의해서 민족에 있어서의 법률가의 유형이 변화되는 것은 당연한 일이다. 독일 중세에서의 독일의 법옹호자의 유형은 구체적인 질서에 근거하여 사고하는 현명하고 공정한 경험이 풍부한 인물이었다. 그는 독일의 기사를, 농민을, 도시민을 그리고 성직자를 실제로 존재하는 신분계층이나 형상으로 보고, 현실생활의 구체적인 질서에서 법을 구하고, 법을 발견한 것이다. 계수 후인 오늘날에는 판결이 내려야 할 현실과 판결을 내리는 법률가 간에 두꺼운 서적, 즉 구체적인 상황에서 유리된 명제들의 집적인 로마법대전이 개입하였다. 그리고 구체적인 질서에 근거한 사고는 법적이 아닌 것, 비학문적인 것으로서 제외되는 것이다. 독일이란 전혀 다른 상황이나 전혀 다른 구체적인 질서에서 성립한, 추상적인 규범들의 망라된 서적으로 조사하는 법률가들만이 이제 「학문적」이며 「정신적으로」 생각하는 법률가가 되며, 다른 한편 그 이외의 법률가는 어정쩡하거나 소박한 민중의 도배로 간주되는 것이다.

로마법의 계수 때문에 독일에 있어서의 법률가의 유형은 그 모양을 전부 변화시키고 왜곡시켜버린 것이다.

이 계수라는 현상을 통해서 독일에서의 특정한 법적 사고양식, 특정한 정신적 습성이 정착하였다. 이 정신적 습성은 위에 서술한 의미에서의 추상적 · 규범주의적인 성격만을 가질지라도, 자발적으로 법학적 및 법률학적일 것을 주장한다.

따라서 로마법에 대한 투쟁을 할 때에 우리들이 생각해야 할 것은 다음과 같다. **고대의 로마법은 이것을 형성하고, 이것을 뒷받침한 로마의 농민이나 가장 그리고 병사들에 대해서는 이 세상의 가장 이성적인 것이었다.** 고대의 로마법이 구체적인 현실에서 유리해서 다른 민족의 질서에로 이행할 때, 그리고 구체적인 현실에서 유리한 추상적인 명제만이 순수하게 법률학적 · 법학적인 학식으로 간주될 때, 고대의 로마법은 이 세상의 가장 무익한, 가장 유해로운, 가장 위험한 것이 된다. 모든 세대에 걸쳐서 이 법률학으로서의 추상적인 규범주의가 독일인의 획득한 지식으로서 철저하게 가르쳐 왔다. 이리하여 우리들 간에 성립한 규범주의적인 사고의 유형은 19세기에는 더욱 추진하게 된다. 유대인 손님 민족의 유입으로 이 발전이 다시 규범주의적인 법률사고의 방향에로 밀어나아가게 되었기 때문이다. 무엇보다도 먼저 몇 천년 동안 국가로서의 대지 위에 사는 것이 아니라 율법 속에, 규범 속에만 사는 유대 민족의 특질 때문에, 유대 민족은 말의 진정한 의미에서 「그 존재 자체가 규범주의적」이다. 그러나 둘째로, 그들을 손님 취급하는 민족의 법을, 타관 사람 · 객지인 · 거류 외국인인 그들이 규범주의적으로 그리고 법적 안정성의 관점에서만 고찰하는 것도 또한 자명하다. 유대 민족은 그들이 생활을 영위하는 독일 민족의 현실세계에 속하는 것은 아니다. 유대 민족은 독일 민족의 법을 계산가능한 타당규범으로서, 즉 그들이 자신을 적응시키는 국가기능의 척도로서 파악한다. 그리고 유대 민족은 이 척도에 근거하여 그들이 국가에 대해서 명심해야 할 사안을 아는 것이다. 유대 민족은 언제나, 어디서나 타고 내릴 수 있는가를 알기 위한 시간표를 가지려고 한다. 그 결과 그들은 법을 미리 규정된 계산가능한 규범의 의미에서의 법률로 대신 취하는 것이다.

3.

그리하여 형벌을 부과할 행위가 「실증주의」의 이름으로, 법률학의 이름으로 무죄로 선고하게 되었다. 왜냐하면, 규범주의적인 사고양식에 있어서는 형벌이 범죄로부터 설명되는 것이 아니라 범죄가 규범화된 형벌의 위하[=구성요건]에서 설명되었기 때문이다.

되돌아서 뒤로부터 정의하는 것이 규범주의자의 특징이다. 규범주의자는 예컨대 「범죄는 형벌에 의해서 위하되는 행위」라고 정의한다. 실제로 법적으로는 반대이다. 범죄는 그것이 형벌에 의해서 위하되기 때문에 범죄가 아니라 그것이 범죄이기 때문이야 말로 형벌에 의해서 위하되는 것이다. 그러나 이런 종류의 법률가는 뒤에서부터 [규범이라는 것에 비추어] 생각할 수 있음에 불과하며, 또한 그러할 뿐이다. 국가의 헌법은 규범주의자에게는 혼인이라든가 재판관의 판결에 의해서만 해결될 수 있는 계약 등의 다른 법률보다도 변경하는 것이 어려운 법률일 뿐이다. **규범주의적인 정의의 일에 정통할 때 헌법 또는 혼인에서 법률학상의 실제에는 무엇을 알 수** 있을 것인가? 그러나 이러한 정의 방법이야말로 법률학상 매우 현명한 것이라고 간주된다. 이러한 사고양식은 해마다 몇 천의, 몇 만의 젊은 재능 있는 독일인에게 철저하게 가르친다. 그러므로 우리들이 로마법과 투쟁한다는 경우, 그것은 법사적인 변덕에서는 아니다. 오히려 우리들은 대학이나 법률가의 실무에서 오늘날에 이르러도 더욱 지배적인 사고유형과 투쟁하는 것이다. 바꾸어 말하면, 우리들이란 이질적인 법률가의 사고양식을 독일에 가져온, 우리들과는 본질적으로 다른 사고의 유형과 투쟁하는 것이다.

우리들이 나치스의 법사상을 주장할 때, 그리고 그때에 로마법에 대한 투쟁을 반복해서 화제로 삼을 때, 우리들의 투쟁은 모든 나치스의 주장과 같은 정도로 중요하고 보편적이다. 피상적인 것이나 쓸데없는 것을 위해서 이러한 나치스의 주장의 본질이나 깊이에서 눈을 돌린다면 이 투쟁은 매우 경박하고 안이한 것이 되어버릴 것이다.

나치스의 로마법에 대한 투쟁은 특정한 법적 사고유형의 독점이나 지배에 대한 투쟁이다. 법적 사고에는 다종다양한 형태가 있다. 이것들은 서로 보완하며 다양한 시대에 다양한 형태로 나타나며, 그리고 소멸해 간다. 이 현상은 구체적인 상황의 문제이며, 동시에 어떤 민족의 구체적인 성격의 문제이기도 하다. 모든 민족이 각각의 민족에 관계지워진 법률학상의 유형을 가진다. 프랑스인의 법적 사고양식이 독일인이나 영국인의 사고양식과 다른 것은 당연하다. 그럼에도 불구하고 양자는 법적으로 사고할 수 있으며, 사태에 따라서 무엇이 법이고 무엇이 불법인가를 서로 이해할 수 있다. 그러나 그들 간에 있는 추상적인 규범주의적인 유형이 끼어들며, 예컨대 베르사유조약에 의해서 사물에 내재하는 정의나 이웃 민족에 의해서 영위되고 있는 공동생활의 구체적인 질서를 고려하지 않고, 추상적 척도로서만 통용하는 성문의 실정 규범 ―「계약은 계약」― 만이 중요하다고 한다면, 그들은 이미 서로 이해할 수 없는 것이다. 이 성문의 실정 규범은 법이나 정의의 적일뿐이거나 법학이나 법적 안정성의 적이기도 한 것이다.

그러면 이 추상적 개념의 지배에 의해서 필연적으로 가져올 실천상의 귀결은 어떠한 것일까? 우리들이 1921년부터 24년에 걸쳐 체험한 오싹한 사태, 즉「마르크는 마르크다」와 같은 악명 높은 명제로 대표되는 개념들이나 명제들의 성립이 이 귀결에 다름 아닌 것이다. 이러한 사태는 이런 종류의 추상적인 법사상이 획득할 수 있는 유일한 법적 안정성이다. 물론 마르크는 마르크, 계약은 계약이라는 명제에 의해서 나와 같은 것에서도 구재판소의 법관으로서든, 라이히 최고재판소의 법관이든 소송을 신속하고「확실하게」처리할 수 있을 것이다. 그러나 이런 종류의 안정성을 오늘날 여전히 누가 진면목으로 법적 안정성으로 볼 것인가?

현실의 구체적인 질서보다도 추상적인 규범이나 개념의 체계를 중시할 때 정의만이 아니라 법적 안정성도 우리들은 파괴해 버리는 것이다.

중요한 것은 구체적인 현실의 법에 승리를 가져오려고 노력하는 것, 그와 동시에 이 현실의 법에 알맞는 법적 안정성을 구축하는 것, 바꾸어 말하면 추상적인 규범이나 공허한 보편개념이 효력을 갖지 아니한 이성적인 계산가능성에 승리를 가져오도록 노력하는 것이다. 경험이 없는 실무가라면 마르크는 마르크, 계약은 계약과 같은 방법이 법적 안정성을 보장하였다고 크게 진면목하게 주장할 것이다. 그러한 방법은 기껏해야 형벌할 만한 행위에 대해서는 무죄를 보장하거나 앞서 언급한 [나치스 유겐트의] 사례에서 본다면, 반대로 형벌할 가치 없는 행위를 범죄로 간주해 버리는 것이다.

며칠인가 전에 선택에 의거한 유죄판결의 문제, 이른바 「선택적인」 구성요건의 확정의 문제를 테마로 하는 라이히 최고재판소의 총회가 열렸다. 불법행위가 장물취득 · 절도 · 횡령과 같은 구성요건의 어떤 속성에 타당한지를 일의적으로 확정할 수 없는 것은 자주 경험하는 거의 일상적인 실무상의 일이다.[1] 이 세 가지의 구성요건 각각의 구성요소로서 각인되고 식별되는 보편적인 개념들이 정밀화되고, 추상화되면 될 수록, 따라서 구성요건의 속성이 규범주의적으로 볼 때 「법적」이 되면 될수록, 단순하고 구체적인 사안을 법적 안정성이란 이름 아래 포섭하는 것이 점점 어렵게 될 것이다. 소유권침해가 많은 사안을 명확하게 포섭하는 것은 이미 할 수 없다. 왜냐하면 추상적인 포섭가능성이 다양한 그림자가 들어와 어지럽히는 혼란이 오기 때문이다. 이러한 경우에는 중대한 소유권침해가 생길 의심은 없다. 그러나 추상적인 보편개념에 구체적인 사안을 포섭하는 방법은 절도 · 장물취득 · 횡령이 존재하는가의 여부를 특정하는 것은 불가능하게 한다. 예컨대 법관의 협의에서 한 사람의 법관이 절도, 이제 한 사람의 법관이 횡령, 나아가 다른 법관이 장물취득을 상정한다는 사태가 생기는 것이다. 그 결과 절도는 무죄가 되어야 한다(!)는 결론이 도출된다. 이것은 민족의 법감정에 대해서 이해하기 어려울 뿐만 아니라, 추상적인 규범주의의 훈련을 받고 세련되게 법학적으로 사고하는 모든 사람들의 법감정에 대해서도 이해하기 어려운 것이다. 들리는 바에 의하면, 라이히 최고재판소는 절도나 장물취득에 대해서 간신히 선택적인 구성요건의 확정을 인정하게 되었다고 한다. 이것은 주물숭배적인 맹신에 입각한 우리들의 커다란 성과이다. 이 보편개념에의 맹신에서 「법률 없으면 형벌 없다」(nulla poena sine lege)라는 명제로 대표되는 규범주의적인 도그마가 많은 법률가에 의해서 주장되어 온 것이다. 그러나 이것을 기회로 추상적인 보편개념에 근거한 방법이 이미 법적 안정성을 보장하지 못하는 것, 이것을 「실증주의자」에게 의식시키는 것이 가능하게 될 것이다.

4.

과거에 규범주의적인 방법이 「학문적인 것」으로서 과시되었다고 하더라도, 또 반드시

1) 이에 대해서는 샤프슈타인의 논문 참조. Fr. Schaffstein, Juristische Wochenschrift, März 1934, S. 531 ff.

정당하다고는 할 수 없지만 적어도 법적 안정성이나 계산가능성에 봉사하는 것이라고 주장했더라도, 오늘날에는 이러한 언설은 이해하기 어려운 것이다. 어떠한 법적 사안에서도 이러한 것은 전혀 있을 수 없는 것이다. 실제로 문제는 법적 사고를 독점하는 요구를 가지고 등장한, 법적 사고의 규범주의적인 유형이 우리들 사이에 정착해 왔다는 사실이다. 앞에서 서술한 「일반적인 이념의 파산」을 확인한 저 미국의 현명한 노법률가의 주장이 법적 사고의 이 방법에 대해서도 정당했던 것을 나는 확신한다.

구체적인 법적 질서사고를 둘러싼 우리들 나치스의 투쟁은 오늘날 민족 전체의 모든 선량한 정신이 구체적 질서사고* 편에 선 투쟁이다. 우리들은 이 수 년 래 규범주의에 보이는 법적 생활이 더욱 지배하는 모두로 그러한 방법에 대한 저항이나 반론이 행해질 것을 알고 있다.

그 사례로서 우리들은 자유법운동*이나 튀빙겐학파를 들 수 있을 것이다. 그러나 나는 그들의 노력을 높이 평가하면서도 다음의 점을 강조하고 싶다. 즉 우리들에서 중요한 것은 우리들이 독일 법률가의 새로운 유형을 위해서 투쟁한다는 사실이며, 구래의 규범주의적인 방법을 수정하는 것이나, 그것으로 탄력성 있게 하는 것, 또한 그럼으로써 가능한 한 이 방법을 구제하고, 이 방법의 생명을 오래 연장하려는 것은 아니다.

물론 구래의 유형은 이에 대해서 이렇게 응답할 것이다. 우리들은 신의성실, 사기의 항변(exceptio doli), 선량한 풍속에의 고려와 같은 개념을 알고 있다고. 그러나 중요한 것은 이러한 개념들이 규범주의적으로 운용되는 것이 아니라 구체적 질서사고에서 형성된다는 것이다. 법관의 판결의 가치나 위엄은 이 구체적 질서사고에서 생기며, 결심의 결정 그 자체에서, 즉 공허한 재결에서 생기는 것은 아니다. 급진주의, 바꾸어 말하면 나치즘을 특징지우는 사상이나 주장의 전체성은 이 영역에도 타당하다. 우리들은 구래의 체계가 이제 시도하는 나치즘에의 단순한 적응이나 통제, 다양한 개혁이나 수정 그리고 논의에 감내하는 것은 아니다. 민족의 새로운 상황 속에서 우리들은 독일 법률가의 새로운 유형을 주장해 나아가야 한다. 독일 중에서 지배권을 장악하는 것은 전적으로 별종의 법률가이어야 한다. 이러한 성격을 지닌 법률가는 이제 그 형성도상에 있다고 나는 믿는다. 이러한 법률가의 육성이 2, 3년으로 완성된다는 것은 아닐 것이다. 거의 5백년의 매우 커다란 강도로써 지속하며, 5백년이란 기간에 걸쳐 민족의 의식을 형성해온 힘이 겨우 몇 해 몇 달로 제거되고 극복되지 않는 것은 당연한 일이다.

5.

정신생활의 모든 분야에서 우리들에게 부과된 교육사업은 법적 훈련이나 법적 교육과 같은 법학의 분야에서 특히 폭 넓고 엄숙한 것이다. 그러나 우리들의 일을 수행해 온 사람이라면 누구든지 이 사업이 착수하고 우리들이 이미 상당한 길을 나아간 것을 자각하고 있다. 성장하고 있는 세대 — 독일의 법률가의 모든 연대(年代)가 이 성장을 믿고 있다 — 는 추상적인 규범주의 학파와는 다른 학문적 태도에 의해서 이 활동을 진척해 나아갈 것이다. 그들에게 규범주의적인 표의문자나 다양한 개념의 유희는 그들의 현실의 모습, 즉 독일 민족의 구체적인 현실생활과는 관계 없는 사람들에게만 의미가 있다. 정의나 법적 안정성을 보장하지 않는, 생활과는 동 떨어진 공허한 방법이라고 생각될 것이다. 우리들은 **추상적인 규범주의적인 유형에서 구체적인 질서사고의 유형에로 나아간다.** 나치즘은 도처에서 지금까지와는 다른 질서를 형성한다. 즉 나치스당에서 비롯하며, 현재 형성되고 있는 수많은 새로운 질서, 예컨대 신분질서 · 경영질서 · 진영이나 부대와 같은 다양한 종류의 질서를 형성하는 것이다.

이러한 모든 질서에는 그것에 내재하는 법이 필연적으로 수반한다. 비록 일부의 독일 법률가가 이것을 이해하지 못하고, 또 법학상의 문제로서 이해하지 못할지라도, 마비상태에 빠진 구래의 규범주의나 실증주의라는 녹아 없어지는 얼음덩이로 후퇴하는 것은 그들에게 아무런 유익도 가져오지 못할 것이다.

이러한 법률가는 역사의 흐름 속에서 매몰되어 버릴 것이다. 그러나 우리들의 노력은 활력 있는 성장에로 향하고 있다. 우리들의 새로운 질서는 우리들 자신 속에서 생기는 것이다. 그것은 의미를 상실하고, 상황에서 단절된, 외국에서 유래하는 기교적인 골격의 구축은 아니다. 우리들의 새로운 질서는 법적 개념에서도 바로 현실의 살아있는 표현인 것이다.

최근의 세습농장법의 제3 시행령(1934년 4월 27일의 제3 시행령, RGBl. I. S. 348)에 의하면,* 라이히 식량단의 지도자는 식량농업장관 다레(Darré)*이며, 라이히 세습재판소의 소장이다. 이것은 하나의 쇄신이며, 새로운 종류의 질서가 어떻게 형성되는가를 보여준다. 자유주의적인 법치국가의 사고에 의하면, 식량단이라는 신분계층의 지도자가 동시에 활동적인 라이히 장관이며, 재판소의 소장일수도 있다는 것은 생각하지 못할 것이다. 현실의 신분계층이라는 구체적인 질서가 생기를 띠고 있는 것을 관찰하거나, 그러한 사례가 구체적 질서에서 저절로 생기는 것이다. 종래의 법사상이 경험한 기교상의 분열이나 분리는 이 자연적 구체적 질서에 대해서는 아무런 의미도 가지지 못하며, 오늘날에는 진정한 의미에서의 저항마저도 불가능한 것이다.

이전의 추상적인 법률에 의거하는 법률학이 이제 실증주의적으로 행동하는가, 순수하게 학문적으로 행동하는가, 자신의 모순을 드러내면 드러낼수록 우리들의 새로운 질서는 점점 자유롭게 성장해 나아갈 것이다. 이미 서술했듯이, 우리들은 여기 독일에서 대지의 모든 선량한 민족을 그 모든 선량한 정신을 동지로 만든다. 모든 나라들에서 법학의 새로운 발전의 징조가 나타나고 있다. 모든 나라, 모든 민족이 그들 고유의 대지에, 그들 고유의 피에, 피와 대지로 이루는 자연적 질서로 되돌아가려고 한다. 그리고 「일반적 이념」이라는 작위적인 상부구조로부터 자신을 해방하려고 한다. 이 전세계를 포괄하는 장대한 개혁 프로그램 중에 독일법이나 독일 법학을 둘러싼 우리들 나치스의 지도적인 노력이 존재한다. **우리들은 법개념을 일신한다**. 이것은 정치적인 것과 법적인 것 또는 세계관적인 것과 법적인 것이라는 안티테제에 의해서 감정적 · 정서적 · 비합리적으로만 해결될 수 있는 사안은 아니다. 이것은 그 전체가 바로 법생활의 사색적인 측면, 그리고 진정으로 학문적인 측면을 파악하는 것이며, 이에 관여하는 것에 우리들 독일 나치스의 법률가 모두가 자랑하지 않으면 안 되는 사안이다. **우리들이 선택하는 것은 바로 이러한 미래의 사안 이외에 아무것도 아니다**.

독일 법률가의 길 (1934)*

법생활의 성장이나 형성에서도 투쟁은 「만물의 아버지이며 왕」이다. 엄격한 학문상의 논의 중에서 오래되고 전승된 것이 검토되고 새로운 것이 정당화된다. 그러나 이 정신의 투쟁은 **동일한 종(種)의 존재와 사고양식의 공통된 기반**이 포기되지 않는 한에서만 실로 다양한 것이다. 국가사회주의(나치스) 운동은 공통의 기반을 다시 마련하였다. 우리들은 이제 공통의 기반 위에서 완전한 정신의 자유를 가지고, 우리들의 사고를 정화할 수 있다. 그 결과 적대하는 분열이 필요한 대결 대신에 초래하는 것을 두려워할 필요는 없다. 실천과 이론에서의 모든 민족과 신분 동포의 창조적인 연구에 대한 상호 존중이 모든 학문적 논의의 첫 번째 조건이다. 만약 그렇지 않다면 우리들은 곧 저 열악한 관습으로 뒤돌아가거나 부인이나 선동을 학문적 「비판」이라고 결정해 버릴 것이다. 또는 혈통과는 이질적이며 대지와는 관련 없는 법이론 중에서 구체적 질서를 일반적인 형태로 맞춘 정식으로 바꾸어버릴 것이다.

1.

국가사회주의(나치스) 운동의 승리는 또한 독일의 법률가의 의식을 각성케 하였다. 1919년 이래 체념과 무관심에 빠지고, 공공연함, 비정치적 · 중립적인 법률실증주의를 운명으로서 받아들인 많은 독일의 법률가는, 자기와 자기의 신분을 구출하는 활력 있는 창조적 법형성의 과제를 자각하였다. 부동이라고 생각된 일상성 중에서 경직된 많은 실무가나 이론가도 깜짝 놀라게 되었다. 그러나 여기서도 현상은 프로이센의 위대한 개혁자인 론(Roon)*의 한 친구가 1865년의 어려운 때에 론에게 써 보냈듯이, 「각성에서 재생에 이르기까지는 아직 얼마간의 거리를 필요로 한다」는 것이다. 법생활에서 **일상성의 힘**은 **관습법**으로서 즐겨 불린다. 죽은 규준양식이 「보존할만한 오랜 것」으로서 나타나며, [법률실증주의의] 특정한 방법 · 개념 그리고 표현법들이 법적인 것으로 간주되고, 사람이 감당할 영원한 법적 진리와 자명한 것으로 생각되기 위해서는 이것들이 [바이마르 시대의] 15년에 걸쳐 지배했으면 좋았던 것이다. 「구폐의 지속」이라는 경직된 도그마 문화에의 경향은 법의 본질 속에서는 확실하지 않지만 「법의 조작」이라고 불린 사태 속에 존재하는 것이다.

---

* Der Weg des deutschen Juristen, in: Deutsche Juristen-Zeitung, 39. Jg., Heft 11, 1934, Sp. 692-698.

전민족을 포괄하는 강력한 운동이 민족생활의 모든 영역에, 특히 법생활에 새로운 내용을 부여할 때, 종래의 개념과 방법이 음미되지 않으면 안 된다. 종래의 개념과 방법은 새로운 정신을 명확하게 자신 속에 수용하거나 또는 유해로운 찌꺼기로서 거부되거나 어떤 **선택** 앞에 서게 된다. 여기서도 물론 말과 개념들이 **균제화**(Gleichschaltung)*될 수 있는 한에서, 이것들을 「균제화」하려는 중간 단계가 생긴다. 그러나 균제화는 내면적 혁신이나 변혁에 이르는 길의 참된 첫걸음에 불과하다. 그러나 고유한 혁신과정에는 물론 격렬한 논의와 정신의 투쟁이 따른다. 이것은 바로 참된 생명의 하나의 표현일 뿐이다. 이러한 논의와 투쟁에 의해서 법적 문제의 전체적인 취급은 보다 깊어지며 보다 넓어지게 된다. 잠정적인 결정, 전통적인 학설, 즐겨 사용하는 주해를 안이하게 지시하거나 관련짓는 것만으로는 이미 충분하지 않다. 종래부터 이론적 · 기본적인 것이라고 간주해 온 문제, 예컨대 「법치국가」의 개념 또는 「법률 없으면 형벌 없다」(nulla poena sine lege)라는 명제는 모든 법률가들이 법률가로서의 그의 실존에 관한 결단이 요구된다는 사실을 느끼기 때문이다. 특히 안이한 말의 도피도 여기서는 인정되지 아니한다. 그렇지 않으면 사람은 새로운 관점이나 사고를 단지 「법정책적인 것」으로 결정함으로써, 또한 **제정법**(lex lata)**과 제정되어야 할 법**(lex ferenda) 간에 깊은 균열이 생기게 함으로써 배제해버리기 때문이다.

현행법과 장래의 법의 과장된 분열은 실제로는 과거와 장래성에 있는 현재를 찢어놓을 뿐이다. 그것은 오래된 것과 새로운 것의 단절이며, 새로운 것과 현재적인 것을 희생하고 오래된 것과 지나가버린 것만을 이용하는 것이다. 그때에 지나가버린 것이나 시대에 뒤떨어진 것은 우리들의 뜻에 반하여 「실정적인 것」 또한 그것만으로 효력이 있는 것으로 간주한다. 한편에서 새로운 것과 생명력 있는 현실적인 것은 「법적이 아닌」 사안으로서, 「정책」이나 입법의 영역에로 추방하는 것이다. 이처럼 유해롭고, 실로 재앙으로 가득찬 방법은 완전히 극복된 법관념을 실정법으로서 계속하며, 이미 타당하지 아니한 관념에 잘못 이해된 법률실증주의에 근거하여 인위적인 존재성을 부여해 버리는 것이다. 따라서 이 경우에는 법적인 실증성이나 법률가 신분 그 자체가 왜곡되며, 「법적이 아닌」 민족동포 모두 사이에 있는 법률가 신분의 위신은 매우 심각한 사태에 빠지는 것이다. 왜냐하면 법적 활동은 지나가버린 것에만 관련된 사항이 되며, 법률가는 오래된 것과 새로운 생명의 투쟁 중에서 오래된 것을 운용하며, 오래된 것에 봉사하는 자가 되어버리기 때문이다.

2.

법관과 법률과의 관계는 오늘날의 모든 문제의 중심점이다. 이것은 일반적 · 추상적으로 대답할 수 있는 문제는 아니다. 오히려 독일 법률가 신분 전체의, 모든 이론적이며 실무적인 이해의 고유한 핵심문제이다. 관리 법관의 활동이나 상태가 이 문제의 해답에 의거하는 것만은 아니며, 변호사 활동의 성격도 본질적으로 법관 활동의 성격에 의해서 좌우되는 것이다. 변호사가 소송의뢰인에게 주는 정보의 어느 것이 어떤 방법으로 법관과 법률과의 관계에 구체적인 현실을 고려에 넣고 있다. 더구나 법학교육, 시험제도, 젊은 법률가의 대학에서의 교육에서도 이 문제에 초점이 맞추어 있다. 그러므로 예컨대「법률 없으면 형벌 없다」라는 명제의 논의가[1] 이러한 문제에 관련된 것은 우연이 아니며, 새로운 법적 생활의 하나의 증거이다. 왜냐하면 만약 과거의 법률의사에 전적으로 방향지워진, **형법**에 있어서의 법률실증주의의 지배를 타파하기 위해서 성공한다면, 보다 활력 있는 법실무를 위한 길이 형법 이외의 모든 법분야 위에서도 관철해 가기 때문이다.

따라서 분명히 한 것은 명백히 처벌할만한 행위를 형법상의 구성요건의 결여 때문에 무죄로 하는, 공중전화의 악용에 관한 1933년 12월 18일의 라이히 최고재판소 제2형사부의 판결(JW. 1934, S. 1241)과 같은 결정은, 법적으로 결정되지 아니한 개별적인 사례 이상으로 독일의 모든 법률가 사이에서 주목할 것이 틀림없다. 왜냐하면 이 결정은 이른바 법률실증주의와 우리들의 법감정과의 불균형을 특히 극단적인 형태로 드러내기 때문이다. 오늘날 누구나「법률 없으면 형벌 없다」는 명제에 대해서「형벌 없으면 범죄 없다」(nullum crimen sine poena)라는 명제를 보다 높은, 보다 확고한 법의 진리라고 느끼고, 이「법률 없으면 형벌 없다」는 명제에서의 법률개념을 사물에 맞게 해석할 것이다.

모든 제정된 규칙이 그 활력을 실무에 의해서 겨우 획득하는 것은 잘 알려져 있다. 그러나 외견상 문제가 없는 것으로 보이는, 거의 모든 법률용어의「실정적」해석이 어느 정도, 확고한 특정한 정신에 의해서 담당되는가는 자주 불명확한 그대로이다. 즉 어떤 방법으로든 주목할 만한, 정신 없는 [법률] 문자는 결코 존재하지 않기 때문이다. 법률의 문자와 정신, 법률의 말과 의미와의 분리는 기본적으로는 생각할 수 없다. 물질과 정신, 피와 혼, 말과 의미와의 허위적인 분열이나 분리가 타파되어야 하는 것은 우리들이 나치스에 감사해야 할, 위대한 기본적인 학문상의 통찰이다. 정신이 전부 빼앗긴 문자는 말이나 몸짓으로는 인식되지 않는, 관계성을 상실한 정신과 마찬가지로 우리들의 관심을 끌 수 없다. 따라서 새로운 정신에 대해서 기성의 말에 근거한 법해석은, 실제로는 예컨대 **정신**과 대립하는 **말**에 근거한 것이 아니라 말의 **새로운 정신**과는 대립하는, **낡은 종래의 정신**에 근거한 것이다. 베를린 지방재판소(1934년 4월 11일의 판결 ― JW. 1934, S. 1274 ff.)가 상호에 붙인「독일」이라는 말의 문제에 대해서, 오늘날 자각한 우리 국민감정이「독일」이라는 말의 상업상의 이용으로 침해되는가의 여부는 문제가 되지 아니한다고 생각할 때, 또한 동 재판소가 이처럼 현존하는 회사명의 존속이 선량한 풍속에 반하지 아니한다고 인정할 때, 실제로 그러한 견해는 제정되어야 할 법과는 대립하는 제정법의 입장이나, 아직 타당하지 아니한 법적 관념과는 대립하는 타당한 법적 관념의 소산은

1) Klee, Strafe ohne geschriebenes Gesetz, in: Deutsche Juristen-Zeitung, 39. Jg., 1934, S. 639. 특히 Henkel, Strafrichter und Gesetz im neuen Staat, Hamburg 1934; Dahm, in: Deutsches Strafrecht, März 1934.

아니며, 현시점에서 타당한 현재적 정신과는 다른, 지나가버린 과거에 타당한 정신의 입장에서 채택된 것이다. 이것은 문제를 다분히 포함하는, 어떤 특정한 법에 대한 견해, 그리고 법관과 법률과의 관계에 대한 어떤 특정한 견해의 소산이다. 즉 지나가버린 것 중에 존재하는 과거의 의사의 고정화로서의 법률관의 귀결, 나아가서는 법률가가 현재의 것이 아니라 지나가버린 것을 입법자의 특별한 명령이 그에게 그것을 포기하기에 이르기까지 뒷받침할 임무를 가진다는 견해의 귀결인 것이다.

다행이도 법률가들을 과거로 밀어내는 이러한 견해는 오늘날의 독일의 실무에서는 반드시 승인되지 아니한다. 반대로 법실무에서는 **명확한 법률의사에 대해서조차 재판관의 매우 광범위한 자주성**을 승인하는 사례가 다수 존재한다. 이러한 사례는 지금까지의 엄격한 법률실증주의와의 주목할 만한 대립관계에 있다. **공무원개념을 둘러싼 투쟁 중에서 라이히 최고재판소는, 「사물의 내적 본질」이라는 관점에서 명확하게 표현된 법률의사에 대해서조차 「내적 본질」에 고집하였다.** 라이히 최고재판소의 제3 민사법정은 1929년 10월 11일의 판결에서(RGZ. 125, S. 420 ff.), 다음과 같이 서술한다. 「만약 입법자가 (공무원법의) 규정을 사용하여 공법상의 공무의 위탁에 의한 임용의사의 통지를 취하하려고 한다면, 입법자는 바로 **법적으로 불가능한 것과 실행할 수 없는 것을 지시**하게 될 것이다. 이러한 공무원법의 규정은 **내적 필연성**에서 생긴, 국가행위와 직무상의 입장 간에 있는 연관성에서 입법기관에 두어진 한계를 넘은 것이며 **고려할 가치가 없을** 것이다」.

앞으로의 논문에서 특히 다루어야 할 주관적 권리와 손해배상청구의 구성경향을 생각하는데 유익한, 이 라이히 최고재판소의 판결에 관해서는 다양한 견해가 가능할 것이다. 여기서 중요한 것은 독일의 재판관이 때로는 입법자로부터 매우 광범위한 독립을 요구한 것이다. 따라서 재판관과 법률과의 관계에 대한 문제는 단순히 제정법을 지시하거나 어떤 결정의 실정성을 지적하는 것만으로는 결코 해결되지 않는다. **모든 제정규칙의 말은 정신이 모든 말에 관철하는, 어떤 특정한 전체 질서 중에 존재한다.** 여기서 문제가 되는 것은 최근 자주 다루는 「일반조항」[2)]*이나 점차 유연하게 해석되는 개념과 구성요건만은 아니다. 종래의 특정한 말의 의미도 법체계의 기초가 전체적으로 혁신됨으로써 변화될 수 있는 것이다.

이것은 법적 안정성과 법생활의 계산가능성의 문제에 대한 정당한 입장에서 본다면 매우 중요한 사안이다. 이 문제도 과거로부터 장래를 지배하는 목적을 가지고 과거의 시점에서 취하지 않으면 안 된다. 어떠한 국가도 강력한 국가사회주의(나치즘) 국가와 같은 정도로 현실의 법적 안정성과 계산가능성을 보장할 수는 없다. 물론 법적 안정성과 계산가능성에의 요구는 당연한 것이지만 국가사회주의와 대립하는, 또는 전적으로 적대하는 질서원리에서 생기지 않거나 새로운 국가에게, 적의 「계산과 기대」에 따르도록

2) J. Hedemann, Die Flucht in die Generalklauseln, Jena 1933; H. Lange, Liberalismus, Nationalsozialismus und Bürgerliches Recht, Tübingen 1933. 나아가 die Fünf Leitsätze für die Rechtspraxis, Juristische Wochenschrift, 1933, 2793.

요구할 수도 없다. 법적 안정성과 계산가능성의 이성적 요구에 대해서도 이것들이 추상적인 사안이 아니라는 것이 인정된다. 그렇지 않으면 이 안정성과 규정성의 결과는 우리들이 1921년부터 24년에 걸쳐서 매우 「실증주의적」인 「마르크는 마르크다」라는 명제로 경험한, 의미도 상황도 상실한 법률의 언어에 공허할 정도로 고집만 할 것이다. 이 화폐의 절하라는 비극적인 시대는 적어도 법률용어의 확정이나 안정성이 의미 없는, 정신 없는 문자에 의거하는 것도, 단순한 조항에 의거할 수도 없다는 인식을 우리들에게 남기지 않으면 안 되었다. 법률규정의 안정성은 [정신에서] 절단된 법률규범의 언어와 명제를 유지하는 것으로도, 이전의 지지할 수 없었던 견해에 고집하는 것으로도 얻지 못하고, 다만 국가의 전체 질서가 안정됨으로써만 얻는다. 법의 적용과 형성이 위탁된 법률가는 국가의 전체 질서의 정신이나 세계관을 받아들이지 않으면 안 된다.

3.

그러므로 우리의 사법은 나치즘의 정신이 담당해야 한다는 요청은, 단순한 일반적인 요청은 아니며, 아돌프 히틀러의 『나의 투쟁』의 약간의 인용문을 사용하여 행한 법학적 이론이나 실천에서의 밖으로부터의 강령적 주장에서도 아니다. 오히려 모든 중요한 법관의 입장, 또는 그 이외의 법학상의 입장에서 이 요청이 과거의 것인가 또는 우리들의 활력 있는 현재의 것인가를 곧 사람은 인식할 것이다. 이 점 **바이마르 헌법이 여전히 타당한가의 여부의 문제**의 고유한, 보다 깊은 의미이다. 이에 관하여는 외견상 서로 대립하는 견해가 존재한다.[3] 독일 행정법률가의 라이히 전문 집단의 지도자인 사법관 H. 니콜라이는 1934년 1월 30일의 법률에 대한 훌륭한 콤멘타르(S. 32 f.)에서 이렇게 서술한다. 바이마르 헌법에 대해서 여전히 타당한 사안 모두가 **총통의 의사에 근거해서만** 타당하다. 그러므로 총통의 의사는 법의 근거가 된다고. 이에 대해서는 아무런 의심도 없다. 니콜라이는 다음의 점도 강조한다. 바이마르 헌법의 법정신 또는 국가정신은 이미 결정적인 것이 아니다. 오히려 새로운 국가사회주의적(나치즘) 정신이 **모든** 법분야에서의 법률문자의 새로운 해석에 의해서 바이마르의 공허한 정신에 승리한 것이라고. 내가 생각건대, 이것에 의하면 바이마르 헌법의 규정을 현행 **헌법**으로서 문제삼는 것은 이미 있을 수 없다. 각각의 국가질서 자체가 스스로 규정하는 헌법의 고유 개념은 각각의 국가질서에 속한다. 니콜라이도 나치즘 국가의 헌법이 일반적으로 「법적 의미에서의 헌법」일 수 있는가의 여부에 대한, 자유주의자에게서 보이는 논의에는 관여하지 않을 것이다.

그러나 바이마르 헌법의 개별 조문, 예컨대 제131조(위탁된 공권력의 남용에 대한 단체의 책임)와 같은 조문이 단일한 법률로서 나아가 적용되는 경우, 이것은 법제사 중에서

---

3) 특히 H. Nicolai, Der Neuaufbau des Reiches nach dem Reichsreformgesetz v. 30. Jan. 1934 (Das Recht der nationalen Revolution, Heft 9), S. 32 f.; H. Pfundtner, Vom Bismarckreich zum Dritten Reich, Berlin 1934, S. 25.

자주 보이는 현상이며, 바이마르 헌법의 광범위한 타당성의 문제와는 관계가 없다.[4] 독일의 라이히 직할령 알자스 · 로트링겐에서는 1871년 이후 프랑스 헌법의 규정들이 여전히 통용되고 있었다. 그러나 알자스 · 로트링겐에서 적어도 부분적으로, 또한「형식적으로」 프랑스 헌법이 여전히 통용된다고 주장하는 것은 아무도 없었다.

바이마르 헌법에서 꺼낸 이러한 조문의 오늘날의 적용은 물론 특별히 신중하게 종래의 정신에서 생긴 해석, 예컨대 제131조에서는 공행정의 모든 관할사항에 민사재판소가 제한 없이 개입하는, 자유주의적 사법국가성을 인정하는 해석 — 에서 떠나지 않으면 안 된다. 이에 대해서는 1934년 3월 3일의 라이히 행정잡지(Reichsverwaltungsblatt v. 3. März 1934 Nr. 9 S. 178 ff.)에서 다룬, 1933년 10월 27일의 라이히 최고재판소의 판결(III 82/33)은 시사하는 바가 많은 사례가 되고 있다. 이러한「단일의 법률」로서 광범위하게 적용된 규칙에 대해서도 이것을 종래의 법체계와 그것에 근거한 해석방법의 전체 질서에 맡긴다면, 그것은 오류이다. 오히려 이 규칙도 완전히 오늘날의 기본질서에로 편입되지 않으면 안 된다. 모든 것을 관철하는 새로운 법사고의 통일은, 오늘날 우리들이 거기에서 출발하지 않으면 안 되는 모든 것을 지배하는 해석규칙도 제공하는 것이다.

4.

「바이마르 헌법의 어떤 조항이 오늘날 여전히 통용하며, 어떤 조항이 이미 통용되지 않는가」하는 문제는 대답할 수 없는 문제이다. 왜냐하면 이 문제는 부당하게 제기된 것이며, 우리들의 법생활 전체가 오늘날 독자적인 기반 위에 존재한다는 원칙의 법적 사정(射程)을 완전히 오인해버리기 때문이다.「독일 라이히와 각 란트」를 규정한 바이마르 헌법의 제1장의 부분에 대해서는 개별적인 조직이나 규범이 새로운 의미로, 새로운 기반 위에 나아가 전개되더라도 예컨대 1933년 4월 7일의 라이히 대관법*에 의해서, 이미 그 기반을 상실하고 있다. 더구나 1934년 1월 30일의 라이히 개조법에 의해서 이 제1장은 완전히 인정하지 않게 되었다. 라이히 참의원의 명확한 폐기(1934년 2월 14일의 법률, RGBl. I S. 89)는 질서를 보전하는데 유효한 수단이었다. 왜냐하면 라이히 참의원의 설치는 민족과 라이히의 위난을 제거하기 위한 법률(이른바 1933년 3월 24일의 수권법)*에서 특히 언급되고 유보되었기 때문이다. 다른 한편, 1934년 3월 23일의 법률(RGBl. II S. 115)에 의한 잠정적인 라이히 경제평의회의 명확한 폐지는 1933년 4월 5일의 법률(RGBl. I S. 165)이 잠정적 라이히 경제평의회를 새로이 규정하고 있었으므로 적절한 조치였다. 사람은 명확한 법형식에서 사는 이러한 이행기의 청산이나 순화를 이것과는 반대의 논거 때문에 오용해서는 안 된다. 또한 과거의 체계의 개별적인 부분이

---

4) 이에 대해서는 특히 한 통의 회장(回章) 속에서 프로이센 재무부에 의해서 보고된, 내무부 보관의 편지(IV 618/28. 3. v. 12, April 1934) 참조. 이것에 의하면, 공무원에게는 신분기재서를 열람할 권리가 보장되어 있다는 바이마르 헌법 제129조 제3항에 포함된 규정에 관하여는,「현상에서는 시대에 뒤떨어진다고 보이며 명시적인 법적 명령이 없는 경우에는 실효된다」고 한다.

「법적으로」 계속하며, 만약 이것이 언제나 존속한다면 라이히 법률에 의해서 명시적으로 특별하게 폐지되어야 한다고 주장해서는 안 된다. 입법자는 이전의 법률의 각각의 조문에 새로운 의미를 부여할 수는 없으며, 헌법발전의 모든 순간을 인식할 수 없는 것이다. 예컨대 라이히 참의원의 설치는 직접적으로는 이미 1934년 1월 30일의 법률에서 나오지 않으며, 법적으로도 존재하지 않는다. 왜냐하면 이 법률로써 연방국가조직의 최후의 찌꺼기가 그것이 헌법조직인 한, 없어져 버리기 때문이다. 그 결과 예컨대 라이히와 각 란트[바이마르 헌법 제1장]의 마지막 조항인, 바이마르 헌법 제19조에 근거한 독일 라이히를 위한 국사재판소도 이 헌법규정과 함께 없게 되며, 오늘날에는 법적으로는 존재하지 않는다. 각 란트는 이미 연방국가는 아니며 고유한 고권의 존속이 불가능하게 된 경우, 라이히와 란트 간의 쟁의도, 란트 간의 쟁의도, 「란트 내부에서의 헌법쟁의」도 국사재판소나 헌법재판소의 대상일 수는 없다. 국사재판소는 오늘날 어떤 조직을 어떤 구실로 법정에 호소하는 「란트 내부에서의 헌법쟁의」를 수리하는 것도 이미 할 수 없다. 수리한다면 그것은 오늘날의 국가의 법적 근본질서에 반하게 될 것이다. 한편, 내 생각으로는 이 조직이 라이히 참의원이나 라이히 경제평의회와 나란히, 특별한 법률에 의해서 특히 명확하게 폐지되거나, 폐지되지 않는다는 것은 법적으로 주요한 문제는 아니다.

5.

「바이마르 헌법의 타당성」에 관한 이 짧은 논평은, 특히 하나의 구체적인 사례, 즉 이전의 헌법규정과의 관계에서 어떻게 우리들의 법생활이 새로운 질서에 근거하여, 어떻게 독일의 법률가가 활력 있는 발전에서 계속적으로 살며, 새로운 과제에 몰두해야 하는가를 명백하게 해 준다. 국가와 신분, 경제생활과 문화생활과 같은 도처에서 새로운 질서가 생기고 있다. 우리들의 법의 세계는 급속한 성장과 함께 혁신된다. 많은 특히 주요한 새로운 법개념이나 법관념은 이제 하나의 전체적 질서[법률실증주의]를 위해서 형성된 이전의 법사고 일반의 방법이나 범주로써는 파악되지 아니한다. 만약 이것을 이전의 방법이나 범주로써 법학적으로 파악하려고 한다면 곧 곡해되어 버릴 것이다.

우리들의 법생활의 새로운 과제를 일반적으로 「법적이 아닌 것」으로 결정짓고, 독일 법률가의 활동범위에서 제외하려고 한다면 그것은 오류이다. 그러한 「법적」이라는 관념에서는 자신을 법발전의 사소한 울림이나 추종자로 하는 이외에 법률가에게는 실제로 아무것도 남지 않게 된다. 그리고 법률가에 대해서는 파울 리터부슈가 최근 10년의 법률실증주의에 대해서 서술한 다음의 말이 타당할 것이다. 즉 「법률실증주의는 언제나 뒤따라온다」. 이러한 상황이라면 독립한, 명예 있는 법률가 신분의 계속은 불가능할 것이다. 끊임없이 성장하는 법의 정신적 수용이나 형성, 종래의 사명에의 이성적 적용 그리고 새로운 규칙들의 정신으로 충만한 발전이라는 커다란 과제는, 법의 세계에서는 아무것도 형성하지 못하게 될 것이다. 이러한 과제는 독일 법률가 신분과는 **이질적인**

자의 수중에로만 옮겨갈 것이다. 그렇다면 위대한 과거의 직업신분은 현재의 존재권을 상실해버리게 될 것이다.

우리들의 견해에 의하면, 독일의 법률가는 **독일의 법발전의 지도자이며 담당자**인 과제를 오늘날에도 가지고 있다. 매일 매일의 법실무에서도 독일의 법률가는 법의 독립한 담당자로서의 자기를 증명하지 않으면 안 된다. 그때에 독일의 법률가가 법과 국가에 결부된 상태에 있는 것은 자명할 뿐인데, 원래 그의 일이 그 위에서만 가능하며, 그 위에서만 풍부한 결실을 맺을 기반을 무엇보다도 결정짓는 것이다. 독일의 법률가는 자유롭게 떠도는 인텔리도, 국가와는 이질적인, 국가에 적대하는 세력이나 권력의 도구도 아니다. 그의 구속성은 동종성(Artgleichheit)에 기초지워진 민족의 질서에 관계되고 있다. 법률가와 법률가의 정신적 성과는 이러한 동종성을 기반으로 하는 민족의 질서에 속한다. 이 법률가의 구속은 낡은 것이나 죽은 것에의 구속이 아니다. 오히려 성장하는 법의 활력 있는 현실에의, 우리 독일 민족의 현재적인 전체 질서에의 내면적 소속인 것이다.

총통은 법을 보호한다 (1934)*

1934년 7월 13일의 아돌프 히틀러의 제국의회 연설에 붙여

I. 1933년 10월 3일 라이프치히에서 개최된 독일 법률가대회에서 총통(Führer)은 국가와 법에 관하여 연설하였다. 그는 도의 및 정의와 분리될 수 없는 실체적인 법과 허위의 중립성이라고 하는 공허한 합법성 사이에 존재하는 대립을 지적하였다. 그리고 이러한 중립적인 합법성 속에서 그 자체가 파멸하고 적의 손에 자신을 넘겨주고야 마는 바이마르 체제의 내부적 모순에 관하여 언급하였다. 그 점에 관하여 그는 다음과 같은 말로 끝을 맺고 있다. 「우리는 그것을 하나의 경고로 받아들이지 않으면 안 된다」.

1934년 7월 13일 전체 독일민족에 대한 그의 제국의회 연설에서 총통은 또 다른 역사적 경고를 상기시켰다. 비스마르크에 의하여 만들어진 강력한 독일 제국은 제1차 세계대전 동안에 붕괴되었다. 왜냐하면 그것은 결정적인 순간에 「자신의 군인복무규정을 사용할」 힘이 없었기 때문이다. 자유주의적인 「법치국가」라고 하는 사고방식에 의하여 마비되어 있었던, 정치적 직관이 결여된 문민 관료조직은 반도(叛徒)와 국가에 대항하는 적(敵)들을 정당한 법으로 다스릴 용기를 가지고 있지 못하였다. 오늘날 제국의사록 제310권에서 1917년 10월 9일의 공개적인 전체회의에 관한 보고를 읽으면 충격을 받게 되며, 총통의 경고를 이해하게 된다. 반란을 일으킨 수병(水兵)의 수괴가 독립사회주의당의 제국의회 의원과 교섭을 하였다고 하는 당시 제국정부의 보고는, 일정한 당파에 속한 사람은 군대 내부에서 선전활동을 할 수 있는 헌법상의 권리가 제한될 수 없으며, 반란에 관한 결정적인 증거가 없다고 함으로써 제국 의회를 격분시켰다. 그렇지만 그 일로부터 1년이 지난 시점에 독립사회주의자들은 우리에게 이러한 결정적인 증거를 보여 준 바 있다. 독일 국민은 4년이라는 세월을 유례를 찾을 수 없는 용기를 가지고, 그리고 엄청난 희생을 치르면서 전 세계를 상대로 하여 맞서 왔다. 그러나 민족에 대한 정신적 해악, 그리고 독일의 권리와 명예의 감정을 음울한 방법으로 잠식하는 것에 대항하는 투쟁에 있어서는 독일 민족의 정치적인 활동이 성과를 거두지 못하였다. 우리는 오늘날에 이르기까지 세계대전 이후 독일 정부에 가해진 제한과 제약에 대한 대가를 치르고 있다.

그러한 좌절이 가져다주는 치욕에 대한 모든 도덕적인 격분은 아돌프 히틀러에게

---

* Der Führer schützt das Recht (1934), in: C. Schmitt, Positionen und Begriffe im Kampf mit Weimar-Genf-Versailles 1923-1939, 1940. 4. Aufl., Duncker & Humblot, Berlin 2014, S. 199-203.

모여들었으며 그에게서 정치적 행위의 동력으로 변화하였다. 독일이 겪은 불운의 역사가 가져다주는 모든 경험과 경고는 그에게서 생생한 활력을 가지게 되었다. 대부분의 사람들은 그러한 경고에 담겨 있는 난관을 두려워하였으며, 기꺼이 적당한 도피와 타협 속으로 숨고자 하였다. 그러나 총통은 독일 역사의 경고를 진지하게 맞아 들였다. 그러한 일은 그에게 새로운 국가와 새로운 질서를 수립할 수 있는 권리와 힘을 부여하고 있다.

Ⅱ. 총통은, 위험에 직면하여 그의 총통으로서의 지위에 힘입어 최상위의 재판권자로서 직접적인 법을 창설하는 경우, 법이 극히 사악하게 오용되는 것으로부터 법을 보호하는 것이다.「이러한 순간들에 나는 독일 민족의 운명에 책임을 지고 있었으며, 따라서 독일 국민의 최상위의 재판권자였다」. 진정한 영도는 언제나 또한 재판관이기도 하다. 총통의 지위로부터 재판관으로서의 지위가 나온다. 그 둘을 서로 분리시키려거나 서로 대립시키려는 사람은, 재판관을 총통에 대한 적대자로 만들려고 하거나 총통에 대한 적대자의 수단으로 만들려고 하는 자이며, 사법(司法)의 힘을 빌어 국가를 전복시키려는 자이다. 이는 국가의 전복이나 법질서의 파괴를 위하여 흔히 시도되는 방법이다. 형법으로부터 커다란 자유의 보장, 즉「범죄자의 마그나 카르타」(Fr. von Liszt)*를 만들어 내려는 것은 자유주의적 법사상의 법에 대한 맹신의 특징이었다. 그렇게 되면 헌법 역시 마찬가지로 주권과 국가에 대한 반란자의 마그나 카르타가 되지 않을 수 없었다. 그렇게 됨으로써 사법(司法)은 책임의 귀속에 관한 영위(營爲) — 범죄자는 그가 예견할 수 있고 계산에 넣을 수 있는 그러한 영위의 기능에 근거하여 확립된 권리를 가지게 된다 — 로 바뀐다. 그러나 국가와 국민은 이른바 흠결 없는 합법성에 전적으로 구속당하게 된다. 극도의 비상사태의 경우에는 사이비적인 비상구가 눈에 띄지 않는 방식으로 마련되는데, 일부의 자유주의적인 법이론은 상황에 따라 그것을 승인하지만, 다른 자유주의적 법이론은 법치국가라는 이름 하에서 그것을 부정하며,「법적으로는 존재하지 않는 것」으로 간주한다. 이러한 종류의 법이론에 의해서는 총통이「국민의 최상위의 재판관」으로 행위하였다고 하는 총통의 말을 이해할 수 없다는 것이 분명하다. 그러한 종류의 법이론은 총통의 재판관으로서의 행위를 사후적으로 합법화하며, 면책을 요하는 계엄상태하의 조치로 그 의미를 변경시킬 수 있을 뿐이다. 그렇게 함으로써 우리의 현행 헌법상의 기본적 조항의 하나, 즉 정치적 영도의 우위의 원칙은 법적으로는 아무런 중요성을 가지지 못하는 미사여구가 되며, 제국의회가 독일 국민의 이름으로 총통에게 바친 감사의 말은 면책이나 무죄선언으로 왜곡되게 된다.

실제로 총통의 행위는 진정한 재판권을 의미하였다. 그러한 행위는 사법(司法) 아래 종속되는 것이 아니라 그 자체가 최고의 사법(司法)이었다. 어떤 순간에 법률이 눈을 감고 있는 동안에 법이 결여된 공간에서 완결된 사실을 만들어 내는 것 — 그렇게 되면 그렇게 해서 만들어진 새로운 사실의 토대 위에서 흠결 없는 합법성이라고 하는 의제(擬制)

는 다시 그 지위를 회복할 수 있다 — 은 공화주의적인 독재자의 행위가 아니었다. 총통의 재판관으로서의 지위는 모든 국민의 모든 법이 유래하는 법원(法源)과 동일한 법원(法源)에서 유래하는 것이다. 고도의 필요성이 존재하는 경우에는 최고의 법이 스스로의 존재 가치를 증명하며, 재판의 형식을 빌어 보복을 함으로써 이러한 법을 최고도로 실현시킨다. 모든 법은 국민의 생존에 대한 권리로부터 나온다. 국가가 제정하는 모든 법률과 법원이 내리는 모든 판결은 이러한 연원으로부터 흘러나오는 만큼의 법을 내포하고 있을 뿐이다. 그 밖의 것은 결코 법이 아니며, 교묘한 위반자의 조소의 대상이 되는 「실정적인 강제규범의 그물」에 지나지 않는다.

Ⅲ. 총통은 자신의 정부와 자신의 국가를 바이마르 체제의 국가와 정부와 확연하게 대비시키면서, 「나는 이 젊은 제국을 옛날의 운명에 넘겨줄 의향이 없다」는 것을 강조하였다. 「1933년 1월 30일은 새로운 정부가 수립된 수많은 경우에 해당하는 그렇고 그런 날이 아니라, 하나의 새로운 통치가 낡고 병든 시대를 제거한 그러한 날이다」. 총통은 그러한 말을 사용하여 독일 역사상의 음울한 한 장의 청산을 주장하고 있는 바, 그것은 우리의 법적 사고, 법관행과 법의 해석에 대해서도 커다란 법적 영향력을 미치는 것이다. 우리는 이제까지의 방법론, 이제까지 지배적인 학설이 되어 왔던 사고과정, 그리고 최고법원의 예단(豫斷)을 모든 법영역에 걸쳐 다시 음미해보지 않으면 안 된다. 우리는 낡고 병들었던 시대가 만들어 낸 법개념과 법적 논증과 예단에 맹목적으로 매어 있어서는 안 된다. 우리의 법원에 의하여 제시된 판결이유 속에 포함되어 있는 많은 조문은 확실히 당시의 체제가 가지고 있었던 부패에 정당하게 대항하는 것으로 이해될 수 있다. 그러나 그것은 또한 아무 생각 없이 확장될 경우에는 오늘날은 그 반대의 것을 의미하게 되며 사법(司法)을 현재의 국가의 적(敵)으로 만들게 될 것이다. 1932년 6월에 제국법원(Reichsgericht)은 법관의 독립의 의미는 「국민으로부터 유리된 정부의 자의(恣意)로부터 법률에 의하여 승인된 국민의 권리 속에서 국민을 보호하는 것」에 있다고 한 바 있는데(RGSt. 66, S. 386), 그것은 자유주의적이고 개인주의적인 태도에서 나온 말이다. 「재판관의 지위는 국가원수와 정부에 대항하는 최전선에 존재하는 것으로서 생각될 뿐만 아니라 권력기관 일반에 대항하는 최전선에 존재하는 것으로 생각된다」.[1] 이러한 말은 그 시대의 맥락에서 보면 이해할 수 있는 말이다. 그러나 오늘날 우리는 사법을 포함한 모든 공법적인 제도의 새로운 의미를 확고한 결의로써 관철시켜야 할 의무를 지고 있다.

18세기 말 노년의 해벌린(Häberlin)은 국가비상권의 문제를 사법관할(司法管轄)과 행정관할(行政管轄)의 제한이라는 문제와 결부시켰으며, 국가에 대한 위험이나 대규모의 위해가 존재하는 경우, 정부는 사법관할에 속하는 것을 행정관할에 속하는 것으로 선언할 수 있다는 학설을 제기한 바 있다. 19세기 말에 프랑스 행정법학의 선구자 중의 한 사람인 뒤푸르(Dufour)*는 모든 사법심사의 대상에서 제외되는

---

1) 같은 취지인 것으로 보이는 헨켈(H. Henkel)의 새로운 저서인, Die Unabhängigkeit des Richters in ihrem neuen Sinngehalt, Hamburg 1934, S. 10 f. 참조.

통치행위(acte de gouvernement)*를 공동체의 방위를 목적으로 하는 것, 실로 내부적인 적과 외부적인 적, 공개된 적 또는 은폐된 적, 현재의 적 또는 장래의 적으로부터의 방위를 목적으로 하는 것이라고 정의하였다. 그러한 견해들을 어떻게 받아들이건 간에, 그것은 정치적인 「통치행위」가 법률적으로는 본질적인 특수성을 가진다는 것을 보여주는 것으로서, 그러한 특수성은 자유주의적인 법치국가에서도 법적으로 승인되지 않을 수 없었던 것이다. 자유주의적인 법치국가에서처럼 입법과 행정과 사법이 상호 불신에 입각하여 서로를 견제[2]하지 않는 국가로서의 총통이 통치하는 국가에서는, 다른 국가에서라면 「통치행위」로서 합법성을 가지는 것이, 총통이 자신의 최고의 총통으로서의 지위와 재판관으로서의 지위를 증명하는 행위로서의 효력을 가지며, 그것도 비교할 수 없을 정도로 고도의 그러한 행위로서의 효력을 가지는 것이다.

자신의 행위의 내용과 범위는 총통 스스로가 결정한다. 총통의 연설은 7월 1일 일요일 밤부터 「정상적인 사법」의 상태가 회복된다는 것을 다시 한 번 확인하였다. 1934년 7월 3일의 국가의 정당방위조치에 관한 법률(RGBl. I. S. 529)은 행정입법의 형식으로 총통의 직접적인 행위의 시간적 · 사항적 범위를 명시하고 있다. 시간의 점에서 보면 3일이 빠져 있고 총통의 행위와는 아무런 관련을 갖지 않으며, 총통에 의하여 권한이 부여된 바가 없는 「특별행동」은, 그것이 고도로 순수하게 총통의 법인 것에 비례하여 그만큼 더 나쁜 불법인 것이다. 프로이센의 내각수반인 괴링(Göring)의 7월 12일자 성명이 있고 난 이후, 그리고 제국 법무장관 귀르트너(Gürtner)의 1934년 7월 20일의 성명[3]이 있고 난 이후, 그러한 용납될 수 없는 특별조치에 대한 극히 엄격한 형사소추의 명령이 내려졌다. 권한이 주어진 행위와 권한이 주어지지 않은 행위 사이의 구별이 의심스러운 경우에는, 그것이 법원의 관할사항이 될 수 없다는 것은 통치행위의 특수성에 관한 위의 개략적인 설명에서도 쉽게 알 수 있는 일이다.

Ⅳ. 저 3일간에 이루어진 모든 일들 가운데에서 특히 두드러졌던 총통의 재판관으로서의 행위는, 나치당의 총통으로서의 그가 나치당의 최고의 정치지도자로서의 그에게 대하여 저질러진 특별한 배신행위를 속죄한 일이다. 나치당의 총통은 총통으로서의 지위에 입각하여 나치당 내부의 법이 다른 사람에 의하여 실현되지 않도록 할 사법적(司法的)인 임무를 가지고 있다. 우리나라에서는 정치적 의사의 주체는 오직 하나만이 존재하는 바, 그것이 바로 나치당이라고 하는 점은 제국의회 연설에서 총통이 명확하게 강조한 바 있다. 그렇지만 국가를 짊어지고 있는 생활질서와 공동체질서 — 그것은 특별한 방식으로 총통에 대한 서약을 통하여 확고하게 된 충

2) 후버의 논문 E. R. Huber, Die Einheit der Staatsgewalt, S. 950 이하 참조.

3) 1934년 7월 13일자 및 22/23일자 『국민의 눈』(Völkischer Beobachter) 및 『독일 사법』(Deutsche Justiz) S. 925. 또한 S. 983의 평론도 참조.

성에 그 기초를 두고 있다 — 는 그러한 방식으로 국가 · 운동 · 국민에게 접합되고 질서지워진 공공단체에 소속되고 있다. 오늘날의 독일 국민의 정치적 통일의 운명은 바로 나치당이 그 임무를 완수하는 것에 달려 있다.「다른 어떠한 관청도, 적어도 사법적 형식(司法的 形式)의 절차를 진행하는 민사 재판소는, 나치당이나 나치 돌격대로부터 정치적인 것에 수반되는 모든 위험이 그 위에 집적되어 있는 이러한 강력한 임무를 결코 빼앗아 갈 수 없다. 그러한 임무는 완전히 독자적인 것이다」.[4] 그러므로 정치적 지도자인 총통은 그의 법위반 행위가 갖는 특수한 성격 때문에 아주 특별한 방식으로 최상위의 재판관이 되어 있는 것이다.

V. 총통은 1918년의 좌절을 언제나 다시 상기하고 있다. 오늘날의 우리들의 상황은 그로부터 결정되었다. 6월 30일의 중대한 사건들을 올바르게 판단하려는 사람은, 그 날에 일어난 일과 그 이후의 이틀간에 일어난 일들을 우리들의 전체적인 정치적 상황과의 관련으로부터 분리시켜서는 안 되며, 또 특정의 형사절차적인 방법이 갖는 성격에 따라, 정치적인 실체가 그러한 방법들 속으로 추방당하여「순수하게 법률적인 구성요건」또는「구성요건해당성」만이 남을 때까지 고립시키거나 개별화시켜서는 안 된다. 그러한 방법으로는 결코 고도로 정치적인 사건에 대하여 올바른 판단을 내릴 수가 없다. 그렇지만 바로 이러한 고립된 절차를 유일하게「법치국가적인」것으로 내세움으로써 지난 십 수 년간의 기간 동안에 국민의 정신에 대한 해독이 스며들었으며, 또 그것은 오래 전부터 독일에 적대적인 선동을 하는 경우에 사용된 교묘한 술책이기도 하였다. 1917년 가을에는 자신의 법적 사고에 혼란을 일으킨 모든 독일의 국회의원들, 그리고 실로 공산주의자와 자본가, 가톨릭교도와 무신론자 모두가 특이하게도 한 목소리를 내어 독일의 정치적 운명을 그러한 절차적인 허구와 왜곡에 넘겨줄 것을 요구하였으며, 정신적인 무력감에 빠진 관료조직은 당시 그러한「법적인」요구에 내포된 정치적 의미를 감정적으로 느껴본 바가 없다. 아돌프 히틀러의 행위에 대해서는 많은 독일의 적들이 동일한 요구를 들고 나올 것이다. 그러나 그러한 적들은 일찍이 경험한 적이 없는 사태, 즉 오늘날의 독일이라는 국가는 동지와 적을 구별할 힘과 의지를 가지고 있다고 하는 사실에 직면하게 될 것이다. 만약 우리가 1919년의 경우처럼 또다시 굴복하여 우리들의 정치적 존재를 자유주의라고 하는 우상숭배의 희생물로 내어주는 경우에는, 그들은 우리에게 전세계의 칭찬과 갈채를 약속하게 될 것이다. 우리들의 정치적인 전체적 상황의 배후에 존재하는 가혹한 상황을 직시하는 사람은, 총통이 발하는 주의와 경고를 이해할 것이며, 저 위대한 정신적 투쟁을 위하여 무장할 것이며, 그러한 투쟁 속에서 우리의 정당한 권리를 수호해야 할 것이다.

---

4) Staat, Bewegung, Volk, Hamburg 1933, S. 22 (본서 286면).

법치국가를 둘러싼 논쟁의 의의 (1935)*

1.

「법치국가」에 관한 법학적 및 국가학적인 논쟁 문제는 파시스트 이탈리아 국가에서나 국가사회주의 독일 제국에서도 합법적인 권력장악 이후에 곧 일어났다. 우리들이 과학적으로 정당하게 인정해야 할 것은, 이 논쟁에 대해서는 1922년 당시의 이탈리아의 국가철학과 법철학 쪽이 독일 대학들을 지배하고 있던 1932년 당시의 철학보다도 더 많이 준비하였다는 사실이다. 그리하여 예컨대 당시 볼로니아 대학의 사강사였던 세르지오 파눈치오(Sergio Panunzio)*의 「법치국가」(Lo Stato di diritto)처럼, 그 제1부는 1921년에 나타났는데, 이것을 1932년에 발간한 당시의 하이델베르크 대학 강사 프리드리히 다름슈태터(Friedrich Darmstaedter)의 「법치국가냐 권력국가냐?」*하는 저서와 비교한다면, 그것은 의심할 것도 없이 보다 깊고 중요한 것이다. 어쩌면 1933년과 1934년에 발간된 법치국가에 관한 독일의 작은 책자나 논문의 대부분은 공허한 동어반복에 불과하며, 초보적인 사고상의 오류를 벗어나지 못했다는 것이 인정된다. 즉 「법치국가」를 「불법국가」(권력국가 · 폭력국가 · 자의국가 · 경찰국가)라는 의미에서의 「비법치국가」에 대한 반대개념으로서 제시하며, 그리하여 쉽게 법치국가를 그러한 반대에 우월하도록 하는 것이다. 그러나 민족과 시대의 위대한 정신적 투쟁이라는 점에서 볼 때 그것은 정당하지 않다. 여기서 대립하는 것은 의미와 무의미가 아니라, 의미와 반대 의미(Gegen-Sinn)이며, 생명과 생명이다. 그러한 투쟁만이 현실적으로 「만물의 아버지이며 왕」이며, 풍부한 법학적 · 국가학적 인식의 기초이다.

불법국가 또는 권력국가에 대한 단순한 대립으로서의 법치국가의 견해에서는 법과 국가에 대한 시민적 · 개인주의적 사회의 승리 이외에는 어떠한 것도 인정하지 아니한다. 이 견해는 그 징후적인 의의를 별도로 한다면, 오늘날 결코 과학적인 중요성이나 지위를 가지지 못한다. 현실적으로 법치국가는 바로 「직접적으로 정의로운 국가」에 대한 반대개념이다. 그것은 국가 그 자체와 개개의 경우의 직접적 정의 간에 「확고한 규범화」를 삽입하는 국가이다. 법치국가에 대한 유일한 함축 있는 반대개념은, 정의에 대한 단순한 간접적 「규범적」 관련 이외의 것을 가지는 국가형태이며, 따라서 그것은 「종교적」 또는

---

* Was bedeutet der Streit um den "Rechtsstaat"? in: Zeitschrift für die gesamte Staatswissenschaft, Bd. 95, Heft 2 (1935), S. 189-201. jetzt in: G. Maschke (Hrsg.), Staat, Großraum, Nomos, S. 121-131.

「세계관적」 또는 「윤리국가」이다. 법치국가라는 말과 개념이 1830년대에 이르러 비로소 독일에 나타났다는 것은 우연적 · 역사적인 것이 아니라 정신적으로 필연적이었다. 법치국가의 법학적 및 국가학적 개념의 아버지라고 생각되던 로베르트 몰(Robert Mohl)[1]*은 1832년에 발표한 논문(『법치국가의 원칙에 따른 경찰학』)에서 국가를 개인주의적 · 시민적 사회 아래에 종속시키는 결과 이상의 것을 도달할 수는 없었지만, 그러나 거기에 세계관적 기초를 부여하려고 시도하였다. 즉 「국민의 종교적 생활의 방향에 일치하는 것이 즉 신정제(神政制)이며, 단지 감각적인 것에 일치하는 것이 독재제이며, 단순한 가족적 견해에 일치하는 것이 가산적(家産的) 국가이다. 그리고 감각적 · 합리적 생활목적에 일치한 것이 이른바 법치국가이다. … 그러므로 법치국가는 국민 각자의 전체의 힘들을 가능한 한 자유롭고 다방면으로 행사하고 이용할 수 있도록 그 공동생활을 질서지우는 이외의 목적을 가지는 것은 아니다. … 이 견해에서는 시민의 자유가 최고의 원칙이다. … 따라서 국가의 보호는 소극적인 것에 불과하며, 더구나 개인의 힘으로 제거하는 것이 상당히 어려운 장애를 제거하는 데에서만 성립할 수 있는 … 전체 국가는 (시민의) 이러한 자유를 보호하고 이것을 가능케 하기 위해서만 규정되는 것이다.[2]

19세기 독일의 역사적 지위에서 법치국가는 두 가지 종류의 국가, 즉 기독교적 국가, 따라서 종교에 의해서 규정된 국가, 아울러 윤리의 왕국으로서 파악된 국가, 바꾸어 말하면 헤겔의 국가철학에서 말하는 프로이센적 관료국가에 대한 반대개념이다. 이러한 양 반대자와의 투쟁 속에 법치국가는 자라난 것이다. 이것이 그 유래이며, 그 원리이며, 감히 말하는 것이 허용된다면, 그 계보이다. 로렌츠 폰 슈타인,[3] 루돌프 그나이스트[4]와

---

1) 로렌츠 폰 슈타인과 그나이스트는 몰을 아버지 격으로 인정하며, 비스마르크는 「로베르트 폰 몰이 발견한 법치국가라는 술어」에 대해서 언급한다. Carl Schmitt, Staatsgefüge und Zusammenbruch des zweiten Reiches, 1934, S. 21(김효전 옮김, 『제2제국의 국가구조와 붕괴』, 관악사, 2008, 86면) 참조. 실제로 몰이 법치국가라는 말을 발견하였지만, 보다 상세한 이 말의 유래는 서술하지 않고 있다. 이에 대한 논평은 Richard Thoma, Rechtsstaatsidee und Verwaltungsrechtswissenschaft, Jahrb. des öffentlichen Rechts der Gegenwart, Bd. 4 (1910), S. 197 참조. 흥미있는 초기의 예시들은 Adam Müller, Elemente der Staatskunst, 1809(진정한 조직적 법치국가), 그리고 그의 Deutsche Staats-Anzeigen, Bd. 2, 1817, S. 33에서 발견되는, 특히 후자에서는 「법치국가의 위엄을 회복하기 위해서」 여러 어려움들과 투쟁해야 하는 「**단순한 자본 · 군사 및 관료국가**」의 관련에 대해서 말한다.

2) R. Mohl, Die Polizeiwissenschaft nach den Grundsätzen des Rechtsstaates, 1832, Bd. I, S. 5, 7, 14 usw.

3) L. von Stein, Die Verwaltungslehre I (1. Aufl. 1865, 2. Aufl. 1869), S. 297.

4) R. Gneist, Der Rechtsstaat, 1. Aufl., 1872, S. 1 f., 180 f. 특히 S. 181 f. 참조. 즉 「법치국가는 분업조직에 의해서 그 공권을 개개의 등족에 위임하며, 다른 한편, 그 밖의 사회가 그 이득과 향락을 추구하며, 그리고 신문이나 결사권에 의해서 그 이익을 조직하는 법조국가는 아니다.…사회의 과격한 요소들이 국가의 법과 그 생존을 반박하는 경우에, 국가권력의 본질적인 법이 간단하게 더구나 반박적으로 경찰 · 관료 그리고 자의로서 표시되는 경우에, 독일 국가는 본래 법치국가라는 것, 그것은 '관료제'는 아니며 우리들의 **사회**에 대한 오해가 법치국가를 파괴하여 왔다는 것, 우리들의 국가는 법과 재정의 질서를 국민대표제에 의해서 비로소 배운 것이 아니라, 우리들은 유럽의 현재의 가장 유용한 국가조직을, 사회의 질서지워진 협동 아래 계속하고 완성하려고 바랄 뿐이라는 것을 상기하는 것은, 법률가의 직분일 것이라고 생각한다」. 가장 우수한 전문가, 당파적으로는 아무런 혐의도 받지 않는 사람의 이러한 종류의 경고에서 마저도 「법학적」이며 엄격하게 「과학적인」 식별로서의 경찰국가 대 법치국가라는 소박한 정치적 표어가 시대

같은 위대한 사상가와 학자는 「독일적」인, 국가와 사회의 조화를 목적으로 하는 법치국가의 개념을 이용하여 국가를 시민적 사회 아래 종속시키는 것을 억제하려고 전력을 다하여 시도하였다. 그러나 그들도 또한 그러한 유래의 법칙을 극복할 수는 없었다. 법과 종교와 윤리와의 분리, 루돌프 조옴(Rudolf Sohm)*이 특히 「법의 법적 개념」이라고 부르는, 법의 「순수 법학적인」 개념,[5] 권리의 확보, 즉 그 타산성을 정의의 본질로 삼는 실증주의적, 「민사적 강제질서의 조직」[6]에로의 법과 정의의 변형, 모든 국가행위의 사법형식성의 이상과 행정의 「적법성」의 원칙, 실로 권리와 법률을 관료적 기구의 단순한 기차시간표로 만드는 전체 국가생활의 규범주의적 구속, 이러한 모든 것들은 그 기원으로부터의 당연한 발전에 불과한 것이다.

기독교국가는 당시 여전히 전적으로 기독교적이었던 국민의 종교적 신앙으로부터 그 전체성을 획득할 수 있었던, 윤리성과 객관적 이성의 왕국으로서의 국가는 마찬가지로 전체성을 획득하였는데, 항상 시민적 사회에 종속하고 있던, 이에 반하여 19세기의 법치국가는 개인주의적 · 시민적 사회의 수단과 도구가 된 중립적 국가 이외의 아무것도 아니다.

2.

기독교 국가와 아울러 헤겔적 윤리국가에 대한 이러한 시민적 법치국가의 승리가 결정적으로 된 것은, 「보수적」 사상가로 인정받던 프리드리히 율리우스 슈탈(욜존)(Friedrich Julius Stahl[Jolson])이 헤겔의 국가철학을 독일 보수당의 입장에서 「비독일적인」 것으로서 배척하고, 그리고 기독교국가를 「기독교적 법치국가」라는 결합으로 법치국가의 개념 그물 속에 용인할 수 있었던 때에서부터였다. 기독교국가와 법치국가 간의 투쟁에 있어서 사람을 아연케 한 「기독교적 법치국가」라는 단순한 개념 결합은 내용 없는, 「순 형식적인」 개념의 기교를 가지고 행하여졌다. 「법치국가란 일반적으로 국가의 목적과 내용을 의미하는 것이 아니라 이들을 실현시키려고 하는 방법과 성질을 의미한다」.* 이 유명한 명제는 목적과 내용을 방법과 성질로 대립시키고, 주지의, 즐겨 사용하는 목적과 수단의 분리를 특수한 방법으로 이용하고 있다. 슈탈은 그 밖의 경우와 마찬가지로, 목적이 수단을 신성화하는 것이 아니라 이와는 반대로, 수단, 단순한 수단이 되는 법치국가가 목적을 신성화할 수 있는 결론으로 인도하지 않을 수 없었다. 따라서

전체를 통하여 독일의 법학도와 청년 관리들에 대해서 수많은 교과서 내지 독일의 강단으로부터 「지배적인」 학설로서 다져넣어온 것은 억지할 수 없었던 것이다.

5) 이에 관하여는 베를린대학 학위논문 Günther Krauss, Das rechtswissenschaftliche Denken Rudolf Sohms, 1935 참조.

6) 이 적절한 표어를 나는 파울 리터부슈(Paul Ritterbusch)로부터 인용하였다. 그의 논문 "Recht, Rechtsetzung und Theorie der Rechtsetzung im mittelalterlichen England," in der Festgabe für Richard Schmidt, 1932, S. 212 f., bes. S. 233 f. 참조.

모든 자유주의자가 그러한 「보수주의자」의 법치국가의 개념과 상술한 명제를 일치시킨 것은 명백하다. 오토 배어(Otto Bähr)*는 슈탈을 그의 저서 『법치국가』(Der Rechtsstaat, 1864)의 선구로 삼는다. 또한 루돌프 그나이스트는 「슈탈이 법치국가로서 제시하는 것은 그의 모든 반대자로부터도 말 그대로 시인될 수 있었다」[7]라고 말했으며, 또한 리하르트 토마도 이처럼 드물게 모순적인 사상가가 항상 유동적인 상태에 있는 국가목적을 법적으로 보증된 그 실현의 형태들로부터 구별한 「깊이와 명확성」에 경탄하고 있다.[8]

법치국가개념의 형식적 개념에로의 변화는 중립화와 기술화를 의미하며, 더구나 특히 이중적인 봉사화를 의미한다. 우선 첫째로, 법치국가의 개념은 국가 최초부터 법을 위하여 봉사시키는 국가의 법에의 이러한 복종으로부터 자유주의는 국가에 대한 그 투쟁의 관념적 이유를 이끌어 내는데, 국가의 법에의 이러한 복종의 파토스는 슈탈(욜존)로부터 라스커(Lasker)와 야코비(Jacoby)[9]를 거쳐 전술한 다름슈태터와 그 밖의 「법치국가이상주의자」에 이르기까지 항상 동일한 것이다. 둘째로, 그러나 슈탈의 기교에 의해서 법도 또한 이후 형식화되고 어떠한 임의적인 내용이나 목적을 실현하기 위한 도구가 되었다. 그리하여 이제 기독교적 및 비기독교적, 자유주의적, 국민적 및 비국민적인 법치국가도 존재할 수 있으며, 따라서 법치국가는 이미 종교적, 세계관적 또는 윤리적 국가에 대한 반대개념이 아니라 단순한 수단과 방법이 되고 있다. 헤르만 옹켄(H. Oncken)이 「법치국가의 이상주의자」로서의 국민자유주의자 라스커를 「민족국가의 이상주의자」로서의 국민자유주의자 벤니히젠(Bennigsen)에 대립시켰을 때,[10] 「민족적 법치국가」를 결합하는 것을 저지하는 내용적 세계관의 잔재가 거기에 제시되는 것이다. 콘스탄틴 프란츠*가 국민자유주의에 대해서 시도한 논쟁에서,[11] 법치국가는 「기독교적 세계관」의 국가에 대한 전형적으로 자유주의적인 반대개념이다. 그러나 그것은 형식적 법치국가개념의 중립성과 실정성에 의해서 적어도 외관상은 곧 극복되고 있다. 이 「형식적인」 개념은 이미 아무런 내용도 가지지 않지만, 그러나 어떠한 내용도 허용하는 것이다. 다만, 그것은 이 내용이 형식적 법치국가성의 규범주의에 복종한다는 조건 아래서만 가능하게 된다.

이것은 그리고 더욱 상세하게 본다면, 이 내용이 「법학적」이 되기 위해서 자기의 내용성을 기각하고, 내용으로서(종교 · 세계관 · 윤리로서) 자신을 지양하는 것을 의미한다. 형식적 법치국가의 법학이 항상 규범의 설정과 규범의 적용(「규범의 구체화」)을 구별할

---

7) R. Gneist, Der Rechtsstaat, 1872, S. 16.

8) R. Thoma, a. a. O. S. 198.

9) 1866년 8월 23일의 프로이센 하원에서의 야코비의 연설에서 법치국가와 국민국가와의 대립이 특히 예리하게 나타난다. 즉 이 연설에서 「법치국가와 헌법국가」(Rechts- und Verfassungsstaat)를 위하여 투쟁하는 사명 아래, 비스마르크의 사퇴를 요구하고, 또한 프로이센 군대의 승리에 대해서는 이것은 「프로이센 국민에게 명예가 되는 것도 아니며 독일 조국 전체의 행복도 되지 아니한다」고 말한다.

10) R. Thoma, a. a. O. S. 200, Anm. 1 참조.

11) Constantin Frantz, Die Religion des Nationalliberalismus, 1872, S. 258. 즉 「이것(하나님이 인간과 맺은 언약이라는 기독교의 관념)에 반하여, 그 자체 이미 인간을 인간과 결합하고, 따라서 또한 인간을 하나님과도 결합하는 유대이려고 하는, 찬미된 법치국가는 결코 소멸하지 아니하는 것이다」라고.

수 있다는 것은 법치국가의 국법과 행정법상 이미 명백하다. 따라서 규범주의는 이미 실질적 개념을 용인할 수 없다. 오늘날까지의 지배적인 헌법학과 행정법학이 「실질적 의미」에서의 입법이나 행정이나 사법으로서 부여하는 것은,12) 항상 규범설정과 규범의 적용과의 구별에 귀착하며, 그리고 그것은 언어의 어떠한 의미에서도 어떤 「물질적인 것」 또는 실질적으로 규정된 것은 아니다. 더구나 규범을 설정하거나 규범을 적용하는 것은 결코 물질적인 것이 아니며, 물질적 영역에 속하는 것도 아니다. 규범이나 법률에 대해서는 결코 물질적인 개념을 얻을 수 없다. 그러므로 이러한 법률국가적 규범주의가 수중에 넣는 것은 입법이나 법률적용에 변형되고, 그리하여 사법과 행정의 구별가능성이 소실될 뿐만 아니라 어떠한 합리적이며 실질적인 구별의 모든 가능성도 또한 소실하기에 이른다. 필경 인간의 모든 행위는 어떤 타당한 「규범」에 관련되며, 또한 구두장이는 올바르고 따라서 규범에 적합하도록 구두창을 붙여야 하며, 또 붙이려고 하며, 축구선수는 올바르게 축구경기를 해야 하며, 또한 경기하려는 그들의 행위는 절차의 결정으로서나 행정행위로서도 오히려 규범의 구체화로서 해명될 수 있다.

그러한 경우에는 조르주 르나르(Georges Renard)*가 정당하게 보았듯이,13) 모든 법적 규범을 **제재법규**(制裁法規, leges mere poenales)이게 하는 강제의 특징만이 법적 규범으로 남는다. 더구나 공적 생활에 본질적인 법적 경과는 이러한 종류의 규범주의적 법치국가론에서는 무시되거나, 또는 그 법적 본질을 변개시키지 않을 수 없다. 국가적 행위의 적법성의 추정, 행정행위의 집행력, 행정행위에 의하지 아니한 직접적 강제의 가능성, 오토 마이어가 「준수되는 국가의 위대한 법」이라고 명명한 것14), 모리스 오류*가 뒤기*의 법률국가론의 무정부주의에 대해서 설명한 때에, 「일시적인 준수」, 「잠정적인 복종」에 의한 법으로서 서술한 것,15) 또는 내가 「합법적인 권력소유에 의한 정치적 프리미엄」으로서 설명하려고 시도한 것,16) — 이러한 것들은 모두 규범과 법률에 관한 사고의 공허한 일반성 내지 일반적인 공허함 속에 해소한다. 구체적 질서의 모든 강력한 실시, 경찰에 의한 범죄의 방지만이, 그 경우에 국가의 「긴급권」으로서 이해되며, 따라서

12) E. R. Huber, Wirtschaftsverwaltungsrecht, 1932, S. 150 f. 그리고 거기에 열거된 문헌 참조.

13) Mélanges Maurice Hauriou, 1929, S. 623, 629.

14) Otto Mayer, Deutsches Verwaltungsrecht, 3. Aufl., 1924, Bd. 1. S. 104 f.

15) Maurice Hauriou, Principes de droit public, 2. Aufl., 1916, S. 799 f., bes. S. 804 즉 「명령하는 당국의 측면 또는 복종하는 신민의 측면, 그 어느 쪽이 선결문제인지를 아는 것이 중요하다. 또 복종하기 전에 신민의 질서(ordre)의 합법성이라는 선결문제를 제기할 수 있는지, 또는 그 반대로 합법성의 문제를 제기하여 이전에 신민이 복종해야만 하는지를 아는 것이 역시 중요하다. 합법성의 문제를 선결문제로 인정하는 것은 정부의 질서에 선결적으로 복종을 대립시키는 것이며, 또한 그것은 정부의 정당한 권한을 손상시키는 것이다. 주리오(Jurieu)는 '주권은 그 행동을 정당화하는 데에 근거를 가질 수 없다'고 말한다. 복종을 선결적으로 요구하기 위해서는 정당한 근거를 가지고 있다는 것을 증명할 필요가 없다는 데에 유의하라. 그 정당성을 요구하는 것은 주권의 정당한 권한을 손상시키는 것이며, 또한 그것은 무정부 상태를 의미하는 것이다」. 동일한 것은, 내 생각으로는, 단순한 「긴급법」을 위해서 직접적이며 「잠정적인」 복종에 대해서 이러한 정상적인 법을 왜곡하는 데에도 타당한 것이다.

16) Carl Schmitt, Legalität und Legitimität, 1932, S. 35 f.(김효전역, 『합법성과 정당성』, 1993, 51면 이하).

그러한 경우에는 국가는 이러한 긴급권도 포기할 수 없는 것인가의 여부 문제가 아마도 제기될 것이다.17)

그럼으로써 모든 실질적 · 내용적 합법성의 배제는 그와 함께 완료되며, 법치국가는 순법률국가(Gesetzesstaat)가 되기에 이른다. 이전의 자유주의적 법치국가가 여전히 하나의 세계관을 가지며, 정치적 투쟁의 능력을 가지고 있었던 동안에는 유일한 세계관 — 그러한 실증주의적 법률국가가 특히 이에 속한다 — 은 법을 「윤리적 최소한」이라고 하는, 「사실적인 것의 규범력」*이란 존재를 신뢰하거나 또는 「범죄 없이 형벌 없다」(nullum crimen sine poena)는 명제의 직접적 정당성에 의해서 위협을 받는, 구제할 수 없는 상대주의, 불가지주의 또는 허무주의에 불과한 것이다.

3.

이러한 법률국가를 정복한 것은 국가사회주의의 혁명이다. 혁명은 법치국가 속에 합류되거나 결코 법치국가 속에 매몰될 수 없다는 것은 자명하다. 그것은 혈연적으로나 지연적으로도 무관계한 법률국가의 개념과는 일치하지 않는, 새로운 기본질서를 독일인에게 부여하였다. 그러나 이 혁명의 합법성 수행에 의해서 새로운 법치국가에 관한 문제가 제기되었다. 이 문제의 해답에는 여러 가지의 관점과 태도가 가능한데, 이 경우에 불필요한 적응의 시도(예컨대 오늘날 「국가를 강조하는 법치국가」에 대해서 논하는 것처럼, 구제할 수 없는 법과 국가에 관한 완전히 법치국가적 2원론을 드러내는 제안)는 이를 고려 밖에 둘 수 있을 것이다.

1. 적법성의 원칙에 따라서 행위하는 행정조직이 형식화와 기술화 된다면, 「사실적인 것의 규범력」에 바로 복종하는 동시에, 각각의 목적과 내용에 의해서 처리되는, 이처럼 탁월한 수단을 이용하는 것은 국가권력의 그때그때의 소유자에 대해서도 가장 간단한 것일 수 있는 것으로 보인다. 자신의 입법기관을 존중하고, 더구나 오늘날처럼 정보가 단순한 정부의 결정에 의해서 말의 형식적 의미에서의 법률, 때로는 헌법을 변경하는 법률마저도 작성할 수 있다면, 법률국가를 지배하고 사법과 행정의 적법성원칙에 의해서 자기를 유지하는 것 이상으로 안이한 것은 무엇일 것인가? 기차시간표를 작성하는 사람은 시간표대로 운행되는 것에 관심을 가진다. 만약 기독교적 · 국민자유주의적 · 파시스트적 그리고 공산주의적 법치국가라는 것이 존재한다면, — 그것은 실제로 실천의 문제이며 내용이나 목표의 문제는 아닐 것이다 — 국가사회주의적 법치국가를 조직하는 것도 또한 방해를 받지 아니할 것이다.

이러한 사상은 국가사회주의적인 내용을 형식적인 법치국가개념에 의한 상대화와 무내용화라는 방법 아래 복종시키고, 그리고 그것을 규범주의적인 법치국가의 개념그물

17) W. Jellinek, Verwaltungsrecht, 3. Aufl. 1931, S. 342.

속에 도입하려는 의미를 가질 수 있었다. 국가사회주의적인 사고의 입장에서는 이러한 가능성을 해결하기 위해서는 이것을 의식하는 것만으로 충분하다. 그러나 이러한 대답을 가지고서 「**균제화**」(Gleichschaltung)*의 실천적 · 기술적 제안이 의미있게 된다는 것도 또한 가능할 것이다. 오늘날의 국가의 복잡한 관청조직이 완전히 자유주의적인 세기 이래, 사실 그러니까 자유주의적 · 법치국가적 원칙과 척도에 따라서 정비되고, 그리고 이러한 종류의 법치국가성의 사상과 개념 속에서 교육받은 관리가 또한 **기능양식**(Funktionsmodus)으로서의 그것에 익숙하기 때문에, 새로운 방법, 새로운 개념과 새로운 관리교육을 도입하려고 시도하지 않는 한, 법치국가의 방법과 형식을 지지하고, 그리고 이것을 — 정신적이며 내부적으로 소유하지 못하고 — 이용하는 것은 완전히 합목적적일 수 있는 것이다. 그러면 오늘날 법치국가의 전체 문제는 여전히 실천적 · 기술적인 **과도기적인 문제**일 것이다.

2. 그러나 **법치국가**라는 말의 도입과 계속은 더욱 깊은 의미를 가질 것이다. 유효한 형식과 인상 깊은 말이 정신적 투쟁에서 극복되고 **변경된다**는 것은 정신사에서의 전형적인 사건이다. 모든 위대한 종교는 각종의 이단자의 신들이나 성도를 타도하고, 그들로 하여금 자신의 팡테옹에 종속케 하였다. 즉 많은 정신적 승리는 이단자의 의식 · 성가 그리고 형식의 수령에 의해서 증명되는, 항상 전체적이며 따라서 최고의 정도에서 정신적인 정치적 투쟁에서는, 사람들은 자주 반대자의 가요나 행진곡을 습득하기 위해서 이에 맞추어 다른 문구를 만드는 것이다.[18] 19세기의 독일의 군사국가가 권리 · 헌법 · 법률 · 자유 그리고 평등과 같은 모든 본질적인 개념의 법학적 규정을, 더구나 특히 법치국가의 개념을 자유주의적인 반대자가 하는 대로 맡겨졌다는 것은, 그 정신적 수세(守勢)의 징표였으며, 더구나 무방비의 그것이었다. 이에 반하여 국가사회주의의 운동은 이미 많은 유력하고 좋은 말을 그 부당한 소유자의 손에서 탈취했으며, 그리고 이와 동일한 것이 법치국가에 대해서도 타당한가의 여부는 문제이다.

이 문제는 법과 정의에 향해진, 따라서 법과 윤리의 분리를 이미 인정하지 않는 세계관국가와 단순한 법률국가와의 대립을 인정하는 국가사회주의의 법학자, 특히 헬무트 니콜라이[19]와 하인리히 랑게[20]*에 의해서 결정적으로 긍정되고 있다. 니콜라이는 그의 견해를 가장 엄격하게 다음의 견해를 요약하는데, 자유주의적 법치국가는 실로

---

18) 바이마르 국가에서는 1922년 8월 2일과 1924년 5월 15일의 명령에 의해서 당파적으로 개작된 진군가를 부르거나 행진곡 — 그 음률로 당파적 가사가 군사 이외의 방면에 의해서 불려지는 — 을 연주하는 것이 국방군에게 금지되었다. Alfons Maier, Die verfassungsrechtliche und staatspolitische Stellung der deutschen Wehrmacht, Verw. Arch., Bd. 39 (1934), S. 291 Anm. 53 참조.

19) 니콜라이(H. Nicolai)의 저서 『인종법칙의 법학』(Die rassengesetzliche Rechtslehre, National-sozialistische Bibliothek, H. 39, 1932, S. 50)에는 법치국가의 개념과 시민적 사회의 요구들과 이념들과의 불가분의 결합을 특징으로 하는 다음의 명제가 발견된다. 즉 「잠을 잘 자려면 프로이센의 정리공채를 매입해야 한다고 로트실트(Rothschild)는 말했으며, 그것은 결국 프로이센이 법치국가라는 것, 사람은 이 법치국가의 체면을 신뢰할 수 있다는 것 이외에 아무것도 증명할 수 없는 것이다」.

20) H. Lange, Vom Gesetzesstaat zum Rechtsstaat, 1934 (Recht und Staat, Heft 114).

법도 국가도 아니었으며, 국가사회주의적 국가에 이르러 비로소 법치국가의 이름을 얻을 가치가 있다는 것이다.[21] 하인리히 랑게는 법률국가와 시민사회의 법개념과의 관련을 명백하게 강조하고, 법 · 도덕 그리고 윤리의 분리를 배제하고 있다. 거기에서 시민적 법치국가는 단순한 법률국가인 것이 증명되며, 「법치국가」라는 말은 바로 국가사회주의적 국가를 유력하게 표시하는 것이 된다. 그럼으로써 동시에 방지되는 것은, 전후 시대에 바이마르 입법자가 자유주의적이 아니었던 한, 자주 그들에게 제출된, 자유주의적 법사상에서 인정된 법과 법률에 관한 낡은 구별이 여기서도 문제가 되는 것 같은 혼동이다.[22] 국가사회주의는 입법권을 그 수중에 가지는 때에도 세계관적으로 기초지워진 법 · 도덕 그리고 윤리의 통일을 지지한다. 다른 한편, 자유주의적 법개념은 항상 개인주의적 · 시민적인 자유 · 평등 그리고 소유권의 개념만을 파악하려고 하며, 필연적으로 법 · 도덕 그리고 윤리의 분리에, 따라서 또한 내용적인 법개념의 결여에 의해서 법률국가로 인도되는 것이다.

법치국가라는 말과 개념의 정신적인 극복은 커다란 공적이다. 자유주의적 사상은 오늘날 이미 더 이상 공개적으로나 직접적으로도 활동하지 못하며, 그것은 세속적 내지는 통속적으로 되어버린, 표면상 중립적인 개념의 여파 내지는 잔존적 영향에 의뢰할 뿐이다. 그러나 바로 그렇기 때문에 정신적 생활, 특히 법학적 및 국가학의 많은 영역의 「분위기」는 거의 전부 이러한 종류의 의향과 이념의 소지자의 발광(Ausstrahlung)에 의해서 지배되고 있다. 「법치국가」라는 말은 항상 자유주의적 암시의 가장 유효한 수단의 하나이다. 시민적 시대의 강력한 잔재가 존속하는 한, 법치국가개념의 비자유주의화와 개정은 새로운 운동의 위대한 승리와, 법치국가의 독일적 개념을 획득하려고 한 로렌츠 폰 슈타인과 루돌프 그나이스트의 상술한 노력의 한층 다행한 계속을 의미한다. 「국가사회주의적 법치국가」 또는 「국가사회주의적 독일적 법치국가」[23]와 같은 명쾌한 호칭에 의해서 가장 명확하게는 지도적인 법학자 한스 프랑크(Hans Frank)*가 말하는 「아돌프 히틀러의 독일적 법치국가」[24]라는 정식에 의해서 깊은 의미의 변화가 의심할 것이 없이 이루어진다. 한스 프랑크가 편집하고 발간한 『법과 입법을 위한 국가사회주의적 편람』(Nationalsozialistisches Handbuch für Recht und Gesetzgebung, München 1935) 속에 발표된 나의 논문 「법치국가」*에서, 나 역시 이러한 개정에 따른다.

3. 국가기관의 기술적 균등화로 향해진, 법치국가라는 말과 개념의 경과적 · 기술적인 의미 외에, 더구나 정신적인 부흥과 수정을 넘어서 다가올 세기를 전망하는 **이 논쟁적인 말의 종국적 · 정신사적 운명에 관한** 문제가 다시 여기에 제기된다. 이것은 물론 매우

---

21) Reichsverwaltungsblatt, 1934, S. 862.

22) 그리하여 예컨대 Freiherr Marschall von Bieberstein, Vom Kampf des Rechtes gegen die Gesetz, 1927, bes. S. 45 Anm. 146이 흥미있다. S. 160에는 법치국가에 관한 문헌지시가 있는데, 거기에서는 특히 벨커(Welcker)에 대해서 지적하고 있다.

23) 1934년 2월 12일 쾰른에서의 나의 강연, 「국가사회주의와 법치국가」(Nationalsozialismus und Rechtsstaat, abgedruckt in der Jur. Wochenschrift, 1934, H. 12/13, S. 713 f.) 참조.

24) Deutsches Recht, 1934, S. 120 (본서 453면에 수록).

이론적인, 더욱이 곤란한 문제이며, 「엄정한」 방법에 의해서도 거의 해결되지 않는 먼 장래에 관한 문제이다. 그러나 나는 무엇보다도 솔직히 말하기 위해서는 「법치국가」에 관한 논쟁의 이러한 의미에 대한 의견을 회피하려고는 생각하지 아니한다.

「법치국가」라는 말은 주지하듯이, 오늘날에는 많은 것에 대해서 절대적 · 초시대적인 의미를 가지며, 따라서 또한 「영원한 가치」를 가진다. 발터 메르크와 같은 저명한 법제사가는 태고의 게르만적 「법치국가」에 대해서 논하며, 그리하여 시민적인 19세기에 특수한 말로써 완전히 다른 종류의 시대와 상태를 설명하고 있다.[25] 앞서 인용한 아담 뮐러(Adam Müller)의 문장에는(Anm. 1, S. 190), 이 말의 그러한 초시대적인 의의가 매우 강하게 부여되고 있다. 로렌츠 폰 슈타인과 루돌프 그나이스트는 말과 개념을 특수 독일적인 것이라고 생각하였다.[26] 시민적인 19세기가 영원한 말을 발견하려고 하였다는 것도, 또한 아마도 가능할 수 있었을 것이다. 그러나 매우 경미한 남용도 이 말을 더 이상 파괴하거나 사용할 수 없게 만들 수는 없을 것이다. 예컨대 권리와 자유와 같은 말은 수 천 번씩이나 남용되고 모독되었으며, 그럼에도 불구하고 용기있는 국민이 진지하게 그것을 의식하는 경우에는, 그것은 순수하게 순결한 것이다. 「법치국가」라는 말도 독일 법제사와 국민 사이에서의 그러한 불멸의 언어에 속하는 것은 아닐까?

나는 그것을 믿지 아니한다. 모든 시대 중에서 가장 위대하고 가장 진정한 국민시인의 한 사람인 예레미아스 고트헬프가 「법치국가」에 가공할 만한 사형선고를 내렸을 뿐만 아니라,[27] 그것은 결코 단순한 말이 아니며, 언어상으로나 개념적으로 하나의 창작품이기 때문이다. 비스마르크처럼 매우 위대한 독일의 정치가이며 언어창조자도 「폰 몰씨의 술어」에 대해서 논한 때에는,[28] 그것을 인정한 것이다. 「법」과 「국가」라는 두 개의 말을 「법치국가」에 결합하였는데, 이 결합은 시대적으로 구속되며, 또한 이 두 개의 말의 매우 문제적인 2원론에 강하게 사로잡혀서, 여기서는 그 각각의 사상은 하나의 영구적 내지 절대적인 말이 되고 있다. 라인하르트 횐의 국가개념, 특히 법학적 국가인격이라는 이론구성에 관한 연구들[29]은 19세기적 사상의 개념적 토대에 일격을 가한, 법치국가

---

25) W. Merk, Deutsche Rechtserneuerung, H. 5 des 31. Jahrgangs der Süddeutschen Monatshefte, Februar 1934, S. 263.

26) 전술한 S. 191 Anm. 2 und 3 (앞의 주 3과 4) 참조. 그 밖에 언어의 의미에 관하여는 로렌츠 폰 슈타인이 「법치국가」에서의 「법」이라는 말을 **통치법**의 의미에서만, 법 일반의 의미로 새기지 **않는** 것(Verwaltungslehre Ⅰ, S. 298), 그리고 그나이스트도 그 점에서는 그에게 일치하는 것(Rechtsstaat, S. 183, Anm. 2)을 주의해야 한다. 법치국가 = 국가법에 관한 후기의 추상적 · 규범주의적 궤변철학에 대해서는 여기서 생각하지 않기로 한다.

27) 고트헬프에 대해서 법치국가의 이념은 「이기심의 합법적 승인」 그리고 모든 해악의 원천이다. 오스발트(Oswald)의 논문 Jeremias Gotthelf über Staat, Recht und Gesellschaft, Deutsche Juristen-Zeitung vom 15. Okt. 1934, S. 1259 참조. 법치국가 개념과 국민을 파괴하고 독일 농민을 부정하는 자본주의와의 관련에 대해서는 고트헬프의 위대한 소설의 제목 「부채 농민 요글리 또는 법치국가」(Joggli, der Schuldenbauer oder der Rechtsstaat)가 매우 시사적이다. 로트실트는 이 불쌍한 독일의 「부채 농민」에 대해서 아마도 「법치국가의 이상주의자」가 되고 있다.

28) 전술한 Anm. 1, S. 190 (앞의 주 1) 참조.

29) Reinhard Höhn, Der Wandel im staatsrechtlichen Denken, 1934; Der individualistische

라는 말과 개념도 또한 이러한 일격에 만난 것이다. 3중적으로 구성된 국가 · 운동 · 민족 속에 살아있는 정치적 통일체에서 「법치국가」라는 말은 근본적인 개조가 새로운 질서 위에 실현되는 한, 쓸데없는 것인지도 모른다. 사람은 「법치국가」에 관하여 언급할 수 있지만, 그러나 같은 방법으로 「법치국민」(Rechtsvolk)이라든가 또는 「법적 운동」(Rechtsbewegung)에 관하여 말할 수는 없으며, 더욱이 「법치제국」(Rechtsreich)을 말할 수도 없다. 「법치국가」(Rechtsstaat)의 결합이 일정한, 국가와 사회에 대해서 2원적으로 사고하는 시대의 법개념과 아울러 국가개념에 의해서 구속된다는 것은 특히 상술한 불가능한 일로서 나타난다. 다른 국가, 예컨대 세계관국가가 완성되고, 그리고 종래의 법치국가의 최후의 영향이 종료할 때에는, 국가사회주의운동의 반대자가 오늘날 여전히 이 말에 대해서 가지는 관심도, 머지않아 매우 커다란 의미를 지니는 법치국가의 의미전환이라는 가치도, 자유주의적 법률국가에 대한 논쟁적인 극복이 된다. 이 경우에 사람은 이 말을 아마도 시민적 개인주의와 그 법개념의 곡해에 대한 정신사적 승리의 전리품으로만 여길 것이다.

Staatsbegriff und die juristische Staatsperson, 1935.

법치국가 (1935)*

서 설

법치국가(Rechtsstaat)라는 말과 개념은 심각하게 논란되고 있다. 법과 정의는 실현되어야 하며, 국가는 법에 봉사해야 한다는 것은 어떤 시대에나 건전한 모든 인민의 사고와 감정에는 자명한 것으로 생각된다. 그러나 법치국가의 문제는 이에 반하여 새로운 문제이며, 정의와 실정법적 · 국가적 합법성의 구별에 의해서 비로소 생긴 문제이다. 따라서 언어상의 모습으로도 법치국가라는 말은 새롭다. 즉 19세기가 되어서 비로소 독일어로 법치국가라는 말이 일반적으로 사용하게 되었다. 보통 로베르트 몰이 『법치국가의 원리에 따른 경찰학』(Robert von Mohl, Die Polizeiwissenschaft nach den Grundsätzen des Rechtsstaats, Tübingen 1832)이란 책에서 법학에 법치국가라는 말을 처음으로 도입하였다고 한다.[1] 그러나 그 이전에도 이미 그 말을 사용한 예는 발견된다. 예컨대 낭만주의 국가철학자 아담 뮐러*는 (Adam Müller, "Deutschen Staats- Anzeigen," Band 2, S. 33, Leipzig 1817이라는 저서에서) 「법치-국가(Rechts-Staat)의 존엄을 다시 회복하기」 위해서 「화폐국가 · 전시국가 · 관헌국가」가 투쟁하지 않으면 안 되는 어려운 과제에 대해서 논한 문맥 중에서 그 말을 사용한다. 19세기보다도 앞선 시대에서는 정의와 국가의 실정법과의 대립이 19세기에 전개된 만큼 예리한 대립이라고는 느끼지 않았다. 그 때문에 19세기 이전 시대에서는 법치국가라는 말의 형태는 그다지 알지 못했다. 외국들의 법학문헌이라면 주로 게오르크 옐리네크의 영향 아래 법치국가라는 말을 다음과 같이 번역해 왔다. 프랑스어로는 (예컨대 오류*나 뒤기* 등에 의해서) 「법의 국가」(État de droit) 또는 「법적 국가」(État juridique)라고 번역되고, 이탈리아어로는 (예컨대 올란도,* 상티 로마노,* 델 베키오* 등에 의해서) 「법의 국가」(Stato di diritto), 「법적 국가」(Stato giuridico), 「합법국가」(Stato legale)로, 스페인어로는 (예컨대 델 발레 파스쿠알 등에 의해서) 「법의 국가」(Estado de derecho)로 번역되었다.* 러시아의 법제사에서도 자유주의적 「서구주의자」와 민족주의적 슬라브주의자와의 대립이 법치국가(Prawowoje Gosudarstwo)와 정의국가(Gosudarstwo Prawdy)와의 대립이라는 형태로 나타나왔다.[2]

---

* Der Rechtsstaat, in: Hans Frank (Hrsg.), Nationalsozialistisches Handbuch für Recht und Gesetzgebung, Zentralverlag der NSDAP, Franz Eher Nachf., München 1935, S. 3-10. jetzt in: G. Maschke (Hrsg.), Staat, Großraum, Nomos, S. 108-117.

1) 또한 R. Thoma, Jahrbuch d. öffl. Rechts IV (1910) S. 197, Anm. 2 참조.

법치국가라는 말은 불명확하고 빈번히 남용된다는 불평불만이 자주 들린다. 법치국가를 강렬하고 충격적인 형태로 특징지운 것은 위대한 국민 시인 고트헬프(J. Gotthelf)이며, 그에 의하면 법치국가라는 이념은 「만악의 근원」이며, 「이기주의를 합법적으로 승인하는 것」일 뿐이다*(DJZ. v. 15. Oktober 1934, Sp. 1259). 위대한 정치가 비스마르크는 법치국가라는 말이 「로베르트 폰 몰에 의해서 만들어진 조어」이며, 「아직 정치지도자를 만족시키는 정의가 주어지지 못하고, 타국어로도 번역되지 않는」 것이라고 서술하였다.[3] [법치국가라는 말을] 일의적으로 번역하는 어려움은 예컨대 이탈리아어로 그 개념을 명확하게 하기 위해서 「법의 국가」(Stato di diritto), 「법적 국가」(Stato giuridico), 「합법적 정부」(governo legale)의 세 가지 말이 구별된 것에 이미 나타난다. 프랑스어에서의 그 말의 사용방법도 마찬가지로 타당하며, 그것은 『공법의 원리들』(Principes de Droit public, 2. Aufl., 1916, S. 12 ff.)에서의 오류의 해설에서 제시하고 있다. 결국 이 점에서도 비스마르크는 기본적으로 정당하였다. 모든 나라의 전문적인 학술 문헌에서 이 말의 혼란에 관한 불평불만이 그치게 되었다.[4] 그럼에도 불구하고 그 말은 법학의 전문용어 중에도 일반적인 어법 속에도 정착해온 것이다.

논쟁적 · 정치적 개념으로서의 법치국가

법치국가라는 말은 법과 국가에 관한 다양한, 때로는 정반대의 견해도 유효하게 특징짓는 것으로서 이용되고 있다. 이러한 특수한 사정이 법치국가라는 말의 인기와 침투력의 비밀인 것이다. 물론 불법국가(Unrechtsstaat)인 것을 공언하는 국가는 존재하지 않으며, 그러한 한에서 모든 국가는 자신이 법치국가라고 주장한다. 따라서 그 말의 명증성과 내용규정은 서로 다투는 정치적 영역 중에서 특정한 대립개념을 통하여 비로소 획득되는 것이다. 특히 자유주의적 논의에서 법치국가의 대립개념이 되는 것은 대부분의 경우 **권력국가**(Machtstaat)이다. 자유주의는 백 년 동안의 이러한 의미에서 법치국가라는 말을 이해해 왔으므로, 절대군주제 · 파시즘 국가 · 나치스 국가 또는 볼셰비키 국가와 같은 비자유주의적인 국가를 무차별하게 비법치국가(Nicht-Rechtsstaat)인 동시에 불법

2) 러시아법의 발전에서의 이 중요한 평행관계의 지적은 베를린대학 교수 레온토비치(Leontowitsch)씨에게 힘입고 있다.

3) Brief an den Kultusminister von Goßler vom 25. November 1881, mitgeteilt von Joh. Heckel, Zeitschrift der Savigny-Stiftung, Kanonistische Abt., XIX 1930, S. 268 ff.; Carl Schmitt, Staatsgefüge und Zusammenbruch des zweiten Reiches, Hamburg 1934, S. 21(김효전 옮김, 『제2제국의 국가구조와 붕괴』, 관악사, 2008, 86면) 참조.

4) Bluntschli, Allgemeines Staatsrecht, 4. Aufl. 1868, S. 69 ff.; H. Schulze, Deutsches Staatsrecht, 1867, S. 145; Krieken, Über die sog. organische Staatstheorie, 1873. 또한 오토 마이어의 기이르케의 법치국가 개념에 대한 논평, 즉 「명칭의 단순한 해석 이상의 것이 이러한 방식으로 주어지는 것은 아니다」. 라기(Raggi)는 법치국가에 관하여 「학문에 대해서 영원하고 초월적인 개념」이라고 말한다.

국가(Unrechtsstaat)라고 평가를 내려 왔다.5) 그 밖에 법치국가의 대립개념으로서 자주 열거되는 것은 관헌국가 · 화폐국가 · 복지국가이며(아담 뮐러의 상술한 인용 참조), 특히 **경찰국가**이다. 법치국가와 경찰국가의 대립은 오토 마이어의 행정법 교과서(초판 1890년)가 출간된 이래 독일 행정법학에 하나의 도그마로서 계수되고, 모든 자유주의적인 행정법 교과서에서 무비판적으로 반복하여 논하고 있다(플라이너, W. 옐리네크, 하체크). 그러나 이에 대해서는 이미 몰 자신이 법치국가와 경찰국가와의 대비에 관한 수다에 반대해서 항의의 뜻을 표했으며(Encyklopädie, 1872, S. 88), 자신을「경찰국가」*라고 칭하는 18세기의 독일 국가야말로 모범적인 법치국가라고 그나이스트는 평가한다(R. Gneist, Die nationale Rechtsidee von den Ständen, Berlin 1894, S. 95). 이와 같은 논의를 오토 마이어는 다시 비웃는데(Otto Mayer, Verwaltungsrecht I. S. 45, Anm. 15),* 독일 행정법의 뛰어난 권위 호프아커(W. Hofacker)는 18세기의 경찰국가와 19세기의 자유주의적 법치국가와의 비정치적인 잘못된 안티테제를 찾는 사이비 학문적 수법을 탁월하게 반박한다.6) 그 밖에 법치국가를 봉건국가의 대립물로 하는 안티테제도 있다(예컨대 법제사가 펠릭스 단이나 국법학자 블룬칠리).*] 이러한 논쟁적인 표현도「봉건적인」프로이센의 군사국가 · 관료군주제에 대한 시민계급의 정치투쟁이라는 19세기적 상황에서 이해할 수 있다. 그 밖에 역사가들에 의하면 바로 중세의 봉건국가야말로 단지「법을 유지만 하는 국가」(프리츠 케른)*라는 의미에서 순수한 법치국가로 주장하는 것이다. 이러한 특성 때문에 봉건국가는 몰락한 것이다.

법치국가는「기독교적」·「시민적」·「국민적」또는「사회적」등의 형용사를 첨부하여 지금까지 지배적이었던 자유주의적인 법치국가와 대립하는 유형으로 하거나, 자유주의적 법치국가를 단지 수정하는 것이라고 말해 왔다. 그리하여 바이마르 체제에서 바이마르 국가는 중앙당에는 기독교적 법치국가라고 하고, 독일인민당에는 국민적 법치국가라 하고, 사회민주당에는 사회적 법치국가라고 하였다. 후자의 [사회적 법치국가의] 가능성에 관하여 사회민주주의자인 헤르만 헬러 교수의 저작(Hermann Heller, Rechtsstaat oder Diktatur, Tübingen 1930)*은 시사가 많은 풍부한 예를 열거하고 있다.7)

---

5) 다름슈태터의 저서, Darmstaedter, Rechtsstaat oder Machtstaat?, Berlin 1932는 국가와 법에 관한 자유주의적 개념만을「법치국가」라고 하며, 기타의 모든 관념을「권력국가」라고 한다. 이것은 민족에 이질적인 자유주의적인 오만함의 특별한 예시이다.

6) Die Staatsverwaltung und Strafrechtsreform, 1919, S. 47.

7) 대립유형이란 의미에서「국민적 법치국가」에 관하여 말하기를 O. Koellreutter, Der nationale Rechtsstaat, Tübingn 1932 (S. 26. 즉「프라이슬러의 편견은 법치국가개념 그 자체에 대해서 위험한 것이다. 그의 편견은 권력분립 중에 민족의 힘을 신속히 해체하는 요소만이 보인다는 점에 있다. … 행정과 사법의 구별이나 양자의 적절한 균형이라는 점에 근대 법치국가의 본질이 있다」). ders., Vom Sinn und Wesen der nationalen Revolution, 1933; ders., Grundriß der Allgemeines Staatslehre, 1933, S. 108 f.*; H. Gerber, Staatsrechtliche Grundlinien des Neuen Reiches, 1933; L. Dennewitz, Das nationale Deutschland ein Rechtsstaat, 1933 (이것은 국가에 강조점을 둔 법치국가이다) 참조. 또한「국민적 법치국가」라는 말에 비판적인 것은 Eberhard Menzel, Grundlagen des neuen Staatsgedankens, Eisenach 1934, S. 70 f. 참조.

법철학적 개념으로서의 법치국가

법치국가는 **전체적으로 본다면 그 모든 시설 속에** 특색을 나타낸 국가라고 이해할 수 있다. 그때에는 법과 국가에 관한 일정한 실질적인 사실내용을 지닌 개념이 전제로 되며, 또한 (어떤 것이 우선하며 어떤 것이 종속하는 것과 같은) 법과 국가의 관계나 연관에 관한 일정한 관념이 전제로 된다. 이러한 생각을 관철한다면, 법과 국가에 관한 **세계관적** 견해에까지 직접적으로 거슬러 올라간다. 앞에서 언급한 1832년에 출판된 몰의 저작에서는 자유주의적 합리주의 측에 서서 법치국가가 요청되고 있다(S. 5). 「민족의 종교적인 생활양식에 대응하는 것이, 즉 신권정치이다. 단지 감각적인 생활양식에 대응하는 것이 전제이며, 단순한 가족적 관점에 대응하는 것이 가부장제 국가이다. 감각적 합리적인 생활목적에 대응하는 것이 이른바 법치국가라는 말 아래서 자유주의적 · 개인주의적인 국가관과 사회관이 지배하고 있었다… 시민의 자유는 이러한 생명의 관점에서 최고의 기본원칙이다」. 19세기에 법치국가라는 말의 자유주의적 개인주의적인 국가관과 사회관을 사로 잡았다. 국가를 「법의 기관」이나 「법률에 복종하는 시민의 단체」로 보는 칸트의 법철학은 본질적으로 개인주의적인 법치국가를 철학적으로 정당화하는 것이었다. 트렌델렌부르크(Trendelenburg, Naturrecht, 1860, S. 291)가 적절하게 서술하는 법치국가는, 특히 칸트 이래 「인신의 자유를 보장하고, 개인 · 재산 · 계약의 안전을 보장하는 공적 기관이 되었다」. 이러한 이론들은 모두 「법의 이름으로 국가를 단지 개인의 자유 · 발전 · 행복에로의 봉사만을 하는 하나의 기관으로 변경한 것이다」. 따라서 그러한 국가라면 결코 전쟁을 일으키지 아니할 것이다. 왜냐하면 전쟁은 생명과 재산의 양쪽을 위험하게 하는 것이며, 그것들을 무시하지 않으면 수행할 수 없는 것이기 때문이다. 로렌츠 폰 슈타인은 **인륜**의 왕국이라는 **헤겔**의 국가관을 사용하여 (즉 단순한 법치국가가 아니라 윤리적인 국가에 의해서) 이러한 개인주의를 극복하려고 하였다. 슈타인이 강조하는 법치국가는 특수독일적인 개념이다.* 즉 그 개념은 [개인의 권리라는 단 하나의 요소만이 아니라] 법률 · 자치 · 개인의 권리라는 세 가지 요소에 의해서 국가의 통치권을 제한하고, 그 결과로서 정부의 폭력에 대해서도 이 세 가지 요소의 독립성을 지킨다는 것을 의미한다. 그나이스트는 기본적으로 슈탈에 찬성한다(Der Rechtsstaat, 1872, S. 183, 184, Anm. 2).* 그러나 적어도 1871년 이후 [법치국가에 관한] 순수하게 개인주의적인 자유주의적 견해가 정착하게 되었다. 그리고 그러한 종류의 세계관적 · 법철학적 기초에서, 즉 자유주의적 · 개인주의적 세계관과 그것에 근거한 법치국가개념의 의미에 따라서 헌법만이 아니라 행정법 · 형법 · 절차법 · 민법, 즉 모든 영역의 법이 형성된 것이다.

19세기의 법학적 · 기술적 개념으로서의 법치국가

나아가 또한 법치국가는 법과 정의에 관한 여러 가지의 세계관적 · 정치적 또는 철학적 견해들을 실현하기 위한, 어떤 일정한 법학적 · 기술적인 **구체화의 방법**도 성립할 수 있다. 그러한 관점에 따르면, 법치국가개념은 형식적인 것이 되며 중립화하게 된다(이른바 형식적인 법치국가의 이념이다). 그러한 법치국가의 형식이나 방법에서는 서로 대립하는 세계관 · 법관념 · 국가관도 실현할 수 있다. 법치국가가 아무런 내용도 가지지 않는 단순히 형식적인 **양식**이며, 실질적이라기보다는 기능적으로 만들어진 일정한 **양식**에 불과하다면, 그러한 법치국가는 전혀 다른 정의 관념에도 그것을 실현 · 구체화하는 도구로서 봉사하게 될 것이다. 독일에서 이러한 견해를 승리로 이끈 것은 프리드리히 율리우스 슈탈(욜손)*이다. 법치국가란, 그의 유명하고 자주 인용되는 문장, 「대체로 국가의 목적과 내용이 아니라 단지 종류와 성격을 실현하는 것을 의미한다」.* 거기에서는 내용과 실현수단, 실질적 개념과 형식적 개념으로 가르며, 결국 법과 국가는 세계관, 인륜 그리고 정의 등에 의해서 제시된 실현내용을 교환할 수 있는 단순한 형식이 되어버린다. 이러한 법치국가관은 논리필연적으로 실현내용의 교환가능성을 지니고 있는 중립적인 법률실증주의로 귀결하며, 마침내는 법치국가를 그것과는 정반대의 [실현되어야 할 내용에는] 전혀 관심을 두지 않는 **법률국가**(Gesetzesstaat)로 바뀌어버린다.[8] 그렇다면 자유주의국가, 나치스 국가 그리고 공산주의 국가도 「일정한 방법으로」 스스로 믿는 정의의 이상을 실현시킨다면, 그것만으로 법치국가일 수 있는 것이다. 그러나 여기서 말하는 일정한 방법이란, 모든 국가권력의 행사가 확고하게 **예측가능한** 방법으로 되는 것을 가리킨다. 그 방법은 미리 제정된 엄밀하게 내용이 확정된 규범이나 규정에 의해서 비로소 생길 수 있는 것이다. 그때의 규범이나 규정은 국가에 의한 「권리침해」의 구성요건 · 규범이나 규정의 정도나 범위를 정확하게 정한 것이어야 하며, 국가나 모든 정부당국을 구속하는 것이어야 한다. 따라서 이러한 논의의 문제관심은 이미 정의에 있는 것이 아니라 단지 법적 안정성과 예측가능성에만 있는 것이다. 이로써 법치국가는 **정의국가**에 대한 **대립개념**으로 전화한다. 법치국가가 봉사하는 것은 이미 실질적인 의미를 지닌 정의가 아니며, **실증주의적인 예측가능성**이다. 19세기에서 이러한 법적 안정성의 수익자로서 상정되고 있었던 것은 분명히 「자유로운」 개인이었다. 자유로운 개인은 법을 실정법에, 실정법을 이것에서 일어나는 예정표로 바꾼다. 이 예정표에 따르면, 모든 이해관계자는 국가의 사법기관과 행정기관을 이용할 수 있게 되며, 이 예정표에 쓰여진 「규범」에 따르면, 이해관계자는 모든 공적 생활을 예측하며 통제할 수 있다는 것이다. 오토 마이어는 그 특유의 기지로 가득 찬 정식화의 재능을 구사하여 법치국가란

---

8) Heinrich Lange, Vom Gesetzesstaat zum Rechtsstaat, Tübingen 1934 (Recht und Staat, Heft 114). 지도자국가와 법률국가의 대립에 관하여는 G. A. Walz, Deutsche Juristenzeitung, 1933, S. 1338 f. 그리고 「나치스 법률가연맹 쾰른 가우스 지구 대회에서의 카를 슈미트의 강연」, Jur. Wochenschrift, 1934, S. 713 f.

「누구나 국가에 대해서 예상하는 것을 누구나 알고 있는」 국가라고 서술하였다. 이상으로써 이러한 종류의 법치국가는 표면상의 중립성이나 도구성에도 불구하고, 다시 자유주의적인 개인주의를 위한 전형적인 수단이 된다. 이 점에 관해서는 슈탈의 보수적 · 기독교적인 가면으로도 우리들을 속일 수는 없다. 슈탈은 「불명확함」과 「이론적 위장」으로 법치국가개념을 왜곡하고, 고의로 왜곡시키고 있다(l'equivoco e l'ipocrisia teoricadi Stahl, che falsifica il concetto)*고 어떤 우수한 이탈리아의 법학자가 서술하는데, 이것은 아주 적절하다. 슈탈이 한 「의도적인 왜곡」이란 「법치국가」에서의 법의 개념을 실증주의적인 규범주의에 따라 해석한 점에 있다. 이러한 규범주의는 논리필연적인 결론으로서 자유주의 시대의 사려와 숙고를 결여한 개인주의에만 기여하는 것이다.

법치국가의 특징으로서의 일정한 제도 또는 규범

원리적으로 또는 법철학적 논의에서의 서로 경합하는 주의주장 간의 대립은 상황의 변화에 따라서 생긴 다양한 쟁점 중에서 행해진다. 이 때문에 논의는 대결이 발생하는 문제적 상황에로 향하며, 당사자의 어디에 의해서 법치국가의 특징을 둘러싼 논쟁에로 향하게 되었다. 예컨대 19세기에 있어서의 자유주의의 발전과정에서 재판관의 독립, 관료의 지위의 보장, 국왕의 인격이 아니라 헌법에 대한 선서를 하는 것, 장관탄핵을 위한 국사재판소의 설치, 서류에는 장관의 부서가 필요한 것, 보도의 자유 · 배심재판 · 변호사의 자유 기타 무수한 세목이 법치국가의 기준이 되었다. 그러나 이러한 방법에서는 법치국가의 이름에 타당하지 아니한 제도나 정치적 요구 등 무릇 존재하지 않는 것이 되어버릴 것이다. 법치국가라는 말에 고집하는 한, 이와 같은 사태가 언제나 새로운 양상으로 반복될 것은 아주 명백하며, 그 좋은 예가 1934년에 실시된 나치스 국가와 프로테스탄트 교회와의 논쟁이다. 이 논쟁에서는 어떤 특정한 요구가 법 · 정의 · 법치국가 등과 동일시되며, **그럼으로써 바로 좋고 뛰어난 정의를 구하는 투쟁이 「법치국가」라는 백년 이래의 문제적인 개념에 의해서 방해된다.***

헌법 · 행정법 · 형법을 시초로 하는 법분야의 종래의 교과서에서 법치국가에 특유한 제도나 규범의 엄밀한 목록이 발전해 왔다. 그때에 제도나 규범은 어떤 일정한 방법으로 「법치국가적인 것」이라고 간주되거나, 오늘날의 법학 문헌에서처럼 법치국가의 눈에 보이는 특징이라고 하여 취급하거나, 법치국가가 그 자체와 동일시하고 있다. 이 목록의 약간의 중요한 예가 다음에서 취급할 것이다. 그 전에 간단히 지적할 것이 있다. 그것은 **모든 국가는 관련에 맞는 전체이다**. 학문적이며 실천적인 이유에서 볼 때, 힘주어 강조해도 충분하지 않은 것은, 특히 **법률**이라는 개념은 — 법률의 우위나 법률의 유보, 법률 앞의 평등, 행정의 법률적합성의 원리 등처럼 — 전체적인 영향 중에 존재하며, 항상 국가적 · 헌법적인 전체 연관 중에만 이해할 수 있다는 것이다. 입헌군주제, 의회제에 근거한 입법국가 또는 현대의 지도자국가의 각각에 따라서 「법률」은 이론적으로나 실천적으로 전혀 다르게 된다. 완전히 고립되고 국가의 전체 연관에서 유리된 제도나 규범 등은 존재하지 아니한다. 만약 그러한 것이 있다면, 그것은 단순한 예외이며, 원리적 관점에서 본다면 그 자체 무의미하거나 또는 법치국가의 원리적 문제나 「전체적」 문제를 반대측에서 근본적으로 구명한다는 요청의 출발점이거나 어느 것이다(상술한 제3절 [법철학적 개념으로서의 법치국가] 참조). 예컨대 법관의 독립이 법치국가의 요청인 데에는 이론이 없을 것이다. 그러나 법관의 독립은 지도자국가에서는 입헌군주제에서의 그것과는 다른 어떤 것을 의미한다. 그 결과 법관의 독립에 관한 논의가 입헌군주제적인 법치국가적 사고에 따라서 된 경우에, 한편 모든 입헌군주제적 헌법의 기초에는 법관의 독립 · 권력분립 · 입헌주의적 법률개념이 발견되며, 다른 한편, 예컨대 지도자국가와 같은 전혀 성질이 다른 국가의 틀 속에서 법관의 독립을 도입하더라도 입헌주의적인 자유주의에서 본다면, 그것은 「진정한」 법관의 독립이라고는 인정되지 아니한다는 논의가 필연적으로 도출하게 된다. 다음에는 「법치국가적」으로 되는 개개의 제도나 규정을 몇 가지 열거하는데, 그때에도 이들 제도나 규정은 모두 [국가의 전체 연관에서] 분리할 수 없다는 사실을 아무도 무시하는 것이 허용되지 아니한다.

1. **헌법적** 의미에서 법치국가의 요청이라고 하여 특히 강조할 필요조건은 이렇다. 그것은 성문헌법에 의해서 요청되고 헌법전 중에 규정된 특정한 내용에 나타나며, 우선 첫째로 권력분립, 즉 입법 · 통치 · 행정 · 사법의 조직적 분할의 원리에 따라서 만들어진 국가구성이다. 그리고 둘째로, 특정한 자유권의 목록이다 (신체의 자유, 사유재산권, 의견표명의 자유, 결사의 자유와 집회의 자유, 단결권, 종교의 자유 등). 셋째로, 정부에 대한 입법기관의 우위이다(장관의 부서의무에 의한 정부의 책임, 국사재판소에의 장관의 탄핵, 의회에 의한 불신임 결의에 근거한 사직의무). 이와 같은 관념의 세계에서는 법치국가가 자유주의적인 **입헌국가**와 동일시된다. 나아가 그것과 불가분한 것은 어떤 특정한 **법률개념**이다. 그 법률개념이란 형식적 의미에서의 법률이며, 법률이란 자유선거에 의해서 선출된 의회에 의한 공적 논의를 거친 일정한 절차로 하는 다수자의 결의인 것을 가리킨다. 왜냐하면 자유주의적인 관점에서 본다면, 법률에 불가결한 이성과 정의를 보장할 수 있는 것은 의회의 관여와 이러한 절차뿐이기 때문이다. 이러한 과정을 거쳐 비로소 법률은 현행의 법규범의 하나가 될 수 있으며, 「전국가생활의 적법성의 기초」가 될 수 있다.*

2. 이러한 헌법상의 관념들의 **행정법적** 측면은 주로 다음과 같다.

a) 먼저 행정의 법률적합성, 즉 행정에 대한 법률의 우위나 법률의 유보이다. 「법치국가의 본질은 행정의 법률적합성에 있다」(흥미 깊은 실천적인 예는 Zinser, Verw. A., Band 39, S. 45 참조). 입증책임은 명령을 내리는 정부당국에 항상 돌아간다. 주요한 것은 「최소한의 권리침해의 원리」이다. 「법치국가에서는 신민의 권리에 대한 경찰의 침해가

매우 좁은 범위에 한정되어야 한다는 원칙이 타당하다」(Zinser, a. a. O., S. 48).

b) 다음에 개인적 **요구**의 발전과 확대의 결과로서 나타난 공권(subjektiven öffentlichen Rechte)의 발전과 확대이다. 개인은 「국가에게 무엇을 요구할 수 있게 되며」, 그리고 [공권의 발전과 확대]에 의해서 「국가에 대한 권력을」 유지하게 되었다(R. Thoma, Handbuch des Deutschen Staatsrechts, Bd. 2, S. 609 그리고 Friedrich, Subjektives Recht, Handwörterbuch der Rechtswissenschaft, Bd. 5, S. 823 ff. 참조. 동일하게 적절한 비판은 Th. Maunz, Neue Grundlagen des Verwaltungsrechts, Hamburg 1934 참조).* 국가법과 행정법에서 국가에의 요구를 주장하는 이러한 자유주의적 사상의 체계적인 형성은 1892년에 발간된 게오르크 옐리네크의 『공권의 체계』(System der subjektiven öffentlichen Rechte)*에서 비롯한다.

c) 나아가 이러한 공권을 확보하기 위한 **사법형식적인 권리보호**의 발전과 확대이다. 이 점에서 보통은 **민사재판을 취하는 통상재판소**가 이러한 권리보호를 담당해야 하는지 (그다지 정확하게 말하지 않는 오토 배르에 따르면 이것은 이른바 「사법국가」이다. Otto Bähr, Der Rechtsstaat, Kassel 1864),* 또는 **행정재판소**가 이 권리보호에 책임을 질 것인가 하는 문제는 상대적으로 부차적인 중요성만을 가진다. 이 경우의 행정재판소는 민사문제를 다루는 통상재판소의 단순한 「복제품」으로서 나타나며 (이 점에 관하여는 W. Jellinek, Verwaltungsrecht, S. 209 참조),* 사실상은 바로 특별한 [통상] 재판소이다. 그 결과 법치국가와 사법국가와의 구별이 이와 같은 사태에서는 그 본질적인 의의를 상실한다. 모든 공적 생활의 사법형식화, 특히 행정행위의 사법형식화의 경향은 특히 오토 마이어에 의해서 법치국가의 결정적인 특징이 되고 있다(Otto Mayer, Verwaltungsrecht I. S. 58, 62). 이러한 견해를 현실에 적용하려고 한다면, 모든 공법에 관련된 소송에서 행정재판소가 권한을 행사하기 위해서 필요한 광범위하게 걸치는 **일반조항**의 요청이 생기게 된다(행정재판소의 일반조항은 물론 경찰법에서의 일반조항과는 전적으로 대립하는 것이다). 이것은 민사재판이 민사소송을 취급할 때에 광범위하게 걸친 권한을 행사하는 것과 동일하다(W. Jellinek, a. a. O. S. 314. 그것에 의하면 「일반조항만이 법치국가의 요청에 적합한 것이다」).

d) 끝으로 국가나 공적 기관이 광범위하게 미치는 손해책임을 진다는 원리의 발전과 지속적인 확대이다. 국가나 공적 기관은 공무원의 직무의무위반에 대해서 (바이마르 헌법 제131조),* 그리고 또한 통상재판소가 허가한 법적 수단의 결과 생긴, 법에 근거한 개별적인 권리침해에 대해서(라이히 최고재판소의 판결에 의한 바이마르 헌법 제153조 제2항*의 공용수용개념의 해체),[9] 그 손해책임을 진다. 특히 공무원의 직무의무위반에 관하여는 토마가 이렇게 강조한다(R. Thoma, in: Nipperdey, Grundrechte I. S. 28). (바이마르 헌법 제131조의) 원리는 「독일에 있어서의 법치국가의 구조의 기본적인 지주이다」.*

9) Hofacker, DJZ. 1934, Sp. 89 참조. 그것에 의하면 「주관적 권리나 보상요구와 같은 사고방식의 구성은 최고재판소 판결 중에 나타나 있다」.

3. **형법**의 영역에서 자유주의적 법치국가사상은 다음과 같은 사태를 가져온다. 그것은 주로 개인의 자유나 국가에 의한 권리침해의 예측가능성이라는 관점에서 형법규범을 생각한다는 사태이다(이전의 형법전 제2조와 바이마르 헌법 제116조의 유추해석의 금지를 보라). 이것으로 형법전은 프란츠 폰 리스트*의 유명한 정식에 따르면, 「범죄자의 **마그나 카르타**」*가 된다. 「**형벌 없으면 범죄 없다**」(nullum crimen sine poena)*라는 정당한 원리 대신에 실증주의적 · 법률국가적인 명제 「**법률 없으면 형벌 없다**」(nulla poena sine lege)가 등장한다. 이 명제는 18세기의 개인주의적, 계몽주의적 사고 중에서 비로소 생긴 것이다.[10] 범죄란 형벌로써 위하하는 행동으로서 정의한다. 즉 이미 형벌은 범죄의 결과로서 나타나는 것이 아니다. 오히려 범죄는 형벌의 위하작용이 낳은 사고의 산물이 된다. 정당한 형벌의 실시는 국가에 의한 형벌집행의 주장으로 해소되며, 그것에 의해서 상대화된다.[11] 리스트가 이끄는 사회학적 형법학파는 「행위자-형법」(Täter=Strafrecht)을 요구하며, 특별예방의 사상을 강조하였다. 그것으로 현대의 사고나 논의의 양식에 포함된 사회자유주의적인 방향성은 「경찰국가적」인 것으로서 나타났으며, 다른 한편, 「행위-형법」(Tat= Strafrecht)에 포함된 보수적 · 국민자유주의적 방향성이 법치국가라고 특징지을 수 있게 된 것이다(Metzger, Lehrbuch des Strafrechts, S. 33, 37, 39 참조). 사회학적 형법학파와 고전적 형법학파의 대립은 오늘날에 있어서의 **자유주의 내부의** 결속으로서 인식할 수 있다. 즉 그 대립은 — 담(Dahm) · 헨켈 · 샤프슈타인이 명확하게 제시하듯이,* — 오늘날의 나치스적 문제구성에 대해서는 이미 극복된 것이다.

결 론

탁월한 나치스법 옹호자가 명확하게 설명하듯이, 물론 나치스 국가에서도 법적 안정성이 지배하고 있다. 즉 이 국가의 법률은 분명히 그 효력을 발휘하고 있으며, 재판관의 독립도 보장되며, 합리적인 권리보호의 요구와 정치지도의 필요성을 함께 존중하는 권리보호도 확립되어 있다. 나치스 국가는 규범주의적인 법률국가보다도 훨씬 높은 수준에서 법의 옹호와 법의 실현에 노력하고 있다. 내무장관 프리크(Frick) 박사, 라이히법률가지도자 · 국무장관 프랑크(Frank) 박사, 내각관방장관 람머스(Lammers) 박사, 라이히와 프로이센 법무차관 프라이슬러(Freisler) 박사, 내각 국장 니콜라이(Nicolai) 박사와 같은 권위 있는 사람들도 서술하고 있듯이, 이러한 것에서 우리들은 나치스 지도자국가를 **법치국가**로서 제시할 수 있는 것이다. 그때에 이들 법치국가적 제도들이 이제 **나치스** 국가라는 토양 위에 서 있으며, 마찬가지로 법과 정의의 관념도 국가나 공동체의 관념도 그 내용이나 형식이 나치스적인 것이다. 특히 라이히 법률가 지도자인 프랑크 박사는

10) H. Henkel, Strafrichter und Gesetz im neuen Staat, Hamburg 1934 참조.
11) 이 점에 관하여는 샤프슈타인의 매우 내용이 풍부한 논문 Schaffstein, DJZ. 1934, S. 1174.

1934년 10월 4일에 행한 나치스와 정신생활에 대한 위대한 연설(Die Nationale Wirtschaft, 5. Nov. 1934, S. 373)*에서 법관의 독립도 학문의 자유도, 나치스 국가라는 토양 위에 확고하게 세워진 것이라고 표명하고 있다. 주목할 것은 이미 [이탈리아의] 파시스트 국가에서 현실로 되었다.[12] 즉 그것은 **다툼의 여지 없는 정치지도를 가진 강력한 국가는 자유주의에 의해서 그 기초가 파인 사회보다도 공공생활 · 사적 영역 양쪽의 안전과 안정을 보다 일찍 유효하게 보장할 수 있다**는 것이다.

여하튼 자유주의적 법치국가에 대해서 타당한 것은, 나치스 법치국가를 위한 선구자의 한 사람인 니콜라이(H. Nicolai)가 한 말이다(RVBl. 1934 S. 862). 즉 이 국가는 근본적으로 법도 없고 국가도 없고 결국 법치국가도 아닌 것이다. 「법률국가란 결국 국가 없는 법률을 지닌 법 없는 국가를 의미한다. 이처럼 공허한 법률국가는 나치스 법치국가에 의해서 이미 극복된 것이다」.[13] 따라서 법치국가라는 문제적인 말이 나치스 국가에 대해서도 적용되고, 그 문제적인 말이 나치스 국가에 의해서 극복되어야 한다면, 한스 프랑크 박사가 1934년 3월 20일의 연설(Deutsches Recht, 1934, S. 120)*에서 만들어낸 정식이 가장 우수하고 가장 오해가 없는 표현법이라고 나는 생각한다.* 즉 그것은 **아돌프 히틀러의 독일 법치국가**라는 정식이다.

12) 예컨대 파시즘에 관하여는 C. Costamagna, Elementi di Diritto pubblico fascista, Turin 1934, S. 33 ff.

13) H. Lange, a. a. O. (=Vom Gesetzesstaat zum Rechtsstaat), S. 40.

자유의 헌법 (1935)*

독일 라이히 의회는 1935년 9월 15일에 자유의 당대회에서 국기법 · 공민법 · 독일인의 피와 명예를 지키기 위한 법률을 가결하였다.

이 라이히 의회는 헌법에 타협하는 의회(das Parlament eines Verfassungs-kompromisses)와는 다른, 그 이상의 것이며, 따라서 그의 법률도 복수정당제에 의한 논의나 연합의 산물과는 다른, 그 이상의 것이다. 그 당대회에 소집된 라이히 의회는 국가사회주의(나치스) 운동을 담당한 아돌프 히틀러 총통에 복종하는 독일 민족 그 자체이다. 따라서 그러한 법률은 수 세기 이래 최초의 독일인의 자유의 헌법이다.

몇 세기에 걸쳐 독일 민족은 자유(Freiheit) 대신에 자유(Libertäten)나 자유주의(Liberalismus)에만 친숙해 왔다. 17세기와 18세기 독일 헌법의 자유(Libertäten)는 이 비참한 상황의 내정적 · 외교적 수익자 모두에게 우리 민족의 국가적 분열을 보장하였다. 나아가 19세기 헌법들의 자유주의적인 자유(die liberalen Freiheit)는 국제적인 권력들에 의해서 이용되고, 독일인의 종파적 · 계급적 분열을 하나의 기본권으로 높였다. 그리하여 헌법에 규정된 자유는 독일의 모든 적이나 기생충에 대한 무기나 슬로건이 되어 버렸다. 이러한 기만을 우리들은 이미 벌써 간파하고 있었다. 우리들이 인식한 것은 자유주의적 헌법들이 외국에 의한 지배를 위한 전형적인 위장 형식이 되었다는 사실이다. 민족은 이 세상에서 가장 자유주의적인 헌법을 가질 수 있으며, 단순한 이자의 노예나 임금의 노예의 무리가 될 수도 있다. 그리고 오늘날의 우리들에게도 생기듯이, 어떤 헌법이 자유주의와 마르크스주의의 국제성에 의해서 매우 낡은 것으로 비웃고 매도되는 것이 일어날는지도 모른다. 그러나 헌법이 그 정당함을 입증할 수 있는 것은 바로 민족이 그 독자적인 자세를 발견하고 외국에 의한 정신적 지배로부터 해방되었을 때 만이다.

여러 세기 이래 처음으로 우리들의 헌법적 개념들이 다시 독일적으로 되었다. 그렇다고 우리들의 자유주의적인 선조를 과소평가할 생각은 없다. 우리들의 선조는 독일인이며 우리들에게 속한다. 그들에게 자유주의적인 견해의 잘못이 있다 하더라도, 그들에게도 독일적인 본질을 볼 수 있으며, 독일인의 피 끓는 소리를 자주 들을 수 있다. 오늘날 로렌츠 폰 슈타인과 슈탈 · 욜손을, 루돌프 그나이스트와 라스커*를, 오토 배어와 야코비*를, 루돌프 조옴과 프리트베르크*를 구별할 수 없는 독일인 법학자들은 도대체 어디에 있는가? 전쟁으로 신성화 된 제2 제정의 국기색인 흑 · 백 · 적색을 우리들은 계속 외경할

---

* Die Verfassung der Freiheit, in: Deutsche Juristen-Zeitung, 40. Jahrg. Heft 19, 1935, Sp. 1133-1155.*

것이다. 그러나 자유주의적인 아버지나 조부의 법사상이나 헌법사상을 계속 외경할 수는 없다. 그 사상은 비독일적인 체계를 가진 개념의 그물코 안에 완전히 편입되었기 때문이다. 자유주의적인 선조들이 헌법으로 간주한 것은 영국적 · 프랑스적인 계수법이다. 그들은 독일적 자유와 진보당의 강령을 혼동하고, 중립적인 일반적 개념들을 사용하여 부르주아적 · 복고주의적 타협을 은폐하고 있었다. 그들이 말하는 헌법(Verfassung)이란 이른바 [영국 · 프랑스적인] 헌법(Konstitution)이다. 그들이 말하는 라이히 의회나 란트 의회란 이른바 [영국 · 프랑스적인] 의회(Parlament)였다. 그 공민(Staatsbürger)*이란 시민(Citoyen)의 잘못된 전용이었다. 그들의 헌법은 독일적인 피나 명예에 대해서 아무것도 말하지 않는다.「모든 독일인은 법률 앞에 평등하다」는 것을 강조할 때에만 독일인이라는 말이 나올 뿐이다. 이 명제는 독일인이라는 본질적이고 민족적인 개념에 의거한다면, 그 정확한 의미가 분명하게 되었을 것이다. 그러나 이 명제는 반대로, 특성이 유사한 사람을 동일하게 독일인으로서 취급하는 것, 그리고 법률 앞에 평등한 것을 독일인으로 간주하는 것에 이용되어 왔다. 그럼으로써 민족이 국적보유자의 총화가 되고, 국가가 보이지 않는 법인이 되어버렸다. 국민자유주의적인 독일 국기가 프랑스 삼색기*의 모범에 일치한 삼색의 병립이며, 진정한 상징이 가지는 힘을 결여한 깃발인 것은 이미 우리들을 놀라게 할 수 있는 것이 아니다.

오늘날 독일 민족은 법적인 의미에서도 다시 독일 민족이 되었다. 9월 15일의 법률들을 제정한 이후, 독일 민족의 피와 명예는 우리들의 중심 개념이 되었다. 국가는 이제 민족적인 힘과 통일을 위한 하나의 수단이다. 독일 라이히는 유일한 국기, 즉 나치스 운동의 깃발을 가지며, 그 국기는 단지 색깔만으로 구성된 것이 아니라 위대한 진정한 상징, 즉 하켄크로이츠*라는 민족적인 힘을 소환하는 위대한 진정한 상징이 새겨진 것이다.

거기에 더하여 자유의 당대회에서 새로운 헌법적 결단이 내려졌다. 총통은 유대인의 입장에 관한 현행 규정이 목표를 달성하지 못할 경우, 새롭게 다시 한 번 생각할 가능성이 있다고 말했다. 그리고 이 점에 대해서 그 후 당의 법률로써 이 문제가 해결될 것이라고 전망을 하였다. 이것은 중대한 경고이다. 그 경고로써 독일 국가사회주의 노동자당[나치스당]은 민족의 성역의 파수꾼으로, 즉 헌법의 수호자로 임명되었다.

이제 우리들의 민족적 질서의 기반이 확정되었다. 그것은 국가원수이며 국민의 최고 심판자로서의 총통을 가지는 독일 민족이며, 우리들의 헌법의 수호자로서의 나치스 운동의 각 단체이며, 그리고 총통이 최고 사령관인 독일 국방군이다. 그와 함께 독일인 법학자에게는 위대한 새로운 책무가 시작된다. 우리들은 앞의 3개의 법률 중에 명백하게 제시된 독일 민족의 법을, 독일적인 법형태로서 고수하지 않으면 안 된다. 총통의 경고는 우리들에게도 향하고 있다. 우리들의 법이 냉혹하게 타락한 악마의 포로가 되어서는 안 된다. 우리들에게 이러한 법률들은 다가오는 시행령의 단순한 서곡만은 아니다. 각각의 법률은 3개의 개별적으로 효력을 발하는 법률도 아니며, 다른 효과를 지닌 법률도 아니다. 그러한 법률들은 우리들의 모든 법을 포괄하며 관철한다. 그러한 법률들로부터 우리들에게 윤리나 공적 질서, 예의나 좋은 풍속이라고 할 수 있는 무엇이 정해진다. 그러한 법률들은 자유의 헌법이며, 우리들의 오늘날의 독일법의 핵심이다. 우리들이 독일인 법학자로서 행하는 모든 것은 그러한 법률로부터 그 의의와 명예를 획득한다.

정치 (1936)*

1.

일반적으로 「정치」(Politik)라는 개념은 **국가**나 **국가**권력과의 관계에서 규정된다. 이러한 말의 의미에서는 국가로부터 나오거나 국가에 움직이는 모든 것이 정치적이다. 국가 그 자체의 모든 활동(외교 · 내정 · 재정정책 · 문화정책 · 사회정책 · 지방자치정책 등)이 정치적으로 된다. 정당이나 정치적 활동은 그것이 국가적인 의사형성에 영향을 미쳤거나, 영향력을 획득하려고 시도하였는가에 따라서 정치적으로 된다. 과학으로서의 정치는 국가과학(Staatswissenschaft)이나 국가학(Staatslehre)이다. 기술로서의 정치는 국가기술(Staatskunst) 또는 「적용된 국가학」이다. 이러한 견해는 국가가 정치적 세계의 유일한 본질적이며 통상의 현상형태인 것을 출발점으로 삼는다. 오늘날 그러한 견해는 단순한 의미에서는 이미 타당하지 않다. 오늘날에는 **민족**(Volk)이 정치적 통일체의 정상적인 개념이다. 따라서 오늘날 모든 결정적인 정치개념은 민족에 의해서 규정된다. 정치적인 것이란 통일적인 전체로서의 민족의 생활문제에 관한 모든 것이다.

2.

「정치」라는 말은 그리스어의 「폴리스」에서 유래하며, 우선 이 폴리스, 즉 고대 그리스의 도시국가, 더구나 주로 그 내적인 질서에 관계된 모든 것을 나타낸다. 그리스 철학자의 가르침, 특히 플라톤의 『국가』나 아리스토텔레스의 『정치학』이라는 두 개의 위대한 국가철학적 저작이 유포됨으로써 이 말은 모든 유럽 민족의 언어 관용에 들어갔다. 폴리차이는 17세기와 18세기의 절대군주제에서는 국가 **내적인** 활동, 즉 신민의 복지나 좋은 질서의 유지로 향한 국내의 행정적 활동을 의미하였다. 「정치」라는 말에서는 오히려 관방정치, 「고도의 정치」, 그리하여 **외교**가 생각되었다. 이와 같이 18세기에 대해서 정치는 (폴리차이와는 달리) 특히 외교였는데, 19세기의 자유민주적인 헌법투쟁이 시작하면서 내정이 의식의 전면에 등장하였다. 정치의 유명한 학문적 교과서들 (1835년에 나타난

---

* Stichwort Politik, in "Handbuch der neuzeitlichen Wehrwissenschaften," herausgegeben im Auftrage der Deutschen Gesellschaft für Wehrpolitik und Wehrwissenschaften v. Hermann Franke, Generalmajor a. D., Erster Band, Wehrpolitik und Kriegsführung, de Gruyter, Berlin und Leipzig 1936, S. 547-549. jetzt in: Maschke (Hrsg.), Staat, Großraum, Nomos, 1995, S. 133-137.

F. C. 달만*의 『정치』, 1863년 출판의 G. 바이츠*의 『정치학강요』, 1892년의 로셔*의 『정치』)은 주로 국내정치의 헌법문제, 특히 전통적인 「국가형태」론(군주제 · 귀족제 그리고 민주제)을 다룬다. 다만, 하인리히 폰 트라이치케*의 『정치』(베를린 대학의 강의에서 1898년 편집된)에서는 국가가 밖에 대해서도 필요하다면 전쟁이라는 수단에 호소하여 자신의 권력과 존재를 주장해야 한다는 것에 대한 강한 의지가 제시되고 있다.

그리하여 일상생활의 언어관용에 따르면, 국가가 당파투쟁에 의해서 갈라짐에 따라서 내정이 정치적인 것 그 자체의 본래적인 핵심과 내용으로서 나타나게 된다(내정의 우위). 19세기의 독일 국가는 군사국가 및 관료국가이며, 거기에서는 정당에서 독립한 강력한 정부가 인민대표(의회)에 대립하고 있었다. 이러한 국가는 군주와 인민에 따라서 이원론적으로 구성되고 있었다. 따라서 당시 군주적 정부와 의회주의적 인민대표와의 관계는 정치 고유의 사안으로 생각되었다. 수많은 강력하게 조직된 정당에 의해서 지배된 국가(이른바 다원주의적 정당국가)에서는 통일적인 전체의사는 이러한 정당들의 변화하는 연합이나 타협의 산물(자주 타락의 산물인 것조차)이다. 이러한 상황에서는 연합 내지 타협으로 향한 정당활동은 내정의 내용이 되는 곳이 정치 그 자체가 된다. 1919년부터 33년까지의 바이마르 국가는 이러한 다원주의적 정당국가의 전형이었다. 그 결과 여기서는 정치적이라는 말과 당파정치적이라는 말은 일상의 언어관용에서는 구별하지 못했다. 그때 정치란 본질적으로 「화해」,* 즉 허용가능한 타협을 가져오는 데로 향한 활동이다. 아돌프 히틀러의 책 『나의 투쟁』은 이미 그 제목에 의해서 이러한 사고양식에 다른 정치적인 것의 개념을 대립하고 있다.

3.

따라서 「정치」, 「정치적」 그리고 「비정치적」이라는 말의 내용은 명백하게 변화하는 상황에 의존한다. 따라서 비스마르크가 그의 시대에 정치를 「가능한 것의 기술」이라고 부른 것에 대해서, 아돌프 히틀러의 정치의 성공에 영향을 받아서 정치가 「불가능하게 생각되는 것을 가능케 하는 기술」(J. 괴벨스)*이라고 규정한 것은 모순되지 않는다. 그렇지만 그 자체로서 정치적이며 다른 영역 (예컨대 경제 · 기술 · 법 · 전쟁지도 · 도덕 · 종교)에서 훨씬 내용적으로 구별되는 특정한 영역이나 특정한 「소재」를 발견하려는 시도가 없었던 것은 아니다. 국제법에서는 오랫동안 비정치적인 중재재판소의 영역을 확정하고, 열거된 특정한 사항을 「정치적」 문제로서 비정치적인 「법문제」로부터 구별하려는 시도가 있어 왔다. 어떤 경우에도 정치적으로 되는 사항을 열거하려는 시도는 성공하지 못했다. 예컨대 1889년과 1907년의 두 헤이그 평화회의*에서 「본성적으로」, 또한 모든 경우에 비정치적인 사항의 리스트를 작성하려고 하는 제안이 있었다. 이러한 리스트는 최종적으로는 다만 전적으로 사소하고, 거의 중요하지 아니한 사항을 열거할 뿐이었다(예컨대 빈곤한 환자에 대한 원조). 그리고 그러한 사항조차도 국민적인 명예라든가 매우 중요한 이해와 같은 「유보」, 즉 바로 정치적인 것의 근절하기 어려운 유보를 붙이고 있다.

역사적인 경험이 가르치는 바에 의하면, 민족들이나 정당들의 대결에서는 자주 사소하고 부차적인 사항이 투쟁의 쟁점, 따라서 또한 고도로 정치적인 문제가 된다. 다른 점에서는 아마 무의미한 제스처 · 말바꿈 · 무해한 노래나 배지가 서로 대립하는 투쟁영역에 들어가자 마자 정치적으로 된다. 그리하여 또한 1922년 8월 2일과 1924년 8월 15일의 국방군의 명령으로 근무의 안팎에서 정치적 배지를 달뿐만 아니라 군대의 행진 — 그 행진의 멜로디에 근거하여 비군사적인 측의 사람들에 의해서 당파적인 텍스트가 노래한 — 이 정치적 활동으로서 금지되었다. 이른바 문관의 관료에 대해서 모든 정치적 활동이 금지된 앵글로색슨 국가들에서는 「그것 자체에서는」 무해로운 관료, 그리고 그의 아내의 행동마저도 특정한 상황에서는 정치적인 성격을 가질 수 있는 것에 대한 수많은 유사한 예가 발견된다. 또한 국가와 교회 간에 몇 백 년이나 계속된 대결은, 정치적인 것과 비정치적인 것(그 종교적 성격 때문에)의 구별을 특정한 영역이나 사항을 열거함으로써 미리 규정하는 것은 간단하지 않은 것을 보여준다. 왜냐하면 또한 「순수하게 종교적인」 행동도 특정한 상황에서는 정치적인 의미와 정치적 사정(射程)을 가지기 때문이다.

따라서 정치적인 것과 종교적인 것, 정치적인 것과 법적인 것, 정치적인 것과 도덕적인 것, 정치적인 것과 군사적인 것의 대립이 모든 상황에 대해서 무차별하게 타당한 구별을 포함하는 것은 아니다. 그럼에도 불구하고 그것은 평온하고 안정된 상황에서는 정치적인 것을 비정치적인 것으로부터 구별하기 위한 일반적으로 유용한 근거를 제공하고 있다. 그러나 주목할 것은 **가능성으로는 모든 것이** 정치적으로 될 수 있다는 것이다. 따라서 비정치적인가의 여부에 대한 결단은 항쟁하는 사례에서는 마찬가지로 정치적 결단이다. 그것은 다양한 영역(경제 · 기술 · 문화 · 종교)에로의 분열에 대해서 정치적 결단의 우위(정치의 우위)를 보장하기 위해서, 오늘날 어떻게 **통일적으로 결단가능한 정치적 지도**가 필요하게 되는가를 보여준다.

4.

바이마르 국가 체제에서의 국방군과 관료제가 「정치적으로 중립」이었다면, 그것은 상술한(2) 의미에서의 당파적인 중립성을 의미할 뿐이었다. 당시 「비정치적」이란 당파적으로 중립인 것과 같았다. 정치적 중립성의 요구는 이러한 상황에서는 두 가지의 것을 의미하고 있었다. 한편으로 그것은 의사 없는 도구의 단순한 **도구적인 중립성**, 즉 군대나 관료제는 변화하는 연립의 다수파나 그때그때의 정당내각 — 그것들이 민족적인가 국제적인가에 관련하지 않고, 또한 그것이 국방에 적극적인가 그렇지 아니한가에 관계 없이 — 의 가치나 진리에 맹목적인 집행기관일 것을 의미하였다. 그것을 주장하는 것이 「국방군은 라이히 정부의 수단이다」*라는 1930년의 이른바 셰링거(Scheringer) 소송에서 라이히 최고재판소 판사가 한 발언이다. 이 발언은 그 후 빈번히 인용하게 되었다. 여기서 비정치적이란 모든 정치적인 의사나 정치적 실체를 포기하는 것을 의미하였다. 그러나 다른 한 편, 당시 중립적이며 비정치적인 태도를, **정당에 적대적인 태도**라고 이해할 수도 있었다. 그러한 태도는 독일 국민의 당파적인 분열에 대해서 국가적인 통일의 사상을 보존하고, 많은 당파적인 의사에 대해서 통일적인 국가정치적인 의사를 대립시켰다. 그것은 국방군 자체, 특히 그 최고지휘관 라이히 대통령인 힌덴부르크의 견해였다.*

국가사회주의의 지도자[총통]국가에서는 다원주의적인 정당국가가 극복되고, 정치적인 의사의 무조건적인 통일이 달성되었다. 국가사회주의 독일노동자당(나치스당)에서 조직된 운동은 정치적 지도의 유일한 담당자이다. 그것으로 「정치적인 것」이나 「비정치적인 것」의 개념을 혼란케 하던 대립이나 분열이 제거되었다. 따라서 또한 통일적으로 명확한 정치적 결단에 대해서는 비정치적 또는 초정치적인 중립성은 존재하지 아니한다. 그렇지만 정치적 지도나 운동의 이러한 우위에 당연히 귀속할 「정치적인 것의 독점」이 무조건으로 승인되고, 그것으로 어떤 사항이 정치적 성격을 가지는가, 그렇다면 비정치적 성격을 가지는가에 대한 모든 논쟁이 정지된다는 의미에서 비정치화에 대해서 말할 수 있을 것이다.

5.

모든 정치는 극복할 저항의 가능성을 계산에 넣고 있다. 정치는 투쟁을 포기할 수 없으며, 단순한 화해나 회피라는 전술에 한정되지 아니한다. 원리적으로 적과 동지를 이미 구별*하려고 하지 않는 사람만이 진정한 「비정치화」나 절대적으로 비정치적인 상태를 달성할 수 있을 것이다. 그러나 정치에서 또한 포괄적인 민족적인 전체 — 거기에서는 적대성이 존재하지 않으며, 그것이 전체로서 스스로 적과 동지를 결정할 수 있다 — 의 질서나 조화의 형성이나 수립이 이해될 것이다. 이제 정치적인 것의 본질을 어떻게 이해하는가에 대한 가장 깊은 대립은, 정치가 모든 투쟁을 포기할 수 있는가의 여부(정치는 정치인 것을 중단하지 않고서는 그럴 수 없다)에 있는 것이 아니라, **전쟁과 투쟁은 어떠한 점에서 그 의미를 찾는가** 하는 문제이다. 전쟁은 그 의미를 자기 자신 속에서 찾는가? 아니면 전쟁으로 획득하는 평화 속에서 찾을 것인가?

순수한 전투주의(Nichts-als-Kriegertum)의 견해에 의하면, 전쟁은 그 의미, 그 법 그리고 그 영웅주의를 자신 속에 지니고 있다. 에른스트 윙거*가 말하듯이, 인간은 「평화에 적합한 자질이 부여되어 있지 않다」. 헤라클레이토스의 유명한 말은 같은 것을 말한다. 「전쟁은 만물의 아버지와 왕이다. 전쟁은 어떤 사람을 신들로 나타내고, 다른 사람들을 인간으로 보여준다. 전쟁은 한쪽의 것을 자유인으로 하며, 다른 한 쪽을 노예로 한다」. 그러한 견해는 **정치적인** 견해와는 대조적으로 순수하게 **호전적인** 것이다. 정치적 견해는 오히려 전쟁은 평화를 위해서 의의 있게 수행되며, 정치의 수단이라는 전제에서 출발한다. 클라우제비츠가 그의 저작 『전쟁론』에서 서술하듯이, 전쟁은 「정치의 단순한 수단」이며, 「다른 수단을 가지고 하는 정치적 교섭의 계속 이외에 아무것도 아니다」.* 그것이야말로 정치적인 것의 본질에 대한 견해이며, 그러한 견해는 총통이며 라이히 수상인 아돌프 히틀러의 정치 — 그것은 동시에 국방, 명예 그리고 평화로 향한 — 의 근저에 있는 것이다.

독일 법학의 역사적 상황 (1936)*

1. **사비니***는 100년 전에 그의 시대에 입법에 부여된 사명을 부인했는데, 그 의도하는 바는 그럼으로써 법학에 부여된 그 시대의 사명을 더욱 더 강조하는 데에 있었다. 1814년에 출판된 그의 유명한 책의 제목은 『입법과 **법학**에 대한 현대적 사명』(Vom Beruf unserer Zeit für Gesetzgebung und **Rechtswissenschaft**)이었다. 오늘날 우리들은 이미 우리들의 시대가 입법에 부여한 사명을 부인하지 아니한다. 그러나 그렇게 말했다고 해서 이제 그것을 위해서 시대가 법학에 부여한 사명을 우리들이 포기해야 한다는 것은 아니다. 오히려 새로운 공동체와 함께 살아있는 새로운 법과 예전의 법전편찬과 혼동하는 것은 허용되지 않으며,[1] 현대의 입법의 새로운 종류는 법학에 대해서 커다란 임무들이 할당되며, 이러한 임무수행에 대하여 자신의 가치를 입증하지 않으면 안 된다.

오늘날 독일의 법과 함께 그 학문적 이론도 우선 첫째로 독일 민족이 그 민족주의적 생활질서를 국가사회주의적 운동의 지도자[=총통]를 통해서 획득하였다는 것으로 규정된다. 그 경우에 법을 독일적으로 혁신하는 작업은 입법절차에만 맡기는 것은 아니다. 독일 법학도 완전한 책임을 가지고 이 임무에 종사하는 것이다. 다만, 독일 법학이 놓여 있는 전체 상황은 매우 심각한 변화를 가져오고 있기 때문에, 여러 세기에 걸친 독일의 역사에 의해서 규정된 지금까지의 법학의 전체 상황과의 차이를 분명히 자각하는 것이 무엇보다 필요하다.

2. 법학은 시대가 다름에 따라서 그 민족의 정치적 전체질서에 대해서 여러 가지 방법으로 다른 태도를 취할 수 있다. 법학이 그 시대나 그 민족의 구체적 질서 중에서 긍정적으로 협력하면서 활동하게 되는 것은 보통이다. 물론 여기서 「긍정적」이라는 말이 의미하는 것은 예컨대 자유주의적 법률국가의 법학적 실증주의와는 약간 다르다. 이 실증주의는 법률을 정치적 지도에, 또 필요하다면 입법자 자신에게도 규범주의적으로 대립시킨다. 즉 이 실증주의의 전형적인 수법(방법)은, 법률은 입법자보다도 영리하다는 표현법을 원용한다. 이에 대해서 법학의 참으로 위대한 시대에서는 「법의 수호자」(Rechtswahrer)가 구체적 질서나 체제의 살아있는 부분이며, 이 체제의 법을 「법의 수호자」는 수호해야 한다. 「법의 수호자」는 말하자면 질서의 근원(ratio status)이며, 또한 「현행의 질서」(vigens disciplina)[2] 이기도 하다. 법학의 위대한 시대라는 것은 결코 민주주

* Die geschichtliche Lage der deutschen Rechtswissenschaft, in: Deutsche Juristen-Zeitung, 41. Jg. Heft 1 (Januar 1936), Sp. 15-21.

1) 이 점에 관해서는 나의 논문(Carl Schmitt, Kodifikation oder Novelle?, DJZ 1935, S. 919)이 있다.

의 내지 법치국가라는 자유주의적 개념의 의미에서의 민주주의적 시대 내지 법치국가적 시대는 아니다.[3] 해답권(jus respondendi)이 수여된 저명한 로마의 법학자(Jurisconsultus)의 권위에 필요한 것은 로마 황제 아우구스투스의 권위, 즉 아우구스투스의 신적 권위(auctoritas Divi Augusti - Dig. 2, 49)이다.

그 밖의 시대에서 법학은 기존의 여러 가지 상황과 「다투는」 것, 그리고 부정적 비판적인 태도를 취하는 가운데 자기의 임무가 있는 것을 보았다. 그 경우 법학이 법을 「소유」하며, 고유한 의미에서의 「독선적」(rechthaberisch)으로 법을 정치적 지도와 대립시킨다. 이것이 「법치=국가」(Rechts-Staat)라는 개념형성의 의미이기도 하다. 활력과 성장에 적대적인 경직한 현상(status quo)의 합법성에 직면할 때, 인종에 적대적인 힘들에 의해서 위협받는 민족주의적인 질서가 방위되어야 하는 경우에는 정당한 의미를 가질 수 있다. 그러나 법의 소유자[=법학자](Rechthaber)의 태도가 개인주의적이며 국제주의적으로 파서 무너트리는 수단을 취하는 경우도 있으며, 예컨대 19세기와 20세기의 자유주의법학의 대부분이 그러하였다. 19세기의 사회학을 「반대적 학문」(Opposions-wissenschaft)이라고 부르는 것은 타당한데, 이렇게 특징짓는 것은 상술한 시대의 법학의 대부분에 대해서도 역시 타당하다. 유대적 · 프리메이슨*적으로 지도된 자유주의가 학문의 개념을 자기선전에 이용하고, 그것을 독일 국가에 대한 정치적 무기로 삼는 데에 성공한 때에, 「학문」 그 자체가 원래 하나의 반대적 개념이 되어버렸으며, 권력과 법 · 권력과 정신 · 정치와 법 · 정치와 정신이라는 잘 알려진 안티테제, 따라서 또한 정치와 법학이라는 안티테제는 무엇보다도 먼저 독일 공동사회의 현존하는 여러 가지의 구체적 질서와 독일 정신의 가장 우수한 성과 — 그 정상에 열거한 것이 프로이센 군인 · 관료국가이다 — 를 내부로부터 해체시키는 데에 기여하였다. 종(種)이 다른 저자들의 아주 부당한 몰이해, 더구나 완전히 관계 없는 것까지 그러한 시대에 편견 없는 학문으로서 자칭하는 것이 허용되었다. 본지 DJZ에 게재된 두 개의 중요한 논문(Deutsche Romantik?, DJZ 1934, S. 1493과 Der Verfall des Persönlichkeitsgedanken, DJZ 1935, S. 406) 중에서 하인리히 **랑게***는 이러한 전개를 묘사하였다.

법학의 전체적 태도에는 명확하게 [현상] 긍정적인 태도와, 명확하게 반대적인 태도가 있는데, 그 밖에 제3의 가능성도 언급되어야 한다. 그리고 이 제3의 방법이 유감스럽게도 독일 법제사에 대해서 가장 중요한 의미를 지녔으며, 이 가능성을 인식하지 못하고는 독일 법학의 전체상황을 올바로 평가할 수 없을 것이다. 그 입장에 의하면 법학은 자주 강대한 권위의 흠결을 스스로 메꾸려고 하며, 적과 동지를 스스로 결정하는 민족의

2) 이 중요하고 오늘날에도 여전히 시사가 풍부한 개념에 대해서는 한스 마이덴바우어의 학위논문(Hans Meydenbauer, Vigens ecclesiae disciplina, Berliner Jur. Diss. 1897)을 참조. 그러나 이 논문은 그 시대와 결부된 규범주의적인 법개념을 사용한 결과, 유감스럽게도 결정적인 문제 — 즉 〈법의 수호자〉가 자신이 보호하는 구체적인 질서에 왜 자신도 소속해야 하는가 하는 문제 — 를 간과하고 있다.

3) 이것은 Johannes Stroux, Summum jus, summa injuria, Leipzig 1926, S. 5 Anm. 2에 대해서 말한다.

정치적 통일체 대신에 현실의 공동체의 대체물로서의 단순한「법공동체」를 허구로 만든다. 법학은 정치적 진공상태에 들어가고 그것을 자기 측에서 충전하려고 한다. 그러므로 법학은 정치의 대용물로 되고 만다. 이러한 상황에서는 법학에 다대한 이익이 흘러 들어간다. 소송과 감정의 수는 증가하며 학설은 커다란 영향력을 가지며, 하나의 특수한 권위가 산출되어 온다. 그러나 그 권위가 대용물로서의 성격을 가지는 것임을 간과해서는 안 된다. 이 점에 관하여 독일의 법제사는 중세부터 아주 최근세에 이르기까지 수많은 명료한 사례를 제공해 준다. 500년래의 우리들의 법제사는 그 대부분이 외국법의 계수의 역사라고 말해도 좋은데, 그때에 잊어서는 안 될 것은 이들 **외국법의 계수가 법학에 의해서 담당**해 왔다는 사실이다.

루돌프 조옴(Rudolf Sohm)*은「독일의 법발전과 법전편찬」(Deutsche Rechts-entwicklung und Kodifikation, 1874)이라는 논문 속에서 이렇게 잘 알려진 테제를 주장하였다. 즉 로마법의 계수는 법의 계수가 아니고 법학의 계수였다는 테제가 그것이다. 이 명제는 그가 이 논문을 집필하기에 이른 동기를 넘어서 매우 커다란 의미와 현실성을 지니며, 역시 젊은 조옴의 상술한 논문은 전체로서 그 단서와 거기에 충만한 현실적인 사상에 의해서 오늘날의 독자의 마음을 바로 사로잡는다. 신성 로마제국의 여러 세기에 걸친 죽음의 고통 속에서 독일의 법학은 정치적 진공상태를 충전하는 도움을 하였다. 즉 법학에 의해서「독일 보통법」이 산출되고, 이 보통법이 독일의 정치적 통일체가 존재하지 않았다는 상황 속에서 적어도 일종의「법공동체」를 의미한 것이다. 독일의 제정은 교황에 대해서도 영주권력에 대해서도, 황제의 법이라는 형태로 체현된 권력과 위신의 증대를 자기의 수중에 넣는 힘을 가지지 못했다. 즉 이 권력과 위신의 증대는 독일의 소방분립 상황을 조장하는 방향으로 움직였고, 거기에서의 법조는 로마법대전(Corpus juris) 중에서 군주(princeps)에 대해서 서술한 것을 황제에 대해서가 아니라 여러 가지의 영주에게 관계지운 것이다. 라이히에 남은 것은「학문상의」보통법과 라이히 궁정재판소뿐이며, 이 궁정재판소는 슈파이어와 (1693년 이후에는) 베츨라를 소재지로 했는데, 어디에 설치하든 정치적 지도가 아직 매우 미약했던 장소에 설치하는데 오히려 뮐하우젠이나 딩켈스뷜[4]에 두는 쪽이 좋았을 것이다. 독일 민족의 종교적 분열이 불가피하게 된 무렵부터, 즉 1530년 경부터 독일 민족은 이 재판소에 라이히 전체를 현시하는 자신의 유일한 통일적 표현을 찾고 있었는데, 이 재판소는 라이히의 정치적 통일도

4) 슈파이어의 황폐한 가운데 베츨라 이외에서 라이히 궁정재판소의 설치를 인수하는 데에 동의한 것은 간신히 뮐하우젠과 딩켈스뷜의 시민 정도였다. 그리고 이 양자의 경우도 시당국은 이것에 반대하였다. 루돌프 스멘트(Rudolf Smend, Das Reichskammergericht, Weimar 1911)는 이 사실을 확인한 후, 이에 대해서 이렇게 평가한다.「그 소재지는 약간 한적하고 사람 눈에 띄지 않는 곳, 즉 복수의 영역이 통합 합병될 수 있었던 지역 이외여야만 했다. 왜냐하면 그러한 통합 병합된 지역은 — 이 재판소에 대해서 얽힌 3중의 예배에 대한 반감을 도외시하더라도 — 무엇인가 관련을 가지면 자기의 신분적 고권을 범할 우려가 있다고 생각해서 그렇게 말하는 부류의 이물질이 자기 영역의 경계 가까이 두는 것을 인용하지 않을 수 없었기 때문이다」[S. 217]라고.

독일의 국내적 평정도 산출할 수 없었다. 그런데 반대로 이 재판소는 300년에 걸친 소송업무에 의해서 독일인의 「감동적인 합법성요구」*라고 불린 정치적 병폐의 온상이었다.[5)]

대부분의 교양 있는 독일인은 라이히 궁정재판소라고 하면, 아마도 괴테나 폰 슈타인 남작의 이름을 연상할지 모르지만, 이 재판소의 법률가의 이름은 어느 하나도 연상하지 아니할 것이다.[6)] 유감스럽게도 이렇게 말했다고 해서 그것이 법률학에 의해서 충전된 이 여러 세기에 걸친 정치적 진공상태가 아무런 심원한 귀결이나 영향도 없이 계속한 것을 의미하지는 않는다. 오히려 이 음울한 시대에 이론과 실천, 법과 정치의 분열, 유일한 법학적인 법으로서의 사법(私法)과 법학상 그것에 필적하지 못하는 법으로서의 공법과의 분열이 정착하였으며, 19세기의 자유주의적 개인주의는 이들 분열을 그처럼 남김없이 이용해버리는 것을 알고 있었으며, 또 이들의 분열상황은 강인한 생명력을 계속 지니고, 20세기에 들어와서도 여전히 상당한 기간 근절되지 아니한 것처럼 보였다.[7)] 이러한 분열상황이 바라건대 그 최후의 승리를 거두기 위해서는 라이히에 대한 프로이센의 소송과 라이프치히의 국사재판소에 의한 1932년 10월 25일의 판결이었다.[8)] 19세기의 법학과 독일의 대학들에서의 법학의 강의활동은 그러한 사고방법에 학문적인 기반과 학문적인 재가(Sanktion)를 부여해온 것이다. 독일은 여러 세기 오랫 동안에 걸쳐 정치적 통일체가 아니라 단지 「법공동체」에 불과하였다. 이러한 역사적 사실에서 명백한 것은 「법공동체」라는 관념은 라인하르트 횐(Reinhard Höhn)*이 (1935년의 그의 논문 「법공동체와 민족공동체」(Rechtsgemeinschaft und Volksgemeinschaft)에서) 그것을 정당하게 인식하고 극복하기까지 독일의 법학과 국가학에서 근절되지 않았다는 것이다.

3. 사비니의 역사학파*의 위대한 성과는 법학의 유례 없는 완전한 승리처럼 보였다.

---

5) 「감동적인 합법성요구」라는 표현은 루돌프 스멘트에서 유래한다. 그는 16세기의 독일의 프로테스탄트의 태도를 나타내는데 이 표현을 사용했다(a. a. O. S. 161). 루터는 1541년에 라이히 궁정재판소를 평하여 슈파이어에 사는 「악마의 매춘부」라고 불렀다.

6) Aloys Schulte, Der deutsche Staat; Verfassung, Macht und Grenzen, Stuttgart und Berlin 1933, S. 161.

7) 루돌프 그나이스트는 이 점에 대해서 이렇게 말한다(Rudolf Gneist, Der Rechtsstaat, 1872, S. 149). 「우리나라 사법(私法)과 형법의 독특한 관계와, 사람들에게 잊혀진 라이히 국법이 법학연구에 보여준 적은 관심은 우리나라의 법률가들이 이론과 실천이 항상 분리된 것에 익숙하였다. 모든 국법을 통틀어 재판관이나 변호사는 이것을 이론[에 불과한 것]으로 간주하였다」. 이것과는 별개의 후세에 대한 영향이 있는 것을 보여주는 것이, 공무 직무행위를 이유로 하는 재판상의 소추에 즈음한 분쟁에 관한 1854년의 프로이센의 법률의 법제사적인 발전을 소재로 해서 독립한 질서로서의 행정과 사법(司法)을 논한 알브레히트 바그너의 박사학위논문(Albrecht Wagner, Preußische Verwaltung und Justiz als selbständige Ordnungen, dargelegt an der rechtsgeschichtlichen Entwicklung des preußischen Gesetzes betr. die Konflikte bei gerichtlichen Verfolgungen wegen Amts-und Diensthandlungen von 1854. Berliner juris. Dissertation 1935)이다. [이것은 다음해인 1936년에 출판되었다(Der Kampf der Justiz gegen die Verwaltung in Preußen. Dargelegt an der rechtsgeschichtlichen Entwicklung des Konfliktsgesetzes von 1854, Hamburg 1936)].

8) E. R. 후버의 1932년의 저서(E. R. Huber, Reichsgewalt und Staatsgerichtshof, 1932)는 이러한 법제사적 관련에서 독일 법학의 역사에 대해서 특히 중요한 의의를 가진다.*

프로이센 일반 란트법*은 프로이센의 입법과 통치의 기교로서 감탄할만한 것인데, 역사[법]학파는 이것을 합리주의적인 법률창조의 산물로서 경멸하며 다루었다. 입법자에 의한 법전편찬은 역사[법]학파에 대해서는 생명이 되는 피를 민족적으로 노후화하고 고갈시키는 전조라고 간주되었다. 법학자가 입법자에 대해서 승리를 거둔 것이다. 그러나 법학의 진가로 향한 이러한 법학의 자성의 성과가 얼마나 클지라도, 역사법학의 참된 효능은 결국 역사법학도 정치적 진공상태를 충전하는 데에 한 역할을 했을 뿐이라는 데에 의거하였다. 거기로부터 역사법학의 성공과 그 종말도 명백하게 된다. 거기에 또한 역사법학이 좌절하지 않을 수 없었던 원인이 되는 많은 자기모순의 근원이 있는 것이다. 역사법학은 [시기적으로는] 절대군주제의 종언과 국민적 자유주의적인 운동의 승리와의 좁은 사이에 서 있다. 이 두 개의 국가체제에 낀 과도적인 시기에 독일 보통시민법의 학문적 체계를 창조한 것은 역사법학의 위대한 업적이었다. 그 밖의 점에서 역사법학이 안고 있던 내적 모순은 오늘날에는 우리들이 다 잘 아는 바이다.[9] 이 법학파는 민족정신(Volksgeist)*을 이끌어냄으로써 로마법을 새로이 독일에 도입하였다. 그것은 [법의] 유기적 생성을 문제로 삼아 독일의 법제사적 발전의 경위 속에서 이성적인 「현대적 관용」(usus modernus)에 의해서 형성되고 있던 유기적 적응을 배척하였다. 저절로 생성하는 민족정신을 설명하는 역사법학의 이론은 매우 낡은 로마법의 학문상의 부흥을 기초지우는데 기여하였다. 역사법학은 역사의 이름으로 자연법과의 투쟁을 수행하고, 그럼으로써 확실히 자연법이론의 지배를 구축하였으나, 그러나 살아있는 관습법의 역할에 입각한 것은 아니며 곧 등장한 새로운 법률실증주의의 역할에 입각하였다. 그리고 이 실증주의는 자유주의적인 법전편찬을 기초로 하여 저항하기 어려운 지배를 달성할 수 있었다. 민족정신을 설파하고 역사적 의의를 부활시킨 것은 피와 대지를 몰아낸 것이 아니라 「교양」(Bildung)의, 그것도 19세기의 전형적으로 시민적인 교양의 문제로 머무른 것이다.[10] 즉 이 교양이 이들 로마니스텐을 독일 민족에게가 아니고 로마법사에로 인도한 것이다. 입법자에 대한 법학의 승리는 외견적인 승리인 것이 명백하게 되었다. 정치적 진공상태에서 법학에게 주어지는 권위는 증대하였으나 그 증대한 권위는 단지 대용물로서의 성격을 가질 뿐이며 진정으로 오래 계속할 수는 없었다.

헌법의 영역에서는 자유주의운동의 최초의 승리 이후, 즉 1830년 경 이후 **독일 「보통」 국법** 내지 **독일 「일반」 국법**이 보통 사법(私法)과 같은 발자취를 남기고 있다. 이 보통법도 법학에 의해서 산출된 것이다.[11] 이 헌법의 영역에서도 「창조」는 실은 일종의 계수,

9) Karl Larenz, Rechts-und Staatsphilosophie der Gegenwart, 2. Aufl. 1935, S. 161; Bericht über die Lage des Studiums des öffentlichen Rechts (Der deutsche Staat der Gegenwart, Heft 12), S. 58; R. Höhn, Rechtsgemeinschaft und Volksgemeinschaft, S. 28; Hans Thieme, DJZ 1935, S. 220). 또한 본지[DJZ] 최근호에서 티이메는 젊은 사비니의 방법에 관하여 재론할 예정이다. [H. Thieme, Zwischen Naturrecht und Positivismus. Zur Methode des jungen Savigny, in DJZ 1936, Heft 3, S. 153 ff.] 또한 Krauß-Schweinichen, Disputation über den Rechtsstaat, S. 80.

10) 이 점에 대해서는 E. Forsthoff, Zur Rechtsfindungslehre im 19. Jahrhundert, Zschr. f. d. ges. Staatsw., 96. Bd., 1935, S. 54 참조.

즉 앵글로색슨적 · 프랑스적인 입헌주의의 계수에 불과하였다. 독일 동맹을 구성하는 개별 국가의 헌법에 공통되는 것을 법학적으로 추상화함으로써 독일의 헌법공동체가 자유주의적 입헌주의적 기반 위에 구축된 것이다. 법에 관한 새로운 학과[=독일 보통국법]는 요제프 헬드(Josef Held)*의 적절한 정식인 『일반 국법학 강요』(Grundzüge des Allgemeinen Staatsrechts, 1868)에 의하면, 「국토의 정치적 세분화에 반대하는 국가적 통일에의 충동의 항의인 동시에 절대주의나 봉건주의의 잔재에 대한 자유주의적 해방의 지레(Hebel)」였다. 학문상의 성과는 정치적 발전과 아주 동일한 보조를 취하여 진전하였다. 독일 일반 국법은 독일의 모든 대학에서 강좌를 신설하거나 배분할 때에 고려에 넣었다. 1882년에도 여전히 독일 일반 국법은 라이히 최고재판소에 의해서(RGZ 7 S. 52 참조) 법원(法源)으로서 인용된다. 이 학과의 전성기를 상징하는 것은 아마 요한 카스파르 블룬칠리의 『일반 국법』(Allgemeines Staatsrecht, 1. Aufl. 1851, 5. Aufl. 1875)이라고 해도 좋을 것인데, 비스마르크 제국의 건설과 함께 이 학과의 정치적 전제조건은 존재하지 않게 되었다. 그리고 1890년 이후 국법의 영역에서도 「중립적인」 실증주의의 승리가 결정적인 것이 되었다.

이러한 사태에 대응하여 자유주의적 입헌주의를 법학적으로 추상화하는 작업은 독일 일반 국법에서 **「일반 국가학」** 전반으로 확대되었다. 이것과 동일한 제목 아래 처음으로 1900년에 출판된 G. **옐리네크**의 저작은 그 원형이 되었다. 일반 국가학에서 자유주의적 개념들은 추상적 「일반성」의 형태로 보편타당성을 스스로 산출하려고 하고, 그것을 인류적 가치에까지 높이려고 하였다. 일반 국가학은 자신을 법률학적인 것, 순수하게 학문적인 것, 그리고 마침내 원래 유일 「순수한 것」이라고 파악하고. 그것으로 비자유주의적 법이론, 특히 민족주의적 법이론은 한결같이 비학문적이며 「불순한 것」이라고 하여 배척하였다.[12] 인종을 법학적으로 파악하려고 하는 주목할 만한 경향은 상당수의 독일계 자유주의자, 예컨대 [전술한] J. C. 블룬칠리에서 보이며, 블룬칠리 그 사람의 국가사전(Staatswörterbuch) 중에서 「인종과 개인」이라는 국가이론상의 흥미 깊은 항목으로서 나타났는데, 이러한 경향은 이제 완전히 근절되었다. 국제법도 이러한 방법으로 파악하려고 시도되었는데, 이 시도는 자유주의적 문명의 「국제법공동체」가 거기에 부수되는 제네바의 국제연맹의 법이론이 사실상 그러한 일반 개념이나 의제에 의거하였을 뿐이며 더욱 용이하였다. 이러한 종류의 국제법학의 외견적인 전성기는 1919년부터 1933년까지 계속하였다. 이 시기는 동시에 유럽뿐만 아니라 전세계의 가장 가공할 불법과 가장 비참한 무질서의 시대이기도 하였다.[13] 그 밖의 점에서 1815년부터 1866년까지의

11) 이 점에 대해서는 C. F. v. Gerber, Über öffentliche Rechte, 1852, S. 8 ff.

12) G. Jellinek, Allgemeine Staatslehre (5. Aufl. 1929), S. 80 (김효전 옮김, 『일반 국가학』, 법문사, 2005, 64면)은 인종이론을 「자기의 정치적 · 사회적인 무정견에 과학의 옷을 입히려는 자 누구에게나 생기는 가설」이라고 해서 이를 배척한다.

13) Carl Schmitt, Nationalsozialismus und Völkerrecht, Schriften der Deutschen Hochschule für Politik, Heft 9, Berlin 1935 (본서 390면 이하에 수록).

독일 일반 국법이 이룩한 업적을 베르사유체제(status quo)의 법학과 동렬에서 보는 것은 부당할 것이다. 1830년부터 1870년까지의 독일 일반 국법은 서구 입헌주의의 자유주의적인 계수였다. 그러나 이 시대의 독일 일반 국법은 1815년의 독일동맹이 정치적, 민족적 그리고 법적인 실체에서 1919년의 제네바의 국가 간 공동체[=국제연맹]보다도 여하튼 우수할 뿐이며 베르사유의 국제연맹법학에 비해서는 훨씬 학문적 실체를 갖추었다고 말한다.

4. 지도자국가에서 법학의 지위는 이미 정치적 진공상태를 충전한다는 임무로는 규정되지 아니한다. 입헌군주제나 그 「시민적 정통주의적 타협」에 대해서 전형적인, 국가와 사회 · 행정과 사법 · 공법과 사법이라는 이원론도 극복되고 있다. 법학은 분명히 독일의 민족공동체의 전체질서 중에 서 있으며, 이 민족공동체는 여러 가지의 새로운 공동체나 질서 중에 당 · 국가 · 직업단체 · 기업체 속에 새로운 법적 형태를 취하여 모습을 나타내고 있다. 그럼으로써 자유주의적인 모든 이원론적 안티테제, 즉 권력과 법의 투쟁, 국가와 사회의 투쟁은 극복되고 있다. 독일의 법조의 법학적 생활은 당의 라이히 법무부, 민족사회주의 독일 법률가연맹(BNSDJ)* 그리고 독일법 학술원 중에서 새로운 제도들을 획득하였으며, 그러한 제도에 의해서 독일 법학의 위대한 전통이 부정된 것은 아닌데 확실히 그것으로 독일의 법의 수호자층(Rechtswahrertum) 전체의 재생이 가능하게 되었다.

중요한 법학적 논의는 모두 매우 신속하게, 법과 법학적 개념형성의 세계관적 근본문제에로 이른다. 나는 법학의 본래의 임무는 오늘날 다시 철학적인 것이 되었다는 점에서 파울 리터부슈(Paul Ritterbusch)*의 견해에 동의하며, 킬대학이 편집한 『법학의 근본문제』(Grundfragen der Rechtswissenschaft) 중에 발표한 카를 라렌츠*의 논문 중에 이 견해의 확인을 취하여 본다. 그 때에 우리들이 철학이나 법철학을 지난 세기에 사람들이 이해했듯이, 예컨대 방법론이나 인식론 또는 그것들에 유사한 것으로서 이해하는 것이 아님은 물론이다. 「철학적」이라고 하면, 무엇이 세계관적으로 깊게 생각하더라도 그것으로써 여러 가지의 구체적 생활질서의 현실로부터의 괴리가 추구되지 않고, 단지 모든 개인주의적 오만함이나 모든 규범주의적 불손함에서 순화된 본질인식이 추구됨에 불과하다. 그리하여 나는 아리스토텔레스의 저작의 몇몇 장을 읽으면 거기에 로마법대전 전체보다도 많은 법학이 포함되어 있다는 로저 베이컨(Roger Baco)*의 명제도 이렇게 말하는 의미에서 이해하며, 어쩌면 우리들은 다시 이렇게 부언해도 좋을는지 모른다. 즉 헤겔 법철학의 약간의 장과 19세기의 시민적 법전편찬이나 거기에 부수하는 법학과의 관계에 대해서도 동일한 것이 타당하지 않을까 하고.

민족주의적 지도자체제(Führertum)의 정치적 질서는 우리들에게서 모든 종류의 법의 소유자(Rechthabertum)[독선자] 체제의 가능성을 박탈하면서, 새로운 학문적 임무로 향하여 우리들을 해방한다. 즉 전술한 정치질서는 예전의 계수법학의 외견적 권위에서뿐만 아니라 필연적으로 법률국가적 실증주의에 이르지 않을 수 없는, 입법자에 대한 학문의 두격상실(capitis diminutio)로부터도 우리들을 지키는 것이다. 오늘날 독일 법학의 장래적 가능성은 오로지 독일의 법조 전체와 독일 법학이 **법의 소유자**[독선자]**로부터 벗어나 법의 수호자**가 될 수 있는가의 여부에 달려 있다.

유대 정신과 투쟁하는 독일 법학 (1936)*

나치스 법률가 연맹 대학 교관부회에서의 개회사

우리들의 대회에는 세 가지의 기본 원칙을 세우지 않으면 안 된다.

제1 원칙은 『나의 투쟁』* 안에 서술된 총통의 말이다. 정확히 그 책 제1부에서 「유대적 궤변」에 여러 페이지를 할애하고 있다. 여기에는 우리들이 상세하고 구체적으로 설명하려는 유대적인 방법이나 유대적 속임수 모두에 관해서 매우 명확한 인식이 주어진다. 항상 나타나는 새로운 위장이나 지나친 논의가 가지는 커다란 위험을 피하기 위해서, 우리들은 총통이 유대적 궤변에 관하여 서술한 것을 자기 자신에게, 그리고 자신의 학생에게 반복하여 주입하지 않으면 안 된다. 단순한 감정적인 반유대주의에 의해서, 또는 특히 현란하고 불쾌한 유대적 외관을 전반적으로 거부함으로써 그것을 하는 것은 아니다. 필요한 것은 인식론적으로 기초가 마련된 확신이다. 그러한 인식론적 확신을 고독하고 가난한 독일인의 젊은이는 빈에서의 전쟁 이전에 이미 획득하고 있었다. 그 당시는 공인된 학문이 아직 깊숙이 유대 정신의 속박 속에 있으며, 우리들의 거의 모든 것이 아직 당시의 부르주아적 교양의 전체 개념과 전체 기구에 의해서 초래된 맹목에 둘러싸여 있었다. 뉘른베르크에서 행해진 명예의 당대회에서의 총통과 그 동지들의 위대한 연설은, 유대주의나 볼셰비즘과의 세계관 대립에 있어서 투쟁의 오늘날의 상황을 눈뜨게 하는 명확함으로 우리들에게 자각하도록 하였다. 우리들의 학문적 작업도 이러한 결정적인 정신적 투쟁 중에 있다. 그러나 이 투쟁의, 그리고 그와 동시에 우리들이 현재 종사하고 있는 작업의 가장 심원하고 궁극적인 의의는 다음의 총통의 명제 속에 서술되어 있다.

「유대인으로부터 몸을 지킴으로써 나는 주님의 일을 위해서 투쟁한다」.

제2 원칙은 라이히 법무장관이며 라이히 국무장관인 프랑크(Frank) 박사의 말에서 나타나 있다. 그 말은 우리들의 학문상 · 교육상의 작업에 절박한 과제를 부여한다. 라이히 법무장관의 인사말은 우리의 위대한 공통 테마에 대해서 현재 서술할 수 있는 모든 것을 남김없이 논하기 위해서 정리하고 있다. 그 말은 우리들의 책무를 충분히 명시하고 있으므로 우리들의 연구 보고나 토의는 마치 프랑크 박사의 요청이나 제안을 부연한

---

* Eröffnung der wissenschaftlichen Vorträge durch den Reichsgruppenwalter Staatsrat Professor Dr. Carl Schmitt, in: Das Judentum in der Rechtswissenschaft, Heft 1: Die deutsche Rechtswissenschaft im Kampf gegen den jüdischen Geist, Berlin 1936, S. 14-17.

것처럼 보인다. 우리들의 작업의 전체 범위는 라이히 법무장관의 다음과 같은 말에서 나타난다.

「인종입법은 완결되었다. 그러나 끈기 있게 교육해야 한다는 책무가, 즉 유대적인 위험성의 인식을 독일 민족 속에 항상 유지해야 한다는 책무가 아직 남아 있다」.

제3의 원칙은 테오도어 폰 데어 포르텐*에 의해서 제시되었다. 그는 독일의 법옹호자이며 1923년 11월 9일*에 군사 최고 사령부 옆에서 사망했으며, 라이히 법무장관이 인사말 중에서 염두에 두었던 인물이다. 테오도어 폰 데어 포르텐은 「독일인의 피가 흐르는 교양인에 향한, 어떤 성명」을 발표했다. 그 성명은 법학 · 경제학의 대학교관으로서의 우리들에게 가장 관계가 있으며, 거기에서 서술된 비난은 우리들에게 충격을 준다. 왜냐하면 실제로 지난 세기의 독일의 교양이 대부분은 관료적 교양이며, 그리고 또한 그 관료적 교양이 법학적 · 경제학적인 교양으로 시종하였기 때문이다. 그 성명에서는 이렇게 말한다.

「여러분은 수 십 년 동안 국가기구를 이완시키고 우리들의 학문을 죽음에 이르게 한 해독을 침투하려는 비독일인에 의한 시도가 얼마나 많이 자행되어 왔는지를 팔짱을 끼고 무관심하게 방관해 왔다」.

테오도어 폰 데어 포르텐이 그러한 명제로 비난하는 우리들의 죄를, 우리들은 현재 그리고 장래의 노력으로 없애버리려고 한다. 우리들은 독일 정신을 모든 유대적인 왜곡에서 해방해야 한다. 특히 왜곡에서 해방되지 않으면 안 되는 것은 정신(Geist)이라는 개념이며, 그것이 유대적으로 왜곡되면 유대인 망명자들이 대관구역장 율리우스 슈트라이히*의 위대한 투쟁을 「무정신」이라고 부르는 것이 가능하게 되어버린다. 매년, 매학기마다 거의 백 년 동안, 장래에 재판관이나 법률가가 되는 몇 천의 독일 젊은이가 유대인 법학자가 있는 학교를 졸업하는 것이 무엇을 의미하는가? 중요한 법분야의 표준적인 교과서나 코멘타르가 유대인에 의해서 쓰여진 것이 어떤 의미를 가지는가? 영향력 있는 법학 잡지가 유대인에 의해서 점유되고, 그 때문에 전형적으로 유대적인 사상을 유일 학문적인 것으로 하고, 그 밖의 의견을 비학문적이고 하찮은 것이라고 평가하는 것이 가능하게 되는 것, 이것이 어떤 의미를 가지게 되는가? 이러한 것을 잊어서는 안 된다. 유대주의가 가진 이러한 정신적인 권력을 자각하고, 그 권력의 모든 깊은 곳, 모든 범위를 인식한 사람만이 국가사회주의(나치즘)의 승리가 독일 정신과 독일 법학에 대해서 어떠한 해방을 의미하는가를 파악할 수 있을 것이다.

이상이 우리들의 대회의 세 가지의 기본원칙이다. 우리들이 거기에서 유대인이나 유대주의에 대해서 말하는 경우, 현실의 유대인인 것을 말하며 그 이외의 것을 말하는 것은 아니다. 확고한 경험에 근거하여, 그리고 지금 대회를 준비하고 있을 때에 시작한 편지의 교환에 근거하여, 우리들은 특히 이것을 강조하고 싶다. 즉 **유대인 문제는 일반적인 개념의 장식 아래 은폐되거나 과소평가되거나 왜곡되어서는 안 된다**. 그러므로 우리들은 예컨대 「이질적인 것」 일반에 대해서 말하지 않는다. 유대인은 우리들에 대해서 이질자이며, 그리고 우리들 독일인이 자주 이질적인 것에 대해서 저항력의 결여를 나타내 온 것은 매우 유감스러운 일이다. 그럼에도 불구하고 유대인에 대한 저항력의 결여는 거의 같은 인종으로 이웃에 있는 다른 민족들로부터 영향을 받기 쉬운 것과는 사정이 전혀 다르다. 이 점에서 우리들이 이질적인 것으로부터 일반 개념을 만들어내고, 그 일반 개념으로 동질적인 것도 이질적인 것도 구별하지 않고 파악한다면, 특수유대적인 영향은 이미 학문적으로는 인식할 수 없게 될 것이다. 그렇게 되어 버리면, 예컨대 이탈리아의 음악이 우리들 독일인의 위대한 음악가인 헨델 · 바흐 · 모차르트에게 미친 영향이 마르크스나 하이네에 의해서 초래된 유대적 감염과 동일한 레벨로 보고 만다. 우리들은 유대인과 그 밖의 민족과의 구별의 인식을 인종이론에 힘입고 있다. 프랑스인 · 영국인 · 이탈리아인은 우리들에게 커다란 영향을 주어왔다. 그 중에는 좋은 영향도 있고 나쁜 영향도 있다. 그러나 항상 그러한 아리안 민족으로부터의 영향은 유대 정신으로부터의 영향과는 전혀 다르다. 여기서 내가 말하는 것은 유대인에게 관련된 것이며, 「비아리아인」 일반에 대한 것은 아니다. 그와 같이 구별하더라도 만약 유대인이 사회에 들어 왔다면 거기에서 뜻밖의 동맹자를 발견하고, 만약 가능하다면 뛰어난 사무라이나 마쟈르인 기사하고도 도당을 만들 것이다. 그러면 그 유대인은 유대인에 대한 투쟁을 다른 비유대적인 민족들에 대한 투쟁과 살짝 바꾸어 탄핵하거나, 독일에 적대적인 선전을 새로운 관점에서 실시할 가능성을 가지게 된다. 마지막으로 우리들은 「국민 중의 소수자」로서의 유대주의에 대해서 말하는 것도 아니다. 왜냐하면 어느 나라에서나 유대인의 입장은 다른 임의의 「소수자」와는 다르기 때문이며, 그리고 만약 유대인을 지벤뷔르겐의 독일인*이나 오버실레지엔의 폴란드인과 동렬에 둔다면, 새로운 정신적 혼란이 일어나게 될 것이다. 이러한 일반화는 모두, 중심 문제를 간과하며 그러므로 비학문적이다. 이러한 일반화는 지적으로나 감정적으로도 사람을 미혹하는 것이다. 그 때문에 우리들은 유대인에 대해서 말하며 유대인을 그 이름으로 부른다.

나는 자신의 경험에서 이 투쟁에 참가하려고 한다면, 어떤 모욕이나 중상모략을 당하게 될지도 모른다는 것을 안다. 또 나는 유대인 망명자나 그 동료들이 어떤 증오를 품고 학문적 명예를 손상시키고, 유대인의 정신적인 지배 요구에 따르지 않는 사람의 좋은 명성을 파괴하려는 것도 알고 있다. 유대인들이 독일 민족 중에서 이미 동지를 찾아내지 못하는 것에 희망을 품자. 그러나 옛날부터 행해져 온 파괴 활동을 새로운 방법을 사용하여 개시하기 위한 출발점으로서 우리들의 내부 대립, 일종의 단결력의 결여나 비우호성, 정신적 · 윤리적 능력의 결여를 유대인이 이용하려는 것도 확실히 있을 수 있다. 모든 정신적 · 윤리적 힘의 완전한 단결과 결합에 의해서만 우리들은 위대한 세계관 투쟁에서의 고상한 동지가 될 수 있다. 그 투쟁 중에서 독일 민족은 아돌프 히틀러에게 영도됨으로써 그 전체 실존을 방위한다.

유대정신과 투쟁하는 독일 법학 (1936)*

나치스 법률가 연맹 대학 교관부회에서의 폐회사

I.

우리들의 대회는 매우 많은 사상과 관점들을 제시하였고 다행이도 이미 하나의 전체상을 산출하였다. 이제 그 성과를 아직은 개별적인 테제나 명제로 정식화하여 정리할 필요는 없다. 여기서 실무적인 법학적 작업에 대해서, 우리가 어떻게든 이번 학기에는 착수할 수 있는 과제들이 끝없이 수많은 날들을 요구하였다. 내가 여기서 염두에 둔 과제는 우선 상법과 민법의 영역에서 법학과 경제학과의 공동 작업을 실시하는 것이다. 그것은 낡은 고고학적인 법사학이란 의미에서의 법사적인 공동연구가 아니라 루트케(Ruttke) 박사가 주장하는 의미에서의 법사학적 공동 작업을 실시하는 것, 나아가 슈뢰어(Schroer) 변호사가 술한 아루흐(Schulchan Aruch)*에 관한 저작을 통해서 지금까지 공헌해 온 유대법의 영역에서의 작업을 실시하는 것이다. 모든 연구 보고를 통해서 널리 퍼진 인식은 유대적인 율법 사상이 법생활의 전체 영역에서 얼마나 강력하게 지배해 왔는가이며, 그럼에도 불구하고 이러한 율법 사상이 독일인의 정의감과 법률 감정과는 얼마나 관계 없는 것인가를 상대적으로만 알 수 있었다. 유대의 율법은 모든 보고가 가리키듯이, 혼돈으로부터의 구제로서 나타난다. **유대적 혼돈과 유대적 율법성, 무정부주의적 허무주의와 실증주의적 규범주의, 그리고 조잡한 육욕적인 유물론과 가장 추상적인 도덕주의라는 이처럼 주목할 만한 이원성은 이제 우리들 눈앞에 매우 선명하고 뚜렷하게 떠오르기 때문에, 우리들은 이 사실을 이 대회에서의 하나의 학문적 인식으로서, 특히 인종 심리학**(Rassenseelenkunde)**상의 결정적인 인식으로서 새로운 법학적 연구의 기초에 두려고 한다.** 따라서 우리들은 독일인 법률가 및 법학자로서 처음으로 의의 있는 연구에 기여한다. 그것은 인종학이 다른 영역에서 이미 수행해온 것과 같은 의의를 가진다. 이틀간에 걸친 공동 작업으로 우리들은 시작을 하였고 하나의 성과를 이루었다. 그 성과는 팔크 루트케 박사가 정당하게 지적했으며 다른 성과, 즉 우리들에게 많은 점에서 모범이 될 수 있는 다른 업적에 대해서도 학문으로서의 면목을 유지하는 것이다.

---

* Die deutsche Rechtswissenschaft im Kampf gegen den jüdischen Geist. Schlußwort auf der Tagung der Reichsgruppe Hochschullehrer des NSRB vom 3. und 4. Oktober 1936, in: Deutsche Juristen-Zeitung, 41. Jg., Heft 20, 1936, S. 1193-1199.

II.

이러한 학문적 인식 외에 일련의 **실천적 문제들**이 떠오른다. 독일 법학계의 지도자이며 라이히 국무장관인 프랑크 박사*는 그의 인사말에서 실로 명확하게, 서지학 · 도서관 실무 그리고 인용에 관하여 구체적으로 개별적인 문제에까지 다음과 같이 상세하게 과제를 제시하였다.

1. 먼저 **문헌목록**을 반드시 작성하는 과제는 매우 어렵다. 왜냐하면 누가 유대인이고 누가 유대인이 아닌가를 가능한 정확하게 확인하는 것이 당연히 필요하기 때문이다. 이 점에 대해서 사소한 잘못이 있으면, 그 잘못은 과장되어 혼란이 일어나고, 국가사회주의(나치즘)의 적에게 쉽사리 승리를 내주게 된다. 그럼으로써 아주 작은 잘못이 유해로운 영향을 가져오며, 그 결과 젊은 학생들의 기분이 위대한 근본 사상에서 일탈할 가능성이 있을 수 있다. 왜냐하면 젊은 학생들은 잘못된 정의 감정에서 지금은 다시 우리 독일인 성질의 일부가 된 것에 쉽게 기울어서, 우리들이 쟁취하려는 위대하고 공정한 일보다 오히려 부적절하고 아주 작은 사례에 대해 생각을 하고, 그것을 쉽게 실시하기 때문이다.[1)]

2. 정확한 목록에 근거해서 비로소 도서관 기술적인 방향에서의 작업이 가능하게 되고, [유대인 저자] **장서를 배제**함으로써, 우리들의 학생을 혼란으로부터 지키는 것이 가능하게 된다. 왜냐하면 한편 우리들이 학생의 주의를 유대 정신과의 불가피한 투쟁으로 향하면서, 다른 한편 표준적인 법학 연구실의 장서가 1936년 말에도 여전히, 마치 법학 문헌의 대부분이 유대인에 의해서 만들어진 것 같은 외관을 나타내는 것은 혼란의 요인이 되기 때문이다. 그러면 [유대인의 저작을 배제하면] 유대인의 저작이 오늘날에도 여전히 법학 연구에서 내세우고 바로 학생들에게 유대사상의 소산을 활용하도록 권하는 사실에서 생기는 매우 기분 나쁜 암시도 또한 사라질 것이다. 라이히 국무장관 프랑크 박사가 적절히 말하듯이, 유대인 저자에 의한 법학 문헌은 모두 도서관에서 기술적인 구별을 하지 않고 「유대인 문헌」으로 특별히 구별하여 일괄하여 정리해야 한다.

3. 나아가 결정적인 것은 **인용**의 문제이다. 이제 지금의 대회 이후, 유대인의 저자를 다른 저자와 같게 인용하는 것은 완전히 불가능하다. 만약 유대인의 저자를 중요 증인으로서 내세우거나, 어떤 전문 영역에서 일종의 권위로서 이끌어낸다면 그것은 실로 무책임할 것이다. 유대인의 저자는 우리들에게 권위는 있을 수 없으며, 「순수하게 학문적으로도」 권위일 수도 없다. 이것을 확인하는 것은 인용의 문제를 취급할 때의 출발점이다. 유대인의 저자는 가령 아주 일반적인 형태로 인용하더라도 우리들에게 유대인의 저자인 것에는 변함이 없다. 「유대인의」라는 말을 덧붙이고 그것을 표시하는 것은 결코 형식적인 것이

---

1) 독일의 지도적인 법학자이며 라이히 국무장관인 프랑크 박사의 지시에 근거하여, 나치스 제국 법제국의 법학문헌부국은 유대인 저작의 목록작성에 지금까지 착수해 왔다. 여기서 행한 일종의 불가피한 공동작업에 관한 새로운 보고는 곧 공표될 것이다.

아니라 어떤 본질적인 것이다. 왜냐하면 우리들은 유대인의 저자가 독일어를 사용하지 못하도록 할 수 없기 때문이다. 그렇지 않으면 우리들의 법학 문헌을 완전하게 정화할 수 없다. 오늘날 「슈탈 욜손」(Stahl-Jolson)이라고 쓰는 사람은 그것으로 참으로 학문적으로 명확한 방법으로 많은 것을 가져온다. 나아가 그것은 일반적이며 추상적인 표현법을 사용하여 논의를 전개하고, 그때문에 유대인 누구나 구체적으로 자신에게는 관계없다고 느끼는 유대인에 대한 커다란 상술보다도 더 많은 것을 가져온다. 인용의 문제가 이러한 방법으로 해명될 때에 비로소 우리들은 이미 유대인에 의해서 오염되지 아니한 독일인의 법학 문헌을 확보할 수 있게 된다. 그러므로 인용의 문제는 실천적인 문제만은 아니며 매우 근본적인 문제이다. 개별적인 저자가 어떻게 인용하는가로 그러한 저자를 인식할 수 있다. 내가 여기서 염두에 두는 것은 단지, 유대인 켈젠(Kelsen)*의 빈 학파가 얼마나 노골적으로 자신들을 서로 인용하는가 하는 것이다. 우리들 독일인에게 이해할 수 없는 잔혹함과 후안무치에 의해서 어떻게 다른 의견이 얼마나 무시되어 왔는가 하는 점이다. 인용의 문제는 또한 부차적인 요건은 아니다. 오늘날 이미 유대인 문제 일반에서 부차적인 용건 같은 것은 없다. 진정한 세계관 투쟁이 시작되는가의 여부, 모든 것이 가장 밀접하고 긴밀하게 관련된다.

인용의 문제는 많은 개별적인 물음을 명확화하는 데에 필요할 것이다. 예컨대 반유대인(Halbjude)의 인용은 어떻게 하는지, 유대인의 친척을 인용하려면 어떻게 하면 좋은 것인지, 등등이다. 나는 그러한 극단적인 문제나 과도적 문제를 그다지 강조하지 않는다고 처음부터 경고해 왔다. 그것은 흰색이냐 흑색이냐의 명확한 결정을 회피한다는 자주 사용되는 방법이다. 완전한 유대인(Volljude)이 문제가 되는 의심할 여지가 없는 명백한 사례를, 우리들은 많이 가지고 있다. 사물의 핵심으로부터 의심스러운 문제에로, 과도기적인 문제에로, 극단적인 문제로 주의를 벗어나는 것이 특히 전형적인 유대적 책략이다. 완전한 유대인인 것이 명백한 저자는 우리들 독일인의 법학 문헌에서 앞으로 유대인으로서 명시하게 될 것이다. 유대인의 저자를 인용하는 것이 실제상의 이유에서 피할 수 없는 경우, 다만 「유대인의」라는 말을 추가하는 것만으로 좋다. 「유대인의」이라는 말을 덧붙이는 것만으로도 효과적인 악마의 내쫓음은 시작될 것이다.

4. 마지막 실천상의 교훈은 학문 업적의 문제, 특히 **박사 논문**의 문제와 관련된다. 이 이틀 간의 보고에서 우수한 박사 논문에 필요한 많은 소재가 초래되었다. 오늘날의 독일에서 만들어진 몇 백편의 박사 논문 중 70-80퍼센트는 여전히 민법이나 형법의 학술 논문의 낡은 형식에서 그대로 쓰여지고 있는데 그 필요성은 반드시 없다. 독일의 젊은이 중에 재능이나 직접적 정신력이 얼마나 많이 존재하는지, 그리고 이 젊은 독일인의 교육이나 학문적 훈련에 대해서 책임을 진 독일인 법학자가 독일 민족의 현재의 생활에서 일탈한 테마를 세우는 것이 도대체 무엇을 의미하는지, 이러한 것을 생각하면 여기에서의 문제의 중대함을 알 수 있을 것이다. 여기에는 제1급의 직업상의 책무가 있다. 독일의 정신생활에 대한 유대 정신의 영향을 — 그리고 어떤 웅변가가 매우 분명히 말하듯이, 독일 정신과의 「단절면」도 — 구명하기 위한 법사학적 · 헌법사학적인 박사 논문의 테마라

는 점에 한정하여, 본 대회에서 나온 것을 염두에 두어 보자. 그러면 예컨대 라스커(Lasker), 프리트베르크(Friedberg) 또는 요한 야코비(Johann Jacoby) 등이 독일 법학의 발전에 어떠한 영향을 미쳤가 하는 데에 젊은 학생의 주의를 향하게 하는 것은 그렇게 어렵지 않으며, 또 유대인의 영향이라는 측면에서 민사소송법 · 형사소송법 그 밖의 법률의 성립을 탐구하도록 학생의 관심을 돌리는 것, 또한 「유대 정신과 법치국가의 개념」이라는 테마에 학생의 관심을 두게 하는 것도 그렇게 어렵지 않을 것이다. 실제로 그러한 테마는 새로운 박사 논문의 테마에서 간과하지 않고, 만약 그러한 새로운 테마가 다루어지지 않는다면 거기에 있는 것은 단지 가장 어리석은 태만 밖에 없을 것이다.

III.

그러나 우리들에게 지금 대회의 성과로서 밝혀진 가장 중요한 것은 아마 이 점일 것이다. 그것은 **유대인의 의견들은 그 사상적 내용에서 독일인이나 그 밖의 비유대인 저자와 같은 차원에 둘 수 없다고 명백하고 최종적으로 인식하는 것이다.** 이것을 매우 명확한 형태로 우리들 모두가 자각하게 되는 것은, 저 유명한 슈탈 욜손처럼 국가주의적 · 애국주의적 견해를 주장한 유대인도 존재하는 것은 단순한 표면적인 어려움을 나타낼 뿐이다. 우리들의 대회에서는 유대인이 독일 정신의 본연의 자세에 대해서 비생산적이며 비창조적이라는 인식을 반복하여 넓힐 수 있었다. 유대인이 얼마나 날카로운 통찰을 해서 얼마나 열심히 동화되었다고 해도, 그들은 우리 독일인에게 아무것도 전하지 않는다. 유대인은 자신이 가진 많은 상인적 · 중개자적 재능을 능숙하게 발휘할 수 있지만, 사실상 유대인은 아무것도 창조하지 못한다. 이것을 간과하거나 믿지 않는다면 인종학이나 거기에서 나오는 나치스 사상의 학습이 불충분한 것을 나타내는 징후이다. 많은 유대인이 국가주의적으로, 또 다른 유대인이 국제주의적으로 말하거나 쓰는 것, 어떤 보수적 이론을 또 어떤 때에는 자유주의적 이론을 가끔 주관적인 이론을, 때로는 객관적인 이론을 주장하는 것, 이러한 상황 속에 깊은 문제가 숨어 있다. 자주 칭찬되는 유대인의 비판 능력도 독일에 본질적이고 특유한 일에 있어서 유대인의 부조화로부터 생겨날 뿐이다. 그 경우 비판의 개념은 독일인 법학자가 진정한 공동 작업 안에서 서로 비판하고, 서로 계발하는 경우와는 완전히 다르다. 또 유대인을 등용해서 논리적 · 개념적 · 건설적 혹은 합리적이라고 말하는 것도 올바르지 않다. 유대인의 「난폭한 정도의 논리의 신랄함」은 우리가 이른바 논리라고 부르는 것은 아니며, 오히려 우리에게 보내질 수 있는 흉기이다. 그리고 그 흉기는 사물이나 대상과의 부조화에서 생긴 것이다.

1. **유대 사상과 독일 정신과의 관계**는 이렇다. 즉 유대인은 우리 독일인의 정신적 소산에 대해서 **기생충적 · 책략적 · 상인적인** 관계에 있다. 유대인은 스스로 상인적인 재능을 통해서 종종 진정한 것에 대한 날카로운 감각을 가지고 있다. 위대한 지모나

민감한 후각 능력을 이용하여 유대인은 진정한 것을 정확하게 파악하는 방법을 알고 있다. 그것은 기생충으로서의, 그리고 진정한 상인으로서의 유대적 본능이다. 그러나 유대인 미술상이 진품 렘브란트(Rembrandt)*의 그림을 독일의 미술사가보다도 재빠르게 찾아낸다고 해도, 유대인의 회화 재능을 거의 증명할 수 없는 것과 마찬가지로, 법학의 영역에서도 유대인이 매우 재빠르고 뛰어난 저자나 뛰어난 이론가라고 인식된다 해도, 그것은 유대인의 법학의 재능을 나타내는 증거는 되지 않는다. 유대인은 자신이 끌리는 독일적 본질이 어디에 있는지를 재빠르게 관찰하고 안다. 이러한 유대인의 성질은 우리들 독일인에게 해를 가져오기 때문에 우리에게 공헌했다고 평가할 필요는 없다. 그러한 성질은 단지 유대인의 전반적 상황 속에서, 즉 독일의 정신적 유산에 대한 유대인의 기생충적 · 책략적 · 상인적 관계 안에서 쌓아 올려 거론된 것일 뿐이다. 슈탈 욜손의 전체 실존의 기초에 있는, 무섭고 기분 나쁜 가면 쓴 교환으로는 그러므로 사람을 동요시킬 수 없다. 반복하여 강조하듯이, 이러한 인물이 얼마나「주관적으로는 성실」하든지, 그리고 실제 그렇다고 해도, 그러나 나는 이것을 부언하지 않으면 안 된다. 즉, 나는 이러한 유대인의 영혼일리는 없으며, 또 우리는 결코 유대인의 가장 내면적인 본질에 가까워질 수는 없는 것이다. 우리는 우리 독일인의 방식에 대한 유대인의 부조화를 인식할 뿐이다. 이러한 진리를 한 번이라도 이해할 수 있었던 사람은 인종이 무엇인가도 알고 있는 것이다.

2. 나아가 필요한 것은 **유대인이 역사의 여러 가지 단계에서 얼마나 매우 여러 가지로 행동해 왔는지를** 인식하는 것이다. 하인리히 랑게(Heinrich Lange)는 그의 뛰어난 논문에서 이것을 강조해서 지적하였다.[2] 유대인 행동의 특히 특징적인 전환점은, 지난 세기 동안에는 1815년 · 1830년 · 1848년 · 1871년 · 1890년 — 이 해는 비스마르크의 해임과 빌헬름 시대가 개막하는 해이다 —, 1918년 · 1933년이다. 그러므로 1830년부터 시작되는 유대인 행동의 사례를 1930년의 경우와 동일한 지평에 둘 수는 없다. 여기서 또 다시 나타난 것이 유대인 슈탈-욜손이며, 그는 오늘날에도 여전히 나치스 국가에 대한 종파적 · 교회적 반대자에게 영향을 미치는 인물이다. 이미 보수적이지 않은 이후 시대의 유대인과 대비해서 슈탈은 전형적인 보수적 유대인이었다고 부르는 것은 완전히 잘못된 것이다. 거기에는 본질적인 이해에 대한 위험한 오해가 있다. 본질적인 것은 역사 상황의 변화, 즉 새로운 역사의 시대에 의해 그것은 매우 빨리 생겼으므로, 주의를 집중해서 최초로 파악할 수 있는 것은 유대인의 행동 전체의 변화, 즉 악마적인 의미심장함을 가진 **가면의 교환**도 생겼다는 것이다. 그와 관련하여 유대인 개인의 주관적 성실함의 문제는 완전히 관심 밖에 있다는 것이다. 유대인의 위대한 순응성은 수 천 년의 역사를 거쳐 일정한 인종적 성향을 기초로 기분 나쁘게 높아져 왔다. 그리고 뛰어난 환경 적응능력은 긴 훈련을 거쳐 아직껏 증진되고 있다. 결과적으로 나는 이 능력을 유대인에서 찾아낼 수가 있지만, 그것을 미리 파악할 수는 없다. 그렇지만 유대인에게 그러한 탁월한 능력이

2) DJZ 1935, 406; 1936, 1129 참조.

존재하는 것을 잊어서는 안 된다.

3. 나는 다시 절박한 소원을 반복해서 말하고 싶다. 그것은 **아돌프 히틀러**의 『나의 투쟁』* 안의 유대인 문제에 관한 모든 명제를 읽는 것, 특히 「유대적 궤변」(Jüdische Dialektik)에 관한 히틀러의 상설을 읽어 주었으면 하는 것이다. 이 대회에서 많은 전문가들에 의한 학문적으로 뛰어난 연구보고 중에 진술된 것이 모든 국민 동포에게 납득이 가는 형태로, 그리고 그 뜻을 충분히 참작할 수 있는 형태로 평이하게 말해지고 있다. 그러한 연구보고는 법학을 배우는 학생의 주의를, 총통이 진술한 이러한 명제로 반복해 향하게 하고도 있다.

그러나 또 유대인 문제에 관해 잊어서 안 될 것은 **이 문제의 독일적 측면**이다. 팔크 루트케(Falk Ruttke) 박사가 말한 것을 직접 인용하면, 예컨대 카를 마르크스의 예나 그에 의해서 초래된 영향이며, 그리고 나에게 있어 본래적인 것은 프리드리히 엥겔스* 또는 브루노 바우어* 또는 루드비히 포이에르바하* 또는 아마도 헤겔의 예이다. 여기에는 비극적인 문제가 근저에 있다. 부퍼탈 출신의 독일인*이 유대인 마르크스의 포로가 되는 것이 어떻게 가능했을까? 훌륭하고 용감한 몇 천의 국민 동포가 몇 세기에 걸쳐 유대 정신에 그처럼 굴복해 왔다는 일이 어째서 가능하게 되었는가? 독일인의 혈통을 받은 많은 인간의 저항력이 없음이나, 어떠한 역사적 순간에서도 볼 수 있는 독일인 특유의 약함이나 애매함, 즉 유대주의에 대한 무저항은 도대체 어디에서 생긴 것인가? 이러한 문제에 대해서도 음미하는 것은 우리들의 학문적인 자기반성에 빠뜨릴 수 없는 것이며, 나아가서는 새로운 투쟁 단계를 위한 무장을 하는데 필요 불가결한 것이다.*

이러한 것은 지금 대회를 통해서 학문적으로 매우 명확한 형태로 인식되어 왔다. 지금까지 시대의 혼란이나 무지와는 달리 여기서는 획기적인 인식이 중요하다. 그러한 인식에 의지하는 것에서 우리는 새로운 단계에 이른 투쟁으로 나아갈 수 있을 것이다. 이 투쟁의 중요성을 잘못 보아서는 안 된다. 이 점에 관하여 뉘른베르크의 대회는 어떠한 의문도 가지게 하지 않는다. 『나의 투쟁』이란 책에서 총통이 말하듯이, 유대주의는 유대인에게 적의를 품고 모두를 적대하는 것만이 아니라, 다른 민족의 순수한 생산성에 대한 불구대천의 원수이기도 하다. 유대인의 세계적인 영향력은 민족적 생산성을 일체 허용하지 않는다. 그렇지 않으면 유대인 자신의 실존 양식은 부정되어 버리기 때문이다. 그러나 유대인이 다른 민족의 순수한 생산성에 관심을 가지든지, 유대인의 예술가나 사상가가 독일인의 예술가 · 문학자 · 학자를 자신을 위해 이용하려고 독일인에게 재빠르게 달려드는 것은, 우리를 본질적인 것으로부터 존중하지는 않으며, 그러한 성질을 가지는 것도 아니다. 유대인이 우리들의 관심을 끄는 것은 유대인 자신을 위해서가 아니다. 우리들이 추구하는 것, 우리들이 쟁취하려는 것은 우리의 독자적인 순수한 양식이며, 즉 우리들 독일 민족의 상처 없는 순수성이다. 「유대인으로부터 몸을 지킴으로써, 나는 주님의 일을 위해서 싸운다」.* 우리들의 총통 아돌프 히틀러는 그렇게 말한다.

홉스와 데카르트에 있어서 메커니즘으로서의 국가 (1937)*

고대적인 의미에 있어서는 아직도 철학적인 의미를 가지고 있는 인간성(humanitas)이라는 말로써 데카르트는 종교와 전통, 교회와 국가 안에 존재하는 모든 질서를 승인하였으며 더 이상 구명하지 않았다. 홉스에게는 신화적 형상이나 악마적 형상이 풍부하지만 데카르트에게서는 그런 것을 볼 수가 없다. 영국인 홉스는 그의 국가이론의 「자연상태」, 즉 내전의 상태를 자신의 경험으로 알고 있었는데 비하여, 데카르트의 조국인 프랑스는 이미 하나의 「국가」를 형성하고 있었다. 데카르트는 정치적 통일체로서의 국가에 대하여 한 건축가에 의해서 완성된 건물의 모습(像)을 적용시켰다.* 그러한 모습은 르네상스 시대의 예술품에 해당하는 것이며, 국가를 홉스가 말한 것처럼 하나의 시계(horologium), 기계(machina) 또는 자동인형이나 기구(automaton)로 보는 합리주의적 · 혁명적 국가이론의 기술적 · 기계적 관념은 아니다.[1]* 그러나 데카르트가 관용적 보수주의자였다는 점으로 하여, 바로 이 철학자에 의해 모든 인간계의 사물이 그 핵심에 있어 혁명적 변화를 일으켰다는 사실을 간과해서는 안 된다. 왜냐하면 데카르트는 인간의 몸을 하나의 메커니즘으로 파악했기 때문이다. 그것은 다가오는 기술혁명, 산업혁명의 시초였다. 인체를 기계론적으로 파악하는 것과 비교해 보면 국가를 기계론적으로 파악하는 것은 2차적이긴 하지만 더 직접적인 것이다. 국가를 인공적인 기계론적으로 파악하는 것은, 인체를 유추에 의해 기계론적으로 파악하지 않고도 그 자체로 가능한 일이다. 그러나 국가를 기계론적으로 파악하는 것은 인체에 대한 기계론적 관념의 확대된 영상일 수도 있고, 그럴 때 국가에 대한 기계론적 파악은 홉스의 경우에 그런 것처럼 더 뚜렷하고 더 굉장한 것으로 작용한다.

홉스의 국가론의 출발점은 자연상태에 대한 공포이며, 그 목적과 도달점은 시민적 · 국가적 상태가 가져다주는 안전의 보장이었다. 자연상태에서는 모든 사람이 모든 사람을 죽일 수 있다. 그리고 모든 사람은, 모든 사람이 모든 사람을 죽일 수 있다는 사실을

---

* Der Staat als Mechanismus bei Hobbes und Descartes, in: Archiv für Rechts- und Sozialphilosophie, Bd. 30, Heft 4, 1937, S. 622-632. jetzt in: Maschke (Hrsg.), Staat, Großraum, Nomos, 1995, S. 139-147.

1) 홉스는 하아비(Harvey)의 찬미자였다(F. Tönnies, Einführung zu Julius Lips, Die Stellung des Thomas Hobbes zu den politischen Parteien der großen englischen Revolution, Leipzig 1927, S. 4/5 참조). 하아비의 혈액순환론은 심장을 펌프로 생각하고, 혈액순환을 수력학적(水力學的)으로 이해하려는 것으로 역학적 · 물리학적 인체관을 결정적으로 확립하였다.

알고 있다. 모든 사람은 다른 모든 사람의 적이며 경쟁자이다. 이것이 바로 유명한 만인의 만인에 대한 투쟁(bellum omium contra omnes)이다. 시민적 국가상태에서는 모든 국민은 그 육체적 존재의 안전이 보장된다. 그런 상태 속에서 평온 · 안전 · 질서가 지배적이다. 이것이 주지하듯이 경찰(Polizei)의 정의이다.* 근대 국가와 근대 경찰은 함께 등장하였다. 그리고 이러한 치안 국가의 가장 중요한 제도가 바로 경찰이다. 놀랍게도 홉스는 경찰에 의해 이룩된 이러한 평화상태를 표현하기 위하여 프란시스 베이컨(Francis Bacon)*이 자주 사용했던 말을 빌어 자연상태에서의 「인간은 인간에 대한 이리」(homo homini lupus)*였지만, 이제 「인간은 인간에 대한 신」(homo homini deus)이 되었다고 말했다.* 자연상태의 공포가 불안에 가득 찬 개인들을 한 곳으로 몰고, 그들의 불안이 극한에 도달했을 때 이성의 섬광이 번뜩인다. 그리고는 우리 앞에 새로운 신이 등장한 것이다.

불안으로 가득 찬 인간에게 평화와 안전을 가져다주고 이리를 국민으로 변하게 하며, 이러한 기적을 통하여 자신을 신으로 증명하는 신, 그러나 홉스가 말하듯이 「죽을 운명을 가진 신」(deus mortalis)인 이 신은 누구인가? 「신은 이성의 소리다」(deus ist vox relationis)는 뉴턴의 말은 다른 곳에서처럼 여기서도 타당하다.* 이 「가사(可死)의 신」이라는 말은 커다란 오해와 곡해를 불러 일으켜 왔다.

많은 경제철학적 및 사회철학적 저술로 유명한 리용의 샤르트뢰 연구소(institution des Chartreux)의 교수인 비알라투(J. Vialatoux)*는 최근 홉스에 관한 논문을 발표하였다.[2] 그 논문 속에서 그는 홉스를 현대의 전체주의의 철학자로 놓고, 마침내는 무차별적으로 볼셰비즘, 파시즘, 나치즘, 독일 기독교단* 등의 교부로 올려놓았다. 여러 가지 사정들이 그 프랑스 가톨릭교도가 그런 주장을 하는 것을 쉽도록 만들어 놓았다. 홉스 측에서 보면 저 유명한 모든 것을 삼키는 리바이어던의 상, 가사의 신(deus mortalis)이라든가 인간은 인간에 대해서 신(homo homini deus)이라는 표현, 게다가 국가가 그때그때 명령하거나 허용한 것 외의 모든 종교는 미신이라고 하는 악명 높은 국가절대주의 등이 그런 주장을 쉽게 만든 사정들이다. 다른 면에서 보면 수없이 많은 여러 가지 다른 의미를 가질 수 있는 「전체적」(total)이라는 말의 다의성이 그런 주장을 쉽게 만들었다. 「전체적」이란 말은 개인적 자유에 대한 여러 가지 종류의 광범위한 징발이나 부인을 의미할 수도 있고, 시민적 자유의 행사 영역에 대한 전통적인 한계의 근본에 있어 상대적인 변경을 의미할 수도 있으며, 중앙집권화, 「권력분립」이라는 전통적인 헌법적 개념의 변화, 종래의 권력의 분할이나 구별의 폐지, 목적으로서의 전체성, 수단으로서의 전체성 등을 모두 의미할 수 있다. 비알라투와는 대조적으로 프랑스의 뛰어난 공법학자인 카피탕(R. Capitant)*은 「홉스와 전체주의 국가」(Hobbes et l'État totalitaire)[3]라는 그의 논문에서 홉스 국가이론의 개인주의적인 성격을 지적하고, 개인들이 체결한 계약에 의해서도

2) J. Vialatoux, La Cité de Hobbes; théorie l'état totalitaire, essai sur la conception naturaliste de la civilisation, Paris-Lyon 1935.

3) Archives de Philosophie de droit et de Sociologie juridique, Ⅵ, 1936, S. 46.

부정할 수 없는 강력한 자유의 유보를 이끌어 내고 있다. 페르디난드 퇸니스(F. Tönnies)[4] 도 이 점을 강조하였다. 개인의 자유에 대해서도, 또한 바로 「그렇지만 항상 회귀한다」(tamen usque recurret)는 말이 타당하다.* 자유민주주의를 신봉하는 프랑스 사람으로서 카피탕은 당연히 「오늘날 매우 번성하고 있는 전체주의적 이데올로기」의 적대자이다. 그는 정당하게도 홉스가 주장하는 모든 학문적 관점에서의 국가의 통제는 실제적인 「국가종교」가 아니라 경찰적 치안, 질서의 일부로 생각된 것이라는 점을 강조한다. 홉스는 실제로 「극도의 개인주의자 합리주의자」이다. 그는 데카르트와 더불어 17세기 「서양 합리주의의 영웅시대의 고고한 사람들」에 속하며, 다른 무엇에도 아닌 스스로에게 침잠하였고, 그렇게 함으로써 끊임없이 변화하는 세계가 그들에게 줄 수 없었을 종류의 인식을 발견하였다. 그러나 이 카피탕도 유명한 설화상의 괴물인 「리바이어던」의 비유를 사용한 것이 홉스를 「신비적 전체주의자」로 보이게 할 수 있다는 점을 인정한다.*

홉스가 그의 「신」에 대해 서로 조화되기 어려운, 사실상 **세 가지**의 관념을 사용했기 때문에 혼란은 더욱 크다. 가장 먼저 눈에 띄는 것은 **리바이어던**이라는 악명 높은 신화적 형상이다. 두 번째로는 대표에 의해서 생긴 주권적 **인격**이라고 설명되는 법적인 계약론이다. 그 밖에 나에게는 이것이야말로 그의 국가철학의 핵심이라고 생각되는데, 홉스는 영혼을 가진 기계라는 데카르트적 인간관을 「거인」인 국가에 전용하고, 국가를 주권적 · 대표적 인격이라는 **영혼을 가진 기계**로 하였던 것이다.

리바이어던의 이미지는 그의 암시적인 힘으로 다른 모든 매우 엄밀한 이론구성이나 논증을 압도하고 그림자로 덮어 버렸다. 홉스가 새겨놓은 「만인의 만인에 대한 투쟁」이나 「인간은 인간에 대한 이리이다」라는 말이 관용어가 되었다. 홉스는 많은 것들, 예컨대 죄형법정주의와 같은 사상을 개념적이고 체계적으로 깊이 생각하였고, 성숙한 과실이 나무에서 떨어지는 것처럼, 뒷날 그것이 명백한 공식으로 확립되는 것을 예비하였다. 다른 것들은 또한 구체적인 적(敵)을 구상화하는 정치적인 힘을 통해서 영향력을 행사하며, 이 점은 특히 『리바이어던』에서 보이는 여러 개의 인상적인 서술이 그러하다. 리바이어던은 퇸니스가 정당하게 강조하듯이, 자연법 문헌과는 달리 무엇보다도 먼저 정치적인 논문이다.[5] 로마교회를 암흑의 국왕으로 묘사하고 가톨릭의 성직자를 밤 도깨비로, 로마교황을 교황관을 쓰고 로마 제국이라는 무덤 위에 앉아 있는 거대한 유령으로 그리는 것(라틴어판 『리바이어던』 제47장) 등이 이러한 정치적 형상에 속한다. 그 저작물이 이미 1653년에 가톨릭의 금서목록에 들어간 홉스는 여기서 세계적인 강국인 스페인과, 그 동맹인 가톨릭교회와 제수이스트 교단에 대하여 영국이 수행한 세계사적인 투쟁의 적극적인 공동투쟁자로서의 모습을 보인다. 그러나 홉스에 있어서 리바이어던이라는 형상은 완전히 다른 것을 의미하는 것이었다. 그것은 뒤에 나오는 『비히모스』(Behemoth)[6]*와는

4) Thomas Hobbes, Leben und Lehre, 3. Aufl., Stuttgart 1925, S. 257.

5) Tönnies, a. a. O. S. 248, 255. 1668년에 발간된 리바이어던의 라틴어판에서 1651년의 영어판에 첨가된 수정도 또한 크롬웰의 승리의 시대로부터 왕정복고에 이르러 생긴 정치상황의 변화에 대한 적응으로서 이해할 수 있다.

달리 적으로 그려진 것은 아니었다. 왜냐하면 그것은 평화와 안전을 가져다주는 신으로 설명되기 때문이다. 그리고 그것은 또한 정치적인 동지(同志)의 신화도 아니다. 그러기에는 그것은 너무나 끔찍하고 무서운 것이다. 더 자세히 살펴보면 그것은 홉스의 국가이론상의 일반구조 속에 존재하는, 풍부한 영국적 유머로부터 유래되고 다소 풍류적이며, 문학적인 착상에 지나지 않는다.* 단지 이러한 신화적 형상이 지닌 엄청난 충격의 힘 때문에 그것 속에서 새로운 국가이론체계의 중심 관념을 발견하려는 오류가 생긴 것이다. 홉스가 리바이어던을 도입하면서 사용한 문장과 단어들을 보면 홉스 자신이 이 형상을 개념적으로나 또는 어떤 신화적이거나 악마적인 것으로 진지하게 생각한 것이 아니라는 점은 의심의 여지가 없다.

홉스는 악마나 악마론에 대하여 다소의 지식을 갖고 있었다. 그것은 1651년의 영어판 리바이어던 제45장과 242페이지에 나오는 진술을 보면 알 수 있다. 욥기 제40장에 나오는 리바이어던은 그 당시의 문헌에 신화적인 형상으로서 알려져 있었다. 그러나 그것의 사용에 대해서는 유감스럽게도 보다 자세한 역사적인 연구가 이루어지지 않고 있다. 그러나 우리는 예컨대 카발라*의 문헌에 정통했던 보댕[7]이 그의 『악마론』(Daemonomania)(1581년의 라틴어판 제2권 6장과 제3권 1장)에서 리바이어던에 대하여 누구도 그에 대항할 수 없는 힘을 가진 악마라고 말한 것을 안다. 그리고 보댕은 리바이어던은 육체로 만족하지 않고 영혼에 대해서도 또한 올가미를 친다는 점을 충고하였다. 그와 계약을 맺어 그를 자신에게 봉사하도록 만들 수 있다고 믿는 모든 사람은 보댕도 첨가한 바와 같이, 이 점을 유의하여야 한다. 그러한 관점을 보면 「리바이어던」이라는 이름을 부르는 것만으로도 모든 것을 지배하는 몰록(Moloch)*이나 모든 것을 짓밟아 버리는 골렘(Golem)*과 같은 무시무시한 동방의 신화에 대한 기억을 불러일으킬 수 있었던 것이 확실해진다. 카발라교*의 주장에 따르면, 리바이어던은 유대의 신이 매일 몇 시간을 함께 노는 거대한 짐승이라고 한다. 그러나 천년왕국*이 시작되면서 그것은 도살당하여 이 왕국의 축복 받은 거주자들이 그 살을 나누어 먹어 버리게 된다. 이 이야기는 매우 흥미 있는 것으로서 많은 공산주의 국가론과 국가가 소멸된 이후 도래하는 국가와 계급 없는 상태에 대한 많은 공산주의 이론의 신화적 원형일 수 있다.*

그러나 홉스에게 있어서는 그러한 것들이 주제는 아니었다. 그는 그 형상을 두려움도 없이 존경도 없이 사용하였다. 1651년의 영어판의 결정적인 부분에서(제17장) 그는

6) 이와 마찬가지로 욥기에서 유래된 『비히모스』(Behemoth)는 1640년부터 1660년 간의 영국 혁명의 역사적 · 정치적 서술이며, 비히모스는 혁명의 전율을 묘사하고 있다. 이 책은 1668년에 저술되었으나 국왕 정부의 검열로 인하여 발행이 허가되지 않았다가 홉스의 사후에야 비로소 출판되었다.

7) Bezold, Jean Bodin als Okkultist und seine Daemonomania, Historische Zeitschrift 105 (1910, S. 1 f. 이 논문은 베촐드 전집에도 수록되어 있다). 나아가 유대인 율법학자의 저서 J. Guttmann, Jean Bodin in seinen Beziehungen zum Judentum, Breslau 1906, S. 16와 이 책에서의 보댕의 가계(家系)에 대한 서술을 수정하는 Émile Pasqué, Revue d'histoire de l'Église de France XIX 1933, p. 457-462. 그리고 콘데의 서평 J. Conde, El Pensiamento Político de Bodino, Deutsche Juristen Zeitung 1936, S. 181/182.

「지금은 저 위대한 리바이어던의 시대이며 보다 경건하게 말한다면 저 죽을 운명을 가진 신의 시대이다」(this is the generation of that great Leviathan or rather - *to speake more reverently* - of that Mortall God)라고 하였고, 1668년의 라틴어 판도 같은 장소에서 같은 내용의 말을 하고 있다(atque haec est Generatio magni illius Leviathan, vel, *ut dignius loquar*, Mortalis Dei cui Pacem et Protectionem sub Deo Immortali debemus omnes).* 그 형상의 실제적인 의미도 이러한 논조에 일치한다. 어떤 국가철학의 전적인 사고과정이, 가련한 개개인이 자연상태의 전적인 불안으로부터 나와서 몰록의 지배나 골렘의 지배라는 마찬가지의 전적인 불안 속으로 도피한다는 것에로만 치닫는다면 그것은 이상한 국가철학일 것이다. 로크(Locke)는 홉스에 대하여 이러한 이의를 제기하였다.[8] 그러나 그런 이의는 적확한 것이 못된다. 홉스에게 있어서의 관심사는 국가를 통해 봉건적 · 귀족적 · 교회적인 저항권이 초래하는 무정부 상태를 극복하고, 중세적 다원주의를 예측가능하게 기능하고, 중앙집권화 된 국가의 단일성으로 대체하려는 것이다. 만약 이러한 점에 대하여 전체성이라는 말을 하려 한다면, 국민에 대한 보호와 안전보장에 대한 전적인 책임성이 항상 이러한 성질의 국가권력의 전체성에 일치한다는 점과, 이러한 신(즉 국가)이 요구할 수 있는 복종과 모든 저항권에 대한 포기는 국가가 보장하는 실효적인 보호의 상관물일 뿐이라는 점을 고려하여야만 한다. 보호가 끝나면 모든 복종의 의무도 끝나며, 개인은 그의 자연적 자유를 다시 획득한다.[9] 「보호와 복종의 관계」*는 홉스 국가이론의 핵심이다. 그의 이론에 어떠한 일반적인 전체성의 관념도 결부시킬 수 없다.

많은 합리주의자들은 그들의 합리주의의 또 다른 일면으로서 극도의 진보의 희망에 찬 꿈의 나라를 만들어 내었다. 그러나 홉스가 「리바이어던」을 도입한 것이 그러한 꿈의 나라에로 들어가는 쪽문을 연다는 것과 같은 이면의 의미를 가졌던 적은 한 번도 없다. 이러한 종류의 꿈의 나라의 가장 유명한 예는 콩도르세(Condorcet)*가 그의 인간정신의 진보의 역사적 장면에 대한 스케치(Esquisse d'un tableau historique des progrès de l'esprit humain, 1794)*라는 책에서 그린 이성과 교육에 의해서 도래되는 인간의 천국이라는 그림이다.* 여기서는 홉스의 근본관념과의 많은 유사점을 찾아볼 수 있다. 삶이란 개별적이고 그때그때 생존하는 개인의 현세적이고 육체적인 존재로서만 흥미를 끈다. 이러한 종류의 육체적 존재에 대한 한정과 가능한 한의 수명 연장이 중요하고 가장 높은 목표이다. 위대한 수학자인 콩도르세는 불사의 문제를 하나의 수학적 극한의 문제로 파악하고, 무한한 시간의 공간 속에 존재하는 인간은 죽음을 노쇠에 의한 것이

---

8) Civil government Ⅱ § 93. 「이것은 족제비와 여우로 인한 손해를 피하기 위하여 사자에게 잡혀먹는 것을 안전이라고 생각하는 것이다」. 여기서 로크는 홉스의 이름을 대지는 아니하였으나 직접 홉스를 비판한 것이다.

9) 그러므로 1660년 이후의 왕정복고시대에 그를 크롬웰에 대한 복종을 정당화한 신념 없는 기회주의자로서 비난하는 반동주의자들의 공격에 대하여 자기를 변호하는 것은 쉽지 않았다. 이 점에 관하여는 1662년 홉스 자신이 저술한 Considerations upon the Reputation, Loyalty, Manners and Religion of Thomas Hobbes of Malmesbury 참조.

되도록 자꾸만 점진적으로 연장시킴으로써 결국에는 개별적인 지상적 존재의 일종의 현세적인 불사와 영생에 도달할 수 있다고 믿는다. 콩도르세에 있어서는 국가가 이미 한 세기에 걸쳐 그의 역사적인 과업을 수행하였고, 공공의 안전과 질서를 보살펴 왔다는 것이 명백하다. 그 때문에 콩도르세는 이제 더 이상 인간을 근원적으로 악하며 이리와 같은 성질을 가진 것으로 보지 않고, 선량하며 교육가능한 것으로 본다. 이러한 단계의 합리주의이론에서는 국가의 강제작용과 교육작용은 시대에 의해 조건지워진 문제로 생각되며, 따라서 국가 자체도 어느 날엔가에는 필요없는 것이 된다는 계산을 할 수 있다. 다시 말해서 사람은 벌써 그 거대한 리바이어던이 도살될 수 있는 날이 밝아오는 것을 본다. 홉스의 생각은 그러한 관념과는 동떨어진 것이다. 홉스의 이론 속에도 들어 있는 강제와 교육을 통한 모든 영향력 행사의 가능성에도 불구하고, 홉스는 인간 본성에 대하여 커다란 환상을 갖지는 아니하였다. 바로 이러한 비관주의적인 태도가 그의 합리주의의 특색을 이루며, 18세기의 계몽주의와 특히 로크보다는 홉스에 의해서 결정지워진 바가 큰 프리드리히 대왕의 국가론적 사상에 강한 영향을 미쳤다.[10]

그러나 홉스가 주권적 · 대표적 인격을 법적으로 설명하는데 도움을 주었던 계약론도 국가의 전체성이라는 귀결로 나아가는 것은 아니다. 평소에는 그렇게 확실한 홉스의 사고과정 속에 법적으로 결정적인 지점, 즉 개인들에 의해서 체결되는 계약으로부터 나오는 국가에 대한 법적인 해명에서는 결정을 내리지 못한 머뭇거림이 끼어들어 있다는 것은 오래전부터 주목되어 왔다.[11] 계약은 완전히 개인주의적으로 파악되고 있다. 모든 구속과 공동체는 해체되어 있다. 원자화된 개인들은 이성의 빛이 번뜩여서 합의가 성립될 때까지는 불안 속에서 함께 모여 있다. 이러한 이론구성을 그 결과인 국가로부터 본다면 이러한 결과가 개인주의적인 계약이 성립시킬 수 있는 것과는 다른 것이라는 점은 명백하다. 진실로 만인의 만인과의 합의는 성립하였다. 그러나 그것은 진정한 의미의 국가계약이 아니라 단지 하나의 사회계약일 뿐이다. 더 나아가서야 생기는 것, 즉 주권적 · 대표적 인격은 이러한 합의에 의해서 생기는 것이 아니라 단지 이러한 합의를 계기로 삼아 생길 뿐이다. 주권적 · 대표적 인격은 계약에 참여하는 모든 개별의지의 집합된 힘이 만들어 낼 수 있는 것에 비하여 비례가 맞지 않도록 큰 것이다. 자신의 생명을 위해 떨고 있는 개인들의 누적된 불안이 하나의 새로운 힘을 무대 위에 불러내었다는 것은 틀림없는 사실이다. 그러나 그들은 이 새로운 신에 대하여 그들이 만들어 준 것보다 더 많은 것을 간청한다. 그러한 한에 있어서 이 새로운 신은 모든 개별적인 계약당사자들을 초월하며 그들의 합계도 초월한다. 그러나 그 초월이란 법적인 의미에 있어서의 초월이지

10) Gisbert Beyerhaus, Friedrich der Große und das 18. Jahrhundert, Bonn 1931, S. 11. 18세기의 수리 및 자연과학의 철학과 달랑베르(d'Alembert)로부터 콩트(Comte)에 이르는 실증주의에 대한 홉스의 영향에 대해서는 Tönnies, a. a. O. S. 294에 인용된 딜타이(Dilthey)의 말을 참조. 나아가 Joseph Vialatoux, Philosophie économique, 1933, p. 32.

11) Fréd. Atger, Essai sur l'histoire des doctrines du contrat social, Nîmes 1906 (Thèse de Montpellier) p. 176.

형이상학적 의미에서의 초월은 아니다. 따라서 이 주권적 · 대표적 인격은 국가라는 관념을 완전히 메커니즘화 하는 것을 저지할 수 없다. 그것은 단지 어떤 역사적 시대에 결부되어 있는 17세기의 바로크식의 대표이념인 절대주의의 표현에 지나지 않으며, 「전체주의」의 표현인 것은 아니다. 홉스에 있어서의 국가는 그 전체로서 인격인 것이 아니라, 주권적 · 대표적 인격이 단지 「거인」인 국가의 혼에 지나지 않기 때문에 메커니즘화의 과정은 이러한 인격성을 통하여 저지되지 않을 뿐 아니라 오히려 비로소 처음으로 완성되게 된다. 왜냐하면 이러한 인격적인 요소 또한 메커니즘화의 과정 속에 도입되어 그 속에 몰입되기 때문이다. 실로 국가는 전체로서 육체와 영혼을 가진 하나의 인공물이며, 그러한 것으로서 기계이다. 국가는 재료와 제작자, 소재와 기술자, 기계와 기계의 제작자가 동일한, 즉 인간인, 인간에 의해 마련된 도구이다. 그에 따라 영혼 역시도 인간이 인공적으로 만들어 낸 기계의 순전한 구성부분으로 된다. 따라서 최종의 산출품은 「거인」이 아니라, 「거대한 기계」, 국가에 의해 지배되고, 또 보호되는 인간의 현세적이고 육체적인 존재의 안전보장을 위한 거대한 메커니즘이 된다.

정면을 장식하는 리바이어던의 환상적 형상도, 주권적 · 대표적 인격에 의한 역사적 시대상황에 결부된 영혼의 주입도, 국가가 홉스에 의해서 거대한 기계로 되었다는 사실에 대해 어떤 변화를 일으킬 수 없다. 그러한 점에 기술 · 산업혁명의 길을 연다는 의미에서의 홉스의 국가철학의 영향이 존재한다. 홉스의 국가철학의 고유한 혁명적 성격을 오귀스트 콩트(August Comte)가 그의 위대한 역사적 직관으로 최초로, 그리고 가장 명확하게 인식한바 있다.* 17세기에 발생하여 유럽 대륙을 뒤덮은 국가는 실제에 있어서 하나의 인간의 작품이고, 이전에 존재했던 모든 종류의 정치적 통일체와 구별되는 것이다. 우리는 국가를 기술시대의 최초의 산물로, 거대한 양식의 최초의 근대적인 메커니즘으로, 또는 후고 피셔(Hugo Fischer)*의 정확한 말에 따라 「가장 기계적인 기계」(machina machinarum)*로 볼 수 있다. 국가가 만들어짐으로써 단순하게 뒤이은 산업 · 기술시대를 위한 진정한 정신사적 또는 사회학적 전제가 만들어졌을 따름인 것은 아니다. 국가 자체가 이미 이들 새로운 시대에 있어서 하나의 전형적인, 더구나 가장 전형적인 산물이다. 그리하여 국가에 의해서 법과 법률을 비롯한 모든 공공생활상의 개념이 변화한다. 「실증적이라는 것이 우리에게 있어서의 최후의 타당근거이다」.[12)]* 법은 실정법으로 되고, 합법규성이 합법성으로 되며, 합법성은 국가기구의 실정적인 기능양태로 되었다. 이러한 성질의 합법성에 대해서는 모든 중세적인 법개념과 제도들, 특히 봉건적 저항권이나 귀족적 저항권은 제거되어야만 하는 혼란 요소이다.* 그러나 이러한 법률화는 모든 기술화가 그러하듯이 동시에 예측가능성이라는 새로운 요소를 이끌어 왔고, 그 결과 이러한 기계의 지배에 의한 새로운 가능성, 즉 안전과 자유도 끌어들여 왔다. 그리하여 결국 법률에 의해 예측가능하도록 만들어진 국가의 기능행사라는 의미에서의 「법치국가」라는 새로운 특별 개념이 확고한 지위를 차지하였다. 이러한 모든 것들이 홉스에게 있어서의 이미

12) C. A. Emge, Ein Rechtsphilosoph wandert durch die alte Philosophie, Berlin 1936, S. 72.

발견될 수 있도록 포함되어 있다.

그러한 메커니즘으로 국가를 파악하는 국가 관념과 더불어 결정적인 형이상학적인 발걸음이 내디뎌졌다. 그 이후의 모든 것, 예컨대 시계로부터 증기기계에로, 전기 모터에로, 화학적 공정과 생물학적 공정에로의 발전은 기술과 자연과학적 사고의 그 이후의 진보와 더불어 저절로 이루어졌고, 새로운 형이상학적 결단을 필요로 한 것은 아니었다. 그러나 홉스는 「거인」을 메커니즘화 함으로써 인간에 대한 인류학적 설명에 있어서도 데카르트를 넘어서 하나의 유용한 발자국을 남겼다. 물론 인간의 육체를 기계로 생각하고 육체와 영혼으로 이루어진 인간 전체를 기계에 지성이 덧붙여진 것으로 생각하는 최초의 형이상학적 결단을 내린 것은 우선 데카르트이다. 이러한 관념을 「거인」으로서의 국가에 전용하는 것은 쉬운 일이다. 그러한 일은 홉스에 의해서 수행되었다. 그러나 그는 이미 말했듯이, 거기에 덧붙여 그 거인의 영혼 또한 기계의 한 부분으로 변화시켰다. 육체와 영혼을 가진 거인이 그러한 방식으로 기계로 변하고 나자 반대의 적용도 가능하게 되었고, 작은 인간 역시 인간기계(homme-machine)*로 될 수 있었다. 그리하여 처음으로 국가 관념의 메카니즘화가 인간의 인류학적 형상에 대한 메커니즘화가 완성되었다.

메커니즘은 전체성을 가질 수 없다. 개인적인 육체적 존재의 순수한 현세성은 더욱 더 의미 깊은 전체성에는 도달할 수 없다. 전체성이라는 단어와 개념이 깊은 의미를 가지고, 오류를 초래하는 슬로건으로 떨어지지 않으려면 하나의 특정한 철학적 관련이 전체성의 기초가 되어야 한다. 우리는 그러한 철학적 관련을 엠게(C. A. Emge)*가 그랬던 것처럼, 헤겔 철학의 「유한한 무한성」(endliche Unendlichkeit) 속에서 찾아볼 수 있다. 그리고 내가 보기에는 이것이 모든 전체성이라는 관념을 아베로에스(Averrhoes)*적인 부분과 전체의 실체동일성에로 환원하려고 하는 푀겔린(E. Voegelin)*의 시도보다 더 정당한 것으로 여겨진다.[13] 어떤 또 다른 철학체계가 전체성이라는 개념을 가능하게 하는지에 대해서는 여기에 미결인 채로 놓아두어도 된다. 그래서 나는 새로운 시대의 「전체적」 개념들은 도대체 개념으로서의 의미를 가진 것이 아니라 신화로서의 의미를 가지고 있으며,* 따라서 전체화란 신화화를 의미하고, 그에 의해 셸링(Schelling)이나 조르주 소렐(Georges Sorel)의 철학은 특정하게 결합되어 있는 철학적인 사고 세계의 그러한 전체성의 관념이 된다고 하는 페터존(E. Peterson)*의 견해도 제껴둔다. 하여튼 헤겔이 세계역사를 이끌어 가는 민족이 가진다고 한 「지상적(地上的)인 신성(神性)」은 특히 「유한한 무한성」이라는 특별한 의미에서의, 그리고 내재와 초월의 전형적인 결합이라는 특별한 의미에서의 전체성으로 될 수 있다.[14]* 그리하여 헤겔 철학의 「지상적인

---

13) E. Voegelin, Der autoritäre Staat, Wien 1936, S. 23.

14) H. Welzel, Über die Grundlagen der Staatsphilosophie Hegels (in der Sammlung Volk und Hochschule im Umbruch, Oldenburg 1937, S. 100)은 헤겔의 역사철학(Jubiläumsausgabe, S. 119)의 한 절을 인용한다. 거기에서 헤겔은 민족정신들의 원리들은 필연적으로 여러 단계를 거치며, 이것이야말로 하나의 보편적인 정신의 계기일 뿐이며, 「이 정신은 역사에 있어서의 국민정신을 통하여 자기파악적인 전체성에로 고양되고 완결된다」고 한다. 벨첼은 헤겔의 민족개념의 보편주의적 · 정신적 성격, 그리고 그것이 「지상의 권력들에 의해서 분열되는」 것을 강조한다. 나는 이 점에 대해서 이의는 없으나, 그럼으로써

신」은 또한 현존하는 신, 현존하는 의지(numen praesens)이지 대표는 아니다. 이것은 홉스 국가철학의 「가사의 신」(deus mortalis)과는 어떠한 정신적 친근성도 가지고 있지 않다. 그의 「가사의 신」은 오히려 하나의 기계이고, 그것의 「가사성」은 그 기계가 어느 날엔가 내전이나 반란으로 파괴된다는 점에 있다.

헤겔이 아베로에스주의자(Averroisten)가 되고, 또한 마찬가지로 「즉자 속의 신의 주위」(göttliches Rund in sich selbst)라는 관념으로 아리스토텔레스처럼 되리라고 생각하지는 아니한다. — 이 논문이 인쇄된 후에 「전체성」(Totalität)의 문제를 논한 두 개의 논문이 있는 것을 알게 되었다. 그 하나는 노르베르트 귀르케(Norbert Gürke)의 전면전의 개념에 관한 것이다(Völkerbund und Völkerrecht, Juli 1937). 이 잡지에서 그는 전쟁이라는 정치적 비상시에 눈을 감는 정치관은 어떠한 적도 알지 못하기 때문에 어떤 종류의 전체성에 이를 가능성이 있다고 한다. 또 하나는 게단 드 루셀(William Gueydan de Roussel)* 로 그는 "Der demaskierte Staat" Europäische Revue, September 1936라는 논문으로 독일의 독자들에게도 알려진 사람이다. 이 저자는 친절하게도 아직 출판되지 아니한 논문을 내가 읽어볼 수 있도록 해주었다. 이 논문은 바로 홉스의 「기계」관을 신화적 · 낭만적인 것으로 보고, 나아가 17세기부터 19세기까지의 모든 과학적 관념을 신화라고 단정한다. 또한 현대의 전체화 과정을 거대한 중립화 과정의 변증법적으로 필요한 단계로서 파악하고, 이 과정에 의해서 전체성은 「보편성」의 대립개념이 된다는 것이다.

홉스 국가론에서의 리바이어던 (1938)*

정치적 상징의 의미와 좌절

차 례

서 문

이 책은 나의 강연 두 개의 소산이다. 첫 번째 것은 1938년 1월 21일 라이프치히 철학회(회장 아르놀드 겔렌 [Arnold Gehlen] 교수)에서의 것이고, 다른 하나는 4월 29일 킬(Kiel)의 브로크도르프의 홉스회(회장 바론 카이[Baron Cay] 교수)에서의 것*으로 그것에 이전의 저서와 강연에서 서술한 사상과 문장을 다소 첨가하였다. 전체적으로는 맘즈베리의 철학자, 특히 그 『리바이어던』에 대한 나의 연구 성과의 일부를 발표한다. 디드로는 홉스의 다른 저작에 관하여 「이것이야말로 한평생 읽고 주석할 만한 책」이라고 서술했는데,* 나에게 리바이어던이 그러한 책이다.

나는 이 주제를 환상 없는 과학적 즉물성을 가지고, 그러나 대상을 해부하여 마침내 대상을 없애버리고 마는 것 같은 태도에 빠지지 않고 논하려고 노력하였다. 이 주제를

* Der Leviathan in der Staatslehre des Thomas Hobbes. Sinn und Fehlschlag eines politischen Symbols, Hanseatische Verlagsanstalt, Hamburg 1938, 132 S. Neudruck Hohenheim, Köln-Lövenich 1982, 244 S.

논함에 있어서 나타나지 않는 **이름의 그림자에 선다**(Stat nominis umbra)*라는 위험을 나는 잊을 수 없다. 리바이어던이라는 이름은 긴 그림자를 내어 홉스의 저서를 덮었을 뿐만 아니라 그 그림자는 이 작은 책자에까지 미치는 것 같다.

1938년 7월 11일 베를린에서

카를 슈미트

1. 리바이어던이란 무엇인가?

홉스를 유명하게 하고 악명 높게 만든 것은 다른 저서보다는 이 『리바이어던』이다. 누구든지 홉스라고 하면 「리바이어던의 예언자」라고 생각한다. 헤겔은 이것을 리바이어던의 이름에 관련한 「악명 높은 책」이라고 하지만,* 확실히 그 악명에는 이 책이름도 공헌하고 있다. 일반적으로 행하여지는 국가론의 예증이나 가벼운 예시와 이 리바이어던과는 그 박력이 다르다. 그것은 감추어진 깊은 의미를 담당한 신화적 상징으로서 땅속에서 끌어낸 것이다.

정치이론사는 비유나 상징 · 우상이나 환상 · 예증이나 공상 · 표장 · 풍자 등에 보충되어 있으나, 이 리바이어던만큼 강렬한 상은 그 예를 볼 수 없다. 그것은 관념적인 이론이나 구성물의 영역을 초월하고 있다. 정치적 공동체의 통일성이 거인(μάκρος ἄνθρωπος)이라던가 **거체**(magnum corpus)라고 표현된 적은 한 번도 없으며, 이 표현에는 여러 가지 의미가 부여되었다. 정치사상사에는 거수(巨獸)에 비유하더라도 부자연스럽지 않으나 그것도 역시 철학적 예증의 영역을 벗어난다. 공동체를 거인으로서 파악한 것은 플라톤에까지 소급하지만, 그는 예컨대 비합리적 정념에 지배되는 대중을 머리가 여럿인 「다채로운 동물」(ποικίλον θρέμμα)[1]에 비유하며, 이것도 구상화 효과를 가지지만 리바이어던의 이상한 신화적인 박력에는 도저히 미치지 못한다. 또한 니체는 국가를 「냉혈의 괴수」*라고 부른다. 이것은 철학과 사상의 영역을 벗어나서 「비합리」의 영역에 들어선 것이지만, 현세적 투쟁을 묘사한 신화라기보다는 19세기의 인상주의와 암시주의의 소산이다.

이에 대하여 정치적 통일체의 상징인 리바이어던은 단순히 「육체」(Corpus)도 짐승도 아니다. 그것은 성서에서 더구나 구약성서에서 나오며, 몇 세기에 걸쳐 계속된 신화적 · 신학적 · 카발라*적 해석에 가렸던 상이다. 즉 최강무적으로서 욥기 제40장과 제41장에 묘사된 바다의 괴수이다. 거기에는 비히모스(Behemoth)*라는 육지의 동물도 상세하게 묘사되고 있다. 이 성서에 기록된 신화사적 기원도 그 자체가 하나의 연구 과제인데

---

1) Politeia, IX, 588. Ikone, Idole, Paradigmata 그리고 Phantasmata의 개념에 대해서는 Hans Willms, Εἰκών, eine begriffsgeschichtliche Untersuchung zum Platonismus, Bd. I, 1935.

여러 가지 설화와의 관계가 논의되고, 예컨대 리바이어던은 바빌론의 홍수 설화 중에 나오는 신, 티아마트*의 후신이라는 설도 있다. 그러나 여기서 구약신학자나 구약사가[2]의 논의들을 탐구하는 것은 쓸데없을 것이다. 왜냐하면, 홉스가 사용한 정치적 신화에 직접 의미를 부여하지 않기 때문이다. 여기서의 요점은 혼란이나 불명확성에도 불구하고 리바이어던은 일반적으로 악어 · 고래 · 큰 물고기, 즉 바다의 생물이며 비히모스는 커다란 황소 · 코끼리 등의 육지동물이라는 것을 본다.

욥기의 이 두 괴수는 자주 구약상의 다른 동물과 뒤섞여서 다종다양하여 판별 불가능한 양상을 나타내고 있다. 불가타 번역*과 루터역 성서는 이사야 제27장 1절에서 「그 견고하고 크고 강한 칼로」「바다에 있는 용」처럼 신이 벌하는 두 마리의 뱀을 리워야단(리바이어던)이라고 번역하였다. 그러나 리바이어던은 일반적으로 「용」으로 번역되지만 뱀과 용의 구별도 애매하여 많은 경우 같은 의미이다. 볼프 바우디신(Wolf Baudissin)에 의하면 「본래는 뱀, 리바이어던, 라합,* 탄닌*은 신화상 다른 것이었는지도 모르지만 구약의 작자들은 그 차이를 전혀 의식하지 않고 있다」[3]고 한다. 뱀이나 용인 리바이어던이 위험한 마력을 가진 요괴로 되고, 즉 악마 그 자체가 되었던 것도 당연할 것이다. 리바이어던은 여러 가지 모습을 지니고 나타나는 악마의 마력의 표상자라고 하기도 하고, 악마 그 자체라고 하기도 한다. 요한계시록에 의하면 용 · 뱀 등의 「무저갱*에서 나타난 동물」, 「땅에서 솟아난 동물」, 「바다에서 나타난 동물」 등이 종말에 등장하는데,[4] 리바이어던이나 (보다 육지적인) 비히모스는 이것들에 접근하고 있다. 지그프리드 · 성 미카엘 · 성 게오르기오스 등의 용 사냥의 신화 · 설화 · 전설

---

2) 여기서는 Fr. Delitzsch, Zschokke, Knabenbauer, Gunkel, Torczyner, 그리고 König의 이름을 열거하는 것으로 그친다. 나아가 유대교 이전의 리바이어던에 대해서는 잡지 Syria, XII, 1931, S. 357을, 비히모스에 대해서는 Die keltischen Katechesen bei André Wilmart, Analecta Reginensia, 1933, S. 107; Preuschen, Die Armenischen Adamschriften, S. 31, 44를, 또한 리바이어던에 대해서는 Bonwetsch, Die Apokalypse Abrahams, 1897, S. 22, 32를, 그리고 최근에 발견된 페니키아의 바알(Baal)* 시를 참조.

3) Haucks Realenzyklopädie für protestantische Theologie und Kirche, V, S. 3 ff. 용이나 뱀의 신화적 및 설화사적인 의의에 관하여는 광범위한 문헌이 있으나, 다른 곳에서는 완전히 묵살되고 있는 Gougenot des Mousseaux, Dieu et les Dieux, Paris 1854, S. 437 ff.를 제외할 수는 없다. 물론 이 책은 많은 점에서 오늘날 뛰어난 것이다.

4) 리바이어던과 신비적 형상과의 혼유는 나중에야 비로소 생긴 것으로 보인다. 그러나 그 혼유는 「악마」 일반과 동일시하는 경로를 통하여 발생한 것 같다. Wilhelm Neuß, Die Apokalypse des hl. Johannes in der altspanischen und altchristlichen Bibel-Illustration, 1931에서는 「용」이나 「바닥에서 나온 괴물」의 형상이 그 후의 해석에서 리바이어던의 모습으로서 나타나게 되었는지는 모르나, 리바이어던이라는 이름은 특별히 나오지 아니한다. 빌헬름 노이스 교수가 나에게 전하는 바에 의하면, 원시 기독교 후기나 중세 초기의 욥기의 삽화는 항상 신 앞에서 욥기 중의 대화자, 예컨대 욥과 그의 친구, 욥과 그의 처, 악마 — 비히모스나 리바이어던이 아닌 — 를 다룰 뿐이라고 한다. 이것은 Kurt Weitzmann, Die byzantinische Buchmalerei des IX. und X. Jahrhunderts, Berlin 1935도 확인하고 있다. 12세기 겐트(Gent)의 "liber floridus"에서는 뱀(serpens)의 이름 아래, 거대한 물고기의 모습으로 묘사된 리바이어던 위에 적그리스도가 군림하고 있다. 따라서 이 그림에서 리바이어던은 아마도 「현세」일 뿐이며 종말의 등장인물을 의미하지는 않는다. Das Reallexikon zur deutschen Kunstgeschichte, herausgegeben von Otto Schmitt, Stuttgart 1937, I, S. 716에서의 Oswald Erich 집필 Antichrist 항목 참조.

등*도 리바이어던과 관련된다.

신화적 형상은 본질상 다양한 해석가능성을 가진다. 점차로 변모하고, 「**새로운 모습의 근원에서**」(in nova mutatae formae) 등장하는 것은 신화가 지닌 활력의 확실한 징표이다. 리바이어던에서의 신학적 · 역사적 해석의 풍부함은 아주 거대한 것이다. 그것은 어떤 때에는 바다의 삼발이로 만물을 삼키는(*παμφάγον*) 바다의 짐승이며, 시리아의 에브라임이나 비잔틴의 최후의 심판도에 의하면 최후의 날에 삼킨 사자(死者)를 토해내었다고 한다.[5] 만다교*의 교리에서는 리바이어던은 종말에 이르러 우주를 삼키고 현세를 벗어날 수 없었던 만물을 완전히 삼켜버린다.[6] 14세기의 오피키니우스 데 카니스트리스(Opicinius de Canistris)의 그림에 의하면 리바이어던은 **악마의 바다**(diabolicum mare)인 지중해와 관련이 있다.[7] 이처럼 신화적 환상은 빈번히 혼란되고 있는데, 리바이어던을 바다의 것으로 보는 점에서는 공통된다. 중세에 있어서 이 다양성과 혼란 중에서 서서히 두 개의 해석의 계열이 부각되어 왔다. 하나는 중세 초기의 교부들에 의한 기독교적 상징화이며, 다른 하나는 카발라의 랍비들에 의한 유대교적 신화화이다.

중세 기독교의 리바이어던 해석을 지배한 것은 인류 지배를 둘러싼 신과 악마의 투쟁에서 악마는 십자가 위의 그리스도를 굴욕적인 모습 안에 신이 숨어있는 것으로 기운을 차리지만, 이것을 경시함으로써 고기가 낚시에 걸리듯이 잡혀버리고 마는, 이리하여 악마는 패배했다고 하는 신학적 해석이며, 그것은 스콜라학파에까지 미치고 있다. 이 악마는 대어 리바이어던인데 신이 미끼를 가지고 이것을 낚았다는 것이다. 이러한 해석은 신학 이론으로서는 교황 그레고리우스 1세(Moralia in Job), 레오 1세, 나아가서는 니사의 그레고리우스에 까지 거슬러 올라간다.[8] 9세기에 있어서의 발라프리드 스트라보(Walafrid Strabo)의 주석을 통해서 후세에 유포되었다. 중세기 책의 삽화에 **거대한 고래**(michele waivisch)로 등장하는 리바이어던은 항상 이 교부적 해석과 관련되어 있다. 12세기의 여자 대수도원장인 헤라트 폰 란츠베르크(Herrad von Landsberg)의 「즐거운 정원」(Hortus deliciarum)의 훌륭한 삽화도 신을 어부로 하고 십자가 위의 그리스도를 낚시 바늘의 먹이로 하여, 리바이어던을 꼬여서 다가오는 대어로 묘사하고, 십자군 시대의

---

5) 이 점에 관하여는 프랑스 초상화 연구파에 의한 유명한 호화본 A. Martin et Ch. Cahier, Monographie de la Cathédrale de Bourges, 1. partie, Vitraux du XⅢ. siècle, Paris 1841-44, S. 137-140에 있는 원전의 해설(토머스-펜스터[Thomas-Fenster]에 관련된 곳) 참조.

6) Lidzbarski, Johannesbuch der Mandäer, 1915, S. 99. 만다교 · 오피키니우스 그리고 아르메니아의 아담 문헌이나 슬라브 위서(僞書) 등의 자료에 관하여는 에릭 페터존(Erik Peterson) 교수가 친절하게 교시하여 주었다.

7) Rich. Salomon, Opicinius de Canistris, Weltbild und Bekenntnisse eines avignonesischen Klerikers des 14. Jahrhunderts, Studies of the Warburg Institute, London 1936, S. 72/73. 이에 따르면 지브롤터는 리바이어던의 ossa velut fistula [꼬리뼈?]이며, 마요르크섬은 "nervi testiculorum"[고환?]이라고 한다.

8) Reinhold Seeberg, Lehrbuch der Dogmengeschichte, Bd. 2, S. 316. 인노켄티우스 3세의 강림절 첫 번째 일요일을 위한 설교 (Migne t. 217, p. 134, de triplici silentio) 중에도 같은 신학적 해석이 보인다. 다만, 유혹한 악마는 비히모스라고 한다. 여기서 「비히모스」는 "est diabolus"를 말한다. 그 밖의 예에 관하여는 Martin et Cahier, a. a. O., S. 138/39.

독일의 순례자들도 다음과 같이 노래하였다.

찬양해야 할 십자가여!
한량없이 좋은 나무
그 음탕한 리바이어던도
당신의 힘으로만이 잡을 수 있다.

O crux benedicta,
aller holze beszista,
an dir wart gevangan
der gir Leviathan.

이러한 해석은 루터에게도 역시 살아있었다.[9)]

유대교의 리바이어던, 비히모스의 해석은 완전히 다르다. 두 괴물이 반유대적 이교의 강국의 상징으로서 바빌론 · 앗시리아 · 이집트 등의 이교 국가들에 비교된 것은 주지의 사실이나, 중세에 생긴 해석, 유대 민족이 다른 민족과 대항하게 된 상황이나 그것에로의 태도에 비할 데 없는 특이성 · 이상성에서 연원한 해석의 방향은 그다지 알려져 있지 않다. 이것이야말로 정말 놀랄만한 정치적 신화이며 마력마저 느끼게 하는 기록이다. 그것은 카발라 학자의 창작으로 된 것인데 당연히 비교성(秘敎性)을 띠고 있으나, 비교성을 상실하지 아니한 채 유대교 밖에서도 전달되었다. 이리하여 루터의 『탁상담화』, 보댕의 『악마신뢰기』, 르랑(Reland)의 『어록』(Analecta Rabbinica), 아이젠멩거의 『유대교 발견』(Etdecktes Judenthum) 등에 그 기록이 있다.[10)] 이 유대적 · 카발라적 해석에 의하면 리바이어던은 「숲 속의 뭇짐승」(시편 50:10), 즉 이교의 민족들이며 세계사는 이교 국가들 간의 투쟁이다. 해양국가 리바이어던은 육지국가 비히모스와 싸운다. 후자는 전자를

---

9) 중세의 초상학에 관하여는 J. Sauer, Die Symbolik des Kirchengebäudes, Freiburg i. Br. 1902, S. 223, 333. 루터에 관하여는 Harmannus Obendiek, Der Teufel bei Martin Luther, 1931, S. 75. Hortus deliciarum에서의 리바이어던 낚시에 관해서는 Zellinger, Historisches Jahrbuch des Görres-Gesellschaft, 1925, S. 161.

10) 루터의 「탁상담화」(Tischrede)에 관하여는 S. 36 (본서 508면); 보댕의 「악마신뢰기」(Dämonomania)에 관하여는 후술 S. 37 (본서 508면) 참조. Joh. Andreas Eisenmenger, Entdecktes Judenthum은 프로이센 왕국 특허판 (Königsberg 1711, I, S. 401; Ⅱ, S. 873 ff.; 885)을 이용하였고, Adrian Reland, Analecta Rabbinica, Utrecht 1702는 1723년의 제2판을 사용하였다. 르랑은 이 유대적인 해석에 「정신적」 의미를 부여하고, 그 서문에서 「미래에 리바이어던을 삼키는 것이 탈무드와 그 밖의 영혼의 양식인 책에 있으나, 이러한 모든 것들은 육체의 식물은 아니라고 생각한다. 리바이아던을 먹는다는 것은 정신적인 식사이다」라고 말한다. 대랍비 아브라함 데 콜로그나(Abraham de Cologna)는, 다른 점에서는 친유대적인 베일(Bail)의 저서가 저 리바이어던 설화를 「황당무계」하다고 평한데 대하여, 1817년에 발간된 그의 논평에서는 이렇게 말한다. 즉 「이 이야기는 어떤 진리를 내포한 풍자나 수수께끼라고 생각하는 것이 자연스럽고 또한 정당하다. 동방의 저자들은 이야기를 구실로 놀랄만한 진리를 항상 즐거이 감추는 취미를 가지고 있기 때문이다」라고.

갈갈이 찢으려고 하며, 전자는 지느러미로 후자의 입과 콧구멍을 억압하여 질식사하게 한다(덧붙여 이것은 해상봉쇄에 의한 육지의 압박을 훌륭하게 비유한 것이다). 유대인은 지상 민족들의 상호 살육을 방관한다. 상호「도살」은 법률에 적합한「성스러운」(koscher) 것*이기 때문이다. 이리하여 그들은 살해되는 쪽의 민족의 살을 먹으며 그것으로 생활한다고 한다. 비슷한 이설(異說)에 신은 매일 몇 시간이나 리바이어던과 즐겁게 논다든가, 신은 이 괴물의 만행으로부터 세계를 보호하기 위해서 수컷을 잘게 자르고 암컷은 소금에 절여 천국에 있는 의로운 자의 식탁에 제공된다고도 말한다. 이러한 것 하나 하나를 여기서 논할 필요는 없겠으나, 여하튼 유대인은 리바이어던과 비히모스를 거대한 전쟁신화로 키웠다. 양자는 유대인의 눈에 그려진 이교도의 활력과 생산력의 상징이며 유대적 증오와 유대적 우월감이 괴물로 왜곡한「거대한 수신(獸神)」*이다.

이러한 여러 종류의 리바이어던 해석을 염두에 두면, 완전히 새로운 지평을 열어서 홉스의 리바이어던을 전적으로 새로운 각도에서 고쳐볼 수 있는 새로운 해석이 가능할 것이 아닌가? 리바이어던은 뱀 내지 용이며, 신화나 설화에서 뱀이나 용은 같은 것인 경우는 앞에서 보았다. 먼저 이 양자는 근동이나 유대 신화에서는 악마적인 것, 악한 것인데, 그 이외에서는 부드러운 우호신의 상징이 된다는 것을 상기해 보자. 중국의 용도 그 한 예인데, 켈트인도 뱀과 용을 받들고, 란고발트 · 반달 등의 게르만 민족들도 용이나 뱀을 군기에 게양하였다. 앵글로 색슨인도 고래로 왕의 군기에 용을 게양하고 1066년 해롤드왕은 헤이스팅스에서 영국군의 중앙의 용기 아래서 노르만의 공격을 기다렸다가* 승리한 후 윌리엄 정복왕은 이 기를 로마 교황에게 보냈다. 나의 이러한 사실의 지식은 헤르베르트 마이어(Herbert Meyer)에게 힘입고 있는데, 그에 의하면 용깃발의 기원은 오리엔트가 아니라 게르만이며, 영국에서는 노르만 침공 이래 15세기까지 군기로서 사용되었다고 한다.[11] 암미아누스 마르켈리누스(Ammianus Marcellinus, XVI, 12, 39)는 율리아누스 배교제(背教帝)*가 창에「보라색 용의 문장」(purpureum signum draconis)을 지니고 있었다고 보고하는데, 그 의미는 용의 장식물을 붙여 용기병이 담당했던 고대 로마의 이교적인 보병 군기를 부활시킨 것에 있었던 것은 아닐까? 콘스탄티누스 대제는 이 용 대신에 그리스도의 두 문자*를 채택하였다.

유럽의 국민들은 중요한 모든 정치문제의 해석에 있어서 그 깊은 신화적 의미를 이해하는 생생한 감수성을 가지고 있었다. 사람들은 리바이어던의 깊은 해명에 몰아세운 근원적인 뿌리도 여기에 있을 것이다. 그렇다고 한다면「리바이어던의 예언자」라고 하는 홉스가, 이 상징의 신화적 의미에 대해서 명확하고 확실한 정견의 소유자였는가의 여부가 문제로 되지 않을 수 없다. 이 질문은 근년에 해답의 필요가 절실하다. 유대인 학자 레오 슈트라우스(Leo Strauß)*는 1930년에 출판한 저서[12]에서 스피노자의『신학 ·

11) Herbert Meyer, Sturmfahne und Standarte, Zeitschrift der Savigny-Stiftung, Germ. Abt. 51 (1931), S. 230.

12) Leo Strauß, Die Religionskritik Spinozas, 1930, S. 75. 슈트라우스는 홉스의 Elementa de Corpore Politico, II, VI-VIII; de Cive, XII, 2; Leviathan, XII, XXXI와 XLII를 근거로, 홉스의 주장을 단순한

정치학론』(Tractatus Theologico-Politicus)*을 연구하고, 홉스에 대한 스피노자의 깊은 의존관계를 논증하였다. 슈트라우스는 거기서 홉스는 종교와 정치의 구별이라는 반란적 · 망국적 교설의 창시자는 유대교도라고 주기하고 있으나, 그것은 홉스가 반대한 것은 정치적 통일체에 유대계 기독교 교도*에게 특유한 분열을 가져온 것이 있다는 한정 아래에서만 정당하다. 홉스에 의하면 성속(聖俗) 양권의 구별은 이교도에게는 낯선 것으로, 이교도는 종교를 정치의 일부라고 하는데 대하여, 유대인은 정치를 종교의 일부로 보고 있다. 로마 교황과 지배욕의 권화(權化)같은 장로파 교회만이 성속양권의 분리라는 망국론에 서 있으며, 정치와 종교의 통일이라고 하는 본래적 · 자연적인 이교도적 원리를 파괴한 것은 공포와 몽상에서 나오는 외래의 영혼 신앙의 미신과 악습에 있다고 한다. 슈트라우스가 논증하였듯이, 로마 교회가 수립하려고 하는 「암흑의 왕국」과 투쟁하고, 본래의 통일을 부활시키려고 한 곳에 홉스의 정치적 이론의 본래적 의미가 있다. 슈트라우스의 지적은 정당하다.

독일인으로는 헬무트 셸스키(Helmut Schelsky)[13]*가 합리주의자 · 기계론자 · 감각론자 · 개인주의자 등등의 「주의자」라는 표시를 홉스에게 붙이려고 하는 피상적 이론을 정당하게 비판하고, 그가 정치적 현실에 걸맞는 정치적 실천사상가이며, 그 저작도 보편개념의 사상체계가 아니라 정치적 실천의 이론이었다고 한다. 셸스키는 말하기를 리바이어던상을 가지고 「홉스는 일체의 종교적 국가이상에 대결하였다. 그는 일련의 위대한 정치적 사상가의 계열에 속하며, 그가 걸어간 길동무는 마키아벨리나 비코(Vico),* 근대에 있어서는 니체와 소렐이다」. 그러나 「리바이어던 개념의 깊은 의미」는, 그것이 현세에만 존재하는 「지상적」이며 「가사적」인 신으로서, 인간의 정치적 실천에만 관계를 가진 곳에 있는 이러한 정치적 실천은, 영겁회귀하는 「자연」 상태의 혼돈 중에서 항상 새로이 싸우게 되는 것이다. 이리하여 그는 「모든 형태의 정치신학에 대하여 그 시대에 상응한 위대한 투쟁을 도전한」, 이 투쟁의 위대한 상징이 리바이어던이라고 한다. 이러한 셸스키의 견해에 의하면, 홉스는 정치적 실천사상가였다. 그렇다면 다음의 점들이야말로 정말로 문제이다. 즉 홉스가 창조한 리바이어던 신화는 참으로 본래적으로 생긴 통일의 재래인가, 아닌가? 정치적 · 신화적 모습으로서의 리바이어던의 자연적 통일의 유대계 기독교의 파괴에 대한 투쟁에서 시종일관하였는지의 여부, 그리고 리바이어던은 이 투쟁의 악과 가혹함에 대해서 잘 견디었는가? 라고.

유대교도 대 이교도의 대립으로 단순화한다. 그러나 홉스는 유대계 기독교도의 교설들에 반대하여 이교계(異教系) 기독교적 · 에라스투스적으로 논하였다. 이때에 그는 기독교 공동체 · 기독교 국가(civitas Christiana)를 전제로 하였다. 그 국가의 주권자는 「예수는 구주」(that Jesus is the Christ)*라는 중요한 신앙상의 원칙만을 침해하지 않고 오히려 보호하며, 권력욕으로 가득 찬 승려나 종파인들의 신학적 사변(思辯)과 구별에 종지부를 찍었다. 그 이후에 국가의 기술화(후술 S. 63; 본서 517면)는 유대교도 · 이교도 그리고 기독교도의 구별을 무의미하게 만들고, 전체적 중립성의 영역으로 인도하였다.

13) Die Totalität des Staates bei Hobbes, Archiv für Rechts-und Sozialphilosophie, herausgegeben von C. A. Emge, Bd. XXXI, Berlin 1938, S. 176-201.

2. 홉스의 용례

우선 원전에 따라서 고찰하기로 한다. 홉스 자신은 리바이어던에 대해서 무엇을 서술하였는가? 그가 『리바이어던』이라는 제목을 붙인 명저의 예에서 그것은 어떻게 표현되고 있는가?

1651년에 나온 『리바이어던』의 영어판 제1판의 속표지에는 동판화가 실려 있다.* 그 사람은 『리바이어던』이라는 제목으로 「지상의 권력에는 이것과 겨룰 자가 없나니」(non est potestas super terram quae comparetur ei)라는 욥기 제41장 24절*의 표어와 함께 얼핏 보아 이상한 인상을 준다. 무수한 소인으로 합성된 거인이 오른 손에 칼을, 왼손에 목장*을 쥐고 평화로운 거리를 위해서 수호하고 있다. 성속을 상징하는 양팔 밑에 각각 다섯 개의 그림이 있다. 칼 밑에는 성채 · 왕관 · 대포 · 소총과 창과 깃발. 맨 아래에는 전투 장면이 그려져 있고 왼손의 목장 아래에는 그것에 대응하여 교회 · 주교관(主教冠) · 파문장(破門章) · 개념구분*과 3단논법과 딜레마자형 그리고 맨 마지막에 공회의가 묘사되어 있다.[14] 이 삽화는 성속 양권이 가지는 전형적인 권력수단과 투쟁수단을 묘사한 것이다. 정치투쟁이 가져오는 적과 동지의 대치는 불가피하며, 부단하게 인간 활동의 전 영역을 끌어넣어 성속의 각각에 특유한 무기를 만들어낸다. 성채와 대포에는 제도와 지적 수단이 대응하고 있으나, 후자의 투쟁상의 가치는 전자에 미치지 못한다. 충격적인 제목을 가진 책은 내용 이상으로 유명하게 된다. 『리바이어던』도 하나인데, 이 속표지도 그 책의 충격력에 공헌하였다. 개념이나 개념구분이 정치적 무기 「간접」권력* 특유의 무기라고 하는 위대한 통찰은 이 책의 첫 페이지를 보기만 해도 알 수 있을 것이다.

그런데 이 책의 내용이나 문장에서 리바이어던 상의 의미를 원전에 의거하여 알려고 하는 독자는 약간 실망할 것이다. 제목이나 속표지 그림이 불러일으킨 신화적 인상은 리바이어던에 대해서는 이 책의 책장 어디에도 뒷받침하고 있지 않다. 속표지 그림 자체가 욥기가 말하는 리바이어던과 같은 용 · 해수 · 뱀 · 악어 · 고래와 같은 괴물이 아니라 전술한 것 같은 당당한 거인이다. 글 중에도 「거인」(magnus homo)과 「거대한 리바이어던」(magnus Leviathan)은 병렬 · 혼용되고 있으며, 구약적 해수와 플라톤적 거인(μάκρος ἄνθρωπος)이 동시적으로 개입하지 않고 병존하고 있다. 이것은 결점이라기보다는 오히려 강렬한 인상을 준다. 많은 신화에서 사람과 짐승은 융합하고 있으며, 더구나 거인과 거수의 융합으로 신화적 신앙은 깊어지게 되었다. 이 책 속에 리바이어던이라는 말은 전부 세 번 나올 뿐이다. 먼저 첫머리(L 1, E ix, K 1-22)에서, *civitas* 또는 *respublica*는 거인, 거대한 리바이어던, 인공동물(animal artificiale), 자동기계(automaton) 또는

14) 이 책은 이 『리바이어던』의 그림으로서 1750년판을 게재하였는데, 이는 커다란 판에서 확실히 볼 수 있기 때문이다. 그것은 우리들에게 1651년판과 중요한 점에 있어서는 모두 동일한 것이다. 구태여 차이를 말하자면 1651년판에는 Andrew Crooke라는 출판사 이름이 들어있는 정도이며, 그것은 여기서는 그다지 중요하지 않다.

Non est potestas Super Terram quæ Comparetur ei Iob 41.24.
IATHA
or the
ATTER, FORM
and POWER of
COMMON WEALT
ECCLESIASTICA
and
CIVIL.
Written by
Tho: Hobbs
1651.

기계(machina)라고 한다. 여기서「그 거대한 리바이어던」(magnus ille Leviathan)은 거인과 거대한 기계를 동시에 의미하는 것으로서 그것에 대하여 아무런 해설도 설명도 없다. 여기에는 거인 · 거수 · 인지의 소산인 거대한 기계라고 하는 세 가지의 모습이 있다. 두 번째 리바이어던의 언급은 제2편 국가론(de civitate) 제17장 국가생성론(L 131, E 158, K 232)*에서이다. 즉 만인의 만인과의 계약에 의하여 대표적 인격 또는 단체가 생성하며, 그것이 반대로 계약 체결자인 다수자를 통일적 인격, 즉 국가로 높이는 과정이다. 홉스는 이것이야말로 그 위대한 리바이어던의 생성이며, 나아가「더욱 경건하게 말씀드리면」,[15] 그 힘의 공포(terror)에 의해서 만인을 평화롭게 강제하는 **가사**(可死)**의 신**(deus mortalis)이 생겼다고 덧붙이고 있다. 거인 · 거수 그리고 거대한 기계에 첨가하여 신, 그것도 가사의 신이 네 번째로 아무런 설명도 없이 등장하였다. 따라서 신, 인간, 동물 그리고 기계라는 신비스런 전체성을 얻을 것 같다. 이 네 가지의 전부가「리바이어던」이라는 구약적 명칭으로 계속한다. 그러나 이 구약의 모습을 사용한 본래의 의미의 설명은 제28장 마지막의 세 번째 언급[L 230, E 307, K 412]에서 하고 있다. 이 설명은 매우 짧고 신과 짐승, 짐승과 사람, 사람과 기계의 신화적 융합 때문에 우리들의 마음에 품고 있는 커다란 기대에 따르지 못한다. 그는 여기서 상벌을 논하고 그것이 인간의 통제, 특히 오만, 그 밖의 나쁜 정념을 억제하는 필요수단이라고 한다. 이 상벌을 결정하는 것은 지고권력의 보유자이며, 국가의 지도자, 지배자이며 그가 영문판에서 Governor, 라틴어판에서 rector라고 부르는 것이다. 정치적 통일체 전체로서의 국가가 아니다. 이 rector가 가지는「거대한 권력」(ingens potentia) 때문에 거대한 리바이어던에 비유된다. 왜냐하면 신은 욥기 제41장 제24절에서 리바이어던에 관하여「지상의 권력에는 이것과 겨룰 자가 없다」라고 말하기 때문이다.

이것이야말로 유일한 홉스 자신에 의한 리바이어던 모습의 설명이다.「땅 위에는 그것 같은 것이 없나니 두려움 없게 지음을 받았음이라. 모든 높은 것을 낮게 보고 모든 교만한 것의 왕이 되느니라」. ― 이 성구를 홉스가 인용하는 경우에는 항상 주권자는 지상의 지고권을 일괄하여 전유하며, 그「권력의 공포」(terror)(제17장)를 가지고 만인, 특히「추앙되는」강자를 굴복시킨다는 주장과 관련된다. 이 저자 자신의 설명이 보이는

15) 이곳은 영문판에서는 문자 그대로 다음과 같다. 즉 "This is the Generation of that great Leviathan, or rather (to speake more reverenly) of that Mortall God, to which wee owe under the Immortal God, our peace and defence." 라틴어 판은 다음과 같다. 즉 "Atque haec est Generatio magni illius Leviathan, vel (ut dignius loquar) Mortalis Dei; cui Pacem et Protectionem sub Deo Immortali debemus omnem." H. Schelsky, Die Totalität des Staates bei Hobbes, Archiv für Rechts-und Sozialphilosophie, XXXI, 1938, S. 190/91은「더욱 경건하게 말하자면」이라는 표현을「가사의 신」(mortal god)이라는 표현에 맞는 비교급이라고 해석한다. 그것은 물론 정당하다. 왜냐하면 비교급에는 두 개의 비교가 있어야 하기 때문이다. 그러나 홉스 자신이 국가를「리바이어던」이라는 표현으로서 나타낸 것이 덜 경건한 느낌을 주게 되었다는 사실이 배제되어서는 안 된다. 나는 홉스가 국가를 진실로 신격화한 것이 아니라고 말한 적은 한 번도 없다. 다만, 홉스에 있어서 리바이어던의 상은 그의 국가론에 어울리지 않으며, 오히려 당시의 사정을 반영하여「선한 영국적 유머에서 나온, 좀 아이러니칼한 문학적 착상」이 아닐까 하고 생각한다.

것은 리바이어던이란 절대권력의 귀족, 교회와의 투쟁이라는 17세기의 정치상황에서 지고불가분, 최강의 세속적 권력을 성서가 말하는 최강의 짐승에 비유한 것에 불과하다. 홉스는 성서 원전 비판의 선구자의 한 사람으로 다음 제33장에서 구약의 여러 책들을 연구하여 욥기에도 비판적 주석을 첨가하며, 그 비판은 스피노자의 『신학정치학론』 제10장 18을 받아들이게 되었으나, 거기에서도 신화상으로서 리바이어던에게 특별히 관심을 나타내지는 않고 있다. 브램홀(Bramhall)* 주교의 비판서 『리바이어던의 포획』(The Catching of Leviathan)에의 회답(1682년)에도, 여기서 리바이어던 모습의 해석을 해도 좋은데 전혀 하지 않고 있다.

이에 반하여 홉스는 1656년에 발간한 『자유 · 필연 · 우연론』(The Questions concerning Liberty, Necessity and Chance)이라는 작은 책자 속에서 브램홀에 반론했을 때, 그는 리바이어던을 논박한다면 「비히모스 대 리바이어던」이라는 제목이 어울린다고 하며, 뒤에는 욥기의 다른 괴물 『비히모스』라는 제목의 책을 썼다. 이 책은 1640~1660년의 청교도 혁명사인데, 국왕의 검열로 발행이 금지되었다가 그가 죽은 후인 1682년에야 비로소 발간되었다. 비히모스라는 제목도 본문 중에서는 완전히 해설하고 있지 않지만 청교도혁명 중 종교적 광신과 종교주의에 의하여 영국을 파괴한 무정부상태의 상징이다. 그렇다면 홉스에 있어서의 「리바이어던」 「비히모스」라는 두 괴물의 상호관계는 어떠한가? 리바이어던이 국가를, 비히모스가 혁명을 의미하는 것을 아는 데에는 특별히 신화적 고찰을 필요로 하지 아니한다. 여하튼 고래는 17세기 영국인에게는 익숙해서 친밀한 것으로, 「거대한 고래」 리바이어던이라는 해수가 평화적 질서의 상징으로 뽑혔다는 것은 우연이 아니다. 그러나 이 평화를 강제하는 국가질서와 혁명적 무정부인 자연상태와는 그 원시적 실력에 있어서 대등하며, 홉스는 국가란 강대한 실력으로써 지속적으로 억지된 내란상태에 불과하다고 한다. 즉 리바이어던(국가)이라는 괴수가 비히모스(혁명)라는 괴수를 계속 억제하고 있는 상태이며, 영국의 우수한 홉스 연구가 보건(C. E. Vaughan)은 리바이어던이야말로 비히모스의 「유일한 광정자」라고 한다. 혼돈은 본질상, 즉 개인에 있어서 억압불가능한 것이며, 국가절대주의는 그 혼돈의 억압자이다. 카알라일(Carlyle)은 그의 특유의 강렬한 언변으로 「무정부상태 플러스 경찰」이라고 말해 치웠다. 파울 리터부슈도 리바이어던과 비히모스의 대등성을 논증하고, 명쾌한 홉스의 국가론 모습을 보여주었다.[16)]

16) Paul Ritterbusch, Der totale Staat bei Thomas Hobbes, Kiel 1938; 후술 S. 52 (본서 513면) 참조. Vaughan, Studies in the history of political Philosophy before and after Rousseau, Vol. I, From Hobbes to Hume, Manchester 1925, S.53; Tönnies, Thomas Hobbes, Leben und Lehre, 3. Aufl. Stuttgart 1925, S. 61은 리바이어던과 비히모스를 대등한 것으로 이해하며, 「국가는 일종의 괴수이며, 혁명은 또 다른 종류의 괴수」라고 한다. John Laird, Hobbes, London 1934, S. 36은 홉스 자신이 암시한 「비히모스 대 리바이어던」이라는 제목은, 해양의 거수에 대한 육지의 거수에 우위를 의미하는 것은 아닐까 하는 점을 지적한다. 그렇다고 한다면 장기의회(長期議會)는 가증스러운 괴물로서 하위에 두고, 홉스가 구상한 인공인(人工人)을 선을 원하는 거인으로서 이와 대치시킨 것은 아닐까 하는 생각이 떠오른다. 그러나 욥기 제40장 19절에 의하면, 비히모스는 「하나님의 창조물 중에 으뜸」이라고 되어 있다.

요컨대 홉스의 용례상 『리바이어던』에 있어서 리바이어던의 의미는 성서의 인용에 근거하여 자기 이하의 세력들을 압도적 힘으로써 억압하는 지상의 최강권력을 동물에 비유한 것으로, 이 비유의 의미는 오로지 그 목적에 한정하는 것 같다. 그러나 용어의 이러한 일반적인 언어사적 해석은 재검토할 필요가 있다. 왜냐하면 홉스가 리바이어던을 그의 국가관의 상징으로 사용한 시기는 특정한 역사적인 발전단계였기 때문이다.

전술한 S. 15 (본서 501면) 기독교 신학적 내지 유대 · 카발라적 리바이어던 해석은 인문주의와 르네상스에 의하여 배척되었으나, 단번에 소실한 것은 아니며 반종교개혁운동이 그것에 새로운 자극을 주었다. 캄파넬라(Campanella)의 『태양의 도시』(Civitas solis)(1620년)*와 『스페인의 군주제』(De monarchia Hispana)(1640년)는 리바이어던 자신을 논하지는 않으나, 그 성서나 점성술에의 언급은 당시의 신화적 사유의 예증이다. 리바이어던은 「풍자」나 「은유」를 즐기는 바로크 취미에 알맞은 것은 아니었지만, 오히려 신교도의 성서 신앙에서 악마적 마력의 소유자로서 재생하였다. 그것은 14세기의 위클리프(Wyclif)에게서도 15 · 16세기의 통속문학에서도 「악한 뱀 리바이어던」이며, 루터(Luther)의 『탁상담화』*에서는 신에게 인간을 속이는 것이 허락된 현세의 제왕이라고 한다. 그러나 신은 리바이어던을 억제하고 매일 3시간 그것과 논다. 「리바이어던은 저 거대한 용으로서 신은 그것을 조롱하기 위하여 그에게 힘을 주고 경건한 자에 의해 마음을 움직이고 하루 세 시간을 그와 논다」(Ita Leviathan est magnus ille draco, quem firmavit deus ad illudendum ei quem persous pios irritat et ipse narret sich mit yhm singulis diebus tribus horis)라고. 루터에 의하면 고래 · 리바이어던 · 비히모스는 「악마를 부르는 완곡한 비유의 말」[17]이라고 한다. 신이 하루 몇 시간을 리바이어던과 논다는 사상은 아마 욥기의 카발라적 해석에서 유래하는 것으로, 이미 거기에 현세의 권력에 대한 어떤 종류의 풍자를 느낄 수 있다. 이 풍자는 주관주의적 · 낭만주의적인 것이 아니라 악마적 · 형이상학적 심성 속에 있다. 장 보댕에서도 리바이어던은 아직 악마적 의미를 가지고 있다. 그는 『악마신뢰기』 중에서 「리바이어던은 악마로서 욥기의 설명처럼 어떤 자도 이것에 저항할 수 없다. 그 주술의 힘은 육체뿐만 아니라 영혼에까지 미치기 때문에 사람은 그와 계약을 맺을 수 없다. 정신과 영혼의 지배력을 가졌다고 자부하는 자도 예외는 아니다」라고 한다. 보댕은 카발라, 기타 유대교의 강한 영향을 받고 있으며, 여기서도 아마 그러할 것이다.[18] 홉스와 동시대인으로 스피노자의 기적신앙 비판에 강한 영향을 준 이삭 드 라 페이레르(Isak de la Peyrere)의 견해도 유대교에서 기원하는 것으로 여러 가지 이유로 중요한 저서 『아담 이전인』(Prae-Adamiten)(1665년)(제목의

---

17) Weimarer Ausgabe, Tischreden, 2, Nr. 2598 a und 6, Nr 6829. 루터는 같은 맥락에서 고래에 언급한다. 참조. Obendiek, a, a. O., Anm. 275. 내가 보는 한에서는 오벤디이크는 리바이어던에 관하여 특별한 언급을 하지 않는다.

18) Daemonomania (lateinische Ausgabe 1581), Buch Ⅱ, Kap. 6 und Ⅲ, Kap. 1; Bezold, Jean Bodin als Okkultist und seine Daemonomania, Historische Zeitschrift 105 (1910, S. 1 ff. 이 논문은 배촐드 전집에도 수록되어 있다).

뜻은 아담의 자손이 아니라 다른 기원을 가진 인류의 것)*에서 그는 욥기 제41장과 관련하여 「악마인」 리바이어던을 칼디아의 마술사가 언급한다고 설명하고, 나아가 육지의 악마가 있다고 설명한다.[19] 라 페이레르는 여기서 홉스 시대의 프랑스에서 가장 명성이 높았던 필립 코두르쿠스(Philipp Codurcus)의 욥기 주석을 채택하는데, 이 코두르쿠스는 홉스의 『리바이어던』과 같은 해인 1651년 파리에서 욥기의 라틴어 번역에 주석을 붙여 출판하였다. 그는 서문에서 계시록 제12장의 큰 **재난**!을 논하고 이단을 야기하고 성서를 왜곡하는 것은 「인류의 적으로서 악마라고 불리는」 용 퓨던(Python)*이라고 한다. 그는 이단자, 특히 칼뱅(Calvin)*을 논란하고 있는데 흥미 깊은 것은 그가 신교의 목사로서 1654년에 구교로 개종한 자이다. 이 책의 본문에서 그는 리바이어던과 비히모스를 계시록상의 짐승에 비유하고, 욥기의 비히모스는 코끼리, 리바이어던은 고래로서의 상징이 아니라 「바로 그것」(proprie)으로 해석해야 한다고 한다. 그는 더구나 그 「비유적」 의미에도 언급하여 두 짐승은 신이 현세의 지배를 맡긴 군주를 의미하기에 이르렀다고 하며, 또한 군대에 비교하기도 한다. 그는 거기에 덧붙여 리바이어던은 거대한 고래일 뿐만 아니라 코끼리(비히모스)를 죽이는 용이라고 한다.[20]

전체적으로 볼 때 1500년에서 1600년에 이르는 시대에 이러한 모습의 악마성(惡魔性)은 거의 끝난다. 루터에게도 여전히 잔존했던 중세적인 속신도 사라졌다. 악령은 기괴한 괴물로 되거나 심지어는 웃음거리가 되고 말았다. 리바이어던도 16세기 문학에서 같은 운명을 받았다. 이것을 보여주는 것은 히에로니무스 보슈(Hieronymus Bosch)로부터 이른바 지옥의 브뤼겔(Hollen-Brueghel)*에 이르는 회화상의 악마상의 변화이다. 보슈(1550년경)에서는 중세적 악마신앙은 역시 붕괴되고, 악마는 괴담적인 것이 아니라 존재론적 현실감을 가지고 있다. 배경에 그려진 지옥의 광경도 단순한 서경(叙景)이나 기이함을 자랑하는 붓(筆)의 소일거리가 아니라 지옥의 꺼진 불도 이 지상의 색채를 관통하는 것이다. 「지옥의 브뤼겔」(1600년경)에서는 이 무서운 현실체는 완전히 사라지고 아름다움과 심리적 흥미의 영역의 것이 되고 있다. 보슈와 지옥의 브뤼겔 간에 현세적 리얼리즘 시대가 개재하고 있으며, 그 전형적인 것은 그림에서 백성 브뤼겔,* 영문학에서 크리스토퍼 말로(Christopher Marlowe)와 셰익스피어(Shakespeare)의 희곡이다. 셰익스피어의 희곡에 리바이어던의 이름은 몇 번 등장하지만 항상 별 의미 없는 강대하고 민첩한 바다의 괴물이라는 즉물적 의미의 것으로 정치적 상징성은 거의 없다. 『헨리 5세』 제3막에서 병사들의 약탈의 거칠고 사나움을 묘사할 때 리바이어던이라는 이름이 사용되고 있지만, 이것은 중세 신학의 악마론이나 형이상학적 악마성이라는 관련이 없다.[21]

---

19) De La Peyrere, Praeadamitae, quibus inducuntur Primi Homines ante Adamun conditi, 1655, p. 234. 페이레르가 스피노자에게 미친 영향에 대해서는 이미 토마지우스가 지적한다. Leo Strauß, Die Religionskritik Spinozas, 1930, S. 32 ff. und 287 참조.

20) Philippus Condurcus, Libri Job, versio nova ex hebraeo cum scholiis, Lutetiae Parisiorum MDCLI. 리바이어던과 비히모스에 관한 상세한 설명은 제40장 S. 321 f.의 주석에 있다. 리바이어던에 의한 비히모스의 살륙은 S. 326/27(「코끼리는 용에 의해서 죽는다. 리바이어던이란 거대한 물고기나 고래가 아니라 용을 의미한다」). 리바이어던은 군대(대열)라고도 한다. S. 332.

1650년경 홉스의 『리바이어던』 시대의 영문학은 일부의 광신적 성서 인용자를 제외한다면 완전히 비신화적 · 비악마적인 리바이어던관이 지배하고 있었다. 16 · 17세기풍의 풍자에도 리바이어던은 걸맞지 않으며 『실낙원』(Paradise Lost)에서 밀턴은 깊은 상징적 의미가 전혀 없는 바다의 거수로서 그것에 언급하고 있다. 토머스 데커(Thomas Dekker)는 1607년 초판의 풍자소설에서 지옥의 광경을 묘사하고 있다. 죽음에 이르러 런던의 구두쇠가 지옥의 마부에게 길을 묻는 장면에서, 이 마부는 「위대한 리바이어던의 부하」라고 한다. 이 리바이어던 역시 악마이지만 중세 신학적으로나 단테의 지옥편적인 의미에서도, 또한 스웨덴보르그(Swedenborg)의 지옥회화적도 아닌, 완전히 문학적 · 풍자적인 것으로 영국 해학문학의 양식과 분위기에 속하는 것으로 생각된다.[22] 1630년경의 샌더슨(Sanderson)의 『설교집』(Ⅱ/310)의 어떤 곳에서 신은 「현세의 거대한 리바이어던들」과 어떻게 잘 처리해 나가는지를 논하고 있는데, 여기에서의 리바이어던들이란 현세의 「세력들」에 지나지 않는다. 관용은 이 방향으로 나아갔다. 버크(Burke)는 베드포드 공작을 「왕관이 창조하는 만물의 리바이어던(Works Ⅲ, 35)이라고 부르고, 드 퀸시(de Quincey)는 1839년 강력한 상대와의 소송을 「두 개의 백작위를 가진 리바이어던」과의 싸움이라고 표현하고 있다. 이리하여 마침내 리바이어던은 보통 강대한 사람 · 물건 · 집 · 배 등을 재미있고 우습게 부르는 경우에 사용되게 되며, 슬랭(Slang)도 이 당당한 말을 취하였다.[23] 리바이어던의 용어법에는 당연히 홉스에게 나오는 특별한 영향도 있다. 리차드 리곤(Richard Ligon)의 『바르바도섬의 역사』의 「이 좋게 다스려진 공동체인 리바이어던의 조화를 가져온 것은 무엇인가?」라는 문장 자체가 홉스적인데 홉스의 영향인지 알 수 없다.[24] 홉스의 논적 로크가 리바이어던이라는 말을 논쟁적으로 사용하지 않을 수 없었던 것은 당연하며, 「홉스주의자라면 '당신이 벌하지 않으면 리바이어던이 벌할 것이다.'라고 대답할 것이다」라고 한다. 만디빌의 『꿀벌 이야기』(The Fable of the Bee, 1714)의 다음의 말은 완전히 홉스적이다. 즉 「몇 백만의 사람들이여, 잘 결합하여 강대한 리바이어던을 결합하라고 신들이 정해주었다」[25]라고.[26]

---

21) 『헨리 5세』 제3막 3장. 그리고 『한 여름 밤의 꿈』 제2막 1장에서는 리바이어던의 전설적인 민첩함에 대해서 언급하고 있다. 『베로나의 두 신사』 제3막 2장에서의 언급에는 어떤 깊은 의미는 없다.

22) Thomas Dekker, in: "A Knights Coniuring"; Druck der Percy Society, London 1842, S. 60.

23) The Oxford English Dictionary Ⅵ (1933), p. 228의 항목에서는 리바이어던은 「막강하고 무서운 권력자나 굉장한 부자」도 의미한다. 그리고 Slang-Lexikon by Eric Partridge, London 1937, p. 479에서 리바이어던은 「경마에서 거액의 돈은 거는 사람」의 의미가 있다.

24) 리곤(Ligon)의 여행에서 이곳은 Oxford Dictionary의 같은 곳에 1657년의 것이 인용되어 있다. 그러나 Biographie universelle, Tome 24, p. 530에 있는 리곤의 전기에 의하면, 이 책의 초판은 이미 1650년에 즉 홉스의 『리바이어던』 이전에 런던에서 출판되었다. 그러나 원전을 입수할 수 없으므로 리바이어던의 용어사용법의 중요한 곳은 확인할 수 없었다.

25) 만디빌(Mandeville)이 홉스에 의거한 것에 대해서는 특히 스티븐(Stephen)의 견해가 재미있다. 그는 『꿀벌 이야기』를 「홉스의 선술집 판」(pothouse edition)이라고 부른다. Tönnies, a. a. O., S. 307, Anm. 131과 거기에 인용된 문헌 참조. 그리고 Locke, Human Understanding I, 3 (1690).

26) 본문 중의 리바이어던이라는 말의 의미변천사에 관한 간단한 개관은 언어학적으로 충분히 다 검토한 것은 아니다. 그러나 홉스가 리바이어던이란 형상을 사용한 것은 「선한 영국적 유머에서 나온, 좀 아이러니칼

끝으로 홉스 특유의 심성에서 본다면 이 리바이어던의 비유 배후에 깊이 감추어진 의미가 숨어있는 것은 아닌가도 생각된다. 당시의 대사상가들과 마찬가지로, 홉스도 비교(秘敎) 취미를 가지고 있으며 스스로, 나는 때때로 마음의 「문」을 열지만 반쯤을 보여주었다. 잠시 창을 열고 폭풍우를 무서워해서 닫아버리는 사람처럼이라고 고백하고 있다.[27] 『리바이어던』의 문장 중 리바이어던을 세 번 언급하였는데, 이것은 세 번 순간적으로 창을 열었다는 것인지도 모른다. 이 방향으로 나가면 전기적 · 개인심리적 연구에 다다를까? 맥심 르로와(Maxime Leroy)가 데카르트를 비교의 장미십자단원*으로 만든 것과 같은 연구에 빠진다. 리바이어던을 비교적 상징으로 사용한 카발라계의 비교의 영향을 찾아내는 일도 가능한지 알 수 없으며, 실제로 16 · 17세기의 중세 기독교의 속언(俗言)이 어떻게 해서 완전히 소멸했는지 믿지 못할 곳이 있다.[28] 그러나 이러한 곤란한 연구는 현재에도 역시 발족하지 못하고 있다. 여하튼 단순한 전기적 · 개인심리적 연구는 중요하지만 우리들의 연구에 궁극적인 해답을 주지 못한다. 왜냐하면 우리들은 정치신화의 고유한 역사지배력을 묻고 있기 때문이다.

3. 신 · 인격 · 기계

홉스 국가이론의 사상체계, 개념적 및 체계적 구조에 있어서의 리바이어던의 의의는 무엇인가?

홉스의 국가론의 출발점은 자연상태의 공포이며, 목적의 도달점은 시민상태, 국가상태의 안정이다. 자연상태에서는 만인은 만인을 죽일 수 있는, 「만인은 이 최대의 행위를 할 수 있다」(De cive, L 162, E 7). 이러한 위협 아래에 있다는 점에서 만인은 평등하며 헤겔이 말하듯이, 「만인은 만인에 대하여 약자이다」.* 그러한 한에서 민주주의가 지배한

한 문학적 착상」에 의거한다는 1937년의 나의 말(Archiv für Rechts-und Sozialphilosophie, XXX, S. 161/62; 본서 506면)을 명확하게 할 것이다. 베를린 대학의 동료이며 영문학자인 발터 쉬르메르(Walter Schirmer) 교수는 이 점에서는 내 생각이 옳은 것 같다는 견해를 전해주었다. 헬무트 셸스키는 앞서 인용한 논문(S. 190, Anm. 11)에서 이러한 나의 설명 자체가 그러한 종류의 「착상」에 불과하다고 하지만 그것은 아주 정당한 것은 아니다. 그러나 나도 단순히 시대사적인 말의 해석만으로는 결코 문제를 충분히 해결할 수 없다는 것을 승인한다. 따라서 셸스키의 비판은 나에게 유익하며, 이 점에서 나는 그에게 감사한다. 요컨대 그것은 더 이상의 논쟁보다는 중요한 일이기 때문이다.

27) Tönnies, a. a. O., S. 240. 또한 1750년판 서문의 전기에 대한 논평도 있다.

28) Maxime Leroy, Descartes, le philosophe au masque, Paris 1929, I, S. 69 f. 이 책은 표어로서 데카르트의 「학문은 현재 가면을 쓰고 있다」는 말을 인용한다. René Guénon, La Crise du monde moderne, 1927 p. 39/40은 중세 문명 전체가 17세기의 공격 앞에 이처럼 급속히 무너진 것은 배후에 있는 수수께끼 같은 「지시력」(volonté directrice)이나 「선취한 사상」(idée préconçue)을 상정하지 아니하고는 불가해한 것이라고 말한다. Martin et Cahier, a. a. O., S. 138은 13세기에 활력을 가지고 있던 여러 가지 상징들은 14세기에는 빛을 잃기 시작하고, 16세기 이후에는 흔적도 없이 사라졌다고 지적한다. 완전히 상이한 새로운 세계의 출현을 가장 잘 묘사한 대저로서는 Karl Giehlow, Hieroglyphenkunde des Humanismus in der Allegorie der Renaissance, besonders der Ehrenpforte Kaiser Maximilians I., Wien 1915이다. 이 책에는 부정한 불신앙을 상징하는 물고기도 등장한다. 그러나 그것은 리바이어던이 아니라 이집트나 고전적 고대의 상징이다.

다. 만인이 만인을 죽일 수 있다는 것은 만인이 알고 있기 때문에 만인은 만인의 경쟁자이며 적이다 — 이것이 유명한 「**만인의 만인에 대한 투쟁**」(bellum omnium contra omnes)이다. 「시민상태」, 국가상태에서는 모든 국민의 신체는 안전하며 평온 · 치안 · 질서가 지배하고 있다. 평화 · 치안 · 질서야말로 다 알듯이 경찰의 정의이다. 근대 국가와 근대 경찰은 손을 잡고 성립하였다. 이 치안국가에서 가장 중요한 제도가 경찰이다. 홉스는 경찰이 만들어 내는 평화상태의 성격규정에 이르러 벨람의 베이컨(Bacon of Verulam) 정식을 완전히 계승하고, 자연상태에서는 **인간은 인간에 대해서 이리**(homo bomini lupus)였으나, 이제 **인간은 인간에 대하여 신**(homo homini deus)으로 되었다고 한다. 자연상태의 공포가 공포로 가득 찬 인간들을 결합시키고, 그 공포가 정점에 도달한 때에 **이성**(Ratio)의 섬광이 번뜩거려 돌연히 우리들 앞에 새로운 신이 서 있는 것이다.

공포에 번민하는 인류들에게 평화와 안전을 가져오고, 이리를 국민으로 전화시키는 기적을 일으키고, 이러한 기적으로 스스로 신이라는 것을 증명하는 이 신이란 어떤 자인가? 이것이 홉스가 말하는 **가사의 신**(deus mortalis)*인가?

「가사의 신」이라는 말은 많은 오해를 초래하였다. 혼란의 이유는 홉스가 서로 조화하지 않는 세 개의 신개념을 사용하기 때문이다. 우선 일견하여 눈에 들어오는 것은 신 · 인간 · 짐승 · 기계를 통합한 **리바이어던**의 신화상이며, 두 번째는 계약이라는 법적 구성의 산물인 대표자로서의 주권적 인격이다. 그러나 셋째로 — 그리고 이것이야말로 그의 국가론의 중핵을 이루는 것으로 생각되는데 — 그는 영혼을 가진 기계라고 하는 데카르트적 인간관을 「거인」인 국가로 옮겨, 국가는 주권적 · 대표적 인격이라는 영혼을 가진 기계라고 하였다.

이 국가론의 사고과정에서 국가를 「신」이라고 한 것에는 제각기 독자적인 중요성은 없다. 그것은 중세나 루이 14세 시대의 용어를 그대로 사용한 것은 아닐지라도, 매우 논쟁적인 것으로 교황 · 장로파 · 청교도가 신을 원용하는 것에 반대하고, 신을 정적이나 교회에 독점시키지 않고 국가의 정통성을 옹호하려고 한 것이다. 「누구든지 적으로 된다. 좋던 싫던 구애됨이 없이」(Chacun prend à l'ennemi, qu' il le veuille ou non). 근대 국법학의 주권개념에 있어서 법칙에서 해방된(*legibus solutus*) 칼뱅의 신개념의 세속화라는 것은, 독일인 역사가 기스베르트 바이여하우스(Gisbert Beyerhaus)와 카를 테오도르 부데베르크(Karl Theodor Buddeberg)가 지적하였다.29) 종교전쟁과 개념형성

29) Gisbert Beyerhaus, Studien zur Staatsanschauung Calvins, mit besonderer Berücksichtigung seines Souveränitätsbegriffs, Berlin 1910 (Neue Studien zur Geschichte der Theologie und der Kirche, herausgegeben von N. Bonwetsch und R. Seeberg, 7. Stück), 예컨대 이 책 S. 65의 「그 자신이 법이다」, S. 72의 「자연법을 초월하는 것이 신의 주권의 본질적 요소이다」라는 곳을 참조. Karl Theodor Buddeberg, Gott und Souverän, Archiv des öffentlichen Rechts, Neue Folge, Bd. 23 (1937), S. 290 ff. 여기서는 보댕의 주권개념과 칼뱅의 신개념의 유사성을 나타내고 있다. 여기서 또한 주목할 만한 것은 Buddeberg, Descartes und der politische Absolutismus, Archiv für Rechts-und Sozialphilosophie, Bd. XXX (1937), S. 541 ff. 나아가 리차드 후커에 관한 우수한 저서 A. Passerin d'Entrèves, Richard Hooker (Memorie dell' Istituto Giuridico della R. Università di Torino, Serie II, 22), Turin 1932, S. 40, Anm. 7. 루이 14세 시대의 국왕을 신이라고 부른 것에 대해서는 J. Vialatoux,

의 시대인 이 시대에 대한 영국의 훌륭한 학자 존 네빌 피기스(John Neville Figgis)는 법에도, 정의에도 양심에도 구속되지 않는 전능자인 홉스의 리바이어던은 칼뱅이즘의 신일 따름이라고 한다.[30] 홉스의 신은 무엇보다도 힘(potestas)이며, 그는 중세 기독교 전래의 국가의 주권자를 위한 「지상에서의 신의 대리자」라는 정식을 사용하였다. 그렇지 않으면 「지상에서의 교황의 대리자」가 되어버렸을 것이기 때문이다. 「전능」하며 「주권적인」 국가권력의 「신」적 성격은 관념적인 논증이나 기초를 이루는 것은 아니다. 주권자는 신에서 유래하는 평화를 수호하는 **평화의 옹호자**(Defensor Pacis)*가 아니라, 현세적 **평화의 창조자**(Creator Pacis)이다. 「신」법론은 신으로부터 지상의 법을 정당화하려고 하지만, 이것은 국가권력의 전능으로부터 그 신적 성격을 도출하는 것으로 사고과정이 반대이다. 국가권력은 인위의 소산이며 사람들이 체결한 「계약」의 소산이다.

이러한 이론 구성의 결정적인 요소는 중세적 관점에서와 같은 신이 창조한 존재의 공동체, 기존의 자연적 질서에 관한 것은 아니며, 국가질서와 국가공동체는 인지와 인력의 소산이며, 계약에 의해서 무에서 생긴 것이라고 하는 데에 있다. 이 계약은 완전히 개인주의적으로 이해되며 공동체적 구속은 모두 해소되고 있다. 원자적 개인이 공포 속에 모이고 이성의 빛이 번뜩이며, 그리하여 최강의 권력 아래 보편적이고 무한히 복종하는 합의가 성립된다. 이 구성을 그 결과로서 생긴 국가의 측면에서 본다면, 그것은 개인들이 체결하는 단순한 계약을 하는 것과는 다르며, 그것 이상의 것이다. 공포와 적의를 가지고 집합한 사람들은 집합하였다는 전제들로부터 적대감을 극복할 수는 없다. 다원적 「자연상태」에서 이 합리주의의 분석적 개념을 가지고 통일과 평화라는 완전히 다른 성격의 상태를 도출할 수는 없다고 하는 파울 리터부슈(Paul Ritterbusch)의 지적은 정당하다.[31] 만인간에 합의가 성립할 수 있도록 하라. 그것은 국가계약이 아니라 무정부적 사회계약에 불과하며 이 사회계약을 초월하는 주권적 · 대표적 인격이라는 유일한 평화의 보증인은 합의에 의하여 생기는 것이 아니라 합의를 계기로 해서만 생길 것이다. 주권적 · 대표적 인격은 개인의사가 합계된 힘이 가져올 수 있는 것보다 훨씬 크다. 그러나 생명의 위협에 떠는 사람들의 퇴적된 공포는 새로운 권력 리바이어던의 등장을 구하고, 스스로가 창출해 낸 이상의 힘을 가진 새로운 신을 마법처럼 불러낸다. 그리하여 이 새로운 신은 개개의 계약당사자에 대해서도, 그 합계에 대해서도, 초월자이다. 그런데 그 의미는 형이상학적

La Cité de Hobbes, Lyon 1935, S. 197.

30) John Neville Figgis, The Divine Right of the Kings, p. 325는 「칼뱅이즘의 신은 홉스의 리바이어던이다. 또한 법이나 정의나 양심에도 억제되지 않는 힘을 가지고 있다」고 한다. 이것은 홉스가 브램홀 주교에게 보낸 답변에서 보듯이, 신은 예지도 정의도 아니며 무엇보다도 힘에 있다는 점은 정당하다.*

31) Der totale Staat bei Thomas Hobbes, Kiel 1938; Franz W. Jerusalem, Der Staat, Jena 1935, S. 179은 개개인이 그 복종에 따라서 행하는 것은 다만 저항권의 포기에 불과한 것을 지적한다. 이러한 국가계약의 구성에 있어서의 모순은 자주 지적되고 있다. 예컨대 Fr. Atger, Essai sur l'histoire des doctrines du contrat social, Nimes 1906 (These von Montpellier), p. 176; B. Landry, Hobbes, Paris 1930, p. 163 (이 책은 사회계약을 가설이라고 한다); J. Vialatoux, a. a. O., S. 140 (이 책에서는 「원자적 단절」(discontinuité atomique)은 결코 「공통선」(bonum commune)에 도달하지 아니한다고 한다).

의미가 아니라 법적 의미에 불과하지만, 인위의 산물인 「국가」의 내재논리가 도달하는 것은 인격이 아니라 기계이다. 중요한 것은 인격에 의한 대표가 아니라 현실의 보호를 현재 실제로 부여하는 것이며, 대표도 **현재의 보호**(tutela praesens) 없이는 무의미하다. 이 보호를 보장하는 것은 유효하게 기능하는 명령기구에 불과하다. 17세기에 생성된 유럽 대륙을 지배한 국가란, 인위의 산물이며, 그 점에서 종래의 정치적 통일체와는 다르다는 것이다. 혹은 국가는 기술시대의 최초의 산물, 최초의 거대한 근대적 메커니즘, 후고 피셔(Hugo Fischer)의 적절한 표현을 빌리면, **가장 기계적인 기계**(machina machinarum)라고도 할 수 있다. 이러한 국가는 나중의 기술시대 · 산업시대의 본질을 이루는 정신사적 또는 사회학적 전제를 창조하였다. 아니 국가 그 자체가 새로운 기술시대의 전형, 아니 원형이기도 하다.

그러므로 주권적 · 대표적 인격의 개념은 그 이후의 세기에 관철한 국가관념의 기계화에 저항할 수 없었다. 그 개념은 바로 바로크적 대표관념이라는 17세기의 역사에 결부된 것에 불과하며, 절대군주국가의 특질이다. 그것을 완전히 단적으로 표현한 것이 스튜어트 왕조의 제임스 1세이며, 그는 군주는 항상 「공공의 무대」(on a public stage)에 있다고 서술한다. 홉스에게도 국가는 전체로서 인격인 것이 아니라 주권적 · 대표적 인격은 「거인」이라는 국가의 영혼에 불과하다. 이 인격적 요소는 기계화 과정을 억제할 수 없으며 오히려 그것을 완성하였다. 즉 이 인격적 요소도 기계화 과정 속에 들어가서 거기에 매몰되어 버린 것이다. 국가는 영혼을 겸비한 총체이며 **인공인**(homo artificialis)이지만 그 총체가 기계라고 한다. 그것은 인간의 창작물이며, 그 소재(materia)와 기사(技師, artifex), 기계와 설계자가 또한 인간이며, 영혼 역시 인간적인 기계의 일부품으로 화한다. 그리하여 역사가 가는 곳의 「거인」도 주권적 · 대표적 인격이라는 성격을 지속해서 가질 수 없으며, 원래 이 거인 자체가 인공 · 인지의 소산이어서 리바이어던도 단순한 거대한 기계로 화한다. 그것은 그 지배와 보호 아래 있는 사람들의 현세적 · 물질적 생존보장의 수단에 지나지 않는다는 것으로 화한 것이다.

홉스는 이 인위적 산물인 「국가」나 그것이 가져오는 「시민적」 평화상태를 지상의 천국으로 생각한 까닭은 아니다. 그는 베이컨(Bacon)의 아틀란티스*나 18세기, 19세기의 인간주의적 진보광(進步狂)의 낙원의 몽상 등과는 훨씬 거리가 먼 존재이다. 국가와 혁명, 리바이어던과 비히모스는 항상 있으며, 잠재적으로 항상 활동하고 있다. 많은 합리주의자들은 그 합리주의 반면에 방자한 환상의 꿈나라에로의 비밀문을 가지고 있으나, 리바이어던은 그러한 저의는 없다. 콩도르세(Condorcet)의 『인간정신발달사』(Esquisse d'un Tableau historique des progrès de l'esprit humain, 1794)*에 묘사된 이성과 교육에 의한 인류의 낙원처럼 저 합리주의의 가장 저명한 사례이며, 홉스의 기본사상과 여러 가지 공통성도 있다. 즉 그때그때 살아있는 개인의 피안적 · 물질적 존재만이 관심의 대상이란 점, 이러한 종류의 물질적 생존과 안전의 가능한 한의 연장이야말로 지중지고의 목적이라는 것 등. 위대한 수학자 콩도르세는 불사의 문제를 수학의 궁극문제로 삼고, 무한한 미래의 비명횡사를 물리치고 죽음을 노쇠사에 수렴하여 만인을 일종의 므두셀라*라고 함으로써 어떤 종류의 현세적 불사, 현세적 영생에 도달하려고 하였다. 콩도르세는 유럽 대륙, 특히 프랑스의 절대군주 국가는 이미 1세기 이상 역사적 사명을 달성하고 경찰도 공안과 공서를 잘 보호하여 왔다고 보고 있으며, 따라서 그는 인간성을 이리처럼 근원적 악이라고 보지 않고, 선하고 교육가능한 것으로 보고 있었다. 이 단계의 합리주의는 국가의 강제작업과 교육작업을 기한부의 과도적 사업으로 보지 않고, 시간이 지남에 따라서 국가는 필요하게 된다고 기대하였다. 바꾸어 말하면 거대한 리바이어던 도살의 서광을 보았던 것이다.

홉스는 그러한 생각과는 거리가 멀다. 그의 이론도 강제와 교육의 효과를 전제로 하고 있으나, 인간성에는 어떤 환상도 포함하지 않고 인간은 동물 이상으로 「비사회적」인 것이며, 현재 뿐만 아니라 **미래의 굶주림에 굶주림**(fume futura famelicus)*으로 불안과 미래에의 걱정이 넘쳐 항상 허영과 경쟁심의 충동에 구사되어 안전의 여러 가지 이익을 위해서 지성과 논리를 유린하는 것을 통찰하고 있었다. 그러나 이 반사회적 「개인주의」가 위험하면 할수록 보편적 평화체결의 합리적 필요성은 일층 강하여, 반란적이며 이기적인 개인을 사회공동체에 통합한다고 하는 난제는 결국 인간의 지성으로 해결된다. 자연상태에서 만인의 만인에 대한 투쟁을 전개하는 이리도 「순수한」 이리가 아니라 다행히 지성을 가지고 있다. 여기서 홉스의 국가론이 오늘날에도 여전히 현대적이라는 이유가 있다. 개인의 반항심과 이기심은 지성과 두뇌에 의하여 극복할 수밖에 없다는 주장은, 현재도 역시 지배적인 자연과학적 사유, 결코 공상적인 것이 아닌 사유를 이유없이 받아들일 것이다. 예컨대 카를 에셔리히의 『흰개미의 환상』(1934)[32]은 본래부터 의식적으로 홉스의 영향을 받은 것은 아니지만 동일한 구성을 취하고 있다. 양자의 많은 차이에도 불구하고 이 결정적인 점에서 동일한 구조를 가진 것이므로 문제의 해결에 적절하다. 그는 홉스와 반대로 개미 · 흰개미 · 벌의 「국가」를 인간의 국가와 비교하고 — 이번에는 홉스와 마찬가지로 — 양자의 결합의 커다란 차이를 지적한다. 개미 등의 국가는 완전한 성(性)의 부정으로 가능하다고 하지만, 인간성을 버리지 않고 반란적 개인주의를 그대로 가지고 국가를 형성하지 않으면 안 되기 때문에 문제는 훨씬 어렵다. 그러나 인간은 두뇌와 지성을 가지고 그것으로 성에 부정을 다투지 않고 국가의 형성이 가능하게 되는, 「인간의 국가형성의 기초는 그 발전된 두뇌이며, 이 무한한 탄력성을 가진 중추기관에 의해서 경험하고 국가형성의 이익을 통찰하여 국가형성을 저해하는 여러 가지 장애를 극복한다. 그리하여 개인을 유기체 속에 함몰시키지 않고 공동체의 일 부품으로 되지 않고, 사회를 형성할 수 있다」고 한다. 유기체와 기계의 대립은 기본적으로는 상대적인 것에 불과하다. 이 [홉스의 국가는 기계이며 에셔리히의 국가가 유기체인] 점을 제외한다면, 홉스 국가론의 현실적 의미는 여기에서도 조금도 쇠퇴하지 않고 있다. 그는 개인의 지성에 의해서

32) Carl Escherich, Termitenwahn. Eine Münchener Rektoratsrede über die Erziehung zum politischen Menschen, München 1934.

국가를 형성한다는 사상을 이미 17세기에 경이적인 명석함을 가지고 생각하여 발췌했던 것이다.

국가는 인간의 타산에 근거한 인위적 산물이라고 하는 관념에 의해서 결정적인 일보를 내디디었다. 시계장치로부터 증기기관, 전동기, 화학적 · 생물학적 처리에 이르는 그 후의 모든 발전은 기술이나 자연과학적 사유의 자율적 발달의 성과이며 새로운 형이상학적 결단은 필요없었다. 『인간 기계론』(L'homme-Machine, 1748)의 저자로서 악명 높은 라 메트리(La Mettrie)는 같은 생각에서 『인간식물론』33)을 썼는데, 이것도 홉스가 열어놓은 노선 위에 있다. 홉스는 「거인」(μάκρος ἄνθρωπος)을 기계라고 봄으로써 데카르트의 인간론적 인간관을 초월하여 중대한 귀결을 동반하는 일보를 남겼다. 다만, 데카르트가 인체를 기계, 영육으로 구성되는 인간 전체를 기계 플러스 지성이라고 생각한 그 순간에 최초의 형이상학적 결단은 하고 있으며, 이 관점을 「거인」인 「국가」에 전이하는 것은 생각하기 쉬운 것으로 그것을 성취한 것이 홉스이다. 그러나 전술하였듯이, 전이는 이 거인의 영혼을 기계의 일부로 바꾸고, 이리하여 영육을 겸비한 거인을 기계라고 함으로써 몸을 뒤로 돌려 소인인 개인도 「인간기계」라고 할 수 있는 것이다. 국가관념의 기계화에 의하여 비로소 인간상의 기계화가 완성된 것이다.

4. 국가의 중립화

홉스는 콩도르세류의 인간진보의 공상가는 아니었다고 하더라도, 이 17세기의 철학자가 말하는 「메커니즘」이나 「기계」라는 의미는 19 · 20세기의 교양인의 그것과는 다른 것이다. 그 때에는 기계를 유기체나 예술작품으로부터 준별하는 개념구별이 심화한 1세기가 개재하고 있다. 18세기 말에 이르러 「유기체」와 「기계」의 준별이 진행하여, 칸트의 『판단력비판』(1790년)에서 비롯하는 독일의 관념론 철학의 「내면」과 「외면」의 구별의 정식은, 생물과 사물의 대치에서 발전하여 기계의 관념으로부터 신화적인, 모든 생명적인 성격을 완전히 제거하였다. 메커니즘이나 기계는 이제 혼 없는 장치로 화하였다. 그것에 첨가하여 셸링(Schelling)이나 낭만주의자는 죽게 되는 메커니즘과 살아있는 (미적 창작이라는 의미에서의) 예술작품과의 구별을 관철하였다. 그런데 홉스에 있어서 지고의 인간의 창조물인 기계가 메커니즘 · 유기체 · 예술작품의 3자를 포함하여 그와 그 시대에 메커니즘이나 기계는 역시 완전한 신화적 의의를 가지고 있었다. 에른스트 마하(Ernst Mach)*는 이 합리주의의 물리학적 세계상에서는 고대 종교들의 애니미즘적 신화에 대신하여, 기계론적 신화가 대치되었다고 라고 하는 한에서만 완전히 정당하다. 마하의 신화개념을 별개로 하더라도 홉스가 거대한 기계라고 하는 요소를 리바이어던상에 집어넣은 것도 그의 사상에 이러한 것이 있었기 때문이다. 그리하여 그의 국가론은

33) 이 『인간식물론』(L'homme-plante)은 포츠담의 출판사 Chr. Fr. Voß에 의해서 저자 익명으로 출판되었다. 출판년도 미상. 이 책에서 라메트리는 「식물학의 하베이」(Harvey der Botanik)를 표방하고, 인체의 기관(器官)들과 식물의 시스템을 비유하고 있다.

기술적 관념의 도움을 받아서 이후 400년에 걸쳐서 진행된 일반적「중립화」라는 거대한 과정에서 본질적 요소로서 영향을 미치고, 이리하여 국가도 기술적 · 중립적인 도구가 된 것이다.

오늘날의 대도시 주거민이 국가를 기술적 장치로서 이해하는 것은 대도시의「환경」이 그 공상을 기술로 향하게 하고, 국가상도 당연히 그 선에 따른다고 하는 외면적 이유에서도 이해될 수 있다. 교통 · 통신 · 보도수단 · 무기의 경이적인 발달에 따라서 국가의 명령기구의 권력도 동일하게 경이적으로 성장하였다. 그리하여 근대 국가권력과 고대 공동체의 차이는 근대의 대포의 사정 · 파괴력과 고대의 활이나 공성구(攻城具)의 위력의 차이 내지 현대의 교통기관과 말이나 범선의 차이 정도가 아닌가? 근대 기술의 작용의 정확함은 종교적 · 형이상학적 · 법적 · 정치적 고려나 목적과는 독립한 독자적인 것으로 어떤 사람에게도 논쟁 없는 명확한 것이다. 신학 · 법학 등의 대립은 얼마나 목적 없고 혼란한가! 이에 대하여 기계는 얼마나「명쾌」하고「정확」한가! 국가의 가치는 그것이 좋은 기계, 아니 거대한 **최고로 기계적인 기계**(machina machinarum)에 있다는 견해는 왜 자명한가! 서구의 자유민주주의와 볼셰비키 마르크스주의도 국가를 다종다양한 정치세력이 기술적 · 중립적 도구로서 사용할 수 있는 장치라고 하는 점에서는 일치한다. 요컨대 이 기계는 전체 기술과 마찬가지로, 모든 정치목적이나 정치적 신념에서 독립하여 기술적 도구로서의 가치중립성 · 진리중립성으로 보유하고 있다. 이리하여 17세기 이래의 중립과정은 그 내적 일관성에 따라서 진행하며 보편적 기술화에 있어서 그 정점에 달했으며 완수되었다.34)

이 과정의 결정적인 제1보는 종교적 · 신학적 투쟁 · 논쟁 · 피비린내 나는 전쟁에 의해서 절망과 혐오에 빠졌던 세기에서 밟고 나왔다. 상호 간에 비방시합을 하면서 쌍방과도 설득 불가능한 쓸데없는 신학논쟁을 한 100년 후에 마침내 사람들이 상호이해, 적어도 화해 · 평안 · 안정 · 질서를 발견할 수 있는 중립영역을 추구하였다 하더라도 조금도 이상하지 않다. 최초로 찾았고 얻은 중립적 영역은「자연적」형이상학이었다. 이 원칙과 개념은 만인에게 명백하여 수학적 정확함과 명증성을 가지고 관철할 수 있는 것이라고 생각되었다. 전통적 신학과 결별한 이 제1보에 있어서는 반드시 관용과 중립화는 구별되지 않고, 오로지 신학자의 질곡을 벗어나는 것이 주제로 되었다. 이 최초의 대표자는 하이델베르크 대학교수인 유명한 에라스투스(Erastus)*로서 그는 이미 16세기

34) 보다 커다란 정신사적 관련에서 나는 17세기로부터 20세기에 이르는 중립화의 개별적인 단계들 (신학으로부터 형이상학으로, 형이상학으로부터 인간주의적 도덕을 거쳐 다시 경제적 · 미학적 개념을 거쳐 절대적 및 전체적 기술의 지배에로)에 관하여 1929년 10월에 바르셀로나에서「중립화와 탈정치와의 시대」(Das Zeitalter der Neutralisierungen und Entpolitisierungen)라는 강연을 한 바 있다. 이 강연은 Europäische Revue, November 1929와 나의 "Der Begriff des Politischen" (München 1931) 제2판에 공표되었다.* 프랑스어 번역은 William Gueydan de Roussel에 의해서 잡지 L'Année Politique française et étrangère, Dezember 1936, Paris에 게재되었다. (역주 - 한국어 번역은 김효전 · 정태호 옮김, 「중립화와 탈정치화의 시대」,『정치적인 것의 개념』, 살림, 2012, 109-130면).

에 「징계」와 「파문」(근대적으로 말하면 도덕적 위하와 사회적 보이코트)을 무기로 하는 교회적 · 신학적 권위와 종교적 지배를 피하기 위하여 세속의 권력에 보호를 구하였다. 그러나 그는 또한 독실한 크리스천임을 중지하지 아니하였다. 그의 교회로부터 국가에로의 전향은 아직 여기서 말하는 경우의 기술화에 있어서 정점에 도달하는 모든 진리의 원칙적 중립화를 의미하지 않으며, 파세린 당트레브(A. Passerin d'Entrève)*의 적절한 표현을 빌리자면, 「에라스투스는 아직 에라스투스주의자는 아니었다」. 관용과 중립화라는 두 개의 지향은 오랫동안 역사의 길을 함께 나아갔다. 홉스의 많은 주장, 특히 파문론은 에라스투스를 생각나게 하는 것이 있다.[35] 근대적 주권개념의 창시자로서 일반적 승인을 받고 있는 장 보댕도 종교전쟁에 절망하여 주권적 국가권력의 결단을 구하여 결단주의자로 되었다. 그러나 홉스가 에라스투스, 보댕 양자와 다른 점은 그 철학적 · 체계적인 국가론이다. 그것으로써 홉스는 근대 자연과학 사상과 자연과학이 지닌 기술적 중립화 이념의 선구자가 되었다.

이리하여 보편적 기술화에 있어서 정점에 달하는 이 중립화과정은 관용사상과 결합하여 쉽게 융합되었다. 그러나 이 「서양합리주의」의 근대판은 그 내적 일관성을 가지고 지향하는 목표와 엄밀한 기술화의 이상 때문에, 다른 다양한 「관용」사상이나 어떤 시대에도 볼 수 있는 회의주의 · 불가지론 · 상대주의와는 성격을 달리한다. **진리란 무엇인가?**(Quid est veritas?)라는 유명한 빌라도의 질문*은, 예를 들면 사려있는 관용, 삶에 지친 회의론, 나아가서는 모든 방향으로 「열려진」 불가지론의 표현에도 있을 수 있으나, 국민의 종교적 견해에 대한 국가의 행정적 중립화의 한 사례로 볼 수도 있다. 당시의 로마 제국의 행정조직은 고도의 기술성을 가지고 있으며, 이러한 종류의 특수한 중립성은 국가기구의 기술적 완성도에 대응하고 있다. 프리드리히 대왕은 『정치적 유언』(Das politische Testament, 1753) 중에서 「짐은 로마와 제네바에 대하여 중립이다」(Je suis neutre entre Rome et Genève)라고 서술하는데, 이것도 당시의 프로이센 국가의 성숙도와 프리드리히의 「철학」을 생각하면 관용이라든가 개인의 회심이라기보다, 국가기술적 의미에서의 중립성의 발견이라고 생각된다. 구스타프 슈타인뵈머(Gustav Steinbömer)의 적절한 표현에 의하면, 프리드리히 대왕의 국가는 주권적 인격이라는 혼이 숨은 기계의 완벽한 표현이다. 여기서 이 「중립성」은 단지 국가의 행정기술을 합리화하는 하나의 작용에 불과한 것이다.

이 기술적 중립성의 중요점은 국법이 실체적 · 종교적 또는 법적 진리나 정당성으로부터 완전히 독립하여 국가가 실체적으로 결단하였기 때문에 명령규범이 된다는 데에

35) John Neville Figgis, The divine right of kings, Cambridge, 1. Aufl. 1896, 2. Aufl. 1934, p. 318은 「리바이어던에는 진정한 에라스투스주의가 만발하다」고 한다. 그러나 휘기스는 에라스투스가 국가에 의한 파문을 설명함에 있어서도 항상 진정한 종교를 전제로 하였다고 설명하는 것은 정당하다. 훌륭한 「서문」이 있는 McIlwain의 "Political Works of James I.," Cambridge Harvard University Press 1918은 홉스를 그때그때 언급할 뿐이지만(p. XX, CII), 그 대상은 모두 일정한 종교적 성격을 지닌 논의를 강조하고 있다. 당트레브의 주장은 그의 저서 Riccardo Hooker (Memorie dell' Istituto Giuridico della R. Università di Torino, Serie Ⅱ, 22), Turin 1932, S. 129 참조.

있다. **진리**(Veritas)**가 아니라**(지고권력[summa potestas]이라는 의미에서의) **권위**(Auctoritas)를. 이 명제는 1922년 이래* 누누이 인용되었으나, 홉스가 이것을 서술한 취지는 비합리주의적 자의의 표어는 전혀 아니며 **부조리하기 때문에 믿지 못한다**(Credo quia absurdum)*는 류도 아니다(이 점은 믿을 수 없을 정도로 누누이 오해되고 있다). 홉스는 **권위**(auctoritas)와 **권력**(potestas)을 구별하지 않고, **지고권력**(summa potestas)을 가지고 **지고권위**(summa auctoritas)[36]로 하였다. 그러므로 이 명제는 명령가치 · 국가작용으로서의 가치를 종교적이며 형이상학적인 진리내용으로부터 분리하여 독립시킨 사유, 가치와 진리에 중립적인, 실정기술적 사유의 단적이며 간명한 구현 이외에 아무것도 아니다. 이러한 종류의 기술적 · 중립적 국가는 관용에서도 있을 수 있으며, 어떤 경우에나 마찬가지로 중립성을 가진다. 이 국가는 기술적 완성 속에 고유한 가치 · 진리 · 정의를 가지며, 다른 진리관 · 정의관은 법제정의 결단 속에 흡수된다. 다른 진리관 · 정의관을 법률론으로 가지고 들어가는 것은 새로운 투쟁과 불안정을 가져오는 것이다. 국가기구는 기능하거나 또는 기능하지 못하는 어느 쪽이다. 기능하는 이상은 우리가 생명의 안전을 보장받는 대신에 국가 작용의 발현으로서의 국법에 무한한 복종이 요구된다. 그것 이상으로 이것저것 말하기 시작하면 「전국가적」 불안정 상태로 되며, 마침내는 생명의 안전까지도 보장받을 수 없다. 정의나 진리를 주장하는 것은 평화를 가져오기 때문이 아니라 다만 투쟁을 가혹화하고 악성화할 뿐이기 때문이다. 누구나 당연히 정의와 진리를 우리 쪽에 있다고 주창하지만 정당성의 주장으로부터 평화는 오지 않는다. 투쟁을 종결시키는 것은 확실히 기능하는, 법률상의 강제제도라는 저항하기 어려운 결단뿐이다.

여기에 법이론적 및 국가이론적 사고의 새로운 기반, 즉 법실증주의라는 새로운 기반이 얻어진다. 후술하듯이 역사유형으로서의 실정적 법률국가(Gesetzesstaat)는 19세기에 이르러 완성된 것이지만 기술적 완벽함을 가진 **거대한 인조물**(magnum artificium), 능률과 활동 속에 고유한 「정의」와 「진리」를 가진 기계라는 국가관은 먼저 홉스가 파악하고 명확한 개념으로서 체계화한 것이다. 덧붙여서 고도의 기술과 고도의 권위의 결합이라고 하는 사상도 17세기의 천재적 사상가들과 무연하지 않다. 캄파넬라는 『태양의 도시』*의 말미에서 노나 돛도 없는 「절대적 권위」의 지배와 지휘 아래 기계력으로 운행하는

36) 메킬웨인은 앞의 책 "Political Works of James I." S. XX ff.에 대한 「서문」에서 교회(교황-장로교)의 「권위」와 국왕의 「권위」와의 투쟁에 언급하면서, 이러한 관계에서 교황 겔라시우스(Gelasius)의 말도 인용한다. 그러나 이 경우에는 **권위**(auctoritas)와 **권력**(potestas)의 내적인 특성과 차이는 충분히 고려하지 아니한 것 같다. 이러한 혼란 속에서 「정신적 권력」이라는 말이 안이하게 구사된다. **권위**와 **권력**의 구별에 관하여는 G. Daskalakis, "Der Begriff des autarchischen Staat," "Deutsche Rechtswissenschaft," Bd. 3 (1938), S. 78 f. 참조. 보댕도 역시 **권위**와 **권력**의 차이를 의식하고 있으며, 그의 주권자는 권력을 가지고 있다. Six livres de la République, Ⅲ, cap. 7 (S. 365 f. der 2. Auflage von 1580)(나정원 옮김, 『국가에 관한 6권의 책』, 아카넷, 2013, 제3권 7장). Francisco J. Conde, El Pensiamento politico de Bodino, Madrid, 1935의 제2장(S. 24)은 보댕의 국가관의 **기술성**(tecnicidad)에 관하여 서술하고 있는데, 그것은 기계기술적인 중립성이 아니라 보댕의 헤프타플로메레스(Heptaplomeres)*에 근거를 두는 관용과 같은 종류로서 이해한다. 그러나 이처럼 흥미있는 콘데의 저서는 역사적 현실 속에서 근대 국가의 관용과 기술적 중립성이 얼마나 강력하게 서로 융합할 수 있는가를 보여준다.

배를 공상하고 있다.

중세적 공동체와 기술적 중립국가와의 차이는 세계관이 다른데 있는 차이 정도이다. 우선「주권자」의 근거와 이론구성에 대하여 중세에는 군주는 신성한「인격」을 가지기 때문에 신적 정당성을 가진다고 하였으나, 여기에서는 철저하게 합리화된 명령기구인「국가」가 주권자로 된다. 나아가 신민의 지위는, 양자에 있어서 기본적인 법개념 전체에 걸쳐서 근본적으로 다르다. 중세적 공동체에서는 위법한 지배자에 대한 봉건적 · 등족적「저항권」의 존재는 자명한 것이며, 봉신이나 제신분을 가진 자는 봉주나 왕과 마찬가지로 신법(神法)을 원용하였다. 홉스의 절대주의국가에 있어서는 저항권을 국법과 동일한 평면상의「권리」가 된다고 하는 것은 법적으로나 사실적으로도 모든 의미에서 배리이다. 모든 저항을 절멸하지 않는 강대하고 기술적 완벽성을 가진 리바이어던에 대해서는 저항의 기도도 실제로 성공을 기대할 수 없으며, 저항권을 법적으로 구성하는 것은 설문 내지 문제 자체로서 이미 불가능하다. 저항권은 법으로나 권리로나 여하튼 그 싹의 가능성은 전혀 없으며, 거대한 기구가 불가항력적으로 지배하는 공간 내에 존립할 여지는 없다. 맹아점도 입각점도 관점도 없는 것은 문자 그대로「공상적」(utopisch)*이다.「국가」는 만물을 그의「법률」에 복종시키는 불가항력적인 리바이어던이며, 그것에 대항하는 거점(Stand)은 있을 수 있으며, 하물며「저항」(Wider-Stand) 등은 있을 수 없다. 이러한 국가는 현실적으로 존재하거나, 존재하지 않는 어느 쪽이며, 존재한다면 평온 · 치안 그리고 질서의 불가항력적 도구로서 기능하며, 유일지고의 입법자로서 모든 법을 스스로 제정하고 일체의 법과 권리를 전유한다. 존재하지 않고 평화보장의 기능을 달성하지 못한다면 무국가의 자연상태로 된다. 더욱이 국가가 기능을 정지하여 반란이나 내란에 의하여 거대한 기계가 파괴되는 일이 있지만 이것은「저항권」과는 무관하다. 홉스의 국가론에서 본다면 국가공인의 내란권, 국가부정권 등은 배리이며, 국가는 내란의 종결자이며 내란을 종결시키지 못하는 한 국가는 아니다. 국가와 내란은 불구대천의 관계이다. 그 만큼 단순하고 즉물성은 그 관념과 개념들이라는 이 기술적 성격의 기초 위에 성립한 것이다.

국제법 영역에서의 전환도 다른 세계와 같은 차이를 가져왔다. 국제법은 국가 간의 법, 국가만을 그 담당자로 하는 법과 국가「그 자체」만을 규제하는 특수한 질서로 화하며, 근대적 국가조직을 가질 능력이 없는 백성이나 나라는「미개」하며, 제네바의 국제연맹규약이 제22조에서 정확하게도「근대 세계의 극심한 생존경쟁상태 아래」에서 자립할 수 없는 백성이라고 기록하고 있듯이,* 국가라는 조직적 · 기술적 능력, 즉 국제법「주체성」을 가진 국가들의 보호와 지배 아래에서 식민지와 보호령 등으로 된다. 전쟁도, 종교전쟁 · 내란 · 당파전쟁 등이 소멸하여 순수한 국가 간 전쟁으로 되며, 적도 역시 완결적 조직인 국가만으로 된다. 이 국제법질서를 보존하고 법을 보장하는 것은 모두 국가이다. 국가의 영예와 존엄은 명령기구를 합리적으로 활동시키는 조직적 완결성과 예측가능성에 있다. 이것으로부터 국가 간 전쟁에 있어서의 정전(正戰)의 문제는 국내에 있어서 국가에의 반항의 적법성의 문제와 마찬가지로 성립불가능하다는 귀결이 나온다. 국가 간 전쟁은 종교전쟁, 내란, 당파전쟁과 다르며 진리나 정의의 규율로는 측정할 수 없다. 그것은 정도 부정도 아니며 국사(Staatsangelegenheit)이며, 감히 정의일 필요는 없다. **질서는 포함되지 않는다**(Ordo hoc non includit). 국가는 그 질서원리를 자기 밖에서가 아니라 안에 가지고 있다. 그러므로 국가간적 국제법의 전쟁개념은 본질상 국제법적 적법성을 문제로 하지 않는 무차별 전쟁관이다. 국가 간 전쟁의 존엄, 영예, 나아가 그 정당성은 국가 간의, 국가를 적으로 하는 전쟁이라고 하는 점에 있다. 그것에 대하여 차별적 전쟁개념은 국가 간 전쟁을 국제적 내란으로 전화시킨다. 결투를 법제도로서 인정하는 법질서에 있어서 그 결투를 법적으로 보장하는 것은 양자가 「결투적격자」(satisfaktionsfähig)라는 자격이며, 그러므로 모든 결투는 정 · 부정을 묻지 아니한다. 이와 마찬가지로 국제법이 진실로 「국가 간」 법인 한, 정전도 부정전도 있을 수 없다. 그런데 주지하듯이, 영미의 국제법론은 대륙의 국가개념과 전쟁개념을 받아들이지 아니하였다. 그 까닭은 영국이 대륙 국가들과 같은 정도의 「국가」가 되지 않았기 때문이다. 영국은 해전을 함께 독자적인 전체적인 적개념과 전쟁개념을 발전시켰다. 이 전쟁개념의 차이로부터 법확신에 있어서의 해석하기 어려운 오해와 대립이 생기며, 이후의 혼란도 역시 예견하기 어렵다. 이 점에 대한 1914~18년의 대독전쟁의 경험은 오늘날에도 교훈으로서 고려할 가치가 있다. 왜냐하면 정전만이 현실적인 「전체」전쟁일 수 있기 때문이다.[37)]

국제법에 있어서 국가들이 「자연상태에서」 대치하는 것을 최초로 정확하게 기술한 것은 홉스이다. 이것은 법적 국가상태와 법외적 국가상태를 구별하는 그의 국가개념과의 관련에 있어서 사고되고 논해진 것이다. 자연상태에서는 계약체결도 불안정으로 바뀌며, 합리적이며 법적인 안정상태를 가져오게 하는 것을 저해하는 중대한 실존적 유보를 수반하고 있다. 불안정은 국가 안에서만 존재하며 「국가 밖에 안정은 없다」(Extra civitatem nulla securitas). 모든 합리성과 합법성은 국가에 흡수되며, 그 밖의 모든 것은 「자연상태이다」. 완전히 합리성을 관철한 명령기구들이 서로가 대치하면, 「비합리성」이 누적된다. 내부조직이 완성하는 만큼 그 상호관계는 조직불가능하게 되며, 각각 그 국가성을 깊게 할 수 있을 때에 국가관계는 국가성을 상실한다. 국가 간에 국가는 없다. 그러므로 합법적 전쟁도 합법적 평화도 없으며, 법이전적이며 법외적인 자연상태가 있을 뿐이다. 거기에는 취약한 계약에 의해서 운좋게 가교된 리바이어던들 상호의 불안정한 긴장관계가 있을 뿐이다.

여기에는 거수와 거대한 기계의 혼합물인 리바이어던상은 최고도의 신화적 박력을 가지게 된다. 대국 간의 관계는 불가피하게 원시에로의 퇴화를 수반하며, 서로 각축하는 국가들은 항상적으로 상호적 위협의 장에 있으며, 적과 동지를 정당하게 구별하지 못하는 자는 멸망한다. 여기에는 「어떤 보장도 없다」고 카를 아우구스트 엠게(Carl August Emge)

37) Carl Schmitt, Die Wendung zum diskriminierenden Kriegsbegriff (Schriften der Akademie für Deutschen Rechts, Gruppe Völkerrecht), München 1938.

는 말한다. 타자에게 몸의 안전을 구하는 자는 그것에 종속한다. 한스 프라이어(Hans Freyer)*의 말을 빌리면, 여기에는 국가적 합리성의 보장이라고 하는 「레일이나 전철기」를 결여한 일종의 진공지대에서 취하는 「완전히 보장을 결여한 순현실적으로 단순한 행동」이 전개된다. 「자립적 · 자족적인 국가는 타국에 대하여 자기를 유지하기 위해서 전 정력을 경주해야 한다」.38) 이와 같은 장에 고유한 관계나 과정을 가장 잘 구상화하여 보여주는 것은 항상 동물의 우화이다. 늑대가 양에게 「네가 먼저 손을 내었다」라는 말, 페스트의 유행을 당나귀의 힘에 비유해 버린 라퐁텐(Lafontaine)의 우화,* 「어떠한 동물도 자신의 이빨은 방어용이며 상대방의 뿔은 공격용이라고 한다」고 하는 1928년 10월의 처칠(Churchill)의 영국적 해학을 교환한 말 등등. 실제로 아이소포스(Aesop)나 라퐁텐의 고전적 우화집에서 명쾌하고 시사적인 정치이론과 국제법이론을 전개하는 것도 가능할 것이다. 국제사회는 원시적 세력의 생생한 투쟁의 장이며 리바이어던들은 바로 거수로서 등장한다. 또한 그것은 서로 대치하는 명령기구, 엄중하게 집권화되고 지고의 인지(人智)를 가지고 무장하여 스위치 하나로 발동하는 명령기구이며 거대한 기계이기도 하다. 에른스트 윙거(Ernst Jünger)는 근대적 군함을 이 권력조직의 완전한 축도이며 그것은 「강대한 지배가 떠있는 전초, 권력의 자기주장을 응축한 무장세포」라고 한다. 절대적 권위의 지배 아래에서 최고도의 기계력으로 운행하는 배라고 하는, 캄파넬라가 『태양의 도시』에서 묘사한 공상은 기술에 의해서 현실화된 것 같다.

이 최고도의 기술에 의한 무장 앞에서는 정과 부정의 논의는 무의미하게 된다. 정전은 있을 수 있어도 정당한 군대는 없다고 하는데, 그것은 국가라는 기계에도 적용된다. 리바이어던은 거대한 명령기구이며, 그렇다면 정당한 국가와 부정한 국가를 구별하는 것은 정당한 기계와 부정한 기계를 「구별」하려고 하는 것과 동일하게 귀결된다. 마키아벨리는 『군주론』의 마지막에서 정전이란 이탈리아에서 필요한 전쟁이며 인도적(pietose) 무기란 최후의 구제수단으로서 남은 무기라고 하지만,* 이것도 역시 기술의 세련을 다한, 거대한 기계의 완전한 즉물성에 비교한다면 매우 인간적으로 울린다.

5. 주권적 인격의 죽음

신화적 형상의 정치적 운명은 책 속의 문구나 말의 연혁, 개념적 · 체계적 정당성이나 사상사의 직선적 논리 등에 의하여 결부된 부착물이 아니다. 이제 리바이어던이란 이름을 인용한다면 무죄로 끝나지 않는 신화적 명칭의 하나이며, 그 이미지의 강렬함은 벽의 낙서까지도 독자적인 마력을 가질 정도이다. 역사의 상황이 생각 밖으로 나가면 리바이어던 상을 주문(呪文)으로 불러내는 자에 대해서도 예상 밖의 방향으로 발전한다. 18세기 절대군주국가에서 리바이어던은 외면상 최고로도 실현되었으나, 이 시기에 내면과 외면

---

38) Hans Freyer, Machiavelli und die Lehre vom Handeln, Zeitschrift für Deutsche Kulturphilosophie (Neue Folge des Logos), Bd. V, 1938, S. 118; Carl August Emge, Ideen zu einer Philosophie des Führertums; in der Festschrift für Rudolf Stammler, 1936, S. 188.

의 구별로써 그 수명을 다하였다. 이러한 비운을 가져오게 한 것이 신앙과 기적의 문제이다.

신과 인간, 짐승과 기계의 합성물인 홉스의 리바이어던은 인간에게 평화와 안전을 가져오는 가사의 신이며, 「군주신권(君主神權)」이 아니라 그것 때문에 무한정한 복종을 요구하였다. 그것에 대한 저항권은 고차의 다른 법이나 종교적 근거와 논의를 가질 수 없으며, 그것은 상벌을 독점하고 그 주권에 의하여 정의 · 법 · 소유 · 신앙상의 진리와 양심을 법정한다. 「모든 국가에 있어서 선악의 기준은 법률이다」(Mensura Boni et Mali in omni Civitate est Lex) (『리바이어던』 제46장). 그 뿐만 아니라 주권은 신민이 믿어야 할 기적의 결정권을 독점한다.

기적신앙의 문제는 국가철학자 홉스의 마음을 강하게 사로잡고 『리바이어던』 중에서 누누이 언급하고 있다(제26장 마지막, 제37장, 제42장). 그것은 일반적인 원칙 · 논리 · 과학적 비판의 문제에 전력하고 있지 않아서 잊어버릴 수 없는 점은, 그 문제가 당시 구체적이고 직접적인 정치적 의미를 가지고 있었던 것이다. 안수에 의한 치료의 기적은 군주의 직책이며, 이것이야말로 홉스가 「보통 사람을 초월한 사람」이라고 하는 군주인격의 신성함의 발현이며 징표였다. 이 제도는 영국 왕조의 교황과의 투쟁에서 옹호해야 할 것으로, 오랫동안 이 치료기적은 영국 왕제의 근간을 이루는 제도였다. 그것은 『기도서』(Common Prayer Book)*에 채택되어 공적 의례의 일부가 되고, 특이 스튜어트 왕조의 왕들, 그 중에서도 홉스와 인적 교섭을 가진 찰스 2세는 군주의 치료기적을 대대적으로 거행하였다. 찰스 2세는 망명 중과 복귀 후에도 많은 치료를 행하여 1660년 5월에서 1664년 9월까지 안수를 받은 자는 약 2만 3천명에 이르렀다.[39]

기적신앙이라고 하는 미묘한 문제에 대한 홉스의 태도는 완전히 불가지론적이었다. 어떤 사상이 기적인가 아닌가는 아무도 확인할 수 없다는 것이 그의 전제이며, 그러한 태도는 기독교적 · 성서적 기적이거나, 아니거나 관계 없었다. 이러한 태도에 의해서 그는 일체의 기적신앙에 반대하는 대담한 비판자의 한 사람이 된다. 그의 비판은 매우 계몽적이며, 이 점에서 그는 18세기의 선구자이다. 그의 오류, 착각과 공개적이거나 비밀스런 사기의 가능성이나, 위조자 · 배우 · 복화자(腹話者)와 다른 사기꾼들의 아주 섬세한 서술은 이미 볼테르 류이며, 그 구상적 서술 때문에 신앙을 구하는 것은 무의미하며 논의의 여지가 없는 것으로 생각된다. 『리바이어던』 제37장의 독자는 기적신앙은 항상 미신일 뿐이며, 기껏해야 비록 아무도 진실로 여기지는 않지만, 일부는 가능할지도 모른다고 하는 불가지론적 인상을 가질 것이다. 그런데 위대한 결단주의자 홉스는 여기에서도

39) Marc Bloch, Les rois thaumaturges, Études sur le caractère surnaturel attribué à la puissance royale particulièrement en France et en Angleterre, Paris 1924, S. 337. 거기에는 찰스 2세가 안수로 선병(腺病)을 치유하는 모습이 J. Browne, Charisma Basilikon, 1684년의 기술에 의해서 매우 인상적으로 묘사되어 있다. 나아가 Percy Ernst Schramm, Geschichte des englischen Königtums im Lichte der Krönung, Weimar 1937, S. 125, 132를 참조. 슈람은 군주가 그러한 힘을 가진 것에 대한 신앙은 「매우 비기독교적인 관념」이며, 중세의 마녀신앙의 반영이며, 아마도 게르만 세계에서 발전되었으리라고 말한다.

「**진리가 아니라 권위**」(Autoritas non Veritas)라고 하는 결단주의자 특유의 전회를 하여, 기적이란 국가권력이 기적으로서 믿으라고 명령하는 점에서, 반대로 그것을 국가가 금지한다면 기적은 기적이 아니게 된다고 한다. 후반은 오히려 우롱에 가깝다.[40] 근원적 불가지론에서 나오는 기적비판이나 사기나 기만에의 경고도 각국의 주권자가 무엇이 적인가를 최종적으로 결정하는 데에서 끝난다. 홉스는 여기서 빵과 포도주가 그리스도의 몸과 피로 화하는가 라고 말하고, 기독교 공동체에 대해서 세례 다음으로 중요한 성찬의 비적, 종교개혁 이래, 아니 11세기의 동서교회분열[1054년] 이래,[41] 유럽 국민들의 정신계와 정치계 전체를 지배한 신학상의 대논쟁*을 예시한다. 홉스는 말한다. 어떤 사인이 어떤 말로 빵을 인체로 바꿀 수 있다고 주장하더라도, 그것을 믿을 합리적 근거는 없지만, 국가권력이 그것을 믿도록 명령한다면 그것은 기적이며, 만인은 법적으로나 신앙적으로 그것을 따르지 않으면 안 된다고. 따라서 있는 것을 기적으로서 간주해야 할 것인가의 여부를 결정하는 것은 신민의 「사적 이성」(private reason)에 대립하는 「공적이성」(public reason)인 국가이다. 이리하여 주권은 그 권력의 정점에 도달한다. 그것은 지상에서의 신이 지고의 대리자이다. 주권자는 「신의 대리인」(lieutenant of God) 이라는 말이 이 제37장 기적론 마지막[L 319-320, E 436-7, K 2-113]에 있는 것은 결코 우연이 아니다. 가사의 신은 신앙과 기적을 지배하는 권력도 가진다.

그런데 종교와 정치의 통일을 가져오게 하는 주권이 정점에 달한 바로 이 점에서, 다른 점에서는 이러한 완결적이며 불가항력적 통일에 파탄이 생긴다. 홉스는 이 기적론 · 신앙론의 결정적인 점에서 옆길로 빗나가는 것이다. 그는 기적신앙의 문제에서 그의 근절하기 어려운 개인주의에서 나오는 유보를 붙였다. 홉스는 과연 흔히 「개인주의자」라고 불리는 자였는가의 여부의 문제를 다른 점에서 해명할 필요는 여기에서는 없어져 버렸다. 즉 리바이어던 체계 가운데 내적 신앙과 외적 예배의 구별이 등장한 것이다. 홉스는 기적을 「사적」 이성이 아니라 「공적」 이성의 문제로 삼으면서 「사상은 만인에게 자유이기 때문에」(quia cogitatio omnis libera est) 각인의 사적 이성에 수반하여 내면적으로 스스로 신, 불신을 결정하는 것, 「**자기의 가슴 속**(intra pectus suum)의 「**재판권**」

---

40) 그리하여 생 메다르(Saint-Médard)의 고전적인 2행시가 된다.

신에게 칙명을 내린다.
여기서 기적을 내려서는 안 된다.
De par le Roi défense à Dieu
De faire miracle en ce lieu.

41) Gerhard Ladner, Theologie und Politik vor dem Investiturstreit (Abendmahlstreit, Kirchenreform Cluny und Heinrich Ⅲ), Veröffentlichungen des österreichischen Instituts für Geschichtsforschung, herausgegeben von Hans Hirsch, Bd. Ⅱ, 1936, S. 25는 이렇게 말한다. 즉 「서방 교회에서 성취한, 기독교 정신과 세속적 현실의 독자적인 영합을 교회가 자주적인 개혁에 의해서 새로운 법적 관점으로부터 미증유의 강한 의문에 봉착한 11세기에 비적론(秘蹟論)의 내부에서도 어려운 문제들이 생겼다. 여기서 그리스 교회는 이와 동행하지 아니하였기 때문에 황제교황주의(Cäsaropapismus)*에 빠진 것이다」. 라드너는 11세기 이래 로마 교황 측에서 독일 제국을 파괴하는 새로운 법체제가 수립되고, 성속(聖俗)의 관계를 둘러싼 투쟁은 비적논쟁인 동시에 법적 투쟁의 성격을 지녔다고 설명하는데(S. 46/47) 이는 정당하다.

(judicium)을 지키는 것을 방해하지 않는다고 하였다[L 319, E 439, K 2-115]. 다만, 그것이 외적 예배에 이르면 곧 사적 판단은 끝나고 주권자가 진위를 결정한다.

따라서 사와 공, 내면적 **신앙**(fides=faith)과 신앙의 **고백**(confessio=confession)이라는 구별의 도입은 18세기에 관철하고, 마침내 자유주의적 법치국가와 입헌국가에 도달하였다. 근대의 「중립적」 국가의 발단은 신교 여러 파의 종교사상이 아니라 이 불가지론에서 나온다. 헌법사적으로 본다면 그 단서가 된 것은 근대 개인주의의 사상 · 양심의 자유 그리고 자유주의적 헌법체계의 구조의 특징인 개인의 자유권을 신학적이 아닌 법학적으로 구성한 것과, 실체적 진리의 불가지성으로부터 국가권력의 외적 성격을 정당화한 것의 두 가지이며, 후자가 19 · 20세기의 **「중립적 · 불가지론적 국가」**(stato neutrale e agnostico)의 원천을 이룬 것이다. 홉스는 이것을 보강하기 위해서 이것에 이어서 『리바이어던』 제42장에서 국가권력은 기독교를 믿지 않는다고 하는 「혀에 의한 고백」을 요구할 수 있으나, 「내적 신앙」에는 강제가 미치지 아니한다고 한다[L 361, E 493, K 2-184]. 여기서 홉스는 성서의 열왕기하 제5장 제17-19절*을 원용하며 다시 내외구별론을 원용한다. 브램홀 주교에의 회답서(1682년)에서도 이것은 미묘한 논점이라고 하면서, 정치체계 중에 내적 · 사적인 사상과 신앙의 자유의 유보를 흡수해 버린다.* 이 유보야말로 강력한 리바이어던을 안으로부터 파괴하여 가사의 신을 죽게 하는 죽음의 싹이 된 것이다.

『리바이어던』의 발간으로부터 곧 거의 눈에 띄지 않는 단면이 최초의 자유주의적 유대인의 눈에 띄었으며, 그는 바로 이것이 홉스가 수립한 내외 · 공사의 관계를 역전시키는, 근대 자유주의의 거대한 돌파구라는 것을 간파하였다. 스피노자는 1670년에 발간한 『신학 · 정치학론』*의 유명한 제19장에서 이 역전을 성공시켰다. 이 책의 부제 자체가 이미 **「철학하는 자유」**(libertas philosophandi)이다. 무엇보다 먼저 국가주권은 외적 평화와 외적 질서를 위하여 외적 예배를 규제할 수 있다는 것, 전 국민은 이 규제에 복종해야 할 것으로부터 설명을 시작하여 종교에 관한 만사는 국가권력의 명령에 의하여 법적 힘(vim juris)을 가지지만, 국가권력이 규제할 수 있는 것은 **외적인** 예배뿐이라고 한다. 홉스에 있어서도 상술한 기적 신앙론 · 예배론에서 내외분리론의 싹을 볼 수 있으나, 이 유대인 철학자는 이 맹아를 극단화하여 반대물로 전화시켜서 리바이어던의 혼을 내면에서 빼어버렸다. 스피노자는 「내가 논하는 것은 오로지 외적 예배로서 경건함 자체나 내적 신숭배가 아니다」라고 하며, 「내적 확신과 경건함 그 자체는 각 개인의 권리의 영역에 속한다」고 한다.

다음 제20장에서 이 사상은 공적 평화와 주권의 유보를 항상 수반하면서도 사상 · 감정 · 언론의 자유라고 하는 일반원칙으로 확대된다. 스피노자의 『신학 · 정치학론』이 강하게 홉스에게 의존하고 있다는 것은 주지의 사실이나,[42] 영국인 홉스는 그 유보를

---

42) 스피노자의 『신학 · 정치학론』에 대한 홉스의 논평은 두 가지가 전해지고 있다. 하나는 드본샤이어 경(Lord Devonshire)에게 말한, 「심판하거나 심판하지 않기 위해서」(Ne judicate, ne judicemini)이며, 다른 하나는 오브리(Aubrey)에게 말한 「그는 곤봉의 길이만큼 나를 꿰뚫었다」, 나는 이처럼 대담한 것을 쓸 용기는 없다고 말했다고 한다. 퇸니스(Tönnies, Thomas Hobbes, Leben und Werk, 3. Aufl., 1925,

가지고 자국민의 신앙으로부터 명확히 한 것이 아니라 오히려 그것에 의해서 신앙으로 남는다고 하는데 대하여, 유대인 철학자 스피노자는 국교 밖에서 논하며 밖으로부터 유보를 가져온 것이다. 홉스의 정면에는 공적 평화와 주권이 있으며, 개인적 사상의 자유는 배후의 최종적 유보에 불과한데, 스피노자는 반대로 개인의 사상의 자유가 틀(frame)의 구성원리를 이루며, 공적 평화와 주권을 단순한 유보로 전화시켰다. 유대적 실존에서 나온 사고과정의 작은 전환이 단순하기 짝이 없는 일관성을 가지고 잠시 후에 리바이어던의 운명에 결정적인 전환을 가져온 것이다.

18세기의 국가의 발전은 군주주권사상, 「**영토의 지배자가 종교를 지배한다**」(cujus regio, ejus religio)*는 원칙을 완수하고, 그리하여 완전 불가분의 국가절대주의의 고전적 형태를 완성시켰다. 그것은 한편으로는 절대적 국가권력, 주권적 · 대표적 인격이 봉건적 등족이나 교회의 적대를 타파한 과정이며, 공적인 사건과 정치사의 무대를 제패한 시대이지만, 동시에 내외 · 공사의 구분과 대립이 모든 방향에 두드러지지 아니한 형태로 심화한 시대이기도 하다. 홉스는 푸펜도르프(Pufendorff)*와 토마지우스(Thomasius)*를 통해서 대륙에서의 승리자가 되었지만, 물론 내외 관계의 역전이라는 대가를 수반하였다. 토마지우스는 17세기 · 18세기의 전환점에서 이 구별은 다음 세기의 공유재산인 운명으로 된다고 승리자적 자명성을 가지고 설명하고 있다. 1724년 독일어로 간행된 『토마지우스의 사상』은 그 볼만한 사례이다. 그것은 홉스와 스피노자로부터의 내력의 흔적을 지우면서도 블룬칠리(Bluntschli)*가 정확하게 지적했듯이, 동시에 「프리드리히 대왕의 국가에의 학문적 예습」이기도 하였다.[43] 이 정식화된 사상에 의하면, 군주는 종교를 포함한 「인지의 활동」 전체에 강제권을 가지지 않으며, 무신론자나 창조주 · 섭리의 부정자도 그들이 「공동체 평안의 파괴자」로 되기 쉽기 때문에 규제할 수 있다고 한다. 「누구든지 자신의 생각은 생각대로 이야기할 수 있다」. 국가의 본질은 경찰이며, 그 임무는 「**공적**」 치안 · 안정 · 질서의 유지에 한정된다. 이리하여 토마지우스 이후 법과 도덕의 분리는 법률가나 치안가의 상식과 **통설**(communis opinio)로도 되었다. 법의 타율과 도덕의 자율이라는 칸트의 법이론과 국가론은 18세기의 이러한 종류의 사상을 권위를 가지고 총괄하고 결론적 표현을 부여한 것 이외에 아무것도 아니다. 원래 국정의 현실은 당초에는 상당히 비관용이며 예를 들면, 크리스티안 볼프(Christian Wolff)는 경건파의 금지와 엄중한 검열을 주장하고, 칸트는 결단코 저항권을 부정하였으나,* 그렇다고 하여 내외분리 원칙

S. 286, Anm. 60)는 이것으로부터 홉스는 스피노자의 저작에 「공공연하게 주장한 자신의 학설은 아니며 의심할 것 없이 자신의 생각을」 나타낸 것이라고 결론을 내린다. 확실히 스피노자는 그 본질적인 요소를 홉스로부터 수용하고, 홉스 역시 당연한 것으로 인정한다. 그러나 그의 어떤 신탁(神託)같은 말 속에서 단순히 양해하였다는 것 이상의 어떤 것이 내포된 것은 아닐까. John Laird, a. a. O. S. 300/303은 스피노자와 홉스의 차이를 특히 스피노자의 「적나라한 마키아벨리즘」과 모든 「의무의 존중심」의 결여에서 본다.

43) Joh. Casp. Bluntschli, Geschichte des Allgemeinen Staatsrechts und der Politik, 1864, S. 192. 프리드리히 대왕의 국가이론적인 사상이 로크보다는 홉스의 영향 아래에 있다는 것에 관하여는 Gisbert Beyerhaus, Friedrich der Große und das 18. Jahrhundert, Bonn 1931, S. 11.

의 부정은 아니며 한정에 지나지 않으며, 헌법사적인 발전 전체에서 본다면, 그러한 변종은 결정적인 것이 아니다. 중요한 것은 홉스가 내적 신앙과 외적 예배를 구별하여 사적 신앙을 유보함으로써 생겨난 싹이 불가항력으로 발전하여 일체를 지배하는 신념으로 화한 것이다.

내외 · 공사의 분리는 법사상을 지배했을 뿐만 아니라 전교양인의 보편적 신념에도 적응하였다. 국가의 지배는 외적 예배에 한정해야 한다는 스피노자의 주장이야말로 교회와 국가와의 관계를 논한 괴테의 슈트라스부르크 대학 학위논문의 주제이며, 그 내용은 『시와 진실』(Dichtung und Wahrheit)* 중의 슈트라스부르크 시대의 서술에서 알 수 있으나, 여기서 젊은 괴테는, 교회는 한편으로는 국가, 다른 한편으로는 개인의 자유요구라고 하는 두 개의 대립자를 가지나, 이 어려운 물음은 입법자는 만인이 의거할 **외적** 예배를 임의로 결정할 수 있다고 함으로써 해결 가능한 것이라고 한다. 그는 「각인이 자기 한 사람으로서 생각하고, 느끼고, 사고하는 일은 문제가 아니다」라고 확실히 덧붙이고 있다. 절대국가는 일체를 요구할 수 있으나, 다만 외면뿐이다. 「**영토의 지배자가 종교를 지배한다**」(cujus regio, ejus religio)는 원칙은 실현되었으나, 그 **종교**(religio)는 자유로이 생각하고, 느끼고 신앙에 있어서 절대적으로 자유인 개인의 사적 자유의 영역이라는 뜻밖의 다른 영역으로 옮겨진 것이다.

이러한 내면적 유보의 원칙을 전개한 담당자는 다종다양하며 모순되는 것마저 포함하고 있다. 비밀종단 · 장미십자단 · 프리메이슨 · 조명파 이단(Illuminaten) · 신비주의자 · 경건주의자 · 모든 종파신도 · 다수의 「재야 은둔자」(stilen im Lande) 등등. 그러나 여기서도 특히 유대인의 불굴의 정신은 상황을 십분 이용하여 공사의 관계나 행동과 신앙의 관계 등을 혼란으로 빠뜨렸다. 모제스 멘델스존(Moses Mendelssohn)은 18세기에 『예루살렘 또는 종교 권력과 유대교를 논함』(Jerusalem oder über religiöse Macht und Judentum, 1783)에서 내면과 외면, 도덕과 법내적 신앙과 외적 행동의 분리론을 이용하여 국가에 양심의 자유를 요구하였다. 그는 위대한 정신의 소지자는 아니며 지성에 있어서도 스피노자에게 훨씬 뒤떨어지지만, 그 이론이 국가권력을 뭉개버려 그 실질을 공허하게 하여 다른 민족을 마비시키고, 우리가 유대 민족의 해방에 봉사할 수 있다는 점에서는 불가류(不可謬)의 본능을 가지고 있다. 요한 게오르크 하만(Johann Georg Hamann)의 『골고다와 셰플리미니』(Golgotha und Scheblimini, 1784)는 독일적 예지와 유대적 분별논리의 매우 심각한 대립을 보여준 위대한 업적의 효시인데, 이것은 멘델스존의 앞의 책을 계기로 저술된 것이었다. 대학자 하만은 리바이어던과 비히모스의 비유를 논하고, 위대한 물고기 리바이어던은 영국적 성격의 상징이라고 하고, 「리바이어던의 케비어」(Kaviar des Leviathan)라는 도덕주의적 부르주아적 위선(Cant)과 대학청년류의 「갈리아 사람의 허식」*의 구별을 논한다. 그는 욥기 제40장 제18절의 육수 비히모스를 프리드리히 대왕의 국가에 비유하여, 국가 · 종교 · 양심의 자유라는 세 가지의 말은 일체를 말하지만 아무것도 나타내지 못하는 막연한 말로, 다른 말에 비유하면 「동물의 명확함에 대한 인간의 불명확함」 차이와 같은 것이라고 멘델스존에 반론한다. 그 언어사용의 개명적 유대인 멘델스존에 대한 우월성은 놀랄만하다. 비히모스는 그러한 동물이며, 빈민이나 아이들은 위대한 니므롯*의 사냥개가 그들에게 약간의 빵부스러기를 남겨준 것에 대해서 감사해야 한다고 한다. 그러나 무엇보다도 이 책에서 명확하게 통찰하고 있는 것은, 홉스의 리바이어던은 외적으로 전능하고 내적으로는 무력한 권력으로 화하여 그 「강제적 의무는 공포의 구속력」에만 의거하고 있다는 것이다. 유대인 모제스 멘델스존은 각인은 당연히 좋은 방법으로 종교적 행복을 획득할 수 있다는 것이므로, 권력이 개인의 신념에 관계를 가질 필요는 없으며, 신은 반대로 인간의 외적 행동에 관여하지 않는다는 설을 크게 성공하리라는 기대를 가지고 창도한 것이었다.

공권력이 점차 공적으로 되고 국가가 내적 신앙을 사적 영역으로 밀어넣을 때에 한 민족의 마음은 내면에의 「비밀의 길」을 더듬기 시작하며, 침묵과 정적의 힘이 성장하기 시작한다. 내외의 구별을 승인할 때에는 내면이 외면을 능가할 때이며, 거기서 이미 사의 공에의 우위는 결정적으로 된 것이다. 공권력은 의연히 강조되고 충실하게 존중되는데, 그것은 이미 단순히 공적이며 단순히 외적인 힘이며 내면의 혼은 빠지고 있다. 그러한 지상의 신도 역시 외견과 **우상성**(simulacra)을 가지지만 「신들은 외면을 강제하지 않는다」(Non externa cogunt Deos)는 것이다. 이 말은 세네카와 같은 정치적 입장에 처한 스토아 철학자가 네로에게 말했다는 것이다. 내면과 외면의 대립을 일단 승인한다면, 내면 · 불가시 · 정적 · 피안의 외면 · 가시 · 소란 · 차안에 대한 우위를 승인하지 않을 수 없다. 이러한 비공공성(非公共性)의 우위의 발전형태는 무한히 다양하지만, 내외의 구별을 승인하는 한 그 최종적 결론은 불가의한 것이다. 예컨대 셰익스피어의 『템페스트』(Tempest)에서 칼리반*의 격정적인 발작에 대하여 앞 못 보는 계몽지배자적 인물인 프로스페로(Prospero)가 그 인간주의 · 합리주의를 가지고 우위를 차지한다. 장미십자단은 「**밖으로 죽음, 안으로 자유를**」(foris ut moris, intus ut libet) 하면서 내면에 은둔한다. 파울 게르하르트(Paul Gerhardt)처럼 경건한 루터교도는 신이 리바이어던에게 유예를 주고, 「어리석은 자를 거칠게 하고 있다」고 믿어 안심을 얻고 있다. 고위의 프리메이슨 단원은 비전(秘傳)을 받아서 무례하며, 낭만주의자는 그 주관성의 엄호 아래 아이러니칼한 우월성을 포함하고 있다. 이러한 태도들은 각각 고유한 역사 · 양식 · 전쟁을 가지고 있으며, 상호 간에 다르지만 프리메이슨회 · 교파의 모임 · 시나고그 · 문단 등이 어느 정도 다르다고 해도, 정치적 귀결에 있어서 국가의 상징인 리바이어던에 적대하는 점에서 이미 18세기에 전부 일치한 것이다.

외면 · 가시 · 행동 · 공연 · 소란 · 공공에 대한 내면 · 불가시 · 신념 · 비사 · 정밀 · 비교유보(秘教留保)의 사상은 근절하기 어려운 것으로 무한히 다양한 형태를 취하였으나, 계획도 조직도 없는 채 스스로 공동전선에 집결하고, 리바이어던의 신화도 힘들여 타파하여 승리를 차지하였다. 리바이어던의 모습을 가진 신화적 위력은 이제 그것으로써 상징된 홉스의 국가에 선봉을 달린다. 리바이어던은 경건한 성서신자에 대해서는 여전히 괴물에 지나지 않지만, 청교도는 이를 불손한 피조물신화로 보고, 선한 크리스천은 위대한 그리스도=신인(神人)인 신비체(corpus mysticum)[교회인 것]와 거수를 대치하는 사상을 모독이라고 느끼며, 유대교도는 수세기에 걸쳐 랍비나 카발라파가 해석한 리바이어던 모습에 따라서 거기에 이교도의 권력의지의 동물적 우상을 보고 우월감을 심화할 것이다. 인도적 계몽주의자는 국가를 인위적 산물로 보는 것은 칭찬하지만, 국가의 상징 리바이어던은 그 고전취미와 감상적 감각에서 본다면 짐승 내지 몰록으로 화한 기계라고 해석한다. 이 기계는 이성신화의 박력을 완전히 상실하고 외력에 의해서 운전되는 죽은 「장치」로 해석하여, 혼을 가지고 내발적으로 운동하는 「유기체」의 부정적 대립물로 된다. 낭만주의자는 당시 「국가」를 즐겨 식물 · 과수 · 꽃 등에 비유하였으나, 그러한 감각에서 본다면 홉스의 비유는 확실히 그로테스크한 것이다. 리바이어던의 「거인」성, 인지가 만들어 낸 신으로서의 성격은 망각되고 비인간적 · 인간 이하적인 것이 되었다. 그때, 비인간적 · 인간 이하의 존재가 「유기체」인가 기계인가, 동물인가, 장치인가 등으로 말하는 것은 2차적인 문제로서 방치될 수 있는 것이다.

6. 기계의 붕괴

「**거인**」(magnus homo), 신과 유사한 국가의 주권적 인격으로서의 리바이어던은 18세기에 내면에서부터 붕괴되었다. 이 가사의 신에 대하여 내면과 외면의 구별은 죽음에 이르는 병이 되었다. 그러나 이 리바이어던이 창조한 국가는 리바이어던보다 오래 살았다. 이 국가는 훌륭하게 조직된 집행권 · 군대와 경찰 · 행정기구와 사법기구, 그리고 전문적으로 훈련되고 원활하게 기능하는 관료제가 결합한 것으로, 국가는 더욱 이 비유에 적합한 것이 되었다. 법이나 법률개념도 그것에 손을 대어 발전하였다. 절대군주의 권력국가와 경찰국가도 법률에 의해서 법적 구속을 받고 「법치국가」로 화하고, 법률도 「리바이어던의 코에서 콧구멍을 통과하는」[44] 기술적 억제수단으로 화하여 국가권력의 활동을 예측가능하게 하는 기술적 수단으로 화하였다. 만사를 법률화하는 것이 이 발전의 기본적 경향이며, 국가 자신도 또한 실정법체계로 전화하였다. **인적 입법자**(legislator humanus)는 **입법기구**(machina legislatoria)로 화하고, 군주제의 신권적 정통성도 프랑스 혁명에 의해서 모든 정치적 지배력을 상실한 과거의 유물로 변하였다. 정통의 군주가 왕정복고에 의하여 복귀한 때에도 **권력**(potestas)을 가지고 **권위**(auctoritas)의 근거로 하였다. 1815년의 빈 회의 이래 「세습적 정통성」으로서 설명된 것도 그 기초를 관료와 군대의 국가적 합법성에서 구하고 있으며, 그 나머지는 역사의 위광과 잔재에 지나지 않는 것이 되고, 현실적으로 유효한 지배력이 그 권력을 정통화하기 위하여 이용한 것에 불과하다. 「복고의」 정통성이란 말하자면 인공의 낙원과 같은 것이다.

---

44) J. Figgis, a. a. O., S. 114. 본문에서 사용한 파두아의 마르실리우스(Marsilius von Padua)의 "legislator humanus"라는 개념은 역시 중세적인 것이다. A. Passerin d'Entrève, "Rileggendo il Defensor Pacis," Rivista Storica Italiana, Ⅳ, 1, 1934.

18세기 유럽 대륙의 절대군주 국가는 19세기의 부르주아 법치국가로 해체되었다. 「법치국가」의 이름에 숨어있는 것은 인위적인 「헌법」을 기초로 하여 성문법, 특히 성문법전에 의거하면서 기능하는 합법성의 체계이며, 부르주아 법치국가(Rechtsstaat)는 실은 법률국가(Gesetzesstaat)에 불과하다는 것은 거의 전부터 주지의 사실이다. 「19세기 이래의 대륙 국가들에서 법치국가라고 불리는 것은 실은 입법국가(Gesetzgebungsstaat)이며, 그러한 국가의 정당한 근거는 일체의 국가권력의 발동이 합법성을 가지는 데에 있다. 자족적 합법성의 체계가 복종요구의 근거이며, 저항권의 배척을 기초지운다. 거기에는 법(Recht)의 특수적 현상형태는 법률(Gesetz), 국가적 강제의 특징적인 정당성의 근거는 합법성이다」.45) 이미 막스 베버는 근대국가의 합리적 운영에 있어서는 「합법성이 정통성으로 간주된다」고 설명하였다.* 그의 진단에 의하면 미래는 전문적 훈련을 받은 지적 관료의 것이다. 왜냐하면 그들이야말로 철저하게 기술화되고 법규범에 의거하면서 내적 · 합리적인 시종일관성을 가지고 활동하는 경영체(Betrieb)인 「국가」의 본래적 담당자이기 때문이다. 합법성은 관료제의 실증주의적 활동양식이며, 근대 국가와 합법성은 동일물인 내면이다. 오토 폰 슈바이니헨(Otto von Schweinichen)*은 이른바 법치국가는 법률국가에서만 있을 수 있는, 왜냐하면 역사상의 구체적 존재인 「국가」는 「법」(Recht)을 국가의 「법률」(Gesetz)로 전화시킴으로써만 「법」과 결합할 수 있는 것이기 때문이라고 적절하게 지적하고 있다. 화학적 · 물리적 표현을 사용한다면, 국가는 국가적 합법성이라는 응집상태에 있어서만 「법」이라는 원소와 반응할 수 있는 것이다. 그러므로 합법성의 문제를 「순형식적」 문제라고 하여 법학의 외관상의 문제나 예의범절의 문제로서 정리할 수 있는 것은 아니다. 정당하게 이해하고 대처하는 한, 합법성은 근대적 조직을 가진 국가에 있어서의 고도의 현실이다. 그것은 관료제나 관리라고 하는 현실적인 세력의 합법률성을 활동양식으로 구하기 때문이다. 기계는 기술적으로 완성된다는 고유 법칙을 가진 존재가 되고, 누구든지 마음대로 그것을 사용할 수는 없으며, 그것이 신뢰할 수 있는 복종자로 되기 위해서는 그 작용법칙의 존중이 필요하다. 끊임없는 경이적 기술의 발명은 근대국가의 장비를 더욱 더 고도화하고 완성시켰으나, 그 행정의 복잡한 명령기구는 특정한 합리성 · 명령형식 · 전문적으로 착안한 계획을 필요로 한다. 이들 전부가 의미하는 것은 정통성의 합법성에서 전화 · 신법 · 자연법, 그 밖의 전국가적 법(Recht)의 국가실정법률(Gesetz)에의 전화이다.

이 거대하고 합법주의적인 「**가장 기계적인 기계**」(machina machinarum)가 역사에 실현되기 이전에, 홉스는 법 「법실증주의」라는 말이 등장하기 보다 훨씬 전에 홉스는 법(Recht)이 실정적 법령으로 전화하는 것을 국가의 심리강제의 동기에 의해서 영위되는 기구에의 전화와의 관련에서 파악하여, 그것을 매우 철두철미하게 체계적으로 착안하여

45) Legalität und Legitimität, München (Duncker & Humblot) 1932, S. 7/8 (김효전역, 『합법성과 정당성』, 교육과학사, 1993, 14면). 거기에는 막스 베버의 인용문도 있다. Otto von Schweinichen의 논평에 관하여는 「법치국가를 둘러싼 논쟁의 의의(Disputation über den Rechtsstaat, Hamburg 1935) (본서, 443면) 참조.

중세적인 「군주신권」 사상뿐만 아니라 종래의 법과 국가의 실체적 개념 전체에 종지부를 찍어버렸다. 이리하여 그는 이중적 의미에서 19세기 유럽 대륙을 지배한 부르주아 법치국가와 입헌국가의 정신적 선조가 되었다.

그 첫째는 법치국가와 입헌국가를 헌법제정의 제헌의회의 결정을 기초로 하는 합법성의 체계로서 파악하는 「입헌적」 헌법개념의 근원이라는 점이다. 나는 이 점에서 1926년에 페르디난트 퇸니스(Ferdinand Tönnies)가 가져온 중대한 인식*을 다른 근대의 헌법학자나 헌법사가와 마찬가지로 십분 고려하지 아니한 것의 태만을 반성하고 있다. 그의 지적에 의하면, 중세의 계약론과 홉스의 국가계약론의 본질적 차이는 **모든** 공동체가 계약에 의해서 「**법치국가**」가 된다는데 대하여, 홉스는 즉물적 · 과학적 · 중립적으로 모든 국가를 만인의 만인과의 계약이라는 인위의 소산이라고 하면서, 그렇게 한 후 비로소(『리바이어던』 제18장) 「국가」라는 일반적 · 가치중립적 개념 중에서, 더구나 「설립에 의한」 국가(commonwealth by institution)와 그렇지 않은 것과의 구별을 논하는 점에 있다. 이 국가야말로 실제로 「입헌적」 법치국가와 입헌국가라고 부를 수 있다. 이 설립된 「입헌」국가란 「다수인」의 결의, 「입헌국민집회」의 결정에 의한 국가이다. 홉스에 의하면 국가 안에 국가외적 법 · 반국가적 법은 있을 수 없는 이상, 모든 국가는 법치국가이지만 이 입헌국민집회가 설립한 국가만이 입헌적 법치국가와 입헌국가인 것이다. 퇸니스는 말한다. 「다수인(불특정한 다수인이라는 관념은 추상이론의 특징이다)에 대신하여 국민이 설정될 때에 그것은 입헌 국민집회라고 부른다. 홉스의 이론은 이러한 형식을 취하여 루소의 매개를 거치면서 프랑스 대혁명의 발단에 영향을 미쳤다. 루소의 수정점은 그가 헌법이나 정체의 여하는 결정적 중요성을 가지지 못하며, 국민집회의 정기적 부활이야말로 자명한 항상적 자연법이 된다고 한 것, 말하자면 혁명을 국가제도화하려고 한 것이다. 홉스는 현존하는 완전한 시민상태(status civilis) 속에서 자연상태의 계속적 부정과 폐기를 원하는데 대하여, 루소는 정치상태의 기저에 항존하는 자연상태에서 시작하여 자연상태에 타당한 자연법을 합법화한 것이다」라고.

그것은 정당하지만 한 마디 덧붙이면, 중립화를 추진하는 일반적인 국가론의 동향에 있어서 기술적 중립화 과정 자체 속에 법을 법률로, 헌법을 헌법률로, 그리고 기술화 · 중립화하는 요인이 이미 포함되어 있었다. 법률은 전술한(S. 69; 본서 519면) 발전과정에서 심리강제와 예측가능한 기능의 수단으로 화하고, 다종다양하게 대립하는 목적과 내용에 봉사할 수 있게 되었다. 따라서 홉스에 의하면, 예측가능하게 기능하는 합법률적 강제질서는 모두 국가이며, 법은 모든 국가법이기 때문에 국가는 모두 법치국가라고 한다. 이리하여 「법치국가」 개념은 내용적 목적 · 진리 · 정의의 여하에 관계없이 예측가능하게 기능하는 국가질서라는 의미로 형식화 · 중립화시키고, 「법률실증주의」라는 이름 아래 19세기 법학의 보편적 통설로 되었다. 거기에서 1917~1920년 이래 볼셰비키 국가기구가 등장하고, 이것도 예측가능한 규범에 따라서 기능할 수 있는 한은, 「법치국가」라는 이름을 표방할 수 있기 때문에 부르주아 헌법학자들은 대단히 곤혹스러웠던 것이다.[46]

19세기에 있어서도 철학자 프리드리히 율리우스 슈탈=욜존(Friedrich Julius Stahl-Jolson)*의 눈은 이 깨어진 견해를 바로 간취하고 이것을 이용하였다. 그는 독일인 자유주의자 로베르트 몰(Robert Mohl)의 중립적 법치국가개념을 극복하지 못하고, 「법치국가는 국가의 목적과 내용이 아니라 그 실현의 태양과 성격을 의미하는데 불과하다」고 만인에게 매우 「법학적」으로 울리는 정의를 하여* 일반적으로 수용되었다. 이 내용과 형식 · 목적과 성격이라는 새로운 분리는 18세기에 전개된 내면과 외면의 대립을 법개념상 보존한 것이다. 이 슈탈=욜존은 토마지우스의 도덕과 법의 구별론은 「중요한 진보」이며, 그는 「양 영역의 분리를 영구히 확보하고」, 「내면의 평화와 외적 평화, 법의 강제성과 도덕의 강행불가능을 모든 부면에서 한계지었다」라고 하여 칭찬하고 있으나, 이것도 그의 입장에서 본다면 당연하다. 이 기묘한 기독교적 군주신권론자는 홉스가 그로티우스(Grotius)와 달리, 국가를 군주와 국민으로부터 구별한 데에 만족의 뜻을 표시하고 있다.47) 이것은 어떤 「보수주의」인가! 하만은 스피노자 같은 인물은 철학하는 「능력도 자격도 없다」고 하였으나, 그가 이러한 기독교 군주제의 옹호자를 보면 무엇이라 할 것인가? 이 유대인 철학자는 「기독교국가」라든가, 반혁명적 「정통성」이라는 미사여구를 나열하면서 확실한 본능과 목적의식을 가지고 스피노자와 멘델스존의 길을 나아가는 것이다. 스피노자는 고립한 개인으로서 은밀한 정밀 가운데서 생애를 보내고, 당시의 공중에게 거의 알려지지 않았다. 모제스 멘델스존 역시 그런 점이 있으나, 이미 베를린 「사교계」에서 매우 중요한 인물이며 문단에서 각광을 받아 당시의 교양인에게 널리 알려진 지명 인사였다. 얼마 안 되어 빈 회의 후, 해방된 유대인의 젊은 제1세대가 광범한 대열을 조직하여 유럽 국가들에 난입하였다. 로트실트가의 젊은이들, 카를 마르크스(Karl Marx) · 뵈르네(Börne) · 하이네(Heine) · 마이어베어(Meyerbeer) 등 기타의 대세가 경제 · 저널리즘 · 예술 · 과학의 각 분야를 점령하였다. 슈탈=욜존은 이 유대 전선의 가장 용감한 병사로서 프로이센 국가, 프로테스탄트 교회에 깊이 들어갔다. 그는 젊은 하이네처럼 기독교의 세례의 비적을 「사교계」에의 「입장권」*으로 이용하고, 나아가 아직 견고한 독일 국가의 성역 출입을 증명하였다. 고위직으로 취임한* 그는 왕제 · 귀족제 · 신교교회라는 이 국가의 내면적 핵심에 이데올로기적 혼란을 가지고 와서 그 정신을 마비시키려고 하였다. 그는 프로이센 보수파나 국왕 자신에게마저 「입헌」 군주제야말로 의회 군주제로부터 국가를 구하는 대립개념이라고 더욱 진실로 설명하고, 그들을 그 내정상의 적인 「입헌주의」 옆에 질질 끌고 들어 왔다. 프로이센 군인국가가 1918년 10월 세계대전의

---

46) Carl Schmitt, Verfassungslehre, 1928, S. 138 (김기범역, 『헌법이론』, 1976, 160면).

47) Stahl-Jolson, Geschichte der Rechtsphilosophie I (Band I der Philosophie des Rechts in der 2. Aufl. von 1847), S. 122/23. 토마지우스에 대해서는 S. 179/80. 홉스에 대해서는 S. 175. 이 기회에 나는 욜존(Jolson)이라는 이름에 대해서 마르부르크 대학에 제출된 학위논문 Oskar Voigt, Werdegang und Wirksamkeit Friedrich Julius Stahls in Bayern bis zu seiner Berufung nach Berlin 1840 (Handschrift Marburg 1919)을 소개하고 싶다. 그 원고본 S. 12, 23, 26에 내가 Golson 대신에 Jolson이라고 쓴 것을 고수하는 것은 근거가 있다. 그러나 이처럼 중요한 포이그트의 업적은 볼펜뷔텔(Wolfenbüttel)에 보관되어 있는 슈탈의 유고처럼 지금까지 거의 이용되지 아니하였다.

시련에 견디지 못하고 와해되지 않을 수 없었던 것은 이 「입헌주의」 때문이다. 슈탈=욜존은 여기서 복면에 의한 2중 존재라는 그의 친구가 걸었던 길을 걷고 있다. 이 복면은 그가 본래의 자기와는 다를 것이라는 절망적 노력을 하면 할수록 더욱 무기력해 진다. 그의 심리, 그의 의식 밑에 오고 가는 것은 무엇인가? 우리들은 알 수 없다.[48] 그러나 그것이 무엇인가는 정치의 대세에서 보아 중요하지 않다. 여하튼 그는 유대인 사상가로서 스피노자, 멘델스존의 선을 일관하여 19세기 「입헌주의」에 동반하고 비유를 가지고 말한다면, 살아있는 리바이어던의 거세에 협력한 것이다.

홉스가 도입한 법치국가적 헌법개념의 변화는 법률개념의 변화와 직접 관련된다. 법률은 예측가능한 심리강제에 의한 동기라는 의미에서의 결단과 명령으로 화하고, 막스 베버의 말을 빌리면 「복종강제의 계기」가 되었다. 이러한 종류의 강제질서 특유의 법률은 형법 「**단순히 형벌적인 법률**」(lex mere poenalis)*이며, 그러한 법률이 가져오는 질서는 당연히 「**형벌질서**」(ordo poenalis)이다. 그러나 진리나 정의의 실체적 내용을 차단하고, 규범을 실증주의적으로 명문화하는 것 자체 속에, 이미 부르주아 법치국가가 구하는 특수한 보장이 있다. 예를 들면 법률은 강제의 위하이기 때문에 소급효를 가질 수 없다는 것과 같다. 실제로 홉스는 사후법은 무효라고 설명하고 있다(『리바이어던』 제27장 L 212, E 281, K 383). 로크는 자유주의적 법치국가의 진정한 아버지로 불리며, 자유주의 법치국가론자로서 그러한 사후법에 강력하게 반대하였으나, 결과적으로는 홉스와 마찬가지이다. 죄형법정주의에 대해서는 다음에 서술하겠지만 이 점에서도 양자는 결과적으로 현저하게 일치한다. 특히 퇸니스의 저작은 홉스 이론의 법치국가적 요소를 상세하게 연구하고, 그를 「실정적 법치국가」의 이론가라고 한다.[49] 그러나 홉스는 몇 세기에 걸쳐서 절대주의적 권력국가의 창도자로서 악명이 높고, 리바이어던의 모습도 또한 골렘(Golem)이나 몰록(Moloch)과 같은 무서운 영향을 받아 오늘날에도 「전체주의적」 국가나 「전체주의」라는 논쟁상의 도깨비로서 서양 민주주의의 원형으로서 사용된다.[50]

---

48) 슈탈-욜존의 조카이며 기이센(Gießen) 김나지움의 교사인 슈탈은 「읽기 힘든 글자라는 이유로」 숙부의 모든 편지들을 소각하였다. 독일 출생의 슈탈-욜존 부인도 남편의 사후에 편지 전체와 학문적이 아닌 서류들을 소각하였다. 나는 볼펜뷔텔에 보관된 유고 중 안나 호마이어(Anna Homeyer)가 슈탈 문고의 기획자인 빌켄스(Wilkens)에게 보낸 1872년 2월 16일자 편지를 보았는데, 거기에 슈탈-욜존 부인은 남편의 「은밀한 내면생활」이 세상에 알려지는 것을 원치 않았으며, 「더구나 그녀는 그가 이스라엘 사람이었다는 사실을 결코 견디어낼 수 없었다」고 한다. 이전에 나는 「이러한 슈탈-욜존의 영혼을」 간과할 수 없다」고 써서(Deutsche Juristen-Zeitung 1936, S. 1197 참조)* 사람들의 지탄을 받은 바 있는데, 어떠한 경로로 내가 그러한 생각을 하게 되었는지는 한 번도 문제가 되지 아니하였다. 이 주는 감정론을 떠나서 이 점에 관심을 가진 독자를 위해서 붙인 것이다.

49) Gustav Adolf Walz, Wesen des Völkerrechts und Kritik der Völkerrechtsleugner (Handbuch des Völkerrechts I, 1), Stuttgart 1930, S. 9는 「홉스는 기본적으로는 단지 정치적 도그마로부터 완전히 순수한, 하나의 실정적 법치국가의 이론을 제시하려고 한 것에 불과하다」고 한다. Franz W. Jerusalem, Der Staat, 1935, S. 179 (Soziologie des Rechts, I, 1925, S. 197, 282)는 계약설의 개인주의를 강조한다.

50) 그리하여 무수한 경제철학과 사회철학의 저술로 유명한 리용의 샤르트뢰 연구소의 비알라투(J. Vialatoux)

홉스의 국가론과 법이론의 특수 법률국가적 요소는 일반적으로 오해되고 있다. 그에게는 우선 당면한 그의 이론에 실제로 배리가 되는 비판이 던져지고 있으며, 예컨대 그의 이론의 자연상태의 불안에서 신음하는 애처로운 사람들을 몰록이나 골렘의 지배와 마찬가지의 전면적인 불안 아래 몰아넣는 데에 사상 전체를 경주하는 것이라면, 매우 기묘한 국가철학일 것이다. 로크가 이러한 반론을 하고, 홉스의 이론은 고양이나 여우에게 기습당하는 불안에서 사자에게 잡아먹히는 안전을 지지하는 것과 같은 것이라고 한다.[51] 그러나 이 반론은 정당하지 않다. 그의 문제는 봉건적 · 등족적 · 교회적 저항권이 가져오는 무정부상태와, 거기에서 항상 새로이 발생하는 내란을 국가에 의하여 극복하는 것과, 교회 그 밖의 「간접」 권력의 지배권의 주장이 가져오는 다원성에 의해서 일의적 · 실효적인 보호능력있는 권력과 예측가능하게 기능하는 합법성의 체계의 합리적 통일체를 대치시키도록 하는 데에 있었다. 이러한 합리적 국가권력의 본질적 요소는 무엇보다도 정치적 위험을 완전히 받아들여 국민의 보호와 안전에 이러한 책임을 지는 것이다. 보호가 끝나는 곳에 국가 자신도 끝나며, 일체의 복종의무도 소실하여 개인은 「자연의」 자유를 회복한다. 「보호와 복종의 상관관계」야말로 홉스 국가론의 요체이며, 그것은 부르주아 법치국가의 개념이나 이념과 결합가능한 것이다.

1798년 어떤 젊은 학자가 『반홉스』(Anti-Hobbes)라는 저서를 발간하였는데, 그것은 오히려 이 점을 쉽게 해명한 것이다. 이 젊은 안젤름 포이엘바하(Anselm Feuerbach)의 저서는 부제목이 「지고권의 한계와 시민의 군주에 대한 강제권을 논함」이라는 것이며, 내용은 홉스보다는 칸트 그 밖의 동시대인에 대해서 많이 논하고 있다. 홉스의 이름은 이미 국가절대주의의 상징으로 되어 있으며, 왜 「반리바이어던」이 아니고 「반홉스」라는 제목을 붙였는지 확실하지 않다. 여하튼 포이엘바하는 이것을 센세이셔널한 제목으로

교수는 최근 홉스에 관한 논문을 발표하였다(La Cité de Hobbes; théorie de l'état totalitaire, essai sur la conception naturaliste de la civilisation, Paris-Lyon 1935). 이 논문에서 그는 홉스를 현대 전체주의의 철학자이며 교부라고 하며, 그의 「자연주의」에 근거를 둔 사회학자 콩트(Comte)나 뒤르케임(Durkheim)과 결합하고, 나아가서는 그 개인주의적 출발점에도 불구하고, 공산주의적 사회주의나 제국주의와도 결부되는 것을 보여주려고 한다. 많은 점에서 이 프랑스 가톨릭 신자의 주장에 찬동한다. 우선 홉스 측에서는, 만물을 집어삼키는 리바이어던이라는 괴물의 모습은 절호의 공격대상이며, 그도 많이 공격하고 있다. 다른 한편에서는 「전체」라는 표어도 단적인 말에 불과하며, 다의적이며 그에게 매우 찬동한다. 이 말은 무한히 다양한 별개의 물(物)을 의미하는 데에 이용할 수 있다. 예컨대 개인의 자유를 상당한 정도로 탈취 또는 부정하는 것, 시민적 자유 영역의 종래의 한계를 상대적으로 변경한 것에 불과한 것, 「권력분립」이란 헌법적 개념의 변천, 이전의 분리나 구별의 폐기, 목적으로서의 전체성과 수단으로서의 전체성 등등. 이 점에 관한 우수한 논문들은 Georg D. Daskalakis, Der totale Staat als Moment des Staates, Archiv für Rechts-und Sozialphilosophie, Bd. XXXI, 1938, S. 194; Der Begriff des autarkischen Staates, "Deutsche Rechtswissenschaft," Bd. 3, 1938, S. 76 f. 참조. 비알라투에 대해서는 프랑스의 훌륭한 국법학자인 르네 카피탕(R. Capitant)이 홉스 국가론의 개인주의적 성격을 지적하고 있다("Hobbes et l'État totalitaire," Archives de Philosophie de droit et de Sociologie juridique, Ⅵ, 1936, S. 46). 그러나 카피탕도 홉스의 리바이어던이라는 거대한 설화적 존재의 비유가 「신비스러운 전체성」처럼 보일는지는 모른다는 점을 인정하고 있다.

51) Civil government Ⅱ, 493. 여기에 홉스의 이름은 명시되어 있지 않으나, 이곳이 홉스를 공격하는 것은 명백하다.

뽑았다. 1797년 7월 27일의 일기에는 「이 제목은 나와 나의 저서에 관심을 모으고 나는 읽혀지고 칭찬받게 된다. 이리하여 나는 위험에 놓여진다. 정치적 박해가 나에게 손톱을 늘일 것이다. 그렇지만 나는 완강하다. 포이엘바하여! 용기 · 용기 · 영웅적 용기를!」라고 기록하고 있다.52) 홉스라는 이름이 무엇을 의미하기에 이르렀는지는 명백하다. 이 책은 무한정한 복종이 배리임을 보여주고, 그 예로서 정방형을 원으로 생각한다든가 이집트 해총(海葱)을 신으로 숭배한다든가 명령할 수 없다는 것을 들고 있지만, 이것은 반홉스는커녕 홉스에 가깝다. 그러나 더욱 중요한 것은, 이 『반홉스』의 저자는 형법전의 입법자로서 형법을 인간의 동기에 대한 심리강제의 수단으로 삼았다. 이것이야말로 확실히 홉스의 형법관에도 있었던 것이다. 포이엘바하는 유명한 「심리강제 · 일반예방설」*을 창도하고 그것으로 형법학상 「**죄형법정주의**」(Nulla poena, nullum crimen sine lege)라는 법률국가 특유의 원리를 관철시켰는데,* 이것은 홉스가 창조한 법개념적용의 한 사례에 불과하다. 이 정식은 그 표현에 이르기까지 결정적으로 홉스에 소급하는 것으로, 그는 이것을 우연한 경구처럼 시작한 것이 아니라, 법철학과 국가철학 체계 중의 주도하게 발췌된 개념체계 중에서 바로 「그것에 적합한 장소」(『리바이어던』 제27장)에서 설명하고 있다. 즉 말하기를 「법률 없는 곳에 범죄 없다. 국법이 끝나면 범죄도 끝난다. 법이나 관습이 형벌의 한도를 정하고 있는데 그것을 넘어서 형을 가하는 것은 부정이다」(Ubi Lex non est, Peccatum non est. Cessantibus Legibus Civilibus cessant Crimina. Ubi vero Lege vel Cosuetudine poena limitatur, ibi majoris poenae inflictio iniqua est.)라고(L 211, E 279, K 380).53) 안젤름 포이엘바하는 「근대 형법학의 아버지」라고 불리지만 그 형벌개념과 범죄개념은 홉스가 창조한 법개념 체계의 테두리 안에 있다. J. G. 하만은 프리드리히 대왕의 『반마키아벨리』(Anti-Machiavelli)론*은 「마키아벨리에 비유하여」(a Machiavelli)로 끝났다고 하는데, 이처럼 「반홉스」의 번데기로부터 「순홉스」가 나온 것이라 할 수 있다.

홉스의 사상은 이리하여 19세기의 실증주의적 법률국가에 실제로 영향을 미쳤으나 그것은 말하자면 일종의 외경(apokryph)*으로서 였다. 교회 · 이해단체 등의 「간접」 권력이라는 낡은 적대자는 이 세기에는 정당 · 노동조합 등 한마디로 말해서 「사회적 세력들」이라는 근대적 형태를 취하고 등장하여 의회를 통해서 입법을, 법률국가를 점거하여 리바이어던을 배[船] 안에 동여매어 두었던 것이라고 믿었다. 이것을 쉽게 한 것은 일련의

52) Nachlaß, herausgegeben von Ludwig Feuerbach, Leipzig 1853, S. 38. 구스타프 라드브루흐의 포이엘바하전(1934)에서 일기의 이 부분은 그대로 전사(轉寫)되어 있다.

53) 프리드리히 샤프슈타인(Friedrich Schaffstein)의 지도 아래 제출된 학위 논문으로서 해박한 지식과 업적이 많은 Herbert Hennings, Die Entstehungsgeschichte des Satzes "Nulla poena sine lege", Göttingen 1933은 이 명제의 기원을 헌법사적으로는 마그나 카르타에, 헌법이론적으로는 로크, 특히 몽테스키외에, 형법학적으로는 포이엘바하의 심리강제설에서 구한다. 홉스도 『리바이어던』의 결정적인 제27장에서 이를 간과하고 있으며, S. 87에서는 더구나 이 장이 제28장으로 잘못되어 있다. 「근대 형법학의 아버지」로서의 포이엘바하에 대해서는 F. v. Hippel, Deutsches Strafrecht, I, 1925, S. 292 ff. 및 Edmund Mezger, Strafrecht, 1931, S. 20.

개인적 자유권을 기초로 하는 헌법체계이다. 그 보장하는 이른바 자유로운 사적 영역은 국가가 미칠 수 없는 영역으로 되고, 「사회」의 무통제에서 불가시한 세력들의 손에 위임되었다. 매우 이질적인 세력들이 정당제도를 형성하였는데, 피기스(Figgis)가 정당하게 통찰했듯이, 그 핵심을 이루는 것은 항상 교회와 노동조합이었다. 국가 대 국가로부터 자유로운 사회라는 이원성은 사회적 다원성으로 변하고, 거기에서 간접권력들은 어렵게 승리를 얻었다. 여기에서 「간접」이라 함은 스스로의 위험에서가 아니라 야곱 부르크하르트의 적절한 표현을 빌리면, 「처음에는 학대하고 깔보았던 세속의 세력들을 통해서」라는 것이다. 간접권력의 본질은 국가적 명령과 정치적 위험, 권력과 책임, 보호와 복종의 일의적 일치를 애매하게 하고, 간접적이기는 하지만 오히려 그 때문에 강력한 지배를 무책임하게 행하여 정치권력의 위험을 일체 몸에 받아들이지 않고 모든 이익을 장악하도록 한 데에 있다. 이러한 특수간접적 방법의 양득주의(à deux mains)에 의해서 그들은 그 행위를 비정치적인 종교적 · 문화적 · 경제적인 것이라든가, 사사라든가라고 말하면서 국가의 이익을 십이분 이용한다. 그리하여 그들은 리바이어던과 투쟁하면서 그것을 이용하여 마침내 거대한 기계를 파괴한 것이다. 근대 국가조직의 놀라운 장치는 통일적 의지와 정신을 필요로 하지만, 상호간에 대립하는 다양한 정신이 어디서부터라고 할 것 없이, 이 장치를 조종하게 되면, 기계는 곧 망가지고 완전히 법률국가적 합법성체계는 파멸한다. 실증주의적 법률국가의 기초를 이룬 자유주의제도나 개념은 매우 반자유적인 세력들의 무기와 거점으로 화하였다. 다당제는 자유주의적 법률국가 고유의 국가파괴법을 완성하였다. 「거대한 기계로서」 국가의 신화적 상징인 리바이어던은 국가와 개인적 자유의 구별로 인해서 괴멸하였다. 개인적 자유를 조직한 조직들이 메스가 되고, 그 메스를 가지고 반개인주의적 세력들이 리바이어던을 잘게 썰어 그 고기를 분배하였다. 그리하여 가사의 신은 또 다시 죽었다.

7. 상징의 실패

홉스의 국가사상은 시대를 앞서가는 중요한 것이었지만, 영국과 영국인뿐만 아니라 유럽 대륙의 육상국가에서 실현하였으며, 프랑스나 프로이센에서 고전적 완성을 보았다. 영국인은 이러한 종류의 국가에 반대해서 결정을 내렸다. 특히 17세기 중엽 영국은 크롬웰(Cromwell)의 독재 아래 잠시 집권적 해양국가로 된 것 같았다. 당시에는 이 국가를 해수 리바이어던 상으로 표현하는 것도 당연한 것처럼 보였다. 『리바이어던』이 항해조례*를 공포한 해인 1651년에 발간된 것도 주목할 가치가 있다. 그러나 영국의 내정상의 정체를 결정한 것은 크롬웰이 아니다. 리바이어던 상의 불운은 1660년 이후 영국에서 홉스의 국가론이 절대군주제와 스튜어트 왕조 계열의 것으로 간주되고, 따라서 지주 귀족의 비호 아래 스페인 · 프랑스적 국가사상을 영국의 지반에 들어오려고 하는 일파의 정론으로 간주되었다. 이 정론은 더욱 영국에 적합하고 일층 유력했던 해운세력과 상공세력 앞에 패퇴한 것이었다. 청교도혁명에서 반국왕 · 친의회의 입장을 취한 세력을 홉스는 육수, 비히모스라고 불렀지만, 이 명명은 신화적으로는 정당하지 않다. 미래의 지배자인 해군은 혁명의 입장에 서고, 영국민은 바다의 지배자가 되고, 국가절대주의적 형식과 방법을 취하지 않는 채로 세계 강국이 되었다. 영국의 리바이어던은 국가에는 없어서는 안 되는 것이다.

세계를 제패하는 해군국의 상징으로서는 사자*와 같은 육수보다 바다의 거수상 쪽이 어울릴 것이다. 「젊은 사자는 해어로 변신한다」라는 12세기 영국의 예언은 자주 인용되지만, 홉스의 리바이어던은 대어가 대륙적 국가의 상징으로 화한다고 하는 반대의 길을 더듬었다. 세계를 정복하는 해운력을 가진 섬나라 영국에는 대륙 국가들의 특징인 절대군주제도 상비군도 관료제도 법률국가적 법제도 필요하지 않았다. 영국인은 강력한 함대를 가지고 군림하는 세계제국이며, 그 해양세력과 상공세력의 정치적 본능에서 대륙적 폐쇄국가의 형태를 취하지 않고, 「개방」 체제를 취하였다. 절대주의 사상, 결단주의는 영국의 기질에 맞지 않으며, 다른 정체와의 혼합과 균형을 배제하는 개념상 「순수」한 권력형태, 즉 절대주의 국가의 주권개념은 영국에 공명을 불러일으키지 않았다. 영국 헌법은 「혼합정체」(mixed government)의 이론적 사례로 되어 왔다. 동시에 이 해양세력은 정부와 전투원만의 전쟁인 절대주의국가의 육전시에 대신하여 해전과 상전에서 나오는 해전상의 개념들을 전개하였다. 그 기초를 이루는 것은 전투원과 비전투원의 구별 없이 완전히 비국가적이고 진실로 「전체적」인 적개념이다.* 영국의 역사적 발전이 홉스의 국가관에 반하는 방향으로 나아간 것은 권력관 · 법사상 · 전쟁관만은 아니다. 홉스는 종교내전상의 구제를 국가와 국가가 명령하는 예배를 결합시키는 데에서 구했지만, 이것도 영국인의 자유의식에 반하며, 전체적 내용과 마키아벨리즘적 수단을 주창하는 것으로서 같은 혐오감을 가지고 배척되었다.

이리하여 홉스의 국가론은 자국민에게서 부자연하고 이상한 것이 되고, 그 묘사한 리바이어던 상도 괴물의 상징으로 받아들여졌다. 자연적 생명력과 정치적 통일의 재생의 장대한 상징일 수 있었지만 이제는 요괴로 보여지고, 그로테스크한 요괴로 되었다. 다른 한 편, 대륙에서도 이러한 종류의 비유의 특질인 문제가 되지 않는 직접적 호소력을 가지지 않고, 홉스적 국가가 가장 잘 실현을 본 대륙에 리바이어던은 좌초해버렸다. 왜냐하면 거기서 실현을 본 육지의 군사국가의 영토적 권력에 대하여 해수는 어울리지 않기 때문이다. 전래의 구약의 리바이어던 해석은 그 영생의 시도보다 지배력에 있어서 우수하고 새로운 신화를 형성하려는 시도는 수고하지 않고도 곧 말살할 수 있었다.

어떤 저자가 리바이어던과 같은 비유를 사용할 때에 그 삯가나 구매력을 쉽게 산정할 수 있는 화폐의 세계와는 다른 영역에 파고든다. 거기에서 「타당하다」는 것은 단순한 「액면」이 아니라 여러 가지의 세력 · 권력 · 왕관 · 지배가 적용하고 지배한다. 언어학에서 출발한 독일 동부의 대철학자 요한 게오르크 하만(Johann Georg Hamann)은 칸트와 관련하여 「선구적 관념들과 악마론은 그다지 거리가 먼 것은 아니다」라고 한다. 칸트는 단순한 취미상의 이유에서도 리바이어던 상과 같은 것을 불러내지는 않았을 것이다. 그러나 앞의 하만의 명제가 칸트에 타당하다면, 정치적 공동체의 통일성을 표현하는데, 신 · 인간 · 짐승 · 기계를 통합하는 거대한 괴물의 상을 묘사할 정도의 용기를 가진 17세기 정치가 홉스에게는 일층 적합할 것이다. 홉스는 자기 나름대로 이 상을 사용한데 불과하며, 이것이 여러 가지 의미를 가진 옛날 신화의 불가시한 힘을 무대에 불러내어 버린 것을 자각하지 아니하였다. 그의 저작은 리바이어던에 압도되고, 그의 명석한 개념구성이나 이론도 모두 이렇게 불러낸 상징의 마력에 걸려버렸다. 참으로 신화적인 상의 주력에는 이 정도 명석한 사고과정으로도 대항할 수 없는 것이다. 문제는 다만 그것이 거대한 정치적 운명의 도정(道程)에 있어서 선과 악, 정(正)과 사(邪)의 어느 길을 모색했느냐에 있다. 이러한 상을 이용한 사람은 인력이 미칠 수 없는 완력이나 시력을 가진 마신을 꼬여낸 마술사의 역할에 걸려들기 쉽다. 그 힘은 동지가 되지 않고, 그를 적의 손에 넘겨주는 악마인지도 모른다.

홉스가 불러낸 리바이어던은 실제로 그러하였다. 이 상은 그것과 결부된 관념체계와 역사상 일치하지 않고 별개의 의미로 분해되어 따로 따로 죽어버렸다. 전래의 유대적 해석이 홉스의 리바이어던을 역습하고, 서로 적대하는 간접권력들은 갑자기 「거대한 고래 포획」에 단결하고 그것을 죽여서 해체하였다.

여기에 홉스가 창조한 신화상은 우리가 아는 한에서는 그 생애를 마쳤다. 리바이어던이 순수하고 공공연한 기술의 새 시대의 상징, 에른스트 윙거(Ernst Jünger)는 기술과 그것에 의한 지구의 변화는 총체성을 가진다고 하지만, 그러한 총체성의 상징으로 될 수 있다고는 생각하지 않는다. 홉스의 리바이어던은 신 · 인간 · 짐승 그리고 기계의 통일체이며, 아마 인간이 포착하려는 것 중에서 가장 전체적인 전체였으나, 기계와 기술이 가져온 전체성의 상징과 표현으로 구약에서 유래하는 짐승의 상은 적합하지 않다. 그것은 이미 무해한 상으로 화하고, 리바이어던은 전체적 기술의 사고양식에는 무의미한 인상을 주지 아니한다. 기술적 사고양식은 확신을 가지고 이 리바이어던을 공룡이나 매스토돈 등과 마찬가지로 보호하고 박물관에 학술적으로 보존할 것이다.

이 유명한 상의 비극은 인생의 예지와 사교성을 가지면서 여전히 고독한 생애를 보냈던 맘즈베리의 철학자의 비극과 대응하고 있다. 그는 충실한 영국인으로서 왕은 「단순한 보통 사람」은 아니며, 지상에서의 「신의 대리자」라고 하는 신념을 끝까지 지켰다. 이것은 완전히 중세적인 개념으로 최초로 독일 황제의 칭호로서 있던 것을 교황이 「탈취」(arriperen)한 것이다.[54] 홉스는 오를레앙의 소녀가 그 왕에게 사용한 용어를 그대로 사용했던 것이다. 그러나 그는 군주제를 국가의 합법성체계의 단순한 현상형태로 변화시

54) "Arripieren"이라는 표현은 Adolf von Harnack, Christus praesens, Vicarius Christi, Sitzungsberichte der Preußischen Akademie der Wissenschaften, XXXIV, 1927, S. 441에서 취한 것이다. 즉 「교황(인노켄티우스 3세)에 대해서, 그리스도-신-의 대리인이란 신이 설정한 세계의 지배자라는 의미이며, 항상 배타적으로 황제의 것이라고 해석할 수 있는 것과 동일물이다. 교황(인노켄티우스 3세)은 이 칭호에서 황제권을 탈취(arripieren)한 것이다. 왜냐하면 이것이야말로 칭호의 내용이기 때문이다」.

켰고, 그 모든 신권에서 나오는 전통적이며 정통주의적 근거를 부정하였다. 따라서 그 군주주의적 신념을 구할 수 있는 것은 원칙적 불가지론 이외에 없었던 것이다. 나는 홉스에게 진실한 독신의 생각이 있었다고 믿는다. 그리고 그 독신의 생각이 나오는 근원은 불가지론이었다. 그러나 그의 사상은 이미 불신앙이며, 논자는 그를 「무신론자」로서 폭로하고 공공연히 이름을 들먹거려 모욕하였다. 그는 영국이 교황교회나 제수이트의 세계지배의 야망에 대항하여 일어난 전쟁에서 용감히 자국민의 편에 서서 누구보다도 벨라르미노(Bellarmino)의 논박에 힘을 다 써버렸지만,* 영국민은 그의 국가론을 이해하지 못하고 오히려 19세기 유대인 정통파 철학자가 국가를 군주로부터, 국민으로부터 구별한 것을 칭찬하고 있다.* 그는 과학주의와 실증주의 시대의 혁명적 선구자였으나, 그도 기독교 국민이었고 「올바른 사람」(vir probus)*으로서 기독교와 「예수는 그리스도」라는 신앙에 머물렀다.* 이리하여 그는 계몽가로부터도 교회신자로부터도 위선자와 거짓말장이로 간주된 것이다. 그는 용기 있는 지성인의 솔직함을 가지고, 보호능력 없는 채로 복종을 요구하고 정치의 위험을 몸소 받지 않고서 명령권을 가지고, 책임을 다른 기관에 강요하면서 그 기관을 통하여 권력을 행사하려고 하는 「**간접권력**」(potestas indirecta)*을 잘 분간하여 쓰고, 사이비 개념을 비판하여 보호와 복종, 명령과 위험부담, 권력과 책임의 낡고 영원한 상관관계를 보여주었다. 그러나 성속양권의 자연적 결합을 옹호한 그는 사적 내면을 신앙상 유보하였기 때문에, 간접권력들의 위험한 새로운 형태에 돌파구를 나타낸 것이었다.

정치사상가로서의 홉스가 우리들에게 주는 의미는 무엇인가? 헬무트 셸스키는 전술한 (S. 22; 본서 503면) 논문에서 그들 마키아벨리나 비코와 나란히 논하였는데, 이 정치사상가 홉스의 명예회복은 위대한 공적이다. 당당히 정공법으로 도달한 학문적 성과가 모두 그러하듯이, 홉스의 사상 · 비유 · 표현의 대부분은 여전히 우리들 속에 계속 살아있기 때문이다. 그러나 정치신화의 견지에서 마키아벨리 · 홉스 · 비코를 비교하면 홉스는 커다란 차이와 특이성이 있다. 비코는 신화를 창조하지 않았지만 민족들의 역사를 신화로서 포착하고, 역사에 맹목의 데카르트적 과학주의를 극복하고 새로운 역사관을 그것에 대치시켰다. 그는 거기에서 독자적인 새로운 신화를 환기하지도 않고, 또한 스스로도 역사상의 인물로서 신화화하려고도 하지 않았지만, 역시 진실하고 위대한 신화학자였으며 신화의 위력과 중요성을 그 시대에 나타내었다. 이에 대하여 마키아벨리는 그 이름과 정치적 저작 전체가 그것 자체로 신화로 화하였다. 그의 이름은 지난 4세기를 통해서 격렬하게 논의되었고 생생하게 정치를 계속하여 움직이는 존재였다. 이 마키아벨리 신화는 16세기 말, 1572년의 바르톨로메오 제야의 학살*이라는 대사건의 충격 아래, 강렬한 박력을 가지고 등장하였으며, 신교국 영국의 로마 가톨릭에 대한 세계사적 투쟁의 과정에서 성장하였다. 이것들이 가난한 플로렌스의 인문주의자의 냉철하고 노골적인 말 「마키아벨리즘」이라는 도덕적 허상으로서 세상에 나오는 것을 조장한 말이다. 상대를 「마키아벨리즘」이라고 비방하는 것은 1세기 이상에 걸쳐 북쪽의 신교국이 전체 가톨릭

세력, 특히 스페인과 프랑스에 대항하는 유효한 무기였으나, 1914~18년의 대독 세계대전의 경험은 그것이 다른 세력에 대한 선전에도 매우 유효하다는 것을 증명하였다. 앵글로색슨의 세계선전, 특히 윌슨 미국 대통령은「마키아벨리즘」에 대한 전쟁이라는 이름으로 도덕적 에너지를 동원하여 독일에 향하고, 근대에서의「민주주의의 십자군」을 연출하였다.* 19세기에 이 이탈리아인 명예를 회복한 것은 독일의 철학자 피히테(Fichte)와 헤겔이며, 특히 피히테는 1807년의 마키아벨리론에서 그를「진실로 살아있는 저작자」,「고귀한 이교도」라고 칭찬하였다.* 이 책의 정당한 역사적 평가와 객관성은 헤르더(Herder)의「민족들의 소리」(Stimmen der Völker)*나 실러(Schiller)의 푸셀레 명예회복론*과 함께 독일 정신의 위대한 성과이다. 19세기 독일과 이탈리아 양국의 민족통일사의 병행성 때문에 19세기 중에 정당한 마키아벨리 이해가 일반화 하였다. 그러나 그를 정치시대의 정신적 시조 · 도덕주의적 거짓말과 정치적 위선의 극복자인 영웅적 즉물주의자로서 처음으로 대항신화의 경지로 높인 것은 이탈리아 파시즘이다.

홉스는 신화학자도 아니지만 그 스스로가 신화화한 것도 아니고, 단지 리바이어던 상을 가지고 신화에 접근한 것뿐이다. 그러나 이 상으로 그는 착오를 범하고 자연적 통일을 회복하려는 시도는 좌절되었다. 이 상은 일의적 확실성을 가지고 적을 명시하지 않고, 마침내는 불가분의 정치적 통일체의 관념이 간접권력의 내부로부터의 파괴작업에 의해서 없어지는 것에 기여하였다. 홉스의 저작이 얼마나 정치적 통찰과 그것에 근거하는 정확한 문제의 제기가 풍부하더라도, 지나치게 체계성이 우월하고 단순하고 구체적인 결단의 확실한 무기인 것이 2차적인 것으로 되어버렸다. 기술에서 완성을 보는 합리주의가 모두 그러하듯이, 홉스의 과학성도 능동성을 가지며 완전히 인간의 의식적 노력에 의해서 질서(Kosmos)를 가져올 것을 요청하였으나, 철학적 능동주의나 행동이론 모두가 바로 정치사상은 아니다. 홉스는 개념이나 개념구분을 정치투쟁의 무기로 삼았으나,「정치적 실천의 십자로적 성격의 오해」라는 한스 프라이어의 헤겔 비판은 홉스의 철학체계에는 더욱 타당하다. 역사적으로 17세기 영국에 있어서 홉스 국가론의 지위는 절망적이었다. 마키아벨리의 냉철한 격언은 당시 이탈리아의 정치현실에 적합하였으나, 홉스의 개념은 당시 영국의 정치적 현실에 전혀 맞지 않는 것이었기 때문이다. 이리하여 홉스가 창조한 정신적 무기는 그의 목적에 도움이 되지 못하였다. 무기야말로 헤겔이 정당하게 말하듯이 무인의 본질이다.*

그러나 그 실책에도 불구하고 홉스는 비교할 바 없는 정치교사이다. 자기의 사상의 원수를 갚는다는 의도하지 아니한 결과를 초래했다고 하더라도, 그 개념의 영향력에 있어서 그에게 필적할 철학자는 없다. 그가 현재의 우리들에게도 가져다 줄 수 있는 통찰과 기여는 무엇인가? 그것이야말로 모든 종류의 간접권력에 대한 투쟁이다. 그의 저작이 4세기를 맞이한 지금에야 비로소 이 위대한 정치사상가의 모습이 뚜렷하게 떠오르고, 그의 목소리는 본래의 울림을 가지고 알아들을 수 있다. 그 자신의 세기에는 그는 고통 속에 **「가르쳐도 소용없다」**(Doceo, sed frustra)고 말했다. 그 다음의 단계에서는 그는 실제로 유럽 대륙의 국가사상의 정신적 지배자였지만 그의 이름이 명시된 것은 드물었다. 19세기 법률국가에 그의 개념은 관철되었으나 괴물신화에 그치고, 그의 생생했던 표현력은 상실되고 표어의 영역으로 몸을 던졌다. 이제야말로 우리들은 그의 논쟁의 힘을 있는 그대로 이해하고 그 사유의 내적 성실을 이해한다. 그리고 인간의 실존적 불안을 두려워하지 않고 끝까지 파고들어 밝혀낸 불굴의 정신과 간접권력들의 애매한 사용분석에 대한 진정한 전사(πϱόμαχος)의 자세에 애정을 보낸다. 그야말로 우리들에게 위대한 정치적 숙달을 가르쳐 준 진정한 교사이다. 선구자의 고독, 자국에서 받아들이지 않는 정치사상가에게 붙어다니는 오해, 타인을 통과시키기 위해 문을 여는 자의 은혜, 그럼에도 불구하고 그는 만세의 예지자들의 불멸의 공동체의 일원이며, **고대의 예지의 유일한 회복자**(a sole retriever of an ancient prudence)이다. 그러면 이제 수 백 년을 지나서 그에게 불러 본다. 「**토머스 홉스여! 그대의 가르침에 공허한 것은 없다**」(Non jam frustra doces, Thomas Hobbes!)라고.

역외 열강의 간섭을 허용하지 않는 국제법적 광역질서*

국제법에 있어서 라이히 개념에의 기여

(1939, 제4판 1942)

차 례

* Völkerrechtliche Großraumordnung mit Interventionsverbot für raumfremde Mächte. Ein Beitrag zum Reichsbegriff im Völkerrecht, Deutscher Rechtsverlag, Berlin-Leipzig-Wien 1939, 4. Ausgabe 1941, 67 S. jetzt in: G. Maschke (Hrsg.), Staat, Großraum, Nomos, 1995, S. 269-320.

서 문

이『국제법적 광역질서』제4판에는 약간의 개정을 가한 이외에「법학상의 공간개념」에 관한 새로운 마지막 장이 추가되었다. 오해나 곡해가 있다고 한다면 거기서 포괄적 · 학문적 전체 연관에 주의를 기울여야 할 것이다. 세계정치적인 영향력을 가진 새로운 국제법 사상은 한편으로는 공허한 슬로건으로 외쳐지고, 다른 한편으로는 권력남용에 의해 논란당하게 되는 이중의 위험에 항상 직면하고 있다. 거기에 대해서는 사상을 깊게 하고, 또 사건들에 따라 발생하는 문제를 천박화시키지 않은 이외에 어떠한 보장도 없는 것이다.

그 밖의 점에서 이 논문은 지금 그대로가 좋고 손을 댈 필요가 없다. 이 논문은 1939년 봄이라는 일정한 상황 아래 일정한 명제와 관점에서 성립된 것이다. 사건들의 경과를 보건대 이 논문의 정확성은 여러 가지 중요한 점에서 확인되었다. 거기에 이 논문의 기록으로서의 가치가 있다. 그러나 서로 앞을 다투어 사건을 뒤쫓아가서는 안 될 것이다. 그러므로 필자는 더 진보된 연구의 성과를 안이하게 여기에 부가할 수 없는 것이다. 서반구의 새로운 문제라든가, 국제법에 있어서의 땅과 바다의 관계와 같은 크고 새로운 문제는, 그것만으로도 별도로 다루어야 할 성질의 것이다. 이러한 문제에 대해서는 필자가 1941년 2월 8일 뉘른베르크에서 역사를 전공하는 대학교원 앞에서 행한 강연을 우선 먼저 참조하기를 바란다. 이 강연은 그 후「라이히와 유럽」(Das Reich und Europa, Leipzig: Koehler und Amelang 1941)이라는 제목의 총서에 수록되었다.

원컨대 필자가 다음과 같은 말을 이 책의 모토로 하는 진의를 독자는 정확하게 받아들여 주기 바란다.

> 우리들은 끊임없는 항해 중에 있는 뱃사람과 같다네.
> 그리하여 역사서와 같은 것 모두 항해 일지에 지나지 않는다네.

1941년 7월 28일 베를린에서

카를 슈미트

총 론

국제법은 **만민법**(jus gentium)으로서, 즉 민족들의 법(ein Recht der Völker)으로서 먼저 첫째로 **인적인**(personal) 구체적 질서, 즉 민족 또는 국가에의 소속에 의해서 규정된 구체적 질서이다. 민족 개념에 부속된 국제법적 질서원리라 함은 민족들의 자결권이다. 이러한 점은 오늘날 원칙으로서 승인되어 있다.

그러함에도, 정주하고 공동으로 생활하고 서로 존중하는 제민족의 질서는 모두 인적으로 규정될 뿐만 아니라 동시에 또 영역적으로(territorial) 구체적인 **공간질서**(Raumordnung)이기도 하다. 공간질서의 불가피한 요소들은 지금까지 주로 국가개념 속에 존재했었다. 이 국가개념은 인적으로 규정된 통치범위 뿐만 아니라, 또 무엇보다도 먼저 영역적으로 한계지워지고 영역적으로 폐쇄된 단위까지 의미한다. 18 · 19세기 이후 계승되어온 이 국가개념은 인적 측면에서 민족 개념에 의해서 흔들리게 된 것이다. 이 점에 대해서는 뒤에 다시 견해를 밝힐 계획이다(제4장과 제5장 참조). 여하튼 민족개념에 입각한 종래의 국제법 이론의 재검토 외에, 공간질서라는 시점에 기초를 둔 새로운 고찰이 요청된다. 덧붙여 필자는 「국가」라는 일반 개념 속에 존재하는 추상적 영역관념을 초극하여 **구체적 광역**(konkreter Großraum)의 **광역원리**(Großraumprinzip)의 개념을 국제법학에 도입할 필요가 있다고 생각한다.

「광역」(Großraum)*이라는 말 속에는 오늘날의 세계정치의 전개를 지배하는, 지구공간 관념과 지구공간 차원의 변화가 나타나 있다. 「공간」(Raum)이라는 말이 여러 가지의 특수한 의미들과 함께 일반적 · 중립적 · 수리-물리적 의미를 가지는데 대하여, 「광역」이라는 말은 구체적 · 역사-정치적인 현대의 개념을 의미한다. 주의해야 할 것은 「광역」이라는 말의 유래와 기원은 필자가 지금까지 확인한 한에는, 국가의 영역이 아니라 기술-산업-경제-조직적 영역에 존재하는 것이다. 본래 Groß를 사용한 수많은 합성어가 가능하고, 또한 옛부터 사용되고 있다. 가령 Großmacht(대국), Großverband(대연합), Großhandel(거상) 등등. 프리드리히 나우만*의 유명한 저서 『중부유럽』(Mitteleuropa, 1915)에는 다음과 같은 합성어가 많이 포함되어 있다. 즉, Großstaat(강국), Großbetrieb(대기업), Großkörper(대단체)(S. 177) 등등. 이미 나우만도 여기서 문제로 되는 것은 자본주의적 조직의 개인주의의 단계를 극복하는 산업-조직적 과정, 즉 그가 말하는 「국가-경제적 확대과정」(S. 173)이라는 것을 알고 있었다. 그러나 「광역」이라는 말이 그 최초의 구체적인, 따라서 개념 형성에서 결정적인 현실화를 본 것은 겨우 세계대전 **이후**, 실로 「광역경제」(Großraumwirtschaft)*가 편성된 때의 일이다. 그와 더불어 하나의 사랑받는 슬로건[1]이 등장하고, 동시에 우리들이 사용하고 있는 구체적인 현대 개념도

---

1) 참조. Walter Thiele, Großraumwirtschaft in Geschichte und Politik, Dresden 1938. 다른 점에서는

행해지기 시작한다. 무엇보다도 결정적이었던 것은 진행되고 있는 전화(電化)와 야금 · 탄광 코크스 가스의 원거리 공급과 관련하여 생긴 에너지 경제의 특수 형태와 그 유형적 발달이다. 이러한 발전의 시작은 세기의 전환기에 해당된다. 즉, 1900년 경 대발전소나 원거리 발전소가 건설되어 그들은 이미 1913년경에 소도시와 마을들이 가지는 발전소를 능가하기에 이르렀다. 세계대전이 발발하기 직전에는 농업지역과 인구가 희소한 식민지 영역의 끊임없는 전화(電化)도 시작되고 있다. 1914~1918년의 세계대전은 다른 영역에서와 마찬가지로, 여기에서도 발전의 관철력과 속도를 높일 뿐이었다. 그러나 세계대전 후의 1918~1919년의 붕괴, 그리고 공산주의혁명, 인플레이션, 프랑스의 침입이라는 혼란에서부터 재기한 이래, 즉 1924~1925년의 이른바 축소와 합리화 이래의 독일 중공업의 경이적 움직임에 의해서 비로소 「광역경제」는 명실공히 특징적이고도 명백하게 되었는데, 그것은 광범위한 전기 · 가스 도관망(導管網)과 「복합경제」, 즉 여러 가지 에너지 생산설비의 합리적 이용, 각종 부담의 합리적 분배, 상호 공제유보금에의 구상, 담보부급부와 무담보급부의 균등화, 그리고 첨단부담의 조정의 계획적 협동의 결과인 것이다.* 그리고 그와 동시에 기술-산업-경제적 질서가 성립되고, 이 질서 속에서는 이전의 에너지 산업의 소규모적인 분리 고립상태가 극복된다. 이때에 자주 전력경제(電力經濟)의 경우처럼 작은 구역이 다소간 「유기적으로」 보다 큰 복합체와 결합함으로써 경제적 광역형성이 일어나는 수가 있다. 그러나 또 그러한 광역형성은 야금 · 석탄 · 코크스 가스와 원거리공급에 대해서 들어맞는 경우처럼, 처음부터 대규모로 설계된 광역망을 통하여 행하여지는 경우도 있어서, 그러한 경우 거기서부터 이 광역망에 소규모의 망이 접합하는 것이다.

기술적 또는 경제조직적인 개개의 세밀한 점에 관하여 이 이상 상술하는 것은 우리들이 관여할 주제가 아니다. 광역, 광역경제 그리고 에너지 원거리공급의 발전연관에 대하여 우리들이 언급한 목적은, 그 말을 경제-산업-기술적 영역에 한정하려는 것은 아니다. 반대로 이 영역에는 국가가 무기력한 시기에 있어서는 일반적인 의의를 가진 조직과정만이 진행해 왔으며, 우리들은 그 과정의 원리를 국제법의 신질서에 있어서 결실을 맺도록 하기 위하여 그 과정의 원칙에 방해가 되는 것을 제거한다. 광역사상이 먼저 최초로 경제-조직적 영역에서 이미 국제법적으로 중대한 의의를 가지고 이론적이면서 실제적으로 현실화했다는 것도 확실히 결코 우연이 아니다. 이에 관하여 여기서는 특히 라이히 행정지도관이며 공사인 베르너 다이츠(Werner Daitz)[2]와 추밀원 국장인 헬무트 볼타트(Helmuth Wohlthat)[3]의 실제적인 작업과 저작을 분명히 내세우지 않으면 안 된다. 나아가

유익한 이 책도 현대의 세계정치적 혁신과의 현존하는 관계가 결여되어 있다. 거기에는 예컨대 영국의 세계 경제의 광역에 대해서도 서술하고 있으나, 그 교통망은 결코 진정한 광역이 아니다. 이에 관하여는 제3장 S. 23 f. (본서 558면 이하) 참조.

2) Das Selbstbestimmungsrecht Europas, Dresden 1940.

3) Großraum und Meistbegünstigung, in "Der Deutsche Volkswirt" vom 23. Dezember 1938. Der neue deutsch-rumänische Wirtschaftsvertrag, in der Zeitschrift "Der Vierjahresplan," 20. April 1938. Neuordnung in Europa und Deutscher Außenhandel, in "Der Deutsche Volkswirt" vom

육군대령 리터 폰 니더마이어(Ritter von Niedermayer)의 국방지리학에 관한 저작[4])도 여기에 속한다. 어느 쪽이든 우리들의 광역개념에 관해서 여기서 이제 명백하게 되는 것은 수리 · 중립적(數理 · 中立的)인 공허한 공간개념은 극복되고, 질적으로 동적인 세력이 여기에 대체된다는 것이다. 즉, 광역이라는 것은 현대의 포괄적인 발전경향에서 생기는 인간의 계획 · 조직 그리고 활동의 영역인 것이다. 광역은 우리들에게는 무엇보다도 하나의 상호연관적인 행동공간[5])이다.

제1장 부진정한 또는 시대에 뒤떨어진 지역원리의 예

어느 시대에든 어떠한 지역관념과 (그에 비례하여) 광역관념이 국내법과 국제법에 작용해 온 것은 물론이다. 식민적 · 제국주의적 팽창의 시대에는 모든 종류의 「세력범위」가 형성되었다. 거기에 더하여 후배지(Hinterland, back country)나 근접지(contiguity oder propinquity)*에 대해서, 그리고 마침내는 이른바 「섹타주의」[6])의 형태로 북극지역에 대해서 제기되었던 것과 같은 영토취득 요구나 우선권의 주장이 나타나고 있다. 그러나 이런 종류의 영토취득의 요구는 아직 지역질서의 원리는 아니다.

국제법학의 체계와 개념형성에 있어서 국제법적 지역질서원리라고 하는 중요한 문제의 취급은 지난 세기에는 완전히 등한시되어 왔다. 이러한 현상유지(status quo)는 더구나 주로 베르사유적 현상유지를 합법화하고 정당화하는 법적 수단에 지나지 않는 공허한 법률실증주의와 조약실증주의가 지배적이었다는 사실로써 명확하게 설명된다. 실제로 1919년 파리 강화조약에 의한 경계획정은, 국제법학이 스스로를 이러한 조약 내용을 단순히 체계화하는 것으로 한정시켜, 이념이 결여된 조약실증주의에 만족해야만 하는 것과 같은 종류의, 비합법적이고 반질서적인 것이었다. 사람들은 「자연경계」*라는 말로써 실증적인 경계획정에 있어서는 우연적인 요소인 하천, 산맥, 철도 등등이 경계를 형성하는 경우[7])만을 생각하였다.

---

10. Mai 1940.

4) 예컨대 Nord-und Ostsee, in "Das Meer," VI, Kleine Wehrgeographie, 1938, Wehrgeographie am Beispiel Sowjetrußlands, in der Zeitschrift der Gesellschaft für Erdkunde zu Berlin, 1940, S. 1 ff.

5) 「행동공간」(Leistungsraum)이라는 조어는 빅토르 폰 바이재커(Viktor von Weizsäcker)의 훌륭한 저작, Der Gestaltkreis, Leipzig 1940, S. 129에서 빌려온 것이다. 상세한 것은 제7장 「법학상의 공간개념」 참조.

6) 북극 지역에 대한 섹터주의란 「북극과 북극해 연안국의 해안의 가장 서쪽 지점과 가장 동쪽 지점을 정점으로 하는 구면(球面) 삼각형의 안쪽에 있는 발견되지 아니한 모든 육지는 당해 연안국의 영역에 속한다는 것이거나, 또는 당해 연안국이 그 육지의 취득에 대한 우선권을 가진다」는 의미이다. 영역취득에 관하여 이러한 주의나 다른 (근접지에 관한) 원리를 논한 것으로서는 Böhmert, im Archiv für Luftrecht, Bd. VIII (1938), S. 272. 나아가 Ernst Schmitz und Wilhelm Friede, im Juliheft 1939 der Zeitschrift für ausländisches öffentliches Recht und Völkerrecht, Bd. IX, S. 219 ff., "Souveränitätsrechte in der Arktis." 또한 이 책 제2장 S. 27 f. (본서 550면) 참조.

정말 법학에서는 이른바 「공간이론」(Raumtheorie)이 지배적이었다. 더구나 이 이론은 그 이름에도 불구하고 구체적 공간관념과는 정반대의 것을 전제로 하고 있으며, 토지 · 대지 · 영토 · 영역을 구별하지 않고, 선적 경계(線的 境界)를 수반한 공허한 평면과 고저의 차원이라는 의미에서의 「공간」으로서 파악하고 있었던 것이다.8)

19세기의 국제법에서는 제국가의 균형이 국제법의 — 고유한 기초로서는 아니라고 하더라도 — 보충적이면서도 우연적인 보장이라는 설9)이 여전히 자주 국제법이론으로서 제창되고 있었다. 이 생각에 다른 종류의 지역질서의 요소가 포함되었다는 것은 의심할 여지가 없다. 그것은 적어도 구체적인 지역관계의 관념을 단순히 법학적이 아니라고 해서 배제시키지는 않았다. 이 문제에 대해서는 종래의, 국가 중심으로 사유된 국제법의 전체구조를 논할 경우(제5장) 다시 진술할 것이다. 고유의 지역원리는, 균형관념 속에 포함되어 있지 않다. 그것보다도 더욱 강력하고 더욱 직접적인 영향을 가진 것은 「자연경계」를 지역적으로 규정하는 별도의 원리이다. 그것은 수세기 동안 프랑스의 팽창정책의 구실로서 사용되어 왔다. 그것은 또 18세기가 끝날 무렵 「이성적」 법원리로서도 널리 인정되었으며, 청년시대의 피히테(Fichte)에게도 그러한 것으로 이해되었던 것이다. 그런데 프랑스가 정복목적으로, 특히 라인 좌안을 획득할 목적으로 이 「자연경계」의 원리를 명백히 남용함으로써, 이 원리는 설득력을 잃지 않을 수 없게 되고, 1848년 이후에는 고유한 국제법원칙으로서의 타당성을 상실하고 말았다. 그럼에도 불구하고 이 원리는 중요한 경계변경의 강화조약체결이나 이에 유사한 기회에 있어서의 영토할양교섭에 있어서 전략적 · 경제지리적 관념과 그 밖의 관념들과 결합하여 재차 실제적인 역할을 하게 된다.10) 그것의 논거나 관점의 대부분은 오늘날 우리에게 카를 하우스호퍼*가

---

7) 예컨대 Karl Strupp, Wörterbuch des Völkerrechts und der Diplomatie, Bd. II, S. 615의 Staatsgrenzen 항목 참조. Fauchille, Traité de droit international public, I 2 (1925), S. 108 (§ 486 ff.). 나아가 Paul de Lapradelle, La Frontière, Paris 1928; Hermann Martinstetter, Das Recht der Staatsgrenzen, Berlin 1939.

8) 지배적 세력을 자랑하는 이른바 공간이론에 매우 저명한 논자들은 Frikker, Vom Staatsgebiete, Tübingen 1867, Gebiet und Gebietshoheit, in der Festgabe für Schäffle, 1901, Die Persönlichkeit des Staates, Tübingen 1901; Rosin, Das Recht der öffentlichen Genossenschaft, 1886, S. 46; Zitelmann, Internationales Privatrecht, I (1897), S. 82 ff.; Meyer-Anschütz, Lehrbuch des deutschen Staatsrechts, S. 236; G. Jellinek, Allgemeine Staatslehre, S. 394 ff.(김효전 옮김, 『일반 국가학』, 323면 이하); Liszt-Fleischmann, Das Völkerrecht, 1925, S. 26, 129; F. Giese, Gebiet und Gebietshoheits, Handbuch des deutschen Staatsrechts, I (1930), S. 226. 문헌에 대해서는 W. Hamel, Das Wesen des Staatsgebietes, Berlin 1933, S. 89, Anm. 302; Meyer-Anschütz, a. a. O., S. 236/7 참조. 여기서 순수한 권한이론에 대한 태도를 결정할 필요는 없다. 하멜(Hamel)의 물권성이론에 대응하는 것으로는 Hermann Held, Gebiet und Boden in den Rechtsgestalten der Gebietshoheit und Dinglichkeit, Breslau 1937. 이 「공간이론」에 대해서는 제7장 「법학상의 공간개념」 참조.

9) 예컨대 A. W. Heffter, Das europäische Völkerrecht der Gegenwart, 3. Ausgabe, Berlin 1855, § 5: Zufällige Garantie des Völkerrechts: Das Gleichgewicht der Staaten. 또 Franz von Holtzendorff도 「이른바 유럽 제국의 균형」을 위하여 Bd. 2 (Völkerrechtliche Verfassung und Grundordnung der auswärtigen Staatenbeziehungen), 1887, §4, S. 14 ff.에 특별한 절을 두고 있다.

10) 참조. Bruns, Fontes Juris Gentium, Serie B (Handbuch der diplomatischen Korrespondenz der europäischen Staaten), Bd. I, Teil I, S. 339 ff.(사보이와 니스[1860년], 슐레스비히 · 베니스 · 남티롤 ·

제창하는, 새로운 지정학의 조명 속에서 새로운 의미를 가지는 것으로 나타난다.[11] 그러나 이 원리는 프랑스의 팽창정책이 관철시키고자 시도했던 형태로서는 의심할 것 없이 소멸한 것이며, 거기에 대해서는 다름 아닌 프랑스의 걸출한 두 사람의 학자 풍크-브렌타노(Th. Funk-Brentano)*와 알베르 소렐(Albert Sorel)*이 아카데미 프랑세즈에서 상을 받은 우수한 국제법강요에서 완전한 비판을 하였다.[12]

자연경계의 이론은 주로 지리학 · 지정학적으로 또는 국가적으로 규정되었었다. 민족의, 또는 일국의 증가하는 인구의 견지에서는 자주 다른 원칙, 즉 지역 또는 대지에 대한 민족의 권리, 특히 인구가 희박한 국가에 대한 인구가 조밀한 나라의 권리가 말하여져 왔다. 더구나 이탈리아나 일본 측에서 지난 수 십 년 이래 자주 이러한 주장을 전개해왔다. 이에 관한 문헌 중에서 필자는 특히 이탈리아의 학자로서 단테 연구가인 루이지 발리(Luigi Valli)*의 간결하면서도 내용이 풍부하며, 매력적인 논문「토지에 대한 민족의 권리」(Das Recht der Völker auf Land)[13]만을 거론하고 싶다. 발리는 이 주장을「민세학적 권리」(民勢學的 權利, demographisches Recht)라고 부른다. 그 기초가 된 즉물적 고찰은 확실히 주목해야 할 것이다. 최근 미국의 유명한 학자 윌로우비(W. W. Willoughby)*는 인구수 증가를 가져오는 산업화는 민족을 육성하고 보다 높은 생활수준으로 끌어올리기도 하지만, 또 바로 그것을 통해 출생수는 이 생활수준이 유지될 수 있는데 까지 스스로 저하한다고 말하여[14] 일본의 주장에 반해서 반론을 시도하고 있는데, 그것은 그런 식으로 결코 처리될 수 없다. 그러한 논거는 특정한 자유적 · 개인주의적인 세계관적 태도에 있어서는 전적으로 특징적인 것이지만, 우리에게는 완전히 비도덕적이고 비인간적으로 보인다. 그러나 토지에 대한 이「민세학적」권리는 우리들의 의론과 관련하여 확실히 영토적 요구의 일반적인 정당화 근거라고 간주할 수는 있으나, 특정한 의미에서 인식할 수 있는 경계와 규정을 자체 내에 포함하고 있는 구체적인 국제법적 광역원리라고 볼 수는 없다.

라인강 좌안 등). 더 나아가 예컨대 Fauchille, Traité de droit international public, I 2 (1925), p. 100 ff. (§486).

11) Karl Haushofer, Grenzen in ihrer geographischen und politischen Bedeutung, Berlin 1927. 최근에는 특히 다음과 같은 것을 참조. Kurt O. Rabl, Staat und Verfassung, Zeitschrift für öffentliches Recht, Bd. XVIII (1938), S. 213 ff.; Ernst Wolgast, Völkerrechtsordnung und Raumordnung, Zeitschrift für Völkerrecht, Bd. XXII (1938), S. 25 ff. 후자는 탈레랑(Talleyrand)의 유럽 구상(Europaplan, Straßburger Denkschrift von 1805)을 다루고 있다. 또한 라블(Rabl)은 내가 하싱거의 다음 논문의 중요성에 주의하도록 만들었다. Hassinger, Das geographische Wesen Mitteleuropas, Mitteilungen der K. K. Geographischen Gesellschaft Wien 1917. 여기서는 이 이상 더 지리학 고유의 문헌을 열거할 수는 없다.

12) Précis du Droit des Gens, 3. éd., Paris 1900, p. 17 ff., Du système des frontières naturelles.

13) Deutsch Ausgabe Hamburg 1934. 동시에 이러한 문제에 대한 제네바적 처리방법의 결단성의 결여와 무력함을 알기 위해서는 1927년 8월 29일부터 9월 3일까지 제네바에서 열린 인구문제 세계대회의 의사록 참조. Proceedings of the World Population Conference, London 1927, insbesondere p. 257.

14) Foreign Rights and Interests in China, Baltimore 1927, p. 409 (the birth rate will decrease until these standards become maintenable).

그 밖에 더욱이 여기에는 제네바 국제연맹과 베르사유 체제의 테두리 안에서 성립된 이른바 「지역협정」(Regionalpakte)이 고려되지 않고 있다. 이 명칭은 「지역협정」(ententes régionales)을 인정한 제네바 국제연맹 규약 제21조에서 유래한다. 제네바 국제연맹의 정책과 판례는 이에 따라서 이름지어진 조약들을 「유럽의 평화보장을 위한 탁월한 수단」이라고 장려하였다. 체코슬로바키아 · 루마니아와 유고슬라비아 간의 이른바 소협약(die Kleine Entente)은 — 더욱이 그것에 1933년 2월 16일의 특별조직협정까지 덧붙여져서 — 아마 가장 중요한 실례이며, 그러한 지역협정의 전형이라고까지 간주되었다. 국제연맹 개혁에 관한 1936년 8월 14일의 프랑스의 각서에 의하면 「지역협정이라는 말은 지리적 위치에 기초하여 — 그렇지 않으면 권익공동체에 기초를 두는 것이 된다 — 공동체를 구성하는 국가들의 모든 집단화를 의미한다」.[15] 거기에 따르면 여기에서 「지역적」(regional)이라는 말은 단지 일반적 · 외부적 · 지리적인 연관을 나타낼 뿐이다. 이것은 결코 새로운 깊은 의미에서의 지역질서의 요구를 포함하는 것이 아니고, 진정한 지역질서의 관점에서 본다면 무의미한 베르사유체제의 현황을 어떤 「지역」에서 유지하기 위해서, 실제상 사용하는 구태의연한 원조조약, 동맹조약 기타의 정치적 조약을 의미할 뿐이다. 독일 측에서는 3인의 우수한 국제법학자 — 파울 바란돈(Paul Barandon), 폰 프라이타크-로링호벤 남작(Freiherr von Freytagh-Loringhoven) 그리고 폰 만델스로 백작(Asche Graf von Mandelsloh) — 가 주로 프랑스의 안전보장요구에 기인하는 이 종류의 조약에 포함된 모든 현실적 질서사상의 내재적 모순과 결함을 지적하였다.[16] 베르사유체제와 제네바 국제연맹과 더불어 이러한 종류의 조약은 역사적으로 시대에 뒤떨어진 것일 뿐만 아니라 국제법적으로 흥미 있는 새로운 유형에도 속하지 아니한다. 다만, 1925년 10월 16일의 로카르노 조약*만은 한 마디 언급할 가치가 있다. 이 조약은 특히 독일 서부 국경의 일방적 비무장화가 철폐되었다면 선린관계의 사상에 따라 지역적 평화확보의 맹아가 될 수 있고, 또 그러한 한 반드시 고유한 지역질서원리라고 할 수는 없지만, 그래도 진정한 질서요소를 내포할 수 있었을 것이다. 독일 정부는 이 로카르노 조약의 모든 평화확보와 질서의 요소를 실현하게끔 성실히 노력하였다. 그러나 프랑스와 소련의 동맹은 지역-상린관계적 로카르노 공동체를 파괴한 것이다.[17] 따라서 지역협정

15) Zeitschrift für ausländisches öffentliches Recht und Völkerrecht, Bd. VII (1937), S. 149.

16) Paul Barandon, Das Kriegsverhütungsrecht des Völkerbundes, III/4, S. 279 f., Berlin 1933; Freiherr von Freytagh-Loringhoven, Die Regionalverträge, Fünf Vorlesungen an der Haager Akademie für Völkerrecht, Deutsche Ausgabe, Schriften der Akademie für Deutsches Recht, herausgegeben von Reichsminister Dr. Hans Frank, Gruppe Völkerrecht, Nr. 4, München und Leipzig 1937; Asche Graf von Mandelsloh, Politische Pakte und völkerrechtliche Ordnung, Sonderdruck aus "25 Jahre Kaiser-Wilhelm-Gesellschaft," Bd. 3, Berlin 1937. 또한 G. A. Walz, Inflation im Völkerrecht, Beiheft zu Bd. XXIII der Zeitschrift für Völkerrecht, Berlin 1939, S. 54 f. 참조. 그리고 Georg Hahn, Grundfragen europäischer Ordnung (Schriften des Instituts für Politik und Internationales Recht an der Universität Kiel, N. F., Bd. 5), Berlin-Wien 1939, S. 160.

17) Fritz Berber, Locarno, Eine Dokumentensammlung mit einer Einleitung des Botschafters von

은 외면적인 지리적 기초에서는 거의 그것이 가진 이름에 어울리지 않고,[18] 더구나 새로운 구체적 공간질서사상의 표현이라고도 거의 간주할 수 없다는 것이 대체로 확인될 수 있다. 여기에 포함된 정치사상은 미국의 먼로주의 본래의 근본사상과도 무엇하나 공통된 점을 가지지 아니한다. 제네바 국제연맹규약 제21조가 먼로주의를「지역협정」(entente régionale)의 예로 들고 있고, 또한 규약은「영향을 미칠 수 없다」고 규정되어 있으므로, 저 베르사유 체제의 지역협약은, 오로지 외면적인 기초 위에서 더구나 제네바 법학에 전형적인 법적 형식주의의 기초 위에서만, 여하튼 먼로주의와의 사상적 결합을 이룰 수 있었다.[19]

제2장 국제법적 광역원리의 선례로서의 먼로주의

1823년에 선언된 미국의「먼로주의」*는 근대의 국제법사에 있어서 국제법적 광역원리의 최근의 예로서 이제까지 가장 성공한 예이다. 그러므로 그것은 이 문제에 있어서 더할 나위 없이 중요한「선례」이다.「자연경계」이론이나「토지에 대한 권리」에 의해서가 아니라, 더구나 이제 막 말한 지역협정에 의해서가 아니라, 먼로주의에 의해서 비로소 국제법적 광역질서원리의 법사상이 논의되게 되었다.

물론 먼로주의에는 그 여러 가지의 발전단계에 따라 자주 매우 다른 내용이 주어졌다. 그 역사에서는 그 본래의 의의 — 그것은, 모든 미주 제국의 독립, 이 지역의 비식민지화 그리고 이 지역에 대한 미주 이외의 열강의 불간섭이라는 세 개의 표어로 요약되는 — 가 불분명해지고 심지어 왜곡되기까지도 한 시기가 있었다. 그러나 그 뒤의 발전과정에서 여러 차례 반복된 확대나 변형은 그 본래의 의의와 선례로서의 효력을 어떻게 변경시킬 수는 없었다. 비스마르크와 같은 독일의 대정치가가 먼로주의에 대해서 대단한 불만의 뜻을 나타내고, 미국의 교만한 태도와 그 위험한 존재에 대하여 말했다는 것도,* 이 주목해야 할, 더구나 대성공을 거둔「주의」의 국제법상의 의미와 깊은 풍부한 핵심을 탐구하는 것을 방해하는 것을 아니다. 더구나 비스마르크의 격렬한 발언이 19세기 말(1898년) 제국주의적 왜곡화가 시작될 무렵에 해당하는 만큼 더욱 더 그렇다.[20] 최근

Ribbentrop, Berlin 1936, besonders S. 162 f.; Carl Schmitt, Sprengung der Lacarno-Gemeinschaft durch Einschaltung der Sowjets, Deutsche Juristen-Zeitung, 1936, S. 337 ff. Georg Hahn, a. a. O., S. 112 ff. 로카르노 조약 구조의 평가에 대해서는 특히 Asche Graf von Mandelsloh (a. a. O., S. 23 ff.) 의 우수한 논술 참조.

18) 국제연맹 제6차 총회에서의 벨기에 대표 롤랭(Rolin)의 다음과 같은 적절한 발언을 보라(Actes de la VI. Ass. plén., p. 118; Bruns, Politische Vorträge, II², S. 465).「안전 보장 조약은 지역 협정이라고 불려 왔습니다. 어느 정도 그것이 이 이름에 값할만한 것은 사실입니다. 왜냐하면 그것은 연맹규약의 규정에 따라서 평화의 유지를 목적으로 하며, 더구나 일정한 지역에 관한 것이기 때문입니다. 그러나 그 이상에서는 그 내용상 특히 여기 수년간 총회가 그 견해를 같이 해왔던 지역협정과는 전혀 다른 것입니다」.

19) Freiherr von Freytagh-Loringhoven, a. a. O., S. 26 f.; derselbe, Die Satzung des Völkerbundes (Kommentar), 1926, S. 221.

수십 년 간에는, 먼로주의의 보편화와 오스트레일리아나 동아시아와 같은 다른 일정한 지역에의 먼로주의의 전용이라는 중요하고도 유익한 시도가 행해져 왔지만 여기에 대해선 다음에 더 서술할 것이다. 여하튼 국제법적 광역원리의 사상을 국제법학에 도입하려는 우리들의 시도에 대해선 여기에 최선의 실마리와 출발점이 존재하는 것이다.

그래서 먼저 최초로 강조하고 싶은 것은, 여기서는 미국의 먼로주의를 있는 그대로 문제삼고, 다른 나라들과 시대에 단순히 전용하는 것이 우리에게 문제가 되는 것은 아니라는 것이다. 우리들의 과제는 오히려 먼로주의 속에 포함되어 있는 국제법적 광역원리의 국제법적으로 유익한 중심사상을 명확히 함으로써, 다른 생존공간(Lebensraum)과 다른 역사적 상황에 유익되게 하는 데에 있다. 먼로주의에 관한 방대한 문헌이 또 다시 한편의 논문 때문에 불어나는 일이 있어서는 안 되며, 또 우리들은 이 주의의 중요한 중심문제를 혼미에 빠뜨리거나 역사적 · 법학적 자료 속에 묻히게 하기를 바라지 않는 것이다. 오히려 우리들이 착수하고 있는 것과 같은 국제법학적인 개념해명은 핵심, 즉 국제법적 광역원리를 그것의 완전한 단순함과 위대함으로 명시하기 위해서 방대한 자료와 수많은 역사적 · 법학적 논쟁을 통해 길을 열어가지 않으면 안 된다.

먼로주의가, 보통의 정식으로 말해지고 있듯이, 「미주에 관한 합중국의 전통적인 정책의 구성요소」라는 것은 확정되어 있다. 그런데 먼로주의는 고유의 법원칙(legal principle)인가 그렇지 않으면 합중국 정부의 「단순한 정치적 원리」에 지나지 않는가 하는 문제가 제기되어 왕성하게 논의되어 왔다. 그러나 문제가 이처럼 법과 정치라는 전형적인 양자택일을 수반하여 제기된다면, 이러한 종류의 원리는 이미 그 의미를 상실한 것이 된다. 그러할 경우 때로는 명백하게 미국 「공법」(public law)의 원칙과 법적 효력을 가진 유보— 그것은 합중국이 체결하는 일체의 조약에 내재한다 — 로서의 먼로주의로부터 발생하는, 다른 한편으로는 먼로주의는 국제법의 고유한 법 원칙이 아니라는 것을 강조하는 것과 같은, 미국의 정치가의 수많은 발언[21]을 늘어놓는 것 외에는 남는 것이 없다. 이 「주의」의 본래의 국제법적 성질을 부정하려는 노력이 존재하지만, 그것은 이 주의가 일방적으로 합중국의 손아귀에 있어 다른 제국의 동의에는 의존하지 않는다는 것으로 설명된다.[22] 이러한 문제 제기에 구애된다면 미국의 국무장관들의 설명 이외에

20) 미국의 입장에 대해서는 Dexter Perkins, The Monroe Doctrine, Vol. 3, 1867-1907, Baltimore 1937, p. 301/302

21) 예컨대 1895년 국무장관 올네이(Olney)는, 몬로주의는 「원칙 중에 충분히 기초를 가지고, 선례에 의해서 충분히 재가된 미국 공법상의 주의」라고 한다(Reuben Clark, Memorandum on the Monroe Doctrine, Washington 1930, p.160). 이에 대하여 1911년 국무장관 녹스(Knox)는 먼로주의는 우리들이 그것을 유지할 수 있는 한도 내에서 존중되지만 「그것은 기술적인 법적 권리에 의해서가 아니라 정책과 힘에 의한 것이다」라고 말한다(Reuben Clark, pp. 175/176). 또한 1923년에 국무장관 휴즈(Hughes)는, 먼로주의는 「이 서반구에서의 미국 정책의 한 국면에 불과하다」, 「비아메리카 제국의 행동에 대한 대항 원칙」에 불과하다고 말한다(Reuben Clark, p. 179).

22) 1914년의 상원의원 루트(Root)*와 1923년 국무장관 휴즈*의 설명 참조. American Journal of International Law, Vol. XVII (1923), p. 611. 그러는 동안 먼로주의는 리마 선언에 의해서 「다변적」(multilateral) 성질을 얻었다고 한다. 참조. Fenwick, American Journal of International Law, Vol.

이 문제 제기에 대해서 찬반의 의견을 표시한 훨씬 많은 국제법학자의 이름을 열거할 수 있다.[23] 이러한 논쟁은 잘못 제기된 양자택일에서 나온 것이며, 그 결과로서 먼로주의는 반드시 법적은 아니지만 적어도「준법적」성질을 가진다든지, 아니면 펜위크(C. G. Fenwick)*가 솔로몬적으로 말하는,「적어도 반법적」[24] 성질을 가진다고 하는 적당한 회답이 잘못 제기된 양자택일에 대해 불가피하게 생기게 되는 것이다. 이러한 종류의 잘못 제기된 선결문제에 구애받지 않기 위해서는 얼마간의 간단명료하고도, 또 의론의 여지가 없는 사실에 먼저 주의할 필요가 있다. 그러한 사실들을 다음 세 가지 점에서 간단하게 언급하기로 한다.

1. 거의 모든 중요한 국제법 교과서나 사전은 먼로주의를, 그「법적」성질의 인정 여부에 관하여는 고려하지 않고 다룬다.* 먼로주의는 국제법의 어떤 주요 체계에서도 모습을 나타내고 있으며, 그 다음에는 그 체계 중에서 먼로주의는 어떠한 지위를 차지하는가 하는 유익한 질문이 제기된다. 예를 들면 미국의 전통에 따라서 말하면, 먼로주의는 국민적 생존권과 자위권(Recht auf nationale Existenz und Selbstverteidigung)에서 취급되는가(예컨대 Calvo,* §143; Fenwick, S. 169), 혹은 간섭이론에서 취급되는가(예컨대 Despagnet, §208), 그렇지도 않으면 국가결합에서 취급되는가(Santi Romano, Corso di Diritto Internazionale, S. 79)하는 것이다. 유명한 칠레의 법학자 알레얀드로 알바레즈(Alejandro Alvarez)*가 이끄는 주목할 만한 새로운 국제법「학파」에 의하면, 먼로주의는 — 물론 그 진정하고 본원적인 내용, 즉 아직 제국주의적으로 왜곡되지 아니한 내용에서만 말이지만 — 미주 특별 국제법의 법적 기초로까지 되고 있다.[25]

2. 국제법 조약들의 관행에서는 제1차 헤이그 평화회의(1899년)[26] 이래 합중국은 항상「먼로주의의 유보」가 공공연히 또는 암암리에 타당하다는 입장을 관철하여, 특히 영국의 저항에 대해서 커다란 성공을 거두었다. 이러한 일은 국제법이, 특히 고도의 유보법이기 때문에 현실에 즈음한 국제법학에 대해서는 결정적인 의미를 가지고 있다. 현실의 본래의 모습은 결국, 규범주의적 일반화와 보편주의적 해결보다 오히려 그러한

XXXIII (1939). p. 226. 여기에 대해서는 U. Scheuner, Zeitschrift für Völkerrecht, Bd. XXIV (1940), S. 193.

23) 예컨대 Fauchille, Traité de Droit International Public I, 1 (1922), p. 646 (§324).

24) Fenwick, International Law, 2nd ed., 1934, p. 178. 또한 주 18 참조.

25) 알바레즈(Alvarez)는 1910년(Le Droit International Américain) 이후 그러한 견해를 거듭 밝히고 있다. 최근에는 Le Continent Américain et la Codification du Droit International, Une nouvelle "École" du Droit des Gens, Paris 1938, insbesondere p. 82-83. 그 밖에 Carl Bilfinger, Völkerbundsrecht gegen Völkerrecht, Schriften der Akademie für Deutsches Recht, Gruppe Völkerrecht, Nr. 6, München 1938, S. 19 ff.; Heinrich Triepel, Die Hegemonie. Ein Buch von führenden Staaten, Stuttgart 1938, S. 300 ff.; Scheuner, a. a. O., S. 186 f.

26) 하인리히 폴(Heinrich Pohl)이 인상 깊게 묘사한 헤이그 평화회의의 경과는 오늘날에도 여전히 읽을 가치가 있으며, 결코 낡은 것이 아니다. H. Pohl, "Der Monroe-Vorbehalt," Festgabe der Bonner Juristischen Fakultät für Paul Krüger, 1911, abgedruckt in Pohls Gesammelten Aufsätzen, Berlin 1913, S. 132 ff.

유보 속에 존재한다. 1928년의 켈록 조약*의 비준 때 과연 합중국은, 상원에서는 요구되었음에도 불구하고 먼로주의의 유보를 공공연히 들고 나오지는 않았다. 그러나 먼로주의는 양도할 수 없는 자위권의 표현이라고 간주되기 때문에, 이 유보가 합중국이 체결한 모든 조약의 경우와 같이 여기에도 또 암암리에 자명한 것으로 간주된 것은 의심의 여지가 없다. 국무장관 켈록 스스로 1928년 4월 28일의 미국 국제법학회에서의 강연에서 「이 권리(즉 먼로주의에 포함되는 자위권)는 모든 주권국가에 고유한 것이며, 모든 조약 속에 암암리에 인정되어 있는 것이다」라고 말하고 있다. 뒤(제3장)에서도 언급하는 켈록 조약에 대한 영국의 유보는 「영국 먼로주의」라고 까지 불리는 것이다.[27)]

3. 제네바 국제연맹 규약은 제21조*에서 규약 자체의 규정에 대한 먼로주의의 유보의 우위를 인정하고 있다. 그 결과로 제네바 국제연맹은 먼로주의를 존중함으로써 「미국 측 전체에 걸쳐 기능을 다하지 못한다」는 것이 된다.[28)] 이것은 매우 주의해야 할 사항이다. 왜냐하면 이 국제연맹, 그리고 특히 그 규약 제21조는 미국 대통령 윌슨이 만약 이것에 동의하지 않으면 합중국은 연맹에 가입하지 않는다는 협박으로써 당시의 유럽 전승국에 밀어 붙였던 것이기 때문이다. 그러나 그로부터 합중국은 제21조가 받아들여졌음에도 불구하고 가입하지 않았던 것이다.[29)]

국제법학상 주목해야만 할 먼로주의의 성질을 기초짓기 위한 우리들의 고찰은 이상의 세 가지 점이면 충분하다. 그러나 먼로주의는 법적 원칙인가 그렇지 않으면 단순한 정치적 원칙에 불과한가에 대한 비유법적 논의보다 더욱 어려운 것은 먼로주의의 내용이 얼른 보아 무한한 변용성을 가지고 있다는 사실로부터 생기는 의심과 장해이다. 먼로주의는 세기의 전환기 무렵, 역외 열강의 간섭에 대한 소극적 방어에서 출발하여 침략적인

27) 켈록 조약에서의 먼로주의의 유보에 대해서는 David Hunter Miller, The Peace Pact of Paris, New York 1928, p. 118, 123; James T. Shotwell, War as an Instrument of National Policy, New York 1929, p. 20 f., 75, 123, 169, 272; T. B. Whitton, La Doctrine de Monroe et la Société des Nations (Vortrag vom 13. Mai 1932), Institut des Hautes Études Internationales, Dotation Carnegie, Tome 8, p. 174 f.; C. Barcia Trelles, La Doctrine de Monroe dans son développement historique, particulièrement en ce qui concerne les relations interaméricaines, Recueil des Cours de l'Académie de Droit International, Tome 32 (1930), p. 557. 한스 베베르크(Hans Wehberg)*는 「먼로주의에 관한 미국의 계쟁문제(係爭問題)는 순수한 국내정치의 문제로 간주되지는 아니한다」라는 흥미 있는 논증을 하고 있다. H. Wehberg, Die Ächtung des Krieges (Deutsche Ausgabe), Berlin 1930, S. 112. 국무장관 스팀슨(Henry L. Stimson)은 1932년 8월 8일의 연설에서 「자위권은 (그리고 동시에 먼로주의도) 켈록 조약에 대한 유일한 제한이다」라고 서술하고 있다. 여기에 대해서는 Asche Graf von Mandelsloh, Die Auslegung des Kellogg-Paktes durch den amerikanischen Staatssekretär Stimson, Zeitschrift für ausländisches öffentliches Recht und Völkerrecht, Bd. III (1935), S. 617 ff. 미국 상원에서의 토의를 가장 상세하게 서술한 것으로서는 André N. Mandelstam, L'interprétation du pacte Briand-Kellogg par les gouvernements et les parlements des États signataires, Paris 1934, p. 32-95.

28) 예컨대 Carl Schmitt, Der Völkerbund und Europa, 1928, abgedruckt in Positionen und Begriffe, Hamburg 1940, S. 88 f.(김효전 · 박배근 옮김, 『입장과 개념들』, 2001, 126-139면); Carl Bilfinger, a. a. O., S. 22 ff.

29) Jean Ray, Commentaire du Pacte de la Société des Nations, 1930, p. 571 f.

제국주의적 색채를 띤 팽창원칙으로 되었다. 그 뒤 1934년 이후부터는 이러한 제국주의적 성격은 적어도 공식적으로는 다시 억제 당하기에 이르렀다. 먼로주의는 불간섭과 외부로부터의 개입 배제의 원칙에서 다른 미주 제국에 대한 합중국의 제국주의적 간섭을 변호하는 것이 되었다. 사람들은 그것을 합중국의 보다 엄중한 독립과 중립의 정책을 위해서도, 또 모든 것에 개입하는 세계 정책과 세계전쟁 정책을 위해서도 이용하려고 하였다. 미국인들은 그것이 미주를 포괄하는 연대(連帶)의 기초로 간주되어야 하는가, 그렇지 않으면 전연 반대로 연대의 주요한 장해로 간주되어야 할 것인가에 대해서 논쟁하고 있다.[30] 거기에 덧붙여서 서반구 전체를 포괄하는 미주의 거대한 테두리 안에서는 19세기 말 이래 쿠바 또는 서인도 제도에 관계된 특수한 「카리브주의」*가 발전해 왔다. 다만, 그것과 먼로주의와의 관계는 완전히 명백하다고 할 수는 없다. 이와 같이 다종다양의 상호 모순되는 적용과 해석의 가능성은 변화하는 정치상황에 직면하여, 먼로주의에 대하여 사정 여하에 따라 모든 다른 뜻을 그것에서 읽어낼 수도, 또는 무엇하나 다른 뜻을 읽어 낼 수 없기도 한, 그러한 외양을 가진 융통성을 부여한다. 먼로주의에 관한 상세한 역사 연구 논문의 저자 덱스터 퍼킨스(Dexter Perkins)는 그 중에서 특히 합중국은 세계적 강국이 될 것이며, 유럽이 항상적 위기의 상태에 있다는 이유에서 먼로주의는 오늘날 시대에 뒤떨어진 것이며, 이제는 더 이상 「적절」하지 않다는 설에 동의한다. 그러나 이것에 대해서는 한 세기 이래 오늘날만큼 먼로주의를 필요로 하고, 또 일반화한 적이 한 번도 없었다는 대답이 곧 되돌아 왔다.[31] 이러한 「주의」에 대한 모든 「실증주의적」 법률가의 혐오는 충분히 이해할 수 있다. 그러한 규범내용의 무규정성에 대해서 실증주의자는 눈앞에 기반을 잃는 것처럼 느낀다. 그러나 내용적 무규정성은 인생에서도 자주 볼 수 있듯이, 순수하게 결정주의적인 규정성에의 변증법적 전환을 아주 쉽게 받아들일 수 있는 것이며, 거기서 다시 참된 실증주의자는 발 아래에 기반을 느끼는 것이다. 1923년에 국무장관 휴즈(Hughes)*는 먼로주의의 고유한 내용에 대해서 진정 가장 순수한 결정주의의 고전적 실례를 나타내는 방식으로 견해를 표명하였다. 즉, 먼로주의가 본래 무엇을 의미하는가는, 미합중국 정부만이 「정의하고 해석하고 인가하는 것이다」라고.

우리들에게 결정적인 것은 1823년의 본원적 먼로주의가, 광역에 관해서 말하고, 또 역외열강의 불간섭의 원칙을 광역을 위해 내세운, 근대 국제법사에 있어서의 최초의 선언이라는 점이다. 그것은 명확하게 「서반구」와 관계되고 있다. 탈레랑(Talleyrand),* 겐츠(Gentz)*의 모든 정부가 「유럽」에 대해서 말할 때에, 그들은 오히려 국가적 권력관계 체제의 일을 더 염두에 두는 것이다.[32] 그러나 1823년의 미국의 선언은, 근대적 의미에

---

30) 미주 연대(美州連帶)의 대립물로서의 몬로주의에 대해서는 C. Barcia Trelles, a. a. O., S. 397 f.; J. Quijano Caballero, Bolivar und Fr. D. Roosevelt, Geist der Zeit, Juni 1940, S. 338. 나아가 Grenzen der panamerikanischen Solidarität in "Monatshefte für Auswärtige Politik," März 1941.

31) Reeves, American Journal of International Law, Vol. 33 (1939), p. 239.

32) 볼가스트*는 1938년의 논문 중에서 탈레랑의 유럽 계획을 논하고 있는데, 그는 탈레랑의 유럽 개념을 우리들이 공간질서라는 말로써 이해하는 의미에서 유익한 것이라고 생각하는 것 같다. Ernst Wolgast, Völkerrechtsordnung und Raumordnung, Zeitschrift für Völkerbund und Völkerrecht, Bd. XXII

있어서, 공간적 · 지구적으로 생각하고 있다. 그것은 벌써 그 자체가 전연 특이한 것이며 국제법적으로 모든 주목을 받을 만한 가치가 있다. 물론 국제법적 광역원리를 우리들의 의미로 구체화하기에는, 그것만으로는 충분하지 않다. 역사에는 모든 종류의 세력 범위의 요구가 자주 나타났다. 러시아와 캐나다에 의해 북극지역에 대해 실행된 이른바 섹터주의도 아직 내용적으로 규정된 질서원리라는 의미에서의 국제법적 광역사상은 아니다.[33] 지리학적으로 규정된 단순한 관념이 커다란 정치적 · 실제적 의의를 가질 수도 있지만 그 자체만으로써 납득이 가는 어떠한 법원리도 아직은 나타나 있지 않다. 그것은 지역을 초월한 열강의 세력 — 그 의의는 바로 지정학의 대가 카를 하우스호퍼가 강조하고 있다[34] — 이 너무나도 크기 때문이다. 국제법학적 입장에서 본다면 지역과 정치이념은 별도로 떼어서 생각할 수 없다. 우리들 입장에는 지역 없는 정치이념도 없거니와 반대로 이념 없는 지역이나 지역 원리도 없는 것이다. 한편 규정할 수 있는 정치이념에는 특정한 민족이 그 이념을 짊어진다는 것이 필요하고, 그리고 또 그것이 일정한 반대물에 주의하고, 그 일로 인해 정치의 질을 보전하는 것이 필요하다.[35]

진정하고 본래적인 먼로주의는 그 반대의 입장으로서 군주제적-왕조적 정통성 원리에 착안하고 있었다. 이 원리는 당시 유럽의 세력 분포의 현상에 법의 존엄과 신성을 부여하고 있었다. 즉, 그것은 절대 정통군주제를 국제법질서의 수준에까지 높이고, 이 기초 위에 스페인과 이탈리아에 대한 유럽 열강의 간섭을 정당화한 것이다. 시종일관한다면, 그것은 라틴 아메리카의 혁명적 건국에 대한 간섭이라는 결과까지를 유도해야 할 것이다. 그와 동시에 이 신성동맹의 패권국 러시아는 아메리카 대륙 최북부에서 식민지의 확립을 시도한다.* 이에 대하여 미주 대륙의 국민들은 이미 자신을 주외열강(州外列强)의 종속민이라고 더 이상 생각하지 않고, 또 그 식민의 대상이 되는 것도 바라지 않았다. 이것이 「자유롭고 독립된 지위」이며, 먼로 교서가 진술하고 미주 국민들의 자랑이 되며 유럽 군주제의 「정치체제」와 대치시킨 것이다. 미주 국민들은 자기의 것과는 본질적으로 다른 딴 「체제」에 간섭하는 것을 바라지 않지만, 그러나 이 유럽의 체제에서 나오는 어떠한 「개입」도 어떠한 양도도 거부한다고 선언한다. 유럽 체제는 현상을 원용하고

(1938), SS. 25-33. 이러한 확인으로써 이 문제에 눈을 돌리게 한 볼가스트의 커다란 공적은 결코 사라지지 않을 것이다. Wolgast, Konkretes Ordnungsdenken im Völkerrecht, Zeitschrift Völkerrecht, Bd. IV (1937), S. 74 참조.

33) Smedal, Acquisition of Sovereignty over Polar Areas, Oslo 1931, deutsch: Königsberg 1931; Wolgast, Das Grönlandurteil des Ständigen Internationalen Gerichtshofes vom 5. April 1933, Zeitschrift für öffentliches Recht, Bd. XIII (1933), S. 599 ff.; Böhmert, a. a. O., S. 279; Schmitz und Friede, a. a. O., S. 257.

34) 특히 Karl Haushofer (herausg.), Raum und Erde, Leipzig und Berlin. 이 책 Bd. 3 (1934)는 Raumüberwindende Mächte라는 제목이 붙어있다.

35) 라블은 대지와 민족과 이념의 삼위일체를 서술하고 있다. Kurt O. Rabl, Staat und Verfassung, Zeitschrift für öffentliches Recht, Bd. XVII (1938). 그의 생각은 내 생각과 비슷하며, 또 라블의 논문이 우리들의 의론과 같은, 특히 국제법적인 관점이 아니라 전혀 다른 관점에서 출발한 것인 만큼, 더욱 중요한 확인을 내포한 것으로 생각된다.

소유권을 원용함으로써 자의식을 각성한 정치적 광역에 간섭해서는 안 된다. 이것이 먼로주의에 있어서「아메리카」라는 광역과 연결된 정치이념이다. 여기에 커다란 본원적 먼로주의의 핵심인 참된 광역원리, 즉 정치적으로 각성한 국민과 정치이념과 정치적으로 이 이념에 지배되고 외부로부터의 간섭을 배제하는 광역의 결합이 있다. 거듭 말하자면 먼로주의가 아니라 이 핵심, 즉 국제법적 광역질서의 사상이야말로 다른 지역, 다른 역사적 상황, 또는 다른 적과 동지의 결속(Freund-Feind-Gruppierung)*에 적응할 수 있는 것이다.

먼로주의를 전용한 과거의 실례는 다양하며 특별한 연구를 필요로 한다. 예컨대 1921년 4월 7일에 오스트레일리아의 수상 휴즈(Hughes)*에 의해 오스트레일리아가 영일동맹의 변신에 동의할 수 있는 조건으로서 거론된 두 원칙은「호주 먼로주의」라고 불리고 있지만, 그 내용은 (1) 어떠한 동맹도 합중국에 대항해서는 안 된다. (2) 어떠한 동맹도 오스트레일리아가 백색인종에 속한다는 원칙을 위험에 빠트려서는 안 된다는 것이었다.[36] 이른바「동아시아 또는 일본 먼로주의」에 대해서도 같은 말을 할 수 있다. 다시 한 번 확실하게 강조하고 싶은 것은, 우리들이 여기서「독일 먼로주의」를 제창하는 것은 아니며, 다만 단순히 본원(本源)으로서의 먼로 교서에 있는 정당한 핵심사상, 즉 하나의 질서원리에 지배된 광역에 대한 역외열강의 간섭을 국제법적으로 허용하지 않는다는 사상을 캐내어 백일하에 드러내놓는다는 것뿐이다. 이 광역사상 — 먼로주의 자체는 아니다 — 은 임의적으로는 아니라 할지라도 정치적 현실 상황에 따라서 적절하게 전용할 수 있는 것이다. 이 사상의 중구 또는 동구 지역에의 적용가능성은 1823년 이래 아메리카와 함께 유럽의 상황이 본질적으로 변화한 것, 그리고 주요한 정치이념의 성질에 관하여 표리가 전혀 반대로 되었다는 것으로 취소되는 것은 아니다. 서구 민주주의의 리버럴한 자유사상은 현재에는 역사적으로 시대에 뒤떨어진 것이 되었다. 그 자신은 이제야 백일하에 드러나 현상을 법적으로 승인하고, 또 세계 점유에 법의 신성을 부여하여 그 합법성과 정통성을 인가하는데 이바지하고 있다. 서구 민주주의는 오늘날 신성동맹 당시의 유럽 열강의 상태에 있다. 군주제적 · 왕조적 정통성 원리로부터 자유민주적 · 자본주의적 정통성원리가 생겼다. 1914~1918년 세계전쟁은 틀림없이 이 자유민주적 정통성의 간섭전쟁이 있었다.[37] 서구 열강의 자유민주적인 신성동맹이 오늘날 분명히 과거 또는 신성한 현상유지의 측에 서서 새로운 정치이념과 신흥 국민들의 억압을 시도하는데 반해서, 당시에 있어서는 확실히 이 세계전쟁을 군주제적 신성동맹과 근친 관계에 있는 반동적 열강에 대한 전쟁이라고 부를 수 있었던 것이다.

---

36) Fauchille, Traité, I, 1 (1922), p. 37 (§44, 11).

37) 브링크만은 그의 매우 시사하는 바가 많은 논문 중에서 이렇게 말한다. 즉「세계전쟁은 바로 대문화국가의 제국주의가 장래에 일관하여 민주주의 · 의회주의 이데올로기의 국내정치와 외교적인 법형식에 구속되고 있는 것에 대한, 대문화국가간의 최종적인 (그것은 그동안에 아주 의심스러운 것이 되었지만 - 슈미트) 대결이었다고 할 수 있다」. Carl Brinkmann, Imperialismus als Wirtschaftspolitik, Festgabe zu Lujo Brentanos 80. Geburtstag, 1925, S. 84.

자본주의적 제국주의의 정당화, 그것은 먼로주의의 역사에 있어 특별한 하나의 시기를 획하는 것이며, 그 정당화를 위해 시어도어 루스벨트(Theodore Roosevelt)* 대통령은 19세기부터 20세기까지의 전환기 무렵 먼로주의를 이용하였다.* 역외열강의 간섭을 거부하는, 본래의 방어적인 지역사상이 「달러 외교」*의 기초가 될 수 있다고 하는 이것이 자기모순으로서, 또 그러한 원칙의 의미변화의 현저한 예로서 받아들여진 것은 당연하다. 먼로주의의 모든 역사적 서술 중 이 본래의 의미의 제국주의 · 자본주의적 해석 변경은 심원한 의미변화로서 두드러진 것이다. 그러나 그것과 더불어 우리들은 또 다른, 아마 더욱 심원한, 그리고 우리들의 국제법적 광역원리의 고찰로 보아 여하튼 한층 계발적이며 의미변화적인 종류의 변경에 주목하지 않으면 안 된다. 그것은 즉 구체적인 지리적 · 역사적으로 규정된 광역사상으로부터, 일반적인 · 보편주의적으로 사유된 세계주의 — 그것은 전 세계적으로 타당하지 않으면 안 되며, 또 당연히 「편재」(遍在)를 요구한다 — 에의 먼로주의의 해석 변경이다. 이 해석 변경은 물론 보편주의 · 제국주의적 팽창주의에의 왜곡과 밀접하게 관련되어 있으며, 이것이 아메리카 합중국의 정책이 미주의 지역원리를 버리고 대영세계제국의 보편주의와 결합하는 시점을 명백히 하고 있으므로 우리들로서는 특별히 흥미있는 것이다.*

1905년에 시어도어 루스벨트 대통령은 가네코(金子)*자작에 대해 먼로주의는 아시아 전체에 확대되지 않으면 안 되며, 일본은 그와 같은 아시아 먼로주의를 선언해야 한다고 말했다는 것이다.* 아마 그는 그것을 내세워 중국에 있어서의 모든 나라에 대한 「문호개방정책」*과 「기회균등」의 선언을 말할 작정이었을 것이다. 만일 그의 발언내용이 이미 말한 그대로 정확하게 확인될 수는 없다고 하더라도, 아시아, 그리고 특히 일본을 앵글로색슨적 세계 체제의 경제제국주의에 편입한다는 것이 그 취지인 것은 확실하다. 이러한 의의를 가진 아시아적 또는 일본적 먼로주의, 즉 「아시아 먼로주의」는 미합중국과 영국으로서는 바라던 대로의 것이었지만, 후에 일본이 만주를 획득했을 때는 「일본 먼로주의」는 그들의 나라들로 보아서는 불쾌한 것이었다.[38] 윌슨(W. Wilson) 대통령은 1917년 1월 22일 의회에 보낸 교서에서 세계의 모든 국민은 먼로 대통령의 교설(教說)을 대소 어느 쪽의 민족에도 똑같이 존재하는 제민족의 자유로운 자결권의 의미를 수반하는 「세계주의」로서 인정하지 않으면 안 된다고 제안하였다.* 그러나 당시 이미 제네바 국제연맹 규약 제10조*는 이 세계먼로주의의 표현이며 적용례라고 일컬어져 왔다.[39] 이러한 일은 전형적이며 특징적인 의미변화이다. 그리고 그 변화의 방식은, 지역적으로 규정된 구체적

---

38) Westel W. Willoughby, op. cit., p. 402 ff. (일본은 중국에 관하여 먼로주의를 주장할 정당한 권리를 가지고 있는가?) C. Walter Young, Japan's special position in Manchuria, Baltimore 1931, p. 329; Johnson Long, La Mandchourie et la doctrine de la porte ouverte (Vorrede von de La Pradelle), Paris 1933, p. 176, 182. 이 마지막 책은 중국의 입장에서 이른바 아시아 먼로주의를 「사이비 주의」(Pseudo-Doktrine)라고 특징짓고 있다. Carl Schmitt, Großraum gegen Universalismus; der völkerrechtliche Kampf um die Monroedoktrin, in Positionen und Begriffe, 1940, S. 295 ff.(역서, 427-437면) 참조.

39) Fauchille, Traité, I, 1 (1922), p. 647 (§325).

인 질서사상을 보편주의적 「세계」이념으로 해결하고, 그리고 불간섭이라는 국제법적 광역원리의 생생한 핵심을 인도적 구실 아래 모든 것에 개입하는 제국주의적인, 말하자면 범간섭주의적 세계 이데올로기로 바꾸는 데에 있다.

제3장 대영세계제국 교통로 안전보장의 원칙

보편주의적이고 세계포괄적인 일반 개념은 국제법에 있어서 간섭주의의 전형적인 무기이다. 따라서 그것과 구체적 · 역사적 · 정치적 상황 그리고 이해관계와의 결합에 끊임없이 주의해야 한다. 그러한 결합의 중요한 사례는 소수민족의 권리에서도(제4장) 볼 수 있을 것이다. 여기서는 우선 자주 먼로주의와 비교되는 주의, 즉 「대영세계제국의 교통로 안전보장」의 이론이 취급되어야 한다. 그것은 본래의 먼로주의였던 것과의 대립물이다. 먼로주의는 관련된 지역, 즉 미대륙에 주의하고 있었다. 그에 반해 대영세계제국은 어떤 관련이 있는 대륙이 아니고 원격의 대륙들, 즉 유럽 · 아메리카 · 아시아 · 아프리카 그리고 오스트레일리아에 산재하는, 지역적으로는 관련성을 가지지 않는 정치적인 분산 영유지(分散領有地)의 결합체인 것이다. 본래의 먼로주의는 다른 지역의 열강의 간섭을 배제함으로써 현상유지의 정통성을 가진 당시의 열강에 대해서 새로운 정치이념을 방위한다고 하는 정치적 의미를 가지고 있었다. 그에 반해 대영세계제국의 원칙은 국제법적으로 보아 단순한 현상유지의 정통성이라는 사상의 한 적용예일 뿐이다. 그것 이외의 다른 어떤 것도 될 수 없으며, 따라서 예컨대 터키의 현상 불변경은 대영세계제국의 사활문제라고 한 「디즈레일리 독트린」(Disraeli-Doktrin)[40]과 같은 고차원적 의미에서의 「주의」는 아닌 것이다.

지리적 연관성을 가지지 않은 지구상에 분산된 세계제국에 부속된 법학적 사유방식은, 스스로 보편주의적 논증에의 경향을 가진다. 그것도 대개 논증을 하기 위해서는 그러한 제국의 상태불변에 대한 이익을 인류의 이익과 동등하게 취급하지 않으면 안 된다. 그러한 사유방법은 일정한, 관련 있는 지역과, 그 내부 질서에서가 아니라 먼저 첫째로 제국의 분산된 부분의 결합체의 안전보장에로 향한다. 따라서 그런 종류의 세계제국의 법률가, 특히 국제법학자로서는 지역 대신에 가로나 교통로에 대해 사고하는 것이 보다 더 어울리는 것이다. 이 영국적 사고방식의 특수성에 대해서는 영국의 탁월한 권위자인 저 윌리엄 헤이터 경(Sir William Hayter)*의 주장이 특징적인데, 그는 공공연하게 말하기를 그리스와 불가리아에서 영국 정부는 혁명을 허용해도 좋지만 대영세계제국의 대연락로,* 특히 인도에의 통로가 방해당하지 않기 위해, 이집트에서는 안녕질서가 지배하지 않으면 안 된다. 동일한 생각에 의해서 영국은 이집트를 병합할 것인가 않을 것인가의 문제에

40) 디즈레일리의 대 터키 우호, 대 러시아 적대정책은 「디즈레일리 주의」라고 불려진다. 예컨대 Fenwick, International Law, 1924, p. 148.

관해 마찬가지로 매우 유명한 영국의 주장이 나왔다. 본국으로부터 다른 지역에 규칙적으로 큰 여행을 하지 않으면 안 되는 모든 사람은 여정의 중간에 좋은 호텔이 있다는 것에 대해 이해를 가지지, 스스로가 이런 호텔의 주인이나 소유자인데 대해 이해를 가지는 것은 아니므로 이 문제에 대한 대답은 부정적이다. 무솔리니는 1936년 2월 1일의 밀라노에서의 연설에서 지중해는 이탈리아로 봐서는 생존권을 의미하는데 반해서, 영국으로 봐서는 단순히 통로, 그것도 수많은 통로 중의 하나, 단지 하나의 지름길 또는 운하에 지나지 않는다는 사실 속에 존재하는 깊은 대립을 상기시켰다.[41] 통로와 생존권의 대립은 여기에서 매우 심각하게 드러나게 된다.* 영국 측은 그것에 대해 지중해는 지름길이 아니라 중요한 교통동맥이고 여기에 대해서 영연방(Commonwealth of Nations)은 말 그대로 생존이해를 가지고 있다고 대답하였다.[42] 해로 · 공로 · 파이프 라인 등등에 걸린 사활이익은 광범하게 분산된 대영세계제국의 관점에서 본다면 피치 못할 것이다.[43] 그러나 그런 일로 해서 국제법적 통로사유에 대한 국제법적 지역사유의 차이와 대립이 극복된 것이 아니라 오히려 확인된 것일 뿐이다.

미국의 먼로주의의 문제가 수많은 출판물에서 취급된데 비해, 대영세계제국의 연락로의 안전보장이라는 커다란 문제에 관해서는 특별한 국제법학상 문헌은 거의 존재하지 않는다. 그것은 영국의 세계정책이라는 사활문제를 국제법학적 논의의 대상으로 하는 것, 또는 논쟁다운 논쟁의 대상으로 하는 것 마저 영국적 방법에는 적합하지 않다는 점에도 얼마간 원인이 있을 것이다. 영국의 교통로 안전보장에 관한 사활이익은, 중요한 국제법 조약들에 붙여진 유보 가운데서 가장 공공연하고 또 명료하게 나타나 있다. 여기에서도 또한 오늘날의 국제법은 본질적으로 유보법(留保法)이라는 우리들의 명제가 확인되는 것이다.[44] 예컨대 1922년 영국 정부는 1914년 12월에 일방적으로 선언된 영국의 이집트에 대한 보호관계를 일방적 선언으로 폐지하고 이집트를 주권국가로서 승인했지만, 그것은 다만 영국과 이집트 간에 합의가 이루어지지 않는 한, 영국 정부의 재량에 위임되는 4개의 유보를 조건으로 한다는 것일 뿐이다.* 이 4개의 유보의 첫머리에

41) 「이탈리아는 지중해에 떠있는 섬이다. 이 바다는 (나는 지금 아마 라디오 앞에 있을 영국인에게도 말하고 있지만) 그레이트 브리튼으로서는 통로이며, 그것도 많은 통로 중의 하나이다. 아니 대영제국이 그 주위의 자국 영토에 가장 빠르게 도달하기 위한 지름길이라고 해도 좋다. 그러나 가령 다른 국민의 입장에서는 지중해가 통로라고 하더라도 우리들 이탈리아 사람에게 그것은 생명이다」.

42) 이에 대한 영국의 입장에 대해서는 Elizabeth Monroe, The Mediterranean in Politics, Oxford-London 1938, p. 10 ff.; George Slocombe, The dangerous Sea, London 1937, p. 266. 이탈리아측에서는 Gaspare Ambrosini, I problemi del Mediterraneo, Rom (Isituto Nazionale di Cultura Fascista) 1937, p. 164; Pietro Silva, II Mediterraneo dall' Unità di Roma all'Impero Italiano, Milano 1938, p. 477.

43) 해로(海路)에 타당한 원리를 공로에도 전용할 수 있는가 하는 문제는 미해결인 채로 두지 않을 수 없다. 노르베르트 귀르케(Norbert Gürke)는 나의 킬에서의 강연에 이은 담화 중에서 해로에 대한 공로의 전용불가능성과 고유한 특성을 확신을 가지고 주장하였다.

44) Carl Schmitt, Nationalsozialismus und Völkerrecht, Schriften der Deutschen Hochschule für Politik, Heft 9, Berlin 1934, S. 23 (본서 401면).

— 이집트에 있어서의 외국권익의 보호 · 소수 민족의 보호 그리고 수단(Sudan) 지역의 일반적 유보 앞에 — 이집트에서의 대영제국의 교통로의 안전보장이 있다.[45] 그 후의 1936년 8월 26일의 이집트와의 동맹조약[46]은 똑같은 유보에 기초를 두고 있다. 이 조약 제8조는, 즉 수에즈 운하는 이집트의 불가분의 영토이지만 보편적 교통수단이며, 또 대영제국의 다른 부분간의 본질적으로 중요한 교통수단이라는 사실에 직면하여, 영국은 이집트가 스스로 행할 수 있을 때까지 운하의 보호를 떠 맡는다는 것에 합의하였다고 규정하였다. 이 「보편적」 세계이익과 「본질적으로 중요한」 영국의 이익과의 결합은 전형적인 것이며, 우리들의 고찰을 위해서 매우 큰 의의를 가진다.

1928년의 켈록 조약 서명 때에도 영국의 교통로 안전보장의 유보가 제의되었지만, 이번에는 일견하여 통로적이 아니고 지역적인 표현방법이 취해지고 덤으로 아메리카의 먼로주의까지 꺼내게 되었다. 진정한 지역 사상이 이해가 되어 있다면 먼로주의와의 차이 뿐만 아니라 관심과 사고방법에서의 대립까지 곧바로 인식될 것인데도, 이 켈록 조약에 대한 영국의 유보는 「영국 먼로주의」라고 불린다.[47] 이 유보의 공식화는 너무도 특징적이어서 여기에 영국 외무장관이 1928년 5월 19일 런던 주재 미국 대사에게 보낸 외교사항에 대한 각서에서 표준적인 부분을 말 그대로 인용한다. 이 각서는 제10항에서 이렇게 말한다. 즉, 「국가 정책의 수단으로서의 전쟁을 포기하는데 관한 (국가 정책의 수단으로서의 전쟁을 '비난하는') 제1조의 문언은, 본인이 각하에 대해서 세계에는 그 안녕과 보전 등이 우리나라 평화와 안전을 위해 특별하고 중대한 관계를 가지고 있는 특정 지역이 존재한다는 것을 상기시키는 것을 바람직하게 만들고 있습니다. 제국(帝國) 정부는 이들의 지역에 대한 간섭이 인내할 수 없는 것임을 명백히 하고자 과거 노력해 왔습니다. 모든 공격에 대한 제국의 보호는 대영제국으로선 자위의 행위를 말하는 것입니다. 대영제국 정부는 새로운 조약이 이 점에 대한 대영제국의 행동의 자유를 하나도 손상시키지 아니한다는 완전한 양해가 성립되어 있을 경우에만 조약을 승인한다고 하는 점은 완전히 명백해져야만 합니다. 합중국 정부도 여기에 필적할 만한 이익을 가지고 있고, 합중국 정부는 그것에 관해서 외국에 의한 어떠한 경시도 비우호적 행위라고 간주할 것이라고 선언했던 것입니다. 따라서 제국 정부는 합중국 정부가 그 입장을 표명함으로써 동시에 합중국 정부의 의사 또는 의견까지도 표시하고 있다고 믿는 것입니다」.[48] 이 유보의 공식화는 먼로주의에의 명백하고도 의식적인 암시를 포함하고 있다. 그러나 그것은 「자위권」이라는 일반 개념의 도움을 받아 먼로주의의 구체적 지역사상을 해소시키고 있다. 그럼에도 불구하고 본래의 미주적 지역사유와 영국적 · 제국주의적 통로사유의 차이점은 여기에도 정확히 이해되지 않으면 안 된다.

45) British Yearbook of International Law, XVIII (1937), p. 87.
46) Treaty Series, 1937, No. 6 (1926년 12월 22일 카이로에서 비준서 교환).
47) James T. Shotwell, War as an instrument of National Policy, op. cit., p. 169.
48) Materialien zum Kriegsächtungspakt, Berlin 1928, S. 49. 같은 취지는 1928년 7월 18일의 통첩에도 반복되고 있다(a. a. O., S. 94, 95).

영국의 정책은 수에즈 운하에 관하여 이 교통로에 대한 영국의 이익에 일치하는 국제규칙을 관철시켰다.* 운하가 아직 영국의 수중에 없는 동안은, 영국 정부는 오로지 일반원리를 사용하여 주장하였다. 이 시기에 발표된 견해는 영국의 정치적 이익과 그와 같은 일반원리 중에 존재하는 인류의 이익과 조화에 대한 진정 소박하고 확고한 빅토리아적 신념의 기록이다. 1856년의 셀리스베리 경(Lord Salisbury)이 이집트 부왕(副王)으로부터 운하 건설자 페르디난트 폰 레셉스(Ferdinand von Lesseps)*에게 주어진 독점권에 대해 이견을 신청했을 때, 그는 세계무역의 이익을 위해서 그러한 수로는 특허 또는 독점권의 대상에서 제외된다는「다른 모든 제국민의 자연적 권리」를 내세웠다.[49] 운하는 영국 군대에 의해 점령된 후 1888년 10월 29일의 집단조약*에 의해 국제화 · 중립화된 것이지만, 그 때 영국은 이집트 점령 기간 중의 영국의 행동의 자유에 대한 일반적 유보를 행하였다.[50] 1936년 8월 26일의 이집트와의 앞의 조약은 이미 이 사태가 전개된 제3의 시기, 즉 명백히 드러난 현상을 대상으로 한 논증 — 그 표어는「안전보장」이다 — 이 행해진 시기에 속한다. 먼저 보편적인 자연적 권리를 최초로 채용한 시기와 현상의 단순한 보전을 목표로 하는 오늘날과의 사이에는 주목할 만한 중간기가 있다. 이 시기에 있어서의 영국의 국제법 정책의 노력은 1888년 조약에 의해 행해진 것과 같은 수에즈 운하의 국제화 · 중립화에서 영국의 수중에 없는 모든 중요한 해협에 관하여 국제법적으로 일반에게 승인된「대양간 운하」또는 해협의 국제적 법제도의 원형을 창출하는 데로 향하는 것이다.

이러한 목적을 파나마 운하에 대하여 성취시켜려고 시도함에 있어서, 영국의 정책은 합중국이 먼로주의라는 이름 아래 행한 저항에 부딪쳤다. 두 세계의 대립은 이 운하문제에서 명확히 드러났다. 투쟁은 합중국의 완전한 승리, 그러므로 먼로주의의 완전한 승리로 끝나고, 그것은 영국의 보편주의적 요구보다 구체적 광역원리가 우월하다는 것을 나타낸 것이다.* 우리들 독일인들에게 각별히 중요한 다른 제3의 사례는 킬(Kiel) 운하에 관한 것이다. 여기에서도 대영세계제국에 주어진 국제법적 논증은, 세계의 대양 간 대운하의 통일적이고 보편적인 국제법체제에 대한 생각을 관철시키려 시도하였으며, 킬 운하를 이른바 국제법적으로 보편적으로 승인된「대국제해협제도」의 지배 아래 두려고 시도하였다. 윔블던호 사건(1928년)*에서 영국측 대표인 외무성 법률고문 세실 허스트 경(Sir Cecil Hurst)*은「3 운하이론」(Drei-Kanäle-Argument)을 강력하게 주장하였다. 1923년 8월 17일의 헤이그 상설 국제사법재판소는 그 판결이유 중에 모든 대해협의 국제화라는 국제법원리를 킬 운하의 경우에 관철시키려고 하는 영국의 의도에 대한 승인을 포함하고 있다. 우리가 윔블던호 사건에 대한 그의 논문의 덕을 보고 있는 에른스트 볼가스트(Ernst Wolgast)는 국제법의 구조의 현실적 의미에 관한 그 특유의 관점으로써 윔블던호 사건의

49) Fauchille, op. cit., I 2 (1925), p. 212 (§511 b).

50) 이「일반적 유보」의 의미에 대한 최근의 문헌으로서는 Herberth Monath, Die Rechtslage am Suezkanal, Vorträge und Einzelschriften des Instituts für Internationales Recht an der Universität Kiel, Heft 23, 1937, S. 38, 44 ff.

이러한 측면을 아주 뚜렷하게 나타내었다.51)

영국에 있어서의 수많은 국제법적 논증 중에서 화제가 되고 있는 「자유」는 그 기원을 17세기의 자연법에 두고 있다.52) 그것은 19세기의 세계무역의 자유에서 그 정점에 달한다. 그러므로 19세기는 대영세계제국의 정치적 · 경제적 이익과 승인된 국제법 규칙 사이에 아주 놀라운 조화가 존재하는 시기이기도 하다. 여기서 「자유」라 함은 정치적으로 결정되어지는 상황에 있어서 항상 세계의 대교통로에 대한 명백하고 특정한 영국의 세계제국 이익을 의미한다. 따라서 「해양의 자유」라 함은, 미라미치(Miramichi) 사건(1914년 11월 23일의 영국 포획심판소 판정)*에 인용됨으로써 유명하게 된, 휘턴-데이너(Wheaton-Dana)*의 공식화에 따르면, 「바다는 공통된 통상의 장인 동시에 공통된 전장인 **공유물**(res omnium)이다」라는 것을 의미한다. 영국이 해상지배권을 장악하고 있는 한, 해양의 자유는 영국의 해상작전의 권익에 의해, 즉 중립국의 통상을 통제하는 전쟁수행국의 권리와 자유에 의해 한계지어지고, 더욱이 내용까지도 규정되는 것이다. 「다다넬즈 해협의 자유」*는 흑해에서 러시아를 공격할 수 있기 위한 것 등을 위해 영국 군함이 해협을 방해받지 않고 이용하는 것을 의미한다. 언제나 자유적이고 인도적이며 보편적인 표현의 배후에서 지리적으로 관련성을 갖지 않는 세계제국의 특수 이익을 보편주의적으로 개괄하는 법개념으로 몰고 가는 고유한 연관을 알아낼 수 있다. 그것은 단순하게 「허사」(虛辭)나 기만으로, 또는 그와 유사한 표어를 가지고 설명할 수 있는 것은 아니다. 그것은 일정한 종류의 정치적 실재에로의 국제법적 사유방식의 불가피한 부속의 일례이다.53) 나머지는 영국의 이익과 국제법의 그 놀라운 조화가 20세기에 이르기까지 얼마나 오랫동안 그 명증성을 유지할 수 있겠는가 하는 문제뿐이다.

먼로주의도 마찬가지로 시어도어 루스벨트와 윌슨에 의해 보편주의 · 제국주의적 세계주의에로의 해석 변경을 경험하였다. 그럼에도 불구하고 아메리카의 먼로주의와 대영세계제국의 교통로의 안전보장이라는 두 개의 원칙은 핵심에 있어 항상 별개의 것으로 존재했었다. 교통로 안전 보장의 원칙이라는 보편주의는 오늘날에는 한 번도 더 이상 자연법적이고 자유적인 베일을 쓴 일이 없다. 그것은 그 자체로서 이미 충분한 합법화를 자신 속에 내포한다고 믿는, 세계제국의 현상 유지라는 이익의 공공연한 표현인 것이다. 그에 반해 루스벨트와 윌슨에 의한 먼로주의의 보편화는 불간섭이라는 참된

51) Ernst Wolgast, Der Wimbledonprozeß vor dem Völkerbundgerichtshof, Berlin 1926, insbesondere, S. 74 ff.

52) 자유의 이론과 식민지 확장과의 관계(16 · 17세기의 스페인과 포르투갈에 의한 식민지 독점에 대한 네덜란드 · 영국의 이론으로서의 해양의 자유와 무역의 자유)에 대해서는 다음의 뛰어난 논문 참조. Ulrich Scheuner, Zur Geschichte der Kolonialfrage im Völkerrecht, Zeitschrift für Völkerrecht, Bd. XXII (1938), S. 442 ff., 463.

53) 「만약 어떤 대민족이 다른 여러 민족들의 표현방법과 사고방식, 즉 어휘, 용어법, 개념을 자기의 입장에서 규정해버릴 때, 거기에 참된 정치권력의 표현은 존재한다」. Carl Schmitt, Die Vereinigten Staaten von Amerika und die völkerrechtlichen Formen des modernen Imperialismus, Königsberger Vortrag vom 20. Februar 1932, veröffentlicht in Positionen und Begriffe, Hamburg 1940, S. 162 f.(역서, 232면 이하).

광역원리를 무제한한 간섭주의에로 변조하는 것이다. 이런 모든 형태의 보편화가 공적으로 조화된 순간, 즉 위에서 말한 1917년 1월 22일의 윌슨 대통령의 교서도 역시 이러한 측면에서 보아 합중국의 정책이 그 모국의 땅을 떠나 대영제국의 세계 · 인류제국주의와의 동맹관계에 들어가는 지점을 나타내는 것이다.

제4장 중부유럽과 동유럽의 광역에서의 소수민족과 민족집단의 권리

먼로주의와 그것의 반대 예가 되는 대영세계제국 교통로 안전보장의 원칙에 대한 우리들의 논의는, 보편주의적 · 인도주의적 세계법과 구체적인 광역들에 있어서 생각되는 국제법의 차이점을 과학적으로 인식해야만 했다. 고유하고 진정한 먼로주의 뿐만 아니라 근대 국제법의 거의 모든 중요한 원칙적 문제까지도 이 보편주의의 우세에 의해서 그 고유의 의미가 위협을 받고 있다. 이 보편주의 때문에 제네바 국제 연맹은 좌절당할 수밖에 없었던 것이다. 그것은 또 1919년에 시도된 이른바 소수민족보호*라는 국제법적 규칙을, 불안정하며 그 자체가 모순투성이인 환상으로 만들었다. 베르사유=제네바 체제의 소수민족보호는 우리들의 문제제기의 관점 아래서 그 구체적 특질을 가장 잘 인식할 수 있는 것이다.

확실히 이 체제는 그의 소수민족보호와 더불어 오늘날에는 역사적으로 시대에 뒤떨어진 것이 되었다. 그러나 그 속에 명시된 국제법적 사고방식과 거기에 속하는 국제법적 원리와 개념형성의 세계는, 계속해서 지금도 항상 작용하고 있으며 결코 사라진 것은 아니다. 그들은 서구 민주주의 열강에 의해 계승되어 새롭고 전면적인 세계적인 세계전쟁, 대규모적인 「정전」(正戰, gerechter Krieg)*을 향한 정신적 · 도덕적 준비의 일부분이 되고 있다.[54] 따라서 독일 국제법학이 제네바 국제연맹의 보편주의에 대해서, 또한 연맹에 의해 기도된 국제법과 제네바 연맹법을 동일시하려는 그의 시도에 대해서,[55] 그리고 특히 자유주의적인 소수민족보호제도에 대하여 행한 비판 작업도 결코 무의미하게 되지는 아니하였다.

20년 동안의 베르사유=제네바적 소수민족보호의 역사에 있어서 민족 또는 민족집단의 권리에 관한 독일의 이론은 민족 또는 민족집단으로부터 유래하는 민족집단의 권리를 개인주의적 · 자유주의적으로 구성된 소수민족보호에서 떼어버리는 대립관계를 부각시켰다. 이 분야에 있어서의 독일의 법률가들 — 약간의 중요한 이름만을 든다면 뵘(M. H. Böhm), 하셀블라트(W. Hasselblatt), 한스 게르버(Hans Gerber), 폰 뢰슈(C. von

54) Carl Schmitt, Die Wendung zum diskriminierenden Kriegsbegriff, Schriften der Akademie für Deutsches Recht, Gruppe Völkerrecht, Nr. 5, München 1938.

55) Carl Bilfinger, Völkerbundsrecht gegen Völkerrecht, Schriften der Akademie für Deutsches Recht, Gruppe Völkerrecht, Nr. 6, München 1938.

Loesch), 후겔만(K. G. Hugelmann), 발츠(G. A. Walz), 귀르케(N. Gürke), 키어(H. Kier), 라슈호퍼(H. Raschhofer), 라블(K. O. Rabl)* — 의 노력을 많이 들인 작업은, 풍요한 것으로 실증되었다. 그들의 완전한 승리는 오늘날 더 이상 하나의 법학적 성과로서 의심의 여지가 없다. 이미 「소수민족」과 같은 일반 개념에 내재하는 법학적 · 이론적 모순은 오늘날 모든 사람들에 의해 명확하게 인식되고 있다. 정치적 · 사회적 현실에 있어 「소수민족」이라고 하는 내용 없는 말의 배후에는 명백히 여러 가지의, 그리고 모순되는 사태들 — 국경해결문제, 문화적 · 민족적 자율성의 문제, 완전히 특별한 성질을 가지며, 이들 다른 문제와는 비교할 수 없는 유대인 문제가 숨어 있어서, 나는 이와 관련하여 오직 그것을 지적하기만 하면 되는 것이다. 게오르크 에얼러(Georg H. J. Erler)는 최근 그 성과를 다음과 같이 훌륭히 총괄하였다. 즉, 「현실생활에 있어서는 이 '소수민족' 이라는 실체는 존재하지 않는다. 거기에서는 여러 가지 종류의 살아있는 공동체가 존재하고, 민족적 소수자들 자체도 또 매우 다양하다」.[56)]

그러나 이른바 소수민족의 문제는 우리들의 본래의 연구 주제인 국제법적 광역원리라는 관점 하에서의 해명을 요구한다. 베르사유조약의 소수민족의 권리에서는 대립되고 서로 지양하는 더 많은 경향이 섞여 있다. 먼저 중요한 것으로 우연히 하나의 「소수민족」에 속하는 개개인에게 평등과 평등한 대우가 보장된다고 하는 일반적인 자유주의적 · 개인주의적 사상이 있다. 자유주의적 개인주의와 초민족적 보편주의는 여기에서 동일한 세계관의 양극으로 증명된다. 자유주의적 입헌주의의 공민적 평등과 자유권은 여기에 있어서 국내적으로, 유럽 문명의 고유한 근본규범으로 전제되고 있다. 그것은 국제법공동체의 구성원들의 동질성이 근거하지 않으면 안 되는 국제법공동체의 구성원들의 국내적 「표준」을 세운다. 이미 1878년의 베를린 회의*에서 밝혀진 것처럼, 서구 민주주의 열강들, 당연히 우선 첫째로 영국이 이러한 점에서 지도적이고, 또 모범적이라고 하는 보다 광범하고, 암암리에 자명한 것으로 전제된 관념이 이것과 결합되어 있다.[57)] 그들 열강들은 참되고 자유로운 법치국가, 입헌국가로 간주되고 있기 때문에, 그들을 상대로 해서는 국제법적 소수민족보호는 결코 논의될 수 없다. 그들에 있어서는 이미 보호를 요하는 소수민족은 도무지 개념적으로 존재할 수 없는 것이다. 이 서구 민주주의 제국의 국내적 자유주의와 국제법상의 패권의 구조적 결합[58)] 외에도 베르사유 제도의 소수민족 보호는

---

56) Georg H. J. Erler, Mißverstehen, Mißtrauen und Mißerfolg im Genfer Minderheitenschutzsystem, Zeitschrift für Völkerrecht, Bd XXII (1938), S. 5.

57) Hermann Raschhofer, Die Krise des Minderheitenschutzes, Zeitschrift für ausländisches öffentliches Recht und Völkerrecht, Bd. VI (1936). S. 239/240; G. A. Walz, Inflation im Völkerrecht, 1939, S. 70-71; ders., Artgleichheit gegen Gleichartigkeit, Die beiden Grundprobleme des Rechts, Schrifren der Akademie für Deutsches Recht, Gruppe Rechtsgrundlagen und Rechtsphilosophie Nr. 8, Hamburg 1938.

58) Carl Schmitt, Neutralität und Neutralisierung, Verfassung-und völkerrechtliche Bemerkungen zu dem Buch von Christoph Steding, Das Reich und die Krankheit der europäischen Kultur, Deutsche Rechtswissenschaft, Bd. IV (1939), Heft 2. 또한 Positionen und Begriffe, a. a. O., S. 271 f.(역서, 392면 이하); 나아가 Zeitschrift für Völkerrecht, Bd. XXIV (1940), S. 164 f.

보다 광범한 순수히 권력정치적인 요소를 포함하는데, 그것은 클레망소(Clemenceau)*가 1919년 6월 24일에 파데레프스키(Paderewski)에게 보낸 유명한 편지 중에 견유학파적인 솔직성으로 이렇게 진술하고 있다. 즉, 1919년의 전승 대국은 그 승리에 의해 새로 성립되었거나 확대된 유럽 동부의 제국에 대해서 통제권과 간섭권 그 자체를 요구한다.* 거기에 첨가하여 — 더구나 이번 것은 역외의 서구 열강의 관리 · 간섭요구에는 명백히 부적당한 것이지만 — 제3의 것, 즉 어떤 지역관념이 작용하고 있다. 이에 따르면 제네바=베르사유적 국제법상의 소수민족보호의 지리적 보급 범위는 한정되어 있고, 그것은 발트해에서 지중해에 이르는, 일정한 역사적 발전과정 중에 형성된 민족혼합지대에만 미치는 것이다.

이미 1919년의 파리회의에서의 토의 중에, 일반적이고 개인주의적으로 구성된 소수민족보호의 보편주의적 사상과 이 역사적 · 정치적으로 규정된 지역의 경계설정과의 사이에 존재하는 모순이 드러났다. 미국 대통령 윌슨에 이어 보편주의적 국제연맹의 사상을 매우 열심히 제창한 남아프리카 연방대표 스뭇츠(Smuts) 장군은 국제연맹에 인도적인 임무와 원칙의 일대 강령을 부여하여 그것을 규약 중에 삽입하기를 희망하였다. 현재의 규약 제22조(위임통치)와 제23조(연맹의 인도적 임무와 기타의 임무)는 이 포괄적 강령의 일부로서 생각되었을 뿐이다. 특히 종교의 자유와 인종적 · 종교적 또는 언어적 소수자의 보호가 국제연맹규약 중에 기초지어져야만 했다. 유대인 문제는 종교문제로 간주되었다. 일본 대표는 인종 평등의 원칙이 국제연맹규약 중에 표현되기를 요구했다. 그러나 인종 평등은 특히 호주에 의해 반대되었고, 이에 대해 일본 대표는 만약 인종 평등이 채택되지 않으면 일본은 종교의 자유의 채택에 반대한다고 성명을 발표하였다. 그래서 결국 종교의 자유와 인종 평등이라는 두 가지의 강령적 항목은 폐기되어 버렸다.* 특히 폴란드와 루마니아가 일반적이 아니고, 그 지역에만 관련이 있는 소수민족 보호제도에 대해서 행한 저항은 헛수고로 끝났다.

소수민족 보호의 기초가 되는 자유주의 · 개인주의적인, 따라서 보편주의적인[59] 구조는, 보편주의적인 제네바 국제연맹을 초월한 수단에 의해 실행된 유럽 동부지역에 대한 역외 서구 열강의 관리와 간섭의 기초였다. 이러한 구조는 명백히 모순으로 가득 찬 방식으로 보편주의적인 소수민족보호에 따라서 이와 동일한 자신의 이념을 한정함으로써 유럽의 동부 지역과 결부되었다. 그러므로 폴란드 정부가 1934년 9월 13일에 「일반적이고 균형 잡힌 소수민족의 국제적 보호제도가 효력을 발생할 때까지」 베르사유 소수민족 보호제도의 국제기관 또는 관리와 그 이상 협력하는 것은 전적으로 정당하였다.* 왜냐하면 그러한 자유주의적 · 개인주의적인, 그 본질상 보편주의적인 소수민족 보호제도를 일정 국가에 국한하는 것은 그들 국가에 대한 모욕적인 차별인 것이다. 이러한 폴란드의 입장이 정당했던 것과 마찬가지로, 반대로 브라질 대표 멜로 프랑코(Mello Franko)가

59) 국제법에서의 자유주의적 개인주의와 보편주의의 체계적 관련에 관하여는 Carl Schmitt, Die Wendung zum diskriminierenden Kriegsbegriff, a. a. O., S. 15.

제네바 소수민족보호를 유럽 동부 지역에 지리적으로 국한시키는 것을 효력 있게 만들거나, 그의 비민족적인 동화나 융합의 이상으로써 유럽의 문제들에 개입할 권리는 없었다. 멜로 프랑코는 1925년 12월 9일의 제37차 제네바 국제연맹 이사회에서 아주 명확한 역사적 전개가 베르사유 체제의 의미에 있어서의 소수민족개념에 포함되어 있으므로 제네바적 소수민족보호의 의미에 있어서의 소수민족은 아메리카 대륙에는 있을 수 없다는 충분히 논의된 정의를 내렸다.* 그것은 정말 베르사유적 소수민족 보호제도에 있어 구획되는 지리적 범위가 특정 성질의 광역에 속하는 한 정당한 데, — 그 속에서 특별한 국제법적 관점은 중요한 의미를 가지고 모든 민족집단의 민족적 특성의 보호가 서구적인 동화에 앞서 필요하다 — 그러나 광역에 타당한 이 원칙의 수립과 실시는 외부로부터 이러한 지역에 개입해오는 역외열강이 관계할만한 일이 아니고, 따라서 그것은 서유럽의 민주국가들의 일이 아니고, 미국 정부의 일도 아니며, 이러한 지역을 떠받치고 있는 민족적 · 국가적 강국들 특히 독일의 일이다.

1938년 2월 20일에 독일 의회에서 수상 아돌프 히틀러가 행한 선언 이래 우리들의 국가사회주의적 민족사상의 기초 위에 외국 국적을 가진 독일 민족집단에 대한 독일의 보호권이 성립되었다.* 그와 동시에 하나의 진정한 국제법 원칙이 수립된 것이다. 그것은 1937년 11월 5일의 독일 · 폴란드 공동 성명 때에도 엄숙히 승인된 모든 민족성의 상호존중의 원칙에 속한 것이며, 모든 동화 · 흡수 · 융합의 이상에 대한 거부를 의미한다. 이것은 다수이지만 — 유대인을 도외시한다면* — 서로 이질적인 아닌 민족과 민족집단이 생활하고 있는 중부와 동부 유럽 지역에 대해서 발달한 특수한 국제법적 광역원리의 의미를 가지는 정치이념이다. 그것은 「독일 먼로주의」는 아니고, 오늘날의 독일 또는 동유럽 지역의 정치적 · 역사적 상황에 대응한 국제법적 공간질서 사상의 적용이며, 먼로주의가 보편주의 · 제국주의적 변조에 대해 스스로를 보호하고 역외열강의 간섭을 거부하는 하나의 진정한 국제법적 광역원리로 남아 있는 한에서, 1823년에 선언된 아메리카 먼로주의의 정당한 결과 역시 이 국제법적 공간질서 사상에 기초를 둔 것이었다. 1938년 2월 20일의 성명에 들어있는 이러한 광역원리 외에, 국민과 민족 성원에 대한 라이히의 그 밖의 일반적인 국제법상의 보호권이 여전히 존재하는 것은 물론이며, 그 자체 국제법적 광역원리의 특수 사상을 지양하거나 침해하지 않는 문제이다.

1939년 9월 28일의 독 · 소 국경우호조약(Zeitschrift für Völkerrecht, Bd. XXIV, S. 99에 수록)은 이미 정문(正文) 속에 라이히라는 개념을 사용하고 있다. 동 조약은 「쌍방의 라이히 권익」의 경계를 종래의 폴란드의 영역 내에 확정하고 있다. 조약 제2조에는 이 협정에 대한 제3국의 모든 개입이 명확히 거부되고 있고, 전문에서는 조약의 목적으로서 당해 지역에 거주하는 민족은 그 민족적 특성에 상응하는 평화적 생활이 보장되어야만 한다는 것이 강조되고 있다. 이와 더불어 이른바 소수민족보호라는 베르사유 체제는 유럽 지역의 이 부분에 대해서 배제되었던 것이다. 동방에서의 정치적 신질서와의 전체적 관련 속에서 발트해 연안 제국으로부터 독일계 주민이 독일 영역으로 이주하였다(독일계 민족집단의 이주에 관한 1939년 10월 15일의 독일 · 에스토니아 의정서와 1939년 10월 30일의 독일 · 리투아니아 조약).* 그 밖에 볼리니엔(Wolhynien)*과 베싸라비아(Bessarabien)*로부터 독일인의 본국 귀환도 행해진다. 도나우강 지역에 대해서는 독일 · 이탈리아 양국 외무장관에 의한 1940년 8월 30일의 빈 재정(裁定)이 정당한 민족질서의 관점에서 헝가리와 루마니아 간에 새로운 경계선을 설정하였다.* 동시에 라이히 정부와 헝가리 · 루마니아 양 정부 간에 두 나라에 있는 독일계 민족집단의 보호를 위한 약정이 타결되었고, 그래서 여기에서도 또 자유민주주의적 · 개인주의적 베르사유 소수민족제도는 극복되고, 민족집단질서 사상으로 대치된다. 도브루차(Dobrudscha)에 관해서는 1940년 9월 7일의 루마니아 · 불가리아 조약이 양국의 민족집단의 북부와 남부 도브루차로부터의 강제 이주를 규정하고 있다. 이들 모든 경우에 있어서 역외열강의 불개입 원칙이 오늘날의 국제법의 유효한 원리로서 민족집단의 권리에 대해서도 관철된 것이다.

제5장 국제법상의 라이히 개념

광역질서는 라이히의 개념*에 속하는데, 라이히의 개념은 여기서 특별히 국제법적인 세력으로서 국제법학상의 논의에 도입되어야만 한다. 이러한 의미에서의 라이히란 그 정치이념이 일정한 광역 내에 널리 미치고, 이 광역을 위하여 역외열강의 간섭을 근본적으로 배제시키는 지도적이고 보장적인 강국들이다. 물론 라이히가 독일에 의해서 간섭으로부터 보장되는 광역 자체라는 의미에서의 라이히와 동일한 것은 아니다. 광역 내의 어떠한 국가 또는 어떠한 민족도 그 자체 라이히의 일부분이 아니고, 마찬가지로 먼로주의를 승인할 때 브라질이나 아르헨티나는 아메리카 합중국의 일부분이라고 설명하려고는 아무도 생각하지 않는다. 그러나 모든 라이히는 그 정치이념을 그 속으로 미치게 하고 외부적인 간섭을 받는 것을 허용하지 않는 광역을 가진다.

라이히 · 광역 그리고 불간섭원칙의 관계야말로 기초가 되는 것이다. 여러 민족의 공동생활을 기반으로 하는 모든 국제법에 있어서 불가결하면서도 오늘날 절망적인 혼란 상태에 빠져있는 간섭 또는 불간섭의 개념은, 이 결합에 의해서 비로소 그 이론적 · 실제적 유용성을 가진다. 불간섭은 간섭과 같은 의미라는 탈레랑의 유명한 경구*는 국가 단위로 구성된 종래의 국제법에서는 결코 과장된 패러독스가 아니었고 일상적인 경험 사실이었다. 그러나 역외열강에 대한 간섭금지와 함께 국제법적 광역이 승인되고, 라이히 개념이라는 태양이 떠오르자 현명하게 분할된 지구상에서도 경계를 설정할 수 있는 병존을 생각할 수 있게 되고, 불간섭의 원칙이 새로운 국제법 속에서 그 질서를 잡는 작용을 발휘할 수 있다.[60)]

60) 국제법상의 간섭문제를 다룬 최근의 논문으로서는 Gerhard Ostermeyer, Die Intervention in der Völkerrechtstheorie und-praxis unter besonderer Berücksichtigung der Staatenpraxis des 19. Jahrhunderts, Abhandlungen der Hansischen Universität, herausgegeben von L. Raape und R.

우리들은 "Deutsches Reich"라는 호칭이 그 구체적 특성과 지고성에서 번역할 수 없다는 것을 알고 있다. 모든 진정한 정치적 세력이 마음대로 포괄할 수 없는 자기에 고유한 호칭을 지녀오고, 그 고유의 이름을 관철시킨다는 것은 그 진정한 정치적 세력의 역사적 힘의 속성이다. 라이히(Reich)와 임페리움(Imperium)과 엠파이어(Empire)는 동일물이 아니고, 내적으로 보아 서로 비교할 수 있는 것이 아니다. 「임페리움」이 자주 보편적이고, 세계와 인류를 포괄하는, 따라서 초민족적인 형상의 의미를 가지는데 (보다 많은 그리고 성질이 다른 임페리움들이 존재할 수 있으므로, 그런 의미를 가져서는 안 되지만) 반하여, 우리의 Deutsches Reich는 본질상 민족적으로 규정되어 있고, 모든 민족성의 존중이라는 기초 위에서 본질상 비보편주의적이고 법적인 질서이다. 「제국주의」(Imperialismus)가 19세기 말 이래 단순한 구호로 남용된 경제=자본주의적인 식민지화와 팽창의 방식의 이름으로 되어버렸음에 반해서,[61] 「라이히」라는 말은 오점을 가지고 있지 않다. 사실 또 몰락하는 로마 제국의 민족혼합에 대한 기억이나 서구 민주주의 국가들의 동화 · 융합의 이상은 임페리움의 개념을 민족적으로 파악된, 모든 민족생활을 존중하는 라이히 개념과 날카롭게 대립시킨다. 이런 일은 Deutsches Reich가 중유럽에 있어서 자유민주주의적 · 민족동화적인 서구 열강의 보편주의와 볼셰비키적 · 세계 혁명적 동유럽의 보편주의와의 사이에 존재하고, 이들 양 전선을 따라 비보편주의적이고 민족적이며, 민족을 존중하는 생활질서의 신성함을 옹호하지 않으면 안 되었기에 한층 더 강하게 작용한다.

그런데 국제법적 고찰은, 국제법질서의 담당자이며 형성자인 정치적 세력의 내적 독자성뿐만 아니라 공존 · 병존까지 인식하지 않으면 안 된다. 이 현실적 세력의 병존 · 협동 · 대립을 주시하는 것은 실제적 이유에서나 이론적 이유에서도 필요하다. 그 밖의 다른 모든 고찰방법은 모든 개별 민족을 고립시킴으로써 국제법을 부정하거나 아니면 제네바 국제연맹이 행한 것처럼, 제민족의 법을 보편주의적 세계법에로 변조한다. 따라서 국제법의 가능성과 미래는 제국민의 공존을 현실적으로 담당하고 형성하는 세력이 바르게 인식되고, 논의와 개념형성의 출발점이 된다는 것에 달려 있다. 이 담당하고 형성하는

Laun, Heft 36, 1940). 이 논문은 구체적 질서사상의 우수한 성질을 지니고는 있으나 세계 정치적인 공간 문제를 무시하고 있으며, 또한 「비상사태간섭」(Notstandsintervention)이라는 일반적인 개념으로써는 해결할 수 없는 일반적인 문제를 간과하고 있다. 그 대신 「유럽 국제법」이라는 구체적 질서의 구조와 「강대국들의 협조」와 그 방법의 국제법적 의의가 해명되어야 한다. 국제법상의 「비상사태」라든가 간섭 등에 관하여 말하는 사람은, 항상 「누가 결정하는가?」를 잊어서는 안 된다. 사이비 법학적인 일반 개념에 의해서 사람은 전혀 엄두도 못 낼 「인도적」 간섭의 무제한한 용인과, 매우 사소한 「개입」 — 그것은 이러한 경우 동시에 「국제법적 불법행위」라고 생각하여야 할 것이다 — 과 같은, 무제한한 거절과의 사이를 결단성 없이 왔다 갔다 한다.

61) 이러한 제국주의의 개념과 그것에 관한 방대한 문헌을 분석하는 것은 우리들의 논술의 범위를 벗어나기 때문에 별도의 연구가 있어야 할 것이다. 다만, 여기서는 적어도 다음 두 개의 우수한 논문을 참고로 지적해 두기로 한다. Werner Sombart, Das Wirtschaftsleben im Zeitalter des Hochkapitalismus, Der moderne Kapitalismus, Bd. III, 1, München und Leipzig 1927, S. 66 ff.; Carl Brinkmann und Heinrich Triepel, a. a. O., S. 185 ff. (Imperialismus und Hegemonie).

세력들은 오늘날에는 이미 18 · 19세기에서와 같은 국가들이 아니라 라이히이다.

이때 올바른 명칭은 더욱 중요한 의미를 가진다. 말과 명칭은 적어도 국제법을 담당하도록 결정되어 있는 정치적 · 역사적 세력에게는 결코 부차적인 것이 아니다. 「국가」 · 「주권」 · 「독립」과 같은 말에 관한 논쟁은 심층에 놓여있는, 정치적 대립의 표현이었으며, 이러한 대립에서의 승자가 역사를 기록했을 뿐만 아니라 어휘와 용어까지도 결정했던 것이다. 여기에 제기되고 있는 「라이히」라는 호칭은 우리들의 출발점을 이루는 광역과 민족과 정치이념의 결합이라는 국제법적 사태를 가장 잘 특징짓는다.* 「라이히」라는 호칭은 이 모든 라이히 각각이 가지고 있는 고유한 특수성을 결코 배제하는 것은 아니다. 이 호칭은, 그것이 「대세력권」(Großmachtsphäre), 「블록」, 「공간복합체와 세력복합체」(Raum-und Machtkomplex), 「공동체」(Gemeinwesen), 「컴먼웰스」(Commonwealth)와 같은 단어들 속에, 또는 전적으로 내용 없는 공간표시인 「영역」(Bereich)에 존재하는, 국제법을 위협하는 공허한 보편성을 회피한다. 그러므로 현재의 세계정세의 현실을 고려할 때 그것은 구체적이며 또 의미 깊은 것이다. 그러나 다른 한편 이 호칭은 몇몇 권위 있는 세력의 공통 명칭으로 되어 있는데, 이 공통 명칭이 없다면 모든 국제법적 의론과 이해는 곧바로 중단되어야만 할 것이다. 따라서 그것은, 다른 것과 마찬가지로 국제법을 위험에 빠뜨리는 오류, 구체적으로 말하면 개별적인 정치적 세력의 고립적인, 즉 모든 관련을 중단시키는 절연을 만들어내는 오류를 회피한다. 마지막으로 그것은 독일의 언어 관습과 일치한다. 이 언어습관은 「라이히」(Reich)라는 단어를, 그것이 구체적인 질서에 있어서의 하나의 세계(Kosmos)의 표현이건, 아니면 전쟁능력과 투쟁능력이 있는 상대국에 필적하는 역사적 강국의 표현이건 간에, 다양한 결합 속에서, 예컨대 선의 라이히와 악의 라이히, 빛의 라이히와 어둠의 라이히, 또 「식물계와 동물계」(Pflanzenreich und Tierreich) 등등처럼, 표현으로 사용하고 있다. 그러나 모든 시대에 있어서, 다름 아닌 거대하고 역사적 강국이었던 존재들, 예컨대 바빌로니아[62] · 페르시아 · 마케도니아 · 로마 등의 각 제국(라이히), 게르만 민족의 국가(라이히)들과 그 적국(라이히) 등도 또한 하나의 특별한 의미에서 언제나 「라이히」라고 불러왔다. 우리가 여기서 라이히라는 말이 사용될 수 있다고 생각할 수 있는 모든 역사철학적 · 신학적 그리고 그와 유사한 해석가능성을 허용한다면, 우리들은 우리들 작업의 순수하게 국제법적인 의미와 목적으로부터 벗어나고 끊임없는 무익한 말들의 위험을 초래하게 될 것이다. 여기서는 오직 지금까지 국제법의 중심개념이었던 국가에 대해 단순하게 국제법적으로 사용할 수 있는, 그러나 그 현대적 성격에서 뛰어난 보다 높은 개념을 대치시키는 것이 중요하다.

18세기와 19세기에 발전하였고, 우리들의 20세기에 들어와 더욱 진전된 지금까지의 국제법은 물론 순수한 국가 간의 법이다. 개별적인 특수성과 예외에도 불구하고, 그것은

62) 「라이히는 바빌론에서 최초로 생겨났다」. Sachsenspiegel, III, 44, §1. 중세적 라이히 개념에 대해서는 또한 Otto Brunner, Land und Herrschaft, 1939, S. 217, 234 f.

원칙적으로 오직 국가만을 국제법의 주체로 인정한다. 모든 주의 깊은 관찰자는 대영세계제국의 정치적 · 경제적 사활 이해가 이러한 국제법의 규정들과 얼마나 잘 조화를 이루고 있는가를 알고 경탄했음에도 불구하고, 라이히에 대해서는 아무런 말도 없다. 실제로 대영세계제국에 대해서도 또한 국제법 교과서는 단지 하나의 「국가결합」으로서만 설명할 수 있다. 이때에, 대영제국의 라이히 개념은 전적으로 특별한 종류로 파악된 것이며, 「국가결합」으로 파악된 적은 없다.[63] 그것은 앞서 (제3장에서) 지적했듯이, 이미 그 지리적으로 관련이 없는 상태에 의해서 보편주의적으로 규정된다. 이러한 종류의 세계제국의 사상을 표현하고 있는 잉글랜드 왕의 황제의 칭호는 멀리 떨어져 있는 해외의 아시아 식민지소유, 인도와 연결되어 있다. 벤저민 디즈레일리(Benjamin Disraeili)*가 만들어낸 「인도황제」(Kaiser von Indien)라는 칭호는 만들어 낸 사람의 「동양주의」(Orientalismus)에 대한 개인적인 증거일 뿐만 아니라, 또한 디즈레일리 자신이 공식화한 사실, 즉 「영국은 정말 유럽의 강국이기보다는 더욱 더 아시아의 강국이다」라는 사실에 일치한다.*

그러한 세계제국에는 국제법이 해당되는 것이 아니라 일반적인 세계법 · 인류법이 해당된다. 그러나 국제법학의 체계적이고 개념적인 작업은 방금 말한 바와 같이, 지금까지 라이히라는 것은 도대체 알지 못하였고, 오직 국가만을 알았다. 물론 정치적 · 역사적

---

63) 예컨대 Friedrich Apelt, Das britische Reich als völkerrechtsverbundene Staatengemeinschaft (Leipziger rechtswissenschaftliche Studien, Heft 90, Leipzig 1934). 국가에서 출발한다면 국가간(zwischenstaatlich) 관계와 국가 내(innerstaatlich) 관계의 양자택일의 문제를 해결할 수는 없다. 이것은 구체적인 국제법적 질서의 모든 문제를 타개할 가망이 없는 막다른 골목으로 몰아넣는 국가 개념의 결정주의적 구조(dezisionistische Struktur)에 그 원인이 있다. 이에 대한 상티 로마노의 견해는 주목할 만한 진보이다. 즉 그는 그 「제도적」(institutionell)인 사고로부터 고유의 제도화(Institutionalisierung)를 내포한 일정한 폐쇄적인 「국가」결합이 국가내적 결합도 국가간적 결합도 아닌 것을 인정하고 있다(Santi Romano, Corso di Diritto Internazionale, 4. Aufl., Padua 1939, S. 79). 그가 생각하는 것은 「국가연합」(Konföderation), 물상연합(Realunion) 그리고 식민지보호관계(Kolonialprotektorat)이다. 파올로 비스카레티 디 루피아(Paolo Biscaretti di Ruffia)는 1939년 파두아에서 출판된 상티 로마노 기념논문집 중에서, 「연방이 아닌 비국제법적 국가간 결합」(Sull' esistenza di Unioni non Internazionali fra Stati, diverse dagli Stati di Stati)이라는 제목의 논문 속에서 이 문제를 상술하고 있다. 이 논문에서 그는 국가간적이지도 않으며 순수하게 국가내적이지도 아니한 국가결합의 예로서, 특히 영국 「컴먼웰스」(Commonwealth of Nations)를 들고 있다. 그러나 유감스럽게도 그는 그러한 존재에 대한 어려운 문제를 마음먹은 대로 해결할 수는 없다. 왜냐하면 그는 결정주의적 국가개념에서 벗어나지 못하고, 국가내적인가 국가간적인가 하는 딜레마를 극복할 수 없기 때문이다. 도대체 「**비국제**적 국가결합」이란 무엇을 의미하는가? 「국제」법(“Internationale” Recht)이 본질적으로 「국가간」법(“zwischenstaatliches” Recht)이라면, 그것은 「**비국가**간적 국가결합」이라는 명백한 혼란 이외에 아무것도 아니다! 적어도 언어적으로 「국제」 관계와 「국가간」 관계가 항상 엄격하게 구별되고, 국가간 법의 명칭으로서의 「국제」사회라든가, 「국제법 사회」라든가 하는 사라져가는 호칭을 피하는 데에 우리가 일관되게 익숙해진다면, 그것은 이미 많은 것을 획득할 것이다. 비스카레티 디 루피아에 남아있는 국가를 덮는 관념성이 국가 내와 국가 간의 양자택일의 문제와 결별하는 것을 불가능하게 만들고 있다. 국가로부터 벗어날 수 없는 사고에는, 국가간적도 아니고 국가내적도 아닌 국제법적 관계나 국가간적 결합이 아닌 국가결합은 구성불가능하고 부조리한 것으로 생각될 수밖에 없다. 국가보다 높은 차원의 범주, 예컨대 연맹(Bund) — 그것은 개념으로서 국가연합(Staatenbund)이나 연합국가(연방, Bundestaat)의 개념 선택에 **선행한다** — 또는 라이히나 광역에서 출발해야만, 상티 로마노가 이름붙인 그 존재는 국가내적인가 국가간적인가 하는 양자택일에 구속받지 않는 그 법적 특성이 손상되지 않고 법학적으로 이해될 수 있는 것이다.

현실에 있어 언제나 지도적인 강국이 존재하였다. 「유럽 열강의 협상」이 존재하였고, 베르사유체제에서는 「주요 강국 연합」(allierte Hauptmächte)이 존재하였다. 법적인 개념 형성은 「국가」라는 일반 개념과, 독립적이고 주권적인 모든 국가의 법적인 동등성에 집착하였다.64) 국제법 주체의 진정한 서열은 국제법학에 의해서 근본적으로 무시되었다. 많은 명백한 논구들에도 불구하고, 실제적이고 질적인 차이점은 제네바 국제연맹의 법학에서도 역시 솔직하고 일관된 인정을 받지 못하였다. 반면에 바로 국제연맹 내에서 국제법적 동등성이라는 의제는 영국과 프랑스의 패권에 직면하여 모든 진실성과 실효성을 끊임없이 모욕하였다.

국제법적 중심 개념으로서의 이 전통적인 국가개념이 더 이상 진실성과 실효성에 상응하지 않는다는 것은 오래전부터 인식되어 왔다. 서구 민주주의의 국제법학, 특히 제네바 국제연맹의 법학의 대부분은 주권 개념을 향해 나아가는 길에서 국가개념의 지위를 빼앗았다.* 그러한 일은 의심할 나위 없이 눈앞에 닥친 국제법에서의 국가개념의 극복을 평화주의적 인도주의에로, 따라서 하나의 보편주의적 세계법에로 향하게 했던 경향과 더불어 일어났는데, 그 시기는 독일의 패배와 국제연맹의 창설과 동시에 도래한 것으로 보인다. 그리고 이때에도 역시 앞서 말한 국제법과 대영세계제국의 정치적 이해의 예정조화가 여전히 지켜지고 있었고, 실로 그것은 그 최고점에 달했다. 독일은 무장되지 않고 허약했던 한에 있어서, 이러한 경향에 대해 완전히 방어적인 지위에 있었고, 그 국가적 독립을 지키고 국가성을 유지할 수 있다면 국제법적 견지에서 만족할 수 있었다. 그러나 국가사회주의 운동의 승리와 더불어 독일에 있어서도 — 확실히 저 평화주의 · 보편주의적인 국가의 지위박탈과는 완전히 다른 출발점과 목적으로부터 — 국제법에 있어서의 국가개념을 극복하려는 시도가 결실을 맺게 되었다. 라이히 개념의 국내법적 · 헌법적 의미에 대해서는 국무장관 람머스(Lammers)*와 국무차관 슈투카르트(Stuckart)65)*에 의해서 이미 명확하게 설명되어 있으므로, 우리의 외교적 발전의 강력한 역동성에 직면하여, 현재의 국제법의 상황을 다음에 간단히 논의하여야 하며, 우리의 라이히 개념을 도입하여 국제법적으로 명확하게 하여야 한다.

전통적인 국가 간의 국제법은 그 질서를 그것이 어떤 고유한 성질을 가진 일정한 구체적 질서, 즉 국가를 국제법공동체에 있어서의 모든 구성원들 중에 동일한 방식으로

---

64) Carl Bilfinger, Zum Problem der Staatengleichheit im Völkerrecht, Z. aus. öff. R. u. Völkr., Bd. IV (1934), S. 481 ff. 및 Les bases fondmentales de la Communauté des États, Recueil des Cours de l'Academie de droit international, 1939, S. 95 f. (Egalité et Communauté des États).

65) 「국가이념과 민족이념이 그들 자신 속에 합일하고 있기 때문에 독일인의 제3제국(das Dritte Reich der Deutschen)이라는 말은 깊은 국제법학상의 의미를 가지며, 또한 독일 국가에게 주어진 최초의 올바른 명칭이라고 생각된다」. H. H. Lammers, Staatsführung im Dritten Reich, in der Vortragsreihe der Österreichischen Verwaltungsakademie, Berlin 1938, S. 16. 마찬가지로 다음 것을 참조하라. Völkischer Beobachter vom 2., 3. und 4. September 1938. 슈트카르트에 대해서는 먼저 민족적 생활형태와 생활질서로의 라이히에 관한 다음의 강연을 참조. Wilhelm Stuckart, Partei und Staat, Deutscher Juristentag, 1936, S. 271-273.

전제한다는 점에서 찾는다. 국제법에 있어서의 국가개념의 지배가 최근 독일에서 민족개념에 의해 흔들리게 되었지만, 나는 이러한 국제법학의 업적의 공을 결코 무시하지 않는다. 다만, 지금까지의 국가개념 속에는 내적으로 평가할 수 있는 조직과 내부적 규율의 최소한이 포함되어 있고, 이러한 조직적 최소한이 구체적 질서인「국제법공동체」로 간주할 수 있는 것의 모든 고유한 기초를 형성한다는 점을 간과해서는 안 된다. 특히 이러한 국가 간 질서의 승인된 제도로서의 전쟁은, 그것이 국가 간 전쟁이라는 점, 즉 구체적 질서로서의 국가가 동일 평면에 존재하는 구체적 질서로서의 국가에 대해 전쟁을 수행한다는 점 속에 본질적으로 그 법과 질서를 보유한다. 그 내부적인 질서와 정당성은 마치 결투와도 같이 한번 그것이 법적으로 인정된 경우에는, 결투능력이 있는 신사가 (아마 육체적인 힘과 무기 사용에 있어서는 매우 다르다 해도) 양측으로 대치하고 있다는 점에 존재한다. 이러한 국제법 체제 속에서 전쟁은 질서에 대한 질서의 관계이고, 무질서에 대한 질서와 같은 어떤 것은 아니다. 이 후자의 무질서에 대한 질서의 관계는「내전」(Bürgerkrieg)이다.

그러한 결투인 국가 간의 전쟁에 속하는 공평한 증인은 국가 간의 국제법에서는 중립국만이 될 수 있다.* 지금까지의 국가 간의 국제법은 그 실효적인 보장을 어떠한 실질적인 정의관념 속에서나 실제적인 분배원칙 속에서가 아니라, 또 세계대전과 베르사유체제 동안 존재하지 않는 것으로 증명된 국제적인 법의식 속에서가 아니라 — 재차 대영제국의 외교적 이해와의 완전한 조화66) 속에서 — 국가들의 균형 속에서 발견하였다. 결정적인 관념은 여러 크고 작은 국가들의 세력관계가 끊임없이 균형을 이룬다는 것, 그리고 우월한 세력을 가진, 따라서 국제법을 위협하는 그때마다의 강국들에 대해서 자동적으로 약소국의 연합이 이루어진다는 것이다. 흔들리고 경우에 맞추어 형성되며, 끊임없이 전위(轉位)되는, 따라서 극히 불안정한 균형은 상황에 따라, 즉 충분히 강력한 중립국이 존재할 경우에, 때때로 실제적으로 국제법에 대한 보장을 의미할 수 있다. 중립국은 이러한 방식으로 결투인 전쟁의 공평한 증인이 될 뿐만 아니라, 또한 국제법의 진정한 보장자와 수호자가 된다. 그러한 국제법의 체제 속에서는 실효적인 중립이 존재하는 수만큼의 실효적인 국제법이 존재한다. 제네바 국제연맹은 우연히 그 본부를 제네바에 둔 것이 아니며, 상설국제사법재판소가 헤이그에 자리잡고 있는 것은 충분한 이유가 있다.67) 그러나 스위스나 네덜란드도 위급한 경우에 혼자서, 그리고 스스로의 힘으로 국제법을 지켜나갈 수 있는 강력한 중립국들은 아니다. 최근의 1917년, 1918년의 세계대전 동안처럼, 강력한 중립국이 존재하지 않는다면, 우리가 경험한 것처럼 국제법도 더 이상 존재하지 않는다.

---

66) Fritz Berber, Prinzipien der britischen Außpolitik, Schriften des Deutschen Instituts für außenpolitische Forschung, Berlin 1939, S. 20 f.

67) Christoph Steding, Das Reich und die Krankheit der europäischen Kultur, Hamburg 1939; Carl Schmitt, Neutralität und Neutralisierung, in "Positionen und Begriffe," Hamburg 1940, S. 271 f.(역서, 392면 이하).

지금까지의 국제법은 국제법을 보장하는 저 균형이 취약한 중부유럽을 둘러싸고 움직이고 있었다는, 현저하지는 않지만 본질적으로, 그리고 수세기 동안 유효했던 전제에 근거를 두고 있었다. 그것은 여기에서 많은 중소국가들이 상호 간에 역할을 다하게 될 수 있었을 경우에만 진정으로 기능을 발휘할 수 있었다. 18세기와 19세기의 수많은 독일과 이탈리아의 국가들은 클라우제비츠(Clausewitz)가 명백하게 말하듯이, 강국들 사이의 균형을 위한 중심의 무게돌로서 어떤 때는 저울판*의 이쪽에, 또 어떤 때는 저울판의 저쪽에 놓여졌다. 중부 유럽의 정치적 강국은 그러한 식으로 구성된 국제법을 파괴해야만 했다. 따라서 그러한 국제법의 법률가들은 강력한 독일에 대한 것이었던 1914년에서 1918년까지의 세계대전은 국제법 자신의 전쟁이었으며, 1918년의 독일의 정치적 세력의 표면적인 파멸은 「야만적인 폭력에 대한 국제법의 승리」였다라고 주장할 수 있었고, 또 많은 경우에 실제적으로 믿을 수도 있었다. 현재의 국제법적 전개의 전환점을 올바르게 파악하기 위해서 이러한 사실들에 대해 숙고하는 것은 역사적 · 정치적인 고찰과 탐구를 위해서 뿐만 아니라 법학적 고찰과 탐구를 위해서도 필요하며, 결코 비법학적인 것은 아니다. 왜냐하면 오늘날 새롭고 강력한 독일 라이히에 직면하여, 서구 민주주의 국가들과 그로부터 영향을 받은 모든 국가들에서는 강력한 독일 라이히에로 향해졌던 저 국제법적 개념 세계가 대대적으로 새롭게 동원되고 있기 때문이다. 이른바 엄밀히 과학적이라고 하는 국제법 잡지도 이러한 정책에 봉사하고 있으며, 독일 라이히에 대한 「정전」(正戰)의 도덕적 · 법적 준비에 애쓰고 있다. 『미국 국제법 잡지』 (American Journal of International Law) 1939년 1월호에 실린 가너(J. W. Garner)*의 논문, 「독일 국제법학자에 대한 나치의 추방」[68]은 이러한 관점에서 하나의 놀랄만한 문서이다.

이미 말했듯이, 독일의 국제법학은 국제법을 순전한 국가 간의 질서에서부터 민족들의 실질적인 법으로 만들기 위해, 최근의 수 년 동안 매우 의미 깊은 전진을 해왔다. 이러한 방향을 향한 출판물 가운데에는 민족 개념에 기초를 둔 새로운 국제법을 최초로 체계적으로 개설한 노르베르트 귀르케(Norbert Gürke)*의 『민족과 국제법』(Volk und Völkerrecht, Tübingen 1935)을 먼저 실증적이고 과학적인 업적으로서 들 만 하다. 그러나 이제 단순히 지금까지의 국가 간의 질서로부터 하나의 민족 간의 질서를 만들어 낸다는 것은 불가능하다는 것이 명백하며, 귀르케의 의도에 속하지도 않는다. 그러한 경우에는 민족개념에 의해서만 오래된 국가 간 질서에 새로운 실질과 새로운 생명은 불어넣어질 것이다. 내적으로 중립적인, 추상적인 국가개념의 자리에 실질적인 민족개념이 등장하게 될 것이다. 그러나 나머지 점에 있어서는 전통적인 국제법질서의 체계적인 구조가 보존될 것이다. 그것은 결국 낡은 동맥에 대한 하나의 수혈, 낡은 국가들의 법을 국제법으로 격상시키는 것이거나 충전하는 것일 것이다. 이러한 진전은 매우 정당하고 많은 공적이 있는 것이어서, 나는 두 가지의 관점이 간과되어서는 안 된다고 믿는다.

---

68) J. W. Garner, The Nazi proscription of German professors of international law, American Journal of International Law, Vol. 33, No. 1, Jan. 1939, pp. 112-119.〈제3판의 주-역자〉*

첫째는 지금까지의 국가개념 속에서 조직적으로 규정된 세력으로서 존재하는 국제법적인 질서요소들에 관계된 것이다. 국제법질서라는 의미에 있어서의 「국가」는 언제나 최소한의 조직과 산정할 수 있는 기능과 규율을 전제로 한다. 나는 여기서 한편으로는 국가를 단호하고 일관된 「장치」(Apparat)로서 규정하는 라인하르트 횐(Reinhard Höhn)*에 의해 이끌어지고, 다른 한편으로는 형식으로서의 국가 또는 형태로서의 국가와 같은 다른 종류의 관념에 의해 이용되는 논쟁에는 관여하지 않을 것이다. 여기서 우리로서는 국가는 본질적으로 조직이며 민족은 본질적으로 유기체라는 고트프리트 네세(Gottfried Neeße)*의 공식화로 충분하다. 그러나 횐도 명백히 알고 있듯이, 장치와 조직은 결코 「비정신적」 사물이 아니다. 여러 민족들의 현대에 있어서의 공존, 특히 대민족들 또는 완전히 위협받는 민족들의 공존은 그 말의 진정한 의미에서의 엄격한 조직을 요구한다. 그것은 최소한의 내부적 긴밀성과 확고한 산정능력을 필요로 한다. 그것에는 높은 정신적 · 논리적 성질들이 속하며, 거의 어떤 민족도 아직 그 자체로 이러한 최소한의 조직과 규율에 도달하지는 못하였다. 국가개념에 대응한 국제법적 투쟁은, 그것이 지금까지의 국가개념에 본질적이었던 — 현실성에서는 자주 매우 문제가 있었으나 원칙으로서 언제나 요청되었던 — 진정한 질서유지에 적합하지 않을 경우에는, 그의 목적을 달성하지 못하고 말 것이다. 이러한 단순히 조직적인 의미에서 국가로서의 능력이 없는 민족은 결코 국제법주체일 수가 없다. 예컨대 1936년 봄에 아비시니아(Abessinien)*는 국가가 아닌 것이 드러났다. 모든 민족이 훌륭한 현대적 국가장치를 창출하는데 요구되는 능력검사를 통과할 수 있는 것은 아니고, 그리고 아주 소수의 민족만이 자신의 조직적 · 산업적 · 기술적 수행능력으로부터 현대적인 물자전에 적응할 수 있게 성장하였다. 지구의 새로운 질서, 그와 더불어 오늘날 일급의 국제법주체가 되는 능력에는, 단순히 자연으로부터 직접적으로 부여되었다는 의미에 있어서의 「자연적」 특성뿐만 아니라, 자각적인 규율 · 고도화된 조직, 그리고 오직 인간의 이해력을 총동원해야만 다룰 수 있는 현대적 공동체의 장치를 자신의 힘으로 창출하고, 그것을 확고하게 보유하는 능력이 강렬하게 귀속하고 있다.

두 번째의 관점은 공간질서로서의 국가 내에 존재하는 지금까지의 국가 개념의 국제법적 질서요소에 관한 것이다. 국제법질서의 수행자 또는 주체에 대한 국제법적으로 유용한 모든 관념은 인적 규정(국가와 민족에의 소속성) 외에도 자체 내에 영역적인 경계획정의 가능성을 보유해야만 한다. 국가 개념의 이러한 측면은 영국의 극단적인 다원론자에 의해서조차 인정된다. 이러한 측면에 대한 그의 견해가 이제까지 주로 영국의 다원주의에 관해서 인용되어 오던 유대인 라스키(Laski)*보다도 아마 더 권위적인 콜(G. D. H. Cole)*은 예컨대 「정치적 단체」(political body)로서의 국가는 「본질적으로 지리적인 집단」이라고 말한다.[69] 나는 여기서 더 이상 상술하는 것은 그만두고, 더 큰 의미를 지닌 징후에

69) Cole, Conflicting Social Obligations, Proceedings of the Aristotelian Society, New Series, Vol. XV (1915), p. 151. 콜의 사회이론은 아마 루이 모어건*(Lewis Morgan, Ancient Society, 1877; 최달곤 · 정동호 공역, 『고대 사회』, 문화문고, 2000)에서 유래한 것이다.

대해 주의를 환기시키고자 한다. 비행기와 라디오에 의한 공간의 현대적 · 기술적 극복은 처음에 사람들이 생각했던 것처럼, 그리고 많은 그 밖의 유추(類推), 일부는 매우 중요한 유추에 의해 상기했듯이, 국제법에 있어서 공역(空域)이 자유해에 유추해서 취급된다는 것과 같은 어떤 결과를 낳은 것이 아니라 오히려 반대로 대기권에서의 국가의 영역주권이라는 생각이, 특별히 강조된 방식으로, 국제항공과 국제무선통신에 관한 지금까지의 모든 조약적 규정과 그 밖의 규정의 근거로 되었다.* 기술적인 관점에서 볼 때 현대적인 비행기가 수 시간 내에 영역이 작은 국가들의 상공을 비행하는 경우, 얼마나 많은 「주권」의 지배를 받아야만 하는가, 또는 지구상의 대기권 속을 중단함이 없이 초속으로 또는 모든 전파에 대한 국가주권은 어찌될 것인가를 생각하면, 그것은 이상하고도 기괴하며 특히 작은 국가들에서 그렇다.* 낡은, 중심적 국가개념의 국제법학적 극복은 여기서 의심할 나위 없이 상황에 꼭 맞게 때를 만난 것이다. 더구나 이미 그에 대해 중요한 발단도 존재한다. 독일에서는, 국가를 극복함으로써 직접적으로 그것이 제네바 국제연맹에 의해 유지되건, 아니면 다른 조직체에 의해 유지되건 보편주의적인 세계법에로 나아가기 위해, 그리고 그것을 통해서 보편주의적인 의미에 있어서 국가의 극복을 납득시키기 위해 영국에서 주장된 이론이 어느 정도로 바로 이러한 현대의 기술발전을 이용하는가 하는 점에 대해 충분한 주의를 기울이지 않는다. 특히 스페이트(J. M. Spaight)*는 여러 글에서[70] 그러한 이론을 이용하여, 현대의 기술발전, 특히 공군의 발전은 국가 간의 전쟁을 초월해 버릴 것이고, 공군이 지상을 평화롭고 질서 있게 유지하는데 충분하기 때문에 국가 간의 전쟁은 저절로 중단되며, 결국 내전이나 제한전만이 잔존한다는 생각을 표명하였다.* 자주 커다란 인상을 남기는 그러한 구상들은 새로운 공간질서의 문제가 국제법학적으로 이제 더 이상 간과된 상태로 있을 수 없다는 것을 보여주고 있다. 그러나 민족 개념 자체에 있어서, 하나의 완전히 새로운, 19세기의 단순한 국민국가 개념을 극복하는 공간질서 요소는, 그것만으로 이제까지의 국가 간 질서가 설득력있는 방식으로 일변될 정도로 명확한 것은 아니다.

우리들의 공간관념의 척도와 규준은 실제에 있어서 본질적으로 변화되었다. 그것은 또한 국제법의 발전을 위해서도 결정적인 의미를 가진다. 19세기의 유럽 국제법은 그 약한 중부 유럽과 배경을 이루는 서구의 세계 강국들과 더불어 오늘날 우리에게는 거인의 그림자에 가린 작은 세계로 보인다. 이러한 관계는 현대적으로 생각되는 국제법에 대해서는 이제 더 이상 가능하지 않다. 우리들은 오늘날 지구적으로 그리고 광역적으로 사고한다. 우리는 다가오는 공간계획의 불가피성을 인정하는데, 그것에 대해서는 이미 내각국장 볼타트(H. Wohlthat)와 라이히 지도관 리터 폰 에프(Ritter von Epp)* 장군이 언급한 바 있다.[71] 이러한 상황에서 독일 국제법학의 과제는, 지금까지의 국가간적 사고의

70) J. M. Spaight, Air Power and Cities, London 1930. 이것은 그의 Air Power and Rights, 1924의 속편이다. 특히 다음과 같은 그의 말은 주목할 만하며, 또 그의 견해를 특징짓고 있다. 「공군력은 관념들의 새로운 질서를 받아들이는 길을 밝힐 것이다」(An International Air Force, London 1932).

71) H. Wohlthat, Großraum und Meistbegünstigung, in "Der Deutsche Volkswirt," vom 23. Dezember

순전히 보수적인 유지와 서구의 민주주의 국가들에 의해 추진되는 보편주의적 세계법에 대한 비국가적이고 비민주적인 간섭과의 사이에서, 그 양자를 회피하고, 오늘날의 우리의 세계상의 공간적 척도와 국가와 민족에 대한 우리들의 새로운 관념에 적합한 구체적인 광역질서의 개념을 발견해 내는 것이다. 우리들에게 있어서 그것은 특정한 세계관적 이념과 원칙들에 의해 지배되는 광역질서로서의 라이히의 국제법적 개념 이외의 다른 것이 될 수 없는데, 그 광역질서는 역외열강의 간섭을 배제하며, 이러한 임무를 감당할 수 있는 것으로 나타난 민족을 그 보호자와 수호자로 삼는다.

라이히라는 개념과 광역이라는 개념의 도입과 더불어 확실히 곧 다음과 같은 명백한 의문이 제기되었다. 즉 실제로 라이히와 광역에로의 발전이 있는 경우, 「국제법」은 이러한 라이히들과 광역들 사이의 관계에만 관계되는 것인가, 아니면 국제법은 오로지 공동체적 광역 안에서 살아가는 자유로운 민족의 법일 뿐인가 하는 문제이다. 의심할 것 없이 광역들 사이의 상관적 관계는 민족 대 민족의 관계로서의 또 다른 성질의 구체적 질서를 형성한다. 베르너 베스트(Werner Best)는 「국제법적 광역질서」(völkerrechtliche Großraumordnung)라는 용어를 피하고, 「민족적 광역질서」(völkische Großraumordnung)이라는 용어를 사용하자고 제안하였다. 그것은 하나의 적확한 해결이다. 그러나 그것은 오직 내부적인 광역구조에만 관계되고, 다른 관계의 가능성은 해결되지 않은 채로 내버려 두는 것이다. 주지하듯이 이제 서로 다른 네 가지 종류의 법적 관계들을 생각해 볼 수 있다. 첫째, 전체로서의 광역들 사이의 법적 관계이다. 왜냐하면 이들 광역들은 명확히 밀폐되고 폐쇄된 블록들이어서는 안 되고, 그들 사이에서도 역시 하나의 경제적 교역과 기타 교역, 그리고 이러한 의미에서의 하나의 「세계무역」이 이루어지기 때문이다. 둘째는 이러한 광역들의 지도적인 라이히들 사이에 존재하는 라이히 간의 관계이다. 셋째는 하나의 광역 내부에서의 민족 간의 관계이고, 마지막으로 ― 역외 열강의 불간섭이라는 유보 하에 ― 여러 광역들에 존재하는 민족들 간의 민족 간 관계이다. 「국제법적」이라는 표현은 그 다양성과 탄력성 때문에 이들 모든 관계에 대하여 적용시킬 수 있다. 더욱이 광역형성이 진전되고 명확하게 됨에 따라 표현방법도 명확하게 되고 적당한 형식들도 발견되리라는 것은 자명하다. 가까운 장래에 최악의 오류의 원천은 지금까지의 순전히 국가간적인 국제법의 국가관련적인 개념들이 단순하게 광역들 사이의, 그리고 광역 내부의 관계로 이전된다는 점에 존재하게 될 것이다. 유용한 논의에 대해 매우 유해한 것으로 될 수 있는 이러한 위험을 나는 여기서 특별히 강력하게 지적해 두고 싶다.

우리의 라이히 개념을 상세하게 확정짓기 위해서는 아주 많은 과학적 작업이 필요하게 될 것이므로, 새로운 국제법에 대해 라이히 개념이 가질 근본적인 지위에 대해서는 19세기 국가 간 질서와 세계제국의 보편주의적 목표와의 사이에 존재했던 라이히 개념의 특별한 특성을 인식할 수 있고 분간할 수 있는 것처럼, 다툼의 여지가 거의 없는 것이다. 내가 1937년 가을에 독일법 아카데미의 제4차년도 회기 법연구분과위원회에 「차별적

1938; Ritter von Epp, Rede vom 24. Februar 1939, Hakenkreuzbanner, Nr. 56, S. 2 참조.

전쟁개념에로의 전환」[72]에 대하여 보고서를 제출했을 때, 정치적 상황 전체는 오늘날의 상황과 본질적으로 달랐다. 당시라면 라이히 개념이 오늘날 이루어지고 있는 것처럼 새로운 국제법의 선회점으로까지 높여지지는 못했을 것이다. 그 보고와 관련하여, 나는 단순히 옛날 것에 머무르려고 하지도 않았고, 서구 민주주의 국가의 개념을 따르려고 하지도 않았기 때문에, 그렇다면 어떠한 진정 새로운 것을 낡은 국가 간의 질서에 대치시켜야만 할 것인가 하는 의문이 나타났다. 이제 나는 그 대답을 할 수 있다. 새로운 국제법의 새로운 질서개념은 어떤 민족에 의해서 떠받쳐지는 민족적인 광역질서로부터 유래하는 우리의 라이히 개념이다. 그 속에 우리는 민족개념에서 유래하고 국가개념 속에 내포된 질서요소를 완전히 존속시키는, 그러나 동시에 오늘날의 공간관념과 실제적인 정치적 생명력에 들어맞을 수 있는 새로운 국제법적 사고방식의 핵심을 가지고 있다. 그것은 민족과 국가를 파괴함이 없이, 그리고 서구 민주주의 국가들의 제국주의적 국제법이 그랬던 것처럼, 낡은 국가개념에 대한 불가피한 극복을 외면한 채 보편주의적, 제국주의적인 세계법에로 향하는 일 없이 「혹성적」(planetarisch), 즉 지구공간적일 수 있다.

새로운 국제법의 수행자이며 형성자에 속하는 독일 라이히라는 생각은 예전에는 하나의 유토피아적인 꿈이고, 그 위에 건설된 국제법이라는 것은 순전히 공허한 희망법학(Wunschrecht)이었을 것이다. 그러나 오늘날에는 강력한 독일 라이히가 존재하고 있다. 중부 유럽은 약하고 무력한 상태로부터, 그의 위대한 정치적 이상과 종족과 출생, 피와 땅에 의해 규정되는 생활현실로서의 모든 민족의 존중이 중부와 동부 유럽의 공간으로 침투하게 할 수 있는, 그리고 역외의 비민족적 열강의 간섭을 거부할 수 있는, 강력하고 불가침적인 것으로 변하였다. 총통(Führer)의 업적은 우리들의 라이히에 대한 생각에 정치적 현실성, 역사적 진실성과 위대한 국제법적 미래를 부여하였다.

제6장 라이히와 공간

최초에 경제 · 산업 · 조직적 발전과 관련하여 시작된[73] 광역사상(廣域思想)은 눈 깜박할 사이에 국제법적 사고 중에서도 저항 없이 관철되게 되었다. 공간의 차원과 척도의 변화는 너무 현저하고 또 너무나도 실효적이어서 이제 전전(戰前)의 관념은 유지될 수 없을 것이다. 오늘날 독일의 해군과 공군력에 의한 현재의 북해의 지배라는 사실에 직면해서 1914~1918년의 세계대전 동안 그것을 가지고 「해상봉쇄」*의 문제를 해결하려고 했었던, 그 지배의 국제법적 허용성과 불허용성에 대한 무익한 논의를 누가 아직도 진지하게 되풀이 할 수 있을까? 교전자와 비교전자도 함께 요구하고 있는 새로운 구역이나

---

72) Die Wendung zum diskriminierenden Kriegsbegriff, Schriften der Akademie für Deutsches Recht, Gruppe Völkerrecht, Heft 5, München, Duncker & Humblot, 1938.

73) 전술한 S. 4 ff. (본서 544면 이하) 참조. 나아가 Zeitschr. für Völkerrecht, Bd. XXIV (1940), S. 146 f. 참조.

공간구획(교전자에 대해서는 모든 종류의 위험구역으로서, 비교전자에 대해서는 안전구역으로서)을 누가 전전의 규준과 공간관념으로서 측정하려고 할 것인가?[74] 무주(無主)지역의 선점 · 군사점령 · 연안봉쇄 · 해상봉쇄 그리고 교전단체나 정부 또는 국가의 승인에 있어서 국제법상의 실효성의 개념에 속하는, 결정적인 모든 것을 지배하는 상황에 대해서는 누구나가 알고 있다. 이 「실효성」과 같은 전형적으로 상황과 기술에 구속받는 개념이 과연 지나가버린, 자주 엄청나게 낡아빠진 기술에 구속된 채로 있어야만 할 것인가? 종래의 국제법적 실증주의는 그때그때의 현상 유지에 봉사하는데 지독한 애를 쓰고 있었고, 그것은 현대의 전쟁에 있어 명확하게 된 실효적인 공간지배의 발전으로 완전히 스스로 불합리하게 되었다. 더구나 공군력의 공간혁명적 작용은 특히 강력하다. 항공작전구역에 인접한 중립지역의 불명확화처럼, 지금까지의 국제법에는 알려지지 않았던 실제적인 문제에 대해서는 전전의 조약들의 해석기술에 의거하는 대신에, 오히려 시대에 적합한 중립법을 발전시킬 수 있을 것이다. 여기서 나는 한걸음 더 나아가는 주장을 하려한다. 즉 지금까지 사람들은 해양법으로부터 공역의 법에 대한 수많은 평시법적 · 전쟁법적 유추를 얻으려 하였지만,[75] 미래의 발전은 역으로 공역의 법으로부터 해양법을 결정하는 법규범과 법개념을 얻게 되는 방향으로 나아갈 것으로 보인다. 왜냐하면, 오늘날 바다는 18 · 19세기의 국제법학자가 믿고 있었던 것처럼 인간의 지배가 미치지 않는 「요소」가 아니다. 반대로 그것은 거의 남김없이 인간의 지배와 실효적인 세력이 전개되는 「공간」이 되고 있다.

라이히가 붕괴되고 새로운 질서가 추구되면, 낡은 라이히에 부속된 국제법체계의 구조는 손에 잡힐 듯 명백하게 나타난다. 이 때 핵심문제 — 그것은 항상, 또한 공간문제이다 — 를 회피하는 종속적인 실증주의의 색채는 벗겨지고 만다. 모든 것을 지배하고 모든 것을 담당하는 모든 국제법의 근본개념, 즉 전쟁과 평화는 그 시대에 구속된 구체성 가운데서 밝혀지고, 그때에 모든 국제법체계의 특징을 나타내는 지구공간의 관념과 지구의 공간분할의 관념이 공공연히 드러난다. 거의 항상 중소계층의 생각이기도 했던, 여러 세기에 걸친 독일의 국가사상의 소공간성은 이제까지 우리들로부터 국제법적인 지평을 막고 있었다. 오늘날 그것은 거대한 군사적 · 정치적 사태가 진행되는 속도, 그리고 국가가 아니라, 라이히가 국제법의 참된 「창조자」라는 인식이 승리를 거두는 속도와 꼭 같은 속도로 극복되고 있다.

이전의 대륙적 · 소공간적 국제법사상의 국가관련성은 무엇보다도 이러한 국제법의 공간상(像)이 「국가영역」의 개념에 따라 형성되었다는 사실 속에 나타났다. 국가영역은

---

74) 예컨대 미주 안전 구역(1939년 10월 3일의 범미(汎美)회의 결의 제14)에 대한 1940년 2월 14일자 독일의 성명을 1940년 1월 15일과 22일의 영국과 프랑스의 항의와 비교 참조하라. 그 밖에 다음 것을 참조. Ulrich Scheuner, Die Sicherheitszone des amerikanischen Kontinents, Zeitschr. für Völkerrecht, Bd. XXIV (1940), S. 180 f. 및 같은 호에 게재된 Carl Schmitt, Raum und Großraum im Völkerrecht, S. 172.

75) Roberto Sandiford, Brevi note sull'analogia fra Diritto Marittimo e Aeronautico, Studi di Diritto Aeronautico, VI (1933).

배타적이고 폐쇄적으로「국가권력」에 종속된 대지 표면의 일정한 부분(그 상부 공역과, 그 지구 중심에 이르기까지 그 하부에 존재하는 지하 구역과 더불어)이다. 여기서 국가영역에 관한 여러 가지 이론이나 학설구조를 다룰 필요는 없다.[76] 여하튼 그 공간성은 다음과 같이 나타난다. 즉, 지구공간은 육지(그리고 그때 다시 이미 현실의 국가영역이 된 것이거나 아니면 무주의, 국가권력의 선점에 의한 취득이 가능한, 따라서 잠재적인 국가영역이거나)가 아니면 자유해이며, 이 경우 해양의 자유는 본질적으로 해양, 즉 공해가 현실의 국가영역도 아니고 가능한 국가영역도 아니라는 점에 있다. 세계정치적인 현실의 커다란 공간문제, 즉 세력범위 · 간섭의 주장 · 역외열강의 간섭금지 · 모든 종류의 구역 · 공해상의 공간획정(행정구역 · 위험구역 · 봉쇄 · 해상봉쇄 · 호송) 또는 식민지 문제(그것은 본국과는 전혀 다른 의미에 있어, 또 전혀 다른 기초를 가진「국가영역」이다), 국제법상의 보호관계* · 종속국 — 그러한 모든 문제는 국가영역인가 비국가영역인가 하는 차별 없는 양자택일의 제물이 되었다. 경계는 순전한 선적(線的)인 경계가 된다. 실제적인(오직 국내적인 것이 아닌) 경계구역과 중간구역의 가능성은 국가에 관련된 이러한 영역사상에는 차단되어 있다.[77] 경계구역 · 중간구역의 의미를 가지고 있고, 라이히들의 합의에 그 존재를 의존하고 있는 중립적인 완충국 자체는, 주권국가로서 바로 그 라이히들과 동일평면에서 취급된다. 폐쇄적 국가영역과 비국가적인 국제법적 무(無) (만일 그렇게 부를 수 있다면) 사이에 실제로 순수히 국가내적이지도, 순수히 국가간적이지도 아니한 많은 형태가 존재한다는 사실, 그리고 국가의 영역주권 뿐만 아니라 많은 종류의 **공간주권**(Raumhoheit)도 또한 국제법의 현실에 속한다는 사실은, 국가 간의 법과 국가 내의 법이라는 이원론이 어떠한 형태의 상호간섭적인 관계도 만들어 낼 수 없었다는 것과 같은 방식으로, 국가 간과 국가 내와의 단순한 양자택일에서 오해되고 있었다.[78] 이와는 반대로 국가가 아니라 라이히가 국제법의 발전과 법형성의 담당자로 인정되자마자, 국가영역은 국제법의 유일한 공간관념임을 그만둔다. 그 경우 국가영역은 실제로 있는 그대로의 것으로서, 즉 단지 국제법적으로 가능한 공간관념의 한 경우로서, 그리고 말하자면, 당시에는 절대화되었지만, 도중에 라이히 개념에 의해 상대화되었던 국가개념에 부속하는 바로 그 경우로서 나타난다. 오늘날 불가피한 또 다른 공간개념은 첫째로 특별한 방법으로 민족에 부속되어 있는 토지이며, 그 다음에는 라이히에 부속된 **민족의 토지와 국가영역**을 초월한 광역, 문화적 및 경제 · 산업 · 조직적 영향 확대를 수반하는 광역이다. 지금까지의 논술에

---

76) 마지막 장「법학상의 공간개념」 참조.

77) 바로 공법(空法)에서 (단순한 평면경제와 경계선 대신에) 경계구역의 사상이 주장되어 왔다는 것은 공중지배의 공간혁명적 작용이 주목할 만한 징후이다. Kroell (Traité de droit international public aérien, 1934, I, S. 71)은 frontière surface 대신에 frontiére volume을 주장한다. 이에 반대하는 것은 Friedrich Giese, Das Luftgebiet in Kriegszeiten, Arch d. öff Rechts, N. F. 31 (1939), S. 161.

78) Carl Schmitt, Über das Verhältnis von Völkerrecht und Landesrecht, ZAkDR 1940, S. 4; 나아가 서평 H. Triepel, Die Hegemonie (1938), in Schmollers Jahrbuch, Band 63 (1939), S. 516. 그리고 끝으로 Festgabe für Georgios Streit (Athen) 1940; Positionen und Begriffe, Hamburg 1940, S. 263 f. (김효전 · 박배근 옮김,『입장과 개념들』, 379면 이하).

대한 새로운 오해[79]에 대해서 거듭 말하지만, 라이히는 단순히 확대된 국가가 아니고, 그것을 통해 그 국가영역의 배타성에 의해 공간적으로 표시된 국가와 개별 민족이 가지는 민족 토지를 초월한다. 국가 영역과 민족 토지를 포괄하는 이러한 광역을 가지지 않는 권력체는 라이히가 아닐 것이다. 실제로 라이히의 역사인 지금까지의 국제법의 역사에 있어서도, 시대에 따라 광역의 내용 · 구조 그리고 긴밀도가 다르긴 했지만, 도대체 광역이 없이 그러한 라이히가 존재했던 적은 없다. —

지난 세기의 국제법은 오래된, 16세기에 발생한 기독교적 · 유럽적 국제법과 오늘날 비로소 점차 모습을 나타내고 있는 공간질서와 민족질서 간의 중간형태이며 과도기의 형태이다. 1814~1815년의 빈 회의는 여전히 완전히 유럽 중심적으로 생각하였다.[80] 1856년(터키의 국제사회에의 가입) 이후 국제법은 형식상 유럽적 · 기독교적 국제법이 아니게 되었다. 1890년 이후 유럽 중심적인 세계상(世界像)은 해체되고, 구별 없는「국제법」(International Law)으로 변한다.[81] 첫 번째의 충격은 1823년의 먼로교서에 의한 것이었다. 1919년 파리 교외에서 작성된 문서는 낡은 국제법 체제의 최종적 붕괴를 의미하는 것이었다. 우리들의 시대인 1940년에는 새로운 공간질서와 민족질서가 뚜렷해지기 시작하였다. 지난 세기의 중간 기간 동안 지금까지의 유럽 국제법의 지도적인 라이히였던 영국과 프랑스는 유럽의 질서에 대한 과제를 담당하지 못하고, 낡은 유럽 중심적인 체제를 계속시키려고 시도하였다. 유럽 중심적인 낡은 국제법체제는 확고하고 국가적인 질서와 평화의 유럽 국가지역을, 유럽의 자유로운 팽창의 공간이 되는 비유럽지역과 국제법적으로 구별하는 것에 기초를 두고 있었다. 비유럽지역은 무주로 미개하거나 반문명이었으며, 식민지역이었고, 바로 이러한 해외식민지를 소유한다는 사실에 의해 라이히가 된 유럽 열강의 점유 획득의 대상이었다. **식민지는 지금까지의 유럽 국제법의 공간적 기초사실이었다.** 이러한 국제법체제의 모든 라이히는 하나의 거대한 팽창공간을 마음대로 처리할 수 있었다. 즉 포르투갈 · 스페인 · 영국 · 프랑스와 네덜란드는 해외식민지에서,[82] 합스부르크 왕조는 아직 국제법사회에 속해 있지 않는 오토만 제국의 속령에 대해 발칸 반도에, 그리고 러시아 라이히는 오토만 제국의 속령에 대항해서, 그리고 또 시베리아 · 동아시아와 중앙아시아에서, 프로이센은 라이히가 아닌 단순한 국가인 유일한 강대국이었고, 그것이 공간적으로 확대되었을 때, 그 확대는 이미 유럽 국제법

79) 이 책『역외 열강의 간섭을 허용하지 않는 국제법적 광역질서』제1판과 제2판 (또한 리터부슈가 편집한 책에 실린 이 책, Paul Ritterbusch herausg., "Politische Wissenschaft," Berlin 1940, S. 27-69)에 대한 뵈메르트의 서평 참조. Böhmert, Zeitschrift für Völkerrecht, Bd. XXIV (1940), S. 134-140.

80) 이 회의를 권위있는 모범적 선례로서 확립하려는 시도(Guglielmo Ferrero, Reconstruction, 1940)나 또는 메테르니히 · 탈레랑 또는 알렉산더 1세라는 이 회의의 몇몇 인물이 영광스러운 현실성의 빛 속에서 등장하도록 하려는 시도는 오늘날 더욱더 우직한 효과를 나타내고 있다.

81) Carl Schmitt, Die Auflösung der europäischen Ordnung im "International Law," Deutsche Rechtswissenschaft (Vierteljahrsschrift der Akademie für Deutsches Recht), Bd. V (Oktober 1940), S. 267 ff.

82) 벨기에의 콩고 식민지는 늦은, 당시의 국제법의 전체 상황에 특징적이었던 암거래였으며, 당연히 라이히 또는 독자적인 광역을 형성할 수는 없었다.

사회에 속해 있는 인접국의 희생 위에서만 가능하였다. 그 때문에 프로이센의 공간은 다른 라이히와 비교해서 작고 얼마 안 되는 것이었음에 불구하고, 프로이센을 평화교란자라든가 야만적인 강권국가라고 부르는 것은 쉬운 일이었다.

이러한 유럽 국제법 체제에서 지도적이었던 것은 서구 열강인 영국과 프랑스였다. 라이히 개념은 그것이 로마 라이히나 독일 라이히의 계승이나 번역이 아닌 한,* 해외의 속령 보유 여부에 좌우되는 것이었다. 먼저 최초로 해외 재산에 의해서 규정된 라이히 개념을 발견한 것은, 1876년에 영국 왕관을 인도 황제의 칭호와 결부시켰을 때(이에 대응하여 1936년 파시스트 이탈리아는 이탈리아의 왕관을 로마 황제의 칭호가 아니라 에티오피아 황제의 칭호와 결부시키는 대응을 나타냈다)[83]의 디즈레일리가 아니다. 이미 16세기 초 바로 새로운 세계 분할이 시작될 당시에, 멕시코 정복을 끝낸 스페인의 정복자 에르난 코르테즈(Hernan Cortez)*는 독일 황제 카를 5세에 대해 새로운 인도 속령의 황제라는 칭호 쪽이 독일 황제의 칭호보다도 적합할 것이라는 이유로, 그의 신인도 속령 황제라고 칭할 것을 제안했었다.[84] 해외식민지 영유와 결부된 황제 칭호는 영국과 프랑스에 의해 인도되어온 지금까지의 유럽 국제법의 공간상이나 라이히 개념에 대한 단순한 하나의 징후, 그러나, 중요하고 신빙성 있는 징후이다.

해외 식민지가 가지고 있는 결정적인 국제법적 의미는 지금까지의 국제법에서의 **전쟁**과 **평화**의 개념의 구체적인 실제성이 오직 이러한 공간상으로부터만 이해될 수 있다는 사실에 존재한다. 국제법은 전쟁과 평화의 법(jus belli ac pacis)이라는 것을 항상 다시 상기하지 않으면 안 된다. 상이한 역사적 시기 속에서 상이한 시간과 공간에 결부된 구체적이며 특수한 전쟁과 평화의 실제성, 그리고 마찬가지로 구체적이고 특수한 이 두 가지 상태의 상호관계가 어떻게 해서든 분할된 공간 속에 조직된 제민족의 모든 국제법적 질서와 모든 공공생활의 핵을 이룬다. 이른바 주권국가에 의해 담당되었다고 하는 1648년부터 1914년까지의 유럽 국제법의 평화란 무엇이었던가? 그들 모두가 그의 주권적 결단에 위임된 자유로운 전쟁의 권리를 자기를 위해 주장하는 주권국가들 사이에서 어떻게 평화가, 그리고 그와 더불어 국제법이 있을 수 있는가? 그러한 주권적 권력체의 공동생활이 내용 있는 실제적 평화로부터가 아니라, 끊임없는 전쟁의 용인으로부터 나온다는 것은 자명하다. 그것은 이러한 평화가 단순히 전쟁 없는 상태(Nicht-Krieg)에 불과하다는 것을 의미한다.[85] 그러나 전쟁이 전체적(total)이 아닌 한에서만 그와 같은 평화는 가능하며, 또 단순한 전쟁 아닌 상태에 기초한 그와 같은 전체 상황도 유지될 수 있는 것이다. 종전의 유럽 국제법 체제에서 예상되었던 유럽 국가들 간의 전쟁은, 사실은 그것이 18세기의 궁정전쟁(宮廷戰爭)이든, 그 이후부터 1914년에 이르기

83) Giorgio Cansacchi, in Scritti giuridici in onore di Santi Romano, 1940, p. 393 f.; Carlo Costamagna, in Lo Stato Ⅶ (1936), S. 321 ff.

84) Karl Brandi, Der Weltreichsgedanke Karls V., "Europäische Revue" XVI (Mai 1940), S. 277.

85) Carl Schmitt, Inter bellum et pacem nihil medium, ZAkDR 1939, S. 594; La Vita Italiana XXVII (Dezember 1939), S. 637 f.; Positionen und Begriffe, S. 246 f. (역서, 354면 이하).

까지 행하여진 전투원에 의한 전쟁이든, 항상 부분전(partieller Krieg)에 불과하였다. 그것이 이러한 국제법의 핵심인 것이다. 지금까지의 이러한 국제법의 전쟁개념이 정당성의 문제를 제쳐두어야만 했다는, 그리고 그것이 「무차별」(nichtdiskriminierend) 전쟁개념이었다는, 최근 수년간 자주 강조된 중요한 특질 또한 전체적이 아니라 부분전에 속하는 것이었다.

차별적 전쟁개념에로의, 그리고 전체전에로의 전환이 가지는 의의는 그 사이에 인정되었다.[86] 그와 반대로 종전의 전쟁의 부분화와 상대화가 얼마나 많이 공간적 수단에 의해 국제법적으로 실현되었는가에 대해서는 아직도 충분히 인식되어 있지 않다. 이 방법에 속하는 것은 먼저 첫째로 세력균형정책의 방법이다. 그것은 자주 취급되고 논의되었지만,[87] 국제법학의 공간적 사고를 잃고 있었기 때문에 이 방법과 부분전 개념과의 관련은 지금까지 인식되지 못하였다. 더욱이 식민지가 지금까지의 유럽 국제법의 기초였다는 사실과 관련하여, 대륙의 거의 모든 국제법 사상가의 국가에 연관된 소지역적 성격으로 인하여, 전혀 주의를 받지 못한 채로 있었던 일련의 특수한 국제법형성에도 주목하지 않으면 안 된다. 거기에는 역사적으로뿐만 아니라 일반적으로 중요한 흥미있는 사실, 즉 「우의선」(友誼線, Freundschaftslinien, amity lines)*에 대한 명시적 또는 암시적인 합의가 포함되어 있다. 그와 같은 선은 예컨대 16세기에 있어서 평화롭지 못한 지역을, 획정된 지역의 내부(즉, 선의 저쪽)에서 행해지는 상호 간의 권리침해나 가해행위가 유럽의 식민열강 간의 관계에 아무런 전쟁원인이 되지 않으며, 조약과 평화를 교란하지 않아야 한다는 방식으로 사정없는 세력다툼을 위해서 획정된다.[88] 우의선은 지역적으로 여러 가지의 형태로, 그리고 개조된 방식으로 모든 국제법체제의 기초가 된다. 이미 18세기에 유럽의 전쟁의 효과는 식민지에 미쳐서는 안 되며, 그러므로 식민지는 평화로운 공간으로서 유럽은 전장으로서 모습을 나타낸다는 사실에 대한, 예전과는 거꾸로 된 수많은 예가 나타난다. 유명하고 최근 수년간 자주 인용되는 1885년 2월

86) Julius Evola, La guerra totale, in La Vita Italiana XXV (1937), S. 567; Carl Schmitt, Die Wendung zum diskriminierenden Kriegsbegriff (Schriften der Ak. f. D. R., Gruppe Völkerrecht, Nr. 5), 1938; G. A. Walz, Nationalboykott und Völkerrecht (Schriften usw. Nr. 7), 1939; Theodor Maunz, Geltung und Neubildung modernen Kriegsvölkerrechts, Freiburg 1939; H. Pleßner, De huidige Verhouding tusschen Oorlog en Vrede, Groningen 1939; Franz v. Wesendonk, Der Kriegsbegriff im Völkerrecht, Bonner Dissertation 1939.

87) Fritz Berber, Prinzipien der britischen Außenpolitik (Schriften des Deutschen Instituts für außenpolitische Forschung), Berlin 1939.

88) 이러한 최초의 예는 아마 1559년 4월 3일의 스페인과 프랑스간의 카토 · 캄브레시스(Cateau-Cambrésis) 조약 중의 협정(구두에 의한 합의에 불과하다)에서 발견할 수 있을 것이다. F. G. Davenport, European Treaties bearing on the History of the United States and its Dependencies to 1648 (Publications of the Carnegie Institution 154, I), Washington 1917, pp. 208, 219 ff. 나아가 국제법학상 아직 평가되지 않고 있으나 매우 뛰어난 저작으로서 Adolf Rein, Der Kampf Westeuropas um Nordamerika im 15. und 16. Jahrhundert, Stuttgart-Gotha 1925 (Allg. Staatengeschichte 2, 3), S. 207 f. 「적도의 저편에 죄는 없다」라는 명제에 대해서는 같은 책, S. 292 참조. 또한 Ulrich Scheuner, Zur Geschichte der Kolonialfrage im Völkerrecht, Z. f. Völkerrecht, Bd. XXII (1938), S. 466; Wolfgang Windelband, Motive europäischer Kolonialpolitik, Deutsches Adelsblatt, 14. Nov. 1939 참조.

26일의 베를린의 콩고 결정서(Kongo-Akte) 제11조*의 규정 — 거기에 따르면 콩고 결정서에서 표시된 영역은 전쟁이 있을 경우 중립지역으로서, 그리고 비교전국에 속하는 것으로서 간주되어야만 한다 — 은 「우의선」의 이러한 발전과 전위(轉位)를 나타내는 최근의 예이다. 19세기와 20세기에 이루어진 많은 중립화(스위스 · 벨기에 · 룩셈부르크)와 「독립」선언도 또한 공간적인 획정과 폐쇄의 의미를 가지는데, 그들의 거의 전부는 대영세계제국의 이익에 합치되는 유럽의 세력균형정책에 봉사하고, 그 정책을 떠받치는 기초는 세계 식민지 영유의 일정한 분할이었다.

두 번에 걸친, 전면적 정복을 받은 프랑스는 — 1792년에서 1815년까지의 20년 이상의 연합전쟁 후, 그리고 1870~1871년의 엄청난 패배 후에 그러한 체제 속에서 유럽의 강국으로서의 존재를 유지할 수가 있었다. 이 국제법의 담당자들은 유럽에서의 상호대결에서 진정하고 최후적인 존망에 관한 냉혹함을 제거하기 위해서, 식민지에 있는 충분한 자유로운 공간을 뜻대로 할 수 있었으므로, 이 시대의 피비린내 나는 전쟁 자체가 최종적 존망을 건 투쟁이라는 의미에서의 전체적은 아니었다. 비스마르크는 유럽적 책임감을 가지고, 패전국인 프랑스에 대해 1871년 이후에도 아프리카와 동아시아에서의 식민지 확장의 가능성을 남겨놓고 있었다.* 그런데 19세기 동안에 이 자유로운 공간은 점차 닫히어갔다. 1823년의 먼로교서의 의의는 일반적으로 간섭을 허용하지 않는 광역의 창설에 기초하고 있지만, 그러나 특수하게는 그것이 광대한 유럽 식민지 영역의 최초의 폐쇄였다는 점에 근거하고 있기도 하다. 그와 더불어 최초의 비유럽적 라이히가 나타났다. 영국에 의해 촉진된 터키의 유럽 국제사회에의 가입은 보다 광범한 융화를 의미하며, 그 융화로 인하여 영국의 「병든 사람」 원조정책은 먼저 유럽의 외부에서, 또한 1919년 이후에는 유럽의 내부에서도 개시되었다. 1905년에는 일본이 제2의 비유럽적 라이히로서 등장한다.* 그와 동시에 새로운 유럽 강국인 독일과 이탈리아는 유럽 지역 외의 식민지 속령의 지배에서 소외되었거나, 그렇지 않으면 찌꺼기만 적당히 할당되었지만, 영국과 프랑스는 1882년에서 1912년에 걸쳐서 북아프리카를 옛날 방식으로 무주의 땅으로 분배하여, 이집트는 영국 손에, 모로코는 프랑스의 손에 들어갔다. 이리하여 낡은 유럽 국제법의 열강은 마지막으로 지나간 시대의 방식으로 제3국의 희생 위에서, 그리고 해외속령의 분배라는 토대 위에서 화합하였다. 그 후의 경과는, 1919년에 파리 교외에서 작성된 문서와, 그것에 대한 제네바 국제연맹의 합법화에 의해 규정된 것처럼 알려져 있다. 패배한 유럽의 강국 독일은 식민지를 빼앗겼다. 여기에서도 식민지가 지금까지의 유럽 국제법의 기초사실이었다는 것이 드러났다. 유럽 지역 밖에서의 식민지 영유에서 독일을 배제시킨 것은 유럽의 강국으로서의 독일에 대한 모욕 그 자체이며, 자격박탈이었다. 그리고 이탈리아에 대한 국제연맹의 제재동안(1935~36년), 그리고 스페인 내전동안(1936~39년), 제네바와 런던의 불간섭위원회에서 영국과 프랑스의 완전한 무력함이 드러났다. 의미 깊고 효과적인 「우의선」이나 적대행위의 국한(局限)을 더 이상 발견할 수 없었다. 오늘날 서구 열강인 영국과 프랑스는 유럽의 신흥 민족들을 그들이 이끌어온 국제법체제에 적응케 하며, 또 진정한 우의선을 수반하는 공정한 「평화적 변경」(peaceful change)*을 실현할 능력이 없다. 그들은 지금까지의 그들의 세계적 권력의 붕괴에 의해 그 부채를 보상할 뿐만 아니라 지도적 라이히로서의 그들과 그들에 의해 만들어진 지구의 공간분배에 기초하고 있고, 1919년 그들이 승리와 소유에 눈이 어두워 스스로 파괴해 버린 국제법체제의 붕괴에 의해서도 부채를 보상하는 것이다.

제7장 법학상의 공간개념

솔본느 대학 교수이며 다방면에 걸친 경제사학자인 앙리 오제(Henry Hauser)*는 영국에서 「16세기의 근대성」이라는 제목으로 행한 강연을 10년 전에 출간하였다.[89] 그는 16세기를 20세기의 「예시」(préfiguration)라고까지 하는데, 그 16세기의 「근대성」을 그는 비록 17세기의 반종교개혁이 16세기에 대해서는 하나의 반동을 의미한다고 할지라도, 16세기 당시의 정치적 · 도덕적 · 지적 · 경제적 혁명은 이미 19세기와 20세기의 민주주의의 단서가 되었다는 점에서 찾는다. 이렇게 해서 오제의 이 논문은 자유민주주의 서구열강의 정치제체와 베르사유의 현상유지에 대한 변호가 되었다. 그 유식한 저자도 1930년에는 16세기의 근대성이라는 것이 그가 이해하고 있는 것과는 전혀 다른 종류의 것이라는 사실과, 또 그것이 서구 민주주의의 정치체제라는 의미 속에 있는 것과는 전혀 다른 종류의 것이라는 사실을 알아차리지 못하였다. 그 시대의 진정한 근대성은 말하자면 16세기에 시작되고 17세기에 과학적으로 완성을 본, 중세적인 세계상의 공간혁명적인 변경이, 우리에게 오늘날의 공간상과 공간관념의 변경을 더욱더 잘, 그리고 더욱 심오하게 이해할 수 있도록 하나의 비교가능성을 제공한다는 점에 있다. 오늘날 공간개념의 변경은 인간의 사고와 행동의 모든 영역에 걸쳐서 아주 넓고 깊게 진행되고 있다. 현대의 세계정치상의 대사건도 또한 그 격동하는 핵심 속에 지금까지의 공간관념과 공간적 전제의 변경을 내포하고 있다. 이러한 변경에 대해서 적절한 역사상의 비근한 예를 찾자면 그것은 400년 전에 시작된 지구공간상의 변화뿐일 것이다.

「광역」(廣域, Großraum)이라는 단어는, 이러한 변경을 과학적으로 인식할 수 있도록 하는데 도움이 되어야만 한다. 이 단어는, 현재 즐겨 사용되고 있음에도 불구하고, 모든 순전한 시국정치적 · 저널리즘적 국면을 초월하여, 그리고 언제나 슬로건들의 운명을 결정짓는 순전한 유행의 변천을 초월하여 존재한다. 물론 오해와 오용을 막고 이론과 실천의 영역에서 유용하고도 일괄적으로 사용되게 하는 길을 열어주기 위해서 정확한 학문적 해명이 필요하다.

광역(Großraum)이라는 합성어에 대해서, 그것이 단순히 공간적인 관념인 「광」(Groß) 이라는 관념을 「공간」(Raum)이라는 개념과 결합시킨 것이라거나, 따라서 오직 외면적인

---

89) Hauser, La Modernité du XVIe siècle, Paris 1930.

비교만을 하는 규모결정의 도움으로, 확대되고 광대한 공간의 공간적 특징이 유지된다는 반론을 제기해서는 안 된다. 「광」이라는 개념은 여기서는 순전히 수량적인, 수학적 · 물리적 정의와는 다른 어떤 것을 내포하고 있다. 이러한 일은 언어적으로도 완전히 허용되며, 또 관용으로 되어 있기도 하다. 광이라는 접두어와 수많은 결합 속에서 예컨대 대국(Großmacht), 대왕(Großkönig), 「대」혁명(die "große" Revolution), 「대」군(die "große" Armee) 등 그 단어는 하나의 질적인 비약을 의미하며, 단순한 확장이라고 생각되는 확대를 의미하는 것은 아니다. 「광역」이라는 합성어와 합성개념은, 그것이 「공간」(Raum)에서부터 나온 것이고, 또 지금까지의 그것의 본질을 「광」(Groß)이라는 덧붙임으로써 변화시키고 극복하려는 한에서는 물론 과도적인 성격을 가진다. 일반적이며 확정되지 않고, 모든 것을 충족시키는 정의를 허용하는 공간관념이 여전히 유지되고, 또 동시에 개념적으로 다른 평면으로 옮아간다. 그런 경우에는 「광역」이 자주 단순한 「소역」(小域, Kleinraum)의 부정으로 이해되는 것을 피할 수 없다. 그렇게 되면 그 표현은 순전한 부정적 정의와 순전한 비교적 정의로 되고, 그것이 부정하고 극복하려고 하였던 바로 그 공간개념에 대한 관념상 · 실질상의 의존 속에 머무르게 된다. 그러한 오해는 모든 과도기에 있어서 피할 수 없는 부수현상이다. 나는 여기서 특히 발생할 가능성이 큰 논란의 위험을 방지하기 위해서, 그 현상에 대하여 언급할 뿐이다. 한 번 대지가 확실하고도 정당한 광역분할을 하고, 여러 가지 광역들이 그 내부적 · 외부적 질서 속에서 확고한 세력과 형태로 우리에게 등장하자마자, 곧바로 그 새로운 사태에 대한 완전히 다르고 더욱 아름다운 명칭이 나타나고 통용된다. 그러나 그렇게 되기까지는 광역이라는 단어와 개념은 전통적인 공간관념에서 미래의 공간관념에로 넘어가는, 낡은 공간개념에서 새로운 공간개념으로 넘어가는 하나의 불가결한 다리로 남는다.

광역은 따라서 상대적으로 더 작은 공간에 대한 상대적으로 더 큰 공간, 즉 확대된 소역이 아니다. 바로 지금까지의 공간개념의 순전히 수학적 · 물리적 · 자연과학적인 중립성이 극복되어야만 하는 것이다. 라첼(Fr. Ratzel)*의 말처럼 「확대된 공간 속에는 이미 무언가 위대한 것, 내가 창조자라고 부르고 싶은 어떤 것이 들어있다」.[90] 「광」이라는 말의 부가는 **개념영역**을 **변화시켜야**만 하고 또 **변화시킬** 수 있다. 그러한 점은 법학에 대하여, 특히 국내법과 국제법상의 개념형성에 대하여 결정적인 의미를 가지고 있다. 왜냐하면 모든 언어상의, 따라서 법학상의 개념은 개념영역에 의해 규정되며, 그의 개념적 인접물들과 공존하고 공영(共榮)하기 때문이다. 모든 법학상의 개념은 예링(Ihering)이 「개념적 인접물의 소환」이라고 이름 붙인 것에 복종하고 있다. 언어학에서는 이미 오래전부터 한 낱말은 어느 정도로 그러한 의미영역에 의해서 그 내용이 결정되는가 하는 것이 의식되어 왔다.[91] 법학에 있어서 체계적인 개념의 상호 연관에 의한 상호규정이라는

90) Friedrich Ratzel, Der Lebensraum, 1901, S. 67.*

91) 「의미영역」(Bedeutungsfeld)이라는 표현은 군터 입센(Gunther Ipsen)이 1924년에 아마 처음 사용한 것이다. Festschrift für Wilhelm Streitberg, Heidelberg 1924, S. 225. 언어학상의 연구로서는 소쉬르(Ferdinand de Saussure), 바이스게르버(Leo Weißgerber)와 트리어(Jost Trier)의 저작을 들 수 있다.

것은 더 말할 것도 없이 명백한 것이다. 공간 · 대지(Boden) · 토지(Land) · 들판(Feld) · 평지(Fläche) · 지형(Gelände) · 영역(Gebiet) · 구역(Bezirk) 등과 같은 단어들은 마음대로 바꿀 수 있고, 단순히 「용어법적」인 뉘앙스만을 가지는 것은 아니다. 모든 개념은 그것이 차지하고 위치하고 있는 위치로부터 가장 확실하게 이해할 수 있고, 또 필요한 경우에는 반박될 수 있는 것이다.92) 그리고 그러한 「총체론」(Topik)*은 유감스럽게도 극심하게 등한시된 법학의 분야인 것이다. 「광역」이라는 말이 「공간」이라는 말에 대해서 미쳤던 의미영역의 변화는 무엇보다도 이제까지 「공간」이라는 개념과 함께 주어졌던 수학적 · 자연과학적 · 중립적 의미영역이 포기되었다는 점에 있다. 구체적인 객체가 운동하고 있는 공허한 평면 또는 고저의 차원 대신에, 자신의 고유한 공간을 보유하고 자신의 내부적 척도와 한계를 유지하는 역사충족적이고 역사합치적인 **행위공간**(Leistungsraum)이 나타난다.

공간을 하나의 공허한 평면과 고저의 차원으로 파악하는 것은 지금까지 법학에서 지배적이었던 이른바 「공간이론」에 일치하였다. 그 이론은 토지 · 대지 · 영토 · 국가영역 등을 선적인 경계를 가진 공허한 공간이라는 의미에서 무차별적으로 하나의 국가활동 「영역」으로서 파악한다. 그 이론은 가옥과 그 부지를 하나의 구체적인 질서로부터 순전한 토지대장상의 평면으로 변화시키고, 국가영역을 순전한 통치 또는 행정**구역** · 관할구역 · 권한구역 또는 그 밖에도 여러 가지 표현이 있겠지만 — 등으로 만든다. 「국가란 일정 평면상에서 법을 위해 조직된 민족일 따름이다」라고 이 공간이론의 수립자인 프릭커(Fricker)가 정의했으며, 이어서 로진(Rosin) · 라반트(Laband) · 옐리네크(Jellinek) · 오토 마이어(Otto Mayer) · 안쉬츠(Anschütz) 등에 의해 지배적으로 되었다.93)*

지금까지 지배적으로 있는 이 공간이론에 대해서는 **네 가지** 성립요소에 주의해야 한다. 첫째는 그것의 정치적 · 논쟁적 경향이다. 그 이론은 대지에 대한 예전의 특정 관념을 거부하려 하였다. 즉, 그 사유재산이 왕후의 것이든 법인으로 간주된 국가의 것이든 대지로부터 일종의 사유재산을 만들어 내는 모든 세습적이고 봉건적인 객체관념을 그 이론은 거부한다. 그런 한에 있어서, 이 공간이론은 사법과 공법, 통치(Imperium)와 영역(Dominium)의 분리를 기초로 하는 입헌주의적 헌법국가에로의 정치적 발전의 표현이다. 사법에 있어서 구체적인 공간관념은 모든 토지소유권은 「부동산」(Grundstück)에

여하튼 표현방법은 단순한 평면의 의미에 의해서 강하게 공간적으로 규정된다.

92) Schmitt, Die Wendung zum diskriminierenden Kriegsbegriff, 1938, S. 7 f.; Kindt-Kiefer, Fundamentalstruktur der staatlichen Ganzheit, Bern 1940, Einleitung.

93) 「공간이론」(이것을 주장하는 주요 이론가에 대해서는 S. 9 Anm. 8 (본서 547면의 주 8 참조)이라는 명칭은, 「수학적 표현방법의 방도가 아닌 적응능력」(G. Joos)의 한 예이다. 그 공로가 많은 법학적 공간이론은 바로 공간적 지위와 지반적(地盤的) 지위(Raum-und Bodenstatus)의 다양성과 특수성을 검증해야 하는데, 그 일반적 공간이론은 그것들을 적어도 해명하지 못한다. 따라서 예를 들면 보호령, 식민지, 국가영역 또는 민족 지반의 지반적 지위의 특수성에 대해서도 아무런 해명이 없다. 그것에 대해서는 영역주권과 공간주권의 구별에 관한 클라인(Friedrich Klein)의 매우 주목할 만한 논문(Archiv des öffentlichen Rechts, Bd. 32, 1941, S. 258 f.)과 **국가영역**(*territorio statale*)과 **제국 공간**(*spazio imperiale*)을 구별하는 이탈리아 법학자의 시도를 참조.

대한 소유권으로 된다는 것에 의해서 극복된다. 공법에 있어서는 국가영역이 순전한 「통치의 무대」로 된다. 치텔만(Zitelmann)*의 이 유명한 공식은 19세기 말에 커다란 성공을 거두었다. 오늘날에는 그것이 여전히 한 민족의 대지를 공적이고 국가적인 권력행사가 이루어지는 일종의 극장무대로 생각하는 기이한 대표관념의 영향 아래 완전히 놓여있다는 것을 쉽게 알 수 있다. 저 내정적 · 논쟁적 관념과 이 기이하고 무대적합적인 관념과 더불어 제3의 요소로서는 완전히 일반적인, 즉 특정한 법적 범주에 속하지 않는 공간으로서의 공허한 공간이라는 실증주의적 · 자연과학적인 관념이 작용하고 있다. 대상적으로 지각할 수 있는 모든 것, 따라서 법적으로 의미 깊은 모든 사태는 공간과 시간이라는 범주 형식 내에서의 순전한 「현상」(現象)이다. 그러한 공간이론과 그 논증의 실질적인 핵심은 언제나 다음과 같은 것이다. 즉, 법이란 법률적인 명령이다. 명령은 오직 인간에 대해서만 주어질 수 있는 것이다. 지배란 사물에 대해서가 아니라 인간에 대해서만 이루어질 수 있는 것이다. 따라서 국가의 지배도 인적으로만 규정될 수 있으며, 모든 공간적인 규정은 규범에 의해 규제되는 사실들이 지각할 수 있는 모든 현상과 마찬가지로 시간적 · 공간적으로 규정된다는 이유에 의해서만 법적 의미를 가진다. 이리하여 특별히 법적인 것, 즉 구체적인 질서는 내용 없는 인식의 일반 형식으로 된다.

법학적 공간이론의 발전을 결정지으며, 한편으로는 헌법적으로 또 한편으로는 자연과학적으로 제약된 세 번째의 요소에 대해서는, 곧 바로 네 번째의 특수 요인으로서의 유대적 영향이 명확하게 덧붙여진다. 이러한 국가영역이론의 최종 발전단계에 대한 연구에 몰두한 모든 사람에게는, 언제나 상호 대립적인 이론과 경향으로 분열되는 경향을 가진, 유대인 학자들의 견해가 갑자기 여기서 어느 정도로 일치되게 공허한 공간관념의 발전에로 나아가고 있는가 하는 점이 눈에 띈다. 법학자 중에서는 로진 · 라반트 · 옐리네크 · 나비아스키(Nawiasky)* · 켈젠과 그 제자들이라는 이름만을, 그리고 철학자와 사회학자 중에서는 지배당하는 사람들에 의해 규정된 지배-영역의 관념 외의 모든 것을 「난센스」라고 한 게오르크 짐멜(Georg Simmel)*의 이름을 든다. 대지 · 토지 · 영역과 관계된 모든 것에 대한 유대 민족의 고유한 오류는 그들의 정치적 실존의 성격에 입각하고 있다. 스스로의 정주(定住)와 개척 사업으로 형성된 대지에 대한, 그리고 그로부터 나오는 구체적인 권력의 형태에 대한 한 민족의 관계라는 것은 유대인의 정신에게는 이해되지 않는 것이다. 그 밖에도 또한 유대인의 정신은 그것을 조금도 이해하려 들지도 않고, 그들의 개념을 그 자리에 대치시키기 위해서 개념적인 가로채기를 행한다. 어떤 프랑스 유대인이 말한 것처럼 「이해란 곧 파괴이다」. 이들 유대인 학자들은, 그들이 무언가 다른 것을 창조해 낸 일도 없지만, 종래의 공간이론 역시 그들이 창조해낸 것이 아니다. 그러나 그들은 여기서도 역시 구체적인, 공간적으로 규정된 질서에 대한 해명의 촉진자들이다.

독일의 법학 문헌 중에는 이러한 공간의 극복을 향한 주목할 만한 동향이 발견된다.[94]

---

94) 최초로 이러한 방향으로 나아간 공적은 발터 하멜의 저서에 돌려야 할 것이다. Walter Hamel, Das

새로운 공간과학의 창시자인 라첼 역시「공간의 극복은 모든 생존의 표지」라는 사실을 이미 인식하였다.95) 그러나 우리는 다른, 특히 역시 자연과학적인 연구영역 내에서 종래의 자연과학적인, 이른바 전통적인 공간관념의 극복에 주목할 때 새로운 공간관념의 포괄적인 영향과 그 깊이를 확신적으로 인식하게 된다. 그때에야 비로소 일견 영구적으로 보이는「고전적」범주의 시간피구속성이 바르게 해명된다. 공허하고 중립적이며 수학적 · 자연과학적인 공간관념은 국내법과 국제법의 시대일 뿐만 아니라 정치적 · 역사적 시대이기도 한 현시대의 초기, 즉 16세기와 17세기 동안 확립되었다. 이렇게 되는 데에는 이 시대의 모든 정신적인 조류가 여러 가지 방식으로 공헌하였다. 이러한 조류들이란 르네상스 · 종교개혁 · 인문주의 · 바로크와 아메리카의 발견과 세계일주에 의한 세계상 · 지구상의 변화, 천문학적 세계상의 변화, 위대한 수학적 · 기계학적 · 물리학적 발전 등, 한마디로 말해서 막스 베버가「서양합리주의」라고 부른 모든 것이고, 그 영웅시대가 17세기였다.* 여기서 유체물, 즉 감각적 인식의 대상으로 충만된 공허한 공간이라는 관념이 — 국가개념이 유럽의, 모든 것을 지배하는 질서개념으로 되었던 것과 동일한 정도에 있어서 — 자리를 잡는다. 이러한 공허한 공간 속으로 지각의 주체는 그 지각의 객체를「위치지우기」위해 끌고 들어간다. 그 속에서 위치점의 변경으로「운동」이 발생한다. 이러한 공간관념은 공간을 인식의 선험적 형식이라고 하는 칸트철학의 선험주의에서 그 철학적 정점에 달하였다.

그에 반해 이 공간관념의 학문적 변화에 대해서는 우리가 특별히 주목할 가치가 있다. 막스 플랑크(Max Planck)*의 양자물리학은 모든 운동과정을 개개의 주기적 물질파동으로 분해하여 파동역학에 도입함으로써 공간을 폐기하고 있다. 이 새로운 역학에 의하면 이 시스템의 모든 개별적인 물질의 점은 일정한 의미에 있어서 항상 시스템이 마음대로 할 수 있는 전공간의 모든 위치에 동시에 존재한다.96) 우리들의 새로운 구체적 공간개념에 대하여 중요한 의미를 가지는 것은 생물학적 연구이고, 거기서 공간개념에 대한 공간폐기적 문제제기를 초월한 별도의 공간개념이 관철되는 것이다. 그에 따르면 생물학적 인식에 있어서「운동」은 종래의 자연과학적 공간 속에서 행해지는 것이 아니라, 도리어 운동으로부터 시공적인 형성이 생겨나는 것이다. 따라서 이러한 생물학적 관찰에서는 세계가 공간 속에 있는 것이 아니라 공간이 세계 속에 있고 세계에 종속되어 있는 것이다. 공간적인 것은 사물에 대해서, 그리고 사물 속에서만 산출될 수 있으며, 시공적 질서는 이미 앞에서 말한 공허한 공간에로의 진입이 아니라 오히려 현실적 상황과 사건에 대응하는 것이다. 여기서 비로소 공허한 고저차원의 관념과 순전히 형식적인 공간범주라는 관념이 최종적으로 극복되었다. 공간은 행위공간으로 변화한 것이다.

하이델베르크의 생물학자인 빅토르 폰 바이재커(Viktor von Weizsäcker)*의 중요한

Wesen des Staatsgebietes, Berlin 1933.

95) Der Lebensraum, 1901, S. 114.*

96) Planck, Das Weltbild der neuen Physik, 1929, S. 25 ff. 참조. Hermann Wein, Die zwei Formen der Erkenntniskritik, Blätter für deutsche Philosophie, Bd. 14, 1940, S. 50.

업적인 이 정식은,97) 우리들의 법학적 공간문제에 대해서도 유용하게 쓰일 수 있다. 「공간」이라고 하는 일반적 명칭은 실제적인 이해를 기초로 해서 보면, 여러 시대와 여러 민족의 여러 가지 공간 관념에 있어서 공동의 골격개념으로 유래되었다. 그러나 「고전적」인, 즉 공허하고 중립적인 공간개념을 극복하려는 오늘날의 모든 노력은, 우리들을 법학적으로 본질적인 하나의 관계 속으로 이끈다. 그 관계는 위대한 독일법사의 시대에는 살아있었으며, 법의 분석이 국가에 구속된 법률규범주위에로 분해시켜버린 관계이다. 그것은 바로 구체적인 **질서**(Ordnung)와 **장소확정**(Ortung)*과의 관계이다. 공간 자체는 구체적 질서가 아닌 것이 명백하다. 그러나 실로 모든 구체적인 질서와 공동체는 특정한 장소적 · 공간적 내용을 가지고 있다. 이러한 의미에서 모든 법조직 · 모든 제도는 그 공간사상을 내포하며, 따라서 그 내적 규준과 한계를 동반한다고 말할 수 있다. 혈족과 가족에 집과 대지는 속하는 것이다. 「농부」(Bauer)라는 단어는 법사적으로 보면 주인(dominus)이 가(家, domus)로부터 나온 것처럼 건물(Bau)과 가옥(Gebäude)으로부터 나온 것이지 경작(Ackerbau)으로부터 나온 것은 아니다. 도시(Stadt)란 소재지(Stätte)를 말한다. 경계(Mark)는 선적 경계가 아니라 공간 · 내용적으로 규정된 경계구역을 말한다. 「장원」(Hof)이 장원법(Hofrecht)의 담당자였듯이, 「영지」(Gut)는 영주권(Gutsherrschaft)의 담당자였다. 토지는 (예컨대 숲이나 도시 또는 바다와는 다르게) 토지를 경작하고 토지를 지배하는 인민이 역시 공간적으로 구체적인 그들의 평화질서 속에서 결성한 법적 결합이다.98) 오토 폰 기이르케(Otto von Gierke)는 독일 단체개념사 속에서,99) 중세 독일의 법관념이 어느 정도로 그가 「법적으로 성격이 주어지고 공간적 · 물적인 단일체」라고 표현한 근본적인 공간 개념인가를 보여주었다. 그러한 점은 무엇보다도 또한 「도시」에 타당한 것이다. 로마법에 있어서 키비타스(Civitas)가 키비스(Civis)로부터 구성된 인적 총괄, 따라서 시민계급(Bürger)을 의미하는 데 반하여, 도시 · 성 또는 소만(小灣, Wiek)의 번역어로서의 키비타스라고 하는 중세의 단어는 장소적 의미에 입각하며, 따라서 시민계급에 해당하는 라틴어는 자주 키비스 대신에 키비타텐시스(civitatensis)라고 불린다. 19세기 이래 한편으로는 감각적으로 희미해진 표현으로 되고, 다른 한편으로는 사상적으로 추상적인 표현으로 되어버린 「평화」와 같은 단어*는 마찬가지로 중세 독일의 질서사유 속에서 항상 장소적으로, 따라서 구체적으로 살아왔다. 예컨대 가정의 평화(Hausfrieden), 시장의 평화(Marktfrieden), 성의 평화(Burgfrieden), 재판소의 평화(Dingfrieden), 교회의 평화(Kirchenfrieden), 국내의 평화(Landfrieden)*처럼, 항상 구체적인 질서에는 또한 구체적인 장소확정이 법적으로 결합되어 있다.

---

97) von Weizsäcker, Der Gestaltkreis, Theorie der Einheit von Wahrnehman und Bewegen, Leipzig 1940. 우리들에 관하여 특히 중요한 것은 같은 책, S. 102.*

98) Otto Brunner, Land und Herrschaft, Grundfragen der territorialen Verfassungsgeschichte Südostdeutschlands im Mittelalter (Veröffentlichungen des Österreichischen Instituts für Geschichtsforschung) 1939, S. 219.

99) von Gierke, Das deutsche Genossenschaftsrecht, Ⅱ, 1873, S. 575 f.

이러한 점들을 고려해 볼 때 이제 여기서 중세적인 상태로 되돌아가는 것과 같은 것은 결코 권장할 일이 못 된다는 것은 명백하다. 그러나 19세기에 그 세력을 얻고 오늘날 더욱 일반적으로 법적 개념구성을 규정하며, 더욱이 세계정치적으로 보아 토지와 무관하며 공간을 폐기하고, 따라서 경계가 없는 앵글로 · 색슨의 해양지배의 보편주의에로 편입되는 공간회피적인 사유양식과 관념양식의 극복과 배제가 필요하다. 국가로부터 자유롭다는 의미에서, 즉 국가에 구속된 법사유의 유일한 공간질서관념으로부터 자유롭다는 의미에서 해양은 자유이다.[100] 그러나 육지에 대해서는 실증주의적 법사유의 배타적 국가구속성이 살아있는 공간형성의 놀라운 충만을 진정한 백지상태로 법적으로 정지(整地)시켰다. 전세기에 「공간이론」이라고 불린 것은 오늘날 우리가 공간사유로써 이해하는 것과는 완전히 반대의 것이다. 광역사상은 특히 우리들이 공허한 국가영역개념의 독점적 지위를 극복하고, **라이히**를 헌법상 또 국제법상 우리들의 법적 사유의 규준개념으로 체득하는데 도움이 된다. 모든 사람이 중요한 제도에게 다시 오래되고 영원한 질서와 장소와의 관계를 파악하도록 하고, 「평화」라고 하는 단어에 다시 그 내용을 부여하며, 「고향」이라는 낱말에 재차 성격규정적인 본질 징표의 성격을 줄 수 있는 법적 사유의 회복은 요컨대 광역사상과 결부된 것이다.*

100) 근대 국제법에서의 육지와 해양의 대립에 관하여는 서문에서 언급한 책에 수록된 논문 참조. Staatliche Souveränität und Freies Meer, in "Das Reich und Europa", Leipzig (Koehler und Amelang) 1941, S. 79 f.

법학적 체계형성의 예시로서의 »독일 일반 국법« (1940)*

거의 200년이나 되는 오랫동안 독일 법학이 이루어 온 업적 전체의 본질은, 요컨대 계수한 법개념들과 법규정에 학문적 체계를 부여하고, 그럼으로써 독일 »보통법« (Gemeinrecht)을 창조하였다고 말한다. 여기서 보통법은 — 코먼로(common law)나 드루아 코만(droit commun)과는 구별되며, 또한 오늘날 게마인레히트라는 말이 의미하는 것과 다르며, 독일의 국가적 분열 상황을 가교하는 비국가적이며 보충적으로 타당한 법을 의미하였다.* 이러한 의미에서의 독일 보통법은 독일 대학의 학문의 소산이다. 그러므로 그러한 시대에서는 대학의 법학부가 독일에 있어서의 본래적인 법적 신분(Rechtsstand)이다. 법학부에 의한 체계형성과 보통법형성의 작업은 국가적 분열이라는 정치상황 속에서 독일이 하나의 법공동체라는 사상을 담보하는, 정치적으로 실천적인 의의를 가지고 있었다. 나아가 이에 더하여 또 하나의 다른 주목할 만한 현상이 있다. 즉 독일 법학에 의해서 산출된 체계가 다른 유럽 국가들에게 강력하게 반작용을 미치고, 그럼으로써 독일 법학이 전유럽적 평가, 더욱이 자주 세계적 평가를 받는다는 현상이 그것이다.

독일에서의 지금까지의 법학적 작업의 전체를 이와 같이 법제사적으로 특징짓는 것은 보통법에 관한 사법학에 대해서만 타당한 것은 아니다. 사법학에 대해서 이렇게 특징짓는 것은 사실로서 훨씬 이전부터 알려지고 있으며 다툼의 여지가 없다. 로렌츠 폰 슈타인의 다음과 같은 적절한 명제를 인용하는 것만으로 충분할 것이다. 그는 말한다. 독일에서는 「로마법이 이미 중세에 학문적 작업을 통해서 지위를 얻고 있었다」는데 대해서, 프랑스에서 로마법은 국왕의 관료계층의 권력의 일부를 이루고 있으며, 「영방의 일반 권력을 위한 법」이었다. 그리고 이 법은 관료계층에 의해서 담당되고, 「이 관료계층을 수단으로 해서 프랑스의 영방의 모든 부분과 모든 독자적인 법적 단체를 공통된 유대로서 포괄하는 보통법」이었다 라고.1) 물론 단순한 대학에서의 학문은 그 자체로서는 그러한

---

* Carl Schmitt, Das »Allgemeine Deutsche Staatsrecht« als Beispiel rechtswissenschaftlicher Systembildung, in: Zeitschrift für die gesamte Staatswissenschaft, Bd. 100, Verlag der H. Lauppp'schen Buchhandlung, Tübingen 1940, S. 5-24. jetzt in: G. Maschke (Hrsg.), Staat, Großraum, Nomos. Arbeiten aus den Jahren 1916-1969, Duncker & Humblot, Berlin 1995, S. 166-183.

1) L. v. Stein, Geschichte des französischen Strafrechts und des Prozesses, Bd. III von Warnkönigs und Steins französischer Staats- und Rechtsgeschichte, Basel 1846, S. 412.

정치적 유대를 산출할 힘을 갖지 못했다. 그것만으로 대학에서의 학문은 정치적 분열 상황을 가교하는 규범과 개념의 체계를 더욱 학문적으로 정교하게 창출하였다. 원래 로마법의 계수 자체가 루돌프 좀이 정당하게 강조하듯이, 법학의 계수였다.[2] [독일 사법학은] 위대한 자무엘 푸펜도르프를 효시로 하는 여러 위대한 자연법론자들의 철학체계에 강한 영향을 받고, 18세기의 법전편찬작업, 특히 1794년의 프로이센 일반 란트법*에 의해서 다시 추진되고, 사비니의 역사법학파에 의해서 표면상은 중단된 것처럼 보였으나 실제로는 한스 티메가 서술하듯이, 이 역사법학파에 의해서도 계속 담당되고,[3] 19세기 독일의 판덱텐 법학에 의해서 체계적 완결을 얻은 독일 보통 사법의 체계 중에서 이러한 독일 사법학의 발전은 마침내 완성된 것이다. 빈트샤이트는 이 법조법의 »제2의 울피아누스 또는 바울«이 되었다. 그에 의하면 로마법의 유럽적 의의, 실로 세계적인 의의는 그 내용의 대부분이 「무릇 인간이 지닌 견해들과 인간이 맺는 관계들을 표현한 것에 다름 아니다」라는 점에 있으며, 다만 그것은 「그 이후의 어떠한 법학도 어떠한 입법기술도 도달하지 못한 것을 이해한 대가를 가지고 서술된 것에 불과한」 것이다. 그것이 보다 일층 일반적인 개념을 창조한 »학문상의 신앙«이었다.[4] 1896년의 독일민법전의 구조 중에 오늘날에 이르기까지 이 신앙이 창조한 것은 우리들에게 잊혀지지 않는다. 이 점에 관한 지도적인 대가로서 인용할 수 있는 것은 코샤커이며,[5] 그에 의하면, 「이러한 판덱텐 법학은 이제 19세기에 유럽의 법학, 실로 법학 그 자체가 되었다」는 것이다. 19세기의 프랑스 법학은 실용적이며 실천적인 색채가 강하고, 또 자기의 민법전(Code civil)과 자기의 법학적 전통을 매우 자랑하고 있었는데, 그러한 프랑스 법학에서조차 이들 법학자의 학문체계의 영향을 면할 수는 없었다. 하이델베르크대학의 판덱텐 법학자 차하리에의 사법체계는 19세기의 30년대에 알사스의 주석학자 오브리(Aubry)와 라우(Rau)에 의해서 계수되고 — 전적으로 독자적이지만 — 다시 이에 손을 댄 것이다.[6] 프랑스 민법전 자체와 비교하여 독일 법학이 체계적으로 사고를 구축할 수 있는 특별한 능력을 가진 것은, 차하리에와 크로메(Zachariae-Crome)에 의한 프랑스 민법의 유명한 한트부흐 중에서 실증되었다.* 이 체계적인 사고의 구축은 전술한 하이델베르크대학 교수 카를 잘로모 차하리에 그 사람에 의해서 기초가 마련되었는데 이 사람에 대해서는 나중에 다시 말하기로 한다.

---

2) R. Sohm, Die deutsche Rechtsentwicklung und die Codifikationsfrage, Grünhuts Zeitschrift für das Privat- und öffentliche Recht, Bd. I (1874), S. 258.

3) Hans Thieme, Die preußische Kodifikation, Zeitschrift der Savigny-Stiftung für Rechtsgeschichte, Band LVII (1937), German. Abteilung.

4) «학문상의 신앙»에 관하여 이러한 관련에서 말하는 것은 Joseph Partsch, Vom Beruf des römischen Rechts in der heutigen Universität, Bonn 1920, S. 15.

5) Koschaker, Die Krise des römischen Rechts und die romanistische Rechtswissenschaft, Schriften der Akademie für Deutsches Recht, Gruppe Römisches Recht und fremde Rechte, Nr. 1, München und Berlin 1938.

6) Julien Bonnecase, L'école de l'exégèse en droit civil, 2. Aufl., Paris 1924, S. 76 ff.는 차카리에에 대한 오브리와 라우의 독창성을 구출하려고 시도한다.

그러나 계수와 체계형성이 독특한 형태로 결합한다는 것은 만약 그때에 사법에 한정되는 사실만이 문제가 된다면, 아직 지금까지의 독일 법학을 특징짓는 징표는 없을 것이다. 계수와 법학적인 체계형성과 독일 보통법의 창조와의 관계가 모든 것을 지배하는 근저적인 사실이 되기 위해서는, 먼저 그 관련이 어떤 형태로 그 밖의 중요한 법영역에서 반복되어야 한다. 그리고 이것은 실제로 타당하다. 18세기와 19세기의 형법과 소송법상의 발전은 여기서 몇 마디로 상기하기로 한다. 그 밖의 법영역에서는 완전히 같은 방향으로 나아가면서 반드시 의식하게 된 지난 세기에서의 두 개의 법제사에서의 발전의 계열에 주목하지 않으면 안 된다. 즉 독일 보통 국법과 독일 보통 행정법의 창조가 그것이다. 이들 양자는 계수된 법을 법학적으로 체계화한 것이다. 어떤 경우에도 독일 대학에서의 학문이 계수된 법을 이용하여 이들 영역에서의 독일 보통법을 산출하려고 시도하였으며, 그리고 이 목표는 — 그 시대가 그것을 허용하고, 이러한 의미에서 보통법을 말할 수 있는 한 — 실제로 달성되었다.*

19세기에 라이히 동맹과 독일 동맹에 가입하고 있던 수많은 주권국가의 국법의 틀을 넘어서 독일의 »보통« 국법, 그리고 또한 »일반« 국법이라고 불리는 하나의 체계가 성립하였다. »보통«이라는 호칭과 »일반«이라는 호칭이 병존하는 것은, 이 개념체계가 정치적인 동시에 철학적인 기원을 가지는 것을 나타내며, 나아가 이것은 일반화에 의해서 획득되는 그러한 개념을 형성할 때의 논리적인 방법을 보여주기도 한다. 즉 **4중의 것**(Vierfaches)이 존재하며 그것이 »일반적인 것«에로 인도한다. 그 과정은 우선 첫째로 소방분립상태(Vielstaaterei)를 넘어서 하나의 공통된 독일의 국법과 헌법을 산출하는 노력이며, 그것과 아울러 작용하는 것이 18세기 철학과 독일 관념론철학의 인도주의적 · 개인주의적인 체계가 가지는 세계시민적 보편주의이다. 나아가 염두에 떠오르는 것이 »순수한« 개념들을 제외한다는 의미에서, 헌법상의 규정들을 추상화하고 일반화함으로써 일반 국법의 목적을 달성한다는 방법이다. 그리고 끝으로 이 시대를 정신적으로 뒷받침하고 정통화하는 힘으로서 밀고 나아가는 것이 헤겔의 말을 빌리면, 「체계화하는 것」에로의 전체적인 경향, 즉 「일반적인 것[보편적인 것]에로의 고양이라는 시대가 안고 있는 무한한 갈망」[7]이다. 1848년 이전에는 이러한 일반적인 것에 대한 갈망은 이미 말했듯이, 독일의 위대한 철학자들의 철학체계와 밀접하게 결부되었으며, 이것은 19세기의 실증주의 이전 시대에서는 법학의 영역뿐만 아니라 모든 영역에서, 그것도 랑케의 역사서술처럼 유명한 저작 속에서만이 아니라 그 독창성을 부인할 수 없다고는 하지만 오늘날에는 더 이상 유명하지 아니한 책자들 속에도 나타난다. 예컨대 인종이론의 발전에 대해서 중요한 의미를 가지는 구스타프 클렘의 『인류의 일반문화사』(Gustav Klemm, Allgemeine Cultur-Geschichte der Menschheit, Leipzig 1843),[8] 정치지리학상의 여러

7) Hegel, Zusatz zu § 211 der Rechtsphilosophie von 1821 (임석진 옮김, 『법철학』, 한길사, 2008, 392면).

8) 클렘(G. Klemm)은 능동적 인종과 수동적 인종을 구별한 위에 자신의 일반문화사를 구축한다.

관련들을 힘차게 묘사한 에른스트 카프의 『철학적 또는 비교 일반지리학』(Ernst Kapp, Philosophische oder vergleichende Allgemeine Erdkunde, Braunschweig 1845)이 그것이다.[9)]

이 시대의 국법과 헌법에 관한 학문이 갈망한 일반성은 입헌주의적 헌법의 일반성이었다. 칸트의 법철학은 이 일반성을 서방에서 압박받고 있던 루소의 끊임없는 영향력과 방자맹 콩스탕*의 시대적 영향력과 결합하는 가교적 존재였다. 이 경우에 계수되는 것은 서방 이웃 국가인 프랑스, 영국 그리고 벨기에의 여러 법개념이다. 자주 상호간에 구별되고 서로 다투는 그들 복수의 계수 중에서 명백하게 되는 여러 가지 경향과 태도가 얼마나 이질적일지라도 전체로서, 또한 총체적으로 본다면 서구의 자유주의적인 헌법에 대한 관념들의 계수가 행해진 것은 다툼의 여지가 없다. 이때에 명백한 것은 학문적 체계화에 대해서는 영국의 모범보다도 프랑스 · 벨기에의 입헌주의를 뚜렷하게 특징짓고 있는 개념들 쪽이 오히려 적합하다는 것이다. 특히 19세기 전체를 지배하는 이른바 입헌주의적 헌법개념의 굴대(Achse)는 기본권과 권력분립이라는 두 개의 본질적 구성요소의 확고한 관계에 있다. 입헌주의적 헌법개념이 가지는 이 특질은 완전히 프랑스에 그 기원을 가진다 (1789년 8월의 인간과 시민의 권리선언 제16조).* 이 개념에서 나오는 법률 · 명령 · 집행 · 사법과 같은 여러 개념규정은 모두 기본권과 권력분립 위에 구축되는 이 입헌주의적 헌법체계에서 파생하여 나온다. 프리드리히 빌헬름 4세가 프랑스 · 벨기에의 입헌주의의 »거짓말 기계«라고 부른 것에 대해서,* 가장 격렬하게 저항한 곳에서도 특히 프로이센에서도 국가의 존망을 결정하는 위기적인 시기에서 국내정치상으로도 중요한 제도인 계엄(Belagerungszustand)을 조직하게 되면, 역시 프랑스의 모범에 맞게 조직하지 않으면 안 되었다. 기본권과 권력분립 위에 구축된 입헌주의적 헌법에 대한 명확한 부정으로서 프로이센의 계엄은 기본권과 권력분립을 폐기(집행권력의 우월)하면서도 역시 프랑스의 계엄(état de siège)을 그대로 모방하여 구성되고 있다.[10)] 그 밖에 여기서도 오스트리아와 프로이센이라는 대국에서가 아니라 이른바 »제3 독일«(Drittes Deutschland) 그리고 그 대학들의 법학부가 그러한 일반법과 보통법을 형성하는 무대였던 것이다.

독일 »일반« 국법은 이미 18세기 속에 착수되고 있다. 그것은 국가개념이 라이히를 파괴하고, »보통의 것« 또는 »일반적인 것«이 생성하는 다수의 국가를 넘어서는 형식으로 점차 그 그림자를 엷게 하면서 용해하여 가는 것과 동일한 정도로 그 발전을 거두고 있다. 독일 법학은 보댕의 시대 이래 결코 라이히를 알지 못했을 뿐만 아니라 단지 국가만을 알 뿐이었다.* 독일 법학에 대해서는 국가만이 개념이었다. 라이히는 법학에

9) 카프(E. Kapp)는 카를 리터(Carl Ritter)의 제자의 한 사람으로 하천적(potamisch)-동양적 세계와 소해양적(thalassisch)-고전적 세계와 대양적(ozeanisch)-게르만적 세계와 같이 세계를 장대하게 나누고 단계짓는 것을 구상하였다.

10) 1851년 6월 4일의 프로이센 계엄법률(Preußisches Gesetz über den Belagerungszustand vom 4. Juni 1851) 제3조와 제5조 이하. 1849년 8월 9일의 프랑스 계엄법률을 보라. 혁명 이후의 프랑스에서의 계엄제도의 발전에 관해서는 Carl Schmitt, Die Diktatur, 1921 (2. Aufl. 1928), S. 187 ff. (김효전 옮김, 『독재론』, 법원사, 1996, 229면 이하).

대해서는 법학적으로 파악하지 않고 »국가들의 제도«로서만 구성할 수 있는 것이었다. 헤겔이 그의 저서 『독일 라이히 헌법론』(1802)에 대한 서문 중에서 독일 헌법은 「이미 파악할 수 없다」고 서술할 때, 거기에서 그가 말하는 것은 독일 라이히가 바로 국가가 아니므로 법학적으로 의미 없는 것이 되어버렸다. 따라서 그는 백년 동안의 독일의 대부분의 철학자와 법률가와 마찬가지로, 프랑스에서 계수한 국가개념에 입각한 것이다. 그런데 이 국가개념에서 본다면, 독일 라이히는 이미 파악할 수 없게 되었다.11) 다른 법학상의 체계와 같은 방법으로 보통 헌법의 체계화도 자연법과 이성법에 관한 철학사상을 출발점으로 삼는다.12) 물론 18세기의 괴팅겐대학의 국법학자들은 실천적인 경향을 지니고 있었다. 그들의 국법학은 라이히에 관한 전통적인 관념과 보댕과 홉스로 거슬러 올라가며, 푸펜도르프에 의해서 계수된 국가개념을 절충하고, 국가주권의 결단주의에서 도피하려고 하였다. 비록 그 이론의 정치적인 의미와 성과는 다름 아닌 이 결단주의에 있었던 것이다. 퓌터(Pütter)*의 체계에 따라서 작성된 해벌린*의 『독일 국법 한트부흐』(Haeberlin, Handbuch des teutschen Staatsrechts, 2. Aufl. 1797)은 이 시대의 마지막 후렴이다. 그 서문은 다음과 같다. 즉 「모든 국가의 최고 권력에 귀속하는 일정한 권리와 의무는 국가의 본질에서 나오며, 특별한 계기를 필요로 하지 않는다. 국가의 개념에서 파생하는 이러한 권리와 의무의 총체가 일반 국법이 된다」. 해벌린은 이 부분에 붙인 주에서 『일반 국법과 국헌론』(Allgemeines Staatsrecht und Staatsverfassungslehre)이라는 제목을 가진 1793년의 「슐뢰쩌(Schlözer)의 걸작」을 참조하도록 지시한다. 구래의 라이히의 »일반 국법학«은 이미 19세기의 독일 일반 국법으로의 이행을 나타내고 있다. 항상 »라이히«가 여전히 현존하고 있었기 때문에 아직 거기에는 서구적인 개념들의 총체의 그러한 공공연한 계수는 적어도 포함하지 않았던 것이다.

그러나 서구 입헌주의적인 헌법의 학문적인 체계화는 독일의 국가들의 완전한 주권이 획득되고 구래의 라이히가 폐지된 순간에 바로 착수하고 있다. 그러므로 이 체계화는 라이히 동맹시대에 동일하게 시작한다. 이 라인 동맹의 시대는 매우 단기간이었지만 그래도 그 7년 동안(1806~1812)에 입헌주의적인 독일 보통 국법의 모든 기초가 설정되었다. »헌법«(Konstitution)이 의미하는 것, 즉 입헌군주제, 공민(Staatsbürgertum), 국민대표, 입법 · 집행 · 재판[이란 권력분립], 요컨대 19세기 독일의 헌법사상의 개념목록이 모두 특정한 개념으로서 이미 이 시대에 존재하는 것이다.* 그것에 관하여 바이에른과 뷔르템베르크와 바덴과 같은 제3 독일의 새로운 주권국가가 조직적으로 형성될 때에 프랑스의 모범을 모방한 것마저도 여기서는 문제로 삼을 필요가 없을 것이다.13) 프로이센

11) Die Verfassung des Deutschen Reiches, eine politische Flugschrift von Georg Wilhelm Friedrich Hegel, Ausgabe von Georg Mollat, Stuttgart 1935, S. 2.

12) Karl Rieker, Begriff und Methode des allgemeinen Staatsrechts, Vierteljahresschrift für Staats- und Volkswirtschaft, Band IV (1896), S. 250 ff.

13) 또한 Johannes Weidemann, Neubau eines Staates, Staats-und verwaltungsrechtliche Untersuchung des Königreichs Westfalen. Schriften der Akademie für Deutsches Recht, Leipzig 1936도 참조. 이에 대한 서평으로서 Carl Schmitt, Deutsche Juristen-Zeitung 1936, S. 624.

의 신조직에 프랑스의 이념들은 어떤 영향을 미쳤는가 하는 것에 관한 마이어(E. von Meier)와 레만(M. Lehmann)의 논쟁*도 여기서는 완전히 제쳐둘 수 있다. 그러나 국가개념이 라이히를 최종적으로 「법학적으로 파악할 수 없는 것」이 되어버린 라인 동맹시대에, 이미 독일 연방주의(Föderalismus)에 관한 불운한 이론도 완전한 형태로 등장한다는 것을 상기하는 것은 아마 필요할 것이다. 국가연합(Staatenbund)과 연방국가(Bundesstaat)라는 이 이론이 품은 안티테제는 바로 저 라이히에 적대적인 국가개념을 둘러싸고 움직이는 것이다.* 이 연방주의의 이론은 1933년이 되어서 비로소 퇴각하였다. 라인 동맹시대의 독일의 법률가들은 이 모든 것을 지배하는 국가연합과 연방국가라는 안티테제의 아버지들이다. 특히 모두에 이름을 열거한 1807년 이후의 하이델베르크대학교수 카를 잘로모 차하리에와 뷔르츠부르크대학의 빌헬름 요제프 베어(Wilhelm Joseph Behr)가 그렇다. 국가와 헌법에 관한 계수된 관념들을 기초로 완성되고, 소방분립상태를 널리 전파한 독일 보통 국법이라는 사상은 그럼으로써 새로운 내용을 획득하는 것이다. 이 사상이 나타낸 것으로서는 먼저 베르의 체계서 1804년의 『일반 국가학 체계』(System der allgemeinen Staatslehre)와 1810년의 『응용 일반 국가학 체계』(System der angewandten allgemeinen Staatslehre)와 C. S. 차하리에의 『라인 동맹시대에 가입한 국가들의 공법』(Jus publicum civitatum quae foederi Rhenano adscriptae sunt, 1807) 그리고 『라인 동맹 국가들의 국법』(Staatsrecht der rheinischen Bundesstaaten)이란 제목으로 1810년에 발간된 그의 논문집, 나아가 바우어(J. N. F. Bauer)의 『라인 동맹 국가들의 일반 국법에 관한 논문집』(Beiträgen zu einem allgemeinen Staatsrecht der rheinischen Bundesstaaten in 50 Sätzen, 1807)을 들 수 있다.

이어서 독일 동맹시대(1815~1866)가 참으로 독일 일반 국법의 특성 있는 시대가 된다. 즉 이 시대에 독일 일반 국법은 군주제원리와 시종일관한 입헌주의와의 타협에 근거하여 구축되었다. 1848년이라는 해는 다른 모든 영역에서처럼, 이 영역에서도 시대를 긋는 깊은 분기점을 이룬다. 독일 동맹의 최초의 몇 년 동안에는 또한 루트비히 클뤼버(Johann Ludwig Klüber)*가 여전히 이 영역을 지배하고 있었다. 그는 구래의 라이히 국가적 · 영역국가적 관념을 계속 사용하였다. 「이미 로베르트 폰 몰이 클뤼버에 대해서 서술하듯이, 클뤼버는 라인 동맹의 법에 관한 자기의 체계 속에 구래의 라이히 국법의 상당 부분을 편입시켰는데 심하게 말하면 밀수입하고 있었다」.[14] 이것의 성과는 인정한다고 하더라도 잊어서는 안 될 것은 그러한 밀수입을 가지고도 다음과 같은 근저적인 사실은 결코 변하지 않았다는 것이다. 즉 새로운 라이히의 형성은 뛰어난 국가 프로이센을 통해서 진전되었으며, 라이히 개념을 남용하고 팔방으로 손을 내밀어 국가 간 연방주의(Staatenföderalismus)를 통하지는 않았다는 사실이다. 나아가 하나의 기본적인 점에서, 즉 예산권의 파악에서 클뤼버의 신분제적 해석은 전적으로 입헌주의적 · 프랑스적 방향으

14) Aegidis, Zeitschrift für Deutsches Staatsrecht und deutsche Verfassungsgeschichte, Berlin, Bd. 1 (1865), S. 359.

로 결론을 내지 않을 수 없었으며, 정부의 정책을 의회의 예산승인권에 종속시키지 않을 수 없었다.[15] 그와 아울러 독일 연방의 최초의 몇 년은 개별 국가들의 국법을 만드는 작업에 완전히 매달렸다. 예컨대 바이에른에서는 슈멜칭(Schmelzing), 드레쉬(Dresch) 그리고 쿠쿠무스(Cucumus)에 의해서,[16] 작센에서는 폰 뷜라우(von Bülau), 뷔르템베르크에서는 로베르트 폰 몰(Robert von Mohl), 쿠어헤센에서는 무어하르트(Murhard)에 의해서 등등. 새로운 스타일로 독일 보통 국법을 최초로 서술한 것의 하나가 1826년에 예나대학의 정교수로 임명된 국법학자 카를 에른스트 슈미트(Karl Ernst Schmid)*의 미완의 저서 『독일 보통 국법 교과서』(Lehrbuch des gemeinen deutschen Staatsrechts)이다. 이 저서는 1821년에 발간되었으며, 서구입헌주의의 사상 · 개념세계의 한 가운데 있다. 이러한 의미에서 이 『교과서』가 얼마나 시대에 적합하였는가를 보여주는 것은 이 『교과서』와 역시 슈미트가 초안에 의거하여 1829년 8월 23일의 「작센-마이닝겐 공작령의 연합지방국제를 위한 기본법」(Grundgesetz für die vereinigte landschaftliche Verfassung des Herzogtums Sachsen-Meiningen)에 대해서 최초의 국가의 법률로서 — 더구나 이 점에 관하여 다른 대부분의 경우에 인용되는 프랑스와 벨기에 법률보다도 이른 시기의 것으로서 — 정치범의 인도 금지와 정치적 비호권에 대한 새로운 사상을 실정법에 도입했다는 영광이 주어지고 있다는 사실이다.[17] 이 정치범죄라는 개념의 전제가 되는 정치적인 것의 개념은 당시의 독일의 소방분립의 상황에서는 이해하기 쉬웠다. 그러나 이 개념은 전체적으로 정치적인 것을 기본적으로 국내정치적인 것에서 파악하고, 그곳에 대응하는 형태로 정의내리는 19세기의 자유주의적 경향에 합치하는 것이었다.[18]

그 첫 번째 단계가 가지는 이성법적인 »철학적« 성격을 특징적으로 보여주는 것이 프라이부르크대학의 교수 카를 폰 로텍*이 1829년에 슈투트가르트에서 발간한 『이성법과 국가학 교과서』(Lehrbuch des Vernunftsrechts und der Staatswissenschaft)이다. 이 책의 제2권은 『일반 국가학』(Allgemeine Staatslehre, 2. Aufl. 1840)이었다. 일반 세계사론과 벨커(Welcker)와 공동으로 편집한 국가학사전에 의해서 서구 입헌주의의 계수된 개념들은 교양 있는 시민계급의 모든 계층에 보급되었다.* 독일에서의 유대인문제의 역사에 대해서 매우 중요한 것은, 교양과 재산을 가진 독일 시민계급의 유대인문제에 대한 태도가 입헌주의적 헌법이념에 포함된 자명한 것에서, 특히 »공민«(Staatsbürger)이라는 입헌주의적 개념에서 대부분은 설명된다는 것이다.[19] 자유주의 · 입헌주의적 세계

---

15) Rudolf von Gneist, Gesetz und Budget, 1879, S. 136.*

16) Robert Piloty, Ein Jahrhundert bayerischer Staatsrechts-Literatur (Festgabe für Laband), Tübingen 1908, I, S. 35 ff. (Die Biedermeier)*

17) Mettgenberg, Das erste Verbot der Auslieferung politischer Verbrecher, Zeitschrift für Völkerrecht, Bd. XIV (1927), S. 237 ff. 나아가 Siebenhaar, Der Begriff des politischen Delikts im Auslieferungsrecht, Berliner rechtswissenschaftliche Dissertation 1939.

18) Wilhelm Hanemann, Der Begriff des Politischen in der deutschen Wissenschaft des 19. und 20. Jahrhunderts. Heidelberger staatswissenschaftliche Dissertation 1934, S. 29 ff.

관의 전체적 특질은, 법의 영역에서도 역사의 영역에서도 새로운 전체상이 성립했다는 것, 그리고 구래의 라이히로부터 받아들인 모든 관념과 개념이나 관용구가 변화시켰다는 것 속에 그 진가를 나타낸 것이다. 로베르트 폰 몰은 1824년에 튀빙겐에서 강의활동을 개시하였는데, 그때에 그는「입헌주의적 견해를 채택」하고, 특히 방자맹 콩스탕을 계승하였다.[20] 그의『법치국가의 원칙들에 따른 경찰학』(Polizeiwissenschaft nach der Grundsätzen des Rechtsstaates, 1832)은 자유주의적 법치국가개념에 대한 획기적인 저작이 되었다. 국민적인 동시에 자유주의적인 운동이 1848년이라는 해에 가깝게 되자, 독일 보통 국법의 설득력은 증대하였다. 루돌프 스멘트는,[21]* 라이히 시대의 저작물의 전통에 집착하는 괴팅겐대학의 법학자들이 가진 다양성과 특이성을 강조하는데, 그러한 모든 다양성과 특이성에도 불구하고, 차하리에(H. A. Zachariae)가 1841년에 발간한『독일 국법과 독일 연방법, 제1부 · 독일 연방 국가들의 일반이론과 헌법』(Deutsches Staats- und Bundesrecht I. Teil, Allgemeine Lehren und Verfassungsrecht der deutschen Bundesstaaten)도 결과적으로는 전체로서 동일한 입헌주의적 경향을 가지고 기능한 것이다. 다름슈타트에서는 1837년에 뢰더(K. D. A. Röder)의『법정책 강요, 제1부 · 일반 국헌론』(Grundzüge der Politik des Rechts, Teil I: Allgemeine Staatsverfassungslehre)가 발간되었으며, 기센에서는 1843년에 슈미트헨너(F. Schmitthenner)의『일반 국법 또는 이념적 국법의 기본선』(Grundlinien des allgemeinen oder idealen Staatsrechts)이 출간되었다.

독일 대학들에서의 빛나는 승리를 거둔 이 새로운 학문상의 학과가 전성기를 맞은 것은 1848년 이후의 일이며, 독일 연방의 부흥으로부터 그 해체에 이르는 겨우 15년간(1850~1866)에서이다. 이 시기에 »제3 독일«의 독일 국법학은 1848년의 자유주의운동의

---

19) 유대인 문제에 대한 [로텍의] 견해는 유대인 문제에 관한 이 시대의 역사적 서술 중에서는 주목을 받지 못했으나, 이 문제에 관한 중요하고 전형적인 견해로서 특히 의의가 있으므로 여기서 상세하게 인용하기로 한다. 왜냐하면 여기에 보이는 것은 리버럴한 시민이 무산 독일 국민(Volk)을 »하층민«(Pöbel)이나 »재산 없는 무뢰한«(besitzlose Gesindel)으로 간주하고, 그 반대로 교양과 재산으로 분할된 유대인을 자신들과 동일한 사람으로 간주한 것은 어떤 자명한 이치에 의한 것인가 하는 것이기 때문이다. 그래서 로텍의『일반 역사론』(Allgemeine Geschichte, Braunschweig 1846, Bd. X, 1. Erster Ergänzungsband, S. 82)을 보면, 1820년에 마인 호반에서 일어난 유대인 고리대금에 대한 폭동에 대해서 다음과 같이 서술한다. 즉「프랑스혁명의 영향으로 그때까지의 제국헌법 아래서 기독교도와 유대교도 간에 존재하던 외관적인 차별이 마침내 폐기되었으나, **하층민**이 깊게 감정을 상한 것은 프랑스인이 추방된 때와 동일한 차별이 완전히 회복되지 못한 점에 있었다. 기독교 주민의 최하층 사람들은 필요최소한도의 생산필수품마저 자주 결핍되었으며, 그렇지만 그들은 언제나 자신들은 사회 질서 속에서 최저의 지위를 차지하지는 않는다는 것으로 자신들을 위로하고 있었다. 그렇지만 비록 상당한 부를 가지고 학문적인 교양과 모든 종류의 미덕으로 뛰어나더라도, 법률에 의해서 가장 조잡하게 **재산 없는 무뢰한**인 자신들보다도 더 하층의 지위에 놓여있던 인간이 있었기 때문이다. 그러므로 유대교도와 기독교도가 동렬에 놓이거나 그처럼 동렬에 놓일만큼 같은 취급을 받는 것은 자신들의 정당한 권리가 침해된 것이라고 **하층민**이 생각했더라도, 그것으로 그들을 나쁘게 볼 수는 거의 없었다. 그렇지만 귀족은 자신들의 구래의 특권을 반환하도록 요구하였으므로 어째서 **하층민**이 동일한 것을 해서는 안 되는가?」.

20) Robert von Mohl, Lebenserinnerungen, Stuttgart und Leipzig 1902, I, S. 146.

21) Deutsches Rechtswissenschaft, Bd. IV (1939), S. 27.*

정치적 패배와 복고운동의 승리를, 입헌주의적 헌법의 승리에로 변형할 것을 알고 있었다. 철학은 정지하고, 프랑스의 모범에 대한 가시적인 영향은 현저하게 후퇴하고, 입헌주의의 핵심은 점차 명확한 것이 되어간다. 이 시대의 지도적인 저작은 당시의 뮌헨대학교수인 요한 카스파르 블룬칠리(Johann Caspar Bluntschli)가 집필한 1852년 발간의 『일반 국법』(Allgemeines Staatsrecht, 4. Aufl. 1868)이다. 이와 아울러 언급할 만 한 것은, 뷔르츠부르크의 국법학자인 요제프 헬드(Joseph Held)가 1856년에 발간한 『특히 입헌주의에 착안한 독일의 군주제국가들의 헌법체계』(System der Verfassungsrechts der monarchischen Staaten Deutschlands mit besonderer Rücksicht auf den Konstitutionalismus)이다. 쬐플(Zöpfl)*과 H. A. 차하리에의 커다란 한트부흐는 더욱 실천적인 의의를 가지며, 더구나 여기에서의 전체적인 경향도 전적으로 »입헌주의적«이다. 이 시대의 『국가사전』(Staatslexikon)은 블룬칠리와 바이에른의 자유주의자인 브라터(Brater)에 의해서 편집되었다.* 이러한 예시들이 보여주는 것은 이 단계에서도 »제3 독일«이 국법과 헌법의 영역에서의 보통법의 새로운 형성의 본래의 무대이며, 이번의 경우에는 그것이 정치적 찬스, 즉 전술한 중간기에 »제3 독일«에 나타났다고 생각되는 정치적 찬스와 결합한다는 것이다.[22] 프로이센과 오스트리아는 [이 분야에서 보통법을 형성하는 데에는] 상당히 많은 독특한 국가적 실체를 가지고 있었다. 두 나라는 입헌주의의 체계화에 대해서는 억제하는 태도를 취했으나, 다른 한편 독일 보통 국법과 독일 보통 헌법의 학문에 자진하여 전체적인 특성을 부여할 수도 없었다. 프로이센과 오스트리아에 관련된 이러한 제약과 함께 확인할 것은 독일 »일반« 국법이 학문상의 학과로서 거둔 성과는 다툼의 여지가 없을 정도로 명백하였다는 것이다. 그 성과는 로베르트 폰 몰의 『입헌주의적 일반 국법의 역사와 문헌』(Geschichte und Literatur des allgemeinen konstitutionellen Staatsrechts)[23]만 보더라도 분명하다. 특히 저명한 공법학자인 동시에 »일반« 국법의 최대의 적대자이기도 한 루돌프 폰 그나이스트는 이 »일반« 국법에 반대하는 주요 증인으로서 여러 번 등장하였다. 그는 수 십 년 간 「프랑스의 이론들 그 자체가 입헌주의적 헌법원칙으로서 다루어」 온 것과 프로이센의 법률가도 자신이 만든 일반 란트법의 제2부에 냉담하고, 「교양 있는 계급들의 국가철학」으로서 이 입헌주의적인 일반 국법에 몸을 맡겨버린 것에 대해서 탄식하였다.[24] 매우 특이한 경험에 근거하여 가장 우수한, 다음과 같은 전문가적인 전체적 특징은 그나이스트에서 유래한다. 즉 「1806년 이래 독일의 대학들에서 국법으로서 강의하고 청강한 것은 철학적인 »일반« 국법이 법적 고전시대의 한 영역이었으나,

---

22) 그것은 보이스트(Beust)의 개혁안(작센)과 폰 데어 포르텐(von der Pfordten)의 개혁안(바이에른) 그리고 밤베르크 회의(1854)과 뷔르츠부르크 회의(1860)의 시대이다. Walter Peter Fuchs, Die deutschen Mittelstaaten und die Bundesreform 1853 bis 1860, Berlin 1934; H. F. Feine, Das Werden des deutschen Staates, Stuttgart 1936, S. 184.

23) R. von Mohl, Die Geschichte und Literatur der Staatswissenschaften, Bd. 1 (1855), S. 265 ff.

24) R. von Gneist, Der Rechtsstaat, 1872, S. 149; Die nationale Rechtsidee von den Ständen und das preußische Dreiklassenwahlsystem, 1894, S. 5.

이러한 강의를 애호하는 것의 범위는 점차 작게 되어 왔다. 그것만으로 더욱 사법의 일반이론이 확장되고 실제로는 재산법의 총칙 부분만이 취급되어왔음에도 불구하고, 이 시대 이후 그 사법의 일반이론이 법학적 사고의 일반 규준으로 간주된 것이다.[25] 허지만 그나이스트는 같은 곳에서 이러한 일반화와 계수라는 사상 간에 본질적인 관련이 있는 것도 분명히 인식하고 있었으며, 그 점을 다음과 같이 서술한다. 즉「그것의 (이러한 일반 국법과 국가학의 형성이 결여된 것 — 저자) 상호작용 속에 **외국의 법개념의 계수** (강조는 그나이스트에 의함 — 저자)라는 것이 있으며, 이러한 계수야말로 일찍이 로마법의 계수시대와 마찬가지로, 오늘날 법률학의 논리를 혼란시키며 법률가가 낡은 법도 새로운 법도 능통하지 못한다는 사태를 초래한 것이다」[26]라고.

그러나 실제로 19세기 후반에, 시대는 법학상의 실증주의 시대로 변하였다. 이 변화는 1848/49년의 여러 가지 경험 후에 생긴, 거의 허무주의적이라고 할 실망감의 하나로 나타난다. 1854년의 잘 인용되는 빈트샤이트의 언명에 의하면,「자연법의 꿈」은「꿈을 다 꾼 것이다」. 실제로 그때까지의 보통의 것과 일반적인 것의 정신적 기반, 즉 18세기의 철학과 독일 관념론 철학의 위대한 체계는 붕괴된 것이다. 이러한 체계의 최후이며 최대인 헤겔의 객관정신의 철학은 쇼펜하우어의 비웃음과 그들에게 아무것도 알지 못한다고 웃은 시민계급의 비웃음을 받아 가라 앉아 버렸다. 그와 함께 저 일반성은 그 논리 · 체계적 시종일관성도 또한 그 공통된 정신적 실체도 상실해 버렸다. 일반성은 한 편으로는 »일반교양«이 되고, 다른 한편으로는 점차 중립화하며, 이러한 의미에서 점차 일반화해 가는 총론 부분에서 개념을 기술적으로 배제하는 방법이 되었다. 불안을 품은 법적 허무주의를 앞에 두고 사람들은 국가에게, 그리고 국가의 법률에 보호를 요구하였다. 그것이 1848년 이후 독일에 등장한 법률실증주의의, 보다 깊은 법제사적인 의미이다. 이 법률실증주의는 — 판덱텐 법학의 보통법을 염두에 두면서 — 우선 관습법을 옹호하기 위해서, 더욱 광범위한 유보를 두어야 했으며, 그럼으로써 관습법의 »실정성«을 적어도 다음에 법전편찬을 할 때까지 동안 구출한 것이다.[27]

저항할 수 없는 힘을 가지고 압박하는 이 새로운 법실증주의, 즉 실정적으로 타당한 국가의 법실증주의에 의해서 독일 보통 국법은 다음과 같은 의문에 놓이게 되었다. 즉 독일 보통 국법은 원래 현실의, 국가에 의해서 설정된 실정법인가의 여부, 만약 그렇다면 도대체 어째서 그러한가 하는 의문이다. 이 물음은 [독일 보통 국법이라는] 새로운 학과에 대해서는 어려운 질문이며, 또 그러한 시대상황에서는 바로 치명적인 물음이었다. 프리드리히 폰 게르버의 말에 의하면,「국법은 그 본질에서 볼 때 특정한 국가의 법만일 수 있다. 왜냐하면 국법은 역사적으로 현실화되는 구체적인 국가의 의지력을 전제로 하기

25) Gneist, Gesetz und Budget, Berlin 1879, S. 63.*

26) Ebenda, S. 64.

27)「잊어서는 안 될 것은 독일의 관습법이론이 1848년 **이전에** 보급되었다는 것, 그러므로 이 이론이 본래 가지고 있는 논쟁적 · 정치적인 의의가 당시에는 절대군주의 입법권에 대해서 대항한다는 것에 의해서 규정되고 있었다는 것이다」.

때문이다. 따라서 독일 국법에 관해서 말하면, 독일의 민족적 결합의 내부에서 병존하는 독립한 개개의 국가의 국법만이 문제로 될 수 있을 것이다」라는 것이다.[28] 관습법의 효력을 원용하는 것은 수 백 년 이래 계수되고 있는 로마법에는 소용이 되었으나, 겨우 두 세대 전에 성립한 독일 보통 국법은 충분히 오랜 시간이라는 요소를 결여하였다. 그리하여 1860년 이래 타당근거라든가 법적 성격에 관한 의문이 시대의 종말을 고하는 불길한 새처럼 나타나는 것이다. 애기디(Aegidi)가 편찬한 『독일 국법 · 독일 헌법사 잡지』(Zeitschrift für Deutsches Staatsrecht und Deutsche Verfassungsgeschichte) 제1권은 1867년에 출판된 그대로 그것이 유일한 권이 되었는데, 거기에는 이 문제에 대한 비교적 장문의 세 논문만이 수록되어 있다.[29] 독일 보통 국법이라는 »순수하게 학문적인« 학과 내지 단순한 »법철학입문«과 현실의 법명제의 국가적 · 실정적 효력과의 차이라는 것이 자주 강조된다. 죄플, H. A. 차하리에(괴팅겐) 그리고 H. 슐체는, 이유는 다양하지만 학문에 의해서 발견된 개념들을 실정적인 국법의 근본적 구성요소 또는 보충적 구성요소로서 평가함으로써, 또는 이러한 학문적 개념들이 정부와 국민의 법의식으로 되어 일반적으로 승인되기에 이른다고 주장함으로써 그 »실정적« 성격을 구출하려고 한다. 이에 대해서 몰, 칼텐보른(Kaltenborn) 그리고 게르버는 그 실정적 성격을 떨어뜨리며, 독일 일반 국법에 단지 학문적 의의만을 인정한다. 1867년에 북독일연방이 설립됨으로써 마침내 의심할 것 없이 실정적인 연방국가의 법이 등장한 때에는 모두 안심하였을 것이 틀림없다. 비록 북독일연방국가의 설립이라는 전체행위를 법학적으로 어떻게 구성할 것인가는 국가적 · 실증주의적인 법률사상에 대해서 해결하기 어려운 수수께끼 그대로였다.[30] 1868년이 되자 요제프 헬드는 역사적으로 해결된 이 학과를 다음과 같이 특징짓고 있다. 즉 「독일 보통 국법, 보다 정확하게 말하면 독일 국법이라는 개념은, 따라서 국토의 정치적 세분화에 반대하는 독일인의 국가적 통일에 대한 충동이 여전히 결단을 내리지 못한 일종의 항의이거나 또는 — 이 점은 지금까지 전혀 주목되지 않았는데 — 정치적 자유에서 나오는 항의이다. 그것은 일찍이 봉건주의 또는 봉건적인 법적 분립주의(Rechtspartikularismus)와 개별주의(Spezialismus)의 진영에서 근대의 절대군주제에 의한 통일 · 해방을 위한 보다 고도의 노력에 대항하기 위하여 가지고 나온 것과 동일한 교양, 즉 관습법에 관한 고래의 일반적 · 국민적인 교양을 기초로 하여 절대주의의 잔재에

---

28) F. von Gerber, Grundzüge des deutschen Staatsrechts, 1. Aufl. 1865, 3. Aufl. 1880, S. 9.

29) Robert von Mohl, Bemerkungen über die neuesten Bearbeitungen des allgemeinen deutschen Staatsrechts, S. 335 ff.; H. Schulze (Breslau), Über Prinzip, Methode und System des deutschen Staatsrechts, S. 417 ff. 국법 일반의 개념과 특히 독일 국법의 개념에 대해서는 J. Held (Würzburg), S. 452 ff.

30) 전체행위의 이론과 합의의 이론에 대해서는 Gierke, Genossenschaftstheorie III, Berlin 1887, S. 132; Karlowa, Grünhuts Zeitschrift XV (1887), S. 402; Karl Binding, Die Gründung des Norddeutschen Bundes, Festgabe für Windscheid, 1888, S. 69 f. (abgedruckt in der Sammlung »Zum Werden und Leben der Staaten« 1920, S. 161, 217); G. Jellinek, System der subjektiven öffentlichen Rechte, 1892, S. 193; Kuntze, Der Gesamtakt, Festgabe für Müller, Leipzig 1892. 끝으로 H. Triepel, Völkerrecht und Landesrecht, 1899, S. 37, 178 f.

대해서 행하는, 자유를 지향하는 국민적 개혁의 지레이다」라고. 물론 이 적절한 특징은 미네르바의 올빼미처럼 독일 보통 국법의 시대가 끝나는 단계에 비로소 등장한다. 그러나 잊어서는 안 될 것은 라이히 최고재판소(제3부)가 1882년의 시점에서도 여전히 »입헌주의적 일반 국법«을 그 판결의 근거로서 이끌어내고, 국가 자신 또는 그 국적을 가진 자에게 의무를 부과하는 조약이 란트 등족회의의 승인을 필요로 하는가 아닌가 하는 문제에 긍정적으로 답변하고 있다는 것이다.31)

북독일연방이 설립되고 그것이 제2제정으로 확대됨으로써 이 독일 일반 · 보통 국법은 자연사하지 않을 수 없게 되었다. 그러나 그것은 **독일** 일반 국법학으로서 죽은 것에 불과하며, 그 한쪽에서 동시에 그것은 마찬가지로 자연스런 모습으로 입헌주의의 **일반 국가학**에로 확대되고, 이 일반 국가학의 형태로 유럽에, 실로 세계 전체에 통용하게 되었다. 이러한 방향에로 결정적인 한 걸음을 내 디딘 것이 게오르크 옐리네크의 『일반 국가학』(Allgemeine Staatslehre, 1. Aufl. 1900)이다.32)* 그는 [일반에 대한] 개별적 국가학의 구상을 가지고 있었으나 그것은 단편으로 그치고 있다. 이러한 국가학 각론은 G. 옐리네크 자신이 강조했듯이, 오토 마이어에 대해서 마이어류의 행정법»각«론이 실현불가능했던(후술 참조) 것과 동일한 이유로 실현불가능하였다. 일반 국가학이라는 학과를 실증주의의 의혹에서 구하는 논리적이며 방법론적인 기교는, 일반 국가학이 국**법**학에서 자신을 엄밀하게 구별하면서 그럼에도 불구하고 여전히 법학상의 학과로서 보존된다는 점에 그 본질을 가진다. 그러나 이것이 세계적 성과를 거둔 비밀은 이 일반 국가학이 실질적으로는 세계적 추세가 된 자유 · 민주주의적 헌법을 일반화한 것에 불과하다는 사실에서 명백하게 된다.

제2제정이 성립된 후에 독일 대학의 학문에는 새로운 독일 보통법을 형성하기 위한 활동영역으로서는 단 하나 행정법이 남았을 뿐이다. 국법과 헌법이 실증주의적으로 된 것은 라이히 헌법, 즉 연방국가의 헌법이 연방국가의 법률로서였다고 하더라도, 여하튼 국가의 법률로서 현재 존재하였기 때문이다. 이에 대해서 행정은 주로 개별국가에게 맡겨졌으며 그러므로 계수에 의거해서 법학에 의한 체계가 형성되는 것을 기다리고 있었다. 비교적 강대한 개별국가는 보통법에 대한 필요성을 느끼지 않았다. 프로이센의 행정법은 학문적인 관점에서 볼 때에도 완전히 만족했으며, 이 시대의 가장 위대한 행정법학자 루돌프 폰 그나이스트는 이 프로이센 행정법에 뿌리박고 있었다. 바이에른 · 뷔르템베르크 · 작센 · 바덴의 행정법 역시 상급행정재판소의 판례를 기반으로 하여 그 특이성을 보존할 수 있었다. 그러므로 독일 보통행정법의 실천에 남아있던 활동의 여지는 반드시 넓은 것은 아니었다. 그리하여 나아가 법학 · 이론이 승리할 것은 명백하였다.

---

31) RGZ. 7, 52.

32) 제2판은 1905년에 발간되었는데, 그것보다 먼저 이미 프랑스어역과 러시아어역이 나왔다. 이어서 1906년에는 체코어역이, 또한 1921년에는 이탈리아어역이 각각 나오고 있다. 로마대학에서는 이미 1903년에 »일반 공법«(diritto pubblico generale)이라는 단독의 강좌가 설치되었고, V. E. 올란도가 이것을 담당하고 있었다.*

이 분야의 경우 그 움직임에 선구를 이룬 것은 라이히 직할령 엘자스 · 로트링겐[알사스 · 로렝]의 독일 대학, 즉 슈트라스부르크대학이었다.

중부 프랑켄 출신의 법률가 오토 마이어*는 젊은 독일인 변호사로서 라이히[제2제정]가 설립된 직후인 1872년부터 1880년에 걸쳐 먼저 프랑스적 특징을 지닌 법생활의 실무를 경험하고, 이어서 슈트라스부르크의 독일 대학*의 강사로서 콩세이유 데타의 판례의 방대한 소산을 알게 되었다. 1886년에는 그는 『프랑스 행정법이론』(Theorie des französischen Verwaltungsrechts)을 발간하였다. 이 저서에 대해서 그 자신은 다음과 같이 서술한다. 즉 「확실히 그러한 사고방식에는 그 나름의 고유한 특수성이 있으므로 프랑스인이라면 행운의 본능에 의해서 사물을 묘사하고 직관적으로 만드는 것을 아는데 반하여, 독일인은 충분히 그런 방법을 사용하기 위해서는 확고한, 윤곽이 뚜렷한 개념들을 포괄하지 않으면 안 된다. 그 이외의 방법으로는 우리들에게는 할 수 없는 것이다. 이러한 개념들은 유사하거나 대립하기 때문에 그 자체로도 서술에서의 어떤 일정한 체계로 인도하는데, 그 체계 중에서 그러한 개념들이 서로 설명하거나 한계를 짓게 한다. 바로 우리들이 로마법을 다룰 때에 구축한 체계가 그러하였다」.[33] 여기서 오토 마이어는 「프랑스의 법률가들의 활동에 관한 보고자」에 불과한 것을 자각했는데, 그의 눈에는 완성된 완벽한 것으로서 비친 프랑스의 개념들을 그는 역시 하나의 체계로 정리한 것이다. 그의 커다란 체계적인 『독일 행정법』(Deutsches Verwaltungsrecht) 제1판은 1895/96년에 출판되었다. 그 서문 속에서 그는 다음과 같이 서술한다. 즉 「이번에 독일 행정법에 대해서 서술함에 있어서 나는 『프랑스행정법이론』 속에서 이런 종류의 작업에 대해서 스스로 설정한 필요조건을 만족시키려고 노력하지 않으면 안 되었다. 그러나 본서에 관해서는 앞의 저서와는 완전히 다른 어려움이 거기에 수반되었다. 앞의 저서의 경우에는 여하튼 국가적인(nationalen) 법을 가지는 단일국가가 나의 눈앞에 있었다. 그런데 본서의 경우 내 눈앞에 있는 것은 다양한 란트법이며 그것들은 다양한 정도에서 외국법, 즉 프랑스법의 영향을 받고 있는 것이다. 앞의 저서의 배경에는 한 번에 주조된 새로운 법, 말하자면 혁명이라는 용광로 속에서 나타나온 새로운 법이 있었다. 그런데 본서의 배경에 있는 것은 점진적인 사태의 경과이며, 모든 것에 낡은 것의 잔재가 포함된 것이다. 앞의 저서에서는 이러한 전제들을 기초로 하여 하나의 확고부동한 이론이 존재하였고, 그것을 설명하는 저자들의 동종성에 당혹할 정도였다. 당시 나는 자신이 프랑스의 법률가들의 활동에 관한 보고자에 불과한 것을 정직하게 서술할 수 있었다. 모든 법개념들은 확고하게 주어졌으며, 나는 단지 다른 표현방법과 다른 배치의 방법을 첨가할 뿐이었다. 우리 독일 행정법학도 [프랑스의 상황과] 단지 유사한 상황에 떨어진다고 주장하고 싶어하는 자가 있을 것인가?」라고.

이렇게 볼 때 여기에는 계수라는 것의 아주 놀랄 만한 사례가 존재한다. 프랑스의 행정법학에 의해서 발전된 행정행위, 행정쟁송, 공공계약, 공적 소유권, 공공영조물과

33) Otto Mayer in seiner Selbstbiographie (herausgegeben von Planitz, 1924), S. 162.

같은 개념들이 받아들여졌을 뿐만 아니라, 전형적으로 프랑스적으로 특징지어진 권력분립을 배경으로 한, 이 행정법학의 구조의 헌법적 기반도 받아들인 것이다. »법치국가«는 »경찰국가«*를 변증법적으로 극복하게 되는데, 동시에 법치국가는 전형적인 형태로 권력분립에 의거하는 법률의 우위와 법률의 유보를 내용으로 하는 법률국가(Gesetzesstaat)가 된다. 행정은 입법과 사법에 포함되지 않는 것으로 정의된다. 여기에 이르러 비로소 프랑스 입헌주의의 계수와 승리가 완성된 것이다. 왜냐하면 여기서 프랑스 입헌주의가 일반적인 것으로 고양되기 때문이다. 게오르크 옐리네크는 바로 다음과 같이 논평하였다. 오토 마이어는 자기의 출발점으로서 행정법의 **각론**을 식별할 수가 없다. 그러나 그럼에도 불구하고 오토 마이어의 본서에 일종의 각론과 같은 것이 있기 때문이라면 — 옐리네크의 견해에 따르면 — 거기에서 문제가 된 것은 총론 부분의 계속인 것이다 라고. 옐리네크가 바로 보고 있듯이, 마이어는 사법의 유비를 혼입한 일종의 합성체계에 의해서 이것을 은폐하고 있다. 「마이어의 입장에서 볼 때 행정법의 일반이론 이외의 다른 어떤 것에 도달하는 것은 정말 불가능하다. 왜냐하면 개별 특수라는 것은 모두 거기에 체계에 대한 어떤 영향력도 인정해서는 안 되는 대상, 바로 그러한 행정의 대상 중에 존재하기 때문이다. 그리하여 프랑스 행정법이론의 저자는 그의 이 최초의 저서에 독일 행정법의 체계가 아니라 동일한 체계적 기초 위에 구축된 독일 행정법의 이론을 병치한 것에 불과하다」.[34] 또 한 사람의 다른 어떤 유대인 법학자*는 오토 마이어의 사후에 그 기회를 이용하여 그가 프랑스를 계수한 것에 반대하여 스스로 토착적인 프로이센 행정법의 옹호자인체 하였다.[35] 이 인물은 그럼으로써 인접한 두 개의 유럽 민족[독일인과 프랑스인]의 유사성과 대립성이라는 어려운 문제를 유대인의 혼합으로 몰아가고 독살하게 된다는 것에 대한 또 하나의 예시를 제공했을 뿐이다.

오토 마이어의 커다란 성공은 잘 알려져 있다. 독일 행정법의 체계적인 교과서는 오늘날에 이르기까지 그에 의해서 규정되고 있다. 이 방법은 »순수하게 법학적«인 방법으로서 통용되었다. 학문이 개념을 추상화하고 일반화하면서 형성한 것을 란트 법률의 법전편찬은 광범위한 범위에서 뒤따랐다. 「사법학을 통해서 위대하게 된 이 법학적인 고찰방법은 행정법의 문제들의 해결에도 전용되기에 이르렀다. 오토 마이어는 그의 기초적 작업에 의해서 이 길을 연 것이다」. 이것은 프리츠 플라이너*가 그의 『독일 행정법 제요』에서 오토 마이어의 영향에 대해서 뛰어난 예시로서 한 말이다.[36] 프리츠 플라이너가 전술한 확인을 한 후에, 엔노 베커(Enno Becker)*를 인용하여 덧붙이고 있듯이, 1919년 12월 13일의 라이히 과세규칙은 행정법상의 일반개념(처분 등등)을 특정한 법률규정 중에 포괄적으로 정리하고, 그럼으로써 그것들을 조세법과 그 적용에도

---

34) Verwaltungsarchiv 5, 306.

35) Verwaltungsarchiv 30, 377 ff.*

36) Fleiner, Institutionen des Verwaltungsrechts, S. 44. 아이젠만(Ch. Eisenmann)에 의한 플라이너의 이 저서의 프랑스역에는 『독일 행정법의 일반적 원리들』(Les principes généraux de droit administratif allemand)이라는 제목이 붙어 있다(Paris 1933).

활용할 수 있도록 시도하는데, 이것 역시 오토 마이어의 시도로 거슬러 올라가는 것이다.[37)]

»세계적인 성과«는 이 분야에 그치지 아니다. 오토 마이어 자신, 그의 저작이 프랑스의 법학에 소급효과를 준 것을 자랑할 수 있었다.[38)] 이탈리아의 행정법학에서는 그의 영향력이 »순수하게 법학적인« 방법의 확고한 지배에 공헌하였다.[39)] 법학상의 체계화와 철학상의 체계들과의 긴밀한 관련성은 여전히 유지되고 있다. 오토 마이어 자신이 매우 강력한 어조로 강조하듯이, 헤겔 철학에 종사하지 않았다면 그는 자기의 행정법체계를 전개할 수 없었을 것이다. ―

우리들은 독일에서의 법학적 작업이 가지는 구조적 동일성이 모든 중요한 영역에서 확인되어야 한다는 것을 간단히 법제사적으로 회상해 왔는데, 그것은 다음과 같은 명제들을 예시적으로 설명하는 데에 기여할 것이다.

1. 계수, 법학적 체계형성과 독일 보통법 ― »보통«법, 즉 공통의 법인 동시에 »일반«법, 즉 개념을 체계적으로 형성함으로써 얻는 법 ― 의 창조라는 세 가지를 결합한 것이 **독일 법학의 지금까지의 전체 업적**이다.

2. 이러한 업적으로 볼 때 독일 법학은 본래의 법적 신분(Rechtsstand)이었다.

3. 독일 보통법이라는 개념은 종래 이러한 법제사적 발전의 특이성에 의해서, 그러므로 기본적으로는 독일의 국가적 분열상황에 의해서 규정되고 있었다.

4. 18 · 19세기의 여러 가지 법전편찬의 스타일은 ― 편찬자의 태도는 외견상으로는 학문에 적대적이었던 것처럼 보임에도 불구하고 ― »보통법«에 관한 학문이 낳은 체계화의 방법에 완전히 대응하고 있다.

독일의 법학이 지닌 오늘날의 사명, 지위 그리고 임무에 대해서 스스로 숙고하는 경우에는 계수와 체계형성과 보통법이 지금까지 이러한 형태로 결합하고 있었다는 법제사적 사실에서 출발해야 하며, 그럼으로써 체계와 보통법이라는 두 개의 개념의 차이도, 또한 양자의 종횡의 결합보다도 매우 분명히 알 수 있는 것이다. **라이히**의 개념이 재건되고 있는 오늘날, 바로 특히 이 개념과 병렬적으로 관련짓고 있는 독일 보통법의 개념을 종래의 발전의 모든 사후적 영향력과 잔류물에서 해방하지 않으면 안 된다. 그러면

---

37) Enno Becker, Kommentar zur RAO. Vorbemerkung zu § 73. 이에 대해서는 1926년 3월의 독일 국법학자대회에서의 논의(Heft 3 der Veröffentlichungen der Vereinigung der Deutschen Staatsrechtslehrer 1927 über den »Einfluß des Steurrecht auf die Begriffsbildung des öffentlichen Rechts«, S. 77)을 보라. 즉「과세규칙(AO)에서의 오토 마이어의 영향에 비교하면, 법률의 경우는 어떤 경우에나 오토 마이어의 영향은 그만큼 강력하게 나타나지는 않고 있다」는 것이다(여기서의 관련에서 이 점이 더욱 기묘한 것은, 여기서 문제가 되었던 것이 세법학의 개념을 어떻게 독자적으로 형성할 것인가 하였기 때문이다!). 이 책의 S. 120을 문자적으로 그대로 인용하면,「세법의 가치는 세법이 일반 행정법상의 개념들을 해명하는 데에 기여한다는 점에 있다」는 것이다.

38) Selbstbiographie (bei Planitz), a. a. O.

39) 올란도의『이탈리아 행정법 제1 총론』(V. E. Orlando, Primo trattato completo di diritto amministrativo italiano)은 1897년에 발간되었다. 올란도는 오토 마이어에 의거하지는 않지만 이와 유사하게「순수하게 법학적인」입장에 서 있다.*

독일 보통법은 이미 예전처럼 일반화를 지향하는 개념으로 구성된 상부건축일 수 없으며 오히려 모든 독일인 동포(Volksgenosse)에 내재하는 법으로서 법의 기초인 그 성격을 제시하지 않으면 안 된다. **구체적 질서사상***의 이론 역시 19세기의 법률 · 법전편찬 실증주의와, 이 실증주의에 붙어 있는 일반개념들을 독일의 법적 신분이 담당하는 법에 의해서 극복하려는 시도이며, 이 이론도 계수, 체계형성 그리고 규범주의의 법제사적인 결합의 인식을 출발점으로 삼으며, 그러므로 이 이론의 이와 같은 출발점에서만 의미 있는 반박이나 계속적인 실행이 가능한 것이다.

19세기사에서의 로렌츠 폰 슈타인의 지위 (1940)*

다음의 상설은 로렌츠 폰 슈타인의 논문 『프로이센 헌법문제에 대해서』의 새 편집판에 관한 것이다.* 슈타인은 이 논문을 1852년에 익명으로 (단지 "S."라는 서명만이 있을 뿐이다) 고타의 『독일 계간지』(Deutsche Vierteljahrsschrift)에 발표하였다. 그는 이렇게 설명한다. 프로이센 국가는 역사적으로 볼 때, 또한 그 사회적 · 경제적 구조에 비추어 볼 때 대체로 「헌정상의 능력을 결여」(verfassungsunfähig)하고 있으며, 그리고 프로이센의 그 외의 역사는 부단한 헌법분쟁으로 계속할 것이라고. 전독일이 하나의 헌법을 가질 때 비로소 프로이센의 헌법문제는 해소될 수 있을 것이다. 이러한 놀라운 인식과 예언을 포함한 논문은 행방불명이었던 것과 마찬가지였다.[1)]

그의 저서 『오늘날의 프랑스에서의 사회주의와 공산주의』[2)]와 『프랑스 형법과 소송법의 역사』[3)]에 의해서 로렌츠 슈타인은 정치적 · 사회적 현실에 조예 있는, 탁월하고 독자적인 헤겔*의 후계자인 것을 실증하였다. 이 두 저작은 독일뿐만 아니라 유럽의 학문이 가져온 커다란 성과이기도 하다. 동시에 정치적으로 자각하고 있는 독일 시민층의 경이적인 정신적 활력을 증명하는 것이다. 「킬, 1845년 말」이라고 날짜가 적힌 『프랑스 형법과 소송법의 역사』의 서문에서는, 독일 시민층이 가지고 있던 역사의식의 자부심이 들린다. 그것으로 그들은 유럽에 있어서의 자신들의 지도적 지위를 확신하고 있었다. 「프랑스의 법률학은 법사학을 가지고 있지 않다. 독일인은 법사학의 풍부함을 달리 향유하려고 하면 그것들을 자신의 손으로 만들어내야만 한다. 다른 개성과의 대립 속에 비로소 자기 자신의 개성은 명백해진다. 우리들이 법사학을 가장 많이 버린 것으로 보이게 될 때, 실은 우리들은 그것을 가장 결연하게 다시 얻는 것이다. 그리고 이 점이야말로 따라서 주요한 것이다」. 이 젊은 학자는 「유럽의 생활을 하나로서 신성이라는 하나의 사상으로서 파악하는 것」을 가능하다고 하는 「자유로운 시야」를 자부할 수 있었다.

바로 그 때 1848년의 혁명은 이 33세의 젊은 사람을 고무하였다.* 혁명은 그를 놀라게 하지 않았다. 그에게 사회운동의 내적 법칙은 잘 알려진 것이다. 본질적인 것을

---

* Die Stellung Lorenz von Steins in der Geschichte des 19. Jahrhunderts (1940), in: Schmollers Jahrbuch, LXIV, 6, 1940, S. 641-646. jetzt in: G. Maschke (Hrsg.), Staat, Großraum, Nomos, S. 156-165.

1) 이 저작의 새로운 판은 베를린의 빌헬름 가이퍼사에서 나올 예정이다.

2) Der Socialismus und Communismus des heutigen Frankreich, Leipzig 1842.

3) Geschichte des französischen Strafrecht und des Prozesses, Warnkönig, L. A.와 L. Stein, Französische Staats-und Rechtsgeschichte, Bd. 3, Basel 1846.

이미 예언하고 있던 그는 1849년에는 다음과 같이 언명할 수 있었다.「우리들의 세기의 위대한 사실은 나의 예언이 정당하였다는 것을 뒷받침하였다」.『프랑스 사회운동사』(1850)의 서문은 다음과 같이 당당한 울림으로 끝맺는다.「우리들이 할 일이다. [현재라는] 세계사의 여명기는 가까워오는 태양의 최초의 빛 속에서 강력한 부활을 완수하고, 우리들의 시대를 일깨우고 그것에 젊은 힘과 의욕과 신뢰를 주었다. 우리들은 이 시간을 잃어버리지 않으려고 한다」.*

1848년에 있어서의 짧은 혁명의 발발은 그 외면적인 실패에도 불구하고, 모두를 규정하는 사건이며, 이 세기를 스스로 구분하는 것이다. 즉 이 외면적 실패로부터 19세기의 정신사, 정치사 그리고 사회사의 보다 깊은 고찰을 위한 조준점이 얻어진다. 알지 못하는 깊은 곳에서 도래한 유럽의 운동은, 독일에서와 마찬가지로 프랑스에서도 진전이 없다. 깊이 놀라 떨어진 국민들과 정부들은 비더마이어 시대에는 안전하다고 여겼던 모두에 대한 얼핏보기에 명백한 위협의 발생에 대해서 정당적 · 합법적 · 무단주의적 등등으로 칭한 왕정복고와 타협책을 베일이나 보호막으로서 던졌다.* 그리하여 사회주의, 아나키즘 그리고 무신론의 형태를 취하면서 나타나게 된 문제상황은 매몰되어 버렸다.「체계화에의 끝없는 갈망, 즉 보편성에의 고양」(헤겔)을 갖춘 독일 정신은 위대한 개선행진을 걷기 시작하고 있었다. 그런데 그것은 이제 좌절하였다. 곧 모든 종류의 경험주의자 · 실증주의자 · 현실주의자 · 역사주의자 · 자연주의자 그리고 전문주의자가 의기양양하게 공언할 것이다. 우리들은 자연철학적 · 정신철학적인 꿈에서 깨어났다 라고.* 19세기의 중요한 성과와 거기에 특징적인 인물은 거의 모두 이 역사적 단절에 의해서 규정될 수 있을 뿐이다. 1848년에 위대한 청춘의 체험을 하고, 그로부터 10년 내지 2, 30년 후에 두각을 나타내기 시작한 세대의 사람 — 서로 매우 다르기는 하지만 이러한 외면적인 성공의 상승과정이란 점에서 동일한 운명을 걸은 예를 3명만 들면 오토 폰 비스마르크,* 리하르트 바그너* 그리고 요한네스 미켈*이다 — 이 세대의 대표자로서 오랫동안 최고로 출세한 경우에도 1848년의 각인을 띠고 계속한데 대해서, 이러한 체험을 결여한 다음 세대는 1848년의 은폐된 문제성이나, 거기에서 생긴 타협에 대해서 무엇인가를 느끼거나 이해하는 것은 이미 없게 되었던 것이다. 그리고 그들은 바로 그것으로 자신을 해결한 것이다. 아나키즘 · 니힐리즘 그리고 중앙집권주의를 대표하는 위대한 혁명가인 프루동,* 바쿠닌* 그리고 프리드리히 엥겔스는 더욱더 깊숙이 아나키즘 · 니힐리즘 · 중앙집권주의에로 몰리고 있었다. 브루노 바우어*와 막스 슈티르너*와 같은 고립된 파르티잔은 도피할 곳 없는 고독에로 가라앉고 있었다.* 그리고 모든 종류의 망명자의 한 무리가 거기에 첨가된다.

「반동」*이라는 말은 외면적으로 실패한 후 1850년부터 시작하는 발전단계에서의 표현으로서는 혁명적인 문제상황을 은폐한 결과 유럽에 발생한 사태의 일반적인 특징을 이룰 뿐이며, 따라서 베일을 벗긴다기 보다는 베일을 씌우는 것이 특징이다. 가장 심각하게 그것을 인상지은 것이 1851년 12월 2일의 쿠데타의 성공과 그에 이은 나폴레옹 3세의 중앙집권주의적이며 무단주의적인 외관상의 성공이었다. 이리하여 모두는 절망에로 내몰리고 이제 새로운 **황제**의 성공을 자포자기하게 긍정하거나, 또는 마찬가지로 자포자기하게 부정하게 된 것이다. 그리하여 수많은 적지 않은 프랑스인이 「프랑스와의 결별」(démission de la France)*을 개시하였다. 프로이센 사람 브루노 바우어 — 그는 약간 무모한 「기독교에 대한 기독교적 테러」의 주모자이다. 그에게 기독교란 무단주의라는 정치권력 장악 속에 인간적 품위를 구제하는 것으로서 변증법적 필연성을 가지고 편성하는 것이다 — 는 이러한 독재와 중앙집권주의의 승리를 목도하고, 프랑스에서의 자유롭고 반중앙집권주의적인 게르만의 종족이 사라지고, 유럽이 무단주의와 제국주의의 시대에 들어간 증거를 인정하였다.* 오늘날에 이르기까지 이 때에 설정한 역사구성은 명맥을 유지하고 있다. 그것으로 민주적인 또한 무단주의적이며 중앙집권주의적인 현대는 시간의 시작과 평행관계에 서게 되고, 그리고 이 역사구성은 기독교 력(曆)에 근거하여 이 영세의 시작이며 원천이 되고 있다. 프루동은 오스발트 슈펭글러*의 2세대 전의 인물인데, 1861년에 이미 우리들의 시대를 악티움의 해전과 함께 설정한 「악티움 시대(ère actiaque) 라고 특징지었다.* 무단주의와 중앙집권주의에 대한 저항은 프랑스에서는 프루동에 의해서 좌익 쪽에서 「아나키스틱한」, 즉 생디칼리스틱하고 연방주의적인 목적을 들고 추진하고 있었다. 독일에서는 그것은 신분제적이며 민족주의적이며 연방주의적이었는데, 거기에서는 「연방주의적」이란 말은 독일에 있어서의 국가와 란트들과의 불화로 가득 찬 결합을 벗어날 수 없었다.* 그러므로 그 자체로서는 필연적으로 생채를 풍부하게 지닌 반중앙집권주의의 저항은 철두철미 국가적인 프로이센과 국가 이상의 것인 오스트리아 합스부르크 제국 간의 대립이라는, 만사를 지배하는 문제에 말려들어간 것이다. 그 좁은 사이에서 이 저항운동은 곧 궤멸하게 된 것이다.

19세기 후반의 역사의 안쪽을 보다 깊게 바라본 우리들은 로렌츠 폰 슈타인이라는 개인의 운명의 발자취를 알게 된다. 그는 1815년에 태어났다는 점에서 예컨대 비스마르크, J. J. 바코펜* 또는 고트프리트 킹켈*과 동일하다. 그렇지만 슈타인은 비스마르크처럼 위대한 성공을 거두지 못했으며, 바코펜처럼 아주 고립하지도 않았다. 또 킹켈처럼 망명한 것도 아니다. 슐레스비히 · 홀슈타인 사람인 슈타인에 대해서 1848년의 혁명은 자신의 고향에 관한 문제인 동시에 국민적이며 유럽적인 문제였다.* 그러나 혁명의 실패는 무엇보다 국가와 사회에 관한 독일인 사상가로서의 그를 강타하였다. 왜냐하면 그의 사상은 구체적이었기 때문이다. 그의 사상을 형성한 것은 사색에서 파악하고 이해된 역사적 과정의 본질적 부분이었다. 국가와 사회의 유럽적인 혁명적 운동의 종말은 그에게 동시에 천재적인 철학적 맹진이라는, 그것으로 그가 1848년 이전의 프랑스에서의 사회운동을 인식하고 파악하여 온 것의 종말이기도 하였다. 이 위대한 원동력은 이제 쇠퇴하였다.

슈타인은 1855년에 빈의 초빙*을 받아 거기에서 다시 30년 이상을 국민경제학의 교수로서 활약한다. 그는 매우 성망 있는 행정학과 재정학의 교사이며 저작가였으며, 많은 학술적인 저작을 발간하였다. 그는 바코펜처럼 전적으로 고립하지도 않았으며 더구나 앞에서 열거한 개인주의자 브루노 바우어나 막스 슈티르너처럼 고립하였던 것도 결코 아니다. 카를 멩거*가 칭찬하는 「위대함이라는 근본적 성격」을 그는 항상 지니고 있었다. 그러나 여기서는 그의 본래적인 활약을 보지 못한 채 끝난다. 여생을 통하여 그는 실증적 · 자연과학적 방향이 그 정점에 달하고, 다른 측면으로 전락해 갈 것을 바라고 있었다.* 그동안 그는 자신의 사명을 그 자신이 이제 여전히 속하는 과거의 철학적인 시대와 더 이상 생생하게 맞이하지 못할 미래 사이의 「혹시 지금 속에 의연히 지니고 있는 중재」*에서 본 것이다. 이처럼 고독한 다리역을 그는 가슴에 품으면서 담대히 맡은 것이다.

로렌츠 폰 슈타인이 1850년 이후 빈 대신에 베를린에서 활약할 수 있었다면 그는 어떠한 발전을 이루었을까, 그리고 무엇을 가져왔을 것인가? 이러한 물음을 파내려가 생각해 보아도 그것은 무의미할 것이다. 다만, 논점 색출과 간략화를 위해서 거기에 일별한다면 다음과 같을 것이다. 그는 아마 1866년에서의 비스마르크의 국민자유당과의 타협에 참가하였을 것이며, 그런 의미에서 그의 전체적인 발자취는 같은 세대 일반의 그것과는 다른 것이 되었을 것이라고. 정치적 발전을 전문으로 하는 학자나 사상가는 자신이 사색하면서 고찰을 더하여 관여한 힘들에 바로 자기의 개인적인 운명도 맡기는 것이다. 그러나 반대로 말하면, 그러한 사상가의 개인적 운명을 고찰함으로써 독일의 정치적 통일을 가져온 것이 프로이센 국가이며 합스부르크 제국이라는 민족들 내지 민족적 집단의 형성체가 아니었는가 하는 무엇을 의미하였는가 하는 것도 명백하게 될 것이다. 국가와 사회의 문제에 정신적으로 통하는 것과 사회운동의 인식이란 슈타인이 헤겔을 계기로, 그리고 다시 그것을 확대함으로써 파리에서 압도적인 성과를 가지고 개시한 것인데, 그것이 간단하지는 않지만 서쪽에서 독일로 운반되었더라면, 프로이센과 독일에도 기여하였을 것이 틀림 없다. 이제 유럽의 구체적인 문맥에서 문제가 되는 국가란 프로이센이었다. 「프랑스와의 결별」 후 그것이 국가의 이념에 궁극의 역사적 사명과 실현형태를 조달할 차례였다. 거기에 더하여 독일의 시민적 산업사회의 발전이 이제 유럽에서 걱정하는 구체적인 사회문제가 되고 있었다. 빈의 땅에 있던 국가와 사회의 유럽적 운명에 대한 위대한 관찰자는, 이러한 그 본래의 활약의 장에서 떠난 곳에 서 있었다. 정치적 사건의 파도가 거기서 더 이상 그를 직접 붙잡고 다시 영원한 곳으로 운반하지는 못했다. 중앙집권적 국가와 무단주의에 대항하는 그의 입장은 전국가적으로 되고, 그 혁명적 · 정복적인 성격을 상실하였다. 슈타인은 30년 이상을 빈에서 보내고 그동안 많은 중요한 저작을 발간하였음에도 불구하고, 내가 보는 한 합스부르크 제국의 내적이며 외적인 전체 상황을 그 국가와 사회의 범주로 파악하려고 한 것은 한 번도 없었다.[4] 여전히 압도적으로 농업에 의존하는 다민족국가에 대해서, 그것은 거의 불가능하기까지 하였을 것이다. 그러므로 그는 의식적으로 또는 무의식적으로 그것을 단념한 것이다. 독일 철학의 범주의 도움을 빌려 프랑스의 사회운동을 이해하는 힘을 그에게 준 근원적인 원동력은 이제 적막 속에 사라져 버렸다. 그가 저술한 수많은 서적은 적지 않은 사람들에게 그러한 적막을 외면으로만 채우는 단순한 소재의 집적으로 비친 것이다.*

그리하여 당시 약관 28세의 구스타프 슈몰러가 슈타인의 『행정학』(Vewaltungslehre)의 등장 시에 매우 현명하고 아주 재치있는 논문을 저술할 수 있었을 때, 그것은 당시 50세대에 있었던 로렌츠 폰 슈타인에 대해서는 조종처럼 울렸을 것임에 틀림 없다. 청년 슈몰러는 슈타인에 대해서 「학자 외에는 아무도 읽지 않는, 그러므로 더욱 그 문장을 표절하거나 도작하더라도 벌하지 아니하고, 그 위에 그의 것을 묵살하거나 무시하는 것에 기죽지 않는 저술가」라고 서술하였다. 슈타인의 위대함은 바로 그것, 즉 체계적인 시야와 국가적 및 사회적 생활을 개념적으로 전개하면서 파악하는 것은 이 젊은 동학의 사람에 대해서는 「사변적 관점에 도취한 확신」일 뿐이었다. 슈타인은 「그 위에 오스트리아인이 된 남자이다. 그는 보호관세에 동의하였다. 그것만으로도 그를 비난하는 것은 충분하다」.* 그는 카를 멩거가 추도문(1891년) 속에서 서술하듯이,[5] 「고독하고 그리고 여러 가지로 환멸을 맛본 인물로서」 이 세상을 마쳤다. 그럼에도 불구하고 그가 노동을 설파한 최초의 독일인 철학자라는 것은 변함이 없다. 독일에서의 법철학이란 프랑스에서의 사회주의와 같은 것이어야 한다고 언명했을 때, 그는 자신의 말이 의미하는 것을 알고 있었다. 그는 법이념을 사회이념과 결부시킨 것이다. 오늘날에 이르기까지 누구도 그의 만년의 작품 속에서도 발견되는 그의 예언과 선견지명의 풍부함에 혀를 내둘러 왔다. 제1급의 전문가인 요하네스 포피츠* — 그 위대한 권위는 정치가로서의 사려 깊음, 행정 · 재정학자로서의 경험, 그리고 최량의, 독일의 전통인 참된 이론에 대한 감각이라든가 유례 드문 결합 위에 입각하는 — 는 1933년에 이렇게 썼다. 「우리들이 경탄할 마음으로 확인하지 않을 수 없는 것은, 로렌츠 폰 슈타인이 이미 1885년이라는 해에 행정의 의의와 조세제도의 국가형성력에의 깊은 통찰에 근거하여, 그 이후 우리들이 — 어쩌면 그가 상정했을지도 모르는 시기에 비한다면 현저하게 뒤떨어진 것인데 — 걸어간 도정을 어떻게 예견하고 있었는가, 더구나 그 자신이 서술하듯이 사물의 본성에서, 즉 학자들의 연구를 기다리지 않고 예견하였다는 것이다」.[6] 또한 1934년의 강령선언적 논문 속에서 에른스트 루돌프 후버*는 슈타인이 「국가와 사회를 분리하였음에도 불구하고 놀랄만한 방법으로 국가학의 전체 영역을 카버한다」고 말한다(Zeitschrift für die gesamte

4) 이 문제에 대한 보다 상세한 연구는 나의 박사과정생 중의 한 사람인 빈 출신의 사법연수생 프리츠 크놀(Fritz Knoll)씨가 인수하였다.

5) 이 연보의 1891년판, 1336면의 언급을 보라.

6) Finanzarchiv N. F. Bd. 1, S. 418.

Staatswissenschaft, Bd. 95). 이와 같이 그의 영향은 결코 끝난 것이 아니다. 이러한 후대 세상에의 영향도 그는 항상 자각하고 있었다. 정치와 역사, 국가와 사회의 현실을 그처럼 숙지하고 있던 사람이라면, 자기 자신의 개인적 입장에 대해서도 분명히 인식하고 있었음에 틀림없다. 그는 여기서도 어떤 속임수도 없이 좀 신랄하게 이렇게 말한다. 「개별적인 인간은 자주 그 사람이 없더라도 압도적인 형태로 전조를 보는 것을 쓸데없이 예측해 버린다」. 「확실한 것은 다만 다음과 같다」라고 그는 계속한다. 「그것은 인류 전체의 사고의 조류는 자주 개별적인 인간의 그것과는 다르다는 것, 그러나 그 조류는 개별적인 인간을 억제하지 못하고 휩쓸어 버리는 것이다」.

제3편
제2차 세계대전 이후

구원은 옥중에서 (1950)*

1945~47년 시대의 경험들

빌헬름 알만(Wilhelm Ahlmann) 박사
(1944년 12월 7일 작고)를 추억하며

CÆCUS DEO PROPIVS*

차 례

* Ex Captivitate Salus. Erfahrungen der Zeit 1945/47, Greven Verlag, Köln 1950, 95 S.

Ⅰ. 에두아르트 슈프랑거와의 대화

너는 누구인가? 이것은 심연과 같은 물음이다. 1945년 6월 말 나는 이 심연에 빠져 들어갔다. 이 물음은 저명한 철학자이자 교육학자인 에두아르트 슈프랑거(Eduard Spranger)*가 어떤 설문지*에서 나에게 제시한 것이다. 그때 그는 나에게 「너의 강의는 매우 재기에 넘쳐 있다. 그러나 어딘지 너 자신, 너의 인격, 너의 본질은 불투명하다」고 말하였다. 이건 지독한 비난이다. 왜냐하면 「너의 생각이나 발언은 흥미진진하고 명석할는지 모르나 너는 누구인가, 너 자신, 너의 본질이 무엇인가는 불분명하며 불명확하다」고 말하기 때문이다.

나는 놀랐다. 훌륭한 강의도 명석한 개념도 재기도 다 무슨 소용인가. 문제는 본질 · 존재 · 실존이 아닌가. 요컨대 철학도 아직 풀지 못하는 이 어려운 물음이 내 앞에 닥쳐온 것이다. 「도대체 사고의 투명성과 본질의 불투명성은 일치될 수 있는가? 어찌하여 이런 모순이 가능하단 말인가!」 이 태고와 초현대의 대립과도 같은 개념이 나의 의식 속에 깊이 파고들었다. 사고와 존재 · 지식과 현실 · 지성과 본능 · 정신과 영혼 등등의 대립이 나를 번민케 한다.

어떻게 하면 좋을까? 명확해질 때까지 분투 노력해야 할 것인가? 아니면 정말로 나는 결코 그 정도로 불투명하지는 않으며, 적어도 호의적인 투시자로서 본다면, 아주 투명하다는 것을 증명하려고 시도해야 할 것인가?

나는 에두아르트 슈프랑거의 시선을 응시하면서 생각하였다. 「그렇다면 나를 문제 삼는 너는 어떤 자인가, 그 우월감은 어디에서 나온 것인가, 나에게 이러한 문제를 던질 수 있는 자격과 용기를 준 권력의 본질은 무엇인가. 나를 문제 삼아서 올가미를 씌우려는 이 물음을」.

이러한 반문들은 계속하여 머리에 떠오르지만 나는 반문을 좋아하지 않는다. 나의 본질은 불투명할지도 모른다. 투명, 불투명은 고사하고 현재 나는 피동적인 인간이다. 나는 관조적인 인간이기 때문에 예리한 문제 설정을 좋아할는지 모르지만 공격을 좋아하지는 아니한다. 공격의 일종인 반격도 마찬가지이다. 나는 서두르지도 않고 두드러지지 않으며 자아를 주장하지도 않는 조용한 곳, 「모젤의 고요한 강」과 같은 인간이다.

그러나 나는 자신을 피동적 인간이라고 말했지만 방어에 있어서도 약하다. 나는 자기 자신에 대한 현실적인 관심보다는 상대방의 사상에 대한 이론적인 관심을 많이 가지고 있다. 비록 상대방이 나의 탄핵자일지라도 그의 모든 비난과 사상적인 전제들이야말로 나의 호기심의 대상이다. 그러므로 나는 원고나 피고로서도 적절하지 못하다. 그러나 나는 원고보다는 오히려 피고가 되고 싶다. 「나는 탄핵한다」(J'accuse)*는 식의 사람은 화려한 세계무대에서 그 맡은 역할을 수행하면 된다. 그러나 탄핵은 심문보다 더 기분 나쁘게 느껴진다. 이것은 아마도 나의 신학적인 바탕에서 나온 것인지도 모른다. 왜냐하면 탄핵자란 곧 악마(Diabolus)*를 의미하기 때문이다.

상대방이 완전히 악하고 내가 완전히 선하지 못할 때에 나는 패소한다. 물론 여기서는 그런 경우가 아니다. 나를 심문하는 자는 엄격하기는 하지만 악하지는 않다. 이에 반하여 나는 아무런 속셈도 없으며 그에게 구하거나 기대하는 것도 없다. 그에 대한 나의 애정은 아직 남아 있기 때문에 나는 그를 다시 만나고 싶었다. 그러나 나는 아무런 구애를 받지 않고 그를 만날 수 있었지만 그는 나를 만나주지 아니하였다. 그는 자신이 정당하다고 믿었고, 또 그런 신념으로 일관하고 있었다. 그는 윤리적 · 철학적 · 교육적 · 역사적 그리고 정치적인 이 모든 점에서 자신은 정당하다는 신념으로 가득 차 있었다. 모든 정의는 그의 편에 있었다. 정당한 사유(justa causa)도 기판력(既判力, res judicata)도 그의 편에 있었다.

법률가로서 나는 그것이 무엇을 의미하는가를 알고 있다. 나는 인간이 자기의 정당성을 주장하기 때문에 일어나는 **작은** 비극을 알고 있다. 그 밖에 나는 유럽 국제법과 그 역사도 알고 있다. 퀸시 라이트(Quincy Wright)*의 주장에도 불구하고 — 나야말로 정전(正戰, gerechter Krieg) 문제를 유감스럽게도 내전 문제와 함께 그 모든 깊이와 근저에서 파악하고 체험한 세계에서 유일한 법학자이다. 또한 나는 인간이 정당성을 표방한다는 **커다란** 비극도 알고 있다.

그러므로 나는 무방비 상태에 있다고 하나 부정된 무(無)는 아닌 것이다. 나는 지금 이 슈프랑거라는 사람 앞에 피의자로서 앉아 있다. 그런데 이 철학자, 교육학자는 여러 해 전에 내가 매우 존경하고 흠모한 사람이다. 그 당시를 회상하면서, 또한 그에게 아무런 해도 끼치지 않고 바라지도 않는 심정으로, 나는 설문지에 대해서가 아니라 철학자로서의 그에게 대답하였다. 어쩌면 나의 본질은 완전히 투명하지 않을지도 모른다. 그러나 나의 경우는 어떤 위대한 시인이 발견한 이름으로 해답을 내려야 할 것이다. 그 경우는 비록 추악하고 품위 없는 것이라 할지라도 틀림없는 것, 즉 **기독교적 에피메테우스***라고.

이러한 대답으로부터는 더 이상의 대화도 성립될 수 없었다.

1945년 여름

Ⅱ. 카를 만하임의 방송연설에 대한 응답소견

사회학자 카를 만하임(Karl Mannheim)은 1945년 런던 방송에서 새로운 유럽 대학의 강령(Programm)에 관하여 피력하였다. 모든 진지한 사상가들이 그러하듯이, 그에게 있어서 자명한 것은 학문의 자유가 없는 대학이란 있을 수 없다는 것이다. 적어도 유럽의 전통과 서양의 합리주의라는 의미에서 그와 같은 위대한 이름으로 불려질만한 제도가 학문의 자유 없이는 있을 수 없다는 것이다. 그렇다면 이 학문의 자유란 어디에 존재하는가? 그리고 그 기본적인 전제조건은 무엇인가?

카를 만하임은 대답한다. 즉 학문의 자유에 있어서 전제 조건은「기본적인 호기심이다. 다른 모든 그룹과 다른 모든 사람들, 그들의 다른 점을 알고 싶어하는 호기심」이 전제되어야 한다는 것이다. 우리는 이 대답을 철학적 · 인식비판론적인 관점, 그리고 역사적이고 사회학적인 관점에서 살펴볼 수 있다. 우리는 이 호기심이 객관적 · 학문적인 관심의 전제 조건이라고 해석할 수 있다. 그러한 관심은 막다른 골목을 피해간다. 공공연하거나 잠재된 세계내란에서의 양대 세력들은 막다른 골목에 부딪혀 자신들의 정신을 사멸시키고 만다. 그것을 피하는 일이 현재 유럽이 처해 있는 상황에서의 주요 관심사일 것이다. 왜냐하면 오늘날에는 여러 가지 점에서 16 · 17세기에 유럽과 식민지에서의 종교전쟁에서 자라난 일종의 내란이 세속화된 표어를 내걸고 전세계적인 차원에서 반복되고 있기 때문이다.

결코 고정되는 법 없이 끊임없이 계속 일어나는 의문이라는 의미에서의「기본적인 호기심」이 전제되진 않고는 사실상 정신적인 자율, 적어도 학문의 자유란 존재하지 않는다. 그렇다면 독일에 있어서 1933년부터 1945년에 이르기까지의 12년 동안 독일 정신이 산출해낸 학문적인 업적이 그러한 호기심을 자극할 수 있을까? 아니면 독일의 연구가와 학자, 또한 독일의 시인 · 화가 · 음악가들도 역시 가질 법한 관심이, 12년 동안에는 그 당시의 여론조성에 대항했던 시위와 성명 선언들에만 매달려 있느라고 시들해진 것인가?

전체주의적인 일당 체제(Ein-Partei-System)에서는 잘 알려진 대로, 금지되지 않은 모든 것이 명령되어진다. 따라서 실제로 백 퍼센트의 전체주의가 존재한다면, 그리하여 그 당시 체제의 대변자들이 세상을 향해 장담했던 것만이 행해진다면, 문제는 이미 해결되었을 것이다. 철저하게 파악되어 허가를 받은 여론의 지배 아래 있는 것만이 고려될 가치가 있을 때에, 그렇지 않으면 마치 그러한 여론이 들어섬으로써 이미 정신은 무조건적으로 굴복한 것처럼 간주될 때마다 이 12년 동안의 학문적인 작업은, 물론 특별히 고려할 가치가 없었다. 기껏해야 몇몇 관심들에 대한 도구로서 사회학적이거나 대중심리학적인 기술만이 가치가 있었을 뿐인데, 그것도 독일에서만이, 학문이 개입하여 대중을 인도해야 할 시사적인 사회문제가 아닌 범주에 한정된 것이었다.

그럼에도 불구하고 학문 자체에 대해서는 인위적으로 조작된 여론의 전면(前面)에만 만족해서는 안 될 것이다. 사실, 독특하게 새로운 문제들이 제기되는 것은 바로 첨예화된 통제 체제 내부에서 일어나는 상황에 직면할 때이다. 주제넘은 요구사항으로서의 전체성이던, 실제적인 전체성이든 간에 그 전체성의 정도에 대한 문제, 그리고 더 나아가서는, 여기에서 문제가 되고 있는 것으로서, 그 영향력이 어느 영역에까지 미칠 수 있느냐 하는 문제가 제기된다. 실제적으로 어떤 자유로운 사상이나 유보도 전혀 남겨놓지 않을 만큼 민족 전체의 정신적인 창조력을 손아귀에 넣는다는 것이 도대체 정치권력자에게 어느 정도까지 가능한 것이냐 하는 문제가 제기될 수 있을 것이다. 완전한 전체주의, 백퍼센트의 전체주의란 가능한 것인가, 이것이 사회학에서의 첫 번째 문제인 것이다.

세계사에서는 문명 전체가 뿌리 채 뽑힌 경우가 종종 있었을지도 모른다. 유럽의 정신사에서는 그런 경우가 많지 않다. 서양의 합리주의 정신은 지금까지 정치테러가 있었던 열악한 경우에서 조차도 유럽의 모든 민족에게서 정신적이고 지성적인 힘을 일깨워 주었다. 이 힘은 표면으로 돌출하지 않았을 뿐만 아니라, 심지어 처음에는 평면으로 돌출하려고 하지도 않았다. 그 정신은 자기 자신에 대한 자부심 · 책략 · 양도할 수 없는 자유, 그리고 용서하시오, 심지어 자신의 수호신까지 가지고 있어서, 그 모든 것을 그 정신이 옮겨간 곳에서는 물론 그 내면, 즉 리바이어던 자신의 올가미 속에도 지니고 있다. 지금까지도 유럽에 있는 정신은 여전히 끊임없이 자신의 납골당과 카타콤베*, 그리고 새로운 자기 형태와 방법을 발견해 내어 왔다. **폭군은 거짓말을 해도 좋다**(Tyrannum licet decipere). 이 명제는 중세 시대의 모든 폭군론의 서두*에서 그 세력을 시사해주고 있다. 이것은 동시에 **정신적 권력**(potesta spiritualis)에 관한 이론이기도 하였는데, 그처럼 구체적인 전제조건이 결여된다면 이 폭군론은 소름끼치는 내란의 이론이 될 따름이다.

물론 오늘날의 권력소유자는 현대 자연과학을 마음대로 사용할 수 있으며, 합법적으로든, 위법적으로든, 또는 불법적으로든 간에 현대적인 체계를 이용할 가능성이 중세 시대의 권력과는 비교될 수 없을 만큼 많다. 이러한 가능성들은 미래에 더욱 더 증가될 것이다. 독일에 있어서 정신은 다시 한 번 리바이어던을 넘어뜨렸다. 따라서 그러한 사실로 미루어 내가 추측하기로는, 정신과학이 자연과학을 넘어뜨릴 것이며, 또한 정신과학으로 변화하도록 강요할 것이다. 기술적으로 차원이 높아진 억압과 통제가 주어지면 이러한 새로운 억압과 통제에서 벗어나려는 사고와 언어가 새로운 형태로 나타나기 마련이다. 이것은 모든 종류의 테러와 배척에 직면하여 아주 보편적인 것이다. 이것은 독일에서만 그런 것도 아니며, 또한 그 12년 동안에만 그랬던 것도 아니다.

독일은 비교적 작긴 하지만 유럽의 중앙에 위치하고 있어서 오래전부터 정신적으로는 폐쇄되지도 않았을 뿐더러 종착역이 될 수도 없는 나라로서, 남과 북, 동과 서에서 비롯된 이념과 권력들이 교차하고 거쳐 가는 공간이다. 독일은 한 번도 뚜렷하게 통일된 적이 없으며, 또한 그럴 수도 없었다. 단 한 번도 외부로부터 밀려드는 문제 제기에 굴복할 수 없었기 때문이다. 독일이 약하면서도 탁월한 이유, 그 비밀이 바로 여기에 있다. 결말이 나지 않은 가톨릭과 프로테스탄트 사이의 전쟁의 결과로 독일인의 정신은 열려지게 되었고, 그러한 부유(浮遊) 속에서 가장 근원적인 것을 탐구하는 전통, 그리고 가장 대담하게 비판하는 위대한 전통이 발전하였다. 19세기에는 헤겔주의가 이에 가세하여 마르크스주의에서 역사적인 힘을 지니게 된다. 이로써 독일 정신의 개방성은 고도로 확장되었던 것이다. 그러나 1848년 이후로 독일의 지식 계층은 시대가 갈수록 점점 더 허약해져서 마침내는 거의 사그라지게 된다. 그럼에도 불구하고 이들은 1933년에서 1945년까지의 12년 동안에도 결코 그 생명을 잃거나 근절되지 않았다. 그들은 여러 가지 내란에 대한 불안 때문에 결탁 내지 공모할 수 있는 재능을 거의 나타내지 못하였다.

그리하여 그들은 결탁한 사회의 손쉬운 노획물이 되었다. 손쉬운 노획물이기는 했으나 궁극적으로는 그저 표면적인 노획물일 뿐이었다. 정복이란 것은 노획물 자신보다 그 노획물에 대해 더 잘 알고 있는 자만이 할 수 있는 것이다.*

이렇게 표면적으로는 정복되었음에도 불구하고 독일인의 개인주의는 그 뿌리가 뽑히지 않고 힘을 유지하고 있었다. 놀랍게도 그러한 개인주의가 조직화될 수 있다는 것은 개인주의가 전면에 내세우는 놀라운 자기-무장(Ich-Verpanzerung)에 지나지 않는다. 오랫동안 지켜온 말없는 전통, 즉 개인적인 내면으로의 회귀가 남아 있어서 그때그때마다의 합법적인 정부가 지시하는 모든 것에 협력할 준비가 엄청나게 되어 있었던 것이다. 실증주의자들과 경건주의자들은 하나의 정부에 대해서 한 번도 그 통치에 반대하는 그림자조차 드리운 적이 없이, 그 통치가 합법적이었다고 하는 같은 결론에 실제적으로 쉽게 도달할 수 있었다. 다른 어느 곳에서도 내면과 외면의 분리가 이처럼 내면과 외면이 무관하게 될 때까지 치달은 적은 없었다. 지식계층이 보여주는 그러한 철저한 내면의 통제는 그들의 외적인 통제가 매끄럽고 간단하게 잘 되어가는 만큼 그 만큼 어려운 것이다.

정신적인 통제가 밑바탕에 깔려 있었다는 것은 거꾸로 말해서 이른바 세계관 자체가 사상적으로 너무나 혼란되어 있어서 철두철미한 주의(Doktrin)를 내세워 전체에 미칠 수 있는 규범을 제시할 수 없다는 말과 같다. 당의 강령은 그 취지에 따라 다양한 여건, 다양한 시대 그리고 다양한 방법으로 특징지을 수 있어서 여러 가지 상반된 해석이 나올 수 있다. 독일에서는 1900년대 이후로, 즉 그 당시의 공식적인(offiziell) 독일에 대항한 내면의 저항이 시작된 이래로, 수많은 경향 · 사조 · 운동 · 그룹 · 단체 · 서클 등이 생겨났다. 그것들은 모두가 어떤 식으로든, 히틀러의 손아귀에 들어가게 된 거대한 대중운동을 일으키는데 기여하였고, 전체적으로도 어떤 식으로든 받아들여졌다. 그러나 그것들은 너무 심오하지 않으면 너무나 무감각했고, 또 너무 다양하거나 그렇지 않으면 너무나 배타적인 것이어서 어느 정도라도 있었어야 할 연관성 있는 사고구조를 구축할 수가 없었다. 당이 조합한 슬로건은 결코 기존 기독교 교회의 정신적 내용과 마르크스주의의 정신적인 내용을 한곳에 모으지 못하였다. 당이 그런 식으로 사회학적이면서 동시에 정신사적인 것을 선언한다는 것 자체가 문제이리라. 여하튼 12년 동안에 그러한 이데올로기적인 혼합물(Bovigus)이 독일 국민 전체의 교양과 지성을 삼켜버릴 수 있었으리라는 것, 그리고 정신적인 생산성 전체가 자유롭게 떠도는 불확실성과 종속된 명확성의 조합 속에서 소모되었으리라는 것은 있을 수 없는 일이다.

따라서 외적인 테러는 격심해졌지만 정신적으로 전체주의가 될 기회는 그 만큼 더 희박해졌을 뿐이었다. 모든 확성기(Lautverstärker)는 필연적으로 의미의 왜곡을 수반한다. 그것은 자신이 그러한 확성기의 주인이라고 생각하는 사람에 대해서도 마찬가지이다. 위험은 위험에 굴복하지 않는 사람들에게서 새로운 힘을 일깨워 준다. 이처럼 소란스럽고 공공연한 움직임에 대항하여 정신과 지성은 다양한 형태로 맞선다. 때로는 정중하게 때로는 잘못을 지적하면서, 때로는 아이러니칼하게, 그리고 마침내는 침묵으로 맞서는 것이다. 그 때문에 그러한 상황에서 나타나는 일의 성과에 대한 평가는 단순하게 외적인 것에 의해 내려질 수 없는 것이다. 판단자는 먼저 약간의 사회학적인 기본진리들을 의식하고 있어야만 하며, 무엇보다도 보호(Schutz)와 복종(Gehorsam)의 영원한 관계*를 의식하고 있어야만 한다.

연구자나 학자도 역시 정치체제를 자기 임의대로 선택할 수는 없다. 일반적으로 그런 사람은 다른 모든 사람과 마찬가지로, 정치체제를 처음에는 충성된 국민으로서 받아들인다. 그런 다음 상황이 완전히 기형이 되어 내부에 있는 테러에 대해 외부에서 어느 누구도 그를 보호해 주지 않게 되면, 그는 자기 충성의 한계를 스스로 결정해야만 한다. 즉, 상황이 그처럼 비정상적인 것이 되면 사람들은 더 이상 결코 가장 가까운 자기 친구의 실제적인 처지에 대해 알지 못하게 된다는 것이다. 내란을 일으키고 사보타주를 하고, 순교자가 되는 의무에는 한계가 있다. 이때에 사람들은 그러한 상황에 몇몇을 희생시켜야만 하며, 단지 외관으로만 판단해서는 안 될 것이다. 플라톤*은 시라쿠사 전제군주의 협력자였으며, 심지어 사람은 적에게 좋은 충고하기를 거절해서는 안 된다고 가르친 바 있다. 정신적 자유의 수호 성인(聖人) 토머스 모어(Thomas Morus)*는 많은 연구를 거쳐 그가 순교자와 성인이 되기 이전이었지만 놀랍게도 전제정치를 인정한 적도 있다. 더욱이 정치권력이 집중된 모든 시대, 모든 공법학자에게는 마크로비우스(Macrobius)의 Saturnalia에 나오는 다음의 오래된 문장이 그대로 적용되는 것이다. 즉 **처벌할 수 있는 사람에 대해서는 글을 쓸 수 없다**(Non possum scribere in eum qui potest proscribere).*

1938년 여름, 독일에서는 이렇게 쓰여진 한 권의 책이 발간되었다. 즉「한 나라에서 국가권력에 의해서 조직된 공연성(公然性)이 타당하게 되면, 그 민족의 정신은 내면으로 통하는 비밀 통로로 나아가게 된다. 그 다음에는 침묵과 고요의 대항세력이 자라난다」.* 허만 멜빌(Herman Melville)의 소설에 나오는 주인공, 베니토 세레노(Benito Cereno)*는 독일에서는 대중조직에서 지성인이 처해 있는 상황을 대변해 주는 상징으로 부각되어 있다. 1939년 9월에는『대리석 절벽 위에서』(Marmorklippen)*라는 책이 출판되었는데, 이 책은 질서라는 가면 뒤에 은폐된 허무주의의 심연을 매우 용감하게 서술하고 있다. 과히 광적이라고도 할 통제 속에서도 그 당시 주류를 이루는 미술경향에서조차 많은 참된 예술 작품들이 나타나 실제적인 보호와 진정한 장려를 찾았다. 자연과학과 정신과학의 모든 분야에서도 위대한 업적이 발견된다. 단지 이때 지적인 호기심이 갑자기 거부되지 않는 한 말이다. 정신이란 그 본질상 자유로운 것이어서 필연적으로 그 고유한 자유가 따르기 마련이다. 정신은 현대 대중 조직의 위태로운 상황 속에서도 보장되어야만 한다. 다만, 그 보장의 척도가 사정거리에서 너무 멀리 벗어나 있어서는 안 될 뿐이다.

이러한 정신적 자유로부터 학문적 고려를 요구하는 박탈할 수 없는 권리가 생겨난다. 우리의 학문적인 작업이 정신에 대한 것을 논의함에 있어서 두려워할 것, 은폐할 것,

또한 후회할 것은 아무것도 없다. 그 오류에 대한 논의는 매우 유익하게 될 것이기 때문이다. 우리는 서두부터 문제가 되었던 기본적인 호기심을 바라보며, 그리고 자유로운 여론을 바라보며 기뻐할 것이다. 그러나 우리는 혹독한 시련의 시대가 승리하는 것을 근절시킬 수 없다는 것, 그리고 12년 동안의 위험 속에서 체험한, 즉 참된 여론과 왜곡된 여론과의 차이점, 그리고 이에 반대하는 침묵과 고요의 대항세력에 대해 잊을 수 없을 것이다.

*

나는 이 응답소견이 카를 만하임에게 전달되도록 노력할 것이다.[1] 사회학자들 간에는 「이해」(Verstehen)라는 것이 자주, 그리고 많이 문제가 되었던 것인 만큼 잘 조직된 사회학자 학회의 분위기에서 뿐만이 아니라, 회의적인 상황에서도 다시 한 번 이러한 이해의 문제를 확인하는 것이 좋을 것이다. 나는 카를 만하임과 나누었던 많은 호의적인 대화를 기억하고 있다. 그는 내가 모든 시대에, 그리고 오늘날에도 그에 못지않게 학문적인 호기심에 시달리고 있다는 것, 그리고 오늘날의 선전자(Lautsprecher)들은 과거의 선전자들만큼이나 나의 관심을 끌지 못한다는 것에 대해 잘 알고 있을 것이다. 또한 그는 특히 내가 학문적인 호기심에 대한 그의 의견을 실마리로 삼은 것이 곧 승리자에게 향한 호소인 것으로 오해하지는 않을 줄로 안다. 그 대신 그의 표현에는 객관적 정신의 변증법에 대한 것이 너무 많이 포함되어 있다. 그는 자기와는 다른 타인을 이해하는 것에 대해 말하고 있다. 그러한 표현을 쓰는 사람은 정신의 길(Weg)이 오류를 통해서도 인도되어지며, 그러한 오류 속에서 정신이 오류를 범할 때에도 정신은 정신으로 머물러 있다는 것을 알 것이다. 저 유명한 문장이 있는 고전적인 곳에 그렇게 쓰여져 있다. 대가가 쓴 그 문장은 적어도 비열한 자에게는 특허장(Freibrief)이 되진 못하겠지만, 아마도 그 글을 읽을 줄 아는 자유의 아들들에게는 통행증(Geleitbrief)이 될 것이다.

1945/46년 겨울

Ⅲ. 역사적요(歷史摘要, Historiographia in Nuce)
알렉시스 드 토크비유

1.

나에게는 소년 시절에 자주 들었던 것으로, 오늘날에도 귀에 쟁쟁한 격언이 있다.

1)이 답변서는 당시 그에게 제출되지 못하였고, 그 이후에도 [그의 사망으로] 불가능하게 되었다.

즉 **승리자가 역사를 쓴다**는 것이다. 이 격언이 명령과도 같이 명확하게 들리는 것을 보면 어떤 군인이 한 말임에 틀림이 없을 것이다.

내가 소년 시절에 읽은 최초의 역사책은 안네가른(Annegarn)이 쓴 세계사인데, 이것은 독일사를 가톨릭의 입장에서 서술한 좋은 가정용 도서였다. 여하튼 당시 그러니까 1900년경의 가톨릭교도들은 프로이센이 지배하던 독일에서 승리자는 아니었다. 따라서 그들의 역사 서술가는 곤란한 방어 입장에 처해 있었는데, 소년이었던 나는 그러한 사실에 대해서는 아무것도 몰랐었다. 역사책을 감명깊게 읽는 소년의 생각이 도대체 그 멋진 역사책이 누구에 의해 쓰여지는가 하는 의문에까지 미치진 못하기 때문이다. 나는 그 용감한 안네가른에게 매혹되었지 역사편찬에 대한 문제를 생각해보지는 않았던 것이다.

그러나 그 후 나는 점차로 내 시대의 승리자들, 그리고, 그들의 역사를 쓴다는 그 격언이 지닌 사회적 의미가 명확해졌다. 이제 그 격언이 의미하는 것이란, 비스마르크 제국시대의 국민주의적 자유주의 역사가, 즉 지벨(Sybel), 트라이치케(Treitschke) 그리고 그들의 추종자가 위대한 역사 서술가들이라는 것이다. 그 외에 패배한 오스트리아인이나 프랑스인은 고려되지도 않았으니 덴마크인 · 폴란드인 그리고 교황파(教皇派)*에 대해서는 물론 말할 것도 없다. 그러나 제1차 세계대전이 임박해 왔을 때 사람들은 이미 그러한 사실에서 어떤 경고를 들을 수 있었다. 즉, 우리는 그러한 패배자의 역할로 휩쓸려들지 않도록 정신을 차려야 한다는 것이다. 그렇지 않으면 패배한 전쟁이 가져다주는 온갖 불행에 덧붙여서 승리자의 역사가들이 우리의 역사가들을 짓누르고 의기양양해할 것이기 때문이다.

이처럼 전쟁에 대한 어떤 격언을 대하든지 간에 사람들은 19세기에 있었던 유럽의 대륙전쟁, 즉 국가지향적인 무력 전쟁만을 생각하고 내란에 대해서는 생각하지 않는다. 일반적으로 전쟁에 대한 격언들 중에는 의미심장한 것들이 많이 있으며, 시인 · 철학자 · 역사가 그리고 군인 등 많은 사람들이 전쟁에 대해서 말하였다. 그러나 유감스럽게도, 전쟁에 대해 말한 모든 것은 내란에 대한 것일 때야 비로소 그 궁극적이고도 가혹한 의미를 지니게 된다. 많은 사람들이 「전쟁은 모든 것의 아버지이다」라는 헤라클레이토스(Heraklit)의 문장*을 인용하곤 한다. 그러나 감히 이때 내란을 생각하는 사람은 거의 없다.

2.

나는 19세기의 가장 위대한 역사가라고 하면 오래전부터 알렉시스 드 토크비유(Alexis de Tocqueville)*를 손꼽는다. 그는 뭔가 고풍스러운 귀족의 분위기를 풍기고 있긴 하지만, 그 대신 그는 그 시대에 어릿광대로 전락하지 않은 드문 역사가 중의 한 사람이기도 하다. 그의 통찰력이 혁명과 왕정복고의 와중에서 핵심을 간파하여 그들 사이에 모순되는 가치와 슬로건 배후에서 진행되고 있는 (역사) 발전의 숙명적인 핵심을 꿰뚫어 보았다는 것은 참으로 놀라운 일이다. 이 때 발전이란 좌익과 우익의 모든 정당을 사용하여 점점 더 중앙집권화와 민주화를 추진시켜나가는 발전이다.

내가 이 역사가의 통찰력이 (핵심을) 간파하고 있다고 할 때, 이것은 그가 핵심을 간파하고자 심신을 기울여 얻어진 통찰력을 가지고 있다는 말이 아니다. 그는 사회학 내지 심리학적으로 정체를 밝히려는 열정을 가진 것이 아니며, 회의론자(懷疑論者)의 공허함을 가지고 있는 것도 아니다. 또한 형이상학적인 야망을 가지고 있는 것도 아니다. 그는 세계사를 움직이는 영원한 법칙을 발견하고자 한 것도 아니며, 3-단계-법칙(Drei-Stadien-Gesetze)이나 문화 순환을 찾아내고자 한 것도 아니다. 그는 그가 실존적으로 관여할 수 없는 것에 대해 말하고 있는 것이 아니다. 인도인 · 이집트인 또는 에트루리아인이나 히타이트인(Hethiter)에 대해서 말하는 것이 아니다. 그는 위대한 헤겔이나 현명한 랑케(Ranke)처럼 신의 은총으로 세계무대에서 왕의 자리에 앉아 있는 것이 아니다. 프랑스 전통에서 본다면 그는 몽테스키외와 같은 도덕가요, 동시에 **미술**(peinture)에 대한 프랑스인의 견해에서 본다면 화가이기도 하다. 그의 시선은 온화하고 명확하면서도 항상 뭔가 우수에 잠겨있다. 그는 지식인다운 용기를 가지고 있지만 정중함과 충성심에서 누구에게나 기회를 준다. 그리하여 그는 시끄러운 절망을 나타낸 적이 없다. 그렇기 때문에 그는 1849년 몇 달 동안이긴 했지만, 그 자신의 눈에도 어릿광대로 비쳤을 루이 나폴레옹(Louis Napoleon) 대통령의 외무부 장관으로 재직하기도 했던 것이다. 그 때의 체험을 기록한 장(章)은 매우 시사성이 있다. 일반적으로 그의 「회상록」(Souvenirs)을 보면 그에 대해 가장 잘 알 수 있다. 어떤 역사가도 이 놀라운 책에서 토크비유가 제시한 것을 비슷하게라도 제시하지 못하였다. 그러나 19세기의 다른 모든 역사가보다도 그를 훨씬 더 돋보이게 하는 것은 『미국의 민주주의』(Démocratie en Amérique)의 제1권 마지막에 있는 그 위대한 예견 때문이다.*

토크비유의 예견은 이러하다. 인류는 오래전부터 중앙집권화와 민주화(Zentralisierung und Demokratisierung)의 길을 걸어왔고, 앞으로도 거역할 수 없고 또한 반항할 수도 없이 계속 걸어갈 것이라는 것이다. 그러나 이것을 예견한 역사가는 그러한 보편적인 (역사) 발전의 경향을 확립하는 것에 만족하지 않고, 이러한 발전인자를 지니고 실행해 가는 역사적인 강국들을 구체적으로 예를 들어 간단 명료하게 표현하였다. 즉, 그것이 곧 미국과 소련이라는 것이다. 이 두 나라는 매우 다르고, 또한 서로 대립되어 있어서 하나는 자유로운 조직형태로, 다른 하나는 독재적인 조직형태로 완전히 다른 길을 걷고 있지만 중앙집권화되고 민주화된 인류라는 동일한 결론에 도달하게 된다는 것이다.

3.

사실 100년도 넘게 훨씬 이전인 1835년에 유럽의 한 젊은 법률가가 그와 같은 예견을 기초할 수 있었다는 것이 이상하다. 여전히 그 당시의 지배적인 세계상(世界像)은 완전히 유럽 중심이었기 때문이었는 데도 말이다. 헤겔도 이 새로운 두 세계강국을 새로운 (역사) 발전의 지주로서 알아차리지 못한 채 그 바로 얼마 전인 1831년에 죽었다. 가장 놀랄만한 것은 이 프랑스의 역사가가 당시 아직 산업화하지도 못한 미국과 소련이라는 신생국을 그렇게 구체적으로 함께 일컫고 있다는 것이다. 부상하는 거대한 두 나라, 유럽의 정신에 의해 각인되긴 하였지만 유럽적이지는 않은 두 나라가, 국경을 넘고 작은 유럽의 두뇌들을 넘어 직접 만나게 된 것이다.

이처럼 토크비유가 예견한 것은 애매모호한 신탁도 아니며 예언자적인 환상도 아니고, 일반적인 역사철학의 구조물도 아니다. 그것은 사실을 관찰하고 숙고하여 내려진 진단에 기초한 것으로 사실에 입각한 예견이 한 유럽 지성인의 용기로 파악되어 프랑스 정신의 간결함으로 표현된 것이었다. 이 예견으로 유럽의 자의식은 변화되었고, 우리의 정신이 차지하고 있는 역사적인 위치를 스스로 설정하는 새로운 장이 시작되었다. 보다 폭넓은 계층이 이러한 사실을 의식하게 된 것은 나중에야 비로소 즉, 궁지에 몰린 것이 공공연하게 드러나고 『서구의 몰락』(Untergang des Abendlandes)*이라는 표제가 알려지게 되면서였다. 문제는 어제 오늘에 생긴 것이 아니다. 백 여 년 동안 계속된 테마에 가장 먼저 근대적으로 기여한 사람이 토크비유인 것이다. 동시에 이것은 가장 구체적인 것이므로 오늘날까지 가장 중요한 기여로 남아있다. 의미심장한 역사적 사실들은 시작되는 순간에 가장 명확한 이름으로 불려지게 되는 것이다.

4.

토크비유는 패배자였다. 그에게서는 모든 종류의 패배가 다 모아졌다. 그것은 우연이었고 단지 불행해서가 아니라, 운명이고 실존적인 것이었다. 그는 귀족으로서 내란에서의 패배자였다. 이것은 그것이 최악의 패배일 때 필연적으로 따라오는 전쟁에서의 최악의 상태를 의미한다. 그는 1789년의 혁명으로 패배한 사회계층에 속하였다. 자유주의자로서의 그는 더 이상 1848년의 자유혁명을 예견하지 못했고, 그 혁명의 공포가 폭발하자 그에게는 치명적이었다. 프랑스인으로서 그는 영국 · 러시아 · 오스트리아 · 프로이센 동맹국과 20여 년 간의 전쟁을 치른 후 패배한 나라에 속했다. 이로써 그는 정치외적인 세계전쟁에서의 패배자가 되었던 것이다. 유럽인으로서 그는 마찬가지로 패배한 자의 소용돌이에 휩쓸려 들고 말았다. 왜냐하면 그가 새로운 두 강국, 즉 미국과 소련이 유럽의 두뇌들을 넘어 거역할 수 없는 발전, 중앙집권화와 민주화의 지주이자 후계자가 될 것이라고 예견하였기 때문이다. 마지막으로 기독교인으로서 부친의 신앙에 따라 세례를 받고 전통대로 행했던 그는 그 시대의 학문적인 불가지론에 굴복하였다.

그렇기 때문에 그는 다른 누구보다도 더 그렇게 될 것처럼 보였던 기독교적인 에피메테우스가 되지는 않았다. 그에게는 유럽의 역사이념이 절망하지 않도록 지켜주었던 그리스도 수난사에 대한 확신이 결여되어 있었다. 유럽은 Kat-echon[억지하는 자]*이라는 이념이 없이 몰락하였다. 토크비유는 Kat-echon에 대해 알지 못하였다. 그 대신 그는 현명한 타협을 추구하였다. 그 스스로도 그것 때문에 그를 비웃었던 그의 대적자들만큼이나 이러한 절충의 약점을 감지하고 있었다.

따라서 그는 자신의「패배를 인정하는 패배자」가 되었다(C'est un vaincu qui accepte sa défaite). 이것은 기조(Guizot)*가 토크비유를 두고 한 말인데, 상트 부브(Sainte-Beuve)는 이 말을 열심히 떠벌리고 다녔다. 여기에는 악의가 있었다. (그) 문학 비평가는 기조가 한 말을 저명한 역사가를 향한 치명적인 독화살로 사용한다. 그러나 신은 그러한 악의(惡意)의 의미를 변화시켜, 그것이 곧 의도하지 않았고 기대하지도 않았던 뜻밖의 심오한 의미가 있다는 증거로 만들곤 한다. 이런 식으로 나쁜 의도가 숨겨진 이 문장은 심지어 가장 엄청난 비밀(Arcanum)을 예감하게 하고 패배한 프랑스인을 그 당시 다른 모든 역사서술가보다 월등하게 부각시키는데 이바지할 수 있는 것이다.

5.

1940년 가을, 프랑스가 패배했을 때 나는 한 유고슬라비아인과 대화를 나눈 적이 있다. 그는 세르비아의 작가 이보 안드리치(Ivo Andrić)로 나는 그를 매우 좋아한다. 우리는 서로가 레옹 블로아(Léon Bloy)에 대해 잘 알고 있으며, 또한 그를 존경하는 상태에서 만났었다. 그 세르비아인은 나에게 자기 민족의 신화에 나오는 다음과 같은 이야기를 들려주었다. 즉 마르코 크랄예비치(Marko Kraljević)는 세르비아 전설에 나오는 영웅으로 하루 종일 힘센 터키인과 싸워 격렬한 전투 끝에 그를 때려 눕혔다. 그가 이 패배한 적군을 죽이고 나자, 이 적군의 심장에서 잠자고 있던 뱀이 깨어났다. 그리고는 마르코에게 이렇게 말했다. 즉「너는 행운인줄 알아라. 너희들이 싸울 때 내가 자고 있었다는 걸 말이다」. 그러자 이 영웅이 울부짖었다.「아, 슬프도다. 나보다 더 강한 자를 내가 죽이고 말았다니!」.

나는 이 이야기를 당시 몇몇 친구들과 지인들에게, 그리고 파리 점령군 장교이던 에른스트 윙거(Ernst Jünger)에게도 들려주었다. 우리 모두는 깊은 감명을 받았다. 그러나 우리 모두는 오늘날의 승리자들은 그러한 중세의 이야기에 감명 받을 수 없다는 것에 대해서도 명확하게 알고 있었다. 이것 역시 가련한 패배자인 토크비유 너의 위대한 예언에 있는 것이다.

1946년 여름

Ⅳ. 두 개의 무덤

40년 동안 항상 어떤 강한 조류가 나를 독일의 서부에서 내쫓아 베를린으로 몰아넣었고, 나의 모든 기호와 천성, 그리고 내 모든 계획과 의도와는 달리 오늘날까지 그곳에 정착하게 하였다. 나는 18년 동안이나 베를린에 내 집을 가지고 있다. 그 집을 제대로 해보려 하지도 않으면서, 또한 그곳에서 벗어나지도 못하면서 말이다. 내 시대, 나와 같은 사회적 지위에 있는 많은 독일 사람들이 이와 비슷하였다. 거대한 터빈이 우리를 이곳으로 끌어 들인 것이다. 어떤 소용돌이가 우리를 이곳에 내려놓은 것이다. 베를린은 우리에게 운명이 되었고, 그 희생물인 우리는 베를린의 운명이 되었다. 터질 것 같은 문제의 이 수도는 우리에게 실제적인 하나의 도시 내지 주거지라기보다는 하나의 경로(Passage)였다. 이 도시는 사실 좋은 극장, 야간 영업이 성행하는 휴식 없는 일터에 지나지 않았다. 산과 바다로 가는 많은 여행자들을 견디어 내면서 개혁에 사로잡힌 흰개미 집단이요, 프로메테우스의 화로*요, 마침내는 화장터에 지나지 않았다. 일반적으로 보아서도 이 도시는 역사의 화장터에 지나지 않았던가? 그리하여 결국에는 더 이상 화장터가 아니라 쓰레기통과 쓰레기더미에 지나지 않았던가?

이 도시는 훨씬 더 그 이상이었으며 뭔가 완전히 다른 것이었다. 그곳에는 쓰레기와 폐허만이 아니라, 무덤들도 있다. 한 도시는 그 도시가 가지고 있는 무덤으로 인해 역사적인 서열이 정해진다. 교회와 궁전들이 도시의 모습(像)을 지배할진 모르나, 보다 심오한 힘은 무덤들에서 비롯되는 것일지도 모른다. 무덤들은 들리지 않게, 그리고 알아들을 수 없는 사자(死者)들의 노래를 방송한다. 로마는 우선 그 무덤들로 인해 성스러운 도시가 된 것이며, 그 다음에야 비로소 그곳의 교회와 궁전들이 의미를 갖는 것이다. 베를린은 성스러운 도시와는 아무런 관련이 없다. 우리가 여기에서 말하고자 하는 것은 베를린에 있는 교회에 대한 것이 아니다. 그러나 베를린에는 진짜 무덤들이 존재하고 있다. 어떤 공예적인 실험대상으로도 파괴되지 않은 단순하고 단정한 소박한 무덤들, 위선적인 왕후의 영묘보다도 더 깊은 감동을 주는 가난한 이들, 이방인, 그리고 이름모를 이들의 무덤들뿐만이 아니라, 역사적인 가치를 규명해 주는 무덤들도 있다.

그렇다고 여기에서 저 유명한 철학자 피히테(Fichte)나 헤겔을 상기시키고자 하는 것은 아니다. 그들의 무덤은 유명해지지 않았다.* 그러한 관념주의 사상가들은 육체의 부활과는 너무나도 불확실한 관계에 있으므로, 그들 자신의 무덤에 역사적으로 기대할 수 있는 싹이 숨겨질 수 없었기 때문이다. 피히테가 말하는 어떤 식으로든 새로운 비-자아(Nicht-Ich)로 제어될 것이고, 헤겔의 절대정신은 어디에서건 새로운 거주지에 자유롭게 정주할 것이다. 베를린에는 아름답고 품위 있는 예술가와 학자들의 무덤이 많이 있다. 석회점토로 된 훔볼트(Humboldt) 묘는 번성했던 고전주의의 완벽한 기록이다. 그 밖에도 이전의 릭스도르프(Rixdorf) 묘지에 있는 브루노 바우어(Bruno Bauer)의 묘처럼 「브루노 바우어 박사」(Dr. Bruno Bauer)라는 거짓 묘비명을 보고 나이든 신학의 학위 소지자라면 그 의미를 이해하고 미소지었을, 그런 더할 나위없는 고독한 존재임을 표현해주는 의지할 곳 없는 무덤들도 있다.

그러나 그러한 무덤들로 정립되는 것은 무엇인가? 그리고 그것들이 파괴되거나 옮겨질 때 그들에게서는 무엇이 붕괴되는가? 상이군인 묘지에는 군인들, 특히 명예 훈장을 수상한 자들의 진짜 묘지가 있다. 내가 알기로는 에른스트 윙거는 이전에 언젠가 이곳에 묻히는 권리를 자기 수중에 가지고 있었던 것으로 안다. 그가 오늘날에도 여전히 그 권리를 고집하고 있는지는 모르겠다.* 그러한 일에 대해 말한다는 것은 어려운 일이다. 왜냐하면 이 땅에 살아있는 우리는 죽은 후의 삶에 대한 것보다도 우리들의 실제 무덤에 대해서 훨씬 더 많이 알지 못하기 때문이다. 그러나 무덤은 지상에서의 현상에 나타나는 전체상의 일부이다. 우리는 솔론(Solon)의 선언,* 즉 **아무도 죽기 전에는 행복하지 못하다**(Nemo ante mortem beatus)를 소년일 때 알게 되고, 노년이 되어 체험하게 된다. 여기에 「무덤 앞까지」(ante sepulcrum)를 보충해 보자. 그리고 「행복이나 불행도」(beatus vel miser)라고 말해보자. 아마도 이것에 대해서는 말해도 좋을 것이다. 우리는 심지어 새로운 유형의 현실 문제를 자각해야 할 의무가 있다. 진보의 시대에 적합한 현대적인 방식들은 정적(政敵)의 시체를 제거하는 방법도 완벽하게 만들었고, 고대의 테마인 안티고네*를 현대화시켰다.

나는 베를린에 있는 두 개의 무덤을 알고 있는데, 이 무덤들은 무엇인가를 증명해 주고 있다. 이 무덤들은 내게 이 파괴된 도시가 그저 프로메테우스의 화로에 남아있는 재만은 아니라는 것을 가르쳐 주고 있다. 이곳에는 독일 시인 두 사람의 묘가 있다. 더욱이 이 두 무덤들은 바이마르 왕족능의 무덤들보다 우리의 참된 고통의 역사에 대해 더 많은 것을 말해주고 있다. 반(Wann) 호반에 있는 클라이스트(Kleist)*의 무덤과 헤어街(Heerstraße)에 있는 테오도어 도이블러(Theodor Däubler)*의 무덤이 그것이다. 그들 때문에 베를린은 단순한 화장터, 쓰레기더미가 아닌 것이다.

*

하인리히 폰 클라이스트(Heinrich von Kleist)는 그 존재 속에 동쪽과 서쪽의 갈등을 지니고 있었다. 그는 청년이었을 때 나폴레옹 군대의 군인이 되려고 생각했었다. 그러나 나중에는 낯선 정복자에 대한 적개심이 그의 정신을 앗아갔다. 나폴레옹은 서쪽 사람이었다. 클라이스트는 인내심을 가지고 기다릴 수 있어야 했다. 동쪽은 그때까지 서쪽보다 더 많은 인내심을 가지고 있다. 슬라브인의 인내심은 우리들이 저지른 과오의 주인이 될 것이다. 베를린에는 말할 것도 없이 너무나 많은 정신들이 있어서 이곳에서는 많은 인내심을 가질 수 없었다. 그러나 이 정신 때문에 나폴레옹은 프로이센을 오래도록 정복하지는 못했을 것이다. 정복이란 노획물 자신보다도 그 노획물에 대해 잘 알고 있는 자만이 가능한 것이다. 따라서 당시의 프로이센 철학자들은 그 당시 서쪽이 동쪽의 세력에 대해 단지 예감만 하고 있던 것보다 서쪽의 이념에 대해 더 많은 것을 알고 있었음에 의심할 여지가 없다.

프랑스인에 대한 클라이스트의 증오심은 오늘날의 의미로는 당시 도대체 존재하지도 않았던 동쪽에게 있어서 선택(Option)이 아니었다. 그러나 구체적인 세계정치 상황에서 보면, 프랑스인에 대한 증오심은 러시아, 즉 19세기 동안에 일어나 모든 결과로 나폴레옹을 패배시킨 대륙강국 러시아에게는 물론 프로이센에게도, 그리고 프로이센의 지배를 받던 독일에게도, 또한 강력한 독일의 그늘 아래 있던 유럽에게도 일종의 선택이었다. 여하튼 그것은 프로이센의 고유한 특징 속에 있는 동쪽 성향이 강한 요소들이 현상으로 나타난 것이었다. 죽기 1년 전에 클라이스트는 항상 새롭게 놀라움을 금치 못하게 하는 무궁무진한 논문「인형극에 대하여」(Über das Marionettentheater)를 썼다. 이 논문의 마지막에는 곰이 나오는데, 이 곰은 미혹되지 않는 본능을 가지고 있어서 어떤 가장 뛰어난 기술로도 능가할 수 없다. 그 곰은 단지 양격(Fint)에 반응하지 않음으로써 최고의 펜싱주자를 지치게 하는 것이다. 이처럼 무의식의 힘을 지닌 자는 신화적인 상징이며 이미 동쪽과 서쪽의 깊은 대립선상에 존재하고 있다.

이 대립이 독일의 한 가운데, 독일의 심장을 꿰뚫고 있는 것이다. 독일 문학에서의 고전주의자들에게는 그러한 형태로 대립이 존재한다는 것이 전혀 생각할 수 없는 일이다. 그러나 그 대립은 이미 18세기에 동쪽에서부터 떠오른다. 이 시기에 나온 주목할 만한 기록으로는 가장 본질적인 독일 동부의 철학자인 요한 게오르크 하만(Johann Georg Hamann)이 1776년 쾨니히스베르크*에서 프리드리히 대왕에게 보낸 호소의 글이 있다. 이 위대한 철학자 하만은 상수시의 철학자*에게 반대하여 프로이센의 왕에게 호소하고 있다. 상수시의 철학자는 서부에 있었고 프로이센의 왕은 동부에 있었다. 그러나 볼테르 시대에 누가 그런 편지를 읽고 그런 호소를 이해했을 것인가? 그와는 달리 그 다음 시대에는 브루노 바우어와 같은 좌익 헤겔주의자가 세계사를 철저하게 의식하여 동쪽을 지향할 수 있었다.

1935년 가을, 나는 시인 콘라드 바이스(Konrad Weiß)* 그리고 반 호반(Wannsee)에 사는 베스트팔렌 친구 둘과 함께 클라이스트의 묘를 방문한 적이 있다. 콘라드 바이스는 이에 관하여 훌륭한 논문을 발표하기도 했다. 완전히 마리아 숭배적인 바이스의 역사관*에서 보면 클라이스트의 여인상은 놀랄만큼 기독교적인 것이 되고, 반면 괴테의 여인상은 관념주의적으로 창백한 것이거나 미니용과 같이 낭만적인 것이 된다. 우리는 클라이스트의 죽음에 대해서는 이야기하지 않았다. 1944년 10월, 나는 나의 딸 아니마(Anima)*와 함께 그 무덤을 방문하였다. 어떤 전통을 가지고 있었던 오래된 검소한 묘비석은 없어지고 현대적인 단순한 묘석으로 바뀌어져 있었다. 오래된 격언과도 같은 비문이「홈부르크공」(Prinz von Homburg)에 나오는 싯구에 자리를 내어 주어야만 했던 것이다. :

이제, 오 불멸이여, 너는 완전히 내 것이도다!

(Nun, O Unsterblichkeit, bist du ganz mein!)

이 자리에서는 너무도 거만하게 들리는 것이었다. 이미 공중에는 자살역병이라는 죽음의 매가 다가와 맴돌고 있었다.* 참으로 끔찍한 시간이었다. 그러나 나는 13살 난 아이를 데리고 그것에 대해 이야기하고 싶지 않았다. 그러는 사이에 어떤 특유한 체험들이 나로 하여금 좀 더 숙고하여 내게 명확해진 것을 표명하도록 부추겼다.

클라이스트의 무덤은 자살자의 무덤이다. 그는 계획적으로 숙고하여 자기 손으로 스스로 자살하였다. 어떤 이상주의적인 수사학도 그것을 미사여구로 꾸미거나 지루하여 싫증나게 할 수 없다. 다음의 싯구는 이전의 묘비문이었던 것이다.

그는 여기에서 죽음을 찾아 불멸의 것을 찾았노라.
Er suchte hier den Tod und fand Unsterblichkeit.

그가 찾아 헤매던 것이 정말로 죽음이었을까? 죽음에 대한 욕망이 곧 죽음은 아니다. 그렇다면 누군가가 그가 실제로 발견한 것이 무엇인지 알려고 하지 않을까? 나는 오늘날 놀랍게도 1811년 11월에 자행된 이 자살이 이미 1945년 봄, 바로 베를린의 이 자리에서 그리고 바로 어느 특정 사회계층에서 범해진 자살들의 징후일 수 있다는 생각을 하게 된다.

다음의 싯구는 현대적인 시인, 그것도 그들 중에서 가장 현대적인 시인인 테오도어 도이블러가 쓴 구절이다.

식물은 우리에게 이교도들의 평온한 죽음을 가르쳐준다.
Die Pflanzen lehren uns der Heiden sanftes Sterben.

나는 이교도들이 평온하게 죽는다는 것을 믿지 않으며 그 죽음이 식물과도 같다는 것 역시 믿지 않는다. 이러한 관점에서 이교도들이 우리보다 탁월한 것, 그리고 20세기의 한 유럽인이 그들을 헛되이 모방하려 하고 있는 것, 그것은 뭔가 다른 것, 즉 자살로 성사(聖事)를 이루는 힘이다. 단 한 사람만이 우리가 이해할 수 있는 방식으로 그것을 성취하였는데, 그는 스토아 학파의 철학자*로 장엄하게 자유의 왕국으로 걸어가 그곳에서 그의 인간적인 품위를 입증하고, 자신의 도덕적인 자유를 유지할 수 있는 마지막 가능성, 근본적으로는 유일하다고 할 가능성을 보았던 것이다. 나는 내 생애에서 아마도 그러한 동기에 영향을 받아 자살하였을 두 사람을 알았다. 즉 오토 바엔쉬(Otto Baensch), 그는 신칸트주의 철학자로 1936년 절망 속에서 죽어갔다. 빌헬름 알만(Wilhelm Ahlmann),* 그와 그의 친구들은 1944년 12월 죽음으로써 계속되던 경찰심문에서 벗어날 수 있었다.

내란이 있을 때에만 예를 든 이런 종류의 죽음에 의미가 있다. 철학자 콩도르세

(Condorcet)의 죽음*은 유명한 역사적 사건이다. 그는 1793년 테러가 있었을 때에 독을 먹고 그런 식으로 테러에서 벗어났으며, 동시에 테러에 굴복하였다. 그러나 그것은 벌써 현대적인 것이다. 사실 세네카는 이처럼 고고한 철학적 성사(聖事)를 행한 유일한 사제로 남아 있다. 그는 이교도 황제 네로는 물론 기독교 사도 베드로와도 동시대인이었다. 그의 언어는 이미 육체가 성장하여 된 말과 같은 것을 지니고 있다. 예수 그리스도의 십자가 죽음만이 부여할 수 있을 것 같은 신성한 빛은 그의 행위에서 비롯되는 것이다. 세네카의 조카 루카누스(Lucan) 역시 여기에서 언급되어야 할 것이다. 왜냐하면 그는 내란의 시인이기 때문이다. 이 두 사람은 일회적이고 반복할 수 없는, 그러나 항상 생생한 사건들, 즉 우리들의 시간적 세계(Aeon)*를 증명하였고, 또한 보존하고 있는 사건들의 동시대인들이다. 우리에게 있어서 그 스토아학파 철학자의 자살이라는 어스름한 빛은 그곳, 즉 우리의 영원함이 근거하는 곳에서 오는 것이다. 이것은 모든 인문주의적인 종교시도(宗教試圖)들의 빛이 그러하듯이, 그저 달빛과도 같은 빛일 뿐이지 성사(聖事)와 같은 형태일 수는 없다.

클라이스트는 스토아학파의 철학자는 아니었다. 그의 자살은 내란에서의 전투행위 역시 아니었다. 그를 사로잡은 것은 죽음에 대한 욕망이었다. 그는 공포를 알고 있었으나 무덤의 쾌락을 추구하였다. 그는 여황제의 침실을 찾아 헤매었던 것이다. 그러나 그는 죽음을 욕망하는 에우포리온(Euphorion)*이 되지는 않았다. 그는 이교도가 아니다. 낙담하지 않는 그리스도 이전의 이교도도 아니며, 현대적인 생명욕, 절망적인 현세라는 의미에서의 의도적인 이교도도 아니었다. 그는 죽음과 무덤이라는 요소를 뛰어넘어 더 멀리까지 나아갔던 것이다. 그는 저 세상의 문을 열려고 하였다. 힘있게 열려고 하였다. 그리고 그때 혼자가 아니길 바랐다. 그는 그에게 자신을 내맡긴 희생물로 한 동반자*를 데려갔다. 그가 자신이 유쾌할 것임을 축제와도 같은 기분으로 확언하면서 동반자로서 희생제물이자 증인인 한 여인과 함께 죽음의 길로 갔을 때, 그것은 그가 다른 왕국으로의 길을 찾아 그 길을 여는 의식을 추구하였던 것이다. 그의 행동은 자연보다 높이 솟아 일종의 성사를 추구했던 것이다.

그러나 그는 자기에게 예비된 성사를 찾지 못하였다. 그는 결코 삼위일체라는 이름의 십자가를 상징하는 것, 그 상징이 지닌 구원의 힘이 안네테 폰 드로스테-휠스호프(Annete von Droste-Hülshoff)에 의해 체험되어 가장 힘있는 그녀의 시로 입증된 것, 그 이상의 것을 발견하지 못했다. 이로써 자유의 나라로 가고자 한 클라이스트의 도약은 범행이 되고 말았다. 그리고 그와 동행한 여인은 증인 대신에 의지할 곳 없는 인간의 절망, 그 메아리에 지나지 않게 되고 말았다. 이것은 독일 고전주의의 인문주의와 독일 철학의 관념주의가 구제하지 못하고 내버려 두었던 한 독일 시인의 범행이었다. 이 두 가지(인문주의와 관념주의)가 그에게 성사를, 그리고 결코 어떤 징후를 줄 수 없었기 때문이다. 인문주의와 관념주의 이 두 가지는 콘라드 바이스가 말한 것처럼, 빛나기는 하지만 공기가 없는 것들이다. 그것에 비해 그의 여기사(女騎士, Amazone)는, 그의 꿈속을 거니는 소녀와 같이 클라이스트의 여인상에 비쳐진 광채는 순결무구한 마리아(Maria der Immaculata)에게서 비롯된 것이다. 그리하여 자비로운 성모 마리아는 그러한 여인상을 꿈꾸는 시인을 돕지 않고 그대로 내버려 둘 수 없었을 것이다. 천국의 자비로운 성모 마리아의 입김이 비탄으로 마비된 이 무덤을 풀어주리라.

*

다른 무덤은 국립경기장 주변에 있는 개인이 관리하는 그로스슈타트(Großstadt)의 묘지에 있다. 이 무덤은 내가 조금 전에 인용한 「이교도의 평온한 죽음」이란 싯구를 쓴 시인의 무덤이다. 테오도르 도이블러는 남쪽 출신으로 트리에스테(Triest)에서 태어나 로마 · 피렌체 그리고 파리를 거쳐 베를린에 왔다. 그가 여기 베를린에 도착했을 때인 1912년에는 이미 임박한 세계대전의 그림자가 빌헬름 시대의 독일과 그 수도에 드리우고 있었다. 이 베를린의 호기심 많은 주지주의(主知主義)는 음악에서도 아직도 리하르트 슈트라우스(Richard Strauß)를 곧 잘 따라갈 수 있었고, 미술에서는 새로운 공간개념을 테마화한 것에 활기 있는 반응을 보였다. 그러나 언어와 문학에서는 너무나 자기도취에 빠져 귀가 예민할 수 있었다. 게오르크 하임(Georg Heym)이나 게오르크 트라클(Georg Trakl)과 같은 젊은 죽음의 새에 대해서는 알아차리지 못하였다. 아무것도 알아차리지 못했다. 도이블러에 대해서도 역시 그러했다. 그렇다면 이 가련하고 돌보아지지 못한 보헤미안을 어떻게 하면 좋았을까? 그는 인간 거상(巨像)이었다. 그는 거대한 작품, 3권으로 된 두꺼운 서사시 「북극광」(Nordlicht)*을 휴대하고 있었다. 요하네스 슐라프(Johannes Schlaf)는 그 우주적인 후각으로, 즉 이 작품이 유럽의 서사시임을 신호로 알려 주었다. 그러나 1912년의 베를린에서 그 누가 이 시인이 프랑스와 이탈리아의 예술을 정신적 · 예술적으로 완성시켜 그 안에 가지고 있던 모든 미학자들과 작가들보다 월등하게 더 현대적인 위대한 유럽의 시인이었다는 것을 생각조차 할 수 있었을까?

이 다듬어지지 않은 거상은 사실 유럽의 감수성을 지닌 천재, 오직 고대 일리리아인*일 수밖에 없는 언어(言語)의 영(靈)이었다. 특히 그는 우리가 샤르르 페기(Charles Péguy) 이래로 그 음성학적인 아름다움을 듣고 느끼게 된 라틴어 불가타(Vulgata)* 성서의 대부, 즉 도이블러와 같은 신학 계통인 4세기의 히에로니무스(Hieronymus)*와는 현대적이고 예술적으로 짝을 이루는 대립상(對立像)이었다. 19세기 유럽의 인상주의, 그리고 미래파 · 입체파 그리고 표현주의가 수많은 혼돈의 시도 속에서 꽃봉오리를 열어 놓은 것이 독일어 속에는 뜻하지 않게 충만되어 있었다. 독일어 시는 음향과 색조, 그리고 사상이 만들어낸 새로운 기적이 되었다. 그 풍요한 음과 색조는 읽고 들음으로써 끊임없이 노래되어지고 해석되어지고 지휘되어지는 총보(總譜)가 되었던 것이다. 많은 시인들이 언어적인 변화에 관심을 가지게 되었다. 그들 중에 위대한 이름으로는 슈테판 게오르크(Stefan Georg), 라이너 마리아 릴케(Rainer Maria Rilke)가 있다. 그러나 도이블러에 가서야 비로소 독일어는 새로운 조성(調性)을 위한 순수한 기적의 악기가 되었던 것이다.

도이블러는 베를린에 거주지나 고향을 가지고 있지 않았음에도 불구하고 자주 베를린에 들렀었다. 그는 무한한 곳으로의 통로인 이곳을 사랑하였다. 이곳이 폭발하는 개혁에 사로잡혀 있고, 이곳 사람들과의 추한 경험이 있음에도 불구하고 말이다. 그는 베를린 송가를 짓지는 않았다. 그러나 로마 송시 · 밀라노의 노래 · 이탈리아 도시들에 대한 송가, 그리고 쾰른 성당과 다른 독일 도시들에 대한 송가의 초고들을 훌륭하게 썼다. 또한 그는 서유럽을 거쳐 지중해의 드넓은 길을 편력하고 난 후 베를린에 묻혀지기를 바랬다.

> 방랑자가 기다리는 사람에게로 눕고자 하노라.
> Es will sich der Wander zu Wartenden legen.

릴케와 슈테판 게오르크는 스위스로 가서 그곳에 묻혔다. 그러나 그노시스파처럼 육체의 부활에 대한 빛나는 시를 쓴 시인 도이블러는 마르크 브란덴부르크(Mark Brandenburg)* 모래 속의 베를린에 기다리는 사람을 향해 누웠다. 그의 묘비석에는 다음과 같은 싯구가 있다.

> 정신이 세계를 화해시키고 세계보다 크게 울린다.
> Die Welt versöhnt und übertönt der Geist.

우리는 물어보아야 한다. 어떤 정신이란 말인가? 베를린에 거주했던 동안의 헤겔의 절대 정신인가? 아니면 안네테가 그 상징성에 매달렸던 기독교의 삼위일체 정신인가? 아니면 우리가 그 차이를 증명해야만 할 많은 다른 정신들 중의 하나인가? 도이블러의 시인다운 범신론은 그 모든 것들을 똑같은 영감으로 포괄하여 자기 리듬의 흐름으로 끌어넣었다. 그는 모든 것을 시인할 수 있다. 그는 무제한적으로 동시에 모든 말, 모든 개념을 빛나게 울리게 할 수 있다.「모든 것은 하나의 공이 원초적으로 시도했던 원형의 꿈이 된다」. 이 시인은 저 위대한 목양신(牧羊神), Pan이 모든 동식물과 함께 살았던 것처럼, 모든 종류의 철학적 · 종교적 본질들과 함께 살아있다. 그는 저 유명한 고대의 조각품에서 아버지 나일(Nil)이 그의 아이들을 향해 누워있는 것처럼,* 그러한 본질들을 향해 누워있다. 그러나 묘비에 새겨진 싯구는 시적인 무구속력에만 머물러 있는 것이 아니다. 그는 종교적 내지 형이상학적인 것 또는 철학적인 인식과 같은 것, 그리고 어떤 결단을 회피하지 않고 받아들인다.

세계를 화해시키는 정신에서 나온 그 싯구는 도이블러의 위대한 서사시『북극광』에 나오는 마지막 싯구이자 그의 결론이다. 작품 자체는 생명과 영혼으로 가득 차 있어서 여기에서 우리는 극단적인 안티테제, 즉 정신과 삶, 정신과 영혼의 안티테제 때문에 지체할 필요가 없다. 이것은 처음부터 내게 명백한 것이었다. 그러나 북극광이라는 상징이 지닌 본질적인 역사철학의 의미는 내게 오랫동안 은폐되어 있었다. 나는 1916년에 쓴 매우 유치한 논문*에서 이것에 기독교적인 의미를 부여한 적이 있다. 도이블러는 매우 관대하게 항의 없이 그것을 감수해 주었다. 오늘에서야 나는 그 북극광이 인류의 신비적 직관(Menschheits-Gnosis)이라는 어스름한 빛에서 비치고 있다는 것을 알게 되었다. 그것은 자기 스스로를 구원하는 인류의 기상학적(氣象學的)인 신호이다. 지상에 있는 프로메테우스들이 우주로 보내는 토착인의 광선이다. 지구와 그곳 인간들의 운명에 대한 주석이 비교적 길게 되어있는 프루동(Proudhon)의 논문을 알게 되었을 때야 비로소 북극광에 대한 도이블러의 이념은 정신사적인 연관성 하에서 이해될 수 있다는 것이 명확하게 되었다. 사상이 풍부한 프랑스 혁명가는 그러한 사색을 좋아하여 마치 달이 사그러지는 것처럼 점차로 식어 가는 지구의 운명에 대해 말하고 있다. 그렇게 되어, 인류가 정신 — 영성(靈性)(Spiritualité) · 양심(Conscience) · 자유(Liberté) — 으로 승화되지 못하면, 인류는 자신들의 지구와 함께 사멸해야만 한다. 도이블러에게 있어서 북극광은 정신 속에 정신을 통한 바로 이러한 인간의 구원을 밝혀주는 지구의 증인이자 보증인인 것이다.

프루동의 우주적 · 역사철학적인 환상, 즉 지구와 그 인간들의 운명에 대한 환상을 나는 1865년 파리에서 책으로 발간된 그의 예술철학 논문들에서 발견하였다. 나는 그 논문들을 1938년에야 비로소 입수하였는데, 그때는 도이블러가 사망한지 4년째로 내가 북극광이 상징하는 것에 대한 연구를 시작한지 꼭 28년 되는 해였다. 그 논문들 서두에서는 샤르르 푸리에(Charles Fourier)와 귀스타브 플로베르(Gustave Flaubert)의 논평 몇 편도 볼 수 있었다. 우리가 책을 잡을 때 인도하는 비밀스러운 손은 나중에야 비로소 나를 프루동이 쓴 그곳으로 인도하여 책장을 펼치게 하였다. 나는 프로메테우스적인 북극광 이념이 생시몽파*에서 비롯되었을 것이라고 추측하였다. 여하튼 그 이념에는 생시몽파의 정신사가 전염되었을 것이다. 테오도르 도이블러가 어느 정도까지 그 깊이 있는 뜻에 정통했는지 나는 모른다. 고대의 신비에 대한 그의 직관적인 인식은 놀랄만한 것이었다. 그러나 고대의 신비는 태양 · 달 · 지구 그리고 별 등에 관한 것이다. 여기에서는 — 바코펜(Bachofen, Johann Jakob)*이 플루타크에 관하여 쓴 논문에 따르면 — 영혼은 달에, 정신은 태양, 그리고 육체는 지구에 해당된다. 그러므로 북극광은 고대의 신비를 나타내는 상징물이 아니다. 도이블러는 대화 속에 있는 무궁무진한 많은 것과 겉으로 보기에는 우연인 것 같은 음성학적인 어우러짐에서도 무궁무진하게 많은 것들이 있어서 그 북극광의 기후를 항상 새롭게 한다는 것을 알았다. 피렌체의 **수호신**(genius loci),* 헤아릴 수 없는 바코펜의 영향력, 그리고 19세기의 다른 이념들의 화실(火室) 등이 그에게도 영향을 끼쳤다. 그는 자주 자기가 알고 있는 심오한 지식을 암시하였으나, 한 번도 정신사적인 연관성에 대해서는 말하지 않았다. 그러한 연관성을 인식하는 것이 내게는 그것을 아는 통로를 의미한다.

프루동의 그 주석을 접하게 됨으로써 내게는 북극광이 상징하는 의미가 밝혀졌다. 나는 이제 도이블러의 정신개념이 나오는 근원을 알게 되었다. 그 개념은 형이상학적인 독일어의 원천, 심오한 — 지중해의 물통 그리고 프로메테우스와 같은 서아프리카의 멕시코 난류로 생계를 유지한다. 이때 그의 정신개념은 천천히 몇 년을 걸려 성장한다는 것을 나중에 알게 되었는데, 그것이 도이블러와 나를 내적으로 멀어지게 하였다. 나는 1910년 이후로 매우 열심히 그의 작품에 몰두하였다. 프리츠 아이슬러(Fritz Eisler)*는 아주 사려 깊고 민감하게 그런 나를 입증해 주었다. 아이슬러가 1914년 9월 프랑스에서 전사한 후 나는 아이슬러를 기리는 의미에서 1916년에 나온 북극광 — 소책자를 그에게 헌정하였다. 도이블러와의 내밀한 개인적인 친분관계는 이 모든 것에서 싹텄고, 제1차 세계대전 이후 감소되었다. 도이블러의 명성은 확고한 지위를 차지하였다. 이제 나는 콘라드 바이스와 가까워졌다. 그는 가톨릭교도인 슈바벤 사람으로 큐메의 마녀(Cumäische Sibylle, 1921), **탄탈루스**(Tantalus, 1929), 기독교적 에피메테우스(1933) 등을 쓴 시인이다. 이 모든 것은 마치 나무의 나무결이 자라듯이, 분열이나 선언 없이, 선택과 결정 없이 협의나 토론 없이 생겨난 것들이다. 그것은 우리 삶의 과정에 속하는 것으로 모사할 수는 있으나 예견할 수는 없는, 또는 그것이 성장하는 동안에 정해질 수 있는 것이다.

콘라드 바이스는 1940년 1월 뮌헨에서 죽었고, 그곳에 묻혔다. 가련한 일 개인인 나는 모젤강 너머있는 산, 내 조상의 땅에 묻히리라는 희망을 포기하였다. 그러나 나는 아직도 여전히 베스트팔렌주의 자우어란트(Sauerland) 지방에 묻히기를 바라고 있다. 내 어린 시절에 아름답고, 기품있는 산수를 거느리던, 그러나 내 생애동안 산업-폐수를 실어나르는 비참한 운하가 되어버린 자우어란트 지방을 흐르는 렌네(Lenne) 강 너머 아이링하우젠(Eiringhausen)에 있는 내 부모님이 잠들어 있는 가톨릭 묘지에 말이다. 그러나 나는 마르크 브란덴부르크에 있는 내 육신의 안식처가 죽은 자가 부활하는 최후의 심판 날을 기대하여 지구와 하나가 된다하더라도, 그것을 가지고 좌천된 것이라고도 느끼지 않을 것이다. 나는 어떤 묘비문도 구상하고 있지 않다. 그러나 「여기 이제」(Hic et Nunc)*란 비문은 절대 쓰지 말아야 한다. 그러나 내 아이가 자기 아버지의 운명 속에 있는 **비밀**(Arcanum)에 대해 알고자 한다면, 그리하여 내 생애에서 가장 내면에 있는 핵심을 건드리는 말로 내게 그것을 묻는다면, 나는 도이블러의 싯구를 인용하여 그에게 대답할 수 없을 것이다. 나는 내 아이에게 프로메테우스처럼 대답하는 것이 아니라 오직 기독교적 에피메테우스로서만이, 즉 콘라드 바이스의 한 구절을 빌어 대답할 수 있을 것이다.

> 의미는, 자기 자신을 더 찾으려고 하면 할수록,
> 어두운 감방에서 나와 세계로 인도된 영혼이 된다.
> 네가 해야 할 것을 실행하라, 그것은 이미 성취되었고

너는 그저 대답만 하면 되나니.
So wird der Sinn, je mehr er sich selber sucht,
Aus dunkler Haft die Seele geführt zur Welt.
Vollbringe, was du mußt, es ist schon
Immer vollbracht und du tust nur Antwort.

나의 딸 아니마 루이제(Anima Louise)에게
1946년 8월 25일

V. 구원은 옥중에서

1.

인생의 발자취는 우리들의 작품으로, 또는 일이나 직업상의 창작으로서 남게 마련이다. 나는 국제법과 헌법이라는 두 개의 법학 영역에서의 교사이며 연구자이다. 이 두 영역은 공법에 속하며, 여기에서의 저작은 말의 가장 강한 의미에서의 공법적인 것이다. 그 저작은 국내 정치와 국제 정치의 문제들에 관한 것이며, 따라서 항상 정치적인 것의 위험에 직접 직면하고 있다. 이러한 영역을 전공하는 법학자는 이러한 위험에서 벗어날 수 없으며, 순수한 실증주의의 열반경 속에 안주할 수도 없는 것이다. 고작해야 그는 역사학이나 철학의 보호색으로 변장하여 내버려진 변방에 이주하기도 하며, 유보와 캄플라주의 기술을 최고도로 구사하여 이러한 위험을 완화할 수밖에는 없다.

고요한 시대에는 자연이나 정신이나 기념물을 보호하는 중립 지대나 쾌적한 공원이 있다. 그러나 난세에는 그러한 것은 없어지고 모든 자유로운 사고에 내재하는 위험은 날카롭게 대립한다. 그리하여 어느 날 갑자기 공법의 연구자와 교사는 얼마간의 자유로운 발언과 사상의 꼬투리가 잡혀 매도되고 레테르가 붙여진다. 더구나 연구자와 교사들은 평생토록 자유로운 사고를 한 일도 없으며, 모든 정신의 자유와는 인연도 없는 사람이 된다. 그것만이 아니다. 공법학자의 학문적인 작품과 그의 저작 자체가 어떤 특정한 국가, 특정한 집단과 세력, 그리고 특정한 시대 상황 속에 자리잡게 만든다. 공법학자의 개념을 구성하는 소재와 연구 대상은 그를 특정한 정치상황에 구속한다. 그리하여 그 상황의 좋은 결과와 나쁜 결과, 행운과 불운, 승리와 패배는 그 연구자와 교사를 사로잡으며, 그 개인적인 운명을 좌우한다.

이러한 현실이 가장 강하게 실감나는 것은 공공연하거나 잠정적인 내전의 시대이다. 내전에는 무엇인가 독특한 음울한 것이 있다. 그것은 골육상쟁이다. 왜냐하면 그것은 적도 포괄하는 공통된 정치적 통일체 내의 투쟁이며, 양 진영이 다 함께 공통된 통일체에 대하여 절대적인 긍정과 절대적인 부정을 동시에 나타내기 때문이다. 양자는 모두 적을 절대 불법자로 단정하며, 법의 이름으로 상대방의 법을 부정한다. 적의 판단에 복종하는 것이야말로 내전의 본질적인 것이다. 이 사실은 내전과 법의 관계를 밀접하고 특수 변증법적인 것으로 만든다. 이리하여 내전의 정의는 독선적인 정의이며, 내전은 정전과 독선적인 정전(正戰) 일반의 원형이 된다.

내전은 다른 어떠한 전쟁보다도 위험하다. 왜냐하면 각 진영이 가차 없이 자기를 정의라고 전제하고, 똑같이 가차 없이 상대방은 부정의라고 전제하지 않을 수 없기 때문이다. 한쪽은 실정법의 정의를 제창하고 다른 한쪽은 자연법의 정의를 제창한다. 실정법은 복종의 근거를 마련하며 자연법은 저항권의 근거를 부여한다. 이리하여 법이론이나 법제도가 개입하는 것은 투쟁을 해치며, 재판이라는 수단 방법을 전면 부정의 수단 방법으로 함으로 말미암아 투쟁의 가혹함을 극한으로까지 몰고 간다. 적은 여전히 적인 채로 판사석에 앉는다. 혁명 재판소나 인민 법정의 설치는 공포를 완화하는 것이 아니라 더욱 첨예화시킨다. 공적인 법률상의 명예 박탈, 지위 박탈, 공공연하거나 은밀한 추방자 명부, 국가의 적, 인민의 적, 인류의 적이라는 선언 등이 나타내는 의미는 전쟁의 상대방이라는 의미에서의 적의 법적 지위를 부여하는 것이 아니라 오히려 적으로서 가지는 최후의 권리를 박탈하는 것이다. 즉 그 의미는 법이라는 미명 아래 전면적으로 권리를 박탈하는 데에 있다. 적개심은 절대적인 데까지 드높여지고, 적과 범죄자의 구별조차 독선적인 흥분 앞에 무산되어 버린다. 자기의 정당성에 대한 회의는 반역 행위로 간주되고, 상대방의 논의에 관심을 기울이면 배신이 되며, 토론을 시도하면 적과 내통하는 행위가 된다.

이러한 모든 것은 내전과 법의 변증법적 관계의 표현이며 현상 형태이다. 전쟁에는 성전 · 정전 · 결투 전쟁 등 여러 가지 종류가 있으며, 이중 성전과 결투 전쟁은 원래 신판(神判, Gottesurteil)에서 나왔다는 성격을 어느 정도 지니고 있다. 이에 반하여 정전은 그 판단을 전적으로 인간의 손에 맡긴다. 이 점에 대하여 근대 실증주의의 시대에는 독자적인 사정이 있다. 근대 실증주의는 법을 인간이 인간을 위하여 제정한 법률로 전환시켰으며, 여러 산물 중 법이라는 가장 인위적인 것을 만들어 내었다. 이와 동일한 정도로 근대 실증주의는 정전으로부터 신성함이라는 마지막 잔재까지도 빼앗아 가버렸다. 정의의 여신이 판도라의 상자*를 열자 나온 것은 복잡한 소송 절차라는 덫과 사법(司法)의 형식을 취하는 피비린내 나는 내전의 공포였다.

2.

참으로 비극적인 이러한 법의 변증법에 대하여 법학은 어떻게 대처할 것인가? 또한 권력자가 모두 가차 없는 독선적인 정의를 주장하는 경우에 법학자는 어찌하면 좋을까?

이 어려운 문제는 위대하고 영웅적인 세계사의 시각에서 본다면 쉽게 해결될 수 있을 것이다. 12세기와 13세기 상부 이탈리아와 중부 이탈리아 도시들의 처절한 당쟁의 와중에서 로마법의 정신은 되살아난 것이다. 16세기의 종교 전쟁 시대에는 박해당하고 추방된 사람들 가운데 가톨릭에서는 존 스토리(John Story)*가, 프로테스탄트에서는 도넬루스(Donellus)*와 같은 이름이 빛나고 있다. 우리들은 교회로부터 수호 성인(聖人) 토머스 모어를 선물로 받았다. 공법, 특히 유럽 공법*의 창시자들에 관하여는 또다시 언급하기로 한다. 그러나 법률가들은 그 영웅시대가 종언을 고하고 18세기 이후가 되자 관료적인 부르주아지로 변신하였다. 19세기가 되면 법률가의 직업적인 위험은 여러 가지 활동 중에서 가장 작은 것이 되는 것 같다. 이렇게 본다면 위대한 세계사의 해답은 매우 간단하다. 즉 가혹한 시대에는 많은 사람들이 몰락하는데 어떤 이는 순교자가 되었다가 다시 성자가 된다. 이 고뇌와 궁박 속에서 새로운 업적에 대한 동기를 찾아 나선다고.

이러한 대답은 가혹하지만 동시에 우리들에게 위안을 준다. 이 대답은 헤겔적 세계정신의 모든 대답과 신탁에서 볼 수 있는 두 얼굴을 가지고 있다. 바로 그 세계사는 행복의 대지가 아니라는 것*을 우리는 잘 알고 있다. 우리는 이 위안에 찬물을 끼얹을 생각은 없으나 그것은 너무 간단하고 한데 뭉뚱거린 것이다. 인간 상호 간에 주고받는 고통은 두려워하지 않을 수 없는 것이며 우리는 이것을 간단히 넘겨버릴 수 없다. 그러면 우리는 어떻게 그것을 견디어 내어야 하는가? 특히 법의 지식이 그 실존의 일부가 되어버린 그러한 인물들에게는 전면적인 권리박탈이란 단순한 사실, 아니 단순한 가능성마저도 참기 어려운 것이다. 비록 그것이 누구에게 닥친 운명일지라도 마찬가지이다. 만약 그것이 자신의 운명이었다면 그는 권리가 박탈된 법학자, outlaw가 된 lawyer, 법 밖의 사람(hors-la-loi)이 된 법학자(Legiste)가 된 것이다. 이러한 사실은 그에게 다른 모든 육체적 · 정신적 고통에 더하여 특별히 심한 고통을 준다. 그것은 항상 새롭게 아픔을 주는 지식의 가시인 것이다.

신들이여 거룩하도다
그대가 가져온 고통의 선물
나는 신음하노라.
Groß, ihr Götter, sind eure Gaben,
doch der Schmerz, der sie begleitet,
lastet allzu schwer auf mir.

3.

인간으로부터 고통을 받는 인간의 마지막 피난처는 언제나 기도이며, 특히 십자가에 못 박힌 신에 대한 간절한 기도이다. 고통에 괴로워하며 우리들은 그를 보며, 그는 우리들을 본다. 우리들의 신은 유대인으로서 유대인들로부터 돌 맞는 형에 처해진 것도 아니며,

로마인으로서 로마인에게 참수형을 당한 것도 아니다. 참수는 불가능하다. 왜냐하면 이미 법을 가지지 아니한 그는 법적 의미에서의 목을 가지고 있지 않기 때문이다. 그는 이국의 정복자에 의하여 노예를 처형하는 방식인 십자가형으로 처단되었다.*

때때로 감옥의 문이 갑자기 활짝 열리고 비밀의 통로가 나타난다. 그 길은 내면으로 여러 가지 종류의 침묵과 고요함으로 통하며, 거기에는 또한 새로운 만남과 새로운 현재가 기다리고 있다. 우리들의 의식이 우리들의 지상의 존재의 영위와 결부되어 있는 한, 거기에서 새로운 과거와의 결합, 우리들 자신의 현상에 상응하는 사상가들과의 인격적인 접촉이 일어난다. 이리하여 생긴 접촉과 대화는 전 도서관에 있는 서적의 산더미를 무색케 하며, 마침내 불이 되어 자료의 산더미로 만든다. 영혼과 정신들은 우리들에게 직접 말을 걸어오며, 우리들에 대하여, 또 자기 자신에 대하여 이야기한다. 여기서 내가 말하는 영혼이나 정신이란 르네상스나 휴머니즘의 천재나 사상가의 그것이 아니며, 파르나소스 산*이나 올림프스 산에 사는 신들도 아니다. 또한 독일의 관념론 철학은 정신적 왕국의 거품 나는 잔에서 무한을 마시고자 하였으나 그 잔을 말하는 것도 아니다. 내가 염두에 두고 있는 것은 전혀 다른 사람들이다. 즉 비참과 고뇌 속에 있는 사람들 지금의 나처럼 고독하고 유폐된 상태에 있는 사람들, 그러한 상태에 있기 때문에 그 사상을 나는 잘 이해할 수 있으며, 그들도 또 나를 잘 이해하리라고 확신할 수 있는 사람들이다.

나는 공법의 학문적인 해명에 힘써왔다. 그 영역은 한 국가의 테두리를 넘어 한 세대의 실정적 합법성의 테두리를 훨씬 넘는 영역이지만, 아직 전세계나 전시대를 통하는 상황없는 보편성을 가진 무분별한 사항을 대상으로 하지는 아니한다. 그것은 유럽 정신의 창조적 산물인 유럽 공법(jus publicum Europaeum)이며, 어디까지나 특정한 시대와 결부되어 있다. 즉 16 · 17세기에 전 유럽을 엄습한 공포의 내전 속에서 나타난 것이다. 여기에 그 기원과 원리가 있는 것이다. 이러한 시초의 상황과 현재의 우리들 상황과의 유대가 있으며, 하나의 정신적인 유대는 단순한 역사적인 병행성이나 유사함 이상의 것이며, 오스발트 슈펭글러(Osward Spengler)가 호몰로기(Homologie)*라고 부른 것과도 다르다. 이 동질성은 그러한 상황을 사상과 개념에 의하여 정신적으로 지배하려고 하며, 이러한 시도가 지니고 전체 중량을 감당하는 모든 자의 개인적인 운명에까지, 나아가 그 영혼에까지, 들어가는 것이다.

4.

「유럽 공법」의 초창기인 16 · 17세기에는 저명한 국제법학자가 많이 배출되었다. 그 명성은 그 자체가 자신의 역사를 가지며, 그것 자신이 고유한 사상사적 연구의 주체가 될 만큼 널리 세상에 떨쳤다. 프란치스코 데 비토리아(Francisco de Vitoria), 알베리쿠스 젠틸리스(Albericus Gentilis)와 후고 그로티우스(Hugo Grotius) 등이 여기에 속한다.

나는 그들과 친해 왔다. 나는 그들의 저작과 생애와 운명, 그리고 현대에 이르기까지의 그들의 역사도 잘 알고 있다. 그리고 나는 그들을 사랑한다. 그들은 전적으로 우리편이기 때문이다. 그러나 그들은 나와 동숙하는 사람들은 아니다. 내 곁에 밤낮으로 있는 것은 국가법 측에서 국제법을 근거지은 두 사람, 즉 **장 보댕***과 **토머스 홉스**이다.

종교 전쟁 시대에 살았던 이 두 사람의 인물은 나에게는 살아있는 현대인처럼 생각되기에 이르렀다. 나는 몇 세기를 떠나서도 그들과 형제가 되고 가족의 한 사람이 되어버렸다. 이 30년 이래로 아직 나의 서고가 빼앗기지 아니하였던 당시에 내가 책으로 향하려고 하자 몇 번인가 보이지 않는 손이 그들의 저서와 그 중요한 곳을 가리켜 주었다. 나는 이제 그들의 사상이나 말을 기억 속에서 찾지 않을 수 없지만, 그것은 마치 형제의 사상이나 말처럼 막힘없이 떠오른다. 당시 번영하였던 실증주의가 나를 압박하고 맹목적인 안정에의 욕구가 나를 불구자로 만들려고 할 때, 그들은 나를 불러일으켜 세우고 전진하도록 채찍질하였다. 당시의 국제법 문제와 헌법 문제가 해답을 구하였을 때 비스마르크 헌법이나 바이마르 헌법의 주석서나, 국제 연맹의 간행물 등보다는 그들의 저작이 더 한층 살아있는 해답을 주었다. 당시 표면상 지배하고 있던 합법성의 현상(status quo)에 입각하는 어떤 실증주의자들보다도 그들은 내 곁에 있었다. 그러므로 여기서는 잠시 그들을 생각하기로 한다.

양자는 모두 그 성격을 전적으로 내전에서 규정하고 있다. 그러나 양자의 차이도 큰데, 두 사람의 인간이 같을 수 없는 것은 당연할 것이다. 보댕은 열렬한 로마법학자였으며, 가끔 지나치게 열심이어서 유머가 없는 면이 있다. 그는 바르톨루스(Bartolus)학파*의 법학자로서도 큐자스(Cujas)학파*의 인문주의자로서도 학식이 매우 깊었으나, 실무를 떠나지 않고 이 실무상의 필요에서 경제학적 · 철학적 그리고 신학적인 문제들에 부딪혔다. 그는 자주 자기 나라의 당시의 절박한 문제에 관여하고, 때로는 호랑이 굴에 들어가서 생명의 위험에 몸을 내맡기기까지 하였다. 가장 만년에 이르러 그는 더욱 처신함에 있어서 때와 자기편의 선택을 그르치고, 그의 생애에 성취한 업적이 가져온 현실적인 이익을 못쓰게 만들기도 했다.* 해결의 가망이 없는 신학적 항쟁의 백병전에 대해서 그는 중립적인 입장을 취하였다. 그는 종교전쟁의 양파 사이에서 이 투쟁의 조정자인 중립성과 관용 속에 특수 정치적인 것의 존재를 보았다. 유럽 공법에 관한 최초의 법학적으로 명쾌한 개념은 이러한 공적인 평온 · 치안 그리고 질서에의 충동에서 생성된 것이다. 그는 근대 최초의 종교 비판자이며 성서 비판자였는데, 개인적으로는 미신가라고 부를 정도로 경건함과 신앙심을 가진 사람이었다. 서로 다투는 신학자들의 독선적인 주장마저 그의 신앙을 동요시키지 못할 정도였다. 그는 마녀나 악마를 믿고, 그에게 살해자의 접근을 고하고 그를 수호하는 비밀의 수호령(spiritus familiaris)까지 가지고 있었다. 그는 대내적으로나 대외적으로도 주권 국가라는 「유럽 공법」의 결정적인 개념을 해명하는 데에 유례없는 성공을 거두었다. 그는 근대 국가를 탄생시킨 조산자의 한 사람이다. 그러나 그것은 신 · 인간 · 짐승 그리고 기계라는 네 가지의 결합물*이며, 이 네 가지의 모습으로 나타나는 근대적인 리바이어던을 이해하지 못하였다. 그것을 이해할 정도로 그의 절망은 깊지 아니하였다.

이에 대하여 **홉스**는 이 리바이어던을 더욱 정확하게 이해하였다. 신학적 항쟁과 유럽을 전복하는 내전의 한 세기를 거쳐 그의 절망감은 보댕보다도 더욱더 심각하였다. 홉스는 17세기의 위대하고 고고한 사람들 중의 하나이며, 그들은 모두 서로 알고 지냈다. 그는 근대적 리바이어던의 4면성을 파악하고, 다시 어떻게 이 리바이어던과 교제할 것인가도 이해하였다. 또한 그는 독자적인 사상가가 그처럼 위험한 테마에 직면하였을 때에 어떻게 처신할 것인가 하는 것도 알고 있었다. 홉스에게 있어서 정치는 이미 중립자가 아니라 명확한 **우의선**(友誼線, amity line)*의 경계를 확정하는 것이다. 그는 이미 우의선의 시대, 해적이 발호하는 시대의 사람이다. 그는 이러한 위험스러운 것에 관하여 숙고하고 논하고 저술하였다. 또한 그는 도피함으로써 혹은 은둔으로 교묘하게 몸을 지키면서 항상 정신의 자유를 잃지 아니하였다. 그는 결코 실천가도 공직생활을 한 사람도 아니며, 단 한번이라도 자기의 내면을 드러낸 일이 없었다. 또한 사사로운 사람으로서 그는 모든 법의 기초를 이루는 것, 그가 말하는 보호와 복종의 상관관계를 자각하고 있었다. 이처럼 환상 없는 인물은 다른 것은 몰라도 이 점에서 자기기만에 빠지지는 아니한다. 그는 내란에 결말을 짓고 당대의 권력자를 진노케 할 생각은 없었다. 그리하여 그는 스스로 자신의 관망하는 거점을 확보하고, 유례없이 명석하고 완결된 사상체계를 구축하였던 것이다. 공포와 조심으로 가득 찬 그의 생애는 정신의 독립을 보존하면서 90여세의 성상을 거듭하였다. 이 홉스와 보댕에 의해서 근대적인 종교 비판과 성서 비판에의 강렬한 자극이 주어졌다. 보댕은 신학상으로는 경건하고 더욱이 미신적이기까지 한 반면에, 홉스는 이미 계몽사상가이며 불가지론자였다.

친구를 말함에 있어서 지나친 찬사는 금물이다. 이 두 사람은 나의 친구이다. 한 사람은 경건하고 미신적이며, 다른 한사람은 환멸스럽고 계몽적이어서 매우 상이한 인물이라고 하겠다. 나는 그칠 수 없는 마음으로 그들의 영혼에 기도를 드린다. 장 보댕은 자신이 항상 열성적으로 기도한 사람이었기 때문에 나의 기도를 당연한 것으로 받아들일 것이다. 오히려 내가 기도를 드리지 않는다면 그 쪽에서 의아스럽게 생각할 것이다. 다른 한편 토머스 홉스도 이것을 기피하지는 않을 것이다. 그는 이와 같은 논의를 하지 아니하였으나, 만약 기도가 현실의 평화를 가져오는 것이라면 기도에 찬성하였을 것이다. 신학자나 교파인이 야기시킨 내전에는 절망하고 있었으나, 그는 18세기나 19세기 스타일의 계몽가는 아니었다. 그의 계몽사상은 거만하지 않고 공포와 우려 속에서 따낸 쓴 과실이었다. 이 사상은 종교 전쟁과 법외적인 독선적 주장들에 의해서 나타난 시대적 소산의 과실이다.

5.

굴욕의 극치에서 우리들은 자기가 신에서 유래한다는 자부심에 사로잡히는 경우가 자주 있다. 그것은 행복한 한 순간이다. 그것은 꿈이나 소년시절의 추억이나 낙원도 아니며, 오히려 우리들 자신의 불쌍한 생활의 일로써 참여하고 있는 몇 세기에 걸친 역사적 영위가 한 순간에 응축된 상이 아닐까.

우리들은 명확한 한 마디 속에서 어떤 시대 전체가 논한 내용을 들으며, 구체적인 한 지점에 집약된 순간에 우리들 자신의 현실을 본다. 자기가 어디에 있는가, 어디서 왔는가, 이 고난의 길은 어디를 향하고 있는가를 나타내는 한 순간이다. 잠깐 사이에 지나가 버리는 그 순간적인 상을 그대로 재생할 수 없다는 사실을 알고 있지만, 나는 그것을 이야기하고 싶다. 그 때문에 그 상을 정신사적 및 지식사회학적인 계통에서 이론적으로 분해하고 그 말을 그 순간의 직접적인 동시성으로부터 전혀 다른 말로 번역해야 하는 것이다.

우리들은 법학을 특수 유럽적인 현상의 하나로 자각하고 있다. 그것은 단순한 실용적인 지혜나 수공예품도 아니며, 서양 합리주의의 모험에 깊이 관여하고 있다. 법학은 고귀한 부모에서 태어난 정신적인 존재이다. 그 아버지는 재생한 로마법*이며 어머니는 로마 교회이다. 법학이 이 어머니 곁에서 떨어지는 데에는 종교 전쟁 시대의 어려운 대결의 몇 세기를 필요로 하였다. 자식은 아버지인 로마법을 따라서 어머니의 집을 떠나 새 집을 찾고 국가를 그 새 집으로 삼았다. 이 새로운 집은 르네상스나 바로크 양식의 당당한 궁전이었다. 법학자들은 긍지를 가지고 신학자들을 내려다보게 되었다.

이처럼 16세기와 17세기의 종교전쟁의 와중에서 유럽 공법은 생성되었다. 그 초창기에 하나의 반신학적인 침묵에의 요구가 근대 국제법학의 창시자로부터 신학자들에게 요구되었다. 즉 **침묵하라 신학자여, 다른 일에 간섭말라!**(Silete, theologi, in munere alieno!)*라고. 이 말이야말로 알베리쿠스 젠틸리스가 확실히 정전을 논할 때에 신학자에게 보낸 것이다. 이 부르짖음은 아직도 내 귀를 울린다.

법학자들은 교회와 결별하였다. 이것은 성산(聖山)에 틀어박히는 것이 아니라 반대로 성산에서 세속의 세계로 탈출한 것이다. 법학자들은 결별할 때에 많은 성물을 공공연하게 또는 은밀히 여기에서 가지고 나갔다. 국가는 교회에서 기원하는 많은 성상(聖像)으로 장식하고, 세속 왕후들의 권력도 또한 성스러운 기원을 가지는 여러 속성과 이론으로써 높였다. 유럽 공법의 법학자들은 지금까지 신학자들이 차지하여온 지위에 침입하여 중세 기독교회의 성스러운 권력(potestas spiritualis)보다 많은 것을 상속하였다. 중세의 성직자들은 오랫동안에 걸쳐 세속적 권력과 투쟁하는 과정에서 정전론이나 폭군에 대한 저항권론의 정치한 교설을 전개하여 왔다. 그들이 발견한 명제는 라틴어로서만 전달할 수 있는 불멸의 현실감을 주는 것이다. 「폴리크라티쿠스」*의 거대한 장절을 살펴보면, 폭군은 아첨할 수도 있다(tyrannum licet *adulari*), 폭군은 속일 수도 있다(tyrannum licet *decipere*), 폭군은 죽일 수도 있다(tyrannum licet *occidere*)는 것이다. 이 배열이 말한 것만으로도 충분하다.

「공공의 적」(hostis publicus)과 「인류의 적」(hostis generis humani)이라는 인류의 적에 대한 고대의 정식을 성격이 전혀 다른 후세에 전한 것은 이러한 기독교적 중세의 신학자들이다. 그러나 이러한 교설을 설명하는 개념을 사용한 그들도 완전히 「권위」(auctoritas), 나아가서는 「정신적 권력」(potestas spiritualis)이라는 보다 조직화된 질서를 기초로 하여 그 제도의 틀 안에 있었다. 그들 자신은 그들의 존재 전체로서 로마 교회의 정신적 권력을 담당하고 있었다. 그러므로 그들의 저항권론 · 정전론 · 폭군살해론의 본래의 취지는 그것을 내전의 수단으로 삼으려고 한 것이 아니라 질서의 유지자로서 피할 수 없는 의무를 지는, 승인되고 탁월한 기존의 질서 권력을 위하여 논한 것이었다.

로마 교회와의 결별은 이것의 상실을 의미하였다. 그러나 공법학자들은 주권국가 측에서 교설과 개념을 더욱 발전시켰다. 즉 정전론에서는 내부적인 요소를 불식하고 **전쟁 정당화 사유**(justa causa belli)의 문제는 **정당한 적**(justus hostis)의 문제로부터 단절하고, 적과 범죄자의 낡은 구별을 다시 자각하게 만들었다. 이것이야말로 그들의 위대한 업적이며 새로운 국제법, **유럽 공법**의 핵심을 이루는 것이었다.

이러한 법률가들은 스스로 창조한 전통의 수호자임을 나타내었다. 그들은 성적(聖的)인(geistlich) 권위라고는 할 수 없으나, 정신적인(geistig) 권위를 가지고 그 지위를 쌓았다. 그들은 당시의 권력이나 정당성의 소유자에 봉사하는 전문 기술자만은 아니었다. 이리하여 그들은 위험한 중간상태에 끼어들게 되었다. 신학자의 영향력을 배제하고, 교회의 제도들로부터 해방을 쟁취한 점에서 그들은 계몽과 진보의 진영에 속하였으나, 여전히 자신의 전통과 권위의 수호자이기를 계속한 점에서는 보수적이었다. 그들의 권위는 비종교화되었으나 더 이상 세속화되지는 않았다. 그러면 이러한 구출이 가져온 것은 무엇인가. 그들의 의도는 선하고 공명정대하였으나, 그것이 가져온 역사적 영향은 그렇지 아니하였다. 그들은 합리주의자였으나 그 후의 여러 세기에 의미하는 합리주의자도 아니며, 실증주의자, 순수 기술주의자라는 의미에서의 합리주의자도 아니다.

정신적 권력의 변동, 중간 상태를 대표하는 인물이며, 담당자는 공법학의 위대한 두 창시자인 보댕과 홉스이다. 두 사람 모두 신학자와 격렬한 투쟁을 전개하고, 이 투쟁을 통하여 종교 비판과 성서 비판의 가장 활동적인 창시자가 되었다. 그러나 양자 모두 조상의 신앙을 고수하였으며, 그것은 단지 외면적인 것이었다. 그들이 국가에 대해서 관심을 가지게 만든 것은 오만이 아니라 절망이다. 즉 신학자나 교파인의 독선이 내전을 항상 새롭게 부채질하는 것을 보았기 때문이다. 그들은 새로운 종교를 만들려고 한 것은 아니며, 적어도 세속주의와 실증주의의 새로운 종교 정도는 생각하고 있었다. 그리하여 그들은 중간 상태에 끼어들었다. 그들은 완전히 낡은 것과 새로운 것 사이에 서며, 쌍방으로부터 욕설과 비방을 듣는다. 그들은 신학자로부터는 무신론자로 불리고, 과격한 계몽가들로부터는 기회주의적인 위선자로 불린다. 세속주의의 큰 두목 빅토르 위고(Victor Hugo)는 불쌍한 보댕을 악어라고 불렀다. 홉스는 리바이어던의 예언자로 간주되고 그것만으로도 벌써 악명을 얻고 소외되었다. 왜냐하면 다수의 사람들이란 단순하기 때문에 진단자와 예언자를 구별할 수 없기 때문이다.

이 중간상태란 기독교 각파 사이의 여러 대립의 중간, 로마와 제네바의 중간뿐만 아니라 그것을 넘어서 전통과 혁명이라는 대립의 중간으로 심화시켰다. 아니 그것으로 끝나지 아니한다. 그 궁극적인 문제는 전면적인 세속화가 가져온 양자택일과의 관련에 있다. 이것은 곧 자각되지 아니하였다. 자유주의적인 과도기가 개입하였기 때문이다. 그것은 옛날 이야기와 같은 번영의 시대였다. 거기에서는 보수적인 정서도 보수적인 태도도 도락의 대상으로서 받아들였다. 이 시대에는 법학자도 대목을 만났다. 이제 국가에는 한 다리 걸쳐 놓고, 형편이 좋은 자는 사회에 살고 있었다. 그들의 서식처는 이미 궁전이 아니라 안락한 호텔이 되었다. 성물도 철학적 또는 역사적인 장식품으로서 퇴색되어 버렸다. 그러나 그들에게는 고물 취미나 장식 취미가 남았고, 커다란 호텔의 한 모퉁이에는 법복이나 가발이 전통으로서 남아 있었다. 마침내 철저한 기술의 시대가 도래하자 그것들을 처분하고 여기에 세속화가 관철된다. 이제 학문으로서의 법학의 위치는 가면 없는 철저함으로 드러난다. 법학은 신학과 기술 사이에 자리잡고 있었다. 여기에 법학은 순수한 기술주의의 사물성(Sachlichkeit) 속에 편입되며 법학자에게는 가혹한 선택이 강요된다. 전래의 성물은 이미 사물적이 아니며 시대에 뒤떨어진 것이다. 쾌적한 호텔 대신에 기술 시대에 적합한 석탄 창고나 바라크가 나타난다. 이제는 법학자들이 침묵을 지킬 차례이다. 만약 아직도 라틴어가 남아있다면 권력과 정당성의 소유자에 봉사하는 기술자들은 법학자에 대하여 이렇게 외칠 것이다. **침묵하라 법학자여!**(Silete, jurisconsulti!)

한 시대의 처음과 나중에 있는 이 두 개의 침묵 요구는 주의할 만한 것이다. 처음에는 법학자가 정전론을 주장하는 신학자에 대하여 침묵을 요구하였으며, 마지막에는 법학자가 전면적으로 세속적인 기술성을 요구하고 있다. 여기서 이 두 침묵 요구의 관련을 논하고 싶지는 않다. 다만, 이 한 시대는 그 처음에 공포의 시대이며 마지막에도 그에 못지않는 공포의 시대였다고 생각하는 것은 필요하고 유익하다. 모든 상황은 자신의 비밀을 가지며 모든 학문에도 **기밀**(Arcanum)이 뒤따른다. 나는 **유럽 공법**의 최후의 자각적 대표자이며 실존적 의미에서 최후의 교사이며 연구자이다. 나는 그 종말을 **베니토 세레노**(Benito Cereno)*가 해적선으로 항해한 것과 같은 체험을 하였다. 그러므로 여기서는 침묵을 두려워할 필요는 없다. 침묵하면서 우리들은 기억하며, 자기 자신을, 또한 우리들이 신에서 유래한다는 것을.

6.

이상 나는 자기 자신에 대하여 말하였는데, 이것은 나의 생애 중에서 최초의 일이다. 과학적으로 사고하는 자가 즐겨 논하는 것은 객관적 문제이며, 역사적으로 관찰하는 자는 자기 자신도 역사적인 세력과 힘들, 즉 교회 · 국가 · 정당 · 계급 · 직업 · 세대 등의 역사적인 세력들이 형성하는 틀, 그것들이 만들어 내는 무늬의 파동 가운데에서 파악한다. 자타를 객관성에로 교육하여온 법학자도 자기의 심리학적 묘사를 피하는 것이 보통이다. 문학적인 참회와 고백의 취미는 장 자끄 루소나 불쌍한 아우구스트 스트린드베르크(August Strindberg) 등의 치사함 때문에 딱 질색이다. 그러나 나는 헌법학자로서 훌륭한 사적인 고백을 남긴 매우 흥미 있는 운명의 형제를 헌법학자 중에서 가지고 있다. 자유주의적 입헌주의의 창조자인 **방자맹 콩스탕**(Benjamin Constant)이 그것이다. 그는 찬란한 헌법이론가이며 최초의 심리 소설 **아돌프**(Adolphe)*의 저자이며, 나아가서는 놀랄만한 **사적 일기**(journal intime)* 등 무수한 서한의 저자이기도 하다. 나는 전술한 두 사람의 자학자(自虐者)보다는 콩스탕에게 호감이 가는데, 이러한 선례가 있다고 해서 자기 자신이 문학적인 참회를 할 생각은 없다. 참회를 하고 싶으면 목사에게 가서 자기를 토로해야 한다.

여하튼 오늘은 여러 가지 잡다한 방면에서 제기하는 질문, 우리들 자신에 대한 물음에 대답하지 않으면 안 된다. 질문의 동기의 대부분은 우리들 자신을 그 실존에서 문제삼는 것이다. 여기서 내가 말하는 것은 관헌의 일이 아니다. 관헌도 여러 가지 질문을 하지만 그것은 우리들의 본질을 추구하는 것이 아니라, 형사 책임이나 신병 구류의 요건을 인정하는 것뿐이다. 나는 또한 우리들을 올가미 씌우려고 이것저것 질문하는 자들에 관하여 말하는 것도 아니다. 그러한 물음의 일부는 나에게는 낯익은 리바이어던의 영역에 속하며, 일부는 에른스트 윙거의 산림 감독원장*의 사냥 구역에 속한다. 인간이 쫓긴 야수의 지위에 처했을 때 어떻게 행동할 것인가, 그것은 무정한 문제로서 독자적인 고찰의 대상이 된다. 나는 더 이상 이야기하고 싶지 않다.

여기에서의 나의 발언은 저널리스틱한 것도 변명적인 것도 아니다. 그것은 가두연설이나 무대 공연이나 법정변론이나 강의도 아니다. 나 자신이 이 현세에 매여 있는 동안에 작고한 몇몇 친구들에게 헌사를 보내고, 생이별하여 각국에 있는 몇몇 친구들이나 충실한 제자들에게 신호를 보내는 것, 나의 딸 **아니마**와 대자(代子) **카를 알렉산더**(Carl Alexander)의 생각, 이러한 것들이 나를 말하게 한다. 그들과 무슨 이야기를 하든 아무런 비밀도 침해되지 아니한다. 우리들은 모두 침묵의 정적으로, 또 인간의 신적 유래(神的由來)라는 잃어버릴 수 없는 비밀 의식으로 맺어지는 것이다.

1946년 여름

Ⅵ. 옥창(獄窓)의 지혜

너는 너 자신에 대해 그리고 — 어쩌면 더 알고 싶어하는 것일지도 모른다 — 너의 실제적인 위치에 대해 알고 싶은가? 그것을 위해서는 좋은 시금석이 있다. 인간에 대한 수 천 가지의 정의들 가운데 어느 것이 즉각 네게 와 닿는지를 주의하면 된다.

그리하여 나는 내 옥중에서 그것에 주의를 기울여 보았다. 내게 즉각 와 닿은 것은 인간은 벌거벗은 존재라는 것이다. 인간이 가장 벌거벗은 상태일 때에는 옷 입은 사람 앞에 옷을 벗은 채 서있을 때요, 무장한 사람 앞에 무장해제한 채, 힘 있는 자 앞에 힘 없이 서 있을 때이다. 아담과 이브는 낙원에서 추방당할 때 이미 이 모든 것을 깨달았다.

곧 다음과 같은 질문이 떠오른다. 그렇다면 인간에 대한 정의는 누구에게 해당되어야 하는가? 벌거벗은 인간에게인가 옷 입은 인간에게 인가? 무장해제한 인간에게인가 아니면 무장한 인간에게인가? 힘 없는 인간에게, 아니면 힘 있는 인간에게 인가? 그리고 그 두 부류 중에 누가 더 천국에 가까운가? 오늘날 이 지상의 천국에는 사람들이 옷을 입은 채 돌아다니고 있다. 직접적으로 내게 와 닿는 것은 나 스스로가 벌거벗고 있다는 것이다.

> 이제 너는 황량하게 드넓은 곳에 벌거벗은 채,
> 태어날 때부터 벌거벗은 채 서 있구나
> Nun stehst du nackt, geburthaft nackt,
> in wüsten Weiten.

좁은 골방이지만 황량하게 드넓은 곳에서 말이다. 사람들이 내게 허락했던 옷가지들은 단지 객관적으로 벌거벗고 있다는 것을 입증해 줄뿐이다. 심지어 그 옷가지들은 아주 이로니적으로 불쾌하게 강조하여 벌거벗고 있다는 것을 역설하고 있는 것이다. 너는 네가 완전히 너 자신, 그리고 네게 남은 최후의 것(Reserven)으로 되던져진 것을 보고 있다. 내게 남은 최후의 것은 무엇인가? 육체적인 힘의 찌꺼기이다. 물론 그러한 찌꺼기는 쉽게 비틀어 꺼 버릴 수 있다. 그러나 항상 끊임없이 그것은 곧 다시 존재하곤 한다. 직접 내게 와 닿는 것이 있다.

> 나는 유일하게 내 고유한 육체를 상속받았고
> 살면서 나는 그것을 갉아 먹는다.
> Einzig erbt ich den eigenen Leib,
> lebend zehr ich ihn auf.

이 문장은 리하르트 바그너의 지그프리트(Siegfried)가 기적적으로 버티다가 추락하는 중간(Intervall)에 노래한 것이다. 여기에서는 끓어오르는 육체적인 쾌감이 표현되어 있는 것 같다. 이후에 나온 어떤 음악가, 어떤 서정시인도 육체의 쾌감을 이만큼 표현하진 못했다. 이러한 예술적 표현의 힘은 1848년 독일에서 일어난 혁명의 물결을 타고 널리 알려진다. 음악에서의 간주곡(間奏曲, Intervall)은 리하르트 바그너에게서 비롯되는 것이지만, 문장 자체는 막스 슈티르너(Max Stirner)*에게로 거슬러 올라간다. 이제 우리는 에덴 동산에서처럼 벌거벗은 것이 빛을 발하는 낙원에 가까이 있다.

*

나는 막스 슈티르너를 김나지움 2학년 때부터 알고 있다. 오늘날까지 내게 닥쳤던 것에 대해 예비할 수 있었던 것은 — 그렇지 않았더라면 아마도 그것들은 내게 너무나 엄청난 것들이었을 것이다. — 그와의 친분 관계 덕분이었다. 1830~48년까지의 일련의 유럽 사상들의 깊이를 알고 있는 사람은, 오늘날 전세계에 공공연하게 된 대부분의 것을 각오하고 있었다. 스스로를 해체하였던 독일 신학과 관념주의 철학의 폐허지가 1848년 이후에는 제신계적(諸神系的)이고 우주 개벽설과 같은 경향들의 각축장으로 변하였다. 1848년 이전에 만들어진 것이 오늘날에 이르러 폭발한 것이다. 오늘날 타오르고 있는 불길은 그때에 놓아진 것이다. 정신사에는 확실히 우라늄 광산이 있다. 소크라테스 이전의 그리스 철학자들, 몇몇 교회신부들, 그리고 1848년 이전에 나온 몇몇 저술들이 여기에 속한다. 가련한 막스는 철두철미하게 여기에 속한다.

전반적으로 그는 추악하고, 무례하며 떠벌이는 허풍장이요, 신입생을 억압하는 상급생이다. 타락한 학생이요, 속물, 자아광(自我狂, Ich-Verrückter)이다. 한 마디로 그는 심한 정신병자이다. 그는 시끄럽고 불쾌한 목소리로 소리친다. 나는 나다. 내 위에는 아무것도 없다. 그의 궤변은 참을 수가 없다. 담배를 피워대며 식당의 단골자리에 모여 앉은 비정상적인 무리들의 시시껄렁한 이야기가 역겹다. 그러나 그는 뭔가 매우 중요한 것을 알고 있다. 그는 자아(das Ich)가 사고의 객체가 아니라는 것을 알고 있다. 그래서 그는 독일 문학 전체에서 가장 아름답고 가장 독일적인 책제목을 발견하였다. 즉 『유일자와 그 소유』(Der Einziger und sein Eigentum).* 이 순간 막스는 골방에 있는 나를 방문한 유일자이다. 이것이 나를 그렇게도 미쳐 날뛰는 이기주의자에게 깊은 감동을 불러일으킨다.

그는 자신의 마지막 충동을 쏟아놓은 편지에서 다음과 같이 말한다. 즉 「그렇다면 우리는 다시 숲속의 짐승, 들판의 꽃과 같이 될 것이다」. 이것이 이 자아 광인의 참된 갈망이다. 이것은 새로운 낙원이요, 자연이자 자연의 법칙이며, 육체를 지닌 채 아무런 문제없이 자기 소외와 자기 포기를 지양하는 것이다. 이것이야말로 히에로니무스 보쉬(Hieronymus Bosch)*(네덜란드 화가 - 역자)가 판에 그린 쾌락의 정원(Garten der Lüste)에 나오는 벌거벗은 아담파들의 행복인 것이다. 그러나 여기에는 숲 속의 짐승들과 들판의 꽃들도 있다. 태양이 비취는 가운데 모기떼가 날기도 한다. 지상에서 가장 심오한 영역에 있는 존재의 자연법칙이요 완전한 자연 그대로의 자연인 것이다. 무거운 짐을 완전히 벗어버린 로시니(Rosini)의 「도둑까치」*가 우짖는 소리요, 환희에 넘쳐 가속화된 혈액순환의 행복감 속에서 자기 자신과 순수하게 동일화되는 것이다. **목신**(牧神, Pan)이 깨어나 지상임을 의식하게 하는 영역을 거닌다. 막스는 후에 독일문학이라는 장(場)에서, 그리고 그들의 문제에서 벗어난 천국에서 활기를 띠었던 최초의 목신(牧神, Panisk) 중의 한 사람이다.

그러나 이 가련한 목신은 근대 자연과학을 능가하지는 못하였다. 오늘날에 그의 행복은 더 이상 결코 환상이 아니다. 그것은 가련한 대도시인이 시골로 여행하는데서 오는 행복감, 방학을 맞은 아이에게서 일시적으로 생겨나는 유쾌한 감정이다. 내 경우로 치자면 수상(受賞)한 서정 시인으로서의 행복감 같은 것이다. 그의 쾌락은 더 이상 영원한 것이 되지 않는다. 그러한 쾌락은 휴가를 받을 권리의 범주에서 움직이는 것이다. 물론 그것은 항상 먹을수록 더 먹고 싶어지는 것이다. 그러나 그것은 휴가가 영원할 수 없다는 사실에 체념하여 굴복하고 만다. 이 가련한 자아는 단지 자기 자신의 메아리와 결혼한 것일 뿐이며, 이 결실 없는 자기 향락적인 부부관계로 더 이상 고립되는 것이 아니라 일찍이 조직으로 받아 들여졌다. 계획이란 것이 일찍이 조직으로 받아 들여졌다. 계획이란 것이 일찍이 자아를 거두어들였던 것이다.

계획(Plan)이 나타나자 목신은 웃다가 멈춘다. 목신(Pan)이 몰락하고 계획(Plan)이 계획으로 등장한다. 목신(Pan)이 계획(Plan)이 되는 것은 우리의 독일어에 신탁이 내재되어 있다는 아름다운 예이다.

*

그러나 이제 다시금 새로운 천국이 유혹한다. 이번에는 철저하게 계획된 세계의 천국, 해방된 생산력과 끝없이 치닫는 소비력으로 휘황찬란한, 게다가 관대하게 연장된 자유 시간과 그에 상응하는 자유 시간을 형성하는 새로운 천국이다. 기술화된 지상과 철저하게 조직화된 인류의 천국, 자연의 울타리는 몰락하고 그 대신 사회의 울타리가 우리를 감싼다. 그것은 우리를 감쌀 뿐만 아니라, 우리를 변화시킨다. 이제 문제가 되는 것은 더 이상 세계와 인간에 대해 하는 것이 아니라, 세계와 인간을 변화시키는 것이 문제이다.*

10년 전부터 우리는 인공적인 기술의 천국이 얼마나 빨리 진짜 지옥으로 변해가고 있는지를 자주 체험하여 왔다. 특히 1946/47년 베를린에서 맞이한 추운 겨울은 우리에게 명확한 가르침을 주었다. 그때 수도관 파열로 하수 장치 시스템이 와해되었을 때, 우리는 이 천국의 이면을 명확하게 볼 수 있었다. 그러나 그러한 장애는 인간이 막을 수 있는 것이다. 그러한 장애들은 오지 패배자에게만 일어난다. 인간은 그저 방해자를 확정지어 축출하기만 하면 문제는 해결된다. 방해자가 죄인이요 죄인이 곧 방해자이다. 구체적으로 누가 관계된 것인지는 해당 관청이 우리에게 알려줄 것이다. 그러므로 방해자가 있음에도 불구하고 우리는 기술의 목표에 도달하게 될 것이다.

우리라니? 50년 전에 진보적이던 우리 조상들이 말하기를 「50년 후면 **우리는** 날게 될 것이다」라고 . 실제로 오늘날에는 날고 있다. 그러나 그사이에 죽어간 우리의 조상들도 그 후손인 우리도 날아서는 안 된다. 나는 것은 우리가 아니라 다른 사람이다. 진보적인 우리 조상들이 말하던 우리는 뭔가 감동적인 것을 가지고 있었다. 그것은 순진하게 세계의 주인이라고 동일화한 데에서 비롯된 것이다. 50년 후에는 기술적인 수단들이 그들에게 봉사할 것이며, 해방된 생산력은 그들의 희망을 달성케 하여 세계의 주인이 될 것이라고 말이다. 모든 진보의 신화는 그러한 동일화에 근거한다. 즉, 인간이 새로운 천국에서는 신에 속하게 되리라는 유치한 가정에 근거하는 것이다. 그러나 사실 선택(Auslese)은 매우 엄격하며 새로운 엘리트들은 구시대의 엘리트보다 더 예리하게 주의하는 경향이 있다. 그러므로 새로운 천국에 대해 감격하기 전에 차라리 기다리자. 그 이상 오늘날 더 뭐라 말할 수 있겠는가.

50년이나 백년 후가 되면 아마도 인류는 궁핍함에서 벗어나게 될 것이다. 오늘날 살아있는 사람들은 어찌되던 간에 다른 사람들은 더 이상 오늘날 우리의 궁핍함에 대해 관심을 기울이지 않을 것이다. 그 때문에 우리는 그들을 뒤따르거나 앞지르려 하지 않는다. 지금 이 순간 내게 관심 있는 것은 인간이 새로운 기술의 천국에서 벌거벗고 있느냐 옷을 입고 있느냐 하는 것일 뿐이다. 아마도 **우리**가 매일 환상적인 옷차림을 할 수도 있을 정도로 의류산업은 비상할 것이며 생산력도 폭등할 것이다. 샤르르 푸리에(Charles Fourier)는 그런 모습을 상세하게 상상할지도 모른다. 그렇게 되면, 양털이 가장 화려하게 저절로 자랄 것이라는 베르길리우스(Vergil)의 4번째 목가에 나오는 예언* 은 구식이 되고 바로 반동적으로 될 것이다. 그러나 끊임없이 새로운 옷차림을 하게 되리라는 환상적인 우리의 꿈 역시 어쩌면 이미 구식이고 반동적일지 모른다. 어쩌면 옷가지와 치장들이 더 이상 존재하지 않을지도 모른다. 기술은 빛과 따스함이라는 외투로 우리를 감쌀 수 있을 만큼 향상될 것이다. 놀라운 일이다. 그러나 그 이상의 것이다. 우리는 우리의 육체조차도 빛을 발하게 변화시킬지도 모른다. 그렇게 되면 우리가 든 비행기가 기술적으로 완성시킨 천사인 것처럼, 우리의 육체는 기술적으로 변용된 육체가 될 것이다. 그렇다면 당연히 우리는 새로운 천국이 선출한 자, 곧 새로운 엘리트가 되리라.

그들은 벌거벗지도 옷을 입고 있지도 않다. 새로운 존재 상태에서는 그런 차이가 의미를 상실한다. 그들은 이제 전혀 인간이 아니다. 그들은 아주 다른 것이다. 오늘날 몇몇 신학자들*이 하나님은 완전히 다를 것이라고 말하고 있다. 그러나 완전히 다른 것이란 전혀 상상할 수 없다는 것을 말한다. 왜 새로운 인간은 완전히 다른 것이 아니면 안 되는가? 잘 알고 있듯이 인간은 극복되어야만 하는 어떤 것이다.* 그렇다면 왜 인간이 그런 식으로 극복되지 않으면 안 되는가? 그렇게 되면 인간은 더 이상 생식하지도, 잉태하지도, 태어나지도 않을 것이다. 고도의 학문으로 철저하게 계획하여 다음 세대를 만들어 보려는 올더스 헉슬리(Aldous Huxley)의 『멋진 신세계』*와 같은 구상 역시 구식이 되어 버릴 것이다. 인간을 정의하는 우리들의 문제 역시 그러하다. 모든 것이 오직 빛을 발하게 될 것이기 때문이다.

나는 기술이 우리를 빛으로 발하도록 연구하기 위해 이 땅에 존재하는가? 그렇다면 내 일을 맡기 위해서 누구의 명령에 따라야만 하는가? 왜냐하면 일찍이 나는 더 이상나 혼자가 아니고 조직으로 받아들여졌기 때문이다.

이 질문들은 더 이상 결코 제기되어서는 안 되는 것들이다. 너는 결코 이제는 더 질문해서는 안 되고 네게 제기된 문제에 대답해야만 한다. 질문지를 만드는 사람은 우리가 아니고, 너의 질문을 포함해서 너를 문제시하는 다른 사람들이 만든다. 결국 그것이 무엇을 의미하는지 깨달아라! 개인이라는 사치를 이용하여 나는 오로지 고립되어 있으며(vereinsamt), (조직으로) 거두어 들여지지(vereinnahmt) 않았다고 스스로를 기만하는 것은 속된 짓이다.

너는 새로이 기만에 굴복하려 하느냐?

고독은 자기기만을 수반한다. 고독한 자는 자기 자신으로 생각하고 자기 자신과 이야기 한다. 잘 알고 있듯이 혼잣말에서 우리는 위험한 아첨꾼과 이야기한다. 도덕가는 자서전을 공허함의 표시라고 여길 수 있는 권리를 가지고 있었다. 그렇다고 해도 공허함이란 여기에서 고려하는 동기들 중에서 가장 해가 없고 애교 있는 것이리라. 성자들은 자서전을 쓰지 않는다. 감옥의 가장 은밀한 핵심에는 자기기만과 혼잣말이 숨겨져 있다.

데카르트의 불안은 섬뜩한 것이다. 그는 혼자만이 있는 방의 난로가에 앉아 사색하면서 사악하고 기만적인 정신(spiritus malignus)을 피하는 것에 대해서만 생각하고 있다.* 우리는 결코 그 기만적인 정신으로부터 안전하지 못하다. 적어도 우리가 안전하다고 느낄 때 그러하다. 기만에 대한 불안으로 데카르트는 「가면을 쓴 인간」(l'homme au masque)*이 된다. 그는 더 이상 벌거벗고 있지 않다. 그러나 더 이상 옷을 입고 있지도 않다. 그는 가면을 썼다. 「나는 가면으로 등장한다」(Larvatus prodeo). 불안이 항상 새로운 기만의 근원이 되면 될수록 불안은 그만큼 더 섬뜩해지기 마련이다. 기만을 피하려고만 생각하는 사람은 곧 바로 기만으로 달려간다. 감정과 이성의 기만, 육체와 정신의 기만, 악덕과 미덕의 기만, 남자와 여자의 기만 등.

나는 항상 기만에 굴복하였다. 항상 기만을 피하였다. 마지막 비약도 나는 성공할 것이다. 오라, 사랑하는 죽음이여!

*

죽음도 우리를 기만할 수 있다. 자유의 왕국으로 비약하기 위한 죽음은 물론 이교도의 평온한 죽음* 역시도 그러하다. 모든 기만은 언제까지나 자기기만일 뿐이다. 막스 슈티르너의 자기무장은 최고도의 자기기만이다. 그렇기 때문에 무해함과 노련함, 훌륭한 도전과 교활한 현혹이 혼합된 그가 그렇게 추한 것이다. 모든 자아 광인이 그러하듯이 그도 비자아(非自我) 속에서 적을 발견한다. 그래서 전세계가 그의 적이 된다. 또한 그는 자신이 약정 없이 세계를 향해 화친의 키스를 하면 반드시 세계가 자기에게로 빠져들 것이라고 상상한다. 이렇게 그는 변증법적인 자아의 분열 앞에서 숨어버리고 적을 기만함으로써 적을 피하려고 한다. 그러나 적이란 객관적인 힘이다. 그는 그 힘을 피하지 못할 것이다.

또한 참된 적은 기만당하지 않는 법이다.

도대체 나의 적은 누구인가? 여기 이 골방에서 나를 사육하는 것이 나의 적인가? 그는 심지어 나를 입히고 재운다. 이 골방은 그가 내게 기증한 옷이다. 이렇게 자문해 본다. 도대체 누가 나의 적일 수 있을까? 더욱이 내가 그를 적으로 승인하고 심지어 그가 나를 적으로 승인한다는 것도 승인해야만 할 나의 적이 누구인가? 이러한 상호적인 승인의 승인으로 개념이 위력을 지니게 된다. 이 적이란 개념은 사이비 신학적인 악마-신화(Feind-Mythen)를 가진 군중시대에는 적합하지 않다. 신학자들은 적을 근절되어야만 하는 어떤 것으로 정의하는 경향이 있다. 그러나 나는 법학자이지 신학자는 아니다.

나는 대체 누구를 나의 적으로 승인할 수 있을까? 확실히 오직 나를 문제시할 수 있는 자뿐이리라. 내가 그를 적으로 승인함으로써 나는 그가 나를 문제시할 수 있다는 것을 승인하는 것이다. 그렇다면 누가 나를 실제로 문제시할 수 있을까? 나만이 나 자신을 문제시할 수 있을 뿐인가 아니면 내 형제인가? 바로 그것이다. 다른 사람은 바로 내 형제이다. 그 다른 사람이 나의 형제인 것으로 증명되고, 그 형제는 나의 적으로 판명된다. 아담과 이브는 카인과 아벨, 두 아들이 있었다. 그렇게 인류의 역사는 시작된다. 만물의 아버지*는 그렇게 보고 있다. 그것이 세계사를 움직이는 변증법적인 긴장상태이다. 또한 세계사는 아직 끝나지 않았다.

그러므로 주의하라, 그리고 적에 대하여 경솔하게 이야기하지 말라. 사람은 그의 적에 따라, 적대시하는 것에 따라 분류된다. 물론, 파괴자는 근절시켜야 한다는 것으로 스스로를 정당화하는 파괴자는 악한 자이다. 그러나 모든 것이 마멸될 때에는 오직 자기파멸일 때 뿐이다. 그것에 비해 적(敵)은 다른 사람이다. 저 철학자의 위대한 문장을 상기시켜 보라. 즉「다른 존재 속에 있는 자기 자신과의 관계, 그것이 참으로 무궁한 것이다」그 철학자가 말하기를 부정의 부정은 중립이 아니라, 참으로 무궁한 것이 그것에 달려있다는 말이다. 참으로 무궁한 이 철학자의 기본개념이다.

> 적이란 우리 자신의 문제가 형상화된 것이다.
> Der Feind ist unsre eigne Frage als Gestalt.

> **동지**가 없는 자는 화 있을 진저, 그의 적이 그를 심판하리니.
> **적**이 없는 자는 화 있을 진저, 최후의 심판 날에 **내가** 그의 적이 되리니.

*

이상이 옥창의 지혜이다. 나는 내 시간을 잃어버렸지만 내 공간을 얻었다. 갑자기 말의 의미를 간직하고 있는 정적이 나를 엄습한다. **공간**(Raum)과 **로마**(Rom)*는 같은 말이다. 독일어의 용량과 생명력은 놀랍다. 독일어는 말(Wort)과 장소(Ort)를 일치시키는

데 성공하였다. 심지어 독일어는 운(韻, Reim)이란 단어에서 그 공간 — 의미를 유지시켰으며, 독일어 시인들이 시(Reim)와 고향(Heimat)의 암울한 유희를 하도록 허락한다.

단어는 시 속에서 그 의미와 동포적인 울림을 추구한다. 독일어의 운률(韻律)은 빅토르 위고의 운율처럼 빛나지는 않는다. 독일어 시는 메아리요, 옷이자 장식이며, 동시에 그 시가 의미하는 장소를 지적해 주는 마법의 지팡이 이다. 이제 내 비할 바 없는 친구 테오도르 도이블러와 콘라드 바이스, 이들 시인의 예언적인 말이 나를 감동시킨다. 그 시들의 암울한 유희는 의미와 부탁이 된다.

나는 그들의 말에 귀를 기울인다. 귀를 기울이고 괴로워하다가, 나는 벌거벗은 것이 아니라 옷을 입고 있으며, 어느 집으로 가는 도중이라는 것을 알게 된다. 나는 무장해제 된 몇 년 동안의 풍요로운 결실, 무장해제 된 풍요로운 결실, 그것에서 의미가 권리로 자라는 풍요로운 결실을 본다.

메아리는 모든 말 앞에서 울려 퍼진다.
마치 광활한 대지에서 불어오는 폭풍이
우리들의 문을 강타하듯이
Echo wächst vor jedem Worte;
wie ein Sturm vom offnen Orte
hämmert es durch unsre Pforte.

1947년 4월

Ⅶ. 60세 노인의 노래

나는 운명의 Escavessaden을 체험했다.*
승리와 패배, 혁명과 복고
인플레이션과 디플레이션, 폭격, 비방, 정권교체 그리고 수도관 파열,
굶주림과 추위, 합숙소와 독방.
내가 이 모든 것을 거쳐 왔고
이 모든 것이 나를 거쳐 갔다.

나는 많은 종류의 테러를 알고 있다.
위로부터의 테러, 아래로부터의 테러,
육지에서의 테러, 공중에서의 테러,
합법적인 테러, 비합법적인 테러,

나치스, 공산주의 그리고 잡색의 테러,*
그리고 어느 누구도 감히 무엇이라 명명할 수 없는 최악의 테러
나는 이 모든 것을 알고 있으며 그 방법도 알고 있다.

나는 권력과 법의 대화합창을 알고 있다.
정권의 선전자들과 의미왜곡자들,
블랙리스트에 오른 수많은 이름들,
그리고 박해자들의 카드도 알고 있다.

이제 나는 무슨 노래를 불러야 할까? *Placebo*의 찬가일까?
나는 아무 문제없이 식물과 동물을 부러워해야 할까?
목신의 그룹 속에서 공포에 사로잡혀 벌벌 떨어야만 하는가?*
내면으로 뛰어 오르는 하루살이의 행복 속에서?

나는 물고기의 뱃속에 세 번 앉아 보았다.*
나는 형리의 손에 의해 자살의 눈을 보았다.
그러나 예언자적인 시인의 말이 나를 보호하면서 감싸 주었다.
그리고는 동방에서 온 한 성자가 내게 구원의 문을 열어주리라.

이 신성한 아들이여, 너는 벌벌 떨어서는 안 되느니 — 경청하고 견디어라!

1948년 7월 11일 C.S.

전유럽적 해석에서의 도노소 코르테스 (1950)*

차 례

서 문

세 개의 역사적 사건이 유럽의 밑바닥을 철저하게 뒤흔들었다. 그것들은 1848년의 유럽의 내전, 1918년의 제1차 세계대전의 종결 그리고 현대의 지구적 규모에서의 세계대전이다. 이들 세계사적 사건 각각은 갑자기 유럽에서 도노소 코르테스에 대해서 말하는 사태를 불러 일으켰다. 어떤 경우에나 그의 이름은 파국이 가져오는 반향과 순간만이다. 이 순간이 지나가 버리자 직접적인 놀라움과 함께 도노소의 이름도 사라져 버렸다. 일상적인 정상상태가 회복되자마자 도노소 코르테스 — 그는 자주 자신의 견해를 바꾸었는데 — 가 원래 19세기 중엽의 전형적인 자유주의적 보수주의자였다는 사실이 쉽게 입증되었다.

다음 네 편의 논문은 이 주목할 만한 인물을 다룬다. 그것들은 1922년부터 1944년까지의 오랜 동안 파란으로 점철된 시기에 쓰여진 것이다. 제1 논문은 「반혁명의 국가철학」*으로 제1차 세계대전의 직접적인 영향 아래 집필되었다. 그것은 1920년에 작고한 위대한 사회학자인 막스 베버의 기념논문집에 기고한 논문과 함께 『정치신학』이라는 제목으로 발간되었다. 다음의 두 논문 — 「베를린에서의 도노소 코르테스」와 「알려지지 아니한 도노소 코르테스」*는 각각 1927년과 1929년에 잡지 『고지』(Hochland)의 편집자 카를 무트의 권유로 집필한 것이다. 그것들은 안정화로 향한 시대의 산물이며, 집필된 시기의 각인을 띠고 있는 — 그것을 고려하지 아니한 시도가 있는 중에서 — 것을 아는 것은

---

* Donoso Cortés in gesamteuropäischer Interpretation. Vier Aufsätze, Greven Verlag, Köln 1950, 114 S.

유익하다. 살아있는 문제를 고찰할 때 저술된 시기의 분위기적인 영향을 면하는 것은 인간의 힘으로써는 불가능하다. 우리들은 그것을 감수하여야 한다. 살아있는 문제를 고찰한 논문을 시대상황과 무관계하게 인위적으로 고립화하는 것은 우리들을 단지 맹목적이고 관계상실로 빠트릴 뿐이다. 따라서 『고지』지가 나중에 이들 두 논문에서 거리를 두었음에도 불구하고, 그것들은 여기서는 결코 부정되어서는 안 된다. 주의 깊은 독자는 이들 논문에서 얻은 도노소 행동이나 유럽의 역사에 대한 성찰이 오늘날의 우리들에 대해서도 여전히 의미를 지니고 있는가의 여부를 판단할 것이다. 마지막의 도노소론인 「전유럽적 해석에서의 도노소 코르테스」는 1944년에 나타났다. 그것은 내가 1944년 5월 31일에 「마드리드 법학원」에서 스페인어로 강연한 것이다. 그 강연은 독일어로는 1949년 『신질서』(Die Neue Ordnung)지에 게재되고, 스페인어로는 1949년 부에노스 아이레스 대학 법학논집에 수록되었다.

* * *

1922년 이래 세계에서 지배적으로 되는 견해가 시종일관 발전하였다. 더구나 1848년에 명백하게 된 방향에서다. 도노소가 진정한 변천 중에서 이처럼 시종일관된 역사의식을 얻은 것, 또한 선량한 대중이 여전히 외관상의 안정에 붙잡혀 있을 때, 파국의 운명적인 도래를 지적한 것은 그의 유럽적인 위대함을 입증하는 것이다. 이러한 발전은 믿기 어려울 정도로 빠르게 진행하였다.

그리하여 제1 논문은 그 결론에서 **아나키** 대 **권위**라는 대립개념에 대해서 말한다. 이러한 대립은 1848년의 도노소에 대해서처럼 1922년의 의식상황에서도 자명하였다. 그러나 그동안에 이 대립은 놀랄만한 방법으로 그 본래의 긴장을 상실해버렸다. 오늘날 **아나키**와 **허무주의**라는 전혀 별개의 대립개념이 이것들을 시급하게 만들었다는 주장이 이미 나오고 있다. 근대적인 근절수단을 구사하여 자신을 관철하는 중앙집권화 된 질서의 허무주의와 비교한다면, 아나키는 절망한 인간에게는 보다 작은 악으로서 뿐만 아니라 구원의 수단으로서조차 나타난다. 이것은 놀랄 일이며 현대와 미래에 대해서 숙고하는 모든 인간에게 주목할 만한 것이다. 그럼에도 불구하고 우리들은 제1 논문을 수정하지 않고 게재하기로 한다. 왜냐하면 과거의 우리들의 경험조차 완전히 알지 못하고, 제1차 세계대전 후의 독일의 의식상황에 오늘날에 이르러 비로소 서서히 접근해 가는 인간이나 국민이 여전히 존재하기 때문이다.

정치신학이라는 개념이 이 급속한 발전이 가지는 또 하나의 예를 제공한다. 우리들은 정치신학이라는 개념에서 신학적 개념이나 관념의 세속적 · 정치적 사고에의 전이를 이해한다. 예컨대 **하나의 신, 한 사람의 세계지배자** 같은 정식이다. 그런데 나는 정치신학이 기독교적인 삼위일체의 도그마에 의해서 불가능하게 되었다는 것을 듣고 있다. 나도 더 이상 없이 그것을 믿는다. 그러나 이 문제에서는 최초부터 전혀 다른 무엇인가, 즉 우리들을 압도하는 현대의 역사적-사회학적인 사실이 중요한 것이다. 즉 소수의 집단에 의해서 지도되는 대중의 충동이나 이상적인 모습의 신화화가 문제로 된 것이다. 이 신화화는 그 최초의 단계에서는 세속화된 신학의 흔적을 나타내었다. 삼위일체의 역사신학자인 플로리스의 요아힘스(Joachims von Floris)의 가르침 — 그것에 의하면 아버지의 나라는 아들의 나라로 교대하며, 그리고 그 후에는 제3의 왕국, 즉 성령이 임하는 — 이 그 자극을 주었다. 그러나 다음의 단계는 어떠한 신학적 개념이나, 세속화된 신학적 개념도 필요로 하지 아니한다. 그리하여 광범위한 대중에게 적나라한 현세주의가 자명한 이치로 되었다. 대중에게 **신은 무력**(gott-unfähig)하게 — 만약 알프레드 델프(P. Alfred Delp S. J.)*가 이미 이 말에 대해서 말하지 않았다면, 감히 이 말을 사용하지 아니한 것인데 — 되었다. 이 단계에서 대중은 이미 신학이나 도덕을 묻지 아니한다. 대중이 자신의 충동이나 이상적인 모습을 거기에서 찾는 신화는 별종의 것이다. 그것은 대부분 독일 관념론 철학의 자기 해체에서 생기며, 본질적으로 역사철학적인 원천을 가진다. 그것을 명백히 하는 것은 도노소의 의의에 비추어 우리들에게 필요한 것처럼 생각된다.

오늘날 대중을 자신들의 계획 아래 동원하려고 시도하는 인간은 모두 무엇인가 어떤 방법으로 역사철학을 영위한다. 모든 사람들은 근대 자연과학의 사실을 받아들이며, 또한 자연과학이 모든 권력보유자에게 부여하는 근절 수단을 받아들인다. 그러나 어떠한 인간에 대해서 이 수단이 유효하게 시도되는가는 분명히 자연과학적인 문제는 아니다. 이 문제는 오늘날 다만 역사철학적으로 제출되고 또 대답될 뿐이다. 특히 마르크스주의는 강렬한 역사철학적 구성을 취하기 때문에 마르크스주의와의 접촉은 전부 역사철학적 대결이 될 정도이다. 계획하고 지도하는 엘리트는 자신들이나 자신들이 지도하는 대중을 역사철학적으로 의미를 부여하는 도움을 빌어서 구성한다. 모든 대중 선전의 명증성은 그것이 가져올 사태 쪽에 서 있다는 증명 중에서 구한다. 대중이 가진 신앙은 모두 시대와 미래와 발전이 적에게 등을 향하고 있기 때문에 적은 틀림없지만 자신들은 올바른 쪽에 서있다는 신앙뿐이다. 그리고 절망마저 그 마지막 외침을 세계사가 그 의미를 상실했다는 위협 속에서만 찾는다.

도노소의 절박함은 도노소의 정신이 가장 내밀한 충동에서 역사적인 모습에 압박하는 점에 있다. 외관상만으로 그는 교의학상의 원리를 중시하고, 일반적 수사학을 즐겨하는 사람이다. 주의 깊은 독자라면 누구나 원리들, 교리들 그리고 수사학은 도노소의 경우에는 세계사적인 구성의 수단에 불과한 것임을 곧 깨닫는다. 그가 도덕철학적으로 되거나 신학적으로 될 때 그의 가치는 떨어진다. 그가 역사적 모습에 절박하고 역사적인 시대나 문명, 국민 그리고 제국을 묘사할 때, 그는 매력적으로 되며, 당당하게 나온다. 그 때 그는 보슈에*보다도 더욱 강력한 영향력을 미친다. 그것은 특수변증법적인 긴장관계에서 설명된다. 보슈에는 아직 역사**신학자**이다. 도노소는 18세기의 계몽주의와 함께 시작한 본래의 역사**철학**을 통과하고 있었다. 그는 젊은 날의 자유주의시대에 진보, 지성 그리고 자유와 같은 자유주의적인 역사철학적 구성을 자신 속에 채택하고 있었다. 그는 이 역사철학적 구성을 자신 속에서 극복함으로써 그 고유의 기독교적인 역사상에 전대미문의 활력을 부여한 것이다. 단지 여기에서만 그의 비교할 수 없는 절박함의 비밀을 찾지 않으면 안 된다. 모든 인간적 사고는 놀라움과 함께 시작한다. 그리고 다양한 사상가를 그들의 놀라움의 종류에 따라서 분류하는 것이 가능하다. 몇몇 사상가의 놀라움은 별자리의 관찰에서 시작하였다. 또 다른 사상가는 인간 내면의 도덕률에 놀란다. 다시 다른 사상가는 다른 것에 놀란다. 도노소는 민족과 제국, 문명과 대륙의 역사의 항상 새로운 비밀에 대해서 놀란다.

따라서 그가 위대한 순간에 서술한 것은 모두 **역사에 대한 호소**(a la historia apelo)이다. 독재에 관한 연설이 이 명제는 원래 그의 정신의 표어라고도 할 것이다. 그는 청년 무렵 보편사에 대한 설명 중에서 완전히 생시몽의 『새로운 기독교』*의 의미에서 근대 과학과 지성을, 기독교적 중세의 영적 권력(potestas spiritualis)의 후계자로 설명하였다. 그것은 그가 가톨릭교회로부터 가장 멀어진 순간이었다. 그 후 도노소는 비코(Vico)*와 손잡게 되었다. 위대한 대결은 모두 그에게는 역사적인 묘사가 된다. 1839년의 동양의 문제에 대한 고찰은 오스만 터키 제국의 사멸과 러시아 제국의 불가피한 발전, 또한 거인 아메리카에게 손을 내미는 또 하나의 거인 러시아에 대한 보편사적인 논문이다.

역사적 운명의 비밀만큼 도노소의 흥미를 끄는 것은 없다. 이 비밀에 대한 그의 지칠 줄 모르는 놀라움은 그의 경우, 원리원칙, 교조주의 그리고 수사학보다 더욱 강력하다. 도노소가 1848년 이후 그의 본래의 적대자로서 프루동만을 염두에 두고 있었던 것은 유감이다. 그는 혁명가였으나 정신적 유형으로서는 역사철학자라기 보다는 모럴리스트였다. 여하튼 1848년 이래 거의 신비적으로 된 도노소의 명성을 불러일으킨 저 유명한 예언은, 역사의 수수께끼에 대한 놀라움이 극단적이며 시종일관 높았던 것의 귀결에 불과하였다. 기독교적 역사상이 다른 역사상과의 싸움에서 단순한 역사철학을 극복한다면, 그것은 동시에 기독교적 역사상의 전대미문의 가능성에 대한 증거이기도 하다.

* * *

다음의 도노소에 관한 나의 네 개의 논문은 여기서는 『전유럽적 해석에서의 도노소』라는 전체 제목 아래 발간한다. 이로써 이들 논문은 이 위대한 스페인 사람을 1848년 이래 더욱 깊고, 또 단순화된 대립에까지 높여가는 초국민적, 유럽적 발전 중에 자리를 잡는다. 우리들은 독일인으로서 이 테마에 대해서 말할 권리를 가진다. 왜냐하면 독일인 저자의 업적은 본질적으로 도노소의 유럽적 명성의 확대에 공헌하기 때문이다. 세 개의 유럽의 세계적 사건 — 1848년의 혁명, 제1차 세계대전 그리고 제2차 세계대전 —

의 직접적인 인상 아래 독일에서는 도노소에 대한 중요한 문헌이 발간되었다. 지금까지 존재하는 도노소에 관한 전체적인 서술을 시도한 것은 독일의 법학자인 에드문트 슈람(Edmund Schramm)의 책이 유일하다. 제목은 『도노소 코르테스 — 스페인의 반자유주의자의 생애와 저작』이며, 1935년 함부르크의 라틴 아메리카연구소에서 발간되었다. 우리들은 여기서 그것에 대해 감사해야 한다. 왜냐하면 그것은 같은 저자의 1936년의 스페인어 책과 함께 지금까지 도노소에 관한 가장 좋은 역사적, 전기적 또한 문헌목록에 대한 안내이기 때문이다. 특히 어려운 신학상의 문제에 대해서는 독일의 프란치스코회의 P. 디트마르 베스테마이어(Dietmar Westemeyer)의 기본적인 저작이 참조된다. 그 책은 『도노소 코르테스 — 정치가이며 신학자』라는 제목 아래 파더보른에서 발간되었다. 1945년 이래 도노소의 개별적인 연설이나 논문을 수록한 작은 책자가 독일, 오스트리아, 스위스에서 다수 출판되었다.

그러나 우리들은 도노소가 스페인인이었고, 스페인인으로서 첫째로 그의 모국의 역사상의 인물이라는 것을 알고 있다. 도노소는 스페인에서 절대주의 · 입헌주의 · 정통주의 · 카를로스주의 · 자유주의 그리고 전통주의가 서로 교차하면서 투쟁하던 19세기의 혼란한 정치적 항쟁의 한 가운데 서 있다. 도노소는 그의 입장을 자주 바꾸고 많은 모순 — 그것들은 그와 직접적인 관계를 가진 동향인들의 감정을 상하게 하였는데 — 에 빠져버렸다. 나는 최근의 스페인 문헌 중에서 두 개의 주요한 저작을 열거한다. 이들 두 저작은 모두 도노소의 의의를 솔직하게 평가하는 동시에 그의 모순을 비판적으로 고찰한다. 하나는 루이스 디에스 델 코랄(Luis Diez del Corral)의 『자유주의적 독트리네르』(El Liberalismo Doctrinario, Madrid 1945)이며, 또 하나는 페데리코 수아레스(Federico Suarez)가 산티아고 데 콤포스텔라 대학교 철학부에서 행한 「도노소 코르테스의 정치적 발전」(1940/50)이란 강연으로, 이 대학에서 저작으로 출판되었다. 루이스 디에스 델 코랄은 보통 독트리네르라고 불리는 프랑스와 스페인의 자유주의자 — 그들은 독트리네르와는 반대하려고 했으나 결코 성공하지 못했다 — 에 대한 포괄적인 서술을 시도하고 있다. 그들 중에는 방자맹 콩스탕 · 기조 · 토크비유 같은 자유주의자의 이름이 열거된다. 이 책은 헌법적 지식의 보고를 열어주는데, 신자유주의의 시대가 감사해도 충분하지 못할 정도이다. 여기서 도노소는 이들 신자유주의적 독트리네르와의 관련에서 등장한다. 저자가 도노소를 다루는 장은 도노소의 당당한 수사학이 그의 기회주의적인 실천과 모순되며, 더욱이 그 모순은 에우헤니오 도르스(Eugenio d'Ors)가 발견한 「격렬한 요설가, 냉철한 정치가」라는 고전적인 정식에서 보이는 모순이라고 결론짓는다. 페데리코 수아레스의 강연은 자료의 철저한 연구에 근거하여 도노소의 업적 전체가 단지 비판적일 뿐이며 건설적이 아니라는 테제를 내놓고 있다.

이러한 스페인의 내부적인 논의에 우리가 개입할 필요는 없다. 고작해야 우리들에게 허용되는 것은 페데리코 수아레스가 묘사하는 도노소의 국내정치적인 입장의 끊임없는 변화가 그의 외교상의 입장의 변화와 대응한 점에 주목하는 것만이다. 이 점에 대해서는 제2 논문이 흥미 있는 예를 많이 포함하고 있다. 그러나 국내정치나 외교 양쪽에서의 도노소의 입장의 변화는 그곳이 1848년부터 오늘날에 이르기까지의 유럽 전체의 발전이라는 시각에서 볼 때, 다른 모습을 드러낸다. 도노소가 유럽적 · 지구적 차원에서 보게 되면, 도노소는 어떤 높이 — 거기에서는 도노소의 의견의 변화에 보이는 수많은 모순이 그를 평가할 때의 최종적인 기준이 되지는 않는 — 에까지 이끌어 올린다.

1848년까지 도노소는 스페인의 내전상태 속에 있었는데, 그것은 유럽 국가들의 외교상의 대립으로 그림자가 엷어지게 되었다. 당시에는 항상 정통성에 관하여 말하고 그 정통성이란 이름 아래 언제나 역사적으로 군주제적-왕조적인 정통성의 현상형태만이 거의 소박하고 자명한 이치로서 이해되고 있었다. 대부분의 사람들은 **좌익**에서 보수적인 정통성보다 탁월한 것이 입증된 **다른** 정통성이 작용하는 것을 예감하지 못했다. 그 정통성은 끊임 없이 변화하는 국가적 합법성의 현상형태를 일소해 버렸다. 그것은 민주적 혁명의 정통성이었다. 그것이야 말로 도노소가 깨달은 것이다. 도노소는 스페인 내전이 유럽 그리고 최종적으로는 지구적인 규모로까지 확대되고, 글로벌한 세계내전으로 귀결할 것이 틀림없다고 생각했다. 이러한 인식을 품으면서 도노소가 더욱 깊게 고립과 고독에 빠진 것은 분명하다. 그는 카산드라*적 인물이 되었다. 그러나 19세기의 모든 유럽의 지식인은 비록 도노소처럼 묵시록적으로 되지는 않았을지라도, 결국 카산드라적 인물이 되었다. 막스 베버처럼 저명한 사회학자마저 이러한 운명을 벗어날 수는 없었다. 그의 인식론도 방법론도 그의 카산드라적인 역할을 막을 수는 없었다.

나는 도노소의 놀라운 예언이나 힘찬 연설에도 불구하고 그를 예언자라고 생각하지는 않는다. 그것은 모든 역사신비가, 역사신학자 그리고 주요한 역사철학자마저도 예언자라고 부르지 않는 것과 마찬가지이다. 나는 또 그를 단순한 몽상가 내지 신비가라고 생각지 아니한다. 그는 결코 매일 매일의 정치적 현실에 대한 명확한 통찰을 잃지 않았다. 언제나 그는 신뢰할 수 있는 진단가이며, 그의 예언은 상황에 대한 완전히 합리적인 인식에서 생긴다. 그는 헌법학자 또는 정치가로서 나아가서는 여왕의 조언자로서, 변화하는 상황의 구속을 회피하려고 하지 않았다. 그는 다양한 의견의 다툼 한가운데에서 대담하게도 또 잘못의 위험성을 범하면서도 올바른 길을 찾으려고 하였다. 거기에서 도노소에 대한 대립이나 적대감도 생긴 것이다. 그러나 이 관대하고 부드러운 인물에 대한 오늘날에도 여전히 향한 두렵고 자주 악마적인 증오는 분명히 더 깊은 형이상학적인 근거를 가진다. 그 증오는 그의 본질의 합리성과 관련이 있다. 도노소가 발언해야했던 충격적인 일들도 낭만주의자나 비합리주의자의 입에서 나온다면, 그것은 시대의 입맛에 가장 맞았을 것이다. 합리성을 점유한다는 도노소의 적의 요구가 이 냉철한 정치가에 의해서 자극되지 않았다면 그들에게는 더욱 편안했을 것이다. 사람은 도노소 중에 그의 매력적인 수사학에도 불구하고, 확실한 관찰에서 역사상을 구성하며 정치적 현실에 대해서 환상을 품지 않는 정신의 합리적 확실성을 간취할 수가 있다.

단 하나의 점에서 도노소는 시빌레(Sibylle)*를 상기케 한다. 즉 그의 예언이 반복해서 부인됨에도 불구하고, 예기치 못하게 더욱 더 등장하는 점에 있다. 우리들은 로마 국왕 앞에 서서, 로마 국왕에게 예언 책을 높은 가격으로 구입하도록 제안한 시빌레에 대한 옛날 이야기를 기억한다. 국왕은 이 제안을 공상적이라고 해서 물리쳤다. 거기에서 그는 예언서의 절반을 불태우고 나머지 부분에 대해서도 전체에 대한 것과 같은 고가로 요구했다. 그러나 이번에도 국왕은 거부했다. 그리고 세 번째가 되어 비로소 국왕은 사태가 심상치 않음을 느끼고 적어도 예언서의 나머지 부분을 구하기 위해서 고가로 지불할 각오를 한 것이다.

그리하여 도노소는 우리들의 시대 앞에 서 있다. 1848년이나 1918년에서 현대의 지구적 규모에 이르는 세계사적 발전과 함께 도노소의 의의도 커졌으며, 더구나 위험과 동시에 구조도 증대하듯이 말이다. 그것을 의식케 하는 것이 이 책의 의의다. 이 책의 목표는 세 번째로 도노소의 이름이 다시는 망각되지 않고 그의 연설이 그 힘을 발휘하는 데에 기여하는 것이다.

1950년 6월

1849년 베를린에서의 도노소 코르테스 (1927)*

『십자 신문』*은 1853년 5월 4일자 파리발 기사에서 다음과 같은 추도문을 도노소 코르테스에게 바치고 있다.

「스페인 뿐만 아니라 기독교 사회 전체는 어제 밤 9시경 이곳 파리에서 일어난 루이 나폴레옹 궁전의 스페인 대사의 사망으로 막대한 손실을 입었다. 돈 호아킨 호세 마리아 도노소 코르테스(마르께스 드 발데가마스)는 1809년에 태어났다. 따라서 그가 사망한 때 그는 아직도 한창 때인 장년이었다. 그리고 그는 스페인의 가톨릭 국왕의 가장 뛰어난 대표자였을 뿐만 아니라 스페인을 훨씬 뛰어 넘는 의의를 획득한 특수 가톨릭적인 정치가들 중의 한 사람이기도 하였다. 이러한 보편적 의의는 고 도노소 코르테스의 경우에는 깊은 가톨릭적인 확신과 비범한 외교적 재능이 결합됨으로써 가능하게 되었다. 이 스페인의 정치가는 스페인의 몽탈랑베르*라고 불리웠다. 그러나 그것은 그에게는 거의 모욕과 같은 것이었는데, 왜냐하면 몽탈랑베르는 가톨릭의 정당 지도자였는지는 모르지만 가톨릭의 정치가는 아니었기 때문이다. 이에 덧붙여 그는 오늘날에도 너무나도 오를레앙주의자이다. 독일인은 아직까지도 어떻게 도노소 코르테스의 의회연설과 저작이 깊은 인상을 주었는가, 그리고 그것들이 어떻게 보수적

---

* Donoso Cortés in Berlin (1849), in: Wiederbegegnung von Kirche und Kultur in Deutschland. Eine Gabe für Karl Muth, Kösel und Pustet, München 1927, S. 338-373. auch in: Positionen und Begriffe, 1940, S. 75-84 (김효전 · 박배근 옮김, 『입장과 개념들』, 2001, 107-122면).

인 비가톨릭 교도에 의해서도 높게 평가되고 혁명에 대한 무기로 보여졌는가를 상기하게 될 것이다. 그들은 이 희귀하게 보이는 탁월한 인물을 베를린에서 알려지는 기회를 가지게 되었다. 그는 다른 어떤 인물보다도 우월했고, 스페인을 가장 좋게 대표하는 것이 될 것이다. 도노소는 1851년 3월 28일 이래 파리에 체재하고 있었다. 그의 형제는 전보를 받고 마드리드에서 파리까지 찾아왔지만 이미 도노소의 생전 모습은 찾아볼 수가 없었다」.[1)]

이 기사에서 엿볼 수 있는 것은, 도노소가 스페인의 전권대사로서 1849년 2월부터 11월까지 채 1년이 안 되는 기간 동안 베를린에 체재하였지만 도노소는 지대한 영향을 받았다는 것이다. 실제로 그의 정치적 영향은 프로이센이나 독일에 한정되며 수면의 파문처럼 급속하게 전해졌다. 그의 연설은 베를린에서 감탄의 대상이 되었고, 국왕 자신은 1850년 1월 30일의 마드리드 연설에서 도노소의 프랑크푸르트 국민회의에 관한 발언을 인용하였을 정도이다.[2)] 그러나 도노소에 관하여 생각나는 것은 약하고 어두운 도노소 상이다. 독일에서 도노소를 문학적으로 소개하려고 시도하고, 그의 저작을 번역한 프란츠 요제프 부스(Franz Joseph Buß)는 이 가톨릭의 스페인인에 대해 어떤 흥미나 공감도 환기시킬 수 없었다. 부스는 매우 문제가 된 불쾌한 인물이었다. 카를 비더만(Karl Biedermann)은 『바울 교회에서의 추억』(Erinnerungen aus der Paulskirche, Leipzig 1849)에서 그의 것을 케텔러(Ketteler)와 될링거(Döllinger) 등의 「세련된 울트라 몽타니스트」와 비교하고, 「조잡한 울트라 몽타니스트」라고 부르고 있다. 또한 카를 프라이타크(Karl Freytag)는 그의 것을 「모든 울트라 몽타니스트 중에서 가장 불쾌한 인물」로 부른다. 또 그에게 있어서는 『독일 인명 사전』(Allgemeine Deutsche Biographie) 속에서 학문적 저작에서 볼 수 있는 최악의 기술이 행해지고 있다. 여기서 그는 강한 표현으로 냉소적이며 불성실한 인간으로서, 그리고 정신병리학상의 대상으로서 다루고 있다.[3)] 부스의 성격에 대해서 아무리 생각해도 도노소가 이러한 인간에 의해 독일에서 소개된 것은 결코 칭찬할만한 것은 아니다. 그러나 도노소의 상(像)에 대해서 독일에서 생겨나 계속되고 있는 훨씬 중요하고 위험한 것은

---

1) 도노소가 마드리드 정부에 보낸 중요한 자료인 보고서는 아직 입수가 불가능하다. 따라서 다음의 서술은 공표된 서간에 의거하고 있다. 그들 서간은 도노소 저작의 스페인어판 (이하 Obras로 인용), 1858년의 프랑스어판(이하 베이요[Veuillot]로 인용), 그리고 아데마르 당티오크(Adhémar d'Antioche) 백작의 간행물 Paris, 1880 (이하 안티오크[Antioche]로 인용)에 포함되어 있다. 스페인어판은 나의 경험으로는 독일에서는 거의 보이지 않는다. 따라서 나는 일반적으로 베이요에 의거하였다. (* 1950년의 추가. 상술한 도노소의 보고서는 서간과 비교하여 어떤 본질적으로 새로운 것을 포함하고 있지는 않다. 에드문트 슈람은 그것을 검증하고 있다. 이에 대해서 슈람이 공표하고 소개한 도노소의 외교에 관한 1851년부터 3년까지의 파리에서의 7 개의 보고서는 매우 흥미있는 것이다. Iberoamerikanisches Archiv XI, 1937, S. 14-38 참조).

2) Otto Hoetzsch, Peter von Meyendorff, Bd. II S. 285, Berlin 1925. 인용된 발언에 관하여는 주 19를 참조.

3) Artikel v. Schulte, Bd. 47, S. 407. (* 1950년의 추가. 부스에 관한 판단은 부당하며 너무나도 『독일 인명 사전』에 영향을 받고 있다).

비스마르크의 각서이다. 비스마르크는 그의 『회상록』(Gedanken und Erinnerungen)에서, 격정으로 사로 잡혀 있으며 많은 선량한 독일인에 의해 일종의 지옥을 상기시키는 듯한 곳으로 내몰고 있다. 비스마르크에 의하면, 교황은 1870년 독일에 대한 프랑스의 승리를 예기하고 프로테스탄트 프로이센의 패배를 가톨리시즘의 이익이 된다고 생각하였다. 교황과 프랑스 제국, 특히 으제니(Eugenie) 황후*와의 관계는 친밀하였다. 「프랑스인에 의해서 실현되는 신의 위업은 적어도 교황권력의 새로운 진전을 가져올 것이다. 또한 종교전쟁 — 그것은 가톨릭의 문필가 도노소 코르테스의 의견에 의하면 최종적으로 마르크 브란덴부르크의 모래에서 전쟁이 일어나고 결말이 난다 — 은 독일에 대한 프랑스의 우월한 입장에 의해서 다양한 방향으로 추진될 것이다」. 오스트리아와 프랑스는 — 비스마르크에 의하면 — 가톨리시즘이라고 하는 공통된 기반 위에 서로 접근하고 전쟁 후 보복을 요청했을 것이다. 이 점에 관하여 도노소 코르테스의 이름이 등장하는 것은 — 『회상록』의 대부분의 독자에게 친숙하지 않고 기묘하지만 — 비스마르크의 가장 깊은 본능의 결과이며, 혁명 시대에서부터 계속되고 있는 주목해야할 영향의 자취이다.

도노소는 1849년 2월 22일 베를린에 도착하였다. 프로이센에 대한 그의 불신, 베를린에 대한 혐오는 이미 도착 이전부터 명백한 사실로 되었고, 그의 체재에 의하여 강화될 뿐이었다. 그의 베를린 체재 중에는 반혁명적인 북구 블럭 — 러시아, 프로이센 그리고 오스트리아 — 이 성립되지 않은 것이 한층 명확하게 된다. 베를린의 정치적 및 정신적 분위기는 이 가톨릭교도의 스페인인에게 참을 수 없는 것이었다. 그는 베를린에 닥쳐온 전염병으로부터 피해 드레스덴으로 갈 수 있었던 때에 좋아하였다. 그가 친교를 맺었던 유일한 인물은 러시아 공사인 마이엔도르프(Meyendorff) 남작이었다.[4] 마이엔도르프의 정치적 노력은 독일에 한하여 반혁명적인 정치를 기초로서 프로이센과 오스트리아의 평화, 그리고 독일의 이원론을 유지하는 데로 향하였다. 그는 프로이센의 보수주의자에게 흥미있는 방법으로 영향을 미쳤다. 그는 비스마르크를 자신의 친구로 이야기하고 있다. 또한 그는 레오폴드 폰 게를라흐(Leopold von Gerlach)* — 그는 마이엔도르프에 대해서 그의 회상록 속에서 때때로 언급하고 있다[5] — 에게 국왕을 위협하고 라도비츠(Radowitz)*의 헌법구상 (프로이센의 헤게모니에 의한 연합과 연방국가 구상)을 좌절시키기 위하여 오스트리아의 여러 계획과 그 성공에 관한 정보를 제공하였다.[6] 그것으로 도노소

---

4) 오토 회취(Otto Hoetzsch)가 편집한 마이엔도르프의 왕복 서간에서 도노소가 언급되어 있다(Bd. II S. 274 und S. 283). 마이엔도르프는 도노소를 「스페인의 몽탈랑베르」라고 부르며, 1850년 1월 30일의 도노소의 위대한 연설을 칭찬하며, 「메테르니히와 몽탈랑베르, 랑케와 셸링이 그의 좋아하는 바가 되고 있다」라고 덧붙이고 있다.

5) Hoetzsch, a. a. O. S. 222. 「벨기에의 영원한 모방에 지치고 보수적 의원인 나의 친구 비스마르크는 그에게 대답하였다」.

6) 다음의 일치는 특징적이다. 레오폴드 폰 게를라흐는 그의 1848년 6월 9일의 회상록 속에서 다음과 같은 다양한 기록을 남기고 있다. 「통일을 달성하기 위하여 무엇을 어떻게든 오스트리아에 고집하는 대신에 심한 헤게모니 투쟁 후에 독일의 통일이 달성된 것을 도우려는 사람이 있다. 그러나 이것이 성공하려면 무엇이 일어날 것인가. 오스트리아는 마침내 러시아에 병합되고, 남독일의 여러 국가는 충분한 보호를

와 라도비츠와의 대립도 발생하였다. 확실히 도노소는 최초로 (1849년 4월 26일의 서간에서) 라도비츠를 그 시대의 가장 중요한 인물의 하나로 보았다.[7] 그러나 후에 도노소는 라도비츠도 입헌주의의 대변자로 되고 확실히 이 점에서 혁명의 승리를 보았다. 이제 도노소는 그를 표면적인 인물로 보기에 이르렀다. 그리고 도노소에 의하면 라도비츠 자신도 스스로가 도노소에 의해 택하기에 적합하지 않은 인물로 생각된다고 적고 있다.[8] 도노소의 친한 친구로서 마드리드의 프로이센 대사인 라친스키(Raczynski) 백작은 라도비츠에 대해 불신감을 가지고 있었으며, 그를 분젠(Bunsen)*, 빙케(Vincke)*, 그리고 가게른(Gagern)*과 함께 자유주의자로 부른다.[9] 라도비츠는 확신을 가진 가톨릭교도였지만 제수이트의 친구는 아니었다. 그는 제수이트파의 재흥에 불평을 하고, 가톨릭 정당을 독일의 불행이라고 보았다.[10] 게다가 공통된 가톨릭의 신조와 자유주의나 중앙집권주의에 반대하는 공통의 투쟁은 두 사람간의 교제나 우정을 만들어내기에 충분치 않았다. 더한층 도노소와 같은 스페인의 가톨릭교도가 베를린의 정통적인 프로테스탄트 사이에서 반갑게 맞아진다는 것은 기대할 수 없는 일이었다. 또 프로이센에 대한 스페인의 외교적 의의도 그다지 크지 않았으며, 도노소가 가슴에 품고 있던 정치적 목적, 즉 교회와 교회국가의 보호도 프로이센인에게는 너무나도 소원하고 공감할 수 없는 것이었다. 그래서 그들은 정치적 이유에서 이 스페인의 외교관에 대해서 특별한 관심을 둘 필요가 없었던 것이다. 그리하여 도노소는 베를린에서는 고독하였고 어떠한 성공도 거두지 못하고 끝났다.

헤겔 철학의 「애매한 합리주의」는 도노소를 놀라게 하였다. 그는 이 경건한 프로테스탄트의 종교적 심정을 결코 이해하지 못하였다. 프리드리히 율리우스 슈탈(Friedrich Julius Stahl)*의 국가철학은 보고 판단한 바 도노소에게 어떠한 영향도 미치지 않았다고 생각된다. 프로이센 궁정의 관습은 그에게 소원한 것이었다. 그는 베를린에서는 숨이 막히지 않을 수 없었다고 생각한다. 프로이센의 헤게모니를 위한 혁명에서 이익을 이끌어내면서 한편으로는 군주제, 권위로서의 정통성이라는 낡은 여러 개념을 보존하고 유지시키려는 프로이센의 정책과 시도는 그에게는 불가능하고 불길한 것으로 생각되었다. 도노소에게 독일의 군주제는 단지 연방주의적 국가연합에 의해서만 유지된 것에 대해, 독일의 통일은 혁명적 민주주의의 임무였다. 그에게는 프로이센 정부가 혁명에 도움을 주고 독일을 프로이센의 헤게모니 밑에 통일하고자 했던 것은, 단지 혁명과 결부되었기 때문이 아니라 대개는 외교에 미치는 영향 때문에 위험한 것으로 생각되었다는 것도, 독일의 통일은

프로이센으로부터 얻을 수 없는 것이며 프랑스로 향하지 않을 수 없을 것이다」(Bd. I S. 333). 1849년 6월 9일의 도노소의 서간도 유사한 것을 적고 있다(Antioche, S. 90).

7) Veuillot II S. 44.

8) Antioche S. 147.

9) eod. S. 101.

10) Meinecke, Radowitz S. 164, 535. 라도비츠에 대한 교황청의 적의에 대해서(S. 537). 마이엔도르프의 정치에 대해서(S. 395, 428, 437, Anm. 474). 라도비츠에 대한 마이엔도르프의 「과장된 광언사」라는 발언에 대해서는 Hoetzsch, a. a. O. Bd. I S. XLIV, II S. 176, 287, 306 등을 참조.

— 도노소의 의견에 의하면 당시 유럽의 정치는 그것을 중심으로 전개되고 있었다 — 당연한 것이면서 영국, 프랑스 그리고 러시아에 의해서도 인정되지 않았기 때문이었다. 그 중에서도 특히 러시아는 그것을 싫어했다는 것도 강력한 민주적 독일은 러시아 제국으로부터 유럽에 대한 영향력을 빼앗고, 러시아를 아시아로 격퇴시키는 것에 불과하기 때문이었다. 만약 유럽의 중심에 강력한 국가가 형성된다면 그것은 유럽 전쟁의 징후가 되었을 것이다. 따라서 도노소에게는 독일 통일의 이념은 역사적으로 불가능한 민주주의적 환상이며, 이성과 역사적 경험의 쌍방에 의해서 똑같이 비난받아 마땅한 것이었다.[11] 그는 독일을 두 개의 별개의 국가, 즉 가톨릭의 남독일과 프로테스탄트의 북독일의 연방주의적인 연합으로서만 생각할 수 있었다. 그러나 도노소는 그가 외교사절로서 파견된 국가, 즉 프로이센에 대해서 프로이센을 통치하는 왕가가 민족의 역사에서 기적(prodigium)이라는 신앙을 가지고 있었다. 그가 이것에 대해서 말하기 시작하든 안하든 놀람, 불안, 찬미로서 서먹서먹함이 뒤섞인 소리가 들려온다. 프로이센은 다른 국가와 같이 일정한 역사적 균등성을 가지고 유럽적 발전의 리듬에 적응하고 그 길을 걸었던 국가는 아니었다. 프로이센은 가난한 동방의 야만 세계에서 약 1 세기의 과정에서 불가사의할 정도로 흥성해왔다. 그리고 매우 불가사의하지만 모든 예를 들면 계약준수와 계약위반, 승리와 패배, 위대한 덕과 저열한 배신, 그리고 때로는 국왕의 위대함과 다음에는 인민의 위대함 등도 프로이센의 확대와 위대함에 필연적으로 공헌하기에 이르렀다. 한쪽이 결여되어도 항상 다른 쪽이 존재하고 그것이 프로이센의 전진에 유익하였다. 그러나 프로이센의 역사적 위대함의 본질은 프로테스탄티즘 속에 있다. 프로이센은 프로테스탄티즘과 성쇠를 같이 한다. 프로테스탄티즘은 프로이센의 삶의 비밀이며 프로이센 죽음의 비밀이 될 것이다.[12] 도노소는 그의 베를린 체재 3년 후 그의 친구인 라친스키에게 다음과 같이 털어놓고 있다. 만약 이 친구의 것을 고려하지 않았다면, 도노소는 의회에서 프로이센 국왕을 공격했을 것이다.「왜냐하면 프로이센과 프로이센 정책의 친구라도 된다면 프로이센의 팽창의 친구도 아니다. 또 나는 프로이센의 존재의 친구가 아니다. 나는 프로이센이 그 성립 이래 악마에게 바쳐진 것을 믿고 있고, 또 그 역사의 비밀에 의해 영원히 악마에게 바쳐질 것을 확신하고 있다」.[13] 이 도노소의 놀라운 발언은 그것이 프로이센의 대사에게 향하고 있는 만큼 주목을 끄는 것이다.

도노소는 프로이센에 대한 이러한 혐오와 정신적 압박상태에도 불구하고, 하루하루의 정치의 현실과 정치적 여러 원리의 투쟁을 베를린에서도 매우 명석하게 추적하였다. 혁명적 사상에 대한 그의 안광은 수많은 스페인 혁명의 경험에 의해서 예리해지고 있다.

11) Obras V S. 23; Veuillot II S. 19 (1849년 3월 14일자 서간). 보충은 매우 독특하고 특징적이다. 바로 독일 통일의 이념의 불합리함은 그 이념을 민주주의에 대한 매력있는 것이지만 그것은 민주주의가 불합리를 좋아하기 때문이라는 것이었다. 이러한 발언은 샤르르 모라(Charles Maurras)의 많은 유사한 발언과 비교되지 않으면 안 된다. 그럼으로써 현대 민주주의에 반대하는 전형적인 로마적 가톨릭적 태도가 인식될 것이다.

12) Brief aus Berlin v. 23. Mai 1849, Veuillot II S. 82.

13) Brief aus Paris v. 24. Mai 1852, Antioche S. 306.

그는 이미 베를린 도착 후인 1849년 3월 프로이센과 독일의 당시 상황을 매우 놀랄만한 광경으로 묘사하고 있다. 그는 프로이센 정부와 같이 매우 확고했던 정부가 독일의 의회처럼 독도 약도 되지 않는 것에 대립하고 있었던 것을 우습기 짝이 없는 쓸모 없음에 놀라고 있다. 도노소는 프리드리히 빌헬름 4세 — 그는 단순히 도시를 혁명적, 시골은 국왕에 충실하다고 생각하여 라도비츠처럼,[14] 혁명을 원시적인 계급이론으로부터 설명하였다 — 를 처음으로 알현했을 때, 그에게 지방 주민의 군주제적 심정에 대한 맹목적인 신뢰에 경고를 가하였다. 그는 정부는 자기구제에 노력하지 않으면 안되며, 농민에게 기대하면 안 된다고 주장하였다.[15] 국왕 자신 마저도 도노소에게 공상적인 착란의 비극적인 하나의 예시로서 비추고 있다. 국왕은 종교적 광기에 매달려 스스로를 신에 의해 선택된 자로 보고, 어떠한 충고도 완전히 받아들이지 않았다. 또 국왕은 모순에 가득 찬 기분과 성향에 의해 반혁명적인 여러 정당의 힘을 마비시켰다. 또 그는 혁명을 증오하기는 했지만 헌법을 제정하는 책무를 느꼈다. 그러나 그 당시 헌법이라는 것은 흠정 헌법이었고, 결코 공포의 산물이 아니었다. 그것은 민주주의에 의해서 자유주의를 공격하기는 했지만 군대나 계엄상태의 도움을 받고, 절대군주제를 구출하는 것을 의도했던 좋은 계산을 했던 제도였다. 흥미있는 것에 이 스페인의 가톨릭교도는 국왕의 종교적 신앙, 그의 성실한 기독교적 감수성, 그리고 혁명과 자유주의에 대한 그의 거짓아닌 증오에 대해 한 마디도 말하지 않는다. 프로이센 정치의 특수한 견해는 그의 관심을 끌지 않았다. 동시에 프로이센의 정치는 도노소의 가톨릭 사상에 어떠한 관심도 보이지 않았다. 그러나 그는 프로이센 국왕의 행동양식이 프로이센과 독일의 입장에서는 통일적으로 시종일관된 것으로 생각했는지도 모른다는 것에 주목하였다. 그리고 그의 많은 발언에서 그가 국왕의 개인적 약점 — 그것은 도노소에 의하면「이 완전한 비극적인 상황에서 가장 비극적인 것」— 에 대한 단순한 비난 속에 모든 것을 설명하는 단서를 보지 않은 것이 엿보인다.[16] 도노소는 혁명의 정치적 기술에 너무나도 정통하고 있었기에, 1848년 12월 15일의 흠정 헌법이 결정적인 순간에는 권력을 국왕 정부의 손에 위임된 것을 그 자리에서 간파하였다. 그는 즉석에서 예외권능을 지적하고 제105조,* 제108조,* 제110조*를 하나 하나 열거하고 있다. 국왕 정부는 이러한 조항에 근거하여 긴급권, 의회의 승인으로부터 독립된 예산안의 성립, 그리고 특히 계엄상태를 원용하고 모든 중요한 결단을 수중에 넣는 것이 가능했던 것이다. 그는 1848년의 프로이센 헌법이 깊은 계산의 소산임을

14) Gesammelte Schriften IV S. 145.

15) Brief vom 15. März 1849, Antioche S. 71. 그는 다른 곳에서 지방의 산업노동자가 적으면 적을수록 사회주의 혁명은 그만큼 철저하게 사회주의적으로 된다고 색다른 테제를 제시하였다(Brief aus Berlin v. 30. Mai 1849, Veuillot II S. 26).

16) 렌츠 · 옹켄 · 라흐팔 · 마이네케 그리고 브란덴부르크의 연구에 의해서 이전은 당연히 처음 본 도노소에게도 계승되고 있는 프리드리히 빌헬름 4세의 평가가 번복되었다. 그것에 의하면 국왕의 다양한 행위와 결단을 단지 변화하는 기분과 우유부단함에서 설명하는 것은 이미 불가능하다. 이 문제에 대해서는 다음의 문헌을 참조. Elisabeth Schmitz, Über Edwin von Manteuffel als Quelle zur Geschichte Friedrich Wilhelms IV., Hist. Bibliothek Bd. 43, 1921, S. 7 ff.

강조하였다.[17] 그런 까닭에 국왕이 프로이센의 관료제에 대해 어처구니 없는 공상적인 견해를 가지고 있었던 것은 도노소의 명석한 정치적 감각에 의해서는 불가해하기 짝이 없는 것이었다. 도노소는 프로이센 행정의 다양하고 훌륭한 장치야말로 다른 여러 나라에서 시민적 자유의 보장을 위하여, 특히 조직된 제도보다 한층 유효하게 이 자유를 보증할 수 있다고 생각하였다. 프로이센의 행정은 평온함 속에서 기능되어야만 했다. 그러나 국왕은 프로이센의 행정제도 가운데 그의 왕국에 적대적인 요소를 보고, 인민과 직접적인 관계를 유지하면서 동시에 낡은 군주제를 유지할 수 있다고 착각했던 것이다.[18]

도노소에게 프랑크푸르트 국민의회는 혁명적 원리의 소산이었다. 그는 그 의회의 의원 중 탁월했던 정치가와 학자가 포함되어 있는 것을 알고 있었다. 그러나 그는 의회를 정치적 구성요소로서는 경멸할 뿐이었다. 그는 직접 의회의 모든 행정적 능력의 결함, 의회의 부자연스러운 대변설로 보이는 안타까움, 그리고 의회의 비밀과 야심, 그리고 권력욕 — 그것은 활발하게된 것은 아니며 1849년에는 이미 위험은 사라졌다 — 에 주목하였다. 도노소는 카를 마르크스에서 조차도 놀랐을 것같은 비웃음을 띠우면서 국민의회가 해산되지 않은 것은 누가 해산권을 소유하고 있는가를 알 수 없었기 때문이라고 서술하고 있다. 그는 프랑크푸르트 국민의회의 운명을 그의 특유의 장대한 레토릭을 구사하여 다음과 같이 요약하였다. 즉「독일 국민은 국민의회를 처음에는 자유의 여신처럼 기뻐하고 숭배하였다. 그러나 이런 국민이 1년 후에는 이 의회를 마치 선술집의 매춘부처럼(como una prostituta en una taberna) 활동을 정지시킨 것이다」.[19]

그에 의하면 프로이센에서 정치적인 세력들의 진정한 전체상을 구성하는 것은 세 개의 정치적인 조류였다. 즉 완고한 보수적 귀족정당, 풍족한 환경에 있고 도처에서 중용(juste milieu)을 요구하는 자유주의적인 시민층, 그리고 최후에 강력한 선동정치적인 조류이다. 이 마지막 조류에서는 폴란드인과 유대인의 선동자, 그리고 헤겔주의 — 그것은 독일에서 급진적 조류의 주요한 원인(causa principalisima del giro radical) — 에 의해서 혼란되고 황폐된 두뇌를 가진 야심적인 지식인이 결집되고 있다. 주목할 만한 것은 프로이센의 정치적 경향 — 그것은 군주제적, 반혁명적인 확신을 이유로 도노소에게는

---

17) Veuillot, II S. 36. 랑케는 (분젠과의 왕복 서간 S. 371/2에서) 국왕이 프로이센 국가의 재정적 존립과 군대의 지휘권을 프로이센 왕국에 구출한 것을 본질적이라고 서술하고 있다. 에드빈 폰 만토이펠은 이 견해를 확인하고 있다(Dove, Ausgew. Schriften, Leipzig 1898 S. 243/4 und E. Schmitz, a. a. O. S. 26/27). 레오폴드 폰 게를라흐도 그것에 대해서 말하고 있으나 계엄상태에 대해서는 언급하지 않았다(I S. 359). 나아가 Meinecke, Weltbürgertum und Nationalstaat, S. 374 ff. 참조. 이러한 관점은 안쉬츠의 콤멘탈 G. Anschütz, Verfassungsurkunde für den preußischen Staat, Berlin 1912 I S. 44 ff. 특히 S. 53에는 나타나 있지 않다.

18) Veuillot II S. 33/34.

19) 1850년 1월 30일의 유럽의 일반적인 상태에 관한 도노소의 연설의 이 명제(Veuillot II S. 406)는 프리드리히 빌헬름 4세에게 감명을 주었다. 국왕은 그것을 1850년 3월 24일의 알현에서 마이엔도르프 앞에서 인용하였다(Hoetzsch, a. a. O. II S. 283).(*추가. 이 명제와 함께 시작하는 것이 다음의 저서이다. Veit Valentin, Die Geschichte der deutschen Revolution von 1848-49, Bd. II, Berlin 1931).

가장 공감을 불러일으키겠지만 — 을 매우 냉정하게 분석하고 있다. 그는 보수주의가 위험한 상황에 있다고 본다. 그것은 반동적 정당으로서 자유주의적 시민층으로부터 소원하고 자유주의적 시민은 그것에 의해 민주주의자와의 연합에 몰리고 있다. 만약 보수당이 반동적이지 않고 다소 관용적이었다면, 그것은 시민층의 소유계급과 제휴함으로써 프로이센에서 많든 적든 지속적으로 질서지워졌던 정부를 창조하는 것이 가능하였을 것이다. 반대로 만약 그것이 공공연하게 반동적으로 교묘하게 곤란을 극복하는 것이 서투른 국왕 (그것은 항상 프로이센 보수주의의 재앙으로서 생긴다)에 의존하는 정도가 적었다면, 아마도 그것이 보다 자유로운 활동이었다면 그것은 왕정복고 — 그것은 많든 적든 역시 지속적이었을 것이지만 혁명주의자의 광기에 찬 희망을 깨트렸을 것이다 — 를 수립하였을 것이다. 현상 그대로 프로이센의 보수주의는 혁명에 대한 구실을 주는 것에 불과한 혁명의 발발을 저지하는 것은 불가능하였다.[20] 이 판단은 도노소의 정치적 판단을 특징지우는 것과 동시에 이후의 많은 상황을 선취하고 있다. 그것은 군주제가 여전히 강력했던 1849년의 프로이센에서는 정당하지 않았지만 군주제가 결정적인 타격을 입었던 시대에 대해서는 정당할 것이다.

그것으로부터 역시 왜 베를린에서 도노소가 본래 그의 역사상을 규정하고 있는 최종적인 절망적 안티테제에 아직 이르지 않는가가 설명될 수 있다. 그 안티테제라는 것은 목전에 닥친 가톨리시즘과 무신론적 사회주의 간의 파국적인 최종전쟁이다. 확실히 1848년 이래 강력한 안티테제가 존재하는 때에는 도노소의 본질의 결단주의의 표현으로서, 그리고 어떤 때는 수사학적, 경구적 표현 — 그것은 도르빌(Barbey d'Aurevilly)*이 그의 신뢰에 찬 비판적 의견에서 도노소의 특징으로서 확인했던 것 — 의 단순한 결과로서 나타났다. 그러나 대립은 아직 최종적인 종말론에는 이르지 않는다. 아직 놀랄만한(mararilloso), 불가사의한(misterioso), 전율할듯한(tremendo), 철저한(radical), 지고의(soberano), 중대한(supremo), 무서운(terribile), 터무니없는(profundisimo), 절대적인(absoluto), 단호한(perentorio), 피비린내나는(sangre), 결정적인(decisivo)이라고 하는 그의 취향의 언어가 반복적으로 많이 사용되지는 않았다. 분명히 도노소는 베를린에서 몽탈랑베르에게 보낸 편지에서, 유럽의 사회질서는 최종적으로 사망으로 가고 사멸하는 중이라고 서술하고 있다[21]는 것도, 유럽의 사회질서는 가톨릭적이 아니고, 또 가톨리시즘은 삶을 의미하기 때문이다. 또한 도노소는 유럽은 모스크바처럼 되든가, 공화제적으로 되지 않을 수 없다는 유명한 명언으로, 만약 그것이 가톨릭적으로 되지 않는다면이라는 말을 추가하고 있다. 그러나 그의 사상이 틀림없이 베를린에서 최대의 성장을 경험했다고 말하기는 어렵다. 실제로 도노소는 베를린에서 일정한 피로감을 느끼고 있었던 것으로 생각된다. 대규모의 사상적, 사회적 결단의 전장은 베를린이 아니라 분명히 파리였다. 프로이센 국왕은 아직 강력하고

---

20) Veuillot II S. 11.
21) Veuillot II S. 123 (Brief vom 21. Juli 1849).

당당한 권력의 행사가 가능하였다. 프로이센 왕가의 구성원은 1848년이래 프랑스에서 이전에 통치하고 있던 왕가의 사람이 체험했던 것같은 무의미함을 거의 경험하지 않았다. 아직 「군주제와 조국의 존재가 위험에 처해 있다」(비스마르크가 서술하였듯이)는 상태는 아니었다. 역시 베를린에서는 도노소의 본래의 사상적 적대자였던 프루동*에 적합한 듯한 무신론적 사회주의의 표현이 부족하였다. 한 마디로 말한다면, 베를린은 1849년에는 정치적으로나 정신적으로도 독재가 그 장대한 역사적 의미를 획득한 무대가 아니었다. 본래의 공포인 1848년의 인상은 이미 극복되었다. 프로이센 국왕의 정치적 · 도덕적인 여러 힘은 매우 강력하였고, 불안에 찬 원리적인 양자택일은 프로이센에서는 이해되지 않았다. 도노소가 1848년 이후와 같이 오늘날에도 유럽의 자유의 사망과 가톨릭적 사회질서와 「철학적」 사회질서의 대립에 관하여 말한다면, 그것은 1848년의 영향이며, 그의 베를린 체재와 그의 경험의 특수한 성과에 의한 것은 아니었다. 이러한 양자택일에 필요한 거의 묵시적이라고도 할 수 있는 공포 — 그것은 2년 후 파리에서 일어났다 — 가 베를린에서는 존재하지 않았다. 유럽의 정치사상의 고전적 무대인 파리에서 처음으로, 도노소는 19세기의 가장 과격한 명제를 말하고 있다. 즉 「**근본적 부정과 지고한 긍정의 날이 찾아왔다**」는 명제이다.

도노소의 정치적 발전을 아는 이상, 가장 좋은 척도가 되는 것은 **영국**에 대한 그의 평가이다. 영국의 대륙에 대한 관계는 유럽에 공통된 정치를 생각하는 사람에게 가장 불가피하며, 불가능한 문제로서 가로 막고 있었다. 도노소는 국제정치의 변천하는 상황에 대응하여 그의 판단을 지속적으로 변화시켰다고 하는 것도, 그는 추상적 원리를 애호하는 동키호테와는 전혀 달랐기 때문이다. 외교현실에 대한 도노소의 감각은 비범한 것이었고 그의 적응능력은 모든 수사학의 테제에도 불구하고 놀랄만한 것이었다. 청년 도노소는 진보주의자였고 영국 헌법을 모든 헌법의 모범으로 생각하였다. 그러나 1848년의 혁명은 그에게 유럽 대륙이 사회혁명의 시대에 돌입한 것, 그 결과 영국의 정치는 새로운 문제에 직면해 있다는 것을 가르쳐 주었다. 그는 영국을 대륙에서 혁명선동자로 이해하였다. 「**영국, 혁명의 영원한 선동자여**」(l'Angleterre, cette éternelle instigatrice des révolutions).[22] 도노소는 스페인의 역사적 경험에서 영국이 혁명을 야기하고 지원하는 때에 쓰인 완벽한 기술에 대해서도 알고 있었다. 그러나 그는 1848년의 사건에서 충격을 받고 이번에는 후에 일어나는 사태를 선취하면서, 영국이 자신의 이해, 즉 유럽 혁명의 극복과 영국에서 갖춘 보수적 감각을 최종적으로 이해하는 것을 기대하였다. 그는 베를린에서 출발하기 전에 행한 1849년 1월 9일의 독재에 관한 연설에서, 영국이 혁명적 프랑스에 대해 스스로의 반혁명적 전통을 상기하고 자신의 보수주의를 대륙에서도 실천하는 것을 아직 가능한 것으로 보았다.

도노소가 베를린에서 귀국한 후 1850년 1월 30일 마드리드의 의회에서 행한 유럽의 일반 상태에 대한 훌륭한 연설 — 그것은 랑케와 셸링에게도 감명을 주었다 — 에서는

22) Antioche S. 79.

도노소의 입장의 중요한 변화와 그의 베를린 체재의 참된 성과가 나타나 있다. 그러나 그의 성과는 프로이센과 도노소에 관한 것은 아니며 러시아에 관한 것이었다. 이제 러시아 문명의 새로운 적이 등장하였다. 즉 혁명적 사회주의와 러시아적 정치와의 결합의 가능이다.[23] 이제 도노소는 영국을 유럽의 최종적 희망으로, 그리고 러시아의 압제적 권력과 혁명 — 혁명에 대해서는 어떤 유럽 국민도, 그리고 러시아도 이미 저항력을 가지고 있지 않았다 — 에 대한 최종적 방벽으로 격찬하였다. 도노소는 1849년 4월 3일에 베를린으로부터 오직 러시아와의 연합만이 스페인을 영국의 마수로부터 구출할 수 있다고 적어보내고 있다. 그러나 그는 이제 영국을 러시아의 위험에서 유럽을 구출하는 것으로 칭찬하였다. 그가 이 연설 속에서 윤곽을 보인 광경은 장래를 선취한 그의 역사적 구성에서도 가장 센세이셔널한 것이다. 요컨대 우선 혁명이 상비군을 해체하고, 그래서 사회주의가 조국에의 모든 감정을 제거하고, 모든 대립을 소유자와 비소유자와의 대립으로 환원하는 것이라고 예측하였다. 만약 사회주의 혁명이 모든 국민적 활동을 압박하고 러시아 지도 아래 슬라브 민족이 단결하여 유럽에서 아직 착취하는 자와 착취당하는 자와의 대립이 존재한다면, 러시아의 위대한 순간과 함께 유럽의 중대한 징벌의 때가 도래할 것이다. 그리고 그 징벌은, 특히 한편으로는 유럽을, 다른 한편으로는 인도를 지배하고 있는 거인인 영국을 위문하는 것이 될 것이다. 그러나 그것은 결코 징벌의 끝이 아니며, 러시아인은 민족대이동 때에 유럽 문명을 경신한 독일인의 다양한 민족이 아니기 때문이다. 러시아의 특권계급과 그 행정은 유럽의 다른 여러 나라와 같이 부패하고 사멸할 것이다. 이 연설은 또 혁명이 런던이 아닌 페테스부르크에서 발생한다는 기묘한 예언을 포함하고 있다. 유럽을 혁명적 · 공산주의적 · 러시아적인 운동의 범람으로부터 구출할 수 있다는 것은 영국뿐이었다. 그러나 그것은 군주제적으로 보수적인 영국, 즉 도노소에 의해서 가톨릭의 영국에서이지 않으면 안 되었다.[24]

도노소의 외교상의 견해의 변화에 대한 완전한 상을 제공하기 위한 것이 아니라 이 이야기의 줄거리를 끝내기 위해서 도노소가 2년 후인 1852년 1월과 2월에 영국을 다시 유럽의 재앙으로 본 것에 언급할 필요가 있다. 도노소에 의하면, 프랑스에 의해 존재하는 선택의 여지는 유럽 대륙을 영국에 대해 단결하고, 이 영원한 폭도를 민주주의와 함께 대륙으로부터 추방하는 정책뿐이었다.[25] 도노소의 견해가 변화하는 중에 변하지 않은 단 하나는, 교회국가와 교황권에 대한 관심이었다. 그 밖의 점에서 그는 하루하루 변천하는 상황을 따라 결코 외교 시스템을 지속적으로 고정화하는 것을 생각하지 않았다. 영국은 항상 적으로 한정한 것은 아니었고 러시아도 보수적 세력으로 무조건의 동맹자는 아니었다. 그러나 여기서도 도노소가 명백한 적과 동지의 집단화를 바란 나머지 외교상의 대립을 추구했다는 인상을 때때로 가진다. 이 대립이라는 것은 영국에 대한 1793년의

23) Veuillot I S. 384.
24) Veuillot I S. 400.
25) Veuillot II S. 391 ff., 404 ff.

혁명적 프랑스와 같이, 혹은 영국에 대한 1918년 이래의 볼셰비키의 러시아와 같이 두 개의 세력, 즉 전통적 질서의 담보수단으로서의 한쪽의 세력과, 혁명의 담보수단으로서의 다른 한쪽의 세력이 서로 적대하는 것같은 상태이다. 그러나 1848년에는 이러한 집단화는 발생하지 않았다. 당시 미리 그것을 상징하는 것은 사물의 개념적인 핵심을 움직인 정당한 단순화의 요구에 더해진 것이었다. 그러나 역사적 발전에서는 스페인의 가톨릭교도의 시대에 앞서 세워진 절박한 정신이 예측한 집단화에는 일정한 기간이 필요하였다. 아직 정치적 현실은 결정적인 지점에까지 도달하지 않았다. 도노소는 모든 유럽 여러 나라, 즉 러시아 · 영국 · 오스트리아 그리고 프랑스를 순번으로, 그것들이 반혁명의 투쟁의 담보수단이 될 수 있는가를 고찰하고, 다시 부정적 판단을 내렸다. 다만 프로이센만이 도노소에 의해 소원하였다. 그러나 바로 프로이센에서야말로 전통적인 여러 관념의 가장 강력한 잔존물이 국가적으로 조직되었다. 그리고 바야흐로 프로이센은 강력한 국가로 되고, 반세기 후 전세계는 프로이센에 대항하여 민주주의의 깃발 아래 단결하게 되었다. 그것을 도노소는 예견하지 못하였다. 그는 프랑스와 나폴레옹 3세의 독재에 머물렀다. 그러나 이러한 고정화를 포기하지 않을 수 없었을 것이다. 도노소가 나폴레옹 3세를 지원하고 그 국제적 승인에 주요한 노력을 기울임으로써, 다시 거기서 북방의 보수적 여러 세력, 즉 러시아와 프로이센과의 대립이 발생하였다. 그들 두 세력은 도노소의 주장과 같은 근거에 있는 원리적인 이유에 근거하여 최초에는 왕위찬탈자인 나폴레옹 3세의 승인을 거부하였다. 그리고 얼마 후 프리드리히 빌헬름 4 세는 크리미아 전쟁시에 이슬람의 동맹자로 되고, 기독교적 세력에 대한 무력에 호소하는 것은 하지 않겠다고 선언하였다.[26] 그러나 그 선언은 역시 기독교적이고 원리적으로 생각되었고 혁명적 정치의 반대물이었다. 바야흐로 이 점에서 보수적인 유럽의 정치가 어떠한 곤란에 직면하지 않을 수 없었는가 하는 것이 특히 명확하게 되었다. 보수적인 것은 그 본성상 역사적 다양성과 불가분하며 유럽에서는 종교적 · 민족적인 다양성과 결부되어 있다. 이제 유럽의 보수주의라는 것은 존재하지 않으며, 1848년에는 이러한 개념은 거의 공상적이었다. 귀중한 특수 보수주의적인 요소의 모든, 즉 종교 · 언어 · 전통 그리고 교양은 유럽에서는 교회적, 국가적, 그리고 민족적 다양성 속에서 형성되어 왔다. 로만스어계 민족의 가톨릭적 왕권주의, 프로테스탄트의 프로이센 왕조감정, 그리고 러시아의 정통주의와 짜아리즘의 합체는 국제적인 혁명 — 그 합리주의는 기계적인 단순함으로 전통적인 장애를 근절하였다 — 의 다양한 동질적인 통일체를 결코 형성할 수 없었으며, 종교적 · 민족적으로 상이한 세 개의 보수세력이었다. 역사적 발전을 놀라울 정도로 선취한 정신을 가지고 가톨릭의 전통에 깊은 뿌리를 둔 본질과 특성을 가진 도노소는 1848년 이래 유럽의 보수주의 세력의 공동행위의 위험성과, 동시에 그 절망적인 불가능성을 강하게 의식하지 않을 수 없었다. 도노소가 베를린에서 러시아에 대한 그의 판단을 바꾸고 러시아가 유럽의 보수주의의 확고한 방파제는 아닌 — 그것은 당시 거의 예감되지 않았다

26) Dove, a. a. O. S. 262/3.

— 것을 인식한 것은 도노소의 베를린 체재의 중요한 성과였다. 이제 그에게 남겨진 유일한 구원의 길은 독재였다. 그것은 도노소의 가톨릭 정신이 직접 자신의 것으로 되고, 그의 결단주의에 일치된 개념이었다. 그러나 결단주의의 참된 에너지는 원래 혁명적 민주주의 속에 있는 것이며, 보수적인 이념과 감정의 체계에서는 외부에서 이질적 요소만이 나타날 뿐이다.

알려지지 않은 도노소 코르테스 (1929)*

도노소 코르테스를 19세기의 정치사상사 속에서 몇 줄로써 위치지워보려고 시도하는 때에는 우선 더 변명을 하고, 거기에 많은 유보를 붙여서 시작할 수 있다. 왜냐하면 중요한 것은 문제의 인물은 스페인을 제외하고는 거의 알려지지 않았고, 스페인에서도 한 당파의 심벌로 된 것에서 정치적 오해를 불러일으키고 있기 때문이다. 더구나 도노소는 어떤 의미에서는 전향자라는 것도 그는 자유주의적인 국법학자로서 출발했지만 보수적 독재의 이론적 고지자로서 생애를 마쳤기 때문이다. 도노소는 예언자의 풍모를 띄면서 자유주의 세기에 보수적 독재를 창도하였다. 그래서 필연적으로 도노소에 대립하여 존재하고 모든 반감을 가지게 된 것처럼 되었다. 독재라는 말에는 반감이 존재하지만 이것이 그 때문에 독재의 객관적 고찰을 계획하는 사람도 의심의 눈으로 보게 되었다. 여기에서는 「보수주의자에 의한 불유쾌한 독재자에 관한 세평」(rumor dictatoris injucundus bonis)라고 하는 고대 라틴어의 격언이 도노소만이 아니라 그를 정당하게 평가하려는 사람들에게도 적합하다.

나는 간략한 고찰의 범위 안에서, 그리고 비스페인에게 허가되고 있는 한계에서 이 주목할 만한 인물에 대해서 가능한 한 공평하게 논했다고 생각한다. 그때 나는 도노소의 정치이론과 정치적 의견의 전체상에 대해서 보고하는 것은 보류하고, 도노소의 불평의 원인을 설명하기로 한다. 도노소는 중요한 영향력을 지속적으로 미치지는 않았지만, 오늘날 유럽의 대다수의 독자에게 거의 알려져 있지 않은 것을 이유로, 그는 망각의 늪에서 구출할 가치없는 인물이라고 그럴듯하게 말해지고 있다. 그러나 그 정도의 중요한 사상가를 잊혀진 채로 두는 것은 너무나도 태만할 뿐만 아니라 어리석고 부당한 것이 될 것이다. 실제로 도노소가 잊혀지고 있다는 것은 결코 자명한 현상이 아니며 이례적인 것이다. 그가 살았던 시대, 특히 1849년부터 1853년에 걸쳐서 그는 정치적 및 문학적으로 유럽 전역에 두드러진 성공을 거두고 있다. 많은 그의 연설과 논문은 유럽 대륙을 매료하기에 이르렀다. 그의 많은 위대한 영향력은 수많은 증인에게서 확인되고 입증되고 있다. 프로테스탄트의 독일에서는 특히 셸링 · 랑케 · 프리드리히 빌헬름 4세가 도노소의 영향

* Der unbekannte Donoso Cortés, in: Hochland, 27. Jahrg., Heft 12 (September, 1929), S. 491-496. jetzt in: Positionen und Begriffe, 1940, S. 115-119 (김효전 · 박배근 옮김, 『입장과 개념들』, 2001, 165-172면).

력의 증인이다. 이 사람들은 예외없이 이 스페인 사람을 비범하고 위대한 인물로서 받아들이고 있다. 특히 그의 저작을 유포하려는 시도가 항상 끊임없이 행해졌다. 그의 저작은 독일어, 프랑스어, 이탈리아어로 번역되었다. 또 그의 저작과 연설의 내용을 발췌하여 한 권의 책으로 내려는 시도가 여러 번 있었다. 그럼에도 불구하고 스페인 이외의 유럽에서 도노소가 알려지지 않았다고 한다면, 그 다양한 이유 — 그것들은 왜 도노소가 불평을 받고 그의 지속적인 영향력이 중단되었는가를 설명하고 있다 — 는 그 자체 흥미깊은 문제를 포함하고 있다고 하겠다.

첫째, 도노소의 불평의 원인은 문학과 문체상의 문제와 관련되어 있다. 도노소의 설명은 지난 세기의 수사학을 선호하는 언어학적 · 문학적 양식을 답습하고 보슈에와 드 메스트르의 방법 — 그것은 이미 낭만주의시대에는 선호되지 않았다 — 에 따라서 대구를 많이 사용하고 있다. 강한 영향을 가진 언어 — 무서운(schrecklich), 피비린내 나는(blutig), 두려운(furchtbar), 놀라운(entsetzlich), 강력한(gewaltig) — 의 끊임없는 반복은 평범한 인상을 주었고, 소기의 목적을 달성하는 것이 불가능하였다. 바르베 도르빌(Barbey d'Aurevilly)은 이것을 수사적인 것 속에 놓여있는 약함 속에서 마찬가지로 인식하였고 비판하였다. 에우헤니오 도르스(Eugenio d'Ors)는 매우 적절하게도 일련의 이상한 바로크 상(像)에 대해서 이야기하고 있다. 또한 그의 주저인 『가톨리시즘, 자유주의, 사회주의에 관한 평론』 — 그것은 번역되었고 광범하게 유포되고 있다 — 에 대해서는 도노소의 신학성품이 현저하게 인정되고 있다. 이 저서에 대해서는 웅대하고, 매력적인 장소가 따분하고 장황한 신학적 설명 뒤로 후퇴하고 말았다. 여기서의 도노소는 초보적인 신학자로서의 일면을 엿보이고 있다. 그러나 도노소의 연설과 편지들, 그 중에서도 그의 존재 그것이 그가 그러한 유의 인간이 아니라는 것을 보여주고 있다. 그가 상세한 교의학상의 의론을 전개하기 때문에 모든 직업정치가가 그의 지나친 행동을 비판하고 있다. 더욱이 그는 위험한 상태에 빠졌다. 과연 이 위대한 외교관은 가장 심한 비판을 받았다. 도노소와 전혀 다른 프랑스의 신학자 가듀엘(Gaduel)*은 그의 저서에서 많은 교의학상의 불명료한 점과 오류를 지적하였다. 궁극적이고 최악의 적인 무신론적 사회주의와 투쟁하며, 독재와 결단주의의 이론가인 도노소는 돌연 많은 논쟁의 와중에 있는 자신의 상태를 깨달았다. 이 신학논쟁은 가톨릭의 진영 내에서 발생하고 그의 당당했던 반론의 여지없이 독재적 태도를 지지했던 신학적 지반을 무너뜨리고 말았다. 도노소가 정치이론의 유일하게 확고했던 기초라고 할 우수한 신학은 그가 인정했던 것보다도 많은 논쟁과 구별의 가능성을 포함하고 있다는 것이다. 더구나 초심자인 신학자로서의 역할과 정치적 독재의 이론가의 역할이 양립되지 않은 것이 명백하게 된다.

이상 서술한 것과 함께 그의 사상 내용 속에도 그의 인기없음과 불평에 대한 충분한 근거가 존재한다. 그의 저작 속에 나타나 있는 인간멸시는 너무나도 가혹하고 심각한 것이며 19세기의 많은 페시미스트들의 인간멸시와 같은 이미 낭만적인 관심과 매력의 대상은 아니다. 도노소의 인간멸시는 진지하고 무서운 것이며, 특히 지난 몇년간의 그의 생애에서 자주 광기에 가까운 것으로 보인다. 늙은 고야는 도노소에게서 나타난 것만큼 심각하게 소름끼치는듯한 광경을 일찍이 묘사한 것은 아니었다. 도노소의 눈에 인간은 구토를 일으키고 비웃어야할 존재로서 죄에 의해서 완전히 파괴되고 오류에 지배되는 가련한 상태에 있는 것으로 보였다. 만약 신이 인간을 속죄하지 않는다면 인간은 발로 뭉개버리는 도마뱀보다도 경멸해야 할 존재였을 것이다. 도노소에게 있어서 세계사라는 것은 소란스럽고 미쳐 날뛰는 승무원을 가득 채운 채 바다 위를 정처 없이 표류하는 배와 같았다. 이러한 상태는 결국에는 신이 선박을 바다 속으로 가라앉히고, 다시 정숙이 지배하게 될 때까지 계속된다. 이것은 몹씨 소름끼치는 광경이며, 도노소가 19세기에 선호한 생각이며 인기를 얻으리라고 기대한 것이 무리였다. 그리고 도노소는 상술한 것을 단지 그 당시의 그의 낭만주의적 · 비관주의적 인상으로서 서술하는 것이 아니라 도그마와 체계로서 서술하고 있다. 그는 그 자신의 정치적 견해를 편지 속에서는 눈치챌 수 없게 자유활달하게 표명하고 있지만, 『평론』에서는 체계적으로 서술하고 있다. 여기서 도노소는 체계적인 정치가 또는 정치적인 교리가로서 등장한다. 정치적 교리가라고 하는 말 자체가 이미 불유쾌한 인상을 주지만, 도노소는 파괴적인 페시미스트와 인간멸시를 포함하고 등장할 때 점점 그와 같은 분위기를 주지 않는 것도 19세기의 인간이 독재를 견딘 것은 독재가 인도주의적인 낙관주의를 대의명분으로 등장한 경우였기 때문이다. 그것은 그들이 전쟁을 단지 전쟁에 반대하는 전쟁으로서만, 그리고 예속을 자유의 이름으로만 감수하는 것과 같은 것이다.

나는 비스마르크의 도노소에 대한 격정을 — 그것은 그의 『회상록』의 내용에서 갑자기 나타난다 — 가톨릭 신학과 정치제도의 결합이 프로테스탄트에 불러일으키고자 한 독특한 인상으로부터 설명했다고 생각한다. 1870년의 보불전쟁 후 비스마르크는 오스트리아와 프랑스가 가톨리시즘이라고 하는 공통의 토대 위에서 서로 접근하고, 바이에른을 양국의 연합 속에 두려는 것이 아닌가 하고 의심하였다. 그는 가톨릭 동맹에 기초한 외교 시스템을 두려워한 것이다. 실제로 으제니 황후의 정치에 대한 강한 동기는 이러한 연합을 실현하는 데에 있었던 것으로 생각된다. 그리고 으제니 황후는 모든 가톨릭 국가 — 프랑스, 오스트리아, 라인란트, 스페인, 그리고 라틴 아메리카 — 의 연합이라는 깜짝놀랄만한 계획을 구상하기에 이른 것이다. 비스마르크는 상상할 수 없을 정도의 힘을 국제정치에서 행사하게 되는 강력한 가톨릭 연합의 가능성을 생각했지만, 마음을 자꾸 어지럽히고 불안하게 되지 않을 수 없었다. 나의 견해로는 그의 이러한 두려움 속에서 독일의 문화투쟁의 중요한 근거 — 그것은 아직까지 충분히 주목받지 못하였다 — 가 존재하는 것으로 생각된다는 것은, 보수적인 프로이센 사람인 비스마르크가 1848년에서 49년의 혁명시대부터 도노소를 알고 있었지만, 도노소가 베를린에 체류했던 당시의 친구로 러시아 공사 마이엔도르프를 알고 있었기 때문이다. 역시 그는 으제니 황후와 멕시코를 합스부르크 대공의 지배 하에서 하나의 제국으로 하는 그녀의 계획의 배경을 숙지하고 있었다. 특히 비스마르크는 이들 정치가가 모두 프로테스탄트의 독일과 가톨릭의 독일이 두 개의 다른 국가를 형성해야 한다고 심각하게 확신하고 있었던 것을 알고 있었다. 바로 이 점을 비스마르크는 우려했고, 거기에 도노소의 국민적 통일에 있어서의 위험한 적을 인정했던 것이다. 비스마르크와는 대조적으로 도노소와 그의 친구들은 독일의 국민적 통일이라고 하는 이념이 독일과 유럽에 있어서 이상에서 호소한 위험으로 부자연스럽고 참기 어려운 오류라고 생각하였다.

그리하여 스페인의 가톨릭교도인 도노소의 사상은 많은 진영에서 그에 대한 반감과 불신을 환기하게 되었다. 그는 일상의 정치에서는 탁월하고 명석한 실제적 외교관이며, 묵시록적인 몽상가나 망상가는 아니었다. 그러나 그것은 그에게 유리하게 작용하지는 않았지만 그의 불평의 또 하나의 원인이 되었다. 도노소의 정치이론과 그의 외교관으로서의 활동을 비교한다면, 묵시록적 예언자로서의 도노소와 목적을 의식한 전문외교관으로서의 도노소가 양립될 수 없음이 판명된다. 에우헤니오 도르스는 이에 대해서 「격렬한 변설가, 냉철한 정치가」(calido retorico, frio politico)라는 뛰어난 정식화를 부여하였다. 이러한 상태에서는 이론과 실천은 서로 부인되지 않을 수 없었다. 도노소가 굉장한 박력으로 제출한 이데올로기적인 테제는 용이하게 파악할 수 있는 주지의 사실과 끊임없이 비교되었다. 오늘날 그것을 아는 것은 쉬운 일이지만 그렇다고 해서 그것에서 도노소에 대해서 우월감을 가지는 것은 너무나도 경솔한 일이 될 것이다. 도노소의 무신론적 사회주의에 대한 투쟁은 오로지 프루동에 대해 행해졌다. 도노소에 있어서 이 무정부주의적 사회주의자는 악마였고 지옥의 사자였다. 그러나 지금까지 본다면 도노소가 무신론적 사회주의자에 대한 투쟁의 상대로서 프루동을 택한 것은 적절한 것이 아니었다. 오늘날 무신론적 사회주의 본래의 지도자이며 이단의 주모자로서 등장한 것은 카를 마르크스이다. 그야말로 본래의 의미에서의 경제사상 중시자이다. 이에 대해서 프루동은 완전히 프랑스적 전통선상에 있는 모럴리스트였다. 그의 정신적 에너지는 자본주의에 의해서도 만족될 수 있는 가족의 파괴에 대한 도덕적 격분에서 발생하고 있다. 가장 강력하고 격렬한 의회주의 비판과 자유주의 비판의 화살이 발사된 것은 분명히 프루동에서부터이다. 하나의 좌파 계열이 프루동에서 조르주 소렐*을 거쳐 파시즘 내지 조합국가, 그리고 소비에트 체제 — 오늘날의 의회주의의 본래의 적 — 로 이어지고 있다. 1848년 직후에 프루동은 사회주의에 관한 모든 의회의 중심에 있는 것에 대해서 카를 마르크스는 사회주의자 집단을 제외하면 프랑스에서는 오랜 기간 전혀 알려지지 않았다. 오늘날 우리들은 도노소가 프루동에 대한 신학적 투쟁에서 간과하고 있었던 것이 무엇인가를 알고 있다. 요컨대 도노소가 논쟁했던 인물은 그와 함께 자유주의와 민주주의와의 결합에 반대하였으며, 더욱이 도덕적인 엄격함 — 그것은 적절하게도 그에게 「로마인」이라는 명성을 가져왔다 — 에서 그 결합과 싸운 인물이었다. 프루동은 어떤 의미에서는 도노소의 동맹자이며 일가이기도 하였다.

이 명확한 오류와 알려진 도노소의 투쟁보다도 더욱 강력하고 현저한 것은 도노소의 정치적 입장 내부에서의 모순이다. 반혁명의 사상사에 있어서 도노소의 위대한 사상사적 의의는 그가 정통주의의 의론을 포기하고, 이미 복고적인 국가철학이 아닌 독재의 이론을 제출하였다는 점에 있다. 독재의 이론에서 도노소는 그의 대립개념을 무신론과 기독교, 불신앙의 사회주의와 기독교 · 유럽적 사회질서라는 유산과의 최종 전쟁에서의 광경에까지 올려 놓고 있다. 여기에서 그의 논문은 묵시론적이며 종말론적이 된다. 그러나 도노소는 구체적 현실에서는 정치 — 그것은 최후의 심판이라는 당치도 않은 국면에서는 불가능하다 — 를 「냉철한 정치가」(frio politico)로서 행했다고 하는 것도 그가 실제로 했던 것이라면, 나폴레옹 3세의 쿠데타를 지지할 뿐이었기 때문이다. 나폴레옹 1세의 이 노인의 내정과 외교에 대해서는 역시 시저주의적 보나파르트주의적 복고의 시도에 대해서 좋게 생각했다는 것은 가능하였을 것이다. 그리고 1851년의 쿠데타를 다양한 이유로 승인하고 그것을 칭찬하는 것도 가능하였다. 그러나 쿠데타를 묵시론적 사상에서 이데올로기적으로 기초한 것은 전혀 불가능하였을 것이다. 정열과 현실과의 불균형은 여기서는 너무나도 지나친 것이었다. 실제로 나폴레옹 3세의 쿠데타에서 문제가 된 것은 19세기에 전형적인 국가문제, 즉 입법부와 행정부와의 관계, 바꾸어 말하면 통치불능의 의회 — 그것은 자기통치능력도 가지지 못한다면 다른 기관이 통치하는 것도 허용되지 않았을 것이다 — 에 대한 강력한 행정부의 투쟁이었다. 나폴레옹 3세, 비스마르크 그리고 어느 경우에도 그것을 위하여 종말론을 필요로 하지는 않았다. 만약 종말론이 이러한 정치적 사건과 결부된다면 항상 존재함과 동시에 우리들에게는 필요한 진정한 종말론이 위협하게 될 것이다.

도노소의 불평에 대한 이 모든 여러 가지 이유들은, 마치 도노소 자신이 실수한 것이 입증되고 그가 잊혀졌던 것이 당연한 것과 같은 인상을 주었는지도 모른다. 그러나 그렇게 생각하는 것은 정당하지 않다. 분명히 그를 잘못 변호하는 것은 명확하게 승산을 기대할 수 없다. 또 이 중요한 인간에 대한 과소평가와 경멸에 맞서서 지나치게 그를 과대평가하는 것도 무의미할 것이다. 그의 문제는 여하튼 대변혁의 시대에 뒤떨어지고 그의 방법은 낡은 것이 되고 말았다. 또 그의 논거인 것은 역사적 발전에 의해서 상대화되고 부인되기에 이르렀다. 그럼에도 불구하고 도노소의 천재적인 번뜩임과 직관은 그가 19세기 최대의 정치사상가의 한 사람으로 간주되지 않으면 안 될 정도로 풍부한 것이다. 도노소는 1848년에 도래할 사회주의 혁명이 런던이 아니라 페테스부르크에서 일어날 것이라고 예언하였다. 그는 또 이미 1848년에 다음 세대에 일어날 결정적인 사건을 사회주의와 슬라브주의와의 결합에서 보았다. 따라서 그는 인간의 이념적 동기의 종국적인 정치적 귀결을 간과할 수 있고, 이러한 희귀한 능력을 가진 정치사상가이다. 비록 도노소가 낡고 사라진 문제를 사용하고 신학적인 것에 몰두하였다고 하더라도, 그가 경청할만한 인물이라는 데에는 변함이 없다. 덧붙여 도노소는 현대 의회주의 비판의 역사에서 설득력 있는 견해를 모두 정식화하였다. 특히 그는 부르주아지 의론의 문제점을 그 최종적인 핵심에서 인식하였고, 그들을 「토론하는 계급」으로 정의하였다. 또 그는 국가를 토론 위에 구축하려는 시도에 반대하였으며, 토론에서 결단의 의사를 대치하는 것에 부심하였다. 그것은 도노소의 다대한 정치적 · 이론적 공헌이다. 더구나 그는 정치적 개념과 대립을 상대화하고자 하는 시대에 즈음하여, 역시 이데올로기적 기만의 분위기 속에서 모든 위대한 정치의 중심개념을 인식하기에 이르렀다. 그는 기만적으로 허위의 은폐가 영향력을 넓히는 가운데 정치의 중심개념을 일관되게 유지하고, 역사적이고 본질적인 적과 동지의 위대한 결단을 내리려는 시도였다. 그는 그 결단을 스페인의 가톨릭교도로서의 그의 실존 전체로부터 행하였던 것이다. 더구나 도노소는 유럽이 자본주의화되고 있는 것에 충격적인 인상을 받았으며, 그의 전혀 무구한 인간성 — 그것이 인간으로서의 그를 사랑해야하는 것이 되고 있다 — 을 속속들이 드러내고 있고 그 결단을 내린 것이다. 거기에서 도노소의 개인적인 지배욕과 냉혹성은 개재하지 않았다.

이 과격한 독재의 철학자는 자기에 대해서 스스로가 독재자가 될 수 있을만큼 가혹함을 가지고 있지 않다고 증언하고 있다. 이 증언은 그의 이론을 반증하는 것은 아니며, 그것을 뒷받침한다는 것이다. 왜냐하면 그 증언은 도노소의 투쟁과 결단에 대한 사상이 비인간적인 개인의 악의로부터 발생한 것이 아니라, 정치적 사건과 정치적 상황의 고찰로부터 형성된 것임을 보여주고 있기 때문이다. 개인적 존재로서의 도노소는 최선이란 의미에서 자유주의적인 어떤 것을 가지고 있다. 게다가 도노소는 인도주의적 자질의 본래의 발상지는 국가적 · 정치적 영역이 아니라 개인적 · 인격적 영역에 있다. 이제는 이 비범함으로 호감이 가는 인물을 유럽 정신사에서 중요한 인물로서 그 순수성과 위대함에서 인식하는 것이 현재의 급선무이다. 이제는 그의 논증의 결점과 불충분함에 구애를 받을 때가 아니라 백년 앞을 내다본 정치적 직관을 가진, 이처럼 희귀한 인물에 주목할 때이다.

권력과 권력자에의 길에 관한 대화 (1954)*

담화 진행 과정

* Gespräch über die Macht und den Zugang zum Machthaber, Verlag Günther Neske, Pfullingen 1954, 29 S. jetzt in: C. Schmitt, Gespräch über die Macht und den Zugang zum Machthaber: Gespräch über den Neuen Raum, Akademie Verlag, Berlin 1994, S. 7-30.

너희들은 행복한가?
우리들은 권력이 있다!
바이론경(Lord Byron)

나오는 사람들

J. (한 젊은이: 질문하는 사람)
C. S. (대답하는 사람: 카를 슈미트)

막간(685면)은 제3자가 말할 수 있다.

서 론

J. 권력에 관한 대화를 나누기 전에 질문할 것이 있습니다.

C. S. 말씀해 보시지요.

J. 당신 자신은 권력이 있습니까, 없습니까?

C. S. 그것은 매우 타당한 질문이군요. 권력에 대해 말하는 사람이라면 무엇보다도 자기 자신이 어떤 권력의 지위에 있는지부터 말해야 할 테니까요.

J. 그러니 말씀해 주시겠습니까? 당신은 권력이 있습니까, 없습니까?

C. S. 나는 권력이 없습니다. 권력이 없는 자 중의 한 사람이지요.

J. 의심스럽군요.

C. S. 어째서요.

J. 그렇다면 당신은 권력에 **대해** 편견을 갖고 있을 지도 모르기 때문입니다. 분노 · 불쾌감 · 원한 등이 악한 일을 범하게 되는 원천이 되기 때문이지요.

C. S. 그러면 이제 내가 권력을 가진 자라고 한다면 어떻습니까?

J. 그렇다면 짐작건대 당신은 권력**에** 호감을 가진 것 같습니다. 자신의 권력에 대한 관심과 권력의 옹호에 대한 관심은 물론 이것도 악의 원천입니다.

C. S. 그러면 도대체 누가 권력을 가질 수 있는 권리에 대해 말해야 하겠습니까?

J. 당신이 말씀해주셔야 할 것이 바로 그 점입니다!

C. S. 내가 말해야 한다면 아마도 또 다른 위치가 존재한다고 봅니다. 비이기적인 측면에서 고찰하고 서술하는 위치말이지요.

J. 그렇다면 그것은 제3자의 역할이거나 자유롭게 떠도는 지식인의 역할을 말하는 것입니까?

C. S. 지식은 어디에나 있지요. 당장은 그런 분류를 하지 않는 것이 좋겠습니다. 우선은 우리 모두가 체험했고 겪은 바 있는 역사적인 현상들을 정확하게 살펴보기로 합시다. 그러면 결과가 나타날 것입니다.

1.

J. 이제 사람이 다른 사람들에 대해 행사하는 권력에 대해 말해 보기로 하겠습니다. 스탈린(Stalin)이든 루스벨트(Roosevelt)든 또는 여기서 언급할 수 있는 누구든 간에 수 백 만의 다른 사람에게 행해진 그 엄청난 권력은 도대체 어디에서 유래하는 것일까요?

C. S. 예전 같으면 권력이란 자연에서 또는 신에게서 비롯하는 것이라고 대답했겠지요.

J. 오늘날의 우리에게는 권력이란 것이 더 이상 자연적인 것이 아니라는데 문제가 있다고 봅니다.

C. S. 나도 그것이 염려됩니다. 오늘날 우리는 **자연**에 대해 매우 우월하다고 생각합니다. 우리는 더 이상 자연을 두려워하지 않습니다. 질병 또는 자연재해로서의 자연이 우리에게 불쾌한 것인 한, 우리는 곧 자연을 정복하려고 합니다. 인간 — 본래 나약한 존재 — 은 기술로써 자신들의 환경을 지배했습니다. 그리하여 인간은 자연과 모든 지상의 생물들의 주인이 되었지요. 추위와 더위, 굶주림과 결핍, 사나운 맹수와 모든 종류의 위험 등 이전에는 감지할 수 있을 만큼 인간에게 부과되었던 자연의 울타리가 이제는 확실히 감퇴되었습니다.

J. 사실입니다. 우리는 더 이상 사나운 맹수를 두려워할 필요가 없지요.

C. S. 헤라클레스의 행동도 오늘날의 우리에게는 꽤나 겸손한 것처럼 여겨질 정도지요. 따라서 오늘날에는 사자나 늑대가 현대의 대도시에 뛰어든다 하더라도 그것은 기껏해야 교통방해나 될 정도지요. 아이들에게조차 위협거리가 되지 않습니다. 오늘날의 사람들은 자연보호공원을 설치할 정도로 자연을 능가하고 있다고 느끼지요.

J. 그렇다면 신에 대해서는 어떤가요?

C. S. **신**에 대해서라면, 현대인 — 전형적인 대도시인을 말합니다 — 도 마찬가지로 신이 뒷걸음치고 있거나, 우리에게서 움츠러들었다고 느끼고 있지요. 오늘날 신이라는 이름을 떠올렸을 때, 오늘날의 정상적인 교육을 받은 자라면 부지불식간에 「신은 죽었다」라는 니체의 말을 인용합니다. 좀 더 배운 사람들은 프랑스의 사회학자인 프루동(Proudhon)의 말을 인용합니다. 그는 니체보다 14년 앞서 「신을 말하는 사람은 속이려는 자이다」(Wer Gott sagt, will betrügen)*라고 주장했지요.

J. 권력이 자연에서도 신에게서도 유래하지 않는다면, 어디에서 유래하는 것일까요?

C. S. 단 한 가지만이 남게 되지요. 즉 한 사람이 다른 사람들에 대해 행사하는 권력은 인간 자신에게서 유래한다는 것이지요.

J. 그렇군요. 그러나 우리 모두가 인간이지 않습니까? 스탈린도 인간이고 루스벨트도 그렇습니다. 또한 여기서 누가 언급되든지 간에 마찬가지입니다.

C. S. 사실 그것은 위안이 되는 것처럼 들리지요. 만일 한 사람이 다른 사람에게 행사하는 권력이 자연에서 유래하는 것이라면, 그것은 아들에 대한 아버지로서의 권위거나 맹수의 이빨이나 발톱, 뿔, 독 그리고 그 밖의 다른 자연적인 무기들의 위력이겠지요. 아들에 대한 아버지의 권위는 여기에서는 제외시켜도 좋다고 봅니다. 그렇게 되면 늑대가 양에 대해 휘두르는 힘만이 남게 됩니다. 권력을 가진 사람은 권력이 없는 사람에게는 늑대일 것입니다. 권력이 없는 사람은 그의 측면에서 권력을 갖고 늑대의 역할을 할 수 있을 때까지 자신을 양이라고 느끼지요. 이것을 라틴어로는 Homo homini lupus라고 합니다. 독일어로 말하자면 「인간은 인간에게 일종의

늑대이다」(Der Mensch ist dem Menschen ein Wolf.)라는 말이지요.

J. 끔찍하군요. 권력이 신에게서 비롯되는 것이라면 어떻습니까?

C. S. 그렇게 되면 권력을 행사하는 사람은 신의 지위에 있는 사람이지요. 그는 그의 권력으로 뭔가 신적인 것을 간취하고 있으므로, 사람들은 그 사람 자체는 아니라 하더라도 그 사람에게서 나타나는 신의 권력을 존경해야만 하겠지요. 이것을 라틴어로는 Homo homini Deus라고 합니다. 독일어로 말하자면 인간은 인간에게 일종의 신이다(Der Mensch ist dem Menschen ein Gott.)라는 말이지요.

J. 그것은 너무 광범위하군요.

C. S. 그러나 권력이 자연에서도, 신에게서도 유래하는 것이 아니라면, 권력과 그것의 행사에 관계된 모든 것은 인간들 사이에서만이 연출되는 것이지요. 따라서 우리들 인간은 완전히 우리 사이에 존재하는 것입니다. 권력을 가진 자는 권력 없는 자들과, 힘 있는 자는 힘 없는 자와 대치해 있는 것이지요. 아주 간단히 말하면, 인간은 인간과 대치한다는 것입니다.*

J. 그것은 곧 「인간은 인간에게 하나의 인간이다」(Der Mensch ist dem Menschen ein Mensch.)라는 말이군요.

C. S. 라틴어로는 Homo homini homo라고 하지요.

2.

J. 당연히 인간은 인간에게 하나의 인간이지요. 단지 인간이 어떤 다른 사람에게 복종할 때에만 인간은 그 사람에게 권력을 마련해 주는 것이구요. 사람들이 그에게 더 이상 복종하지 않는다면 권력은 저절로 없어지겠군요.

C. S. 바로 그렇습니다. 그런데 왜 사람들이 복종할까요? 복종이란 것은 자의적인 것이 아니라, 어떤 식으로든 동기가 부여되는 것입니다. 그렇다면 어째서 사람들은 권력에 동조하는 것일까요? 대부분의 경우에는 의리 때문에, 어떤 경우에는 두렵기 때문에, 때로는 희망에 차서, 때로는 절망하여 동조하기도 하지요. 사람들은 항상 보호를 필요로 하는데 그 보호를 권력에서 추구합니다. 권력이 사람에게서 유래한다는 입장에서 보면, 보호와 복종*을 결합하는 것만이 권력을 설명하는 유일한 길이지요. 누군가를 보호할 힘을 가지지 못한 자는 그에게서 복종을 요구할 권리도 가지지 못합니다. 거꾸로 말하자면, 보호가 필요해서 보호를 받게 되는 사람은 복종을 거부할 힘이 없다는 말이지요.

J. 그러나 권력자가 법에 위배되는 것을 명령할 때에는 어떻습니까? 그때에는 복종을 거부해야만 하지 않을까요?

C. S. 물론이지요! 그러나 내가 말하는 것은 법에 위배되는 개별 명령이 아니라, 권력자와 그 권력에 복종하는 사람들이 정치적으로 하나의 단일체가 되어 있는 전체 상황을

말합니다. 따라서 여기에서 권력을 소유한 자는 끊임없이 복종하도록 유력한 동기를 유발할 수 있으며, 결코 항상 비도덕적인 동기만을 유발하지 않을 수도 있다는 것입니다. 즉 보호해 주고 안전한 생활을 보장해 준다든가, 다른 사람에 비해 연대적인 이익을 주고 도야시켜 줌으로써 말이지요. 간단히 말하면, 동의가 권력을 실현시켜 준다는 것입니다. 그러나 권력이 동의하도록 부추기기도 하며, 결코 동의라고 해서 모든 것이 다 비이성적이거나 비도덕적이지 않은 것도 사실입니다.

J. 무슨 뜻입니까?

C. S. 내가 말하려는 것은 권력이란 모든 권력의 하수인이 전적으로 그 권력에 동의한다고 하더라도, 고유한 의미를 가지고 있다는 것입니다. 이른바 잉여가치가 있다는 말이지요. 그 잉여가치는 권력을 유지시키는 동의를 모두 합친 것보다, 또한 그 권력의 생산물보다도 더 큰 것이지요. 한 번 생각해 보세요. 오늘날 분업화된 사회 속에 있는 인간이 얼마나 사회적인 관계에 얽매어 있는지 말입니다. 조금 전에 우리는 자연의 울타리가 허물어지고 있다는 것을 살펴보지 않았습니까? 따라서 권력에 동의하도록 하는 동기의 유발도 점점 더 강화될 것입니다. 현대의 권력자는 카를 대제(Karl der Große)나 바르바로사(Barbarossa)*보다도 자신의 권력에 동의하도록 할 수 있는 수단을 무궁무진하게 소유하고 있는 것이지요.

3.

J. 오늘날의 권력자는 자기가 원하는 대로 할 수 있다는 말입니까?

C. S. 그 반대지요. 내가 말하려는 것은 단지 권력이란 독자적으로 독립된 크기(Größe)를 갖고 있다는 것입니다. 권력을 만들어낸 동의에서도 그렇습니다. 이제 나는 당신에게 권력은 권력자 자신에 대해서도 독립된 권위를 가진다는 점을 지적하려고 합니다. 권력이란 그때그때마다 권력을 소유한 모든 인간 개인에 대해서 객관적이고 자기법칙적인 권세를 갖고 있다는 말이지요.

J. 그렇다면 여기서 말하는 객관적이고 자기법칙적인 권세란 무엇인가요?

C. S. 그건 매우 구체적인 것이지요. 가장 혹독한 권력자일지라도 인간이라는 한계, 즉 인간의 이성이 도달할 수 없는 한계, 인간 영혼의 나약함 등과 같은 한계에 머물러 있다는 것이 자명하지 않습니까? 아무리 권력 있는 사람이라 해도 우리 모두와 마찬가지로 먹고 마셔야만 합니다. 그도 병들어 죽을 것입니다.

J. 그러나 현대의 과학은 자연적인 인간의 한계를 극복할 수 있는 놀라운 수단을 제공해주지 않습니까?

C. S. 물론입니다. 권력자는 가장 유명한 의사나 노벨 수상자를 불러올 수 있습니다. 다른 누구보다도 더 많은 주사를 맞을 수도 있지요. 그럼에도 불구하고 몇 시간 일하거나 악덕을 범하고 나면 피곤해서 잠들게 되지요. 공포의 카라칼라(Caracalla)*

나 위세 당당한 칭기스칸이라 할지라도 그때에는 마치 어린 아이처럼 누워 어쩌면 코를 골게 될지도 모르지요.

J. 그것은 모든 권력자가 항상 염두에 두어야만 할 장관이로군요.

C. S. 그렇고 말고요. 그래서 그러한 광경은 철학자 · 도덕가 · 교육자 · 수사학자들이 항상 즐겨 마음속에 그렸던 것이지요. 그러나 여기서 머물려고 하는 건 아닙니다. 내가 더 언급하고 싶은 것은, 오로지 인간의 권력에 대해서만 고찰한 영국의 철학자, 토머스 홉스의 국가조직설이 모든 인간 개인이 지닌 이러한 일반적인 취약점에서 출발한다는 것입니다. 홉스는 이러한 나약함 때문에 위험이 생겨난다고 봅니다. 이 위험 때문에 두려움이 생기고, 그 두려움 때문에 안전을 필요로 하게 되고 그 때문에 다시 다소간 복합된 조직을 지닌 보호기구의 필요성이 생겨난다는 것이지요. 그러나 그런 모든 보호조치에도 불구하고 때가 되면 모두가 모두를 살해할 수 있다고 홉스는 말합니다. 힘없는 사람도 가장 강하고 권력 있는 인간을 제거할 수 있다는 것이지요. 이 점에서 인간은 사실상 평등한 것이지요. 인간 모두가 위협받고 위태롭다는 점에서 말입니다.

J. 별로 위로가 되진 않는군요.

C. S. 사실 위로하려거나 위협하려는 것이 아니라, 그저 인간의 권력이 지닌 객관적인 모습을 제시하려고 했을 뿐입니다. 이때에 신체적인 위험이란 가장 조잡한 것으로서 결코 일상적인 것은 아니지요. 모든 인간 개인의 협소한 한계 때문에 생겨나는 또 다른 작용이 있는데, 여기서 문제되는 것을 지적하기에는 그곳이 더욱 더 적합합니다. 즉 권력자 자신에 대해서조차 나타나는 모든 권력의 객관적인 자기법칙성, 그리고 권력을 가진 모든 인간이 빠져들게 되는 분리할 수 없는 권력과 무력(無力)의 내적인 변증법을 말합니다.

J. 변증법으로는 여기서 아무것도 할 수가 없습니다.

C. S. 자 봅시다. 인간 개인, 그것도 당장에 중대한 정치적 결단을 내려야 할 한 개인은 자신의 의지를 단지 주어진 전제 하에서 주어진 수단으로써만 형성할 수 있습니다. 절대군주라 하더라도 보고된 것과 정보들에 의지하거나 자신의 고문관들에게 의존하지요. 다량의 사실들과 보고된 것, 제안과 추측들이 날마다 시간마다 그에게로 밀려듭니다. 아무리 현명하고 힘 있는 사람이라고 해도 사실과 거짓, 현실과 가능성 등 끊임없이 범람하는 물결 속에서는 기껏해야 얼마 안 되는 물을 퍼낼 수 있을 뿐입니다.

J. 절대군주의 현란함과 비애를 보는 것 같군요.

C. S. 무엇보다도 인간의 권력이 지닌 내적인 변증법을 보게 되는 셈이지요. 권력자에게 보고하거나 정보를 주는 사람은 그가 책임 있게 보고하는 장관이든 아니든 간에, 또는 그가 권력자와 직접 통할 수 있는 인물이건 아니건 간에 이미 권력에 참여한 것입니다. 자신이 당장 결정을 해야 하는 인간 개인에게 인상과 동기를 준다는

것으로 충분하지요. 따라서 모든 직접적인 권력은 곧 간접적인 영향들에 종속된 것입니다. 이러한 종속성을 느끼고 그것에 대해 격분했던 권력자들도 있었지요. 그래서 그들은 그들에게 소속된 고문관들에게서 정보를 받는 대신 다른 방법으로 정보를 얻으려고 했던 것입니다.

J. 확실히 궁정의 부정부패로 보아 그럴 수밖에 없었겠군요.

C. S. 그렇지요. 그러나 유감스럽게도 그런 부패로 말미암아 권력은 그저 기발한 방법으로 또는 자주 기괴한 방법에 의존하게 되었지요. 그리하여 마침내 마호멧의 후계자 칼리프 하룬 알 라지드(Kalif Harun al Raschid)는 참된 사실을 알아보기 위해 평민으로 변장하고 밤중에 바그다드의 술집으로 가게 된 것이지요. 그가 그 문제의 출처에서 무엇을 알게 되었으며 무엇을 마셨는지는 나도 모르겠습니다. 프리드리히 대왕도 노년에는 매우 의심이 많아져서 그의 시종인 프레더스도르프(Fredersdorf)하고만 허심탄회하게 이야기를 나눌 수 있었지요. 그 때문에 다른 면에서는 그렇게도 신실하고 정직했음에도 불구하고 그 시종은 영향력 있는 인물이 되고 말았지요.

J. 자신의 운전수나 애인을 신뢰하는 권력자도 있지요.

C. S. 다시 말하면, 직접적인 권력이 자리하는 모든 공간 앞에서는 간접적인 영향력과 위력을 지닌 대기실(Vorraum)이 마련되었다는 것입니다. 권력자에게로 이르는 통로, 권력자의 심중으로 통하는 복도를 말하지요. 이러한 대기실과 통로가 없이는 인간의 권력이란 존재하지 않습니다.

J. 그러나 사람은 합리적인 제도와 헌법 규정들로 많은 남용을 방지할 수 있지 않습니까?

C. S. 할 수 있지요. 또 해야만 하구요. 그러나 아무리 현명한 제도라 해도, 또 아무리 머리를 짜내 만든 조직이라 해도 대기실 자체를 완전히 뿌리 뽑을 수는 없습니다.

J. 제게는 그것이 오히려 뒷 계단인 것처럼 보이는데요.

C. S. 대기실이든 뒷 계단이든 옆방이든 지하실이든 간에 문제 자체는 명백하며, 인간 권력의 변증법에서 볼 때 같은 것이지요. 어쨌든 세계사의 흐름에서 보면 다양하고 혼합된 사회가 이러한 권력의 대기실에 모여 있지요. 이곳에서 간접적인 권력이 모여지는 것입니다. 여기서 우리는 정장을 한 장관과 대사를 만나지요. 그러나 고해신부나 시의(侍醫), 부관이나 여비서, 그리고 정부들도 만나게 됩니다. 프리드리히 대왕의 늙은 시종인 프레더스도르프가 기품 있는 왕후 아우구스타(Augusta) 옆에, 라스푸틴(Rasputin)이 추기경 리실리외(Richelieu) 옆에, 백발이 성성한 추기경과도 같은 사람이 멧살리나(Messalina) 같은 여인 옆에 서 있는 것을 볼 수도 있지요. 이 대기실에는 때때로 총명하고 현명한 사람들도 있으나, 때로는 전설적인 경영인이나 충실한 집사도 있으며, 때로는 우직하게 노력하는 사람이나 사기꾼도 있지요. 또 이 대기실은 사실상 품위 있는 신사들이 정보를 가지고 권력자를 알현하기 위해 모여드는 공식적인 응접실이기도 합니다. 그러나 그것은 자주 사적인

밀실일 뿐이기도 합니다.

J. 또 심지어 병실과도 같아서 몇몇 친구들이 불구가 된 사람의 침대 곁에 앉아 세계를 지배하는 곳이기도 하구요.

C. S. 권력이 특정 지위나 특정인, 또는 간부들과 같은 특정인들의 그룹에 집중될수록 그만큼 더 통로의 문제와 권력자에게로의 접근 문제가 첨예화되지요. 그렇게 되면 대기실을 차지하고 앉아 통로를 통제하는 사람들 사이에서의 암투도 그만큼 더 격렬하고 기분 나쁘게, 그리고 소리 없이 진행됩니다. 안개 속에서 이루어지는 간접적인 영향력들의 이러한 암투는 모든 인간의 권력에서 본질적인 것인 만큼 피할 수 없는 것입니다. 그 암투 속에서 인간 권력의 내적인 변증법이 생겨나지요.

J. 그러나 단지 그것 때문에 한 개인의 체제라는 기형이 생겨난 것은 아니지 않습니까?

C. S. 그렇지요. 우리가 여기서 말하는 통로 형성의 과정은 최소한의, 무한하게 작은 싹의 형태로 날마다 나타납니다. 크든 작든 인간이 다른 인간 위에서 권력을 행사하는 곳이면 어디서나 그렇지요. 권력을 위한 대기실도 그 권력의 공간이 수렴하는 만큼 조직되지요. 어떤 권력이든 직접적인 권력으로의 지향이 비대해지면 간접적인 영향력의 분위기 역시 짙어지게 되지요.

J. 권력자가 잘 정비되어 있지 않다면 그것이 좋을 수도 있지 않을까요? 저는 여기서 무엇이 더 바람직한지 모르겠네요. 직접적인 권력입니까, 아니면 간접적인 권력*입니까?

C. S. 나는 여기서 간접적인 권력을 단지 인간의 권력에서는 불가피한 변증법적인 발전과정에서의 한 단계일 뿐이라고 봅니다. 권력자 자신은 자기 개인에게 직접적인 권력이 집중되면 될수록 그만큼 더 고립되지요. 통로란 권력자가 서 있는 기반을 차단하여 마치 성층권(Stratosphäre)으로 끌어올리는 것 같습니다. 그렇게 되면 권력자는 자신을 간접적으로 지배하는 사람들하고만 접촉하게 되는데, 그 반면 자신이 지배하는 나머지 모든 사람들과는 더 이상 접촉하지 못하게 되며, 그들 역시 그와는 더 이상 접촉하지 못하지요. 극단적인 경우에는 자주 기묘하게 격렬해지기도 합니다. 그러나 그것은 불가피한 권력기구 때문에 생겨나는 결과를 논리적으로 극단화한 것에 불과합니다. 직접 권력과 간접 영향이 끊임없이 격변하는 가운데 이와 똑같은 내적 논리는 일상생활의 무수한 발단들 속에서 일어납니다. 어떤 인간의 권력이라고 해도 자기 주장과 자기 소외라는 이러한 변증법에서 벗어나진 못하지요.

막간: 비스마르크와 포자 후작*

권력의 정상에 도달하기 위한 암투, 그 통로를 차지하려는 암투는 특히 치열한 권력 투쟁이다. 그 때문에 인간의 권력과 무력(無力)의 내적인 변증법이 생겨난다. 우리는

이러한 사실을 꾸미거나 감상에 젖지 않으면서, 견유주의나 허무주의에 빠지지 않고 우선 그 현실을 직시해야만 할 것이다. 따라서 나는 두 가지 예를 들어 이 문제를 구체적으로 설명하려고 한다.

첫 번째 예는 헌법사적인 기록이다. 1890년 3월에 제출한 비스마르크의 사직서가 그것인데, 이것은 비스마르크의 『회상록』(Gedanken und Erinnerungen) 제3권에 수록되어 상세하게 다루고 있다. 이것은 그 전체가 그의 구상, 그의 사상 그리고 말로 나타내든 침묵으로 나타내든, 그의 억양으로 된 것으로 깊은 숙고 끝에 나온 위대한 정치 거장의 저서이다. 그것은 비스마르크의 마지막 직무행위였으며, 깊이 숙고하여 후세에 길이 남을 문서로 구상되고 다듬어진 것이다. 노련한 제국의 재상이자 제국의 창시자인 그는 미숙한 후계자인 젊은 국왕과 황제 빌헬름 2세와 논의를 벌인다. 두 사람 사이에는 외교정책과 내정 문제에서 여러 가지로 본질적인 대립과 견해의 차이를 보였다. 그러나 사직서의 핵심, 즉 요점은 순수하게 형식적인 것으로 재상에게 허락된 정보 수집의 방법과 국왕과 황제에게 규정된 정보 수집 방법에 대한 것이 쟁점이었다. 비스마르크는 여기서 그가 누구와 대화하던지, 누구를 손님으로서 받아들이든지 간에 완전한 자유를 요구한다. 그러나 국왕과 황제로부터는 국무총리인 비스마르크가 그 자리에 있지 않을 때에는 대신의 보고를 들을 수 없다고 주장한다. 그래서 국왕에게 직접 보고하는 문제가 비스마르크 사직서의 핵심이 된다. 그 사직서로 제2 제국의 비극이 시작된다. 국왕에게 직접 보고하는 문제는 모든 군주정체에서 핵심 문제이다. 왜냐하면 그것이 곧 권력의 정상으로 통하는 문제이기 때문이다. 프라이헤르 폼 슈타인* 역시 비밀 밀실회의에 대항하여 혼신을 다해 투쟁하였다. 비스마르크와 같은 사람도 오래전부터 있어 왔던, 정상에 도달하려는 이 영원한 문제에 부딪혀 좌초할 수밖에 없었던 것이다.

두 번째 예는 실러*의 희곡 『돈 카를로스』에서 볼 수 있다. 이 희곡에서는 이 위대한 극작가의 시선이 권력의 본질을 통찰하고 있음이 여실히 증명된다. 이 희곡의 줄거리는 다음과 같은 문제의 주위를 배회하고 있다. 즉 국왕인 절대군주 필립 2세에게 누가 직접 다가가는가? 국왕에게 직접 다가가는 사람은 그의 권력에 참여하는 것이다. 그때까지는 고해 신부와 추기경인 알바 공작(Herzog von Alba)이 권력의 대기실을 차지하고 국왕에게로 접근하는 길을 봉쇄하였었다. 이제 제3자인 포자 후작이 나타나자 이 두 사람은 자신들의 지위가 위태롭게 되었음을 인식한다. 이 희곡은 3막의 마지막에서 그 긴장이 절정에 이른다. 그것은 국왕이 「이 기사 — 포자 후작을 말함 — 를 앞으로는 사전 통보 없이도 나를 접견하게 하라」고 명령했을 때이다. 이 말은 관객에게 뿐만 아니라 드라마 자체에 나오는 등장 인물에게도 엄청난 극적 효과를 가져온다. 돈 카를로스는 그 말을 듣고 말한다. 「그것은 얼마나 굉장한 일인가! 참으로 대단한 것이고 말고」. 고해 신부 도밍고(Domingo)는 전율하면서 알바 공작에게 말한다. 「우리들의 시대는 지나갔오」. 그러나 이처럼 긴장이 고조된 후에는 갑자기 비극으로 전환되어 웅대한 이 드라마는 국면에 이른다. 포자 후작은 권력자에게로 직접 다가가지 못한 채 총에 맞아 죽는다. 그가 왕에게 자신의 지위를 주장할 수 있었다면, 그의 측면에서는 고해신부와 추기경을 어떻게 했을까 — 그것을 우리로서는 알 길이 없다.

4.

C. S. J씨. 이러한 예들이 아무리 인상 깊은 것이라 해도 오히려 이 모든 것이 우리와 어떤 관계에 있는지를 잊어서는 안 됩니다. 다시 말해 인간의 권력이 보여주는 내적인 변증법에서 하나의 계기라는 말이지요. 여기서는 다른 많은 문제들도 같은 방식으로 논의할 수 있을 것입니다. 예컨대 권력의 **후계자**라는 심연과도 같은 문제가 있지요. 그것이 왕조에 의한 것이든, 민주적인 것이든, 카리스마적인 것이든 간에 말입니다. 이제 이 변증법이란 것이 무엇을 의미하는지 충분하게 명확해졌으리라고 생각합니다.

J. 나는 줄곧 인간의 화려함과 비애만을 보고 있을 뿐인데 당신은 항상 내적인 변증법에 대해서 말하고 있군요. 그 때문에 이제 나는 한 번 아주 간단한 문제를 제기해 보고 싶습니다. 인간이 행사하는 권력이 신이나 자연에서 유래하는 것이 아니라, 내적인 인간 상황이라면, 권력은 선한 것인가요. 악한 것인가요. 그것도 아니라면 권력이란 무엇인가요?

C. S. 이 문제는 필시 당신이 예감하는 것보다도 더 위험한 것입니다. 왜냐하면 대부분의 사람들은 아주 당연히 이렇게 대답할 것이기 때문이지요. 즉 「**내가** 권력을 가진다면 권력은 선한 것이고, 나의 적이 갖게 되면 악한 것이다」라고 말입니다.

J. 차라리 권력이란 선하지도 악하지도 않다고 말하는 편이 낫겠습니다. 권력은 그 자체가 중립적이다. 권력은 인간이 만들어 내는 것이다. 선한 사람의 손에 있을 때는 선하고 악한 사람의 손아귀에서는 악하다고 말입니다.

C. S. 그렇다면 한 인간이 선한지 악한지 하는 것은 구체적인 경우에 누가 결정하지요? 권력자 자신입니까? 아니면 다른 사람이겠습니까? 누군가가 권력을 가지고 있다는 것은 무엇보다도, 그 자신이 그것에 대해 결정한다는 것을 의미하는 것입니다. 곧 그것을 결정하는 것은 그의 권력이지요. 다른 사람이 그것을 결정한다면, 그 다른 사람이 바로 권력을 가지고 있거나, 필시 권력을 행사하는 자겠지요.

J. 그렇다면 권력 자체는 중립적인 것처럼 보이는데요.

C. S. 전지전능하고 선한 신이 있다고 믿는 사람은 권력이 악하다거나 중립적이라고 하지 않을지도 모르지요. 기독교 사도인 바울은 잘 알고 있듯이, 로마서에서 이렇게 말하고 있지요. 「모든 권력은 하나님에서 나온다」.* 성 그레고리우스 대교황 — 모든 국민의 목자가 되어야 할 교황의 전형이라 일컬어진다 — 은 권력에 대해 매우 명확하고 단호하게 말합니다. 그가 한 말을 들어봅시다.

하나님은 최고의 권력이자 최고의 존재입니다. 모든 권력은 하나님에게서 비롯하는 것으로 그 본질상 언제까지나 신적이고 선한 것입니다. 악마가 권력을 갖게 된다고 하더라도, 그 권력 역시 그것이 바로 권력인 이상, 신적인 것이고 선합니다. 악마의 의지만이 악한 것입니다. 따라서 항상 악한 악마의 의지에도 불구하고, 그 권력 자체는 신적이고 선한 것으로 남아있습니다.

위대한 성 그레고리우스가 말하는 것은 권력에의 **의지**만이 악한 것이지 권력 그 자체는 항상 선하다는 말이지요.

J. 믿어지지 않는군요. 오히려 나는 야콥 부르크하르트*가 더 마음에 드는군요. 다 알다시피, 그는 「권력이란 그 자체가 악하다」고 말하지 않았습니까?

C. S. 이 유명한 부르크하르트의 말을 좀 더 자세하게 살펴보기로 하지요. 그의 저서인 『세계사적 고찰』에서 결정적인 부분은 이렇습니다.

이제 명백한 것은 — 여기서는 루이 14세, 나폴레옹 그리고 혁명적인 인민 정부를 상기하라 — 권력 그 자체는 악하다는 것(슐로써)이며, 어떤 종교도 고려하지 않고 개개인에게서 박탈한 이기주의의 권리가 국가에게는 주어진다는 것이다.

괄호 안의 슐로써(Schlosser)라는 이름은, 그것이 증거든 권위를 나타내는 것이든 『세계사적 고찰』의 편자인 부르크하르트의 조카 야콥 외리(Jacob Oeri)가 첨가한 것입니다.

J. 그러나 슐로써는 괴테의 매제가 아닙니까?

C. S. 괴테 매제의 이름은 요한 게오르크 슐로써*입니다. 여기에서의 슐로써는 프리드리히 크리스토프 슐로써라고 생각됩니다. 그는 인도주의적인 세계사를 저술했는데, 야콥 부르크하르트가 자신의 강의에서 즐겨 인용하던 사람이지요. 그러나 그 두 사람은 또는 야콥 부르크하르트와 두 사람이 슐로써를 모두 포함해서 세 사람이든지 간에 이들은 오랫동안 그레고리우스 대교황을 필적하지는 못했습니다.

J. 그러나 결국 우리는 더 이상 중세 초기 시대에 살고 있는 것은 아니지 않습니까? 나는 오늘날의 대부분의 사람들이라면 그레고리우스보다도, 부르크하르트의 말을 더 마음에 들어 할 것이라고 확신합니다.

C. S. 확실히 그레고리우스 시대 이후로 권력과 관련하여 본질적인 것이 변화된 것은 틀림이 없습니다. 왜냐하면 그레고리우스 시대에도 온갖 종류의 전쟁과 공포가 있었으니까요. 다른 측면에서 본다면 부르크하르트의 견해대로 권력의 악이 특히

잘 드러나야 할 권력자, 즉 루이 14세, 나폴레옹 그리고 프랑스 대혁명 정부는 이미 꽤나 현대화 된 권력자들이었습니다.

J. 그러나 그들은 아직까지 기계화되지는 않았지요. 결코 원자폭탄이나 수소폭탄 같은 것은 전혀 예감하지도 못했으니까요.

C. S. 우리는 슐로써와 부르크하르트를 성인이라고까지는 할 순 없겠지만, 그러한 표현을 경박하게 하지 않은 경건한 사람이라고 생각해도 좋을 것 같습니다.

J. 그렇다면 7세기에 살았던 경건한 사람은 권력을 선하다고 하고, 19, 20세기의 경건한 사람들은 권력을 악하다고 한 것을 보면 뭔가 본질적인 것이 변화된 것이 틀림없겠군요.

C. S. 제 생각은 이렇습니다. 19세기에는 인간 권력의 본질이 아주 특이하게 우리에게 그 정체를 드러내었다고 봅니다. 즉 이상하게도 19세기 이후로는 권력은 악하다는 논지가 보편화되었다는 말입니다. 그러나 우리는 권력이 신에게서도, 자연에서도 유래한 것이 아니라, 인간이 인간 사이에서 만들어낸 어떤 것이라면 권력이라는 문제는 해결된 것이나 뇌관이 제거된 것이라고 생각했지요. 신은 죽었고 늑대가 더 이상 아이들을 놀라게 하지 않는다면, 도대체 인간이 두려워 할 것이 무엇이겠습니까? 그러나 바로, 이러한 권력의 인간화가 완성된 것처럼 보였던 시대 이후로 — 즉 프랑스 대혁명 이후로 — 권력은 그 자체가 악하다는 확신이 저항할 수 없을 만큼 유포되고 있는 것이지요. 「신은 죽었다」는 말과 「권력은 그 자체가 악하다」라는 또 다른 말은 둘 다 같은 시대, 같은 상황에서 유래하는 것입니다. 근본적으로 이 두 가지는 같은 것을 말하는 것이지요.

5.

J. 그것이야말로 설명이 필요하겠습니다.

C. S. 오늘날의 우리의 상황에서 드러나고 있는 인간 권력의 본질을 올바로 이해하기 위해서는 이미 언급한 바 있는 홉스 — 순수한 인간 권력에 대해서 고찰한 철학자로는 아직까지도 가장 현대적인 철학자라고 할 수 있음 — 가 발견한 관계를 적용하는 것이 가장 좋습니다. 그는 이 관계를 매우 정확하게 진술하고 규정했습니다. 우리는 이 관계를 그의 이름을 본떠서 「홉스의 위험성-관계」로 부르기로 합시다. 홉스가 말한 바에 따르면, 다른 사람 때문에 자신이 위험하다고 생각하는 사람들에게 인간은 인간의 무기가 동물의 무기보다 더 위험하듯이, 그만큼 어떤 동물보다도 더 인간이 인간에게 위험하다는 것인데, 그러한 관계가 곧 명백하고도 정해진 관계라는 것이지요.

J. 이미 오스발트 슈펭글러*가 「인간은 맹수다」라고 말한 바 있지요.

C. S. 미안합니다. 홉스가 상정한 위험성-관계는 슈펭글러의 테제와는 조금도 연관이

없습니다. 그 반대로 홉스가 전제로 하는 것은 인간은 동물이 아니라 동물과 완전히 다른 것, 한편으로는 거의 같지만 다른 한 편으로는 동물과 매우 다르다는 것입니다. 인간은 기술을 발명하여 자신들의 생물학적인 나약함과 불완전함을 끔찍한 방법으로 보완하는데, 그것도 대폭 보완할 수 있지요. 자, 이제 주의를 기울여야 할 것은 1650년 홉스가 이러한 표준이 되는 관계(Maßverhältnis)를 표명했을 때, 활과 화살, 도끼와 칼, 소총과 대포 등 인간의 무기들은 이미 사자의 발톱이나 늑대의 이빨과 비교해 볼 때 훨씬 월등하였다는 사실입니다. 그러나 오늘날에는 기술적인 수단이 지닌 위험성이 무한하게 증대되었지요. 그 결과 다른 인간들에 대한 인간의 위험성 역시 이에 따라서 증대되었습니다. 이제 권력과 무력(無力)의 차이는 인간이라는 개념 자체가 완전히 새롭게 문제시되는 것처럼 터무니 없이 엄청난 것이 되었지요.

J. 잘 모르겠습니다.

C. S. 자, 들어 보십시오. 엄밀하게 말해서 오늘날 인간이란 도대체 누굽니까? 이러한 현대적 파괴수단을 생산하여 사용하는 사람이겠습니까? 아니면 그 수단이 적용되는 사람이겠습니까? 「권력은 기술처럼 그 자체는 선하지도 악하지도 않은 중립적인 것이다. 따라서 권력은 인간이 기술로 만들어낸 것이다」라고 한다면, 더 이상 나아갈 수가 없지요. 그러한 태도는 근본적인 난제, 즉 현대에서는 누가 선하고 악한 것을 결정하는가 라는 문제에 직면해서 그저 회피하는 태도일 것입니다. 현대의 파괴수단이 지닌 힘은 현대적인 기계와 조처들의 가능성이 인간의 근육과 뇌의 힘을 능가하는 만큼, 그만큼 그것을 고안해 사용하는 인간 개인의 힘을 능가하는 것이지요. 이러한 성층권, 이러한 초음파 영역에서는 선하다거나 악하다는 인간의 의지란 결코 더 이상 따라가질 못합니다. 원자폭탄을 쥔 사람의 손, 이 사람의 팔 근육 신경을 자극하는 인간의 뇌, 이것들은 결정적인 순간에는 개개인의 지체라기보다는 원자폭탄을 생산하여 이용하는 기술적이고 사회적인 기구의 한 부분에 불과합니다. 현대에서의 개별 권력자들의 힘은 단지 믿을 수 없을 만큼 극도로 발달된 분업 체제에서 태어난 상황의 분비물에 불과하지요.

J. 우리가 오늘날 성층권이나 초음파 영역, 우주 공간으로 돌입하는 것이, 그리고 또 우리가 모든 인간의 두뇌보다 더 신속하고 더 정확하게 계산하는 기계를 갖고 있다는 것이 그렇게도 대단한 것일까요?

C. S. 그 「우리」라는 데에 본질적인 문제가 있지요. 즉 더 이상 인간으로서의 인간이 아니라, 인간에게서 벗어나 모든 것을 수행하는 연쇄반응이기 때문입니다. 그 연쇄반응이 인간 육체의 한계를 능가함으로써 인간이 인간에 대해 생각할 수 있는 인간 사이의 모든 척도마저도 초월해버린 것입니다. 이 연쇄반응은 보호와 복종의 관계도 압도적으로 작용합니다. 권력은 기술보다도 훨씬 더 인간의 손에서 벗어나 있지요. 따라서 그러한 기술적인 수단으로 다른 사람에게 권력을 행사하는 사람들은 그 권력에서 제외된 사람들과는 더 이상 함께 할 수 없습니다.

J. 그러나 현대적인 파괴수단을 고안해서 생산하는 사람들도 역시 인간에 불과합니다.

C. S. 그들에 대해서도 그들이 자행하는 권력은 객관적이고 자기법칙적인 권세를 갖고 있지요. 개별 인간이 고안한 물리적, 지적 그리고 정신적인 협소한 능력을 무한하게 능가하는 권세를 말입니다. 발명가들은 그러한 파괴수단을 발명함으로써 동시에 무의식적으로 새로운 리바이어던을 발생시키는 일에 착수한 것이지요. 이미 16, 17세기에 있었던, 잘 조직된 유럽의 근대 국가는 기술적인 인공 생산물이었습니다. 인간에 의해 탄생되었으면서 인간으로 성립된 초인간(Übermensch)인 셈이지요. 이 초인은 리바이어던의 모습에서는 거대한 인간인데, 이 거대한 인간, 즉 μάκρος ἄνθρωπος은 자신을 생산해 낸 작은 인간들, 즉 μάκρος ἄνθρωπος인 개개인에 대해 초월적인 힘(Über-Macht)으로 맞서는 것입니다. 이런 의미에서 근대에 잘 조직된 유럽의 국가는 최초의 근대적인 기계였으며, 동시에 계속되는 모든 기술적인 기계들의 구체적인 전제조건이 된 것입니다. 그 국가는 기계들의 기계였으며(die machina machinarum) 인간들로 성립된 초인간이었습니다. 인간들의 동의에 의해 생겨났으나 그것이 존재하게 된 그 순간에 모든 인간의 동의를 능가하는 초인이 되었지요. 여기서 문제는 바로 인간에 의해 조직된 권력이기 때문에 부르크하르트는 권력 그 자체가 악하다고 본 것입니다. 따라서 그가 자신의 그 유명한 말을 하면서 네로나 칭기스칸이 아닌 전형적인 근대 유럽의 권력자, 즉 루이 14세, 나폴레옹 그리고 혁명적인 인민 정부를 지적한 것도 그 때문입니다.

J. 학문적으로 좀 더 연구한다면, 그러한 모든 것을 변화시켜 만사가 잘 되게 할 수 있을 것 같기도 한데 말이지요.

C. S. 그렇다면 좋겠지요. 그러나 권력과 무력(無力)이 오늘날에는 더 이상 마주보고 있지 않으며, 더 이상 인간에서 인간에게로 눈을 돌리지 않는데 어떻게 변화시키려고 하겠습니까? 현대의 파괴수단이 지닌 효력에서 무력하게 제외되어 있다고 느끼는 대중들은, 특히 자신들이 무기력하다는 것을 알고 있습니다. 권력의 현실은 인간의 현실을 뛰어 넘는 것이지요.

나는 인간에게 행하는 인간의 권력이 선하다고 말하지 않습니다. 악하다고도 말하지 않습니다. 나는 적어도 권력은 중립적이라고 말합니다. 따라서 내가 권력을 가지면 권력은 선한 것이고, 나의 적이 가지면 악한 것이라고 말하는 것은 생각하는 인간으로서 부끄러운 일이라고 생각합니다. 단지 내가 말하는 것은 권력은 모두에 대해서, 물론 권력자에 대해서도 독자적인 현실을 가지고 있어서 모두를 권력의 변증법에 끌어 들인다는 것입니다. 권력은 어떤 권력에의 의지보다도 강하며, 어떤 인간의 선보다도 강하며, 또 다행이도 모든 인간의 악보다도 강하다는 것입니다.

결 론

J. 권력이 객관적인 권위로서 권력을 행사하는 인간의 어떤 악보다도 강하다는 것에 안심이 되긴 하지만, 다른 측면에서 권력이 인간의 어떤 선보다도 강하다는 것은 불만족스럽군요. 제게는 충분하게 납득이 가질 않습니다. 바라건대 당신은 마키아벨리스트는 아니겠지요.

C. S. 확실히 아닙니다. 더군다나 마키아벨리 자신도 마키아벨리스트는 아니었구요.

J. 그것은 지독한 역설이군요.

C. S. 나는 매우 간단하다고 봅니다. 마키아벨리가 마키아벨리스트였다면 그는 틀림없이 자신을 좋지 않게 비추어 주었을 책들을 저술하지는 않았을 테니까요. 그가 마키아벨리스트였다면 그는 경건하고 교화적인 책을, 특히 반마키아벨리적인 책을 발간했을 것입니다.*

J. 당연히 그것이 더 교활했겠지요. 그러나 당신의 견해를 실제로 적용해야만 하지 않을까요? 그럼 이제 우리는 도대체 어떻게 해야 할 까요?

C. S. 우리가 무엇을 해야 하냐구요? 우리 대화의 처음을 기억하십니까? 처음에 당신은 제게 물었지요. 나 자신은 권력이 있느냐 없느냐 하고요. 이젠 내가 당신에게 질문함으로써 입장을 바꾸어 보기로 합시다. 자, 당신 자신은 권력이 있습니까, 없습니까?

J. 아마도 실제 적용에 대한 나의 질문을 피하려는 것 같은 데요.

C. S. 그 반대입니다. 나는 당신의 질문에 대한 의미있는 답변의 가능성을 마련하고자 한 것뿐입니다. 누군가가 권력과 관련하여 실제 적용에 대해 묻는다면, 그것은 그 사람 자신이 권력을 가지고 있는지 없는지의 차이지요.

J. 물론입니다. 그러나 당신은 항상 권력은 객관적인 것이며, 권력을 가진 어떤 인간보다도 강한 것이라고 말하지 않았습니까? 그러니 실제 적용의 예를 몇 가지만이라도 들어주셨으면 합니다.

C. S. 그러한 예는 권력을 가진 자나 갖지 못한 자에게도 무궁무진하게 많습니다. 다시 말해서 실제적인 권력이 정치 무대에서 공공연히 또 명확하게 드러나는 것을 볼 수 있는 사람이라면 이미 대성공을 거둔 셈입니다. 예컨대 내가 권력자에게 장관복이나 거기에 따른 복장이 아니면 결코 대중 앞에 나서지 말라고 권하거나, 권력이 없는 어떤 사람에게 「네가 권력이 없다고 해서 선하다고 생각지 말라」고 한다든가, 그래서 그가 권력이 없다는 것으로 고통을 받는다면, 나는 그에게 권력에의 의지는 욕망에의 의지나 더하고 싶은 다른 것들에의 의지처럼 자기파괴적이란 것을 상기케 할 것입니다. 입법자들이나 법률고문자들의 모임에서 그 회원들에게 권력의 정상에 도달하는 문제를 간절하게 권함으로써 그들은 자신들이 어떤 규준에 따라서든 그들 나라의 정부와 오래전부터 잘 알려진 지위를 조직할 것이라고는 생각하지

못하지요. 간단히 말해서 당신이 보시다시피 실제적인 적용의 예는 많습니다.

J. 그러나 인간! 인간은 어디에 남아 있습니까?

C. S. 한 인간 — 권력이 있든 없든 — 에 생각하고 행동하는 모든 것은 인간의 의식이라는 통로와 다른 인간 개인의 능력이라는 통로를 지나가는 것이지요.

J. 그래서 인간은 인간에게 하나의 인간이라는 말이군요!

C. S. 그 인간도 마찬가지입니다. 물론 항상 아주 구체적인 것이지요. 예를 들면 스탈린이라는 사람은 트로츠키라는 사람에게 스탈린과 같은 사람이며, 트로츠키라는 사람은 스탈린이라는 사람에게 트로츠키와 같은 사람이지요.

J. 그것이 당신의 마지막 말이어야 합니까?

C. S. 아닙니다. 내가 당신에게 하고 싶은 말은 다음과 같은 멋진 말입니다. 즉 인간은 인간에게 하나의 인간이다 — homo homini homo — 이 말은 해결이 아니라 이것이 비로소 우리들 문제의 시작이라는 것입니다. 나는 그것에 대해 비판적이긴 하지만, 다음과 같은 훌륭한 시구의 의미에서 철저하게 긍정합니다.

그러나 인간이 되는 것은 그럼에도 불구하고 하나의 결심을 하는 것이다.
Doch Mensch zu sein, bleibt trotzdem ein Entschluß.

이것이 나의 마지막 말이어야 합니다.

완성된 종교개혁 (1965)*

새로운 리바이어던 해석에 대한 논평과 언급*1)

1.

후드(F. C. Hood)는 오로지 홉스 자신이 말한 것에만 의지한다. 그는 홉스 자신이 이해한 것 이상으로 홉스를 잘 이해하려고 원하지도 않는다. 그 결과 그는 자신의 리바이어던 해석에서 홉스에 관한 방대한, 끊임없이 증가하는 문헌에 의존하지 않고 홉스 자신의 원전에 엄격하게 한정하는 것이다. 그리하여 그는 『법의 원리』(Elements, 1640),* 『시민론』(De Cive, 1642과 1668),* 『리바이어던』(1651과 1668)의 영어판과 라틴어판을 때로는 서로 구성을 달리하는 저작을 분석하고 비교한다.

워렌더(Howard Warrender, The Political Philosophy of Hobbes. His Theory of Obligation, Oxford 1957)에서 비롯되는, 타당영역과 (두 번째로) 의무화의 근거에 방향을 정한 문제설정을 후드는 독자적인 방법으로 계속한다. 국민은 주권자의 법률에 복종할 의무가 있다는 것의 궁극적인 근거는, 주권자가 국가에 복종하는 자들로부터 받은 복종계약이나 수권(授權)에 있는 것이 아니며, 또한 단순히 저항권의 포기나 또는 단지 국가적 강제권력의 저항불가성에 있는 것도 아니다. 홉스에 의하면 양심도 구속하는 본래적인 복종의 근거는 자연법상의 명령(Gebot)에 있는데, 그것은 단순히 이성의 엄명(Diktate)으로서 구속하는 것이 아니라, 단지 신의 명령(Befehl)이 거기에 추가됨으로써만, 또는 성서의 말씀으로서 구속하게 되는 것이다.

---

* Die vollendete Reformation. Bemerkungen und Hinweise zu neuen Leviathan-Interpretation, in: Der Staat, Bd. 4. Heft 1, 1965, S. 51-69. jetzt in: C. Schmitt, Der Leviathan, Hohenheim Verlag, Köln-Lövenich 1982, S. 137-178.

1) 1. F. C. Hood, The Divine Politics of Thomas Hobbes. An Interpretation of Leviathan. London 1964. Oxford University Press, XII und 263 S.

2. Dietrich Braun, Der sterbliche Gott oder Leviathan gegen Behemoth, Teil I; Erwägungen zu Ort, Bedeutung und Funktion der Lehre von der Königsherrschaft Christi in Thomas Hobbes Leviathan. Basler Studien zur historischen und systematischen Theologie, herausgegeben von Max Geiger. Zürich 1963, EVZ-Verlag, 300 S.

3. Hans Barion, Besprechung des Sammelbandes "Saggi storici intorno al Papato dei Professori della Facoltà di Storia Ecclesiastica, Roma 1959, Pontificia Università Gregoriana" in der Zeitschrift der Savigny-Stiftung für Rechtsgeschichte, Kanonistische Abteilung XLVI, Weimar 1960, S. 481-501.

토머스 홉스의 국가론은 그의 정치신학의 한 부분이다. 그의 사상의 의미와 목적은 평화, 즉 구체적으로는 종교전쟁(Konfessioneller Bürgerkrieg)의 종식에, 따라서 기독교 공동체의 피안적 · 지상적 평화로 향하고 있다. 비기독교적인 공동체나 기독교도가 아닌 주권자에 대한 복종의무에 대해서 그는 거의 다루지 아니한다. 주권자는 기독교도이며, 원래 종교개혁 시대에 멜랑히톤(Melanchthon)*이나 에라스투스(Erastus)*에서 주권자는 기독교라는 것이 전제되었던 것과 사정은 아무 다를 바가 없으며 우연한 것도 아니다. 여하튼 홉스는 J. J. 루소가 상당히 강조하여 말하고 있듯이(Contract social IV, 8), 「기독교도의 저자」(un auteur chrétien)이다.[2] **예수는 그리스도라는 것**(that Jesus is the Christ)*을 홉스는 자주 그리고 힘주어 고백하였다. 이 명제는 그에 있어서 단순히 주관적인 신앙고백에만 그치는 것이 아니며, 그의 정치신학이라는 개념적 사상체계의 기록이 되고 있다. 후드는 이 명제를 전적으로 그대로 받아들이며, 더구나 그의 개인적인 신앙고백을 주관적인 표명으로서 받아들이는 동시에, 그 명제의 객관적인 사상내용을 정치이론의 불가결한 요소로서 받아들인다. 존 오브리(John Aubrey)*의 전기적인 정보에서 생긴 의심을 후드는 오브리를 「요설가」(babbler)라고 부름으로써 풀어버린다. 후드는 홉스를 세속화의 기수, 반성직자주의(Antiklerikalismus)의 선봉, 더구나 변장한 무신론자로 만들어 버린 무수한 (동시대와 후세의) 억측이나 중상을 철저하게 무시하고 내버려 둔다.

후드의 저서는 다른 어떤 리바이어던 해석에 대해서도 확고한 토대이다. 현존하는 원문에만 엄격하게 한정한다는 방법은 의미 깊고 또한 납득할 만하며, 후드는 중요한 개념 — 의무 · 주권 · 권위 — 을 논함에 있어서 이러한 방법을 탁월하게 관철하였기 때문에, 독자는 홉스에 있어서 본질적으로 다른 개념들도 이러한 방법으로 분석하고 해명되는 것을 보았으면 하는 바람을 가지기 시작한다. 그리하여 나는 특히 적(敵) 개념에 대한 연구가 결여된 점을 유감으로 생각한다. 홉스가 무신론이라는 말로 무엇을 이해하였는가를 알기 위해서는, 이 적이라는 개념의 연구가 결정적인 것이 되어야 하지 않을까. 왜냐하면 무신론자는 신의 적으로 정의되고, 그 정의에 따라서 신의 적으로서 처단되는 — 즉 「적이 적에 의해서, 즉 전쟁의 권리에 의해서」(ut hostis ab hoste; hoc est jure belli. De Cive, II 14 § 19) 처단되기 때문이다. 또한 정치적인 대역죄인이나 폭도가 만일 주권자에게 전투 선언을 감행한다면, 즉 주권자와 자신에게 적대하는 자들에게 대하여 공공연하게 적이라고 여기고 자연상태로의 복귀라는 비약을 감행한다면, 그 사람은 실제로 무엇을 하였는가 라고 묻는 것은 쉽게 머리에 떠오를 것이다. 바로 이러한 테마가 후드의 분석 수법에서는 어떻게 다루어지고 있는가를 보는 것은 아마도 모든 홉스 관계자

---

2) 루소는 『산으로부터의 편지』(Lettres écrites de la Montagne, 1763)* 속에서 완성된 종교개혁에 대한 자신의 관계를 매우 명확하고 구체적으로, 즉 칼뱅의 제네바 종교개혁과 그곳에서의 진전에 관련하여 서술하였다. 내가 이용한 판은 앙리 기르맹(Henri Guillemin)의 서론이 붙어있는 것(Éditions du Sablier, Ides et Kalendes, Neuchâtel, 1962)인데, 이 서론은 계발적이며 또한 의미심장한 것이다. 홉스와 루소라는 자주 논의되는 테마에서는 완성된 종교개혁의 문제와 루소가 채택한 엄밀한 태도가 앞으로 무시되어서는 안 될 것이다.

에게는 바람직할 것이다.

20세기의 전체주의는 많은 현재화(顯在化)를 초래하였는데, 그것은 토머스 홉스의 「리바이어던」에서 나온 일종의 전체주의 선언이다. 이에 반하여 후드처럼 홉스 자신의 텍스트에만 엄격하게 한정하는 방법은 흥이 깨지고 때때로 자선인 것 같은 작용을 한다. 그럼에도 불구하고 우리들은 이러한 원전주의에만 입각할 수는 없다. 우리들이 먼저 해명해야 할 것은 물론 홉스가 실제로 무엇을 말하였는가 하는 것이다. 그러나 계속되는 질문은 그러면 홉스는 진실로 무엇을 생각하였는가 하는 것이다. 이것은 현대사적인 논구 이외에는 대답할 수 없을 것이다. 홉스 자신이 설정한 질문의 의미도, 그 물음에 대한 그 답변의 의미도, 철학사적인 성찰 없이는 결코 이해할 수 없다. 이것은 엄격하게 홉스의 작품내재적 · 체계내재적인 것에만 그치려는 해석에도 또한 타당하다. 예컨대 홉스에 있어서 **자연적**(natural)이라는 개념과 **인위적**(artificial)이라는 개념이 서로 어떤 관계에 있는가 하는 질문을 탐구하는 것을 포기할 수는 없을 것이다. 후드는 이렇게 전제하는 것처럼 보인다. 즉 주권자란 인위적인 인격이기 때문에 양심마저도 구속하는 복종의무는 다시 자연법에 의해서 보완될 필요가 있다는 것이다. 그러나 실제로 홉스에 있어서 의무라는 것은, 인간의 언어(Wort und Sprache)에 의해서 만들어진 것이며, 그러한 한에서 인위적인 것이며, 강하고 깊은 구속을 의미하며 (논의의 촛점이 된) 자연에 의해서 뒷받침될 필요는 없다는 것이 아닐까. 그러나 이 문제에 대답하기 위해서는 홉스의 의무론(Obligation) 속에 암시된 언어철학과 자연개념에 대한 논구 없이는 불가능할 것이다.

홉스가 「리바이어던」이라는 제목으로써 본래 무엇을 나타내려고 하였는가에 대하여 보다 상세하게 알려는 바람이 무엇보다도 강력하게 떠오른다. 그렇지만 리바이어던은 수 천 년 이래 정치신학과 신학적 정치의 가장 강렬한 모습의 하나이다. 나는 잠시 이 제목은 홉스에 있어서 단지 문학적인 의미만을 가지는 것, 아마도 아이러니칼하게 의도된 바로크나 마니리즘(Manierismus)*의 문체로 표현된 것으로 생각하였다. 홉스를 비판한 영국의 동시대인, 예컨대 브램홀(Bramhall)*대주교나 알렉산더 로스(Alexander Ross) 등 — 이들에 관하여는 존 보울(John Bowle, Hobbes and his critics, London 1951)과 새무엘 민츠(Samuel I. Mintz, The Hunting of Leviathan, Cambridge 1962)가 말한다 — 은 리바이어던의 본질을 명백히 해학적으로 받아들이며, 작살을 가지고 입이나 머리를 찌르게 되는 「커다란 고래의 포획」과 같은 비유의 동기라든가, 정당한 자가 천년지복의 향연에서 구은 짐승의 고기를 먹는 카발라적 기대에 빗대은 것인지를 생각하고 있다. 이러한 모든 해학에도 불구하고, 리바이어던이라는 이름이 지닌 신화적인 힘은 항상 새롭게 침투되고, 홉스는 언어와 명칭이 무엇을 의미하는 가를 알고 있었다. 유명론자(唯名論者)로서의 홉스에 대하여 인간의 관념과 사상의 전체 세계는 어떤 주어진 것이 아니라 말과 언어 일반을 **승인하는 것**(Fiat)에 의해 비로소 창조되는 것이다. 도로시아 크루크(Dorothea Krook) 여사는 어떤 의미 깊은 논문 「토머스 홉스의 의미론과 진리론」(Thomas

Hobbes' Doctrine of Meaning and Truth, in: Philosophy, The Journal of the Royal Institute of Philosophy, vol. XXXI Nr. 116, Januar 1956) 속에서 이것을 제시하였다. 이 점에서 홉스의 사상은 스코트 · 오캄적인(scotistisch-occamistische) 계보에 속한다는 것이다.

홉스가 이처럼 강렬한 인상을 주는 형상, 리바이어던을 자신의 사상구조 앞에 주목을 끄는 물체로서 내세웠을 때, 그는 자신이 한 일을 알고 있었을까? 그는 영리하고 냉정하며 주의 깊은 사람이기 때문에 성서에 통달한 독자에 대하여 이 형상이 어떠한 효과를 불러일으킬 것인가 하는 것은 계산에 넣을 수 있었다. 그처럼 비유적인 옷을 입혀서 평화를 만들어 내기 위한 정치적 통일이라는 좋은 인상을 흐리게 하는 것은 명백하지 아니하였던가? 국민을 교육시키려는 커다란 교육적 계획은 그처럼 사려 깊은 공포의 형상을 사용함으로써 간단하게 부정되지 않을 수 없었던가? 더구나 그러한 방법으로 국민에게 서서히 침투시키는 것도 경우에 따라서는 가능할지 모르나, 파우스트처럼 기분 좋지 아니한 리바이어던은 그러한 의도에는 전혀 적합하지 않다.

토머스 홉스의 리바이어던을 이러한 리바이어던의 측면에서 본다면, 나아가 항상 다른 새로운 질문이 압박해 온다. 홉스 이전의 유대교와 기독교의 전통 전체 속에서 리바이어던과 비히모스(Behemoth)*라는 두 개의 거대한 짐승은 오직 땅과 바다, 따라서 대지와 물이라는 요소에 의해서만 구별될 뿐이며, 선과 악이나 신과 악마와 같은 구별은 하지 않고 있다. 중세의 수많은 기독교 신학자들에게 있어서는 더구나 땅과 바다라는 대립적 의식은 이 두 개의 짐승에 관해서는 퇴색되고, 리바이어던과 비히모스라는 이름은 혼동되어(promiscue) 사용되고 있었다. 홉스는 리바이어던 쪽을 평화와 질서의 상징으로서, 정말 죽어가는 신으로서 높이고, 반대로 비히모스 쪽을 모든 악 중에서 가장 나쁜 것의 표시로 삼고, 즉 종교전쟁의 상징으로 삼았는데, 그는 이때에 자신이 행한 것을 알고 있었던 것인가? 그리고 왜 바로 바다의 괴물 리바이어던이 선의 상징이며, 땅의 괴물 비히모스가 악의 상징이어야 했던 것인가? 지금까지의 유럽의 전통이 의식적으로 구별하여온 한에서는, 전통은 지상의 것에만 머무르고, 그것은 인간을 대지에 관계 지우는 성서의 명백한 가르침과 일치한데 대하여, 바다는 인간에게 이질적이고 위험한 요소이다. 홉스는 상징으로서의 비히모스의 모습에 대해서는 단지 부수적으로만 묘사하는데 반하여, 홉스가 말하는 리바이어던은 죽어가는 신 · 거인 · 거수 그리고 완전한 기계라는 네 가지의 모습으로 나타나며, 그것은 비히모스에게는 전용할 수 없는 것이다. 내가 보는 한에서 지금까지의 홉스 연구에 의해서 리바이어던이라는 상징적 표현의 문제가 전보다도 심화되었다고 생각하지는 않는다. 단지 힘주어 말한다면 존 레어드(John Laird, Hobbes, London 1934, S. 367)는 이 점에 언급하여 홉스는 자신이 암시한 「비히모스에 대항하는 리바이어던」(Behemoth gegen Leviathan)이라는 제목은 단지 땅의 괴물이 바다의 괴물보다도 우위에 있다는 것을 의미한 것이 아닌가 라고 지적하는데, 이것은 명백한 오류에 기인한 것이다. 만약 그렇다고 한다면 장기의회(Long Parliament)는 가증스러운 괴물로 평가되고, 홉스의 손에 의한 거인은 선을 바라보는 괴물(Riese)로서 이것과 대립되는 것으로 자연스럽게 생각할 수 있을 것이다. 레어드는 또한 비히모스는 욥기 40장 19절에서는 「하나님의 창조물 중에 으뜸」이라는 데에도 주의를 촉구한다. 나 자신도 『토머스 홉스의 국가론에서의 리바이어던 — 정치적 상징의 의미와 좌절』(Der Leviathan in der Staatslehre des Thomas Hobbes, Sinn und Fehlschlag eines politischen Symbols, Hamburg 1938)*이라는 책 속에서 처음 시도하였으며, 거기에서는 리바이어던이라는 상징이 지니는 정치적 의미를 역사적으로 개관하였다. 이 개관에서 논하지 못한 하나의 중요한 흠결은 결론(제3절)에서 다시 한 번 특히 언급할 것이다.

2.

후드의 리바이어던 해석과 거의 동시에 출판된 것이 카를 바르트(Karl Barth)*의 제자 중의 한 사람인 디트리히 브라운(Dietrich Braun)의 저서 제1부이다. 이 저서의 완전한 제목은 『죽어가는 신 또는 비히모스에 대항하는 리바이어던』(Der sterbliche Gott, oder Leviathan gegen Behemoth)이다. 이 책에서는 또한 표면에 나타난 제목에서도 홉스가 사용한 그대로 두 개의 상징이라는 명사가 사용되고 있다. 1964년에 발간된 제 1부에는 「토머스 홉스의 리바이어던에 있어서 그리스도의 왕으로서의 지배에 관한 이론의 위치, 의미와 기능에 대한 고찰」이라는 제목이 붙어 있다. 이와 같은 제목을 가지고 저자가 강조한 것은 신학상의 중심문제이다. 홉스가 기대한 그리스도의 왕국은 이 세상의 종말이 오면 비로소 지상에 도래하는 것이다. 홉스가 눈앞에서 본 것은 영국 내란의 지휘자와 논쟁자들이었으며, 그들은 이미 자신들을 위하여 대두하였으며, 또한 실증되었듯이 — 내란을 수행할 능력이 있는 커다란 정치적 세력이었던 기독교 왕국의 시민이라고 자처하였다. 브라운에 있어서 리바이어던은 홉스가 만든 이름 그대로의 정치적 형상이며, 신과 사람과 짐승과 기계라는 네 가지의 형상을 가진 것이다. 비히모스는 이에 대하여 영국의 장로파 · 독립파들이며, 홉스는 이들을 침략자, 평화파괴자, 그리고 적이라고 간주하였다. 또 다른 적인 로마 교회의 교황제에 대해서는 비히모스라는 이름은 분명히 전용되지 아니한다. 이 개혁파의 신학자가 리바이어던의 저자인 것을 냉소가라고 하여 그 정체를 벗기려고 한다면 그 사람은 비히모스편에 서 있는 것이다.

디트리히 브라운의 저작 전체를 최종적으로 평가하기 위해서는 출판이 예정되어 있는 제 2부를 기다려야 한다. 그가 이미 출판한 제 1부를 어떤 방향에서 발전시키고 있는가, 특히 그가 리바이어던이라는 상징을 신학적으로 심화시키거나 또는 시키려고 한다면, 어디까지 심화시키는가 하는 것은 물론 저자의 일이며 그의 결단에 관한 문제이다. 독자는 자극적인 결투의 증인이 되지만, 그러나 이 저작이 완전히 간행될 때에 비로소 다음의 커다란 문제에 대답할 수 있는 것이다. 그 커다란 문제란 리바이어던은 이제 최종적 · 현실적이며 결정적으로 쓰러뜨렸는지, 또는 80세난 맘즈베리의 노인이(1668년)

당시의 적대자의 한사람인 존 브램홀(John Bramhall) 주교의 『리바이어던의 포획』(The catching of the Leviathan)에 대해서 「주인님의 포획은 아무것도 없습니다」라고 말한 것*과 비슷한 방법으로, 오늘날 그의 가면을 벗기려는 사람에게 말할 수 있는가의 여부는 문제이다.

브라운은 방법론적으로 자각하여 자신의 신학적 입장, 즉 지상에서의 그리스도의 왕으로서의 지배가 이미 시작하였다는 것을 믿는 입장을 명백히 하고 있다. 그는 그렇게 함으로써 홉스가 자기 자신을 이해한 것 이상으로 홉스를 이해하려고 한다. 그는 신학상의 중압감과 사람의 눈을 끄는 학문적 무기를 구사하여 홉스가 반기독교적인 국가전체주의의 시니칼한 가면 제작가라는 결론에 도달하였다. 예수는 구주라는 고백과, 또한 홉스에 있어서 기독교적 및 기독교 정신적으로 울리는 모든 것이며, 전체주의적 목적에 봉사하는 이교적 신화적인 가면이라는 것이다. 후드는 홉스가 반성직주의자는 아니었다고 서술하고 있다. 또한 종교전쟁 시대의, 신학자들에 대한 유명한 침묵명령인 **침묵하라 신학자여**(silete theologi!)는 홉스가 아니라 한 사람의 법학자 알베리쿠스 젠틸리스(Albericus Gentilis)*에서 유래한다는 것이 지적되어야 할 것이다. 브라운은 이 명령 중에서만 그의 홉스상의 확증을 인정할지 모른다. 그에게 리바이어던의 시니시즘은 신학자, 성직자 그리고 목사가 침묵시키는 것이 아니라 바로 국가에 복종하는 자로서의 양심 속에 고정되어야 한다는 데에 있다.

브라운에게는 이 점에서 순수하게 피안적인 평화질서라는 이교적인 신화를 이미 시작된 지상에서의 그리스도의 왕국에게 전가하려는 대규모적인 시도가 지닌 악마적 성격이 있다. 리바이어던은 외면적으로는 기독교적인 형식과 정식을 갖춤으로써 일종의 방법으로 수중에 장악하려는 것이다. 리바이어던은 「구조적으로 외부로부터 내면을 바꾸」려고 한다. 홉스는 위대한 직접주의자(Direkte)이며, 교회가 간접권력(potestas indirecta)을 가진다는 로마 교회의 교설에 반대하는 수호자(Promachos)이며, 벨라르미노(Bellarmin)* 추기경에 대한 유명한 논적이었는데, 그 홉스가 브라운에 의해서 간접주의자로 놀라운 전향을 하게 되었다. 왜냐하면 정치권력의 완전한 직접성은 종교적 신앙상의 힘들을 간접적으로 이용함으로써만 달성될 수 있기 때문이다. 신과 기독교, 신학과 교설을 이 악마는 결코 폐기하려는 것이 아니라 그것을 획일화시켜 버리려고 한다.

이 모든 것은 감동적인 강한 힘에 의해서 설명되며, 그 귀결은 이미 오늘날 이 제 1부에서 불변한 것으로 확정되어 있으므로, 뒤에는 이 귀결을 실증하는 작업만이 남는다. 그러나 속간이 예정된 이 책의 제 2부도 보다 새로운 관점과 새로운 자료를 가져와야 하지만, 그러나 현재의 이 귀결을 변경하는 새로운 테제를 리바이어던 해석에 가져올 수는 없다. 우리들에게 중요한 것은 브라운이 잘못한 것을 증명하는 것은 아니다. 홉스가 말한 모든 것이 기만과 거짓 위에 구축되어 있다면, 브라운이 홉스의 가면을 벗긴다고 하여 그것이 홉스 자신보다도 홉스를 잘 이해한다는 것이 되지는 아니한다. 그렇지 않고 브라운에게는 바로 노련한 사기꾼에게 유죄를 인정하는 것이 중요한 일이다. 그러나 이 젊은 개혁파 신학자의 리바이어던 해석은 그렇게 말해버림으로써 해결될 것 같지는 않다. 거기에는 매우 많은 중요한 소재와 흥미진진한 논증이 포함되어 있어서 우리들은 홉스를 정당하게 평가하려는 공통된 노력에서 잘못된 귀책을 회피하기 위해서, 이 논의의 적(的)인 철학자 홉스의 구체적 · 역사적인 위치의 약간의 특색을 상기시켜야 할 것이다. 홉스의 경우에는 실천철학의 문제가 중요하다. 그에게는 좋은 신앙이 없다고 하기 전에 그의 사유태도의 그 밖의 가능성을 검토해 보아야 할 것이다. 그리고 그가 「실증주의자」였다면, 실증주의에도 그 나름대로의 의미가 있고, 성실한 가능성이 있다는 데에 주목할 수 있다. 그러한 가능성은 종교전쟁이라는 상황 속에서 도덕철학(philosophia moralis)의 한 사상가가 백년 간의 투쟁 후에 마지막으로 남은 유일한 목표 — 평화, 내란의 종결 그리고 **규정대로 신을 경배하지 않는 경우**(deum colere Κατα τα νομιμα. de Cive, III, 15, 19)*를 눈앞에서 보았을 때에, 그들에게 구체적으로 명확하게 나타난다.

홉스는 정신사적으로 자주 바로크 철학자들로서의 위치가 부여되었다. 모든 피안적 존재의 영겁불변의 종착역으로서의 죽음에 대한 그의 태도와, 지배라는 것을 권력의 전면으로서 이해하는 그의 견해 속에 본질적이고 전형적인 바로크의 성격이 있다는 것을 루돌프 카스너(Rudolf Kassner)는 알고 있다. 홉스에게는 많은 점이 침묵을 지키거나 베일에 가려있다. 나는 그것을 데카르트와 같은 정도로 「가면의 사나이」(homme au masque)로 부르려고 생각하지는 않으며, 그의 정신적 존재 전체가 단순히 **신 앞에서의 가면**(larvatus pro deo)에 불과하였다고도 생각하지 않는다. 그러나 오늘날에 이미 그는 분명히 마니리즘 시대의 인간의 한 사람으로 헤아려 질 것이다. 마니리즘의 시대란 예술 · 문학사가들이 르네상스와 바로크 사이(1550년부터 1650년)에 하나의 독자적이고 독특한 시기로서 구별하는 것이다. 마니리즘의 특징은 정치적 비유 · 상징 그림(Embleme) · 가면 그리고 가장이다. 리바이어던은 네 개의 형태로 등장하며 죽어가는 신 · 거인 · 거수 그리고 완전한 기계로서 모습을 나타내며, 그러한 마니리즘의 특징이 우리들에게 의식하게 된 오늘날에는 이 리바이어던과 같은 상징도 지금까지와는 다른 새로운 빛으로 볼 수 있는 것이다.

많은 상징적이며 비유적인 모습을 가진 리바이어던이라는 유명한 제목 표지는 철저하게 정치적인 비유이다. 이 제목 표지 중간 아래에 드리운 막은 이 책에는 단지 많은 것이 말해지고 있을 뿐만 아니라 그 밖에 몇 가지가 숨겨져 있는 것을 암시하고 있다. 이 점과 관련하여 로만 슈누어(Roman Schnur)*의 두 개의 비범하고 생생한 논문을 열거하지 않을 수 없다. 즉 「16세기 종교전쟁 중의 프랑스 법학자들」(Die französischen Juristen im konfessionellen Bürgerkrieg des 16. Jahrhunderts, 1962)와 「개인주의와 절대주의 — 토머스 홉스 이전의 정치이론에 대하여」(Individualismus und Absolutismus. Zur politischen Theorie vor Thomas Hobbes, 1963)가 그것이다. 홉스와 같은 사람과 관련하여 마스크 · 가면 그리고 아이러니가 문제로 된다면, 마니리즘이라는 예술 · 문화사적 현상을 완전히 고려 밖에 두는 것은 허용되지 아니한다. 만일 이 점이 완전히 고려되지 아니한다면, 마스크 · 가면 그리고 아이러니는 도덕적인 격분과 형사문제로서의 고소라는 수단이 장악해버릴 위험이 있기 때문이다. 바로 그러한 시대의 위대한 사상가를 그 사람 자신이 자신을 이해하던 것 이상으로 이해하려는 것은 결코 사소한 일이 아니다.

그 밖에 종교개혁 시대의 교회사적인 약간의 교설과 저자들을 상기하지 않으면 안 된다. 그리스도의 보이지 않는 교회와 세속적인 보이는 교회와의 관계에 대한 그들의 구성방법은, 홉스의 그것을 매우 강렬하게 자주 떠올리며, 홉스를 프로테스탄적인 국가교회법의 발전에서 제외하고 괴물과 같은 단일 현상이며 재미없는 대상으로서 고립시키는 것은 거의 불가능하다. 최근 몇 년 동안에 독일어권의 교회법 문헌에 의해서 볼프강 무스쿨루스(Wolfgang Musculus 1497~1563)*와 토머스 에라스투스(Thomas Erastus, 1500~1583)와 같은 저자들의 이름이 다시 열거하게 되었다. 무스쿨루스는 요하네스 헤켈 기념논문집(Festschrift für Johannes Heckel, 1959)에 수록된 베른 대학 사강사 리하르트 보임린(Richard Bäumlin)의 기고*에서, 에라스투스는 「종교적 보호」에 관한 요하네스 헤켈의 논문(Cura religionis, jus in sacra, jus circa sacra, in Festschrift für Ulrich Stutz, 1938)과 루트 베셀-로트의 저서 (Ruth Wesel-Roth, Thomas Erastus. Ein Beitrag zur Geschichte der reformierten Kirche und zur Lehre von der Staatssouveränität, in Veröffentlichungen des Vereins für Kirchengeschichte in der evang. Landeskirche Baden, Bd. XV, Verlag Moritz Schauenburg, Lahr/Baden, 1954)에서 이다.

무스쿨루스의 경우에는 **종교를 인정하기 위한 배려**(cura disponendae religione)와 **종교에 대한 권력**(potestas in religione)이 신으로부터 모세와 여호수아에게 위탁된 것은 세속적 관헌(weltliche Obrigkeit)의 자격에서이며, 사제(sacerdotes)의 자격에서는 아니라는 테제가 보인다. 무스쿨루스는 **배려**(cura)에 대해서 말하는 대신, 오히려 세속적 관헌의 **권력**(potestas)에 관하여 말한다. 그 권력이란 **종교를 인정하고 확립하고 지도하는 권력**(potestas disponendi, instituendi et moderandae religionis)이다. 무스쿨루스의 『신학총론』(Loci communes)*이 프랑스어로 발간된 것은 1577년이며, 그 사상은 에라스투스에 의해서 비로소 세계에 보급되었는데, 홉스가 이 저서를 알지 못했다고 하더라도 홉스를 해석함에 있어서는 무시할 수 없는 책이다. 무스쿨루스는 특히 설교자들에 대해서는 너희들은 (너희들에 의해서가 아니라) 신에 의해서 세워진 권위로 그 직무에 관하여 말하며, 다른 모든 기독교인과 마찬가지로 신하 집단의 일원이라고 가르친다. 그는 여기서 — 루트 베셀-로트가 말하듯이 —「19세기의 근대국가가 처음으로 현실화한, 모든 국민의 법적 평준화(Nivellierung)를 어느 정도 끝까지 생각하고」 있었다(a. a. O. S. 109)라고 말한다. 아마 무스쿨루스나 에라스투스도 홉스와 같은 시대의 영국 국교회파의 사람들과 마찬가지로, 홉스를 분개케 하고 — 예컨대 브램홀 대주교, 알렉산더 로스 그리고 영국 국교회파 사람들이 그랬듯이 — 홉스를 무신론자나 마니교도라는 낙인을 찍었을지도 모른다.[3] 17세기는 여하튼 무신론자의 폭로의 세기였다. 제수이트 회원 아르두앵 신부

(Père Hardouin)*는 『무신론자의 폭로』(Athei detecti)라는 책 속에서 파스칼과 신앙심 깊은 얀세니스트*들까지도 무신론자라고 하여 정체를 벗겼다. 베일(Bayle)* · 볼테르 그리고 디드로(Didrot)와 같은 회의주의자 · 계몽주의자 · 백과전서파 등은 그 점에 대해서는 가볍게 다루었으나 홉스와 「홉비즘」(Hobbism)은 안이하게 수용하였다.

여기서 우리들에게 중요한 것은 종교적 권력과 세속적 권력의 관계를 지배하는 내적 논리이며, 역사적 상황이 변동하는 중에는 균형을 이루기 어려운 이원주의 즉, 때로는 종교 쪽에 기울고 때로는 세속 쪽에 기우는 이원주의이다. 이때에 프로테스탄티즘의 내부에서 칼뱅의 교설과 실천에 대한 루터파와 영국 국교회파의 국가교회법의 차이가 나타난다. 이 차이는 또한 F. C. 후드와 디트리히 브라운의 리바이어던 해석의 대립에도 반영되는 것처럼 보인다. 에라스투스주의는 여기서는 논리로서 운동으로서도, 하나의 전형적인 경우이며 일종의 견본이다. 관헌적 권력이 불가분의 통일체와는 별개의 것으로서 관념된다는 것은 에라스투스에 대해서는 그야말로 배리이다. 에른스트 트뢸치(Ernst Troeltsch)*는 (그의 『기독교의 사회이론』[Soziallehren der christlichen Kirchen und Gruppen, 1913, S. 736] 속에서) 에라스투스를 「칼뱅주의의 압력에 의해서 야기된 정치적 이해의 반대 압력」이라고 부른다. 에라스투스가 죽은 후인 1589년 영국에서 발간된 저서 『가장 중요한 문제의 해명』(Explicatio gravissimae quaestionis)*은 실제로 하나의 가장 **중요한 문제**를 다루고 있다. 즉 교구민을 파문할 권리는, 교회가 가지는가 또는 세속적 관헌이 가지는가 하는 문제이며, 공적인 명예훼손과 사회적 보이코트의 문제를 제기한다. 에라스투스는 세속적 관헌에 유리하게 이 문제에 대답한다. 요하네스 헤켈이 말하고 있듯이, 에라스투스는 「국가권력의 단일성 · 통일성 그리고 전반성에 관하여 동일한 방법으로 감격해 한다」. 존 네빌 휘기스와 같은 식자도 토머스 홉스의 리바이어던은 「완전히 개화된 형태에서의 진정한 에라스투스 주의」라고 말한다(John Neville Figgis, The divine right of Kings, 1934, S. 318). 물론 에라스투스주의자들에게는 홉스에 있어서 특징적인 체계적 · 학문적인 기초나 구성은 결여되어 있다. 그러나 홉스에게는 신학자들의 논쟁 속에서 절망적으로 상실해버린 설득력 있는 명증성만이 학문성을 제공하고 있다.

「정치적인 것은 공동체 생활에서 저절로 생기하는 요소로서 강한 억양으로 자신의 권력에의 요구를 나타낸다」. 그리하여 요하네스 헤켈(Johannes Heckel, in Festschrift für Ulrich Stutz, 1938, S. 285)은 볼프강 무스쿨루스와 관련하여 이렇게 정식화하였다. 영국에서는 1534년의 수장령(Suprematie-Akt)과 1562년의 39개조로 된 제정법이 나왔

---

3) 이 점에 관하여 좁은 의미에서의 정치논쟁의 예를 많이 제공하는 것은 앞의 존 보울의 저작(John Bowle, Hobbes and his Critics, London 1951)이다. 또한 신학자와 철학자가 추진한 당시의 리바이어던 사냥의 생생한 모습은 민츠의 훌륭한 저서 『리바이어던의 사냥』(Samuel I. Mintz, The Hunting of Leviathan, Cambridge 1962)이 보여준다. 그 밖에도 이 책은 홉스에게 무신론자라는 레텔을 붙이는 오늘날의 경향에 대해서도 이치에 맞는 비판을 던지고 있다(S. 44).

으며, 독일에서는 **영토를 지배하는 자가 종교도 지배한다**(屬地屬宗教主義, cujus regio, ejus religio)*라는 국가교회법적인 명제가 리바이어던의 테제를 위하여 장애를 받지 않고 수용되었다. 트뢸치는 영국 국교회파나 루터파 사람들은 칼뱅주의자와는 달리 「홉비즘이라는 가시덤불에서 포도를 따려고 마음먹고 있었다」라고 서술하는데(a. a. O. S. 702), 이 적절한 확인은 홉스 이론의 그 밖의 넓은 영향에 대해서는 타당하다. 이러한 차이를 정치신학의 독립된 테마의 하나로서 취급하려는 것은 수고할 가치가 있을 것이다. 우리가 논의하는 좁은 범위에서는, 17세기에 대해서는 푸펜도르프(Pufendorff)에 언급하는 것으로 충분하다. 그러나 19세기와 20세기에도 홉스 이론과의 구조적인 관련은 루터주의자 루돌프 조옴(Rudolph Sohm)의 경우에 명백하다. 그는 심오하고 보편적인 영향력을 가진 최초의 독일 법학자이며, 홉스를 한 번도 인용하지 않으며 아마도 홉스를 읽지 아니한 것 같지만 홉스와의 관련이 인정된다. 뵈켄회르데*는 조옴이 혜안을 가지고 인식한 당시의 정치적 · 사회적 현실을 그러한 원리, 즉 주권국가와 시민적 · 자유주의적인 경제사회와의 대립이라는 원리로 환원시키고 있는데 이러한 지적은 납득이 간다(E.-W. Böckenförde, Die deutsche verfassungsgeschichtliche Forschung im 19. Jahrhundert, 1961, S. 194/195). 뵈켄회르데는 다시 계속하여 「그러나 이러한 현실을 그 원리로 환원시키는 것은 홉스 이론 중에서 이미 근대 세계의 모델로서 미리 생각한 바를 사상적으로 발굴하는 것을 의미한다」고 서술한다. 조옴에게는 나아가 몇 가지의 홉스와의 평행관계가 발견되는데, 그 상세한 논술은 우리의 연구 범위를 벗어날 것이다. 여기서는 적어도 「근대국가의 사회적 과제」에 관한 그의 논문(Rudolph Sohm, Die sozialen Aufgabe des modernen Staates, in Zeitschrift "Cosmopolis" 1898)은 열거되어야 하는데, 그 까닭은 이 논문 속에서 그는 제국주의적인 강령이 사회문제를 해결한다는 논지를 전개하고 있으며, 거의 의식적이라고 하기는 어렵지만 프리드리히 나우만과 막스 베버와의 매우 강력한 관련이 인정되기 때문이다.

마니리즘이라는 예술 · 문화사적인 현상과 에라스투스주의라는 교회사적 사태의 양자는, 리바이어던 해석이 신화적으로 현실화하는 것을 방지하고, 홉스를 성급하게 정죄하는 것을 방지하는 데에 기여할 수 있다. 홉스를 범죄자로 보고 그에게는 전체주의적인 경향이 있다고 고발한다면, 이미 다음과 같은 이유에서 근거 없는 것이 될 것이다. 왜냐하면 그러한 고발은 홉스의 국가론에 있어서 하나의 본질적이며 법제사적으로 지나치게 영향력 있는 요소를 무시하게 되거나 또는 — 더욱 커다란 불법이 될 것인데 — 그 요소를 아주 정교하게 한 기만이라고 평가할 것이 틀림없기 때문이다. 홉스는 근대의 법학적 실증주의의 정신적 아버지이며, 제레미 벤담(Jeremias Bentham)과 존 오스틴(John Austin)의 선구자이며, 자유주의적 법률국가(Gesetzesstaat)의 개척자이다. 그는 자유주의 형법에 대해서 본질적 명제인 「법률 없이는 범죄 없고 형벌없다」(nullum crimen, nulla poena sine lege)는 것을 완전히 체계적인 명석함으로 전개시킨 최초의 사람이다. 이미 지금부터 100년 이전에 존 오스틴은 홉스를 절대주의의 대변자로 만들려고 한 프랑스 · 독일, 나아가서는 영국 비평가들의 무지와 후안(厚顔, impudence)에 분격하여 항의하였다. 페르디난드 퇸니스(Ferdinand Tönnies)*는 홉스를 근대 법치국가의 창시자로서 찬미하며, 퇸니스가 『자연법』(Naturrecht)이라는 제목으로 1926년에 독일어로 발간한 1640년의 홉스의 『법의 원리』* 중의 「주권적 권력을 가진 자의 의무」라는 장은 사실 「법치국가의 선언」이라고 간주할 수 있다. 소유권은 법률**에 의해서** 비로소 신성한 것이며, 법률을 **제정하는 자에 대해서** 신성한 것은 **아니다** 라는 명제는 토머스 홉스의 사상에 대해서 뿐만 아니라, 예컨대 바이마르 헌법의 고전적 주석자인 게르하르트 안쉬츠* 의 정교한 정식화에 의한 일관된 법률-국가적 이해에도 일치한다. 홉스는 개인과 그의 자유를 소유권과의 구성적인 결합 속에서 파악하는 이론의 창시자이며, 맥퍼슨이 구상적(具象的)으로 지칭했듯이, 『소유적 개인주의』이론의 창시자이다(C. B. Macpherson, The Political Theory of Possessive Individualism from Hobbes to Locke, Oxford, Clarendon Press, 1962; 이유동역, 『소유적 개인주의의 정치이론』, 인간사랑, 1991).* 그리고 이 결합으로 비로소 근대의 시민적 시장사회는 대체로 가능하게 된다. 홉스의 어떤 것을 안 모든 사람들에 있어서 홉스를 「전체주의적인 국가만능주의의 선조」라고 하는 관념은 오래 전부터 「통용되는 관념」은 아니었다. 이것은 베르나르드 빌름스(Bernard Willms)*가 크로코우(Christian Graf von Krockow)*의 저서 『평화의 사회학』(Soziologie des Friedens)에 대한 서평(Der Staat, 2, 1963, S. 504) 속에서 정당하게 강조하고 있다.

물론 현대 전체주의의 공포는 리바이어던이라는 무서운 모습이 새로운 활기를 띠게 되었고, 홉스 해석을 그르치게 되었다는 것은 확실히 심리학적으로는 이해할 수 있는 일이다. 그러나 사상의 발걸음이 전체주의적 공포의 암시에 의해서 명백하게 영향을 받는 곳에서마저도, 홉스에 대한 평가는 대립하는 방향으로 서로 나뉘고 있다. 이 수십 년 동안의 경험에 직면하여 홉스가 이미 한 사람의 열렬한 숭배자라도 더 이상 발견하지 못했다는 것은 결코 아니다. 사실은 그 반대이다. 제2차 세계대전의 인상으로, 독일이 런던을 공습하는 동안에 한 사람의 저명한 영국의 역사가 콜링우드(R. G. Collingwood)*는 홉스 문헌으로서 놀랄만한 문서를 발간하였다. 콜링우드는 **문답**논리(*question-answer*-Logik)의 철학자로서, 역사적인 행위나 언어의 해석작업에 접근하며, 그 때문에 우리들의 감사와 존경을 받을만한 사람이다. 그는 홉스의 리바이어던을 의식적으로 계승하여 『새로운 리바이어던』(The New Leviathan, Oxford, Clarendon Press 1942)이라는 제목의 보기 드문 책을 썼다. 그에게 세계사는 야만에 대한 문명의 투쟁이며, 그 최근의 역사적 현상은 그에게는 (사라센인 · 알비파*의 사람들 그리고 터키인에 뒤이어서) 독일인이다. 홉스는 정치에 관한 고전적인 학문의 창시자이다. 오늘날의 학문의 진전에 일치되는 형태로 그를 계승하여야 한다. 이것이 콜링우드가 그의 『새로운 리바이어던』에서 시도하는 것이다. 홉스는 여전히 야만에 대한 문명의 위대한 교사이며, 홉스는 「가장 영국적인 영국인」(that most English of Englishman)이다. 이것은 사회생활뿐만 아니라 정치생활에도 타당한 것이다(S. 266). 이 『새로운 리바이어던』의 서문에는 1942년 1월

16일이라는 날짜가 적혀있다. 콜링우드는 이 책이 헤겔의 책처럼 예나(Jena)가 포격을 받는 중에 저술된 것처럼, 독일인에 의한 런던 폭격 중에 저술된 것임을 강조하고 있다. 홉스의 리바이어던은 그에게는 정치적 예지가 담긴 커다란 서고이며, 현대의 전쟁은 「우리들이 생각한 것 이상으로 얼마나 많은 것이 홉스 속에 꾲혀있는가」를 처음으로 우리들에게 가르쳐주었다.

그러나 리바이어던이라는 신화적인 두려운 모습은 홉스의 이름을 환상적인 신화 속으로 끌어넣는 데에 기여하였다. 그리하여 나는 홉스 속에 살아있는 개인주의적 자유에 대한 강한 감각을 간단하게 무시할 수 있었던 사실도 설명할 수 있는 것이다. 홉스는 개인으로서의 입장에서 적과 동지를 구별한다. 당시의 구체적 상황 속에서 그가 도달한 결론은, 교회와 예언자에 의해서 개인주의적 자유에 미치는 위험 쪽이 국가적 · 세속적 관헌에 의한 모든 두려움보다 더 나쁘다는 것이다. 이러한 그의 법률국가적 사고에서의 자유의 요소를 기만과 거짓으로 간주하는 것은 나에게는 아주 불가능한 것으로 생각된다. 한 사람의 사색하는 인간이 종교전쟁의 공포 속에서 자기의 내면적 자유를 어떻게 지킬 것인가 하는 것을 홉스만큼 잘 보여준 사람은 아무도 없다. 그 때에 그는 사방으로부터 매도되고, 무신론자로서 마니교도(그노시스파)로서, 유물론자와 에피크로스주의자(원자론자)로서 끝나버리게 되었는데, 이것은 그의 사고가 독자성을 지니고 있으며, 그의 자유에 대한 감각이 순수하다는 것을 말해주는 것이다.[4)]

우리들의 관련 — 홉스의 정신적 위치에 대해서 해명해야 할 중요한 물음이 이제 아직도 남아있다. 그것은 이른바 세속화(Säkularisierung)의 과정, 즉 공적 생활이 점차 탈 기독교화 되고 신적 요소가 점차 없어져 가는 과정에서의 홉스의 위치이다. 이 과정은 단계적인 중립화의 과정이며, 결국 방법론적 무신론과 학문의 「가치자유」(Wertfreiheit)로 끝나며, 과학적-기술적-산업적 문명의 시대를 초래하였다. 그 과정의 정상에 있는 이제 중립화는 무엇인가 예기치 못한 완전히 다른 것에로 전화 해버리고, 이미 「중립성」(Neutralität)이라든가 「중립화」(Neutralisierung)와 같은 관념으로 처리할 수 없게 되었다. 이 중립화 과정은 속박에서 벗어났으나 결코 중립적일 수 없는 기술(Technik)에서 그 정점에 도달하는 것인데, 홉스가 이와 같은 중립화과정에 관하여 취하는 입장은 완전히

4) 홉스가 유물주의(Materialismus)라는 비난에 대해서는 슈페히트의 함부르크 대학 교수 자격논문(Rainer Specht, Commercium mentis et corporis, Hamburger Habilitationsschrift 1964)에 중요한 지적이 있다. 데카르트의 친구의 한 사람이며 호헤란트(Hoogeland)라는 의사가 이성적인 정신도 일종의 「극에 달한 정교한 물체」(überfeine Materie)라고 파악하였다. 이 점에 대해서 슈페히트는 「데카르트 보다도 홉스에 가까운 입장이 중요하다」고 서술하고, 다음과 같이 첨가한다. 즉 이러한 관련에서 유물주의라고 말하는 것은 아마도 권장할 것은 못 될 것이라고. 「유물주의」라는 항의적인 말로써 결부된 근대의 연상은 여기서 혼란을 불러일으킬 것이 틀림없다. 호헤란트와 홉스가 묘사한 세계상과 같이, 정신을 데카르트적인 의미에서 이원적으로 파악하지 않는 세계상이 나오는 것은, 「따라서 정신을 부정하는 것과는 별개의 이해관심에 의한 것이다」라고. R. Specht, Über Descartes' politische Ansichten, Der Staat, 3 (1964), S. 281 ff.

독자적인 것이다. 바로크라거나 마니리즘이라거나 에라스투스주의라거나 법률국가적 자유주의(「소유적 개인주의」)와 같은 표어로서 암시되어온, 바로 언급한 여러 가지 역사적인 특성보다도 홉스가 택한 이 독자적인 입장이 더욱 본질적인 것처럼 보인다.

얼핏 보면 홉스는 이러한 세속화 과정, 보다 정확하게 말하면 중립화과정의 첨단에서 있는 것처럼 보인다. 그의 의도는 교회와 국가를 학문적으로, 따라서 수학적 · 기하학적으로 기초지우는 데에 있었다. 그는 정치학의 갈릴레이(Galilei)가 되려고 하였다. 그럼으로써 동시에 그는 오늘날의 과학문명에까지 인도한 전체 과정의 근원에 그 모습을 나타내고 있다. 그러나 그 실제는 어떠한지 우리는 뒤에(제3절) 논구하기로 한다. 그런데 예수는 그리스도라는 홉스의 명제를 보면, 19세기와 20세기의 독자는 마치 홉스가 신앙에 관한 종교상의 진리의 중립화 과정의 첨단에 있는 것 같은 인상을 불러일으킨다. 홉스는 무엇이 기독교인가 하는 것에 대해서 예수는 그리스도라는 명제를 가지고 만족하는데, 이것으로써 그는 적어도 기독교권 내부에서, 로마와 제네바와 그 밖의 다른 많은 기독교 교회 · 신조 그리고 종파를 「예수 그리스도」라는 중립적인 공통분모로 묶으려는 것처럼 보인다. 그러나 실제로 그는 그렇치 않다. 그에게는 역시 개별적인 기독교 교회의 종교적 통일성과 특수성이 보전되고 있는데, 그 까닭은 기독교도인 주권자의 주권적 결단에 의해서 뒷받침되기 때문이다. 그것은 일종의 **영토를 지배하는 자가 종교도 지배한다**(cujus regio, ejus religio)의 표명이며, 바로 그 때문에 그것은 중립화가 아니라 오히려 무엇보다도 그와 정반대이다. 바꾸어 말하면 신앙상의 적이냐 이웃이냐 하는 것으로 의견이 다양하다는 특성에 직면하여 독단적으로 하나를 긍정한다는 것이다.

효과적인 중립화는 이와는 완전히 다른 것처럼 보인다. 그것은 종교전쟁 시대에도 보이는데, 그러나 이미 홉스 이전에, 더구나 잉글랜드에서가 아니라 성 바르톨로메오 제야* 프랑스에서, 따라서 예컨대 장 보댕의 『헤프타플로메레스 대화』(Heptaplomeres, 1593년경)*에서 그 적절하고 진정한 표현이 발견되었다. 그러나 거기에는 세 개의 믿을 수 없는 모조 반지라는 유명한 우화는 나오지 아니한다. 보댕에 있어서 이 우화는 감추어진 형태로 시사적으로 후세에 전해지고 있다.[5] 이 우화는 레싱(Lessing)의 『현자 나탄』

---

5) 보댕의 『헤프타플로메레스』라는 종교에 관한 대화 중에서, 그 제5권 첫머리에 인공 사과의 이야기가 나온다. 이 인공 사과에서 루터주의자 프리데리쿠스(Fridericus)가 속이고, 그 담화에 참가한 다른 사람들이 그 곳에서 프리데리쿠스를 야유한다. 이 이야기는 앞서 세 개의 모조 반지 우화와의 관계에서 이해되었다. 참조. Georg Roellenbleck, Offenbarung, Natur und jüdische Überlieferung bei Jean Bodin, Studien zu Religion, Geschichte und Geisteswissenschaft Bd. 2 (Gütersloh 1964. Gerd Mohn Verlag), S. 38 (여기서는 인공 사과에 관한 부분이 헤프타플로메레스의 「압권」이라고 묘사되고 있다) 및 S. 136 (인공 사과와 반지의 우화). 뢸렌블렉은 반지 우화의 관련을 배척하지는 않지만, 「우리들은 레싱의 경우처럼 종교형태의 동등성과 관련을 가지는 것이 아니라 명백히 그 부동성과 관련을 가진다」는 것을 강조한다. 이 지적은 타당하다. 아마도 보댕이 세 개의 반지 우화에 언급하지 않은 것은 조심하기 위해서일 것이다. 즉 그는 법학자로서 이와 같은 사람을 기만하는 방법에 민감하였기 때문이거나, 또는 그 방법이 당시(1593년) 더욱 상당히 세 개의 커다란 거짓말 이야기를 상기시켰기 때문인지도 모른다. 여하튼 헤프타플로메레스

(Nathan, 1779; 윤도중 옮김, 창작과 비평사, 1991)에 의해서 비로소 외부로 나타나고 교양층의 공동재산이 된다. 그 우화는 이미 기독교 내부의 문제는 아니다. 그것은 오히려 기독교 전체를 몇 가지 유신론적 종교의 하나로서, 경전에 입각한 다른 두 개의 유신론적 종교인 유대교와 이슬람교와 함께 하나의 보편적인 신(神) 신앙에로 중립화하는 것이다. 예수는 구주라는 명제는 이제 바꿀 수 있게 되고, 예컨대 알라는 위대하다 처럼 바꾸어 말할 수 있다. 그 과정은 먼저 일반적인 신에 대한 신앙심으로, 그 다음에는 일반적인 경건에로라는 식으로 쉬지 않고 전진시켜 나아간다. 이리하여 비로소 무제한한 균제화(Gleichschaltung)라는 탈 것은 성립하며, 그 획일성은 예수는 구주라는 홉스 명제보다도 무한하게 영향력이 강하고 실효적인 것이다.

그러한 중립화과정의 내적인 논리는 명백하다. 그것은 한 단계마다 그 저항하기 어려운 성질을 강화하고 마침내는 속박에서 벗어난 기술이라는 외관상 절대적인 중립성을 가지기에 이른다. 앞서 말한 세 개의 반지가 틀림없을 정도로 정말 모방할 수 있다면, 진짜 반지는 넘치게 되고 유통 과정에서 사라져 버린다면 어째서 세 개의 반지만이 모방할 수 있고, 어째서 30이나 300개의 반지처럼 점차로 모조하여 유통시킬 수는 없는 것일까 하는 것은 아무리해도 알 수 없는 것이다. 그 때에 결국 신앙고백의 내용으로서 남는 것은 단지 작은 더미의 가치철학뿐이다. 그러나 이러한 관련에서 평판이 나쁜 토머스 홉스에 대해서 교활하다든가, 시니시즘이라든가, 극악무도한 아이러니라든가, 또는 사고상으로 진짜 반지를 모조하는 악마적인 위장술이라고 하여 언제나 비난을 퍼붓는 곳에서, 여하튼 홉스는 나타나지 아니한다. **예수는 구주**라는 그의 명제는 사도들의 전도의 핵심을 이루는 것이며, 신약성서 전체의 역사적이며 선교상의 테마를 확정하고 있다. 「거짓말하는 자가 누구뇨 예수께서 그리스도이심을 부인하는 자가 아니뇨」(Quis est mendax nisi is, qui negat quoniam Jesus est Christus?)(요한 1서 2 : 22).

3.

로마 가톨릭의 신학자이며 카논법학자인 한스 바리온(Hans Barion)*이 상기하는 본질적인 관련(Savigny-Zeitschrift, Kan. Bd. 46, 1960, S. 500)을 후드나 디트리히 브라운은 유의하지 아니한다. 즉 「홉스가 그 리바이어던이라는 신화적인 형상을 사용한 것은 실질적으로는 단지 성직자 정치적인 중세의 기독교 사회이론(Societas-Christiana-Lehre)을 바꾸어 놓은 것에 불과하다」는 것이며, 「홉스가 사실상 그 나라 사람 존 어브 솔즈버리(John of Salisbury)*의 성직자 정치적인 신체이론(Corpus-Lehre)에 대해서 국가적 대립물을 대치시키려고 하였는가」하는 문제는 여전히 남아있다는 것이다.

와 같은 비의적(秘儀的)인 작품에서도 그처럼 조심스럽게 배려하는 것이 자리잡고 있었다.

바리온에 있어서 이 문제는 제수이트 회원 켐프(F. Kempf S. J.)의 「중세 세계에 있어서의 교황권력」(Die päpstliche Gewalt in der mittelalterlichen Welt)이라는 기고에 대하여 상당히 긴 서평의 결론 부분에서 제기한다. 켐프의 기고는 얼맨(Ullmann)의 「중세에 있어서 교황정치의 성장」(The growth of papal government in the Middle Ages, London 1955)이라는 책에 논쟁을 건 것이다. 얼맨의 이 책은 (독립적인 세속권력의 이원론을 폐기하는) 성직자 정치적으로 일원적 요구가 지배적이었던 것은, 예컨대 전 세계적인 지배의 요구가 있었던 중세 전성기 — 그 가장 유명한 문서는 1302년 11월 18일의 교황 보니파키우스 8세*의 회칙 「**유일한 성스러운 것**」(Unam Sanctam)에서 발견된다 — 에 한정하는 것이 아니라, 이미 서로마 제국 말기 이래로, 따라서 5세기 이래로 그러한 요구가 실제로 힘을 가지고 있었다고 보는 것이다.

토머스 홉스 이론의 근원에 있는 것을 정당하게 평가하려는 리바이어던 해석이라면 홉스는 과연 근대적 · 과학적인 논거를 이용하지만, 그것은 단지 신학적인 논쟁 중에서 명백한 논증의 가능성이 모두 상실 되어버렸기 때문이라는 점을 유의하지 않으면 안 된다. 홉스의 목표는 수학이나 기하학이 아니다. 그가 추구한 것은 하나의 기독교 공동체의 정치적 통일이며, 「교회적 및 시민적 컴먼웰즈의 소재와 형식과 권력」(Matter, Form and Power of a Commonwealth ecclesiastical and civil)이라는 사상체계의 투명한 구축이었다. 그의 정신사적인 행위는 자연과학적인 종류의 것은 아니다. 그는 위대한 수학자도 물리학자도 아니며, 또한 이와 같은 자연과학의 이론이라는 의미에 있어서의 철학자도 아니다. 그의 학문적 업적은 **실천철학**(philosophia practica)에 속한다. 종교적 · 교회적인 권한과 세속적 · 정치적 권한 사이에 생기는 투쟁은, 그것이 구체적인 자기 주장의 물음에까지 고양되는 순간에 하나의 **정치적인** 투쟁이 되며, 그 결과 종교적 · 세속적인 것으로부터, 그리고 그 양자의 요소가 혼합한 것(res mixtae) 사이에 그러한 예리한 차이가 있을지라도, 그 차이에 의해서는 결정할 수 없으며, 다만 형식적으로, 즉 「**누가** 결정을 내리는가?」(*Quis* judicabit?)하는 형식적인 물음에 대답함으로써만 결정지을 수 있으며, 홉스는 이것을 인식하고 있었다.

로마 교회의 형이상학적 · 도덕적-신학적 · 자연법적 그리고 카논법적인 우월을 주장하는 측에서 본다면, 이러한 질문은 결국 다음과 같이 대답할 수 있을 것이다. 즉 보다 높은 권력으로서 **누가 결정을 내리는가?** 하는 질문에 대답할 권한은 종교적 권력이라고. 특히 직접 · 간접으로 종교적인 것으로부터 구별되는 것은 실제상의 귀결로서는 구체적인 일에 대한 종교적 권력의 존재적인 관심은 충분히 강하게 되자마자, 그것에 대해서는 종교적 권력이 결정하였다는 것을 의미하였다. 토머스 홉스의 획기적인 중요성은 종교적 권력이 행하는 이러한 결정권에의 요구가 가지는 순수하게 정치적인 의미를 개념으로 명백하게 인식하였다는 점에 있다. 유례없는 확신을 가지고 그는 질문을 형식적으로 설정하고, 주권적 결정의 단순한 양자택일을 의론으로서 결말을 짓지는 못하였다. 혼합적인 권력이나 간접적인 권력은 모두 결정을 호도하거나 단순한 결정의 연기라고 그는 인식하였다. 그는 중세 전체에 있어서 개념적 명증성에 까지는 이르지 못하였으나, 결정에 대한 간접적인 요구와 그 중에 내재된 결정권독점의 요구를 이러한 방법으로 파악하였다. 장 보댕은 이러한 법외적인 독점을 — 단지 실제적 · 법적이라고만 하지만 — 그의 주권론을 사용하여 파괴해버린데 대하여, 프로테스탄트의 교회들과 신조들은 단지 잠정적인 궁여지책으로만 보았거나 또는 — 정치적 에너지를 불어 넣었던 때에는 — 로마 교회가 결정권독점을 요구하는 데에 단지 추종할 뿐이었다. 그러한 상황에 대하여 루돌프 조옴은 그의 『교회법』(Kirchenrecht, S. 460-657) 제3장에서 「종교개혁」이라는 제목에서 묘사했는데, 이 묘사는 — 교회의 종교적 본질은 모든 교회적 법질서도 배제한다는 조옴의 유명한 테제는 접어두고도 — 그 충분한 역사적 진실성을 지니고 있다. 그러나 그 진실성은 홉스의 리바이어던으로부터 비로소 충분한 빛을 얻으며, 더구나 항상 새롭게 반복되는 가차 없는 질문, **누가 결정하는가?**에 의해서 이다.

「누가 결정하는가?」하는 이 물음은 토머스 홉스의 사상을 지배하고 있다. 항상 반복해서 이 물음은 결정적인 경향으로서 나타난다. 즉 그것은 수백 번은 아니지만 수십 번 때로는 명백히 최종적인 결정을 내리는 기관을 둘러싼 이러한 물음의 형식으로, 또한 때로는 「누가 해석하는가」(Quis interpretabitur?)라는 물음으로서 반복하여 나타난다. 그것은 법률상으로는 유효한, 즉 항소할 수 없는 종국적인(inappellabel), 그러한 한에서는 오류가 없는(unfehlbar) 해석을 하는 사람 내지는 기관을 둘러싼 물음이며, 실체적 진실(substanz)에 관한 문제는 아니다. 따라서 그 문제는 형식적인 것이며 실질적인 것은 아니다. 그럼에도 불구하고 그것은 수학이나 기하학 또는 기능주의적인 자연과학의 의미에서 과학적인 질문도 아니다. 그것은 전적으로 철학적 · 실천적인, 도덕적 · 법적인 문제이며, 최종결정을 내리는 주권적 인물에 관한 문제로 향하고 있다. 「왜냐하면 복종 · 명령 · 권리와 권력은 권력의 우연성(accidents)이 아니라 인격의 우연성이기 때문이다」(『리바이어던』 제42장).

특수한 법적인 인격주의(Personalismus)를 홉스는 모든 자연과학적 과학주의(Scientismus)나 모든 신화적 자연주의로부터도 구별한다. 이 점에 대해서는 이미 1922년에 「주권개념의 사회학과 정치신학」이라는 논문("Soziologie des Souveränitätsbegriffs und politische Theologie", in der von Melchior Pâlyi herausgegebenen Erinnerungsgabe für Max Weber, Band II)과 저서 『정치신학 — 주권에 관한 네 개의 장』(초판, 1922, 2판 1934)에서 역설한 바 있다. 거기에서의 지적이 이 논고와 관련하여 다시 한 번 반복되어야 한다. 왜냐하면 서로 공공연하게 부정하는 리바이어던 해석의 혼란을 해결하는 것은 핵심적인 문제에 유의하지 않고서는 불가능하기 때문이다. 그 핵심적인 문제란 실천철학이 가지는 문제의 하나이며, 그것도 **법적인** 문제이다. 홉스에 있어서 철학은 단순한 수학적 또는 자연학적인(physikalische) 자연과학의 이론은 아니다. 홉스는 11세기 이래 로마 교회 속에서 발전하고, 일부는 신학 · 형이상학적인 사상 중에서, 일부는 카논적 · 법적인 사상 중에서 완성된 사유 과정의 전통에 입각하고 있다. 그 이후 프로테스탄티즘의 내부에서 영국 국교회주의와 권위(Obrigkeit)에 관한 루터의 교설 중에서 종교적과 세속적, 내적과 외적, 가시와 불가시라는 톱니바퀴(齒車)처럼 서로 맞물린 구별이 100년 동안에 걸쳐 논의 되어 왔으며, 마침내 홉스에 이르러 로마 교회의 결정권 독점에 대한 명확한 국가적 안티테제가 나타난 것이다. 그 테제는 실로「완성된 종교개혁의 표현」이다. 그것은 종교전쟁의 불꽃 속에서 익은 시대의 결실로서 나타나며, 그러한 시대에 있어서 **개혁의 권리**(jus reformandi) 는 — 중세로부터 본다면 — 최고의 왕권(Regal)이 된 것인데, 동시에 그것은 (바로 그것으로 성립하는) 근대 국가로부터 본다면 — 하나의 주권적 권리가 된 것이다. 바꾸어 말하면 특수한 의미에서 **신학적 · 정치적인 시대**의 산물인 것이다.[6)]

홉스는「형식적인 것」과「실질적인 것」의 구별이 필요하다고 함으로써 근대 자연법의 길을 열었다. 칸트에 있어서 칸트 이전의 자연법이 극복된 모습으로서 보이는 것 속에서 — 카를 · 하인츠 일팅이 정당하게 말하듯이 —「리바이어던의 저자에게는 몰랐던 것이 아무것도 없으며, 오히려 그것에 의해서 비로소 홉스 철학의 심오함이 나타나게 되었다」.[7)] 그러나 홉스는 말의 현대적인 의미에서의 과학주의자(scientist)는 아니며, 따라서 생시몽주의자도 아니며, 상업주의자도 테크노크라트도 아니다. 현대의 과학주의를 현대 전체주의의 원인으로 여기고, 그럼으로써 홉스를 전체국가의 지적 창시자라고 탄핵하는 자는 홉스를 부당하게 다루는 것이다. 이것은 특히 비알라투의 저서『홉스의 국가』(J. Vialatoux, La Cité de Hobbes. Théorie de l'Etat Totalitaire. Essai sur la conception naturaliste de la civilisation, Paris-Lyon, 1935)에 타당하다. 비알라투는 홉스 속에서 필립 미왕*과 바이에른의 루드비히*의 법학자인 노가레(Nogaret)와 옥캄(Occam)*의 후계자의 모습을 보고 있다(p. 169). 이러한 관련은 그 자체 오래 전부터 잘 알려진

---

6) 종교개혁을 — 아리우스파(Arianismus), 마호멧교(Mohammedanismus), 카타리파(Katharer)와 같은 다른「이단과 위기」의 경우와는 달리 — 특수신학 · 정치적인 위기로서 파악하는 것은 장 기튼이다(Jean Guitton, Le Christ écartelé; Crises et Conciles dans l'Église, Paris 1964, Librairie académique Parrin).

7) Karl-Heinz Ilting, Hobbes und die praktische Philosophie der Neuzeit(Philosophisches Jahrbuch der Görres-Gesellschaft, 72. Jg., 1. Halbbd. 1964, S. 84-102). 일팅의 논문은 광채가 나며 설득력이 있다. — 그러나 그것은 마지막 3면까지 이다. 마지막 3면에는「형이상학적 기반 : 절대적 지배자로서의 죽음」이라는 제목으로 잔인무도한 홉스의 — 디트리히 브라운의 경우와 유사하게 —「거의 노골적인 시니시즘」과「천신만고하여 숨긴 불성실성」에 비난이 던져지고 있으며, 또한 당시 영국의 신학상 · 정치상의 적인 로마교회에 대한 격렬한 논쟁을 내용으로 하는,『리바이어던』 마지막 부분(제 4부 암흑의 왕국에 대해서)에는 모든 종교와 철학을「암흑의 왕국」에 속한다고「중상」하고,「인간의 정신적 존재」 전체를 모두「위대한 리바이어던에게 희생시키」려고 하는 범죄적인 의도가 가로 놓여 있다고 되어 있다(S. 101). 이 마지막 3면에서 그 철학자[일팅]는 신학자[브라운]에게 양보한 것처럼 나에게는 보인다. 그러나 그 신학자도 역시 홉스가 개별 인간의 자유라는 것에 대한 감각을 결코 순간적이나마 상실하지 않았다는 사실을 유의해야 할 것이다.「빈번히 전체주의라고 하여 중상을 받은 홉스 입장의 이지성(理智性)은, 그가 주권원리의 기본적인 의의를 법적 안정성과 개인적 보호의 제도로서 인정한 점에 나타나 있다」. 권터 로르모저는 이렇게 말한다(Günther Rohrmoser, Hegels Lehre vom Staat und das Problem der Freiheit: Der Staat 3 (1964), S. 403). 끝으로 자기의 노동력을 자기의 재산으로서 자유시장에서 교환하는「소유적 개인주의자」(맥퍼슨)도 결코「전체주의자」는 아니다.

것이다. 바알라투는 이러한 관련을 논쟁적으로 끌어냄으로써 홉스를 로마 가톨릭적인 입장에서 한 사람의 전체주의자로서 그 정체를 벗기고 있다. 이러한 관련들은 확실하지만 단순히 논쟁적 · 변론적으로 관련을 지어서는 안 될 것이다. 또한 이러한 관련을 역사적으로 기록하고 역사상의 여러 가지 변화들을 만화경으로 펼치게 하는 것은 충분하지 못하다. 물론 홉스는 로마 교회의 신학의 성직자 정치적인 신체이론(Corpus-Lehre)에 대해서 「하나의 국가적 대립물」을 대치시키려고 하였다. 그러나 이러한 시도에 있어서 그는 「누가 결단을 내리는가?」하는 모든 것을 지배하는 질문을 발견하였다. 이 질문은 홉스 사상체계의 핵심을 이루며, 구체적으로 그의 실천철학의 중심에 두어져야 하는 것이다.[8] 그 밖의 다른 모든 위치지움은 모두 홉스의 언명을 그 자신이 설정한 질문과는 전혀 다른 질문에 대한 답변으로 변조되어 버리고 만다. 그렇다면 **문답**논리의 원칙에 반하여 홉스 해석은 강력한 리바이어던 신화에서 유래하는, 저항할 수 없는 여러 가지 암시에 맡기는 것이다.

그리하여 비알라투는 토머스 홉스의 리바이어던을 근대의 과학주의, 실증주의 그리고 자연주의의 근원을 이루고, 에밀 뒤르케임(Emile Durkheim) 사회학의 시조, 또한 사회학만이 과학성을 가진다는 주장의 선조가 될 수 있었는데, 그렇다면 그 과학성도 전체주의에 책임에 있는 것이 된다. 그것은 1935년이란 단계에서의 일이다. 그로부터 몇 년 후에 시몬느 베이유(Simone Weil)는 근대의 과학성 그 자체는 전체주의의 근원이라고 하였다. 물론 그녀의 경우는 그것을 홉스에게 귀인(歸因)시키지 않고 단지 근대의 과학성과 전체주의 양자에 관한 그녀의 지식에 입각하여 그러한 인식을 하고 있다. 그녀는 자기의 경험에 비추어 이 양자를 잘 알고 있었다. 최근에 자크 무르전(Jacques Mourgeon, La Science du pouvoir total dans le Léviatan de Hobbes, Annales de la Faculté de Droit de Toulouse, 11, 1963, p. 281-417)은 전체주의와의 관련을 거부하면서도, 홉스를 정치에 관한 과학의 최초의 사상가이며, 최초의 과학적 「정치학자」라고 하여 섬기며, 그 체계적인 엄밀성과 연역적 논리는 이미 신학이나 철학도 아니며, 바로 말의 현대적 의미에서의 과학이라고 한다.

실제로 홉스는 과학주의자는 아니며 테크노크라트도 아니다. 그의 사유가 과학-기술화된 문명시대에는 그 핵심에 있어서 이미 적합하지 않으며, 더구나 그 진가가 비할 데 없는 까닭은 홉스가 말하는 「누가 결정을 내리는가?」하는 질문과 같은 것은 기술적인 「사물법칙성」(Sachgesetzlichkeit)에는 결코 적합하지 않기 때문이다. 이러한 사물법칙성이 가지는 그 자체 일관된 기능주의는 인격적 결단의 관념을 제거시켜 버리며, 그것도

8) 「홉스 결정」(Hobbes-Kristall)과 그 다섯 개의 축에 대해서는 Carl Schmitt, Der Begriff des Politischen, Ausgabe von 1963 (Duncker & Humblot, Berlin) S. 122 (김효전 · 정태호 옮김, 『정치적인 것의 개념』, 살림, 2012, 181면). 그 홉스 결정은 (초월성이 실증주의를 배제하지 않는 것처럼) 실증주의는 초월성을 배제하지 아니한다는 것을 보여주고 있다.

완전히 「스스로」 그 나름의 「논리」에 입각하여 어떠한 그 자신의 결단도 내리지 않고 행하는 것이다. 이러한 영역에서 「결정」에 관하여 말하는 것은 마치 오늘날 교통로에 있는 교통신호 등의 적색과 청색 신호를 일련의 「행정행위」, 즉 결단으로 보고, 그것을 법률적으로 구성하여 전통적인 행정행위 체계에 삽입시키려는 어리석음과 같을 정도이며 — 그러한 것은 소박한 의인관(擬人觀)에 입각하는 것으로 완전히 비과학적인 것이 된다.

비정치적인 법영역인 교통법의 내부만을 보더라도 이것은 이미 명백하다면, 하물며 정치적인 것의 영역에서는 얼마나 더할 것인가! 과학문명 속에서 우리들은 헬무트 셸스키(Helmut Schelsky, Der Mensch in der wissenschaftlichen Zivilisation, Köln und Opladen 1961, S. 28)와 함께 「정치가들의 의제적 결단능력」에 관하여 말할 수 있으며, 그것은 고도로 복잡화한 사물법칙성이 그들에게 정치적 과제의 해결을 지시하는 것이다. 매우 좋다. 이러한 사물법칙성이 해결, 즉 해답을 제시한다. 그러나 이러한 사물법칙성 그 자체는 어떠한 질문도 제기할 수 없으며, 적어도 「누가 결정을 내리는가?」하는 토머스 홉스의 질문을 제기할 수 없다. 그러면 어떤 완전한 사이버네틱한 장치도 그 자신의 전제로부터 홉스의 실천철학(philosophie practica)이라는 의미에서의 **누가 결정을 내리는가?**하는 질문을 제기할 수는 없다. 해결과 해답을 자신으로부터 부여하는 장치가 있다면 **누가 결정을 내리는가?** 또는 **누가 해석하는가?**(Quis interpretabitur?)하는 결정적인 질문은 「누가 질문을 하는가?」(Quis interrogabit?)라는 질문에 수렴된다. 이 질문은 누가 질문을 하고, 그 자신에서는 결정과는 거리가 먼 장치를 누가 입력시키는가 하는 질문이다.

홉스가 해답을 주는 질문은 종교적 권력과 세속적 권력과의 구체적 · 역사적인 대립에 관한 것이기 때문에 이 논고에서는 바리온(Barion)이 존 어브 솔즈버리에 언급하여 간결하면서도 의미심장하게 지적하는 점을 명백히 해야 할 것이다. 후드가 홉스의 진정한 텍스트를 면밀하게 이용한 때에 **간접권력**(potestas indirecta)의 개념을 그 자체 특히 논구할 테마라고 한 것은 기묘한 일이다. 그는 이미 항상 새롭게 반복되는 「누가 결정을 내리는가?」 「누가 해석하는가?」하는 질문에 의해서 정곡을 찔렀다고 할 수 있을 것이다. 홉스는 바로 이 간접권력의 교설과 고군분투하고 있는데, 간접권력의 교설은 홉스에 있어서는 투쟁을 정지시킬 수 없는 독특한 혼탁함(Trübung)이며, 경계가 분명치 않은 애매한 것(Grenzverwischung)이며, 이것으로부터 그의 — 필사적이라고 까지는 아닐지라도 — 열심히 고군분투하는 것이 설명된다. 우선 첫째로 홉스를 그 자신이 이해하고 있었던대로 이해하는 것이 중요하다고 생각하는 사람이면, 누구나 이 점을 간과해서는 안 된다. 이에 대해서 디트리히 브라운은 그의 리바이어던에 관한 책의 이미 발간된 제1부에서 비히모스에 대한 투쟁에 매우 주의를 기울이고 있다. 여기서 비히모스는 잉글랜드 내부에서의 복음주의의 내란을 상징하는 것이 되고 있으나, 당시의 잉글랜드에 대한 외적(外敵)인 로마 교회에 대한 반항은 그 상징적 표현에도 포함되지 아니한다. 후드와 브라운 이 두 사람에 대해서 존 어브 솔즈버리의 것을 상기한다면, 홉스의 리바이어던을 홉스 자신의 진정한 문제 설정과 함께 정당하게 위치를 찾는 데에 기여할 것이다.

이때에 가장 중요한 것은 **간접권력**이라는 교설이다. 홉스는 특히 벨라르미노 추기경이 당시 주장한 것과 같은 간접권력의 파악을 위해서 투쟁한다. 그러면 중세에 이 교설은 어느 정도 실제로 힘이 있었던가, 또한 독자적인 권력이 이원적으로 병존하는 상태가 어느 정도 지양되고 있었던가. 이것을 보여 주는 것은 「간접적인」(indirecte)이라는 말이 카논 법학(Kanonistik)의 지배적 용어가 될 수 있었다는 사실이다. 바리온은 여기서(a. a. O. S. 492) 이스파니아의 윈켄티우스(Vincentius Hispanus)*의 말을 인용한다. 윈켄티우스는 「우리들은 봉토(封土)에 대해서 심판하지 아니한다」(non intendimus judicare *de feudo*)라는 정식 (즉 교회는 봉건법상의 세속적 문제에서가 아니라, 다만 **죄에 대해서**(*de peccato*)만 심판한다는 정식)을 이렇게 설명한다. 즉 이 정식의 진정한 의미는 「직접적으로 그러나 잘못을 범하였는가의 여부를 조사하여 회개하도록 인도함으로써 간접적으로」(Directe, sed indirecte cognoscendo an peccet, et inducendo ad penitentiam)라는 것이다. 간접권력의 이와 같은 파악 방법은 중세 전성기의 특징이며, 이원론을 의문시하는 것인데, 이러한 파악 방법은 예컨대 벨라르미노의 경우에도 부인하는 것은 아니다.

일원론적 · 성직자 정치적 교설의 정치신학은 인간이 교회가 말하는 신의 진리에 따른다면, 세속적인 관헌의 칼은 불필요하게 된다는 고려에 입각하고 있다(Barion, a. a. O. S. 500 참조). 바로 이러한 고려는 본질적으로 솔즈버리(Saresberiensis) 정치이론의 일부를 이루는 것이다. 그는 국가(res publica)를 하나의 통일적인 신체(Corpus)로서 파악하며, 그 혼은 성직자이며 그 팔에 무장한 것이 군대이며 그 발은 농민이라고 한다. 또한 이 신체에 대립하는 또 하나의 다른 신체가 있다. 그것은 악한 자들의 **통일체**(*Corpus unum*)이며, 악마를 아버지로 하여 태어난 것(quod ex patre diabolo est)이다(Policraticus, Buch 6, cap. 1). 이 악한 자들의 통일체가 욥기의 리바이어던이나 비히모스의 모습에 어울리게 구상적으로 이야기하고 있는데, 거기에서는 리바이어던과 비히모스가 서로 구별되지 아니한다. 악한 자들은 이처럼 응집된 물체를 형성하며, 「주로 거역하고 또한 그 그리스도에 거역하여 모여서 하나가 된 물체」(quia convenuerunt in unum adversus Dominum et adversus Christum ejus)를 서로 돕는다.

리바이어던의 모습이 이러한 형태로 나타나는 것은 기이한데, 종교적 · 교회권력과 세속적 · 정치권력과의 상극 속에서 태어난 가장 거대한 기록문서의 하나 가운데 이러한 리바이어던 상이 묘사되고 있으며, 홉스 해석에 있어서 지금까지 이상으로 주목할 만한 것이다. 리바이어던이라는 상징의 역사에 관한 나의 스케치(1938년)에는 이 점이 결여되어 있으며, 이 흠결을 보충하기 위해서 나는 여기서 이러한 리바이어던 모습의 호출

방법이 지니는 의의에 대응하는 형식으로 나중에 보충할 수는 없으나, 그렇다고 침묵하면서 그대로 내버려 두는 것은 허용되지 아니한다.

리바이어던이라는 태고적부터의 정치적 신화는 오늘날에도 여전히 홉스 해석을 그 실질적인 테마에서 벗어나서 홉스 자신을 일종의 신화적인 모습으로 바꾸는 데에는 아직 충분히 강한 힘을 가지고 있다. 그러한 신화화가 최초로 그 정점에 달한 것은 19세기 중엽 과학적 실증주의라는 종교의 시조인 오귀스트 콩트이다. 콩트는 맘즈버리의 철학자를 그의 새로운 종교의 교부로서 들고, 그의 이름을 과학시대의 성인력(聖人曆) 중에 금박 문자로 써 넣고 있다. 이에 대립하는 방향에서의 제2의 정점에 달한 것은 현대의 전체주의에서 받은 인상에 의한 것이었다. 이제 홉스는 이 전체주의의 공포와 전율에 대해서 책임을 지게 되었다. 오늘날의 시점에서 홉스 해석의 실질적인 질문에 다시 한 번 반복하는 것이 가능한지 어떤지는 다시 의론을 거듭하는 과정에서 비로소 제시될 것이다. 아마도 후드의 책은 이미 하나의 즐거운 징조를 나타내는 것인지도 모르며, 발간이 기대되는 디트리히 브라운 책의 제2부도 또한 우리들이 성서 속의 리바이어던이라는 모습을 그 무수한 정치적 이용에 대해서 올바른 관계로 인도하는 데에 기여할지 모른다. 왜냐하면「홉스의 리바이어던이야 말로 완성된 종교개혁의 표현이기」때문이다.

가치의 전제 (1967)*

차 례

서 론

여기에 발표하는 한 법학자의 성찰은 1959년 10월 23일 에프라흐*에서 에른스트 포르스토프(Ernst Forsthoff)* 교수의 보고를 받고 행한「국가론에 있어서의 덕과 가치」에 대한 토론의 일부이다. 그 보고에서 포르스토프는 절대 군주의 국가론에서 덕은 여전히 하나의 지위를 차지하였는데 반하여, 시민적 법치국가의 합법성 체계(Legalität-System)는 **덕**(德, Tugend)이라는 말이나 개념과는 아무런 관계나 인연도 없다고 지적하였다.*

여기서 일종의 대리 역할을 수행한 것은 **가치**였다. 가치철학(Wertphilosophie)의 입장에서「덕의 복권」(Rehabilitierung der Tugend)을 시도한 것은 제1차 세계대전 이전으로 거슬러 올라간다(막스 셸러, 1913).* 제1차 세계대전 후 가치철학류의 개념이나 사고방식은 바이마르 헌법(1919~1933)에서의 국가론과 헌법론에 침투하여 헌법이나 헌법상의 기본권을 하나의 가치체계(Wertsystem)로 파악하려는 새로운 해석이 시도되었다.* 그러나 판례는 당시 이에 동조하지 아니하였다. 제2차 세계대전 이후에야 비로소 독일의 법원은 널리 그 판결을 가치철학적 관점에 기초를 두게 되었다.*

가치철학적인 관점이 실제로 문제가 된 것은 기본권의 합목적적인 새로운 해석의

---

* Die Tyrannei der Werte. Säkularisation und Utopie-Ebracher Studien, in: Festschrift für Ernst Forsthoff zum 75. Geburtstag, W. Kohlhammer, Stuttgart 1967, S. 37-62.

문제, 기본권의 이른바 제3자 효력과 사인 간의 직접 적용의 문제, 1949년 5월 23일 본(Bonn) 기본법 제20조, 제28조의 「**사회적**」(sozial)이라는 여러 방면에서 중요한 귀결을 수반하는 말의 해석 문제 등에서였다. 여기에 법치국가적 헌법집행(Rechtsstaatlicher Verfassungsvollzug)*의 문제가 그 전체적인 맥락 속에서 제기된다. 포르스토프는 현재 『변화 속의 법치국가. 헌법논집 1950-1964』[1]이라는 책 속에 수록된 여러 강연과 논문들 속에서 자기의 입장을 나타내고 있다. 그는 하나의 단순하고도 명쾌한 명제로써 사물의 핵심을 찌른 것이다. 즉, 「가치는 자기 고유의 논리를 가진다」*라고.

1.

독일 연방 공화국의 법원들은 본 기본법을 해석함에 있어서 심사숙고하지도 않고 가치의 논리(Logik des Wertes)에 의거하여 왔다. 그렇다고하여 가치의 논리가 「구속력있는 공정한 해석」(verbindliche Standeskunst), 즉 지고한 독일 법원들의 판결을 통하여 독일의 판례법(judge made law)이 되거나, 우리나라에서 법으로서의 힘이나 법률로서의 힘(Rechts-und-Gesetzeskraft)을 얻기에 이르렀다고 할 수는 없다. 여하튼 연방 공화국의 입법자는 이 점에서는 더욱 불충분한 태도를 취하고 있다. 이에 대하여 사법직에 있는 법관은 판결과 결정을 객관적으로 근거지을 필요가 있으며, 오늘날 다종다양한 가치철학은 이 객관적 근거의 제공을 말하고 있는 일반적 설득력을 가지는 객관적 근거를 제공할 수 있는가에 있다. 아마도 연방공화국의 다수 법관들은 특정한 가치의 선구자로서 자처하고 있는지는 모르지만, 그들은 가치철학의 비자를 휴대하고 찾아오는 여러 세력 · 권력 · 목표 그리고 이해의 선구자로서 활동하기에는 좀 의심스럽게 보인다. 여하튼 법관은 가치논리라는 독특한 논리의 문제를 언어상의 다툼의 문제로서 처리해서는 안 될 것이다. 실무에 임하는 법조가로서 법관은 매우 격렬한 대립이 그 결정적인 순간에 언어의 다툼이라는 형태로 싸워나가는 것을 곧 경험할 것이다. 이론적으로 성찰하는 법조가로서 법관은 법적 **힘**(Rechts*kraft*〈기판력〉), 법적 **선**(Rechts*gut*) 그리고 법적 **가치**(Rechts*wert*)의 차이를 파악하고 있을 것이며, 이 구별을 무의미한 뉘앙스의 차이라고 생각하지는 않을 것이다. 법사학에 소양이 있는 법률가는 원래 소유(Eigentum)는 **물**(物, sache) 그 자체를 가리켰으나(물건은 내 것이다[res mea est]), 후에 물적인 물에 **대한 권리**(dingliches "*Recht an* der Sache")로 되고, 현재에는 단지 가치에 해소되려고 한다는 사실을 알고 있을 것이다.

또한 규칙을 정하고 이에 따라 보통 자유로운 가치논리에 예측가능한 한계선을 설정하는 것을 임무로 하는 입법자도, 여러 개 중 하나의 가치철학의 어휘를 사용하여 공용문을 쓰는 일이 있다. 예를 들면 「민사법상의 인격보호와 명예보호에 관한 새로운 법률」[2]의

---

1) Rechtsstaat im Wandel. Verfassungsrechtliche Abhandlungen 1950-1964, Stuttgart 1964.

초안 이유서는 문자 그대로 다음과 같은 명제로서 시작한다. 「자유민주주의에서는 인간의 존엄은 최고의 가치(höchster Wert)이다. 인간의 존엄은 불가침이다」.

아마도 위와 같은 말의 표현법이 나타내는 것은 무엇인가 매우 단순하고 현실적인 것, 즉 다수의 이질적인 집단으로 구성되고 다수의 요소를 포함한 지나치게 다원주의적인 사회는 그 공공성(Öffentlichkeit)의 영역을 여러 가치논리적 논증이 활동하는 영역에로 변화시켜야 한다는 것인지도 모른다. 이 경우에 여러 집단의 이해는 기본적인 법적 카테고리를 자기에게 적합한 가치체계 내의 체계내가치(Stellenwert)로 변화시켜 버린다. 이리하여 여러 이해는 가치의 모습으로서 나타난다. 가치로의 변신(Verwandlung in Wert) '가치화'(Ver-Wertung)는 공통된 척도 없는 곳에 공통된 척도를 가져온다. 기독교교회에는 기독교교회의, 사회주의적 노동조합에는 사회주의적 노동조합의, 농업자단체에는 농업자단체의, 의사회에는 의사회의, 전쟁희생자단체에는 전쟁희생자단체의, 요부조단체에는 요부조단체의, 판매자단체에는 판매자단체의, 아이가 많은 가정의 모임에는 아이가 많은 가정의 모임이 그들대로의 선 · 목표 · 이상 · 이해가 있지만, 이러한 여러 가지의 선 · 목표 · 이상 · 이해 · 가치화에 따라서 비교와 타협이 가능하게 되고, 이리하여 사회적 생산물의 분배비율은 계산이 가능하게 된다. 이러한 것은 사람이 가치개념의 특수성을 자각하고 그 구체적 의미를 그 개념의 출처, 즉 경제의 영역에서 구하는 한에서만 정당하다.

가치로의 변신, 일반적인 가치화는 오늘날 우리들의 사회생활의 모든 영역에서 진행 중에 있으며, 가장 숭고한 영역인 공용문에까지 침투하고 있다. 교황 요하네스 23세의 1961년 5월 15일의 사회회칙(社會回勅) 마테르 에트 마기스트라(Mater et Magistra)*의 번역이 이것을 명확히 보여주고 있다. 라틴어 *Bonum*[선(Gut)]은 이탈리아어 번역으로는 *valore*[가치], 독일어 번역으로는 *Wert*[가치]라고 번역되고 있다.[3] 자주 이 용법의 변화는, 라틴어의 어휘는 이미 현대의 산업 · 기술의 발달의 템포에 따라갈 수 없는 것을 이유로 정당화되고 있다. 더구나 제2 바티칸 공회의의 1965년 10월 28일의 「교회의 기독교 이외의 종교들에 대한 관계」(Verhältnis der Kirche zu den nichtchristlichen Religionen)에 대한 포고* 중에는, (정신적 · 도덕적 **선**[*bona* spiritualia et moralia]이라는 것에 이어서) 기독교 이외의 종교들의 신앙자들에서도 발견되며, 그리고 승인 · 보호 · 장려되어야 하는 **사회문화적 가치**(valores socio-culturales)라는 것이 말해지고 있다.

---

2) Gesetz zur Neuordnung des zivilrechtlichen Persönlichkeit-und Ehrenschutzes, Deutscher Bundestag, 3. Wahlperiode, Drucksache Nr. 1234.

3) 참조. 독일 사법직의 제안에 따라 새로이 만든 번역(Herder-Korrespondenz vom September 1961, S. 551, Nr. 175/6)에는 「고차의 지고의 가치, 정신적 가치, 생이라는 지고의 가치」(höhrere und höchste Werte, geistige Werte, höchster Wert des Lebens) 등이 사용된다.

2.

실제로 라틴어 valor에서 유래하는 로만어 계통의 말들은 독일어 Wert 이상으로 힘 · 용기 · 덕이라는 의미(즉 virtus의 의미)를 포함하고 있다. 프랑스어 valeur는 그림이나 음악으로는 미학적 의미를 가진다. 여기서 valeur는 「질곡을 벗어나고」(entfesseln), 즉 절대화되게 되고 담당자에게 구속되지 않는 순수한 색, 가사에 구속되지 않는 음악을 의미할 수 있다.* 이에 대하여 독일어 Wert는 이 1세기 동안의 급속한 산업화에 따라서 본질적으로 경제적인 카테고리가 되었다. 가치는 오늘날 일반적인 의식에서 매우 강력하게 경제화 · 상업화하고 있으므로, 이미 이렇게 받아들인 것을 제거해서 본래대로 돌아갈 수는 없다. 더구나 산업의 발전을 추구하는 부의 추구, 그리고 영속적인 재분배의 시대에서는 그럴 수가 없다. 학문적인 가치론의 본당은 경제학이다. 거기는 가치의 논리에 적합한 곳이다. 손실보상법은 이러한 생각에 강하게 지배되고 있다. 로렌츠 폰 슈타인(Lorenz von Stein)의 말처럼 손실보상의 원리는 「경제학의 개념들을 통해서만 가능한 선(Gut)과 가치(Wert)의 구별에 근거를 두는 것이다」.[4] 이와 같이 경제 · 시장 · 금융은 사람들이 고유한 의미에서 가치라고 이름붙인 모든 것의 기반이다. 아무리 고차적인 것일지라도 경제외적인 「가치」는 모두 기반의 법칙에 따라서 지배되는 상부구조에 불과하며, 이 경제라는 기반 위에서 타당하다. **지상의 물은 토지에 종속한다**(superfices solo cedit).* 이것은 「마르크스주의」가 아니다. 마르크스주의가 머리에서 발끝까지* 잘 원용할 수 있는 하나의 현실에 불과하다.

이처럼 불가항력적인 경제화는 모든 것을 인간노동까지도 상품 · 가치 · 가격으로 바꾸어 버리는 자본주의, 바꾸어 말하면 화폐를 가지고 「모든 사물의 일반적인 독자적으로 구성된 가치」로 되고, 다른 일체의 것, 즉 인간과 자연으로부터 그것에 「고유한 가치를 박탈하는」 자본주의*의 귀결이나 수반현상에 불과한 것은 아니다. 철두철미하게 반자본주의적인 노동철학도 자본주의의 논리를 진실로 받고 그것을 최후까지 생각함으로써 같은 방향으로 사고를 발전시키는 것이다. 그 노동철학에 의하면 인간노동은 상품으로 취급되어서는 안 된다. 그것은 그 자체이다. 그렇지만 노동이 그 가격을 인상하기 위해서 가치로서 취급될 때에 어떻게 될 것인가? 노동만이 진실한 가치를 창조한다. 그것은 그 자체이다. 그렇다면 가치는 본래 경제의 영역에 속해야만 하는 것이다. 그 곳이 가치의 기반이며 고향이다. 더구나 이 기반이나 고향을 가치와 상품으로 바꾸지 아니하고, 도대체 기반이나 고향에 대해서 논할 수 있을지가 문제이다.

더구나 잉여가치(Mehr-wert)라는 말에 이르러서는 더욱 그러하다. 산업과 기술이 진보함에 따라서 잉여가치는 상상을 초월한 규모가 되고 있다. 사회적 생산은 매년 증대한다. 이제는 누가 이처럼 거대하게 증가하는, 즉 완전히 표준에서 훨씬 벗어난 가치의 진실한 창조자인가? 이 측정하기 어려운 부를 생산하고 이러한 일련의 경제적

4) Verwaltungslehre, Bd. 7, Stuttgart 1868, S. 76.

기적을 **상당인과적**(adäquat-kausal)으로 가져온 공적은 누구에게 돌릴 것인가? 구체적으로 말하면 누가 사회적 생산물의 정당한 분배자이며, 또 누가 **구체적으로**(in concreto) 분배비율을 정하는가? 이와 같은 모든 문제들은 그것이 가치에의 질문인 한 무엇보다도 먼저 경제문제로서 나타내야할 것이다.*

3.

경제적 가치개념의 논리는 **교환적 정의**(justitis commutativa)의 영역을 가지고 있다. 이 이성적 영역이야말로 그 논리에 적합한 활동의 장이다. 더구나 그 활동은 통화의 안정을 전제로 하고 있지만 법학의 분야에서는 채권법 · 상법 · 손실보상법 · 조세법 그리고 예산법의 영역이 그것에 해당되며, 특수한 방법이기는 하지만 보험법의 영역도 거기에 포함된다. 정신사적 및 지식사회학적으로 보면, 보험제도는 시장경제의 틀로써 규율할 수 없는 여러 가지의 가치관념의 원천이다. 명예훼손이라든가 몽상 · 애정 등의 정신적 가치의 훼손에 대한 금전배상(Geldzahlung)은 상징적인 환가행위(換價行爲, symbolische Geldzahlung)이지만, 이것도 구체적 질서의 틀 안에서만 판단될 수 있을 뿐이며, 그 내부에서만 그 의미를 가진다. 원시적인 형법에는 살인배상금(Wergeld-Taxe)의 제도가 있으며, 귀족이나 자유인의 육체 · 생명이 화폐(더구나 명목화폐[Chartal-Geld]가 아니라 실물화폐)로 환산되고 있었다. 그러나 이 모든 것들도 진 · 선 · 미를 가치자유인(Wert-frei) 자연과학의 인과적 사고에서 구제하려고 하는 가치철학과는 아무런 관계도 없는 것이다.

4.

오늘날 가치라는 개념은 의식적이든 무의식적이든 두 개의 상반되는 입장, 즉 자본주의와 (논쟁적인 그러나 영향력이라는 점에서는 자본주의적에 못지 않는) 반자본주의적 사회주의의 영향 아래 경제의 길을 불가항력적으로 매진하고 있다. 그런데 제3의 외관상으로는 완전히 이질적인 입장에서 동일한 과정이 더욱 추진되고 있다. 1848년 이후 가치철학과 생의 철학(Lebensphilosophie)과의 기묘하고 사람의 눈을 끄는 동시성 · 연립 · 상호침투 · 공생관계가 나타나고 있다. 그러나 여기서는 학술적인, 순수하게 철학사적인 것, 예를 들면 위인 빌헬름 딜타이(Wilhelm Dilthey)에 의한 생의 철학의 기초지움과 같은 사건만을 염두에 두어서는 안 된다. 우리들은 학파나 학설의 대립을 초월하고 있으며, 그래서 상대하는, 아니 적대하는 이념과 사상경향도 하나의 공통된 목표에 향하게 할 수 있는 언어사적 · 개념사적 동시대성(wort-und-begriffsgechichtliche Kontemporaneität)이라는 사실에 관심을 가지고 있다.

어떠한 생의 철학에 있어서도 생(Leben)은 지고의 가치(höchster Wert)라고는 하지 않더라도 고차의 가치(höherer Wert)이다. 생과 가치는 동시대에 있는 여기 백년 정도의 사이에 쌍둥이로서 등장하였다. 이 쌍둥이는 예컨대 오이겐 뒤링*의 『생의 가치』(Eugen Dühring, Der Werth des Lebens, 1865)로부터 하인리히 미타이스*의 『법사학의 생존가치』(Heinrich Mitteis, Der Lebenswert der Rechtsgeschichte, 1947)에 이르기까지 다종다양하고, 정반대의 경향들을 나타내는 책 이름 속에서 더욱 이채를 나타내고 있다. 책 이름은 의외로 시대정신의 징후로서 자주 나이브한 시대정신을 반영하기도 한다. 인종주의적 세계관의 가치체계론 · 어법론에서는 가치와 생은 지고의 계급에 두고 견고하게 서로 결합한다. 히틀러는 (1938년 11월 10일의 신문지상에서) 인간, 보다 정확하게는 독일인은 「무비의 가치」(Unvergleicher Wert)라고 말했다. 독일 민족이 「이 지구상의 지고의 가치」였다. 알프레드 로젠베르크(Alfred Rosenberg)*는 「지고의 가치로 섬기는」 일 중에 「신총을 받은 정신의 도장」(Stemple des wahren Genius)을 본 것이다.

여러 가지의 생의 철학이 자주 유물론의 극복을 제창하고 확실히 제창하지 않더라도 그것을 암시해왔다. 그렇지만 그 철학 중에 있는 가치판단 · 가치화 그리고 반가치선고(Wertungen, Verwertungen und Unwert-Erklärungen)가 일반적인 세속화의 흐름에 합류하여, 학문의 중립화의 경향을 오히려 촉진하였다는 사실에는 변함이 없다. 가치에의 변신(Verwandlung in einen Wert)이라 함은 물론 어떤 가치체계 안에 몸을 두는 것(Versetzung)에 불과하다. 이리하여 가치의 평가바꿈(Umwertung)이 영속적으로 가능하게 된다. 그것은 가치체계들 사이의 평가교환도 있지만, 하나의 가치체계 안에서의 평가교환이라는 것도 있다. 가치서열(Wert-Skala)은 언제나 변경가능한 것이다. 그러므로 무가치한 것의 가치화(Verwertung des Wertlosen)와 반가치의 일소(Beseitigung des Unwertes)라는 환상적인 가능성도 생길 수 있다.

따라서 종교적 가치나 정신적 가치나 도덕적 가치가 가치서열 위에서 보다 높은 위치를 차지한다든가, 막스 셸러(Max Scheler)가 말하는 생명가치(Vital-Werte)가 물질적 가치보다도 높은 지위에 있으며, 정신적인 것보다 열등한 지위에 있다는 것은 중요하지 않다. **일체의** 가치가 지고의 것에서 지저의 것까지, 가치의 궤도 위에 있다는 것이 중요하다. 격을 정한다든가 배치하는 것은 제2차적인 문제이다. 가치의 논리는 제1차적으로는 가치라는 것에서 생기며, 제2차적으로 겨우 가치의 위계에서 생긴다. 지고의 가치라고는 하지만 어떤 가치체계 안에서만 바로 가치이며, 다만 이 가치는 위치를 가지고 있는 것이다. 이리하여 현재 또는 과거의 모습으로부터 가치의 모습으로 변한다. 지고의 가치로 규정된 것, 즉 신 · 인류 · 인격 · 자유 · 최대 다수의 최대 행복 · 학문의 자유라고 하지만, 우선 첫째로 무엇보다도 먼저 **가치**이며, 그 다음에 **지고**의 가치인 것이다. 그렇게 한 것이 가치가 아니라고 한다면 그것은 가치체계상에 있는 것이 아닐 것이다(그렇다면 그것은 초가치이거나 반가치가 될 것이다). 가치가 아닌 초가치(Überwert)를 가치체계가 승인할리 없다. 그러므로 남는 것은 반가치(Unwert)이며, 이것은 가치체계 안에 있을 수 없는 것이다. 왜냐하면 반가치의 절대적 부정은 하나의 적극적 가치(ein positiver Wert)이기 때문이다. 가치적 사고에서 신은 지고의 가치일 필요성은 없다. 가치적 사고에 의해서 규정되고 있는 무신론적 가치체계에서는, 신은 절대적 반가치가 된다. 막스 셸러가 말하듯이, 에두아르트 폰 하르트만(Eduard von Hartmann)과 같은 존재론적 페시미스트에 있어서는 「존재 그 자체가 반가치가 된다」*는 것이다.

많은 신학자 · 철학자 그리고 법학자들은 불가항력적으로 매진하고 있는 학문의 가치자유적 자연과학화로부터의 구제를 가치철학에서 기대한다. 바꾸어 말하면 신학자, 그리고 법학자로서의 그들의 존재기반의 구제를 가치철학에서 기대한다. 하지만 이것은 덧없는 바램이다. 일반적인 가치화는 일반적인 중립화의 과정을 바꾸어서 촉진한다. 그것은 신학자 · 철학자 그리고 법학자의 존재기반도 가치로 바꾸어 버리기 때문이다. 그러한 것을 기대하는 자는 근대 기술이 에너지의 측정에 마력이라는 단위를 사용하니까 말이나 기사(騎士)의 존재기반이 승인되고 있다고 믿는 훌륭한 기사와 마찬가지의 오류를 범하는 것이다.

일반적인 중립화는 종래 계수하여온 대치를 모두 무의미한 것으로 만들어 버린다. 프리드리히 엥겔스*가 『공상으로부터 과학에로의 사회주의의 발전』*을 집필한 당시(1882년)에는 더욱 의미가 있었던 공상과 과학의 대치도 무의미하게 된다. 과학과 공상(Utopie)*이 서로 상대방을 동화한 것은 상당히 오래전의 일이다. 공상은 과학이 된다. (1912년에 작고한) 위대한 수학자 앙리 프앵카레(Henri Poincaré)가 이전부터 「시인이란 얼마나 학자적인 것인가」(quels savants que les poètes!)라고 놀라움의 소리를 읊었으나, 그는 아직 1961년의 [포르만톨상] 수상자 호루헤 루이스 보르헤스(Jorge Luis Borges)같은 인물의 등장을 예기하지 못했기 때문이다.* 그리고 특히 저명한 생물학자 · 생화학자 · 진화론자의 주장에서 간주되듯이 과학은 공상이 되어버린다.

이리하여 모든 사회적 · 생물학적인 공상은 어떠한 종류의 가치도 마음대로 조작할 수 있는 것이다. 더구나 가치와 경제외적인 가치논리는 공상의 원동력인 것이다. 그리하여 여기서는 「세속화와 공상」이라는 전체 테마 아래 경제외적인 가치논리가 구체적으로 어떠한 법적 귀결을 가져오는가를 조금만 논하기로 한다. 그리고 여기에 재현된 가치의 전제(Tyrannei der Werte)에 관한 논의는 본래 포르스토프의 보고 「국가론에 있어서 덕과 가치」를 받아서 이루어진 것이므로, 여기서 그것에 대하여 논하는 것도 부당하지는 않을 것이다.

5.

제2차 세계대전 후의 독일 법학이 가치철학적 기초지움에 보여준 관심은 자연법론의 소생으로 향하고 있다. 양자 모두 법실증주의와 같은 합법성(Legalität)을 극복하고 정당성

(Legitimität)의 기초를 획득하려는 하나의 일반적인 경향을 나타내고 있다. 많은 법학자들에 있어서 가치철학은 토마스적인 자연법론보다 훨씬 학문적으로 뛰어나며, 또 그보다도 훨씬 현대적이다. 더욱이 실증주의와 합법성의 극복이라는 그 노력 목표에 필적하는 것은 실질적 가치론 뿐이다. 신칸트철학의 순수형식적인 가치론은 너무나도 상대주의적이고 형식주의적이기 때문에 그 목적에 맞을 수가 없다. 바꾸어 말하면 그것은 이미 정당성을 가질 수 없는 자연법의 대체물을 제공하지 못한다. 그것만으로 현상학에서 유래하는 막스 셸러의 실질적 가치윤리학에 의한 그 제공은 한층 효과적이었다. 셸러의 주저 『윤리학에 있어서 형식주의와 실질적 가치윤리학』(Der Formalismus in der Ethik und die materiale Wertethik, 1913~1916)은 그 제목에서부터 그의 의도는 명확하다. 셸러의 눈에 막스 베버는 법학자 · 유명론자 그리고 형식적인 민주주의자로 비친다. 그리고 그에 의하면 가치자유적인 학문이라는 베버의 학문적 이상은 「실로 현대 민주주의와 통합되고 있다」는 것이다. 이 형식적인 민주주의야말로 셸러가 실질적 가치윤리학으로써 참으로 극복하려고 한 것이다. 왜냐하면 역사는 민주주의에 의해서 진보하지 않으며 엘리트 · 소수자 · 지도자와 인격에 의해서 진보한다고 셸러는 서술하기 때문이다.[5] 실제로 베버에 있어서 가치는 최후의 말은 아니었으며, 예지가 최종의 결론이지도 않았다. 베버가 가치적 사고를 환영한 것은 그것이 「순수하게 인과적인」 사고에서 나오는 장벽이나 한계에도 불구하고, 역사적 · 사회학적 통찰을 추진하는 가능성을 부여하는 것이었기 때문이다. 그에 있어서 가치는 무엇보다도 그의 학문적 작업의 보조수단이며, 그의 이념형의 길을 여는 도구였다. 더욱이 베버는 「가장 본능적인 생행동」(Konkretissimum des Erlebens)에 대해서는 「**가치**라는 말을 아마도 경멸할」 사람이 있을 것이라고 서술하고 있는 점을 부언하여 둔다.[6]

에프라하 연구회*처럼 신학자 · 철학자 그리고 법학자가 함께 참가하는 토론회에서는 항상 형식적 가치론과 실질적 가치론의 대립에 부딪치게 되고, 집요하게 이러한 대립을 대표하는 두 사람, 즉 베버와 셸러가 불려나오게 될 것이다. 법학적 논제인 기본권과 헌법의 가치체계적 해석 · 기본권의 제3자효력 · 헌법집행의 가치집행에의 전환은, 요컨대 규범과 결정의 집행(Normen-und Entscheidungsvollzug)이었던 헌법의 집행을 가치의 집행(Wertvollzug)으로 바꿀 것인가의 여부에 있다. 여기서 주의해야 할 것은 가치논리가 경제 · 교환적 정의(justitia commutativa)라는 자기에게 적합한 영역 밖에서 활동하고 경제외적인 선 · 이해 · 목표 그리고 이상이 가치가 될 때에 그 논리는 종래와는 다른 것이 될 것이다. 그 경우에는 고차의 가치라는 이유 때문에 계량불가능한 정당성주장이나

---

5) Gesammelte Werke, Bd. 8, 2. Aufl., Bern und München 1960, S. 430 f., 481 참조.

6) 「우리들의 관계는 처음에 단순한 정욕의 관계에 불과했으나 이제 하나의 가치가 되고 있다」라고 하는 어떤 남성의 여성에 대한 발언을 예에 대한 논의 속에서 베버는 이렇게 논한다. Der Sinn der Wertfreiheit usw., Gesammelte Aufsätze zur Wissenschaftslehre, 1951, S. 492 f.; bei Julien Freund in der französischen Ausgabe bei Plon, S. 426 f.(이종수 옮김, 『이해사회학 - 막스 베버의 사회학』, 한벗, 1981).

계량불가능한 가치열등선고(Minderwertigkeitserklärung)도 정당화되어 버리고 만다. 직접적 가치 집행은 구체적 질서 안에서 규범과 결정에 근거하는 법적 집행을 무의미한 것으로 만들어버린다. 경제외적인 선 · 이해 · 목표 그리고 이상과 같이, 여기서 문제로 된 것들이 근대의 자연과학성이란 가치자유 앞에서 그 **가치화**를 통하여 구제될 수 있다고 믿는 것은 치명적인 오류이다. 가치와 가치론에 의해서 정당성을 기초지울 수는 없다. 그것으로 할 수 있는 것은 가치화뿐이다.

사실과 법(factum und jus), 사실인정과 교량, 평가, 판결발견과 판결, 감정(鑑定)과 판결, 요건사실과 판결이유의 차이는 훨씬 예전부터 법률가들에 의해서 승인되고 있다. 법실무와 법이론은 몇 천 년 이래 기준이나 척도를 취급하고, 원고의 주장과 피고의 반론 시인과 부인을 다투어 왔다. 그런데 오늘날 이들 모두에 대해서 가치철학적 정당화가 시험되고 있지만 이것으로 무엇이 행해지고 무엇이 새롭게 첨가되었는가?

행해진 것은 19세기 유럽에서 정신과학의 학문적 기초가 자연과학의 압박으로 무너진 위기적 상황으로부터 탈출하려는 시도이다. 바꾸어 말하면 가치철학은 이른바 19세기의 니힐리즘의 위기에 대한 반동이다. 그리고 새로 부가한 것은 소극적인 것이다. 더욱이 산술적인 플러스 마이너스라는 의미에서 소극적인 것일지라도, 부정적인 것의 변증법적 「지양」(Aufhebung)이라는 의미에서 소극적인 것도 아니다. 그것은 격하 · 차별 그리고 말살의 정당화(Degradierung, Diskriminierung und Rechtfertigung einer Vernichtung)라는 특수한 부가물이다. 산업시대 이전에 독일어의 「가치」라는 말이 온화한 울림을 주었다고 하여 오늘날에도 그런 것처럼 잘못 생각해서는 안 될 것이다. 오늘날 그 말은 법적 청구와 집행에 관계하고 있다. 가치판단은 경계라는 자기에게 적합한 영역 밖에 나가느냐 아니냐, 부정적인 것으로 되고, 열등가치의 차별선언(Diskriminierung des Minderwertiger), 반가치의 일소, 말살을 귀결하는 반가치 선고(Unwert-Erklärung zwecks Ausschaltung und Vernichtung des Unwertes)가 되는 것이다. 반가치 선고에 비교하면 단지 무가치선고(Wertlos-Erklärung)에는 여러 가지 해석의 여지가 있다. 그것은 선고자의 완전한 무관심의 표명일 수 있으며, 또 그것은 다른 때의 가치화에 기회를 열어두기 위한 선언일 수 있다(이른바 「무가치한 것의 가치화」[Verwertung des Wertlosen]). 끝으로 그것은 반가치 선고일 수도 있다. 「가치」로서 취급하는 것은 가치논리에 적합한 경제라는 영역이 있기 때문에 현실적 · 객관적 · 학문적으로 보인다. 그러나 가치판단이 경제외적인 영역에서 부정적인 것이 되고, 그리고 경제외적인 보다 고차적이고 최고의 가치의 논리가 반가치의 단서가 된다는 사실을 간과해서는 안 될 것이다.

「어떤 것이 가치의 영역에 속하는가 하는 판단기준은 부정과의 관계(Beziehung zur Negation)에 있다」.[7] 하인리히 리케르트(Heinrich Rickert)는 이렇게 말하고 소극적 실재(negative Existenz)라는 것은 없지만 소극적 가치(negativer Wert)는 있다고 지적한다. 이와 마찬가지로 엄밀히 형식적인 신칸트적 가치론을 신봉한다고 하더라도, 법학자의

7) System der Philosophie, Erster Teil, Tübingen 1921, S. 117.

경우에는 가치적 사고의 공격적인 성격(이른바「공격점」[Angriffspunkt])은 대체로 그만큼 현저하지는 않다. 그들은 순수하게 형식적인 가치론의 주관적 · 상대적 성격을 강조하기 위해서 얼핏보면 무한계의 관용을 승인하는 것처럼 생각된다. 그리고 법실증주의와 규범주의를 표방하고, 고정된 규칙을 답습하는 직접적 가치집행을 부정하고 있다. 그러나 가치논리가 타당한 이상, 그것에 내재하는 공격적 성격은 단지 위치를 바꾼 것에 불과하다. 여기서는 그 이상의 언급은 불필요하며 또한 이해가 상반되는 두 측면에 대해서도 상세히 논할 필요는 없을 것이다. 이해하는 자가 피이해자(被理解者) 자신 이상으로 피이해자를 이해한다고 주장하게 됨에는, 이해의 실천적 귀결은「전면적 용서」(Alles-Verzeihen)이기도 하며 (이해란 허용하는 것이다[comprendre c'est pardonner]),「전면적 파괴」(Alles-Zerstören)이기도 하다(이해란 멸하는 것이다[compendre c'est detruire]).* 그런데 가치집행이라는 법학적인 문제를 고찰함에 있어서 현대 독일 법학에서 문제가 되는 것은, 대체로 형식주의를 극복하고, 객관적으로 타당한 실질적 가치를 나타내었다고 표방하는 여러 가지의 가치철학이다. 다음에 가치철학의 부정적이며 공격적인 성격을 증명하려고 하는데, 가치론의 해악은 모두 그 형식성에 귀결된다는 세상에 널리 퍼진 견해를 수정함에는 막스 셸러의 가치공리론(Wert-Axiomatik)을 참조하여, 실질적 가치론의 그러한 성격을 증명하면 충분할 것이다. 막스 셸러는 말한다.「하나의 적극적 명제(예컨대「정의는 행해져야 한다」든가「손해는 배상되어야 한다」는 명제)의 궁극적인 의미도, 항상 그리고 필연적으로 하나의 반가치에 대한 고려, 즉 하나의 적극적 가치의 부존재에 대한 고려(Hinblick auf das Nichtsein eines positiven Wertes)를 포함하고 있다.」

따라서 이 실질적 가치론은 하나의 반가치에 대한 항상적이고 필연적인 고려 중에서만 의미를 가지는 것이다. 계속하여 말하기를「더구나 있어야 할 것이 아니라는 것(das Nichtseinsollen)은 당연히 하나의 반가치의 존재에 대한 고려를 전제로 한다」.

이것에 계속되는 부분도 문자 그대로 인용할 필요가 있다.「적극적 가치의 부존재는 하나의 반가치이다. 여기서부터 (삼단논법에 의해서) 적극적 당위명제도 소극적 가치로 향하고 있다는 것이 귀결된다」.

셸러에 의하면 부정성(Negativität)은 (「프란츠 브렌타노[Franz Brentano]에 의해서 이미 부분적으로 명확하게 되고 있었다」) 모든 실질적 가치논리학의 공리의 하나이다.* 그런데 막스 셸러 전집[8]을 이용하는 사람이 기이한 인상을 받는 것은, 그 매우 상세한 사항색인에서「반가치」라는 말이 찾아내는 말로 되어있지 않으며, 또한 그 말은「가치」라는 항목 안에서도 보이지 않으며, 단지「당위」라는 항목 속에 부수적으로만 나온다는 것이다. 따라서 본문에서의 의논에도 불구하고 반가치의 중심적 지위는 다른 점에서는 대단히 잘 나오는 사항색인에서도 알 수 없다. 먼저 문자 그대로 약간 인용을 하고, 가치철학적 개념위상론(Begriffs-Topik) 중에서 가장 중요한 이 점에 주의를 환기시킨 까닭은 여기에 있다.

---

8) Bd. 2, 4. Aufl., Bern 1954, S. 102, 233.

가치집행이라는 문제를 고찰함에 있어서 셸러가 실질적 · 객관적 가치의 자주독립성을 설명할 때에 사용한 유비와 비교도 중요하다. 셸러에 의하면 가치의 존재는 사물 · 재화 그리고 사태(Dingen, Gütern und Sachverhalten)로부터 독립하고 있다. 모든 가치는 이 가치가 들어가는 존재형식(Seinsform)과는 무관계하게, 위로부터 아래로 이어진 일정한 질서를 갖추고 있는 실질적인 성질이다.9) 셸러가 이러한 가치의 독립성과의 유비 · 비교의 대상으로 삼은 것은 색(예컨대, 적색)의 그 담당자(예컨대 사과)로부터의 독립성이다. 현대 회화에서는 상당히 전부터 색의 독자성과 독립성이 인정되고 있다. 그러나 에밀 놀데(Emil Nolde)나 칸딘스키(W. Kandinsky)나 나이(E. W. Nay)와 같은 위대한 현대 화가의 캔버스 위에서 생각대로 몸부림치는 이 분방한(entfesselte) 색처럼, 자립적인 가치가 법원이나 행정관청의 실무 중에서 생각나는 대로 휘두른다면, 예컨대 법치국가적 사고라는 분방한 가치와 사회국가라는 분방한 가치와의 격돌은 피할 수 없을 것이다.* 셸러에 의하면 모든 당위는 가치를 기초로 하는 것이며, 가치가 당위의 기초는 아닌 것이다.* 당위는 항상 「하나의 반가치에 향하고 있다」(auf einen Unwert "gehen")는 것이다. 변증법적 부정에서는 이 실질적 가치논리에 응할 수는 없다. 왜냐하면 변증법적 부정으로부터 반가치의 절대적 말살을 인도할 수는 없으며, 가치논리는 그 특유한 의미를 이 반가치의 절대적 말살로부터 얻기 때문이다. 가치철학류로 말하면 어린양을 먹는 이리는 자기를 위해서 어린양이 「담당하는」 영양가치는 같은 어린양이 「담당하는」 생명가치보다 고차의 가치라고 하여 이 고차의 가치를 집행하였다고 할 수 있을 것인가? 그러나 이리는 여하튼 어린양의 영양가치를 인정하기 때문에 어린양을 단지 말살하기 위해서만 살해했다고 할 수는 없을 것이다. 어린양이 절대적 반가치라는 선고가 있을 때에 비로소, 그렇지 않으면 무의미한 말살이 가치-3단론법에 의해서 의미를 가지게 되는 것이다.*

이리하여 우리들 법학자는 「생존할 가치가 없는 생의 말살의 용인」(Freigabe der Vernichtung lebensunwerten Lebens)이라는 저작을 연상한다. 저자의 한 사람은 위대한 형법학자 카를 빈딩(Karl Binding)이지만 그는 입법자 · 법관 그리고 집행관으로서의 국가의 존재를 전제로 하고, 이 국가에 대해서 확고한 실증주의적 신뢰를 품고 있으며, 자립적 · 자주독립적 가치집행은 그로서는 거의 생각하지도 아니하였다.

6.

1959년 10월 23일의 에프라하 연구회에는 신학자 · 철학자 그리고 법학자가 참가하였다. 가치의 전제라는 표어는 요아힘 리터(Joachim Ritter)* 교수(뮌스터 대학)와 콘라트 후버(Konrad Huber) 박사(프라이부르그 대학)의 토론에서 생긴 것이다. 리터에 의하면 가치개념은 근대 자연과학에 의해서 자연개념(Naturbegriff[본성])이 해체됨에 따라서

9) Gesammelte Werke, Bd. 2, S. 40.

대두하였다. 가치는 공허하게 된 자연에 고지되고 거기에 부과된 것이다. 후버는 덕의 윤리학 · 가치의 윤리학 · 법률의 윤리학을 구별하고, 막스 셸러야말로 가치의 윤리학의 진정한 대표자라는 것을 상기시키면서 (어둠에 「덕은 공포에 의해서 지배한다」는 포르스토프의 보고에서도 인용한 유명한 자코뱅의 말을 동조하면서) 막스 셸러가 **테러**라는 말을 두려워한 일은 없을 것이라고 서술하였다. 요아힘 리터와 콘라트 후버의 토론은 사상이 풍부하며 **고지하는**(herantragen), **부과하는**(auferlegen) 그리고 **테러**(Terror)라고 한 표어로써 다 말할 수 있는 것은 아니지만, 여하튼 이 두 사람의 토론이 **가치의 전제**라는 말을 불러내는 계기가 되고, 뒤에 발표하는 「성찰」의 계기가 된 것이다. 현명한 독자는 거기서 다시 이 계기를 느끼게 될 것이다. 철학적 개념의 고지 또는 부과라는 표현은 법학적인 자기의식을 나타낼 운명에 있었던 것이다. 왜냐하면 어떠한 철학일지라도 (그리고 전문 분화한 현대의 학문활동의 의미에 어떻게 방법론적으로 순수한 철학일지라도), 법학의 건전화에 이바지하는 건전한 철학을 포함하는데, 이 철학 이상으로 법학적 업적으로서 포르스토프의 보고는 그처럼 건전한 철학을 내포하였기 때문이다. 이리하여 테러라는 자코뱅의 말이 등장하고, 그리고 이 말은 니콜라이 하르트만(Nicolai Hartmann)의 가치의 전제라는 정식을 불러내지 않을 수 없었던 것이다.

그럼에도 불구하고 토론이 성과를 얻지 못하고 주관적과 객관적, 형식적과 실질적, 신칸트주의와 현상학, 인식론과 본질직관, 막스 베버와 막스 셸러 사이를 왕래하며, 구체적인 법적 문제의 검토가 태만해질 위험이 있었던 것이다. 이미 1923년에 오르테가 이 가세트(Ortega y Gasset)가 현상학을 가지고 신칸트적 인식론에 대항하고, 셸러의 실질적 윤리학은 준수학적 명증성을 대유한 새로운 엄밀한 학문이라고 열광적으로 칭찬한 데 대하여, 신칸트적 가치철학은 흥미 없다고 하여 배척하고 있다. 그리고 셸러는 이 오르테가의 「수행원」(Gefolgschaft)을 만족스럽게 사용하고 있다.[10] 이러한 철학학파 간의 다툼에 휘말려 들어가는 것을 피하기 위해서는, 마르틴 하이덱거(Martin Heidegger)의 「가치에 대하여 논할 것과 가치 내에서 사고하는 것」에 대한 전문적이고 확정적인 판단을 참조하는 것이 제일이다. 왜냐하면 바로 하이덱거는 (그러한 토론의 틀 안에서 학파를 문제로 삼으며) 신칸트학파에서가 아니라 현상학파에 속하기 때문이다(Hermann Lübbe의 신칸트주의 항목 »Neukantianismus«, in: Staatslexikon der Görres-Gesellschaft, Freiburg, 6. Aufl., 1960, Sp. 1005-1012 참조).

---

10) Gesammelte Werke, Bd. 2, S. 24. 마르부르크 대학에서 철학을 배운 오르테가는 마르부르크학파의 신칸트주의자를 알고 있으며, 그들은 실질적 가치윤리학의 확립에는 아무런 역할도 하지 못했다고 알고 있었다. 헤르만 코헨의 『순수의지의 윤리학』(Hermann Cohen, Ethik des reinen Willens, 1. Aufl., 1904, 2. Aufl., 1907, Neudruck 1921)에서 가치는 제10장 덕의 이론에서, 그것도 정의의 덕이란 곳에서 다루는데, 「가치가 거래의 카테고리」라는 것, 그리고 사용가치가 교환가치가 된다는 것을 명백히 자각하고 있다(S. 611 der Ausgabe von 1921).

7.

그리하여 여기에 다시 인쇄에 붙여진 가치의 전제에 관한 한 법학자의 성찰이 생긴 것이다. 이 성찰은 약간의 수정을 거쳐 연구회의 참가자와 몇몇 친구들에게 기증된 일부 16면짜리 200부의 개인 보관판이 되었다. 보관판의 부제목 「가치철학에 대한 한 법학자의 성찰」은 논제를 강조하기 위해서 붙인 것이다. 그 헌사 「1959년 에프라하 연구회에게」는 성찰을 이 회의에서의 토론의 틀 속에 한정했다는 뜻에서 첨가한 것이다.

스페인에서는 그 보관판이 전술한 오르테가 이 가세트에 의한 현상학적 가치철학의 열광적인 수용과 관련하여 수정한 것이 『정치학잡지』(Revisa de Estudios Politicos)11)에 게재되었다. 그리고 여기에도 국제적인 장에서 가치철학에 대하여 논하면 극복하기 어려운 언어적 장애에 또다시 부딪치게 되었다. 그리고 프랑스에서는 스트라스부르 대학 교수이며 『정치의 본질』(L'essence du Politique)12)이라는 커다란 책의 저자인 줄리앙 프로인트(Julien Freund)는 막스 베버의 학문론 4편을 「인문과학 연구」(Recherches en Sciences Humaines) 총서 제19권13)으로서 번역하였는데, 그는 이 번역에서 많은 시사를 주는 서문 마지막에서 이 보관판을 인용하였다. 그런데 그는 방법론적 및 인식론적 논의에서 계속 제기되는 언어상의 장애를 완전히 극복하고, 그럼으로써 실질적인 문제의 핵심을 보다 명확하게 의식하였다. 이것을 여실히 보여주는 것은 Wertfreiheit[가치자유]라는 말의 번역이다. J. 프로인트는 이것을 neutralité axiologique[가치론적 중립성]이라고 번역하고 있다.* 이것과 레이몽 아롱(Raymond Aron)의 indifférence aux valeurs[가치에 대한 무관심]라는 번역을 대조하라.

독일에서 이 보관판은 특이한 운명에 휘말리게 되었다. 간행 후 4년이 지나서 갑자기 논의의 대상이 되고, 세계적인 신문지14)* 상에서 논란되었다. 처음에는 약 40인의 독자를 위한 보관판 중에서 전개되고, 더욱이 「국가론에 있어서 덕과 가치」에 대한 토론의 틀 안에 머물렀던 논의가, 이제 토론의 의미나 맥락에 대해서는 개략적인 정보조차도 제공하지 않고, 확성기를 통해서 전해지고 몇 10만의 독자가 함께 사는 완전히 이질적인 마당에 나오게 되었다. 거의 골동품이 되어버린 나의 낡은 차는 갑자기 거대한 제트기로 변하였다. 방음벽은 제거되었다. 그러나 이렇게 생긴 소음은 저 법치국가적 헌법집행*이라는 어려운 테마를 구명하는 데에는 아무런 기여도 하지 못하였다. 다만, 가치는 자기 고유의 논리를 가진다는 사실을 재확인한 것에 불과하다.

다음에 1960년의 보관판을 수정하지 아니한 채 기록하여 발표하고, 따라서 가치의 전제에 관한 에프라하 토론을 소개하려고 한다. 주의 깊은 독자는 이상에서 전개한 사고를 더욱 발전시킬 실마리를 다음의 논술, 즉 가치-자유(Wert-Freiheit)라는 체계

11) Nr. 115 vom Januar/Februar 1961.

12) Paris 1965.

13) Paris 1965.

14) Frankfurter Allgemeine Zeitung Nr. 146 vom 27. Juni 1964.

내 가치에 관하여 언급한 논술 중에서 보고 파악할 것이다. 처음부터 끝까지 일관된 자유의 가치-철학(Wert-Philosophie der Freiheit)은 자유가 지고의 가치라고 선언하는 것만으로는 만족할 수 없으며, 그 가치철학에서는 자유가 지고의 가치로서 머물지 않고, 가치-자유가 지고의 자유라는 인식에까지 도달하지 않을 수 없을 것이다.

가치는 자기 고유의 논리를 가진다. 이것은 법치국가적 헌법집행의 등불 아래에서 가장 명백히 알게 된다.

1959년 보관판

가치철학에 대한 한 법학자의 성찰
1959년의 에프라하 연구회에 드림

카를 슈미트

1. 문 제

여러 인간과 사물, 여러 인격과 물이 존재한다. 또한 여러 세력과 권력, 왕관과 지배도 존재한다. 신학자와 윤리학자의 지식의 대상은 덕과 악덕(Tugenden und Laster)이며, 철학자의 지식의 대상은 존재의 성질과 태양(Qualitäten und Modi des Seins)이다. 그렇다면, 가치란 어떠한 것일까? 가치-철학이란 어떠한 것일까?

물론 가치철학 이전에도 가치에 대한 논의는 있었으며 반가치에 대해서도 논하였다. 그렇지만 「물(Sache)은 가치(Wert)를 대유하며 인격(Person)은 존엄(Würde)을 대유한다」*라고 말한 것을 보면, 거기에서는 하나의 구별이 인정되었던 것 같다. 거기서 존엄을 가치화하는(Verwerten) 것은 존엄함에 적합하지 아니하였다.* 이에 대하여 오늘날에는 존엄도 하나의 가치가 된다. 이것은 가치의 놀라운 입신출세이다. 가치는 자기의, 말하자면 평가를 절상한 것이다.

주의할 것은 가치철학에서 말하는 가치는 존재하는 것(Sein)이 아니라 타당한 것(Geltung)이다. 가치는 존재에 있지 않으며 타당하다. 더욱이 가치는 이념적 존재(ideales Sein)라고 하는 사람도 있지만, 이처럼 뉘앙스의 차이에 구애될 필요는 없을 것이다. 여하튼 가치 그 자체는 존재하는 것이 아니라 타당한 것이다. 타당이라는 말은 다음에 서술하듯이 현실화(Verwirklichung)에의 매우 강한 충동을 그 속에 간직하고 있다. 가치는 실현되는 것을 욕망한다. 가치는 현실태가 아니라(nicht wirklich) 현실에 관계하고 있으며 집행, 수행되는 것을 바란다.

여기서 보듯이 문제는 명확한 개념구분(Distinktion)이다. 이것이 어려운 문제라는 것은 쉽게 예상할 것이다. 그러나 마르크스주의의 철학자와 사회학자에게 이것은 별로 어려운 문제도 아니다. 그들은 변증법적 유물론의 공식이라는 편리한 해답집을 가지고 있으며, 따라서 마르크스주의 이외의 어떠한 철학자에게도 이데올로기의 혐의를 씌워서 그 가면을 용서하지 않고 걷어치울 수 있기 때문이다. 가치에 대하여 논하고 스스로 가치철학이라고 칭하는 철학의 가면박탈은 매우 간단하다. 물론 마르크스주의의 이론에 의하면 시민사회 전체는 화폐소유자, 상품소유자의 사회이다. 그리고 이 소유자의 수중에서 모든 것이, 즉 인간과 사물, 인격과 물이 화폐 · 상품으로 변한다. 모든 것이 경제적 카테고리, 즉 가치 · 가격 · 상품만이 타당한 시장에 나온다. 그리고 생산에 있어서는 잉여가치가 문제로 되며, 약간의 소수자가 다른 다수자의 노동에 의하여 창조되고, 이 다수자에 귀속되어야 할 잉여가치를 사취하는 것이다. 이리하여 시민사회에서는 항상 가치가 문제로 된다. 이러한 현실의 장애가 이데올로그들의 뇌리에 현실-철학으로서 반영한 것이며, 거기에 아무런 의심도 없다고 마르크스주의자들은 말할 것이다.

우리들은 이 정도로 단순하게 문제에 답하려는 것은 아니다. 가치, 가격 그리고 화폐가 경제적 개념이며 경제와 밀접한 관련을 가지고 있음은 물론이다. 그러나 이러한 것들을 경제적 개념으로서만 파악하고, 이로써 가치철학 전체를 규율해 버리는 것은 옳지 못하다. 오히려 가치철학은 하나의 철학사적 현상으로서 탐구되어야만 한다. 다음에 가치철학의 유래와 위치를 논하고 그것이 성과를 거둔 까닭을 밝혀보기로 한다.

2. 가치철학의 유래와 위치

가치철학은 매우 중대한 철학사적 상황 속에서 생겼다. 즉 그것은 19세기 니힐리즘의 위기라는 하나의 긴박한 문제에 대한 회답으로서 생긴 것이다. 실존철학의 어떤 요소를 수용하든 하지 않든, 실존주의를 긍정하든 안 하든, 가치철학의 원천에 대한 마르틴 하이덱거의 명제는 철학사적으로는 진실이다. 그것은 빈틈없고 결정적으로 정확하기 때문에 여기서는 원문 그대로(in extenso) 인용한다.

> 19세기가 되자 가치에 대하여 논하는 것이 유행하고 가치 안에서 사고하는 것이 흔한 일이 된다. 더욱이 가치에 대해서 논하는 것이 유행한 것은 니체의 저작이 보급된 이후의 일이다. 사람은 생의 가치 · 문화 가치 · 영원한 가치 · 가치체계 그리고 정신적 가치에 대해서 논하고 그렇게 하여 예를 들면 고대에 있어서 이것들을 인정할 수 있다고 믿었다. 철학이 전문적으로 취급하고, 신칸트주의를 개조해가는 중에 가치철학이 생긴다. 가치의 체계화가 시도되고 윤리학은 가치의 위층(位層)을 추구한다. 기독교 신학까지도 신, 즉 지고선인 지고존재(summum ens qua summum bonum)를 지고가치로 규정한다. 학문은 가치자유인 것이 되고, 가치판단은 세계관 쪽으로 투입된다. 가치와 가치 있는 것은 형이상학적인 것의 실증주의적 대용물로 된다.[15]

---

15) Martin Heidegger, Holzwege, Verlag Vittorio Klostermann, Frankfurt am Main 1950, S. 209/10,

이 마르틴 하이데거의 명제는 가치철학의 유래와 철학사적 위치를 멋지고 정확하게 묘사하고 있다. 인과법칙적인, 따라서 가치자유인 학문에 의해서 인간의 자유, 그리고 그 종교적 · 윤리적 · 법적 책임성이 위협당할 때에 이 도전에 응할 수 있는 가치철학은 인과적 존재의 나라에 이념적 타당의 나라, 즉 가치의 나라를 대치시킨 것이다. 이것은 자유롭고 책임 있는 실체로서의 인간을, 물론 존재로서가 아니라 적어도 타당하는 것, 가치로 주장하는 시도이다. 이러한 시도는 확실히 형이상학적인 것의 실증주의적 대용물로서 나타낼 수 있다.

가치가 타당함에는 설정(Setzung)을 필요로 한다. 거기에서 가치의 설정자가 누구인가가 문제가 된다. 이 문제에 대하여 가장 명확하게, 따라서 그러한 한에서 가장 성실한 것은 막스 베버이다. 그에 의하면 그것은 개인이다. 개인이 순주관적이고 완전한 결정의 자유 속에서 가치를 설정하는 것이다. 이리하여 개인은 과학적 실증주의에서 나오는 절대적 가치자유를 탈각하고 이 실증주의에 자기의 자유를 세계관, 즉 주관적 세계관을 대치시킨다. 그렇지만 가치설정의 순주관적 자유는 가치와 세계관들의 영원한 투쟁, 만인과 만인의 다툼, 만인의 만인에 대한 투쟁(das ewige bellum omnium contra omnes)을 가져온다. 이에 비하여 낡은 만인의 만인에 대한 투쟁(das alte bellum omnium contra omnes)과 토머스 홉스 국가철학의 피비린내 나는 자연상태는 참으로 목가적이다. 옛날의 신들은 그 무덤에서 일어나 낡은 전쟁을 재개한다. 그런데 신들은 탈주술화 되고, 더구나 오늘날 우리가 추가해야 하듯이 새로운 투쟁수단을 취하고 있다. 그 투쟁수단은 이미 무기라는 것이 아니라 소름끼치는 말살수단 · 섬멸수단이다. 이것이야말로 가치자유인 학문과 이 학문에 의해서 추진된 산업 · 기술과의 무서운 산물인 것이다. 여기서 어떤 사람에게는 악마인 것이 다른 사람에게는 신이 된다. 「그리고 이것은 실생활의 모든 질서에서 그러한 것이다.……더욱이 영원히」.[16] 이러한 막스 베버의 충격적인 말을 하나하나 올려 놓으면 많은 페이지를 허비하고 말 것이다. 투쟁을 선동하고 적의를 불러일으키는 것은 항상 여러 가지 가치이지만, 옛날의 신들이 탈주술화 되고 단지 타당한 가치들이 되고 만다면 투쟁은 무의미한 것이 되고 투쟁자는 손을 쓸 수 없도록 독선적이 된다. 이것이야말로 막스 베버의 서술이 뒤에 남긴 악몽이다.

막스 셸러와 니콜라이 하르트만과 같은 저명한 철학자는 가치판단의 주관주의를 떠나서, 객관적이고 실질적인 가치철학을 확립하려고 시도하였다. 막스 셸러는 유용한 것으로부터 성스러운 것에로, 아래로부터 위로, 상승하는 가치체계를 나타내었다. 니콜라

indem Aufsatz: Nietzsches Wort »Gott ist tot«, S. 193 ff.

16) Max Weber, Wissenschaft als Beruf, 1919, abgedruckt in Gesammelte Schriften zur Wissenschaftslehre, Zweite Auflage, besorgt von Johannes Winckelmann, Tübingen 1951, S. 588; Gesammelte politische Schriften, Zweite, herausgegeben von Johannes Winckelmann, Tübingen 1958, S. 547/48 (Schluß des Vortrages Politik als Beruf). 「가치질서들의 투쟁」에 관하여는 요하네스 빙켈만이 작성한 『학문논집』의 사항 색인 중 S. 150, 153 f., 490, 491 ff., 503, 587 ff., 592 참조.

이 하르트만은 실재계(實在界)는 객관적 연관이 층들로 구성된다고 하고, 무기적인 것은 지저(至低)로 하고 정신적인 것을 지고로 하는 체계를 나타내었다. 그러나 아무리 높고 중요한 가치가 타당하다고 하더라도, 그것이 가치인 이상, 어떠한 것 또는 어떤 사람에 대해서(für)만 항상 타당한 것이다. 니콜라이 하르트만 자신이 이것을 분명히 강조하고 있다. 그는 이 대한(für)은 「이념적 타당에는 붙지 않지만 현실적 타당」, 즉 「가치를 감지하는 주체」(»wertfühlendes Subjekt« Ethik S. 142)에는 붙는다고 서술한다. 이 논술은 우리들의 성찰에서 중요하다. 왜냐하면 우리들은 현실적 타당으로부터 눈을 피할 수는 없으며, 현실적 타당에서는 항상 「가치감지의 주체」가 문제로 되는 것이 이제 명확하게 되었기 때문이다.

가치적 사고에 내재하는 논리로부터 도피할 수 있는 가치적 사고자는 없다. 주관적이든, 객관적이든, 형식적이든, 실질적이든, 가치를 문제로 삼으며, 특수한 사고의 접속을 불가피하게 된다. 이 접속은 어떠한 가치적 사고에도 (강제적이라고 할 수밖에는 없다) 따른다. 왜냐하면 가치는 존재가 아니라 타당한 것에 불과하기 때문이다. 이것이야말로 가치의 특수성이다. 따라서 설정(Setzung)은 그 설정된 것이 현실에 관철(durchsetzen) 되지 않으면 무와 마찬가지다. 타당한 것은 그것이 공허한 가상으로 되지 않기 위해서는 끊임없는 실현, 즉 관철(geltend machen)되지 않으면 안 된다. 가치를 말하는 자는 관철하려고 한다. 덕은 실천(ausüben)된다. 규범은 적용(anwenden)된다. 명령은 집행(vollziehen)된다. 그러나 가치는 설정되고 관철되는 것이다. 그 타당함을 주장하는 자는 그것을 관철시키지 않을 수 없다. 가치는 그 관철을 기대하지 않고 타당하다는 자는 사기꾼일 것이다.

3. 공격점

어떤 것이 가치를 가지는가의 여부, 가진다면 어느 정도의 가치를 가지는가, 어느 정도의 높은 가치를 가지는가 하는 문제는 설정된 입각점과 관점에서만 결정될 수 있다. 가치철학은 「점의 철학」(Punkt-Philosophie)이며, 가치논리학은 「점의 윤리학」(Punkt-Ethik)이다. 그 철학과 윤리학에서 끊임없이 사용되고, 말하자면 그 표어라고도 할 수 있는 입각점 · 시점 · 관점 · 착안점(Standpunkt, Gesichtpunkt, Blickpunkt, Augen-punkt) 등이라는 어휘이다. 이것들은 이념도 카테고리도 원리도 전제도 아니다. 바로 「점」(Punkt)이다. 점은 하나의 순수한 시계주의(視界主義, Perspektivismus)*의 체계 내에 하나의 좌표계 내에 있는 것이다.* 그러므로 어떠한 가치도 체계 내 가치이다. 지고의 가치(그때그때 세상에 존재하는 개개의 인간, 「위대한 체계」로서의 인류 · 자유 · 계급없는 사회 · 생 그 자체 · 생활 수준 · 성스러운 것 · 신)라고 하더라도 가치인 이상, 가치체계 내에 위치하지 않으면 안 된다. 「가치들의 평가바꿈」(Umwertung der Werte)이라는 말이 막힘없이 유포된 것도 그 때문이다. 평가바꿈은 그 철학과 윤리학에 대하여 결코 어려운 일이 아니다. 단지 바꾸어 놓고 말하면 좋은 것이다. 입각점 · 관점 · 시점은 자기보존을 위해서 있는 것은 아니다. 오히려 지평이 변함에 따라서 변한다는 것에 그 기능과 의미가 있는 것이다.

이제 가치적 사고의 「점=주의」(Punktualismus)*가 명백한 곳에 바로 막스 베버의 지적 성실도 나타난다. 그의 사상을 몇 가지의 커다란 사조로 환원하고, 그리하여 그의 탁월한 사회학적 견해를 경시하는 것은 확실히 옳지 못할 것이다. 또한 아무도 그를 신칸트적 인식론자로서만 보려고 생각하지는 않을 것이다.[17] 그러나 그의 사고의 투철함은 바로 가치철학 특유의 「점=주의」 속에서 발휘되고 있으며, 그는 시점 · 입각점 · 착안점 등의 점과 함께 하나의 독자적인, 더구나 결정적인 「점」을 인식하고, 그것을 모두 「공격점」(Angriffspunkt)이라고 부른다. 막스 베버는 역사가 에두아르트 마이어(Eduard Meyer)에 대한 비판에서 말하기를, 「가치판단을 내리는 태도의 무한한 다양성」을 밝히고 있다. 이러한 해명은 「우리들에게 가치판단의 있어야 할 입각점과 공격점을 명확하게 하는」 의미를 가진다고. 그리고 베버는 「입각점」 · 「공격점」 · 「가치판단」이라는 세 개의 용어를 인용 부호로써 강조하는데, 그것은 바로 그의 사고방법과 표현방법에 특징적인 것이다.[18]

「공격점」이라는 말은 모든 가치설정에 내재하는 잠재적 공격성을 드러내놓고 있다. 입각점이나 시점과 같은 말은 거기에서 벗어나며, 외견상 무한한 상대주의, 합리주의 그리고 시계주의의 인상을 주며, 따라서 원칙적으로 호의를 지닌 중립주의와 결부된 커다란 관용의 인상도 준다. 그러나 공격점도 활동하는 것을 알면 그 중립주의의 환영은 꺼지고 만다. 우리는 「공격점」이라는 말의 무해화를 시도하고, 그것을 단순한 「착수점」(Ansatzpunkt)으로 바꾸어 읽을 수도 있다. 그렇지만 그것은 불쾌한 인상을 부드럽게 할 뿐이며, 가치적 사고에 내재하는 공격적 성격 그 자체를 부드럽게 할 수는 없을 것이다. 공격성은 「가치의 숙명적인 이면」[19]이다. 그것은 가치의 정립적 · 설정적 구조(thetisch-setzerische Struktur)에 자연히 배태하는 것이다. 그리고 그 공격성은 가치의 구체적 집행에 의해서 끊임없이 새로이 산출될 것이다. 그것은 가치적 법(Wertrecht)과 명제적 법(Satzrecht)을 구별함으로써 극복되지 않으며, 오히려 도를 더할 것이다.[20]

---

17) Raymond Aron, in der Einleitung zur französischen Ausgabe von Max Webers Abhandlungen »Wissenschaft als Beruf« und »Politik als Beruf«, französische Übersetzung durch Julien Freund, in der Reiche »Recherches en Sciences Humaines« Nr. 12, Libraire Plon, Paris 1959.

18) Max Weber, Gesammelte Aufsätze zur Wissenschaftslehle, 2. Aufl., besorgt von Johannes Winckelmann, 1951, S. 246 (aus dem Jahre 1906).

19) 이 표현의 출전은 아메리코 카스트로(Americo Castro) 저작의 독일어역 『스페인-환상과 현실』(Spanien, Vision und Wirklichkeit, Verlag Kiepenheuer & Witsch, Köln-Berlin, 1957)의 「가장 온건한 국가나 종교들마저도 그들이 구현하는 가치의 숙명적 이면인 부정의의 기초 위에 성립하고 있다」는 곳이 있다(S. 60). 아메리코 카스트로의 이 책은 가치에 관하여 크게 논하고 있다. 그런데 라틴어 valor의 언어적 의미는 독일어 Wert와 동일하지 않다. 이에 관하여는 1960년 중에 출판될 예정인 레가스 이 라캄브라(Legaz y Lacambra) 교수의 축하기념논문집에 기고한 나의 논문*을 참조.

20) 이러한 구별을 하는 것은 라이너 슈페히트의 논문 「형식적이고 실질적인 법철학자들의 구조」(Rainer

인간이 다른 인간에 대하여 구체적으로 가치를 관철하느냐 못하느냐, 공격성은 가치의 양면적 성격(Ambivalenz) 때문에 끊임없이 새로운 해독을 발산할 것이다.

4. 가치파괴적 가치실현

가치의 양면성도 현재는 중립성이라는 옷을 입고 나타난다. 수학에 있어서 플러스 · 마이너스, 물리학에 있어서 양극 · 음극은 그 예이다. 이러한 종류의 중립성이 자연과학적 실증주의에서 나오는 중립성에 불과하다는 것은 자명할 것이다. 그런데 사람이 순주관적 가치판단의 자유 아래 선 것은 이 실증주의에서 나오는 니힐리즘적 가치자유를 벗어나기 위해서였다. 사람은 커다란 니힐리즘의 위기를 극복하려고 만인과 만인의 투쟁을 인수한 것이다. 그러면 객관적 가치론은 이리하여 생긴 학문의 가치자유와 개개인의 결정자유 간의 심연에 다리를 놓았을 것인가? 새로운 객관적 가치는 막스 베버의 가치판단의 투쟁이라는 기술이 우리들에게 남긴 악몽으로부터 우리들을 해방하였을 것인가?

객관적 가치론은 그것을 하지 않았으며, 또 할 수도 없다. (다른 자의 객관적 명증적 지식의 증대에 아무런 기여도 하지 못한) 객관적 가치론은 자기가 설정한 가치를 객관적이라고 함으로써 가치판단의 투쟁에 자기무장이라는 새로운 동력, 즉 투쟁을 오히려 선동하고 강하게 하는 독선이라는 새로운 계기를 가지고 들어온 것 외에는 아무것도 하지 아니하였다. 주관적 가치론은 극복되지 않고 있다. 가치판단의 입각점 · 시점 · 공격점은 개인의 이해에 따라서 결정되는 것이지만, 이 이해의 주체를 은폐하고 가치의 담당자를 비밀로 하였다고 하여, 가치가 객관성을 얻을 수는 없다. 가치감가(abwerten)도 가치증가(aufwerten)도 가치화도 가져온 일 없이 가치판단을 내릴 수 있는 자는 아무도 없다. 가치를 설정하는 자는 그것으로써 반가치에 대치한다. 그리고 가치의 관철이 구체적으로 문제가 되느냐 아니냐, 입각점 · 시점의 수시 변경가능성과 상통하는 무한계의 관용과 중립주의는 모습을 숨기고, 일전하여 적의(敵意)가 나타난다. 가치의 자기현시욕

Specht, »Zur Struktur formal-material gebauter Rechtsphilosophien«, in: Archiv für Rechts-und Sozialphilosophie, Bd. XLIV/4. Hermann Luchterhand Verlag, Neuwied und Berlin, 1958, S. 475-493)이다. 명제의 설정이 규칙(법률)의 제정과 개념적으로 동일하지 아니한 것은 물론이다. 그러나 어떠한 설정도 집행을 의욕한다. 이 과정에서 이성의 지령(Diktat)이 어떻게 신속하게 가치를 담당하고 감지하는 주체의 독재(Diktatur)로 변할 수 있는가는 근대 혁명사가 가르치는 바이다. 이미 그리스 고대에 정립자(Thete)와 전제자(Tyrann)는 서로 이웃이었다. 따라서 라이너 슈페히트의 명민한 구별은 부정해야 할 것은 아니지만, 나의 생각으로는 보완을 요하는 것이다. 슈페히트는 말하기를 「정립작용(Thesis)은 단순히 위에 있는(aufliegen) 것이 아니라 영향을 준다」고. 계속하여 말하기를 「있는 곳에서 정립 작용은 예를 들면 사유의 내용(Noema)을 법률의 내용(Dikaioma)으로 함으로써 그것이 관계하는 사유의 핵(Kern)을 수정한다. 에드문트 후설은 동일한 것을 집요하게 지적하고 있다」(S. 484)라고. 그것은 그대로라고 하더라도 이 정립과 설정이 단순히 「위에 있는」 데에 그치지 아니하는, 단순히 합류하는 데에 그치지 않는, 단순히 가치의 「한패가 되는」(sich gesellen)데에 그치지 않는다는 것은 무엇을 의미하는 것일까? 그것은 라이너 슈페히트가 말하듯이, 「있는 곳에서」 정립과 설정으로부터 수정이 생긴다기 보다는 오히려 설정과 관철의 논리(Logik des Setzens und Durchsetzens)가 가치의 본질을 이루며, 가치 논리 그 자체의 불가결한 요소라는 것을 의미한다.

(Geltungsdrang)은 억제하기 곤란하고, 여러 가치정립자 · 가치감가자 · 가치증가자 · 가치화의 주체 간의 투쟁은 불가피하다.

그때그때 생존한 인간의 생명보다 고차의 가치가 있으며, 이 고차의 가치를 관철하기 위해서라면, 현대의 학문 · 기술의 산물인 말살수단을 투입하는 것도 정당하다는 객관적 가치철학자도 있으며, 인간의 생명을 박탈하는 것은 범죄라고 하는 객관적 가치도 있다. 핵무기의 투입에 관한 논의는 이것을 명확하게 하고 있다.[21] 놀라운 일은 가치의 논리에 따르면, 결국은 가치철학 일반의 유래와 의미까지도 말소가능하고, 과학적 실증주의적 니힐리즘의 극복을 위한 사조를 자기의 논리에 복종시키고 스스로 자신을 말살시키는 일도 가능한 것이다. 왜냐하면 학문의 절대적 가치자유를 가치로서가 아니라, 지고의 가치로서 설정 · 관철할 수 있기 때문이다. 처음부터 끝까지 일관된 가치논리 앞에 선다면 이 지고가치의 설정자 · 집행자는 가치철학 전체를 반학문적 · 반진보적 · 니힐리즘적이라고 단죄하지 않을 수 없다. 이리하여 여러 가지의 가치정립자와 가치감가자 간의 투쟁은 쌍방 간에 무의미한「세계가 멸하더라도」(Pereat Mundus)라는 소리가 높아짐으로 끝나는 것이다.

5. 가치의 전제

모든 주관적 가치 간의 혹은 객관적 가치 간의 투쟁을 종결시킬 길이 달리 있을 것인가? 고차의 가치는 저차의 가치를 자기의 지배 아래에 둘 권리와 의무를 가지며, 가치 때문에 반가치를 말살하는 것도 정당하다. 이것은 명백하고 용이한 것이며, 가치판단의 본질에 근거를 둔 것이다. 그것이야말로 서서히 우리들의 의식에 올라온「가치의 전제」이다.「가치의 전제」라는 말은 내가 만든 조어는 아니다. 위대한 객관적 가치철학자 니콜라이 하르트만의 말이다. 그의 논술은 우리들의 행론(行論)에 대하여 매우 중요한 것이므로, 여기서 (전술한 가치론의 역사적 위치에 관한 마르틴 하이덱거의 견해와 마찬가지로) 명시적으로 인용해 둘 필요가 있다. 니콜라이 하르트만은 말한다.

> 어떠한 가치나 (그것이 오직 한 인격만을 지배한 때에는) 인간적인 모든 에토스를 지배하며, 더욱이 다른 가치를 정반대가 아닌 가치도 희생하여 지배하는 유일한 전제자가 되는 경향이 있다. 더욱이 인간의 가치감정을 규정하는 (또는 도태하는) 힘으로서의 가치가 이러한 경향을 가지고 있기 때문에, 이념적 존재의 영역 내에 있는 가치에는 그러한 경향은 인정되지 아니한다. 그와 같은 가치의 전제를 명확하게 나타내는 것은 현행 도덕의 배타성, 즉 이종(異種)의 도덕에 대한 (기타의 점에서는 관용한 도덕의) 불관용이다. 보다 한층 명확하게 나타내는 것은 한 인격이 단지 하나의 가치에 매어있다는 사실이다. 이리하여 사랑과

21) Die Zerstörurg der naturrechtlichen Kriegslehre; Erwiderung an Pater Grundlach S. J. von Ernst-Wolfgang Böckenförde und Robert Spaemann, in: Atomare Kampfmittel und christliche Ethik, Diskussionsbeitrag deutscher Katholiken, Verlag Jos. Kösel, München 1960.

상용되지 않는, 말하자면 이웃 사랑과 상용되지 않는, 아니 모든 고차의 가치와 상용되지 않는 정의의 광신이 일어나는 것이다(하늘이 무너져도 정의는 행하여진다[fiat justitia pereat mundus]).[22]

이 니콜라이 하르트만의 논술은 앞서 지적한 가치파괴적 가치실현이라는 도식의 정당성을 뒷받침하여 준다. 더욱이 가치의 전제가 불가피한 것은 단지 심리상에서만 그러한가, 그보다 일의 본성상 그러한가, 말을 바꾸면 가치의 전제는 하르트만이 서술하듯이, 인간의 주관적 가치 감정을 통하여 비로소 생기는 것인가. 그렇다면 우리들이 이해하는 것처럼 가치적 사고의 구조에 배태하는가 라는 문제가 있지만, 법학자의 관심사인 실천적 결론에는 차이가 없다. 정당하게 이해하면 가치의 전제란 말은 가치론 전체가 신념과 이해들의 오랜 영속적인 투쟁을 오히려 선동하여 강하게 한다*는 인식에 도달하는 실마리가 된다. 이에 대하여 현대의 가치철학자 중에는 「저초관계」(Fundierungsverhältnis)를 인정하고, 저차의 가치는 고차의 가치의 예비조건이라는 것을 이유로 때로는 저차의 가치가 고차의 가치에 우선한다고 설명하는 자가 있다는 반론이 생각되지만 이 주장은 중요하지 않다. 그것이 나타내는 것은 오히려 가치적 추론 일반의 애매함이다. 즉 그것은 가치적 추론에 따르면 끊임없이 새로운 관계와 시점(Gesichtspunkt)을 가질 수 있으며, 따라서 항상 상대방에 대하여 「너는 확실하다고 보이는(offensichtig) 가치를 보지 아니한다」, 「너는 가치맹목(Wertblind)이다」라고 비난할 수 있는 것을 보여준다. 그러니까 가치적 사고에서는 시점 · 관점 · 착안점에 기초를 두고 만들어지는 좌표계가 문제로 되기 때문에 맹목이라는 말을 비판용어로서 사용하는 것은, 가치논리에 적합한 것이다.[23]

가치논리 앞에 선다면 지고가치 때문에 지불되는 어떠한 고가의 희생도 항상 너무 높다는 것은 없으며, 얼마나 고가한 희생도 항상 미워해서는 안 된다. 이 논리는 너무나 강하고 또 명백하기 때문에 가치들의 투쟁 중에서 억지되고 제한되는 일은 없을 것이다. 특수한 가치논리 앞에 선다면 삼가하고 생각함이 어떻게 상실되는가는 유행에 뒤진 목적과 수단의 관계와, 유행하는 고차의 가치와 저차의 가치, 아니 가치와 반가치의 관계와를 서로 비교하면 이해될 것이다. 이전에 존엄이 아직 가치가 아니고 이것과는 본질적으로 다른 어떤 것이었을 때, 목적에 의하여 수단을 정당화 할 수는 없었다. 목적이 수단을 정당화한다는 격률은 기피할 격률이었다. 이에 반하여 가치체계에서는 가치 때문에 반가치를 말살하는 것도, 고차의 가치 때문에 저차의 가치를 보다 열등한 가치로서 취급하는 것도 정당한 것이다. 객관적 가치론의 거장 막스 셸러는 이렇게 말한다. 「하나의

---

22) Nicolai Hartmann, Ethik, 1926, S. 524 ff.(전원배역, 『윤리학』, 원광대 출판국, 1979). 가톨릭 신학자 베르너 쇨겐(Werner Schöllgen)의 『현하의 도덕문제』(Aktuelle Moralprobleme, Düsseldorf, Patmos-Verlag, 1955)에서는 가치의 전제에 관한 니콜라이 하르트만의 견해가 공감을 가지고 인용하고 있다(S. 144). 물론 거기에서 가치철학 그 자체를 비판하기 위한 결론을 도출하는 것은 원칙적으로 시도되고 있지 않지만.

23) 디트리히 폰 힐데브란트(Dietrich von Hildebrand)는 후설편, 『철학과 현상학적 연구를 위한 연보』에 게재한 유명한 논문*에서 적극적 가치 맹목과 소극적 가치 맹목에 대하여 논하고 있다.

소극적 가치의 부정은 하나의 적극적 가치이다. 이것은 수학상 명확하다. 마이너스의 이승은 플러스이기 때문이다」* (데오도르 해커[Theodor Haecker]는 사색상의 정열에서라기보다는 논박에 대한 열정에서 이것을 모방하고 있다). 여기에서부터 가치적 사고를 그 옛날의 적, 즉 가치자유인 사고와 결부된 결합을 묶은 것은 그만큼 용이하지 아니한 것임을 알 것이다. 막스 셸러의 그 명제는 악에는 악으로 갚고, 이리하여 이 세상을 지옥으로 바꾸는 것도 지장 없고, 지옥을 가치들의 낙원으로 바꾸는 것도 지장 없는 것이다.

6. 매체 없는 가치집행과 법률을 매개로 하는 가치집행

이상과 같이 가치론은 정전 문제에 관한 논의에서 진정한 성공을 거두게 된다. 이것은 당연한 것이다. 지고의 가치를 위한 투쟁에서 상대방을 고려하는 것은 전적으로 상실된다. 아니 거기에서 고려는 반가치가 된다. 반가치는 가치에 대항하는 권리를 가지지 못하며, 지고의 가치를 관철하기 위해서 지불되는 어떠한 희생도 큰 것은 아니다. 따라서 이 세상에 있는 것은 이미 말살자와 피말살자에 불과하다. 이리하여 유럽공법(Jus publicum Europaeum)*의 일부를 이루는 고전적 전쟁법의 모든 카테고리(정당한 적 · 정당한 전쟁사유 · 수단의 비례성 · 질서있는 행동 · 정당한 한도[debitus modus])는 어쩔 수 없이 이 가치 없는 것의 희생이 되고 만다. 여기서 가치를 관철하려는 충동은 직접적인 가치집행을 강제하는 것이 된다.

1920년 독일에서 불길한 제목의 책이 출판되었다. 즉 『생존할 가치 없는 생의 말살의 용인』(Freigabe der Vernichtung lebensunwerten Lebens).* 저자는 명망이 있고 우수한 독일적 지성을 겸비한 두 사람의 독일 학자이다. 즉 의학자 알프레드 **호헤**(Alfred Hoche)와 법학자 카를 **빈딩**이다. 두 사람 모두 당시의 진보적 지식인이며, 또한 매우 건전하고 인도적인 사상이 풍부하였다. 두 사람은 모든 종류의 보류책과 예방책을 강구함으로써 생존할 가치 없는 생의 말살이라는 자기들의 제안이 어떻게 하면 그 남용을 방지할 수 있는가에 관하여도 감명 깊게 논하고 있다.* 20년 후에 현실*로 된 생존할 가치 없는 생의 말살이라는 처참한 사건에 대하여 그 어떤 책임이나 연대책임을 그 두 사람의 독일 학자에게 사후적으로(expost) 전가하는 것은 부당할 뿐만 아니라 비열할 것이다.* 그러나 바로 이러한 경험은 책 제목에서 사용하고 있는 말 전체에 대하여 엄밀하게 고찰하고, 가치의 전제라는 문제를 깊이 생각하게 만드는 계기가 되었던 것이다. 우리들은 무책임하게 말을 사용해서는 안 된다(Ne simus faciles in verbis).

당시 즉 1920년에는 박애의 정신이나 선의에서 생존할 가치 없는 생의 말살을 요구하는 것은 가능하였다. 그러나 오늘날 발표할 가치가 없다고 하여 저작의 발표를 금지하거나, 표명할 가치가 없다고 하여 의견의 표명을 억누르거나, 인쇄할 가치가 없다고 하여 인쇄소의 수중에 있는 책이나 논문의 인쇄를 저지하거나, 수송할 가치가 없다고 하여 이미 승객 홈에 있는 승객의 수송이나 혹은 이미 화물 홈에 있는 화물의 수송을 거절하는 것은 과연 어느 정도 해악이나 위험을 제거할 수 있겠는가? 그럼에도 불구하고 가치적 사고에서는 이러한 행동 모두가 반가치의 말살의 용인이라는 말 아래 정당성을 가지고 요구될 수 있는 것이다.* 거기에서는 모든 것이 고차의 가치가 저차의 가치에 대하여, 아니 반가치에 대해서도 직접적으로 관철되며, 정당화되는 것이다.

문제 있는 가치의 타당과 문제 있는 플라톤적 이념의 존재를 비교하는 것은 그 자체가 흥미 있는 철학의 테마일 것이다. 그러나 이에 관한 전문 철학자의 어떠한 논술보다도 아마 이념에 관한 괴테의 말이 더욱 가치의 본질을 찌르고 있을 것이다. 「이념은 항상 이상한 손님으로서 나타난다」.* 가치의 현실화도 이것과 다를 수는 없다. 「이념은 매체(Vermittlung)를 요구하며,* 이념이 적나라하게 직접적으로 나타난다면, 즉 기계적으로 자기 집행한다면, 사람은 공포에 지배되고 처참한 사태가 생긴다. 사람이 오늘날 가치라고 명명하는 것에 대해서도 이것은 자명한 진리여야 한다. 「가치」라는 카테고리에 고집하는 자는 이것을 잘 생각할 필요가 있을 것이다. 이념은 매체를 필요로 한다. 그러나 가치는 더욱 매체를 필요로 한다.

헌법에서 입법자를 규정하고 있는 공동체에서는 입법자와 그 소산인 법률의 책무는 예측가능하고 또한 집행 가능한 규율을 설정하고, 이것으로써 매체를 규제하고 직접적 · 자동적 · 가치집행이라는 테러의 발생을 방지하는 것에 있다. 이것은 뤼코르코스나 솔론으로부터 나폴레옹에 이르는 세계사의 위대한 입법자가 신화적인 인물로 생각될 정도로 어려운 임무이다. 대중의 생활기반 제공이라는 과제를 안고 있는 현대의 고도 산업국가에서 매체는 새로운 문제가 되고 있다. 여기서는 입법자가 멋지게 기능하지 않는다고 하여 그것에 대신할 수 있는 자가 있을 수는 없다. 아마 조만간 그 몫에 맞지 않는 임무의 희생이 되는 핀치 · 힌터가 있음에 불과하다.

직접적인 가치집행에 종사하는 법률가는 자신이 하고 있는 일을 자각하지 않으면 안 될 것이다. 가치의 유래와 구조에 대하여 심사숙고해야만 하고, 가치의 전제의 문제나 매체 없는 가치집행의 문제를 경시해서는 안 될 것이다. 법률가는 가치의 정립 · 평가바꿈 · 가치증가 · 가치감소 등에 관여하기 전에, 바꾸어 말하면, 기판력을 가진 판결을 내림에 있어서 가치를 담당하고 감지하는 주체로서 활동하고, 그리하여 판결을 주관적 또는 객관적 가치체계 아래에 두기 전에, 현대 가치철학을 알 필요가 있지 않겠는가.

정 치 신 학 II (1970)*

모든 정치신학은 해결되었다는 전설

한스 바리온
그의 고희를 기념하여
1969년 12월 16일

차 례

---

* Politische Theologie II. Die Legende von der Erledigung jeder Politischen Theologie, Berlin: Duncker & Humblot 1970, 5. Aufl., 2008, 126 S.

일러두기

이 책의 제목인 『정치신학 II』는 같은 출판사에서 『정치신학』(초판 1922, 재판 1934)*이 출간되었었기 때문에 붙인 것이다. 이 책의 검토 대상은 에릭 페터존(Erik Peterson)* 교수가 1935년에 신학에 대하여 간략하게 기술한 작은 책자이다. 이 책은 그동안 모든 정치신학 논쟁을 해결(erledigen)*했다는 학문적 전설을 낳았는데, 페터존 교수의 최종 결론도 비슷한 내용을 담고 있었다. 그렇게 멋진 전설은 방해받아서도 안 될 일이거니와, 어쨌거나 파괴될 수도 없다. 그래서 나는 그의 논증과 결론 사이의 내재적 관계만을 검토할 것이며, 그의 신학 작품 전체, 특히 1922년부터 1960년 사이의 그의 신학이론의 전개를 분석하는 것은 이 책의 주제가 아니다.

1935년도의 글을 이렇게 범위를 좁혀 조목조목 분석하여, 1969년 12월 16일에 고희를 맞는 위대한 신학자요, 교회학자이며 법사학자인 한스 바리온께 바치는 이상, 해석상의 잘못이 조금이라도 있어서는 안 될 것이다. 그분의 학술적 저작 전체는 너무나 방대하고 포괄적이어서 소규모 작업의 헌정으로는 경의를 충분히 표할 수 없다. 그분은 법학을 연구하고 가르친 세계적 석학 중의 한 사람인 루돌프 조옴(Rudolph Sohm)과 같은 등급의 법학자이다. 그래서 이 책의 맥락을 이해하지 못하는 인상이나 심어주지 않을는지 의심스러워, 개인적인 헌정은 하지 않는 편이 옳은 일이지 싶다.

여러 가지 이유로 나는 한스 바리온께 경의와 감사를 드릴 수밖에 없다. 그분은 나에게 너무나 유익한 전문지식을 전수해 주었을 뿐만 아니라, 나의 법학연구에도 각별한 관심을 기울여 주셨다. 그분께서는 1959년과 1965년 그리고 1968년도에 세 편의 훌륭한 논문을 통하여 나의 생각을 비판적으로 검토해 주셨다.[1)] 이 중 마지막 논문은 제2차 바티칸 회의*에 대한 다섯 번째 연구로서 나의 팔순기념 논문집인 『에피로시스』(Epirrosis)에 실려 있다.[2)] 이 논문은 정치신학의 문제를 다루고 있다. 그분도 거기서

1) Hans Barion, Ordnung und Ortung im Kanonischen Recht, in: Festschrift für Carl Schmitt, hrsg. von H. Barion, E. Forsthoff und W. Weber, Berlin 1959, S. 1-34; H. Barion, Kirche oder Partei? Römischer Katholizismus und politische Form, in: Der Staat 4 (1965), S. 131-176; H. Barion, Weltgeschichtliche Machtform? Eine Studie zur Politischen Theologie des II. Vatikanischen Konzils, in: Festschrift *Epirrhosis*, Berlin 1968, S. 13-59.

2) Hans Barion, Das Zweite Vatikanische Konzil. Kanonistischer Bericht I (in: Der Staat 3 [1964], S. 221-226); Bericht II (in: Der Staat 4 [1965], S. 341-359); Bericht III (in: Der Staat 5 [1966], S. 341-352). Bericht IV는 공회의의 사회교시를 다루며 Das konziliare Utopia. Eine Studie zur Soziallehre des I Vatikanischen Konzils, in: Festschrift *Säkularisation und Utopie*, Ebracher Studien, Ernst Forsthoff zum 65. Geburtstag, Stuttgart 1967, S. 187-223; Bericht V는 공회의 국가론을 다루며, Weltgeschichtliche Machtform? Eine Studie zur Politischen Theologie des II.

페터존의 논문을 검토할 필요가 있다고 하며, 이를 「최후의 공격」*이라고 부른다. 이 표현은 나에게 깊은 감명을 주었을 뿐만 아니라, 옛날의 도전을 떠올리며 상처부위에 박힌 최후의 화살을 뽑아낼 자극도 주었다.

이렇게 해서 나의 개별 분석이 나오게 된 것이다. 이것은 다른 사람들을 위한 예비 작업일 뿐이며, 내가 여기서 증언하는 정화작업에 대한 보고서 이상의 것도 아니다. 또한 **성속양법**(聖俗兩法, jus utrumque)이라는 정신 속에서 세속법학자와 교회법학자를 결합시킨 동행관계 · 이론적 · 실제적 그리고 개인적 경험이 풍부한 40년간의 동행관계를 증언하는 것 이상도 아니다.* 1922년의 나의 정치신학의 내용과 주제를 이번에는 16세기 **종교개혁권***에서 비롯하여 헤겔에게서 절정기에 달했고,* 지금도 도처에서 인식할 수 있는 방향으로 그 서술방식을 바꾸어 보았다. 곧, 정치신학으로부터 정치 기독론*으로 그 서술방식을 바꾸어 보았다.

1969년 12월

카를 슈미트

Vatikanischen Konzils, in: Festschrift *Epirrhosis* für Carl Schmitt zum 80. Geburtstag, Berlin 1968, S. 13-59에 수록되어 있다.

서 문

무신론자 · 무정부주의자 · 실증주의적 과학자들에 대해서 모든 정치신학은 모든 정치적 형이상학과 마찬가지로, 학문상으로 오래 전에 해결되고 있다. 왜냐하면 그들에게 신학이나 형이상학은 학문으로서 오래 전에 해결되었기 때문이다. 그들이 여전히 정치신학이라는 용어를 사용하려고 한다면 그것은 단지 전면적 · 정언적인 부정을 나타내기 위한 표어나 욕설로서 뿐이다. 그러나 부정에의 욕망은 하나의 창조적 욕망이다. 그것은 부정된 것을 무(無)로부터 산출하며, 그것을 변증법적으로 창조할 수 있는 것이다. 신이 세계를 무에서 창조한 때에 신은 무를 놀라운 것에로, 즉 세계가 거기에서 창조될 수 있는 것에로 전환시킨 것이다. 오늘날 그것을 위해서는 이미 신은 필요로 하지 아니한다. 자기주장 · 자기표현 · 자기수권 등 자기라는 접두어를 가지고 많은 개념들을 나타낸다는 것은 스스로 무한한 세계를 가져올 수 있기 때문이다. 그러한 신세계는 나아가 자기와 자기 자신의 존립가능성의 조건 (적어도 그 실험실적 조건)마저 산출하는 것이다.*

이 책의 검토 대상인 모든 정치신학은 해결되었다는 주장은, 그러한 무신론적 · 무정부주의적 · 실증주의적인 해결과는 아무런 관계도 없다. 모든 정치신학의 논쟁적인 부정론자인 에릭 페터존은 오귀스트 콩트와 같은 실증주의자도 아니라면 프루동이나 미카엘 바쿠닌과 같은 무정부주의자도, 또한 현대식의 과학자도 아니며, 매우 경건한 기독교 신학자이다. 그는 그 해결에 있어서 「성 아우구스티누스에게 바친다」는 헌사나, 이 위대한 교부에 대한 기도의 말을 앞에 내세운다. 그의 해결은 모든 정치신학의 신학적 해결이다. 이것은 무신론자나 신학외적 관찰자에 대해서는 어떠한 최후의 말일 수가 없다. 그것이 만약 그들의 관심을 야기한다면 신학 내부의 자기비판, 자기파괴의 하나의 사례, 즉 정치와 관련을 가지는 모든 신신앙(神信仰)이나, 사회와 관련을 가지는 모든 신학이 그 사람들이 의욕하지 않은 채로 자기파산하는 사례로서만 일 것이다. 각인은 그 입장에 따라서 또는 이것에 만족하거나 경악할 것이다.

이 책에서 논하려는 것은 에릭 페터존이 1935년 라이프치히의 야콥 헤그너 사에서 발간한, 매우 포괄적이지는 않지만 깊은 역사학적 · 문헌학적 조예를 나타내는 저서에 대해서이다. 이 책은 『정치문제로서의 일신교: 로마제국 정치신학사 논고』*라는 제목이다. 제목과 부제목은 이 책이 일신교와 군주제에 테마를 한정하고, 역사적 소재를 기원후 수세기에 한정하는 것을 나타내고 있다. 이 저서 전체의 거의 절반 이상을 차지하는 박식한 주도 이 시대에만 관련된다. 본문의 끝에서(S. 99-100), 모든 정치신학의 해결이 최종 테제로서 더 할 수 없는 예리함으로써 서술되고 있다. 이 최종 테제에는 나아가 최후의 주(Anm. 168, S. 158)가 붙어 있다. 이 주는 정치신학의 개념을 문헌 속에 도입한 카를 슈미트의 저서 『정치신학』(뮌헨, 1922년)에 한 마디 언급하고 이렇게 선언한다.

이상으로 『정치신학』의 신학적 불가능성을 구체적 사례에 따라 증명하려고 하는 이 책의 시도를 끝마친다.

이것이 그 저서의 마지막 말, 즉 위대한 신학적 해결이다. 우리들은 이 최종 테제가(거기에 첨부된 주도 포함하여), 그것에 선행하는 증명소재와 어떠한 관계에 있는가, 그리고 과연 그것이 거기에서부터 논리 일관된 결론으로서 나올 수 있는가의 여부를 검토하지 않으면 안 된다.

제1장 종국적인 신학적 해결의 전설

1. 전설의 내용

페터존의 최종 테제는 거기에 붙여진 각주도 포함하여, 오늘날에도 여전히 마치 그것이 종국적인 **기판력**(旣判力, res judicata)을 가진 기결사건(旣決事件)인 것처럼 인용하고 있다. 그것을 인용하기만 하면 그 이상의 문답은 소용없으며, 나의 『**정치신학**』(1922)을 읽을 필요가 없는 것은 물론이려니와, 페터존의 1935년의 저작 그 자체의 검토조차 불필요한 것 같다. 이와 같은 한 물음의 해결은 학문이 분업적으로 세분화된 영역에서는 매우 자주 볼 수 있는 것으로 거의 불가피하다. 그럼으로써 학문적인 연구는 좋든 싫든 간에 간편하고 용이하게 된다. 정치신학이라는 따위의 매우 다면적 · 복합적이고 빈번하게 논란된 테마에서 그것은 불가피하다.

그럼에도 불구하고 학문적인 정확성을 기한다는 이유에서 비판적인 재검토가 때로는 필요하게 된다. 오늘날 정치신학은 해결되었다는 한 묶음의 부정적인 최종 테제는 신학자나 반신학자도, 기독교도나 반기독교도도 원용할 수 있는 것이 되고 있다. 이처럼 서로 상반되는 입장이 단지 정치신학의 해결이라는 부정적인 점에서만 의견이 일치될 수 있었다는 것은, 이제 그러한 전설에 비판적인 검토를 가할 때가 왔다는 것을 의미한다. 심오한 학문적 연구에 뒷받침된 저서가 본격적인 연구의 성과로서 세상에 널리 환영을 받게 되는 최종 테제를 과시하는 것처럼 열거하고, 엄숙히 선언할 때에 그러한 저서도 바로 전설이 된다. 그렇게 되면 이와 같이 하여 학문적인 전설이 된 학술서적은 다만 언급될 뿐이며, **전설**[Legende = 읽어야 할 것]이라는 말의 어원적 의미에 반하여 단지 인용될 뿐이며, 이미 읽히지 않게 된다. 이것이 여기에서의 상황이다.

이 책은 개념사나 문제사의 문제들에 관한 연구이다. 1935년이라는 시기에 독일에서 「유일신 - 유일군주」라는 정식에 관한 저서가 나타났을 때에, 그것이 위험한 현실 속에

발을 들여놓지 않을 수 없었다. 더구나 그것이 군주를 때때로 지도자(Führer)*라고도 호칭하였기(S. 52) 때문이다. 그것은 현실 문제에 대한 비판과 저항으로 받아들여졌다. 즉 지도자숭배, 일당제, 그리고 전체주의에 대한 교묘하게 위장된, 지적으로 소외시키는(verfremden)* 하나의 풍자로 받아들여진 것이다. 이것에 기여한 것은 이 저서의 모토, 즉 세속적 권력욕에서 발생하는 잘못된 통일성에의 지향을 경고한 성 아우구스티누스의 명제였다.

그리하여 이 저서가 출간되었을 때의 활발한 찬성이나 환영의 의미가 명백하게 된다. 가톨릭 잡지 『성배』(聖杯, Gral)는 이 책을 추천하여 말하기를 「친근하기 쉬운 작은 책이지만 당시의 인간 사회, 국제사회를 결정한 커다란 문제에 대하여 새로운 지식을 100페이지 남짓으로 기술한 책이다」라고. 나아가 『성배』는 말하기를 이 책은 「아무런 논쟁적인 태도를 나타내지 않은 채 정치신학에 숨통을 끊었다」라고. 『스위스 연보』(Schweizer Annalen)는 이 책에서 「모든 정치신학과의 결별이 완성되었다. 거기에서는 그 논술의 감추어진 의미가 놀랄만한 방법으로 나타나 있다」고 서술하고 있다.[3)]

에릭 페터존의 생애와 업적에 관한 현대사적 연구나 전기적 연구는, 특히 정치신학적이며 신학정치적인 시각에서 볼 때 계발적 주제인 것처럼 생각되지만, 내가 아는 한 아직 그러한 연구는 나와 있지 않은 것 같다.* 1925년부터 1960년에 이르는 그의 공적인 활동 중에서 그가 가톨릭주의로 개종한 것은 하나의 깊은 정지점을 의미한다. 그러나 그것은 1930년이라는 날짜에 국한되어서는 안 된다. 페터존은 1914년부터 1918년의 제1차 세계대전 중에 괴팅겐 학파의 학문적 신학자로서 출발하였으며, 심각한 **위기**에 빠졌다. 이 위기는 제1차 세계대전의 패전으로 인하여 독일 프로테스탄트 신학에도 영향을 미쳤다. 1918년부터 1933년에 이르는 광범위한 위기문헌은 많은 문헌을 섭렵한 로베르트 헤프(Robert Hepp)의 학위논문(1967)에서 **정치신학**과 **신학정치**라는 정당한 문제 설정 아래 서술하고 있다.[4)]*

위기는 다음과 같은 것에서 발생하였다. 즉 독일 프로테스탄티즘은 지금까지 (중세로부터 또한 종교개혁권으로부터 승계한) 제도적 보장, 아우구스티누스의 두 개의 국가, 두

---

3) 이 책 제1장 3절에서는 이 전설의 현대적 현실성에 관한 약간의 예시를 다룰 것이다. 이 전설의 산만하고 거의 무드적인 보급의 일반적인 징후로서 William Seston, Propyläen Weltgeschichte IV(1963)의 입장을 들 수 있을 것이다. 이 책에서 세스톤은 서로마제국의 붕괴를 논하고, 콘스탄티누스 대제의 교회정책이 아리우스주의적이었다는 것을 서술하고, 죽음에 임박한 콘스탄티누스 대제에게 세례를 베푼 주교 니코메디아의 에우세비우스(Eusebius de Nicomedia)*를 그러한 교회정책의 신학상의 주장자라고 한다. 세스톤은 이어서 「아리우스주의에서만 이 시대에 정치신학이 생길 수 있었다」(S. 504)고 확인한다. 「정치신학」이라는 말이 여기서 주의를 끈다. 다만, 역사가 세스톤은 페터존에 의해서 만들어진 모델의 원형, 철저한 논박의 대상이 된 카에사레아의 에우세비우스(Eusebius de Caesarea)*를 니코메디아의 에우세비우스와 혼동해서는 안 된다.

4) 이 학위논문의 부제는 「세계대전과 바이마르 공화국에 있어서의 프로테스탄티즘의 세속화에 대한 연구」(Studien zur Säkularisierung des Protestantismus im Weltkrieg und in der Weimarer Republik)이다. 그것은 에어랑겐 · 뉘른베르크 대학 철학부의 학위논문(주심 쇠프스 교수[Prof. Dr. H. J. Schoeps])으로서, 이 연구 중 지금까지 제1장과 제2장만이 주를 붙여 타이프로 인쇄되어 있다. 제1장은 「종교전쟁으로서의 세계대전」이며, 제2장은 「혁명과 교회」이다.

개의 영역의 담당자일 제도적 보장을 가지고 있었다. 이 양자의 협력과 상호적인 승인에 의해서 비로소 신의 국가와 지상의 국가, 종교와 정치, 피안과 차안의 구별이 가능하게 되었다. 그런데 1918년에 이 보장은 상실되었다. 이에 대해서 가톨릭교회는 바이마르 시대(1919~1933) 전체를 통해서 위기에 대하여 확고부동한 듯이 보이고, 교회와 국가를 함께 두 개의 「완전한 사회」(societates perfectae)*로 하는 공인된 교의에 단호히 멈추어 섰다. 구래의 루터파도 근대 자유주의도, 성(聖)과 속(俗), 종교와 정치를 분리하여 왔으나, 그 결정기관(Entscheidungsinstanz)인 교회와 국가가 동요하였기 때문에 이 분리론은 유지할 수 없게 되어 버렸다. 국가와 교회의 분리란 내용상 객관적으로 구별할 수 있는 실체의 분리는 아니며, 법제도상의 주체의 권한의 분리이기 때문이다. 실제로 로베르트 헤프가 말하듯이(S. 148), 어떠한 국가도 「순수 정치적」은 아니며, 어떠한 **신학**도 「순수 신학적」은 아니게 되었다. **사회**나 **사회적인 것**의 영역이 쌍방에 침투하여 구별을 해체하여 버렸다. 그리하여 프로테스탄트 신학자들이 종교, 교회, 문화, 국가의 위기, 마침내는 **비판** 일반을 프로테스탄티즘의 본질이라고 인식하는 듯한 상황이 독일 프로테스탄티즘에 성립하기에 이르렀다. 이것은 브루노 바우어(Bruno Bauer)가 도달한 인식으로, 1848년 이후 마르크스주의에 압도되어 버린 것이다. 「**위기**」라는 제목의 1932년의 「정치적 선언」에서 국법학자 루돌프 스멘트(Rudolf Smend)는 당연한 사실인 것처럼 종교적 「위기」와 정치적 「위기」의 관련에 대하여 말할 수 있었다. 이것을 로베르트 헤프는 이렇게 서술한다(S. 161, 162).

> **교의**(도그마)의 **성벽**이 없어지자 성은 속으로부터 이미 일의적으로 분리될 수 없게 되어 버렸다.…신학자들은 제정기에는 ― **콘스탄티누스대제**를 시중들었던 카에사레아의 에우세비우스처럼 ― 국가와 교회의 분리를 요구하면서도 여전히 세상사에 능란한 주교(主教)로서 **황제의 신학적 가발을 이발하는 이발사의 역할**을 맡았지만 동일한 신학자가 이번에는 민주주의의 궁정신학자가 되고 있다.

콘스탄티누스 대제의 궁정신학자이며 기독교 주교인 카에사레아의 에우세비우스는 페터존에 의해서 잘못된 정치신학의 실체를 보여주는 인물로서 도처에서 공격의 대상이 되고 있다. 에우세비우스에 대해서는 다음의 논술에서도 자주 언급할 것이다. 에우세비우스에게 「황제의 신학적 가발을 이발하는 이발사」라는 도덕적 또는 신학적으로 부정적인 가치 판단을 한 것은, 1919년의 바젤의 신학자 오버베크(Franz C. Overbeck)*의 발언이었다. 그는 저명한 베를린대학 교수 아돌프 하르나크(Adolf von Harnack)*를 가리켜 빌헬름 프로이센의 궁정신학자라고 하여 근본적으로 부정의 대상으로 삼은 것 같다. 이러한 비판이 정치적 요소가 일체 혼합되지 아니한 「순수」도덕적, 「순수」신학적인 것이라고 표방된 것은 당연하다. 정치와의 혼유는 그 자체 「불순」한 것이기 때문이다. 페터존은 1928년의 하르나크와의 왕복서한에 에필로그를 붙여 발표하였다(Hochland, November

1932, Traktate 1951, S. 295-321). 그는 그 주 19에서 이렇게 말한다.

이러한 관점에서 본다면 독일에서의 교파의 대립에 다소의 현실성이 있다면, 그것은 정치신학의 영역에서만이라고 할 수 있을 것이다(S. 321).

1932년에 **다소의 현실성**을 가진다고 승인한 이 성격을, 페터존은 다음의 1935년의 저작에서는 이미 존재하지 아니하는 것으로서 은연중에 무시해 버렸다. 모든 기독교의 교파에 대하여 히틀러에 의하여 이 현실성이 최고도로 첨예화하였던 바로 그 때의 일이다.*

이 책과 관련하여 중요한 페터존의 「신학이란 무엇인가?」(Was ist Theologie? Bonn 1925)*라는 강연이 행하여진 것은 그가 가톨릭시즘으로 개종하려는 결심이 무르익고 있던 본 시대(1924~1930)였다. 이 강연에서 페터존은 — 그는 당시 여전히 본 대학 프로테스탄트 신학부의 정교수였다 — 절대적 교의의 신학을 선언하였다. 신학이란 육신이 된 로고스를 계승하는 것이다. 신학은 그리스도의 승천과 재림* 사이에서만 가능하다. 다른 모든 것은 저술업, 환상기류의 신학적 저널리즘이다.

교의를 통하여 비로소 신학은 모든 학문 중 가장 의심스러운 학문인 이른바 정신과학과의 결합으로부터 해방되어 그 본질을 감추면서 신학의 주변을 덮고 있는 세계사, 문학사, 예술사, 생의 철학, 기타 이러한 이름을 가진 모든 것으로부터 해방된다(Traktate, S. 32).

기독교 신학자는 교회의 일정한 **지위**에 속한 자로서 예언자도 아니며 저술가도 아니다. 「유대교도나 이교도에게는 **어떠한 신학도 존재하지 아니한다.** 기독교에서만, 그리고 육신으로 된 신의 말씀이 말해졌다고 하는 전제 아래서만, 신학은 존재한다. 유대교도 역시 성서를 해석하며, 이교도도 신화론이나 형이상학을 영위할 수 있을 것이다. 그러나 진실한 의미에서의 신학이 처음으로 존재하기에 이른 것은 신의 인화(人化)가 말해지게 된 뒤부터이다(Traktate, S. 26-27).* 또한 사도나 순교자도 신학자는 아니다. 그들은 전도하고 증언한다. 이에 대해서 신학은 구체적 논증의 형식으로 집행되는 로고스 계시의 연장(Elogatur)이다. 신학은 그리스도의 첫 번째 강림과 두 번째 강림의 중간시기에만 존재할 수 있다(Traktate, S. 28).*

그러한 테제에 직면하면, 기독교 「정치신학」의 모든 사상은 가령 모독적으로 되지는 않는다고 할지라도, 무의미하게 되는 것처럼 보인다. 나의 저서 『정치신학』(1922)은 많은 대화에서 페터존에게는 많이 알려져 있다.5) 그러나 이 책은 결코 신학교의에 관한

---

5) 주의 형식으로 알로이스 뎀프 교수의 논문 Alois Dempf, Fortschrittliche Intelligenz, Hochland, Mai/Juni 1969만을 열거하기로 한다. 그 논문에서 페터존은 「정치신학」이란 개념의 진정한 시조로서 칭찬을 받고 있다. 즉 거기에서의 설명은 다음과 같다. 「**국법학자 카를 슈미트는 정치신학이라는 개념을 탐욕스럽게 파악한다. 그에게 있어서 토머스 홉스는 종교권력과 세속권력의 결합에 의한 절대주의의 전형적인 사상가이**

것은 아니며 신학과 법학이 논리나 인식구조를 같이 하고 있다고 하는 학문상의 이론적 문제 개념사의 문제를 논한 것이다. 여기에 대해서는 다시 이 책 제3장에서 되돌아가서 논할 것이다. 여하튼 페터존은 기독교 신학의 본질에 관한 이 테제에 의하여 당시의 독일 프로테스탄티즘의 위기를 구하여, 위기에 견딜 수 있는 신학적 · 교의적 확실성에 가져온 것 같이 보인다. 그러나 세계사의 변전하는 적과 동지의 집단화에서 신학은 정치상 혁명의 입장에 설 수도 있으며 반대로 반혁명에도 설 수 있다. 이것은 쉴 새 없이 변전하는 정치상 · 투쟁 상의 긴장이나 전선형성의 본질을 이루는 것으로, 그 강도의 문제이다. 페터존 자신 이것을 가장 잘 자각하고 있었다. 그는 현대가 신학상의 의론에 무관심하다고 하는 불만의 소리에 대해서는 다음과 같이도 기술하고 있다.

> 세상 사람은 도그마가 타락한 영역에서 다시 살 용기를 가질 것이다. 그리고 콘스탄티노플 시장의 여인들이 유성(類性, homoiousios)과 동성(同性, homoousios)을 둘러싼 논쟁에 관심을 가진 것처럼 신학에 관심을 가질 때가 온다는 것을 확신할 수 있다(Traktate, S. 33).

위의 페터존의 말은 오히려 혁명에의 울림을 느끼게 하며, 여하튼 신학의 탈정치화를 설론하는 것 같은 인상은 주지 않는다. 본시 페터존은 당시 이러한 정치신학상의 논의가 그 귀추에 따라서는 수도사의 반란에 연결되고 있다는 것을 주목하지 않은 것처럼 보인다. 기독교 교회의 주교라는 지위에 있고, 평화와 질서를 사랑한 카에사레아의 에우세비우스와 같은 인물은 폭도 측에 서지 않았으며, 다른 한편 콘스탄티노플이나 다른 동방의 여러 도시에서 폭동을 선동하고 있었던 「시장의 여인들」은 어떤 특수 신학적인 고유한 카리스마도 초래하지 않았다.

이미 서술했듯이, 이 책의 주제는 1935년에 출판된 페터존의 『정치문제로서의 일신교』의 검토이다. 이 책은 1933년에 권력을 장악한 나치스 히틀러 정권의 국민생활의 전면을 지배하려고 하는 전체주의적 시도가 초래한 위기상태 속에서 성립하였다. 이 새로운 위기는 신구 양교를 포함한 전 기독교교파를 엄습하였다. 그러나 위기와의 관련 방식은 각각 달랐다.* 가톨릭교회는 1933년에 히틀러와 정교조약*을 체결하였기 때문이

다. 그리하여 슈미트는 전체주의적 국가교리에 접근하였다. 그러나 그의 가장 뛰어난 제자인 발데마르 구리안(Waldemar Gurian)과 베르너 벡커(Werner Becker)는 페터존에게 넘어갔다」.

뎀프의 논문을 알게 해 준 베르너 벡커는 로마에서 1969년 6월 10일자로 나에게 보낸 편지에서 다음과 같이 썼다. 즉 **「그런데 『호흐란트』(Hochland) 5 · 6월호에 게재된 뎀프의 논문에 대해서 한 마디 하고 싶습니다. 그가 서술한 것은 바로 우리들이 함께 본에 있던 시절의 일이며, 그것은 에릭 페터존이 그에게 결정적인 영향을 미친 두 개의 강연을 한 시기에 해당됩니다. 왜 뎀프는 그 강연을 분석하지 않았습니까? 순수한 정통주의와 자유주의 신학간의 절박한 교회 투쟁에서」(S. 238)란 무엇을 의미합니까? 이 투쟁은 뒤의 교회투쟁과는 아무런 관계도 없습니다만, 그 투쟁에서 실로 바르트(Barth)와 페터존은 오랫동안 공통된 입장에 섰던 것입니다. 그리고 다음의 곳에서 고려되어야 할 것은 페터존과 당신은 친구라는 사실입니다. 사람들은 당신으로부터 페터존에게 넘어갈 수 없었습니다. 당신의 이름이 나오는 곳은 모두 잘못되어 있습니다」.**

다. 그러나 『정치문제로서의 일신교』는 이 위기를 공공연하게 드러내놓고 논하지 않고, 말하자면 매우 학문적으로, 그리고 역사적 · 신학적 · 문헌학적으로 로마 제국의 기원 후 수세기에 소재를 한정함으로써 완곡화하여 논하는 것이다. 그 경우, 정치신학의 문제에서 결정적으로 중요한 것은 페터존이 아우구스티누스의 이국론 · 두 개의 「나라」(신의 나라와 지상의 나라)의 교설에 고집한 것, 그리고 현대의 교회 · 국가 · 사회문제의 위기를 무시한 일이다. 두 개의 나라는 이미 실체 · 실질에 따라서 일의적으로 구별할 수 있는 영역은 아니다. 성-속, 피안-차안, 초월-내재, 이념-이익, 상부구조-하부구조는 투쟁주체 측에서만 규정할 수 있다. 하나의 혁명적 계급이 역사적 전통을 담당한 교회제도, 국가제도라는 전통적 「성벽」에 의문을 제기했지만, 「성벽」은 이 의문에 견딜 수가 없었다. 그리하여 모든 쟁점, 모든 투쟁사항이 전체적인 것이 되는 잠재적 가능성이 발생하였다.

제1차 세계대전(1914~1918)까지는 빈 회의(1814~1815)*에 의해서 부흥된 전통적 제도의 구조가 적어도 표면상으로는 계속하여 타당하고 있었다. 19세기의 자유주의 속에서도 종교와 정치의 「순수」하고 「때 묻지 아니한」 분리라는 허구에 여전히 머물 수가 있었다. 종교는 교회사항이거나, 혹은 순수한 사사로운 일이었다. 이에 대하여 정치는 국가사항이었다. 양자가 끊임없는 권력투쟁에도 불구하고, 조직이나 기관이 가시적으로 다르며 지상에 있어서 판이한 것으로서 실제로 정치무대에 등장하여 활동할 수 있었던 한, 양자의 구별은 가능했었다. 그러한 경우에는 종교는 교회로부터 정치는 국가로부터 정의하는 것이 가능하였다. **국가가 정치적인 것**의 독점을 상실하고, 다른 강력하게 투쟁하는 정치세력들이 국가의 이러한 독점에 도전했을 때, 특히 혁명적 계급, 즉 산업프롤레타리아트가 유력한 새로운 정치적인 것의 주체가 되었을 때, 마침내 급전회의 순간이 도래하여 전래적 개념의 전면(Fassade)을 뒤 엎어 버렸다.

이러한 발전을 나는 나의 『독재론 - 근대 주권사상의 기원에서 프롤레타리아 계급투쟁까지』*에서 고찰했다. 그러나 이것을 처음으로 개념적 정식으로서 결론적으로 기술한 것은 나의 『정치적인 것의 개념』*이다. 이 논문은 「국가의 개념은 정치적인 것의 개념을 전제로 한다」라는 명제로써 시작한다. 그러므로 거기서 이어지는 체계적 저작은 『헌법이론』(1928)*이 되며, **국가학이 되지는 않았다.** 바꾸어 말하면 현대에 있어서 정치를 국가로부터 정의하는 것은 불가능하며, 오늘날에도 아직 국가라고 불리는 것은 반대로 정치에서 규정되어 개념화되지 않으면 안 된다는 것이다. 그런데 오늘날 아직 정치로 하여 정치되게 하는 것의 판별기준으로서 하나의 새로운 실례, 새로운 「소재」 또는 새로운 자율적 영역을 가르치지 못한 채로이다. 학문상 오늘날 아직 주장할 수 있는 유일한 판단기준은 결합과 분리의 강도, 즉 적과 동지의 구별이다.

여기서 나는 독자에게 용서를 구하지 않으면 안 된다. 본론에 들어가지 않고, 갑작스레 교회와 국가의 병립상태가 정치적인 것에로 일반화되어 가는 과정을 성급하게 개관하여, 독자를 현혹시켰다고 생각되기 때문이다. 현재 행해지고 있는 혼란스런 논의에 직면하면 타인에게 자기를 이해시키고, 결실 있는 의론이 가능한 단계에까지 고찰을 높이기 위해서는 거의 이렇게 할 수 밖에 없는 것이다. 이러한 현재의 문제상황을 에른스트-볼프강 뵈켄회르데는 이렇게 총괄하였다.

> 오늘날의 정치적 좌파와 좌파적 성향을 가진 신학은 카를 슈미트가 이미 40년도 전에 통찰하여 말한 것을 새삼스럽게 알아차렸다. 즉 정치란 한정된 대상을 가진 것은 아니며, 사회 내의 상황이나 관계들에 따라서 모든 영역으로부터 그 **소재**를 구할 수 있는 결합 · 분리의 일정한 강도라는 통찰이 그것이다. 그러므로 **중립적 즉물성**, 전-정치적인 자연법이나 **순수한** 기독교적 복음에 회귀함으로써는 정치를 회피할 수는 없다. 이들의 입장도 그것이 정치적 자장(磁場)에 들어갈 경우에는 정치적 의미를 가지는 입장으로 바뀐다. 이것은 경험에 비추어 보아도 이론적으로 보아도, 다툴 수 없는 진실이다. 그러므로 왜 일반 여론이나 교회 내의 여론도 이러한 통찰을 오래도록 받아들이지 않았는가 하는 문제가 될 것이다("Politisches Mandat der Kirche?" Stimmen der Zeit, 148, Dezember 1969, S. 361/372).*

뵈켄회르데의 위 논문은 「한스 바리온 교수 70세 탄생일을 위하여」 바친 것이다. 여기서 지금이야 말로 우리들은 정치신학 문제에 대한 바리온의 입장을 고려의 대상으로 삼지 않으면 안 된다.

2. 한스 바리온의 정치신학 비판

이 책 모두의 서문에서 지시한 대로, 우리들은 여기서 제2 바티칸 공회의의 진보주의적 국가론에 대한 바리온의 비판(1968년)을 의거하기로 한다. 그의 공회의에 관한 여러 연구들 가운데 이 다섯 번째의 연구는 특히 공회의의 『현대 세계 헌장』 제74조*를 분석하고 있다. 이 교회법학자는 두 개의 문제를 제기한다. 즉 첫째로 공회의의 진보주의적 국가론은 정치신학인가 하는 문제이며, 둘째로 그것은 신학인가 하는 문제이다.*

바리온의 대답은 이렇다.

> 그것은 「정치신학이다. 왜냐하면 그것은 일정한 정치적 모델을 교도직무적*으로 명하려고 하기 때문이다. 그런데, 바로 그 때문에 그것은 신학상 정통으로 될 수 없으며, 따라서 **신학이 될 수는 없다.** 왜냐하면 계시는 결코 이러한 모델을 포함하지 않기 때문이다. 기원 제1세기에 로마 국가에 부여한 승인은 단순한 사실상의 승인에 불과하였다. 십계의 테두리 안에 머무는 다른 모든 정체의 승인도 마찬가지이다」(S. 51).

바리온은 성 아우구스티누스가 말하는 이국론에 의해서 신학과 정치의 구별을 근거지운다(S. 17). 페터존도 정치신학을 해결하기 위하여 성 아우구스티누스의 교설을 논거로 삼았다. 두 사람의 신학자는 여기서 일치하는 듯 보인다. 물론 페터존이 공회의의 진보주의적 테제에 대한 바리온의 비판에 찬성하였는가의 여부는 이 책과 관련이 없는 별개의 문제이다.

바리온의 연구는 제2 바티칸 공회의의 진보주의적 사회론에 대한 비판 외에도, 1923년의 나의 에세이 『로마 가톨릭주의와 정치형태』에 대한 철저한 분석도 포함하고 있다. 물론 나의 이 에세이는 교도직적 발언과는 별개의 것이다.[6] 박식한 교회학자이며 교회법학자인 바리온은 나의 시론을 송사(頌辭, Elogium)라고 부른다(Epirrhosis, S. 18-21). 확실히 그것은 송사일는지도 모른다. 그것은 수사적인 것을 가지고 있다. 후술하는 바와 같이, 페터존은 정치신학의 부정적 모델인 콘스탄티누스 대제의 찬미자, 카에사레아의 주교인 에우세비우스를 수사가(修辭家)라고 혹평하며, 그의 황제찬미를 송사(Enkomion)라고 하여 그것을 신학으로부터 거리를 두었다. 에우세비우스가 사도로 취급되는 것은 나에게는 분에 넘치는 명예이다. 그것은 (그것이 신학외적 정당성에 불과한 것이라고 하더라도) 정당성의 승인이라는 뜻을 내포하고 있다. 나는 결코 그것을 배척하지는 않을 것이다. 그중에서도 바리온이 페터존과는 달리, 1919년에서부터 1927년에 이르는 나의 법학적 연구들과 이 시론 간의 시간적 · 소재적 · 체계적 관련을 부인하지 않고, 도리어 강조하는 것이라고 본다면(Epirrhosis, S. 54) 더욱더 그러하다.[7]

그런데 바리온은 말한다. 1923년에 발간된 이 로마교회에 대한 송사(『로마 가톨릭주의와 정치형태』)는 세계사에서의 공적 존재를 가시적인 형태로 표현한 것이다.[8] 이 송사는

---

6) 나의 에세이는 「교회의 가시성」(Die Sichtbarkeit der Kirche, in "Summa" 1917)*이란 논문인데, 당시의 여러 친구들 테오도르 핵커(Theodor Haecker), 콘라드 바이쓰(Konrad Weiß) 그리고 프란츠 블라이와의 대화들에서 나온 것이며, 프란츠 블라이와 야콥 헤그너(Jakob Hegner)의 강력한 권유로 출판된 것이다. 이 에세이는 「반로마적 감정이란 것이 있다」*라는 첫 문장으로 유명하게 되었다. 당시 여전히 살아있던 반로마적 감정의 소유자들은 이 명제를 하나의 도발로서 느꼈으며, 또한 독일 라이히 의회에서 루덴도르프(Ludendorff)에 대해서 가톨릭 주교 카아스(Kaas)가 인용한 것도 이 명제이다. 나의 에세이는 정치적 통일체의 일정한 형태(군주제 또는 민주주의)와 교회와의 친근성에 관해서는 전혀 언급하지 아니한다. 그것은 로마 교회의 독특한 정치형태를 역사적 현실 속에서 인간으로 화한 그리스도의 세계사적 가시적인 대표로서 옹호하는 것이다. 이것은 세 가지의 형식으로 공적을 나타난다. 즉 그 위대한 예술에서 미적인 형식으로서, 그 교회법의 형성에서 법적인 형식으로, 그리고 영광스러운 광채로 가득 찬 세계사적인 권력의 형식으로서이다. a. a. O., S. 30 (본서 60면).

7) 거기에서는 논문들뿐만 아니라 『정치적 낭만』(1919), 『독재론 - 근대 주권사상의 기원에서 프롤레타리아 계급투쟁까지』(1921)와 같은 포괄적인 저서나, 또는 『현대 의회주의의 정신사적 지위』(1923)에 관한 저작의 마지막 두 장이 있다. 이것들은 전체적으로 1922년의 『정치신학』과 시간적, 소재적 그리고 체계적인 관련을 가지고 있다. 나의 정치신학에 대한 총괄적인 비판 속에서 이것에 주목하고, 또한 산발적인 논의에 만족하지 않는 유일한 사람은, 어떠한 「지위」에도 속하지 않았으며, 직업적인 신학자도 직업적인 법률가도 아니었다. 그는 후고 발(Hugo Ball)이다. 그의 논문 「정치신학」은 가톨릭 잡지 『호흐란트』 1924년 6월호에 게재되었으며, 오늘날에도 여전히 비판적인 독자의 주의를 끌 수가 있다. 1927년 9월에 작고한 발은 「정치적인 것의 개념」(1927)에 관한 나의 논문을 이미 접할 수는 없었다.

8) 오늘날(1969년)에 있어서 공공성의 현실적인 문제에 대해서 Carl Eschweiler, Politische Theologie, in: Religiöse Besinnung, Stuttgart 1931/32, Heft 2, S. 78의 다음과 같은 곳은 여전히 흥미롭다. 즉 **「무력에 의거하는 것이 아니라 오직 진리에서 나오는 진리만을 위한 증언의 권위에 그 본질을 두는 예수의 왕국은, 어떤 시대에도 단순한 사사(私事)는 아니었다. 이교도의 제국이 250년의 긴 세월 동안 폭행을 가해 온 것은 내면의 사상이나 감정에 대해서는 아니었다. 순교자교회(Martyrerkirche)가 국가로부터 원리적으로 독립한 공동체였던 이유는, 사상에는 세금을 부과하지 못한다거나 혁명적 활동가가 그**

1958년 교황 피우스 12세가 타계한 해였더라면 다 쓸 수 있었을는지도 모른다. 그러나 교황 요하네스 23세가 「현대적 순응」(Aggiornamento)*을 도입했을 때, **그의 진리성은** 한 방에 끝나 버렸다. 제2 바티칸 공회는 송사 전체에서 **그 기초를 빼앗아 버렸다**(S. 19)라고. 그러므로 바리온이 『에피로시스』에 게재한 논문의 표제에는 「정치적 권력형태인가?」라는 물음표가 붙어 있다. 로마교회의 승리의 나날은 과거의 것이 되고, 나의 에세이가 논한 세계사적 권력형태의 영광스러운 광채는 「세계사적 오류 전개의 영광스러운 광채」(S. 51)에 불과한 것이었다.

신학자, 특히 교회학자이며 교회법학자인 바리온은 이상과 같이 논한다. 그의 귀결은 신학자이며 성서주석학자인 페터존의 귀결과 일치하는 듯 보인다. 바리온도 페터존도 성 아우구스티누스가 설론하는 이국론을 전거로 하고 있다. 양자 모두 교회와 로마제국과의 연결성에 의거하는 전통을 거부하고, 그 전통에 「신학이 아니라 정치신학」이라고 낙인을 찍는다. 교회법학자 바리온은 이 점에 대해서는 거의 몇 줄 밖에 언급하지 않고 있지만, 그러나 그 몇 줄 중에서 거장의 붓에 걸맞게 1500년에 걸친 역사가 개관되며, 기독교 정치신학이란 것이 전혀 불가능하다는 것이 결론지워져 있다(S. 17). 정치신학이 부정되기에 이른 역사적 경로는 다음과 같이 묘사된다. 「신약성서의 이국론은 고대교회에서는 아우구스티누스에 의해서 가장 잘 설명되고 루터에 이르러 그 정점에 달했다」. 이 이국론은 탈신학화(진보주의 신학은 세속화라고 부를는지도 모른다)하는 경향의 도움을 받은 계몽사상이나 A. 콩트의 삼단계론에 승계되어, 성과 속, 신학과 정치의 명백한 분리로 인도하기에 이르렀다」라고(Epirrhosis, S. 17). 페터존은 콘스탄티누스대제의 찬미자이며, 교회사가인 에우세비우스와 라틴 교부 아우구스티누스와 대치시켰으나, 이것은 위의 바리온의 논술과 일치하는 듯 보인다. 물론 페터존이라면, 여기서 루터의 이름을 성 아우구스티누스의 이름처럼 거론하지는 않았을 것이다.

그렇지만 바리온이 오로지 문제로 삼은 것은 나의 에세이 『로마 가톨릭주의와 정치형태』인데 대하여, 페터존의 최종 테제에 붙여진 최후의 주에서 공격한 것은 이것과는 전혀 다른 순수한 법학적 저작인 『정치신학』(1922)이었다. 바리온은 이것을 잘 알고 있었다. 그럼에도 불구하고 그는 1968년 당시 「지금에 와서는 거의 고려되지 않는다」(S. 54)는 것으로 간주되고 있던 페터존의 저서 『정치문제로서의 일신교』와의 대결을 필연이라고 생각했던 것이다. 그런데 얼마가지 않아서 이 정치신학 해결의 전설이 현재 아직 살아있다는 것이 명백히 되어, 1968년 바리온의 견해는 이미 1969년 2월에는 부득이 정정하게 되었다.

활동을 극비에 부친 때문도 아니다. 순교자교회는 지하 공동묘지(카타콤베) 속에서 이미 고유한 교회였다. 즉 이교도의 절대국가에 대해서는 허용하기 어려운 공적 질서의 고유한 영역이었다」.

3. 해결-전설의 현재적 현실성
(한스 마이어-에른스트 파일-에른스트 토피취)

1969년 2월, 『시대의 목소리』(Stimmen der Zeit)지에 발표한 뮌헨의 지도적 정치학자인 한스 마이어*는 「정치신학」이란 논문에서 「오늘날 횡행하고 있는 정치신학이란 표어」나 오늘날 「혁명의 신학」을 설론하고 있는 신구 양파 신학자들의 여러 이론이나 행동강령에 반대한다(S. 73 f.). 특히 그가 비판의 대상으로 삼은 것은 가톨릭 신학자 메츠(J. B. Metz)*가 공공연하게 그 이름 밑에서 제기한 자신의 정치신학이다. 메츠는 『세상의 신학』(Zur Theologie der Welt, 1968)이란 제목의 책에서, 선교나 신앙실현의 형태는 사적인 것을 탈피한 공적인 것이어야 한다고 주장하고, 교회의 사회비판은 기독교의 종말론적 유보에서 유출하는 제도화된 것이어야 한다고 설명하였다(S. 99-116). 메츠는 이러한 주장을 제창함에 있어서 명시적으로 정치신학이란 어휘를 사용한다. 한스 마이어는 그것을 「개념적으로 불가능한 일에의 도전」*이라고 한다. 왜냐하면 기독교 정치신학이란 개념은 삼위일체론에 의해서 그 자체가 불가능한 것이 되어버렸기 때문이다. 「그리하여 기독교 시대에 있어서의 정치신학의 역사는 동시에 끊임없는 자기파괴의 역사이다」(S. 76). 마이어가 의거하는 신학적 권위이며 학문적 증인은 에릭 페터존이다. 마이어의 1969년 2월의 위 논문은 페터존의 최종 테제의 인용으로 끝난다. 그 인용문은 나치스 초기에 페터존은 카를 슈미트에 관련하여 이 명제들을 썼다고 하는 해설을 붙여 시작된다. 원문 그대로 인용한 페터존의 최종 테제에 한스 마이어는 이렇게 덧붙인다.

> (페터존의) 이러한 명제들에 오늘날 덧붙일 것은 아무것도 없다. — 만약 덧붙일 것이 있다면 그것은 이 명제가 오늘날에도 여전히 현실성을 가지고 있다는 것뿐이다. 왜냐하면 새로운 정치신학은 오직 낡은 정치신학의 세속화된 변증법적 변종에 불과하기 때문이다. 이에 대해서 성과 속, 교회와 사회의 정통적 자립성, 비혼잡성을 지적하는 일이야말로 가톨릭 교도로서의 임무이다. — 특히 현재의 종교와 교회의 위기에 있어서 제반 정신을 구별하는 능력을 유지해온 가톨릭 평신도의 임무이다. 나는 지금 그러한 그들을 향해서 말을 거는 것이다(S. 91).

이에 대해서 가톨릭 신학자인 에른스트 파일(Ernst Feil)*은 J. B. 메츠가 설론하는 정치신학을 옹호하여 논문집 『혁명의 신학에 대한 담론』의 한 논문(1969년 에른스트 파일과 루돌프 베트 공편)에서, 정치신학으로부터 혁명신학에 이르는 길을 고찰하고 있다. 그러나 그는 혁명 자체 (**구체적으로** 염두에 둔 것은 당연히 항상 프랑스 대혁명과 그것에 대한 마르크스주의적 계속이다) 속에 역사에서의 신의 나타남을 보려는 시도에 대해서는 신중한 태도를 취한다.* 그는 모든 「잘못 이해된 이국론」(S. 132)을 경계하는 동시에, 「혁명의 신학」을 거부하는 모든 논의가 반드시 혁명 그 자체를 모든 상황에 대해서,

그리고 모든 경우에 거부하는 것을 의미하는 것은 아니라고 강조한다(S. 132). 그러나 그는 다른 한편 **반혁명, 복고** 그리고 **전통**의 정치신학을 전면적으로 부정한다(S. 123 f.). 그는 또한 페터존의 모든 정치신학은 해결되었다는 전설을 원용한다(S. 126). 놀라운 것은 그가 그 역사적 개관에서 16 · 17세기의 프로테스탄트의 종교개혁이나 모든 종교적 혁명, 반혁명의 특수 정치신학적 본질에 대해서는 한 마디도 언급하지 않으면서, 토머스 홉스의 이름을 들고 있다는(S. 122-3) 사실이다. 그는 프랑스 혁명의 **혁명권**(jus revolutionis)이, 어느 정도로 프로테스탄트 종교개혁의 **개혁권**(jus reformandi)을 철저하게 탈신학화한 승계인가 하는 문제를 전혀 고려하지 않는다. 세심하게 배려된 그의 논설에서 확립된 유일한 것이라면 반혁명의 정치신학에 대한 단죄뿐이다. 반종교개혁과 반혁명의 위험한 병행관계에 대해서 그는 깨닫지 못하고 있다. **누가 결단을 내리는가**(Quis judicabit?), **누가 해석하는가**(Quis interpretabitur?)하고 모든 것을 결정하는 홉스의 물음을 피할 수는 없다는 것을 그는 조금도 의식하지 못하고 있다.

에른스트 파일 역시 페터존의 모든 정치신학의 전통적인 해결을 원용하고 있다. 그러나 그는 그 해결을 「복고의 정치신학」에 한정한다. 이렇게 되면 결론은 「**아주 간단**」(S. 126)하다. 즉 (드 메스트르, 보날 그리고 도노소 코르테스의) 정치신학은 술어에서나 실질적으로도, 고대 이교(異敎)의 정치신학*의 재구축이었다는 것이다. 「여하튼 그것은 이미 붕괴된 정치형태의 유지에 봉사하는 것이었다」(S. 126). 바꾸어 말하면 **화 있을 진저 패자여!**(Vae Victis!)이다. 패자는 다른 모든 불행에 대하여, 그 위에 정치신학의 가능성까지도 상실한다. 「정치신학이라는 개념은 카를 슈미트가 (적어도 당초에는) 긍정적으로 평가한 것이었지만, 이 평가에 따르려는 사람은 거의 없는 것 같다」.*

프로테스탄트 신학자인 J. 몰트만(Jürgen Moltmann)의 논의는 전적으로 「신학내적 범주」에 관한 것이었지만,* 파일의 이 논의는 그러한 것은 아니며, 혁명이나 반혁명이라는 현실의 정치적 · 역사적 사실의 평가에 관계하고 있다. 평가라는 말은 이 경우, 특히 문제의 소재를 명백히 하는 말이다. 혁명과 반동, 미래와 과거, 신과 구의 대립은 평가가 되며 아우구스티누스의 두 개의 나라는 가치철학의 의미에 있어서 두 개의 가치타당 영역*으로 전화한다. 그렇다면 파일은 반갈리카니즘론자(Anti-Gallikaner)*이며, 로마 가톨릭주의자인 드 메스트르, 보날 그리고 코르테스를 에우세비우스주의자, 황제교황주의자,* 아리우스주의자의 부류에 넣어 버렸다고 하더라도 결코 놀랄 것은 없다. 가치라는 것의 의미와 의의, 가치와 가치의 본질은 그 가변성에 있다. 오늘 새로운 것은 내일 아침에는 낡은 것이다. 여기에서 파일은 다비드 프리드리히 슈트라우스(David Friedrich Strauss)*와 같은 19세기의 진보적 신학자에게 어정쩡하게도 접근한다. 그들에게 기독교는 이교적 다신교에 대하여는 당시 혁명적인 새로운 것이었다. 즉 기독교적 일신교는 이교도적 다신교나 다원주의에 대하여 진보적인 것이었다. 배교자 율리아누스*는 낭만주의자 · 반동가로 간주되고, 이에 대하여 성 아타나시우스(hl. Athanasius)*는 혁명가로 간주되었다. 오늘날 사태는 반대이다. 오늘날에는 전래의 교회의 기독교가 낡고 반동적인 것이고 진보주의가 새로운 것이다. 슈트라우스는 일종의 혁신 이데올로기, 새로운 시대 이데올로기의 어떤 종류의 것, 말하자면「새로운 것의 정치신학」의 고전적 예이며, 브루노 바우어의 정치신학과는 달리「무비판적」 정치신학이라고도 불러야 할 것이다.[9]

세 사람의 로마 가톨릭 반혁명 사상가가 당시의 정치적 · 사회적 발전에 대해서 있었던 관계를 파일은「무비판적이며 동일화적」(S. 126)이라고 한다. 모든 성실한 헌신이 그러하듯이 그것은 동일화적이었다. 왜냐하면 이 세 사상가는 스스로 주장하고 옹호한 것에 실존적으로 결부되어 있었기 때문이다. 그들은 스스로 승복하는 정통적인 교회의 권위와 그 눈에 비친 것에 대해서는 어떤 의미에서 무비판적이었다. 그러나 페터존 역시 공공연히 교회의 권위에 복종하였다. 그 밖의 점에서는 그들은 매우 지적인 비판자이며 우수한 사회학자였다. 그들은 근대 사회학의 아버지라고까지 말할 수 있다. 오귀스트 콩트에게는 생시몽뿐만 아니라 드 메스트르의 흔적도 발견된다. 보날에 대해서는「복고정신에서 유래하는 사회학의 기원」[10]이란 제목을 붙인 재미있는 연구가 출판되었고, 파일도 그것을 인용하고 있다(S. 124. Anm. 45). 도노스는 청년 시대에 앙리 드 생시몽 백작의 역사철학에 심취했으나, 이 스페인인의 기독교적 종말론은 그것과의 결별로서만 생각할 수 있다. 그들 세 사람의 가톨릭 사상가의 예리한 비판력에 비하면 버크(Burke)와 같은 반혁명론자

---

9) 배교자 율리아누스에 관한 슈트라우스(D. F. Strauss)의 저서『제위에 있는 낭만주의자』(Romantiker auf dem Throne der Cäsaren)는 1847년 만하임에서 출판되었다. 이에 관하여는 나의 저서『정치적 낭만』(Politische Romantik, 3. Aufl. S. 210-221; 배성동역, 삼성출판사, 1977, 526-535면)의「제위에 있는 낭만주의자」참조. 이 책과 관련하여 특히 문제의 해명에 기여하는 것은 다음의 곳이다.「율리아누스의 종교상의 논의와 복고시대의 낭만주의의 그것과의 차이를 즉시 인식하기 위해서는 여기서 신구(新舊)가 서로 대립하는 입장이 각각 실은 어떠한 것인가를 분명히 해 주기만 하면 된다. 이 황제는 자신의 적인 하나의 종교적 신앙에 종교적 논거를 가지고 대항하였다. 이에 대해서 신학을 내세우는 낭만주의자는 정치적 논의를 피하여 종교적 논증에로 도피하였다. 신학은 그들에게는 낭만주의적인 알리바이로서 기여하였다」. 나아가 나의 저서인『도노소 코르테스』(Donoso Cortés, 1950, S. 97/98. Aufsatz von 1927) 참조.「여기서 슈트라우스의 사고과정은 매우 유치해 지게 되고, 대중의 신앙에 대한 모든 기회를 얻게 된다. 낡은 것은 죽고 새 것은 사는 것이다. 기독교는 낡은 것, 우리들이 오늘날 믿는 것, 진보, 학문의 자유 등등은 새로운 것이라고 한다. 그 실제적 결론은 명백하다. 이것은 전적으로 파레토(Pareto)가 말하는 사이비 논리적 파생체들(Derivation)의 박물관에 소장된 진보이다. 예수의 생애의 신화학자로서 슈트라우스와 나란히 존재하는 르낭(Renan)은 슈트라우스보다 훨씬 풍취가 있으나, 그보다도 더 비관주의적이다. 그렇지만 여기서 취미의 좋고 나쁨은 단지 부차적인 뉘앙스의 차일 뿐이다. 더 중요한 것은 양 신화학자가 자신이 믿는 신화이다. 낡은 것에 대한 새로운 것의 투쟁은 모든 시대의 신화의 테마이다. 즉 우라노스에 대한 크로노스, 크로노스에 대한 제우스, 제우스와 거인 투리오스(게르만 신화의 토르[Thor])에 대한 헤라클레스, 붉은 용에 대한 녹색 용 등. 이러한 투쟁은 슈트라우스나 르낭과 같은 두 사람의 진보적 성서비판자에게는 시류를 탄 자기만족자가 가지는 진부함에로 타락한다. 당연히 슈트라우스는 여기서도 르낭보다 노골적이다. 그에게 있어서 새로운 것은 새롭다는 것만으로 그 시대에 만족하는 것이다. 그러나 그(D. F. 슈트라우스)가 승리자로서의 만족감에 빠져있는 것은 그가 새로운 것의 역할을 할 수 있는 잠시 동안의 처형 유예기간 뿐이다. 이것은 이미 서술했듯이 유치하지만 그러나 바로 그럼으로써 실증주의적 세기의 대중신화가 되도록 운명지워진 것이다」.

10) Robert Spaemann, De Bonald und die Philosophie der Restauration, Dissertation Münster 1952는『복고의 정신에서 유래하는 사회학의 기원, L. G. A. 드 보날에 관한 연구』(Der Ursprung der Soziologie aus dem Geist der Restauration. Studien über L. G. A. de Bonald, München 1959)라는 제목으로 출판하였다.「현실은 사회와 역사 속에 있다」는 명제는 보날에서 유래한다. 나의『정치적 낭만』중「실재의 연구」의 장(S. 89; 배성동역, 436면) 참조.

의 주장까지도 입으로만 하는 수사처럼 느껴지며 그 논증도 법적 변론 이상의 것은 아니다. 도노소의 문제도 매우 수사적이지만 아직 위의 인식을 좌우하는 것은 아니다.

E. 파일의 생각으로는 「전통적 정치신학이 좌절함으로써 신앙과 정치행동과의 관계에 대한 문제가 해결된 것은 아니며 오히려 새롭게 제기되었다는 것이 이제 명백하게 되었다」(S. 127). 그러므로 J. B. 메츠가 사회와 기독교 신앙과의 관계를 「신앙의 종말론적 지향에 근거를 두고 항상 새롭게 비판적이고 냉정하게 반성하자」라고 하는 것은 정당하다(S. 126-7).* 이 종말론적 지향이란 「우리들이 사는 현대 사회의 조건 하에서 종말론의 복음을 정식화하려고」* 하는 시도라고 한다(S. 111). 이것은 구체적으로 무엇을 의미하는가? 우리들이 사는 현대 사회는 진보적 사회이다. 즉 과학은 가치로부터 자유로워하고, 산업은 자유로이 영리를 추구하고, 소비자는 자유로이 소비를 향상시킨다고 하는 무구속의 진보시대라는 것이다. 나아가 이 현대 사회는 사회집단의 다원성의 사회이다. 거기에서는 만사가 다의적으로 된다. 최후로 이 사회는 J. B. 메츠가 말하듯이, **인간화하는**(hominisierend)*사회이다. 내 생각으로는 그러한 진보적 · 다의적 · 인간화하는 사회는 거기에 적합한 체계내재적 종말론을, 따라서 마찬가지로 진보적 · 다의적 종말론을 허용하게 된다. 그렇게 본다면 이러한 종류의 종말론은 **인간은 인간에 대해서 인간이다**(homo-homini-homo)*라는 종말론이 될 수 있을 뿐이며 기껏해야 자기 자신, 나아가서는 자기 자신의 존립가능성의 조건까지도 만들어 내는 **숨어 있는 인간**(homo absconditus)*에 대한 희망이라는 원리를 수반한 하나의 유토피아가 될 수 있을 뿐이다.

이 책과 관련하여 특히 흥미로운 것은 E. 파일 역시 한스 마이어에 대한 회답에서 페터존의 전설적 최종 테제를 계승하고 있는 점이다(S. 126). 다만, 그가 페터존의 전설적 최종 테제를 계승한 것은 반갈리카니즘론자를 황제교황주의자로서 해결하는 반면, 신중한 배려에 의해서 혁명의 정치신학에 무엇인가의 신학적 성립가능성을 허용하려고 하기 위함이다. 그렇지만 파일은 페터존의 저작의 근본적 약점을 무엇인가의 방법으로 감지하고 있었다. 그 약점이란 페터존이 고찰대상을 (「정치적 통일체」가 아니라) 신적 군주제라는 무반성한 표어에 한정하고, 이 주제의 정치적 측면에서의 일체의 다른 문제점, 특히 모든 민주제의 문제를 은연중에 도외시하는 것이다. 그러나 그렇다고 해서 파일의 뜻대로 도외시된 부분이 해결에서 구출될 수 있다는 것은 아니다. 따라서 논증되는 것은 다만 페터존의 소재가 불완전하기 때문에 그 일반적 결론을 도출해 냄에 부족하고, 지금 가령 그가 논증을 위하여 사용한 소재를 당좌예금액이라고 한다면, 일괄적인 최종 테제는 그 이상의 금액을 발행한 부도수표가 되었다고 하는 것이다.

가톨릭 신학자인 에른스트 파일은 페터존의 일괄적인 정치신학에 대한 단죄에서 민주제를 별도로 취급함으로써 정치신학의 해결을 한정하려고 시도한다. 이에 대해서 신실증주의자 에른스트 토피취(Ernst Topitsch)*는 일신교적인 군주제적 정치신학의 해결을 더욱 확대하여 모든 구체적 신학을 일반적인 비교우주론에 해소시켜 버렸다. 토피취는 가톨릭 잡지 『말과 진리』(Wort und Wahrheit, 1955, Heft 1, S. 19-30)에 게재한 논문 「우주와 지배, 정치신학의 기원들」*에서 「어떠한 행운의 별」도 「정치신학」이라는 표어 아래 논해진 문제영역을 지배하고 있지 않는 것 같이 보인다고 하여, 한스 켈젠의 논문 「신과 국가」("Gott und Staat" Logos XI, 1923)*는 거의 고려하지 않고, 「켈젠의 그것에 비하여 조금은 더 영향력을 가진 카를 슈미트의 저작마저도 다만 재기가 풍부한 스케치 이상의 것은 아니다」라고 서술한다(S. 19). 이 토피취도 1955년 당시에는 아직 특이한 면모를 가진 샤만사냥(Schamanomache)은 아니었다. 나의 『정치신학』(1922)을 가볍게 취급하는 점에서 이러한 그의 태도는 페터존의 결론의 주와 부합한다. 페터존의 결론의 주는 내 책을 나의 한층 광범위한 저작들과의 시간적 · 소재적 그리고 체계적 관련에서 뽑아내어 고립화시키고, 이것을 「비문체적 단문」으로서 논해 버렸다. 그러나 토피취는 페터존이 삼위일체 교의와 신적 군주제 이념의 관계를 「모범적으로」 해명하고, 가톨리시즘을 아리우스주의적 제국이데올로기로부터 「명확하게 구별하였다」라고 그를 칭찬하고 있다. 물론 그는 이교신학만을 논하는 페터존의 한정에 대해서는 비판적이다. 이교신학은 어디까지나 정치신학의 「기반」(Folio und Hintergrund)에 불과하며, 그렇다면 이교적 · 이단적이라는 이유만으로도 해결될 수 있는 것은 아닌가라는 것이다(S. 19).

모든 기독교적 정치신학은 완전히 해결되었다는 페터존의 주장에 대해서 토피취의 이러한 비판적 지적은 이 책의 문제의 핵심에 육박하는 것이다. 즉 그는 페터존의 저서의 본래적 약점, 즉 구조적 결함, 증명소재와 최종 테제간의 불균형을 지적하고, 그것이 순수신학적 · 교화적이라는 둔사를 거부하는 것이다. 그 대신 그는 기독교신학의 특수적 관심사를 중립화 — 여기서는 탈신학화를 의미한다 — 하고, 고대 중국이나 인도, 아시리아나 페르시아에서 우주와 지배의 일반적 관계에 대한 매우 흥미 깊은 서술을 시도한다. 이리하여 그는 당면한 신학적 · 정치적 문제를 회피하는 결과가 된다.

> 과연 삼위일체 교의*는 마침내 그 나름대로의 방법으로 신관념에 사회학적 분해를 불가능하게 하며, 황제교황주의적 보편국가의 정통화를 위하여 하는 신관념의 남용을 저지하였다고 하지만, 그러나 이 교의는 사회규범의 어떠한 도출도 어떠한 기초지움도 허용하는 것은 아니다(S. 30).

이것은 전적으로 혼란된 주장이다. 왜냐하면 그는 한편으로는 페터존을 정당하다는 것처럼 보이지만, 다른 한편으로는 그것에 유보를 붙이기 때문이다. 즉 그는 아리우스파의 일신교에 대한 삼위일체 교의의 승리를 묘사한 페터존의 서술을 **모범적**이라고 평가하면서도, 이 승리 자체가 「고도로 정치적 의미를 가진 것」임을 간과한 것이다(S. 26).* 마침내 모든 것은 규범주의 속에 매몰되어 버린다. 즉 갑자기 **노모스** 대신에 **규범**이 논의의 대상으로 되어 버린다. 여기에서는 이미 역사적 · 구체적 질서가 정통적인 결단을 내리며 이 결단에 해석권과 집행권을 수중에 넣기 위해서 사상적으로 구축해온 교의나 개념은 시야 밖에 두어져 버린다.

토피취는 페터존의 최종 테제의 내적 약점만을 인식한 것은 아니다. 나아가 그는 무한한 깊이를 가진 문제영역의, 사람을 혼란시키는 현상들을 분류하는 근사한 원리도 발견한 것이다. 정치적 현실과 종교적 관념이나 표상은, 혹은 수직으로 혹은 수평으로 교차한 상호의 결합을 가지고 있으나, 그는 그것을 세 개의 범주로 환원하였다. 즉 혼란한 상징이나 비유, 대비나 유비, 은유 따위, 또는 서로 다른 영역간의 투영과 재투영 따위를 사회태적 · 생물태적 · 기공태적이라는 세 가지의 개념으로 분류한 것이다.* 이러한 분류로는 결합 그 자체의 문제가 결코 해결된 것은 아니며, 은유의 한 형태학(Morphologie)으로 되어 있을지도 모른다. 그것은 우리들이 여기서 문제로 삼고 있는 여러 가지 「반영」이나 「재반영」이라는 현상들을 정서(整序)하는 최초의 목록작성 정도의 의미는 가질 수 있을 것이다. 인간이 인간태적 존재, 인간유사한 존재인 한, 인간은 자기와 동류와의 관계를 그러한 「상」(Bild)에 의해서 파악할 것이다. 모든 인간정신에 내재하는 근절하기 어려운 의인주의적(擬人主義的) 경향은 혹은 생물학적 혹은 기공태적 혹은 사회태적인 현상이라는 형태를 취한다. 왕이 신으로서 나타나는 일도 있다면, 신이 왕으로서 나타날 수도 있다. 그러나 또 신이 일종의 세계의 전동기와 같은 것으로서 생각할 수도 있고, 전동기가 일종의 세계운동자라고 생각할 수도 있다. 그래서 마침내는 인간 자신의 자기이해에 대해서도 그러한 종류의 상을 사용하여 정신적 · 육체적 장치를 갖춘 자기를 하나의 용기(容器)로서 이것을 과학적으로 파악하는 것이다. 이러한 모든 것들은 다양한 형태를 취하는 은유와 결합할 수도 있다. 예를 들면 토머스 홉스의 국가인 거대한 리바이어던은 네 개의 모습을 가지고 있다. 그것은 위대하지만 가사의 신이며, 거수이며, 거인이며, 거대한 기계이다. 소박한 투영, 성스러운 환상, 미지의 기지(旣知)에의 반사적 환원, 존재와 현상의 유비, 하부구조 위에 있는 이데올로기적 상부구조, 이들 모두는 정치신학 또는 형이상학의 측량하기 어려운 다양한 형태를 위한 영역이다. 토피취의 사회태 · 생물태 · 기공태라는 세 가지의 분류는 끊임없이 변천하고 상승하여 하강하는 현상들을 용이하게 조감할 수 있게끔 한다. 인간은 자기 자신이 살아있는 물건이기 때문에 이것과 기계나 사회집단을 잘못 취할 리는 없다. 생물태 · 기공태 · 사회태라는 세 가지의 상 내지는 형상의 형은 세 개의 색인항목이며, 과학이라는 철도의 거의 컴퓨터처럼 정확하게 작동하는 빨강 · 파랑 · 노랑이라는 세 가지의 교통표지와 같은 것이다. 자동차 운전자를 자동차로부터, 나아가 양자를 자동차 구락부로부터 구별하기 위해서는 어떠한 이론적 · 개념적 노력도 필요치 않다.

실증주의자 토피취가 페터존에 의한 정치신학의 순수신학적인 해결을 신학 그 자체의 학문적 해결로 쉽게 전환할 수 있었던 것은 페터존의 저서 『정치적 문제로서의 일신교』가 구조상의 결함을 가지고 있었기 때문이다. 이 결함이야말로 이 책의 학문적 가치를 감쇄하는 것이다. 이 점에 관하여 유감스러운 것은 토피취가 페터존의 1931년의 논문

「신적 군주제」(Göttliche Monarchie, Theologische Quartalsschrift, 1931)를 참조하지 않았던 점이다. 이 논문은 페터존이 1935년에 이르러 정치신학의 해결을 논증하기 위해서 사용한 신학적 · 역사적인 개념장치 전체를 이미 개진하면서, 그러면서도 1935년의 저서처럼, 저 일반적인 최종 테제의 부도수표를 발행하지 않았기 때문이다. 페터존은 신학자이기 때문에 순수하게 신학적인 발언을 하기 이전에 인식론 · 학문론 · 방법론상의 전제 문제에 궁극적 해답을 제시해둘 필요는 없다. 토피취처럼 페터존에 의한 일신교적인 군주주의적 정치신학의 해결 — 그 성부는 차치하고 — 을 단순히 우주론적 비유의 사회학에로 몽땅 묶어 한 묶음으로 환원하여 그것을 비교종교학 · 일반 종교사회학 또는 실증주의적 규범과학으로 해소하는 것만으로는 그를 정당하게 평가했다고는 할 수 없을 것이다.

한스 마이어, 에른스트 파일 그리고 에른스트 토피취의 세 논문은 각각 그 나름대로 우리들의 연구에 있어서 매우 흥미롭다. 페터존의 해결 테제가 어떻게 다양한, 아니 서로 대립하는 방향들에서 오늘날 여전히 계속 살아 있는가를 이들 세 논문은 보여주고 있기 때문이다. 마이어는 페터존의 최종 테제와 그 결론의 주를 그대로 인용하며, 파일은 그것을 반혁명의 정치신학에 적용하고, 토피취는 그 황제교황주의비판을 찬양하면서 그것을 특수 신학적 명제로부터 일반 종교학의 단편으로 전화시켜버린다.

여기서 마침내 정치신학의 해결이라는 전설의 근원을 만들고 있는 전거, 페터존의 1935년의 저서 『정치문제로서의 일신교』와 대결할 때가 온 것이다.

제2장 전설의 책

1. 이 책의 성립과 소재의 시대적 한정

전설의 책이 된 페터존의 1935년의 저서 『정치적 문제로서의 일신교』의 정확한 내용은 무엇인가? 페터존의 학문상의 주요 저작이며 교수자격취득논문인 『헤이스 테오스』(Heis Theos, 1926)는 유일신이라는 테마를 다루며, 1935년의 전설의 책과 소재상에서 밀접한 관계를 가진다. 위 논문은 본래 1922년에 괴팅겐대학에 제출한 학위논문으로 동 대학 프로테스탄트 신학부의 교수자격에 합격하고, 1926년에는 단행본으로서 발간하였다(헤이스 테오스, 그 금석학적 · 형태사적 그리고 종교사적 연구, R. 불트만과 H. 군켈 공편, 『구약과 신약성서의 문헌에 관한 연구』*에 수록).

1926년의 이 포괄적인 책은 일신교의 학문적 문제에 대해서 중요한 의의를 가진다. 특히 중요한 점은 이 책이 유일신이라는 정식은 반드시 일신교에로의 귀의를 의미하지 않으며, 특정한 신 · 황제 · 왕에 대한 공적인 갈채 · 환호 · 시위라고 간주되었다는 것을 제시한 점에 있다. 정치신학에 대해서는 아직 아무것도 논하지 않으며, 정치신학이라는 관점 아래서는 어떠한 문제도 설정하지 않는다. 이 책은 또 어떠한 교의상의 입장을 설명하는 것도 아니며, 신학이 학문성을 확보하기 위해서 교의나 가치론에서 자제한다고 하는 자유주의적 태도에 입각하여 중립성과 몰가치성을 지니고 있다. 문헌이나 비문(碑文)의 포괄적인 사료는 완전히 객관적으로 처리되어 있으며, 신학상 · 교의상의 입장에 대한 찬부를 여기에서 엿보아 알 수는 없다.

1925년에 페터존은 「신학이란 무엇인가」라는 센세이셔널한 강연을 발간하였다. 거기에서도 아직 「정치신학」이라는 말은 발견할 수 없다. 페터존이 처음으로 「정치신학」이라는 말을 사용하여 그것을 논한 것은 1931년의 한 논문에서였다. 그것은 「신적 군주제」(“Göttliche Monarchie” Theologische Quartalsschrift, 1931, Heft IV, S. 537-564)라는 제목의 논문에서 1935년의 전설의 책에 대부분 그대로 수록하고 있다. 이 논문은 전설의 책과 같이 「아리스토텔레스의 신학」*이나 알렉산드리아의 유대인 필론(Philo)*의 「신적 군주제」론에서 설명하기 시작하여 필론을 분석하고, 그 유대 · 헬레니즘적 전석(轉釋)은 **정치적인** 것이라고 한다(S. 543). 페터존에 있어서 정치문제로서의 일신교란 유대교의 신에 대한 신앙을 헬레니즘적으로 변형한 문제나 다름없다. 거기에 계속하여 테르툴니아누스*가 거론되지만 그 논술 역시 1935년의 전설의 책*과 일치한다.* 1931년의 위 논문에서 이미 콘스탄티누스대제의 찬미자이며 주교인 에우세비우스는 허용하기 어려운 정치신학의 한 사례로서 나오지만, 1935년의 저서와는 달리 아직 모든 시대에 일반적으로 타당한 전형적인 원형으로 묘사하지는 않았다. 그에 의하면 에우세비우스는 테르툴리아누스가 **법률화**하려고 한 신의 군주제사상을 **정치화**하려고 했던 인물이다.[11] 그러한 모든 시도는 기독교 신학의 3-1-신(drei-einigen-Gott)의 교의와 대립하게 되었다. 논문의 말미에서(S. 563), 고찰 전체를 「무정부상태 · 다두제 · 군주제」와 같은 관념으로 불리는 모든 무질서의 저쪽에 있는 진정한 질서에로 높이기」 위해서 나지안즈의 그레고리우스(Gregor von Nazianz)*의 말이 원용되고 있다. 이에 대응하여 1935년의 전설의 책의 말미에(S. 96-97), 같은 그리스의 교부인 나지안즈의 그레고리우스가 그 삼위일체(Trinität)에 관한 정통적인 입장에 의해서 아리우스파의 정치신학을 끝내버린 위대한 신학자로서 나온다.* 신적 군주제의 어떠한 정치적 실현도 있을 수 없다는 것이 그 결론이다. 「그러한 실현을 기도하는 자는 엘비라의 그레고리우스(Gregor von Elvira)*가 ‘지상에서 군주제를 가지기에 족한 자는 그뿐’(ipse solus toto orbe monarchiam habiturus est.)이라고 말한 적(敵)그리스도*와 같다」(S. 536, Anm. 1). 1931년의 논문의 말미에서 언급한 적그리스도에 관한 이 인용문은 1935년의 전설의 책에서는 거의 나타나지 않는다(S. 70).* 1935년에 있어서의 적그리스도나 「세계국가」의 현실성은 1931년이나 325년의

11) 강연 「신학이란 무엇인가」(Was ist Theologie, 1925)에는 교의나 성사(聖事)는 신약성서의 본질적 요소를 이루는 것으로, 그것이 「법적 술어를 사용하는 것은 우연이 아니다」(S. 31 Anm. 21)라는 취지의 상당히 긴 주가 붙어 있다. 이 주에 대해서는 이 책의 끝(제3장 2)에서 다시 논한다.

로마의 평화(Pax Romana) 시대나 1969년의 현재에 비해서 결코 뒤떨어지지 않는데도 말이다.

1931년의 논문과 1935년의 저서와의 차이는 학문적 증명소재 내지 논증방법에 있는 것은 아니다. 본문과 주에 새로이 보충된 소재나 후기 교부에 대한 간단한 개관, 그리고 악센트의 약간의 미묘한 차이를 도외시하면 1935년의 저서는 새로운 것으로서, 다만 정치신학적인 모습의 관용구를 삽입한 것뿐이다. 거기에 대해서는 이 책의 제2장 2에서 특히 논한다. 본질적이며 결정적인 점에서 1935년의 저서에 새로이 첨가된 것은 주가 붙여진 최종 테제에의 이행으로서 주교 카에사레아의 에우세비우스와 성 아우구스티누스의 대비가 거론되고 있는 점이다. 페터존에 의하면 아우구스티누스는 그리스 교부들, 특히 나지안즈의 그레고리우스가 신개념이나 삼위일체론에 의해서 달성된 것, 즉 기독교 신앙의 「로마 제국과의 결합」으로부터의 해방을 「평화」라는 기독교적 개념을 가지고 성취한 인물이다. 이것은 약간의 테제적 명제의 형태로 언명되어 있다(S. 97-8). 거기에 계속해서 지금까지의 학문적 소재에 최종 테제와 그 주의 쌍방이 당돌하게 첨가되어 있는 것이다.

기원후 1 · 2세기부터 콘스탄티누스 대제시대에 고찰의 대상을 한정한 1931년의 논문의 증명소재를 가지고, 더구나 역사적 소재를 본질적으로 확대함이 없이, 그것을 모든 정치신학에 대한 총괄적 단죄를 위한 충분한 논거로 삼을 수 있을 것인가? 이 점에 대해서 1935년의 저서는 단 한 곳에서 매우 간단하게 시사를 주고 있을 뿐이다. 일단 이 책에는 「로마 제국 정치신학사 논고」라는 소극적인 부제가 붙어 있으나, 그러나 책이름은 일반적으로 『정치문제로서의 일신교』라고 적혀 있으며, 그리고 최종 테제와 그 주는 모든 정치신학을 부정하고 있다. 페터존이 그렇게 한 이유는 단지 로마 제국시대나 에우세비우스의 경우가 정치신학의 전체 문제에 대해서 **전형적**이라고 생각하는 점에 있다.

이 책은 서문에서, 「이 책은 일신교를 지향하는 정치신학의 내적 문제를 역사적 사례에 비추어 제시하려는 것이다」라는 말로 시작하여, 「이상으로써 **정치신학**의 신학적 불가능성을 구체적 사례에 비추어 증명하려고 하는 이 책의 시도는 끝난다」라는 말로써 끝맺는다. 그렇지만 왜 이 사례가 전형적인가에 대해서는 설명도 논거도 제시하지 않고 있다. 이 사례는 다만 하나의 예시에 불과한 것일까? 이 한 사례에 의해서 정치신학의 다종다양한 현상형태의 대표자인 역할을 하게 하는 것은 충분히 설득적이라고 할 수는 없는 것이 아닐까? 콘스탄티누스대제에 관한 문제는 기독교회와 기독교적 군주 혹은 그렇지 않더라도 친기독교적 군주와의 관계의 문제이며, 따라서 그것은 거의 기독교의 테두리 안의 논쟁이다. 그러므로 그러한 논쟁의 문제설정이나 해답을 기독교교회와 비기독교적 반기독교적, 아니 완전히 탈신학화 된 몰종교적인 투쟁 상대방 간의 이론적이며 정치적인 관계에 그대로 전용할 수 있을 것 같지는 않다. 콘스탄티누스 대제는 기독교의 세례를 받지 않은 채로 일종의 **주교**, 말하자면 13인 째의 **사도**와 같은 것으로서 자임하고 있었다. 그리하여 에우세비우스는 콘스탄티누스대제를 **밖의**(ton ekton) 주교로서 승인하였다(이 「밖의」 주교라는 말은 콘스탄티누스대제가 외재자[外在者], 즉 비기독교적 주교라는 의미로도 해석할 수도 있으며, 또는 영역, 즉 정치영역의 주교라는 의미로 해석할 수도 있다). 콘스탄티누스 대제나 그와 결부되는 사태 — 그 사례의 하나로서 에우세비우스 자신도 포함된다 — 는 매우 제한된 범위에서만 전형성을 가질 뿐이다. 따라서 콘스탄티누스대제를 예컨대 히틀러나 스탈린과 유비하는 것도 또한 아주 제한된 범위에서만 가능할 뿐이다. 325년의 사례를 가지고 1935년의 현실해석을 비견하려는 것은 학문상 정당하지 않으며, 학문적인 신학의 입장에서 보아도 마찬가지로 정당하지는 않다. 여하튼 만약 페터존이 그 정당성을 주장하려고 한다면, 그가 사용한 논증소재가 **구체적으로** 전형성을 가지고 있다는 것을 설명해야 할 것이다.

고대 그리스나 고대 로마의 **정치신학**(theologia politica 또는 theologia civilis)을 테렌티우스 바로(Terentius Varro)*가 전하여 성 아우구스티누스의 『신국』(Civitas Dei, XII 1)*에서 상세하게 해석하면서 우리들에게 전해 왔는데, 그것들에 대해서도 페터존은 아무것도 언급하지 않는다. 그런데 아우구스티누스가 해학을 섞어가면서 우월감을 가지고 **교활한 마르쿠스**(Marce astutissime)라고 말을 걸고 있는 인물, 바로야 말로 페터존이 특히 선택한 논술대상의 한 사람인 것이다. 『헤이스 테오스』(1926년)에는 이 책의 테마에 대해서는 아니지만 바로의 이름이 두 번(S. 245, 306) 짧은 말로 언급하고 있다. 고대 도시(폴리스)는 제사공동체였다. 바로는 신학을 세 가지로 분류하였다.* 극장을 본거지로 하는 시인들의 신화적(우화적) 신학, 세계를 그의 장으로 하는 철학자들의 자연적 신학, 도시국가(Polis 또는 Urbs)를 그 장으로 하는 정치신학이 그것이다.[12] 이러한 정치신학은 노모스의 본질적 요소를 형성하며 신들의 제사 회생제사와 의식(儀式)을 통해서 공적으로 된다. 그리고 이 정치신학이야말로 한 국민의 정치적 동일성과 계속성의 본질적 요소를 형성하는 것이다. 한 국민에 있어서 그들이 조상으로부터의 유산의 정통적인 승계자인 것을 인정받고, 또 자기 자신 그 국민이란 것을 자각하기 위하여, 불가결한 요소를 형성한 것은 조상의 종교, 국법에 의한 제사, 그리고 **국법에 의한 신신앙**(deum colere kaka ta nomina)이었다. 여기에서 E.-W. 뵈켄회르데*가 제기한 다음과 같은 문제가 발생한다.

> **기독교 신앙은 그 내적 구조에 의하면 다른 종교들과 같은 것일까? 즉 그 있어야 할 현상형태는 공적인(폴리스) 제사라는 현상형태일 것인가 아니면 기독교는 지금까지의 종교를 초월한**

---

12) 바로(Varro)가 무시되었다는 것은 「정치신학」(theologia politica)에 관한 소재나 본질적인 관점이 어떻게 다수 제외되었는가를 보기 위해서는 쿠르트 라테(Kurt Latte)의 로마 종교사(Handbuch der Altertumswissenschaft V, 4) 특히 제12장 (Die Loyalitätsreligion der Kaiserzeit)를 일별하는 것으로 충분하다. 프란츠 알트하임(Franz Altheim)은 라테와는 반대로, 『로마종교사』(Römische Religionsgeschichte)에서 이탈리아의 이교적 신앙을 아우구스투스가 부활한 것을 강조하고 있는데 여기서는 들어가지 아니한다. 비록 페터존을 찬미한 그의 친구 테오도르 해커는 기독교도이면서 베르길리우스 숭배자였지만 말이다.

것일까, 즉 기독교는 종교의 성식(聖式)이나 공적인 제사지배를 제거하고 사람들에게 자유를 자각시켜, 사람들로 하여금 이성에 의해서 규정된 현세적 질서에로 인도한다는 점에서 그 실효성과 현실성을 가진 종교인가?(Die Entstehung des Staates als Vorgang der Säkularisation, Säkularisation und Utopie. Ebracher Studien, Festschrift für Ernst Forsthoff, 1967, S. 91).*

나는 이러한 문제의 제기를 그 양자택일성 때문에 너무 좁다고 생각하지만, 그러나 이 물음은 불가피하다. 확실히 기독교교회는 현세와 그 역사**에서** 유래하는 것은 아니지만, 그러나 현세 **속의** 존재이다. 그것은 공간을 차지하며 그것을 부여한다. 여기서 공간이란 불가침입성, 가시성, 공연성을 의미한다. 페터존은 이들 일체를 소재나 논증 밖에 방치하고, 그러므로 또한 최종 테제의 언명 밖에 방치하는 것이다. 그는 1931년의 논문「신적 군주제」에서도 바로를 언급하지는 않았으나 이 논문은 아직도 모든 정치신학의 일반적인 해결을 결코 표방한 것은 아니었다. 1931년의 논문과는 달리, 1935년의 저서의 주제는 논거를 깊이 하는 것이 아니라, 최종 테제를 설명할 뿐이었다. 바로를 무시한 것은 그것을 이야기하고 있다.

정치신학은 매우 다양한 형태를 취한 영역이다. 나아가 그것은 신학과 정치라는 다른 양면을 가지며, 그 각각은 독자적인 개념을 지향한다. 그것은 이미 정치신학이라는 말의 결합으로부터 알 수 있는 이치이다. 한편으로는 다양한 종교가 있으며, 다른 한편으로는 종류에서나 방법에서도 다종다양한 정치가 있기 때문이라고 하여, 정치신학에 다종다양한 것이 있다고 해서 결코 이상할 것은 없다. 이처럼 이면화되고 양극화된 영역에서는 객관적 논의는 언명이 일의성을 가지며, 문답이 명료한 정확성을 가질 때에만 가능한 것이다. 그러므로 다음의 논술에서도 정치적 측면과 신학적 측면의 양면을 그 각자가 논증소재에서, 또한 문제설정에서 어떠한 한정을 받고 있는가 하는 것을 고려하면서 고찰하려고 생각한다. 그러나 그 전에 페터존이 1935년의 저서에서 다룬 주목할 만한 정치신학적 삽입구를 먼저 고찰해둘 필요가 있다.

2. 정치신학적 삽입구:「왕은 군림하지만 통치하지 아니한다」

페터존의 생각으로는 정치신학은 해결되고 있다. 그의 저서『헤이스 데오스』가 가져온 독자적인 연구 성과는 막스 베버 사회학의「카리스마적 정당성」에 대해서 중대한 의의를 가지는데 (왜냐하면 갈채가 전형적으로 주어지는 것은 카리스마적 지도자이기 때문에),[13] 그것

13) Max Weber, Wirtschaft und Gesellschaft, 4. Aufl. 1959, S. 662-673. 나는 일찍이 국민투표에 의한 민주주의론에 대해서 페터존의 저서가 가지는 중대한 의의를 강조하였다(Volksentscheid und Volksbegehren, Berlin 1927, S. 34; 김효전 옮김,『국민표결과 국민발안』, 관악사, 2008, 42면). 위의 인용한 곳에 대해서는 페터존의 교회에 관한 뮌헨 강연(1929년) (Traktate, S. 419)의 견해를 참조.

에 대해서도 페터존은 결코 주목하지 아니한다. 그에 의하면, 그것은 사실 필경 — 루돌프 조옴에서 유래한다 — 세속화된 프로테스탄트 신학의 한 파생물에 불과하며 신학적 원형이 왜곡된 것에 불과하다고 한다. 왜냐하면 베버가 카리스마*라는 주제에 대해서 사회학적으로 서술한 것의 신학적 원천은 요컨대 신약성서에서의 사도 바울의 카리스마적 정통성 바로 그것이다. 12사도에 대해서 13번째의 인물(Triskaidekatos)인 바울이(갈라디아서 제2장, 사도행전 제15장), 12사도에 의해서 구체적으로 수립된 질서에 대해서 자기를 정당화하기 위해서는 카리스마적 정통성을 원용할 수밖에 없었던 것이다.

그런데 페터존은 1931년의 논문「신적 군주제」(S. 540)에서 상술한 것과는 전연 별도의, 성서와 관련 없는 정치신학의 사례를 불쑥 내밀고 있다. 즉, 이 논문에는 갑자기 프랑스어의「왕은 군림하지만 통치하지 않는다」(le roi règne, mais il ne gouverne pas.)라는 관용구가 나온다. 페터존이 거기서 이 관용구를 삽입한 것은 그의 정치신학에 대한 공헌 중에서 가장 흥미로운 것이라고 나는 생각하지만, 아마도 그 자신은 무의식적으로 하였을 것이다. 그것은 아리스토텔레스의 철학이나 유대교적 또는 이교적 헬레니즘의 철학을 논할 때의 것으로, 논문의 논술 속에서 단편적으로 나오는 것에 불과하지만 이 논문의 사고과정에 대해서 바로 사실상 중심적인 의의를 가지고 있다. 왜냐하면 페터존에 의하면, 일신교란「정치적 문제로서는 유대적 신신앙(神信仰)의 헬레니즘의 변형에서 나타난 것」(S. 98)이기 때문이다.

여기서 신학자 페터존은 프랑스어의 정식을 사용하고 있지만, 실은 이 정식은 1600년경 폴란드왕 지기스문트 3세(Sigismund III)*에 대해서 서술한「왕은 군림하지만 통치하지 않는다」(rex regnat sed non gubernat.)라는 라틴어의 말을 근대화한 것이다. 아마도 그는 이것을 알지 못했을 것이다. 신학자 페터존은 일신교적 정치신학의 특수 이교적 현상형태 또는 유대 헬레니즘적 현상형태를 진정한 신학이 아니라 순전한 형이상학 또는 각파를 절충한 종교철학에 불과하다고 해석하려고 한다. 원래 이 정식 그 자체는 정치신학적인 것으로서 제창된 것은 아니었다. 그것은 탈신학화 된 19세기의 자유주의적 부르주아지의 당파적 유행어로 된 것이다. 부르주아 왕정의 전형적 대변자인 아돌프 티에르(Adolf Thiers)는 뒤에 파리 코뮌(1871)을 유혈 끝에 진압한 인물이지만, 그는 1829년과 1846년에 자본주의적 중도정권을 옹호하기 위해서 의회주의적 군주제의 슬로건으로서 이 정식을 선언하였다. 페터존의 잡지 논문「신적 군주제」(1931)에서 이 정식은 베르너 예거(Werner Jaeger)*가 말하는「아리스토텔레스의 신학」과 알렉산드리아의 유대인 필론의 일신교를 이해하는 열쇠로서 전술한 곳(S. 540)에 단 한 번만 나타나며, 그 이상의 주석이나 논술은 하지 않고 있다. 그러한 정식을 탈기독교화된 자유주의적인 시대로부터 기원 후 수세기의 고대에로 소급하는 것은 실로 놀라운 일이다. 그러나 이것은 좋은 정치신학적 · 정치형이상학적 정식이 제반 고찰이나 사상을 포함한

즉「바울은 열두 제자 중의 한 사람이 아니다. 여기에 그의 사도로서의 정통성의 한계 — 실효성의 한계는 아님 — 가 있다. 그리고 이것이야말로 무엇 때문에 사도 바울의 교회상의 지위가 예컨대 베드로 등과 완전히 다른가 하는 이유이다」.

법의(法衣)로서 얼마나 유익할 수 있는가를 나타내는 것이다.

도노소 코르테스는 위의 정식의 정치신학적 · 이신론적* 성격을 정당하게 통찰하고 『가톨릭주의 · 자유주의 · 사회주의』(1851)라는 뚜렷하게 평신도신학의 특징을 나타내는 작품에서 그것을 논하였다. 도노소가 1852년 6월 19일 파리에서 로마의 포르나리(Fornari)* 추기경에게 보낸 편지에서 이 프랑스어의 정식 그 자체가 상세하게 정치신학적으로 분석하고 있다. 이 정식의 개념구성은 권력투쟁 그 자체를 합리화하기 위하여 권력의 정점을 당쟁 밖에 두려고 하는 정치적인 일신교적 합리주의의 구조와 합치한다(나의 Verfassungslehre, S. 287; 김기범역, 『헌법이론』, 314면 참조). 의회제적 정부에서의 군주는 정부의 결단에 개입하지 않고 일정한 초월성을 유지하면서, 의회적 정부 즉 내각을 통해서 군림하지만 직접 통치의 핵심에서는 부딪치지 않는다. 또한 이신론에서의 신은 하늘 위에 있으며, 지상의 변동에 관여하지 않는다. 양자 사이에는 실로 놀랄만한 평행성이 있다.* 그러나 이에 대하여 루이 필립(Louis-Philippe)을 헬레니즘 시대의 권력자들이나 로마 황제나 페르시아 대왕 등과 병행시키는 것은 그로테스크하다. 물론 대관 · 대신 · 총독 · 관료 · 순찰사를 통해서 통치하는 페르시아 대왕과, 하급의 신들이나 천사*를 통하여 통치하는 신 사이에는 형이상학적으로나 정치적으로도 명확한 병행성이 있다. 이 신은 스토아* 철학에 있어서의 신과 같이, 만물을 지배하는 힘이라고 생각되는 것은 아니고 최고차원에서 파생하는 하나의 「원리」(arche)라고 생각된다. 이 「원리」는 그 밖에 복수 또는 다수의 「원리들」(archai)을 배제하지 않고, 오히려 그것을 요구하는 것이다. 생각건대 그것은 인간적인 것의 접근을 가로막는 지고불가침의 인격적 존엄과 일치하기 때문이다.[14)]* 루이 필립과 같은 시민왕을 그러한 영역에 옮기는 것이야 말로 페터존의 정치신학관의 특징을 이루는 것이다.

이 프랑스어의 정식이 페터존에게 깊은 인상을 준 것은 명백하다. 이미 서술한 바와 같이, 이 정식은 그의 논문 「신적 군주제」(1931)에서는 단 한번 그것도 전혀 부수적으로 언급하고 있을 뿐이다. 이에 대하여 그의 1935년의 저서 『정치문제로서의 일신교』에서의 이 정식의 전개와 설명은 괄목할 것이 있다. 유대교적 및 이교적인 헬레니즘적 일신교에 대한 그의 대결은 전체로서의 이 정식의 지배를 받고 있다. 이 정식은 「반복하여 마주치는」 사상이며, 「지고의 신은 군림하지만 국민적 신들은 통치한다는 특수한 표현을 취하여」 무려 일곱 번이나(S. 19, 20, 49, 62, 99, 117, 113) 명백하게 인용하며, 「독자는 이 점을 충분히 숙려하여야 한다」(S. 133)라는 훈계마저도 하고 있다. 나아가 저 정식의 명시적인 인용은 아니지만, 위의 사상은 중요한 곳에서 다시 한 번 즉, 하드리아누스 황제가 「짐은 인간만을 지배하고 동물을 지배하지는 않는다」라고 말했듯이, 신은 같은 성질의 것만을, 따라서 다른 신들만을 지배할 수 있을 뿐이며, 인간이나 동물을 지배할 수 없다(S. 52-53)

14) 최고권력의 이러한 논리에 대해서는 Carl Schmitt, Gespräch über die Macht und den Zugang zum Machthaber, 1954 (「권력과 권력자에의 길에 관한 대화」 본서에 수록).

라는 이교적 주장에 관하여 반복하고 있다. 이 정식은 그리하여 일신교적 이교를 푸는 열쇠가 된다.15)

페터존은 이러한 종류의 정치신학의 가능성을 인정한다. 왜냐하면 그것들은 기독교의 삼위일체의 일신교는 아니기 때문이다. 아리스토텔레스의 정치신학과 관련하여 페터존은 더구나 명시적으로 「형이상학적 세계상의 통일이라는 궁극적인 정식화는 정치적 통일의 가능성의 하나를 위한 결단에 관하여 항상 함께 규정되며 미리 규정된 것이다」(S. 19)라고 말한다. 이곳의 주에서 그는 「아리스토텔레스는 그의 형이상학의 체계에서 군주주의적 이상을 정식화함에 있어서 알렉산더 대왕에 의한 헬레니즘적 군주제를 미리 결정한 것은 아니었던가」(Anm. 14, S. 104)라는 물음을 제기한다. 이것이야말로 바로 「형이상학은 그 시대의 가장 강렬하고 명백한 표현이다」라는 (오귀스트 콩트에 관한 책에서 유래하는) 에드워드 케어드(Edward Caird)의 명제를 인용한 나의 『정치신학』(1922, 2. Aufl., 1934, S. 60; 본서 36면)과 거기에서 구상한 주권개념의 사회학*이란 테제와 부합한다. 페터존의 최종 테제의 단죄가 삼위일체가 아닌 일신교적인 정치신학 또는 형이상학의 그러한 사례들과 관련을 가지지 않는 것은 명백하다.

3. 정치적 측면에서의 소재와 문제설정의 한정: 군주제

정치적 측면에서의 한정은 명백한 것처럼 생각된다. 즉 한 사람의 인간의 권력과 지배라는 의미에서의 군주제만이 논의의 대상이 되며 논증의 소재가 된다. 이것은 일신교에 한정된 것이므로 자연히 생기는 한계라고 생각되며, 또 이것은 「유일신=유일왕」이라는 정식에 대응하고 있다. 로마 제국에 대해서 군주란 임페라토르 · 케사르 · 프린케프스 · 아우구스투스이다. 그러므로 정치신학의 정치적 측면에서의 한 사람이란 한 인격으로서의 아르케이며 「법인격」은 아니며, 오히려 육체를 소유한 1개인이다. 로마 황제의 공동원수제(S. 47)*의 경우처럼, 제2의 인격이 첨가되자마자 유일신=유일왕이라는 정식은 명백성을 상실한다. 3인격의 가능성은 정치적 측면에서는 나타나지 않는다. 원리(아루케)와 권력(포테스타스)은 삼위일체론 안에서 「그 고유한 의미를 가지지만」("Göttliche Monarchie," S. 557) 군주제-개념은 그러한 삼위일체론으로 간단히 바꿀 수는 없다.

그런데 이 논의의 과정에서 다수의 인간 또는 집단에 의해서 합성된 행위능력을 가지는 정치적 통일체들도 문제가 된다. 특히 이교도는 정치적 통일체로서의 민족(Völker)으로 항상 복수이다. 이교도의 세계에서는 제국민의 종교상의 다신교와 정치상의 다원론이 대응하고 있다(여기서 국민[Volk]이란 단순한 사회적 집단을 초월한 정치적 통일체를 의미한다). 이교적 세계는 전체로서 복수의 국민으로 구성된 정치적 다원세계이며, 그것은

---

15) 로마 황제 하드리아누스(Hadrian)는 모든 신들을 보편적인 유일자(Einheit)로 통일하려고 하였다. 브루노 바우어는 이것을 논평하기를 「스토아 철학은 기꺼이 천상의 신들의 계보를 정리하였는데, 이것은 지상에 있어서의 황제에의 권력집중과 일치한다. 수 세기에 걸쳐서 아테네의 참주(僭主)와 절대 지배자들은 제우스를 그리스의 주신으로 하려고 노력하여 왔다」(Christus und die Caesaren, 1877, S. 283).

세계에 있어서의 유일한 주(主)에 의해서 비로소 정치적 일원세계가 된다. 「하나님의 백성」인 유대 민족은 하나의 정치적 통일체이지만 그것과 마찬가지로 Ecclesia,* 즉 기독교 교회, 하나님의 새로운 백성도 하나의 정치적 통일체이다. 알렉산드리아의 유대교의 군주제 개념은 「궁극적으로 유대 민족의 종교적 우월성에 기초를 부여하기 위한 정치신학적 개념」(S. 36)*이었다. 유대인 역사가 플라비우스 요제프스(Flavius Josephus)*는 「신적 군주제」에 대하여 아무것도 말하지 않는다. 유대교로부터 분리된 새로운 「하나님의 백성」인 기독교 교도는 이러한 정치적 통일체 관념을 스스로와 교회(Ecclesia)를 위해서 받아들여 이것을 발전시켰다. 페터존은, 기독교교도가 군주제의 개념을 사용한 것은 바로 유대교적 또는 유대-기독교적 「선전」*에 불과하다는 것이다. 왜 기독교교도가 그 전도에 있어서 유대교적 개념을 계승하였는가에 대해서 페터존은, 그것은 「기독교의 교육제도가 유대교의 교육제도와 밀접하게 결부되어 있었기 때문이다」라고 설명한다. 「기독교 교회에 결집한 하나님의 백성은 (이교도) 국민들의 다신교적 신앙에 대한 자기의 우월성에 기초를 부여하기 위하여 군주제에 정치신학적 개념을 사용하였는데, 이 점에서 기독교의 선전 문헌은 유대교의 그것과 매우 유사하다」(S. 37).

여기서 인식가능한 것은 페터존이 설정한 정치신학적 문제의 중심을 이루는 체계적·구체적 개념은 군주제가 아니라 정치적 통일체와 그 현존재 또는 대표이지 않으면 안 된다 라고 말하는 것이다.* 토머스 홉스는 『리바이어던』(1651)에서 이것을 「최고자·주권자는 1인이든 집회이든 행위능력을 가진 복수인의 일체일 수 있다」고 체계적으로 명백히 하였다.[16] 「유일신=유일왕」이 「유일신=유일국민」으로 전화되고, 정치신학의 정치적 측면의 지향대상도 이미 한 군주가 아니라 한 국민으로 된 때에, 정치신학은 민주제의 정치신학이 된다. 일신교와 군주제가 합치된다고 하는 주장은 흡사 도리에 맞는 것 같으나, 그것은 성립될 수 없으며 양자는 이미 부합하지 않게 된다. 페터존의 형안은 이러한 불합치를 놓치지 않았다. 「유일 국민과 유일신, 실로 이는 유대교의 슬로건이다」(S. 23). 알렉산드리아의 유대인 필론은 누구보다도 먼저 이러한 관련에서 「신적 군주제」를 논하고(S. 22), 만물의 형이상학적·우주론적 통일체를 이교의 다두제·과두제·우중제와 대치시킨 인물인데, 그러한 그도 「신적 민주제」에 대해서는 논하지 않는다. 그 밖의 곳에서는 「필론은 민주주의적 이상의 동조자이다…그런데 이 문제에 관해서는 형이상학적 민주제, 신적 민주제를 논하지 아니한 것은 명백하게 유대교적 신신앙이 그것을 허용하지 않기 때문이다」(S. 29). 기독교 신학에 의하면, 유대교도는 그리스도 재림 후 이미 어떠한 왕도 어떠한 예언자도 가지고 있지 않다는 것이다.

---

16) 홉스에게 있어서 로마 국민은 대외적으로 「하나의 인격」(Eine Person)을 이루고 있었다. 그리고 그리스도 시대의 팔레스타인에서는 로마 **국민**이 **군주**(a monarch)이며, 주권자였다. 그것에 대해서 그리스도는 아무런 저항도 하지 않았다(Leviathan II cap. XIX). 그에 의하면 내부에서 민주적인 국가제도를 가지는 정치권력이, 국외의 영토를 점령하였을 때에 피점령지역의 주민은 **군주제하의 신민**이다. 왜냐하면 대내적으로 민주적 조직을 가지는 정치적 통일체는 대외적으로는 **하나의** 인격으로서 나타나기 때문이다.

오리게네스(Origenes)*나 알렉산드리아의 신학자들, 그리고 성 아타나시우스도 군주제(Monarchie)란 말을 사용하지 않으며, 신적 일자(Monàs)란 말을 사용했으나, 그럼으로써 군주제에 관한 정치신학적 문제는 일층 복잡하게 된다. Mon-Archie라는 말의 배경에는 아리스토텔레스*의 말인 mia arche(하나의 원리)가 있으나, 이에 대해서 Monàs란 말을 거슬러 올라가면 피타고라스, 플라톤의 수(數)로서의 하나에 이른다. 페터존은 교황 디오니시우스(Dionysius, 재위 259-268)를 찬미한다. 그것은 이 교황이 그노시스적* 이원론을 극복하여, 분리와 분할이 불가능하게 하나이면서 동시에 3이 되는 경우의 삼위격이 유일한 **원리**(arche)를 이루는 것이야말로 삼위일체의 본질이라고 하여 「군주제의 성스러운 복음」을 설명한 인물이기 때문이다(S. 56-57). 그런데 주목해야할 것은 오리게네스의 충실한 제자 에우세비우스도 역시 군주제란 말을 사용하고 있다는 것이다. 그러나 페터존은 에우세비우스의 군주제 개념에는 교황 데오니시우스의 정통적 삼위일체 개념이 결여되어 있으므로, 그의 경우에 그것은 아리우스주의, 이단 신앙이며, 따라서 정치신학이라고 이해하는 것이다. 이 점에 대해서는 그 이상은 더 논하지 않기로 한다. 왜냐하면 페터존은 정치신학 문제의 정치적 측면에서의 군주제에 대해서 전형적인 것은 헬레니즘적 일신교의 군주이며 따라서 일자이기 때문이다. 그에 의하면 헬레니즘적 일신교에서의 일자란 「궁극의 한 원리인 동시에 이 원리의 담당자(archon)의 힘이기도 하다」(S. 15).

군주제(Monarchie)라는 말에서 무시되어서는 안 될 것은 아우구스투스제의 원수제가 공화주의적 정통성에 근거한다는 점이다. 로마의 **원로원**(Senat) 대 로마의 **국민**(Volk), **원로원 의관**(Patres conscripti) 대 **인민**(populus)(즉 집회한 시민), **권위**(auctoritas) 대 **권력**(potestas) 간의 2원론의 계속은 모든 전변과 재난에 관계없이 수세기를 통하여 승인되었으며, 그리하여 로마 교황 겔라시우스*는 5세기 말엽(494년)에는 스스로 교회의 주교로서 **권위**를 요구하고, 기독교적 황제에 **황제권**(imperium)과 **권력**(potestas)의 지위를 부여함에 있어서 이 2원론을 논거로 삼은 것이다.[17] 기독교적 **교황권**(Sacerdotium)과 기독교적 **황제권**(Imperium)과의 천년에 걸친 투쟁에 대해서는 페터존의 저서에서는 다만 한 곳의 주에서 알 수 있을 뿐이다. 즉 그 주에서는 『일리아드』의 한 구절(2. 204)

---

17) 「권위라는 로마의 낡은 이념은 그리스도의 세계지배라는 기독교적 상(像) 속에 새로운 내용을 얻어 실현되었다. 참으로 절대적 권위는 영원하고 완전하게 신 가운데 포섭되기 때문에, 모든 권력은 신에게서 유래한다. 이러한 2원성은 초월적 의미의 통일성에 의해서 규정되지만, 그것은 사실상의 2원성, 공동생활의 구조라는 2원성이며, 한편으로는 은총 · 신앙에 있어서의 공동생활(聖共同體)이 있으며, 다른 한편으로는 기독교적 · 도덕적인 현세의 질서에서의 공동생활(그 질서 내의 황제의 질서에서의 공동생활)이 있다. 즉 교회(Ecclesia)와 제국(Imperium)의 2원성이다. 이러한 이원성도 권위와 권력을 대치시키는 로마의 정치적 개념도식에 근거하고 있었다. 그러나 그것은 기독교적 세계관의 전체를 관통하는 초월적 분위기 속에 옮겨지고, 새로운 내용으로 가득찬 것이다」(J. Fueyo, "Die Idee der auctoritas : Genesis und Entwicklung," Festschrift Epirrhosis 1968, S. 226/227). 후에요는 테렌티우스 바로(Terentius Varro)의 「정치신학」(theologica politica)도 상기하고 있다(S. 223).*

「한 사람만이 왕이다」라는 말이 「중세의 황제와 교황의 대립에서도 하나의 역할을 하고 있다」는 것, 그리고 이 한 절이 단테의 Monarchia I. 10(성염 역주, 『제정론』, 2009, 39면)에 인용한다는 것이 언급되어 있다(Anm. 63 S. 120).18) 이것이 페터존의 저서에서 천년에 걸친 기독교적 · 신학적 중세에 관해서 서술한 전부이다. 근대적인 인민투표에 의한 군주제도 결코 논하지 않고 있다. 그 이유는 아마도 이러한 군주제가 군주주의적 절대주의적으로 정통화되는 것이 아니라 신총에 의하지 아니한 국민의 의사에 의해서 민주적 · 인민투표적으로 정통화되기 때문일 것이다. 신학자에 대해서도 비신학자에 대해서도 가장 뛰어난 최근의 정치신학의 예시, 즉 막스 베버의 「카리스마적 정통성」에 대해서는 이미 본서 제2장 2에서 언급하였다. 이것은 페터존에 의하면 하나의 변형, 즉 사회학적으로 세속화된 신학의 한 사례에 불과하며, 신학상 중요하지 않다는 것이 될 것인데, 그럼에도 불구하고 그것은 현상 전체의 정치적 측면에서 본질적 요소를 이루는 것으로서, 카리스마적 정통성 · 지도자제 · 아클라마치온과의 관련 때문에 이미 『헤이스 테오스』의 저자 페터존 등을 논해도 좋을 것이다. 페터존은 『정치문제로서의 일신교』(S. 52)에서 지도자(Führer)도 군주에 포함시킨다. 이리하여 카리스마적 정통성과 세습왕조적 정통성이 합류하며 결국 아돌프 히틀러, 쿠르트 아이스너*나 프란츠 요제프 황제, 빌헬름 2세가 함께 「군주」라는 같은 정치신학적 범주에서 동일하게 논하고 있다. 여기서 그가 말하는 엄격한 신학적 방법이란 것은 막스 베버가 말하는 몰가치적인 학문성 이상으로 지나친 중립화를 가져오고 있다.

페터존의 저작에서 과도한 한정이 생기는 이유는 그가 소재를 근본적으로 신적 군주제의 헬레니즘적 통일체 구성에 불과한 「군주제」에 한정하였기 때문이다. 더구나 그러한 과도한 한정은 일견하여 인정될 수 있는 이상으로 근본적인 것이다. 그것은 「민주제」라는 방대한 소재영역과 재료영역을 도외시하고 있을 뿐만 아니라, 「혁명」과 「저항」에 관계되는 일체의 문제를 빠뜨리고 있는 것이다. 군주의 통일체는 기존질서의 성립 · 표현 · 유지로 보이고 평화적 통일체로 간주된다. 정치신학의 정치적 측면에도 반란이라는 것이 존재한다는 것에 대해서는 페터존이 제우스에 대한 거인족이나 티탄(Titan)의 반란에 언급한 약간의 곳(S. 30/31, 114/144)을 얼핏 보면 살펴볼 만한 것이 있다. 그러나 그것은

---

18) 페터존은 "Die Kirche aus Juden und Heiden" (Salzburg 1933), S. 71 Anm. [Theologische Traktate, S. 292]라는 강의에서, 「예컨대 "안티 크리스트劇"(Ludus de Antichristo)은 안티 크리스트가 나타나는 마지막 날에서의 유대 교회(Synagoge)와 그리스도 교회(Ekklesia)의 모습을 등장시키고 있는데」, 그것은 「신학적으로 완전히 정당하게」 묘사되고 있다. 이 「안티 크리스트 극」은 프리드리히 바르바로싸와 그의 십자군 시대에서 유래하는 매우 정치적인 문학이다. 최근의 주석판으로서는 Gerhard Günther, Der Antichrist; der staufische Ludus de Antichristo, mit der deutschen Übertragung von Gottfried Hasenkamp, Hamburg, Friedrich Wittig Verlag, o. j. (1969) 참조. 페터존은 1929년 뮌헨에서의 「교회」(Die Kirche)라는 강연에서 다음과 같이 설명하였다. 즉 「유대교도는 그의 불신앙에 의해서 그리스도의 재림을 저지하고 있다. 그러나 그들은 주의 재림을 저지함으로써, 하나님 나라의 도래를 방해하며, 이것이 필연적으로 교회를 존재하게 만드는 이유가 된다. 바울이 『로마서』 제11장에서 말한 것은 이미 구체적인 종말론이 아니라 이교도의 교회에서만 필연적으로 존재할 수 있는 세상의 종말에 대한 교의(Lehre von den letzten Dingen)이다」(Traktate S. 413).

외관에 불과하다. 왜냐하면 가령 천사의 반란과 그 반란이 삼위일체에서의 제2위격인 인간화와 어떠한 관계에 있는가에 대한 기독교적 · 신학적 사변이 존재하였더라도, 삼위일체론의 입장을 견지하는 기독교 신학자에 대해서는 이교의 신화론은 무의미한 것이기 때문이다. 아마도 오늘날에는 그것은 동방의 삼위일체 · 그노시스로서 배척될 것이다. 나지안즈스의 성 그레고리우스는 「삼위일체에는 일찍이 어떠한 '반란'(stasis)도 생각할 수 없을 것이다」라고 삼위일체를 위해서 결정적인 논증을 하였는데, 이 논쟁은 정당하게 이해된 정치신학에 대해서는 페터존이 제기한 것처럼 전혀 해결되지는 않는다(본서 제3장의 후기의 stasis에 대해서, S. 117; 본서 796면 참조).

1935년 이후 그럭저럭하는 동안에 민주제, 혁명이라는 두 가지의 복합태를 페터존이 도외시한 것은 근본적인 복수를 받았다. 신구 양파의 신학자들이 오늘날 「기독교적 혁명」에 관하여 일어나고 있는 강력한 의론은 페터존의 단죄의 완전한 범위 밖에 있는 것처럼 느껴진다. 최종 테제를 얻기 위해서 정치적 · 역사적 측면에서 그가 한 1500년의 비약은 너무나 포괄적이며 무매개이다. 이제 우리들은 비신학자로서 허용되는 범위 내에서 이번에는 신학적 측면에서 최종 테제의 내용상의 적확함을 검토해 보기로 한다. 「존재의 유비」(Analogia Entis),* 「신앙의 유비」(Analogia Fidei)에 대해서는 페터존도 무시하고 있으므로, 이 책도 그것에 대해서는 언급하지 않고, 1935년의 페터존의 저서의 소재와 문제설정만을 다루기로 한다.

4. 신학상의 소재와 문제설정의 한정 : 일신교

정치신학이라는 주제는 정치와 신학이라는 두 가지 측면을 지니고 있으나, 그 신학의 면에서 문제로 되는 것은 3개의 일신교이다. 그런데 페터존이 문제로 삼는 일신학이란 레싱(Lessing)*이 유명한 반지의 비유에서 밝힌 유대교 · 기독교 · 회교의 3 종교와 같은 것은 아니다. 페터존에 의하면 일신교란 여기서 유사하게 만들어진 3개의 반지와는 구별되는 제4의 반지이다. 즉 그것은 18세기 계몽사조에서의 일신교인 것이다. 이에 대해서 그는 완전히 무시해 버리는 곁눈질로 흘끗 볼 뿐이다(서문). 1965년 10월 28일 제2 바티칸 공회의는 「기독교 이외의 종교들에 대한 교회의 태도에 관한 선언」*에서 이슬람교와 유대교를 들고 있으나, 페터존은 이 양자를 문제로 삼지 아니한다. 이슬람교는 정치상 지대한 중요성을 가지며, 또한 신학상 고려할 만한 것도 다툴 수 없는 점이다. 그리고 그 신이야말로 아리스토텔레스나 헬레니즘 철학의 일자보다도 일신교의 이름에 적합한 것이다. 그럼에도 불구하고 그는 이것을 전혀 무시하고 있다.

페터존에 있어서 정치문제로서의 일신교는 오로지 유대교적 신앙을 헬레니즘적으로 변형한 것을 의미한다. 정치신학의 고찰의 대상이 된 것은 유대교, 이교 그리고 — 양면에 전선을 가지는 중간적 존재인 — 기독교 삼위일체의 신의 3자이다. 기독교의 삼위일체의 일신교와 다른 종교들을 유비하는 것이 가능한가의 여부의 물음이(세속화 과정으로서의 국가의 성립을 논한 E.-W. 뵈켄회르데의 논문에 의한 앞의 인용 제2장 1절 참조),* 여기서 새롭게 극도로 예리한 형태로 제기되고 있다. 성부와 성자와 성령의 일체성을 다른 일신교적 종교들에게 이해시키려고 하는 모든 시도는 좌절되지 않을 수 없게 되고, 그리하여 실패로 끝난 일체성의 이론은 **모나르키아니즘**(Monarchianismus)으로 이름지은 페터존은, 그와 같은 것을 정면으로 고찰하지 않고, 하르나크에 대해서 서술한 곳(S. 123, Anm. 75), 여기에 모나르키아니즘의 레테르를 붙이고 있다. 이 모나르키아니즘의 여러 가지 형태(성부와 성자는 동력인(動力因)에서 동일하다는 것, 양태에서 동일하다는 것,* 성부가 성자를 양자로 하였다는 것 등)는 이단으로서 단죄된다. 이 페터존의 논문에도 한 곳에서만 「기독교를 일신교로서만 파악한다」는 것은 정당한가? 라는 위험한 물음이 모습을 드러낸다(오로시우스*를 논한 곳에서. S. 94). 이리하여 페터존은 삼위일체론을 일체의 정치신학은 불가능하다는 주장의 근거로서 당연한 것처럼 사용한다.

삼위일체론의 남용은 처음부터 있을 수 있는 것이었으나, 그 남용도 기독교의 틀 안에서의 것으로서 다른 종교들의 경우와는 다를 것이다. 가령 그것이 비삼위일체적 일신교였더라도 마찬가지이다. 실제로 페터존은 다른 종교들에 관하여는 정치신학이 가능하다는 것을 명시적으로 인정하고 있다. 비기독교적 종교들이 어디까지 진정한 신학을 가지고 있는가는 매우 명확하게 할 수는 없다. 유대교의 구약성서는 예언을 가지고 있으나 신학은 가지고 있지 않다. 이교에 존재할 수 있는 것은 철학적 형이상학 내지 이른바 「자연」신학만이다. 아마도 페터존의 생각은 비삼위일체적 종교에서는 신학은 때에 따라서(ad hoc) 가설적으로 용인할 뿐인, 그리고 그 신학이라는 것이 있다 할지라도 그것은 스스로 정치철학으로 발전해 나아가는 것이 아니겠는가 하는 것이다. 비기독교적 비삼위일체적 일신교는 모든 정치의 피안, 정치적 논의, 정치적인 도달과 정치적인 접촉도 불가능한 영역에는 도달할 수 없다는 것이다. 그의 계몽사조적 일신교에 대한 단죄는 짧게 단정적이며, 유대 기독교적 일신교에 대한 단죄는 정언적이다. 즉 국민들이 유일한 「율법」에 결합될 수는 없으며, 「유대 · 기독교적 일신교의 정치에의 작용은 파괴적인 것뿐이다」(S. 63)라고.

아니 「정치신학」이라고 불리는 기이한 현상을 불러일으킨 (발병의 근원지라고 까지는 할 수 없지만) 본래의 기반은 비기독교 신학일 것이다. 확실히 페터존은 서력 기원 후의 수세기 동안 기독교적 저작자들에게도 정치신학을 엿볼 수 있다는 것이다. 이것은 그에 의하면 유대교나 이교의 영향의 산물이다. 유대교도나 이교도들은 그들의 「신적 군주제」에 대한 사변을 좋아하고 정치신학이라고 부르고, 또 즐겨 이를 신학으로서 정당화하였다. 초기의 기독교도들에게도 정치신학이라고 할 사변을 한 사람도 있으나, 그것은 기독교 신학에서는 전혀 없다. 그러나 「신의 군주제」를 알리는 것은 「기독교 세례교육의 커리큘럼 속에 항상 들어 있었다」(S. 35, 117). 이것은 예루살렘의 키릴로스(Cyrill von Jerusalem)의 교리문답*에서 알 수 있는데, 페터존은 이것은 초기 기독교의 교사나 설교가들은 유대교의 교육의 전통에서 벗어나지 못한 것이라고 풀이한다. 켈수스와 같은 이교도나 포르피리우스(Porphyrius)*와 같은 철학자가 정치신학적 사변을 하는 것은 비삼위일체적 신교(新教)의 입장에서 본다면 그 나름대로 정당하다. 페터존의『헤이스 데오스』에는 하나의 신의 3성이라는 절충적 주장을 한 이교도가 나오지만(S. 254), 1935년의 논고에는 그러한 것은 나오지 않는다. 이러한 종류의 일신교는 그것이 정치신학이라는 이유만으로 해결되는 것은 아니다. 왜냐하면 그것은 이교이기 때문이다. 기독교의 경우라면 삼위일체의 교의에 의해서, 말하자면 자동적으로 해결되어 버릴 것이다.

이리하여 페터존이 논한 소재를 상세히 분석하는 것은 그의 주장에 반론하거나 나아가 비난하자는 것이 본뜻은 아니다. 오히려 반대로 그럼으로써 명확한 한정과 일의적인 문제의 설정을 해 놓자는 것이다. 그것은 동시에 페터존의 추론이 정치신학 전반에 대한 보편타당한 결론을 가져올 수 없다는 것을 우리에게 상기시킬 것이다. 페터존의 논문의 서문은 고찰의 대상을 상술한 세 가지의 종교형태에 한정하는 것을 성 아우구스티누스의 말을 조심스럽게 원용하면서 명언하고 있다. 그리고 그것은 또한 말미의 결론에서 테제로서 명언되고 있다(S. 97-100).

초기 기독교연구의 권위의 말을 논박하거나 비판하는 것은 나의 임무가 아니다. 다만, 모든 정치신학의 해결이라는 그의 최종 테제의 사정거리를 탐구하자는 것이다. 다만 유감인 것은 정치신학이라는 그의 논술 전체를 지배하는 중심개념을 좀 더 적극적이고 명확하게 정의하지 않았다는 것이다. 페터존은 정치신학의 사례를 카에사리아의 에우세비우스 뿐만 아니라 기독교 교회의 위대한 신학자들 · 성자들 · 교부들 그리고 교회학자들 속에 성 암브로시우스에게도, 성 히에로니무스에게서도 보고 있다. 그는 이러한 기독교 신학의 발달기에 있어서의 정치신학의 존재에 대해서는 전술한 예루살렘의 키릴루스 교리 문답에서와 마찬가지로, 유대교의 전통이 충분히 불식되지 않았음을 해명하고 있다. 오리게네스에게는 「본래적인 정치신학적 성찰」의 단서와 발단이 보이지만, 이것은 로마의 이교도 켈수스와의 교류의 소산이라고 한다. 켈수스는 기독교도를 이교측에서의 변증법적으로 말하는 것이 허용된다면 거기에 압박한 것이다(S. 67-71). 이 오리게네스의 제자인 카에사리아의 에우세비우스가 오리게네스에게서 움튼 싹을 여러 방면에서 완성시켰다(S. 71-81). 「그것이 위대한 역사적인 영향력을 가지며」, 그 영향력은 암브로시우스, 히에로니무스, 오로시우스(Orosius)에까지 미친다는 것이다(S. 82-96).

5. 에우세비우스, 정치신학의 원형

에우세비우스는 「교회사의 아버지」*라고 불리는데, 그 교회사상 논의의 공격 대상물이 되고 있는 인물 중의 한 사람이다. 「아버지 없는 사회」인 현대에서는 이 아버지라는 비유가 이미 우상의 냄새를 풍긴다. 아버지라고 불리는 자에게는 권위의 냄새가 풍긴다(신의 제1 위격이 아버지라는 것도 마찬가지로 우상의 냄새가 풍긴다). 에우세비우스는 콘스탄티누스 대제의 친구로서 니케아 공회의의 신학적 · 정치적 투쟁에 깊이 관여하고 있었다.* 에우세비우스는 아리우스*의 친구이며, 그에게는 아리우스파 이단의 냄새가 시종 풍기고 있다. 이 책은 에우세비우스의 변호와 명예회복을 의도하는 것은 아니다. 또 그를 고발하고자 하는 것도 아니다. 다만, 에릭 페터존이 정치신학이라고 이름 짓고 있는 것이 무엇인가를 알려고 하는 것뿐이다. 그는 그 책의 최종 테제에서 이것을 해결하였다고 선언하고, 정치신학의 나쁜 전형, 아마도 세상의 종말까지 그 단죄를 받을 자의 전형으로서 에우세비우스를 열거한다.

기독교의 주교인 에우세비우스는 도덕상으로는 그의 인격 때문에, 신학상 · 교의상으로는 그의 이단사상 때문에 비난 받는다. 도덕적 · 인격적 비난은 그를 기독교 교도로서, 인간으로서, 역사가로서의 명예를 전적으로 부정하기까지에 이른다. 그가 콘스탄티누스 대제를 찬미한 것은 그를 황제교황주의자, 언어의 최악의 의미에서의 비잔틴자류(곡학아세), 군주의 노예로서 비난하는 논거가 되었다. 바젤의 신학자 오버베크가 앞서 인용한 말에 의하면, 그는 「황제의 머리칼을 이발하는 궁정신학적 이발사」이다. J. 부르크하르트의 『콘스탄티누스 대제의 시대』(Die Zeit Konstantins des Großen, 1853, 2. Aufl. 1880)의 다음의 곳은 **전문**을 인용할 가치가 있을 만큼 매우 중요하다. 즉

> 에우세비우스는 광신자라고 할 인간은 아니다. 그는 콘스탄티누스의 세속적 심성, 냉철하고 무서운 권력욕을 소유하고 있는 것처럼 알려졌다. 또한 전쟁의 참된 원인을 정확히 인식하고 있었다. 그러나 **철두철미, 불성실한 역사가**로서 그는 고대에서의 최초의 인물이다. 최초의 위대한 교회의 보호자를 무엇이 어디에서도 미래의 군주들의 이상상에 봉사케 한다는 것이 그의 전략이고, 그것이 당시에도 또한 중세 전체를 통해서도 대성공을 거두었다. 그러므로 정치에서 도덕을 전혀 고려하지 않고 종교문제를 오로지 정치적 효용이라는 측면에서만 본 위대한 천재적 인간이라는 콘스탄티누스 상은 이러한 역사기술로부터는 상실해 버렸다.

이러한 야곱 부르크하르트의 권위는 절대적인 것으로 페터존 자신 역시 이 권위에 결정적으로 지배되었다. 아르놀드 겔렌(Arnold Gehlen)을 말하면 자연과학적 인류학자 · 철학자 · 사회학자로서 높이 평가를 받는 학자인데, 그도 최근의 작품에서 전적으로 무조건 부르크하르트식으로 에우세비우스를 동일시하고 있다(Moral und Hypermoral. eine pluralistische Ethik, 1969, S. 35). 그런데 이렇게 나쁘게 평가되는 인물에게 최근 옹호자가 나타났다. 더구나 황제교황주의에 매우 비판적인 진영으로부터이다. 아르놀드 A. T. 에어하르트(Arnold A. T. Ehrhardt)*의 저서 『정치적 형이상학』(Politische Metaphysik, Bd. II : Die Christliche Revolution)의 마지막 장 「콘스탄티누스와 에우세비우스」는 이 기독교 주교의 명예를 아름답게 인상 깊게 구출해 내고 있다. 여하튼 정치신학의 원형을 이루는 인물이 무절조한 비잔틴자류(곡학아세)였다는 것의 정치신학의 문제에 대한 의미

는 논하지 않더라도 명백한 것이다.

신학 · 교의학의 면에서는 에우세비우스는 삼위일체론의 문제에서 아리우스파의 이론(異論)에 대한 태도가 이의적(二義的)인 방법으로 관련된 것이 비난의 대상이 되고 있다. 그는 아리우스파에 대하여는 로고스는 아버지의 아들이며, 아버지와 그 본질은 동등한 것이라고 강조하였다. 그러나 동시에 (아버지에 의해서 출생된) 아들과 (아버지가 없이 창조된) 창조의 구별을, 즉 아버지에 의해서 태어난 자(Genitum)와 창조(Faktum)의 차이를 강조하였다. 그는 아버지와 아들을 모나르키아니즘적으로 동일시하는 이단설을 피함으로써 아버지와 아들의 동일성, 아들의 아버지에의 종속을 강조하는 잘못을 범한 것이다. 그에 대한 이 신학적 비난에 대해서는 이곳에서는 더 이상 거론치 않는다. 그러나 페터존은 『정치문제로서의 일신교』(1935)에서 이 점에 들어가지 아니한다. 그러나 그는 이것이 특별한 문제를 내포한다는 것을 자각하고 있었다. 그는 기독교의 삼위일체적 일신교와 유대교적 일신교 내지 이교적 헬레니즘적 일신교의 유비가 가능한 것인가 하는 물음을 제기한다(상술 제2장 4, S. 65 f. 참조). 페터존에 대해서도 또한 에어하르트에 대해서도 여기서의 시금석, 그리고 탄탄한 기반을 이루는 것은 신적 군주제의 교설이다. 에어하르트는, 「그것은 당시 전교회에서 모나르키아니즘적 경향이 있는 것으로서 받아들여졌다」고 말한다(II S. 285). 그러나 그러한 말 중에도 신학자와 정치가의 양 진영의 마음 속에 존재하는 예리한 정치적 원한의 존재가 엿보인다. 프란츠 비아커(Franz Wieacker)*는 「기본적으로 에어하르트는 형이상학을 신학이라고 하고, 정치를 본질적으로는 종교현상이라고 생각한다」라고 말한다(Vorwort zu Bd. III, 1969, S. IX). 페터존은 양 영역의 절대적 분리의 입장을 끝까지 고수하려고 하였다. 그러나 바로 삼위일체의 교의에서는 이 절대적인 분리는 추상적으로만 가능한 것이다. 왜냐하면 신의 제2 위격은 신성과 인성의 완전한 통일체이며, 마리아는 인간인 모친으로서 차안적 세계사 중의 어떤 날 어떤 때에 신적인 아들을 역사적 현실 중에서 낳았기 때문이다. 에우세비우스는 (스승 오리게네스와는 달리) 「신적 군주제」라는 표현을 사용하였다. 비난의 여지가 없는 교부들도 같은 표현을 사용한다. 삼위일체론이라는 교의상의 흠결이라는 관점에서 볼 때 에우세비우스가 정치신학의 전형이라고 말하는 것은 도저히 설득력을 지녔다고 할 수 없다. 거기에서 페터존은 비난의 중점을 구속사적이며,* 종말론상*의 오류라는 제2의 교의학상의 흠결로 이행한다. 특히 이 점에서 지적되는 것은 그가 세계의 종말에서의 구세주의 재림, 세계통일이란 교의의 중간에 콘스탄티누스 대제와 로마 제국을 연결시키고 있다.

이러한 것의 의미는 페터존이 에우세비우스의 모델을 니케아 공회의라는 구체적인 역사적 사건으로부터 밖으로 이전시킨 곳에 있다. 니케아 공회의의 에우세비우스를 전형으로 이야기하면 그것은 교회사상 현저한 사실이므로 대체로 설득력을 가지나, 그는 이렇게 함으로써 그러한 명확성을 상실한 것이다. 이 회의는 바로 에우세비우스 주교의 독자적인 무대였다. 거기에서의 주제는 삼위일체론, 한층 정확하게 말하면 신인 아버지와 신인 아들과의 관계에 관한 교의이며, 종말론에 대한 교의학적 문제는 아니었다. 당시에 종말론의 문제는 동방교회에서는 서방교회에서의 정도의 현실문제는 아니었다. 신학적 교의학적 정열, 황제의 궁정음모 · 성직자의 반란, 선동된 민중, 모든 종류의 움직임과 반동, 이러한 것들이 불투명한 형태로 또는 병존하거나 혼합되어 있었다. 니케아 공회의야 말로 종교적 · 정치적 동기와 목적이 역사적 현실 속에서 내용적 · 영역적으로 확실히 구분되는 것이 불가능하다는 테스트 케이스를 이룬다. 모든 시대의 무수한 교부들, 교회학자들, 순교자들, 성직자들이 자신의 기독교적 신앙에서 일어나 열렬하게 그 시대의 정치적 투쟁에 참가하였다. 황야의 길에 나서거나 주두행자(柱頭行者, Stylit)의 고행을 따르고, 사정에 따라서는 정치적 시위행위를 할 수 있다. 세속적인 측면에서 본다면 정치는 잠재적으로는 모든 것 안에 있다. 종교의 측면에서 본다면 신학은 모든 것 속에 있다. 이 문제는 항상 새로운 현상형태를 취하여 현실화한다.

이러한 문제상황에 관하여 이단의 의심이 있는 4세기의 주교가 20세기에 이르러 정치신학의 원형을 제시한다면, 정치와 이단 간에는 개념적 관련이 있는 것처럼 생각할 수 있다. 즉 이단자는 이단자라는 이유만으로 정치신학자이며, 그에 대하여 정통파는 바로 그럼으로써 비정치적, 순정한 신학자인 것처럼 말이다. 이와 같은 사태의 결과로서 살펴보면 정치신학은 언제든지 「기독교의 복음을 특정한 정치상태의 정당화에 남용하는」 (페터존의 최종 테제의 말) 것이 되느냐 하는 것이 문제로 된다. 그것은 삼위일체의 교의로부터 이단적으로 이탈하고, 그 이단설을 주장하기 시작한 그때이기 때문이라고 말하는 것이 그것에 대한 답이 되려면, 이단교의가 있는 심성이야말로 정치신학의 본질적 요소라고 말할 수밖에 없다. 그렇다 하더라도 페터존이 에우세비우스라는 좋지 못한 모델과 비정치적 · 삼위일체적인 선한 모델을 아울러 비교할 수밖에는 없었던가? 콘스탄티누스의 시대, 에우세비우스 자신의 시대의 인물로 자타가 허용하는 삼위일체론의 정통파에서서 순수한 비정치적 신학자로서 명확한 에우세비우스의 대립 모델이어야 할 인물도 존재한다. 여기에서 즉시 생각되는 것은 에우세비우스의 강력한 적대자 성 아타나시우스이다. 그는 정통파 삼위일체론의 상징이며, 그의 이름은 19세기(1838)에는 위대한 정치적 저작자 요제프 괴레스(Joseph Görres)*가 프로이센 국가에 대해서 교회권을 주장한 때의 투쟁 슬로건으로 사용한 정도이다. 아타나시우스야말로 자타가 공인하는 기독교적 삼위일체론의 정통파 신학자이다. 그러나 그는 매우 전투적인 인물이며 정통파라고 하여 에우세비우스와 대비할 수 있는 비정치적 신학의 전형이라고는 도저히 말할 수 없다. 더구나 정치신학자라고 하는 에우세비우스가 구한 것은 평화이기 때문이다. 만약 그런데도 역시 아타나시우스가 비정치적 신학자라고 한다면, 페터존은 정통파가 하는 일인 궁정음모에도, 가두데모에도 모두 순수한 신학이며 이단파가 동일한 것을 한다면 이단파가 했다는 것만으로 순수한 정치라고 말하여 진다. 오히려 에우세비우스와 대비하는데 적당한 것은 대(大) 바실리우스* · 나지안즈스의 그레고리우스 · 닛사의 그레고리우스라는 3인의 위대한 카파도키아인일지도 모른다. 나지안즈스의 그레고리우스는 페터존의

1931년, 1935년의 양 저작에서 교의상 이론의 여지가 없는 정통파 삼위일체론의 증인이 되었다. 그러나 마르크스주의 신학론의 충격을 받은 1969년 현재에서는 이 3인의 인물도 결코 충분한 증인이 된다고 말할 수 없다. 그들도 역시 이데올로기적 의혹의 대상이기 때문이다. 그들은 3인 모두 부자이며, 오늘날식으로는 부농이라고 할 수 있는 지주였다. 마르크스주의적 훈련을 거친 비판자에게는 그들의 신학이론을 명확한 계급적 이데올로기의 사례로서 사회 · 경제적 상황의 상부구조로서 「이해」하는 것이 용이할 것이다.

이러한 것은 페터존의 염두에는 없는 듯하다. 그는 어디까지나 추상론에 머무는 길을 택하고, 그의 저작의 뒷부분에서 삼위일체론에 입각한 그리스의 신학자들에게 언급한 후 마침내 위대한 라틴교회의 교부 아우구스티누스를 종말론적 평화개념의 신학자로서 등장시켰다. 그는 이 논고를 아우구스티누스에게 바치고 기도의 말로써 그에게 호소하고 있다. 이리하여 이 논고는 신앙선도상 유익하기는 하지만 너무나 성급한 결론에 도달한다. 그리고 이 결론은 본래의 문제(엄중한 제도화에 의해서만 구별가능하게 될 성속 · 피안과 차안 · 신학과 정치의 혼합물)를 혼합시키고 은폐하였다. 이러한 혼합과 은폐는 에우세비우스를 삼위일체론상 교의학적으로 부정확하게 하고, 아리우스파의 의혹을 받아들일 자로서 보다도 종말론상의 오류에 의해서 로마제국을 구속사상 과대평가한 자로서, 신학상 불가능한 정치신학자의 전형에 봉사하는 것이 보다 더욱더 가능하게 되었다.

기독교에서는 시간이란 영원히 진행하는 것이 아니라 일회적인 대망(待望)이다. 그것은 로마 황제 아우구스투스 시대에 있어서의 주의 강림과 세상의 종말에 있어서의 주의 재림 간의 긴 중간기이다. 이 기다란 중간기 사이에 무수한 크고 작은 지상적 중간기가 계속된다. 그 시기는 무엇이 정통인가 하는 교의학적 논의가 미결정인 시기라는 의미에서도 **과도**기이며, 또한 몇 세대에 걸쳐서 그 논의는 미결인 채로 머물고 있다. 절박한 사건들을 기독교 종말론에 의해서 간단하게 해석하는 것을 금지할 수는 없으며, 이러한 해석은 파국의 시기에는 뜻밖의 문제를 제기하는 힘을 가진다. 페터존도 여기에 존재하는 곤란을 십분 자각하고 있었다. 왜냐하면 기독교 교회에 의해서 이 현세의 모든 활동은 마비되고 종말에 임박한 가까운 기다림은 연기되기 때문이다. 그리고 종말론은 「세계의 종말에 관한 교의」*로 변해 버렸기 때문이다. 1929년의 강연 「교회」에서 그는 다음과 같이 말한다. 즉,

> 정당한 것은, 그럼에도 불구하고 교회에는 일종의 이의성(二義性)이 붙어있다는 사실이다. 교회는 유대교의 메시아의 나라 같은 일의적인 종교정치적 형상은 아니며, 또 정치냐, 지배냐 하는 것과는 전혀 관계없으며, 오로지 **신에 봉사하는** 것만을 그의 임무로 하는 순수한 정신적 형상도 아니다. 교회에 이의성이 붙어있는 이유는 제국과 교회와의 상호침투에 있다. 니체 같은 도덕주의자는 모든 기독교상의 개념에는 이러한 이의성이 붙어있다는 것을 반복해서 말하는데, 이 이의성을 야기한 원인은 유대교도가 기독교를 믿지 않기 때문이다(Traktate, S. 423/4).

「교회에 따라 다니는 이의성」이란 중대한 말이다. 특히 정치신학의 문제, 그리고 **성속**, 양 영역의 현세 내에서의 분리가능성의 문제에 대해서 그렇다. 이곳에서 바로 발생하는 것은 이 정치신학이 신학적으로 해결되어야 한다면, 기독교 교회 안에서 누가 정치신학의 주체로서 적합한가 하는 문제이다.

신학적으로는 경건한 평신도*가 그때그때의 정치적 사건 속에 이것을 움직이는 신의 손길, 섭리의 작용을 보았다 하더라도, 페터존에 의하면 이것은 정치신학이 아니다. 왜냐하면 그것은 신학적 교의학적으로는 고려할 가치가 없는 것이기 때문이다. 실제로 이러한 의미에서의 「정치신학」을 내용으로 하지 않는 기독교 교도의 백성은 존재하지 않았다. 그리스도의 전사와 교회의 수호자를 찬미하고, 나아가서는 성자로서 숭배하고, 또한 현세 교회의 성쇠 중에 섭리적 의미, 즉 어떠한 신학적 의미를 발견하지 못한 기독교 백성은 존재하지 않았다. 교회는 신학자만으로 이루어지는 것은 아니다.

> 신학의 주제는 신학 자신만은 아니다. 신학은 신학 자신으로부터 도저히 도출되어 나올 것 같지 않는 엉터리의 신앙에 대해서도 성찰하지 않으면 안 된다. 마찬가지로 교회 역시 확고하게 경계가 설정된 교회생활의 영역에만 관계하는 것은 아니다. 광범위한 기독교 생활 일반을, 나아가서는 세례, 견신례, 결혼, 장례 때에만 교회의 문을 두드리는 이른바 한계신자(Randsiedler)와도 관계를 유지하지 않으면 안 된다. 이러한 신자와 관련을 가지는 것을 교회는 천한 것으로 경멸하고 있으나, 이것도 복음이 획득되고 전승되는 가치이다. 그들과의 관련을 반드시 전도자로서의 사명에 의한 것으로 생각할 필요는 없다. 이것은 기독교를 현실화 하는 하나의 제도(Institution)인 것이다. (이것은 클라우스 폰 보르만의 말이다(Claus v. Bormann, Die Theologisierung der Vernunft; Neuere Strömungen in der evangelischen Theologie [Entmythisierung], Studium Generale, Vol. 22, Fasc. 8, 1969, S. 768, in einer Antwort an T. Rendtorff, Kirche und Theologie 1966).

가톨릭교회는 바로 이 점에 관하여 **광범한 관용**(tolerari potest)을 실천하여 왔다. 가톨릭교회는 이러한 관용의 개념과 한계에 대해서 적으로부터 교화할 필요는 없다. 페터존의 사고과정에서 그도 평신도에게 일정한 정치신학을 가질 자유를 인정한다고 해석할 여지가 있는 것은 아닌가? 왜냐하면 비신학자가 상상하는 것이 그렇게 중요하지 않다는 것이 그의 입장이기 때문이다. 그는 유대교도와 이교도에게는 정치신학을 인용한다. 그렇다면 (비본래적 의미에 불과하더라도) 경건한 기독교 교도에게도 정치신학을 인정하는데 지장이 되지 않는 것은 없는가? 특히 가톨릭의 평신도는 보통 교의학상의 공명심과는 무관한 사람들이며, 완고한 **교의학 정신**(animus dogmatizandi)을 가진 자들은 정말로 조용한 자들이기 때문이다. 근대에 이르러 기독교회사에 반란적인 **정신**이 난입하였다. 위험한 것은 이것이다. 그것을 가져오게 한 것은 먼저 종교개혁기의 프로테스탄트 선교자들이었다. 그들은 신의 말씀을 고지하는 카리스마를 가진다고 자칭했다. 이것은 후에 세속화되어 몰가치적이 되었고, 막스 베버가 말하는 「역사의 혁명적인 힘」 일반으로 전화된 것이다(Wirtschaft und Gesellschaft, S. 666).

가톨릭교회의 고위 성직자들이 교의학적 · 신학적 의논에 들어가지 않고, 그 직책으로부터 교회를 위해서 정치활동을 하는 경우는 상술한 가톨릭 평신도의 경우와는 정치신학상 전연 별개의 상황이다. 탈신학화하고 탈교회화 한 세계에서 그러한 인물을 니케아 공회의 참여자와 유비하는 것도 이미 불가능하다. 현대는 종교의 자유도 반종교의 자유도 존재하는 시대이며, 그곳에서의 정치와 종교, 정치적인 것과 신학적인 것이 혼재된 「혼합」의 근원이나, 그 미치는 영향은 콘스탄티누스 시대의 그것과는 완전히 다르다. 왜냐하면 강력한 황제 콘스탄티누스가 주교들에게 평화적 토론의 장을 보장하고, 수도사들에 의해서 선동되고 신학논의에 열중한 대중(페터존은 「신학이란 무엇인가?」(1925)에서 그들을 찬미한다)으로부터 보호하였기 때문이다. 이곳에서 우리들은 그러한 종류의 정치신학이나 신학적 정치의 현상형태의 예를 우리들에게 가까이 있는 사례에 비추어 고찰해 본다. 이러한 사례는 그 정도로 혁명적인 것은 아니다. 이러한 사례란 교황청이 — 무솔리니의 파시스트 정권과의 구체적인 정치상황에서 — 이탈리아 왕국 간에 1929년 2월 11일에 체결한 라테란(Lateran)* 조약이다.

이 라테란 조약은 당시 몇 백만의 로마 가톨릭 신자에게는 신총을 받은 훌륭한 것처럼 받아 들여졌다. 후의 교황 요하네스 23세는 1929년 2월 24일에 소피아로부터 수도녀들에게 「주를 찬미하라, 악마인 프리메이슨*이 60년간에 걸쳐서 이루어 온 반종교적 책동은 여기에서 괴멸하였다」라고 적고 있다. 이것은 의심할 바 없는 경건한 신자, 후의 교황의 정치적 발언이다. 이것은 교의학적인 발언은 아니며 교황무오류설*의 적용을 받아들이는 것은 아니므로 신학적 발언이라고 말할 수 없다. 따라서 페터존이 단죄하는 정치신학에는 해당되지 아니한다. 그렇다면 교의학적 진리나 무류성(無謬性)을 표방하지 않는 것은 모두 정치신학이 아닌 것일까? 그렇다면 실제상 정치신학에 남아있는 것은 무엇인가? 당시 독일 가톨릭교도의 정치적 지도자이며 교황청 서기장의 칭호를 가지며, 교회법 교수였던 고위성직자 루드비히 카아스*는 1933년 초에 카아스와 베를린의 빅토르 브룬스 교수 등이 공동 편집한 『외국 공법 및 국제법 잡지』 제3권에 「파시스트 이탈리아형의 정교조약(Der Konkordatstyp des faschistischen Italian, in Zeitschrift für ausländisches öffentliches Recht und Völkerrecht, Bd. 3)이란 논문을 발표하였다. 그 논문에서 그는 무솔리니를 「내적 사명감을 가진 정치가」로 찬양하고, 일찍이 마르크스주의자이며 자유사상가였던 그는 그의 **구별의 재능**(donum discretionis)에 인도되어 **역사의 잘못을 광정하였다**. 이것을 「신자는 **섭리**라고 부르나, 다른 사람들은 이것을 논리의 필연이라고 부를런지도 모른다」라고 말한다. 이곳에서의 무솔리니의 구별의 재능이란, 정통과 이단을 구별하는 신학적 재능 — 페터존에 의하면 이곳으로부터 비관용에의 권리가 생긴다 — 이라기보다는 적과 동지를 구별하는 정치적 재능일 것이다. 카아스의 논문은 (그 정권이 존속하는 한에서만일지라도) 무솔리니와 파시즘에 대해서 **정치적 선택**이었는가? 여하튼 이것은 명백하게 교의학적 주장을 이루는 것이 아니며, 그러므로 페터존의 단죄의 대상은 아니다. 이렇게 되면 정치신학의 전형적인 예가 될 수 있는 것은 (교의를 논한) 공회의에 참여하고, 더구나 이단설 측에 선 인물만이라고 할 것이다. 예를 들면 가련한 카에사레아의 에우세비우스 주교처럼….

페터존이 에우세비우스를 기독교에서 불가능한 정치신학의 원형으로서 비난할 때의 결정적인 논거는, 삼위일체보다 오히려 세계의 종말과 진정한 평화에 대한 구속 사상의 교설이다. 세계와 인류에 참된 평화를 가져다주는 것은 그리스도의 재림뿐이며 어떠한 황제, 어떠한 제국도 진정한 평화를 가져다주지 못한다는 것이다. 에우세비우스는 콘스탄티누스 찬미자, 로마제국의 칭찬자로서 상당한 실수를 범하고 있다. 그는 콘스탄티누스를 케사르 아우구스투스에 유비하고 있다. 기독교의 주교인 그에 의하면, 아우구스투스는 이교 국민들의 정치적 다원성의 극복자, 내전의 극복자, 처참한 내전 후 점진적으로 평화를 이룬 단일 세계의 주(主)이다. 에우세비우스의 서술에 의하면, 콘스탄티누스는 아우구스투스가 일으킨 사업의 성취자이다. 아우구스투스의 군주제의 의의는, 「국민국가의 원리에 종지부를 찍었다」는 데에 있으며, 「그것은 기독교의 강림과 신의(神意)에서 결부된다」(S. 72). 그러나 다수에 대한 하나의 승리를 완성한 것은 기독교의 승리, 이교도 국민들의 다신교와 **폴리스 미신**에 대한 유일한 참된 신앙의 승리이다(S. 75). 로마 제국이란 평화이며, 반란과 내전의 당파분열에 대한 질서의 승리이다. 이곳에 **하나의 신**, **하나의 세계**, **하나의 제국**이 실현된 것이다(S. 78, 81)라고.* 페터존에 의하면 이러한 종류의 신적 군주제야말로 기독교 신학의 종말론으로 하여금 허용되지 않는 정치신학의 전형이다. 그것은 이러한 하나의 신이 기독교의 삼위일체론의 신인(神人)인 그리스도였다고 하여도 조금도 변함은 없다. 왜냐하면 진정한 평화와 현실의 세계통일은 세계의 종말에 있어서 그리스도의 재림에 의해서 비로소 실현되는 것이기 때문이다.

디오클레티아누스 황제의 박해를 몹시 공격한 에우세비우스 같은 기독교의 주교가 그러한 박해에 종지부를 찍은 로마 황제 콘스탄티누스를 열렬히 찬미하였다고 하더라도, 그것이 황제를 신이나 그리스도와 혼동하지 않는 한에는 자연스러운 행위이며, 그것을 신학적으로 해결해야만 할 이유는 없다. 그리고 에우세비우스가 황제를 신이나 그리스도와 혼동한다는 사실은 단정할 수 없다. 다른 한편, 확실히 이러한 황제를 적그리스도로 여길 수는 없었다. 이 점에서 에우세비우스의 견해를 조금이라도 정확하게 이해하는 것, 특히 로마 제국은 바울의 편지(데살로니가 후서 2: 6)에서 말하는 「**막는 것**」(Kat-Echon)*이라는 그의 견해를 조금 받아들여 이해하는 것은 흥미 있을 것이다.* 그러나 이 책의 주제는 오로지 페터존의 최종 테제의 내용과 표현을 정확히 이해하는 것이므로, 이 점에는 들어갈 수가 없다. 언어학과 성서해석학의 권위인 페터존은 Kat-Echon에 대하여 어떻게 생각하고 있었던가? 그에 의하면 기독교적인 세상의 종말을 저지하는 것은 현재에 이르기 까지 기독교가 되는 것을 계속 거부하는 유대교도의 불신앙이다(상술한 S. 61 Anm. 8; 본서 767면 주 18 참조).

에우세비우스의 사상에서는 케사르 아우구스투스라는 인물은 「기독교 자체에 대해서 필연적인 의의를 가지는 인격이다」(S. 83). 그리하여 일신교가 아우구스투스에서 비롯되었다고 하는 에우세비우스는 「정치적으로도 로마제국을 선택한 것이며」(S. 80), 그의 신학적인 역사고찰에도 「정치적 · 수사적 동기가 교차하고 있다」 (S. 84)라고. 페터존에 의하면 이것이야말로 기독교신학자를 정치신학자로 타락시킨 것이다. 어디에서 사악한 정치신학은 끝나며, 어디에서 절대적으로 비정치적인 올바른 기독교 신학은 시작하는가는, 약간의 짧은 지적을 통해서만 인식가능하게 된다. 로마 황제 아우구스투스가 구속사에서의 존재라는 것 자체는 부정할 수 없으며, 역사적 · 정치적 사건 속에 신의 손길과 그 섭리를 보는 것이 비기독교적인 것이라고는 나는 생각하지 아니한다. 다만, 그것이 「정치적 선택」을 귀결하지 않는, 그렇다면 신학은 아니기 때문이라는 것뿐이다. 페터존의 논의는 순수한 신학 대 불순한 정치의 2분론, 추상적인 절대적인 양자택일의 틀 안에서 전개되고 있다. 이러한 2분론에 의해서 성과 속이 혼합된 구체적인 역사적 현실을 피해가는 것이 가능하게 된 것이다.

실제로 중요한 것은, 페터존의 통렬한 에우세비우스 비판은 에우세비우스의 견해를 상론하는 교의학적 · 신학적인 비판이 전혀 없다는 것이다. 그러한 시도의 싹마저도 거의 보이지 아니한다. 황제의 친구들인 그의 교설이라는 근접한, 눈에 뜨이는 것은 (세례 전의) 콘스탄티누스가 이미 주교이며 나아가서는 사도라고 하는 견해인데, 이것에도 한마디 언급하지 아니한다. 신학상의 실질적인 문제, 예컨대 일신교적 삼위일체론이나 초현세적 · 현세적 종말론을 둘러싼 수많은 문제는 페터존이 한 것과 같은, 일단 수긍이 가는 단순화를 곤란케 하는 것이다. 그가 일체의 정치신학을 일거에 단죄한 것은 이러한 단순화 바로 그것이다. 그는 에우세비우스를 교의학적 · 신학적으로 장사지냄으로써 정치신학을 해결한 것처럼 보일런지도 알 수 없으나, 실은 그를 정치신학의 원형에 내세워 그의 인격 · 성격을 정신적 · 도덕적으로 장사지낸 것에 불과한 것이다. 페터존이 마지막에는 야곱 부르크하르트나 오버베크의 에우세비우스 탄핵과 동일한 귀결에 도달한 것은 그 때문이다. 무엇보다 그는 이러한 자유주의적 저술가의 이름을 인용하고, 에우세비우스를 황제교황주의, 또는 비잔틴자류(곡학아세)로 부르는 것은 주의 깊게 피하고 있다.

이 독일 신학의 권위자는 정치신학자 에우세비우스를 순수신학의 영역에서 추방하기 위해서 일련의 차별용어를 사용하고 있다. 첫째로 에우세비우스는 이데올로그, 더구나 기독교적 이데올로그라는 레테르를 붙이고 있다. 확실히 「기독교적 이데올로기」라는 말은 한 번도 나오지 않지만(S. 82), 그것은 인용부호를 붙인 형태가 아니라 단언적인 말로서 말하고 있다. 이것이야말로 기독교의 영역 중에서 정치신학의 본래적 사례와 원형의 사활을 제압하는 말이다. 그것과 동시에 **에우세비우스의 신학풍논의**(Theologumenon)가 커다란 성공을 거둔 것은 이교도 켈수스에 돌리게 된다. 「켈수스야말로 그가 이 기독교적 이데올로기를 구상하는 궁극적 계기였던 것은 아닌가」(S. 81-2)라고. 두 번째의 신학적 차별용어는 **프로파간다**이다. 그에 의하면 프로파간다에 몰두한 것은 특히 알렉산드리아의 필론과 헬레니즘적 유대교의 학풍을 계승한 유대계 기독교적 저술가들이다. 그들은「신적 군주제론에 의해서 다신교적 이교도 중에 개종자를 만들어 내고 있었다라고(S. 31). 이교도 출신의 기독교적 저작자들에는 즐겨 고대적 사고양식과 언어 양식에 의한 **수사학**(Rhetorik)을 즐겨 연구한다는 세 번째의 결함이 보인다. 그들은 전래의 수사술의 **상투어**(Topoi)를 벗어나지 못하고, 신학적인「성찰」(Reflexion)에까지 아직 높여지지 않았다라고. 콘스탄티누스를 찬미하고 교회사를 쓴 에우세비우스는 단순한 수사가에 불과하다고 하며 맹렬하게 공격을 받았다. 에우세비우스는 로마제국은 여행의 안전을 보장하고 기독교도의 복음의 전도를 용이하게 하였다고 서술하였으나, 페터존은 이것을「로마제국이 여행의 자유를 가능케 하였다는 것은 수사적 상투어(der rhetorische Topos)이며, 이것도 로마 찬미의 일익을 담당하는 것이다. 로마 제국에서는 만인이 한 가족이 되었다는 등의 말도 수사학에서 유래하는 사항이다」(S. 145, Anm. 136)라고 결정짓는다.

페터존은 **수사가 에우세비우스**에 관해서는 따로 한편의 논문을 써서 논할 독립된 주제라고 하며, 그의『히에로클레스* 논박』은 그가 후기 소피스트류의 어법을 몸에 지니고 있던 것을 나타내고 있다」고 한다(S. 145, Anm. 136). 그리고 끝으로 역사가 에우세비우스에 대해서는 야곱 부르크하르트의 중상이 (무엇보다 그의 이름을 인용하지 않고) 받아들여지고 있다. 그것을 나타내는 것은 그가「역사가」에우세비우스와, 역사가라는 말에 인용부호를 붙이고 있는 것이다(S. 140). 그 뿐만이 아니다. 유대교나 이교의 신학에 있어서의 의미로 정치신학자로서 보더라도 그는 이미「시대에 뒤떨어지고 있었다」고 한다(Göttliche Monarchie, 1931, S. 563). 기독교 정치신학의 이러한 원형이 1500년 전에 이미 신학상 뒤떨어졌다면, 오늘날 그의 뒤떨어진 정도가 어떤지는 상상할 수도 없을 것이다. 그리하여 기독교적 저술가 에우세비우스의 학문적 일소에 따르면 이번에는 성격의 면에서 그의 도덕적 · 정치적 매장이 시도된다. 에우세비우스의 스승 오리게네스에 대해서는「사고의 솔직함」이 칭찬되며(S. 65),「기본적으로는 비정치적이었다」라고 한다(S. 70). 이러한 그도 이교도이며 정치적인 신학자 켈수스의 영향 아래 서지 않을 수 없었다(S. 70). 에우세비우스는 그의 충실한 제자였음에도 불구하고 그에게는 정상참작의 여지는 없다. 그는 평화와 질서의 애호자였으나 **정치적** 성격의 인물로 보이며, 그러므로 지금까지 정치신학의 이름으로 비판된 모든 결점의 모범이라고 운명지어진다.

비정치성을 표방하는 1935년의 독일의 신학자는 325년의 공회의에 정치를 가지고 들어온 에우세비우스를 그러한 방법으로 매우 현학적인 신학적 · 성서해석적 · 언어학적 · 역사학적 · 학문적으로 해결한 것이었다. 그에 의하면 원형인 **한 사람의 인물**을 매장하는 것은 정치신학 자체를 매장하는 것이다. 1500년에 걸쳐서 교회사의 아버지로서 존경받아온 기독교의 주교를 여기까지 철저하게 비방한 것의 의미도 여기에 있다. 이것은 1925년부터 1935년까지의 시기의 프로테스탄트 신학의 위기에서 나온, 정치적 문제에 대한 정치적 해답이다. 페터존은 문제없는 도그마티즘에 회귀함으로써 이러한 위기를 면하고, 위기에 좌우되지 않는 순수신학의 영역을 다시 발견한 것이라고 믿었다. 그러나 그의 논증을 한층 들어가 검토해 보면, 그의 교의학적 · 신학적 논증은 에우세비우스라는 원형을 장사지냄으로써 비로소 그 위력을 나타내고 있음을 알 수 있다. 그럼으로써 비로소 1925년부터 1935년까지의 시기에서의 적은 구체적으로 만나게 된다. 그렇지만 페터존은 순수한 신학 대 불순한 정치라는 추상적 · 절대적인 양자택일에서 벗어나지 못했다. 그는 프로테스탄트 신학의 위기를 면하고, 비신학적인 것의 일체를 준거하는 입장에 서버린 것이다. 그리고 거기에서 교회 · 국가 · 사회의 현대적 상황을 학문적으로 인식하기 위해서 상황에 따른 새로운 정치적 개념을 사용하려고 하는 모든 입장에 대해서 대항한 것이다. 그러나 그는 여기에 묵시록적 세계에 발을 들여놓은 것은 아니다. 그는 세상의 종말이 도래하였다거나, 또는 히틀러가 적그리스도의 도구라고 하지 않고, 여하튼 1935년의 그의 논문에서는 신학상으로 신중하게 태도를 억제하고 있다. 삼위일체론이나 2왕국설이라는 순수하게 신학적인 논의 속에 있는 내적 문제점에 대해서는 앞에서 서술하였다. 거기에서는 아무런 구체적인 위력도 생겨나지 않는다. 이러한 것들은 모두 이미 1931년의 논문 속에 있는 것이다. 다만, 악명 높은 황제교황주의자 에우세비우스라는 역사적 인물상을 사용하여 1935년의 현실의 적을 완곡화함으로써 비로소 그것은 보편적 설득력을 가진 것이다. 이 점이야말로 일체의 국가절대주의와 일체의 국민적 · 독일지상주의적 전체주의에 대한 기독교적 적대자, 자유주의자, 반성직주의자, 그리고 끝으로 나아가서는 고전적 교양을 가진 인문주의자들이 한결같이 찬동한 점이었다.

페터존이 1935년에 상대방을 목표로 삼아 공격한 것은 그런대로 정당할 것이다. 그러나 그럼으로써 정치신학이라는 커다란 문제나 정치적인 것의 개념을 그 세계로부터 소거했다는 것은 아니다. 페터존의 논거가 가져온 것, 즉 그 급소는 이 커다란 문제를 해결한 것에 있는 것이 아니라 하나의 정치적 신화를 유효하게 이용하는 데에 있다. 페터존은 황제교황주의자인가 비잔틴자(곡학아세자)류인가 하는 신화를 비밀리에 가지고 들어가 더구나 동시에 그것을 강조하였다. 에우세비우스를 약자라고 하는 신화는 자유주의적인 19세기 중엽에 야곱 부르크하르트에 의해서 세상에 알려졌고, 곧 그의 거대한 권위에 의해서 불가항력적인 것이 되었다. 이러한 부르크하르트의 권위는 문화과학과 정신과학의 산물인데, 이 정신과학을 페터존은 1925년의 강연에서 과감히 털어 버렸다(「신학이란 무엇인가?」). 바로 이러한 부르크하르트의 정신과학적 권위가 1935년에는 같은 신학자인 페터존의 순수하게 신학적인 논문으로 표방되고 있는 전설적 저작에 익명으로 가장 강력한 영향력을 행사하고 있다. 이 신학자는 이러한 정신과학적 영향력을 고도로 신학적인 완곡 효과에 이용하고, 현대사의 현실 문제에 향하여 개주(改鑄)하고, 이리하여 이 1935년의 유명한 저작에 대한 세상의 평가를 높인 정치적 무기로서 이용한 것이다.

이제 종교적인 것은 교회가 하는 것이고, 정치적인 것은 제국이나 국가가 하는 것인지 더 이상 일의적으로 규정할 수 없으므로, 두 개의 국가, 두 개의 영역을 내용적으로 분리하는 것은 불가능하다. 이러한 분리는 그것을 공인하는 제도를 가지고 있던 시대에 실제로 가능하였을 뿐이다. 그리하여 양자를 분리하던 벽은 무너지고 이전에 격리되어 있던 양 영역은 합쳐지고 그러한 빛은 혼합된다. 마치 유리 건물의 미로의 중앙처럼 말이다. 따라서 누군가가 신학적인 것이 절대적으로 순수하다고 표방하는 경우에 믿을 수밖에 없다. 페터존의 단죄는 내용 없는 것이다. 하물며 이 단죄를 비신학적 사고에 확대한다면, 그 무내용적인 것은 점점 명백해진다. 페터존은 1947년의 논문 「실존주의와 프로테스탄트신학」(Existentialismus und protestantische Theologie)에서 하이데거의 철학과 관련하여, 이 철학 속에서 「신학적 개념을 일반적 개념으로 전화하는 것이 어떠한 귀결을 초래하는가」를 명백하게 보여주었다고 말한다. 즉

> 그 귀착한 위치는 「시간의 중간에서 인간으로 화한 신에의 결단이 그 시대의 화체자인 지도자(Führer)에의 결단으로 전화된 듯한 왜곡」이라고 말한다.

이곳에서는 하이데거의 자각적으로 비신학적인 철학이 탄핵되고, 세속화된 신학으로서의 실체를 폭로하고 있다. 여기에 페터존의 논증과정과 그것이 가져온 절대적 단죄와의 사이에 존재하는 부조화가 명백하게 되었다. 에우세비우스라는 원형을 사용하여 현대적 문제를 역사적으로 완곡화하려고 했던 페터존의 기획은 구출될 수 없었다. 이러한 완곡화에 의해서도 그 무내용에서 단정적인 단죄를 구출할 수는 없다. 이러한 점에 관련하여 페터존이 성 아우구스티누스와의 대치를 논의한다 하더라도 결과는 마찬가지이다.

6. 에우세비우스와 아우구스티누스의 대결

페터존의 신학적 논의는 구속사적 명제들에 의해서 뒷받침되고 있다. 에우세비우스는 구약성서의 예언(미가서 4: 4)과 관련하여 「이 모든 것들은 로마인이 지배하기에 이른, 우리들의 구세주의 재림의 날부터 현재에 이르기까지에 처음으로 생긴 것이다」라고 한다(S. 77). 성서해석자인 페터존은 이것에 격앙한다. 그는 에우세비우스는 「국민들의 평화에 대한 모든 예언이 로마제국에서 실현되었다고 당연한 것처럼 단언하고 있다」고 하며, 「성서해석의 초보조차 모른다」고 맹렬히 비난한다(S. 77). 거기로부터 곧 성 아우구스티누스와의 대비가 이루어지고, 『신국』 제3편 제30장(윤성범역)에서의 아우구스티누스의 말은 이것과 아주 다르다고 한다.

콘스탄티누스 대제의 세계로부터 반달왕 알라리크(Alarich)*의 침입을 받은 몰락기의 서로마 제국에로의 비약은 대단한 것이다. 다만, 1935년의 역사회고자에 대해서는 이런 비약 따위는 손쉽게 실현할 수 있었다. 니카이아 공회의의 그리스인 교회학자가 놓여진 상황과 반달시대에 있어서의 라틴 교회의 교부가 놓여진 상황과는 정치사적으로도 교의사적으로도 유비 불가능하다. 그러면 왜 여기에서 『신국』 제3편 제30장을 인용한

것일까? 이 장이 결정적인 신학적 논증을 지니고 있는 것일까? 성 아우구스티누스의 압도적인 박력을 가진 이 책에는 경탄할만한 현실성과 증명력을 가진 장이 몇 개나 있다. 예컨대, 제1편 제11장에서 게르만 민족 이동이 가져온 대량 살륙에 대한 고귀한 인간적 호소는「종교라는 것은 가혹한 세계의 심정 따위」라고 말한 카를 마르크스[헤겔 법철학 비판]가 그 고전적 문헌으로서 인용할 만한 것이다. 또한 예를 들면 제국주의의 세력들에 의한「정의」에 대해서 조롱한 제4부 제15장 따위.

페터존의 지시에 따라서『신국』제3편 제30장을 참조하는 수고를 한 독자는 약간 실망을 느꼈을 것이다. 제3편은 로마의 내전을 서술한 것으로 거기에서는 잔혹한 싸움의 묘사는 고대 수사학의 수법이다(그것은 페터존 자신이 에우세비우스 · 암브로시우스 · 히에로니무스에 대해 증명하고 있다. S. 148, Anm. 145). 아우구스티누스는 이교의 신들이 그러한 잔학을 저지하지 못하는 무력한 신인 것을 나타내며, 이교도에게 경고하려고 해서 그러한 수사를 사용한 것이다. 이 제30장에서 그는 술라 · 케사르 · 옥타비아누스의 이름을 들고 있지만, 이 옥타비아누스에 대해서는 에우세비우스가 찬미하고 있는 것과는 반대로 대케사르의 양자에 불과하다고 하찮은 인물 취급을 하고 있다. 거기에 이어서 내전 중 각별한 불운에 만난 키케로의 운명이 개탄된다. 키케로는 바보였다. 안토니우스로부터 공화국의 자유를 구하기 위해서 옥타비아누스와 결합하는 것은, 그 옥타비아누스는 키케로와 자유를 죽이기 위해서 안토니우스와 결탁하고 있었기에 라고 할 수 있다. 이러한 이교도 키케로가「미래에 대해서 이렇게도 맹목적이고 선견지명을 결여하였던 것은」(usque adeo caecus atque improvidus futurorum)하고 아우구스티누스는 말한다. 키케로는 4세기의 서로마 제국에서는 인기가 있으며(Arnold Ehrhardt, III S. 39). 수사를 써서 구사하는 데에는 정말로 적당한 대상이었다.

선견지명을 결여하고, 미래에 맹목적인, 페터존이 여기서 키케로의 운명을 이렇게 평했을 때 그는 슬며시 1935년 당시의 시국을 풍자한 것은 아닐까. 그렇다면 정치적인 검열과 언론통제 하에서의 의견의 발표방법으로서 흥미롭다. 이곳은 에우세비우스와 아우구스티누스를 대비시키는 학문적 논의로서는 거의 관계가 없으며, 이것으로 성 아우구스티누스의 신학적 우위를 근거지우려고 했던 것이라면, 그것은 이 위대한 라틴교회 교부의 비할 바 없는 권위의 남용이라고 할 수 밖에 없다. 성 아우구스티누스의 신학적 우위를 의심하는 자가 어딘가에 있는 것일까. 이 제3편 제30장에 **미래에 맹목적인** 키케로에 대한 연민의 말이 나타내는 것은 과거의 시대에 살고, 행동한 인간에 대한 후세인, 사후적 평가자의 우위에 지나지 않는다. 과거의 시대에 살았던 인간에 대해서 전망이 통하지 않는 어두움이었던 미래는 후세인에 대해서는 처음부터 끝까지 전망할 수 있는 사실이며 그 때문에 어쩐지 옛날 사람은「미래에 맹목」이었던 것이겠지 하고 이상하게 여길 수도 있는 것이다. 줄리앙 프로인트*의 멋진 말을 빌리면,「내일의 미래는 모레의 과거」이다. 상상하는 회고는 신학적 논의의 기반이 아니다. 아우구스티누스가 키케로를 심판한 것은 게르만민족 이동기의 기독교 신학자의, 옥타비아누스의 내전기의 이교철학자에 대한 우월감을 보여주는 것이다. 이에 대해서 페터존이 구성한 에우세비우스 대 아우구스티누스의 대비론은 서로마제국의 몰락을 체험한 기독교 신학자의, 그것보다 100년 전 디오클레티아누스 황제, 콘스탄티누스 대제, 니카이아 공회의의 시대에 살았던 기독교 신학자에 대한 우위를 그려내고 있다. 여기서 주의해야 할 것은 아우구스티누스 자신은 에우세비우스에 대한 우위를 주장하고 있지 않다는 것이다. 이 우위는 1935년의 기독교 신학자가 기독교 교회사의 아버지에게 정치신학의 오명을 씌우기 위해 최후의 수단으로서 지녔던 것이다.

에우세비우스가 찬미한 황제 아우구스티누스의 세계평화도 전쟁과 내전의 공포에 종지부를 찍은 것은 아니었다. 콘스탄티누스 대제의 세계평화 역시 영속하지 않았다. 그러므로 양자는 진정한 평화는 아니었다. 페터존에 의하면 이러한 평화는 「어정쩡한」 평화였다. 그는 이러한 아우구스투스의 평화와, 정말로 기독교적인 아우구스티누스의 평화*를 대치하고, 후자는 세상의 종말에서 재림하는 그리스도가 처음으로 가져오는 것이라고 한다. 케사르도, 아우구스티누스도, 콘스탄티누스 대제도 전쟁과 내전에 종지부를 찍을 수는 없을 것이다.

그러면 『신국』의 아우구스티누스의 평화는 그것을 이룰 수 있었던 것일까? 기독교를 신봉하는 교황과 황제가 지배하고, 또한 양자 어느 쪽인가가 승인한 아우구스티누스의 평화의 신학이 지배한 천 년 간도 또한 마찬가지로 전쟁과 내전의 일천년이었다. 페터존은 양검론*을 전혀 시야 밖에 두고 있다. 그 한 쪽의 칼은 **종교의** 칼이었는데도 말이다. 16, 17세기의 종교개혁시대에 있어서의 종교내전은 교회의 **개혁권**(jus reformandi)을 둘러싸고 행하여 졌다. 그것은 신학내의, 그리스도론 중에서의 대립에 관한 것이었다. 토머스 홉스의 리바이어던은 고유한 의미에서의 정치신학적 시대가 낳은 열매이다.[19] **혁명권**(jus revolutionis)과 전면적 세속화의 시대가 그것에 계속된다. 헤겔은 혁명을 종교개혁 없이 성취한 것, 옛 종교나 그 성물이 그것과 반대의 국헌(國憲) 하에서의 안정적이며 조화적으로 존재할 수 있다고 생각하는 것은 「근래의 어리석음이라고 간주할 만하다」(Encyklopädie, § 552)고 설명했지만, 이것도 정치신학적 명제로서 이해되어야 한다.[20] 그리고 플로리스의 요아힘스(Joachims von Floris)*의 역사신학은 삼위일체의

---

19) Carl Schmitt, Die vollendete Reformation. Bemerkungen und Hinweise zu neuen Leviathan-Interpretation, in: Der Staat 4 (1965), S. 51-59(65). 본서 710면.

20) 귄터 로르모저(Günter Rohrmoser)는 그의 논문 「혁명의 신학에 관한 주해」(Anmerkungen zu einer Theologie der Revolution, in der Festschrift Epirrhosis, 1968, S. 628)에서 이 헤겔의 말을 상기하고 이렇게 첨가한다. 즉 「**헤겔은 기독교와 종교개혁을 자유의 세계사에 대해서 기본적인 두 개의 혁명적 사건으로서 파악하고 있었다. 전자는 역사에 있어서의 신의 나타남이며 후자는 신앙하는 주체가 이러한 신의 나타남이라는 사건을 우리들의 것으로 한 사건이다**」라고.
이러한 관련에서 「**복음서에서만큼 혁명적인 말은 아무 곳에도 없다**」는 헤겔의 말도 관련이 있다. 페터존은 독일 관념론철학과 전통적 프로테스탄트 신학을 조정하는 모든 시도를 비록 그것이 쉴라이어마허*나 헤겔의 「매개」에 의한 것일지라도 강력하게 부정한다. 정치신학의 원형으로서의 에우세비우스에 관한 절 마지막 S. 87/88 참조.

교의를 정치신학적으로 해석한 것에 불과하다.21)

페터존은 이 모든 것들 중에서 새로운 문제를 보려고 하지 않고, 1931년의 논문 「신적 군주제」에서 제기한 에우세비우스 비판을 반복할 뿐이다. 다만, 기원 후 몇 세기 시대에 대한 전문적 · 언어학적 자료를 보충적으로 첨가하고 있으나, 결말에서는 (1931년의 저작처럼) 적그리스도에 대한 종말론적 고찰을 가하는 것은 아니며, 그 소재에 성 아우구스티누스의 말을 첨가하며 그 후에 그리스 교부들의 삼위일체론과 아우구스티누스의 평화의 신학에 의해서 일체의 정치신학은 세상 종말에 이르기까지 해결되었다고 하는 최종 테제가 고지되는 것이다. 그러면 도대체 최종 테제는 무엇을 말하려고 하는가?

제3장 전설적인 최종 테제

1. 최종 테제의 언명

페터존은 그의 논문의 말미에서 삼위일체의 비밀은 피조물에서 완성되는 것은 불가능하며 신 자신에서만 완성되는 것이기 때문에, 삼위일체의 신이라는 기독교의 복음은 유대교와 이교를 초월하며, 기독교도가 추구하는 평화는 어떠한 황제도 이것을 부여할 수 없으며, 단지 「일체의 이성을 초월한 자」(S. 100)의 선물로서 만이 존재할 수 있다는 것을 반복한다.

물론 그러한 신앙고백은 학문적 신화는 될 수 없다. 이상의 권말의 신앙고백 앞에 신화가 될 수 있는 경우의 최종 테제와 거기에 붙은 주가 있다. 이 최종 테제는 세 가지의 명제로써 이루어지며 그 문언은 다음과 같다(S. 99-100).

1. 신적 군주제의 이론은 삼위일체의 교의에 의해서 아우구스투스의 평화(Pax Augusta)의 해석은 기독교의 종말론에 의해서 필연적으로 와해된다.
2. 따라서 정치적 문제로서의 일신교는 신학적으로 해결되고, 기독교는 로마 황제의 멍에로부터 해방되었을 뿐만 아니라, 기독교의 복음을 어떤 정치적 상황의 정당화에 남용하려고 하는 일체의 「정치신학」과의 원리적 결별이 완성된다.
3. 「정치신학」이라는 것은 유대교나 이교의 기초 위에서만 존재할 수 있다.

제1 명제는 그 자체로서는 명쾌하다. 그것은 역사적으로 이 시점까지 제시하여온 증명 소재와 논술에 관한 것이며, 거기에서 생긴 결론을 정식화한 것이다. 다만, 그 정식이 정당한가의 여부는 논의의 여지가 있을 것이다. **제2 명제**는 명쾌하지 않으며,

21) Carl Schmitt, Donoso Cortés in gesamteuropäischer Interpretation, 1950, a. a. O., S. 10/11(Einleitung). (본서 656면)

네 개의 다른 주장의 결합물이다. 첫째로 제1 명제에 의해서「정치적 문제로서의 일신교는 신학적으로 해결되었다」고 말한다. 신학자들이 정치문제를 신학적으로 해결하기를 원한다면, 그들은 자체 내에서 그것을 하면 된다. 둘째로는 기독교가「로마황제의 명에로부터 해방되었다」고 말하지만, 이것은 제1 명제를 반복한 것이다. 셋째로는 기독교의 복음을 남용하려는 일체의 정치신학과의 원리적 결별이 서술되고 있다.「일체의」란 말로부터 비일신교적 정치신학도 여기에 포함되는 것처럼 보인다. 이것은 신학측으로부터의 결별이므로 오로지 신학자의 관심사항이다. **네째로**는 **남용**이라는 말이다. 이 말과 함께 갑자기 새로운 불명료함이 이 명제에 날아 들어온 것이다. 왜냐하면 남용이 아닌 정치상황의 정당화는 허용된다는 유보가 붙어있는 것이다. 이 유보는 불명화한 것이기 때문이다. 남용이란 불명확하여 해석이 필요한 개념이다. 또한「원리적으로」 완성된 결별이란 역시 구체적으로 결별이 완성된 것이 **아니며, 그 자체**(ipso facto)로서 완전한 결별일 수 없다. 그것은 요건사실과 법적 상태의 인정에 의존하고 있다. 따라서 이 결별은 **일체의** 정치신학 그 자체에 대해서가 **아니라** 그 남용에 대해서만 타당하다. 그렇다면 기독교의 복음을 정치상황의 정당화에 **남용은 할 수 없지만**, 그러나 정당화와 단죄를 수반하고 강력하게 직접적인 정치적 의미를 가질 수도 있는 순수신학과는 결별하지 않아도 좋다는 것이 된다. 여하튼 제2 명제의 제4 내용은 어떤 것이 남용인가 여부의 구체적인 결정자를 제시할 때에 비로소 논의의 대상이 될 것이다. 여기에서는 아마도 신학자가 그 결정자가 되어있는 듯하다.

제3 명제는「정치신학」이라는 말에 인용부호를 붙이고, 이로써 정치신학의 가능성에 대한 유보를 표명하고 있다. 이 점을 제외하면 이 명제는 그 자체 속에 모순을 포함하지 않으며, 그러한 한에서 테제로서 논의의 대상이 될 것이다.

2. 최종 테제의 내용

이러한 세 개의 명제는 어떠한 언어로써 말하고 있는가? 아마도 신학의 언어만은 아닌 것 같다. 적어도 페터존이『신학이란 무엇인가』(1925)에서 표방한 의미에서의 신학의 언어는 아닐 것이다. **해결**(Erledigung)은 신학용어는 아니다. 이 해결이라는 언어로써 파문* 또는 이단의 선고를 표시하는 것이라면, 그 선고의 권위는 페터존의 학문적·논증적 서술방법에 의해서 위험하게 된다. 학문적 사고양식과 언어양식을 사용함으로써 세 개의 명제는 학파의 논쟁의 장이 될 수도 있으나, 페터존은 별도의 저서에서 학파의 논쟁에 있어서의 오류는 그것만으로서는 이단이 아니라고 말한다('Hochland,' 33, Okt. 1935, S. 6). 더구나 이 세 개의 명제가 유죄 재판의 **판결이유**(ratione peccati)를 의도한 것은 아닐 것이다.

중점은 일신교가 **정치적 문제로서**, **신학적으로** 해결되었다는 데에 있다. 이 말에는 두 가지의 해석이 가능하다. 첫째로는「일신교는 신학적 문제는 아니며 정치적 문제**이므로**

신학자는 관계가 없으며, 그러므로 해결된 것이다」라고 말하는 해석이며, 둘째로는 「일신교는 정치적 문제**이지만** 그것은 또 (혼합영역[res mixta]으로서) 신학적 판단에도 복종하는 것이다. 그러므로 신학의 입장으로부터 정치적 문제로서(도) 해결되었다」라는 해석이다. 전자의 주장은 말하자면 신학에 있어서 「예술을 위한 예술」(l'art pour l'art)의 주장이며, 신학은 신학자의 것이며, 비신학자가 신학에 대하여 입을 여는 것은 비전문가 신학 · 이데올로기 · 정치적 저널리즘 · 수사술 · 프로파간다 등의 「정치신학」에 불과하다고 하여, 이를 편면적으로 끝맺는 입장일 것이다. 후자의 경우는 그것은 일종의 학문적 주장으로서 신학과 정치의 양면으로부터 학문적 논의의 대상이 된다. 이러한 경우에는 다시금 양자가 상호 양립가능한 학문개념과 구조상 적합한 기본개념을 공유하고 있다는 사실이 전제되어 있다. 학문상의 권한분할은 어느 정도의 개념구조의 동일성이 없으면 불가능하다. 신학상의 삼위일체론이 수학상의 정수론(整數論)을 해결할 수 있는가, 수학이 삼위일체론을 해결할 수 있는가 라고 주장하는 것은, 그것이 단지 신학은 학문이 아니라고 주장하는 것만이 아닌 한은 무의미할 것이다. 신학자들도 신학과 무연한 학문의 개입에 대한 자기를 방위함에 있어서 현대풍의 학문관과 과학성의 개념을 이미 어느 정도 몸에 익히고 있다. 그렇다하더라도 그것은 호교상(護教上) 유용한 거점으로 사용한 것에 불과한지도 모른다.

해결한다라는 표현은 원래 페터존의 신학상의 용어에는 어울리지 않는 것이다. 도대체 그가 상대방을 골리기 위하여 단순한 부정의 언어로써 그것을 사용했거나, 아니면 신학의 장에서 가치철학의 언어로 되돌아가는 차이이다. 그가 해결해서 끝맺는 것은 모상과 반영(아래로부터 위로 향하는 한에서의)과 수직적 비유, 상징이나 유비 등의 방대한 영역, 즉 하나의 세계이다. 더구나 그는 이렇게 허용하기 어려운 행위를 한 「전형적인」 대표자로서 카에사레아의 에우세비우스 주교를 기독교 신학자로서, 성서해석자로서로서, 역사가로서 또한 「정치적」 인물로서 해결해 버렸다. 나아가 그 뿐만 아니라 그 마지막 문장의 일절에서 나의 법학적 및 국가학적 저서인 『정치신학』(1922)을 지명하여 재빨리 처리하여 끝을 맺는다. 그곳에서는 「주권론 4장」이란 부제는 무시되고, 또 「왕은 군림하지만 통치하지 않는다」라는 정식에 언급한 1934년에 발간한 제2 판의 서문(1933년 11월 집필)도 묵살되고 있다. 이 모든 것들은 다음과 같은 내용적 이유로 인하여 유감스러운 것이다. 즉 이리하여 구조상 양립 가능한 많은 개념을 사용하고 있는 신학과 법학이라는 두 개의 학문의 상호관계 여하라는 그 자신의 『신학이란 무엇인가?』(1925)에서 설정한 문제를 얼버무려 끝을 맺은 것이다.

페터존은 또 다른 기회에 신학적인 해결과 다른 학문으로부터의 해결을 명쾌하게 구별하고 있다. 그리하여 에드가 잘린(Edgar Salin)*의 책 『신국』(Civitas Dei, 1926)의 서평(Schmollers Jahrbuch, Bd. 50, 1926, S. 175)에서, 「이 책 중의 어떤 하나의 문장을 취하더라도 신학자냐 아니면 '과학자'냐 하는 이의를 제기하지 못할 것은 없다」고 끝맺었다. 또한 「궁극적으로 변호인도 겸하고 있는 듯한」 신학자에게는 비당파적인 「학자」의 관심을 가질 능력이 없다고 강조하고 있다. 여기서는 신학과 **정치**가 개념적으로 대치하고 있다. 신학은 종교 · 신앙 · 신적 체험과 동일물은 아니며 학문이려고 하는 것이다. 신학과는 전혀 다른 학문개념이 등장하여 종교나 그것을 대상으로 하는 신학을 과학성의 세계의 지하로 추방하고, 종교나 신학은 시대착오와 노이로제라고 정신분석적으로 묻어 버리는 것이 성공하지 않는 한, 신학 역시 하나의 학문으로서 계속될 것이다. 학문으로서의 신학과 양립할 수 있는 이곳에서의 대립 개념은 단순한 보조과학이나 방법의 영역을 초월한 다른 학문이다.

그러면 구체적으로 어떤 학문이 거기에 상당하는가? 정치는 학문이 아니다. 「엄밀한」 방법을 업으로 하는 사회학이나 정치학은 신학과 양립할 수 있는 학문은 아니다. 신학과 형이상학의 관계는 쉽사리 밝혀지지 않는다. 서력기원 후 몇 세기인가를 대상으로 하는 정신과학은 상술한 잘린의 저서에 대한 서평에서 볼 수 있듯이 문제가 되지 않는다. 페터존은 「일체의 학문 중에서 가장 의심스러운 것은 여러 가지 정신과학이다」라고 말하고 있으므로(Was ist Theologie? 1925, S. 23), 정신과학도 문제가 되지 않는다. 그렇다면 신학과 자매 관계에 있는 학문으로서는 아마도 법학(기독교적 중세에 단순한 결의론[決疑論]*으로부터 체계적 학문으로 발전한 법학, 아직 역사학에 해소되지 아니한 법학) 이외에는 없을 것이다. 프로테스탄트의 교회법학자인 루돌프 조옴은 그 마지막 위대한 대표자의 한 사람이었다. 우리들이 보는 바로는 카논 법학자 · 교회학자 · 법사학자 · 헌법학자인 한스 바리온은, 로마 가톨릭측에서는 조옴의 정통적 후계자이다. 바리온은 조옴의 탄생 백주년에 즈음하여 조옴에 관한 정당한 해석을 제시하였다(Deutsche Rechtswissenschaft, 1942, S. 47-51). 여기서 법사학적 문제에 들어갈 필요는 없다. 바리온은 「가톨릭 교회법전」(Codex Juris Canonici)*을 「이미 신적 교회법의 영역에 모범적으로 접근한 법적 교회의 내적 질서이다」라고 한다("Säkularisation und Utopie," Ebracher Studien 1967, S. 190). 그 밖의 점에 대해서는 여기서 막스 베버의 전형적인 말을 인용하면 족하다. 이 말은 내가 『로마 가톨릭주의와 정치형태』(1923)에서 그의 이름을 열거한 때에 염두에 두었던 것이다. 베버는 로마 교회의 법은 「다른 어떠한 종교에서 볼 수 없을 정도의 **합리적 제정법**」(eine rationale Satzung)을 창조하였다. 그것은 로마법에서 조차 따를 수 없을 정도의 것이라고 하면서 이렇게 말한다.

> **무프티**(Muftis), **랍비**(Rabbi) **그리고 게오님**(Geonim)**과 같은 자는 점차 반종교개혁 시대의 속죄사**(Beichtväter)**와 영혼의 지도자**(directeurs de l'âme)***의 형태로, 또한 낡은 프로테스탄트 교회에서는 목사**(Pastor)**의 형태로서 나타난 것에 불과하다. 사실 이러한 자가 행하는 영혼을 돌보는 카주이스티크는 적어도 가톨릭 지역에서는 탈무드의 산물들이 조금은 있지만 약간의 유사성도 제시한다. 그러나 카논법에서는 모든 것이 로마 성청의 중앙관서의 통제에 복종하며, 구속력을 가진 윤리적 · 사회적 규범들의 발전은 오로지 중앙관청의 매우 탄력적인 지령에 의해서만 행해진다. 이로써 여기서는 종교법과 세속법과의 사이에 다른 어디에도 존재하지 않는 관계가 성립하게 되었다. 즉 카논법은 세속법을 위해서 합리성에**

이르는 도정에서의 바로 지도적인 인자의 하나가 되었다. 더구나 이 관계는 가톨릭교회가 지닌 — 다른 어디에서도 재발견할 수 없는 — 합리적인 「영조물적인」(안슈탈트적) 성격에 의한 것이었다(Wirtschaft und Gesellschaft, 4. Aufl., S. 480/481).*

나는 여기서 교회법 찬미론에 빠지지 않기 위해서 스스로 경계하지 않으면 안 된다. 신학과 법학은 신학부와 법학부라는 차이이며, 때로는 적대하는 **학부**로 제도화되었다. 그리하여 카논법학자와 로마법학자의 경쟁 속에서 「성속양법」(jus utrumque)이라는 영속적 의미를 지닌 학문적 기여가 완성된 것이다. 이 점에 대해서는 나의 『정치신학』에서 논하였다.[22] 이 양 학부는 그 학문상의 개념형성에서 비교할만하며 전조(轉調)하는 것이 가능한 개념이나, 나아가 양자 간의 이명동의로서 치환가능하며, 또 그것이 의미 있는 공통의 체계적 개념의 장을 창출한 것이다. 나중에는 악기를 잘 조율하면 된다.* 이 점에서 로마 법학자는 **국가**라는 구체적 질서에 속하는 신분으로서 정치적 존재이며, 카논 법학자는 **교회**라는 구체적 질서 속의 성직자로서 신학적 존재이다. 아리우스파의 혐의를 받아서 페터존이 정치신학의 원형이라는 낙인을 찍은 카에사레아의 주교 에우세비우스도 또한 교회는 국가가 아닌 **이교적** 제국과 대립하고 있는 상황, 그 위에 그 제국이 기독교에 귀의하는 상황에서는 교회적 · 신학적 존재인 것이다. —

페터존은 그가 가톨릭으로 개종하기 이전의 강연 「신학이란 무엇인가?」(1925)에 붙인 기다란 주에서 신학에 대해서 **법학**의 용어가 병렬되지 않은 중요성을 지닌 것을 지적하고, 신약성서의 언어와 법과의 밀접한 관련을 지적하고 있다. 그는 교의(도그마)라든가, 비적(Sakrament)이라는 언어는 단순한 설교나 주석은 아니며, 육화(肉化)된 신의 말을 **집행**하는 것이므로 법률용어라고 하며, 이것은 「신약에서의 계시의 본질적 성격」이라고 말한다. 육화는 구약성서의 예언을 성취하는 것이었듯이, 교의와 신학은 이러한 성취만이 아니며, 「그것 이상의 것 예언에 포함되어 있지 **않은** 무엇인가를 집행하는 것」이다. 교의의 「개념적 일의성」은 또한 「로고스의 계시의 일의적 · 최종적인 성격을 표현하는 것이다」라고. 한 마디로 말하면, 여기서는 신의 언어를 집행하는 데는 결단주의(Dezisionismus)와 엄밀주의(Präzisionismus)가 불가결하다는 것, 그리고 인간이 거기에 불가피한 법률화를 부정하는 것은 카리스마의 직접성을 자기파괴적인 비합리성으로

---

22) 내가 **정치신학**이란 테마에 대해서 서술한 모든 것은, 법이론적 및 법실무적으로 끈질기게 떠오르는 신학적 개념과 법학적 개념과의 체계적인 구조적 친밀성을 한 법률가로서 서술한 것에 불과하다. 그 논의의 영역은 어디까지나 법사학과 사회학이다. 오귀스트 콩트는 철학자가 신학자에게 그러했듯이, 로마법학자가 카논법학자와 교대하였는데, 그는 나의 논술 중에 이 테제의 실증 이상의 것을 발견하지 못하였을 것이다. 그러나 콩트 이래 우리들은 모든 사람들이 가지는 자기정당화에의 근절하기 어려운 요구에 관하여 수많은 새로운 체험을 하였다. 나의 저서 『정치신학』(1922)은 「주권개념의 사회학에 관한 4장」이라는 부제목을 달고 있다. 그 중 최초의 3장은 막스 베버 추모 논문집(Erinnerungsgabe für Max Weber, 1922)에 기고한 것으로, 그 가운데 제2장은 홉스를 예로 들어 그 **결단주의**의 발전을 논하고, 제3장은 「정치신학」이란 제목을 붙이고 있다. 나와 같은 신학의 문외한이 삼위일체론이라는 신학상의 문제에 대해서 신학자와 논쟁할 용기는 없다. 아마추어 신학자가 신학자와 이러한 종류의 논쟁을 교환하는 것이 어떠한 결과를 초래하는가는 도노소 코르테스의 저 가련한 경우가 우리들을 가르치고 있다.

변화시킨다는 것을 놀랄 만큼 명쾌성을 가지고, 인식되고, 표현되는 것이다. 페터존은 하르나크와의 왕복 서간에 붙여진 주에서(Hochland, November 1932, Traktate S. 321), (1932년의) 독일에서는 종교의 대립이 「아직 약간의 현실성을 지니는 것은 정치신학의 영역만이다. (「성」법에 대하여) 더구나 특히 새로운 것과 기독교적인 것이 다소 유지되고 있다는 것은 아마도 성법에서는 아니며 교회법에서 일 것이다 라고 말하고 있다」(1929년의 교회에 관한 강연 주 14). 집행의 법적 성격의 인식, 그리고 집행의 매개자가 고유법칙성을 지닌 것을 공공연하게 승인한다는 것은 정말로 경이적이다. 그러나 더욱 놀랄 것은 그 바로 뒤에 쓰여진 정치신학상의 저작에서 그러한 통찰이 암암리에 무시되고 있다는 것이다. 1931년의 전문적인 논문 「신적 군주제」(S. 562),에서 그는 에우세비우스는 신적 군주제의 관념을 정치화하였으나, 테르툴리아누스는 이것을 법률화 하였다고 한다. 이 말에는 아마도 법적인 것에 대한 비판이 함께 울리는 듯하다. 그러나 더욱 부수적으로 서술된 말 속에서이지만, 신학에 대한 집행의 문제를 엄밀하게 고찰하는 법학의 독자성이 승인되어 있다.

특수 법학적인 사고를 가진 신학적 가능성을 성찰함에 있어서 원형이 되는 것은 **테르툴리아누스***이다. 그의 이름은 페터존의 1935년의 저서에도 나오는데, 그것은 이미 신학을 정치화한 에우세비우스에 대하여 이것을 법률화한 인물로서가 아니라, 삼위일체론을 「국법적」으로 해석한다는 신학적 오류를 범한 인물로서 오로지 비판의 대상이 되는 것이다.* 그러나 아직 법학자 테르툴리아누스가 제도화의 결정적 시점에 어디까지나 **순교자의 카리스마**를 고수하고, 이 카리스마를 관직 카리스마로 완전히 전화시키는 것에 반대한 것은, 테스트 케이스로서 모든 문제의 고찰을 좌우하는 중요성을 상실하지 않는다.* 그 시점이란 성 키프리아누스가 「교회 밖에는 구원이 없다」(extra ecclesiam nulla salus)*는 정식을 성립시킨 구속사상과 세계사상의 결정적인 시점이다. 아놀드 에어하르트의 전 3권으로 된 저서 『솔론으로부터 아우구스티누스까지의 정치적 형이상학』(Politische Metaphysik von Solon bis Augustinus, Tübingen 1959)의 제2권은 이 시점을 「기독교 혁명」이란 제목 아래 논하고 있다. 교회를 법적으로 구성하는 이론은 원래 테르툴리아누스가 창조한 것이며, 키프리아누스는 이것을 처음으로 법적 조직으로 「완성」함에 있어서 상세한 정식화를 부여했다는 것이다(Arnold T. Ehrhardt, S. 134-181. in dem Kapitel: Die Afrikanische Kirche II, S. 134-181). 그런데 바로 법학자인 테르툴리아누스가 순교자의 비관직적(非官職的) 카리스마를 고집하여 이러한 종류의 법적 완성에 반대하였다. 키프리아누스는 성직자의 관직 카리스마만을 카리스마로서 인정하고, 순교자의 카리스마를 부정한 것이다. 에어하르트에 의하면 Clerus라는 말이 **속인**(laos)과 구별된 서임 성직자라는 「기술적」 의미를 지니기에 이르렀다는 것은 키프리아누스 이후의 일이다(II. S. 165). 나아가 이렇게 말한다.

> **Clerus란 말은 사도행전 1장 17절에 사용되고 있는데, 여기에서 유래하는 이 말에 의해서 엄밀한 의미에서의 사도계승론이 기독교 평신도의 의식에 스며들었다. 이리하여 서로마**

제국의 교회조직이 완전한 법적 조직으로 완성하였다.

학문적 경력으로 말하면 아놀드 에어하르트는 원래 법사학자였다. 그런데 그는 이곳에서 「법적」이란 말을 사용하지 않고 「기술적」이란 말을 사용한다는 것은 주의를 야기한다. 이것은 아마도 그가 법학에서 신학으로 옮긴 것과 관련하여 법학에 대한 불신감에서 나타나는 것이리라.

「정치적 일신교는 신학적으로 해결되었다」는 명제는 **신학 대 법학**의 대치라는 견지에서 본 경우에만 엄밀한 학문적 의미를 지닐 수 있다. 단호하게 정치로부터 결별한 신학이 어떻게 하여 어떤 정치세력과 정치적 주장을 신학적으로 **해결**할 수 있다고 말하는가? 가령 **신학**과 **정치**가 말하자면 천지만큼이나 떨어진 별도의 영역이라고 한다면, **정치적** 문제는 단지 **정치적**으로만이 해결될 수 있을 것이다. 신학자가 정치의 영역에 속하는 문제를 해결하였다고 표방한다면, 그것은 그 자신이 하나의 정치적 주장을 가진 정치세력으로서의 입장에 입각하는 것이어야 한다. 신학자가 정치문제에 대해서 신학적 해답을 내린다는 것은, 「나는 정치의 세계와 정치의 영역에 대해서는 무연하다」라고 대답하는 것이 아니라면, 신학자 역시 정치의 영역에 직접 간접의 작용(Einwirkungen) 내지 효과(Auswirkungen)을 부여하는 권리를 유보하여 두려는 것이나 마찬가지이다. 즉 정치문제에 대해서 신학이 일체의 권한을 포기하고, 신학자는 순수하게 자기의 본령에 머무르지 않는다면, 권한쟁의의 기소, 일종의 쟁점결정(Litiskontestation)의 주장을 제기하는 것을 의미한다. 그렇다면 「정치적 일신교는 신학적으로 해결되었다」라는 명제는, 신학자가 정치적 영역의 문제에도 결정권을 가지는 것을 주장하고, 정치권력에 대한 권위를 주장하는 것이 된다는 것을 의미한다. 이 경우 그 주장하는 신학의 정치권력에 대한 권위가 높으면 높을수록, 그 주장의 정치적 성격은 점점 더 강해진다. 이러한 권한쟁의가 제기되는 경우에는 신학측은 인간성을 정신과 물질, 영혼과 육체가 합체된 이중적 존재이며, 두 개의 본성의 혼합물이라고 주장한다. 이 주장의 전제에 있는 인간관은 기독교신학의 경향들 간에서는 기본적으로 공통되지만, 기독교적 국민들과 정부들과 그렇지 아니한 것 사이에는 사고방식의 차이가 존재한다. 여하튼 가톨릭교회와 각국 정부 사이에는 「정교조약」(Konkordat)을 체결할 것인가의 여부는, 각 당사자가 상대방을 신학과 정치를, 또는 정치와 신학을 「불순하게」 혼합하는 것이라고 비판하는 가능성이라는 독특한 문제가 끊이지 않으나 이러한 대립은 따라서 점점 더 첨예화하고 그 대립의 정치성은 점점 강해진다. 그때에 신학자가 신학적 결단을 자신의 손으로 내린다면, 그는 정치적 문제를 신학적으로 결정할 권리, 따라서 정치적 권한을 표방하는 것이 된다.

페터존이 정치신학에 대해서 내린 단죄는, 요구하는 바가 많고 일견 깊은 사색을 배경으로 하고 있는 것같이 보이지만, 실제로는 추상적 · 절대적으로 주장된 권한획정선언 내지는 상대방에 대한 무권한선언에 불과하다. 그 밖의 모든 것은 문제를 애매화할 뿐이다. 대립은 언제나 구체적 질서라는 의미에서의 조직과 제도의 대립이며, **실체**

(Substanz)의 대립이 아니라 **권한**(Instanz)의 대립이다. 실체가 투쟁자격을 지닌 주체, **투쟁당사자**(parties belligérantes)로서 나타나기 위해서는, 우선 하나의 형식(Form)을 가지고 어떠한 방법으로서 자기를 **형성**하지 않으면 안 된다. 실체와 권한을 구별하는 것은 아리스토텔레스의 질료형상론(Hylomorphismus)*의 영향을 받은 것으로 보이는데, 여하튼 그것은 실천적 의미와 이론적 정당성을 가지고 있다. 권한쟁의는 양 계쟁 당사자가 서로 결정권을 공유하는 것으로서 「화합」(konkordieren)하는 것이 아니면, 그 결말은 다음 둘 중의 어느 하나가 된다. 그 첫째는 **누가 결정하는가**라는 커다란 문제에 엄밀한 대답이 부여되는 경우이며, 그 둘째로는 엄밀한 **부분화**(Itio in partes), 즉 각자가 지배하는 영토와 지역을 명확하게 공간적으로 획정하는 경우, 일종의 **영토를 지배하는 자가 종교를 지배한다**(Cuius regio eius religio)*는 원칙이다. 16 · 17세기의 종교내전은 이리하며 종지부를 찍었다. 「불순한 혼합」의 중간기와 중간상태에서는 양 당사자가 경계선 위에서 이에 따라 움직이고, **타인의 일에 간섭하지 마라**(Silete in munere alieno!)고 외친다. 이 말과 함께 국제법의 새로운 시대, 유럽 공법*에서의 국가 간 전쟁도 합리적이며 인도적으로 한정하는 시대가 시작된 것이다.

아우구스티누스의 이국론은 세상의 종말이 올 때까지 항상 새롭게 **누가 결정하는가?, 누가 해석하는가?**라는 미해결 사이에 직면한다. 즉 누가 성스럽고, 누가 속된가, 성속의 **혼합물**은 어떻게 취급할 것인가 하는 문제를 피조물로서의 독자성에서 행동하는 인간에 대해서 **구체적으로** 결정하는 것은 누구인가 하는 문제이다. 이 물음이야 말로 주의 강림과 재림의 중간기에 있어서의 성과 속, 영과 육을 겸비한 이중존재로서의 인간의 지상에서의 전실존의 본질을 이루는 물음인 것이다. 이것이야 말로 토머스 홉스의 문제라는 거대한 문제이며, 나의 『정치신학』(1922)이 이미 이것을 그 중심 주제로서 논하였다. 이 책은 이러한 물음에서부터 시작하여 결단주의의 이론과 집행의 고유법칙성의 이론에 도달한 것이다. 이것이야말로 종교개혁과 혁명의 정통화에 대한 성부의 문제이며, **종교개혁권**(jus reformandi)의 문제이다. 그것이 곧 다음의 역사적 단계의, **혁명권**(jus revolutionis)이라는 구조를 달리하는 문제에도 연결되어 있다는 것을 알 수 있을 것이다. 한스 바리온은 토머스 홉스의 국가주권론이 솔즈베리의 존*의 성직자 통치론을 뒷받침한 것으로, 양자가 정확하게 대응하고 있다는 것을 지적하고 있다(Savigny-Zeitschrift, Kan. Abt. 46, 1960, S. 500). 이것이 홉스 해석에 새로운 지평을 열었다는 것은 나의 「완성된 종교개혁」("Die vollendete Reformation," Der Staat 4 [1965], S. 63; 본서 712면)에서 지적한 바 있다.

3. 후기 : 문제의 현상, 현대에서의 정통성

「일체의 정치신학을 해결하였다」는 에릭 페터존의 주장은 전설화되었으나, 그것은 **신학적** 해결, 즉 자기를 절대시하는 삼위일체론의 일신교 신학측으로부터의 해결이었다.

이 책은 그의 1935년 저서의 정치적 일신교론을 분석해 왔으나 그 검토대상은 그의 내용상의 논의와 그 최종 테제의 관련에 한정하였다. 페터존의 시야에 있었던 것은 오로지 헬레니즘 철학의 정치적 일신교, 즉 형이상학 내지 종교철학만이었다. 정치신학 · 정치형이상학이라는 거대하고 현실적인 주제 자체는 하나의 학문적 신화를 대상으로 하는 개별 연구의 대상이 되지 않는다. 한스 바리온은 『에피로시스』*에 기고한 논문(1968)에서 페터존과 대결할 필요성을 역설하고 있으며, 우리들도 이것을 대망한다. 나는 이 개별 연구를 결론짓고 현대적 상황의 중간에 있는 문제에 대한 지평을 인식하여 자료를 수집하여 약간의 논점에 대해서 기술해 두고 싶다.

현대적 상황의 인식에 대해서 가장 적당한 것은 한스 블루멘베르크의 『현대의 정통성』(Hans Blumenberg, Die Legitimität der Neuzeit, Suhrkamp-Verlag, Frankfurt a. M. 1966)* 일 것이다. 이 책은 비절대성을 절대화하고 일체의 정치신학을 **과학적으로** 부정하려는 것이다. 여기에서 과학적이란 자기를 절대화하는 종교의 구속론 등과 아무런 계보적(系譜的) 관계에 있지 않으며, 또한 그것을 전용하는 것도 아니며, 하나의 학문관에 입각하는 것이다. 이 책의 입장에서 본다면 이러한 전용 등은 과거의 시대에서 나오는 비극적인 유물에 불과하다. 비신학화 된 현대의 본질은 이러한 유물을 철저하게 청산한다는 데에 있다. 이것이야 말로 현대의 「영속적인 비판적 임무」라고 말한다(S. 61).

이러한 말은 듣고 흘려버릴 수는 없다. 이것은 보통이 아닌 저서이며, 그 나타내는 명쾌한 테제이며, 거기에 수록되어 있는 방대한 자료며, 우리들 법학자 측에서는 문제의 현대적 상황에 대하여 한 마디도 할 수 없는 계기이다. 블루멘베르크는 나의 테제를 온갖 혼란스러운 종교적 · 종말론적 · 정치적 관념의 비유와 혼돈하고 있어서(S. 18), 세상의 오해를 불러일으킨다. 나의 정치신학의 고찰은 어떤 산만한 형이상학을 만연시키는 것이 아니다. 그것은 법적 합리성을 본질로 하는 가톨릭**교회**와 **유럽 공법상의 국가**(그것은 토머스 홉스의 체계에서 더욱 기독교 국가로 되어 있다)라는 역사를 통해서 고도의 발달을 보고, 최고도로 엄밀히 정식화된 「서양적 합리주의」의 커다란 두 개의 구축물의, 체계적 사유의 중간에 있는 독자적인 개념을 사용하여 양자를 관련시키려고 하는 고전적인 사례이다. 유감스럽게도 블루멘베르크는 이러한 것을 고려하는 것이 가치가 없는 것이라고 생각한 듯하다. 적과 범죄자를 구별하고, 거기에 따라서 타국간의 전쟁에 있어서의 중립에 유일가능한 이론적 기초를 부여한다는 국제법상의 전쟁론의 현대에 이르기까지 가장 위대한 인도상의 합리적 「진보」를 가져온 것은 이 국가였다. **나에게** 있어서 또한 나의 정치신학에 대해서 현대에로의 시대적 전환점을 이룬 것은 바로 이러한 것이다. 이 전환점의 출발을 알린 것이 알베리쿠스 젠틸리스(Albericus Gentilis)의 「**침묵하라 신학자여**」(Silete Theologi!)라는 말이었다.* 젠틸리스는 나폴리 근교 놀란에서 태어난 지오르다노 브루노(Giordano Bruno)*와 같은 시대, 같은 나라 사람이며 (브루노보다는 행복했다고 하지만) 그와 운명을 공유한 인물이었다.

블루멘베르크에 의하면「세속화라는 개념은 역사상 올바르지 못한 입장에서 나오는 범주이다」.* 그리하여 그는 세속화의 개념 그것의 가면을 박탈하고 현대에 있어서의 정통성을 생각할 때 그것을 번안하고, 전용하려는 시도를 타파하려고 한다. 그는『현대의 정통성』이라는 책 이름으로 법학의 깃발을 내세웠다. 이「정통성」이라는 말은 이 1세기 이상에 걸쳐서 오로지 정통파에 의해서 사용되어 오고 있는 것이다. 즉 그것은 계속성, 연륜, 출신과 전통에 의한 정통화를 위한 언어이며, 과거에 의한「역사의 정통화」를 위한 언어이며,「역사법학파」*를 위한 언어였다. 그러므로 그것에 반대하는 진보적 · 혁명적 적대자들은 이것을 지난날의 부정을 가지고, 오늘날의 부정을 정당화하는 것이라고 하면서 공격을 해 왔다. 블루멘베르크는 이 정당화의 깃발을 꽂고 있으므로, 그 도전은 확실히 중대한 것이었다. 그는 이곳에서 정통성의 개념을 새로운 것으로부터의 정당화라는 개념으로 바로 뒤집어놓는 것이 아닌가. 블루멘베르크의 이상의 업적은 전술한 (I 3. S. 35/36) 다비드 프리드리히 슈트라우스의 상투어로까지 전이 할는지도 모른다.

그렇다면 합리적이며「합법률적인」(S. 313) 인식에 의한 정당화는 정통성이 아니라 **합법성**만을 의미할 것이다. 그것은 예외나 파괴된 인식을 허용하지 않으며, 엄격하며 불가침의 법률에 의한 정당화이다. 그러나 유감스럽게도 법률의 개념에는 과거로부터 유래하는 신학적 · 형이상학적, 비극적 유산이 붙어있는 것이다. 그것은 법(Recht)은 자유, 법률(Gesetz)은 강제수단이므로 양자를 대치하는 전통이다. 이 유산은 근대 과학의 「자연법칙」(Natur-Gesetz)의 개념에 의해서 결국은 빼어버릴 수 없는 것으로 되어가는 것처럼 보인다. 구약성서의 **율법**과 신약성서의 **복음**과의 신학적 대치, 구약성서 중에서의 바빌론 포로 전과 후의 율법 개념의 대립, 그리스어의 *Nomos*를 *Gesetz*로 해석하는 관행에서 나오는 혼란 등을 상기하라.23)

오늘날의 용어법에서는 정통성(Legitimität)은 **법적합성**(Rechtsmäßigkeit)을, 합법성(Legalität)은 **법률적합성**(Gesetzmäßigkeit)을 의미한다. 후자는 국가 그 밖의 계산가능한 형태로 기능하는 관료제의 행동양식이며, 이 절차의 연쇄의 합법적 활동이라는 점에서 본다면, 현대에 적합한 정당화의 태양으로서는 합법성만이 고려할 가치가 있는 것처럼 보인다. 정통성 쪽은 수많은 어긋나는 옛날의 개념과 그 전용물을 가져 올 것이고, 이전 시대의 전통 · 유산 · 부권지배 · 강신술(降神術)을 은폐하려는 것처럼 보인다. 이러한 정통성과 합법성의 구분은 막스 베버의 사회학에 까지 거슬러 올라가나 블루멘베르크의 책에는 베버에 대한 언급은 없다.

그럼에도 불구하고 역시 베버가 세속화라는 가장 중대한 결과를 가져 온 과정의,

23) (그리스어로 nomós는 목장을, nómos는「분배 · 관습 · 법」을 의미하는데) 알렉산드리아의 필론(Philo)은 후자의 nómos라는 말이 호메로스에는 나오지 않는 것을 지적하고 있다. 장 보댕과 블레이스 파스칼도 이 필론의 말을 똑같이 흉내 내고 있다. 이 점에 대해서는 Carl Schmitt, Nomos-Nahme-Name, Festschrift für P. Erich Przywara S. J. Der beständige Aufbruch, herausgegeben von Siegfried Behn, Nürnberg (Glock und Lutz) 1957, S. 92-105.

주된 대표자라는 사실에는 변함이 없다. 그것은 단순히 그가 일체의 혁명적 정당성의 본래의 연원은 합법성에 대립하는 비합리적인 카리스마적 정당성이라는 유명한 학설을 주창했기 때문만은 아니다. 1789년의 프랑스 혁명에 관해서는 **합법성**은 더욱 고차의, 더욱 유효한 합리적이며 새로운 **정통성의 종류**였으며, 합법성은 이성의 여신의 사자, 오래된 것에 대한 새로운 것을 의미한다. 그 속에서 모든 정치적 체험과 베르트 브레히트(Bert Brecht) 등에 의한 국민교육적 계몽에 의해서 합법성은 여전히 갱의 표어(Gangsterparole)로서만 이해하게 되었다. 오늘날 「나는 **권리**(Recht)를 가진다」고 말하며, 「나의 주장은 정당하다」라고 주장하려는 자는, 「나는 **합법적**(legal)이다」라는 말은 사용하지 않고, 대체로 「나는 정당(legitim)하다」라는 말을 사용한다. 더구나 자기의 권한의 근거가 자기 자신에 의한 법률에 있는 경우, 자기가 합의, 여론 등 입법과정을 좌우하는 요소들을 장악하고 있는 경우, 따라서 자기의 권한은 다툼이 없는 자기수권에 의한 것이라고 학문상 볼 수 있는 경우마저, 또 「나는 **정당**하다」라는 것이다.

합법률주의가 철저하고, 예외가 혐오되고, 변화는 의혹의 눈으로 보고, 기적은 사보타지에 불과하다는 데에 이르면, 이러한 합법률성의 지배 아래서 어떻게 하여 날마다 새로운 변화를 가져 올 것인가 하는 의문이 생긴다. 그러나 이처럼 어려운 질문은 이 기적 · 예외 · 주의주의 · 결단주의 배척론의 본질을 충동하는 것은 아니다. 블루멘베르크의 논의는 기본적으로는 인간의 자기수권론이며, 인간의 지식욕을 가지고 대답하는 것이다. 그는 인간의 지식욕은 「근원적으로 정당화가 **불필요**하다」라고 명언하고 있다(S. 393). 「인식은 결코 정당화를 필요로 하지 않으며 자기 자신에 의해서 정당화된다. 인식은 신에 의한 것이 아니며, 철학 · 신학에 의하지 않고, 신도 인간을 피할 수 없는 자기 고유의 명증성에 그 기초를 두고 있다」고 한다(S. 395). 이 논의에는 자폐증(自閉症)이 내재되어 있다. 이 내재사상(Immanenz)이 밖으로 향하여 신학적 초월사상(Transzendenz)을 공격하는 것은 자기수권에 지나지 않는다. 아마도 블루멘베르크는 가치철학의 언어를 가지고 말하는 것일 것이다. 가치철학의 논리는 가치평가의 전환을 가져오는 것만이 아니라 가치박탈, 「무가치이고, 아니 반가치이다」라는 선고도 하며, 그리하여 극도로 날카로운 공격의 무기가 될 수도 있다. 그렇다면 정당성이냐 합법성이냐 하는 독자적인 개념도 모든 가치의 호환가능성의 중간에서 독자성을 상실하고 만다. 「가치의 전제」, 그것에 의한 반가치 절멸의 정당화라는 문제의 측면에 대해서는 여기서는 시사하는데 그치기로 한다("Die Tyrannei der Werte," Ebracher Festschrift für Ernst Forsthoff, Stuttgart 1967, S. 37-63; 본서 715-737면 참조. 이 책에는 또한 계획과 진보의 이율배반을 논한 중요한 논문 Hans-Joachim Arndt, Die Figur des Plans als Utopie der Bewahrung, S. 119 ff.가 수록되어 있다). 새로운 것은 새롭기 때문에 정당하다는 입장에서 본다면, 일체의 정당화의 요구가 부인되는 것은 당연한 이치이다. 이것은 실제로 새로운 것이다. 현재 이것을 방해하는 낡은 것에 대해서 이것을 정당화할 필요는 어디에 있는가? 이처럼 낡은 것은 이미 현실적 존재는 아니었다. 계획과 새로운 것의 모순이라는 내적 아포리아는 물론 크며, 일체의 구속을 벗어나 진행하는 새로움에 내재하는 공격성은 더욱 증대하고 첨예화한다. 이러한 문제상황에서는 지식욕을 의미하는 **curiositas**라는 라틴어 등은 실로 해롭지 않다. 오히려 그리스어의 **tolma** (Legitimität der Neuzeit, S. 269 참조) 쪽이 여기에 적합하다. 그러나 이 말은 위험을 드러내는 것에의 모험심과 환희를 의미하며, 그 이상의 정당화를 요하지 **않는**다는 의미를 포함하고 있기 때문이다. 이에 대해서 「**교만**」(Hybris)이라는 낡은 언어는 근대에서는 이미 시세에 맞지 않으며, 이미 신학자류의 무력한 개탄에 지나지 않는다.

이상의 서술이 블루멘베르크의 저서에 내가 대결을 시도하려고 한다는 인상을 주었다면 그것은 나의 본의가 아니다. 이 책의 신학적 · 인류학적 · 우주론적 지식은 경이적인 새로운 지평을 개척했으며, 나도 그것으로 크게 계발되었다. 여기는 그러한 대결에 착수하거나 그것을 시도하려는 장소로서는 적합하지 않다. 여기서는 정치신학의 문제를 에우세비우스와 아우구스티누스를 대치함으로써 끝마치고, 그럼으로써 커다란 성공을 거둔 한 신학 책에 대해서 행하여진 개별 연구의 후기에 지나지 않는다. 블루멘베르크의 저서는 테르툴리아누스에 대해서 언급하고 있으며(Legitimität der Neuzeit S. 282/283), 그와 그의 특수신학적 결단주의(나의 강연, Über die drei Arten des rechtswissenschaftlichen Denkens, 1934, S. 25/26; 본서 329-330면)를 논한 곳은, 나에게는 매우 중요한데, 이곳은 그 점에 대한 논의로부터 의논을 시작하는 장소도 아니다. 블루멘베르크의 비판의 특별한 정점을 이루는 것은, 성 아우구스티누스와 그노시스의 관계이다. 그것은 또한 우리들의 주제에 대해서도 중심적인 의미를 지니는데, 여기는 그것을 논할 장소는 아니다. 이것을 분석하면『신국』제33편 제1~8장에 대한 그의 해석(S. 309)을 논하고, 특히 제12편 제21장의「**이처럼 새로운 것**」(tanta novitas)이라는 난해한 곳의 해석에 들어가면, 그곳이 개인의 영구회귀나 영원한 지복, 선천적 타죄예정설,* 신의 전능 등의 문제에 대해서 어떠한 의미를 가지는가 하는 논의에도 언급하지 않으면 안 된다.[24] 이 책의 후기 중에서 그러한 커다란 문제에 취급한다는 것은 꿈도 꿀 수 없는 어리석은 짓이다.

그러나 정치와 정치가 아닌 것, 정치신학과 그것이 아닌 것의 판별기준에 대해서는

---

24) 거기에서는 **새로운 구제**(liberatio nova)라는 것을 말하고 있다. 신에 의해서 예정된 자는 영원한 지복(至福)이 부여하는, 이미 영원회귀의 윤회 속에 되돌아갈 필요는 없는데, 왜냐하면 만약 또 한 번 영원회귀의 윤회로 되돌아간다면 그것은 참으로 새로운 **구제**는 아니기 때문이다.「**불사의 존재에는 어떠한 윤회에서도 지금까지 반복되지 않았으며 앞으로는 결코 반복되지 않을 어디까지나 새로운 것(tanta novitas)이 존재한다. 그렇다면 가사(可死)의 존재에 대해서 그것이 불가능하다고 어떻게 주장할 수 있는가?** (Si autem in natura immortali fit tanta novitas nullo repetita, nulla repetenda circuitu: cur in rebus mortalibus fieri non posse contenditur?). 발터 벤야민은 이 말을 그의 저서의 모토로서 내세웠는데, 그것은 그가 블랑키(Blanqui)의 비관적인 저서를 염두에 둔 것이다. 이 점에 관하여는 Rolf Tiedemann, Studien zur Philosophie Walter Benjamins, Frankfurter Beiträge zur Soziologie, Nr. 16, Frankfurt 1965, S. 103 f. und S. 151 참조. 티데만은 이 인용한 말의 전거를 제12편 제20장이라고 하는데 이것은 제21장의 오기이다.

한 마디 정리해 두지 않으면 안 된다. 그 판별기준이란 즉 적과 동지의 구별이다. 페터존은 기독교적 삼위일체설에 대해서 결정적으로 중요한 것이라고 하여, 나지안즈스의 그레고리우스의 말(Oratio theol. III, 2)을 인용하고 있다. 이 인용문의 핵심을 이루는 정식은 이렇다.

즉. 제1자(to Hen)는 항상 자기 자신에 대해서(pros heauton) 반역 — stasiatson — 속에 있다.

이 말은 난해한 교의를 정식화한 것으로서 이론의 여지가 없을 것 같으나, 그 중 **반란**(Aufruhr)*을 의미하는 stasis란 말에 약간의 의문이 있다. 이와 관련하여 stasis라는 말의 역사와 개념의 역사를 언급하지 않을 수 없다. 그 역사는 플라톤(『소피스테스』 249-254와 『폴리테이아』 V, 16, 470)으로부터 신플라톤주의자, 특히 플로티노스를 거쳐서 그리스 교부와 교사들에 까지 미치며, 그 중에서 하나의 모순이 흥미 있는 변증법적 전개를 나타내고 있다. Stasis란 말은 최초에는 **안정**(Ruhe) · 정지상태 · 입장 · 신분을 의미하였다. 그 대립어는 **운동**(kinesis)이다. 그런데 Stasis는 또한 제2의 의미로서 (정치적) **불안정**(Unruhe) · 운동 · 반란 · 내전이라는 의미도 가지고 있다. 대부분의 그리스어 사전은 설명하려고 아무런 시도도 하지 않으며, 단지 이 두 개의 정반대의 의미를 병기할 뿐이다. 사전에서 그 설명까지 요구한다는 것은 불가능한 일일 것이다.[25] 이러한 대립적

25) 하나의 주목할 만한 예외는 Thesaurus Linguae Graecae, 7, 1848/54, Spalte 656/665이다. 이 책은 stasis라는 말이 정지(靜止)로부터 운동에로 현저한 변화를 보인 이유를 **당파**가 성립하고 형성되는 데에는 입장과 입각점이 있어야 한다는 데에서 찾으려고 한다. 이렇게 생각한다면 복잡한 변증법적 발전 등을 제거하고 정지로부터 운동에의 가교를 놓을 수 있는 것처럼 보인다는 것이다(Sp. 660 unten). 그러나 어떤 것도 그것을 독선적으로 주장하지는 못하며, 「**그렇다면 독자여 이 말의 의미로서 보다 적당한 이유를 고안할 것인가 아닌가 한번 생각해보기 바란다**」(Viderit tamen lector an aptiorem aliquam hujus signif. rationem excogitare possit)고 첨가하고 있다. 이 책은 또한 무대에 서서 합창지휘자로서 움직이는 성가대의 예를 들고 있다. 플로티노스(Plotin)*는 이 동일한 예를 변증법적으로 사용한다(Maurice de Gandillac, La sagesse de Plotin, 1952, S. 185 신과 유일자의 장 참조). 신약 성서에서 stasis는 반란 또는 폭동을 의미한다(유일한 예외는 히브리서 9장 8절로서 「첫 장막이 서(stasis)있을 동안에」 운운하고 있다). 기독교 신학자들에 의하면, 마가복음 15장 7절, 누가복음 23장 19절, 그리고 25절의 예수가 고난을 받는 서술에서의 [바라바에 의한] stasis(폭동)이란 말은 그 앞의 예수가 예루살렘에 들어가는 것이 아니며, 그 이외에는 알려지지 아니한 반로마 폭동 내지 유대인 내부의 투쟁으로 해석하고 있다. 프로테스탄트 신학자 위르겐 몰트만(Jürgen Moltmann)은 1969년 5월 15일 레겐스부르크의 의사를 위한 성인교실에서 행한 『정치신학』(조성로역, 심지, 1986)이란 제목의 강연에서, 로마인들이 그리스도를 십자가에 매달은 사실을 정치신학적으로 해석하고, 「여하튼 예수는 아우구스티누스의 평화시대에 섭리에 의해서 생긴 것이 아니라, 로마의 평화(Pax Romana)란 이름으로 본디오 빌라도에 의해서 십자가에 매달린 것이다. 그것은 정치적 형벌이었다」고 하며, 나아가 계속하여 「예수와 함께 십자가에 처형된 두 사람의 종교적 광신자(Zeloten)처럼, 예수가 유대 해방의 투사가 아니었던 것은 확실하다. 그러나 또한 이 두 사람보다 한층 깊은 의미에서 예수가 로마의 정치적 종교에 반란을 가져왔다는 것 역시 부정하기 어려운 사실이다. 투기장에 보내진 기독교의 순교자들도 그것을 자각하고 있었다」고 말한다(S. 12). 그것은 정당하다. 이에 대해서 「로마의 평화라는 이름에서의 책형」이란 관념은, 현대 아메리카의 평화(Pax Americana)로부터 빌라도 시대로 시대착오적으로 뒤돌아 보거나, 또는 투사한 것처럼 보인다. 십자가형은 노예에 대한 정치적 조치이며, 법 밖의 법률(hors-la-loi-Gesetz)이며, 그에게 대해서 「**노예적 방법에**

의미를 지니는 말은 적지 않다. 그것들을 병기하여 본다는 것도 정치적 · 정치신학적 현상들을 인식하기 위한 보고일 것이다. 여기에 우리들은 삼위일체론의 핵심적 부분에서 하나의 진정한 정치적 · 신학적 반란학(Stasiologie)에 마주친 것이다. 그리하여 적대성의 문제와 적의 문제는 은닉하여 버릴 수는 없는 것이다. 현대어에서도 하나의 의미 깊은 언어적 사실이 새로이 생겼다. 영미언어권에서 Foe라는 말은 셰익스피어 이래 고풍적이고 「수사적인」 어휘로 간주되어 왔으나, 제2차 대전 후에 새로운 생명력 있는 어휘가 되고 있다. 조지 슈와브는 나에 대한 축하논문집 『에피로시스』에 「Enemy냐 Foe냐? 현대 정치의 한 모순」*이란 제목의 논문을 기고하고, 이 과정이 어떠한 경과의 특징인가에 대해서 검토하고 있다.

그리하여 철저하게 탈신학화된 인류 미답의 현대의 시점에 있어서 적개념의 운명은 어떻게 되었는가를 일별한다는 것이 우리들에게는 불가피한 것이다. 그러나 거기에는 다시금 새로운 위험이 도사리고 있다. 설사 그것이 신과 악마의 적대로 파악하는 마니교* 적 적대성의 위험은 없다 하더라도, 역시 블루멘베르크가 「그노시스병의 재발」(S. 78)이라고 부른 병의 위험은 있다. 블루멘베르크는 「당신은 그노시스와 현대의 결합을 도모하는 것은 아닌가」라는 비난에 대하여, 「아우구스티누스 등은 이전에 그노시스를 극복하는 데에 실패하고 말았다. 현대는 다시 그것을 극복하려고 함으로 그것에 성공할 수 있다」라고 하여, 이 관계를 역전시킴으로써 이것에 대답하였다(S. 78). 이리하여 이번에는 기독교적 중세와 「합리적 체계의사의 통일성」은, 그노시스라는 적측 진지의 극복이라는 관점에서 파악할 수 있는 것이다.

이렇게 된다면 탈신학화는 세계가 「정치태적」(政治態的, politomorph)이라는 것을 중지한다는 의미에서의 탈정치화를 포함한다. 그렇다면 적과 동지의 구별은 정치와 정치가 아닌 것과의 판별규준은 아니게 된다.26) 그노시스적 이원론은 정의의 신, 이 사악한 세상의 주에 의해서 창조된 신과 사랑의 신, 세계의 타자인 신, 구주로서의 신을 대치하였으나, 이 양자의 관계는 양 당사자가 적극적으로 적대관계는 아니고 가교불가능한 타인이다. 이것은 일종의 위험한 냉전관계로서 이 양자의 적대관계는 소박한 백병전이 나타내고 실증하는 적대관계 이상으로 강한 것일 것이다. 그노시스적 이원론의 강제성,

---

의해서 부과된 형벌」(supplicium sumptum de eo in servilem modum)이었다. 이 점에 대해서는 나의 작은 책자인 『구원은 옥중에서』(Ex Captivitate Salus, 1950, S. 61; 본서 639면)에 언급하였다. 그 밖에 몰트만은 이리하여 십자가에 매달린 신에게 기도하는 것에는 강력하게 정치적 의미를 파괴할 수 없게 포함하며, 그것을 「순수신학」의 영역으로 승화시킬 수 없다고 강조하는데 그것은 정당하다.

26) 나는 적과 동지의 구별을 정치와 비정치적인 것의 규준(Kriterium)이라고 하였는데, 줄리앙 프로인트(Julien Freund, L'Essence du Politique, Paris, Ed. Sirey 1965)는 이것을 정치의 세 가지의 전제(Présupposés)의 하나라고 한다. 세 가지의 전제란 명령과 복종, 사와 공, 동지와 적이라는 대치개념이다. 그에 의하면 이러한 전제야말로 체계적 구조를 가진 정치이론의 불가결한 전제이다. 이에 관하여는 나의 논문 Clausewitz als politischer Denker, in: Der Staat, 6 (1967), Seite 500 참조.

여기에 저항하는 것의 곤란성은, 빛과 어둠으로 알려진 신화적이고 은유적인 비유에 기초한 것이라기보다는, 오히려 전능, 전지, 전선의 창조신이 그 신에 의해서 창조된 세계에서 구제자인 신과 동일자는 아니라고 말하는 것에서 연유한다. 아우구스티누스는 신으로부터 신의 피조물로서 자유를 인정받은 인간, 즉 피조물에로 어려운 것을 옮긴다. 피조물인 인간은 스스로 주어진 자유에 의해서 원래 구제(救濟)란 필요하지 않았던 신의 세계를 처음으로 구제가 필요하도록 했다. 이것을 이루려는 피조물인 인간은 그 자유를 행위에서가 아니라 죄에 의해서 증명한다. 삼위일체론은 창조자인 신과 구제자인 신과의 동일성을 아버지와 아들의 동일성이라는 옷으로 은폐하였다. 양자는 절대적 동일물은 아니다. 역시 일체이다. 그때 신인(神人)이라는 두 개의 본성의 이원성은 제2 위격에서 통일체가 된다.

창조신과 구제신과의 이원성이라는 그노시스의 구조적 핵심문제는 일체의 구속종교, 구제종교에서의 문제만은 아니다. 그것은 변화와 개혁을 필요로 하는 모든 세계에 불가분 또한 절대불가분한 형태로 내재하고 있다. 종래와 같은 전쟁을 금지하고, 세계혁명을 선전하고 세계정치(Welt-politik)를 세계경찰(Welt-Polizei)로 변화시켜도, 그것으로 인간간의 적대성을 세계로부터 제거할 수는 없다. 개혁 · 혁명 · 갱신 · 점진 등과 구별되는 의미에서의 혁명은 거기에도 존재한다. 그리고 그 혁명은 적대적 대립이다. 변혁의 대상이 되는, 부정한 세계의 지배자, 변혁되어야 함에도 불구하고, 혁명에 따르지 않고 거기에 저항하려는 지배자와, 새로운 변혁된 세계를 가져오려고 하는 해방자가 착한 친구가 될 것이라는 정언은 없다. 양자는 말하자면 **저절로** 되는 적이다. 「혁명의 시대에 옛날 것은 모두 적이다」(Mignet).* 16 · 17세기의 기독교 교회의 개혁도 **종교개혁권**(jus reformandi)을 둘러싼 기독론적 · 정치적 대립으로부터 정치신학적 혁명에로 발전하였다. 종교개혁과 혁명에 대한 헤겔의 유명한 말(Encyklopädie, § 552)은 정치신학의 견지에서 본다면 정당한 문제설정을 포함하고 있다.

새로운 리바이어던 해석에 관한 논문(Der Staat 4 [1965], S. 51-69)에서, 나는 토머스 홉스는 로마 교회의 결단독점이냐 국가의 결단독점이냐 하는 양자택일의 문제를 설정하고, 명백히 후자를 택하여 그것을 개념적으로 체계화하고, 그럼으로써 **종교개혁을 완성**한 인물이라는 것을 제시하였다. 그것은 **종교개혁권**이란 관념에 의해서, 또한 중세에 구속되면서도, 다른 한편으로는 주권을 주장하는 「국가」에 규정되어진 한 시대의 산물이다. 그것에 대응하는 고찰로서 블루멘베르크는 니콜라우스 쿠자누스와 지오르다노 브루노를 대비하여, 이 「새로운 시대의 발견」을 노련한 서술로써 나타내고 있다(S. 435 ff.). 나의 홉스론은, 홉스의 **리바이어던**은 「특수하게는 신학적 · 정치적인 시대의 과실이다」라는 말로 끝맺는다. 그 후의 논문 「정치사상가로서의 클라우제비츠」(Der Staat 6 [1967], S. 494)에서는 나폴레옹에 대한 적대에도 여러 가지가 있으며, 피히테의 이데올로기적

나폴레옹 적대시와 클라우제비츠가 정치적으로 그를 적으로 본 것과는 구별되어야 할 것을 나타내고, 나아가 괴테가 한 하나의 말에 생각이 미친다. 이 말은 1939년부터 1945년의 전쟁 중에 괴테를 아는 사람들의 비공개적인 회화에서 무수하게 인용되고 해석된 것이다. 그것은 『시와 진실』* 제4부 앞에 모토로서 적어둔 다음과 같은 라틴 말이다. Nemo contra deum nisi deus ipse.[27] (신에 항거할 수 있는 것은 신 자신만이다.)

이 사상 그 자체는 낡았다. 모든 유일자에게 두 가지 성격, 즉 반란가능성, stasis가 내재하고 있다면, 신학은 「반란학」(stasiolgie)이 되는 것처럼 생각된다. 괴테의 이 말은 아마도 그 자신이 라틴어로서 정식화하였을 것인데, 그 연원은 기독론에 있다. 내가 확인한 바로는 그 전거는 야곱 미하엘 렌츠(Jakob Michael Lenz)*의 『시에나의 카타리나』(Catharina von Siena)* 중의 한 단편이다. 그 곳에서 카타리나는 자기의 아버지로부터 도망하여 이렇게 개탄한다.

나의 아버지는 사랑하는 사람처럼
병든 하나님처럼 나를 위협조로 바라보았다.
그러나 그는 그의 두 팔을 내밀어야 했을 것을 ―
하나님을 대항하는 하나님
(그녀는 그녀의 가슴에서 하나의 작은 십자가를 꺼내 거기에 입 맞춘다)
구원하소서, 나를 구원하소서
나의 예수여, 나는 당신을 따르나니
그의 팔로부터 ! ····
나의 아버지로부터, 그리고 그의 사랑으로부터
그의 전제(專制)로부터 구원하소서, 나를 구하소서

27) Clausewitz als politischer Denker. Bemerkungen und Hinweise, in: Der Staat 6 (1967), S. 494. 후고 발(Hugo Ball)*은 1919년 6월 17일의 일기 속에서 이 말을 인용하고 당연한 것처럼 이것을 괴테에 대해서 종교가 신의 관심사가 아니라 **인간**의 관심사였던 것, **악마적인 것**(Dämonisches)을 부정해야할 힘이 아니라 우리들이 그것에 대항해야 할 힘이라고 보았던 것의 증명이라고 해석한다(Die Flucht aus der Zeit, 1931, S. 253). 그렇다면 악마적인 것이란 악령이 아니라 히로이즘이나 자기신화(神話)를 함의(含意)할 수 있는 고대적 의미로 사용하게 된다. ― 이러한 모토의 기원은 무엇인가. 그 의미 여하라는 물음은 마침내 1945년 이후에야 비로소 아돌프 그라보우스키(Adolf Grabowsky)에 의해서 제동이 걸리고 (Trivium Jahrg. III, Heft 4), 그 후 괴테 협회의 『괴테 연보』에 이에 관한 일련의 논문이 나타났다. 에두아르트 슈프랑거(Eduard Spranger)*의 추측에 의하면 괴테냐 리머(Riemer)냐 하는 이 말을 만들고, 이것을 칭그레프(Zincgref)의 『잠언록』(Apophthegmata)의 말이라고 주장하였을 것이라고 한다 (Goethe-Jahrbuch, XI, 1949). 이 말의 해석을 둘러싸고 이 책에는 여러 논문들이 나타났다(크리스티안 야넨츠키[Christian Janentzky], 지그프리드 샤이베[Siegfried Scheibe], 몸메 몸젠[Momme Mommsen]). 나폴레옹과의 관계를 논하는 점에서 여기서 특히 우리들의 흥미를 일으키는 것은 몸젠의 논문(XIII. Band, S. 86-104)이다. 그도 내가 클라우제비츠 논문에서 인용한 괴테의 일기(1806년 8월)의 말, 즉 피히테와 나폴레옹을 논의한 말을 인용하고 있다(S. 99).

Mein Vater blickte wie ein liebender,
Gekränkter Gott mich drohend an.
Doch hätt'er beide Hände ausgestreckt —
Gott gegen Gott
(sie zieht ein kleines Kruzifix aus ihrem Busen und küßt es)
Errette, rette mich
Mein Jesus, dem ich folg, aus seinem Arm!...
Errette, rette mich von meinem Vater
Und seiner Liebe, seiner Tyrannei.

이 괴테의 말의 **수수께끼**, 여러 가지로 논해진, 그 수수께끼는 이곳에서 설명되었다. 블루멘베르크는 그리스도론적 통찰력을 함축한 많은 예를 인용하고 있다. 그러므로 정치신학의 문제를 적의 문제라는 견지에서 설정하며, 괴테의 모토에 관하여 약간의 테제를 정하여 표시하여도 주제를 떠난 것은 되지 않을 것이다. 괴테가 신학적 야심가였다는 혐의를 씌울 여지는 없지만, 프리드리히 폰 뮐러(Friedrich von Müller) 재상과의 대화(1823년 10월 10일)에서 「그리스도는 신이라는 교의는 전제지배를 촉진하는 것이다. 아니 그것에 대해서 불가결한 것이다」고 서술하였다.

내가 이것으로부터 제시하는 테제는 블루멘베르크의 테제를 고정화하려는 것은 전혀 아니다. 그것은 나의 입장을 일층 명확하게 인식하는 데 유용하고, 명확한 대립 모델을 소묘하려는 것이다. 정치의 측면으로부터 고찰을 진행해 온 나에게 있어서의 중심 문제는 적의 현실성에 관한 것이다. 내가 고찰한 반대 모델인 철저하게 탈신학화한 세계에서 역시 적이라는 것이 현실에 가능한 것일까? 나는 가능하다고 본다. 이 적개념을 낡은 정치신학으로부터 완전히 새로운, 순수하게 세속적인 세계, 순수인간적인 인간계라고 표방하고 있는 세계에로의 전용을, 엄밀하고 비판적으로 고찰하는 것이야말로 일체의 학문적 인식노력의 불변한 임무이다.

그러므로 철저하게 탈신학화된 근대 과학의 입장에서 본다면, 일체의 정치신학을 해결하는 작업은 다음과 같은 사고과정을 더듬어야 할 것이다.

1. 과학주의적 인식, 엄밀과학적 인식의 견지에서 본다면, 신학 등은 고유한 학문적 범주를 가진 학문, 논의의 대상으로 삼을 가치 있는 학문은 아니다. 이전의 신학적 입장을 전용한 「새로운 정치신학」 등 이라는 것도 학문으로서는 성립할 수 없다. 종래의 일신교적 정치신학에 민주적 정치신학이 대신하는가? 종래의 반혁명적 정치신학에 혁명적 정치신학이 대신하는가, 라고 말하는 것도 있을 수 없다. 탈신학화 된 개념들도 그 과학적으로

불순한 내력 때문에 과거의 유산을 억지로 끌고 가는지도 알 수 없으나, 정치신학을 말하면 「**난**(卵)**부터**」(ab ovo) 새롭게 구성하는 것은 불가능하다. 종래의 의미에서의 卵, 앞으로 개량할 수 있는 난(卵, ovum) 등은 있을 수 없다. 있는 것은 **새로운 것**(novum)만이다. 탈신학적 · 탈정치화 · 탈법률화 · 탈이데올로기화 · 탈역사화 그 밖의 여러 탈 · 탈화(Ent-Entungen)가 도달하는 곳은 **백지상태**(tabula rasa)이다. 이 **백지상태**도 다시금 **탈**지화(脫紙化, Ent-tabulisieren)되고, 종이와 함께 소실되고 만다. 이러한 항상적 혁신 · 순수한 세속적인 인간적 과학의 의미하는 바는, 머무는 곳을 알지 못하는 과정=진행(Prozeß-Progreß), 머무는 곳을 알 수 없는 인간의 호기심에 의해서 추진되는 오로지 세속적 · 인간적인 인식의 확대, 인식혁신의 과정=진행이다.

2. 이 과정 속에서 산출되는 새로운 인간은 새로운 아담이 아니라, 새로운 아담 이전의 사람도 아니며, 더구나 새로운 그리스도=아담도 아니다. 이 인간은 그에 의해서, 즉 자기 자신에 의해서 발동하며 운동을 유지하는 과정=진행의 그때그때의 산물이며 이 이전에 구상된 것은 아니다.

3. 이 과정=진행은 자기와 새로운 인간을 생산할 뿐만이 아니라 고유한 새로운 것의 경신(Neuheits-Erneuerungen)을 가능하게 하는 조건을 가지고 나온다. 즉 무(無)**로부터의** 창조와는 정반대로 항상 새로운 세계를 자기 창조하는 것을 가능하게 하는 조건으로서의 무를 창조하는 것이다.

4. 최고의 가치는 인간의 자유이며, 그 인간의 자유를 가능하게 하는 조건은 인간적 과학 · 인간적 인식의 **가치**자유(*Wert*freiheit)이다. 이 과학의 가치 · 자유의 수행을 가능하게 하는 것은, 그 성과를 자유로운 생산에 **이용**(Verwertung)하는 자유이다. 생산물 이용의 자유는 자유로운 소비 중에서의 **가격결정의 자유**(Bewertungsfreiheit)에 의해서 의미가 부여된다. 가치의 자유 · 이용의 자유 · 가치평가의 자유(Wert- Verwertungs- und Bewertungsfreiheit)라는 불가역(不可逆)의 증후군이야말로 진보하는 과학적 · 기술적 · 생산적인 자유사회이다.

5. 가치의 자유, 이용의 자유, 가치평가의 자유라는 세 가지 자유의 과정=진행 중에서 산출되는 새로운 인간은 새로운 신이 아니다. 이 새로운 인간의 친류(親類)인 새로운 과학도, 새로운 신학도 아니며, 신에 대립하는 자기신화(神化)도 아니며, 새로운 종교적 인간학도 아니다.

6. 이 새로운 인간은 끊임없이 진보하며 끊임없이 새로운 일을 시작한다는 의미에서 공격적 인간이다. 그는 적개념을 부인하며, 낡은 적개념을 세속화하여 전용하는 것도 거부한다. 그는 신학적 · 기술적 · 공업적으로 새로운 것을 가지고 시대에 뒤떨어진 것을 폐지한다. 그러나 낡은 것은 새로운 것의 적은 아니다. 낡은 것은 스스로 과학적 · 기술적 · 공업적인 과정=진행만으로서 스스로를 정리한다. 이 과정=진행만으로서 스스로를 정리한다. 이 과정=진행은 낡은 것을 새로운 이용가능성의 척도에서 측정하여 폐물로 이용하거나, 또는 이용불가능한 것으로서 무시하거나, 또는 유해물인 반가치(Unwert)로서 절멸

하는 것이다.

7. 사람은 하늘로부터 빛을 빼앗고 새로운 빛을 보내지 않았다
사람은 신으로부터 하늘을 빼앗고, 새로운 장(場)을 만들지 못했다.
사람은 사람에게는 가변적인 것.
사람에 대항하는 것은 인간 자신 뿐.

Eripuit fulmen caelo, nova fulmina mittit
Eripuit caelm deo, nova spatia struit.
Homo homini res mutanda
Nemo contra hominem nisi homo ipse.

끝으로 나는 다음과 같은 문제를 제기하고 싶다. 「저 세 가지의 자유 중에서 가장 강력한 공격성을 내포한 것은 어떤 것인가? 과학의 가치자유인가, 기술적 · 공업적인 생산의 자유인가, 자유로운 소비의 가치평가의 자유인가」라고. 이러한 설문은 과학적 설문은 아니다. 왜냐하면 그 동안에 공격성의 개념도 가치자유가 되기 때문이라는 반론이 일어난다면, 여기에 명확한 것은 다음과 같은 상황이다. 즉

이성 대신에 자유가 들어서고, 자유 대신에 신기함이 들어선다.
(stat pro ratione Libertas, et Novitas pro Libertate)라고.

합법적 세계혁명 (1978)*

법적 합법성과 초합법성을 얻기 위한 프리미엄으로서의 정치적 잉여가치

차 례

머리말

다음에 상론하는 것은 콜레주 드 프랑스(College de France)의 프랑수아 페루(François Perroux)* 교수를 축하하기 위한 기고로서 구상되었던 1973년에 프랑스어로서 계획된 시도에 거슬러 올라간다. 그 동안에 일부는 문제 테마의 어려움 때문에, 일부는 내게 있어서 번역 문제가 생긴 까닭에, 숙고한 결과 계획한 프랑스어 논문을 포기하기에 이르렀다. 그러나 위대한 프랑스 학자에게 나의 오랫동안에 걸친 존경과 감사를 공적으로 표시하려는 나의 소망은 변함없이 남아 있었다. 그 때문에 이제 나는 독일어로 발표함으로써 저 오랜 숙원을 실현하는 가능성을 놓치지 않는 바이다. 내 나이의 단순한 숫자가 아마도 오랫동안 계획된 「**프랑수아 페루에게의 봉헌**」 이래 여기에 발표하는 논문을 미리 내보내는 나의 요청을 정당화 할 것이다.

---

* Die legale Weltrevolution. Politischer Mehrwert als Prämie auf juristische Legalität und Superlegalität, in: Der Staat, Bd. 17, Heft 3, 1978, S. 321-339. jetzt in: G. Maschke (Hrsg.), Frieden oder Pazifismus? 2005, S. 919-968.

1. 국가적 합법성에 대한 근대의 요청

직업적 혁명가들의 의식 속에도 하나의 전진은 존재한다. 오늘날 그 전진은 합법적 혁명과 관계가 있다. 1975년 고령으로 작고한 독일의 헌법학자 루돌프 스멘트의 확증에 의하면 독일 국민은 하나의 「감동적인 합법성의 요구」(rührendes Legalitätsbedürfnis)*를 갈망하고 있다. 스멘트는 이러한 확증을 아마 베츨라(Wetzlar)의 라이히 궁정재판소의 역사가로서만 경험한 것이 아니라, 그 자신의 시대의 실증주의적 규범주의의 관찰자로서도 경험하였다. 1977~1978년 현재 한 노련한 스페인의 직업혁명가가 유럽공산주의와 국가에 관한 책을 가지고 발언권을 신청하였다. 산티아고 까리요(Santiago Carillo)[1]가 바로 그 사람이다.* 그는 정치적으로는 변질되었지만 여전히 감동적인 합법성의 요구에 따라서, 1917년 10월의 레닌과 트로츠키처럼 폭력에 의해서 비합법적으로 혁명을 수행한다는 방법은 오늘날 낡아빠졌으며, 그것은 시간과 장소적으로 농업국가로부터 근대국가로, 즉 산업사회에로 관철하기 위해서만 적절하다는 확신을 고백하고 있다. 러시아 혁명은 공산주의 혁명으로서는 정당하였으나 합법적인 것은 아니었다. 오늘날 이에 대해서 그들은 극복되었다. 왜냐하면 이제 산업이 발달된 사회에서는 국가권력 자체가 문제되기 때문이다. 폭력혁명은 이미 공산주의 혁명을 위해서도 적절한 모델은 아니며 평화적으로, 즉 국가적-합법적인 방법으로 대체되지 않으면 안 되게 되었다.

까리요는 또한 무솔리니의 파시즘과 히틀러의 나치즘의 경험을 충분히 평가할 줄 알고 있다. 그는 「국가」라는 말을 실정적 의미로 수백 번 강조하고, 항상 Estado라는 대문자로 썼다. 국가는 결코 이미 죽은 것이 아니라, 과거 어느 때보다도 필연적이고 생동적인 것이다. 다시 말하면 국가는 이러한 평화적 혁명의 기적을 수행하는 합법성의 담당자이다. 혁명의 입장에서 보면 국가는 국가적 · 합법적 혁명의 선행에 대한 반대급부로서 정당화되는 것이다. 합법적 혁명은 항구화되고 항구화된 국가적 혁명은 합법적으로 된다.

합법적 세계혁명의 가능성에 관한 우리들의 이 분석은 **합법성**에 관한 것이지, 세계혁명의 정당성에 관한 것은 아니다. 이러한 고찰을 하기 위해서는 개념들을 논제에 맞게 정밀화하고 광범위한 서술을 미리 전제하는 것이 불가피하다.

2. 합법성 · 정당성 · 초합법성

(1) **합법성**(Legalität)*이란 복종과 규율의 형식을 의미한다. 그 의미와 목적은 하나의 「복종 강제의 계기」(막스 베버)[2]이다. 합법성은 근대적 · 국가적인 관료제 또는 사적인

1) 그 책의 완전한 제목은 다음과 같다. 즉 『유럽공산주의와 국가: 자본주의 국가발전에 있어서 적절한 모범혁명으로서의 "유럽공산주의"』(Eurocommunismo y Estado. El eurocommunismo como modelo revolutionario idoneo en los paises capitalistos desarrolados, Madrid 1977)(김유향 옮김, 『유로코뮤니즘과 국가』, 새길, 1992).

근대적 · 산업적으로 발전된 관료제의 기능양식이다. 「복종의 형식」이란 괴테가 실러의 발렌슈타인* 드라마(Wallenstein Drama)를 평한 가운데 나타난 표현이다. 괴테는 이 표현을 발렌슈타인의 장군들의 행동을 설명하기 위해서 사용하는데, 그것은 황제와 그의 「황제군의 총지휘관」 사이의 충성의 충돌에서 발생하는 것으로, 결국 황제에게 **찬성하고** 발렌슈타인에게 반대를 결정한 것이다. 거기에서 「복종의 형식」으로서의 (황제에 대한) 서약이 결정적이었다. 오늘날 「합리주의」라고 부르는 것은 계획 수행에 있어서 즉각 기능을 발휘할 수 있다는 것으로 환원되었으며, 「내겐 복종만이 있을 뿐, 충성 같은 것 필요 없는 것」이라는 유행가의 구절 속에서 극치를 이루고 있다.

국가적 합법성에는 국가적-합법적 권력소유에 대한 불가피한 정치적 보수가 따른다.* 즉 모든 법률과 국가적 행위를 위한 **예비적 복종**(obéissance préalable); 군대 · 경찰 · 재정 · 행정 그리고 사법에 대한 조치; 사회적 생산 · 관직 · 지위 그리고 보조금의 분배; 급격한 학문적 · 기술적 그리고 경제-산업적인 진보로부터 끊임없이 일어나는 무수한 새로운 상황의 해석과 같은 것이다. 이러한 이유에서 그때그때의 국가권력은 — 정치적인 자기의식을 가진다면 — 자신이 항상 새로운 상황들과 항상 새로운 효과적인 **기정사실**(faits accomplis)을 창조할 놀라운 가능성들을 가지고 있다. 국가적 합법성은 자신에게 하나의 정치적 잉여가치를 제공한다. 즉 그것은 카를 마르크스가 『자본론』에서 말했듯이 「가치를 증식시키는 잉여가치」이다.

(2) **정당성***이란 국가질서의 도덕적 · 이념적 또는 세계관적 자기동일성과 자기 확인의 형식을 의미한다. 성문헌법이 존재한 이래 헌법제정자는 마치 신의 소명처럼 도덕적 · 세계관적 또는 이데올로기적 형식들을 강제하고, 전문에서 강조하는 엄숙한 선언들을 통하여 그 자기 동일성을 추구하고 있다. 1964년에 그리스의 법률가 **이온 콘티아데스**(Ion Contiades)*의 훌륭한 하이델베르크대학 학위논문(지도교수: 에른스트 포르스토프)은 위와 같은 방법으로 자신을 정당화하는 현대 국가의 이러한 종류의 특권의 요구에 대한 인상을 설명하고 있다.[3] 1961년 5월 27일의 터키 공화국 헌법은 이러한 정당성을 충족시켰기 때문에 예로 들만 하다. 즉

> 터키국은 공화국이다. 터키 공화국은 인권과 전문에서 규정한 기본원리에 입각한 국민적 · 민주적 · 정교분리적 · 사회적 법치국가이다.[4]*

---

2) 합법성과 정당성이라는 양 개념에서 「의미한다」(meint)는 독일어는, 영어의 「의미한다」(means)와 어원학적으로 동일하다. 무엇을 뜻한다거나 또는 어떤 일정한 것을 의미하려는 것이다. 독일어적인 개념규정에서의 「이다」(ist)라는 지금까지 흔히 쓰는 말은 유감스럽게도 의미론적으로 전도되었으며, 존재(Sein)와 존재(Seyn) 및 존재자(Seiend)에 대하여 말을 억압하는 의미로 심화하여 법학적으로 불명확하게 되었다. 막스 베버의 정의는 그 학문적인 주장에서 하나의 (당시의 신칸트적 인식론이라는 의미에서) 몰가치적인 환원을 의미한다. 즉 3개의 몰가치적인 환원 — 복종, 강제 그리고 계기 — 은 말과 개념을 공처럼 만드는 대로 집중되었다.

3) Ion Contiades, Verfassungsgesetzliche Staatsstrukturbezeichnungen (Res publica, Beiträge zum öffentlichen Recht, Heft 16), Stuttgart 1967.

4) 실제적인 헌법시행의 예로서는 Ernst E. Hirsch, Menschenrechte und Grundfreiheiten im

이 예시는 하나의 입헌적 예비선언으로서 전세계에 보급된 현대 입헌주의(Konstitutionalismus)의 한 유형을 대표하고 있다. 이러한 속성으로서 설명되는 국가는 그 자신 정당한 것으로 여겨진다. 제네바 국제연맹의 창시자 우드로우 윌슨(Woodrow Wilson) 대통령 이래 정당성은 중단되었고, 세습군주제의 특수한 속성은 아니게 되었다. 즉 왕조적 정당성으로부터 민주적 정당성으로 변모되었다.* 이와 동일한 경향에서 여러 가지의 대립들이 민주적 속성으로 변용되었다. 오늘날 자유주의적 내지 자본주의적 민주주의는 사회주의적 내지 공산주의적 민주주의의 적이 되었으며, 그 반대도 역시 마찬가지이다.

(3) 그러면 **초합법성**(Superlegalität)이란 무엇인가? 그 말은 「단순한」(또는 「통상의」), 즉 보통의 규범들에 대하여 일정한 규범들이 보다 강력한 타당력을 가진다는 것을 의미한다. 그 전형적인 예는 절차규범에서 볼 수 있는데, 이 절차규범은 (절대다수 또는 다수의 보다 상이한 심급의 관할권에 관한 절차를 통해서) 규범의 변경이나 배제를 어렵게 만들고 있다. 근대적 · 다원적 민주주의에 있어서 입법절차의 복잡화는, 특히 근소한 불안정한 다수의 너무나 빠른 정권교체와 연합을 방해하며, 안정되고 통치할 능력이 있는 다수는 필요 다수가 단순한 50퍼센트의 다수에 대해서 증가됨으로써 그 목적을 달성하게 된다.

「초합법성」이라는 개념과 표현은 모리스 오류(Maurice Hauriou)*에서 유래한다. 그는 1789년부터 1923년까지의 수많은 프랑스 헌법의 이론과 실천을 통하여 필생의 헌법적 · 행정법적 경험에 근거하여, 그리고 프랑스 국민과 국가의 안정되고 전통 깊은 행정을 통하여 이 개념을 창조하였다. 그는 이 개념을 1914~18년의 제1차 세계 대전을 경험한 **후** 비로소 전후 시대에 발견하였으며, 그가 이러한 상황을 분명히 강조하고 있다는 사실은 주목할 만하다(Précis de constitutionnel, 1923, S. 379).* 오류는 초합법성이라는 스스로 제도화된 통제, 특히 최고의 권한을 가지는 헌법재판소에 의한 법률의 합헌성의 통제를 거부하였다. 이러한 점에서 그는 많은 근대 산업국가와 그 입헌주의의 헌법발전에 의하여 반증되지 아니한 채 부인되었다.

나는 바이마르 헌법을 해석하기 위해서 헌법, 헌법을 개정하는 법률 그리고 일반 법률의 문제점을 전개하려고 시도하였다. 그 당시의 위기적인 상황에서 1932년의 『합법성과 정당성』(Legalität und Legitimität)*이라는 문헌이 나왔다. 그 때 나는 1932년 가을부터 1933년 겨울에 걸쳐 혼란한 상황 속에서 국가사회주의자나 또는 공산주의자를 라이히 수상에 임명하고, 그에게 (예컨대 제48조의 권한들과 같은) 합법적 권력소유에의 정치적 보수를 제공하는 것은 헌법위반이라고 선언하였다. 결정적인 곳(S. 61)의 내용은 다음과 같다.

Ausnahmezustand. Eine Fallstudie über die Tätigkeit und die Agitation "strikt unpolitischer" internationaler Organisationen, Berlin 1974 참조.

「나는 오류의 견해처럼, 모든 헌법은 그 자체가 기본적인 '원리들'을 알고 있으며, 카를 빌핑거(Carl Bilfinger)가 말했듯이, 이것은 원칙적으로 개정할 수 없는 '헌법 체계'에 속하며, 그것은 헌법개정에 관한 헌법규정들의 의미가 아니라 헌법에 의해서 구성되어야 하는 질서체계를 배제하기 위한 절차를 나타낸다는 점에서 동일한 것이다. 헌법이 헌법개정의 가능성을 예상하는 경우에, 이에 따라서 헌법 자체의 합법성을 제거하기 위한 합법적인 방법은 물론 그 정당성을 파괴하기 위한 정당한 수단과 같은 것을 제공하려는 것이 아니다」(김효전역, 『합법성과 정당성』, 교육과학사, 1993, 85면).*

초합법성은 하나의 특수한 헌법학적인 개념으로서 발상되었다. 그러나 그 말은 특별한 방법으로 정치적 · 논쟁적인 사용과 배치에 적합하게 되었다. 「초」(Super)라는 말을 붙임으로써 이러한 평가에 정면으로 도전하는 것이다. 나아가 정당성은 보다 높은 합법성의 한 종류로 생각되는데, 그리하여 복종강제의 계기를 위해서 정당성도 또한 기능화하게 된다. 자유주의자 오류는 바로 그것을 감추려고 하였다. 헌법재판이 규범과 「가치」의 위계에 있어서 규범주의적인 최고심급으로 된다면, 그렇게 제도화된 헌법재판소는 이미 토론에서 제기된 말, 즉 「상위입법자」가 되는 것이다(Robert Leicht, Süddeutsche Zeitung von 19. April 1978).

과학 · 기술 · 산업상의 급속한 발전이라는 의미에서의 **전진**도 서로 대립하는 정치적 목적과 목표의 일괄적 · 총체적인 정당화가 될 수 있다. 또한 좌우파의 어떤 정당에서도 그 정강은 그의 기본가치를 합법화할 수 있는데, 다시 말하면 그것은 국가적인 복종강제의 계기를 창조하는 것을 의미한다. 그것은 합법적 권력소유에 대한 보수 중에서도 가장 예측할 수 없을 것이다.

3. 초합법성의 추진력으로서의 전진-이데올로기

오늘날 세계혁명의 이념과 실제는 진보의 이데올로기라는 명분 아래 정당화된다. 거기에서 오늘날 세계의 발전된 산업사회에 있어, 또한 그 내재적인 기능성에서 전세계적인 기술적 및 경제적 진보라는 사상은 특별한 의미를 지닌다. 프랑수아와 페루는 「20세기의 경제」(L'économie du XXe siècle, 1961, 3. éd. 1969, p. 390)라는 그의 저서의 특히 중요한 곳에서, 인류의 보편적 통일에의 길에 관하여 말하였다. 즉 「세계에서 진행 중인 혁명」(révolution qui est au travail dans le monde)은 이러한 목적에의 길을 탐구하는 것이다. 그러나 그 혁명은 여전히 「경제」(économie)라는 부정확한 개념을 가지고 논의한다. 그것은 유럽인의 몇몇 성과와 인간의 경제의 진보를 이룬 서구라는 개념을 혼동하고 있다. 페루는 그것을 하나의 환상이라고 부르며, 그는 이러한 렌즈에다 경제적 전진을 대립시킨다. 즉 경제적 진보는 기술적 및 상업적 전진과 구별되며, 개인이나 민족 · 계급 등등의 이기적인 이익과 결합한 욕망의 경제(économie avare)를 **인간 모두의, 그리고 전체인의 경제**(économie de tout l'homme et de tous les hommes)로 변화시킨다.*

여기서 우리의 학문적 의도는 근대 산업사회 일반의 비판에 있는 것도 아니며, 또한 **욕망의 경제**(économie d'avarice)와 대립되는 잉여사회의 원리적인 부정에 있는 것도 아니다. 또한 우리들은 고삐 풀린 과학적 · 기술적 · 산업적인 진보가 초래한 부담스럽고 해롭고 위험스런 일련의 부수책임에 관하여 말하는 것도 아니며, 환경오염, 건강침해 그리고 항상 더 높은 생활수준의 사회적 이면에 관하여 말하지도 않는다. 요컨대 우리는 독일인이 진부한 완곡어법으로 「부수작용」(Nebenwirkung)이라고 부르는 것과, 1975년 **로마 클럽**(Club of Rome)의 예리한 보고를 통해서 광범한 여론 속에서 논의하게 된 모든 것들은 제쳐놓는다.[5]* 경제적 전진은 과학적 · 기술적 전진의 징후(Syndrom) 속에서 나타난다. (단수의) **전체적인** 진보는 (복수의) 특수한 전진들의 점증하는 수에 대립적으로 나타난다. 페루에게 그 문제는 매우 엄밀하게, 더구나 그의 19세기에 관한 이론의 결론으로서 설정된다. 그 책의 마지막 말은 진보**의** 반대자(adversaires *du* progrès)에로 향하고 있다. 인류의 진보성(progressivité de l'espèce humaine)이라는 하나의 거대한 과정은 많은 여러 가지 종류의 전진들을 포함한다. 전진의 정확한 개념적 파악은 불가능하게 되었다. 「진보라는 엄격하고 쉽사리 만족하지 않는 분석의 정당성과 적절함」(La légitimité et opportunité d'une analyse rigoureuse et exigeante du progrès)은 명백하다.[6]

(복수의) 전진들의 수와 조율은 끊임없이 증가한다. 즉 과학적 · 기술적 · 경제적 그리고 상업적 전진은 산업사회의 사회적 전진을 앞으로 나아가게 하며, 도덕적 · 문명적 · 문화적 그리고 인간적인 전진은 다른 종류의 전진을 촉진하며 동반한다. 다양한 전진들은 상호 간에 개별적으로 혹은 변화하는 묶음으로서 나타나며, 때로는 우호적으로 때로는 적대적 혹은 중립적 관계로서 나타난다. 그 전진들은 절대적으로 시작하거나 또는 타협할 자세를 보여주며, 완만하거나 서두르며, 서로 병렬적으로 진행하거나 교차하면서 방해한다. 그것은 또한 결국 바로 그 충돌과 방해 그 쇠퇴는 인류의 보편적인 통일에 필요한 것이며, 다음과 같은 데모크리스토스의 이론에 따른 원자의 변화와 유사한다는 것을

---

5) 나는 「부작용」이라는 단어를 하나의 오도되고 비과학적인 경시화(輕視化)라고 생각한다. 그것은 학문적 전진의 결과부담이라는 문제로부터의 단순한 도피이다. 왜냐하면 근대의 학문은 가치론적으로 중립적이며, 순수하며 **몰가치적**이기 때문이다. 이러한 「가치」라는 독일어는 대표적인 가치철학자의 단어장에서 유래된다. 이들에게 있어서 가치의 자유는 최고의 자유이며 최고의 가치이다. 그것은 몰가치적인 학문과 다른 방법으로, 그 결과 판단으로부터 가치중립적인 기술을 고립시키는 것을 허용하지 아니하며, 또한 학문과 기술의 징표라는 결과도 가치의 자유와 가치중립성이라는 특권에 적합케 하는 방법을 허용하지 아니한다. 왜냐하면 선과 악이라는 완전히 다른 관점에서, 그러한 징표의 산업생산 · 소망 또는 비소망이 판단된다면, 그리하여 나쁘고 바라지 아니한 성과가 단지 부작용이어야 한다면, 그것은 학문적으로 용납될 수 없는 하나의 사취이기 때문이다. 비록 위대한 물리학자나 노벨수상자들이 이 과업에 협력한다 할지라도 환경오염은 역시 환경오염으로 남는다. 나는 라이너 슈페히트(Rainer Specht)의 주목할 만한 저작물인 『혁신과 결과부담』(Innovation und Folgelast)에서의 이러한 명석한 통찰에 감사한다. 새로운 철학사와 과학사에서의 예시들은 Problemata 총서, Verlag Frommann-Holzboog, Nr. 12, Stuttgart-Bad Cannstatt 1972 참조.

6) F. Perroux, Aliénation et Société industrielle, Paris 1970 (NRF Idées Nr. 206, p. 180).*

생각게 한다.

「그들이 아래쪽으로 모두 좇아버리는데 익숙하지 않으므로, …포장도로를 통하여 깊게 떨어질 것이다」.(quod nisi declinare solerent omnia deorsum…cadent per iane profundum)

카를 마르크스는 이 루크레즈(Lukrez)의 시를 그의 예나 대학 학위논문의 예비논문에다 인용하였다(Marx-Engels-Ausgabe von Rjasanow Bd. 1, S. 125, Frankfurt a. M. 1927). 마르크스는 *declinare*를 독일어의 *ausbeugen*으로 번역하였다.*

합법적 세계혁명의 가능성에 관한 고찰과 관련하여 여기서 다시 우리는 또 하나의 전진, 즉 **정치적** 전진을 추가하지 않을 수 없다. 그것은 커다란 정당화 구호로서 국제적 집단들의 선전에 속한다. 1917년 10월의 러시아 혁명 이래 소비에트의 국가권력은 세계와 인류의 정치적 통일을 향한 보편적인 접근에 봉사하고 있다.* 러시아 혁명은 의식적으로 세계혁명의 출발이기를 희망하였다. 러시아 혁명은 짜르 제국의 헌법들과 케렌스키(Kerenski) 정권의 헌법들을 배제하였고, 또한 선거된 헌법제정 러시아 국민회의를 배제하였으며, 「프롤레타리아트의 독재」를 건설하였다. 그것은 러시아 국가의 규범이라는 관점에서 본다면 비합법적인 것이었는데, 그 규범들은 그들 쪽에서는 본질적으로 「헌법제정권력」(pouvoir constituant)이라는 서구의 이론에 근거를 두는 것이다. 여기에서 **국내** 혁명이 일종의 세계혁명의 지평 속에서 「포함되게」(englobiert) 되었다. 나는 페루로부터 「총괄한다」(englober)는 용어를 차용했는데, 그는 국내적이며 국제적인 발전, 국가적 및 초국가적 발전의 「총괄」(englobement)이라는 현상을 기술하였다. 페루는 국가적 사회화는 국가 영역 자체에서만 실시된다는 것을 명백하게 지적하였다. 모든 자본주의적 및 사회주의적 국제성에도 불구하고, 개별 국가의 내부에서의 지금까지의 사회적 투쟁은 따로 따로 전개되었으며, 지금까지의 그 사회적 제도와 조직들은 죽어버렸다. 또한 국제적인 자본주의 경영과 기구들에도 다양한 국가들 내부에서의 사회화는 다양하게 기능을 발휘한다. 현상유지의 합법적인 권력소유에 대한 아주 비상한 보수, 모든 법률화의 안정화효과(집정관포고의 소유방법)*는 **개별 국가 안에서** 권력을 잡고 있는, 법률화하는 순간에 존재하는 각 정당과 조직으로부터 나오는 것이다. 이것은 분명히 불가피한 것이다. 그러나 세계혁명의 합법성이라는 것은 어느 한도에서 개개의 개별 국가적 합법성의 다원성에 머무르는가 하는 문제를 제시하고 있다.[7)]

여기서 페루는 **생산기구**(appareil de production)와 그러한 기구의 **장악**(prise)에 관하여 말한다. 독일어로 논의하기 위해서 나는 독일의 종교개혁 시대에서 유래하는 형식, 즉 「**영토를 지배하는 자가 종교도 지배한다**」(cujus regio, ejus religio)*를 적용하여

---

7) F. Perroux, Masse et Classe, Collection M. O. [Mutations. Orientations], Nr, 22, Casterman, Tournai/Belgien 1972, p. 61/2 참조.*

산업취득(Industrienahme)이란 말을 제안하였다.* 17세기 당시 그것은 종교 전쟁으로부터의 탈출구, 더구나 **부분에로의 분열**(itio in partes)이란 형식에서의 탈출구를 의미하였다. 영주는 자기 영역에 사는 주민의 신앙을 결정하였다. 이러한 정치적 관행에서 국민국가로서의 프랑스의 통일과 몇 개의 크고 많은 소국가들로 된 독일 라이히의 국가적 분열이 출현되었다. 영주, 즉 개별 영역의 정부는 토지에 대한 지주처럼, 그 자신의 영주에서 법과 교회의 신앙을 처리하였다. 이러한 원칙에 따라서 개개의 독일 란트들과 작은 란트는 로마 · 비텐베르크 그리고 제네바의 어디에 붙을 것인가를 선택하였다. 근본규범으로서 가장 강력한 평등권이 적용되었다.

급격하게 산업이 발전한 시대에 있어서 가톨릭주의냐 루터주의냐 또는 칼뱅주의냐 하는 신학적인 선택은 이미 존재하지 아니한다. 오늘날에는 과학 · 기술 · 산업의 발전에 어울리는 사회의 정치체제가 문제이다. 즉 정치체제란 산업적 전진의 촉진(경우에 따라서는 저지)이라는 그때그때의 방법에 따른 자유-자본주의적 체제, 사회-공산주의적 체제, 또는 자유-사회주의적 체제이다.* 오늘날 산업세계는 또한 국가와 국민이 항상 일치하지 아니할 때에는 정도의 차이는 있지만 독자적인 **국가들로** 구분된다. 특수한 경제적-산업적 구조가 문제설정을 규정한다. 진부하게 된 종교 · 신학 · 고해적인 문제 대신에 오늘날에는 「**산업을 지배하는 자가 영토도 지배한다**」(cujus industria, ejus regio) 혹은 「**영토를 지배하는 자가 산업을 지배한다**」(Cujus regio, ejus industria)라는 공식이 적용된다.* 왜냐하면 산업상의 전진은 독자적인 공간개념(Raumbegriff)을 수반하기 때문이다. 이전의 농업문화의 카테고리는 이 토지에서 유래하는 것이며, 정복이란 곧 **육지취득**(Landnahme)이었다. 왜냐하면 육지가 그 자신의 목적이었기 때문이다.* 17세기와 18세기에 근대 산업화의 모국인 영국은 해양의 존재로 변했고, 「자유로운」 해양(「자유롭다」는 것은 육지의 한계 지움으로부터 자유롭기 때문이다)을 주장하였다. 영국은 자유로운 해양으로서 **해양취득**(Seenahme)을 완성하였다.* 오늘날 이 단계는 **산업취득**(Industrienahme)*을 가져오고 있다. 오늘날 커다란 산업공간을 소유함으로써만 우주 **공간취득**(Weltraumnahme)[8]이 가능하다.*

지구상에 있는 인류의 정치적 통일은 다른 세계강국에 대한 하나의 산업적 세계강국의 승리에 의해서, 혹은 목적을 가지고 양자의 결합으로 지구의 산업강국 전체를 정치적으로 굴복시키는 것이 이루어지리라는 것을 생각할 수 있을 것이다. 그것은 **유성적인 산업취득**(planetarische Industrienahme)이라고 할 것이다. 그것은 정복 — 육지취득과 해양취득 — 이라는 낡은 방법으로부터 증가된 침략성과, 그와 함께 설정된 세력수단의 커다란

8) Carl Schmitt, Der Nomos der Erde im Völkerrecht des Jus Publicum Europaeum, 3. Aufl. Berlin 1974 (최재훈 옮김, 『대지의 노모스』, 민음사, 1995). 이 책에서 나는 대규모적인 산업영역과 경제영역에 발전이 닥쳐오는 모든 결정적인 점들에서 모리스 오류에 관련을 두고 있다(대체로 SS. 175, 183, 207, 216/17, 229 참조). 그 밖에 나의 소론 "Nehmen/Teilen/Weiden" in: Revue internationale de sociologie (Bd. 1, Rom 1954) 참조. 이것은 나의 논문집 "Verfassungsrechtliche Aufsätze", Berlin, Duncker & Humblot 1958, 2. Aufl, 1974, S. 488-504 (김효전 · 정태호 옮김, 『헌법 논집』, 근간)에 수록되어 있다.*

파괴력으로써 구별될 것이다. 여기에 저 간격이 벌어지는데, 그것은 그 산업적 · 기술적 전진으로부터 윤리적 · 도덕적 전진을 분리하는 것이다. **세계정치**(Weltpolitik)는 종말을 고하고 **세계경찰**(Weltpolizei), 즉 하나의 의심스러운 전진으로 변한다. 그 때에 합법성은 시행상의 관점에서 — 전략적 혹은 전술적으로 — 제1급의 정치적 · 실천적 문제가 된다. 산업사회는 하나의 합리화에 구속되며, 또한 합법성에서의 법의 변천인 합리화에 속한다. 그 존속과 그 발전에 있어서 산업사회는 교란과 폭력적인 중단에 대해서, 혹은 심지어 사보타주에 대해서 극도로 민감하다. 합법적으로 일하는 자는 결코 교란을 일으키는 자도 아니며,* 침략자도 아니며 사보타주하는 자도 아니다. 합법성은 혁명적인 변개의 피할 수 없는 하나의 양식으로서 판명된다.

4. 초합법성의 두 가지 전(前) 파시스트적 모델: 1871년 이후의 프랑스와 1919년 이후의 독일 라이히

오늘날의 전진-이데올로기의 세계적인 팽창에도 불구하고, 하나의 합법적 세계혁명을 시도하는 길은 모든 국가에로 통한다. 그것은 산티아고 까리요처럼 명백히 하나의 직업적인 혁명가를 보았다(전술 1절 참조). 통일로 향한 세계 정치적인 전진은 국가적 입법이란 커다란 가능성을 포기할 수 없다. 그 때에 그 전진은 항상 자유롭게 국가적 합법성이라는 좁은 길과 국가의 헌법이라는 좁은 길에서 다시 마주친다. 그 전진이 국가의 근본체제를 변경하는데 성공하지 못하는 한, 전진은 국가의 근본체제에 순응하여야 한다. 산업발전의 초국가적 영역들에 대한 충격은 지금까지 세계의 정치적 통일로가 아니라, 다만 세 개의 확정된 광역(Großraum), 즉 미합중국 · 소비에트 연방사회주의 공화국 그리고 중국으로 인도되어 왔다.* 그럼으로써 원자력을 지닌 양대 초강국들만이 산업광역들을 전개하였는데, 그것은 그 자체가 정치적으로 확정되고 고려되었으며, 다른 강대국들의 정치적 간섭에 응하지 않았다. 그로 인하여 세계정치는 세계적 세력균형 정치가 되었다. 전진이 이러한 광역 **안에서** 봉착하는 국가적 난관은 마치 국가연합 혹은 연방국가 안에서와 비슷한 방법으로 극복된다. 그러나 하나의 커다란 제3의 공간(Raum), 이른바 블록에서 자유로운 공간*이 남는데 그것은 여전히 소속하고 있는 국가에 있어서 하나의 일정한 세계정치적인 운동의 자유를 보유하고 있다. 그것은 이러한 공간의 국가들에게 자신의 정치와 전쟁까지도 가능하도록 허용하는데, 베트남전쟁이나 또는 이스라엘과 아라비아 간의 근동전쟁이 그 예이다. 그 때문에 여기에 이상한 문제와 위험이 존재한다. 제3의 공간은 얄타회담(1945) 이후 형성되어온, 확립되고 그 자체 인정된 세 개의 광역의 대립되는 정치적 및 군사적 간섭에 대하여 하나의 분쟁공간이 된다.

초국가적인 강국들과 그 전진 개념들의 영향에 저항하려는 국가는 그 헌법이 방어적이고 생소한 영향을 고려하여 저항할 수 있는 능력을 갖도록 추구함으로써 합법적 영향에 대한 그 난관을 좁힐 수 있다. 연성헌법*을 가지고 의회주의적으로 통치되는 정당국가에 있어서 국제적으로 영향력을 행사하였거나, 또는 매우 국제적으로 향도된 급진정당들은 보다 큰 파괴의 가능성을 지닌다. 왜냐하면 하나의 헌법률을 통과시키기 위해서는 투표의 단순다수(51%)면 족하기 때문이다. 구조적인 헌법개정은 실은 전진적인 법률만을 위해서가 아니라, 또한 반동적인 법률을 위해서도, 그러나 경우에 따라서는 특수한 계기가 주어짐으로써 완화하게 된다. 새롭고 전진적인 정당들에 대해서 헌법개정을 어렵게 하는 것은 일반적으로 하나의 문제를 의미한다. 이와 같이 어렵게 함으로써 — (예컨대, 투표의 3분의 2라는 절대다수를 요구함으로써) — 투표는 그래서 항상 정적(政敵)에게 묻지 않을 수 없게 되며, 정적이 합법성이란 문을 통하여 등장하는 것을 어렵게 하거나 또는 봉쇄되도록 한다.

제1차 대전 이후 1922년의 파시스트 혁명은 하나의 완전하고 새로운 헌법의 문제성을 가져오는데 그것은 이미 산업적인 발전에서 생성된 것이다.* 그 문제점은 이미 군주제냐 공화제냐 하는 국가형태의 선택에 관한 것이 아니다. 더구나 군주제는 계속 존속하며, 새로운 종류의 헌법을 합법화하는 일을 담당해 나가고 있다. 여기에 사회적, 산업적 그리고 정치적 전진에 관한 서로 적대적인 견해들이 경쟁한다. 왜냐하면 비록 사람들이 그의 정치적 동기, 방법 그리고 목적을 반동적 내지 반격적인 것으로 간주한다 할지라도, 파시즘은 기술적 전진을 장려하고 촉진시켰다는 것은 다툼의 여지가 없기 때문이다.

다음에는 초국가적 세력들과 혁명적 전진 개념들에 대한 국가적 · 공화주의적 자기방어라는 두 개의 상이한 양식을 서로 비교하려고 한다. 여기에서는 「초합법성」이라는 두 가지 상이한 모델이 문제로 된다.

국가형태로서의 **프랑스공화국**의 방어는 1884년 8월 18일의 헌법률*에 의해서 규정되었다. 이 법률은 독일 바이마르 공화국의 모델과 비교할 때, 프랑스식이라는 교훈적인 예를 제공하는데, 여기에서 바이마르 공화국은 이미 **히틀러**의 합법적인 혁명의 희생이 되도록 운명지워진 것이다. 1884년의 헌법률은 추상적인 방법으로, 그리고 절차적 규제에 한정하는 처분의 도움으로 프랑스 공화국을 방어한다. 이 법률은 헌법개정의 절차에 있어서 공화제적 국가형태를 배제하는 **제안**은 결코 허용되지 아니한다는 것을 규정하고 있다. 「공화제적 정부형태는 헌법 개정의 제안의 대상이 되지 아니한다」(La forme républicaine du Gouvernement ne peut faire l'objet d'une proposition de revision).* 이것은 공화국에 대해서 생각할 수 있는 모든 적을 겨냥하고 있는데, 1884년이라는 구체적인 상황에서의 그 법률은 구체적인 내부의 적, 즉 정통적인 군주제를 생각하고 있다. 조금 똑바로 주시한다면, 다른 잠재적인 적은 보나파르티즘이다. 이러한 양자의 적은 전적으로 인습적인 정치적 및 헌법적 개념의 틀 속에서 존속한다. 그것들은 전(前)

파시트적인 현상이었다. 사람들은 나에게 보나파르티즘은 하나의 **문자 이전의** (avant-la-lettre) 파시즘이라고 이의를 제기할 것이다. 그러나 그것은 입헌주의라는 관점 하에서만 적절하며, 고전적인 권력분립의 문제와 독재에 의한 그 중단과 같은 것은 결코 염두에 두지 아니한다. 우리들에게는 이제 이상하게도 급속한 발전을 이룬 개념의 변천이 문제로 되는 것이다.

독일의 예는 1921년부터 1929년까지에서 유래한다. 그것은 일련의 정당하고 복잡한 법률과 명령으로 이루어지는데, 이들은 합법적인 정치권력에의 길을 완전히 봉쇄하지 못하도록 세심한 노력을 하고 있다. 그 법률과 명령들은 사실 바이마르 라이히 헌법 제76조에 근거하여 (절대다수에 의한 라이히 의회의 동의와 라이히 참의원의 동의) 감히 왕정복고의 가능성을 배제하는 데에 기여하지는 못한다. [공화국] 보호라는 복잡한 규범주의에 대한 동기는 두 개의 정치적인 암살(1921년 8월 26일의 에르츠베르거[Erzberger])와 1922년 6월 24일의 발터 라테나우[Walther Rathenau])이었다. 이러한 「공화국의 보호」*라는 독일적인 방식은 고도로 발전된 산업사회의 국가에서 발생하였으며, 자유주의적인 입헌국가의 근본원칙들을 주도면밀하게 존중할 것을 추구하게 되었다. 이와 같이 공화국을 보호하는 중점은 형법규정과 공무원법의 규정들에 있었다. 그리하여 심지어는 장관의 행정명령으로 **「공화국을 보호하기 위한 국사재판소」**(Staatsgerichtshof zum Schutze der Republik)를 설치하는 데에까지 나아갔다. 여기에서 문제된 것은 하나의 특별재판소였으며 최고의 헌법재판소는 아니었다. 그 완전한 보호는 일시적인 기한부였으며, 이미 1927년 7월 2일의 법률에 의해서 국사재판소의 관할권은 라이히 재판소로 이양되었다. 그 한정된 기간은 1929년 6월 그 종말에 가까워졌는데, 그것은 결코 의회의 다수가 그 이상 더 연장하지 않았던 시점이었다. 1년 후인 1930년 9월 히틀러 운동*의 선거승리가 독일의 국내 정치적인 상황을 근본적으로 변모시킨 것이다.

나는 이것을 법학자를 위해서도 공화국의 보호라는 어떤 복잡한 경우를 상세히 시사하지 않을 수 없는데, 이는 1884년 군주제냐 공화제냐 하는 선택이 제기된 데 대한 프랑스식 해결과 비교하여 구별하기 위한 것이다. 문제는 헌법의 적에 대하여 어떻게 헌법적 합법성에의 길을 저지할 것인가 하는데 있다. (가톨릭) 중앙당의 요제프 비르트(Joseph Wirth)* 라이히 수상은 발터 라테나우 암살의 직접적인 영향을 받고, 1923년 6월 24일 라이히 의회에서 다음과 같이 증언하였다. 즉 「적은 우익에 있다!」*고. 이러한 감정이 사회민주당에서 얼마나 심각하였던가는 구스타프 라드브루흐(Gustav Radbruch)가 1928년 8월 11일의 헌법기념일에 행한 다음과 같은 헌법 연설의 한 구절에서 잘 나타나 있다.

> 「헌법이라는 것은 깃발처럼 칼로 베인 상처로 찢어지고 총탄으로 구멍이 나면 날수록 더욱 더 영예와 신성함이 더해간다. 집의 초석에 살아있는 것이 묻혀있는 집만이 지반을 유지한다는 오래된 미신이 있는데, 우리들 헌법의 토대에도 얼마나 무수히 많은 생명이 묻히게 되었는가!」*

그러한 선언에도 불구하고 사람들은 형법적으로 **국가**를 방위하는 대신 공화제적 국가형태의 보호를 규정하는 것이 필요하지 않다고 여겼다(예컨대 헌법률의 의결로써 왕정복고를 금지하는 식의). 공화국의 적에게도 합법성의 길은 넓게 열려 있었으며, 이것은 당시의 지배적인 입헌국가관에도 일치하는 것이었다.

5. 히틀러의 합법적 혁명의 선례 (1933~1945)

1928년 당시 독일의 시민적 선거인의 압도적 다수가 가지고 있던 정치의식 속에서 좌익이냐 우익이냐의 선택은 여전히 군주제냐 공화제냐 하는 전(前) 파시스트적 선택과 일치하였다. 이에 대해서 마르크스주의적인 근로 대중들은 그들의 대화합창(Sprechchor)으로, 즉 「공화국 그것이 문제가 아니라 사회주의가 목표이다」라고 외쳤다. 마침내 1930년 9월 나치스 운동의 출현은 군주제라는 국가형태의 문제를 부차적인 사항으로 만들었으며, 그 때에 히틀러는 이 부차적인 의미가 지니는 여명을 보존하면서 이를 최대한으로 이용할 줄을 알았다. 홀랜드에 망명하면서 생존해 있는 빌헬름 2세 황제마저 국가사회주의[나치스]에 대해서 어떤 공감을 느꼈으며, 또한 얼마동안 히틀러는 「그의 일을 잘」하고 있다고 생각하였다.* 성실한 노인, 힌덴부르크(Hindenburg) 라이히 대통령은 바이마르 헌법에 대한 그의 선서는 예전의 그의 장군들에 대한 선서와 전적으로 결합할 수 있다고 굳게 확신하고 있었다. 그는 군주주의자였으며, 지조있게 군주주의자로서 남았다. 그것은 당시의 바이마르 헌법에 관한 견해에 의하면 전적으로 적법하였다. 특색 있는 개성과 무조건적인 충성심을 지닌 하인리히 브뤼닝(Heinrich Brüning, 1930~32)도 군주주의를 지지하는 라이히 수상으로서 머물렀으며, 군주제를 회복하려는 법적 절차를 숙고하였다. 이에 관하여 브뤼닝은 그의 사후에 발간된 『회상록』(1970) 속에서 솔직하게 말하는데, 이것은 또한 나중에 많은 그의 신봉자를 당황하게 만들고 있다.* 합법성의 문은 또한 열려졌으며, ― 더욱이 그것은 자유주의적, 사회주의적 또는 공산주의적 공화제 대한 것과 마찬가지로, 우익과 좌익에 대해서 군주제에 대해서도 같은 모양이다.

나치스 운동은 이처럼 보다 초기의 문제상황을 모든 점에서 만회하였다. 그러나 더 좁아졌지만 완전히 폐쇄되지는 아니한 바이마르 헌법의 문을 그 개정규정(바이마르 헌법 제76조)*의 합리적인 해석을 통하여 정상으로 되돌리려는 나 자신의 법학적인 노력들은, 일부는 회의적으로, 일부는 해석자의 아이러니컬한 태도로 좌절되었다.* 그 문은 바이마르 헌법의 구조를 이루고 있는 저 타협의 파괴를 가능하게 하기 위해서 충분히 열려져 있었다.

더욱이 **히틀러**는 이러한 합법성의 좁은 문으로부터 포츠담과 바이마르에의 그의 입성의 개선문을 만드는데 성공하였다. 라이히 수상에 임명된 그 첫날부터 히틀러는 그의 합법적인 권력소유에 대한 정치적 보수를 체계적으로, 그리고 점차 증가하는 방약무인성으로써 최대한 이용하는 것을 알고 있었다. 라이히 수상에로 그를 임명한 것은 오직 계속되는 합법적 혁명을 에스컬레이트하는 제1보였다. 1933년 1월 30일 이후 그는 직접적으로 라이히 의회를 해산하도록 하였다. 이미 1933년 2월 2일에 그는 바이마르 헌법 제48조에 적합한 긴급명령으로써 믿을 수 없는 무질서에 종말을 고했다. 그 종말은 1932년 10월 25일의 국사재판소의 애매한 판결의 결과로서 생긴 것인데, 헌법의 수호자들의 항의를 받지 않고, 더구나 말 한마디로써 감행할 수 있었다.* 3월 5일에 히틀러는 합법적 · 반합법적(paralegal) 그리고 그 밖의 선거조작(예컨대 라이히 의회의 방화를 선전적으로 표절하듯이) 덕택으로 그의 정당을 상대적으로 호의있는, 어떤 경우에도 대처할 수 있는 결과에 도달하였다. 겨우 3주 후인 1933년 3월 24일 독일 라이히 의회는 헌법개정이 가능한 다수로써 놀랄만한 수권(授權)을 그에게 위임하였다.* 이 수권은 실제로 헌법을 개정할 수 있는 무한한 권능이었다. 그것은 제2의 합법적 혁명이었다.*

요컨대 히틀러는 자신이 들어온 합법성의 문을 배후에서 잠그고,* 자신의 정적들을 합법적인 방법으로 불법성 속에 몰아넣는 것을 알고 있었다. 그에게 저항하거나 닫혀진 이 합법성의 문을 억지로 들어가려고 한다면, 그들은 반란자나 범죄자로서 취급될 수 있었다. 사람들이 — 몇몇 능숙한 공산주의자들을 제외한다면 —* 합법적인 권력 소유에 대한 정치적 보수에 관하여 그처럼 격렬한 방법으로 일반적인 환멸과 격분을 가르치게 되는 것만큼 적지 않게 놀라운 것은 없다. 히틀러의 혁명적 합법성이라는 유명한 경우는 그러한 혁명들의 연속 전체에서 에스컬레이션을 말해주는 것이다.

오늘날에 이르기까지 1933년의 「과도한 권력장악」(Machtübernahme)과 1939년까지의 단계적인 신장에 대한 정확하고 완전한 연구는 나오지 못하였다. 1933년의 합법적인 과도한 권력장악은 국가적 혁명으로서만 성공할 수 있었다. 이미 1939년에 히틀러는 합법성이라는 문제의 새로운 에스컬레이션을 의미하는 것에 직면하여, 하나의 산업적인 「광역」 속에서 권력장악의 문제를 보았다. 1933년 히틀러에게 허용했던 방법과 기교들은 아연 실색케 하는 방식으로 국가적 혁명을 완수케 하는데 1939년, 갑자기 작동하지 못했다. 세계혁명의 합법성으로 향하는 도중의 제3의 에스컬레이션은 이미 단순한 계기와 깊이 생각해 볼만한 가능성으로서 처음부터 좌절될 운명에 놓여 있었다.* 히틀러 운동의 기원과 근간은 민족주의였다. 그러나 1919년부터 1945년에 이르는 시기의 독일의 민족주의는 좌익과 우익, 국민볼셰비즘을 포함하여 모든 반동적인 경향들에 파급되었다. 이러한 국민적 혼합의 핵심에 또 하나의 긴장된 힘, 즉 1919년 이래 베르사유조약의 굴욕에서 자라난 보복주의(Revanchismus)가 형성되었다. 그 보복주의는 히틀러 운동의 독특한 폭발력이 되었다. 거기에서 히틀러는 자기의 독특한 가공할만한 보복주의의 도구를 만들어 내었다.[9] 모든 인종적 이데올로기의 발자취에도 불구하고, 베르사유에 대한 투쟁은 1919년과 1939년 사이에 히틀러가 성공한 독특한 추진력이었다.

1940년 보복은 성공하였다. 사람들은 국민적 전쟁에 승리하였으며 1918년의 굴욕을 잊어버렸다. 그것은 추가된 승리였다. 세계대전은 1941년 히틀러가 소련 공격이라는 어려운 결정을 내림으로써 그 실현성이 나타나게 되었다. 3백년 이래 독일인들은 「러시아인의 눈 아래」(sous l'oeil des Russes) 산다는 말을 들어보지 못했다.*

사람들은 1945년 히틀러 정권이 붕괴한 후, 이와 같이 유일무이한 사태가 또 다시 반복되는 것을 배제하기 위한 모든 것을 시도하였다는 것은 더 잘 알 수 있다. 그것은 1949년 5월 23일의 본 기본법(Bonner Grundgesetz)에서의 헌법개정에 관한 원칙이 선언하고 있다.* 이 **근본법**(lex fundamentalis)은 그 자체가 사회적 · 의회민주주의적 · 연방적 그리고 다원적 법치국가의 근본체제를 제시한다. 그것은 산업적 · 기술적 그리고 사회적으로 고도로 발전된 이익사회에 적응하고 있는데, 그 전진적인 잠재력은 이른바 「독일의 경제적 기적」에 의해서 모든 눈 앞에 과시하게 되었다. 그렇게 본다면, 새로운 독일의 헌법은 파시스트 이후의 신기원에 속한다. 그것은 단순히 정치권력을 합법적으로 획득하는 좁은 통로를 좁히는 것이 아니라, 특정한 정치적 목적에게는 좁은 통로를 완전히 차단하려는 것이다.*

지금까지 이러한 영역에서 칼스루헤(Karlsruhe)에 있는 관할 헌법재판소는 법률적 효력을 가진 결정으로 두 개의 정당을 금지하였다. 즉 하나의 작은 극우익 정당인 **사회주의 국가당**(Sozialistische Reichspartei[1952년 10월 23일 판결])과 **독일공산당**(Kommunistische Partei Deutschlands[1956년 8월 17일의 KPD판결])[10]이 그것이다.* 첫 번째 판결은 정치적으로 **최종원인**(causa finita)을 해결해 보았다고 말할 수 있다. 두 번째의 경우에서는 사건은 좀 곤란한 것이 있다. 왜냐하면 (정당) 금지와 그 법적 효력에 반하여 새로운 공산당은 **독일공산당**(Deutsche Kommunistische Partei=DKP)이라는 이름 아래 행동하였기 때문이며, 또한 모두 공개적으로 그들의 정치활동을 계속하였기 때문이다.*

이러한 상황을 고려해 볼 때 하나의 **최종원인**(causa finita)을 말하는 것은 어렵게 된다. 판결이유가 더욱 재미있는 것은, 그것은 역사적 · 이념적 그리고 법적인 진술로써 독일공산당의 금지를 정당화하고 있다는 사실이다. 그것은 지금까지의 법사(法史) 전체에서 가장 포괄적인 판결이라고 할 수 있다. 즉 판결이유에 관한 공식적인 판결문만 8절판

9) 히틀러의 보복주의에 관하여는 후에요에 의한 조르주 소렐(Georges Sorel)과의 상상적 대화인 「부처의 환원, 사상과 정치의 궁극적 역사에 관한 가설적 시도」(J. Fueyo, La vuelta de los Budas, Ensayo-Ficción sobre la última Historia del pensamiento y de la política, Madrid, Orgaización Sala Editorial, 1973, S. 186) 참조.*

10) 연방헌법재판소판결 Bd. 2, S. 1-79; Bd, 5, S. 85-393.

책 거의 300면을 가득 채우고 있는데, 거기에 수록된 결정이유에는 하나의 직접적인 구속효과가 수반되는 것이다. 절대적 · 규범적인 타당성의 요구와, 이 판결의 상대적 · 정치적인 영향 간의 이상한 느낌을 주는 모순은 「판사의 통치」(gouvernement des juges)라는 모든 문제들과 간접적 내지는 비진정한 초합법성의 문제를 상기시킨다.

6. 정치주체로서의 인간성과 헌법제정권력의 담당자

합법적 세계혁명의 문제는 결국 국민적 및 국가적인 혁명들의 연속으로 귀착한다. 거기에서 세계혁명과 모든 국민국가적 혁명들 간의 하나의 진정한 변증법적 관계가 생겨난다. 여기에 합법적 세계혁명의 이와 같은 비밀은 — 프랑수아 페루의 사상과 관련을 가지면서 — 논의되었다.

합법적 세계혁명으로 향한 전진에는 유럽의 정치적 통일이나 나아가서는 유럽 혁명에로 향한 어떠한 정치적 의사가 평행선으로 달리는 것이 아니다. 약 1천여 면에 달하는 입센의 표준적 저작인『유럽 공동체법』(H. P. Ipsen, Europäisches Gemeinschaftsrecht, Tübingen 1972)에 몰두하고, 10년 간의 법학적 노고인 이 탁월한 서술과 그 정치적 성과를 비교하는 자는 깊은 비애에 잠길 것이다.* 세계의 정치적 통일을 위해서 투쟁하는 세계정치의 세력과 열강들은 유럽의 정치적 통일에 대한 유럽인의 관심 이상으로 더 강력하다. 또한 많은 「선량한 유럽인」(gute Europäer)들은 유럽의 정치적 통일을 기대하지만, 여전히 우리들의 유성[지구]의 정치적인 통일 전체의 부산물(폐산물[Abfallprodukt]을 말하기 위해서가 아니라)로 밖에 기대하지 아니한다. 세계혁명을 추진하는 혁명의 에너지는 오늘날 거의 생각할 수 없는 특수한 유럽 혁명에로의 경향 이상으로 보다 강력하고 적극적이다. 현존하는 국민국가적 통일로부터 지역적인 분열이 정치적으로 절박하게 되는 경우일지라도 — 지금까지의 국민적 통일들의 머리 위에 저 멀리 — 만일 그러한 것이 존재한다면, 유럽 혁명의 운동으로서보다는 세계 혁명적인 세력들이 보다 이전에 그들을 결속한다. 유럽 혁명의 합법성은 유럽의 **애국심**을 전제로 하게 되는데, 이는 대륙적 · 유럽적인 헌법의 전통을 가질 수 있는 능력이라는 의미에서의 헌법제정의회를 위해서이다. 그것은 영국이 더 이상 섬으로서 머물려고 하지 않을 때에만 적어도 생각할 수 있다. 헌법제정 유럽 의회를 위한 수많은 계획들과 초안들이 존재한다. 이들 모두는 현존하는 유럽 국가들과 국민들을 초월하는 길을 제시하려는 것이다.

그러나 합법적 **세계혁명**에 의해서 인류의 정치적 통일이 이루어지기 위해서는 오류나 페루가 「인류의 애국심」(patriotisme de l'espèce)이라고 부른 것이 전제되지 않으면 안 되었다. 그것은 직역하면 「인류의 애국심」(Patriotismus der Gattung Mensch)[11]을

11) 인류의 애국심(patriotisme de l'espèce)이라는 말에 대한 의미론적 논평, 프랑스의 저술가들이 애국심에 관하여 말하는 경우, 이는 그들 조국의 국민적 · 국가적 전통에 그치며, 그 전통에서 지속적인 자유의 이념에 머무른다. 그것은 어떤 경우에나 오귀스트 콩트에게도, 오류에게도, 페루에게도 타당하다. 이에

의미한다. 그 표현은 오귀스트 콩트(August Comte)의 보편적 철학체계를 상기시키는데, 이는 오류를 — 비록 무비판적은 아니지만 — 매우 감탄케 했다. 그러나 「유」(類, Gattung)라는 말은 우리들에게 독일의 관념주의철학이 지녔던 관념적인 울림 이상의 것을 들려주지는 아니한다. 또한 카를 마르크스는 1844년 「국민경제와 철학」(Karl Marx, Nationalökonomie und Philosophie, in: Die Frühschriften, hrsg. von Landshut, Kröner 1952, S. 299)이라는 그의 저작 속에서, 인간의 죽음과 불멸성에 관한 문제를 제시하였는데 — 그 책 이외에는 즐겨 말하지 않았다 — 그는 이 문제를 **인류**(Gattung Mensch)라는 방법으로 대답하였다.

> 「**죽음**이란 개인에 대한 유(類)의 힘찬 승리인 것처럼 생각되며, 그 통일을 반대하는 것으로 (생각된다). 그러나 일정한 개인은 단지 하나의 일정한 유의 존재이며, 또한 그러한 것으로 불멸이다」.*

10억의 인간 중에서 개개인은 모두가 하나의 인간이며 인간성의 한 부분이다. 매일 매일 수천인이 죽으며 새로운 인간들이 태어난다. 매일 매일 인간성 전체는 다른 모습을 보여준다. 인간성은 「결코 정지하지 아니한다」. 어떤 권리로써 오늘의 인간은 내일의 인간에게 근본체제(Verfassung)를 지시하는가?* 이미 18세기의 개화된 혁명가들은 그 문제를 알고 있었으며, 1793년 6월 24일의 산악당 헌법의 인권선언 제28조에서 문제를 내포한 조문을 규정하였다.* 즉

> 한 세대는 그들의 법률로써 미래의 세대를 예속시킬 수 없다.*

그럼에도 불구하고 프랑스의 법이론은 **헌법제정권력**(pouvoir constituant)으로부터 모든 **제도화된 권력**(pouvoirs constitués)의 전제와 정당화에로 그들의 개념을 형성하였다. 더욱이 그들은 적절한 결과로서 바로 민주적 헌법이론에 적합한 법적 형식과 절차의

반하여 독일에서는 애국자와 애국심이라는 말은 오늘날 전진적으로 생각하는 사람들에게 거의 반동적으로, 또한 너무나 가부장적인 개념으로 울린다. 그 차이는 프랑스적인 개념상의 어법에서 국가와 국민은 일치하였는데 반하여, 독일에서는 오늘날에 이르기까지 다르다는 점에서 명백하게 된다. 국적과 국민성, 국가화와 국민화, 국가감정과 국민감정과 같은 개념들은 충성스러운 독일인들에게는 모순과 갈등 속으로 빠져들어갔고, 또한 빠져 들어갈 수 있다. 특히 오류(Hauriou)에 관해서 말한다면, 물론 그는 일치와 동의성(同義性)을 고수한다. 그는 그의 국민(Nation)이라는 용어에 따르며, 또한 그의 『공법의 원리들』(Principes de droit public, 1910, 1917)나 『헌법개론』(Précis de droit constitutionnel, 1923)에서도 그것을 상세하게 기초지웠다.*

끝으로 오늘날의 UN이라는 세계기구도 실제로 개별적으로 가입이 허락된 구성원이 존재한다는 것을 고려하지 않고, 스스로 국민연합(Vereinigte Nationen)이라고 하며, 합중국(Vereinigte Staaten)이라고는 하지 아니한다. 그 문제는 UN이 지금까지 그 35년 간의 존속에서 일종의 애국심을 발전시켰는가 하는 데에서 잘 알 수 있다. 마르크스주의 이데올로기에 대해서 그 문제는 소용없다고 할 것이다. 포이에르바하(Feuerbach)의 명제 11 그 자체에 의하면 인간이라는 하나의 만들어지고 있는 類는 아버지 없는 사회일 것이다.*

이념형들을 창조하였다. 즉 헌법제정회의의 소집과 인간과 시민의 권리선언의 공포가 그것이다. 여하튼 이러한 형식적 고찰에서 그것은 시간적으로 앞선 아메리카의 독립선언보다 법적이었는데, 아메리카의 선언에는 대륙적 · 유럽적인 국가사상이라는 의미에서의 국가인격은 고전적이며 대륙적 · 유럽적인 국가 그 자체와 마찬가지로, 그리고 그 국가와 함께 국가와 사회라는 주어진 관계처럼 생소하였다. 또한 더 이상하고 지속적인 것은 1789년에서 1799년 간의 프랑스적인 헌법-입법의 영감자, 아베 시에예스(Abbé Siéyès)의 특수 프랑스적 · 형식적인 사고 양식은 앵글로 · 색슨의 헌법 모델에 있다는 점이다. 이것은 능산적 자연(Natura naturans)을 소산적 자연(Natura naturata)의 관계*로 이전하는 스피노자의 신학적 · 정치적 관계를 헌법제정권력과 그가 창조한 제도화된 권력과 법적 · 형식적인 관계로 이전한 것이며,* 그럼으로써 성문 헌법의 개념적 구조는 결정된다.* 이러한 방법으로 시에예스는 정치신학의 한 예를 창조하였는데, 그것은 카리스마적 정당성이라는 막스 베버의 이론에 의해서 비로소 효력을 발휘하게 되었다.

그처럼 강렬한 정치적 · 신학적 고찰이라는 비교(秘教)는 매우 엄격하며, 현대의 인간성에서는 거의 기대할 수가 없다. 공교적(公教的)인 형식들이 수긍하게 될수록, 그 형식의 도움을 받아서 저 어려운 관계들, 특히 **헌법제정권력**의 **입법권**(pouvoir législatif)에 대한 관계는 정치적 · 실제적이며 조작 가능하게 되어 버렸다. 모든 직업혁명가가 배운 조작법은 기존의 합법정부를 배제하고 「임시정부」(provisorische Regierung)를 선포하며, 헌법제정국민의회를 소집하는 것이었다. 이와 같은 방법으로 프랑스 대혁명은 헌법학적 선례의 보고가 되게 되었다. 많은 크고 작은, 유럽과 비유럽의 혁명들을 통하여 2백년을 지나는 동안에, 쿠데타와 혁명을 합법화하는 하나의 정당한 관행이 성립하였다. 혁명적인 독재의 중간단계까지도 프랑스의 모델을 입증하였다. 사람들이 프롤레타리아의 독재를 어떻게 생각하고 있는가 하는 물음에 관하여, 프리드리히 엥겔스는 「1793년과 같이」라고 대답할 수 있었다.* 레닌과 트로츠키는 그 질문을 1917년 11월에 가장 큰 성과로써 실천하였다. 물론 엥겔스는 의회에서 51%의 다수를 넘는 길도 열어놓았다.* 오늘날 이 길은 새로운 많은 헌법들 속에서 헌법규범의 **초합법성**에 의해서 곤란하며, 또한 그것은 완전한 불가침성이 확립되지 못하는 한, 성문 헌법의 형식적 모델을 결코 원칙적으로 배제하는 것도 아니다.*

물론 헌법제정권력을 국민으로부터 인류로 이양한다는 것은 실제로 거의 생각할 수 없는 것이다. 오늘날 지구는 1789년의 프랑스보다 더욱 작다 하더라고, 그럼에도 불구하고 새로운 기술은 단순히 통일이 아니라 무수한 주관적 구성원의 현상(status quo)에도 봉사한다. 우리는 유엔 총회나 아니면 적어도 세계안전보장이사회 같은 것을 묘사해야만 하는가? 그것들은 1789년 8월 4일 밤 특권자들이 그 봉건적인 특권을 성대하게 포기했던 것과 비슷한 경과를 보여준다.* 그런데 그것은 사실적 실현의 포기, 또한 내외로 향한 소름끼치는 10년 간의 내란의 포기가 요구되었다. 초강대국들은 그 헤게모니의 우월성과 그 우월성의 기초를 포기해야 하는가? 그리고 이와 같은 기초는 어디에 근거하는가? 해양에서의 핵잠재력 전부는 가라앉게 되었는가? 또는 달로 옮겨졌는가? 크고 작은 모든 국가들은 세계공공성이라는 공공연한 또는 비밀의 유보없이 그 산물의 비밀을 희생으로 내어주는가? 그들은 지금까지의 인류의 적에 대한 위대한 세계적 과정을 인도하기 위해서, 그들은 그들의 문서를 열고 그 비밀행위들을 열람케 하였는가?

인류 전체와 인류 그 자체는 결코 이 유성[지구]에 아무런 적도 가지지 아니한다.* 모든 인간은 인간성에 속한다. 범죄자일지라도 최소한 그가 살아있는 한 인간으로서 취급되어야 하며, 그의 희생자처럼 그가 죽으면 그는 이미 존재하지 아니한다. 그러면 그는 바로 그가 죽은 희생자와 같은 결과가 되어 버린다. 그러나 그 때까지 그는 좋든 싫든 하나의 인간, 즉 인권의 담당자[주체]로서 남는다. 그러므로 인류라는 개념은 하나의 비대칭적인 대립개념이 된다. 만약 인간성의 내부에서 차별을 받고, 부정하는 자로부터, 위해를 끼치는 자로부터 혹은 방해자로부터 인간의 성품을 박탈한다면, 그러면 부정적으로 평가된 인간은 비인간이 되며, 그의 생명은 이미 가장 최고의 가치는 상실하게 된다. 그의 생명은 하나의 무가치한 것이 되며, 없애버리지 않으면 안 된다. 또한 인간과 같은 개념들은 가장 심원한 불평등의 가능성을 내포하며, 그로 인하여 「비대칭적」(asymmetrisch)이 된다.*

그와 같은 개념들의 도움을 받아서, 아마 개념에 익숙해진 법학자에게 매우 감명 깊은 개념적 설명은 라인하르트 코젤렉(Reinhart Koselleck)*이 「인류의 애국심」이라는 큰 문제를 결정적으로 선명히 하였다. 그의 설명[12]은 **신국**(Civitas Dei, XV, 5)의 다음 문장을 모토로 삼고 있다.

> 「선과 악은 투쟁한다. 그와 마찬가지로 악들은 상호 간에 투쟁한다. 완전한 선들은 서로 투쟁할 수 없다」.

코젤렉은 세계정치사의 이원적인 언어구조에서 세 개의 개념상의 짝(Begriffspaare)을 연구하고, 그것들이 어떻게 「비대칭적」이 되었는가, 즉 부정적인 판단의 연속 전체를 통해서 상대방을 논쟁적으로 불평등하게 차별하였는가를 보여주고 있다. 즉 그리스인과 비그리스인, 기독교도와 이교도, 끝으로 인간과 비인간, 초인과 인간 이하의 인간이 그것이다. 인간과 인간성에 얻어지는 그 논의의 잠재력은 그 개념적 형상에 있어서, 마치 이교도에 대한 기독교도의 그것처럼, 야만인에 대한 그리스인의 파괴력이 능가하고

12) 그 논문의 제목은 "Zur historisch-politischen Semantik asymmetrischer Gegenbegriffe"이며, "Poetik und Hermeneutik"(Wilhelm Fink Verlag, München 1975), Band VI, S. 65-104에 수록되어 있다. 그 논문집의 제목은 Harald Weinrich (hrsg.), "Positionen der Negativität"이다.*

있는, 하나의 고양된 강력한 비대칭적인 구조로 인도한다. 그리하여 인간에 대해서 투쟁하는 인간은 그 명백한 점에서, 의심의 여지가 없는 저열한 비교대상에 비하여, 거기에서 진정한 인간보다 더 순수한 자기 자신을 돋보이고 있다.

그 때에 최후의 결과를 두려워하는 것은 이미 19세기에 죽어가는 권력자가 고안해낸 말을 상기시킨다. 그는 임종하는 자리에서 그의 정신적 조언자로부터 다음과 같은 질문을 받는다. 「당신의 적들을 용서하십니까?」 그러자 그는 가장 양심적으로 대답한다. 「나는 어떤 적도 가지고 있지 않다. 나는 그들 모두를 죽였다」.*

국제법상의 침략전쟁의 범죄와 「죄형법정주의」 원칙*

차 례

개 요

서론 전쟁범죄(전쟁법규 침해와 아울러 인도에 대한 범죄, 아트로시티)에 대해 특수성을 가진 전쟁이라는 국제법상의 범죄

I. 「법률 없으면 범죄 없다」는 원칙의 실제적 의미

II. 베르사유조약에서의 전쟁범죄와 전쟁책임

(1) 제227조(전쟁범죄인으로서의 빌헬름 2세)

(2) 제231조(전쟁책임 조항)

III. 1919~1939년에서의 침략전쟁의 국제법적 형벌화의 전개

(1) 1924년의 제네바 의정서

(2) 1928년의 켈록 규약

(3) 국제범죄의 모범 사례로서의 해적행위

---

* Das internationalrechtliche Verbrechen des Angriffskrieges und der Grundsatz "Nullum crimen, nulla poena sine lege," herausgegeben, mit Anmerkungen und einem Nachwort versehen von Helmut Quaritsch, Berlin: Duncker & Humblot, 1994, S. 13-81.

서 론

「전쟁범죄」라는 말은 약간의 다른 사태(범행)를 의미한다. 이것들은 외면적 · 개별적인 것뿐만 아니라 본질적으로도 법률의 실시나 재판의 형성이 문제가 되자마자 바로 매우 중요한 실천적 의의를 가지게 된다. 그리고 사태가 법적으로 다르다는 것이 모든 중요한 점에 영향을 미친다. 즉 실체법의 문제로서는 범죄의 구성요건은 무엇인가? 정범자는 누구인가? 공동정범자 · 방조자 · 사후 종범은 누군가와 같은 점 등이다. 또한 절차의 문제로서는 피고인은 누구인가? 당사자는 누구인가? 재판관이나 재판소는? 누구의 이름으로 판결은 선고되는가와 같은 점 등이다.

이러한 [실체법상 및 절차법상의] 모든 문제는 다양한 사태에서 고유의 다양한 의미를 가진다. 재판의 의미나 결과는 이러한 문제에 바로 대답하느냐의 여부에 관련되고 있다. 그것이 명확하지 않으면 법이나 정의는 불이익을 입으며, 장기적으로 본다면 범죄자만이 이익을 얻을 것이다. 여기서는 우선 두 종류의 전쟁범죄를 논구함으로써 한정하기로 한다.

(1) 주로 전쟁수행국가의 무장권력구성원에 의해서 범해진 전쟁의 규칙이나 관례에 대한 침해. 거기에서는 「이른바 전쟁**에 있어서**[in] 법」, 즉 교전법규(jus in bello)에 대한 위반, 예컨대 헤이그 육전규칙 · 해전법규범 · 전시포로법규범 등의 침해가 문제이다. 그러한 규칙들은 전쟁을 허용된 것, 합법적인 것으로서 전제로 한다. 전쟁 그 자체가 금지되거나 심지어 범죄로 되는 경우에는 이들은 본질적으로 바뀌지 않을 수 없다. 그러나 이러한 종류의 전쟁범죄를 획정하는 것으로 원칙상의 곤란이 야기되는 것은 결코 아니다. 왜냐하면 이러한 [범죄의] 특징은 바로 인식할 수 있기 때문이다. 1914년

이전에 「전쟁범죄」(war crimes)에 관하여 말하는 경우, 일반적으로는 이러한 종류의 위법행위만을 의미하고 있었다. 이러한 종류의 위법행위는 전쟁수행국가의 형법 아울러 군사적 훈령으로, 또한 국제법의 문헌에서 훨씬 이전부터 알고 있듯이 논해지고 있었다. 전제조건에 관해서도 법적 효과(복구 · 국가의 손해배상의무 · 자국과 아울러 적국에 대한 행위자의 형법상의 책임)에 관해서도 그러하였다. 정당화의 근거 내지 변명의 근거로서의 군사적 명령의 의미 역시 많은 경우 이 위법행위에 관하여 논하고 있었다.*

베르사유조약 제228조부터 제230조까지(생제르맹 조약*의 제173조, 기타 파리교외조약에서도 이에 대응하는 조문)는 교전법규의 침해라는 의미에서, 이러한 종류의 전쟁범죄와 관계가 있다.[1)] 이 강화조약의 규정은 어떤 한 점에서만 1914년 이전에 유효성이 승인되고 있던 국제법을 변경하고 있다. 그것은 패전국은 전쟁범죄인인 자국민을 적국에 인도할 것을 의무지우고 있다는 것이다. 여하튼 제228조 이하가 이러한 특성을 가지고 있음에도

---

* 이러한 문제를 문헌목록을 첨부하여 교과서 중에서 다룬 전형적인 것은 Josef L. Kunz, Kriegsrecht und Neutralitätsrecht, Wien 1935, S. 35 ff.이다. Alfred Verdroß, Die völkerrechtswidrige Kriegshandlung und der Strafanspruch der Staaten, Berlin 1920은 근본적으로 전문학술논문적으로 파고 들어간 내용이다.

1) 인용한 조문의 내용은 다음과 같다.

제228조: 「독일 정부는 전쟁 법규와 관례에 대한 위반을 이유로 하여 소추된 사람들을 군사법정에 소환하는 연합국가들의 권한을 용인한다. 그러한 사람들이 유죄의 판결을 받으면 미리 법률적으로 예정된 형벌이 그들에게 적용된다.

독일 정부는 전쟁 법규와 관례에 대해서 위반하였다는 소추에 근거하여 성명이 열거되거나, 그 관등에 의하거나 그들에게 독일의 관청으로부터 맡겨진 직무권한에 의해서든, 그 밖의 사용에 의하든 지정된 모든 사람을 연합국가들 또는 당해 제안을 한 그들 중의 한 국가에 대해서 인도하지 않으면 안 된다」.

제229조: 「연합국가들 중 한 국가의 국가소속원에 대해서 가벌적인 행위가 범해진다면 그 행위자는 군사법정에 소환된다. 다수의 연합국가들의 국가소속원에 대해서 가벌적인 행위가 범해지면 그 행위자는 관계 국가들의 군사법정의 구성원으로 구성되는 군사법정에 소환된다.

어떠한 경우에도 피고인에게는 자기의 변호인을 자유롭게 선택할 권리가 있다」.

제230조: 「독일 정부는 소추된 행위의 완전한 구명을 위해, 책임자의 수색을 위해서, 책임문제의 매우 상세한 평가를 위해서 그 제출이 필요하다고 간주되는 모든 종류의 증거나 정보를 제공할 것을 의무지워지고 있다」.

베르사유조약 제228조 ~ 제230조에 대해서는 다음을 참조하라. Th. Niemeyer/K. Strupp (Hrsg.), Jahrbuch des Völkerrechts, VIII. Bd., Sonderband 6 (1922), S. 158 ff. 1919년 6월 28일의 베르사유조약 텍스트는 RGBl. 1919, S. 701. 매우 중요한 규정은 Grewe, Fontes III 2, S. 683 ff.에서. 그 문헌은 Max Gunzenhäuser, S. 168, 236-238에 의해서 포괄적으로 증명되었다. 최근에는 Jörg Fisch, Krieg und Frieden im Friedensvertrag, Stuttgart 1979, S. 207-220; Schengler, S. 71 ff.

생제르맹 조약 제173조: 「오스트리아 정부는 전쟁 법규와 관례에 대한 위반을 이유로 하여 소추된 사람들을 군사법정에 소환하는 연합국가들의 권한을 용인한다. 그러한 사람들이 유죄의 판결을 받으면 미리 법률적으로 예정된 형벌이 그들에게 적용된다. 이 규정은 경우에 따라서는 있을 수 있는 소송절차나 소추를 고려하지 않고 오스트리아 또는 동맹국의 법정에서 적용된다.

오스트리아 정부는 전쟁 법규나 관례에 대해서 위반하였다는 소추에 근거하여 성명을 열거하거나 그 관등에 의하거나 오스트리아 관청으로부터 맡겨진 직무범위에 의하든, 그 밖의 사용에 의하든 지정된 모든 사람들을 연합국가들 또는 당해 제안을 한 그들 중 한 국가에 대해서 인도하지 않으면 안 된다」.

제173조에 대해서는 다음을 참조. Th. Niemeyer/K. Strupp (Hrsg.), Jahrbuch des Völkerrechts, a. a. O., S. 294 ff. 1919년 9월 10일의 생제르맹 조약의 매우 중요한 규정은 Grewe, Fontes III 2, S. 701 ff.에서.

불구하고, 자국민 인도에 대한 조약상의 원리는 고수되고 있었다는 것을 주목하지 않으면 안 된다.「법률 없으면 범죄도 형벌도 없다」는 원칙 역시 여전히 승인되고 있다. 그것도 이 위법행위(acts of violation of the Laws and customs of war)의 전제에 관해서도 형벌과 그 정도(punishment laid down by law)에 관해서도 말이다.

제1차 세계대전에서의 전쟁범죄인에 대한 처벌의 그 밖의 경과는 — 특히 라이프치히의 라이히 최고재판소에 있어서의 절차의 그 후의 경과도 — 주지하는 것으로 전제해도 좋을 것이다.[2)]

2) 여기서 구별할 필요가 있는 두 번째의 종류는 본질적으로 다른 성질의 것이다. 그것은 특유의 의미에서의 잔학행위(atrocity)이며, 그 희생자가 무기를 갖지 아니한 인간이라는, 계획적인 살인이나 비인간적인 잔인성이다. 그것들은 군사적 행위는 아니지만 1939년 이래의 전쟁과 특정한 관계에 있다. 왜냐하면 그들은 전쟁의 준비를 위해서와 전쟁기간 중에 범해진 것이며, 또한 1939년부터의 세계대전에 대해서 정점에 달한 특정한 비인간적 멘탈리티를 특징적으로 나타내기 때문이다. 이 비행의 야만과 야수성은 정상적인 인간의 이해력을 초월한다. 그들은 언어의 완전한 의미에서의 거대한「허용하기 어려운 범죄」(scelus infandum)의 구성요소이며 현상이다.[3)] 그것들은 국제법과 형법의

2) 서방측 연합국가들은 854명의 이른바 독일의 전쟁범죄인 — 그들 중에는 많은 저명한 장군들이 있었다 — 의 이름을 기록한 리스트를 제시하였다. 독일의 여론에 있어서의 격분은 매우 격렬하고 일치하고 있었으므로, 라이히 의회나 라이히 정부는 그 자들의 인도를 거부하였다. 그러나 인도의 강요에 대한 적의의 재발은 연합국가들에게 상당히 높은 값(Preis)으로 생각되었다. 그들은 이러한 것을 그때 진지하게 검토하지 않으면 안 되었다. 다른 한편 라이히 정부나 라이히 의회는 패자로서 선의를 보이지 않으면 안 되었다. 즉 독일의 전쟁범죄인의 단죄는 라이히 최고재판소에 위임되었다(1919년 12월 18일의 라이히 법률 RGBl. [라이히 관보] S. 2125와 이를 보충하는 1920년 3월 24일의 법률, RGBl. S. 341과 1921년 5월 12일의 법률, RGBl. S. 508). 연합국가들의 인도 리스트에 근거하여 전체 907의 절차 중 9개가 판결로써 결정되었다. 그 판결의 내용은 다섯 개의 사례에서 무죄판결, 네 개의 사례에서 자유형이었다. 다른 모든 소송절차는 중지되거나 그와 유사하게 처리되었다. 고발에 근거하여 그 밖의 700의 절차 중 세 개의 판결이 내려지고 다른 모든 소송절차는 중지되었다. 그러한 양적으로 조잡한 결말이 된 것은 통례로는 형의 선고에 대해서 증거상황이 불충분하다는 것이 원인이었다. 즉 연합국가들은 여하튼 그 인도 요구를 45명의 이른바 작은 리스트에 한정하였다. 참고문헌: Claude Mullins, The Leipzig Trials, London 1921. 그 밖의 앵글로 아메리카의 문헌은 Tutorow, S. 103 f. (Nr. 800-815); Albrecht von Stosch, Die Kriegsbeschuldigtenfrage, Hannover 1924 (개별적인 케이스의 서술을 포함하고 있다). Ellinor v. Puttkammer, Die Haftung der politischen und militärischen Führungen des Ersten Weltkriegs für Kriegsurheberschaft und Kriegsverbrechen, in: Archiv des Völkerrechts 1 (1949), S. 424 ff.; J. W. Bruegel, Das Schicksal der Strafbestimmungen des Versailler Vertrages (Art. 228-230 u. 227), in: Vierteljahreshefte für Zeitgeschichte 6 (1958), S. 263 ff. (270); Willis, S. 126-147; E. R. Huber, Verfassungsgeschichte, Bd. 7, S. 25 ff. m. w. Nachw. 현재 상세한 것은 Schwengler, S. 303 ff., 304 ff. 슈벵글러의 해석적이고 확정적인 평가에 대한 비판은 Quaritsch, FS H.-J. Arndt, S. 241, 247 ff.

3)「전쟁범죄」와「허용하기 어려운 범죄」, 즉「특별한 의미에서의 잔학행위」(atrocities in einem spezifischen Sinn)의 구별을 슈미트는 전통적으로 처벌할 수 있는 전시국제법 — 그러므로 전시법규, 전쟁관례("ius in bello") 그리고 모스크바에서 1943년 11월 1일에 루즈벨트, 처칠, 스탈린에 의해서 발해진「독일의 잔학행위에 관한 선언」— 에의 위반에 의해서 규정하였다. 1945년 10월 6일의 국제군사재판소 헌장 제6조는 "war crimes"와 "crimes against humanity" 사이를 분리하였다. 마찬가지로 1945년 12월 20일의 관리위원회 법률 제10호 2조(b와 c)는 전쟁범죄를「인도에 대한 범죄」로부터 분리하였다.

인도에 대한 범죄의 구성요건은 「국외추방」(Deportation)을 포함하고 있었다. 다른 한편, 슈미트는 「잔학행위」와 「허용하기 어려운 범죄」로서 나중에 「집단살해」(Völkermord) [제노사이드]로 명명하게 된 것 — 즉 1948년 12월 9일의 집단살해의 방지와 처벌에 대한 조약(BGBl. 1954 II S. 730) 그리고 형법전 제220조a에 있는 — 을 생각하고 있었다.

슈미트에 의해서 개념으로서 사용된 「허용하기 어려운 범죄」(scelus infandum)는 고전 라틴어에서 이미 제시되고 있었다. 그러나 그것은 단지 말의 우연한 결합으로서이다(Thes. ling. Lat. VII, p. 1344/45 참조). Scelus는 신을 두려워하지 않는 소업, 예컨대 학살이나 반역과 같은 특별히 중대한 범죄이며, infandus는 그러한 관련에서 「극악무도한(abscheulich), 형언키 어려운(unsäglich)」이라고 번역할 수 있다(Georges, Bd. 2, 11. Aufl., Nachdr. 1962, S. 227, 2522/23). 그러므로 「허용하기 어려운 범죄」는 내용에 관한 두 개의 최상급을 연결하고 있으며, 이 때문에 슈미트는 의도된 사태에 관해서 유용하다고 생각할는지도 모른다. 즉 슈미트는 이러한 최상급을 강하게 하는 데에 영향을 받고 있었다.

슈미트는 여하튼 자기의 독자로 하여금 자신이 사용한 인용문 그 자체의 저자나 원전의 출처를 탐색케 하였다. 만약 이 경우에 그것을 하였다면 수수께끼는 매우 심각한 것이 되었을 것이다. 그리하여 슈미트는 그의 수기인 『글로사리움』의 1950년 1월 9일자에서 「infandum scelus라는 표현은 Cortius가 편집한 Pharsalia [별명 내전]의 내가 소유하고 있는 판 제8권(Leipzig 1726, p. 231)의 내용 설명 속에 있다」라고 자기가 발견한 곳을 지시한다(손으로 쓴 원고에서는 그처럼 옳게 적혀있었으나, "Glossarium" S. 288의 인쇄된 텍스트에서는 「Cortini, Leipzig 1826」라고 틀리게 적혀 있으며, 또한 같은 책, S. 67 FN 1에서는 "Kortini"라고 틀리게 적혀 있다). 슈미트에 의해서 인용된 책자의 정확한 제목은 "Gottlieb Cortius, Marci Annaei Lucani, Lipsius 1726"(유고 RW 265-231)이다. 코르티우스의 이 판을 베르너 베버가 1940년 12월 19일 슈미트에게 증정하였다(이 책의 면지에 슈미트 자필의 메모). 베르너 베버(Werner Weber, 1904-1976)는 슈미트의 본 시대의 제자이며 박사과정 학생이며(Parlamentarische Unvereinbarkeiten, AöR N. F. 19, 1930, S. 161-254), 1930년 이래 프로이센의 관료로서 1935년 동시에 베를린 상과대학의 정교수. 1942년 라이프치히 대학, 1949년 괴팅겐 대학. 그는 슈미트 70세와 80세 생일축하논문집의 공동 편집자였다. 또한 FS W. Weber (1974), hrsg. v. H. Schneider u. V. Götz 그리고 Verzeichnis der Schriften Webers, ebd. S. 1005-1033을 보라.

그 텍스트는 슈미트의 특징적인 무수한 언더라인을 포함하고 있다. 내전에 대한 루카누스(Lucanus)의 드라마틱한 자주 과장된 기술은 파르살루스(Pharsalus)에서의 전투나 폼페이우스의 살해에서 정점에 달하고, 루카누스에 의해서 모든 수사적인 수단으로 탄식하고 있는데 "scelus infandum"을 사용하지 않는다. 슈미트가 정당하게 지시한 그 내용 설명은 『파르살리아』의 본래의 텍스트와는 관계가 없다. 호시우스의 유명한 판인, Hosius (3. Aufl., Leipzig 1913) 그리고 Housman (Oxford 1926), 대역판인 Ehlers (München, 2. Aufl. 1978) 그리고 Luck (2. Aufl., Berlin 1989) 아울러 Manfred Wacht, Concordantia in Lucanum, Hildesheim 1992, S. 350, 669). 그 개념(scelus infandum)은 실제로는 편집자인 코르티우스가 제8권에서 12행에 걸쳐 전치한 내용 설명 중에서만 발견된다. 거기에서는 S. 231의 9-12행에서 이렇게 말한다.

어린이였던 왕은 잘못된 충고를 듣고 두려움 없이
극악무도한 잔인한 범죄로 돌진해 버렸다.
왕은 왕국의 옹호자를 참수형으로 처하고
부정하게도 승리자에게 포상까지 주었던 것이다.

즉 신을 두려워하지 않는 소업은 기원전 48년 9월 28일의 펠루시온(Pelusion) 근처 해안에서의 무저항한 폼페이우스의 살해와 참수였다. 루카누스에 대해서 폼페이우스의 살해가 매우 두려웠던 것은 비교적 신변 가까이에서 일어났기 때문에 언어도단이었을 뿐만 아니라, 특히 한사람의 로마인 — 폼페이우스와 같이 못된 로마인 — 이 소년왕 프톨레마이오스 13세와 그 궁궐의 일당을 포함하여 경멸하였던 프톨레마이오스가의 사람들의 희생자가 되었기 때문이다. 주지하듯이 캐자르는 이집트에 도착한 때에 자기의 적인 폼페이우스의 머리를 완전한 영예로써 매장하고 살인자를 처형할 것을 명령하였다. 그러므로 "scelus infandum"은 완전히 루카누스의 표현은 아니지만 그러나 폼페이우스에 가한 범죄의 두려움에 대한 루카누스의 이해에 일치한다(제3권 536-872행 참조).

감정서에서 scelus infandum은 「특히 SS나 게슈타포의 극악무도한 잔학행위」를 의미하고 있다(「노트」

그때까지의 틀을 모두 부수어 버린다. 이러한 범죄는 행위자를 법 밖에 두는 아웃로함으로써 완전하게 「법적 보호의 정지에 둔다」(ächten). 상관의 명령은 이러한 비행을 정당화할 수 없고 면책될 수 없다. 기껏해야 특정한 상황에서 행위자가 이러한 명령의 결과 긴급상태에 있었던가의 여부가 그 긴급상태가 행위자를 면책시키는가의 여부라는 의문을 제기할 계기를 부여할 뿐이다.[4] 여기서 문제가 되는 것은 이상한 비행이라는 원칙은 절대로 논의의 대상이 되어서는 안 된다. 이러한 논의가 이러한 과정들의 거대한 것에서 벗어나고 그것이 이상하다는 의식을 약화시켜 버린다. 이러한 종류의 전쟁범죄의 특수성, 즉 본래의 「잔학행위」와 「허용되지 않는 범죄」에는 다음의 논술의 과정에서 자주 언급하며, 그리고 결론 부분의 노트에서 법적 상태를 명화하게 하기 위해 고려에 넣을 필요가 있는 하나의

참조). "Glossarium"에서 슈미트는 이 개념을 별개의 관련에서도 사용한다. 같은 책, S. 87의 1948년 1월 19일의 기록과 S. 198의 1948년 8월 19일의 기록 참조.

루카누스의 『파르살리아』를 읽는 것은, 18세기 중엽부터 20세기의 60년대까지 좁은 의미에서의 전문학자들의 집단 이외에서는 완전히 행해지지 않았는데, 그 도서를 슈미트는 50년대에 새롭게 다루었다. 즉 슈미트가 면지에 쓴 자필 기록에 의하면, 1956년 8월 30일에 1947년에 파리에서 출간된 두 권짜리 판(Lucain, La guerre civile — La Pharsale, hrsg. von A. Bourgery u. M. Ponchont)을 입수하고 거기에 라틴어의 텍스트에서도 프랑스어 텍스트에서도 일관하여 많은 언더라인을 붙였다(유고 RW 265-231). — 루카누스의 파르살리아에 대한 슈미트의 관심은 이중으로 기초지워지고 있었다. 즉 내전은 그의 일생의 테마의 하나였다(Quaritsch, Positionen und Begriffe, S. 39 ff. 참조).* 또한 라틴어의 저작들을 — 루카누스와 같은 「다루기 어려운」 것으로 여기는 것도 포함하여 — 슈미트는 젊은 시절부터 친숙해 있었다.

4) 「명령에 의한 행위」는 군형법에서는 전면적이든 부분적이든 책임조각사유였다. 영국이나 미국의, 그리고 또 프랑스나 이탈리아의 제2차 세계대전에 이르기까지 통용되고 있던 군형법에 의하면, 전쟁범죄의 행위자들은 전쟁범죄가 「자기의 정부나 지휘관의 명령 또는 동의 아래 범해진 경우에는 처벌되지 않았다. 그러한 행위를 범하는 것을 명하거나 또는 자기의 권위 아래 그러한 행위를 군대에 의해서 범하게 만든 상관은 교전국의 수중에 떨어진 때에는 교전국에 의해서 처벌될 수 있다」(미국 육전법규 제345조, 또는 영국 군법 매뉴얼 제443조도 본질적으로 같다). 과연 독일 군형법에서도 「공무에 있어서 명령의 집행이 형법에 위반하는」 경우, 명령하는 상관만이 책임이 있었으나, 「복종하는 부하는 1. 그가 주어진 명령을 벗어난 경우, 또는 2. 일반적 또는 군사적인 범죄나 비행을 목적으로 하는 행위에 상관의 명령이 해당한다는 것을 자신이 알고 있었던 경우, 공범자로서의 형벌을 받았다」(1940년판 군형법전 제47조). 미국이나 영국의 군형법의 광범위한 책임조각사유의 원용[의 가능성]을 독일의 전쟁범죄인에 대한 재판에 있어서 앞으로의 피고인들로부터 빼앗기 위해서 1944년에 영국이나 미국은 그들의 고유한 군형법을 변경하였다. 그것에 대해서 에리히 카우프만(Erich Kaufmann)은 1957년에 「감내하기 어렵다」(peinlich)고 느꼈다(Gesammelte Schriften II, S. 457). 다른 한편 테일러(Taylor)는 그 관련을 인정하지 않는다면 암시도 하지 않았다(Vietnam, S. 46 ff.; dt. Ausg. S. 50 ff.). 나아가 「가장 감내하기 어려운」 것이 50년대 초에 영국의 군형법은 군대가 군기를 두려워하였으므로 이전의 상태(status quo ante)로 복귀하였다(이에 대해서는 v. Knieriem, S. 267). 베트남에서 군법위반을 이유로 하여 미국의 군인에 대해서 행해진 절차에서 제345조의 1944년 이래 통용하던 해석은 무시되었다. 그것에 대해서는 후술하는 [후기의 각주][354] 이하에서.* 국제군사재판소 헌장 제8조와 관리위원회 법률 제10호의 2조 4호는 사후적이며 소급적으로 구속적 명령의 형벌제외 이유를 유죄판결을 내려야 할 범죄행위에 대해서 전면적으로 폐기하였다. 즉 「누가 어떤 사람이 자기의 정부나 상관의 명령 아래 행동하였다는 사실은 범죄에 대한 책임으로부터 그 사람을 해방하지 않으나 그러나 형벌을 경감하는 것으로서 고려될 수 있다」라고. — 슈미트의 제언은 이 규칙과 동일하지만 그러나 정당하게는 scelus infandum의 의미에서의 인도에 대한 범죄에만 관계가 있다.

에리히 카우프만(1880-1972), 독일의 국법학자이며 국제법학자, 법철학자. 1912년 이래 킬, 쾨니히스베르크, 본, 베를린, 뮌헨의 각 대학에서 교수. 1927-33년, 1950-58년, 외무부 법률고문. 1934, 유대인으로서 강제 퇴직. 1938년 네덜란드로 망명.

관점에 논급할 것이다.

전쟁범죄에 대해서 지금까지 구별해온 두 개의 종류 — 교전법규(jus in bello)의 침해와 본래의 잔학행위 — 의 각각 중에서 나아가 많은 구별이 생각된다. 그러나 그 구별은 여기서는 깊이 논하거나 상론할 필요는 없다. 이 두 개의 범주의 특수성을 간단하게 나타냄으로써 여기서는 우선 흥미 있는 세 번째 종류의 전쟁범죄의 법적인 특색이 매우 명료하게 나타나게 된다.

(3) 언어의 세 번째 의미에서의 전쟁범죄는 침략전쟁이다. 침략전쟁은 그 자체가 단적으로 범죄로서, 더구나 국제법상의 범죄로서 이해되고 있다. 따라서 이 경우 전쟁 그 자체가 범죄이며 엄밀하게 말하면 전쟁범죄(Kriegsverbrechen)*가 문제인 것이 아니라 정확하게 말하면 「전쟁이라는 범죄」(das Verbrechen des Krieges)가 문제이다. 전쟁을 국제범죄로서 이해함으로써 국제법적으로도 형법적으로도 지금까지의 법적 상태에 대해서 무엇인가 새로운 것뿐만 아니라 무엇인가 신종인 것마저 표명된다. 지금까지 승인되고 있는 국제법에 의하면 확실히 각각의 주권국가는 침략전쟁과 방위전쟁의 구별 없이 전쟁을 수행할 권리(jus ad bellum)를 가지고 있었다. 침략전쟁을 국제법적으로 범죄로 보는 것은 — 이전의 단지 이념사적으로 중요한 언설을 별도로 한다면 — 제1차 세계대전이나 파리의 강화조약들 이후에, 비로소 실제적인 관심을 가지게 되었다. 1920년부터 1939년까지의 시대에서 특히 제네바 연맹(Genfer Liga)[5]의 강화와 활성화에의 노력, 1924년 10월 2일의 이른바 제네바 의정서[6]를 위한 논의, 그리고 결국 1928년 8월 27일의 켈록 규약[7]의 어떤 종류의 해석이 침략전쟁을 국제범죄로서 다룬다는 생각의 강화에 본질적으로 공헌하였다. 그 결과 요청이나 프로그램으로서 뿐만 아니라, 즉「제정되어야 할 법」(de jure condendo)이라는 일반적 의미에서뿐만 아니라 이미 승인 받은 법에 의해서도 국제범죄로 간주되어야 한다는 정도로까지 침략전쟁 자체의 국제법적 범죄화는 제2차 세계대전이 발발하는 때, 즉 1939년 여름에 진척되고 있었는가의 여부라는 문제가 우선 발생하는 것이다. 그것은「법률 없으면 범죄도 형벌도 없다」(nullum crimen, nulla poena sine lege)[8]는 원칙의 관점에서 중요하다. 그 때문에 우선

---

5) 1919년에 "Société des Nations," "League of Nations"로서 창설된「국제연맹」(Völkerbund)이 생각되고 있다. 구성국은 먼저 (미국을 제외한) 제1차 세계대전의 전승국이었다. 국제연맹 규약은 모든 강화조약의 제1편을 구성하였다. 독일국과의 베르사유조약에서는 제1조로부터 제26조였다. 독일국은 1926년 9월 8일에 국제연맹에 가입하였다. 슈미트는「제네바 연맹」(Genfer Liga)라는 말을 사용하였다. 왜냐하면 "Völkerbund"라는 말은 전세계에 걸친 조직 — 이미 이 조직은 합중국이 부재하기 때문에 그와 같은 것은 아니었다 — 을 시사하고 있었는데 무엇보다도 그러나 — 슈미트의 의견에 의하면 — "Völkerbund"에는 Bund(동맹)의 성격이 결여되어 있었기 때문이다. 상세한 것은 Die Kernfrage des Völkerbundes, Berlin 1926에서 서술하고 있다. 국제연맹을 정의하는 시도의 하나의 리스트는 Axel v. Freytagh-Loringhoven, Die Satzung des Völkerbundes, Berlin 1926, S. 9 ff.에 보인다.

6) 슈미트는 제네바 의정서를 제3장 제1절에서 서술한다. 거기에서의 주해 (55) 이하를 참조.

7) 켈록 규약은 제3장 제2절에서 서술하고 있다. 거기에서의 주해 (81)을 참조.

8) "(독일어로는) Kein Verbrechen, keine Strafe ohne Gesetz." 이 법언의 유래에 대해서는 Liebs, S. 144 Nr. 161, 168을 보라.

이 원칙의 실제적인 의미를 간단히 서술할 필요가 있다.

I. 「법률 없으면 범죄도 형벌도 없다」는 명제의 실제적인 의미

침략전쟁 자체는 지금까지 국제법에서도 또한 지금까지의 형법에서도 형사벌을 가지고 위하된 행위는 아니었다. 적어도 말하는 것은 침략전쟁을 국제적으로 범죄로 간주한다는 미국측의 주장이 1939년 여름이란 시점에서 이미 완성되었는가의 여부는 의심스럽다는 것이다. 그러므로 국제범죄로서의 침략전쟁은 — 다른 종류의 전쟁범죄와는 달리 — 여하튼 새로운 범죄인 것이다. 그 결과 이 범죄를 이유로 하여 선고되는 최초의 형사재판에서의 유죄판결은 「법률 없으면 범죄도 형벌도 없다」는 명제와 대결하지 않을 수 없다. 일반적이며 국제적으로 승인된 이 명제의 내용은, 행위가 그 실행 때에 아직 형벌로서 위하되지 아니한 경우에는 형사벌을 부과하는 것을 명확하게 금지하는 것이다.

모든 법률가들이 전세계, 즉 독일 내외에서 크게 분개하여 기억하는 것은 나치스 정권 하인 1933년 3월 29일의 룹베법(Lex van der Lubbe)*에 의해서 교수형집행이 가능하게 되고 룹베가 교수되게 된 때이다. 비록 그가 행하였다고 하는, 또는 실제로 행한 행위에 대해서는 다른 종류의 사형이 규정되고 있었음에도 불구하고 말이다.[9] 즉 독일 형법전 제13조는 사형은 참수에 의해서 집행해야 한다고 규정하고 있었다. 형벌의 소급효의 금지는 이 경우 가벌성 자체뿐만 아니라 형벌의 집행방법에 까지도 적용되고 있었다. 이것을 계기로 하여 전세계의 여론에 끼친 분노는 매우 격렬하였으므로 룹베는 히틀러의 명령으로 1933년 여름에 교수가 아니고 손도끼로 처형되었다. 나아가 내가 기억하는 것은 독일 형법전에 새로운 두 조문이 채택된 때에, 즉 1935년 6월 28일의 법률에 의해서 형법에서 유추가 허용된다고 선언되고, 법률과 아울러 건전한 민족감정에 의한 법창조가 형법상의 결정에 대해서도 허용되게 된 때에 생긴 국제적인 대의론이다.[10] 여기서 긴요한 것은 나치스 정권의 이러한 법률개혁을 그 실체적 내용에서 평가해서는 안 된다. 이러한 법률개혁이 여론에 끼얹은 흥분은 여전히 완전하게 기억되고 있으며, 「법률 없으면 범죄도 형벌도 없다」는 명제가 일반적으로 승인되고 있다는 것을 보여주고 있다. 그 후 자동차를 급정거하는 수법으로 노상강도 행위에 대해서 1936년

---

9) 이른바 룹베법(「사형의 선고와 집행에 대한 법률」 RGBl. 1933 I S. 151)은 소급하여 집행의 방법뿐만 아니라 특히 형벌 그 자체도 엄격하게 (징역 대신에 사형) 또는 징역형에 즈음하여 형벌 틀을 확대하였다. 전체 · 생명 · 신체 · 자유 그리고 공안을 해하는 위법행위에 대한, 위법행위의 영역에 발하는 고의의 행위에 관계하였다. 그 규정은 거의 2개월 소급하였다. 소급의 규범상의 기술에 대해서는 Nauke, S. 227을 참조하라.

10) 형법전 제2조 「법률이 처벌할 수 있다고 명언하거나, 또는 형법의 근본사상 아울러 건전한 국민감정에 따라서 처벌할 가치가 있는 행위를 범한 것은 처벌된다. 어떠한 형법도 그 행위에 대해서 직접으로 적용되지 않는다면 그 행위는 그 근본사상이 그 행위에 가장 좋고 적합한 법률에 따라서 처벌된다」. 1935년 6월 28일의 형법전의 변경을 위한 법률, RGBl. 1935 I S. 839 ff.(839).

1월 1일에 소급하여 사형하는 뜻을 규정한 1938년 5월 22일의 자동차습격법의 경우에는,[11] 마찬가지의 분노는 다시 동일한 정도로 일어나지는 않았는지도 모른다. 그러나 그것은 1938년 당시에서 히틀러의 통치 중에 문명 세계의 모든 법관념을 일탈한 이상성을 보는 데에 이미 익숙해버린 것에 불과하였다.

이와 같이 널리 퍼진 확신이나 역사적 사실에서 보면 「법률 없으면 범죄도 형벌도 없다」는 원칙을 당시와 같이 단호하게 가지고 나온 측의 사람들이 지금까지 완전히 형벌에 의한 실정법적인 위하가 존재하지 않았던 행위를 범죄로서, 더구나 사형할만한 범죄로서 오늘날 취급하는 것은 일견 기묘하다. 나는 여기서 전술했듯이 전쟁범죄의 다른 두 종류에 대해서가 아니라 오로지 「국제범죄」(international crime)로서의 침략전쟁이라는 새로운 국제법상의 범죄에 대해서 논하는 것이다. 이처럼 새로운 범죄의 성격에 이론이 있기 때문에 많은 법률가는 「법률 없으면 범죄도 형벌도 없다」는 명제를 단순히 지적하는 것으로 문제의 해결을 아울러 유죄판결이 법적으로 허용되지 않는 증거를 찾는 경향이 강하였다. 실정적인 형법을 지향하는 유럽 대륙의 법률가는 특히 그러한 경향이 강하였다. 이에 대해서 「법률 없으면 범죄도 형벌도 없다」는 원칙이 과연 원칙으로서 일반적으로 승인되고 있어도 실제로는 유럽 대륙과 영국과 미국의 각각의 실제상의 적용에서 그것이 매우 다르게 나타난다는 데에 주의할 필요가 있다.

(1) 유럽 대륙의 사고양식의 특성은 「법률 없으면 …」이라는 성구의 「법률」이라는 말을 성문의, 정식으로 공포된 국가의 형법이라는 실증주의적 의미로 이해하는 점에 있다. 이러한 이해는 유럽 대륙의 평균적 법률가에게는 거의 200년 이래 매우 당연한 것이었으므로 그것과 다른 이해의 가능성은 일반적으로 거의 의식되지 않았다. 모든 법의 전형적 현상형태로서의 법전편찬에 의해서 유럽 대륙의 법이 성문의 실정적인 국가의 법률로 된 것에 합하여, 법치국가적 근거에서 「법률 없으면 범죄도 형벌도 없다」는 명제에 나타나 있던 요구도 또한 강하게 되었다. 그 때에 프랑스법의 발전은 많은 다른 대륙 국가들의 모범이 되었다. 그것은 1789년의 「인간과 시민의 권리선언」 제7조와 제8조에서 시작한다. 즉

> 「제7조 누구든지 법률로써 규정된 경우, 그리고 법률이 규정한 형식에 의하지 아니하고는 소추 · 체포 또는 구금될 수 없다. 자의적인 명령을 발하거나 집행하거나 또는 집행시키는

---

11) 1938년 6월 22일의 자동차습격에 의한 박탈행위에 대한 법률, RGBl. 1938, I S. 651 ff. — 이러한 이른바 괴체법(Lex Götze)이 어떤 종류의 일련의 범죄에 주목하고, 그래서 그 법률이 사형을 2년반 소급하여 제정한 것에 대해서 1936년 6월 22일의 영리소아 유괴에 대한 법률(RGBl. I S. 493)은 세계적으로 주목과 격분을 일으킨 린드버그의 유아의 유괴와 살해를 계기로 하여 성립하였다. 그 소급효의 기간은 3주간이었다. 1938년 이후 형법전 제2조a의 규정은 대략 15건의 사건에서 때때로 — 사소한 형법에서도 — 소급효에 의해서 파괴되었다. 나우케의 일람표 S. 227-233을 참조. 소급효금지를 완화하기 위해 슈미트 자신이 관여하였다. 즉 슈미트는 자기의 "Nationalsozialismus und Rechtsstaat"(「나치즘과 법치국가」, 본서 406면)라는 논문에서 「법률 없으면 형벌 없다」는 격률에 「형벌 없으면 범죄 없다」는 그에 의해서 정의(正義) 명제로서 제시된 격률을 대치하였다(Juristische Wochenschrift, 1934, S. 713, 714, l. Sp.).

자는 처벌된다. 그러나 법률로써 소환되거나 체포된 모든 시민은 바로 이에 따라야 한다. 이에 저항하는 자는 범죄자가 된다.

제8조 법률은 엄격하고 명백하게 필요한 형벌만을 규정해야 하며, 아무도 범죄 이전에 제정 공포되고 합법적으로 적용된 법률에 의하지 아니하고는 처벌되지 아니한다」.

독일 국가들에서 이러한 견해는 특히 근대 독일의 형법학의 창설자인 안젤름 폰 포이에르바하*에 의해서 지배적으로 되었다. 그의 이름을 내가 드는 것은 「법률 없으면 범죄도 형벌도 없다」는 명제의 오늘날 세상에 통용되고 있는 표현이, 옛날 로마법적 기원 아래서도 영국적 유래의 것도 아니고, 포이에르바하의 표현에 근거하며, 그의 교과서(1801)에 처음으로 나타나고 있기 때문이다.12) 수많은 성문의 헌법이나 법률의 규정 — 그 속에는 1871년의 독일 형법전 제2조13)나 바이마르 헌법 제116조14)가 있다 — 은 포이에르바하와 동일한 사고를 동일하게 실정법적 이해 아래 규정하고 있다. 이 경우 「법」이라는 개념을 국가의 법률로서 실정화하는 것에서 성문법률만이 행위에 벌을 과할 수 있다는 것이 되며, 또한 형벌을 기초지우거나 형벌을 무겁게 하는 모든 관습법, 나아가서는 형벌을 기초지우는 형법 규정의 유추적인 적용이 모두 금지된다는 것까지 된다. 이때문에 실제로 법치국가적 의미에서 정당하려고 한다면, 형벌을 기초지우는 실정적인 법률이 일정한 형벌로 위하하지 않으면 안 된다. 그러므로 「법률 없으면 범죄도 형벌도 없다」는 명제는 유럽 대륙적 이해에 의하면 3중의 금지를 내용으로 한다. 즉 형법의 소급효뿐만 아니라 형벌을 기초지우거나 무겁게 하는 관습법, 그리고 형법에 있어서의 유추를 배제하는 것이다.

(2) 영국적 이해에 의하면 형법의 소급금지는 마찬가지로 원리적으로 당연한 것이다. 그런데 저명한 교과서나 콤멘탈 등에서는 「법률 없으면 범죄도 형벌도 없다」는 명제가

---

12) Paul Johann Anselm von Feuerbach, Lehrbuch des gemeinen in Deutschland gültigen peinlichen Rechts, 1. Aufl., Gießen 1801, §20: 「법률 없으면 형벌 없고, 범죄 없으면 형벌 없고, 법이 규정한 형벌 없으면 범죄 없다」. 이에 대해서는 Joachim Bohnert, P. J. A. Feuerbach und der Bestimmtheitsgrundsatz im Strafrecht, Heidelberg 1982. 그 원리는 민사법의 규정에 관해서는 이미 로마법에서 알려지고 있다. Dig.[학설휘찬] 50, 16, 131 §1 S. 2, Hs. 2 (Ulpian); 50, 16, 244 (Paulus), 형법에 관해서는 근대 초기에서 처음으로 조금씩 맹아적으로 진개되고 있다. 최근의 문헌은 Hans Ludwig Schreiber, Gesetz und Richter — Zur geschichtlichen Entwicklung des Satzes "Nullum crimen, nulla poena sine lege," Frankfurt 1976; Gerhard Dannecker, Das intertemporale Strafrecht, Tübingen 1993, S. 103-176. — 기본법은 「행위가 벌해지는 것은 그 행위가 행해지기 전에 그 가벌성(Strafbarkeit)이 법률적으로 규정되고 있는 경우뿐이다」(제103조 2항. 형법전 제1조 마찬가지)라고 정식화하고 있다.

13) 형법전 제2조의 내용은 「어떤 행위에 형벌(Strafe)을 과할 수 있는 것은 그 행위가 행해지기 전에 이 형벌(Strafe)이 법률적으로 규정되고 있던 경우뿐이다」라고 되어 있다.

14) 바이마르 헌법 제116조: 「행위 이전에 처벌을 법률로 규정한 경우에만 그 행위에 처벌을 부과할 수 있다」. 형법전 제2조와의 자구 내용의 차이("Strafe" 대신에 "Strafbarkeit")는 어떠한 실질적인 변경도 의미하지 않았다. Gerhard Anschütz, Die Verfassung des Deutschen Reiches, 14. Aufl. 1933, Neudr. 1960, Art. 116 Erl. 1, S. 548 참조.

영국적 기원의 것이며, 특별히 영국적 법사고의 성과인 것처럼 자주 주장되어 왔다. 이 명제는 통례 1215년의 마그나 카르타에 돌아가는데, 이 전통적인 의견이 법사적인 비판에 견딜 수 있는가는 여기서는 문제가 아니다. 나는 마그나 카르타의 유명한 제39조의 문언을 기억하여 불러내고 싶다.

> Nullus liber homo capiatur vel imprisonetur aut dissceisiatur aut utlegatur aut exuletur aut aliquo modo destruatur nec super eum ibimus nec super eum mittemus *nini per* legale judicium parium [suorum] vel per *legem terrae*.[15)]

「국토법」(lex terrae)은 보통의 란트법, the Law of the Land, 영국의 코먼로이다. 1628년에 있어서의 영국의 법적 확신에 대해서 전형적이며 영향력이 큰 업적인 코크의 교과서[16)] 중에서 "lex terrae"(the Law of the Land)는 「법의 적절한 절차」(due process of law)로 번역되고 있다. 그럼으로써 「법률 없으면 범죄도 형벌도 없다」는 명제가 「법의 적절한 절차」에 대한 포괄적 공식의 구성부분이 되었다. 이 공식에서 형법의 소급금지와 함께 피고인에 대한 다시 많은 법치국가적 보호를 도출할 수 있게 되었다. 법치국가적 사고의 광범위한 발전에 커다란 영향을 미친 로크는 판결은 불변의 규칙(settled standing rules)에 의해서만 근거해야 하며, 또한 형벌은 「법의 규정에 따라서」(with such Penalties as the Law has established)[17)]만 허용된다는 것을 강조하였다. 영국, 유럽 대륙, 미국에 있어서의 로크의 영향은 아주 현저하게 크다. 그는 소급적인(ex-post-facto) 법률에 대한 원리적 금지를 모든 근대의 법률가의 의식 속에 함께 한 것이다.

그리하여 「법률 없으면 범죄도 형벌도 없다」는 원칙에 관련하여 영국이나 유럽 대륙의 법의 수많은 개념이나 형식이 일치하게 되었다. 그 결과 쉽게 영국적 사고양식의 특성이 무시되기도 한다. 그러나 바로 이 경우 대륙과 앵글로색슨과의 법사고의 차이는 특히 중요한 것이다. 「법률 없으면 범죄도 형벌도 없다」는 명제의 중심적 의미에 대해서 약간의 보충을 하여, 또 한 번 거기에 돌아가기로 한다. [대륙의 법사고와 앵글로색슨의 법사고의] 차이는 「법률」이 이 경우에 무엇을 의미하는가에 대한 이해가 근본적으로 대립한다는 것과 관계가 있다. 대륙의 법실무나 법학은 법의 정상적인 현상형태로서 성문의, 정밀하게 작성된 국가의 법률에 착안한다. 이에 대해서 영국법, 특히 영국의 형법은 원리적으로 또는 압도적으로 코먼로, 즉 관습법으로 계속하였다. 확실히 개별적으로 제정된 [성문] 법규는 수가 많지만 관습법을 배제하는 형법전 편찬은 아주 없다.

---

15) Hans Wagner, Magna Carta Libertatum, 2. Aufl., Bern 1973, S. 24. 독일어[그것을 여기서 한국어로 번역하면], 「자유인은 동배(同輩)의 적법한 판결에 의하거나, 법의 정당한 절차에 의하지 아니하고는 체포·구금되지 아니하며, 재산과 법익을 박탈당하지 아니하며, 추방되지 아니하며 아울러 기타의 방법으로 침해되지 아니한다. 짐은 이를 스스로 행하거나 다른 사람에게 이를 명하지도 아니한다」.

16) Sir Edward Coke, Institutes of the Laws of England, 1628, 4. Aufl., London 1639-1643.

17) John Locke, Two Treaties of Government, 1688/89, in: The Works of John Locke, London 1823, Bd. 5, S. 207 (400).

코먼로는 본질적으로는 관습법이며 판례에 의해서 담보되고 진화한다. 그 근저에 있는 관념은 결국 여전히 중세적이다. 즉 법은 원칙으로서 창조되는 것이 아니라 사건마다 판결 중에 발견되는 것이다. 그러므로 판례는 새로운 법을 창조하는 것이 아니라 이미 막연하게 존재하고 있던 법을 명확하게 밝히는 것이다. 엄밀하게 말하면 이 의미에서 새로운 법은 완전히 존재하지 않는다. 새로운 판례나 창조적인 판례란 적어도 싹튼 상태에서 법으로서 존재하고 있던 것의 복면을 취한 것이다.

형법에서 코먼로의 관습법적 성격은 유럽 대륙의 법률학의 실정적인 법사고와 완전히 다르다. 유럽 대륙의 법률학이 형벌을 기초지우는 관습법을 거부하고, 관습법에 의한 형벌화를 허용하지 않는다고 명언하는데 대해서, 영국의 형법은 대체로 원칙적으로 코먼로이다. 따라서 형법의 판례는 형벌을 기초지우고「형벌화하는」형법률의 양식으로 가벌성을 구성하는 것이 아니라 복면을 쓰고 확정한다는 의미를 가진다. 그러면 이러한 방법으로 새로운 구성요건을 미리 형벌화하는 것은 어떻게 해서 가능한 것인가? 그것은 유럽 대륙법의 법률가에게는「실정 형법적」이 아니고 오히려 자연법적이라고 느껴지는 논증의 도움을 빌린「구성적인」(konstruktiv) 방법에 의해서이다.「자연적 정의」(natural justice),「실제상의 편의」(practical expediency),「코먼 센스」에 논급하는 것이 그러한 논증의 역할을 한다. 그러한 판결이유(rationes decidendi)에 근거하여「구성적인」판결과 창조적인 판례, 이른바 "creative precedences"가 가능하게 된다.

전통적인 영국 법학에도 나타나는 옛 표현에 의하면 가벌적 행위는 모두「자연범」(mala in se)이, 그렇지 않으면「법정범」(mala prohibita)의 어느 것이다. 그것에 대해서는 브릴(Hascal R. Brill)의『형법백과사전』(시카고, 1922년, 852면)에 이렇게 적혀 있다.

> 「자연범죄(crimes mala in se)의 내용은 공적인 치안이나 질서의 일체의 침해, 즉 인격이나 재산의 침해, 공적인 예의나 좋은 품행의 유린, 공적인 의무의 고의적이고 부정한 침해를 포함한다」.

「자연범」의 경우 판례가 단순히 복면을 취한다는 성격을 가지는 것은 곧 명백하다. 이 경우 어떠한 새로운 범죄도 창조되지 않는 것이며, 비록 새롭게 또 처음으로 출현한 사태일지라도 건전하게 인간적인 법감정을 가진 모든 사람에 대해서 항상 변함 없이 범죄였던 것이 범죄로서 명시되고 있을 뿐인 것이다. 이에 대해서「법정범」은 실정적인 규정(Anordnung)에 의해서, 즉 법규(Statutes)에 의해서 비로소 가벌적 행위로 되며, 말하자면「그렇지 않으면 악사는 아닌」(not otherwise wrong) 것이다. 그러므로 이러한 법규는 엄밀하게 해석된다.「법률 없으면 범죄도 형벌도 없다」는 명제는 때때로 대륙 형법의 법률실증주의자가 기교적이고 궤변적으로 마저 느낄 정도로 엄밀한 해석으로 이와 같은 법규에 적용된다. 에드워드 6세 제정법 c. 12, 38에서의「수 두(數頭)의 말을 훔친다」는 언어의 해석은 그 유명한 예이다.* [이에 대해서]「자연범」의 경우는 완전히 다르다. 전통적으로 관습법적인 사고양식에 대해서 「법률 없으면 범죄도 형벌도 없다」의 문제는 이 경우 완전히 존재하지 않으며 결국 이해하기 어려운 것이다. 「자연적 정의」를 사용하여 일을 하는 법률가의 눈에는 유럽 대륙의 법률가의 상술한 법률실증주의적 이해는 모든 범죄를 단순한 「법정범」으로 바꾸는 것만을 의미하는 것처럼 보인다.

(3) **미국적인** 이해는 영국의 코먼로에 의해서 압도적으로 규정되고 있는데, 그러나 완전히 동일한 것은 아니다. 유럽 대륙적인 이해의 영향은 이 영역에서도 최초부터 매우 현저하다. 미국은 성문 헌법을 가지고 있으며 또한 성문법, 성문 형법마저도 영국과는 완전히 다른 스케일로 알고 있다. 로크나 몽테스키외 사상의 영향은 특히 강하며, 유럽 대륙적인 감각으로 영향을 미치고 있다. 미국의 각주 — 메릴랜드 · 노스캐롤라이나 · 매사추세츠 · 뉴햄프셔 — 의 많은 인권선언에서,[18] 법률, 특히 형법의 소급효의 금지는 장중하게 선언되고, 그것에 의해서 상술한 1789년의 프랑스의 선언의 모범으로까지 되었다.

「그 법이 존재하지 않는 때에 된 사실에 대해서 처벌하고 유죄선고의 유일한 근거가 되는 소급법은, 억압적이며 부당하며 자유에 반하므로, 사후법은 이를 제정해서는 안 된다」(메릴랜드 헌법 제15조).

이러한 정식화에 대해서도 실정적인 법률개념과 앵글로색슨적인 코몬로와의 근본적인 차이는 무시되어서는 안 된다. 미국의 법률가의 사고에서도 확실히 한편에서 실정적인 합법성과, 다른 한편에서의 도덕적 · 자연법적 그 밖의 확신이 대립하고 있는 것에 대한 명백한 의식이 자주자주 보인다. 합중국의 정신적 상태는 전체적으로 이 점에서도 유럽의 문제점의, 특히 대륙적 사고와 영국적 사고를 서로 구별하는 커다란 대립의 불명확한 거울상(鏡像)이다. 원칙으로서 형법의 소급효를 금지하는 것은 미국의 법감정이나 사고에 대해서 지극히 당연한 것이다.

그러나 이 경우 영국의 법사고에 관해서보다도 경우에 따라서는 한층 예리하며 미국의 이해에 관해서도 도대체 어떤 점에서 범죄의 신규성이 있는가 하는 의문이 생긴다. 따라서 이 경우 자주 도덕적 관점과 법률학적 관점과의 결합이라는 사태로 된다. 실증적으

---

* 수두의 말을 훔쳤다고 증거가 제시된 자는 사형에 처한다고 법규는 규정하고 있었다. 재판관들이 사형을 이미 시대에 적합하지 않다고 느낀 때에, 그들은 **한 필**의 말만을 — 법률의 원문에 말하고 있듯이, (복수의) 말이 아니라 — 을 훔친 것에는 그 법규는 해당되지 않는다고 판단하고, 한 필의 말만을 또는 개별적으로 나누어 여러 필의 말을 훔친 경우에는 통례의 절도의 형만을 선고하였다. [역주]

18) 1775년의 메릴랜드 헌법 제15조는 Francis Newton Thorpe (ed.), The Federal and State Constitutions, Colonial Charters, and other Organic Laws of the States, Territories, and Colonies now or heretofore forming the United States of America, Washington 1909, Vol. III, S. 1686 ff.(1688)에, 또한 1780년의 매사추세츠 주헌법의 제24조는 같은 책, S. 1888 ff.(2788)에, 1784년의 뉴햄프셔 헌법의 제23조는 같은 책, Vol. IV, S. 2453 ff.(2456)에 수록되어 있다. 1789년의 합중국 헌법은 「어떠한 권리박탈법이나 사후법도 제정해서는 안 된다」(제1조 9절) — 「각주는 사후법을 제정해서는 안 된다」(제1조 10절 1항)고 규정하고 있다.

로 훈련된 대륙의 법률가에 대해서 도덕적 관점과 법률학적 관점과의 분리는 거의 200년 이래 바로 신규의 구성요건의 형벌[의 대상]화의 문제에서 주지하는 바이다. 미국의 법률가의 경우 그 [도덕 관점과 법률학적 관점]의 결합으로 순수하게 영국적 전통의 법률가와 비교하여 「법률 없으면 범죄도 형벌도 없다」라는 명제에서 생기는 억압이 거의 기능하지 않게 될는지도 모른다.

(4) 잭슨(Jackson)씨의 의도는 명백하다. 그것은 현재의 전쟁범죄인재판을 침략전쟁이라는 신규의 국제범죄를 위한 특별히 영향력 있는 창조적인 판례(creative precedent)로서 이용하는 것이다.[19] 이 계획을 「법률 없으면 범죄도 형벌도 없다」는 원칙을 일반적으로 가지고 나옴으로써 부정할 수는 없다. 오히려 이 신규의 범죄에 내재하는 문제성을 설명하는 것, [즉] 창조적인 판례와 「자연범」의 관점이 인도에 대한 범죄, 즉 본래의 잔학행위에는 타당하지만 침략전쟁이라는 신규의 국제범죄에는 타당하지 않다는 것을

---

19) 잭슨(Robert Houghwout Jackson, 1892-1954), 미국의 변호사, 법률가로서 성공. 「뉴딜 좌파」, 1940년 1월 합중국 법무장관, 1941년 7월 대법원판사, 1945-46년 뉘른베르크에서의 국제군사재판소에서의 이른바 주요 전쟁범죄인재판의 검찰관. — 슈미트의 추측은 옳았다. 1945년 4월 29일이래 「수석 검찰관」(Chief Counsel)로서 합중국전쟁범죄인위원회의 리더였던 잭슨은 그때까지의 재판계획에 반대하여 새로운 국제법을 창설한다는 명백한 의도에서 침략전쟁이라는 범죄를 수반한 「평화에 대한 음모」가 중심점에 두어진다는 의견을 관철하였다. 1945년 5월 1일의 「전쟁범죄인의 처벌」이라는 그의 비망록(Dokument Nr. 52, in: Bradley F. Smith, The American Road to Nuremberg, The Documentary Record 1944-45, Stanford 1982, S. 180 f. 아울러 ders., The Road to Nuremberg, London 1981, S. 215 u. passim) 참조. 국제법에의 그의 최초의 데뷔 — 그것은 아바나에서의 1941년 3월 27일의 연설(AJIL 35, 1941, S. 348 ff.)인데, 그것을 크누트 크라카우(Knud Krakau)는 「자기중심적 견해의 극단적인 것, 모든 국제법의 해소를 철저하게 행하기에 틀림없으며 자신의 법관념이나 질서관념을 선교적으로 투사하는 것의 극단적인 것」으로서 특색짓고 있는 — 는 예컨대 정부에 충실한 퀸시 라이트(Quincy Wright)의 찬성을 얻었으나(AJIL 36, 1942, S. 103-106) 그러나 예컨대 보차드(Edwin M. Borchard)로부터는 날카로운 비판을 받았다(AJIL 35, 1941, S. 618-625). 그 밖의 입증은 Krakau, S. 403 ff. 그러한 의도는 「1945년 6월 6일, 잭슨 [대법원] 판사에 의한 대통령에의 보고」에 의해서 더 한층 상세하게 설명되었다. 이처럼 철저하게 인기영합적인 고급 재판관에 대해서 이상한 스타일은 재판계획에 대해서 납득시켜야할 미국의 여론이 그 본래의 대상이었다는 것을 인식시킨다. 잭슨은 「나의 제안에 근거하여 국방성은 군인들 중에서의 전쟁범죄인이라고 생각되는 자들을 그들에게 「그들이 단순한 전시포로였다면 그들의 관등에 따라서 당연하게 부여할 특권을 부여하지 않았기 때문에」 통상의 범죄인과 마찬가지로 취급한다」는 것을 보고하였다. 그리고 그것은 1929년의 전시포로조약에 모순된다고 하며(v. Knieriem, S. 361 ff. 참조), 또한 뉘른베르크 재판에서 강한 영향을 받은 1949년의 전시포로조약에 의해서도 시인되지 않는다(제87조 4). 잭슨의 보고에 대해서 슈미트는 국제적인 또한 독일의 보도기관에서의 주요 테제의 유포에 의해서 — 예컨대 1945년 6월 12일의 『베를린 신문』에 의해서 — 지식을 얻고 있었다. 잭슨의 태도 결정의 비중은 「… 이 보고는 미국의 정책의 기조를 설정하고 있다는」 「미국 대통령 트루먼의 성명에 의해서 명백하게 되었다. 그 때문에 그 이외의 정부들은 이 보고를 미합중국의 공식적인 태도 결정으로 간주하였다. 미국의 보도기관은 「잭슨씨의 성명은 소독(disinfection)이라는 철저한 직책 — 그 필요는 러시아인도 매우 잘 알고 있다 — 을 한다는 성실함과 결의에 불타고 있으며, 그리고 그가 보고하는 것은 영국이나 프랑스에 의해서도 공감하고 있다. 그 문서는 크레믈린에의 좋은 신뢰의 신호일 것이다」라는 회상할만한 가치가 있는 보충을 수반하여 열광적으로 이 보고를 논평하였다(Eugene C. Gerhart, America's Advocate: Robert H. Jackson, Indianapolis/New York 1958, S. 318 ff.에서. 그 S. 222 ff.에서 아바나에서의 상술한 연설의 성립에 대해서 「여러 주간에 걸쳐 잭슨은 국제법을 연구하고 있었다」라고). 잭슨의 보고는 여러 번 출판되었다. 즉 Department of State Bulletin, Bd. XII, Nr. 311 v. 10. Juni 1945; International Conference, S. 42-54; AJIL 39, 1945, S. 178-190; dt.: Bericht des Richters Robert H. Jackson, Die Friedenswarte 1946, S. 164-174.

제시하는 것이 필요하게 된다. 제2차 세계대전 이전 아울러 전쟁 중에 행해진 특별한 의미에서의 잔학행위는 실제로 「자연범」이라고 간주하지 않으면 안 된다. 그 비인간성은 매우 중대하고 명백하므로 사실이나 행위자를 획정하는 것만으로 좋고, 지금까지의 실정형법을 완전히 고려하지 않고 벌할 수 있는 것이다. 이 경우에 자연스런 느낌, 인간적 감정, 이성과 정의 등의 모든 논증은 바로 근원적인 방법으로 부합하며, 그 결과 형식적인 의미에서의 실정적 규범을 완전히 필요로 하지 않고 유죄판결을 정당화한다. 그 경우 어느 정도 행위자가 범죄적 의도, 즉 criminal intent를 가지고 있었는가를 물을 필요는 없다. 이 경우 모든 것은 자명하다. 이러한 범죄에 직면하여 「법률 없으면 범죄도 형벌도 없다」는 이의를 신청하거나, 지금까지의 실정적인 형법 규정을 인용하려는 자가 있다면, 그 자는 우려해야 할 입장에로 자신을 밀어 넣을 것이다. 그러한 잔학행위의 특별한 비인간성이 실정법의 기존의 구성요건으로 파악되지 않을 때에는 고대의 입법자에게 「왜 당신은 부친살해를 특별한 위법행위로서 형법에 넣지 않았는가?」고 물었을 때 그것은 그가 부여한 대답으로 설명된다. 그 유명한 입법자는 「이처럼 두려운 범죄에 절대로 언급해서는 안 되며, 또 그 가능성을 서술해서는 안 된다」라고 대답한 것이다.[20)]

그런데 그 모든 것은 위에서 잔학행위라고 특징지운 종류의 전쟁범죄에만 관계한다. 그리고 우리들에 대해서 그러한 잔학행위를 정당한 처벌로부터 멀리하거나 그 가벌성을 논의하는 것이 문제는 아니라는 것은 여러 번 반복될 수 있을 것이다. 그것과는 다른 종류의 전쟁범죄, 즉 예로부터의 의미에서의 "war crimes"에 관하여 「법률 없으면 범죄도 형벌도 없다」는 명제는, 1919년의 파리 강화회의에 즈음하여 바로 「전쟁책임 위원회」(Commissions des responsabilités)에서 미국 대표에 의해서 명확하게 강조되었다. 나는 이하(S. 23)*에서 그 인상 깊은 발언을 다시 인용할 것이다. 그러나 세 번째 종류의 전쟁범죄의 경우, 즉 여기서 오로지 문제가 되고 있는 국제범죄(international crime)로서의 침략전쟁이라는 신규의 범죄의 경우에는 완전히 다르다. 이 경우 구성요건 자체 (침략행위와 침략전쟁)도 국제적 성격과 형사적 성격과의 결합도 함께 실제로 새로운 사실(Novum)이다. 그리고 만약 형평법(equity)의, 관습법의 또는 선례에 근거한 형사재판의 관점이 고수되어야 한다면, 「법률 없으면 범죄도 형벌도 없다」는 명제가 처벌에 대한 억제가 되는 것이며, 이것을 나타내기 위해서는 그 새로운 사실의 특성이 바로 인식되지 않으면 안 된다. 이것은 다음의 서술에서 상세히 명백해질 것이다.

---

20) 그 「고대의 입법자」는 확실하지 않았다. 플루타르코스(Plutarchos) ― 그가 저술한 전기는 슈미트의 장서 중에 있다(Nachlaß[유고] RW 265-286) ― 의 로물루스(Romulus) 전기와의 관련을 생각할 수 있다. 「그는 부친을 살해한 사람에 대한 형벌규정을 완전히 제정하지 않고 모든 살해를 부친살해로서 나타낸다는 것이 특징적이다. 분명히 그는 살해를 저주해야 할 것으로 보고 부친살해의 가능성을 완전히 생각하지 않았기 때문이다. 실제로 그가 이러한 범죄를 무시했다는 것에 대해서는 오랫동안 그는 정당하다고 생각하였다. 왜냐하면 거의 600년 간의 기간에서 누구도 로마에서 그러한 것을 범하지 않고 한니발 전쟁 이후가 되어 호스티우스(Lucius Hostius)가 최초의 부친살해자였기 때문이다」(Plutarch, Große Griechen und Römer, Bd. 1, Zürich 1954, übersetzt von Konrad Ziegler, S. 106. 그 지적에 대해서 나는 콘스탄츠의 동료인 볼프강 슐러(Wolfgang Schuller) 씨에게 감사를 드린다.

* 이 텍스트에서는 S. 27(본서 841면) (편자).

Ⅱ. 베르사유조약에 있어서의 전쟁범죄와 전쟁책임

지금까지의 국제법과 다른 새로운 전쟁개념에로 가장 중요한 싹이 베르사유조약의 두 개의 조항 — 즉 전 황제 빌헬름 2세를 소추하는 제227조[21]와 이른바 전쟁책임 조항인 제231조[22] — 에서 발견된다. 이 두 개의 조항은 그 실정적인 조약규정이라는 점에서는 1914년부터 1918년까지의 제1차 세계대전에만 관계하는데, 국제법에 있어서의 전쟁의 파악 방법이 변화한 징조로서도 — 선례라고까지는 말하기 어렵지만 — 보지 않으면 안 된다. 성립사의 이유들로부터 제227조와 아울러 제228조도 또한 비교를 위해서 인용하지 않으면 안 된다. 제227조가 범죄로서의 전쟁이라는 새로운 종류의 것을 포함하고 있는데 대해서,[23] 제228조는 말의 종래의 (alt) 의미에서의 전쟁범죄에 대해서도 오로지 말하는 것인가?

(1) 전 황제 빌헬름 2세에게로 향한 제227조는 베르사유조약 제2편의「형벌」(Penalties)이라는 표제 아래 있다. 여기에서 가벌적 행위의 법적 성격 결정은 그 표제에 의해서 이미 의식적으로 표명되고 있었다.

다섯 개의 주요국만이 아니라「연합국가들」이 **소추자**로서 등장한다. 소추자란 개별 국가인지 또는 다수국이나 모든 국가가 일치한 것인지는 말하지 않는다. 그들은 강화조약 그 자체에 의해서 전 황제를 공적으로 소추한다. 전 황제가 **유일한 피고인**이며, 그러한 것으로서 (「호헨촐레른가의 빌헬름 2세, 전 황제」라는) 이름을 걸고 개인으로서 지명되었다. 1919년에 라이히 수상「베트만 홀베크*가 그가 수상직(1914~1917)에서 행한 황제의 직권행위 모두에 대해서 완전한 책임을 지고 있다」고 공적으로 명언한 때에도 황제는

---

21) 베르사유조약 **제227조**의 내용은 다음과 같다. 즉「연합국가들은 전 독일 황제 호헨촐레른가의 빌헬름 2세를 국제도덕과 조약의 신성함에 대한 중대한 침해 때문에 소추한다.

피고인을 변호권의 본질적인 보장 아래 재판하기 위해 특별한 법정이 설치된다. 법정은 5명의 재판관으로 구성한다. 그들에 대해서는 미합중국, 대영제국, 프랑스, 이탈리아, 일본의 5대국에서 1명씩 임명된다.

법정은 국제정책의 가장 숭고한 원칙들에 근거하여 판결한다. 즉 지침은 법정에 대해서 장중한 의무, 국제적인 의무, 국제적인 도덕에 존경을 가지도록 하여야 한다.

연합국가들은 전 황제를 단죄할 목적을 위해서 인도하는 것을 네덜란드 정부에 요청할 것이다」.

황제 빌헬름 2세에 대한 재판을 의도하는 베르사유조약 제227조에 반대하는 독일의 항의에의 회답에서 연합국가들은「현재의 조약은 전쟁의 부활을 방지하기 위해 매우 불충분하였던 이전의 해결들의 전통과 실제로부터의 이탈을 분명히 할 것을 의도하고 있다」라고 선언하였다(Note June 16th, 1919, 66th Congress, 1st Session [Sen. Doc. 149, 126]).

22) **제231조**:「독일과 그 동맹자들은, 연합국의 정부들과 그 국민들이 독일과 그 동맹국의 공격으로 강제된 전쟁의 결과 입은 모든 손실과 손해의 장본인(Urheber)으로서, 책임이 있다는 것을 연합국의 정부들은 명언하고 또한 독일은 승인한다」.

23)『대지의 노모스』(Nomos der Erde)에서는「… [제227조] 그 자체 하나의 범죄마저 나타내는 바의 [범죄로서의 전쟁이라는 새로운 종류의 것을 포함하고 있는데 대해서 …]」라는 문장이 추가된다(S. 234 상단).『대지의 노모스』에서 그것에 이어서 단락(「『전쟁범죄』라는 말을 가지고 오늘날 외면적 및 개별적으로 뿐만 아니라 법적 구조에서도 서로 틀린다. 비교적 다수의 사태가 나타내고 있다 …」)은 감정서의 텍스트에서는「서론」에 두고 있다.『대지의 노모스』에서 그것에 이어「종래의 의미에서의 전쟁범죄(베르사유조약 제228조)」라는 제목의 단락은 감정서의 서론에서는 결여되어 있으며, 거기에서 동일한 테마는 단축해서 서술하고 있다.

이 새로운 종류의 국제범죄의 유일한 피고인이었다.[24] 어떤 소추자도 헌법적 의미에서의 책임 있는 라이히 수상의 이 명언을 인정하지 않았다. 신규의 전쟁범죄에 관한 이러한 소추는 국가원수 개인에게 한정된 그대로였다.

범죄의 **구성요건** — 그것에 관하여 기소가 되는 — 으로서 제227조에서는「국제도덕과 조약의 신성함에 대한 중대한 침해」(supreme offence against international morality and sanctity of treaties)라고 서술하고 있다. 그러나 재판소는 그 밖에도 국제정책의 최고 동기가 명하는 바에 따라서 (by the highest motives of international policy) 판결해야 한다는 준칙을 제227조 3항에서 부과하고 있다. 거기에서는 지금까지의 법(law)은 이러한 신규의 범죄를 알지 못한다는 의식 속에「인터내셔널 법」(international law)이 아니라,「국제정책」(international policy)라는 말이 사용되고 있다. 나아가 재판소는 국제간의 약정(undertakings)에 근거하여 엄정한 의무들을 존중하려고 한다. **재판소**로서는 5명의 재판관이 직무를 수행한다. 즉 주요 연합국 — 이 경우 그러나 주요국으로서는 표현되지 않고 개별 국가로서만 표현되고 있다 — 은 각각 한 사람씩의 재판관을 임명한다.[25]

절차에 관해서는 피고인에게는 변호권에 불가결한 보증이 주어진다(assuring him the guarantees essential to the right of defence)는 뜻이 서술되고 있었다. **형벌**에 관해서는 재판소는 지당하다고 생각되는 형벌을 결정한다(the punishment which it considers should be imposed)라고 되어 있다.

이 제227조를 당시의 그때까지의 국제법에 의해서 또한 형법에 비추어 비판하고 부정하는 것은 매우 용이하였다.[26] 그때까지 국제법은 다른 국가에 대한, 또는 다른 주권국가의 원수에 대한 한 국가의 재판권을 알지 못했다.「대등한 것은 대등한 것에 대해서 재판권을 가지지 못한다」(Par in parem non habet jurisdictionem).[27] 국제법의

---

24) 테오발드 폰 베트만 홀베크(Theobald v. Bethmann-Hollweg, 1856-1921). 1909-17년 독일 제국 수상 겸 프로이센 수상. 1917년 7월 13일에 퇴진한 베트만 · 홀베크는 1919년 5월 20일에 공화국 수상 샤이데만에게 전화로 독일 황제를 재판하는 것을 의도하여 전승국에 의해서 기도된 법정에 스스로 출두할 것을 제안하였다. 왜냐하면 그는 재상으로서 자기의 재임기간 중 황제의 정치적 행위에 대해서 독일 헌법에서 국법적으로 규정된 책임을 담당하고 있었기 때문이다. 공화국정부는 외국의 법정에 의한 독일인의 단죄에 기본적으로 찬성하지 않았기 때문에 그러한 제안을 거부하였다. 베트만 · 홀베크 역시 그러한 논거에 따랐다. 빌헬름 2세에 대한 그의 매우 비판적인 입장에도 불구하고「독일이라는 명칭의 명예를 위해서」스스로 적의 법정에 나간다는 그의 진지한 각오에 대해서는 결코 의문의 여지가 없다. Eberhard v. Vietsch, Bethmann Hollweg — Staatsmann zwischen Macht und Ethos, Boppard/Rh. 1969, S. 287 참조. 힌덴부르크 원수도 황제 대신에 연합국의 법정에 출두하려고 하였다. 즉 1919년 7월 3일의 포슈(Foch) 원수에게 보낸 그의 편지와 베트만 · 홀베크의 전신은 A. v. Stoch, (Anm. 2) S. 50 f.에서 완전히 재현되었다. 독일의 강화대표단의 일원이었던 막스 베버는 그가 베트만 · 홀베크나 또는 루덴도르프에게도 권고한 자기 인도 중에 피고인으로부터 검찰관으로 바뀌는 기회를 보고 있었다. 그의 이니시아티브에 대해서는 Schwengler, S. 207 ff. 참조. 베버가 현대의 공개재판의 기술에 대해서 완전히 관념을 가지고 있지 않았던 것은 분명하다.

25) 제227조의 외교상의 성립사를 프리츠 디크만(Fritz Dickmann)은 자기의 유명한 논문에서 상세하게 묘사하였다. HZ 197 (1963), S. 1, 20 ff. 참조. 미국의 문헌은 Willis, S. 65-86을 보라.

26) 광범위한 문헌 리스트가 붙은 상세한 것은 Berber, Teil VII, Strafbestimmungen (Art. 227-230), S. 1193 ff.; Mangoldt, S. 283, 289 ff. — Tutorow, S. 101 f. (Nr. 772-788)는 제227조를 적극적으로 평가하는 문헌으로 기록하고 있다.

유일한 법주체는 국제법상의 위법행위의 경우에도 지배적 견해에 의하면 국가 그 자체뿐이었다. 그러므로 국제법상의 위법행위는 결코 국내형법과 마찬가지의 형사적 의미에서의 범죄를 의미하지 않았다. 전쟁은 개인이나 집단의 관계로서가 아니라, 국가와 국가의 관계로서 매우 명확하게 파악되고 있었다. 전쟁은 국제법적으로는 개개의 인간 또는 국가원수 개인에 의해서가 아니라 국가 그 자체에 의해서 수행되고 있었다. 신규의 범죄의 구성요건에 관해서는 제227조에서 매우 불명확하게 서술하고 있었다. 재판관이 따라야 할 준칙으로서는 법뿐만 아니라 도덕과 정책도 제시되었다. 마찬가지로 형벌도 불명확하고 재판관의 재량에 완전히 맡겨지고 있었다. 외관상 재판소는 여하튼 형벌을 부과한다는 것이 전제가 되고 있었다. 그리하여 이 경우 소추에 의해서 이미 재판관이 행하는 결정이 선취되고 있었다.「법률 없으면 범죄도 형벌도 없다」는 원칙이 침해된 것은 명백하다. 그 위에 제227조는 이처럼 불명확한 구성요건이나 형벌에 의한 위하 아래 빌헬름 2세라는 특정한 인물을 지명한다는 상당히 개인적인 예외법이라는 오점을 가진 것이었다.

침략전쟁을 국제법상의 범죄로 보는 그러한 싹은 유럽에서는 인민들이나 정부들의 법의식에 지속적인 작용을 완전히 미치지 않았다는 것이 명백해 진다. 전 황제 빌헬름 2세를 국제범죄 때문에 국제재판소에 인도하려고 한 이 사건은, 모두 유럽 인민들의 여론에 있어서는 곧 잊혀버렸다. 정말 1920년 시점에서 이미 영국과 프랑스의 정부는 이러한 기도를 단념하고 있었던 것이다.

빌헬름 2세는 1918년 11월 이래 중립국가인 네덜란드에 체류하고 있었다. 네덜란드 정부는 영국, 프랑스 정부가 행해온 인도 요구를 국제법상 승인할 수 없다는 이유로 거부하였다. 영국, 프랑스 양 정부는 이미 그 이상은 인도를 주장하지 않았다.[28] 이리하여 적어도 유럽에서는 다음과 같은 확신이 퍼지는 것은 필연이었다. 즉 저 제227조에 포함된 신종의 전쟁범죄에의 싹은 성취하지 않은 채 뿐만 아니라 반대의 방향에의 선례와 같은 것도 없었다는 확신이다.

그렇다면 미국에 관해서는 어떠한 상태일 것인가? 파리 강화회의의 심의에서 침략전쟁을 부정하다고 강력하게 표명한 것은 바로 미국의 위원들이었다.[29] 물론 이러한 발언에

---

27)「대등한 것은 대등한 것을 재판할 수 없다」.「대등한 것(심판관)은 대등한 것에 대해서 지배권을 가지지 않는다」(Par [judex] in parem non habet imperium). (독일어로는 "Gleichrangige Herrschafts-träger können einander nicht befehlen"), Dig. 36, 1, 13 §4; Dig. 4, 8, 3 §4 (모두 울피아누스); Dig. 4, 8, 4 (파울루스). 또한 Liebs, S. 151 참조. 현대의 이해는「왜냐하면 대등한 자는 대등한 자에 대해서 지배권을 가지지 않기 때문에 한 국가가 타국을 지배하는 법을 만들 수 없을 것이다」(Tractatus represaliarum, Qu. I/3, §10)라는 1354년에 정식화된 바르톨루스(Bartolus)로 소급한다. 이에 대해서는 많은 문헌이 첨부된 Verdross/Simma, §1168을 보라.

28) 1920년 1월 15일과 2월 14일의 네덜란드에 대한 연합국의 통첩, 아울러 1920년 1월 21일과 3월 2일의 네덜란드 정부의 거부회답은 Berber, S. 1195-1202에 수록되어 있다. Grewe, Fontes III 2, S. 730-731에서는 1920년 1월 21일의 통첩의 네덜란드 정부의 통첩만. Willis, S. 98 ff.가 상세하다.

29) 파리 강화회의의 심의와 결과는 국제적으로 광범위한 저작의 대상이 되었다. 군첸호이저(Gunzenhäuser)와 아울러 E. R. Huber, Verfassungsgeschichte, Bd. 5, S. 1152에서의 발췌를 참조. 최근에는 Willis,

는 다른 미국의 위원들의 발언이 마찬가지로 분명히 대치되고 있으며, 그것은 전쟁 그 자체는 비합법행위(illegal act)는 완전히 아니라는 것을 강조하고 있다. 이러한 혼란은 여러 가지 법적 관점 — 빌헬름 2세의 처벌, 전쟁법규위반의 처벌, 배상문제 — 이 전쟁범죄에 관한 일반론의 계기가 되는 경우에 점차 크게 된다. 제231조의 전쟁책임조항에 관해서는 (이하 (2)에서) 다시 몇 가지 점에 대해서 상술한다.

이 경우에 우선 첫째로 「전쟁을 개시한 것의 책임에 관한 위원회」(Commission des reponsabilités des auteurs de la guerre)에 있어서의 의견들이 흥미롭다.[30] 이 위원회는 제227조 후반, 즉 빌헬름 2세의 처벌, 아울러 제228조, 즉 상술한 종래의 의미에서의 군사적인 전쟁범죄의 처벌을 다루었다. 이 제228조에 관하여 미국의 위원들은 랜싱(Lansing)[31]의 지도 아래 영국이나 프랑스 대표들에 대해서 「교전법규 위반의 처벌에 대해서는 좋으나, 인도에 관한 법률위반의 처벌에 대해서 말하는 것은 허용되지 않는다」고 매우 명확하게 논했다.[32] 그들은 1865년의 헨리 위르츠(Henry Wirz)의 선례를 이끌어내

S. 65 ff. 참조.

30) La Documentation internationale. La Paix de Versailles, Vol. III: Responsabilités des auteurs de la Guerre et Sanctions, Paris 1930. 이 보고는 1919년 2월 3일부터 회의가 시작된 이 위원회의 발언기록을 내용으로 하고 있다. 이 위원회는 국제법상으로 경험이 풍부한 법률가들로 구성되어 있었다. 그 위원장인 미국의 국무장관 로버트 랜싱(Robert Lansing)은 전쟁 전에 국제적인 재판에서 미국에서 일류의 변호사사무소를 통솔하고 있었으며, 또 재판관으로서 많은 국제적인 중재재판소에 관여하고 있었다. 제임스 브라운 스코트는 1907년의 제2차 헤이그 회의에서 이미 미국을 대표하고 전쟁법의 특별한 전문가로 간주되고 있었다(그에 대해서는 주 (39) 참조). 파리 대학 법학부장인 페르낭 라르노드(Fernand Larnaude)와 정치인 앙드레 타르듀(André Tardieu, 1876-1945)가 프랑스를 대표하였다. 1929년부터 1932년까지 동안 자주 수상을 역임한 타르듀는 항상 베르사유 강화조약의 절대적인 옹호자로 남았다. The Case for France, in: Lederer, S. 30-39 참조. 제2 검찰총장 어네스트 폴락(Ernest Pollock) 경이 영국에 대해서 대변하였다. 국제법학자인 에두아르트 롤랭-쟈크민(Edouard Rolin-Jaequemyns)은 벨기에를 대표하였다. 그는 1899년의 제1차 헤이그 회의에서 이미 전쟁법 문제의 위원회에 보고자로서 활동하고 있었다. 나아가 그리스 대표로서 프랑스에서 교수를 하고 있던 국제법학자인 니콜라스 폴리티스가 지적되어야 할 것이다(그에 대해서 상세한 것은 주 (57) 참조). — 그 위원회에는 그 밖의 전승국의 5명의 대표가 속해 있었다(이탈리아 · 일본 · 폴란드 · 루마니아 · 세르비아). 위원회의 사무총장은 프랑스의 국제법학자 알베르 쥬프레 드 라 프라듀(Albert Geouffre de la Pradelle)였다. 그는 뒤에 상술한 "Documentation internationale — la Paix de Versailles"를 발간하였다.

31) 로버트 랜싱(1864-1928). 미국의 법률가. 1915-1920년 미합중국 국무장관. 랜싱은 윌슨 대통령의 정책에 비판적으로 대립하고 그에 의해서 1920년 2월 11일에 사직하게 되었다. Robert Lansing, Die Versailler Friedens-Verhandlungen. Persönliche Erinnerungen, Berlin 1921 참조.

32) 1919년 3월 29일의 「전쟁을 개시한 자의 책임을 심사하는 연합국간의 위원회」의 최종 보고(프랑스어로는 Rapport présenté à la Conference des Préliminaires de Paix par la Commission des Responsabilités des Auteurs de la Guerre et Sanctions) — "Kommissionsbericht," S. 453-532 — 에 대해서는 미국 대표인 로버트 랜싱과 제임스 브라운 스코트는 약간의 유보를 적었다. 그것은 1919년 4월 4일자로 부속서류 II로서 발간되었다(Kommissionsbericht, S. 533-548). 최종보고와 유보는 Walter Schücking (Hrsg.), "Kommentar zum Friedensvertrage, Urkunden zum Friedensvertrage," bearb. v. Herbert Kraus und Gustav Rödiger, 2. Teil, Berlin 1921, S. 1243-1312에도 수록되었다. 미국의 유보는 같은 책, S. 1313-1329 (양자 모두 프랑스어로). 위원회와 아울러 하부위원회의 업적에 대해서는 Willis, S. 69 ff.가 상세하게 보고하고 있다. — 미국인의 입장은 대표단의 법률고문으로 미국의 국제법학자인 데이비드 헌터 밀러(David Hunter Miller)의 각서에 의해서 준비되었다. 윌슨 대통령에 대해서는 Fritz Dickmann, HZ 197 (1963), S. 1, 25 ff. 참조.

었다. 그 사건은 군사재판상의 절차에 관한 것이다. 이 절차는 남부 각주[연합]의 어떤 포로수용소장에 대해서 남북전쟁이 끝난 후 워싱턴의 군사재판위원회에 의해서 수행되고 1865년 11월에 그 장교에 대한 사형선고와 그 처형으로 끝났다.[33] 그러한 전쟁범죄, 즉 교전법규 위반과 그 처벌에 대해서 「법률 없으면 범죄도 형벌도 없다」는 원칙이 범할 수 없는 것으로서 적용되지 않으면 안 된다는 것을 미국의 위원들은 강조하였다. 그들은 또한 1812년의 USA v. Hudson (7 Cranch 32) 사건에도 언급하고 있었다. 즉 이 판례는 판결이 내려지기 이전에 하나의 행위가 연방의 입법권에 의해서 범죄로서 표시되고 형벌로써 위하되고, 나아가 권한 있는 재판소를 입법권이 제시하지 않으면 안 된다는 것을 확정하는 것이다.[34] 종래의 의미에서의 전쟁범죄가 문제인 한에서는 미국의 위원들은 신규의 「인도에 반하는 범죄」의 개념을 거부한다. 이러한 심의에서의 성명에서는 다음과 같이 말하고 있다. 「전쟁의 법규나 관례에 대한 위반을 이유로 형벌에 의한 위하나 권한 있는 재판소를 표시하여 국제범죄를 만드는 어떠한 성문의 국제적인 법률도 국가의 조약도 미국의 위원들은 알지 못한다」[35]라고. 나아가 계속한다.

「미국의 위원들이 자주 지적해왔듯이, 전쟁은 본질적으로 항상 비인간적이었으며 지금도 그렇다. 그러나 전쟁의 법규나 관례에 위반하지 않는 행위는 가령 그것이 비인간적인 것일지라도 법정에 의한 어떠한 처벌에도 굴복하지 않았다. 재판소는 현행법에만 배려하며 그것만을 적용하고 도덕에 대한 위반이나 인도의 원칙에 반하는 행위는 보다 고차의 제재수단에 맡긴다. 국제적인 형사법정을 창설하는 계획은 완전히 주목할 가치가 없다는 매우 확고한 감정을 미국의 위원들은 가지고 있다. 그것에 대한 판례는 전혀 존재하지 않으며 인민들의 관례에 일치하지 않는다」.[36]

---

33) "Kommissionsbericht", S. 544. — 헨리 위르츠 대위는 남부 11개 주의 사람들이 1864년 2월부터 1865년 5월까지 조지아주의 앤더슨빌에 설치한 초만원의 포로수용소장을 역임하였다. 수용소의 불충분한 상태나 지나친 보안조치는 전체 45,000명의 포로 중 15,000명을 죽음에 이르게 하였다. 「스위스계 미국 장교」인 위르츠는 전투 종료 후에 북부 각주의 군사법정에 소환되고 사형이 선고되어 1865년 11월 10일에 교수형에 처해졌다. 그 판결은 현재에도 논쟁되고 있으며 법적인 허용성이나 재판절차 역시 논쟁되고 있다(J. G. Randall/David Donald, The Civil War and Reconstruction, 2. Aufl., Lexington/Mass. 1969, S. 643 ff. 참조). 그 내전의 포로의 상태는 북부 주들의 수용소에서는 비록 수용하기 위한 적절한 수단이 존재하지 않았다고 하더라도 다소 나았다. 여하튼 북부 각주의 수용소(Elmira)에서의 사망률의 최고는 24%였는데 책임 있는 지휘관에 대한 재판절차가 개시되지 않았다. 전체적으로 남부 각주의 포로수용소에서는 30,218명(15.3 %)의 포로가 북부 각주의 수용소에서는 25,976명(12%)의 포로가 사망하였다. 각각 특징을 지닌 회상이나 비난의 문헌은 거기에 따라 방대하다. Civil War Books, a Critical Bibliography, hrsg. v. A. Nevins u. a., Lousiana State University Press 1967, Bd. 1, S. 185-206. 위르츠 재판 그 자체에 대해서는 국방성의 (항상 신뢰할 수 있는 것은 아니지만) 보고 — Trial of Henry Wirz, Washington 1868 — 만이 존재하는 것은 명백하다. 그 판결에 대한 소송서류의 발췌는 Friedmann I, S. 783-798. 그 모든 문제에 대해서는 맥퍼슨(James M. McPherson)의 균형 잡힌 묘사 Battle Cry of Freedom — The Civil War Era, New York 1988 참조. 그 독일어 번역은 (오해를 초래하기 쉬운 제목인데) Für die Freiheit sterben — Die Geschichte des amerikanischen Bürgerkrieges, München 1922, S. 783 ff.이다.

34) Kommissionsbericht, S. 547.

35) Kommissionsbericht, S. 547.

그러한 성명은 일의적이며 명백하다. 그러나 이들 성명은 구체적으로는 제227조에서가 아니라 제228조에 관련된다. 그러므로 직접적으로는 침략전쟁 그 자체의 문제에 대해서는 적용할 수 없으며, 종래의 의미에서의 전쟁범죄에 대해서만 적용할 수 있다. 이에 대해서 제227조에 관하여 국가원수의 처벌 — 더구나 인도에 반하는 도덕적인 의미에서의 침략전쟁에 대해서 — 을 요구한 것은 바로 미국의 위원들이었다. 「전쟁을 개시한 자의 책임에 관한 위원회」에서 지배적인, 전형적으로 미국적인 견해는 1919년 3월 12일의 초안의 다음과 같은 장구에서 명백해 진다.

「전쟁을 수행하는 도덕적인 권리는 오직 국민의 생명의 보호, 국민의 권리의 유지, 또는 자유와 인간성을 방위하기 위해서 힘의 행사가 긴급한 경우에만 존재한다.

그 이외의 동기에 의해서 일어난 전쟁은 모두 자의적이며 무익하며, 그리고 **국제적인** 도덕과 **정의**의 유린으로 끝난다. 그것은 정당화되지 않는다.

이 공준에 의해서 판단하면 1914년에 시작된 전쟁은 부정의이며 승인할 수 없는 것이었다. 그것은 침략전쟁이었다」.[37)]

국가원수의 책임에 대한 비교적 긴 설명이 이에 계속된다.

「중구 열강의 원수들(거기에서는 이처럼 말한다)은 다른 열강의 국토나 주권을 내 물건으로 하려는 원망에서 정복전쟁(Eroberungskrieg)에 제휴하였다. 이 전쟁은 그 넓고 인간의 생명이

36) 슈미트는 이 인용문에서 미국의 유보로부터의 문장 — 그것은 원문에서는 연속하지 않고 있다 — 을 요약하고 있다. 「재판소는 현행법에만 배려하고 그것만을 적용하고 도덕에 대한 위반이나 인도의 원칙에 반하는 행위는 보다 고차의 재판관에게 맡긴다」는 문장 뒤에 원문에서는 비교적 긴 논증이 이어진다. 인용문의 결론 문장(「국제적인 형사법정을 창설하는 계획은 완전히 주목할 가치가 없다는 매우 확고한 감정을 미국의 위원들은 가지고 있다. 즉 그것에 대한 판례는 완전히 존재하지 않으며 인민들의 관례에 일치하지 않는다」)은 요약이다. Kommissionsbericht, S. 546과 S. 547을 참조. Kraus/Rödiger (Anm. 32)에서 슈미트에 의해서 가져온 인용문은 S. 1325와 1325/26에 있다. — 런던 회의에서 — 1945년 6월 19일에 프랑스 대표단의 전문위원으로 국제법학자인 앙드레 그로(André Gros)는 「침략전쟁을 이유로 하여 정치인을 형법적으로 소추하는 것은 국제법에서는 지금까지 미지이다」라는 랜싱과 브라운 스코트의 태도 결정을 자기의 견해의 근거로 삼아 서술하였다. 잭슨과 맥스웰-파이프(Maxwell-Fyfe)는 이에 찬성하였는데, 그러나 「립벤트로프(Ribbentrop), 라이(Ley) 그리고 슈트라이허(Streicher)를 처벌할 수 있기 위해서 하나의 타개방법을 찾지 않으면 안 되었다」고 생각하였다("International Conference," S. 295 ff.). 1945년 7월 23일에 그로는 특히 명백히 표명하였다(같은 책, S. 335). 추측컨대 에리히 카우프만은 독일 연방국방군의 고급장교 앞에서 1957년에 행한 강연에서 이 회의의 의사록을 이끌어내었다. 즉 「잭슨 보고는 충격적인 문서이다. 그 보고는 어떻게 헌장의 기초자들이 자기의 행위 문제를 가지고 있었는가를 완전히 의식적으로 행동하고 있었는가, 또한 주요 전쟁범죄인에 대한 재판절차의 정치적 목표를 관철하기 위해서 어떻게 자기의 행동에 반대하는 그 자신 적절한 고려를 무시하였는가를 나타내고 있다. 변호인측이 절차의 경과에 대해서 서술하거나 서술할 수 없었을지도 모르는 모든 것은 기초자들에 의해서 알고 있었다. 만약 그 보고가 심의의 기간 중에 제출되어 있었다면 변호인들은 그 보고를 인용할 필요가 있었을 것이다」(Gesammelte Schriften II, S. 446/47).

37) 1919년 3월 12일에 제출된 미국 대표단의 결의안. Kommissionsbericht, S. 331.

나 소유권의 불필요한 섬멸, 가차없는 잔임함, 견디기 어려운 비참함 등으로 근대의 모든 전쟁을 능가하는 전쟁이었다. 인류에 대한 이와 같은 도덕적 범죄에 대한 입증은 부정할 수 없는 것이며 결정적인 증거가 있는 것이다. 매우 혹독한 피해를 받은 국민들은 정의감정에 견고하게 결부된 준법의식에 방해되어 범인들을 법률이라는 수단에 의해서 상응하게 벌하는 권력을 소유하지 못했다. 그러나 이처럼 수치스러운 전쟁의 장본인들은 낙인을 찍지 않고 역사에 이름을 남겨서는 안 된다. 그러므로 그들은 세계에 대해서 행한 최대의 범죄의 장본인에게 인류가 선고하는 판결을 받기 위해서 세계적인 여론의 법정 앞에 소환하지 않으면 안 된다」[38]

이 성명은 분명히 전쟁에 대한 지금까지의 국제법상의 견해로부터의 의식적인 일탈을 나타내고 있다. 그러나 침략전쟁을 보편적인 범죄로 보는 것에 대해서가 아니라, 인류에 대한 도덕적인 범죄 — 중구 열강의 국가원수들만이 행한 것이며 그 이외의 것은 행하지 않았다는 것인데 — 에 대해서만 말하는 것이다. [위의 성명의] 선례로서의 영향에 대해서는 스코트(J. B. Scott)[39]나 랜싱의 성명의 경우에는 원래 비공개의 심의에서의 「내면의」 발언의 문제라는 데에 주의하지 않으면 안 된다. 또한 이러한 발언은 예컨대 다음(S. 28)*에 인용된 전쟁책임 문제에 대한 덜레스(J. F. Dulles)[40]의 발언 — 이것은 명확하게 종래의 전쟁개념에 고집하고 있다 — 과 같은 미국의 다른 위원들의 입장과는 대립적이라는 것에, 나아가 주목하지 않으면 안 된다. 그러나 무엇보다도 먼저 선례로서의 영향에 대해서는 발효된 최종적인 강화조약만이 결정적으로 중요하게 된다. 그러나 이 점에 대해서 합중국은 그 최종적인 결정에서 바로 형벌에 대한 이 제7부를 받아들이지 않았다.

미합중국은 주지하듯이, 베르사유조약을 비준하지 않고 1921년 8월 25일에 독일과 단독 강화조약을 체결하였다.[41] 베르사유조약 중 거기에서 귀결하는 권리와 이익을 합중국이 자기를 위해서도 요구하는 부분이 조약 제2조에서 개별적으로 열거되었다. 그 중에는 제5, 6, 9부 등이 있다. [그러나] 제7부는 빠져 있다. 즉 제227조와 제228조, 그러므로 전쟁범죄를 포함하고 있는 부분이 빠진 것이다. 이 부분은 완전히 의도적으로

38) Kommissionsbericht, S. 331. 이에 대해서 슈미트가 어떤 독일어 번역을 이용하였는지, 또는 그 자신이 번역한 것인지 불분명하다. — 윌슨은 먼저 이 견해를 받아들였다. 그러나 그는 「4 거두 회의」(로이드 조지 · 클레망소 · 올란도 · 윌슨)에서 프랑스와 영국의 의견으로 전향되었다. 이 경과와 배경에 대해서는 F. Dickmann (Anm. 32), S. 39 ff., und Willis, S. 77 ff.가 보고하고 있다.

39) 제임스 브라운 스코트(James Brown Scott, 1866-1943)는 미국의 국제법학자로서 파리에서의 미국 강화대표단의 고문. 랜싱과 함께 미국의 유보에 서명하였다(Anm. 32 참조). 카네기 국제평화재단의 사무총장. 그의 업적과 인물에 대해서는 George Finch, AJIL 38 (1944), S. 183-217 참조.

40) 존 포스터 덜레스(John Foster Dulles, 1888-1959)는 미국의 법률가로 미국 강화대표단의 일원으로 배상위원회의 미국 대표였다. 1953-59년 국무장관.

41) 미합중국과 독일 공화국 간의 1921년 8월 25일의 강화조약에 대해서는 RGBl. S. 1317 ff. 미국 상원은 1920년 1월 10일에 발효한 베르사유에서 구상된 전승국의 강화조약을 조약내용에 포함된 국제연맹 규약을 이유로 하여 비준하지 않았다. 그러나 이 결합을 다른 전승국 정부의 저항에 대항하여 관철한 것은 미국 대통령 윌슨이었다. 독일과 미국 간의 강화조약의 체결에 대해서는 E. R. Huber, Verfassungsgeschichte, Bd. 7, S. 215 ff.를 보라.

미국과 독일간의 국제법적 관계의 대상이 되지 않았다. 그러므로 독일에 대해서는 「전쟁 개시의 책임에 관한 위원회」에서의 미국 위원의 전술한 발언은 아마도 귀속하게 될 선례로서의 영향도 잊어버린 것이다.

이 경우 완전히 다른 방향으로 향한 미국에서 현저하게 유포된 여론을 무시할 수 없는 것은 당연하다. 미국의 저명한 주간지인 "The literary digest"는 1920년 후반에 빌헬름 2세에 대한 형사소송절차에 대한 견해를 확인하기 위해 미국의 재판관에게 하나의 설문조사를 하였다.[42] 328명의 회답 중 106이 사형, 137이 유형, 58이 자유형이나 그 밖의 형, 27만이 무죄였다. 그러므로 한쪽에서의 공식적 태도와 다른 한쪽에서의 여론과의 대립은 명백하다. 제2차 세계대전에서의 국제법적 범죄에 대해서 이와 같은 대립이 「법률 없으면 범죄도 형벌도 없다」는 문제와의 관련에서 무엇을 의미하는 가는 뒤에 이 대립의 보다 광범위하고 중요한 사건이 확인된 때에 논할 것이다. 여하튼 [적어도] 유럽에서는 정부들의 태도를 규정하는 선례의 영향은 인정되지 않는다.

(2) 베르사유조약 **제231조**의 **전쟁책임조항**은 「형벌」(Penalty)이 아니라 「배상」(Reparation)이라는 표제 아래 있으며, 그것에 의해서 순수하게 형법적 관점보다도 경제적 관점 아래 두고 있었다.[43] 낡은 스타일의 전비보상(Kriegsentschädigung)이 아니라 손해배상청구권(Schadensersatzansprüche)인 승자의 재정적 · 경제적인 요구들, 즉 패자의 법적인 책임에서 유래하는 법적인 요구들의 문제인 것이다. 여기서 우리들은 주지하듯이 바로 대량의 모든 종류의 출판물로 다루어온 전쟁책임 문제 전반에 들어갈 필요는 없다. 논의는 주로 중구 열강이 — 협상이 1917년 1월 10일의 통첩으로 이미 주장하고 있었듯이 — 부정의한 침략전쟁을 수행했기 때문에, 모든 손해에 대해서 무제한하게 책임을 지우느냐의 여부가, 또는 독일은 1918년 가을에 윌슨의 강령, 특히 1918년 11월 5일의 랜싱 노트의 강령을 받아들여 「이 노트에 준거해서만 배상의무가 있다」는 점에 배상청구의 법적 근거가 존재하는가의 여부라는 문제에 관련된다.[44] 프랑스의 위원들의 대부분은

---

42) 그 조사 결과는 잡지 "The literary Digest"의 1919-1922년도에서는 확인할 수 없었다. 미국의 「반카이저 열기」(antikaiser mania)의 발생과 클라이맥스를 Willis, S. 3-48과 도처에서 상세하게 묘사하고 있다.

43) 제231조의 텍스트는 Anm. 22를 보라. 전쟁 기간으로부터의 자료, 또는 전쟁책임문제에 대한 문헌 발췌는 Berber, S. 1224 ff. 문헌 리스트는 Gunzenhäuser, S. 236-238을 보라.

44) 상술한 랜싱 노트는 1918년 11월 5일의 라이히 수상 막스 폰 바덴 황태자에게 보낸 윌슨 대통령의 이른바 제4의 노트였다. Foreign Relations of the United States, 1918, Suppl. 1: The World War, Bd. 1, S. 468 (469). 그 독일어 번역은 E. R. Huber, Dokumente, Bd. 3, S. 289에 수록. 「… 이 노트에 준거해서만 배상의무가 있다」는 슈미트의 말솜씨는 배상의 법적 근거에 대한 격렬한 다툼 — 그 다툼은 배상위원회에서 합중국과 다른 모든 열강간에서 행해졌다 — 을 빈정대고 있다. 그 쟁점은 법학적으로는 매우 미묘한 것이며 그들의 회답은 재정적으로 매우 영향이 있는 것이었다. 프랑스, 영국 그리고 그 밖의 열강은 「국제법에 의하면 승자는 패자로부터 전비를 포함하여 모든 손해의 보상을 요구할 수 있다」고 주장하였다. 미국의 전권사절, 특히 배상위원회에서의 웅변적이고 매우 완고한 대변인 덜레스 (Anm. 40)는 이와 같은 국제법 조문」 — 즉 전비는 국제법상의 조약에 근거해서만 부담지우며 이행된다 — 의 존재를 부인하였다. 이 경우에서는 이미 하나의 조약, 즉 1918년 10월과 11월의 독일 라이히 정부와 미국 정부 간에서의 각서 교환 — 그것에 의해서 독일은 1918년 1월 8일에 미국 의회에서의 윌슨 성명을 「조건」(14항목)으로서 무기를 버린다는 — 이 존재했을는지도 모른다(E. R. Huber, Dokumente, Bd. 3, S. 221 ff.). 그러나 제7, 제8, 제11의 각 항에서 미국 대통령은, 벨기에로부터는

「철수하고 원상태로 복귀한다는 것을, 또한 프랑스가 점령하고 있던 부분은 원상태로 반환하지 않으면 안 되고, 알사스 로랭은 반환되지 않으면 안 된다(제7, 8항)는 것, 또한 발칸 지역은 철수하고 피점령지역은 원상태로 반환하지 않으면 안 된다는 것」(제11항)만을 요구하였다. 그것은 벨기에에 대해서는 완전한 배상을 의미하였으며 (1839년의 프로이센에 의해서도 서명된 중립조약의 고의의 침해를 이유로 하여), 프랑스나 그 밖의 열강에 대해서는 국제법위반적으로 사인에게 가한 이러한 손해의 보상을 의미하였다. 즉 그러한 한에서만 손해배상의무는 국제법으로부터 직접적으로 도출할 수 있을 것이다. La Paix de Versailles, Vol. IV/1: La Commission de Réparations des Dommages, Paris 1932, S. 74 ff., 117 ff. 외에 여러 곳을 참조. 이에 대해서「독일에 대한 그의 원한에서 아무에게도 굴복하지 않은」영국의 대표, 오스트레일리아의 수상 휴즈(W. M. Hughes)는 1919년 3월 3일의 회의에서 영국에 있어서의 1918년 12월의 이른바 카키(Khaki) 선거의 결과도 이끌어내었다. 그러므로 민주적인 의사표명을 가져왔다.「독일은 그 최후의 한 상팀까지 지불하지 않으면 안 된다. 휴전 이래 그레이트 브리튼은 이 문제에 대해서 총선거에서 의견을 명백히 할 기회를 얻은 유일한 국가, 연합국 중 유일한 국가이다. 선거의 결과는 명확한 것이다. 독일에 그 능력의 한도를 넘는 지불을 요구하는 당파는 압도적 다수를 획득하였다. 그레이트 브리튼 사람들의 정식의 의사표명에 대해서 의심하는 것은 불가능하다. 나로서는 전비를 포함하지 않은 배상청구를 생각하는 것은 불가능하다」(S. 142)라고. 런던의 연립 정부의 정치인들은 보도기관에 지지되어 선거전에서「거기에 살고 있는 영웅들을 위해 상응하는 국토에 영국을 세우도록 독일은 배상을 할 것이다」— 그 때문에 로이드 조지는 240억 파운드라는 현실을 떠난 금액을 약속하였다 — 고 약속한 것을 휴즈는 잠자코 있던 것은 확실하다. Arno J. Mayer, Politics and Diplomacy of Peacemaking. Containment and Counterrevolution at Versailles 1918-1919, New York 1967, S. 148 ff.에 의한 선거전의 상세한 묘사를 참조. 또한 Willis, S. 49-64를 참조하라. 법학적으로 미국의 대표단은 기본적으로 목적을 달성하였다. 다만, 불행한 타협의 도움을 빌렸지만 말이다. 즉 보상은 비전투원의 손해에 대해서만 지불하도록 되어 있었다(제232조 2항). 덜레스는 그 밖의 전승국의 동의를「독일과 그 동맹국은 독일과 그 동맹국의 공격에 의해 강제된 전쟁의 결과, 연합국 정부와 국민이 입은 모든 손실과 손해의 장본인으로서 책임이 있다는」(제231조) 것을 조약으로 승인함으로써 획득하였다. 그 조항의 성립에 대해서 Burnett, Bd. 1, S. 66 ff., 784 ff. (Document 216, 217, 224)가 기록하고 있다. 이 교섭에 대해서는 특히 Dickmann (Anm. 32), S. 43 ff.; Klaus Schwabe, Deutsche Revolution und Wilson-Frieden, Düsseldorf 1971, S. 302 ff., 429 ff. 아울러 바네트에의 그 서문 Bd. 1, S. V-XIV에서의 덜레스의 회고, =Lederer, S. 66-72를 참조하라. 독일에서는 전승국의 여론을 만족시키기 위해 선택된 그러한 표현은 침략전쟁을 강제적으로 죄상인지(罪狀認知)하는 것, 또한 독일의 단독 책임을 굴욕적으로 고백하는 것 — 그것은 정서적으로 파괴적인 작용을 나타내었다 — 라고 받아들였다(덜레스, 1940년:「… 오늘날 우리들이 보고 있는 독일에 대한 기초를 주었다」). 덜레스는 나중에「제231조의 결과를 아무도 생각지 않았다. 특히 배상위원회는 전쟁책임문제에 대해서 완전히 권한을 갖지 않았다」고 명언하며, 그리고「강화조약 조인자」(Peace-maker)의「무분별」과「우둔함」의 원인에 대해서 회고적으로 생각하였다(위의 책). 또한 연합국이「독일의 재원(Hilfsmittel)은 모든 이러한 손실과 손해 — 의 완전한 원상회복(Wiedergutmachung)을 확보하기 위해서는, 현재의 조약의 그 밖의 규정들에서 생기는 재원의 영속적인 감소를 고려에 넣으면 충분하지 않다는 것」(제232조 1), 또한 국가소속원만이 아니라 정부의「손실과 손해」도 승인함으로써 제232조 2는 시민의 손해의 보상에 한정한 것을 법학적으로 다시 철회하였다. 그러므로 그 한정은 국제법에서와 윌슨과 라이히 정부간의「조약」에서가 아니라 독일의 빈곤에서 생겼다. 배상지불의 정도에 대해서는 법학적인 다툼의 결말은 결정적인 것이 아니고, 연합국의「원상회복위원회」에 의한 손해보상의 확정(제233조)이 결정적인 것은 확실하다. 부분적으로 매우 현실을 떠난 손해보고의 결과 1860억 금 마르크의 요구금액이 되었다. 그 요구금액은 개산하여 1320억 금 마르크로 감액되고, 15억 금 마르크에서 30억금 마르크까지의 연수(年收)를 수반한 500억금 마르크와 820억 금 마르크의 두 개의 계열에서 지불해야 하는 것이었다. 1922년에 있어서의 모든 독일 국민자산을 뉴욕의「내셔널 시티 뱅크」는 1500억금 마르크로 평가하였다. 상세한 것은 Eugen Würzburger, Wie die Reparationsforderungen begründet wurden. Probleme des Geld-und Finanzwesens, Bd. IX, Leipzig 1929에서. 그리고 존 메이나드 케인즈(John Maynard Keynes)는 이미 1920년에서 배상조항을 경제적으로 무의미한 것이라고 예리하게 비판하고 있었다(Lederers, S. 40-51에서). 또한 Edgar Salin, Die deutschen Tribute, Berlin 1930, bes. S. 241도 보라. 요약적이며 또 최근의 연구수준을 나타내는 것은 Possony, S. 81 ff. — 배상의 역사의 단계들을 E. R. Huber, Verfassungsgeschichte, Bd. 7, S. 148, 171 ff. 외에 여러 곳에서 특히 S.

민법적인 구성에서 출발하였다. 예컨대 불법행위에 근거한 손해배상의무를 기초지우는 독일 민법전 제830조를 인증하고 있다.[45] 어떤 이탈리아인은 동맹자에 대한 독일의 책임을 독일 민법전 제830조를 끌어내어 범죄의 공동(societas sceleris)에 의한 책임으로서 기초지웠다.[46] 이러한 다수의 변형들을 가지면서도 독일의 전쟁은 부정의한 전쟁이며 침략전쟁이라는 사고에 근거하여 구성한 예이다. 그러나 그때에 침략전쟁이 완전히 형법적 의미에서의 국제범죄에로 변화하였다고 생각되고 있었다고 주장할 수는 없다. 중구 열강이 전체적으로 본다면 침략전쟁을 수행하였다는 비난은, 배상범위의 확대에 기여하며 그것을 (예컨대 벨기에의 중립을 침범한 것에 대한 원상회복과 비전투원에 손해를 준 것에 대한 원상회복에) 한정하는 것의 거부에 기여한 것이다.

전쟁개념의 이해 문제에 대해서는 일반적으로 바로 미국 대표 덜레스가 제231조를 만든 심의에서 「전쟁은 그 자신과 아울러 전체적으로 본다면 현행 국제법에 의하면 완전히 비합법적인 행위는 아니다」라는 생각에서 출발한 것이 중요하다. 즉

> 「가령 전쟁이 전반적으로 보아 비합법적인 행위에 해당되지 않는다면 전쟁이 일으킨 손해라 할지라도 반드시 모두를 배상할 필요는 없게 된다. 그렇지만 이런 생각은 국제법 (특히 헤이그 조약을 참조)이 국가의 권리를 승인하고 있는 사실 — 국가는 전쟁포기를 조약상 특히 규정하지 않는다면 어떤 명확한 방법으로 다른 국가에 대해서 전쟁을 선언하고 수행할 권리를 가진다 — 에 비추어 도출한 결론은 결코 아니다」.[47]

508-515(1924년 「도즈안」), S. 694 ff.(1929년 영안), 1932년 7월 9일의 로잔느 협정 후의 배상의 사실상의 종료까지(S. 996-999) 묘사하고 있다.

45) 1919년 2월 3일의 배상위원회의 구두의 심의를 위한 구상. La Paix de Versailles, Bd. IV/1: La Commission de Réparations des Dommanges, Paris 1932, S. 17.

46) 1919년 3월 11일의 회의에서 이탈리아의 전권사절 치에사 다멜리오(Chiesa d'Amelio)는 「적 4개국은 실제적으로는 고전적인 법학자가 부르는 '범죄의 공동'(Societas Scelerie)[원문 그대로]이다. 몇 세기도 이전부터 모든 문명국의 입법은 공동의 불법행위를 한 자는 피해자에 대해서 연대책임을 져야 할 것을 규정하고 있다 …」고 서술하였다. 프랑스 민법전 제1382조, 이탈리아 민법전 제1156조, 앵글로색슨 세계의 법전통은 그것들에 언급한 후, 그는 「독일 민법도 제830조의 명문으로 이 연대책임의 원리를 채택하고 있다」(La Paix de Versailles, Vol. IV/1, S. 168)고 덧붙였다.

47) 슈미트는 여기서 합중국 대표단의 구성원에 대해서는 명확했지만 내부적인 것인 1919년 2월 4일의 「손해배상을 결정하는 원리들에 관한 프랑스의 프로젝트에 대한 코멘트」를 인용한다. 이 코멘트에서 덜레스는 독일 민법전 제823조에 뒷받침한 모든 전비를 보상한다는 요구(별개의 견해인 Anm. 44 참조)에 대한 프랑스의 요구에 대해서 다음과 같은 입장을 명백히 하였다. 즉 「우리들이 이미 보았듯이 일반적으로 용인된 원리를 체현하고 있는 독일법에 의하면, 비합법적인 행위에서 발생하는 손해에 대해서만 배상을 필요로 한다. 이 원리에 따라서 … 」(슈미트에 의해서 인용된 텍스트가 계속하여 성과를 수반하여 계속된다) 「… 그러므로 프랑스의 프로젝트에서 사용되고 있듯이, '손해'라는 말은 기존의 국제법에 위반하는 행위에 기인하는 손해라는 학술적인 의미로 사용된다는 것이 추정될 수 있다」. 덜레스의 「코멘트」는 Burnett, Bd. 1, S. 522/23 (Document No. 100)의 자료에 완전히 수록되어 있다. 그 입장은 축어적으로는 위원회 회의의 기록에는 들어가지 않았지만 내용적으로는 덜레스의 기고의 근저에 있다. La Paix de Versailles (Anm. 30), Vol. IV/1, S. 74 ff., 117 ff.를 참조. 파리 회의에서 27세였던 덜레스는 여기서 비로소 사자의 발톱을 보였다.

윌슨 대통령 자신은 정전론의 신봉자였다. 그러나 그가 도출한 법적인 결론은 분명하지 않다. 도덕적인 전쟁책임의 문제에서마저 그의 입장은 완전히 형법적이 아니다. 예컨대 1916년 10월 26일의 담화에서 윌슨은 다음과 같이 말했다.

「어떠한 개개의 사실도 전쟁을 유발하지 않았다. 결국 유럽의 체계가 전체로서 — 즉 동맹과 협조에 의한 국가들의 결합 시스템, 또한 인민들을 확실하게 모두 자기의 그물눈에 잡은 음모와 스파이 활동과의 복잡한 구조가 — 전쟁에 상대적으로 깊은 책임을 가지고 있다」.[48]

침략전쟁과 배상의무와의 관련은 결국 위원회의 심의에서뿐만 아니라 1919년 5월에 있어서의 베르사유 주재의 독일 위원과 연합국 정부들과의 사이에 문서에 의한 통첩교환에서도 문제가 되었다.[49] 그 통첩에서 독일 위원은 전쟁의 유일한 수모자라는 비난에 항의하고, 그리고 독일의 배상의무가 1918년 11월 5일의 랜싱 노트의 수락에 근거하고 있다는 것을 논거로 하여 이용하였다. 이에 대해서 연합국의 회답통첩은 랜싱 노트가 「공격」(aggression)이라는 말을 포함하며, 이 노트의 수락으로 독일은 세계대전에 대한 책임도 수락한 것이라고 주장한다.[50] 실제로 「공격」이라는 말은 랜싱 노트에서는 다음의

48) 1916년 10월 26일의 오하이오주 신시내티에서의 도시 부인 클럽에서의 윌슨 대통령의 연설에서의 인용문은, "Have you ever heard what started the present war? If you have, I wish you would publish it, because nobody else has, so far as I can gather. Nothing in particular started it, but everything in general. There had been growing up in Europe a mutual suspicion, an interchange of conjecture about what this Government and that Government was going to do, an interlacing of alliances and understandings, a complex web of intrigue and spying, that presently was sure to entangle the whole of the family of mankind on that side of the water in its meshes."(Woodrow Wilson, The new Democracy, Presidential Messages, Address, and other Papers 1913-1917, Bd. 2, New York 1926, Repr. 1970, hrsg. v. Ray Stannard Baker/William E. Dodd, S. 381)이라는 내용이다. 분명히 슈미트는 이것을 번역에서 인용하고 있다. 즉「무엇이 현재의 전쟁을 일으켰는가를 일찍이 여러분은 안 일이 있습니까? 만약 안 일이 있다면 여러분이 그것을 발표하기를 나는 바랍니다. 왜냐하면 내가 알고 있는 한, 또한 누구도 이를 공표하지 않았습니다. 전쟁을 야기한 것은 어떠한 특수한 원인이 아니고 사태의 모든 것이었습니다. 서로의 불신이 이 정부와 저 정부의 행위에 관련하여 서로의 의심이 동맹이나 협조의 뒤섞임이 음모와 스파이 활동의 밀접한 그물 — 그것은 확신을 가지고 남김없이 여러 인민들을 모두 술책 중에 붙잡은 것이 틀림 없는 — 이 유럽에서는 발생하였습니다」. Wilson, Das staatsmännische Werk des Präsidenten in seinen Reden, hrsg. v. Georg Ahrens und Carl Brinkmann, Berlin 1919, S. 138-143 (142)에 수록. 미합중국의 세계대전에의 참전 이래, 그러므로 1917년 4월 6일 이래 윌슨은 「독일 군인은 독일의 침략전쟁에 책임이 있다」고 확신하였다. 프랑스의 법학자인 조르주 드마르시알(Georges Demartial)은 많은 책에서 정치가들의 공적인 책임 할당에 비판적으로 파악했는데, 윌슨의 그것과 관련된 확언을 「전(avant) — 후(après)」로 대비하였다(Le mythe des guerres de légitime défense, Paris 1931, S. 160). 드마르시알의 독일어로 출판된 작품 Das Evangelium des Quai d'Orsay, Berlin (발행년도가 없는데 1926년 이후), 그리고 Die Mobilmachung der Gewissen, Berlin 1926을 참조하라. 미합중국에서는 1916년의 윌슨의 신시내티 인식에로 되돌아가는 논술을 과학자들이 공공연하게 발표하기까지 수년이 걸렸다. 예컨대 Harry Elmer Barnes, Assessing the Blame for the World War. A Revised Judgement Based on all Available Documents. New York Times "Current History," Mai 1924, Übersetzt in: Die Kriegsschuldfrage, Jg. 1924, Nr. 10, S. 385-426에 수록.

49) Berber, S. 1226 f.에서의 1919년 5월 13일의 독일의 강화파견단의 통첩.

관련에서 나타난다. 즉

「나아가 1918년 1월 8일의 하원에서의 연설에서 나타난 평화의 조건에서 대통령은 침공된 (invaded) 영토는 철병되고 해방되고 회복되어야 한다고 선언하였다. 연합국 정부들은 이 규정이 의미하는 사안에 관해서는 아무런 의문도 허용해서는 안 된다고 느낀다. 그것으로 그들은 육해공으로부터 독일이 행한 공격(aggression)에 의해서 연합국의 비전투원과 그 재산에 가한 일체의 손해는 독일에 의해서 보상된다고 이해하고 있다」.[51]

여기서도 또한 배상의무의 논의에서 많은 책임비난의 경우와 마찬가지로, 「'침략'이라는 말은 이러한 관련에서 침략전쟁을 국제적으로 범죄로 보는 것의 선례로 볼 것인가?」하는 의문이 생긴다. 독일의 책임에 대해서 말하고 그 책임이 침략에 있다고 하는 경우, 일반적으로 말하면 [거기에서는] 완전하게 형사적 의미에서의 범죄를 성립시키는 구성요건을 가지는 형사책임도 상정되고 있다는 데에 본래 가능한 것이다. 그러나 구체적인 경우에서는 배상만이, 즉 독일의 경제적 및 재정적인 지불이 문제가 되었으며, 베르사유조약 제7부에서와 같은 본래의 형벌은 문제가 되지 않았다. 베르사유에서는 새로운 국제법상의 범죄를 창출하는 것에 대해서는 완전히 일치하지 않은 것이다. 사람들은 200년 이래 승인되고 지금까지 유럽 국제법의 모든 법구조를 규정하는 전쟁개념을 전쟁수행국이나 중립국에 관한 모든 성과와 함께 폐기하려고 바라지는 않았다. 만약 이것이 의도되지 않았다면 단지 일반적인 「부정이라는 것」 선언뿐만 아니라 명확하게 범죄화를 나타내는 정밀한 선언을 필요로 하였을 것이다. 랜싱 노트의 상술한 곳은 중립화되고 있던 벨기에로의 독일의 진주(Einmarsch)와 비전투원이 입은 손해에 대한 배상범위의 문제에만 언급하고 있다. 그러한 「부정 선언」을 넘어서 새로운 전쟁개념과 국제범죄의 새로운 유형을 창출한다는 의도가 이 곳에서는 인식할 수 없는 것이다.

전쟁책임문제는 모두 1919년 이후 배상문제와의 관련에서만 논의되었다. 특정한 인간의 형사책임이라는 것이 재정적 · 경제적인 법률효과만을 기초지우는 책임과는 다른 것이라는 의식은 유럽의 모든 국가들의 국내법에 관해서는 이미 매우 강력하게 퍼지고 있었다. 그러므로 어떠한 국가도 손해배상의무를 발생케 하는 불법행위를 확정함으로써는 국제범죄의 완전한 새로운 유형을 도입할 수는 없었던 것이다.

만약 베르사유에서 그러한 작용이 의도되었다면 적어도 국제연맹규약은 정식으로 침략전쟁 그 자체를 형사범죄라고 선언하지 않으면 안 되었을 것이다. 그러나 그렇지 않았던 것이다. 그럼으로써 선례로서의 영향력 — 그것은 독일의 전쟁책임이 확정되고

---

50) 1919년 5월 20일의 클레망소 수상의 회답 통첩. 베르버에서의 번역은 Berber, S. 1227/28.

51) Anm. 44 참조. 1918년 11월 5일의 랜싱 노트의 오리지날한 텍스트는 마찬가지로 Burnett, Bd. 1, S. 411 (Document 38)에 수록되어 있다.

있었다면 생겼을 것이다 — 역시 곧 다시 마비되어 버렸다. 이 점에 관하여 의문이 여전히 있었는데, 미국이 윌슨 대통령의 서명에도 불구하고 1919년 이래 베르사유로부터 물러나 유럽의 정치적 문제로부터 고립한 때에 유럽의 법의식은 이 의문에 결정을 내렸다. 이미 서술하였듯이 1921년 8월 25일의 독일과의 단독강화에서 형사적인 책임문제와의 관련은 모두 의식적으로 회피되고 있었다.

Ⅲ. 1919~1939년에서의 침략전쟁의 국제법적인 형벌화의 전개

(제네바 의정서, 켈록 규약, 해적행위로서의 전쟁, 1936년의 이탈리아에 대한 제재, 완전한 중립화의 부활)

1919년부터 1939년까지의 20년 동안은 새로운 국제법질서의 시도의 시대였다. 미국 대통령 윌슨은 1919년의 파리 강화회의에서 이러한 신질서에 향하여 가장 중요한 시도를 하였다. 그러나 미국은 곧 유럽에서 물러나서 유럽의 인민들을 그들의 정치적 운명에 맡긴 것이다. 다음에 서술할 개관은 1919년부터 1939년까지의 혼란한 과도기의 모습을 온전하게 묘사하려는 것은 결코 아니다. 그것은 이 시대에 행해진 전쟁의 폐지(Abschaffung)와 위법화(outlawry)에의 시도가 유럽의 보통 국민을 형벌의 대상으로 하는 결과를 정말 가져왔는가 하는 의문에 응답하려는 것에 불과하다. 바꾸어 말하면 1919년부터 1939년에 있어서의 전쟁위법화의 이러한 제안이나 시도는 정치적 지도층에 속하지 않는 자기의 경제적 · 산업적 기타의 직업에 근무하는 국민에게 새로운 국제법적 질서를 납득시킨 것일까? 특히 유럽의 어떤 국가의 보통 비지니스맨은 — 지금까지의 세속적인 전통에 반하여 — 침략전쟁이 다양하게 논의되는 구상이나 타협형태에 그치지 않고, 법적 효력을 가지는 새로운 국제적 규범에 의해서 현실의 형사적인 범죄에 이르게 되었다는 확신을 얻었을까? 개개의 국민이 이 확신을 가진 경우에만 그 국민에게 전쟁이라는 새로운 국제범죄의 행위자 또는 관여자로서의 책임을 물을 수 있는 것이다.

전쟁의 폐지라는 문제가 실제로는 군축과 안전보장의 문제라는 것을 어떤 국민도 특히 어떤 비지니스맨도 알고 있었다. 그들은 전쟁폐지의 법학적인 정식화를 그 실제적인 결과에 의해서만 평가할 수 있었다. 여러 가지로 논해지는 많은, 미세한 구별을 수반한 구상은 국민에게는 많은 유럽 국가들의 주권의 오만함의 소산으로만 생각되었다. 국민은 이 어려운 법학적 타협의 정식화 속에서 베르사유조약의 수정에 찬성하거나 반대하여 투쟁하는 정부들의 정치적 책동을 발견하지 않을 수 없었다. 미국 시민의 강력한 참가가 그들의 [유럽] 국민에게 줄 수 있었던 인상 — 나는 스코트(J. B. Scott),[52] 쇼트웰(J. T. Shotwell),[53] 밀러(H. Miller)[54] 등등의 이름을 떠올린다 — 은 미국 정부가 강력한

52) 제임스 브라운 스코트에 대해서는 Anm. 39 참조.

중립정책, 더구나 고립정책을 취한 것으로 감쇄되어 버렸다. 미국에서의 여론과 공적인 정책 간의 대립은 현저하였다. 유럽 국가들의 국민은 공적인 정책에 의해서만 판단할 수 있었다.

사실 전쟁을 국제법적으로 형벌화한다는 이 장대한 시도는 당시 — 보통 시민의 법감정에 대해서는 불가해하고 해결하기 어려운 — 일련의 안티 테제로 빠지고 있었다. 즉 법학적 사고방식과 정치적 사고방식과의 대립에, 또한 도덕적 의무와 법적 의무와의 구별에, 정치적 문제와 경제적 문제와의 대립에 빠지고 있었다. 그리고 나아가 당시의 유럽에 대한 미국의 관계의 특징이었던, 사적인 현재(private Anwesenheit)와 공적인 부재(offizielle Abwesenheit)와의 대립에도 주목하지 않으면 안 된다. 다음의 서술에서는 위의 다양한 안티 테제에서 유래하며, 그 전개 중의 유럽에 있어서의 관여자인 국민에서 생긴 특별한 어려움에 주목하지 않으면 안 된다.

(1) **1924년 10월 2일의 제네바 의정서**. 1919년의 제네바 연맹[국제연맹][55] 규약은 전쟁방지(Verhütung)를 위한 규정들(제10조~제17조)을 포함하고 있었다. 미리 규정되고 있던 절차를 엄수하지 않고 전쟁에 호소하는(resort to war) 국가는 평화파괴자였다. 이와 같은 평화의 파괴에 대한 제재로서 금융상, 경제상 그리고 군사상의 조치가 다른 가맹국에 미리 예정되고 있었다(제16조).[56] 전쟁 그 자체를 형벌화하는 것은 화제가

53) 제임스 톰슨 쇼트웰(James Thomson Shotwell, 1874-1965)은 미국의 역사가, 외교관. 1917년 이래 쇼트웰은 윌슨 대통령의 고문이며 베르사유 강화회의의 미국 대표단의 일원이었다(그의 일기는 1937년에 출판되었다. At the Paris Peace Conference, New York). 1943년에 그는 루즈벨트 대통령에게 장래의 「국제연합」에 관하여 조언하였다. 1945년에 그는 샌프란시스코에서의 미국 대표단의 고문 단장이었다. 1922년 이래 합중국에서 선전된 「전쟁위법화」의 노력을 그는 「미국의 운동」에로 개조하였다. 카네기 재단에 의해서 설립된 베를린 정치대학의 강좌 개강 때에 행한 그의 강연 「우리들은 세계사의 전환점에 서 있는가?」(Ausgleich als Aufgabe und Schicksal, hrsg. v. Ernst Jäckh, Berlin 1929, S. 15-30에 수록)는 독일에서는 가장 유명하였다. 켈록 규약에의 쇼트웰의 노력은 유명하였다(Jäckh, ebd. S. 29를 보라). 이 테마에 대한 쇼트웰의 그 밖의 저작은 War as an Instrument of National Policy and its Renunciation in the Pacts of Paris, New York 1928, London 1929. 독일어판은 Der Krieg als Mittel nationaler Politik, Berlin 1930이다. 켈록 규약 성립에 즈음한 그의 실제의 역할을 Robert A. Ferrell, S. 23, 72 ff. 외에 여러 곳에서 「쇼트웰은 브리앙을 믿었다. 우리들은 쇼트웰이 브리앙을 믿었다고 믿는다. 그러나 노련한 외교가는 아무도 그렇게 하지 않을 것이다」(S. 74)라고 적확하게 표현하여 냉정하게 묘사하고 있다.

1947년에 슈미트는 쇼트웰의 베를린 강연을 독일에 대해서 「싹과 불길한 전조로 가득 찬 강의 하나」로서 특징짓고 1841년 11월의 베를린 대학에서의 쉘링의 강의와 비교하였다(Glossarium, v. 2. 9. 1947, S. 7). 그 밖에도 슈미트는 "Glossarium"에서 자주 쇼트웰에게로 돌아갔다(S. 6, 7, 8, 10, 303). 쇼트웰에 대한 매우 상세한 주석은 Nomos der Erde, S. 246 FN 1에도 있다.

54) 데이비드 헌터 밀러(David Hunter Miller, 1875-1961)는 미국의 국제법학자. 베르사유 강화회의의 미국 대표단의 고문. 「전쟁의 위법화」(Anm. 53 참조)의 이념을 문서적으로도 주장하고 그것을 지목하는 국제적인 협정에 헌신하였다. D. Hunter Miller, The Geneva Protocol, London 1925; ders., The Peace Pact of Paris, London 1928; ders., Le pacte de Paris ou traité Briand-Kellogg, in: Année politique française et etrangère, Bd. 4 (1929), S. 1 ff.

55) 「1919년의 제네바 연맹(Genfer Liga)으로서의 「국제연맹」의 명칭에 대해서는 Anm. 5 참조.

56) 제16조: 「제12조, 제13조 그리고 제15조에 의한 약속을 무시하고 전쟁에 호소한 연맹국은, 당연히

되지 않았다. 주권의 평등에 근거한 모든 국가의 동권이라는 사고가 여전히 매우 강력하였으므로, 국제연맹규약은 암묵 속에서도 전쟁을 형법적으로 금지할 수 없었다. 실제의 해석과정에서 [전쟁의 형법적인 금지에] 연결지을 수 있는 약간의 싹은 아마 존재했을지도 모른다. 그렇지만 1919년의 파리 회의에서 영향력을 관철시킨 미국은 상술하였듯이 공적으로는 연맹과 교섭이 없는 상태였다.

1920년부터 1924년까지의 시기에 국제연맹의 전쟁방지 시스템을 강화하기 위한 많은 시도나 제안이 행해졌다. 그러나 전쟁 또는 특정한 종류의 전쟁이 형벌로써 위하되는, 특정한 인간에 의한 국제범죄로 되어야 한다는 것은 합의를 얻지 못하였다. 유럽 대륙의 사고양식을 가지는 법률가에 대해서는 국제법에 대해서 「범죄」라는 말이 단지 사용되었다 하더라도, 구성요건 · 행위자 · 형벌 그리고 재판소가 명백한 언어로 규정되고 해석되지 않는 한, 「법률 없으면 범죄도 형벌도 없다」는 명제의 의미에서의 형벌화를 완전히 의미하지 않는 것은 명백하였다.

다만, 「침략전쟁은 국제범죄이다」라는 명제는 「국제분쟁의 평화적 처리를 위한」 1924년 10월 2일의 이른바 제네바 의정서에 존재한다.[57] 거기에서 처음으로 전쟁을

다른 모든 연맹국에 대해서 전쟁행위를 한 것으로 간주한다. 다른 모든 연맹국은 이에 대해서 곧 일체의 통상상 또는 금융상의 관계를 단절하고, 자국민과 위약국 국민과의 일체의 교통을 금지하고, 또 가맹국인가의 여부를 불문하고 다른 모든 국가의 국민과 위약국 국민간에 일체의 금융상, 통상상 또는 개인적인 교통을 차단할 것을 약속한다.

연맹이사회는 전항의 경우에 연맹의 약속옹호를 위해 사용해야 할 병력에 대한 연맹 각국의 육해군 또는 공군의 분담 정도를 관계 각국 정부에 제안할 의무가 있는 것으로 한다.

연맹국은 본조에 의해서 금융상 및 경제상의 조치를 취할 경우에, 이에 근거하여 손실 또는 불편을 최소한도로 저지하기 위해 서로 지지할 것, 연맹의 한 국가에 대한 위약국의 특수한 조치에 저항하기 위해 서로 지지할 것, 아울러 연맹의 약속을 옹호하기 위해 노력하는 연맹국 군대의 자국 영역내의 통과에 대해서 필요한 조치를 취할 것을 약속한다.

연맹의 약속에 위반한 연맹국에 대해서는 연맹이사회에 대표되는 다른 일체의 연맹국 대표자의 연맹이사회에서의 일치된 표결로써 연맹으로부터 이를 제명하는 뜻을 성명할 수 있다」.

57) 이 명제는 전문에 적혀 있었다. 즉 「… 그리고 침략전쟁이 그러한 연대의 침해이며 국제범죄라는 것을 확신한다 … 」라고. — 제네바 의정서는 폴리티스(N. Politis)와 에두아르트 베네슈(Eduard Benesch)와의 공동에 거슬러 올라간다. 그것은 국제연맹 규약의 개정 개량된 제2판이 될 뿐이었다. 폴리티스와 베네슈에 의해서 지도된 국제연맹의 위원회의 준비작업에 대해서는 Journal Officiel — S. D. N. (A), 1924, Nr. 24, S. 119 ff.와 129 ff. 참조. 계획된 평화적 분쟁해결(의정서 제2조~제9조 참조) 그리고 이하의 보충 — 즉 1. 침략개념의 명확화, 2. 국제연맹이사회의 확정권한과 지시권한의 확대, 3. 의정서 서명국을 제재집행에 불가피하게 의무지우는 것 — 에 의한 국제연맹 규약의 제재기구의 실효화를 둘러싼 노력이 의정서의 중점을 형성하고 있다(의정서 제10조 참조). 국제연맹 규약은 그러한 요소를 그 당시까지 포함하지 않았다. 국제연맹 규약 제16조는 국제연맹의 구성국에게 그들이 자기의 결단권에서 제재사항(casus sanctionis)을 확정한 한에서 제재행사의 **권리**를 부여하였다. 국제연맹 이사회는 권고할 뿐이었다. — 의정서의 텍스트는 Journal Officiel — S. D. N. (A), 1924, Nr. 24, S. 136 ff. 그리고 Grewe, Fontes III 2, S. 941-953에 수록되어 있다. 의정서의 해석에 대해서는 Wehberg, Das Genfer Protokoll, Berlin 1927. — 베베르크(1885-1962)는 독일 국제법학의 평화주의적 경향의 지도적인 법학적 저술가. "Friedenswarte"의 편집자. 1928년이래 제네바 대학의 정교수. 에두아르트 베네슈(1884-1948)는 체코의 정치가. 파리 평화교섭 — 여기에서 체코슬로바키아가 탄생되어 왔다 — 수석 전권사절. 1918-35년 체코슬로바키아 공화국의 외무 장관. 1935-38년, 1945-48년 대통령.

니콜라스 폴리티스(Nicolaos (Nicolas) Sokrates Politis, 1872-1942)는 1898-1914년, 프랑스의

범죄화하는 생각이 유럽에서 공공연하게 표현을 얻은 것이다. 그 이전에도 안전보장조약이나 상호원조조약의 초안들이 제기되고, 거기에서는 침략 또는 침략전쟁은 국제범죄라는 것이 마찬가지로 말해지고 있었는데, 이러한 초안들은 결코 국제적인 결정으로서는 효력을 발생하지 못했다. 나아가 제네바 의정서 역시 발효하지 않았다. 과연 제네바 의정서는 1924년 10월 2일에 국제연맹의 제5차 총회에서 제안으로서 채택되었다. 알바니아 · 벨기에 · 브라질 · 불가리아 · 칠레 · 에스토니아 · 핀란드 · 그리스 · 아이티 · 유고슬라비아 · 라트비아 · 라이베리아 · 파라과이 · 폴란드 · 포르투갈 · 스페인 · 체코슬로바키아 · 우루과이와 같은 국가가 서명하였는데, 그 의정서를 비준한 것은 체코슬로바키아뿐이었다(1924년 10월 28일). 이것은 주로 영국의 저항으로 실패한 것이었다. 1925년 3월 12일에 연맹이사회에서 체임버레인 경*에 의해서 발표된 영국 정부의 성명은 특히 중요한 문서이며 뒤에 인용한다.

1924년의 제네바 의정서는 미국 시민의 한 집단의 발안에서 나온 것이다. 컬럼비아 대학의 역사학교수이며 파리 강화회의에서의 미국의 강화파견단의 일원이었던 쇼트웰 박사(Dr. James T. Shotwell)가 이 집단의 대표로 간주된다. 연맹이사회는 1924년 6월의 회의에서 이 집단의 보고인 이른바 쇼트웰 초안[58]을 연맹에 대한 공식 문서로서 회부함으로써, 하나의 「선례 없는 성질의 행위」(action of unprecedented nature)를 결정하였다. 그러므로 비록 미국 자신이 국제연맹의 가맹국이 아니고 원칙적인 고립주의에 의해서 유럽의 모든 정치적 문제로부터 멀리 있었다하더라도, 사인으로서의 한 무리의 「저명한 미국인들」이 중요한 결정에 직접 영향을 미친 것이다. 쇼트웰의 이 초안은 「침략전쟁의 위법화」(Outlawry of Aggressive War)라는 제목 아래 다음의 문장을 포함하고 있다.

국제법학자, 마지막에 파리 대학. 그는 1916-20년 그리고 1922년에 그리스의 외무 장관이며 1924-27년에 파리 주재 그리스 대사였다. 그는 국제회의와 국제연맹에서 그리스를 대표하였다. 즉 헤이그에서의 국제법 아카데미의 창립자이며 끝으로 상설국제사법재판소의 재판관이며 국제법학회의 회장(1937-42)이었다. 베르사유 강화회의에서 1919년에 그는 책임문제에 관한 위원회에서 그리스를 대표하였다(Anm. 30 참조). 그의 저작에서 다음의 것이 강조되어야 할 것이다. La Justice International, Paris 1924; Les Nouvelles Tendances du Droit Internationale, Paris 1927 (영어의, 개정된 번역은 The New Aspects of International Law, Washington 1928); La Neutralité et la Paix, Paris 1935(영어 번역은 Neutrality and Peace, Washington 1935); Le Problème des Limitations de la Souveraineté et la Theorié et l'Abus des Droit dans les Rapports Internationaux, in: RdC 6 (1925), S. 1 ff. 이 저작에서 폴리티스는 제1차 세계대전 후에 시작하는 주권제한의 국제법 독트린의 대표자로서 자기를 명확하게 증명하였다. 특징적인 방법으로 그는 「진정한 평화정책의 목표는 전쟁을 방지하는 것이며 전쟁을 일층 인도화하는 것은 아니다」(Die Zukunft des Kriegsrechts, in: Wie würde ein neuer Krieg aussehen? Untersuchung, eingeleitet von der Interparlamentarischen Union, Zürich 1932, S. 371 ff., 389)고 서술하고 평화파괴에 대한 집행전쟁(Vollstreckungskrieg)을 위한 전쟁법을 광범위하게 인도화하는 것에 대해서는 아무것도 하지 않았다.

58) Projet de Traité de désarmement et de sécurité présenté, avec commentaires, par un groupe américain, Société des Nationes. C. 339. 1924. IX, Genève le 7 juillet 1924; International Conciliation No. 201, 205, 208. 영어 텍스트는 Ferencz I, S. 124-127에서. 쇼트웰과 함께 밀러(Anm. 54 참조)도 관여하였다. Wehberg, Ächtung, S. 32 f.를 보라.

제1조 주요 체약국은 침략전쟁이 국제범죄라고 엄숙히 선언한다. 이들 국가들은 각각에 침략전쟁을 수행하지 않을 의무를 진다.

제2조 방어 이외의 목적을 위해서 전쟁을 수행하는 **국가**는 제1조에서 서술한 국제범죄를 범하는 것이다.

제3조 상설국제사법재판소는 제1조가 말하는 국제범죄가 범해졌는가의 여부에 대해서 판결을 내려야 하며 어떠한 조약가맹국의 고소에 대해서도 재판권을 가져야 한다.

다음에 침략행위와 제재의 상세한 정의가 계속되었다. 이 정의는 형법적인 성질을 가지는 것은 아니며 주로 경제적인 성질을 가지는 것이었다. 그러나 모든 조인국은 침략국가에 대한 강제조치에 호소할 수도 있었다. 나아가 책임 있는 국가는 자기의 침략이 다른 조인국에 미친 손실을 배상하도록 규정하고 있었다.

제네바 의정서 자체도 침략전쟁을 범죄로 선언하고 있다. 거기에서도 역시 침략자로서의, 또한 새로운 국제범죄의 행위자로서의 「국가」만을 논하고 있으며, 현실의 형법적인 의미에 있어서의 전쟁의 형벌화를 본래 방해하는 것인 국가주권을 존중하고 있다. 「제재」의 위하는 경제적 · 금융적 · 군사적인 것이며, 국가 그 자체에만 향하고 있다. 그 제재는 전쟁의 특정한 수모자 — 예컨대 국가수반, 정부의 구성원, 새로운 범죄의 정범자(perpetrators)로서 책임 있는 그 밖의 인물 — 에 대해서는 완전히 서술하지 않고 있다. 역설적인 것이다[개인의 책임은 묻지 않는다]. 의정서 제15조 제2항에 의하면, 제재를 받는 침략자인 국가는 과연 그 지불능력의 극한까지 제재의 일체의 비용을 부담해야할 것으로 되어 있었는데, 그러나 그 이외에는 (국제연맹규약 제10조에 의해서 연맹의 전체 구성원에게 부여된 영토적 보장 때문에) 영토의 보전에서도 정치적 독립에서도 침해되어서는 안 된다고 하고 있다. [의정서] 제15조 2항은 말한다.

「그렇지만 규약 제10조에 비추어서, 이 의정서의 비준이 행해졌기 때문이라고 하여, 침략국의 정치적 독립이나 영토의 보전은 어떠한 경우에도 제재의 대상이 될 수는 없을 것이다」.

범죄적인 침략자국가와 그 정치적 독립에 대한 그러한 배려는 미국의 여론에는 아마 이해될 수 없을 것이다. 여기서는 대표로서 제네바에 출석하고 있던 유럽의 정부들이 얼마나 강력하게 국가주권에 대한 배려로 가득 차 있었는가를 나타내고 있다. 형사벌에 대해서 언급을 회피하는 이러한 「제재」에 직면하여, 유럽 대륙 형법의 법률가는 어떠한 의식적인 형벌화도 형사적 처벌의 어떠한 원리도 받아들이지 않을 것이다. 이런 종류의 선언에서 침략전쟁이 그 이름을 가지고 호소하는 「범죄」란 바로 국제법상의 특수한 위법인 것이다. 국제법상의 위법행위를 별도 취급하는 것이 유럽 국제법의 지금까지의 전통에 일치하고 있었다. 그러므로 "crime"이라는 말이 사용되고 있더라도, 지금까지의 국내 형법과 같은 형벌화를 의미하는 것은 아니었다. 해적행위와의 가능한 유사에 대해서는 뒤에 별개의 절(이하의 3)에서 서술할 것이다. 그러나 해적행위에 대해서는 이 제네바 의정서에서는 언급하지 않는다.

미국에서의 광범위한 여론이 전쟁의 「위법화」와 "crime"이라는 말을 액면 그대로 형벌화 · 범죄화를 의미하는 것으로 생각한 — 더구나 침략전쟁에 대해서 책임 있는 주모자가 곧 처벌될 수 있다는 의미에서 — 것은 이해할 수 있다. 그러나 「침략전쟁」이라는 새로운 범죄의 구성요건은 아직 전연 명확하게 되지 않았다. 1925년의 제네바 의정서와 1932~34년의 군축회의[59]에서의 번거로운 노력을 떠올린다면, 전쟁폐지 문제에 관해서 유럽 대륙 법률가들의 행방을 미국 여론의 사고방식에서 나누어 대립이 곧 명확해 진다. 이 커다란 차이는 새로운 국제범죄의 고유한 구성요건에 대한 법학적 문제가 분명히 함으로써 비로소 명확하게 된다. 즉 전쟁위법화의 노력에 있어서는 항상 전쟁 전체의 의미에서의 침략전쟁이 문제가 되고 있거나 (이 경우 이러한 전쟁에 이어 그 이상의 전쟁의 전개 — 예컨대 동맹전쟁 등 — 가 통일적인 전체를 형성하느냐의 여부에 대한 여타의 문제가 발생하는데) 또는 침략 그 자체 — 그것에 이어 다분히 일어날 전쟁과 법학적으로 구별되는 — 가 특별한 구성요건으로서 생각되고 있는가가 엄밀하게 고려되지 않으면 안 된다. 최초로 발포하는 것, 또는 최초로 월경하는 것은 전체로서의 전쟁을 일으킨 자와 동일하지 않다는 것은 명백하다. 전쟁이라는 범죄, 침략전쟁이라는 범죄, 침략이라는 범죄는 분명히 각각 다른 구성요건을 가진 세 개의 다른 범죄이다. 그렇지만 전쟁에 관하여 내려진 복합적인 유죄판결에서 그것들은 서로 들어가고 있었다. 그리고 여론의 대세에는 그것들을 분리하는 것은 단순한 법학적인 기교라고 생각되고 있었다.

실제로 침략전쟁과 침략행위와의 구별은 실제로는 기교적이며 형식주의적인 것이다. 범죄자로서 처벌해야 할 인간의 행위는 엄밀히 말하면 어떤 점에 있는가라고 문제가 제기되자마자, 확실한 법적 명확화가 필요하게 된다. 법학적으로 이 구별 자체는 어렵지 않지만 실제로 불가결하기도 하다. 어떠한 전쟁도 — 침략전쟁 역시 — 전쟁이 그렇듯이 쌍방적인 경과이며 양자의 투쟁이다. 이에 대해서 침략은 일방적인 행위이다. 전쟁 — 침략전쟁도 — 의 정부정의 문제는 전체적으로 본다면, 특정한 침략행위의 정부정의 문제와는 완전히 별개의 것을 의미한다. 비록 이 침략행위가 뒤에 전쟁에로 이르고 나아가서는 또한 시의를 얻어 정지되더라도 말이다. 침략 또는 방어는 절대적 · 도덕적인 개념이 아니라 상황에 규정된 경과인 것이다.

무릇 영국의 언어적 관용에 의하면, 「침략자」(aggressor)는 「침해자」(Verletzer)로 이해되며, [그 침해자는] 「법률을 범하는 것」(offender)과 동일시됨으로써 이 사정이 자주 무의식적으로 은폐되고 있다. 그리하여 예컨대 블랙스턴의 『영법주해』에서는 이렇게 말한다. 즉 「공적인 범죄에 보복함에는 생명이나 재산을 빼앗는 것보다 다른 방법이 없으므로, 그것과 마찬가지로 사적인 악행을 사후적으로 보상하는 것은 실제로 불가능하

59) 1932년부터 1934년 간의 국제연맹의 군축회의는 Ferencz I, S. 195-254에 기록되어 있다.

다. 침략자(aggressor)의 총재산으로만 배상은 가능한 것이다」.[60] 프랑스어에서도 마찬가지로 「attaque는 행위이며 사실이다. agression은 도덕적으로 고찰된 행위이며 사실이며, 누가 최초로 악한가를 알기 위한 행위이며 사실이다」. 유명한 리트르(Littré) 불어사전은 이와 같이 정의한다.[61] 그러나 그럼에도 불구하고 침략과 방어는 상황과 함께 변화하는 단순한 수단에 불과할 것이다. 모든 대규모적인 군사적 및 비군사적인 대결에서는 어떤 때는 한쪽이, 또 어떤 때는 다른 한쪽이 침략 또는 방어에 선다. 최초로 발포한 자 또는 국경을 최초로 넘은 자, 즉 쟁투적 대결의 일정한 순간에 있는 침략자라고 해서 대결 전체라는 더욱 광범위한 경과에서도 항상 침략자로 남을 필요는 없다. 상술과 같이 침략자는 사안 전체에서도, 또한 주모자 · 야기자 · 유책자에 한정하지 않고, 또한 항상 부정한 것도 아니다. 마찬가지로 어떤 순간 어떤 상황에서 방어에로 내몰린 것이, 그렇다고 하여 항상 전체적 관점에서 정당한 것이 되지는 않는다.

우리들은 침략과 방어와의 언어상의 의미를 생각하지 않으면 안 될 것이다. 왜냐하면 침략의 금지(Verbot)는 침략전쟁의 금지와는 별개의 것을 의미하기 때문이다. 원래 19세기에는 "crimen de l' attaque"(de l'agression이 아니고)로서의 「침략이라는 범죄」에 대해서 말하던 — 그것에 의해서* 침략(Angriff)이 agression이라는 (마이너스 가치가 부하된) 의미를 가지는 동시에 "attaque" 또는 "attack"이라는 (가치자유적인) 범주로도 나타내는 독일어의 경우보다도 법학적인 사태는 일층 명확하게 된다 — 것을 나는 증명할 수 있다.[62] [침략과 침략전쟁의] 쌍방 모두 금지된 경우에는 여하튼 부정이라는 것은 당연하다. 그렇지만 최초로 발포한다는 범죄는 부정의한 전쟁이라는 범죄와는 다소 다른 것이 계속하고 있다. 전쟁 그 자체가 법적으로 금지되는 경우는 명백히 부정의한 전쟁만이 의미되고 있었다. 침략전쟁이 금지되는 것은 부정의한 전쟁의 경우뿐이다. 특히 자유권은 항상 유보된 그대로다. 전체로서의 전쟁의 정의(正義)의 문제는 정당원인(justa causa), 즉 전쟁원인이나 총체로서의 대외정치적인 관계의 문제로부터 끊을 수 없는 것이다. 여기서[이 감정서] 서술하는 전쟁폐지(Abschaffung)를 둘러싼 모든 노력 — 1923년의 안전보장조약에 대한 교섭,[63] 1924년의 제네바 의정서, 1928년의 켈록

---

60) Sir William Blackstone, Commentaries on the Laws of England, 1765-69, 16. Aufl., London 1925, Bd. 4, S. 66 ff.

61) Littré, Dictionnaire de la langue française, Paris 1869, Bd. I, S. 230.

62) 『대지의 노모스』에서 이 문장은 다른 구성이기 때문에 달리 표현되었다. 즉 「원래 19세기에서는 *crime de l'attaque* (de l'agression이 아니라)로서의 침략의 범죄에 대해서 말하고 있었다 — 그것에 의해서 *Angriff*가 *agression*이라는 (마이너스 가치가 부하되었다) 의미를 지니는 동시에, attaque 또는 *attack*이라는 *가치자유적인* 카테고리도 나타내는 독일의 경우보다도 법학적인 사태는 더욱 명확하게 되는 — 것을 우리들은 (상술 S. 87 f.에서) 증명하였다」(S. 249 unten)라고.

63) 안전보장조약의 초안을 로버트 세실경(Lord Robert Cecil) (Anm. 72 참조)은 1922년 7월에 국제연맹의 혼합군축위원회에 제출하였다(텍스트와 논의는 Ferencz I, S. 70-83). 그 조약에 의해서 이해관계 있는 모든 열강은 침략전쟁의 경우에 즉시 유효한 원조를 약속해야만 했다. 동시에 처음으로 국제연맹의 내부에서 모든 침략전쟁탄핵(Ächtung)에의 요구가 수립되었다. 즉 「… 침략전쟁은 국제범죄이다」(제1조 1항)라고. 그러나 안전보장조약은 국제연맹의 경우 18개의 구성국에 의해서만 받아들여졌다. 영국, 미합중국, 소비에트 연방, 독일 공화국 그리고 그 밖의 열강은 그 제안이 매우 다양한 근거에서 논의를 위한 상응한 원리로는

규약[64] — 은 법학적이라기 보다도 정치적인 의미를 가진 세 개의 중요한 실질적인 문제 — 안전보장 · 군축 · 평화적 변경과의 관련에 잘 합치되었다. 이러한 실질적인 문제들에 대한 고려에서 영국 정부는 1924년 10월의 제네바 의정서를 거부하고 그것으로 좌절시켰다. 체임버레인 경이 1925년 3월 12일에 국제연맹에서 발표한 상술한 상세한 정부의 성명은 이것을 매우 명확하게 표명하고 있었다. 즉

「거대한 군비를 유지하고 있는 의심 가득한 암혼의 공포(fears)는 국제적인 생활에 (사회적인 생활에도) 불가분한 통상적인 오해 — [즉] 그 처리에 국제연맹이 매우 적임이라는 오해 — 와는 거의 관계가 없다. 이 공포는 적의(hostility)라는 뿌리깊은 원인에서 나오며, 이 원인은 역사적 기타의 이유에서 강대국을 갈라 놓는다. 이 공포는 근거가 없는 것일지도 모르지만, 그러나 그것[이 공포]가 존재하는 때에는 조사나 중재를 위한 기구가 행하는 다툼의 처리에 최적의 방법에 의해서마저 효과적으로 억제되지 않는다. 왜냐하면 그러한 경우에 두려운 것은 부정의가 아니라 전쟁 — 정복이나 복수라는 목적을 위해서 의식적으로 기도된 전쟁 — 이기 때문이다」.[65]

전쟁의 실질적인 정부정의 문제, 또는 전쟁책임이란 보다 깊게 관련된 문제가 역사적 · 정치적 · 사회학적 · 도덕적으로 어려운 논의를 불러일으키는 것은 당연하며, 현실적인 결정을 도모하지 않는 한 이 논의는 소용없게 되어버린다. 이에 대해서 개개의 침략행위의 정부정의 문제는 용이하게 대답할 수 있다 — 침략행위를 법학적인 구성요건으로서 분리시키고 엄격하게 규정하고, 그러한 것으로서 금지하는 데에 성공한다면 말이다.

수십 년간에 걸쳐서 침략과 침략자에 대한 법학적으로 유용한 정의를 모든 노력을 기울여 왔는데, 그것은 형식주의적인 기호에서가 아니고, 이와 같이 일층 광범위하게 공격행위를 규정하기 위해서였다. 침략과 침략자를 가능한 한 명확하고 일의적으로 규정하기 위해서 엄밀한 정의가 요구되었다. 예컨대 최초로 군사적 폭력의 행사에 호소하는 자, 최초로 상대방의 영토적 불가침성을 침범하는 자, 미리 규정된 기간이나 절차를

간주되지 않는다고 선언하였다(그러한 정부들의 입장은 Ferencz I, S. 85-131에 수록되어있다). 발터 쉬킹(Walther Schücking)은 저「베르사유의 평화가 … 만들어낸, 자의적이고 부정한 국경 … 」의 보장과 동맹사례와의 결합을 비판하였다. 즉「제10조는 … 인민들의 자결권을 무시하고, 그리고 부정한 국경을 영구히 유지하려고 한다」, 또한 그 안전보장조약은「군사적 블록의 체계」를 만들어낼 것이다(Garantiepakt und Rüstungsbeschränkung, Berlin 1924, S. 11, 16; W. Schücking/H. Wehberg, Die Satzung des Völkerbundes, 2. Aufl. Berlin 1924, S. 422 ff. 또한 Wehberg, Ächtung, S. 18 ff.도 보라).

발터 쉬킹(1875-1935)은 독일의 법률가. 브레슬라우, 마부르크, 베를린 각 대학 교수. 1919년 베르사유에서의 독일 파견단의 일원. 1928년, 킬 대학 국제법학회 회장. 1920년-28년 국회의원(독일 민주당). 1930년-35년 상설국제사법재판소 재판관. 쉬킹은 조직된 평화운동에서 지도적인 지위를 차지하고 있었다.

64) 켈록 규약에 대해서는 Anm. 81 참조.

65) Journal Officiel — S. D. N. (C), 1925, Nr. 4, S. 446-450.

체임버레인(Chamberlain)은 1925년 9월 9일에 국제연맹 총회에서 또 한 번 들어갔다. Journal Officiel — S. D. N. (A), 1925, Nr. 33, S. 37-39를 참조.

엄수하지 않고 전쟁을 선언하는 자, 이러한 자들은 침략자가 되어야 한다. 이 경우 원활하게 사태에 적용할 수 있는 판단기준 — 그런 것이 있다면 복잡하고 자주 불가해한 대외정치상의 사태에 대한 탐구를 필요로 하지 않으며, 누가 침략자인가는 저절로 명백해지는 — 을 찾는 것이 이상이다. 그러므로 정당원인에 대한, 즉 실질적으로 정의의 전쟁에 대한 또는 전쟁책임에 대한 어려운 문제를 피하기 위해서 대상을 침략행위에 한정하는 것은 목적에 적합하며 필요한 것이기도 하다.

따라서 특히 프랑스의 법률가들에 의해서 주장된 이 방법의 특질은 원래 법학적으로 유용한 광범위한 절차를 시작하기 위해서 외견상 평화로운 현상의 정부정을 고려하지 않고, 무엇보다도 먼저 정서된 절차가 시작한다는 점에 있다. 침략행위와 폭력행위를 가능한 한 일찍 정지시켜 전쟁 그 자체의 발발을 회피하기 위해서 이 방법의 외면적으로 형식주의적인 특질은 감수된다. 바꾸어 말하면 일시적인 점유보호, 부동산점유방해금지명령(interdictum uti possidetis)[66]이 중요하다. 그 시점의 점유상태가 실질적으로 정당한가 정당하지 않은가를 고려하지 않고, 무엇보다도 먼저 그 시점의 점유상태가 법적으로 보호되는 것이다.

국제연맹규약 제10조에서 이미 연맹의 구성국은 그러한 「침략」으로부터의 옹호를 협정하고 있었다.[67] 이것은 당연히 최종적으로는 전쟁의 방지에 기여하였지만 그러나 「침략」의 구성요건은 「전쟁」의 구성요건으로부터 충분히 분명히 구별되고 있었다. 연맹의 구성국은 「전쟁에 호소하는」(resort to war) 구성원에 대해서 경제상, 금융상, 군사상의 제재를 행한다는 것이 상술한 규약 제16조에서 규정되고 있었다. 과연 여기서는 「침략」이 아니라 「전쟁」이라는 말이 사용되고 있지만, 「전쟁」이라는 말이 전쟁을 의미하지 않고 침략을 의미하고 있다는 것은 곧 명백하게 되었다. 왜냐하면 전쟁으로 되기 전에 전쟁을 피하는 침략을 중단시키는 것이 바로 중요하기 때문이다. 이미 이 때문에 침략은 독립의

66) 「부동산점유방해금지명령」(Interdictum "uti possidetis, quominus ita possideatis, vim fieri veto"(D. 43, 17, 1 pr.), 즉 점유를 실력적으로 방해하는 것의 금지는 고전적인 로마법에서는 부동산에서 뿐이다. 유스티니아누스법에서는 부동산에서의 실력의 금지와 동산에서의 동산점유방해금지명령(interdictum utrobi)간은 이미 구별되지 않는다. Bernhard Windscheid, Lehrbuch des Pandektenrechts, 9. Aufl., Frankfurt/M. 1906, Bearb. Theodor Kipp, Bd. 1, S. 812 ff. 참조. — 관여하고 있지만 「점유하고 있는」(besitzend) 국가에 대해서 강화조약이 영토를 명확하게 배분하지 않은 경우와 범위 내에서, 국제법에서는 현상(status quo) 보호의 원리가 적용되었다. 〈당신이 소유하고 있는 채로〉(uti possidetis)는 스페인의 식민지체제의 종말 후에 남아메리카의 국경이 스페인의 행정구역의 경계를 답습하였듯이, 19세기 이래 새로운 국가의 형성에 전용되었다. 제2차 세계대전 후에 아프리카의 국가들은 이전의 식민지의 국경의 상태에 대해서 성립하였다. 그러므로 국제사법재판소는 〈귀하가 소유하고 있는 채로〉의 원칙이 국가독립의 성립과 논리적으로 결부되고 있던 보편적인 국제법원리라고 부른다(국제사법재판소 Report 1986, S. 554, 556: Frontier Dispute Burkina Faso — Mali). 국제법에서의 역사에 대해서는 Frank Woolridge, EPIL 10 (1987), S. 519 ff. 아울러 연방국가의 지금까지의 주(州) 경계에 따르고 있는 유고슬라비아의 계승국가의 국경에 대한, Eckart Klein, Der Staat 32 (1993), S. 367 f. 참조.

67) 국제연맹 규약 제10조는 다음과 같다.

「연맹국은 연맹 각국의 영토보전과 현재의 정치적 독립을 존중하고, 또 외부의 침략에 대해서 이를, 옹호할 것을 약속한다. 침략의 경우 또는 그 위협 또는 위험이 있는 경우에는, 연맹이사회는 본조의 의무를 이행해야 할 수단을 고려해야 한다」.

구성요건으로서 전쟁으로부터 법학적으로 분리할 수 없었다. 왜냐하면 침략과 관련하여 원조나 제재를 가하는 조약상의 의무는 전쟁 그 자체에 관련된 것을 개시할 것이기 때문이다. 특히 1925년의 로카르노 협정[68]에 의하면, 또한 당시 소련과 같이 연맹 구성국이 아니었던 국가들도 이 시기 이후에 체결한 많은 불가침협정(Nichtangriffpakt)[69]에 의하면, 침략전쟁에 대한 침략행위의 법학적 특성은 적어도 외교관이나 법률가들에게는 당연히 의식하고 있었음을 알 수 있었다. 1932~34년의 군축회의에서 침략과 침략자의 정의에 대한 토의는 그리스 위원으로 보고자인 폴리티스(Politis)의 보고[70]에 의해서 또한 외무인민위원 리트비노프(Litwinow)[71]가 제의한 소비에트 러시아의 선언초안에 의해서 나아가 더욱 확대되고 심화되었다. 그러나 이 대문제의 법적 핵심은 조금도 바뀌지 않고 동일하게 계속되었다.

여기서 중요한 것은 국제법학자라면 누구나 숙지하고 있는데, 넓은 층의 여론은 반드시 숙지하지 않고 생소한 사안이다. 무어라해도 침략과 침략전쟁의 이와 같은 구별의 실제상의 의미를 상기할 필요가 있을 것이다. 왜냐하면 거기에서는 동시에 순수하게 법학적인 사고양식과 순수하게 정치적인 사고양식간의 근본적인 차이가 나타나기 때문이다. 침략행위의 금지는 과연 — 침략과 침략자의 정의를 둘러싸고 가능한 한 많은 번잡한 타협이나 진력에 의해서 — 결과적으로는 부정의한 전쟁의 방지에 기여하지만, 그러나 그것은 무엇보다도 전쟁 그 자체의 정의(正義)나 정당원인을 의식적으로 도외시하고 있는 것이 고려되지 않으면 안 된다. 국제법상의 다툼을 모든 평화적으로 규제하는 것에 대한 최초로, 또한 가장 명망 있는 선구자의 한 사람이며 안전보장조약(1923)의 중요한 초안의 기초자인 로버트 세실(Robert Cecil) 경[72]은 그 차이를 매우 명확하게

---

68) 독일과 벨기에, 그리고 독일과 프랑스간의 조약인 로카르노 협정은 1925년 10월 6일에 로카르노에서 독일의 서방 국경의 현상을 보장하기 위해서 — 조약당사자는 「어떠한 경우에도 침략(Angriff), 침입(Einfall), 전쟁(Krieg)에 서로 착수하지 않을 것(제2조)을 서로 의무지웠다 — 체결되었는데 방어전쟁을 유보하였다(제2조 2항). 출전은 RGBl. 1926 II S. 585=Grewe, Fontes, III 2, S. 1085-1088; Ferencz I, S. 157-160.

69) 불가침협정은 Grewe, Fontes, III 2, S. 1090 ff.에서.

70) 폴리티스의 보고와 그의 토론은 Ferencz I, S. 163-172, 173-189에서. 이 시대에 침략을 정의하려는 노력에 대해서는 일반적으로 Yves de la Brière, La définition de l'agresseur, in: L'Esprit International 7 (1933), S. 616 ff.; Nicolas Politis, in: Revue de droit international, 1934, S. 266 ff.에 수록된 폴리티스의 보고 참조. 조르주 드마르티알은 「침략전쟁」과 「정당한 방위전쟁」이라는 개념은 전쟁의 열광을 낳으려고 하는 정치적 프로파간다라고 하여 비판적으로 분류하고 있다(Anm. 48이 전반적으로). 1938년까지의 독일 제국 국민의(reichsdeutsch) 저작에서는 예컨대 Heinrich Rogge, Nationale Friedenspolitik, Berlin 1934, S. 230 ff.; Konrad Reichhelm, Der Angriff. Eine völkerrechtliche Untersuchung über den Begriff, Berlin 1934. 국제연맹의 법률가의 견해를 반영한 것으로서는 Wilhelm G. Hertz, Das Problem des völkerrechtlichen Angriffs, Leiden 1936. 기본적으로는 목하 Ferencz의 70년대까지 도달한 업적 2권.

71) 막심 막시모비치 리트비노프(Maksim Maksimowitsch Litwinow, 본명은 M. M. Wallach, 1876-1951)는 소비에트의 정치가. 1930-39년 외무인민위원. 1941-1943년 주워싱턴 대사.

72) 로버트 세실 경(Lord Robert Cecil, 1864-1958) 영국의 정치가, 외교관. 1919/20년 파리 강화조약 교섭에서의 영국 파견단의 일원. 윌슨의 관념과 아울러 「국제연맹」 — 이에 대해서 그는 자기의 초안을 제안하였다(Robert Lansing, Die Versailler Friedensverhandlungen, S. 221-224에 수록) —의 이념의

표현하였다. 그는 침략자에 대해서는 신속하고 단순하게 결정할 필요가 있다고 서술한다. [그에 의하면] 침략자는 국제연맹이사회에서 투표의 4분의 3의 다수를 가지고 확정되지 않으면 안 된다. 체결될 안전보장조약은 고의로 또는 계획적으로 타자의 영역을 침해하는 자를 침략자라고 명명하지 않으면 안 된다. 그때에 이 유명한 영국의 평화의 선구자는 이렇게 강조한다. 즉

> 「이사회가 재단해야 할 문제는 계쟁에서 여하튼 정당한 권리가 있는가를 아는 것이 아니라 어디에 처음으로 적대행위를 행하였는가를 아는 것이다. 이 때문에 조약은 타국의 영토를 의도적으로 침범하는 국가는 침략자로 간주된다고 명기할 것이다」.[73]

그러한 방법으로 침략의 정확한 정의가 전쟁의 실질적인 정의의 문제로부터 완전하고 의도적으로 구별된다는 것을 법률가라면 쉽게 이해할 것이다. 점유의 소(Possessorium)를 본권의 소(Petitorium)로부터 구별하는 것은 교양 있는 사람들의 법학적인 사고양식에서는 수 백 년 이래 주지의 사안이다.[74] 동일한 것은 이른바 추상적 또는 형식적인 법적 사상을 그 원인으로부터 분리하는 것에 대해서도 타당하다. 법률가라면 더욱 국가 그 자체에 대한 경제적 · 군사적인 제재뿐만 아니라 특정한 인간에 대한 형법적인 위하도 결과로서 가져오는 구성요건을 정확하게 규정하려고 하는 경우 [즉] 「법률 없으면 범죄도 형벌도 없다」는 명제와, 「법의 적절한 절차」가 고려되는 진정한 형벌화가 문제로 되고 있는 경우, 그러한 구별에 귀를 주의할 것이다. 그러나 법률가뿐만 아니라 광범위한 여론이나 대중 역시 전쟁에서의 대문제에 눈을 빼앗긴다. 그리고 그들은 법학적인 노력을 작위적인 형식주의로 느끼거나 또는 나아가 본래의 커다란 과제로부터의 소피스트적인 기분전환이라고 느끼는 것이다.[75]

신봉자. 그 텍스트는 영국의 국제법학자 로버트 필리모어(Robert Phillimore)의 초안을 토대로 하고, 영국이나 미국의 파견단의 법률고문 세실 허스트(Cecil Hurst)와 데이비드 헌터 밀러(David Hunter Miller)가 손을 보았다. 그에 의해서 1922년에 기획된 「안전보장조약」에 대해서는 Anm. 63을 보라. 맥도널드 정부와의 그의 분쟁 시에 하원에서 신랄한 논평이 있었다. James Ramsey MacDonald am 24. November 1927, Pariamentary Debates, Official Report, 5th series, Bd. 210, Sp. 2090. 그리고 Sir Austin Chamberlain, ebd., Sp. 2102 참조. 세실은 1937년에 노벨 평화상을 받고, 1946년에 국제연합의 명예의장이 되었다.

오스틴 체임버레인 경(Sir Austin Chamberlain, 1863-1937)은 영국의 정치가. 1892-1937년에 하원의 보수당 의원, 몇 번 장관, 1925-29년에 외무장관, 1926년에 로카르노 협정체결을 이유로 하여 A. 브리앙과 G. 슈트레제만과 함께 노벨 평화상. 이부모(異父母) 사이에서 태어난 형제인 Arthur Neville Chamberlain(1869-1940) — 1937~40년 영국 수상 — 과 혼동해서는 안 된다.

73) Journal Officiel — S. D. N. (A), Nr. 33, S. 37-39.

74) 「점유의 소(Possessorium) — 본권의 소(Petitorium)」, 즉 점유에 근거한 청구권은 점유로부터 생기는 청구권이며, 본권상의 청구권은 소유권에서 생기는 청구권이다. 점유자가 정당한가의 여부에 관계없이 점유가 단순한 사실상의 물건지배일지라도, 점유는 하나의 권리와 같이 지켜진다. 즉 점유를 침해하는 것은 위법이며 정당방위나 자력구제의 권리가 부여된다.

75) 이 본문은 『대지의 노모스』에서는 다음과 같이 계속한다. 「그러한 추상화는 바로 그 양식에서는 정당한 적(justus hostis) — 즉 가능한 방법으로 정당한(möglicherweise recht haben) 적 — 이라는 관념과

법학적인 사고방식과 정치적인 사고방식간의 딜레마는 이 경우 특히 어렵고 위험한 모습으로 나타난다. 전쟁을 형벌화한다는 커다란 목표가 실제로 달성되어야 하는 경우에는, 한편에서 법학적으로 명확하게 규정하는 것이 필요하다. 다른 한편에서 (바로 광범위한 대중에 의해서 강하게 느껴진) 실질적인 정부정, 그리고 전쟁책임은 후퇴한다. 그리고 예컨대 전면적인 군비확장이나 안전보장의 결여와 같은 전쟁의 보다 깊은 원인은, 침략자의 이와 같은 정식의 경우, 의도적으로 시야 밖에 계속 두어진다. 전쟁금지의 법학적=형식적인 취급 — 그 예는 1924년의 제네바 의정서에 보인다 — 과 군비확장이나 안전보장과 같은 전쟁원인이라는 대문제의 정치적=도덕적=실질적인 해결간의 딜레마는 점차 격렬하게 되었다. 이 딜레마는 전쟁의 문제라는 그처럼 거대한 문제에 적용됨으로써 진정한 악몽에로 상승하였다. 그러한 딜레마 아래 1919년부터 1939년까지의 유럽과 같은 카오스적 상황 속에 있던 소박한 국민은, 전쟁을 금지하는 것이나 전쟁을 범죄라고 선언하는 것은, 어려운 법학적 유보가 붙어 있지만, 전쟁의 위험 그 자체를 소박하게 근원적으로 제거하는 것을 의미하지 않는다는 감각을 가지고 있었다. 이것은 유럽의 모든 사람들 — 즉 베르사유조약의 개정론자도 개정반대론자도 — 의 1919년부터 1939년까지의 시대에서의 중대한 경험이다. 이 경험 때문에 제네바 의정서의 노력은 모두 실패한 것이었다.

제네바 의정서를 파탄시킨 1925년 3월 12일에 있어서의 영국 정부의 기술한 공식 성명은 이 어려움과 딜레마를 솔직하게 표명하고 있다. 침략자에 대한 그러한 「지상(紙上)의」 정의(定義)로는 군사적인 행동이 방어목적을 위한 것인가의 여부를 구별할 수 없다는 데에 이 성명은 특히 언급하고 있다.

> 「이미 나타난 이들 조항에 대한 명백한 반론에 더하여 이러한 조항들이 불명확하다는 것을 첨가하며, 또한 순수하게 방어를 위해 그것만을 위해 기도된 군사행동을 앞으로의 어떤 침략적인 목적을 가진 행동으로부터 구별하는 것은, 어떤 지상의 정의에 의해서도 본래적으로 불가능하다는 것에서, 이러한 조항들은 반드시 결백한 자를 보호하기보다 오히려 경솔한 자에게 위험을 가져올 것이 틀림없다는 것을 첨가하고자 한다. 이러한 조항들은 생각대로 기능하지 않을 것이다」.76)

나아가 침략과 침략자의 이와 같은 형식적인 규정은 본래의 문제 — 전쟁의 원인,

마찬가지로, 실현은 거의 곤란하다. 그 밖에도 그러나 그러한 추상화는 지금까지 아직 존재하지 않으나 신용할 수 있는 국제적인 사법 — 그것은 잠정적인 점유보호에 대해서도 정당한 사안을 도와 신속하게 승리를 얻게 했는데 —을 전제로 하는 것이다. 만약 공평한 국제적인 재판이 완전히 동시에 설립되지 않는다면 공격은 최상의 방어라는 옛 명제는 방어는 최상으로 가장 유효한 공격일 수 있다는 새로운 명제에로 역전할 것이다」(S. 253).

76) Parliamentary Debates, Official Report, 5th series, Bd. 210, Sp. 2105에서. 거기에서는 또한 「만약 당신이 아주 전부터 미지인 상황에 대해서 이러한 정밀한 룰을 만들 때에 (필요하다면) 당신의 정의(定義)에서의 어떤 부적절한 용어에 의해서 (그 때의 모든 사람의 지식에 대해서) 피공격자이며 범죄자가 아닌 어떤 관계자를 공격자라고 당신이 선언해 왔는가의 여부에 대해서 당신은 절대로 자신이 있습니까?」라고 서술하고 있다.

특히 군축 — 의 해결을 촉진하지 않고 오히려 방해한다는 것이 영국 정부의 성명에서는 말하고 있다. 왜냐하면 이와 같은 형식적인 규정은 예상되는 침략자와의 투쟁에 향한 준비를 필요한 것으로 하며, 또한 원조의무에 의한 전쟁의 확대를 가져오기 때문이다. 그 경우 경제적인 저항력이 상당히 있는 국제연맹의 비가맹국에 대항하여 원조가 향해지는 경우는 특히 위험하게 된다.77)

침략을 자동적으로 금지한다는 이상을 가진 제네바 의정서는 당시의 영토적 현상으로부터 출발하지 않을 수 없으며, 그것으로 베르사유조약의 개정논자와 개정반대논자간의 격렬한 다툼에 빠지는 것은 불가피하였다. 이것을 피하기 위해서 바로 영국의 평화주의자들은 전쟁원인을 제거함으로써 전쟁의 형식적=법학적뿐만 아니라 실질적=정치적인 저지를 실현하려고 평화적 변경(peaceful change)의 문제를 논의의 중심에 두려고 노력하였다. 국제연맹규약의 어떤 형식적 노력에 대한 일반적인, 적어도 유럽에서는 매우 지배적인 인상은 침략이나 침략자의 이와 같은 형식적인 정의는 「죄 있는 자에게는 길안내로 죄 없는 자에게는 함정으로」* 된다는 주지의 명제 중에 표명되고 있다.78) 이 자주 인용되는 말 중에 침략의 법적인 금지를 요구하는 법학적 노력과, 전쟁의 즉시폐지라는 정치적 요구간의 깊은 딜레마가 매우 잘 나타나 있다.79)

1924년의 제네바 의정서는 정의의 전쟁[=정전]의 문제라는 실질적인 문제에 대답하지 않고, 또 완전히 대답하려고 하지도 않았다는 점에서 실패하였다. 이 실패가 유럽의 인민이나 정부 쪽에 준 인상, 특히 1925년 3월 12일에서의 영국 정부의 성명이 준

---

77) 슈미트는 『대지의 노모스』(S. 254)에서 이곳에서 다시 계속하여 주해를 덧붙이고 있다. 즉 「원조의무와 정전의 정당원인의 관련은 매우 옛날부터 것이다(Nomos der Erde, S. 71 Anm.: 비토리아(Vitoria)의 경우에서의 정당한 권한으로서의 동맹자보호권 참조). 텍스트에 인용된 언설에 즈음하여 자주 인용되는 키케로의 주장이 상기된다. 이 위대한 웅변가는 '로마인들은 정전만을 행하였다'라고 아주 진지하게 말하고 있었다. 이 때에 키케로는 동맹자를 원조하는 것에 정전을 위한 하나의 근거를 보는 것은 확실하다. 이리하여 '로마인들은 정전만을 행하였다'는 것을 증명하는 것은 용이하다」라고. 여기서 과연 슈미트는 Laelius, De re publica, 3, 23에서의 정전과 부정전의 서술을 이끌어낸다. 이 단장은 「보호를 위해(pro fide) 내지 안전을 위해서가 아니라, 최량의 국가에 의해서 어떠한 전쟁도 행하지 않는다」는 확인을 가지고 시작하는 — 보호를 위해, 즉 (동맹자에게) 주어진 말 때문에. 로마의 정전의 만족할만한 결과를 키케로는 실제로 로마의 독자적인 정의를 사용하여 이렇게 기술한다. 「그러나 우리들 민족은 동맹자를 방어함으로써 이미 모든 나라를 우리 것으로 만들었다」라고. 그러나 이 단장을 라엘리우스(Laelius)의 것 — 키케로의 의견 — 으로 하는 것은 잘못이다. 키케로의 무미건조한 비정함이라는 상태에서 그것은 본래 라엘리우스 — 키케로가 냉정한 염세주의적인 권력 리얼리스트의 입장에서 말한 것인데 — 의 라이벌인 필루스(Philus)에 더욱 적합하다. 그때에 인용된 문장은 필루스의 아이로니였는지도 모른다(Karl Büchner, Cicero, Der Staat, 5. Aufl., Darmstadt 1993, S. 394/95를 보라). 정전에 대한 로마의 이론 — 슈미트와의 논쟁에서도 — 에 대해서는 현재 Alexander Demandt, Der Idealstaat. Die politischen Theorien der Antike, Köln 1993, S. 247-275를 보라.

78) 체임버레인 「그러므로 나는 침략자를 정의하는 그러한 시도를 계속 거부한다. 왜냐하면 이와 같은 형식적인 정의는 죄 없는 자에게는 함정이, 죄 있는 자에게는 길안내가 될는지도 모른다고 나는 믿기 때문이다」. Parliamentary Debates, Bd. 210, Sp. 2105. 이 주지하는 인용문은 현재 Grewe, Epochen, S. 730에서도. 체임버레인에 대해서는 Anm. 72 참조.

79) 상술한 문장은 "Nomos der Erde," S. 255에서 다음과 같이 달리 표현하고 있다. 「이 자주 인용되는 말 중에 침략의 법적인 금지를 구하는 법학적인 노력과 전쟁의 즉시 폐지라는 도덕적인 요구 사이에 존재하는 깊은 딜레마가 명백해진다」.

인상은 매우 컸다. 유럽에서 새로운 국제범죄의 성립에 대한 법적 확신이 견고하게 되는 것을 방해하였다. 그러나 「전쟁의 위법화」(outlawry of war)[80]를 촉진하려는 미국인들은 이 실패에 의해서 동요하지 않고, 1928년의 켈록 규약에서 형식적인 비난선언(Kondemnation)을, 즉 「국가정책의 수단으로서의 전쟁의 위법화」를 달성하였다. 우리들은 이제 켈록 규약의 그러한 「전쟁을 비난하는」(condemn the war) 명제가 「법률 없으면 범죄도 형벌도 없다」는 의미에서의 형법적인 형벌화라고 간주할 수 있는가의 여부를 검토하지 않으면 안 된다.

(2) 1928년 8월 27일의 켈록 규약[81]은 전쟁의 폐절(Beseitigung)의 문제에 대한

80) 이 운동의 가장 주요한 강령 선언적인 저작은 Charles Clayton Morrison, The Outlawry of War. A Constructive Policy for the World Peace, Chicago 1927. 모리슨은 『크리스천 센츄리』의 편집자였다. 법학적으로 기본적인 것은 Quincy Wright, Changes in the Conception of War, in: American Journal of International Law, Bd. 18 (1924), S. 755; ders., The Outlawry of War, ebd., 18 (1925), S. 74-103. 독일의 문헌에서는 Wolf von Dewall, Der Kampf um den Frieden, Frankfurt a. M. 1929, 나아가 Wehberg, Ächtung, S. 22 ff.에서의 서술과 문헌을 참조.

81) 아리스티데 브리앙(Aristide Briand, 1862-1932)은 프랑스의 법률가 · 정치가. 여러 번 수상. 1925-32년 외무 장관. 1926년 노벨평화상(슈트레제만과 함께). — 켈록(Frank B. Kellogg, 1858-1937)은 미국의 법률가 · 정치가. 1924-25년 주 런던 대사. 1925-29년 국무장관. 1929년 노벨 평화상.

켈록 규약은 프랑스 외무장관 브리앙이 1927년 4월 6일에 AP 통신사의 알선으로 미국 국민에 향한 메시지에서 유래한다. 그 적극적인 방향은 1927년 6월 9일의 파리 주재 대사에게 조약안 — 즉 합중국과 프랑스는 전쟁을 비난하고(verurteilen) 국가정책의 수단으로서의 전쟁을 단념한다(verzichten)라는 선언 —을 수교하도록 브리앙으로 하여금 뜻을 세웠다(텍스트: Weißbuch, S. 8 f.). 브리앙은 이 쌍무적인 계획을 사용하여 프랑스가 벨기에, 폴란드, 체코슬로바키아, 루마니아, 유고슬라비아와 제1차 세계대전 후에 (독일에 대한) 자기의 새로운 국경의 안전을 위해 구축한 군사동맹의 체계를 합중국과의 「소극적인 동맹」 — 그것으로 미국의 중립은 보장될 수 있었는데 — 에 의해서 보완하려고 생각하였다. 반대로 미국의 국무장관 프랭크 B. 켈록은 관련된 통첩 교환에서 전쟁을 비로 하고 정책의 수단으로서의 전쟁을 단념하는 것에 대한 쌍무적인 안을 다국간의 안 — 이 안은 1928년 4월 13일에 독일, 영국, 이탈리아, 일본의 여러 정부에 수교되었다 — 으로 바꾸었다(텍스트: Weißbuch, S. 34-37). 프랑스와 합중국, 또한 상술한 수령국 외에 오스트레일리아, 벨기에, 인도, 아일랜드, 캐나다, 뉴질랜드, 폴란드, 남아프리카 연방, 체코슬로바키아가 가맹하였다. 그 조약의 본문은 RGBl. 1929 II S. 97=Grewe, Fontes III 2, S. 959-961=Ferencz I, S. 190-193에 수록. 나중에 국제연맹의 대부분의 구성국 — 소련도 — 이 가맹하였다. — 자료: Arnoldus Lysen, Le Pacte Kellogg, Leyde 1928; 외무부의 백서 Materialien zum Kriegsächtungspakt, 1. u. 2. Ausg. Berlin 1928, 3. Ausg. Berlin 1929; Karl Strupp, Der Kellogg-Pakt im Rahmen des Kriegsvorbeugungsrechts, 1929; André N. Mandelstam, L'interpretation du pacte Briand-Kellogg par les gouvernements et les parlements des états signataires, Paris 1934. 합중국 외교단에 의한 켈록 규약의 운용에 대해서는 Richard N. Current, Consequences of the Kellogg-Pakt in: George L. Anderson (Hrsg.), Issues and Conflicts — Studies in Twentieth Century American Diplomacy, Lawrence 1959, S. 210-229가 전해 온다. 가장 중요한 동시대의 문헌은 D. H. Miller, The Peace Pact of Paris, London 1928; Shotwell, War as an instrument of national policy, New York 1929; Hans Wehberg, Die Ächtung des Krieges, Berlin 1930. 시의적절하게 비판적인 것은 Carl Bilfinger, Das wahre Gesicht des Kellogg-Paktes — Angelsächsischen Imperialismus im Gewande des Rechts, Essen 1942, S. 8 ff. 그 문헌은 Günter Maschke, Frank B. Kellogg siegt am Golf, in: Siebte Etappe, Bonn 1991, S. 28-61; Achte Etappe, Bonn 1992, S. 81-112에 의해서 포괄적으로 처리되고 있다.

제2차 세계대전 후에 켈록 규약의 성립사를 정확하게 묘사한 미국의 역사가 로버트 페렐(Robert Ferrell)은, 「브리앙은 그가 앞에 제시한 의도를 추구하기 위해 미국 평화운동의 이상주의 그리고 그의 지도적인 대표자들의 경험부족을 자기의 이익을 위해 이용하였다」는 결론에 도달하였다. 즉 「켈록-브리앙 규약의

많은 점에서 전형적으로 미국인의 대답이며, 1924년의 제네바 의정서의 유럽에서의 실패에 대한 미국의 반격이다. 우리들은 제네바 의정서의 법률적 · 형식적인 방법 속에 유럽 대륙적인 사고양식의 전형적인 표현을 발견할 수 있다. 앞에 인용한 1925년 3월 12일의 체임버레인 경의 성명 — 군비와 진정한 전쟁원인의 문제에 대해서 강력하게 주의를 환기하고 있다 — 은 영국의 태도를 명시하고 있다. 그러나 켈록 규약은 미국의 [전쟁] 위법화(outlawry) 운동에서 유래하며, 이 운동은 레빈슨(S. O. Levinson)에 의해서 시작되고,[82] 보라(Borah) 상원의원에 의해서 1927년 12월 12일에 의회에 제출된 결의에서 확실하게 정식화되었다.[83] 거기에서는 다음과 같이 서술하고 있다. 즉 문명의 수호신은

성립사는 1918년 이후의 국제적인 사건의 대문제나 정책에 대한 미국 민중의 이해가 형편없이 소박하였다는 것을 보여주고 있다. 더구나 항상 교양 있어 보이려고 한 미국에서 가장 존경받는 시민 중에는 우매함이라는 점에서 그들이 지도하려고 한 공중과 큰 차이가 없이 뒤떨어진 자도 있다. … 그 사실은 그러한 미숙한 미국의 이상주의를 관찰하고 있는 브리앙이 프랑스와 합중국간의 '영원한 우정'이라는 그의 명민한 목적을 위해 놀랍게도 안이하게 그것을 조작할 수 있었다는 것을 지금 전하고 있다」라고 Ferrell, S. 264/65는 서술하고 있다.

합중국에 관한 켈록-브리앙 규약의 정치적 기능을 빌헬름 그레베(Wilhelm Grewe) 급의 한 사람의 국제법학자 겸 외교관은 합중국의 「국제연맹체계에 대한 … 세계정치적 역습」이라고 특징짓고 있다. 이 국제연맹체계의 도움을 빌려 합중국 대통령은 세계의 중재인의 역할을 연출하려고 한 것인가(Epochen, S. 693). 슈미트는 1932년에 그의 존경의 염을 감추고 미국이 켈록 규약을 이와 같이 수단으로서 이용하는 것을 예견하였다. 즉 「먼로주의가 합중국의 뜻대로 되듯이, 합중국은 켈록 규약에 대해서도 역시 자기 자신이 정의하고 해석하고 적용한다는 세계적 강국에 대해서 자명한 입장을 취할 수 있다. 어떤 것이 어떠한 경우에 전쟁이었으며 국제정책의 평화적 수단이었으며 … 하는 것인가를 합중국이 결단하는 것이다. … 합중국의 위대한 우월이나 경탄할 정치적 업적은 합중국이 미결정 그대로 일반적인 개념을 이용한다는 점에 재삼재사 나타난다. … 이와 같은 탄력성이나 폭넓은 개념을 사용하는 이러한 능력을 조작하는 것은 또한 지상의 사람들에게 합중국을 존경하도록 강제하는 것은 세계사적 중요성을 지닌 현상이다. 저 결정적인 정치적인 개념들에서는 바로 그것을 해석하고 적용하는 것은 누구인가가 중요하다. 즉 평화, 군축, 간섭, 공적인 질서와 안전이란 무엇인가를 구체적인 결단에 의해서 서술하는 것은 누구인가가 중요하다. 인류 일반의 법적 및 정신적 생활에서의 가장 중요한 현상의 하나는 진정한 권력을 소유하고 있는 자가 스스로 개념이나 말을 규정할 수 있다는 것이다. '황제는 주인이며 문법을 초월한다'(Cäsar dominus et supra grammaticam). 황제는 문법을 초월하는 주인이다. 제국주의는 자기 자신의 개념을 만든다. 그리고 잘못된 규범주의와 형식주의는 결국 전쟁이란 무엇인가 또는 평화란 무엇인가를 아무도 알지 못하는 데에로 인도한다. … 하나의 주요한 국민이 다른 국민들의 어법이나 나아가 사고양식, 어휘, 전문용어, 개념을 스스로 규정하는 경우, 그것은 진정한 정치적 권력의 표현이다. … 독일인의 한 사람인 나는 미국의 제국주의에 관한 본고를 쓰면서도 누더기를 걸친 거지가 다른 사람의 부와 재물에 관하여 말하고 있는 듯한 느낌을 지울 수가 없다」(Völkerrechtliche Form des modernen Imperialismus, 1932년에 행한 강연, 먼저 쾨니히스베르크의 "Auslandsstudien," Bd. 8, 1933에서 발표되고, Positionen und Begriffe, S. 178/79(김효전 · 박배근 공역, 『입장과 개념들』, 세종출판사, 2001, 256면)에 새로이 수록되었다). 슈미트는 미국의 군사법정에 선 독일의 피고인 변호를 위해 쓴 법감정서에서 이러한 정치적 비판을 서술할 수 없었던 것은 당연하였다.

「황제는 주인이며 문법을 초월한다」는 기억에 남기 쉬운 표현으로 슈미트는 고대의 명언을 정반대의 것으로 바꾸었다. 즉 「황제는 문법가를 초월하지 못한다」(Caesar non supra grammaticos)라고. 이 유래에 대해서는 Klaus Bartels, Veni, vidi, vici, 8. Aufl., Zürich 1990, S. 50을 보라.

82) 새몬 올리버 레빈슨(Salmon Oliver Levinson, 1865-1941) 미국의 법률가. 합중국에서의 「전쟁위법화」 운동의 창설자. 그는 자기의 이념을 1918년 3월 9일에 처음으로 잡지 『뉴 리퍼블릭』에서 발표하였다. John E. Stoner, S. O. Levinson and the Pact of Paris: A Study in the Techniques of Influence, Chicago 1942 참조.

83) 1923년 2월 13일에 보라 상원의원에 의해서 제출된 합중국 상원의 「전쟁위법화」 결의. Sen. Res.

인간의 다툼을 제어하는 방법을 두 가지만, 즉 법과 전쟁을 발견하였다. 그리고 전쟁은 현대 문명 아래서는 야만적인 행위이다. 나아가 평화를 강제하는 가능성으로서 전쟁에 의탁하는 요구나 동맹이나 계획 등은 자유적대적인 군사지배를 가져오는 것이며, 그러므로 전쟁은 추방(Ächt und Bann)되어야 하며, 동시에 전쟁에 대신하는 사법적인 수단이 국제재판소의 형태로 — 그 재판소의 판결은 전쟁을 수반하지 않고 미국 대법원의 판결과 마찬가지로, 계몽된 여론의 강제력에 의해서 집행되는 — 창출되지 않으면 안 된다 라고.

보라 상원의원이 [제안한] 결의는 평화의 도입이라는 방법과 전쟁의 폐지라는 방법의 양 관념이 어느 정도 차이가 있었던가를 나타낸 것만이 아니라, 특히 미국과 유럽의 의식상황이 크게 다르다는 것도 나타내고 있다. 미국에서의 여론은 강력하였지만 유럽에서의 여론은 분열되고 있었다. 윌슨 대통령의 유럽으로부터의 철수이래, 즉 1919년부터 1939년까지의 유럽사에서의 중대 사건 이래 유럽 인민의 의식에 대해서는 중재재판적 권위는 완전히 존재하지 않았다. 그 설립에 보라 상원의원이 전쟁의 폐지를 의탁하고 있던 국제재판소의 권위는 당시의 유럽에는 단지 대담한 바람이라고 생각하고, 전반적인 군축을 실현하는 것이라고 생각하지 않았으며, 평화를 위한 그 밖의 전제를 실현하는 것으로도 생각하지 않았다. 그러나 무엇보다도 먼저 유럽의 정부들이나 인민들의 여론은 미국의 여론보다도 미국의 공식적인 태도에 주목하는 데에 익숙해 있었다. 이것은 켈록 규약을 평가함에 있어서 중요한 것이다.

켈록 규약은 상세하게 말하면 보라 결의와 동일한 것은 아니다. 그것은 확실히 자주 「전쟁탄핵규약」(Kriegsächtungspakt)라고 불리고, 거기에 따른 이해가 되고 있는데 「위법화」(outlaw)라는 말을 포함하지 않고 있다. 다른 한편, 그것은 제네바 의정서의 법학적인 노선에서도 전개하고 있지 않다. 그것은 침략에 대해서는 말하지 않고 전쟁 자체를 비난한다. 그러므로 제네바 의정서가 침략의 금지에 한정함으로써 구해진 법학적 이점을 단념하고 있다. 켈록 규약은 전쟁 자체에 대해서는 완전히 정의를 부여하지 않는다. 이것은 유럽의 당시의 의식상황에 대해서 아무래도 좋은 것은 아니었다. 침략행위의 정확한 정의가 여하튼 가능하다고 생각된데 대해서, 진정한 형벌화를 위한 기초가 될 수 있는 전쟁의 법학적인 정의는 1919년 이래 유럽의 의식에는 점차 곤란하고 문제가 있게 되었다. 1923년 1월의 프랑스 · 벨기에 군에 의한 루르 점령은 물론 전쟁으로서 취급되지 않았다. 1923년 8월의 이탈리아에 의한 코르프 점령 역시 침략행위로 보지 않았으며, 국제연맹규약 제16조의 제재절차를 발동시키는 침략조차 보지 않았다. 전쟁, 군사적 복구, 제재, 평화적인 강제조치의 개념들은 서로 혼입하여 용해될 우려가 있었다. 당시 아직 국제연맹의 가맹국이며 나아가서는 그 상임이사국이었던 일본이 1931년에 동아시아에 있어서의 광대한 영역을 점령한 때,[84] 또한 상하이 부근에서 대전투에 이른

441, 67th Congress, 4th Session; Text der Resolution vollständig wiedergegeben von Shotwell (Anm. 81), S. 108-110. 이에 대해서는 외교위원회에서의 청문, U. S. Senate 1929, 66th Congress, 1st Session (Sen. Doc. 106, 329, 336)도.

84) 만주는 제1차 세계대전 후 일본의 강력한 경제적 · 정치적 영향 아래 있었다. 1932년에 170억 엔으로

때, 누구도 그것을 「전쟁에 호소하는」(resort to war) 것으로는 생각하지 않았다. 평화주의의 유명한 선구자인 제네바의 한스 베베르크(Hans Wehberg)* 교수는 당시 지도적인 평화주의적 잡지 『평화의 감시자』(Die Friedenswarte)의 1932년 1월호의 논문에서 일본의 전쟁에 대해서 그것은 법학적으로는 아무런 문제도 없고, 단지 다양한 범위에서의 전투에 수반한 평화조치에 대해서만 문제될 수 있다는 것을 많은 논거를 들어 논하였다.[85] 베베르크 교수는 이 견해를 수년 후에는 분명히 철회하였다.[86] 여기서는 그의 견해에 대해서 확정하지는 않지만, 국제법상의 전쟁개념의 혼란의 징후로서 이 발언에 언급하지 않고 그대로 둘 수는 없다. 수 년래 전쟁 폐지를 위한 노력의 제일선에 서서, 또한 학구파 법률가로서 객관적으로 고찰할 — 이것은 현역의 정치가에게는 일반적으로 불가능하다 — 수 있는 한 사람의 성실한 평화주의자가, 즉 한 사람의 지도적인 법학자 · 평화주의자가 중요한 법적 개념에 관한 [판단의] 불확실함을 드러내고 있다. 하물며 정치적으로 흥분하는 사람들이나 여론에서는 법적인 점에서 일단 어느 정도의 법적 불확실함이나 혼란이 발생하게 될 것인가?

평가되는 일본의 권익은 중국에 있어서의 게릴라 활동이나 무질서에 의해서 계속적으로 격렬하게 침해되고 있었다. 야간의 포발을 계기로 하여 일본군은 1931년 9월 19일에 봉천시로 진주하였다. 1931/32년에 일본군은 만주 전토와 열하성을 점령하였다. 상하이와 천진에서는 격렬한 전투가 벌어지고 중국인은 합하여 2만 4천인이 죽었다. 일본은 중국에서의 일본의 권익과 일본인의 생명을 무기로 지킬 필연성이 있다고 말하여, 즉 정당방위를 행할 뿐이라고 말하여 자기의 행동의 근거로 삼았다. 중국은 일본과의 외교관계를 단절하지 않고 반복하여 자기의 평화의지를 강조하였다. 국제연맹 사무총장에게 보낸 1932년 2월 1일의 편지에서 중국의 외무 장관은 「중국은 일본에 선전포고를 하지 않았다. 중국은 주권국가에 갖추고 있는 자위권을 행사하는 데에 노력했다」고 적었다. 1932년 2월 13일에 중국 정부는, 「중국 정부는 선택할 수 있는 모든 수단을 사용하여 전쟁상태를 피하려고 하는 자신의 정책에 충실하였다 …」고 성명하였다. 그 분쟁은 1932년 3월 9일에 만주국이라는 (일본에 종속한) 국가의 수립으로 끝났다. 그 경과는 합중국에 대해서 이른바 스팀슨주의(Anm. 95 참조)에 이르는 계기가 되었다. 1948년에 극동국제군사재판소는 그 경과를 「평화에 대한 음모」로서 상세하게 인정하였다(Tokyo Judgement I, S. 195-235). 라다비노드 팔(Radhabinod Pal)은 그러한 이해에 엄격하고 상세하게 비판하였다(Tokyo Judgement II, S. 667 ff.).

85) Hans Wehberg, Hat Japan durch die Besatzung der Mandschurei das Völkerrecht verletzt? in: Friedenswarte 32 (1932), S. 1 ff. (2) 「현행법에 의하면 중일분쟁의 경우에 군사점령만이 화제가 되며, 전쟁은 화제가 되지 않는다. 일본 국민의 생명 · 재산의 보호를 위한 무력개입으로서, 또는 중국의 국제법위반에 대한 복구로서 기초지워지는 이른바 '평화적 점령'(라틴어로는 occupatio pacifica)이 폭격, 심지어 대학살이나 소학살을 수반했다는 사실도 결과적으로는 결코 변한 것이 없다」. 슈미트는 베베르크를 이렇게 예리하게 비판한다. 즉 「피비린내 나는 투쟁이나 수만명의 사망자를 눈 앞에 두고, 서로 여전히 '평화적 점령'에 대해서 말하는 것을 감히 그것으로써 '평화'라는 말이나 개념을 매우 냉혹한 웃음거리로 만드는 법률학은 어떻게 가능할 것인가? … 그러므로 냉혹한 복구, 흉악한 사살, 나아가서는 잔인한 투쟁이나 전투마저 일어날 수 있다. 즉 그 모든 것들은 법학적인 의미에서 전쟁이 아니며, 그리고 고뇌를 계속해온 인류가 열망해온 평화는 훨씬 전부터 인류를 괴롭혔는데, 인류는 법학적인 통찰력이 없었기 때문에 그것을 알지 못했을 뿐이다. 그러므로 이와 같은 평화적 조치의 목적은 다음의 것이다 — 즉 첫째로 전쟁은 국가의 정책의 수단으로서만 탄핵(ächten)되며, 둘째로 '대학살이나 소학살'은 전쟁과는 무엇인가 관계한다는, 널리 만연되고 있는 관념은 잘못이라는 것이 증명된다 — 는 것을 기억해두어야 할 것이다」(Völkerrechtliche Formen des modernen Imperialismus, 1932, in: Positionen und Begriffe, S. 177/78; 역서, 253-254면).

86) Hans Wehberg, Das Kriegsproblem in der neueren Entwicklung des Völkerrechts, Friedenswarte 38 (1938), S. 129 (140 ff.), 거기에서 「전쟁탄핵의 문제는 아직 완전히 유동적이다」(S. 149)라는 기억할 만한 요약도 있다.

1924년의 제네바 의정서의 법학적인 정의에 대해서도, 또한 1925년 3월의 영국에 의한 이 의정서의 거부에 대해서도, 1928년 8월 27일의 켈록 규약은 간단함이라는 장점을 가진다. 켈록 규약은 침략의 개념규정도, 전쟁의 개념규정도, 전쟁원인에의 언급도 단념하고 있다. 전쟁은 그것이 국가의 정책의 수단인 한에서 비난(kondemnieren)된다.[87] 그러나 이 비난은 켈록 규약에 위반하여 수행된 전쟁에 대해서만, 즉 부정의한 전쟁에 대해서만 되어야 할 것은 명백하다. 1919년의 국제연맹규약에 의해서, 또한 1924년의 제네바 의정서에 의해서 침략행위의 법학적인 금지와 전쟁 그 자체의 정치적인 금지간에 매우 커다란 단절이 생기고 있었음에도 불구하고, 「전쟁」이라는 말은 상세하게 규정되지 않고 사용되고 있다. 켈록 규약의 본문에서의 「비난한다」(to condemn)는 말은 유럽 정부들의 법률가들에 의해서 즉시 규약의 서명국이 복종해야 할 정확한 법적 의무가 어느 점에 있는가 하는 관점에서 고찰되었다. 그 의무는 국가정책의 수단으로서의 전쟁을 국가가 조약으로 단념하는 것(Verzicht)만을 내용으로 하고 있었던가, 또는 전쟁에 대한 완전한 「법적 보호의 정지」[탄핵, Ächtung, outlawry)를 내용으로 하였는가? 단순한 단념이 「전쟁」이라는 사태를 형벌화하는 것이 아닌 것은 당연하다. 켈록 규약에 대한 유럽에서 지배적인 견해는, 켈록 규약은 국제연맹규약에 모순되어서는 안 된다는 공인의 유보를 기초에 가지고 있었다. 그러므로 켈록 규약에서는 단지 전쟁에 대한 포기만을 할 수 있었을 뿐이다. "Ächtung"(outlawry)이라는 말은 상술하듯이, 켈록 규약에는 없다. 그러나 비록 그 말이 사용되었다고 하더라도, 그 말은 유럽 대륙의 법률가의 사고양식에 대해서는 1924년의 제네바 의정서의 그것에 일치된 말바꿈처럼 완전히 형벌화를 의미하는 것은 아니었을 것이다. 유럽 대륙의 사고양식은 구성요건, 행위자, 형벌에 의한 위하, 형사재판소에 대해서 분명히 확정시킬 것을 요구하며, 그것은 또한 어떠한 일반적인 위법화도 알지 못하는, 적어도 원시적인 법이나 중세법의 의미에서의 평화상실(Friedenloslegung)을 완전히 알지 못한다. 그러나 현대법은 엄밀하게 말하면, 단 하나의 해적행위의 경우에만 특정한 인간의 법적 보호정지를 알고 있다. 해적이 국제법상으로 아웃로(outlaw)라는 것은 확실하다. 그러나 오늘날의 실천에서 그것은 해적에 대해서는 어떤 국가의 재판소나 — 해적 이외의 경우에서의 국가의 재판권의 한계에 관계없이 — 명확한 절차를 거친 후에 유죄판결을 내릴 수 있다는 것을 의미하는데 불과하다.

---

87) 켈록 규약의 제1조는 영문 형식으로 이렇게 표현하였다. 즉 「체약국은 국제분쟁의 해결을 위한 전쟁에 호소하는 것을 비난하며, 또 그 상호관계에서 국가 정책의 수단으로서의 전쟁을 포기하는(renounce) 것을 … 엄숙히 선언한다」라고. 「국가 정책의 수단으로서의 전쟁」은 1926년 6월에 파리에서의 컬럼비아 대학 총장 니콜라스 머레이 버틀러(Nicolas Murray Butler)와 아리스티데 브리앙에까지 거슬러 올라간다. 버틀러가 뒤에 보고한 바에 의하면, 그는 프랑스 외무장관 브리앙에게 클라우제비츠의 업적 『전쟁론』 제8권 제6장b — 그것은 「전쟁은 정치의 도구이다」라는 제목이 붙어 있다 — 에 주의를 환기시켰다. 「왜 세계의 문명 정부에게는 정치의 도구로서의 전쟁을 정식으로 포기하는 기회가 도래하지 않았는가?」에 대해서는 버틀러에 대한 회상을 지시하고 있다. Ferrell, S. 66 참조.

니콜라스 머레이 버틀러(1862-1947)는 유명한 교육개혁논자, 컬럼비아 대학 총장(1901-1945), 카네기 국제평화재단 이사장(1925-1947), 쇼트웰 부이사장과 함께 「전쟁위법화」 운동으로 활약. 1931년 노벨 평화상.

그것에 대해서는 행위자개념을 상술할 때에 (이하의 제3장 3, S. 62)* 또 서술할 것이다.

전쟁개념과 해적의 그것이 유사하다는 것도 법학적으로는 관철될 수 없다. 왜냐하면 켈록 규약에서의 전쟁에 대한 저 비난(Kondemnierung)은 정의의 전쟁과 부정의한 전쟁을 고려하지 않고, 전쟁을 무조건으로 폐지한다는 의미에서는 절대적인 것은 아니었기 때문이다. 국제법의 역사에는 어떤 종류의 법제도의 폐지의 사례가 있다. 1856년 4월 16일의 파리 해상법 선언은 「해적행위는 폐지되며, 그리고 폐지된 그대로다」(La course est et demeure abolie)라는 말로 포획특허(Kaperei)를 폐지한다.[88] 나아가 법의 역사는 법제도로서의 노예제도의 폐지를 알고 있다. 그러나 1928년의 켈록 규약은 「전쟁은 폐지되며 그리고 폐지된 그대로이다」(La guerre est et demeure abolie) 등은 결코 서술하지 않는다. 켈록 규약은 부정한 전쟁으로서 전제하는 어떤 종류의 전쟁만을 비난하는데, 다른 한편 정의의 전쟁을 그것에 의해서 바로 인가하는 것이다. 켈록 규약은 과격하게 평화주의적인 의미에서 모든 전쟁 그 자체를 범죄 등으로 선언한 것은 아니다. 정의의 전쟁은 여전히 허용될 뿐만 아니라 요청되기도 한다. 이리하여 유럽 인민들의 법의식에 대해서 전쟁은 폐지된 것이 아니라, 아마 정의의 전쟁으로서 다시 승인된 것이다. 따라서 군비확장은 완전히 계속 허용되며 그런데 필요하기도 하다. 정의의 전쟁과 부정의의 전쟁의 구별과 함께 생기는 문제점도 또한 동시에 한편에서의 정확하고 법학적인 [침략행위] 금지와 다른 한편에서의 전쟁에 대한 다양한 유보의 일반적 비난간의 딜레마도 여전히 남는다.

켈록 규약은 정의(定義)도 제재도 조직도 없는 규약이다. 전쟁이 재앙이라는 것에 대해서는 사람들은 원칙적으로는 곧 일치할 것이다. 그러나 개개의 구체적인 전쟁에 대해서 그것이 정의인가의 여부를 곧 확정하기 위한 확실하게 잘 기능하는 절차가 존재하지 않은 이상, 군비로 무장한 카오스적인 유럽에서 모든 국가는 전쟁에 대비하여 전반적인 군비확장에 참가하지 않으면 안 되었다. 이와 같은 상황에서 어떤 국가도 전쟁의 정의(正義) 문제를 자기 자신을 위해서, 또한 자기의 책임으로 결정한다는 것에 고집하지 않을 수 없었다. 켈록 규약의 경우도 어떤 국가도 자기의 자위권에 대해서 스스로 결정한다는 유보가 재삼재사 강조되고 있었다. 1928년 6월 23일의 다른 국가들에게 보낸 미국의 통첩에는 다음과 같이 분명히 서술하고 있었다.

> 「미국의 전쟁반대조약안은 여하튼 자위권을 제한하거나 감소하는 취지는 전혀 포함하고 있지 않다. 자위권은 모든 주권국가에 고유한 것이며, 모든 조약에 내재하고 있다. 어떠한 국가도 언제나 또 조약의 규정이 어떻든 자기의 영역을 공격(attack)이나 침공(invasion)으로부터 지킬 자유를 가지고 있다. 그리고 국가만이 사태가 자위를 위한 전쟁에 의뢰할 것을 필요로 하는가의 여부를 결정할 자격이 있다」.[89]

---

88) 1856년 4월 16일의 파리 해상법 선언의 제1조. Grewe, Fontes III 1, S. 549-551에서는 「포획특허는 폐지되고, 그리고 폐지된 그대로이다」.

89) 1928년 6월 23일의 통첩은 쇼트웰(Anm. 81)에 대해서는 Dokumentenanhang S. 296-301에 인용된 본문은 S. 297, Nr. 1에 마찬가지로 Grewe, Fontes III 2, S. 962-966 (963)에 완전히 수록되어 있다.

켈록 규약이 침략자에 대한 형벌행동에의 어떠한 의무도, 또한 도덕적인 의무조차도 포함하고 있지 않다는 것을 켈록 국무장관 자신이 1928년 12월 7일에 미국 상원 외교위원회에서 다음과 같이 명언하였다.

「그러나 [체결을 위한] 교섭에서 그러한 제안이 전혀 없거나, 또는 아무도 동의하지 않은 경우에, 또한 그것을 해야 할 의무가 완전히 없는 경우에, 침략자를 처벌하거나 전쟁을 일으키는 자를 벌하기 위해 유럽에 가는 것이 어찌하여 미국에 대해서 도덕적 의무일 수 있는가? 나에게는 알 수 없다. 나에게는 이해할 수 없다.

내가 생각하기에는 우리들에게 이 전쟁반대조약을 범하는 것을 벌할 의무가 없는 것은 우리들이 동의한 어떤 조약의 경우와도 완전히 마찬가지이다」.[90)]

이 상원외교위원회 위원장 보라[91)]는 1929년 1월 13일에 상원에서 구두로 다음과 같이 명언하였다.

「그 조약은 어디에서도 어떤 때에도 힘의 이론이나 형벌적 수단에 기초를 두고 있지는 않다. … 어떠한 제재도 존재하지 않는다. 그 조약은 완전히 별개의 철학에 근거하고 있다. 바꾸어 말하면 그 조약이 범해진 때, 미국은 무조건으로 자유이다. 마치 그 조약이 작성되지 않았던 것처럼 자유롭게 길을 선택할 수 있는 것이다」.[92)]

1929년 1월 15일에 위원회가 상원에 제시한 보고에서는 제재와 형사조치에 관해서 이렇게 말한다.

「나아가 위원회는 명시적이든 묵시적이든 조약은 제재를 갖추고 있지 않다고 이해한다. 만약 어떤 조약조인국이나 조약을 지지하는 어떤 국가가 그 조약의 내용을 침범하였다고 하더라도, 다른 어떤 조인자에게도 조약을 침범한 국가에 대한 처벌이나 강제에 종사하는 어떠한 의무도 부탁도 — 명시적이든 묵시적이든 — 존재하지 아니한다. 조약침범의 귀결은 조약의 다른 조인자를 그 조약 아래서 침범국가에 대해서 부담하고 있는 모든 의무로부터 해방하는 것이다」.[93)]

---

90) Hearings before the Committee on foreign relations. U. S. Senate. Seventieth Congress, Second Session on the General Pact for the renunciation of war, signed at Paris Aug. 27, 1928, Dec. 7 and 11, 1928, S. 21; Mandelstam, S. 39, FN 66.

91) 윌리엄 에드가 보라(William Edgar Borah, 1865-1940)는 미국의 정치가. 1906-39년, 공화당 상원의원. 고립주의자. 1924-40년 상원 외교위원장. 루즈벨트 정책에의 반대자.

92) 이 인용문은 보라 상원의원의 약간의 언명을 집약하고 있다. Congressional Record, jan. 3, 1929, p. 1065; jan. 4, 1929, p. 1129. Mandelstam, S. 70, FN 174 ff.

93) Congressional Record, Bd. 70, Teil 2, 15. Januar 1929, S. 1730. 완전한 보고의 텍스트는 Mandelstam,

1929년 3월 1일에 프랑스 의회에서 브리앙(Briand)*은 다음과 같이 명언하였다.

「여러분들이 바라는 전쟁에 반대하는 완전무결한 내용을 가진 조약을 중재적이며 제재력 있는 기관과 시종일관 좋게 체결하는 것은 그들에게는 불가능하였다」.94)

1932년 8월 8일에 외교관계자문위원회에서 국무장관 스팀슨(Stimson)*은 켈록 규약은 여론에 의한 부인 이외의 제재를 완전히 가지지 못한다고 서술하였다. 즉

「브리앙-켈록 규약은 힘에 의한 제재를 규정하지 않는다. 이 규약은 그것이 침범된 경우에 힘에 의한 방법으로 간섭하는 것을 어떠한 조인국에도 요구하지 않는다. 그 대신 그것은 세계에서 가장 유력한 제재의 하나일 수 있는 여론의 제재에 의뢰하고 있다. 그 이외의 길은 조인국을 국제정치에 휘말려들게 할 가능성에 의해서 조약의 광범에서 심플한 목적을 혼란시키고, 조약이 가장 의뢰하는 여론의 발전을 방해할 것이다. 여론은 평화 시대에서 모든 국제교류의 배후에 존재하는 제재이다」.95)

이 경우 여론에 의한 도덕적인 부인만을 겨냥한 정의(定義)도, 제재도, 조직도 없는 이러한 규약96)이 ―「법률 없으면 범죄도 형벌도 없다」는 명제의 관점 아래, 또한「법의 적절한 절차」의 요구에 비추어 ― 완전히 신종의 국제범죄에 관하여, 특정한 인간을 형사처벌하기 위한 법적 기초가 될 수 있는가 하는 문제에 우리들은 관심이 있다. 위의 설명에서는 국가나 민족에 대해서만 말한다 ― 실로 제네바 의정서도 그 제재를 침략자국

S. 33/34 FN 52에서. 그 인용문은 S. 78 FN 180에 별도로.

94) Chambre des députés, 2e séance du 1er mars 1929, J. Off. du 2 mars 1929, p. 769. Mandelstam, S. 110 FN 260에서.

95) Department of State, Publication No. 357, S. 7. 마찬가지로 in: Foreign Affairs 1 (1932), spec. suppl. zu No. 1 des Jahrgangs. 또한 Henry L. Stimson, The Far Eastern Crisis, New York 1936, Reprint 1974, S 204 참조. 이 인용문은 『외국 공법 및 국제법잡지』(ZAÖRV), Bd. XI, 1942/43, S. 28에도 수록. ― 스팀슨주의에 대해서는 예컨대 다음의 것을 참조. Quincy Wright, The Stimson Note of January 7, 1932, AJIL 26, 1932, S. 342 ff.; John Fischer Williams, La Doctrine de la reconnaissance en droit international et ses développment récents: RdC 44, 1933, II, S. 203 ff.; Hans Wehberg, Die Stimson-Doktrin, in: FS Jean Spiropoulos, Bonn 1957, S. 433 ff.; Krakau, S. 287 ff.
헨리 루이스 스팀슨(Henry Lewis Stimson, 1867-1950)은 미국의 법률가, 외교관으로 1931년 이래의 아시아 대륙에 대한 일본의 팽창에 대해서 불승인주의(이른바 스팀슨주의)에 의한 간섭의 테크닉을 전개하고, 루즈벨트를 지지하고 전쟁 중 육군 장관, 독일에 대한 모겐소(Morgenthau) 계획의 반대자로 일본에 대한 원폭 사용을 트루먼 대통령에게 권하였다. 1932년 1월 7일에 그가 일본과 중국에 보낸 통첩은 Grewe, Fontes III 2, S. 970-71에 수록.

96) 이처럼 여러 번 반복된 표현은 쉬킹과 베베르크에 의한 국제연맹 규약에 대한 콤멘탈(3. Aufl., Berlin 1931, S. 80)에서「켈록 규약은 '제재도 조직도 정의(定義)도' 알지 못하는」 데에서 유래한다. 슈미트는 이 인용문을 1932년에 행한「현대 제국주의의 국제법적 형태들」에 대한 강연에서 이미 공표하고 있었다. Positionen und Begriffe, S. 178(역서, 254면 이하) 참조.

가 그 자체에게만 향했듯이 — 그것은 받아들이기 어렵다.

그 밖에 켈록 규약은 그 성립까지와 비준에 즈음하여, 그 많은 기본적 유보를 첨가한 것으로 이러한 이유에서도 형법적인 종류의 가벌화 규범으로서 타당하는 것은 곤란하다. 조인국은 모두 이러한 유보를 일부는 명시적으로 일부는 묵시적으로 행하였다. 그리고 그것으로 전쟁에의 비난을 중요한 제약 아래 두었다.[97] 이미 교섭의 시초에 프랑스 정부는 1928년 1월 21일의 통첩에서 정식으로 켈록 규약이 국제연맹 규약상의 의무에 모순되지 않는 경우에만 전쟁단념에 찬성할 수 있다고 선언하였다.[98] 1928년 3월 6일의 통첩에서 프랑스 정부는 다시 유보를 덧붙였다. 즉 프랑스 정부는 전쟁단념을 자위권의 보유에 종속시키고, 또한 켈록 규약의 비준자의 상대방이 그 의무나 조약을 침범한 경우에는 이미 조약에 구속되지 않는다는 것을 강조하였다.[99] 그 유보는 조약수정안에 첨가된 1928년 6월 23일의 미국의 부수 통첩[100]에서도 분명히 서술되었다. 그 밖의 국가도 많은 다른 유보를 행하였다. 특히 영국에서는 영국 세계제국의 교통로의 안전의 유보와 아울러 「국가의 명예」의 유보도 행하였다.[101]

이들 유보의 상세는 국제연맹비판의 형태로, 특히 또한 저명한 미국의 저자인 에드윈 보차드(Edwin Borchard)와 윌리엄 포터 레이지(William Potter Lage)에 의해서 철저하게 논구되었다.[102] 여기서 우리들에게 중요한 것은, 켈록 규약의 비판이 아니라 그러한

---

97) 외교상의 성립사와 유보들을 『백서』(Weißbuch) S. 4-173; Strupp, S. 23-83과 Lysen의 도처에서 기록하고 있다.

98) 그 통첩은 『백서』, S. 20 ff.에 수록되어 있다. Strupp, S. 33-35와 Lysen, S. 24-26에서도.

99) 『백서』, S. 28 ff.; Srupp, S. 38-42; Lysen, S. 28-32 (1928년 3월 30일의 통첩으로서 잘못 날자가 적혀 있다).

100) 『백서』, S. 70 ff.; Strupp, S. 60-66; Lysen, S. 54-58.

101) 『백서』, S. 46 ff. 여기에 서술한 조인국가들의 유보들의 경우에(『백서』판이나 Strupp, S. 73 ff.와 Lysen, S. 32 ff.에 수록되어 있다. 영국과 미국의 유보는 Grewe, Fontes III 2, S. 961-966에서도 자위권의 강조가 특히 중요하였다. 미국 정부가 프랑스로부터 제안된 2국간의 전쟁단념에서 다국간의 단념을 만들려고 했을 때, 과연 프랑스는 이 확대를 받아들였다. 그러나 그때 이미 전쟁 그 자체를 단념하려고는 하지 않고, 「침략전쟁」을 단념하려고 하였을 뿐이다(1928년 1월 5일의 미국 국무장관에게 보낸 워싱턴 주재 프랑스 대사의 통첩, 『백서』, S. 14 f. 참조). 프랑스에 대해서는 우선 세계전쟁에서의 이득의 확보가 중요하였다. 영국은 자기의 세력범위를 「방위」 때의 활발한 간섭도 유보하였다. 즉 「국가정책의 도구로서의 전쟁을 단념하는 것에 관한 제1조의 이해는 그 안녕이나 불가침이 우리들의 평화나 안전에 대해서 특별하고 또 사활에 관한 이해인 지역이 존재한다는 것을 각하가 깨닫고 있기를 희망한다. 이 지역에 관한 개입을 정부는 허용할 수 없다는 것을 명료히 하도록 폐하의 정부는 과거에 노력하고 있었다. 영국 제국에 대해서 모든 침략에 대한 정부의 보호는 '자위'의 행위이다. 그 조약이 이점에 관하여 정부의 행동의 자유에 결코 손해를 주지 않는 것에 대해서 완전한 합의가 존재할 때에만, 폐하의 정부는 영국 연합 왕국에서 새로운 조약을 받아들인다는 것에 대해서 완전하게 명료하지 않으면 안 된다」(1928년 5월 19일의 영국의 통첩, 제10호). 전체적으로는 또한 Huber, Verfassungsgeschichte, Bd. 7, S. 633 m. w. N.

102) Edwin Borchard/William Potter Lage, Neutrality for the United States, New Haven 1940, S. 291 ff., 399. 「전쟁을 수행할 권리에의 이와 같은 명백한 주장은, 이전에는 결코 인정되지 않았다」(S. 293). 뉘른베르크 재판에서의 검찰당국의 구성원으로서 「침략전쟁」이라는 개념의 실제상의 문제를 숙지하고 있던 미국의 법률가 페렌츠(Ferencz)는 35년 후에 다음과 같이 판단하였다. 즉 「합중국과 영국이 그 조약에 표명한 해석은 그 고귀한 목표를 달성하기 위해서 효과적이리라는 희망을 파괴하였다. 자위에의 합중국의 권리는 합중국의 영역뿐만 아니라 합중국이 사활에 관심을 가진다고 결정한 다른 지역도 포함하였다. 영국은 영국의 주권 아래 있는 모든 영역을 자기의 영토에 포함할 것을 생각하였다. 왜 침략을 정의하는

유보를 등에진 결정을 가지고 수 백 년 래의 법적 확신을 어디까지 제거할 수 있는가, 또는 정치에 관계없는 국민을 형사적으로 처벌하기 위한 법적 근거에 어디까지 될 수 있는가 — 더구나 켈록 규약의 몇몇 주창자의 의견에서가 아니라, 유럽 국민들의 광범위한 층의 견해에서 또한 1928년부터 1939년에서의 국제법적 의식의 당시의 상태에서 — 라는 문제이다.

켈록 규약은 강력한 유보가 붙은, 정의도 없이, 제재도 조직도 수반하지 않는 결정이었을 뿐만 아니라 다른 유보와는 별도로 국제연맹규정의 유보 아래도 있었다. 그 결과 양방의 규약을 적합하게 하는 문제가 생겼다. 1931년 9월 25일의 제12차 연맹총회의 결의는 국제연맹의 전가맹국의 대표로 구성되는 위원회를 조직할 것을 결의하였다. 그리고 그 위원회는 군축회의의 진행 중에 집합하고 제안하려고 하였다.[103] [그러나] 이 위원회는 완전히 열리지 않았다. 켈록 규약을 국제연맹 규약에 적합하게 하는 문제는 이 결의 이래 매년 연기한 것이다.

이에 대해서 비정부단체인 국제법협회(International Law Association)는 1934년 9월에 부다페스트에서 개최된 제38차 회의에서 일련의 「켈록 규약의 해석조항」을 결의하였다.[104] 이 조항은 미국의 여론에서 의뢰할 수 있고, 실증적으로 국제법적으로 권위 있는 명제로서 취급되었다. 관적(官的)이며 공적인 견해표명과, 비정부적이며 사적인 제안과의 대립 — 우리들은 항상 반복하여 만나는 대립 — 은 여기서도 중요하다. 유럽의 법학적 사고양식이 미국의 법학자의 확신과 만나는 경우 많은 오해를 낳을 가능성이 있다. 부다페스트 조항은 하버드 대학이 1939년에 발간한 「침략을 받은 국가의 권리의무」에 관한 협정 안에 들어갔다.[105] 미국의 국무장관 스팀슨은 1941년 1월 30일에 미국 상원외교위원회에서의 심문에서 이 조항을 보이고, 그것을 켈록 규약의 신뢰할 수 있고 실증적으로 중요한 해석의 하나로서 다루었다.[106] 특히 전시에 있어서의 중립에 대한

어떠한 요구도 없었던 것일까? 그러한 사정 아래서는 명백하였다. 전쟁의 거의 모든 행위는 자위라는 구실 아래 정당화될 수 있을 것이다. 침략전쟁은 이미 두 번 행해지지 않을 것이다 — 자위의 경우를 별도로 한다면, 실제로는 그 조약은 현상(status quo)을 보장함으로써 평화를 유지하기 위한 계획이었다」 (Ferencz I, S. 25).

103) Journal Officiel — S. D. N. (A), 1931, Supplément spécial, Nr. 93, S. 131.

104) Report of the 38th Conference held at Budapest Sept. 6th to 10th 1934, London 1935, S. 1-70. 「국민들간의 조정위원회는 파리의 브리앙-켈록 규약의 위반의 예비적 해석조항을 제시하였다」 (Grewe, Fontes III 2, S. 967-970에서).

105) Draft Convention on Rights and Duties of States in Case of Aggression, in: AJIL, Supplement 1939, Bd. 33, S. 827; Grewe, Fontes III 2, S. 985-989에도 수록.

106) 이 경우 아마 슈미트는 논문, Ferdinand Schlüter, Kellogg-Pakt und Neutralitätsrecht, in: ZAÖRV, Bd. XI, 1942/43, S. 24-32를 이용하였을 것이다. 그 S. 24-25에서는 상원 외교위원회에서의 헨리 L. 스팀슨의 언명이 1면 이상에 걸쳐 그대로, 물론 독일어로 출전 — 1941년 1월 3일의 독일 통신사(DNB) (해외) — 을 지시하여 재현되고 있다. 독일 통신사는 「청문은 1941년 1월 27일 ~ 2월 3일에 행하였다」라고 잘못 날짜를 적고 있었다. 스팀슨은 1월 29일에 청문되었다(Hearings before the Committee on Foreign Relations United States Senate, 77th Congress, 1st Session, Part 1, p. 85, 89-90). 그 청문은 법안 275면에 관계하고 있었다("A Bill further to promote the Defense of the United States, and for other Purposes" 이른바 무기대여법, AJIL 35, 1941, Suppl. S. 76 ff.). 그 법률은 특히 1939년

종래의 국제법은 켈록 규약에 의해서 폐지되었는가 하는 근본적인 의문에서, 이 부다페스트조항은 종래의 중립개념을 제거하기 위한 결정적인 증거로서 자주 인용된다. 종래의 중립법은 정의의 전쟁과 부정의의 전쟁을 완전히 구별하지 않았다. 따라서 종래의 중립법에 고집하는 한, 침략전쟁을 국제법적으로 형벌화하는 것은 불가능하다. 이러한 것들은 전부 대단히 중요하며 나는 여기서 부다페스트 조항의 전문을 다음에 삽입한다.

「켈록 규약이 다수국 참가의 입법조약인 것에서 각 주요 체결국은 상호 또한 다른 주요 체결국 모두와 구속력 있는 합의를 형성한다.

그리고 63의 국가들은 그 규약에 그들이 참가하고 있기 때문에, 국가정책의 추구를 위하여 상대방국에 압력을 미치는 정당한 수단으로서의 전쟁관념을 폐지하며, 그러므로 국제분쟁의 해결을 위하여 무력을 사용하는 것을 완전히 포기하였다.

(1) 체약국은 규약의 폐기통고 또는 준수하지 않음으로써 규약상의 의무를 면제할 수 없다.

(2) 국제분쟁의 해결을 위해한 무력에 호소하는 것과 위하하는 체약국은 규약에 위반된다.

(3) 위반국을 원조하는 체약국은 그것으로 규약에 위반한 것이 된다.

(4) 한 체약국이 다른 체약국에 대해서 무력 또는 전쟁에 호소함으로써 규약에 위반한 경우에는, 다른 국가들은 규약 또는 국제법의 어떠한 규칙에 위반하지 않고 다음의 모든 것을 하거나 일부를 행해도 좋다.

1월 4일의 중립법의 현금지불 · 자국선운반(cash and carry) 원칙에서 일탈하여 영국에의 무기탄약을 자유재량으로 무료로 공급한다는 군수경제의 집행적 조정 권한을 대통령에게 부여하였다(1941년 3월 1일에 발효한 「영국원조법」의 영문과 독문의 본문은 Monatshefte für Auswärtige Politik 8, [1941], S. 237 ff.에서. 빌헬름 그레베에 의한 평가와 보고는 ZgStW 101 [1941], S. 606-626). 스팀슨은 합중국의 이와 같은 중립의 폐기를 영국의 금이나 외화의 부족에 의해서, 또한 영국의 전력이 남북의 대서양을 미합중국의 직접적인 국익을 위해서도 추축국에 대해서 방어한다는 의견에 의해서 기초지웠다. 그것에 의하면 켈록 규약은 자위를 허용할 뿐만 아니라 1934년의 「국제법협회」의 의정서에 의하면, 체약국은 피침략국을 물질적 및 재정적으로 — 나아가 탄약이나 군대로써도 — 원조할 권리가 있으므로(제4조 c와 d), 절박한 위기적인 1941년 여름에 있어서의 원조는 켈록 규약에 의해서 뒷받침된다 라고. 영국이 「피침략국」이라는 주장은 스팀슨에는 이유붙일 필요도 없는 것으로 생각되었다. 이것은 여하튼 주목할만하다. 왜냐하면 뉘른베르크에서 어떤 법정도 「1939년 9월 3일에 폴란드에의 공격을 이유로 하여 독일에 전쟁을 선언한 영국과 프랑스는, 독일의 침략전쟁의 대상이었다」고 주장하는 것을 감히 하지 않았기 때문이다(빌헬름슈트라세 재판에서의 판결을 지시한 예섹, Jescheck, S. 330은 부적절하다). 부다페스트 조항 제4조 d는 과연 피침략국을 무력으로 원조할 것을 인정하였지만, 그러나 원조국을 그 자체로서는 피침략국으로 하지 않았다. 형식적으로는 또한 당시 국제연맹에서 기본적인 것이라고 간주된 침략의 개념에 대한 폴리티스의 보고에 의하면(Revue de droit international, 1934, S. 266 ff.), 자기 자신이 침략되지 않은 국가가 전쟁선언을 하는 것은 금지된 공격행위로 간주되고 있었다. 빌헬름슈트라세 재판에서는 합중국에 대한 독일의 전쟁선언이 문제였다. 법정은 「미국의 모든 태도는 1941년 12월 11일보다도 1년 이상 전의 기간에 이미 중립과는 무관계하였다」는 것을 스스로 확신하였음에도 불구하고, 이 행위[독일의 전쟁선언]을 「침략」이라고 판정하였다(Wilhelmstraßen-Prozeß, S. 13). 「침략전쟁을 유발하는 국가는 침입(Invasion)을 정지시킬 침략자를 처벌하기 위해서, 조치 — 만약 필요하다면 무력적 조치 —를 채택하도록 세계의 다른 국민들을 유발시킨다. 그리고 그때에 이 조치에 근거하여 침략자가 제3국에 전쟁을 선언하는 경우, 기원이 된 침략행위가 작용을 계속 미치며 제2의 전쟁이나 그 후의 모든 전쟁에도 침략적 성격을 부여한다」(S. 13). 그러한 한에서 이에 대해서는 인류는 제휴하여 공동의 투쟁에로 나아가며(Jeschek, S. 330), 그러므로 이에 대해서 모든 조치가 허용된 해적처럼 미국의 군사법정은 독일을 취급하였다.

(a) 규약에 위반하는 국가의 임검 · 수색 · 봉쇄 등과 같은 교전권의 행사를 거부하는 것.

(b) 규약을 떠나 국제법에 규정된 교전국에 관한 중립국의 의무를 규약위반국에 대해서 준수하는 것을 끊는 것.

(c) 침략받은(attacked) 국가에 군수품을 포함하여, 재정적 · 물질적 원조를 부여하는 것.

(d) 침략받은 국가를 무력으로 원조하는 것.

(5) 체약국은 규약위반의 수단에 의해서 사실상 획득한 어떠한 영토나 그 밖의 이익에 대해서 이를 합법적으로 획득한 것이라고 하여 승인할 권리가 부여되지 않는다.

(6) 위반국은 규약에 위반함으로써 발생한 모든 손해를 어떤 체약국과 그 국민에 대해서도 보상해야 한다.

(7) 1899년과 1907년의 헤이그 조약, 1864년과 1906년과 1929년의 제네바 조약, 포로의 대우에 관한 1929년의 국제조약과 같이, 일반 조약에 포함된 인도주의적 의무에 규약은 영향을 미치지 않는다」.

이 부다페스트 조항마저 「위반국」에 대해서만 말하고 있다. 부다페스트 조항에 대해서도 역시 그것이 「법률 없으면 범죄도 형벌도 없다」는 명제의 의미에서 특정한 인간에 관하여 침략전쟁을 형벌의 대상으로 삼는 것을 포함하고 있는가 하는 문제가 여전히 있다. 유럽 대륙적인 사고양식의 법학자라면 포함하지 않는다고 부정할 것이다. 그것은 당시 아무런 정부의 공식적인 견해의 근거도 되지 못했던, 1934년의 국제법협회의 그러한 해석은 전쟁이 발발해버리면 실정적으로 타당하고 전국가를 구속하고 국민마저 직접 의무지우는 규칙이란 보이지 않는다는 것은 유럽의 어떤 법률가에게도 자명하였을 것이다.[107] 앞에서 인용한 설명 — 거기에서 켈록 규약은 명백히 제재 없는 규약으로서 체결되었다는 것이 명백하게 되었다 — 에서 유럽의 법률가라면 전쟁의 발발 후에 어떤 제재를 사후적으로 도입하는 것은 허용되지 않는다고 결론을 낼 것이다. 이것은 형법적인

107) 스팀슨은 1934년의 국제법협회의 의정서를 참고로 하여 이 사적인 협회의 구성원들의 전문지식과 위신에 정당성을 부여하였다. 즉 「1934년에 세계에서 국제법학자들의 가장 오랜 협회라고 나는 믿으며, 또한 그 구성원은 유럽이나 북반구의 국민들의 거의 모두로부터 구성원을 포함하는 국제법협회는, 우리들이 오늘날 직면한 상황과 동일한 상황이 발생한 경우에, 이 조약의 의미에 관하여 그들의 해석을 부여한다는 목적을 위해서 헝가리의 부다페스트에서 회합하였다. 이 위원회가 의심 없이 알고 있듯이, 이 협회의 구성원은 추축국의 각각으로부터의 구성원도 포함하여 세계의 가장 저명한 국제법학자의 다수를 포함하고 있다. 물론 그들의 성명은 그것을 실행한 국민들간에서 어떤 조약에서 귀결하는 추론에 관하여 실질적으로는 완전히 국제법학자의 위대한 집단의 완성된 의견이었다」(Hearings, [Anm. 106], S. 89). 이러한 이해는 1941년 2월 24일에 상원에서 코넥티커트 주 선출 상원의원 다네어(Danaher)의 근거 있는 반론에 부딪쳤다. 그는 「국제연맹 제창자들의 작은 집단은 국제연맹 규약의 실시자로서 합중국을 유럽에 가져오는 것을 간절히 바라서, 켈록 규약의 추정된 의무들을 실시할 것을 원하는 한, 국가에 의해서 행해져야 할 그들 자신의 정책을 표현하는 일련의 해결을 단지 서술하였다는 것 …. 그러나 국제법은 그 방법으로는 형성되지 않는다. 알고 있는 한 단 하나의 국가도 이러한 사적인 해결이나 해석조항을 지금까지 채택한 일이 없으며, 또 그것들은 작은 사적인 단체의 개인적인 추천을 제외한다면, 매우 근소한 중요성을 지니고 있다」고 보고하였다(Congressional Record, S. 1345 ff.). 마찬가지로 전문가인 허버트 라이트(Herbert Wright)는 1941년 3월 6일에 Vol. 87, Nr. 44, A 1114-1117에서, 또한 Edwin Borchard는 AJIL 35, 1941, S. 623에서 찬성하여 이 양자를 인용한다.

제재에 대해서 모든 경우에 타당하지 않으면 안 된다. 물론 바로 이 점에서 앞서 서술한 여러 번 언급한 대립 — 그것은 서반구의 사고양식을 낡은 유럽의 그것으로부터 나눈 것인데 — 이 그럴듯할 것이다. 그러나 유럽 국가의 개개의 소속원을 이 대립에 집중하고, 이 대립을 분열된 근거에 입각하여 형사범죄인으로 해버린다면, 가령 이 사고양식이 관철되더라도 [그것은] 부정일 것이다. 여기서도 또한 우리들은 국제범죄로서의 침략전쟁만을 문제로 삼는 것이며, 잔학행위에의 관여나 종래의 의미의 전쟁범죄를 문제로 삼는 것은 아니라는 것을 다시 한 번 반복해 둔다.

신규의 범죄의 문제가 사람들의 법의식에는 거의 영향을 주지 않았다는 것은, 전쟁을 범죄로 하는 지금까지의 논의에서 범죄로서의 침략전쟁이 정치적인 범죄 또는 통례의 범죄의 일종으로 할 것인가에 대해서 아직 한 번도 설명되지 않았다는 점에도 결국 나타나고 있었다. 통례의 형사적인 범죄와는 다른 특별한 범죄로서의 정치적인 범죄의 개념은 어떤 법률가에게도 잘 알려지고 있다. 정치적인 범죄의 개념은 국내법에서는 예컨대 헌법상에서 장관탄핵이라든가 「권리박탈법안」(bill of attainder)의 문제에 결부된 일련의 특별한 구성으로 인도하였다. 국제법적으로는 정치적 범죄의 특별한 취급은 비호권과 범죄인 인도권에서 알려지고 있다.[108] 고도로 정치적인 사건인 전쟁이 범죄라고 선언된다면, 이 범죄는 이제 서술한 특별한 의미에서의 정치적 범죄인가의 여부라는

108) 1848년의 혁명 후의 망명자의 파동의 결과로서, 19세기의 후반 이래 국가간의 인도조약에서 「정치적인」 범인 — 즉 헌법질서를 변경하기 위해서 자기 본국의 법률에 의하면 비합법적으로 그 헌법질서를 범한 것 —을 인도하지 않는다는 원리가 확립되었다. 「외국 정부의 수반이나 그 가족의 일원에 대해서」 살인, 고살, 독살을 행한 암살자는 이 특전에서 제외되었다. 그래서 1856년의 벨기에의 암살조항은, 1948년의 「집단살해죄의 방지 및 처벌에 관한 조약」, 유럽 테러행위 협정(1977년), 인질탈취에 대한 협정(1979년)에 의해서, 현대의 테러 활동에 국제적으로 확대한다. 독일에서는 1930년 4월 1일이래 1929년 12월 29일의 인도법(RGBl. I S. 239)이 효력을 지녔다. 그 법률은 「정치적 행위」를 정의하는 것을 인수하였다. 즉 「(1) 인도의 계기가 된 행위가 정치적 행위인가, 또는 — 그 행위가 정치적 행위를 준비하고 원호하고 방어하는 — 정치적인 행위와 관계된 경우에는 인도는 인정하지 않는다. (2) 정치적 행위란 국가의 존속과 안녕에 대해서 국가의 정부 그 자신의 장이나 구성원에 대해서, 헌법에 근거한 단체에 대해서, 선거나 투표 때의 국민의 권리에 대해서 외국에의 양호한 관계에 대해서 직접적으로 향해진 처벌되는 공격이다. (3) 그 행위가 생명에 대한 고의의 범죄로서 나타나는 — 그 행위가 공공연한 투쟁에서 일어났다는 경우는 별개인데 — 경우에는 인도는 인정된다」(제3조)라고. 1983년에 인도법은 1982년 12월 23일의 「형사사건에 있어서의 국제적인 법률상의 원조(Rechtshilfe)에 대한 법률」(IRG)에 의해서 보충되었다(BGBl. I S. 2071). 그 법률에서는 「정치적 행위」의 정의는 단념하고, 예외는 시대에 적합하도록 현대화되었는데, 그러나 예외 또는 예외로부터 규정되고 있다. 즉 「(1) 정치적 행위를 이유로 하여 또는 정치적 행위에 관련된 행위를 이유로 해서는, 인도는 인정되지 않는다. 피박해자가 기수 및 미수의 제노사이드, 살인 고살을 이유로 하여 또는 그것에의 관여를 이유로 하여 박해되거나 또는 유죄로 된 경우에는 인도는 인정된다. (2) 피박해자가 그 인도의 경우에서 그 인종, 종교, 국적, 일정한 사회집단에의 소속, 정치적 의견을 이유로 하여 박해되고 처벌된다는 데에, 또는 피박해자의 상태가 이들 이유의 하나로부터 가중화될는지도 모른다는 것에, 승인을 위한 중대한 이유가 있는 경우에는 인도는 인정되지 않는다」(제6조). 인도권은 「정치적 행위」의 개념의 전개에 대해서는 다음의 것을 참조. 슈미트가 지도한 지벤하르(H. Siebenhaar)의 베를린 대학의 학위논문 Der Begriff des politischen Delikts im Auslieferungsrecht (1939, Zweitgutachter: F. Berber); Torsten Stein, Die Auslieferungsausnahme bei politischen Delikten, Berlin 1983, S. 62 ff. 인도권과 비호권과의 관계에 대해서는 Quaritsch, Recht auf Asyl, Berlin 1985, S. 152 ff.

의문에도 대답하지 않으면 안 된다. 구성요건 · 행위자 또는 그의 판단의 문제 모두에 관해서, 끝으로 또한 절차에 관하여 신규의 범죄의 정치적 성격이 영향을 미치지 않으면 안 될 것이다. 켈록 규약이나 전쟁의 범죄화에 대한 논의는 그처럼 방대하지만 나는 지금까지 이 중요한 의문에 대한 논의를 들어본 일이 없다.

이리하여 정의나 제재나 조직을 가지지 않고, 제네바의 국제연맹에의 유보와 관련을 가지며 결국 여론을 중요한 제재로서 사용하는 켈록 규약이 신종의 범죄이기 때문에 형사처벌을 위한 법적 근거는 완전히 아니라는 것을 유럽 대륙법의 법률가에게 납득시키는 것은 곤란하지는 않다. 그러나 바로 이 점에서 미국의 법률가와 의사소통하는 것은 어렵게 된다. 왜냐하면 여기서는 지금까지의 서술에서 몇 번이나 서술하지 않을 수 없었던 모든 대립이 퇴적하고 있기 때문이다. 즉 법학적과 도덕적과의, 법률적과 정치적과의, 실증적과 이성법적과의 사고양식의 대립이며, 거기에 더하여 국제법에 있어서의 이원론적 견해와 일원론적 견해와의 다양한 대립, 나아가서는 유럽의 법률가가 이 경우에 특히 통절하게 느끼는 정부의 태도와 여론과의 대립이다. 결국 미국과 유럽의 정치상태의 커다란 차이가 이들 모든 대립에 다시 가중적으로, 또 뿌리깊게 부가되었다. 미국의 법률가는 본래적으로 켈록 규약이 모든 국가나 인민을 인류라는 보편적 확신에 결부시킨다는 것, 또한 이 확신에서 본다면 전쟁은 틀림없이 히틀러나 그 공범자들이 저지른 범죄라는 것을 계속 주장할 것이다. 이에 대해서 여기서는 잔학행위에의 관여에 대해서 말하는 것이 아니라, 그러한 잔학행위에 관여하지 않은 정치에 관계없는, 국민이 정부가 수행한 전쟁 때문에 침략전쟁이라는 신규의 국제범죄의 관여자로서 처벌될 수 있는가 하는 가능성에 대해서만 말할 뿐이다.

[전쟁] 위법화운동의 지지자에 대해서 전쟁은 해적행위와 마찬가지로, 범죄이며 전쟁에 관여하는 것은 바로 해적이다. 극단적인 전쟁위법화 논자(outlawry-Mann)에 대해서 이것은 단순한 관용구는 아니며 인류의 현대적이고 보편적인 의식을 기초로 한 법인 것이다. 거기에 어떤 깊은 대립이 작용하는가는 해적을 전쟁과 유사한 것으로 하는 이하의 서술에서 명백해질 것이다.

(3) **국제범죄의 모범사례로서의 해적행위**. 개인이 국제범죄의 정범자 또는 공범자일 수 있는가의 여부라는 문제는 약간의 중요한 예를 통하여 상당히 이전부터 긍정적인 대답을 얻은 것처럼 생각된다. 많은 국제법의 서술에서 — 특히 앵글로색슨계의 저자의 경우에 — 「국제범죄」라는 특정한 카테고리가 보여지는데, 이 국제범죄란 지금까지 통례 말해온 순수하게 국가관계의 의미에서의 「국제법상의 위법행위」가 아니며, 국제법규범이 개개의 인간에게 직접 적용된다는 특성을 가지는 것이다. 이 경우 정범자란 — 국내법에서가 아니라 — 직접 국제법규범에 위반하였기 때문에 재판상 그것도 형사재판적으로도 그 책임을 지게 되는 어떤 국적을 가진 개인이다. 원래 이 형사재판권이 국제재판소에서가 아니라 개개의 국가의 국내재판소의 그것이라는 것은 즉좌에 완전히

자명하다. 그러나 여하튼 그러한 특별한 경우에 대해서 오늘날에도 여전히 「국제범죄」로서 자주 말해지고 있다. 여기서 주로 말해지는 것은 다음의 범죄구성요건이다. 즉 해적행위(노예매매와 같은 다른 구성요건에 등치된다), 해저전선의 파괴, 나아가서는 해전에 즈음한 중립 국민에 의한 봉쇄침파나 전시금제품 수송무역이다. 여기서의 서술에서 중요하고 또 어떤 의미에서 나아가 결정적인 것은 해적행위의 경우이다. 봉쇄침파나 전시금제품 수송은 중립에 관한 해전법의 분야에 속하며, 여기서의 문제에 대해서 중요하지 않다. 나아가 봉쇄침파나 전시금제품 수송자는 널리 보급된 견해에 의하면, 완전히 위법도 비합법도 아니며, 자기의 위험에서만 [즉] 「위험부담적으로」(riskant)만 행위하기 때문에 더욱 중요하지 않다. 그러므로 나는 이런 경우는 배제하고 해적행위를 원인으로 하는 형사처벌을 침략 또는 침략전쟁을 원인으로 하는 형사처벌과 등치하는 것 — 적어도 유사한 것으로 보는 것 — 이 어느 정도 가능한가 하는 문제를 다룬다.

앵글로색슨적 법사고와 유럽 대륙적 법사고와의 차이는 특히 해적행위를 국제범죄로서 파악할 때에 명백해진다. 유럽 대륙적인 사고는 법을 국가의 실정적인 법률로서 이해하는 경향이 강하다. 동시에 국가화이기도 한 이 실정화는 형법에서는 국가의 법률만이 형벌화의 근거일 수 있다는 확신에 통한다. 유럽 대륙의 법률가의 경우, 그것은 다른 견해와의 차이를 — 자주 거의 의식하지 못하고 있는 자명한 확신으로 되었다. 이러한 실정화에 비추어 유럽 대륙 형법의 법률가는 바다에서의 약탈행위를 많은 국가의 형법전에서 다른 여러 가지의 약탈과 함께 형벌로써 위하되는 약탈의 하나로 보고 있다. 예컨대 독일 형법전 제250조 3호에서는, 해적행위는 「공해상에서의 약탈」로서 「공도, 가로, 철도에서의 약탈」과 함께 [죄가 무거운] 가중강도가 되고 있으며, 전혀 국제범죄라고는 생각하지 않는다.[109] 다만, 공해상에서, 즉 국가주권의 영역 밖에서 약탈이 자행되는 것은 다른 국가들의 관할권에 대해서 일정한 실제상의 귀결을 가져오는 것은 확실하다. [즉] 해적은 세계의 모든 국가로부터 처벌할 수 있게 된다. 더구나 그것은 유럽 대륙국가의 — 수 십 년래 지배해 온 — 견해에 의하면, 해적행위를 특별한 의미에서 국제범죄로 하는 것이 아니라 일반적으로 승인된 성구에 의하면, 단지 「국내적인 규범 · 심급의 관할영역의 확장」을 의미할 뿐인 것이다.

이로써 유럽 대륙의 견해에 대해서 해적행위라는 범죄의 특별히 국제적인 성격은 상실되었다. 이에 대해서 영국의 견해는 확실히 앵글로색슨법에 근거하여 해적행위도 — 영국의 법령(statutes)에 규정되어 있는 구성요건에 관한 한 — 알고 있지만, 그것과 아울러 국제범죄로서 국내법상의 해적행위와는 본질적으로 구별되는 전통적인 「만민법상의 해적행위」(Piraterie jure gentium)도 존치하고 있다. 만민법상의 해적은 전인류의 적이며 옛 성구가 말하듯이 hostis generis humani[인류의 적]이다. 그[해적]의 약탈

109) 형법전 구규정 제250조 3호는 「… 3. 공도, 가로, 철도, 공공의 장소, 공해, 수로에서 약탈이 행해지는 경우 … , 징역 5년 이하의 판결이 내려져야 한다」. 이 규정은 형법전 제250조의 신규정에 의해서 1974년 3월 9일의 독일 형법전의 시행법(BGBl. I S. 469 ff.[490])에서 1975년 1월 1일자로 대치되고 삭제되었다.

목적은 무차별하게 모든 국가로 향하였다. 그리하여 각각의 국가는 그를 처벌할 수 있다. 어떠한 국가도 — 그가 속하는 국가도 — 그를 지켜서는 안 된다. 해적은 그 해적행위 때문에 국적이 박탈되었다. 그 자신도 자기가 속하는 국가에 의한 보호를 주장할 수 없다면 그 국가 역시 그를 보호할 권리를 가지지 않는다.110)

실제로 적어도 유럽 대륙 국가의 법률가의 법의식에 대해서는 그것이 이 위법행위의 예외적 특질인 것이다. 인류의 적이나 「국적박탈」 등이라는 상술한 정식에 직면하여 전쟁을 탄핵하고 그것을 국제범죄로 선언하는 노력이 바로 만민법상의 해적에 그 단서를 가진다는 것이 이해할 수 있다. 전쟁 적어도 부정의한 전쟁과 침략전쟁은 해적행위의 예에 따라서 국제범죄로서 취급하게 되었다. 「전쟁」이란 새로운 국제범죄의 정범자는 바로 해적이며, 그러한 것으로서 아웃로(outlaw)이다. 이것은 많은 반전논자에 대해서 지나치게 명백한 유사성이다. 이런 방법으로 해적행위는 국제범죄의 한 예가 되고 더구나 유형으로 되며, 폴리티스(N. Politis)가 명명하듯이,111) 「모범사례」(example type)가 된다. 전쟁을 형벌화해야 한다는 많은 제안은 해적행위의 예를 이끌어댄다. 해적과 전쟁범죄인을 등치하는 것은, 여론에는 선전을 통하여 이해하기 쉽다. 그러나 법률가 역시 이 등치를 — 선례라고 보지는 않지만 유사한 사례, 즉 — 그 도움으로 개개의 국민을 국가나 정부의 머리를 넘어선, 국제법적으로도 형법적으로도 직접적으로 포착할 수 있다 — 「모범사례」로 본다.

여기서는 전쟁을 형벌화하는 가능성 — 그것 자체 독일에서는 완전히 무시된 그대로이다 — 에 대해서 논하기 위해서 이른바 국제법상의 해적행위를 상설하지 않으면 안 된다. 전쟁범죄의 문제와 해적행위와의 관련은 오늘날에는 이미 오해되어서는 안 된다. 이 경우 단지 국제법상의 계획들이나 개혁을 위한 이론구성이 문제라는 것은 아니며, 해적행위의 개념을 사용하는 것이 중요하고 전형적인 의미는 오히려 곧 생각이 떠오르는 네 개의 사례에서 이해된다. 그 네 개의 사례 중 처음의 두 개는 1914년부터 1918년까지의 제1차 세계대전 시대에 존재하며, 잠수함 전쟁의 국제법적 문제에 관련된다. 영국에서 확산된 견해에 의하면, 잠수함의 함장과 승조원은 해적으로 간주되었다. 왜냐하면 그들은 해전법의 전통적인 룰을 지키지 않고 상선을 침몰시켰기 때문이다. 그들은 다른 포로로부터 구별되었다. 그리고 해적행위를 이유로 한 어떠한 형사재판도 행해지지 않았더라도, 그들은 특별한 수용소에 억류되었다. 적어도 그럼으로써 다른 포로와는 차별되었다. 두 번째의 예는 1917년 4월 2일의 윌슨 대통령의 연설이다. 이 경우 과연 「해적행위」라는 표현은 사용되지 않지만 독일의 잠수함 전쟁은 「인류에 대해서 수행된 전쟁」 — [즉]

110) 앵글로색슨법에서의 해적행위의 전통적인 이해에 대해서는 William Oldnall Russell (1785-1833), Russell on Crime, 9. Aufl., hrsg. v. Robert Ernest Ross, London 1936, Bd. I, S. 51. 또한 근대로부터의 포괄적인 것은 Arthur Nussbaum, Geschichte des Völkerrechts, München 1960, S. 142 f. (이영석 옮김, 『국제법의 역사』, 한길사, 2013, 73면 이하) 참조.

111) 폴리티스에 대해서는 Anm. 57 참조. 로버트 잭슨은 이 공을 던지고, 그리고 1945년 11월 21일의 자기의 기소장 낭독에서 법에 적합하지 않은 전쟁수행을 해적행위에 등치시켰다(IMT[국제군사재판소] II, S. 177). 이에 대해서는 Schlepple, S. 70이 적절하게 검토하고 있다.

모든 국가에 대한 전쟁 — 이라는 해적행위에 대해서 통례의 표현으로 표현된다.[112] 셋째로 여기서 중요한 해적행위의 개념은 1922년 2월 6일의 워싱턴 회의의 협정에서 갑자기 나타났다.[113] 거기서 전쟁수행중의 잠수함은 상선포획에 대한 해전법의 일반규칙에 따라야 한다는 원칙이 규정되고 있다. 그때에 제3조에서 이 규칙을 위반하는 어떠한 권력에 봉사하는 자는, 누구든지 「상관의 명령 아래 있거나 아니거나」(whether or not such person is under orders of a governmental superior), 「마치 해적행위인 것처럼」(as if for an act of piracy) 책임을 진다고 분명히 규정되어 있다. 여기서는 그러므로 전쟁규칙에 대한 위반의 의미에서의 전쟁범죄는 해적행위에 정식으로 등치된다. 이 1922년의 워싱턴 협정은 비준되지 않았지만,[114] 그 징후적인 의미는 명백하며, 그것은 네 번째의 사례에 의해서 더욱 강화된다. 1937년 9월 11일에 개최된 니용 회의는 「해적행위 회의」(conference on piracy)라고 말해지는데, 그때에도 1937년 9월 14일에 서명한 결의의 공문서에서 잠수함에 의한 상선의 어떤 종류의 격침은 「해적행위」(acts of piracy)로서 취급해야 한다고 서술하고 있다.[115]

---

112) 1917년 4월 2일에 미국 의회의 양원 합동회의에서의 합중국과 독일간의 전쟁상태를 선언하는 것에의 요구에서. 즉 "The present German submarine warfare against commerce is a warfare against mankind. It is a war against all nations. American ships have been sunk, American lives taken, in ways which it has stirred us very deeply to learn of, but the ships and people of other neutral and friendly nations have been sunk and overwhelmed in the water in the same way. There has been no discrimination. The challenge is to all mankind"(Woodrow Wilson, War and Peace, Presidential Messages, Addresss, and Public Papers 1917-1924, hrsg v. Ray Stannard Baker u. William E. Dodd, Bd. 1, New York 1926, Repr. 1970, S. 6 ff., 8). 「무역에 대한 목하의 잠수함 전쟁은 인류에 대한 전쟁이다. 그것은 모든 국민에 대한 전쟁이다. 우리들을 매우 격분시킨 방법으로 미국의 선박은 침몰되고 미국인은 살해되었다. 여하튼 다른 중립이고 우호적인 국가의 선박이나 인간도 마찬가지로 침몰되어 제압되었다. 무차별이었다. 전인류에 대한 도전이었다」라고 Ahrens/Brinkmann (Anm. 48), S. 167-175 (168)에서 완전히 수록되어 있다. 30년 후 헨리 L. 스팀슨은 자기비판적으로 고백하였다. 즉 「일본의 공격을 좌절시키려고 우리들은 니미츠 제독이 서술하였듯이, 25년 전에는 우리들이 제1차 세계대전에 참전한 근인이었던 것과 마찬가지의 무제한한 잠수함전의 기술을 사용하는 것을 강요하게 되었다」고(Foreign Affairs, Bd. 25, Nr. 2, Januar 1947, S. 179 ff., 189). 뉘른베르크 국제군사재판소에서의 재판에서 래더(Raeder)와 되니츠(Dönitz) 두 사람의 해군 원수에 대한 형의 선고는 1936년 11월 6일의 런던의 잠수함 의정서의 침해에 의거하지 않았다. 왜냐하면 영국의 해군본부는 1940년 5월 8일에 「스카게라크 해협에서의 눈에 보이는 모든 선박을 침몰시킬 것을 명령하고 있었기 때문이며, 그리고 태평양에서는 합중국에 의해서 이 나라의 전쟁에의 참전의 첫날부터 무제한 잠수함 전쟁이 수행되었다는 니미츠 제독에 의한 조사용지에의 회답을 고려하고」 있었기 때문이다(IMT, Bd. XXII, S. 636/37, 641). 이 문제에 대해 상세한 것은 Smith, S. 264 ff., 271 ff.; Eugene Davidson, The Trial of the Germans, New York 1966, S. 393 ff., 421.

113) Karl Schwendemann, Abrüstung und Sicherheit, 2. Aufl., Leipzig 1933, S. 725-28 (726/27). 요점만을 새롭게 수록한 것으로서 Jost Delbrück (Hrsg.), Friedensdokumente aus fünf Jahrhunderten, Bd. 1, Kehl/Rh. 1984, Dokument 154, S. 464 f.

114) 이에 대해서는 Quincy Wright, The Outlawry of War, in: AJIL 19 (1925), S. 74, 79.

115) 8년 전의 니용 회의는 슈미트에 대해서 「해적행위의 개념」("Der Begriff der Piraterie," in: Völkerbund und Völkerrecht, 4. Jg., Nr. 6/7, Sept.-Okt. 1937, S. 351-360=Positionen und Begriffe, S. 240-243 (역서, 345-350면)의 계기가 되었다. 슈미트의 법학적인 사고에 대해서 특징적인 원문은 다음과 같은 문장으로 끝맺었다. 즉 「만약 잠수함을 해적으로 보는 영국의 견해가 국제법상의 일반적인 개념으로 자리잡는다면, 국제법체계 속에서의 해적의 개념 역시 변경될 것이다. 해적 개념은 국가가 결여된 비정치적

그러므로 해적행위의 개념이라는 것이 전쟁의 국제범죄화나 형벌화가 시작할 수 있는 점이라는 것은 명백하다. 이것은 국제형법협회(Assocation international du droit pénal)의 약간의 제안에서, 또한 폴리티스와 같은 몇 사람의 저자들에서 — 당연 국가의 재판소에서가 아니라 이 신규의 전쟁범죄를 위해서 특별히 설립되어야 할 국제적인 형사재판소에 권한이 있는 것으로 되어 — 실제로 이미 나타나고 있었다. 그럼에도 불구하고 1924년의 제네바 의정서도, 1928년의 켈록 규약도, 그 밖의 공적인 문서도 관청의 제안마저도 그것에 대해서, 고려하지 않는다. 즉 전쟁과 해적행위와의 유사에는 엄격한 한계가 있다. 전쟁이 금지되고 범죄라고 선언되는 경우, 그것은 결코 방어전쟁에는 해당되지 않는다. 켈록 규약 역시 부정의한 전쟁만을 부인한다. 그러므로 전쟁은 절대적으로 범죄가 되는 것이 아니라 정의의 전쟁과 부정의의 전쟁이 구별되는 것이다. 몇 사람의 절대무저항의 과격한 평화주의자나 그 지지자들에 대해서만 전쟁은 정이냐 부정에 관계없이, 어떤 경우에도 어떤 측에서도 범죄인 것이다. 이에 대해서 해적행위에서는 정의 해적행위와 부정의의 해적행위를 구별하는 것은 불가능하다. 해적행위는 절대적인 의미에서 「그 자체 악」(malum in se)이며, 방어로서도 허용되지 않는다.

그 밖의 차이는 전쟁이 내외로 향하여 정치적 성질을 가진다는 점에 있다. 비정치적인 전쟁은 생각할 수 없다. 이에 대해서 해적행위의 본질은 비정치적인 성질이다. 해적은 적어도 전통적인 견해에 의하면, 비정치적인 동기, 단순한 이욕에서 행위한다. 그는 강도, 도둑, 약탈자이다. 그는 절도의사(animus furandi)를 가지고 있다. 그가 정치적인 동기에서 행동하느냐 아니냐, 그는 이미 해적은 아니다. 내란을 일으킨 자(Hochverater)는 해적은 아니다. 반역(Treason)은 해적행위는 아니다. 그 때문에 합법정부의 군함을 포획하는 혁명가 · 반도 · 모반인들은 공해상에서의 타국의 선박을 빼앗고 약탈하지 않는 한 국제법적인 의미에서는 아직 해적은 아니다. 해적행위는 국제적인 위법행위라고 일반적으로 인식되고 있음에도 불구하고, 그 처벌이 개별 국가의 국내(national) 재판소에 계속 맡겨진다는 것이 가능하였던 것은 해적행위의 이와 같은 비정치적 성격 때문이다.

오늘날까지의 견해에 본질적인 것은, 해적의 행동은 국제법적인 의미에서는 결코 전쟁이 아니며, 반대로 해적으로 향해진 국가의 행동도 마찬가지로 전쟁이 아니라는 것이다. 해적이 형사적으로 보편의 범죄인으로서 처벌됨으로써 바로 국제법적인 의미에서 전쟁과의 차이가 종래의 견해에 의해서 강조되었다. 지금까지의 국제법적 확신에 의하면 전쟁이 범죄와는 완전히 다른 별개라는 것은, 전쟁과 해적행위의 차이에 의해서 가장 명료하게 증명된 것이다.

인 공허한 공간으로부터 나와서 전쟁과 평화 사이의 중간적인 개념이라고 하는, 전후 시대의 국제법에서 전형적으로 볼 수있는 공간 속으로 그 자리를 옮기게 될 것이다」. — 니옹 회의에 대해서는 그 밖에 British Yearbook of International Law 19 (1938), S. 198 ff., und ZAÖRV 8 (1938), S. 303 ff.의 보고를 참조. 근래에는 W. Abendroth, Nyon-Abkommen von 1937, in: Strupp-Schlochauer (Hrsg.), Wörterbuch des Völkerrechts, Bd. 2, 1961, S. 643 ff. 이 회의에는 영국, 프랑스, 소련, 루마니아, 터키, 불가리아, 유고슬라비아, 그리스가 참가하였는데 독일과 이탈리아는 참가하지 않았다. Chronical of International Events, AJIL 32, 1938, 158 참조.

그러나 우리들이 여기서 직면하는 진정한 대립은 상당히 심각하기 때문에, 이러한 법학적인 논의로는 극복할 수 없다. 여기서는 진보, 문명, 인간성에 대한 어떤 종류의 신념이 힘을 가지고 나온다. 위법화(outlawry) 운동에 대해서 전쟁은 문명의 오늘날의 상태에서는 야만이나 단순한 선조로의 복귀 이외의 아무것도 아니며, 또한 그것은 일찍이 해적행위가 중단되어야 했듯이, 오늘날에도 중단되어야 하는 것이다. 『바다의 전략원리』(Principles of maritime strategy)의 저자인 코르베트(Julian Corbett) 경의 글 —「해적행위는 해전수행의 전과학적 단계이다」[116] — 은 이처럼 중요한 유사함을 어떤 법률학의 이론보다도 잘 해명하고 있다. 그럼으로써 전쟁과 해적행위와의 유사점이 본래 무엇을 의미하는가가 인식할 수 있게 된다. 전쟁이나 군사적 의향을 포기하지 않은 국민은, 자신을 현대의 「보편적인 양심」(conscience universelle) 밖에 두고 — 해적이 자기의 방법이 문명적으로 시대에 뒤떨어졌던 시대에 행했듯이, — 자기를 인류의 열등한 적으로 삼는다. 독일 본래의 범죄는 양심에 대한 이러한 침해 속에 발견된다. 그러나 여기서도 실제로 그것에 해당되는 것은 본래의 잔학행위 뿐이다. 왜냐하면 과학적으로 아무리 뒤떨어져 있어서 원자폭탄을 시의적절하게 발명할 수 없었다는 점에 독일이 비난되는 본래의 책임을 발견하려는 것을 사람은 역시 인정하려고 하지 않기 때문이다.

(4) **국제적인 형사재판권**. 국제형사재판소는 지금까지 한 번도 존재하지 않았다. 해적행위나 동일한 국제범죄의 경우에는 국내재판소가 판단을 내린다. 오늘날의 국제법에서의 국제적인 재판권이나 중재재판권의 어려운 유보들은 잘 알려져 있다. 원칙적으로 정치적 다툼은 재판가능하거나 중재가능한 것으로 여기지 않는다. 전쟁이 정치적인, 나아가서는 고도로 정치적인 사태라는 것은 자명한 것이다. 사안에서의 정치적 성격이라는 유보가 비형사적인 국제적 재판권이나 중재재판권에 광범하게 해당되지 않는다면, 침략전쟁이라는 신규의 범죄에 대한 국제적인 **형사**재판권에 대해서 생기는 어려움은 점차 커지고 명백해질 것이다.

국제적인 형사재판소를 창설하려는 제안이 몇 가지 있다. 빌헬름 2세를 처벌하려는 시도(제227조)는 재판소의 설립조차 이르지 못했다. 1920년의 헤이그에서 상설국제사법재판소 규정을 심의할 때에 데캄(Descamp) 남작은 국제범죄를 재판할 국제형사재판소[의 설립]을 제안하였다. 그 제안은 과연 법률가위원회에 의한 약간의 의문과 함께 국제연맹 이사회에 의한 심사에 맡겨졌다. 그러나 국제연맹의 제1차 총회에서 상당히 곤란하거나, 또한 거의 절박하지 않은 문제로서 유보되었다.[117] 그때 미국측에서 시카고의 레빈슨

116) Sir Julian Corbett, Die Seekriegsführung Großbritanniens, Berlin 1939, S. 81(Übersetzung von "Some Principles of maritime strategy", London 1911),「해적행위의 이념은 전쟁의 본질에 대한 원시적이며 비과학적인 견해의 잔재였다. … 해적행위는 전쟁이 과학적인 문제로 점차 되었으므로 폐지되었다」(S. 81).

117) 전체에 대해서는 Benjamin B. Ferencz, An International Criminal Court — Step towards World Peace, Bd. 1, London 1980, S. 36 ff. und 193 ff. 또한「자문위운회」(Advisory Committee)의 심의에 대해서는 S. 193 ff. 참조.

(S. O. Levinson) 씨에 의해서 1921년에 하나의 제안이 있었다. 그리고 그 제안은 1923년에 보라 상원의원을 전쟁위법화의 기술한 구상에로 향하게 하였다. 그 구상에 의하면 전쟁은 국제법에 반하는 범죄로서 탄핵되어야 하며, 또 — 미국 헌법이 국제범죄를 처벌하기 위해 의회에 부여한 것과 동일한 규정에 근거하여 — 자국의 전시이득자를 처벌할 의무가 모든 국가에 부과되어야 할 것이다.[118] 국제법협회는 여러 번 안건을 상정했는데, 1926년 8월의 빈 회의에서 벨로트(Bellot) 교수의 제안을 승인하였다.[119] 국제의원연맹은 그 문제를 1924년의 베른 회의에서, 또한 1925년의 워싱턴 회의에서 상정하고 문제를 검토하기 위한 상설위원회를 조직하였다. 더구나 보편적인 국제형법전을 계획한 루마니아의 펠라(Pella) 교수의 제안에 근거하고 있다.[120] 국제연맹의 법률가로서 유명한 폴리티스는 1926년의 컬럼비아 대학에서의 강의에서 헤이그의 상설국제사법재판소에 5인의 재판관으로 구성되는 형사부분이 조직되도록 제안하였다.[121] 헤이그의 국제사법재판소를 형사재판소로 한다는 생각은 자주 표명되었다. 나아가 신구의 일반적인 성격을 지닌 일련의 제안들이 추가된다. 그러한 제안들은 확실히 방대한 문헌을 가져왔는데, 국제형사재판소의 창설의 싹에 이르지는 못했다. 켈록 규약을 국제연맹 규약에 적합하게 하려는 노력은 이 점에서도 또한 다른 점에서도, 실제상의 성과에 이르지 못했다. 재판권의 조직화와 관련해서도 침략전쟁을 형벌화하는 시도는 1939년까지 결정에 이르지 못하였다.

국제적인 형사재판소는 국제형법의 일부를 이루고 있다. 여기서도 반복해 둘 것은, 우리는 「국제범죄」로서의 침략전쟁에 대해서만 서술하며 비인간적 행위나 잔학행위에 대해서는 서술하지 않는다는 것이다.

(5) **중대한 사실**. 인민들의 법적 확신은 과도기에는 단순하게 기본적인 체험에 의해서만 규정된다. 여러 가지 의견의 대립, 다수의 국제규약의 복잡한 타협표현은 유럽의 인민들의 [법적] 확신을 지금까지 혼란시켜 왔을 뿐이다. 그것만으로 약간의 중대한 사실이 더욱 강렬한 인상을 준 것이다. 그러한 중대 사실 속에 여기서는 특히 중요한 두 개의 예만을 들기로 한다.

(a) 선고된 침략자(proclaimed aggressor)의 최초의 지금까지의 유일한 케이스로는 1935~36년에 있어서의 이탈리아에 의한 에티오피아 정복(Eroberung)이 있다. 이 사건은 잘 알려져 있다. 이탈리아는 국제연맹의 많은 구성국으로부터 — 면밀하게 숙고한

118) 이에 대해서는 Anm. 83 참조.

119) 1926년 8월 5일~11일의 빈에서의 국제법협회의 회의에 대해서는 W. Alexander Renton/Hugh H. C. Bellot/William Lately, Rapport du Comité sur la Cour Permanente International Criminelle, S. 126-129, in: The International Law Association Report of the 34th Conferece, London 1927. 또한 The Report of the Permanent International Criminal Court Committee, S. 106-226 참조. S. 279-309는 그 의안을 입증하였다.

120) 국제의원연맹의 회의에 대해서는 Yefime Zarjevski, The People have the Floor — A History of the IPU, Aldershot 1989, S. 75 참조.

121) 폴리티스에 관해서는 Anm. 57 참조. 컬럼비아 대학에서의 그의 강의는 "The New Aspects of International Law," Washington 1928에 요약되어 있다.

법학적인 표현을 가지고 — 조정된 제재 시스템이 향해야 할 침략자(Angreifer)라고 불렀다. 형사적인 의미에서는 한 마디도 서술하지 않았다. 이탈리아에 의한 에티오피아의 점령 후 침략자[이탈리아]에 대한 제재는 1936년 7월 4일의 국제연맹 총회의 결의에 의해서 폐지되었다.[122] 약간의 국제연맹의 구성국, 특히 대영제국과 프랑스는 이탈리아에 의한 에티오피아의 병합을 승인하였다. 그 밖의 구성국은 이에 대해서 결심할 수 없었다. 영국 정부는 에티오피아 병합을 1936년 12월에 사실상, 1938년 4월에는 법적으로 승인하였다. 뿐만 아니라 국제연맹 이사회의 다음 회의 때에 에티오피아에 대한 이탈리아의 주권을 다른 연맹가맹국이 승인하는 것에로의 — 여전히 존재하는 — 장해를 제거하기 위해 영향력을 행사하는 것을 이탈리아에 약속한 것이다(1938년 4월 16일의 영국 · 이탈리아 조약을 위한 통첩 교환).[123] 그 결과 이탈리아의 동의에 근거하여 1938년 5월 12일의 이사회의 의사일정에 「에티오피아에 있어서의 현상에서 생기는 귀결」[124]이 상정되었다. 토의는 영국 외무장관 핼리팩스 경에 의해서 개시되었다. 그는 자기 정부의 이름으로 국제연맹의 약간의 구성국이 이탈리아의 병합을 이미 승인해버린 것에, 다른 한편 그 이외의 구성국이 아직 승인할 수 없는 것에서 생기는 「부자연한 상태」에 이사회의 주의를 돌렸다. 「에티오피아 전쟁 간에 국제연맹에 의해서 취해진 조치는, 구성국에 국제연맹이 만장일치로 결의하기까지는 이탈리아에 의한 병합을 승인하지 않는다는 의무를 부과하였다」라는 견해에 자기의 정부는 관여하지 않는다는 것을 이 영국의 외무장관은 분명히 부가하였다. 반대로 구성국은 적당하다고 생각되는 시점에서 이탈리아의 입장에 승인을 해도 좋다 — 그것은 규약위반이 아니다 — 는 것이 영국 정부의 견해였다. [그 견해에 의하면] 영국 정부는 과연 이 이탈리아의 병합을 형식적으로 승인하기 전에, 이 문제에 대해서 다른 연맹의 구성국과 협의할 의무는 없는 것인가, 에티오피아 전쟁에 있어서 구성국이 취한 공동행동의 결과 이탈리아에 의한 에티오피아 정복을 개개의 국제연맹의 구성국이 최종적으로는 승인하는가의 여부는 모든 구성국에 관계되는 사안으로 되었다. 그리하여 핼리팩스 경은 에티오피아에 있어서의 현상 — 거기에서는 어떠한 조직된 토착의 권력도 이미 존재하지 않고, 그 나라의 재정복에 대한 가망도 없고, 또한 평화유지에의 관심은 숭고한 목표에의 불변의 헌신이나 추상적인 국제법적 원칙에의 고집보다도 중요하며, 그리고 사람이 비현실적인 세계에 살고 있다고 생각된다면 늦든 이르든 이탈리아가 완전히 에티오피아를 지배하고 있다는 것을 승인하지 않을 수 없었다

122) Berber I, S. 203/04.

123) 이탈리아 외무장관 치아노(Ciano) 백작과 영국 대사 퍼즈(Perth) 경은 하나의 협정을 토의하고 결정하였다. 그것은 8개의 협정과 성명을 갖춘 의정서와, 그 밖에 다시 이탈리아령 동아프리카와 이집트간의 좋은 선린관계에 관한 통첩교환과 협정으로 성립하고 있었다. 제4의 성명은 에티오피아에 대한 이탈리아의 주권을 승인하는 것에 관하여, 국제연맹의 협정의 구성국의 입장을 명백히 하기 위해서 다가올 국제연맹 이사회의 회의에서 조치를 취한다는 영국 정부의 의도 — 그것은 에티오피아에 대한 이탈리아의 주권을 승인하는 것에 관하여 구성국의 자유를 방해하리라는 장해를 제거하는 바램을 가지고 있었으므로 —를 포함하고 있었다(Keesings Archiv der Gegenwart, VIII. Jg. 1938, S. 3517 f.).

124) Journal Officiel — S. D. N. (A), 1938, S. 11, 41, 56, 300, 335, 336, 338, 394, 422, 430, 575.

고 부가하였다. 1938년 5월 12일의 영국 정부의 이 성명은 1938년의 『국제연맹공보』(Journal Officiel, p. 333-345)125)에서 발견된다. 에티오피아 국왕의 항의는 영국 정부와 같은 견해를 가지는 연맹이사회의 그 밖의 구성국의 견해를 — 중국 · 볼리비아 · 소련 · 뉴질랜드의 대표를 예외로서 — 바꾸지 않았다. 이사회의 의장인 문터스(Munters)(라트비아)는 다음과 같이 명언하였다. 즉 이사회에서의 논의는 구성국의 대다수가 에티오피아에서의 이탈리아의 지위의 승인 문제를 개개의 연맹구성원의 결단사항이라고 보고 있었다는 것을 명확하게 보여주고 있었다 라고.

「다음의 것이 명백해진다. 유감의 뜻을 표명할지라도 현재 논의되고 있는 문제에 대해서는 이사회의 구성원의 대다수는 각각의 상황과 의무에 따라서 자신의 태도를 결정하는 것이 연맹의 개개의 구성국에게 맡겨지고 있다는 의견이었다」.

이미 1936년 9월에 전권(Vollmacht)에 대해서 검토하는 위원회의 보고가 채택되고 있었다. 그것에 의하면 정부의 전권의 유효성의 판단기준으로서, 「국가권력을 나타내는 국가원수에 의한 국가권력의 실효적 집행」이 서술되고 있었다. 거기에 이어 새로운 쟁점은 [즉] 에티오피아 국왕이 실제로 그 합법적인 권한으로서 이와 같은 「완전히 실효적인 행사」(exercice suffisamment réel)를 가지는가의 여부의 문제였다. 핼리팩스 경은 1938년 11월 3일의 영국 상원의 회의에서 이 사건에 대해서 이렇게 서술한다. 즉

「이 점에 관하여 그것은 실로 엎질러진 우유를 안타까워해도 소용없으며, 지나간 일은 어쩔 수 없다는 말씀을 드리고 싶습니다. 그것 (즉 이탈리아의 실제적인 주권)은 사실입니다. 그것을 합법적인 사실로서 인정하고 발생하는 무수한 미해결의 현안을 금회 한으로 결정합시다」.126)

이탈리아가 영국에 대한 전쟁에 가담한 후가 되자, 영국 정부는 하원(1940년 6월 19일)127)과 상원(1940년 8월 13일)에서의 질문에 대해서 자기가 에티오피아에 관해서

---

125) Journal Officiel — S. D. N. (C), 1936, Nr. 5-6, S. 333-335.
핼리팩스(Edward Frederick Lindley Wood Halifax, 1881-1959)는 영국의 외교관. 1938-40년, 외무 장관. 1941-46년 워싱턴 주재 대사.

126) The Parliamentary Debates, 5th series, vol. CX, House of Lords, Official Report (3rd session of the 37th Parliament of the United Kingdom of Great Britain in Northern Ireland 1 & 2 George VI, 4th vol. of session 1937-38, p. 1627).

127) 1940년 6월 19일의 하원, 맨더(Mander) 씨의 질문, 「이탈리아에 의한 전쟁선언을 고려하여 … 정부는 장래 에티오피아에 관련된 이탈리아의 권리를 승인할 것을 의무지우고 있다고 느끼는가의 여부, 또한 이 정부는 이러한 관련에서 하일레 셀라시에 황제나 에티오피아 인민에 의해서 자기 앞에 제출될 어떠한 제안도 자유롭게 고려한다고 생각하고 있는가 어떤가?」. 외무 차관 버틀러(Butler) 답변, 「이탈리아가 도발되지 않고 이 나라에 대한 전쟁에 돌입한 것을 고려하여 지중해, 북아프리카, 남아프리카, 중동지역에 관하여 이탈리아 정부에 종래 영국 정부에 의해서 주어지고 있던 어떠한 약속에 관해서도 여왕 폐하의

완전한 자유를 보유할 권리를 당연히 가진다고 설명하였다.128) 에티오피아 문제에 대한 영국 정부나 그 밖의 정부의 이와 같은 태도가 인민들의 — 적어도 유럽 인민들의 — 견해나 확신에 1938년과 1939년에서 매우 강하게 인상을 준 것은 당연하였다.

(b) 새로운 국제법질서에 의해서 지금까지와 다른 지위를 전쟁에 부여하는 데에 — 1924년의 제네바 의정서나 1928년의 켈록 규약에서의 노력에도 불구하고 — 성공하기 어렵다는 확신은, 지금까지의 국제법의 주요한 제도인 중립이 1936년 이래 완전히 부활한 때, 나아가 더욱 강화되었다. 국제문제에서의 그 모범적인 공정성이 일반적으로 승인되고 있던 스위스는 국제연맹이 행하는 제재에 이미 참가하지 않고, 완전한 중립으로 복귀한다는 것을 1937년에 선언하였다. 「근래의 경험은 중립의 원칙을 국제연맹 자체에 대해서 주장하는 우리들에게 압박하고 있다」. 당시의 스위스 연방대통령 디트리히 모타(Dietrich Motta) 교수는 1937년 8월 1일에 이와 같이 선언하였다.129) 그리고 명망 있는 스위스의 국제법학자인 디트리히 쉰들러(Dietrich Schindler) 교수는 1938년에 이렇게 적었다. 즉 「국제법상 사용가능한 판단기준에 의해서 정의의 전쟁과 부정의의 전쟁을 구별할 수 있다는 신념은, 국제연맹이 좌절한 후에는 이미 유지되기 어렵다」130)라고. 스위스의

정부는 완전한 행동의 자유를 보유할 권리가 있다고 생각한다. 따라서 명예 있는 구성원은 자신의 주장이 고려되고 있다는 것을 확신하여 안심해도 좋다」(Parliamentary Debates, 5th series, Bd. 362, Sp. 139).

128) The Parliamentary Debates, 5th series, vol. CXVII, House of Lords, Official Report, 5th series of the 37th Parliament of the United Kindom of Great Britain and Northern Irelad 3 & 4 George VI (3rd vol. of session 1939-40), Sp. 202, 데이비스 경의 질문과 콜데코트(Caldecote) 경의 답변. Sp. 206은 애디슨(Addison) 경의 질문과 핼리팩스 자작의 답변. 각각 「영국은 자유이며 과거에 자신들이 이탈리아 정부에 대해서 행했던 어떠한 기도에도 구속되지 않는다고 느끼고 있다」라는 사고방식에 속하고 있다.

129) 스위스연방 축제일을 위한 담화. 즉 「중립의 원칙은 우리들의 외정 모두를 지배하고 있다. 근래의 경험은 중립의 원칙을 국제연맹 자신에 대해서 주장하도록 우리들에게 압박하고 있다. 가령 우리들의 중립의 원칙이 위험에 놓여 있지 않더라도, 우리들의 공동의 노력을 그러한 제도를 위해서 사용하고 싶다. 그 이상도 앞으로 나아갈 수는 없다. 중요하고 고통스런 분쟁을 계기로 하여 우리들은 군사적 중립과 경제적 중립을 구별하는 것은, 과연 이론적으로는 기도되고 문서적으로는 확정할 수 있었지만, 그러나 현실의 격돌에는 감내할 수 없다는 것을 관찰하였다. 우리들은 장래 만약 새롭게 동일한 상태 앞에 놓여진다면, 우리들은 공동의 강제조치에 동조할 것인가의 여부, 또는 어느 범위까지 할 수 있는가 하는 문제를 우리들은 혼자의 힘으로 주권적으로 결단할 것이다」. 1937년 8월 3일의 Frankfurter Zeitung, Nr. 389, S. 1.

주제페 모타(Giuseppe Motta, 1871-1940)는 스위스의 정치가. 1912년 이래 스위스연방 평의회의 구성원. 1920년 이래 외무부의 지도자. 1924년 국제연맹회의 의장. 1915년, 1920년, 1927년, 1932년, 1937년, 스위스연방 대통령.

130) Dietrich Schindler, Die Herstellung der umfassenden Neutralität der Schweiz, in: Völkerbund und Völkerrecht 4 (1938), S. 689 ff. (693). 나는 이 인용문의 소개에서 동료인 쉰들러 2세에게 감사한다. — 슈미트는 그의 논문 "Völkerrechtliche Neutralität und völkische Totalität"에서 쉰들러의 인용된 논문과 지시, 자기의 설명을 이렇게 시작하였다. 즉 「높은 지위와 비상한 명성을 지닌 스위스의 국제법학자인 취리히의 교수 쉰들러 박사는 많은 논문에서 … 이 문제에 의견을 서술하고 있었다. 그의 견해는 나의 견해에 명백히 대립한다. 그러나 그의 태도나 논증은 매우 과학적인 공평함에 의해서 규정되고 있으므로, 이 점에서 근본적으로 명확하게 하는 것이 가능하다고 생각되며, 그리고 그것이 국제법학적 검토의 겸허한 틀 내에서 될 수 있다면, 특별히 전형적으로 유해한 오해를 제거함으로써 유럽의 평화 문제에 기여하는 시도가 되고 있음에 틀림없다」(Monatshefte für Auswärtige Politik, 1938, S. 613-18 그리고 Positionen und Begriffe, S. 255-260; 역서 368-375면).

연방의회는 1938년 4월 29일에 국제연맹 이사회에 각서를 수교하였다. 거기에서 스위스는 그 영세중립에 비추어 연맹규약상의 제재규정의 어떠한 적용에도 참가하지 않고, 또한 1920년의 선언 후에 의무지워진 제재규정의 적용에도 참가하지 않을 것이라고 고지하고 있었다. 국제연맹 이사회는 1938년 5월 14일에 이 의도를 이해하고, 스위스가 제재에의 참가를 요구하지 않는다는 뜻을 결의하였다.[131)]

1939년 가을에 모든 중립국은 종래의 국제법의 의미에서의 중립을 확인하였는데 그 중에는 미국도 있었다. 그것은 상술한 부다페스트 조항에 위반되며, 또한 켈록 규약도 — 적어도 유럽에 관해서는 — 전쟁에 대한 전통적인 견해를 새로운 질서에 의해서 대체하는 데에 1939년 여름까지 성공하지 못했다는 것을 증명하는 것이다.

Ⅳ. 「침략전쟁」이라는 국제범죄의 정범자와 공범자

영어로는 (principals and accessories)*

전쟁은 모두 정의의 전쟁도 부정의의 전쟁도, 침략전쟁도 방어전쟁도 본질적으로는 집단적인 프로세스이다. 수백만의 사람들이 군사적으로는 전투원으로서, 경제적으로는 산업가나 근로자로서 참가하는 현대의 전쟁은 매우 고도의 레벨에서 모든 개인을 집단적으로 파악하는 매우 철저한 현상형태이다. 그리고 형상이 거대하면 거대할수록 개인 각각의 관여는 작게 나타난다. 현대의 세계전쟁은 전체전쟁이라고 말하는 경우, 이러한 전쟁[의 배경]에는 — 개개의 형사상의 살인자, 도둑, 그 밖의 범죄자의 상황과는 비교할

디트리히 쉰들러(1890-1948)는 1927년 이래 교수. 1936년 이래 취리히 대학 공법 및 국제법 교수. 예컨대 볼가스트의 상세한 추도문, Ernst Wolgast, in: JIR, Bd. II/III, 1948, S. 603-610 참조.

131) 1938년 4월 29일의 국제연맹 이사회에 보낸 스위스연방 평의회의 각서는, 「전통적 중립」에의 복귀를 다음과 같이 이유 붙이고 있다. 즉 「스위스가 국제연맹에 가입한 때의 조건은 그때이래 근본적으로 변하였다. 국제연맹 규약의 가장 본질적인 규정 속에 있는 것은 사용되지 않았다. 제재체계는 어떠한 경우에도 기능하지 않았다. 군비경쟁은 지금까지 완전히 알지 못한 격분을 가지고 다시 시작하였다. 자기를 보편성에로 발전시키는 대신에, 국제연맹은 반대로 중요한 국가의 협력이 박탈되는 것을 보았다. 미합중국은 국제연맹에 가입하는 일체의 가능성을 인정하지 않았다. 또 4개의 대국 — 그중에는 두 개의 스위스의 인접국이 있다 — 은 국제연맹에서 이탈하였다. 그러한 사물의 상태는 영세중립적인 국가의 지위에 필연적으로 관계하지 않을 수 없다. 스위스는 그 유례 없는 상태 때문에 임의적인 제재체계와 타협할 수 없다. 스위스의 중립은 여러 사정에 좌우되어서는 안 되며, 단호하게 존재하고 있다. 그 강함은 그 명료함과 그 영속적인 존속에 근거하고 있다. 만약 군사적 제재와 경제적 제재를 구별한다면, 그것은 오늘날 스위스에 대해서 환상적인 것이 명백할 것이다. 스위스가 경제적인 압박수단에 호소한다면, 스위스는 군사적 조치를 채택하는 국가와 같이 취급되는 중대한 위험에 빠지게될 것이다」. Schweizer Bundesblatt 1938, I S. 847, Journal Officiel — S. D. N. (C), 1938, Nr. 5-6, S. 385-387. 또한 Monatshefte für Auswärtige Politik, 1938, S. 469-472. 1938년 5월 14일의 국제연맹 이사회의 결의는 Schweizer Bundesblatt 1938, I S. 850 ff., Journal Officiel — S. D. N. (C), 1938, Nr. 5-6, S. 369 f.; Monatshefte für Auswärtige Politik, 1938, S. 566-568, ebd. S. 564-566은 내용적으로 앞에서 인용한 1938년 4월 29일의 각서와 합치하는 1938년 5월 11일의 국제연맹 이사회에서의 스위스연방 평의회 회원 모타의 담화도.

* 「개요」(상술 13면에서는 「'전쟁'이라는 국제법상의 범죄의 정범자」(편자)

수 없는 — 내정적 및 외정적인 상황이 필연적으로 존재한다는 것을 고려해야 할 것이다. 여기서 새로운 형사범죄의 구성요건으로서의 침략전쟁에 대해서 말하는 것이며 잔학행위란 의미에서의 전쟁범죄에 대해서 논하는 것은 아니라는 것을 거듭 반복해 둔다.

현대의 세계전쟁을 국제범죄라고 하여 재판할 때 개괄적인 집단책임의 확립으로는 만족하지 않으려는 형사재판관은 이러한 집단적인 과정의 진정한 정범자와 공범자로 보아야 할 개인을 확정하지 않으면 안 되게 된다. 형사재판관은 이러한 주범자나 공범자가 방대한 전과정의 원인에 어떻게 관여했는가를 객관적 및 주관적 측면에 걸쳐 구체적으로 확정하지 않으면 안 된다. 그것은 약간의 경우 또한 특정한 정치적 중요 인물에 대해서는 용이할지 모른다. 그 경우는 개개의 인간을 주요 범죄인으로서 뚜렷한 책임에 근거하여 처벌할 수는 있다. 그러나 나아가 다른 정범자나 공범자의 범위가 문제로 되며, 본래 정치적으로는 활동하지 않고 경제적 · 비정치적으로 활동한 사람들에 대해서 판단을 내리지 않으면 안 되거나, 적어도 「법의 적절한 절차」가 계속 준수되어야 한다면 신기한 문제가 발생한다. 위법한 명령에의 복종의무[의 문제] 역시 전시법규위반의 행위나 비인간적 행위가 명해진 경우에, 복종을 거부할 권리나 의무가 있는가의 여부의 문제와는 완전히 별개의 법상황에 관계되는 것은 명백하다. 이리하여 위법한 명령에 대한 복종거부의 문제는 우리들이 이미 구별한 전쟁범죄의 세 개의 케이스의 각각에서 완전히 다른 방법으로 발생한다.

자기 정부의 침략전쟁에 대한 개개의 국민의 입장을 법적으로 검토하는 경우, 다음의 두 점이 주로 문제가 된다. 즉 (1) 국제법에 있어서의 국가와 개인의 관계라는 일반적인 문제, 특히 국가에 의한 개별적인 국민의 배신화(陪臣化, Mediatisierung),* (2) 전쟁이라는 국제법상의 위법행위에 대해서 문제가 되는 정범자 또는 공범자의 범위의 구획이다.

(1) 여러 가지 국제법에 적혀있는 유력하고 잘 알려진 이론에 의하면, 국가는 국제법의 유일한 주체이며 적어도 유일한 정상적으로 전형적인 주체이다. 이 이론은 국내와 국외를 매우 엄격하게 분리한다. 국제법은 특별하고 분리된 법영역으로서 국내법으로부터 구별된다. 개개의 국가관청이나 개개의 국민은 모두 직접적인 국제법상의 책임에서 단절되었다. 그들은 어떠한 국가간적인 (인터내셔널한) 지위도 가지지 않으며, 국내적인 (내셔널한) 지위만을 가진다. 그 결과 독일과 다른 대륙 국가들에서 이론적이며 실천적으로 지배적인, 엄밀하게 이원론적인 견해에 의하면, 개개의 국민은 어떠한 국제법상의 범죄도 범할 수는 없다. 개별적인 국민은 국가기관으로만 자기의 국가 자체의 국제법상의 책임을 다른 국가 자체에 대해서 가져올 뿐이다. 따라서 국가 자체만이 국제법상의 위법행위의 유일한 정범자일 수 있다. 그러므로 지금까지의 이론이나 실천에서 「국제법상의 위법행위」라고 불린 것은, 언어의 형사적인 의미에서의 위법행위와는 본질적으로 별개의 것이다. 국제법상의 위법행위는 어떤 종류의 재정적 · 경제적인, 또는 정치적 · 국제법적인 귀결 — 손해배상의무, 제재, 복구, 전쟁 — 을 국가와 국가와의 관계에서 가져오는 구성요건에 불과하다. 국가 그 자체는 국제법상의 동권적이며 주권적인 주체라고 간주된다. 동권이란 본질적으

로 각각의 전쟁에의 동일한 권리(jus ad bellum)[전쟁을 수행할 권리])와 중립에의 동일한 권리를 가진다는 점에 있다. 국제적인 재판권은 자유로운 조약에 근거한 국가 간의 복종이라는 기초 위에서만, 또한 중재조약이나 재판조약의 엄밀한 기준에 근거해서만 존재하였다. 이 견해에 의하면 형사적인 의미에서의 국제적인 형사재판(Strafjustiz)은 본래 생각할 수 없다. 그것은 지금까지 존재하지 않았는데, 만약 존재해야 한다면, 이러한 국제적인 형사재판은 특별하고 명확한 조약상에서의 복종에 근거해서만 가능할 것이다.

적어도 지도적인 정부나 법률가의 견해에 의하면, 1907년의 헤이그 육전규칙과 1919년의 제네바의 국제연맹 규약에는 주권국가동권의 사고가 근저에 있었다. 더구나 완전하게 국제법의 지금까지의 구조는 불변인 채라는 의미에서 전쟁을 수행하는 것은 정당이나 그 밖의 단체나 개인이 아니라 국가 그 자체뿐이었다. 국가 그 자체만이 제네바 의정서에서의 의미에서의 침략자 또는 제재의 대상이었다. 18~19세기에 국제법이 인류에 가져온 최대의 진보는 전쟁을 순수하게 국가적인 사건으로 한 점에 있다고 생각되었다. 개개의 국민은 특히 자국에 의한 전쟁 중에 흡수 · 동화되어버린 것은 아니지만 배신화(mediatisiert)되었다. 그것은 실제로는 국제법규범이 개개의 국민을 결코 직접적으로는 파악하지 않고, 모든 경우에 국제법적인 규범 · 권리 · 의무를 개별적인 국민의 국내적인 규범 · 권리 · 의무에로 교체하거나 변형하지 않으면 안 된다는 것을 의미하였다.

1919년 이래 국내와 국외와의, 국제법과 국내법(Landesrecht)의 명확한 분리는 자주 학문적 논의의 대상이 되어 왔다. 특히 국제법과 국내법(innerstaatliches Recht)과의 이원론에 대해서는 이른바 일원론 — 그 대부분은 국제법의 우위를 주장하고 있었다 — 이 지배해 왔다. 일원론에서는 대부분은 — 항상은 아니지만 — 국내 단체와 국민을 직접 국제법적으로 파악하는 것이라고 해석하고 있었다. 그 논의[일원론]는 자주 매우 이론적이며 외견상은 추상적이다. 개개의 국민은 이미 모든 직접적으로 국제법적인 책임으로부터 지금까지는 국내의 입법과 정부에 의해서 단절되지 않았다는 점에 그 논의[일원론]의 중대한 실천적인 의미가 있다. 엄격한 이원론은 앵글로색슨적 이해에는 결코 일치하지 않는다. 앵글로색슨적 이해는 「국제법(international law)은 국내법(the law of the land)의 일부이다」라는 명제에 고집한다. 앵글로색슨적 이해에 대해서는 문제를 개인주의적 측면에서 생각하는 것, 또는 개인이 국제법에서도 모든 권리나 의무의 담당자여야 하는 동시에 그렇게 계속하지 않으면 안 된다고 강조하는 것은 당연하다. 전형적인 예로서 나는 제1차 세계대전 전의 위대한 권위자인 웨스트레이크(Westlake)*에 대해서 서술한다. 그는 「국가는 과연 국제법의 '직접적인 주체'이지만, 개인은 '국제법의 궁극의 주체'이다」라는 정식을 만들었다.[132] 앵글로색슨의 저자들의 많은 표현은 여전히 개인주의적으로 들린다.

국가와 개인과의 이러한 대조에 관해서는 바로 오펜하임(Oppenheim)에 의한 우수한 영국의 국제법 교과서가 — 독일의 저자들과 같은 방법으로 매우 예리하게 또한 정확하게

132) John Westlake, Chapters on International Law, Chapter VI: The Principles of International Law 1, in: The collected papers of John Westlake on public international law, Cambridge 1914 (hrsg. v. L. F. Oppenheim), S. 78.

— 국제법과 국가법(staatliches Recht)의 엄격한 이원론을, 또한 개인의 완전한 배신화 나아가서는 흡수동화를 주장하였던 것을 간과해서는 안 된다. 「국제법은 국내법의 일부이다」라는 명제는 영국의 재판관이 국가의 명령과 국제법규가 충돌한 경우에 국가의 명령에 의거하는 것을 결코 배제하지 않는다. 이미 서술했듯이 1924년의 제네바 의정서에서는 침략자로서의 국가에 대해서만 말하고, 또 국가 그 자체만이 책임을 지고 있다. 켈록 규약 역시 그러한 순수하게 국가적인 전쟁개념을 명백히 부정하는 말을 완전히 포함하지 않는다. 나아가 모든 국가들의 국제법적 실천에서의 좋은 질서라는 근거에서 이미 국가와 개인이 엄격하게 구별된다는 것이 일반적인 사실이다. 당연히 미국의 실천에서도, 예컨대 국가의 청구권과 개인의 그것과의 구별, national claims와 individual claims의 구별은 주지하는 바이며, 그리고 그 구별은 미국의 혼합청구위원회(Mixed Claims Commission)의 많은 결정에서 전개되었다. 마찬가지로 국가의 책임(Verantwortung)과 사적 책임(Schuld) · 사적인 범의(malice)를 구별하는 것은 당연하며 실제로 불가결하다. 특히 타자와 아무런 일치도 보지 못하면 원칙적으로는 국가만이 국제적인 재판소나 중재재판소에 당사자로서 등장할 수 있다. 헤이그 국제재판소에도 1920년의 규약 제34조에 의해서 국가만이 당사자로서 등장한다.

그러나 국가와 개인과의, 국제법과 국내법과의, 국외와 국내와의 엄격한 법률학적 분리와 같은 예는 전형적인 전쟁위법화 지지자들에게는 법학적 · 기술적인 구성의 예에 불과하다고 생각되고 있다. 문제가 법학적 · 기술적이라는 것을 그치고, 원칙적이며 도덕적인 의미를 얻느냐 아니냐, 현대에 있어서의 전쟁의 문제처럼 국가와 개인의 관계의 문제 역시 원칙적이며 도덕적인 긴장에로 상승한다. 이 점에서 이 문제는 도덕철학적, 세계관적 나아가서는 종교론적인 논의에로 쉽게 빠져 들어간다. 바로 미국의 저자들은 국가[라는] 단체나 다른 단체가 아니라 인간만이 국제적인 권리와 의무의 담당자로서 고려된다는 것을 강하게 도덕적인 파토스를 가지고 강조하는 것은 좋다. 이러한 보편적인 문제가 국가와 개인과의 집단과 개인의 대립이라는 원리적 문제에로 초점이 모아진다면 분위기는 완전히 바뀌는 것이다. 수 년래 독일이나 독일 민족에 대해서 국가의 신격화, 헤겔주의, 군국주의와 같은 비난이 향해져 왔다. 그 경우 국가에 관련된 개념이나 구성은 — 자유롭지 않거나 노예적 성향의 징후까지는 아니더라도 — 국가최우선주의적(etatistisch) 철학의 표현처럼 말해진다. 이리하여 종래부터의 문제는 전쟁범죄화의 문제와 결부됨으로써 새롭게 격화한다. 형이상학적 · 도덕적 대립이 현대 전쟁에 있어서의 섬멸행위에 대한 가공할 책임과 관련지우는 경우, 그 관련은 실제로 예측할 수 없는 것이 되지 않을 수 없다.

앞에서 빌헬름 2세의 책임(베르사유조약 제227조) 문제에 대해서 논했는데 [거기에서도] 이렇게 말하는 심각한 대립이 중대한 영향을 미치고 있었다. 1919년 당시에서도 유럽에서는 여전히 국가주권의 강력한 전통과 동등한 주권에 근거한 국가의 동권의 전통이 존재하고 있었다. 그렇지만 당시에는 하나의 정부를 다른 정부가 형사재판소에서 재판하는 것은 국제법적으로 불가능하다는 것은 비교적 쉽게 법학적으로 증명할 수 있었다.133) 베르사유조약 제227조 자체도 패배한 독일이 조약으로 동의하는 것을 여전히 필수라고 생각하고 있었다. 사람들은 독일 국가에 의한 서명을 불필요하다고 할 계획은 없었으며, 또 「호엔촐레른가의 빌헬름 2세」라는 개인에 대한 국제법상의 형사재판을 직접적으로 기초지우는 직접적 효력 있는 국제법규범을 결코 받아들이려고 하지 않았다. 그러나 제1차 세계대전 이후 이러한 모든 문제들은 바로 미국의 법률가들에 의해서 압박되었다. 당시 독일 황제에 관해서 성공하지 못하고 끝난 시도는 이번 세계대전의 유책자에 관하여 더욱 증대된 분노와 함께 반복된다. 1919년에 빌헬름 2세의 형법상의 책임[추방]은 국가와 주권에 대한 당시의 국제법적 개념에 의해서 좌절되었지만, 이번에야말로 새로운 견해를 위한 위대한 선례가 창조되지 않으면 안 된다[고 생각하였다]. 새로운 범죄(novum crimen)는 「법률 없으면 범죄도 형벌도 없다」는 명제에 의해서 다시 좌절되어서는 안 된다[고 하였다]. 그것이 이 제2차 세계대전의 승리자의 확고한 결의이다. 이 결의에 법학적 논의를 가지고 대처하는 것은 이 경우는 새롭다는 것만이 아니라 완전히 신종의 범죄의 문제라는 것, 즉 단순한 novum crimen이 아니라 그 국제적인 성격에 비추어 crimen novi generis[신종의 범죄] — 현저한 법적 · 도덕적 특성에 의해서 전시법규위반이나 본래의 잔학행위와는 구별되는 — 문제라는 것을 몇 번씩 상기할 필요가 있다.

이리하여 국제법적으로는 국가 그 자체만이 전쟁을 수행하며 국가 그 자체만이 침략자가 될 수 있다고 지적하는 것은, 종래의 국제법에 비추어 완전히 정당한 것인데, 그렇다하더라도 전쟁의 이 새로운 국제범죄를 다른 두 종류의 전쟁범죄로부터 매우 명확하게 구별하고 매우 고유한 특수성에서 도출하려는 때에, 그러한 논거를 중심으로 파들어가는 것은 아마도 합목적적이 아닐 것이다. 왜냐하면 전쟁은 모두 침략전쟁도 정의의 전쟁도, 그 자체의 본질로서 「집단적」이라는 말의 탁월한 의미에서 집단적인 과정이기 때문이다. 이에 대해서 근대의 형법관에 의하면 책임과 형벌은 이미 집단적인 책임이나 집단적인 형벌이 아니라 한 사람 한 사람의 책임있는 개인에게만 지워야 할 것이다. 그와 같이 명백한 집단적 과정 자체가 형벌화되고 범죄화된다면 형사재판관은 신종의 시도 앞에 서게 된다. 비록 전쟁이 범죄라고 하더라도 살인이나 절도가 범해지는 것과 마찬가지로, 전쟁이 「범해진다」고 말하는 데에 인류는 아직 익숙하지 않은 것이다. 전쟁에 있어서의 행위와 행위자의 관계는 완전히 신종의 독자적인 문제이다. 그것은 이처럼 새로운 국제적 범죄의 정범자와 공범자의 범위를 획정하는 문제가 제기되는 경우에 특별한 방법으로

133) Alfred Verdross, Die völkerrechtswidrige Kriegshandlung und der Strafanspruch der Staaten, Wien 1920, S. 60 mit weit. Nachw.; Mangoldt, S. 291 m. FN 53. — 파리 강화회의에서 로이드 조지와 클레망소는 미국의 대표들(랜싱, 브라운 스코트)의 저항에 반대하여, 황제에 대한 형법적인 소추(제227조)를 결국 관철했는데, 그러나 여전히 남아프리카의 대표들(보타[Botha], 스머츠[Smuts])과 온두라스의 대표(보니리야[Bonilla])와의 회의에서 법적 및 정치적 이유에서 예리하게 비판되었다. Schwengler, S. 17-116에서의 포괄적인 설명을 참조.

나타나온다.

(2) 전쟁이라는 국제적 범죄의 정범자는 누구인가 또는 그 정범자의 범위는 어떠한 관점 아래 구획될 수 있는가? 법인으로서의 **국가** 그 자체가 이 경우 정범자로서 선택되어야 하는가? [그러나] 침략전쟁의 범죄화를 주장하는 자는 그러한 논리구성을 일반적으로 거부하고 그것을 벌해야 할 본래의 범죄인을 처벌로부터 도피시키는 데에 기여할 뿐인 술책이라고 설명한다.

법학적 의미에서의 국가 외에는 전체로서의 **민족**이 범죄의 정범자로서 고려될 것이다. 특히 민족이 민주적인 통치 아래서 전쟁에 동의한 경우에는 그러하다. 이와 같은 민족의 집단적 책임이 성립한다면, 모든 병사, 모든 군수노동자, 모든 납세자, 요컨대 민족을 구성하는 자는 모두 — 각각의 경우에 대해서 자기를 무죄라고 변명할 수 없는 한 — 정범자로서 처벌하지 않을 수 없을 것이다. 전쟁과 해적행위를 유사한 것으로 생각한다면 그것을 이와 같은 집단주의적인 귀결로 이용하는 것은 쉽게 생각이 든다. 즉 해적행위의 본래의 담당자는 지도자나 부하이든 개개의 해적은 아니다. 해적은 낡은 사고방식에 의하면 배 전체이다. 해적선에 타고 있는 자는 포로로서 또는 다른 어떤 형태로든 피해자로서 억류되어 있는 것은 명백하지 않은 한, 해적으로서 취급된다.

전민족을 이와 같이 집단적으로 처벌한다는 것은 소박한 사고방식에 적합하다. 그것은 단순한 결과책임이며 책임주의에 근거한 책임(Schuldhaftung)이 아니라 오늘날에는 일반적으로 부정되고 있다. 저명한 법률가들은 지금까지의 국제법에 의하면, 국가 자체만이 [그것도] 결과에 대해서만 책임을 진다는 점에 바로 그 법의 소박한 성격의 징후를 본다. 현대의 사고방식은 「당신은 국가를 기소[금지]할 수 없다」(You cannot in[ter]dict a nation)는 자주 인용되는 주지의 명제로 나타낸다.[134] 그밖에 전체적인 집단적 책임은 본래의 유죄자나 책임자들을 처벌로부터 면제하는 데에 적합하다. 이 점에 대해서는 나폴레옹의 「집단범죄는 개인에게 책임을 부과해서는 안 된다」(Les crimes collectifs n'engagent personne)라는 말을 인용해 둔다.[135] 그러므로 신규의 범죄의 정범자나

---

134) 이 인용문을 슈미트는 논문 Sir John Fischer Williams, Sanction under the Covenant, in: BYIL 17 (1936), S. 130, 133에서 따왔다. 피셔 윌리엄스는 그의 측에서는 에드먼드 버크(Edmund Burke, 1729-1797)에 의거하였다. 즉 「버크는 '당신은 하나의 국가를 기소할 수 없다'는 것을 그가 하원에 알렸을 때, 문명적 인간성을 변호하였다. 우리들은 Amalekites의 완전한 파괴가 신의 정의의 명령이었는지도 모른다는 것을 이제 인정하지 않는다 … 악사(misdoing)에 대한 집단적인 형사적 책임은 원시적인 법 — 국제법은 비록 요람기의 법일지라도 그렇지 않다 —의 교의이다」라고. 윌리엄스는 자기의 버크 인용문의 상세한 곳 한정을 단념하였다. 그는 1775년 3월 22일의 당연하면서 유명한 하원 연설(미국과의 화해 연설)을 자기의 독자들에게는 주지하는 것으로서 전제할 수 있었다. 그러나 그는 의미에 맞추어서만 인용하였다. 왜냐하면 버크는 「나는 인민 모두에 대한 기소를 억제할 방법을 알지 못한다」(Edmund Burke, The Works, London 1887, Bd. 2, S. 100, 136)고 표현하였기 때문이다. 교회사나 라틴어를 숙지하고 있는 슈미트가 특징적으로 잘못 서술한 것(indict[기소하다]가 정당한데 interdict[금지하다]가 되어 있다)은 그의 논문 "Die Wendung zum diskriminierenden Kriegsbegriff", München 1938, S. 45에서 이미 보인다.

135) 이 문장에 대해서는 출전을 확실히 할 수 없었다. 슈미트와 마찬가지로 예컨대 장 마르크 바로(Jean-Marc

공범자를 상세하게 확정시킨다는 과제가 여전히 남는다.

신규의 국제범죄의 본래의 정범자를 확정하는 경우, 전쟁의 정치적 성격은 무시할 수 없다. 전쟁은 국내적으로도 대외적으로도 고도로 정치적인 경과(Vorgang)이다. 전쟁으로 인도하는 중요한 결단은 모두 정치적인 결단이며, 정치적인 직무에 있는 사람들에 의해서 행해진다. 따라서 침략전쟁을 선언하는 국가원수에게 우선 첫째로 책임이 있다. 그 밖에 전쟁을 선언한 정부의 구성원은 정범자로서 책임이 지워질 것이다. 전쟁이 전쟁수행국가의 헌법에 비추어 법률의 형식으로, 즉 의회의 결의에 의해서 선언된다면 입법단체의 구성원 역시 적어도 명시적으로 전쟁반대의 투표를 하지 않은 경우에는 직접으로 책임이 있다. 이처럼 일정한 정치적인 범위가 문헌에서는 「통치자」(gouvernants)의 범위로서 기술되고 있다.

정범자의 범위의 획정에 대해서 검토를 시도한다면 이미 침략전쟁을 수행하는 국가의 국내적 헌법상황에 주목할 필요성이 생긴다. 그럼으로써 형식적으로 누가 국가원수, 정부 그 밖의 책임 있는 정범자인가가 명백해지지 않으면 안 된다. 전쟁을 수행하는 정치적 결단에 대한 실제의 책임도, 또한 형사재판관이 판단하기 위해서 해명할 필요가 있는 인과관계도, 전쟁수행국가의 구체적인 헌법상황을 고려해서만 확정할 수 있는 것이다. 절대주의적 체제 아래서는 「국가원수」나 「정부」라는 말은 책임 있는 대신이 그 부서에 의해서 국가원수의 명령에 대해서 정치적 책임을 지는 입헌주의적 헌법의 경우와는 정치적으로 다른 것을 의미한다. 어느 정도까지 이와 같은 입헌주의적 책임이 고려되는가. 그 앞의 문제인 것이다. 빌헬름 2세의 경우, 국가원수만이 국제법상의 책임을 지며 입헌주의적으로 책임 있는 제국 재상 폰 베트만 · 홀베크는 문제로 삼지 않았다.[136] 그러나 그것은 다분히 빌헬름 2세가 개인적, 권위주의적, 독단적인 통치를 행했다는 것, 또한 이 개인적인 통치야말로 세계대전에서의 그의 책임의 본질적인 구성요소가 된다는 것에 대한 확신의 나타남에 불과하였다.

상술한 관점을 히틀러 정권(Regime)에 적용한다면, — 거기에는 모든 권력이나 책임을 히틀러의 수중에 집중시키고 있었기 때문에 — 독일이 문제가 되는 한, 히틀러는 제2차 세계대전의 유일한 전쟁범죄인임에 틀림없을 것이다. 그러나 새로운 국제법상의 범죄의 정범자의 범위가 더욱 광범위해야 할 것은 명백하다. 히틀러 개인뿐만 아니라 그의 「정권」 역시 형법적으로 책임을 진다. 「정권」이라는 표현은 이 경우에 특징적이며 어쩔 수 없다는 것을 나는 믿고 있다. 그럼으로써 특별한 종류의 정치적 · 사회적 지배가 다른 국가체제나 정치체제로부터 구별된다. 이 표현[정권=Regime)은 일반적인데 특별한 방법으로 파시즘 체제에 대해서도, 나치즘 체제에 대해서도, 그 정치적 의사형성의 특수한

Varaut)도 나폴레옹의 확언을 「인구에 회자한 명언」으로서 사용한다(Le Procès de Nuremberg, Paris 1992, S. 20).

136) 베트만 · 홀베크에 대해서는 Anm. 24 참조.

방법을 가리키는 것으로서 사용된다. 이 두 개의 체제의 특징은 정치적 의사형성이 하나의 정당의 장 — 그는 이 정당의 도움으로 국가와 사회 전체에 침투하고 그것들을 자기의 의사에 종속시켰다 — 아래 집중시켰다는 점에 있다. 이러한 체제는 지도하는 것과 지도받는 것의, 또한 통치하는 것과 통치 받는 것의 구별에 근거하며, 체제의 의사중추에 속하는 것만이 정치적인 의사형성에 참가하였다. 그것은 「전쟁」이라는 국제범죄의 정범자로서 그 범위에 대한 문제에 적용해서 생각한다면, 실제로 정치적 의사형성이란 의미에서 체제에 참가한 것만이 정범자로서 고려된다는 것을 의미한다.

여기서도 또한 어떠한 인간이 이것에 관해서 [정범자로서] 고려되는가는 체제의 구체적인 내정상태에 의존한다. 히틀러 체제는 한 사람에게 권력을 집중시킨 정치적 의사형성이라는 것이 특히 흥미 깊게 자주 불투명하다는 것을 바로 보여주고 있었다. 절대적인 통일의 완결적 외견의 배후에 약간의 권력집단이 난입하여 싸운다는 것이 이 체제의 본질인 것이다. 형식적인 전능의 중심점의 주위에 비교적 좁은 서클이 형성되고, 이 서클은 국가나 공중 속에는 의도적으로 등장하지 않지만, 다른 것이 정상에 접근하는 것을 효과적인 방법으로 저지한다. 그것은 18~19세기의 절대주의에서는 궁중고문(Camarilla)과 추종자(Antichambre)라고 불렸다. 그리고 히틀러의 체제에서도 잘 말해지는 지도자원리는, [실제로는] 매우 광범위하게 측근(Vorzimmer) 원리가 되고 있었다는 것은 쉽게 알아차릴 수 있었다. 거기에서는 지도자의 주위에 범죄적인 의미에서의 본래의 음모나 모반이 형성되었다. 히틀러가 특히 즐겨 「결탁한 공동체」에 대해서 말한 것은 이러한 상황의 법적 평가에 대해서 징후적인 중요함이다. 이러한 체제 아래서는 「전쟁」이라는 국제범죄의 의미에서의 정범자는 히틀러 그 사람의 주위에 형성되었다. 이 좁은 「결탁한 공동체」에 속하는 자만이 있을 수 있다는 것이 나의 견해이다. 이 본래의 음모, 이 「갱(Gang)」, 이 정치범죄결사(associatio politico-criminelle), 이 완전히 구체적인 「결탁한 공동체」 그 자체를 확정하고 세계에 보이는 데에 성공하지 않는다면, 히틀러 체제에 대한 형사재판에 관하여 세계의 여론이나 수 백 만인의 법감정이 안고 있는 기대는 많은 재판에도 불구하고 비극적인 방법으로 환멸에로 돌아갈 것이다.

그러므로 그러한 체제의 특성은 항상 염두에 두지 않으면 안 된다. 그렇지 않으면 다른 헌법상황에 대한 법학적인 개념이 위와 같은 재판절차에 혼입하고 진정한 실상을 식별하기 어렵게 되리라는 것은 거의 피할 수 없다. 이 위험은 「정부」(Regierung)라는 말에서도 가장 잘 인식할 수 있다. 사람은 일반적으로 「정부」라는 말 아래 — 국가원수를 제외한다면 — 단독 또는 합의체로서 최고의 국가적인 직무와 기능을 담당할 자격을 가진 장관을 생각한다. 나는 히틀러 체제의 장관을 결코 변명하려고는 생각하지 않지만, 그러나 현실의 정범이 누군지를 객관적인 평가에 대해서 히틀러 체제에 있어서의 많은 장관이 지금까지의 국법 — 입헌군주제든 공화제든 또는 계몽전제적 절대주의든 — 위에서 「장관」이라고 칭해진 책임을 가지고 지도를 하는 사람과는 완전히 달랐다는 데에 주목하지 않으면 안 된다. 지난 세기의 헌법개념의 의미에서의 장관은 자기의 관할 부문에 책임을 질 수 있는 자만이다. 왜냐하면 그는 자기의 관할 부문에 관하여 배타적으로 권한을 가지고 있기 때문이다. 이와 같은 장관은 자기의 관할권의 문제에 관하여 국가원수가 있는 곳에 자유롭게 출입할 수 있으며, 직접 상신한다는 중요한 권리를 가지고 있다. 그는 책임 없는 제3자가 국가원수의 의사형성에 영향을 미치려고 하는 간섭이나 영향력을 거절하며 또 물리칠 수 있다. 그는 자기의 관할권 내부에서 자기의 부처나 관할 부문들을 — 차관으로부터 말단 직원에 이르기까지 — 협력을 배제하고 스스로 규제할 수 있다는 면에서도 「자기 집의 주인」이다.

이것은 모두 히틀러 체제의 많은 「장관」에게는 타당하지 않다. 「총통과의 접견」은 특별한 문제였다.137) 다른 데서의 특히 당사무국, 전국지도자, 대관구지도자 그 밖의 많은 사람들의 간섭이나 영향력은 당연한 것이며 불가피하였다. 관료의 임명은 — 부처 관료의 임명 역시 — 당사무국의 찬성을 필요로 하였다. 당사무국의 지도자는 장관보다도 중요하고 강력한 영향력을 가지고 있었다. 사무국(당사무국 · 내각 관방 · 대통령 관방 · 총통 관방)의 장들은 사정에 따라서 초내각적인 심급이었다. 라이히 내각의 회의는 수 년래 열리지 않았다. 많은 특별 위원들이 다양한 관할권에 근거하여, 유동적인 사실적 권력을 가지고 통치하였다. 장관은 국가원수에의 알현까지 수개월간 기다리는 일도 자주 있었다. 그러한 상황을 견뎌낸 장관들에게 책임을 지우느냐 하는 것은 그 자체 문제이다. 그러나 국제범죄의 정범자는 누구인가 하는 문제에 대답하려면, 그러한 체제의 내부 상황이나 그 정치적 의사형성의 방법에 대해서 명확한 이미지를 가지지 않고 다수의 개인에 대해서 「전쟁」이라는 국제범죄를 이유로 하여 형을 선고하는 것은 허용되지 않는다는 것을 나타내기 위해서 내가 상기시킨 이러한 실상을 명백히 밝혀둘 필요가 있다.

「당」이라는 말 역시 다양한 내정적 상태에서 다양한 의미를 지니며 객관적인 심사 없이는 판단기준으로서 무조작하게 이용할 수는 없다. 일당제의 세 개의 잘 알려진 케이스 — 소비에트 연방에서의 공산당, 이탈리아에서의 파시스트당, 독일에서의 나치스당 — 에서 당은 각각 매우 다른 기능을 가진다. 독일에서의 나치스당과 같이 당원이 천만인으로 부풀린 조직138)은 숫자적으로 이미 공산당처럼 영속적인 「정화」(Epurationen)에 의해서 엄격한 당과 같은, 또는 이탈리아에서의 훨씬 당원수가 적은 파시스트당과 같은 [수도회와 같은] 「결사」(Orden)나 「엘리트」는 아니다. 히틀러 시스템

137) 이 「총통과의 접견」을 슈미트는 2년 후, 즉 1947년 4월에 [취조관] 로버트 케프너(Robert Kempner)*가 「라이히 국무장관의 지위와 라이히 관방장관의 지위」라는 문제에 대해서 슈미트에게 「문서에 의한 회답」을 요구한 때에 서술하였다. 단행본으로 출판된 저작인 『권력과 권력자에의 길에 대한 대화』(Gespräch über Macht und den Zugang zum Machthaber, Pfullingen 1954)[본서에 수록]에서 슈미트는 그 테마를 다시 상설하였다. 이 뉘른베르크 시대의 완성된 원고는 슈미트의 Verfassungsrechtliche Aufsätze, S. 430-439에, 그 텍스트 성립의 설명과 함께 보충적인 콤멘탈을 동반하여 "Der Zugang zum Machthaber, ein zentrales verfassungsrechtliches Problem"이라는 테마 아래 그대로 재현되었다. 거기에 이은 텍스트에 대해서는 또한 디터 레벤티슈(Dieter Rebentisch)의 중요한 (확인적인) 연구인 Führerstaat und Verwaltung im Zweiten Weltkrieg, Stuttgart 1989.

138) 슈미트는 이 수를 단지 추정할 수 있었을 뿐이었다. 1945년에는 나찌당의 당원수는 약 850만 — 이 중에서 전쟁의 사상자를 빼지 않으면 안 되는데 — 에 달하였다.

에서의 당과 비교하면 SS와 같은 조직 쪽이 오히려 훨씬 [수도회와 같은] 「결사」의 성격을 가지고 있었다. 여기에서는 「결사」나 「엘리트」의 이와 같이 일반적인 사회학적인 문제를 시사하는데 그치기로 한다. 왜냐하면 거기에 흥미 있는 것은 누가 「체제」에, 또한 체제의 「실세」(equipe)에 속하는가 하는 문제에 대답하는 것이기 때문이다.

자유주의적인 헌법 시스템에서의 자유로운 권유에 근거하여, 당이란 명칭만을 공통으로 하는 이들 새로운 정당에 대한 사회학은 지금까지 유감스럽게도 결여되어 있다. 외국의, 특히 미국의 문헌을 입수할 수 없으며, 또 1933년 이전의 독일 문헌에서의 싹(미헬즈의 『정당사회학』, 1910년처럼)*은 유감스럽게도 뒤를 잇지 못했다.[139] 내가 알고 있는 한 학술논문에서 매력적인 것은 「정치적 자유주의 시스템에서의 정당의 개념」이라는 1933년의 켄치오라(J. Kendziora)가 베를린 상과대학에 제출한 학위청구논문이다.[140] 그러나 이 논문은 그 제목이 보여주듯이 그 시대의 헌법상황에 내용이 한정되고 있으며, 더구나 행동정당의 과도적 유형을 이미 취급하고 있을지라도, 독특하고 예상 밖으로 또 자주 통찰하기 어려운 히틀러 체제의 전개는 아직 다루지 않고 있다. 베버나 조르주 소렐(정치범죄결사에 대해서) 그리고 빌프레도 파레토(Vilfredo Pareto)*와 같은 보다 연장의 저자들의 사회학적 문헌에서는 많은 개개의 인식이나 정식화를 이용할 수 있다. 여기서 그 예로서 파레토에 의한 「엘리트」의 정의, 「엘리트는 최대의 수입을 얻을 때 최소의 공과를 지불할 수 있는 자이다」[141]를 인용한다. 재정의 카테고리에 조준을 맞춘 파레토 사회학에 전형적인 이러한 정식화는 아무런 정치적인 영향을 미치지 못하고 「침입의 대가를 지불하기 위해서」(pour se racheter de l'invasion), 기부 · 분담금 · 공조를 지불하지 않으면 안 되었던 많은 희생자의 [엘리트와는] 반대의 상태에 대해서도 중요한 판단기준을 포함하고 있다. 새로운 문제의 사회학적인 측면에 대한 이처럼 간단한 지적에서 나는 이러한 일반적인 상설로서 만족하지 않으면 안 된다.

전쟁의 사실상의 결과는 민족 전체와 각 개인의 양쪽에 영향을 미친다. 봉쇄 · 점령 · 복구 · 그 밖의 행동효과는 선인과 악인, 정의로운 자와 부정의한 자를 구별하지 않고 영향을

---

139) 미헬스의 저작 "Zur Soziologie des Parteiwesens in der modernen Demokratie"는 먼저 1911년에 Die Philosophische-soziologischen Bücherei (Bd. 21)에 라이프치히에서 출판되었다(김학이 옮김, 『정당사회학』, 한길사, 2002).

140) Johanna Kendziora, Der Begriff der politischen Partei im System des politischen Liberalismus, Diss. an der Handelshochschule zu Berlin, Tag der Diss.: 10. April 1935.

141) 파레토의 저작에서 이 형식으로는 확인할 수 없다. 그러나 실제에는 이 형식은 파레토의 업적의 정통자 — 제2차 대전 후 독일에의 강제이주자들이 — 가 나에게 단언하였듯이, 파레토의 엘리트관에 일치하고 있다(1992년 4월 9일의 동료 피이트 토미센의 개인적인 정보). 그러므로 아마 슈미트 자신이 특징지운 표현이 중요하다. 이 표현은 1942년에 이미 슈미트에 소개되고 있었다(Nicolaus Sombart, Jugend in Berlin 1933-1943, München 1984, S. 254/55 참조). 슈미트의 표현법은 "La trasformazione della democrazia"(Mailand 1921)에서의 파레토의 확정에 소급할는지도 모른다. 프랑어 번역에서는 「현재와 다른 시대, 그리고 우리들의 의회정치가 그 기초를 두고 있던 시대에서는 조세를 승인한 것이 조세를 지불하라는 원칙이 있었는데, 이 원칙은 현재에는 명시적으로 또는 묵시적으로 변용해 버리고 조세를 지불하지 않는 자가 조세에 동의하고, 다른 자에게 조세를 압박한다는 내용이 되어버렸다」(Oeuvres Complètes XIII, Genf 1970, S. 40). 프랑크푸르트 대학의 귄터 마슈케(Günter Maschke)의 친절한 시사).

미친다. 정의로운 자도 부정의한 자도 구별하지 않고 전쟁과 패전에 관련된 것이다. 그것은 커다란 불행인데 그러나 법과 도덕의 개념의 동요에서는 결코 아니다. 그러나 인간이 다른 인간에 대해서 행하는 현세의 형사재판에서는 그러한 자들을 구별하는 것이 필요하다. 엄숙한 형태의 절차가 진행되는 형사재판이 그처럼 결정적인 점에서 과오를 범한다면, 그것은 사람이 흔히 범하기 쉬운 이유로 치부할 수 있는 보통의 재판에서의 과오는 결코 아닌 것이다. 그러한 과오의 부정이나 불행은 세계범죄 — 그 배상을 위해서 대규모적인 재판이 예정된 — 의 크기에 필적할 것이다.

(3) 침략전쟁은 외정적인 사건이다. 침략전쟁이 국제범죄라면 그것은 내정적뿐만 아니라 외정적으로도 국제범죄가 된다. 그것은 정범 · 공동정범 · 공범의 모든 문제가 여기서도 외정적 문제로서 나타난다는 것을 의미한다. 침략국가는 동맹자를 가질 수 있다. 거기에서 동맹자의 정치적인 지도층의 구성원은 국제범죄의 공범자가 된다. 사정 여하에 따라서 그들은 제1급과 제2급의 공동정범자, 즉 principals of the first degree 또는 principals of the second degree, 또는 방조(aids and absets)이다. 형법적 행위에의 관여에 대한 앵글로색슨의 이론과 실천은 많은 점에서 독일의 법률학과 다르다.[142] 주요 차이는 법전화 된 형법이 없기 때문에 각론과 구별된 형법총론이 결여되어 있으며, 그 때문에 우리들의 의미에서의 구성요건이론이 존재하지 않는다는 점에 있다. 옛 영국의 법학은 정범자, 즉 actual perpetrator를 공범자, 즉 accessories로부터 구별하고 있었다. 공범자의 구별에 대해서 사람들은 범죄행위보다 사전의 협력, 동시적인 협력, 사후의 협력을 구별하는 (concursus antecedens, concomitans 그리고 subsequens) 옛날의 보통법적인 견해를 가지고 있었다. 그러나 정범자와 공범자의 구별은 제1급의 범죄, 즉 반역죄(treason)의 경우에는 실행되지 않았다. 제2급, 즉 중죄(felony)의 경우에는 1861년의 「공범자와 교사자법」(Accessories and Abettors Act) 이래 정범자와 공범자의 구별은 제거되었다. 그러므로 앵글로색슨법의 모든 종류의 범죄에 대해서, 모든 관여는 — 그것이 단지 인과적으로 중요한 한 — 정범으로 간주되고 정범자의 형으로써 처벌된다. 콘스피라시(conspiracy)가 실행범과 아울러 처벌될 수 있는 것은 당연하였는데, 그러나 그것은 (현재의 독일 형법전에서의 「음모」[Komplott]와 같이) 완전하게 독립의 위법행위는 아니고 공범자 규정의 보충이며, 더구나 보통형법에 있어서의 Komplott의 방식에서이다 (Komplott를 라틴어로 conspiratio라고 한다). 그 근본사상은 범죄적 고의를 서로 강화하는 것을 — 동일한 효력의 적용을 고려하지 않고 — 파악하는 것이었다. 콘스피라시의 개념은 미완성의 범죄에서도 모든 관여자를 처벌하는 것을 가능하게 한다. 「콘스피라시는 범죄를 목적으로 한 협력이다」. 즉 1886년의 영국에 있어서의 여왕 대 멀카히(Mulcahy) 사건 판결에서의 재판관 윌리스(Willis)의 고전적인 정의에 의하면, 콘스피라시는 「2인

---

142) 영국 형법의 공범이론에 대해서는 Brian Hogan and J. C. Smith, Criminal Law, 6. Aufl., London 1988, S. 256 ff. conspiracy, actual perpetrator, accessories에 대해서는 ebd. 130 ff. (132).

내지는 그 이상의 사람에 의한 불법한 행위를 행하려는 합의」이다.[143] 범행 후의 범인은닉은 독일 형법(독일 라이히 형법 제257조)의 경우와 마찬가지로, 공범행위로서가 아니라 특별한 위법행위로서 취급된다. 실제로 범행(offence)을 행하는 이전의 행위자(actor) 또는 실제의 가해자(actual perpetrator)는 오늘날 "principal of the first degree" [즉] 「제1급의 정범자」가 되며, 또한 범행 때에 현장에 있었는가 나타났는가, 또는 범행을 원조하는 (aids and absets), 옛날의 「현장에 있던 공범」(accessory at the fact)은 오늘날 "principal of the second degree"가 된다.

여기서는 범죄에 있어서의 공범과 관여에 대한 형법이론을 그 이상 깊이 탐구할 필요는 없다. 그러나 범죄에 대해서 말하는 경우, 범죄에서의 공범에 대해서도 말하는 것을 피하는 것은 아니다. 또한 국제적인, 즉 외정적인 성격의 범죄가 문제인 경우에는 대외정치적인 공동정범자, 공범자, 범인은닉의 문제가 이와 같은 외정적인 문제의 모든 어려움과 함께 발생한다. 그것이 실제로 형사재판에 대해서 무엇을 의미하는가는 accessory와 콘스피라시에 대한 상술한 형법개념이 1939년의 외정적 상황에 적용되기 시작하자 곧 명백해진다. 국제범죄로서의 전쟁에 관한 지금까지의 서술에서 — 원칙적으로 자주 놀랄 만큼 시종일관성을 유지하면서, 구체적 외정면에서는 완전히 논리적인 귀결이 없는 — 사안의 이 측면도 화제가 되어 나는 공범이론의 몇 가지의 기본적인 개념의 상기를 촉진하지 않을 수 없었다.

그러면 침략전쟁 범죄화의 선구자들은 이 신규의 범죄의 외정적인 「공범자들」(complices)에 대해서도 말한다. 그들은 국제법이 정전을 허용하며 부정의한 전쟁을 범죄로서 취급하는 경우, 종래의 국제법적인 의미에서의 중립은 이미 허용되지 않는다는 것도 의식하고 있었다. 그리고 다시 1907년의 헤이그 육전규칙의 지금까지의 중립법을 이끌어내어 부정의한 전쟁을 하고 있는 전쟁수행국가와의 교역을 자국민에게 금지하지 않는 중립국을 침략전쟁의 부정에의 공범자라고 주장하기까지 이른다. 앞의 S. 58(본서 872면)에서 언급한 1934년 9월의 국제법협회의 회의에서 채택된 부다페스트 규정에 의한 켈록 규약의 해석에서는 「위반국을 원조하는 국가는 그 자체 규약위반의 죄를 범하고 있다」고 말한다.[144] 그러면 중립국에 대해서도 이와 같은 국제범죄의 공범자로 된다면, 침략자와 불가침조약을 체결하고 또 준수하는 국가는 나아가 더욱 국제범죄의 공범자가 되는 것은 명백하다. 왜냐하면 사정 여하에 따라서는 불가침조약은 침략자를 감싸기 때문이다. 그리고 국가 그 자체가 아니라 책임 있는 수괴자가 형법적으로 책임을 져야 한다면, 그 심사는 중립적인 국가나 불가침이 의무지워진 국가의 국내적인 헌법상황에 일치하여 [범위를] 확장하지 않으면 안 될 것이다.

---

143) R. v. Mulcahy (1867), 15 WR 446은 (1868) LR 3 H. L. 306을 증명한다. 거기에서의 인용문은 재판관 Willis, S. 317.

144) Anm. 105 참조.

그러면 신규의 국제범죄의 관점 아래서 본다면 1939년 여름의 모든 불가침조약은 관계자가 불가침조약에 거리를 두어온 것인가의 여부에 대해서 탐구하지 않으면 안 될 것이다. 당시 독일은 소련과 1926년 4월의 중립조약을 보완하고 확장하는 1939년 8월 23일의 조약을 체결하고 있었다.[145] 이 조약은 독일 측에서는 「양국이 그것에 근거하여 또 밀접한 협력관계에 이르는 확고부동한 기초가 되었다」. 러시아 측에서는 이 불가침조약은 중요한 국제적인 의미와 역사적인 영향력을 가진 조약이라고 하였다. 그런데 유럽의 역사의, 또한 유럽에만 머무르지 않는 역사의 전환점이 되었다. 이 조약에 이어서 1939년 9월 28일의 독소 국경조약과 독소우호조약이 성립하였다. 이 조약은 양국의 이해의 경계를 폴란드 국가의 영역 내부로 확정하고, 그 경계를 최종적인 것으로서 승인하고 「이 규정에 대한 제3국의 간섭을 모두」 거절하고 있었다.[146] 1939년 9월 28일에서의 독일과 소련의 교환서신에서는 달성된 정치적 합의에 근거하여, 또한 그 정신에 비추어 모든 수단을 사용하여 독일과 소련간의 경제관계와 상거래를 전개하고 경제강령 — 이 강령에 의해서 소련은 공업생산물과 교환에서 독일에게 원료를 제공하게 되어 있었다 — 을 작성하는 것이 합의되었다. 이 계획의 진전 중에서 양국 간에 1940년 2월 11일에 경제협정이, 1941년 1월 10일에 확대경제협정이 체결되었다.[147] [이에 대해서] 예컨대 미국 정부는 1939년 9월에 분명히 중립을 선언하였다.[148] 이것을 시사하는 것만으로도 충분할 것이다. 여하튼 전쟁이라는 범죄의 새로움의 기반이 되고 있는 국제화와 형벌화의 결부에 직면하여, 외정적 상황과 거기에서 생기는 공동정범자와 공범자의 문제를 완전히 무시할 수는 없는 것이다.

V. 개별적인 국민, 특히 경제적으로 활동하는 보통 비즈니스맨의 입장

정치적 지도자의 서클에 속하지 않고, 전시법규위반에도 비인간적인 행위에도 관여하지 않은 개개의 국민은, 침략전쟁이라는 국제범죄의 정범자로서도 공범자로서도 문제가 되는 일은 보통 없을 것이다. 그리고 개개의 국민은 국제법상의 직접적 의무에 근거하여 책임을 진다는 의견이 몇 사람의 저자에 의해서 주장되어 왔다. 그것은 개개의 국민은

145) 1939년 8월 23일의 독소불가침 조약은 RGBl. 1939 II S. 968 ff.에 수록되어 있으며, 마찬가지로 Grewe, Fontes III 2, S. 1129-1132에도 있다.

146) 폴란드에 관한 1939년 9월 28일의 독소국경조약 및 우호조약은 ADAP, Serie D, Bd. 8, Nr. 159, S. 129에 수록되어 있다.

147) 1940년 2월 11일의 독소경제협정은 ADAP, Serie D, Bd. 8, Nr. 607, S. 599 ff.에 수록되어 있다. 1941년 1월 10일의 조약은 독일 제국의 공식적인 홍보지에 공표되지 않았다.

148) 1939년 9월 5일, 1939년 9월 6일자 New York Times, S. 1. 또한 AJIL 34 (1940), 131. 이에 대해서는 Philip Quincy Wright, Rights and Duties under International Law as affected by the United States Neutrality Act and the Resolution of Panama, in: AJIL 34 (1940), S. 238 ff. (240 f.).

부정의한 전쟁을 수행하는 정부에 대해서 병역이나 복종하는 것을 국제법적으로 의무지우고 있다는 이유 때문이다.

독일에서는 개인이 직접으로 국제법상의 법적 지위에 관련된 형법문제는 주로 다음의 문제설정 아래 취급되었다. 즉 개별적인 국민이 자기의 정부에 의한 국제법위반이나 조약위반의 행위에 근거하여, 국가기밀을 외국 정부에게 알리는 권리를 — 국가반역에 대한 국내적인 형벌규정에도 불구하고 — 가지느냐 아니냐 하는 것이다. 국민의 이 권리는 특히 1919년 이후에 함부르크의 형법학자인 모리츠 리프만(Moritz Liepmann)에 의해서 주장되었다.[149] 리프만의 제자인 아르투어 베그너(Artur Wegner)는 『형법상의 불법, 국가의 불법, 국민들의 불법』(Kriminelles Unrecht, Staatsunrecht und Völkerunrecht, Hamburg 1925)라는 저서에서 이러한 결론에 이른다. 즉 「개인은 반역에 관한 국내적인 형법규정에 관계없이, 자기 정부의 국제법위반행위를 외국 정부에 알릴 것이 허용되지 않지만 국제적 공동체 — 이 경우는 국제연맹에 의해서 대표될 것이다 — 에 알릴 것이 허용되고 있다」.[150] 그러면 공업가나 상인은 자기 국가의 군비확장이 국제법적인 의무에 위반하고 있다고 생각하는 경우, 자기 국가의 군사기밀을 국제연맹에 알릴 권리를 가지게 된다. 그러나 여기에서의 인터내셔널한 형법문제에서는 국내적으로 금지된 행위, 특히 국가반역죄에 관하여 인터내셔널법적으로 그것을 기초지우는 정당화의 근거가 중요한 것은 아니다. 개개의 국민이 부정의한 전쟁에 있어서 전쟁이라는 신규의 국제범죄의 관여자로 간주된다면, 모든 협력이나 복종을 거부하는 것을 인터내셔널법적으로 의무지우고 있느냐의 여부에 관한 문제가 중요하다. 이 점에 관하여 유명한 평화주의적인 국제법학자인 베베르크는 예컨대 그의 저서 『전쟁의 탄핵』(Die Ächtung des Krieges, Berlin 1930)에서 「켈록 규약을 비준한 모든 국가의 국민은 앞으로 침략전쟁 때에 병역을 거부하는 것이 정당화되고 의무지워진다는 것이」 켈록 규약의 귀결이라는 테제를 주장하였다.[151]

이 견해는 유럽에서는 완전히 예외적인 것이었다. 이 견해에 대해서는 지금까지 지상의 모든 국가에서 개인은 전쟁 때에 자기의 내셔널한 정부에 충성이나 복종을 의무지

149) Moritz Liepmann, Besprechung von Wilhelm Hofacker, Rechtswidrigkeit und Kriegsverbrechen, 1921, in: Zeitschrift f. d. ges. Strafrechtswissenschaft, Bd. 43, 1922, S. 384/385.

150) Artur Wegner, Kriminelles Unrecht, Staatsunrecht und Völkerechts, Mannheim 1925, Hamburgische Schriften zur gesamten Strafrechtswissenschaft, H. 7, hrsg. v. M. Liepmann은 시종일관하고 있다.

151) Wehberg, Ächtung, S. 111. 즉 「켈록 규약 비준의 광범위한 귀결은, 앞으로 침략전쟁의 경우에 켈록 규약을 비준한 모든 국가의 국민은 병역을 거부하는 것을 정당화지우고 의무지워진다는 점에 있다. 국제법은 나라의 법(Landesrecht)을 초월하여 행한다. 국제법이 전쟁을 범죄라고 선언하는 한, 하나의 국가의 시민들 역시 이와 같은 범죄에의 관여를 모두 자제하지 않으면 안 된다」. 「국제법학회」가 1929년 10월에 뉴욕에서 「국제인권선언」을 심의하고 가결하였을 때, 베베르크는 다만 인간의 국제적인 의무도 받아들인다는 — 예컨대 켈록 규약에 위반하여, 즉 「법에 반하여」(hors la loi), 전쟁을 수행하는 것에 국가가 착수하는 경우, 군무를 거부한다는 — 제안을 하여 의사를 표시하였다. 출석하고 있던 국제법의 톱클래스는 이 열망에 대해서 정중한 침묵으로 대답하였다(Annuaire de l'Institut de Droit International 1929 II, S. 114/15).

우며, 또한 전쟁의 정 · 부정에 대한 결정(권)은 개인에게가 아니라 내셔널한 정부에 귀속한다고 하는, 지배적인 견해나 실천이 대립하고 있다. 여기서도 문제가 되는 것은 잔학행위(atrocity), 즉 비인간적인 행위에의 관여의 케이스가 아니라 전쟁 그 자체가 국제범죄라는 문제라는 데에 주의하지 않으면 안 된다. 베베르크와 같은 저자의 극단적으로 평화주의적인 견해가 사람들의 확신이나 실정법의 상태를 바꾸지 못했다는 것은 국제연맹의 유명한 법률가인 니콜라스 폴리티스 — 이 테마에 대해서 뉴욕의 컬럼비아 대학에서 강의를 하고 그것을 『국제법의 새로운 경향』(Les Nouvelles Tendances de Droit International)(1926)이라는 제목으로 출판한 — 의 상론하는 바에서도 명백하다. 개인이 국제법상으로 직접 의무를 지고 있다는 것은 중대한 실천상의 어려움에 만나며, 그 의무에 대립하는 「세속적인 전통」(tradition séculaire)과도 충돌한다는 것을 폴리티스는 강조한다.[152] 이 세속적인 전통은 지금까지 사적인 [입장의] 저자에 의한 제기나 제안 중에서 침입된 일도 몇 번 있었는데, 그러나 어떠한 정부의 공식 성명이나 실천도 이에 의문을 던지지는 않았다. 지상의 모든 정부는 국민이 — 다른 점에서 정부의 행동에 동의하지 않더라도 — 전쟁 때에 정부에의 충성이나 복종을 의무지운다는 데에 고집하여 왔다.

이러한 일반적인 이론과 실천은 스콜라 철학적인 자연법의 논증에 의해서도 제거될 수 없었다. 이 수 십 년래 저명한 저자들은 정전에 대한 논의에서 중세와 16세기의 스콜라 철학자들의 이론에 언급하고 있다. 특히 그것은 미국의 지도적인 국제법률가인 제임스 브라운 스코트(James Brown Scott)* — 미국 국제법협회 회장이며 카네기 재단의 국제법부 회장, 아울러 컬럼비아 대학의 국제법 교수이다 — 에 의해서 행해졌다. 스코트는 많은 강의나 출판물에서 특히 스페인의 도미니크 수도사회의 프란치스코 비토리아(Francisco Vitoria)*와 신토머스주의자인 예수회의 수아레스(Suarez)*를 현대 국제법의 창립자, 아울러 전쟁에 관한 현대적 견해의 창시자로서 칭하였다.[153] 스코트는 1919년의 파리 강화회의에서 이미 빌헬름 2세의 형사소추 아울러 전쟁책임의 문제에 대해서 「정전」 이론에 의해서 저명하였다. 미국과 아울러 전세계의 여론에 대한 그의 강한 영향력에 비추어, 적어도 약간의 지적을 가지고 스콜라 철학적 이론의 부흥을 들고 그 이용가능성의 약간의 한계를 지적해 두는 것은 적절할 것이다.[154]

---

152) Nicolas Politis, De Nouvelles Tendances du Droit International, Paris 1926, S. 68 ff.

153) James Brown Scott, The Spanish Conception of International Law and of Sanctions, Washington 1934.

154) 이전에 매우 유명한 국제법의 역사가 제임스 브라운 스코트에 대한, 이 곳에서 서술한 비판은 오늘날 널리 공유하고 있다. 예컨대 Grewe, Epochen, S. 175 f. m. w. N. 또 Arthur Nussbaum, Geschichte des Völkerrechts in gedrängter Darstellung, München 1960, S. 327-338은 비범한 예리함을 가지고 있다. 슈미트는 1943년 6월 1일 마드리드, 8일 살라만카에서의 자신의 대학 강연 「국제법구조의 변천」(El Cambio de la Estructra del Derecho Internacional)에서 스코트에 의한 비토리아 이용에 대해서 근본적으로 대립하였다(Revista de Estudios Politicos V, 1943, Anexos S. 3-34). 그리고 "Die letze globale Linie"(Marine-Rundschau 1943, H. 8, S. 521-527과 "Völker und Meere," Leipzig 1944, hrsg. v. Egmont Zechlin, S. 342-349)에서 일부는 반복하여, 그리고 "Nomos der Erde," S. 69-96, 256-270에 인계하고 있다.

저 스콜라 철학적 신학자들은 일반적으로 헌법에 적합한 저항권을 수반한 여전히 중세적으로 조직되고 강력한 봉건법적 · 신분법적인 공동체냐 그렇지 않으면 16~17세기의 종교적 내전상태냐 중의 어느 것을 전제로 한다. 명백히 부정의한 전쟁 때에는 개인(그러나 대부분 그들은 개인을 여전히 신분적 속박 아래 이미지한다)은 저항권과 복종거부권과 거기에 일치한 의무를 가진다는 것을 그들은 승인한다. 그러한 이론이 오늘날 인용되는 경우는 상황과 사회조직의 기본적인 변화를 무시해서는 안 된다. 저 스콜라 철학자들은 교호라는 확고한 정신적 질서(ordo spiritualis) 속에 서서 공인된 초국가적 권위, 즉 교회라는 정신적 권력(protestas spiritualis)의 전제 아래서 논의한다. 복종을 거부하는 개인은 자기의 교회, 즉 자기의 청죄사제와 교회의 권위에서 확실한 초자연적 근거처를 가진다. 개인은 공허한 공간(Raum) 중에서 지시되거나 자기의 개인주의적인 판단에 지시되는 것이 아니라 명확한 제도에 의해서 지시된다. 그리고 스스로 자기의 양심에 관하여 청죄사제에 의해서 대표되는 확실한 내적 법정(forum internum)을 가진 것이다.

요점(punctum saliens)을 알려면 스콜라 철학적인 이론의 이 매우 구체적인 전제를 오늘날의 지상의 상황과 비교하면 좋다. 즉 개인이 정보나 보호에 관하여 의뢰할 수 있는 확고한 국제적 제도가 창설되지 않는 한, 전쟁에 있어서 개인을 자신의 국가나 정부에 대해서 저항하도록 의무지우는, 개인의 직접으로 국제법적 상황을 요구할 수는 없다. 부정의한 전쟁 때의 저항권이나 복종거부에 대해서 매우 주의 깊게 말하는 (여기서 문제가 되는 것은 처벌해야 할 행위를 요구하는 개개의 명령에 대한 복종거부는 아니다) 스콜라 철학적인 신학자들은 국가정부의 법률가가 아니라 교회적인 양심의 조언자이며 또한 그 자들의 교사였다. 스콜라 철학적인 신학들은 자신들이 모든 내셔널한 국가나 정부 위에 높게 서서 신적인 제도로부터 받은 교육위탁, 즉 포교사령(mission cannonica)에 근거하여 강의하였다. 그들의 말은 모두 교회적 신앙의 확고한 근거에 입각하여, 또는 잘 조직된 교회의 확고한 틀 속에서 말했다. 세계의 오늘날의 상황에 관하여 자기의 정부에 개인의 이와 같은 직접적이며 국제적인 권리의무를 제기하는 현대의 저자들은, [상술한 교회에] 일치하여 유사한 권위나 강함에 초정치적인 정신성을 가지는 국제적 제도들을 지시하지 않으면 안 될 것이다. 유럽 사람들의 생각 중에는 국제연맹은 이와 같은 제도에로 높일 수 없었다. W. 윌슨 대통령이 유럽에 등장함으로써 국제연맹에 부여한 권위의 싹은 윌슨의 유럽으로부터의 철퇴와 함께 곧 상실되었다. 헤이그 국제사법재판소는 전쟁의 문제에 관하여 권한이 없었다. 이에 더하여 전쟁의 발발 직후에 대영제국 · 프랑스 · 오스트레일리아 · 뉴질랜드 · 남아프리카 · 인도의 정부는 국제연맹의 사무총장에게 보낸 서신(1939년 9월 7일부터 27일까지)에서 임의조항(상설국제사법재판소 규정 제36조)의 의무에서 이탈하였다.[155] 전쟁이 끝나기를 기다리지 않고, 발발 또는 개시 때에 전쟁의 실질적인 정부정에 대해서 형사재판의 형태로 확실하게 결정할 수 있는

155) Journal Officiel — S. D. N. (C), 1939, Nr. 9-10, S. 407-410.

일반적인 국제형사재판소는 여전히 지금까지 완전히 존재하지 않는다. 1935~36년의 이탈리아, 즉 「선고된 침략자」의 유일한 경우[156]마저 그러한 선언, 침략자국가의 국민에의 호소, 또는 국제범죄의 공범자로서 국민을 형사재판소에서 요구하는 데에는 이르지 않았다. 그러므로 1919년부터 1939년에 걸치는 전쟁방지에의 노력의 역사는 현재의 세계가 중세 기독교회의 「정신적 질서」와 약간의 비교가능한 질서라고 하여 상당히 떨어져 있다는 것을 나타내고 있다. 우리들은 위에서 1939년 여름 시점의 유럽의 인민들이나 정부들의 의식에서 침략전쟁이라는 것이 일반적으로 불법으로서 뿐만 아니라 형사적인 의미에서의 타국의 형사재판권에 복종하는 범죄로서도 생각하고 있었는가 아닌가 하는 문제를 상세하게 서술하였다. 우리들은 이 문제에 찬성할 수 없었다. 1939년 9월 당시에 전쟁을 수행하지 않았던 어떤 국가정부도, 또한 정식으로 자기의 중립을 선언하고 수많은 중립법규를 자기의 국민을 위해서 발효시켰다.[157] 그럼으로써 [그들 국가정부는] 적어도 유럽적인 국가개념에서 정의의 전쟁과 부정의의 전쟁을 국제법적으로, 또한 공식적으로 구별하지 않는다는 것을 표명한 것이다. 그리고 이 대응에는 동시에 이들 정부가 전쟁의 정 · 부정에 대한 판단을 개개의 국민에게가 아니라 정부의 모든 사안으로 보고 있었다는 것이 표명되고 있었다. 과연 정전론의 선구자들은 그 완전중립이라는 태도를 엄격하게 비판하였다. 이리하여 존 B. 휘튼(John B. Whitton)은 1938년에 미국의 중립입법을 침략자와 그 피해자를 동렬에 취급하고, 집단안전보장체제를 지키려고 시도하지 않았다

156) 슈미트는 잘못 생각했다. 국제연맹은 이탈리아만을 「침략자」로 선언한 것은 아니다. 소련은 1939년 1월 30일에 핀란드에 대해서 개시한 침략전쟁의 결과, 1939년 12월 14일에 핀란드와의 조약, 국제연맹 규약 제12조 브리앙-켈록 규약에 위반한 것을 이유로 하여 국제연맹으로부터 국제연맹 규약 제16조 4에 의해서 제명되었다. Journal Officiel, Nov./Dez. 1939, S. 505-541에 수록된 제107차 이사회에서의 공식 보고 참조. 국제연맹 규약 제12조는, 연맹의 모든 구성국은 그 다툼이 된 문제를 중재재판이나 이사회의 어떤 심의에 회부할 것, 「여하튼 어떠한 경우에도 중재재판관의 판결 또는 이사회의 보고는 3개월을 경과하기까지 전쟁에 호소 (영어로는 to resort to war) 하지 말 것」을 명하였다. 소련은 1939년 12월 12일에 국제연맹 이사회에서의 소비에트와 핀란드의 분쟁의 토의에 참가할 것을 거부하였다(a. a. O., S. 532). — 아마 슈미트는 이 사정을 의식적으로 생략했는지도 모른다. 1945년 여름의 베를린에서는 감정서의 고발이나 압수가 있으면, 그것은 슈미트를 소비에트 사람에게 인도하여 간신히 살아남을 기회가 없는 소비에트인들의 강제수용소의 하나에서 말살되어버렸을 것이다.

157) 베르버는 1935년 8월 31일 중립법과 1937년 5월 1일 중립법에 뒷받침된 1939년 9월 5일의 합중국 대통령의 중립선언에, 또한 현금지불 · 자국선운반 조항을 다시 도입한 1939년 11월 4일 중립법은 다음에서 여러 번 논급하고 있다. Fritz Berber, Die amerikanische Neutralität im Kriege 1939-41: ZAÖRV, Bd. 11, 1942/43, S. 445-476; ders., Die amerikanische Neutralität im Kriege 1939-41, Essen 1943, S. 49-191 (Dokumentenanhang); ders., in: Reich, Volksordnung, Lebensraum, Bd. V, 1943, S. 9-44. 합중국의 공식적인 중립선언과 실제 정책간의 모순은 1949년 4월 11일의 빌헬름슈트라세 재판에서의 군사법정의 판결에서, 말하자면 기판력으로 보유되었다. 즉 「합중국은 독일의 전쟁선언의 훨씬 전부터 독일에 대한 자국의 중립에서 일탈하고 있었다는 것은 의문의 여지가 없다. … 1941년 12월 11일보다도 1년 이상 전의 시기에서의 미국의 전 태도는 중립과 무관계하였다. 그리고 미국인들이 독일의 승리를 비록 그럼으로써 스스로 투쟁행위에로 인도하더라도 허용하지 않으리라는 것이 점차 명백하게 되었다 …」(Wilhelmstraßen-Prozeß, S. 13). — 1938년 5월 27일의 「덴마크, 핀란드, 아이슬란드, 노르웨이, 스웨덴의 공동선언」과 스웨덴의 중립규칙은 "Monatshefte für Auswärtige Politik," 1938, S. 756-761에 수록되어 있다. 이에 대해서는 Karl Heinrich Frahme, Die Neutralität der nordischen Staaten, ebd. 1938, S. 915-924.

고 비난하였다.[158] 그것에 의해서 그는 수많은 저명한 앵글로아메리카의 저자들의 의견을 언어로 표현하였다.[159] 그리고 미국 정부 자체의 공적인 태도와 반중립적인 여론과의 차이는 여기서도 나타난다. 이러한 대조는 전쟁수행 중의 유럽 국가의 국민에게 자기의 직접적인 인터내셔널법상의 지위라는 것이 단순한 프로젝트나 요청에 불과하였다는 것을 자각시켰음에 틀림없다. 한편 유럽 국가의 국민은 실제의 현실에서는 각각의 운명에 — 더구나 인터내셔널이 아니라 내셔널에 결정된 운명에 — 그대로 맡겨졌다.

1939년에 자기의 정부가 행하는 전쟁을 부정의한 행위이라고 하여 저항하려고 결심한 개개의 국민에게는 국내적으로도 국내법적으로도 아무런 지지도 보호도 없었다. 그 국민은 현대의 산업사회의 고도로 특수화되고 분업화된 조직에 배정되고 있었다. 그는 개인적으로 정보를 입수할 수 없는 상황 아래, 자기 위험에 의한 저항에 의해서 나라와 그의 국민(Land und Nation)에 미치는 예견하기 어려운 대외정치적인 귀결에 대한 결단을 내리지 않으면 안 되었다. 그러한 세계 상황에서의 임박한 세계대전을 눈앞에 두고 자기의 정부에게 저항하는 인터내셔널법상의 — 형사벌을 수반한 — 법적 의무를 개개의 국민에게 부과할 수 있었을 것인가? 또한 그 전체 상황이 국제정당에 의한 내전에 의해서 또는 원조조약이나 불가침조약의 불투명한 시스템에 의해서, 나아가서는 국제연맹의 명백한 붕괴에 의해서 특징지워지고 있던 유럽에서는 더욱 그렇지 않았는가?

이러한 상황에서 일정한 정치적 범위에 속하지 않는 국민, 특히 경제활동을 하고 있는 상인이나 공업가는 전쟁의 정부정에 대한 판단을 자기의 국가정부에게 맡기지 않을 수 없었다. 그것은 실제로는 유럽 대륙의 모든 민족 아래 몇 세기 간 지배하고 확고한 새로운 제도에 의해서만 확보되는 세속적인 전통이 일치하고 있었다. 이 전통에는 종교적 아울러 도덕적인 원인과 근거가 있으며, 특히 독일 민족의 루터파의 지역에서

---

158) 프린스턴에서 국제법을 가르치고 있던 휘튼(John B. Whitton)의 태도결정에 대한 근원은 확정할 수 없었다. 그는 미국의 중립에 대한 자기의 비판적인 입장을 「중립과 국제연맹」(La Neutralité et la Société des Nations)에 대해서 1927년에 발간한 자기의 논문 — Recueil des Cours, Bd. 17, hrsg. von der Académie de Droit International, Paris 1928, S. 449 ff., 543 —에서 이미 서술하였다. 마찬가지로 1935년 4월 25일-27일의 미국 국제법협회의 제29회 대회에서 Proceedings, Washington, 1935, S. 130-138도 동일하다. 1927 또는 1935가 맞는데 1938로 잘못 적고 있다.

159) 전통적인 중립의 대표자들(압도적으로 국제법학자)과 가담이나 간섭을 지지한 사람들(대부분은 「정치학자」와 역사가) 간의 다년간의 논쟁을 1936년까지 요제프 L. 쿤츠(Josef L. Kunz)는 당시 이미 미합중국에서 상세하게 묘사하였다. 이 교수의 논의는 내정적인 논쟁을 반영하였다. 즉 「최근의 중립문제의 거대한 의미는, 그것이 학자, 책략가, 정치가, 그런데 '보통 사람' 쪽에서 우세하였다는 점에 나타난다. 즉 일간지에서의 중립에 대한 수만의 기사, 주간지와 월간지에서의 방대한 논의, 라디오에서의 무수한 연설이나 논의 … . 중립에 대한 통속적인 문헌이 나타나기 시작하였다 … . 무수한 사적인 조직이 이 문제에 몰두하였다. 학생조직이 이 문제를 논의하였다. 현상모집이 실시되었다. … 중립문제가 정치, 통치, 의회, 내정, 외정, 당략을 제압하였다. 지금까지 이상으로 중립문제는 과학의 중심에 서 있다」([Österr.] Ztschr. f. Öffentl. Recht, Bd. 17, 1937, S. 85-121, 94). 1936년 이후의 미국 국제법학자의 의견의 다툼에 대해서는 Krakau, S. 374 ff.를 보라.

뚜렷하게 강한 신학적 교의를 근거로 하고 있었다(로마서 13:1).* 위대한 철학자 칸트의 이름이 모든 평화주의적 문헌에서 전쟁에 반대하는 권위로서 인용되고 있다는 것을 고려한다면, 바로 그 칸트가 정부에 대한 모든 저항권을 부인하고 또한 민족의 의무에 대해서 「최고 권력의 견디기 어려운 것으로 여겨지는 남용조차도 견뎌내야 한다」고 서술한 사실도 무시할 수 없을 것이다.160) 위급한 경우에 전쟁의 정부정에 대한 결정을 국민에 대해서 보유할 것을 지금까지 세계의 어떤 국가도 포기하지 않았다는 것이 국민에 대립하는 또 한편의 상태이다.161) 전쟁 때에 복종을 거부하고 동원을 방해하거나 전쟁의 도덕적 · 법학적 평가를 위해서 필요한 정보를 조달하기 위해서 외국과 통하려고 하는 국민은, 지금까지 여전히 모든 유럽의 정부로부터 국가반역자 · 대역자 · 태업자로서 또는 다른 방법으로 가장 중한 형벌로써 책임을 물었다. 여기서도 문제가 되는 것은 법에 반하는 특정한 명령에 대해서 복종을 거부할 권리나 의무가 아니라 전쟁 전체의 정 · 부정에 대한 결정 또한 거기에서 생기는 형법적인 귀결인 것이다.

전쟁 때에 특히 엄격하게 개개인의 국민을 국가정부에 구속하는 저 세속적인 전통은 강력한 역사적인 근원을 가진다. 유럽 대륙의 근대 국가는 중세의 저항권을 제거하고 이를 국가의 합법성과 합법적인 법률상의 이의신청으로 바꿈으로써 성공하였다. 근대 국가의 모든 합법성은 모든 통치행위나 행정행위의 합법성의 추정에 근거하고 있다. 결과로서 유럽 대륙의 근대 국가는 각별한 특권을 가진다. 그 특권을 모든 국법학자나 행정법학자로서 강조하고 프랑스의 위대한 법률가인 모리스 오류(M. Hauriou)는 「선결적 복종」(obéissance préalable)*에의 권리로 불렀다.162) 국민은 법적인 구제가능성의 유보

---

160) Immanuel Kant, Metaphisische Anfangsgründe der Rechtslehre, Königsberg 1797, 2. Teil, § 49 A. (백종현 옮김, 『윤리형이상학』, 아카넷, 2012, 277면).

161) 제2차 세계대전 후 독일의 최고재판소 판결에서도, 미합중국의 대법원 판결에서도 승인되고 있다. 예컨대 1964년 6월 24일의 연방통상재판소의 이 관련에서 특히 교훈적인 판결을 참조. 이 판결은 1939년 여름에 선고된 병역거부자에 대한 군법회의의 처벌을 다음과 같이 적법을 선언하였다. 즉 「나치 국가에 의해서 수행된 전쟁은 국제법위반의 침략전쟁이었다. 나치 국가가 이 전쟁을 발발하고 수행하였다는 것으로써, 이 국가는 국제법의 의미에서의 범죄를 범했다. 그러나 거기에서 … 제2차 세계대전의 모든 독일 병사가 이 전쟁에의 관여를 이유로 하여 — 그들이 형법상의 긴급피난을 이끌어내지 않는 한 —, 객관적으로 범죄를 범하였다는 것은 추정할 수 없다 … . 그 전쟁이 정당한 것인가 또는 정당하지 않은 것인가에 대한 권리를, 또한 자국민의 의무에 따라서 병역을 수행하거나 그 이행을 거부할 권리를 자국민 모두에게 인정할 결심을 하는 국가는 결코 존재하지 않을 것은 확실하다. 만약 국가가 모든 국민에게 그러한 권리를 승인한다면, 그것으로 그 국가는 자기를 포기할 것이다 … (Deutsche Richter-Zeitung 1964, S. 313, 315). 마지막 두 개의 명제는 재판소에는 그 출전 — Thomas Hobbes, De Cive, cap. 12 II —을 서술할 것을 단념할만큼 명백하게 자명하고 보편타당하다고 생각되었다. — 합중국 대법원은 베트남에서의 군사작전이 「침략전쟁」으로서 국제법에 위반되는가의 여부라는 관점에서, 미국 국민의 소집의 적법성을 심사하는 것을 시종일관 거부해 왔다. Mitchell vs. States (1967) 18 L ed. 2d; Mora vs. McNamara (1967), 19 L ed. 2d, 287을 보라. 문헌에서의 논쟁에 대해서는 Taylor, Vietnam, S. 95-121 (dt. Ausg. S. 109-140).

162) Principes de Droit Public, 2. Aufl., Paris 1916, S. 799 ff. 오류가 이미 1911년에 잡지 "Recueil de législation de Toulouse"(S. 1-40)에서 공표하고, 또 거기에서 그가 매우 예리하게 레옹 뒤기(Léon Duguit)와 대결한 논문의 재판. 뒤기는 자기의 "Traité de droit constitutionnel," Bd. 2, 3. Aufl.,

아래 형식합법적인 명령에 대해서 복종이 의무화되었다. 전쟁 때에는 법적 수단이나 법적 구제는 매우 광범위하게 상실되는 한편, 이 복종의무는 나아가 무한하게 강화되었다. 모든 근대 국가는 국가의 명령에 대한 법적 구제수단을 창출하였다. 그러나 거의 모든 경우에 미국에서 마샬 대법원장의 유명한 Marbury v. Madison (5. U. S. Cranch 166/67) 사건의 판결에 근거하여, 「정치문제의 독트린」(doctrine of political questions)이라고 불려진 원칙이 어떤 형태로 통용하고 있다.[163] 그것은 통치행위가 특히 선전포고와 같은 고도로 정치적인 성질의 것이 재판적 통제에 복종되지 않는다는 것을 의미한다. 많은 유럽의 국가들, 특히 프랑스, 이탈리아, 스페인, 루마니아에서는 사법에 대한 정치적 행위의 독립에 대한 이와 같은 이론이 있으며, 민사재판적 심사도 행정재판적 심사도 불가능한 「통치행위」(actes de gouvernement)의 실천을 발전시켰다.[164] 그리고 어떠한 국가에서도 정부가 발한 선전포고에 대한 개개의 국민의 법적 구제수단은 존재하지 않는 것이다.

개별적인 국민의 국내에서의 지위가 직접적인 국제형법적 추궁에 대응할 수 있는 것은 아직 전혀 없었다는 것을 나타내기 위해서 이 경우, 특히 「정치적 문제」(political questions)

Paris 1928, S. 92 ff.에서 대답하였다. 사실상은 여하튼, 유럽 공법은 오늘날에도 여전히 오류 측에 서 있다. 즉 국가행위는 자기에 대해서 적법성의 추정이 다투어지고 있는 동안은 예외적으로 최초부터 무효가 아닌 한, 「선행하는 복종」(vorgängiger Gehorsam)을 요구한다. 슈미트는 자주 오류에 의거해왔다. 예컨대 Legalität und Legitimität, München 1932, S. 60 f.(Verfassungsrechtliche Aufsätze, S. 311-312)(김효전역, 『합법성과 정당성』, 교육과학사, 1993, 85-86면); Die drei Arten des rechtswissenschaftlichen Denkens, Schriften der Akademie für Deutsches Recht, Hamburg 1934, S. 21, 54 ff.(본서 327면, 346면); Die Lage der europäischen Rechtswissenschaft, Tübingen 1950, S. 31 (=Verfassungsrechtliche Aufsätze, S. 420)(김효전역, 『유럽 법학의 상태』, 교육과학사, 1990, 79면); Glossarium, S. 12 f., 33, 108, 110, 132, 134, 179에서.

국법학자 및 법이론가인 모리스 오류(Maurice Hauriou, 1856-1929)의 주요성에 대해서는 La Pensée du Doyen Maurice Hauriou et son Influence, Annales de la Faculté de Droit, Paris 1969, 그 밖에 Roman Schnur, L'influence du Doyen Maurice Hauriou dans les pays germaniques, S. 255-270의 기고에서. Roman Schnur, in: Maurice Hauriou, Die Theorie der Institution und zwei andere Aufsätze, hrsg. von R. Schnur, Berlin 1965, S. 11-25에 수록.

163) Marbury v. Madison — 5 US (1 Cranch) 137 (1803) 판결은 아마도 대법원의 가장 유명한 판결이다. 여기서 법원은 처음으로 입법권의 행위를 헌법에 근거하여 그 타당성을 심사해도 좋다고 주장하였다. 판결이유의 집필자인 마샬 대법원장은 동시에 「그 성질에 의하면 심사불가능인 집행권의 행위가 존재한다」는 것을 암시하였다. 이미 1796년에 대법원의 구성원인 제임스 아이어들(James Iredell) 판사는 Ware v. Hylton — 3 Dall. 199, 1796, S. 256-280 — 사건에서 하나의 쟁점을 재판의 대상으로 삼을 수 없는 「정치문제」라고 명명하고, 이것을 상세하게 이유붙였다. 독일어 문헌에서는 Walter Haller, Supreme Court und Politik in den USA. Fragen der Justiziabilität in der höchstrichterlichen Rechtsprechung, Bern 1972, S. 121 ff., 180 ff. 참조. 20세기에서 대법원 판결의 실제에서 (적어도 또 근본적으로) 외교관계나 군사력의 투입이나 국내의 비상사태에 대한 대통령 또는 의회의 결정은, 재판적으로 심사불가능한 「정치문제」라고 판단된다. Laurence H. Tribe, American Constitutional Law, 2. Aufl., New York 1988, S. 96 ff.; Haller, a. a. O., S. 192 ff.를 보라.

164) 슈미트는 여기서 명백히 Hans Peter Ipsen, Politik und Justiz — Das Problem der justizlosen Hoheitsakte, 1937에 의한 교수자격취득논문에서의 「통치행위」(actes de gouvernement)의 이론과 실제에 대한 표현에 의거하고 있다. 입센은 슈미트에 의해서 주어진 순서로 외국(프랑스, 이탈리아, 스페인, 루마니아)의 문제 해결을 제시하였다(S. 17-53).

의 특성에 주의를 환기하려고 한다. 병역의 거부가 중벌로 위하되는 위법한 행위라는 것에 세계 중의 국가나 정부는 고집하였다. 원래 양심상의 이유에 의한 병역거부자 [영어로 말하여] Conscientious objectors는 약간의 국가에서는 특별한 배려를 받으며, 관대하게 취급된다. 그러나 어떤 특정한 전쟁을 정의로운가 부정의한가 하는 문제로 거부하는 경우는 종교적인 동기에 의한 보편적인 병역(Waffendienst) 거부의 경우와는 본질적으로 다르다. 이 전쟁은 부정의한 전쟁이라는 이유로 병역을 거부하는 국민의 의도는 모든 전쟁 자체나 모든 무기사용 자체에 향한 것이 아니라, 이 특정한 현하의 전쟁이 자기의 국가 측에서는 부정이며 거기에 대해서 외정상의 상대측에서는 정이라는 것에 향하고 있다. 따라서 이 경우 개개의 국민은 특수종교적인 결정이 아니라 — 자국에 반대하여 자국의 외정상의 상대에 직접 기여하는 — 특수정치적인 결정을 자발적으로 내리는 것이다.[165)]

이 점에서 미국에서의 실천은 내가 보는 한 예외는 아니다. 과연 개인에게 저항권을 부여한다는 켈록 규약과 결부되었던 노력은 여론에서는 특히 강력하다. 그럼에도 불구하고 최종적으로는 관청이나 대법원의 태도는 명백하다. 그것은 다음의 경우에서 명백하게 된다.

슈빔머(Schwimmer) 부인의 귀화 사건에서, 미국 대법원은 1929년 5월 27일의 판결(Entscheidung)에서 미국 헌법의 기본원리에 대해서 「합중국 시민은 언제나 필요한 때에는 모든 적에 대해서 무력으로 정부를 옹호할 의무가 있다」고 언명한다.[166)] 헌법원리나 정부를 옹호하는 위에서 군사력 사용에 반대하는 것에로의 양심상의 이유에 의한 병역거부자(Waffendienstverweiger)의 영향이 단순한 무기를 취하는 것의 거부보다도 더욱 유해하다는 것을 법원은 그 판결의 결정이유에서 강조한다. 물론 이 판결을 내릴 때 3인의 법관은 홈즈(Holmes) 판사에 리드되어 소수의견을 발표하고, 사상의 자유의 원리와 병역거부의 권리를 부여하는 산상수훈을 인증하였다. 슈빔머 사건에서의 결정은 모든 병역의 종교적 동기에 의한 거부에 대해서만 서술하기 때문에 본래는 우리들의 문제와 관계는 없다. 그러나 이 판결은 바로 이러한 이유에서 간접적으로 커다란 논증력을 가진다. 왜냐하면 종교적으로 동기지워진 거부의 사건에는 본래의 정치적인 엄숙함 — 특정한 전쟁이 부정의하다는 이유에 의한 거부가 대법원에 그것을 포함하고 있다 — 이 결여되어 있기 때문이다. 이에 대해서 매킨토시(MacIntosh) 사안에 대한 1931년 5월 25일의 대법원의 판결은 바로 우리들의 문제에 해당된다. 그 판결은 라우터팩트 교수에 의해서 편집된 『국제공법사건 연보 다이제스트 1929/1930년』(Annual Digest of Public International Law)이라는 형태로 발간함으로써 모든 국가의 법률가들 사이에서 유명하게 되었다.[167)]

---

165) 1949년의 기본법 제4조 3에 의한 병역거부의 기본권(「누구든지 자기의 양심에 반하여 무기를 드는 병역에 강제되어서는 안 된다」)의 도입 이후에, 법이론이나 재판은 병역 그 자체에 관계하는 경우에만 승인된다는 것을 결정하였다. 즉 「상황에 제약된 거부」 — 즉 어떤 종류의 역사적 상황에서는 어떤 무기로는 관여하려고는 생각지 않는 것 — 는 승인되지 않는다(BVerfGE 12, S. 45, 57).

166) In: Annual Digest of Public International Law Cases, Bd. 5 (1920/30), hrsg. von Hersch Lauterpacht, London 1935, S. 226-228, Fall Nr. 136.

167) In: Annual Digest of Public International Law Cases, S. 228-231. Fall Nr. 137.

이 판결은 커다란 실제적 의미가 있으므로 다음에 이 사건에 대해서 약간 상세하게 인용하기로 한다.

캐나다 시민으로서 태어나 상당히 오랫동안 미국에 정착하고 있던 신학교수인 매킨토시는 귀화를 신청하였다. 귀화법(34 U. S. Sta. L. 596, 598)에 의하면, 그는 「자신은 미국의 헌법과 법률을 국외와 국내의 모든 적에 대해서 지지하고 옹호할 것이다」라는 선서 선언을 하지 않으면 안 되었다. 이 점에 대해서 매킨토시는 「자신은 자기의 신념에 따라서 국가의 이익에 합치하는 모두를 실행할 것이라는 것, 그리고 자신은 전쟁의 경우에 그 전제에 대해서 판단하는 권리를 유보해 둔다는 것, 또한 자신은 자기의 전쟁에 관한 판단을 고려하지 않고는 어떤 전쟁에도 출정할 의무를 지지 않는다」고 선언하였다. 그 신청은 제1심에서 거부되었다. 그 이유는, 전쟁비판을 유보해두는 것은 신청인이 미국 헌법의 원리에 복종하지 않는다는 것을 입증한다는 것이었다. 신청인은 순회항소법원에 항소하였다. 순회항소법원은 1930년 6월 3일의 판결에서 제1심의 결정을 파기하고 신청자의 귀화를 인정하지 않으면 안 된다고 명하였다. 이 판결 결정의 고지에서 맨튼(Manton) 판사는 「양심상 또는 종교상의 이유에서 자기가 부정의하다고 보는 전쟁에서 무기를 들지 않으려고 생각하는 시민은 양심상의 이유에서 모든 전쟁에 반대하는 자와 마찬가지로 취급되어야 할 것이다. 국제법은 도덕적으로 정당화되는 전쟁과 정당화되지 않는 전쟁의 구별을 승인한다. 최근 체결된 켈록 규약에서 그러한 승인이 표명되었다」고 고하고, 다음과 같이 덧붙였다. 병역거부자의 양심의 가책은 그것이 성실한 것이 아니라면 종교적일 필요는 없다 라고. 그러나 순회법원의 이 판결은 대법원의 1931년 5월 25일의 판결에 의해서 파기되었다. 다만, 그때에 전체 9인의 법관 중 4인이 반대의견을 공표하였다. 그 대법원의 판결에서는 다음과 같이 서술하고 있다.

> 「시민이 전시에 무장한 군대에서의 근무로부터 해방되어야 할 것인가의 여부는 의회의 의사에 의존하며, 그리고 — 그 뜻의 의회의 규정이 있으면 별개지만 — 개인의 양심의 가책에는 의존하지 않는다. 이 단체[의회]는 지금까지 양심에 근거하여 병역거부자의 부류에 속하는 사람들을 무기를 들 의무로부터 제외하는 것을 명백한 결정에 의해서 정당한 것이라고 인정해왔다. 양심적 병역거부자는 헌법의 명백한 또는 묵시적인 규정에 의해서 무기를 들 의무로부터 해방된 것이 아니며, 그를 거기에서 해방하는 것이 의회의 정책에 일치한다는 이유로, 또 그러한 이유만으로 해방된다 …. 그 나라에 태어난 양심적 병역거부자의 무기를 들 의무로부터의 해방이라는 특권은 헌법에 근거하는 것이 아니라 의회의 법률에 근거하는 것이다. 이 신청인은 그것이 그 나라에 태어난 모든 시민의 의무이듯이 양심에 근거하여 성실한 병역거부자의 무기를 취할 의무로부터의 해방이라는 오랫동안 존속하고 실증되어온 실천에 의회가 고집하리라고 기대하는 것이 아니라, 장래에 국가가 실제로 휘말려들게 될 어떠한 전쟁에서도 만약 그의 견해로는 그 전쟁이 도덕적으로 정당화되지 않는 경우 — 의회가 반대의 국가적 견해를 표명하고 있었다하더라도 — 는 도덕적 및 무장적 원조를

거부하는 단호하고 확고한 의지를 공공연하게 표명한다. 그의 설명이나 거기에서의 이끌어낼 수 있는 귀결에 의해서 제시되는 이 신청인의 태도가 귀화를 인정하기 위한 적성의 문제에 대해서 중요하지 않다고 생각된다면 일단 어디에 한계를 그을 수 있을 것인가?」

그리하여 개별적인 국민은 전쟁의 부정에 대한 자기의 판단을 자기의 정부에 대해서 관철하는 법적 가능성을 국내적으로는 완전히 가지지 않는다. 그의 양심은 세속적인 전통에 의해서 인정된 내셔널한 낡은 의무와, 완전히 새로운 인터내셔널한 의무 — 그것은 단순한 양심의 의무가 아니라 법적 의무라고 주장한다 — 의 갈등 속에 존재한다. 그러나 인터내셔널법적으로는, 그는 의거가능한, 정비된 심급이나 제도를 완전히 발견하지 못한다. 내전을 기도하거나 순교를 결심하는 것만이 남아있을 뿐이다. 그것은 내셔널한 의무와 인터내셔널한 의무 간의 무서운 갈등이며, 개개의 국민에게 국제형법상의 귀결을 수반한 직접적으로 국제적인 지위가 부여되는 경우, 그는 이 갈등 속에 던져지는 것이다. 그리고 전체적인 일당 시스템의 국민은 리버럴한 헌법을 가진 공동체[국가]의 시민보다도 훨씬 곤란한 상태에 있다. 전체주의적인 일당국가에서는 정부에 대한 저항의 시도는 모두 반역이거나 사보타쥬를 이유로 하여 바로 말살되는 것을 의미한다. 그러한 전체주의적 시스템에 예속하는 개개의 국민에게 저항을 의무지운다면, 그것은 사실상 내전이라는 가망 없는 시도에로의 법적 의무 또는 순교에의 법적 의무를 그에게 부과하는 이외의 아무것도 의미하지 않는 것이다.

당연히 이러한 의무를 내셔널한 국가의 반전론자에게 부과할 수는 없다. 그것을 할 수 있는 것은 국제적인 심급뿐이다. 국제적인 심급이 존재한다면, 그것은 전쟁이 발발할 때에 모든 국민에게 명확한 선언과 명령을 발하지 않으면 안 될 뿐만 아니라, 법이나 도덕의 모든 원칙에 따라서 그 [국제적인 심급이 부과하는] 명령을 준수하는 인간을 무엇인가 충분히 보호하도록 배려할 의무도 있을 것이다. 우리들은 [위와 같은] 의무를 규정할 수는 없으며 또한 의무가 지워진 자를 그럼으로써 살인적인 운명에로 밀어넣을 수도 없다. 보호되는 상황이 아닌 자는 영구하게 또는 위급한 경우에 의무지워지는 상황도 아닌 것이다. 이것은 바로 자연법의 이론가들에 의해서 강조된 보호와 복종의 관계(mutual relation between obedience and protection)에 일치한다.[168] 보호하는 자는

168) 토머스 홉스(Thomas Hobbes, 1588-1679)는 마지막 장(그의 대표작인 "Leviathan, or the Matter, Forme and Power of a Commonwealth, Ecclesiasticall and Civil,"(1651의 총괄과 결론」)에서 「이리하여 나는 … 정치적 및 교회적 통치에 대한 나의 논급을 … 사람들 눈앞에 보호와 복종의 상호관계를 제시하는 이외의 의도 없이 끝까지 인도하였다. 이 상호관계에 대해서는 인간적 자연의 상태와 신의 법들 — 자연법도 실정법도 함께 — 이 범할 수 없는 고찰을 요구한다」(제4부 종장, Molesworth, Bd. 3, S. 713; William Oakeshott, Oxford 1955, S. 467/68). 이미 제2부 제21장에서 「복종의 목적은 보호이다」라고 말하고 있다. 슈미트는 1938년에 출판된 자신의 저작인 "Der Leviathan in der Staatslehre des Thomas Hobbes — Sinn und Fehlschlag eines politischen Symbols"(본서에 수록)에서 「'보호와 복종의 관계'는 홉스의 국가구성의 중심점이며 시민적 법치국가의 개념과 이상과 매우 잘 일치한다」(S. 113/14 des Neudrucks Köln 1982, hrsg. v. Günter Maschke. 「보호와 복종」에 대해서는 이 논평과 함께 S. 204 ff.)고 강조한다.

의무지워진다는 것, 그리고 반대로 유효한 보호가 없으면 어떠한 법의무도 영원히 존립하지 않는다는 것도 모든 인간의 공동생활의 기본적인 원리이다. 유명한 영국의 사회주의자이며 다원주의적 국가론의 대표자인 콜(G. D. H. Cole)은 자주 이러한 관련을 지적하고, 국가의 [국민을] 의무지우는 힘을 [국민을] 유효하게 보호하는 힘에 의존시켜 그 때문에 「나는 보호한다. 고로 나는 의무지운다」라는 관용구를 이용하였다.169)

이것은 하나의 인상 깊은 표현일 뿐만 아니라 법적으로 도덕적으로 중요한 원칙이다. 이 원칙은 내셔널한 법에도 인터내셔널한 법에도 타당한데, 특히 지금까지 논해왔듯이 내셔널한 의무와 인터내셔널한 의무와의 갈등의 케이스에 해당된다. 그렇게 말하는 관점에서 보더라도 엄밀한 구성요건도, 행위자의 범위의 정확한 획정도 없고, 또한 의심스런 케이스에 대해서 결정을 내리는 재판조직도, 의무지워진 자를 유효하게 보호하는 조직도 없는 그와 같은 인터내셔널법적인 의무지움은 형법상의 유죄판결의 원리로는 될 수 없다. 적어도 1939년의 전쟁에 관하여 확고한 제도에 근거한 내셔널한 법과 상당히 이론(異論)이 있는 인터내셔널한 법과의 갈등에서 자기의 내셔널한 정부측에 몸을 둔 비정치적인 개개의 국민에 관해서는 그렇다. 이것은 그 정부가 테러리스트 정부인 경우에는 보다 더한층 타당하다. 왜냐하면 이 경우 개개의 국민을 처벌하는 것은 테러리스트들뿐만 아니라 테러의 희생자들도 형사적 범죄자라고 선언하게 된다는 것이 다시 첨가될 것이기 때문이다.

---

169) 콜(George Douglas Howard Cole, 1889-1959)은 영국 노동운동의 역사가로 옥스포드 대학에서 가르쳤다. 1908년 이래 독립노동당의 당원. 1913-15년 페비안 협회의 구성원, 그 후 비마르크스주의적인 길드사회주의의 지도적인 수뇌. 슈미트는 1930년에 처음으로 콜(과 해롤드 래스키)의 다원주의적인 국가이해에 근본적으로 대립하였다("Staatsethik und pluralistischer Staat"="Positionen und Begriffe," S. 133, 134 ff.; 김효전 · 박배근 공역, 『입장과 개념들』, 190면, 191면 이하). 슈미트는 뒤에도 역시 콜을 다시 다루었다. 예컨대 "Der Begriff des Politischen," München 1932, S. 28 (Ausg. Berlin 1963/91, S. 41 m. FN 12)(김효전 · 정태호 옮김, 『정치적인 것의 개념』, 살림, 2012, 55면). 또한 강연, "Der Reichsbegriff im Völkerrecht,"(1939, in: Positionen und Begriffe, S. 303, 310; 김효전 · 박배근역, 438면, 449면)에서도. — 콜은 (젊은 저자로서) 슈미트에 의해서 다루어진 전통적 국가론에 대한 자기의 논평을 두 개의 강연에서 요약하고 있다. 그것은 "Proceedings of the Aristotelian Society," New Series, Bd. XV, London 1925, S. 140-159(「상반되는 사회적 의무」), 그리고 Bd. XVI, 1916, S. 310-325(「그 대외관계에서 본 국가의 본질」)에서 인쇄되고 있다. 그 출전의 확인에 대해서 런던의 독일 역사연구소(Deutsche Historische Institut London)의 빌리발트 슈타인메츠(Willibald Steinmetz) 박사에게 나는 감사한다. 콜이 「나는 보호한다. 그러므로 나는 의무진다」라는 명제를 위해서 즉각 필요한 것인가의 여부는, 그러나 매우 의심스럽게 생각된다. 콜은 이[보호와 복종의] 관련에 이 인용문을 두었다. 즉「정치이론은 방법에서 데카르트학파였다. 그것은 전형적인 국가의 의의의 분석에 의해서 국가의 본질을 정의할 것을 구했다. '정치에서의 연쇄(nexus)는 무엇인가'라고 그것은 묻는다. 그리고 그것은 다음과 같이 대답했다. 정확하지 않더라도 나는 생각한다. 그러므로 나는 존재한다 라고. 적어도 '나는 보호한다. 그러므로 나는 의무지운다'라고. 그것은 국가를 개인으로 보았다. 그리고 그 본질을 일종의 집단적 내성에 의해서 정의하는 것을 구했다. 그리고 이 내성적인 철학은 마치 그것이 개인의 의식의 연구를 손상하듯이, 정치이론에 대해서 치명적이다. 왜냐하면 그것은 국가를 그 자신의 관념의 서클 중에 닫고, 국가와 국가와의 관계의 문제에 철학자들이 대결하는 것을 방해했기 때문이다」(Proceedings, Bd. XVI, S. 311). 인간 단체들의 입장에 대한 영국의 논의에서의 콜의 입장에 대해서는 Adolf Birke, Pluralismus und Gewerkschaftsautonomie in England, Stuttgart 1978, S. 192 ff. 참조. 콜과 래스키에 대한 슈미트의 대결에 대해서는 Quaritsch, Zur Entstehung des Pluralismus: Der Staat 19 (1980), S. 29, 36 ff., 48 ff.

결 론

유럽 국가의 국민과 보통의 비즈니스맨의 법개념에 대해서 침략전쟁 그 자체는 1939년 여름에서는 인터내셔널한 형사재판권에 복종하는 범죄적 불법이라고 볼 수는 없었다. 침략전쟁을 범죄화하고 형벌[의 대상]화하는 사고는 1919년부터 1939년까지의 시대에 있어서의 어려운 관계들 속에서는 아직 법규에로 실정화되지 못하였다. 정치적 지도에 관계없는 충실한 국민에게는 1939년 여름 시점에서는 아직 침략전쟁이라는 새로운 국제범죄를 인터내셔널한 형법에 전부터 있던 범죄, 즉 자기의 정부에 대한 대역 · 국가반역 · 사보타쥬와 동일한 차원에서 파악할 수는 없었다. 전시에 있어서의 자기의 충성의무에 관한 국민의 관념은 세속적인 전통, 즉 대역이나 국가반역 때문에 중한 형벌을 정당화하는 전통에 근거하고 있었다. 그때까지 형사사법의 조직은 순수하게 국내적인 성격의 것이며 국제적인 성격의 것은 아니었다. 형법이나 형사소추나 형사재판소는 국가적인 제도나 개념이며 국제적인 것은 아니었다. 지금까지 오로지 국가적 · 국내적인 것이었던 이러한 제도나 개념이 국가적인 영역으로부터 국제적인 영역으로 이전된다면, 개개의 국민의 법적 입장은 상대적 · 근본적으로 바뀔 것이다. 지금까지는 국내적인 의무의 이행이었던 행위는 이제 범죄가 된다. 그리고 지금까지는 국내적으로 범죄였던 예컨대 대역 · 국가반역 · 저항 · 사보타쥬로서 처벌된 행위는 이제 국제적인 의무의 이행 — 그 불이행은 충실한 국민을 국제적인 범죄자로 만든다 — 이 속하게 될 것이다. 의무들의 갈등이 생기는데 그처럼 엄격하게 잔혹한 의무들의 갈등은 지금까지는 매우 무서운 내전의 상황에서만 생각할 수 있었다. 정치적인 지도층에 속하지 않는 통상의 시민을 그러한 갈등 — 더구나 과거에의 소급효를 가지고 — 에 직면케 하는 일이 있다면 모든 형평(equity)은 손상될 것이다. 새롭다는 것만이 아니라 완전히 신종의 국제적인 범죄의 창출에 직면하여 「법률 없으면 범죄도 형벌도 없다」는 원칙의 힘은 상승한다. 이 원칙은 현행의 실정법의 명제일 뿐만 아니라 잔학행위에 관여하지 아니한 국민이 무조건 끌어댈 수 없는 자연법적, 도덕적인 격률인 것이다.

노 트* [이 부분은 모두 영문]

전쟁 일반의 문제, 그리고 특히 침략전쟁의 문제는 오래고 복잡한 역사이다. 1924년의 제네바 의정서와 1928년의 켈록 규약에 관한 논의에서도 침략자의 정의, 군축이나 평화적 변경에 대한 여러 해에 걸친 우여곡절에서와 마찬가지로, 그 어려움들은 일부분이지만 명백하게 되었다.

---

* 감정서의 몇 군데에서는 「'침략전쟁의 국제법상의 범죄'에 관한 법학박사 카를 슈미트 교수 견해의 결론으로서의 노트(1945년 8월)」.

이 제2차 세계대전의 종말에 인류가 히틀러와 그 공범자들의 「허용하기 어려운 범죄」(scelus infandum)에 유죄판결을 내리도록 의무지워진 것은 명백하다. 이 판결은 그 형식에서는 장중하게 그 효과에서는 강렬하지 않으면 안 된다. 1815년의 나폴레옹 패배 후에 유럽의 정부는 나폴레옹을 비난하기 위한 장중하고 효과적인 형식을 발견하였다. 히틀러의 범죄는 나폴레옹의 범죄를 능가하는 것이기 때문에 나치즘에 대한 오늘날의 비난은 그만큼 더욱 엄격하게 인상적인 것이 아니면 안 된다.

그 위에 히틀러의 「허용할 수 없는 범죄」와 특히 SS와 게슈타포의 극악무도한 잔학행위는 통상의 실정법의 규칙이나 범주에 의해서는 본질적으로 분류불가능하다. 즉 예부터 국내의 형법이나 헌법의 도움을 빌려서도 현재의 국제법 — 이것은 유럽 공법(jus publicum Europaeum), 바꾸어 말하면 16세기부터 19세기에 있어서의 유럽의 기독교적 독립국간의 관계에 기원이 있는데 — 의 도움을 빌려서도 분류불가능하다.

그러나 바로 히틀러와 같은 유형의 인간의 이상함, SS와 같은 조직의 이상함이 이 문제의 법률적 측면에 관하여 약간의 다른 문제가 있다는 것을 명백히 하고 있다. 특히 국제범죄로서의 침략전쟁이라는 일반적인 국제문제는 히틀러 정권의 다른 범죄와는 구별되지 않으면 안 된다. 1939년 9월에 히틀러가 제네바 의정서 또는 켈록 규약의 의미에서의 침략전쟁에 호소하였다는 성명이 나치즘이나 SS 등의 잔학행위를 전체적으로 공공연하게 낙인찍어 비난한다는 보다 커다란 특수한 문제와 동일하지 않다는 것은 명백하다. 이들 두 개의 아이템은 동일하지 않다. 그뿐만 아니라 그것들을 결합하는 것 — 어떤 재판의 중점과 제네바 의정서 또는 켈록 규약의 시각을 변경한다는 — 은 현명하다고 생각하지는 않는다. 그럼으로써 재판을 준비하는 때에 이미, 또한 재판 그 자체의 기간 중은 더 한층 주의가 특수한 과제로부터 대폭 일탈되고, 국제법의 복잡한 문제에로 이전되어버릴 것이다. 평결이 엄밀하게 정식화된 것이라고 할지라도 잘못 생각한 결론일 것이다. 히틀러와 그의 공범자들은 그들의 행동의 이상함이나 극악무도함을 비할 데 없는 것으로 하는 사안을 지워버리는 룰이나 관념 아래 포섭해버릴 것이다.

「허용되기 어려운 범죄」는 결코 선례가 되어서는 안 된다. 형법에 속하는 "crime"과 같은 술어는 정범자와 공범자 · 방조 · 공범 · 은닉 등과 같은 형법의 다른 술어를 사용하는 데 덧붙여서, 그들 술어가 1939년 9월의 폴란드 분할 등의 외교정책의 행동에 적용되면 전대미문의 귀결과 같은 문제에도 관련되고 만다.

1945년 8월 25일 베를린에서*

카를 슈미트**

---

* 타이프라이터로 좁은 행간으로 타자 친 노트에서 손으로 쓴 추가.

** 상술한 노트에서는 타이프라이터로 쓰여 있다.

부 록

카를 슈미트의 생애

1. 머 리 말

세기의 헌법학자이며 국제법학자인 동시에 정치학자인 카를 슈미트(Carl Schmitt)는 1888년 7월 11일 독일 베스트팔렌주의 플레텐베르크에서 태어나서 1985년 4월 7일 97세로 파란 많은 그의 생애를 마감하였다.[1] 1910년 이래 반세기 이상에 걸친 그의 학문적 업적은 공법학과 정치학뿐만 아니라 법철학 · 종교 · 문학 · 역사의 분야에까지 미치고 있으며, 그 입장도 시대에 따라 많은 변천을 보여주고 있다. 그는 타자(他者)에 대한 논쟁적인 비판이나 분석의 다채로움에 비하여 자기 자신에 대하여 말하는 일은 별로 없다.[2] 그러므로 그 자신의 본질에 대해서는 격동하는 시대상황과도 밀접하게 관련되어 불투명하며 또한 모순된 면도 있다.

따라서 슈미트의 이론에 대하여 많은 연구자들은 다의적으로 해석하거나 왜곡하는 일도 있다. 특히 나치스에 협력한 어용학자라고 하여 한 마디로 낙인을 찍는 사람도 있다. 정말 그는 독일 공법학자 중의 「카멜레온」[3]인지, 또는 「스핑크스」[4]인지 알 수 없다. 그렇지 않으면 자유주의의 열광적인 파괴자인 동시에 진정한 민주주의의 신봉자였는지 이해할 수 없다. 아니면 「침묵에의 저항」은 가능하다고 하면서 나치스 협력의 과거를 반성하지 않는 하나의 정치신학자인가. 그의 이론도 복잡하고 난해하지만 슈미트라는 인물 자체도 수수께끼 같은 존재임에 틀림없다.

슈미트의 저작은 전후 독일에서도 계속 복간되고 있으며,[5] 최근에는 영미권을 비롯하

---

1) 슈미트의 생애와 업적, 한국과의 관련은 김효전, 카를 슈미트의 헌법이론과 한국, 『학술원논문집』(인문 · 사회과학편) 제68집 1호(2019), 151-409면; 김효전 · 정태호 옮김, 『정치적인 것의 개념』(살림, 2012), 226-250면; 김효전 편역, 『칼 슈미트 연구: 헌법이론과 정치이론』(세종출판사, 2001), 191-232면.
관련 문헌은 Reinhard Mehring, Carl Schmitt. Aufstieg und Fall. Eine Biographie, München 2009; Andreas Koenen, Der Fall Carl Schmitt. Sein Aufstieg zum "Kronjuristen des Dritten Reiches," Darmstadt 1995; Paul Noack, Carl Schmitt. Eine Biographie, Berlin 1993; Der Spiegel, Nr. 16 vom 15. April 1985; 長尾龍一, カール · シュミット傳, 同人編, 『カール · シュミット 著作集I』(慈學社, 2007), 430-476면; 石村修, 硏究者としてのカール · シュミット: 一つの傳記として, DAS硏究會編, 『公法理論の受容と展開』(向學社, 2004), 5-58면.

2) C. Schmitt, Ex Captivitate Salus. Erfahrungen der Zeit 1945/47, 1950, S. 9. 김효전역, 『구원은 옥중에서』(교육과학사, 1990).

3) K. Schultes, Der Niedergang des staatsrechtlichen Denkens im Faschismus. Die Lehre des Herrn Professor Carl Schmitts, Kronjurist der Gegenrevolution, 1947.

4) M. Schmitz, Die Freund-Feind-Theorie Carl Schmitts. Entwurf und Entfaltung, 1965.

여 전세계에서 많은 연구 문헌들이 발간되고 있다.[6] 한국에서도 그의 기본 저작은 대부분 번역되었고 여전히 슈미트는 관심의 대상이 되고 있다.[7]

여기서는 필자가 『정치신학외』(법문사, 1988)에 부록으로 붙였던 슈미트의 생애와 저작목록을 중심으로 서술하기로 한다. 문헌목록은 벨기에의 슈미트 연구가인 피이트 토미센(Piet Tommissen, 1925-2011)이 작성한 목록에 최근의 것까지 첨가하였다.

2. 성장과정

카를 슈미트는 박사학위논문 말미에 자신을 다음과 같이 소개하고 있다.

> 나는 1888년 7월 11일, 상인 요한 슈미트의 아들로서 베스트팔렌의 플레텐베르크에서 출생하였다. 김나지움은 베스트팔렌의 아텐트룬 인문학교에서, 1907년의 부활절에 졸업증서를 받았다. 그 후 대학에서, 6학기[3년]법학을 수학하였는데, 그 내역은 베를린에서 2학기, 뮌헨에서 1학기, 스트라스부르에서 3학기이다. 마지막 두 학기는 판 칼커 교수의 지도 아래 형법을 연구하였다. 여기에 동 교수에게 깊은 감사를 드린다.[8]

젊은 슈미트는 1910년 프리츠 판 칼커[9]의 지도 아래 「책임과 책임의 종류에 관하여 - 그 술어학적 한 연구」[10]라는 제목으로 스트라스부르크(Straßburg)대학에서 박사학위를 받는다. 이처럼 신선하게 학계에 데뷔하던 신인이 곧 독일 국법학의 귀재로서 바이마르 체제의 폐허 위에 군림한 나치스 법학의 대표자가 되리라고 누가 예측하였을 것인가?

그가 태어난 베스트팔렌(Westfalen)주는 17세기 전반의 처참한 종교전쟁인 30년 전쟁으로 종결은 본 베스트팔리아 조약(1648년)이 체결된 곳이다.[11] 플레텐베르크

---

5) 슈미트의 주요 저작은 대부분 Berlin의 Duncker & Humblot사에서 출판되고 있으며, Günter Maschke (Hrsg.), Staat, Großraum, Nomos: Arbeiten aus den Jahren 1916-1969, 1995, 668 S.; ders. Frieden oder Pazifismus? Arbeiten zum Völkerrecht und zur internationalen Politik 1924-1978, 2005, 1010 S.가 기본적인 문헌이다.

6) 예컨대 Alain de Benoist, Carl Schmitt: Internationale Bibliographie der Primär-und Sekundärliteratur, Graz: Ares 2010; ders., Carl Schmitt Bibliographie seiner Schriften und Korrespondenzen, Berlin: Akademie Verlag 2003; Daniel Hitschler, Zwischen Liberalismus und Existentialismus: Carl Schmitt im englischsprachigen Schriften, Baden-Baden: Nomos 2011. 187 pp. (Würzburg Diss. 2011).

7) 상세한 문헌은 김효전, 카를 슈미트의 헌법이론과 한국, 참조. 이 논문에는 "Die Sichtbarkeit der Kirche"(1917) 등 나치스 시대의 논문 원문이 부록으로 첨부되어 있다.

8) 이것은 나가오(長尾) 교수의 해설에서 인용한 것이다. 필자가 본 슈미트의 학위논문은 Strafrechtliche Abhandlungen Heft 120의 하나였으며, 여기에는 'Lebenslauf'가 없다.

9) 프리츠 판 칼커(Fritz van Calker, 1864-1957)에 관하여 슈미트는 「정말 좋은 사람이며 나를 열심히 보살폈다」고 일기에 적었다. R. Mehring, Carl Schmitt. Aufstieg und Fall, S. 28, S. 601 Anm. 26.

10) C. Schmitt, Über Schuld und Schuldarten. Eine terminologische Untersuchung, 1910. 이 책의 재판은 2. Aufl., Duncker & Humblot 2017.

11) 슈미트의 유품은 노르트라인-베스트팔렌 주립 문서고에 보관되어 있다. 이곳의 목록은 Nachlaß Carl

(Plettenberg)는 그 남부, 쾰른의 동북동 약 70킬로, 렌네강 유역의 작은 도시로서 슈미트는 소년시대까지 산에서 맑은 물이 흘러내리던 이 강이 얼마 안 있어 공장배수용의 운하로 변해버린 것을 탄식한다.[12] 슈미트가의 신조는 프랑스와의 국경지대, 즉 모제르강 연안 출신으로,[13] 슈미트가 프랑스 사상과 깊은 관련을 맺고 있는 것은 여기에서 연유하는 듯하다.[14] 가정의 종교는 가톨릭이며 양친 모두 플레텐베르크의 가톨릭 묘지에 안장되어 있으며,[15] 서가에 가톨릭적 입장에서 쓴 역사책이 있었던[16] 것으로 가정의 분위기를 알 수 있다. 베스트팔렌은 독일의 중공업지대이며, 그의 출생지도 라인 연안의 문화적 중심지에 가깝고, 파리와 베를린의 바로 중간점에 해당된다.[17] 이처럼 그는 모든 사상적 · 문화적 조류가 교차하는 곳에서 자라났다고 보겠다.

슈미트가 태어난 1888년은 비스마르크 말기에 해당되며, 프로이센 정부와 가톨릭교회와의 「문화투쟁」이 타협적 결론을 본 직후였다.[18] 이 문화투쟁은 가톨릭교도의 독일인을 곤란한 「의무의 충돌」 상태로 몰아넣었는데, 그 여파는 슈미트사상에 까지 미치게 되었다.[19]슈미트는 자신의 본능이나 선호에 반하여 서부 독일에서 베를린으로 이주하게 되었는데, 그는 숙명적으로 베를린에 말려들어 갔다고 술회하고 있다.[20] 그러나 여기서도 루터파가 지배하는 베를린에 대한 종교적 위화감이 존재하였을 것이다. 전후 슈미트는 계속하여 고향 플레텐베르크에 은거하다가 작고하였다.

김나지움 시대에 그는 막스 슈티르너(Max Stirner, 1806-1856)의 『유일자와 그의 소유』[21]를 읽었다고 한다.[22] 슈티르너는 「유일한 현실적인 것은 개인, 즉 나(我)이며,

---

Schmitt: Verzeichnis des Bestandes im Nordrhein-Westfälischen Hauptstaatsarchiv, Bearbeitet von Dirk van Laak und Ingeborg Villinger, Respublica-Verlag, Siegburg 1993, 698 S.

독일사 일반은 디트릭 올로, 문수현 옮김, 『독일 현대사』(미지북스, 2019); 정유희 옮김, 『독일사』(느낌이 있는책, 2015); 에드가 볼프룸, 이병련 · 김승렬 옮김, 『무기가 된 역사: 독일사로 읽는 역사전쟁』(역사비평사, 2007); 권형진, 『독일사』(대한교과서, 2005); 이민호, 『독일사』(까치, 2003); 앙드레 모로아, 전영애 옮김, 『독일사』(홍성사, 1990); 독일문화연구소편, 『독일문화사대계〈1〉 일반사 · 제도사』(신지사, 1974); 임채원, 『독일근대사연구』(일조각, 1975); R. H. 텐브록, 김상태 · 임채원 공역, 『독일사』(상 · 하)(서문당, 1973); 마우-크라우슈니크, 오인석역, 『독일현대사』(탐구당, 1976).

12) C. Schmitt, Ex Captivitate Salus, S. 52.

13) Ebd., S. 52

14) 슈미트와 프랑스의 관계는 김효전, 카를 슈미트의 프랑스 헌법이론 연구, 東堂 성낙인총장 퇴임기념논문집 『국가와 헌법 · I 헌법총론/정치제도론』(법문사, 2018. 6), 191-221면.

15) Ebd., S. 52.

16) Ebd., S. 25.

17) 피이트 토미센, 칼 슈미트와의 대화(1975), 김효전 편역, 『칼 슈미트 연구 - 헌법이론과 정치이론』(세종출판사, 2000), 191-232면.

18) 프로이센 국가와 사회의 생성에 관하여는 이민호, 『근대 독일사연구』(서울대출판부, 1976) 참조.

19) Ebd., S. 25.

20) Ebd., S. 35.

21) Max Stirner, Der Einzige und sein Eigentum, 1845. 차인석편, 슈티르너, 유일자와 그의 소유, 『19세기 독일 사회철학』(민음사, 1986), 310-368면에 수록.

22) Ebd., S. 80.

사물은 나에게 유용한 한에서만 가치를 가진다고 하는 극단적인 개인주의자」[23]이며, 이러한 청년시대의 독서경향 중에 이미 그의 비정통적 · 몰윤리적 사유에의 면역이 존재하고 있음을 알 수 있다. 일체의 성스러운 것을 상실한 근대적 사유의 궁극적 귀결[24]을 그는 이미 청년시대부터 통찰하고 있었는지도 모른다. 젊은 날의 슈미트에 관하여는 최근 그의 일기가 발간되고 있어서 다방면에 걸친 독서범위와 관심 방향을 알 수가 있다.[25] 그라프 폰 크로코우(Chr. Graf v. Krockow)는「제1차 대전 전의 시민적 안정과 번영의 분위기 속에서 자라면서 결연히 이 분위기에 반항한 세대」에 속하는 사상가로서 에른스트 윙거(Ernst Jünger), 마르틴 하이덱거(Martin Heidegger)와 함께 슈미트를 들고 있다.[26] 제1차 세계대전 전야의 시기라고는 하나, 이 시기를 슈미트 자신은「적어도 외관상 위기 없는 평온상태가 지배하고 있었던 시기」[27]라고 부른다.

3. 제1차 대전까지

슈미트가 법사상가로서 처음으로 두각을 나타낸 것은『법률과 판결』[28]이었다. 여기서 그는 법관이 법률의 흠결에 직면한 경우 어떠한 기준에 따라서 결정하여야 하는가? 또한 법관이 법률을 적용할 수 없는 경우 법관의 결단으로부터 하나의 국가행위를 만드는 문제에 중점을 두었다. 이에 대하여 슈미트는 법관의 자의적인 요소를 들고 있는데, 이는 자연법 · 윤리 · 문화규범과 같은 실정법 외적인 규준(規準)으로는 규범화될 수 없는 것이라고 한다. 또한 법관의 결단도「법적 안정성」이라는 명제 하에서 내려졌을 경우에만 정당화된다고 하였다.[29] 이러한 이론에서 우리는 그의「결단주의」의 단서를 찾을 수 있으며,[30] 법률의 흠결을 예외상태로서 파악하여 법실증주의를 비판한 것을 알 수 있다.[31]

---

23) Heinrich Schmidt, Philosophisches Wörterbuch, 5. Aufl., 1920, S. 272.

24) C. Schmitt, Das Zeitalter der Neutralisierungen und Entpolitisierungen, 1929.

25) 일기, 편지 등 자료는 G. Giesler u. a.(Hrsg.), Carl Schmitt. Der Schatten Gottes. Introspektionen, Tagebücher und Briefe 1921 bis 1924, Berlin: D&H., 2014; W. Schuller (Hrsg.), Carl Schmitt. Tagebücher 1930 bis 1934, Berlin 2010; E. Hüsmert und G. Giesler (Hrsg.), C. S. Die Militärzeit 1915 bis 1919. Tagebuch Februar bis Dezember 1915, Berlin 2005.

26) Christian Graf von Krockow, Die Entscheidung. Eine Untersuchung über Ernst Jünger, Carl Schmitt, Martin Heidegger, 1958, S. 1.

27) C. Schmitt, Reich-Staat-Bund, 1933, in: Positionen und Begriffe im Kampf mit Weimar-Genf-Versailles 1923-1939, 1940, S. 190-198. 김효전 · 박배근 공역,『입장과 개념들』(세종출판사, 2001).

28) C. Schmitt Gesetz und Urteil. Eine Untersuchung zum Problem der Rechtspraxis, 1912. 2. unveränderte Aufl., 1969, S. 71 ff. 홍성방 옮김,『법률과 판결: 법실무의 문제에 대한 연구』(유로, 2014).

29) C. Schmitt, Gesetz und Urteil, 1912.

30) C. Schmitt, Politische Romantik, 3. Aufl., 1968. 배성동역,『정치적 낭만』, 삼성판 세계사상전집(44), 1977.

31) Michael Stolleis, Carl Schmitt, in: Staat und Recht. Die deutsche Staatslehre um 19. und 20.

초기의 대표작은 1914년 슈트라스부르크 대학에 교수자격취득논문(Habilitation)으로서 제출한 『국가의 가치와 개인의 의미』이다.[32] 여기서 슈미트는 법 · 국가 · 개인의 3자의 관계를 주제로 하여 규범인 법의 사실인 국가에 대한 우위와 법·국가의 초개인성을 주장한다. 그는 코헨(Cohen), 나토르프(Paul Natorp), 슈탐믈러(R. Stammler) 등 마르부르크(Marburg)학파의 신칸트주의를 원용하면서 가치의 존재에 대한 우위를 주장하고, 실정법을 초월한 법, 「자연주의 없는 자연법」(Naturrecht ohne Naturalismus)의 존재를 주창한다.[33] 국가는 이러한 초월적 가치를 현실화하는 매개자이며,[34] 따라서 법에 종속한다. 여기에 모든 질서는 법질서이며, 모든 국가는 법치국가라는 켈젠(H. Kelsen)적 명제가 정립된다.[35] 법과 윤리의 엄격한 분리에서 선험적 질서로서의 법의 개념으로, 그리고 법의 실현자 앞에서 순수규범의 논리적 우위에 있어서 국가에 대하여 켈젠과의 본질적인 공통점이 발견된다.[36] 여기까지는 극히 규범주의적 · 자연법적인데, 「국가는 법규범의 유일한 담당자」라는 명제[37]와 함께 장면은 반개인주의적 · 결단주의적 전회를 한다. 이 책의 모두에 「태초에 계명이 있고, 후에 인간이 나타난다」(Zuerst ist das Gebot, die Menschen kommen später)라는 테오도르 도이블러(Theodor Däubler)의 시 한 구절을 표어로서 내걸고 있듯이, 법의 세계에 있어서 개인은 무가치하며, 다만 객관적인 것에 몸을 던짐으로써만 가치에 참여할 수 있다는 반개인주의가 나타나 있다.[38] 19세기적인 자유주의 · 개인주의는 과거의 것이 되고, 기계 · 조직 · 화폐경제 · 기술 · 지배기술의 시대는 몰개성의 시대가 되었는데 이것이 바로 「위대한 시대」의 서광일 수 있다고 한다.[39] 또한 법의 인정권(認定權)을 국가가 독점하는 것에서 정당하게 결정하는 것보다는 첫째로 필요한 것은 결정 그 자체라는 결단주의가 도출된다.[40]

이 책은 규범주의와 결단주의라는 양립하기 어려운 원리를 접목시킨 분열적 저작이라는 인상을 주는데, 적어도 반개인주의라는 슈미트의 생애를 지배한 입장은 일관되고 있다. 그리고 신칸트주의의 원용에도 불구하고 당위와 존재의 이원론은 신칸트주의와 달리 인식론적이 아니라 존재론적으로 다루고 있다. 따라서 이러한 초기의 「규범주의」도 켈젠류의 무내용한 형식으로서의 「규범주의」와는 철학적 기초를 달리한다.

그런데 이때의 슈미트는 도이블러(Th. Däubler)의 시 『극광』(Das Nordlicht, 3 Bde., Versepos, 1910)에 열중하고 있었다. 1910년 그의 친구 프리츠 아이슬러(Fritz Eisler)[41]

Jahrhundert, hrsg. v. Martin Sattler, 1972, S. 128.

32) C. Schmitt, Der Wert des Staates und die Bedeutung des Einzelnen, 1914, S. 12.

33) Ebd., S. 76.

34) Ebd., S. 68.

35) Ebd., S. 53. V. 1; Römischer Katholizismus und politische Form, 1925, S. 34.

36) E. Sterling, Studie über Hans Kelsen und Carl Schmitt, Archiv für Rechts-und Sozialphilosophie, 1961, S. 569 ff.

37) C. Schmitt, Der Wert des Staates und die Bedeutung des Einzelnen, S. 71.

38) Ebd., S. 89-90.

39) Ebd., S. 4-6.

40) Ebd., S. 79.

가 그에게 추천한 것이 계기가 되어,[42] 마침내 그는 이 시에 대하여 책 하나를 발간할 정도로 여기에 열중하였다.[43] 도이블러는 베네치아의 대안 트리에스테(당시 오스트리아 영토)에서 태어나 로마 · 피렌체 · 파리 등에 체류한 후 1912년 베를린을 방문하여 슈미트는 잠시 그와 교류하였다. 「극광」은 3권으로 된 책으로 장대한 형이상학적 서사시, 정신에 의한 인류의 구속(救贖)을 구가한 것으로 슈미트의 『극광론』은 이를 기독교적으로 해석한 것이라고 한다. 그러나 도이블러의 구속이 신이 아니라 인간 자신의 힘에 의한 것인데 위화감을 느껴 1938년 프루동(Proudhon)의 인류멸망론을 보고 도이블러의 「자력도적」인 역사철학의 근원은 불충분하다고 느껴 「타력도적」인 시인 콘라드 바이스(Konrad Weiß)에 접근한다.[44] 특히 도이블러와 아이슬러는 유대계이며, 『극광론』 중에서 슈미트가 반유대주의를 비판하였기 때문에 나치 시대에 공격을 받았다.[45] 이 시기에 그는 리하르트 바그너(Richard Wagner)론도 썼으며,[46] 슈미트 생애에서 가장 예술에 경주한 시대이기도 하다. 그러나 1916년에는 프랑스 혁명 당시의 문제를 다룬 「독재와 계엄」이란 논문도 발표하였다.[47]

슈미트는 1914년 슈트라스부르크대학에 교수자격취득논문을 제출한 이후 1916년까지 헌법 · 행정법 · 국제법과 국가이론의 사강사(Privatdozent)였다. 이때 도이블러 · 바이쓰 · 블라이(Franz Blei) 등과 교유관계를 가졌다. 슈미트는 1915년 2월에는 제2차 사법시험에 합격할 때까지 자신의 군입대를 연기하려고 하였다. 합격 다음 날 그는 보병 예비부대에 지원하였으나 기초훈련과정에서 척추에 부상을 입고 전투에 부적격자가 되었다. 그리하여 3월 뮌헨의 참모본부에 배속되고 거기서 전시의 대부분을 보내고 1919년 7월에 제대한다.[48]

1915년에는 세르비아 출신의 첫 번째 부인 파울라 도로틱(Pawla Dorotič, 1883-1968)과 결혼하나 이혼한다.[49] 1916년 교수자격을 취득하고 스트라스부르대학 사강사가

---

41) 슈미트는 그의 『헌법이론』(Verfassungslehre, 1928)을 아이슬러의 추억에 바치고 있다.

42) C. Schmitt, Ex Captivitate Salus, S. 52.

43) Theodor Däubers Nordlicht, Drei Studien über die Elemente, den Geist und die Aktualität des Werkes, 1916. 3. Aufl., 2009.

44) C. Schmitt, Ex Captivitate Salus, S. 53.

45) Karl Löwith, Der okkasionelle Dezisionismus von Carl Schmitt, 1935. in: Gesammelte Abhandllungen zur Kritik der geschichtlichen Existenz, S. 111 (김효전 옮김, 「칼 슈미트의 기회원인론적 결정주의」(1960), 동인 옮김, 『합법성과 정당성』(교육과학사, 1993), 227-292면 수록; Hasso Hofmann, Legitimität gegen Legalität, 1964, S. 199-200 (그러나 도이블러의 신앙은 프로테스탄트였다).

46) C. Schmitt, Richard Wagner und seine neue Lehre vom Wahn, in: Bayreuther Blätter, 1912.

47) C. Schmitt, Diktatur und Belagerungszustand, in: Zeitschrift für die gesamte Strafrechtswissenschaft, Bd. 38. 1916.

48) 슈미트의 군대 시대의 일기는 Ernst Hüsmert und Gerd Giesler (Hrsg.), Carl Schmitt. Die Militärzeit 1915 bis 1919. Tagebuch Februar bis Dezember 1915 Aufsätze und Materialien, Duncker & Humblot, Berlin 2005.

49) 슈미트는 많은 일기를 남겼다. 초기의 것은 Ernst Hüsmert (Hrsg.), Carl Schmitt. Tagebücher vom Oktober 1912 bis Februar 1915, 2. Aufl., Duncker & Humblot, Berlin 2005.

되어 1918년 11월까지 근무한다. 그러나 스트라스부르대학이 폐쇄되어 대학에서의 직을 상실한다.

4. 바이마르 시대

「가혹한 사태와 새로운 통치는 나로 하여금 이렇게 생각케 하였다」(Res dura et regni novitas me talia cogunt moliri..., Vergilius, Aeneis)[50)]

1919년 슈미트는 본(M. J. Bonn, 1873-1965)의 주선으로 뮌헨 상과대학의 사강사가 된다. 제1차 세계대전 말기인 1917년부터 18년에 걸쳐 슈미트는 막스 베버의 사강사 세미나에 참석하고, 『정치적 낭만』의 집필에 몰두하였다.[51)] 이 책은 아담 뮐러(Adam Müller)를 소재로 하면서 낭만주의의 본질을 주관적 계기주의(Occasionalismus), 즉 혁명 · 전쟁 등과 같은 사건도 천재적 착상 · 낭만적 창조의 계기로서만 다루는 사상이라고 규정한다.

이 『정치적 낭만』을 집필하던 시기는 바로 러시아 혁명, 독일의 패전, 독일혁명의 시기이다. 독일혁명 초기의 중심세력이었던 사회민주당은 분열되고 의회주의의 채택여부를 둘러싸고 대립하였다. 이 시기의 슈미트는 공산당의 지지자(Sympathizer)였다는 견해도 있으나,[52)] 당시 그는 뮌헨에서 쿠르트 아이스너(Kurt Eisner)의 단명한 혁명정부와 조금 접촉하였을 가능성이 있다.[53)] 여하튼 그는 패전 · 혁명 · 기아 · 인플레라는「가혹한 사태」(res dura)를 바라보면서 초기의 가톨릭적「규범주의」를 척결하고, 결단과 초법적 독재의 사상가로서 등장한다.

이 시기의 주요 저작으로서는 ① 『독재론』(1921),[54)] ② 『정치신학』(1922),[55)] ③ 『현대의회주의의 정신사적 지위』(1923),[56)] ④ 『로마가톨릭주의와 정치형태』(1923),[57)]

---

50) C. Schmitt, Der Hüter der Verfassung, 1931. Vorwort. Cf. ders., Der Begriff des Politischen, Ausgabe von 1963, S. 124.

51) C. Schmitt, Politische Romantik, S. 27. 배성동역, 『정치적 낭만』, 387면. 독일낭만주의에 관하여는 프레더릭 바이저, 김주휘 옮김, 『낭만주의의 명령 세계를 낭만화하라: 초기 독일 낭만주의 연구』(그린비, 2011); 장남준, 『독일 낭만주의 연구』(나남, 1989); 지명렬, 『독일 낭만주의 연구』(일지사, 1975), 특히 24-28면.

52) William Ebenstein, Modern Political Thought, 1947, p. 323.

53) Lutz-Arwed Bentin, Johannes Popitz und Carl Schmitt. Zur wirtschaftlichen Theorie des totalen Staates in Deutschland, 1972, S. 79.

54) C. Schmitt, Die Diktatur. Von den Anfängen des modernen Souveranitätsgedankens bis zum proletarischen Klassenkampf, 1921, 6. Aufl., 1994. 김효전 옮김, 『독재론. 주권사상의 기원에서 프롤레타리아 계급투쟁까지』(법원사, 1996).

55) C. Schmitt, Politische Theologie. Vier Kapitel zur Lehre von der Souveränität, 1922, 2. Ausgabe, 1934.

56) C. Schmitt, Die geistesgeschichtliche Lage des heutigen Parlamentarismus, 1923, 5. Aufl., 1979.

57) C. Schmitt, Römischer Katholizismus und politische Form, 1923.

⑤『국제연맹의 핵심문제』(1926),[58] ⑥『정치적인 것의 개념』(1927, 제2판은 1932),[59] ⑦『국민표결과 국민발안』(1927),[60] ⑧『헌법이론』(1928),[61] ⑨「중립화와 탈정치화의 시대」(1926),[62] ⑩『후고 프로이스』(1930),[63] ⑪『헌법의 수호자』(1931),[64] ⑫『합법성과 정당성』(1932)[65] 등이 있다.

1921년 슈미트는 그라이프스발트(Greifswald)대학에 정교수로 초빙된다.[66] 이듬해에는 본(Bonn)대학으로 옮기게 되었다. 1928년 그는 본 대학을 떠나 바이마르 헌법의 기초자인 후고 프로이스(Hugo Preuß)[67]의 후임으로 정치의 중심지인 수도의 베를린 상과대학(Handelshochschule Berlin)에 부임하였다. 이때부터 나치스가 정권을 잡기까지 그는 바이마르 헌법을 연구하는 한편 서서히 정치에도 관여하기 시작하였다.[68] 특히 프로이센 정부에 대한 라이히 위원(Reichskommissar) 임명의 적법성을 둘러싼 분쟁에서 라이히 정부(Papen 내각)의 대표로서 국사재판소에 출두하면서 정치활동을 시작한 것이 주목된다.[69]

바이마르 시대의 슈미트의 사고는 무엇보다도 독일의 위기적 현실에서 출발한다. 흔히 슈미트의 이론이 건설적 · 긍정적이라기보다는 파괴적 · 부정적 · 비판적 · 논쟁적이

---

58) C. Schmitt, Die Kernfrage des Völkerbundes, 1926.

59) C. Schmitt, Der Begriff des Politischen, 1927, 4. Aufl., 1963. Text von 1932 mit einem Vorwort und drei Corollarien, 1963. 윤근식역,『정치의 개념』, 위성문고(64), 1961은 1927년 판을 번역한 것이다.

60) C. Schmitt, Volksentscheid und Volksbegehren. Ein Beitrag zur Auslegung der Weimarer Verfassung und zur Lehre von der ummittelbaren Demokratie, 1927.

61) C. Schmitt, Verfassungslehre, 1928, 10. Aufl., 2010. 김기범역,『헌법이론』(교문사, 1976).

62) C. Schmitt, Das Zeitalter der Neutralisierungen und Entpolitisierungen, 1929.

63) C. Schmitt, Hugo Preuß. Sein Staatsbegriff und seine Stellung in der deutschen Staatslehre, 1930.

64) C. Schmitt, Der Hüter der Verfassung, 1931, 5. Aufl., 2016.

65) C. Schmitt, Legalität und Legitimität, 2. Aufl., 1968.

66) 그라이프스발트대학에 관하여는 Hans-Georg Knothe, Die Fakultät zur Zeit der Gründung und Umbenennung 1914, in: 100 Jahre Rechts-und Staatswissenschaftliche Fakultät an der Universität Greifswald 2014, S. 12-27; Jan Körnert, Die Fakultät der Weimarer Republik und im Nationalsozialismus, in: a. a. O., S. 28-41.

67) 프로이스(1860-1948)의 전집은 Hugo Preuss Gesammelte Schriften, 5 Bde., Tübingen: Mohr 2007/2010. 문헌은 Günther Gillessen, Hugo Preuß. Studien zur Ideen-und Verfassungsgeschichte der Weimarer Republik, Duncker & Humblot, Berlin 2000; 디안 쉐폴드, 김효전 옮김, 후고 프로이스: 도시법제에서 바이마르 공화국 헌법으로,『헌법학연구』제25권 4호(2019); 初宿正典,『カール・シュミットと五人のユダヤ法學者』(成文堂, 2016), 389-504면; 大野達司編 ,『主權のゆくえ - フーゴー・プロイスと民主主義の現在』(風行社, 2011); H. Heinrichs/H. Franzki/K. Schmalz/M. Stolleis, Deutsche Juristen aus jüdischer Herkunft, Beck, München 1993, S. 429-454(森勇監譯,『ユダヤ出自のドイツ法律家』, 中央大出版部, 2012), 649-682면.

68) 바이마르 헌법에 관한 문헌은 C. Kortum und W. Meerwald (Hrsg.), Schrifttum des geltenden Verfassungsrechts, Berlin 1929, 116 S. 헤르만 헬러, 김효전 옮김,『바이마르 헌법과 정치사상』(산지니, 2016); 김효전, 바이마르 헌법에 관한 문헌목록,『동아법학』 창간호(1985), 515-551면.

69) C. Schmitt, Die Verfassungsmäßigkeit der Einsetzung von Staatskommissaren, in: Danziger Juristen-Zeitung, 13. Jg., Nr. 11 vom 25. November 1934, S. 113-116.

라고 하는 이유는 그가 바이마르 시대의 「현상」(status quo)에 대하여 강한 위기의식을 가졌기 때문이라고 본다. 슈미트는 키에르케골(Kierkegaard)과 관련하여[70] 1922년 초 다음과 같이 기술하였다.

> 「구체적인 생활철학은 바로 예외라든가 극단적인 사태에 직면하여 이것과 관계를 끊는 것이 허용되지 않을 뿐만 아니라 오히려 최고도로 거기에 관심을 기울여야 한다. 구체적인 생활철학에서는 원칙보다도 예외가 더 중요시 될 수 있다. 이것은 역설을 좋아하는 낭만적인 심정에서가 아니라 평균적으로 반복되는 사례의 명확한 일반화 이상으로 더 한층 깊은 통찰을 진지하게 희구하는 데에서 나온다. 예외는 정상사태보다도 흥미롭다. 정상은 아무것도 증명하지 못하지만 예외는 모든 것을 증명한다. 예외는 원칙을 보장할 뿐이지만 원칙은 대개 예외에 의해서만 생존한다.[71] ...... 정상적인 상태가 창조되어야 하며, 주권자란 이러한 정상적인 상태가 현실적으로 지배되고 있는가의 여부에 관하여 확정적으로 결정하는 자이다. 모든 법은 '상황의 법'(Situationsrecht)이다」.[72]

정상사태와 법질서는 결단에 근거를 두며, 규범에 입각하는 것은 아니라고 하면서,[73] 켈젠에 대한 명백한 전향을 주장한다. 이리하여 「결단」을 통하여 혼돈을 극복하는 능력에 있다.[74] 이러한 능력이 있는 국가만이 국가라고 불릴 수 있다. 「내란을 종식시킬 수 없는 것은 결코 국가는 아니다」[75]라고 후일(1938년) 토머스 홉스와 관련된 글에서 주장하면서, 『정치신학』에서 홉스를 「결정주의적 유형의 고전적 대표자」[76]라고 한다.[77]

이러한 예외적인 비상사태를 다스리는 것이 결단이며 주권이다. 이것은 종교의 영역에서는 기적(Wunder)과 같은 의미이며, 국가질서를 지배하는 주권자는 바로 전능한 신과 같은 존재로 고양된다.[78]

---

70) Søren Kierkegaard, Entweder-Oder, 1843. 야스퍼스도 현대인의 정신적 상황을 인생의 예외자(Ausnahme)로 파악한 사람으로서 키에르케골과 니체를 든다. K. Jaspers, Vernunft und Existenz, 3. Aufl., 1949, S. 24 f. 황산덕, 『법철학입문』(박영사, 1970), 15면 이하.

71) C. Schmitt, Politische Theologie, S. 22. 김효전역, 『정치신학』, 24-25면.
슈미트는 S. 22(역서 25면)에서 「한 프로테스탄트 신학자」라고 하면서 키에르케고어의 이름을 거명하지 않고 그의 『반복』을 길게 인용한다. 당시로서는 다 아는 것으로 생각하여 출처를 밝히지 않은 것인지, 키에르케고어나 프로테스탄트 신학자를 고의로 폄하하기 위한 것인지, 인용과 출처에 철저한 슈미트답지 않은 기록이다. 『반복』의 한국어 번역은 임춘갑 옮김(치우, 2011), 192/3면.

72) Ebd., S. 20. 역서, 23면.

73) Ebd., S. 16. 켈젠과의 대비는 ebd., S. 27-31; Wolfgang Mantl, Hans Kelsen und Carl Schmitt, in: Rechtstheorie, Beiheft 4, 1982, S. 185-199.

74) M. Stolleis, Carl Schmitt, a. a. O., S. 131.

75) C. Schmitt, Der Leviathan in der Staatslehre des Thomas Hobbes, 1938, S. 72.

76) C. Schmitt, Politische Theologie, S. 44.

77) 슈미트와 홉스와의 관계는 H. Rumpf, Carl Schmitt und Thomas Hobbes. Ideelle Beziehungen und aktuelle Bedeutung mit einer Abhandlung über: Die Frühschriften Carl Schmitts, 1972.

78) C. Schmitt, Politische Theologie, S. 49.

이러한 시기에 그는 국제적으로는 베르사유체제와 국제연맹을, 국내적으로는 다원적 세력들의 균형으로서 간신히 성립하고 있던 바이마르 체제를, 그리고 사상적으로는 위기를 도외시하고 전래의 해석기술로써 현상을 법적으로 구성하려고만 하는 실증주의적 국법학과 그 철학적 보장자인 자유주의적 · 실증주의적 세계관을 그 비판의 대상으로 하였다. 그러면 이러한 비판에 대신하여 그가 적극적으로 제시한 대안은 무엇인가?

그가 제시하는 것은 사회주의적 미래상도, 가톨릭적 질서도, 프로이센적 질서도, 카이제르의 부활도 또한 파시즘적 질서도 아니다. 「1919년에 그는 거의 공산주의자였다. 그 후 그는 주요한 독일의 정당 모두를 뛰어 다녔다. 그는 공산주의로부터 사회민주주의에로, 민주주의에, 가톨릭중앙당에, 독일국민당에, 그리고 마지막에는 자타가 공인하는 나치스주의자로 '전진' 하였다」[79]는 것은 약간 과장된 느낌도 든다. 그러나 그가 각 정당세력에서 찾은 것은 그 정당이 내세우는 이념이 아니라 다원성의 극복, 국가적 통합, 그리고 정치적 결단이라고 한다면, 정치정세에 따라서 이와 같은 편력을 한 의미도 이해할 수 있다.

이 시기의 슈미트는 무엇보다도 국가주의자이다. 전 인류를 포섭하는 세계질서를 지향하는 국제주의와 같은 미래의 공상 이상의 의의가 부정되고,[80] 국제주의의 법학적 표현인 국제법우위설(국제법은 국내법에 우월한다는 이론)은 독일을 해체하려는 연합국, 대독보복주의(對獨報復主義)에 이상주의로써 위장한 베르사유체제의 내통자라고 한다.[81] 국제연맹은 국가주권을 지양하는 국제적 존재는 아니며 국가의 존립을 보장하는 국가간적 존재가 아니라,[82] 베르사유조약의 보복주의의 연장상의 존재이며, 결석하면서 지배하는 존재로서 간신히 그 보복적 성격이 완화되고 있음에 불과하다.[83] 이리하여 슈미트는 영미류의 보편주의적인 자유민주주의도 국제연맹의 국제주의도, 또한 제2 인터내셔널의 공산주의도 독일 통일의 해체자로서 배척한다.

독일 국내의 바이마르 체제에 눈을 돌리면, 각각 세계관을 달리하는 5대 정치세력(공산당 · 사회민주당 · 중앙당 · 인민당과 우익의 국민당, 후에는 여기에 더하여 나치당)이 각각 요람에서 무덤까지(유치원 · 여행단체 · 스포츠단체로부터 장의사까지) 지지자를 장악하고 있다.[84] 각 정당은 비례대표제에 따라서 확고하게 의회에 뿌리를 내리고, 커텐 배후의 연립공작으로써 취약하고 단명한 내각을 만들거나 파괴한다.

「다섯 개가 서로 완전히 결합불가능한, 완전히 대립한, 병존하는 것이 무의미한 그러나

---

79) W. Ebenstein, op. cit., p. 323.

80) C. Schmitt, Der Begriff des Politischen, S. 53.

81) C. Schmitt, Völkerrechtliche Problem im Rheingebiet, 1928, in: Positionen und Begriffe, S. 106.

82) C. Schmitt, Der Begriff des Politischen, S. 56.

83) C. Schmitt, Legalität und Legitimität, 2. Aufl., 1968.

84) C. Schmitt, Weiterentwicklung des totalen Staats in Deutschland, 1933, in: Verfassungsrechtliche Aufsätze aus den Jahren 1924-1954, 1958, 4. Aufl., 2003, S. 362.

그 각각은 완결되고 그 전체성을 가진 체계들과 다섯 개의 대립된 세계관 · 국가형태 · 경제체제 사이에는 바로 환상적인 선택(phantastische Option)의 문제가 있다. 이 다섯 개의 조직화된 체계는 각각 전체성을 가지며, 끝까지 깊이 생각해 보면 서로 부정하고 파괴하지 않을 수 없다. 즉 무신론이냐 기독교냐, 사회주의냐 자본주의냐, 군주제냐 공화제냐, 모스크바 · 로마 · 비텐베르크 · 제네바 그리고 갈색의 집[나치본부] 등등의 양립불가능한 적대관계를 상기하라! 이들 배후에는 확고한 조직이 있으며, 국민은 1년에 여러 번 선택이 강요된다. 이것의 의미를 명확히 인식하는 자는 이러한 절차로부터 행동력을 가지며, 정치적 의사결정력을 가지는 다수가 가령 완만한 결합체로서도 생성할 수 있다고는 거의 기대할 수 없을 것이다. 이러한 과정이 의미하는 것은 단지 국민의 의사는 그 연원에서 이미 다섯 개의 수로(水路)로 분할되고, 다섯 개의 다른 방향으로 인도되고 마침내는 최후까지 합류하지 않는 것이다」.[85]

슈미트는 이러한 사태의 타개자로서 대통령의 비상사태 권한에 기대하였다. 이것이야말로 바이마르 체제를 수호하는 최후의 수단이라고 생각하였다.

「대통령이 헌법의 수호자라는 주장만이 바이마르 헌법이 근거를 두고 있는 민주주의적 원리에 적합한 것이다. 대통령은 전독일 인민에 의해서 선출되며, 입법권에 대한 대통령의 권한(특히 의회해산과 국민투표에 회부하는 권한)은 실질적으로 국민에 대한 호소(Appell an das Volk)이다. 현행 헌법은 대통령직을 국민에게 직접 선출된, 정당정치에 대한 중립적인 제도 · 권능을 이룸으로써 바로 민주주의의 원리에서 나오며, 사회적 · 경제적 세력들의 다원성에 대한 균형을 취하고 정치적 전체로서의 국민의 통합을 수호하려고 한 것이다」.[86]

슈미트는 이와 같이 다원성에의 요인인 자유주의에 대한 민주주의적 요소를 바이마르 체제의 핵심으로서 다루고, 대통령의 비상사태권한을 주권자인 국민에 의한 「위임적 독재」로서 헌법의 수호자의 지위에 두었다.[87] 이에 대하여 켈젠은 공화국대통령만이 헌법의 수호자가 아니라, 의회 · 대통령 · 법원 모두 헌법의 수호자가 될 수 있다고 비판하였다.[88] 특히 슈미트의 대통령의 「중립적 권력 또는 조정적 권력」(pouvoir neutre oder moderateur)은 헌법에 대항하는 그리고 헌법 없이 군림하는 독재자로 귀결될 이론을 준비한 것이었다.[89] 여하튼 슈미트의 이론은 인격적 요소를 법칙의 질서로 해소시키려는

---

85) C Schmitt, a. a. O., S. 364.

86) C. Schmitt, Der Hüter der Verfassung, S. 159. 김효전 옮김, 『헌법의 수호자』(법문사, 2000), 218면.

87) C. Schmitt, a. a. O.

88) H. Kelsen, Wer soll der Hüter der Verfassung sein? 1931, S. 12-14, S. 17-20. 김효전 옮김, 「누가 헌법의 수호자이어야 하는가?」, 동인, 『헌법의 수호자 논쟁』(교육과학사, 1991); 동인, 『독일 헌법학의 원천』(산지니, 2018), 988-1027면에 수록.

89) K. D. Bracher, Die Auflösung der Weimarer Republik. Eine Studie zum Problem des Machtverfalls in der Demokratie, 1978, S. 40. 이병련 · 이대헌 · 한운석 옮김, 『바이마르 공화국의 해체 1』(나남, 2011), 105면.

이신론(理神論)이나 법치주의를 비판하고, 비상시의 결단자로서의 주권자를 기적을 행하는 신과의 유사성에서 강조한다. 『정치신학』의 주장도 이와 같은 정치적 현실과의 관련에서 생성된 것이다.

또한 이와 같은 결단주의적 사고에 입각하여 근대 헌법의 체계적 이론화를 도모한 『헌법이론』(Verfassungslehre)에서 정치적 통일체를 형성하는 원리로서 대표의 원리와 동일성의 원리를 대치시킨다. 물론 정치적 생활의 현실에 있어서 이 두 개의 원리는 전적으로 서로 모순 · 배척하는 것은 아니며, 어느 하나의 원리가 지배적이 되는데 불과하다. 그러나 대표의 원리는 군주정과, 동일성의 원리는 민주정과 각각 대응한다. 그는 이러한 민주정의 원리는 자유가 아니라 평등이며, 그것도 실질적 평등이라고 한다.

「평등의 민주정적 개념에 있어서는 실체 또는 가치를 고려함이 없이 자연적으로 존재하는 어떤 일반적이고 무차별적인 평등은 충분하지 못하다. 민주정이라는 특수한 국가형식은 평등의 특수하고 실체적인 개념 위에서만 확립될 수 있다」.90)

「평등의 민주정적 개념은 하나의 정치적 개념이며, 모든 진정한 정치적 개념과 같이, 차별의 가능성과 관련을 가진다. 그러므로 정치적 민주정은 모든 인간의 무차별성에서가 아니라 특정 인민으로의 포섭에만 그 근거를 두고 있는데 여기서 한 인민으로의 이러한 포섭은 매우 잡다한 요소(공통적인 종족 · 신앙의 관념, 공통적인 운명과 전통)에 의해서 규정될 수 있다」.91)

「민주정적 평등은 본질적으로 동종성이며 더욱 인민의 동종성이다. 민주정의 중심적 개념은 인민이고 인간이 아니다. 민주정이 일반적으로 정치적 형식이 되어야 한다면, 인민민주정만이 있을 수 있고 인간민주정은 있을 수 없다」.92)

「어떤 한 사람이 지배 또는 통치한다고 하여, 그가 인민의 일반적인 동일성 · 동질성으로부터 이탈할 수는 없다. 그러므로 지배 또는 통치하는 사람들의 권력 또는 권위는 어떤 더 높고 인민이 접근할 수 없는 특성에 그 근거를 둘 수 없고, 지배 또는 통치를 받고, 또 그러한 방법을 통해서 스스로 통치할 수 있는 사람들의 의사, 위임과 신임에만 근거를 두어야 한다. 이렇게 함으로써 민주정은 인민의 자기 스스로에 대한 지배라는 표현 방법은 그 사상적 의의를 획득할 수 있다」.93)

이와 같은 민족적 동일성에 근거한 순수한 민주주의에 대하여 대표의 원리가 존재할 여지는 없다. 또한 그에 의하면 자유주의는 이러한 동일성과 대표의 원리와 같은 정치적 통일체의 형성을 위한 원리가 아니라, 부르주아적 자유의 보장과 국가권력을 상대화하는 보장의 체계에 불과한 것이 되어 결국 자유주의와 민주주의는 대립하는 것이라고 한다.

90) C. Schmitt, Verfassungslehre, S. 226. 역서, 248면.
91) Ebd., S. 227. 역서, 249면.
92) Ebd., S. 234. 역서, 256면.
93) Ebd., S. 235. 역서, 257면.

그는 또한 의회주의도 동일성의 원리나 대표의 원리에 입각하는 것은 아니라고 한다. 즉「의회주의의 체계는 동일성이라는 민주정적인 원리의 귀결도 적용도 아니며, 근대 시민적 법치국가적인 헌법에 그 고유한 통치체계로서 속한다」[94]고 한다. 의회주의의 위기는 현대 대중민주주의의 귀결들로부터, 자유주의적인 개인주의와 정치적 이상들이 지배하는 민주적인 국가관 간의 모순에서 유래하며, 자유주의적인 개인의식과 민주적인 동질성 사이의 모순은 극복될 수 없다는 것이다.[95] 이처럼 화려한 언설은 결국 현실파괴적일 수밖에 없었던 것이다.[96]

독재에 관하여 슈미트는, 시민적 법치국가의 원리에는 반하지만, 동일성의 원리에서는 민주주의와 대립하는 것은 아니라고 하여 독재와 민주주의의 친화력을 주장한다.

또한『정치적인 것의 개념』에서 고유한 정치적인 것의 구별은 적과 동지를 구별하는 것[97]이라는 주장이나,『헌법의 수호자』에서 바이마르 공화국대통령만이 진정한 헌법의 수호자라는 주장[98] 등은 바이마르 공화국의 분열 상황에 대한 하나의 항의로서 정치적 다원성의 극복과 정치적 통일의 중요성을 강조한 것이다. 이와 같이 슈미트는 서서히 정치학적 문제, 특히 현실정치에의 접근을 시도한다.[99]

5. 나치스에의 전향

바이마르 말기의 슈미트는 단순한 학자가 아니라 파펜(Papen)내각, 슐라이허(v. Schleicher) 내각이라는 대통령선출의 초연내각의 추기(樞機)에 관여하는 정부의 법학적 대변자이기도 하였다. 그가 정부에 대하여 어느 정도의 영향력을 가지고 있었는지는 명확하지 않으나, 파펜 내각이 대통령의 비상사태권한을 발동하여 프로이센의 사회민주당 정부를 파면하였을 때(1932. 7. 20), 그가 라이히 정부대표자로서 법정에 섰던 것으로도[100] 그 지위를 추측할 수 있다.

---

94) Ebd., S. 304. 역서, 332면.

95) C. Schmitt, Die geistesgeschichtliche Lage des heutigen Parlamentarismus, 1923, 7. Aufl., 1991, S. 23. 김효전 옮김,『현대 의회주의의 정신사적 지위』(관악사, 2007), 25면.

96) Horst Möller, Die Weimarer Republik. Eine unvollendete Demokratie, 1985, 2004. 신종훈 옮김,『바이마르 미완성의 민주주의』(다해, 2015), 352면.

97) C. Schmitt, Der Begriff des Politischen, S. 26.

98) C. Schmitt, Der Hüter der Verfassung, S. 131 ff. 이와 관련하여 벤더스키는 슈미트를「대통령제의 이론가」로 본다. J. W. Bendersky, Carl Schmitt. Theorist for the Reich, 1983, Part Ⅲ.

99) G. Schwab, The Challenge of the Exception. An Introduction to the Political Ideas of Carl Schmitt between 1921 and 1936, 1970.

100) 이른바 프로이센 격퇴(Preußenschlag)란 파펜 내각이 대통령의 비상사태 권한으로써 프로이센의 사회민주당 정부를 1932년 7월 20일에 파면한 사건을 말한다. 프로이센 정부는 이를 국사재판소에 제소하였으며, 10월 25일의 판결은 프로이센 정부를 파면한 것은 부당하다고 하면서 대통령의 일시적인 시정(施政)을 적법하다고 하였다. 슈미트는 라이히 정부의 대표로서 이 법정에 서서 프로이센의 독자성을 위협하는 것은 오히려 사회민주당이라는 전국적 조직이며, 대통령이야말로 프로이센의 영예를 보장하는 사람이라고 주장하였다.

이 시기의 슈미트는 우파 정당의 이론가로서 「권위주의국가」의 대변자이며, 요하네스 포피츠(Johannes Popitz)[101]와 함께 경제에 대한 정치의 개입을 부르짖는 「전체국가에의 길」[102]의 창도자였으나, 적어도 나치스 신봉자는 아니었다. 그가 모든 당파에게 무한정적으로 중립성을 가지고 임하는 것은 자멸행위라고 경고할 때, 그가 염두에 둔 것은 나치스와 공산당이며, 그는 나치스와 공산당의 라디오 연설의 규제에 찬성하였다.[103] 『합법성과 정당성』에서도 내용의 여하를 불문하고 다수결 만능주의를 비판하고, 나치스와 공산당과 무신론자에게는 개개의 헌법규정의 해석으로써 무제한하게 표현의 자유 등을 인정해서는 안 된다고 주장하여,[104] 1932년 4월 13일의 대통령의 SS · SA금지령을 지지하고 있다.[105] 그리하여 1932년 3월과 4월의 대통령선거는 힌덴부르크(Hindenburg)와 나치스의 히틀러(Hitler)와 공산당의 텔만(Thälmann) 간에 행해지고, 바이마르 체제를 옹호하는 중간세력들은 모두 힌덴부르크에게 투표하였는데, 슈미트는 1933년 2월에 발표한 바이마르 시대의 마지막 논문의 하나에서 대통령을 「바이마르 헌법질서의 최후의 기둥」이라 하고, 이것이 없으면 「극도의 혼란이 공공연하게 되고, 질서의 외관마저 소실될 것이다」라고 하였다.[106] 요컨대 그는 1930년 9월의 총선거에서 나치스가 대약진을 한 후에도 그 나름대로 해석한 바이마르 체제를 나치스에 대하여 수호하려고 하였다.

슈미트가 나치스로 전향한 것은 1933년 1월 30일, 히틀러가 정권을 장악한 직후라고 생각되며, 늦어도 같은 해 6월 20일의 쾰른(Köln) 대학취임강연에서는 완전히 나치스의 대변자가 되어 있었다.[107] 그는 동 대학 공법 담당 슈티어-조믈로(Fritz Stier-Somlo)[108]의 후임으로서 초빙되었는데, 그때 법대학장이었던 한스 켈젠이 힘썼다. 1933년 4월 나치스 정권 하에서 켈젠의 파면이 보도되자 법대 전교수가 연서하여 그 철회를 정부에 청원하였는데 슈미트만은 그 서명을 거부하였다.[109] 이 해에 슈미트는 다시 베를린 대학으로 옮겼다. 그는 공군 총사령관 헤르만 괴링(Hermann Göring)의 측근이 되고, 그의 추천으로 프로이센 추밀고문관, 나치법조단의 지도자로서 활동하고, 나치스법학의 초기의 대표자가 된다. 특히 룀(Ernst Röhm: SA총사령관, 1934년 6월 30일 피의 숙청으로 살해됨) 암살을 정당화한 것이라고 하는 「총통은 법을 보호한다」[110]라든가, 반유대주의

101) 슈미트는 전후 그의 『헌법논집』(Verfassungsrechtliche Aufsätze, 1958)을 요하네스 포피츠(1945. 2. 2 작고)의 추억에 바치고 있다. 포피츠는 1933-44년 프로이센 주의 재무상이었으며, 반나치운동에 참가, 1945년에 처형되었다. L.-A. Bentin, Johannes Popitz und Carl Schmitt, 1972.

102) C. Schmitt, Die Wendung zum totalen Staat, 1931, in: Positionen und Begriffe im Kampf mit Weimar-Genf-Versailles, 1923-39, 1940, S. 146-157.

103) C. Schmitt, Hugo Preuß, 1930, S. 32.

104) C. Schmitt, Legalität und Legitimität, S. 51, in: Verfassungsrechtliche Aufsätze, S. 302.

105) C. Schmitt, a. a. O., S. 74; Verf. Aufs., S. 323.

106) C. Schmitt, Weiterentwicklung des totalen Staats in Deutschland, in: Verf. Aufs., S. 365; Cf. Bentin, a. a. O., S. 102.

107) Lutz-Arwed Bentin, a. a. O., S. 80. 그의 강연제목은 Reich-Staat-Bund, 1933이다.

108) 좀로에 관하여는 初宿正典, 『カール・シュミットと五人のユダヤ法學者』(成文堂, 2016), 507-536면.

109) R. A. Métall, Hans Kelsen. Leben und Werk, 1969, S. 61. 初宿正典, 위의 책, 3-43면.

110) C. Schmitt, Der Führer schützt das Recht, 1934, in: Positionen und Begriffe, S. 199-203.

의 기수로서의 「유대 정신과 투쟁하는 독일 법학」[111] 등은 지적으로나 윤리적으로도 저열한 것이며, 그의 악명에 기여하였다.[112] 뿐만 아니라 나치스 시대에는 법치국가 · 권력분립 그리고 개인의 법적 지위와 같은 국법학상의 기본개념 자체들이 국가사회주의적 법치국가, 총통의 권력, 동료 국민의 한 부분 등과 같이 그 의미내용이 변질되었다.[113]

그런데 그는 곧 지금까지의 「결단주의」를 버리고 「구체적 질서사상」(konkretes Ordnungsdenken)으로의 전향을 표명하였다.[114] 이는 프랑스 공법학자 모리스 오류(Maurice Hauriou)[115]의 제도 중에 신성(神性)이 유숙한다는 지극히 가톨릭적인 「제도이론」(Institution)[116]을 탈바꿈하여 「피와 땅」을 기초로 하는 나치스적 질서로써 법의 궁극적 근거로 삼은 것으로,[117] 법 이전의 정상적인 사태나 자연적 질서의 존재를 설명하는 점에서 가치 맹목적인 「결단주의」로부터 자연법론에 접근하였다고도 볼 수 있다.[118] 이 사상은 곧 「광역이론」(Raumtheorie)[119]으로서 독일의 동유럽침략의 정당화에도 사용되었는데, 이것은 이미 1932년의 『합법성과 정당성』에서 의회의 다수결이라는 결단 이상으로 「독일 국민의 실체적인 내용과 힘」을 중요시하는 주장에서 그 전조를 찾아볼 수 있다.[120] 그리고 전후에 이르러 유럽공법을 특수 근대 유럽의 기반 위에 성립한 「구체적 질서」라고 주장하듯이, 나치스적 주장이라고는 할 수 없다.

그러나 슈미트는 「狡兎死走狗烹」[121]이라는 비유처럼 곧 주류의 자리에서 물러나게 되었다. 1936년 말에는 1934년 이래 그가 편찬하고 있던 「독일 법률가 신문」(Deutsche

111) C. Schmitt, Die deutsche Rechtswissenschaft im Kampf gegen den jüdischen Geist, in: Deutsche Juristen-Zeitung, 41. Jg. 1936.

112) 상세한 것은 카를 슈미트, 김효전 옮김, 바이마르 · 나치스 시대의 헌법과 정치(1)(2), 『동아법학』 제79호(2018), 311-435면; 제80호(2018), 341-427면. 몇 가지 주요한 원문은 김효전, 카를 슈미트의 헌법이론과 한국(주 1)에 영인되어 있다.

113) E.-W. Böckenförde (Hrsg.), Staatsrecht und Staatsrechslehre im Dritten Reich, 1985, S. 71 ff.

114) C. Schmitt, Über die drei Arten des rechtswissenschaftlichen Denkens, 1934; Politische Theologie, 2. Ausgabe, 1934, Vorwort; Positionen und Begriffe, 1940.

115) 오류(1856-1929)에 관하여는 J.-M. Blanquer, Hauriou Maurice, in: Patrick Arabeyre, Jean-Louis Halpérin, Jacques Krynen (sous.), Dictionnaire historique des juristes français XIIe-XXe, PUF, Paris 2015, pp. 516-519. 슈미트는 오류를 자신의 맏형이라고 부르고 그를 알게 해 준 행운을 적고 있다. Carl Schmitt, Glossarium. Aufzeichnungen der Jahre 1947-1951, hrsg. von E. Frhr. von Medem, Berlin: Duncker & Humblot 1991, S. 13.

116) Roman Schnur (Hrsg.), Die Theorie der Institution und zwei andere Aufsätze von Maurice Hauriou, 1965; 김효전, 제도이론의 계보 - 모리스 오류와 독일 공법학, 『월간고시』 1993년 9월호; 김충희, 모리스 오류의 제도이론, 서울대 석사논문, 2010.

117) C. Schmitt, Der Weg des deutschen Juristen, in: Deutsche Juristen-Zeitung, 39. Jg. Heft 11, 1934, Sp. 691.

118) 黑田 覺, カール · シュミツト, 『全體主義』, 1939에 수록. 加藤新平, 所謂 具體的 秩序思想に就て, 『法學論叢』 제38권 1호(1938) 참조.

119) C. Schmitt, Völkerrechtliche Großraumordnung mit Interventionsverbot für raumfremde Mächte. Ein Beitrag zum Reichsbegriff im Völkerrecht, 1939.

120) C. Schmitt, Legalität und Legitimität, S. 97; Verf. Aufs., S. 344.

121) 민첩한 토끼가 죽으면 그동안 고생한 사냥개는 필요 없으므로 잡아먹는다. 적국이 망하면 공이 있던 모신(謀臣)은 이미 소용이 없으므로 주륙(誅戮)당한다는 비유 [史記].

Juristen-Zeitung)이 「독일 법학 아카데미 잡지」(Zeitschrift der Akademie für Deutsches Recht)에 흡수되고, SS기관지 1936년 12월 10일호는 일찍이 그가 유대인 도이블러에게 심취하여 반유대주의를 비난한 것, 가톨릭주의 정치의 대변자라는 혐의, 기회주의 등을 공격하였다.[122] 쾰로이터(Otto Koellreutter) 등도 슈미트의 이론이 독일적이라기보다는 로마법적, 또한 로마 가톨릭적이며, 적과 동지의 이론은 내적 공동체성을 무시한 외향편중이라는 것 등을 비판하였다.[123]

그러나 슈미트는 이것으로 실각한 것은 아니다. 「독일 법률가 신문」 폐간호의 고별사에서도 그는 「나치스 사상의 관철을 위한 위대한 세계관적 투쟁에 있어서 우리들은 후퇴하지 않는다」라고 선언하였으며,[124] 그 후에도 패전까지 프로이센 추밀고문관(Staatsrat)의 지위를 계속 보유하고, 전술한 「광역이론」으로써 독일 동방정책의 이론적 기초를 수립하려고 시도하였다.[125] 그러나 이때부터 그는 제1선에서 물러나 비교적 아카데믹한 활동에 중점을 두게 되었다. 특히 홉스 탄생 350주년 기념으로 출간한 『홉스 국가론에 있어서 리바이어던』[126]은 홉스적 결단주의에의 회귀를 생각게 하는 작품으로서 반유대주의적인 성격을 제외한다면 나치스적 성격을 찾아볼 수 없는 학술적 작품이다. 슈미트는 대영미, 대소의 전면전쟁을 예기하지 못한 것 같은데, 일단 전면전쟁이 일어난 후에는 일찍부터 패전을 예기했던 것 같다. 나치스 말기 시대의 슈미트는 저항운동의 동정자였을 가능성도 있다.[127]

6. 제2차 대전 이후

이처럼 슈미트는 1937년 이후에는 일종의 국내망명적 상태로 되었다고는 하지만 패전 후에는 미군에게 체포되어 뤼덴샤이트(Lüdenscheid) 구치소에 구금되고, 또한 그의 나치스에의 관계나 전쟁책임에 대하여 신랄한 비판을 받게 되어 그는 자기변명적인

122) H. Hofmann, a. a. O., S. 199-200.

123) O. Koellreutter, Deutsches Verfassungsrecht, 3. Aufl., 1938. ケルロイター, 矢部貞治・田中博三譯, 『ナチス・ドイツ憲法論』, 1939, 4-5면. Cf. Aurel Kolnai, The war against the West, 1938, p. 147.

124) C. Schmitt, Schlußwort des Herausgebers, Deutsche Juristen-Zeitung, Heft 24, 1936, S. 1453.

125) C. Schmitt, Großraum gegen Universalismus. Der völkerrechtliche Kampf um die Monroedoktrin, Zeitschrift der Akademie für Deutsches Recht, 6. Jg. Heft 7.

126) C. Schmitt, Der Leviathan in der Staatslehre des Thomas Hobbes. Sinn und Fehlschlag eines politischen Symbols, 1938.

127) 그의 『구원은 옥중에서』(Ex Captivitate Salus)는 빌헬름 알만(Wilhelm Ahlmann, 1895-1944)의 추억에 바치는데, 알만은 킬(Kiel)의 은행가의 집에서 태어나 지원병으로서 제1차 세계대전에 종군 중 피스톨의 폭발로 실명하였다. 그 후 그는 연구생활로 들어가 정당방위론의 논문으로 법학박사가 되고, 또한 맹인의 심리를 논한 논문으로 철학박사의 학위를 얻고 계속 한스 프라이어(Hans Freyer) 아래서 국가철학의 연구에 전념하였다. 나치스 초기에는 종교관계의 관직에 관여하기도 하였는데 곧 나치스에 강한 반대적 태도를 취하게 되었다. 1944년 7월 20일의 히틀러 암살미수사건의 주범 슈타우펜베르크(Stauffenberg)와의 관계에 의심을 받고 동년 12월 7일 자살하였다. 슈미트와 이 맹인 사상가와의 관계는 알 수 없으나, 약간 교류가 있었으며 그의 입장에 공감을 가졌던 것으로 생각된다. 슈타우펜베르크에 관하여는 마우-크라우슈니크, 『독일 현대사』, 158-159면.

글(예컨대 『구원은 옥중에서』)을 몇 가지 발표한다. 특히 전쟁범죄[128]와 관련하여 1930년대에는 아직 국제법상 확립된 개념이 아니며, 따라서 「죄형법정주의」의 원칙상 민간인 비즈니스맨은 전쟁범죄인으로 다룰 수 없다는 장문의 법감정서(『국제법상 침략전쟁의 범죄와 「죄형법정주의」 원칙』)[129]를 작성하기도 하였다.

이러한 글들은 한 때 화려했던 시대와는 달리 고난 중의 산물로서 공격적 · 논쟁적인 경향은 약화되고, 더구나 침묵으로 일관하고 있다. 침묵의 저항은 가능하다는 것일까? 그는 보댕과 홉스가 내전(內戰)의 파멸을 방지하려고 한 점에 경의를 표하는 동시에 양자가 신학자들로부터는 무신론자로서, 또한 과격한 계몽가들로부터는 위선자로서 비난을 받은데 대해서 깊은 동정과 친근감을 나타내고 있다. 그리고 자기를 「수동적 인간」, 「대조적인 인간」, 「기독교적 에피메데우스」라 표현하고, 허만 멜빌의 소설의 주인공 「베니토 세레노」와 비교한다.

이처럼 변명 내지 침묵의 시대에 들어갈 수밖에 없게 되자 고향인 플레텐베르크로 돌아온 그는 1950년 『대지의 노모스: 유럽 공법이라는 국제법에 있어서』를 발표한다. 여기서 그는 국제법이나 국제정치를 소재로 하여 법사상과 정치사상에 관한 자신의 이론을 체계화하는 데에 힘쓴다. 과거에 대한 향수인가 노인의 복고적인 취향인가?

이어서 1963년의 『파르티잔의 이론: 정치적인 것의 개념에 관한 중간 논평』에서는 파르티잔이라는 매우 현대적인 현상을 분석하는 동시에 그것을 소재로 하여 자기의 그때까지의 정치 · 전쟁 · 적 등의 개념을 보충하려고 하였다.

80세를 넘긴 1970년에는 거의 반세기 이전의 자기의 『정치신학』에 대한 비판에 대답하는 성격을 지닌 속편 『정치신학 Ⅱ』를 세상에 내놓고, 로마제국시대 이래의 신학적 문제를 소재로 하여 「신학적인 논증이나 인식과 법학적인 그것 간의 개념들의 구조적 동일성」을 주장하고, 법 · 국가 · 정치 등의 문제에 대한 신학적인 것, 종교적인 것의 영향력을 지적하고 「정치신학」의 중요성을 재확인하고 있다.

슈미트의 긴 학문적 여정 속에서 마지막 논문은 「합법적 세계혁명」[130]이었다.

이처럼 슈미트는 『구원은 옥중에서』(1950),[131] 『대지의 노모스』(1950),[132] 『파르티잔의 이론』(1963),[133] 『정치신학 II』(1970)[134] 등을 저술하였다. 이 저작들의 의의는

---

128) 전쟁범죄에 관하여는 후지타 히사카즈, 박배근 옮김, 『전쟁범죄란 무엇인가』(산지니, 2017) 참조.

129) C. Schmitt, Das internationalrechtliche Verbrechen des Angriffskrieges und der Grundsatz "Nullum crimen, nulla poena sine lege," Hrsg. Helmut Quaritsch, Berlin 1994. 본서에 수록.

130) C. Schmitt, Die legale Weltrevolution. Politischer Mehrwert als Prämie auf juristische Legalität und Superlegalität, in: Der Staat, Bd. 17, Heft 3, 1978, S. 321-339. jetzt in: Günter Maschke (Hrsg.), Carl Schmitt. Frieden oder Pazifismus? S. 919-968. 본서에 수록.

131) C. Schmitt, Ex Captivitate Salus, 1950.

132) C. Schmitt, Der Nomos der Erde im Völkerrecht des Jus Publicum Europaeum, 1950.

133) C. Schmitt, Theorie des Partisanen. Zwischenbemerkung zum Begriff des Politischen, 1963.

134) C. Schmitt, Politische Theologie Ⅱ. Die Legende von der Erledigung jeder Politischen Theologie, 1970.

앞으로의 연구과제이며, 여기서는 다만 슈미트가 과거의 자기의 사상과 행동에 대하여 술회한 점만을 소개하기로 한다.

슈미트는 자신의 과거를 회고함에 있어서 「운명」이라는 말을 자주 사용한다. 「60노인이 부르는 노래」[135]의 서두에서 「운명은 나를 몇 번이나 희롱하였던가?」라는 일절에는 말의 콧등이 고삐에 의하여 이끌리어진다는 의미의 Escavessade라는 단어를 사용하고 있다. 또한 「한 권의 책의 운명은 그 저자의 자유로 되지는 않으며, 마찬가지로 그 책에 결부되어 있는 저자의 개인적인 운명도 그 저자의 자유로 되는 것은 아니다」[136]라든가, 「공법학자는 자기의 개념을 형성하고, 자기의 학문적 연구를 지향하는 소재는 공법학자를 정치적 상황으로 결부시키는데, 그 정치적 상황의 유리불리 · 운불운 · 승패의 귀추는 연구자로 하여금 교사인 자도 포함하여 그의 개인적 운명을 결정한다」[137]고 하여 아이러니칼하게도 운명론자가 된듯하다.

이에 대하여 악의의 평자는 스스로의 책임을 운명에 전가하려 한다고 평할 것이다. 결단주의자가 스스로의 결단의 책임을 운명에 전가하려고 하였다면 그것은 분명히 부조리이며 비겁일 것이다. 그러나 자유로운 결단 그 자체가 저주받은 숙명의 일환을 이루는 오이디프스와 같은 경우도 있는 것이다.

슈미트는 스스로 나치스가 등장하기 직전까지 「헌법의 적과 동지의 구별에 대한 물음을 거부하는 법학에 대하여 바이마르 헌법존립의 최후의 기회인 대통령제를 구하기 위한 절망적 노력」을 거듭하였다고 강조하였는데,[138] 나치스 초기의 행동에 대해서는 말하지 않고 있다. 그리고 나치스 시대에도 자유로운 구지심(求知心)과 정신적 창작을 억압할 수 없었던 것을 강조하고, 그 예로서 자신의 리바이어던을 들고 있다.[139] 그러나 반유대주의에 대하여는 철회도 참회도 하지 않는다.

패전 직후의 소용돌이 속에서 에두아르트 슈프랑거(Eduard Spranger)는 그에게 「너는 누구냐?」고 물었다. 이에 대해서 그는 「기독교적 에피메테우스」라고 대답하였다.[140] 이 말은 무엇을 의미하는지 충분히 이해할 수 없다.

에피메테우스는 천신 우라노스와 땅의 여신 가이아의 손자로서 야페도스의 아들이며, 프로메테우스의 동생이다. 프로메테우스는 천상으로부터 불을 훔쳐 인간에게 가져왔기 때문에 제우스는 바위에 쇠사슬로 묶고 심장은 매가 쪼도록 하지만 다음날 아침에는 부활한다. 제우스는 노하여 판도라를 지상에 보낸다. 판도라는 모든 악을 넣은 작은

---

135) C. Schmit, Ex Captivitate Salus, S. 92.

136) C. Schmit, Der Nomos der Erde, 1950, Vorwort.

137) 일본의 아베 테루야(阿部照哉, 1929~) 교수에게 써 준 글이다. 아베는 슈미트의 "Verfassungslehre"를 일본어로 번역한 사람 중의 한 사람이다. 일본어 번역은 오부키 요시토(尾吹善人, 1929~1995)역, 『憲法理論』(創文社, 1972)과 아베와 무라카미 요시히로(村上義弘, 1927~) 공역, 『憲法論』(みすず書房, 1974) 두 가지가 있다.

138) C. Schmitt, Legalität und Legitimität, S. 98, in: Verfassungrechtliche Aufsätze, S. 345.

139) C. Schmitt, Der Begriff des Politischen, S. 48.

140) C. Schmitt, Ex Captivitate Salus, S. 12.

상자를 가지고 있는데, 에피메테우스는 형 프로메테우스의 충고를 무시하고 그녀와 결혼, 그 작은 상자의 뚜껑을 연다. 이리하여 모든 악이 인간계에 퍼지게 되는데 희망만이 상자 밑에 남았다고 한다. 슈미트가 에피메테우스라고 한다면 나치스는 판도라일 것이다. 자신은 프로메테우스와 같이 적극적으로 신에게 도전한 자가 아니라 스스로의 어리석음 때문에 신을 배반하고 세상에 해악을 가져오는 결과가 되었다는 취지일까?

「기독교적 에피메테우스」(Der christliche Epimetheus)란 가톨릭적 시인 콘라드 바이쓰(Konrad Weiss, 1880-1940)의 시론집(1933)의 제목이다. 이 책의 자세한 내용은 알 수 없으나 인간이 신의 피조물인 지위를 망각하고, 자력으로 역사를 구성하려는 것에서 근대 문명의 병폐를 보고, 성모 마리아와 같이 무심하게 신에게 귀의함으로써만 신의 아들을 낳을 수 있다고 한다.[141] 이「기독교적 에피메테우스」라는 말 자체를 바이쓰가 어떠한 의미로 사용했는지는 알 수 없으나, 이 책이 프로메테우스적 인간상을 근대인의 인간관으로서 비판의 대상이 되고 있음은 명백하다.

요컨대 슈미트는 그의 나치스 전향을 기독교인으로서의 귀의라고 주장하며, 마리아와 같이 무심에 몸을 맡긴 상대는 실은 판도라였다고 주장할 것이다. 이리하여 나치스에의 전향과 동시에 그가 가톨릭적 구체적 질서사상으로 전향한 의미도 여기에 명백해 진다. 나치스 정권성립 당시의 가톨릭교회와 나치스와의 관계는 양호하며, 일찍이 콘코르다트(Konkordat)가 체결되었다. 슈미트가 가톨릭주의와 루터주의를 통합한 법철학으로 독일의 종교적 통합을 도모한 것도 그 때문일 것이다. 그리고 반유대주의는 기독교의 오랜 전통이며, 독일의 반유대주의운동에는 교회도 예부터 전혀 무관계하지는 않았다. 기독교인으로서 나치스에 투신한 자는 독일 기독교단만은 아니다.[142]

그러나 슈미트가 히틀러를 새로운 구세주로서 맞이하였다는 것은 정당하지 않은 것 같다. 그는 히틀러를「구체적 질서」의 한 분지(分肢)로서 논할 뿐 그를 신격화한 일은 없다. 그러나 신격화하지는 않았으나 신학적 위치는 부여한 것이 아닐까? 그것은 Katechon(억제하는 자)[143]이다. 신약성서 데살로니가 후서 제2장에는 종말 전에 살아야 할 것이 기재되어 있다. 거기에 의하면 그리스도 재림 앞에「멸망의 아들」이 등장하고,「범사에 일컫는 하나님이나 숭배함을 받는 자 위에 뛰어나 자존하여 하나님 성전에 앉아 자기를 보여 하나님이라 하느니라」(살후 2:4). 그는「불의의 모든 속임을 하는」사람들을 유혹한다. 여기서 유혹된 자는 그리스도 재림 후에 심판을 받는데, 이「멸망의 아들」이 등장하기까지「그것을 억제하는 자」가 있다. 슈미트에 의하면 중세의 신성로마제

141) Kindlers Literatur Lexikon.

142) 이에 관하여는 E.-W. Böckenförde, Der deutsche Katholizismus im Jahre 1933. Stellungnahme zu einer Diskussion: Hochland 54 (1962); ders., Kirchlicher Auftrag und politische Entscheidung, 1978, S. 69 f.; Friedrich Meinecke, Die deutsche Katastrophie, 1946 (이광주역, 『독일의 비극』, 을유 구미신서, 1965, 제11장); Kurt Sontheimer, Antidemokratisches Denkens in der Weimarer Republik, 1962, S. 282 f.

143) Günter Meuter, Der Katechon. Zur Carl Schmitts fundamentalischer Kritik der Zeit, Berlin 1994.

국은「적그리스도의 등장과 현세의 종말을 저지하는」 권력이라고 생각되었다.144) 그가 토크비유(Alexis de Tocqueville)145)는 Katechon을 알지 못하고, 따라서「기독교적 에피메테우스」가 되지 못했다는 것도 이 종말론의 결여를 지적한 것이다. 슈미트는 히틀러에게서 독일 · 서양의 몰락을 저지하는 Katechon의 모습을 본 것은 아닐까? 그러나 실제로 그는 오히려 멸망의 자식이며 사람들을 유혹하여 독일을 파멸로 유도하였다. 따라서 슈미트의 사례는「사악하고 품위 없는 기독교적 에피메테우스」라고 고백하지 않을 수 없었던 것이 아닐까?

그리고 슈미트는 자신을 베니토 세레노(Benito Cereno)에 비유하고 있다.146) 베니토 세레노는 허만 멜빌(Herman Melville)의 동명의 소설의 주인공으로서 선장이었는데, 선내에서 흑인 노예가 반란을 일으켜, 그 이외의 모든 백인을 살해하고 그에게 배의 지휘를 명하여 그 배를 해적선으로 만든다.147) 슈미트는 나치스라는 반란 노예의 위협 아래 마음에도 없는 해적행위에 가담하였다는 뜻일까? 다만, 그는 베니토와는 달리 스스로 해적선에 탄 것이다.148)149)

144) C. Schmitt, Der Nomos der Erde, S. 29.

145) 토크비유의 저서는 Alexis de Tocqueville, De la Democratie en Amérique, 1835. 이용재 옮김,『아메리카의 민주주의』(아카넷, 2018); 박지동 · 임효선 옮김,『미국의 민주주의』(한길사, 1997); 이영범 역,『미국민주주의론』(상 · 하)(사상문고, 1963); 김영란 · 김정겸 옮김,『빈곤에 대하여』(에코리브르, 2014). 문헌 서병훈,『위대한 정치: 밀과 토크빌, 시대의 부름에 답하다』(책세상, 2017); J. P. 마이어, 이창극역,『토크빌평전』(을유문고, 1973); 노재봉,『시민민주주의』(박영사, 1975).

146) C. Schmitt, Ex Captivitate Salus, S. 21, 75.

147) Herman Melville, Benito Cereno. 안경환 옮김,『바틀비, 베니토 세레노, 수병 빌리 버드』(홍익출판사, 2015), 101면 이하.

148) 베니토 세레노와 관련된 두 논문이 슈미트의 80세 축하논문집『에피로시스』에 수록되어 있는데 모두 신화와 관련된 점이 특이하다. Sava Kličkovič, Benito Cereno - Ein moderner Mythos, in Epirrhosis, Bd. I. S. 265-274; Enrique Tierno Galvan, Benito Cereno oder Mythos Europas, S. 345-356.

149)『베니토 세레노』(1856)는『바틀비』(1855),『수병, 빌리 버드』(1888)와 함께「허먼 멜빌 법률 3부작」으로 평가를 받으며 법학자 안경환 교수에 의해서 모두 한국어로 번역되었다. 옮긴이는, 작품의 주제는 인종문제로서「델라노 선장, 베니토 세레노, 흑인 바보 세 사람 중 누구의 관점에 서느냐에 따라 선상 노예반란의 의미와 성격이 달라질 것이다」고 본다. 요컨대 아프리카에서 납치된「이들의 선상반란이 '자연권'의 행사이자 정당방위라는 변호사의 주장을 정면으로 수용한 것은 아니나 형사책임은 불문에 부치기로 한 것이다. 10여 년 후에 나온 소설 속에서보다 인권의식이 앞선 선구적 판결이었을까?」하고 의문을 제기한다(옮긴이의 글, 24면).

한편, 백인 선장의 인종적 환상을 문제 삼아「민주주의와 백인 문명의 선량함에 대한 미국인의 무의식적 믿음에 깃든 이데올로기적 허상과 맹목을 비판한다. 민중사학자 하워드 진도 설파했듯이, 미국 백인 지배 문화의 무의식에는 스스로의 본질적 선함을 믿어 의심치 않고, 자신의 지도자(선조)들은 악행을 일삼는 폭군이 아니라는 맹목적 환상이 존재한다. 멜빌은 이 두 근원적 환상이 깨지는 상황을 통해 미국의 민주주의가 기대고 있는 자기모순을 폭로하고 비판한다」고 평가하기도 한다.

또한 멜빌의 작품『피에르, 혹은 애매성』(1852)도 슈미트의 관심과 관련이 있다. 이 소설은「당대의 감상 소설 형식을 극단적으로 변용해 가부장의 권위와 위계가 존재하지 않는 평등한 가정이라는 이상이 아버지의 어두운 과거와 피에르 자신의 남성성에 대한 모순된 욕망으로 파괴되는 비극을 그려낸다. 멜빌은 이를 통해 미국 사회에서 '권위'와 '권력'이 개입되지 않는 평등한 관계의 추구가 얼마나 힘든 과제인지 극화한다」는 평가도 참고할 만하다. 강우성, 백색의 환상과 싸우는 글쓰기: 멜빌 탄생 200주년을 맞이하며, 대학신문 2019. 12. 2.

7. 슈미트와 현대

슈미트는 자신을 에피메테우스라고 자칭하는데, 그 부활 모양은 오히려 프로메테우스적이다. 전후 독일의 사상계에서 슈미트는 바위에 묶인 프로메테우스와 같이 소외되고 감시받고, 수많은 슈미트론이 프로메테우스를 습격하는 매와 같이 슈미트의 이론 · 사상을 반복하여 공격하였다. 그러나 어떠한 슈미트 비판도 슈미트를 전부 다 비판할 수 없으며, 그의 이론은 다시 새로운 문체로서 부활하였다. 독일 자체 내에서도 나치스를 지지하거나 옹호한 색채가 없는 전전의 슈미트 저작이 그대로 복간되고 있으며, 일본에서도 각 출판사들이 다투어 슈미트의 그것을 번역 · 간행한 바 있다.[150] 특히 슈미트가 사망한 이후에 열린 추모세미나에서는 그에 대한 재평가가 시도되었다.[151]

한국에서는 일찍이 유진오(俞鎭午, 1906-1987)가 1938년 동아일보에 나치스의 지도자국가와 카를 슈미트의 이론을 소개한 이래,[152] 1960년대 이후부터 하나씩 둘씩 소개 · 연구되어 오다가 최근에는 그의 저작 대부분이 한국어로 번역되었다.[153] 그러면 이러한 슈미트의 이론과 사상의 불사조와 같은 생명력의 근원은 무엇인가?

슈미트의 정치이론은 금세기에 들어와 두 번씩 세계대전의 전장이 되었고, 두 번씩 패전국이 되었던 독일을 배경으로 성립된 위기의 정치이론이다.[154] 전후 한 세대의 서구 세계는 대체로 평상상태였다고 보는 견해도 있으나, 사실은 뢰벤슈타인이 지적하듯이 위기는 예외가 아니라 오히려 상태가 되고 있다. 특히 비서구 지역에서는 식민주의로부터의 해방 · 독립전쟁 · 혁명 등의 정치적 소용돌이뿐만 아니라 경제 · 사회 · 문화의 전반에 걸친 혼란과 위기의 연속이었다.

---

150) 일본에서의 슈미트 연구 붐 내지 「르네상스」도 하나의 중요한 연구 과제가 된다. 물론 역사적으로 일본은 근대화의 모델로 독일을 이상으로 삼았으며, 제2차 세계대전 중에는 추축국(樞軸國)의 일원이었고, 전후에는 패전국으로서 전승국에 대한 르상티망이나 과거에 대한 향수 기타 역사적 부채 등 우리 한국과는 다른 점에서 슈미트를 반추하는 모습을 상기할 필요가 있다.

151) 카를 슈미트 추모 세미나가 1986년 10월 1일부터 3일간 독일 슈파이어 행정대학원에서 개최되었다. 여기에는 세계 각국에서 60여명의 국법학자 · 정치학자 · 사회학자 · 역사학자 등이 참가하였다. 상세한 것은 Helmut Quaritsch (Hrsg.), Complexio Oppositorum Über Carl Schmitt, Berlin: Duncker & Humblot 1988. 김효전 편역, 『반대물의 복합체 - 20세기 법학과 정신과학에서 카를 슈미트의 위상』(산지니, 2014) 참조. 그러나 슈미트에 비판적인 학자들은 초청되지 않아서 균형을 잃은 세미나였다는 비판도 있다.

152) 유진오, 독일 국가학의 최근 동향: 소위 「지도자 국가」에 대하야, 동아일보 1938. 8. 16~19 〈夏期紙上大學; 전4회〉 및 전체주의의 제상, 조선일보 1939. 2. 25. 이 두 글은 김효전(주 153)의 논문에 전문이 수록되어 있다.

153) 상세한 것은 김효전, 카를 슈미트의 헌법이론과 한국, 『학술원논문집』(인문 · 사회과학편) 제68집 1호 (2019), 151-409면.

154) 예컨대 Arthur Jacobson & Bernhard Schlink (eds.), Weimar. A Jurisprudence of Crisis, University of California Press, Berkeley · Los Angeles · London 2000; 송석윤, 『위기시대의 헌법학: 바이마르 헌법학이 본 정당과 단체』(정우사, 2002); カール · シュミット, 長尾龍一外譯, 『危機の政治理論』(ダイヤモンド社, 1973)과 같은 서명이 보여주는 그대로이다.

슈미트가 공격하였던 바이마르 체제의 자유주의는 세계 도처에서 도전을 받고 있으며, 국제연합의 권능은 다시 국제연맹의 말로처럼 그 권위를 상실해가고 있다. 의회주의는 슈미트가 반세기 전에 지적했듯이, 정당의 발달로 인하여 형해화(形骸化)하였고, 검은 하늘에는 다시 독재의 별이 빛나기 시작한다. 자유민주주의와 헌법재판제도는 미국이나 독일 등 불과 몇 나라에서만 성공하고 있을 뿐이다.

자유주의 · 평화주의가 정착하였다고 생각하는 것은 하나의 환상이며 자기기만이다. 우리의 헌정사에서도 볼 수 있듯이, 우리는 위기의 연속을 정상상태로 착각하여 왔다. 그러면 이러한 위기시대를 살아가는 지혜는 무엇일까? 우리는 바이마르 독일의 경우를 타산지석으로 삼아서 슈미트를 읽지 않을 수 없다.

슈미트를 연구하는 이유는 여러 가지가 있을 수 있다. 이에 대하여는 「슈미트는 바이마르 시대의 정치사 · 정치사상사 · 법사상사에서의 중요한 인물로서 순수하게 역사적으로 보아서도 무시할 수 없다」든가, 「여하튼 그는 보기 드물게 역량 있는 사상가이기 때문에 순수하게 학문적으로도 흥미 있다」고 할 것이다. 그러나 그의 매력은 오히려 현실에 대한 과감하고 예리한 분석과 통찰력에 있다고 보겠다. 슈미트의 저작이 오늘날까지 생명력을 지니고 있는 것은 정치학과 법학에서 「위기」의 중요성을 통찰하였다는 점에 있다. 한국 헌법은 동서냉전 상황의 부산물로서 제헌 당시부터 전시와 비상시를 예상하고 있었다.[155] 전후의 서독이나 일본이 긴급권규정을 두지 않았던 것과는 대조적이다. 서독은 1968년 대외적으로는 NATO의 가입, 대내적으로는 노동자의 파업 등 일련의 위기상황에 직면하여 기본법을 개정하여 긴급권규정을 추가하는 한편 저항권을 규정하기도 하였다. 일본은 맥아더 사령부의 「위로부터의」 민주화에 의하여 이른바 자유주의 · 평화주의 무드 속에 안주하고 있다. 그러나 최근 중국과 러시아의 군사력 증강으로 자위대의 증강과 자주헌법의 제정 등을 논의하고 있다.

특히 우리와 같이 한국전쟁의 참상을 경험하고 국토가 분단된 상황에서 「위기」는 항상적이다. 내란만큼 비참한 것은 없다는 것이 슈미트 정치사상의 기본적 동기를 이루고 있는데, 전후 세계 도처에서 비참한 내란은 끊일 날이 없다. 그러한 민족적 비극을 볼 때에 국가의 통일을 정의의 주장에 우선시키는 슈미트의 주장은 상당히 설득력을 가진다고 보겠다.

슈미트이론의 타당성과 부당성, 그의 공과는 한 마디로 단정하기 어렵다. 다만, 우리에게 필요한 한도 내에서 취사선택하는 지적 노력은 계속하여야 할 것이다.

---

155) 제2차 세계대전과 냉전 초기에 미국이 세계문제에 급격히 개입하면서 독일에서 미국으로 망명 내지 이민 갔던 인사들이 독일뿐만 아니라 동아시아와 라틴 아메리카 등지에 영향력을 행사한 발자취를 정리한 책자가 『바이마르의 세기』란 제목으로 출간되었다. 특히 한국과 관련하여 에른스트 프렝켈(Ernst Fraenkel, 1898-1975)과 카를 뢰벤슈타인(Karl Loewenstein, 1891-1973)은 모두 유대계 독일인으로 우리에게 직접 간접으로 영향을 미친 사람들이어서 이 책은 더욱 의미가 있다고 하겠다. Udi Greenberg, The Weimar Century, Princeton University Press 2014. 이재욱 옮김(회화나무, 2018), 161-174면, 281-347면 참조.

카를 슈미트의 저작목록*

1. Bücher und selbständige Schriften

1910. 1. Über Schuld und Schuldarten - Eine terminologische Untersuchung. Schletter'sche Buchhandlung, Breslau. 155 S.

1912. 2. Gesetz und Urteil - Eine Untersuchung zum Problem der Rechtspraxis. Otto Liebmann, Berlin. 129 S.

1913. 3. Schattenrisse. Skiamacheten Verlag, Berlin (Auslieferung durch Otto Maier in Leipzig) veröffentlicht unter dem Pseudonym, "Johannes Negelinus, mox Doctor", in Zusammenarbeit mit Dr. Fritz Eisler.

1914. 4. Der Wert des Staates und die Bedeutung des Einzelnen. J. C. B Mohr (Paul Siebeck), Tübingen. 110 S.

1916. 5. Theodor Däublers "Nordlicht" - Drei Studien über die Elemente, den Geist und die Aktualität des Werkes. Georg Müller, München. 74 S.

1917. 6. Der Wert des Staates und die Bedeutung des Einzelen. Jakob Hegner, Hellerau 2. Auflage, 110 S. vgl. Nr. 4.

1919. 7. Politische Romantik. Duncker & Humblot, München/Leipzig. 234 S.

1921. 8. Die Diktatur - Von den Anfängen des modernen Souveränitätsgedankens bis zum proletarischen Klassenkampf. Duncker & Humblot, München/Leipzig. 257 S.

1922. 9. Politische Theologie - Vier Kapitel zur Lehre von der Souveränität. Duncker & Humblot, München/Leipzig.

1923. 10. Die geistesgeschichtliche Lage des heutigen Parlamentarismus. Duncker & Humblot, München/Leipzig.

1923. 11. Römischer Katholizismus und politische Form. Jakob Hegner, Hellerau.

---

* 카를 슈미트의 저작목록은 다음의 책들에 수록되어 있다.

(1) Piet Tommissen, Carl-Schmitt-Bibliographie, in: Festschrift für Carl Schmitt zum 70. Geburtstag dargebracht von Freunden und Schülern, Hrsg. von Hans Barion, Ernst Forsthoff, Werner Weber, Berlin: Duncker & Humblot, 1959, S. 273-330.

(2) Piet Tommissen, Carl-Schmitt-Bibliographie vom Jahre 1959, in: Epirrhosis. Festgabe für Carl Schmitt, Hrsg. von Hans Barion, Ernst-Wolfgang Böckenförde, Ernst Forsthoff, Werner Weber, Berlin: Duncker & Humblot, 1968, Bd. II, S. 739-778.

(3) Miroir de Carl Schmitt. Pour Carl Schmitt à l'occasion de son 90e anniversaire. Mit Beiträgen von Julien Freund u.a. Genève, 1978 (=Revue européenne des sciences sociales/Cahiers Vilfredo Pareto, XVI/44), S. 187-238.

(4) 칼 슈미트, 김효전역, 『정치신학외』(법문사, 1988), 421-442면.

1925. 12. Die Rheinlande als Objekt internationaler Politik. Verlag der Rheinischen Zentrumspartei, Köln.

1925. 13. Politische Romantik. 2. Auflage; vgl. Nr. 7

1925. 14. Römischer Katholizismus und politische Form. Theatiner Verlag, München. 2. Auflage, 53 S.; vgl. Nr. 11

1926. 15. Die Kernfrage des Völkerbundes. Ferd. Dümmler. Berlin. 82 S.

16. Unabhängigkeit der Richter, Gleichheit vor dem Gesetz und Gewährleistung des Privateigentums nach der Weimarer Verfassung - Ein Rechtsgutachten zu den Gesetzentwürfen über die Vermögenseinandersetzung mit den früher regierenden Fürstenhäusern. Walter de Gruyter, Berlin / Leipzig. 27 S.

17. Die geistesgeschichtliche Lage des heutigen Parlamentarismus. 2. Auflage; 148 S.; vgl. Nr. 10

1927. 18. Volksentscheid und Volksbegehren - Ein Beitrag zur Auslegung der Weimarer Verfassung und zur Lehre von der unmittelbaren Demokratie. Walter de Gruyter & Co., Berlin / Leipzig. 54 S.

1928. 19. Verfassungslehre. Duncker & Humblot, München / Leipzig. 404 S.

20. Der Begriff des Politischen. Verlag Dr. Walther Rothschild, Berlin Grunewald. Diese Schrift ist eine 2. Ausgabe der Abhandlung. 1. Ausgabe.: als Aufsatz im Archiv für Sozialwissenschaft und Sozialpolitik, 1927.

21. Die Diktatur - Von den Anfängen des modernen Souveränitätsgedankens bis zum proletarischen Klassenkampf. 2. Auflage; 259 S.; vgl. Nr. 8

1929. 22. Gutachten über die Frage, ob die gesetzliche Aufwertungsregelung des vorliegenden "Entwurfes eines Gesetzes über Entschädigungen von Betrieben und Arbeitnehmern auf Grund der Einführung des Branntwein-Monopols" im Wege eines einfachen Reichsgesetzes verfassungsrechtlich zulässig ist. Gutachten vom 17. Februar 1929.

1930. 23. Hugo Preuß - Sein Staatsbegriff und seine Stellung in der deutschen Staatslehre. J.C.B. Mohr (Paul Siebeck), Tübingen. 34 S.

24. Der Völkerbund und das politische Problem der Friedenssicherung, Teubner, Leipzig. 48 S.

25. Gutachten über die Frage, ob der Reichspräsident befugt ist, auf Grund des Art. 48 Abs. 2 RV finanzgesetzvertretende Verordnungen zuerlassen. Gutachten vom 28. Juli 1930

1931. 26. Der Hüter der Verfassung. J. C. B. Mohr (Paul Siebeck), Tübingen. 159 S.

27. Freiheitsrechte und institutionelle Garantien der Reichsverfassung. Reimar Hobbing, Berlin. 31 S.

1932. 28. Legalität und Legitimität. Duncker & Humblot, München / Leipzig. 98 S.

29. Konstruktive Verfassungsprobleme. o. J. -ohne Verlagsangabe (als Manuskript gedruckt in Berlin).

30. Der Begriff des Politischen. 3. Ausgabe; vgl. Nr. 20

1933. 31. Das Reichsstatthaltergesetz. Carl Heymann, Berlin. 24 S.
32. Staat, Bewegung, Volk - Die Dreigliederung der politischen Einheit. Hanseatische Verlagsanstalt, Hamburg. 46 S.
33. Der Begriff des Politischen. 4. Ausgabe; vgl. Nr. 20
1934. 34. Über die drei Arten des rechtswissenschaftlichen Denkens. Hanseatische Verlagsanstalt, Hamburg. 67 S.
35. Staatsgefüge und Zusammenbruch des zweiten Reiches - Der Sieg des Bürgers über den Soldaten. Hanseatische Verlagsanstalt, Hamburg. 49 S.
36. Nationalsozialismus und Völkerrecht. Junker und Dünnhaupt, Berlin. 29 S.
37. Politische Theologie - Vier Kapitel zur Lehre von der Souveränität. 2. Ausgabe, 84 S.; vgl. Nr. 9
38. Das politische Problem der Friedenssicherung. 2. Auflage der Schrift, "Der Völkerbund und das politische Problem der Friedenssicherung"; vgl. Nr. 24
39. Das Reichsstatthaltergesetz. 9. und 10. Tausend; vgl. Nr. 31
1935. 40. Staat, Bewegung, Volk - Die Dreigliederung der politischen Einheit. 3. Auflage; vgl. Nr. 32 (2. Auflage, 1934).
1936. 41. I caratteri essenziali dello stato nazionalsocialista. Mailand. 18 S.
42. Stellungsnahme der Wissenschaftlichen Abteilung des Nazionalsozialistischen Rechtswahrerbundes zu dem von der amtlichen Strafprozeßkommission des Reichsjustizministeriums aufgestellten Entwurf einer Strafverfahrensordnung. 48 S. Es handelt sich um ein "als Manuskriptgedrucktes" und mit dem Vermerk "streng vertraulich" versehenes Referat Carl Schmitts (allerdings ohne Verfasserangabe); S. 1: "abgeschlossen am 15. September 1936."
1938. 43. Der Leviathan in der Staatslehre des Thomas Hobbes - Sinn und Fehlschlag eines politischen Symbols. Hanseatische Verlagsanstalt, Hamburg. 132 S.
44. Die Wendung zum diskriminierenden Kriegsbegriff. Duncker & Humblot, München / Leipzig. 53 S.
1939. 45. Völkerrechtliche Großraumordnung mit Interventionsverbot für raumfremde Mächte - Ein Beitrag zum Reichsbegriff im Völkerrecht. Deutscher Rechtsverlag, Berlin / Wien / Leipzig.
1940. 46. Positionen und Begriffe im Kampf mit Weimar-Genf-Versailles, 1923-1939. Hanseatische Verlagsanstalt, Hamburg. 322 S.
47. Völkerrechtliche Großraumordnung mit Interverntionsverbot für raumfremde Mächte - Ein Beitrag zum Reichsbegriff im Völkerrecht. 2. Ausgabe; vgl. Nr. 45
1941. 48. Völkerrechtliche Großraumordnung mit Interverntionsverbot für raumfremde Mächte - Ein Beitrag zum Reichsbegriff im Völkerrecht. 3. Ausgabe, 58 S.; vgl. Nr. 45
1942. 49. Land und Meer - Eine weltgeschichtliche Betrachtung. o. J. - Reclam, Leipzig.
50. Völkerrechtliche Großraumordnung mit Interventionsverbot für raumfremde

Mächte - Ein Beitrag zum Reichsbegriff im Völkerrecht. 4. Ausgabe, 67 S.; vgl. Nr. 45

1943. 51. Cambio de Extructura del Derecho Internacional "Conferencia del Profesor de la Universidad de Berlin Dr. Carl Schmitt en el Instituto de Estudios Politicos" Junio 1943, Madrid (eine Veröffentlichung des Instituto de Estudios Politicos).

1950. 52. Die Lage der europäischen Rechtswissenschaft. Internationaler Universitäts-verlag, Tübingen. 32 S.

53. Ex Captivitate Salus - Erfahrungen der Zeit 1945-47. Greven Verlag, Köln. 95 S.

54. Donoso Cortes in gesamteuropäischer Interpretation - Vier Aufsätz. Greven Verlag, Köln. 114 S.

55. Der Nomos der Erde im Völkerrecht des Jus Publicum Europaeum. Duncker & Humblot, Berlin. 308 S.

1951. 56. La Unidad del Mundo. Ateneo. Madrid.

1952. 57. Rechtsstaatlicher Verfassungsvollzug. ohne Verlagsangabe (in Wetzar als Manuskript gedruckt). 51 S.

1954. 58. Gespräch über die Macht und den Zugang zum Machthaber. Günther Neske, Pfullingen (Württemberg). 29 S.

59. Verfassungslehre. 2. Auflage; vgl. Nr. 19

60. Land und Meer - Eine weltgeschichtliche Betrachtung. 2. Auflage; vgl. Nr. 48

1956. 61. Hamlet oder Hekuba - Der Einbruch der Zeit in das Spiel. Eugen Diederichs, Düsseldorf/Köln. 75 S.

62. Verfassungslehre. 3. Auflage; vgl. Nr. 19

1958. 63. Verfassungsrechtliche Aufsätze aus den Jahren 1924-1954. Materialien zu einer Verfassungslehre. Duncker & Humblot, Berlin. 517 S.

1960. 64. Die Tyrannei der Werte - Überlegungen eines Juristen zur Wertphilosophie. Privatdruck (Druck; W. Kohlhammer G.m.b.H., Stuttgart 1960).

1961. 65. Die geistesgeschichtliche Lage des heutigen Parlamentarismus. 3. Auflage; vgl. Nr. 10

1962. 66. El Orden del Mundo despues de la Segunda Guerra Mundial. Instituto de Estudios Politicos Madrid.

1963. 67. Der Begriff des Politischen - Text von 1932 mit einem Vorwort und drei Corollarien. 5. Auflage; 124 S. vgl. Nr. 20

68. Theorie des Partisanen - Zwischenbemerkung zum Begriff des Politischen. Duncker & Humblot, Berlin. 96 S.

1964. 69. Die Diktatur - Von den Anfängen des modernen Souveränitätsgedankens bis zum proletarischen Klassenkampf. 3. Auflage; vgl. Nr. 8

1965. 70. Verfassungslehre. 4. Auflage; vgl. Nr. 19

1968. 71. Legalität und Legitimität. 2. Auflage; vgl. Nr. 28

72. Politische Romantik. 3. Auflage; vgl. Nr. 7

1969. 73. Der Hüter der Verfassung. Duncker & Humblot, Berlin 2. Auflage; vgl. Nr. 26

74. Gesetz und Urteil. C. H. Beck, München 2. Auflage; 129 S. vgl. Nr. 2

75. Die geistesgeschichtliche Lage des heutigen Parlamentarismus. 4. Auflage; vgl. Nr. 10

1970. 76. Politische Theologie Ⅱ. Die Legende von der Erledigung jeder Politischen Theologie. Duncker & Humblot, Berlin. 126 S.

77. Verfassungslehre. 5. Auflage; vgl. Nr. 19

1973. 78. Verfassungsrechtliche Aufsätze aus den Jahren 1924-1954. Materialien zu einer Verfassungslehre. 2. Auflage; vgl. Nr. 63

1974. 79. Der Nomos der Erde im Völkerrecht des Jus Publicum Europaeum. 2. Auflage; vgl. Nr. 55

1975. 80. Theorie des Partisanen - Zwischenbemerkung zum Begriff des Politischen. 2. Aufl.; vgl. Nr. 68

1978. 81. Die Diktatur - Von den Anfängen des modernen Souveränitätsgedankens bis zum proletarischen Klassenkampf. 4. Aufl., vgl. Nr. 8

1979. 82. Die geistesgeschichtliche Lage des heutigen Parlamentarismus. 5. Aufl.; vgl. Nr. 17

83. Politische Theologie - Vier Kapitel zur Lehre von der Souveränität. 8. Aufl.; vgl. Nr. 37

1981. 84. Land und Meer - Eine weltgeschichtliche Betrachtung. Hohenheim, Köln-Lövenich. 107 S. vgl. Nr. 49

1982. 85. Der Leviathan in der Staatslehre des Thomas Hobbes - Sinn und Fehlschlag eines politischen Symbols, Hohenheim, Köln-Lövenich, 132 S.; vgl. Nr. 43

86. Politische Romantik, 4. Aufl., 234 S.; vgl. Nr. 7

1983. 87. Verfassungslehre. 6. Aufl., 404 S.; vgl. Nr. 19

1984. 88. Politische Theologie II. 2. Aufl., 126 S. vgl. Nr. 76

1985. 89. Hamlet oder Hekuba - Der Einbruch der Zeit in das Spiel. Klett-Cotta, Stuttgart, 73 S.; vgl. Nr. 61

90. Römischer Katholizismus und politische Form. Hohenheim, Köln-Lövenich, 65 S.; vgl. 14

91. Politische Theologie - Vier Kapitel zur Lehre von der Souveränität, 4. Aufl., 84 S. vgl. Nr. 37

92. Die geistesgeschichtliche Lage des heutigen Parlamentarismus. Nachdruck der Ausgabe von 1923. 6. Aufl., 90 S. vgl. Nr. 17

93. Der Hüter der Verfassung. Nachdruck der Ausgabe von 1931. 3. Aufl., 159 S. Duncker & Humblot, Berlin. vgl. Nr. 73

94. Verfassungsrechtliche Aufsätze aus den Jahren 1924-1954. Nachdruck der Ausgabe von 1958. 3. Aufl., 517 S. Duncker & Humblot, Berlin. vgl. Nr. 63

1986. 95. Staatsgefüge und Zusammenbruch des zweiten Reiches - Der Sieg des Bürgers über den Soldaten. Hamburg 1934. 49 S. Photomechanischer Nachdruck, Bremen: Faksimile-Verlag. vgl. Nr. 35

1987. 96. Der Begriff des Politischen. Text von 1932 mit einem Vorwort und drei Corollarien. Unveränderte Auflage, Duncker & Humblot, Berlin, 124 S.; vgl. Nr. 30

1988. 97. Verfassungslehre. 7. Aufl.; vgl. Nr. 19

98. Legalität und Legitimität. Nachdruck der Ausgabe von 1932. Duncker & Humblot, Berlin, 98 S.; vgl. Nr. 28

99. Die Wendung zum diskriminierenden Kriegsbegriff. Nachdruck der Ausgabe von 1938. 2 Aufl., 53 S. Duncker & Humblot, Berlin. vgl. Nr. 44

100. Positionen und Begriffe im Kampf mit Weimar-Genf-Versailles 1923-1939. Nachdruck der Ausgabe von 1940. Duncker & Humblot, Berlin, 322 S.; vgl. Nr. 46

101. Der Nomos der Erde im Völkerrecht des Jus Publicum Europaeum. Nachdruck der Ausgabe von 1950. 3. Aufl., Duncker & Humblot, Berlin, 308 S. vgl. Nr. 55

1989. 102. Die Diktatur. Von den Anfängen des modernen Souveranitätsgedankens bis zum proletarischen Klassenkampf. Nachdruck der Ausgabe von 1928. Duncker & Humblot, Berlin, 259 S. vgl. Nr. 8

1990. 103. Politische Theologie. Vier Kapitel zur Lehre von der Souveränität. Nachdruck der Ausgabe von 1922. Duncker & Humblot, Berlin, 84 S.; vgl. Nr. 9

104. Politische Theologie II. Die Legende von der Erledigung jeder Politischen Theologie. Nachdruck der Ausgabe von 1970. 90 S. Duncker & Humblot, Berlin. vgl. Nr. 76

1991. 105. Theodor Däublers "Nordlicht". - Drei Studien über die Elemente, den Geist und die Aktualität des Werkes. 2. Aufl. Duncker & Humblot, Berlin, 74 S.; Nr. 5

106. Politische Romantik. 5. Aufl.; vgl. Nr. 7

107. Völkerrechtliche Großraumordnung mit Interventionsverbot für raumfremde Mächte. Unveränderte Ausgabe der 1941; vgl. Nr. 45

108. Glossarium. Aufzeichnungen der Jahre 1947-1951. Herausgegeben von Eberhard Freiherr von Medem. Duncker & Humblot. Berlin, 364 S.

1993. 109. Über die drei Arten des rechtswissenschaftlichen Denkens. 2. Aufl.; vgl. Nr. 34

1994. 110. Das internationlrechtliche Verbrechen des Angriffskrieges und der Grundsatz "Nullum crimen, nulla poena sine lege". Herausgegeben, mit Anmerkungen und einem Nachwort versehen von Helmut Quaritsch, Duncker & Humblot, Berlin, 259 S.

111. Die Diktatur. 6. Aufl.; vgl. Nr. 8

112. Positionen und Begriffe. 3. Aufl.; vgl. Nr. 46

113. Gespräch über die Macht und den Zugang zum Machthaber. Neue Aufl., Akademie, Berlin.

1995. 114. Staat, Großraum, Nomos. Arbeiten aus den Jahren 1916-1969. Herausgegeben, mit einem Vorwort und mit Anmerkungen versehen von Günter Maschke, 668 S. Duncker & Humblot, Berlin.

115. Theorie des Partisanen. 4. Aufl.; vgl. Nr. 68

1997. 116. Nomos der Erde. 4. Aufl; vgl. Nr. 55

1998. 117. Legalität und Legitimität. 6. Aufl.; Nr. 28

118. Politische Romantik. 6. Aufl.; vgl. Nr. 7

2000. 119. Der Hüter der Verfassung. 5. Aufl.; vgl. Nr. 26

120. Carl Schmitt Antworten in Nürnberg. Herausgegeben von Helmut Quaritsch. Duncker & Humblot, Berlin. 153 S.

2002. 121. Theorie des Partisanen. 5. Aufl.; vgl. Nr. 68

122. Ex Captivitate Salus. Facsimile reprint, Duncker & Humblot, Berlin.

2003. 123. Verfassungslehre. 9. Aufl.; vgl. Nr. 19

124. Verfassungsrechtliche Aufsätze. 4. Aufl.; vgl. Nr. 63

2004. 125. Der Wert des Staates und die Bedeutung des Einzelnen. 2. Aufl.; vgl. Nr. 4

126. Politische Theologie. 8. Aufl.; vgl. Nr. 37

2005. 127. Frieden oder Pazifismus? Arbeiten zum Völkerrecht und zur internationalen Politik 1924-1978. Herausgegeben, mit einem Vorwort und mit Anmerkungen versehen von Günter Maschke, Duncker & Humblot, Berlin. 1010 S.

128. Legalität und Legitimität. 7. Aufl.; vgl. Nr. 28

2006. 129. Über die drei Arten des rechtswissenschaftlichen Denkens. 3. Aufl.; vgl. Nr. 34

2007. 130. Die Wendung zum diskriminierenden Kriegsbegriff. 4. Aufl.; vgl. Nr. 44

2008. 131. Land und Meer. Klett-Cotta, Stuttgart. vgl. Nr. 49

132. Gespräch über die Macht und den Zugang zum Machthaber. Neue Aufl., Pfullingen: Günther Neske. Stuttgart: Klett-Cotta, 95 S.

133. Hamlet oder Hekuba. Der Einbruch der Zeit in das Spiel. 5. Aufl. Stuttgart. Klett-Cotta, 72 S.; vgl. Nr. 61

134. Politische Theologie II. 5. Aufl.; vgl. Nr. 76

2009. 135. Völkerrechtliche Großraumordnung mit Interventionsverbot für raumfremde Mächte. 3. Aufl.; vgl. Nr. 45

136. Donoso Cortés. 2. Aufl. Duncker & Humblot, Berlin. 113 S.; vgl. Nr. 54

137. Der Begriff des Politischen. 8. Aufl.; vgl. Nr. 67

138. Theodor Däublers 'Nordlicht'. 3. Aufl.; Duncker & Humblot. Berlin. vgl. Nr. 5

2010. 139. Verfassungslehre. 10. Aufl.; vgl. Nr. 19

140. Theorie des Partisanen. 7. Aufl.; vgl. Nr. 68

141. Die geistesgeschichtliche Lage des heutigen Parlamentarismus. 9. Aufl.; vgl. Nr. 10

2011. 142. Staatsgefüge und Zusammenbruch des zweiten Reiches - Der Sieg des Bürgers über den Soldaten. Herausgegeben, mit einem Vorwort und mit Anmerkungen versehen von Günter Maschke, Duncker & Humblot, Berlin. 2. Aufl. 117 S.; vgl. Nr. 35

143. Die Tyrannei der Werte. 3., korrigierte Aufl. Mit einem Nachwort von Christoph Schönberger, 91 S.; vgl. Nr. 64

2012. 144. Legalität und Legitimität. 8. Aufl.; Nr. 28

145. Unabhängigkeit der Richter, Gleichheit vor dem Gesetz und Gewährleistung des Privateigentums nach der Weimarer Verfassung - Ein Rechtsgutachten zu den Gesetzentwürfen über die Vermögenseinandersetzung mit den früher regierenden Fürstenhäusern. Walter de Gruyter, Berlin 1926, printing 2012. vgl. Nr. 16.

2014. 146. Volksentscheid und Volksbegehren. Ein Beitrag zur Auslegung der Weimarer Verfassung und zur Lehre von der unmittelbare Demokratie. Neuausgabe mit Korrekturen und editorischen Nachbemerkung. 2. Aufl. 91 S.; vgl. Nr. 18

147. Positionen und Begriffe. 4., korrigierte Aufl. 364 S.; vgl. Nr. 46

148. Carl Schmitt. Der Schatten Gottes. Introspektionen, Tagebücher und Briefe 1921 bis 1924. Herausgegeben von Gerd Giesler, Ernst Hüsmert, Wolfgang H. Spindler. Duncker & Humblot. Berlin. 601 S.

2015. 149. Der Begriff des Politischen. 9. Aufl., 119 S. vgl. Nr. 67

150. Glossarium. Aufzeichnungen aus den Jahren 1947 bis 1958. Hrsg. von Gerd Giesler und Martin Tielke. Erweiterte, berichtigte und kommentierte Neuausgabe. Zweite Aufl., Duncker & Humblot. Berlin. 557 S. vgl. Nr. 108

151. Politische Theologie. 10. Aufl. 72 S. Nr. 37

152. Die Diktatur. 8. Aufl. 261 S. Nr. 8

153. Ex Captivitate Salus. 4. Aufl. vgl. Nr. 53

154. Der Wert des Staates und die Bedeutung des Einzelnen. 3. Aufl. 108 S. vgl. Nr. 4

2016. 155. Der Hüter der Verfassung. 5. Aufl.; Anhang: Hugo Preuß. Sein Staatsbegriff und seine Stellung in der deutschen Staatslehre. Duncker & Humblot. Berlin. 192 S. vgl. Nr. 26

156. Römischer Katholizismus und politische Form. Stuttgart. Klett-Cotta. 65 S. vgl. 14

2017. 157. Über Schuld und Schuldarten. 2. Aufl., Duncker & Humblot. Berlin. vgl. Nr. 1

158. Verfassungslehre. 11. Aufl. vgl. Nr. 19

159. Politische Theologie II. 6. Aufl. vgl. Nr. 76

160. Theorie des Partisanen. 8. Aufl. vgl. Nr. 68

161. Die geistesgeschichtliche Lage des heutigen Parlamentarismus. 10. Aufl. Nr. 10

162. Hamlet oder Hekuba: Der Einbruch der Zeit in das Spiel. Stuttgart. Klett-Cotta. 65 S. vgl. Nr. 61

2018. 163. Der Begriff des Politischen. Synoptische Darstellung der Texte. Im Auftrag der Carl-Schmitt-Gesellschaft, hrsg. von Marco Walter. Duncker & Humblot, Berlin, 331 S. vgl. Nr. 30

164. Land und Meer. Klett-Cotta. Stuttgart. vgl. Nr. 130

165. Der Leviathan in der Staatslehre des Thomas Hobbes. Klett-Cotta. Stuttgart. vgl. Nr. 43

2019. 166. Frieden oder Pazifismus? 2. Aufl. vgl. Nr. 126

167. Theorie des Partisanen. 9. Aufl. vgl. Nr. 68

2020. 168. Die Tyrannei der Werte. 4. Aufl. vgl. Nr. 64

2021. 169. Gesammelte Schriften 1933-1936. Mit ergänzenden Beiträgen aus der Zeit des Zweiten Weltkriegs. Duncker & Humblot. Berlin. 572 S.

170. Politische Theologie. 11., korr. Aufl. vgl. Nr. 37

171. Staat, Großraum, Nomos. Arbeiten aus den Jahren 1916-1969. Herausgegeben, mit einem Vorwort und mit Anmerkungen versehen von Günter Maschke, 2. Aufl. 668 S. vgl. Nr.114

2022. 172. Völkerrechtliche Großraumordnung mit Interventionsverbot für raumfremde Mächte. 4. Aufl. 84 S. vgl. Nr. 45

2023. 173. Die Diktatur. Von den Anfängen des modernen Souveränitätsgedankens bis zum proletarischen Klassenkampf. 9. Aufl. 261 S. Nr. 8 € 44, 90

2. Aufsätze

1910. 1. Über Tatbestandsmäßigkeit und Rechtswidrigkeit des kunstgerechten operativen Eingriffs. in: Zeitschrift für die gesamte Strafrechtswissenschaft. 31. Band, SS. 467-478

1912. 2. Der Wahnmonolog und eine Philosophie des Als-Ob. in: Bayreuther Blätter, Juniheft.

3. Der Spiegel (Erzählung).

4. Kritik der Zeit. (Besprechung des Buches von Walther Rathenau).

5. Don Quijote und das Publikum (Aufsatz), drei Beiträge in der Zeitschrift "Die Rheinlande," Herausgeber Wilhelm Schäfer, Verlag A. Bagel, Düsseldorf, Band XXII, SS. 61-62, 323-324, 348-350.

1913. 6. Schopenhauers Rechtsphilosophie außerhalb seines philosophischen Systems. in: Monatsschrift für Kriminalpsychologie und Strafrechtsreform, 10. Jahrg., Heft 1 (April), SS. 27-31.

7. Juristische Fiktionen. (Über Vaihinger und die Philosophie des Als-Ob) in: Deutsche Juristen-Zeitung, 18. Jahrg., Heft 12, Spalten 804-806.

8. Selbstanzeige des Buches "Gesetz und Urteil". (vgl. Nr. 2) in: Kant-Studien, 18. Band Heft 1. SS. 165-166.

1916. 9. Besprechung des Buches von Julius Binder: "Rechtsbegriff und Rechtsidee" in: Kritische Vierteljahresschrift für Gesetzgebung und Rechtswissenschaft, 3. Folge, Band XVII, SS. 431-440.

10. Diktatur und Belagerungszustand. in: Zeitschrift für die gesamte Strafrechtswissenschaft, 38. Band XVII, SS. 138-162.

11. Die Einwirkungen des Kriegszustandes auf das ordentliche strafprozessuale Verfahren. in: Zeitschrift für die gesamte Strafrechtswissenschaft, 38. Band, SS. 783-797 (Straßburger Probevorlesung vom 16. Februar 1916).

1917. 12. Recht und Macht.

13. Die Sichtbarkeit der Kirche, in: Summa. Eine Vierteljahresschrift, 1917/18. S. 71-80.

14. Die Buribunken. Drei Aufsätze in der von Franz Blei und Jakob Hegner herausgegebenen Zeitschrift "Summa," 1. (und einziger) Jahrgang 1917/1918, Heft 2. SS. 77-80, Heft 4. SS. 89-106 - der dritte Aufsatz enthält eine Parodie auf Tagebuchschreiber und Historismus.

1921. 15. Politische Theorie und Romantik. in: Historische Zeitschrift, Band 123, 3. Folge, SS. 337-397.

1922. 16. Die Staatsphilosophie der Gegenrevolution. in: Archiv für Rechts-und Wirtschaftsphilosophie, Band 16, SS. 121-131.

17. Der Fackelkraus. in: Das große Bestiarium der modernen Literatur (von Franz Blei; Verlag E. Rowohlt, Berlin 1922, 253 S.), SS. 30-31.

18. Die Auseinandersetzung zwischen dem Hause Wittelsbach und dem Freistaat Bayern. (über Konrad Beyerles Gutachten zur Bayerischen Fürstenabfindung) in: Kölnische Volkszeitung, Nr. 436 vom 4. Juni 1922.

1923. 19. Soziologie des Souveränitätsbegriffs und Politische Theologie. in: Hauptprobleme der Soziologie; Erinnerungsgabe für Max Weber. (herausgegeben von Melchior Palyi, Verlag Duncker & Humblot, München/Leipzig), Band 11 (VII+352 S.).

20. Besprechung des Buches von Leo Wittmayer: "Die Weimarer Reichsverfassung." in: Literaturblatt der Frankfurter Zeitung, Nr. 5 vom 2. März 1923, S. 2.

1924. 21. Die Diktatur des Reichspräsidenten nach Art. 48 der Reichsverfassung. in: Veröffentlichungen der Vereinigung der deutschen Staatsrechtslehrer, Heft 1 der Sammlung, 146 S., bei W. de Gruyter & Co, Berlin, SS. 63-104 des Heftes; Referat auf der Staatsrechtslehrertagung vom 14/15. April 1924 zu Jena.

22. Besprechung der deutschen Übersetzung des Buches von L. T. Hobhouse: "Die metaphysische Staatslehre". in: Wirtschaftsdienst (Hamburg), 9. Jahrg., v. 25. Juli 1924, SS. 986-987.

23. Besprechung des Buches von Leo Wittmayer: „Reichsverfassung und Politik„ in: Schmollers Jahrbuch für Gesetzgebung, Verwaltung und Volkswirtschaft im Deutschen Reiche, 47 Jahrg., SS. 349-351.

24. Nochmalige Reichstagsauflösung - Ein staatsrechtlicher Hinweis. in: Kölnische Volkszeitung, 65. Jahrg., Nr. 836 vom 26. Oktober 1924. S. 1(Leitartikel).
25. Die Wahlordnung für das Saargebiet vom 29. April 1920. (ein Beitrag zur Lehre von den Prinzipien rechtlicher Ordnung) in: Niemeyers Zeitschrift für internationales Recht, Band 34, SS. 415-420.
26. Der Begriff der modernen Demokratie in seinem Verhältnis zum Staatsbegriff. in: Archiv für Sozialwissenschaft und Sozialpolitik, Band 51, Heft 3, SS. 817-823.
27. Romantik. in: Hochland, 22. Jahrg., Heft 2 (November), SS. 157-171.

1925. 28. "Einmaligkeit" und "gleicher Anlaß" bei der Reichstagsauflösung nach Artikel 25 der Reichsverfassung. in: Archiv des öffentlichen Rechts, Neue Folge, Band 8, Heft 1/2. SS. 162-174.
29. Reichspräsident und Weimarer Verfassung. in: Kölnische Volkszeitung, 66. Jahrg., Nr. 198 vom 15. März 1925, S. 1 (Leitartikel).
30. Besprechung des elften Bandes der "Klassiker der Politik", einer Verdeutschung von Joseph de Maistre "Betrachtungen über Frankreich" und "Über den schöpferischen Urgrund der Staatsverfassungen". in: Zeitschrift für die gesamte Staatswissenschaft, 79. Band, Heft 4, SS. 727-728.
31. Besprechung des "Essai sur l'emploi du sentiment religieux comme base d'autorité politique" von Marie-Anne Cochet. in: Deutsche Literaturzeitung, Heft 47, Spalten, 2308-2310.
32. Der Status quo und der Friede. in: Hochland, 23. Jahrg., Heft 1 (Oktober), SS. 1-9.
33. Illyrien/Notizen von einer dalmatinischen Reise. in: Hochland, 23. Jahrg., Heft 3 (Dezember), SS. 293-298.
34. Die Kernfrage des Völkerbunds. in: Schmollers Jahrbuch für Gesetzgebung, Verwaltung und Volkswirtschaft im Deutschen Reiche, 48. Jahrg., Heft 4 (Dezember), SS. 1-26.
35. Besprechung von Charles Edwin Vaughan's Buch: "Studies in the History of Political Philosophy before and after Rousseau." in: Deutsche Literaturzeitung, Heft 43, Spalten 2086-2090.
36. Ein französischer Kritiker der Zeit. (zu Lucien Romier: Explication de notre temps, Paris 1925) in: Wirtschaftsdienst, 11. Jahrg., Heft 18, SS. 593-594.

1926. 37. Zu Friedrich Meineckes "Idee der Staatsräson." in: Archiv für Sozialwissenschaft und Sozialpolitik, Band 56, Heft 1. SS. 226-234.
38. Um das Schicksal des Politischen. in: Die Schildgenossen, 5. Jahrg., Heft 5, SS. 313-322.
39. Besprechung von Paul Kluckhohns Buch: "Persönlichkeit und Gemeinschaft-Studien zur Staatsauffassung der deutschen Romantik". in: Deutsche Literaturzeitung, Heft 22, Spalten 1061-1063.
40. Zwei Artikel: Absolutismus (Spalten 29-34) und Diktatur (Spalten 1448/1453).

im "Staatslexikon im Auftrage der Görresgesellschaft" (unter Mitwirkung zahlreicher Fachleute herausgegeben von Hermann Sacher, Herder-Verlag in Freiburg i. Br., 5. neubearbeitete Auflage in 5 Bänden), Band 1.

41. Der Gegensatz von Parlamentarismus und moderner Massendemokratie. in: Hochland, 23. Jahrg., Juniheft, SS. 257-270.

42. Das Ausführungsgesetz zu Art. 48 der Reichsverfassung; sog. Diktaturgesetz. in: Kölnische Volkszeitung, 67. Jahrg., Nr. 805 vom 3. Oktober 1926.

43. Anmerkung zu einem Urteil des Reichsgerichts betr. die Rechtsstellung der Richter bei den Gemischten Schiedsgerichten. in: Juristische Wochenschrift, 55. Jahrg., S. 364.

44. Besprechung der 3. und 4. Aufl. des Kommentars von Anschütz zur Weimarer Reichsverfassung. in: Juristische Wochenschrift, 55. Jahrg., Heft 19 vom 2. Oktober 1926, SS. 2270-2272.

45. Besprechung des Buches von Lundstedt: "Superstition or Rationality in Action for Peace", London 1925. in: Historische Zeitschrift.

1927. 46. Macchiavelli - Zum 22. Juni 1927. in: Kölnische Volkszeitung, 68. Jahrg., Nr. 448 vom 21. Juni 1927, S. 1 (Leitartikel).

47. Der Begriff des Politischen. in: Archiv für Sozialwissenschaft und Sozialpolitik, Band 58, Heft 1 (August), SS. 1-33.

48. Donoso Cortés in Berlin (1849). in: Wiederbegegnung von Kirche und Kultur in Deutschland - Eine Gabe für Karl Muth (bei Kösel und Pustet in München, 395 S.), SS. 338-373.

1928. 49. Der Völkerbund und Europa. in: Hochland, 25. Jahrg., Januarheft, SS. 345-354- auch in Heft 10 der Hauptversammlung der Gesellschaft der Freunde und Förderer der Rheinischen Friedrich Wilhelms-Universität in Bonn.

50. Bürgerlicher Rechtsstaat. in: Abendland, Heft 3, S. 201 ff. - eine von Werner Becker angefertigte Niederschrift eines Vortrages mit gleichem Titel ist in der Zeitschrift "Die Schildgenossen", 8. Jahrg., 1928, S. 127 ff. erschienen.

51. Völkerrechtliche Problem im Rheingebiet. Vortrag auf dem deutschen Geschichtslehrertag vom 5. Oktober 1928, veröffentlicht in den "Rheinischen Schicksalsfragen", Schrift 27/28, Verlag Reimar Hobbing, Berlin, ferner im "Rheinischen Beobachter", 7. Jahrg., SS. 340-344.

52. Der Staat und das Recht auf den Krieg. in: Germania, Nr. 186 vom 21. April 1928.

1928. 53. Das Reichsgericht als Hüter der Verfassung. in: Die Reichsgerichtspraxis im deutschen Rechtsleben-Festgabe der juristischen Fakultäten zum 50 jährigen Bestehen des Reichsgerichts (6 Bände, W. de Gruyter & Co. in Berlin). Band 1, SS. 154-178.

54. Wesen und Werden des faschistischen Staates. Aufsatz zu dem Buch gleichen Titels von Erwin von Beckerath. in: Schmollers Jahrbuch für Gesetzgebung,

Verwaltung und Volkswirtschaft im Deutschen Reiche, Band 53, Heft 1 (Februar), SS. 107-113.

55. Der Hüter der Verfassung. in: Archiv des öffentlichen Rechts, Neue Folge, Band 16, Heft 2 (März), SS. 161-237.

56. Staatsstreichpläne Bismarcks und Verfassungslehre. (anläßlich des Buches "Staatsstreichpläne Bismarcks und Wilhelms II." von Egmont Zechlin, Cotta Verlag, Stuttgart, 1929) in: Deutsche Allgemeine Zeitung, Unterhaltungsblatt vom 10. Juli 1929.

57. Der unbekannte Donoso Cortés. in: Hochland, 27. Jahrg., Heft 12 (September), SS. 491-496.

58. Die europäische Kultur im Zwischenstadium der Neutralisierung. in: Europäische Revue, 5. Jahrg., Heft 8 (November), SS. 517-530.

59. Die Auflösung des Enteignungsbegriffs. in: Juristische Wochenschrift, 58. Jahrg., Heft 8. SS. 495-497.

60. Zehn Jahre Reichsverfassung. in: Juristische Wochenschrift, 58. Jahrg., Heft 32/33, SS. 2313-2315.

1930. 61. Gedrucktes Gutachten vom 30. Januar 1930 zu dem deutsch-polnischen Abkommen über Liquidationsschäden. (vermutlich bei den Reichstags-Drucksachen zu dem Reichsgesetz über die Ratifikation der Abkommen vom März 1930) - als Aufsatz 7 ("Ratifikation völkerrechtlicher Verträge und innerstaatliche Auswirkungen der Wahrnehmung auswärtiger Gewalt") in die Sammlung "Verfassungsrechtliche Aufsätze" übernommen.

62. Staatsethik und pluralistischer Staat. Vortrag auf der 25. Tagung der deutschen Kant-Gesellschaft in Halle am 22. Mai 1929. in: Kantstudien, Band 35, Heft 1. SS. 28-42.

63. Hugo Preuss in der Deutschen Staatslehre. in: Die Neue Rundschau, Märzheft.

64. Das Problem der innerpolitischen Neutralität des Staates. in: Mitteilungen der Industrie-und Handelskammer zu Berlin, 28. Jahrg., Heft 9 vom 10. Mai 1930, SS. 471-477.

65. Die politische Lage der entmilitarisierten Rheinlande. in: Abendland, Heft 5 (Juli), SS. 307-311.

66. Presse und öffentliche Meinung. Diskussionsbeitrag vom deutschen Soziologentag in Berlin, September 1930. (Thema: Presse) in: Schriften der deutschen Gesellschaft für Soziologie, Band VII, SS. 56-58; Verlag. J. C. B. Mohr (Paul Siebeck), Tübingen.

67. Die Einberufung des vertagten Reichstags. in: Kölnische Volkszeitung, 71. Jahrg. Nr. 542 vom 23. Oktober 1930.

68. Einberufung und Vertagung des Reichstags nach Art. 24 Reichsverfassung. in: Deutsche Juristen-Zeitung, 35. Jahrg., Heft 20, Spalten 1285-1289.

69. Zur politischen Situation in Deutschland. in: Der Kunstwart, Band 49, S. 253

ff.

70. Warnung vor falschen Fragestellungen. in: Der Ring, 3. Jahrg., S. 844 ff.
71. Beitrag zur Aussprache über das Thema der deutschen Wirtschaftskrise. in: Mitteilungen des Langnamvereins (Düsseldorf), Neue Folge: Heft 19 des Jahrgangs 1930, Nr. 4, SS. 458-464.
72. Neutralität gegenüber der Wirtschaft? in: Germania, Nr.166 vom 9. April 1930.

1931. 73. Reichs-und Verwaltungsreform. in: Deutsche Juristen-Zeitung, 36. Jahrg., Heft 1, Spalten 5-11.
74. Franz Blei. in: Frankfurter Zeitung (Literaturblatt) vom 22. März 1931.
75. Die Wendung zum totalen Staat. in: Europäische Revue, 7. Jahrg., Heft 4 (April) SS. 244-250.
76. Besprechung des Buches "Die Grundrechte und Grundpflichten der Reichsverfassung" (herausgegeben in Gemeinschaft mit Prof. Dr. Anschütz u. a. von Dr. Hans Carl Nipperdey, Verlag von Reimar Hobbing, Berlin, 1929) in: Juristische Wochenschrift, 60. Jahrg., Heft 23-24, SS. 1675-1677.
77. Besprechung von Fritz Fellers Buch: "Erschwerung des Sturzes der Reichsregierung und der Landesregierungen ohne Änderung der Reichsverfassung". in: Juristische Wochenschrift, 60. Jahrg., Heft 23/24, S. 1679.
78. Wohlerworbene Beamtenrechte und Gehaltskürzung. in: Deutsche Juristen-Zeitung, 36. Jahrg., Heft 14, Spalten 917-921.
79. Die staatsrechtliche Bedeutung der Notverordnung, insbesondere ihre Rechtsgültigkeit. in: Notverordnung und öffentliche Verwaltung (im Industrieverlag Spaeth & Linde, Berlin) - auch als Sonderdruck verbreitet (27 S.).
80. Die neutralen Größen im heutigen Verfassungsstaat. in: Probleme der Demokratie (72 S. - eine Ausgabe der deutschen Hochschule für Politik), SS. 48-56.
81. Wohlerworbene Rechte, institutionelle Garantien und Staatsnotrecht. in: Deutsche Gemeindezeitung, Band 70, S. 321 ff.
82. Staatsideologie und Staatsrealität in Deutschland und Westeuropa. in: Deutsche Richterzeitung, Band 23, S. 271 ff.

1932. 83. Inhalt und Bedeutung des zweiten Hauptteils der Reichsverfassung. in: Handbuch des Deutschen Staatsrechts (herausgegeben von Anschütz und Thoma, Verlag J. C. B. Mohr, Tübingen), Band 2, SS. 572-606.
84. Grundsätzliches zur heutigen Notverordnungspraxis. in: Reichsverwaltungsblatt und Preußisches Verwaltungsblatt, 53. Band, Nr. 9, SS. 161-165.
85. Gutachtliche Äußerung zur Rechtslage der deutschen Hochschullehrer. in: Mitteilungen des Verbandes deutschen Hochschullehrer, 1932, S. 77 ff.
86. Die Verfassungsmäßigkeit der Bestellung eines Reichskommissars für das Land Preußen. in: Deutsche Juristen-Zeitung, 37. Jahrg., Heft 15, Spalten 953-958.

87. Plädoyers vor dem Staatsgerichtshof in Leipzig in der Sache Preußen contra Reich, vom 10. bis zum 14. und vom 17. Oktober 1932-der Stenogrammbericht der Verhandlungen wurde 1933 bei Dietz Nachf. in Berlin veröffentlicht; die Plädoyers finden sich auf SS. 39-41, 175-181, 288-291, 311-322, 350-355 und 466-469.
88. Legalität und gleiche Chance politischer Machtgewinung. in: Deutsches Volkstum, 15 Jahrg., SS. 557-564.
89. Gesunde Wirtschaft im starken Staat. in: Mitteilungen des Vereins zur Wahrung der gemeinsamen wirtschaftlichen Interessen in Rheinland und Westfalen, Heft 21, SS. 13-32
90. Der Mißbrauch der Legalität, in: Tägliche Rundschau, vom 19. Juli 1932.
91. Ist der Reichskommissar verfassungsmäßig? in: Deutsche Allgemeine Zeitung, 71 Jahrg., Nr. 351 vom 29. Juli 1932.
92. Völkerrechtliche Formen des modernen Imperialismus. in: Königsberger Auslandsstudien, Band 8.
93. Die Stellvertretung des Reichspräsidenten. in: Deutsche Juristen-Zeitung, 38. Jahrg., Heft 1, Spalten 27-31.
94. Weiterentwicklung des totalen Staates in Deutschland. in: Europäische Revue, 9. Jahrg., Heft 2. SS. 65-70.
95. Starker Staat und gesunde Wirtschaft. in: Volk und Reich-identisch mit Nr. 89.

1933. 96. Das Staatsnotrecht im modernen Verfassungsleben, in: Deutsche Richterzeitung, 25. Jahrg., Heft 8/9. SS. 254-255.
97. Machtpositionen des modernen Staates. in: Deutsches Volkstum, 15 Jahrg., 2. Märzheft, SS. 225-230.
98. Das Gesetz zur Behebung der Not von Volk und Reich. in: Deutsche Juristen-Zeitung, 38. Jahrg., Heft 7, Spalten 455-458.
99. Das gute Recht der deutschen Revolution. in: Westdeutscher Beobachter vom 12. Mai 1933.
100. Die deutschen Intellektuellen. in: Westdeutscher Beobachter, Nr.126 vom 31. Mai 1993; Münchner Neueste Nachrichten vom 1. Juni 1933.
101. Der Staat des 20. Jahrhunderts. in: Westdeutscher Beobachter, Nr. 151 vom 28. Juni 1933.
102. Die Deutung des neuen Staatsrats. in: Westdeutscher Beobachter, Nr. 169 vom 16. Juli 1933.
103. Rückblick auf ein Jahr deutscher Politik. in: Westdeutscher Beobachter. Nr. 176 vom 23. Juli 1933; Münchner Neueste Nachrichten, 86. Jahrg., Nr. 205 vom 29. Juli 1933.
104. Frieden oder Pazifismus? in: Berliner Börsen-Zeitung, Nr. 529 vom 11. November 1933.

105. Neue Leitsätze für die Rechtspraxis. in: Juristische Wochenschrift, 62. Jahrg., Heft 50, SS. 2793-2794.

106. Neubau des Staats-und Verwaltungsrechts. in: Deutscher Juristentag. Vierte Reichstagung des Bundesnationalsozialistischer Juristen (Berlin), SS. 242-251.

107. Der Staatsrat und die Führerfrage im nationalsozialistischen Gemeinwesen. in: Mitteilungsblatt der Ortsgruppe Braunsfeld (Gau Köln/Aachen, Stadtkreis Linksrh. Süd der NSDAP), 1. Jahrg. Folge 2, vom 4. November 1933, SS. 2-3. Es handelt sich um die von K (ohnen) angefertigte Zusammenfassung eines am 20. Oktober 1933 in der Ortsgruppe gehaltenen Referats.

108. Richtertum und Politik. in: Nordische Rundschau, Nr. 141 vom 13. Dezember 1933.

1934. 109. Neuaufbau von Staat und Reich. in: Völkischer Beobachter vom 31. Januar 1934.

110. Nationalsozialismus und Rechtsstaat. Text einer Kölner Rede vom 17. Februar 1934. in: Deutsche Verwaltung, 11. Jahrg., Nr.1/2 (20. Februar), SS. 35/42; ferner in Juristische Wochenschrift, 63. Jahrg., Heft 12/13 (März), SS. 713-718. in: Deutsches Volkstum, 1. Märzheft, S. 177 ff.

111. Die Logik der geistigen Unterwerfung. in: Deutsches Recht, 4. Jahrg., Nr. 10, SS. 225-229. jetzt in: Günter Maschke (Hrsg.), C. Schmitt, Staatsgefüge und Zusammenbruch des zweiten Reiches, Berlin: Duncker & Humblot, Anhang, 2011, S. 111-117.

112. Nationalsozialistisches Rechtsdenken. in: Deutsches Recht, 4. Jahrg., Nr.10. SS. 225-229.

113. Geleitwort zum 11. Heft des 39. Jahrganges der "Deutschen Juristen-Zeitung", mit deren Herausgeberschaft Carl Schmitt damals beauftragt worden war.

114. Der Weg des deutschen Juristen. in: Deutsche Juristen-Zeitung, 39. Jahrg., Heft 11, Spalten 691-698.

115. Konfliktserhebung bei Schadenersatzansprüchen gegen Staat und Körperschaften des öffentlichen Rechts? in: Deutsche Juristen-Zeitung, 39. Jahrg., Heft 12, Spalten 776-780.

116. Der Führer schützt das Recht - Zur Reichstagsrede Adolf Hitlers vom 13. Juli 1934. in: Deutsche Juristen-Zeitung, 39. Jahrg., Heft 15, Spalten 945-950.

117. Sowjet-Union und Genfer Völkerbund. in: Völkerbund und Völkerrecht, 1. Jahrg, Augustheft, Spalten 263-268.

118. Besprechung des Buches von Dr. Scheidtmann: "Der Vorbehalt beim Abschluß völkerrechtlicher Vertrage." in: Deutsche Juristen-Zeitung, 39. Jahrg., Heft 20, Spalten 1286-1287.

119. Die Verfassungsmäßigkeit der Einsetzung von Staatskommissaren. in: Danziger Juristen-Zeitung, 13. Jahrg., Nr.11 vom 25. November 1934, SS. 113 -116.

120. Die Neugestaltung des öffentlichen Rechts. in: Jahrbuch der Akademie für

Deutsches Recht, 1. Jahrg., SS. 63-64.

121. Besprechung des Buches von Prof. H. Gerber: "Auf dem Wege zum neuen Reich." in: Deutsche Juristen-Zeitung, 39. Jahrg, Heft 23, Spalte 1474.

122. Unsere geistige Gesamtlage und unsere juristische Aufgabe. in: Zeitschrift der Akademie für Deutsches Recht, 1. Jahrg., Heft 1. SS. 11-12.

123. Bericht über die Fachgruppe Hochschullehrer im BNSDJ. in: Deutsches Recht. 4. Jahrg., Nr. 1. S. 17.

124. Ein Jahr nationalsozialistischer Verfassungsstaat. in: Deutsches Recht, 4. Jahrg., Nr. 2, SS. 27-30.

1935. 125. Besprechung des Buches von Dr. Savelkouls: "Das englische Kabinettsystem." in: Deutsche Juristen-Zeitung, 40. Jahrg., Heft 2, Spalten 107-109.

126. Was bedeutet der Streit um den "Rechtsstaat?" in: Zeitschrift für die gesamte Staatswissenschaft, 95. Band, Heft 2. SS. 189-201.

127. Über die innere Logik der Allgemeinpakte auf gegenseitigen Beistand. in: Völkerbund und Völkerrecht (Berlin), 2. Jahrg., SS. 92-98.

128. Der Rechtsstaat. in: Nationalsozialistisches Handbuch für Recht und Gesetzgebung (München), 2. Auflage, SS. 24-32.

129. Die Rechtswissenschaft im Führerstaat. in: Zeitschrift der Akademie für Deutsches Recht, 2. Jahrg., Heft 7, SS. 435-438.

130. Kodifikation oder Novelle? - Über die Aufgabe und Methode der heutigen Gesetzgebung. in: Deutsche Juristen-Zeitung, 40. Jahrg., Heft 15/16, Spalten 919-925.

131. Die Verfassung der Freiheit. in: Deutsche Juristen-Zeitung, 40. Jahrg., Heft 19, Spalten 1133-1135.

1936. 132. Die geschichtliche Lage der deutschen Rechtswissenschaft. in: Deutsche Juristen-Zeitung, 41. Jahrg., Heft 1, Spalten 15-21.

133. Besprechung des Buches von Francisco J. Conde: "El Pensamiento Político de Bodino." in: Deutsche Juristen-Zeitung, 41. Jahrg., Heft 3, Spalten 181-182.

134. Die nationalsozialistische Gesetzgebung und der Vorbehalt des "ordre public" im Internationalen Privatrecht. in: Zeitschrift der Akademie für Deutsches Recht, 3. Jahrg., Heft 4, SS. 204-211.

135. Sprengung der Locarno-Gemeinschaft durch Einschaltung der Sowjets. in: Deutsche Juristen-Zeitung, 41. Jahrg., Heft 6, Spalten 337-341.

136. Faschistische und nationalsozialistische Rechtswissenschaft. in: Deutsche Juristen-Zeitung, 41. Jahrg., Heft 10, Spalten 619-620.

137. Die Bedeutung des Rheinbundes für die späters deutsche Verfassungsgeschichte. Besprechung des Buches von Johannes Weidemann: "Neubau eines Staates." in: Deutsche Juristen-Zeitung, 41. Jahrg., Heft 10, Spalten 624-625.

138. Die siebente Wandlung des Genfer Völkerbundes. in: Deutsche

Juristen-Zeitung 41. Jahrg., Heft 13, Spalten 785-789.

139. Vergleichender Überblick über die neueste Entwicklung des Problems der gesetzgeberischen Ermächtigungen (Legislative Delegationen). in: Zeitschrift für ausl. öff. Recht und Völkerrecht, Band 6, SS. 252-268.

140. Über die neuen Aufgaben der Verfassungsgeschichte, in: Jahrbuch der Akademie für Deutsches Recht, 3. Jahrg., SS. 10-15.

141. Die deutsche Rechtswissenschaft im Kampf gegen den jüdischen Geist. in: Deutsche Juristen-Zeitung, 41. Jahrg., Heft 20, Spalten 1193-1199.

142. Schlußwort des Herausgebers. (zur Einstellung des Erscheinens der Deutschen Juristen-Zeitung). in: Deutsche Juristen-Zeitung , 41. Jahrg., Heft 24, Spalten 1453-1456.

143. Aufgabe und Notwendigkeit des deutschen Rechtsstandes. in: Deutsches Recht, 6. Jahrg., Nr. 9/10 (Mai), SS. 181-185.

144. Eröffnungs-und Schlußansprache auf der Tagung der Reichsgrupp Hochschullehrer des NSRB am 3. und 4. Oktober 1936. in: "Die deutsche Rechtswissenschaft" im Kampf gegen den jüdischen Geist. Heft 1 der Reihe "Das Judentum in der Rechtswissenschaft", Deutscher Rechtsverlag, Berlin o.J. (=1936), SS. 14-17 und 28-34. Das Schlußwort wurde als Vorabdruck in der Deutschen Juristen-Zeitung veröffentlicht.

145. Totaler Feind, totaler Krieg, totaler Staat. in: Völkerbund und Völkerrecht, 4. Jahrg., SS. 139-145.

146. Der Begriff der Piraterie. in: Völkerbund und Völkerrecht, 4. Jahrg., SS. 351-354.

147. Der Staat als Mechanismus bei Hobbes und Descartes. in: Archiv für Rechts-und Sozialphilosophie, Band 30, Heft 4, SS. 622-632.

1938. 148. Das neue Vae Neutris! in: Völkerbund und Völkerrecht, 4. Jahrg., SS. 633-638.

149. Völkerrechtliche Neutralität und völkische Totalität. in: Monatshefte für Auswärtige Politik, 5. Jahrg., Juliheft, SS. 613-618.

150. Neutralität und Neutralisierung. in: Deutsche Rechtswissenschaft, Vierteljahresschrift der Akademie für Deutsches Recht, 4. Band, Heft 2 (April), SS. 97-118.

151. Der Reichsbegriff im Völkerrecht. in: Deutsches Recht, 9. Jahrg., Heft 11 (April), SS. 341-344.

152. Großraum gegen Universalismus - Der völkerrechtliche Kampf um die Monroedoktrin. in: Zeitschrift der Akademie für Deutsches Recht, 6. Jahrg., Heft 7 (Mai), SS. 333-337.

153. Inter pacem et bellum nihil medium. in: Zeitschrift der Akademie für Deutsches Recht, 6. Jahrg., Heft 18 (Oktober), SS. 594-595.

154. Besprechung des Buches von H. Triepel: "Die Hegemonie." in: Schmollers Jahrbuch für Gesetzgebung, Verwaltung und Volkswirtschaft im Deutschen

Reiche, Band 63, S. 516.

1940. 155. Über das Verhältnis von Völkerrecht und staatlichem Recht. in: Zeitschrift der Akademie für Deutsches Recht, 7. Jahrg., Heft 1, SS. 4-6.

156. Reich und Raum - Elemente eines neuen Völkerrechts. in: Zeitschrift der Akademie für Deutsches Recht, 7. Jahrg., Heft 13, SS. 201-203.

157. Die Auflösung der europäischen Ordnung im "International Law". in: Deutsches Rechtswissenschaft. Vierteljahresschrift der Akademie für Deutsches Recht, 5. Band, Heft 4, SS. 267-278.

158. Die Raumrevolution. in: Das Reich, Nr. 19.

159. Über die zwei großen "Dualismus" des heutigen Rechtssystems. in: Melanges Streit (Athen Druckerei Pyrsos), 2. Band, SS. 315-328. Untertitel: "Wie verhält sich die Unterscheidung von Völkerrecht und staatlichem Recht zu der innerstaatlichen Unterscheidung von öffentlichem und privatem Recht?"

160. Der neue Raumbegriff. in: Raumforschung und Raumordnung (nähere Angaben fehlen).

161. Raum und Großraum im Völkerrecht. in: Zeitschrift für Völkerrecht, 24. Jahrg., SS. 145-179.

162. Die Stellung Lorenz von Steins in der Geschichte des 19. Jahrhunderts. in: Schmollers Jahrbuch für Gesetzgebung, Verwaltung und Volkswirtschaft im Deutschen Reiche, 64. Jahrg., SS. 644-646.

163. Das "allgemeines deutsche Staatsrecht" als Beispiel rechtswissenschaftlicher Systembildung. in: Zeitschrift für die gesamte Staatswissenschaft, 100. Band, Heft 1/2, SS. 5-24.

1941. 164. La mer contre la terre. in: Cahiers franco-allemands (Karlsruhe), 8. Jahrg., Heft 11/12, SS. 343-349.

165. Staatliche Souveränität und freies Meer - Über den Gegensatz von Land und See im Völkerrecht der Neuzeit. in: Das Reich und Europa (bei Koehler & Amelang in Leipzig, 141 S.), SS. 91-117.

166. Das Meer gegen das Land. in: Das Reich, vom 9. März 1941, Nr. 10.

1942. 167. Raumrevolution - Vom Geist des Abendlandes. in: Deutsche Kolonialzeitung (München), 54. Jahrg., S. 219 ff.

168. Die Formung des französischen Geistes durch den Legisten. in: Deutschland-Frankreich: Vierteljahresschrift des deutschen Instituts zu Paris, 1. Jahrg., Nr. 2, SS. 1-30 - auch als Sonderdruck verbreitet.

169. Beschleuniger wider Willen oder: Die Problematik der westlichen Heimsphäre. in: Das Reich, 19. April 1942.

170. Besprechung des Buches von Suthoff-Gross: "Die Rechtsstellung des Bürgermeisters in seinem Verhältnis zum Staat und zu übrigen Beamten der Gemeinde." in: Zeitschrift für die gesamte Staatswissenschaft, 102. Band, Heft 2, SS. 386-391.

1943. 171. Die letzte globale Linie. in: Völker und Meere (Verlag Harrasowitz in Leipzig), SS. 342-349.

172. Behemoth, Leviathan und Greif - Vom Wandel der Herrschaftsformen. in: Deutsche Kolonialzeitung (München), 55. Jahrg., S. 30 ff.

1945. 173. Das internationalrechtliche Verbrechen des Angriffskrieges und der Grundsatz "nullum crimen, nulla poena sine lege." Gutachten, hektografiert verbreitet, 55 S., August 1945.

1949. 174. Donoso Cortés in gesamteuropäischer Interpretation. in: Die neue Ordnung, 2. Jahrg., Heft 1, SS. 1-15 (ohne Verfasserangabe).

175. Francisco de Vitoria und die Geschichte seines Ruhmes. in: Die neue Ordnung. 3. Jahrg., Heft 4, SS. 289-313.

176. Maritime Weltpolitik. Besprechung eines neuen Buches von Egmont Zechlin. in: Christ und Welt, 2. Jahrg., vom 6. Oktober 1949, S. 9 (ohne Verfasserangabe).

177. Amnestie, die Kraft des Vergessens. in: Christ und Welt vom November 1949 (ohne Verfasserangabe).

1948-1950. 178. Mehrere Buchbesprechungen in der Zeitschrift "Universitas", jeweils ohne Verfasserangabe; Es handelt sich dabei um Bücher von N. Bobbio (Hobbes' De Cive), Gurla (Tocqueville), Verdross (Antike Rechtsphilosophie) und Luis Cabral de Moncada (Filosofia do Direíto e do Estado).

179. Völkerrecht. in: "Das Juristische Repetitorium. Serie B: Öffentliches Recht," hrsg. von Heinrich Freymark, Verlag Freymark in Salzgitter, 1948 Nr. 6 (SS. 1-24), 13 (SS. 25-48), 17 (SS. 49-76) und 20 (SS. 77-100), erschienen in 1948, 1949 und 1950.

1950. 180. Die Weisheit der Zelle. in: Frankfurter Allgemeine Zeitung vom 26. August 1950.

181. Das Problem der Legalität. in: Die neue Ordnung, 4. Jahrg., Heft 3, SS. 270-275.

182. Die geschichtliche Tatsache einer europäischen Rechtswissenschaft. in: Universitas, 5. Jahrg., Heft 4, SS. 385-390.

183. Die Rechtswissenschaft als letztes Asyl des Rechsbewußtseins. in: Universitas, 5. Jahrg., Heft 5, SS. 523-528.

184. Drei Stufen historischer Sinngebung. in: Universitas, 5. Jahrg., Heft 8, SS. 927-931.

185. Existentielle Geschichtsschreibung: Alexis de Tocqueville. in: Universitas, 5. Jahrg., Heft 10, SS. 1175-1178.

186. Der Mut des Geistes. in: Frankfurter Allgemeine Zeitung vom 30. Dezember 1950, S. 6. Antwort auf eine Umfrage über den Bürger (Äußerung zur Lage des deutschen Bürgers als des Trägers deutscher Bildung).

1951. 187. Justissima tellus - Das Recht als Einheit von Ordnung und Ortung. in: Universitas, 6. Jahrg., Heft 3, SS. 283-290.

188. Recht und Raum. in: Tymbos für Wilhelm Ahlmann (bei W. de Gruyter &

Co., Berlin, 326 S.), SS. 241-251.

189. Dreihundert Jahre Leviathan. in: Die Tat (Zürich) vom 5. April 1951; später auch in der Zeitschrift "Universitas", 7. Jahrg., 1952, Heft 2, SS. 179-181.

190. Raum und Rom - Zur Phonetik des Wortes Raum. in: Universitas, 6. Jahrg., Heft 9, SS. 963-967.

191. La Unidad del Mundo. (Conferencia pronuncia en la Universidad de Murcia). in: Annales de la Universidad de Murcia, tercer trimestre de 1950-51, SS. 343-355.

1952. 192. Die Einheit der Welt. in: Merkur, 6. Jahrg., Heft 1 (Januar), SS. 1-11.

193. Zum Gedächtnis von Serge Maiwald. in: Zeitschrift für Geopolitik, Heft 7, S. 447-448.

194. Vorwort zur Deutschen Ausgabe des Buches von Lilian Winstanley: "Hamlet and the Scotch succession," Cambridge 1921; Titel der deuschen Ausgabe von 1952; "Hamlet, Sohn der Maria Stuart" (Verlag Günther Neske, Pfullingen); SS. 7-25.

195. Der verplante Planet. in: Der Fortschritt, Nr. 15. vom 11. April 1952, SS. 3-4.

196. Das Schauspiel im Schauspiel. in: Frankfurter Allgemeine Zeitung, Nr. 188 vom 16. August 1952.

1953. 197. Nehmen/Teilen/Weiden - Ein Versuch, die Grundfragen jeder Sozial und Wirtschaftsordnung vom NOMOS her richtig zu stellen. in: Gemeinschaft und Politik, Zeitschrift für soziale und politische Gestaltung (Verlag des Instituts für Geosoziologie und Politik, Bad Godesberg), 1. Jahrg., Heft 3 (November), SS. 18-27; ferner: Revue Internationale de Sociologie (Fratelli Bocca, Rom), 1. Jahrg., Heft 1 (Januar 1954).

1954. 198. Besprechungen der Bücher von Ernst Sauer: "Souveränität und Solidarität" und von Rudolf Bindschedler: "Rechtsfragen der Europäischen Einigung." in: Das Historisch-Politische Buch, herausgegeben im Auftrag der Ranke-Gesellschaft (Mutterschmidt-Verlag, Göttingen, Berlin, Frankfurt), 2. Jahrg., Heft 7: 3. Jahrg. Heft 1/2.

199. Im Vorraum der Macht. in: Die Zeit (Hamburg), 9. Jahrg., Nr. 30 vom 29. Juli 1954, S. 3. Vorabdruck aus Nr. 58

200. Welt großartigster Spannung. ein Aufsatz über das Sauerland. in: Merian (Merian-Verlag, Hamburg), 7. Jahrg., Heft (september), SS. 3-6.

201. Gespräch über die Macht und den Zugang zum Machthaber. in: Gemeinschaft und Politik, Zeitschrift für soziale und politische Gestalt, 2. Jahrg., Heft 10 (Oktober), SS. 9-15.

202. Brief an die Redaktion der Frankfurter Allgemeinen Zeitung "Einen Druckfehler betreffend," veröffentlicht in Nr. 12 der FAZ vom 15. Januar 1955. (betrifft das Gedicht "Kalte Nacht" von Theodor Däubler).

203. Der Neue Nomos der Erde. in: Lebendiges Wissen, herausgegeben von Heinz Friedrich (Alfred Kröner Verlag, Stuttgart), Neue Folge, Band 2, SS. 281-288; abgedruckt in der Zeitschrift "Gemeinschaft und Politik" (Bad Godesberg), 3. Jahrg., Heft 1 (Januar).

1955. 204. Besprechungen der Bücher von Herbert von Borch: "Obrigkeit und Widerstand," von F. J. P. Veale: "Der Barbarei entgegen" und von Georg Schwarzenberger: "Machtpolitik." in: Das Historisch-Politische Buch (Musterschmidt-Verlag, Göttingen, Berlin, Frankfurt), 3. Jahrg., Hefte 3, 6 und 8.

205. Die geschichtliche Struktur des heutigen Weltgegensatzes von Ost und West. Bemerkungen zu Ernst Jüngers Schrift: "Der Gordische Knoten." in: Freundschaftliche Begegnungen, Festschrift für Ernst Jünger zum 60. Geburtstag (Vittorio Klostermann, Frankfurt a. M.), SS. 135-167.

206. Der Aufbau ins Weltall - Ein Gespräch zu dritt über die Bedeutung des Gegensatzes von Land und Meer. in: Christ und Welt (Stuttgart), 8. Jahrg., Nr. 25 vom 23. Juni 1955.

207. Welt großartigster Spannung. in: Heimatbuch der Stadt Neuenrade 1355-1955 (im Auftrag der Stadtverwaltung bearbeitet und zusammengestellt von Karl Junker, 160 S.), SS. 5-8.

208. Die Sub-tanz und das Sub-jekt - Eine Ballade vom reinen Sein. in: Civis, 2. Jahrg., Nr. 9 (Juni), SS. 29-30. - unter Pseudonym Erich Strauss veröffentlicht und dazu eine Leserzuschrift von Nicolaus Sombart in dieser Zeitschrift, 2. Jahrg., Heft 11 (November), S. 70. - nochmals abgedruckt in:

a) Texte und Zeichen. Eine literarische Zeitschrift: 1. Jahrg., Heft 4, SS. 522-525. (dazu eine Bemerkung S. 558); Veröffentlichung geschah hier anoym;

b) Die Neue Gesellschaft. - Bemerkungen zum Zeitbewußtsein (eine Sammlung bedeutender Beiträge aus der eingestellten Zeitschrift Civis, hrsg. von Rüdiger Altmann und Johannes Gross; Fr. Vorwerk Verlag, Stuttgart o. J.=1958, 174.), SS. 112-117 (unter Pseudonym Erich Strauss).

209. Der Krieg der modernen Vernichtungsmittel. in: Gemeinschaft und Politik, Zeitschrift für soziale und politische Gestalt, 3. Jahrg., Heft 8/9, SS. 49-55.

210. Gottfried. (ein Gedicht). in: Civis, 2. Jahrg., Novemberheft, S. 67 - unter Pseudonym Musil Maiwald - nochmals angedruckt in:

a) Die Neue Gesellschaft (cfr. E 35), S. 99;

b) Après Aprèsude. Gedichte auf Gottfried Benn (hrsg. von Jürgen P. Wallmann, Verlag der Arche, Zürich 1967, 64 S.), S. 29.

1956. 211. Besprechungen der Bücher von Karl Griewank: "Der neuzeitliche Revolutionsbegriff," von Max Weber: "Wirtschaft und Gesellschaft," 4. Auflage, besorgt von Johannes Winckelmann, und von Max Weber: "Staatssoziologie," herausgegeben von Johannes Wickelmann. in: Das Historisch-Politisch Buch

(Musterschmidt-Verlag, Göttingen, Berlin, Frankfurt), 4. Jahrg., Heft 4 und 7; 5. Jahrg., Heft 3.

212. Antwort auf eine Umfrage "Bücher von Morgan", in: Christ und Welt (Stuttgart), 9. Jahrg., Nr. 49 vom 6. Dezember 1956, S. 9.

213. I caratteri essenziali di dello stato nazista. in: Ordine Nuovo, Mensile di politica rivoluzionaria (Rom) 2. Jahrg., Heft 5 (Mai), SS. 18-24.

1957. 214. Was habe ich getan? (zu dem Buch "Hamlet oder Hekuba," oben Nr. 61). in: Dietsland-Europa, Uitgegeven door de Jong-Nederlandse Gemeenschap (Antwerpen), 2. Jahrg., Nr. 1 (Januar), SS. 7-9.

215. Die andere Hegel-Linie - Hans Freyer zum 70. Geburtstag. in: Christ und Welt (Stuttgart), 10. Jahrg., Nr. 30 vom 25. Juli 1957.

1958. 216. Bismarck und der Marquis Posa. in: Das Neue Forum (Herausgeber G. R. Sellner, Landestheater Darmstadt), 7. Jahrg., Heft 10, SS. 146-148.

217. Gespräch über den neuen Raum. in: Estudios de Derecho Internacional en homenaje a Barcia Trelles (Festgabe zum 70. Geburtstag von Prof. Camilio Barcia Trelles), herausgegeben von der Universität Santiago de Compostela; Zaragosa 1958 (Beitrag in deutscher Sprache).

218. Gesang des Sechzigjährigen. in: Westdeutscher Rundschau, 13. Jahrg., Nr. 157 vom 11. Juli 1958.

219. Besprechung des Buches von Johannes Wickelmann: "Gesellschaft und Staat in der verstehenden Soziologie." in: Das Historisch-Politische Buch, 6. Jahrg., Heft 4 (Mai), S. 102.

1959. 220. Besprechung der Bücher von Max Weber: "Gesammelte Politische Schriften" (hrsg. von Johannes Winckelmann) und von Reinhart Koselleck: "Kritik und Krise - Ein Beitrag zur Pathogenese der bürgerlichen Welt." in: Das Hitorisch-Politische Buch, 7. Jahrg., Heft 2 (S. 53) und 10 (S. 301-302).

221. Amnestie oder die Kraft des Vergessens. in: Dietsland-Europa (Antwerpen), 4. Jahrg., Nr. 9 (Oktober), SS. 16-17.

222. Nomos-Nahme-Name. in: Der beständige Aufbruch. - Festschrift für Erich Przywara s. J. (hrsg. von Siegfried Behn, Verlag Glock & Lütz, Nürnberg, 1959, 238 S.), SS. 92-105.

1960. 223. Der Gegensatz von Gemeinschaft und Gesellschaft als Beispiel einer zweigliedrigen Unterscheidung - Betrachtungen zur Struktur und zum Schicksal solcher Antithesen. in: Estudios Juridico-Sociales. - Homenaje al Professor Luis Legaz y Lacambra (hrsg. von der Universität Santiago de Compostela, Zaragoza, 1. Band, 1960, 581 S.), SS. 165-176.

224. Besprechung des Buches von Wolfgang J. Mommsen: "Max Weber und die deutsche Politik 1890-1920." in: Das Historisch-Politische Buch, 8. Jahrg., Heft 6. SS. 180-181.

1962. 225. El Orden del Mundo despues de la segunda Guerra Mundial. in: Revista de

Estudios Politicos, Nr. 122, März/April, SS. 19/36 (und Zusammenfassung in französischer und englischer Sprache SS. 36-38).

226. Dem wahren Johann Jakob Rousseau. - Zum 28. Juni 1962. in: Zürcher Woche, 14. Jarg., Nr. 26 vom 29. Juni 1962, S. 1.

227. Teorias modernas sobre el partisano. in: Defensa Nacional (publicaciones de la catedra 'General Palafox' de cultura militar, de la Universidad de Zaragoza), 3. Band, 422 S. dort SS. 327-359.

1964. 228. Besprechung des Buches von F. C. Hood: "The Divine Politics of Thomas Hobbes" - An Interpretation of Leviathan, London, 1964. in: Das Historisch-Politische Buch, 12. Jahrg., Heft 7.

229. Futurologie. in: Politica. - Politik, Hochschule, Kultur, 2. Jahrg., Heft 5 (Juni), S. 4.

1965. 230. Besprechung des Buches von P. C. Mayer-Tasch: "Thomas Hobbes und das Widerstandsrecht," Tübingen 1965. in: Das Historisch-Politische Buch, 13. Jahrg., Heft 7 (Juli), S. 202.

231. Die vollendete Reformation - Bemerkungen und Hinweise zu neuen Leviathan-Interpretation. in: Der Staat, Zeitschrift für Staatslehre, öffentliches Recht und Verfassungsgeschichte, 4. Band, Heft 1, SS. 51-69.

1967. 232. Die Prinzipien des Parlamentarismus. in: Parlamentarismus (hrsg. von Kurt Kluxen, Band 18 der Reihe "Neue Wissenschaftliche Bibliothek", Verlag Kiepenheuer & Witsch, Köln/Berlin, 1967, 4. Aufl., 1976, 509 S.), SS. 41-53 und Notizen dazu SS. 441-444.

233. Die Tyrannei der Werte. in: Säkularisation und Utopie. - Ebracher Studien, Ernst Forsthoff zum 65. Geburtstag (Verlag W. Kohlhammer, Stuttgart/Berlin/Köln/Mainz, 1967, 382 S.), SS. 37-62.

234. Clausewitz als politischer Denker - Bemerkungen und Hinweise. in: Der Staat, Zeitschrift für Staatslehre, öffentliches Recht und Verfassungsgeschichte, 6. Band (1967), Heft 4, SS. 479-502.

1978. 235. Die legale Weltrevolution - Politischer Mehrwert als Prämie auf juristische Legalität und Superlegalität. in: Der Staat. Zeitschrift für Staatslehre, öffentliches Recht und Verfassungsgeschichte, 17. Band (1978), Heft 3, SS. 321-339.

1979. 236. Die Tyrannei der Werte. in: Die Tyrannei der Werte (hrsg. von Sepp Schelz), Lutherisches Verlagshaus, Hamburg, SS. 11-43.

2017. 237. Juristische Fiktionen, in: Schmitt, Carl, 1888. S. 171-173.

238. Rechtsbegriff und Rechtsidee. Rezension zu Julius Binder, Rechtsbegriff und Rechtsidee. Bemerkungen zur Rechtsphilosophie Rudolf Stammlers, in: Schmitt, Carl, 1888. S. 174-180.

카를 슈미트에 관한 연구문헌*

1. 번역

1. 윤근식 역, 『정치의 개념』, 위성문고(64), 법문사, 1961년, 77면 (Der Begriff des Politischen, 1927).
2. 윤근식 역, 한스 크루파의 「카알 슈밋트의 『정치적인 것』의 이론」 위의 문고, 79-131면에 수록 (Hans Krupa, Carl Schmitts Theorie des "Politischen", 1937).
3. 최치봉 역, 카알 슈미트 헌법의 개념 제1편(상), 『경희법학』(경희대), 제3권 1호, 1961년, 53-66면(Verfassungslehre, 1928)
4. 김형배 역, 법학적 사고방식의 3유형에 관하여, 『법률학보』(고려대) 제2집, 1955년, 117-124면; 제3집, 1956년, 82-88면; 제10집 1963년, 86-91면 (Über die drei Arten des rechtswissenschaftlichen Denkens, 1934).
5. 김기범 역, 『헌법이론』, 교문사, 1976, 425면 (Verfassungslehre, 1928).
6. 배성동 역, 『정치적 낭만』, 삼성출판사, 1977년, 369-540면. 삼성판 세계사상전집(44)(Politische Romantik, 1919).
7. 김효전 역, 합법적 세계혁명, 『법정논총』(동아대) 제20집, 1980년, 53-70면 (Die legale Weltrevolution, 1978).
8. 김효전 역, 후고 프로이스: 그 국가개념과 독일 국가학상의 지위, 『법정논총』(동아대) 제24집, 1984년, 19-39면 (Hugo Preuß. Sein Staatsbegriff und seine Stellung in der deutschen Staatslehre, 1940).
9. 최종고 역, 법학적 사고방식의 3 유형, 『위대한 법사상가들 II』, 학연사, 1985년, 290-314면.
10. 김효전 역, 가치의 전제, 『법대논총』(동아대) 제26집, 1986년, 15-40면 (Die Tyrannei der Werte, 1967).

---

* 카를 슈미트에 관한 최근까지의 상세한 연구문헌 목록집은 다음과 같다.

(1) 김효전, 카를 슈미트의 헌법이론과 한국, 『학술원논문집』 제58집 1호(2019), 317-357면. 여기에는 일본과 구미문헌 외에 게오르크 옐리네크, 한스 켈젠, 루돌프 스멘트 그리고 헤르만 헬러에 관한 한국 문헌도 정리되어 있다.

(2) 헬무트 크바리치외, 김효전 편역, 『반대물의 복합체: 20세기 법학과 정신과학에서 카를 슈미트의 위상』(산지니, 2014).

(3) 김효전 편역,『칼 슈미트 연구: 헌법이론과 정치이론』(세종출판사, 2001).

(4) Alain de Benoist, Carl Schmitt: Internationale Bibliographie der Primär-und Sekundärliteratur, Graz: Ares 2010.

(5) Alain de Benoist, Carl Schmitt Bibliographie seiner Schriften und Korrespondenzen, Berlin: Akademie Verlag 2003.

(6) Daniel Hitschler, Zwischen Liberalismus und Existentialismus: Carl Schmitt im englischsprachigen Schriften, Baden-Baden: Nomos 2011. 187 pp. (Würzburg Diss. 2011)

(7) Craig McFarlane, Carl Schmitt in English (Oct. 1, 2006), wikipedia.

11. 김효전 역, 칼 슈미트의 옥중기: 구원은 옥중으로부터,『부산문화』 제12호, 1987년 1월, 98-111면 (Ex Captivitate Salus. Erfahrungen der Zeit 1945/47, 1950).
12. 김효전 역, 국가개념의 구체성과 역사성,『성균법학』 제19집, 1987년, 133-141면 (Staat als ein konkreter, an eine geschichtliche Epoche gebundener Begriff, 1941).
13. 박남규 역, 의회주의의 정신, 탐구당, 1987년, 230면 (Die geistesgeschichtliche Lage des heutigen Parlamentarismus, 1926).
14. 김효전 역,『정치신학외』, 법문사, 1988년, 477면. 수록 내용:『정치신학』(Politische Theologie, 1934): 신화의 정치이론(Die politische Theorie des Mythus, 1923); 의회주의와 현대 대중민주주의와의 대립 (Der Gegensatz von Parlamentarismus uns moderner Massendemokratie, 1926); 중립화와 탈정치화의 시대 (Das Zeitalter der Neutralisierungen und Entpolitisierungen, 1929);『후고 프로이스』(Hugo Preuß, 1930);『국가 운동 민족』(Staat, Bewegung, Volk, 1933);『법학적 사고방식의 세 유형』(Über die drei Arten des rechtswissenschaftlichen Denkens, 1934): 국가사회주의와 국제법(Nationalsozialismus und Völkerrecht, 1934);『역외 열강의 간섭을 허락하지 않는 국제법적 광역』(Völkerrechtliche Großraumordnung mit Interventionsverbot für raumfremde Mächte, 1939. 4. Ausgabe 1942); 국가개념의 구체성과 역사성 (Staat als ein konkreter, an eine geschichtliche Epoche gebundener Begriff, 1941). 부록으로 칼 슈미트의 생애와 저작, 슈미트에 관한 연구문헌이 수록되어 있다.
15. 김효전 역, 홉스와 데카르트에 있어서의 메커니즘으로서의 국가,『고시연구』 제15권 11호, 1988년 11월, 93-104면 (Der Staat als Mechanismus bei Hobbes und Descartes, 1937).
16. 김효전 역, 파르티잔의 이론,『동아법학』(동아대) 제9호, 1989년 12월, 345-440면 (Theorie des Partisanen, 1963).
17. 김효전 역,『유럽법학의 상태, 구원은 옥중에서』, 교육과학사, 1990년 4월, 396면. 법학교양총서(8). 수록 내용:『유럽법학의 상태』(Die Lage des europäischen Rechtswissenschaft, 1943/1944);『구원은 옥중에서』(Ex Captivitate Salus, 1950); 권력과 권력자에의 길에 관한 대화 (Gespräch über die Macht und den Zugang zum Machthaber, 1954); 완성된 종교개혁 (Die vollendete Reformation, 1965);『가치의 전제』(Die Tyrannei der Werte, 1967); 합법적 세계혁명 (Die legale Weltrevolution, 1978).
18. 김효전 역, 합법성과 정당성,『동아법학』 제10호, 1990년 5월, 87-173면 (Legalität und Legitimität, 1932).
19. 정용화 옮김,『파르티잔 이론: 정치적인 것의 개념에 관한 중간소견』, 인간사랑, 1990년 7월, 174면 (Theorie des Partisanen, 1963). 부록으로『정치적인 것의 개념』, 109-174쪽에 수록. 그러나 이 책에는 1963년판의 서문,「중립화와 탈정치화의 시대」, 세 개의 계론(系論), 그리고 해제는 물론 수록되어 있지 않다.
20. 배성동 역,『정치적 낭만』, 삼성출판사, 1990년 9월, 197면. 세계사상전집 (34), [신판]
21. 김효전 역, 헌법의 수호자,『동아법학』 제11호, 1990년 12월, 227-294면 (Der Hüter der Verfassung, 1929). 여기에는 한스 켈젠의『누가 헌법의 수호자이어야 하는가?』(Hans Kelsen, Wer soll der Hüter der Verfassung sein? 1931)도 함께 수록되어 있다.
22. 김효전 역, 바이마르 헌법에 있어서의 자유권과 제도적 보장,『독일학연구』(동아대) 제6호, 1990년 12월, 29-49면 (Freiheitsrechte und institutionelle Garantien der Reichs-

verfassung, 1931).

23. 김효전 역, 라이히 대통령의 독재: 바이마르 헌법 제48조에 따른, 『동아법학』 제12호, 1991년 7월, 253-309면 (Die Diktatur des Reichspräsidenten nach Artikel 48 der Reichsverfassung, 1924).
24. 김효전 역, 『헌법의 수호자 논쟁』, 교육과학사, 1991년 12월, 308면. 법학교양총서 (20).
25. 김효전 역, 『로마 가톨릭주의와 정치형태, 홉스국가론에서의 리바이어던』, 교육과학사, 1992년 2월, 350면. 법학교양총서(23). 수록 내용: 『로마 가톨릭주의와 정치형태』(Römischer Katholizismus und politische Form, 1923); 위임적 독재와 국가학(Die Diktatur, 1921, S. 1-42); 라이히 대통령의 독재 (Die Diktatur des Reichspräsidenten, 1924); 국가의 국내정치적 중립성의 문제 (Das Problem der innerpolitischen Neutralität des Staates, 1930); 현대 국가의 권력상황 (Machtpositionen des modernen Staates, 1933); 홉스와 데카르트에 있어서의 메커니즘으로서의 국가 (Der Staat als Mechanismus bei Hobbes und Descartes, 1937); 『홉스국가론에서의 리바이어던』(Der Leviathan in der Staatslehre des Thomas Hobbes, 1938).
26. 김효전 역, 『정치적인 것의 개념: 서문과 세 개의 계론을 수록한 1932년판』, 법문사, 1992년 8월, 169면 (Der Begriff des Politischen, 1932).
27. 김효전 역, 『합법성과 정당성』, 교육과학사, 1993년 6월, 319면. 수록 내용. 『합법성과 정당성』 (Legalität und Legitimität, 1932); 바이마르 헌법에 있어서의 자유권과 제도적 보장 (Freiheitsrechte und institutionelle Garantien der Reichsverfassung, 1931); 법치국가에 관한 논쟁의 의의 (Was bedeutet der Streit um den "Rechtsstaat"? 1935)와 칼 뢰비트 (Karl Löwith)의 기회원인론적 결정주의(Der okkasionelle Dezisionismus von C. Schmitt, 1960) 및 막스 베버와 칼 슈미트(Max Weber und Carl Schmitt, 1964).
28. 김효전 역, 『정치신학 II: 모든 정치신학은 일소되었다는 전설』, 『동아법학』 제16호, 1993년 12월, 249-356면 (Politische Theologie II. Die Legende von der Erledigung jeder politischen Theologie, 1970).
29. 김효전 역, 제2제국의 국가구조와 붕괴, 일암 변재옥 박사 화갑기념 『현대공법논총』, 1994년 6월, 169-208면 (Staatsgefüge und Zusammenbruch des zweiten Reiches, 1934).
30. 김효전 역, 『국민표결과 국민발안: 바이마르 헌법의 해석과 직접민주주의론에 대한 기고』, 균재 양승두 교수 화갑기념논문집(I), 『현대공법과 개인의 권익보호』, 1994년 12월, 944-982면 (Volksentscheid und Volksbegehren. Ein Beitrag zur Auslegung der Weimarer Verfassung und zur Lehre von der unmittelbaren Demokratie, 1927).
31. 김효전 역, 피이트 토미센 편, 칼 슈미트와의 대화 외 2편, 『세계헌법연구』(국제헌법학회 한국학회) 창간호, 1994년 10월, 294-341면 (Piet Tommissen (Hrsg.), OVER EN IN ZAKE CARL SCHMITT, 1975, S. 89-119).
32. 최재훈 옮김, 『대지의 노모스: 유럽 공법의 국제법』, 민음사, 1995년, 432면 (대우학술총서. 번역 74) (Der Nomos der Erde im Völkerrecht des Jus Publicum Europaeum, 3. Aufl., 1988).
33. 김효전 역, 『정치적인 것의 개념』[증보판], 법문사, 1995년 6월, 225면. 수록 내용: 레오 슈트라우스(Leo Strauß)의 칼 슈미트의 『정치적인 것의 개념』에 대한 주해(Anmerkungen zu Carl Schmitt, Der Begriff des Politischen, 1934)와 에른스트 볼프강 뵈켄회르데

(Ernst-Wolfgasng Böckenförde)의 칼 슈미트의 국법학상의 저작을 이해하기 위한 열쇠로서의 정치적인 것의 개념 (Der Begriff des Politischen als Schlüssel zum staatsrechtlichen Werk Carl Schmitts, 1988의 두 논문을 증보).

34. 김효전 역, 『독재론: 근대 주권사상의 기원에서 프롤레타리아 계급투쟁까지』, 법원사, 1996년 4월, 335면 (Die Diktatur. Von den Anfängen des modernen Souveränitätsgedankens bis zum proletarischen Klassenkampf, 6. Aufl., 1995).

35. 김효전 옮김, 법치국가에 관한 논쟁의 의의(1935년), 김효전 편역, 『법치국가의 원리』, 법원사, 1996년 2월, 27-41면에 재수록.(Was bedeutet der Streit um den "Rechtsstaat"? in: Zeitschrift für die gesamte Staatswissenschaft, Bd. 95. Heft 2, 1935. S. 189-201).

35. 김효전 옮김, 『파르티잔: 그 존재와 의미』, 문학과지성사, 1998년 4월, 207면 (Theorie des Partisanen. Zwischenbemerkung zum Begriff des Politischen, 3. Aufl., 1992).

36. 김효전 역, 『입장과 개념들』, 『동아법학』 제24호, 1998년 12월, 415-492면 (Positionen und Begriffe, 1940). 수록 내용: 「1849년 베를린에서의 도노소 코르테스」, 「민주주의와 재정」, 「파시스트 국가의 본질과 성립」, 「알려지지 않은 도노소 코르테스」, 「중립화와 탈정치화의 시대」, 「국가윤리학과 다원적 국가.

37. 김효전 역, 『입장과 개념들(2)』, 『동아법학』 제25호, 1999년 4월, 227-273면 . 수록 내용: 「전체국가에로의 전환」, 「국가의 국내정치적 중립성개념의 다양한 의미와 기능들의 개관」, 「라이프치히 국사재판소에서의 최후연설」, 「독일에 있어서 전체국가의 발전」, 「헌법사의 새로운 과제에 대해서」.

38. 김효전 옮김,『헌법의 수호자』, 법문사, 2000년 2월, 250면 (Der Hüter der Verfassung, 1931).

39. 김효전 옮김, 현대 의회주의의 정신사적 지위, 『동아법학』 제31호, 2002년 10월, 295-377면.

40. 김효전 옮김, 국제법상의 침략전쟁의 범죄와 「죄형법정주의」 원칙, 『동아법학』 제34호, 2004년 6월, 381-496면 (Das internationalrechtliche Verbrechen des Angriffkrieges und der Grundsatz "Nullum crimen, nulla poena sine lege", 1994).

41. 김효전 옮김, 라이히 의회의 해산, 『헌법학연구』 제10권 2호, 2004년 6월, 539-555면 (Reichstagsauflösungen, 1924).

42. 정태호 옮김, 기본권과 기본의무(1932), 『동아법학』 제36호, 2005년 6월, 215-267면 (Grundrechte und Grundpflichten, 1932).

43. 정태호 옮김, 헌법의 수호자인 라이히재판소, 『동아법학』 제37호, 2005년 12월, 419-467면 (Das Reichsgericht als Hüter der Verfassung, 1929).

44. 정태호 옮김, 공용수용개념의 해체(1929), 『경희법학』 제39권 제3호, 2005년, 363-377면 (Die Auflösung des Enteignungsbegriffs, 1929).

45. 정태호 옮김, 바이마르 헌법상의 긴급명령의 국법적 의의: 그 법적 효력을 중심으로, 『경희법학』 제40권 1호, 2005년, 277-303면 (Die staatsrechtliche Bedeutung der Notverordnung, 1931).

46. 김효전 옮김, 『현대 의회주의의 정신사적 지위』, 관악사, 2007년 6월, 118쪽+원문 90면.

47. 정태호역, 합법률성(Legalität)의 문제(1950), 『경희법학』 제42권 제1호, 2007년, 411-423면 (Das Problem der Legalität, 1950).

48. 김효전 옮김, 『국민표결과 국민발안/제2제국의 국가구조와 붕괴』, 관악사, 2008년 3월, 124면

+원문 103면.
49. 김효전 옮김, 헌법의 개념 (1928)(1)(2)(3), 『동아법학』 제48호, 2010, 953-1000면; 제49호, 2010, 421-477면; 제50호 2011, 577-614면 (Verfassungslehre, 1928. I. Abschnitt: Begriff der Verfassung).
50. 김항 옮김, 『정치신학: 주권론에 관한 네 개의 장』, 그린비, 2010년 10월, 127면.
51. 나종석 옮김, 『현대 의회주의의 정신사적 상황』, 도서출판 길, 2012년 2월, 118면.
52. 김효전 · 정태호 옮김, 『정치적인 것의 개념: 서문과 세 개의 계론을 수록한 1932년판』, 살림, 2012년 9월, 338면.
53. 홍성방 옮김, 『법률과 판결: 법실무의 문제에 대한 연구』, 유로, 2014년 2월, 185면(Gesetz und Urteil, 1912, 2. Aufl., 1969).
54. 김효전 옮김, 법학적 체계형성의 예시로서의 »독일 일반 국법«, 『유럽헌법연구』 제15호, 2014년 6월, 397-420면 (Das »Allgemeine Deutsche Staatsrecht« als Beispiel rechtswissenschaflicher Systembildung, 1940).
55. 김도균 옮김, 『합법성과 정당성』, 도서출판 길, 2015.
56. 김남시역, 『땅과 바다. 칼 슈미트의 세계사적 고찰』, 꾸리에북스, 2016, 143면.
57. 김효전 옮김, 바이마르 · 나치스 시대의 헌법과 정치(1)(2), 『동아법학』 제79호, 2018, 311-435면; 제80호, 2018, 341-427면. 수록 내용: 1. 라이히 대통령과 바이마르 헌법 (1925); 2. 라이히 헌법 제24조에 따른 라이히 의회의 소집과 휴회(1930); 3. 프로이센 란트에 대한 라이히 코미사르 임명의 합헌성(1932); 4. 독재(1926); 5. 바이마르 헌법 제48조 시행법(이른바 독재법) (1926); 6. 오늘날의 긴급명령의 실제에 대한 기본논점(1932); 7. 근대적인 헌법생활에서의 국가긴급권(1932); 8. 시민적 법치국가(1928); 9. 나치즘과 법치국가(1934); 10. 법치국가(1935); 11. 「법치국가」를 둘러싼 논쟁의 의의(1935); 12. 독일 법학의 역사적 상황(1936); 13. 나치즘의 법사상(1934); 14. 독일 법률가의 길(1934); 15. 독일 혁명의 좋은 법(1933); 16. 독일 지식인(1933); 17. 자유의 헌법(1935); 18. 유대정신과 투쟁하는 독일 법학, 개회사(1936); 19. 유대정신과 투쟁하는 독일 법학, 폐회사 (1936); 20. 마키아벨리. 1927년 6월 22일(1927); 21. 정치(1936); 22. 홉스와 데카르트에 있어서 메커니즘으로서의 국가(1937); 23. 19세기사에서의 로렌츠 폰 슈타인의 지위(1940).
58. 김효전 옮김, 카를 슈미트 외, 『독일 헌법학의 원천』, 산지니, 2018. 「헌법의 개념」(1928); 「법학적 체계형성의 예시로서의 »독일 일반 국법«(1940); 「헌법의 수호자」(1929) 3편을 수록.
59. 조효원 옮김, 『정치신학 2: 모든 정치신학이 처리되었다는 전설에 대하여』, 그린비, 2019년 12월, 174면.
60. 김효전 옮김, 『헌법과 정치』, 산지니, 2020. 『정치신학』(1934)에서 「합법적 세계혁명」(1978) 까지 주요 저작 대부분을 수록.
61. 조효원 옮김, 『정치적 낭만주의』, 에디투스, 2020년 8월, 259면.
62. 김민혜 옮김, 『햄릿이냐 헤쿠바냐. 극 속으로 침투한 시대』, 문학동네, 2021년 3월, 111면.
63. 김효전 옮김, 헬무트 크바리치편, 국제법상의 침략전쟁의 범죄와 「죄형법정주의」 원칙 (편자 후기)(상), 『유럽헌법연구』 제43호, 2023년 12월, 1-65면.
64. 김효전 옮김, 헬무트 크바리치편, 국제법상의 침략전쟁의 범죄와 「죄형법정주의」 원칙 (편자 후기)(중), 『유럽헌법연구』 제44호, 2024년.

65. 김효전 옮김, 헬무트 크바리치편, 국제법상의 침략전쟁의 범죄와「죄형법정주의」원칙 (편자 후기)(하),『유럽헌법연구』 제45호, 2024년.

2. 연구 문헌

1. 유진오, 독일 국가학의 최근 동향: 소위「지도자국가」에 대하야, 동아일보 1938. 8. 16~19.
2. 황산덕, 법과 정치의 근본문제: 카알 슈밋트의「3종의 법학적 사고」를 중심으로,『전시과학』 제2호(1951), 68-80면. 김효전 편역,『칼 슈미트 연구』(세종출판사, 2001), 233-247면에 재수록.
3. 이동주,『국제정치원론』(장왕사, 1955). 이 책에서는 슈미트의 정치개념을 그대로 도입하고 있다.『동주 이용희 전집 1』(연암서가, 2017)에 재수록.
4. 김동명,『적과 동지』(평창사, 1955), 456면.
5. 윤근식, 카알 슈밋트(Carl Schmitt)의 정치이론과 그 한계성,『정경논집』(경희대) 제1호 (1961), 144-154면.
6. 한스 크루파, 윤근식역,「카알 슈밋트의 '정치적인 것'의 이론」, 동인역,『정치의 개념』(법문사, 1961), 80-131면에 수록. 텍스트는 Hans Krupa, Carl Schmitts Theorie des "Politischen", Leipzig: S. Hirzel 1937. 47 S.
7. 윤근식, 카알 슈밋트의 사상, 윤근식 역,『정치의 개념』(법문사, 1961), 132-146면 수록.
8. 한동섭, 헌법제정권력의 이론: 칼 슈밋트의 소론을 중심으로,『법정』 통권 133호, 제16권 7호(1961. 7), 36-37면.
9. 한동섭, 헌법제정권력의 이론,『고시계』 제7권 6호(1962. 6), 22-28면.
10. 한태연, 카알 슈밋트 헌법학 (법률학을 위한 고전)(동양출판사, 1965), 206면.『현대사상강좌』 (4).
11. 박정규, 법철학상의 규범주의와 결정주의 : H. Kelsen과 C. Schmitt의 견해에 관한 비교적 고찰, 고려대학교 법학석사학위논문, 1966. 65면.
12. 김기범, Carl Schmitt 연구,『연세논총』 연세대학교 대학원, 제10집(1972), 275-294면.
13. 류은상, 칼 슈밑의 정치적 단위체의 개념에 대한 연구, 서울대학교 대학원 정치학 석사학위논문, 1973, 66면.
14. 김남진, 헌법과 헌법률,『고시계』 제18권 6호(1973. 6), 12-18면.
15. 류은상, Carl Schmitt의 공간개념 연구,『지리학연구』(한국지리교육학회) 제1권 2호 (1974), 59-73면.
16. 갈봉근, 슈미트 항목,『정치학대사전』(박영사, 1975), 886면.
17. 심재우, 결정주의적 헌법개념과 규범주의적 헌법개념, 현민 유진오박사 고희기념논문집『헌법과 현대법학의 제문제』(일조각, 1975), 103-141면.
18. 지명렬,『독일 낭만주의 연구』(일지사, 1975), 176면.
19. 고시연구사 편집부, 카알 슈미트의 생애와 사상,『고시연구』 제3권 3호(1976. 3), 175-178면.
20. 배성동, 정치적 낭만 해제, 앞의 번역서『정치적 낭만』(1977), 20-30면.
21. 김효전, 칼 슈미트 헌법이론의 한국적 전개, 해암 문홍주박사 화갑기념논문집『공법의 제문제』 (1978), 111-156면. 김효전편,『독일헌법학설사』(법문사, 1982), 125-174면에 재수록.
22. 김효전, 칼 슈미트의 생애와 업적,『대학원논문집』(동아대) 제2집(1978), 101-137면.

23. 박용철, Carl Schmitt의 의회제, 『교육연구지』(경북대 사대), 제21집(1979), 73-88면.
24. 신일철, 파르티잔 이론(서평), 『주간조선』 No. 552 (1979. 8. 26), 62-63면.
25. 박정관, 국민의 헌법제정권력: 특히 칼 슈미트와 헹케의 이론을 중심으로, 고려대학교 대학원 법학석사학위논문, 1980, 79면.
26. 中道壽一/김효전역, 칼 슈미트의 전체국가, 김효전편, 『독일헌법학설사』(법문사, 1982), 175-212면에 재수록.
27. 좌종흔, C. Schmitt의 헌법개념, 『논문집』(강릉대) 제3집(1982), 121-137면.
28. 김명재, Carl Schmitt의 전체국가와 법치국가, 『전남대학교 논문집』(법 · 행정학편), 제29집(1984), 1-20면.
29. 김명재, Carl Schmitt의 헌법개념론: 그의 방법론을 중심으로, 『전남법학』 제12호(1984), 23-46면.
30. 나용화, 『정치신학비판』(기독교문서선교회, 1984), 159면.
31. 김효전, 칼 슈미트의 서거 1888-1985, 『월간고시』 제12권 10호(1985. 10), 332-333면.
32. 박종보, 독일 헌법학에 있어서 헌법관의 비교연구: 규범주의, 결단주의, 통합주의를 중심으로, 서울대학교 대학원 법학석사학위논문, 1985, 151면.
33. 유명준, 헌법관에 따른 기본권이론에 관한 비교연구: C. Schmitt와 R. Smend의 이론을 중심으로, 동아대학교 대학원 법학석사학위논문, 1985, 95면.
34. 정종섭, 헌법의 정당성에 관한 연구: C. Schmitt 이론에 대한 비판을 중심으로, 경희대학교 대학원 법학석사학위논문, 1985, 220면.
35. 최종고, 칼 슈미트, 『위대한 법사상가들 II』(학연사, 1985), 268-289면.
36. 박규하, 실증주의적 헌법개념: 슈미트와 켈젠의 이론을 중심으로, 『고시연구』 제12권 1호(1986. 1), 25-42면.
37. 이동과, 20세기 법학의 3 거인, 그들의 생애와 학문; 파운드, 켈젠, 슈미트, 『법학논고』(청주대) 제16집(1986), 161-166면.
38. 이손규, 칼 슈미트의 독재론, 『법대논총』(동아대) 제26집(1986), 123-142면.
39. J. 몰트만 저/ 조성로 역, 『정치신학』(심지, 1986), 259면.
40. 갈봉근, 헌법현실과 '위기' 속의 헌법: 한국 헌법에 끼친 칼 슈미트의 영향, 『동아대학보』 제638호(1987. 3. 23).
41. 갈봉근, 현대 헌법학에 미친 칼 슈미트의 영향: 특히 본(Bonn) 기본법을 중심으로, 『동아법학』(동아대) 제4집(1987), 1-43면. 동인, 『헌법논집 1961-2001』(세종출판사, 2002), 254-281면에 재수록; 헬무트 크바리치편, 『반대물의 복합체』(산지니, 2014), 297-328면에도 수록.
42. 김명재, Carl Schmitt의 국가론 연구: 정치적 결정구조문제를 중심으로, 『논문집』(전남대)(1987), 1-21면.
43. 박인규, C. Schmitt와 R. Smend의 기본권이론에 관한 비교연구, 건국대학교 대학원 법학석사학위논문, 1988.
44. 무명, 서평: 김효전역, 『정치신학외』, 『출판저널』 제25호(1988. 8. 20).
45. 정용화, Carl Schmitt의 전쟁사상 연구: 적 및 전쟁개념을 중심으로, 서울대학교 대학원 정치학석사학위논문, 1989. 72면.
46. 김효전, 칼 슈미트의 국제법이론, 현정 최재훈박사 화갑기념논문집 『현대법의 제과제』(1990.

7), 43-72면.
47. 김태홍, Carl Schmitt와 국가사회주의와의 관련, 『논문집』(동의공업전문대학) 제6집(1990. 12), 15-32면.
48. 이훈, 김상기교수, 칼 슈미트, 그리고 민족주의, 『철학과 현실』 1990년 겨울호 (통권 47호), 220-230면.
49. 좌종흔, Carl Schmitt의 결단주의와 Thomas Hobbes, 고려대학교 대학원 법학박사학위논문, 1990. 126면.
50. 문종욱, 칼 슈미트 법사상과 현대 법학에 미친 그 영향, 충남대학교 대학원 법학박사학위논문, 1991. 258면.
51. 김상기, 칼 슈미트의 극우사상과 우리의 정치적 현실, 『철학과 현실』 제9호 (1991. 6), 238-252면.
52. 박종대, 칼 슈미트의 정치신학, 차인석외, 『사회철학대계 3: 사회원리에 관한 새로운 모색들』(민음사, 1993), 355-370면.
53. 문종욱, 칼 슈미트 법철학에 있어서 구체적 질서사고, 『법학연구』(충남대) 제4권 1호(1993. 12), 273-305면.
54. 문종욱, 가톨릭적 법사상이 Carl Schmitt에 미친 영향, 문송 정종학박사 화갑기념논문집 (1993), 349-376면.
55. 계희열, 결단주의적 헌법개념과 그 문제점 소고, 『헌법논총』 제4집(헌법재판소, 1993. 12), 125-148면.
56. 계희열, 결단주의적 헌법개념과 그 문제점 소고, 『고시연구』 제21권 3호(1994. 3)(통권 제240호), 72-87면.
57. 권영설, 바이마르 헌법상의 국가긴급권 논쟁: 슈미트의 해석론을 중심으로, 『법학논문집』(중앙대), 제19집(1994), 37-66면. 동인, 『헌법이론과 헌법담론』(법문사, 2006), 1062-1082면에 수록.
58. 최봉철, 칼 슈미트의 반의회주의 입장에 대한 재평가, 한국의회발전연구회 1993-1994년도 지원 과제.
59. 최재훈, 슈미트 저, 『대지의 노모스』(연구번역 후기), 대우재단소식 제50호(1994년 겨울), 17-19면.
60. 박규하, 스멘트의 헌법이론과 법률개념: 슈미트 이론과의 비교를 중심으로, 균재 양승두교수 화갑기념논문집(I) 『현대 공법과 개인의 권익보호』(1994), 1004-1032면.
61. 레오 슈트라우스, 김효전역, 「칼 슈미트의 『정치적인 것의 개념』에 대한 주해」, 동인역, 『정치적인 것의 개념』[증보판](법문사, 1995), 155-182면에 수록 (L. Strauß, Anmerkungen zur Carl Schmitts "Begriff des Politischen", in: Archiv für Rechts- und Sozialphilosophie 67 (1932), S. 732-749).
62. 에른스트-볼프강 뵈켄회르데, 김효전역,「칼 슈미트의 국법학상의 저작을 이해하기 위한 열쇠로서의 정치적인 것의 개념」, 동인역, 『정치적인 것의 개념』[증보판](법문사, 1995), 183-209면에 수록 (E.-W. Böckenförde, Der Begriff des Politischen als Schlüssel zum staatsrechtlichen Werk Carl Schmitts, 1988).
63. 한태연, Carl Schmitt와 프랑스 헌법이론 (상)(중)(하), 『고시연구』 제22권 10호, 11호 및 제23권 2호(1995. 10, 76-92면; 11. 125-140면; 1996. 2, 80-101면).

64. 최준형, 칼 슈미트의 국가이론, 동아대학교 대학원 법학석사학위논문, 1995. 84면.
65. 최원기, Carl Schmitt의 자유주의비판 연구: 의회민주주의와 정당성에 대한 논의를 중심으로, 서울대학교 대학원 정치학석사학위논문, 1995, 107면.
66. 권영설, 슈미트의 헌법개념, 『고시연구』 제22권 5호(1995. 5)(통권 제254호), 90-106면. 동인, 『헌법이론과 헌법담론』(법문사, 2006), 1016-1041면에 수록.
67. 배상오 · 문종욱, 칼 슈미트 헌법개념의 한국적 전개, 『법학연구』(충남대) 제6권 1호(1995. 12), 25-50면.
68. 박규하, 켈젠과 스멘트의 국가 헌법이론에 관한 일 고찰, 『논문집』(한국외대) 제29권(1996), 63-77면.
69. 박희정, 독일 국법학의 성립과 발전에 관한 연구: C. Schmitt, R. Smend, H. Heller의 국가사상을 중심으로, 중앙대학교 대학원 법학박사학위논문, 1996. 8, 257면.
70. 서규환, 슈미트 항목, 김우창 외 엮음, 『103인의 현대 사상: 20세기를 움직인 사상의 모험가들』(민음사, 1996), 389-396면.
71. 마르기트 크라프트 푹스 저, 김효전 역, 칼 슈미트의 헌법이론에 대한 원리적 비평, 『토지공법연구』 제3집(1996. 9), 321-360면 (Margit Kraft-Fuchs, Prinzipielle Bemerkungen zu Carl Schmitts Verfassungslehre, in: Zeitschrift für Öffentliches Recht, Bd. IX, Heft 4 (1930), S. 511-541).
72. 권영설, 슈미트의 '전체국가론'에 대한 소고, 효산 김계환 교수 회갑기념논문집 『헌법학과 법학의 제문제』(1996. 12), 127-142면.
73. 칼 슐테즈/ 김효전 역, 파시즘에 있어서의 헌법사상의 몰락, 효산 김계환 교수 회갑기념논문집 『헌법학과 법학의 제문제』(1996.12), 143-171면 (K. Schultes, Der Niedergang des staatsrechtlichen Denkens in Faschismus, 1949, 38 S.).
74. 유스투스 하스하겐/김효전 역, 슈미트와 스멘트의 헌법이론, 금촌 육종수박사 화갑기념논문집 『공법이론의 현대적 조명』(형설출판사, 1997), 211-225면 (Justus Hashagen, Zwei Neuerscheinungen zu Verfassungstheorie und Verfassungsrecht, in: Schmollers Jahrbuch, Bd. 53. 1929, S. 127-139).
75. 이계수, 의회주의와 행정법: 칼 슈미트 학설과 그에 대한 비판을 중심으로, 서울대학교 대학원 법학박사학위논문, 1997. 8, 316면.
76. 권영설, 슈미트의 '이념국가'와 '전체국가',『한국정치연구』 제7호, 공삼 민병태 교수 20주기 추모 특집, 서울대학교 한국정치연구소, 1997년 12월, 91-114면. 동인, 『헌법이론과 헌법담론』(법문사, 2006), 1042-1061면에 수록.
77. 김홍우, 민병태 『정치학』의 이해: 슈미트와 라스키의 논의를 중심으로, 『한국정치연구』 제7호 公三 민병태교수 20주기 추모 특집(1997. 12), 49-90면. 동인, 『한국 정치의 현상학적 이해』(인간사랑, 2007) 및 이정복편, 『공삼 민병태 선생의 정치학』(인간사랑, 2008), 85-193면에 재수록.
78. 권영설, 바이마르 시대 슈미트의 헌법사상, 『법학논문집』(중앙대), 제23권 1호(1998), 7-32면.
79. 김동규, 치안국가에서 안보국가론으로: Carl Schmitt, Max Weber를 중심으로, 『허창대문집』(해군사관학교), 제41집(1998), 117-149면.
80. 성정엽, 칼 슈미트의 국가개념, 『공법연구』(한국공법학회), 제27집 1호(1998. 12), 229-244

면.
81. 한스 크루파, 김효전 역, 칼 슈미트의 『정치적인 것』의 이론, 『독일학연구』(동아대) 제14호(1998. 12), 137-161면 (Hans Krupa, Carl Schmitts Theorie des Politischen, 1937). 김효전 편역, 『칼 슈미트 연구』(세종출판사, 2001), 147-190면에 수록.
82. 김명재, 헌법제정권력에 대한 비판적 고찰 - 특히 자유원인(Kausalität aus Freiheit)과 자연원인(Kausalität aus Natur)의 조화의 이념에 따라, 『공법연구』 제27권 1호(1998. 12), 205-227면.
83. 김태홍, 칼 슈미트 헌법이론의 가톨릭적 기초, 동아대학교 대학원 법학박사학위논문, 1999. 2, 236면.
84. 김동규, Leo Strauss의 Carl Schmitt 비판, 서울대학교 정치학석사학위논문, 1999. 2.
85. 최봉철, 칼 슈미트의 의회주의 비판, 『헌법학연구』(한국헌법학회), 제5권 2호(1999. 10), 390-406면.
86. 슈미트 항목, 『파스칼 세계대백과사전 15』(동서문화, 1999), 89-63면.
87. 권영설, 슈미트 이론의 몇 가지 사상적 기초, 권영성 교수 정년기념논문집 『헌법규범과 헌법현실』(법문사, 1999), 104-121면. 동인, 『헌법이론과 헌법담론』(법문사, 2006), 1009-1015면에 수록.
88. 성정엽, 칼 슈미트의 정치개념, 권영성 교수 정년기념논문집(1999), 1018-1035면.
89. 요제프 H. 카이저, 김효전 옮김, 구체적 질서사고, 『성균관법학』(성균관대), 제12호(2000. 10), 103-119면 (J. H. Kaiser, Konkretes Ordnungsdenken, 1988). 김효전 편역, 『칼 슈미트 연구』(세종출판사, 2001. 2), 105-122면에 재수록.
90. 파스쿠알레 파스키노, 김효전 옮김, 엠마누엘 시에예스와 칼 슈미트에서의 '헌법제정권력론': 현대 민주주의이론의 기초연구를 위한 하나의 기여, 실보 김영수 교수 화갑기념논문집 『헌법학의 제문제』(학문사, 2000. 11), 601-618면 (P. Pasquino, Die Lehre vom "pouvoir constituant" bei Emmanuel Sieyès und Carl Schmitt, 1988).
91. 김효전 편역, 『칼 슈미트 연구』(세종출판사, 2001. 2), 426면. 수록 내용: 유스투스 하스하겐, 슈미트와 스멘트의 헌법이론; 마르기트 크라프트 푹스, 칼 슈미트 『헌법이론』에 대한 원리적 비평; 칼 슐테즈, 파시즘에 있어서의 헌법사상의 몰락; 요제프 카이저, 구체적 질서사고; 파스쿠알레 파스키노, 엠마누엘 시에예스와 칼 슈미트에 있어서의 '헌법제정권력'론; 한스 크루파, 칼 슈미트의 '정치적인 것'의 이론; 피이트 토미센, 칼 슈미트와의 대화; 황산덕, 법과 정치의 근본문제: 『3종의 법학적 사고』를 중심으로; 부록 칼 슈미트에 관한 연구 문헌.
92. 문종욱, 칼 슈미트의 법사상과 '파르티잔론,' 『법학연구』(한국법학회), 제7집(2001), 65-96면.
93. 마크 릴라, 서유경 옮김,『분별 없는 열정』, 미토, 2002년. 제2장 황제 법학자 칼 슈미트(65-96면)
94. 국순옥, 미영 문화권과 칼 슈미트,『민주법학』 제21호(2002), 311-324면. 동인, 『민주주의 헌법론』(아카넷, 2015), 107-121면에 재수록.
95. 국순옥, 위르겐 하버마스와 좌파 슈미트주의,『민주법학』 제22호(2002), 13-52면.(위의 책, 123-167면에 재수록)
96. 미카엘 니콜레티, 김효전 옮김, 칼 슈미트 »정치신학«의 근원, 『독일학연구』(동아대), 제18호(2002), 85-108면 (M. Nicoletti, Die Ursprünge von Carl Schmitts "Politischer

Theologie", 1988).
97. 귄터 마슈케, 김효전 옮김, »결단«의 이의성: 칼 슈미트 저작에서의 토머스 홉스와 도노소 코르테스, 금촌 육종수박사 정년기념논문집『현대 공법이론 연구』(2002. 8), 75-107면 (G. Maschke, Die Zweideutigkeit der "Entscheidung", 1988).
98. 게어리 L. 얼멘, 김효전 역, 정치신학과 정치경제학: 칼 슈미트와 막스 베버에 대하여,『지당 유희일박사 화갑기념 논문집』(2002. 11), 33-60면 (G. L. Ulmen, Politische Theologie und politische Ökonomie, 1988).
99. 양용, 한국 헌법학과 칼 슈미트 이론의 수용, 충남대학교 대학원 법학석사학위논문, 2002.
100. 아르민 몰러, 김효전 옮김, 칼 슈미트와 보수혁명,『헌법학연구』 제9권 4호(2003. 12), 536-578면 (A. Mohler, Carl Schmitt und die "Konservative Revolution", 1988).
101. 최미향, Renato Cristi의 Carl Schmitt 해석: 권위주의적 자유주의, 인하대학교 대학원 석사학위논문, 2003.
102. 이해영, 칼 슈미트의 정치사상: '정치적인 것'의 개념을 중심으로,『21세기정치학회보』, 제14권 2호(2004), 1-25면.
103. 정태욱, 민주적 법치주의를 위하여: 바이마르 공화국 법치주의 논쟁의 교훈: 공화국과 시민,『시민과 세계』 2004.
104. 고지현, 발터 벤야민의 초기 주 저작『독일 비애극의 기원』에서의 칼 슈미트의 비판적 수용,『사회와 철학』 제9호(2005), 239-276면.
105. 나종석, 하버마스인가 아니면 슈미트인가? 인도주의적 개입과 근대 주권국가 사이의 긴장,『사회와 철학』 제9호(2005), 63-98면.
106 윤재만, 기본권의 양면성에 관한 고찰 - C. Schmitt와 기본권의 양면성이론을 중심으로,『성균관법학』 제17권 1호(2005), 155-173면.
107. 이진민, 마키아벨리, 홉스, 슈미트에게 있어서 공포 개념의 정치사상적 이해: 능동적 행위성(agency)과 내면적 주체성(subjectivity)을 중심으로, 연세대학교 대학원 석사논문, 2005.
108. 이현상, 칼 슈미트의 정치적인 것과 공동체적 가치의 회복: 정치적 재현재화를 중심으로, 연세대학교 대학원 석사논문, 2005, 85면.
109. 장준호, 국제정치에서 '적과 동지의 구분'에 대한 소고: 칼 슈미트(Carl Schmitt)의 '정치적인 것'(das Politische)을 중심으로,『국제정치논총』 제45집 3호(2005), 7-31면.
110. 홍철기, 칼 슈미트와 스피노자: 헌법제정권력과 정치신학,『진보평론』 제25호(2005), 175-192면.
111. 홍철기, 칼 슈미트의 정치적인 것의 개념에 대한 연구, 서울대학교대학원 석사학위논문, 2005.
112. 홍철기, 칼 슈미트의 정치적인 것의 개념과 민주주의 이론,『역사와 사회』(국제문화학회), 제35집(2005), 27-70면.
113. 김주녕, 칼 슈미트의 법철학 사상이 기본권이론에 미친 영향, 충남대학교 대학원 석사논문, 2006.
114. 샹탈 무페, 이행 옮김,『민주주의의 역설』(인간사랑, 2006). (Chantal Mouffe, The Democratic Paradox, 2000, 제2장 칼 슈미트와 자유민주주의의 역설, 61-93면).
115. 박규하, 칼 슈미트의 구체적 질서 사고,『외법논집』(한국외대) 제21집(2006), 23-62면.
116. 김성호, A Constitutional Politics of the Extraordinary: Carl Schmitt, Hans Kelsen,

and the 1932 Crisis of the Weimar Constitutional Order,『한국정치학회보』 제41집 2호 (2007), 271-292면.

117. 샹탈 무페, 이보경 옮김, 『정치적인 것의 귀환』(후마니타스, 2007). 제8장 다원주의와 현대 민주주의: 칼 슈미트를 중심으로(185-212면).

118. 양천수, 합법성과 정당성: 칼 슈미트의 이론을 중심으로 하여, 『영남법학』 제25권(2007), 91-116면.

119. 이병옥, 칼 슈미트의 정치적 낭만주의 비판: "주관화된 기연주의"를 중심으로, 『헤겔연구』(철학의 고전적 담론들) 제21권(용의 숲, 2007), 329-354면.

120. 김항, 독재와 우울, '마지막 인간'을 위한 결정 혹은 각성: 칼 슈미트와 발터 벤야민의 1848년, 『자음과 모음』(2008년 겨울호).

121. 최형익, 입헌독재론: 칼 슈미트(Carl Schmitt)의 주권적 독재와 한국의 유신헌법, 『한국정치연구』(서울대 한국정치연구소) 제17집 1호(2008), 241-269면.

122. 나종석, '정치적인 것'의 본질과 칼 슈미트의 자유주의 비판,『헤겔연구』 제25집(2009).

123. 최지영, 관개체적인 민주주의와 주권: 칼 슈미트와 스피노자를 중심으로, 건국대학교 대학원 석사논문, 2009.

124. 복도훈, 대지와 그 적들: 칼 슈미트와 마르틴 하이데거의 '문학과 정치'에 대하여, 『인문학연구』(계명대), 제45권(2011), 93-125면.

125. 칼 디트리히 브라허, 이병련 · 이대헌 · 한운석 옮김, 『바이마르 공화국의 해체』(전3권)(나남, 2011).

126. 페리 앤더슨, 안효상 · 이승우 옮김,『현대 사상의 스펙트럼: 카를 슈미트에서 에릭 홉스봄까지』(도서출판 길, 2011).

127. 오향미, 주권주체와 주권의 한계: 바이마르 공화국 주권 논쟁의 한 단면,『법철학연구』 제14권 2호(2011), 105-128면.

128 임운택, 포스트 민주주의 시대의 정당성 문제: 카를 슈미트의 합법성과 정당성 논의를 중심으로, 『경제와 사회』 제111권(2011), 50-77면.

129. 장선영, 칼 슈미트의 『햄릿 또는 헤큐바』: 정치적 재현과 주권의 문제, 『영어영문학』 제58권 5호, 통권 제217호(2012 겨울), 975-999면.

130. 임미원, 슈미트의 법 및 정치관념에 대한 일 고찰,『법철학연구』 제15권 제1호(2012), 219-250면.

131. 임미원, 홉스의 법 및 정치사상에 대한 재해석 가능성: 슈미트, 아감벤, 푸코, 아렌트의 홉스 해석을 중심으로, 『법과 사회』 제42호(2012).

132. 야콥 타우베스, 조효원 옮김, 『바울의 정치신학』(그린비, 2012).

133. 김진, 하버마스와 테러시대의 정치신학, 『철학연구』 제103호(2013).

134. 이호영, 칼 슈미트 헌법이론 분석과 비판 - 예외상태와 정치적인 것의 개념을 중심으로, 건국대학교 대학원 박사학위논문, 2013.

135. 이형동, 칼 슈미트(Carl Schmitt)의 독재개념과 그것의 정치적 함의에 대한 연구, 성균관대학교 대학원 석사학위논문, 2013.

136. 박상원, 아렌트, 슈미트, 아감벤에게 있어서 헌법과 폭력: 국가와 주권의 개념을 중심으로, 연세대학교 대학원 석사학위논문, 2013.

137. 이동수, 자유민주주의에서 '자유'와 '민주'의 관계 - 슈미트의 논의와 그 비판을 중심으로,

『평화연구』 제21권 2호(2013), 69-102면.
138. 이재규 · 이규종, 한비자의 정치철학에 나타난 법사상연구 - 칼 슈미트의 결단주의 이론을 기초하여, 『유교사상문화연구』 제54집(2013), 115-151면.
139. 클라우스 크뢰거, 김효전 옮김, 칼 슈미트의 『로마 가톨릭주의와 정치형태』에 대한 논평, 『유럽헌법연구』 제13호(2013. 6), 427-436면. 김효전 편역, 『독일 헌법학의 원천』(산지니, 2018), 355-362면에 재수록.
140. 헬무트 크바리치, 김효전 옮김, 카를 슈미트와 그의 저작에 대한 접근방법, 『독일학 연구』(동아대), 제29호(2013. 12), 113-126면 (H. Quaritsch, Einleitung: Über den Umgang mit Person und Werk Carl Schmitts, in: Complexio Oppositorum. Über Carl Schmitt, 1988, S. 13-21)
141. 헬무트 크바리치편, 김효전 옮김, 『반대물의 복합체: 칼 슈미트 특별 세미나』(산지니, 2014. 4), 450면. (H. Quaritsch (Hrsg.), Complexio Oppositorum. Über Carl Schmitt, 1988).
142. 홍철기, 민주주의자로서의 칼 슈미트 - 대표, 공공성, 인민, 『실천문학』 2014년 봄(통권 제113호), 218-249면.
143. 김영아, 칼 슈미트의 정치신학과 『햄릿』(특집: 한국의 셰익스피어 수용과 연구의 현단계), 『영미문학연구』(영미문학연구회) 안과 밖, 제36호(2014), 41-69면.
144. 남기호, 정치적인 것의 비개념(非槪念) - 슈미트의 독재국가와 헤겔의 인륜국가 『가톨릭철학』 Vol. 23(2014), 87-125면.
145. 양천수, 결단과 토론 사이에 선 주권 개념, 『법과 사회』 제46호(2014).
146. 오경환, 대표성의 위기와 민주주의: 20세기 초 미국, 프랑스, 독일, 『서양사연구』 제51집 (2014. 11), 107-134면.
147. 이성림, 정치신학에 대한 비판과 규범적 전망, 『기독교사상』, 2016.
148. 이성림, 정치신학 비판, 『신학과 세계』 제79호(2014).
149. 이진일, 독일에서의 인구-인종주의 전개와 생명정치 "생존공간"과 제국을 향한 꿈2, 『史林』 (성대사림) 제50호(2014).
150. 김정한, 지젝의 슈미트 해석과 비판, 『문화과학』 제84호(2015).
151. 김항, 20세기의 보편주의와 '정치적인 것'의 개념, 『사회와 철학』 제30호(2015).
152. 김항, "적의 소멸"과 정치신학 - 칼 슈미트의 카테콘과 메시아, 『인문논총』 제72권 4호(2015).
153. 남기호, 칼 슈미트의 국가론에서의 리바이어던 - 그 정치적 상징의 오용과 홉스의 정치철학적 의의, 『시대와 철학』 제26권 4호(2015).
154. 안연희, 바울의 메시아주의에 대한 탈근대 정치신학적 독해: 야콥 타우베스를 중심으로, 『원불교사상과 종교문화』 제66호(2015).
155. 이진일, 생존공간(Lebensraum)과 대동아공영권 담론의 상호전이: 칼 하우스호퍼의 지정학적 일본관을 중심으로, 『독일연구』 제29호(2015. 6), 199-240면.
156. 장선영, 발터 벤야민, 칼 슈미트, 『햄릿』-「주권」 사상을 중심으로, 『현대영어영문학』 제59권 1호(2015).
157. 정원석, 칼 슈미트의 『정치적 낭만주의 Politischer Romantik』에 나타난 낭만주의 비판, 『독일언어문학』 제69호(2015).
158. 김항, 『종말론 사무소. 인간의 운명과 정치적인 것의 자리』(문학과지성사, 2016).
159. 윤재왕, 예외상태와 주권의 역설: 아감벤의 칼 슈미트 해석에 대한 비판, 『강원법학』 제47권

(2016), 337-404면.
160. 이상록, '예외상태 상례화'로서의 유신헌법과 한국적 민주주의 담론, 『역사문제연구』 통권 35호(2016. 4), 511-555면.
161. 임운택, 포스트 민주주의 시대의 정당성 문제: 카를 슈미트의 합법성과 정당성 논의를 중심으로, 『경제와 사회』 제111호(2016 가을), 50-77면
162. 전진성, 라인하르트 코젤렉의 『지나간 미래』에 나타난 칼 슈미트의 영향 - '정치적인 것'의 역사학적 수용에 관하여, 『인문과학』(연세대) 제108호(2016).
163. 한상원, 예외상태의 정치적 존재론: 슈미트와 벤야민의 예외상태론 논쟁 고찰, 『시대와 철학』 제27권 4호(2016).
164. 홍철기, 대표의 허구에 관한 연구: 토마스 홉스, 한스 켈젠, 칼 슈미트에게 있어서의 '대리'와 '현시'의 대표이론, 서울대 정치학 박사논문, 2016.
165. 강길모, 카를 슈미트의 민주주의론: 합법성과 정당성을 중심으로, 한신대 대학원 석사 논문, 2017.
166. 강유빈, 홉스의 법사상에 대한 현대적 이해: 슈미트의 홉스 해석과 관련하여, 한양대 석사논문, 2017.
167. 권경휘, 『정치신학』에 나타난 "예외상태"에 대한 슈미트의 이해방식, 『법철학연구』 제20권 3호(2017), 189-222면.
168. 박찬권, 제20대 국회 개헌논의의 헌법적 정당성에 관한 비판적 고찰 - Rudolf Smend와 Carl Schmitt의 헌법관을 중심으로, 『헌법학연구』 제23권 3호(2017. 9), 463-504면.
169. 이계희, 칼 슈미트(Carl Schmitt) - 반자유민주주의 현실권력 정치사상가, 동인, 『정치학자열전: 학문과 참정의 삶』(충남대 출판문화원, 2017), 71-104면.
170. 위르겐 몰트만, 박종화 옮김, 『정치신학 정치윤리』(대한기독교서회, 2017) (몰트만 선집 10)
171. 조한상, 칼 슈미트의 헌법개념론에 관한 고찰, 『한국사회과학연구』(청주대) 제39권 1호(2017. 8), 119-135면.
172. 공병수, 칼 슈미트(Carl Schmitt)의 국가사상과 독재론: 주권적 독재에 관한 비판적 고찰, 국방대학교 국방관리대학원 석사논문, 2018. 2.
173. 김항, 내전과 현대 민주주의의 상황 - 슈미트의 『리바이어던』해석을 중심으로, 『인문학연구』 제56호(2018).
174. 김효전, 카를 슈미트의 프랑스 헌법이론 연구, 東堂 성낙인총장 퇴임기념논문집 『국가와 헌법 · I 헌법총론/정치제도론』(법문사, 2018. 6), 191-221면.
175. 신충식, 슈미트와 하이데거: '정치현상학'의 가능성 모색, 『철학과 현상학 연구』 제78호(2018).
176. 윤민재, 칼 슈미트의 정치신학과 세속화 그리고 그 비판: 정치신학 비판을 통한 민주주의 위기 분석, 『사회과학연구』 제57권 2호(2018).
177. 진태원, 칼 슈미트와 자크 데리다: 주권의 탈구축, 『철학과 현상학 연구』(한국현상학회) 제78호(2018).
178. 표광민, 주권의 정치와 대화의 정치: 슈미트와 아렌트의 정치사상적 비교를 중심으로, 『철학과 현상학 연구』 제78호(2018).
179. 이유숙, An Observation of the Political in Husserl's Phenomenological Critique and

Subjectivity = 후썰 현상학적 비판과 주체성에 내재한 정치성 관찰; 슈미트식 규명, 『철학과 현상학 연구』 제78호(2018).
180. 이계일, 칼 슈미트의 사법판결론 - 1930년대 초반까지의 저술을 중심으로, 『법철학연구』 제21권 1호(2018. 4), 37-80면.
181. 이계일, 칼 슈미트의 사법판결론 - 1930년대 중반 이후를 중심으로, 『법철학연구』 제21권 2호(2018. 8).
182. 우디 그린버그 지음, 이재욱 옮김, 『바이마르의 세기』(회화나무, 2018), 456면.
183. 이진일, 해양과 '공간혁명': 칼 슈미트(Carl Schmitt)의 »땅과 바다«를 중심으로, 『史林』(성대 사림) 제63호(2018. 1), 69-103면.
184. 홍철기, 비밀투표는 '민주적'인가? 존 스튜어트 밀과 카를 슈미트의 비밀투표 비판, 『정치사상연구』 제24권 1호(2018).
185. 박진완, 〈서평〉 김효전 옮김, 카를 슈미트외, 『독일 헌법학의 원천』(산지니, 2018), 『공법연구』 제47권 2호(2018), 383-388면.
186. 김재길, 카를 슈미트의 정치사상 연구 - 정치적 결단주의의 성격과 의미, 한국외국어대학교 대학원 정치학 박사학위 논문, 2019, 235면.
187. 성정엽, 칼 슈미트의 자유주의국가 비판, 『서울법학』 제27권 1호(2019), 1-33면.
188. 장길수 지음, 안성룡 그림, 『카를 슈미트가 펼치는 정치 이야기: 재미있는 만화로 보는 철학 이야기』(삼성비엔씨, 2019) (철학자와 인물 포커스 50).
189. 하재홍 · 박미경, 『햄릿』에 나타난 파레시아 및 혐오와 민주주의 - 칼 슈미트의 『햄릿 또는 헤큐바』 및 '정치적인 것'의 개념에 대한 비판적 검토, 『서울대 법학』 제60권 1호(2019), 1-98면.
190. 김효전, 카를 슈미트의 헌법이론과 한국, 『학술원논문집』(인문 · 사회과학편) 제58집 1호(2019), 151-409면.
191. 성정엽, 칼 슈미트의 주권 개념, 『법학연구』 제60호(2019).
192. 조한상, 칼 슈미트 관점에 입각한 대한민국, 『한국사회과학연구』 제41권 1호(2019).
193. 성정엽, 칼 슈미트의 법개념, 『동아법학』 제85호(2019), 51-81면.
194. 나완수, 칼 슈미트의 정치신학에 대한 비판적 고찰: 한국 기독교의 공공성 제고를 위하여, 연세대 연합신학대학원 석사논문, 2019.
195. 김필구, '비트적 실존'과 사이버스페이스의 정치성 - 칼 슈미트의 '기술-공간-실존' 인식틀을 기반으로, 『인문과학』(성균관대) 제75호 (2019. 11), 177-215면.
196. 성정엽, 칼 슈미트의 자유주의국가 비판, 『서울법학』 제27권 1호 (2019), 1-33면.
197. 조효원, 로마와 예루살렘 간의 법적 투쟁 - 칼 슈미트와 게르숌 숄렘의 카프카 독해, 『카프카연구』 제42호 (2019), 51-82면.
198. 오오타케 코지, 윤인로 옮김, 『정전과 내전: 카를 슈미트의 국제질서 사상』(산지니, 2020), 506면.
199. 구자완, 제도적 보장 이론의 헌법적 의미에 관한 연구: 칼 슈미트적 입장에서의 모색, 강원대 석사논문, 2020.
200. 김철수, 〈서평〉 카를 슈미트, 김효전 옮김, 『헌법과 정치』, 『대한민국학술원통신』 제321호 (2020. 4. 1), 20-22면.
201. 정극원, 〈서평〉 카를 슈미트, 김효전 옮김, 『헌법과 정치』, 『유럽헌법연구』 제32호 (2020),

473-476면.
202. 성정엽, 칼 슈미트의 '정치적인 것'의 개념, 『민주법학』 제72호 (2020. 3), 49-79면.
203. 이진일, 냉전의 지정학과 동아시아 '지역'(region)의 구성 - 칼 슈미트의 '광역질서'(Grossraumordnung) 이론을 중심으로, 『독일연구』 제43호 (2020), 5-42면.
204. 양해림, 딜타이와 칼 슈미트의 국가론, 『인문학연구』 제120집 (2020. 9).
205. 조효원, 알레고리가 아닌 예외 - 칼 슈미트의 정치신학과 발터 벤야민의 역사철학에 대하여, 『서강인문논총』 제57호 (2020), 359-396면.
206. 표광민, 정치의 예외성에 관하여: 칼 슈미트의 예외상태 개념과 한나 아렌트의 기적 개념을 중심으로, 『한국정치학회보』 제54권 1호 (2020), 69-90면.
207. 김대환, (서평) 카를 슈미트, 김효전 옮김, 『헌법과 정치』, 『공법연구』 제49집 4호 (2021. 6).
208. 정병화 · 이성호, 칼 슈미트(K. Schmitt)의 헌법구성의 토대인 '정치적 통일체'에 관한 연구, 『한양법학』 제32호 (2021. 8).
209. 조효원, "순수하게" 정치적인 것에 대하여 - 칼 슈미트의 결단주의와 그 비판자들, 『개념과 소통』 Vol. 27 (2021).
210. 조효원, (서평) 정치신학으로 틈입한 연극 - 칼 슈미트의 『햄릿이냐 헤쿠바냐』(김민혜역, 문학동네, 2021)에 대하여, 『독일어문화권연구』 제30호 (2021. 12).
211. 김학진, 칼 슈미트의 '헌법의 수호자'론에 관한 비판적 연구 - '행정국가'의 요청과 '반의회주의'를 중심으로, 서울대 박사논문, 2023. 8. 211면.
212. 표광민, 세계내전 개념과 미중 갈등: 칼 슈미트의 세계내전 개념이 지닌 현재적 함의에 관하여, 『국제정치논총』 제63권 3호 (2023) 7-53면.
213. 김효전, 나치 독일하의 황제 법학자들, 『학술원논문집』(인문사회과학편) 제62집 2호 (2023. 12).
214. 신카이 마코토, 애니메이션으로 돌아온 칼 슈미트: 슈미트의 카테콘 개념을 통한 신카이 마코토의 재난 3부작 분석, 『한독사회과학논총』 제33권 4호 (2023. 12), 139-161면.

3. 일본의 연구 문헌 (2001년 이후)[3)]

(1) 번역 (출판순)

1. 古賀敬太 · 佐野 誠編, 『カール · シュミット時事論文集. ヴァイマール · ナチズム期の憲法 · 政治論議』, 風行社, 2000年, 302면.
2. 生松敬三 · 前野光弘譯, 『陸と海と 一世界史的一考察』, 慈學社, 2006. (재출간)
3. 長尾龍一編, 『カール · シュミット著作集 I 1922-1934』, 慈學社, 2007.[4)] (재출간)
4. 長尾龍一編, 『カール · シュミット著作集 II 1936-1970』, 慈學社, 2007. (재출간)
5. 新田邦夫譯, 『大地のノモス(上 · 下)』, 慈學社, 2007. (재출간)
6. 新田邦夫譯, 『パルチザンの理論』, ちくま學藝文庫, 1995. (1972년판의 재출간)
7. 山下威士譯, 『クーデターを裁く - 1932年7月20日事件法廷記錄』(尙學社, 2003).

3) 2001년까지의 문헌은 김효전 편역, 『칼 슈미트 연구』(세종출판사, 2001), 341-363면 참조.
4) 長尾龍一編, 『危機の政治理論』, ダイヤモンド社, 1973을 새로 조판한 책. 「『ドイツ法學におけるユダヤ人』學會への結語」(제2권 수록)만을 새로 번역한 것임.

8. 樋口陽一譯,『現代議會主義の精神史的狀況』, 岩波文庫, 2015. (1973년판의 수정)
9. 仲正昌樹 監譯 · 解說, 松島裕一 飜譯,『國民票決と國民發案: ワイマール憲法の解釋および直接民主制論に關する一考察』, 作品社, 2018.

(2) 연구서 논문 기타

1. 樺島博志, 自由主義的基本權理論の再構策(1) ― ベッケンフェルデとシュミットの基本權理論の觀點から ―,『自治研究』 제71권 12호(1995).
2. 長尾一紘, 人權の概念: C. シュミット · R. アレクシィの所論を手がかりとして,『新報』 제108권 3호(2001).
3. 竹島博之, 後期カール · シュミットにおける美的政治(1)~(3完),『同志社法學』 제277-279호(2001/2002).
4. 古賀敬太, シュミットの政治的なものの概念再考, 日本政治學會編,『20世紀のドイツ政治理論』, 年報 政治學(岩波書店, 2002), 23-48면.
5. 山本尤譯, 『カール · シュミットとユダヤ人: あるドイツ法學』(法政大學出版局, 2002) (Raphael Gross, Carl Schmitt und die Juden: Eine deutsche Rechtslehre, 2001).
6. 佐野 誠,『近代啓蒙批判とナチズムの病理: カール · シュミットにおける法 · 國家 · ユダヤ人』(創文社, 2003).
7. 小貫幸浩, ケルゼン · シュミットと今日の憲法基礎學 · 民主制論, 『高岡』 제14권 1=2호(2003).
8. 小倉大, Carl Schmittの通常狀態と例外狀態 (1)~(2完),『早研』 제103-105호(2003).
9. 永峰治壽, カール · シュミットの國家緊急權概念についての若干の考察, 『駒公』 제29호(2003).
10. 長尾龍一, ナチ期シュミット問題の一端(1),『日法』 제68권 4호(2003).
11. 石村修, 硏究者としてのカール · シュミット: 一つの傳記として, DAS研究會編, 山下威士先生還曆記念『ドイツ公法理論の受容と展開』(向學社, 2004), 5-58면.
12. クリス · ソーンヒル, 安世舟 · 永井健晴 · 安章浩譯,『現代ドイツの政治思想家 - ウェーバーからルーマンまで』(岩波書店, 2004), 제2장 카를 슈미트 (89-149면)(Chris Thornhill, Political Theory in Modern Germany. An Introduction, 2000).
13. ヘルムート · キーゼル編,『ユンガー = シュミット 往復書簡 1930-1983』(法政大學 出版局, 2005).
14. 山根雅昭,「政治的ロマン主義」における初期カール · シュミットの國家觀(1)~(4完), 『早研』 제111~114호(2005).
15. オリビエ · ボ/南野森譯, ナチス期におけるルネ · カピタンとカール · シュミット: 謎めいた關係について,『日佛』 제23호(2005).
16. 塩見佳也, 初期カール · シュミットの法適用論 -『法律と判決』(1912年)を素材として,『九法』제89호(2005)
17.山根雅昭,『政治的ロマン主義』における初期カール · シュミットの國家觀,『早研』 제111~114호(2005).
18. 塩見佳也, 初期カール · シュミットの法適用論 -『法律と判決』(1912年)を素材として,『九

法』 제89호(2005).
19. 土橋貴, カール・シュミットの人種差別主義について,『中央學院』 제18권 1호(2006).
20. シャンタル・ムフ編, 古賀敬太・佐野 誠 編譯,『カール・シュミットの挑戰』(風行社, 2006).
21. 古賀敬太,『シュミット・ルネッサンス: カール・シュミットの概念的思考に卽して』(風行社, 2007).
22. 石川健治,『自由と特權の距離: カール・シュミット「制度體保障」論 再考』(日本評論社, 2007).
23. 小畑清剛,『近代日本とマイノリィの〈生-政治學〉: シュミット・フーコー・アガンベンを讀む』(ナカニシャ出版, 2007).
24. 福島涼史, カール・シュミットの秩序論: 完成論に支えられた憲法基礎づけ論,『阪法』 제58권 2호(2008).
25. 浜田泰弘, ワイマール憲法體制とカール・シュミット,『憲法硏究』 제40호(2008).
26. 大竹弘二,『正戰と內戰: カール・シュミットの國際秩序思想』(以文社, 2009), 482면.
27. 中道壽一,『カール・シュミット再考: 第三帝國に向き合った知識人』(ミネルヴァ書房, 2009).
28. 塩見佳也, カール・シュミットの公法學における「サヴィニーの實證主義」,『法政硏究』(九州大) 제76권 3호(2010).
29. 毛利透, 消極國家とはどんな國家が: シュミットとハイエク, 大石眞・土井眞一・毛利透編,『各國憲法の差異と接點: 初宿正典先生還曆記念論文集』(成文堂, 2010).
30. ヤン・ヴェルナー・ミューラー, 中道壽一譯,『カール・シュミットの「危險な精神」: 戰後ヨーロッパ思想への遺産』, ミネルヴァ書房, 2011.
31. 吉田脩, ハンス・ケルゼンとカール・シュミット. 國際連盟を巡る兩者の所說を中心に,『法の理論 29』(成文堂, 2011), 127-12면.
32. 西 平等, カテコン(抑止する者)という視座 - カール・シュミットの秩序思想に基づくEUの現代的可能性,『法律時報』 제85권 11호(2012), 20-25면.
33. 仲正昌樹,『カール・シュミット入門講義』(作品社, 2013), 408면.
34. 清水 満, フィヒテとシュミット: 法の宙づり狀態と人權の威力,『法政論叢』(北九州市立大學) 제40권 4호(2013).
35. 中道壽一, 戰爭と人間: C. シュミットの「敵」概念を中心として,『北九州』 제41권 2호(2014).
36. ハインリヒ・マイアー著, 中道壽一・清水滿譯,『政治神學か政治哲學か: カール・シュミットの通奏低音』(風行社, 2015).
37. 長野 晃, 機關說批判と國家學の解體 — ゲオルク・イェリネクとカール・シュミット,『法政論究』 107 (2015).
38. エレン・ケネディ, 安章浩譯, カール・シュミットとフランクフルト學派(1)(2完),『總合政策論集』(尙美學園大學) 제21호(2015), 153-179면; 제27호(2016), 173-185면.
39. 初宿正典,『カール・シュミットと五人のユダヤ法學者』(成文堂, 2016), 568면.
40. 牧野雅彦, 新にな大地のノモスを求めて: カール・シュミットと『パルチザンの理論』,『思想』 제1109호(2016).
41. 高田篤, 憲法の論じ方: カール・シュミットの緊急事態の論じ方を例に,『文明と哲學』 제8호(2016).

42. 松本彩花, カール・シュミットにおける民主主義論の成立過程(1): 第二帝政末期からヴァイマル共和政中期まで, 『北大法學』 제61권 3호(2018).
43. 松本彩花, カール・シュミットにおける民主主義論の成立過程(3): 第二帝政末期からヴァイマル共和政中期まで, 『北法』 제69권 2호(2018).
44. 牧野雅彦著, 『危機の政治學: カール・シュミット入門』(講談社, 2018).
45. 中野雅紀, 20世紀におけるドイツおよび日本の國家學・人權理論パラダイム變遷序說(1), 『茨城大教育學部 紀要/人文・社會科學・藝術』 제51호(2003).
46. 松島裕一, ワイマール憲法73條について: カール・シュミット『國民票決と國民發案(1927年)の解說, 『攝南』 54=55(2018).
47. 星野修, 近代化とカトリシズムとの相克をめぐって: M. ウェーバーのカトリシズム論とC. シュミットの應答, 『山法』 70=71(2019).
48. 古賀敬太, 『カール・シュミットとその時代』(みすず書房, 2019), 448면.
49. 淺野俊哉, 不純な決斷: 主權をめぐるシュミットとスピノザ, 『關東學院法學』 제28권 1호(2019).
50. 服部平治・宮本盛太郎, 『政治思想論集』(筑摩書房, 2013). (재출간)
51. 阿部和文, 『表現・集團・國家: カール・シュミットの映畫檢閱論をめぐる一考察』(信山社, 2019), 296면.
52. ディヴィッド・ダイゼンハウス. 池端忠司譯, 合法性と正當性(1)(2・完): ワイマール期におけるカール・シュミット, ハンス・ケルゼンおよびヘルマン・ヘラー, 『神奈』 52권 1・2호(2020).
53. 古賀敬太, 日本の憲法學におけるカール・シュミットの繼受(1)(2) - 黑田覺と大西芳雄 - 『國際硏究論叢』(大阪國際大學) 33권 2호 및 3호 (2020), 85-100면 및 139-157면.
54. 長野 晃, 『カール・シュミットと國家學の黄昏』(風行社, 2021).
55. 小西葉子, 裁判官に對する「國民の信賴」は, 何のために必要か?: カール・シュミット『法律と判決』を始點として, 『一法』 제22권 2호 (2023).

4. 구미 문헌

Abele, Philipp Ulrich: Le pouvoir constituant. Die verfassunggebende Gewalt im Vergleich bei Emmanuel Sieyès und Carl Schmitt, Grin Verlag 2019.
Antaki, Mark: Carl Schmitt's Nomos of the Earth. The Nomos of the Earth in the International Law of the Jus Publicum Europaeum by Carl Schmitt, Trans. by G. L. Ulmen (New York: Telos Press, 2003), 42 Osgoode Hall Law Journal 317 (2004).
Arato, Andrew: Multi-Track Constitutionalism Beyond Carl Schmitt, in: Constellations, Sep. 2011, Vol. 18 (3), pp. 324-351.
Arndt, Torben: Der Begriff des Politischen nach Carl Schmitt. Das Politische als Freund/Feind-Differenz, GRIN Verlag 2018.
Arvidsson, Matilda, Leila Brännström and Panu Minkkinen (eds.): The Contemporary Relevance of Carl Schmitt: Law, Politics, Theology, Abingdon, Oxon; New York : Routledge, 2016.

Auer, Stefan: Carl Schmitt in the Kremlin: The Ukraine Crisis and the Return of Geopolitics, in: International Affairs, Vol. 91, No. 5 (Sept. 2015), pp. 953-968.

Augsberg, Ino: Schmitt-Lektüren: Vier Versuche über Carl Schmitt, Berlin; Duncker & Humblot, 2020, 129 S.

Balakrishnan, Gopal: The Enemy: An Intellectual Portrait of Carl Schmitt, London, New York: Verso, 2000. 312 pp.

Barreyro, María Emilia: La Legitimidad del Derecho y del Estado en el Pensamiento Jurídico de Weimar: Hans Kelsen, Carl Schmitt y Hermann Heller, in: Revista de Estudios Sociales/Journal of Social Studies, 01/2016. No. 55. Buenos Aires.

Barzik, Falk-Christian: Auseinandersetzung mit Carl Schmitts "Zur geistesgeschichtliche Lage des heutigen Parlamentarismus" von 1923, Norderstedt: Grin Verlag 2005. 40 S.

Becker, Hartmuth: Die Parlamentarismuskritik bei Carl Schmitt und Jürgen Habermas, D&H., 2. Aufl., 2003. 174 S.

Benabdallah, Amine: Une réception de Carl Schmitt dans l'extrême-gauche: La théologie Politique de Giorgio Agamben, 2007.

Bendersky, Joseph W.: On the road to Damascus: The Telos engagement with Carl Schmitt, in: Telos, No. 183 (Summer 2018) pp. 69-94.

Bendersky, Joseph W.: The Definitive and the Dubious. Carl Schmitt's Influence on Conservative Political and Legal Theory in the US, in: Telos, New York, 122, Winter 2002, pp. 33-47.

Bendersky, Joseph W.: Schmitt, History, and Habermas: Comments on Mehring and Rasch, 21 Cardozo Law Review 1685 (2000), pp. 1685-1692.

Benoist, Alain de: Carl Schmitt Today: Terrorism, 'Just' War, and the State of Emergency, 2013.

Benoist, Alain de: Carl Schmitt: Internationale Bibliographie der Primär-und Sekundär-literatur, Graz: Ares 2010.

Benoist, Alain de: Carl Schmitt Bibliographie seiner Schriften und Korrespondenzen, Berlin: Akademie Verlag 2003. 142 S.

Benoist, Alain de: Carl Schmitt und der Krieg, Berlin: Edition JF 2007. 127 S.

Bernardi, Bruno: Qu'est-ce qu' une décision politique? Paris: J. Vrin 2003. 128 pp.

Berthold, Lutz: Carl Schmitt und der Staatsnotstandsplan am Ende der Weimarer Republik, D&H., 1999. 94 S.

Blasius, Dirk: Carl Schmitt, April 1939: "Der Reichsbegriff im Völkerrecht", in: Der Staat, Bd. 60, Heft III-IV (2021), S. 455-472.

Blasius, Dirk: Carl Schmitt. Preußischer Staatsrat in Hitler's Reich, Göttingen, 2001.

Blomeyer, Peter: Der Notstand in den letzten Jahren von Weimar, D&H., 1999. 549 S.

Blümel, Willi (Hg.): Ernst Forsthoff. Kolloquium aus Anlaß des 100. Geburtstag von Prof. Dr. Dr. h.c. Ernst Forsthoff, D&H., 2003. 122 S.

Blumenberg, Hans, Alexander Schmitz und Marcel Lepper (Hrsg.): Briefwechsel 1971-1978 und weitere Materialien, Suhrkamp 2007. 309 S.

Böckenförde, Ernst-Wolfgang: Was kennzeichnet das Politische und was ist sein Grund? Bemerkungen zu einer Kommentierung von Carl Schmitts "Begriff des Politischen", in: Der Staat, Bd. 44, Heft 4. 2005, S. 595-607.

Böckenförde, Ernst-Wolfgang : The Concept of the Political: A Key to Understanding Carl Schmitt's Constitutional Theory, 10 Can. J. L. & Jurisprudence 5 (1997), pp. 5-20.

Bogdandy, Armin von: Mehring, Reinhard; Hussain, Adeel: Carl Schmitt's European Jurisprudence, 1. Aufl. Nomos, Baden-Baden 2022. € 52

Bogdandy, Armin von: Die heutige Lage der europäischen Rechtswissenschaft im Spiegel von Schmitts Schrift. Grundfragen in einer irreführenden, aber erkenntnisträchtigen Perspektive, in: Jahrbuch des öffentlichen Rechts, Bd. 68. 1 (2020), S. 409-430.

Bolsinger, Eckard: The Anatomy of the Political; Carl Schmitts and Lenin's Political Realism, Westport, Conn.: Greenwood Press 2001. 213 pp.

Bonnemann, Jens: Liberalismus oder Existentialismus? Jean-Paul Sartre, Carl Schmitt und das bürgerliche Recht, in: Tagung "Demokratie und Partizipation - die Politische Philosophie des Existentialismus Heute" 2016. S. 161-180.

Booth, Josh and Patrick Baert: The Dark Side of Podemos? Carl Schmitt's Shadow in Progressive Populism, Abingdon, Oxon, New York, NY: Routledge, 2018. (eBook)

Bradeley, Arthur and Cerella, Antonio: The Future of Political Theology and the Legacy of Carl Schmitt, in: Journal for Cultural Research, Vol. 20, No. 3 (2016), pp. 205-216.

Bragagnolo, Celina: Legitimacy and Legality: Carl Schmitt and the Dialetic of Modernity, ProQuest Dissertations and Theses 2011.

Braun, Martin; Eichhorn, Mathias; Mehring, Reinhard (Hrsg.): Erst Leviathan ist der Ausdruck vollendeter Reformation. Briefwechsel Carl Schmitt/Dietrich Braun 1963-1966, 2022.

Briefwechsel Ernst Forsthoff-Carl Schmitt (1926-1974), Berlin: Akademie Verlag 2007.

Burchard, Christoph: Interlinking the Domestic with the International: Carl Schmitt on Democracy and International Relations, in: Leiden Journal of International Law, Vol. 19 (1), 2006, pp. 9-40.

Carl-Schmitt-Gesellschaft (Hrsg.): SCHMITTIANA. Neue Folge. Beiträge zu Leben und Werk, D&H., Bd. I. 2011. 334 S.

Carty, Anthony: Interwar German Theories of International Law: The Psychoanalytical and Phenomenologicial Perspectives of Hans Kelsen and Carl Schmitt, 16 Cardozo L. Rev. 1235 (1995), pp. 1235-1292.

Casanova, Arturo: Legale und/oder legitime Diktatur?: Die Rezepzion von Carl Schmitt und Hans Kelsen in der schweizerischen Staatsnotrechtslehre zur Zeit des Zweiten Weltkrieges, Basel: Helbing & Lichtenhahn 2006. 268 S.

Cerella, Antonio: Encounter at the End of the World: Max Weber, Carl Schmitt and the Tyranny of Values, in: Journal for Cultural Research, Vol. 20, No. 3 (2016), pp. 266-285.

Chen, Jianghong: Between Politics and Philosophy: A Study of Leo Strauss in Dialogue with Carl Schmitt, Saarbrücken: Verlag Dr. Müller e. K. 2008. 196 pp.

Chen, Tsung-I: Probleme der Demokratie, Staatsidentität und Gesellschaft in Taiwan: Eine Auseinandersetzung mit den Lehren von Carl Schmitt und Hans Kelsen, Nomos 2017. Bd. 901.

Clayton, Crockett: Radical Political Theology: Religion and Politics after Liberalism, New York: Columbia University Press 2011. 202 pp.

CNRS, Carl Schmitt - Concepts et Usages, 2014.

Cohen, Jean L.: Beyond Political Theology: Comment on Kalyvas on Carl Schmitt, 21 Cardozo L. Rev. 1589 (2000), pp. 1589-1596.

Connery, Christopher L.: Ideologies of Land and Sea: Alfred Thayer Mahan, Carl Schmitt, and the Shaping of Global Myth, in: Boundary, Vol. 2, No. 2, State University of New York at Birghamton, 2001.

Cristi, Renato: Carl Schmitt and Authoritarian Liberalism: Strong State, Free Economy, London: University of Wales Press 1998. 252 pp.

Croce, Mariano and Andrea Salvatore: Why does the Law want us to be Normal? Schmitt's Institutionalism and the Critique of the Liberal Order, in: Cultural Critique, Vol. 93, April 2016, pp. 32-58.

Cumin, David: Carl Schmitt: Biographie politique et Intellectuelle, Paris: Cerf 2005. 244 pp.

Derman, Joshua: Carl Schmitt on Land and Sea, in: History of European Ideas, 1 June 2011, Vol. 37 (2), pp. 181-189.

De Ville, Jacques: Constitutional Theory: Schmitt after Derrida, Abingdon, Oxon [UK], New York: Routledge, 2017.

De Wilde, Marc: The Dark Side of Institutionalism: Carl Schmitt reading Santi Romano, in: Ethics and Global Politics, Vol. 11, No. 1 (2018).

Dotti, Jorge E.: Schmitt Reads Marx, 21 Cardozo L. Rev. 1473 (2000), pp. 1473- 1486.

Dusenbury, David Lloyd: Carl Schmitt on Hostis and Inimicus: A Veneer for Bloody-Mindedness, in: Ratio Juris, Vol. 28, No. 3 (2015), pp. 431-439.

Dutt, Petra: Die Freund-Feind-Unterscheidung. In "Der Begriff des Politischen" von Carl Schmitt, Norderstedt: Grin Verlag 2005. 18 S.

Dyzenhaus, David: Law, Liberty and State: Oakeshott, Hayek and Schmitt on the Rule of Law, Cambridge: Cambridge University Press 2015. 340 pp.

Dyzenhaus, David: Holmes and Carl Schmitt: An Unlikely Pair, 63 Brook. L. Rev. 165 (1997), pp. 165-188.

Fairhead, Edward: Carl Schmitt's Politics in the Age of Drone Strikes: Examining the Schmittian Texture of Obama's Enemy, in: Journal for Cultural Research, Vol. 22, No. 1 (2018), pp. 39-54.

Feistritzer, Caro: Die politische Theorie von Carl Schmitt in Kunst und Kultur, Grin Verlag 2017.

Felipe Alves Da Silva: The Destruction of the Nameless Public Enemy: An Interpretation of the Political, in: Revista de la Facultad de Derecho, Issue 43 (2017), pp. 259-286.

Finchelstein, Federico: Carl Schmitt between History and Myth, in: History and Theory, Vol. 56, No. 3 (2017), pp. 362-369.

Foessel, Michaël, Jean-François Kervégan et Myriam Revault : Modernité et Secularisation: Hans Blumenberg, Karl Löwith, Carl Schmitt, Leo Strauss, Paris: CNRS 2007. 171 pp.

Fontana, Benedetto: Notes on Carl Schmitt and Marxism, 21 Cardozo L. Rev. 1515 (2000), pp. 1515-1524.

Galli, Carlo: Carl Schmitt's Antiliberalism: Its Theoretical and Historical Sources and Its Philosophical and Political Meaning, 21 Cardozo Law Review 1597 (2000), pp. 1597-1618.

Giesler, Gerd, Ernst Hüsmert, Wolfgang H. Spindler (Hrsg.): Carl Schmitt. Der Schatten Gottes. Introspektionen, Tagebücher und Briefe 1921 bis 1924, Duncker & Humblot 2014, 601 S.

Gourgouris, Stathis: The Concept of the Mythical (Schmitt with Sorel), 21 Cardozo L. Rev. 1487 (2000), pp. 1487-1514.

Grimm, Dieter: Recht oder Politik. Die Kelsen-Schmitt-Kontroverse zur Verfassungs-gerichtsbarkeit und die heutige Lage, Duncker & Humblot, Berlin 2020. 51 S. € 22, 90

Gross, Raphael: Carl Schmitt und die Juden: Eine deutsche Rechtslehre, Durchgesehene und erw. Ausg., 1. Aufl. Frankfurt a. M.: Surkamp 2005. 459 pp.

Gross, Raphael: Carl Schmitt et les Juifs. Traduit par Denis Trierweiler, Préface d'Yves Charles Zarka, Paris: Presses Unversitaires de France 2005. 403 pp.

Gross, Raphael: Carl Schmitt and the Jews: The 'Jewish question', the Holocaust, and German Legal Theory. Tr. by Joel Golb, Madison: University of Wisconsin Press 2007. 347 pp.

Grothe, Ewald (Hrsg.): Carl Schmitt-Ernst Rudolf Huber Briefwechsel 1926-1981. Mit ergänzenden Materialien, Berlin: D&H., 2015.

Günther, F.: Denken vom Staat her. Die bundesdeutsche Staatsrechtslehre zwischen Dezision und Integration 1949-1970, 2004.

Head, Michael: Emergency Powers in Theory and Practice: The Long Shadow of Carl Schmitt, London, New York: Routledge, 2016.

Heimes, Claus: Politik und Transzendenz. Ordnungsdenken bei Carl Schmitt und Eric Voegelin, D&H., 2009. 218 S.

Hell, Julia: Katechon: Carl Schmitt's Imperial Theology and the Ruins of the Future, in: The Germanic Review, Vol. 84, No. 4 (2009), pp. 283-326.

Hennecke, Frank J.: Politische Antike. Carl Schmitt, 3. Aufl., Ludwigshafen am Rhein: Verlag Dr. Frank Hennecke, 2017.

Herrera, Hugo Eduardo: Carl Schmitt als politischer Philosoph. Versuch einer Bestimmung seiner Stellung bezüglich der Tradition der praktischen Philosophie, D&H., 2010.

143 S.

Herrera, Hugo: Carl Schmitt between Technological Rationality and Theology: The Position and Meaning of His Legal Thought, Albany: State University of New York Press, 2020.

Herrero, Montserrat: The Political Discourse of Carl Schmitt, Lanham, MD: Rowman & Littlefield, 2015.

Herrero, Montserrat (Hrsg.): Carl Schmitt und Álvaro d'Ors: Briefwechsel, D&H., 2004. 352 S.

Hertweck, Frank und Dimitrios Kisoudis (Hrsg.): "Solange das Imperium da ist": Carl Schmitt im Gespräch mit Klaus Figge und Dieter Groh 1971, D&H., 2010. 198 S.

Heuer, Andreas: Carl Schmitt: Die Dialektik der Moderne. Von der europäischen zur Welt-Moderne, D&H., 2010. 96 S.

Hitschler, Daniel: Zwischen Liberalismus und Existentialismus: Carl Schmitt im englischsprachigen Schriften, Baden-Baden: Nomos 2011. 187 S. (Würzburg Diss. 2010)

Hoelzl, Michael: Ethics of Decisionism: Carl Schmitt's Theological Blind Spot, in: Journal for Cultural Research, Vol. 20, No. 3 (2016), pp. 235-246.

Höfele, Andreas: Carl Schmitt und die Literatur, 2022. 523 S. € 49,90

Höfele, Andreas: No Hamlets: German Shakespeare from Nietzsche to Carl Schmitt, New York; Oxford: Oxford University Press, 2016. 329 p.

Hofmann, Hasso: Legitimität gegen Legalität. Der Weg der politischen Philosophie Carl Schmitt. D&H., 6. Aufl., 2020. 285 S.

Hohendahl, Peter Uwe: Perilous Futures: On Carl Schmitt's Late Writings, Cornell University Press 2018. (eBook)

Hong, Muwon: Die Großraumtheorie von Carl Schmitt im Vergleich mit dem ostasiatischen Völkerrechtsverständnis, Berlin: Duncker & Humblot, 2019. 440 S. (Schriften zum Völkerrecht, Bd. 236)

Hooker, William: Carl Schmitts International Thought: Order and Orientation, Cambridge, UK: Cambridge University Press 2009. 230 pp.

Hufeld, Ulrich: Carl Schmitt und Ernst Jünger, in: Neue Juristische Wochenschrift 54, 8. 2001. S. 565-570.

Huhnholz, Sebastian: Von Carl Schmitt zu Hannah Arendt? Heidelberger Entstehungsspuren und bundesrepublikanische Liberalisierungsschichten von Reinhart Kosellecks Kritik und Krise, Berlin: Duncker & Humblot 2019.

Hüsmert, Ernst und Gerd Giesler (Hrsg.): Carl Schmitt. Die Militärzeit 1915-1919: Tagebuch Februar bis Dezember 1915: Aufsätze und Materialien, Berlin: Akademie Verlag 2005. 587 S.

Jacobson, Arthur J. and Bernhard Schlink (eds.), Weimar: A Jurisprudence of Crisis, Berkeley and Los Angeles: University of California Press, 2000, 405 pp.

Jerouschek, Günter; Carl Schmitt: Über Schuld und Schuldarten, 1910. in: Juristen Zeitung,

Mohr 2004, 5. S. 237-238.

Jiang, Linjing: Carl Schmitt als Literaturkritiker. Eine metakritische Untersuchung. Praesens VerlagsGmbH, 2017. (eBook) Heidelberg Univ. Dissertation 2013.

José R. Hernandez-Arias: Donos Cortés und Carl Schmitt. Eine Untersuchung über die staats-und rechtsphilosophische Bedeutung von Donoso Cortés im Werk Carl Schmitts, Schöningh Paderborn 1998.

Kahn, Paul W.: Political Theology: Four new Chapters on the Concept of Sovereignty, New York: Columbia University Press 2011. 207 pp.

Kalpokas, Ignas: Creativity and Limitation in Political Communities: Spinoza, Schmitt and Ordering, London, New York: Routledge, 2018 (eBook)

Kalyvas, Andreas: Carl Schmitt's Postcolonial Imagination, in: Constellations, Vol. 25, No. 1 (March 2018), pp. 35-53.

Kalyvas, Andreas: Democracy and the Politics of the Extraordinary: Max Weber, Carl Schmitt, and Hannah Arendt, 1st pbk ed. Cambridge, UK; New York: Cambridge University Press 2009. 326 pp.

Kalyvas, Andreas, Sei Anwaltd: Carl Schmitt und der Prozess "Preußen contra Reich" vor dem Staatsgerichtshof, Dunckr & Humblot 2001. 318 S.

Kalyvas, Andreas, Jan Muller: Introduction, 21 Cardozo L. Rev. 1469 (2000), pp. 1469-1472.

Kalyvas, Andreas: Carl Schmitt and the Three Moments of Democracy, 21 Cardozo L. Rev. 1525 (2000), pp. 1525-1566.

Kelly, Duncan: The state of the political: conceptions of politics and the state in the thought of Max Weber, Carl Schmitt and Franz Neumann, Published for the British Academy by Oxford Univ. Press 2003. 368 pp.

Kervégan, Jean-François und Bernd Schwibs: Was tun mit Carl Schmitt? Mohr Siebeck 2019.

Kervégan, Jean-François: Hegel, Carl Schmitt: le politique entre spéculation et positivité, Paris: PUF 2005. 343 pp.

Kennedy, Ellen: Constitutional Failure: Carl Schmitt in Weimar, Durham, NC.: Duke University Press 2004. 256 pp.

Kierdorf, Christian: Carl Schmitts Idee einer politischen Theologie, Berlin: Duncker & Humblot 2015.

Kiewiet, J.: Legal Unity as Political Unity?: Carl Schmitt and Hugo Krabbe on the Catalonian Constitutional Crisis, in: Utrecht Journal of International and European Law, Vol. 34, No. 1 (2018).

Kochi, Tarik: The Partisan: Carl Schmitt and Terrorism, in: Law and Critique, Vol. 17 (3), 2006, pp. 267-295.

Kodalle, Klaus-Michael: Carl Schmitt und seine Schuld, in: Der Staat, Bd. 58, Heft 2 (2019), S. 171-194.

Kopp-Oberstebrink, Herbert, Thorsten Palzhoff, Martin Treml (Hrsg.): Briefwechsel mit Materialien. Jacob Taubes und Carl Schmitt, München: Wilhelm Fink 2012. 327 S.

Koskenniemi, Martti: Transformations of Natural Law. Germany 1648-1815, in: The Oxford Handbook of the Theory of International Law, 2016, pp. 59-81.

Koskenniemi, Martti: International Law as Political Theology. How to Read Nomos der Erde? in: Constellations, Vol. 11. 2004, pp. 492-511.

Koskenniemi, Martti: Carl Schmitt, Hans Morgenthau, and the Image of Law in International Relations, in: Michael Byers (ed.), The Role of Law in International Politics, Oxford University Press 2000, pp. 17-34.

Kriener, Klaus; Plettenberg-Freiburg-Potsdam. Über den Einfluß Carl Schmitts auf die Junge Freiheit, in: Helmut Kellershohn (Hrsg.), Das Plagiat. Der völkische Nationalismus der Junge Freiheit, Duisburg 1994, S. 181-212.

Künkler, Mirjam and Tine Stein: Carl Schmitt in Ernst-Wolfgang Böckenförde's Work: Carrying Weimar Constitutional Theory into the Bonn Republic, in: Constellations: An International Journal of Critical & Democratic Theory, Vol. 25, Issue 2, 2018, pp. 225-241.

Kutay, Acar: From Weimar to Ankara: Carl Schmitt, Sovereignty and Democracy, in: Philosophy and Social Criticism, Vol. 45, No. 6 (2019), pp. 728-752.

Laak, Dirk van: Gespäche in der Sicherheit des Schweigens: Carl Schmitt in der politischen Geistesgeschichte der Frühen Bundesrepublik, 2., unveränd. Aufl. Berlin: Akademie Verlag 2002. 331 S.

Lange, Stefan: Dan Diner und Michael Stolleis (Hrsg.), Hans Kelsen und Carl Schmitt. A Juxtaposition, in: Politische Vierteljahresschrift 41. 3, 2000. S. 581-582.

Legg, Stephen: Spatially, Sovereignty and Carl Schmitt: Geographies of the Nomos, London, New York: Routledge 2011. 306 pp.

Lennartz, Jannis: Juristische Grantsplitter: Sprache und Argument bei Carl Schmitt in Weimar, Tübingen: Mohr Siebeck, 2018. (eBook)

Lesch, Charles H. T.: Theopolitics contra Political Theology: Martin Buber's Biblical Critique of Carl Schmitt, in: American Political Science Review, Vol. 113, No. 1 (2019), pp. 195-208.

Levinson, Brett: The Coming Nomos; or, The Decline of Other Orders in Schmitt, 104 South Atlantic Quarterly 205 (2005).

Lindahl, H.: Law as Concrete Order: Schmitt and the Problem of Collective Freedom, in: Dyzenhaus, D. and Poole T. (eds.), Law, Liberty and State: Oakshott, Hayek and Schmitt on the Rule of Law, Cambridge University Press, 2015, pp. 38-64.

Linder, Christian: Der Bahnhof von Finnentrop: Eine Reise ins Carl Schmitt Land, Berlin: Matthes & Seitz 2008. 478 S.

Loewenstein, Karl: Observations on Personality and Work of Professor Carl Schmitt (Amherst College Archives and Special Collections 1945).

Lopez, Montserrat Herrero: The Political Discourse of Carl Schmitt: A Mystics of Order, Rowman & Littlefield International, 2015.

Louiza Odysseos and Fabio Petito (eds.), The International Political Thought of Carl

Schmitt: Terror, Liberal War and the Crisis of Global Order, London: NY: Routledge 2007.

Magalhaes, Pedro T.: The Legitimacy of Modern Democracy: A Study on the Political Thought of Max Weber, Carl Schmitt and Hans Kelsen, Routlege, 2022.

Mallet, Marie-Louise: La démocratie à venir: Autour de Jac Derrida, Paris: Galilée 2004. 620 pp.

Marchal, Kai and Carl K. Y. Shaw (eds.), Carl Schmitt and Leo Strauss in the Chinese-speaking World: Reorienting the Political, Lanham; Lexington Books 2017, 281 pp.

Marcinkowski, Marcin: Das staatstheoretische Denken Carl Schmitts, Norderstedt: Grin Verlag 2004. 23 leaves.

Marder, Michael: Groundless Existence: The Political Ontology of Carl Schmitt, New York: Continuum 2010. 190 pp.

Marramao, Giacomo: The Exile of the Nomos: For a Critical Profile of Carl Schmitt, 21 Cardozo Law Review 1567 (2000), pp. 1567-1588.

Mastnak, Tomaž: Hobbes in Kiel, 1938: From Ferdinand Tönnies to Carl Schmitt, in: History of European Ideas, Vol. 41, No. 7 (2015), pp. 966-991.

Mattutat, Liza: Die vertrachte Urteilsform: Ein Argument zur Frage der Rechtsgeltung mit und gegen Hans Kelsen, Gustav Radbruch und Carl Schmitt, Tectum 2016. Bd. 15.

Maus, Ingeborg: The 1933 Break in Carl Schmitt's Theory, 10 Can. J. L. & Jurisprudence 125 (1997), pp. 125-140.

McCormick, John P.: Schmittian Positions on Law and Politics - CLS and Derrida, 21 Cardozo L. Rev. 1693 (1999-2000), pp. 1693-1722.

Mehring, Reinhard: Welch gütiges Schicksal. Ernst-Wolfgang Böckenförde/Carl Schmitt. Briefwechsel 1953-1984. Baden-Baden: Nomos 2022. € 169

Mehring, Reinhard: Carl Schmitt. Aufstieg und Fall, 2., überarbeitete, aktualistische und gekürzte Auflage, C. H. Beck, München 2022. € 38

Mehring, Reinhard: "Beschleuniger wider willen?" Carl Schmitts Hobbes im Spätwerk - Eine Entstehungsgeschichte Klärung nach neuen Quellen, in: Der Staat, Bd. 61 (2022), S. 461-483.

Mehring, Reinhard: »Ich müsste mich mit Triepel auseinandersetzen.« Heinrich Triepel, Carl Schmitt und die Hegemonie, in: Der Staat, Bd. 59, Heft 1. 2020.

Mehring, Reinhard: Vom Umgang mit Carl Schmitt. Die Forschungsdynamik der letzten Epoche im Rezensionsspiegel, Nomos 2018.

Mehring, Reinhard: Carl Schmitt: Denker im Widerstreit: Werk-Wirkung-Aktualität, Freiburg i. Br.: Alber 2017.

Mehring, Reinhard: Carl Schmitts Schrift "Die Lage der europäischen Rechtswissenschaft", in: Zeitschrift für ausländisches öffentliches Recht und Völkerrecht, 2017. S. 853-875.

Mehring, Reinhard: Schmitt in Germany: Carl Schmitt and his Influence on Historians,

in: Academic Law Reviews (Lexis-Nexis)
Mehring, Reinhard: Kriegstechniker des Begriffs, Tübingen: Mohr 2014.
Mehring, Reinhard (Hrsg.): "Auf der gefahrenvollen Straße des öffentlichen Rechts". Briefwechsel Carl Schmitt-Rudolf Smend 1921-1961. D&H., 2010. 208 S.
Mehring, Reinhard: Carl Schmitt: Aufstieg und Fall. Eine Biographie, München: Beck 2009, 749 S.
Mehring, Reinhard: Carl Schmitt zum Einführung, 3., ergänzte Aufl. Hamburg: Junius 2006.
Mehring, Reinhard: Carl Schmitt and His Influence on Historians, 21 Cardozo Law Review 1653 (2000), pp. 1653-1664.
Mehring, Reinhard: Pathetisches Denken. Carl Schmitts Denkweg am Leitfaden Hegels: Katholische Grundstellung und antimarxistische Hegelstrategie, Berlin: Duncker & Humblot 1989. 250 S.
Meier, Heinrich: Die Lehre von Carl Schmitts: Vier Kapitel zur Unterscheidung Politischer Theologie und politischer Philosophie, 2. Aufl., mit einem Nachwort. Stuttgart: J. B. Metzler 2004. 271 S.
Meier, Heinrich: The Lesson of Carl Schmitt: Four Chapters on the Distinction between Political Theology and Political Philosophy, Tr. by Marcus Brainard, Chicago: University of Chicago Press 1998. 179 pp.
Meierhenrich, Jens and Oliver Simons (eds.): The Oxford Handbook of Carl Schmitt, New York: Oxford University Press 2016. 828 pp.
Michelbach, Philip A. and Poe, Andrew: New Authority: Hamlet's Politics with (and against) Carl Schmitt, in: Journal for Cultural Research, Vol. 20, No. 3 (2016), pp. 247-264.
Miller, Ted H.: Friendly Sovereignty: Historical Perspectives on Carl Schmitt's Neglected Exception, Penn State Univ. Press 2022.
Minca, Claudio: On Schmitt and Space, London: Routledge 2016. 286 pp.
Minca, Claudio and Rowan Rory: On Schmitt and Space, London: Routledge 2016. 286 pp.
Moazzam-Doulat, Malek: Future Impossible: Carl Schmitt, Jacques Derrida, and the Problem of Political Messianism, in: Philosophy Today, Vol. 52 (1), Spring 2008, pp. 73-81.
Monod, Jean-Claude: Penser l'ennemi, affronter l'exception: Réflexions critiques sur l'actualitée Carl Schmitt, Paris: Découverte 2006. 191 pp.
Moore, Thomas: Citizens into wolves? Carl Schmitt's Fictive Account of Security, in: Cooperation and Conflict, Vol. 46 (4), 2011, pp. 502-520.
Moschke, Michael: Carl Schmitt in der Kritik, Norderstedt: Grin Verlag 2005. 16 leaves.
Mossa, Andrea: Beyond Hamlet and Hecuba: Irruption and Play in Carl Schmitt's Thought, in: Telos, No. 175 (2016), pp. 68-84.
Muehlhans, Wolfgang A.: Carl Schmitt. Die Weimarer Jahre: Eine werkanalystische Einführung, Nomos 2018.

Müller, Jan-Werner: Re-imaging Leviathan: Schmitt and Oakshott on Hobbes and the Problem of Political Order, in: Critical Review of International Social Political Philosophy, Vol. 13 (2-3), 2010, pp. 317-336.

Müller, Jan-Werner: Ein gefährlicher Geist Carl Schmitts Wirkung in Europa. Mit einem Vorwort von Michael Stolleis. Übersetzt von Nikolaus de Palezieux, Darmstadt: Wissenschaftliche Buchgesellschaft 2007. 300 S.

Müller, Jan-Werner: A Dangerous Mind: Carl Schmitt in Post-war European Thought, New Haven, London: Yale University Press 2003. 292 pp.

Mulieri, Alessandro: Representation as a Political-theological Concept: A Critique of Carl Schmitt, in: Philosophy and Social Criticism, Vol. 44, No. 5 (2018), pp. 507-527.

Muller, J.: Carl Schmitt and the Constitution of Europe, in: Cardozo Law Review, Vol. 21, No. 5-6 (2000).

Neumann, Volker: Carl Schmitt als Jurist, Tübingen: Mohr Siebeck 2015. 618 S.

Neumann, Volker: Carl Schmitt (1888-1985) Theoretiker staatlicher Dezision: Carl Schmitt, in: Stefan Grundmann, Michael Kloepfer, Christoph G. Paulus, Rainer Schröder, Gerhard Werle (Hrsg.), Festschrift 200 Jahre Juristische Fakultät der Humboldt-Universität zu Berlin. Geschichte, Gegenwart und Zukunft, Berlin/New York: De Gruyter, 2010, S. 733-753.

Nodoushani, Manuel: Anmerkungen zu Carl Schmitt's Dezisionismus, in: Archiv für Rechts-und Sozialphilosophie, Bd. 96 (2), 2010, S. 151-165.

Norberg, Jakob: Sociability and its Enemies: German Political Theory after 1945, Evanston, Illinois: Northwestern University Press, 2014.

Odysseos, Louiza: The International Political Thought of Carl Schmitt: Terror, Liberal War and the Crisis of Global Order, London, New York: Routledge 2007. 266 pp.

Ohana, David: Carl Schmitt's Legal Fascism, in: Politics, Religion & Ideology, Vol. 20, No. 3 (2019), pp. 273-300.

Ojakangas, Mika: A Philosophy of Concrete Life: Carl Schmitt and the Political Thought of Late Modernity, 2nd rev. ed. Bern: Peter Lang 2006. 225 pp.

Ooyen, R. Chr. van : Der Staat der Moderne. Hans Kelsens Pluralismustheorie, D&H., 2003. 316 S.

Pankakoski, Timo: Carl Schmitt versus the 'Intermediate State': International and Domestic Variants, in: History of European Ideas, Vol. 39, No. 2 (2013), pp. 241-266.

Pasquier, Emmanuel: Se Geneve a Nuremberg: Carl Schmitt, Hans Kelsen et le Droit International, Classiques Garnier, 2012.

Pinto, Roberto Bueno: Carl Schmitt x Hans Kelsen: Defensor ou Senhor da Constituição? in: Revista da Faculdada de Direito UFPR, 10/2015, Vol. 60, no. 3.

Pircher, Wolfgang (Hrsg.): Gegen den Ausnahmezustand: Zur Kritik an Carl Schmitt, Wien: Springer 1999. 337 S.

Paleologi, Théodore: Sous l'oeil du grand inquisiteur: Carl Schmitt et l'héritage de la Théologie politique, Paris: Cerf 2004. 314 pp.

Pankakoski, Timo: Conflict, Context, Concreteness: Koselleck and Schmitt on Concepts, in: Political Theory, Vol. 38 (6), 2010, pp. 749-779.

Polzin, Wolfgang: Die Rezeption der Weimarer Reichsverfassung in der deutschen Tagespresse, Jena 2017.

Qi, Zheng: Carl Schmitt in China, Telos 160, 2012, pp. 29-52.

Rasch, William: Carl Schmitt: State and Society, Rowman & Littlefield International, 2019.

Rasch, William: A Just War - Or Just a War - Schmitt, Habermas, and the Cosmopolitan Orthodoxy, 21 Cardozo L. Rev. 1665 (1999-2000), pp. 1665-1684.

Reilly, Jack: The Sovereign wears No Clothes! Carl Schmitt's Political Theology, in: Constellations, Vol. 23, No. 2 (2016), pp. 160-169.

Reinthal, Angela: Carl-Schmitt-Gesellschaft (Hrsg.): SCHMITTIANA. Neue Folge. Beiträge zu Leben und Werke Carl Schmitts, Bd. 3. Berlin 2016, in: Zeitschrift für Geschichtswissenschaft, Vol. 65, No. 5 (2017).

Richter, Emanuel: Carl Schmitt: The Defective Guidance for the Critique of Political Liberalism, 21 Cardozo L. Rev. 1619 (2000), pp. 1619-1644.

Rieß, Rolf (Hrsg.): Carl Schmitt-Ludwig Feuchtwanger Briefwechsel 1918-1935. Mit einem Vorwort von Edgar J. Feuchtwanger, D&H., 2007. 447 S.

Robbins, Jeffrey W.: Radical Democracy and Political Theology, New York: Columbia University Press 2011. 213 pp.

Römer, Peter: Wolfgang Abendroth und Carl Schmitt, Köln: Dinter 2009. 197 S.

Roth, Klaus: Carl Schmitt - ein Verfassungsfreund? Seine Stellung zur Weimarer Republik in der Phase der relativen Stabilisierung (1924-29), in: Zeitschrift für Politik, 2005, 2. S. 141-156.

Rüthers: Bernd: Carl Schmitt: Die Militärzeit 1915 bis 1919, in: Juristen Zeitung 2015.

Sabete Ghobrial, Wagdi : Du mythe de l'augustinisme politique de Carl Schmitt, in: ARSP. 2012, 1. pp. 19-51.

Salter, Michael: Law, power and International politics with Special Reference to East Asia: Carl Schmitt's Grossraum Analysis, in: Chinese Journal of International Law, Vol. 13, No. 3 (2012), p. 393.

Salter, Michael: The Return of Politicised Space: Carl Schmitt's Re-Orientation Transnational Law Scholarship, in: Tilburg Law Review, Vol. 17 (1), 2012, pp. 5-31.

Salvatore, Andrea: Carl Schmitt's Institutional Theory: The Political Power of Normality, Cambridge Univ. Press, 2022.

Salvatore, Andrea: The Tragic Theory of Carl Schmitt, in: Telos Issue 161 (Winter 2012), p. 181.

Sapio, Flora: Carl Schmitt in China. The China Story. 7 October 2015. Archived from the original on 29 July 2019.

Scheuerman, William E.: Donald Trump meets Carl Schmitt, in: Philosophy & Social Criticism, Vol. 45, No. 9-10 (2019), pp. 1170-1185.

Scheuerman, William E.: Die Globalisierung von Carl Schmitt? in: Kritische Justiz, Vol.

50, No. 1 (2017), S. 30-37.
Scheuerman, William E. : Revolutions and Constitutions: Hannah Arend's Challenge to Carl Schmitt, in: Can. J. L. and Juris., Vol. 10, 1997, pp. 141-521.
Scheuerman, William E.: Human Rights Lawyers v. Carl Schmitt, in: Criddle, Evan J. 2017. S. 175-201.
Schmidt, Philipp: Der Terminus "Ausnahmezustand" nach Carl Schmitt in der Konzeption Giorgio Agambens: Eine vergleichende Analyse, Norderstedt: Grin Verlag 2005. 21 S.
Schmidt, Lisa: Imperialismuskritik bei Carl Schmitt. Wie definiert und bewert der Staats-und Völkerrechtler den Imperialismus? GRIN Verlag 2019.
Schmitt, Carl: Machiavel, Clausewitz: Droit et Politique face aux défils de l'histoire, Paris: Krisis 2007. 261 pp.
Schmitt, Carl: Dialogue on Power and Space, Polity 2015.
Schmitt, Carl: Juristische Fiktionen, in: Schmitt, Carl, 1888. S. 171-173.
Schmitt, Carl: Rechtsbegriff und Rechtsidee. Rezension zu Julius Binder, Rechtsbegriff und Rechtsidee. Bemerkungen zur Rechtsphilosophie Rudolf Stammlers, in: Schmitt, Carl, 1888. S. 174-180.
Schmitt, Carl: Three Possibilities for a Christian Conception of History, in: Telos, Issue 147, Summer 2009, p. 167.
Schuller, Wolfgang: Carl Schmitt in Leipzig, in: Recht und Politik 2008, 1. S. 35-43.
Schuller, Wolfgang: Carl Schmitt Tagebücher. Oktober 1912 bis Februar 1915, in: Der Staat, Bd. 44, Heft 2. 2005, S. 309-310.
Schulzke, Marcus: Carl Schmitt and the Mythological Dimensions of Partisan War, in: Journal of International Political Theory, Vol. 12, No. 3 (2016), pp. 345-364.
Schupmann, Benjamin: Leviathan Run Aground: Carl Schmitt's State Theory and Militant Democracy, ProQuest Dissertations Publishing 2015. (Academic Commons. Columbia University)
Schupmann, Benjamin A.: Carl Schmitt's State and Constitutional Theory. A Critical Analysis. Oxford: University Press 2017. 240 pp.
Schütze, Marc: Subjektive Rechte und personale Identität: Die Anwendung subjektiver Rechte bei Immanuel Kant, Carl Schmitt, Hans Kelsen, und Hermann Heller, Duncker & Humblot 2004. 302 S.
Seiberth, Gabriel: Anwalt des Reiches: Carl Schmitt und das Preußen contra Reich vor dem Staatsgerichtshof, Berlin: D&H., 2001. 318 S.
Seitzer, Jeffrey: Comparative History and Legal Theory: Carl Schmitt in the First German Democracy, Westport, Conn.: Greenwood Press 2001. 165 pp.
Shapiro, Kam: Carl Schmitt and the Intensification of Politics, Rowman & Littlefield Publishers 2008.
Simon, Rupert: Der Begriff des Politischen bei Carl Schmitt und Jacques Derrida, Frankfurt a. M.: Peter Lang 2008. 216 S.
Slomp, Gabriella: Carl Schmitt and the Politics of Hostility, Violence and Terror,

Basingstoke, UK; NY: Palgrave Macmillan 2009. 182 pp.
Smeltzer, Joshua: 'Germany's Salvation': Carl Schmitt's Teleological History of the Second Reich, in: History of European Ideas, Vol. 44, No. 5 (2018), pp. 590-604.
Sombart, Nicolaus: Les mâles vertus des allemands: Autour du Syndrom de Carl Schmitt, Traduit par Jean-Luc Evard, Paris: Éditions du Cerf 1999. 392 pp.
Sollors, Werner: "Better to Die by Them than for Them": Carl Schmitt Reads "Benito Cereno," in: Critical Inquiry, Vol. 46, Issue 2 (2020), pp. 401-420.
Spindler, Wolfgang: "Humanistisches Appeasement"? Hans Barions Kritik an der Staats-und Soziallehre des Zweiten Vatikanischen Konzils, D&H., 2011. 462 S.
Spindler, Wolfgang: "Theorie unmittelbaren konkreten Lebens": Zur Konzepzion und Kritik der politischen Theologie Carl Schmitts, Norderstedt: Grin Verlag 2000. 127 S.
Spivak, Gayatri Chakravorty: Schmitt and Poststructuralism: A Response, 21 Cardozo L. Rev. 1723 (1999-2000), pp. 1723-1738.
Stacey, Richard: Constituent Power and Carl Schmitt's Theory of Constitution in Kenya's Constitution-making Process, in: International Journal of Constitutional Law, Vol. 9, No. 3-4 (2011), p. 587-614.
Stadt Plettenberg (Hrsg.): Carl Schmitt in der Diskussion. Zusammengestellt von Ingeborg Villinger, Plettenberg: Stadt Plettenberg, 2006. 105 pp. (Beiträge zur Plettenberger Stadtgeschichte; 4).
Stern, Adam Y.: Political Quixoticism, in: Journal of Religion, Vol. 95, No. 2 (2015), pp. 213-241.
Stirk, Peter M. R.: Carl Schmitt. Crown Jurist of the Third Reich. On Preemtive War, Military Occupation, and World Empire, Lewiston, N.Y.: E. Mellen Press 2005. 146 pp.
Taubes, Jacob: En divergent accord: a propos de Carl Schmitt. Traduit par Phillippe Ivernel, Paris: Rivages Poche 2003. 125 pp. (Ad Carl Schmitt: Gegenstrebige Fugung, 1987)
Telos 72, Carl Schmitt: Enemy or Foe? New York: Telos Press, Summer 1987.
Telos 109, Carl Schmitt Now, New York: Telos Press, Fall 1996.
Telos 125, Carl Schmitt and Donoso Cortés, New York: Telos Press, Fall 2002.
Telos 132, Special Edition on Carl Schmitt, New York: Telos Press, Fall 2005.
Telos 142, Culture and Politics in Carl Schmitt, New York: Telos Press, Spring 2008.
Telos 147, Carl Schmitt and the Event, New York: Telos Press, Summer 2009.
Telos 153, Special Issue on Carl Schmitt's Hamlet or Hecuba, New York: Telos Press, Winter 2010.
Thiele, Ulrich: Carl Schmitt (1888-1985), in: Rüdiger Voigt, Staatsdenken. Zum Stand der Staatstheorie heute, Baden-Baden, Nomos 2016. S. 267-272.
Thiele, Ulrich: Advokative Volkssouveränität. Carl Schmitts Konstruktion einer 'demokratischen' Diktaturtheorie in Kontext der Interpretation politischer Theorien der Aufklärung, Duncker & Humblot, 2003. 575 S.

Tielke, Martin: Schmitt und Sombart. Der Briefwechsel von Carl Schmitt mit Nicolaus, Corina und Werner Sombart, Berlin: Duncker & Humblot, 2015.

Tommissen, Piet (Hrsg.): SCHMITTIANA. Beiträge zu Leben und Werk Carl Schmitts, Duncker & Humblot, Bd. VII, 2001; Bd. VIII, 2003. (Abschlussband) 298 S.

Tommissen, Piet: Erster Einstieg in zwei Desiderate der Carl-Schmitt-Forschung, in: Staat-Souveränität-Verfassung. Festschrift für Quaritsch, Berlin: Duncker & Humblot, 2000, S. 565-602.

Trierweiler, Denis: Carl Schmitt, ou, le mythe du politique: Suivi d'un texte de Carl Schmitt: la théorie politique du mythe 1923. Traduit par Denis Trierweiler, Coordonné par Yves Charles Zarka, Paris: Presses Universitaires de France 2009. 197 pp.

Trüstedt, Katrin: Hecuba against Hamlet: Carl Schmitt, Political Theology and the Stake of Modern Tragedy, in: Telos No. 153 (2010), pp. 94-112.

Tushnet, Mark: Meditations on Carl Schmitt, 40 Ga. L. Rev. 877 (2006), pp. 877-888.

Unruh, Peter: Weimarer Staatsrechtslehre und Grundgesetz. Ein verfassungstheoretischer Vergleich, D&H., 2004, 215 S.

Urbinati, Nadia: Schmitt's Critique of Liberalism, 21 Cardozo L. Rev. 1645 (1999), pp. 1645-1652.

Vermeule, Adrian: Our Schmittian Administrative Law, in: Harvard Law Review, Vol. 122, 2009, pp. 1095-1149.

Villar Borda, Luis: Donoso Cortés y Carl Schmitt, Bogotá: Universidad Externado de Colombia 2006. 180 pp.

Villinger, Ingeborg: Gretha Jünger und die Sache selbst. Ein Porträt mit Carl Schmitt. Duncker & Humblot, Berlin 2022. 106 S. (Carl-Schmitt-Vorlesungen, Bd. 5)

Vital Realities: Carl Schmitt, Macmillan 1932.

Voigt, Rüdiger: Denken in Widerspruchen: Carl Schmitt wider den Zeitgeist, Baden-Baden: Nomos 2015.

Voigt, Rüdiger: Freund-Feind-Denken: Carl Schmitts Kategorie des Politischen. Stuttgart: Steiner 2011, 231 S.

Voigt, Rüdiger: Grossraum-Denken: Carl Schmitts Kategorie der Grossraumordnung, Stuttgart: Steiner 2008.

Voigt, Rüdiger (Hrsg.): Der Staat des Dezisionismus: Carl Schmitt in der internationalen Debatte, 1. Aufl. Baden-Baden: Nomos 2007, 263 S.

Voigt, Rüdiger: Mythos Staat: Carl Schmitts Staatsverständnis, Baden-Baden: Nomos 2001, 267 S.

Wasserstrom, Steven M.: Roman Catholicism and Political Form (Book Review), in: History of Religions, Vol. 38 (3), 1. Feb. 1999, pp. 326-329.

Weser, Stephan: Der Souveränitätsbegriff bei Carl Schmitt und Georg Jellinek, Norderstedt: Grin Verlag 2005. 47 leaves.

Wiegandt, Manfred H.: The Alleged Unaccountability of the Academic: A Biographical Sketch of Carl Schmitt, 16 Cardozo Law Review 1569 (1995), pp. 1569-1598.

Wilson, Eric (ed.): The Dual State [electronic resource]: Parapolitics, Carl Schmitt and the National Security Complex, Burlington, Vt.: Ashgate, 2012. (eBook)

Xu, Ben: China Has No Need of Such 'Politics' and 'Decisionism': The Cult of Carl Schmitt and Nationalism, Twenty-First Century, 94, 2006.

Yang, Shang-Ju: Konzeption des pouvoir constituant bei Sieyès und Schmitt. Der theoretische Ursprung der Verfassungsänderung in Taiwan, Berlin: Duncker & Humblot, 2015.

Yi, Kyung Min: The Fragility of Liberal Democracy: A Schmittian Response to the Constitutional Crisis in South Korea (1948-79), in: The Journal of Asian Studies (2022), pp. 1-17.

Zakin, Emily: Rationalism, Romanticism, Representation. Schmitt's Requiem for the Dead State, in: Philosophy Today, Annual, Vol. 55, 2011, pp. 263-274.

Zarka, Yves-Charles: Un détail Nazi dans la Pensée de Carl Schmitt: La justification des lois de Nuremberg au 15 Septembre 1935, Paris: Presses Universitaires de France 2005. 95 pp.

Zhang, Xiaodan: Carl Schmitt in China: Why Is He Needed and How Is He Understood? - An Analysis of Chinese Political Constitutional Theory, in: Zeitschrift für Chinesisches Recht, 25. Jahrgang, Heft 2/2018, S. 83-101.

Zheng, Qi: Carl Schmitt, Mao Zedong and the Politics of Transition, [2016 edition] Palgrave MacMillan 2015.

역자의 주

제1편 바이마르 시대

정치신학 (1922, 제2판 1934)

* Politische Theologie. Vier Kapitel zur Lehre von der Souveränität, Duncker & Humblot, Berlin 1922, 10. Aufl., 2015, 84 S.

『정치신학』(법문사, 1988), 11-66면.

* 14 삭제. 이 『정치신학』(초판 1922)은 지금까지 제2판(1934)을 그대로 찍은 것이 제10판(2015)까지 유포되고 있다. 그러나 초판에서 언급한 에리히 카우프만(Erich Kaufmann, 1880-1972)에 관한 서술이 모두 삭제되었고, 표현도 조금씩 바뀌었다. 카우프만이 유대인이었기 때문에 나치스가 정권을 장악하자 그에 관한 서술을 없앤 것으로 보인다. 슈미트와 카우프만의 관계에 관하여는 初宿正典, 『カール・シュミットと五人のユダヤ人法學者』(成文堂, 2016), 189-286면. →「체계 형성」, 「유대정신과 투쟁하는 독일 법학」

* 14 「군림하지만 통치하지 않는다」(il règne et ne gouverne pas). 아돌프 티에르(Adolphe Thiers, 1797-1877)의 정식으로 카를 슈미트는 『헌법의 수호자』(김효전 옮김, 187면)에서 국가원수의 중립적 지위를 설명한다. 문헌 F. Martel, La philosophie du droit et philosophie politique d'Adolphe Thiers, L.G.D.J. Paris 1995. →「헌법의 수호자」

* 14 하인리히 포르스토프(Heinrich Forsthoff, 1871-1942) 목사. 그의 아들 에른스트 포르스토프(Ernst Forsthoff)는 슈미트의 제자이며 행정법학자. →「가치의 전제」

* 14 프리드리히 고가르텐(Friedrich Gogarten, 1887-1967) 독일의 루터파 신학자. 예나대 교수 역임. 저서 Die Frage nach Gott: Eine Vorlesung, Mohr 1968; 맹용길역, 『우리 시대의 절망과 희망』(대한기독교서회, 1977).

* 14 모리스 오류(Maurice Hauriou, 1856-1929) 현대 프랑스의 대표적인 공법학자. 툴루즈대학 교수. 논문 「제도와 창설의 이론」(La theorie de l'Institution et de la fondation, 1925)에서 제도이론을 주장했다. 저서 Hauriou, Précis de droit constitutionnel, Paris: Sirey, 1923, p. 276-300. 카를 슈미트, 에리히 카우프만, 페터 해벌레(Peter Häberle, 1934-) 등 독일의

공법학자에게 많은 영향을 미쳤다. 슈미트의 구체적 질서사상에 영향을 미침. 슈미트는 오류를 자신의 만형이라고 부르고 그를 알게 해 준 행운을 적고 있다. E. Frhr. von Medem (Hrsg.), Carl Schmitt, Glossarium. Aufzeichnungen der Jahre 1947-1951, Berlin: Duncker & Humblot 1991, S. 13. 슈미트의 『정치신학』, 본서 14면; 『법학적 사고방식의 세 유형』, 본서 346면; 『유럽 법학의 상태』, 79면 등. 문헌 Patrick Arabeyre et al., Dictionnaire historique des juristes française (XIIe-XXe siècle), 2e éd. Paris 2015, pp. 516-519; Fabrice Bin, Le »pouvoir de suffrage« chez Hauriou, in: Revue française de Droit constitutionnel, n° 108 (2016); 김효전, 제도이론의 계보 - 모리스 오류와 독일 공법학, 『월간고시』 1993년 9월호; 김충희, 모리스 오류의 제도이론, 서울대 석사논문, 2010; 이광윤, 프랑스 공법학과 모리스 오류(Maurice Hauriou), 한국행정판례연구회편, 『공법학의 형성과 개척자』(박영사, 2007), 83-117면; 김효전, 카를 슈미트의 프랑스 헌법이론 연구, 동당 성낙인총장퇴임기념논문집 『국가와 헌법 I 헌법총론/정치제도론』(법문사, 2018), 191-221면; 小島愼司, 制度と公開・均衡 (1)~(3) モーリス・オーリウによる大統領選出方法改革の提唱をめぐって, 『國家學會雜誌』 제130권 7-8호, 519-553면; 9-10호, 677-723면; 11-12호, 855-891면(2017); (4완) 131권 1-2호 (2018).

* 15 「사실적인 것의 규범력」(normative Kraft des Faktischen). 법질서의 발생과 그 존재는 사실적인 것에서 실효화한다는 옐리네크의 주장. 김효전 옮김, 『일반 국가학』(법문사, 2005), 277면.

* 15 「국법은 여기서 끝난다」(Das Staatsrecht hört hier auf.). 이것은 G. Meyer-G. Anschütz, Lehrbuch des deutschen Staatsrecht, 7. Aufl., München-Leipzig 1919, S. 906의 인용이다. 예컨대 안쉬츠는 예산법이 존재하지 아니하는 경우 어떻게 대처할 것인가 하는 질문에 이것은 결코 법의 문제는 아니라고 대답한다. 「이것은 법률, 즉 헌법조문의 흠결이라기보다는 오히려 법의 흠결의 문제이며, 이것은 법학적인 개념 조작으로 결코 전보될 수 없다. 여기에 국법학은 끝난다」(『정치신학』 제1장). 문헌 G. Anschütz, Aus meinem Leben, Hrsg. und eingeleitet von Walter Pauly, 1993; 김효전, 국법학은 여기서 끝난다 - G. Anschütz의 생애와 헌법이론, 여산 한창규박사화갑기념 『현대 공법의 제문제』(삼영사, 1993), 62-87면; 동인, 『헌법 논집 III. 1990~2000』(세종출판사, 2000), 20-40면. → 『제2제국의 국가구조와 붕괴』 주 49. 안쉬츠 → 「의회의 소집과 휴회」

* 16 몰(Robert von Mohl, 1799-1875) 서남 독일 자유주의의 지도자. 논문 「支邦 신분들과 대의 헌법의 차이를 제시하는 박사학위논문」(Dissertatio inauguralis sistens discrimen ordinum provincialium et constitutionis repraesentativae, 1821). 1848년의 프랑크푸르트 국민의회 의원. 튀빙겐대학 교수 역임. 저서 Staatsrecht, Völkerrecht und Politik, 3 Bde., 1860-69.

* 17 크랍베(Hugo Krabbe, 1857-1936) 네덜란드의 공법학자. 레이던 대학 교수. 종래의 권력주의적인 주권개념을 배격하고 법주권설을 주장하였다. 그에 의하면 주권은 군주, 국민, 국가 어느 것도 아니며 국민의 법의식의 표현인 법 내지 규범 그 자체에 있다고 한다. 이러한 국가권력부정론은

영국의 다원적 국가론과 아울러 제1차 세계대전 후의 상대적 안정기의 민주주의 정치이론으로서 유명하다. 저서 『근대의 국가이념』(Die moderne Staatsidee, 1919).

* 17 켈젠(Hans Kelsen, 1881-1973) 오스트리아의 법학자. 1906년 빈대학 법학박사, 1911년 교수자격논문 통과. 1919-30년 빈대학 교수, 1919-30년 오스트리아 헌법재판소 재판관, 1930-33년 쾰른대학 교수, 1933-40년 제네바대학 교수, 1936-38년 프라하대학 교수, 1945-52년 미국 버클리대학 교수 역임. 신칸트주의에 입각하여 순수법학을 창시. 사회민주적인 세계관에 입각하여 파시즘과 마르크스주의에 통렬한 비판을 하고 미국으로 망명했다. 한국과 일본을 비롯하여 전세계의 법학계에 커다란 영향을 미쳤다. 저서 『순수법학』(1934; 변종필 · 최희수역, 길안사, 1999); 『일반 국가학』(1925; 민준기 옮김, 민음사, 1990); 『정의란 무엇인가』(1950; 이남원역, UUP, 2018); 『규범의 일반이론』(1979; 김성룡 옮김, 아카넷, 2016). 전집 Hans Kelsen Werke, Mohr, 2007 ff. 슈미트와는 여러 가지 점에서 학설상 대립하였으나 인간적으로 이해할 수 있다고 하였다(Mehring, C. Schmitt, 2009). 문헌 Elif Özmen, Hans Kelsens politische Philosophie, Mohr, Tübingen 2017; Matthias Jestaedt (Hrsg.), Hans Kelsen und die deutsche Staatsrechtslehre, Mohr 2013; D. A. Jeremy Telman, Hans Kelsen in America, Springer 2016; Walter, Hans Kelsen, in: Brauneder (Hrsg.), Juristen in Österreich 1200-1980 (1987); Ramon Pils, Terminologiewörterbuch Hans Kelsen. Deutsch- englisches Glossar für die Übersetzungspraxis, 2016. 슈미트가 인용한 『민주주의의 본질과 가치』(한태연 · 김남진 공역, 법문사, 1961)는 Reclam 2018; 영역본은 Tr. by Brian Graf, The Essence and Value of Democracy, Rowman & Littlefield, 2013; 기타 심헌섭역, 『켈젠의 자기증언』(법문사, 2009); Th. Olechowski, Hans Kelsen: Biographie eines Rechtswissenschaftlers, 2020; Robert Chr. van Ooyen, Hans Kelsen - neuere Forschungen und Literatur, Verlag für Polizeiwissens, 2019.

* 17 보댕은 자주 인용되는 제8장의 정의(주권이란 국가의 절대적이며 영구적인 권력을 말한다)보다는 오히려 「주권의 진정한 의의」(국가론 제1부 제10장)를 강조한다. J. Bodin, Six Livres de la Rèpublique, 1576. 나정원 옮김, 『국가에 관한 6권의 책』(아카넷, 2013) 제1권, 387면 이하. 문헌 明石欽司, ジャン・ボダンの國家及び主權理論と「ユース・ゲンティウム」觀念(1)(2完), 『法學硏究』(慶應大) 제85권 11 · 12호(2012).

* 18 푸펜도르프(Samuel Pufendorf, 1632-1694) 자연법론자이며 국제법학자. 저서 De Iure Naturae et Gentium libri octo, 1672, ^{2}1668, ^{3}1684; De officio hominis et civis, 1673. 문헌 G. Kleinheyer/J. Schröder, Deutsche Juristen aus fünf Jahrhundert, 2. Aufl., 1983, S. 213-217; 한스 벨첼, 박은정역, 『자연법과 실질적 정의』(삼영사, 2001).

* 19 자이델(Max von Seydel, 1846-1901) 뮌헨대학 교수. 연방국가의 개념에 관한 연구로 유명. 그는 당시 지배적인 바이츠(Georg Waitz)의 견해에 반대하여 주권은 불가분이므로 라이히는 국가연합으로서만 존재할 수 있다고 주장하였다. 그리하여 그는 연방분권주의의 이익대표라는 비난을 받았으나 그는 이를 단호하게 부정하였다. 저서 Grundzüge einer allgemeinen Staatslehre, 1873. 문헌 Maren Becker, Max von Seydel und die Bundesstaatstheorie des

Kaiserreichs, Frankfurt: Vittorio Klostermann, 2009. 319 S.

* 19 바이마르 헌법 제48조 2항 (안전과 질서의 방해에 대한 조치들)「라이히 대통령은 독일 라이히 내에서 공공의 안녕과 질서가 중대한 장해가 발생하거나 발생할 우려가 있을 때에는, 공공의 안녕과 질서를 회복하기 위하여 필요한 조치를 취하며, 필요한 경우에는 병력을 사용할 수 있다. 이 목적을 위하여 라이히 대통령은 잠정적으로 제114조 · 제115조 · 제117조 · 제118조 · 제123조 · 제124조 및 제153조에 규정된 기본권의 전부 또는 일부를 정지할 수 있다」. 바이마르 헌법 전문은 김효전 편역,『바이마르 헌법과 정치사상』(산지니, 2016), 858-885면.

* 19 프랑스 1815년 헌장(Charte constitutionnelle du 4 juin 1814) 제14조「국왕은 국가의 원수, 육해군의 통수자이며, 선전강화권, 동맹체결권, 통상권, 모든 관리임면권을 가지며, 또한 법률의 집행과 국가의 안전을 위하여 필요한 규칙과 명령을 발한다」. 원저의 1815년은 잘못된 것이다.「국가의 안전」을 위한 초법률적 명령권이 비상사태권한에 해당된다. 전문은 김충희 옮김, 프랑스 역대 헌법전(1),『동아법학』제69호(2015), 493-502면.

* 20『정치신학』초판(1922)에서는 켈젠 다음에 카우프만의 저서『국제법의 본질과 사정변경의 원칙』(Das Wesen des Völkerrechts und die clausula rebus sic stantibus, 1911. Neudruck 1964)을 서술하고 있는데, 제2판에서는 삭제하였다. 기타 몇 군데도 삭제하였다.

* 21 슈미트가 인용한 것은 키에르케고어(Søren Kierkegaard, 1813-1855)의『반복』(Gjentagelsen, deutsch: Die Wiederholung, 1844; 임춘갑 옮김, 치우, 2011), 192-193면이다. 슈미트는 인명도 출처 표시도 없이 길게 인용하였는데, 좋게 말하면 집필 당시 키에르케고어의 예외 강조는 누구나 두루 아는 표현이었으며, 나쁘게 말하면 슈미트가「한 프로테스탄트 신학자」라고 폄하하고, 그의 이름에 기대어 자기의 주장을 강조하고 싶었기 때문이 아니었는가 하는 생각이 든다.

* 21 제2장 첫 머리에서 에리히 카우프만의『신칸트주의 법철학 비판』(Kritik der neukantischen Rechtsphilosophie, 1921)은 주목할 만한 저서라고 기술한 것도 제2판에서는 삭제되었다.

* 22 바텔(Emmerich de Vattel, 1714-1767) 스위스의 정치가 · 국제법학자. 저서『국제법』(Droit des Gens, 1758)은 오랫동안 원용되었다. 문헌 A. Nussbaum, A Concise History of the Law of Nations, 1954. 이영석 옮김,『국제법의 역사』(한길사, 2013), 277-288면; Frank S. Ruddy, International Law in the Enlightenment: The Background of Emmerich de Vattel's Le droit gens, Dobbs Fery, N.Y.: Oceana 1975; Charles G. Fenwick, The Authority of Vattel, in: Am. Po. Sci. Review, 7: 395(1913), 8: 375(1914); 武山眞行, 漢譯 ヴァッテル『國際法』の日本への傳來,『法學新報』제102권 3-4호(1996); 大谷敏夫,『魏源と林則徐』(山川出版社, 2015).

* 22 키스티아코우스키(Theodor Kistiakowski, 1863-1920) 독일의 사회학자. 저서『사회와 개인의 본질』(Gesellschaft und Einzelwesen).

* 23 귀속점(歸屬點, Zurechnungspunkt). 켈젠의 법이론에서 사용하는 용어법. 법을 집행하는 집행관 · 경찰관 · 세무공무원 등의 행위를 국가의 행위라고 해석하는 경우, 어떤 복수자(復讐者)의 행위를 「천주」(天誅)로서 「천」의 행위라고 해석하는 경우처럼, 현실의 사태를 불가시한 인격에 돌리는 정신작용을 「귀속」이라 부르고, 귀속되는 인격을 「귀속점」이라고 한다.

* 25 실질적 형식(substanzielle Form). 원래 Form이란 철학사에서 플라톤 이데아, 아리스토텔레스의 형상을 라틴어로 번역한 forma에서 유래하며, 경험적 질료(質料)를 지배하는 형이상학적 실체를 의미했는데, 칸트 철학에서는 주관이 질료를 구성할 때의 무내용한 형식이라는 의미로 전화되었다. 「실질적 형식」이란 스콜라 철학에서는 경험적 존재의 본질을 이루는 형식을 의미하였다. 여기서 법적 가치의 인정은 어떠한 내용도 취할 수 있다는 의미에서는 형식적이지만 그 결정 자체가 독자적인 실체적 의미를 가진다는 취지일 것이다.

* 25 후고 프로이스 → 『후고 프로이스』

* 25 기이르케(Otto von Gierke, 1841-1921) 독일의 법학자. 게르마니스트의 대표자. 1860년 베를린 대학에서 학위 취득. 1867년 게오르그 베젤러(Georg Beseler)의 지도 아래 교수자격논문 완성. 사비니와 함께 독일 근대 법학의 거두이며 게르마니스트의 입장에서 이른바 판덱텐 법학의 형식적 개념주의와 추상적 개인주의를 비판하였다. 브레슬라우 대학 교수 및 총장. 베를린 대학 교수와 총장 역임. 『독일 단체법론』과 『단체이론』에서는 게르만법적 단체사상을 역사적 실제이론적으로 연구하였으며, 『독일 사법』은 게르만법적 입장에서 독일 사법을 체계화한 것이다. 슈미트가 인용한 책 이름은 Die Grundbegriffe des Staatsrechts und die neuesten Staatsrechtstheorien, 1915이다. 저서 『독일 단체법론』(Das deutsche Genossenschaftsrecht, 1868, 1873, 1881, 1913. 4 Bde. 부분 번역 阪本仁作譯, 『中世の政治理論』(ミネルヴァ書房, 1985); 田中浩他譯, 『近代自然法をめぐる二の概念』(御茶の水書房); 『알투지우스』(Johannes Althusius und die Entwicklung der naturrechtlichen Staatstheorien, 1880; 笹川紀勝 他譯, 『ヨハネス · アルトジウス: 自然法的國家論の展開及び法體系學說史硏究, 勁草書房, 2011); 庄子良男譯, 『歷史法學論文集』 第1卷(信山社, 2019) 등. 문헌 최종고, 『위대한 법사상가들 I』, 215-260면; G. Kleinheyer/J. Schröder, Deutsche Juristen aus fünf Jahrhundert, S. 93-98; ders.(Hrsg.), Deutsche und Europäische Juristen aus neun Jahrhunderten, 6. Aufl., 2017, S. 154-159; 西村清貴, 『近代ドイツの法と國制』(成文堂, 2017), 157-250면.

* 26 볼첸도르프(Kurt Wolzendorff, 1882-1921) 독일의 공법학자. 할레대학 교수. 베르사유회의에 참석. 영양실조로 인한 간염으로 급사. 저서 『저항권론』(1916), 『독일의 국제법 사상』(1919); 『국제법의 허구』(1919); 『국법학의 정신』(1920). 슈미트는 『정치적인 것의 개념』, 『후고 프로이스』에서도 이 사람을 언급한다. 또 Verfassungslehre, 1928, S. 164.

* 27 볼첸도르프의 논문명은 Staatsrechtliche Formen für politischen Ideen, in: Archiv des öffentlichen Rechts, Bd. 34, S. 477.

* 27 헤르만 헤펠레(Hermann Hefele, 1885-1936) 독일의 소설가 · 역사가 · 문학사가. →「마키아벨리」

* 27 헤펠레 다음에 슈미트는, 신칸트주의 법철학의 공허한 가능성으로서의 형식(Form)이 아니라 실체적 의미에서의 형상(Form)을 명확하게 한 것은 카우프만이라고 하면서, 그의 『신칸트주의 법철학 비판』을 상세히 설명한 곳을 제2판에서 삭제하였다.

* 27 막스 베버의 법사회학(Rechtssoziologie, II §1, in: Max Weber, Wirtschaft und Gesellschaft. Grundriss der Verstehenden Soziologie, Mohr, Tübingen 1980, S. 397 ff.; 최식역, 『법과 사회』(박영사, 1959); 새 번역, 『동아법학』 제71호(2016), 196면 이하.

* 28 라스크(Emil Lask, 1875-1915) 서남독일학파의 법철학자. 법가치와 법실재를 준별하고 법가치 유형의 고찰을 법철학의 임무로 하는 동시에 경험과학으로서 (자연과학과는 달리) 가치관계적인 견해로 실재의 개성적 양상을 파악해야 하는 법학 속에는 법을 사회적 생활과정으로서 관찰하는 법사회학과 규범적 의미복합으로서 고찰하는 법해석학이 병립할 수 있다고 한다.

* 28 아렌스(Heinrich Ahrens, 1808-1874) 독일의 법철학자. 1848년 독일 3월혁명 기간 중 프랑크푸르트 연방의회 의원으로 헌법초안을 작성.

* 30 메르클(Adolf Merkl, 1890-1970) 오스트리아의 국법학자. 켈젠과 함께 빈 학파의 대표적 인물. 슈미트가 언급한 문헌은 Die Rechtseinheit des österreichischen Staates, in: Archiv des öffentlichen Rechts, Jg. 37 (1917)이다. 문헌 Herbert Schambeck, in: P. Häberle u.a. (Hrsg.), Staatsrechtslehrer des 20. Jahrhunderts, 2. Aufl. 2018. S. 431-448.

* 30「법이 권위를 부여한다」. J. Locke, Two Treatise on Government, 1690. 강정인 · 문지영 옮김, 『통치론 - 시민정부의 참된 기원, 범위 및 그 목적에 관한 시론』(까치, 1996).

* 30「진리가 아니라 권위가 법을 만든다」(Autoritas, non veritas facit legem. Leviathan, Kap. 26). 『리바이어던』(진석용 옮김, 나남, 2008). 슈미트는 이 표현을 즐겨 인용한다. 예컨대 『정치신학』, 본서 30, 39면; 『법학적 사고방식의 세 유형』, 본서 331면; 『홉스 국가론에서의 리바이어던』(교육과학사, 1992), 309면; 『독재론』(법원사, 1996), 46면; 김효전 · 정태호 옮김, 『정치적인 것의 개념』(살림, 2012), 180면 등. 권위에 관하여는 그의 『헌법이론』 제8장 헌법제정권력(김효전 편역, 『독일 헌법학의 원천』, 81면).

* 31 마구사와 승마자의 비유(『리바이어던』 제42장; 진석용 옮김, 2권 274면)는 벨라르미노(Bellarmino)에서 유래. 벨라르미노의 간접권력 → 『홉스 국가론에서의 리바이어던』

* 31 이신론(理神論, Deismus) 신의 존재를 인정하지만 예전처럼 신을 인격적 존재로 보지 않고 단지 기계적인 운동의 최초 원인, 즉 세계 제작자로만 본다. 따라서 신은 맹목적인 신앙의 대상이 아니라 합리적인 사유의 궁극적인 근거로서만 존재한다.

* 32 유신론(有神論, Theismus) 신은 세계의 창조자이며 지배자라는 정통신학 사상.

* 32 보날(Louis Gabriel Ambroise de Bonald, 1754-1840) 프랑스의 정치사상가. 법복귀족의 가정에서 태어나 프랑스 혁명 중에는 망명. 왕관과 성단(聖壇)의 결합과 왕정복고를 주창, 프랑스 혁명의 개인주의 · 합리주의를 비판했다. 문헌 Norbert Campagna, Bonald (1754-1840), in: Rüdiger Voigt (Hrsg.), Staatsdenken, S. 327-331.

* 32 드 메스트르(Joseph de Maistre, 1753-1821) 이탈리아의 외교관 · 보수적 사회사상가. 문헌 슈미트, 『정치신학』(2판, 1934); Norbert Campagna, Joseph de Maistre (1753-1821), in: Rüdiger Voigt (Hrsg.), Staatsdenken. Zum Stand der Staatstheorie heute, 1. Aufl. Baden-Baden 2016, S. 323-327.

* 32 도노소 코르테스 → 본서 『전유럽적 해석에서의 도노소 코르테스』

* 32 아돌프 멘첼(Adolf Menzel, 1857-1938) 오스트리아의 법학자 · 정치학자.

* 33 알베르트 해넬(Albert Haenel, 1833-1918). 독일의 국법학자. 자유주의 정치인. 1857년 라이프치히대학 법박. 1860년 쾨니히스베르크대학 조교수. 1863년 킬대학 교수 및 총장 역임. 바이마르시대의 트리펠, 스멘트, 카우프만, 헬러에 영향을 미침. 스멘트의 지도교수. 저서 Studien zum Staatsrecht, 1873-1888; Deutsches Staatsrecht, Bd. 1. Leipzig 1892. 문헌 Hannes Pohle, Albert Hänel (1833-1918). Wirken und Werke, D&H. Berlin 2022.

* 33 『라반트 기념논문집』에 실린 논문명은 "Selbstverwaltung, Gemeinde, Staat, Souveränität" 이다. 지금은 전집 Hugo Preuß Gesammelte Schriften, 5 Bde., Tübingen 2010.

* 33 라반트(Paul Laband, 1838-1918) 독일의 국법학자. 게르버(C. F. v. Gerber)와 함께 국법실증주의의 대표자. 저서 Das Staatsrecht des Deutschen Reiches, 3 Bde., 1876-82; Das Budgetrecht, 1871. 문헌 석종현, 게르버와 라반트의 실증주의, 김효전편, 『독일헌법학설사』(법문사, 1982), 9-37면; 발터 파울리, 김효전 옮김, 파울 라반트(1838-1918) 학문으로서의 국법학, 『헌법학연구』 제26권 1호(2020), 349-384면; G. Kleinheyer/J. Schröder, Deutsche Juristen aus fünf Jahrhunderten, 2. Aufl. 1983, S. 155-157.

* 33 마우렌브레허(Romeo Maurenbrecher, 1803-1843) 독일의 법학자. 『현대 독일국법론』,『현대 독일 사법교과서』 등.

* 33 베르나치크(Edmund Bernatzik, 1854-1941) 오스트리아의 국법학자. 한스 켈젠과 헤르만 헬러의 스승. 슈미트가 언급한 것은 논문 Kritische Studien über den Begriff der juristischen Person und über die juristische Persönlichkeit, in: Archiv des öffentlichen Rechts, Bd. 5 (1890), S. 210, 225, 244. 아들 Hugo Bernatzik(1897-1953)는 오스트리아의 인류학자이며

사진가. 문헌 H. Kelsen, Edmund Bernatzik (1919/1920), in: Hans Kelsen Werke, Bd. 4 (2013), S. 150-152; Herbert Kalb, Edmund Bernatzik(1854-1919), in: Peter Häberle, Michael Kilian, Heinrich Wolff (Hrsg.), Staatsrechtslehrer des 20. Jahrhunderts. Deutschland - Österreich - Schweiz, 2. Aufl. de Gruyter, Berlin/Boston 2018, S. 89-106.

* 33 합유(合有, Gesamthänderschaft) 복수의 법주체에 의한 물적(物的) 소유의 한 모습. 공유보다 단체적 구속이 강하나 각 개인의 법주체성이 남아있는 점에서 총유(總有)와 다르다. 민법상의 조합, 분할 전의 상속재산 등이 이에 해당된다.

* 33 슈토베(Otto Stobbe, 1831-1887) 독일의 역사가 · 법학 교수. 1853년 쾨니히스베르크대학에서 법학박사, 1856년 괴팅겐대학에서 교수자격논문 통과. 이후 쾨니히스베르크대학 교수. 저서 Beiträge zur Geschichte des deutschen Rechts, 1865; Handbuch des deutschen Privatrechts, 1871, 5 Bde.

* 34 Kelsen, Gott und Staat, in: Logos, Bd. 11 (1922-1923).

* 34 Staatsbegriff, S. 208. 이 인용의 완전한 서명은 Der soziologische und der juristische Staatsbegriff. Kritische Untersuchung des Verhältnisses von Staat und Recht, 2. Aufl., 1928. Neudruck 1962. 일역 法思想21研究會譯, 『社會學的國家概念と法學的國家概念』(晃洋書房, 2001).

* 34 켈젠의 논문명은 Kelsen, Vom Wesen und Wert der Demokratie, in: Archiv für Sozialwissenschaft und Sozialpolitik, Bd. 47 (1920), S. 84.

* 35 슈탐믈러(Rudolf Stammler, 1856-1938) 독일의 법철학자. 기이센과 라이프치히대학에서 법학 공부. 1877년 형법에서의 긴급권론으로 법학박사, 1880년 로마법으로 교수자격논문 통과. 1882년 이후 마부르크, 기센, 할레대학 교수. 1913년 『법철학잡지』(Zeitschrift für Rechtsphilosophie) 창간. 1916~1923년 베를린대 교수. 나치 시대에는 Hans Frank가 창설한 「독일법아카데미」 법철학 분과 회원. 신칸트학파의 입장에서 법철학 연구. 처음에는 역사적 법이론의 비판에서 출발했으며, 이어서 마부르크 학파의 칸트의 인식비판과 결합하여 독자적인 법개념을 전개. 정법의 이론을 체계화하고 법과 경제와 관련하여 유물사관을 반박한다. 저서 『유물사관에 따른 경제와 법』(Wirtschaft und Recht nach der materialistischen Geschichtsauffassung, 1896); 『정법의 이론』(Die Lehre von dem richtigen Rechte, 1902); 『법철학 교과서』(Lehrbuch der Rechtsphilosophie, 1928); 『법과 법학의 본질』(1925; 한태연역, 1950; 영인본 법문사, 2020).

* 35 막스 베버의 논문명은 "Rudolf Stammlers »Überwindung« der materialistischen Geschichtsauffassung," in: Archiv für Sozialwissenschaft und Sozialphilosophie, Bd. 24 (1907).

* 35 조르주 소렐(Georges Sorel, 1847-1922) 프랑스의 사회주의자이며, 혁명적 생디칼리슴의 이론적 대표자. 무솔리니에게 사상적 영향을 주었기 때문에 「파시즘의 정신적 아버지」라고 불린다. 그는 의회주의를 부정하고 생디칼리슴의 역할을 높이 평가하고, 의회주의의 「온건주의」에 대항하여 폭력의 윤리성을 강조하고, 그 구체적 발현형태로서 총파업을 중요시하고 이것을 재래의 유토피아와는 다른 「신화」라고 하여 새로운 사회담당자로서의 엘리트의 임무를 강조하였다. 저서『폭력에 대한 성찰』(Réflexions sur la Violence, 1908; 이용재 옮김, 나남, 2007);『진보의 환상』(Les Illusions du Progrès, 1908; 정헌주 옮김, 간디서원, 2020). →『현대 의회주의』

* 35 생디칼리슴(Syndicalisme). 19세기말부터 20세기 초에 걸쳐 서유럽, 특히 프랑스에서 성행한 급진적 노동조합주의. 노동조합이 일체의 정당활동을 배제하고 총파업이나 직접 행동에 의해서 산업관리를 실현하고 사회개조를 달성하려는 입장이다. 1920년부터 아나르코 생디칼리슴이라고 불렸다.

* 35 베르그송(Henry Louis Bergson, 1859-1941) 프랑스의 철학자. 자연과학적 세계관에 반대하고 물리적 시간개념에 순수지속으로서의 체험적 시간을 대립시키고, 절대적 · 내면적 자유, 정신적인 것의 독자성과 본원성을 명백히 하고, 구체적 생은 개념에 의해서 파악할 수 없는 부단한 창조적 활동이며(직관주의), 창조적 진화에 불과하다고 말했다. 저서『물질과 기억』(Matière et memoire, 1896; 박종원 옮김, 아카넷, 2005);『창조적 진화』(L'evolution et créatrice, 1907; 황수영 옮김, 아카넷, 2005);『웃음. 희극의 의미에 관한 시론』(Le rire, 1900; 김진성 옮김, 종로서적, 1993) 등.

* 35 엥겔스(Friedrich Engels, 1820-95) 독일의 사상가 · 혁명가. 카를 마르크스와 함께 이른바 과학적 사회주의의 창시자. 마르크스를 도왔으며 그의 사후에는『자본론』 2, 3권을 출판. 마르크스와 공저『독일 이데올로기』(1845-46; 이병창 옮김, 먼빛으로, 2019);『공산당선언』(1848; 김재기 편역, 1988); 단독으로『반뒤링론』(1876; 김민석 옮김, 1987);『가족 · 사유재산 및 국가의 기원』(1884; 김대웅 옮김, 두레, 2012);『공상에서 과학에로의 사회주의의 발전』(1884) 등. 문헌 트리스트럼 헌트, 이광일역,『엥겔스 평전』(글항아리, 2010); 이해영편,『엥겔스 연구』(녹두, 1989). →「가치의 전제」

* 35 막스 베버의 법명명가. Max Weber, Wirtschaft und Gesellschaft, S. 391. 새 번역, 215면.

* 36 상트 부브(Charles Augustin Saint-Beuve, 1804-1869) 프랑스의 문학자 · 보수 정치가.

* 36 에드워드 케어드(Edward Caird, 1835-1908) 스코틀랜드의 철학자. 칸트 · 헤겔 · 콩트의 철학을 영국에 소개하였다. 글라스고우(Glasgow) 대학 교수. 슈미트가 언급한 것은 The Social Philosophy and Religion of Comte, 1885일 것이다.

* 36 오귀스트 콩트(Auguste Comte, 1798-1857) 프랑스의 철학자. 실증주의를 주창. 인간의 인식은 신학적 · 형이상학적 · 실증적인 3 단계를 거쳐 발전한다고 주장. 또한 사회학(sociologie)이라는 말과 새로운 학문분야를 창시했다. 미래에는 학자(savants)가 지배하는 합리화된 이상국가

를 구상했고, 만년에는「인류교」(la religion d'Humanit)라는 새 종교를 주장하고 그 교조가 된다. 저서『실증 철학 강의』(1830-1842),『실증 정치의 체계』(1851-54),『실증주의서설』(김점석 옮김, 민음사, 2001). 콩트의 3단계 법칙에 관해서는 슈미트의「중립화와 탈정치화의 시대」,『정치적인 것의 개념』, 121면;『정치신학외』, 109면.

* 36 루소의『정치경제론』은 김용구,『장 자크 루소와 국제정치』(원, 2001), 121-171면; 박호성 옮김(책세상, 루소전집8, 2015), 231-274면.

* 37 부트미(Émile-Gaston Boutmy, 1835-1906) 프랑스의 정치학자. G. 옐리네크와의 인권선언 논쟁으로 유명. 부트미의 논문명은 La déclaration des droits de l'homme et du citoyen et M. Jellinek, in: Annales des sciences politique, t. XVII, juillet 1902, p. 418.「인권선언과 옐리네크씨」, 김효전역,『인권선언 논쟁』(법문사, 1991), 131면.

* 38 시에예스(Emmanuel-Joseph Sieyès, 1748-1836) 프랑스의 성직자이며 정치가. 저서『제3신분이란 무엇인가』(Qu'est-ce que le tiers état?, 1789. 박인수 옮김, 책세상, 2003). 슈미트는 시에예스의「헌법제정권력」의 이론을 자신의 헌법론의 골격으로 삼는다. 일본어판 稻本洋之助他譯,『第三身分とは何か』(岩波文庫, 2011)에는 상세한 역주와 해설이 붙어 있다. 기타 駿河昌樹, スイェスの『特權についての試論』,『中央學院』 제32권 2호(2019); 春山習, シィエス憲法思想の再檢討,『早法』 제94권 4호(2019), 469-509면.

* 38 토크비유(Charles Alexis Henri Clérel de Tocqueville, 1805-1859) 프랑스의 정치가 · 역사가. 1831-32년에 미국을 여행하고,『미국민주주의론』을 저술하여 미국론과 민주주의론의 고전이 됨. 39-48년 하원의원으로서 온건자유파의 입장에 선다. 48년 2월혁명 후 헌법의회에 속하고 49년 외상. 그러나 루이 나폴레옹에 반대하여 51년 인퇴. 저서『앙시앵 레짐과 프랑스 혁명』(이용재 옮김, 박영률출판사, 2006);『빈곤에 대하여』(김영란 · 김정겸 옮김, 에코리브르, 2014). 문헌 서병훈,『위대한 정치: 밀과 토크빌, 시대의 부름에 답하다』(책세상, 2017). →『의회주의』,『구원은 옥중에서』

* 38 Alexis de Tocqueville, De la démocratie en Amérique, 1835-40; Oeuvres, Tome 1, p. 430-431. 이용재 옮김,『아메리카의 민주주의』(아카넷, 2018); 박지동 · 임효선 옮김,『미국의 민주주의』(한길사, 1997); 이영범역,『미국민주주의론』(사상문고, 1963).

* 38 프루동(Pierre Joseph Proudhon, 1809-1865) 프랑스의 초기 사회주의자 · 저술가. 저서『소유란 무엇인가』(Qu'est-ce que la propriété? 1861; 이용재 옮김(아카넷, 2003); 박영환역(형설출판사, 1989)에서「소유란 절도」라고 주장. 마르크스의『철학의 빈곤』(Das Elend der Philosophie, 1847; 이승무 옮김,『철학의 곤궁』(지식을만드는지식, 2018); 강민철 · 김진영 옮김,『철학의 빈곤』(아침, 1988)의 공격 대상. →『도노소 코르테스』

* 38 바쿠닌(Mikhail Aleksandrovich Bakunin, 1814-1876) 러시아의 직업혁명가 · 무정부주의자. 프루동과 마르크스와 교류. 그는 인간의 자유는 신과 국가를 부정함으로써 달성된다고 생각하고

'자유로운 공동체의 자유로운 연합'의 원칙을 제창하고, 이를 위해서는 폭력 수단에 의해서 국가 권력을 절멸하고 일체의 국가와 정치 기구를 파괴하는 것이 필요하다고 주장하였다. 저서 『국가통제와 아나키』(Statism and Anarchy, 1873, ed. by Marshall Shatz); 『신과 국가』(Dieu et l'État, 1882); L'empire knouto-germanique et la révolution sociale (1871); 문헌 박홍규, 『오월의 영원한 청년 미하일 바쿠닌』(틈새의 시간, 2023); E. H. 카, 이태규 옮김, 『미하일 바쿠닌』(이매진, 2012); Mark Leier, Bakunin: The Creative Passion, 2006. → 『의회주의』

* 39 엥겔스의 논문명은 Engels, Die Lage Englands, in: Deutsche-Französische Jahrbücher, 1844.

* 40 노발리스(Novalis, 1772-1801) 독일의 시인. 본명 Georg Philipp Friedrich von Hardenburg. 저서 『푸른 꽃』(이유영 옮김, 범우사, 2003). 문헌 G. 슐츠, 이온화 옮김, 『노발리스』(행림, 1982).

* 40 아담 뮐러(Adam Heinrich Müller, 1779-1829) 독일 정치적 낭만주의의 대표자. 외교관, 정치사상가. 슈미트에 의해서 「정치적 낭만주의」의 전형적 인물로 불렸다. 문헌 슈미트의 『정치적 낭만』(배성동역, 삼성출판사, 1976/1990), 63면 이하; 프레더릭 바이저, 김주휘 옮김, 『낭만주의의 명령 세계를 낭만화하라: 초기 독일 낭만주의 연구』(그린비, 2011); 장남준, 『독일 낭만주의 연구』(나남, 1989); 지명렬, 『독일 낭만주의 연구』(일지사, 1975).

* 40 뉴먼(John Henry Newman, 1801-1890) 영국 국교회의 사제에서 가톨릭으로 개종하여 추기경이 된 사람.

* 40 소경이 소경을 인도한다. 「그들은 눈 먼 사람이면서 눈 먼 사람을 인도하는 길잡이들이다. 눈 먼 사람이 눈 먼 사람을 인도하면, 둘 다 구덩이에 빠질 것이다」(마태 15: 14. 새 번역 『성경전서』).

* 40 「나는 항상 두 개의 심연 사이에 서 있다」(Je me trouve constamment entre deux abîmes). 이것은 보날의 표현이다. 슈미트는 「심연」(abîme, Abgrund)을 좋아하며 『구원은 옥중에서』의 첫 문장도 「너는 누구인가?」(Tu quis es?)라는 말로 시작하며, 「나는 심연에 빠져 들어갔다」고 적고 있다.

* 41 바뵈프(François-Noël Babeuf, 1760-1797) 프랑스의 혁명가 · 공산주의자. 문헌 Robert Legrand, Babeuf et ses compagnons de route, Paris 1981; Katharina und Matthias, Middell, François-Noël Babeuf: Märtyrer der Gleichheit: Biografie, Berlin 1988.

* 41 크로포트킨(Pyotr Alekseyevich Kropotkin, 1842-1921) 러시아의 무정부주의자. 저서 『만물은 서로 돕는다. 크로포트킨이 밝힌 자연의 법칙과 진화의 요인』(김훈 옮김, 여름언덕, 2015).

* 41 오토 그로스(Otto Groß, 1877-1920) 오스트리아의 정신분석학자. 프로이트의 제자였으나 무정부주의자로 변신하였다.

* 42 세이에르(Ernest Seillière, 1866-1955) 프랑스의 문예비평가.

* 42 트리엔트 종교회의. 종교개혁에 대항하여 개최된 종교회의(1545-1563). 가톨릭교회의 숙청을 도모하는 동시에 여러 가지 교의상의 문제점에 결정을 보았다.

* 44 슈탈의 강연 제목, Über die gegenwärtigen Parteien in Staat und Kirche, 1863.

* 44 자유권의 이념 중 특히 종교의 자유가 미국에서 유래했다는 것에 대해서는 G. 옐리네크-E. 부트미, 김효전역, 『인권선언논쟁』(법문사, 1991).

* 44 카를 마르크스, 김현 옮김, 『유대인 문제에 관하여』(책세상, 2015).

* 46 보들레르(Charles Pierres Baudelaire, 1821-1867) 프랑스의 비평가 · 시인. 작품 『악의 꽃』(Les Fleurs du mal, 1857; 김붕구역, 민음사, 1973; 황현산 옮김, 민음사, 2016). Caïn et Abel.

로마 가톨릭주의와 정치형태 (1925)

* Römischer Katholizismus und politische Form, 1923. 2. Aufl., Theatiner-Verlag, München 1925, 53 S. Neudruck Klett-Cotta, Stuttgart 1984.

『로마 가톨릭주의와 정치형태』(교육과학사, 1993), 7-57면.

이 논문에서 슈미트는 가톨리시즘의 정치사상은 교회에서 독자적인 합리성을 추구하는데 있으며, 로마 교회의 이러한 합리성과 대표성은 제도적인 것과 법적인 것에 있다고 한다. 가톨릭에 입각한 정치사상가 카를 슈미트를 이해하는 데에 귀중한 문헌이다.

* 48 적그리스도(Antichrist). 그리스도의 재림에 앞서 있을 종말론적 싸움에서 나타날 그리스도의 큰 적으로 마침내 멸망당할 것이다. 敵그리스도들이 많이 있는데, 요한은 이들을 예수께서 그리스도임을 부인하는 자들이라고 말했다(요일 2:18, 22). → 『정치신학 II』, 본서 1171면.

* 48 비스마르크(Bismarck, 1815-1898)의 회상록(Gedanken und Erinnerungen, Darmstadt 1998, 2 Bde.). 문헌 에버하르트 콜브, 김희상 옮김, 『지금, 비스마르크』(메디치미디어, 2021); 강미현, 『비스마르크 평전』(에코리브르, 2010); 강성학, 『오토 폰 비스마르크: 천재-정치가의 불멸의 위대한 리더십』(박영사, 2022).

* 48 문화투쟁(Kulturkampf). 이 표현은 19세기 비스마르크에 의해서 수행된 억압정책을 가리키는 것으로 사용되었다. 처음에는 프로이센에서의 가톨릭교회와 그 조직, 그리고 기타 독일의 각 란트에 대해서 독일통일이라는 그의 거대한 계획의 일환으로서 수행되었으며, 나중에는 그의

운동을 사회주의 운동에 대해서까지 확대하였다.

* 48 여기서 슈미트는 올리버 크롬웰(Oliver Cromwell, 1599-1658)이 1656년 9월 11일에 스페인이 가톨리시즘을 표방하기 때문에 영국의 불구대천의 원수라는 것이다. 여기서 증오는 슈미트의 적과 동지라는 도식에서 볼 때 하나의 중요한 보조 개념이 되었다. 김효전 · 정태호 옮김, 『정치적인 것의 개념』(살림, 2012), 91면.

* 49 폭군방벌론자(Monarchomachen). 군주(monarchos)와 투쟁(machē)의 접합어. 근세 초기에 폭군에 대한 저항권을 주장한 일련의 사상가들. 문헌 스테파누스 유니우스 브루투스, 홍기원 옮김, 『폭군방벌론』(후마니타스, 근간). → 『의회주의』

* 49 신성동맹이란 1815년에 러시아 · 프로이센 그리고 오스트리아 군주에 의해서 형성된 보수적 정치동맹으로서 분할된 크리스천의 원리들에 근거하여 나폴레옹이 마지막으로 패배한 여파 가운데 그들의 국내적 및 대외적 정책에서의 지침이 되었다.

* 49 라코르데이르(Jean Baptise Henri Lacordaire, 1802-1861) 도미니코회에 소속한 프랑스의 가톨릭 성직자. 원래 법학을 공부하였으나 그의 신앙을 되찾고 여생을 프랑스에서 교회의 권위를 부흥시키는데 헌신하였다

* 49 모라스(Charles Maurras, 1868-1952) 프랑스의 문필가 · 사회운동가. 악숑 프랑세즈(Action Française)의 지도자. 한편으로는 드 메스트르와 보날, 다른 한편으로는 콩트 · 다윈 등의 영향을 받고 종교개혁 · 프랑스 혁명 · 낭만주의에의 반대와 권위 · 애국 · 규율 · 교회옹호를 주창했다. 1914년 교황청에 의해서 이단으로 선고받고 그의 저서는 금서목록에 들어갔으나 승복하지 않는 신도도 많았다. 나치스 점령 중에는 페탱 정부를 지지하였기 때문에 전후 이적죄로서 무기징역을 선고받고 복역하다가 1952년 사면으로 출옥하였다.

* 50 체임버레인(Houston Stewart Chamberlain, 1855-1927) 영국에서 태어났으나 독일에 귀화한 문필가이며 사회사상가. 작곡가 바그너의 딸 에바와 결혼하여 바이로이트에 정착하였다. 그의 저서 『19세기의 기초』(Foundations of the Nineteenth Century, 1899)에서 게르만 민족의 우위를 설명하여 나치스에게 영향을 주었다.

* 50 해스팅스(Warren Hastings, 1732-1818) 영국의 정치가. 인도 총독으로서 수완을 발휘하였으나 1788년 의회에서 버크(E. Burke) 등의 탄핵을 받고 7년에 걸친 소송 끝에 무죄가 된다. 그후 낭비로 파산.

* 50 로이드 조지(David Lloyed George, 1863-1945) 영국의 정치가. 자유당의 대표적인 정치가로서 1916-1822년 수상. 베르사유 회의에 영국대표로서 참석.

* 50 처칠(Winston Leonard Spencer Churchill, 1874-1965) 영국의 정치가. 양차 대전 중 대독주전론자(對獨主戰論者)로서 제1차 대전 때에도 해군장관, 제2차 대전 중에는 수상으로서

전쟁을 지도하였다. 1950-1955년에도 수상 역임. 문헌 제바스티안 하프너, 안인희 옮김, 『처칠, 끝없는 투쟁』(돌베게, 2019); 조원영 옮김, 『폭풍의 한 가운데: 윈스턴 처칠 수상록』(아침이슬, 2003) → 『구원은 옥중에서』 역주

* 50 커즌(George Nathaniel Curzon, 1859-1925) 영국의 보수 정치인이며 외무장관(1919-1923).

* 50 메르시어(Desiré Joseph Mercier, 1851-1926) 벨기에의 가톨릭 성직자. 1907년부터 추기경. 토마스주의 철학자로서 실증주의, 칸트주의의 비판자. 제1차 대전 중 벨기에를 점령한 독일군에 대한 그의 태도로 인하여 국제적인 명성을 얻었다.

* 50 코룸(Michael Felix Korum, 1840-1921) 트리어의 가톨릭 주교.

* 50 「반대물의 복합체」(Complexio oppositorum) 이 표현은 슈미트 사후에 개최된 세미나에서의 강연과 토론들을 모은 책 이름에도 사용되었다. H. Quaritsch (Hrsg.), Complexio Oppositorum Über Carl Schmitt, Berlin 1988. 김효전 편역, 『반대물의 복합체』(산지니, 2014).

* 50 뒤팡루(Felix Antoine Dupanloup, 1802-1878) 오를레앙의 주교. 프랑스의 성직자이며 교회법 전문가. 가난한 농촌 부인의 사생아로서 출생. 가톨릭 자유파의 대표자로서 교권주의(敎權主義)와 반(反)종교사상의 양면에서 논쟁하였다. 교황무류설(敎皇無謬說)에 최초로 반대했으나 결국 승복하였다. 만년에는 국회의원으로서 활약하였고 왕당파에 속하였다.

* 50 아브루젠(Abruzzen) 이탈리아 중부에 있는 아페닌 산맥 중의 일부.

* 50 슈미트는 그의 『정치적 낭만』(Politische Romantik, 1919; 배성동역, 1977)에서 낭만주의의 특색의 하나는 한 쌍의 모순 속에는 사람의 사상을 정리하는 경향이라고 한다. 실제로 정치적 낭만주의를 무한한 대화 속에서 자기 자신을 표현하는 주관적 기연주의(機緣主義, Occasionalismus)로서 규정한다.

* 51 도노소 코르테스 → 『정치신학』, 『도노소 코르테스』

* 51 피어스(Patrick Henry Pearse 또는 Padraic, 1879-1916) 아일랜드 시인이며 독립운동가. 영국에 대항하여 반란을 일으켰다가 처형되었다.

* 51 마르키온(r. 85-r. 160 A.D.) 2세기의 이단사상가. 신약성서의 신을 구약의 신과 대립시키고 구약과 (바울 서간을 제외한) 신약성서의 많은 부분을 배척하였다. 그노시스주의에 가까우며 금욕을 실천하였다. 144년 교회로부터 배척을 받고 독자적인 단체를 만든다.

* 51 트리엔트 종교회의 → 『정치신학』

* 51 결단(Entscheidung)이란 개념은 카를 슈미트의 정치이론의 핵심이다. 자유주의에 대한 그의 불만은 자유주의가 결정에 대해서 무기력하며 자기 자신의 이익과 안전만을 도모하며 대중민주주의의 진전을 보지 못한다는 점이다. 또한「헌법제정권력은 정치적 의사이며, 이 의사의 힘 또는 권위에 의해서 자신의 정치적 실존의 종류와 형식에 대한 구체적인 전체적 결정(결단)을 내릴 수 있는, 즉 정치적 통일체의 실존을 전체로서 결정할 수 있는 것이다」(Verfassungslehre, S. 75.『독일 헌법학의 원천』, 81면). →『의회주의』

* 52 괴레스(Johann Joseph Görres, 1776-1848) 독일의 저널리스트 · 가톨릭 학자. 뮌헨대학 교수. 계몽사상, 프랑스 혁명, 낭만주의 등의 영향을 받아 개명적 가톨리시즘을 역설하고 커다란 영향력을 지녔다.

* 52「무차별점」(Indifferenzpunkt)을 E. M. Codd의 영역본 The Idea of Representation, 1988, p. 33에서는 'neutral zone' 이라고 번역하고, p. 69의 note 30에서 슈미트는 그 후의 저작에서 중립성의 개념을 발전시켰다고 하면서 다음의 책들을 열거한다. 즉 La epoca de la neutralidad, 1929, 1932; Neutralität gegenüber der Wirtschaft, 1930;「국가의 국내정치적 중립성의 문제」(1930). 그러나 정확한 번역으로 보기는 어렵다.

* 53 토착신앙(Terrisme) 이것은 어떤 사람이 지역적 차원에서 태어나면서부터 토지에 대해서 갖는 특별한 애착을 나타내는 용어이다. 가정과 토지소유를 통하여 윤리적 가치로서 전도된다. 이 개념은 슈미트의『파르티잔의 이론』(1963; 김효전 옮김, 문학과 지성사, 1998)에서 다시 나타난다.

* 54 루소주의. 인간의 성선설과 사회의 타고난 부패함은 결과적으로 자연으로 돌아갈 것을 촉진하였다.

* 55 르낭 →『의회주의』

* 55 뒤엠(Pierre Maurice Marie Duhem, 1861-1916) 프랑스의 물리학자 · 철학자. 열력학 · 전자기학 등에서 업적을 남겼으며 물리법칙을 인간의 구성물로 하는 과학이론을 설명하여 빈 학계에 영향을 미쳤다. 독실한 가톨릭교도이며 중세의 물리학사, 레오나르도 다빈치 연구도 유명하다.

* 55 특히 막스 베버의『세계종교의 사회심리학』(The Social Psychology of the World Religions, in: From Max Weber: Essays in Sociology, Gerth and Mills eds., New York: Oxford Univ. Press, 1972, pp. 267-301).

* 56 비요(Louis François Veuillot, 1813-1883) 프랑스의 가톨릭계 작가이며 저널리스트. 전투적인 교황주의의 대표자로서 Montalembert, Dupanloup 등 온건파와 논쟁하였다.

* 56 블로이(Léon Bloy, 1846-1917) 프랑스의 가톨릭계 저작자. 빈곤의 체험에서 세상을 저주하고 현대 문명의 파멸이라는 종말론적 신앙을 역설하였다.

* 56 벤슨(Robert Hugh Benson, 1871-1914) 영국의 성직자. 캔터베리 대주교 Edward White Benson(1829-1896)의 4남. 1904년 가톨릭으로 개종. 교황 피오 10세의 측근이 된다.

* 58 인류국가(civitas humana) 아우구스티누스(Augustinus, 354-430 A.D.)의 「神國」에 반대되는 「人國」의 개념을 암시한 것.

* 59 오귀스트 콩트(Auguste Comte) → 『정치신학』

* 59 「제3계급 그것은 국민이다」. 이 표현은 1789년 7월 파리에서 개최된 등족회의에서 인민의 대표로서 대의원의 지위를 규정하는 미라보(Mirabeau)의 동의와 관련하여 생긴 말이라고 한다.

* 61 프랜시스 톰슨(Francis Thompson, 1859-1907) 영국의 가톨릭 시인으로 셸리의 시작법과 밀접한 유사성이 있으며, 또한 16세기 시의 전통을 계속하였다.

* 61 From Shelley: An Essay by Francis Thompson, p. 4, second edition, Portland : M. E. Mosher, 1912. 1889년에 저술되었으나 최초로 발표된 것은 The Dublin Review, July 1908, p. 47이다.

* 61 테느(Hippolyte Adolphe Taine, 1828-1893) 콩트(Comte) 학도로서 철학자, 역사가이며 비평가. 문예비평에 최초로 과학적 정신을 도입하고 비평에 있어서의 자연주의의 선구자가 되었다. 저서 Les origines de la France contemporaine, 1875-93; Histoire de la litérature anglaise, 1864 등. → 『국가 · 운동 · 민족』

* 61 보쉬에(Jacques Bénigne Bossuet, 1627-1704) 프랑스의 가톨릭주교, 종교적 설교자이며 작가. 프로테스탄트에 반대하는 루이 14세의 지원을 받았다. 저서 Politics drawn from the Very Words of Holy Scripture (ed. by Patrick Riley), Cambridge.

* 64 기본적 인권의 제1호인 종교의 자유. 이것은 게오르크 옐리네크의 『인권선언론』(김효전역, 법문사, 1991)의 주장을 그대로 따른 것이다.

* 65 에르푸르트 강령(Erfurter Programm) 1891년 에르푸르트에서 개최된 회의에서 독일 사회민주당이 채택한 강령. 카를 카우츠키,『에르푸르트 강령』(서석연역, 범우사, 2003); W. Eichler, 100 Jahre Sozialdemokratie, Bonn 1962. 이태영역, 『독일 사회민주주의 100년』(중앙교육문화, 1989), 159-164면.

* 65 카를 카우츠키(Karl Kautsky, 1854-1938) 제1차 세계대전 이전의 독일 사회민주당의 준 공식적인 이데올로그. 에르푸르트 대회에 제출한 강령의 주요 기초자. 베른슈타인의 수정주의에 반대하고 논쟁했으나 러시아 혁명정부의 전제지배에 반대했다. 저서 『프롤레타리아 계급독재』(홍성방 옮김, 신론사, 2011); 『프롤레타리아 독재』(강신준역, 한길사, 2006); 『에르푸르트 강령』(서석연역, 범우사, 2003). 기타 『토머스 모어와 유토피아』, 『기독교의 기원』 등.

* 66 루돌프 조옴(Rudolf Sohm, 1841-1917) 독일의 교회법학자. 로스토크 출생. 1864년 로스토크 대학에서 박사학위 취득. 1866년 괴팅겐 대학에서 교수자격 취득. 프라이부르크 · 슈트라스부르크 · 라이프치히대학 교수 역임. 저서 Institutionen. Geschichte und System des römischen Privatrechts, 1883, Ndr. 1949; Das Verhältnis von Staat und Kirche, 1872; Kirchenrecht, 2 Bd., 1892/1923.

* 67 제국주의(Imperialismus), 보편주의(Universalismus), 그리고 가톨리시즘(Katholizismus) 등의 용어를 슈미트는 빈번히 여러 가지 의미로 사용한다.

* 68 에르네스트 엘로(Ernest Hello, 1828-1885) 프랑스의 가톨릭 작가. 해학적인 것으로부터 신비적인 것에 이르기까지 다양한 범위의 작품이 있다.

* 68 여기서 인용한 이야기는 1892년 발간된 블로이(Léon Bloy)의 저서 Salut par les Juifs의 한 부분이다.

* 68 프리메이슨(Freemason) 17세기 영국에서 기원한 국제적 규모의 비밀결사이며 그후의 세기에 유럽 대륙에 전파되었다. 그 기원은 석공(石工) 조합이라고도 하나 1723년 런던에서 성립하였다. 모든 프리메이슨 회원은 진리, 인간애, 자기비판, 그리고 인내에 따라서 노력할 의무를 진다. 독일의 경우에는 나치스가 정권을 장악한 1933년 이후 프리메이슨 지부(Loge)는 모두 해체되었다. 문헌 →『의회주의』

* 69 칼리반(Caliban)은 셰익스피어의 작품『템페스트』에 나오는 반수인(半獸人)으로 프로스페로(Prospero)의 머슴. 추악하고 잔인한 사람을 상징한다. →『토머스 홉스의 국가론에서의 리바이어던』

* 69 슈미트가 말하는「위대한 정치는 모두 비밀(Arcanum)에 속한다」든가,「통치의 비밀」등은 하나님 나라의 비밀(마 11:35; 11:25-30; 롬 16:25-27)에서 유래한다. 하나님 나라는 원래 비밀스럽게 감춰져 있었지만 예수 그리스도가 세상에 오자 드러났다(마 2:1-12; 미 5:2)는 것으로 그는 메시아(독재자)의 출현을 기대한 것으로 보인다.

* 70 바쿠닌(Mikhail Aleksandrovich Bakunin) →『정치신학』,『의회주의』

* 70 마찌니(Giuseppe Mazzini, 1805-1872) 이탈리아의 혁명가이며, 비밀결사의 창설자. 이탈리아의 통일을 위하여 투쟁하였으며 1894년 로마에 공화국을 선포하였다. 저서『인간의 의무』(김광형역, 박영문고, 1976).

* 70 라살레(Ferdinand Lassalle, 1825-1864) 독일 사회민주주의를 건설한 사람 중의 하나. 저서 『노동자강령』(1862; 서석연역, 범우문고, 1990). 문헌 Helmut Heinrichs/Harald Franzki/Klaus Schmalz/Michael Stolleis, Deutsche Juristen jüdischer Herkunft, Beck,

München 1993, S. 117-131. Peter Brandt u.a. (Hrsg.), Ferdinand Lassalle und das Staatsverständnis der Sozialdemokratie, Baden-Baden 2014; 틸로 람, 김효전 옮김, 페르디난트 라살레(1825-1864) 사회주의, 국가주의 혁명가, 『유럽헌법연구』 제32호(2020), 449-471면. → 『의회주의』

* 70 「룸펜 프롤레타리아트」. 이 말은 마르크스, 『프랑스에서의 계급투쟁』(1848-1850; 허교진역, 소나무, 1987)에서 볼 수 있다.

라이히 대통령과 바이마르 헌법 (1925)

* Reichspräsident und Weimarer Verfassung, in: Kölnische Volkszeitung vom 15. März 1925. S. 1. jetzt in: Günter Maschke (Hrsg.), Staat, Großraum, Nomos. Arbeiten aus den Jahren 1916-1969, Duncker & Humblot, Berlin 1995, S. 24-27.

『동아법학』 제79호(2018), 312-317면.

* 73 바이마르 헌법 제41조 1항 「라이히 대통령은 전체 독일 인민이 선출한다」. 이 규정은 특히 막스 베버의 견해에 따른 것이다. M. Weber, Gesammelte politische Schriften, 3. Aufl., 1958, S. 498 ff.

이하의 역주는 주로 Günter Maschke (Hrsg.), Staat, Großraum, Nomos. Arbeiten aus den Jahren 1916-1969, Duncker & Humblot, Berlin 1995에 의거하면서 역자가 추가한 것이다.

슈미트의 논저를 수집하고 주석을 붙인 귄터 마슈케(1943~)는 에르푸르트에서 태어나 트리어에서 성장한 자유기고가. 극좌 반체제 운동가였으나 1968-1969년 쿠바에 체류한 뒤 전향. 1979년 카를 슈미트를 알게 되고 1980년 "Edition Maschke"사를 설립하여 슈미트의 『땅과 바다』, 『토머스 홉스 국가론에서의 리바이어던』을 발간. 방송, 신문과 잡지에 다수 기고. 저서 Der Tod des Carl Schmitts. Apologie und Polemik, Wien: Karolinger, 1987; Kritik des Guerrillero - Zur Theorie des Volkskrieges, Frankfurt a. M. 1972. 슈미트 저작의 편집으로 "Staat, Großraum, Nomos"(1995), "Frieden oder Pazifismus" (2005), "Staatsgefüge und Zusammenbruch des zweiten Reiches"(2011) 등.

* 73 독재의 길에 관하여는 C. Schmitt, Die Diktatur des Reichspräsidenten nach Art. 48 der Reichsverfassung, VVDStRL, 1. 1924, S. 63 ff. 약간 수정하여 in: ders., Die Diktatur, 2. Aufl., S. 213 ff.(김효전 옮김, 「바이마르 헌법 제48조에 따른 라이히 대통령의 독재」, 동인 옮김, 『독재론』, 법원사, 1996, 247면 이하). 이 논문의 영역은 The Dictatorship of the Reich President according to Art. 48 of the Reich Constitution, in: Constellations, Vol. 18 (3), 2011, pp. 199-323.

* 74 라이히 대통령제의 구상에서의 모순점에 대해서 논쟁적으로 상설한 것은 L. Wittmayer, Die Weimarer Reichsverfassung, 1922, S. 355-372. 문헌 小林昭三, 『ワイマール大統領論研究序説』(成文堂, 1964).

* 74 어려운 문제. 이에 관하여는 Johannes Bell, Das verfassungsrechtliche Verhältnis des Reichspräsidenten zu Reichskanzler, Reichsregierung und Reichstag, DJZ, 1. 6. 1925; F. J. Wuermeling, Die rechtlichen Beziehungen zwischen dem Reichspräsidenten und der Reichsregierung, AöR, Heft 3, 1926, S. 341 ff. 등.

* 74 입헌독재. 추측건대 슈미트가 프로이스(H. Preuß)의 논문 Reichsverfssungsmäßige Diktatur, ZfP, 1924, S. 97 ff.를 빗대어 한 것 같다. 이 논문에서 프로이스는 슈미트의 주권적 독재와 위임적 독재를 찬성한다. G. Maschke, Staat, Großraum, Nomos, S. 30.

* 74 안전판. 제43조 (임기 · 해직) ① 라이히 대통령의 임기는 7년으로 한다. 재선은 허용된다.

② 임기만료 전에는 라이히 대통령은 라이히 의회의 제안으로 국민투표에 의해서 해직된다. 라이히 의회의 결의는 3분의 2 이상의 다수결에 의한다. 이러한 결의가 있을 때에는 라이히 대통령은 직무를 수행할 수 없다. 국민투표에 의한 해직이 거부된 때에는 새로운 대통령의 선거가 있었던 것으로 하며, 라이히 의회는 해산된다.

③ 라이히 대통령은 라이히 의회의 동의 없이는 형사소추를 받지 아니한다.

슈미트의 「작은 안전판」이란 베버의 논문 Deutschlands künftige Staatsform, in: Gesammelte politische Schriften, S. 448-483(주수만역, 「장래의 독일의 국가형태」,『막스 베에버어의 정치사상』, 경희대출판부, 1982)을 빗댄 것으로 보인다.

* 75 예컨대 1848년의 프랑스 헌법은 제45조에서 「① 공화국대통령은 4년의 임기로 선출하며, 4년의 기간을 둔 후가 아니면 재선될 수 없다. ② 부통령과 대통령의 6촌 이내의 혈족과 인척도 동일한 기간을 거치지 아니하면 대통령의 후임으로 선출될 수 없다」고 규정하고 있다. 문헌 김충희 옮김, 프랑스 역대 헌법전(1), 『동아법학』 제69호(2015), 527면.

* 75 E. R. Huber, Deutsche Verfassungsgeschichte seit 1789, V, 1978, S. 1193.

* 76 B. Constant, Cours de politique constitutionnelle (1815), dt. in: hrsg. v. L. Gall, IV, 1972, S. 9-244, bes. S. 31 ff. 또한 L. Gall, Benjamin Constant, 1963, S. 166-205. 슈미트는 콩스탕을 「운명의 형제」라고 부르고, 그의 중립권의 이론을 빌려 헌법의 수호자를 설명한다(Der Hüter der Verfassung, 1931, 5. Aufl., 2016, S. 132 ff. 김효전 옮김, 『헌법의 수호자』, 법문사, 2000, 183면 이하). 이에 대한 비판은 H. Kelsen, Wer soll der Hüter der Verfassung sein?, in: Die Justiz, Bd. 6, 1931, S. 5-56 (김효전 옮김, 『독일 헌법학의 원천』, 산지니, 2018, 988-1027면); G. Leibholz, Die Auflösung der liberalen Demokratie in Deutschland und das autoritäre Staatsbild, 1932, S. 67 f. 문헌 → 『체계형성』

* 76 외무장관 라테나우(Rathenau)의 암살 후에 발포한 에버트 대통령의 공화국보호명령(1922년)과 공화국 보호를 위한 법률(1922년)은 레르헨펠트 백작(Graf Lerchenfeld) 하의 바이에른 정부의 분노한 저항을 제압하였다.

* 76 클레망소(Georges Clemenceau, 1841-1929) 프랑스의 정치가. 수상으로서 베르사유 회의에서 알사스-로랭의 할양과 배상 등 강경한 요구를 관철했다. 클레망소는 1887년 불랑제 사건 때에 카르노(Marie François Sadi Carnot, 1837-1894, 이탈리아의 무정부주의자인 S. I. Caserio에 의해서 살해됨)를 프랑스 공화국 대통령으로 선출하고,「가장 어리석은 자를 뽑아라」(Choisissons le plus bête)라는 말로 그를「추천했다」. 이에 관하여는 E. R. Curtius, Maurice Barrès und die geistigen Grundlagen des französischen Nationalismus, 1921, S. 106. →『광역』본서 565면

현대 의회주의의 정신사적 지위 (1926)

* Die geistesgeschichtliche Lage des heutigen Parlamentarismus, Unveränderter Nachdruck der 2. Aufl. 1926. Berlin: Duncker & Humblot, 11. Aufl. 2017, 90 S.

『동아법학』 제31호(2002), 295-377면;『현대 의회주의의 정신사적 지위』(관악사, 2007), 118면+원문 90면.

카를 슈미트는 이 책에서 독일 바이마르 공화국의 의회민주주의에는 확고한 도덕적 · 정신적 기초가 없는 것을 폭로하면서 의회민주주의의 정신사에 새로운 조명을 가하고 있다. 그는 사람들이 자주 혼동하는 자유주의와 민주주의를 범주적으로 구별한다. 즉 자유주의는 개인주의를 기초로 하며 정치제도로 나타나는 경우에는 공개성과 토론과 타협을 원칙으로 하는 의회주의가 되어 역사적으로 결실한 것이다. 이에 반하여 민주주의는 일정한 동일성을 그 원리로 한다. 그리하여 대중민주주의가 발전함에 따라서 의회주의는 그 정신적 기초가 붕괴되어 간다고 주장한다.

그러면 버크 · 벤담 · 기조 · 밀의 논리가 이미 그 존재이유를 상실한 것처럼 보이게 될 때 무엇이 남는가? 의회주의의 위기 내지 병리에 대한 대책이나 처방전으로 카를 슈미트는 직접민주주의와 독재를 제시한다. 독재는 민주주의의 대립물이 아니며 어떤 상황에서는 민주주의의 실현을 위한 유효한 수단이라고 주장한다. 이에 대해서 한스 켈젠 같은 사람은 선거법의 개정이나 직능대표제의 도입과 같은 방안을 제시하기도 한다.

여하튼 이 책은 결코 고뇌하면서 파국의 길로 치닫던 1920년대의 바이마르 공화국시대의 단순한 다큐멘트로 끝나는 것은 아니며 한국 의회주의의 생리와 병리에 대해서 심각하게 우려하고 이에 대한 해결책을 마련하려는 오늘날의 우리들에게도 여전히 많은 시사점과 교훈을 제공하고 있다. (2007년 4월 김효전 역자 서문)

* 77 이 책은 원래 Bonner Festgabe für Ernst Zitelmann, 1923, S. 413-473에 발표한 것을 약간 수정하여 같은 해 Duncker & Humblot사에서 초판을 내었다. 이 논문에 대해서는 리하르트 토마를 비롯하여 레오 비트마이어 등의 비판과 서평이 잇달았다. 슈미트는 토마의 비판에 대해서「의회주의와 현대 대중민주주의와의 대립」(Der Gegensatz von Parlamentarismus und moderner Massendemokratie)을 Hochland, 23. Jahrg., 1926, Juniheft, S. 257-270에 발표하고, 이 논문에 약간 가필하여『현대 의회주의의 정신사적 지위』 제2판(1926년)에 서문으로서 붙였다. 이 책은 제3판이 1961년에 나온 이후부터는 모두 제2판의 무수정판으로 내용은 동일하다. 슈미트의 1926년 논문은 김효전역,『정치신학외』(법문사, 1988), 85-103면과 김효전 · 박배근

공역, 『입장과 개념들』(세종출판사, 2001), 75-93면에도 수록.

* 78 토마(Richard Thoma, 1874-1957) 독일의 국법학자. 켈젠 · 안쉬츠와 함께 바이마르 공화국 시대의 대표적인 국법실증주의자. 안쉬츠와 공편한 『독일 국법 강요』(전2권, 1930-32)가 있다. 토마의 논문 Richard Thoma, Zur Ideologie des Parlamentarismus und Diktatur, in: Archiv für Sozialwissenschaften und Sozialpolitik, Bd. 53. Heft 1, 1925, S. 212-217. 박남규역, 「의회주의와 독재의 이데올로기에 대하여」, 동인역, 『현대 의회주의의 정신』(탐구신서, 1987), 156-169면. 문헌 P. Häberle u.a., Staatsrechtslehrer des 20. Jahrhunderts, S. 147-160. →「의회의 소집과 휴회」

* 78 버크(Edmund Burke, 1729-1797) 아일랜드 출생의 영국 정치가 · 정치학자. 조지 3세의 독재정치를 강력하게 반대하고 의회정치를 고취하였다. 저서 Reflection on the Revolution in France, 1790(이태숙 옮김,『프랑스 혁명에 관한 성찰』, 민음사, 2008); 정홍섭 옮김, 『보수의 품격』(좁쌀한알, 2018); 김동훈역, 『숭고와 아름다움의 이념의 기원에 대한 철학적 탐구』(마티, 2006) 등. 문헌 유벌 레빈, 조미현 옮김, 『에드먼드 버크와 토머스 페인의 위대한 논쟁』(에코리브르, 2016); 박종훈, 『버어크의 정치철학』(학문사, 1993).

* 78 벤담(Jeremy Bentham, 1748-1832) 영국의 법학자 · 철학자. 공리주의의 주창자로 유명. 저서 『통치론 단상』(Fragment on Government, 1776); Introduction to the Principles of Morals and Legislation, 1789(고정식 옮김, 『도덕과 입법의 원리 서설』, 나남, 2011); 정홍섭 옮김, 『벤담과 밀의 공리주의』(좁쌀한알, 2018) 등. 문헌 石井幸三, ベンタム『統治論斷片』の斷片的注釋(1)(2): ブラックストンの「主權」を巡って, 『龍谷』 제52권 1-2호(2020); 강준호, 『제러미 벤담과 현대』(성균관대 출판부, 2020).

* 78 기조(François Pierre Guillaume Guizot, 1787-1874) 프랑스의 역사가 · 정치가. 신교도로서 자유주의자. 7월왕정 하에서 수상이 되어 금융 부르주아지의 이익을 대표. 2월혁명 후 국외로 망명. 저서 Histoire générale de la civilisation en Europe, 1858. 임승휘 옮김, 『유럽 문명의 역사: 로마 제국의 몰락부터 프랑스 혁명까지』(아카넷, 2014), 『영국 혁명사』(1854), 『프랑스 문명사』(1829-32) 등. → 『구원은 옥중에서』

* 78 밀(John Stuart Mill, 1806-1873) 영국의 사회철학자. 벤담의 공리주의를 신봉하고 이를 발전시켰다. 경제학자로서 또한 남녀동권론을 강력히 주장하였다. 저서 Consideration on Representative Government, 1861. 서병훈 옮김, 『존 스튜어트 밀 선집』(책세상, 2020); 서병훈 옮김, 『대의정부론』(아카넷, 2012); On Liberty, 1864. 이극찬역, 『자유론』(사상문고, 1962; 서병훈역, 책세상, 2005); The Subjection of Women, 1869. 김예숙역, 『여성의 예속』(이화여대 출판부, 1986); 정홍섭 옮김, 『존 스튜어트 밀의 사회주의』(좁쌀한알, 2018). 문헌 서병훈, 『위대한 정치; 밀과 토크빌, 시대의 부름에 답하다』(책세상, 2017).

* 79 모스카(Gaetano Mosca, 1858-1941) 이탈리아 정치학의 창시자. 저서 『지배계급』(Elementi di scienza politica, 1895; 영역 The Ruling Class, 1939; 독역 Die herrschende

Klasse, 1950) 등.

* 80 후고 프로이스(Hugo Preuß, 1860-1926) 독일 바이마르 시대의 국법학자 · 정치가. 바이마르 헌법의 기초자. 제정 말기에 베를린 상과대학 교수로서 진보인민당에 소속하여 베를린시회 의원으로서도 활동. 혁명 후 중도좌파적인 독일민주당(DDP)의 창설 멤버가 되고, 공화국 최초의 내각인 샤이데만 내각에서 내무장관 역임. 예외상태에서의 대통령의 대권에 관한 제48조는 그의 고안이라고 한다. → 『후고 프로이스』

* 80 프리드리히 나우만(Friedrich Naumann, 1860-1919) 독일의 기독교사회주의 정치가. 오로지 기독교만을 주장한 것이 아니라 민족주의의 면을 강하게 주장하고 노동운동과 현재의 국가체제와의 화해를 시도하였다. 저서 『중부 유럽』(Mitteleuropa, 1915). 문헌 山下健次, 資料: フリードリッヒ・ナウマンの基本權草案 (1919. 3. 31), 『立命館法學』제46호(1962). → 『국제법적 광역질서』

* 80 본(Moritz Julius Bonn, 1873-1965) 유대인 경제학자. 뮌헨에서 슈미트에게 첫 강좌를 맡기고, 나중에는 베를린 상과대학 교수로 초빙. 1933년 미국으로 이민. 저서 『유럽 민주주의의 위기』(Die Krisis der europäischen Demokratie, 1925).

* 81 겐츠(Friedrich von Gentz, 1764-1832) 독일의 사회철학자. 1803년 버크의 『프랑스 혁명에 관한 고찰』을 독어로 번역하여 독일 보수주의의 바이블이 되었다. →『파르티잔의 이론』

* 81 바이마르 공화국 헌법 제21조. 「의원은 전국민의 대표자이다. 의원은 그 양심에만 따라서 행동하며, 위임에 구속되지 아니한다」.

* 82 리프맨(Walter Lippmann, 1889-1974) 미국의 저널리스트 · 평론가. 자유민주주의의 옹호라는 입장에서 국내외의 문제를 논했다. 저서 『여론』(이충훈 옮김, 까치글방, 2012), 『민주주의의 몰락과 재건』(이극찬역, 대한기독교서회, 1974).

* 82 카부르(Camillo Conte di Cavour, 1810-1861) 이탈리아의 정치인. 이탈리아 통일운동의 지도적인 인물 중 한 사람. 수상 역임. 카부르에 관하여는 W. Schätzel, Der Staat. Philosophen und Staatsmänner über den Staat. 강성위역, 『국가 - 정치철학의 길잡이』(이문출판사, 1995), 315-318면; 량치차오 저, 신채호 번역, 류준범 · 장문석 현대어 옮김, 『이태리 건국 삼걸전』(지식의 풍경, 2001).

* 82 「가장 나쁜 방(Chambre)일지라도 대기실(Antichambre)보다는 낫다」. 이 말은 이탈리아의 정치가 카부르가 한 말. 여기의 방(Chambre)에는 의회라는 뜻이 있다. 대기실(Antichambre)은 왕실의 옆방 또는 부속실을 의미한다.

* 82 프레보 · 파라돌(Lucien Anatole Prévost-Paradol, 1829-1870) 고등사범학교(École normale) 이래 테느의 친구로 영국식 입헌체제를 지지하고 제2 제정 하에 의회주의의 부활에

공헌한 헌정론자. 저서 『새로운 프랑스』(La France nouvelle, 1868).

* 84 덕(vertu) → 『마키아벨리』(1927)

* 84 「식민지는 국법상은 외국이며, 국제법상은 국내」라고 하는 저 멋진 정식. 이 제2판에의 서문은 「의회주의와 현대 대중민주주의와의 대립」(1926)이며, 『현대 의회주의의 정신사적 지위』(본서 84면)와 그의 논문집 『입장과 개념들. 바이마르-제네바-베르사유와의 투쟁에 있어서 1923-1939』(김효전 · 박배근 옮김, 세종출판사, 2001), 75-93면에도 재수록, 특히 85면. 이 표현은 제국주의자들의 궤변인 동시에 슈미트의 본심을 잘 나타내주는 곳이다.

* 87 카를 브링크만(Carl Brinkmann, 1885-1954) 독일의 사회학자 · 경제학자. 사회경제학과 정치경제사를 중점으로 연구. Rhodes 장학생으로 영국 The Queen's College, Oxford 유학. 하이델베르크, 베를린, 튀빙겐대학 교수 역임. 저서 Weltpolitik und Weltwirtschaft im 19. Jahrhundert, 1921; Soziologische Theorie der Revolution, 1948; Wirtschaftstheorie, 1948. 문헌 H. Winkel, Das Verhältnis von Theorie und Geschichte bei Carl Brinkmann, Diss. Mainz 1960.

* 89 갈채(Akklamation) 카를 슈미트는 국민 고유의 모든 표현의 핵심이며, 루소가 염두에 둔 민주주의의 근원적 현상은 바로 「갈채」라고 하여 직접민주주의를 강조한다. 그는 「갈채는 모든 정치적 공동사회의 영원한 현상이다. 국민 없는 국가란 없으며, 갈채 없는 국민이란 없다」고 극언을 한다. C. Schmitt, Volksentscheid und Volksbegehren, 1927, S. 34 (『국민표결과 국민발안』, 본서 162면 이하). 슈미트의 「갈채」구상은 페터존의 종교사적 연구에 많이 힘입고 있다. E. Peterson, Heis Theos, Göttingen 1926, S. 141-227. 또한 Schmitt, Politische Theologie II, 1970, 6. Aufl., 2017. 두 저자의 관계에 관하여는 B. Nichtweiss, Erik Peterson. Neue Sicht auf Leben und Werk, 1992, bes. S. 727-830; Giancarlo Carnello (Hrsg.), Erik Peterson. Die theologische Präsenz eines Outsiders, Berlin: Duncker & Humblot 2012, 652 S. → 「시민적 법치국가」

* 89 케자르주의(Cäsarismus) 무단주의라고도 번역. C. Schmitt, Der Nomos der Erde, 1950, S. 32-36. 최재훈 옮김, 『대지의 노모스』(민음사, 1995), 41-46면.

* 91 바이마르 헌법 제21조. → 1012면.

* 91 뢰벤슈타인(Karl Loewenstein, 1891-1973) 뮌헨대학 사강사로 재직 중 유대인이라는 이유로 나치스에 의해서 추방. 미국으로 이민 가서 앰허스트 대학의 정치학 교수로 정착. 저서 Political Power and the Governmental Process, 1957 (독역판 Verfassungslehre, 1959, 4. Aufl., 2000)는 한국(김기범역, 『현대헌법론』, 교문사, 1973; 새 번역, 『동아법학』 제74 · 75호, 2017)과 일본에 지대한 영향을 미쳤다. 뢰벤슈타인은 상당한 양의 책을 고려대에 기증하였으며(유진오, 『양호기』, 1977, 264면), 5. 16 군사 쿠데타 이후 민정으로 이양하기 위하여 새 헌법을 제정하는 과정에서 그를 초빙하려고 하였으나 거절하였다는 소문이 있다(이석제, 제3공화국개헌,

『중앙일보』1980. 6. 9 및 윤길중 외, 개헌비사,『동아법학』 제72호, 2016, 337면). 특히 1960년대에는 헌법 교과서마다 거의 경쟁적으로 기술하였으며, 심지어는 사법시험 문제에까지 영향을 미쳤다. 카를 슈미트에 관한 그의 메모는 Observations on Personality and Work of Professor Carl Schmitt, Memo of 14. November 1945, Loewenstein Papers, Box 28, Folder 2. 문헌 김효전 옮김,『독일 헌법학의 원천』(산지니, 2018), 805면 이하; 김효전역,『비교헌법론』(교육과학사, 1991); Udi Greenberg, The Weimar Century, Princeton Univ. Press 2014(이재욱 옮김,『바이마르의 세기: 독일 망명자들과 냉전의 이데올로기적 토대』, 회화나무, 2018), 281-347면; Markus Lang, Karl Loewenstein: Transatlantischer Denker der Politik, Stuttgart 2007, S. 250-251; Robert Chr. van Ooyen (Hrsg.), Verfassungsrealismus: Das Staatsverständnis von Karl Loewenstein, Baden-Baden 2007; P. Häberle u.a., Staatsrechtslehrer des 20. Jahrhunderts, S. 411-438. →「오늘날의 긴급명령」

* 91 쾰로이터(Otto Koellreutter, 1883-1972) 프라이부르크 대학에서 Richard Schmidt (1862-1944)에게 교수자격논문을 작성. 할레(1920), 예나(1921) 대학 교수. 바이마르, 나치스 시대를 통해 보수적 입장을 대표하는 국법학자. 특히 1933-45년까지 뮌헨 대학 교수로서 나치스를 지지하고 협력하였고 1939년 일본을 방문. 전후 미군에 의해서 5년 금고형을 받고 공직에서 추방되었다. 저서『일반국가학강요』(Grundriß der allgemeinen Staatslehre, 1933);『독일국법론』(Deutsches Staatsrecht, 1953); Die politischen Parteien im modernen Staate, 1926; Parteien und Verfassung im heutigen Deutschland, 1932 등. 문헌 Jörg Schmidt, Otto Koellreutter, 1883-1972. Sein Leben, sein Werk, seine Zeit, Frankfurt a. M.[usw]: Peter Lang 1995; M. Stolleis, Art. Koellreutter, in: NDB, Bd. 12, 1980, S. 324 f.

* 91 타타린-타른하이든(Edgar Tatarin-Tarnheyden, 1882-1966) 독일의 공법학자 · 국제법학자. 로스토크대학 교수. 나치시대에『생성 중의 국법』,『유대인의 국법론 · 국가론에의 영향』 등을 저술.

* 92 오스트로고르스키(Moisei Yakovlevich Ostrogorski, 1854-1919) 러시아인으로 프랑스에 유학. 정당에 관한 저서 La démocratie et l'organisation des partis politiques, 2 vol., 1903; La démocratie et les partis politiques, nouv. éd. 1912가 유명.

* 92 미헬즈(Robert Michels, 1876-1936) 독일 · 이탈리아 · 스위스의 정치사회학자. 막스 베버에게 사사하고 독일사회민주당원으로서 활동. 1907년 이탈리아로 옮겨 생디칼리슴, 이어서 파시즘의 지지자가 된다. 투린(Turin)대학 교수. 1914년부터 스위스 바젤대학 교수. 로마 대학 교수. 저서『정당사회학』(1911; 김학이 옮김, 한길사, 2003)에서 어떠한 대중정당도 결국 과두지배적이 된다는「과두지배의 철칙」을 정식화했다. 저서 Der Patriotismus, 2. Aufl., 2013. D&H. →『국민표결과 국민발안』

* 93 랑케(Leopold von Ranke, 1795-1886) 독일의 역사가. 그의 역사서술은 국가들의 흥망성쇠를 논한 정치사이며, 국가의 세력관계의 추이를 도덕적 에너지의 관념을 중심으로 파악한다. 문헌은 F. 마이네케, 차하순역,『랑케와 부르크하르트』(규장문화사, 1979).

* 93 토크비유(Charles Alexis Henri Clérel de Tocqueville, 1805-1859) 프랑스 왕정복고 시대의 사법관 · 저술가. 저서 『미국의 민주주의』(De la démocratie en Amérique, 1835-40)로 프랑스와 영국의 자유주의사상계에 알려지게 되었다. 역서 이용재 옮김, 『아메리카의 민주주의』(아카넷, 2018); 이용재 옮김, 『앙시앵 레짐과 프랑스혁명』(박영률출판사, 2006). 문헌 서병훈, 『위대한 정치: 밀과 토크빌, 시대의 부름에 답하다』(책세상, 2017). → 『구원은 옥중에서』

* 93 테느(Hippolyte Adolphe Taine, 1828-1893) 콩트 학도로서 철학자 · 역사가 · 비평가. 문예비평에 최초로 과학적 정신을 도입하고 비평에서의 자연주의의 선구자가 되었다. 저서 Les origines de la France contemporaine, 1875-93; Histoire de la litérature anglaise, 1864.

* 93 미슐레(Jules Michelet, 1798-1874) 프랑스의 역사가. 파리대학과 콜레주 드 프랑스 교수 역임. 저서 『프랑스 혁명사』(Histoire de le révolution française, 7 vols. 1847-1853).

* 93 르낭(Joseph Ernest Renan, 1823-1892) 프랑스의 사회사상가 · 종교사상가. 성직자가 되려고 신학교에 들어갔다가 3년 만에 퇴학하고, 19세기 합리주의의 영향 아래 중근동의 고대사를 연구. 저서 『민족이란 무엇인가』(Qu'est-ce qu' une nation? 1882; 신행선 옮김, 책세상, 2002). 그의 『예수의 생애』(La Vie de Jésus, 1863; 최명관 옮김, 을유문화사, 1989; 박무호역, 울산대출판부, 1999; 이정역, 정음사, 1977)는 예수를 무정부주의자로서 묘사하여 논쟁을 불러 일으켰다. → 『로마 가톨릭주의』

* 94 나폴레옹 3세의 성공. 1851년의 쿠데타 이후 1852년 국민투표에 의해서 세습 황제에 즉위.

* 94 프루동(P. J. Proudhon) → 『정치신학』

* 94 막스 베버, 「신질서 독일에 있어서의 의회와 정부」, 주수만역, 『막스 베에버어의 정치사상』(경희대출판부, 1982), 45-186면에 수록.

* 94 Hans Kelsen, Wesen und Wert der Demokratie, 1921. Mit einem Nachwort von Klaus Zeleny, Reclam: Stuttgart 2018. → 『정치신학』

* 95 수평파(Levellers) 영국의 청교도 혁명 중에 릴번을 비롯하여 와일드맨 · 오버턴 등의 지도 아래 결집한 급진적인 정치세력을 말한다. 유럽 역사상 최초로 민주 · 공화적 성격을 띠고 나타난 하나의 근대적 정당이라고 할 수 있다. 「수평파」라는 말은 「인간의 신분을 평등히」하고자 한다는 데에서 유래한다.

* 95 릴번(John Lilburne, 1614-1657) 영국 수평파의 지도자. 많은 정치적 팸플릿을 썼다.

* 97 슈타인(Lorenz von Stein, 1815-1890) 독일의 법학자 · 사회학자. 주저 『프랑스사회운동사』(Die Geschichte der sozialen Bewegung in Frankreich von 1789 bis auf unsere Tage,

3 Bde., 1850). →「19세기사에서의 로렌츠 폰 슈타인의 지위」

* 101 루돌프 스멘트(Rudolf Smend, 1882-1975) 국법학자이며 교회법학자. 그는 국가를 살아 있는 정신적 현실이자 생활과정으로 보며, 국가에 대해 동적 · 기능적으로 이해한다. 스멘트는 독일의 사회학자 리트(Th. Litt)의 이론에 입각하여, 국가가 자신을 실현해 나아가는 과정을 통합(Integration)이라고 부르고, 통합에는 인적 통합, 기능적 통합 그리고 물적 통합의 세 가지가 있다고 한다. 헌법이란 바로 국가가 통합을 이루어 나아가는 법적 과정이라고 한다. 또 그는 기본권은 국가에게 그 내용과 존엄성을 부여해 주는 물적 통합의 요소이며 가치체계라고 이해하고, 특히 언론의 자유의 국가창설적 기능을 강조한다. 그의 통합이론은 파시즘에 가까운 입장이었으나 나치에의 협력을 거부하여 베를린대학에서 괴팅겐대학으로 좌천되었다. 전후 독일 공법학의 주류가 된다. 카를 슈미트학파와 대립하는 학파로서 한국에도 이를 따르는 몇 사람이 있다. 저서 『국가와 헌법』(Verfassung und Verfassungsrecht, 1928; 김승조 옮김, 교육과학사, 1994; 『국가와 사회』(김승조 옮김, 교육과학사, 1994). 통합이론에 대한 비판은 한스 켈젠, 『통합으로서의 국가: 하나의 원리적 대결』(김효전역, 법문사, 1994). 문헌 H. Schulze-Fielitz, Rudolf Smend (1882-1975), in: P. Häberle, M. Kilian, H. Wolff (Hrsg.), Staatsrechtslehrer des 20. Jahrhunderts, 2. Aufl. 2018, S. 317-334; C. Bickenbach, Rudolf Smend (15. 1. 1882 bis 5. 7. 1975) - Grundzüge der Integrationslehre, in: Juristische Schulung v. 45. 7 (2005).

스멘트의 저서 "Verfassung und Verfassungsrecht"는 영어로는 "Constitution and Constitutional Law"로 번역하며(A. J. Jacobson & B. Schlink eds., Weimar: A Jurisprudence of Crisis, 2002, p. 213-248), 일본인 나가이 다케하루(永井健晴)는 『憲法體制と實定憲法 - 秩序と統合』(風行社, 2017)으로 옮겼다. 원서에 없는 부제목에 대해서 그는 「이것은 동일한 統括的인 사태(통합질서)로서의 Verfassung의 수직(vertikal)과 수평(horizontal)의 어스펙트를, 또한 '헌법체제와 실정헌법'이라는 이미지 타이틀은 이 의미에서의 동일 사태로서의 Verfassung의 동태(Dynamik)와 정태(Statik)를, 또는 가능태(dynamis)와 현실태(energeia)를 제시하려고 한다」(역서 306면, 해제를 대신하여)고 하여 새롭게 해석하고 있어 흥미롭다. 수직과 수평의 구상은 카를 뢰벤슈타인 헌법론의 방법론을 연상케 한다.

* 101 에스맹(Adhémar Esmein, 1848-1913) 프랑스의 법제사가 · 헌법학자. 원래 법제사가 전문이었으나 1889년 헌법강좌가 신설되면서 강좌를 담당하고 그 연구성과가 『프랑스와 비교헌법의 기초원리』(Éléments de droit constitutionnel Français et comparé, 1896)이다. 문헌 Stéphane Pinon et Pierre-Henri Prélot, Le droit constitutionnel d'Adhémar Esmein, Paris 2009; P. Arabeyre et al (dir.), Dictionnaire historique des juristes française, p. 406-408; A. Cepko, Le principe représentatif dans les théories constitutionnelles d'Adhémar Esmein et de Félix Moreau, in: Revue du droit public de la science politique en France et à l'étranger 2016, p. 991-1011; 時本義昭, 『フランス近代憲法理論の形成: ロッシからエスマンへ』(成文堂, 2018); 春山習, フランス第三共和制憲法學の誕生: アデマール・エスマンの憲法學, 『早稲田法學會誌』 제92권 4호(2017); 高橋和之, 『現代フランス憲法理論の源流』(有斐閣, 1986), 79-113면. → 『유럽법학의 상태』

* 101 래스키(Harold Joseph Laski, 1893-1950) 영국의 정치학자. 사회주의자이며 페비안

협회, 영국노동당에서 중요한 역할을 담당. 다원적 국가론을 주장하고 만년에는 마르크시즘적인 입장을 취했다. 저서로 The State in Theory and Practice, 1935 (김영국역, 『국가란 무엇인가』, 두레, 1983); Liberty in the Modern State, 1930 (이상두역, 『근대국가에 있어서의 자유』, 범우사, 1975); 『입헌정치의 재검토』(차기벽역, 1959) 등. 다원적 국가론에 대한 슈미트의 비판은 Positionen und Begriffe, 1939. 4. Aufl., 2014. 김효전 · 박배근 공역, 『입장과 개념들』, 190-209면. → 『정치적인 것의 개념』, 55면.

* 101 후고 크랍베 → 『정치신학』

* 101 대표(Repräsentation). Schmitt, Verfassungslehre, S. 204 ff. (김기범역, 『헌법이론』, 교문사, 1973, 224면 이하) 참조. 재현전(再現前)이라고 번역하기도 한다(和仁陽, 『教會 · 公法學 · 國家: 初期カール · シュミットの公法學』(東京大學出版會, 1990).

* 102 사무관리(Geschäftsführung). 아무런 법률상의 의무 없이 타인을 위하여 그의 사무를 처리하는 행위를 말한다(민법 제734조 1항). 예컨대 의뢰하지 않았는데 여행 중인 이웃집 개에게 먹이를 주는 것.

* 102 국민(나시옹) 「국민(Nation)은 인민(Volk)이라는 일반적인 개념에 비해서 정치적 특수의식에 의해서 개별화된 인민을 의미한다」. Schmitt, Verfassungslehre, S. 231. 역서, 253면.

* 102 1791년 헌법 제3편 전문 제1조 「주권은 단일 · 불가분 · 불가양이며 또 시효로써 소멸하지 않는다. 주권은 국민(나시옹)에 속한다」. 원문은 La souveraineté est une, indivisible, inaliénable et imprescriptible. Elle appartient à la Nation.

제2조 2항 「프랑스 헌법은 대표제이다. 대표자는 입법부와 국왕이다」. 원문은 La Constitution française est représentative : les représentants sont le Corps législatif et le Roi. 김충희 옮김, 프랑스 역대 헌법전(1), 『동아법학』 제69호(2015), 338-339면.

* 103 여론에 대해서 슈미트는 현대식의 갈채(Akklamation)라고 한다. Schmitt, Verfassungslehre, S. 246-251. 역서, 269-274면.

* 103 하스바흐(Wilhelm Hasbach, 1849-1920) 독일의 공법학자. 저서 『근대의 민주주의』(Die moderne Demokratie, 1913).

* 103 퇸니스(Ferdinand Tönnies, 1855-1936) 독일의 사회학자 · 철학자. 킬대학 교수. 1936년 나치 정부에 의해서 파면됨. 저서 『공동사회와 이익사회』(1887; 황성모역, 삼성출판사, 1976/1990)에서 사회학의 근본개념을 해명하고 사회학의 발전에 큰 영향을 미침. 마르크스와 홉스에 관한 연구가 있다. 저서 『토머스 홉스』(Thomas Hobbes, 3. Aufl. Stuttgart 1925); 『여론 비판』(Kritik der öffentlichen Meinung, 1922); 『사회학입문』(Einführung in die Soziologie, 1931). 전집 24권 de Gruyter 2009.

* 103 파올로 사르피(Paolo Sarpi, 1552-1623) 이탈리아의 학자. 베네치아인. 교황의 세속권과 예수회에 강력하게 반발하여 『트리엔트 공회사』(1619)를 저술.

* 104 바르톨로메오 제야의 학살(Massacre de la Saint-Barthélemy). 12 사도 중의 한 사람인 성 바르톨로메오의 축제일(1572년 8월 24일)에 파리에서 왕권으로 행해진 위그노파에 대한 대학살을 말한다. 수천 명이 살해되었다.

* 104 모나르코마키(Monarchomachen). 군주(monarchos)와 투쟁(machē)의 접합어. 근세 초기에 폭군에 대한 저항권을 주장한 일련의 사상가들. 대표적인 것은 Junius Brutus라는 가명으로 발간된 『반폭군론』(Vindiciae contra tyrannos, 1579)이 유명하다. 모나르코마키란 말은 Barclaius의 저서 De regno et regali potestate adversus Buchananum, Brutum et reliquis Monarchomachos, libri sex, 1600에서 유래한다고 한다. 저서 『폭군방벌론』(홍기원 옮김, 후마니타스, 근간); 기타 Otto von Gierke, Johannes Althusius und die Entwicklung der naturrechtlichen Staatstheorien, 1880, S. 3(笹川紀勝 他譯, 『ヨハネス・アルトジウス』, 2011); Treumann, Die Monarchomachen, 1895(김상겸 옮김, 『주권론의 뿌리를 찾아서』, 푸른세상, 2003). → 『헌법의 수호자』

* 104 정치의 비밀(Arcana) 통치의 비밀은 포퓰리즘, 의회의 무력함, 정당의 과두적 지배 등으로 폭로되었다. 이것은 성경에서 비밀을 알려주시는 분은 하나님(단 2:28, 29, 45~47)이며 요한계시록의 비밀(1:20)도 해결된다는 데에서 착상한 것으로 보인다. 성경의 비밀은 구텐베르크의 인쇄술의 발달로 대중화 내지 보편화되었듯이, 통치의 비밀도 이제는 비밀이 아니게 되었다. 슈미트는 질서(Ordnung)와 장소확정(Ortung)의 일회성을 나타내는 열쇠개념으로서 이 비밀을 사용하기도 한다. 그 결과 슈미트의 이론은 신비주의 내지 불가지주의로 빠지는 것이다. 大竹弘二, 『正戦と内戦』, 29면에서는 「後期 슈미트」라고 한정하는데, 슈미트 이론 전반을 지배한다. 문헌 그레고리 K. 비일 · 벤저민 L. 글래드, 신지철 옮김, 『하나님의 비밀: 비밀과 계시개념에 대한 상호 텍스트 개념』(새물결플러스, 2018).

* 104 Le Mercier de la Rivière, L'ordre naturel et essentiel des sociétés politiques, 1767, Chap. XXI f.

* 104 콩도르세(Marie Jean Antoine Nicolas de Caritat, Marquis de Condorcet, 1743-1794) 프랑스의 수학자 · 철학자 · 정치가. 저서 Esquisse d'un tableau historique des progrés de l'esprit humain, 1700. 장세룡 옮김, 『인간정신의 진보에 관한 역사적 개요』(책세상, 2002).

* 105 I. Kant, Beantwortung der Frage: Was ist Aufklärung? 1784.

* 105 J. S. Mill, On Liberty, Introductory (Forum Books, pp. 6-7).

* 105 에리히 카우프만(Erich Kaufmann) → 「체계형성」, 본서 1129면.

* 106 윌슨(Woodrow Wilson, 1856-1924) 미국 대통령(1913-21년) 제1차 대전의 종결과 국제연맹의 성립에 공헌. 저서 The new freedom, Prentice Hall, A spectrum book, 1913, pp. 41 ff.; Congressional Government, 1885; Constitutional Government in the United States, 1909 등. 국가론은 쇄첼, 강성위역, 『국가』(이문출판사, 1995), 336-347면. → 『광역』

* 106 말르브랑슈(Nicolas de Malebranche, 1638-1715) 프랑스의 철학자. 신앙의 진리와 이성의 진리를 분명히 아우구스티누스와 데카르트를 결부시키려고 했으며 게링크스와 함께 기회원인론을 주장하고 모든 것을 신 가운데 보는 만유재신론을 말했다. 저서 『진리의 탐구에 대해서』(De la recherche de la vérité, 3 vols. 1674-78) 등이 있다.

* 106 모제르(Johann Jakob Moser, 1701-1785) 독일의 국법학자 · 국제법학자. 튀빙겐대학 교수 역임. 주저 Teutschen Staats-Recht, 50 Bde., 1737-1754.

* 106 해링턴(James Harrington, 1611-1677) 영국의 정치철학자. 그의 『오세아니아』(The Commonweath of Oceana, 1656)에 묘사된 공상적 공화국은 미국에 커다란 영향을 미쳤다. 초기의 아메리카 식민지 헌법에는 그의 사상에 따른 것이 많이 있다. → 「헌법의 수호자」

* 106 볼링브로크(Henry St. John Viscount Bolingbroke, 1678-1751) 영국의 정치가. 토리당 소속으로 대신 역임. 앤 여왕의 사후 제임스 2세의 아들("Old Pretender"라고 불린)을 왕위에 올리려 하고 Act of Settlement, 1701을 폐지하려고 노력했으나 실패하고, 제임스 1세가 즉위하자 프랑스로 망명했다(1714년). 저서 Idea of a Patriot King, 1749.

* 106 마블리(Gabriel Bonnet de Mably, 1709-1785) 프랑스의 역사가 · 철학자 · 외교관으로서 프로이센에 근무. 로크나 콘티약의 자연법, 모렐리의 영향을 받아 경제적 평등을 수반하는 평등사상을 주장하여 사유재산제를 공격, 토지공유에 의한 공산주의 사회의 건설을 주장. 그의 사상은 로베스피에르 · 바뵈프에 영향을 미쳤다. 저서 『유럽의 공법』(Droit public de l' Europe, 2 vol. 1746) 등.

* 106 롬므(Jean-Louis de Lolme, 1740-1806) 제네바와 영국의 정치이론가 · 헌법문제에 관한 저술가. 제네바에서 출생하여 성년 때에 영국에 이주하여 영국 신민이 된다. 유명한 저작은 『영국 헌법론』(Constitution de l'Angleterre, 1771). 그는 군주제 · 귀족제 · 민주주의가 서로 균형을 이루는 원리를 소중히 여기는 통치형태를 옹호했다. 또한 헌법에서 대표민주주의의 요소를 칭찬하고, 선거권의 확대를 주장. 이 책은 미합중국 헌법의 많은 기초자들에게 영향을 미쳤다.

* 106 페더럴리스트. Hamilton, Madison and Jay, Federalist Papers, 1788. 김동영 옮김, 『페더럴리스트 페이퍼』(한울 아카데미, 1995).

* 106 모리스 오류 → 『정치신학』

* 106 레즈로브(Robert Redslob, 1882-1962). 스트라스부르 출생의 옛 알사스인으로서 독일의

법률가. 로스토크대학과 스트라스부르크대학 교수 역임. 그는 행정권과 입법권 간의 균형의 존부를 기준으로 하여 「진정한 의원내각제」와 「부진정한 의원내각제」로 구별하였다. Die parlamentarische Regierung in ihrer wahren und in ihrer unechten Form. Eine vergleichende Studie über die Verfassungen von England, Belgien, Ungarn, Schweden und Frankreich, Tübingen 1918. 이 책의 프랑스어판은 1924년에 발간되었다. 문헌 A. Le Divellec, Robert Redslob, juriste alsacien entre la France et l'Allemagne, in: Jahrbuch des öffentlichen Rechts, Bd. 55 (2007), S. 474-507.

* 107 Locke, The second treatise of civil government, Chap. XII, 143 ff. 강정인 · 문지영 옮김, 『통치론』(까치, 1996), 139면 이하; 이극찬역, 『시민정부론』(연세대 출판부, 1970). 일본어 번역 加藤節譯, 『完譯統治二論』(岩波文庫, 2010).

* 107 장기의회(Long Parliament) 1640년 소집되어 1653년에 해산된 영국 의회. 1640년 3주 만에 해산된 단기의회와 구별하여 이름이 붙여졌으며, 청교도혁명의 중심무대였다. 문헌 오만규, 『청교도 혁명과 종교자유』(한국신학연구소, 1999); 홍치모, 『스코틀랜드 종교개혁과 영국 혁명』(총신대학 출판부, 1991).

* 107 C. Schmitt, Verfassungslehre, S. 127. 역서, 149면.

* 107 그로티우스(Hugo Grotius, 1583-1645) 네덜란드 사람으로 흔히 「국제법의 아버지」로 불린다. 저서 『전쟁과 평화의 법』(De iure belli ac pacis, 1625; 영역 On the Law of War and Peace, tr. by F. W. Kelsey, Oxford, 1925, Classics of International Law, No. 1; 일역 一又正雄譯, 『戰爭と平和の法』, 巖松堂, 1949-51); 『자유해론』(1609; 김석현역, 1983). 문헌 홍기원, 『자연법, 이성 그리고 권리: 후고 그로티우스의 법철학』(터닝포인트, 2022); 최종고, 『위대한 법사상가들 I』(학연사, 1984), 36-64면; 柳原正治, 『グロティウス』(清水書院, 2000); Great Jurists of the World, J. Macdonell and E. Manson (ed.), Boston 1914.

* 108 O. Mayer, Deutsches Verwaltungsrecht, Bd. I. 2. Aufl., 1914, S. 47.

* 108 J. Locke, op. cit., Chap. XVIII, 181.

* 108 마샬(John Marshall, 1755-1835) 미국 건국 당시 연방당(Federalists) 소속으로 국무장관 역임. 애덤스 대통령에 의해서 제4대 연방대법원장에 임명되고, 미국헌법의 특징인 입법의 사법심사제도는 그의 원장 재직시 Marbury v. Madison (1803) 사건에서 인정된 것이다. 또 연방정부의 권한에 관한 헌법규정을 가능한 한 넓게 해석하려고 노력했다.

* 109 「진리가 아니라 권위가 법을 만든다」(『리바이어던』 제26장).

* 109 「법률을 말하는 입」. Montesquieu, De l' esprit des lois, Liv. XI, Chap. 6. 신상초역, 『법의 정신』(을유문화사, 1963), 161면.

* 110 해밀턴(Alexander Hamilton, 1757-1804) 미국의 정치인. 뉴욕주 대표로 미국헌법의 기초에 참여. 후에 재무장관 역임. 그의 사상은 제퍼슨과 반대로 정치권력은 집중되고, 또 일반 인민의 수중에 머물지 않도록 해야 한다는 것이다. 따라서 중앙집권주의자였다. 저서 A. Hamilton, J. Madison and J. Jay, Federalist Papers, 1788. 김동영 옮김, 『페더랄리스트 페이퍼』(한울아카데미, 1995); 론 처논, 서종민 · 김지연 옮김, 『알렉산더 해밀턴』(21세기 북스, 2018).

* 110 시에예스(Emmanuel Joseph Siéyès, 1748-1836) 프랑스의 성직자 · 정치인. 저서 Qu'est-ce que le tiers état? 1789. 박인수 옮김, 『제3신분이란 무엇인가?』(책세상, 2003)로 유명하게 되었다.

* 112 블룬칠리(Johann Caspar Bluntschli, 1808-1881) 스위스 · 독일의 국법학자. 국가유기체설을 주장. 저서 『일반 국법학』과 『근대 국제법』은 한국 · 일본 · 중국에 지대한 영향을 미침. 그의 정당론은 Charakter und Geist der politischen Parteien, Scientia 1970. 문헌 김효전, 『법관양성소와 근대 한국』(소명출판, 2014); 박근갑, 한국에 건너온 블룬칠리(Bluntschli) 국가학, 『개념과 소통』(한림대), No. 20 (2017), 348-451면; 박근갑 해제 · 번역, 요한 카스파 블룬칠리, Allgemeines Staatsrecht; 홍선영 번역, 가토 히로유키, 『國法汎論』, 『개념과 소통』(한림대), No. 7 (2011); C. Metzner, Johann Caspar Bluntschli. Leben, Zeitgeschehen und Kirchenpolitik 1808-1881, Lang 2009. → 「체계형성」

* 113 야수의 방법. Locke, op. cit., Chap. XVI, 181.

* 113 라마르틴(Alphonse de Lamartine, 1790-1869) 프랑스의 시인. 낭만주의의 한 대표자. 2월혁명 시대에는 정치가로서도 활약. 작품 『명상 시집』이 있다.

* 114 굼플로비츠(Ludwig Gumplowicz, 1838-1909) 폴란드와 오스트리아의 사회학자이며 국가학자. 국가는 지배를 둘러싼 인종집단의 투쟁에서 성립한다고 주장. 저서 Der Rassenkampf, 1883; Ausgewählte Schriften, 4 Bde., 1926-28. 문헌 프란츠 오펜하이머, 이상률 옮김, 『국가: 사회학적 연구』(이책, 2018).

* 115 루이 필립(Louis-Philippe, 1773-1850) 프랑스 국왕. 오를레앙 공 필립-에갈리테(평등)의 아들. 대혁명 초기부터 자유주의자로서 활동, 7월혁명 후 왕위에 추대되고,「시민왕」이라고 칭하고 기조를 중용했는데 금융과두지배로 빠지고 1848년의 2월혁명으로 퇴위, 영국으로 망명했다.

* 116 자유의 왕국에의 비약. 마르크스와 엥겔스는 다윈의 진화론을 인류의 역사에 적용해서 인간 사회가 자본주의라는 「필연의 왕국」에서 벗어나서 공산주의 사회라는 「자유의 왕국」으로 진입할 수 있다고 했다.

* 121 라살레(Ferdinand Lassalle, 1825-64) 독일사회민주당의 전신인 「전독일노동자협회」의 창립자. 국가론에서는 헤겔의 영향을 많이 받아 국가의 윤리적 성격을 강조하고, 먼저 보통선거권의

획득 후에 의회주의에 의해서 국가부조의 생산조합을 설립하고 사회주의를 실현해야 한다고 주장하였다. 전독일노동자협회 창립 1년 후에 결투로 사망. 그의 주장은 1890년대에 베른슈타인(Eduard Bernstein, 1850-1932)에 의해서 이론적으로 심화되고, 바이마르 공화국 시대의 독일 사회민주당의 실질적인 지도원리가 되었다. 그러나 에르푸르트 강령(Erfurter Programm)이 채택된 1891년 이후는 공식적으로 마르크스주의가 지도원리가 되었다. 제2차 세계대전 이후 1959년의 고데스베르크 강령에 의해서 라살레주의는 서독 사회민주당의 주요한 공식적 원리가 되었다. 저서 전집 E. Bernstein (Hrsg.), Ferdinand Lassalle. Gesammelte Reden und Schriften, 12 Bde. Berlin 1919-1920; 『노동자강령』(1862; 서석연역, 범우사, 1990); 『헌법의 본질』(1862) 등. 문헌 Peter Brandt u.a. (Hrsg.), Ferdinand Lassalle und das Staatsverständnis der Sozialdemokratie, Nomos 2014. → 본서 1009면.

* **121** 슐체-델리취(Hermann Franz Schultze-Delitzsch, 1808-1883) 독일의 정치가 · 경제학자. 협동조합을 조직화함으로써 노동자를 혁명투쟁으로부터 눈을 돌리게 만들려고 하였다.

* **121** Lassalle, Herr Bastiat-Schulze von Delitzsch, in: Gesammelte Reden und Schriften, Bd. 5, S. 216.

* **123** 트로츠키(Leon Trotsky, 1879-1940) 러시아의 혁명가. 저서 최규진역, 『러시아 혁명사(상중하)』(풀무질, 2003/4); 김성훈역, 『사회혁명을 위한 이행기 강령』(풀무원, 2003); 박성수 옮김, 『반파시즘투쟁』(풀무원, 2002); 박광순역, 『나의 생애(상하)』(범우사, 2001) 등.

* **124** 카우츠키(Karl Kautsky, 1854-1938). 제1차 세계대전까지의 독일 사회민주당과 제2인터내셔널의 대표적인 이론가. 1891년의 에르푸르트 강령의 기초자. 문헌 칼 카우츠키, 서석연역, 『에르푸르트 강령』(범우사, 2003); W. 아이힐러, 『독일 사회민주주의 100년』(1962; 이태영역, 중앙교육문화, 1989), 159-164면.

* **124** 제4장 「의회주의의 적으로서의 직접적 폭력행사의 비합리주의적 이론들」은 「신화의 정치이론」이란 제목으로 Bonner Festgabe für Ernst Zitelmann, 1923에 발표된 것이다. 이 논문의 번역은 김효전역, 『정치신학외』(법문사, 1988), 69-82면; 김효전 · 박배근 옮김, 『입장과 개념들』(세종출판사, 2001), 9-22면에 수록.

* **125** 조르주 소렐(Georges Sorel) → 『정치신학』

* **125** 프루동, 바쿠닌, 베르그송 → 『정치신학』

* **126** 주지주의(主知主義, Intellektualismus) 지성 또는 이성이 의지나 감정보다도 우위에 있다고 생각하는 철학상의 입장. 이와는 반대로 감정을 상위에 두는 것을 주정주의(主情主義 또는 情緖主義)라고 하며, 의지를 상위에 두는 것을 주의주의(主意主義)라고 한다.

* **127** 도노소 코르테스(Donoso Cortés, 1809-1853) 스페인의 외교관 · 신학자. 슈미트, 『전유럽

적 해석에서의 도노소 코르테스』(1950, 본서); 김효전 · 박배근 공역, 『입장과 개념들』, 107면 이하; 165면 이하. → 『정치신학』

* 127 「토론」의 원어는 Transingenz이다. 슈미트가 독어의 transigieren이란 동사를 명사화하여 사용한 것으로 보인다.

* 128 주 56의 스페인어 'Llegua'는 'Llega'의 오식이다.

* 131 뮈르제(Henri Murger, 1822-1861) 프랑스의 작가.

* 132 지역주의(terrisme) 『로마 가톨릭주의와 정치형태』(본서 53면). 「토착신앙」이라고도 번역한다. 이것은 어떤 사람이 지역적 차원에서 태어나면서부터 토지에 대해서 갖는 특별한 애착을 나타내는 말이다. 가정과 토지소유를 통하여 윤리적 가치로서 전도된다. Schmitt, Theorie des Partisanen, 1963 (김효전 옮김, 『파르티잔』, 문학과 지성사, 1998)에서 다시 나타난다.

* 132 패드레익 피어스(Padraic Pearse, 1879-1916) 아일랜드의 시인 · 독립운동가. 영국에 대항하여 반란을 일으켰다가 처형되었다. → 『로마 가톨릭주의와 정치형태』

* 132 콘놀리(James Connolly, 1868-1916) 아일랜드의 마르크스주의자.

* 132 프리메이슨 (Freemason; Freimaurerei) 자연적 윤리에 근거하여 그 추종자를 고귀한 인간의 이상으로 인도하는 것을 목적으로 하는 비밀결사로서 전세계에 확산된 운동이다. 그 기원은 석공(石工) 조합이라고도 하나 1723년 런던에서 성립하였다. 모든 프리메이슨 회원은 진리, 인간애, 자기비판 그리고 인내에 따라서 노력할 의무를 진다. 독일의 경우에는 나치스가 정권을 장악한 1933년 이후 프리메이슨 지부(Loge)는 모두 해체되었다. 문헌 김희보, 『비밀결사의 세계사』(가람기획, 2009, 제2장 프리메이슨); 자크 크리스티앙, 하태환역, 『프리메이슨』(문학동네, 2003); 이안 맥칼만, 김홍숙역, 『최후의 연금술사 - 혁명을 꿈꾼 프리메이슨이며 이성의 시대를 뒤흔든 마법사 카릴오스트로 백작에 관한 일곱 가지 이야기』(서해문집, 2004).

독재 (1926)

* Diktatur, in: Staatslexikon der Görres-Gesellschaft, 1926, Sp. 1448-1453. jetzt in: G. Maschke (Hrsg.), Staat, Großraum, Nomos, 1995, S. 33-37.

『동아법학』 제79호(2018), 330-336면.

* 134 키케로의 『국가론』(김창성 옮김, 한길사, 2007). 문헌 김용민, 『키케로의 철학』(한울 아카데미, 2018).

* 136 위임적 독재(die kommissarische Diktatur) 카를 슈미트에 의하면, 헌법 자체가 긴박한

비상사태를 미리 예정하고 입헌주의를 일시 정지하여 독재권력을 인정하는 것. 이에 대해서 극도의 비상사태시 헌법의 일체의 틀이나 수권을 초월한 비법의 독재정치를 초입헌적 독재 또는 주권적 독재(die souveräne Diktatur)라고 한다. C. Schmitt, Die Diktatur. Von den Anfängen des modernen Souveränitätsgedankens bis zum proletarischen Klassenkampf, 1928. 김효전 옮김, 『독재론. 근대 주권사상의 기원에서 프롤레타리아 계급투쟁까지』(법원사, 1996), 제1장과 172면 이하.

* **138** 한국 문헌 나인호 옮김, 『코젤렉의 개념사 사전 17. 민주주의와 독재』(푸른역사, 2021); 로버트 해리스, 조영학역, 『딕타토르』(RHK, 2016).

바이마르 헌법 제48조 시행법 (이른바 독재법) (1926)

* Das Ausführungsgesetz zu Art. 48 der Reichsverfassung; sog. Diktaturgesetz, in: Kölnischer Volkszeitung v. 30. 10. 1926. jetzt in: G. Maschke (Hrsg.), Staat, Großraum, Nomos, 1995, S. 38-41.

『동아법학』 제79호(2018), 336-340면.

* **139** 특히 H. Boldt, Rechsstaat und Ausnahmezustand, 1967.

* **139** C. Schmitt, Diktatur und Belagerungszustand, in: Zeitschrift für die gesamte Strafrechtswissenschaft, 38. Jg., 1916, S. 138-162. jetzt in: G. Maschke (Hrsg.), Staat, Großraum, Nomos, S. 3-20.

* **141** 예나에서의 보고는 C. Schmitt, Die Diktatur des Reichspräsidenten nach Art. 48 der Reichsverfassung, VVDStRL, 1924, S. 63 ff. (김효전역, 라이히 대통령의 독재 - 바이마르 헌법 제48조에 따른, 『동아법학』 제12호, 1991, 253-309면); ders., Die Diktatur, 1921, 6. Aufl., 1994, S. 213 ff. (Anhang). 김효전 옮김, 『독재론』(법원사, 1996), 247-198면.

* **142** E. R. Huber, Deutsche Verfassungsgeschichte seit 1789, Bd. VI, 1981, S. 691.

국민표결과 국민발안 (1927)

* Volksentscheid und Volksbegehren. Ein Beitrag zur Auslegung der Weimarer Verfassung und zur Lehre von der unmittelbaren Demokratie, Berlin und Leipzig: Walter de Gruyter & Co., 1927, 54 S. Neuausgabe Duncker & Humblot, Berlin 2014.

『국민표결과 국민발안』(관악사, 2008), 11-63면+원문

* 이 책은 균재 양승두 교수 화갑기념논문집(I), 『현대 공법과 개인의 권익보호』(1994), 944-982면

에 발표했던 것이며, 역자의 요청에 따라 미비점을 지적해 주고 표현 등을 바로 잡아준 정태호 교수께 감사를 드린다.

독일 바이마르 헌법 제73조를 중심으로 직접민주주의에 관한 논의를 다룬 것이다. 잘 알다시피 바이마르 헌법의 권력구조는 대통령제와 의원내각제를 혼합한 정부형태이며 여기에 스위스식의 직접민주주의를 가미하고 있다. 지상에서 가장 자유롭고 이상적인 헌법으로서 독일 최초의 민주주의의 실험이라고 불린 이 공화국은 히틀러의 권력장악과 이에 따른 직접민주주의의 남용으로 독일뿐만 아니라 유럽과 전세계를 전쟁의 파멸로 인도하여 그 종말을 고하게 되었다. 그리하여 전후 독일 기본법을 비롯하여 통독 후의 헌법개정에서도 직접민주주의는 논의조차 할 수 없을 정도로 금기시되고 있는 실정이다.

이에 반하여 한국에서는 여러 차례 국민투표가 실시되어 이제는 거의 당연한 제도로까지 인식되기에 이르렀다고 볼 수 있다. 여기에 다시 카를 슈미트의 저작을 반추하는 까닭은 그가 제기한 직접민주주의론의 실상과 허상을 다시 살펴보고 나아가 그 문제점과 위험성을 지적하기 위해서이다. (역자 서문)

* **144** 로베르트 미헬스의 『정당사회학』(Zur Soziologie des Parteiwesens in der modernen Demokratie: Untersuchungen über die oligarchischen Tendenzen des Gruppenlebens, 2. Aufl., Alfred Kröner, 1925; 김학이 옮김, 한길사, 2003; 영역본 Tr. by Eden and Cedar Paul, Political Parties. A Sociological Study of the Oligarchical Tendencies of Modern Democracy, 1962) → 『의회주의』

* **144** 말록(William Hurrell Mallock, 1849-1923) 미국의 정치학자. 저서 The Limits of Pure Democracy, New York: E. P. Dutton & Co., 1917.

* **144** 과두제의 철칙(eisernes Gesetz der Oligarchie) 어떤 조직이든 그 규모가 크면 클수록 소수자의 지배가 불가피하게 된다는 것을 나타내는 용어. 미헬즈가 『정당사회학』에서 제시한 개념으로서 유명하다.

* **145** 국민표결법(1921년 6월 27일)

제1조 ① 다음 각호의 경우에 국민표결을 실시한다.

1. 라이히 의회에 의해서 의결된 법률에 관하여, 라이히 대통령이 의결 후 1개월 이내에 국민표결을 명한 때 (바이마르 헌법 제73조 제1항)
2. 라이히 의회의 3분의 1의 청구에 의해서 라이히 법률의 공포가 2개월 연기된 경우에, 유권자의 20분의 1이 국민표결을 신청한 때 (바이마르 헌법 제71조와 제73조 2항)
3. 완성된 법률안에 근거하여 유권자의 10분의 1이 법률안의 제출을 발안한 경우에, 그 발안된 법률안이 라이히 의회에서 변경을 받고 가결된 때 (바이마르 헌법 제73조 3항)
4. 라이히 의회가 의결한 법률을 둘러싸고 라이히 의회와 라이히 참의원 간에 견해의 차이가 존재하는 경우에, 라이히 대통령이 이에 관한 국민표결을 명한 때 (바이마르 헌법 제73조 3항)
5. 라이히 참의원의 이의에 반하여 라이히 의회가 헌법개정을 의결한 경우에, 라이히 의회가 2구간 이내에 국민표결을 청구한 경우 (바이마르 헌법 제76조 2항)

② 예산안, 공과법, 봉급법에 대해서는 전항의 제2호와 제3호에 의한 국민표결을 실시하지 아니한

다(바이마르 헌법 제73조 4항)

Gesetz über den Volksentscheid vom 27. Juni 1921.

§ 1. [1] Ein Volksentscheid findet statt,

1. wenn der Reichspräsident den Volksentscheid über ein vom Reichstag beschlossenes Gesetz binnen eines Monats nach der Beschlußfassung angeordnet hat (Artikel 73 Abs. 1 der Reichsverfassung);

2. wenn auf Verlangern eines Drittels des Reichstags die Verkündigung eines Reichsgesetzes um zwei Monate ausgesetzt ist und ein Zwanzigstel der Stimmberechtigten den Volksentscheid beantragt hat (Artikel 71 und 73 Abs. 2 der Reichsverfassung);

3. wenn ein Zehntel der Stimmberechtigten unter Zugrundelegung eines ausgearbeiteten Entwurf seine Vorlegung begehrt hat und der begehrte Geseztentwurf im Reichstag nicht unverändert angenommen worden ist (Artikel 73 Ans. 3 der Reichsverfassng);

4. wenn der Reichspräsident bei Meinungsverschiedenheiten zwischen Reichstag und Reichsrat über ein vom Reichstag beschlossenes Gesetz den Volksentscheid darüber angeordnet hat (Artikel 74 Abs. 3 der Reichsverfassung);

5. wenn der Reichstag entgegen dem Einspruch des Reichsrats eine Verfassungsänderung beschlossen und der Reichsrat binnen zwei Wochen den Volksentscheid verlangt hat (Artikel 76 Abs. 2 der Reichsverfassung).

[2] Über den Haushaltsplan, über Angabengesetze und Besoldungsordnungen findet ein Volksentscheid nach Nr. 2 und 3 nicht statt (Artikel 73 Abs. 4 der Reichsverfassung).

출전: Reichstags-Handbuch, II. Wahlperiode, Berlin 1924, S. 80 ff.

* 147 국민표결법(1921년 6월 27일)

제3조 ① 제1조 제3호의 사안에서 국민표결의 대상은 발안된 법률과 라이히 의회에 의해서 의결된 변경된 법률이다.

② 동일한 대상에 대해서 복수의 발안이 라이히 의회에 제출된 경우에, 그 발안된 복수의 법률안의 하나가 변경을 받지 않고 라이히 의회에 의해서 가결된 때, 그 [가결된] 법률도 그 이외의 발안된 법률안과 아울러 국민표결에 회부하여야 한다.

Gesetz über den Volksentscheid vom 27. Juni 1921.

§ 3. [1] Gegenstand des Volksentscheids ist im Falle des §1 Nr. 3 das begehrte und ein vom Reichstag beschlossenes abweichendes Gesetz.

[2] Haben dem Reichstag mehrere Volksbegehren über denselben Gegenstand vorgelegen, so ist auch ein vom Reichstag beschlossenes Gesetz, durch welches einer der begehrten Gesetzentwürfe unverändert angenommen wurde, zusammen mit den andern begehrten Gesetzentwürfen dem Volksentscheide zu unterbreiten.

출전: Reichstags-Handbuch, II. Wahlperiode, Berlin 1924, S. 80 ff.

* 148 「조세법률」의 원어는 Abgabengesetz. 공과(公課)로도 번역한다.

* 148 안쉬츠 →「의회의 소집과 휴회」→ 본서 1051면

* 148 트리펠 →「헌법의 수호자」→ 본서 1044면

* 148 하체크(Julius Hatschek, 1872-1926). 제2제정 말기부터 바이마르 시대에 걸쳐 활약한 독일의 국법학자. 의회법, 독일과 영국의 비교법의 전문가. 문헌 Andreas Sattler, Julius Hatschek, (1872-1926) Staatsrecht am Anfang der Weimarer Republik, in: Fritz Loos (Hrsg.), Rechtswissenschaft in Göttingen. Göttinger Juristen aus 250 Jahren, Göttingen: Vandenhoeck & Ruprecht 1987, S. 365-384.

* 149 바이마르 국민의회. 바이마르 공화국의 헌법제정을 목표로 1919년 2월부터 1920년 5월에 걸쳐 바이마르와 베를린에서 개최된 의회. 1919년 1월에 잠정정부 아래 실시된 보통선거로 선출된 의원으로 구성되었다. 독일민주당의 콘라트 하우스만이 헌법위원회의 위원장직을 맡았다.

* 150 바덴 헌법(1919년 3월 21일) 제23조 ③ 다음 각호는 주민투표[의 대상]에서 제외한다.
1. 란트 의회가 3분의 2의 다수로 긴급성을 설명한 경우에는 공공의 안녕과 공공의 위생 · 안전 · 질서를 유지하기 위한 법률
2. 재정법률
3. 조세와 공과에 관한 법률. 다만, 주(州) 내각이 국민투표의 실시를 결정한 경우는 제외한다.
Gesetz, die badische Verfassung betreffend (vom 21. März 1919)
§ 23. [3] Ausgeschlossen von der Volksabstimmung sind:
Gesetz zur Erhaltung des öffentlichen Frieden, der öffentlichen Gesundheit, Sicherheit und Ordnung, wenn vom Landtag mit Zweidrittel-Mehrheit als dringend erklärt sind;
das Finanzgesetz;
die Gesetze über Steuern und Abgaben, soweit bei diesen nicht das Staatsministerium die Vornahme der Volksabstimmung beschließt.
출전: http://www.verfassungen.de/de/bw/baden/baden19-index.htm

* 150 헤센 헌법(1919년 12월 12일) 제14조 재정법률과 주의 개산에 대해서는 주민투표를 실시하지 아니한다. 조세와 기타 부담에 관한 법률, 이울러 급여법은 제13조에 의해서 내각 전체가 결정한 때에만 주민투표에 붙일 수 있다.
Die Hessische Verfassung vom 12. Dezember 1919
Artikel 14. Über das Finanzgesetz und den Staatsvoranschlag findet keine Volksabstimmung statt. Gesetze über Steuern und sonstige Auflagen sowie Besoldungsgesetze können der Volksabstimmung nur unterworfen werden, wenn es das Gesamtministerium nach Artikel 13 beschließt.
출전: http://www.verfassungen.de/dehe/hessen19-index.htm

* 150 뷔르템베르크 헌법(1919년 9월 25일) 제45조 주예산법에 대해서는 주민투표를 실시하지

아니한다.

Die Verfassung Württembergs vom 25. September 1919

§ 45. Über Abgabengesetze und das Staatshaushaltsgesetz findet keine Volksabstimmung statt.

출전: http://www.verfassungen.de/de/bw/wuerttemberg/wuerttemberg19-index.htm

* 150 바이에른 헌법(1919년 8월 14일) 제77조 ① 다음 각호는 주민의결[의 대상]에서 제외한다.

1. 재정법률 및 조세와 공과에 관한 법률
2. 주간(州間) 조약
3. 주경계의 단속에 관한 법률
4. 관청의 편성과 주공무원의 봉급에 관한 법률
5. 라이히 법률을 시행하는 법률. 다만, 라이히 법률이 시행법률의 공포 또는 내용에 대해서 구속력을 가지고 지시가 부여된 경우에 한한다.
6. 란트 의회에 의해서 긴급을 요하는 법률

Verfassungsurkunde des Freistaats Bayern vom 14. August 1919

§ 77. [1] Ausgenommen von der Volksentscheidung sind:

1. Finanzgesetze und Gesetze über Steuern und Abgaben,
2. Staatsverträge
3. Gesetze über Grenzregelungen,
4. Gesetze, die sich auf die Einrichtung von Behörden und die Besoldung der Staatsbeamten beziehen,
5. Ausführungsgesetze zu Reichsgesetzen, sofern diese bindend Anweiungen über die Erlassung oder Inhalt der Ausführungsgesetze geben,
6. die vom Landtag als dringend bezeichneten Gesetze.

출전: http://www.verfassungen.de/de/by/bayern19-index.htm

* 150 함부르크 헌법(1921년 1월 7일) 제58조 ③ 봉급법과 공과법에 대해서는 주민표결을 하지 아니한다.

Verfassung der Freien und Hansestadt Hamburg vom 7. Januar 1921

Artikel 58. [3] Über Besoldungsordnungen und über Abgabengesetze findet ein Volksentscheid nicht statt.

출전: http://www.verfassungen.de/de/hh/hamburg21-index.htm

* 150 브레멘 헌법(1920년 5월 18일) 제4조 ② 예산안 또는 봉급법의 개별 항목에 대해서는 주민표결을 인정하지 아니한다.

예산안 전체 또는 봉급법 전체에 대해서, 아울러 조세 · 공과 · 수수료에 관한 법률에서는 본조 4항에 해당하는 경우에만 주민표결을 인정한다.

Verfassung der freien Hansestadt Bremen vom 18. Mai 1920

§ 4. [2] Ein Volksentscheid über Einzelheiten des Haushaltsplan oder einer Besoldungsordnung ist unzulässig, ein Volksentscheid über den Haushaltsplan als Ganzes

oder über eine Besoldungsverordnung als Ganzes, sowie bei Gesetzen über Steuern, Abgaben und Gebühren ist nur im Falle des Absatz 4 dieses Paragraphen zulässig.
출전: http://www.verfassungen.de/de/hb/bremen20-index.htm

* 150 튀링겐 헌법(1921년 3월 11일) 제26조 예산안, 공과법 그리고 봉급법에 대해서는 주민표결을 하지 아니한다.
Verfassung des Landes Thüringen von 11. März 1921
§ 26. Über den Haushaltsplan, über Abgabengesetze und Besoldungsordnungen findet kein Volksentscheid statt.
출전: http://www.verfassungen.de/de/th.thueringen21-index.htm
원서에서는 제20조 참조라고 되어 있으나 내용에 맞게 제26조를 번역하였다.

* 150 멕클렌부르크-슈베린 헌법(1920년 5월 17일) 제46조 주예산, 공과법과 봉급법은 주민발안과 주민표결에 복종하지 아니한다.
Verfassung des Freistaates Mecklenburg-Schwerin vom 17. Mai 1920
§ 46. Staatshaushalt, Abgabengesetze und Besoldungsordnungen unterliegen dem Volksbegehren und Volksentscheid nicht.
출전: http://www.verfassungen.de/de/mv/mecklenburg-schwerin/mecklenburg20-index.htm
원서에서는 제45조라고 되어 있으나 내용에 맞게 제46조를 번역하였다.

* 150 브라운슈바이크 헌법(1922년 1월 6일) 제41조 ③ 예산안 · 재정문제 · 공과법과 봉급법에 대해서는 주민발안을 인정하지 아니한다.
Verfassung des Freistaates Braunschweig vom 6. Januar 1922
Artikel 41. [3] Über Haushaltsplan, Finanzfragen, Abgabengesetze und Besoldungsordnungen ist ein Volksbegehren nicht zulässig.
출전: http://www.verfassungen.de/de/nds/braunschweig/braunschweig22-index.htm

* 150 프로이센 헌법(1920년 11월 30일) 제6조 ③ 재정문제, 공과법과 봉급법에 대해서는 주민발안을 인정하지 아니한다.
Verfassung des Freistaats Preußen vom 30. November 1920
Artikel 6. [3] Über Finanzfragen, Abgebengesetze und Besoldungsordnung ist ein Volksbegehren nicht zulässig.
출전: http://www.verfassungen.de/de/preussen/preussen20-index.htm

* 150 작센 헌법(1920년 11월 1일) 제37조 주예산안, 공과법과 봉급법에 대해서는 주민발안을 실시하지 아니한다.
Verfassung des Freistaates Sachsen vom 1. November 1920
Artikel 37. Über den Staatshaushaltsplan, Abgabengesetze und Besoldungsordnungen findet kein Volksbegehren statt.

출전: http://www.verfassungen.de/de/sac/sachsen20-index.htm

* 150 샤움부르크-립페 헌법(1922년 2월 24일) 제10조 ⑤ 주예산안과 아울러 공과법과 봉급법에 대해서는 주민발안을 인정하지 아니한다.

Verfassung des Freistaates Schaumburg-Lippe vom 24. Februar 1922

Artikel 10. [5] Nicht zulässig ist ein solches Volksbegehren über den Staatshaushaltsplan, über Abgabengesetze und Besoldungsordnungen.

출전: http://www.verfassungen.de/de/nds/schaumburg-lippe/schaumburglippe 22-index. htm

* 150 멕클렌부르크-슈트렐리츠 헌법(1923년 5월 23일) 제32조 ① 직전의 선거시의 유권자의 5분의 1로써 법안을 국민투표에 회부하도록 주(州) 내각에 제안할 수 있다. 주내각은 이 신청에 3개월 이내에 응하여야 한다. 다만, 그 때까지 란트 의회에 의해서 주민발안에 합치하는 법률이 가결된 경우는 제외한다. 주민투표를 실시하는 경우에는 제22조 제2항 제2문이 해당된다.

② 공과법과 주예산법률에는 전항[의 규정]은 적용되지 아니한다.

Landesgrundgesetz von Mecklenburg-Strelitz vom 23. Mai 1923

§ 32. [1] Durch ein Fünftel der bei der letzten Wahl Stimmberechtigten kann an das Staatsminsterium der Antrag gestellt werden, einen Gesetzesvorschlag dem Volk zur Abstimmung vorzulegen. Das Staatsminsterium hat diesem Antrage binnen drei Monaten zu entsprechen, sofern nicht bis dahin ein dem Volksbegehren entsprechendes Gesetz vom Landtage angenommen ist. Findet eine Volksabstimmung statt, so gilt der § 22 Absatz 2 Satz 2.

[2] Auf Abgabengesetze und Staatshaushaltsgesetze findet Absatz 1 keine Anwendung.

출전: http://www.verfassungen.de/de/mv/mecklenburg-strelitz/mecklenburgstrelitz 23 -index.htm

* 150 올덴부르크 헌법(1919년 6월 17일) 제65조 ① 투표권을 가진 란트 주민은 2만인으로써 발의권을 행사하며, 국민투표를 청구할 수 있다.

② 조세법, 공급법과 주예산법률에 대해서는 제65조부터 제68조까지의 규정은 적용하지 아니한다.

Verfassung für den Freistaat Oldenburg vom 17. Juni 1919

§ 65 [1] Von 20,000 stimmberechten Landeseinwohnern kann das Vorschlagsrecht ausgeübt und die Volksabstimmung verlangt werden.

[2] Auf Steuergesetze, Gehaltsgesetze und das Staatshaushaltsgesetz finden die Bestimmungen der §§ 65 bis 68 keine Anwendung.

출전: http://www.verfassungen.de/de/nds/oldenburg/oldenburg19-index.htm

* 150 립페 헌법(1920년 12월 21일) 제10조 ⑤ 란트 회계예산, 공과법과 봉급법에 대해서는 주민청구를 인정하지 아니한다.

Verfassung des Landes Lippe vom 21. Dezember 1920

Artikel 10. [5] Nicht zulässig ist ein solches Volksverlangen über den

Landkassenvoranschlag, über Abgabengesetze und Besoldungsordnungen.
출전: http://www.verfassungen.de/de/nrw/lippe/lippe20-index.htm

* 150 저축자연맹(Sparerbund) 바이마르 시대의 군소 정당의 하나. 라인프로빈쯔(Rheinprovinz)의 선거에도 참여한 적이 있다.

* 154 금전법률(Geldgesetz) 국가의 과세와 지출의 방침을 제어하는 법률을 가리킨다. 정부의 수입과 지출에만 관련된 금전법안은 법체계에 변화를 가져오는 기타 법안과는 다른 취급을 받는다.

* 155 인간과 시민의 권리선언(Déclaration des droits de l'homme et du citoyen du 26 août 1789) 제6조 법률은 일반의사(volonté générale)의 표현이다. 모든 시민은 스스로 또는 대표자를 통하여 법률의 제정에 협력할 권리를 가진다. 법률은 보호를 부여하는 경우에나 처벌하는 경우에도, 모든 사람에게 동일하여야 한다. 모든 시민은 법 앞에 평등하므로 그 능력에 따라서, 그리고 덕성(vertu)과 재능(talent)에 의한 차별 이외에는 평등하게 공적인 위계(dignité) · 지위(place) · 직무(emplois) 등에 취임할 수 있다.

제13조 공권력을 유지하기 위하여, 또 행정의 비용(dépense d'administration)을 위하여 공동의 조세(contribution commune)는 불가결하다. 이 조세는 모든 시민 간에 그 능력(faculté)에 따라서 균등하게 배분되어야 한다. 김충희 옮김, 프랑스 역대 헌법전(1),『동아법학』제69호(2015), 333, 334면.

* 156 신분대표의회(Stände)「등족」이라고도 번역하며 영국, 프랑스, 독일 등의 신분제의회에 대표를 선출하는 것이 허용된 신분들을 의미한다.

* 156 금전법안(Money Bill) 또는 재정법안. 영국에서 통치상의 목적을 위한 조세 · 회계 · 국채 등에 관한 법률안. 1911년의 의회법은, 상원은 1개월 이상 금전법안을 연기해서는 안 된다고 규정하고 있다. 또 재정법안의 여부는 하원 의장이 인정하며, 이 결정은 최종적이며 다툴 수 없다. 재정법안은 해마다 하원에 제출해야 하며, 또 하원을 통과한 재정법안이 상원에서 부결되더라도 회기 말까지 국왕의 재가를 받으면, 의회제정법으로서 성립한다고 규정하고 있다.

* 157 오스트레일리아 헌법 (1900년 7월 9일) 제56조(세출 투표의 권고) 세입 또는 지출을 위한 투표, 결의 또는 법안은, 해당 발의가 이루어진 원에 총독이 해당 회기에 문서[교서]를 통해 해당 지출의 목적을 권고하지 않는 한 통과되어서는 안 된다. 국회도서관,『세계의 헌법 : 40개국 헌법 전문』제2권(2018), 641면.

Commonwealth of Australia Constitution Act (9th July 1900)

56. (Recommendation of money votes) A vote, resolution, or proposed law for the appropriation of revenue or moneys shall not be passed unless the purpose of the appropriation has in the same session been recommended by message of the Governor-General to the House in which the proposal originated.

출전: http://www.verfassungen.net/au/verf00-i.htm

*** 157** 1814년 6월 4일의 프랑스 헌법(Charte constitutionnelle du 4 juin 1814) 제17조 법률의 제안(Proposition des lois)은 국왕의 임의로, 귀족원 또는 대의원에 제출한다. 다만, 조세 법률(loi de l'impôt)은 먼저 대의원에 제출하여야 한다. 김충희 옮김, 프랑스 역대 헌법전(1), 『동아법학』 제69호(2015), 497면.

*** 157** 벨기에 헌법 (1831년 2월 7일) 제27조 ① 제안권은 입법권의 3부회의 각각에 속한다. ② 다만, 국가의 수입이나 지출 또는 군대에 관한 법률은 우선 먼저 대의원[하원]에서 표결하여야 한다.

Constitution de la Belgique du 7 février 1831

Article 27. [1] L'initiative appartient à chacune des trois brabches du pouvoir législatif.

[2] Néanmoins toute loi relative aux recettes ou aux dépenses de l'État, ou au continfent de l'armée, doit d'abord être votée par la chambre des représentants.

출전: Constitution de la Belgique, Bruxelles, 1831

*** 157** 프로이센 헌법 (1850년 1월 31일) 제62조(입법권) 입법권은 국왕과 두 개의 의원(議院)에 의해서 공동으로 행사된다.

모든 법률은 국왕과 양 의원의 일치를 필요로 한다.

재정법안과 예산안은 먼저 제2원(하원)에 제출된다. 예산안은 제1원(상원)에 의해서 일괄하여 승인 또는 거부된다.

여기의 「두 개의 의원」은 1855년 5월 30일의 법률(GS. 316)에 의해서 제1원은 상원 또는 귀족원(das Herrenhaus), 제2원은 하원 또는 대의원(das Haus der Abgeordneten)으로 부르게 되었다. 김효전 옮김, 프로이센 헌법, 『헌법학연구』 제21권 1호(2015), 449면.

*** 157** 분쟁시기. 1859~1866년 프로이센 왕국에서의 헌법해석을 둘러싼 분쟁. 1848년에 제정된 프로이센 헌법에서 예산은 의회의 승인이 필요하였는데, 부결된 경우에 관한 규정이 없었다. 군비증강을 목표로 한 정부의 예산안을 자유파가 다수를 차지한 하원에서 부결시켰기 때문에 정부와 의회 간에 헌법해석을 둘러싸고 분쟁이 고조되었다.

*** 157** 1875년 2월 24일의 프랑스 헌법 제8조 2항. 프랑스 제3공화국 헌법(1875년의 프랑스 헌법)은 단일 헌법전이 아니고 헌법적 내용을 가진 세 개의 법률(loi)로 구성되었다. 즉 상원의 조직에 관한 1875년 2월 24일의 법률, 공권력의 조직에 관한 1875년 2월 25일의 법률, 공권력의 관계에 관한 1875년 7월 16일의 헌법법률이 그것이다. 여기서는 그 법률들을 가리켜 「헌법적 법률」(Verfassungsgesetz)이란 표현을 사용하고 있다. 슈미트가 인용한 「원로원의 조직에 관한 1875년 2월 24일의 법률」(Loi du 24 février 1875, relative à l'organisation du Sénat) 제8조 「상원은 하원(Chambre des députés)과 함께 법률의 발의권과 조정권(l'initiative et la confection des lois)을 가진다. 다만, 예산법률(loi de finances)은 먼저 제1원(하원)에 제출하여 거기서 의결하여야 한다」. 김충희 옮김, 앞의 책, 560면.

*** 158** 뒤기(Léon Duguit, 1859-1928) 프랑스의 공법학자. 전통적인 법학에서의 주권 · 권리 · 법인 · 민주주의 등과 같은 형이상학적 개념을 배척하고 뒤르케임이나 콩트의 영향을 받은 「사회학적

실증주의」에 입각하여 「사회연대」(la solidarité sociale)라는 사실에 근거를 둔 객관법(le droit objectif)에 중점을 둔 독자적인 법이론 체계를 전개하였다. → 『정치신학』,「법치국가」

* **158** 라이히 헌법 제85조 4항. 라이히 의회는 라이히 참의원의 동의 없이 예산안에서 지출을 증액하거나 새 비목을 설치할 수 없다.

* **158** 부대(附帶, tacking) 특히 영국에서 성립하기 어려운 의안을 재정법안에 부가하여 귀족원으로 보내어 수정을 회피하려는 것을 말한다.

* **159** 「누가 판단하는가?」(Quis judicabit) 슈미트는 이 말을 즐겨 자주 사용한다. 예컨대 『국가사회주의와 국제법』(본서 400면); 『국가 · 운동 · 민족』(본서 306면); 『정치신학 II』(본서 752면).

* **159** 국민표결에 관한 법률(1921년 6월 27일) 제30조. 제27조부터 제29조까지 그 전제조건이 충족되었는가의 여부는 라이히 내무장관이 심사한다. 허가신청에 대해서는 내무장관이 이를 결정한다.

Gesetz über den Volksentscheid vom 27. Juni 1921

§ 30. Der Reichsminister des Innern prüft, ob die Voraussetzungen der §§ 27 bis 29 erfüllt sind. Er entscheidet über den Antrag auf Zulassung.

출전: Reichstags-Handbuch, II. Wahlperiode, Berlin 1924, S. 80 ff.

* **160** 「국민」(Volk)의 다의성. 「국민이란 보통선거 또는 표결에 관여하고 대개 다수를 결정하는 사람을 말한다. ... 국민은 관청의 기능을 하지도 통치하지도 않는 사람들이다」(『국민표결과 국민발안』, 본서 160면); 슈미트는 'Volk'를 정치적인 의사를 공유하는 집합체로서의 「인민」 또는 조직화되지 않고 소박하게 사는 「민중」과 같은 의미를 포함하는 것으로 이해한다. 그러나 「국민(Nation)이란 말은 정치의식에 눈뜬 행위능력 있는 인민(Volk)이다」. C. Schmitt, Verfassungslehre, 1928, S. 50; 김효전 옮김, 『독일 헌법학의 원천』(산지니, 2018), 60면.

* **161** 정무관(magistratus) 고대 로마의 관직명. 민회에서 선출되고 실제로 정무나 군사를 집행하였다. 독재관, 법무관, 조영관, 호민관, 감찰관 등 전문 분야별로 다른 권한의 정무관이 존재하였다. 임기는 독재관을 제외하고 원칙적으로 1년이며 임기 종료 후 원로원 의원이 되는 자격을 얻는다.

* **161** 갈채(acclamatio). 「갈채는 모든 정치적 공동사회의 영원한 현상이다. 국민 없는 국가란 없으며, 갈채 없는 국민이란 없다」. 페터존의 공헌. → 본서 1015면.

* **161** 지도자(Führer). 히틀러의 칭호로서 「총통」으로도 번역한다. 독일에서는 운전면허를 'Führerschein'이라고 한다. → 『정치신학 II』

* **161** 에릭 페터존(Erik Peterson, 1890-1960) 독일의 신학자 · 기독교 고고학자. 슈트라스부르크 등에서 신학을 배운 후 1924년부터 본 대학 교회사와 신약성서 교수. 1930년 가톨릭으로 개종하고 로마로 이주. 교회사와 성서연구를 통한 종말론의 재발견이나, 나치스 비판을 통하여

동시대의 독일과 프랑스의 신학도에게 커다란 영향을 미쳤다. 슈미트와는 친구관계였으나 신학과의 아날로지로 정치를 파악하는 슈미트의「정치신학」에 이론을 제기하여 양자 간에 논쟁이 되었다. 슈미트는『정치신학 II』(1970)에서 페터존이『정치문제로서의 일신교』(1935)에서 제기한 의문에 대답하려고 시도했다. → 『정치신학 II』

* 163「제안에 동의합니다」(uti rogas) 로마의 민회에서 법률안, 정무관(magistras), 입양을 제안할 때 쓰는 표현으로 겔리우스(Gellius)에 의해 기록 보존되었다. 그 표현은 "velitis inbeatis etc...."로 시작되어 "ita vos quirites rogo"라는 말로 끝나게 된다. 이 제안에 대한 찬성의 표현은 "uti rogas"이며, 반대한다는 표현은 "antiquare rogationerm"이다.

* 163 협조정책(Verständigungspolitik) 바이마르 공화국 초기에 사회민주당(SPD), 독일민주당(DDP), 중앙당의 3당 연립 중도 정권이 채택한 외교정책. 영국이나 프랑스 등 서구 국가들과 협조하는 것으로 베르사유조약 부담의 귀결을 제거하는 데에 중점을 두었다. 이로써 서방 국가와의 동맹관계에 구속되는 것도 인정한다. 슈트레제만 외무장관이 주도하였다. 베르사유조약을 파기하여 독일의 민족적 독립성을 보존하려는 우파나 소련과 협조하려는 독일공산당(KPD)이 내세우는 노선과 대립하였다.

* 165 로렌스 로웰(Lawrence Lowell, 1856-1943) 미국의 교육자 · 법학자. 1909-1933년 하버드대학 총장 역임. 학부 교육을 개선하기 위해서 여러 개혁을 단행. 제1차 대전 중에는 반독일적인 여론의 압력에 저항하여 대학의 정신적 독립성을 유지하였다.

* 167 한국의 주민투표법 제7조 2항 3호는 주민투표에 부칠 수 없는 사항 중 재정에 관하여 규정하고 있다. 즉「지방자치단체의 예산 · 회계 · 계약 및 재산관리에 관한 사항과 지방세 · 사용료 · 수수료 · 분담금 등 각종 공과금의 부과 또는 감면에 관한 사항」.

* 172 바쿠닌(Michael Bakunin, 1814-1876) 러시아의 무정부주의 사상가 · 혁명가. 독일과 프랑스에서도 활동하였으며, 프루동과 마르크스 등과도 교류하였다. 1868년에 제1 인터내셔널에 가입하고, 1870년에는 파리 콤뮌의 선구가 되어 폭동에도 참가하였다. → 『정치신학』

* 173 다모클레스의 칼(sword of Damokles) 다모클레스는 기원전 시라쿠사의 참주 디오니시오스의 측근이었다. 어느 날 디오니시오스는 다모클레스를 호화로운 잔치에 초대하여 한 올의 말총에 매달린 칼 아래 앉혔다. 참주의 권좌가 언제 떨어져 내릴지 모르는 칼 밑에 있는 것처럼 항상 위기와 불안 속에 유지되고 있다는 것을 가르쳐 주기 위해서였다. 이 고사에서「다모클레스의 칼」이란 표현은 심각한 위험과 정반대의 행복이라는 의미가 합쳐서 사용하게 되었다.

* 173 재정(Finance)이라는 말은 노예의 말(루소,『사회계약론』, 제3권 15장).「돈을 내라. 그러면 곧 족쇄를 받게 될 것이다. 재정이라는 말은 노예의 말이다. 이것은 도시국가 내에서는 모르는 말이다」("Donnez de l'argent, et bientôt vous aurez des fers. Ce mot de finance est un mot d'esclave; il est inconnu dans la Cité"). 슈미트는 이 말을, 논문「민주주의와 재정」, 『입장과 개념들』(김효전 · 박배근 옮김, 세종출판사, 2001, 123면)에서도 인용한다.

* 173「대표 없이 과세 없다」(No taxation without representation) 원래 국민 스스로 선출한 대표자의 승인 없이 정부가 국민에게 과세하는 것은 부당하다는 의미. 이념 자체는 마그나 카르타에서 유래하는 영국법의 전통이 되었으나, 18세기 영국에 대한 미국 독립전쟁 시의 슬로건으로 다시 등장하여 유명하게 되었다.

마키아벨리 (1927)

* Macchiavelli. Zum 22. Juni 1927, in: Kölnische Zeitung vom 21. 6. 1927. jetzt in: G. Maschke (Hrsg.), Staat, Großraum, Nomos, 1995, S. 102-107.

『동아법학』 제80호(2018), 386-390면.

* 175 마키아벨리(Macchiavelli). 슈미트가 표기한 마키아벨리의 철자에 대해서 Alain de Benoist, Carl Schmitt: Internationale Bibliographie der Primär-und Sekundärliteratur, Graz: Ares, 2010, S. 94는「당시의 독일에서 통용되고 있던 표기에 따라서 "Macchiavelli"가 두 개의 "c"로 적혀 있다」고 한다. 또한 初宿正典,『カール・シュミットと五人のユダヤ人法學者』, 63면 주 2.

* 175 여기서는 아마 프리드리히 대왕(1712-86)의『반마키아벨리론』(Anti-machiavelli, 1739)을 가리키는 것 같다.

* 175 옹호와 감격. 예컨대 헤겔의『독일 헌법론』(1801)이나 피히테의『마키아벨리론』(1807). 또한 에른스트 캇시러,『국가의 신화』(최명관 옮김, 창, 2013), 167면 이하.

* 175 도덕적 반란. H. Thimme, Weltkrieg ohne Waffen. Die Propaganda der Westmächte gegen Deutschland, Stuttgart 1932. 또한 Schmitt, Der Leviathan in der Staatslehre des Thomas Hobbes, 1938, S. 129.『홉스 국가론에서의 리바이어던』(본서 540면).

* 175 슈미트의 오류. 무솔리니는 오랫동안 마키아벨리에 있어서 정치가의 개념에 관한 학위논문을 작성하려는 생각을 지니고 있었으나 이 계획은 좌절되었다. 볼로냐 대학은 1923년 그에게 명예박사 학위를 수여하려고 했지만 무솔리니는 아무것도 거저 가지고 싶지 않았기 때문에 거절하였다. R. Michels, Italien von heute, 1930, S. 290. 여기서 슈미트는 아마 무솔리니의 논문을 생각하는 모양이다. Mussolinis, Preludio al Machiavelli, Gerarchia, 3/1924, S. 205-209. 또한 G. Maschke, Der Zauberlehrling Machiavellis: Mussolini, Erste Etappe, Bonn 1988, S. 63-71; 무솔리니, 김진언 옮김,『무솔리니 나의 자서전』(현인, 2015), 330면.

* 175 헤펠레(Herman Hefele, 1885-1936) 유명한 로텐부르크 주교 카를 요제프 폰 헤펠레(Karl Josef von Hefele, 1809-1893) 조카의 아들. 튀빙겐에서 가톨릭 신학 수학. 1908년 반근대구가자(Antimodernisten) 선서를 거부했기 때문에 사제 세미나에서 출교되었다. 그 후 역사가가 되어 1929년부터 동프로이센의 브라운스베르크(Braunsberg/Ermland) 철학 및 신학교에서

일반 독일사 강의. 이곳에서 교회법학자 한스 바리온(Hans Barion, 1899-1973), 신학자 에슈바일러(Carl Eschweiler, 1886-1936) 그리고 교회사학자 요제프 로르츠(Joseph Lortz, 1887-1975) 등과 함께 슈미트의 절친한 친구로서 활동. 저서 『단계의 심리학』(Zur Psychologie der Etappe, 1918), 역서 아구스티누스의 『고백록』(Bekenntnisse, 1918). 문헌 G. Reifferscheid, Das Bistum Ermland und das Dritte Reich, 1975. → 『정치신학』

* **175** Politik. Eine Auswahl aus Machivelli. Übersetzt und eingeleitet von Herman Hefele, Stuttgart 1927, Fr. Frommanns Verlag, XXIV/109 S.

* **176** 1512년의 잘못이 아닌가 하고 시야케 마사노리는 의문을 제기한다. Wikipedia도 1512년에 공직에서 해임되었다고 적고 있다. 初宿正典, 『カール・シュミットと五人のユダヤ法學者』(成文堂, 2016), 65면.

* **176** 마키아벨리는 은퇴 후 피렌체 남부의 페르쿠시나(Percussina)의 산탄드레아(Sant'Andrea)에 있는 별장에서 살았는데 상 카시아노(San Casiano) 가까운 곳이었다. 슈미트는 이 산장의 이름을 본떠서 자신이 사는 곳을 「상 카시아노」라고 명명했다.

「1947년 이후 카를 슈미트는 다시 고향인 자우어란트의 플레텐베르크에 살고 있다. 그곳은 그의 상 카시아노라고 할 수 있다. 상 카시아노는 메디치가의 플로렌츠가 더 이상 쓸모가 없게 되자 마키아벨리가 국내 이주 때 말년을 보낸 장소이다」. 피이트 토미센편, 「칼 슈미트와의 대화」, 김효전 편역, 『칼 슈미트 연구: 헌법이론과 정치이론』, 218면. 기타 Ernst Hüsmert, Als Staatsdenker im Zentrum des Taifuns. Der Staats-und Völkerrechtslehrer Prof. Dr. Carl Schmitt aus Plettenberg wird 90 Jahre alt, in: Sonderhefte des Süderländer Tageblattes für den Heimatkreis Plettenberg vom Dienstag, 11. Juli 1978.

* **176** 『로마사 논고』(Discorsi sopra la prima deca di Tito Livio, 1531) 미완의 책. 한국어 번역은 강정인 · 안선재 옮김(한길사, 2003); 이종인 옮김, 『로마사론』(연암서가, 2016); 이종인 옮김, 『리비우스 로마사 1: 1000년 로마의 시작』(현대지성, 2018).

* **176** 군주론(Il Principe, 1532)의 번역은 수 십 종이 있으며, 곽차섭은 1958년의 최숙형역, 『군주론』이 한국어 초역이라고 보고한다(마키아벨리의 한국어 역본 1958-2009, 『코기토』67호, 2010).

* **176** 아우구스티누스의 신국(Civitas Dei). 성염 역주, 『고백록』(경세원, 2016); 최민순 옮김, 『고백록』(바오로딸, 2010); 윤성범역, 『신국/고백』(을유문화사, 1966) 등.

* **177** 루이트폴드 섭정관(Prinzregent Luitpold, 1821-1912) 바이에른의 국왕으로 조카인 루드비히 2세와 그 동생 오토 1세의 섭정이 된 사람.

* **177** 군주론이 교양 있는 한국인에게 미친 영향. 한국의 경우는 안국선의 「고대의 정치학과 근세의 정치학」,『대한협회보』 제6호(1908)에서 마키아벨리, 보댕, 홉스 등이 보이며, 개화기의

각종 역사 교과서와 정치 관련 문헌에서 간단하게 이름이 언급되는 정도이다.

* 177 Max Weber, Politik als Beruf (Oktober 1919), in: ders., Gesammelte politische Schriften, 3. Aufl. 1958, S. 505-560.

* 177 마키아벨리에서의 비르투(virtù). 마키아벨리는 비르투(덕)를 예외적으로 미덕이라는 의미로 사용하기도 하지만, 라틴어 어원에 따라 주로「남성적인 능력」또는「탁월함」— 활력 · 힘 · 기백 · 용기 · 용감함 등 — 을 지칭하는 의미로 사용한다.「비르투」(덕)는 이처럼 다양한 인간 성품을 가리키지만 간혹 물질적인 대상에 대해서도 사용한다. 마키아벨리의 Discorsi sopra la prima deca di Tito Livio (강정인 · 안선재 옮김,『로마사논고』, 69면); Harvey C. Mansfield, Machiavelli's Virtue, The University of Chicago Press, 1996(이태영 · 조혜진 · 고솔 공역,『마키아벨리의 덕목』, 말 · 글빛냄, 2009); Neal Wood, Machiavelli's Concept of Virtu Reconsidered, in: Political Studies, June 1967; 박의경, 마키아벨리에 나타난 비르투의 정치와 포르투나의 가능성을 중심으로,『민주주의와 인권』제16권 2호(2016); 김경희, 마키아벨리의 비르투 재생 전략 연구,『한국정치학회보』제48권 4호(2014). 기타 마키아벨리 저작에 나타난 주요 개념에 대해서는 강정인 옮김,『군주론』(까치, 1994), 194-204면 참조.

한편 슈미트의 제자인 에른스트 포르스토프(Ernst Forsthoff, 1902-1974)는 절대군주의 국가론에서 덕(virtù, Tugend)은 하나의 지위를 차지하지만 시민적 법치국가의 합법성체계에서는 덕과 아무런 관련이 없다고 하였다. 또 법실증주의가 참으로 윤리적인 의미에서 법으로부터 해방된 것과 국가론이 덕에서 해방된 것과는 밀접한 관계가 있다고 한다. Forsthoff, Rechtsstaat im Wandel, 1964. S. 14, 15. 슈미트는 이 말을 동감의 뜻으로 인용한다. → 본서 715, 1153면.

* 178 슈미트의『리바이어던』에서는 이렇게 적고 있다.「앵글로색슨의 세계선전, 특히 윌슨 미국 대통령은 '마키아벨리즘'에 대한 전쟁이라는 이름으로 도덕적 에너지를 동원하여 독일에 향하고, 근대에서의 '민주주의의 십자군'을 연출하였다」(본서 540면). →『리바이어던』

* 178『군주론』제18장의 말을 가리키는 것으로 보인다. 국가이성에 관하여는 곽차섭,『마키아벨리와 근대 국가의 이념』(현상과 인식, 1996); 진원숙,『마키아벨리와 국가이성』(신서원, 1996); 박상섭,『국가와 폭력: 마키아벨리의 정치사상 연구』(서울대출판부, 2002); 김영국,『마키아벨리와 군주론』(서울대출판부, 1995).

시민적 법치국가 (1928)

* Der bürgerliche Rechtsstaat, in: Die Schildgenossen, 1928, S. 127-133. jetzt in: G. Maschke (Hrsg.), Staat, Großraum, Nomos, 1995, S. 44-54.

『동아법학』제80호(2018), 357-365면.

* 179 영역은 The Liberal Rule of Law, in: Arthur J. Jacobson and Bernhard Schlink (eds.), Weimar: A Jurisprudence of Crisis, Berkeley 2000, pp. 294-300.

여기서는 독일어의 bürgerlicher Rechtsstaat를 "state based on the liberal rule of law"로 설명식으로 옮긴다. 'bourgeois' 대신 'liberal'로 번역한 것은 'bourgeois'가 매우 다른 함의를 가지기 때문이라고 한다.

* 179 Staatsbürger. 「국가시민」, 「국민」, 「국가공민」 또는 「공민」 등으로 번역한다. 일찍이 칸트는 그의 『법이론』(Rechtslehre, §46)에서 「법칙수립을 위해 합일된 사회(市民的 社會)의, 다시 말해 국가의 구성원들을 [국가]시민이라고 일컫는다」(백종현 옮김, 『윤리형이상학』, 아카넷, 2012, 267면)고 했다. 역자(백종현)는 'Bürger'를 '시민'으로 옮길 수밖에 없는 한 'Volk'와의 혼동이 따른다는 것을 고백하고 있다. 또 이충진의 역서 『법이론』(이학사, 2013, 176면)도 「국가시민」(cives) 옆에 라틴어를 붙여놓았다. 한편 나치스당 강령 제4항에서는 「국가공민(Staatsbürger)일 수 있는 것은 민족동포(Volksgenosse)만이다. 민족동포일 수 있는 것은 신앙종파의 여하를 불문하고, 독일인의 혈통을 가진 자만이다. 그러므로 어떠한 유대인도 민족동포일 수 없다」고 한다. 슈미트는 이 강령을 염두에 둔 것 같다.

* 179 베르사유조약에 관한 새 문헌은 Susanne Brandt, Das letzte Echo des Krieges. Der Versailler Vertrag, Ditzingen; Stuttgart: Reclam 2018.

* 179 도즈안(Dawesplan) 제1차 대전 후 독일의 배상에 관하여 1924년 8월 16일 런던에서 체결된 국제조약. 베르사유조약 체결 후 연합국측은 1천 320억 마르크의 엄청난 배상액을 정하자 독일측은 배상지불 유예를 선언하였다. 그러자 프랑스와 벨기에는 루르 지방을 점령하여 배상문제는 암담하게 되었다. 이를 타개하기 위해 미국인 도즈(Charles Gate Dawes, 1865-1951)는 독일의 예산과 경제의 번영 여하에 따라서 배상하도록 안을 제시. 이에 따라 프랑스와 벨기에는 루르 지방에서 철수하고 독일은 외국 자본, 특히 미국 자본의 원조를 받아 산업의 합리화를 도모하여 독일 경제는 차츰 회복되었다. 그러나 1929년에는 새로운 지불계획안이 미국의 법률가이며 재무가인 영(Owen D. Young, 1874-1962)에 의해서 대체되었다. 이를 영안(Youngplan)이라고 한다. 이것은 같은 해 6월에 발표된 대독 배상전문가 위원회의 결정안으로 위원장인 미국 대표 영의 이름에서 유래한다. 배상금의 지불년한 · 지불년액 · 지불방법 등을 결정하였다. 문헌 도즈안(1924)에 대해서는 Fr. Raab, Der Dawes-Plan und seine Durchführung, in: H. Schnee/H. Draeger (Hrsg.), Zehn Jahre Versailles, I, 1929, S. 295-348; 영안(1929)에 대해서는 Raab, Young-Plan oder Dawes-Plan? 1929; M. J. Bonn, Der Neue Plan als Grundlage der deutschen Wirtschaftspolitik, 1930. → 「헌법의 수호자」

* 179 바이마르 헌법 제178조 제2항에 의하면, 「베르사유조약의 규정은 헌법에 의해서 저촉을 받지 않게 되어 있다. 바이마르 헌법의 이 명제는 독일 인민의 정치적 실존과 자율권의 포기를 의미하는 것이 아니라 단지 독일 라이히는 국제법상 구속력 있는 이 조약상의 의무를 헌법률적 규정을 이유로 하여 외면하지 않겠다는 것을 말했을 뿐이다」. C. Schmitt, Verfassungslehre, S. 72; 김효전 옮김, 헌법의 개념(1928)(2), 『동아법학』 제49호(2010), 452면; 동인, 『독일 헌법학의 원천』(산지니, 2018); G. Anschütz, Die Verfassung des Deutschen Reichs, 14. Aufl., 1933, S. 763.

*** 180** 헌법에 대한 허무감. 슈미트는 여기서 발터 라테나우의 논의를 제기한다. Schmitt, Wesen und Werden des faschistischen Staates (1929), in: ders., Positionen und Begriffe, 1940, S. 112. 김효전 · 박배근 옮김, 『입장과 개념들』(세종출판사, 2001), 160면.

*** 180** C. Schmitt, Verfassungslehre, 1928, S. 200.

*** 181** 마찌니(Giuseppe Mazzini, 1805-1872) 이탈리아의 혁명가이며, 비밀결사의 창설자. 이탈리아의 통일을 위해서 투쟁하였으며 1894년 로마에 공화국을 선포하였다. 저서 『인간의 의무』(김광형역, 박영문고, 1976).

*** 181** 프랑스 1875년 헌법은 김충희 옮김, 프랑스 역대 헌법전(1), 『동아법학』 제69호(2015) 참조. 이 헌법의 역사와 결함에 관하여는 Schmitt, Verfassungslehre, S. 15. 상세한 것은 M. Hauriou, Précis de Droit constitutionnel, 1923, S. 365-380; Joseph-Barthélemy/P. Duez, Traité de Droit constitutionnel, 1933, S. 6-50 등.

*** 182** 바이마르 헌법 제25조「라이히 대통령은 라이히 의회를 해산할 수 있다. 다만, 동일한 이유에 의한 해산은 1회에 한한다. 총선거는 해산 후 60일 이내에 실시한다」.

*** 182** 슈펭글러의 요약은 Spengler, Preußentum und Sozialismus (1919), in: ders., Politische Schriften, 1932, S. 26-71, Engländer und Preußen, bes. S. 38 f., 57 f.; O. Koellreutter, Die Staatslehre Oswald Spenglers, 1924, S. 33 f.

*** 182** 바이마르 시대의 헌법 문헌에서「급조 구축물」이란 말은 드물다. O. Koellreutter, a. a. O., S. 44; H. Nawiasky, Die Grundgedanken der Reichsverfassung, 1920, S. 20은「긴급 피난처」(Notunterkunft)라고 하며, C. Bilfinger, Verfassungsumgehung, AöR, 2/1926, S. 169 ff.은「급조 구축물」 테제를 거부한다.

*** 183** C. Schmitt, Volksentscheid und Volksbegehren, 1927, S. 36 f. (『국민표결과 국민발안』, 본서 163면 이하).「오늘날 보통 실시되고 있는 비밀투표절차를 통한 한계」

*** 183** 슈미트의「갈채」 구상 → 『정치신학』,「시민적 법치국가」

*** 184** 여기의 국기문제란 주민, 특히 실업가가 바이마르 헌법 제3조에 규정한 흑적금색의「국기」와 흑백적색의「상선기」 어느 것도 달지 않고 정치색 없는 란트기 · 시읍면기 · 교황기 · 사기(社旗) · 사기(私旗) 등 중립적인 깃발을 내걸고 문제를 미루는 것을 가리킨다. 헌법 제3조는 정당 간의 타협의 산물로 생긴 것이다. 슈미트에 의하면, 흑적금색이든 흑백적색이든 결단을 내리지 않은 것이다. 이것은 많은 인민들이 자신의 경제적 이익과 직접 관계 없는 경우, 쓸데없이 정치적 결단의 부담을 지는 것을 회피하여 그 결과 정치적 무관심 · 정치적 무책임이 발생한다는 사태를 보여주는 실례이다. C. Schmitt, Verfassungslehre, S. 281 참조.

한편 1933년 3월 12일 힌덴부르크 대통령은 전권위임법이 국회에 상정되기 이전에「국기게양의 잠정적 규제에 관한 대통령의 명령」을 발하였다. 이 명령은 흑백적의 삼색기를 부활시킨 동시에 나치당의 사기인 갈고리 십자기를 사실상 또 하나의 국기로서 인정한 것이다. 국기문제에 관한 문헌은 G. Anschütz, Die Verfassung des Deutschen Reichs vom 11. August 1919, 14. Aufl., 1933, S. 48-60; Tatarin-Tarnheyden, Die Rechtslage im Flaggenstreit, Deutsche Juristen-Zeitung, 1. 11. 1927, Sp. 1433-37; E. Wolf/O. Neubecker, Die Reichseinheitsflagge, 1926 등.

* **184** 여기의「경제정당」(Wirtschaftspartei)이란 경제적 이익을 최우선 과제로 삼는 정당을 가리킨다. 대다수 사람들이 공적인 문제에 결단을 내리는 것을 회피하며, 직접 자신의 경제적 이익에 관한 사적 문제에만 관심을 보인 결과, 이러한「경제정당」이 의회에서 주요한 역할을 하게 된다. 슈미트에게 이것은 정치적 무책임이 중대한 정치적 귀결을 가져오는 전형적인 사례이다.

* **184** 개별적인 것은 E. R. Huber, a. a. O., VII, 1984, S. 577-594. 슈미트는 Unabhängigkeit der Richter, Gleichheit vor dem Gesetz und Gewährleistung des Privatvermögens nach der Weimarer Verfassung, 1926에서 독일공산당(KPD)의 수용계획과 DDP의 계획들을 바이마르 헌법과 불일치한다고 하여 거부한다.

* **184** 제75조(국민결정에 의한 무효화)「국민결정으로 의회의 의결을 무효로 함에는 유권자의 과반수가 투표에 참가하여야 한다」. 독일공산당과 사회민주당은 1926년 2월 15일 구 왕후의 보상 없는 재산몰수에 대한 국민발안을 제안하였으며, 1250만 명의 찬성 등록을 얻었다(유권자의 약 30%). 그러나 1926년 6월 10일의 국민결정에서 39, 3%의 유권자만이 참가하였으며, 그 결과 참가하지 아니한 자의 수로 인하여 국민결정은 좌절되었다.

* **185** C. Schmitt, Verfassungslehre, S. 314는 나우만, 베버 그리고 프로이스를 비판한다. 또한 R. Höhn, Der bürgerliche Rechtsstaat und die neue Front, 1929, S. 87 f.도 참조.

헌법의 수호자 (1929)

* Der Hüter der Verfassung, in: Archiv des öffentlichen Rechts, Neue Folge, Bd. 16 (1929), S. 161-237.

『동아법학』 제11호(1990), 227-294면 및 김효전역, 『헌법의 수호자 논쟁』(교육과학사, 1991), 11-108면; 『독일 헌법학의 원천』(산지니, 2018), 943-987면에 재수록.

* **186**「헌법의 수호자」에 관하여 슈미트는 1929년 한 편의 논문을 발표했다. 즉 Das Reichsgericht als Hüter der Verfassung, in: Die Reichspraxis in deutschen Rechtsleben. Festgabe der Juristische Fakultäten zum 50jährigen Bestehens des Reichsgerichts (1. Oktober 1929), Bd. 1, S. 154-178. jetszt in: ders., Verfassungsrechtliche Aufsätze, 1958, 4. Aufl., 2003, S. 63-100 (정태호 옮김,「헌법의 수호자인 라이히 재판소」, 『동아법학』 제37호, 2005)이다. 여기서 그는 프랑스의 자유주의 정치사상가인 방자맹 콩스탕의「중립적 권력」의 이론을 빌려와서

바이마르 공화국 헌법의 수호자는 라이히 대통령이라고 주장하였다. 그는 같은 해 다시 이를 보충하여 공법잡지에 Der Hüter der Verfassung, in: Archiv des öffentlichen Rechts, Neue Folge, Bd. 16 (1929), S. 161-237(김효전역, 「헌법의 수호자」,『동아법학』 제11호, 1990)을 게재하였다. 그 후 1931년 같은 제목으로 대폭 수정 증보하여 Der Hüter der Verfassung, Duncker & Humblot, Berlin 1931. 4. Aufl., 1996, 159 S.(김효전 옮김, 『헌법의 수호자』, 법문사, 2000)을 단행본으로서 출간하였다. 5. Aufl. 2016에서는 'Hugo Preuß'를 부록으로 추가.

영역본은 Lars Vinx edited and translated, The Guardian of the Constitution: Hans Kelsen and Carl Schmitt on the Limits of Constitutional Law, Cambridge: Cambridge University Press 2015.

이 책에서 슈미트는 단순히 헌법의 보호 문제만을 다룬 것은 아니며, 헌법재판을 비롯하여 사법권 일반의 문제, 나아가 국가와 사회의 구별 · 경제헌법 · 중립성 · 전체국가의 개념 · 다원주의 · 연방주의 등을 심도 있게 다루고 있다. 특히 독일 바이마르 공화국이라는 구체적인 헌법상태를 예리하게 분석한 그의 문제의식과 접근방법은 우리에게 많은 것들을 시사해 준다.

이러한 슈미트의 주장에 대해서 한스 켈젠(Hans Kelsen, 1881-1973)은 「누가 헌법의 수호자이어야 하는가?」(Wer soll der Hüter der Verfassung sein? in: Die Justiz, Bd. 6, 1931, S. 5-56. jetzt in: H. Klecatsky, R. Marcic, H. Schambeck (Hrsg.), Die Wiener rechtstheoretische Schule, Bd. 2, Europa Verlag, Wien 1968, S. 1873-1922)에서 대통령과 의회, 그리고 법원도 헌법의 수호자라고 하면서 헌법재판의 중요성을 강조하였다. 이 두 사람의 논쟁은 이미 역자에 의해서 『헌법의 수호자 논쟁』(교육과학사, 1991)과 『독일 헌법학의 원천』(산지니, 2018)에 소개되었다. 관련 문헌은 『원천』에 상세하다.

* 186 정치의 특질. 『정치적인 것의 개념』(김효전 · 정태호 옮김, 살림, 2012).

* 186 해링턴(James Harrington, 1611-77) 영국의 유토피아적 공화주의자. 저서 『오세아나 연방』(The Commonwealth of Oceana, 1656). 재산균형을 기초로 해서 지식에 의해서 통치되어야 하는 공산주의 정치를 논의한 것으로 유명하다. 문헌 김영한, 해링턴(J. Harrington)의 정치적 유토피아, 『인문논총』(한양대) 제6호(1983); 박은구, J. Harrington의 Oceana考, 『역사학보』 제81호(1979); Alois Riklin, James Harrington - Prophet der geschriebenen Verfassung, in: JöR, Bd. 48 (2000), S. 139-148; C. Blitzer, An Immortal Commonwealth: The Political Thought of James Harrington, 1961. → 『의회주의』

* 186 시에예스 → 『의회주의』

* 186 게오르크 옐리네크(Georg Jellinek, 1851-1911) 독일 공법학의 집대성자. 저서 『일반국가학』(김효전 옮김, 법문사, 2005); 『인권선언 논쟁』(김효전역, 법문사, 1991) 등. 문헌 J. Kersten, Georg Jellinek und die klassische Staatslehre, Tübingen 2000; K. Kempter, Die Jellineks 1820-1955, Düsseldorf 1998; Stanley L. Paulson und Martin Schulte (Hrsg.), Georg Jellinek. Beiträge zu Leben und Werk, Tübingen 2000; Häberle u.a., Staatsrechtslehrer des 20. Jahrhunderts, S. 77-88; Heinrichs u.a., Deutsche Juristen

jüdischer Herkunft, S. 355-368; 森勇監譯, 『ユダヤ出自のドイツ法律家』(中央大學出版部, 2012), 541-560면.

* **187** 발터 시몬즈(Walter Simons, 1861-1937) 1922년 7월부터 1929년 3월까지 독일 라이히 최고재판소 소장 역임. 1905년 킬 고등재판소 판사. 1911-18년 외무부 근무. 1919년 베르사유 평화조약 교섭에 전권단의 일원으로 참가. 전후 1920년 6월부터 1921년 5월까지 Fehrenbach 내각의 외무장관. 최고재판소장의 초빙은 제2차 Wirth 내각(중앙당 · 민주당 · 사회민주당의 연합)의 법무장관 라드브루흐에 의한 것이다. 문헌 P. Tommissen (Hrsg.), SCHMITTIANA, Bd. IV. S. 184.

* **187** 하인리히 트리펠(Heinrich Triepel, 1868-1946) 공법학자 · 국제법학자 · 정치학자. 튀빙겐 · 킬 · 베를린대학 교수와 총장 역임. 공법학에 이익법론을 도입하고, 국제법과 국내법과의 관계에서 이원론을 주장하고, 정당과 국가의 관계에 관한 4단계론 등을 주장했다. 나치에 비협조적이었다. 저서 『국제법과 국내법』(Völkerrecht und Landesrecht, 1899); 『라이히 감독』(Die Reichsaufsicht, 1917); 『국법과 정치』(Staatsrecht und Politik, 1927); 『헌법과 정당』(1928; 김효전역, 『독일 헌법학의 원천』, 2018, 208-223면). 문헌 Ulrich M. Gassner, Heinrich Triepel. Leben und Werk, Ducker & Humblot, Berlin 1999 (저작목록과 문헌 S. 525-595); Häberle u.a., Staatsrechtslehrer des 20. Jahrhunderts, S. 165-182; 大西楠 · テア, 「帝國監督」と公法學における利益法學: トリーペルによる連邦國家の動態的分析(1)-(3), 『法協』 131-133호 (2016).

* **187** 그라프 쭈 도나(Alexander Graf zu Dohna, 1876-1944) 쾨니히스베르크 · 하이델베르크 · 본 대학 교수 역임. 바이마르 제헌국민의회 의원.

* **187** 루돌프 스멘트 → 『의회주의』

* **188** 레오 비트마이어(Leo Wittmayer, 1880-1936) 독일의 헌법학자. 저서 『바이마르 헌법』(Die Weimarer Reichsverfassung, 1922).

* **189** 프리츠 모르슈타인 · 마르크스(Fritz Morstein-Marx, 1900-69) 이 논문에서 그는 재판관적 심사권에 대한 찬반논자의 명단을 열거하면서 찬성 45명, 반대 29명이라고 한다. 그러나 안쉬츠는 바이마르 말기에도 여전히 자신과 토마의 반대설은 「통설」이라고 한다. G. Anschütz, a. a. O. S. 370.

* **189** 자유법운동(Freirechtsbewegung) 19세기 말부터 20세기 초에 걸쳐 개념법학을 반대하는 법사상이며, 특히 독일의 사법(私法) 해석과 관련하여 일어난 일련의 사조를 말한다. 프랑스의 제니(F. Gény, 1861-1956), 독일의 에얼리히(E. Ehrlich, 1862-1922), 칸토로비츠(H. Kantorowicz, 1877-1940) 등이 그 대표자이다. 에얼리히와 칸토로비치는 Heinrichs u.a., Deutsche Juristen jüdischer Herkunft, S. 469-484, 631-642; 森勇監譯, 『ユダヤ出自のドイツ法律家』 701-722면 및 943-958면. → 「나치즘의 법사상」

* 192 반군주론자들 또는 폭군방벌론자(Monarchomachen). 군주(monarchos)와 투쟁(maché)의 접합어. 근세 초기에 폭군에 대한 저항권을 주장한 일련의 사상가들. 대표자는 『폭군방벌론』(Vindiciae contra tyrannos, 1579)의 저자 유니우스 브루투스(Junius Brutus). 모나르코마키라는 말은 바르클라이우스의 저서 De regno et regali potestate adversus Buchananum. Brutum et reliquis Monarchomachos, libri sex, 1600에서 유래한다고 한다(Otto von Gierke, Johannes Althusius und die Entwicklung der naturrechtlichen Staatstheorien, 1880, S. 3). 문헌 R. 트로이만, 김상겸 옮김, 『주권론의 뿌리를 찾아서』(푸른세상, 2003). → 『의회주의』

* 192 1852년 1월 14일 헌법의 번역은 김충희 옮김, 프랑스 역대 헌법전(1), 『동아법학』 제69호(2015), 540면.

* 193 법치국가란 말의 오해성과 안이함. 카를 슈미트는 법치국가를 논쟁적 · 정치적 개념, 법철학적 개념, 19세기의 법학적 · 기술적 개념, 그리고 법치국가의 특징으로서의 제도 또는 규범으로서 설명한 후 나치스 법률가들의 견해를 따라서 다음과 같은 궤변으로 결론짓는다. 「우리들은 나치스 지도자국가를 법치국가로서 나타낼 수 있다. ... 파시스트 국가에서 현실이 된 것은, 다툼의 여지없는 정치지도를 가진 강력한 국가가 자유주의에 의해서 그 기초가 파인 공동체보다도 공공생활 · 사적 영역 양쪽의 안전과 안정을 보다 더 유효하게 보장할 수 있다는 것이다」. C. Schmitt, Der Rechtsstaat, in: Hans Frank (Hrsg.), Nationalsozialistisches Handbuch für Recht und Gesetzgebung, München 1935. jetzt in: Günter Maschke (Hrsg.), Staat, Großraum, Nomos. Arbeiten aus den Jahren 1916-1969, Berlin 1995, S. 116-117. → 본서 461-462면

* 193 독일 라이히 국사재판소(Staatsgerichtshof für das Deutsche Reich) 헌법재판소로 표현하기도 한다. 바이마르 헌법 제108조에 근거하여 라이프치히에 설치. 바이마르 공화국의 국가조직법상 쟁송이 제한된 헌법재판소. 상설 법정이 아니고 필요에 따라 소집. 1927년 자칭 「라이히 헌법의 수호자」라고 표현했다. 판결은 쟁송불가능하며, 집행은 제19조 2항에 따라서 대통령이 한다. 관할권의 분산과 권한의 흠결로 시달렸다. 규범통제도 불가능하였고 라이히 최고기관 간의 기관쟁송도 결여되었다. 카를 슈미트와 한스 켈젠간의 논쟁이 유명하다. 문헌 Wolfgang Wehler, Der Staatsgerichtshof für das Deutsche Reich, Diss. Bonn 1979; 명재진, 바이마르 헌법과 국사재판소, 『홍익법학』 제17권 2호(2016).

* 194 그나이스트(Rudolf von Gneist, 1816-95) 독일의 법률가 · 정치가. 베를린 대학 교수, 프로이센 국회의원, 제국의회 의원 등 역임. 저서 『오늘날의 영국헌법과 행정법』(Das heutige englische Verfassungs-und Verwaltungsrecht, 2 Bde., 1857/1860); 『법치국가와 독일의 행정재판』(Der Rechtsstaat und die Verwaltungsgerichte in Deutschland, 1872) 등. 일본 메이지 헌법의 제정에 많은 영향을 미쳤다.

* 195 1875년 2월 24일의 프랑스 헌법 제9조. 상원은 사법원(cour de justice)을 구성할 수 있으며, 거기서 공화국대통령, 장관을 재판하며, 또한 국가의 안전에 대한 침해를 심리한다.

* 196 방자맹 콩스탕(Benjamin Constant) → 『의회주의』

* 197 바이마르 헌법 제59조(국사재판소에의 제소) 라이히 의회는 라이히 대통령, 라이히 수상 및 라이히 장관이 라이히 헌법이나 라이히 법률위반에 대하여 독일 라이히 국사재판소에 제소할 권한을 가진다. 공소제기의 발의는 라이히 의회의원 100인 이상의 연서(連署)가 있어야 하며, 그 의결은 헌법개정에 필요한 것과 동일한 다수의 동의가 있어야 한다. 상세한 것은 국사재판소에 관한 라이히 법률로 이를 정한다.

* 197 안쉬츠(Gerhard Anschütz) →「의회의 소집과 휴회」

* 197「국법은 여기서 끝난다」→『정치신학』

* 200 에리히 카우프만(Erich Kaufmann) →「체계형성」

* 201 라르노드(Étienne-Ferdinand Larnaude, 1853-1942) 프랑스 파리대학교 법대 학장 역임. 문헌 P. Arabeyre et al (dir.), Dictionnaire historique des juristes français, p. 609.

* 201 적법절차(due process of law) 미국의 재판실무 중에서 중심적인 의의를 차지하며 그 기원은 유럽에 있다. 슈미트는 독일의 언어방식으로 표현하면 제도적 보장(institutionelle Garantie)이며, 현상태의 보장(status-quo-Garantie)은 아니라고 한다. 김효전역, 『유럽 법학의 상태』(교육과학사, 1990), 76면; 김효전 옮김, 『헌법의 수호자』(법문사, 2000), 56면.

* 204 오토 마이어 →「법학적 체계형성」

* 209 카를 빌핑거(Carl Bilfinger, 1879-1958) 독일의 국법학자. 슈미트 동료. 하이델베르크, 베를린대학 교수. 대통령에 의한 프로이센 정부 파면에 관한 재판에서 슈미트와 함께 중앙정부를 변호. 나치당원이 되고 전후 파면된 후 학계에 복귀. →「헌법의 수호자」, 『합법성과 정당성』

* 209 켈젠의 보고.「국사재판의 본질과 발전」(Wesen und Entwicklung der Staatsgerichtsbarkeit, Veröffentlichungen der Deutschen Staatsrechtslehrer Heft 5, 1928. S. 30-88). 문헌 『日本法學』 제72권 3호(2006). Dieter Grimm, Recht oder Politik. Die Kelsen-Schmitt-Kontroverse zur Verfassungsgerichtsbarkeit und die heutige Lage, D&H 2020. 51 S.

* 209 래스키(Harold J. Laski, 1893-1950)의 다원적 국가론에 대한 슈미트의 비판은「국가윤리학과 다원적 국가」, 김효전 · 박배근 옮김, 『입장과 개념들』, 190-209면. →『정치적인 것의 개념』, 55면.

* 212 아르투어 츠바이게르트(Arthur Zweigert, 1850-1923) 1873년 이래 프로이센 법무부 근무. 1886년 검사, 1894년 첼레에 있는 상급재판소 평의원, 1897년 라이히 검사, 1907~21년

라이히 대검찰청 검사 역임.

* 216 보나파르티즘(Bonapartisme) 나폴레옹 3세의 통치에 전형적으로 나타난 통치형태. 마르크스주의에 의하면 부르주아지와 프롤레타리아와의 세력균형 위에 서서 양 계급의 조정자처럼 행세하는 체제. 정권의 대중적 기초는 주로 보수적 농민이며 그 본질은 부르주아지의 지배이다.

* 216 방자맹 콩스탕의 중립적 권력은 深瀬忠一, バンジャマン・コンスタンの中立權の理論, 『北大法學會論集』 제10권(1960), 133-159면.

* 217 로렌츠 폰 슈타인 →「19세기사에서의 로렌츠 폰 슈타인의 지위」

* 217 바르텔레미(Joseph Barthélemy, 1874-1945) 프랑스 공법학자 · 파리대학 법학부 교수. 나치스가 프랑스를 점령한 후 페탱(Pétain) 원수의 괴뢰 정권(1941-43년) 하에서 법무장관 역임. 1944년 8월 체포되어 1945년 뚤루즈 교도소에서 사망. 문헌 Claire Cuvelier, Delphine Huet, Clémence Janssen-Bennynck, La science française du droit constitutionnel et le droit comparé: les exemples de Rossi, Barthélemy et Mirkine-Guetzévitch, in: Revue du Droit Public, No. 6 (2014), p. 1534-1577.

* 217「군림하지만 통치하지 않는다」→『정치신학』

* 218 프리드리히 율리우스 슈탈 →「법치국가」

* 218 막스 폰 자이델(Max Ritter von Seydel, 1846-1901) 독일의 국법학자. 뮌헨대학 교수로서 연방국가의 개념연구로 유명하다. 당시 지배적이던 바이츠(Waitz)의 견해에 반대하여 주권에는 가분성(可分性)이 없으므로 라이히는 국가연합으로서만 존재할 수 있다고 주장. 독일 통일 후에도 바이에른은 주권국가라고 주장했다. 저서 『일반 국가학 강요』(Grundzüge einer allgemeinen Staatslehre, 1873). 문헌 H. Rehm, Max von Seydel, in: AöR., Bd. 16 (1901).

* 219 프리드리히 에버트(Friedrich Ebert, 1871-1925) 독일 사회민주당의 정치가. 1919년부터 1925년까지 바이마르 공화국 초대 대통령 역임.

* 219 힌덴부르크(Paul von Hindenburg, 1847-1934) 독일의 육군 군인 · 정치가. 프로이센 · 오스트리아 전쟁, 독불전쟁, 제1차 세계대전에 공을 세워 원수, 참모총장으로 승진. 1925년 바이마르 공화국 제2대 대통령, 1932년 재선. 1933년 1월 히틀러를 수상으로 지명.

* 221 오토 바우어(Otto Bauer, 1881-1938) 오스트리아의 정치가. 외무장관 때 독일-오스트리아 합병을 주장. 사회민주당의 린츠 강령(1926)을 기초하는 등 오스트리아 마르크스주의의 지도적인 이론가로 활약. 체코에서 사회민주당 망명조직을 지도했다. 저서 김정로역, 『민족문제와 사회민주주의』(백산서당, 2006).

*** 221** 오토 키르히하이머(Otto Kirchheimer) → 『합법성과 정당성』

*** 225** 드레드 스코트 사건 (Dred Scott Case)이란 미주리주의 노예인 드레드 스코트가 뉴욕 시민을 상대로 하여 연방재판소에 제기한 손해배상청구 사건. 연방 대법원은 1857년 3월 6일 Dred Scott v. Sanford, 19 How. 393 (1857)에서 노예주(州)인 미주리주의 노예인 신분을 가진 원고에게 연방재판소에의 출소권은 없다고 판결하고 방론(傍論, obiter dicta)에서 연방 헌법에서 말하는 시민에 노예는 포함되지 않는다고 서술하여 당시의 노예제를 둘러싼 논의에 커다란 영향을 미쳤다. 문헌 김철수, 『판례교재 헌법』(법문사, 1974).

*** 226** 도즈안(Dawesplan) → 본서 1040면.

*** 228** 에른스트 프리젠한(Ernst Friesenhahn, 1901-1984) 1928년 본 대학 졸업. 1939년 본 대학 교수가 되었으나 곧 나치스에 의해서 추방. 대전 후인 1946년 본 대학 교수 및 총장 역임. 1951-63년 연방헌법재판소 재판관. 카를 슈미트가 본 대학에 재직했던 1922-28년 당시 프리젠한은 학생이었고 조교였다(1925-32년). 문헌 廣田健次譯, 『西ドイツ憲法裁判論』(有信堂, 1972); Häberle u.a., Staatsrechtslehrer des 20. Jahrhunderts, S. 693-518; Jochen Abraham Frowein, Ernst Friesenhahn 1901-1984. Nachruf, in: Archiv des öffentlichen Rechts, Bd. 110. 1985, 1. S. 99-102.

*** 229** 막심 르로이(Maxime Leroy, 1873-1957) 프랑스의 법학자. 문헌 P. Arabeyre et al (dir.), Dictionnaire historique, p. 652-653.

후고 프로이스 (1930)

* Hugo Preuß. Sein Staatsbegriff und seine Stellung in der deutschen Staatslehre, Tübingen: Mohr 1930, 34 S. Recht und Staat, Bd. 72. jetzt in: C. Schmitt, Der Hüter der Verfassung, 5. Aufl., 2016. Anhang. S. 161-186.

『정치신학외』(법문사, 1988), 125-154면.

*** 231** 프로이스(Hugo Preuß, 1860-1925) 바이마르 헌법의 기초자. 베를린에서 유대인 부호의 아들로 출생. 일찍부터 비스마르크의 국내정치에 반대하는 진영에 가담하여 사회민주주의자와 공동으로 자유주의적 입장을 취했다. 교수자격논문 『자치체 · 국가 · 라이히』(Gemeinde, Staat, Reich, 1889)는 라반트 등의 지배적인 학설을 비판하고 단체이론을 기초로 국가를 재구성하려고 시도하였다. 유대인이었기 때문에 사강사의 지위에 머물렀고 1906년에야 비로소 베를린상과대학의 교수가 된다. 지방의회의원을 지내고 제국의회에는 진출하지 못했다. 그는 바이마르 혁명을 「국민국가냐 관헌국가냐」하는 선택의 문제로서 지지하였다. 1919년 2월 에버트(Ebert) 대통령에 의해서 초대 내무장관에 임명되었으나 베르사유조약에 항의하고 사직한다. 카를 슈미트는 그의 후임으로 베를린상과대학에 취임한다. 저서 Verfassungspolitische Entwicklung in Deutschland und Westeuropa, 1927; Staat, Recht und Freiheit, 1926; Hugo Preuss

Gesammelte Schriften, 5 Bde., Tübingen: Mohr 2007/2010. 문헌 Christoph Müller, Hugo Preuß, 2022; Günther Gillessen, Hugo Preuß. Studien zur Ideen-und Verfassungs-geschichte der Weimarer Republik, Berlin: Duncker & Humblot 2000; Heinrichs u.a., Deutsche Juristen jüdischer Herkunft, S. 429-454; 디안 쉐폴드, 김효전 옮김, 후고 프로이스(1860-1925) 도시법제에서 바이마르 공화국 헌법으로, 『헌법학연구』 제25권 4호(2019); 『정치신학』(법문사, 1988), 125-154면. 최근 Der Hüter der Verfassung, 5. Aufl., 2016. Anhang으로서 재수록. 初宿正典, 『カール・シュミットと五人のユダヤ人法學者』(成文堂, 2016), 389-506면; 大野達司編, 『主權のゆくえ - フーゴー・プロイスと民主主義の現在(風行社, 2011).

* **234** 1837년의 괴팅겐 대학의 7인(Die Göttinger Sieben). 하노버 방국 헌법의 폐지에 반대하다가 추방된 「괴팅겐대학 7교수」를 말한다.

알프레히트(Wilhelm Eduard Albrecht, 1800-76) Elbing 출생. 법사학자 Eichhorn의 제자. 괴팅겐대학의 국법과 교회법 교수, 라이프치히대학 독일법 교수. 1848년 프랑크푸르트 국민의회 의원.

달만(Friedrich Christoph Dahlmann, 1785-1860) 당시 스웨덴령 Wismar 출생. 코펜하겐대에서 교수자격 취득. 킬대학 역사학교수, 괴팅겐대 국가과학 교수, 본대학 교수 역임. 1848-49 프랑크푸르트 국민의회 의원.

게르비누스(Georg Gottfried Gervinus, 1805-71) 다름슈타트 출생. 역사가 Fr. Chr. Schlosser의 제자. 하이델베르크대학에서 교수자격 취득, 동교 교수 및 명예교수. 하이델베르크에서 "Deutsche Zeitung" 편집. 1848년 프랑크푸르트 국민의회 의원.

야콥 그림(Jacob Grimm, 1785-1863) Hanau 출생. 마부르크에서 법학 공부, 사비니 제자. 1806년 쿠어헤센, 1808-13년 베스트팔렌 도서관장 근무, 1830-37년 괴팅겐대 독일 언어 및 문학사 교수. 1841년 베를린 과학 아카데미 회원. 1848년 국민의회 의원.

빌헬름 그림(Wilhelm Grimm, 1786-1869) 그의 형 야콥처럼 사비니의 제자. 카셀 도서관 근무. 1830-37년 괴팅겐대 교수, 1841년 이후 베를린 과학 아카데미에서 활동.

에발트(Heinrich Ewald, 1803-75) 괴팅겐 출생. 1827년부터 괴팅겐대 교수, 교수직이 박탈된 이후에는 튀빙겐대학의 철학, 신학 교수로 지내다가 1848년 괴팅겐대로 복귀. 1867년 새로운 프로이센 영주에 대한 충성의 맹세를 거부하여 다시 면직되었다.

베버(Wilhelm Weber, 1804-91) Wittenberg 출생. 괴팅겐대학 물리학 교수, 라이프치히대학 물리학 교수를 역임한 후 1849년 다시 괴팅겐대로 복귀. 문헌 김효전 편역, 『바이마르 헌법과 정치사상』(산지니, 2016), 671면; E. R. Huber, Deutsche Verfassungsgeschichte seit 1789, Bd. 2. S. 96-106; 國分典子, ゲッティンゲン七教授事件と天皇機關說事件, 『法學研究』 제68권 2호(1995). → 「정치」

* **235** 1850년의 프로이센 헌법에는 의회가 예산을 부결한 경우에 아무런 규정을 두지 않았다. 그러나 1862년과 1866년 두 번에 걸쳐 의회가 예산을 부결하자 이를 둘러싸고 논쟁이 벌어졌다. 정부는 이를 헌법의 「흠결」(Lücken)이라 하여 예산을 집행하였으며, 이를 이론적으로 뒷받침한 법학자가 라반트(Paul Laband, 1838-1918)이다. 저서 『예산론』(Das Budgetrecht, 1871).

* **244** 불가지론(不可知論, agnoticism) 객관세계의 본질이 궁극적으로 무엇인지는 알 수 없다는

입장. 관념론과 유물론 간의 절충적인 태도를 취하지만, 결국은 관념론에 빠지게 된다. 불가지론은 중세에서 근대로 넘어오는 시기에 전통적인 기독교 교리와 독단에 대항하여 비판하는 등 진보적인 역할을 수행하기도 했다.

* 244 바이마르 헌법 제76조(헌법개정) ① 헌법은 입법에 의하여 개정할 수 있다. 다만, 헌법개정을 위한 라이히 의회의 의결은 법률에 정한 의원정수의 3분의 2 이상의 출석과 출석의원 3분의 2 이상의 동의가 있어야 한다. 헌법개정을 위한 라이히 참의원의 의결도 투표수 3분의 2의 다수를 필요로 한다. 국민발안에 의하여 국민투표로서 헌법개정을 결정하는 경우에는 유권자의 과반수의 동의가 있어야 한다.

② 라이히 의회가 라이히 참의원의 이의에도 불구하고 헌법의 개정을 의결한 경우에 라이히 참의원이 2 주일 이내에 국민투표에 회부할 것을 요구할 때에는 라이히 대통령은 이 법률을 공포할 수 없다.

* 246 카산드라(Kassandra) 트로이의 마지막 왕 프리아무스(Priamus)의 딸로 여자 예언자. 아폴론에게 예언능력을 주었으나 그 예언은 항상 불길한 것이었다. → 『도노소 코르테스』

* 246 Goethe, Xenien, in: Sämtliche Werke, Jubiläum-Ausgabe, Bd. 4. S. 165.

라이히 헌법 제24조에 따른 라이히 의회의 소집과 휴회 (1930)

『동아법학』 제80호(2018), 317-323면.

* 249 의회의 활동기간에 관하여는 대체로 두 가지 유형이 있다. 임기와 회기가 그것이다. 전자는 선거와 선거 사이의 기간이며, 피선기간(Wahlperiode) 내지 입법기(Legislaturperiode) 등등으로 불린다. 그에 대해서 회기(Sitzungsperiode, Session)는 그러한 피선기간 사이에서 일정한 기간에 한하여 의회가 활동하는 기간을 의미한다. 바이마르 헌법은 회기제도를 폐지하지는 않았으나, 한편 의회에 대해서 개회 · 폐회에 관한 자율권을 부여하였다. 따라서 의회는 항상 개회할 수도 있었다. 실제로 바이마르 시대에는 의회에 의해서 한 번도 폐회되지 않고 사실상의 통년(通年) 회기제로 이행하였다. 슈미트도 다른 논설에서 이렇게 확인한다. 「현실은 10년 이상에 걸쳐 이미 폐회를 하지 않고, 다만 단순한 휴회만이 존재한다. 즉 그 동안 라이히 의회는 영속적으로 소집되며 의회는 단지 하나의 회의에서 다음 회의에로 넘기는 결정을 할 뿐이다. 그러므로 라이히 의회는 단기 또는 장기간의 휴회에도 불구하고 영속적인 행위(praix permanent)로서 열고 있다」(C. Schmitt, Die Einberufung des vertagten Reichstages, in: Kölnische Volkszeitung vom 23. Oktober 1930, S. 1). 그리하여 제2차 대전 후의 본 기본법에서는 이러한 관행을 계수하여 통년회기(피선기간)제를 채택한다.

또한 여기서 서술한 「불계속성」이란 회기불계속의 원칙(Prinzip der Diskontinuität)을 말한다. 회기불계속의 원칙이란 의회의 의사 내지 활동은 회기마다 독립한 것으로 생각되기 때문에, 어떤 회기에 의결되지 못한 안건은 다음 회기로 계속되지 아니한다는 것이다.

* 250 바이마르 헌법 제24조(정기회의 집회) ① 라이히 의회는 매년 11월 첫째 수요일에 라이히

정부 소재지에서 집회한다.

② 라이히 대통령 또는 라이히 의회의원 3분의 1 이상의 요구가 있을 때에는, 라이히 의회의장은 그 이전에 의회를 소집하여야 한다.

③ 라이히 의회는 폐회와 재집회일을 정한다.

* **250** 옐리네크(Walter Jellinek, 1885-1955) 독일의 행정법학자. G. 옐리네크의 아들. 킬, 하이델베르크대학 교수 역임. 바덴-뷔르템베르크주 행정 및 국사재판소재판관 역임. 저서 『행정법』(1928). 문헌 Häberle u.a., Staatsrechtslehrer des 20. Jahrhunderts, S. 377-390.

* **250** 안쉬츠(Gerhard Anschütz, 1867-1948) 하이델베르크 대학 교수. 프로이센 헌법과 바이마르 헌법의 정치한 해석자로서 유명. 저서 『독일 헌법 주해』(Die Verfassung des Deutschen Reichs, 14. Aufl., 1933). 토마와 공동으로 편찬한 『독일 국법 편람』(Handbuch des deutschen Staatsrechts, 2 Bde., 1932; Nachdruck 1998)이 유명하다. 문헌 Anschütz, Aus meinem Leben. Hrsg. und eingeleitet von Walter Pauly, Vittorio Klostermann, Frankfurt a. M. 1993; Chr. Waldhoff, Gerhard Anschütz (1867-1948), in: P. Häberle u.a., Staatsrechtslehrer des 20. Jahrhunderts, S. 129-146; 김효전, 국법학은 여기서 끝난다 - G. Anschütz의 생애와 헌법이론, 여산 한창규박사화갑기념 『현대공법의 제문제』(1993), 62-87면.

* **250** 토마(Richard Thoma, 1874-1957) 독일의 국법학자. 켈젠 · 안쉬츠와 함께 대표적인 국법실증주의자. 안쉬츠와 공편한 『독일 국법 편람』(Handbuch des Deutschen Staatsrechts, 2 Bde., 1930-32) 외에 논문집 Horst Dreier (Hrsg.), Rechtsstaat-Demokratie-Grundrechte, Mohr, 2008이 있다. 문헌 H.-D. Rath, Positivismus und Demokratie. Richard Thoma 1874-1957, Berlin 1981; Häberle u.a., Staatsrechtslehrer des 20. Jahrhunderts, S. 183-196. → 『의회주의』

* **250** 프로이센 란트 헌법 제55조 「공공의 안녕의 유지 또는 긴급사태의 제거를 위해서 급박하고 필요한 경우에는 란트 의회가 소집되지 않는 때에 한하여, 제26조에 예정된 상임위원회와 합의하여 국무부는 헌법에 위반되지 아니하는 명령을 법적 효력을 가지고 발할 수 있다」.

오늘날의 긴급명령의 실제에 대한 기본논점 (1932)

* Grundsätzliches zur heutigen Notverordnungspraxis, in: Reichsverwaltungsblatt und Preußisches Verwaltungsblatt, Bd. 53, Nr. 9. 1932, S. 161-165.

『동아법학』 제79호(2018), 352-356면. 341-352면.

* **256** 카를 뢰벤슈타인(Karl Loewenstein, 1891-1973) 유대계 독일인으로 뮌헨 출생. 뮌헨대학에서 법학 공부. 1933년 히틀러가 정권을 장악하자 미국으로 건너가서 매사추세츠의 앰허스트대학 정치학 교수가 된다. 전후 1945년 11월 베를린에서 미점령군 법률고문으로서 그는 카를 슈미트를 전범으로서 처벌하기 위해서 감정서를 작성했으나 아무런 효과를 보지 못했다(H. Quaritsch

(Hrsg.), Carl Schmitt: Antworten in Nürnberg, 2000, S. 12). 문헌 Markus Lang, Karl Loewenstein: Transatlantischer Denker der Politik, Stuttgart 2007; Robert Chr. van Ooyen (Hrsg.), Verfassungsrealismus: Das Staatsverständnis von Karl Loewenstein, Baden-Baden 2007; Udi Greenberg, The Weimar Century, 2014 (이재욱 옮김, 『바이마르의 세기: 독일 망명자들과 냉전의 이데올로기적 토대』, 회화나무, 2018, 281-347면). → 『의회주의』

* **261** 트리펠(Heinrich Triepel) → 「헌법의 수호자」

* **261** 카우프만(Erich Kaufmann) → 「체계형성」

프로이센 란트에 대한 라이히 코미사르 임명의 합헌성 (1932)

* Die Verfassungsmäßigkeit der Bestellung eines Reichskommissars für das Land Preußen, in: Deutsche Juristen-Zeitung, 37. Jahrgang, Heft 15 (Berlin, den 1. August 1932), S. 953-958.

『동아법학』 제79호(2018), 323-330면.

* **263** 붐케(Erwin Bumke, 1874-1945) 프로이센의 법률가. 1902년부터 법조 활동. 라이히 최고재판소 소장 역임(1929-1945).

* **265** 안쉬츠의 콤멘탈은 G. Anschütz, Die Verfassung des Deutschen Reiches vom 11. August 1919, Bad Homburg, 14. Aufl., 1933. Nachdruck 1968.

* **265** 대집행(Ersatzvornahme) 행정상의 행위의무자의 비용으로 제3자에게 의무자가 해야 할 행위를 하게 하는 것. 대체적 급부에 대해서만 인정된다. 행정상의 강제집행의 한 방법. Wörterbuch des Deutschen Staats-und Verwaltungsrechts, Dritter Band, Mohr (Paul Siebeck), Tübingen 1914, S. 797; Deutsches Rechts-Lexikon, Bd 1 (A-F), 2. Aufl., Beck, München 1992, S. 1315 참조.

제2편 제3제국 시대

국가 · 운동 · 민족 (1933)

* Staat, Bewegung, Volk. Die Dreigliederung der politischen Einheit, Hamburg: Hanseatische Verlagsanstalt 1933. 46 S. jetzt in: Gesammelte Schriften 1933-1936, Berlin 2021, S. 76-115.

『정치신학외』(법문사, 1988), 155-214면.

* **271** 수권법(授權法, Ermächtigungsgesetz) 1933년 3월 24일의 「민족과 국가의 위난을 제거하기 위한 법률」(Das Gesetz zur Behebung der Not von Volk und Reich vom 24. März 1933, RGBl. S. 141)은 다음의 전체 5조로 구성된다.

제1조(라이히 정부의 법률제정권) 라이히 법률은 라이히 헌법에 규정된 절차 외에 라이히 정부에 의해서도 이를 의결할 수 있다. 라이히 헌법 제85조 제2항과 제87조에 열거한 법률에 대해서도 동일하다.

제2조(정부 제정 법률의 헌법에 대한 우위) 라이히 정부가 의결한 라이히 법률은 라이히 의회와 라이히 참의원의 제도 그 자체를 대상으로 하지 아니하는 한, 라이히 헌법에 위반할 수 없다. 라이히 대통령의 권리는 이에 의해서 영향을 받지 아니한다.

제3조(정부 제정 법률의 공포 시행 등) 라이히 정부가 의결한 라이히 법률은 라이히 수상이 인증하며, 독일국 관보로써 공포한다. 다른 별도의 규정이 없는 한, 이 라이히 법률은 공포 다음 날부터 시행한다. 라이히 헌법 제68조부터 제77조까지의 규정은 라이히 정부가 의결하는 법률에는 이를 적용하지 아니한다.

제4조(조약의 체결) 라이히가 외국 간에 체결하는 조약으로 라이히 입법의 대상에 관한 것은 입법 참여 기관의 동의를 요하지 아니한다. 위의 조약을 실시하기 위하여 필요한 법규는 라이히 정부가 이를 제정한다.

제5조(본법의 시행 유효기간 등) 이 법은 공포일로부터 이를 시행한다. 이 법은 1937년 4월 1일에 그 효력을 상실한다. 또한 이 법은 현 라이히 정부로부터 다른 정부에로의 교체가 있은 경우에도 효력을 상실한다.

슈미트는 「수권법」이란 말은 「법학적으로는 부정확한, 잘못된 표현」이며, 「사실 새로운 독일의 잠정 헌법률」이라고 단정한다. 그리하여 1933년 3월 5일의 국회 선거는 「법학적으로 본다면 사실 일종의 국민투표, 플레비지트이며, 이로써 독일 민족은 국가사회주의 운동의 지도자인 아돌프 히틀러를 독일 민족의 정치적 지도자로서 인정하였다」고 규정한다. Schmitt, Staat, Bewegung, Volk, 1933, S. 7 f. (본서 273면). 문헌 C. Schmitt, Das Gesetz zur Behebung der Not von Volk und Reich, in: Deutsche Juristen-Zeitung, 38. Jg.(1933), Heft 7, Sp. 455-458; H. Schneider, Das Ermächtigungsgesetz vom 24. März 1933, 2. Aufl., 1961.

1933년 3월 단계에서도 슈미트는 나치당원은 아니었지만 계속해서 현실정치에 대해서 논평을 하고 있었다. 이 때의 모습은 그의 제자인 후버(Ernst Rudolf Huber, 1903-1990)의 "Carl Schmitt in der Reichskrise der Weimarer Endzeit," in: Quaritsch (Hrsg.), Complexio Oppositorum, Berlin 1988, S. 33-50가 상세하게 증언한다. → 본서 「근대적인 헌법생활 속의 국가긴급권」

* **274** 헤스(Rudolf Heß, 1894-1987) 나치스 독일의 정치인. 알렉산드리아 출생. 1921년 나치스에 입당하고 나치스의 뮌헨 폭동에 참가. 히틀러와 함께 투옥되고 옥중에서 히틀러의 『나의 투쟁』 구술을 필기. 1934년 나치스 부총재(Deputy Führer), 1939년 9월 히틀러의 제2 후계자로 지명된다. 1941년 5월 제2차 대전에서 소련을 공격 개시하기 직전에 영국과 화평을 위해서 단독 비행기로 스코틀랜드에 날아가 Hamilton 공과 평화회담을 시도했으나 체포되어 종전까지 영국에 있었다. 1946년 뉘른베르크 군사재판에서 종신 금고형의 판결을 받았다.

* 275 바이마르 헌법 제1조(공화국 · 국가권력) 독일 라이히는 공화국이다. 국가권력은 국민으로부터 나온다.

* 275 바이마르 헌법 제56조(방침권한) 라이히 수상은 정치의 기본방침을 결정하며, 이에 관하여 라이히 의회에 대해서 책임을 진다. 이 기본방침 내에서 각 국무위원은 그 소관사무를 자주적으로 집행하며 이에 대해서 라이히 의회에 대해서 스스로 책임을 진다.

* 276 국민입법절차(Volksgesetzgebungsverfahren) → 『국민표결과 국민발안』

* 278 좀바르트(Werner Sombart, 1863-1941) 독일의 경제학자 · 사회학자. 1890-1906년 브레슬라우대학 조교수, 베를린상과대학, 1917년 이래 베를린대학 교수. 막스 베버 등과 『사회과학 및 사회정책잡지』 편집. 경제사회의 전체적인 파악을 위해 「경제체제」의 개념을 제기하고, 역사와 이론의 종합을 시도하고 그 성과로서 『근대자본주의』(Der moderne Kapitalismus, 2 Bde., 1902)와 『고도 자본주의』(Hochkapitalismus, 1928)를 발표. 사상적으로는 처음에 마르크스주의에 호의적이었으나 점차 반대하는 입장으로 바뀌었다. 저서 『세 종류의 경제학: 경제학의 역사와 체계』(황준성역, 숭실대출판국, 2012); 『사치와 자본주의』(이상률 옮김, 문예, 1997/2017); 『사랑과 사치와 자본주의』(이필우 옮김, 까치, 1997). 슈미트와의 관계는 Martin Tielke, Schmitt und Sombart: Der Briefwechsel von Carl Schmitt mit Nicolaus Corina und Werner Sombart, Duncker & Humblot, 2015.

* 279 파울 리터부슈(Paul Ritterbusch, 1900-1945) 나치스 법률가. 킬대학 교수. 1940-45년 교육부에서 학문을 전쟁에 동원하는 「리터부슈 작전」의 지도자. 나치스 시절 슈미트가 편집하던 Deutsche Juristen-Zeitung의 공동편집자.

* 286 한스 프랑크(Hans Frank, 1900-46) 제1차 대전 참전, 1923년 나치스 돌격대(SA) 가담, 1926년 법학 국가시험을 마치고 히틀러의 개인 법률고문이 되고 이후 나치당의 법률고문. 1930년 국회의원, 1933년 바이에른주 법무장관, 1933년부터 전국 사회주의 법률가협회 회장 및 독일법 아카데미 회장, 1939년 폴란드 점령 지역 총독. 부임 직후 폴란드 유대인들의 게토 강제수용 · 재산 몰수 · 시민권 박탈 등 공포정치 실시. 1946년 뉘른베르크 국제전범재판에서 교수형에 처함. 옥중에서 집필한 자서전 『교수대에 직면하여』(Im Angesicht des Galgens, 1953)가 있다. 슈미트의 『정치적인 것의 개념』에 서평을 함. 문헌 김효전, 나치 독일 하의 황제 법학자들, 『학술원논문집』 제62집 2호 (2023). → 「법치국가」

* 291 프리메이슨 → 『의회주의』

* 292 오토 마이어의 「헌법은 사라져도 행정법은 존속한다」(Verfassungsrecht vergeht, Verwaltungsrecht besteht.) Otto Mayer, Deutsches Vetwaltungsrecht, Bd. I. 3. Aufl. 1924. Vorwort zur dritten Auflage.

* 292 슈몰러(Gustav Schmoller, 1838-1917) 역사학파의 경제학자.

* 293 욜 욜존(Jol Jolson) 슈탈의 유대인 이름 → 「법치국가」, 슈탈

* 294 프란츠 폰 파펜(Franz von Papen, 1879-1969). 독일 라이히 총리. 바이마르 공화국 말기 히틀러와 나치스가 권력을 잡는데 결정적으로 기여. 1932년 힌덴부르크 대통령에 의해서 라이히 총리로 지명. 프로이센정부를 전복한 후 1932. 9. 히틀러를 만나 민족보수당인 DNVP와 나치스와의 연립정부를 협상. 이 정부에서 히틀러를 통제하는 것이 가능하다고 믿은 파펜은 1933. 1. 30 (권력장악)이 이루어진다. 히틀러 내각에서 자신은 부총리가 되나 곧 실각. 그 후 오스트리아와 튀르키예 대사가 된다. 제2차 대전 후 뉘른베르크의 국제군사법정에서 주요 전범으로 기소되나 무죄가 된다. 1947. 2. 비나치화와 관련하여 (Spruchkammerverfahren)에서 8년 노동형과 재산몰수를 선고 받았으나 상고와 사면으로 1949년 석방된다. 저서 Der 12. November 1933 und die deutsche Katholiken, Münster 1934; Vom Scheitern einer Demokratie 1930-1933, Mainz 1968. 문헌 Reiner Möckelmann, Franz von Papen. Hitlers ewiger Vasall, Darmstadt 2016.

* 295 헤르만 괴링(Hermann Wilhelm Göring, 1893-1946) 나치스의 정치인. 공군 총사령관 · 원수. 카를 슈미트를 추밀원에 추천. 뉘른베르크재판에서 사형판결을 받고 집행 2시간 전 음독자살.

* 297 3등급선거법(Dreiklassenwahlrecht) 프로이센의 선거법으로 1849년 의회 선거를 위해서 유권자들은 세금 납부액을 기준으로 3등급으로 분류되었다. 직접세 총액의 3분의 1을 지불하는 각각의 세금등급이 동일한 수의 선거인들을 1차로 선출하고, 이 선거인들이 2차 선거에서 의원을 선출하는 방식을 가진 선거법으로 이 3등급선거법은 소득이 높은 유산계급에게 유리하게 작용하였다. 1849년 3등급선거법 도입 당시 1등급에 속하는 세금납부자는 전체 인구의 4.7%, 2등급은 12.6%, 3등급은 82.6%를 차지하였다.

* 297 전체국가(totaler Staat) 국가와 사회의 이원론에 입각하여 국가권력이 종교나 경제에 개입하지 않는 19세기적인 「중성국가」에 대하여, 국가가 전 영역을 지배하는 국가. 슈미트, 김효전 옮김, 『헌법의 수호자』(법문사, 2000), 102면; 동인, 「독일에 있어서의 전체국가의 발전」,『입장과 개념들』(세종출판사, 2001), 265-272면; 김효전편,『독일헌법학설사』(법문사, 1982), 175-212면.

* 297 포츠담旗 사건(1928. 7. 9. 국사재판소 판결)
국기(國旗)에 대해서는 P. Häberle, Nationalflaggen. Bürgerdemokratische Identitäts-elemente und internationale Erkennungssymbole, Berlin: Duncker & Humblot 2008.

* 298 「지도자가 없다는 것」(Führerlosigkeit) 이것은 한스 켈젠의 표현. 『민주주의의 본질과 가치』(H. Kelsen, Vom Wesen und Wert der Demokratie, 2. Aufl., 1929, Neudruck 1963, S. 79).

* 298 법의무(Rechtspflicht) 역시 켈젠의 주장이다. 즉 한 개인의 권리는 이미 다른 개인의 의무를 전제로 한다. 내 이익이 보호받는 것은 타인이 내 이익에 관련된 행위에 대해 법적 의무를 지는데 있다. 단지 의무만을 설정하고 아무런 권리도 확정하지 않는 법질서로는 형법이 있다. 법의무를 상정하지 않고는 어떤 법질서나 어떤 법규도 생각할 수 없다. 법의무에서 도덕의무가 법률행위를 결과로서 가지는 한, 도덕의무를 어기는 것은 법적으로 유효하기 때문에 이 경우의 도덕행위는 객관적 법과 상치되지 않는다. 법의무란 심리사실적 속박이 아니라 법적인 속박이다. 민준기 옮김, 『일반 국가학』(민음사, 1990), 93-95면.

* 300 트리펠 → 『헌법의 수호자』

* 303 플라톤의 『정치가』(Politikos; 천병희 옮김, 숲, 2014, 102면)에서 나오는 선장, 의사 그리고 목자, 특히 조타수의 비유는 한국 최초의 근대적인 정치학 교과서로 알려진 안국선 편술,『정치원론』(1907)에서도 그대로 인용하고 있다.

* 303 이폴뤼트 테느(Hippolyte Adolphe Taine, 1828-93) 프랑스의 저술가. 콩트 학도로서 철학자, 역사가이며 비평가. 문예비평에 최초로 과학적 정신을 도입하고 비평에서의 자연주의의 선구자. 인종, 환경, 시대의 세 요소에서 예술작가를 이해하려고 하였다. 보불전쟁(1871)의 패전을 보고 일종의 문명비관주의를 설파. 저서 『현대 프랑스의 기원』(Les origines de la France contemporaine, 1875-93); 『영국문학사』(Histoire de la litérature anglaise, 1864); 『예술철학』 등. → 『의회주의』

* 305 헤데만(Justus Wilhelm Hedemann, 1878-1963) 독일의 사법학자. 경제법 개척자의 한 사람. 1903년 브레슬라우대학에서 교수자격논문 통과. 1906-1936년 예나대학 교수. 1936년 베를린대학 교수. 1946년 정년퇴직. 나치 시대에는 나치법학자로서 활약. 저서 『일반조항에로의 도피』(Die Flucht in die Generalklauseln, 1933), 『독일경제법』(1939) 등. 문헌 廣渡淸吾, 『法律からの自由と逃避. ヴァイマル共和國下の私法學』(日本評論社, 1986).

* 305 헤크(Philipp Heck, 1858-1943) 라이프치히대학에서 법학 수학. 1886년 베를린대학에 교수자격논문 제출. 1891년 그라이프스발트대학 정교수. 1892년 할레대학 교수, 1901년부터 튀빙겐대학에서 독일법 · 상법 · 어음법 · 민법을 담당. 1928년 정년 퇴직. 그는 예링의 『로마법의 정신』 제2권 제2부 방법론을 읽고 감격하여 법개념과 이익의 대립에 몰두하게 되어 「이익법학」의 기초를 마련하게 되었다고 한다. 저서 『개념형성과 이익법학』(1930); 『利益法學』(津田利治譯, 慶應大, 1985).

* 305 실라(Scylla) 이탈리아 반도의 끝 부분과 시칠리아 섬 사이에 있는 메씨나 해협에 돌출한 암갑(岩岬)이며, 현재는 Scilla라고 쓴다. 또한 카리브디스(Charybdis)는 이 해협에 있는 유명한 소용돌이로서 현재의 이름은 Galofalo (또는 Carofalo)라고 한다.

* 306 「누가 결정하는가」(quis judicabit?) → 16, 159, 568, 712, 752면

* 307 몽테스키외의 명제「법관은 단지 법률의 언어를 말하는 입」(la bouche, qui prononce les paroles de la loi)에 불과하다. C. Montesquieu, De l'esprit des lois, 1748 (신상초역, 『법의 정신』, 을유문화사, 1963, 167면).

근대적인 헌법생활 속의 국가긴급권 (1932)

* Das Staatsnotrecht im modernen Verfassungsleben, in: Deutsche Richterzeitung, Jg. 25, Heft 8/9, 1933, S. 254-255. Grundsätzliches zur heutigen Notverordnungspraxis, in: Reichsverwaltungsblatt und Preußisches Verwaltungsblatt, Bd. 53, Nr. 9. 1932, S. 161-165.

『동아법학』 제79호(2018), 352-356면.

* 308 합법성(Legalität) 슈미트 사고의 근저에 있는 기본 개념. Legalität und Legitimität, 1932 (김효전 옮김, 『합법성과 정당성』, 교육과학사, 1993)에서부터 만년의 히틀러의 합법적 혁명을 논한「합법적 세계혁명」, 동인, 『유럽 법학의 상태』(교육과학사, 305-343면)에 이르기까지 슈미트의 일관된 주제였다.

* 308 루트비히 카스(Ludwig Kaas, 1881-1952) 트리어대학 교회법교수에서 정계로 진출. 가톨릭 중앙당 당수가 되고 1933년부터 나치에 협력. 파체리 추기경(뒤에 피오 12세)과 협력하여 정교협약(Concordat) 체결에 진력. 문헌 初宿正典, 『カール・シュミットと五人のユダヤ人法學者』(成文堂, 2016), 44-51면; 김효전 편역, 『칼 슈미트 연구 - 헌법이론과 정치이론』(세종출판사, 2001), 219-220면.

* 309「민족과 국가의 위난을 제거하기 위한 법률」. 이른바 수권법 → 『국가 · 운동 · 민족』

* 311 제도적 보장은 기본권과 구별되며 그 본질상 제약된다. 기본권은 전국가적 · 초국가적인 자연권으로 원리적으로 무제한한 자유영역이지만 제도적 보장은 국가 내부에서만 존재한다. 예컨대 재산권의 보장, 예외재판소의 금지, 지방자치, 혼인제도 등(Vefassungslehre, S. 171; 김기범역, 『헌법이론』, 192-193면). 미국의 재판실무에서 중심적인 의의를 지닌 적법절차(due process of law)는 일종의 제도적 보장이며, 적법절차는 최소한의 형식과 절차를 의미한다고 지적한다(김효전역,『유럽법학의 상태』, 76면). 문헌 Schmitt, Freiheitsrechte und institutionelle Garantien der Reichsverfassung (1931), in: Verfassungsrechtliche Aufsätze, 1958, 4. Aufl., 2003, S. 140-173 (김효전 옮김, 바이마르 헌법에 있어서의 자유권과 제도적 보장, 동인, 『합법성과 정당성』, 교육과학사, 1993, 149-202면; 동인 편역, 『독일 기본권이론의 이해』, 97-134면에 수록).

독일 혁명의 좋은 법 (1933)

* Das gute Recht der deutschen Revolution, in: Westdeutscher Beobachter vom 12. Mai

1933. jetzt in: Gesammelte Schriften 1933-1936, Berlin 2021, S. 28-31.

『동아법학』 第80호(2018), 362-366면.

* **312** 동종성(Gleichartigkeit) 어느 한 민족이 자신의 독자적인 종(Art)을 자각하고 자기 자신이나 자기의 동류를 자각하는 것.

* **312** 균제화(均制化, Gleichschaltung) 히틀러 정권 밖에 있는 통치단위인 란트나 지방자치체의 파괴에서 시작하며 정치 · 경제생활에서의 자율적 조직, 비나치정당이나 노동조합의 해체, 마침내는 나치운동 내부에서의 당내 반대파의 탄압에 이르는 일련의 사회과정을 총칭한다. 宮田光雄, 『ナチ · ドイツの精神構造』(岩波書店, 1991), 28면.

* **313** 이 부분을 쓸 때에 슈미트가 염두에 둔 것은 아마 1933년 2월 27일에 일어난 이른바 국회의사당 방화사건이라고 생각된다. 같은 해 9월에 시작한 방화범인 판 데어 룹베(Marinus van der Lubbe, 1909-1934)에 대한 재판에서는, 그의 방화죄를 소급 처벌하기 위해서 판 데어 룹베법을 제정하고, 말하자면 사후법으로 룹베를 교수형에 처하였다.

* **313** 독일어에서는 「기득권」을 das wohlerworbene Recht, 즉 「정당하게 얻은 권리」라고 표기한다.

* **314** 프라이슬러(Roland Freisler, 1893-1945) 나치스의 법률가. 1934년 발족하여 국가반역죄 등 형사사건을 전속적으로 관할한 민족재판소(Volksgerichtshof)의 소장(1942-1945). 1921년 예나대학 법학박사. 1925년 나치당 입당. 1932년부터 프로이센주 의회의원. 1933년부터 라이히 의회의원, 동시에 프로이센과 라이히 법무부 간부. 1945년 2월 베를린의 인민재판소에서 소송지휘 중 연합군의 공습으로 사망. 카를 슈미트의 『국가 · 운동 · 민족』에 대해서 그는 국무장관 시절 「이 책자는 하나의 구원이다. 나치스적 토대의 완전한 자주성에 대한 타당성 있는 학문적 증거」라고 서평했다. 문헌 김효전, 나치 독일 하의 황제 법학자들, 『학술원논문집』 제62집 2호 (2023); Walter Pauly und Achim Seifert (Hrsg.), Promotion eines furchtbaren Juristen: Roland Freisler und die Juristische Fakultät der Universität Jena, Tübingen 2020. → 「나치즘과 법치국가」

독일의 지식인 (1933)

* Die deutschen Intellektuellen, in: Westdeutscher Beobachter vom 31. Mai 1933. jetzt in: Gesammelte Schriften 1933-1936, S. 296-307.

『동아법학』 第80호(2018), 366-371면.

* **315** 이 「독일 지식인」이라는 말은 명확하게 정의하여 사용하지는 않지만 문장 전체에서 알 수 있듯이 독일어를 사용하는 유대계 지식인을 가리킨다. 따라서 독일 지식인이라고 표기하더라도

슈미트를 포함한 일반적인 독일인 학자 · 저널리스트 · 문학자 등을 의미하는 것은 아니다. 슈미트의 접근으로 보면, 일반적으로 이해되는 그러한 독일 지식인은 이 개념에 포함되지 않음은 물론 오히려 대립적이다.

* **317** 베트만-홀베크(Theobald von Bethmann-Hollweg, 1856-1921) 1907년 독일 제국 내무차관, 1909년에 독일 제국수상에 취임. 재정개혁과 함께 외교에서는 대영협력 노선을 의도했으나 의지력과 정치감각의 결여로 실패. 오스트리아와 함께 제1차 세계대전을 야기하게 되고, 또한 군부가 주장하는 무제한 잠수함전을 저지하지 못하고 미국의 참전을 초래하게 되었다. 1917년에는 힌덴부르크와 루덴도르프의 획책으로 수상을 사임. 영국 대사 고셴(Goschen)에게 대 벨기에 중립조약을「한 장의 종이조각에 불과하다」고 발언한 것으로 유명. 문헌 Winfried Baumgart (Hrsg), Reichskanzler Theobald von Bethmann-Hollweg, 1909-1921. Rekonstruktion seines verloren Nachlasses, 2 Bde. D&H. 2021.

* **317** 안네테 폰 드로스테-휠스호프(Annette von Droste-Hülshoff, 1797-1848) 베스팔렌의 귀족 가문에서 태어나 경건한 가톨릭으로서 많은 종교시도 썼으나 자연을 미세하게 묘사하여 미묘한 신비적 분위기를 전달한 시풍이 특이하다. 작품『유대인의 너도밤나무』(이미선 옮김, 부북스, 2013).

* **318** 프리드리히 횔덜린(Friedrich Hölderlin, 1770-1843) 남독일 슈바벤의 라우헨 출생. 대학시대 헤겔, 셸링과 함께 고대 그리스를 동경하고 칸트 철학에 계발되어 프랑스혁명에 공감. 후반의 생은 광기 속에 지내며 전반 생은 전혀 평가되지 않고, 19세기 말의「발견」이후 괴테에 이어 대시인으로 간주된다. 규모가 큰 찬가, 비가 외에 소설『히페리온』(김재혁 옮김, 책세상, 2015; 장영태 옮김, 을유문화사, 2008; 홍경호역, 범우사, 1988) 등. 문헌 장영태 옮김,『횔덜린 시전집』(전2권 책세상, 2017).

법학적 사고방식의 세 유형 (1934)

* Über die drei Arten des rechtswissenschaftlichen Denkens, Hamburg: Hanseatische Verlagsanstalt 1934, 67 S.

『정치신학외』(법문사, 1988), 215-269면.

* **320** 실재론자(Realist), 유명론자(唯名論者, Nominalist)의 구별은 보편개념의 실재를 주장하는 것이 실재론자이며, 보편개념을 단순히 명목적인 것에 불과하다는 주장이 유명론자이다. 주로 중세 스콜라 철학에서 논쟁되었다.

* **320** 사비니(Friedrich Carl von Savigny, 1779-1861) 독일의 법학자. 마부르그, 베를린대학 교수 역임. 저서『입법과 법학에 대한 현대의 사명』(1814; 남기윤 옮김, 고려대출판문화원, 2020);『현대 로마법 체계』(1840-49, 전8권; 小橋一郎譯,『現代ローマ法体系』, 1993, 전8권). 문헌 최종고,『위대한 법사상가들 I』(학연사, 1984), 148-170면;『유럽 법학의 상태』(교육과학사,

1990); Kleinheyer/Schröder, Deutsche Juristen, S. 229-236; J. Stern (Hrsg.), Thibaut und Savigny, 1914, 3. Aufl. 1973. →「독일 법학의 역사적 상황」

* 321 율법 속에만 존재하는 민족. 이것은 유대 민족을 가리킨다. → 본서 321면.

* 323 핀다로스(Pindar) 고대 그리스의 합창시 작가.

* 327 카를 빈딩(Karl Binding, 1841-1920) 독일의 형법학자. 응보형론의 대표자. 『생존할 가치 없는 생의 부정』이란 유저가 있다. →『국제법적 광역질서』,「가치의 전제」

* 327 본느카즈(Joseph-Julien Bonnecase, 1878-1950) 프랑스의 사법학자. 저서 『민법에서의 주석학파』(L'École de l'Exégèse en droit civil, 2e éd. 1924), 『법학연구서설』(Introduction à l'étude du droit, 1926); 『법학과 낭만주의』(Science du droit et Romantisme, 1928). 문헌 Patrick Arabeyre et al., Dictionnaire historique des juristes française (XIIe-XXe siècle), Paris 2015, p. 138-140.

* 327 모리스 오류 →『정치신학』

* 329 상티 로마노(Santi Romano, 1875-1947) 이탈리아의 공법학자. 올란도의 제자로 팔레르모(Palermo)대학 강사로 시작하여 모데나(Modena) · 피사 · 밀라노 · 로마대학 교수 역임. 1928-1944년까지는 최고행정재판소(Consiglio di Stato) 소장. 제도이론의 제창자. 저서 『법질서』, 『헌법강의』, 『행정법강의』 등. 문헌 Roman Schnur (Hrsg.), Die Rechtsordnung, Berlin: Duncker & Humblot 1975. 江原勝行, 多元主義法理論の共時性と通時性 - サンティ・ロマーノの「制度」概念と憲法秩序の變動, 『法律時報』 제88권 12호(2016), 125-130면. →「나치즘과 법치국가」

* 330 테르툴리아누스(Quintus Septimus Florens Tertullianus)는 155년경 카르타고의 이교 가정에서 태어났으며, 그의 아버지는 총독 관저의 백인대장이었다. 그는 법률을 전공한 다음 변호사가 되어 로마에서 크게 활약하기도 하였다. 따라서 『로마법 대전』(Corpus Juris Civilis)에 언급되어 있는 테르툴리아누스와 동일시되기도 한다. 떼르뚤리아누스, 이형우 역주, 『그리스도의 육신론』(분도출판사, 1994), 16면. →『정치신학 II』

* 331 아루케(ἀρχή) 그리스 말로 시원, 원소, 지배 등을 의미. 탈레스 이래의 이오니아 학파의 철학자는 이 말을 「만물의 근원」이라는 의미로 사용했다.

* 331 자연질서(ordo naturae) 사물의 본성과 같은 뜻. 칼뱅에서는 신이 자연질서와 자연법의 주(主)이다. 헤르만 헬러도 자연질서를 강조한다. 김효전 옮김, 『주권론』, 29-30면; 동인, 『바이마르 헌법과 정치사상』, 619면.

* 333 프랑스의 주석학파(École de l'exégèse) 원래 주석학파란 이탈리아 볼로냐에서 시작된

학파로서 『로마법 대전』을 절대시하였다. 19세기 프랑스의 법학계는 이 주석학파가 지배적이었는데, 성문법의 조문을 엄격히 해석하고 형식적 · 논리적 방법으로 모순 없는 입법자의 의사, 즉 국민의 일반의사의 표현을 인식하는 데에 주력하였다. 대표적인 학자로서는 Gény, Esmein, Planiol, Lyon-Caen, Duguit, Hauriou 등.

* 333 초법적(metajuristisch) 물적 세계(physis)를 초월한 세계를 「형이상학」(metaphysisch)이라고 부르는데 대응하여, 법적 세계를 초월한 세계를 가리킨다. 게오르크 옐리네크가 처음 사용한 말이며, 켈젠의 순수법학은 비법적인 것은 모두 metajuristisch라고 비난하여 법학에서 배척한다.

* 336 「사실적인 것의 규범력」→ 『정치신학』

* 338 막스 플랑크(Max Planck, 1858-1947) 독일의 이론물리학자. 열방사를 이론적으로 연구하고, 양자역학에의 길을 개척했다. 노벨상 수상.

* 346 블랙스톤(William Blackstone, 1723-1780) 영국의 법학자. 옥스퍼드대학에서의 최초의 영법 교수(1758-1766), 이 강의 성과가 『영법주해』(Commentaries on the Laws of England, 1765-1769, 4 vols.)이며 독창적인 것은 아니지만 영법 전체를 체계적으로 설명한 것으로 코먼로를 자연법적으로 정당화했다. 미국에서의 영법 계수는 블랙스톤의 영향이다. 문헌 DNB Vol. II, pp. 595-602.

* 346 오스틴(John Austin, 1790-1859) 영국 분석법학의 대표자. 1825년 신설된 런던대학 교수가 되어 독일에 유학하여 근대 로마법을 배우고 사비니, 티보와 친교를 가진다. 그 후 독자적인 법실증주의적 이론체계를 고안. 저서 The Province of Jurisprudence determined (1832); A Plea for the Constitution (1859)에서 재산소유자만이 정치를 결정하는 것이 좋다고 주장. Lectures on Jurisprudence (1869) 사후에 출판. 문헌 DNB Vol. I, pp. 737-740.

* 346 프랑수와 제니(François Gény, 1861-1959) 프랑스의 법학자. 낭시대학 교수. 자유법론의 대표자. 저서 『실정 사법에서의 해석방법과 법원(法源)』(Méthode d'interprétation et sources en droit privé positif, essai critique, 1899); 『실정 사법에서의 과학과 기술』(Science et technique en droit privé positif, 전4권, 1914-1924). 문헌 P. Arabeyre et al., Dictionnaire historique des juristes français XIIe-XXe siècle, 2e éd., Paris 2015, p. 471-473.

* 346 레이몽 살레이유(Raymond Saleilles, 1855-1912) 프랑스의 법학자. 비교법학의 선구자. 『형벌의 개별화』(L'Individualisation de la peine, 1898)를 주장. 저서 『의사표시』(De la déclaration de volonté, 1901), 『법인』(De la Personnalité juridique. Histoire et théories, 1910) 등. 문헌 Patrick Arabeyre et al., Dictionnaire, p. 908-910.

* 346 오류의 제도이론(Institution) 정의 「제도란 사회적 환경에서 법적으로 실현되고 지속하는 일 또는 사업의 이념(idée d'oeuvre ou d'entreprise)이다. 이러한 이념을 실현하기 위해서는

하나의 권력이 조직되고 그 기관을 만든다. 다른 한편, 이 이념의 실현에 이익을 가지는 사회집단의 구성원 사이에서 권력기관에 의해 지도되고, 절차에 의해서 규정되어야 할 일치의 표시(manifestations de communion)가 나타난다」. 제도에는 인격적 제도와 물적 제도의 두 가지가 있다. 제도의 핵심은 사회적 집단 속에서 법적으로 실현 · 유지되어야 할「사업의 이념」, 이 이념의 실현과 유지를 위해서 봉사하는 조직된 (통치) 권력, 그리고 이 이념의 실현과 유지에 관하여 사회적 집단 속에서 산출된「일치의 표시」이다. 문헌 김효전, 제도이론의 계보 - 모리스 오류와 독일 공법학, 『월간고시』 1993년 9월호; 김충희, 모리스 오류의 제도이론, 서울대 석사논문, 2010. → 모리스 오류『정치신학』

* **346** 레옹 뒤기(Léon Duguit, 1859-1928) 프랑스의 공법학자. 실증주의와 객관주의를 헌법학에 도입. 법사회학의 창설자의 한 사람. 저서『공법변천론』,『법과 국가』,『일반 공법학 강의』(이광윤 옮김, 민음사, 1995); L'État, le droit objectif et la loi positive, 1901; L'État, les gouvernants et les agents, 1903; Manuel de droit constitutionnel, 1918; Traité du droit constitutionnel, 5 vols. 1921-25. 문헌 Patrick Arabeyre et al., Dictionnaire, pp. 358-361. 김충희, 레옹 뒤기의 생애와 그의 시대,『헌법학연구』 제21권 2호(2015), 261-310면 및 레옹 뒤기의 객관법이론, 동당 성낙인총장퇴임기념논문집『국가와 헌법 I. 헌법총론/정치제도론』(법문사, 2018); 장윤영,『레옹 뒤기(Léon Duguit)의 공법이론에 관한 연구』(경인문화사, 2021). →「법치국가」

* **346** 뒤기의 법의 준칙(la règle de droit) 뒤기는 사회학자 뒤르케임(É. Durkheim)의『사회분업론』(1893; 민문홍 옮김, 아카넷, 2012)의 영향을 받아 사회연대의 개념에서 법의 준칙을 도출한다. 즉 의식적 존재로서의 개인을 유사성에 의한 연대와 분업에 의한 연대 두 가지로 파악한다. 그런데 사회연대의 의식은 하나의 행위준칙이란 의식을 내포한다. 이 규범 내지 준칙은 인간이 사회적 존재인 이상 강자와 약자의 구별 없이 모든 사람에게 부과되며, 그는 이를「법의 준칙」이라고 부른다. 이 개념은 국가권력의 자의적인 발동을 억제하고 제한하기 위해서 만든 것이다. 따라서 사회규범은「개인의 집합체의식」과 정의감을 통해서 법의 준칙이 된다. 그러나「법은 국가의 창조물이 아니라 국가 밖에 존재한다. ... 법의 개념은 국가의 개념에서 완전히 독립적이며 법의 준칙은 개인에게 명령하듯이 국가에 대해서도 명령한다」. 나폴레옹 민법전은 세 가지의 법의 준칙, 즉 사유재산의 존중, 계약의 강행성 인정, 본인의 과실에 의한 손해배상으로 구성되었다고 한다(Leçon de droit public général, 1926, p. 49; 이광윤 옮김,『일반 공법학 강의』, 민음사, 1995, 46면). 뒤기 이론의 핵심은 바로 국가에 우월하는 법의 준칙을 해명하는 것이다.

* **348** 조르주 르나르(Georges Renard, 1876-1943) 프랑스의 법사상가. 토머스주의를 거점으로 하여「제도이론」을 주장. 저서『제도의 이론』(1930). Patrick Arabeyre et al., Dictionnaire, p. 862. →「법치국가」 논쟁

* **349** 하인리히 랑게(Heinrich Lange, 1900-1977) 나치스 시대에 민법학계에서 중심적 역할을 한 사람 중 1인. 라이프치히와 뮌헨대학 수학. 1929년「고전시대의 소유권이전 구성요건에서의 인과적 요소」(Das kausale Element im Tatbestand der klassischen Eigentumstradition)로 교수자격 취득. 1934년부터 브레슬라우대학 로마법 · 민법 · 소송법 교수 역임. 1939년 뮌헨대학으로 이동. 랑게는 튀빙겐대학의 Heinrich Stoll(1891-1937)과 협력하여 이데올로기 과잉의

「킬 학파」적 민법이론에 의한 「법의 혁신」에 대해서 보다 실무적인 노선을 설정하려고 했다. 전후 뮌헨에서 변호사로 활동. 1951년 뷔르츠부르크대학 교수로 초빙되어 1967년 정년 퇴직. 저서 『상속법』(Lehrbuch des Erbrechts). 70세 축하논문집 Kurt Kuhinke (Hrsg.), FS f. H. Lange. Rechtsbewahrung und Rechtsentwicklung. → 본서 「법치국가 논쟁」

* **350** 요하네스 포피츠(Johannes Popitz, 1884-1945) 1933년 4월 이후 프로이센 재무장관. 그는 나치당원은 아니었으며 보수주의자 · 군국주의자로서 1938년 이래 저항운동에 참가하고 1944년 7월 20일 사건 다음 날에 체포되어 1945년 2월 2일 베를린의 플뢰첸제(Plötzensee) 감옥에서 처형되었다. 슈미트의 베를린 대학 동료이며 절친한 친구였다. 전후(1958년) 슈미트는 자신의 『헌법논집』을 포피츠에게 헌정함으로써 나치즘에 저항한 사람에게 동조하였거나 관련 있음을 암시하려고 한 것은 아닐까? 문헌 L.-A. Bentin, Johannes Popitz und Carl Schmitt, 1972.

* **350** 엔노 베커(Enno Becker, 1869-1940) 독일의 세법학자.

* **352** 한스 프랑크(Hans Frank, 1900-1946) → 『국가 · 운동 · 민족』

제2 제국의 국가구조와 붕괴 (1934)

* Staatsgefüge und Zusammenbruch des zweiten Reichs. Der Sieg des Bürgers über den Soldaten, Hamburg: Hanseatische Verlagsanstalt, 1934, 49 S.

『제2 제국의 국가구조와 붕괴』(관악사, 2008+원문 수록)

* 이 책은 일암 변재옥 박사 화갑기념 『현대 공법논총』(1994), 169-208면에 기고했던 것을 약간 수정한 것이다. 독일 프로이센의 붕괴과정을 역사적으로 잘 묘사하고 있다. 여기서 제2제국이란 제1제국(962년 오토 대제에 의해서 건설된 신성 로마 제국)과 제3제국(히틀러의 나치스 독일) 사이의 비스마르크 제국을 가리킨다. 이 책자에서 슈미트는 제2제국의 국가기구를 검토하고 그 붕괴과정을 설명한다. 이를 위해서 그는 그 기반으로서의 자유주의사상의 흐름과 이른바 프로이센 군인국가와의 대립을 문제로 삼는다. 여기서 우리는 슈미트의 국가사회주의의 관점에서 제2제국과 바이마르 헌법에 대한 비판, 자유주의에 대한 독일 공법학의 이해 등을 살펴볼 수 있다.
두 책자(『제2제국』과 『국민표결과 국민발안』)에서 전개한 슈미트의 헌법이론은 시간적으로나 공간적으로도 우리 한국과는 거리가 먼 독일 특유의 이야기 같지만 우리 헌정의 이론과 실제를 비추어보는 하나의 거울로서, 또한 헌법학 연구의 방법론의 재음미라는 점에서도 여전히 시민적 법치국가로서 공통된 의미와 교훈적인 가치를 지닌다고 보겠다. (역자 서문)

귄터 마슈케(Günter Maschke, 1943-)가 장문의 서문과 상세한 주석을 첨부한 신판 『제2 제국의 국가구조와 붕괴』가 2011년 Duncker & Humblot사에서 출간되었다. 여기에는 역자에 의한 한국어 번역이 나와 있는 것도 소개하고 있다(S. XII).

* **357** 차버른 사건(Zabernfall) 프로이센군의 주둔지였던 프랑스 접경지대 엘사스의 차버른 지역에서 프로이센 장교가 주민을 모욕하자 이에 항의하는 주민들에 대해서 합법적인 궤도를 벗어나 진압한 사건을 말한다. 이 사건은 엘사스 로랭과 여타의 독일 제국 지역의 관계에 심각한 부담을 주었을 뿐만 아니라 당시 독일 황제이던 빌헬름 2세의 위신을 크게 실추시켰다. 문헌 Maschke, S. 52. 『헌법이론』 역서, 363면

* **359** 국가 속의 국가(*imperium in imperio*; Staat im Staate 내지 Staaten im Staate) 이 정식은 이미 Severinus v. Monzambano (Pufendorf, 1632-1694), De statu imperii germanici (1667), dt.: Über die Verfassung des deutschen Reiches, 1922, 7. Kap., § 9, S. 108 그리고 Spinoza, Tractatus Politicus (postum 1677) 2. Kap., § 6 등에서 볼 수 있다. 스피노자 『신학 정치론』 제17장; 시에예스, 『제3신분이란 무엇인가』 제1장 등.

* **359** 이 구절은 귄터 마슈케의 주석에 의하면, 오토 힌체(1861-1940)의 "Acta Borussica"가 아니라 슈몰러의 논문이라고 한다. Gustav Schmoller (1838-1917), Der preußische Beamtenstand unter Friedrich Wilhelm I, in: Preußische Jahrbücher, 26, August 1870, S. 148-172, Sept. 1870, S. 253-270, Nov. 1870, S. 538-55.

* **362** 스펜서(Herbert Spencer, 1820-1903) 영국의 사상가. 저서 『개인 대 국가』(이상률 옮김, 이책, 2014).

* **362** 요제프 슘페터(J. A. Schumpeter, 1883-1950), Zur Theorie der Imperialismus, 1919. 제국주의의 사회학. 슘페터는 제국주의를 「한 국가의 실력적 확대를 요구하는 경향에서 목적도 명확한 한계도 없는 것」이라고 정의하며(S. 5), 자본주의는 그 본성상 반제국주의적이라고 한다(S. 56). 문헌 서정훈역, 『제국주의의 사회학』(울산대출판부, 2011).

* **363** 벤니히젠(Rudolf von Bennigsen, 1824-1902) 하노버의 귀족 Karl von Bennigsen의 아들. 법률가. 1850년 하노버 공국 법무부 근무. 1856년 제2원의 대의사 당선. 1859년 국가연합(Nationalverein) 공동 창시자. 1887-98년 국민자유주의(Nationalliberalen)의 지도자. 문헌 E. R. Huber, Deutsche Verfassungsgeschichte, Bd. III. S. 217.

* **363** 론(Albrecht Theodor Emil Graf von Roon, 1803-1879) 독일의 군인 · 정치인. 1859년 프로이센 육군상에 취임. 보수적인 국가주의자로서 군제개혁을 강행하고 자유주의 세력과 대립, 이른바 헌법분쟁(1862-1866)을 일으켰다. 1859-73년 프로이센 육군장관. 1861-71년 해군장관 겸임. 1873년 원수, 수상.

* **364** 슈미트가 길게 인용한 그나이스트의 「일반국법」은 Rudolf Gneist, Der Rechtsstaat und die Verwaltungsgerichte in Deutschland, 1879. S. 257. Nachdruck 1958. 문헌 Hans Hattenhauer (Hrsg.), Allgemeines Landrecht der Preußischen Staaten von 1794, Frankfurt am Main 1970, S. 345-728. 「타협의 법전」은 S. 30-38.

* 364 라스커(Eduard Lasker, 1829-1884) 독일의 자유주의적 정치가. 사법관을 역임한 후 진보당 국회의원. 민법전 등 통일법전의 제정에 진력. 1866-1867년 비스마르크와 협력. 뉴욕에서 여행 중 사망. 문헌 Adolf Laufs, Eduard Lasker und der Rechtsstaat, in: Der Staat, 1974, S. 365-382; ders., Eduard Lasker. Ein Leben für den Rechtsstaat, 1984; Heinrichs u.a., Deutsche Juristen jüdischer Herkunft, S. 249-282; 森勇監譯, 『ユダヤ出自のドイツ法律家』 385-432면.

* 364 헤른 폰 빈케(Herrn von Vincke). Karl Frhr. von Vincke-Olbendorf, 1800-1869).

* 366 『회상록』 제21장. 마슈케는 "Erinnerung und Gedanke" 제2권 제10장이라고 한다.

* 366 고슬러(Gustav von Goßler, 1838-1902) 프로이센 문화부장관(1881-1891). 법치국가 개념은 이성법(Vernunftrecht)에서 형성된 독일의 초기 자유주의 국가사상에서 유래한다. 로베르트 폰 몰은 그의 『뷔르템베르크 왕국 국법론』(1829)에서 법치국가 개념을 사용하였다. 에른스트-볼프강 뵈켄회르데, 김효전역,『헌법 · 국가 · 자유』(법문사, 1992), 67면. 슈미트의 법치국가론은 본서에 수록한 논문 참조. 문헌 Wolfgang Schuller, Der Rechtsstaat bei Carl Schmitt, Gedächtnisschrift Roman Schnur, 1997, S. 117-133; Luc Heuschling, État de droit-Rechtsstaat-Rule of Law, Paris 2002.

* 372 「국왕은 지배하지만 통치하지 않는다」. 아돌프 티에르의 말. → 『정치신학』

* 375 에른스트 윙거(Ernst Jünger, 1895-1998) 이것은 1933년 2월 1일 독일 방송에서 파울 아담스(Paul Adams, 1894-1961)와의 논쟁에서 한 말이다. 윙거는 슈미트의 절친한 친구. 독일의 저술가. 약제사의 아들로 하이델베르크 출생. 1913년 아프리카에 대한 동경에서 외인부대 근무. 1923년 일선 장교와 제국 장교 제대. 1923-26년 라이프치히와 나폴리에서 동물학 수료. 1941년 파리 주둔 독일군 지휘부대 근무. 1944년 히틀러에 대한 저항 장교그룹에 속함. 작품 『대리석 절벽 위에서』(노선정 옮김, 문학과지성사, 2013); 『강철 폭풍 속에서』(노선정 옮김, 뿌리와이파리, 2014); 『노동자 · 고통에 관하여』(최동민 옮김, 글항아리, 2020); 『숲길』(Der Waldgang, 1951). 서신교환집 (1999; 『ユンガー · シュミット往復書簡 1930-1983』, 法政大學出版局, 2005). 문헌 Heino Schwilk, Ernst Jünger 90 Jahre. (Auch Rezension zu: Ernst Jünger: Eine gefährliche Begegnung. Stuttgart: Klett 1985), in: Criticón, 88. 1985, März/April, S. 83-84; 문헌 Christian von Krockow, Die Entscheidung. Eine Untersuchung über Ernst Jünger, Carl Schmitt und Martin Heidegger, Stuttgart 1958; 오한진, 『독일 참여작가론』(기린원, 1989), 225-279면; 최동민, 바이마르 공화국의 반시민적 문학 - 에른스트 윙어의 철학적 에세이를 중심으로, 『독일어문화권연구』(서울대) 제27호(2018); 川合全弘, 書簡と日記を通して見たエルンスト · ユンガーとカール · シュミットの交友史 - ナチズム期の言動をめぐる両者の確執を中心として, 『産大法學』(京都産業大) 제30권 1호(1996), 33-66면.

* 379 승리의 전쟁(der siegreiche Krieg) 슈미트는 에리히 카우프만의 테제인 「자유롭게 의욕하는 인간의 공동체가 아니라 승리의 전쟁이야말로 사회의 이상이다. 상술한 최고의 목표(세계사에

대한 국가의 관여와 세계사 속에서의 자기주장)에 대한 궁극적 수단으로서의 승리의 전쟁」(E. Kaufmann, Das Wesen des Völkerrechts und die clausula rebus sic stantibus, 1911, S. 146)에 대해서 논쟁적으로 다룬다. 슈미트는 「사회적 이상」은 신칸트주의적 자유주의적인 관념이며 「전쟁의 승리」와 결부시킬 수 없으며, 후자는 헤겔적 · 랑케적인 역사철학에 근거하는 것으로 여기에 「사회적 이상」은 존재할 여지가 없다고 비판한다. 『정치적인 것의 개념』(김효전 · 정태호 옮김, 263면 주 19). 그러나 하소 호프만은 슈미트의 정치적 국가론과 카우프만의 권력국가이론 간에는 공통점이 매우 많다고 한다. 카우프만의 명제에 대해서는 헤르만 헬러, 「헤겔과 독일에서의 국민적 권력국가사상」, 김효전 편역, 『바이마르 헌법과 정치사상』(산지니, 2016), 587면 이하; 「사회적 이상」에 대해서는 初宿正典, 위의 책, 210면 이하.

* **382** Anschütz im "Nachtrag" zu: Georg Meyer, Lehrbuch des deutschen Staatsrechts. Nach dem Tode des Verfassers in siebenter Auflage bearbeitet von Gerhard Anschütz, 1919, S. 1030. S. 53 f., Anm. 6 참조.

* **383** 베트만 홀베크(Theobald von Bethmann-Hollweg, 1856-1921) → 1054

* **383** 정신적 예속의 논리(Die Logik der geistigen Unterwerfung). 이 글은 슈미트가 1934년 1월 24일 베를린대학에서 행한 강연으로서 여기에는 강연 「군대제도와 국가」 아울러 『제2제국의 국가구조와 붕괴』의 몇 가지 사상을 포함하고 있다. 귄터 마슈케는 이 『제2제국』 신판(2011)에 부록으로서 붙였다. → 본서 414, 418면.

* **384** 발츠(Gustav Adolf Walz, 1897-1948) 슈투트가르트에서 판사. 1927년 마부르크대학에서 교수자격 취득. 법철학과 국법학을 연구한 후 국제법으로 돌아 1933년부터 1939년까지 브레슬라우, 쾰른대학 재직. 일찍이 나치스를 지지하여 뤼란트(Curt Rühland, 1891-1987), 볼가스트(Ernst Wolgast, 1888-1959)와 『국제법잡지』(Zeitschrift für Völkerrecht) 편집. 슈티어-좀로(Fritz Stier-Somlo, 1873-1933)의 사후에는 『국제법 한트부흐』(Handbuch des Völkerrechts) 편집. 그의 국제법 견해는 카를 슈미트의 그것과 일맥상통하는 점이 많다. 저서 Wesen des Völkerrechts und Kritik der Völkerrechtsleugner, 1930; Völkerrecht und staatliches Recht, 1933.

* **384** 「왕의 부재상태」(l'absence du roi) 이 말을 마슈케는 프랑스의 왕권주의자들의 문헌에서는 발견할 수 없다고 하며(S. 97 Anm. 92), 악숑 프랑세이즈의 회장인 Charles Maurras(1868-1952)가 아나톨 프랑스(1844-1924)에로 거슬러 올라가 왕자의 부재(Absence de Prince)를 언급하고 있다. 그러나 1814년 6월 4일의 헌장에서 「신의 섭리는 오랫동안 공위(空位) 후에 ...」도 여기에 포함된다고 보겠다. 문헌 Maurras, Enquête sur la monarchie (1924), Nachdruck 1986.

* **387** 정당정치의 중립적 권력. 여기서 슈미트는 정당국가로부터 순수하게 머무르는 국방군(Reichswehr)을 강조한다. Schmitt, Starker Staat und gesunde Wirtschaft (1932), jetzt in: Maschke (Hrsg.), Staat, Großraum, Nomos, S. 71-91.

* 387 「헌법의 수호자」 본서 → 「헌법의 수호자」

국가사회주의와 국제법 (1934)

* Nationalsozialismus und Völkerrecht, Berlin: Junker & Dünnhaupt Verlag 1934, 29 S. jetzt in: Günter Maschke (Hrsg.), Frieden oder Pazifismus? Arbeiten zum Völkerrecht und zur internationalen Politik 1924-1978, Berlin: Duncker & Humblot, 2005, S. 391-423. also in: Gesammelte Schriften 1933-1936, S. 182-199.

『정치신학외』(법문사, 1988), 271-295면.

* 390 부차(Ungar László Buza)는 「국가사회주의 독일과 국제법」이란 강연(1935)에서 슈미트의 첫째 문장과 관련하여 독일은 국제연맹에서 탈퇴하지도 않고 군축회담에서 포기하지도 않고, 재군비를 하지 않고 국제법을 침해하였다고 한다.

* 390 「구체적 질서」. 같은 1934년에 저술한 『법학적 사고방식의 세 유형』 속에서 슈미트는 규범주의, 결정주의 그리고 구체적 질서와 형성의 사고방식을 제시한다. 문헌은 E.-W. Böckenförde, Ordnungsdenken, konkretes, in: Historisches Wörterbuch der Philosophie, Hrsg. v. Joachim Ritter und Karlfried Gründer, Bd. 6. Basel/Stuttgart: Schwabe, 1984, Sp. 1311-1313; H. Hofmann, Legitimität gegen Legalität, 1964, bes. S. 177 ff. 이 구상을 국제법에 적용한 것은 J. H. Wolgast, Konkretes Ordnungsdenken im Völkerrecht, VBuVR, Mai 1937, S. 74-79; 요제프 H. 카이저, 「구체적 질서사고」, 김효전 편역, 『반대물의 복합체』(산지니, 2014), 209-228면.

* 390 베르사유조약. 새 문헌은 Susanne Brandt, Das letzte Echo des Krieges. Der Versailler Vertrag, Ditzingen; Stuttgart: Reclam 2018.

* 391 「동등한 권리부여」(Gleichberechtigung)에 대한 바이마르 정부의 요구들은 특히 군비의 불균형에 대한 철폐를 의도한 것이다. 문헌 V. Böhmer, Die Rechtsgrundlagen für Deutschlands Recht auf Abrüstung seiner Vertragsgegner, 1931; V. Bruns, Deutschlands Gleich-berechtigung als Rechtsproblem, 1934.

* 391 국가의 기본권으로서는 자기보존 · 명예 · 평등 · 독립 · 주권 · 존경요구권(Anspruch auf Achtung) · 국가 간의 교통참여권 등이 있다. E. Kaufmann, Das Wesen des Völkerrechts und die clausula rebus sic stantibus, 1911, S. 63-69; H. Heller, Die Souveränität, 1927 (김효전 옮김,『주권론』, 관악사, 2004); Verdross-Simma, S. 272-321.

* 392 바빌론탑(Babylonischer Turm) 혼란과 어지러움을 뜻한다.

* 392 여기서 슈미트는 아마 프랑스 외무장관 루이 바르토(Louis Barthou)의 시도를 생각할

것이다. 즉 프랑스-소비에트의 보장 아래, 동부와 서부가 글로벌하고 포괄적인 정치적 안정체계를 구축하고 독일을 포위하고 대외정치적으로 고립시킨다는 정책이다. Maschke, S. 409.

* 393「국제법의 외면적 번성」. 이에 관한 인상 깊은 저작은 Gustav Adolf Walz, Inflation im Völkerrecht der Nachkriegzeit, 1939이며, 여기서「국제법의 팽창」,「집단주의의 인플레」등을 말한다.

* 393 파리 교외 조약(die Pariser Vorortverträge) 베르사유조약의 다른 명칭.

* 393「집행인」. 여기서 슈미트는 아마도 1923년 프랑스와 벨기에 군대에 의한 루르 지방의「전당물」점령을 생각할 것이다.

* 393 이러한 슈미트의 주장에 대해서 크라우스(Herbert Kraus)는 서평 속에서 의문시한다.

* 393 크라우스는, 빈학파는 독일의 국제법학자들에게는 아무런 연상도 주지 못했다고 지적한다.

* 393 단계구조. Kelsen, Reine Rechtslehre, 1934, S. 62-90, S. 83; 2. Aufl., 1960, S. 228 ff. 변종필 · 최희수 옮김,『순수법학』(길안사, 1999), 344면 이하. 관련 문헌 A. Merkl, Die Lehre von der Rechtskraft, 1923, bes. S. 207 ff., 275 ff.; Kelsen, Allgemeine Staatslehre, 1925, bes. 248 ff.; Merkl, Prolegomena einer Theorie des rechtlichen Stufenbaues, FS Kelsen 1931, S. 252-294 참조. M. Wenzel, Juristische Grundbegriffe, I, 1920, S. 207-211; H. Nawiasky, Kritische Bemerkungen zur Lehre vom Stufenbau des Rechts, ZöR, 1926/27, S. 488-496; R. Bonnard, La théorie de la formation du droit par degrés dans l' oeuvre d' Adolf Merkl, Revue de droit public, 1928, S. 668-696; Th. Öhlinger, Der Stufenbau der Rechtsordnung, 1975; J. Behrend, Untersuchungen zur Stufenbaulehre Adolf Merkls und Hans Kelsen, 1977.

* 394 그렇지만 페어드로스(Alfred Verdroß, 1890-1980)는 자주 비윤리성과 따라서 파리 교외조약의 타당하지 않은 것을 지적했다. Nichtige und anfechtbare Staatsverträge, ZöR, 1935, S. 289 ff.; Der Grundsatz pacta sunt servande und die Grenze der guten Sitten, ZöR, 1936, S. 79 ff. 문헌 Bruno Simma, Alfred Verdross (1890-1980), in: Häberle u.a.(Hrsg.), Staatsrechtslehrer des 20. Jahrhunderts, 2. Aufl. 2018, S. 417-430; 최종고,『위대한 법사상가들 II』(학연사, 1984).

* 394 헝가리는 특별한 영감을 가지고 트리아논(Trianon) 조약의 개정을 위해서 투쟁하였다. 영토와 주민수도 감소되었다.

* 394 Barandon의 논문은 아스베크의 저서(Hans Asbeck, Das Ultimatum im modernen Völkerrecht, 1933)에 반대한다.

* 395 위의 페어드로스 논문 참조. Anm. 11. 또한 Freytagh-Loringhoven, Deutschlands Außenpolitik 1933-1941, 10. Aufl. 1942, S. 59 f.

* 395 베르사유조약 제231조(전쟁배상) 참조. G. Maschke (Hrsg.), Frieden oder Pazifismus? S. 115 f. 또한 주 7의 Beheim-Schwarzbach의 저서.

* 395 윌슨의 14개조(Fourteen Points) 미국 대통령 윌슨(Woodrow Wilson, 1856-1924)은 1918년 1월 8일 의회의 연설에서 제1차 세계대전 이후의 강화의 기초조건으로서 14개조항을 발표했다. 이 중 「민족자결」 조항은 한국인에게 독립의 가능성을 믿게 하고, 3.1 운동으로 폭발하는 정신적 계기가 되었다. 문헌 윤영실, 우드로우 윌슨의 self-determination과 nation 개념 재고, 『인문과학』 제115호, 139-175면; 권오신, 『우드로 윌슨 - 제28대 대통령』(선인, 2011); 전상숙, 근대 서양 국제법의 '자결권'과 1919년 파리 강화회의의 '민족자결', 『史林』 제69집(2019); 日本國際政治學會編, 『「ウィルソン主義」の100年』(有斐閣, 2020). → 본서 1106면.

* 395 여기의 「거대한 국민」이란 독일 국민을 가리킨다.

* 395 1815년 빈회의 이후의 국제질서에 관하여는 R. Rie, Der Wiener Kongreß und das Völkerrecht, 1957.

* 396 1871년 5월 10일의 프랑크푸르트 강화는 상대적으로 가혹한 조건들(알사스-로렝의 할양, 5백만 프랑의 전쟁배상)에도 불구하고, 1870/71년의 보불전쟁은 최종적으로 말의 진정한 의미에서의 평화조약, 즉 승리자와 패자간의 거래로 인도했으며, 승리자에 의한 강제는 아니었다고 마슈케는 프랑스의 정치학자인 프로인트(J. Freund, 1921-1993)의 논문을 인용한다. Maschke (Hrsg.), Frieden, S. 414.

* 396 원문 S. 15의 "Beugungsthese"(굴복의 강령)은 "Leugnungsthese"(부정의 강령)의 인쇄 미스라고 슈미트는 마슈케에게 손수 수정해 주었다고 한다. 초른에게 국제법은 국법의 한 내용적인 변종에 불과하다고 서술하였다.

* 396 초른(Philipp Zorn, 1850-1928) 스위스 베른 · 쾨니히스베르크 · 본대학 교수를 역임한 국법학자. 1905년 이래 프로이센 계관(桂冠) 법률고문(Kronsyndikus) 및 귀족원의원. 1899년과 1907년 헤이그 평화회의 독일측 대표. 저서 『독일 제국 국법』(전2권, 1880, 1883); 『독일과 양 평화회의』(1920).

* 397 추측건대 여기서 슈미트는 쉬킹의 논문, Die nationalen Aufgaben unserer auswärtigen Politik (zuerst Jan. 1922)을 생각하는 모양이다.

발터 슈킹(Walther Adrian Schücking, 1875-1935) 독일의 국제법학자. 평화주의자로서 베베르크(Hans Wehberg, 1885-1962)와 협력. 마부르크 · 킬대학 교수. 국제사법재판소 판사. 킬대학에는 발터 쉬킹 국제법연구소(Walther-Schücking-Institut für Internationales Recht)가 있다. 문헌 Häberle u.a., Staatsrechtslehrer des 20. Jahrhunderts, S. 211-222; "Aus Kiel in die Welt" Duncker & Humblot 2014; Wolfgang Kohl, Walther Schücking (1875-1935) Staats-und Völkerrechtler - Demokrat und Pazifist, in: Kritische Justiz (Hg.), Streitbare Juristen, Baden-Baden: Nomos, 1988, S. 230-242.

* 397 거기서 히틀러 등은「전체국가는 결코 법과 도덕의 구별을 허용하지 않는다. 오직 세계관의 범위 안에서만 사법은 독립할 수 있고 또 독립하여야만 한다」고 선언했다(R. Schraut, Deutscher Juristentag 1933, 1933, S. 32). 또한「전면적인 적 · 총력전 · 전체국가」(1937), 김효전 · 박배근 옮김,『입장과 개념들』, 337-344면; G Maschke (Hrsg.), Frieden oder Pazifismus, S. 488 f., Anm. 4 참조.

* 397 회교도와 기독교도 간에는 국제공동체가 존재하지 않고 휴전만이 존재한다고 슈미트는 생각한다. 사실 서구의 국제법은 지리적으로는 유럽과 북미, 종교적으로는 기독교, 그리고 문명국가라는 세 가지의 공통된 기반에 입각한다. 따라서 유럽에서는 터키, 아시아에서는 일본의 국제공동체로의 가입으로 서구의 전통 국제법은 그 외연을 넓히기 시작한다. 문헌 E. Sirvan, L'Islam et la croisade, Paris 1969; I. Kamel Salem, Islam und Völkerrecht, 1984. 국제법사에 관한 구미의 대표적인 개설서로는 A. Nussbaum, A Concise History of the Law of Nations, 1947 (김영석 옮김,『국제법의 역사』, 한길사, 2013, 106면 이하, 227면 이하); W. G. Grewe, Epochen der Völkerrechtsgeschichte, Baden-Baden 1984; M. Lachs, The Teacher in International Law, Dordrecht 1987; K.-H. Ziegler, Völkerrechtsgeschichte, München 1994, 2. Aufl., 2007; A. Truyol y Serra, Histoire du droit international public, Paris 1995; H. Lagohérel, Histoire du droit international public, Paris 1996; S. Laghmani, Histoire du droit des gens du jus gentium imperial au jus publicum europaeum, Paris 2003; D. Gaurier, Histoire du droit international, Rennes 2005; Journal of the History of International Law, 1999 ff.; Koskenniemi, Martti: Transformations of Natural Law. Germany 1648-1815, in: The Oxford Handbook of the Theory of International Law, 2016, pp. 59-81.

* 398 슈미트는 볼셰비즘의 국제법학자로서 코로빈(Eugen A. Korowin, 1892-1964)의 책을 열거한다. 코로빈은 영국 · 프랑스 · 미국의 국제법공동체와 나란히 볼셰비키 국제법공동체를 세계혁명과 볼셰비키의 법적 상태까지 인정하지 않을 수 없었다. 그때까지「일반적이며」죽어가는 부르주아 · 자본주의 국제법과 나란히 사회주의적으로 생성중인 국제법이 존속한 것이다. 여기의「휴전상태론」은 파슈카니스(Eugen Paschukanis, 1881-1937)에 의해서 그 의미가 예리하게 되었다. 문헌 B. Mirkine-Guetzévich, La doctrine soviétique du droit international public, RGDIP, 1925, S. 313 ff.; Th. Schweisfurth, Die Völkerrechtswissenschaft in der Sowjetunion, ZaöRV, 1974, S. 1 ff.; 김용구,『소련 국제법이론 연구』(일지사, 1979).

* 399 분배원리(Verteilungsprinzip)는 법개념 그 자체에 속하며 형식적인「근본원칙」과 함께 한 부분으로 발전되었다고 한다. Erich Kaufmann, Das Wesen des Völkerrechts und die Clausula rebus sic stantibus, 1911, S. 209; C. Schmitt, Die Kernfrage des Völkerbundes (1926), in: Maschke (Hrsg.), Frieden, S. 106, Anm. 44. 또 슈미트는 자신의 헌법이론에서 시민적 법치국가는 기본권(분배원리)과 권력분립(조직원리)이라는 두 원리에 입각한다고 주장한다.

* 399 1921년의 볼리비아, 1929년의 중국의 두 예. 마슈케는 1929년 중국이 요구한 심사를 더하여 세 가지라고 한다. S. 418/9.

* 400 침략의 정의. 여기에는 적(Feind) 개념을 구성해야 한다. 예컨대 슈미트,「전쟁개념과 적개념의 관계에 관하여」(1938), 김효전 · 박배근 옮김,『입장과 개념들』, 351-361면. 국제연맹 내부에서의 노력은 O. Göppert, Der Völkerbund, 1938, S. 277 ff., 489 f. (Lit.), S. 501-508.
제2차 대전 이후 침략(Angriff) 전쟁 내지 전쟁범죄와 관련하여 대전 당시에는 그러한 개념은 존재하지 않았다고 주장하는 카를 슈미트의 감정서인, Das internationalrechtliche Verbrechen des Angriffkrieges und der Grundsatz "Nullum crimen, nulla poena sine lege," (Helmut Quaritsch (Hrsg.), Berlin 1994 (김효전 옮김,「국제법상의 침략전쟁의 범죄와 '죄형법정주의' 원칙」,『동아법학』 제34호(2004), 381-496면; 본서에 수록)에서 주장한다.

* 400 누가 판결을 내리는가(Quis iudicabit) → 이에 관하여는 C. Schmitt, Die Kernfrage des Völkerbundes, 1926. jetzt in: Maschke (Hrsg.), Frieden oder Pazifismus, S. 92, Anm. 28 und S. 94, Anm. 30. →『국민표결』(본서 159면),『국가 · 운동 · 민족』(본서 306면).

* 400 샴(Siam) 태국의 옛 이름.

* 400 한스 베베르크(Hans Wehberg, 1885-1962) 독일 출신의 국제법학자. 평화주의자. 제1차 대전에서의 벨기에의 중립침범을 반대. 킬대학 교수를 지낸 후 1928년 이후 스위스 제네바대학 교수. →「국가사회주의와 국제법」.『침략전쟁』에서는 중일전쟁을 법학적으로 아무런 문제가 없다고 하였다가 수년 후 이 견해를 철회하였다. → 본서 865면.

* 401 슈미트,「현대 제국주의의 국제법적 형태들」, 김효전 · 박배근 옮김,『입장과 개념들』, 232-257면; G. Maschke (Hrsg.), Frieden oder Pazifismus? S. 373, 610, 629 f.

* 401 보차드(Edwin Montefiore Borchard, 1884-1951) 미국의 국제법학자. 예일대학 교수. 저서『미국의 중립』(W. P. Lage와 공저, Neutrality for the United States, 1937),『극동분쟁의 법적 문제』(Quincy Wright, H. Lauterpacht, E. M. Borchard, and Phoebe Morrison, Legal Problems in the Far Eastern Conflict, New York: Institute of Pacific Relations, 1941). 문헌 J. P. Grant and J. C. Barker, Edwin M. Borchard (1884-1951), in: Encyclopaedia Dictionary of International Law, Oxford University Press, 2009. → 본서 870면.

* 401 1907년의 제2차 헤이그 평화회의. 이준 열사 참석 실패. 문헌 김원수,『헤이그 만국평화회의 특사외교와 국제관계』(선인, 2016); 일성이준열사기념사업회,『이준과 만국평화회의』, 1997. 평화회의에 관한 구미 문헌 목록은 김효전, 이준과 헌정연구회(1),『인권과 정의』2003년 1월, 169면; 동인,『근대한국의 법제와 법학』(세종출판사, 2006), 405면. → 본서 1086면.

* 401 안칠로티(Dionisio Anzilotti, 1867-1950) 이탈리아의 법학자, 상설국제사법재판소(PCIJ)

판사(1921-1946년). Pisa대학에서 법학을 공부한 후 Firenze, Palermo, Bologna, Roma 대학에서 1892-1937년까지 강의. 국제법과 국내법 이원주의를 Triepel, Oppenheim과 함께 주장. PCIJ 준비를 위한 국제연맹 전문가 위원회 사무총장. 1923년 Wimbledon 사건(→ 본서 1113면)에서 본국 정부에 반하는 투표. 주저 Corso di diritto internazionale, Vol. I (3rd ed. 1928). 문헌 M. Stolleis, Juristen, 2001, S. 38.

* 401 상설국제사법재판소 규정 제36조. 영독 대역은 Franz Knipping/Hans v. Mangoldt/Volker Rittberger (Hrsg.), Das System der Vereinten Nationen und Vorläufer, II, S. 564-567.

* 402 이른바 로카르노조약의 영국적인 먼로독트린. 문헌 J. T. Shotwell, War as an Instrument of National Policy and its Renunciation in the Pact of Paris, London 1929, S. 163, 194-202.

* 402 Rolf Kühner, Vorbehalte zu multilateralen völkerrechtlichen Verträgen, 1986; Maschke (Hrsg.), Frieden oder Pazifismus?, S. 398 f.

* 402 카를 빌핑거 →『헌법의 수호자』

* 403 이 책 초판 S. 25에서는 "eine Seele"인 것을 슈미트는 "seine Seele"로 마슈케에게 손수 수정해 주었다.

* 403 도즈(Charles G. Dawes, 1865-1951)와 영(Owen D. Young, 1874-1962). 문헌 도즈안(1924)에 대해서는 Fr. Raab, Der Dawes-Plan und seine Durchführung, in: H. Schnee/H. Draeger (Hrsg.), Zehn Jahre Versailles, I, 1929, S. 295-348; 영안(1929)에 대해서는 Raab, Young-Plan oder Dawes-Plan? 1929; M. J. Bonn, Der Neue Plan als Grundlage der deutschen Wirtschaftspolitik, 1930. → 본서 1040면.

* 403 국제노동기구와 이탈리아. F. G. Wilson, Fascist syndicalism and the I.L.O., American Federationist, Juli 1935, S. 730-733; Vittorio Favilli, L'organizzazione internazionale del lavoro nel diritto internazionale, Pisa 1937.

* 404 주 12의 슈미트의 논문은 Sowjet-Union und Genfer Völkerbund, in: Völkerbund und Völkerrecht, 1. Jahrgang, August 1934, Sp. 263-268. jetzt in: Maschke (Hrsg.), Frieden oder Pazifismus? Arbeiten zum Völkerrecht und zur internationalen Politik 1924-1978, Berlin 2005, S. 424-435.

* 405 독일과 폴란드 협정의 핵심은 독일측에서 볼 때 프랑스와 폴란드의 위협적인 공동협조에 대처하는 것이었으며, 폴란드 내의 독일 소수자의 취급에 관한 상설국제사법재판소에의 소송도 중단하고, 1934년 1월 26일의 독일-폴란드 불가침조약이었다. 그러나 독일은 1939년 폴란드를 침공하여 제2차 세계대전이 발발하게 된다. 문헌은 G. Maschke, Frieden oder Pazifismus? S. 421.

나치즘과 법치국가 (1934)

* Nationalsozialismus und Rechtsstaat, in: Juristische Wochenschrift, 63. Jg., Heft 12/13, 1934, S. 713-718. jetzt in: Gesammelte Schriften 1933-1936, S. 131-146.

『동아법학』 제80호(2018), 365-385면.

* 407 룹베(Marius van der Lubbe, 1909-1934) 네덜란드인 석공(무직)으로 무정부주의자. 이른바 「바라의 월요일」의 국회의사당 방화사건의 범인으로서 체포되어 1934년 1월 라이프치히의 감옥에서 처형되었다. → 본서 829면.

* 407 에른스트 토르글러(Ernst Torgler, 1893-1963) 독일공산당의 정치인.

* 408 라드브루흐(Gustav Radbruch, 1878-1948) 독일 법철학자 · 형법학자. 1903년 하이델베르크대학에서 교수자격 취득. 1914년 쾨니히스베르크대학 교수. 1916-1918년 제1차 대전 참전. 1919년부터 킬대학 교수. 1921-23년 법무장관. 1926년 하이델베르크대학 교수. 1933년 「그의 인격과 종래의 정치활동에 비추어」 새로운 나치국가에 대한 충성의 보증이 없다고 하여 해직된다. 전후 1945년 하이델베르크대학에 복귀하여 재건에 힘썼다. 저서 『법철학』(윤재왕 옮김, 박영사, 2021; 최종고역, 삼영사, 1973). 문헌 울프리드 노이만, 윤재왕 편역, 『구스타프 라드브루흐 - 법철학자, 정치가, 형법개혁가』(박영사, 2017); 박은정 편역, 『라드브루흐의 법철학: 법과 불법의 철학적 경계』(문학과지성사, 1989).

* 409 칸트(Kant), 법의 기관, 법에 복종하는 시민의 결사. 칸트는 국가를 「법질서 아래 결합한 인간의 집단」으로 정의하며, 법질서란 본질적으로 이성의 원리이며, 이 원리들은 초기 법치국가개념이 형성되는 징표로서 나타나며 국법학에 의해서 더욱 구체화된다. Immanuel Kant, Ueber den Gemeinspruch ..., 1793, II: Vom Verhältnis der Theorie zur Praxis im Staatsrecht (gegen Hobbes).

* 409 블룬칠리 → 본서 1023면.

* 409 요제프 헬드(Josef Held, 1815-1890) 독일의 국법학자. 저서 『일반 국법 강요』(Grundzüge des Allgemeines Staatsrechts, 1868). 문헌 Stolleis, Bd. 2 (1992), S. 325-327; A. Teichmann, ADB 50 (1905), S. 161-163 참조.

* 410 예레미아스 고트헬프(Jeremias Gotthelf, 1797-1854) 스위스의 저술가 · 목사. 본명은 알베르트 비치우스(Albert Bitzius)이며 고트헬프는 필명. 농민생활을 사실적으로 묘사. 작품 『농민의 거울』(Bauernspiegel, 1836), 『검은 거미』(Die schwarze Spinne, 1842), 『부채농민의 체험』(Erlebnisse eines Schuldenbauers, 1853); 『시대 정신과 베른 정신』(1851) 등. → 「법치국가를 둘러싼 논쟁의 의의」(1935)

* 411 폰 마르티츠(Ferdinand von Martiz, 1839-1921) 독일의 법사학자 · 공법학자. 라이프치히, 쾨니히스베르크대학 수학. 1872년 프라이부르크대학, 1875년 튀빙겐대학, 여기서 일반 국법과 독일 국법, 국제법, 경찰법 강의, 1898년 베를린대학 교수. 루돌프 폰 그나이스트의 후임으로 베를린의 프로이센 왕립 상급행정재판소 판사 역임. 문헌 Neue Deutsche Biographie, Bd. 16 (1990); H. Triepel, von Martitz 80, in: DJZ 24 (1919), Sp. 326 f.; ders., von Martitz, †, in: DJZ 26 (1921), Sp. 607 f.

* 412 빈더(Julius Binder, 1870-1939) 바이마르 시대에 대두하던 신헤겔주의적 법철학의 대표자 중 1인. 로스토크, 에어랑겐, 뷔르츠부르크대학 교수 역임. 괴팅겐대학에서 카를 라렌츠(K. Larenz)의 지도교수였다. 슈미트, 포르스토프, 라렌츠 등과 함께 나치스 법체제에 대해서 무비판적이었다. 초기의 신칸트파적인 경향과 결별하고 신헤겔주의적인 입장에 선 대표작으로는 『법철학』(Philosophe des Rechts, 1925). →「독일 법학의 역사적 상황」(카를 라렌츠)

* 413 델 베키오(Giorgio Del Vecchio, 1878-1970) 이탈리아의 법철학자. 로마대학 수학, 로마대학 법학부장과 총장 역임. 그의 철학적 입장은 칸트의 비판주의와 가톨릭적 자연법을 결합하려는 노력이다. 저서 『정의의 문제』(장광수역, 양영각, 1983).

* 414 프라이슬러(Roland Freisler) →「독일 혁명의 좋은 법」

* 415 슈미트, 『국가 · 운동 · 민족』 → 본서 271-307면.

* 419 어떤 독일의 수상. 베트만-홀베크(Bethmann-Hollweg, 1856-1921)를 가리킨다. 제1차 대전 중이던 1914년 8월 독일은 중립국인 벨기에를 침공하자 영국은 독일에 선전포고를 한다. 독일 제국 수상 베트만-홀베크는 「영국과 독일이 조이조각[런던 조약] 하나 때문에 전쟁을 벌이는가」하고 의견을 전달했다. 군부는 수상에게 압력을 가하고, 수상은 황제에게 사과했다. 문헌 The English Blue Book, 1914, p. 78; L. Duguit, The Law and the State, Harvard L. R. 1917에서 재인용. →「독일의 지식인」, 『제2제국의 국가구조』

나치즘의 법사상 (1934)

* Nationalsozialistisches Rechtsdenken, in: Deutsches Recht, 4. Jg., Nr. 10. 1934, S. 225-229. jetzt in: Gesammelte Schriften 1933-1936, S. 156-164.

『동아법학』 제80호(2018), 342-352면.

* 423 작센슈피겔(Sachsenspiegel) 중세 독일의 유명하고 영향력이 컸던 고법전. 일본어 번역은 石川武譯, ザクセンシュピーゲル · レーン法邦譯 (1)~(4), 『北大法學』 제51권 5호~제52권 2호 (2000). 문헌 최종고, 작센슈피겔의 법사상, 『법사와 법사상』(박영사, 1980), 169-198면. 石川武, ザクセンシュピーゲル · レーン法邦譯 (18)(19), 『北法』 제55권 4 · 5호(2005).

* 427 구체적 질서사고(konkretes Ordnungsdenken) 슈미트에 의하면 법학적 사고는 규칙과 법률의 사고방식, 결정의 사고방식, 그리고 구체적 질서와 형성의 사고방식의 세 가지 종류가 있다고 한다. 「법학적 사고방식의 세 유형」 본서 320면. 문헌 E.-W. Böckenförde, Ordnungs-denken, konkretes, in: Historisches Wörterbuch der Philosophie, Hrsg. v. Joachim Ritter und Karlfried Gründer, Bd. 6. Basel/Stuttgart: Schwabe 1984, Sp. 1311-1313; 요제프 H. 카이저, 구체적 질서사고, 김효전 편역, 『반대물의 복합체』(산지니, 2014), 209-227면.

* 427 자유법운동. 프랑스에서 법해석에 진화의 개념을 도입하여 형식논리적인 개념법학에 반대하여 법의 자유로운 과학적 탐구를 주장한 운동. 레이몽 살레이유(Raymond Saleilles, 1855-1912)와 프랑수아 제니(François Gény, 1861-1956)가 자연법의 사상에 근거한 과학적 자유탐구를 제창하여 자유법운동에 방법적 기초를 마련했다. 이에 호응하여 독일의 사법학 내부에서 생겨난 사조이기도 하다. 법사회학의 에얼리히(Eugen Ehrlich), 칸토로비츠(H. Kantorowicz) 등이 따랐다. → 본서 1044면.

* 428 라이히 세습농장법(Reichserbhofgesetz) 1933년 9월 29일의 법률. 유대계 이외의 독일 농민의 소유농장에서 원칙적으로 7헥타르 반에서 100 헥타르의 면적을 가진 것을 강행적으로 단독상속의 목적으로 하고, 원칙적으로 그 생전처분을 금지한 법률. 민법의 공동상속에 대한 특례를 인정한 것. 전문은 Werner Hoche (Hrsg.), Die Gesetzgebung des Kabinetts Hitler, Heft 4, Berlin 1933-1935 참조. 기타 나치스 문헌은 Zentner/Bedürftig (Hrsg.), Das große Lexikon des Dritten Reiches, Südwest Verlag, München 1993; Wolfgang Benz u.a., Enzyklopädie des Nationalsozialismus, Klett-Cotta, Stuttgart 1997.

* 428 다레(Richard Walther Darré, 1895-1953) 독일의 농업정책인. 1925년 할레에서 Diplom 취득. 나치 시대의 SS상부 집단 지도자. 1933-1942년 나치 식량 및 농업장관. 저서 『피와 땅: 나치스의 기본사상』(Blut und Boden. Ein Grundgedanke des Nationalsozialismus, 1930). 문헌 Horst Gies, Richard Walther Darré. Der "Reichsbauernführer", die national-sozialistische "Blut und Boden"-Ideologie und die Machteroberung Hitlers, Köln 2019.

독일 법률가의 길 (1934)

* Der Weg des deutschen Juristen, in: Deutsche Juristen-Zeitung, 39. Jg., Heft 11, 1934, Sp. 692-698.

『동아법학』 제80호(2018), 353-362면.

* 430 론(Albrecht Theodor Emil Graf von Roon, 1803-1879) 독일 프로이센의 장군. 1859년 프로이센 육군상에 취임, 보수적인 국가주의자로서 군제개혁을 강행하고 자유주의 세력과 대립, 이른바 헌법분쟁(1862-1866)을 일으켰다. 1859-73년 프로이센 육군장관. 1861-71년 해군장관 겸임. 1873년 원수, 수상.

* 431 균제화(Gleichschaltung) → 본서 1058면.

* 433 일반조항(Generalklausel) 법률 규정의 내용을 일반적 · 추상적으로 규정한 것을 말한다. 예컨대 공공복리 · 신의성실 · 권리남용 · 공서양속 · 정당한 사유 등. 독일 바이마르 시대의 일반조항에 관한 최초의 포괄적인 업적은 헤데만(Justus Wilhelm Hedemann, 1878-1963)의 『일반조항에로의 도피』(Flucht in die Generalklauseln. Eine Gefahr für Recht und Staat, 1933)이다. 문헌 広渡清吾, 『法律からの自由と逃避 - ヴァイマル共和國下の私法學』(日本評論社, 1986).

* 435 1933년 4월 7일의 라이히 대관법에 관하여는 C. Schmitt, Das Reichsstatthaltergesetz, Carl Heymanns Verlag, Berlin 1933 (Das Recht der nationalen Revolution, Heft 3) 참조. 라이히 대관법(代官法)은 라이히와 주들의 관계를 새로운 헌법적 기초 위에서 규정한다. 이 법은 대관에게 주(州) 정권의 구성과 의회의 해산, 관료의 임면 등 포괄적인 권한을 부여하고, 주의 주권을 다시 약체화하려는 것이다. 그러나 이 법률로써 라이히 대관은 동시에 주정부의 수상이나 각료의 겸직은 금지되었다. 더구나 라이히 수상이 정하는 정치의 방침(헌법 제56조)을 주에서 준수할 의무가 있었다. 이것은 「균제화」를 위해서 필요하였으며 다음 해 1934년 초에 주의회는 최종적으로 폐지되고 이어서 라이히 참의원도 해산되었다. 비스마르크의 제국 건설 이래 존속해온 연방국가적 구조 대신에 중앙집권적 체제가 마련된 것이다.

* 435 수권법 → 「근대적인 헌법생활에서의 국가긴급권」(1932)

총통은 법을 보호한다 (1934)

* Der Führer schützt das Recht. Zur Reichstagsrede Adolf Hitlers vom 13. Juli 1934, in: Deutsche Juristen-Zeitung, 39. Jg. Heft 15 (1934), Sp. 945-950. jetzt in: C. Schmitt, Positionen und Begriffe im Kampf mit Weimar-Genf-Versailles 1923-1939, 1940. 4. Aufl., Duncker & Humblot, Berlin 2014, S. 199-203. also in: Gesammelte Schriften 1933-1936, S. 200-204.

『입장과 개념들. 바이마르-제네바-베르사유와의 투쟁에 있어서 1923-1939』(세종출판사, 2001), 287-293면.

* 439 리스트(Franz von Liszt, 1851-1919) 독일의 형법학자. 문헌 최종고, 『위대한 법사상가들 I』, 338-370면.

* 440 뒤푸르(Gabriel-Michel Dufour, 1811-1868) 프랑스의 공법학자. 슈미트는 뒤푸르의 통치행위론에 의거하여 정치적인 것의 개념을 적과 동지의 구별에서 찾았다(역서, 258면). 뒤푸르의 부친은 생 푸르생 지방의 대지주였으며, 그는 고등학교에서부터 법과대학까지 모두 파리에서 공부하였다. 1833년, 뒤푸르는 수습 변호사가 되었고, 달로즈(Dalloz)의 법률저널(Journal de Jurisprudence)에 참여하였다. 1839년, 그는 콩세유 데타와 파기법원의 변호사를 역임하였다.

제2공화국 기간 동안 그는 재보궐선거를 계기로 알리에 지방에서 국회의원으로 선출되었다(1850. 3. 19). 그는 보수주의자의 입장이 더욱 사실로 드러났는데, 예컨대 공동재산의 분할에 관한 법률의 입안을 연기하였다. 너무 일찍 사망했음도 불구하고 뒤푸르는 인용할만한 중요한 법률 저작을 남겼다. 저서 Traité général de droit administratif appliqué, Paris 1843-45. 4 vol. 문헌 P. Arabeyre et al, Dictionnaire historique des juristes français, 2e éd. 2015, p. 357.

* 441 통치행위(acte de gouvernement). 슈미트는 정치적인 것의 규준으로서 적과 동지의 구별에 특히 흥미로운 통치행위의 정의를 차용하고 있다. 그는 통치행위론에 관한 당대 프랑스의 위대한 건설자인 뒤푸르(Dufour)의 정의를 인용한다. 즉 「통치행위를 구성하는 것은 무엇인가, 이것이 저자가 추구하는 목표이다. 자신의 내부나 외부의, 표면적이거나 은밀한, 현재 또는 미래의 적(ennemis)에 대하여 사회를 방위한다는 목적에서의 행위를, 그 자체로서 또는 통치라는 형태로서 인격화하여 파악한 경우에 이것이 통치행위인 것이다」(Traité de Droit administratif appliqué, t. V, p. 128). 김효전 · 정태호 옮김, 『정치적인 것의 개념』, 258면. 이 이론은 프랑스 행정 판례에서 그대로 도입되었고, 이후 독일(Regierungsakt), 영국(act of state), 미국(political question) 등지에도 전파되었으나, 한국의 헌법재판소는 통치행위의 관념을 인정하면서도 기본권보호를 위해서는 사법심사가 가능하다고 한다. 즉 「통치행위란 고도의 정치적 결단에 의한 국가행위로서 사법적 심사의 대상으로 삼기에 적절하지 못한 행위라고 일반적으로 정의되고 있는바 ... 비록 고도의 정치적 결단에 의하여 행해지는 국가작용이라고 할지라도 그것이 국민의 기본권침해와 직접 관련되는 경우에 당연히 헌법재판소의 심판대상이 될 수 있는 것일 뿐만 아니라, 긴급재정경제명령은 법률의 효력을 갖는 것이므로 마땅히 헌법에 기속되어야 한다」(헌재 1996. 2. 29. 93헌마 186. 긴급재정경제명령 등). 헌법재판소뿐만 아니라 대법원도 통치행위의 관념을 인정하며 되도록 제한적으로 이해하려고 하는 경향을 보여준다. 그러나 「적」개념이나 정치적인 것의 개념의 문제에는 언급하거나 관심을 보이지 않으며 규범적으로만 이해하려고 한다.

「법치국가」를 둘러싼 논쟁의 의의 (1935)

* Was bedeutet der Streit um den "Rechtsstaat"? in: Zeitschrift für die gesamte Staatswissenschaft, Bd. 95, Heft 2, 1935, S. 189-201. jetzt in: Gesammelte Schriften 1933-1936, S. 296-307.

『합법성과 정당성』(교육과학사, 1993), 203-225면;『동아법학』 제79호(2018), 397-409면.

이 논문에서 슈미트는 예레미아 고트헬프와 오토 폰 비스마르크에 의거하여 「법치국가」라는 말은 결코 영원한 말일 수는 없다고 한다. 그리하여 나치즘의 정신을 고취하면서 「나치즘에 의한 법치국가」가 규정되어야 한다고 주장하였다.

한편 제3제국 시대에 귄터 크라우스(Günther Krauß)는 법치국가의 개념은 19세기의 헌법상태에 결부된 것이며, 20세기의 국가에는 아무런 근거가 없다는 명제를 제시하였다. 이에 대해서 오토 폰 슈바이니헨(Otto von Schweinichen)은, 법치국가는 역사상 수많은 법치국가가 있었으며, 19세기의 국가는 전형적인 입법국가였음에 반하여, 진정한 의미의 법치국가는 국가사회주의국가[나치스]라는 반대명제를 주장하였다. 이 논쟁에 대해서 슈미트는 서문과 후기를 써붙여 출판하였다. Günther Krauß und Otto von Schweinichen, Disputation über den Rechtsstaat. Mit einer Einleitung und einem Nachwort von Carl Schmitt, Hanseatische Verlagsanstalt, Hamburg 1935.

* 443 귄터 크라우스(Günther Krauß, 1911-1989) 쾰른대학 시절부터 슈미트의 제자이며 평생의 협력자. 공증인. 문헌 Dirk van Laak, Gespräche in der Sicherheit des Schweigens, S. 246-250; Schmittiana I. S. 55-56.

* 443 오토 폰 슈바이니헨(Otto von Schweinichen, 1911-1938) 독일의 공법학자. 슈미트의 베를린대학 동료였던 Carl August Emge(1886-1970)의 조교. 슈미트의 베를린 제자. 나치시대에 활약.

* 443 세르지오 파눈치오(Sergio Panunzio, 1886-1944) 이탈리아의 국가 생디칼리슴의 이론가. 저서 『파시스트 국가』(Lo stato fascista, Bologna 1925).

* 443 프리드리히 다름슈태터(Friedrich Darmstaedter, 1883-1957) 유대인 법학자. 1935년 나치스에 의해서 교직에서 박탈되고 영국으로 이민. 그는 저서 『법치국가냐 권력국가냐』(Rechtsstaat oder Machtstaat? Eine Frage nach der Geltung der Weimarer Verfassung, Verlag Dr. W. Rothschild, Berlin-Grunewald 1932)에서 법치국가와 제48조, 제153조(수용) 그리고 제156조(사회화) 간의 이의를 확실히 하였다. 문헌 H. Göppinger, Der Nationalsozialismus und die jüdischen Juristen, 1963, S. 98, 101.

* 444 로베르트 폰 몰(Robert von Mohl, 1799-1875) 독일의 국법학자. 서남 독일 자유주의의 지도자. 1848년 프랑크푸르트 국민의회 의원. 법치국가론을 체계화했다. 튀빙겐대학 교수 역임. 저서 『국법학, 국제법 및 정치』(Staatsrecht, Völkerrecht und Politik. Monographien, 3 Bde., 1860-1869). 문헌 김종호, 독일의 법치국가 사상의 형성과정에서 시민적 자유와 국가 개입의 한계 - 몰(Mohl)과 스바레즈(Svarez) 사상을 비교하여, 『유럽헌법연구』 제23호(2017), 247-299면. → 『정치신학』

* 445 루돌프 좀(Rudolf Sohm) → 「독일 법학의 역사적 상황」

* 445 F. J. Stahl, Staats-und Rechtslehre, Ⅱ, 2, S. 106.

* 446 오토 배어(Otto Bähr) → 「법치국가」

* 446 콘스탄틴 프란츠(Constantin Frantz, 1817-1891) 독일의 국법학자. 저서 『국가생리학 강요』(Vorschule zur Physiologie des Staaten, 1857); 『국가의 자연학설』(Die Naturlehre des Staates als Grundlage aller Staatswissenschaft, Leipzig-Heidelberg 1870).

* 447 조르주 르나르(Georges Renard, 1876-1943) 프랑스의 법사상가. 토머스주의를 거점으로

하여 「제도이론」을 주장. 저서 『제도의 이론』(La théorie de l'institution, 1930). 문헌 Albert Broderick (ed.), The French Institutionalists. Maurice Hauriou, Georges Renard, Joseph T. Delos, Cambridge, Mass. 1970, p. 163 ff.; G. Bigot, Renard Georges, in: P. Arabeyre et al., Dictionnaire historique des juristes français (XIIe-XXe siècle), 2e éd. Paris 2015, p. 862.

* 448 「사실적인 것의 규범력」(die normative Kraft des Faktischen) 법질서의 발생과 존재는 사실적인 것에서 규범력이 나오며 여러 곳에서 실효화한다는 것이다. 게오르크 옐리네크, 『일반국가학』(김효전 옮김, 법문사, 2005), 277면 이하.

* 449 균제화(Gleichschaltung) → 「독일 혁명의 좋은 법」

* 449 하인리히 랑게(Heinrich Lange, 1900-1977) 독일의 민법학자. 브레슬라우대 교수. 민법전 주석서 외에 『국가사회주의와 민법』, 『1933년 이후의 민법학의 발전』 등 나치학자로서의 저작이 있다. 나치스 시절 슈미트가 편집하던 Deutsche Juristen-Zeitung의 공동편집자. → 본서 1062면

* 450 한스 프랑크 → 「법치국가」

* 450 C. Schmitt, Der Rechtsstaat (1935) → 「법치국가」

법치국가 (1935)

* Der Rechtsstaat, in: Hans Frank (Hrsg.), Nationalsozialistisches Handbuch für Recht und Gesetzgebung, München 1935, S. 108-120. jetzt in: G. Maschke (Hrsg.), Staat, Großraum, Nomos, 1995, S. 108-120. jetzt in: Gesammelte Schriften 1933-1936, S. 285-295.

『동아법학』 제79호(2018), 385-397면.

* 453 아담 뮐러가 최초로 이 「법치국가」란 말을 사용한 것은 아마 그의 『국가기술의 요소들』(Die Elemente der Staatskunst, zuerst 1808/09, Ausg. 1936, Hendel), S. 103, 123일 것이라고 귄터 마슈케는 주를 달고 문헌 지시로 R. Asanger, Beiträge zur Lehre vom Rechtsstaat im 19. Jahrhundert, Diss. Münster 1938, bes. 1 ff.를 소개한다. G. Maschke (Hrsg.), Staat, Großraum, Nomos, S. 117.

* 453 아담 뮐러(Adam Müller) → 『정치신학』

* 453 오류는 Précis de Droit constitutionnel, 1923, S. 257-266에서 「법관에 대한 복종에 의한 법치국가; 관습적이며 사법적인 앙시앵레짐」을 「성문 법률에 대한 복종에 의한 법치국가」를 구별하며, 뒤기는 「법치국가」(état de droit)를 Traité de Droit constitutionnel, 2e éd. III,

1923, S. 547-556에서 약술한다. →『정치신학』

* 453 뒤기(Léon Duguit, 1859-1928) 프랑스의 공법학자. 실증주의와 객관주의를 헌법학에 도입. 법사회학의 창설자의 한 사람. 저서『국가, 객관법과 실정법률』(L'État, le droit objectif et la loi positive, 1901);『국가, 통치자와 관리』(L'État, les gouvernants et les agents, 1903);『공법변천론』(1913),『법과 국가』(1917; 김충희 옮김,『동아법학』 제77호, 2017);『헌법 매뉴얼』(Manuel de droit constitutionnel, 1918);『헌법학개론』(Traité du droit constitutionnel, 5 vol. 1921-25);『일반 공법학 강의』(1926; 이광윤 옮김, 민음사, 1995). 문헌 Patrick Arabeyre et al., Dictionnaire, 2e éd. Paris 2015, pp. 358-361; 김충희, 레옹 뒤기의 생애와 그의 시대,『헌법학연구』 제21권 2호(2015), 261-310면; 동인, 레옹 뒤기의 국가이론 -「법과 국가」를 중심으로,『유럽헌법연구』 제17호(2015), 181-228면; 동인, 레옹 뒤기의 객관법이론, 동당 성낙인총장퇴임기념논문집『국가와 헌법 · I 헌법총론/정치제도론』(법문사, 2018). →「법치국가」

* 453 올란도(V. E. Orlando, 1860-1952) 이탈리아의 저명한 공법학자이며 정치가.

* 453 상티 로마노(Santi Romano) →『법학적 사고방식』

* 453 델베키오(Giorgio Del Vecchio, 1878-1970) 이탈리아의 법철학자. 로마대학 수학, 로마대학 법학부장과 총장 역임. 그의 철학적 입장은 칸트의 비판주의와 가톨릭적 자연법을 결합하려는 노력이다. 저서『정의의 문제』(장광수역, 양영각, 1983). →「나치즘과 법치국가」

* 453 마슈케는 프랑스 · 이탈리아 · 스페인의 1920-40년대의 문헌을 지시한다. 영어의 Rule of Law와 독일어의 Rechtsstaat가 같은 뜻이라고 보는 사람도 있지만 그 역사적 배경이나 내용에서 다른 것은 물론이다(뵈켄회르데, 김효전역,『헌법 · 국가 · 자유』, 법문사, 1992, 66면). 그리하여 영어 번역에서는 독일어의 Rechtsstaat를 번역하지 않고 그대로 사용한다. 예컨대 E.-W. Böckenförde의 저서를 영역한 Mirjam Künkler and Tine Stein (eds.), Constitutional and Political Theory. Selected Writings. Vol. I. Oxford University Press 2017; J. A. Underwood (tr.), State, Society and Liberty, NY: Berg 1991.

한국에서 이른 시기에「법치국」이란 용어가 사용된 것은 안국선, 정치학연구의 필요,『기호흥학회월보』 제2호(1908); 대한민보 1909. 9. 2 논설; 조성구,『형법석의』(1913), 서문 등이다. 상세한 것은 김효전,『헌법』(소화, 2009, 개념사총서 3) 참조.

* 454 오스발트(Oswald) 박사의 논문 Jeremias Gotthelf über Staat, Recht und Gesellschaft - Ein Wort über seine Bedeutung für die deutsche Gegenwart, DJZ, 1934, Sp. 1258-1263. 오스발트는 고트헬프의 소설『부채 농민』(Der Schuldenbauer)을 지적하며 이것은 원래『한스 요글리와 법치국가』(Hans Joggli und der Rechtsstaat)란 제목이었다.

* 454 책 이름처럼 몰은「경찰국가」라는 독일적인 문맥 중에서「법치국가」라는 조어를 만들어 냈으며, 외국어로는 번역하기 어렵다. 이 점을 비스마르크는 간취한 것이며, 이것을 슈미트는 비스마르크가 기본적으로 정당하다고 서술한다.

* 455 사법(司法)국가(내지 가산국가), 경찰국가와 법치국가를 예리하게 분리한 것은 O. Mayer, Deutsches Verwaltungsrecht, 3. Aufl. 1924, I, S. 25 ff.; W. Jellinek, Verwaltungsrecht, 1928, Ndr. 1966, S. 80 ff.; Fleiner, Institutionen des Deutschen Verwaltungsrechts, Ndr. d. 8. Aufl. v. 1928, 1963, S. 28 ff. 비판적인 것은 E. Kaufmann, Verwaltung, Verwaltungsrecht (1914), in: ders., Gesammelte Schriften, I, 1960, S. 75-142. bes. S. 138 ff.; H. Maier, Die ältere deutsche Staats-und Verwaltungslehre (Polizeiwissenschaft), 1966, S. 27 ff. 또한 G. Rohatyn, Rechtsstaat und Polizeistaat als historische Typen, ZöR, 3/1931, S. 429-435. → 법학적 체계형성의 예시로서의 »독일 일반 국법«, S. 182, Anm. 18.

* 455 오토 마이어. 문헌 Hans Planitz (Hrsg.), Die Rechtswissenschaft der Gegenwart in Selbstdarstellungen, Leipzig 1924, S. 153-176; Dirk Ehlers, Otto Mayer (1846-1924), in: Häberle u.a.(Hrsg.), Staatsrechtslehrer des 20. Jahrhunderts, 2. Aufl. 2018, S. 65-76; 박정훈, 독일 공법학과 오토 마이어, 한국행정판례연구회편, 『공법학의 형성과 개척자』(박영사, 2007), 1-48면; 김성수, 오토 마이어 - 행정법의 아이콘인가 극복의 대상인가, 『공법연구』 제45집 2호(2016). → 「체계형성」

* 455 블룬칠리 → 「나치즘과 법치국가」

* 455 Kern, Recht und Verfassung im Mittelalter, in: Historische Zeitschrift, 120. Bd., 1919, S. 1-79. 「법유지국가」에 관하여는 H. Krüger, Allgemeine Staatslehre, 1964, S. 66 f.

* 455 헤르만 헬러, 김효전 옮김, 「법치국가냐 독재냐」, 『바이마르 헌법과 정치사상』(산지니, 2016), 224-237면. 문헌 Michael Henkel, Hermann Hellers Theorie der Politik und des Staates, Tübingen 2011; Häberle u.a., Staatsrechtslehrer des 20. Jahrhunderts, S. 471-488; Heinrichs u.a., Deutsche Juristen jüdischer Herkunft, S. 767-780; 森勇監譯, 『ユダヤ出自のドイツ法律家』(中央大學出版部, 2012), 1149-1168면.

* 455 쾰로이터(Otto Koellreutter, 1883-1972) 프라이부르크 대학에서 Richard Schmidt (1862-1944) 지도 아래 교수자격논문을 작성. 할레(1920), 예나(1921) 대학 교수. 바이마르 · 나치스 시대를 통해 보수적 입장을 대표하는 국법학자. 특히 1933-45년까지 뮌헨 대학 교수로서 나치스를 지지하고 협력하였고 1939년 일본을 방문. 전후 미군에 의해서 5년 금고형을 받고 공직에서 추방되었다. 저서 『일반 국가학 강요』(Grundriß der allgemeinen Staatslehre, 1933); 『독일 행정법』(1953) 등. 문헌 Jörg Schmidt, Otto Koellreutter, 1883-1972. Sein Leben, sein Werk, seine Zeit, Frankfurt a. M.[usw]: Peter Lang 1995; M. Stolleis, Art. Koellreutter, in: NDB, Bd. 12, 1980, S. 324 f.

* 456 Stein, Verwaltungslehre, I, 2. Aufl. 1869, Nachdruck 1975, S. 296.
슈타인 → 「19세기사에서의 로렌츠 폰 슈타인의 지위」

* 456 그나이스트(Rudolf von Gneist, 1816-95) 독일의 법률가이며 정치가. 베를린 대학 교수 · 프로이센 국회의원 · 제국의회 의원 등 역임. 1848년에는 리버럴파로서 활동했으나 곧 비스마르크 측근이 되어 문화투쟁이나 반사회주의투쟁에 협력했다. 저서 『법치국가와 독일의 행정재판』(Der Rechtsstaat und die Verwaltungsgerichte in Deutschland, 1879. Neudruck 1958) 등이 있으며, 일본 메이지헌법의 제정에 많은 영향을 미쳤다. 문헌 Erich J. Hahn, Rudolf von Gneist 1816-1895. Ein politischer Jurist in der Bismackzeit, Frankfurt a. M. 1995; W. Pöggeler, Die deutsche Wissenschaft vom englischen Staatsrecht. Ein Beitrag zur Rezeptions-und Wissenschaftsgeschichte 1748-1914, Berlin 1995; Tatsuji Ohno, Selbstverwaltung, Selbstregulierung und Freiheit: Franz Lieber und Rudolf Gneist in Deutschland und Japan, in: Jahrbuch des öff. Rechts der Gegenwart, Bd. 56, 2008, S. 75-93; G. Kleinheyer-J. Schröder, Deutsche Juristen aus fünf Jahrhunderten, 2. Aufl., 1983, S. 99-103.

* 456 슈탈(Friedrich Julius Stahl, 1802-61) 독일의 정치학자 · 법철학자 · 교회법학자 · 정치가. 유대인의 아들로 태어나 프로테스탄트로 개종. 프로이센 왕 빌헬름 4세의 신임을 얻어 베를린대학 교수가 된다. 신학적이며 역사주의적인 정치철학을 설파하고 보수당을 이끌어 사상계와 정계에 영향을 미쳤다. 국가와 법을 신의(神意)에 두었다. 저서 『법철학』(1830-37) 등. 문헌 Chr. Wiegand, Über F. J. Stahl (1801-1862), F. Schöningh 1981; G. Kleinheyer-J. Schröder, Deutsche Juristen, S. 255-258; Chr. Link, Friedrich Julius Stahl (1802-1861), in: Heinrichs/Franzki/Schmalz/ Stolleis (Hrsg.), Deutsche Juristen jüdischer Herkunft, 1993, S. 59-84; 森勇 監譯, 『ユダヤ出自のドイツ法律家』, 85-128면.

* 456 Stahl, Die Philosophie des Rechts, II, Rechts-und Staatslehre auf der Grundlage christlicher Weltanschauung, 3. Aufl. 1856, S. 138. 유사한 것은 이미 in: Der christliche Staat und sein Verhältnis zu Deismus und Judentum, 1847, S. 61 f.

* 458 귄터 마슈케는 추측건대 이 표현은 L. Raggi, La parabola di un concetto, Annuario dell'Università di Camerino, 1907/08에서 유래한다고 본다. G. Maschke (Hrsg.), Staat, Großraum, Nomos, S. 119.

* 458 라이히 주교 루트비히 뮐러(Ludwig Müller, 1883-1945)와 슈미트와 친한 독일기독교 주교 하인리히 오버하이트(Heinrich Oberheid, 1895-1977)의 국가교회상의 야심에 대한 법적 투쟁과 관련해서는, 특히 오버하이트에 관하여는 H. Faulenbach, Ein Weg durch die Kirche - Heinrich Josef Oberheid, 1992. 고백교회의 측면, 라이프치히 라이히재판소 고문 빌헬름 플로어(Wilhelm Flor, 1882-1938)에 특별한 의미가 부여된다. 그에 관하여는 Der Kirchenstreit vom Rechtsstandpunkt aus beurteilt, Junge Kirche 1/1933, S. 226-239; Sind die von der "Nationalsynode" am 9. August 1934 beschlossenen Gesetze rechtsgültig?, ebd., 2/1934, S. 687-691. 또한 P. Haller, Der Rechtskampf der Bekennenden Kirche und ihre Juristen, Diss. jur., Freiburg i. Br. 1963; K. Scholder, Die Kirchen und das Dritte Reich, II. Ausg. 1988, bes. S. 42 ff.

* 459 C. Schmitt, Verfassungslehre, 1928, S. 138-157.「법치국가적 법률개념」.

* 460 마운츠(Theodor Maunz, 1901-1994) 뮌헨대학 교수 역임. 문헌 Häberle u.a., Staatsrechtslehrer des 20. Jahrhunderts, S. 673-678; P. Lerche, Theodor Maunz †, in: AöR. 1994. 1. S. 156-157; R. Herzog, Theodor Maunz als Lehrer, in: Festschrift für Theodor Maunz, 1981, S. 109-117; D. Deiseroth, Kontinuitätsprobleme der deutschen Staatsrechtslehrer. Das Beispiel Theodor Maunz, in: Ordnungsmacht? 1981, S. 85-111; P. Badura, Öffentliches Recht in München seit 1945, in: JöR, Bd. 65(2017), S. 611-616.

* 460 정태호 옮김,『공권의 체계』(근간).

* 460 오토 배어(Otto Bähr, 1817-1895) 카셀 · 베를린 상급항소재판소 판사, 라이히 최고재판소 판사 역임. 저서『법치국가』(1864)로 그는 행정재판의 성립에 영향을 미쳤다. 논문「의무화근거로서의 승인」(Die Anerkennung als Verpflichtungsgrund, 1854)은 독일 민법전(BGB)에서 승인된, 독자적으로 의무를 지는 채무계약이란 개념을 창조하였다. 문헌 Stintzing-Landsberg, Geschichte der deutschen Rechtswissenschaft, III 2, S. 639-647; 藤田宙靖,『公權力の行使と私的權利主張』(有斐閣, 1978).

* 460 발터 옐리네크(Walter Jellinek, 1885-1955) 행정법학자. G. 옐리네크의 아들. 킬과 하이델베르크대학 교수. 뷔르템베르크-바덴주 행정재판소 및 국사재판소 재판관 역임. 저서『행정법』(1928)은 이론과 실무에 커다란 영향을 미쳤다. 생애와 저작목록은 Gedächtnisschrift für W. Jellinek, 1955, S. 645 ff. 문헌 Häberle u.a., Staatsrechtslehrer des 20. Jahrhunderts, S. 377-390; NDB 10 (1974), S. 394 f.; K. Kempter, Die Jellineks 1820-1955. Eine familienbiographische Studie zum deutschjüdischen Bildungsbürgertum, Düsseldorf 1998; P. Häberle u.a. (Hrsg.), Staatsrechtslehrer des 20. Jahrhunderts, 2. Aufl. 2018. S. 763-776; 人見剛,『近代法治國家の行政法學：ヴァルタ・イェリネックの行政法學の研究』(成文堂, 1993).

* 460 바이마르 헌법 제131조(직무상의 의무위반) ① 공무원이 위탁된 공권력을 행사함에 있어서, 그 공무원이 대제3자 관계에서 그에게 부과된 직무의무를 위반한 경우에는, 그 책임은 원칙적으로 그 공무원을 사용하는 국가 또는 공공단체에 속한다. 공무원에 대한 구상권은 방해받지 아니한다. 본조의 배상에 대해서는 통상의 소송의 방도가 제외되어서는 아니된다.

② 상세한 규정은 권한 있는 입법이 이를 정한다.

* 460 바이마르 헌법 제153조(소유권 · 수용) ① 소유권은 헌법에 의해서 보장된다. 그 내용과 한계는 법률로써 이를 정한다.

② 공용수용은 공공복리를 위하여, 또한 법률상의 근거에 의해서만 행할 수 있다. 공용수용은 라이히 법률에 별도의 규정이 없는 한 정당한 보상 하에 이를 행한다. 보상액에 관하여 다툼이 있는 경우에는 라이히 법률에 별도의 규정이 없는 한 통상 법원에 출소할 수 있도록 하여야

한다. 란트 · 공공단체 및 공익상의 단체에 대해서 라이히가 공용수용을 하는 경우에는 반드시 보상하여야 한다.

③ 소유권은 의무를 수반한다. 그 행사는 동시에 공공복리에 적합하여야 한다.

* **460** R. Thoma, Die juristische Bedeutung der grundrechtliche Sätze der deutschen Reichsverfassung im allgemeinen, in: Nipperdey, Grundrechte, Bd. 1. 1930, S. 28.

* **461** 리스트(Franz von Liszt, 1851-1919) 형법 · 국제법학자. 저서 『마르부르크 강령: 형법의 목적사상』(심재우 · 윤재왕 옮김, 강, 2012).

* **461** 「범죄자의 마그나 카르타」는 리스트가 「형벌 없으면 범죄 없다」(nullum crimen, nulla poena sine lege)고 한 말에서 유래한다. Fr. v. Liszt, Aufsätze und Vorträge, II, 1905, S. 60, 80.

* **461** 「형벌 없으면 범죄 없다」(nullum crimen sine poena)에 의해서 「법률 없으면 형벌 없다」(nulla poena sine lege)의 대체는 유추해석금지의 철폐라는 결과가 된다.

* **461** 특히 Dahm/Schaffstein, Liberales oder autoritäres Strafrecht? 1933; Henkel, Strafrichter und Gesetz im neuen Staat, 1934; Kl. Marxen, Der Kampf gegen das liberale Strafrecht, 1975의 상세한 문헌 지시.

* **461** 한스 프랑크(Hans Frank) → 본서 1054면.

* **462** G. Maschke (Hrsg.), Staat, Großraum, Nomos, 1995, S. 116에서는 이 S. 273이 S. 373으로 변경되었다.

* **462** W. Glungler, Theorie der Politik, 1939, S. 301. 프랑크의 1938년 1월 26일의 강연.

* **462** 슈미트의 법치국가 비판 내지 「법치국가」개념에 관한 비판은 C. H. Ule, Carl Schmitt, der Rechtsstaat und die Verwaltungsgerichtsbarkeit, Verwaltungs-Archiv, 1/1990, S. 1 ff.; O. Beaud, La critique de l'État de droit chez Carl Schmitt, Cahiers du Centre de philosophie politique et juridique de Caen, 1994, S. 111 ff.; U. Schellenberg, Die Rechtsstaatskritik. Vom liberalen zum nationalen und nationalsozialistischen Rechtsstaat, in: E.-W. Böckenförde (Hrsg.), Staatsrecht und Staatsrechtslehre im Dritten Reich, 1985, S. 71-88. 법치국가 일반에 관한 문헌은 E. Forsthoff (Hrsg.), Rechtsstaatlichkeit und Sozialstaatlichkeit, Darmstadt 1968; 헤르만 헬러외, 김효전 편역, 『법치국가의 원리』(법원사, 1996).

자유의 헌법 (1935)

* Die Verfassung der Freiheit, in: Deutsche Juristen-Zeitung 40. Jahrg. Heft 19 (1935) S. 1133-1135. jetzt in: Gesammelte Schriften 1933-1936, S. 282-284.

『동아법학』 제80호(2018), 371-373면

* 463 영역은 The Constitution of Freedom, in: Arthur J. Jacobson and Bernhard Schlink (eds.), Weimar: A Jurisprudence of Crisis, University of California Press, 2002, pp. 323-325.

* 463 라스커(Eduard Lasker, 1829-1884) 독일의 자유주의적 정치가. 사법관을 역임한 후 진보당 국회의원. 민법전 등 통일법전의 제정에 진력. → 본서 1065면.

* 463 야코비(Johann Jakoby, 1805-1877) 독일의 정치가. 1848년 혁명에서 좌파를 대표하고 나중에는 비스마르크의 강권정치를 비판하여 여러 번 투옥되었다.

* 463 프리드베르크(Heinrich von Friedberg, 1813-1895) 프로이센 상원의원 · 법무장관. 형법 · 형사소송법 · 육군형법 등의 제정에 공헌.

* 464 Staatsbürger → 본서 1040면.

* 464 프랑스 삼색기(Trikolore) 자유(liberté) · 평등(égalité) · 박애(fraternité)를 상징하는 것으로 유명. 이 삼색기는 1789년 프랑스혁명 당시 바스티유를 습격한 다음날인 7월 15일 국민군 총사령관으로 임명된 라파예트(Marquis de La Fayette, 1757-1834) 후작이 시민에게 나누어준 모자의 표지 빛깔에서 유래한다. 유럽뿐만 아니라 전세계에 영향을 미침. 문헌 한성희 엮음, 『국기 여행』(초록세상, 2008); 김유석 글, 김혜련 그림, 『국기에 그려진 세계사』(틈새책장, 2017); P. Häberle, Nationalflaggen. Bürgerdemokratische Identitätselemente und internationale Erkennungssymbole, Berlin 2008; Eckart Klein, Staatssymbole, in: Isensee/Kirchhof (Hrsg.), Handbuch des Staatsrechts, Bd. II, 3. Aufl., 2004. 공산주의의 붉은색의 기원은 Gerd Koenen, Die Farbe. Ursprünge und Geschichte des Kommunismus, München: C. H. Beck 2017. 국가(國歌)에 관하여는 P. Häberle, Nationalhymnen als kulturelle Identitätselemente des Verfassungsstaates, Berlin 2007; 신용하, 애국가 작사는 누구의 작품인가, 『대한민국학술원통신』 제297호(2018. 4. 1), 2-7면.

* 464 하켄크로이츠(Hakenkreuz) 갈고리 십자가. 나치당의 깃발. 미술학도였던 아돌프 히틀러에 의해서 국가사회주의 독일노동자당(나치스)의 당기로 제정되었다가 1935년 9월 15일 국기로 제정되었다. 고대 게르만족이 행운의 상징으로 사용하던 룬 문자의 하나이며, 아리아 인종의 고유성과 관련하여 사찰의 상징인 만(卍) 자를 변형했다는 설도 있다. 1920년부터 1945년까지 사용했으며, 전후 나치즘을 선전하거나 광고하기 위해 사용하는 것이 금지되었다.

정치 (1936)

* Politik, Stichwort, in: Handbuch der neuzeitlichen Wehrwissenschaften, herausgegeben im Auftrage der Deutschen Gesellschaft für Wehrpolitik und Wehrwissenschaften von Hermann Franke, Bd. 1. Wehrpolitik und Kriegführung, Berlin und Leipzig 1936, de Gruyter, S. 547-549. jetzt in: G. Maschke (Hrsg.), Staat, Großraum, Nomos, 1995, S. 132-138. also jetzt in: Gesammelte Schriften 1933-1936, S. 403-407.

『동아법학』 제79호(2018), 390-395면.

* 467 달만(Friedrich Christoph Dahlmann, 1785-1860) 독일의 역사가. 하노버 왕의 헌법폐기에 반대하여 추방된 「괴팅겐의 7인」 중 한 사람. 추방된 후에는 자유주의적인 정치가로서 프로이센과 에르푸르트의 연방의회에서 반동적인 다수파에 대항하여 싸웠으나 독일 연방국가의 성립이 실현되지 못한 것을 알고 정계를 은퇴하였다. 저서 『정치』(Politik, 1847). 괴팅겐 대학의 7인 → 본서 1049면.

* 467 게오르크 바이츠(Georg Waitz, 1813-1886) 독일의 역사가 · 정치가. 중세사 사료 편찬. 저서 『정치학 강요』(Grundzüge der Politik, 1862).

* 467 빌헬름 로셔(Wilhelm Roscher, 1817-1894) 독일의 경제학자. 역사학파의 대표자의 1인. 저서 『국민경제학의 체계』(System der Volkswirthschaft, 5 Bde., 1854-1894),『정치』(1892). 문헌 Heinz D. Kurz (Hrsg.), Der Einfluss deutschsprachigen wirtschaftlichen Denkens in Japan, Berlin 2012.

* 467 트라이치케(Heinrich von Treitschke, 1834-1896) 독일의 역사가. 국권주의적인 경향이 강함. 일찍부터 독일 통일론자로 프로이센을 지지. 사회주의자 · 가톨리시즘 · 유대인을 비애국적이라고 공격했다. 독일의 제국주의적 발전을 창도하고 영국을 적대시. 저서 『정치』(Politik, 영역, 1916), 『역사 및 정치논집』(Historische und Politische Aufsätze, 4 Bde., 8. Aufl., 1918).

* 467 정치란 본질적으로 「화해」(Ausgleich). 막스 셸러(1874-1928)의 강연 「화해 시대에서의 인간」(Der Mensch im Weltalter des Ausgleichs, 1927. jetzt in: Gesammelte Werke, IX, Bern 1976, S. 145-170)과 관련이 있다. 김효전 · 정태호 옮김, 『정치적인 것의 개념』, 123면.

* 467 괴벨스(Paul Joseph Goebbels, 1897-1945) 나치스 독일의 선전 장관. 나치의 선전과 미화에 책임을 졌던 인물. 히틀러 자살 다음 날인 1945년 5월 1일 가족과 함께 자살. 저서 파울 요제프 괴벨스, 추영현 옮김, 『괴벨스 프로파간다!』(동서문화사, 2019). 문헌 랄프 게오르크 로이트, 김태희 옮김, 『괴벨스, 대중 선동의 심리학』(교양인, 2006).

* 467 이준(李儁) 열사는 1907년의 제2차 헤이그 평화회의에 참석하려다가 실패했다. 문헌 김원수, 『헤이그 만국평화회의 특사외교와 국제관계』(선인, 2016); 일성이준열사기념사업회, 『이준과 만국평화회의』, 1997. 평화회의에 관한 문헌 목록은 김효전, 이준과 헌정연구회(1),

『인권과 정의』 2003년 1월, 169면 및 동인, 『근대한국의 법제와 법학』(세종출판사, 2006), 405면. 영불 문헌 T. J. Lawrence, International Problems and Hague Conferences, London 1908; J. B. Scott, Texts of the Peace Conferences at The Hague, 1899 and 1907, Boston 1908; L. Renault, Les deux conferences de la paix 1899 et 1907, Paris 1908. 독일 문헌 Ph. Zorn, Die beiden Haager Friedenskonferenzen von 1899 und 1907, Stuttgart 1915; J. Dülffer, Regeln gegen den Krieg? Die Haager Friedenskonferenzen 1899 und 1907 in der internationalen Politik, Berlin 1981. 또한 E. Gottschalk, Deutschlands Haltung auf den Haager Friedenskonferenzen, Berliner Monatshefte, 1930, S. 447-456. 일본 문헌 村瀬信也, 1907年ハーグ平和會議再訪(上下) - 韓國皇帝の使節, 『外交フォーラム』 2007年 6~7월호; 金庚姬, ハーグ「密使」と「國際紛爭平和的處理條約」, 『文學硏究論集』文學 · 史學 · 地理學(明治大大學院) 제12호(2000).

* **468** 1930년 9월 23일부터 10월 4일까지의 셰링거(Scheringer, 1904-1986) 소송 또는 이른바 울름(Ulm) 국방군 소송. 울름에 주둔한 셰링거 등 장교들이 방위군 내부에 나치스 세포 조직을 만들려는 시도로 체포되어 유죄판결을 받았다.

* **468** 라이히 국방군의 태도에 관하여는 E. R. Huber, Deutsche Verfassungsgeschichte seit 1789, Bd. VI, 1981, S. 607 f., S. 626 ff.

* **469** 슈미트에게 있어서 정치적인 것의 개념은 적과 동지를 구별하는 것이다. 김효전 · 정태호 옮김, 『정치적인 것의 개념』, 39면.

* **469** 에른스트 윙거(Ernst Jünger, 1895-1998) 이것은 1933년 2월 1일 독일 방송에서 파울 아담스(Paul Adams, 1894-1961)와의 논쟁에서 한 말이다. → 『제2제국』

* **470** 「정치의 연속으로서의 전쟁」(Krieg als der Fortsetzung der Politik) 클라우제비츠, 『전쟁론』(Vom Kriege) 제8장 6절(김만수 옮김, 갈무리, 2016). 클라우제비츠에 관한 슈미트의 논고는 Clausewitz als politischer Denker: Bemerkungen und Hinweise, in: Der Staat, Bd. 6 (1967), Heft 4. S. 479-502. jetzt in: G. Maschke (Hrsg.), Frieden oder Pazifismus, 2005, S. 887-918. → 『파르티잔』

독일 법학의 역사적 상황 (1936)

* Die geschichtliche Lage der deutschen Rechtswissenschaft, in: Deutsche Juristen-Zeitung, Jg. 41, Heft 1, Januar 1936, Sp. 15-21. jetzt in: Gesammelte Schriften 1933-1936, S. 315-322.

『동아법학』 제79호(2018), 409-419면.

* **471** 사비니(Friedrich Carl von Savigny, 1779-1861) 독일 근대 사법학의 확립자. 로마법학자.

베를린대학 교수. 역사학파의 시조. 티보(Anton Friedrich Justus Thibaut, 1772-1840)가 제창한 민법전편찬론에 반대하고 그 주장을 배척. 저서 『점유권론』(1803); 『입법과 법학에 대한 현대의 사명』(1814; 남기윤 옮김, 2020); 『현대로마법체계』(전8권, 1840-1849; 小橋一郎譯, 『現代ローマ法體系』, 成文堂, 전8권, 1993-2009). 문헌 Hans Hattenhauer, Thibaut und Savigny: Ihre programmatischen Schriften, München 1973; Joachim Rückert, Idealismus, Jurisprudenz und Politik bei Friedrich Carl von Savigny, 2., um "Lebensspuren Savigny's ergänzte Auflage," Frankfurt a. M. 2022; 남기윤, 『법학방법론』(고려대출판부, 2014). → 『유럽 법학의 상태』 49-71면.

* 472 프리메이슨(Freemason, Freimaurer) 18세기 초 영국에서 시작된 세계시민주의적 · 인도주의적 우애를 목적으로 하는 비밀 단체. 문헌 자크 크리스티앙, 하태환역, 『프리메이슨』(문학동네, 2003); 김희보, 『비밀결사의 세계사』(가람기획, 2009) 제2장 프리메이슨. → 『의회주의』

* 473 루돌프 조옴(Rudolf Sohm, 1841-1917) 독일의 프로테스탄트 교회법학자. 로마법과 교회법의 권위. 참된 교회는 불가시한 것으로 이를 법제화하는 교회법은 교회의 본질에 반한다고 주장하여 많은 논의를 불렀다. 주저 『로마법제요』(Institutionen. Geschichte und System des römischen Privatrecht, 1883, Nachdruck 1949). 문헌 G. Kleinheyer und J. Schröder, Deutsche Juristen aus fünf Jahrhundert, 1983, S. 247-249.

* 474 「감동적인 합법성의 요구」(rührendes Legalitätsbedürfnis) 슈미트는 이 말을 「합법적 세계혁명」에서도 인용한다. → 804면

* 574 라인하르트 횐(Reinhard Höhn, 1904-2000). 나치스의 지도적인 이데올로그. 1929년 예나 대학 법박. 1933년 7월 나치 입당. 친위대(SS) 대원. 1934년 독일 사회학회 회장 Ferdinand Tönnies와 총무 Leopold von Wiese를 '균제화(획일화)' 미명 아래 무력화시킴. 1934년 하이델베르크에서 교수자격논문 통과. 슈미트가 인용한 '국가개념'(1935)은 교수자격논문을 출판한 것. 하이델베르크, 이어서 베를린대학 교수. 1945년 대전 후 비나치화를 시도했으나 실패. 논저 Wahre Integration und Scheinintegration, in: Der Meister 9 (1929); Die Wandlung im staatsrechtlichen Denken der Gegenwart, 1934, S. 35 f.; Volk, Staat und Recht, in: Höhn/Maunz/Swoboda, Grundfragen der Rechtsauffassung, 1938, S. 1-27. 군주의 수중에 있는 장치로서의 국가에 관하여는 Höhn, Der individualistische Staatsbegriff und die juristischen Staatsperson, 1935, S. 37 ff. 횐의 견해에 대한 비판은 W. Merk, Der Staatsgedanke im Dritten Reich, 1935. 기타 요한 샤푸토, 고선일역, 『복종할 자유: 나치즘에서 건져 올린 현대 매니즈먼트의 원리』(빛소굴, 2022).

* 474 에른스트 루돌프 후버(Ernst Rudolf Huber, 1903-1990) 킬 · 라이프치히 · 슈트라스부르크 · 프라이부르크대학 교수 역임. 1968년 괴팅겐대학 정년 퇴직. 1927년 본대학에서의 카를 슈미트 제자. 나치스 시절 슈미트가 편집하던 Deutsche Juristen-Zeitung의 공동편집자. 저서 『1789년 이후의 독일 헌법사』(전7권); 『독일 헌법사 자료집』(전3권). 문헌 Häberle u.a., Staatsrechtslehrer des 20. Jahrhunderts, S. 763-776; Ewald Grote (Hrsg.), Ernst Rudolf

Huber. Staat-Verfassung-Geschichte, 2015; ders. (Hrsg.), Carl Schmitt-Ernst Rudolf Huber: Briefwechsel 1926-1981, Berlin 2014; Hans H. Klein, Zum Gedenken an Ernst Rudolf Huber (1903 bis 1990), in: AöR 1991. 1. S. 112-119; P. Häberle u.a. (Hrsg.), Staatsrechtslehrer des 20. Jahrhunderts, 2. Aufl. 2018. S. 763-776.

* 474 역사법학파. 자연법사상을 배척하고 「법은 언어와 마찬가지로 민족정신의 소산이며, 만들어지는 것이 아니라 이루는 것이다」(사비니)라고 말하고, 법의 역사적 성격과 그 실증적 연구를 중요시하는 19세기 독일의 법학사상이다. 이와 관련하여 슈미트의 사비니론은 사비니 연구로서 매우 특색 있을 뿐만 아니라 슈미트 자신의 법학관을 아는 데에 귀중한 열쇠를 제공한다. 문헌 E.-W. Böckenförde, Die Historische Rechtsschule und das Problem der Geschichtlichkeit des Rechts, in: ders., Recht, Staat, Freiheit, Frankfurt a. M. 1991, 6. Aufl., 2016, S. 9-41. → 슈미트, 『유럽 법학의 상태』

* 475 프로이센 일반 란트법(Allgemeines Landrecht für die Preußischen Staaten)은 프리드리히 대왕의 명령에 의해서 스바레츠(Carl Gottlieb Svarez, 1746-1798) 등이 기초하고 1794년에 공포된 프로이센의 법전. 근대 유럽 최초의 체계적인 대법전으로 2부 43장으로 구성되어 있으며, 민법을 중심으로 헌법 · 행정법 · 형법 · 상법 등의 규정을 포함하고 있다. 프로이센 민법이라고도 한다. 18세기의 절대주의 국가의 자연법사상을 대표하며 후견적 색채가 현저하다. 문헌 김종호, 독일의 법치국가 사상의 형성과정에서 시민적 자유와 국가 개입의 한계 - 몰(Mohl)과 스바레즈(Svarez) 사상을 비교하여, 『유럽헌법연구』 제23호(2017), 247-299면; Wolfgang Stegmaier, Das Preußische Allgemeine Landrecht und seine staatsrechtlichen Normen, D&H 2014. → 본서 1124면

* 475 민족정신(Volksgeist) 한 민족에 공통적으로 나타나는 심리적 개성이나, 한 민족이 사회환경의 변화에도 불구하고 지속적으로 공유하는 문화적 특성.

* 476 요제프 헬드 →「나치즘과 법치국가」

* 477 BNSDJ. 독일 국가사회주의 법학자 연맹(Bund Nationalsozilistischer Deutscher Juristen)의 약자. 1928년 Hans Frank 창설. 1936년까지 존속. 1936-1945년 나치스 법학자연맹(Nationalsozialistischer Rechtswahrerbund)으로 개명. 전후 연합국에서 활동 금지. 나치는 독일 국수주의 내지 범게르만주의적인 언어를 사용하여 체제의 정치적 정당성을 부여하려고 노력했다. 여기서 법률가(Jurist) 대신에 「법률옹호자」(Rechrswahrer)를 사용한 것이 그 대표적인 예이다. 宮田光雄, 『ナチ・ドイツの精神構造』(岩波書店, 1991), 180면.

* 477 파울 리터부슈(Paul Ritterbusch, 1900-1945) 나치스 법률가. 킬대학 교수. 1940-45년 교육부에서 학문을 전쟁에 동원하는 「리터부슈 작전」의 지도자. 나치스 시절 슈미트가 편집하던 Deutsche Juristen-Zeitung의 공동편집자.

* 477 카를 라렌츠(Karl Larenz, 1903-1993) 민법 · 법철학자. 나치스 시대에는 킬 학파의 기둥으

로 「혁신적」 이론을 전개하고 전후 독일 사법학을 대표하는 학자로서 활약했다. 헤겔 철학과 나치사상을 결합하려고 시도했다. 1927년 괴팅겐 대학에서 Julius Binder의 지도 아래 학위취득. 1929년 『법률행위해석의 방법』으로 교수자격취득. 1933년 킬 대학, 1960년 뮌헨 대학 교수. 저서 『정당한 법의 원리』(양창수역, 박영사, 신판 2022); 『법학방법론』(허일태역, 세종출판사, 2000); 『법률행위의 해석』(엄동섭 옮김, 서강대출판부, 2010) 등. 그의 행적에 비판적인 것으로 Heinz Wagner, Kontinuitäten in der juristischen Methodenlehre am Beispiel von Karl Larenz, Demokratie und Recht, Heft 3. 1980. → 율리우스 빈더

* 477 로저 베이코(Roger Baco, 1219/20-1292) 경험적 방법에 의해서 자연의 연구를 강조한 영국의 철학자. 프란치스코 탁발수사(friar). 저서 Opus Majus (1267).

유대정신과 투쟁하는 독일 법학, 개회사 (1936)

* Eröffnung der wissenschaftlichen Vorträge durch den Reichsgruppenwalter Staatsrat Professor Dr. Carl Schmitt, in: Das Judentum in der Rechtswissenschaft, Heft 1: Die deutsche Rechtswissenschaft im Kampf gegen den jüdischen Geist, Berlin 1936, S. 14-17. jetzt in: Gesammelte Schriften 1933-1936, S. 482-485.

『동아법학』 제80호(2018), 377-385면.

* 479 아돌프 히틀러, 『나의 투쟁』(황성모 옮김, 동서문화사, 2014). 2016년 독일에서 그동안 금지되었다가 재출간되어 화제가 되었다. Christian Hartmann u.a. (Hrsg.), Hitler, Mein Kampf. Eine kritische Edition (2 Bde.), Institut für Zeitgeschichte, München/Berlin 2016.

* 479 프랑크(Frank) 박사. → 『국가 · 운동 · 민족』

* 480 테오도어 폰 데어 포르텐(Theodor von der Pfordten, 1873-1923) 바이에른 상급 지방재판소 판사. 히틀러의 뮌헨 폭동 시에 사망. 나치 선전부에 의해서 「정치 순교자」로서 묘사되었다.

* 480 이것은 1923년 11월의 뮌헨 폭동을 가리킨다.

* 480 율리우스 슈트라이허(Julius Streicher, 1885-1946) 나치선전 담당자. 프랑켄지구 책임자. 반유대주의 주간지 『돌격병』(Der Stürmer)의 편집자이며 칼럼니스트. 유대인 보이코트를 선동. 뉘른베르크 국제군사법정에서 사형선고를 받고 1946년 10월 16일 교수형.

* 481 지벤뷔르겐(Siebenbürgen)의 독일인. 루마니아 중서부 트란실바니아를 독일에서는 「일곱 개의 성」이란 뜻의 지벤뷔르겐으로 부른다. 지벤뷔르거 작센은 이곳에 거주하는 독일계 소수 민족을 가리킨다. 2011년의 인구 조사에 의하면 이곳에는 678만 명이 살고 있으며, 인종별로 루마니아 70%, 헝가리 18%, 로마 4%, 우크라이나 0. 63%, 독일인 0. 49%, 기타 0. 77%, 무응답 5. 6%(37만)이다(Wikipedia). 루마니아의 독일인 헤르타 뮐러는 2009년 노벨 문학상을 수상하기

도 했다.

유대정신과 투쟁하는 독일 법학, 폐회사 (1936)

* Die deutsche Rechtswissenschaft im Kampf gegen den jüdischen Geist. Schlußwort auf der Tagung der Reichsgruppe Hochschullehrer des NSRB vom 3. und 4. Oktober 1935, in: Deutsche Juristen-Zeitung, 1936, Sp. 1193-1199. jetzt in: Gesammelte Schriften 1933-1936, S. 486-491.

『동아법학』 제80호(2018), 377-385면.

* **482** 슐한 아루흐(Schulchan Aruch) 16세기 랍비 요제프 카로(Joseph Karo, 1488-1575)가 편찬한 유대의 법전.

* **486** 렘브란트(Rembrandt Harmenszoon van Rijn, 1606-1669) 바로크 시대의 네덜란드화가. 일반적으로 유럽미술사에서 가장 위대한 화가이자 판화가 중 한 사람으로 평가한다.

* **487** 엥겔스(Friedrich Engels, 1820-95) → 본서 1001면.

* **487** 브루노 바우어(Bruno Bauer, 1809-1882) 청년 헤겔파 신학자. 헤겔 우파에서 좌파로 전향. 성서를 문학작품이라고 하여 그리스도의 신성을 부정하여, 1842년 본 대학에서 추방. 마르크스나 니체의 종교론에 영향을 주었으나 그의 사변적 경향의 잔재는 마르크스의 『신성가족』에서 비판을 받았다.

* **487** 루드비히 포이에르바하(Ludwig Feuerbacher, 1804-1842) 헤겔 좌파의 철학자. 저서 『기독교의 본질』(강대석 옮김, 한길사, 2008), 『종교의 본질에 대해서』(상동, 2006). 문헌 F. 엥겔스, 양재혁 옮김, 『포이에르바하와 독일 고전 철학의 종말』(돌베개, 1987).

* **487** 「부퍼탈의 독일인」이란 프리드리히 엥겔스를 가리킨다.

* **487** 슈미트와 유대인에 관하여는 R. Gross, Carl Schmitt und die Juden: Eine deutsche Rechtslehre, Suhrkamp 2005 (Eng. tr. by Joel Golb, 2007; 山本尤譯, カール・シュミットとユダヤ人: あるドイツ法學』, 法政大學出版局, 2007); David Egner, Zur Stellung des Antisemitismus im Denken Carl Schmitts, in: Vierteljahrshefte für Zeitgeschichte, Bd. 61, Heft 3, 2013, S. 345-362; H. Hofmann, Die deutsche Rechtswissenschaft im Kampf gegen den jüdischen Geist, in: K. Müller/K. Wittstadt (Hrsg.), Geschichte und Kultur des Judentums, 1988; R. Gross, Carl Schmitts »Nomos« und die »Juden«, in: Merkur, 47. Jg. Heft 5, Mai 1993; P. Bookbinder, Carl Schmitt, Der Leviathan and the Jews, in: International Social Science Review 66, 1991, p. 99-109; 初宿正典編, 『カール・シュミットと五人のユダヤ人法學者』(成文堂, 2016); 古賀敬太, 『カール・シュミットとカトリシズム - 政治

的終末論の悲劇』(創文社, 1999), 457-495면.

* 487 슈미트는 개회사에서 아돌프 히틀러의 말로 시작하였고, 폐회사에서도 역시 히틀러의 말로 끝맺는다.

홉스와 데카르트에 있어서 메커니즘으로서의 국가 (1937)

* Der Staat als Mechanismus bei Hobbes und Descartes, in: Archiv für Rechts-und Sozialphilosophie, Bd. 30, Heft 4, 1937, S. 622-632. jetzt in: G. Maschke (Hrsg.), Staat, Großraum, Nomos, 1995, S. 139-151.

『고시연구』 1988년 11월호, 93-104면; 『동아법학』 제79호(2018), 396-406면.

* 488 René Descartes, Discours de la méthode pour bien conduire sa raison et chercher la verité dans les sciences, 1637. seconde partie. 김형효역, 『방법서설』(삼성판 세계사상전집, 1977); 소두영역, 『방법서설 · 성찰』(동서문화사, 1976).

* 488 Leviathan, Ⅲ, p. ix. 홉스 『리바이어던』의 인용은 Hobbes's Leviathan. Reprinted from the Edition of 1651, Oxford University Press에 의함.
한국어 번역은 진석용 옮김, 『리바이어던』(1)(2)(나남, 2008); 이정식역, 『리바이어던』 전4권(박영문고, 1984-1988). 여기서는 진석용의 완역본을 참조하였다.

* 489 「고전적인 의미에서의 경찰이란 공공의 치안과 질서의 위험에 대한 방어와 교란을 제거하기 위하여 행정관청, 행정기관이 행하는 일체의 활동을 말한다」(Creifelds, Rechtswörterbuch, München: Beck, 20. Aufl. 2011).

* 489 홉스는 1621년부터 베이컨(Francis Bacon)과 접촉을 가지고 한 때는 베이컨 저작의 라틴어 번역을 도와주기도 했다. 베이컨은 제자들을 데리고 산보하던 도중에 착상이 떠오르면 이것을 필기하는 버릇이 있었는데 이 필기는 홉스가 제일 잘한다고 칭찬을 받았다고 한다. 그러나 홉스는 베이컨 철학을 평가하지 않고 자연사가(自然史家)로서의 베이컨만을 논하는 데에 만족하였다고 한다. 「베이컨이 홉스에 미친 영향을 말한다면, 그것은 고작해야 베이컨이 영국에 있어서의 어떤 종류의 자유로운 사고태도를 개척한 정도일 것이다」(F. Tönnies, Thomas Hobbes, Leben und Lehre, S. 5-6). 또한 베이컨 지음, 전석용 옮김, 『신기관: 자연의 해석과 인간의 자연지배에 관한 잠언』(한길사, 2001).

* 489 「인간은 인간에 대한 이리」(homo homini lupus). Hobbes, De Cive, Wolesworth-Edition, Opera latina, II, S. 135: 영어판 On Citizen (1651)의 한국어 번역은 이준호 옮김, 『시민론: 정부와 사회에 관한 철학적 기초』(서광사, 2013). 이 정식의 기원에 관하여는 F. Tricaud, "Homo homini Deus," "Homo homini lupus": Recherche des Sources des deux Formules de Hobbes, in: R. Koselleck/R. Schnur (Hrsg.), Hobbes-Forschungen, 1969, S. 61-70.

* 489 homo homini lupus라는 말은 Platus(?-184 B. C.)나 Ovidius(43 B. C.-17 A. D.)에 거슬러 올라가며, homo homini deus라는 말은 Plinius(23-79)의 Historia Naturalis, Ⅱ, 7에 소급한다고 슈미트는 말한다(C. Schmitt, Der Nomos der Erde, S. 64; 역서, 86면).

* 489 뉴턴의 말. Sir Isaac Newton's Mathematical Principles of Natural Philosophy and his System of the World. Translated into English by Andrew Motte in 1729, the translation revised by Florian Cajori. 2 vols., Berkeley/Los Angeles 1934, Bd. II, S. 544. 뉴턴의 신학에 관하여는 Frank E. Manuel (ed.), The Religion of Isaac Newton, Oxford 1974, Clarendon, 그리고 J. E. Force/R. H. Popkin (ed.), Essay on the Context, Nature, and Influence of Isaac Newton's Theology, Dordrecht 1990.

* 489 자연상태에서의 「인간은 인간에 대해 이리」(homo homini lupus)였지만 이제 「인간은 인간에 대해 신」(homo homini deus)이 되었다. Hobbes, De Cive, Wolesworth-Edition, Opera latina, II, S. 135. 이준호 옮김, 『시민론: 정부와 사회에 관한 철학적 기초』(서광사, 2013).

* 489 비알라투(Joseph Vialatoux, 1888-1970) 프랑스 리옹 가톨릭 대학(Facultés Catholiques de Lyon)의 교수. 자크 마리탱(Jacques Mariain, 1882-1973)과 그의 부인 라이사(Raissa; geb. Oumancoff, 1883-1960)의 이른바 뮤동(Meudon)파에 속하였다. 저서 La cité totalitaire de Hobbes, Lyon: Chronique sociale, 1952 등.

* 489 독일 기독교단(Deutsche Christen) 나치스 운동의 일환이었던 프로테스탄트계 교단. 과격파는 구약성경의 배척을 주장하였다.

* 489 카피탕(René Capitant, 1901-1970) 프랑스의 법학자 · 정치학자. 스트라스부르대학 교수. 드골의 협력자. 저서 『의회주의의 개혁』(1934), 「신비적 전체주의자」. 문헌 O. Beaud, Capitant René, in: P. Arabeyre, J.-L. Halpérin, J. Krynen, Dictionnaire historique des juristes français (XIIe-XXe siècle), 2e éd. Paris 2015, pp. 205-207; O. Beaud, René Capitant, juriste républicain: Étude de sa relation paradoxale avec Carl Schmitt à l'époque du nazisme, in: Mélanges Pierre Avril, 2000 (オリビエ · ボ, 南野森譯, ナチス期におけるルネ · カピタンとカール · シュミット - 謎めいた關係について, 『日佛法學』 23호, 2005); 樋口陽一, ホッブズをめぐるシュミットとカピタン, 長尾龍一編, 『カール · シュミット著作集 I 1922-1934』, 慈學社, 2007, 418-422면. 일본인 히구치(樋口)의 슈미트 흠모에 관하여는 그의 『한 단어 사전, 인권』(송석원 옮김, 푸른역사, 2012, 48면) 및 『時代と學問と人間と』(青林書院, 2017, 89면, 140면) 등. 그는 슈미트의 『현대 의회주의의 정신사적 상황』(『危機の政治理論』, ダイヤモンド社, 1973에 수록; 신판 岩波文庫, 2015)을 번역했다.

* 490 「그렇지만 항상 회귀한다」. 호라티우스(Horaz, Satiren, I, 10, 24): Naturam expellas furca; tamen usque recurret: Treibst Du die Natur mit der Forke aus, so kehrt sie doch stets zurück.

* 490 카피탕의 홉스론은 Capitant, Thomas Hobbes et le Troisième Reich, in: L'Allemagne contemporaine, 6. 4. 1936, S. 55-57에서 정치적인 의미를 명백히 한다. 카피탕은 슈미트의 『헌법의 수호자』를 서평했으며(in: Politique, mars 1932, S. 216-229), 프랑스 의회제도를 이성적인 개혁으로 구출하려고 1934년 이래 노력하였다(슈미트, 『입장과 개념들』, 327면 이하).

* 490 비히모스(Behemoth) 유대교의 종말론에 리바이어던과 함께 나오는 거수(巨獸)의 이름. 비히모스는 땅을 지배하는 남성이며, 리바이어던은 바다를 지배하는 여성을 상징. 구약성경에는 비히모스를 하마로, 리바이어던은 악어로 번역하였다(욥기 40:15, 4:1, 3:8). 모두 혼돈을 상징한다. 홉스는 이것을 자신의 책 이름에 사용하였다. 『비히모스』(Hobbes, Behemoth or the Long Parliament, edited by Ferdinand Tönnies, with an Introduction by Stephen Holmes, Chicago, University of Chicago Press, 1990 (山田園子譯, 『ビヒモス』, 岩波文庫, 2014). → 「완성된 종교개혁」

* 491 슈미트의 이 테제에 대한 셸스키의 반론은, Helmut Schelsky, Die Totalität des Staates bei Hobbes, in: Archiv für Rechts-und Sozialphilosophie, 1937/38, S. 176-193, S. 190 ff., Anm. 11.

* 491 카발라(Kabbala)교. 헤브라이어로 「전승(傳承)」이란 뜻. 중세 유대교의 신비적 · 비교적(秘敎的)인 교파.

* 491 몰록(Moloch) 구약성경에 등장하는 이교의 신. 암몬의 국가신으로서, 어린 자녀를 제물로 바쳐야 하는 파괴적인 신이었다. 무조건적인 희생을 강요하는 신이었으며, 유다가 멸망하기 전에 가장 성행했던 우상이었다. 열왕기상 11:7 및 레위기 18:21, 20:2 등.

* 491 골렘(Golem) 유태의 전설상 랍비(Rabbi [유대의 율법학자])의 주문(呪文)으로 생명이 부여된 토괴(土塊). 프랑켄슈타인의 모델이 되었다.

* 491 천년왕국(millenium) 세계가 종말하기 전의 천년 동안 그리스도가 세계를 직접 지배하는 이상적 시대. 공산주의를 천년왕국론으로서 비판하는 것으로서 F. Gerlich, Der Kommunismus als Lehre vom tausendjährigen Reich, München 1920.

* 492 영문 인용의 부분에 덧붙여 「우리들은 불멸의 신 아래 이 멸하는 신에게 그 평화와 보호의 은덕을 입고 있다」라는 말도 인용되어 있다. 이곳의 영문은 to which wee owe under the Immortal God, our peace and defence로 되어 있다(p. 132. 진석용 옮김, (1) 232면; 이정식역, [2] 10면).

* 492 「보호와 복종의 상관관계」. 홉스의 『리바이어던』의 마지막은 「이것으로 시민 정부와 교회 정부에 관한 논의를 마치고자 한다. 이에 대한 그릇된 학설로 인하여 현재의 혼란이 초래되었기에 나는 치우침 없이, 사심 없이, 보호와 복종의 상호관계를 보여주고자 했을 뿐이다. 인간의 자연적

상태와 하느님의 자연법과 실정법은 그러한 보호와 복종의 엄격한 준수를 요구하고 있다」라고 서술한다. Th. Hobbes, Leviathan, Reprinted from the Edition of 1651, Oxford University Press, 1958, p. 556. 진석용 옮김,『리바이어던』2(나남, 2008), 437-438면.

슈미트는「나는 보호한다. 그러므로 나는 구속한다」(protego ergo obligo)는 정식을 국가에서의「나는 생각한다. 그러므로 나는 존재한다」(cogito ergo sum)라고 한다(김효전 · 정태호 옮김,『정치적인 것의 개념』, 70면). →『구원은 옥중에서』,『침략전쟁』 본서 908면.

* 492 Condorcet, Esquisse d'un tableau historique des progrès de l'esprit humaine, 1794 (장세룡 옮김,『인간정신의 진보에 관한 역사적 개요』, 책세상, 2002).「인간 정신의 미래의 진보」에 관하여는 I. G. Frazer, Condorcet on the Progress of the Human Mind, Oxford 1933; Th. A. Spragens, Jr., The Politics of Inerta & Gravitation - The functions of exemplar Paradigms in Social Thought, in: Polity, Nr. 5, 1972/73, S. 288-310.

* 494 콩트(Auguste Comte, 1798-1857) →『정치신학』

* 494「홉스는 혁명철학의 진정한 아버지이다」(Auguste Comte, Cours de philosophie positive, V, 499). Comte, Du pouvoir spirituel, Paris 1978, p. 509; Dilthey, Weltanschauung und Analyse des Menschen seit Renaissance und Reformation, 9. Aufl. 1970, S. 357 f.는 홉스를 콩트에 이르는「정류장」으로 해석한다. 홉스-콩트에 관하여는 F. Tönnies, Thomas Hobbes. Leben und Werk, 3. Aufl., 1925, S. 272 f.; C. Schmitt, Die vollendete Reformation, Der Staat, 4/1965, S. 51-69, 69. → 본서 714면.

* 494「가장 기계적인 기계」. 후고 피셔(Hugo Fischer, 1897-1975) 독일의 철학자이며 라이프치히에서 1925-1938년까지 가르쳤으며, "Blätter für Deutsche Philosophie" 편집. 슈미트와의 서신 왕래는 P. Tommissen, Schmittiana I, 2. Aufl., Brüssel 1988, S. 88-107. 피셔에 관하여는 A. Mohler, Hugo Fischer (1897-1975), in: ders., Tendenzwende für Fortgeschrittene, 1978, S. 115 ff.

* 494 마이어-타슈 책에 대한 슈미트의 서평은, P. C. Mayer-Tasch, Thomas Hobbes und das Widerstandsrecht, Tübingen 1965, in: Das historisch-politische Buch, 1965, S. 202. 여기서 슈미트는 홉스에게서 저항권은 존재하지 아니한다는 테제를 암묵적으로 포기하는 것으로 보인다.

* 495『인간기계론』(Homme-machine, 1748; 이충훈 옮김, b, 2023) 라 메트리의 책 제목. → 본서 1101면

* 495 엠게(Carl August Emge, 1886-1970) 슈미트의 베를린대학 동료. 바이마르의 니체 문서 연구소장. 일찍부터 나치스에 입당하여 나치 법철학의 대표자. 나치스 시절 슈미트가 편집하던 "Deutsche Juristen-Zeitung"의 공동편집자. → 오토 폰 슈바이니헨

* 495 아베로에스(Averrhoes, 1126-1198) 코르도바에서 출생한 유명한 회교 철학자. 아베로에스주의란 개인의 영혼의 일부는 개체로서가 아니라 만인 공통의 영혼으로서 불사라고 하는 견해. 아베로에스의 아리스토텔레스 해석에서 나오며, 14세기에서 18세기에 걸쳐 파두아대학을 중심으로 번성하였다. 저서 이재경 옮김, 『결정적 논고』(책세상, 2005); 김재범 옮김, 『아베로에스의 아리스토텔레스 형이상학』(한국학술정보, 2012).

* 495 푀겔린(Eric Voegelin, 1901-1985) 독일 태생의 미국 법학자 · 철학자. 1919년 빈대학 법학부 수학. 1922년 오트마르 슈판과 한스 켈젠의 지도 아래 박사학위 취득. 빈대학 교수. 나치시대 미국으로 망명. 알라바마대학 교수 역임. 전후 뮌헨대학, 스탠포드대학 교수 역임. 서구 정치사상사와 역사철학 전공. 저서 The New Science of Politics (Chicago 1952); Order and History (Baton Rouge 1956-1988) 5 vols.; 슈미트와의 관련은 Claus Heimes, Politik und Tranzendenz. Ordnungsdenken bei Carl Schmitt und Eric Voegelin, Berlin 2010.

* 495 슈미트의 홉스 해석에 대한 페터존의 입장의 소개는 B. Nichtweiss, Erik Peterson. Neue Sicht auf Leben und Werk, 1992, S. 734 f., 740.

* 495 페터존(Erik Peterson, 1890-1960) 독일의 가톨릭 신학자. 저서 Der Monotheismus als politisches Problem. Ein Beitrag zur Geschichte der politischen Theologie im Imperium Romanum, 1935. 이에 대해서 슈미트는 『정치신학II』(Politische Theologie Ⅱ. Eine Legende von der Erledigung jeder Politischen Theologie, 1970)에서 상설한다. → 본서 739면

* 496 게단 드 루셀(William Gueydan de Roussel, 1908-1997) 프랑스 법학자. 슈미트의 제자. 『합법성과 정당성』을 프랑스어로 번역. →「라이히 대통령과 바이마르 헌법」(1925)

* 496 홉스의 수용은 김효전, 『서양 헌법이론의 초기수용』(철학과현실사, 1996), 148-154면; 김태진, 근대 일본에서의 홉스의 번역과 변용: 인공 신체로서의 리바이어던은 어떻게 괴물이 되었는가, 『국제정치논총』 제57집 2호(2017), 137-168면; 동인, 홉스의 정치사상에서 '신체'의 문제: '신체'(body)와 '인격'(person) 사이의 아포리아, 『한국정치학회보』 제51집 1호(2017).

홉스 국가론에서의 리바이어던 (1938)

* Der Leviathan in der Staatslehre des Thomas Hobbes. Sinn und Fehlschlag eines politischen Symbols. Hamburg: Hanseatische Verlagsanstalt 1938, 132 S. Neudruck Köln-Lövenich: Hohenheim 1982, 132 S.

『홉스 국가론에서의 리바이어던』(교육과학사, 1992), 261-355면.

* 497 홉스 탄생 350주년 기념 강연.

* 497 Didero, Oeuvres, Paris 1875, Ⅲ pp. 429 ff. 「다른 저작」이란 Elements of Law. Natural

& Politic, 1640. Ferdinand Tönnies (ed.), Cambridge University Press, 1927. 田中浩 · 重森臣広 · 新井明譯, 『法の原理』(岩波文庫, 2016); 高野淸弘譯, 『法の原理: 自然法と政治的な法の原理』(行路社, 2016).

* 498 실질이 따르지 않고 이름뿐인 것.

* 498 Hegel, Vorlesungen über die Geschichte der Philosophie, Sämtliche Werke, Glockner Ausgabe 19, S. 441. 김종호역, 『역사철학』(사상문고, 1963; 삼성전집).

* 498 「냉혈의 괴수」. "Staat heißt das kälteste, aller kalten Ungeheuer." (Friedrich Nietzsche, Also sprach Zarathustra, 'Von neuen Götzen'). 『차라투스투라는 이렇게 말했다』(정동호 옮김, 책세상, 2000, 니체 전집).

* 498 카발라. → 본서 1094면.

* 498 『비히모스』. Behemoth. The History of the Causes of the Civil Wars of England, and of the Counsels and Artifices by which they were carried on from the year 1640 to the year 1660. Reprint Chicago Univ. Press 1990. 山田園子譯, 『ビヒモス』(岩波文庫, 2014). → 「홉스와 데카르트」

* 499 티아마트(Tiamat) 바빌론 신화에 나오는 바다의 여신. 말둑 신에게 살해되고 그 사체(死體)에서 천지가 생긴다. 「만유(萬有)의 어머니」로서 신앙된다.

* 499 불가타(Vulgata) 히에로니무스(Hieronymus ?-420)가 번역한 라틴어 성경. 로마 가톨릭 교회가 공인한 것.

* 499 라합(Rahab) 이것은 바벨론 신화에 등장하는 리워야단(Leviathan) 혹은 티아마트(Tiamat)로 불리는 바다의 괴물을 가리킨다. 신화에 의하면, 최고신 말둑(Marduk)은 이 괴물을 물리치고, 그 괴물을 돕는 자들을 사로잡았다. 욥기 9:13, 26:12 및 시편 89:10, 104:26, 87:4 참조.

* 499 탄닌(Tannin) 일반적으로 대형 파충류를 가리키는 히브리어. 출애굽기 7:9에서는 '뱀'으로 되어 있으나 '용' 또는 '괴물'로도 번역할 수 있다. 이 용어는 에스겔 29:3에서 이집트와 그들의 왕에 대한 상징으로 나타난다.

* 499 요한계시록 11:7, 13:1, 13:11.

* 499 지그프리드(Siegfried) 게르만 전설상의 영웅. 고아로서 숲 속의 대장간에서 자라나 거기서 단련한 칼로 용을 물리쳐 부모의 원수를 무찌른다. 성 미카엘은 마지막에 용을 퇴치한다(요한계시록 12:7 이하). 성 게오르기오스는 4세기 갑파도기아에서 태어나 디오클레티아누스 황제의 박해 때에 순교하였다는 전설상의 인물. 바젤 수도원의 문 등에는 그 용을 물리친 전설을 본뜬 상(像)이

있다.

* 499 바알(Baal) 주인, 소유자란 뜻. 가나안 사람들과 페니키아 사람들이 숭배하던 신. 힘과 풍요의 상징으로 묘사된다. 바알 숭배 의식에는 음란한 성행위와 어린아이를 제물로 바치는 일들이 포함된다. 사사기 2:13.

* 499 적그리스도(Antichrist) 그리스도의 적대자. → 본서 1004면, 1173면.

* 500 만다교. 메소포타미아에 현존하는 교파. 2세기 경의 그노시스의 교의에 유사하며, 하늘에 있었던 영혼은 추방되어 지상의 육체에 들어와 세례에 의해서 깨끗하게 되며 하늘로 돌아간다고 한다.

* 502 koscher. 유대교의 율법에 따라서 요리된 것을 의미하는 형용사.

* 502 거대한 수신. 판(Pan) 그리스 신화의 목신(牧神). 산양의 뿔과 수염이 나고 산양의 하반신을 가지고 있다. 돌연히 나타나 사람들을 넘어지게 하기 때문에 panic의 어원(語源). 로마 신화에서는 Faunus. → 『구원은 옥중에서』, 본서 647면.

* 502 잉글랜드 왕 해롤드가 노르만디 공 윌리엄과 서섹스주 헤스팅스 근교 센라크에서 전투에 패하여 노르만 왕조가 발족하는 계기가 된 전투.

* 502 율리아누스 배교제(背敎帝) 기독교를 공인한 콘스탄티누스 대제의 이복동생으로, 기독교도로서 자라났으나 그리스 철학 등의 영향으로 기독교를 버렸다. 355년 황제에 즉위. 아미아누스 마르게리누스는 한 때 그에게 속하였으나 타키투스의 학풍을 계승하였다고 하는 역사가.

* 502 그리스도의 두문자. I.N.R.I.=Iesus Nazarenaeus Rex Iudaeorum(유대인의 왕 나사렛의 예수)의 약자. 요한복음 19:19 참조.

* 502 레오 스트라우스(Leo Strauss, 1899-1973) 유대계 독일인으로 독일 헤센주 키르히하인에서 태어나 1921년 함부르크대학에서 학위를 받고 그 이듬해 프라이부르크대학 교수로 부임. 1932년 영국으로 건너가 홉스연구에 주력하다가 1938년부터 미국에 정착. 1949년 이후부터 시카고대학의 정치철학 교수 역임. 1968년 클레어먼트대학에서 잠시 재직하다가 세인트존스대학에서 정년퇴직. 저서 『자연권과 역사』(홍원표 옮김, 인간사랑, 2001), 『정치철학이란 무엇인가』(양승태 옮김, 아카넷, 2002), 『마키아벨리』(함규진 옮김, 구운몽, 2006) 등. 문헌 김영국,『레오 스트라우스의 정치철학』(서울대 출판부, 1995); 육혜원,『(레오 스트라우스가 들려주는) 정치 이야기』(자음과 모음, 2008); 박성래, 『(부활하는 네오콘의 대부) 레오 스트라우스』(김영사, 2005) 등. → 레오 스트라우스, 카를 슈미트의 『정치적인 것의 개념』에 대한 주해, 김효전 · 정태호 옮김, 『정치적인 것의 개념』(살림, 2012), 187-223면.

* 503 스피노자의 『신학정치학론』(Tractatus Theologico-Politicus).『신학정치론/정치학논고』

(최형익 옮김, 비르투, 2011).

* 503 유대계 기독교 교도(Judenchrist) 원시 기독교에서 유대교로부터의 개종한 사람. 이에 대하여 이교(그리스 · 로마의 여러 신앙)로부터의 개종자를 Heidenchrist라고 부른다.

* 503 헬무트 셸스키(Helmut Schelsky, 1912-1984) 독일의 사회학자. 나치스 독일 학생 연맹 회원으로 1937년 나치 입당. 라이프치히 사회학 학교에서 나치스의 철학 · 아카데미 교육을 받다. 제2차 대전 마지막 달에 스트라스부르크 제국대학 사회학 강좌 초빙을 받으나 더 이상 활동할 수 없었다. 1948년 신설된 함부르크의 공동경제 아카데미(Akademie für Gemeinwirtschaft) 교수. 1953년 함부르크대로 이직. 1960년 뮌스터대로 가서 도르트문트 소재 뮌스터대 연구소 소장. 1960년대 Bielefeld 대 창설에 참여. 1973년 뮌스터 대학으로 전 강좌를 옮김. 문헌 Th. Gutmann, Chr. Weischer, Fabian Wittreck (Hrsg.), Helmut Schelsky. Ein deutscher Soziologe im zeitgeschichtlichen, institutionellen und disziplinären Kontext-Interdisziplinärer Workshop zum 100. Geburtstag, Berlin 2017; Bibliographie Helmut Schelsky, in: Criticon 1983, 77. S. 107; Thomas Hoeren (Hrsg.), Münsteraner Juraprofessoren, Münster: Aschendorff Verlag GmbH & Co. 2014. 山内惟介 編譯, 『ミュンスター法學者列傳』(中央大出版部, 2018), 319-348면.

* 503 비코(Giambattista Vico, 1668-1744) 이탈리아의 역사학자. 저서 『새로운 학문』(Principj di Scienza Nuova, 1744; 이원두 옮김, 동문선, 1997)에서 역사발전의 철학을 설파. 나폴리대학 교수.

* 503 「예수는 구주」(that Jesus is the Christ) 이 말을 슈미트는 『정치적인 것의 개념』, 180면에서도 인용한다.

* 504 『리바이어던』 속표지 참조.

* 504 대한성서공회, 관주 성경전서, 욥기 41:33.

* 504 목장(牧杖, Stab) 주교의 직표. 「하나님의 어린 양」을 기르는 직승(職承)을 상징한다.

* 504 개념구분(distinctio) 전적(典籍) 해석방법의 일종. 예컨대 「한국은 주권국가이다」라는 명제와 「한국 국민은 주권이다」라는 명제는 모순되는 것 같이 보이지만 「주권」이라는 말은 전자에서는 국제법적인 의미이며, 후자는 국내법적인 의미를 가진다고 해석하여 두 명제를 양립시키는 것 등.

* 504 간접권력(potestas indirecta) 벨라르미노(Roberto Bellarmino, 1542-1621)가 교황권을 특징적으로 사용한 말. 벨라르미노는 토스카나 출생의 제수이트 신학자. 제임스 1세의 왕권신수설에 반대하였고, 다른 한편 로마 교황은 정치적 통치자에 대해서 간접적 지배권을 가질 뿐이라고 하여 교황 식스투스 5세와도 대립했다. 여기서 홉스가 언급한 것은 그의 저서 Disputationes

de controversiis christianae fedei adversus hujus temporis haereticos, 3 vols., Ingolstadt 1581, 1582, 1593(발간 연도에 대해서는 이설 있음)인데, 그 중 교황의 정치권력을 가장 잘 주장한 것은 제1권 일반 논쟁 제3 Tertia controversia generalis, de svmmo pontifice.이다. 그 밖에 De potestate summi pontificis in rebus temporalibus adversus Gulielmum Barclaium, Roma 1610이 있다. Leviathan, Part 3, ch. 42(진석용 옮김, 2권 246면; 이정식역, [3] 298면). 홉스는 벨라르미노처럼 권력이 직접 간접으로 나누어지면 실제로 권력은 양분되고 해로운 결과를 초래한다(진석용, 273면)고 비판한다. →「완성된 종교개혁」, 본서 713면.

* 504 『리바이어던』의 인용에서 L은 라틴어판, E는 영어판, K는 한국어판(진석용, 이정식역)의 페이지 숫자임.

* 507 브램홀(John Bramhall, 1594-1663) 케임브리지에서 배운 아마(Armagh)의 대주교. 전 생애를 영국의 국교회에 충실히 보냈으며, 그 옹호를 위해서 수많은 책을 저술하였다. 이 『리바이어던의 포획』은 정확하게는 The Catching of Leviathan, or the great Whale Demonstrating out of Mr. Hobbes his own Works, That no man who is thoroughly an Hobbist can be a good Commonwealth's man (1658)이다. →「완성된 종교개혁」

* 507 "An Answer to a Book published by Dr. Bramhall, Late Bishop of Derry ; called the "Catching of the Leviathan" together with an Historical Narration concerning Heresy, and the Punishment there of."

* 508 캄파넬라(Tommaso Campanella, 1568-1639)의 『태양의 도시』(Civitas solis, 1602; 임명방역, 『태양의 나라』, 삼성판 세계사상전집(28), 1976).

* 508 루터(Martin Luther, 1483-1546)의 『탁상담화』(Tischreden, 1520; 지원용역, 대한기독교서회, 1963).

* 509 아담과 하와의 아들 가인이 에덴 동편에서 아내를 얻었다고 하나(창세기 4:17), 그 아내가 아담과 하와의 자손이 아니라는 것에서 그 유래가 문제시되었다. 그러나 여기의 「아내」는 아담의 딸일 수도 있으며, 가인의 조카딸 또는 종손녀일 수도 있다는 해석도 있다(NIV 주석성경 1987).

* 509 퓨턴(Python) 그리스 신화에 나오는 커다란 뱀. 델피로 하여금 아폴로에 퇴치되었다. 현대에는 열대 지방의 거대한 뱀의 일종.

* 509 칼뱅(Johann Calvin, 1509-1564)의 『기독교 강요』(Christianae religionis Institutio, 1536) (이종성역, 『기독교 강요찬』, 대한기독교서회, 1960); 박건택 편역, 『칼뱅 작품 선집』(총신대학교 출판부, 2009) 전7권 참조.

* 509 지옥의 브뤼겔. 「백성 브뤼겔」(Bauern-Brueghel)의 아들(Pieter Brueghel, 1564?-1637). 그의 그림 제목 때문에 「지옥의 브뤼겔」로 불린다.

* 509 브뤼겔(Pieter Brueghel, 1525?-69) 네덜란드의 화가. 초기에는 종교적인 작품을, 후기에는 농민의 생활을 묘사한 작품이 많다. 「백성 브뤼겔」이라고도 불린다.

* 511 장미 십자단. Christian Rosenkreuz에 의해서 14세기 말에 창설되었다고 전해지는 비교적(秘教的) 교파. 원시 기독교에의 복귀와 지상의 낙원건설을 주장하고 16 · 17세기에 상당히 신도를 모았다. 1622년에 결성된 Orden des goldenen Rosenkreuzes는 연금술이나 신지학(神智學) 등의 활동도 수행하였다. 라이프니쯔도 그 회원이었다.

* 511 Hegel, Vorlesungen über die Geschichte der Philosophie, Sämtliche Werke, Glockner Ausgabe, 19. S. 443 (김종호역, 『역사철학』, 사상문고, 1963).

* 512 「可死의 신」(deus mortalis), 「죽을 운명을 가진 신」 또는 「멸하는 신」이라고도 번역한다(이정식역).

* 513 『평화의 옹호자』(Defensor Pacis) 파두아의 마르실리우스의 저서(1325년) 이름이기도 하다. 마르실리우스에 관하여는 박은구, 『서양 중세 정치사상 연구: 마르실리우스와 오캄을 중심으로』(혜안, 2001), 78면.

* 513 "An answer to Bishop Bramhall" E. W. Ⅳ, p. 295.

* 514 아틀란티스(Atlantis) 대서양에 있다는 전설적인 섬. 물에 잠긴 이상향(플라톤의 『티마이오스』 25, 『크리티아스』 113면 이하). 프랜시스 베이컨은 New Atlantis (1627; 김종갑 옮김, 『새로운 아틀란티스』, 에코리브르, 2002)에서 과학과 기술이 지배하고, 사람들을 물질적으로 행복하게 하는 이상향을 묘사하였다.

* 514 콩도르세(Marie Jean Antoine Nicolas de Caritat, Marquis de Condorcet, 1743-1794) 프랑스의 수학자 · 철학자인 동시에 정치가. 혁명 초기에 활약했으나 정쟁 중 체포되어 자살했다. 저서 『인간정신의 진보에 관한 역사적 개요』(장세룡 옮김, 책세상, 2002).

* 515 므두셀라. 969세까지 살았다는 인물(창세기 5:27). 장수한 사람의 대명사.

* 515 미래의 굶주림에 굶주림(fame futura famelicus: De homine, L.W. Ⅱ 91). 本田裕志譯, 『人間論』(京都大學學術出版會, 2012).

* 516 라 메트리(La Mettrie, 1709-1751) 이충훈 옮김, 『인간기계론 · 인간식물론』(b, 2023).

* 516 에른스트 마하(Ernst Mach, 1838-1916) 오스트리아의 물리학자이며 철학자. 감각론적 인식론을 주창하며 레닌의 『유물론과 경험비판론』의 공격을 받았다.

* **517** 에라스투스(Thomas Erastus, 1523/4-1583) 하이델베르크의 츠빙글리(U. Zwingli, 1484-1531)주의 신학자이며 의사. 칼뱅주의자와 항쟁하였으며, 그의 주요 저작 『가장 중요한 문제의 해명』(Explicato gravissimae quaestionis, 1569)에서는 교회도 국가주권에 종속해야 한다고 주장하였다. 이와 같이 세속권력의 교회에 대한 우위, 특히 국왕의 교회관리권 등을 주창하는 것을 에라스투스주의(Erastianism)라고 부른다. → 종교개혁

* **518** 파세린 당트레브(Alexander Passerin d'Entrèves, 1902-1985) 이탈리아의 정치학자. 투린(Turin)대학 정치학 교수. 1946년부터 1957년 옥스퍼드대학의 이탈리아학 Serena 교수 역임. 저서 The Notion of the State, 1967(石上良平譯, 『國家とは何か』, みすず, 1972); Dante as a Political Thinker, 1952.

* **518** 「진리란 무엇이냐」(Quid est veritas? Ioannem 18:38) 요한복음 18:38에 나오는 빌라도의 유명한 질문. 켈젠은 『민주주의의 본질과 가치』(Vom Wesen und Wert der Demokratie, 2. Aufl., 1929, S. 103; Reclam 2018, S. 134; 한태연 · 김남진 공역, 1961, 124면)에서 또한 『정의란 무엇인가』(1952)에서 인용한다. 김효전 편역, 「정의란 무엇인가」 『독일 헌법학의 원천』, 1030면.

* **519** 「1922년 이래」. C. Schmitt, Die Diktatur, 1921, 8. Aufl., 2015, S. 22 (김효전 옮김, 『독재론』, 법원사, 1996, 94면), 그리고 Politische Theologie, 1922. 2. Ausgabe 1934, S. 44 (본서 519면)의 인용 이래라는 취지인가?

* **519** Credo quia absurdum. 2세기와 3세기의 교부 테르툴리아누스(Tertullianus, 150?-230?)가 한 말이라고 한다. 떼르뚤리아누스, 이형우 역주, 『그리스도의 육신론』(분도출판사, 1994).

* **519** 『태양의 나라』(임명방역, 삼성출판사, 1976), 세계사상전집 (28).

* **519** 헤프타플로메레스. 보댕(Jean Bodin, 1530-1596)의 저서로 정확하게는 「숭고한 사물이 은폐된 비밀에 관한 헤프타플로메레스 대화」(Colloquium Heptaplomeres de rerum subli mium arcanis abditis)이다. 보댕 생존시에는 출간되지 못했다. 이 책은 7개의 종파 대표의 토론이라는 형식을 통하여 보편적 종교를 모색하고 있다.

* **520** Utopia. 그리스어의 ou-topos=nowhere에서 유래한다.

* **520** C. Schmitt, Völkerrechtliche Formen des modernen Imperialismus, 1932. in: ders., Positionen und Begriffe im Kampf mit Weimar-Genf-Versailles 1923-1939, 1940. (Nachdruck) Duncker & Humblot, Berlin 1988, S. 163. 김효전 · 박배근 공역, 『입장과 개념들』 (세종출판사, 2001), 232-257면.

* **522** 한스 프라이어(Hans Freyer, 1887-1969) 독일의 사회학자 · 철학자. Greifswald, 라이프치히 대학에서 신학 · 역사 · 철학 등 수학. 생의 철학에 관한 그의 초기 저작은 독일 청년운동에

영향을 미침. 킬대학(1922), 라이프치히대학(1925) 사회학과 창설, 1948년까지 재직. 나치시대에 활약. 부다페스트 독일문화원장(1938-44), Walter Frank와 인종 및 반유대 민족 사료 편찬. 전후에는 소외되었다가 뮌스터대학(1953-55) 교수. 저서 Der Staat, 1925; Soziologie als Wirklichkeitswissenschaft, 1930; Einleitung in die Soziologie, 1931 (『사회의 조건』, 진인숙 역, 경서출판사, 1974; 『사회학강화』, 진인숙역, 규문사, 1967). 문헌 C. Schmitt, Die andere Hegel-Linie - Hans Freyer zum 70. Geburtstag, in: Christ und Welt (Stuttgart) 10. Jahrgang Nr. 1 (1957), S. 7-9.

* **522** 페스트가 유행할 때에 동물들이 가장 죄 많은 자의 생명을 신에게 바쳐서 신의 노여움을 풀기 위해서 순서대로 참회를 시작했는데, 양을 잡아먹은 사자보다 잡초를 먹은 당나귀가 더 죄가 많다고 하여 살해되는 이야기(박명숙 옮김, 『라퐁텐 그림 우화』, 시공사, 2004, 226-227면 페스트에 걸린 동물들). 슈미트는 이 비유를 자주 사용한다(Der Begriff des Politischen, 1932, S. 59 (역서, 79면); Der Leviathan in der Staatslehre des Thomas Hobbes, 1938, S. 77 (본서 522면); Völkerrechtliche Probleme in Rheingebiet, 1928, in: ders., Positionen und Begriffe, S. 108 (역서, 155면).

* **522** Il Principe, XXVI Biblioteca Classica Hoepliana, ed. by Ulrico Hoepli, Milano 1924, p. 237 (임명방역, 『군주론』, 휘문출판사, 1972, 112면). 이것은 「정전이란 어쩔 수 없을 때의 싸움이며 자비로운 무기란 최후의 희망에 부탁하는 무기 이외에 아무 것도 아니다」(Iustum est bellum quibus necessarium, et pia arma(=armi pietose) quibus nulla nisi in armis relinquitur spes.)라는 리비우스(Livius)의 말에서 유래한다(Historia Ⅸ, 1).

* **523** 『기도서』(Commom Prayer Book) 영국 국교회의 세례와 기도의 의식을 규정한 문서. 에드워드 6세 치하인 1549년에 최초로 제정되었으나 그 후 여러 차례 개정되었다.

* **524** 비적논쟁(秘蹟論爭) 성찬(盛餐, euchartist)의 빵과 포도주의 본질을 둘러싼 논쟁. 가톨릭교회는 빵과 포도주는 실체(substantia)로서 그리스도의 피와 살이며, 외형상 빵과 포도주의 형상을 남기고 있더라도 그것들은 우유성(偶有性, accidentia)에 불과하다고 한다(化體說 transsubstantiation). 루터파는 빵과 포도주는 성체(聖體)인 동시에 여전히 빵과 포도주이기도 하다는 것이다(共在說 Consubstaniation). 츠빙글리 등은 빵과 포도주를 그리스도의 피와 살의 상징에 불과하다고 한다(sacramentarian). 마가복음 14:22-4; 누가복음 22:19-20.

* **524** 황제교황주의(Cäsaropapismus) 세속의 지배자가 교회의 수장을 겸하는 체제.

* **525** 열왕기하 5:17-19. 시리아군의 장군 나아만이 예언자 엘리사에 대해서, 시리아의 신 림몬의 堂에서 몸을 굽히는 것의 가부를 묻고 엘리사가 이에 양해하였다. 「림몬의 당에 굽힌다」(to bow down in the house of Rimmon)라는 말은 내면을 유보한 외형상의 예배를 의미한다.

* **525** 「복종과 신앙은 별개의 것이다」(to obey is one thing, to believe is another. Ⅳ. p. 339).

* 525 스피노자의 『신학정치론 · 정치학논고』(1670; 최형익 옮김, 비르투, 2011).

* 526 「영토의 지배자가 종교를 지배한다」(cujus regio, ejus religio). 아우그스부르크 종교회의 (1555년) 제3조. → 「종교개혁」 본서 703면.

* 526 푸펜도르프(Samuel von Pufendorff, 1632-1694) 독일의 법사상가 · 국제법학자. 1661년 이래 하이델베르크대학 교수 역임. 후에 스웨덴의 룬트(Lund) 대학 교수. 그의 사상은 그로티우스와 홉스의 절충설이다. 저서 De statu Imperii Germanici, 1667; De jure naturae et gentium libri octo, 1672. 번역은 영역 Tr. by Michael Silverthorne, On the Duty of Man and Citizen according to Natural Law, Cambridge University Press, 1991. 독역 Übersetzt von Klaus Luig, Über die Pflichten des Menschen und des Bürgers nach dem Gesetz der Natur, Frankfurt a. M. 1994; Übersetzt von Horst Denzer, Die Verfassung des deutschen Reichs, Stuttgart: Reclam 1976. 문헌 D. Döring, Pufendorf-Studien, Berlin 1992; 박종성, 자연법과 시민의 의무(S. Pufendorf), 의당 장경학박사 화갑기념논문집 『근대법사상의 전개』(1977), 23-47면; 최종고, 사무엘 푸펜도르프, 『위대한 법사상가들 I』(학연사, 1984), 65-86면; 한스 벨첼, 박은정 옮김, 『자연법과 실질적 정의』(삼영사, 2001); 前田俊文, プーフェンドルフ「自然法にもとづく人間と市民の義務」の飜譯をめぐって, 『久留米』 제79호(2019). 슈미트는 Pufendorff로 표기하지만 오늘날에는 대체로 Pufendorf로 표기한다.

* 526 토마지우스(Christian Thomasius, 1655-1728) 독일 계몽사상의 아버지. 그로티우스와 푸펜도르프는 국제법을 자연법의 화체(化體)라고 보았으나, 토마지우스는 강제력이 없기 때문에 법이 아니라고 보았다. 저서 Fundamenta Iuris Naturae et Gentium(1750). 문헌 Wolf, Rechtsdenker, S. 371-423.

* 526 블룬칠리 →「나치즘과 법치국가」

* 526 Kant, Die Metaphysik der Sitten. Kants Werke, Cassirer Ausgabe, VI, S. 126 ff.(백종현 옮김, 『윤리형이상학』, 아카넷, 2012, 277면). 슈미트는 칸트의 저항권부정론을 『침략전쟁론』에서도 강조한다. → 본서 903면.

* 527 괴테(J. W. v. Goethe, 1749-1832)의 『시와 진실』(Dichtung und Wahrheit, 1811-13; 정경석역, 『시와 진실』, 박영문고, 1978).

* 527 갈리아 사람의 허식(gallikanische Schminke) 로마 사람들은 고대 프랑스를 갈리아라고 불렀다. 케자르의 『갈리아 전기』(박광순역, 범우사, 1999) 참조.

* 528 니므롯. 구약성경에 나오는 위대한 사냥꾼으로 「세상에 처음 영걸」이라고 한다(창세기 10:8). 권력은 빈민에게 빵 부스러기라도 던져주면 좋다는 취지인가?

* 528 칼리반. 셰익스피어의 작품 『템페스트』에 나오는 반수인(半獸人)으로 프로스페로(Prospero)의 머슴. 추악하고 잔인한 사람을 상징한다. 「중립화와 탈정치화의 시대」,『정치적인 것의 개념』 126면. 또 슈미트는 말한다. 「우리는 인간과 세계와 더불어 아이러니칼하게 놀고 싶다. 셰익스피어의 '템페스트'에 나오는 프로스페로처럼 극중의 '전기'(轉機, Maschinenspiel)를 수중에 쥐고 있는 경우를 상상하면 즐겁다. 낭만주의자들은 자유로운 주관을 지닌 그러한 보이지 않는 권력을 즐겨 그렸다」(『정치적 낭만』 113면).

* 530 Max Weber, Wirtschaft und Gesellschaft. Grundriß der Sozialökonomik. Ⅲ, 1. S. 19 (박성환 옮김, 『경제와 사회』1, 문학과 지성사, 1997).

* 530 오토 폰 슈바이니헨(Otto von Schweinichen, 1910-1938) 그의 법치국가론에 관하여는 Günther Krauß und Otto von Schweinichen mit einer Einleitung und einem Nachwort von Carl Schmitt, Disputation über den Rechtsstaat, Hanseatische Verlagsanstalt, Hamburg 1935, 88 S. → 「법치국가를 둘러싼 논쟁」

* 531 "Einführung" zu. Thomas Hobbes, Naturrecht und allgemeines Staatsrecht in den Anfangsgründen Elements of Law.

* 532 나치스 시대에 유대인을 언급할 때에는 그가 유대인임을 명시하기 위해서 성 뒤에 유대 이름을 첨가하였다. 예컨대 트로츠키는 트로츠키 · 브론슈타인(Trotzki-Bronstein)이라고 불렀다. 여기의 욜존은 슈탈의 유대 이름이라고 한다.

* 532 Stahl, Staats-und Rechtslehre, Ⅱ, 2, S. 106.

* 532 「입장권」(Entréebillet) 하이네의 세례 증서는 유럽 문화에의 입장권. 서석연 옮김, 『하이네 시집』(범우사 2016), 171면.

* 532 그(슈탈=욜존)는 1932년 에어랑겐 대학 교수, 1840년 베를린 대학 교수, 1849년 프로이센 종신 상원의원, 1852년 종교국 참사관이 되었다.

* 533 주 48의 Deutsche Juristen-Zeitung에 실린 슈미트, 「유대 정신과 투쟁하는 독일 법학」(본서 479면). 이 논문에 대하여 전면적으로 반론한 책이 Hugo Sinzheimer, Jüdische Klassiker der deutschen Rechtswissenschaft, Amsterdam 1937이다. → 본서 479면.

* 533 lex mere poenalis. 그 위반이 바로 도덕적 죄를 의미하지 않으며, 형벌이라는 외면적 구속 이상의 구속력을 가지지 않는 법.

* 535 심리강제 · 일반예방설. 형벌의 본질은 그 위하에 의해서 일반인의 심리에 압박을 가하여 범죄를 피하게 한다는 데에 있다는 포이에르바하의 학설.

* 535 죄형법정주의의 원천은 성서에서 발견된다. 예컨대「율법은 진노를 이루게 하나니 율법이 없는 곳에는 범함도 없느니라」(로마서 4:15).

* 535『반마키아벨리론』(Anti-Machiavelli) 프리드리히 대왕의 저작(1740년).「짐은 국가의 제1의 공복이다」라는 유명한 말은 여기에 있다.

* 535 외경(apokryph) 성서 외전(外典), 경전 외(經典外) 성서.

* 536 항해조례(Navigation Act) 수입에 관하여 제3국의 선박을 사용하는 것을 금지하였다. 상적(商敵) 네덜란드에 도전한 것.

* 537 사자는 영국의 국장(國章).

* 537 전면적인 적 · 총력전 · 전체국가에 관하여는 C. Schmitt, Totaler Feind, totaler Krieg, totaler Staat (1937), in: ders., Positionen und Begriffe, 1940. (Nachdruck) 1988, S. 235-239. 김효전 · 박배근 공역,『입장과 개념들』, 337-344면.

* 539 Leviathan, p. 547 ff. 진석용 옮김, (2) 179면; 이정식역, [3] 184면 이하.

* 539 유대인 철학자란 슈탈을 말한다. → 본서 532면.

* 539「올바른 사람」(vir probus) 홉스의 묘비에는 Vir probus et fame eruditionis domi forisque bene cognitus (올바른 사람으로서 그의 학식으로 명성이 국내외에 떨친다)라고 쓰여 있다.

* 539「예수는 그리스도」. Leviathan, p. 386, 495 etc. 진석용 옮김, (2) 245면; 역서 [3] 266면.

* 539 간접권력(potestas indirecta) 벨라르미노가 교황은 타국에서도 간접적인 지고권을 가진다고 주장한데 대해서 홉스가 반론한 것(Leviathan, p. 572). → 본서 1099면.

* 539 바르톨로메오 제야의 학살. 12사도의 한 사람인 성 바르톨로메오의 축제일(1572년 8월 24일)에 파리에서 왕권으로 행한 위그노파의 대학살을 말한다.

* 540 윌슨 미국 대통령의 '마키아벨리즘'에 대한 전쟁 →「마키아벨리」

* 540 Fichte, Machiavelli, Werke 7, Leipzig.

* 540 정확하게는 Stimmen der Völker in Liedern, 1778. 유럽 각국의 민요집. 헤르더는 시나 민요를 인간성의 자연스러운 발로라고 보았다.

* 540 푸셀레. 잔 다크를 말한다(F. Schiller, Jungfrau von Orléans, 1801).

* 540 무기는 무인의 본질. Hegel, Grundlinien der Philosophie des Rechts §328. 임석진 옮김, 『법철학』(한길사, 2008), 569-570면.

역외 열강의 간섭을 허용하지 않는 국제법적 광역질서 (1939)

* Völkerrechtliche Großraumordnung mit Interventionsverbot für raumfremde Mächte. Ein Beitrag zum Reichsbegriff im Völkerrecht, 1939, 4. Ausgabe, Berlin-Leipzig-Wien: Deutscher Rechtsverlag 1942, 67 S. jetzt in: G. Maschke (Hrsg.), Staat, Großraum, Nomos, 1995, S. 269-371.

『정치신학외』(법문사, 1988), 297-376면에 수록

* 542 카를 슈미트의 국제법이론 일반은 김효전, 칼 슈미트의 국제법이론, 현정 최재훈 선생 화갑기념 『현대법의 제과제』(1990), 43-72면; 김효전 · 박배근 옮김, 『입장과 개념들』(세종출판사, 2001), 493-522면.

Martin Loughlin, Carl Schmitt and International Law, in: Jens Meierhenrich (ed.), The Oxford Handbook of Carl Schmitt, New York: Oxford University Press, 2016; Martti Koskenniemi, International Law as Political Theology: How to Read *Nomos der Erde*? in: Constellations, Vol. 11, No. 4 (2004), pp. 492-511.

* 544 「광역」(Großraum)이란 말. 제2차 대전 후 슈미트는 뉘른베르크 국제군사법정에서 로버트 켐프너(M. W. Kempner, 1899-1993)가 「귀하는 히틀러의 광역정책의 이론적 기초에 어느 정도로 추진했는가?」라는 신문을 받고 보낸 진술서에서, 「광역이란 말은 내가 발명한 것이 아니며 1923년 이래 독일의 언어 사용에 침투한 것이며 결코 나의 독점물이 아니다」라고 답변했다. 또 자신은 공간 개념에 대해서 학문적인 문제제기를 했을 뿐이며 무엇보다 불필요한 충돌은 피하고 살인자들이 맹목적으로 돌진하도록 하지는 않았다고 변명한다. 계속해서 그는 나치스 시대의 자신의 위치를 상세하게 말한다. Helmut Quaritsch (Hrsg.), Carl Schmitt - Antworten in Nürnberg, Berlin: Duncker & Humblot, 2000, S. 68 ff. → 『침략전쟁』

이에 반하여 루돌프 발터(Rudolf Walther)는, 슈미트의 급진적인 용어사용은 그의 광역 개념과 공간 비유의 불확실성을 제거하지 않았으며, 또한 나치스의 공간 이데올로기는 극단적인 팽창주의에 대한 암호가 되었으며, 광역 이데올로기는 일상 정치와 이데올로기의 기능을 넘어서서 미래 지향적인 요소들을 포함하기도 하였다고 비판한다. 외르크 피슈 · 디터 그로 · 루돌프 발터 지음, 황승환 옮김, 『코젤렉의 개념사 사전 3 제국주의』(푸른역사, 2010), 132-133면(J. Fisch, D. Groh, R. Walther, Artikel Imperialismus, in: O. Brunner u.a., Geschichtliche Grundbegriffe, Bd. 3, 1982, S. 230-231). 루돌프 발터는 슈미트의 이전의 논문 「현대 제국주의의 국제법적 형태들」(1932)과 「국제법상의 중립과 국민의 전체성」(1938)에서 공간개념은 등장하지 않지만 1939년에는 이미 대중화된 공간 개념을 법학에 사용했다고 한다. 그 밖에 「광역 대 보편주의」

(1939)라는 논문의 참조를 지시하고 있다. 이상의 논문은 모두 C. Schmitt, Positionen und Begriffe im Kampf mit Weimar-Genf-Versailles 1923-1939, Hamburg 1940, Nachdruck Berlin: Duncker & Humblot, 4. Aufl., 2014 (김효전 · 박배근 옮김, 『입장과 개념들: 바이마르-제네바-베르사유와의 투쟁에 있어서 1923-1939』, 세종출판사, 2001)에 수록되어 있다.

생활공간(Lebensraum)의 계보는 C. Abrahmssohn, On the Genealogy of Lebensraum, in: Geographica Helvetica, Vol. 68, No. 1 (2013) 참조.

* **544** 프리드리히 나우만(Friedrich Naumann) → 1014면

* **544** 「광역경제」. 문헌은 E. Teichert, Autarkie und Großraumwirtschaft in Deutschland 1930-1939 - Außenpolitische Konzeptionen zwischen Wirtschaftskrise und Zweitem Weltkrieg, 1984; R. Opitz (Hrsg.), Europastrategien des deutschen Kapitals 1900-1945 (Dokumente), 1977; Sienho Yee, Grossraum, in: Chinese Journal of International Law, Vol. 12, 1 (2013), pp. 197-199.

* **545** 「복합경제」(Verbundwirtschaft)란 표현이 독일에서 법률용어 중 최초로 사용된 것은 아마 1935년 12월 13일의 「에너지 경제의 촉진을 위한 법률」(RGBl, 1935, I, 16. 12. 1935, S. 1451)일 것이다.

* **546** 후배지나 근접지. Schmitt, Der Nomos der Erde, 1950, S. 75, Anm. 1 (최재훈 옮김, 『대지의 노모스』(민음사, 1995), 101면의 주 23.

* **546** 자연경계. W. Grewe, Epochen der Völkerrechtsgeschichte, 1984, S. 374 ff.; M. Foucher, L'invention des frontières, Paris 1986. 피히테에 관하여는 Fichte, Der geschloßene Handelsstaat (1800), Ausgabe 1979, S. 94 ff. 문헌 Thomas Sören Hoffmann, Fichtes Geschlossener Handelsstaat. Beiträge zur Erschließung eines Anti-Klassikers, Duncker & Humblot, Berlin 2018 (Begriff und Konkretion, Vol. 7).

* **546** 폴 포쉬이유(Paul Fauchille, 1858-1926) 프랑스의 국제법학자. 저서 Traité de droit international public, I 2, 1925.

* **547** 하우스호퍼(Karl Ernst Haushofer, 1869-1946) 독일의 장군 · 지리학자 · 정치인. 자신의 학생 헤스(Rudolf Hess)를 통해서 히틀러의 팽창정책에 영향을 미쳤다. 1908년 일본 육군을 연구하기 위해 파견되고, 1909년 가을, 부인과 함께 조선과 만주 여행. 저서 Bausteine zur Geopolitik, 1928; Das Reich, 1943. 문헌 H. A. Jacobsen (Hrsg.), Karl Haushofer - Leben und Werk, I, 1979, S. 489 f.; 이진일, 생존공간(Lebensraum)과 대동아공영권 담론의 상호전이: 칼 하우스호퍼의 지정학적 일본관을 중심으로, 『독일연구』 제29호(2015. 6), 199-240면.

* **548** 풍크-브렌타노(Théophile Funck-Brentano, 1830-1906) 룩셈부르크 출생의 프랑스 사회주의자. 저서 Les sciences humaines, 1868; La civilisation et ses lois, 1876; La politique,

1897.

* 548 알베르 소렐(Albert Sorel, 1842-1906) 프랑스의 역사가. 9차례 노벨문학상 후보로 지명. 프랑스 학술원 회원. 프랑스의 철학자인 조르주 소렐의 친사촌. 저서 L'Europe et la Révolution Française, 8 vols. 1885-1904.

* 548 루이지 발리(Luigi Valli, 1878-1931) 이탈리아 로마 대학 도덕철학 교수. 저서 Il segreto della Croce e dell'Aquila nella Divina Commedia, 1925; Il linguaggio segreto di Dante e dei fedeli d'amore, 1927.

* 548 윌로우비(Westel Woodbury Willoughby, 1867-1945) 미국의 정치학자 · 중국전문가. 존스홉킨스대학 교수. 1917년 중국 정부의 헌법과 법률 고문을 1년 근무한 후 1921년 워싱턴 해군 군축 회의, 1924년 제네바 아편 회의, 국제연맹 중국 대표 등 역임. 저서 『국가철학』, 『지나(支那) 사변과 일본』 등.

* 549 로카르노조약. 중부 유럽의 안전보장을 위하여 유럽 국가들이 1925년 10월 16일 스위스 로카르노에서 발의해 12월 1일 영국 런던에서 체결한 국지적 안전보장 조약. 조약문은 Bruns/v. Gretschninow, Politische Verträge, I, 1936, S. 158 ff.; Materialien in: La Société des Nations, Jahrgänge 1925/26; K. Strupp, Das Werk von Locarno, 1926, S. 123 ff.; F. Berber, Locarno. Eine Dokumentensammlung, 1936.

* 550 먼로주의(Monroe Doctrine) 미국의 전통적인 외교정책상의 원칙. 미국 대통령 먼로(James Monroe, 1758-1831)의 1823년의 성명에서 기원한다. 북아메리카의 러시아 진출과 중남미의 식민지 독립에 대한 유럽 주요 국가들로 구성된 신성동맹의 간섭을 견제하고, 배격하려는 동기에서 나왔다. 독립주의, 미주지역주의, 불간섭주의, 반식민주의로도 표현할 수 있다. 국제연맹규약은 제21조에서 명문의 규정으로 이것을 국제연맹 안에서 유지하는 것을 인정하였다. 1928년의 부전조약도 이를 부정하는 것은 아니라고 했으며, 미주에 관한 행동도 자위권으로 가능하다고 설명했다. 국제연합 헌장은 이를 명기하지는 않았으나, 사실상 집단적 자위권의 규정이 그것을 대신하는 것이라고 본다(헌장 제51조). 이 원칙에 근거하는 미주기구나 북대서양조약기구를 비롯하여 지역적 집단안전보장체제는 「서방측 세계」에 확장된 새로운 먼로주의로서의 측면을 가진다. 『국제법사전』, 330면.

* 550 먼로주의. 당시의 미국 외무장관이며 나중에 대통령이 된 존 퀸시 애덤스(John Quincy Adams, 1767-1848)가 편찬한 먼로주의 텍스트는 I. Elliot, James Monroe 1758-1831. Chronology-Documents-Bibliographical Aids, New York 1969, S. 58-70; C. Schmitt, Das politische Problem der Friedenssicherung, 2. Aufl. 1934; 3. Aufl. 1993, S. 4 ff.

* 550 비스마르크의 인터뷰 1898년 5월 18일. W. v. Schierbrand, Germany - the Welding of a World Power, 1903, S. 352 f.; Bismarck, Amerikanische Selbstüberschätzung (zuerst in den Hamburger Nachrichten v. 9. 2. 1896, in: Bismarck-Jahrbuch, III, 1896, S. 569

f.; A. Vagts, Deutschland und die Vereinigten Staaten in der Weltpolitik, London 1935, Bd. II, S. 1636-1814, 「독일과 먼로주의」.

* 551 엘리후 루트(Elihu Root, 1845-1937) 미국의 법률가 · 정치가. 1867년 뉴욕대학 졸업, 1899-1904년 국방장관, 1905-1909년 국무장관. 1912년 노벨상 수상.

* 551 찰스 휴즈(Charles Evans Hughes, 1862-1948) 미국의 정치가 · 법률가. 하딩(W. G. Harding) 대통령의 제의로 국무장관(1920-1925), 후버(Herbert Hoover) 대통령에 의해서 대법원장에 임명(1930-1941). 저서 『미국의 연방대법원』(The Supreme Court of the United States, 1928). 먼로주의는 Ch. E. Hughes, Observations on the Monroe Doctrine, AJIL, 1923, S. 611-628. 문헌 The Century of the Monroe Doctrine, International Conciliation, 1924, S. 3-22.

* 552 펜위크(Charles Ghequiere Fenwick, 1880-1973) 미국의 국제법학자. 저서 International Law, 1924.

* 552 먼로주의를 다룬 독일의 교과서와 사전, 예컨대 Verdross/Simma, Universelles Völkerrecht, 3. Aufl. 1984; Ipsen, Völkerrecht, 6. Aufl. 2012에서 「먼로주의」 항목을 찾아도 소용없는 일이다.

* 552 칼보(Carlos Calvo, 1824-1893) 아르헨티나의 법학자 · 외교관. 1852-1958년 영사로서 여러 곳에 근무한 후 공사로서 독일 · 러시아 · 오스트리아 · 프랑스에 주재하였다. 국제법의 권위로 「칼보주의」(Calvo Doctrine)의 이름을 남겼다. 저서 Le Droit International Théorique et Pratique, Vols. 6, 1863.

* 552 알바레스(Alejandro Alvarez, 1868-1960) 칠레의 법학자.

* 553 켈록조약(Kellogg, 1928) → 『침략전쟁』 주 81. (본서 862면)

* 553 국제연맹규약 제21조. 「중재재판조약과 먼로주의, 즉 평화의 유지를 보장하는, 일정한 영역에 관한 협약과 같은 국제협정은 현행 규약의 규정들의 하나와 불일치하는 것으로서 위반되지 아니한다」. 먼로주의의 유보에 관하여는 Schücking/Wehberg, Die Satzung des Völkerbundes, 2. Aufl. 1924, S. 669-687; v. Freytagh-Loringhoven, Die Satzung des Völkerbundes, 1926, S. 221-225.

* 553 한스 베베르크(Hans Wehberg, 1885-1962) 독일 출신의 국제법학자. 평화주의자. 제1차 대전에서의 벨기에의 중립침범을 반대. 킬대학 교수를 지낸 후 1928년 이후 스위스 제네바대학 교수. 『침략전쟁』에서는 중일전쟁을 법학적으로 아무런 문제가 없다(본서 865면)고 하였다가 수년 후 이 견해를 철회하였다. → 「국가사회주의와 국제법」

* 553 스팀슨주의(Stimson Doctrine) 부전조약의 약속과 의무에 반하는 방법으로 초래한 일체의 사태 · 조약 · 협정을 승인하지 않는다는 주의. 불승인주의의 단서를 이루는 것으로, 만주사변에 관하여 1932년 1월 미 국무장관 스팀슨(Henry Lewis Stimson, 1867-1950)이 발표하였다. 당시의 대통령이었던 후버(H. C. Hoover)의 이름 따서 「후버주의」라고도 한다. → 『침략전쟁』 주 95 (본서 869면).

* 554 카리비안주의(Caribbean Doctrine) 미국 외무장관인 랜싱(Robert Lansing, 1864-1928)은 윌슨대통령에게 일정한 메모랜덤을 집행토록 했는데 그것은 먼로주의에서 「확정적인 카리비안 정책」이 중요하며, 특히 파나마 운하의 건설 이후 미국에게 생명선이며 유럽 열강의 통제 아래 둘 수 없다는 것이다. 문헌 D. Ahrens, Der Karibische Raum als Interessensphäre der Vereinigten Staaten, 1965, S. 65; 상세한 문헌 지시 첨부. D. G. Munro, Intervention and dollar diplomacy in the Caribbean 1900-1921, Princeton 1964.

* 554 탈레랑(Charles Maurice de Talleyrand-Périgord, 1754-1838) 프랑스의 정치가. 오단의 주교. 대혁명 직전의 전국 3부회 성직자(승려) 의원. 혁명 발발 후 헌법제정의회에서 활약하고 교회재산의 국유화를 제안. 교황으로부터 파문당하고 나폴레옹 1세와 루이 18세의 외무장관 역임. 빈 회의에서는 자국 영토의 보전에 성공. → 『의회주의』

* 554 겐츠(Friedrich von Gentz, 1764-1832) 독일의 사회철학자. 처음에 프랑스혁명을 찬미했다가 곧 환멸, 나폴레옹을 계속 비판했다. 1803년 버크의 『프랑스혁명에 관한 고찰』을 번역하여 독일 보수주의의 바이블이 된다. → 『의회주의』

* 554 에른스트 볼가스트(Ernst Wolgast, 1888-1959) 독일의 국제법학자.

* 555 먼로주의의 러시아측 시각은 D. Perkins, The Monroe Doctrine 1823-1826, Cambridge, Mass. 1927, S. 3-39, 228-260; H. Mueller, Rußland, Amerika und die Monroe-Doktrin, Zeitschrift für Geopolitik, 8/1952, S. 453-457.

* 556 적과 동지의 결속. 슈미트, 『정치적인 것의 개념』, 39면.

* 556 휴즈(William Morris Hughes, 1862-1952) 호주 수상, 호주 먼로주의

* 557 시어도어 루즈벨트(Theodore Roosevelt, 1858-1948) 미국의 26대 대통령. 약소국에 대한 제국주의 노선을 고수했으며, 베네수엘라 문제, 카리브해 문제에 개입하는 등 남아메리카의 여러 정부에 압력을 넣었다. 그 밖에 아시아와 유럽의 문제에 개입하여 일본 편을 들어 주었다. 문헌 Theodore Roosevelt: An Autobiography, New York: MacMillan 1913.

* 557 Th. Roosevelt, The Monroe Doctrine (초판 1896), in: ders., The Works, XIII, New York 1926, S. 168-181.

* 557 「달러 외교」(Dollar Diplomacy) 미국 태프트(W. H. Taft, 1909-13) 정부에서 좋아했으며, 그 후 재정적 및 경제적 종속의 부흥을 위한 정책에 일반적으로 사용되었다. S. Nearing/J. Freeman, Dollar Diplomacy, 1926.

* 557 보편주의. 이에 관해서는 매헌(Alfred Thayer Mahan, 1840-1914) 제독만이 주장한 것은 아니다. Ch. S. Campbell, Anglo-American Understanding, 1898-1903, Baltimore 1903; L. M. Gelber, The Rise of Anglo-American Friendship, 1898-1906, London 1938; B. Perkins, The Great Rapprochement, 1895-1914, New York 1968; St. Anderson, Race and Rapprochement, 1895-1904, Rutherford, N. J. 1981; H. Gollwitzer, Geschichte des weltpolitischen Denkens, Bd. II, 1982, S. 110 ff.

* 557 가네코 자작. 가네코 겐타로(Kaneko Gentaro, 金子堅太郎, 1853-1942) 일본의 정치인. 하버드 로스쿨 졸업. 이토 히로부미(伊藤博文)의 헌법기초에 협력. 사법대신을 역임했고, 러일전쟁시 미국에 파견되어 대미교섭에 적극 참여. 시오도어 루즈벨트 대통령과 하버드대학 동창관계이다.

* 557 일본의 광역사상과 대국사상의 요약은 H. Gollwitzer, Geschichte des weltpolitischen Denkens, II, 1982, S. 580-585; Maschke, S. 329-330.

* 557 「문호개방」 원칙은 미국의 국무장관 헤이(John Hay)가 제창한 것으로 중국의 영토적 통일성을 보존하기 위한 것으로 독일, 일본, 영국 그리고 러시아를 위한 이익 영역의 특별한 협정에 의해서 위협을 받았다. S. Tomimas, The Open Door Policy and the territorial integrity of China, 1919; Ch. S. Campbell, Jr., Special business interests and the Open Door Policy, 1951.

* 557 윌슨과 국제연맹과 먼로주의와의 관계에 관한 문헌은 많다. Th. J. Knock, To end all Wars - Woodrow Wilson and the Quest for a New World Order, New York/Oxford 1992. Maschke, Staat, Großraum, Nomos, S. 325 (Anm. 10) 참조.

* 557 국제연맹규약 제10조. 「연맹가입국은 영토의 불가침과 모든 연맹 가맹국의 기존 정치적 독립성을 존중하고, 외부의 모든 공격에 대해서 보호할 의무를 진다」고 규정하고 있다. 문헌 T. Komarnicki, La question de l'integrité territoriale dans le Pacte de la Société des Nations, Paris 1923; Schücking / Wehberg, Die Satzung des Völkerbundes, 2. Aufl. 1924, S. 449 ff.; C. Schmitt, Die Kernfrage des Völkerbundes, 1926. jetzt in: G. Maschke (Hrsg.), Frieden oder Pazifismus?, 2005, S. 73-193.

* 558 헤이터(Sir William Hayter, 1792-1878) 영국의 법정 변호사, 휘그당 정치인.

* 558 대영제국의 대연락로. A. Hettner, Englands Weltherrschaft, 1928, S. 104 ff.; J. Stoye, Das Britische Weltreich. Sein Gefüge und seine Probleme, 2. Aufl. 1937, S. 325 ff.; H. Oncken, Die Sicherheit Indiens, 1937; W. Schneefuss, Gefahrenzonen des Britischen

Weltreichs, 1938, S. 35 ff.

* 559 통로와 생존권. 상세한 것은 P. Schmidt (Hrsg.), Revolution im Mittelmeer. Der Kampf um den italienischen Lebensraum, 1942.

* 559 이집트의 국제법상의 지위는 A. V. O'Rourke, The juristic status Egypt and the Sudan, 1935; A. H. Oehme, Die Wandlung der rechtlichen Stellung Ägyptens im Britischen Reich, 1936; v. Tabouillet, Die Abschaffung der Kapitulationen in Ägypten, ZaöRV, 1937, S. 511 ff.; Fr. Bleiber, Quo vadis Aegyptus?, Monathefte für Ausw. Politik, 8/1940, S. 569 ff.; v. Albertini, Dekolonisation, 1966, S. 56-63.

* 561 수에즈 운하에 대해서는 D. Rauschning, in: Strupp/Schloauer, Wörterbuch des Völkerrechts, III, 1962, S. 417 ff. 국제법상의 지시와 함께 지정학적인 스케치는 G. Hermann, Der Suez-Kanal, 1936. 표준적인 저작으로는 H. J. Schonfield, The Suez Canal in peace and war 1869-1969, Coral Gables/Florida 1969; British Digest of International Law, 2 b, Phase one, Part III, Territory, London 1967, S. 193-281; Schmitt (anon.), Völkerrecht (Repetitorium) Salzgitter 1958/50, S. 88 f. 문헌 전순신, 수에즈 운하의 국유화, 서울대 석사논문, 1978.

* 561 레셉스(Ferdinand de Lesseps, 1805-1894) 프랑스의 외교관으로 수에즈 운하의 개발에 노력.

* 561 1888년 10월 29일의 조약문은 M. Fleischmann, Völkerrechtsquellen, 1905, S. 221 ff.

* 561 파나마 운하를 둘러싼 대영제국과 미국과의 대립은 L. Oppenheim, The Panama Canal Conflict between Great Britain and the USA, 1913. 콜롬비아의 저항에 대해서 미국 루즈벨트 대통령의 지원을 받은 파나마 지방의 1903년의 「혁명」에 관하여는 D. C. Miner, The Fight for the Panama Route, 1940, 2. Aufl. 1966; Cl. Pierce, The Roosevelt Panama Libel Case, 1959; G. Mack, The Land - A History of the Panama Canal and other Isthmian Canal Projects, 1944, 21. Aufl. 1974. 일반적인 것은 British Digest of International Law, 1967, S. 281-338.

* 561 윔블던호 사건(1923년) Britain et al. v. Germany (1923). 소련 볼셰비키 정권과 폴란드간의 전쟁(1919. 2~1921. 3) 당시 중립국을 선언한 독일이 중립국 지위 준수를 위해 폴란드에 무기를 수송하려던 영국 화물선 윔블던(Wimbledon)호의 Kiel 운하 통항을 금지한 것에 대해서 상설국제사법재판소(PCIJ)는 베르사유조약 위반으로 판시한 사건. 영국 · 프랑스 · 이탈리아 · 일본이 공동 참가하고 이에 대해서, 독일 정부는 국가주권의 침해라고 주장한데 대해서 재판소는 베르사유조약 제380조 「킬 운하와 그 입구는, 독일과 평화적 관계에 있는 모든 나라의 군함과 상선에 대해서 완전히 평등하게 개방되어 항상 자유롭지 않으면 안 된다」에 근거하여 Kiel 운하는 내해가 아니며

모든 선박의 무해통항권을 인정하고 독일 정부에게 손해배상을 명하였다. Google 참조.

* 561 허스트경(Sir Cecil Hurst, 1870-1963) 영국의 법률가. 1929-1945년 헤이그의 상설국제사법재판소(Permanent Court of International Justice) 재판관 역임. 1934-36년 재판소 소장.

* 562 영국의 하물운송인 미라미치는 1914년 7월 미국 텍사스의 갤베스톤에서 독일행의 일정한 곡물 수송을 맡았다. 항해 도중 선박은 영국 해군에 의해서 정선되고 전쟁이 발발한 탓으로 하물은 압류되었다. 1914년 11월 23일의 영국 포획심판소 판정. L. Kotzsch, Miramichi-Fall, in: Strupp/Schlochauer, Wörterbuch des Völkerrechts, Bd. II, 1961, S. 542.

* 562 휘튼-데이너(Wheaton-Dana) 공식. 바다는 공유물이다. 이에 근거하여 심해저는 인류공동의 유산이라고 한다. 휘튼(Henry Wheaton, 1785-1848)의 『국제법원리』(Elements of International Law, 1836; 김현주 옮김, 『만국공법』(인간사랑, 2021)은 미국인 선교사 마틴(William Alexander Parsons Martin, 1827-1916, 중국명 丁韙良)에 의해서 『만국공법』(1864)으로 번역되었다. 이 책은 중국은 물론 일본과 한국 등 동아시아에 최초로 소개된 국제법 책으로 그 영향력은 대단하였다. 데이너(Richard Henry Dana, 1815-1882)는 휘튼의 사후에 이 책을 수정 · 증보하고 영국에서도 판을 거듭하였다. 휘튼에 관하여는 E. Baker, Henry Wheaton 1785-1848, Philadelphia 1937; Dictionary of American Biography, vol. X, p. 39-42. 데이너에 관하여는 Who Was Who in America. Historical Volume 1607-1896, Chicago 1963, p. 134. 문헌 김효전, 「근대 한국의 법학 관련 문헌」, 『인권과 정의』 2005년 6월호; 동인, 『근대한국의 법제와 법학』(세종출판사, 2006), 1051-1060면.

* 562 다르다넬스 해협에 관하여는 G. Stadtmüller, Die Dardanellenfrage in Geschichte und Gegenwart, in: Zeitschrift für die gesamte Staatswissenschaft, 101/1941, S. 448 ff.; E. Zechlin, Die türkischen Meerengen - ein Brennpunkt der Weltgeschichte, in: ders., Überseegeschichte, 1986, S. 179 ff.(zuerst 1964).

* 563 소수민족보호. E. Viefhaus, Die Minderheitenfragen und die Entstehung der Minderheitenschutzvertrage auf der Pariser Friedenskonferenz 1919, 1960. 일반적인 것은 O. Junghann, Das Minderheitenschutzverfahren vor dem Völkerbunde, 1934; O. Göppert, Der Völkerbund - Organisation und Tätigkeit, 1938, S. 573 ff.; H. G. Mußmann, Das Minderheitenschutzverfahren vor dem VB, seine Mängel und sein Zusammenbruch, 1939; Chr. Gütermann, Das Minderheitenschutzverfahren des Völkerbundes, 1979.

* 563 정전(正戰, bellum justum, gerechter Krieg) 전쟁을 정당한 전쟁과 부당한 전쟁으로 구별하고 정당한 원인에 근거한 전쟁만을 합법이라고 한다. 정전론을 처음으로 과학적 체계의 형식으로 전개한 것은 아우구스티누스(Aurelius Augustinus, 354-430)이며, 그 후 스콜라학을 거쳐 중세의 전쟁론을 연구한 신학자에게 전해지고, 그로티우스 등 근세 자연법 관념을 기축으로 국제법학자들에게 계수되었다. 전쟁을 구별함으로써 부당한 전쟁을 축출할 의도였던 이론은 실정법상의 기초를 가지지 못하고 19세기 이후의 실정법만능 시대에는 무시되는 경향이 강하였다.

이른바 무차별 전쟁관이 그것이다. 그러나 국제연맹 규약에서 금지된 전쟁이라는 차별전쟁론이 등장하고 유엔이 이 관념을 강화하여 종래의 자연법론에 입각한 정전론과 구별되는 「실정주의 정전론」으로서 다시 주목을 받게 되었다. 문헌 김찬규, 正戰 개념의 변천에 관한 고찰 - 국제법사적 견지에서, 『학술지』 제4권 1호(1962); Alain de Benoit, Carl Schmitt Today: Terrorism, 'Just' War, and the State of Emergency, 2013; 大竹弘二, 『正戰と內戰: カール・シュミットの國際秩序思想』(以文社, 2009); 윤인로 옮김, 『정전과 내전: 카를 슈미트의 국제질서 사상』, 산지니, 2020); 후고 그로티우스의 '정당한 전쟁'의 이론, 홍기원, 『자연법, 이성 그리고 권리. 후고 그로티우스의 법철학』(터닝포인트, 2022), 37-68면.

* **563/4** 열거된 독일 국제법 학자들. 뵘, Boehm, Europa irredenta, 1923, ders., Das eigenständige Volk. Volkstheoretische Grundlagen der Ethnopolitik und Geisteswissenschaften, 1932; 하셀블라트, Hasselblatt, Das Nationalitätenproblem, der Genfer Kongreß und wir, Dorpat 1927; ders., Die sudetendeutschen Gesetzesanträge über Volkstumsrechte, in: Zeitschrift der Akademie für Deutsches Recht, 1937, S. 353 ff.; ders., Die politischen Elemente eines werdenden Volksgruppenrechts, Jb. d. Akademie des Deutschen Rechts, 1938, S. 13 ff.; 한스 게르버, Gerber, Das Minderheitsproblem, 1927; v. Loesch (Hrsg.), Volk unter Völkern, 1926; ders., Staat und Volkstum, 1926; 후겔만, Hugelmann, Volk und Staat im Wandel deutschen Schicksals, 1940; 발츠, Walz, Neue Grundlagen des Volksgruppenrechtes, 1940; 귀르케, Gürke, Der Nationalsozialismus, das Grenz-und Auslandsdeutschtum und das Nationalitätenrecht, in: Nation und Staat, Okt. 1932; 키어, Kier, Über die Gestaltung eines Volksgruppenrechts, ZaöRV, 1937, S. 497 ff.; 라쉬호퍼, Raschhofer, Hauptprobleme des Nationalitätenrechts, 1931; 라블, Rabl, Grundlagen und -fragen eines mitteleuropäischen Volksgruppenrechts, 1938; 에얼러, G. J. Erler, Das Recht der nationalen Minderheiten in Europa, 1931.

* **564** 1878년의 베를린 회의에 관하여는 Serge Maiwald, Der Berliner Kongreß 1878 und das Völkerrecht, 1948; R. Rie, in: Strupp/Schlochauer, Wörterbuch des Völkerrechts, I, 1960, S. 185 f.; Frhr. v. Aretin (Hrsg.), Bismarcks Außenpolitik und der Berliner Kongreß, 1978; I. Geiss (Hrsg.), Der Berliner Kongreß 1878, 1979.

* **565** 클레망소(Georges Clemenceau, 1841-1929) 프랑스의 정치가. 수상으로서 베르사유 회의에서 알사스-로랭의 할양과 배상 등 강경한 요구를 관철했다. → 『로마가톨릭』

* **565** 파데레프스키(Ignacy Jan Paderewski, 1860-1941) 폴란드의 피아니스트 · 작곡가 · 정치인. 폴란드 독립의 대변인. 국무장관. 폴란드 공화국 수상.

* **565** 클레망소의 각서와 폴란드에 대해서는 G. Erler, Das Recht der nationalen Minderheiten, 1931, S. 130 ff., 397 f.; C. G. Bruns, Gesammelte Schriften zur Minderheitenfrage, 1933, S. 69 ff.

* 565 종교의 자유와 인종 평등의 폐기에 관하여는 Schücking/Wehberg, Die Satzung des Völkerbundes, 2. Aufl. 1924, S. 126 ff.

* 565 폴란드 소수민족 문제에 관하여는 W. Hasselblatt, Der Genfer Minderheitenschutz nach d. polnischen Vorstoß, Zeitschrift f. osteurop. Recht, Nov. 1934, S. 217 ff.; J. Michalski, Polens Rücktrittsversuch vom Minderheitenschutzvertrage, Diss. Breslau 1937.

* 566 브라질 대표 멜로 프랑코(Mello Franko)는 소수민족 보호 문제를 일반화하는 것에 반대했다. Chr. Gütermann, Das Minderheitenschutzverfahren des VB, 1979, S. 80 ff., S. 246 f.

* 566 히틀러의 연설에 관하여는 H. Raschhofer, Völkerbund und Münchner Abkommen, 1976, bes. S. 125 ff.; Grewe, Epochen der Völkerrechtsgeschichte, 1984, S. 702.

* 566 유대인 강제이송. 永岑三千輝, 第三帝國の膨脹政策とユダヤ人迫害・强制移送 1938: 最近の史料集による檢證,『横市』 제70권 2호(2019).

* 567 발트 연안의 독일계 주민의 이주에 관하여는 D. A. Loeber, Dokumentation, 1972; M. Funke (Hrsg.), Hitler, Deutschland und die Mächte, Ausg. 1978, S. 675-683.

* 567 볼리니엔(Wolhynien=Wolynien) 폴란드와 접경한 현재의 서부 우크라이나 지역.

* 567 베사라비아(Bessarbien) 볼리니엔 남쪽의 현재의 서부 우크라이나 지방, 본래 루마니아의 주.

* 567 빈 재정. 문헌 W. G. Grewe, Das Volksgruppenrecht der Wiener Protokolle, in: Monatshefte f. Ausw. Politik, 1940, H. 10, S. 768-772.

* 567 도브루차(Dobrudscha) 유럽의 동남쪽, 현재의 흑해에 연한 루마니아와 불가리아 지역. 조약 원문은 Bruns/Gretschaninow, Politische Verträge, 1942, S. 1257-1267. 불가리아와 루마니아 중재재판소의 소장은 빅토르 브룬스(Viktor Bruns, 1884-1943)였으며, 그는 카이저 빌헬름 외국 공법 및 국제법연구소의 설립자이다. 브룬스에 관하여는 Fr. Berber, Auswärtige Politik, 1-2/1944, S. 45; Maschke (Hrsg.), Staat, Großraum, Nomos, 1995, S. 464 f.

* 567 라이히(Reich)의 개념. 흔히 「제국」이라고도 번역하지만 정확하지는 않다. 예컨대 제정이 무너지고 성립된 바이마르 공화국 역시 'Deutsches Reich'이기 때문이다. 원래 Reich는 영방(領邦) 내지 지방(支邦)을 포괄하는 국가를 의미한다. 여기서는 번역하지 않고 「라이히」 그대로 사용한다. 문헌 Elisabeth Fehrenbach, Reich, in: O. Brunner, W. Conze, R. Koselleck (Hrsg.), Geschichtliche Grundbegriffe. Historisches Lexikon zur politisch-sozialen Sprache in Deutschland, Stuttgart: Klett-Cotta, Bd. 5. 1984, S. 423-508.

* 567 탈레랑의 경구. “Non-intervention est un mot diplomatique et énigmatique, qui signifie à peu près la même chose qu'intervention,” zit. nach F. H. Geffcken, Das Recht der Intervention, Holtzendorffs Handbuch des Völkerrechts, Bd. IV, 1889, S. 135.
탈레랑(Charles Maurice de Talleyrand-Périgord, 1754-1838) 프랑스의 정치가. 오단의 주교. 대혁명 직전의 전국 3부회 성직자(승려) 의원. 혁명 발발 후 헌법제정의회에서 활약하고 교회재산의 국유화를 제안. 교황으로부터 파문당하고 나폴레옹 1세와 루이 18세의 외무장관 역임. 빈 회의에서는 자국 영토의 보전에 성공. → 본서 1111면.

* 569 라이히의 독일적 이념에 관하여 슈미트는 카테콘(kat-echon)[억지자]으로서의 역할에 결부시킨다. 『대지의 노모스』, 36-40면; E. R. Huber, Bau und Gefüge des Reiches, 1941; Scheuner, Der Bau des Reiches und seine politischen Lebenskräfte, Deutsches Recht, 34/35-1942, S. 1169-1171. 나치가 사용하는 Reich는 법률적 제도적 의미가 아닌 라틴어 regnum 이 지닌 중세시대의 종교적인 의미라는 견해도 있다. 요한 샤푸토, 고선일역, 『복종할 자유』(빛소굴, 2022), 60면. 본서 → 1083

* 570 벤저민 디즈레일리(Benjamin Disraeli, 1804-81)의 시각에 관한 슈미트의 견해는 Schmitt, Das Meer gegen das Land (1942), in: Maschke (Hrsg.), Staat, Großraum, Nomos, S. 397. 또한 C. Brinkmann, England seit 1815, 2. Aufl. 1938, S. 189 ff.

* 570 국가결합으로서의 대영제국. J. L. Kunz, Die Staatenverbindungen, 1929, S. 713-818은 「대영제국」(British Empire)을 빗대어 말한다. F. Stier-Somlo (Hrsg.), Handbuch des Völkerrechts, Bd. II/4.

* 571 국가개념의 지위 박탈. G. Scelle, Précis de Droit des Gens, 2 vols., Paris 1932/34; H. Lauterpacht, The function of Law in the International Community, London 1933 (슈미트는 그의 Die Wendung zum diskriminierenden Kriegsbegriff, 1938, S. 8-26에서 비판적으로 상설); 국제연맹의 법률가 N. Politis, Le problème de la limitation de la souveraineté et la théorie de l'abus des droits dans les rapports internationaux, RdC, 6/1925, S. 5-116; ders., Les nouvelles tendances du droit international, 1927; Lauterpacht, The Covenant as the “Higher Law”, BYIL, 17/1936, S. 54 ff.; H. Heller, Die Souveränität, 1927 (김효전 옮김, 『주권론』, 관악사, 2004).

* 571 람머스(Hans Heinrich Lammers, 1879-1962) 독일의 국무장관.

* 571 슈트카르트(Wilhelm Stuckart, 1902-1953) 독일의 국무차관.

* 572 중립을 배제하는 국제연맹과 앵글로색슨이 의도한 결과에 대해서 슈미트가 예언한 것은 「신판 중립국의 재앙!」(1938), 『입장과 개념들』, 362-367면; Die Wendung zum diskriminierenden Kriegsbegriff, 1938.

* 573 저울판. Clausewitz, Aufzeichnungen aus den Jahren 1803 bis 1809, in: H. Rothfels, Carl von Clausewitz. Politik und Krieg, 1920, Anhang, S. 197-229, hier S. 199; C. Frantz, Untersuchungen über das Europäische Gleichgewicht, Berlin 1859, S. 9-11.

클라우제비츠(Carl Philipp Gottfried von Clausewitz, 1780-1831) 프로이센의 군인. 『전쟁론』(1832; 김만수 옮김, 갈무리, 2006-09)은 근대 전쟁의 특질을 구명한 고전. 여기서 「전쟁은 정치의 연속이다」는 공식을 전개. 슈미트는 「정치사상가로서의 클라우제비츠」라는 논문도 썼다. 문헌 『파르티잔』, 83면 이하.

* 573 가너(James Wilford Garner, 1871-1938) 미국의 정치학자. 1904년 일리노이대학 정치학 교수. 미국 정치학계의 원로. 저서 Introduction to Political Science, 1910; Political Science and Government, 1928; Recent Development in International Law, 1925; The Nazi proscription of German professor of international law, AJIL, Vol. 33, No. 1, Jan. 1939, pp. 112-119.

* 573 『광역질서』 제4판부터는 각주에서 가너(J. W. Garner)의 논문을 인용하지 아니한다.

* 573 노르베르트 귀르케(Norbert Gürke, 1904-1941)는 거기(S. 36 f.)에서 만치니(Mancini)에 의지한다. Pasquale Stanislao Mancini, Della Nationalità come fondamento del Diritto delle Genti, Turin 1851, Ndr. in ders., Diritto internazionale - Prelezioni con un Saggio sul Machiavelli, Neapel 1873, S. 1-64.

* 574 고트프리드 네세(Gottfried Neeße, 1911-1987) 나치스의 법률가. 저서 Die Nationalsozialistische Deutsche Arbeiterpartei - Versuch einer Rechtsdeutung, 1935, S. 43 ff.; ders., Partei und Staat, 1936, S. 13 ff.

* 574 아비시니아(Abessinien) 에티오피아.

* 574 래스키(Harold Joseph Laski, 1893-1950) 영국의 정치학자. 사회주의자이며 페비안협회, 영국 노동당에서 중요한 역할을 담당. 다원적 국가론을 주장하고 만년에는 마르크시즘적인 입장을 취했다. 저서 『국가란 무엇인가』(김영국역, 두레, 1983), 『근대 국가에 있어서의 자유』(1930; 이상두역, 범우사, 1975). 다원적 국가론에 대한 슈미트의 비판은 김효전 · 박배근 옮김,『입장과 개념들』, 190-209면. → 『의회주의』, 『정치적인 것의 개념』

* 574 콜(George Douglas Howard Cole, 1889-1959) 영국의 길드 사회주의자 · 문인. 페비안협회에서 활약. 저서 『로버트 오언』(홍기빈 옮김, 칼폴라니사회경제연구소, 2017); 『영국 노동운동의 역사』(김철수 옮김, 책세상, 2012); 『사회주의사상사I』(이방석역, 민족문화사, 1987); 『경제계획의 원리』(1935); 『협동조합운동 한 세기』(1944). → 『정치적인 것의 개념』, 본서 908면.

* 575 Schmitt, Raum und Großraum im Völkerrecht (1940), in: Maschke (Hrsg.), Staat, Großraum, Nomos, S. 263, Anm. 4.

* 575 Verdroß/Simma, Universelles Völkerrecht, 1984, § 1051. 슈미트는 사망하기 직전에 수수께끼 같은 착상에서 「주권자란 공간의 물결을 처리하는 자이다」(아마도 SDI 계획에 관련된 모양이다)라고 말했다. E. Hüsmert, Die letzen Jahre von Carl Schmitt, in: P. Tommissen (Hrsg.), Schmittiana I, 2. Aufl. 1988, S. 40-54, hier S. 43.

페어드로스(Alfred Verdroß, 1890-1980) 오스트리아의 법철학자 · 국제법학자. 켈젠의 초기 제자. 일찍이 그의 법실증주의와 결별하고 자연법적으로 국제법우위설의 토대를 마련하려고 했다. 저서 『보편 국제법론』(Universelles Völkerrecht, 1937). 문헌 H. F. Köck, Leben und Werk des österreichischen Rechtsgelehrten Alfred Verdross, in: Österreichische Zeitschrift für Öffentliches Recht und Völkerrecht, 42-1, 1 (1991); B. Simma, Alfred Verdross (1890-1980), in: P. Häberle, u.a.(Hrsg.), Staatsrechtslehrer des 20. Jahrhundert, S. 417-430.

* 575 스페이트(James Molony Spaight) 영국 공군성의 차관(Principal Assistant Secretary). 저서 "Air Power in the Next War'(Paperback 2012).

* 575 「경찰폭격」(police bombing) 내지 평화교란자에 관한 고려는 연맹조직에서의 군사집행이란 프랑스의 제안에까지 거슬러 올라간다. Schücking/Wehberg, Die Satzung des VB, 2. Aufl. 1924, S. 606 ff. 스페이트(J. M. Spaight)는 영국 공군의 독일 민간인에 대한 폭격을 정당화했다. Spaight, Bombing vindicated, London 1944. 문헌 C. Oehlrich, Vom Police Bombing zum Luftterror, Ausw. Politik, 1943, S. 578 ff.; J. P. Veale, Der Barbarei entgegen, aus dem Engl., 1954. 스페이트에 관하여는 E. Spetzler, Luftkrieg und Menschlichkeit - Die völkerrechtliche Stellung der Zivilpersonen im Luftkrieg, 1956, S. 99 ff.

* 575 리터 폰 에프(Franz Xaver Ritter von Epp, 1868-1946) 독일의 장군.

* 575 루이 모오건(Lewis Morgan, 1818-1881) 미국의 사회학자. 저서 『고대 사회』(Ancient Society, 1877; 최달곤 · 정동호 공역, 문화문고, 2000); House and Hose-Life of the American Aborigines, 1881 (古代社會研究會譯, 『アメリカ先住民のすまい』, 岩波文庫, 1990).

* 577 해상봉쇄에 관한 문헌은 많다. E. Schmitz, Sperrgebiete im Seekrieg, ZaöRV, 1938, S. 641-671; Jürgen Schmitt, Die Zulässigkeit von Sperrgebieten im Seekrieg, Hamburger Diss. 1966.

* 579 보호관계. 강성은 지음, 한철호 옮김, 『1905년 한국보호조약과 식민지 지배책임: 역사학과 국제법학의 대화』(선인, 2008); 히라이시 나오아키, 한국 보호국론의 제양상(諸様相)에 대하여 - 독립과 병합 사이 주요 학자의 논거를 중심으로, 김용덕 · 미야지마 히로시 공편, 『근대 교류사와 상호인식』(아연 출판부, 2007), 313-348면; 豊田哲也, 國際法における保護關係(protectorate)概念の形成と展開, 『ノモス』 제43호(2019); 本吉祐樹, 保護する責任(Responsibility to protect)概念の國際法上の位置づけ: R2Pの實施手段と軍事介入をめぐって, 『横法』 제27권 3호(2019); 田中愼一, 保護國問題 - 有賀長雄 · 立作太郎の保護國論爭, 『社會科學研究』(東京大) 제

28권 2호(1976), 126-162면; 柳原正治, 主權平等と保護國 -「有賀 · 立保護國論爭」を中心として, 2001. 12. 15. 九州大 심포지엄; K. Doehring, Schutzmacht, in: K. Strupp-H.-J. Schlochauer, Wörterbuch des Völkerrechts, Dritter Band, 1962, S. 218-222에서는 피보호국의 예로서 한국(1905-1910) 등을 예시한다. 상세한 것은 김효전, 『근대 한국의 국가사상』(철학과 현실사, 2000), 199-227면.

* **581** 계승과 번역. 예컨대 W. Goez, Translatio Imperii - Ein Beitrag zur Geschichte des Geschichtsdenkens und die politischen Theorie im Mittelalter und in der Frühen Neuzeit, 1958.

* **581** 헤르난 코르테스(Hernán Cortéz, 1485-1547) 스페인의 정복자. 아즈텍(Aztec) 제국의 멸망을 초래한 원정을 지도. 아메리카의 스페인 식민지화의 첫 장을 열었다. 문헌 김원중 옮김, 『코르테스의 멕시코 제국 정복기』(나남, 2009).

* **582** 우호선(友好線, Freundschaftslinien, amity line) 17세기 경 유럽 공법의 타당 영역이라고 생각된 선. 적도 이남이나 신세계는 이 선 밖에 있으며, 여기서는 약탈이나 해적행위도 허용된다고 하였다. 『대지의 노모스』, 81면 이하; 353면 이하.

* **583** 1885년 베를린의 콩고 결정서 제11조는 M. Fleischmann, Völkerrechtsquellen, 1905, S. 200. 전문은 S. 195-208.

* **583** 비스마르크가 프랑스의 팽창을 지원하면서 반영국 정책을 강조한 예시는 W. Windelband, Bismarck und die europäische Großmächte 1879-1885, 1940, S. 551-56; H. U. Wehler, Bismarck und der Imperialismus, 3. Aufl. 1972, S. 383-87.

* **583** 크림 전쟁이 끝난 후 1856년 파리 회의가 열렸으며 오스만 제국의 독립과 통합은 보장되고 터키는 영국의 도움으로 유럽 콘체르트에 가입하였다. 리스트(Fr. v. Liszt)는, 영사재판이 계속 존재하였기 때문에 터키의 평등한 대우는 불완전하였지만, 일본의 경우는 국제법공동체에 대한 높은 문화를 포함하고 영사재판의 철폐를 이유로 일본의 가입을 완전하게 여겼다. 「문명」에의 귀속을 통하여 종교적 및 공간적 규준(기독교-유럽의 국가들)을 대체하기 위해서는 Abeken, Der Eintritt der Türkei in die Europäische Politik, 1856; Heffter, Das Europäische Völkerrecht der Gegenwart, Ausg. 1861, S. 14 ff.; Rivier, Lehrbuch des Völkerrechts, 1899, S. 3 ff.; Siebold, Der Eintritt Japans in das europäische Völkerrecht, 1900; Schmitt, Der Nomos der Erde, S. 200 ff.(역서, 269면 이하); Truyol y Serra, La sociedad internacional, Madrid 1981, S. 57 ff., 74 ff.; Grewe, Epochen der Völkerrechtsgeschichte, 1984, S. 520 ff.; Kunz, Zum Begriff der "nation civilisée" im modernen Völkerrecht, ZöR, 1927, FS Strisower, S. 86-99; A. Nussbaum, A Concise History of the Law of Nations, New York 1954 (이영석 옮김, 『국제법의 역사』, 한길사, 2013, 334면 이하); 横田喜三郎, わが國における國際法の研究, 東京帝國大學, 1942; 住吉良人, 西歐國際法學の日本への移入とその展開, 『法律論叢』 제42권 4 · 5 · 6호(1968).

* 584 「평화적 변경」(peaceful change) 현상(現狀), 특히 조약을 평화적으로 현실의 사태에 적합하도록 변경하는 것. 통일적인 입법기관이 없는 국제사회에서는 평화적 변경이 곤란하며, 개별 국가의 무력행사에 의한 현상타파가 행해지는 실정이므로, 무력행사에 의하지 아니한 현상의 평화적 변경의 필요성이 인식되었다. 국제연맹규약 제19의 적용불능의 조약이나 유엔 헌장 제14조의 일반적 복지나 국가 간의 우호를 해할 우려가 있는 사태에 대하여 평화적 조치를 권고하는 규정 등이 그 예이다. 슈미트는 여기서 국제연맹은 평화적 변경에 대한 능력이 없음을 지적한다. Böhmert, Der Art. 19 Völkerbundsatzung, 1934, S. 232 ff.; Walz, Revisionsmöglichkeiten im Rahmen der Völkerbundsatzung, DJZ, 1931, Sp. 596 ff.; Schönborn, Der Art. 19 der VBS, Berliner Monatshefte 1933, S. 945 ff.; Toynbee, Peaceful change, Intern. Affairs, 15/1936, S. 36 ff.; Scelle, Théorie juridique de la revision des traités, Paris 1936; John Foster Dulles, Peaceful change within the Society of Nations, Washington 1936; Rogge, Das Revisionsproblem, 1937; v. Renvers, Die Pariser Konferenz über Peaceful change. Ein Bilanz, Monatshefte f. Ausw. Politik, August 1937, S. 465 ff.; de Visscher, Théories et réalités en droit international public, Paris 1953, S. 370-89. 성과가 적은 주석으로는 Göppert, Der Völkerbund, 1938, S. 427 ff.(상세한 문헌목록 있음).

* 584 앙리 오제(Henry Hauser, 1866-1946) 프랑스의 경제사학자. 파리대학 교수. 나치스 시대에는 남불에 잠복, 실명상태에서 리슐리에론을 완성했다.

* 585 라첼(Friedrich Ratzel, 1844-1904) 독일의 지리학자. 지정학의 원조.

* 585 각주 『광역질서』 제4판의 무수정판(1991)의 각주 89는 Friedrich Ratzel, "Der Lebensraum," 1901, S. 67이며, G. Maschke (Hrsg.), Staat, Großraum, Nomos, S. 315에는 Festgabe f. Albert Schäffle, Tübingen 1901, S. 169로 적혀 있다. 역서에서는 무수정판을 따랐다.

* 586 총체론(Topik). 이미 「고전」으로 불리는 문헌으로는 Theodor Viehweg, Topik und Jurisprudenz, 3. Aufl. 1974. 또한 슈미트의 『대지의 노모스』, 25면 이하 주 5.

* 586 슈미트의 공간관념이나 영역이론을 취하는 학자들로는 H. Rosin, Das Recht der Öffentlichen Genossenschaften, 1886, S. 42 ff.; P. Laband, Das Staatsrecht des Deutschen Reiches, 5. Aufl. I, 1911, S. 190 ff.; G. Jellinek, Allgemeine Staatslehre, 3. Aufl. 1922, S. 394 ff.(역서, 323면 이하); H. Nawiasky, Der Bundesstaat als Rechtsbegriff, 1920, S. 10 ff., S. 132 ff., S. 176 ff.; H. Kelsen, Das Problem der Souveränität und die Theorie des Völkerrechts, 2. Aufl. 1928, S. 70. 켈젠의 제자로는 W. Henrich, Theorie des Staats-gebietes - entwickelt aus der Lehre von der lokalen Kompetenz der Staatsperson, 1922, S. VI. 짐멜의 공간이론은 Soziologie, 1908, Ausg. 1992, S. 687-790, S. 776.

* 586 제4판 원서(1991), S. 77과 Maschke, S. 316에서는 모두 Otto Mayer를 Otto Meyer로

잘못 표기하고 있다.

* 587 치텔만(Ernst Zitelmann, 1852-1923) 독일의 민법 · 국제사법학자. 독일민법전 기초에 공헌했다. 괴팅겐 · 로스토크 · 할레 · 본대학 교수 역임. 카를 슈미트의 본 시대 동료.

* 587 나비아스키(Hans Nawiasky, 1880-1961) 오스트리아 그라츠 출생. 빈대학에서 박사학위와 교수자격취득. 1919년 뮌헨대학 교수. 1933년 나치스의 박해를 피해 스위스로 망명. 그곳 장트 갈렌(St. Gallen) 상과대학 교수. 1945년 종전 후 독일 재건에 힘썼다. 1947년 뮌헨대학에 복귀하였다가 1952년 은퇴. 그 후임으로 제자인 Theodor Maunz (1901-1994) 초빙. 저작목록 Staat und Wirtschaft. Festgabe zum 70. Geburtstag von Hans Nawiasky, 1950, S. 297-309; 김효전편, 독일의 공법학자들(7),『동아법학』 제19호(1995), 426-442면; Heinrichs u.a., Deutsche Juristen jüdischer Herkunft, S. 677-692; 森勇監譯,『ユダヤ出自のドイツ法律家』(中央大學出版部, 2012), 1009-1034면.

* 587 게오르그 짐멜(Georg Simmel, 1858-1918) 독일의 철학자.『근대 세계관의 역사』(김덕영 옮김, 길, 2007);『짐멜의 모더니티 읽기』(김덕영 · 윤미애 옮김, 새물결, 2005).

* 588 Schmitt, Land und Meer, 1942, S. 44-49, 73-76 (Ausg. 1981, S. 64-70, 103-107)(김남시역,『땅과 바다 - 칼 슈미트의 세계사적 고찰』, 꾸리에북스, 2016).

* 588 막스 플랑크(Max Planck, 1858-1947) 독일의 물리학자.

* 588 각주 95) 제4판의 무수정판(1991)에서는 Der Lebensraum, 1901, S. 12인데, Maschke(Hrsg.), Staat, Großraum, Nomos, S. 318에서는 S. 114로 페이지가 바뀌었다. 마슈케에 따라 수정하였다. 정확하게는 "Der Gestaltkreis, Theorie der Einheit von Wahrnehmen und Bewegen"(1940)이다.

* 589 빅토르 폰 바이재커(Viktor von Weizsäcker, 1886-1957) 독일의 의학자. 신경학자. 사회의학이란 주제에 관련하여 연구. 심신 상관 의학(Psychosomatik)과 현대의 의학적 인류학의 창시자로 평가. 브레슬라우, 하이델베르크대학 교수. 문헌 Peter Hahn u.a. (Hrsg.), Viktor von Weizsäcker zum 100. Geburtstag, Berlin/Heidelberg 1987.

* 589 질서와 장소확정. 슈미트,『대지의 노모스』, 13-24면; H. J. Arndt, Verfassungsstandard und Gebietsstatus, Studium Generale, 22/1969, S. 783-813; H. Krüger, Allgemeine Staatslehre, 1964, S. 104 ff.

* 589「평화」의 개념사에 관하여는 Wilhelm Janssen, Artikel Friede, in: Otto Brunner u.a.(Hrsg.), Geschichtliche Grundbegriffe. Historisches Lexikon zur politisch-sozialen Sprache in Deutschland, Bd. 2, 3. Aufl., Stuttgart 1992, S. 543-591 (한상희 옮김,『평화』, 코젤렉의 개념사 사전 5, 푸른역사, 2010).「전쟁」(Krieg)의 개념사는 빌헬름 얀센, 권선형 옮김,

동 사전 4, 2010.

* 589 각주 97) Weizsäcker의 서명은 제4판(S. 80)에서는 Theorie und Einheit von Wahrnehmen und Bewegen으로 되어 있으나, Maschke의 책(S. 319)에서는 Theorie der Einheit von Wahrnehmen und Bewegen으로 바뀌었다. 마슈케에 따라 수정하였다.

* 590 이에 관하여는 무수한 문헌 지시가 있다. O. Brunner, Land und Herrschaft, 5. Aufl. 1965 (zuerst 1939).

* 590 이 책을 주석한 마슈케는 편자의 부록에서 문헌목록과 편집상의 지시, 「광역질서」의 직접적인 토론과 수용, 정치적 반작용과 정치적 관련, 외국에서의 기타 반작용, 제2차 세계대전 중 이탈리아에서의 광역 논쟁, 1939-45년 독일에서의 「광역질서」논쟁, 「경제광역」과 「광역경제」, 「광역질서」에 대한 슈미트의 편지들, 그리고 결론적 고찰과 지시를 무려 30 페이지에 걸쳐 기술하고 있다. 이 중 우리의 관심을 끄는 것은 노이만(Franz Neumann, 1900-1956)이 저서 『비히모스: 국가사회주의의 구조와 실제』(Behemoth. The structure and practice of National Socialism, London 1943, 초판 1942; 加藤 · 小野 · 岡本譯, みすず書房, 1963)에서 "the Grossdeutsche Reich"를 "Living Space and the Germanic Monroe Doctrine"으로 번역한 것이다.

또 하나는 일본에서 1940년과 1942년 사이에 「광역질서」에 관한 논저가 발표된 것으로 마슈케는 야스이 가오루(安井郁)의 『歐州廣域國際法の基礎理論』, 有斐閣, 1942를 "Kaoru Yasui, Die Fundamentalidee des europäischen Großraum-Völkerrechts, Tokio 1942 (jap.)"라고 소개한다. 그러나 그는 일본인 친구들이 수고했지만 지금까지 자세한 내용은 알지 못했다고 적고 있다. 다 알다시피 제2차 세계대전 중 일본은 아시아 국가들을 침략하면서 「대권역질서」(大圈域秩序), 「대동아공영권」(大東亞共榮圈), 「대동아국제법」(大東亞國際法)과 같은 말들을 만들어 선전했는데 이러한 것들은 모두 슈미트의 「광역질서」를 모방한 것이다. 일본의 대표적인 사전에 의하면, 「대동아공영권이란 태평양전쟁 때에 일본이 아시아 지배를 정당화하기 위해서 내세운 표어이다. 구미세력을 배제하여 일본을 중심으로 하는 만주, 중국 그리고 동남아시아 민족들의 공존공영을 주장한다. 1940년 외상 마쓰오카 요우스케(松岡洋石, 1880-1946)의 담화에서 유래했다」고 한다. 新村出編, 『広辞苑』(第四版), 岩波書店, 1992, 1552면.

또 도쿄대학 정치학 교수로서 大東亞省과 해군의 브레인을 지낸 야베 사다지(矢部貞治, 1902-67)는 대동아공영론에서 ① 정치적 독립의 포함, ② 유기적 불평등, ③ 지도 국가의 존재, ④ 일본을 중심으로 하는 다변적 · 개별적 관계, ⑤ 제국주의적 착취관계 배척, ⑥ 무엇보다도 일본의 자존 · 자위가 제일이라고 주장했다. 또 다바다 시게지로(田畑茂二郎, 1911-2001)는 일본 외무성의 입장을 대변하며, 그의 광역질서 이해는 カール · シュミット, 『國民社會主義と國際法』, 『法學論叢』 제39권 4호(1938); 동 「ナチス國際法學の轉回とその問題的意義」, 『外交時報』 제107권 1호(1943), 동 「東亞共榮圈國際法への道」, 『外交評論』 제23권 12호(1943), 동 「近代國際法に於ける國家平等の原則について」(1)(2)(3), 『法學論叢』 제50권 3, 4, 5 · 6호(1944) 등에 나타나 있다. 그 밖에 생활공간(Lebensraum)의 계보는 C. Abrahmssohn, On the Genealogy of Lebensraum, in: Geographica Helvetica, Vol. 68, No. 1(2013); 슈미트의 『입장과 개념들』, 510-511면에 실린 김효전의 해설; 사카이 데쓰야, 장인성 옮김, 『근대 일본의 국제질서론』(연암서가, 2010); 松井芳郎, グローバル化する世界における「普遍」と「地域」 - 「大東亞共榮圈」論におけ

る普遍主義批判の批判的檢討,『國際法外交雜誌』 제102권 4호(2004). 최근 문헌 Muwon Hong, Die Großraumtheorie von Carl Schmitt im Vergleich mit dem ostasiatischen Völkerrechtsverständnis, Duncker & Humblot, Berlin 2019.

법학적 체계형성의 예시로서의 »독일 일반 국법« (1940)

* Das »Allgemeine Deutsche Staatsrecht« als Beispiel rechtswissenschaftlicher Systembildung, in: Zeitschrift für die gesamte Staatswissenschaft, Bd. 100, Heft 1/2, November 1939, S. 5-24.

『유럽헌법연구』(유럽헌법학회) 제15호(2014. 6), 397-420면. 森順次, 『公法雜誌』 제6권 5-6호(1940) 상세한 소개.

* **591** 보통법(gemeines Recht) 12세기 이후 계수된 로마법과 교회법을 중심으로 법률가들에 의해 시대에 맞게 발전시켜 유럽 대륙, 특히 독일어권 지역에서 법적 효력을 갖고 있던 관습법의 통칭. 18세기 후반 그리고 19세기에 법전편찬에 의해 배제될 때까지 가장 중요한 법원(法源)이었다.

* **591** 로베르트 몰(Robert Mohl)에서의 개관은 Die Geschichte und Literatur der Staatswissenschaft, II, 1856, S. 286-394. 특히 몰은 「독일의 개별적인 국가들의 각자는 자신의 독자적인 공법을 가지고 있었다」(S. 287)고 강조한다. → 『정치신학』

* **592** 프로이센 일반 란트법(Allgemeines Landrecht für die Preußischen Staaten) 프리드리히 대왕의 명령으로 스바레츠(Carl Gottlieb Svarez, 1746-1798) 등이 기초하고 1794년에 공포한 프로이센의 법전. 근대 유럽 최초의 체계적인 대법전으로 2부 43장으로 구성되어 있으며, 민법을 중심으로 헌법 · 행정법 · 형법 · 상법 등의 규정을 포함하고 있다. 프로이센 민법이라고도 한다. 18세기의 절대주의 국가의 자연법사상을 대표하며 후견적 색채가 현저하다. 문헌 Wolfgang Stegmaier, Das Preußische Allgemeine Landrecht und seine staatsrechtlichen Normen, D&H 2014.

스바레츠에 관하여는 G. Kleinheyer/J. Schröder, Deutsche Juristen aus fünf Jahrhunderten, 1983, S. 279-283; ders. (Hrsg.), Deutsche und Europäische Juristen aus neun Jahrhunderten, 6. Aufl., 2017, S. 441-445; 김종호, 독일의 법치국가 사상의 형성과정에서 시민적 자유와 국가 개입의 한계 - 몰(Mohl)과 스바레즈(Svarez) 사상을 비교하여, 『유럽헌법연구』 제23호(2017). →「독일 법학의 역사적 상황」

* **592** Zachariae-Crome, Handbuch des französischen Civilrechts, 2 Bde., Freiburg 1808.

* **593** M. Stolleis, Geschichte des öffentlichen Rechts in Deutschland, II, 1800-1914, 1992, bes. S. 121 ff., 322 ff., 381 ff. (행정법의 발전에 관하여).

* 594 방자맹 콩스탕(Benjamin Constant de Rebecque, 1767-1830) 프랑스의 사상가 · 작가 · 정치가. 공화적 자유주의의 입장에서 나폴레옹 1세의 브뤼메르(Brumaire)의 쿠데타 후에 법제위원회에 들어갔다. 나폴레옹의 강권정치에 반대하다가 추방된다. 바이마르에 망명 중 괴테 · 실러와 사귀고, 귀국 후 백일천하 때에 나폴레옹의 의뢰로 자유제국의 구상을 가진 헌법추가조항을 기초, 7월 혁명을 지지하고 헌법고문관이 된다. 왕정복고로 추방되었다가 귀국 후 하원의원이 되고, 반정부파의 입장에서 자유주의를 주장했다. 저서 『정치원리』(1872); 심리소설 『아돌프』(Adolphe, 1816; 김석희 옮김, 동평사, 1979, 열림원, 2002) 등. 카를 슈미트는 방자맹 콩스탕을 「운명의 형제」라고 부르고 그의 여러 저작을 인용하며, 특히 「중립적 권력」의 이론을 빌려서 헌법의 수호자를 설명한다. 예컨대 『헌법의 수호자』(김효전 옮김, 법문사, 2000, 183면 이하)와 『구원은 옥중에서』(본서 645면) 등. 문헌 스탈 부인과의 관계를 다룬 Günter Barudio, Madame de Staël und Benjamin Constant, 1996 (김이섭 옮김, 『기묘한 관계: 살롱의 여신 스탈 부인과 정치신사 콩스탕』(한길사, 1999); 권유현, 『마담 드 스탈 연구』(서울대 출판부, 2000); P. Bastid, Benjamin Constant et sa doctrine, Paris 1966, 2 vols.; P. Arabeyre et al (dir.), Dictionnaire historique des juristes française, p. 258-260. → 『로마 가톨릭주의』

* 594 방자맹 콩스탕이 독일에 미친 영향에 대해서는 F. Schnabel, Deutsche Geschichte im neunzehnten Jahrhundert, II, Monarchie und Volkssouveränität, 1933, S. 176 f.; L. Gall, Benjamin Constant. Seine politische Ideenwelt und der deutsche Vormärz, 1963, bes. S. 183-198; H. Boldt, Deutsche Staatslehre im Vormärz, 1975, bes. S. 142-151.

* 594 인권선언 제16조. 「권리의 보장이 확보되지 아니하고 권력이 분립되지 아니한 모든 사회는 헌법을 가진 것이 아니다」.

* 594 거짓말 기계. F. I. Kroll, Friedrich Wilhelm IV. und das Staatsdenken der deutschen Romantik, 1990, bes. S. 76. 프리드리히 빌헬름 4세 하의 헌법발전에 관하여는 E. R. Huber, Deutsche Verfassungsgeschichte seit 1789, Bd. II, 2. Aufl. 1975, S. 477-498, Bd. III, 2. Aufl. 1978, S. 3-26, 35-53.

* 594 C. Schmitt, Die Formung des französischen Geistes durch den Legisten (1942), jetzt in: C. Schmitt, Staat, Großraum, Nomos, 1995, S. 214, Anm. 19.

* 595 퓌터(Pütter)에 관하여는 Thomas Gergen, Johann Stephan Pütter (1725-1807) und der Büchernachdruck, in: UFITA. 2009, 3. S. 715-744.

* 595 해벌린(Haeberlin)에 관하여는 M. Stolleis, Geschichte des öffentlichen Rechts in Deutschland, I, S. 319 f.

* 595 헌법사상의 개념목록. E. R. Huber, Deutsche Verfassungsgeschichte seit 1789, Bd. 1, 1960, S. 75-91; F. Hartung, Deutsche Verfassungsgeschichte, 9. Aufl. 1969, S. 191-197; Chr.-Friedrich Menger, Deutsche Verfassungsgeschichte der Neuzeit, 7. Aufl. 1990 (김효

전 · 김태홍 옮김, 『근대 독일헌법사』, 교육과학사, 1992).

* 596 막스 레만(Max Lehmann, 1845-1929)은 프랑스 혁명의 이념에 관한 프라이헤르 폼 슈타인의 종속성을 주장한 반면에, 마이어(E. v. Meier)는 이에 반대했다. G. Künzel, Über das Verhältnis Steins zur französischen Revolution, Schmollers Jahrbuch, 1910, S. 69-90.

* 596 안티테제. Schmitt, Verfassungslehre, 1928, S. 363 ff.; E. R. Huber, Deutsche Verfassungsgeschichte seit 1789, Bd. 1, 1960, S. 658 ff.

* 596 클뤼버에 관하여는 R. Mohl, Anm. 1, S. 473-487; Stolleis, Geschichte, Bd. II, S. 81-85.

* 597 카를 에른스트 슈미트에 관하여는 Stolleis, Geschichte des öffentlichen Rechts in Deutschland, Bd II, 1800-1914, 1992, S. 167 f.

* 597 로텍(Karl Wenzeslau Rodecker von Rotteck, 1775-1840) 독일의 역사가 · 정치가. 벨커와 공동편집한 15권의 『국가사전』(Staatslexikon, 1834-43)은 3월 전기의 자유주의 운동의 교과서가 되었다. 벨커(Karl Theodor Welcker, 1790-1869) 독일의 법학자 · 정치가. 바덴의 자유주의 운동의 지도자. 로텍과 함께 『국가사전』 편집. 문헌 Helga Albrecht, Karl von Rotteck (1775-1840) und Karl Theodor Welcker (1790-1869), in: Rüdiger Voigt (Hrsg.), Staatsdenken. Zum Stand der Staatstheorie heute, 1. Aufl. Baden-Baden 2016, S. 295-299.

* 597 Lehrbuch des Vernunftrechts und der Staatswissenschaften, Stuttgart 1829-35, 4 Bde.; Allgemeine Geschichte, Freiburg 1812-26, 9 Bde.; K. v. Rotteck/Karl Theodor Welcker (Hrsg.), Staats-Lexikon oder Encyclopädie der sämmtlichen Staatswissenschaften für alle Stände, Altona 1834-43, 15 Bde. (3. Aufl.). 성립 · 의미 그리고 작용에 관하여는 H. Zehntner, Das Staatslexikon von Rotteck und Welcker. Ein Beitrag zur Geschichte des deutschen Frühliberalismus, Jena 1929.

* 597 각주 15) 원서에서는 Rudolf von Gneist, Gesetz und Budget, 1879, S. 136인데 Maschke(S. 171)에서는 서명과 발간 연도가 Budget und Gesetz, 1867, S. 136로 되어 있다. 원서에 따랐다.

* 597 각주 16) 원서에서는 (Die Biedermeier)인데 Maschke(S. 171)에서는 (Das Biedermeier)로 성이 바뀌었다.

* 598 루돌프 스멘트. 주 21에 게재된 논문명은 「19세기 독일 국법과 행정법이론이 헌법과 행정생활에 미친 영향」이다. Rudolf Smend, Der Einfluß der deutschen Staats-und Verwaltungsrechtslehre des 19. Jahrhunderts auf das Leben in Verfassung und Verwaltung, in: Deutsche

Rechtswissenschaft 4 (1939), S. 25-39.

* 598 슈미트헨너(Friedrich Jakob Schmitthenner, 1796-1850) 게르마니스트 · 국가학자. 1813년부터 마부르크 · 기이센대학에서 철학 · 역사 · 신학 공부. 1928년 기이센대 역사 교수. 1835년 기이센대 국가학 및 관방학 교수. 1836년 동 총장. 1840년 프리메이슨 기이센 지부장. 저서 Grundlinien der Geschichte der Staatswissenschaften, der Ethnologie, des Naturrechts und der Nationalökonomie, Gießen: Heyer 1839. 문헌 Martin Otto, Schmitthenner, Friedrich Jakob, NDB, Bd. 23 (2007), S. 245 f.

* 599 하인리히 최플(Heinrich Zöpfl, 1807-1877) 1823-1827. 뷔르츠부르크, 하이델베르그대 수학. 1827년 뷔르츠부르크대 박사. 1828년 하이델베르크대 교수자격논문 통과. 3월혁명 기간 대학의 총장서리로 관리. 1850년 에르푸르트 연합의회 의원. 1850-1856년 바덴 공국 제1원의 하이델베르크대학 대표의원. 저서 Grundsätze des allgemeinen und das konstitutionell-monarchischen Staatsrechts, Heidelberg 1841. 5. Aufl. Leipzig 1863. 2 Bde. 문헌 Dorothee Mußgnug u. M. Stolleis (Hg.), Heinrich Zöpfl (1807-1877), Heidelberger Universitäts-professor und Rechtsgutachter, Heidelberg 2019.

* 599 J. C. Bluntschli/K. Brater (Hrsg.), Deutsches Staats-Wörterbuch, 12 Bände, Bde. 1-11, Stuttgart 1856-68, Bd. 12. Leipzig 1870. 『국가사전』에 관하여는 J. J. Sheehan, Der deutsche Liberalismus. Von den Anfängen im 18. Jahrhundert bis zum Ersten Weltkrieg, 1770-1914, aus dem Engl., 1983, S. 101, 104, 106, 127.

* 600 게르버(Carl Friedrich von Gerber, 1823-1891) 독일의 법학자 · 정치가. 에어랑겐 · 튀빙겐 · 라이프치히대학 교수 역임. 작센의 문화부 장관. 독일 국법실증주의의 체계를 수립. 푸흐타(Puchta)의 제자로 그의 개념적 · 체계적 방법은 독일 사법과 국법학에 전용되었다. 저서 『공권론』(Ueber öffentliche Rechte, 1852);『독일 국법론』(Grundzüge eines Systems des deutschen Staatsrechtes, 1865). 이 책은 라반트에게 영향을 미침. 문헌 Carsten Kremer, Die Willensmacht des Staates. Die gemeindeutsche Staatsrechtslehre des Carl Friedrich von Gerber, Frankfurt a. M.: Klostermann 2008. 석종현, 게르버와 라반트의 실증주의, 김효전편, 『독일헌법학설사』(법문사, 1982), 9-37면; 西村清貴,『近代ドイツの法と國制』(成文堂, 2017), 15-92면.

* 600 각주 25) 역시 원서에서는 Gesetz und Budget, Berlin 1879, S. 63인데, Maschke(S. 174)에서는 서명, 발간 연도와 면수 모두, Budget und Gesetz, Berlin 1867, S. 5로 바뀌었다. 확인할 자료가 없어서 원서를 따랐다.

* 601 카를 폰 칼텐보른(Carl von Kaltenborn, 1817-1866) 저명한 국법학자. 1853년 쾨니히스베르크(Königsberg i. Pr.) 대학 조교수. 1861년 정교수. 저서 Kritik des Völkerrechts, Leipzig 1847; Einleitung in das konstitutionelle Verfassungsrecht, Leipzig 1863.

* 602 G. 옐리네크는 1900년 7월 자신의 저서 초판 서문에서「상세하게 서술하지 못해 아쉬움을 남긴 부분을 보충하기 위해서 제2편을 참조하도록 하였다. 제2편은 현대 국가의 개별적인 제도들에 대한 설명으로 독일의 상황을 항상 염두에 두면서 특수 국가론을 다루고자 했다」. 1905년의 제2판 서문에서는「초판이 나온 지 얼마 안 되어, 아직 나의 저작 전체의 제2권을 완성하지 못한 중에 일반 국가학의 제2판이 필요하게 되었다」(Jellinek, Allgemeine Staatslehre, 3. Aufl., 4.. Nachdruck des Ausgabe 1914, Berlin 1922, S. XVII-XIX). 단편으로 그친「특수 국가론」은 옐리네크의 아들인 발터 옐리네크(Walter Jellinek, 1885-1955)에 의해서 발간되었다(G. Jellinek, Ausgewählte Schriften und Reden, II, S. 153-319).

『일반 국가학』의 한국어판은 김효전의 번역으로 1980년 태화출판사에서, 개역판은 2005년 법문사에서 각각 발간되었다. 일본어판은 芦部信喜 · 阿部照哉 · 石村善治 · 栗城壽夫 · 小林孝輔 · 丸山健 · 宮田豊 · 室井力 · 結城光太郎 · 和田英夫 共譯, 『一般國家學』(學陽書房, 1974), 764면.

* 602 올란도(V. E. Orlando, 1860-1952) 이탈리아의 공법학자이며 정치가. 그의 제자인 상티 로마노(Santi Romano, 1875-1947)는 로마대학 교수를 지내고 최고행정재판소 소장(1928-1944) 역임. 제도이론의 창시자이다. →『법치국가』, 『법학적 사고방식』, 「체계형성」

* 603 오토 마이어(Otto Mayer, 1846-1924) 독일 행정법학의 건설자. 에어랑엔 대학 수학. 슈트라스부르크 대학 사강사, 교수 및 총장 역임. 프랑스 행정법을 연구하여 독일 행정법학의 체계를 구축한 행정법학자. 저서 『프랑스의 행정법이론』(Theorie des französischen Verwaltungsrechts, 1886), 『독일 행정법』(Deutsches Verwaltungsrecht, 2 Bde. 1895/96) 등. 문헌 E. V. Heyen, Otto Mayer. Studien zu den geistigen Grundlagen seiner Vewaltungswissenschaft, Berlin 1981; Reimund Schmidt-De Caluwe, Der Verwaltungsakt in der Lehre Otto Mayers, Tübingen 1999; Kleinheyer/Schröder, Deutsche Juristen, S. 174-176; 이진수, 오토 마이어의 행정법학 방법론에 관한 연구 - 로렌츠 폰 슈타인의 국가학적 방법론과의 비교를 중심으로, 서울대 박사논문, 2018; 김성수, 오토 마이어 - 행정법의 아이콘인가 극복의 대상인가, 『공법연구』 제45집 2호(2016), 231-252면; 박정훈, 오토 마이어의 삶과 학문, 『행정법연구』 제18호; 동인, 독일 공법학과 오토 마이어, 한국행정판례연구회편, 『공법학의 형성과 개척자』(박영사, 2007), 1-48면; 그의 『독일 행정법』은 일본어(美濃部達吉譯, 『獨逸行政法』, 1906)로 번역되어 미노베 다츠키치(美濃部達吉, 1873-1948)에게 절대적인 영향을 미쳤다. 또 중국어(何意志譯, 『德國行政法』, 商務印刷館, 2002)로 번역되었으며 한국어판은 아직 없다. 문헌 塩野宏, 『オットー · マイヤー行政法學の構造』(有斐閣, 1962). →「법치국가」

* 603 스트라스부르대학은 1621년에 창설되었으며, 1681년에 루이 14세에 의해서 스트라스부르 시에 편입되었지만 독일의 프로테스탄트계 대학으로서 보존되고, 그 후 프랑스혁명 시대에는 일시 폐쇄되기도 했으나 보불전쟁 후인 1871년에 알사스 · 로랭이 독일에 할양된 다음 해인 1872년 제국직속령의 수도인 스트라스부르에 새로이 개설된 대학은 많은 분야에서 저명한 대학자가 있었다. 예컨대 역사가 바움가르텐과 마이네케, 물리학의 뢴트겐, 의학의 파스퇴르, 법학에서는 빈딩(Karl Binding, 1841-1920), 좀(Rudolph Sohm, 1841-1917), 파울 라반트(Paul Laband,

1838-1918), 오토 마이어(Otto Mayer, 1846-1924) 그리고 이 논문의 필자인 카를 슈미트 역시 이곳에서 프리츠 판 칼커(Fritz van Calker, 1864-1957)의 지도로 학위를 받고 교수자격을 취득한다. 스트라스부르는 1919년 베르사유조약으로 프랑스에 반환하고, 슈미트가 이 논문을 쓴 다음 해인 1940년에 나치스 독일이 점령하기까지 프랑스에 속했다. 오토 마이어에 관한 서술은 이와 같은 역사적 상황에 근거하여 집필한 것이다. 문헌 김효전, 카를 슈미트의 프랑스 헌법이론 연구, 동당 성낙인총장 퇴임기념논문집 『국가와 헌법 I. 헌법총론/정치제도론』(법문사, 2018), 191-221면.

* 604 「경찰국가」(Polizeistaat). 다음의 「입헌국가」와 「법치국가」를 위한 「엄격한 교사」인 경찰국가에 관하여는 O. Mayer, Deutsches Verwaltungsrecht, I, 1895, S. 39, 44 f., 49 f., 53 u. ö.; ders., Justiz und Verwaltung, 1902, S. 19 ff.

* 604 여기서 「다른 어떤 유대인 법학자」란 에리히 카우프만(Erich Kaufmann)을 가리키며, 원주(35)는 당시 카우프만 자신도 그 편집자의 한 사람이었던 잡지 Verwaltungsarchiv. Zeitschrift für Verwaltungsrecht und Verwaltungsgerichtsbarkeit 제30권(1925년 - 오토 마이어의 사망 다음 해)에 게재한 장문(S. 377-402)의 오토 마이어론이다. 슈미트는 1936년에 발표한 반유대주의적 색채가 매우 농후한 논문 「유대 정신과 투쟁하는 독일 법학」 폐회사 중에서 「유대인 저자」는 우리들에게 아무런 권위도 없다. 만일 유대인 저자를 인용해야만 한다면, 어떤 유대인 저자(ein jüdischer Autor)로서 표현해야 한다. 인용의 문제는 단지 실제상의 문제에 그치지 않고 아주 근본적인 문제라는 취지를 서술하고 있다(특히 Sp. 1196). → 『의회주의』, 「유대 정신과 투쟁하는 독일 법학」

* 604 에리히 카우프만(Erich Kaufmann, 1880-1972) 독일의 공법 · 국제법학자. 『국제법의 본질과 사정변경의 원칙』(Das Wesen des Völkerrechts und die clausula rebus sic stantibus, 1911)에서 힘의 법에 대한 우위를 주장,『신칸트주의법철학비판』(1921)에서 신칸트주의를 「생명 없는 형식주의」로서 비판했다. 바이마르 시대에는 신헤겔주의의 대두에 앞장섰다. 1912년 쾨니히스베르크(현 러시아 Kaliningrad) 대학 조교수. 1917년 베를린, 1920년 본대학 교수 역임. 외무부 고문, 상설국제사법재판소 독일대표로서 활약. 1934년 베를린대학 재직 중 유대인이라는 이유로 추방되어 네덜란드로 이주. 전후 뮌헨대학에 복직. 저서 『민주주의의 기본개념』(1950) 외에 전집 Gesammelte Schriften, 3 Bde., 1960. 문헌 Jochen Rozek, Erich Kaufmann(1880-1972), in: P. Häberle, M. Kilian, H. Wolff (Hrsg.), Staatsrechtslehrer des 20. Jahrhunderts, 2018, S. 263-280; Frank Degenhart, Zwischen Machtstaat und Völkerbund. Erich Kaufmann 1880-1972, Nomos 2008; K. Rennert, Die "geisteswissenschaftliche Richtung" in der Staatslehre der Weimarer Republik. Untersuchungen zu Erich Kaufmann, Günther Holstein und Rudolf Smend, Berlin: Duncker & Humblot 1987; Heinrichs u.a., Deutsche Juristen jüdischer Herkunft, S. 693-704; 만프레드 프리드리히, 김효전 옮김, 에리히 카우프만(1880-1972), 『유럽헌법연구』 제31호(2019); 初宿正典, 『カール·シュミットと五人のユダヤ人法學者』(成文堂, 2016), 189-286면. → 『침략전쟁』 주 4.

* 604 프리츠 플라이너(Friedrich Fritz Fleiner, 1867-1937) 스위스 아라우(Aarau) 출생. 취리

히 · 라이프치히 · 베를린 · 파리대학에서 공부한 후 1895년 취리히대학 교수가 된다. 바젤 · 튀빙겐 · 하이델베르크대학 교수를 역임하고 1915년 다시 취리히대학으로 돌아온다. 그는 순수법학에 대항하여 법을 역사와 윤리에 기초하여 설명하였다. 『독일 행정법 제요』(초판 1911, 1963년 복간)는 당시의 대표적인 교과서의 하나였다. 문헌 G. Biaggini, Fritz Fleiner (1867-1937), in: P. Häberle, u.a. (Hrsg.), Staatsrechtslehrer des 20. Jahrhunderts, 2018, S. 147-164.

* **604** 엔노 베커(Enno Becker, 1869-1940) 독일의 세법학자.

* **604** 각주 35 Verwaltungsarchiv 30, 377 ff.에 게재된 카우프만의 논문은, E. Kaufmann, Otto Mayer - Ein Beitrag zum dogmatischen und historischen Aufbau des deutschen Verwaltungsrechts, 1925, S. 377-402. jetzt in: A. H. van Scherpenberg u.a. (Hrsg.), Gesammelte Schriften zum achtzigsten Geburtstag des Verfassers am 21. September 1960, Bd. I, Verlag Otto Schwartz & Co., Göttingen 1960, S. 388-411.

* **606** 법학적 사고방식의 세 유형에 대해서 슈미트는 규범주의 · 결정주의 그리고 「구체적 질서」의 세 가지로 나눈다. (나치스가 지배하게 된) 「이제는 국가적 · 민족적 · 경제적 및 세계관적인 상황에 대한 수많은 새로운 임무와 새로운 공동체 형태에 대비하는 구체적 질서와 형성의 사고를 필요로 한다」고 결론을 내린다. → 본서 353면.

19세기사에서의 로렌츠 폰 슈타인의 지위 (1940)

* Die Stellung Lorenz von Steins in der Geschichte des 19. Jahrhunderts, in: Schmollers Jahrbuch für Gesetzgebung, Verwaltung und Volkswirtschaft im Deutschen Reiche, 64. Jahrgang Heft 6, 1940, S. 644-646.

『동아법학』 제80호(2018), 407-413면.

* **607** 로렌츠 폰 슈타인(Lorenz von Stein, 1815-1890) 독일의 행정학자 · 재정학자 · 사회학자. 귀족의 가정에서 태어났지만 프랑스에서 사회주의자와 교류. 1846년 킬 대학 교수가 되었으나 파면. 1855년 빈 대학 교수. 헤겔의 영향 아래 시민계급에서의 계급투쟁을 계급중립적인 군주가 조정한다는 「사회군주제론」을 주창. 재정학과 행정학 등을 통합하는 「국가학」을 제창. 헌법조사를 위해서 유럽에 간 이토 히로부미(伊藤博文, 1841-1909)에게 헌법과 행정법을 강의. 저서 『프랑스 사회운동사』(Die Geschichte der soziale Bewegung in Frankreich von 1789 bis auf unsere Tage, 3 Bde., 1850); Der Socialismus und Communismus des heutigen Frankreich: Ein Beitrag zur Zeitgeschichte, Leipzig 1842(石川三義他譯,『平等原理と社會主義: 今日のフランスにおける社會主義と共産主義』(法政大出版局, 1990); 『社會の概念と運動法則』(森田勉他譯, 1991). 문헌 오향미, 행정권의 제한으로서의 법률과 합헌적 행정권: 로렌츠 폰 슈타인(Lorenz von Stein)의 법치국가론, 『한국정치학회보』 제54권 5호(2020); 이진수, 오토 마이어의 행정법학 방법론에 관한 연구 - 로렌츠 폰 슈타인의 국가학적 방법론과의 비교를 중심으로, 서울대 박사논문, 2018; 신율, Lorenz von Stein의 사상에 관한 연구: Lorenz von Stein의 사회국가이론과 행정철학

의 독자성에 관한 연구, 『한국행정학보』 제29집 4호(1995); 박응격, Lorenz von Stein의 학문적 생애와 행정사상, 『한국행정학보』 제29집 4호; 장지호, Lorenz von Stein의 행정학 - 서설적 고찰, 『사회과학연구소논문집』 제5호(1986). 『프로이센 헌법문제에 관하여』(Zur Preußischen Verfassungsfrage)의 복간은 Berlin: Duncker & Humblot, 2002; Max Munding, Bibliographie der Werke Lorenz von Steins und der Sekundärliteratur, in: Roman Schnur (Hrsg.), Staat und Gesellschaft. Studien über Lorenz von Stein, Berlin 1978, S. 561-626; Christoph Brüning, Lorenz von Stein und die rechtliche Regelung der Wirklichkeit, Mohr 2015; Utz Schliesky (Hrsg.), Handbuch der Verwaltungslehre und des Verwaltungsrechts, Mohr 2010; S. Koslowski, Lorenz von Stein und der Sozialstaat, Baden-Baden: Nomos 2014; E.-W. Böckenförde, Lorenz von Stein als Theoretiker der Bewegung von Staat und Gesellschaft zum Sozialstaat, in: ders., Recht, Staat, Freiheit, Frankfurt a. M. 1991, 6. Aufl., 2016, S. 170-208; G. Kleinheyer/Jan Schröder, Deutsche Juristen, S. 269-274; ders., Deutsche und Europäische Juristen, 6. Aufl., 2017, S. 426-431; 森田勉, 『ローレンツ・シュタイン研究』(ミネルヴァ書房, 2001); 瀧井一博, 『ドイツ國家學と明治法制 - シュタイン國家學の軌跡』(ミネルヴァ書房, 1999) →「법치국가」

* 607 헤겔과 슈타인의 관계는 P. Vogel, Hegels Gesellschaftsbegriff und seine geschichtliche Fortbildung durch Lorenz von Stein, Marx, Engels und Lassalle, Berlin 1925 (Erg. Bd. 50 d. Kant-Studien); H. Nitzschke, Die Geschichtsphilosophie Lorenz von Steins - Ein Beitrag zur Geistesgeschichte des neunzehnten Jahrhunderts, München und Berlin 1932, S. 14 ff.; 110 ff. (Diss. b. Hans Freyer); K. Günzel, Der Begriff der Freiheit bei Hegel und Lorenz von Stein, Diss. Leipzig 1934 (bei H. Freyer); M. Hahn, Lorenz von Stein und Hegel - Von der "Erzeugung des Pöbels" zur "sozialen Revolution," Diss. Münster 1965; Ch. Rihs, Lorenz von Stein - Un jeune Hégélien libéral à Paris, Revue d'histoire économique et sociale, 47/1969, S. 404-446.

* 607 이에 관하여는 F. Gilbert, Lorenz von Stein und die Revolution von 1848, in: Mitteilungen des Österreichischen Institutes für Geschichtsforschung, 1936, S. 368-387; H. Steinert / H. Treiber, Die Revolution und ihre Theorien - Frankreich 1848. Marx, v. Stein und Tocqueville im aktuellen Vergleich, Opladen 1975.

* 608 Bd. I, Der Begriff der Gesellschaft und die soziale Geschichte der Französischen Revolution bis zum Jahre 1830, hrsg. von G. Salomon, Nachdruck der Ausgabe 1850, München 1921, S. 7 (森田勉譯, 『社會の概念と運動法則』, 1991).

* 608 베일이나 보호막. Schmitt, Donoso Cortés in gesamteuropäischen Interpretation, 1950, S. 80 f., 85.

* 608 깨어났다. 「우리들에게 절대적 법이란 존재하지 아니한다. 자연법의 꿈은 다꾸고, 근대 철학의 거대한 시도로써도 하늘을 공략하지는 못했다」라고 판덱텐주의자인 빈트샤이트

(Bernhard Windscheid, 1817-1872)는 1854년 그라이프스발트 대학 취임강연에서 말했다. 인용은 Schmitt, Verfassungsrechtliche Aufsätze, 1958, S. 398. 김효전역, 『유럽법학의 상태』, 31면.

* 608 비스마르크(Fürst Otto von Bismarck, 1815-1898) 라이히 수상 · 독일의 정치가. 1872-80년에 국내의 가톨릭 세력과 다투었다(「문화투쟁」). 교회의 교육권의 제한, 수도원의 삭감, 예수회의 추방 등을 법률로 규정했다. 가톨릭 이단파의 Joseph von Döllinger (1799-1890) 등을 보호하고 많은 주교를 투옥, 추방했는데, 교회의 저항으로 불리한 타협으로 끝났다. 저서 『회상록』(Gedanken und Erinnerungen, Darmstadt 1998, 2 Bde.). 문헌 강미현, 『비스마르크 평전』(에코리브르, 2010). → 『로마 가톨릭주의』

* 608 리하르트 바그너(Richard Wagner, 1813-1883) 독일의 작곡가. 나치스가 유대인을 살해할 때 바그너의 음악을 즐겨 사용하였다고 한다. 문헌 토마스 만, 안인희 옮김, 『바그너와 우리 시대』(포노, 2022).

* 608 요한네스 폰 미켈(Johannes von Miquel, 1828-1901) 하이델베르크, 괴팅겐대학 수학. 프로이센 재무장관으로서 조세제도를 개혁. 문헌 Thorsten Kassner, Der Steuerreformer Johannes von Miquel. Leben und Werk. Zum 100. Todestag des preußischen Finanzministers. Ein Beitrag zur Entwicklung des Steuerrechts, 2009.

* 608 프루동(Pierre Joseph Proudhon, 1809-1865) 프랑스의 무정부주의적 사상가. 「연합주의」를 제창. 저서 『소유란 무엇인가』(Qu'est-ce que la propriété? 1861; 이용재 옮김, 아카넷, 2003; 박영환역, 형설출판사, 1989)에서 「소유란 절도」라고 주장. 마르크스의 『철학의 빈곤』(이승무 옮김, 『철학의 곤궁』, 지식을만드는지식, 2018; 강민철 · 김진영 옮김, M. 프루동의 『빈곤의 철학』에 대한 응답, 아침, 1988)의 공격 대상. → 『의회주의』

* 608 바쿠닌 → 『로마 가톨릭주의』

* 608 브루노 바우어(Bruno Bauer, 1809-1882) 청년 헤겔파 신학자. 헤겔 우파에서 좌파로 전향. 성서를 문학작품이라고 하여 그리스도의 신성을 부정하여, 1842년 본 대학에서 추방. 마르크스나 니체의 종교론에 영향을 주었으나 그의 사변적 경향의 잔재는 마르크스의 『신성가족』에서 비판을 받았다.

* 608 막스 슈티르너(Max Stirner, 원래는 Johann Kaspar Schmidt, 1806-1856) 독일의 유아론적 철학자, 교사이며 저널리스트. 저서 『유일자와 그 소유』(Der Einzige und sein Eigentum, 1892; 박종성 옮김, 『유일자와 그의 소유』(부북스, 2023). → 『구원은 옥중에서』

* 608 Schmitt, Donoso Cortés, S. 100.

* 608 「반동」. Stein, Geschichte der sozialen Bewegung in Frankreich, I, Ausgabe Salomon,

1921, S. 492 f. 반동의 시대에 대한 헌법사는 E. R. Huber, Deutsche Verfassungsgeschichte, III, 3. Aufl. 1978, S. 129-223; 이념사적으로 P. Kondylis, Reaktion, Restauration, in: Geschichtliche Grundbegriffe, V. 1984, S. 179-230.

* 609 「프랑스와의 결별」(démission de la France)이란 표현은 프랑스의 항복 이후인 1940년에 통용되었다.

* 609 무단주의와 제국주의. 슈미트의 이러한 논평은 브루노 바우어(Bruno Bauer) 사상의 총화로서 1852년 이후의 고찰이 허용될 것이다. 예컨대 Bauer, Rußland und das Germanenthum, Charlottenburg 1853, S. 29-37.

* 609 슈펭글러(Oswald Spengler, 1880-1936) 독일의 철학자. 그는 『서구의 몰락』에서 세계의 문화들을 유기체로서 형태학적으로 관찰하고, 문화 주기(周期)의 견지에서 현재의 서구 문화는 몰락의 단계에 있다고 주장한다. 그러나 나치가 그것에 대신할 미래의 담당자라고 하는 주장에는 반대했다. 저서 Der Untergang des Abendlandes. Umrisse einer Morphologie der Weltgeschichte, 1918-1922 (박광순 옮김, 『서구의 몰락』, 범우사, 1995); Der Mensch und die Technik (양우석 옮김, 『인간과 기술』, 서광사, 1998). → 『구원은 옥중에서』

* 609 악티움 해전. 기원전 31년 9월 2일 그리스 서부 해안의 악티움에서 옥타비아누스 함대와 안토니우스 함대와 클레오파트라 연합 함대 간의 전투를 말한다. 옥타비아누스의 승리는 동방에 대한 서방의 승리였다. 슈펭글러는 『서구의 몰락』에서 악티움에 언급한다. 문헌 배리 스트라우스, 이종인 옮김, 『악티움 해전: 로마 제국을 만든 전쟁』(책과 함께, 2023).

* 609 여기서 슈미트는 독일의 정치적 약체가 오랫동안 고착되었던 1648년 베스트팔렌 평화조약 이후의 독일 라이히 헌법에서의 연방제원리의 승리를 두고 말한 것 같다.

* 609 바코펜(Johann Jakob Bachofen, 1815-1887) 스위스의 법사학자. 그리스 고전 연구를 통해 인류사의 기원에 모권제가 있으며, 그것이 부권제로 이행했다고 주장. 저서 『모권: 고대 여성지배의 종교적 및 법적 성격 연구』(1861; 한미희 옮김, 나남, 2013). → 『구원은 옥중에서』

* 609 킹켈(Gottfried Kinkel, 1815-1882) 독일 시인. 혁명 활동. 친구 카를 슈르츠(Carl Schurz)의 도움으로 프로이센 슈판다우(Spandau) 요새에서 탈주.

* 609 로렌츠 폰 슈타인은 유럽의 정책이란 틀 속에서의 자신의 고향인 슐레스비히-홀슈타인의 지위를 자주 연구하였다. Die Großmächte und die Schleswig-Holsteinische Frage, Deutsche Vierteljahrs-Schrift, 4/1847, S. 134-162 (익명); R. Schnur (Hrsg.), Staat und Gesellschaft - Studien über Lorenz von Stein, 1978, S. 29-46.

* 609 빈에서의 슈타인 초빙에 관하여는 A. Novotny, Lorenz von Steins Berufung nach Wien, in: L. Santifaller (Hrsg.), Festschrift zur Feier des zweihundertjährigen Bestandes des

Haus-, Hof-und Staatsarchivs, II, Wien 1951, S. 474-484.

* 610 C. Menger, Lorenz von Stein, 23. Sept. 1890, Jahrbücher für Nationalökonomie und Statistik, 1891, S. 193-209, hier S. 195.

* 610 그에 대한 무수한 증거들은 Stein, Gegenwart und Zukunft der Rechts-und Staatswissenschaft Deutschlands, 1876, Nachdruck in: E. Forsthoff (Hrsg.), Lorenz von Stein - Gesellschaft, Staat, Recht, 1972, S. 147-494. 또한 Schmitt, Verfassungslehre, 1928, S. 6 f.

* 610 중재. Stein, Zur Physiologie der Städtebildung, Deutsche Vierteljahrs-Schrift, 1861, S. 57 ff.

* 611 소재의 집적. 예컨대 M. Stolleis, Geschichte des öffentlichen Rechts in Deutschland 1800-1914, II, 1992, S. 388 ff.

* 611 G. Schmoller, Lorenz von Stein, Preuß. Jahrbücher, 1867, S. 245-270; Nachdruck in: ders., Zur Literaturgeschichte der Staats- und Sozialwissenschaften, Leipzig 1888, S. 114-146. 인용은 S. 115, S. 136.

* 611 요하네스 포피츠 →『법학적 사고방식』

* 611 E. R. Huber, Die deutsche Staatswissenschaft, in: Zeitschrift für die gesamte Staatswissenschaft, Bd. 95, 1, 1934/35, S. 1-65, hier S. 8. 후버 →「독일 법학의 역사적 상황」

제3편 제2차 대전 이후

구원은 옥중에서 (1950)

* Ex Captivitate Salus. Erfahrungen der Zeit 1945/47, Köln: Greven Verlag, 1950, 3. Aufl., 2015, 95 S.

『구원은 옥중에서』(교육과학사, 1990), 89-170면.

* 615「구원은 여호와께로서 말미암나이다」(요나서 2:9; 에베소서 2:8);「구원은 하나님에게서 나온다」(시편 62:1).「권세는 하나님의 것」(시편 62:11). 기타「구원은 유대 사람들에게서 나기 때문이다」(요 4:22) 등.

* **615** 출전 미상. 요한복음 9:41 참조. 맹인 알만을 추모한 말.

* **616** 에두아르트 슈프랑거(1882-1963) 독일의 철학자 · 심리학자 · 교육학자. 딜타이의 제자. 그는 『삶의 형태들』(Lebensformen, 1914)에서 퍼스낼리티의 유형을 6개의 이상 내지 가치지향으로서 이론적 · 경제적 · 미학적 · 사회적 · 정치적 그리고 종교적 유형으로 나눈다. 저서 이상오 옮김, 『삶의 형식들』(지만지, 2009); 김재만 옮김, 『천부적인 교사』(배영사, 2019). 문헌 Wolfgang Hinrichs, Eduard Spranger, in: Universitas/Deutsche Ausgabe 2019, S. 53-61. 이상오, 『Spranger의 "삶의 형식들" 연구』(학민사, 1988).

* **616** 설문지. 미군이 점령한 지구에서는 131개 항목의 설문지로써 나치스 시대의 행동을 심문하였다.

* **616** 「나는 탄핵한다」(J'accus). 드레퓌스 사건을 규탄하는 에밀 졸라(Emile Zola, 1840-1902)의 팸플릿. 니콜라스 할라즈, 황의방 옮김, 『나는 고발한다 - 드레퓌스 사건과 에밀 졸라』(한길사, 1998).

* **616** 악마, διάβωλος란 원래 「부정한 소추를 하는 자」라는 뜻.

* **617** 퀸시 라이트(Quincy Wright, 1890-1970) 미국의 국제법학자. 뉘른베르크 재판의 법률고문.

* **617** 「기독교적 에피메테우스」(der christliche Epimetheus, 1930). 콘라드 바이쓰(Konrad Weiß, 1880-1940)가 1930년에 출판한 책 이름. → 본서 930면.

* **619** 카타콤베(Catacombe) 로마에 있는 기독교도의 지하 공동묘지.

* **619** Joannes Salesberiensis, Policraticus, 1159.

* **620** Bruno Bauer, Die bürgerliche Revolution in Deutschland seit dem Anfang der deutschkatholischen Bewegung bis zur Gegenwart, 1849, S. 294.

* **621** 홉스의 『리바이어던』 마지막에서 이 책의 목적은 「오로지 보호와 복종의 상관관계」를 나타내는 것이라고 하였다. 진석용 옮김, 『리바이어던』(2)(나남, 2008), 437/8면. 또한 C. Schmitt, Der Begriff des Politischen, 1932, 9. Aufl., 2015, S. 53 (김효전 · 정태호 옮김, 『정치적인 것의 개념』, 살림, 2012), 69면; ders., Der Leviathan in der Staatslehre des Thomas Hobbes, 1938, Nachdruck 1982, S. 127 (본서, 539면); Der Staat als Mechanismus bei Hobbes und Descartes, in: Archiv für Rechts-und Sozialphilosophie, Bd. 30, Heft 4, 1937, S. 627 (본서 492면) → 『침략전쟁』, 본서 908면, 1094면.

* **621** 플라톤은 전제군주 디오니시우스 2세에게 철학을 가르치기 위해서 두 번에 걸쳐 시케리아(시실리)에 갔었으나 정쟁에 휘말려 들어 실패하였다. 그의 조언론은 「제7서간」(Epistulae) 330c

(플라톤, 강철웅외 옮김, 『편지들』, 이제이북스, 2009)에 나온다.

* 621 토머스는 헨리 8세의 재혼에 반대하여 유폐되기도 하고, 한편으로는 『유토피아』 등을 저술하여 현상(現狀)을 비판하면서도, 다른 한 편으로는 국왕에게 중용되어 하원의장과 대법관 등 고위직을 역임하기도 하였다. 문헌 토머스 모어 · 윌리엄 로퍼 지음, 이미애 옮김, 『영원과 하루: 토머스 모어 서한집, 토머스 모어경의 생애』(정원, 2012).

* 621 Macrobius, Saturnalia, Ⅱ, 4, 21. (원문은 non possum......이 아니라 non facile........ 「쉽지 않다」이다).

* 621 1938년의 책. C. Schmitt, Der Leviathan in der Staatslehre des Thomas Hobbes, S. 97(본서 528면).

* 621 베니토 세레노(Benito Cereno). The Piazza Tales (1856) 중의 단편. 허먼 멜빌(Herman Melville, 1819-1891)의 동명의 소설에 나오는 주인공. 흑인의 반란으로 백인은 그를 제외하고 모두 살해되며, 그는 선장으로 생명의 위협을 받으며 지휘한다. 다른 선박과 마주치더라도 이상이 없는 것처럼 손을 흔들지만 나중에 생명을 걸고 탈출에 성공한다. 안경환 옮김, 『바틀비, 베니토 세레노, 수병 빌리 버드』(홍익출판사, 2015); 변희준역, 『베니토 세레노』(금성출판사, 1990); 황문수역, 『베니또 쎄레노』(한국학술정보, 2009) 등. 문헌 Sava Kličković, Benito Cereno - Ein moderner Mythos, in Epirrhosis, Bd. I. S. 265-274; Enrique Tierno Galvan, Benito Cereno oder Mythos Europas, S. 345-356. → 본서 932면.

* 621 슈미트의 친구인 에른스트 윙거(Ernst Jünger, 1895-1998)의 작품 『대리석 절벽 위에서』 (Auf den Marmorklippen, 1939; 노선정 옮김, 문학과 지성사, 2013). → 「정치」

* 623 교황파(Ultramontanen) 알프스 저편의 로마를 지향하는 자라는 뜻.

* 623 Fr. 53 (Diels & Koranz).

* 623 토크비유(Charles Alexis Henri Clérel de Tocqueville, 1805-1859) 프랑스의 정치가 · 역사가. 1831-32년에 미국을 여행하고, 『미국민주주의론』을 저술하여 미국론과 민주주의론의 고전이 됨. 39-48년 하원의원으로서 온건자유파의 입장에 선다. 48년 2월혁명 후 헌법의회에 속하고 49년 외상. 그러나 루이 나폴레옹에 반대하여 51년 인퇴. 저서 『아메리카의 민주주의』(이용재 옮김, 아카넷, 2018); 『앙시앵 레짐과 프랑스 혁명』(이용재 옮김, 박영률출판사, 2006); 『빈곤에 대하여』(김영란 · 김정겸 옮김, 에코리브르, 2014). 문헌 서병훈, 『위대한 정치: 밀과 토크빌, 시대의 부름에 답하다』(책세상, 2017). → 『의회주의』, 『구원은 옥중에서』

* 624 Alexis de Tocqueville, De la démocratie en Amérique, 1835-40; Oeuvres, Tome 1, p. 430-431. 이용재 옮김, 『아메리카의 민주주의』(아카넷, 2018); 박지동 · 임효선 옮김, 『미국의 민주주의』(한길사, 1997); 이영범역, 『미국민주주의론』(사상문고, 1963). → 『의회주의』

* 625 오스발트 슈펭글러(Oswald Spengler, 1880-1936)의 저서 Der Untergang des Abendlandes. Umrisse einer Morphologie der Weltgeschichte, 1918-1922. 박광순 옮김, 『서구의 몰락』(범우사, 1995).

* 625 Kat-echon. 우리들의 생활형태를 떠내려 보내는 강력하고 이질적인 힘의 침입을 방지하는 자를 가리켜 슈미트는 「카테콘」(κατέχων, 억지하는 자)이라고 한다. 이 개념은 원래 성서(데살로니가 후서 2: 3)에서 유래한다. 표준 새번역에서는 「불법자 곧 멸망의 자식」이라고 번역하며, 영어로는 'man of lawlessness' 독일어로는 'der Feind Gottes'로 번역한다. Die Bibel in heutigem Deutsch. Die Gute Nachricht. Deutsche Bibelgesellschaft, Stuttgart 1985. S. 233에서는 디모데전서 4:1; (적) 요한 일서 2:18; 요한계시록 19: 15을 지시하고 있다.

원래는 적그리스도의 도래를 억지함으로써 종말의 도래를 지연시키는 자를 의미한다. 이 「억지하는 자」는 성령이나 복음이 아니라 세속적인 힘이다. 슈미트는 「나는 카테콘의 존재를 믿는다. 나에게 그것은 기독교교도로서 역사를 의미하는 것이라고 이해하기 위한 유일한 가능성이다. ... 오늘날에는 누가 카테콘인가? 그렇지만 처칠이나 존 포스터 덜레스라고 여길 수는 없다. 이 1948년 동안의 모든 시기에 대해서 카테콘의 이름을 열거해야만 한다. 이 지위는 한 번도 공석이 된 일이 없다. 그렇지 않다면 우리들은 이미 존재하지 않을 것이다」(C. Schmitt, Glossarium. Aufzeichnungen der Jahre 1947-1951, Duncker & Humblot, Berlin 1991, S. 63)라고 이 개념을 종교적 · 신학적으로 이해한다. 이에 대해서 이것을 세속적 의미로 이해하는 견해도 있다. 즉 적그리스도를 억지한다는 종교적 의의를 가진 것의 정치적 함의는 지상에서의 완전한 정의의 실현을 표방하는 유토피아적 사회운동을 억압한다는 것이다. 문헌 Günther Meuter, Der Katechon, zur Carl Schmitts fundamentalischer Kritik der Zeit, Berlin 1994, S. 212-213; Julia Hell, Katechon: Carl Schmitt's Imperial Theology and the Ruins of the Future, in: The Germanic Review, Vol. 84, No. 4(2009), pp. 283-326; 西 平等, カテコン(抑止する者)という視座 - カール · シュミットの秩序思想に基づくEUの現代的可能性, 『法律時報』 제85권 11호(2013), 24면. → 『정치신학 II』

* 626 기조(François Pierre Guillaume Guizot, 1787-1874) 프랑스의 역사가 · 정치가. 소르본느 대학 교수로서 나폴레옹이 실각한 후 한때 정치생활도 하였으며, 1830년 루이 필립 왕의 내무대신으로서 혁명의 진행을 저지하는 데에 노력하였다. 밖으로는 평화책, 안으로는 반동책을 썼기 때문에 2월 혁명을 초래하여 영국으로 망명, 다음해 재기를 노렸으나 실패하였다. 신교도로서 자유주의자. 7월 왕정 하에서 수상이 되어 금융 부르주아지의 이익을 대표. 저서 『영국 혁명사』(1854); 『유럽 문명의 역사』(1858; 임승휘 옮김, 아카넷, 2014); 『프랑스 문명사』(1829-32). → 『의회주의』

* 627 프로메테우스의 화로. 프로메테우스는 이 화로를 가지고 흙으로 만물을 짓고 인간을 만들었다.

* 627 피히테와 헤겔의 묘는 베를린 · 드로텐슈타트 묘지에 있다.

* 628 윙거의 무덤은 베를린이 아닌, 스위스 접경의 바덴-뷔르템베르크 주 Waldshut 군 Wilflingen 묘지에 있다. Wikipedia.

* 628 Herodotos, Historiai, Ⅰ, 32 (Loeb, Classic Library, p. 93) (박광순역, 『역사』, 범우사, 1987; 새 번역 천병희 옮김, 『역사』(숲, 2009).

* 628 안티고네는 오이디푸스와 요가스테 사이의 딸. 동생 폴류네이케스의 사해(死骸)의 매장을 국왕 크레온에게 금지시켰으나 그 금지를 침해한다. 연인 하이몬은 크레온의 처벌을 두려워한 나머지 그녀를 죽이고 자살한다. 소포클레스가 이를 연극화하였으며, 「의무의 충돌」이란 예로서 자주 인용된다. 강대진 옮김, 『오이디푸스왕』(민음사, 2009)에 수록.

* 628 하인리히 폰 클라이스트(Heinrich von Kleist, 1777-1811) 프로이센의 극작가. 애인과 자살한다. 작품 『깨어진 항아리』(1811; 김기선 옮김, 성신여대출판부, 2005); 『미하엘 콜하스』(황종민 옮김, 창비, 2016). → 『파르티잔의 이론』

* 628 도이블러(Theodor Johannes Adolf Däubler, 1876-1934) 독일의 작가. 트리에스테 출생. 이탈리아의 피우메에서 아비투어를 마치고 불안정한 생활을 했으며 유럽을 여행했다. 1910년 시 「극광」(Das Nordlicht)을 발표. 당대의 대가들과 사상적인 교류를 가졌다. 1934년 결핵으로 사망. 저서 Das Sternenkind, Insel 1916; Der sternhelle Weg, Insel 1919; Das Nordlicht, Genfer Ausgabe 2 Bde., 1921; Griechenland. aus dem Nachlass Max Sidow (Hrsg.), K. H. Henssel 1946. 슈미트는 서정시인 도이블러에 관한 책(『도이블러의 「극광」』(Theodor Däublers "Nordlicht". Drei Studien über die Elemente, den Geist und die Aktualität des Werkes, Unverän. Ausg. der 1916 bei Georg Müller in München erschienenen Erstauf. Duncker & Humblot, 3. Aufl., Berlin 2009)도 썼다.

* 629 상수시의 철학자. 상수시(Sanssouci)는 포츠담의 프리드리히 2세의 별궁. 프랑스어의 뜻에 따라 무궁(無憂宮)이라고도 번역함. 1745-1747에 건립. 볼테르 등 많은 프랑스의 계몽사상가들이 여기에 초청되었다.

* 629 콘라드 바이스(Konrad Weiß, 1880-1940) 독일 슈바벤 지방 출신의 가톨릭계 시인. 구속사적 주제를 즐겨 다루며, 호프만스탈, 헤커 등으로 평가되었다. 잡지 『고지』(Hochland) 등의 편집에 관여했다. 저서 『언어의 마음』(1929) 등. 슈미트가 말하는 「기독교적 에피메테우스」라는 자기규정은 바이스의 책 제목 『기독교적 에피메테우스』(Der christlicher Epimetheus, 1930)에서 따온 것이다. 바이스는 마리아처럼 순결 무후해짐으로써 신에게 몸을 의탁함으로써만이 신의 아들을 낳을 수 있는, 즉, 구제를 받을 수 있다고 말했다. 문헌 Complexio Oppositorum, S. 181-192. 김효전 편역, 『반대물의 복합체』, 93면. → 『구원은 옥중에서』 617면, 625면.

* 629 아니마(Anima Louise Schmitt, 1931-1983) 슈미트의 외동딸. 번역가. 스페인 법학자 Alfonso Otero Valera(1925-2001)와 1957년 산티아고 데 콤포스텔라에서 결혼, 1983년 6월 17일 그곳에서 사망. 네 자녀를 두었다. 릴리안 윈스탠리(Lilian Winstanley)의 『메리 스튜워트의

아들 햄릿』을 번역했다. 슈미트의 『땅과 바다』(김남시 옮김, 꾸리에북스, 2016)는 딸에게 들려주는 이야기 형식이다.

* 630 자살하고 싶다는 충동을 느꼈다는 취지인가?

* 630 세네카의 말. 세네카는 「인생은 모든 고뇌를 참기까지 생을 계속해야 한다는 것은 아니다. 노예도 또한 자살함으로써 그 경계를 벗어날 자유를 가진다」라고 말했으며, 네로 황제에게 반역의 혐의를 받고 자살하였다(65년). 천병희 옮김, 『세네카의 행복론』(숲, 2015).

* 630 알만(Wilhelm Ahlmann, 1895-1944) 사채업자. 병역 복무 중 부상으로 실명. 히틀러에 저항하는 집단의 신뢰자. 1944년 7월 20일 이후 자살. 슈미트는 그의 『구원은 옥중에서』를 알만의 추억에 바친다.

* 630 1794년 4월 7일 브로 라 레느 감옥에서 사망. 자살과 독살이라는 두 가지 설이 있으나 분명치 않다.

* 631 시간적 세계(Äon) 기독교의 역사관에서 보면 역사는 ① 천지창조, ② 그리스도에 의한 속죄, ③ 최후의 심판으로 시기가 나뉜다. 현재는 ②와 ③의 중간시대이다.

* 631 에우포리온(Euphorion) 트로이 전쟁의 영웅 아킬레스와 트로이 전쟁의 발단이 된 미녀 헬레나 사이의 아들.

* 631 Henriett Vogel.

* 632 북극광 → 본서 628면의 도이블러

* 632 일리리아인. 일리리아는 아드리아해 동안 지역. 도이블러(Th. Däubler)의 출생지 트리에스테는 그 북단에 해당된다.

* 632 불가타(Vulgata) 성서. 가톨릭교회가 공인하는 라틴어 성서. 문헌 김정훈, 『칠십인역 입문』(바오로딸, 2009).

* 632 발레리 라르보, 정해용 옮김, 『성 히에로니무스의 가호 아래』(아카넷, 2012).

* 633 마르크 브란덴부르크. 프로이센의 주 이름.

* 633 나일강을 인격화한 소상(塑像). 그 예로서 Enciclopedia dell'arte antica, V, p. 491.

* 634 Theodor Däublers Nordlicht, Drei Studien über die Elemente, den Geist und die Aktualität des Werkes, 1916. 3. Aufl., 2009.

* 634 생시몽이 죽은 후 그의 사상을 기초로 하여 성립한 일종의 종교결사.

* 634 바코펜(Johann Jakob Bachofen, 1815-1887) 스위스의 법사학자. 그리스 고전 연구를 통해 인류사의 기원에 모권제가 있으며, 그것이 부권제로 이행했다고 주장. 저서 『모권론』(Mutterrecht, 1861; 한미희 옮김, 『모권: 고대 여성지배의 종교적 및 법적 성격 연구』, 나남, 2013). → 『로렌츠 폰 슈타인』

* 634 성 조반니 바티스타인가?

* 635 프리츠 아이슬러(Fritz Eisler, 1887-1914) 법률가. 카를 슈미트의 젊은 날의 유대인 친구. 공저 『그림자 그림(실루엣)』(Schattenrisse, 1913) 발간. 1914년 제1차 세계대전에서 전사. 슈미트는 그의 『테오도르 도이블러의 "북극광"』(Theodor Däublers "Nordlicht", 1916; 3. Aufl., 2009)과 『헌법이론』(1928)을 아이슬러의 추억에 바친다. 이 『그림자 그림』(실루엣)은 'Johannes Negelinus, mox Doctor'라는 가명으로 발표되었으며, 여기의 「그림자」는 십계명 중 제4 계명인 안식일을 교부들이 「그림자 계명」이라고 부른 데서 연유하는 것이라고 생각된다. 문헌 Ernst Hüsmert (Hrsg.), Carl Schmitt. Tagebücher vom Oktober 1912 bis Februar 1915, 2. Aufl., 2005; G. Giesler, E. Hüsmert und W. H. Spindler (Hrsg.), Carl Schmitt. Der Schatten Gottes. Introspektionen, Tagebücher und Briefe 1921 bis 1924, Berlin 2014, S. 117. Anm. 444.

* 635 Hinc et Nunc. 여기 지금. 묘비에 흔한 문구.

* 637 판도라(Pandora)의 상자. 제우스가 인류를 응징하기 위해서 판도라에게 가지고 가게 한 상자. 그 안에는 모든 악과 희망이 들어 있다.

* 638 존 스토리(John Story, 1504-1571) 영국 로마가톨릭교의 순교자 · 국회의원.

* 638 도넬루스(Hugo Donellus; Hugues Doneau, 1527-1591) 프랑스의 법학교수. 프랑스 법적 휴머니즘(mos Gallicus)의 지도적인 대표자의 한 사람. 문헌 P. Arabeyre, Dictionnaire, p. 339-341.

* 638 유럽 공법(Jus Publicum Europaeum) 17-19세기 유럽의 구체적 질서를 배경으로 성립한 국제법 · 국법질서. 폐쇄적인 대륙의 주권국가와 해양의 자유를 배경으로 하는 해양국가 영국과의 긴장 관계를 기초로 하며, 전쟁의 한정을 수반하는 법질서. C. Schmitt, Nomos der Erde, S. 156. 최재훈 옮김, 『대지의 노모스』(민음사, 1995), 215면.

* 138 행복의 대지. G. W. F. Hegel. Vorlesungen über die Philosophie der Weltgeschichte, Glockner-Ausgabe, S. 56.

* 639 돌로 치거나 단수(斷首) 등은 자유인에 대한 처형방법이며, 십자가형은 노예 등에 대한 가장 불명예스러운 처형방법이었다.

* 639 파르나소스(Parnassos) 그리스의 포기스 지방의 산(해발 2457m). 남쪽 기슭에 델포이 신전이 있다.

* 639 슈펭글러가 생물학상의 개념을 역사학에 전용한 것. Homologie는 기관 상호간의 형태상의 유사함을, Analogie는 기능상의 유사함을 가리킨다. 예컨대 인간의 폐와 물고기의 부레는 역사상의 Homologie의 예로서 그리스의 조각과 고딕의 돔, 인도의 불교와 로마의 스토아주의, 알렉산더와 나폴레옹의 원정, 프로티노스 시대와 단테 시대 등을 열거하고, 디오니소스 운동은 르네상스와 homologie이지만, 종교개혁과 analogie라고 한다(Der Untergang des Abendlandes, 1920, S. 159-160; 박광순역, 『서구의 몰락』, 범우사, 1995).

* 640 보댕(Jean Bodin, 1529-1596) 프랑스의 정치사상가. 주권개념의 도입으로 유명. 저서 『국가에 관한 6권의 책』(나정원 옮김, 아카넷, 2013). 슈미트는 보댕과 홉스는 자신의 친구라고 한다. 『구원은 옥중에서』 641면.

* 640 바르톨루스(Bartolus) 학파. 고대 로마법을 근대에 재생시킨다는 실천적 경향의 학파. 「주석학파」 또는 「후기주석학파」 등으로 불린다.

* 640 큐자스(Cujaz) 학파. 로마법을 고대의 모습 그대로 연구하려는 인문주의적 경향을 지닌 학파.

* 640 정치적인 의견대립에서 앙리 3세의 기분을 상하게 한 보댕은 프랑스 북부의 지방도시 라옹(Laon)에 은둔하였는데(1583년), 가톨릭 동맹의 지도자의 암살사건(1588년)을 계기로 생긴 공포정치의 압력으로 절개를 굽힌 결과, 정치파의 승리를 의미하는 앙리 4세의 즉위(1594년)에 즈음해서도 그 승리의 혜택을 누리지 못하고 1596년 라옹에서 사망하였다.

* 640 신 · 동물 · 인간 · 기계. 홉스의 리바이어던은 「가사의 신」 거대한 파충류 · 거인 그리고 기계라는 4가지의 성격을 가지고 있다. C. Schmitt, Der Leviathan, S. 47.

* 641 우호선(友好線, Freundschaftslinien, lines of amity) 17세기 경 유럽 공법의 타당영역이라고 생각된 선. 적도 이남이나 신세계는 이 선 밖에 있으며, 여기서는 약탈이나 해적행위도 허용된다고 보았다. 『대지의 노모스』 71, 81면 이하. → 『광역질서』

* 642 슈미트는 나치스 초기에는 로마법을 구체적 질서를 무시한 규범주의적 사고라고 하여 비판하였다(Natationalsozialistisches Rechtsdenken, in: Deutsches Recht, Nr. 10, 1934). → 본서 423면.

* 642 Albericus Gentilis, Commentatio de jure belli, 1588, I, 12.

* 642 폴리크라티쿠스 → 본서 619면.

* 645 『아돌프』(Adolphe, 1811) 콩스탕의 심리소설. 김석희 옮김(동평사 1979; 신판 열림원, 2002).

* 645 산림 감독원장. 에른스트 윙거, 『대리석 절벽 위에서』(노선정 옮김, 문학과 지성사, 2013)에 나오는 인물.

* 647 막스 슈티르너(Max Stirner; 원래는 Johann Kaspar Schmidt, 1806-1856) 독일의 유아론적 철학자, 교사이며 저널리스트. 저서 『유일자와 그 소유』(Der Einzige und sein Eigentum, 1892; 片岡啓治譯, 『唯一者とその所有』, 現代思潮新社, 1967). 문헌 차인석편, 슈티르너, 유일자와 그의 소유, 『19세기 독일 사회철학』(민음사, 1986), 310-368면. → 「로렌츠 폰 슈타인의 지위」

* 647 히에로니무스 보쉬(Hieronymus Bosch, c. 1450-1516) 네덜란드 화가.

* 647 「도둑까치」(La gazza ladra) 드비니와 게니에가 합작한 각본에 의거한 로시니의 희가극(1817년 초연). 가난한 어린 딸이 은수저를 훔친 혐의를 받게 되는데 까치가 범인이라는 것이 밝혀져 혐의가 풀린다.

* 648 「철학자들은 세계를 다양하게 **해석**하여 왔을 뿐이다. 세계를 **변화**시키는 것이야말로 문제이다」(Karl Marx, 11. These über Feuerbach. 1845; 박재희 옮김, 『독일 이데올로기I』, 청년사, 1988, 188면). 문헌 양재혁 옮김, 『포이에르바하와 독일 고전철학의 종말』(돌베개, 1987), 90면.

* 649 Vergilius, Eclogae, Ⅳ, 42-45 (Loeb, Classic Library, p. 32).

* 649 카를 바르트 등의 「변증법신학」을 말한다.

* 649 니체의 『짜라투스트라는 이렇게 말했다』(Also sprach Zarathustra, 1883/84)에 자주 나오는 말.

* 650 Aldous Huxley, Brave New World, 1932 (권세호역, 『멋진 신세계』, 서문문고, 1977). 인간을 인공부화(人工孵化)하여 선천적인 계급사회를 만들고, 조건반사에 의해서 이데올로기를 본능에 심는 등 인간성을 완전하게 통제하는 미래사회.

* 650 데카르트의 『성찰』(Meditationes de prima philosophia, 1641)(김형효역, 삼성판 세계사상전집(19), 1977).

* 650 Maxime Leroy, Descartes, le philosophie au masque, 1929는 데카르트를 비교적(祕教

的)인 장미 십자단원으로 세속에 대해서는 가면을 쓰고 있었다고 한다. C. Schmitt, Der Leviathan, S. 44/45.

* 651 이교도의 평온한 죽음 → 본서 630면.

* 651 「전쟁」을 가리킨다. → 본서 623면의 헤라클레이토스의 말.

* 652 로마는 가톨릭교회의 상징.

* 653 「운명은 나를 몇 번이나 희롱하였던가?」 라는 일절에는 말의 콧등이 고삐에 의해서 이끌리어 진다는 의미의 Escavessade라는 단어를 사용한다.

* 653 갈색은 나치스를, 적색은 공산당을, 혼색은 다른 중간 세력들을 가리킨다. 적색의 기원은 Gerd Koenen, Die Farbe. Ursprünge und Geschichte des Kommunismus, München: C. H. Beck 2017.

* 653 목신. → 본서 647면.

* 653 구약성경 요나서 참조. 하나님의 명령을 거역한 요나는 바다에 던져지게 되나 큰 물고기 뱃속에 삼키우게 되어 죽음을 면한다.

전유럽적 해석에서의 도노소 코르테스 (1950)

* Donoso Cortés in gesamteuropäischer Interpretation. Vier Aufsätze, Köln: Greven Verlag, 1950, 114 S.

『입장과 개념들』(세종출판사, 2001), 107-122면; 165-172면.

* 654 도노소 코르테스(Juan Maria de la Salud Donoso Cortés, 1809-1853) 스페인의 외교관 · 보수적인 가톨릭 사상가. 젊은 때에는 자유주의 사상을 지니고 있었으나, 1847년 심경의 변화를 일으켜 합리주의나 유물론은 신의 노여움을 초래할 전조(前兆)라는 종말론적 역사관을 역설하였다. 슈미트에게 많은 영향을 끼쳤다. 문헌 Telos 125, Carl Schmitt and Donoso Cortés, New York: Telos Press, Fall 2002; 古賀敬太, 『カール · シュミットとカトリシズム』(創文社, 1999), 51-158면 → 『정치신학』

* 654 반혁명의 국가철학. C. Schmitt, Zur Staatsphilosophie der Gegenrevolution. 이 논문은 도노소 코르테스와의 계속된 논쟁(『독재론』, 1921, S. 139, 147, 195; 『막스 베버 추모 논문집』 [Erinnerungsgabe für Max Weber], 1922, Bd. II에 실린 「정치신학」, S. 35 그리고 『정치신학』 1922, S. 46-56, 제2판 1934, S. 66-84)과 1927년 뮌헨에서 출판된 『카를 무트(Karl Muth) 화갑기념 논문집』에 실렸던 것이다. 도노소 코르테스에 관하여 독일에서 이루어진 자세하고 심도

있는 전문적 연구 중에서 특히 소개해야 할 것은 에드문트 슈람(Edmund Schramm)의 다음과 같은 저작들이다. 즉 『도노소 코르테스. 스페인 출신의 反자유주의자의 생애와 저작』(Donoso Cortés. Leben und Werk eines spanischen Antiliberalen, Ibero-amerikanische Studien. Hrsg. von Harri Meier. 7) Hamburg, Ibero-Amerikanisches Institut 1935 및 『도노소 코르테스, 그의 생애와 그의 사상』(Donoso Cortés, su vida y su pensamiento), Madrid 1936. 또 오이겐 볼하우프터(Eugen Wohlhaupter)의 서평, "Deutsche Literatur-Zeitung" 1936, S. 1114 ff.

* 654 C. Schmitt, Der unbekannte Donoso Cortés, in: "Hochland", Jahrgang 1929, S. 491-496에서 가져온 것이다. 1929년 10월 23일 마드리드의 「독일-스페인 지식인 교류센터」(Centro de Intercambio Intelectual Germano-Español)에서 행한 강연으로서 이 강연은 본고와 「1849년 베를린에서의 도노소 코르테스」를 포괄하는 것이다. 동 강연은 「독일-스페인 지식인 교류센터」 논총 제17권으로 마드리드에서 스페인어로 출판되었다. "Hochland"지는 나중에 1934년 6월호 S. 277의 논문에서 도노소 코르테스에 관한 나의 견해로부터 명백하게 멀어졌다.

* 656 알프레드 델프(P. Alfred Delp S. J., 1907-1945) 가톨릭 신학자. 제수이트회, 인민재판소의 유죄판결로 처형됨.

* 657 생시몽(Comte de Claude Henri de Rouvroy Saint-Simon, 1760-1825) 프랑스의 초기 사회주의자. 저서 Nouveau Christianisme, 1869 (박선주 옮김, 『새로운 그리스도교』, 좁쌀한알, 2018).

* 657 비코(Giambattista Vico, 1668-1744) 이탈리아의 역사학자. 저서 『새로운 학문』(Principj di Scienza Nuova, 1744; 이원두 옮김, 동문선, 1997)에서 역사발전의 철학을 설파. 나폴리대학 교수. → 『리바이어던』

* 658 에우헨니오 도르스(Eugenio d'Ors)

* 659 카산드라. 그리스 신화에서 프리아모스와 헤가바의 딸로 여예언자. 트로이 전쟁 때 트로이의 패배를 예언했는데 아무도 믿지 않았다. 파국을 예언하기 때문에 세상에서 받아들이지 않는 예언자.

* 660 시빌레(Sibylle). 여자 예언자를 뜻하며, 원래는 아폴론에게서 예언 능력을 물려받은 한 여인의 이름이었으나 후대로 내려오면서 무녀의 총칭이 되었다. 바빌로니아, 이집트, 이탈리아, 그리스에 분포하며, 그 수는 10인 정도였다고 한다. 슈미트가 말하는 시빌레의 전설은 고대 로마의 국왕 타르키니우스에게 로마의 운명이 적힌 예언서를 판매한 여자 예언자의 이야기다.

* 1849년 베를린에서의 도노소 코르테스

* 660 「십자 신문」(Kreuzzeitung) 바게너(Wagener)가 편집한 보수주의 신문으로 유명. 정식

이름은 Neue Preußische Zeitung이다. 십자신문이라는 명칭은 신문의 표제면에 그려진 십자가에서 유래한다.

* 660 몽탈랑베르(Marc-René Montalembert, 1714-1800) 프랑스의 장군이며 기술자.

* 662 으제니 황후(Eugénie Marie de Montijo, *Comtesse* de Téba, 1826-1920) 프랑스 제2제정 시대의 황후(1853/1871년). 스페인 대귀족 몽티호 공작의 딸로서 그라나다 출생. 1851년 나폴레옹 3세는 즉위 후 파리에서 으제니를 만나 1853년에 결혼했다. 그녀는 가톨릭 전통 속에서 성장하여 보수반동적인 색채가 강했고, 프랑스 궁정생활의 중심이 되어 유럽 유행계에 군림하였다. 한편 나폴레옹 3세의 정치에 영향력을 행사하고, 특히 외교정책에서는 1863년의 멕시코전쟁, 1870/71년의 보불전쟁에 관여했다고 한다. 황제의 원정과 부재시에 섭정이기도 하였다. 보불전쟁 중 스당에서의 패전 소식을 듣고 영국으로 망명, 폐위된 황제와 치슬허스트(Chislehurst)에 정주했다. 1873년 나폴레옹 3세가 사망하여 미망인이 되고, 외아들 나폴레옹(Eugène Louis Jean Joseph Napoléon, 1856-1879)의 생존 중에는 보나파르트당과 연락이 있었으나 그의 사후에는 정치세력을 상실하고, 판보로(Farnborough)로 옮겨 스페인 여행 중 세비야에서 사망했다. 장수하여 유럽에서 러시아 · 독일 · 오스트리아-헝가리의 군주제가 붕괴되는 것을 지켜보았다.

* 662 게를라흐(Leopold von Gerlach, 1790-1861) 프로이센의 장군.

* 662 라도비츠(Joseph von Radowitz, 1797-1853) 프로이센의 장군 · 대신.

* 663 분젠(Freiherr von Bunsen, 1791-1860) 프로이센의 외교관 · 신학자 · 언어학자.

* 663 빙케(Friedrich Ludwig Freiherr von Vincke, 1774-1844) 프로이센의 관리. 슈타인의 친구로서 그의 권유에 따라 영국의 지방자치를 연구하기 위해서 영국에 갔다. 그 성과인 『영국의 행정에 관하여』는 1861년에 출판되어 영국의 지방자치에 대한 인식을 프로이센에 알리는 데에 커다란 공헌을 하였다.

* 663 가게른(Heinrich von Gagern, 1799-1880) 독일의 정치가. 한스 폰 가게른의 아들. 3월혁명의 뒤를 이어 성립된 프랑크푸르트 국민의회의 의장이 되고, 이어서 내각수반으로서(1812), 프로이센 국왕을 원수로 하는 연방국가의 성립, 즉 소독일적인 해결의 실현에 노력하였으나 실패하고(1849), 오스트리아를 맹주로 하려는 측에 가담하기도 하였다(1862).

* 663 슈탈(Friedrich Julius Stahl, 1802-1855) 프로이센 보수당의 창설자이며 특수 독일적 입헌주의의 이론을 확립. 1840년대부터 50년대에 걸친 프로이센 보수주의의 대표적인 이론가이며 정치가. 국가와 법을 신의(神意)에 두었다. 저서 『법철학』(Die Philosophie des Rechts, 1830-37) 등 다수. 문헌 Chr. Wiegand, Über F. J. Stahl (1801-1862), F. Schöningh 1981; Heinrichs u.a., Deutsche Juristen jüdischer Herkunft, S. 59-84; 森勇監譯, 『ユダヤ出自のドイツ法律家』, 85-128면 → 『법학적 사고방식』

* 665 프로이센 헌법 제105조「법률과 명령은 이들이 미리 법률로써 규정된 형식으로 공포된 때에만 구속력을 가진다.

의회가 소집되지 아니한 때에, 긴급한 경우에는 전내각의 책임 하에 법률의 효력을 가지는 명령을 발할 수 있다. 다만, 그 명령은 의회의 다음 개회 때에 승인을 얻기 위해서 즉시 의회에 제출되어야 한다」.

* 665 제108조「현행의 조세는 계속 징수된다. 이 헌법에 위반되지 않는 현행 법전, 단독의 법률과 명령은 법률로써 개정되기까지 효력을 가진다」.

* 665 제110조「전쟁 또는 폭동의 경우에는 헌법 제5조 · 제6조 · 제7조 · 제24조 · 제25조 · 제26조 · 제27조와 아울러 제28조가 일시적 및 한 지방에 한하여 그 효력이 정지될 수 있다. 그 상세한 규정은 특별법에 유보된다. 그 때까지 이에 관한 명령은 효력을 가진다」.

* 667 바르베 도르빌(Barbey d'Aurevilly, 1808-1889) 프랑스의 시인 · 소설가 · 비평가로서 후기 낭만파의 전형적인 작가. 과격한 가톨릭파, 왕당파로서 실증주의, 사실주의에 심한 증오를 느꼈다. 그는 도노소를 드 메스트르 · 드 보날에 이어 제3의 세속 교부로 불렀다. Bela Menczer, Catholic political thought, 1789-1848, 1952, p. 48 참조. 슈미트가 받아들인 도르빌의 도노소론은 Barbey d'Aurevilly, Donoso Cortés in XIXe siècle - Les Oeuvres et les hommes, in: Philosophes et Ecrivains religieux, 1860.

* 668 프루동(Pierre Joseph Proudhon, 1809-1865) 프랑스의 초기 사회주의자이며 저술가. 무정부주의의 이론적 창설자. 저서『빈곤의 철학』에서 사유재산과 공산주의를 비판, 마르크스가『철학의 빈곤』에서 그와 논전을 펼쳤다. 저서『소유란 무엇인가?』(1861; 이용재 옮김, 아카넷, 2003; 박영환역, 형설출판사, 1989)에서「소유란 절도」라고 주장. →「로렌츠 폰 슈타인의 지위」

* 알려지지 않은 도노소 코르테스

* 672 가듀엘 신부는 오를레앙의 듀팡르 주교의 의뢰를 받고 1852년 2월에 도노소 비판을『종교의 벗』(Amida la Religion)에 게재한다. 상세한 것은 Donoso Cortés, Der Staat Gottes, 1933의 피셔의 서문을 참조.

권력과 권력자에의 길에 관한 대화 (1954)

* Gespräch über die Macht und den Zugang zum Machthaber, Pfullingen: Verlag Günther Neske, 1954, 29 S. Neudruck Berlin: Akademie Verlag, 1994, S. 9-34.

『유럽 법학의 상태 외』(교육과학사, 1990), 207-253면.

* 678 J. (한 젊은 이) 키에르케고르가 만들어낸 필명 중의 하나.『반복』의 두 번째 전반 부분의 저자를 카를 슈미트 (CS)가 모방한 것.

* 680「인류를 말하는 자는 사람을 속이려는 것이다」(Wer Menschheit sagt, will betrügen). 슈미트는 이 말을『정치적인 것의 개념』, 73면과『입장과 개념들』, S. 143 (역서 205면)에서도 인용한다.

* 681 이 부분은 Hermann Heller, Gesammelte Schriften, Bd. 2, S. 414. 김효전 옮김,『바이마르 헌법과 정치사상』(산지니, 2016), 119면.

* 681 보호와 복종. 이것은 토머스 홉스의『리바이어던』마지막(진석용 옮김, 437-438면)에 나오는 결론이다. 슈미트도『정치적인 것의 개념』, 181면에서 이것을 강조한다. →「홉스와 데카르트」,『구원은 옥중에서』,『침략전쟁』

* 682 바르바로사(Barbarossa) 프리드리히 1세의 별명.

* 682 카라칼라(Caracalla, 188-217) 로마 황제 마르쿠스 아우렐리우스 아우구스투스. 흔히 안토니우스로 알려짐. 로마 시민권을 모든 속주민들에게 나눠준다는「안토니우스 칙령」을 발표했다.

* 685「간접권력」. →『토머스 홉스의 국가론에서의 리바이어던』→ 본서 539면 이하;「완성된 종교개혁」713면.

* 685 비스마르크와 포자 후작에 관하여는 C. Schmitt, Bismarck und Marquis Posa, in: Das Neue Forum (Hrsg. v. G. R. Sellner, Landestheater Darmstadt), 7. Jahrg., Heft 10, S. 146-148.

* 686 프라이헤르 폼 슈타인(Freiherr vom Stein, 1757-1831) 프로이센의 정치가. 농노해방 등의 개혁을 추진. 나폴레옹에 저항하여 러시아 황제 알렉산드르 1세(Alenxander I, 1777-1825)에게 협력했다.

* 686 실러(Friedrich von Schiller, 1759-1805)의 희곡『돈 카를로스』에 등장하는 인물.

* 687 로마서 13:1「모든 권세는 하나님으로부터 나오지 않음이 없나니」. 슈미트는 이 구절을『헌법이론』(1928)과『침략전쟁』에서도 인용한다. 칸트도『법이론의 기초원리』(백종현 옮김, 275면 주 31)에서 인용한다.

* 688 야콥 부르크하르트(Jakob Burckhardt, 1818-97) 스위스의 역사가. 바젤 대학 교수. 권력을 그 자체로서 악이라고 보는 입장에서 모든 것이 정치화해 가는 근대문명에 대해서 비관론을 제창하고 문명진보사관을 비판했다. 저서『세계사적 고찰』,『콘스탄티누스 대제의 시대』,『이탈리아 르네상스의 문화』(안인희역, 푸른숲, 1999) 등.

* 688 요한 게오르그 슐로써(Johann Georg Schlosser, 1739-99) 독일의 철학자. 괴테의 친구로

서 플라톤, 아리스토텔레스를 번역하였다. 프리드리히 크리스토프 슐로써(Friedrich Christoph Schlosser, 1776-1861)는 독일의 역사가. 1817년 이래 하이델베르크 대학 교수로서 독일의 계몽사조와 아울러 칸트의 윤리적 요구에 근거한 저작으로써 후세에 오랫동안 영향을 미쳤다. 또한 뮐만의 다음과 같은 말을 참조. 「권력은 그 자체가 악이다 라는 슐로써-부르크하르트의 정식은 기독교의 역사관에서 나온 것이다...」(W. E. Mühlmann, Aspekte einer Soziologie der Macht, in: Archiv für Rechts-und Sozialphilosophie, XL 1/1952, S. 84).

* **689** 슈펭글러, 『서구의 몰락』 → 본서 625면, 639면.

* **692** 반마키아벨리. 슈미트,『정치적인 것의 개념』(1932). 카우프만, 初宿正典,『カール・シュミットと五人のユダヤ人法學者』(成文堂, 2016), 189-287면.

완성된 종교개혁 (1965)

* Die vollendete Reformation. Bemerkungen und Hinweise zu neuen Leviathan-Interpretation, in: Der Staat, Bd. 4, Heft 1, 1965, S. 51-69. jetzt in: Nachdruck C. Schmitt, Der Leviathan in der Staatslehre des Thomas Hobbes, Köln-Lövenich: Hohenheim Verlag, 1982, S. 137-178.

『유럽 법학의 상태 외』(교육과학사, 1990), 207-253면.

* **694** 종교개혁에 관하여는 Eike Wolgast, Reform, Reformation, in: O. Brunner, W. Conze, R. Koselleck (Hrsg.), Geschichtliche Grundbegriffe. Historisches Lexikon zur politisch-sozialen Sprache in Deutschland, Stuttgart: Klett-Cotta, Bd. 5. 1984, S. 313-360 (백승종 옮김, 『개혁과 (종교)개혁』, 푸른역사, 2014. 코젤렉의 개념사 사전 8).

* **694** Th. Hobbes, Elements of Law. Natural & Politic, 1640. ed. Ferdinand Tönnies, Cambridge University Press, 1927 김용환 옮김, 『법의 기초: 자연과 정치』(아카넷, 2023).

* **694** Th. Hobbes, On Citizen: Philosophical Rudiments concerning Government and Society, 1651. 이준호 옮김, 『시민론: 정부와 사회에 관한 철학적 기초』(서광사, 2013); 조현진 옮김(후마니타스, 2018).

* **695** 멜랑히톤(Philipp Melanchthon, 1497-1560; 본명 Schwarzerd) 독일의 종교개혁자. Melanchthon은 Schwarzerd의 그리스어 번역. 팔츠의 Bretten 출생. 어머니는 J. 로이힐린의 조카. 1509년 하이델베르크대학 입학, 다시 튀빙겐대학 수학, 이 대학 강사로서 아리스토텔레스 철학 강의. 비텐베르크대학에서 그리스어 교수, 여기서 마르틴 루터를 알게 되고, 그의 사상에 공명하여 신학을 연구하고 이후 루터와 생애 동안 떠나지 않았다. 라이프치히 논쟁에서는 힘껏 루터를 지지하고 »신학강요«(Loci communes, 1521)를 저술하여 프로테스탄트 최초의 조직신학의 기초를 마련, 다시 »Unterricht der Visitatoren«(1528)로 종교개혁을 작센 지방에도 가져오고,

마침내 프로테스탄트 최대의 신앙고백인 »Confession Augustana, 1530«과 »Apologia, 1530-31«을 기초, 또한 루터의 성서 번역 사업에도 관여했다. 그는 타고난 온화한 성격 때문에 결단이 결여되어 신학상의 표현에서도 타협적이라는 비난을 받았다. 성찬론에서도 칼뱅에 가까워서 한 때 루터와 소원했던 일도 있으며, 나중에는 루터파와 일치하기 어렵게 되어 「필리피즘」(Philippismus)이라 불리는 독자적인 신학설을 제창했다. 전집 Corpus Reformatorum 수록 28권, 1834-60. 문헌 이승구역, 『신학총론』(크리스천 다이제스트, 2000).

* 695 에라스투스(Thomas Erastus, 1523/4-1583) 하이델베르크의 츠빙글리주의 신학자이며 의사. 칼뱅주의자와 항쟁하였으며, 그의 주요 저작인 『가장 중요한 문제의 해명』(Explicatio gravissimae quaestionis, 1569)에서는 교회도 국가주권에 종속해야 한다고 주장하였다. 이러한 사상은 그 후 에라스투스주의(Erastianism)라고 불리게 되었다. 그의 출생년도에 관하여는 1520년에서 1524년까지의 차이가 있는데, 슈미트가 (1500-1583)이라고 적은 연대는 아마 잘못일 것이다.

* 695 예수는 그리스도라는 것(that Jesus is the Christ)을 슈미트는 『정치적인 것의 개념』(김효전 · 정태호 옮김, 180면)에서도 인용한다.

* 695 오브리(John Aubrey, 1626-97) 저술가로서 홉스도 그의 친구 중의 한 사람. 저서 Brief lives chiefly of contemporaries는 홉스를 연구하는데 귀중한 자료의 하나이다.

* 695 루소의 『산에서 쓴 편지』(Lettres écrites de la Montagne, 1763) 김중현 옮김, 『학문과 예술에 대하여 외』(한길사, 2007)에 수록.

* 696 마니리즘은 이탈리아어 maniera에서 나온 말인데, 독일어에서 Manieriertheit와 구별하여 Manierismus라고 할 때에는 르네상스 전성기와 바로크 사이(대체로 1520-1620년경)의 특이한 경향을 지닌 예술상의 시대양식 개념으로서 사용된다. 르네상스 예술이 조화를 중요시하고 자연의 모방을 위주로 한데 반하여, 마니리즘 예술에서는 불안과 긴장이 강조되고 자연에 대해서도 보는 자에 따라서 어떻게 보이는가 하는 쪽이 중요시되었다. 종래 마니리즘은 개인적 · 주관적 · 우연적인 기분에 좌우된 것에 불과하다고 경시하였으나, 최근 주로 독일과 오스트리아 학자에 의해서 당시의 정신적 위기에 대응한 양식이라고 하여 그 재평가가 시도되고 있다. 「고전주의자는 신을 그 본질에서 묘사하며, 마니에리스트는 신을 그 실존에서 묘사한다」(구스타프 호케, 『미궁으로서의 세계』)라고 하듯이, 훌륭하게 현대적 관심의 대상이 될 수도 있다. 마니리즘의 정치적인 것에의 반영은 본문에도 인용된 Roman Schnur, Individualismus und Absolutismus. Zur politischen Theorie von Thomas Hobbes, insb. S. 56 ff. 참조.

* 696 브램홀(John Bramhall, 1594-1663) 케임브리지에서 배운 아마(Armagh)의 대주교. 전 생애를 영국의 국교회에 충실히 보냈으며, 그 옹호를 위해서 수많은 책을 저술하였다. 이 『리바이어던의 포획』은 정확하게는 The Catching of Leviathan, or the great Whale Demonstrating out of Mr. Hobbes his own Works, That no man who is thoroughly an Hobbist can be a good Commonwealth's man (1658)이다. → 『홉스의 리바이어던』

* 697 비히모스 → 『홉스의 리바이어던』

* 698 카를 바르트(Karl Barth, 1886-1968) 스위스의 프로테스탄트 신학자. 바젤대학 교수. 저서 『개신교 신학 입문』(신준호 옮김, 복있는 사람, 2014); 『교회교의학』(박순경외, 대한기독교서회, 2003); 『로마서 주해』(조남홍역, 한들, 1997) 등.

* 699 An Answer to a Book Published by Dr. Bramhall, ...Called the Catching of the Leviathan. Together with an Historical Narration concerning Heresie, and the Punishment thereof. London 1682. 이 책은 홉스 사후에 출판되었으나 저술된 것은 1668년이다.

* 699 알베리코 젠틸레(Alberico Gentile, 1552-1608) 이탈리아의 법학자. 런던으로 건너가 옥스퍼드에서 가르쳤다. 저서 De juris interpretibus dialogi, 1582; De legationibus libri tres, 1585; De jure belli commentationibus tres, 1588/89 등.

* 699 벨라르미노(Robert Francesco Bellarmino, 1542-1621) 제수이트회 최초의 신학자. 1599년부터 추기경. 저서 『기독교 신앙논쟁』(Disputationes de Controversiis Christianae Fidei adversus hujus temporis Haereticos, libri tres, 1586-93)은 프로테스탄티즘을 공격한 것. 교황권에 관한 논쟁에서는 「교황직의 권위에 대해서」(Tractatus de postate summi pontificis in rebus temporalibus, 1610)으로 교황권을 옹호했는데, 교황권은 세속사에 대해서는 간접적으로만 권위를 가진다고 하여 교황권에 제한을 두었다. → 『홉스의 리바이어던』

* 700 여기의 그리스어 부분은 de Cive (1642)의 영어판 On Citizen (1651; 이준호 옮김, 『시민론: 정부와 사회에 관한 철학적 기초』, 서광사, 2013, 282면)에서는 Κατα τα νομιμα로 되어있는데, 라틴어판과 그 독일어 번역에서는 본문처럼 Κατα τα νομικα로 되어있다. 모두 νομος의 파생어라는 것이 공통되지만 엄밀하게는 다소 의미상의 차이가 있다.

* 700 슈누어(Roman Schnur, 1927-1996) 독일의 국법학자. 슈미트의 전후 제자. 하이델베르크 대학 교수 역임. 편집 『인권선언사』(1964). 문헌 Michael Kilian (Hrsg.), Romsan Schnur in Osteuropa 1971-1996, D&H, Berlin 2021; Dirk van Laak, Gespräche in der Sicherheit des Schweigens, 1993, S. 281-288.

* 701 무스쿨루스(Wolfgang Musculus, 1497-1563) 스위스의 종교개혁자이며 신학자. 베네딕트회에 속하였으나, 루터의 문서를 보고 이에 심취되어 후에 복음주의로 전향하였다. 스위스의 취리히, 바젤 등 외에 국외에는 영국과 폴란드 등에도 영향을 미쳤다. 저서 Loci communes sacre theologiae (Common Places of the Christian Religion).

* 701 R. Bäumlin, Naturrecht und obrigkeitliches Kirchenregiment bei W. Musculus, in: Für Kirche und Recht. Festschrift für J. Heckel, Köln 1959, S. 120-143.

* 701 Loci communes sacrae theologiae, 1560, Basil 1599.

* 702 아르두앵(Jean Hardouin S. J. 1646-1729) 프랑스의 신학자 · 역사가 · 철학자. 주요 저서로는 Acta Conciliorum et epistulae ac constitutiones Summorum Pontificum ab anno 34 ad 1714 (11 vols. Paris 1715) 등.

* 702 얀센(Cornelius Otto Jansen, 1585-1638) 네덜란드의 가톨릭 신학자. 저서 『아우구스티누스』(Augustinus, 1640)는 후일 이른바 얀센주의의 대두를 알리는 계기가 되었다. 그 입장은 칼뱅에 가까우며, 제수이트회의 격렬한 공격을 받았다. 얀센주의는 17세기 중엽부터 18세기 초기에 걸쳐 특히 프랑스에서 격렬한 논쟁을 불러 일으켰다. 파스칼은 18편이나 되는 익명의 공개장 「전원(田園) 사람에게 보내는 편지」(Les provinciales, Les lettres écrites à un provincial parunde ses amis, 1656-1657)를 써서 얀센주의자를 변호하였다.

* 702 베일(Pierre Bayle, 1647-1706) 프랑스의 철학자. 계몽주의의 선구자. 그의 저서 Dictionaire historique, 1697, 4 tome, Rotterdam은 후대에 커다란 영향을 미쳤다고 한다.

* 702 트뢸치(Ernst Troeltsch, 1865-1923) 독일의 프로테스탄트 신학자 · 문화철학자. 문헌 최현종, 『독일 종교사회학의 고전을 찾아서: 베버, 트뢸치, 짐멜』(한국학술정보, 2020).

* 702 정확하게는 Explicatio gravissimae quaestionis, utrum excommunicatio ... mandato nitatur divino an excogitata sit ab hominibus인데, 이미 1569년에 저술되었다고 한다.

* 703 뵈켄회르데(Ernst-Wolfgang Böckenförde) → 『정치신학 II』, 본서 1174면.

* 704 페르디난트 퇸니스 → 『의회주의』

* 704 『법의 원리』(The Elements of Law. Natural & Politics, 1640) 제2부 9장 「주권을 가진 사람들과의 의무에 대해서」. 김용환 옮김, 『법의 기초: 자연과 정치』(아카넷, 2023).

* 704 빌름스(Bernard Willms, 1931-1991) 독일의 홉스 연구가. Ritter-Kreis.

* 704 크로코우(Christian Graf von Krockow, 1927-2002) 사회학자 · 정치학자. 카를 슈미트 비판가. 저서 『결단』(Die Entscheidung. Eine Untersuchung über Ernst Jünger, Carl Schmitt, Martin Heidegger, 1990); Die deutschen in ihrem Jahrhundert 1890-1990, 1989.

* 704 콜링우드(Robin George Collingwood, 1889-1943) 영국의 철학자 · 역사가. 저서 『예술의 원리』(The Principle of Art, 1938), 『역사의 이념』(The Idea of History, 1946).

* 704 알비파(Albigenses) 동방적인 이원론에 입각한 중세 최대의 이단적인 분파로서 11-13세기경 프랑스 남부의 알비 지방에 퍼져 있었다. 로마 교회로부터 3차에 걸쳐 탄압을 받고 이단으로

선고되어 14세기에는 소멸되었다. 카타리파(순결파)의 분파에 속한다.

* 706 성 바르톨로메오 제야 → 『유럽 법학의 상태』, 74면; → 본서 539면, 1020면

* 706 정확하게는 『숭고한 사물이 은폐된 비밀에 관한 헤프타플로메레스 대화』(Colloquium Heptaplomeres de rerum subli mium arcanis abditis)이다.

* 707 바리온(Hans Barion, 1899-1973) 독일의 가톨릭 신학자 · 교회법학자. 나치정권을 지지하여 전후 실각. 제2 바티칸 회의의 「현대화」에 반대. 슈미트의 친구. 저서 Rudolf Sohm und die Grundlegung des Kirchenrechts, 1931; 논문집 Kirche und Kirchenrecht. Gesammelte Aufsätze, Werner Böckenförde (Hrsg.), Paderborn: F. Schöningh 1984. 712 S. 저작목록은 S. 681-691. 바리온은 슈미트의 고희기념논문집 『에피로시스』에 「세계사적 권력형성?」(Weltgeschichtliche Machtform? Eine Studie zur Politischen Theologie des II. Vatikanischen Konzils, in: Festschrift Epirrhosis, Berlin 1968, S. 13-59)을 기고했다. → 본서 739면.

* 707 솔즈버리의 존(John of Salisbury ca. 1120-1180) 라틴명은 Saresberiensis이며 중세 영국의 철학자. 뛰어난 라틴어학자이자 문필가이며, 저서 『정치론』(Policraticus sive de nugis et vestigiis philosophrum libri 8)은 1159년에 완성한 것으로서 세속의 권력이 교회의 권력에 복종해야 한다고 주장하였고, 또 『메타논리학』(Metalogicon)은 논리학과 형이상학의 필요성을 역설하였다.

* 708 보니파키우스 8세(Bonifacius VIII, ca. 1234-1303) 교황권이 모든 세속의 권력에 우선한다고 하여 교황권의 고양에 힘쓴 로마 교황(재위 1294-1303). 1302년의 회칙(回勅)에서 교황은 성속양계(聖俗兩界)에서 최고의 권력을 가지며, 어떠한 군주일지라고 이에 복종해야 한다고 역설하였다.

* 710 필립 미왕(Philipps des Schönen)이란 프랑스 국왕 필립 4세(재위 1285-1314)를 말하며, 법조인이며 몽펠리에 대학교수였던 기욤 노가레(Guillaume de Nogaret, 1260/1313)는 재상이며, 보니파키우스 8세의 폐위를 결의할 때 지도적인 역할을 하였다.

* 710 바이에른의 루트비히. 루트비히 4세(Ludwig IV)를 말하며, 옥캄은 그 『명제집주해』(Super IV liblos sententiarum subtilissimae quaestiones, Strassburg 1483. 집필은 1318-1323)가 이단으로서 심리되고, 상급을 기다리는 동안에 당시 피사에 있던 루트비히에게로 달려갔다(1328년). 옥캄은 「폐하는 저를 검으로 지켜주십시오. 저는 폐하를 펜으로 지켜드립니다」라고 말했다고 한다.

* 710 윌리엄 옥캄(William Ockham, c. 1285-1349) 영국의 철학자. 저서 박우석 · 이경 옮김, 『논리학 대전』(나남, 2017). 문헌 박은구, 『서양 중세 정치사상 연구』(혜안, 2001).

* **713** 윈켄티우스(Vincentius, ?-1248) 볼로니아에서 배운 로마법 · 카논법학자. 포르투갈에서 활약하였으며, 1213년에는 리스본의 수석 사제, 1226년에는 왕실의 문서기초관. 1229년에는 Indanha-Guarde의 주교가 되었다.

가치의 전제 (1967)

* Die Tyrannei der Werte. Säkularisation und Utopie-Ebracher Studien, Festschrift für Ernst Forsthoff zum 75. Geburtstag, Stuttgart: W. Kohlhammer, 1967, S. 37-62. also in: Sepp Schelz (Hrsg.), Die Tyrannei der Werte, Hamburg: Lutherisches Verlagshaus, 1979, S. 11-43.

『유럽 법학의 상태』(교육과학사, 1990), 255-304면에 수록.

* **715** 에프라흐(Ebrach) 바이에른주 밤베르크(Bamberg) 가까운 휴양지. 슈타이거발트(Steigerwald) 구릉지에 있다. 이「에프라흐 세미나」는 1957년 가을 처음 모인 이래 포르스토프가 사망하기 직전인 70년대 초까지 활동을 계속했다. Dirk van Laak, Gespräche mit der Sicherheit des Schweigens, Berlin 1993, S. 200 ff. 初宿正典, フォルストホフの»エーブラハ・セミナー«について,『産法』50권 1호(2017).

* **715** 에른스트 포르스토프(Ernst Forsthoff, 1902-1974) 독일의 공법학자. 일찍이 슈미트의 문하생으로 나치스 초기에는 대표적인 나치스 법학자 중의 한 사람. 프라이부르크대학 사강사(1930)에서 프랑크푸르트(1933) 대학 정교수가 된다. 이 무렵 그는 가명으로 나치즘과 파시즘을 선전하는 팸플릿을 썼다고 한다.『전체국가』(Der totale Staat, 1933)도 그의 작품이다. 그는 이어서 함부르크(1935), 쾨니히스베르크(1936), 빈(1941), 하이델베르크(1943) 대학을 전전하다가 패전을 맞았다. 이러한 이동을「권위주의국가를 위한 전도여행」이라고 해석하는 사람도 있다. 1946년 대학을 그만두었다가 1953년 하이델베르크대학에 복귀한다. 그의『급부주체로서의 행정』(Die Verwaltung als Leistungsträger, 1938)는 한국과 일본에도 많은 영향을 미쳤다. 저서『행정법 교과서』(1950, 10. Aufl., 1973);『근대 독일 헌법사』(3. Aufl., 1967);『변화 속의 법치국가』(1964) 등. 저작목록『서울대 법학』제16권 1호(1975), 141-185면. 카를 슈미트와 관련해서는 Dirk van Laak, Gespäche in der Sicherheit des Schweigens, 1993. S. 240-246; 서신 교환집은 Briefwechsel Ernst Forsthoff-Carl Schmitt (1926-1974), Berlin: Akademie Verlag 2007. 문헌 Häberle u.a., Staatsrechtslehrer des 20. Jahrhunderts, S. 711-730; Florian Meinel, Der Jurist in der industriellen Gesellschaft. Ernst Forsthoff und seine Zeit, Berlin: Akademie Verlag, 2011; Willi Blümel (Hrsg.): Ernst Forsthoff. Kolloquium aus Anlaß des 100. Geburtstag von Prof. Dr. Dr. h.c. Ernst Forsthoff, Duncker & Humblot 2003; Peter Axer, Otto Mayer, Walter Jellinek, Ernst Forsthoff und das Recht der öffentlichen Sache, in: Christian Baldus, Herbert Kronke und Ute Mager (Hrsg.), Heidelberger Thesen zu Recht und Gerechtigkeit, Mohr, 2013. → 『파르티잔』

* **715** 에른스트 포르스토프의 논문「근대 국가와 덕」(Der moderne Staat und die Tugend,

1950)에는「세기의 전환점을 대표하는 게오르크 옐리네크의 저작에는 덕이라는 말은 이미 나오지 않는다」고 하며,「법실증주의가 (진실로 윤리적인 의미에서의) 법으로부터 해방된 것과 국가론이 덕으로부터 해방된 것과는 밀접한 관계가 있다」고 한다(ders., Rechtsstaat im Wandel, 1964, S. 14 f.). 이 책은 같은 제목인 Rechtsstaat im Wandel. Verfassungsrechtliche Abhandlungen 1954-1973, 2. Aufl., 1976로 수정 · 증보되었으며 위의 논문은 삭제되었다.

* **715** M. Scheler, Zur Rehabilitierung der Tugend, in: Vom Umsturz der Werte, Bd. 1. 1913을 말한다.

* **715** 그 대표적인 시도는 R. Smend, Verfassung und Verfassungsrecht, 1928. 김승조 옮김, 『국가와 헌법』(교육과학사, 1994)이다.

* **715** 독일 법원의 가치철학. 우선 E. Forsthoff, Die Umbildung des Verfassungsgesetzes, in: Festschrift für Carl Schmitt zum 70. Geburtstag, 1959, S. 35-62, jetzt in: Rechtsstaat im Wandel, 2. Aufl., 1976, S. 130-152 (계희열역,「헌법률의 개조」, 동인 편역,『헌법의 해석』, 고려대 출판부, 1993, 89-124면).

* **716** 법치국가적 헌법집행. 입법자의 소산인 법률을 통해서 이루어지는 헌법의 집행. 간접적 헌법집행(mittelbarer Verfassungsvollzug)이라고도 한다. Schmitt, Rechtsstaatlicher Verfassungsvollzug, 1952, in: Verfassungsrechtliche Aufsätze, 1958, 3. Aufl., 1985, S. 452 ff.

* **716** 자기 고유의 논리. E. Forsthoff, Die Umbildung des Verfassungsgesetzes, in: Rechtsstaat im Wandel, S. 138 f. (역서, 103면)에서「스멘트는 지금까지 개인권이라고 이해되어 온 기본권을 가치라고 해석하였기 때문에 그는 기존의 기본권 이해에 새로운 국면을 부가한 것이 아니라 기본권을 다른 논리적 차원에 둔 것이다. 왜냐하면 기본권이 가치일 때에는 왜 이러한 가치들(평등 · 표현의 자유 등)이 개인과 국가와의 관계에서만 효력을 가지는가 하는 문제가 바로 생기므로, 가치의 효력은 모든 법관계에, 즉 사인 상호 간의 관계에도 미치는 것이 이치에 적합하기 때문이다. 가치는 자기 고유의 논리를 가진다」고 한다. 이리하여 위의 인용문의 마지막 한 절은「60세의 생일을 축하하여 에른스트 포르스토프에게 드림」이라는 헌사가 붙어있는 C. Schmitt, Theorie des Partisanen, 1963, S. 80 (김효전 옮김,『파르티잔』, 문학과 지성사, 1998)에서도 인용한다.

* **717** 사회 회칙. 사회 · 경제 그리고 노동문제를 논한 회칙. 이 회칙은 전통적으로 라틴어로 나오며, 본문 첫 머리의 몇 자를 따서 그 명칭으로 삼는 관례가 있다.

* **717**「교회의 기독교 이외의 종교들에 대한 관계」(Verhältnis der Kirche zu den nichtchristlichen Religionen) Declaratio de ecclessiae habitudine ad religiones non-christianas (기독교 이외의 종교들에 대한 교회의 태도에 관한 보고)를 가리킨다. 현석호역,『종교자유에 관한 선언』(성바오로출판사, 1993); (제2차 바티칸)『공회의 문헌: 헌장 · 교령 · 선언문』(중앙협의회, 1986).

* **718** 지상의 물은 토지에 종속한다(superfices solo cedit). 로마법의 격언. 가이우스, 『학설휘찬』 제41권 제1장 제7 법문 제10절.

* **718** 「머리에서 발끝까지」. 카를 마르크스가 「자본」을 정의하면서 머리에서 발끝까지 오물을 내뿜는 운운 한 것을 비꼰 표현이다.

* **718** 「고유한 가치를 박탈하는」. K. Marx, Zur Judenfrage, Marx-Engels Werke, Bd. 1, 1957, S. 374 ff. (김현 옮김, 『유대인 문제에 관하여』, 책세상, 2015).

* **719** 분배문제. C. Schmitt, Nehmen/Teilen/Weiden, in: Verfassungsrechtliche Aufsätze, S. 496에는 「사회문제의 중심에 있는 것은 정당한 분배가 무엇인가 하는 문제이며, 그러므로 사회주의는 무엇보다 먼저 새로운 분배이다」라고 한다.

* **720** 뒤링(Karl Eugen Dühring, 1833-1921) 독일의 철학자 · 경제학자 · 사회주의사상가. 유물론에 입각하여 종교를 비판. 반유대주의자이기도 했다. 엥겔스는 『반뒤링론』(김민석 옮김, 새길, 1987)에서 뒤링을 비판했다.

* **720** 미타이스(Heinrich Mitteis, 1889-1952) 독일의 법사학자. 쾰른 · 하이델베르크 · 뮌헨 · 빈대학 교수. 1938년 정치적 이유에서 Rostock대학으로 좌천되었다가, 1945년 이후 베를린 · 뮌헨 · 취리히대학 교수. 20세기 전반의 저명한 게르만 법사학자. 특히 중세의 비교 국제사 연구가 중요하다. 저서 『렌법과 국가권력』(Lehnrecht und Staatsgewalt, 1933); 『독일법제사』(Deutsche Rechtsgeschichte, 1949); 『역사 속의 법이념』(Die Rechtsidee in der Geschichte, 1957). 문헌 Georg Brun, Leben und Werk des Rechtshistorikers Heinrich Mitteis unter besonderer Berücksichtigung seines Verhältnisses zum Nationalsozialismus, Lang, Frankfurt a. M. 1991; N. Grass, NDB. Bd. 17 (1994), S. 577-579; P. Landau u.a. (Hrsg.), Heinrich Mitteis nach hundert Jahren (1889-1989), München 1991.

* **720** 로젠베르크(Alfred Rosenberg, 1893-1946) 나치스 이론가. 저서 『20세기의 신화』(Der Mythus des 20. Jahrhunderts, 1930)는 합리주의를 배격하고 독일 민족의 우수성을 강조한 것으로 백만 부 이상 팔렸다고 한다. 1946년 「인종증오의 원작자」로서 뉘른베르크 국제 군사재판에서 사형 선고를 받고 처형되었다. 저서 『프리메이슨의 범죄』(Das Verbrechen der Freimaurerei, 1921); 『나치스당의 본질, 원칙 그리고 목표』(Wesen, Grundsätze und Ziele der NSDAP, 1922).

* **720** M. Scheler, Der Formalismus in der Ethik und die materiale Wertethik, Gesammelte Werke, Bd. 2, 5. Aufl., 1966, S. 118 a. 1.

* **721** 프리드리히 엥겔스(Friedrich Engels, 1820-95) 『공상으로부터 과학에로의 사회주의의 발전』(Die Entwicklung des Sozialismus von der Utopie zur Wissenschaft, 1880), 김재기

편역, 『마르크스 · 엥겔스 저작선』(거름, 1988), 195-291면에 수록. → 「유대 정신」

* **721** 유토피아(Utopie) 그리스어의 outopos에서 유래하며 토머스 모어(Thomas More)가 만든 말이다. 이 말은 일반적으로 Nirgendwo, nowhere를 의미한다고 하나, 슈미트는 『대지의 노모스』(Der Nomos der Erde im Völkerrecht des Jus Publicum Europaeum, 1950, 3. Aufl., 1988, S. 149 f.)에서 「Utopia는 단순히 일반적으로 Nirgendwo, Nowhere, Erewhon (어디에도 없는 곳)을 의미하는 것이 아니라 U-Topos (장소를 갖지 아니한 것)을 의미한다」고 하며, 모어의 작품 『유토피아』의 「내용은 Utopie라기 보다는 오히려 Eutopie였다」고 한다. 그리하여 Eutopie는 그리스어의 eu-topos에서 유래하는 말로 「안락의 장」을 의미하는데, 모어의 작품 속에도 Eutopia라는 말이 나온다.

* **721** 보르헤스(Jorge Luis Borges, 1899-1986)는 처음에는 시인으로 나중에는 단편 작가로서 활약하였는데, 1956년에 부에노스 아이레스 대학 영미문학과 교수로 취임하였다. 제1회 포르만톨상(국제출판사상)을 새뮤엘 베케트(Samuel Beckett, 1906-1989)와 함께 수상한 이후 국제적으로 명성을 날렸다. 문헌 『보르헤스 문학전기』(김홍근, 솔, 2005); 『보르헤스의 미국문학 강의』(청어람미디어, 2006) 등.

* **722** 에프라하 연구회. 에른스트 포르스토프가 창설하고 주재한 사적인 연구회로서 방학 중 에프라하에서 개최되었다. → 본서 1153면 역주

* **724** 베버의 논문 Der Sinn der »Wertfreiheit« der soziologischen und ökonomischen Wissenschaften, 1917에는 「'모든 것을 이해하는 것'은 '모든 것을 용서하는 것'을 의미하지는 않는다」고 한다. M. Weber, Methodologische Schriften, Studienausgabe, S. Fischer Verlag 1968, S. 243.

* **724** M. Scheler, Gesammelte Werke, Bd. 2, S. 100에는 「프란츠 브렌타노에 의해서 이미 부분적으로 명백하게 된 ... '공리'는 다음과 같다. 하나의 적극적인 가치의 존재는 그 자체 하나의 적극적 가치이다. / 하나의 소극적 가치의 존재는 그 자체 하나의 소극적 가치이다. / 하나의 적극적 가치의 부존재는 그 자체 하나의 소극적 가치이다. / 하나의 소극적 가치의 부존재는 그 자체 하나의 적극적 가치이다」.

* **725** C. Schmitt, Politische Theologie, 2. Ausgabe 1934, S. 43 f. (본서 30면)에는 「결정규범으로서의 법규는 단지 어떻게 결정될 것인가를 규정하며, 누가 결정해야 할 것인가를 규정하는 것은 아니다. 궁극의 권위가 없다면 각인이 내용적 정당성을 주장할 수 있을 것이다」라고 하며, 「법형식의 문제는 결정주체의 독자적인 의미 속에 있다」(S. 46; 역서 31면)라고 하는 한편, 「미학적 형식」은 「결정과 무관계하다」(S. 46; 역서 31면), S. 37(역서, 27)고 한다.

* **725** M. Scheler, Gesammelte Werke, Bd. 2, S. 214, 193.

* **725** C. Schmitt, Theorie des Partisanen, 1963, S. 80 (김효전 옮김, 『파르티잔』, 문학과

지성사, 1998)에는 「에른스트 포르스토프가 정확하게 서술하듯이, 가치는 '자기 고유의 논리'를 가진다. 즉 반가치의 논리와 이 반가치의 담당자의 말살의 논리를 가진다」고 하며, S. 80 a. 49에는 「가치를 설정하는 자는 그것으로 항상 하나의 반가치의 말살에 있다」고 한다.

* **725** 요아힘 리터(Joachim Ritter, 1903-1974) 독일의 실존주의 철학자. 이른바 리터 학파의 창시자. 1932년 함부르크대학에서 교수자격 취득. 1943년 킬, 1946년 이후 뮌스터대학 교수 역임. 저서 아리스토텔레스와 헤겔의 연구가로서 유명. 저서 Docta ignorantia, 1927; 『헤겔과 프랑스혁명』(김재현 옮김, 한울, 1983).

* **727** 가치론적 중립성. C. Schmitt, Die legale Weltrevolution, in: Der Staat, Bd. 17. 1978, S. 326 a.(본서 808면)에는 「가치론적으로 중립 · 순수한 가치자유로운」(axiologisch neutral rein *und Wertfrei*) 학문 운운한다. 이와 관련하여 axiologie는 그리스어의 axios-logos에서 유래하는 말로서 금세기에 만들어진 새로운 말이다.

* **727** 구체적으로는 K. Löwith, Max Weber und Carl Schmitt, Frankfurter Allgemeine Zeitung, Samstag, 27. Juni 1964 (김효전 옮김, 「막스 베버와 칼 슈미트」, 동인, 『합법성과 정당성』, 교육과학사, 1993, 293-313면에 수록)를 말하며, 다음에 그 일부를 소개한다. 「슈미트는 최근 이런저런 궁극적 가치를 위해서 내린 자기 결정이라는 베버의 테제로부터 서로 배타적이기 때문에 서로 투쟁하는 '가치'의 '전제'는 만인의 만인에 대한 투쟁을 가져온다는 결론을 도출하였다」.「옛날의 신(神)들이 단순히 타당한 가치들로 되어버린다면 투쟁은 무의미하게 되며 투쟁자는 손쓸 수 없도록 독선적이 된다. 이것은 막스 베버의 서술이 뒤에 남긴 악몽이다」.「독선」에서 완전히 해방된 사람이 있다면 베버 그 사람이다. 그는 그의 적대자도 또한 충분히 의식하고 자기의 결단의 결과에 대해서 책임을 진다는 것이 확신할 수만 있었다면, 그것이 누구든 다른 사상의 소지자에 대해서 공정할 수 있었다. 이에 대해서 슈미트의 독재적 결단주의는 「기회주의」, 「적당주의」이다. 결단주의나 구체적 질서사상을 선전하기 이전인 1917년의 국가의 「가치」에 대한 저서에서 극단적인 규범주의를 주장하던 슈미트가 베버의 정치적 입장에 대해서 그것이 가치철학에 집착하고, 어떠한 세계관적 가치의 설정에도 그 관철의 의욕이 필요하다는 것, 그리고 '가치자유로운 학문'과 이로써 추진된 산업기술의 산물은 「철저한 말살수단이나 섬멸수단」이라는 것, 그 이상 아무것도 논하지 않는 것은 놀랄 일이다. 우리들이 알고 있는 한 제3제국의 추밀고문관으로서의 슈미트는 이 말살수단이나 섬멸수단에 대해서 더 이상 자극하지 않았다. 인종적 가치론으로 지위를 얻고 「전면적인 적」에 대해서 단호하게 대처하는 것만이 그에게 중요했기 때문이다」(역서, 310-311면).

뢰비트의 이 논문은 Piet Tommissen, Ergänzungsliste zur Carl Schmitt Bibliographie vom Jahre 1959, in: Epirrhosis für Carl Schmitt, Bd. 2, 1968, S. 762에 의하면 K. Löwith, Max Weber und seine Nachfolger, Maß und Wert, 3. Jahrg. (1940) Heft 2와 「거의 동일」하다고 한다. 그리고 뢰비트에게는 1935년(Hugo Fiala라는 가명으로 쓴) Politischer Dezisionismus, Internationale Zeitschrift für Theorie des Rechts, 9. Jahrg. Heft 2에 약간 손질을 가한 1960년의 Der okkasionelle Dezisionismus von C. Schmitt, Gesammelte Abhandlungen, 1960, S. 93 ff.가 있으며, 여기서 전개한 논의는 전후의 슈미트론에 많은 영향을 주었다. 또한 뢰비트가 논술한 배후에는 「슈미트는 독일 파시즘의 지도적인 대변인이 되고 베버의 사상이 그러한 해석을

낳았다는 사실은 독일 자유주의의 대표자라는 베버의 이미지를 더럽혔다」(미츠만, 安藤英治譯, 鐵の檻, 1975, 209면)는 인식도 작용한 것 같다. 이와 관련하여 베버는 1920년 6월 14일 작고하였는데, 슈미트는 같은 해 「5월 상순」에 시작한 베버의 마지막 세미나에 참석한 한 사람이었다(安藤英治, 『マックス・ウェーバー』, 1979, 164면). 당시 베버는 뮌헨대학 교수였으며 슈미트는 뮌헨 상과대학 사강사였다.

* 727 법치국가적 헌법집행(Rechtsstaatlicher Verfassungsvollzug, 1952), in: C. Schmitt, Verfassungsrechtliche Aufsätze, S. 452-488.

* 728 대유한다. 「가격을 가지는 것은 같은 가격의 다른 어떤 것에 의해서 대치될 수 있다. 이에 대해서 모든 가격을 초월한 것, 따라서 어떠한 동가물(同價物)도 허용하지 않는 것은 존엄을 가진다. ...존엄을 가지는 유일한 것은 도덕성 및 이 도덕성을 실현할 수 있는 인간뿐이다」. I. Kant, Grundlegung zur Metaphysik der Sitten, Leopold Klotz Verlag 1930, S. 133 f.(정진역, 『도덕철학원론』, 을유문고, 104면).

* 728 「말하자면 그 존엄의 신성을 모독하지 않고서는 그 존엄이 가격과 비교되고 계산될 수 없다」(I. Kant, Grundlegung, S. 134; 역서, 105면).

* 731 Perspektivismus. 일체의 인식은 개인적 입장이나 인식자의 시계(視界)에 의해서 제약된다는 철학상의 견해. 니체 · 딜타이 · 오르데카 이 가세트가 그 대표적인 주장자이다.

* 731 Schmitt, Politische Theologie, S. 29 (본서 23면) 「하나의 점(ein Punkt)이 질서이고 체계이며 규범과 동일물이라는 흥미 있는 수학적 신화」를 말하는 켈젠 운운 한다.

* 732 「점=주의」(Punktualismus) 프랑스어의 Pointillisme(점묘주의, 點描主義)에서 유래했다고 생각된다.

* 732 주 19. C. Schmitt, Der Gegensatz von Gemeinschft und Gesellschaf als Beispiel einer zweigliedrigen Unterscheidung, Estudios Juridico-Sociales, Hoenaje al Professor Luis Legaz Y Lacambra, 1960, Bd. 1, S. 165-176.

* 735 C. Schmitt, Der Leviathan in der Staatslehre des Thomas Hobbes, 1938, S. 69에는 「의리나 진리의 원용은 투쟁을 점차 격렬하게 하고 악성화할 뿐이다」라고 한다. 그리고 홉스의 『리바이어던』 제15장에는 「선이나 악이란 우리들의 욕구와 혐오를 나타내는 명사로서 그것들은 사람들의 기질 · 관습 · 주의가 다름에 따라서 서로 틀린다. ... 아니 같은 인간이라 할지라도 때에 따라서는 달라지는 것으로서 다른 때에는 비난하며 악이라고 몰아세우던 것도 어떤 때에는 가령, 즉 선이라고 부른다. 이러한 것에서 의론이나 논쟁이 마침내는 전쟁이 일어난다. 그러므로 개인적인 욕구가 선악의 척도가 되는 한 사람은 단순한 자연상태(그것은 전쟁이다)에 있는 것이다」라고 한다. Hobbes's Leviathan, Reprint ed. of 1651, p. 122 (진석용 옮김, 『리바이어던』(1), 214면).

* 735 주 23. D. v. Hildebrand, Sittlichkeit und ethische Werterkenntnis, in: Jahrbuch für Philosophie und phänomenologische Forschung, Bd. 5, 1922, S. 463-602.

* 736 테오도르 해커(Theodor Haecker, 1872-1945) 슈미트의 뮌헨 지인. 종교 기자. John Henry Newman (1801-1890)의 영향으로 1921년 프로테스탄트에서 가톨릭으로 개종. 막스 셸러 등의 영향을 받고 현대 문명을 비판. 뉴먼 · 키에르케고르 등의 번역도 있다. 나치 시대에는 히틀러를 적그리스도로서 비판, 발매금지처분을 받다. 나치 저항운동에 영향을 미쳤다.

* 736 유럽 공법(Jus Publicum Europaeum) → 『대지의 노모스』 151면 이하.

* 736 K. Binding und A. Hoche, Die Freigabe der Vernichtung lebensunwerten Lebens, 1920의 내용은 확실히 알 수 없으나, Handwörterbuch der Rechtswissenschaft, Bd. 2, 1927, S. 365 f.에 의하면, 그것은 「빈사상태에 있는 자」의 자비 살인뿐만 아니라 「불치의 질병자」의 자비 살인의 정당성을 논한 것 같다. 이 저작 이후 「생존할 가치 없는 생의 말살」(Vernichtung lebensunwerten Lebens)이라는 말은 「빈사 상태에 있는 자」 이외의 특정한 인간의 자비살인을 의미하는 것으로서 일반적으로 사용되고 있다. 따라서 그것은 Euthanasie와는 그 개념의 내포를 달리하는 것이다. Brockhaus Enzyklopädie, Bd. 5, 1968, S. 797; Creifelds Rechtswörterbuch, 1970, S. 356 참조. 그리고 Euthanasie는 그리스어의 euthanatos에서 유래하며 한국에서는 흔히 「안락사」라고 한다.

문헌은 Fedja Alexander Hilliger, Das Rechtsdenken Karl Bindings und die »Freigabe der Vernichtung lebensunwerten Leben«, Duncker & Humblot, Berlin 2018.

* 736 일본의 경우 「일정한 조건 아래 행하여지는 Euthanasie는 허용해야 할 것이다. 의사와 법률가로 구성되는 기관의 결정을 거쳐 실행하는 것도 하나의 안이다(Binding)」는 견해(瀧川幸辰, 『刑法講義』, 1930, 116면)도 있다.

* 736 나치스 독일의 이른바 Euthanasie-Programm을 가리키는 것 같다. 1939년 9월 1일의 「히틀러의 비밀명령에 의하여 개시된 이 프로그램은 '생존할 가치 없는' 생명의 살해의 극단적인 사례였다. 그것은 장애아(지능장애)와 성인 정신병환자의 집단 살해를 규정하고 있었다. 희생자의 수는 어린이 5천인, 성인 10만인으로 추산되고 있다」. Brockhaus, Enzyklopädie, Bd. 5, 1968, S. 797. 그런데 이 대량살해의 계획은 이것을 알게 된 사람들, 특히 교회 관계자의 격렬한 항의에 부딪쳐 1941년 8월 24일의 히틀러의 비밀명령에 의해서 중단되었다고 한다. 그러나 개별적인 살해는 그 이후에도 계속되었다. 또한 Meyers Enzyklopädisches Lexikon, Bd. 8. 1973, S. 357에는 그 2년 동안에 살해된 자의 수는 「6만인에서 8만인으로 추산된다」고 한다.

* 736 Meyers Enzyklopädisches Lexikon, Bd. 8. 1973, S. 357에는 「지능장애아(기형아), 「불치」의 정신병환자, 마침내는 민족적 · 정치적으로 좋지 못한 자에 대한 제3제국의 '자비사'(Gnadentot) 작전은 빈딩과 호헤의 구상을 현실화한 것이며, 동시에 그것의 정치 이데올로기적 확장이다」고 하며, Brockhaus Enzyklopädie, Bd. 8, 1969, S. 549에는 「'생존할 가치 없는 생의 말살의 용인' 이라는 그 저작은 나치스의 Euthanasie-Programm의 정당화를 위하여 이용되

었다고」하며, Hitorisches Wörterbuch der Philosophie, Bd. 2, 1972, S. 828에는「히틀러의 안락사 계획은 빈딩과 호헤의 이론과는 소원하다」고 한다.

* **737** C. Schmitt, "Hinweise zur Ausgabe von 1963," Der Begriff des Politischen, 1963, S. 123에는「적과 동지의 구별」을「가치적 사고」 아래 두고,「동지는 '가치'로서 적은 '반가치'로서 기록되어 버리며, 그리하여 '생존할 가치 없는 생의 말살'이라는 주지의 모델에 따라서 그 반가치의 말살이 적극적 가치라는 것이 된다」고 한다. → 역서 183면.

* **737** 슈미트는 괴테의 이 말을 그의 책『국가의 가치와 개인의 의미』(Der Wert des Staates und die Bedeutung des Einzelnen, 1914, 2. Aufl., 2004, S. 74 a. 1)에서 공감을 가지고 인용한다. 그 밖에도 괴테의 말은 Brief an E. H. F. Meyer. 26. Juni 1829, Goethe Werke, Weimar Ausgabe, Bd. 45, 1908, S. 307 ff.에서도 찾아볼 수 있다.

* **737** C. Schmitt, Politische Theologie, S. 41(본서 29면)는「결코 순수한 그대로 현실화될 수 없는 법이념」이 있으며, Der Wert des Staates, S. 74 a. 1.에는「그 자체는 그 현세계에의 실현에 관한 규칙을 규정할 수 없는 이념」이 있다.

정치신학 II (1970)

* Politische Theologie II. Die Legende von der Erledigung jeder politischen Theologie, Berlin: Duncker & Humblot 1970, 5. Aufl., 2008, 126 S.

『동아법학』 제16호(1993), 249-356면.

일찍이 카를 슈미트는『정치신학』(김효전역, 법문사, 1988)이란 팸플릿에서「주권자란 비상사태를 결정하는 자이다」라고 하면서 그의 주권론과 국가이론을 전개하는 한편, 오늘날의 정치학 개념은 모두 신학개념이 세속화된 것이라고 주장하였다. 이러한 그의 결정주의 헌법이론과 가톨릭에 입각한 정치이론은 독일을 비롯하여 각국에 많은 영향을 미쳤다.

그러나 신학자들로부터 모든 정치신학은 해결되었다는 비판을 받았다. 특히 에릭 페터존은 1935년『정치문제로서의 일신교』라는 책에서「정치신학」의 신학적 불가능성을 구체적 사례에 따라 증명하려고 하였다. 이 책은 분명히 카를 슈미트에게 커다란 충격을 주었을 것이다. 그로부터 35년 동안 가슴 속 깊이 간직해 두었던 문제를 더구나 페터존이 죽은 지 10년이나 된 1970년에 다시 꺼내어「오래된 도전」에 응답한 것이 바로『정치신학 II』이다.

여기서 슈미트는 자신의 관심사는 현재의 실제에 대한 역사적 · 사회학적 사실이라고 반복해서 항의한다. 이것을 정치「신학」이라고 명명하는 것은 용어법상으로도 의문이다. 또 그는 비인격적인 이신론과 법치국가를 오류라고 하여 배격하고 신과 주권자의 절대성을 옹호하고 이를 구체적인 정치상황에 적용하고 실천적으로 연결시킨 바 있다. 바이마르 시대인 1922년에 저술한 책의 내용을 광란의 나치스 시대를 거쳐 독일의 패망과 새로운 민주국가의 건설로 이어지는 반세기만에 다시 신학과 교회사란 이름으로 포장하여 현학적으로 변명하는 슈미트의 진의는 무엇일까? 정치적인 것의 신학적 속성 내지 신학적인 것의 정치적인 특성을 과감하게 파헤치려는 오늘날의 우리들에게 이 책은 하나의 좋은 참고자료로서의 가치를 지니며 여전히 일독할 가치가 있다고 생각한다.
이 책은 원래 『동아법학』 제16호(1993)에 발표한 것을 이번에 다시 수정한 것이다. 번역에 있어서는 일본어판 長尾龍一 · 小林 公 · 新 正幸 · 森田寬二譯, 『政治神學再論』(福村出版, 1980)을 많이 참조하였으며, 여기의 역주와 인명 해설을 기초로 역자가 몇 가지 더 첨가하였다. 또한 영어판 Tr. by Michael Hoelzl and Graham Ward, "Political Theology II: The Myth of the Closure of any Political Theology," Polity Press, Cambridge, UK 2008도 참고하였다.

* 739 Politische Theologie, 1922, 2. Ausgabe 1934, S. 11 (김효전역, 『정치신학외』, 법문사, 1988, 11면). 프랑스어 번역은 Traduit de l'allemand par Jean-Louis Schlegel, Théologie politique, 1922, 1969, Gallimard, Paris 1988, 182 pp.
관련 문헌 Martti Koskenniemi, International Law as Political Theology: How to Read *Nomos der Erde*? in: Constellations, Vol. 11, No. 4 (2004), 492-511 참조.

* 739 에릭 페터존(Erik Peterson, 1890-1960) 독일의 가톨릭 신학자 · 교회사학자. 스트라스부르, 괴팅겐, 베를린, 바젤 등지에서 프로테스탄트 신학부에서 신학을 배운 후 1920-24년 괴팅겐 대학에서 교회사를 강의하고, 24-28년 본 대학 교수로서 신약성서를 강의. 키에르케고어에 대한 관심을 원시 기독교의 종말론적 성격의 연구에 의해서 프로테스탄트적 · 바르트적 입장에서 떠나 1929년의 크리스마스에 가톨릭으로 개종. 1934년부터 로마로 옮겨 영주. 교황 설립 기독교대학연구소 교수가 된다. 죽기 직전 출생지인 함부르크로 돌아와 여기서 사망. 문헌 Giancarlo Carnello (Hrsg.), Erik Peterson. Die theologische Präsenz eines Outsiders, Berlin: Duncker & Humblot 2012. 652 S.; B. Nichtweiss, Erik Peterson. Neue Sicht auf Leben und Werk, 1992; Alfred Schindler (Hrsg.), Monotheismus als politisches Problem? Erik Peterson und die Kritik der politischen Theologie, Gütersloh 1978; 古賀敬太, 『カール · シュミットとカトリシズム』(創文社, 1999), 399-455면.

* 739 erledigen. Erledigung은 번역하기 어려운 용어인데 여기서는 일단 「해결하다」 또는 「해결」이라고 번역하였다. 이 책에서는 이 독일어 그 자체의 의의가 문제시 되고, 슈미트는 그것을 신학용어가 아니라고 하며(본서 785면), 「원래 페터존의 신학상의 용어에 속하지 않는 것이다」(786면)라고 한다. 영어판에서는 "closure"라고 번역하며, 일어판에서는 「일소하다」 「일소」라고 번역한다. 한국어판에서 조효원은 「처리」라고 번역한다.

* 739 제2차 바티칸 공의회(Concilium Vaticanum Secundum; Second Vatican Council)는 1962년부터 1965년까지 열린 로마 가톨릭교회의 공의회이다. 로마 가톨릭교회가 장차 앞으로 나아갈 길을 타진한 교회의 현대적 개혁이 이 공의회의 목적이었다. 현재 기독교 역사상 가장 최근에 이루어진 공의회이다. 여기서 확정된 16개의 문서 중 4개는 헌장(constitution), 9개는 교령(教令, decretum), 나머지 3개는 선언(declaration)이다. 이 선언은 비그리스도교와 교회의 관계에 대한 선언을 비롯하여 종교의 자유, 교회의 타종교에 대한 태도, 기독교 교육을 다루고 있다. 공의회 결과 트리엔트 공의회 이후 라틴어로 획일화되어 봉헌하던 미사가 각국의 언어로 봉헌되기 시작했다(이상 위키 백과). 특히 「종교의 자유에 관한 선언」은 1965년 12월 7일 교황 바울 6세가 공포했으며, 전체 15개 항목으로 되어있다. 라틴어 · 독어 대역에 대해서 뵈켄회르데는

서문을 썼다. Erklärung über die Religionsfreiheit. Lateinisch und deutsch. Mit einer Einleitung von Ernst-Wolfgang Böckenförde, Münster/W. 1969. 제2차 바티칸 공회의의 국가론과 사회교설에 대한 한스 바리온의 비판은 Wolfgang Spindler, "Humanistisches Appeasement?" Hans Barions Kritik an der Staats-und Soziallehre des Zweiten Vatikanischen Konzils, Berlin: Duncker & Humblot, 2011, 462 S. 한국 문헌은 H. V. 스트라렌 등편, 현석호 옮김, 『종교자유에 관한 선언』(성바오로출판사, 1993); (제2차 바티칸)『공의회 문헌: 헌장 · 교령 · 선언문』(한국천주교 중앙협의회, 1986).

* 739 요하네스 23세에 의해서 소집된 제21회 공회의(1962-1965. 63년 제2회기 이후는 파울루스 6세). 이에 대해서는 南山大學 監修『第2バチカン公會議解說』(中央出版社, 1968) 전7권.

* 740 Epirrhosis, S. 54. 파르티아(Parthia)는 고대 페르시아 지방에 살고 있던 유목민. 기원전 3세기부터 아르사케스 왕조를 세우고 로마 제국을 위협하였는데 사산(Sasan) 제국 페르시아의 아르탁세르크세스 1세에게 멸망되었다(기원 후 226년). 후퇴하면서 활을 쏘는 전법이 유명하며 「파르티아의 화살」이란 수세에 몰린 자의 반격을 의미한다.

* 740 최후의 공격(parthische Attacke) 기원전 3세기 경 이란의 부족 파르티아(Parthia)인들이 말을 타고 도망가면서 화살을 쏘아대던 공격을 말한다.

* 740 종교개혁권(jus reformandi) 종교개혁 시대에 영주에 의해서 주장된 종교 결정권. 즉 영주는 "Cuius regio, eius religio" (영토의 지배자가 종교를 지배한다)의 원칙에 의해서 영토 내의 모든 신민에 대해서 영주 자신의 신앙을 강제할 수 있는 권한. 법적으로는 아우그스부르크 종교회의(1557년) 제3조에 의해서 처음으로 인정되었다. 슈미트는 이 jus reformandi와 cuius regio, eius religio의 관념을 매우 중요시하며 이 책에서도 여러 번 사용할 뿐만 아니라 『독재론』 제2판(1929)의 서문(Diktatur, S. IX-X; 김효전 옮김, 8-9면), 1938년의 『홉스론』 이후 자주 논술의 중점에 둔다(본서 527면). Die vollendete Reformation, in: Der Staat, Bd. 4, 1965, S. 65, 59, 62 (본서, 완성된 종교개혁, 703면, 706면). 문헌 아이케 볼가스트 지음, 백승종 옮김, 『코젤렉의 개념사 사전 8 개혁과 (종교)개혁』(푸른역사, 2014); 스티븐 오즈맹, 이희만 옮김, 『종교개혁의 시대, 1250~1550』(한울 아카데미, 2020).

* 740 여기서 헤겔의 이름이 나오는 것은 원서 S. 92(본서 783면)과 관련하여 중요하다.

* 740 기독론(Christologie) 기독교 신학의 한 부문. 예수 그리스도의 페르소나, 신성 · 인성. 하나님과의 관계 등에 관한 교리와 학설을 고찰하는 학문. 특히 독일 프로테스탄트 신학자가 이 용어를 사용한다(小林珍雄編, 『キリスト教用語辞典』, 245면).

슈미트는 거기에 politisch라는 형용사를 덧붙인다. 이 말은 뒤에 783면, 798면, 799면에도 나온다. 슈미트는 theologia politica라는 형용사를 붙여 그의 독특한 「정치신학」(Politische Theologie)이라는 개념을 만들어 내었다. 1922년 슈미트가 같은 제목의 논문을 발표한 당시 이 말의 시원인 바로의 theologia에 politica를 염두에 두었는지는 알 수 없지만, 적어도 거기에 바로의 이름은 한 번도 나오지 않는다. 그러나 슈미트의 논문 이래 Politische Theologie라는 말은 유명하게 되고, 그것을 문제로 삼는 논자들은 자주 바로에까지 거슬러 올라가거나 또는 바로의 그것과 결부시켜 논하는데, 반드시 정당하다고 생각하지는 않는다. 왜냐하면 슈미트가 말하는 「정치신학」은 특수 서구적인 국법학의 별명이며, 적어도 특정한 각도에서 보는 서구 국법학의 어떤 특성을 가리키는 관념으로 보이기 때문이다. 여기의 Politische Christologie라는 말도 이처럼 슈미트의 독특한 개념이라고 생각된다. 그러면 여기서 왜 갑자기 Christologie라는 관념이 나왔는가? 생각건대 이 책은 한편 페터존에 의한 「신적 군주제론은 삼위일체의 교의에 의해서…필연적으로 무너진다」는 정치신학 비판(S. 92)과 관련하여 쓰여진 것이며, 다른 한편 바리온의 「카를 슈미트의 저작 『정치신학』과의 교회법학적이며 신학적인 대결에 결말을 내기 위한, 그리고 또한 신학상 반론의 여지가 없는 교회의 탈정치화란 어떠한 정치적 결단도 이미 내리지 않는 유일한 탈정치화라는 것을 나타내기 위한 올바른 장소(Ort)는 **정치적 문제로서의 삼위일체론**에 대한 연구일 것이다」(Epirrhosis, S. 54. 강조는 長尾)라는 명제를 염두에 두고 집필하였기 때문일 것이다. 요컨대 페터존도 바리온도 슈미트의 정치신학을 기독교의 삼위일체론의 차원에서, 따라서 기독교의 차원에서 문제로 삼기 때문이다. 더구나 그러한 방향은 페터존과 바리온 두 사람 뿐만 아니라 현대의 「정치신학」을 둘러싼 모든 논의에 타당한 일반적 경향이라고 까지 할 수 있다. 그러나 그럼으로써 슈미트가 당초에 제기한 최대의 문제, 즉 국법학의 존재이유가 사라지는 것은 아닐까? 원래 슈미트가 말하는 「정치신학」은 「신학」이라는 것의 통상적인 신학 차원의 논의에서는 전혀 아니며 철저하게 국법학 차원의 문제이다. 그전에 슈미트의 「정치신학」 이후 이러한 의미에서의 정치신학을 진지하게 논한 것은 유감스럽게도 하나도 없으며, 현재 독일에서 「정치신학」이라고 이름 붙은 저작이나 논문은 대부분 슈미트가 말하는 본래의 「정치신학」, 즉 헌법 도그마틱과는 아무런 관계도 없다.

* 741 자신의 존립 가능성의 조건. 난해한 곳인데 같은 사고는 뒤에 J. B. 메츠가 말하는 정치신학에 관하여(35-36면). 또는 블루멘베르크(Hans Blumenberg, 1920-1996)의 『근대의 정통성』(Die Legitimität der Neuzeit, Säkularisierung - Kritik einer Kategorie des geschichtlichen Unrechts, Frankfurt a. M.: Suhrkamp, 1966; 일본어 번역, 齋藤義彦他譯, 『近代の正統性』(I-III), 法政大出版局, 1998-2002)에 관하여(110-111면). 나아가 마지막의 슈미트의 최종 테제(122-124면)에 나온다. 그것은 만약 철저하게 탈신학화 된 근대 과학의 입장에서 모든 정치신학이 해결된다면, 그러한 해결의 시도가 필연적으로 뒤따를 것이라고 슈미트가 설정하는 사고과정이며, 슈미트 자신 확고하게 그러한 사고방식에 입각한 것은 아니다. 그는 이 책에서 감히 이러한 사고과정과 「대결」하려고 하지는 않지만 그것이 그에게 「명확한 대립모델」인 것은 확실하다. 한스 블루멘베르크 저서의 번역은 양태종 옮김, 『우리가 살고 있는 현실들: 논문들과 연설 하나』(고려대출판부, 2011). 관련 문헌은 박근갑, '근대'의 의미론 - 라인하르트 코젤렉과 한스 블루멘베르크, 『개념과 소통』(한림대) Vol. 9 (2012), 117-147면. Jean-Claude Monod, Hans Blumenberg, Berlin 2007.

* 741 이 책 『정치문제로서의 일신교: 로마 제국 정치신학사 논고』(Der Monotheismus als politisches Problem; ein Beitrag zur Geschichte der politischen Theologie im Imperium Romanum, Jakob Hegner, 1935)는 나중에 페터존의 논문집 Theologische Traktate, 1950, S. 45-147에 수록되었다.

* 743 Führer. 나치스 독일에서 「총통」이라는 특정한 의미로 사용된 히틀러의 칭호. 슈미트는 1934년 「총통은 법을 보호한다」(Der Führer schützt das Recht, in: Positionen und Begriffe im Kampf mit Weimar-Genf-Versailles, 1940, Nachdruck 1988, S. 199 f.; 본서 438면 이하)는 글을 쓰고 나치스 공법학의 초기의 대표자로서 나치스를 대변하였다. 나치스와 슈미트와의 관계는 Bernd Rüthers, Carl Schmitt im Dritten Reich, 2. Aufl., 1990; 김태홍, Carl Schmitt와 국가사회주의의 관련, 동의공업전문대학 『논문집』 제6집(1990), 15-32면; 山下威士, 『カール・シュミット研究 - 危機政府と保守革命運動』(南窓社, 1986).

* 743 Verfremdung. 본래 독일어에는 없는 말이었으나 베르톨드 브레히트가 연극론에서 사용한 이래 자주 사용하게 되었다. 한국에서는 일반적으로 「소외」라고 번역한다(이원양, 『브레히트 연구』, 두레, 1984, 49면). 그러나 그 의미를 살펴 「완곡화 한다」라고 번역하기도 한다. 즉 페터존은 소재를 로마 시대에서 구하여 「콘스탄티누스 대제 - 정치신학의 원형 에우세비우스」의 도식을 사용하여 은연 중에 「히틀러-나치스 궁정 정치신학자」(특히 슈미트)를 비판하고 풍자한다는 것을 의미한다. 영어판에서는 “intelligently masked allusion to the cult of Führer”라고 번역하였다(p. 38). 정문길, 『소외론 연구』(문학과 지성사, 1978).

* 743 페터존의 생애와 업적에 관한 문헌 → 본서 1161면

* 743 로베르트 헤프(Robert Hepp, 1938-) 사회학자. 오스나브뤼크대학 교수. 나치면죄론을 주창. 2006년 페흐타(Vechta)대학 정년퇴직.

* 743 니코메디아의 에우세비우스(Eusebius de Nicomedia (? - 341/2) 아리우스파의 신학자. 對 아타나시우스파와 투쟁하는 중심인물. 임종하는 콘스탄티누스 대제에게 세례를 주었다.

* 743 카에사레아의 에우세비우스(Eusebius de Caesarea, 260/5-339) 카에사레아(팔레스티나)의 주교. 오리게네스의 신봉자 Pamphilus의 영향을 받다. 디오클레티아누스 제의 박해(303) 때 팜필루스 등은 순교했으나 그는 이를 면했다(이에 대해서는 棄教說, 콘스탄티누스 후원설 등이 있다). 그 후 카에사레아의 주교가 되고 죽을 때까지 그 지위에 있었다. 삼위일체 논쟁에서는 아리우스에 가까운 중간파의 입장을 취했다고 한다. 니케아 공회의에서는 황제의 가까운 자리를 차지하고, 모두에 회를 대표하여 황제에의 헌사를 서술했다. 이론적으로는 불명확하지만 삼위일체론에 찬성. 그 후 황제의 신임을 받다. 수년 후에 안티오키아 주교 Eustathius (St.) (?-369)에 의해서 이단이란 비난을 받고 논쟁, 안티오키아의 공회의(330)에 의해서 Eustathius는 이단으로 되고 황제로부터 추방 처분을 받는다. 에우세비우스는 그 후임 비슷하게 되었으나 사퇴하였다고 한다. 그 후 아리우스파의 반격이 시작되고 아타나시우스는 갈리아로 추방되었다. 정통파는 이 사이의 거동 때문에 에우세비우스를 공격하는데 A. C. McGiffert는 그의 행동 전체를 그의 peace loving disposition에서 오는 조정적 입장에서 설명한다. 콘스탄티누스의 죽음(337) 이후에 『콘스탄티누스 전기』를 써서 그를 찬미하였다. 저서는 방대하며 특히 『교회사』는 원시교회에 대한 제1급 자료가 된다. 사상은 독창적이 아니지만 박식하여 博引傍證이다. 저서 『유세비우스의 교회사 제3판』(은성, 2008).

* 744 「완전한 사회」(societates perfectae) 「자연적 사회에서의 국가, 초자연적 사회에서는 교회만」을 「완전사회」라고 하는 교의. 『キリスト教用語辭典』, 135면과 『カトリック大辭典』 II 284, 608면, III 770면 참조.

* 744 오버베크(Franz Camille Overbeck, 1837-1905) 독일 프로테스탄트 신학자. 라이프치히, 괴팅겐, 베를린, 예나대학 수학. 1870년 바젤대 교수. 니체와의 우정으로 유명. 저서 Über die Christlichkeit unserer Theologie, 1873. David Strauss와 Paul de Lagarde를 자극.

* 744 아돌프 하르나크(Adolf von Harnack, 1851-1930) 발틱 독일의 루터교 신학자 · 교회사가. Dorpat (예전 러시아, 현재의 에스토니아 Tartu) 출생. Dorpat 대학, 라이프치히대학에서 신학 공부. 1879년 Giessen 대학 교수, 1888년 베를린대학 교수. 저서 Lehrbuch der Dogmengeschichte, 1885; Geschichte der altkirchlichen Literatur bis Eusebius (1893-1897); Das Wesen des Christentums, 1929, 3. Aufl. 2012. 문헌 Christian Nottmeier, Adolf von Harnack und die deutsche Politik 1890-1930, Mohr, 2. Aufl., 2012.

* 745 나치스의 종교와 교회정책에 대해서는 鹽崎弘明, ナチスの教會政策, 中井晶夫, ナチス · ドイツにおける教會迫害と抵抗運動, 『ヨーロッパ キリスト教史』 제6권 (中央出版社, 1971)이 상세하다. 나치스의 정치구조와 교육정책에 대해서는 宮田光雄, 『ナチス · ドイツの精神構造』(岩波書店, 1991).

* 745 Theologische Traktate, 1950, S. 9-43에 수록.

* 745 성서에 의하면 십자가에 못 박혀 죽은 예수는 장사한지 사흘 만에 죽은 자 가운데서 다시 살아나서 하늘에 오르며, 아버지이신 하나님 우편에 앉았다가 저리로서 산자와 죽은 자를 심판하며 구원을 이루기 위해서 다시 영광 속에 재림한다. 그 재림날짜는 명백하지 않으며 여러 가지 징표에 의해서만 알 수 있을 뿐이다.

* 745 「하나님 말씀」을 강조하는 페터존의 신학은 제1차 세계대전 후 카를 바르트 등이 제창한 「위기신학」, 즉 「하나님 말씀의 신학」(Theologie des Wortes Gottes)과 아마 크게 공통된다고 보인다. 이 책에서 「바르트와 페터존은 오랫동안 공통된 입장에 서 있었다!」는 이러한 추측을 가능케 할 것이다.

* 746 히틀러에 의한 교회의 나치화 · 통일화 · 균제화(Gleichschaltung)라는 교회정책에 대해서 프로테스탄트 교회의 반응은 두 가지의 완전히 서로 대립되는 방향을 취했다. 하나는 「독일 크리스천」이라는 집단이 생겨나서 나치스에 영합하고 협력하여 그것이 통합하여 1933년 독일 복음주의교회가 형성되었으며, 다른 한편으로는 그러한 움직임에 정면으로 반대하는 목사긴급동맹(지도자: 니묄러[Martin Niemöller])이 형성되고, 또한 「고백교회」(지도자: 카를 바르트)가 생겨나고, 나아가서는 본회퍼(Dietrich Bonhoeffer, 1926-1945) 목사와 같은 매우 전투적인 저항운동도 있었다. 문헌 에버하르트 베트게, 김순현 옮김, 『디트리히 본회퍼』(복 있는 사람, 2006).

* 746 정교조약(Reichskonkordat) 1933년 7월 20일 조인. 이 정교조약은 34개조로서 전문은 이렇게 시작한다.

「교황 피우스 11세와 독일 대통령은 성청(聖廳)과 독일 라이히 간의 우의적 관계를 확보하고 촉진시킨다는 공통의 희망에 인도되어 독일 라이히 전토에 걸치는 가톨릭교회와 국가의 관계를 양자를 만족시켜야 할 방법으로 영구적으로 규율할 것을 바라며, 독일 란트들과 체결하게 될 콩코르다트를 보완하며, 또 기타 란트에는 본 문제해결의 통일적 원칙을 부여할 공식협약을 체결할 것을 기대한다. 이러한 목적으로써 교황 피우스 11세는 그 전권으로서 성청 국무장관 추기관 Pacelli 경을, 독일 대통령은 그 전권으로서 독일 라이히 부총리 프란츠 폰 파펜(Franz von Papen) 씨를 임명하고, 양자는 각 전권위임장을 교환하여 그 적격을 확인한 후 다음 각조에 대해서 협약을 수행한다」.

이에 계속되는 조항 내용의 골자는 나치스 정권측에서 가톨릭교회에게 일정한 자유와 보호를 약속한다는 동시에, 교회측에서 나치스 정권의 공인과 일정한 지지를 약속한 것이다. 정문과 그 권위적 해석에 대해서는 小林珍雄, ドイツ ライヒ・羅馬聖廳間のコンコルダードに就て(1・2完), 『國家學會雜誌』 제48권 5・6호 참조.

* 747 빈 회의(1814-1815년) 프랑스 혁명과 그에 이은 나폴레옹 전쟁 후 시말을 정리하기 위해서 유럽 각국이 오스트리아의 빈에 모여 개최한 회의. 거기에서의 결정은 프랑스 혁명 발발 당시의 각국의 구 지배자를 정통하다고 하는 정통주의를 원칙으로 하였기 때문에, 이 회의를 전기로 하여 구제도가 부활하고, 보수반동체제가 확립되어 자유주의와 민주주의를 탄압하였으나 2월 혁명으로 이 반동체제는 붕괴되었다.

* 747 C. Schmitt, Die Diktatur. Von den Anfängen des modernen Souveränitätsgedankens bis zum proletarischen Klassenkampf, 1921 (김효전 옮김, 『독재론 - 근대 주권사상의 기원에서 프롤레타리아 계급투쟁까지』, 법원사, 1996).

* 747 Der Begriff des Politischen, in: Archiv für Sozialwissenschaft und Sozialpolitik, August, 1927 (윤근식역,『정치의 개념』, 법문사, 1961).

* 747 C. Schmitt, Verfassungslehre, 1928 (김기범역, 『헌법이론』, 교문사, 1976).

* 748 Ernst-Wolfgang Böckenförde, Politisches Mandat der Kirche? Stimmen der Zeit, 148, Dezember 1969, S. 361/372. jetzt in: E.-W. Böckenförde, Schriften zu Staat-Gesellschaft-Kirche, Bd. II. Kirchliche Auftrag und politisches Handeln, Freiburg u.a. Herder 1989, S. 91-106.

* 748 위의 인용은 S. 371-2. 그리고 C. Schmitt, Der Begriff des Politischen, 3. Aufl., S. 27 (김효전・정태호 옮김, 『정치적인 것의 개념』, 살림, 2012, 31면); Hugo Preuß, 1930, S. 26, Anm. 1 (본서 232면 주 1).

* 748 현대 세계 헌장(Constitutio pastoralis de Ecclesia in mundo huius temporis) 제74조

(정치공동체의 본질과 목적)

시민공동체를 형성하는 각 개인 · 가정 · 단체들은 완전한 인간생활을 영위하기 위해서는 자신들만으로는 불충분하다는 것을 자각하고, 끊임없이 공동선을 보다 잘 실현하기 위해서 모든 사람이 매일 힘을 합하도록, 나아가 커다란 공동체의 필요를 느낀다. 그 때문에 사람들은 여러 가지 형태의 정치공동체를 형성한다. 따라서 공동선을 위해서 존재하는 정치공동체는 공동선 속에 그 완전한 의미와 그 완전한 정당성을 발견하며, 또한 거기에서 최초의, 그리고 본래의 권리를 얻는다. 공동선은 개인 · 가정 · 단체가 각각의 완성에 의해서 완전하게 보다 용이하게 도달할 수 있는 사회생활의 조건들의 총체이다.

그러나 정치공동체를 만드는 다른 많은 사람들은 당연히 여러 가지 다른 의견에 기울일 수 있다. 거기에서 각자가 자신의 의견을 고수함으로써, 정치공동체의 분열을 방지하기 위해서 권위가 필요하게 된다. 즉 권위는 기계적으로나 폭군적으로도 아니며 먼저 자유와 책임감에 근거한 도덕적 힘으로서 전체 국민의 힘을 공통선으로 향하게 한다.

마찬가지로 정치상의 권위의 행사는 공동체 그 자체에서도, 국가를 대표하는 제도에서도 항상 윤리질서의 한계 내에서 동적(다이나믹)인 것으로 이해된 공통선을 목적으로서 합법적으로 정해진, 또는 정해야 하는 법질서에 따라서 행해질 것이다. 그 경우에 국민에게는 양심에 근거하여 복종해야 할 의무가 생긴다. 여기에서 위에 선 자의 책임 · 품위 · 중요성은 명백하다. 공권이 월권행위에 의해서 국민을 압박하는 경우에도 국민은 공통선에 의해서 객관적으로 요구되는 것을 거부해서는 안 된다. 그러나 국민은 공권의 남용에 반대하여 자연법과 복음의 법도가 나타내는 한계를 지키면서 자연과 그 국민의 권리를 옹호할 수 있다.

정치공동체가 자신의 구조를 규정하고 공권을 규제하는 구체적 방식은 각각의 국민성과 역사의 발전에 따라서 여러 가지 다를 수 있다. 그러나 그것은 항상 전 인류 가족의 이익을 위해서 교양이 있고 평화를 사랑하며, 모든 사람에게 호의를 가진 인간을 육성하는 데에 기여하지 않으면 안 된다(南山大學監修, 『公會議公文書全集 公會議解說叢書(7)』, 708-711면).

* 748 Hans Barion, Weltgeschichtliche Machtform? Eine Studie zur Politischen Theologie des II Vatikanischen Konzils, in: Epirrhosis, 1968, S. 33. 제1문은 제20-24절에서, 제2문은 제25-27절에서 상세하게 검토하고 있다.

* 748 교도직(敎導職, magisterium) 교의에 대해서 오류가 없다고 선언하는 권한을 가진 지위(마태복음 28:19). 교황이 성좌로부터(ex cathedra) 선언하는 경우와, 주교단이 교황과 결합하여 선언하는 경우가 있으며, 이를 「교도교회」(ecclesia docens)라고 한다.

* 749 주 6) 「교회의 가시성」(Die Sichtbarkeit der Kirche, 1917) 원문은 김효전, 카를 슈미트의 헌법이론과 한국, 『학술원논문집』 제58집 1호(2019), 361-370면에 영인.

* 749 「반로마적 감정이란 것이 있다」는 문장은 「교회의 가시성」이 아니라 『로마 가톨릭주의와 정치형태』의 첫 문장이다. 여기서 슈미트는 자신의 두 저술을 혼동하고 있다.

* 750 Aggiornamento는 교황 요하네스 23세가 자주 사용한 말로, 그 의미는 교회를 현대 세계의 상황과 경향들에 순응하고 적응시키는 것, 따라서 필요한 교회의 쇄신을 도모하는 것을 의미한다.

그리고 이 말로 상징되는데 제2 바티칸 공회의의 기본 테마가 되었다(南山大學監修, 世界に開かれた教會, 『公會議解說叢書(1)』 XI면 이하 참조).

* 751 한스 마이어(Hans Maier, 1931-)의 논문 제목인 「정치신학」(Politische Theologie? "Stimmen der Zeit")에는 이처럼 의문부호가 붙어 있는데 슈미트의 원문에는 그것이 빠져 있다. 의문부호를 붙임으로써 정치신학에 대한 마이어의 부정적 태도는 이미 나타난 것이므로 일부러 부언해 둔다. 마이어의 저서 Kultur und politische Welt, München 2008; Worauf Frieden beruht, Freiburg 1981.

* 751 메츠(Johann Baptist Metz, 1928-2019) 독일의 가톨릭 신학자. 뮌스터대학 교수 역임. 저서 Neue Politische Theologie - Versuch eines Korrektivs der Theologie, Freiburg 2016; Gott in Zeit, 2017; Kirchliche Lernprozesse, 2016; Zur Theologie der Welt, 1968. 문헌 J. M. Ashley, Johann Baptist Metz: A passion for God, Paulist Press 2011; 이석규, 새로운 변증신학으로서의 메츠의 정치신학, 『신학과 선교』 제35호(2009), 7-27면; 김선중, 요하네스 메츠(Johannes Baptist Metz)의 정치신학적 교회론 연구, 감리교신학대학 대학원 석사논문, 1993.

* 751 마이어는 이 말에 의문부호를 붙여 위 논문의 제1장의 제목으로 삼는다. 그는 슈미트의 「정치신학」 개념과 메츠(J. B. Metz)의 그것과의 연속성과 관계성을 부정하며, 「슈미트에서의 정치신학 개념의 이데올로기적 배경 - 실증주의적 "질서 가톨리시즘" - 은 메츠에게 자각되지도 않으며 알려져 있지도 않다」고 하면서, 그 주에서 메츠가 정치신학에 관한 저작들에서 슈미트의 이름을 한 번도 열거하지 않은 것은 「놀랄」 일이라고 한다(S. 74-75). 거기에서 마이어는 「그(메츠)는 '정치신학'이라는 애매한 개념에 새로운 내용을 부여하려고 한다」면서, 우선 첫째로 메츠가 구상하는 것을 「정치신학」이라고 부르는 것이 적절한지의 여부를 문제로 삼고, 오해할 우려가 있기 때문에 적절하지 않다고 하며, 오히려 프랑스 신학에서 사용하는 "theologie publique" 라는 쪽이 적절하지 않았는가 한다. 그러나 둘째로, 메츠의 논문을 상세히 관찰하면 실은 메츠가 「정치신학」이라는 잘못된 개념을 사용한 것은 결코 우연이 아니며, 「메츠의 정치신학은 일견 그렇게 보이는 이상으로 역사적 대립상과 광범위한 공통성을 가진다」고 한다(S. 75-78).

* 751 에른스트 파일(Ernst Feil, 1932-2013) 독일의 프로테스탄트 신학자. 뮌헨 대학 교수. 저서 『정치신학』(Von der politischen Theologie); 『본회퍼론』(Die Theologie Dietrich Bonhoeffers. Eng. tr. by Martin Rumscheidt, The Theology of Dietrich Bonhoeffer, Philadelphia 1985).

* 751 『혁명의 신학에 대한 담론』(Diskussion zur "Theologie der Revolution" von Ernst Feil und Rudolf Weth 1969 herausgegebenen Sammelband).

* 751 Ernst Feil, Von der 'politischen Theologie' zur 'Theologie der Revolution,' in: Diskussion zur »Theologie der Revolution« 1970, S. 110-131.

파일은 「정치신학」과 아울러 「혁명의 신학」 아래 각기 다른 두 가지가 관념된다고 하며, 따라서

「정치신학으로부터 혁명의 신학에로」라는 경우에 네 가지의 결합가능성이 있다고 한다. 즉 정치신학은 한편으로는 「종말론적 복음을 우리들의 현재 사회의 조건 아래 정식화하려는 시도」를 의미하며, 다른 한편 「고래로부터 물려받고 또한 유일하고 정당하다고 생각되는 국가제도를 보전하는 것」을 의미한다. 전자는 메츠의 말이며, 파일은 그것을 「비판적 변증법적 신학으로서의 정치신학」이라고 부른다. 후자는 베스터마이어가 도노소 코르테즈론에서 정식화하는 것이다(D. Westermeyer, Die Theologie in der Politik bei Donoso Cortés, 1940, S. 28). 파일은 그것을 「국가보전의 신학으로서의 정치신학」 또는 「보수적 (내지 전통적) 의미에서의 정치신학」이라고 부른다. 드 메스트르 · 보날 · 도노소의 「전통주의의 시도」는 이러한 유형에 속하며, 또한 「신학적 카테고리에서 가지는 정치적 결단 또는 국가형식을 지지하며, 그 지배요구를 정당화하려고 시도하는」 슈미트의 정치신학 개념도 여기에 속한다고 한다. 그리고 양자 사이에는 아무런 관계도 없다고 한다.

이에 대해서 「혁명의 신학」은 한편 「혁명을 구체적인 사회윤리적 현상으로서 고찰하는 것」이며, 다른 한편 「기독교 신앙의 혁명적 구조를 인용하여 혁명을 신학 그 자신의 내적 모멘트로 이해하고, 또 그렇게 파악하려는」 것을 의미한다. 파일에 의하면 양자 모두 혁명을 신학적으로 반성하려는 점에서 공통되며, 전자는 말의 엄격한 의미에서 아직 「혁명의 신학」이라고는 할 수 없으며, 후자야말로 좁은 의미이며 고유한 의미에서의 「혁명의 신학」이다. 파일은 전자를 단지 「구체적 현상으로서의 혁명」, 후자를 「혁명의 조직신학」이라고 부른다. 그리하여 네 가지의 결합가능성이 생각되는데 그가 이 논문에서 주된 검토의 대상으로 삼은 것은 「국가보전의 신학으로서의 정치신학」과 「혁명의 조직신학」과의 관계이다(S. 110-126).

* **751** S. 129 ff. 그 이유는, 파일에 의하면 「혁명을 신의 현현으로 보는 증언」은 「복고의 정치신학이 제시한 것과 동일한 신학적 전제」, 즉 「역사에서의 정치적으로도 확인가능한 신의 움직움의 설정」을 근거로 삼으며, 궁극적으로는 「반대의 구조를 가진 정치신학」에 다름 아니며, 양자에 「공통된 신학적 전제는 이미 받아들이는 것이 허용되지」 않기 때문이다.

* **752** 파일이 고대 이교(異教)의 정치신학이라는 경우에는 주로 바로의 그것을 염두에 둔 것이다(S. 114 f. 참조).

* **752** S. 126. 그러나 슈미트의 인용문과 파일의 원문은 약간 다르다. 이것은 슈미트의 과실인지 의도적인 것인지 명확하지는 않지만, 나는 상당히 중요한 차이가 있다고 생각하여 아래에 양자를 적는다.

슈미트의 인용문: Seit der (mindestens ursprünglich) positiven *Bewertung* des Begriffes politischer Theologie *durch C. Schmitt* hat sich wohl niemand mehr gefunden, der sich dieser Bewertung anschließen wollte.

파일의 원문: Seit der (mindestens ursprünglich) positiven *Verwendung* des Begriffes politischer Theologie *im traditionellen Sinn* durch C. Schmitt hat sich wohl niemand mehr gefunden, der sich dieser Bewertung anschließen wollte.

* **752** Jürgen Moltmann, Gott in der Revolution, in: Diskussion »Theologie der Revolution«, 1970, S. 65-82.

위르겐 몰트만(Jürgen Moltmann, 1926-) 독일의 철학자. 프로테스탄트 신학자. 제2차 대전 중 영국군의 포로가 된다. 귀국 후 목사를 역임한 후 부퍼탈 신학교, 본 대학 교수 등을 역임. 저서 『희망의 신학』(박봉랑 · 전경연 공역, 현대사상사, 1982); 『정치신학』(조성로역, 심지, 1986); 『신학적 사고의 경험들』, 『정치신학 · 정치윤리』(조성로 옮김, 대한기독교서회, 1992); 『십자가에 달리신 하나님』(김균진역, 한국신학연구소, 1994); 『과학과 지혜』(김균진 옮김, 대한기독교서회, 2003); 『희망의 신학』(이신건 옮김, 대한기독교서회, 2002) 등.

* **752** 가치 타당 영역. C. Schmitt, Die Tyrannei der Werte, in: Säkularisation und Utopie, Ebracher Studien. Ernst Forsthoff zum 65. Geburtstag, 1967, S. 52 f.(본서 728면 이하).

* **752** 반갈리카니즘(Anti-Gallikaner) 프랑스 왕권과 프랑스 가톨릭교회의 로마 교회에 대한 독립성을 강조하며, 그 자유를 옹호하는 입장으로 로마교회로부터 이단선고를 받았다. 15세기에 나타나서 17-18세기에 유력하였다가 프랑스 혁명 후 쇠퇴하였다.

* **752** 황제교황주의. 국권이 교권을 지배하고 속권(俗權)의 수장인 황제가 교권(敎權)의 수장인 교황의 위치에 서는 제도 또는 그러한 사상을 말한다. 역사적으로는 313년 로마 제국이 기독교를 공인한 이후 제권이 교권을 지배하고 콘스탄티누스대제(1세) 치하에서 그 절정에 달했다고 한다.

* **752** 슈트라우스(David Friedrich Strauss, 1808-1874) 헤겔좌파의 철학자. 저서 『예수의 생애』(1835)에서 복음서의 기술은 신화이며 기독교는 인간적 과정이라고 해석했다. 저서 『새로운 신앙과 낡은 신앙』(1872). 슈미트는 김나지움 시절 『예수의 생애』에 감화되었다고 고백한다. 피이트 토미센편, 칼 슈미트와의 대화, 김효전 편역, 『칼 슈미트 연구: 헌법이론과 정치이론』(세종출판사, 2001), 195면. 『예수의 생애』와 함께 종교에 대한 철학적 비판이 시작되고, 헤겔학파는 노장파와 청년파로 나뉘어진다. 마르크스 · 엥겔스, 박재희 옮김, 『독일 이데올로기 I』(청년사, 1988), 37면.

* **752** 배교자 율리아누스(Flavius Claudius Julianus, 331-363) 최후의 비기독교인 로마 황제(재위 361-363). 콘스탄티누스 대제의 조카. 철학자 리바니우스(Libanius)의 신플라톤주의(Neoplatonism)의 영향을 받고 즉위와 함께 로마 고유의 신앙을 국교로 삼았기 때문에 후세의 기독교로부터 「배교자 율리아누스」(Julianus Apostata)라고 불린다.

* **752** 성 아타나시우스(hl. Athanasius, c. 295-373) 알렉산드리아의 주교. 니카이아 공회의(325년)에서 성부 · 성자 · 성령의 삼위일체론, 그리스도의 신인양성론을 주창하고 아리우스법을 추방에 추가로 넣었는데 그 후에도 박해를 받아 다섯 번씩 추방되었다.

* **754** J. B. Metz, Zur Theologie der Welt, 1968, S. 99, 107; Tr. by William Glen-Doepel, Theology of the World, London: Burns and Oates, 1969.

메츠는 슈미트의 '낡은 정치신학'에 대해서 '새로운 정치신학'을 제창, '해방신학' 운동에 영향을 미침. 저서 『세상의 신학』(1968); 『새로운 정치신학의 개념: 1967-1997』(Zum Begriff der neuen Politischen Theologie 1967-1997, 1997) 등.

* 754 복음의 정식화. J. B. Metz, Zur Theologie der Welt, S. 99.

* 754 인간화하는(hominisierend). Ibid., S. 135.

* 754 homo-homini-homo는 homo-homini Deus와 대치하여 슈미트가 자주 사용하는 말로 J.(청년)와 C. S.(슈미트)와의 대화형식은 참고가 될 것이다.

C. S. 그러나 권력이 자연에서도, 신에게서도 유래하는 것이 아니라면, 권력과 그것의 행사에 관계된 모든 것은 인간들 간에서만 연출되는 것이지요. 따라서 우리들 인간은 완전히 우리 사이에 존재하는 것입니다. 권력을 가진 자는 권력 없는 자들과, 힘 있는 자는 힘없는 자와 대치해 있는 것이지요. 아주 간단히 말하자면, 인간은 인간과 대치해 있다는 것입니다.

J. 그것은 곧 인간은 '인간에게 하나의 인간이다'라는 말이군요.

C. S. 라틴어로는 Homo homini homo라고 하지요.(본서 681면)

그리고 슈미트는 이 논문을 이러한 말로 끝맺는다.

C. S.… 인간은 인간에게 하나의 인간이다 - homo domini homo - 이 말은 해결이 아니라 이것이 비로소 우리들 문제의 시작이라는 것입니다. 나는 그것에 대해 비판적이기는 하지만 다음과 같은 훌륭한 시구의 의미에서 철저하게 긍정합니다.

그러나 인간이 되는 것은 그럼에도 불구하고 하나의 결심을 하는 것이다.

이것이 나의 마지막 말이어야 합니다(「권력과 권력자에의 길에 관한 대화」, 본서 693면 이하).

* 754 homo absconditus는 Deus absconditus를 변형한 것으로 생각된다. 후자는 「진실로 주는 스스로 숨어 계시는 하나님이시니이다」(이사야 45:15)에서 유래한다. 양자의 관계를 앞의 homo-homini-homo와 homo-homini-Deus의 관계와 대응한 것이다.

* 754 토피취(Ernst Topitsch, 1919-2003) 오스트리아의 철학자 · 사회학자. 1951년 빈대학 사강사. 1956년 동 대학 조교수. 1962년 하이델베르크대학 정교수. 1969년 그라츠대학 교수 겸임. 베버, 켈젠, 포퍼 등의 영향 아래 비판적 합리주의의 입장에서 형이상학이나 자연법론을 인간적 · 사회적 모델을 우주에 투사한 이데올로기라고 비판했다. 저서 『이데올로기와 과학 사이』(1961), 『인식과 환상』(1988) 등.

* 755 『우주와 지배』. Ernst Topitsch, Cosmos und Herrschaft. Ursprünge der politischen Theologie, in: Wert und Wahrheit, 1955, Heft 1, S. 19-30.

* 755 한스 켈젠, 「신과 국가」(Gott und Staat, 1923). 일본어역, 長尾龍一譯, 『神と國家』(木鐸社, 1977), 35-59면.

* 755 슈미트가 인용한 것은 'Trinitätsproblem'인데 토피취의 원문은 'Trinitätsdogma'이다. 「삼위일체 문제」로는 의미가 불명확하며, 분명히 슈미트가 잘못 인용한 것이라고 생각되므로 여기서는 토피취의 원문에 따라서 번역하였다.

* 755 슈미트는 S. 26이라고 인용하는데 S. 29의 잘못일 것이다.

* 756 토피취의 사회태적(soziomorph)·생물태적(biomorph)·기공태적(technomorph)이라는 세 개념의 분류에 대해서는 토피취 저 碧海純一譯, 認識論における神話的モデル, 『批判的合理主義』 現代思想 6 (ダイヤモンド社, 1974), 219면 이하; 生松敬三譯, 『イデオロギーと科學の間 - 社會哲學(上)』(未來社, 1973), 39면, 131면 이하.

* 757 Peterson, Heis Theos. epigraphische, formgeschichtliche und religionsgeschichtliche Untersuchungen, in: R. Bultmann und H. Gunkel (Hrsg.), Forschungen zur Religion und Literatur des Alten und Neuen Testaments, 1926.

불트만(Rudolf Karl Bultmann, 1884-1976) 독일의 프로테스탄트 신학자·역사가. 바르트와 함께 변증법신학을 주창. 실존철학의 영향 아래 복음서는 비신화적·실존론적으로 해석되어야 한다고 주장. 저서 『기독교 초대교회 형성사』(허혁 옮김, 이대출판부, 1983); 『역사와 종말론』(서남동 옮김, 대한기독교서회, 1993). 문헌 K. Hamann, Rudolf Bultmann. Eine Biographie, Mohr, 3. Aufl., 2012.

* 757 군켈(Hermann Gunkel, 1862-1932) 독일의 프로테스탄트 신학자. 구약성서를 교의학적 고려를 도외시하고 역사학적으로 연구할 것을 주창.

* 757 하나되는 진리. 「주님도 한 분이시오, 믿음도 하나요, 세례도 하나요, 하나님도 한 분이십니다」 (엡 4:5).

* 758 아리스토텔레스의 『형이상학』 제12편은 「전존재는 악하게 통치되는 것을 원치 않는다. 다수자의 통치자는 선하지 않으며, 하나의 통치자야말로 바라고 싶다」는 호메로스의 『일리아드』(II. 204행)에서 유래하는 인용으로써 끝맺는데, 보통 이 적중한 논술이 「아리스토텔레스의 신학」이라고 불린다. E. Peterson, a. a. O., S. 1935, S. 13 f.

* 758 전설의 책. 즉 1935년의 페터존의 저작에서 필론은 21면 이하에서 퍽 상세하게 논하며, 슈미트는 이 책에서 나중에 다룬다. → 본서 758, 765면.

*758 필론(Philon, c. 25 BC-50 AD) 알렉산드리아의 유대교적 신학자. 플라톤, 스토아학파, 피타고라스 등의 사상과 유대를 결합한 신학사상을 설파. 기독교 신학에도 커다란 영향을 미쳤다. 형은 유대 왕의 금융고문으로 40년에 알렉산드리아의 유대인을 대표하여 로마에 부임, 칼리굴라(Caligula) 황제에게 유대인 박해의 정지를 호소하였다.

* 758 전설의 책과 일치한다. E. Peterson, a. a. O., 1935, S. 44 f.

* 758 나지안즈의 그레고리우스(Gregorius Nazianzenus; Gregory of Nazianzus (St.), c. 329-389) 동방교회의 교부. 삼위일체론과 기독론의 발전에 중요한 역할을 하였으며, 아리우스파가 지배하던 콘스탄티노플의 교회를 숙청했다.

* 758 ... 신학자로서 나온다. 나중에도 문제가 되는 중요한 곳이므로 참고로 페터존의 원문을 인용한다.

「나지안즈상의 그레고리우스가 『신학강화 제3부』에서 다음과 같이 말했을 때 신적 군주제라는 표현에 궁극적인 신학적 깊이를 부여하였다. 즉 신에 대해서 세 개의 궁극적 견해가 있다. 무정부상태 · 다두제 · 군주제가 그것이다. 앞의 둘은 신 가운데 무질서와 반란을, 결국은 해체를 가져온다. 이에 대해서 기독교도는 신의 군주제를 신앙한다. 물론 신성에서의 유일 인격의 군주제를 신앙한다는 것은 아니다. 왜냐하면 그것은 자신 속에 분열을 내포하기 때문이다. 그렇지 않고 3-1신의 군주제에의 신앙고백인 것이다. 이 3-1신의 군주제라는 통일성 개념은 피조물 속에 어떠한 대응하는 것도 갖지 아니한다고 이 논술에 의해서 정치적 문제로서의 일신교는 신학상 해결된 것이다」(S. 96-97 in: Traktate, 102-103).

* 758 엘비라의 그레고리우스(Gregorius de Elvira; Gregory of Elvira (St.), 300?-392) 엘비라의 주교. 삼위일체설을 옹호하여 투쟁하였다. 저서 『정통신앙론』(De fide orthodoxa).

* 758 적그리스도(Antichrist) 그리스도의 재림에 앞서 사람들을 신앙에서 이반시키는 그리스도의 반대자. 마침내 그리스도에게 멸망당한다. 요한일서 2:18, 22. 4:3, 요한이서 7에 그 이름이 보이며 기타 데살로니가 후서 2; 마태복음 24; 요한계시록 13 등의 기술도 이와 관련이 있다. 계보적으로는 구약성서에서의 거짓 선지자, 반메시아 신앙에 거슬러 올라간다(에스겔 38, 39; 예레미아 8:16; 다니엘 7:21 참조). 그 후의 기독교사 속에서는 네로 황제 등의 박해자, 프리드리히 2세(1220-1250)와 교회에 대한 적대자가 적그리스도로 의제되고, 루터는 교황을 적그리스도라고 하였다.

* 758 (S. 70). 「히폴리토스가 말하는 것은 로마 제국이 교회에만 귀속하는 보편성을 요구하는 것에 대한 불신이다. 다른 시대에도 이와 같은 불신이 존재한다. 그것은 이 세상의 모든 제국을 통일하는 세계 황제에 대한 것이다. 그는 적그리스도일 수만 있다. [엘비라의 그레고리우스는 적그리스도에 대해서 「지상에서 군주제를 가지기에 족한 자는 그 뿐」이라고 말한다]」(S. 70. Traktate, S. 85-86). 그리고 B. Botte, La tradition apostolique de Saint Hippolyte. Essai de reconstitution, Münster 1963. 이형우 역주, 『히뽈리뚜스 사도전승』(분도출판사, 1992).

* 760 마르쿠스 테렌티우스 바로(Marcus Terentius Varro, 116-27 BC) 로마의 정치가 · 문인. 퀸틸리아누스(Quintilianus, c. 35-c. 96)는 「가장 박식한 사람」이라고 한다. 아우구스티누스의 『신국』에서 자주 인용한다. 동시대인 시인 바로(Varro Atacinus)와 구별하기 위해 '바로 레아티누스'(Varro Reatinus)라고 부르기도 한다.

* 760 슈미트는 Civitas Dei (XII 1)이라고 하는데 (XIII 1)의 잘못일 것이다. 또한 바로가 「정치신학」을 말한 antiquetates는 보존되어 있지 않으며, 그의 사상은 아우구스티누스의 Civitas Dei의 서술과 재현에서 유래한다(E. Feil, a. a. O., S. 114 f. 참조). Civitas Dei에는 이상의 곳 외에 VI 2-6, VI. 6, 17, 23, 28 등등에서 바로를 논한다. 윤성범역, 『신국』(을유문화사, 1966).

* **760** "Tres Theologias, quas Graeci dicunt mythicen, physicen, politicen, Latine autem dici possunt fabulosa, naturalis, civilis." *De civitate Dei* VI, 12. 나아가 VI, 5. E. Feil, a. a. O., S. 114, 115.

* **760** 에른스트 볼프강 뵈켄회르데(Ernst-Wolfgang Böckenförde, 1930-2019) 카셀 출생. 1956년 뮌스터에서 법학박사. 1961년 뮌헨에서 철학박사학위 취득. 1964년 뮌스터 대학에서 교수자격논문 통과. 1964-69년 하이델베르크 대학, 1969-1977년 빌레펠트 대학 교수. 1977년부터 프라이부르크 대학 교수. 1995년 정년퇴직. 사회민주당의 법정책 이론가. 1983-1996년 연방헌법재판소 재판관 역임. 프라이부르크 대학 명예교수. 저서 『국가와 사회의 헌법이론적 구별』(김효전역, 법문사, 1989; 『국가 · 사회 · 자유』(김효전역, 법문사, 1992; 『헌법과 민주주의』(김효전 · 정태호 옮김, 법문사, 2003); Geschichte der Rechts-und Staatsphilosophie, 2002. 최근 영역판 Constitutional and Political Theory. Selected Writings. edited by Mirjam Künkler and Tine Stein, Vol. I. Oxford University Press 2017; Religion, Law, and Democracy. Selected Writings, Vol. II. 2020.

R. 메링은 뵈켄회르데를 슈미트의 「직계 제자」로 표현한다. 뵈켄회르데는 1953년 이래 슈미트로부터 많은 가르침을 받았으며 그의 저작에 직접 간접으로 관여한 것을 회상한다. Böckenförde/Gosewinkel, Wissenschaft Politik Verfassungsgericht. Aufsätze von Ernst-Wolfgang Böckenförde. Biographisches Interview von Dieter Gosewinkel, 2011, S. 359 ff. 문헌 M. Künkler und Tine Stein, Staat, Recht und Verfassung. Ernst-Wolfgang Böckenfördes politisches und verfassungstheoretisches Denken im Kontext, in: JöR, Bd. 65 (2017), S. 573-610; Tine Stein, Ernst-Wolfgang Böckenförde (geb. 1930), in: R. Voigt, Staatsdenken, 2016, S. 142-147; N. Manterfeld, Die Grenzen der Verfassung. Möglichkeiten limitierender Verfassungstheorie des Grundgesetzes am Beispiel E.-W. Böckenfördes, Berlin 2000.

본문에 인용한 「세속화과정으로서의 국가의 성립」은 김효전역, 『헌법학연구』 제10권 4호(2004), 589-614면; 김효전 편역, 『독일 헌법학의 원천』(산지니, 2018), 287-303면에 수록. 뵈켄회르데의 영향에 관하여는 김효전, E.-W. 뵈켄회르데 저작 수용의 국제비교, 『헌법학연구』 제25권 1호(2019), 361-386면. Ernst-Wolfgang Böckenförde - Hyo-Jeon Kim Briefwechsel 1981-2018, in: 『세계헌법연구』제29권 2호(2023), 205-263면.

* **762** 카리스마. 그리스어로 은혜로서 주어진 것을 의미한다. 가톨릭교회에서는 「특능」이라고 번역한다. 바울은 로마서 12장에서 예언능력 등의 초자연적 능력 외에 직무나 능력도 카리스마라고 부르는데, 고린도 전서 12장에서는 성령에 의해서 받게 된 신앙 · 지혜 · 병치료 능력 · 예언능력 · 방언(glossolalia) 등을 카리스마라고 한다. 신학상은 「무상성총」(無償聖寵, gratia gratis data)의 일종이라고 한다. 막스 베버는 지배를 합법적 지배, 전통적 지배, 카리스마적 지배의 세 가지로 나눈다. Max Weber, Wirtschaft und Gesellschaft, 5. Aufl., 1980, S. 122 ff. 이상률 옮김, 『카리스마적 지배』(문예출판사, 2020).

* **762** 지기스문트 3세(Sigismund III, 1566-1632) 폴란드 왕(재위 1587-1632), 스웨덴 왕(1593-1604). 폴란드의 가톨릭화에 진력하고 많은 전쟁을 치렀다.

* 762 베르너 얘거(Werner Jaeger, 1888-1961) 독일 태생의 미국 고전문헌학자. 킬, 베를린대 교수. 1936년 미국으로 이민 가서 시카고, 하버드대 교수 역임. 저서 『아리스토텔레스』(Aristoteles: Grundlegung einer Geschichte seiner Entwicklung, 1923); Paideia: Die Formung des griechischen Menschen, 3 Bde., 1933-1947(김남우 옮김, 『파이데이아1』, 아카넷, 2019).

* 763 이신론(理神論) 신은 존재하지만 세계의 운행에 개입하지 않는다고 하여 기적을 배격하는 사상. 18세기 영국의 계몽사조에서 나온다. 대표자는 차베리 · 콜린스 · 샤프츠베리 · 볼테르 · 레싱 · 멘델스존 등.

* 763 포르나리(Raffaelle Fornari, 1787-1854) 로마 교황청의 주교.

* 763 의회제 정부와 이신론의 평행성. C. Schmitt, Politische Theologie, S. 49, 62 (본서 31, 37면); Das Zeitalter der Neutralisierungen und Entpolitisierungen, 1929, in: ders., Der Begriff des Politischen, 1963, S. 88-89. 김효전 · 정태호 옮김, 『정치적인 것의 개념』(살림, 2012), 121-122면.

* 763 천사(angel, Engel) 이 말은 그리스어의 angelos(사자)에서 유래한다. 기독교의 교의에 의하면 신이 세계를 운동시킴에 있어서 사자로서 이용하기 위해서 창조하였다. 정신뿐이며 육체를 가지지 않는 인격으로 인간 이상의 지성을 가진다. 그중 하나님에게 배반한 자는 악마가 된다.

* 763 스토아. 고대 철학의 한 학파. 신과 자연을 동일시하는 범신론적 신학을 가지며, 인간은 자연에 따라서 살아야 할 것을 말했다.

* 763 페터존은 같은 형태의 물음을 필론에게도 하고 이렇게 말한다. 「신의 군주제라는 말을 문헌상 처음으로 사용한 것은 필론이다」(S. 21). 그의 신적 군주제 사상은 「정치적인 것으로부터 결단」(S. 28)이 되고 있으며,「로마 제정기의 원수제에 근거하는 것은 명백하다」(S. 30)라고. 요컨대 여기서 페터존이 말하려는 것은 신학적 세계상이라는 것이 그 당시의 현실의 특정한 정체(아리스토텔레스라면 마케도니아의 군주제, 필론이라면 로마 제정기의 원수제)를 선택하여 취하는 정치적 결단을 전제로 하며, 그것을 이상형 또는 모델로서 구성되었다는 점에 있다.

* 764 슈미트가 말하는 「개념의 사회학」이란 일정한 시대의 형이상학적 · 신학적 세계상과 그 법학적 형상(Gestaltung)과의 구조적 동일성을 확인하는 것을 의미한다.

* 764 페터존이 말하는 「공동원수제」(Doppelprincipat)가 무엇을 의미하는지는 명확하지 않으나 적어도 그것이 로마 5 현제(賢帝) 시대에 확립된 「공동지배의 원칙」, 또는 그보다 완전한 형태라고 할 「총유적 지배」를 의미하는 것임은 의심할 여지가 없다. 예컨대 로마법학자인 후나타 교지(船田享二, 1898-1972)는 이렇게 말한다. 「원수의 권력은 그 생애에 한정하여 주어지며, 그 지위의 계승자를 지정하는 권한을 포함하지 않으며, 원수가 그 후계자로 삼으려는 자를 양자로 하거나

또는 그 사람에게 자신의 권력의 일부를 취득시키는 등의 방법을 취하더라도 그러한 방법은 구속력을 가지지 않는다. 그러나 사실상은 그러한 방법으로 원수의 지위를 계승하기도 한다…네르바는 트라이아누스(Traianus)를 양자로 삼아 정식 계승자로 지정하고, 이것에 호민관 직권과 명령권을 취득케 하여 공동의 지배자로 하고, 트라이아누스의 사후에 하드리아누스(Hadrianus)는 그 양자인 것과 함께 공동의 지배자였던 형식을 정리하고, 또한 안토니누스(Antoninus)를 양자로서 이를 계승자로 선언하고 안토니누스에 마르쿠스 아우렐리우스(Marcus Aurelius)와 루키우스 베루스(Lucius Verus)를 양자로 삼았다…원수가 그 계승자를 위해서 미리 명령권 또는 명령권과 직권을 취득케 한다는 방법을 자주 하였을지라도 원수의 지위에서 총유적으로 지배한 경우에는 매우 예외적이며, 마르쿠스 아우렐리우스와 루키우스 베루스 때에 총유적 지배의 형태는 처음으로 나타났을 지라도 이 경우는 계승을 위해서가 아니라 오히려 평등주의를 받드는 마르쿠스의 방침이 나타났다. 공동지배자 간에 영토를 분할하는 것은 티오클레티아누스 이후에 속한다」(『ローマ法』 제1권 1968, 개정판 263-265면).

이와 관련하여 페터존은 뒤에 보듯이, 테르툴리아누스의 신학사상이 그러한 바로 그 시대의 정체「로마 제정기의 공동원수제」를 전제로 하고, 그것을 모델로「국법적」으로 구성되었다고 하며, 테르툴리아누스는 신의 군주제사상을 법률화하였다고 하여 그를 비난한다.

* 765 ecclesia. 그리스어로 집회를 의미하며 구약성서의 그리스어역인 Septuaginta(기원전 3-1세기) 속에서는 유대교도 집단이란 의미로 사용한다(신명기 23:2, 느헤미아 13:1). 기독교 교도는 이것을 유대교의 시나고게에 대립하는 의미로 사용한다.

* 765 원문에서는 63면으로 되어있는데, 36면의 오기일 것이다.

* 765 플라비우스 요제프스(Flavius Josephus, 37-ca. 100) 고대 유대의 군인 · 역사가. 반로마 반란에 참가하다가 도중에 배반하여 로마에 살면서 『유대 전사』, 『유대의 옛말』 등을 저술. 이들은 유대 역사에 대해서 최고의 사료이지만 그 출처나 진퇴에는 논의가 있다.

* 765 선전. Propaganda. 라틴어 Propagare(선포하다)의 변화형. 1622년 그레고리우스 15세가 설립한 Congregatio de propaganda fidei (布教聖省)과 여기에 부속한 중앙신학교(Collegium urbanum; 통칭 프로파간다 대학)에서 유래하는데, 지지자를 획득하기 위한 정치활동의 의미로 전환되었다.

* 765 슈미트의「정치적 통일체」와「대표」의 관념에 대해서는 Verfassungslehre, 1928, S. 205 f.(김기범역, 『헌법이론』, 224면 이하).

* 766 오리게네스(Origenes, 185/6-254/5) 알렉산드리아의 이단파 신학자. 신플라톤주의의 영향 아래 아들을 아버지에게, 성령을 아들에게 종속시키는 교의를 설파. 아우구스투스에 의한 로마 통일을 구속사에서의 사건으로 하였다. 그리스 철학의 소양이 풍부하며 교의는 유연하였다. 에우세비우스의 스승 판필리우스는 그의 제자. 저서 『켈수스를 논박함』(임걸 옮김, 새물결, 2005).

* 766 아리스토텔레스의 『형이상학』 제5권 제1장은「아루케」 그 자체의 개념을 분석한다. 이와

관련하여 제6장은 「헨」(하나, 1, 통일)의 개념을 분석하고 거기에서 「모나스」(수의 단위로서의 1)에도 언급한다.

* 766 그노시스(gnosis)는 그리스어로 「인식」을 의미한다. 기원 1-3세기의 종교사상에서 독자적인 인식에 의한 종교적 신비에로의 도달을 설명하였다. 페르시아 · 시리아 등의 고대 신앙에 원천이 있다고 하며, 거기에 플라톤주의 · 스토아 철학 · 피타고라스교 · 유대교 등의 요소를 가미한 신비사상. 신이 타락하여 물질계가 생기고, 인간은 神智(그노시스)에 의해서 물질계를 해탈하여 신적인 것에 회귀해야 한다고 설파한다. 클레멘스 · 오리게네스 등은 이것으로 기독교의 기초를 삼으려고 하였다. 다티아누스와 마르키온 등은 이단적 그노시스파라고 불리고 이레나이우스 등에게 비판을 받았다.

* 766 겔라시우스(St. Gelasius, ?-496) 제49대 교황 (재위 492-496). 양검설에 의해서 황제에 대한 교황의 우위를 주장. 또한 펠라키우스주의의 비판자로서도 알려짐.

* 766 후에요(Jesús Fueyo, 1922-1993) 스페인의 정치철학자. 하이데거 등을 소재로 현대의 불안을 논했다. 슈미트 70세 기념 논문집에 논문 기고, Die Idee der "auctoritas: Genesis und Entwicklung," in: Epirrhosis, Bd. I, 1968, 2. Aufl., 2002, S. 213-235.

* 767 쿠르트 아이스너(Kurt Eisner, 1867-1919) 독일의 유대계 저널리스트. 사회주의 사상을 품고 제1차 세계대전 중에는 평화주의를 주창. 바이에른 혁명정권의 수상이 되었으나 뮌헨에서 암살되었다.

* 768 존재의 유비(analogia entis) 신은 인간의 이성을 완전히 초월한 존재이므로 인간의 말로써 신을 논하는 것은 전혀 불가능하다는 「소극신학」의 사상에 대해서, 신에 대해서 인간의 말로 「유비적으로」 말할 수 있다는 사상. 가톨릭 신학은 일반적으로 이러한 가능성을 인정하지만 프로테스탄트 신학자 중에는 이를 부정하는 사람도 적지 않다(예컨대 카를 바르트).

* 768 레싱의 극작인 『현자 나탄』(Nathan der Weise; 윤도중 옮김, 창작과비평사, 1991) 제3막 제7장에 나온다. 또한 슈미트는 「완성된 종교개혁」에서 중립화 과정과 관련하여 그것을 더욱 상세하게 언급한다. → 본서 706면.

* 768 기독교 이외의 종교들에 대한 교회의 태도에 관한 선언. 원문과 번역은 南山大學監修, 『公會議公文書全集』(公會議解說叢書 7), 352-359면. 이 해설에 대해서는 同 監修, 『世界に開かれた教會』(公會議解說叢書 1), 487-586면 참조.

* 769 뵈켄회르데 → 전술 1174면.

* 769 하나님은 단일실체이며, 성부 · 성자 · 성령은 하나님의 세 개의 표현양식(Modus)이라는 설로 그것을 주장한 사베리우스의 이름을 따라서 사베리우스주의라고도 한다. 서방에서 테르툴리아누스는 그 설을 천부수난설 - 십자가에 달린 것도 모습을 바꾼 하나님이 되는 것은 아닌가!

- 이 된다고 야유하였다.

* 769 오로시우스(Orosius, c. 375-418 AD) 스페인의 신학자. 아우구스티누스의 제자. 다니엘서의 예언에 근거하여 세계사를 7단계로 나누어 역사신학을 설명.

* 769 예루살렘의 키릴로스(Cyrill von Jerusalem, Cyril of Jerusalem, c. 313-386 AD)는 초대 교회의 탁월한 신학자. 그는 로마 가톨릭교회, 동방정교, 성공회연합, 루터교회에서 성인으로 추앙되었다. 1883년에는 교황 레오(Leo) 13세에 의해서 교회박사(Doctor of the Church)로 공인되었다. 팔레스타인의 기독교 공동체에서는 매우 존경을 받는 성직자로 여긴다. 350년경 막시무스로부터 예루살렘 주교 자리를 승계받았으나 카이사레아의 아카시우스와 여러 황제들의 정책 때문에 한 번 이상 유배되었다. 그는 당대에 「크리스천의 자녀나 신앙에 입문하는 자를 위해서 문답형식으로 쓰여진 교리학습서」인 교리문답(Catechetical Lectures of S. Cyril)과 전례의 순서를 기록한 중요한 글을 남겼다. 문헌 Wikipedia; Cyril of Jerusalem, in: Ecumenical Lexicon of Saints. → 『기독교 대사전』; 『한국가톨릭대사전』.

* 770 포르피리우스(Porphyrius (232/3-305?) 그리스의 철학자. 플로티노스의 제자. 신플라톤주의의 입장에서 기독교를 비판했으며, 그의 저작은 기독교도에게 널리 읽혔다. 기독교의 「아버지」와 플로티노스의 「일자」를 동일시하는 사상 등은 그에게서 유래한다.

* 770 교회사의 아버지. 그 까닭은 그의 저서 『교회사』(Ekklesiastike Historia, Historia Ecclesiastica) 때문이다. 이 책은 전 10권으로 303년 경 집필하기 시작하여 7권까지 쓴 때에 일시 중단하였다가, 313년의 밀라노 관용령 후에 3권이 더 쓰여졌다고 한다. 저서 유세비우스 · 팜필루스 지음, 엄성옥 옮김, 『유세비우스의 교회사 제3판』(은성, 2008); 출판부, (에우세비오) 『교회사: 그리스도에서 콘스탄티누스까지』(성요셉출판사, 1985). 문헌 조인형, 『초기 기독교사 연구: 유세비우스와 콘스탄티누스 대제를 중심으로』(한국학술정보, 2002); 정상익, 유세비우스의 「교회사」를 중심으로 본 기독교 박해에 대한 개혁주의적 역사관 연구, 총신대 신대원 석사논문, 2017; 이환진, 카이사리아의 에우세비우스가 전하는 처음 시리아 교회 이야기, 『기독교사상』 제725호(2019), 78-86면; 주승민, 교회사의 아버지 에우세비오스의 정치신학 이해, 『신학논단』 제71호(2013), 365-397면; 유윤종, 역사학 고전 다시 읽기: 유세비우스의 「연대기」와 「교회사」, 『서양사론』 제112호(2012); 김명배, 에큐메니칼 관점에서 본 유세비우스의 역사서술 방법론과 역사이해에 관한 연구, 『숭실사학』 제23호(2009), 237-268면; 남성현, 콘스탄티누스 찬가에 나타난 에우세비우스의 정치신학, 『한국기독교신학논총』 제59권 1호(2008), 71-100면; 조인형, 유세비우스의 콘스탄티누스 대제관, 『서양고대사연구』 제10호(2003).

* 771 니케아 공회의(Nicaea Council) 콘스탄티누스 대제가 그리스도교 박해가 끝난 후인 325년 니케아(현재 터키의 이지니크)에서 개최한 종교회의. 여기서 아리우스(Arius, c. 260-336)파는 성부와 성자의 본질이 같지 않다고 주장한 반면, 아타나시우스(Athanasius, c. 296-373)파는 성부와 성자는 본질상 동일하다고 주장. 전자는 파문되고, 후자의 주장이 인정을 받아 정통 기독교 신앙의 아버지가 된다. 문헌 조인형, 니케아 종교회의에 관한 역사적 고찰 - 콘스탄티누스 대제와 유세비우스의 역할에 대한 비판을 중심으로, 『강원사학』 제3호(1987).

* 771 아리우스(Arius c. 260-336) 알렉산드리아의 신학자. 그리스도의 신성을 부정하여 파문당했다(318). 에우세비우스의 보호를 받았다. 니카이아 공회(325)에 의해서 이단으로 되고 추방되었다. 콘스탄티누스 대제의 복권명령의 직후에 사망. 그의 교의는 게르만 민족들에게 퍼졌다.

* 771 에어하르트(Arnold Anthony Traugott Ehrhardt, 1903-1965) 독일에서 영국으로 망명. 맨체스터대학에서 교편을 잡다. 고대 사상사 전문. 저서 『정치적 형이상학』(Politische Metaphysik).

* 772 프란츠 비아커(Franz Wieacker, 1908-1994) 독일의 사법학자 · 법사학자. 1930년 프라이부르크 대학에서 박사학위. 1933년 킬대학 사강사. 나치스의 법이론가인 Hans Frank가 창립한 독일법 아카데미 회원. 1937년 라이프치히 대학 조교수, 1939년 정교수. 전쟁 복무와 포로 생활을 한 후 1945년 괴팅겐대학 교직에 종사. 1948년 프라이부르크대학 로마법 · 민법 · 근세사법사 교수. 1953년 괴팅겐대 교수, 1973년 정년 퇴직. 저서 Privatrechtsgeschichte der Neuzeit unter besonderer Berücksichtigung der deutschen Entwicklung, 1952, 신판 2016; 구판의 일본어 번역 鈴木祿彌譯, 『近世私法史』, 創文社, 1961). 이 책은 법사학 분야의 탁월한 서술로서 오랫동안 고전적인 지위에 있다. 기타 미완성의 Römische Rechtsgeschichte, 1988, 2006.

* 772 구속사(Heilsgeschichte) 구속(救贖)의 관념 그 자체는 오래이나, 「구속사」라는 관념은 비교적 새로운 것으로 19세기 중엽의 에어랑겐 신학의 원조인 J. 호프만에 거슬러 올라간다. 보통 「신구약 성서의 증언에 의해서 증거하는 하나님의 인간에 대한 행위들의 역사」라고 한다. → 『기독교 대사전』

* 772 네 가지 종말(죽음 · 심판 · 천국 · 지옥)을 논하는 신학의 한 부문. 기독교 교리 신학의 마지막 편을 이룬다.

* 773 요제프 괴레스(Joseph von Görres, 1776-1848) 독일의 가톨릭 사상가. 뮌헨 대학 교수. 계몽사상, 프랑스 혁명, 낭만주의 등의 영향 아래 개명적 가톨리시즘을 설파하여 커다란 영향력을 지녔다.

* 773 대 바실리우스(Basilius (St.), c. 331-379) 대(大) 바실리우스라고 불린다. 갑파도기아 3 교부 중의 한 사람. 아리우스파와 투쟁하고 그의 이론은 콘스탄티노플 공회의(381)에서 지도적 역할을 했다.

* 774 Lehre von den letzten Dingen은 칸트의 논문 「만물의 끝」(Das Ende aller Dinge)에서 유래한다. 이 교의에 대해서는 大木英夫, 終末論 - 二十世紀における終末論研究の概觀 - 『教養學講座』 제2권(教養學の諸問題)가 상세하다.

* 775 경건한 평신도. 성직자가 아닌 기독교도.

* 776 라테란(Lateran) 조약. 1929년 2월 11일 이탈리아 왕국과 바티칸 시국 양국이 라테란 궁전에서 체결한 조약. 교황 비오 11세가 파견한 로마교황청 대표 피에트로 가스피리와 이탈리아 수상 베니토 무솔리니가 교섭에 나선 이후에 맺은 조약. 2개의 의정서와 부속의 재무협정서로 구성되어 있다. 이 조약에 의해서 바티칸 시국이 탄생하였다.

* 776 프리메이슨(Freemason, Freimaurerei) 1717년 영국에서 창설된 비밀결사. 만인을 형제로 하는 세계시민주의를 제창하고 만인이 이성적으로 일치하여 인정할 수 있는 이성적 신앙을 받든다. 중세의 건축가 길드의 습관이나 의식을 공유하며, 자선활동 등에도 주력한다. 가톨릭교회와 격렬하게 대립하며 1738년 클레멘스 12세는 프리메이슨 소속원을 파문한다는 교황령을 내리고, 레오 13세는 순수한 자연주의에 근거하여 종교적 · 정치적 · 사회적 질서를 파괴하는 단체라는 회칙을 발하였다(1884년). 나치스 시대에는 유대인의 세계지배의 음모조직이라고 선전되었다. 문헌 Joseph de Maistre, Die Freimaurerei, Karolinger, Wien 1988; 폴 제퍼스, 『프리메이슨』(황소자리, 2007); 자크 크리스티앙, 하태환역, 『프리메이슨』(문학동네, 2003); 이안 맥칼만, 김홍숙역, 『최후의 연금술사 - 혁명을 꿈꾼 프리메이슨이며 이성의 시대를 뒤흔든 마법사 카릴 오스트로 백작에 관한 일곱 가지 이야기』(서해문집, 2004); 브리스코, 『프리메이슨단』(은성, 1998) 등. → 『의회주의』

* 776 교황무류설. 1870년 바티칸 공회의의 결정에 의해서 신앙상 · 도덕상의 교의에 대해서 교황이 성좌(聖座)에서(ex cathedra) 발한 선언은 불가류(不可謬)라고 하였다. Johann Josef Ignaz Döllinger 등 이에 반대하는 사람들은 Altkatholiken이라고 불린다.

* 776 루트비히 카아스(Ludwig Kaas, 1881-1952) 트리어대학 교회법교수에서 정계로 진출. 가톨릭중앙당 당수가 되고 1933년부터 나치에 협력. 파체리 추기경(뒤에 피오 12세)과 협력하여 정교조약(Concordat) 체결에 진력.

* 777 하나의 신, 하나의 세계, 하나의 제국. 일반적으로 에우세비우스의 로마 제국에 대한 국가관은 세 가지 사건을 계기로 발전하였다고 한다.

제1기 (콘스탄티누스 대제의 밀라노 관용령에 의한 기독교 공인 313년까지) - 이 시기에 에우세비우스는 그리스도의 지배를 지상에 실현하는 자는 교회뿐이라고 하여 교회의 중요성을 강조한다. 그리스도의 탄생이 아우구스투스 황제 시대였던 것이 강조되는데 단순한 연대사적 동시성의 확정에 그치며, 그 이상의 의미는 부여하지 않으며, 황제와 교회와의 관계에 언급하는 것은 드물며 일반적으로 교회와 국가와는 선명한 대조로써 대비시킨다. 페터존은 이 시기에 대해서 아무것도 언급하지 않는다.

제2기 (313년부터 콘스탄티누스 대제가 키니우스를 격파하고 제국 전체를 지배하고 독재자가 된 324년까지) - 여기에서 에우세비우스는 로마 제국의 역할을 지금까지보다는 적극적으로 평가하며, 제국이 교회의 활동에 대해서 외부적 원조를 제공하는 것으로 논한다. 그리스도가 아우구스투스 황제 시대에 태어난 것이 「섭리적」이라고 해석되면, 아우구스투스에 의해서 황제의 Monarchia가 실현되었다는 사실을 가지고 그리스도에 의한 신의 Monarchia 확립의 외적 조건을 갖춘 것이라고 해석한다. 아우구스투스가 정치적 다수지배, 다원주의를 끝마치게 하고 지상에 평화를 실현할 때에 평화의 주 그리스도가 태어났다고 한다. 에우세비우스는 이들이 구약의 예언의 성취라고 설명하며 정치적 현상을 그대로 구속사에서 의미지우려고 한다. 페터존에 의한 에우세비우스의 서술은 거의 이 시기에 집중되며, 이상 서술한 것이 거의 전면적으로 확인되며, 많은 자료에 의해서 논증되고 있다(S. 70-78).

제3기 (324년 이후 콘스탄티누스 대제 독재치하) - 여기에서 다시 나아가 황제도 교회도 같은 임무를 수행한다는 것이다. 에우세비우스는 하나님과 그리스도의 Monarchia를 대응시키는 것이 아니라 눈앞의 콘스탄티누스 대제의 Monarchia와 대응시킨다. 더구나 「하나님의 Monarchia」와 「콘스탄티누스 대제의 Monarchia」는 서로 병립할 뿐만 아니라 후자는 전자의 모사로서, 즉 지상의 Monarchia는 천상의 그것의 영상으로서 서로 내적인 관계를 가진다는 것이다. 페터존은 그러한 에우세비우스의 신학적 역사해석에서의 과거의 아우구스투스제로부터 눈앞의 콘스탄티누스 대제에로의 전환을 간단하지만 분명하게 서술한다(S. 78). 有賀鐵太郎, 『初代教會の羅馬觀, 象徵的神學』, 1936, 231-236면 및 弓削達, エウセビオスとの關係より見たるコンスタンチン問題の若干側面, 『靑山經濟論集』, 제3권 2호, 21-71면.

* 777 「6 그(불법의 사람, 멸망의 아들)로 하여금 자기가 때에 이르러 나타내었기 때문에 그를 막는 자를 너희들은 안다. 7 불법의 비밀은 이미 움직이며 그러면 이는 단지 막는 자가 제거하기까지 된다」. 하르나크(Mission und Ausbreitung 1, 274)에 의하면, 이 「막는 것」이란 (남성 · 중성 · 어떤 형태에서도) 아마 로마 제국을 의미한다(有賀鐵太郎, 앞의 책 216면에 의함).

* 777 슈미트는 Kat-Echon이라는 신학적 개념을 중요시하며 서구 역사관의 핵심으로 삼는다. Ex Captivitate Salus, 1950, S. 31 (본서 625면); Der Nomos der Erde, 1950, S. 28 f. (최재훈 옮김, 『대지의 노모스』, 1995) 그리고 Günter Meuter, Der Katechon. Zu Carl Schmitts fundamentalistischer Kritik der Zeit, Berlin: Duncker & Humblot 1994; Felix Grossheutschi, Carl Schmitt und die Lehre vom Katechon, Berlin: Duncker & Humblot 1996; Julia Hell, Katechon: Carl Schmitt's Imperial Theology and the Ruins of the Future, in: The Germanic Review, Vol. 84, No. 4 (2009), p. 283-326 참조.

원래 슈미트가 「정치신학」을 구상한 것은 현대의 법학, 특히 국법학에서의 과학적 실증주의, 기술주의를 「막는 자」로서의 지위를 부여하려고 한 것이며, 거기에 법학 본래의 「사명」과 「존엄」을 보고 있다. C. Schmitt, Die Lage der europäischen Rechtswissenschaft, 1950, in: ders., Vefassungsrechtliche Aufsätze, 1958, 3. Aufl., 1985, S. 420 ff. → 『유럽 법학의 상태』, 72면 이하; 『구원은 옥중에서』

* 779 히에로클레스(Hierocles) 서기 2세기의 알렉산드리아의 스토아파 철학자.

* 781 알라리크(Alarich I; Alaricus, c. 370-410) 서고트의 왕. 용병대장으로 반란을 일으켜 그리스와 로마에 침입. 410년 로마를 약탈하고 아프리카 원정을 시도하였으나 도중에 사망. 아리우스파 기독교를 믿었다.

* 782 줄리앙 프로인트(Julien Freund, 1921-1993) 프랑스의 정치학자. 제2차 대전 중 저항운동에 참가. 스트라스부르 대학 교수 역임. 저서 『정치의 본질』(L'Essence du Politique, Paris 1965,

2. Ausg. 1986)에서 슈미트의 적과 동지의 이론에 따라서 정치의 개념을 파악한다. 문헌 P. Tommissen, Julien Freunds 'Entdeckung' von Carl Schmitt und einige ihrer Folgen, in: Hans-Christof Kraus & Heinrich Amadeus Wolff (Hrsg.), Souveränitätsprobleme der Neuzeit. Freundesgabe für Helmut Quaritsch anlässlich seines 80. Geburtstages, Berlin: Duncker & Humblot 2010, S. 9-27.

* 783 「아우구스티누스의 평화」를 이시하라(石原謙)는 이렇게 설명한다. 즉 아우구스티누스는 「인간의 역사행동을 자연의 운행의 일부 내지는 그 법칙에 따라서 행동하는 인간 생활의 진보과정으로서 보는 인간중심의 견해」를 부정하고, 「전능한 신의 창조에서 시작하며 그 경륜이 선한 의지에 종속하며 그 구원(淨福)의 목적을 향하여 지상에서는 「떠돌이 생활」을 영위하여 경건하고 겸허한 덕을 행하고 최후의 심판에 도달함으로써 끝나는 도정」을 역사의 내용이라고 보았다. 거기에서 신앙이 항상 전제가 되며 「Civitas terrena와 싸우면서 경건한 생활을 완수하고, 또한 그 구도에의 길을 여는 역사의 발자취」야말로 세계 인류사인 것이다. 그러한 아우구스티누스의 세계관은 「오늘날의 술어에서 말하는 '구속사' (Heilgeschichte)이다. 그의 「세계사의 구속사적 해석」에서는 「전체를 통하여 이 세계사를 「하나님의 키비타스」이게 하는 것은 교회사의 근본개념인 「그리스도 고백」, 즉 Credo의 내용을 이루는 Regula fidei인 것은 물론인데, 개념으로서는 「義」(iustitia)에 근거하여 성립하는 「평화」(Pax)이며, 그것으로써 법(jus)과 질서(ordo)가 확립하여 모든 단체적 생활과 사회적 결합(societas)을 가능케 하며 정상적인 civitas가 기초지워진다」(『キリスト教の源流』, 1972, 503면, 513면).

* 783 양검설. 보니파키우스 8세의 회칙(Unam sanctam, 1302)에서 설명된 성속양권(聖俗兩權)의 관계에 관한 이론. 누가복음 22:38의 두 자루의 칼이 성권과 속권을 의미한다고 해석한 후 전자의 후자에 대한 우위를 주장한 것. H. Kelsen, Die Staatslehre des Dante Alighieri, 1905.

* 783 플로리스의 요아힘(Joachim von Floris; Gioacchino da Fiore, c. 1135-1202) 이탈리아의 신비주의적 신학자. 역사를 아버지 시대, 아들 시대, 성령시대의 3 단계로 나누고, 사랑과 자유의 시대, 묵시록 제14장 6절에 기록된 영원한 복음의 시대인 제3의 시대는 1260년에 시작한다고 하였다.

* 783 쉴라이어마허(Friedrich Ernst Daniel Schleiermacher, 1768-1834) 독일의 프로테스탄트계 종교사상가. 베를린대학 신학 및 철학 교수. 종교의 본질을 「절대의존의 감정」에서 구했다. 저서 『종교론 - 종교를 멸시하는 교양인을 위한 강연』(1799; 최신한 옮김, 한들, 1997); 『성탄축제』(1806; 최신한 옮김, 문학사상사, 2001). 문헌 『슐라이어마허의 해석학』(강돈구 지음, 이학사, 2000); Miriam Rose, Schleichermachers Staatslehre, Tübingen: Mohr 2011.

* 785 파문. anathema. 그리스어 anathema는 위에 (ana-) 두어진(thema) 것을 의미하며 신에게 바친 것 또는 저주된 것을 의미하였다. 후자의 사용법이 보이며(고린도전서 16: 22), 나아가서는 가장 엄중한 파문을 의미하기에 이르렀다. 교회법전 제2257조 2항.

* 786 에드가 잘린(Edga Salin, 1892-1974) 독일 · 스위스의 경제학자 · 사회학자. 역사학파에

속하며 리스트 전집의 간행에 협력. 사상사적인 업적도 많다. 저서 Platon und die griechische Utopie, 1921; Civitas dei, 1929; Jacob Burckhardt und Nietzsche, 1938; Um Stefan George, 1948 등.

* 787 결의론(決疑論, Kasuistik) 윤리의 일반원칙으로부터 구체적인 경우에 무엇을 할 것인가, 어떤 행위는 죄인가, 어느 정도의 죄인가 등의 결론을 도출하는 윤리신학의 한 부문.

* 787 가톨릭 교회법전. 1917년 5월 27일 교황 베네딕투스 15세 발포, 1918년 5월 19일 발효. 구교회법전(Corpus juris canonci)을 대치하였다. 문헌 루이지 사바레세, 『가톨릭 교회법전 입문』(가톨릭대 출판부, 2019).

* 787 영혼의 지도자(directeurs de l'âme) 개인이 성직자 한 사람을 선택하고 자신의 영혼의 지도를 맡긴 사람. Anstalt. 법학에서는 흔히 「시설」 또는 「영조물」로 번역하며, 공법상은 영조물(營造物)로서 사법상의 재단에 상당하는 개념이다. 「법인공동체」 또는 「공법기관」이라고도 번역한다. 영역판에서는 'institution'으로 번역하고 [Anstalt]로 부연한다. 막스 베버는 근대 국민국가와 가톨릭교회조직을 전형적인 사례로 든다. 이상덕, 영조물에 관한 연구 - 공공성 구현단위로서 '영조물' 개념의 재정립, 서울대 박사논문, 2010.

* 788 막스 베버, 최식역, 『법과 사회』(박영사, 1959). 새 번역, 『동아법학』 제71호(2016), 173-398면.

* 788 여기에 「법학은 특수 유럽적 현상이다」라는 슈미트의 법학관의 근저가 분명히 나타나 있다. Ex Captivitate Salus, 1950, S. 69 f. → 본서 642면 이하.

* 789 테르툴리아누스(Tertullianus, Quintus Septimius (150/60-c. 220) 신학자. 로마에서 변호사로서 활약한 후 195년 경 기독교에 귀의. 카르타고 주교가 된다. 해박한 지식과 예리한 필봉으로 논쟁을 거듭하고, 그 동안 삼위일체(trinitas), 자연(natura), 은총(gratia), 공덕(meritum), 위격(persona) 등의 개념을 정식화하여 후세의 신학사상에 결정적인 영향을 미쳤다. 나중에는 몬타노스파로 개종, 다시 결별하고 독자적인 테르툴리아누스파를 연다. 격정적인 성격으로 극단적인 금욕을 실천하였다. 그의 광신적 성격에 대해서는 정신의학적인 관심도 중요하다. 저서 떼르뚤리아누스, 이형우 역주, 『그리스도의 육신론』(분도출판사, 1994). 문헌 한철하, 『고대 기독교 사상』(대한기독교서회, 1970), 91면 이하.

그는 195-6년경 기독교로 개종하고 카르타고에 돌아와서 주교가 되기까지 법률가였다. 테르툴리아누스가 법률가로서 얻은 지식이나 교양, 특히 법적 논리구성, 법적 표현방법, 법정변론술 등을 이번에는 호교가로서 그것을 신학의 도그마와 교회의 법이론에 정확하게 적용하고, 얼마나 커다란 효과를 거두고, 또 얼마나 커다란 영향력을 후세에 미쳤는가는 부정할 수 없는 사실로서 많은 논자들이 지적한다. 예컨대 『가톨릭 대사전』은 「테르툴리아누스 이상으로 교회신학을 위해 훌륭한 술어를 남긴 문장가는 한 사람도 없다. 로마법의 용어는 서양에서는 가장 명석한 언어이다」(I. 664면)라고 한다. 이시무라(石村綠)는 「로마에서의 활동 중 몸에 익힌 법률이나 행정의 실제의 지식과 경험, 일반적 교양, 유력한 지기 등은 그의 카르타고에서의 활동을 용이하게 하였을 것이다.

당국에 대한 그의 상당히 대담한 발언은 이러한 것 없이는 불가능하였기 때문이다」(テルトゥリアヌスの『護教論』, 神戸大學『硏究』 제39호, 64면).

또 이시하라(石原謙)는 『기독교의 원류』 속에서 「그(테르툴리아누스)의 문장은 그의 인격처럼 강력하며 더구나 법률가였기에 논리와 함께 용어표현의 적확함을 갖추고, 기독교 아폴로게틱은 그에게서 절정에 달한 것을 느끼게 한다」(76면). 「특히 법률가로서의 소양을 종교적 내용의 표현에 활용하여 새로운 정확한 개념이나 술어를 적용하고 자유로운 신학적 표현을 많이 만들었다…이리하여 그가 믿는 기독교는 독자적인 특질을 띠게 되고 그 후의 신학사상 뿐만 아니라 서방 라틴교회의 생활훈련과 법적 규정에 많은 영향을 미쳤다(106면). 「처음부터 법적 자질이 기독교 이해를 특징짓고 있었다. 그는 종교와 법을 결합시킨 최초의 사람이며…그는 신학자이기를 바라지는 않았으나, 많은 신학적 개념을 표현하는 용어를 법률학에 적용하여 창작하고, 거기에서 엄밀한 사고방법의 모범을 구한 것을 잊어서는 안 된다」(265-266면)고 한다. 이러한 지적은 신학자나 교회사가에게 그치지 않고 사회학자나 국법학자도 강조한다. 예컨대 토피취는 「로마의 법학자 테르툴리아누스를 통하여 이 (페르소나라는) 용어는 신의 존재의 통일성과 내적 차별에 관한 기독교 교회학자의 논의에 도입되었다. 이것은 신학상의 개념형성에 법학이 영향을 미친 하나의 예이다」(『이데올로기와 과학 사이』)라고 하였으며, 막스 베버는 「근대 서양의 '국가'의 탄생은 서양의 '교회'[제도]처럼 그 본질을 이루는 부분은 법률가의 업적에 돌려야 할 것이다」(M. Weber, Gesammelte Aufsätze zur Religionssoziologie, 1, 1922, S. 272)라고 하며, 교회제도에 관한 한 「법학자」 아래 테르툴리아누스를 염두에 두는 것은 그의 논술에서도 알 수 있다. 국법학자 F. 잔더도 「테르툴리아누스의 교설은 국법학에 대해서 각별한 의의를 가진다」(Fritz Sander, Rechtsdogmatik oder Theorie der Rechtserfahrung? 1921, S. 154)고 주장한다. 슈미트는 『정치신학』 제3장 첫머리에서 「근대 국가학의 중요개념은 모두 세속화된 신학개념이다」(S. 49)고 하였는데, 만약 그것이 로마의 테르툴리아누스 시대에 쓰여진 것이라면 틀림없이 반대로 「현대 신학의 중요 개념은 모두 성화(聖化)된 법학개념이다」라고 하였을지도 모른다. 사실 하르나크 등은 「로마 교회는 복음에 의해서 성화된 낡은 로마 제국이다」(Das Wesen des Christentums, 1900)라고 까지 말한다. 상세한 것은 Tertullien, La chair du Christ, Paris 1975. 떼르뚤리아누스, 이형우 역주, 『그리스도의 육신론』(분도출판사, 1994) (교부문헌총서 8); 게르트 헨들러, 조병하 옮김, 『테르툴리아누스로부터 암브로시우스까지』(호서대출판부, 2013); S. L. Greenslade편, 이상훈 · 이은혜 옮김, 『초기 라틴 신학: 테르툴리아누스, 키프리아누스, 암브로시우스, 히에로니무스의 저작으로부터』(두란노, 2011) 참조.

*** 789** 삼위일체론의 국법적 해석. 중요한 곳이므로 페터존의 원문을 인용한다. 「Monarchia 개념의 전사(前史)를 생각케 하는 테르툴리아누스의 『프락세아스 반박서』(Adversus Praxeam)에서의 신적 군주제상이나 그 해석이 그 특성에서 전통적이라는 것은 명백하다. 이것은 그의 작품 전체의 평가에 대해서 중요하지 않은 것은 아니다. 테르툴리아누스에 대해서 중요한 것은 독창적인 신학적 사명이라기보다는 오히려 전통적 소재를 가지고 요구하는 논쟁적인 시사평론이다. 새로운 것은 본래 단지 로마 제정시대의 국법적 관계들로부터 나오는 신적 군주제의 해석이다. 하나님과 그리스도의 관계는 로마 공동원수제(Doppelprinzipat)에서 이해되고 있다」(S. 46-47).

「이제 놀라운 것은, 테르툴리아누스는 그의 『호교론』(Apologeticum C. 24. 4)에서의 대결이 보여주듯이, 신적 군주제상을 다신교의 헬레니즘적 변호로부터 알았음에도 불구하고, 이 상을 삼위일체 관계의 규정에 감히 사용하려는 것이다. '제권참여'(帝權參與)를 허용하는 로마의 공동원수제의 국법적 구성의 완결성이 아마 테르툴리아누스로 하여금 고유한 개념의 전개를 요하는 삼위일체론에로 이교신학의 세속적 군주제 개념을 단순히 전용할 수는 없다는 것을 잘못 보았을 것이다」(S. 50).

* 789 슈미트의 테르툴리아누스론의 의의는 단지 신학사상의 형성에서 법학개념의 적용이라는 인식에만 한정되는 것은 아니다. 오히려 그 고유한 의의는 그것을 근대 서구 국법학의 전개라는 커다란 흐름과 관련하여 고찰하고, 테르툴리아누스의 신학사상과 교회의 법적 조직론 속에 기술주의, 기능주의를 「막는 자」(Kat-Echon)로서의 「정치신학」의 원형을 보고, 바로 그 점에 「테스트 케이스로서 모든 문제의 고찰을 좌우하는 중요성을 상실하지 않는다」고 서술한다.

* 789 「교회 밖에는 구원이 없다」(Extra ecclesiam nulla salus) 키프리아누스(Cyprian)가 이 말을 최초로 말했는지의 여부는 불확실하지만, 그에 의해서 이 교의는 명확한 윤곽이 주어지고 교황과 주교에 대한 복종 이외에 구제가 존재하지 않는다고 하여 분파투쟁에 대한 무기가 되었다. 피렌체의 공회의(1447년)가 이를 정통교의로서 채택하였다. 루소는 「'교회 밖에는 구원이 없다'고 말하는 자는 누가 되었던 국가에서 추방되어야 한다」(『사회계약론』 4권 8장)고 말했다. 문헌 키프리아누스, 최원오 역주, 『선행과 자선/인내의 유익/시기와 질투』(분도, 2018); 마르셀 르페브르, 이인숙 옮김, 『교회 밖에서는 구원이 없다』(선우미디어, 1999).

* 791 사도행전 1:17. 「그는 우리 가운데 한 사람으로서, 이 직무의 한 몫을 맡았습니다」(표준새번역).

* 791 질료형상론(Hylomorphismus). 세계는 움직이는 것으로서의 형상(eidos)과 움직이게 되는 것으로서의 질료(hylé)의 단계적 질서에서 이루어진다는 아리스토텔레스의 세계관. 정점에는 순수형상으로서의 신이 있고, 저변에는 순수질료가 있어서 중간의 물(物)들은 상위자에 대해서는 질료, 하위자에 대해서는 형상이라는 양성을 대유하고 있다.

* 791 「영토를 지배하는 자가 종교도 지배한다」. → 본서 706면, 1189면.

* 791 유럽 공법에 관하여는 C. Schmitt, Ex Captivitate Salus, S. 69 f.(본서 642면); Der Nomos der Erde, S. 168 f.(최재훈 옮김, 『대지의 노모스』, 230면 이하).

* 791 솔즈베리의 존(Johannes von Salisbury; John of Salisbury, 1115-1180) 영국의 철학자. Policraticus(1159)에서 세속의 권력은 교회의 수권에 의한 것으로 그것을 짓밟으면 저항권이 정당화된다고 주장했다.

* 792 『에피로시스』(Epirrohosis. Festgabe für Carl Schmitt, Hrsg. von Hans Barion, Ernst-Wolfgang Böckenförde, Ernst Forsthoff, Werner Weber, Berlin: Duncker & Humblot, 1968. 2. Aufl., 2002). 슈미트의 80세 축하기념논문집.

* 792 블루멘베르크(Hans Blumenberg, 1920-1996)의 저작 『현대의 정통성』 제1부의 표제는

「세속화 - 역사상 정당하지 못한 입장에서 나오는 한 범주의 비판」(Die Legitimität der Neuzeit. Säkularisierung - Kritik einer Kategorie des geschichtlichen Unrechts, Suhrkamp-Verlag, Frankfurt a. M. 1966; 일본어 번역, 齋藤義彦他譯, 『近代の正統性』(I-III), 法政大出版局, 1998-2002)이다. 슈미트의 인용문은 그것에 근거한 것으로 생각된다. 조형준 옮김, 『난파선과 구경꾼』(새물결, 2021).

슈미트와의 관련은 Horst Bredekamp, Legitimacy of the Modern Age?: Hans Blumenberg and Carl Schmitt, in: Jens Meierhenrich (ed.), The Oxford Handbook of Carl Schmitt, New York: Oxford University Press, 2016.

* 792 침묵하라 신학자여. → 본서 642면.

* 792 지오르다노 브루노(Giordano Bruno, 1548-1600) 이탈리아의 철학자. 젊은 날 도미니크회 수도사였다가 뒤에 칼뱅파로 개종. 고대철학, 코페르니쿠스, 니콜라스 쿠자누스 등의 영향으로 범신론적 철학체계를 주창. 종교재판을 받고 7년간의 금고 후 로마에서 화형당했다.

* 793 역사법학파. 자연법사상을 배척하고「법은 언어와 마찬가지로 민족정신의 소산이며, 만들어지는 것이 아니라 이루는 것이다」(사비니)라고 말하고, 법의 역사적 성격과 그 실증적 연구를 중요시하는 19세기 독일의 법학사상이다. 이와 관련하여 슈미트의 사비니론은 사비니 연구로서 매우 특색 있을 뿐만 아니라 슈미트 자신의 법학관을 아는 데에 귀중한 열쇠를 제공한다. C. Schmitt, Die Lage der europäischen Rechtswissenschaft, 1943/44. →『유럽 법학의 상태』, 49면.

* 794 아른트(Hans-Joachim Arndt, 1923-2004) 독일의 정치학자. 카를 슈미트 학파에 포함되며 '정치상태의 분석'을 대표한다.

* 795 선천적 타죄예정설(Supralapsarianismus) 칼뱅파 예정설 중의 극단적인 입장. 아담의 원죄 이전에 신은 구제하는 자와 구제하지 않는 자를 선택하였다고 주장한다. 그것에 대립하는 것은 신은 인간이 죄에 떨어지는 곳에서 겁벌(刼罰)을 결정한다고 하는 Infralapsarianismus, Sublapsarianismus이다 .

* 796 반란(Aufruhr). 영역본은 'uproar'(소란, 소동)으로 번역한다.

* 796 플로티노스(Plotinos, c. 204/5-270) 그리스의 철학자. 신플라톤주의의 창시자. 세계를 「일자」로부터의 유출로 파악하고 탈아(ekstasis)에 의한「일자」와의 합일을 설파.

* 797 George Schwab, Enemy oder Foe. Der Konflikt der modernen Politik, in: Epirrhosis, Bd. II, S. 665-682.

* 797 마니교. 3세기 페르시아의 종교가 마니(215-276년)가 창시한 종교. 세계는 선악의 두 원리에 의해서 지배되며 물질이나 육체는 악이며 결혼하여 아들을 두는 것은 죄라고 설명한다.

젊은 아우구스티누스는 여기에 귀의하였다.

* 798 프랑수아 미네(François Auguste Mignet, 1796-1884) 프랑스의 언론인 · 역사가. 저서 『프랑스 혁명사』(Histoire de la Révolution française, 1824).

* 799 괴테의 『시와 진실』(최은희 옮김, 동서문화사, 2016).

* 799 야콥 미하엘 렌츠(Jakob Michael Reinhold Lenz, 1751-1792) 「질풍노도」(Strum und Drang) 운동 시대의 발틱 독일의 작가. 작품 Die Soldaten, 1776 (김미란 옮김, 『군인들: 희극』, 지식을만드는지식, 2014); 이 작품은 뷔히너의 드라마 「보이첵」(Woyzeck)의 원천이다.

* 799 시에나의 카타리나(Saint Catherine of Siena, 1347-1380) 이탈리아 도미니코회 소속 스콜라 철학자 · 기독교 신학자. 이탈리아 도시국가들 간의 평화를 위하여 노력하는 가운데 특히 교황의 권리와 자유를 옹호하여 교황 그레고리오 11세가 아비뇽을 떠나 로마로 귀환하는데 앞장섰다. 자신의 신비 체험을 모아 책으로 남긴 그녀는 1380년 선종, 1461년에 시성되었다. 1866년 6월 18일 이래 카타리나는 아시시의 프란치스코와 더불어 이탈리아의 공동 수호성인으로 공경을 받고 있다. 저서 『하느님의 섭리에 대한 대화집』 외에 서신과 기도문을 남겼다. 성찬경 옮김, 『대화』(바오로딸, 2002). 문헌 Companion to Catherin of Siena.

합법적 세계혁명 (1978)

* Die legale Weltrevolution. Politischer Mehrwert als Prämie auf juristische Legalität und Superlegalität, in: Der Staat, Bd. 17, Heft 3, 1978, S. 321-339. jetzt in: Günter Maschke (Hrsg.), Frieden oder Pazifismus? Arbeiten zum Völkerrecht und zur internationalen Politik 1924-1978, Berlin: Duncker & Humblot 2005, S. 919-968.

『법정논총』(동아대) 제20집(1980), 53-70면; 김효전역, 『유럽 법학의 상태』(교육과학사, 1990), 305-343면에 재수록

이 논문에서는 합법성과 정당성의 개념, 국가와 혁명의 문제를 정치적 및 법철학적으로 다루고 있다. 슈미트가 90세에 쓴 저술로 「백조의 노래」(Schwanengesang)라고도 할 수 있을 것이다.

* 803 프랑수아 페루(François Perroux, 1903-1987) 프랑스의 경제학자. 리용(Lyon)대학에서 1928-1937년 동안 가르친 후 콜레주 드 프랑스의 경제학 교수. 슈미트와의 관계는 Tommissen, in: Schmittiana, Bd. V, 1996, S. 208 ff.; Schmittiana, Bd. VI, 1998, S. 345. Maschke (Hrsg.), Frieden oder Pazifismus? 2005, S. 936-938.

* 804 「감동적인 합법성의 요구」. R. Smend, Das Reichskammergericht, I, 1911, S. 161 ff.

* 804 산티아고 까리요(Santiago Carillo, 1915-2012) 스페인 공산당의 서기장. 그의 저서 『'유럽 공산주의'와 국가』의 독어판은 'Eurokommunismus' und Staat, Hamburg: VSA Verlag für das Studium der Arbeiterbewegung, 1977이 있으며, 한국어 번역은 김유향 옮김, 『유로코뮤니즘과 국가』(새길, 1992).

* 804 슈미트의 합법성 개념은 C. Schmitt, Legalität und Legitimität, 1932, 4. Aufl., 1988, S. 35 (김효전역, 『합법성과 정당성』, 교육과학사, 1993); Das Problem der Legalität, 1950, in: Verfassungsrechtliche Aufsätze aus den Jahren 1924-1954, 1958, 3. Aufl, 1985, S. 444 등.

* 805 F. 쉴러, 안인희 옮김, 『발렌슈타인. 프리드리히 쉴러 희곡』(청하, 1986).

* 805 슈미트가 괴테의 「복종의 형식」(Formel des Gehorsams)이라고 표현한 것은 아마 「근무의 형식」(Formel des Diensts)을 잘못 적은 것으로 보인다. Maschke, S. 939.

* 805 참조. 「어떠한 규범성도 초월하여 국가권력을 소유하고 있다는 것만을 단순한 규범주의적, 합법적 권력에 부가되는 추가적인 **정치적 잉여가치**가, 즉 **합법적 권력의 합법적 소유에로 향하는** 것, 그리고 다수의 획득에로 향하는 **초합법적 프리미엄**이 생기게 된다」(『합법성과 정당성』, 역서, 51면).

* 805 이온 콘티아데스(Ion Contiades, 1938-1970) 요절한 에른스트 포르스토프(Ernst Forsthoff, 1902-1974)의 제자로서 그리스의 법학자. 편저 Die Verfassungen Europas, 1966; 논문 Zur Verortung des Leviathan, in: R. Koselleck/R. Schnur (Hrsg.), Hobbes-Forschungen, 1969, S. 91-102.

* 805 이 'Legitimität'는 정통성이라고도 번역할 수 있으나, 여기서는 한국에서의 관용법에 따라서 원칙적으로 정당성이라고 번역한다.

* 806 C. Schmitt, Das Problem der Legalität, in: Verfassungsrechtliche Aufsätze, S. 449.

* 806 모리스 오류. 오류는 법의 형성이나 계속에서 「개인의 법적 이니셔티브」와 「자기책임의 원리」라는 두 계기가 항상 존재함으로 인해 법의 균형적 발전이 확보될 수 있다고 한다. 예컨대 『정치신학』, 본서 14면; 『법학적 사고방식의 세 유형』, 본서 347면; 합법적 세계혁명, 본서 806면. 문헌 Patrick Arabeyre et al., Dictionnaire historique des juristes française, 2015, pp. 516-519.

* 806 C. Schmitt, Legalität und Legitimität, S. 35에는 über-legal(초합법적)이란 말이 나오며, Superlegalität는 S. 60(역서 85면)에서 한번 나올 뿐이다.

* 806 여기서 『합법성과 정당성』이 1932년 7월 10일 탈고된 것과 관련하여 「1932년 여름」이라는

시점에서의 슈미트는 나치스에 대해서 비판적이었다. 예컨대 Heinrich Muth, Carl Schmitt in der deutschen Innenpolitik des Sommers 1932, in: Historische Zeitschrift, Beiheft 1 (1971), S. 75 ff. 또한 Joseph W. Bendersky, Carl Schmitt in the Summer of 1932: a Reexamination, in: Miroir de Carl Schmitt. Pour Carl Schmitt à l'occation de son 90e anniversaire (=Revue européenne des sciences sociales, Tome XVI/44, 1978, pp. 39-55 참조. 그러나 1933년 5월 1일에는 나치스에 입당하고(G. Schwab, The Challenge of the Exception. An Introduction to the Political Ideas of Carl Schmitt between 1921 and 1936, Berlin 1970, p. 17, 101, 106). 「수권법」을 「새로운 독일의 잠정헌법」으로서 이해하고 나치스 체제를 인정한다(C. Schmitt, Staat, Bewegung, Volk, 3. Aufl., 1935, S. 7. 본서 273면; 『합법성과 정당성』

*** 807** 『합법성과 정당성』, 역서 85면. 같은 구절은 Verfassungsrechtliche Aufsätze, S. 311. 『합법성과 정당성』, S. 60 f.

*** 808** 이 부분은 Perroux, La vie intellectuelle, Nov. 1952에 처음 발표한 논문이다.

*** 808** 로마 클럽. Dennis Meadows u. a., Die Grenzen des Wachstums. Bericht des Club of Rome zur Lage der Menschheit, Stuttgart 1972 (슈미트가 1975년으로 표기한 것은 잘못이다).

*** 808** 슈미트가 주 6에서 인용한 책은 권터 마슈케에 의하면, L'économie du XXe siècle, 2. éd. Paris 1964, S. 655 마지막 문장의 한 부분이라고 한다. Maschke (Hrsg.), Frieden oder Pazifismus? S. 924.

*** 809** 루크레티우스(Titus Lucretius Carus, Lukrez, BC. 99-55) 고대 로마의 시인 · 철학자. 그의 일생에 관하여 알려진 것은 거의 없으며, 서사시 『사물의 본성에 관하여』(De rerum natura; 강대진 옮김, 아카넷, 2012) 6권이 남아 있다. 에피쿠로스 철학의 연구자이며 재능 있는 시인이다.

*** 809** 세계국가의 소련식 구상은 E. R. Goodman, The Soviet Design for a World State, New York 1960, bes. S. 264-471에 자세하다. 유엔을 개조하여 세계국가를 창설하려는 미국 국제법학자의 견해는 특히 G. Clark/L. B. Sohn, World Peace through World Law, Cambridge, Mass. 1958 (김종수 · 이승헌 공역, 『세계법에 의한 세계평화』, 법문사, 1968)는 공산주의 저자들에 의해서 제국주의 이데올로기라고 하여 거부되었다.

*** 809** 로마 민법상의 Uti possidetis 원칙(Uti possidetis, ita possideatis = Wie ihr besitzt, so sollt ihr besitzen)은 점유분쟁과 소유분쟁을 규율하기 위한 집정관의 점유에 근거한 중재명령의 하나. 이 원칙은 하자 없는 점유에서 발견자에게 잠정적인 권원을 보장하며 거래에 의한 나중의 결정을 전제로 한다. D. Liebs, Römisches Recht, 4. Aufl., 1993, S. 39 f.

*** 809** 「영토를 지배하는 자가 종교도 지배한다」(cujus regio, ejus religio)는 원칙은 그라이프스발

트의 프로테스탄트 법학자인 요아힘 슈테파니(Joachim Stephani, 1544-1623)가 만든 것이다(Stephani, Institutiones Juris Canonici, Ausg. Frankfurt a. M. 1612, L, I, c. 7, S. 52). 슈미트는 이 명제의 현대적 정식화는 광역 문제의 핵심을 인식하도록 만든다고 한다.『대지의 노모스』(Der Nomos der Erde im Völkerrecht des Jus Publicum Europaeum, 1950, 3. Aufl., 1988, S. 99; 역서, 135면). 그 밖에「완성된 종교개혁」→ 본서 703면.

* **809** 각주 7. 원서에서는 Castermann, Paris 1972, S. 161/2로 되어 있으나, Maschke(S. 925)에서는 Casterman, Tournai/Belgien 1972, p. 61/62로 바뀌었다. 마슈케에 따라 수정했다.

* **810** 이미 C. Schmitt, Nehmen/ Teilen/ Weiden, in: Verfassungsrechtliche Aufsätze, S. 449에 Industrie-Nahme로서 나온다.

* **810**「기술적 실현」의 감독, 즉 긴급시에는 산업의 진보를 저지하기도 하는 국가의 과제에 대해서는 E. Forstoff, Der Staat der Industriegesellschaft, 1971, S. 42-50.

* **810** 마찬가지로 이 속지 · 속종교제(屬地屬宗敎制)를 사용하여「영토를 지배하는 자가 경제를 지배한다」(cujus regio ejus economia)는 원칙은 이미 그의『대지의 노모스』(역서, 305면)에도 보인다.

* **810** 이러한 육지취득 · 해양취득의 개념도 이미『대지의 노모스』에 나온다.

* **810** C. Schmitt, Nehmen/Teilen/Weiden, a. a. O., S. 503에서도 1957년에 첨가한 주석 중에서 세계사를 그러한 취득의 수단과 방법에서의 진보의 역사로서 요약한다. 그는 세계사는 유목과 농업=봉건시대의 육지취득으로부터 16 · 17세기의 해양취득에 이르고, 산업 · 기술시대의 산업취득을 거쳐 마침내 오늘날의 공간취득(Luft-und Raum-Nahme)에 이르렀다고 서술한다.

* **810** 각주 8의 논문. 처음 발표한 곳은 Gemeinschaft und Politik, Zeitschrift für soziale und politische Gestaltung, Jg. 1, Nr. 2, November 1953, hrsg. v. Institut für Geosoziologie und Politik, Bad Godesberg, S. 18-27.

* **811** 적 내지 침략자나 사보타주하는 자로서의「교란자」에 대해서는『구원은 옥중에서』(본서 648면); Glossarium, 1991, S. 197. 1948. 9. 14.

* **811** 슈미트는『파르티잔의 이론』(Theorie des Partisanen. Zwischenbemerkung zum Begriff des Politischen, 1963, S. 63. 김효전 옮김,『파르티잔』, 문학과지성사, 1998, 99면)에서 마오쩌둥(毛澤東)의 시「곤륜」(崑崙)을 인용한다. 번역과 원문을 소개한다.

하늘이 발판이라면 나는 내 칼을 빼어
너를 세 조각으로 자르리라
하나는 유럽의 선물로

하나는 미국의 선물로
그러나 중국을 위해 하나를 남겨두리
그러면 세계에는 평화가 찾아오리
而今我謂崑崙　不要這高　不要這多雪　安得倚天抽寶劍
把汝裁爲三截　一截遺歐　一截贈美　一截還東國
太平世界　環球同此凉熱.
유진성 편역, 『모택동 시집』(문원북, 2000), 48-49면.

* **811**「자유로운 공간」. CS, Die Ordnung der Welt nach dem Zweiten Weltkrieg (zuerst span. 1962), in: SGN, S. 592-618.

* **812** 연성헌법과 경성헌법의 구별은 제임스 브라이스(James Bryce, 1838-1927)의 Studies in History and Jurisprudence, Oxford 1901, I, p. 145-254에서 유래한다. 슈미트는, 연성헌법에서는 헌법과 헌법률이 무엇을 의미하는지 여전히 미해결이라고 한다(Verfassungslehre, S. 16 f. 김효전 옮김, 헌법의 개념, 『동아법학』, 제48호, 2010, 970면); 또 헤세는「헌법이 법적으로 규정되는데 있어서의 개방성 및 광위성을 구속력 있는 확정성과 결부시키는 경우, 중요한 것은 분명히 바로 이들 요소의 양극성에 있다. 따라서 헌법이 경성인가 연성인가라는 문제는 양자택일 문제가 아니라, 이들 요소의 '올바른' 정서(整序)의 문제이다」(Hesse, Grundzüge des Verfassungsrechts der BRD, 19. Aufl. 1991, S. 15; 계희열역, 『통일독일헌법론』, 박영사, 2001, 21-22면)라고 솔로몬식으로 논평한다.

* **812** 파시즘 혁명의 헌법적 문제성과 산업화와의 관련에 대한 슈미트 지적은 프란츠 보르케나우스(Franz Borkenaus, 1900-1957)의 테제와 일맥상통한다. Zur Soziologie des Faschismus (1933), in: E. Nolte (Hrsg.), Theorie über den Faschismus, 1967, S. 156-181; H. Heller, Europa und der Fascismus, in: ders., Gesammelte Schriften, Bd. 2, 1971, S. 463-610 (김효전 옮김,「유럽과 파시즘」,『바이마르 헌법과 정치사상』, 산지니, 2016, 238-353면); Robert Michels, Sozialismus und Fascismus in Italien, 2 Bde., 1925; G. Leibholz, Zu den Problemen des fascistischen Verfassungsrechts, 1928 (jetzt in: S. Benöhr, Das fascistische Verfassungsrecht Italiens aus der Sicht Leibholz', 1990); E. v. Beckerath, Wesen und Werden des fascistischen Staates, 1927, Ndr. 1979 (슈미트,『입장과 개념들』, 156면 이하).

* **812** Loi du 14 août 1884, portant Revision partielle des Lois constitutionnelles, in: L. Duguit, H. Monnier et R. Bonnard, Les Constitutions et les Principales Lois Politiques de la France depuis 1789, 4 éd., Paris 1952, p. 338. 관련 문헌 J. Godechot, Les modifications de la Constitution de 1875, Politica, mai-juin 1927, S. 263-269; Joseph-Barthélemy/Paul Duez, Traité de Droit constitutionnel, Paris 1933, S. 32 f., 896 f. 이 두 저자는「법적인 관점」아래「종이 방벽 테제」(barrière-de-papier-These)라고 주장한다.

* **813**「공화국의 보호」. RGBl, 1922/I, 521, 532 (1922년 6월 29일의 공화국을 보호하기 위한 명령). A. Lobe, Die Gesetzgebung des Reichs zum Schutz der Republik, 1922; S. Cohn

u.a., Gesetz zum Schutze der Republik v. 25. März 1930, 1930; G. Radbruch, Der innere Weg, 1951, S. 161 ff.(최종고역, 『마음의 길』, 종로서적, 1983); G. Jasper, Der Schutz der Republik, 1963, bes. S. 56 ff.; Huber, VI, S. 659-687; Chr. Gusy, Weimar - die wehrlose Republik?, 1991. bes. S. 139 ff.; ders., Die Weimarer Reichsverfassung, 1997, S. 190-193(クリストフ・グズィ, 原田武夫譯, 『ヴァイマル憲法 - 全體像と現實』, 風行社, 2002).

* **813** 히틀러 운동. 소수 정권과 대통령체제로의 경향은 불가피하였다. 문헌 O. Koellreutter, Der Sinn der RT-Wahlen vom 14. Sept. 1930 und die Aufgaben der Staatsrechtslehre, 1930; Fr. v. Papen, Vom Scheitern einer Demokratie, 1930-1933, 1968, S. 37 f.; H. Brüning, Memoiren 1918-1934, 1970, S. 182 ff.; K. D. Bracher, Die Auflösung der Weimarer Republik, Tb.-Ausg. 1978, S. 323 ff.(이병련외 옮김, 『바이마르 공화국의 해체』, 나남, 2011).

* **813** 요제프 비르트(Joseph Wirth, 1879-1956) 바이마르 당시의 수상이며 중앙당의 당수.

* **813** 마슈케는 1923년 6월 24일의 연설이라고 하며(S. 951), Verhandlungen des Reichstag, Bd. 356, S. 8058을 근거로 제시한다.

* **813** 라드브루흐의 연설. 1928년 8월 11일 베를린에서 행한 정부의 기념식. Reichszentrale für Heimatdienst (Komm., Zentralverlag), S. 15 f. jetzt in: Gustav Radbruch Gesamtausgabe 14. Staat und Verfassung, Heidelberg: C. F. Müller 2002.

* **814** 빌헬름 2세는 얼마동안 그의 두 번째 배우자인 헤르미네(Hermine)의 영향으로 히틀러가 그를 왕위로 되돌려 주리라고 믿었다. 히틀러에 대한 생각의 변화는 Ph. W. Fabry, Mutmaßungen über Hitler, 1969, S. 141 ff.

* **814** H. Brüning, Memoiren 1918-1934, Stuttgart 1970, bes. S. 146, 194, 418, 453 f. 등.

* **814** Schmitt, Verfassungsrechtliche Aufsätze, S. 345에서도 「합법성과 정당성」에 첨가한 1957년의 주석 중에서 「이 책은 바이마르 헌법의 마지막 기회인 대통령제를 헌법상의 적과 동지의 문제를 거부한 법학으로부터 구출하려는 필사적인 시도였다. ... 거기에서의 중심 테제는 헌법개정의 권한이 제한된 경우에만 어떤 정당의 합법성은 부정될 수 있다는 것이었으나, 바로 이 테제는 지배적인 헌법학자에 의해서 비법학적이라고 하여 거부되어 버렸다」라고 서술한다.

* **815** 슈미트는 원서 S. 333에 긴급명령의 날짜를 1933년 2월 2일이라고 적고 있는데, 마슈케는 1933년 2월 6일에 공포되었다고 하면서 전문 3개조를 열거한다.

815 수권법(授權法, Ermächtigungsgesetz)에 관하여는 R. Morsey (Hrsg.), Das "Ermächtigungsgesetz" vom 24. März 1933, 1992. 문헌지시 S. 210-216. 이 책에는 C. Schmitt, Gesetz zur Behebung der Not von Volk und Reich (DJZ, 7/1933, S. 455-458)도

수록되어 있다. 1933년 3월 24일의 이른바 수권법, 「국민과 국가의 위기를 극복하기 위한 법률」은 전체 5조로 구성된다. 전문은 → 본서 1053면.

* **815** Schmitt, Verfassungsrechtliche Aufsätze, S. 450에서 이 두 개의 사실로부터 더욱 흥미있고 결정적인 것은, 1933년 1월 30일 이전의 수 주일 동안에 히틀러가 합법성을 「가장 강력한 무기」로서 이용한다고 하면서, 히틀러가 합법성이 지닌 「운명적인」 역할을 항상 자각하고 있었던 것이 명백하다고 서술한 점은 매우 시사하는 바가 많다.

* **815** Schmitt, Verfassungsrechtliche Aufsätze, S. 345도 참조

* **815** 1939년에 쓰여진 「전전에 있어서의 국가사회주의(나치스) 국제법이론을 비판한 대표작의 하나」인 허츠의 논문, John H. Herz, The National Socialist Doctrine of International Law and the Problems of International Organization, in: Political Science Quarterly, Vol. LIV, No. 4, Dec. 1939, pp. 536-554도 탈고시의 후기(p. 536)에서 이 시점에서 「나치스의 외교정책이 그 제3단계, 즉 1939년 3월의 제국주의적 팽창단계에 돌입하였다」고 적고 있다(岡田泉譯, 『社會科學論集』, 愛知教育大學 제17호, 1977 참조).

* **816** 「러시아인의 눈 아래」(sous l'oeil des Russes) 이 표현은 피에르 린(Pierre Linn, 1897-1966)에까지 거슬러 올라가며 그가 1930년 1월 7일자 슈미트에게 보낸 편지에서 사용했다. 슈미트, 「중립화와 탈정치화의 시대」(1929), 김효전 · 정태호 옮김, 『정치적인 것의 개념』, 109면.

* **816** 본 기본법 제79조, 특히 제3장 「연방을 주들로 편성하는 것, 입법에 있어서 주의 원칙적인 협력 또는 제1조와 제20조에 규정된 원칙들에 저촉되는 이 기본법개정은 허용되지 아니한다」.
동법 제21조 2항 「정당은 그 목적이나 당원의 활동이 자유민주적 기본질서를 침해하거나 폐제하려거나 또는 독일 연방공화국의 존립을 위태롭게 하는 경우에는 위헌이다. 위법성의 문제에 관하여는 연방헌법재판소가 결정한다」.

* **816** 독일공산당 위헌판결에 관한 한국 문헌은 『독일공산당 위헌성 관련 독일 판례(번역본 포함)』(법무부, 2014); 동, 『사회주의제국당 위헌성 관련 독일 판례(번역본 포함)』(법무부, 2014).

* **816** 각주 9) 원문 "El Estado pernne" S. 186-217을 번역하면, 「그리고 히틀러는? - 히틀러는 결코 혁명을 위한 전쟁을 한 것이 아니라 하나의 전쟁을 위한 혁명을 한 것이다. 나는 히틀러를 혁명가로서가 아니라 무서운 복수주의자로 생각한다. 복수는 일정한 방법으로 항상 반동적이며 사실상 히틀러는 역사의 진군을 저지하려고 하였다」.

* **817** Hans-Peter Ipsen, Europäisches Gemeinschaftsrecht in Einzelstudien, Nomos-Verlag, Baden-Baden 1985, 547 S. 이 책에는 1972-1984년 동안에 집필한 논문 20편이 수록되어 있다. 입센(1907-1998)에 관하여는 김효전편, 「독일의 공법학자들」(4), 『동아법학』 제15호(1993), 345-357면; 김효전역, 공용수용과 사회화, 『독일학연구』(동아대) 제9호(1993), 55-88면; 김효전 편역, 『독일 기본권이론의 이해』(법문사, 2004), 135-146면. 문헌 Klaus Stern,

Hans Peter Ipsen (1907-1998), in: Häberle u.a.(Hrsg.), Staatsrechtslehrer des 20. Jahrhunderts, 2. Aufl. 2018, S. 864-880.

* 818 주 11.「인류의 애국심」(patriotisme de l'espèce) 이런 표현은 오류의 저작에서는 발견할 수 없었다고 마슈케는 보고한다. 추측건대 프랑스의 전통에서 나오는 오류의 깊은 생각을 슈미트가 자기식으로 정리한 것으로 보인다. Principe, Ausg. 1910, S. 70-122; Précis, 1923, S. 35. 독일과 프랑스 국민사상의 차이에 관하여는 Heinz O. Ziegler, Die moderne Nation, Tübingen 1931, S. 207-232.

* 818 주 11. 놀랍게도 슈미트는 국민연합(Vereinigte Nationen)이라고 하며 국제연합(Vereinten Nationen)이라고 적지 아니한다. 아마도 1978년 독일에서 사용된 관용어로 보인다. Schmitt, Völkerrecht, in: Frieden oder Pazifismus? S. 724 f. 참조.

* 818 주 11. F. Engels, Ludwig Feuerbach und der Ausgang der klassischen deutschen Philosophie, 1886 (양재혁 옮김, 『포이에르바하와 독일 고전철학의 종말』, 돌베개, 1987 부록: 포이에르바하에 관한 테제).

* 818「그러한 것으로서 불멸」(als solches Unsterblich)은 슈미트가 잘못 쓴 것으로 생각된다. 슈미트 인용한 S. Landshut / J. P. Mayer (Hrsg.), K. Marx, Der Historische Materialismus. Die Frühschriften, I, 1932, S. 299 und in MEW, Ergänzungsband I, 1968, S. 539.

* 818「진보 자체가 근본체제(Verfassung)다」라는 말은 Marx, Kritik der Hegelschen Staatsphilosophie (1841/42), in: ders., Die Frühschriften, hrsg. von S. Landshut, Stuttgart 1953, Kröner, S. 20-224, S. 66. 이것도 마르크스가 초고를 인도한 1841/42년이 아니라 1843년 Bad Kreuznach이다. Landhuts의 텍스트를 마르크스 · 엥겔스 전집과 일치시키면 MEW, I, 1956, S. 201-233, 259이며, 제목도 Kritik des Hegelschen Staatsrechts (§§ 261-313). 강유원 옮김, 『헤겔 법철학 비판』(이론과 실천, 2011), 33-265면이다.

* 818 산악당헌법(Constitution montagnarde) 제28조「인민은 항상 그 헌법을 재검하고 개정하고 변경할 권리를 가진다. 한 세대는 그들의 법률로써 미래의 세대를 예속시킬 수 없다」(Un peuple a toujours le droit de revoir, de réformer et de changer sa Constitution. Une génération ne peut assujetir à ses lois les générations futures). 전문은 김충희 옮김, 프랑스 역대 헌법전(1), 『동아법학』 제69호(2015), 375-379면.

* 819「능산적 자연(natura naturans)과 소산적 자연(natura naturata)」의 관계. Spinoza, Ethik, I, Lehrsätze 28-31, in der Ausgabe v. O. Baenisch, 1917, S. 25-29(강두식 · 김평옥 옮김, 『에티카』(전), 박영문고, 1976, 216면; 강영계 옮김, 서광사, 1990). 스피노자-시에예스(박인수 옮김,『제3신분이란 무엇인가』, 책세상, 2003)의 평행을 슈미트는 『독재론』(김효전 옮김, 178면)과 『헌법이론』(김효전 옮김, 『독일 헌법학의 원천』, 85면)에서 지적한다. 문헌 G. Pariset, Sieyès et Spinoza, Revue de synthèse, 1906, S. 309-320 (스피노자의 『신학정치론/정치학논고』(최형

익 옮김, 비르투, 2011)가 시에예스의 통령헌법 초안에 미친 영향을 상설한다). 시에예스와 슈미트의 관계에 관하여는 파스쿠알레 파스키노, 「엠마누엘 시에예스와 카를 슈미트에 있어서의 '헌법제정권력'론」, 김효전 편역, 『반대물의 복합체』(산지니, 2014), 271-296면; E.-W. 뵈켄회르데, 김효전 옮김, 『헌법 · 국가 · 자유』(법문사, 1992), 13-38면.

* **819** 슈미트는 『독재론』 마지막에서 엥겔스와 관련하여 반복해서 이렇게 결론짓는다. 「여기서 언급해 둘 점은, 일반 국가학의 관점에서 본다면 민중과 동일시된 프롤레타리아트의 독재는 국가가 '사멸하는' 경제적 상태로의 이행단계로서 국민의회의 이론과 실제의 근저에 있는 주권적 독재 개념을 전제로 한다는 것이다. 이러한 무국가 상태에로의 이행단계의 국가이론에 대해서도 타당한 것은 엥겔스가 1850년 3월 공산주의자 동맹에 대한 인사말에서 실제 운용을 위해서 요구한 것, 즉 '1793년의 프랑스에서처럼'(wie in Frankreich 1793)이라는 것이다」(김효전 옮김, 245면). 또한 「합법적 세계혁명」, 본서 819면.

* **819** 마르크스와 엥겔스는 일시적으로 평화적인 혁명이나 보통선거권에 의거하는 희망을 시민적 · 의회주의적인 전통과 제도를 지닌 약간의 산업적으로 진보된 나라들에게로 향한 적이 있다. 예컨대 MEW, XVIII, 1962, S. 160; MEW, XXII, 1963, S. 234 등.

* **819** C. Schmitt, Verfassungslehre, 1928, 10. Aufl., 2010, S. 79 f.(김기범역, 『헌법이론』, 99면 이하; 김효전 옮김, 『독일 헌법학의 원천』, 2018, 84면).

* **819** C. Schmitt, Das Problem der Legalität, 1950, in: Verfassungsrechtliche Aufsätze, S. 451.

* **819** 1789년 8월 4일 밤 드 노아유 자작(Vicomte de Noailles), 라파예트(Lafayette)의 의형제 그리고 에기용 공작(Duc d'Aiguillon) 같은 귀족들은 특권의 폐지에 관한 법안을 제출하였다. 문헌 주명철, 『1789. 평등을 잉태한 자유의 원년』(여문책, 2015), 209-220면. 「특권의 폐지에 관한 법」 전문은, 219-220면.

* **820** 슈미트는 『정치적인 것의 개념』에서 「인류 그 자체는 전쟁을 수행할 수 없다. 왜냐하면 인류는 적어도 지구라는 행성에서는 적이 없기 때문이다」(역서, 72면)고 한다. 세계평화의 열광자를 생각한 것인지 아니면 전면적인 세계내전을 확정하지 않을 수 없을 것이다. 이에 관하여는 R. Schnur, Weltfriedensidee und Weltbürgerkrieg 1791/92 (zuerst 1963), in: ders., Revolution und Weltbürgerkrieg. Studien zur Ouverture nach 1789, 1983, S. 11-32, 30.

* **820** 일찍이 Max Stirner, Der Einzige und sein Eigentum (zuerst 1844/45), Ausg. Anselm Ruest, Berlin 1924, S. 135 f.(박종성 옮김, 『유일자와 그의 소유』, 2023). 휴머니즘적인 이데올로기가 차별적으로 분열하는 힘에 대해서는 슈미트의 『대지의 노모스』(98면)에서 「절대적 인간성이라는 의미에서의 인간과 함께 처음으로, 말하자면 동일한 개념의 다른 측면으로서의, 인간의 특정된 새로운 적, 즉 비인간(Unmensch)이 나타난다. 그리고 19세기 인간의 역사에서 더욱 깊은 분열, 즉 하급인간(Untermenschen)으로부터의 상급인(Übermenschen)의 분열이 인간으

로부터 비인간의 절연의 뒤를 따랐다. 인간이 비인간을 동반하듯이 상급인간은 변증법적 필연성에 의해서 적이 된 쌍둥이로서의 하급인간을 그와 함께 필연적으로 동반하여 인류의 역사 속으로 동시에 나타나는 것이다」. 또한 Schmitt, Donos Cortés in gesamteuropäischer Interpretation, 1950, S. 111 f. → 로렌츠 폰 슈타인

* **820** 라인하르트 코젤렉(Reinhart Koselleck, 1923-2006) 독일의 역사학자. 1945년 소련군의 전쟁포로가 되었다가 귀환. 1947-53년 하이델베르크대학과 영국 Bristol대학에서 역사 · 철학 · 국법학 · 사회학 수학. C. Schmitt 문하생. 1960-65년 하이델베르크대학 근대 사회사연구소 연구원, 1965년 교수자격 논문 통과. 1966년 Bochum대학 정치학 교수, Bielefeld 대학 교수. 이후 수많은 학술단체와 학회의 회원으로 활동. 저서 Preußen zwischen Reform und Revolution, 1967; Kritik und Krise, 1973; Vergangene Zukunft, 1979 (한철 옮김, 『지나간 미래』, 문학동네, 1998). 필생의 업적은 개념사로서 Otto Brunner, Werner Conze와 공동 편집한 Geschichtliche Grundbegriffe. Historisches Lexikon zur politisch-sozialen Sprache in Deutschland, 전8권. 이 사전의 한국어 번역은 「문명과 문화」 항목 외에, 진보 · 제국주의 · 전쟁 · 평화 · 계몽 · 자유주의 · 개혁과 (종교)개혁 · 해방 · 노동과 노동자 · 위기 · 혁명 · 근대적/근대성/근대 · 보수/보수주의 · 아나키/아나키즘/아나키스트/역사/민주주의와 독재/동맹/법과 정의/헌법/경제/반동-복고/통일/협회/습속, 윤리, 도덕 항목 등이 한림대학교 한림과학원 기획으로 푸른역사에서 2010년부터 발간되고 있다. 문헌 Timo Pankakoski, Conflict, Context, Concreteness: Koselleck and Schmitt on Concepts, in: Political Theory, Vol. 38 (6), 2010, pp. 749-779.

* **820** 주 12) 코젤렉의 논문. R. Koselleck, Positionen der Negativität, in: Vergangene Zukunft. Zur Semantik geschichtlicher Zeiten, 1979, S. 211-259.

* **821** 「나는 어떤 적도 없다. 나는 그들 모두를 죽였다」(No tengo enemigos, los he matado a todos). 후안 도노소 코르테스가 스페인의 독재자 나르바에스(Ramón María Narváez, 1799/1800-1868)에게 써준 글이다.

국제법상의 침략전쟁의 범죄와 「죄형법정주의」원칙 (1994)

* Das internationalrechtliche Verbrechen des Angriffskrieges und der Grundsatz "Nullum crimen, nulla poena sine lege," herausgegeben, mit Anmerkungen und einem Nachwort versehen von Helmut Quaritsch, Berlin: Duncker & Humblot, 1994, S. 13-81.

『동아법학』 제34호(2004), 381-496면.

이것은 1945년 여름 슈미트가 베를린에서 작성한 법감정 문서이다. 의뢰인은 변호사 발터 슈미트(Walter Schmidt) 박사, 프리드리히 플리크(Friedrich Flick, 1883-1972)와 그 공동피의자의 대리인이다. 플리크는 독일의 지도적인 군수산업가로서 전승국인 미국에서 독일 정부의 침략전쟁에 관련된 민간인의 법적 책임을 묻게 될 것을 걱정하고 슈미트에게 위탁한 것이다. 미국 군사법정은 뉘른베르크에서 플리크에게 징역 7년의 형을 선고했으나 형기 만료 전에 석방되었

다. 이 법감정서는 역시 미군에게 체포되어 옥살이를 한 슈미트로서는 자기의 정당화 내지 변호의 외침이라고도 할 수 있다. 슈미트는 후일 침략전쟁의 범죄화에 관한 자신의 표명이 당시나 재판기간 중에 발간될 수 있었다면 기꺼이 죽었을 것이다(Glossarium, S. 167; 1948. 6. 20)라고 술회하기도 하였다. 그의 유고는 현재 노르트라인-베스트팔렌주 뒤셀도르프의 국립 중앙공문서관에 보관되어 있다. 본서에서는 이 감정서의 「편자 후기」(Nachwort)를 생략하였으나, 그 후 번역되었다. 김효전 옮김, 국제법상의 침략전쟁의 범죄와 「죄형법정주의」 원칙(편자 후기)(상)(중)(하), 『유럽헌법연구』 제43호(2023), 제44호, 제45호(2024) 참조.

이 감정서를 편집하고 주석을 달고 후기를 집필한 헬무트 크바리치(Helmut Quaritsch, 1930-2011)는 함부르크 출생으로 함부르크대학에서 철학 · 신학 · 법학 공부. 1957년 법학박사. 1965년 공법 및 교회법의 대학교수자격 취득. 1968년 이래 잡지 "Der Staat"의 공동편집자. 1968년 이후 보쿰대학과 베를린자유대학 교수를 거쳐 1972년부터 1995년까지 슈파이어행정대학원에서 교수 및 총장(1981-1983년)을 지내고 정년퇴임. 저서로 "Souveränität"(1986); "Positionen und Begriffe Carl Schmitts"(1989) 등이 있으며, 슈미트의 『침략전쟁론』과 "Carl Schmitt - Antworten in Nürnberg"(2000)을 편집하고 주해했다. 문헌 Bernd Grzeszick, Helmut Quaritsch (1930-2011), in: Peter Häberle, Michael Kilian, Heinrich Wolff (Hrsg.), Staatsrechtslehrer des 20. Jahrhunderts. Deutschland-Österreich-Schweiz, Berlin/ Boston: Walter de Gruyter, 2015, 2. Aufl. 2018, S. 1167-1178; E.-W. Böckenförde u.a., In Memoriam Helmut Quaritsch, in: Der Staat, Bd. 50. Heft 4 (2011), S. 491-492.

* **824** 생제르망 조약(Treaty of Saint-Germain-en-Laye) 제1차 대전 후 연합국과 오스트리아 사이에 맺은 조약. 1919년 9월 10일 파리 생제르망 궁전에서 조인. 오스트리아-헝가리 제국에 대한 전쟁배상금과 기타 영토 문제를 다룬 조약. 이에 따라 헝가리는 분리되고 체코슬로바키아 등은 독립.

* **827** 각주 3. Quaritsch, Positionen und Begriffe, S. 39 ff. 크바리치는 슈미트의 저서 『입장과 개념들』(Positionen und Begriffe im Kampf mit Weimar-Genf-Versailles, 1923-1939, 1940)을 본따서 『카를 슈미트의 입장과 개념들』(Positionen und Begriffe Carl Schmitts, Duncker & Humblot, 1989, 2. Aufl., Berlin 1991; 일본어 번역: 宮本盛太郎 · 初宿正典 · 古賀敬太譯, 『カール・シュミットの立場と概念 - 史料と證言』, 風行社, 1992)을 저술하였다. 이 책의 머리말에서 저자는 슈미트의 작품 해석이 목표가 아니라 슈미트의 정치적 사고를 결정지은 관념, 신념 그리고 이념들을 열거하고 입증하는 것이며, 슈미트의 주요 동기와 비밀을 모르고서는 그의 여러 저작들을 완전히 이해할 수 없다고 한다. 문헌 古賀敬太譯, 憲法と政治におけるカール・シュミットの現代的意義(講演), 『大阪國際大學紀要/國際研究論叢』 제12권 1=2호(1999).

* **827** 각주 4. 「후기의 각주 354」는 원서에 수록된 「법적 확신과 법실천에서의 침략전쟁」(Der Angriffkrieg in Rechtsüberzeugung und Rechtspraxis)을 말하며, 각주 354는 「Tutorow, S. 430-446 (Nr. 4246-4457) 참조」로 되어 있다.

* **828** 전쟁범죄(war crimes) 문헌 후지타 히사카즈, 박배근 옮김, 『전쟁범죄란 무엇인가』(산지니, 2017); 김효순, 『나는 전쟁범죄자입니다』(서해문집, 2020).

* **829** 룸베법 →『침략전쟁』주 10. 본서 1073면.

* **831** 안젤름 폰 포이에르바하(Paul Johann Anselm von Feuerbach, 1775-1833) 독일 형법학의 창설자. 저서 포이에르바하, 福井厚譯,『陪審制度論』(日本評論社, 2019). 문헌 G. Kleinheyer/J. Schröder, Deutsche Juristen, S. 79-85.

* **832** 마그나 카르타의 번역(나종일 편역 · 해설,『자유와 평등의 인권선언 문서집』, 한울, 2012), 40-41면에서는 'the law of the land'를「나라의 법」으로 옮겼다. 그러나「법의 정당한 절차」(『세계의 인권선언』,『신동아』1975년 1월호 별책부록)에 따랐다. 문헌 피터 라인보우, 정남영 옮김,『마그나 카르타 선언: 모두를 위한 자유권들과 커먼즈』(갈무리, 2012).

* **837** 베트만 홀베크(Theobald von Bethmann-Hollweg, 1856-1921) →『제2 제국의 국가구조』,「독일의 지식인」,『침략전쟁』주 24.

* **861** 이 표현은 1927년 11월 24일의 하원에서의 오스텐 체임벌레인 경의 연설에서 유래한다. 이 중요한 말은 다음과 같다. 즉「그러므로 나는 공격자를 정의내리려는 이러한 시도에 계속 반대합니다. 왜냐하면 내가 믿는 바로는 이러한 시도는 무죄한 자에게는 함정에, 죄 있는 자에게는 길안내가 될 것이기 때문입니다」.

* **865** 베베르크(Hans Wehberg, 1885-1962) →『국가사회주의와 국제법』,『국제법적 광역질서』

* **868** 브리앙(Aristide Briand, 1862-1932) 프랑스의 정치가. 수상을 지낸 후 외무장관으로서 부전조약을 추진했다. 1926년 노벨 평화상 수상.

* **869** 스팀슨(Henry Louis Stimson, 1867-1950) 미국의 정치가. 국방장관(1940-1945).「스팀슨주의」란 침략전쟁이나 무력행위로 취득한 결과를 유효한 것으로 승인하지 않는다는 미국 외교정책상의 원칙이다.

* **886** (1806년의) 배신화(陪臣化, Mediatisierung) 이것은 1803년 2월 25일의 제국 대표자회의 주요 결의(Reichsdeputationshauptschluß)에 의해서 약 350이었던 소 영방(領邦)들이 제국 직속성(直屬性)을 상실하고 프로이센 등의 대 영방에 병합된 것을 가리킨다. 신성 로마 제국은 베스트팔렌 조약 이후로 빈사상태에 있었으며, 제국을 구성하던 영방들은 국가로 성장하기 시작하였다. 1806년 라인동맹을 결성하고 있던 남독일의 여러 나라들은 제국에서 정식으로 탈퇴를 선언하고, 나폴레옹에 대한 독일의 해방전쟁 이후에는 신성 로마 제국의 直臣에서 陪臣으로 지위가 변경되었다. 상세한 것은 C.-F. Menger, Deutsche Verfassungsgeschichte der Neuzeit, 7. Aufl., 1990 (김효전 · 김태홍 옮김,『근대 독일헌법사』교육과학사, 1992, 217-218면).

* **887** 웨스트레이크(John Westlake, 1828-1913) 영국의 국제법학자. 국제분쟁의 사법적 해결을 강력하게 옹호하였으며, 1900-1906년 헤이그 국제중재재판소의 재판관 역임. 저서 Chapters

on the Principles of International Law, 1894; International Law, Part I. Peace (1904), Part II. War (1907). 그는 청일전쟁 때 高陸號 사건에서 일본에 반하는 영국의 여론을 잠재우고 비밀리에 영일동맹의 기반을 마련했다고 하여 일본인 국제법학자 다카하시(高橋作衛)는「일본의 은인」이라고 한다.

* 893 켐프너(Robert M. W. Kempner, 1899-1993) 유대계 미국의 법률가이며 뉘른베르크 전범재판에서 대표적인 소추인. 문헌 Heinrich Lichtenstein, Robert M. W. Kempner, in: Gegen Barbei. Essays, Robert M. W. Kempner zu Ehren, Hrsg. von Rainer Eisfeld und Ingo Müller, Frankfurt a. M.: Athnäum 1989, S. 20-34; C. Schmitt, Glossarium, S. 205, 259, 314; Hermann Weber, Robert M. W. Kempner (1899-1993). Vom Justitiar in der Polizeiabteilung des Preußischen Innenministeriums zum stellvertretenden US-Hauptankläger in Nürnberg, in: Helmut Heinrichs, Harald Franzki, Klaus Schmalz, Michael Stolleis (Hrsg.), Deutsche Juristen jüdischer Herkunft, München: Beck 1993, S. 793-811; 森勇譯, プロイセン內務省警察局法律擔當官からニュールンベルク裁判におけるアメリカ合衆國選出主席檢察官代行者への道のり, 森勇 監譯,『ユダヤ出自のドイツ法律家』(中央大學出版部, 2012), 1187-1216면. →『침략전쟁』 주 139.

* 899 제임스 브라운 스코트(James Brown Scott, 1866-1943) 미국의 국제법학자로서 파리에서의 미국 강화대표단의 고문. 랜싱과 함께 미국의 유보에 서명하였다(Anm. 32 참조). 카네기 국제평화재단의 사무총장. 그의 업적과 인물에 대해서는 George Finch, AJIL 38 (1944), S. 183-217.

* 899 비토리아(Francisco Vitoria, 약 1492-1546) 스페인의 도덕신학자 · 도미니크 수도사회. 근대 국제법의 창시자. 그로티우스에게 영향을 미침. 또 신대륙 선주민의 권리를 옹호했다. 살라만카대학 교수. 문헌 Vitoria et Suarez, Contribution des théologiens au droit international moderne, Paris: A. Pedone 1939; 아르투어 누스바움저, 김영석 편역,『국제법의 역사: 전쟁과 평화와 국제법』(박영사, 2019), 103-110면.

* 899 수아레스(Francisco Suárez, 1548-1617) 스페인의 신학자 · 제수이트. 그로티우스의 선구자. 그라나다 출생. 살라만카대학에서 신학 · 철학 · 교회법을 배우고, 세고비아(Segovia), 발라돌리드(Valladolid), 알칼라(Alcalá) 등 각지의 대학에서 철학과 신학을 가르치고 때로는 로마의 예수회의 학원에서도 강의. 스페인 국왕 필리페 2세의 요청으로 포르투갈의 코임브라대학의 신학 교수가 된다. 저서 다수. 19세기에 편집된 파리판의『전집』(Opera omnia, 1856-61)에서는 폴리오판에서 28권 중 26권이 본문. 철학에서 유명한 것은『형이상학논고』(Disputationes metaphysicae, 1597). 아리스토텔레스의 형이상학의 문제들을 가톨릭신학 · 스콜라철학의 입장에서 해명하고 논술한 것으로 아리스토텔레스 · 토마스 철학의 우수한 권위서로서 오랫동안 유럽 각 대학의 철학 교과서였다. 수아레스 신학의 근본사상이란 점에서 가장 중요한 저작. 정치에 관한 유명한 책은『영국 교회파의 오류에 대한 가톨릭 신앙의 옹호』(Defensis fidei catholicae et apostolicae adversus anglicanae sectae errores, 1613). 이것은 당시의 시사 문제로 로마 가톨릭교회에서 독립한 입장에 있는 영국의 제임스 1세에 대한 교황의 권리를 논한 것. 즉 교황은

가톨릭의 신앙을 옹호하기 위해서 이단의 군주를 사형시킬 권리마저 가진다는 것을 신학의 입장에서 역설. 국제법에 관한 중요한 문헌은『법률과 입법자인 신에 대한 논고』(Tractatus de legibus ac Deo legislatore, 1612) 제2권. 제17~20장의「만민법」(jus gentium)의 논술과,『신학상의 세 개의 덕, 신앙과 희망과 사랑에 대한 책』(Opus de triplici virtue theologica fide, spe et chsaritate, 1621) 제3편「사랑에 대하여」(De charitate)의 논고 제13「전쟁에 대하여」(De bello)이다. 전자는 국제법의 기본적 성질을 설명한 것이며 후자는 종래의 스콜라적 정당전쟁론의 전통에 따라서 정당전쟁을 논한 것. 주목할 점은 전자의「만민법론」에서 만민법의 개념을 분석하고, 근대국제법 개념에 가까운 생각을 제시한 것. 즉 만민법의 첫째 의미는 제민족간의 법(ius inter gentes)이며, 둘째 의미는 제민족 내부의 법(ius intra gentes)인데 그 규정의 내용이 제민족에 공통되기 때문에 만민법으로 불린다. 따라서 후자는 엄격하게는 시민법(국내법)이다. 그러므로 첫 번째 의미가 본래의 의미의 만민법이다. 그런데 이 만민법은 자연법에 의해서 기초가 마련되지만 그 자체 자연법은 아니며, 인간의 의사 또는 합의에 의한 실정법이라고 한다. 따라서 수아레즈에게 만민법은「제국민간의 법」(jus inter gentes)이며, 그것은 人定의 실정법이 된다. 이것을 그는 법이론적 · 철학적으로 상세히 논증한다.「전쟁론」의 특색은 수아레즈가 정당전쟁을 범죄한 부정에 대한 형벌권의 행사로 설명하고, 그 형벌전쟁의 관념을 법률이론으로서 더욱 엄격하게 이론화한 데 있다. 문헌 Victor M. Salas and R. L. Fastiggi (eds.), A Companion to Francisco Suárez, Leiden 2015; Oliver Bach u.a. (Hrsg.), Die Naturrechtslehre des Francisco Suárez, Berlin 2017; ders., Die Staatsrechtslehre des Francisco Suárez, Berlin 2020; 伊藤不二男,『外交史事典』, 505-506면; 小田英, 宗教改革と大航海時代におけるキリスト教共同體: フランシスコ · スアレスの政治思想,『法制史硏究』제68호; 오세혁, 비토리아와 수아레즈의 만민법 사상,『법학논문집』제34권 2호(2010), 261-286면. 누스바움, 김영석 편역,『국제법의 역사: 전쟁과 평화와 국제법』(박영사, 2019), 110-114면.

* 903 로마서 13:1.「모든 권세는 하나님께로부터 온 것이며, 이미 있는 권세들도 하나님께서 세워주신 것입니다」(대한성서공회, 표준 새번역 개정판, 2001). 슈미트는 이 구절을「헌법제정권력」의 주체로서 신(하나님)을 열거하는 데에 인용한다. Verfassungslehre, S. 77. 칸트도 그의『법이론의 형이상학적 기초원리』(백종현 옮김,『윤리형이상학』, 아카넷, 2012, 275면 주 31)에서 인용하고 있다.

* 903 칸트의 영구평화론. Kant, Zum ewigen Frieden. Ein philosophischer Entwurf, 1796. 이한구 옮김,『영원한 평화를 위하여』(서광사, 1992); 백종현 옮김,『영원한 평화』(아카넷, 2013).

* 903 칸트는 Achenwall의 이름을 적시하여 저항권론(Ius naturae, II, §§203~206)에 부정적 의견을 피력한 바도 있다. 백종현 옮김, 위의 책, 277면 주 35.

* 903 이 부분을 쓸 때에 슈미트가 염두에 둔 것은 아마 1933년 2월 27일에 일어난 이른바 국회의사당 방화사건이라고 생각된다. 같은 해 9월에 시작한 방화범인 판 데어 룹베(Marinus van der Lubbe, 1909-1934)에 대한 재판에서는, 그의 방화죄를 소급 처벌하기 위해서 판 데어 룹베법을 제정하고, 말하자면 사후법으로 룹베를 교수형에 처하였다. →「독일 혁명의 좋은 법」(1933)

* 903 오류의 「선결적 복종」(obéissance préalable) 「합법적 세계혁명」 마지막에서도 인용한다.

* 904 양심적 병역거부(Kriegsdienstverweigerung, Conscience objection) 자신의 양심에 따라서 무기를 드는 것을 거부하는 것. 독일 기본법 제4조 3항은 「누구도 양심에 반하여 무기를 드는 것을 강제받지 아니한다」고 규정한다. 또 4항은 「상세한 것은 연방법률로 정한다」고 하여 대체복무(Ersatzdienst)를 인정한다. 이에 대해서 한국의 대법원은 종래 이를 인정하지 않았으나 2018. 11. 1. 인정하였다. 또 헌법재판소는 「병역의 종류 중 하나로 대체복무제를 마련하지 않은 것은 헌법불합치」라는 결정을 내렸으나, 처벌조항 자체에 대해서는 합헌결정을 내린바 있다(2018. 6. 28.『헌법재판소 판례집』 제30권 1집(하), 370면). 문헌 한인섭 · 이재승편, 『양심적 병역거부와 대체복무제』(경인문화사, 2013). 독일 양심적 병역거부법률(Kriegsdienstverweigerungs-gesetz)은 Wolfgang Boehm-Tettelbach, Wehrpflichtgesetz, Beck 2011. 스위스의 경우는 Theodor Wyder, Wehrpflicht und Militärdienstverweigerung. Entstehung, Gesetz, Arten und Sanktionen in der Schweizer Armee, 2. Aufl., Bern u. a., Lang 1988.

인명색인

C

E

F

G

H

I

J

K

L

M

N

O

P

Q

R

S

T

U

V

W

Y

Z

사항색인

[가]

[사]

[아]

[자]

[역자 김효전(金孝全) 약력]

1945년 서울 출생
성균관대학교 법정대학 법학과 졸업
서울대학교 대학원 졸업 (법학박사)
서울대학교 교양과정부 강사
독일 프라이부르크대학교 교환교수
미국 버클리대학교 방문학자
한국공법학회 회장
동아대학교 법학전문대학원장
현재 대한민국학술원 회원
동아대학교 명예교수

1986년 제1회 한국공법학회 학술상 수상
1999년 제6회 현암법학저작상(수상작: 서양 헌법이론의 초기수용) 수상
2000년 한국헌법학회 학술상 수상
2001년 제44회 부산시문화상 수상
2007년 동아대학교 석당학술상 특별상
2018년 제8회 대한민국 법률대상(학술부문)
2018년 서울법대 동창회 감사패
2018년 제12회 목촌법률상 수상

[저 서]

논점중심 헌법학, 대왕사, 1975
독일헌법학설사(편), 법문사, 1982
헌법논집, 민족문화, 1985
헌법논집 II, 민족문화, 1990
서양 헌법이론의 초기수용, 철학과현실사, 1996 (현암법학저작상)
근대 한국의 국가사상, 철학과현실사, 2000
헌법논집 III, 세종출판사, 2001
근대한국의 법제와 법학, 세종출판사, 2006 (학술원 우수도서)
헌법, 소화, 2009 (문광부 추천도서)
법관양성소와 근대한국, 소명출판, 2014 (학술원 우수도서)
나진 · 김상연 역술 『국가학』 연구, 대한민국학술원, 2023

[역 서]

게오르크 옐리네크, 일반 국가학, 태화출판사, 1980
칼 슈미트, 정치신학 외, 법문사, 1988
E.-W. 뵈켄회르데, 국가와 사회의 헌법이론적 구별, 법문사, 1989 [증보판] 1992
칼 슈미트, 유럽법학의 상태 · 구원은 옥중에서, 교육과학사, 1990
G. 옐리네크-E. 부뜨미, 인권선언논쟁, 법문사, 1991
칼 뢰벤슈타인, 비교헌법론, 교육과학사, 1991
칼 슈미트-한스 켈젠, 헌법의 수호자 논쟁, 교육과학사, 1991
칼 슈미트, 로마 가톨릭주의와 정치형태 외, 교육과학사, 1992
칼 슈미트, 정치적인 것의 개념, 법문사, 1992 [증보판] 1995
E.-W. 뵈켄회르데, 헌법 · 국가 · 자유, 법문사, 1992
크리스티안 F. 멩거, 근대 독일헌법사, 교육과학사, 1992 (공역)
칼 슈미트, 합법성과 정당성, 교육과학사, 1993
한스 켈젠, 통합으로서의 국가, 법문사, 1994
헤르만 헬러 외, 법치국가의 원리, 법원사, 1996
칼 슈미트, 독재론, 법원사, 1996
칼 슈미트, 파르티잔, 문학과지성사, 1998
칼 슈미트, 헌법의 수호자, 법문사, 2000 (문화관광부 우수도서)
유스투스 하스하겐 외, 칼 슈미트 연구, 세종출판사, 2001
칼 슈미트, 입장과 개념들, 세종출판사, 2001 (공역)
E.-W. 뵈켄회르데, 헌법과 민주주의, 법문사, 2003 (공역) (문광부 우수도서)
만세보 연재, 국가학, 관악사, 2003
G. 옐리네크 외, 독일 기본권이론의 이해, 법문사, 2004 (문광부 추천도서)
헤르만 헬러, 주권론, 관악사, 2004
G. 옐리네크, 일반 국가학, 법문사, 2005
칼 슈미트, 현대 의회주의의 정신사적 지위, 관악사, 2007
칼 슈미트, 국민표결과 국민발안, 제2제국의 국가구조와 붕괴, 관악사, 2008
카를 슈미트, 정치적인 것의 개념, 살림, 2012 (공역)
헬무트 크바리치편, 반대물의 복합체, 산지니, 2014
헤르만 헬러, 바이마르 헌법과 정치사상, 산지니, 2016 (학술원 우수도서)
카를 슈미트외, 독일 헌법학의 원천, 산지니, 2018 (세종도서 학술부문 선정도서)
카를 슈미트, 헌법과 정치, 산지니, 2020 (학술원 우수도서)
에른스트-볼프강 뵈켄회르데 外, 국가와 헌법, 산지니, 2024

헌법과 정치

초판 1쇄 발행 2020년 2월 15일
개정판 1쇄 발행 2024년 2월 5일

지은이 카를 슈미트
옮긴이 김효전
펴낸이 강수걸
편집장 권경옥
편 집 강나래 오해은 이선화 이소영 이혜정
디자인 권문경 조은비
펴낸곳 산지니
등 록 2005년 2월 7일 제333-3370000251002005000001호
주 소 48058 부산광역시 해운대구 수영강변대로 140 부산문화콘텐츠콤플렉스 626호
홈페이지 www.sanzinibook.com
전자우편 sanzini@sanzinibook.com
블로그 http://sanzinibook.tistory.com

ISBN 979-11-6861-234-1 93360

* 책값은 뒤표지에 있습니다.
* Printed in Korea